# PRÁTICA PROCESSUAL PREVIDENCIÁRIA
ADMINISTRATIVA E JUDICIAL

O GEN | Grupo Editorial Nacional – maior plataforma editorial brasileira no segmento científico, técnico e profissional – publica conteúdos nas áreas de concursos, ciências jurídicas, humanas, exatas, da saúde e sociais aplicadas, além de prover serviços direcionados à educação continuada.

As editoras que integram o GEN, das mais respeitadas no mercado editorial, construíram catálogos inigualáveis, com obras decisivas para a formação acadêmica e o aperfeiçoamento de várias gerações de profissionais e estudantes, tendo se tornado sinônimo de qualidade e seriedade.

A missão do GEN e dos núcleos de conteúdo que o compõem é prover a melhor informação científica e distribuí-la de maneira flexível e conveniente, a preços justos, gerando benefícios e servindo a autores, docentes, livreiros, funcionários, colaboradores e acionistas.

Nosso comportamento ético incondicional e nossa responsabilidade social e ambiental são reforçados pela natureza educacional de nossa atividade e dão sustentabilidade ao crescimento contínuo e à rentabilidade do grupo.

João Batista **LAZZARI**
Jefferson Luis **KRAVCHYCHYN**
Gisele Lemos **KRAVCHYCHYN**
Carlos Alberto Pereira de **CASTRO**

# PRÁTICA PROCESSUAL PREVIDENCIÁRIA
## ADMINISTRATIVA E JUDICIAL

**17ª edição** *revista, atualizada e reformulada*

■ Os autores deste livro e a editora empenharam seus melhores esforços para assegurar que as informações e os procedimentos apresentados no texto estejam em acordo com os padrões aceitos à época da publicação, e todos os dados foram atualizados pelos autores até a data de fechamento do livro. Entretanto, tendo em conta a evolução das ciências, as atualizações legislativas, as mudanças regulamentares governamentais e o constante fluxo de novas informações sobre os temas que constam do livro, recomendamos enfaticamente que os leitores consultem sempre outras fontes fidedignas, de modo a se certificarem de que as informações contidas no texto estão corretas e de que não houve alterações nas recomendações ou na legislação regulamentadora.

■ Fechamento desta edição: *08.01.2025*

■ Os Autores e a editora se empenharam para citar adequadamente e dar o devido crédito a todos os detentores de direitos autorais de qualquer material utilizado neste livro, dispondo-se a possíveis acertos posteriores caso, inadvertida e involuntariamente, a identificação de algum deles tenha sido omitida.

■ Atendimento ao cliente: (11) 5080-0751 | faleconosco@grupogen.com.br

■ Direitos exclusivos para a língua portuguesa
*Copyright © 2025 by*
Editora Forense Ltda.
*Uma editora integrante do GEN | Grupo Editorial Nacional*
Travessa do Ouvidor, 11 – Térreo e 6º andar
Rio de Janeiro – RJ – 20040-040
www.grupogen.com.br

■ Reservados todos os direitos. É proibida a duplicação ou reprodução deste volume, no todo ou em parte, em quaisquer formas ou por quaisquer meios (eletrônico, mecânico, gravação, fotocópia, distribuição pela Internet ou outros), sem permissão, por escrito, da Editora Forense Ltda.

■ Capa: Fabricio Vale

■ **CIP-BRASIL. CATALOGAÇÃO NA PUBLICAÇÃO**
**SINDICATO NACIONAL DOS EDITORES DE LIVROS, RJ**

P925
17. ed.

Prática processual previdenciária : administrativa e judicial / João Batista Lazzari ... [et al.]. - 17. ed., rev., atual. e reformulada - Rio de Janeiro : Forense, 2025.
1.416 p. ; 24 cm.

Inclui bibliografia
Inclui anexos
ISBN 978-85-3099-580-5

1. Previdência social - Legislação - Brasil. 2. Seguridade social - Legislação Brasil. I. Lazzari, João Batista.

24-95536          CDU: 349.3(81)

Meri Gleice Rodrigues de Souza - Bibliotecária - CRB-7/6439

# Sobre os Autores

### *João Batista Lazzari*

Pós-doutor em Direito e Justiça Constitucional pela Universidade de Bologna, Itália. Doutor em Direito Público pela Universidade de Perugia, Itália. Doutor e Mestre em Ciência Jurídica pela Universidade do Vale do Itajaí (Univali). Professor em Cursos de Pós-graduação e das Escolas da Magistratura Federal e do Trabalho. Cargos já exercidos: Advogado do Banco do Brasil; Procurador do INSS; Juiz Federal no TRF da 4ª Região; Juiz da Turma Nacional de Uniformização dos JEFs. Membro emérito do Instituto Brasileiro de Direito Previdenciário. Titular da cadeira n. 31 da Academia Catarinense de Letras Jurídicas, da cadeira n. 17 da Academia Brasileira de Direito da Seguridade Social e da cadeira n. 3 da Academia de Letras de Direito Previdenciário.

### *Carlos Alberto Pereira de Castro*

Juiz do Trabalho no Tribunal Regional do Trabalho da 12.ª Região. Mestre em Ciência Jurídica pela Universidade do Vale do Itajaí (Univali). Doutorando em Ciências Jurídicas pela Universidade Autónoma de Lisboa. Instrutor da Escola Nacional de Formação e Aperfeiçoamento de Magistrados do Trabalho (ENAMAT). Professor convidado da Escola Nacional da Magistratura (ENM). Professor de cursos de pós-graduação e preparatórios para concursos públicos. Membro emérito do Instituto Brasileiro de Direito Previdenciário. Titular da cadeira n. 20 da Academia Catarinense de Letras Jurídicas.

### *Gisele Lemos Kravchychyn*

Advogada previdenciarista. Presidente do Instituto Brasileiro de Direito Previdenciário (IBDP). Diretora de Atuação Judicial do Instituto Brasileiro de Direito Previdenciário (IBDP) de 2013 a 2023. Vice-Presidente da OAB Santa Catarina Gestão 2025 a 2027. Conselheira Estadual da OAB/SC 2019 a 2021. Conselheira Federal da OAB 2022 a 2025. Pós-graduada em Direito Previdenciário e em Gestão de Previdência Privada. Sócia da Kravchychyn Advocacia e Consultoria. Professora de cursos de pós-graduação. Membro do Comitê de Desjudicialização do Conselho Nacional de Justiça. Membro do Comitê de Acompanhamento do Acordo no tema 1066 STF. Presidente da Comissão Estadual de Direito Previdenciário da OABSC de 2013 a 2015. Vice-Presidente da Comissão Especial de Direito Previdenciário do Conselho Federal da OAB de 2022 a 2025. Titular da cadeira n. 13 da Academia Catarinense de Letras Jurídicas.

### *Jefferson Luis Kravchychyn*

Foi advogado militante na área previdenciária desde 1980. Era pós-graduado em Gestão de Previdência Social pela Universidade Federal de Santa Catarina. Conselheiro do Conselho Nacional de Justiça de 2009 a 2013. Fundador do Sistema OABPREV. Presidente da Comissão de Seguridade Social e Previdência do Advogado do Conselho Federal da OAB de 2000 a 2009.

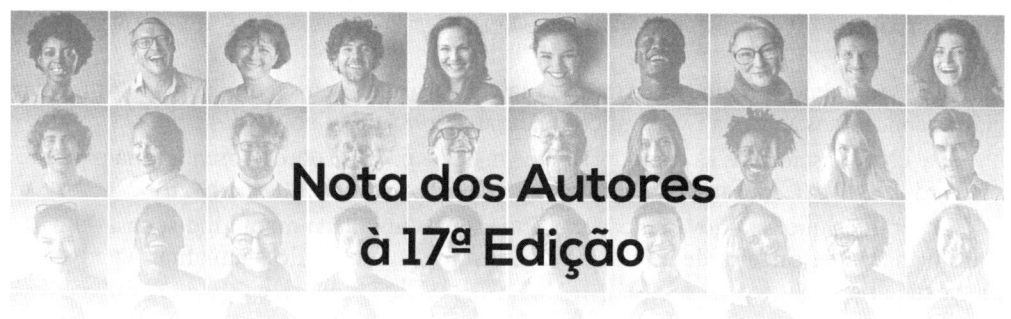

# Nota dos Autores à 17ª Edição

Nesta 17ª edição da obra *Prática Processual Previdenciária: Administrativa e Judicial*, reafirmamos nosso compromisso em manter uma abordagem didática e uma linguagem acessível, proporcionando aos leitores uma visão atualizada e prática das questões mais relevantes no Direito Previdenciário.

Nosso foco permanece em oferecer conteúdo que auxilie tanto na atuação administrativa quanto na judicial, com novos modelos de peças processuais e um mapeamento detalhado das novidades legislativas e jurisprudenciais.

Dentre as atualizações, temos a condição de segurado especial dos associados em cooperativas (Lei n. 15.072, de 2024); e a concessão do BPC (Leis ns. 14.973 e 15.077, de 2024).

No campo infralegal, as diversas alterações na IN PRES/INSS n. 128/2022, notadamente pela IN PRES/INSS n. 164/2024; a disciplina dos procedimentos e rotinas relativos ao Serviço Social no âmbito do INSS (Portaria Dirben/INSS n. 1.208, de 29.5.2024); as questões sobre a declaração fornecida pelo Incra e a ratificação da autodeclaração de remanescentes de comunidades quilombolas (cumprindo decisão em ACP); as regras e os procedimentos para análise do direito ao Benefício de Auxílio-Inclusão à Pessoa com Deficiência (Portaria Dirben/INSS n. 1.211, de 11.6.2024); a disciplina acerca das condições de dispensa da emissão de parecer conclusivo da Perícia Médica Federal quanto à incapacidade laboral e à concessão do benefício por meio de análise documental pelo INSS (Portaria Conjunta MPS/INSS n. 19, de 27.6.2024) e a operacionalização do pedido de prorrogação de benefícios por incapacidade temporária (Portaria Conjunta Pres/INSS/SRGPS/MPS n. 49, de 4.7.2024). E ainda a Resolução CNJ nº 595 de 21.11.2024, que dispõe sobre a padronização dos exames periciais nos benefícios previdenciários por incapacidade e sobre a automação nos processos judiciais previdenciários e assistenciais, por meio do Prevjud.

No campo do Processo Administrativo Previdenciário, examinamos as alterações introduzidas pela IN CRPS n. 3/2024, que impactam os procedimentos no Conselho de Recursos da Previdência Social. Merecem destaque, também, as iniciativas do projeto "Desjudicializa Prev", que visa reduzir a litigiosidade em temas com jurisprudência consolidada.

Dedicamos atenção às recentes decisões do STF, como as ADIs n. 2.110 e n. 2.111, que tratam da "Revisão da Vida Toda" e da inconstitucionalidade da carência para o salário-maternidade, assim como da ADI n. 7.727, em referência à idade para aposentadoria das policiais mulheres.

Do STJ, tratamos de decisões como: a utilização da sentença trabalhista homologatória de acordo, assim como a anotação na CTPS e demais documentos dela decorrentes, como início de prova material para fins de reconhecimento de tempo (Tema n. 1.188); a reafirmação da tese que prevê devolução de benefícios previdenciários recebidos por força de liminar revogada (Tema n. 692); a compensação de prestações previdenciárias, recebidas na via administrativa, quando da elaboração de cálculos em cumprimento de sentença concessiva de outro benefício, com elas não acumulável (Tema n. 1.207); as contribuições dos empregadores sobre o salário de contribuição (Temas n. 1.164, n. 1.170 e n. 1.252); a aplicação dos limitadores vigentes à época da concessão (menor e maior valor teto) no cálculo da renda mensal dos benefícios previdenciários concedidos antes da Constituição Federal de 1988 (Tema n. 1.140).

Da TNU, destacamos as teses dos Temas n. 317 e n. 354, sobre aposentadoria especial, e os Temas n. 349 e n. 358, ambos relacionados à interpretação da EC n. 103/2019.

Esperamos que esta nova edição continue sendo uma ferramenta indispensável para a transformação da carreira de muitos advogados que atuam ou desejam atuar na advocacia previdenciária.

Desejamos a todos uma excelente leitura!

# Apresentação

O Direito Previdenciário tem exigido aprimoramento cada vez maior dos profissionais envolvidos em sua aplicação.

Isso acarretou, nas últimas décadas, um incremento substancial na doutrina e na formação da jurisprudência sobre essa disciplina tão importante.

A grande demanda da sociedade pela máxima efetividade dos Direitos Fundamentais Sociais, por sua vez, leva os advogados a provocar as medidas cabíveis para que os indivíduos tenham acesso à justiça (adotado o conceito da magistral obra de Mauro Cappelletti e Bryan Garth – como verdadeiro acesso aos direitos, e não apenas como acesso a um órgão decisório), seja pela via administrativa, seja na atuação perante o Poder Judiciário.

Essas condições nos trouxeram a preocupação de colaborar com a comunidade jurídica de forma a unir, numa só obra, as bases doutrinárias e os aspectos práticos das principais lides que envolvem a Previdência Social.

Eis a razão da existência do presente trabalho, fruto de pesquisas que têm a pretensão de levar ao profissional do Direito subsídios para a defesa dos interesses de segurados e dependentes da Previdência Social, seja no âmbito das instâncias administrativas (Juntas, Câmaras e Conselho de Recursos da Previdência Social), seja no ajuizamento das diversas modalidades de ações perante os órgãos.

Esperamos poder com isso facilitar o importante trabalho daqueles que, diuturnamente, promovem o bom combate – o combate de ideias – visando ao engrandecimento do Direito Previdenciário.

**Os Autores**

# Prefácio

É com grande honra que recebi o convite para prefaciar a obra *Prática Processual Previdenciária: administrativa e judicial*, já consagrada no meio jurídico, de autoria de reconhecidos especialistas na matéria, com atuação de longa data, conjugando as experiências da magistratura, da advocacia e da docência.

O Prof. João Batista Lazzari fez carreira como Procurador do INSS e depois como Juiz Federal e formador de magistrados. O Prof. Carlos Alberto Pereira de Castro, Magistrado do Trabalho, também foi Procurador do INSS e em coautoria do Prof. Lazzari possui dezenas de obras nas últimas décadas. A Profª. Gisele Lemos Kravchychyn, advogada previdenciarista que se notabilizou pela defesa de grandes teses previdenciárias nos Tribunais Superiores, é a atual Presidente do Instituto Brasileiro de Direito Previdenciário (IBDP) e Conselheira Federal da OAB (gestão 2022-2025). E o Prof. Jefferson Luis Kravchychyn foi um dos pioneiros na advocacia previdenciária (desde 1980), tendo ocupado o cargo de Conselheiro do Conselho Nacional de Justiça (de 2009 a 2013) e foi fundador do Sistema OABPREV.

O trabalho conjunto desses abnegados estudiosos advém da pesquisa jurídico-científica realizada ao longo dos anos, com a análise, sistematização, interpretação e elaboração de teses jurídicas inovadoras, resultando em vasto conteúdo no campo do direito material e processual previdenciário, envolvendo os benefícios do Regime Geral de Previdência Social, da Lei Orgânica da Assistência Social e dos Regimes Próprios de Previdência, de modo a contribuir para o êxito dos operadores do direito na área, pois conjugam seus ensinamentos em prol da atuação na via administrativa e judicial.

A primeira edição do livro foi lançada no ano de 2010 e chega neste ano na sua 16ª edição, cumprindo com a responsabilidade de sempre apresentar as novidades no campo normativo, doutrinário e jurisprudencial. Diga-se, de passagem, que são poucas as obras jurídicas no nosso país que possuem reedições com a regularidade aqui destacada.

No exercício da magistratura, tive a grata satisfação de atuar em todos os estágios da carreira, iniciando como juiz federal substituto no Estado de São Paulo, passando pelo TRF da 3ª Região até o Superior Tribunal de Justiça. Nesse percurso, pude testemunhar o enorme volume de demandas de natureza previdenciária e assistencial, com consequências e efeitos sociais marcantes na vida das pessoas. Ao longo dos anos, salta aos olhos a constatação sobre como um processo administrativo ou judicial bem instruído e conduzido é determinante para a concessão de um benefício justo ao cidadão que a ele tem direito – e como isso é relevante também para a diminuição da judicialização ou para a celeridade dos processos judiciais.

Diante desse contexto, resta enaltecer a dedicação dos autores que não medem esforços para oferecer aos leitores os ensinamentos teóricos e práticos necessários e atuais para a defesa dos interesses dos beneficiários da Previdência Social, dos RPPS e daqueles que buscam prestações de natureza assistencial. A abrangência do trabalho é impressionante, assim como a busca de constante atualização doutrinária e jurisprudencial, que tornam a obra imprescindível para todos os que atuam na esfera previdenciária.

Estão de parabéns os autores, pelo sucesso deste livro e pela nova edição, ampliada e atualizada.

Brasília, primavera de 2023.

**Paulo Sérgio Domingues**
Ministro do Superior Tribunal de Justiça – STJ

# Sumário

## PARTE I
## A SEGURIDADE SOCIAL BRASILEIRA

**Capítulo 1 – A Evolução da Proteção Social no Brasil** ........... 3
- 1.1 As primeiras regras de proteção ........... 4
- 1.2 Da Lei Eloy Chaves ao SINPAS: evolução da proteção até 1988 ........... 4
- 1.3 A Constituição de 1988 e a Seguridade Social ........... 7
- 1.4 A criação do INSS e as primeiras reformas ........... 8
- 1.5 A Emenda Constitucional n. 20, de 1998 ........... 9
- 1.6 O Fator Previdenciário ........... 11
- 1.7 As Emendas Constitucionais n. 41 e n. 47 ........... 11
- 1.8 A Emenda Constitucional n. 103, de 2019 ........... 12

**Capítulo 2 – Princípios do Direito Previdenciário** ........... 13
- 2.1 Princípios gerais de Direito Previdenciário ........... 14
  - 2.1.1 Princípio da solidariedade ........... 14
  - 2.1.2 Princípio da vedação do retrocesso social ........... 14
  - 2.1.3 Princípio da proteção ao segurado ........... 15
  - 2.1.4 Princípio da proteção da confiança ........... 15
- 2.2 Princípios constitucionais da Seguridade Social ........... 16
  - 2.2.1 Universalidade da cobertura e do atendimento ........... 17
  - 2.2.2 Uniformidade e equivalência dos benefícios e serviços às populações urbanas e rurais ........... 18
  - 2.2.3 Seletividade e distributividade na prestação dos benefícios e serviços ........... 18
  - 2.2.4 Irredutibilidade do valor dos benefícios ........... 18
  - 2.2.5 Equidade na forma de participação no custeio ........... 19
  - 2.2.6 Diversidade da base de financiamento ........... 19
  - 2.2.7 Caráter democrático e descentralizado da administração ........... 20
- 2.3 Princípios específicos de custeio ........... 20
  - 2.3.1 Universalidade da participação no custeio ........... 20
  - 2.3.2 Do orçamento diferenciado ........... 21
  - 2.3.3 Da precedência da fonte de custeio ........... 21
  - 2.3.4 Da compulsoriedade da contribuição ........... 22
  - 2.3.5 Da anterioridade nonagesimal das contribuições sociais ........... 22
- 2.4 Princípios específicos de Previdência Social ........... 23
  - 2.4.1 Da filiação obrigatória ........... 23
  - 2.4.2 Do caráter contributivo ........... 23
  - 2.4.3 Do equilíbrio financeiro e atuarial ........... 24
  - 2.4.4 Da garantia do benefício mínimo ........... 25

| | | | |
|---|---|---|---|
| | 2.4.5 | Da correção monetária dos salários de contribuição | 25 |
| | 2.4.6 | Da preservação do valor real dos benefícios | 25 |
| | 2.4.7 | Da facultatividade da previdência complementar | 26 |
| | 2.4.8 | Da indisponibilidade dos direitos dos beneficiários | 27 |

**Capítulo 3 – Aplicação das Normas de Direito Previdenciário** ............ 29

- 3.1 Fontes do Direito Previdenciário ............ 29
- 3.2 Antinomias e critérios de solução ............ 31
- 3.3 Lacunas do ordenamento e sua solução ............ 32
- 3.4 Interpretação das normas ............ 33
- 3.5 Vigência e eficácia das normas no tempo ............ 34
- 3.6 Vigência e eficácia das normas no espaço ............ 36
  - 3.6.1 Acordos Internacionais de Previdência Social ............ 37
    - 3.6.1.1 Certificado de deslocamento temporário e isenção de contribuição... 39
    - 3.6.1.2 Requerimento de benefícios previstos nos Acordos Internacionais .. 39
    - 3.6.1.3 Da análise dos benefícios ............ 40
    - 3.6.1.4 Avaliação dos benefícios por incapacidade ............ 41
    - 3.6.1.5 Da totalização dos benefícios ............ 41
    - 3.6.1.6 Critérios de cálculo de benefícios com base em acordos internacionais ............ 42
    - 3.6.1.7 Pagamento de benefícios ............ 43
    - 3.6.1.8 Organismos de ligação no Brasil ............ 44
    - 3.6.1.9 Certificado de Direito à Assistência Médica no Exterior – CDAM ... 44
    - 3.6.1.10 Brasileiros residentes em países sem acordo de Previdência com o Brasil ............ 44
    - 3.6.1.11 Prova de vida de beneficiários do RGPS residentes no exterior ........ 45

**Capítulo 4 – A Organização da Seguridade Social** ............ 47

- 4.1 Sistema Nacional de Seguridade Social ............ 47
- 4.2 Instituto Nacional do Seguro Social – INSS ............ 47
- 4.3 Gestão descentralizada ............ 48
- 4.4 Conselho Nacional de Previdência Social – CNPS ............ 49
- 4.5 Conselhos de Previdência Social – CPS ............ 49
- 4.6 Conselho Nacional de Assistência Social – CNAS ............ 50
- 4.7 Conselho Nacional de Previdência Complementar – CNPC ............ 51
- 4.8 Conselho de Recursos da Previdência Social – CRPS ............ 52
- 4.9 Conselho Administrativo de Recursos Fiscais – CARF ............ 54

**Capítulo 5 – Modelos e Regimes de Previdência** ............ 57

- 5.1 Tipos de sistemas ............ 57
  - 5.1.1 Sistemas contributivos e não contributivos ............ 57
  - 5.1.2 Sistemas contributivos de repartição e capitalização ............ 58
  - 5.1.3 Sistemas privados de previdência ............ 58
- 5.2 Demais regimes previdenciários existentes no Brasil ............ 59
  - 5.2.1 Regimes próprios de previdência de ocupantes de cargos efetivos e vitalícios (RPPS) ............ 59
  - 5.2.2 Regime Previdenciário Complementar ............ 61
  - 5.2.3 Regime dos Militares das Forças Armadas ............ 65

## PARTE II

## O REGIME GERAL DE PREVIDÊNCIA SOCIAL

**Capítulo 1 – O Regime Geral de Previdência Social** ............... 69

**Capítulo 2 – Beneficiários do RGPS: Segurados e Dependentes** ............... 71
- 2.1 Segurados ............... 71
  - 2.1.1 Segurados obrigatórios ............... 72
  - 2.1.2 Segurados facultativos ............... 82
  - 2.1.3 A menoridade e a filiação como segurado ............... 83
  - 2.1.4 Aposentado que retorna à atividade ............... 84
- 2.2 Dependentes ............... 85
  - 2.2.1 Relações conjugais e afetivas com intuito de constituir família ............... 86
  - 2.2.2 Filhos e equiparados ............... 89
  - 2.2.3 EC n. 103/2019 e o menor sob guarda ............... 91
  - 2.2.4 EC n. 103/2019 e o dependente inválido ou com deficiência ............... 92
  - 2.2.5 Estudante universitário até os 24 anos ............... 94
  - 2.2.6 Outras hipóteses de perda da qualidade de dependente ............... 94
  - 2.2.7 Dependente designado ............... 95
  - 2.2.8 Divisão do benefício entre os dependentes ............... 95
  - 2.2.9 Comoriência ............... 96
  - 2.2.10 Dependência econômica presumida ou comprovada ............... 96
  - 2.2.11 Cessação da dependência ............... 97
  - 2.2.12 Renúncia ............... 98

**Capítulo 3 – Filiação e Inscrição** ............... 99
- 3.1 Filiação e inscrição de segurados ............... 99
- 3.2 Inscrição de dependentes ............... 105

**Capítulo 4 – Tempo de Contribuição para Fins Previdenciários** ............... 107
- 4.1 Trabalho intermitente ............... 113
- 4.2 Prova do tempo de contribuição ............... 114
- 4.3 Reconhecimento do tempo de contribuição e respectiva indenização ............... 117
  - 4.3.1 Possibilidade de utilização de períodos indenizados para obtenção do melhor benefício ............... 119
- 4.4 Atividade rurícola e o regime de economia familiar ............... 120
  - 4.4.1 Aspectos destacados da jurisprudência sobre trabalhador rural ............... 121
- 4.5 Tempo como aluno-aprendiz ............... 127
- 4.6 Efeitos das decisões da Justiça do Trabalho para cômputo junto ao INSS ............... 129
- 4.7 Contagem recíproca do tempo de contribuição ............... 133
  - 4.7.1 Requerimento de Certidão de Tempo de Contribuição – CTC ............... 138
- 4.8 Justificação administrativa ............... 138

**Capítulo 5 – Manutenção e Perda da Qualidade de Segurado** ............... 141
- 5.1 Segurado em gozo de benefício, exceto do auxílio-acidente ............... 141
- 5.2 Segurado que deixar de exercer atividade remunerada ............... 141
- 5.3 Segurado acometido de doença de segregação compulsória ............... 143
- 5.4 Segurado detido ou recluso ............... 144
- 5.5 Das regras pertinentes ao segurado especial (rural) ............... 144

| | | |
|---|---|---|
| 5.6 | Segurado incorporado às Forças Armadas para prestar serviço militar............................ | 145 |
| 5.7 | Segurado facultativo ............................................................................................................ | 145 |
| 5.8 | Disposições gerais pertinentes à perda da qualidade de segurado....................................... | 145 |
| 5.9 | Exigência de contribuição mínima para cômputo do período de graça............................... | 147 |
| 5.10 | Tabela para verificação da manutenção da qualidade de segurado (período de graça legal) de acordo com as datas de recolhimentos vigentes............................................................ | 150 |

## Capítulo 6 – Períodos de Carência — 153

| | | |
|---|---|---|
| 6.1 | Benefícios que não dependem de carência.......................................................................... | 159 |
| 6.2 | Cumprimento da carência em caso de nova filiação à Previdência Social........................... | 162 |
| 6.3 | Divergências sobre a contagem do prazo de carência......................................................... | 165 |
| 6.4 | Tabela de carência exigida até 2011..................................................................................... | 168 |
| 6.5 | Regras de contagem de carência de acordo com a forma de filiação................................... | 169 |

## Capítulo 7 – Acidente do Trabalho e Doenças Ocupacionais — 173

| | | |
|---|---|---|
| 7.1 | Proteção acidentária no período pós-Constituição de 1988 ................................................ | 174 |
| 7.2 | Conceito de acidente do trabalho........................................................................................ | 174 |
| 7.3 | Doenças ocupacionais.......................................................................................................... | 177 |
| 7.4 | Nexo causal e concausalidade.............................................................................................. | 178 |
| | 7.4.1 A perícia para fins de averiguação da causalidade/concausalidade...................... | 179 |
| | 7.4.2 A presunção de nexo causal – Nexo técnico epidemiológico............................... | 180 |
| 7.5 | Aspectos da proteção previdenciária à vítima de acidente.................................................. | 183 |
| 7.6 | A comunicação do acidente de trabalho.............................................................................. | 184 |

## Capítulo 8 – Concessão da Prestação Previdenciária — 187

| | | |
|---|---|---|
| 8.1 | Suspensão e cancelamento de benefícios............................................................................. | 191 |
| 8.2 | Programa de Revisão dos Benefícios por Incapacidade – PRBI........................................... | 195 |
| 8.3 | Programa Especial para Análise de Benefícios com Indícios de Irregularidade.................. | 197 |
| 8.4 | Abono anual......................................................................................................................... | 198 |

## PARTE III
## A POSTULAÇÃO NA VIA ADMINISTRATIVA

## Capítulo 1 – Processo Administrativo Previdenciário — 203

| | | |
|---|---|---|
| 1.1 | Da necessidade do processo administrativo........................................................................ | 203 |
| 1.2 | Preceitos e princípios do processo administrativo .............................................................. | 204 |
| 1.3 | Instrução do processo administrativo previdenciário e o sigilo de dados do requerente...... | 206 |
| 1.4 | Do direito ao melhor benefício............................................................................................ | 208 |
| 1.5 | Das fases do processo administrativo.................................................................................. | 210 |
| | 1.5.1 Representação dos legitimados.............................................................................. | 211 |
| | 1.5.2 Representação do interessado por procuração...................................................... | 212 |
| 1.6 | O requerimento administrativo e o sistema "Meu INSS"..................................................... | 213 |
| | 1.6.1 Principais serviços disponíveis no Meu INSS........................................................ | 215 |
| | 1.6.2 INSS Digital............................................................................................................ | 217 |
| | 1.6.3 Como requerer: formulários prontos ou elaboração própria?............................... | 218 |
| | 1.6.4 Das formas de agendamento/requerimento administrativo no INSS.................... | 220 |
| | 1.6.5 Da titularidade para o requerimento administrativo no INSS............................... | 221 |
| | 1.6.6 Da representação por advogado nos processos administrativos........................... | 222 |
| | 1.6.7 Da proteção a pessoa com deficiência no requerimento administrativo .............. | 223 |

| | | | | |
|---|---|---|---|---|
| 1.7 | Requerimento de cancelamento, desistência e renúncia do benefício | | | 224 |
| 1.8 | Requerimento de suspensão de aposentadoria especial para retorno à atividade com exposição ao risco | | | 225 |
| 1.9 | Requerimento de cópia integral do processo administrativo | | | 226 |
| 1.10 | Pedido de restituição ou compensação de contribuições pagas a maior | | | 227 |
| 1.11 | Do requerimento de cálculo de complementação das contribuições recolhidas abaixo do salário mínimo para períodos anteriores a novembro de 2019 | | | 230 |
| 1.12 | Do requerimento de ajustes para alcance do salário mínimo – Emenda Constitucional n. 103/2019 | | | 230 |
| 1.13 | Do requerimento de alteração de código de pagamento | | | 231 |
| 1.14 | Do requerimento de solicitação de retroação da data do início da contribuição – DIC | | | 232 |
| 1.15 | Do requerimento para cálculo de indenização | | | 232 |
| 1.16 | Da formalização do processo administrativo previdenciário | | | 233 |
| 1.17 | Das comunicações aos interessados | | | 236 |
| 1.18 | Dos meios de prova no processo administrativo | | | 238 |
| | 1.18.1 | Meios de prova em espécie no processo administrativo | | 238 |
| | | 1.18.1.1 | Provas documentais (ou materiais) | 238 |
| | | 1.18.1.2 | Os dados do CNIS como meio de prova | 241 |
| | | 1.18.1.3 | Prova testemunhal | 245 |
| | | 1.18.1.4 | A entrevista | 246 |
| | | 1.18.1.5 | Prova pericial | 247 |
| | | | 1.18.1.5.1 Quesitação unificada entre as instâncias administrativa e judiciária | 250 |
| | | 1.18.1.6 | Programa de Enfrentamento à Fila da Previdência Social (PEFPS) | 251 |
| 1.19 | Justificação Administrativa (JA) | | | 252 |
| | 1.19.1 | Justificação Administrativa para comprovação de tempo especial | | 255 |
| | 1.19.2 | Justificação Administrativa para exclusão de dependentes | | 256 |
| | 1.19.3 | Recurso em Justificação Administrativa | | 257 |
| 1.20 | Da carta de exigência | | | 257 |
| 1.21 | Pesquisa externa | | | 260 |
| 1.22 | Reafirmação da data de entrada do requerimento (DER) | | | 261 |
| 1.23 | Cadastro Nacional de Informações Sociais (CNIS) | | | 262 |
| | 1.23.1 | Pedido de atualização dos dados do CNIS | | 265 |
| 1.24 | Decisão administrativa | | | 272 |

**Capítulo 2 – Recursos no Âmbito Administrativo** ........ 275

| | | | |
|---|---|---|---|
| 2.1 | Regras gerais relativas aos recursos no âmbito do CRPS | | 278 |
| | 2.1.1 | Conselho Julgador | 283 |
| | 2.1.2 | Pauta, julgamento e sustentação oral | 285 |
| | 2.1.3 | Consulta de processos no CRPS | 288 |
| | 2.1.4 | Do impedimento dos Conselheiros | 288 |
| | 2.1.5 | Das decisões | 289 |
| 2.2 | Juntas de Recursos (1ª Instância Recursal) | | 292 |
| | 2.2.1 | Recurso ordinário para a Junta de Recursos | 292 |
| 2.3 | Recurso especial às Câmaras de Julgamento – CaJ (2ª Instância Recursal) | | 294 |
| 2.4 | Recursos ao Pleno do CRPS | | 295 |
| | 2.4.1 | Pedido de uniformização de jurisprudência no âmbito administrativo | 296 |
| | | 2.4.1.1 Pedido de uniformização de jurisprudência em tese | 296 |
| | | 2.4.1.2 Pedido de uniformização de jurisprudência em matéria de direito | 298 |
| | 2.4.2 | Reclamação ao Conselho Pleno | 299 |

| | | | |
|---|---|---|---|
| **Capítulo 3 – Prazos e Intimações no Âmbito Administrativo** | | | 301 |
| 3.1 | Dos prazos | | 301 |
| 3.2 | Tabela dos principais prazos do CRPS | | 302 |
| 3.3 | Intimações no âmbito administrativo | | 303 |
| **Capítulo 4 – Incidentes Processuais no Âmbito Administrativo** | | | 305 |
| 4.1 | Embargos de declaração | | 305 |
| 4.2 | Revisão de acórdão | | 306 |
| 4.3 | Revisão para reavaliação dos atos praticados pelo INSS | | 307 |
| 4.4 | Conflitos de competência | | 308 |
| 4.5 | Reclamação pelo descumprimento de decisão do CRPS | | 309 |
| 4.6 | Plataforma de Autocomposição Imediata e Final de Conflitos Administrativos – PACIFICA | | 310 |
| 4.7 | Programa "Desjudicializa Prev" | | 310 |

## PARTE IV

## A POSTULAÇÃO NA VIA JUDICIAL – REGIME GERAL DE PREVIDÊNCIA SOCIAL – RGPS

| | | | | |
|---|---|---|---|---|
| **Capítulo 1 – Concessão de Aposentadorias Programáveis** | | | | 315 |
| 1.1 | Aposentadoria programada | | | 322 |
| | 1.1.1 | Beneficiários e DIB da Aposentadoria Programada Urbana | | 322 |
| | 1.1.2 | Renda Mensal Inicial da Aposentadoria Programada | | 323 |
| 1.2 | Aposentadoria por tempo de contribuição (antiga aposentadoria por tempo de serviço) | | | 323 |
| | 1.2.1 | Beneficiários | | 325 |
| | 1.2.2 | Período de carência | | 327 |
| | 1.2.3 | Data de início do benefício da aposentadoria por tempo de contribuição | | 327 |
| | 1.2.4 | Renda mensal inicial | | 328 |
| Quadro-resumo – Aposentadoria por tempo de contribuição | | | | 330 |
| | 1.2.5 | Regras de transição da aposentadoria por tempo de contribuição vigentes – EC n. 103/2019 | | 332 |
| | 1.2.6 | Principais demandas relacionadas à aposentadoria por tempo de contribuição | | 336 |
| | 1.2.7 | Aposentadoria Programada dos Professores | | 337 |
| | | 1.2.7.1 | A aposentadoria dos professores e a aplicação do fator previdenciário | 339 |
| | 1.2.8 | Regras de transição da aposentadoria dos professores – EC n. 103/2019 | | 339 |
| | | 1.2.8.1 | Transição 1: Sistema de pontos | 340 |
| | | 1.2.8.2 | Transição 2: Tempo de contribuição + idade mínima | 341 |
| | | 1.2.8.3 | Transição 3: Pedágio de 100% do tempo faltante | 342 |
| 1.3 | Aposentadoria por idade | | | 343 |
| | 1.3.1 | Regra de transição em relação à aposentadoria por idade – EC n. 103/2019 | | 344 |
| | | 1.3.1.1 | Aposentadoria por idade do trabalhador rural | 345 |
| | | 1.3.1.2 | Aposentadoria programada "mista" ou "híbrida" | 351 |
| | | 1.3.1.3 | A Reforma da Previdência (EC n. 103/2019) e a aposentadoria programada híbrida | 353 |
| | 1.3.2 | Período de carência | | 354 |
| | 1.3.3 | Data de início do benefício | | 354 |
| | 1.3.4 | Renda mensal inicial | | 354 |
| | 1.3.5 | Principais demandas relacionadas à aposentadoria e por idade do trabalhador rural | | 355 |

|   |   |   |   |
|---|---|---|---|
| | 1.3.6 | Sugestão de questionário para ações de concessão de benefício rural | 356 |
| | 1.3.7 | Documentos e dados a serem solicitados para o segurado nas ações que envolvam trabalho rural | 356 |

Quadro-resumo – Aposentadoria por idade .................................................................. 358

1.4 Aposentadoria especial .......................................................................................... 361
    1.4.1 A fixação de idade mínima para a aposentadoria especial pela EC n. 103 ........ 362
    1.4.2 Beneficiários ............................................................................................ 363
        1.4.2.1 Impedimentos legais ao exercício de atividades especiais ............ 364
    1.4.3 Formas de enquadramento do tempo especial ........................................... 364
    1.4.4 Atividades perigosas ................................................................................ 365
    1.4.5 Trabalho de forma permanente, não ocasional nem intermitente ............... 367
    1.4.6 Agentes nocivos ....................................................................................... 369
    1.4.7 Efeitos do uso de Equipamentos de Proteção Individual (EPIs) .................. 369
    1.4.8 Período de carência ................................................................................. 374
    1.4.9 Data de início do benefício ...................................................................... 374
    1.4.10 Cessação do pagamento da aposentadoria especial – STF Tema n. 709 ..... 374
    1.4.11 Renda mensal inicial ................................................................................ 376
    1.4.12 Conversão do tempo especial ................................................................... 377
        1.4.12.1 A EC n. 103/2019 e a vedação da conversão do tempo especial em comum ............................................................................... 379
        1.4.12.2 Fator de conversão do tempo especial em tempo comum .......... 380
    1.4.13 Enquadramento de atividade especial exposta ao agente nocivo ruído ....... 381
    1.4.14 Enquadramento de atividade especial exposta ao agente nocivo frio ......... 383
    1.4.15 Enquadramento de atividade especial exposta ao agente nocivo calor ....... 384
    1.4.16 Enquadramento de atividade especial exposta ao agente nocivo eletricidade .... 385
    1.4.17 Motoristas de ônibus, caminhão e afins: atividade penosa .......................... 385
    1.4.18 Enquadramento de atividade especial exercida por vigilantes, vigias ou seguranças ................................................................................................... 386
    1.4.19 Comprovação do exercício de atividade especial ....................................... 386
        1.4.19.1 Laudo Técnico de Condições Ambientais do Trabalho (LTCAT) ... 393
        1.4.19.2 Tabela de enquadramento legislativo do período de atividade especial ............................................................................................ 394
    1.4.20 EC n. 103/2019 e as regras de transição para a aposentadoria especial ...... 395

Quadro-resumo – Aposentadoria especial ..................................................................... 396

1.5 Aposentadoria aos segurados com deficiência ......................................................... 400
    1.5.1 A regulamentação da aposentadoria da pessoa com deficiência .................. 400
    1.5.2 Beneficiários ............................................................................................ 404
    1.5.3 Período de carência ................................................................................. 404
    1.5.4 Renda mensal inicial ................................................................................ 405
    1.5.5 Data de início do benefício ...................................................................... 406
    1.5.6 Principais demandas relacionadas à aposentadoria da pessoa com deficiência ..... 406

Quadro-resumo – Aposentadoria aos segurados com deficiência ................................... 407

1.6 Aposentadoria dos segurados de baixa renda .......................................................... 408

**Capítulo 2 – Concessão e Restabelecimento de Benefícios por Incapacidade Laboral** ..... 411

2.1 Auxílio por incapacidade temporária (antigo auxílio-doença) .................................. 411
    2.1.1 Requerimento do benefício ..................................................................... 412
    2.1.2 Beneficiários do auxílio por incapacidade temporária de origem acidentária ... 412
    2.1.3 Distinção entre o benefício acidentário e o não acidentário ...................... 413
    2.1.4 Recebimento de auxílio por incapacidade temporária em caso de atividades concomitantes .......................................................................................... 413

| | | |
|---|---|---|
| 2.1.5 | Processamento de benefício e concessão *ex officio* | 414 |
| 2.1.6 | Destaques sobre a concessão do benefício | 414 |
| 2.1.7 | A vedação ao recebimento de benefício por incapacidade ao recluso | 415 |
| 2.1.8 | Perícia médica nos benefícios por incapacidade | 416 |
| 2.1.8.1 | Concessão por análise documental – Atestmed | 419 |
| 2.1.9 | Período de carência | 421 |
| 2.1.10 | As Medidas Provisórias n. 739 e n. 767: questões ligadas ao direito intertemporal | 423 |
| 2.1.11 | Data de início do benefício | 424 |
| 2.1.11.1 | A data de início do benefício concedido judicialmente | 426 |
| 2.1.12 | Renda mensal inicial | 428 |
| 2.1.12.1 | Tabela de cálculo e coeficiente do auxílio-doença/por incapacidade temporária | 429 |
| 2.1.13 | Processo de reabilitação | 429 |
| 2.1.14 | Suspensão e cessação do benefício | 431 |
| 2.1.15 | Sistema "Data Certa", pedido de prorrogação e pedido de reconsideração | 432 |
| 2.1.15.1 | Pedido de prorrogação | 433 |
| 2.1.15.2 | Restabelecimento do benefício | 437 |
| 2.1.16 | Situação trabalhista e problemas ligados ao "limbo" jurídico | 438 |
| 2.1.17 | Benefício da Lei Maria da Penha | 440 |
| 2.1.18 | A covid-19 e o nexo de causalidade com o trabalho | 440 |
| 2.1.19 | A covid-19 e as situações de afastamento do trabalho | 444 |
| 2.1.20 | Principais demandas relacionadas ao auxílio por incapacidade temporária | 445 |
| Quadro-resumo – Auxílio por incapacidade temporária (antigo auxílio-doença) | | 446 |
| 2.2 | Aposentadoria por incapacidade permanente (antiga aposentadoria por invalidez) | 448 |
| 2.2.1 | Período de carência | 450 |
| 2.2.1.1 | Cômputo de períodos de benefícios por incapacidade para carência | 451 |
| 2.2.2 | Data de início do benefício | 453 |
| 2.2.3 | Renda mensal inicial | 454 |
| 2.2.3.1 | Tabela de cálculo e coeficiente da aposentadoria por invalidez/incapacidade permanente | 457 |
| 2.2.4 | Recuperação da capacidade de trabalho | 457 |
| 2.2.4.1 | Mensalidade de recuperação | 460 |
| 2.2.4.2 | Gráfico demonstrativo da parcela de recuperação (retorno à atividade) | 461 |
| 2.2.5 | Transformação da aposentadoria por incapacidade em aposentadoria por idade | 461 |
| 2.2.6 | Principais demandas relacionadas à aposentadoria por incapacidade permanente (invalidez) | 462 |
| Quadro-resumo – Aposentadoria por incapacidade permanente | | 463 |
| 2.3 | Auxílio-acidente | 465 |
| 2.3.1 | Requisitos para concessão do auxílio-acidente | 465 |
| 2.3.2 | Beneficiários | 466 |
| 2.3.3 | Período de carência | 467 |
| 2.3.4 | Data de início do benefício | 468 |
| 2.3.5 | Renda mensal inicial | 469 |
| 2.3.6 | Suspensão e cessação do benefício | 470 |
| 2.3.7 | Principais demandas relacionadas ao auxílio-acidente | 472 |
| Quadro-resumo – Auxílio-acidente | | 472 |
| 2.4 | Direito à proteção do emprego contra despedida do trabalhador acidentado | 473 |

| | | | |
|---|---|---|---|
| 2.5 | | Ação regressiva acidentária | 475 |
| 2.6 | | Principais aspectos das ações de benefícios por incapacidade | 477 |
| | 2.6.1 | A prova pericial nas ações que envolvem a incapacidade laborativa | 483 |
| | 2.6.2 | Fundamentos para a perícia médica judicial previdenciária | 486 |
| | 2.6.3 | Da elaboração dos quesitos à produção do laudo pericial | 487 |
| | 2.6.4 | Exemplos de quesitos para perícia médica (ação previdenciária) | 492 |
| | 2.6.5 | Observações importantes sobre a perícia | 493 |
| | 2.6.6 | Perícia complexa ou biopsicossocial | 494 |
| | 2.6.7 | Utilização da tecnologia de telemedicina na perícia médica federal | 497 |
| | 2.6.8 | Dos honorários periciais | 497 |

**Capítulo 3 – Concessão de Benefício Assistencial à Pessoa Idosa e à Pessoa com Deficiência – LOAS** ...... 499

| | | | |
|---|---|---|---|
| 3.1 | | Benefício de Prestação Continuada à pessoa idosa e à pessoa com deficiência – LOAS | 499 |
| | 3.1.1 | Requisitos legais para a concessão do Benefício de Prestação Continuada (BPC) | 500 |
| | | 3.1.1.1 Registro biométrico | 501 |
| | 3.1.2 | Deficiência para fins de concessão do Benefício de Prestação Continuada (BPC) | 502 |
| | 3.1.3 | Requisito econômico para fins de concessão do Benefício de Prestação Continuada (BPC) | 503 |
| | 3.1.4 | Beneficiários | 507 |
| | | 3.1.4.1 Beneficiários com Transtorno do Espectro Autista (TEA) e Visão Monocular no BPC/LOAS | 507 |
| | 3.1.5 | Data de início do benefício | 508 |
| | 3.1.6 | Revisão do benefício | 509 |
| | 3.1.7 | Acumulação com outros benefícios | 510 |
| Quadro-resumo – Benefício de Prestação Continuada da assistência social | | | 511 |
| 3.2 | | Benefício assistencial ao trabalhador portuário avulso | 514 |
| 3.3 | | Auxílio-inclusão à pessoa com deficiência | 515 |
| | 3.3.1 | Beneficiários e requisitos do auxílio-inclusão | 515 |
| | 3.3.2 | Data de início e renda mensal do auxílio-inclusão | 516 |
| | 3.3.3 | Vedação de acumulação, suspensão e cancelamento do auxílio-inclusão | 517 |
| Quadro-resumo – Auxílio-inclusão à pessoa com deficiência | | | 517 |
| 3.4 | | Principais demandas relacionadas a esses benefícios | 519 |

**Capítulo 4 – Concessão de Benefícios de Proteção à Família e à Maternidade** ...... 521

| | | | |
|---|---|---|---|
| 4.1 | | Pensão por morte | 521 |
| | 4.1.1 | Requisitos para a concessão do benefício | 521 |
| | 4.1.2 | Pensão provisória em caso de morte presumida | 522 |
| | 4.1.3 | Direito à pensão quando o segurado estiver inadimplente com a Previdência | 523 |
| | 4.1.4 | Habilitação de beneficiários | 525 |
| | 4.1.5 | Pensão ao dependente viúvo do sexo masculino | 528 |
| | 4.1.6 | Existência simultânea de dependentes cônjuges, ex-cônjuges e companheiros | 528 |
| | 4.1.7 | Comprovação da união estável e homoafetiva | 530 |
| | 4.1.8 | A Lei n. 13.135/2015 e a limitação do acesso ao benefício | 531 |
| | 4.1.9 | Direito à pensão do menor sob guarda | 532 |
| | 4.1.10 | Direito à pensão do filho ou irmão inválido | 533 |
| | 4.1.11 | Dependente universitário – Pensionamento até os 24 anos | 534 |
| | 4.1.12 | Pensão em favor dos pais | 535 |
| | 4.1.13 | Multiparentalidade e o direito à pensão | 535 |

| | | |
|---|---|---|
| 4.1.14 | A revogação da dependência de pessoas designadas............................ | 537 |
| 4.1.15 | Período de carência ............................................................................ | 538 |
| 4.1.16 | Data de início do benefício ................................................................. | 538 |
| 4.1.17 | Renda mensal inicial ........................................................................... | 539 |
| 4.1.18 | A EC n. 103/2019: novas regras de cálculo e de divisão de cotas........ | 541 |
| 4.1.19 | Revisão do valor da pensão – legitimidade: STJ Repetitivo n. 1.057 ......... | 543 |
| 4.1.20 | Cessação do benefício......................................................................... | 544 |
| 4.1.21 | Suspensão do pagamento da pensão por morte................................... | 546 |
| 4.1.22 | Perda do direito à pensão por morte ................................................... | 547 |
| 4.1.23 | Pensão por morte decorrente de acidente de trabalho......................... | 547 |
| 4.1.24 | Despensão........................................................................................... | 547 |
| Quadro-resumo – Pensão por morte....................................................................... | | 548 |
| 4.2 Auxílio-reclusão ........................................................................................... | | 553 |
| 4.2.1 | Beneficiários e os critérios de baixa renda .......................................... | 553 |
| 4.2.2 | Novas regras fixadas pela Lei n. 13.846/2019 ..................................... | 556 |
| 4.2.3 | Concessão do auxílio-reclusão para dependentes de segurados que superem o critério da baixa renda ........................................................ | 557 |
| 4.2.4 | Período de carência ............................................................................ | 558 |
| 4.2.5 | Data de início do benefício ................................................................. | 558 |
| 4.2.6 | Renda mensal inicial ........................................................................... | 558 |
| 4.2.7 | Causas de suspensão e extinção do auxílio-reclusão ........................... | 559 |
| 4.2.8 | Principais demandas relacionadas à pensão e ao auxílio-reclusão ...... | 560 |
| Quadro-resumo – Auxílio-reclusão ......................................................................... | | 561 |
| 4.3 Salário-maternidade ..................................................................................... | | 563 |
| 4.3.1 | Beneficiários do salário-maternidade.................................................. | 564 |
| 4.3.2 | Natureza jurídica do salário-maternidade ........................................... | 565 |
| 4.3.3 | Outros critérios de concessão do salário-maternidade ........................ | 565 |
| 4.3.4 | Período de carência ............................................................................ | 567 |
| 4.3.5 | Data de início e duração do salário-maternidade ................................ | 567 |
| | 4.3.5.1 Concessão do salário-maternidade em caso de adoção......... | 568 |
| | 4.3.5.2 Extensão em casos de falecimento da gestante ou adotante........ | 569 |
| 4.3.6 | Prorrogação do salário-maternidade por mais sessenta dias ............... | 570 |
| 4.3.7 | Prazo para requerimento do salário-maternidade................................ | 571 |
| 4.3.8 | Renda mensal inicial ........................................................................... | 571 |
| 4.3.9 | Cessação do benefício......................................................................... | 575 |
| 4.3.10 | Principais demandas relacionadas ao salário-maternidade.................. | 575 |
| Quadro-resumo – Salário-maternidade ................................................................... | | 576 |
| 4.4 Salário-família .............................................................................................. | | 578 |
| 4.4.1 | Beneficiários e o critério das quotas do salário-família....................... | 579 |
| 4.4.2 | Período de carência ............................................................................ | 580 |
| 4.4.3 | Data de início do benefício ................................................................. | 580 |
| 4.4.4 | Renda mensal inicial ........................................................................... | 580 |
| 4.4.5 | Perda do direito ................................................................................... | 581 |
| 4.4.6 | Principais demandas relacionadas ao salário-família........................... | 581 |
| Quadro-resumo – Salário-família ............................................................................ | | 582 |

**Capítulo 5 – Regras Gerais sobre Acumulação e Cálculo dos Benefícios e Ações Revisionais** ...... 585

| | | |
|---|---|---|
| 5.1 | Acumulação de benefícios ............................................................................ | 585 |
| 5.2 | Cálculo do valor dos benefícios .................................................................... | 592 |

| | 5.2.1 | Definições iniciais para o cálculo dos benefícios: salário de contribuição, salário de benefício, período básico de cálculo, coeficiente de cálculo e renda mensal inicial .................................................................................................................. | 593 |
|---|---|---|---|
| | | 5.2.1.1 Atividades concomitantes ............................................................... | 599 |
| | | 5.2.1.2 Fórmula de cálculo do salário de benefício da Lei n. 9.876/1999 até a véspera da vigência da EC n. 103/2019 .................................... | 601 |
| | | 5.2.1.3 Período básico de cálculo ............................................................... | 602 |
| | 5.2.2 | Fator previdenciário .................................................................................... | 602 |
| | | 5.2.2.1 Fórmula de cálculo do fator previdenciário .................................. | 604 |
| | | 5.2.2.2 Afastamento da incidência do fator previdenciário com base na fórmula 85/95 progressiva ............................................................. | 605 |
| | | 5.2.2.2.1 Fator previdenciário em relação aos professores ........... | 607 |
| 5.3 | Tabela resumida com a forma de cálculo dos salários de benefício após a Lei n. 9.876/1999 e até a vigência da EC n. 103/2019 .................................................................................... | | 608 |
| 5.4 | Renda mensal inicial ................................................................................................... | | 608 |
| | 5.4.1 | Tabela de coeficiente de cálculo dos benefícios desde 1979 até o advento da EC n. 103/2019 .................................................................................................... | 611 |
| 5.5 | Valor-limite dos benefícios ......................................................................................... | | 612 |
| 5.6 | Reajustamento e revisão do valor dos benefícios ....................................................... | | 613 |
| | 5.6.1 | Ampliação do período básico de cálculo do salário de benefício – "Tese de uma vida toda" ................................................................................................... | 615 |
| | 5.6.2 | Não incidência do fator previdenciário nas aposentadorias por tempo de contribuição concedidas com base nas regras de transição da EC n. 20/1998 .......... | 616 |
| | 5.6.3 | Revisão com base na concessão do benefício mais vantajoso – Tese do "melhor benefício" ....................................................................................................... | 618 |
| | 5.6.4 | Revisão baseada no aumento do tempo de contribuição comum e especial ........ | 619 |
| | 5.6.5 | Revisão baseada em sentença trabalhista com inclusão de tempo de contribuição e aumento dos salários de contribuição ....................................................... | 619 |
| | 5.6.6 | Revisão decorrente de atividades concomitantes ........................................... | 621 |
| | 5.6.7 | Revisão dos benefícios por incapacidade concedidos após a EC n. 103/2019 ..... | 621 |
| | 5.6.8 | Revisão do salário de benefício para inclusão dos valores pagos em pecúnia a título de auxílio-alimentação ........................................................................ | 623 |
| | 5.6.9 | Revisão da pensão por morte: dependentes com invalidez ou deficiência .......... | 624 |

**Capítulo 6 – Ações sobre a Aplicação do Limite Máximo de Benefício (Teto)** ............................ 625

| 6.1 | Valor-limite dos benefícios previdenciários (teto) ..................................................... | 625 |
|---|---|---|
| 6.2 | Ação para aplicação dos tetos trazidos pelas Emendas Constitucionais n. 20/1998 e n. 41/2003 nos benefícios concedidos até 31.12.2003 .............................................. | 626 |
| 6.3 | "Buraco negro" ........................................................................................................... | 627 |
| 6.4 | "Buraco verde" e primeiro reajustamento com o incremento legal ............................ | 630 |

**Capítulo 7 – Benefícios Extintos e Teses Superadas** ................................................................... 633

| 7.1 | Benefícios extintos ..................................................................................................... | | 633 |
|---|---|---|---|
| | 7.1.1 | Renda mensal vitalícia ................................................................................ | 633 |
| | 7.1.2 | Auxílio-natalidade ...................................................................................... | 634 |
| | 7.1.3 | Auxílio-funeral ........................................................................................... | 634 |
| | 7.1.4 | Pecúlio ........................................................................................................ | 635 |
| | 7.1.5 | Abono de permanência em serviço ............................................................. | 635 |
| | 7.1.6 | Aposentadorias diferenciadas ..................................................................... | 635 |
| 7.2 | Majoração do coeficiente de cálculo da pensão por morte ........................................ | | 636 |
| 7.3 | Demais revisões decorrentes da Lei n. 9.032/1995 .................................................... | | 637 |

| | | | | |
|---|---|---|---|---|
| 7.4 | | Reajustamento dos benefícios pelos índices integrais do IGP-DI nos meses de junho de 1997, 1999, 2000, 2001, 2002 e 2003 | | 637 |
| 7.5 | | Conversão dos benefícios em URV | | 638 |
| 7.6 | | Reajustes quadrimestrais – IRSM – Leis n. 8.542/1992 e n. 8.700/1993 | | 638 |
| 7.7 | | Expurgos inflacionários de janeiro de 1989; março, abril e maio de 1990; e fevereiro de 1991 | | 639 |
| 7.8 | | Súmula n. 260 do Tribunal Federal de Recursos | | 639 |
| 7.9 | | Aplicação do art. 58 do Ato das Disposições Constitucionais Transitórias | | 640 |
| 7.10 | | Atualização monetária dos doze últimos salários de contribuição para os benefícios concedidos anteriormente à Constituição de 1988 | | 641 |
| 7.11 | | Manutenção do valor real dos benefícios mediante a equivalência do valor dos benefícios em números de salários mínimos | | 641 |
| 7.12 | | Valor mínimo dos benefícios | | 642 |
| 7.13 | | Gratificação natalina de 1988/1989 | | 642 |
| 7.14 | | URP de fevereiro de 1989 | | 642 |
| 7.15 | | Reajuste de setembro de 1991 – abono da Lei n. 8.178/1991 | | 642 |
| 7.16 | | Reajustes pelo salário mínimo de referência | | 643 |
| 7.17 | | Autoaplicabilidade do art. 202, *caput*, da Constituição Federal de 1988 | | 643 |
| 7.18 | | Renda mensal inicial da aposentadoria por invalidez precedida de auxílio-doença | | 644 |
| 7.19 | | Revisão com inclusão do 13º salário e do adicional de férias na base de cálculo do salário de benefício | | 644 |
| 7.20 | | Índices de correção dos salários de contribuição (ORTN-OTN) | | 646 |
| 7.21 | | Aplicação do IRSM de fevereiro de 1994 | | 646 |
| 7.22 | | Desaposentação e reaposentação | | 647 |
| 7.23 | | Apuração da RMI do auxílio-doença e da aposentadoria por invalidez: art. 29, II, da Lei n. 8.213, de 1991 | | 648 |
| 7.24 | | Inclusão do adicional de 25% ao aposentado que necessitar da assistência permanente de outra pessoa | | 650 |

**Capítulo 8 – Aspectos Processuais** ............................................................................. 651

| | | | | |
|---|---|---|---|---|
| 8.1 | | Ações previdenciárias | | 651 |
| | 8.1.1 | Competência para as ações previdenciárias | | 652 |
| | | 8.1.1.1 | Prestações comuns previdenciárias | 653 |
| | | 8.1.1.2 | Competência federal delegada | 654 |
| | | 8.1.1.3 | Ações acidentárias | 656 |
| | | 8.1.1.4 | Causas referentes a benefício assistencial | 657 |
| | | 8.1.1.5 | Ações envolvendo benefícios de entidades fechadas de previdência complementar | 657 |
| | | 8.1.1.6 | Aplicação da Lei dos JEFs em caso de delegação de competência | 659 |
| | | 8.1.1.7 | Dano moral previdenciário | 659 |
| 8.2 | | Prévio requerimento na via administrativa | | 662 |
| | 8.2.1 | Prazos para concessão, revisão e implantação de benefícios (STF – RE 1.171.152/SC) | | 664 |
| 8.3 | | Atraso processual causado pelo retorno à via administrativa | | 666 |
| 8.4 | | Juizados Especiais Federais | | 667 |
| | 8.4.1 | Competência dos JEFs | | 668 |
| | 8.4.2 | Valor da causa | | 669 |
| | 8.4.3 | Renúncia | | 670 |
| | 8.4.4 | Legitimidade | | 671 |
| | 8.4.5 | Sentença líquida | | 672 |
| | 8.4.6 | Cumprimento de sentença nos JEFs | | 672 |

|  |  |  |  |
|---|---|---|---|
|  | 8.4.7 | Nulidades | 674 |
|  | 8.4.8 | Custas e honorários advocatícios | 675 |
| 8.5 | | Gratuidade da Justiça | 677 |

## Capítulo 9 – Prescrição e Decadência ... 681

| 9.1 | | Prescrição do direito às prestações | 681 |
|---|---|---|---|
| 9.2 | | A Lei n. 13.846/2019 e a violação aos direitos do pensionista menor, incapaz ou ausente | 684 |
| 9.3 | | Decadência do direito à revisão do cálculo de benefício previdenciário | 685 |
| | 9.3.1 | Evolução legislativa | 685 |
| | 9.3.2 | Da aplicação do instituto da decadência no Direito Previdenciário brasileiro | 688 |
| | 9.3.3 | Da decadência no caso das ações para contagem ou averbação de tempo de contribuição | 689 |
| | 9.3.4 | Prazo para revisão de benefício antecedente em caso de pensão por morte | 690 |
| | 9.3.5 | Da possibilidade de interrupção do prazo decadencial para revisão do ato de concessão nos casos de requerimento administrativo | 691 |
| | | 9.3.5.1 Da definição de causa interruptiva de prazo prescricional ou decadencial e da possibilidade de sua criação expressa por lei | 693 |
| | 9.3.6 | Hipóteses de aplicação do prazo de decadência na via administrativa | 694 |
| | 9.3.7 | Prazo decadencial para o INSS rever seus atos | 695 |
| | 9.3.8 | Conclusões sobre os institutos da prescrição e da decadência | 698 |

## Capítulo 10 – Execução de Sentença e Pagamentos dos Valores Devidos pelo INSS ... 701

| 10.1 | Evolução legislativa | 701 |
|---|---|---|
| 10.2 | Atualização dos valores pagos em atraso | 705 |
| 10.3 | Requisição de Pequeno Valor (RPV) | 708 |
| 10.4 | Pagamento por precatório | 710 |
| 10.5 | Pagamento de honorários contratuais e sucumbênciais | 710 |
| 10.6 | Preferência no pagamento de requisições (RPV ou precatório) | 711 |
| 10.7 | Do saque e levantamento dos depósitos (RPVs e precatórios) | 712 |
| 10.8 | Retenção de imposto de renda em saque de requisição (RPV ou precatório) | 713 |
| 10.9 | Contribuição do plano de seguridade social do servidor público civil – CPSS | 715 |
| 10.10 | Cessão de créditos | 716 |
| 10.11 | Complemento positivo | 717 |
| 10.12 | Período entre a data da elaboração da conta e da inscrição do precatório – juros de mora e correção monetária | 717 |
| 10.13 | Coisa julgada previdenciária | 719 |
| 10.14 | Execução do julgado | 725 |
| 10.15 | Intangibilidade dos valores pagos ao autor da demanda previdenciária | 727 |
| 10.16 | Devolução de benefícios previdenciários recebidos por força de tutela provisória posteriormente revogada | 731 |

## Capítulo 11 – Recursos no Procedimento Comum e nos Juizados Especiais Federais ... 733

| 11.1 | Turmas Recursais dos Juizados Especiais Federais e recursos de sua competência | 733 |
|---|---|---|
| | 11.1.1 Recurso de medida cautelar ou tutela provisória (agravo) | 736 |
| Quadro-resumo – Recurso de medida cautelar ou tutela provisória (agravo) | | 737 |
| | 11.1.2 Aspectos destacados do recurso da sentença (recurso inominado) | 737 |
| Quadro-resumo – Recurso contra sentença (recurso inominado) | | 739 |
| | 11.1.3 Mandado de segurança nos Juizados Especiais Federais | 741 |
| Quadro-resumo – Mandado de segurança | | 741 |
| 11.2 | Turma Regional de Uniformização de Jurisprudência dos Juizados Especiais Federais e recursos de sua competência | 743 |
| | 11.2.1 Aspectos destacados do Incidente Regional de Uniformização de Jurisprudência | 743 |
| Quadro-resumo – Incidente regional de uniformização de jurisprudência | | 745 |

| | | | |
|---|---|---|---|
| 11.3 | | Turma Nacional de Uniformização dos Juizados Especiais Federais – TNU | 747 |
| | 11.3.1 | Jurisprudência da Turma Nacional de Uniformização dos Juizados Especiais Federais | 749 |
| | 11.3.2 | Pedido de Uniformização de interpretação de Lei Federal (PEDILEF) para a Turma Nacional de Uniformização dos JEFs – TNU | 749 |
| Quadro-resumo – Pedido de Uniformização de Interpretação de Lei Federal (PUIL) | | | 756 |
| | 11.3.3 | Agravo interno/regimental nas turmas | 761 |
| Quadro-resumo – Agravo interno/regimental | | | 761 |
| | 11.3.4 | Agravo nos próprios autos em face da decisão de inadmissão do Pedido de Uniformização Regional ou Nacional | 761 |
| | 11.3.5 | Agravo interno em face da decisão de inadmissibilidade do Pedido de Uniformização Regional ou Nacional | 762 |
| | 11.3.6 | Reclamação | 764 |
| 11.4 | | Pedido de Uniformização de Interpretação de Lei (PUIL) dirigido ao STJ | 765 |
| | 11.4.1 | Aspectos destacados do Pedido de Uniformização de Interpretação de Lei (PUIL) para o STJ | 766 |
| Quadro-resumo – Pedido de Uniformização de Interpretação de Lei (PUIL) dirigido ao STJ | | | 767 |
| 11.5 | | Recurso extraordinário (RE) no rito dos Juizados Especiais Federais | 768 |
| | 11.5.1 | Aspectos destacados do recurso extraordinário | 769 |
| Quadro-resumo – Recurso extraordinário | | | 771 |
| 11.6 | | Destaques processuais e recursais dos JEFs | 773 |
| 11.7 | | O CPC/2015 e seus reflexos nos Juizados Especiais Federais | 776 |
| 11.8 | | Incidente de resolução de demandas repetitivas (IRDR) | 784 |
| 11.9 | | Incidente de assunção de competência (IAC) | 787 |
| 11.10 | | Apelação | 788 |
| | 11.10.1 | Da tramitação da apelação nos tribunais | 791 |
| Quadro-resumo – Apelação | | | 793 |
| 11.11 | | Reexame necessário | 794 |
| 11.12 | | Recurso especial | 795 |
| Quadro-resumo – Recurso especial | | | 802 |
| 11.13 | | Recurso extraordinário no procedimento comum | 803 |

## PARTE V
## REGIMES PRÓPRIOS DE PREVIDÊNCIA SOCIAL – RPPS

**Capítulo 1 – Aspectos Gerais dos Regimes Próprios** .................... 811
1.1 Segurados dos Regimes Próprios de Previdência .................... 812
1.2 Filiação a Regime Próprio .................... 813

**Capítulo 2 – A Emenda Constitucional n. 103, de 2019** .................... 817
2.1 A EC n. 103/2019 e a superposição de regras de transição .................... 818
2.2 A EC n. 103/2019 e a violação ao princípio da segurança jurídica .................... 819
2.3 Teoria do adimplemento substancial do "contrato social previdenciário" .................... 820

**Capítulo 3 – Previdência Complementar dos Servidores Públicos** .................... 823

**Capítulo 4 – Custeio dos Regimes Próprios** .................... 827
4.1 Disposições sobre custeio dos RPPS contidas na EC n. 103/2019 .................... 827
    4.1.1 Restituição de contribuições indevidas .................... 832
4.2 Contribuições no RPPS da União .................... 832
    4.2.1 Contribuição incidente sobre valores decorrentes de decisão judicial .................... 834

**Capítulo 5 – Regras de Aposentadoria dos Regimes Próprios** .......................................................... 835
    5.1    Concessão de benefícios nos RPPS ............................................................................. 837
    5.2    O crivo obrigatório do Tribunal de Contas ................................................................. 837
    5.3    Devolução de valores percebidos de boa-fé nos RPPS ................................................ 838
    5.4    Prazo para discussão acerca da legalidade do ato concessório ................................... 838
    5.5    O § 3º do art. 25 da EC n. 103/2019 ............................................................................ 839
    5.6    Direito adquirido em matéria de aposentadoria nos RPPS ......................................... 839
    5.7    Os critérios de cálculo de aposentadorias .................................................................. 840
    5.8    Cálculo dos proventos no RPPS da União (art. 26 da EC n. 103, de 2019) .................... 841
    5.9    Questões sobre a limitação do valor dos proventos .................................................... 842
    5.10   Acumulação de proventos com outros rendimentos decorrentes de cargo, emprego ou função pública ............................................................................................. 843

**Capítulo 6 – Benefícios dos RPPS** ........................................................................................... 849
    6.1    Aposentadoria por incapacidade permanente ............................................................ 849
        6.1.1    Regras aplicáveis ao RPPS da União (e entes federativos que tenham promovido reformas após a EC n. 103/2019) .......................................................... 849
        6.1.2    Acidente em serviço e moléstias profissionais ............................................... 852
        6.1.3    A Emenda Constitucional n. 70/2012 .............................................................. 852
    Quadro-resumo – Regras de aposentadoria por incapacidade permanente ........................ 853
    6.2    Aposentadoria compulsória por idade ....................................................................... 854
    Regras – Aposentadoria compulsória (idade limite) .......................................................... 856
    6.3    Aposentadoria voluntária ........................................................................................... 857
        6.3.1    Regras aplicáveis aos RPPS dos Estados, Distrito Federal e Municípios que não efetuaram a Reforma da Previdência .................................................... 859
    6.4    Aposentadoria por idade ............................................................................................ 859
    Quadro-resumo – Regras sobre aposentadoria voluntária exclusivamente por idade ......... 860
        6.4.1    Aposentadoria voluntária "por idade e tempo de contribuição" ..................... 862
        6.4.2    Regras de transição para a aposentadoria voluntária por idade e tempo de contribuição ....................................................................................................... 864
    Resumo – Aposentadorias voluntárias por idade e tempo de contribuição (anteriores à EC n. 103/2019) ............................................................................................................... 869
    Quadro-resumo – Regras vigentes, até que lei local disponha em contrário, para servidores estaduais, distritais e municipais: aposentadoria voluntária por idade mais tempo de contribuição ......... 870
    Regras de transição ........................................................................................................... 872
    6.5    Aposentadorias especiais nos regimes próprios ......................................................... 876
        6.5.1    Aposentadoria por exposição a agentes nocivos ............................................ 876
        6.5.2    Aposentadoria do servidor público com deficiência ....................................... 878
        6.5.3    Aposentadorias em atividade de risco ............................................................ 880
    Quadro-resumo – Regras sobre aposentadoria especial nos RPPS dos entes federados subnacionais (que não realizaram a Reforma da Previdência) ............................................. 881
    6.6    Tempo de Contribuição nos regimes próprios ........................................................... 884
        6.6.1    Contagem recíproca de tempo de contribuição .............................................. 885
        6.6.2    Contagens fictícias ........................................................................................... 888
    6.7    Prazo prescricional para ação de concessão ou revisional de aposentadoria nos RPPS ...... 889

**Capítulo 7 – Pensão por Morte nos Regimes Próprios** ............................................................ 891
    7.1    Cálculo e reajustamento da pensão por morte nos RPPS ........................................... 891
    7.2    Pensão nos RPPS em geral (exceto o da União e dos entes federativos que promoveram a Reforma da Previdência) ...................................................................................... 892

| | | |
|---|---|---|
| 7.3 | Regras de acumulação de benefícios | 893 |
| | 7.3.1 Redutores do art. 24 da Emenda Constitucional n. 103/2019 | 894 |
| | 7.3.2 Acumulação de proventos com outros rendimentos decorrentes de cargo, emprego ou função pública | 895 |
| 7.4 | Rol de beneficiários e rateio da pensão | 899 |
| 7.5 | Perda e cessação do direito à pensão | 903 |
| | Regras – pensão por morte (para todos os RPPS, exceto o da União e demais entes federados que realizaram a Reforma da Previdência) | 905 |

## Capítulo 8 – O Regime Próprio da União .......... 907

| | | |
|---|---|---|
| 8.1 | A aposentadoria voluntária no RPPS da União – regra geral | 908 |
| 8.2 | Cálculo dos proventos de aposentadoria com base nas regras transitórias da Emenda n. 103, de 2019 | 908 |
| 8.3 | Reajustamento dos benefícios do RPPS da União | 909 |
| 8.4 | Regra geral transitória de aposentadoria voluntária no RPPS da União | 910 |
| 8.5 | Regra transitória – aposentadoria voluntária dos/as professores/as federais | 910 |
| | Quadro – Aposentadorias no RPPS da União – regra transitória geral e dos/das professores/professoras | 910 |
| 8.6 | Aposentadoria dos policiais, agentes penitenciários e socioeducativos da União | 911 |
| | Quadro – Aposentadoria dos policiais e demais atividades de risco – RPPS da União (ambos os sexos) | 912 |
| 8.7 | Regra transitória – aposentadoria especial (exposição a agentes nocivos) no âmbito da União | 912 |
| | Quadro – Regra transitória – aposentadoria por exposição a agente nocivo no RPPS da União | 913 |
| 8.8 | Aposentadoria do servidor com deficiência no RPPS da União | 913 |
| 8.9 | As atuais regras de transição para os servidores da União | 914 |
| 8.10 | Regra de transição – servidores federais em geral | 914 |
| 8.11 | Regras de transição para professores/as de instituições federais | 917 |
| 8.12 | Regra de transição para aposentadoria de servidores federais expostos a agentes nocivos | 918 |
| 8.13 | Regras de transição para os policiais, agentes penitenciários e socioeducativos | 919 |

## Capítulo 9 – Pensão por Morte no RPPS da União .......... 923

| | | |
|---|---|---|
| 9.1 | Critério de cálculo da pensão no âmbito da União – regra geral | 924 |
| 9.2 | Duração do pagamento da pensão a cada dependente | 926 |
| 9.3 | Alteração da regulamentação infraconstitucional | 927 |
| 9.4 | A questão do auxílio-reclusão no RPPS da União | 928 |
| 9.5 | Efeitos práticos das alterações – nas pensões por morte – RPPS da União | 928 |

## PARTE VI

## MODELOS DE REQUERIMENTOS, PETIÇÕES E RECURSOS

| | |
|---|---|
| **Sumário** | 933 |
| **Bibliografia** | 1367 |

## ANEXOS

| | |
|---|---|
| 1. Súmulas e Enunciados de Interesse em Matéria Previdenciária | 1379 |
| 2. Informações Complementares sobre Contribuições e Benefícios Previdenciários | 1379 |

# Abreviaturas

|  |  |
|---|---|
| AC | — Apelação Cível |
| ADC | — Ação Declaratória de Constitucionalidade |
| ADI | — Ação Direta de Inconstitucionalidade |
| AgR | — Agravo Regimental |
| AI | — Agravo de Instrumento |
| AMS | — Apelação em Mandado de Segurança |
| AP | — Agravo de Petição |
| APELREEX | — Apelação em Reexame Necessário |
| APS | — Agência da Previdência Social |
| AR | — Aviso de Recebimento |
| ARF | — Agência da Receita Federal do Brasil |
| BNDT | — Banco Nacional de Devedores Trabalhistas |
| BPC | — Benefício de Prestação Continuada |
| CADPF | — Cadastro da Pessoa Física |
| CadÚnico | — Cadastro Único para Programas Sociais do Governo Federal |
| CaJ | — Câmaras de Julgamento do Conselho de Recursos da Previdência Social (2º grau recursal de jurisdição administrativa) |
| CARF | — Conselho Administrativo de Recursos Fiscais |
| CAT | — Comunicação de Acidente de Trabalho |
| CDA | — Certidão de Dívida Ativa |
| CDAM | — Certificado de Direito à Assistência Médica no Exterior |
| CEI | — Cadastro Específico do INSS |
| CF | — Constituição da República Federativa do Brasil |
| CGSN | — Comitê Gestor do Simples Nacional |
| CID | — Classificação Internacional de Doenças e Problemas Relacionados à Saúde |
| CJF | — Conselho da Justiça Federal |
| CLPS | — Consolidação das Leis da Previdência Social (revogada) |

| | | |
|---:|:---:|:---|
| CLT | — | Consolidação das Leis do Trabalho |
| CNAE | — | Cadastro Nacional de Atividades Econômicas |
| CNAS | — | Conselho Nacional de Assistência Social |
| CND | — | Certidão Negativa de Débito |
| CNDT | — | Certidão Negativa de Débitos Trabalhistas |
| CNIS | — | Cadastro Nacional de Informações Sociais |
| CNPJ | — | Cadastro Nacional de Pessoas Jurídicas |
| CNPS | — | Conselho Nacional de Previdência Social |
| CNS | — | Conselho Nacional de Saúde |
| COFINS | — | Contribuição para o Financiamento da Seguridade Social |
| CPC | — | Código de Processo Civil |
| CRP | — | Certificado de Regularidade Previdenciária |
| CRPS | — | Conselho de Recursos da Previdência Social |
| CSLL | — | Contribuição Social sobre o Lucro Líquido |
| CTC | — | Certidão de Tempo de Contribuição |
| CTN | — | Código Tributário Nacional |
| CTPS | — | Carteira de Trabalho e Previdência Social |
| DAT | — | Data do Afastamento do Trabalho |
| DCA | — | Data de Cessação Administrativa (do Benefício) |
| DCB | — | Data de Cessação do Benefício |
| DCTFWeb | — | Declaração de Débitos e Créditos Tributários Federais Previdenciários e de Outras Entidades e Fundos |
| DD | — | Data do Desligamento |
| DDB | — | Data do Despacho do Benefício |
| DE | — | Diário Oficial Eletrônico |
| DER | — | Data de Entrada do Requerimento |
| DIB | — | Data de Início do Benefício |
| DIC | — | Data do Início das Contribuições |
| DID | — | Data do Início da Doença |
| DII | — | Data do Início da Incapacidade |
| DIP | — | Data do Início do Pagamento |
| DJ | — | Diário da Justiça |
| DJe | — | Diário da Justiça Eletrônico |
| DJU | — | Diário da Justiça da União |

| | | |
|---:|:---:|:---|
| DN | — | Data de Nascimento |
| DO | — | Data do Óbito |
| DOU | — | Diário Oficial da União |
| DPE | — | Data da Publicação da Emenda (EC n. 20/1998) |
| DPL | — | Data da Publicação da Lei (Lei n. 9.876/1999) |
| DPR | — | Data do Pedido de Revisão |
| DPVAT | — | Seguro de Danos Pessoais Causados por Veículos Automotores de Vias Terrestres |
| DRB | — | Data da Regularização do Benefício |
| EC | — | Emenda Constitucional |
| ECA | — | Estatuto da Criança e do Adolescente |
| ECT | — | Empresa Brasileira de Correios e Telégrafos |
| EPC | — | Equipamento de Proteção Coletiva |
| EPI | — | Equipamento de Proteção Individual |
| eSocial | — | Sistema de Escrituração Digital das Obrigações Fiscais, Previdenciárias e Trabalhistas |
| FAP | — | Fator Acidentário de Prevenção |
| FGTS | — | Fundo de Garantia do Tempo de Serviço |
| FNPS | — | Fórum Nacional da Previdência Social |
| FUNAI | — | Fundação Nacional dos Povos Indígenas |
| FUNDACENTRO | — | Fundação Jorge Duprat Figueiredo de Segurança e Medicina do Trabalho |
| FUNRURAL | — | Fundo de Apoio ao Trabalhador Rural |
| GEX | — | Gerência Executiva |
| GFIP | — | Guia de Recolhimento do FGTS e Informações à Previdência Social |
| GILRAT | — | Grau de Incidência de Incapacidade Laborativa Decorrente dos Riscos do Ambiente de Trabalho |
| GPS | — | Guia da Previdência Social |
| GRCI | — | Guia de Recolhimento do Contribuinte Individual |
| HISATU | — | Histórico de Atualização |
| HISCNS | — | Histórico de Consignações de Empréstimos |
| HISCOMP | — | Histórico de Complemento Positivo |
| HISCRE | — | Histórico de Créditos do Benefício |
| IAC | — | Incidente de Assunção de Competência |
| IBGE | — | Instituto Brasileiro de Geografia e Estatística |

| | | |
|---|---|---|
| IGP-DI | — | Índice Geral de Preços – Disponibilidade Interna |
| IN | — | Instrução Normativa |
| INAMPS | — | Instituto Nacional de Assistência Médica da Previdência Social (extinto) |
| INPS | — | Instituto Nacional de Previdência Social (extinto) |
| INSS | — | Instituto Nacional do Seguro Social |
| IPC | — | Índice de Preços ao Consumidor |
| IRDR | — | Incidente de Resolução de Demandas Repetitivas |
| IUJEF | — | Incidente de Uniformização nos JEFs |
| JA | — | Justificação Administrativa |
| JEFs | — | Juizados Especiais Federais |
| JRPS | — | Junta de Recursos do Conselho de Recursos da Previdência Social (1º grau recursal de jurisdição administrativa) |
| LBPS | — | Lei de Benefícios da Previdência Social |
| LC | — | Lei Complementar |
| LMP | — | Laudo Médico Pericial |
| LOAS | — | Lei Orgânica da Assistência Social |
| LOPS | — | Lei Orgânica da Previdência Social |
| LTCAT | — | Laudo Técnico de Condições Ambientais de Trabalho |
| MDSA | — | Ministério do Desenvolvimento Social e Agrário (extinto) |
| ME | — | Ministério da Economia |
| MEI | — | Microempreendedor Individual |
| MERCOSUL | — | Mercado Comum do Sul |
| MF | — | Ministério da Fazenda (atual Ministério da Economia) |
| MP | — | Medida Provisória |
| MPAS | — | Ministério da Previdência e Assistência Social (extinto) |
| MPS | — | Ministério da Previdência Social |
| MS | — | Mandado de Segurança |
| MTE | — | Ministério do Trabalho e Emprego (extinto) |
| MTP | — | Ministério do Trabalho e Previdência (extinto) |
| NB | — | Número de Benefício |
| NFLD | — | Notificação Fiscal de Lançamento de Débito |
| NIT | — | Número de Identificação do Trabalhador |
| NTDEAT | — | Nexo Técnico por Doença Equiparada a Acidente do Trabalho |

| | | |
|---:|:---:|:---|
| NTEP | — | Nexo Técnico Epidemiológico |
| NTP/T | — | Nexo Técnico Profissional ou do Trabalho |
| OIT | — | Organização Internacional do Trabalho |
| PAB | — | Pagamento Alternativo de Benefício |
| PBC | — | Período Básico de Cálculo |
| PcD | — | Pessoa com Deficiência |
| PCSS | — | Plano de Custeio da Seguridade Social |
| PE | — | Pesquisa externa |
| PEDILEF | — | Pedido de Uniformização de Interpretação de Lei Federal junto à Turma Nacional de Uniformização dos Juizados Especiais Federais |
| Pet | — | Petição |
| PI | — | Pedido de Informação |
| PIS | — | Programa de Integração Social |
| PMC | — | Perícia Médica Conclusiva |
| PNAD | — | Pesquisa Nacional por Amostra de Domicílios |
| PPP | — | Perfil Profissiográfico Previdenciário |
| PR | — | Pedido de Reconsideração |
| PREVIC | — | Superintendência Nacional de Previdência Complementar |
| PRISMA | — | Projeto de Regionalização de Informações e Sistemas |
| PRP | — | Programa de Reabilitação Profissional |
| PSSS | — | Plano de Seguridade Social do Servidor Público Federal |
| PU | — | Pedido de Uniformização |
| PUIL | — | Pedido de Uniformização de Interpretação de Lei Federal |
| RAIS | — | Relação Anual de Informações Sociais |
| RAT | — | Riscos Ambientais do Trabalho |
| RE | — | Recurso Extraordinário |
| REsp | — | Recurso Especial |
| RFB | — | Receita Federal do Brasil |
| RGPS | — | Regime Geral de Previdência Social |
| RMA | — | Renda Mensal Atual |
| RMI | — | Renda Mensal Inicial |
| RPPS | — | Regimes Próprios de Previdência Social |
| RPS | — | Regulamento da Previdência Social |
| RPV | — | Requisição de Pequeno Valor |

| | | |
|---:|:---:|:---|
| RR | — | Recurso de Revista |
| RSC | — | Relação de Salários de Contribuição |
| SABI | — | Sistema de Acompanhamento de Benefício por Incapacidade |
| SAT | — | Seguro de Acidentes de Trabalho |
| SB | — | Salário de Benefício |
| SIAFI | — | Sistema Integrado de Administração Financeira |
| SIAPE | — | Sistema Integrado de Administração de Pessoal |
| SICAD | — | Sistema de Emissão e Cadastramento de Débito |
| SIMPLES | — | Sistema Integrado de Pagamento de Impostos e Contribuições das Microempresas e das Empresas de Pequeno Porte |
| SINE | — | Sistema Nacional de Emprego do Ministério do Trabalho e Emprego |
| SISBEN | — | Sistema de Benefícios da Previdência Social |
| SISOBI | — | Sistema Informatizado de Controle de Óbitos |
| SISOBINET | — | Sistemas de Óbitos – Versão Internet |
| SRD | — | Seção de Revisão de Direitos |
| SRF | — | Secretaria da Receita Federal |
| SRP | — | Secretaria da Receita Previdenciária |
| STF | — | Supremo Tribunal Federal |
| STJ | — | Superior Tribunal de Justiça |
| SUS | — | Sistema Único de Saúde |
| TJ | — | Tribunal de Justiça |
| TNU | — | Turma Nacional de Uniformização dos Juizados Especiais Federais |
| TR | — | Turma Recursal |
| TRF | — | Tribunal Regional Federal |
| TRT | — | Tribunal Regional do Trabalho |
| TRU | — | Turma Regional de Uniformização |
| TST | — | Tribunal Superior do Trabalho |
| UARP | — | Unidade de Arrecadação da Receita Previdenciária |
| UF | — | Unidades da Federação |
| UFIR | — | Unidade Fiscal de Referência |
| URP | — | Unidade de Referência de Preços |
| URV | — | Unidade Real de Valor |
| UTRP | — | Unidades Técnicas de Reabilitação Profissional |

# PARTE I
## A Seguridade Social Brasileira

PART I

A Seguridade Social Brasileira

# A Evolução da Proteção Social no Brasil

A formação de um sistema de proteção social no Brasil, a exemplo do que se verificou na Europa, se deu por um lento processo de reconhecimento da necessidade de que o Estado intervenha para suprir deficiências da liberdade absoluta[1] – postulado fundamental do liberalismo clássico – partindo do assistencialismo para o Seguro Social, e deste para a formação da Seguridade Social. É relevante acentuar, para uma análise de tal processo, alguns aspectos da sociedade brasileira descritos por Rocha, contextualizando o Estado patrimonialista herdado, por assim dizer, da cultura ibérica, no período que antecede a primeira Constituição brasileira:

O desenvolvimento do Brasil, como o da América Latina em geral, não foi caracterizado pela transição do feudalismo para o capitalismo moderno, com um mínimo de intervenção estatal. A relação entre o Estado brasileiro e a sociedade civil sempre foi uma relação peculiar, pois as condições nas quais aquele foi concebido – tais como partidos políticos regionais e oligárquicos, clientelismo rural, ausência de camadas médias organizadas politicamente, inviabilizando a institucionalização de formas de participação política e social da sociedade civil – determinaram o nascimento do Estado antes da sociedade civil. Por conseguinte, a questão social, tão antiga quanto a história nacional do Brasil como nação independente, resultará complexa. Enquanto a primeira revolução industrial estava na sua fase de maturação na Inglaterra (1820 a 1830), o Brasil acabara de promover a sua independência, deixando de ser colônia, mas permanecendo com uma economia arcaica baseada no latifúndio e no trabalho escravo. Por isto, antes de ingressar na era industrial, nosso País já apresentava contornos sociais marcados por desigualdades, em especial, uma distribuição de renda profundamente desigual[2].

O Brasil só veio a conhecer verdadeiras regras de caráter geral em matéria de Previdência Social no século XX. Antes disso, apesar de haver previsão constitucional a respeito da matéria, apenas em diplomas isolados aparece alguma forma de proteção a infortúnios. A Constituição de 1824 – art. 179, XXXI – mencionava a garantia dos socorros públicos, em norma meramente programática; o Código Comercial, de 1850, em seu art. 79, garantia por três meses a percepção de salários do preposto acidentado, sendo que desde 1835 já existia o Montepio Geral da Economia dos Servidores do Estado (MONGERAL) – primeira entidade de previdência privada no Brasil.

---

[1] "A sociedade, no seio da qual o indivíduo vive, e que por razões de conveniência geral, lhe exige a renúncia de uma parcela de liberdade, não poderá deixar de compensá-lo da perda que sofre, com a atribuição da desejada segurança" (COIMBRA, J. R. Feijó. *Direito previdenciário brasileiro*. 7. ed. Rio de Janeiro: Edições Trabalhistas, 1997. p. 45).

[2] ROCHA, Daniel Machado da. *O direito fundamental à Previdência Social na perspectiva dos princípios constitucionais diretivos do sistema previdenciário brasileiro*. Porto Alegre: Livraria do Advogado, 2004. p. 45.

## 1.1 AS PRIMEIRAS REGRAS DE PROTEÇÃO

À semelhança do que se observa no âmbito mundial, as primeiras formas de proteção social dos indivíduos no Brasil tinham caráter eminentemente beneficente e assistencial. Assim, ainda no período colonial, tem-se a criação das Santas Casas de Misericórdia, sendo a mais antiga aquela fundada no Porto de São Vicente, depois Vila de Santos (1543)[3], seguindo-se as Irmandades de Ordens Terceiras (mutualidades) e, no ano de 1795, estabeleceu-se o Plano de Beneficência dos Órfãos e Viúvas dos Oficiais da Marinha[4]. No período marcado pelo regime monárquico, pois, houve iniciativas de natureza protecionista.

Segundo pesquisas feitas por Antonio Carlos de Oliveira, "o primeiro texto em matéria de previdência social no Brasil foi expedido em 1821, pelo ainda Príncipe Regente, Dom Pedro de Alcântara. Trata-se de um Decreto de 1º de outubro daquele ano, concedendo aposentadoria aos mestres e professores, após 30 anos de serviço, e assegurado um abono de 1/4 (um quarto) dos ganhos aos que continuassem em atividade"[5]. Em 1888, o Decreto n. 9.912-A, de 26 de março, dispôs sobre a concessão de aposentadoria aos empregados dos Correios, fixando em trinta anos de serviço e idade mínima de 60 anos os requisitos para tal. Em 1890, o Decreto n. 221, de 26 de fevereiro, instituiu a aposentadoria para os empregados da Estrada de Ferro Central do Brasil, posteriormente estendida aos demais ferroviários do Estado pelo Decreto n. 565, de 12 de julho do mesmo ano.

A Constituição de 1891, em seu art. 75, previu a aposentadoria por invalidez aos servidores públicos.

Em 1892, a Lei n. 217, de 29 de novembro, instituiu a aposentadoria por invalidez e a pensão por morte dos operários do Arsenal de Marinha do Rio de Janeiro.

O peculiar em relação a tais aposentadorias é que não se poderia considerá-las como verdadeiramente pertencentes a um regime previdenciário contributivo, já que os beneficiários não contribuíam durante o período de atividade. Vale dizer, as aposentadorias eram concedidas de forma graciosa pelo Estado. Assim, até então, não se falava em previdência social no Brasil.

A primeira lei sobre proteção do trabalhador contra acidentes do trabalho surgiu em 1919. Antes, o trabalhador acidentado tinha apenas como norma de proteção o art. 159 do antigo Código Civil, vigente a partir de 1917, e, antes disso, as normas das Ordenações Filipinas.

## 1.2 DA LEI ELOY CHAVES AO SINPAS: EVOLUÇÃO DA PROTEÇÃO ATÉ 1988

Em termos de legislação nacional, a doutrina majoritária considera como marco inicial da Previdência Social a publicação do Decreto Legislativo n. 4.682, de 24.01.1923, mais conhecido como Lei Eloy Chaves, que criou as Caixas de Aposentadoria e Pensões nas empresas de estradas de ferro existentes, mediante contribuições dos trabalhadores, das empresas do ramo e do Estado, assegurando aposentadoria aos trabalhadores e pensão a seus dependentes em caso de morte do segurado, além de assistência médica e diminuição do custo de medicamentos. Entretanto, o regime das "caixas" era ainda pouco abrangente, e, como era estabelecido por empresa, o número de contribuintes foi, às vezes, insuficiente.[6]

---

[3] TAVARES, Marcelo Leonardo. *Direito previdenciário*, p. 208.
[4] CAMPOS, Marcelo Barroso Lima Brito de. *Regime próprio de previdência social dos servidores públicos*. Belo Horizonte: Líder, 2004. p. 38.
[5] OLIVEIRA, Antonio Carlos de. *Direito do trabalho e Previdência Social*: estudos. São Paulo: LTr, 1996. p. 91.
[6] STEPHANES, Reinhold. *Reforma da previdência sem segredos*. Rio de Janeiro: Record, 1998. p. 94.

Saliente-se, contudo, que, antes mesmo da Lei Eloy Chaves, já existia o Decreto n. 9.284, de 30.12.1911, que instituiu a Caixa de Aposentadoria e Pensões dos Operários da Casa da Moeda, abrangendo, portanto, os então funcionários daquele órgão.

A Lei Eloy Chaves criou, de fato, a trabalhadores vinculados a empresas privadas, entidades que se aproximam das hoje conhecidas entidades fechadas de previdência complementar, ou fundos de pensão, já que se constituíam por empresas, embora, como relata Stephanes, "muitas vezes não se atingia o número necessário de segurados para o estabelecimento de bases securitárias – ou seja, um número mínimo de filiados com capacidade contributiva para garantir o pagamento dos benefícios a longo prazo. Mesmo assim, Eloy Chaves acolheu em sua proposta dois princípios universais dos sistemas previdenciários: o caráter contributivo e o limite de idade, embora vinculado a um tempo de serviço".[7]

De regra, o modelo contemplado na Lei Eloy Chaves assemelha-se ao modelo alemão de 1883, em que se identificam três características fundamentais: (a) a obrigatoriedade de participação dos trabalhadores no sistema, sem a qual não seria atingido o fim para o qual foi criado, pois, mantida a facultatividade, seria mera alternativa ao seguro privado; (b) a contribuição para o sistema, devida pelo trabalhador, bem como pelo empregador, ficando o Estado como responsável pela regulamentação e supervisão do sistema; e (c) por fim, um rol de prestações definidas em lei, tendentes a proteger o trabalhador em situações de incapacidade temporária, ou em caso de morte do mesmo, assegurando-lhe a subsistência.[8]

Em seguida ao surgimento da Lei Eloy Chaves, criaram-se outras Caixas em empresas de diversos ramos da atividade econômica. Todavia, a primeira crise do sistema previdenciário ocorreria em 1930. Em face de inúmeras fraudes e denúncias de corrupção, o governo de Getúlio Vargas suspendeu, por seis meses, a concessão de qualquer aposentadoria. A partir de então, passa a estrutura, pouco a pouco, a ser reunida por categoria profissional, surgindo os IAP – Institutos de Aposentadoria e Pensões (dos Marítimos, dos Comerciários, dos Bancários, dos Empregados em Transportes de Carga).[9]

A primeira instituição brasileira de previdência social de âmbito nacional, com base na atividade econômica, foi o IAPM – Instituto de Aposentadoria e Pensões dos Marítimos, criada em 1933, pelo Decreto n. 22.872, de 29 de junho daquele ano. Seguiram-se o IAPC – Instituto de Aposentadoria e Pensões dos Comerciários – e o IAPB – Instituto de Aposentadoria e Pensões dos Bancários, em 1934; o IAPI – Instituto de Aposentadoria e Pensões dos Industriários, em 1936; o IPASE – Instituto de Previdência e Assistência dos Servidores do Estado, e o IAPETC – Instituto de Aposentadoria e Pensões dos Empregados em Transportes e Cargas, estes em 1938.

A Constituição de 1934 foi a primeira a estabelecer, em texto constitucional, a forma tripartite de custeio: contribuição dos trabalhadores, dos empregadores e do Poder Público (art. 121, § 1º, *h*). A Constituição de 1937 não trouxe evoluções nesse sentido, apenas tendo por particularidade a utilização da expressão "seguro social".

A Constituição de 1946 previa normas sobre previdência no capítulo que versava sobre Direitos Sociais, obrigando, a partir de então, o empregador a manter seguro de acidentes de trabalho. Foi a primeira tentativa de sistematização constitucional de normas de âmbito social, elencadas no art. 157 do texto. A expressão "previdência social" foi empregada pela primeira vez numa Constituição brasileira.

---

[7] STEPHANES, Reinhold. *Reforma da previdência sem segredos*. Rio de Janeiro: Record, 1998. p. 94.

[8] PEREIRA NETTO, Juliana Pressotto. *A Previdência Social em reforma*: o desafio da inclusão de um maior número de trabalhadores. São Paulo: LTr, 2002. p. 36.

[9] PEREIRA NETTO, Juliana Pressotto. *A Previdência Social em reforma*: o desafio da inclusão de um maior número de trabalhadores. São Paulo: LTr, 2002. p. 36.

Em 1949, o Poder Executivo editou o Regulamento Geral das Caixas de Aposentadorias e Pensões (Decreto n. 26.778, de 14.06.1949), padronizando a concessão de benefícios, já que, até então, cada Caixa tinha suas regras próprias. Quatro anos depois se estabelecia a fusão de todas as Caixas remanescentes, por meio do Decreto n. 34.586, de 12.11.1953, surgindo a Caixa Nacional, transformada em Instituto pela Lei Orgânica da Previdência Social, de 1960, diploma que se manteve vigente até 1990.

Também em 1953 o profissional liberal de qualquer espécie foi autorizado, pelo Decreto n. 32.667, a se inscrever na condição de segurado na categoria de trabalhador autônomo.

Em 1960, foi criado o Ministério do Trabalho e Previdência Social e promulgada a Lei n. 3.807, Lei Orgânica da Previdência Social – LOPS, cujo projeto tramitou desde 1947. Este diploma não unificou os organismos existentes, mas criou normas uniformes para o amparo a segurados e dependentes dos vários Institutos existentes, tendo sido efetivamente colocado em prática. Como esclarece Antonio Carlos de Oliveira, por meio da LOPS estabeleceu-se um único plano de benefícios, "amplo e avançado, e findou-se a desigualdade de tratamento entre os segurados das entidades previdenciárias e seus dependentes".[10]

Continuavam excluídos da Previdência, contudo, os trabalhadores rurais e os domésticos.

Em 1963, a Lei n. 4.296, de 3 de outubro, criou o salário-família, destinado aos segurados que tivessem filhos menores, visando à manutenção destes. No mesmo ano, foi criado o décimo terceiro salário e, no campo previdenciário, pela Lei n. 4.281, de 8 de novembro daquele ano, o abono anual, até hoje existente.

Em 1965, pela Emenda Constitucional n. 11, foi estabelecido o princípio da precedência da fonte de custeio em relação à criação ou majoração de benefícios.

Apenas em 1º.01.1967 foram unificados os IAPs, com o surgimento do Instituto Nacional de Previdência Social – INPS, criado pelo Decreto-lei n. 72, de 21.11.1966, providência há muito reclamada pelos estudiosos da matéria, em vista dos problemas de déficit em vários dos institutos classistas.

A unificação da então chamada Previdência Social Urbana, no entanto, não tinha por função apenas a unidade das regras de proteção. Como relata Borges, "a previdência brasileira, sob o argumento de controle e da segurança nacional, começou a perder seu rumo, pois todos os recursos dos institutos unificados foram carreados para o Tesouro Nacional, confundindo-se com o orçamento governamental".[11]

A Constituição de 1967 previu a criação do seguro-desemprego, que até então não existia, regulamentado com o nome de auxílio-desemprego. A Emenda Constitucional n. 1/1969 não inovou na matéria previdenciária.

Ainda em 1967, o SAT – Seguro de Acidentes de Trabalho foi incorporado à Previdência Social pela Lei n. 5.316, de 14 de setembro, embora sua disciplina legal não estivesse incluída no mesmo diploma que os demais benefícios. Assim, o SAT deixava de ser realizado com instituições privadas para ser feito exclusivamente por meio de contribuições vertidas ao caixa único do regime geral previdenciário.

Os trabalhadores rurais passaram a ser segurados da Previdência Social a partir da edição da Lei Complementar n. 11/1971 (criação do FUNRURAL). Da mesma forma, os empregados domésticos, em função da Lei n. 5.859/1972, art. 4º. Assim, a Previdência Social brasileira passou a abranger dois imensos contingentes de indivíduos que, embora exercessem atividade laboral, ficavam à margem do sistema.

A última lei específica sobre acidentes de trabalho foi a Lei n. 6.367, de 1976.

---

[10] OLIVEIRA, Antonio Carlos de. *Direito do trabalho e Previdência Social*: estudos. São Paulo: LTr, 1996. p. 113.

[11] BORGES, Mauro Ribeiro. *Previdência funcional e regimes próprios de previdência*. Curitiba: Juruá, 2003. p. 40.

Nesse ano, foi feita nova compilação das normas previdenciárias estatuídas em diplomas avulsos, pelo Decreto n. 77.077/1976.

Em 1977, a Lei n. 6.439 trouxe novas transformações ao modelo previdenciário, agora no seu aspecto organizacional. Criou-se o SINPAS – Sistema Nacional de Previdência e Assistência Social, que teria as atribuições distribuídas entre várias autarquias. Foram criados o IAPAS – Instituto de Administração Financeira da Previdência e Assistência Social (para arrecadação e fiscalização das contribuições) e o INAMPS – Instituto Nacional de Assistência Médica da Previdência Social (para atendimentos dos segurados e dependentes, na área de saúde), mantendo-se o INPS (para pagamento e manutenção dos benefícios previdenciários), a LBA (para o atendimento a idosos e gestantes carentes), a FUNABEM (para atendimento a menores carentes), a CEME (para a fabricação de medicamentos a baixo custo) e a DATAPREV (para o controle dos dados do sistema), todos fazendo parte do SINPAS.

Até então, mantinha-se à margem do sistema o IPASE, extinto com o FUNRURAL.

A extinção do IPASE, contudo, não significou a uniformização da proteção previdenciária entre trabalhadores da iniciativa privada e servidores públicos; estes permaneceram regidos por normas específicas, na Lei n. 1.711/1952 – o Estatuto dos Servidores Civis da União.

A Emenda Constitucional n. 18, de junho de 1981, dispôs sobre o direito à aposentadoria com proventos integrais dos docentes, contando exclusivamente tempo de efetivo exercício em funções de magistério, após trinta anos de serviço – para os professores –, e vinte e cinco anos de serviço, para as professoras.

Em 1984, a última Consolidação das Leis da Previdência Social – CLPS reuniu toda a matéria de custeio e prestações previdenciárias, inclusive as decorrentes de acidentes do trabalho.

O benefício do seguro-desemprego, previsto no art. 165, XVI, da Constituição então vigente, foi criado pelo Decreto-lei n. 2.284/1986, para os casos de desemprego involuntário, garantindo um abono temporário.

## 1.3    A CONSTITUIÇÃO DE 1988 E A SEGURIDADE SOCIAL

A Constituição Federal de 1988 estabeleceu o sistema de Seguridade Social, como objetivo a ser alcançado pelo Estado brasileiro, atuando simultaneamente nas áreas da saúde, assistência social e previdência social, de modo que as contribuições sociais passaram a custear as ações do Estado nestas três áreas, e não mais somente no campo da Previdência Social.

Conforme decidido pelo STF: "A seguridade social prevista no art. 194 da CF/1988 compreende a previdência, a saúde e a assistência social, destacando-se que as duas últimas não estão vinculadas a qualquer tipo de contraprestação por parte dos seus usuários, a teor dos arts. 196 e 203, ambos da CF/1988" (RE 636.941, Rel. Min. Luiz Fux, *DJE* de 04.04.2014, com Repercussão Geral – Tema n. 432).

O Regime Geral de Previdência Social – RGPS, nos termos da Constituição de 1988 (art. 201), não abriga a totalidade da população economicamente ativa, mas somente aqueles que, mediante contribuição e nos termos da lei, fizerem jus aos benefícios ali previstos, e desde que não sejam abrangidos por outros regimes específicos de previdência social – os Regimes Próprios de Previdência.

Ficaram excluídos do chamado Regime Geral de Previdência Social: os servidores públicos civis dos Entes Federativos, quando regidos por regime próprio de previdência; os militares das Forças Armadas; os membros do Poder Judiciário e do Ministério Público; e os membros de Tribunais de Contas; e os que não contribuem para nenhum regime, por não estarem exercendo qualquer atividade remunerada.

Porém, dada a situação da maioria dos Municípios brasileiros, que não possuem regime próprio de previdência social para os ocupantes de cargos efetivos[12], seus servidores são amparados pelo RGPS, na qualidade de segurados "empregados". Embora seu vínculo não seja de emprego, mas de cargo estatutário, as regras de aposentadoria a estes aplicáveis são as da Lei n. 8.213/1991 e legislação extravagante, e o requerimento de aposentadoria (e em caso de óbito, de pensão a seus dependentes) é formulado ao INSS.

Garante-se que nenhum benefício que substitua o salário de contribuição ou o rendimento do trabalho do segurado terá valor mensal inferior ao salário mínimo (art. 201, § 2º). Os benefícios deverão, ainda, ser periodicamente reajustados, a fim de que seja preservado seu valor real, em caráter permanente, conforme critérios definidos na lei.

Pelas ações na área de saúde, destinadas a oferecer uma política social com a finalidade de reduzir riscos de doenças e outros agravos, é responsável o Sistema Único de Saúde (art. 198 da Constituição), de caráter descentralizado. Em termos de regramentos legais, ressalte-se a edição da Lei n. 8.689/1993, que extinguiu o INAMPS – autarquia federal, absorvida sua competência funcional pelo SUS (sem personalidade jurídica própria), este gerido pelo Conselho Nacional de Saúde, na órbita federal, e pelos colegiados criados junto às Secretarias Estaduais e Municipais de Saúde, nas instâncias correspondentes.

No âmbito da Assistência Social são assegurados, independentemente de contribuição à Seguridade Social, a proteção à família, à maternidade, à infância, à adolescência e à velhice; o amparo às crianças e aos adolescentes carentes; a promoção da integração ao mercado de trabalho; a habilitação e reabilitação profissional das pessoas portadoras de deficiência; e a renda mensal vitalícia – de um salário mínimo – à pessoa portadora de deficiência e ao idoso que comprovem não possuir meios de subsistência, por si ou por sua família (art. 203). É prestada por entidades e organizações sem fins lucrativos, no atendimento e assessoramento aos beneficiários da Seguridade Social, bem como pelos que atuam na defesa e garantia de seus direitos, segundo as normas fixadas pelo Conselho Nacional de Assistência Social – CNAS. A execução das ações na área da assistência social fica a cargo dos poderes públicos estaduais e municipais, das entidades beneficentes e de assistência social (CF, art. 204, I).

Fica a cargo das entidades de Assistência Social a habilitação e reabilitação das pessoas portadoras de deficiência congênita, ou não decorrente do trabalho.

Nesse ponto, é de frisar que a Assembleia Nacional Constituinte, ao dispor sobre a matéria em 1988, assegurou direitos até então não previstos, por exemplo, a equiparação dos direitos sociais dos trabalhadores rurais com os dos trabalhadores urbanos, nivelando-os pelos últimos; a ampliação do período de licença-maternidade para 120 dias, com consequente acréscimo de despesas no pagamento dos salários-maternidade, e a adoção do regime jurídico único para os servidores públicos da Administração Direta, autarquias e fundações públicas das esferas federal, estadual e municipal.

## 1.4 A CRIAÇÃO DO INSS E AS PRIMEIRAS REFORMAS

Em 1990, foi criado o Instituto Nacional do Seguro Social – INSS, autarquia que passou a substituir o INPS e o IAPAS nas funções de arrecadação, bem como nas de pagamento de benefícios e prestação de serviços, aos segurados e dependentes do RGPS.

As atribuições no campo da arrecadação, fiscalização, cobrança de contribuições e aplicação de penalidades, bem como a regulamentação da matéria ligada ao custeio da Seguridade Social foram transferidas, em 2007, para a Secretaria da Receita Federal do Brasil – Lei n. 11.457/2007.

---

[12] Atualmente, apenas 2.144 dos mais de 5.500 municípios no Brasil possuem Regimes Próprios de Previdência Social (RPPS).

Em 1991, foram publicadas as Leis n. 8.212 e n. 8.213, que tratam, respectivamente, do custeio da Seguridade Social e dos benefícios e serviços da Previdência, incluindo os benefícios por acidentes de trabalho, leis que até hoje vigoram, mesmo com as alterações ocorridas em diversos artigos.

Houve, no período posterior à Constituição de 1988, significativo aumento do montante anual de valores despendidos com a Seguridade Social, seja pelo número de benefícios previdenciários[13] e assistenciais[14] concedidos, seja pela diminuição da relação entre número de contribuintes e número de beneficiários, em função da crescente informalidade das relações de trabalho, do "envelhecimento médio" da população e diante das previsões atuariais de que, num futuro próximo, a tendência seria de insolvência do sistema pelo esgotamento da capacidade contributiva da sociedade.[15]

Todavia, o fator mais frisado entre todos para fundamentar o processo de modificação das políticas sociais é aquele relacionado ao endividamento dos países periféricos, como o Brasil, e sua relação com reformas "estruturais"[16] ou "incrementais"[17], apregoadas por organismos internacionais, como o Fundo Monetário Internacional – FMI, e o Banco Mundial[18].

Entre os anos de 1993 e 1997, vários pontos da legislação de Seguridade Social foram alterados, sendo relevantes os seguintes: a criação da Lei Orgânica da Assistência Social – LOAS (Lei n. 8.742, de 07.12.1993), com a transferência dos benefícios de renda mensal vitalícia, auxílio-natalidade e auxílio-funeral para esse vértice da Seguridade Social; o fim do abono de permanência em serviço e do pecúlio no Regime Geral; a adoção de critérios mais rígidos para aposentadorias especiais, e o fim de várias delas, como a do juiz classista da Justiça do Trabalho e a do jornalista (Lei n. 9.528/1997).

## 1.5 A EMENDA CONSTITUCIONAL N. 20, DE 1998

No ano de 1995, o então Chefe do Poder Executivo enviou ao Congresso Nacional uma proposta de emenda constitucional visando alterar várias normas a respeito do Regime Geral de Previdência Social e dos Regimes de Previdência Social dos servidores públicos.

A Emenda n. 20, que modificou substancialmente a Previdência Social no Brasil, foi promulgada no dia 15.12.1998, no encerramento do ano legislativo, após três anos e nove meses de tramitação no Congresso Nacional.

A proposta original da Emenda, de iniciativa do então Presidente da República, sofreu diversas alterações. Três pontos básicos da reforma foram derrubados no Legislativo: a cobrança de contribuição previdenciária dos servidores públicos inativos, a idade mínima para a

---

[13] Aposentadorias e pensões, especialmente.

[14] Renda mensal a idosos e deficientes, programas sociais em geral.

[15] Há algum tempo, existe esta previsão: "O cenário que se desenha é de agravamento do desequilíbrio, a partir de 2020, decorrente do envelhecimento populacional. O aumento da participação dos idosos na população e, por consequência, dos beneficiários acarreta esforço adicional de toda a sociedade no seu financiamento" (BRASIL. Ministério da Previdência Social. *Livro Branco da Previdência Social*. Brasília: MPAS/GM, 2002. p. 6).

[16] Utilizando o conceito de Mesa-Lago e Müller, "reformas estruturais são as que transformam radicalmente um sistema de seguridade social (portanto, público), substituindo-o, suplementando-o ou criando um sistema privado paralelo" (COELHO, Vera Schattan Pereira (Org.). *A reforma da Previdência Social na América Latina*. Rio de Janeiro: FGV, 2003. p. 28).

[17] Segundo os mesmos autores, "reformas incrementais são as que preservam o sistema público, reforçando suas finanças e/ou alterando benefícios e requisitos para habilitação como beneficiário" (COELHO, Vera Schattan Pereira (Org.). *A reforma da Previdência Social na América Latina*. Rio de Janeiro: FGV, 2003. p. 28).

[18] COELHO, Vera Schattan Pereira (Org.). *A reforma da Previdência Social na América Latina*. Rio de Janeiro: FGV, 2003. p. 51.

aposentadoria dos segurados do RGPS e o fim da aposentadoria integral dos servidores públicos, com a criação de um "redutor" para aposentadorias de maior valor.

A reforma realizada em 1998 pretendeu modificar a concepção do sistema, pois, conforme o texto, as aposentadorias passaram a ser concedidas tendo por base o tempo de contribuição, e não mais o tempo de serviço, tanto no âmbito do Regime Geral de Previdência Social como – e principalmente – no âmbito dos Regimes de Servidores Públicos, aos que ingressaram em tais regimes após a publicação da Emenda, ou aos que optaram pelas regras dela, já sendo segurados anteriormente.

Outro aspecto importante, é que, a partir de 16.12.1998, a idade mínima para o ingresso na condição de empregado passou a ser de 16 anos, salvo na condição de aprendiz, este a partir de 14 anos.

Os professores vinculados ao RGPS que comprovassem exclusivamente tempo de efetivo exercício das funções de magistério na educação infantil e no ensino fundamental e médio preservaram o direito à aposentadoria com vinte e cinco anos de docência, no caso das mulheres, ou trinta anos, no caso dos homens, sem observância do limite mínimo de idade. A exigência de idade mínima foi prevista apenas para os servidores vinculados a regimes próprios de previdência.

Os direitos adquiridos de quem já reunia os requisitos exigidos pela legislação anterior – seja no RGPS, seja nos Regimes Próprios de ocupantes de cargos públicos– foram resguardados.

Nesse caso, o trabalhador e o servidor público poderão se aposentar, a qualquer tempo, sob as regras anteriores, de forma integral ou proporcional.

Foram criadas regras diferenciadas aos trabalhadores que já contribuíam para a Previdência e para os que entraram no mercado de trabalho após 16.12.1998.

Para a concessão da aposentadoria integral daqueles que já pertenciam ao RGPS, em 16.12.1998, mas não tinham o tempo suficiente para a concessão do benefício, foi prevista exigência de cumprimento dos limites mínimos de idade, 53 anos para os homens e 48 anos para as mulheres, mais 20% do período que faltava (pedágio) para os respectivos tempos de contribuição mínimos exigidos (trinta anos de contribuição, no caso de mulheres, e trinta e cinco anos, no caso dos homens).

O professor – inclusive o universitário – pôde, enquanto vigorou tal regra de transição, contar o tempo trabalhado em atividade docente com acréscimo de 17%, se homem, e de 20%, se mulher, antes do cálculo do pedágio, desde que se aposentasse exclusivamente com tempo de magistério.

A aposentadoria proporcional foi extinta para quem começou a trabalhar na data da publicação daquela Emenda. Na fase de transição, este benefício correspondeu a 70% do salário de benefício calculado para a aposentadoria integral, acrescendo-se 5% por ano adicional, até o limite de 100%, regra que também passou a ser aplicada nos regimes próprios. Anteriormente, a aposentadoria proporcional no serviço público era calculada tomando-se uma percentagem entre o tempo de serviço completado e o tempo necessário à aposentadoria integral.

Aquela Emenda trouxe, basicamente, reduções de despesas no que tange aos benefícios do RGPS, gerido pelo INSS, não tendo sido tomada qualquer medida para o aumento da arrecadação. Assim, no mesmo diapasão, o salário-família e o auxílio-reclusão passaram a ser devidos somente a dependentes de segurados de "baixa renda" – entendidos assim, no texto da Emenda, os que percebiam, mensalmente, até R$ 360,00 na data da promulgação – e o salário-maternidade, único benefício que não era limitado pelo "teto" do salário de contribuição, passou a ter valor máximo de R$ 1.200,00 – da mesma forma que os demais benefícios do regime geral. Contudo, o Supremo Tribunal Federal declarou, pela técnica da interpretação conforme o Texto Constitucional, que não seria cabível a aplicação da referida Emenda (e sua "regulamentação" pelo Decreto n. 3.048/1999) no tocante à limitação do valor do salário-maternidade, mantendo-se o pagamento integral do salário durante a licença à gestante de 120 dias, tal como antes. E quanto ao salário-família, reconheceu que os segurados que já recebiam tal benefício quando da promulgação da Emenda não poderiam ter esse direito suprimido, mesmo que sua renda fosse superior àquela prevista a partir de então. A tese de repercussão geral firmada no julgamento do Tema n. 543 foi a seguinte: "A alteração de regência constitucional do salário-família não repercute nas relações jurídicas existentes na data em que promulgada a Emenda Constitucional n. 20/1998" (RE 657989, *DJE* 25.06.2020).

## 1.6 O FATOR PREVIDENCIÁRIO

Com a publicação da Lei n. 9.876, de 28.11.1999, adotou-se, em substituição à exigência de idade mínima para aposentadoria voluntária no RGPS e para os segurados que vieram a adquirir direito à aposentadoria por tempo de contribuição ou por idade a partir da data da promulgação da referida lei (até a véspera da vigência da EC n. 103/2019, que a extinguiu), uma forma de cálculo que levava em consideração a idade do segurado, o tempo de contribuição do mesmo e a expectativa de sobrevida da população brasileira.

Tratava-se de uma fórmula que, aplicada a segurados com idade e tempo de contribuição menores, tendia, até ser suprimida sua aplicação pela EC n. 103/2019, a reduzir o valor do salário de benefício e, consequentemente, reduzir a renda mensal da aposentadoria.

Em compensação, aplicada a segurados com idade e tempo de contribuição maiores, tendia a elevar o salário de benefício e a renda mensal.

Convém frisar que o benefício a que fazia jus o segurado antes da publicação da Lei n. 9.876/1999, mesmo que requerido posteriormente, seria calculado com base nos últimos trinta e seis salários de contribuição, sem aplicação do fator previdenciário, resguardando-se a utilização das novas regras, se mais benéficas ao segurado.

Com a edição da Lei n. 13.183, de 04.11.2015, foi criada nova regra que isentava da aplicação do fator previdenciário os segurados que, tendo cumprido todos os requisitos para a aposentadoria por tempo de contribuição, conseguissem somar tempo de contribuição e idade de modo que atingissem, com o resultado da soma, o número 95, para os segurados do gênero masculino, e o número 85, para as do gênero feminino. Foi aprovada, ainda, uma tabela progressiva para tais somas, a partir de 31.12.2018 – tabela essa que também perde eficácia a partir da vigência da EC n. 103/2019.

Os temas referentes ao fator previdenciário e ao período básico de cálculo serão examinados com mais detalhamentos nesta obra, dentro do estudo que envolve o cálculo do valor dos benefícios.

## 1.7 AS EMENDAS CONSTITUCIONAIS N. 41 E N. 47

No ano de 2003, o Governo Federal encaminhou ao Congresso Nacional a Proposta de Emenda Constitucional, cujo texto foi aprovado pela Mesa do Congresso em 19.12.2003 e publicado no *Diário Oficial da União* no dia 31.12.2003, sob o número 41.

A Emenda n. 41/2003 afetou fundamentalmente os regimes próprios de agentes públicos da União, Estados, Distrito Federal e Municípios, e apenas em aspectos pontuais, o RGPS.

A Emenda n. 47, de 05.07.2005, estabeleceu a possibilidade de lei complementar adotar critérios diferenciados de aposentadoria para as pessoas com deficiência, no âmbito do RGPS e dos RPPS. Também, modificou regras de transição estabelecidas pela Emenda n. 41 a agentes públicos ocupantes de cargos efetivos e vitalícios, pertencentes aos chamados regimes próprios, que ingressaram no serviço público até 16.12.1998, com efeitos retroativos a 1º.01.2004, revogando, ainda, o parágrafo único do art. 6º da Emenda n. 41, de 31.12.2003.

No entanto, essas regras foram extintas em relação aos servidores da União pela EC n. 103, de 13.11.2019, porém mantidos seus efeitos para os regimes próprios de Estados, Distrito Federal e Municípios, até que lei de cada um destes entes venha a modificar as regras de aposentadoria de seus servidores ocupantes de cargos efetivos, o que também será objeto de apontamentos no capítulo pertinente.

## 1.8 A EMENDA CONSTITUCIONAL N. 103, DE 2019

No ano de 2019, tramitou no Congresso Nacional a PEC n. 6/2019 – convertida na Emenda Constitucional n. 103, de 12 de novembro de 2019 (*DOU* 13.11.2019) –, que alterou de forma bastante significativa tanto as normas do RGPS quanto as do RPPS da União. Os regimes de Estados, Distrito Federal e Municípios não foram tão afetados de imediato, ficando sob a responsabilidade desses entes promover as suas reformas em face da desvinculação da uniformidade de tratamento com os servidores federais.

A Emenda não tratou dos direitos de mesma natureza destinados aos integrantes das Forças Armadas. Quanto a Estados e Municípios, foram de forma inédita excluídos da "reforma" – o que não aconteceu em qualquer das reformas anteriores, que ditaram regras absolutamente similares e com início de vigência na mesma data para todos os Regimes de Previdência pública.

No entanto, nos anos seguintes, a maioria dos Estados e dos Municípios realizaram suas reformas, embora nem todos os entes observassem as regras definidas na EC n. 103/2019 para os servidores vinculados ao RPPS da União. Com isso, atualmente os RPPS dos entes federados não guardam mais a uniformidade de regras – que vigorou até a promulgação dessa Emenda.

Desde a apresentação da PEC n. 06/2019, que resultou na EC n. 103/2019, observa-se uma mudança de direcionamento ideológico no tocante aos objetivos e fundamentos da Previdência Brasileira, com um reforço na ideia de que a individualidade acabe prevalecendo sobre a solidariedade.

Nessa Emenda, destacam-se: a criação de uma idade mínima para as aposentadorias voluntárias do RGPS, inclusive a "especial"; a alteração do critério de tempo de contribuição para novos filiados ao RGPS do gênero masculino, de 15 para 20 anos; a mudança na apuração do salário de benefício, que passou a ser igual à média de todos os salários de contribuição desde julho de 1994, sem mais desprezar os mais baixos salários de contribuição (20%), e extinguindo o fator previdenciário (salvo na regra de transição da aposentadoria por tempo de contribuição para quem faltava até dois anos para implementar os requisitos); a redução dos coeficientes de cálculo da renda mensal inicial das aposentadorias, inclusive a por invalidez (agora incapacidade permanente), salvo a de origem acidentária laboral; a alteração no direito à pensão por morte, auxílio-reclusão e salário-família; a previsão de aposentadoria de empregados públicos com cessação do vínculo de emprego, inclusive por atingimento da idade "compulsória" antes só aplicada a ocupantes de cargos efetivos; e a criação de regras mais restritivas de acumulação de benefícios, especialmente de aposentadorias e pensões, entre outras regras incluídas.

As alterações e inovações decorrentes da EC n. 103/2019 serão analisadas detalhadamente nos tópicos específicos desta obra a esse respeito.

# Princípios do Direito Previdenciário

Em vista da autonomia científica do Direito Previdenciário, incumbe apresentar os princípios pelos quais se norteia este ramo do Direito. É certo que princípio é uma ideia, mais generalizada, que inspira outras ideias, a fim de tratar especificamente de cada instituto. É o alicerce das normas jurídicas de certo ramo do Direito; é fundamento da construção escalonada da ordem jurídico-positiva em certa matéria.

Miguel Reale, em suas *Lições Preliminares de Direito*, trabalha essa categoria sob o ponto de vista lógico, como enunciados admitidos como condição ou base de validade das demais asserções que compõem dado campo do saber, "verdades fundantes" de um sistema de conhecimento.[1]

As regras ordinárias, portanto, devem estar embebidas desses princípios, sob pena de se tornarem letra morta, ou serem banidas do ordenamento. Não tem sentido, por exemplo, fixar-se uma norma legal que isente todos os empregadores da obrigação de contribuir para a Seguridade Social, se há um princípio que determina a diversidade da base de financiamento, e outro que impõe a equidade no custeio.

Adota-se, aqui, para efeitos deste estudo, que os princípios não deixam de ser normas jurídicas, segundo a elaboração constante da obra de Robert Alexy, citada, entre outros, por Daniel Machado da Rocha, em que as normas jurídicas são subdivididas em princípios e regras, sendo a diferença entre estas duas espécies traduzida na ideia de que os princípios são "mandados de otimização", enquanto as regras são imposições definitivas, que se baseiam nos princípios norteadores do sistema, sendo, portanto, os princípios erigidos à categoria de normas mais relevantes do ordenamento jurídico.[2]

Passemos, pois, à análise de cada um dos princípios.

---

[1] REALE, Miguel. *Lições preliminares de direito*. São Paulo: Saraiva, 2003. p. 303.
[2] ROCHA, Daniel Machado da. *O direito fundamental à Previdência Social na perspectiva dos princípios constitucionais diretivos do sistema previdenciário brasileiro*. Porto Alegre: Livraria do Advogado, 2004. p. 125.

## 2.1 PRINCÍPIOS GERAIS DE DIREITO PREVIDENCIÁRIO

Vejamos os princípios gerais do direito previdenciário um a um:

### 2.1.1 Princípio da solidariedade

A Previdência Social baseia-se, fundamentalmente, na solidariedade entre os membros da sociedade.[3] Assim, como a noção de bem-estar coletivo repousa na possibilidade de proteção de todos os membros da coletividade, somente a partir da ação coletiva de repartir os frutos do trabalho, com a cotização de cada um em prol do todo, permite a subsistência de um sistema previdenciário.

Uma vez que a coletividade se recuse a tomar como sua tal responsabilidade, cessa qualquer possibilidade de manutenção de um sistema universal de proteção social. Realça Daniel Machado da Rocha que "a solidariedade previdenciária legitima-se na ideia de que, além de direitos e liberdades, os indivíduos também têm deveres para com a comunidade na qual estão inseridos",[4] como o dever de recolher tributos (e contribuições sociais, como espécies destes), ainda que não haja qualquer possibilidade de contrapartida em prestações (é o caso das contribuições exigidas dos tomadores de serviços).[5] Envolve, pelo esforço individual, o movimento global de uma comunidade em favor de uma minoria – os necessitados de proteção – de forma anônima.[6]

Ainda, segundo orientação do STF: "O sistema público de previdência social é baseado no princípio da solidariedade [art. 3º, I, da CB/1988], contribuindo os ativos para financiar os benefícios pagos aos inativos" (RE 414816 AgR/SC, 1ª Turma, Rel. Min. Eros Grau, *DJ* 13.05.2005).

### 2.1.2 Princípio da vedação do retrocesso social

Princípio bem retratado por Marcelo Leonardo Tavares, "consiste na impossibilidade de redução das implementações de direitos fundamentais já realizadas".[7] Impõe-se, com ele, que o rol de direitos sociais não seja reduzido em seu alcance (pessoas abrangidas, eventos que geram amparo) e quantidade (valores concedidos), de modo a preservar o mínimo existencial. Tal princípio, como salienta Vilian Bollmann,[8] ainda que não expresso de forma taxativa, encontra clara previsão constitucional quando da leitura do § 2º do art. 5º da Constituição e mais, ainda, a nosso ver, no art. 7º, *caput*, o qual enuncia os direitos dos trabalhadores urbanos e rurais, "sem prejuízo de outros que visem à melhoria de sua condição social". Trata-se de princípio que já foi adotado pela jurisprudência, na ADI que apreciou a inconstitucionalidade do art. 14 da EC n. 20/1998, que limitava o valor do salário-maternidade ao teto do RGPS:

> 1. O legislador brasileiro, a partir de 1932 e mais claramente desde 1974, vem tratando o problema da proteção à gestante, cada vez menos como um encargo trabalhista (do empregador)

---

[3] RUPRECHT, Alfredo J. *Direito da seguridade social*. São Paulo: LTr, 1996. p. 70.
[4] ROCHA, Daniel Machado da. *O direito fundamental à Previdência Social na perspectiva dos princípios constitucionais diretivos do sistema previdenciário brasileiro*. Porto Alegre: Livraria do Advogado, 2004. p. 135.
[5] PEREIRA NETTO, Juliana Pressotto. *A Previdência Social em reforma*: o desafio da inclusão de um maior número de trabalhadores. São Paulo: LTr, 2002. p. 166.
[6] RUPRECHT, Alfredo J. *Direito da seguridade social*. São Paulo: LTr, 1996. p. 73.
[7] TAVARES, Marcelo Leonardo. *Previdência e assistência social*: legitimação e fundamentação constitucional brasileira. Rio de Janeiro: Lumen Juris, 2003. p. 176.
[8] BOLLMANN, Vilian. *Hipótese de incidência previdenciária e temas conexos*. São Paulo: LTr, 2005. p. 77.

e cada vez mais como de natureza previdenciária. Essa orientação foi mantida mesmo após a Constituição de 05.10.1988, cujo art. 6º determina: a proteção à maternidade deve ser realizada "na forma desta Constituição", ou seja, nos termos previstos em seu art. 7º, XVIII: "licença à gestante, sem prejuízo do empregado e do salário, com a duração de cento e vinte dias". 2. Diante desse quadro histórico, não é de se presumir que o legislador constituinte derivado, na Emenda n. 20/1998, mais precisamente em seu art. 14, haja pretendido a revogação, ainda que implícita, do art. 7º, XVIII, da Constituição Federal originária. Se esse tivesse sido o objetivo da norma constitucional derivada, por certo a EC n. 20/1998 conteria referência expressa a respeito. E, à falta de norma constitucional derivada, revogadora do art. 7º, XVIII, a pura e simples aplicação do art. 14 da EC n. 20/1998, de modo a torná-la insubsistente, implicará um retrocesso histórico, em matéria social-previdenciária, que não se pode presumir desejado (...).

Porém, em julgados mais recentes, tem-se visto uma releitura do princípio; por exemplo, o STF, apreciando a ADI 5.340, fixou a seguinte tese: "A Lei nº 13.134/15, relativamente aos prazos de carência do seguro-desemprego, não importou em violação do princípio da proibição do retrocesso social nem do princípio da segurança jurídica" (Plenário, Rel. Min. Dias Tóffoli, Sessão Virtual de 11.10.2024 a 18.10.2024).

### 2.1.3 Princípio da proteção ao segurado

Este princípio, ainda que não aceito de modo uniforme pela doutrina previdenciarista, vem sendo admitido com cada vez mais frequência. Trata-se do postulado de que as normas dos sistemas de proteção social devem ser fundadas na ideia de proteção ao menos favorecido. Na relação jurídica existente entre o indivíduo trabalhador e o Estado, em que este fornece àquele as prestações de caráter social, não há razão para gerar proteção ao sujeito passivo – como, certas vezes, acontece em matéria de discussões jurídicas sobre o direito dos beneficiários do sistema a determinado reajuste ou revisão de renda mensal, por dubiedade de interpretação da norma. Daí decorre, como no Direito do Trabalho, a regra de interpretação *in dubio pro misero*, ou *pro operario*, pois este é o principal destinatário da norma previdenciária.

Observe-se que não se trata de defender que se adote entendimento diametralmente oposto na aplicação das normas, por uma interpretação distorcida dos enunciados dos textos normativos: o intérprete deve, entre as várias formulações possíveis para um mesmo enunciado normativo, buscar aquela que melhor atenda à função social, protegendo, com isso, aquele que depende das políticas sociais para sua subsistência.

A jurisprudência vem aplicando o princípio em comento nas situações em que se depara com dúvida relevante acerca da necessidade de proteção social ao indivíduo:

> (...) Aplica-se o princípio *in dubio pro operario* na hipótese de conflito entre laudo do INSS e de bem fundamentado relatório de médico particular, porque, havendo dúvida acerca da capacidade laborativa do beneficiário, o pagamento do auxílio deve ser mantido até que a matéria seja elucidada em cognição plena. (TJDFT, 2ª Turma Cível, AI 20110020085867, Rel. Des. Carmelita Brasil, *DJE* 26.08.2011)

### 2.1.4 Princípio da proteção da confiança

Esse princípio está relacionado com a estabilidade da ordem jurídica, representando a imprescindibilidade de confiança nas condições jurídicas geradas por uma determinada situação legal. É exigência de *status* constitucional atinente à segurança jurídica, valor fundamental de um Estado de Direito e que se encontra intimamente ligada à dignidade da pessoa humana, com o que se conecta indelevelmente à Seguridade Social. Como expressa Ingo Sarlet:

> A dignidade não restará suficientemente respeitada e protegida em todo o lugar onde as pessoas estejam sendo atingidas por um tal nível de instabilidade jurídica que não estejam mais em condições de, com um mínimo de segurança e tranquilidade, confiar nas instituições sociais e estatais (incluindo o Direito) e numa certa estabilidade das suas próprias posições jurídicas.[9]

Por esse motivo, as reformas da previdência que revogaram regras de transição das emendas anteriores, tal como ocorreu com a EC n. 103/2019, passaram a ser questionadas por violar o princípio da proteção da confiança e o da proporcionalidade, um dos elementos da segurança jurídica, essencial no Estado Democrático de Direito, que possui dimensão tanto de matiz institucional como de direito individual, afigurando-se como direito e garantia fundamental (art. 60, § 4º, IV, da Constituição).

Exige-se, em razão disso, que exista previsibilidade e durabilidade temporal das regras nas relações de trato sucessivo de longa duração, como é o caso, sem dúvida alguma, das relações entre o indivíduo e o Estado, quanto à sua proteção social. Desse modo, saber-se de antemão quais são as regras que disciplinam o direito a todas as modalidades de aposentadoria se apresenta como um direito fundamental, pois em diversas hipóteses de aplicação imediata das novas regras a pessoas que já contribuem de longa data a consequência é nefasta – da redução da proteção à total desproteção, dependendo da situação.

Foge da razoabilidade a aprovação de uma "Nova Previdência" que entra em vigor na data da publicação de Emenda Constitucional, sem o respeito às posições jurídicas já existentes, sem regras que respeitem aqueles que já estavam às vésperas de se aposentar, ocasionando surpresa, quebra de confiança e insegurança jurídica, com a destruição dos planejamentos previdenciários e das expectativas das pessoas que ao longo da vida contribuem com vistas a obter a contraprestação previdenciária em prazo razoável, ou mesmo em caso de incapacidade permanente, ou invalidez.

Quando o legislador infraconstitucional decide transformar bruscamente o sistema previdenciário, deve usar dos meios necessários a preservar a confiança que o jurisdicionado possui no Estado e na estabilidade de seus sistemas e normas, fazendo com que os novos ditames valham somente para os que venham a ingressar no sistema, preservando os direitos daqueles que já se encontram contribuindo, atento à máxima *tempus regit actum*, sendo necessário questionar, refletir e rever a ideia, ainda presente, de que "não há direito adquirido a regime jurídico".

Vistos os princípios fundantes, passa-se ao estudo dos princípios expressamente previstos na Constituição.

## 2.2 PRINCÍPIOS CONSTITUCIONAIS DA SEGURIDADE SOCIAL

A Constituição Federal estabeleceu, como norma, fixar uma gama de princípios e objetivos regentes da Seguridade Social, e outros deles, disciplinadores dos campos de atuação em que ela

---

[9] SARLET, Ingo Wolfgang. A eficácia do direito fundamental à Segurança Jurídica: dignidade da pessoa humana, direitos fundamentais e proibição de retrocesso social no direito constitucional brasileiro. In: ROCHA, Carmen Lúcia Antunes (Org.). *Constituição e segurança jurídica: direito adquirido, ato jurídico perfeito e coisa julgada. Estudos em homenagem a José Paulo Sepúlveda Pertence*. 2. ed. Belo Horizonte: Fórum, 2005. p. 94.

se desdobra. Em face do objeto de estudo desta obra, observar-se-ão, tão somente, os objetivos gerais de seguridade social, e os pertinentes à previdência social.

O art. 194 da Constituição enumera, em sete incisos, os chamados princípios constitucionais – objetivos – da Seguridade Social. São eles:

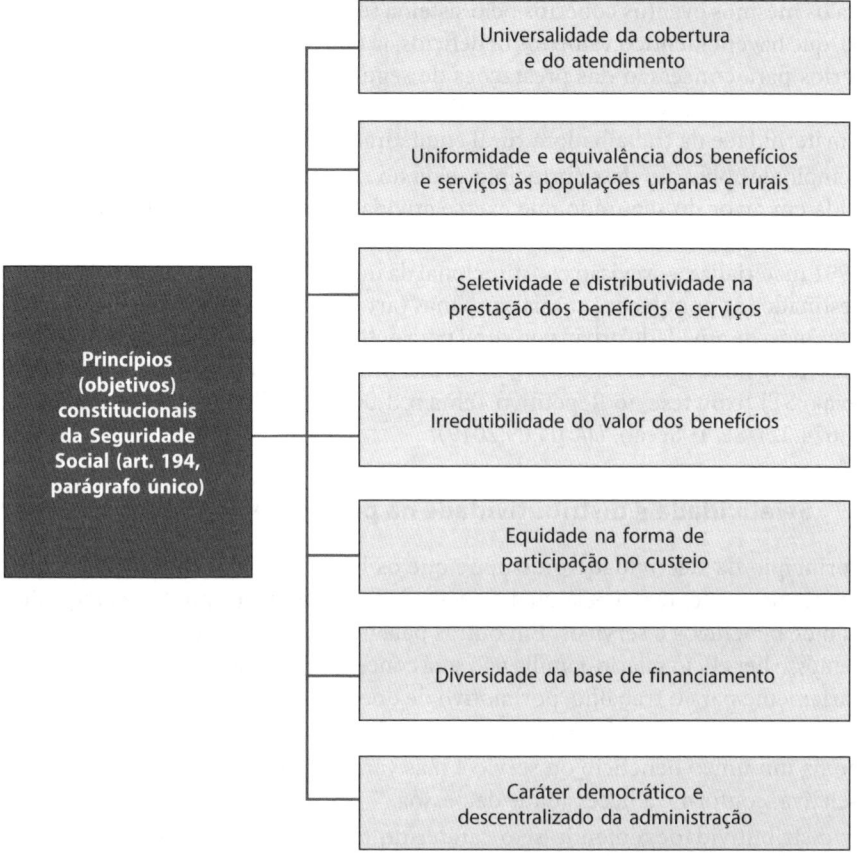

Vejamos os detalhes de cada um dos princípios constitucionais da Seguridade Social:

## 2.2.1 Universalidade da cobertura e do atendimento

Por universalidade da cobertura entende-se que a proteção social deve alcançar todos os eventos cuja reparação seja premente, a fim de manter a subsistência de quem dela necessite. A universalidade do atendimento significa, por seu turno, a entrega das ações, prestações e serviços de seguridade social a todos os que necessitem, tanto em termos de previdência social – obedecido o princípio contributivo – como no caso da saúde e da assistência social.

Conjuga-se a este princípio aquele que estabelece a filiação compulsória e automática de todo e qualquer indivíduo trabalhador no território nacional a um regime de previdência social, mesmo que "contra a sua vontade", e independentemente de ter ou não vertido contribuições; a falta de recolhimento das contribuições não caracteriza ausência de filiação, mas inadimplência tributária, é dizer, diante do ideal de universalidade não merece prevalecer a interpretação de que, "ausente a contribuição, não há vinculação com a Previdência". Como será visto adiante, a filiação decorre do exercício de atividade remunerada, e não do pagamento da contribuição.

## 2.2.2 Uniformidade e equivalência dos benefícios e serviços às populações urbanas e rurais

O mesmo princípio já contemplado no art. 7º da Carta confere tratamento uniforme a trabalhadores urbanos e rurais, havendo assim idênticos benefícios e serviços (uniformidade), para os mesmos eventos cobertos pelo sistema (equivalência). Tal princípio não significa, contudo, que haverá idêntico valor aos benefícios, já que equivalência não significa igualdade. Os critérios para concessão das prestações de seguridade social serão os mesmos; porém, tratando-se de previdência social, o valor de um benefício pode ser diferenciado – caso do salário-maternidade da trabalhadora rural enquadrada como segurada especial.

Exemplo de aplicação desse princípio se dá no reconhecimento do direito à aposentadoria híbrida em favor do segurado que exerce atividade urbana no momento do implemento da idade ou do requerimento. Nesse sentido: "(...) o disposto no art. 48, §§ 3º e 4º, da Lei n. 8.213/1991 materializa a previsão constitucional da uniformidade e equivalência entre os benefícios destinados às populações rurais e urbanas (art. 194, II, da CF), o que torna irrelevante a preponderância de atividade urbana ou rural para definir a aplicabilidade da inovação legal aqui analisada (AgRg no REsp 1.497.086/PR, 2ª Turma, Min. Herman Benjamin, *DJe* 06.04.2015). Na sequência o STJ fixou tese no Repetitivo Tema n. 1.007 consolidando a referida interpretação (REsp 1.674.221/SP, 1ª Seção, *DJe* 04.09.2019).

## 2.2.3 Seletividade e distributividade na prestação dos benefícios e serviços

O princípio da seletividade pressupõe que os benefícios são concedidos a quem deles efetivamente necessite, razão pela qual a Seguridade Social deve apontar os requisitos para a concessão de benefícios e serviços. Em outras palavras, para um trabalhador que não possua dependentes, o benefício salário-família não será concedido; para aquele que se encontre incapaz temporariamente para o trabalho, por motivo de doença, não será concedida a aposentadoria por invalidez, mas o auxílio-doença.

Não há um único benefício ou serviço, mas vários, que serão concedidos e mantidos de forma seletiva, conforme a necessidade da pessoa.

Por distributividade, entende-se o caráter do regime por repartição, típico do sistema brasileiro, embora o princípio seja de seguridade, e não de previdência. O princípio da distributividade, inserido na ordem social, é de ser interpretado em seu sentido de distribuição de renda e bem-estar social, ou seja, pela concessão de benefícios e serviços visa-se ao bem-estar e à justiça social (art. 193 da Carta Magna). Ao se conceder, por exemplo, o benefício de prestação continuada à pessoa idosa e à pessoa com deficiência sem meios de subsistência, distribui-se renda; ao se prestar os serviços básicos de saúde pública, distribui-se bem-estar social etc.

O segurado, ao contribuir, não perceberá em retorno a totalidade do que contribuiu, porque os recursos vão todos para o caixa único do sistema, ao contrário dos sistemas de capitalização, em que cada contribuinte teria uma conta individualizada (como ocorre com o FGTS). A solidariedade entre os membros da sociedade impõe a repartição dos custos da manutenção do sistema de seguro social.

## 2.2.4 Irredutibilidade do valor dos benefícios

Princípio equivalente ao da intangibilidade do salário dos empregados e dos vencimentos dos servidores, significa que o benefício legalmente concedido – pela Previdência Social ou pela Assistência Social – não pode ter seu valor nominal reduzido, não podendo ser objeto de desconto – salvo os determinados por lei ou ordem judicial – nem de arresto, sequestro ou penhora, salvo para quitação de obrigações relativas a prestações alimentícias. Dentro da mesma ideia, o art. 201, § 2º, estabelece o reajustamento periódico dos benefícios, para preservar-lhes, em caráter permanente, seu valor real.

Sobre o alcance desse princípio na revisão dos benefícios, decidiu o STF:

> Recurso. Extraordinário. Benefício previdenciário. Reajuste. Plano de Custeio e Benefícios. Lei n. 8.213/1991. Princípio da irredutibilidade do valor dos benefícios (art. 194, IV, da CF). Não violação. Precedentes do STF. Agravo regimental improvido. O critério de reajuste dos benefícios previdenciários, previsto no inciso II do art. 41 da Lei n. 8.213/1991, substituído pelo § 1º do art. 9º da Lei n. 8.542/1992, e, pelo § 4º do art. 29 da Lei n. 8.880/1994, não viola o princípio estampado no art. 194, IV, da CF. (AI 548.735-AgR, 2ª Turma, Rel. Min. Cezar Peluso, *DJ* 23.02.2007)

### 2.2.5 Equidade na forma de participação no custeio

Trata-se de norma principiológica em sua essência, visto que a participação equitativa de trabalhadores, empregadores e Poder Público no custeio da seguridade social é meta, objetivo, e não regra concreta. Com a adoção deste princípio, busca-se garantir que aos hipossuficientes seja garantida a proteção social, exigindo-se dos mesmos, quando possível, contribuição equivalente a seu poder aquisitivo, enquanto a contribuição empresarial tende a ter maior importância em termos de valores e percentuais na receita da seguridade social, por ter a classe empregadora maior capacidade contributiva, adotando-se, em termos, o princípio da progressividade, existente no Direito Tributário, no tocante ao Imposto sobre Renda e Proventos de Qualquer Natureza (art. 153, § 2º, da CF). Em razão disso, a empresa passou a contribuir sobre o seu faturamento mensal e o lucro líquido, além de verter contribuição incidente sobre a folha de pagamentos. Esse objetivo, a nosso ver, é colocado em xeque pela EC n. 103/2019, quando passa a vedar a contagem, para qualquer finalidade, de meses em que o segurado, apesar de ter laborado e contribuído para o sistema, tenha feito em montante inferior à alíquota incidente sobre o limite mínimo do salário de contribuição, exigindo deste que complemente o valor, acarretando flagrante violação à sua capacidade contributiva, como será aprofundado no tema relativo à contagem de tempo de contribuição.

### 2.2.6 Diversidade da base de financiamento

Estando a Seguridade Social brasileira no chamado ponto de hibridismo entre sistema contributivo e não contributivo, o constituinte quis estabelecer a possibilidade de que a receita da Seguridade Social possa ser arrecadada de várias fontes pagadoras, não ficando adstrita a trabalhadores, empregadores e Poder Público. Assim, com base nesse princípio, existe a contribuição social incidente sobre a receita de concursos de prognósticos, e a própria CPMF – Contribuição Provisória sobre Movimentação Financeira, enquanto foi cobrada (até o exercício 2007). Com a adoção desse princípio, está prejudicada a possibilidade de estabelecer-se o sistema não contributivo, decorrente da cobrança de tributos não vinculados, visto que o financiamento deve ser feito por meio de diversas fontes e não de fonte única.

Com o advento da EC n. 103/2019, foi dada nova redação a essa diretriz, qual seja: "VI – diversidade da base de financiamento, identificando-se, em rubricas contábeis específicas para cada área, as receitas e as despesas vinculadas a ações de saúde, previdência e assistência social, preservado o caráter contributivo da previdência social", com o objetivo de melhor identificar a utilização dos recursos arrecadados em cada um dos ramos da Seguridade Social, e reafirmando o custeio e a vinculação dos indivíduos ao regime previdenciário a partir das contribuições vertidas ao sistema.

Essa alteração, caso levada a efeito, pode dar mais transparência ao orçamento da Seguridade Social para distinguir as receitas e despesas de cada área: saúde, previdência e assistência social.

## 2.2.7 Caráter democrático e descentralizado da administração

Mediante gestão quadripartite, com participação dos trabalhadores, dos empregadores, dos aposentados e do Governo nos órgãos colegiados –, significa que a gestão dos recursos, programas, planos, serviços e ações nas três vertentes da Seguridade Social, em todas as esferas de poder, deve ser realizada por intermédio de discussão com a sociedade, e não exclusivamente de acordo com o que estatui o Poder Executivo.

Para tanto, foram criados órgãos colegiados de deliberação:

- o Conselho Nacional de Previdência Social – CNPS, criado pelo art. 3º da Lei n. 8.213/1991, que discute a gestão da Previdência Social (atualmente denominado Conselho Nacional de Previdência – CNP);
- o Conselho Nacional de Assistência Social – CNAS, criado pelo art. 17 da Lei n. 8.742/1993, que delibera sobre a política e ações nesta área;
- e o Conselho Nacional de Saúde – CNS, criado pela Lei n. 8.080/1990, cujas atribuições estão atualmente regulamentadas pela Lei n. 8.142/1990 e a quem incumbe fiscalizar, acompanhar e monitorar as políticas públicas de saúde nas suas mais diferentes áreas, levando as demandas da população ao poder público.

Todos estes conselhos têm composição paritária e são integrados por representantes do Governo, dos trabalhadores, dos empregadores e dos aposentados.

## 2.3 PRINCÍPIOS ESPECÍFICOS DE CUSTEIO

A Constituição estabelece, ainda, princípios específicos em relação ao custeio da Seguridade Social, os quais analisaremos na sequência.

Vejamos os princípios aplicados à relação de custeio um a um:

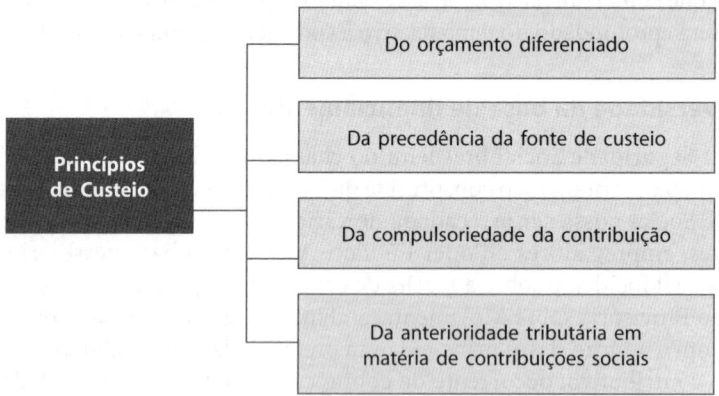

## 2.3.1 Universalidade da participação no custeio

Em decorrência do caráter social do sistema, exige-se que todos os integrantes da sociedade que obtenham rendimentos do trabalho (e os empregadores e tomadores de serviços, em razão do proveito financeiro) contribuam para o custeio deste: tanto os indivíduos quanto aqueles que contratam trabalhadores (empresas e pessoas a elas equiparadas).

Por tal razão, mesmo a pessoa já aposentada, mas que volta a exercer atividade remunerada, possui obrigação de contribuir sobre seus rendimentos do trabalho, conforme decidiu o STF na tese fixada na decisão de Repercussão Geral, Tema n. 1065: É constitucional a contribuição previdenciária devida por aposentado pelo Regime Geral de Previdência Social (RGPS) que permaneça em atividade ou a essa retorne.

### 2.3.2 Do orçamento diferenciado

A Constituição estabelece que a receita da Seguridade Social constará de orçamento próprio, distinto daquele previsto para a União Federal (art. 165, § 5º, III; art. 195, §§ 1º e 2º). O legislador constituinte originário pretendeu, com tal medida, evitar que houvesse sangria de recursos da Seguridade para despesas públicas que não as pertencentes às suas áreas de atuação. No regime anterior, não havia tal distinção, o que tem acarretado, até hoje, déficits em face da ausência de um "fundo de reserva", dizimado que foi por regimes anteriores:

> Quando o sistema era jovem – ou seja, o número de trabalhadores contribuintes era muito superior ao número de inativos – verificaram-se saldos de caixa que deveriam ser utilizados para garantir a viabilidade do sistema em conjunturas desfavoráveis. Entretanto, esses saldos, muitas vezes, foram utilizados para outras finalidades, distintas dos interesses previdenciários. Os saldos da Previdência foram usados na construção de Brasília, na constituição e no aumento de capital de várias empresas estatais (*sic*), na manutenção de saldos na rede bancária como compensação pela execução de serviços de arrecadação de contribuições e de pagamento de benefícios. De 1986 a 1988, as transferências da Previdência Social para a área de saúde cresceram por conta da implantação do Sistema Único Descentralizado de Saúde (SUDS), chegando a 35% da arrecadação sobre a folha de salários. De 1988 até meados de 1993, as transferências para o Sistema Único de Saúde (SUS), que substituiu o SUDS, chegaram a 15% de toda a arrecadação sobre a folha de salários.[10]

Impende destacar que grande parte das dificuldades financeiras da Previdência é causada pela má administração do fundo pelo Poder Público. Esta dívida interna não é assumida pelo Governo nas discussões sobre a questão da sustentabilidade do regime, acarretando um ônus desnecessário aos atuais contribuintes.

Apesar disso, o Supremo Tribunal Federal decidiu que, "para que fosse inconstitucional essa forma de arrecadação, necessário seria que a Constituição tivesse criado um sistema de seguridade social cuja realização, em todas as suas etapas, tivesse de ser da competência exclusiva de um órgão autônomo de seguridade social" (RE 146733-9/SP, Rel. Min. Moreira Alves, j. 29.06.1992).[11]

### 2.3.3 Da precedência da fonte de custeio

É o princípio segundo o qual não pode ser criado benefício ou serviço, nem majorado ou estendido a categorias de segurados, sem que haja a correspondente fonte de custeio total (§ 5º do art. 195).

Trata-se de princípio, pois nenhuma norma legal poderá violar tal preceito, sob pena de inconstitucionalidade. Veja-se, a propósito, o ocorrido quando da edição da Lei n. 9.876/1999, que estendeu o benefício do salário-maternidade às contribuintes individuais e às facultativas, majorando, contudo, a contribuição das empresas calculada sobre os pagamentos feitos a contribuintes individuais.

---

[10] STEPHANES, Reinhold. *Reforma da previdência sem segredos*. Rio de Janeiro: Record, 1998. p. 95.
[11] Cf. MELO, José Eduardo Soares de. Contribuições *sociais no sistema tributário*. 3. ed. São Paulo: RT, 2000. p. 121-122.

Em verdade, tal princípio tem íntima ligação com o princípio do equilíbrio financeiro e atuarial, de modo que somente possa ocorrer aumento de despesa para o fundo previdenciário quando exista também, em proporção adequada, receita que venha a cobrir os gastos decorrentes da alteração legislativa, a fim de evitar o colapso das contas do regime. Tal determinação constitucional nada mais exige do legislador senão a conceituação lógica de que não se pode gastar mais do que se arrecada. Nesse sentido:

> BENEFÍCIO PREVIDENCIÁRIO: PENSÃO POR MORTE (LEI N. 9.032, DE 28 DE ABRIL DE 1995). O cumprimento das políticas públicas previdenciárias, exatamente por estar calcado no princípio da solidariedade (CF, art. 3º, I), deve ter como fundamento o fato de que não é possível dissociar as bases contributivas de arrecadação da prévia indicação legislativa da dotação orçamentária exigida (CF, art. 195, § 5º). Salvo disposição legislativa expressa e que atenda à prévia indicação da fonte de custeio total, o benefício previdenciário deve ser calculado na forma prevista na legislação vigente à data da sua concessão. (RE 415.454 e 416.827, Plenário, Rel. Min. Gilmar Mendes, *DJ* 26.10.2007)

A observância deste princípio é de fundamental importância para que a Previdência Social pública se mantenha em condições de conceder as prestações previstas, sob pena de, em curto espaço de tempo, estarem os segurados definitivamente sujeitos à privatização de tal atividade, em face da incapacidade do Poder Público em gerar mais receita para cobertura de déficits.

Não está sujeita a essa regra a criação de benefícios já previstos na Constituição, dependendo apenas de regulamentação. Nesse sentido, decidiu o STF: RE 220.742, 2ª Turma, Rel. Min. Néri da Silveira, *DJ* 04.09.1998.

Entendemos que essa exceção é válida para os benefícios previstos em Emenda Constitucional, tal qual ocorre com a aposentadoria da pessoa com deficiência, introduzida no art. 201, § 1º, da CF, pela Emenda Constitucional n. 47/2005 e regulada pela Lei Complementar n. 142/2013.

### 2.3.4 Da compulsoriedade da contribuição

Por serem as atividades que caracterizam a política de segurança social exercidas em caráter exclusivo pelo Estado – permitida a atuação da iniciativa privada apenas em caráter complementar –, e por ser necessário que a sociedade participe do financiamento da Seguridade Social, a Constituição Federal prevê a possibilidade de que o Poder Público institua contribuições sociais (art. 149), ou seja, na ordem jurídica interna vigente, ter-se o regime de solidariedade social garantido pela cobrança compulsória de contribuições sociais, exigidas de indivíduos segurados e também de não segurados do regime previdenciário, bem como de pessoas jurídicas.

Assim é que ninguém pode escusar-se de recolher contribuição social, caso a lei estabeleça como fato gerador alguma situação em que incorra. Sendo o sistema previdenciário pautado pela universalidade de atendimento, nenhuma pessoa que exerça trabalho remunerado pode ficar isenta de contribuir com parcela de seus ganhos, seja este trabalhador vinculado à iniciativa privada ou ao serviço público – uma vez que mesmo os servidores públicos contribuem para os chamados regimes próprios de previdência.

Diante dessa compulsoriedade, o indivíduo que tenha exercido atividade que o enquadrava como segurado obrigatório é sempre considerado devedor das contribuições que deveria ter feito, salvo na ocorrência de decadência, transferindo-se tal responsabilidade à fonte pagadora quando a lei assim estabeleça.

### 2.3.5 Da anterioridade nonagesimal das contribuições sociais

As contribuições sociais, quando criadas ou majoradas, só podem ser exigidas após um prazo de *vacatio legis*, a exemplo do que acontece com os tributos em geral. Todavia, conforme o regime previdenciário, esse prazo é diferenciado. No caso das contribuições de que trata o art. 194 da Constituição, que vertem para o RGPS e custeiam também as políticas de Saúde e Assistência Social, o prazo a ser obedecido é de noventa dias após a vigência da lei que as instituiu ou majorou.

O princípio não se aplica, contudo, a leis que venham a reduzir o valor das contribuições, ou isentar do recolhimento. Essas terão vigência a partir da data prevista no próprio diploma, ou no prazo do art. 1º da Lei de Introdução às Normas do Direito Brasileiro, em caso de ausência de data prevista para a vigência (quarenta e cinco dias a partir da publicação). Nesse sentido, a Súmula n. 669 do STF: "Norma legal que altera o prazo de recolhimento da obrigação tributária não se sujeita ao princípio da anterioridade".

Quanto ao início do cumprimento da anterioridade nonagesimal, em caso de regulamentação da contribuição por medida provisória convertida em lei, o entendimento do STF é de que "conta-se o prazo de noventa dias a partir da veiculação da primeira medida provisória" (RE 232.896, Plenário, Rel. Min. Carlos Velloso, *DJ* 1º.10.1999).

Também não se aplica o princípio à legislação que cria novos benefícios ou serviços em qualquer das áreas de atuação da Seguridade Social.

## 2.4 PRINCÍPIOS ESPECÍFICOS DE PREVIDÊNCIA SOCIAL

Além dos princípios da Seguridade Social aplicáveis à Previdência Social, constam do texto constitucional mais alguns princípios atinentes à relação previdenciária.

### 2.4.1 Da filiação obrigatória

Na mesma linha doutrinária do princípio da compulsoriedade da contribuição, todo trabalhador que se enquadre na condição de segurado é considerado pelo regime geral como tal, desde que não esteja amparado por outro regime próprio (art. 201, *caput*). O esforço do Estado em garantir o indivíduo em face dos eventos protegidos pela Previdência não surtiria o efeito desejado caso a filiação fosse meramente facultativa.

Não se confundam, todavia, os dois princípios: na compulsoriedade de contribuição exige-se a participação dos indivíduos pertencentes à sociedade – e das pessoas jurídicas – no financiamento do sistema de seguridade; enquanto a filiação somente se aplica aos indivíduos que exercem atividade vinculada ao regime geral previdenciário que lhes garanta a subsistência, estando, a partir da inserção na parcela da população economicamente ativa, a salvo da perda ou redução dos ganhos decorrentes da atividade laborativa, nas hipóteses de eventos cobertos pela norma previdenciária.

Pode-se dizer, assim, que nem todo indivíduo que contribui para a Seguridade é, ao mesmo tempo, filiado ao regime geral previdenciário; é o que ocorre, por exemplo, com um servidor público federal que, simultaneamente, seja empregador doméstico, ou faça apostas em concursos de prognósticos: embora não seja filiado ao Regime Geral de Previdência Social – pois, como servidor, tem regime próprio – será contribuinte da Seguridade Social, pois o fato de ser empregador ou apostador enquadra-se em fato gerador da contribuição respectiva, devida numa ou noutra hipótese.

### 2.4.2 Do caráter contributivo

Estabelece a Constituição que a Previdência Social, em qualquer de seus regimes, terá caráter contributivo (art. 40, *caput*; art. 201, *caput*), ou seja, que será custeada por contribuições sociais (Constituição, art. 149).

Cabe à legislação ordinária dos regimes previdenciários (no caso do RGPS, a Lei n. 8.212/1991 e demais normas de custeio; no caso dos regimes próprios de agentes públicos, a lei de cada ente da Federação) definir como se dará a participação dos segurados, fixando hipóteses de incidência, alíquotas de contribuição e bases de cálculo, obedecendo, em todo caso, às regras gerais estabelecidas no sistema tributário nacional – previstas, atualmente, na Constituição e no Código Tributário Nacional.

Assim, não há regime previdenciário na ordem jurídica brasileira que admita a percepção de benefícios sem a contribuição específica para o regime, salvo quando a responsabilidade pelo recolhimento de tal contribuição tenha sido transmitida, por força da legislação, a outrem que não o próprio segurado.

Ainda assim, isso não significa dizer que haja possibilidade jurídica de se estabelecer, na ordem vigente, benefício previdenciário sem que tenha havido a participação do segurado no custeio. O não pagamento da contribuição, nos casos em que há concessão de benefício apesar de tal fato, configura mero inadimplemento da obrigação tributária, por parte do responsável pelo cumprimento da obrigação, mas não a ausência de filiação, ou a perda da qualidade de segurado. Em outras palavras, não há se confundir caráter contributivo com filiação ao sistema, que acontece ao passo em que há exercício de atividade laboral remunerada, desde então incluindo o indivíduo no campo da proteção previdenciária.

Basta observar que se um trabalhador, em seu primeiro dia de seu primeiro emprego, sofre acidente do trabalho, mesmo não tendo havido qualquer contribuição ainda ao sistema, fará jus a benefícios, caso necessite.

Os regimes previdenciários estabelecidos na Constituição Federal e na legislação seguem a forma de repartição simples entre os segurados que dela necessitem. Não há vinculação direta entre o valor das contribuições vertidas pelo segurado e o benefício que possa vir a perceber, quando ocorrente algum dos eventos sob a cobertura legal. Então há segurados que contribuirão mais do que irão receber a guisa de benefícios, e outros que terão situação inversa. Exemplificando, tenha-se um segurado que trabalhe durante trinta e cinco anos, contribuindo para algum regime previdenciário, e outro, ainda jovem, que trabalhe e contribua há apenas um mês, se ambos vierem a sofrer acidente que lhes retire permanentemente a capacidade laborativa, terão direito à aposentadoria por invalidez pelo resto de suas vidas. O primeiro talvez não venha a receber tudo o que contribuiu; o segundo, certamente, receberá mais do que recolheu aos cofres da Previdência.

### 2.4.3 Do equilíbrio financeiro e atuarial

Princípio expresso somente a partir da Emenda Constitucional n. 20/1998 (arts. 40, *caput*, e 201, *caput*), em que o Poder Público deverá, na execução da política previdenciária, atentar sempre para a relação entre custeio e pagamento de benefícios, a fim de manter o sistema em condições superavitárias, e observar as oscilações da média etária da população, bem como sua expectativa de vida, para a adequação dos benefícios a essas variáveis. As Emendas Constitucionais posteriores, sendo a última a EC n. 103/2019, mantiveram as regras relacionadas com o equilíbrio financeiro e atual do sistema.

Segundo Stephanes, comentando a necessidade de adotar-se tal princípio, ainda quando a Emenda n. 20/1998 tramitava: "No que diz respeito à Previdência Social, os impactos da dinâmica demográfica refletem-se tanto nas despesas quanto do lado das receitas. Em um sistema de repartição simples como o brasileiro, o elemento fundamental para manter seu equilíbrio, considerando-se somente as variáveis demográficas, é a estrutura etária da população em cada momento, pois é ela que define a relação entre beneficiários (população idosa) e contribuintes (população em idade ativa)".[12]

---

[12] STEPHANES, Reinhold. *Reforma da previdência sem segredos*. Rio de Janeiro: Record, 1998. p. 135.

Necessário referir que "Os atuários de hoje têm uma grande obrigação para com a Previdência Social. Redefinir a maneira como são calculados os seus compromissos e assumir o controle das estimativas de receita para que o balanço entre receitas e despesas se faça para o bem do regime e não exclusivamente para o equilíbrio fiscal. (...)".[13]

### 2.4.4 Da garantia do benefício mínimo

O § 2º do art. 201 da Constituição estabelece como princípio de Previdência Social a garantia de renda mensal não inferior ao valor do salário mínimo, em relação aos benefícios substitutivos do salário de contribuição ou do rendimento do trabalho – entre os quais, as aposentadorias, o auxílio-doença, o salário-maternidade e a pensão por morte.

Poderão, portanto, ter valor inferior a um salário mínimo o auxílio-acidente e o salário-família. Embora a pensão por morte e o auxílio-reclusão não possam ser inferiores a um salário mínimo, as cotas individuais poderão resultar em valor menor. Por exemplo, em caso de uma pensão por morte com RMI de um salário mínimo e dois beneficiários, cada um receberá metade desse valor.

Deve-se recordar que, antes da previsão constitucional vigente, os segurados recebiam como valor mínimo a metade do salário-mínimo devido aos trabalhadores. Mas desde a Constituição de 1988 essa anomalia foi corrigida. Nesse sentido, decisão do STF pela autoaplicabilidade da norma: "Previdenciário. Revisão de benefício. Autoaplicabilidade do art. 201, § 2º (ant. § 5º), da Constituição da República" (RE 597.022 AgR, Rel. Min. Cármen Lúcia, 1ª T, *DJe* 20.11.2009).

### 2.4.5 Da correção monetária dos salários de contribuição

Determinam os arts. 40, § 17, e 201, § 3º, da Constituição Federal que os salários de contribuição considerados no cálculo dos benefícios sejam corrigidos monetariamente. Princípio salutar exige que o legislador ordinário, ao fixar o cálculo de qualquer benefício previdenciário no qual se leve em conta a média de salários de contribuição, adote fórmula que corrija nominalmente o valor da base de cálculo da contribuição vertida, a fim de evitar distorções no valor do benefício pago. Antes de tal princípio, nem todos os salários de contribuição adotados no cálculo eram corrigidos, o que causava um achatamento no valor pago aos beneficiários.

A norma constitucional, contudo, não indica qual o índice que deva ser adotado na correção, deixando a critério do legislador a escolha do indexador a ser utilizado como fator de atualização monetária para a preservação do valor real dos benefícios.

### 2.4.6 Da preservação do valor real dos benefícios

Dispõe o § 4º do art. 201 da Constituição no sentido de assegurar o reajustamento dos benefícios para preservar-lhes, em caráter permanente, o valor real, conforme critérios definidos em lei.

Trata-se de preceito que suplanta a noção de irredutibilidade salarial (art. 7º, VI, da Constituição) e de vencimentos e subsídios (art. 37, X, da mesma Carta), pois nos dois casos não há previsão de manutenção do valor real dos ganhos de trabalhadores e servidores, mas

---

[13] LOYOLA, Ivo Maurício Bettega de. Atuária e Previdência Social. *100 anos da Previdência. Coletânea*. Brasília: ANFIP, 2023. p. 201.

apenas nominal, enquanto no princípio elencado a intenção é "proteger o valor dos benefícios de eventual deterioração, resguardando-o em seu poder de compra".[14]

A matéria é disciplinada, no âmbito do RGPS, pelo art. 41-A da Lei n. 8.213/1991, com redação conferida pela Lei n. 11.430, de 26.12.2006, que assegura o reajuste do valor dos benefícios, anualmente, na mesma data do reajuste do salário mínimo, com base no Índice Nacional de Preços ao Consumidor – INPC, apurado pela Fundação Instituto Brasileiro de Geografia e Estatística – IBGE. O mesmo índice deverá ser observado no âmbito do regime previdenciário próprio dos agentes públicos federais, ocupantes de cargos efetivos e vitalícios.

No entanto, para os benefícios acima do salário mínimo, após a edição das Leis de Custeio e Benefícios da Previdência Social, não é mais possível a revisão com vinculação ao número de salários mínimos. Nesse sentido: STF, AI 594.561-AgR, 1ª Turma, Rel. Min. Ricardo Lewandowski, *DJe* 14.08.2009.

Ou seja, o STF fixou entendimento no sentido de que o disposto no art. 201, § 4º, da Constituição, assegura a revisão dos benefícios previdenciários conforme critérios definidos em lei, ou seja, compete ao legislador ordinário definir as diretrizes para conservação do valor real do benefício. Precedente: AI 668.444-AgR, 2ª Turma, Rel. Min. Eros Grau, *DJ* 07.12.2007.

### 2.4.7 Da facultatividade da previdência complementar

Apesar de o regime previdenciário estatal ser compulsório e universal, admite-se a participação da iniciativa privada na atividade securitária, em complemento ao regime oficial, e em caráter de facultatividade para os segurados (CF, art. 40, §§ 14 a 16, no âmbito dos regimes próprios de agentes públicos; art. 202, no âmbito do RGPS).

Segundo o STF: "A faculdade que têm os interessados de aderir a plano de previdência privada decorre de norma inserida no próprio texto constitucional [art. 202 da CB/1988]. Da não obrigatoriedade de adesão ao sistema de previdência privada decorre a possibilidade de os filiados desvincularem-se dos regimes de previdência complementar a que aderirem, especialmente porque a liberdade de associação comporta, em sua dimensão negativa, o direito de desfiliação, conforme já reconhecido pelo Supremo em outros julgados". Precedentes: (RE 482.207 AgR, 2ª T., Rel. Min. Eros Grau, *DJE* 29.05.2009). Esse entendimento foi confirmado novamente no RE 772.765 AgR, 1ª T., Rel. Min. Rosa Weber, *DJE* 05.09.2014, e no RE 539.074 AgR, Rel. Min. Teori Zavascki, 2ª T., *DJE* 06.09.2016.

A organização da previdência privada (que, em verdade, é apenas um seguro privado, de cunho individual ou coletivo) é feita de forma autônoma, desvinculada do regime previdenciário oficial, e, segundo o texto constitucional, deverá ser regulada por lei complementar.

Compete ao Estado, pois, a função de fiscalizar a atividade das instituições de previdência privada, abertas e fechadas, no exercício do poder de polícia.

Segundo o § 2º do art. 202 da Carta, as contribuições vertidas para planos de previdência privada pelo empregador, os benefícios e condições contratuais previstas em normas disciplinadoras das entidades de previdência privada não integram o contrato de trabalho, nem integram a remuneração dos participantes, à exceção dos benefícios concedidos. É que se trata de duas relações jurídicas distintas: numa, o empregado possui direitos e obrigações para com seu empregador; na outra, agora na condição de participante de plano de previdência privada, de entidade aberta ou fechada, terá direitos e obrigações para com esta entidade, e não mais para com o seu empregador.

---

[14] TAVARES, Marcelo Leonardo. A manutenção do valor real dos benefícios previdenciários. *Revista RPS*, São Paulo, LTr, n. 249, ago. 2001.

## 2.4.8 Da indisponibilidade dos direitos dos beneficiários

Tratando-se do valor do benefício devido ao segurado ou a seu dependente de direito de natureza alimentar, inadmissível que o beneficiário, pelo decurso do prazo, perca o direito ao benefício. Tem-se assim preservado o direito adquirido daquele que, tendo implementado as condições previstas em lei para a obtenção do benefício, ainda não o tenha exercido (art. 102, § 1º, da Lei n. 8.213/1991, com a redação conferida pela Lei n. 9.528/1997).

A lei somente estabelece a decadência quanto a pedidos de revisão do ato de concessão, indeferimento, cancelamento ou cessação de benefício e do ato de deferimento, indeferimento ou não concessão de revisão de benefício (art. 103 da Lei n. 8.213/1991, com a redação conferida pela Lei n. 13.846/2019), mas não há perda do direito ao benefício em si. Nesse sentido, a Repercussão Geral – Tema n. 313:

> I – Inexiste prazo decadencial para a concessão inicial do benefício previdenciário;
> II – Aplica-se o prazo decadencial de dez anos para a revisão de benefícios concedidos, inclusive os anteriores ao advento da Medida Provisória 1.523/1997, hipótese em que a contagem do prazo deve iniciar-se em 1º de agosto de 1997. (STF, *Leading Case*: RE 626.489, Rel. Min. Roberto Barroso, *DJE* 23.09.2014)

Da mesma forma, não se admite seja o benefício sujeito a penhora, arresto ou sequestro, sendo nula de pleno direito a venda ou cessão dos direitos do beneficiário ou a constituição de qualquer ônus sobre o benefício (art. 114 da Lei n. 8.213/1991), à exceção das situações indicadas nos incisos do art. 115 da Lei n. 8.213/1991 (em sua atual redação):

- valores devidos a título de contribuição pelo segurado (por exemplo, na concessão do salário-maternidade);
- pagamento administrativo ou judicial de benefício previdenciário ou assistencial indevido, ou além do devido, inclusive na hipótese de cessação do benefício pela revogação de decisão judicial, em valor que não exceda 30% da sua importância, nos termos do regulamento;
- imposto de renda retido na fonte;
- pensão de alimentos decretada em sentença judicial;
- mensalidades de associações e demais entidades de aposentados legalmente reconhecidas, desde que autorizadas por seus filiados; e
- quando expressamente autorizados pelo beneficiário, pagamento de empréstimos, financiamentos e operações de arrendamento mercantil concedidos por instituições financeiras e sociedades de arrendamento mercantil, ou por entidades fechadas ou abertas de previdência complementar, públicas e privadas, quando expressamente autorizado pelo beneficiário, até o limite de 45% do valor do benefício, sendo 35% destinados exclusivamente a empréstimos, financiamentos e arrendamentos mercantis, 5% destinados exclusivamente à amortização de despesas contraídas por meio de cartão de crédito consignado ou à utilização com a finalidade de saque por meio de cartão de crédito consignado e 5% destinados exclusivamente à amortização de despesas contraídas por meio de cartão consignado de benefício ou à utilização com a finalidade de saque por meio de cartão consignado de benefício.

Segundo orientação do STF, entretanto: "O julgamento pela ilegalidade do pagamento do benefício previdenciário não importa na obrigatoriedade da devolução das importâncias recebidas de boa-fé" (AI 746.442 AgR, Min. Cármen Lúcia, j. 25.08.2009, 1ª T., *DJE* 23.10.2009).

No entanto, o STJ não segue a mesma orientação, conforme tese fixada no julgamento do Tema Repetitivo n. 692, cujo julgamento originário foi publicado no *DJe* 24.05.2022. Ao acolher parcialmente Embargos de Declaração do INSS, a 1ª Seção do STJ, em 10.10.2024, houve por bem complementar a tese jurídica firmada no Tema n. 692/STJ, para incluir a possibilidade de liquidação nos próprios autos, pelo que passou a ser assim firmada: "A reforma da decisão que antecipa os efeitos da tutela final obriga o autor da ação a devolver os valores dos benefícios previdenciários ou assistenciais recebidos, o que pode ser feito por meio de desconto em valor que não exceda 30% (trinta por cento) da importância de eventual benefício que ainda lhe estiver sendo pago, restituindo-se as partes ao estado anterior e liquidando-se eventuais prejuízos nos mesmos autos, na forma do art. 520, II, do CPC/2015 (art. 475-O, II, do CPC/1973)".

# 3
# Aplicação das Normas de Direito Previdenciário

## 3.1 FONTES DO DIREITO PREVIDENCIÁRIO

Segundo Marcelo Leonardo Tavares, "fonte de direito é uma estrutura de poder capaz de criar normas. Miguel Reale expõe que é indispensável empregarmos o termo fonte do direito apenas para indicar os processos de produção das normas jurídicas".[1]

Sendo o Direito Previdenciário composto por normas de Direito Público, deve-se afirmar, de plano, que todas as suas fontes formais – as normas que regem as relações em questão – emanam do Estado. É dizer, embora movido por inúmeros fatores sociais, econômicos e políticos, o conjunto de normas do Direito Previdenciário contempla, tão somente, regras decorrentes da atividade legiferante: constitucional, legal ou regulamentar. Não há lugar para se entender como fonte formal do Direito Previdenciário, por exemplo, o costume.

A Constituição, ou seja, os princípios e preceitos insculpidos no texto constitucional, são as fontes de maior hierarquia. É do texto da Lei Magna que se retira o fundamento de validade das normas infraconstitucionais. No atual texto constitucional se estabelecem, taxativamente, os eventos cobertos pela Previdência Social, os limites mínimos de benefícios substitutivos dos salários, e, no art. 7º, até mesmo, alguns benefícios em espécie. Assim, a constitucionalização do Direito Previdenciário havida desde o texto originário tem trazido à tona, constantemente, discussões sobre a constitucionalidade ou inconstitucionalidade de normas, como ocorreu com a tentativa de fixação de um valor máximo para o pagamento do salário-maternidade pela Previdência Social, inserto no texto da Emenda Constitucional n. 20/1998, matéria que mereceu análise do Supremo Tribunal Federal em Ação Direta de Inconstitucionalidade, para declarar a impossibilidade de tal limitação por interpretação do art. 7º da Carta de 1988.

As Emendas à Constituição, por seu turno, são espécies legislativas decorrentes do exercício do chamado Poder Constituinte derivado, detentor de poderes inferiores ao Poder Constituinte dito originário, uma vez que, ao emendar o texto constitucional, o legislador não pode invadir matérias consideradas intocáveis pela própria Constituição – as cláusulas pétreas, previstas no art. 60, § 4º, da Constituição vigente. As emendas, uma vez que transformadas em parte do texto constitucional, adquirem o *status* de norma constitucional, salvo se contrariarem cláusula pétrea – a exemplo do que aconteceu com relação ao valor do salário-maternidade, na promulgação da Emenda n. 20/1998, já comentada.

---

[1] TAVARES, Marcelo Leonardo. *Direito previdenciário*. 4. ed. rev., atual. e ampl. Rio de Janeiro: Lumen Juris, 2002, p. 27-28.

Seguem-se as leis – complementares, ordinárias e delegadas –, bem como as medidas provisórias. Sendo tanto o Regime Geral de Previdência Social quanto o custeio da Seguridade Social matérias que envolvem a fixação de obrigações, impõe-se sua regulamentação pela via legal, em obediência ao princípio da legalidade (art. 5º, II, da Constituição), estando atualmente regidas pelas Leis n. 8.212 e n. 8.213, de 24.07.1991, e suas inúmeras alterações promovidas por leis posteriores. Há, todavia, preceitos que dependem de promulgação por lei complementar – como nos casos de criação de novas contribuições sociais, conforme o art. 195, § 4º, da Carta Magna. Não se tem notícia de leis delegadas utilizadas para dispor sobre matéria previdenciária. É conveniente salientar que a Constituição veda a delegação ao Presidente da República para expedir leis cuja matéria seja reservada à lei complementar.

De outro lado, o Poder Executivo continua se utilizando, com desaconselhável constância, do instituto das medidas provisórias para disciplinar regras do Direito Previdenciário. Observa-se, desde logo, que muitos dos preceitos assim estabelecidos não se revestiam de caráter de relevância e urgência, exigido pelo art. 62 da Constituição.

Ainda há, no âmbito legislativo, os decretos legislativos, com os quais são colocados em vigor no território nacional os tratados, as convenções e os acordos internacionais, integrando, a partir de então, a ordem jurídica interna.[2] Discordamos, assim, com o devido respeito, do entendimento do insigne mestre *Wladimir Martinez*, que assegura existirem fontes internacionais de Direito Previdenciário.[3]

Sobre as mencionadas fontes de direito, o art. 85-A da Lei n. 8.212/1991, acrescentado pela Lei n. 9.876/1999, dispõe que: "Os tratados, convenções e outros acordos internacionais de que Estado estrangeiro ou organismo internacional e o Brasil sejam partes, e que versem sobre matéria previdenciária, serão interpretados como lei especial".

Nessa matéria, merece destaque o Decreto Legislativo n. 269, de 18.09.2008, que ratificou a Convenção n. 102 da Organização Internacional do Trabalho, com o que o Brasil se tornou o 44º país do mundo a aderir a seus termos, assumindo o compromisso, perante a comunidade internacional, de seguir os princípios e os padrões consagrados pela OIT para a organização dos sistemas de seguridade social.

A Convenção n. 102 define níveis mínimos de cobertura populacional, além de estabelecer parâmetros para as condições de elegibilidades nas nove contingências clássicas amparadas por políticas de seguridade: auxílio-doença, assistência médica, amparo ao desemprego, acidentes do trabalho e doenças ocupacionais, velhice, invalidez, morte, maternidade e subsídios familiares.

No que concerne aos atos administrativos, são fontes formais do Direito Previdenciário: o decreto regulamentador das Leis de Custeio e Benefícios – atualmente, Decreto n. 3.048/1999 e suas alterações; as portarias, instruções normativas e ordens de serviço dos Ministérios com competência para a arrecadação e concessão de prestações da Previdência Social; as resoluções do Conselho Nacional de Previdência Social, e as súmulas do Conselho de Recursos da Previdência Social; as instruções normativas, ordens de serviço e resoluções expedidas pelo INSS e pela Receita Federal do Brasil; os pareceres normativos emitidos pelos órgãos internos e por órgãos responsáveis pela atuação em Juízo, como a Advocacia-Geral da União. Há que se dizer, por relevante, que tais atos são fontes formais na medida em que não contrariem dispositivos constitucionais ou legais, ou seja, desde que se limitem a efetivamente regulamentar, em forma mais minudente, os preceitos preexistentes. Quanto muito, naquilo que não se contraponha à norma legal, os atos administrativos normativos podem criar efeito vinculante exclusivamente para os órgãos e as entidades partícipes da Administração.

---

[2] SÜSSEKIND, Arnaldo. *Tratados ratificados pelo Brasil*. Rio de Janeiro: Freitas Bastos, 1981, p. 20.
[3] MARTINEZ, Wladimir Novaes. *Curso de direito previdenciário*. Tomo I – Noções de direito previdenciário. São Paulo: LTr, 1997, p. 35.

## 3.2 ANTINOMIAS E CRITÉRIOS DE SOLUÇÃO

Cumpre analisar, no presente momento, os vários questionamentos e dúvidas que possam advir da aplicação do direito positivado aos casos concretos.

Para tanto, é necessário caracterizar as espécies de normas aplicáveis às relações jurídicas abrangidas pelo Direito Previdenciário, para que se adentre, na sequência, no tema da aplicação dessas normas.

Há duas classificações de que se pode partir. A primeira, de Feijó Coimbra, divide as normas segundo o objeto de seu comando em:

1) normas de filiação, ou de vinculação, que dispõem sobre a formação, manutenção e dissolução do vínculo entre o indivíduo e a Previdência Social;

2) normas de proteção, ou de amparo, cujo objeto é a concessão de prestação previdenciária; e

3) normas de custeio, de natureza tributária, que delimitam situações fáticas que, se ocorridas, geram uma relação jurídica tributário-previdenciária.

A outra, de Fábio Lopes Vilela Berbel, acrescenta outras duas espécies:

4) normas de manutenção do valor real dos benefícios; e
5) normas de irredutibilidade dos benefícios.[4]

Adotada uma ou outra classificação, nota-se que as normas tratam, ao menos, de duas relações jurídicas distintas: a relação de custeio e a relação de seguro social. Às primeiras deve-se dar o adequado tratamento de *norma tributária*, adotando-se os princípios e normas gerais da Constituição e do Código Tributário Nacional acerca do assunto.

Na aplicação das normas que envolvem a relação de seguro social – que tratam tanto de filiação ao sistema, como de concessão, manutenção e irredutibilidade de benefícios, deve-se recordar, sempre, que se trata de *direito fundamental*, logo, de largo espectro, interpretando-se na busca dos fins sociais da norma (art. 6º da Lei de Introdução às Normas do Direito Brasileiro), mediante sua indelével característica protecionista do indivíduo, com vistas à efetividade de seus Direitos Sociais.

Como diz *Bobbio*, "se um ordenamento jurídico é composto de mais de uma norma, disso advém que os principais problemas conexos com a existência de um ordenamento são os que nascem das relações das diversas normas entre si".[5]

Sendo assim, pode ocorrer de existir, num mesmo ordenamento e momento histórico, mais de uma norma supostamente disciplinadora do mesmo caso concreto.

A questão em comento pode ocorrer entre normas de mesma espécie, ou de espécies distintas.

Vejamos, inicialmente, as antinomias entre normas de espécies distintas. Nesse caso, há uma situação que merece estudo à parte, qual seja, a da antinomia entre norma principiológica ou constitucional e norma infraconstitucional. A princípio, a questão é resolvida de forma simples: a norma constitucional sobrepõe-se à norma legal, ou ao ato administrativo.

Contudo, deve-se recordar que, em termos de Direito Previdenciário, as normas deste ramo estabelecem direitos e obrigações para os segurados, dependentes, contribuintes e ao próprio

---

[4] BERBEL, Fábio Lopes Vilela. *Teoria geral da Previdência Social*. São Paulo: Quartier Latin, 2005. p. 115-117.
[5] BOBBIO, Norberto. *Teoria do ordenamento jurídico*. Trad. de Maria Celeste C. J. Santos. 10. ed. Brasília: Universidade de Brasília, 1997. p. 34.

Estado – gestor do regime. Assim, as regras infraconstitucionais que se caracterizem como normas *mais favoráveis* ao indivíduo integrante do regime devem ser consideradas válidas. Foi o que se deu quando do julgamento pelo STF que reconheceu como "válido o art. 36, § 7º, do Decreto n. 3.048/1999, mesmo após a Lei n. 9.876/1999" (Tema n. 88). Convém frisar que o aludido dispositivo regulamentar foi revogado pelo Decreto n. 10.410, em 1º.07.2020, tendo surtido efeitos até a véspera da revogação, portanto.

Se duas normas da mesma espécie são, cronologicamente, postadas no ordenamento em momentos distintos, deverá prevalecer a norma posterior, que, então, revoga, ainda que tacitamente, a anterior. Dessa forma, a lei que modifica alíquota de contribuição social, depois de decorridos os noventa dias de sua publicação, revoga a anterior, deixando de ser exigida a alíquota antes prevista.

No entanto, se duas normas da mesma espécie se confrontam, sendo ambas, a princípio, vigentes e eficazes no momento em que surge a dúvida, a solução dar-se-á conforme a espécie normativa.

Em se tratando de regras infraconstitucionais, uma vez cumprido o princípio da legalidade (ninguém será obrigado a fazer ou deixar de fazer alguma coisa senão por força de lei), consegue-se a solução, em regra, pelo critério da especialidade: "Por efeito da lei especial, a lei geral cai parcialmente".[6]

Já quando a antinomia é entre normas principiológicas ou constitucionais, não se admite, segundo a doutrina de hermenêutica mais recente, falar em conflito, mas em colisão, e a solução, daí, não se dá pela extinção de uma norma do ordenamento jurídico, como sói acontecer com as regras em geral, mas pela ponderação entre os princípios, em cada caso concreto.[7]

## 3.3 LACUNAS DO ORDENAMENTO E SUA SOLUÇÃO

O problema da aplicação do Direito, contudo, pode ser não o excesso de normas, mas a ausência total delas, em certo caso concreto. Está-se diante da lacuna do ordenamento jurídico. Não se podendo, certamente, declarar não haver direito a ser aplicado para certo conflito de interesses, deve socorrer-se o intérprete – via de regra, o juiz – de critérios de solução dessas mesmas lacunas. São os critérios de integração da norma jurídica.

Norberto Bobbio ensina que, a princípio, há duas formas de integração: a heterointegração e a autointegração. Na primeira, recorre-se a ordenamentos jurídicos diversos, ou a fontes diversas daquela que é dominante. Na segunda, a integração se dá sem o recurso a fontes ou ordenamentos distintos.[8]

É da tradição pátria esgotarem-se, a princípio, todas as possibilidades de autointegração, para, depois, tentar-se a solução pela via da heterointegração. Assim, o art. 4º da Lei de Introdução às normas do Direito Brasileiro determina que, na lacuna da lei, o juiz faça uso da analogia, do costume e dos princípios gerais de direito.

A primeira forma de autointegração é o uso da analogia. Para tanto, segundo Washington de Barros Monteiro, cumpre ao operador do Direito observar os seguintes requisitos: "a) é preciso que o fato não tenha sido especificamente objetivado pelo legislador; b) este, no entanto,

---

[6] BOBBIO, Norberto. *Teoria do ordenamento jurídico*. Trad. de Maria Celeste C. J. Santos. 10. ed. Brasília: Universidade de Brasília, 1997. p. 97.

[7] BOLLMANN, Vilian. *Hipótese de incidência previdenciária e temas conexos*. São Paulo: LTr, 2005. p. 77.

[8] BOBBIO, Norberto. *Teoria do ordenamento jurídico*. Trad. de Maria Celeste C. J. Santos. 10. ed. Brasília: Universidade de Brasília, 1997. p. 146.

regula situação que apresenta ponto de contato, relação de coincidência ou algo idêntico ou semelhante; c) finalmente, requer-se esse ponto comum às duas situações (a prevista e a não prevista), haja sido o elemento determinante ou decisivo na implantação da regra concernente à situação considerada pelo julgador".[9] Ter-se-á emprego de analogia, no Direito Previdenciário, nas hipóteses de enquadramento de indivíduo na condição de segurado obrigatório, toda vez que, na falta de regra específica que o enquadre como tal, seja ele considerado filiado ao regime previdenciário.

Os princípios gerais de direito, para serem considerados critério de integração da ordem, como já salientado, são os que não se encontram expressos em normas positivas. Apenas para efeito didático, apreendemos do mestre civilista Washington de Barros Monteiro alguns princípios gerais por ele enumerados: "a) ninguém pode transferir mais direitos do que possui; b) ninguém deve ser condenado sem ser ouvido; c) ninguém pode invocar a própria malícia; d) quem exerce o próprio direito não prejudica a ninguém; e) *pacta sunt servanda*; f) *quod initio vitiosum est non potest tractu temporis convalescere*".[10]

A doutrina, em muitos casos, vai auxiliar o operador do Direito, seja na integração do ordenamento, seja na interpretação de norma existente. A opinião dos doutos pode caracterizar critério de heterointegração, quando, ausente a norma, o juiz adota o julgamento por equidade, valendo-se das posições observadas na doutrina.

Em última análise, a doutrina não é exatamente a forma de heterointegração, mas sim a equidade.

Na heterointegração da ordem jurídica, tem-se a técnica de solução do conflito pela equidade. Esta, por seu turno, é aplicada por meio de decisões judiciais, ou seja, pela jurisprudência. A solução pela via da equidade não se baseia em norma presente na ordem jurídica, mas na ausência desta mesma norma. O juiz somente poderá valer-se de tal critério quando autorizado por lei (art. 140, parágrafo único, do Código de Processo Civil/2015).

São exemplos clássicos de aplicação do juízo de equidade as decisões judiciais que passaram a contemplar o direito da companheira ou companheiro à pensão por morte do segurado ou segurada, antes mesmo da alteração legislativa que fixou tal direito e a extensão do mesmo benefício previdenciário aos que tinham união homoafetiva.

## 3.4 INTERPRETAÇÃO DAS NORMAS

Solucionado o problema da verificação de qual norma é a aplicável ao caso concreto, surge outro aspecto da sua aplicação, qual seja, a busca do significado da norma, do bem jurídico que é tutelado, das condições em que se exercita o direito.

Está-se diante do problema da interpretação da norma.

Para tanto, os estudiosos enumeram, comumente, as seguintes formas de interpretação:

---

[9] MONTEIRO, Washington de Barros. *Curso de direito civil*. Parte geral. 16. ed. São Paulo: Saraiva, 1986. v. 1, p. 39.

[10] MONTEIRO, Washington de Barros. *Curso de direito civil*. Parte geral. 16. ed. São Paulo: Saraiva, 1986. v. 1, p. 42.

| Gramatical | • por tal critério interpretativo, busca-se o sentido da norma pelo significado da linguagem empregada, de acordo com a etimologia de cada vocábulo. |
|---|---|
| Histórica | • decorre da observação da evolução do instituto sobre o qual versa a norma; com base neste critério, pode-se entender o sentido da norma vigente, considerando-se as normas anteriores. |
| Autêntica | • significa o estudo dos motivos mencionados pelo legislador, à época; trata-se da análise de documentos geradores pelo idealizador da norma, para buscar a intenção deste. Via de regra, as legislações de maior envergadura e os códigos possuem uma "exposição de motivos", na qual seus elaboradores fazem digressões a respeito da matéria positivada. |
| Sistemática | • consiste na análise da norma no contexto do ordenamento de certo ramo do Direito, ou do ordenamento jurídico como um todo e não isoladamente; busca-se, com isso, a integração da norma com os princípios norteadores e demais institutos. |
| Teleolófica | • tem-se na análise da finalidade que se pretendeu atingir com a norma. Segundo o art. 6.º da Lei de Introdução às Normas do Direito Brasileiro, deve o intérprete buscar o fim social visado com a expedição do comando normativo. |

A partir dos estudos de Gadamer, tem-se em evidência cada vez maior o entendimento de que "só se interpreta, de facto, quando não existe uma compreensão imediata, um acordo claro e estabelecido e quando uma tarefa prática está no horizonte". Dessa forma:

> Quando o juiz tenta aplicar a lei transmitida às necessidades do presente, tem claramente a intenção de resolver uma tarefa prática. O que de modo nenhum quer dizer que a sua interpretação da lei seja arbitrária. Também no seu caso, compreender e interpretar significa conhecer e reconhecer um sentido vigente. O juiz tentará responder "à ideia jurídica" da lei, mediando-a com o presente. Esta é evidentemente uma mediação jurídica. O que ele tenta reconhecer é o significado jurídico da lei e não o significado histórico da sua promulgação ou uns casos específicos sua aplicação (...). A tarefa da interpretação consiste em concretizar a lei em cada caso, isto é, na sua aplicação.[11]

Segundo orientação do STJ, é de ser observada a vetusta regra de hermenêutica, segundo a qual "onde a lei não restringe, não cabe ao intérprete restringir". Portanto, inexistindo entre as normas que regem a matéria restrição à prestação postulada, não subsiste o óbice imposto ao direito perseguido pelos beneficiários. Nesse sentido: REsp 1.082.631/RS, 5ª Turma, Rel. Min. Laurita Vaz, DJe 26.03.2013.

## 3.5 VIGÊNCIA E EFICÁCIA DAS NORMAS NO TEMPO

Uma questão de não menor importância no estudo da aplicação do Direito Previdenciário é a da relação entre a norma e o momento em que ela é aplicada.

Nada impede – exceto imperativos constitucionais – que uma lei venha a disciplinar, de modo inédito ou diverso, as relações ligadas ao direito previdenciário. A questão é: que repercussões traz a lei nova às relações jurídicas? Estamos diante do debate acerca do chamado direito intertemporal. O tema retoma grande relevância com a promulgação da Emenda

---

[11] SILVA, Maria Luísa Portocarrero. *Conceitos fundamentais de hermenêutica filosófica*. Coimbra: Universidade de Coimbra, 2010, p. 42.

Constitucional n. 103/2019 e, em seguida, com a publicação do Decreto n. 10.410/2020, que altera o Regulamento da Previdência Social.

Segundo o conceito de Campos Batalha, define-se tal expressão como "O conjunto de soluções adequadas a atenuar os rigores da incidência do tempo jurídico com o seu poder cortante e desmembrador de uma realidade que insta e perdura".[12]

Para tanto, devemos agora estabelecer a diferenciação entre normas de custeio e normas de prestações previdenciárias.

Uma vez em vigor, a norma de custeio do sistema, quando disponha sobre criação ou modificação de contribuições sociais, só poderá ser exigida após decorridos noventa dias de sua publicação. É a regra do art. 195, § 6º, da Constituição. Não é aplicado, no caso, o princípio da anterioridade do exercício financeiro, inserto no art. 150, III, *b*, da Carta Magna.

Já as demais normas de custeio, bem como as relativas a prestações previdenciárias, são eficazes a partir da data em que a própria norma prever sua entrada em vigor, e, na ausência de tal fixação, no prazo estabelecido pela Lei de Introdução às normas do Direito Brasileiro para a *vacatio legis*, ou seja, quarenta e cinco dias após sua publicação.

Naturalmente, obedecida a regra principiológica da irretroatividade da lei, tem-se que a lei não surte efeitos pretéritos. No caso do Direito Previdenciário, nem mesmo para beneficiar eventuais infratores da norma de custeio. Observe-se, não se está tratando da norma de Direito Penal (pela possível existência de crime de sonegação fiscal ou apropriação indébita), mas daquela que tem natureza tributária, e que fixa a obrigação tributária e a mora do devedor.

Mais complexa é a situação quando se trata de aferir o efeito intertemporal nas relações ligadas às prestações previdenciárias (e assistenciais).

É importante frisar a regra constante da Lei de Introdução às Normas do Direito Brasileiro – LINDB (Decreto-lei n. 4.657/42): "Art. 6º A Lei em vigor terá efeito imediato e geral, respeitados o ato jurídico perfeito, o direito adquirido e a coisa julgada".

Ademais, é relevante ressaltar, de edição mais recente, a inserção pela Lei n. 13.655 – que entrou em vigor em 26.04.2018 –, entre outros dispositivos, do art. 23 na LINDB, cujo teor segue:

> Art. 23. A decisão administrativa, controladora ou judicial que estabelecer interpretação ou orientação nova sobre norma de conteúdo indeterminado, impondo novo dever ou novo condicionamento de direito, deverá prever regime de transição quando indispensável para que o novo dever ou condicionamento de direito seja cumprido de modo proporcional, equânime e eficiente e sem prejuízo aos interesses gerais.

A lei nova, obedecendo à garantia constitucional, não pode prejudicar o direito adquirido, o ato jurídico perfeito ou a coisa julgada. Assim, por exemplo, o segurado que já possuía direito à aposentadoria por tempo de contribuição antes da vigência da EC n. 103, de 13.11.2019, tem direito de, a qualquer tempo, requerer o benefício com base nas regras antigas de cálculo – ou seja, sem a aplicação idade mínima e com cálculo baseado na média dos maiores salários de contribuição equivalentes a 80% do período contributivo – nesse caso, mesmo estando a norma revogada, ao tempo em que era vigente houve o preenchimento de todos os requisitos nela previstos; portanto, havendo adquirido o direito à época em que vigorava a disposição normativa anterior, é ele exercitável a qualquer tempo, mesmo após a revogação da norma jurídica em que se baseia.

Não caracteriza direito adquirido o fato de um indivíduo já estar filiado a um Regime de Previdência Social, para efeito de pretensão de ultratividade de normas que vierem a ser revogadas

---

[12] BATALHA, Wilson de Souza Campos. *Direito Intertemporal*. Rio de Janeiro: Forense, 1980, p. 55.

antes que este regime tenha implementado todos os requisitos legais para o exercício do direito. Em suma, como costuma frisar a jurisprudência dominante, "não há direito adquirido a regime jurídico". Se ao tempo da modificação da norma o indivíduo não tinha ainda possibilidade de postular a prestação previdenciária, a mudança legislativa pode alterar sua expectativa. A possibilidade de edição de regras de transição, embora defendida ardorosamente pela doutrina portuguesa como direito daqueles que se encontram em vias de adquirir o direito, não encontra base jurídica tal que seja assegurada aos detentores de expectativa de direito.

Quando da *vigência* de uma nova lei, entretanto, há situações *jurídicas* que há de se distinguir: desse modo, existem algumas situações fáticas já encerradas, antes mesmo de a lei entrar em vigor; outras que sequer se iniciaram ainda; e, por fim, aquelas que estão em pleno curso. Essa distinção tem origem, conforme aqueles que já estudaram o tema a fundo, na obra do mestre francês Paul Roubier.

Assim, os benefícios concedidos (ou que deveriam ser concedidos, e não foram) antes da entrada em vigor de uma lei nova são regidos pela "lei antiga", a lei vigente na época dos fatos (*tempus regit actum*).

O problema está nas situações em curso, quando o potencial beneficiário (segurado ou dependente) ainda não preencheu os requisitos exigidos pela "lei antiga" para obter a prestação e surge uma nova disciplina legal sobre o mesmo benefício.

O fato de serem utilizados como base de cálculo do benefício salários de contribuição que antes não eram considerados não caracteriza retroação da eficácia da lei.

A MP n. 871/2019, posteriormente convertida na Lei n. 13.846/2019, já havia renovado o debate sobre o direito intertemporal no Direito Previdenciário, em diversas de suas regras, como a que cria prazo carencial para o auxílio-reclusão (antes inexistente); a que passa a prever prazo decadencial para requerimento de pensão por morte para dependentes de até 16 anos de idade (180 dias); ou a que altera a possibilidade de quem recebe auxílio-acidente de manter a qualidade de segurado.

Em decisão sobre o tema da alteração do cômputo do prazo carencial, envolvendo as MPs n. 739 e n. 767, a interpretação dada pela TNU foi a de que deve ser observada a regra de carência vigente no momento do surgimento da incapacidade. A tese foi fixada no julgamento do Representativo de Controvérsia – Tema n. 176, nos termos que seguem: "Constatado que a incapacidade do(a) segurado(a) do Regime Geral da Previdência Social (RGPS) ocorreu ao tempo da vigência das Medidas Provisórias n. 739/2016 e n. 767/2017, aplicam-se as novas regras de carência nelas previstas" (Processo n. 5001792-09.2017.4.04.7129/RS, j. 17.08.2018).

As normas constitucionais que dependem de regulamentação não são exigíveis antes da lei – complementar ou ordinária – que discipline a matéria. É o caso, por exemplo, da previdência complementar dos servidores públicos prevista no art. 40, § 15, da Constituição, que deverá ser objeto de lei específica, de cada ente federativo. Frisa-se, por oportuno, que não cabe a decreto, portaria, ou instrução normativa – como atos administrativos que são – exercer o caráter de regulamentação de norma constitucional, em vista do princípio da legalidade estrita.

## 3.6 VIGÊNCIA E EFICÁCIA DAS NORMAS NO ESPAÇO

Em relação à aplicação das normas de Direito Previdenciário, tem-se que, como regra, adotar o princípio da territorialidade. Não há cabimento para se utilizar genericamente a hipótese de extraterritorialidade da lei. Assim, são taxativas as situações em que se adotará a lei brasileira em relações jurídicas fora de nosso território.

Uma importante exceção aparece com a Lei n. 3.807/1960, que prevê a adoção da legislação previdenciária brasileira também aos entes diplomáticos no Brasil. Como leciona Martinez: "quem presta serviços para embaixadas e consulados ou a órgãos a elas subordinados está sujeito à regulamentação própria. São segurados obrigatórios na condição de empregados, mas o não brasileiro sem residência permanente no Brasil ou o brasileiro, protegido pela legislação do País representado, está excluído do RGPS".[13]

Fugindo à regra de que a lei que rege a relação jurídica é a do lugar da execução do contrato – *lex loci executionis* –, a legislação pátria admite como segurado obrigatório o brasileiro ou estrangeiro, residente e domiciliado no Brasil e contratado para trabalhar no exterior para empresa brasileira, independentemente de estar amparado por outro regime previdenciário, no local da execução do contrato. O mesmo ocorre com o brasileiro civil que trabalha para a União Federal no exterior, em organismos oficiais brasileiros ou internacionais em que o Brasil seja membro efetivo, mesmo sendo domiciliado e contratado no estrangeiro, nesse caso, excepcionada a hipótese de possuir amparo por regime previdenciário do país em que labora.

O estrangeiro não domiciliado no Brasil e contratado para prestar serviços eventuais, mediante remuneração, não é considerado contribuinte obrigatório do RGPS, salvo se existir acordo internacional com o seu país de origem nesse sentido. Os Acordos Internacionais de Previdência Social estabelecem uma relação de prestação de benefícios previdenciários, não implicando a modificação da legislação vigente no país, cumprindo a cada Estado contratante analisar os pedidos de benefícios apresentados e decidir quanto ao direito e condições, conforme sua própria legislação aplicável, e o respectivo Acordo.

### 3.6.1 Acordos Internacionais de Previdência Social

De acordo com os arts. 393 e ss. da IN n. 128/2022, os Acordos Internacionais de Previdência Social têm como objetivo a coordenação das legislações nacionais de países signatários do Acordo para a aplicação da norma internacional, garantindo o direito aos benefícios previstos no campo material de cada Acordo Internacional, com previsão de deslocamento temporário de trabalhadores.

O Acordo Internacional de Previdência Social deve ser interpretado como lei especial e não modifica a legislação vigente em cada país, devendo, na análise dos pedidos, ser considerada a legislação própria aplicável e as regras estabelecidas no Acordo.

Os acordos são tratados atualmente na Portaria DIRBEN/INSS n. 995, de 28.03.2022, um dos Livros anexos à IN n. 128/2022.

Os Acordos Internacionais de Previdência Social, os Ajustes Administrativos e os formulários para aplicação dos Acordos podem ser encontrados no sítio oficial do INSS.

Não há compensação previdenciária entre países no âmbito dos Acordos Internacionais e as regras para a operacionalização estão estabelecidas no Ajuste Administrativo e em instrumentos similares, conforme cada Acordo.

Segundo a IN n. 128/2022, a utilização dos formulários previamente definidos com os países signatários do Acordo é obrigatória (art. 400).

Os Acordos de Previdência Social aplicam-se aos benefícios, conforme especificado em cada acordo, relativamente aos eventos:

- incapacidade para o trabalho (permanente ou temporária);
- acidente do trabalho e doença profissional;
- tempo de serviço;
- velhice;

---

[13] MARTINEZ, Wladimir Novaes. *Curso de direito previdenciário.* Tomo I – Noções de direito previdenciário. São Paulo: LTr, 1997. p. 106.

- morte;
- reabilitação profissional.

Os Acordos Internacionais de Previdência Social, firmados pelo Brasil e ratificados pelos Decretos, são classificados em Multilaterais e Bilaterais.

O Brasil possui os seguintes Acordos Multilaterais:

- IBEROAMERICANO: Convenção Multilateral Iberoamericana de Segurança Social (Argentina, Bolívia, Brasil, Chile, El Salvador, Equador, Espanha, Paraguai, Peru, Portugal e Uruguai), assinada em 10.11.2007, em vigor desde 19.05.2011. Texto promulgado pelo Decreto n. 8.358, de 13.11.2014.
- MERCOSUL (Argentina, Brasil, Paraguai e Uruguai): Acordo Multilateral de Seguridade Social do Mercado Comum do Sul celebrado em 15.12.1997, aprovado pelo Decreto Legislativo n. 451, de 14.11.2001, em vigor a partir de 1º.06.2005[14].

Em relação aos Acordos Bilaterais, o Brasil possui Acordos de Previdência Social em vigor com os seguintes países:

- Alemanha: assinado em 03.12.2009 (Decreto n. 8.000, de 08.05.2013) – Entrada em vigor: 1º.05.2013;
- Bélgica: assinado em 04.10.2009 (Decreto n. 8.405, de 11.02.2015) – Entrada em vigor: 1º.12.2014;
- Cabo Verde: assinado em 07.02.1979 (registrado no Secretariado da ONU em 28.12.1979, sob o n. 18.216) – Entrada em vigor: 07.02.1979;
- Canadá: assinado em 08.08.2011 (Decreto Legislativo n. 421, de 28.11.2013, e Decreto n. 8.288, de 24.07.2014) – Entrada em vigor: 1º.08.2014;
- Chile: assinado em 16.10.1993 (Decreto Legislativo n. 75, de 04.05.1995); Novo Acordo – Entrada em vigor: 1º.09.2009;
- Coreia: assinado em 22.11.2012 (Decreto n. 9.751, de 10.04.2019) – Entrada em vigor: 11.04.2019;
- Coreia: assinado em 22.11.2012 (Decreto Legislativo n. 152, de 17.07.2015) – Entrada em vigor: 1º.11.2015;
- Espanha: assinado em 25.04.1969 (Decreto Legislativo n. 68, de 02.10.1970) – Entrada em vigor: 1º.12.1995;
- Estados Unidos: assinado em 30.06.2015 (Decreto n. 9.422, de 25.06.2018) – Entrada em vigor: 1º.10.2018;
- França: assinado em 15.12.2011 (Decreto Legislativo n. 2, de 16.01.2014, e Decreto n. 8.300, de 29.08.2014) – Entrada em vigor: 1º.09.2014;
- Grécia: assinado em 12.09.1984 (Decreto Legislativo n. 3, de 23.10.1987) – Entrada em vigor: 1º.09.1990;
- Índia: assinado em 25.01.2020 (Decreto n. 11.916, de 14.02.2024) – Entrada em vigor: 1º.01.2024;

---

[14] Em 02.10.2016, a República Bolivariana da Venezuela foi notificada da cessação do exercício de seus direitos inerentes à condição de Estado Parte do Mercosul, em razão do descumprimento de compromissos assumidos no Protocolo de Adesão ao Mercosul e, em 05.08.2017, foi notificada da suspensão de todos os seus direitos e obrigações inerentes à sua condição de Estado Parte do Mercosul, em conformidade com o disposto no segundo parágrafo do art. 5º do Protocolo de Ushuaia.

- Itália: assinado em 09.12.1960 (Decreto Legislativo n. 57.759, de 08.02.1966) – Entrada em vigor: 05.08.1977;
- Japão: assinado em 27.12.2010 (Decreto Legislativo n. 298, de 30.09.2011; promulgado pelo Decreto n. 7.702, de 15.03.2012) – Entrada em vigor: 1º.03.2012;
- Luxemburgo: assinado em 16.09.1965 (Decreto Legislativo n. 52, de 1966) – Entrada em vigor: 1º.08.1967. Realizado novo acordo, com entrada em vigor: 1º.03.2018;
- Portugal: assinado em 17.10.1969 (Decreto n. 67.695, de 03.12.1970) – Entrada em vigor: 25.03.1995. Acordo Adicional com ajuste administrativo (Decreto n. 7.999, de 08.05.2013) – Entrada em vigor: 1º.05.2013;
- Quebec: assinado em 26.10.2011 (Decreto Legislativo n. 97, de 12.05.2015); Entrada em vigor: 1º.10.2016;
- Suíça: assinado em 03.03.2014 (Decreto Legislativo n. 54, de 18.06.2019). Entrada em vigor: 1º.10.2019.

A título exemplificativo, o Acordo Bilateral de Previdência Social entre o Brasil e os EUA, ocorrido em 30.06.2015, deve beneficiar os brasileiros residentes e que trabalham ou trabalharam nos Estados Unidos (disponível em: http://sa.previdencia.gov.br/site/2015/08/2015.06.30_Acordo-de-Previd%C3%AAncia-Social-Brasil-EUA-assinado-escaneado.pdf).

O Brasil assinou novos Acordos de Previdência Social, que estão em processo de ratificação pelo Congresso Nacional:

- Acordos Bilaterais: Áustria, Bulgária, Índia, Israel, Moçambique e República Tcheca.
- Acordos Multilaterais: CPLP (Comunidade de Língua Portuguesa): Convenção Multilateral de Segurança Social da Comunidade de Países de Língua Portuguesa.

A entrada em vigor dos acordos citados ocorrerá somente após o processo de ratificação pelos parlamentos dos países (no caso, do Brasil: após ratificação do Congresso Nacional e a publicação do respectivo decreto presidencial).

### 3.6.1.1 Certificado de deslocamento temporário e isenção de contribuição

Ao empregado/autônomo filiado ao RGPS, será fornecido Certificado de Deslocamento Temporário, visando à dispensa de filiação à Previdência Social do País Acordante onde irá prestar serviço, permanecendo vinculado à Previdência Social brasileira. A solicitação deverá ser feita na Agência da Previdência Social de preferência do interessado. O segurado deve levar consigo uma via do Certificado de Deslocamento. O período de deslocamento poderá ser prorrogado, observados os prazos e condições fixados em cada acordo. Apenas naqueles em vigor entre Brasil e Canadá, Itália e Mercosul não estão previstos deslocamentos temporários para trabalhadores autônomos.

### 3.6.1.2 Requerimento de benefícios previstos nos Acordos Internacionais

Para residentes no Brasil, os benefícios previstos nos Acordos Internacionais podem ser requeridos nos canais de atendimento remoto do INSS "Meu INSS", Central 135 ou diretamente nas Agências da Previdência Social de Atendimento de Acordos Internacionais – APSAI (art. 12, § 1º, da Portaria n. 995/2022).

Para residentes no exterior, os benefícios previstos nos Acordos Internacionais devem ser requeridos no Organismo de Ligação ou Instituição competente do país acordante (art. 12, § 2º, da Portaria n. 995/2022).

O preenchimento do formulário de requerimento específico é obrigatório para a análise do reconhecimento do direito no âmbito do Acordo Internacional (art. 12, § 3º, da Portaria n. 995/2022).

Um requerimento ou documento redigido no idioma oficial de um país acordante não poderá ser rejeitado por não estar redigido em português (art. 12, § 4º, da Portaria n. 995/2022).

A não apresentação de algum documento não será óbice para o protocolo e análise do requerimento, podendo o requerente apresentar ou anexar documentos que comprovem o vínculo com o País acordante ou devendo o INSS abrir carta de exigência caso entenda pela falta de alguma informação/documentação (art. 12, § 2º, da Portaria n. 995/2022).

A apresentação de documentos e formulários para cumprimento de exigência pelo segurado em caso de benefício decorrente de Acordo Internacional poderá ser realizada da seguinte forma (art. 21 da Portaria n. 995/2022):

> I – por meio de agendamento prévio nas unidade do INSS;
> II – por envio da documentação física original via postal à APSAI; ou
> III – em forma de anexo no Meu INSS.

Havendo dúvida fundada quanto à autenticidade ou integridade do documento digitalizado, a APSAI poderá exigir, a qualquer tempo, a apresentação dos documentos originais (art. 21, § 1º, da Portaria n. 995/2022).

Quando a exigência estiver a cargo do país acordante e esta não for cumprida em até 120 dias, a APSAI poderá se comunicar pelos meios oficiais a fim de que sejam atendidos os requisitos necessários à concessão do benefício (art. 5º da Portaria n. 995/2022).

O INSS é responsável pela implementação do Acordo Internacional e sua operacionalização no âmbito do RGPS, inclusive com a manutenção dos benefícios.

Importante referir que os Acordos Internacionais de Previdência Social aplicar-se-ão ao regime de Previdência de cada país, cabendo a cada uma das partes analisar os pedidos de benefícios apresentados e decidir quanto ao direito e às condições, conforme legislação própria aplicável e as especificidades de cada Acordo (art. 393, § 6º, da IN n. 128/2022).

### 3.6.1.3 Da análise dos benefícios

A análise dos benefícios com períodos de seguro ou cobertura no âmbito dos Acordos Internacionais de Previdência Social, bem como sua conclusão, no âmbito judicial, é restrita à Agência da Previdência Social de Atendimento de Acordos Internacionais (APSAI), e será realizada conforme legislação brasileira, observadas as regras previstas em cada Acordo (art. 13 da Portaria n. 995/2022).

Os períodos concomitantes de seguro ou de cobertura prestados nos países acordantes serão tratados conforme definido no texto de cada Acordo e não haverá sobreposição de períodos (art. 14, § 2º, da Portaria n. 995/2022).

Segundo a Portaria n. 995/2022, só se utilizará período de seguro ou cobertura de Acordo Internacional quando o segurado não atender às exigências para a concessão do benefício com base unicamente nos períodos cumpridos sob a legislação brasileira (art. 14).

Entretanto, caso haja previsão do direito ao benefício mais vantajoso no acordo, há possibilidade de requerimento administrativo da contagem do tempo do exterior segundo disposto no art. 14, § 1º, da Portaria n. 995/2022. Mas entendemos também que ainda que inexistente a previsão, em respeito ao direito adquirido ao tempo, poderia haver a contagem desde que existente Acordo.

O período de seguro ou cobertura cumprido no país acordante, computado para o reconhecimento de direito no âmbito dos Acordos Internacionais, com a utilização das regras de totalização, deve ser validado pelo organismo de ligação desse País em formulário próprio acordado entre as Partes (art. 17 da Portaria n. 995/2022).

Mantém a qualidade de segurado aquele que estiver filiado ao regime de Previdência Social de qualquer país acordante (art. 19 da Portaria n. 995/2022).

### 3.6.1.4  Avaliação dos benefícios por incapacidade

A realização de perícia médica de residentes no Brasil para fins de concessão de benefício por incapacidade no âmbito dos Acordos Internacionais será realizada pela Perícia Médica Federal. A previsão nesse caso é de perícia presencial e no requerimento deve ser anexado obrigatoriamente o arquivo editável do modelo do relatório médico, previsto no Acordo Internacional correspondente, criando o serviço/subtarefa "Perícia no âmbito dos Acordos Internacionais" (art. 23, I, da Portaria n. 995/2022).

Já para residentes no exterior, a análise processual para avaliação médica, necessária para o reconhecimento de direito de benefícios por incapacidade, ocorrerá por meio da análise do Relatório Médico e das evidências médicas que o segurado possuir, a ser realizada pelo Perito Médico Federal. Nesse caso deverá ser anexado o formulário recebido do país acordante e todos os documentos relativos às evidências médicas traduzidos por tradutor juramentado, criando a subtarefa "Conformação de dados de perícia" (art. 23, II, da Portaria n. 995/2022).

Documentos redigidos em língua portuguesa estão dispensados da tradução juramentada (art. 23, § 1º, da Portaria n. 995/2022).

Quem estiver em gozo de benefício, por período totalizado ou não, nos países com os quais o Brasil possui Acordo Internacional de Previdência Social, mantém a qualidade de segurado para fins de concessão de benefício na legislação brasileira no âmbito do Acordo (art. 19, parágrafo único, da Portaria n. 995/2022).

### 3.6.1.5  Da totalização dos benefícios

Os períodos de seguro ou de cobertura cumpridos no país acordante poderão ser totalizados (somados) com os períodos de contribuição cumpridos no Brasil para efeito de aquisição, tempo de contribuição, período de carência, manutenção e recuperação de direitos do benefício pleiteado.

A regra prevista na IN n. 128/2022, arts. 403 a 405, dispõe que o pagamento dos benefícios referentes aos Acordos Internacionais de Previdência Social deve seguir a totalização, ou seja, o pagamento de cada país, de forma proporcional ao tempo de contribuição vertido para cada um, caso alcançados todos os requisitos necessários ao reconhecimento do direito.

Não há compensação previdenciária entre países no âmbito dos Acordos Internacionais (art. 401 da IN n. 128/2022), mas, sim, a obrigação de cada um pagar sua parte ao beneficiário.

Para a avaliação do cumprimento das regras e aquisição do direito será levado em consideração o tempo de contribuição ou seguro do país acordante, somado ao tempo de contribuição brasileiro, e então analisada a carência, o tempo de contribuição e a manutenção da qualidade de segurado.

A totalização dos períodos de cobertura não deve considerar os valores das contribuições do país acordante para o cálculo do benefício.

Questão que tem ensejado interesse de segurados que passam parte da vida laboral vinculados a sistemas previdenciários de diferentes países é o tipo de benefício que poderão obter e a forma de cálculo dessas prestações.

Para conceituar o benefício por totalização nos valemos dos ensinamentos de Manoela Lebarbenchon Massignan, segundo a qual:

> Na arena dos acordos internacionais em matéria de previdência social, benefício por totalização é aquela prestação previdenciária a qual o trabalhador migrante ou seus familiares somente tiveram acesso em virtude da aplicação das normas expressas nestes instrumentos de coordenação entre os sistemas de previdência social dos Estados contratantes.[15]

Nos acordos internacionais, é possível concluir que, solicitada a aposentadoria em um dos Estados contratantes, o benefício será concedido se, somados os períodos contributivos nos dois países, o requerente preencher o tempo mínimo de serviço/contribuição, o que se chama de "totalização". Assim, temos um regime de totalização e não de compensação financeira entre os países.

### 3.6.1.6 Critérios de cálculo de benefícios com base em acordos internacionais

Normatizando a aplicação dos acordos internacionais em matéria previdenciária, o Decreto n. 4.729, de 09.06.2003, havia inserido no art. 32 do Regulamento da Previdência Social os §§ 18 e 19.

O Decreto n. 10.410/2020 alterou o *caput* do § 18, revogando os incisos deste e o § 19 inteiro, passando o Decreto n. 3.048/1999 a ter a seguinte redação doravante:

> § 18. Para fins de cálculo da renda mensal inicial teórica dos benefícios por totalização, no âmbito dos acordos internacionais, serão considerados os tempos de contribuição para a previdência social brasileira e para a do país acordante, observado o disposto no § 9º.

Interessante observar, no entanto, que, com a vigência da EC n. 103/2019 e o fim da aplicação do fator previdenciário como regra geral, passando a existir fixação de idade mínima, houve modificação também dos critérios para o cálculo envolvendo tempo decorrente de acordos internacionais.

Com relação ao Acordo de Previdência Social com Portugal, os períodos de contribuição nas antigas colônias portuguesas (Guiné-Bissau, Moçambique, Cabo Verde, São Tomé e Príncipe e Angola) poderão ser utilizados para efeito de aplicação do referido Acordo, se forem referentes à época em que o respectivo país fora oficialmente colônia de Portugal, desde que ratificados pelo Organismo de Ligação português.

O benefício concedido no âmbito dos Acordos Internacionais, calculado por totalização de períodos de seguro ou de contribuição prestados nos dois países, será constituído de duas parcelas, quando gerar direito em ambas as partes contratantes.

Verificado o direito ao benefício, cada país calculará o valor do benefício como se todos os períodos de seguros tivessem sido cumpridos sob sua própria legislação sendo que, para a base de cálculo (PBC) do benefício brasileiro, serão considerados os salários de contribuição que deram origem a recolhimentos no Brasil, prestação teórica.

---

[15] MASSIGNAN. Manoela Lebarbenchon. *Guia Prático para aplicação dos Acordos Internacionais de Previdência Social na Legislação Brasileira.* Belo Horizonte: Editora IEPREV, 2021. p. 134.

A parcela a cargo de cada Estado será calculada utilizando-se a seguinte fórmula:

> RMI (1) = RMI (2) x TS / TT
> Em que:
> RMI (1) = prestação proporcional
> RMI (2) = prestação teórica
> TS = tempo de serviço no Brasil
> TT = totalidade dos períodos de seguro cumpridos em ambos os países (observado o limite máximo, conforme legislação vigente).

A renda mensal dos benefícios por totalização, concedidos com base nos Acordos Internacionais de Previdência Social, pode ter valor inferior ao do salário mínimo, exceto para os benefícios concedidos por totalização, no âmbito do Acordo com a Espanha, conforme determina o item 2, alínea "b", art. 21 deste. No que tange aos benefícios concedidos na forma do acordo celebrado entre Brasil e Portugal, a TNU fixou as seguintes teses:

> 1) Nos casos de benefícios por totalização concedidos na forma do acordo de seguridade social celebrado entre Brasil e Portugal (Decreto n. 1.457/1995), o valor pago pelo INSS poderá ser inferior ao salário mínimo nacional, desde que a soma dos benefícios previdenciários devidos por cada estado ao segurado seja igual ou superior a esse piso;
> 2) Enquanto não adquirido o direito ao benefício devido por Portugal ou se o somatório dos benefícios devidos por ambos os estados não atingir o valor do salário mínimo no Brasil, a diferença até esse piso deverá ser custeada pelo INSS para beneficiários residentes no Brasil. (TNU, Representativo de Controvérsia Tema n. 262. PEDILEF 0057384-11.2014.4.01.3800/MG, Juiz Federal Paulo Cezar Neves Junior, j. 27.05.2021)

O tempo de contribuição a ser considerado na aplicação da fórmula do fator previdenciário, quando ainda aplicável este fator (antes da EC n. 103) é o somatório do tempo de contribuição para a Previdência Social brasileira e o tempo de contribuição para a Previdência Social do país acordante.

### 3.6.1.7 *Pagamento de benefícios*

O pagamento dos benefícios concedidos no âmbito dos Acordos Internacionais ocorre nas seguintes modalidades (art. 36 da Portaria n. 995/2022):

> I – se residente no Brasil, na rede bancária contratada pelo INSS para pagamento de benefícios;
> II – se residente no exterior, com remessa dos valores à instituição financeira contratada pelo INSS, para depósito na conta corrente indicada pelo beneficiário em instituição financeira localizada em país com o qual o Brasil mantém Acordo Internacional de Previdência Social;
> III – se residente no exterior, mas sem remessa dos valores ao país de residência, por meio de procurador constituído.

Conforme previsão dos arts. 408 a 410 da IN n. 128/2022, é possível que o beneficiário residente no exterior opte por receber o benefício no país de residência, desde que haja mecanismo de remessa para esse país no contrato firmado entre o INSS e a instituição financeira contratada para este fim.

O titular de benefício brasileiro poderá solicitar a transferência do pagamento para recebimento no exterior, utilizando os canais remotos do INSS por meio de requerimento eletrônico, no Portal "Meu INSS" ou na "Central 135", pelo serviço "Acordo Internacional – Solicitar Transferência de Benefício para Recebimento em Banco no Exterior" (art. 37 da Portaria n. 995/2022). Deverá ser anexado à solicitação o "Formulário de Requerimento TBM ou alteração dos dados bancários" e o comprovante de titularidade da conta corrente no exterior.

O pagamento de benefício para o exterior será realizado até o 2º dia útil do mês subsequente à competência do crédito.

Os créditos de benefício brasileiro a ser pago no exterior são gerados em real e serão convertidos na moeda estrangeira no dia da remessa para o exterior.

No Sistema de Pagamento de Acordos Internacionais – SPAI, constará as informações sobre as operações realizadas, inclusive quanto à taxa de câmbio operada para a remessa dos valores ao exterior e as informações dos benefícios não pagos (art. 36, § 2º, da Portaria n. 995/2022).

A atualização de dados cadastrais e/ou bancários de benefício de residente no exterior é solicitada pelo titular ou representante legal pelos canais remotos do INSS ou por meio do Organismo de Ligação estrangeiro, sendo necessário o preenchimento e anexação do formulário próprio, disponível no *site* do INSS (art. 38 da Portaria n. 995/2022). Nesse caso, deverá apresentar o documento de identificação e demais comprovantes das alterações ocorridas, e para atualização dos dados bancários, o comprovante de titularidade de conta corrente individual, com o respectivo código de transferência internacional.

Quando o beneficiário da Previdência Social brasileira com pagamento em banco no exterior retornar ao Brasil, poderá solicitar a transferência do pagamento do seu benefício para uma instituição financeira contratada pelo INSS (art. 37, § 4º, da Portaria n. 995/2022).

### 3.6.1.8 Organismos de ligação no Brasil

Organismos de ligação são os órgãos designados pelas autoridades competentes dos Acordos de Previdência Social para comunicarem entre si e garantir o cumprimento das solicitações formuladas no âmbito dos acordos, bem como os devidos esclarecimentos aos segurados/beneficiários.[16]

### 3.6.1.9 Certificado de Direito à Assistência Médica no Exterior – CDAM

Apenas os Acordos de Cabo Verde, Itália e Portugal preveem a prestação de assistência médica da rede pública aos segurados em viagem ao exterior.

A emissão do Certificado de Direito à Assistência Médica no Exterior (CDAM) é de responsabilidade do Sistema Único de Saúde – SUS e informações complementares podem ser obtidas no *site* oficial do Ministério da Saúde (art. 60, § 2º, da Portaria n. 995/2022).

Para os países signatários do Acordo Multilateral de Seguridade Social do Mercosul, a assistência médica está prevista para o trabalhador empregado que estiver em deslocamento temporário (art. 60, § 1º, da Portaria n. 995/2022).

### 3.6.1.10 Brasileiros residentes em países sem acordo de Previdência com o Brasil

Quanto aos brasileiros residentes em países com os quais o Brasil não mantenha acordo de previdência social, estes podem contribuir para o RGPS na condição de facultativo.

---

[16] A lista dos organismos de ligação para cada acordo firmado se encontra em: http://www.pre videncia.gov.br/a--previdencia/assuntos-internacionais/assuntos-internacionais-acordos-internacionais-portugues/.

O mesmo ocorre com aqueles que residem em países com os quais o Brasil mantém acordo, mas que não estejam vinculados ao regime previdenciário local.

Na impossibilidade de a inscrição ser efetuada pelo próprio segurado, poderá ser feita por terceiros.

O pagamento das contribuições pode ser efetuado por terceiros, no Brasil, por meio da Guia da Previdência Social (GPS) ou por débito em conta corrente, via *internet*, para quem tem conta bancária no Brasil. Já o requerimento e o recebimento de benefícios devem ser feitos exclusivamente no Brasil, mediante procuração.

### 3.6.1.11  *Prova de vida de beneficiários do RGPS residentes no exterior*

A prova de vida prevista no § 8º do art. 69 da Lei n. 8.212, de 24 de julho de 1991, será realizada apenas quando não for possível ao INSS confirmar que o titular do benefício realizou algum ato registrado em bases de dados dos órgãos, entidades ou instituições, mantidos ou administrados pelos órgãos públicos federais, estaduais, municipais e privados (art. 614 da IN n. 128/2022).

Isso vale também para os residentes no exterior. Serão considerados válidos como prova de vida realizada, entre outros, os seguintes atos, meios, informações ou base de dados (art. 615 da IN n. 128/2022):

> I – acesso ao aplicativo Meu INSS com o selo ouro ou outros aplicativos e sistemas dos órgãos e entidades públicas que possuam certificação e controle de acesso, no Brasil ou no exterior;
> II – realização de empréstimo consignado, efetuado por reconhecimento biométrico;
> III – emissão/renovação de passaporte;
> IV – recebimento do pagamento de benefício com reconhecimento biométrico; e
> V – declaração de Imposto de Renda, como titular ou dependente.

O INSS notificará o beneficiário quando não for possível a comprovação de vida pelos meios citados no art. 615 da IN n. 128/2022, comunicando que deverá realizá-la, preferencialmente, por atendimento eletrônico com uso de biometria.

Para residentes em países signatários da Convenção sobre a Eliminação da Exigência de Legalização de Documentos Públicos Estrangeiros, a comprovação de vida pode ser realizada por meio do Formulário Específico de "Atestado de Vida para comprovação perante o INSS", constante na internet, assinado na presença de um notário público local e devidamente apostilado pelos órgãos designados em cada país.

As demais regras sobre os Acordos Internacionais de Previdência Social estão detalhadas na Portaria DIRBEN/INSS n. 995/2022.

# 4 A Organização da Seguridade Social

A Seguridade Social, segundo o conceito ditado pela ordem jurídica vigente, compreende um conjunto integrado de ações de iniciativa dos poderes públicos e da sociedade nas áreas da Saúde, Previdência Social e Assistência Social, conforme previsto no Capítulo II do Título VIII da Constituição Federal, sendo organizada em Sistema Nacional, que é composto por conselhos setoriais, com representantes da União, dos Estados, do Distrito Federal, dos Municípios e da sociedade civil.

A Lei n. 8.212/1991 dispõe sobre a organização da Seguridade Social, mas, segundo Wladimir Novaes Martinez,

> o legislador fica devendo as normas sobre a efetivação da seguridade social, por falta de definição política e reconhecida incapacidade de efetivamente atender às diretrizes constitucionais da ambiciosa matéria. Seguridade social é uma técnica de proteção social avançada em relação à Previdência Social, capaz de integrá-la com a assistência social e incorporar as ações de saúde. Mas, mais ainda, é um esforço nacional extraordinário no sentido de um amplo atendimento à população, obreira ou não, empenho cujos objetivos estão a distância.[1]

## 4.1 SISTEMA NACIONAL DE SEGURIDADE SOCIAL

Embora não exista uma disciplina adequada do que a legislação chama de Sistema Nacional de Seguridade Social (Lei n. 8.212/1991, art. 5º), existe certa estrutura administrativa, com atribuição de executar as políticas no âmbito da segurança social.

Dentro da estrutura do Poder Executivo, os Ministérios da área social são os responsáveis pelo cumprimento das atribuições que competem à União em matéria de Seguridade Social. Há os Conselhos setoriais – de Previdência (CNP), da Saúde (CNS) e da Assistência Social (CNAS), que atendem ao objetivo da gestão quadripartite da Seguridade Social. Na estrutura da Administração Pública Federal, ainda há o INSS, como autarquia federal, a Superintendência Nacional de Previdência Complementar – PREVIC, autarquia de natureza especial, e a DATAPREV, como empresa pública, responsável pela gestão dos bancos de dados informatizados, e junto ao Ministério da Saúde, a CEME – Central de Medicamentos.

## 4.2 INSTITUTO NACIONAL DO SEGURO SOCIAL – INSS

O Instituto Nacional do Seguro Social – INSS foi criado pelo Decreto n. 99.350, de 27.06.1990, a partir da fusão do Instituto de Administração Financeira da Previdência e Assistência Social – IAPAS com o Instituto Nacional de Previdência Social – INPS.

---

[1] MARTINEZ, Wladimir Novaes. *CD – Comentários à Lei Básica da Previdência Social*. Brasília: LTr/Rede Brasil, 1999.

O INSS é autarquia federal, com sede e foro no Distrito Federal, hoje em dia vinculada ao Ministério da Previdência Social, tendo atualmente por finalidade promover o reconhecimento de direito ao recebimento de benefícios administrados pela Previdência Social, assegurando agilidade, comodidade aos seus usuários e ampliação do controle social, cabendo-lhe operacionalizar (art. 2º do Anexo I do Decreto n. 10.995/2022:

> I – o reconhecimento do direito, a manutenção e o pagamento de benefícios e os serviços previdenciários do Regime Geral de Previdência Social – RGPS;
> II – o reconhecimento do direito, a manutenção e o pagamento de benefícios assistenciais previstos na legislação; e
> III – o reconhecimento do direito e a manutenção das aposentadorias e das pensões do regime próprio de previdência social da União, no âmbito das autarquias e das fundações públicas, nos termos do disposto no Decreto n. 10.620, de 5 de fevereiro de 2021.

Por força da Lei n. 11.457/2007, foi transferida para a Secretaria da Receita Federal do Brasil a competência para arrecadar, fiscalizar, lançar e normatizar o recolhimento das contribuições sociais previstas nas alíneas *a*, *b* e *c* do parágrafo único do art. 11 da Lei n. 8.212, de 24.07.1991, e das contribuições instituídas a título de substituição e, ainda, as contribuições devidas a terceiros.

O INSS, autarquia vinculada atualmente ao Ministério da Previdência Social, é organizado na seguinte estrutura (Decreto n. 10.995/2022):

I – órgãos de assistência direta e imediata ao Presidente do INSS:
a) Gabinete;
b) Assessoria de Comunicação Social; e
c) Diretoria de Governança, Planejamento e Inovação;
II – órgãos seccionais:
a) Diretoria de Gestão de Pessoas;
b) Diretoria de Orçamento, Finanças e Logística;
c) Diretoria de Tecnologia da Informação;
d) Procuradoria Federal Especializada;
e) Auditoria-Geral; e
f) Corregedoria-Geral;
III – órgão específico singular:
Diretoria de Benefícios e Relacionamento com o Cidadão; e
IV – unidades descentralizadas:
a) Superintendências Regionais;
b) Gerências-Executivas;
c) Agências da Previdência Social;
d) Procuradorias Regionais;
e) Procuradorias Seccionais;
f) Auditorias Regionais; e
g) Corregedorias Regionais.

## 4.3 GESTÃO DESCENTRALIZADA

A gestão da Seguridade Social está baseada em órgãos colegiados, em estrito cumprimento ao disposto no art. 194, parágrafo único, inciso VII, da Constituição Federal, que estabelece o "caráter democrático e descentralizado da administração, mediante gestão quadripartite, com participação dos trabalhadores, dos empregadores, dos aposentados e do Governo nos órgãos colegiados".

As Leis n. 8.212/1991 e n. 8.213/1991 foram as responsáveis pela instituição dos Conselhos de Seguridade Social e Previdência Social, respectivamente, órgãos de deliberação colegiada, com a participação da União, dos Estados, do Distrito Federal, dos Municípios e de representantes da sociedade civil, e a Lei n. 8.742/1993, pelo Conselho Nacional de Assistência Social. Entretanto, parte dessa estrutura deixou de existir com a Medida Provisória n. 1.799-5, de 13.05.1999, e suas reedições (até a Medida Provisória n. 2.216-37, de 31.08.2001, que se manterá vigente até deliberação do Congresso Nacional sobre a matéria, conforme disposto no art. 2º da Emenda Constitucional n. 32, de 2001), extinguindo-se o Conselho Nacional de Seguridade Social e os Conselhos Estaduais, Distrital e Municipais de Previdência Social.

Aos órgãos em questão foram ou são atribuídas funções importantes, delimitadas nas leis instituidoras e nos seus regimentos, como veremos a seguir.

## 4.4 CONSELHO NACIONAL DE PREVIDÊNCIA SOCIAL – CNPS

O CNPS é órgão superior de deliberação colegiada, atualmente vinculado ao Ministério da Previdência Social e composto de representantes do Governo Federal e da sociedade civil, num total de quinze membros, conforme previsto no art. 3º da Lei n. 8.213/1991, dos quais seis representantes do Governo Federal e nove representantes da sociedade civil, assim distribuídos: três representantes dos aposentados e pensionistas, três representantes dos trabalhadores em atividade e três representantes dos empregadores.

Cabe ao Presidente da República nomear os membros do Conselho Nacional de Previdência e seus respectivos suplentes, tendo os representantes titulares da sociedade civil mandato de dois anos, podendo ser reconduzidos, de imediato, uma única vez. Como ocorria no CNSS, os representantes do Governo não possuem mandato.

A indicação dos representantes dos trabalhadores em atividade, dos aposentados, dos empregadores e seus respectivos suplentes é feita pelas centrais sindicais e confederações nacionais – art. 3º, § 2º, da Lei n. 8.213/1991. Observe-se, por oportuno, que a Lei de Benefícios é o primeiro diploma legal a reconhecer as centrais sindicais como entidades legítimas para a representação da classe trabalhadora, paralelamente ao chamado sistema confederativo, criado com a Consolidação das Leis do Trabalho e mantido pelo texto constitucional vigente – art. 8º, IV.

As decisões tomadas pelo CNP, no âmbito de suas atribuições, são baixadas por resoluções e publicadas no Diário Oficial da União.

## 4.5 CONSELHOS DE PREVIDÊNCIA SOCIAL – CPS

Os Conselhos de Previdência Social têm previsão no art. 296-A do Regulamento da Previdência Social, nos termos que segue:

> Art. 296-A. Ficam instituídos, como unidades descentralizadas do Conselho Nacional de Previdência Social – CNPS, Conselhos de Previdência Social – CPS, que funcionarão junto às Gerências Executivas do INSS.
> 
> § 1º Os CPS serão compostos por dez conselheiros e respectivos suplentes, designados pelo titular da Gerência Executiva na qual for instalado, assim distribuídos:
> 
> I – quatro representantes do Governo Federal; e
> 
> II – seis representantes da sociedade, sendo:
> 
> a) dois dos empregadores;

b) dois dos empregados; e

c) dois dos aposentados e pensionistas.

(...)

§ 3º As reuniões serão mensais ou bimensais, a critério do respectivo CPS, e abertas ao público, cabendo a sua organização e o seu funcionamento ao titular da Gerência Executiva na qual for instalado o colegiado.

(...)

§ 5º Os CPS terão caráter consultivo e de assessoramento, competindo ao CNPS disciplinar os procedimentos para o seu funcionamento, suas competências, os critérios de seleção dos representantes da sociedade e o prazo de duração dos respectivos mandatos, além de estipular por resolução o regimento dos CPS.

## 4.6 CONSELHO NACIONAL DE ASSISTÊNCIA SOCIAL – CNAS

As instâncias deliberativas do sistema descentralizado e participativo de Assistência Social são de caráter permanente e de composição paritária entre Governo e sociedade civil, as quais estão previstas na Lei Orgânica da Assistência Social (Lei n. 8.742/1993), da seguinte forma:

a) o Conselho Nacional de Assistência Social;

b) os Conselhos Estaduais de Assistência Social;

c) o Conselho de Assistência Social do Distrito Federal;

d) os Conselhos Municipais de Assistência Social.

A instituição desses Conselhos é feita mediante lei específica a cargo desses entes federativos, sendo que muitos deles encontram-se em funcionamento.

O CNAS, atualmente vinculado ao Ministério do Desenvolvimento Social e Combate à Fome (Lei n. 14.600/2023) é o órgão da Administração Pública Federal responsável pela coordenação da Política Nacional da Assistência Social, composto por dezoito membros e respectivos suplentes, sendo:

a) nove representantes governamentais, incluindo um representante dos Estados e um dos Municípios;

b) nove representantes da sociedade civil, entre representantes dos usuários ou de organizações de usuários, das entidades e organizações de assistência social e dos trabalhadores do setor, escolhidos em foro próprio, sob fiscalização do Ministério Público Federal.

A composição do CNAS está prevista no art. 17 da Lei n. 8.742/1993, e seus membros são nomeados pelo Presidente da República, para um mandato de dois anos, permitida uma única recondução à função por igual período. Neste Conselho, mesmo os representantes do Governo são detentores de mandato.

A presidência do Conselho é exercida por um de seus integrantes, eleito entre seus membros, para mandato de um ano, permitida uma única recondução à presidência, por igual período.

O CNAS possui a seguinte competência:

- aprovar a Política Nacional de Assistência Social;
- normatizar as ações e regular a prestação de serviços de natureza pública e privada no campo da assistência social;

- fixar normas para a concessão de registro e certificado de fins filantrópicos às entidades beneficentes de assistência social;
- conceder atestado de registro e certificado de entidades de fins filantrópicos, na forma do regulamento a ser fixado, observado o disposto no art. 9º da Lei n. 8.742, de 07.12.1993;
- zelar pela efetivação do sistema descentralizado e participativo de assistência social;
- convocar ordinariamente a cada quatro anos, ou extraordinariamente, por maioria absoluta de seus membros, a Conferência Nacional de Assistência Social, que terá a atribuição de avaliar a situação da assistência social e propor diretrizes para o aperfeiçoamento do sistema;
- apreciar e aprovar a proposta orçamentária da Assistência Social a ser encaminhada pelo Ministério;
- aprovar critérios de transferência de recursos para os Estados, Municípios e Distrito Federal, considerando, para tanto, indicadores que informem sua regionalização mais equitativa, tais como: população, renda *per capita*, mortalidade infantil e concentração de renda, além de disciplinar os procedimentos de repasse de recursos para as entidades e organizações de assistência social, sem prejuízo das disposições da Lei de Diretrizes Orçamentárias;
- acompanhar e avaliar a gestão dos recursos, bem como os ganhos sociais e o desempenho dos programas e projetos aprovados;
- estabelecer diretrizes, apreciar e aprovar os programas anuais e plurianuais do Fundo Nacional de Assistência Social – FNAS;
- indicar o representante do Conselho Nacional de Assistência Social – CNAS junto ao Conselho Nacional de Seguridade Social – CNSS (sem eficácia a partir da edição da Medida Provisória n. 1.799-5, de 13.05.1999, e suas reedições, atualmente Medida Provisória n. 2.216-37, de 31.08.2001, que se manterá vigente até deliberação do Congresso Nacional sobre a matéria, conforme disposto no art. 2º da Emenda Constitucional n. 32, de 2001, por ter sido extinto o CNSS);
- elaborar e aprovar seu regimento interno;
- divulgar, no Diário Oficial da União, todas as suas decisões, bem como as contas do Fundo Nacional de Assistência Social – FNAS e os respectivos pareceres emitidos.

## 4.7 CONSELHO NACIONAL DE PREVIDÊNCIA COMPLEMENTAR – CNPC

O Conselho Nacional de Previdência Complementar veio a ser criado em substituição ao Conselho de Gestão da Previdência Complementar, e está atualmente vinculado ao Ministério da Previdência Social.

A Superintendência Nacional de Previdência Complementar – PREVIC, autarquia de natureza especial, dotada de autonomia administrativa e financeira e patrimônio próprio, com sede e foro no Distrito Federal e atuação em todo o território nacional, foi criada pela Lei n. 12.154/2009.

Cabe à PREVIC atuar como entidade de fiscalização e de supervisão das atividades das entidades fechadas de previdência complementar e de execução das políticas para o regime de previdência complementar operado pelas entidades fechadas de previdência complementar, observadas as disposições constitucionais e legais aplicáveis.

Ao CNPC cabe, na forma do Decreto n. 7.123, de 03.03.2010, exercer a função de órgão regulador do regime de previdência complementar operado pelas entidades fechadas de previdência complementar.

Ao CRPC, órgão recursal colegiado, compete apreciar e julgar, encerrando a instância administrativa, os recursos interpostos contra decisão da Diretoria Colegiada da Superintendência Nacional de Previdência Complementar – PREVIC:

I – sobre a conclusão dos relatórios finais dos processos administrativos iniciados por lavratura de auto de infração ou instauração de inquérito, com a finalidade de apurar responsabilidade de pessoa física ou jurídica, e sobre a aplicação das penalidades cabíveis; e
II – sobre as impugnações referentes aos lançamentos tributários da Taxa de Fiscalização e Controle da Previdência Complementar – TAFIC.

## 4.8 CONSELHO DE RECURSOS DA PREVIDÊNCIA SOCIAL – CRPS

O Conselho de Recursos da Previdência Social – CRPS é órgão de controle jurisdicional das decisões do INSS, nos processos referentes a benefícios a cargo desta Autarquia, atualmente vinculado ao Ministério da Previdência Social.

Compete ao CRPS processar e julgar (art. 1º do Regimento Interno do CRPS, aprovado pela Portaria MTP n. 4.061, de 12.12.2022):

I – os recursos das decisões proferidas pelo INSS, nos processos de interesse de seus beneficiários e contribuintes;

II – os recursos relativos à atribuição do Fator Acidentário de Prevenção – FAP;

III – os recursos, das decisões proferidas pelo INSS, relacionados à comprovação de atividade rural de segurado especial de que trata o art. 19-D do Regulamento da Previdência Social, aprovado pelo Decreto n. 3.048, de 1999, ou às demais informações relacionadas ao Cadastro Nacional de Informações Sociais – CNIS;

IV – os recursos de processos relacionados à compensação financeira de que trata a Lei n. 9.796, de 5 de maio de 1999; e

V – os recursos relacionados aos processos sobre irregularidades ou responsabilidade por infração às disposições da Lei n. 9.717, de 27 de novembro de 1998, verificadas pela Secretaria de Previdência em suas atividades de supervisão realizadas por meio de fiscalização nos regimes próprios de previdência social.

O CRPS, conforme a composição prevista pelo art. 303 do Regulamento da Previdência Social, compreende os seguintes órgãos e respectivas competências:

I – Juntas de Recursos (JR)[2], com a competência para julgar:

   a) os recursos das decisões proferidas pelo INSS nos processos de interesse de seus beneficiários;
   
   b) os recursos das decisões proferidas pelo INSS relacionados à comprovação de atividade rural de segurado especial de que trata o art. 38-B da Lei n. 8.213, de 1991, ou às demais informações relacionadas ao CNIS de que trata o art. 29-A da referida Lei;
   
   c) os recursos de decisões relacionadas à compensação financeira de que trata a Lei n. 9.796, de 5 de maio de 1999;
   
   d) as contestações relativas à atribuição do FAP aos estabelecimentos da empresa; e
   
   e) os recursos relacionados aos processos sobre irregularidades verificadas em procedimento de supervisão e de fiscalização nos regimes próprios de previdência social

---

[2] Conforme o RICRPS, há atualmente 29 Juntas de Recursos.

e aos processos sobre apuração de responsabilidade por infração às disposições da Lei n. 9.717, de 1998;

II – Câmaras de Julgamento (CaJ)[3], com sede em Brasília, Distrito Federal, com a competência para julgar os recursos interpostos contra as decisões proferidas pelas Juntas de Recursos; e

III – Conselho Pleno, com a competência para:
- a) uniformizar, em tese, a jurisprudência administrativa previdenciária e assistencial, mediante a edição de enunciados;
- b) uniformizar, no caso concreto, as divergências jurisprudenciais entre as Juntas de Recursos nas matérias de sua alçada ou entre as Câmaras de julgamento ou entre as Turmas de Câmara de Julgamento (FAP/RPPS), em sede de Recurso Especial, mediante a edição de Resolução;
- c) decidir, no caso concreto, as Reclamações ao Conselho Pleno, mediante a edição de Resolução; e
- d) decidir questões administrativas definidas no Regimento Interno.

A admissão dos recursos a que se refere o art. 1º do Regimento é privativa do CRPS, sendo vedado ao INSS ou à Secretaria de Previdência recusá-los ou sustar o seu andamento.

Não serão conhecidos pelas CAJ os recursos de competência exclusiva das JR (definidas em ato próprio do Presidente do CRPS, em razão dos temas, sobre as matérias previstas nos incisos II, IV e V do art. 1º do Regimento).

O Conselho Pleno poderá editar Súmulas Vinculantes, submetidas ao Ministro de Estado competente em matéria de Previdência Social que, aprovando-as, vincularão o INSS e à Secretaria de Previdência em suas decisões.

A vinculação dar-se-á exclusivamente quanto às matérias previstas no art. 1º do Regimento, acima transcritas.

O CRPS é presidido por um representante do governo com notório conhecimento da legislação previdenciária e assistencial, previamente designado como Conselheiro, nomeado pelo Ministro de Estado competente para a matéria (art. 24 do RICRPS).

Os recursos tempestivos contra decisões das Juntas de Recursos têm efeito suspensivo e devolutivo (art. 308, *caput*, do Decreto n. 3.048/1999, com redação conferida pelo Decreto n. 10.410/2020.

Não se considera recurso o pedido de revisão de acórdão endereçado às Juntas de Recursos e Câmaras de Julgamento (§ 1º do art. 308 do Decreto n. 3.048/1999, com a redação conferida pelo Decreto n. 5.699/2006).

O CRPS é um tribunal administrativo que tem por atribuição solucionar, no âmbito não judicial, os conflitos entre a Autarquia Previdenciária e beneficiários do Regime Geral de Previdência Social (quando a matéria em questão é a concessão, a manutenção, a revisão ou o cancelamento de benefício ou serviço).

As decisões do CRPS não têm força de coisa julgada para o particular, mas somente ao INSS, para o qual surge o tão festejado, por alguns, "efeito vinculante". Vale dizer, o litigante pode recorrer à via judicial, mesmo após ter sido parte vencida nas instâncias recursais administrativas. Frise-se que não é obrigatório o esgotamento da instância administrativa para o ingresso em Juízo, podendo o recorrente, a qualquer tempo, desistir desta via recursal.

---

[3] Conforme o RICRPS, há atualmente quatro Câmaras de Julgamento.

O art. 24 da Lei n. 11.457, de 16.03.2007, inovou na matéria ao estabelecer o prazo máximo de 360 dias a contar da data do protocolo para que seja proferida decisão administrativa em quaisquer petições, defesas ou recursos em processos administrativos.

Já o novo Regimento Interno do CRPS (Portaria n. 4.061/2022) determina o prazo máximo de 365 dias, observadas as prioridades definidas em lei, a ordem cronológica de distribuição, as circunstâncias estruturais e administrativas, mencionando ainda a possibilidade de modificação desse prazo por ato do Presidente do CRPS (art. 61, § 9º).

Outra novidade do Regimento Interno do CRPS é a possibilidade de criação de Súmula Vinculante a algum Enunciado do CRPS no âmbito da administração pública federal, mediante proposta do Presidente do CRPS, do Secretário de Previdência, do Presidente do INSS ou de Confederação representativa de categoria econômica ou profissional habilitada à indicação de conselheiros, ou, ainda, por proposta do Conselho Nacional dos Regimes Próprios de Previdência Social, o Ministro da Previdência Social (art. 81 do RICRPS).

É vedado ao INSS escusar-se de cumprir as diligências solicitadas pelos órgãos do Conselho de Recursos, bem como deixar de dar cumprimento às decisões definitivas daquele colegiado, reduzir ou ampliar o seu alcance ou executá-las de modo que contrarie ou prejudique seu evidente sentido (§ 2º do art. 308 do Decreto n. 3.048/1999).

Com isso, o segurado, muitas vezes, pode preferir a discussão de seus direitos no âmbito do CRPS do que na esfera judicial, especialmente considerando que, em juízo, o INSS pode interpor todos os recursos e incidentes possíveis, demandando muitas vezes contra a razoável duração do processo; enquanto no âmbito administrativo, o órgão previdenciário terá apenas o recurso à Câmara de Julgamento e ao Pleno do Conselho.

Depois disso, ou não havendo recurso cabível, a decisão tomada no âmbito da instância administrativa adquire efeito vinculante para a Autarquia, não podendo esta levar a discussão para a sede judicial – hipótese sempre possível, por outro lado, para o beneficiário do RGPS, que pode ou não esgotar a via administrativa e, mesmo não sendo bem-sucedido nesta, ainda tentar a obtenção de direitos por meio da prestação jurisdicional.

## 4.9 CONSELHO ADMINISTRATIVO DE RECURSOS FISCAIS – CARF

O Conselho Administrativo de Recursos Fiscais – CARF, órgão colegiado, paritário, integrante da estrutura do Ministério da Fazenda, constituído por seções e pela Câmara Superior de Recursos Fiscais, foi instituído pela Lei n. 11.941/2009, para atuar com atribuição de julgar recursos de ofício e voluntários de decisão de primeira instância, bem como recursos de natureza especial.

O Conselho é fruto da unificação do Conselho de Contribuintes e da Câmara Superior de Recursos Fiscais. Não compõe, por assim dizer, a estrutura da Seguridade Social brasileira, porém integra a Administração Fazendária com atribuições relacionadas ao custeio do sistema, já que se trata de órgão jurisdicional administrativo em matéria de contribuições sociais.

As seções do Conselho Administrativo de Recursos Fiscais serão especializadas por matéria e constituídas por câmaras, que poderão ser divididas em turmas.

Já a Câmara Superior de Recursos Fiscais será constituída por turmas, compostas pelos Presidentes e Vice-Presidentes das câmaras.

O Ministro da Economia poderá criar, nas seções, turmas especiais, de caráter temporário, com competência para julgamento de processos que envolvam valores reduzidos ou matéria recorrente ou de baixa complexidade, que poderão funcionar nas cidades onde estão localizadas as Superintendências Regionais da Receita Federal do Brasil.

Na composição das câmaras, das suas turmas e das turmas especiais, será respeitada a paridade entre representantes da Fazenda Nacional e representantes dos contribuintes.

As turmas da Câmara Superior de Recursos Fiscais serão constituídas pelo Presidente do Conselho Administrativo de Recursos Fiscais, pelo Vice-presidente, pelos Presidentes e pelos Vice-Presidentes das câmaras.

A presidência das turmas da Câmara Superior de Recursos Fiscais será exercida pelo Presidente do Conselho Administrativo de Recursos Fiscais e a vice-presidência, por conselheiro representante dos contribuintes.

Os cargos de Presidente das Turmas da Câmara Superior de Recursos Fiscais, das câmaras, das suas turmas e das turmas especiais serão ocupados por conselheiros representantes da Fazenda Nacional, que, em caso de empate, terão o voto de qualidade, e os cargos de Vice-Presidente, por representantes dos contribuintes.

Os conselheiros serão designados pelo Ministro da Economia para mandato, limitando-se as reconduções, na forma e nos prazos estabelecidos no regimento interno.

O Ministro da Fazenda, observado o devido processo legal, decidirá sobre a perda do mandato, para os conselheiros que incorrerem em falta grave, definida no regimento interno.

A Lei n. 11.457, de 16.03.2007, que criou a Secretaria da Receita Federal do Brasil, estabeleceu, em seu art. 28, a criação de cinco Delegacias de Julgamento e 60 Turmas de Julgamento com competência para julgar, em 1º instância, os processos de exigência de tributos e contribuições arrecadados pela nova Secretaria (Super-Receita) e, no art. 29 da mesma Lei, transferiu do CRPS para o 2º Conselho de Contribuintes do Ministério da Fazenda a competência para julgamento de recursos referentes às contribuições à Seguridade Social, que são divididas em Câmaras especializadas.

# 5
# Modelos e Regimes de Previdência

## 5.1 TIPOS DE SISTEMAS

Uma vez estabelecida a noção majoritária de que a Previdência Social é um direito subjetivo do indivíduo, exercitado em face da sociedade a que pertence, personificada na figura do Estado-Providência, impõe-se que esta sociedade participe do regime de seguro social, por meio de aportes que garantam recursos financeiros suficientes à aplicação da política de segurança social.

Não existe um modo único de se prover aos indivíduos a proteção social quanto a infortúnios que afetem sua capacidade de labor e subsistência. Assim, têm-se no âmbito mundial vários sistemas em funcionamento, estando muitos deles em fase de transição, e outros, em que o modelo originário já foi substituído. Cabe, aqui, distinguir os vários modelos de previdência social e, por último, responder à indagação se os regimes privatizados são, ou não, modelos de previdência social.

### 5.1.1 Sistemas contributivos e não contributivos

Separam-se os sistemas previdenciários em relação ao custeio, entre outros modos, de acordo com a fonte de arrecadação da receita necessária ao desempenho da política de proteção social.

Há, assim, sistemas que adotam, em seus regramentos, que a arrecadação dos recursos financeiros para a ação na esfera do seguro social dar-se-á por meio de aportes diferenciados dos tributos em geral, de modo que as pessoas especificadas na legislação própria ficam obrigadas a contribuir para o regime. Entre as pessoas legalmente obrigadas a contribuir estão aqueles que serão os potenciais beneficiários do sistema – os segurados –, bem como outras pessoas – naturais ou jurídicas – pertencentes à sociedade a quem a lei cometa o ônus de também participar no custeio do regime. É o sistema dito contributivo, embasado nas contribuições sociais.

Contribuições sociais são aquelas destinadas exclusivamente a servir de base financeira para as prestações previdenciárias,[1] e, no sistema brasileiro, também para as áreas de atuação assistencial e de saúde pública.

Noutros sistemas de financiamento, a arrecadação provém não de um tributo específico, mas sim da destinação de parcela da arrecadação tributária geral, de modo que os contribuintes do regime não são identificáveis, pois qualquer pessoa que tenha pagado tributo ao Estado estará, indiretamente, contribuindo para o custeio da Previdência. São os sistemas ditos não contributivos.

---

[1] COIMBRA, J. R. Feijó. *Direito previdenciário brasileiro*. 7. ed. Rio de Janeiro: Edições Trabalhistas, 1997. p. 240.

O modelo brasileiro sempre foi o contributivo, atualmente previsto conforme o princípio constitucional estabelecido no art. 201, *caput*, da Carta vigente. Também se observa no texto constitucional a previsão de que a União possa instituir contribuições sociais para a sociedade em geral, e os Estados e Municípios, para custeio dos regimes previdenciários de seus próprios servidores – art. 149. Assim, a própria Constituição identifica alguns contribuintes do regime: empresas, trabalhadores e apostadores em concursos de prognósticos.

No sistema contributivo, os recursos orçamentários do Estado para o custeio do regime previdenciário também concorrem para este, mas não com a importância que os mesmos possuem no modelo não contributivo. Cumpre ao Estado garantir a sustentação do regime previdenciário, com uma participação que pode variar, já que eventuais insuficiências financeiras deverão ser cobertas pelo Poder Público (art. 16, parágrafo único, da Lei n. 8.212/1991).

### 5.1.2 Sistemas contributivos de repartição e capitalização

Entre os sistemas baseados em contribuições sociais, encontramos nova divisão, em relação à forma como os recursos obtidos são utilizados. Alguns sistemas adotam regras que estabelecem, como contribuição social, a cotização de cada indivíduo segurado pelo regime durante certo lapso de tempo, para que se tenha direito a benefícios. Assim, somente o próprio segurado – ou uma coletividade deles – contribui para a criação de um fundo – individual ou coletivo – com lastro suficiente para cobrir as necessidades previdenciárias dos seus integrantes. O modelo de capitalização, como é chamado, é aquele adotado nos planos individuais de previdência privada, bem como nos "fundos de pensão", as entidades fechadas de previdência complementar. Nesse sistema, a participação do Estado é meramente regulatória, e a do empregador vai variar conforme a normatização de cada sistema (vide art. 202 da Constituição, com a redação conferida pela Emenda Constitucional n. 20/1998). Primordial no sistema de capitalização é a contribuição do próprio segurado, potencial beneficiário, que deverá cumprir o número de cotas ou o valor estabelecido para garantir a proteção pelo sistema para si e seus dependentes.

Já no sistema de repartição, as contribuições sociais vertem para um fundo único, do qual saem os recursos para a concessão de benefícios a qualquer beneficiário que atenda aos requisitos previstos na norma previdenciária. A participação do segurado continua sendo importante, mas a ausência de contribuição em determinado patamar não lhe retira o direito a benefícios e serviços, salvo nas hipóteses em que se lhe exige alguma carência. Como salienta Feijó Coimbra, este modelo repousa no ideal de solidariedade,[2] no pacto entre gerações – já que cabe à atual geração de trabalhadores em atividade pagar as contribuições que garantem os benefícios dos atuais inativos, e assim sucessivamente, no passar dos tempos –, ideia lançada no *Plano Beveridge* inglês, e que até hoje norteia a maior parte dos sistemas previdenciários no mundo.

O Brasil adota o sistema de repartição como modelo básico, e o regime de previdência complementar, facultativo, mediante o sistema de capitalização.

### 5.1.3 Sistemas privados de previdência

Na década de 1980, inaugurou-se um terceiro modelo, no qual os trabalhadores contribuem individualmente para planos de benefícios mantidos por instituições privadas de previdência, de forma compulsória, cabendo ao indivíduo, exclusivamente, os aportes suficientes para a obtenção do benefício futuro. O Estado, nesses regimes, nada mais faz do que estabelecer as regras de funcionamento das entidades privadas de previdência e a compulsoriedade de vinculação de todo trabalhador a um plano de previdência privada. Mantém, ainda, um plano

---

[2] COIMBRA, J. R. Feijó. *Direito previdenciário brasileiro*. 7. ed. Rio de Janeiro: Edições Trabalhistas, 1997. p. 233.

assistencial de renda mínima para aqueles que não obtiverem cotização bastante para receber os benefícios, além de permanecerem com o passivo das aposentadorias e pensões do regime público anterior, extinto.

Esse terceiro modelo, cujo trabalhador verte recursos compulsoriamente a entidades de previdência privada, sem a participação da empresa que o emprega, nem a do Estado, nem a de qualquer outro elemento da sociedade, foi adotado de forma precursora pelo Chile, e tem tido seguidores na América Latina.

Não se vislumbra, contudo, em tal modelo, um verdadeiro sistema de previdência social. É que a concepção de seguro social fica totalmente comprometida pelo fato de não haver, na verdade, participação da sociedade no custeio, mas, sim, a poupança de cada indivíduo para a capitalização – esta, aliás, é a opinião de *Celso Barroso Leite*.[3]

Caso o trabalhador não venha a contribuir e sofra algum infortúnio, deverá recorrer à assistência social. A nosso ver, a adoção de tal sistema resulta num retrocesso histórico, no qual o Estado se abstém da sua função precípua de promover o bem-estar de todos. Já se anotou, linhas atrás, que não se concebe previdência social sem a intervenção estatal, uma vez que somente esta é capaz de suprir as falhas do "mercado", sempre sujeito a variações, conforme os humores de quem interfere na economia.

## 5.2 DEMAIS REGIMES PREVIDENCIÁRIOS EXISTENTES NO BRASIL

Em que pese o princípio da uniformidade de prestações previdenciárias, contemplado no texto constitucional, o fato é que no âmbito da Previdência Social no Brasil não existe somente um regime previdenciário, mas vários deles. Destarte, cumpre distinguir os vários regimes existentes, para, a seguir, centrar nossos estudos sobre o Regime Geral de Previdência Social, principal objeto de análise nesta obra.

Entende-se por regime previdenciário aquele que abarca, mediante normas disciplinadoras da relação jurídico-previdenciária, uma coletividade de indivíduos que têm vinculação entre si em virtude da relação de trabalho ou categoria profissional a que está submetida, garantindo a esta coletividade, no mínimo, os benefícios essencialmente observados em todo o sistema de seguro social – aposentadoria e pensão por falecimento do segurado.

Alguma polêmica poderia advir do fato de não se considerar como benefício essencial de um regime previdenciário aquele que proteja o indivíduo de incapacidades temporárias para o trabalho.

Contudo, se o tomador dos serviços do trabalhador garante a este remuneração integral durante o afastamento por motivo de saúde, não há necessidade de cobertura deste evento. Como a legislação do trabalho – Consolidação das Leis do Trabalho – não prevê tal garantia, senão nos primeiros quinze dias de incapacidade, cumpre à Previdência Social proteger o indivíduo que fique incapacitado por mais tempo.

Visto isso, passemos à análise dos regimes previdenciários em espécie.

### 5.2.1 Regimes próprios de previdência de ocupantes de cargos efetivos e vitalícios (RPPS)

A Constituição Federal concede tratamento diferenciado aos agentes públicos ocupantes de cargos efetivos da União, dos Estados, do Distrito Federal e dos Municípios, bem como aos das autarquias e fundações públicas, ao prever a instituição de regime previdenciário próprio,

---

[3] *Apud* STEPHANES, Reinhold. *Reforma da previdência sem segredos*. Rio de Janeiro: Record, 1998. p. 17.

o qual também se aplica aos agentes públicos ocupantes de cargos vitalícios (magistrados, membros do Ministério Público e de Tribunais de Contas) – art. 40, *caput*.

Estes, a princípio, também não se inserem no regime geral dos trabalhadores da iniciativa privada, o que significa dizer que lhes é assegurado estatuto próprio a dispor sobre seus direitos previdenciários e a participação destes no custeio do regime diferenciado.

Na jurisprudência do STF, também há acórdãos que demonstram o entendimento de haver a obrigatoriedade de manutenção de regimes próprios para todos os entes federados, e desde o texto original do art. 40 da Constituição:

> (...) 3. Já assentou o Tribunal (MS 23047-MC, Pertence), que no novo art. 40 e seus parágrafos da Constituição (cf. EC n. 20/1998), nela, pouco inovou "sob a perspectiva da Federação, a explicitação de que aos servidores efetivos dos Estados, do Distrito Federal e dos Municípios, 'é assegurado regime de previdência de caráter contributivo, observados critérios que preservem o equilíbrio financeiro e atuarial', assim como as normas relativas às respectivas aposentadorias e pensões, objeto dos seus numerosos parágrafos: afinal, toda a disciplina constitucional originária do regime dos servidores públicos – inclusive a do seu regime previdenciário – já abrangia os três níveis da organização federativa, impondo-se a observância de todas as unidades federadas, ainda quando – com base no art. 149, parág. único – que a proposta não altera – organizem sistema previdenciário próprio para os seus servidores": análise da evolução do tema, do texto constitucional de 1988, passando pela EC n. 3/93, até a recente reforma previdenciária. (STF, ADI 2024/DF, Rel. Sepúlveda Pertence, j. 03.05.2007, *DJ* 22.06.2007)

A matéria volta a ser relevante com a promulgação da Emenda n. 103/2019. A reforma levada a efeito afeta mais substancialmente o RPPS da União, mas também os demais, em certos aspectos. Segundo a Exposição de Motivos do Governo,

> A Emenda prevê o fortalecimento das normas gerais voltadas à governança desses regimes, com vistas ao aperfeiçoamento da qualidade da gestão previdenciária, exigindo-se a sua unicidade, a abranger todos os Poderes e órgãos do ente federado e a participação de representantes dos segurados na direção e nos conselhos dos RPPS, com paridade com relação aos representantes dos entes federativos.

O primeiro ponto que chama a atenção é a vedação de criação de novos regimes próprios (nos Municípios onde não há atualmente). Ou seja, aqueles entes da Federação que não possuem ou extinguiram seus regimes próprios ficam proibidos, doravante, pela Constituição, de os (re)criarem.

Com isso, ficam afetados diretamente pela Emenda n. 103/2019 o Distrito Federal, os Estados e, principalmente neste particular, os Municípios.

No § 22 do art. 40, com a redação da Emenda n. 103/2019, fica "vedada a instituição de novos regimes próprios de previdência social", sendo que "lei complementar federal estabelecerá, para os que já existam, normas gerais de organização, de funcionamento e de responsabilidade em sua gestão", dispondo, entre outros aspectos, sobre "requisitos para sua extinção e consequente migração para o Regime Geral de Previdência Social" (inciso I).

Fica evidente a ênfase na intenção de estabelecer critérios para a extinção de regimes próprios, com "migração" (compulsória) de servidores para o RGPS – o que poderia ocorrer, inclusive, com os servidores federais e de Estados, já que o dispositivo não excepciona nenhum ente da Federação.

Importante mencionar, por haver correlação com a matéria, o julgamento, pelo STF, da ADI 2.135, que trata da validade de dispositivos da EC n. 19/1998, denominada à época de "Reforma

Administrativa". O STF declarou constitucional (com efeitos apenas ex nunc) o dispositivo que suprimiu da Constituição Federal a obrigação de que a União, os Estados e os Municípios instituam, em seus respectivos âmbitos, um regime jurídico único (RJU) de contratação de servidores públicos da administração pública direta, das autarquias e das fundações públicas (Plenário, red. para o acórdão Min. Gilmar Mendes, publ. 06.11.2024). Logo, permite-se desde então que os entes federativos contratem – via concurso público – servidores pelo regime da Consolidação das Leis do Trabalho (CLT), sem a obrigação de que as relações de trabalho de seus funcionários sejam regidas unicamente por leis específicas (estatutos); por conseguinte, não sendo tais pessoas admitidas para cargos efetivos, e sim mediante contrato de trabalho, seu vínculo previdenciário será com o RGPS, na condição de segurados empregados, o que pode acarretar, por efeito colateral, a extinção do RPPS do ente público que passar a adotar essa condição dúplice, à medida que os cargos forem sendo extintos.

Assim, entendemos que a fixação de regras constitucionais para a aposentadoria de servidores públicos, conforme a tradição do Direito pátrio, mantida pela redação original da Constituição de 1988, permite a ilação de que se trata de direito subjetivo destes servidores, exercitável em face do Estado, mais especificamente do ente da Federação que é responsável por tal concessão, cabendo divergir, nesse particular, da posição adotada por Marcelo Leonardo Tavares, para quem a criação de regimes próprios de Previdência Social, de caráter contributivo, não seria obrigatória para a União, os Estados, o Distrito Federal e os Municípios[4].

Embora a legislação ordinária já disciplinasse a matéria concernente ao regime previdenciário dos ocupantes de cargos em comissão na esfera da Administração Federal, pela Lei n. 8.647/1993, a Emenda n. 20/1998 definitivamente fixou como regime dos comissionados o RGPS (pela redação à época conferida ao § 13 do art. 40 da CF). Na redação atual do referido dispositivo da Carta Magna, resta esclarecido que se aplica ao agente público ocupante, exclusivamente, de cargo em comissão declarado em lei de livre nomeação e exoneração, de outro cargo temporário, inclusive mandato eletivo, ou de emprego público, o Regime Geral de Previdência Social.

Também não se aplica o regime de que trata o art. 40 da Constituição aos serventuários da Justiça que não ocupam cargos públicos efetivos. Nesse sentido: STF, ADI 2.791, Rel. Min. Gilmar Mendes, j. 16.08.2006, *DJ* 24.11.2006.

Merece destaque, ainda, a edição da Súmula Vinculante n. 33, que assegurou a aplicação subsidiária das normas que versam sobre a aposentadoria especial prevista no RGPS para atividades prestadas por servidor filiado a Regime Próprio de Previdência, por força do § 12 do art. 40 da Constituição, pela ausência de lei específica ditada pelo respectivo ente público.

No conteúdo suplementar desta obra, teceremos as considerações pertinentes aos Regimes Próprios, seus benefícios e as mudanças trazidas pela Emenda n. 103/2019 ao RPPS da União.

### 5.2.2 Regime Previdenciário Complementar

Como já salientado, a Previdência Social no Brasil é composta por regimes públicos, quais sejam, o Regime Geral de Previdência Social e os Regimes Próprios de Agentes Públicos, todos em sistema de repartição, compulsórios, geridos pelo Poder Público, que cobrem a perda da capacidade de gerar meios para a subsistência até um valor-teto; e outro, complementar, privado e facultativo, gerido por entidades de previdência fiscalizadas pelo Poder Público. Assim, a exploração da previdência pela iniciativa privada é tolerada pela ordem jurídica,

---

[4] TAVARES, Marcelo Leonardo (Coord.). *Comentários à Reforma da Previdência*: EC n. 41/2003. Rio de Janeiro: Lumen Juris, 2004. p. 3.

porém apenas em caráter supletivo, ao contrário do que ocorre, por exemplo, no Chile, onde o regime previdenciário adotou a privatização da proteção previdenciária como fórmula básica.

A Constituição Federal de 1988 previa, desde sua redação original, a existência de um regime complementar de previdência, gerido pela própria Previdência Social, sem, no entanto, trazer maiores disciplinamentos à matéria, que foi remetida para lei específica, jamais editada.

Existe, contudo, desde antes da Carta Magna vigente, o regime complementar privado, que tem por prestadoras de benefícios previdenciários as entidades de previdência complementar. O diploma regente das entidades de previdência privada complementar era a Lei n. 6.435/1977, regulamentada por dois Decretos: o n. 81.240/1978, que tratava das entidades fechadas de previdência privada, e o n. 81.402/1978, que tratava das entidades abertas de mesmo gênero. Tais textos foram recepcionados pela ordem constitucional vigente.

Até o advento da Emenda Constitucional n. 20, a matéria relativa à previdência complementar na Constituição limitava-se a estabelecer, como ônus da Previdência Social, a criação de um "seguro coletivo, de caráter complementar e facultativo, custeado por contribuições adicionais" (art. 201, § 7º, do texto original).

Com a Emenda, a matéria passou a ser disciplinada nos arts. 40 e 202, determinando, ao contrário do texto anterior, a autonomia do regime previdenciário complementar em face dos regimes públicos de previdência, o que, de fato, já ocorria com os segurados do Regime Geral de Previdência Social, que participam compulsoriamente desse regime, em sistema contributivo de repartição e, facultativamente, de planos de previdência complementar, mediante sistema de capitalização. Com a Emenda n. 20, o art. 40, nos §§ 14 a 16, passou a prever a possibilidade de criação de regime de previdência complementar também aos agentes públicos ocupantes de cargos efetivos e vitalícios. A EC n. 103/2019 alterou parcialmente as disposições dos §§ 14 e 15, gerando a obrigatoriedade de instituição de tal regime previdenciário complementar (pela aplicação do verbo "instituirão", no modo imperativo, na atual redação do § 14).

Após a promulgação da Emenda n. 20, houve a publicação das Leis Complementares n. 108 e n. 109, ambas datadas de 29.05.2001, para atender ao disposto no art. 202 da Lei Maior, revogando, assim, a Lei n. 6.435/1977. A primeira dispõe sobre a relação entre a União, os Estados, o Distrito Federal e os Municípios, suas autarquias, fundações, sociedades de economia mista e outras entidades públicas e suas respectivas entidades fechadas de previdência complementar. A segunda dispõe sobre a Lei Básica da Previdência Complementar.

A Lei Complementar n. 109/2001 inicia preconizando os mesmos princípios estabelecidos no art. 202 da Constituição da República, quais sejam, o caráter meramente complementar do regime privado e a autonomia deste em relação à Previdência Social, assim como a facultatividade no ingresso e a necessidade de constituição de reservas que garantam a concessão dos benefícios (art. 1º).

Entende-se por entidades de previdência privada as que têm por objetivo principal instituir e executar planos privados de benefícios de caráter previdenciário (art. 2º). Para a constituição e início de funcionamento de uma entidade previdenciária privada, a Lei prevê a necessidade de autorização governamental prévia (arts. 33, I, e 38, I).

O controle governamental é exercido pela Superintendência Nacional de Previdência Complementar – PREVIC, autarquia de natureza especial criada pela Lei n. 12.154, de 23.12.2009, com atribuição de fiscalizar e supervisionar as atividades das entidades fechadas de previdência complementar e de execução das políticas para o regime de previdência complementar operado pelas entidades fechadas de previdência complementar, observadas as disposições constitucionais e legais aplicáveis.

As entidades de previdência complementar dos trabalhadores da iniciativa privada dividem-se em fechadas e abertas (art. 4º da Lei). Entidade fechada de previdência privada é aquela constituída sob a forma de fundação ou sociedade civil, sem fins lucrativos, acessível exclusivamente a empregados de uma empresa ou grupo de empresas, aos servidores dos entes públicos da Administração, quando o tomador dos serviços será denominado patrocinador da entidade fechada, e aos associados ou membros de pessoas jurídicas de caráter profissional, classista ou setorial, quando estas serão denominadas "instituidores" (sic) da entidade (art. 31 da Lei). Não pode o próprio empregador explorar a atividade de previdência complementar; para estabelecer o plano previdenciário privado, deverá constituir entidade própria para este fim. Não se confunde, portanto, a personalidade jurídica da empresa patrocinadora ou instituidora (empregador) com a da entidade previdenciária complementar.

Entidade aberta de previdência privada é aquela que não se enquadra na hipótese anterior. São instituições financeiras que exploram economicamente o ramo de infortúnios do trabalho, cujo objetivo é a instituição e operação de planos de benefícios de caráter previdenciário em forma de renda continuada ou pagamento único, constituídas unicamente sob a forma de sociedades anônimas, podendo as seguradoras que atuem exclusivamente no ramo de seguro de vida vir a ser autorizadas a operar também planos de previdência complementar (Lei Complementar n. 109, art. 36 e seu parágrafo único).

Neste regime complementar, utiliza-se para a pessoa do segurado, associado ou beneficiário o termo "participante" ou "assistido". Para que um indivíduo se torne participante de um plano previdenciário de entidade fechada de previdência privada há necessidade de que preencha os requisitos exigidos pela entidade, geralmente a vinculação a um empregador (empresa); já para ingressar num plano de entidade aberta, basta a adesão voluntária, não havendo necessidade de vinculação a um empregador (art. 8º, I, da Lei Complementar n. 109). Assistido é o participante ou seu beneficiário que estejam fruindo benefício de prestação continuada referente aos planos de previdência complementar (art. 8º, II, da Lei Complementar n. 109).

As entidades – abertas e fechadas – de previdência privada não podem requerer recuperação judicial e não estão sujeitas ao processo falimentar. Caso estejam em estado de insolvência, comportam o regime de liquidação extrajudicial, tal como ocorre com as instituições financeiras (art. 47 da Lei Complementar n. 109). Podem, ainda, sofrer intervenção estatal, mediante ato do Ministro de Estado competente para a autorização de funcionamento da entidade, que nomeará interventor com plenos poderes de administração e gestão (art. 44).

O custeio dos planos de previdência complementar de entidades fechadas de que trata a Lei será feito por meio de contribuições dos participantes (trabalhadores que aderirem), dos assistidos (dependentes de trabalhadores que possam aderir também ao plano) e do patrocinador (empregador). Já os de entidades abertas são custeados exclusivamente com aportes do trabalhador participante (cotização individual).

Importante salientar, ainda, que, tratando-se de entidade fechada, há norma que obriga o oferecimento dos planos a todos os possíveis participantes (art. 16 da Lei Complementar n. 109), bem como impondo a facultatividade da adesão a qualquer dos planos previstos (§ 2º do mesmo artigo), ou seja, não pode o patrocinador ou instituidor exigir que o empregado participe do plano de previdência complementar.

Quanto à previdência complementar dos agentes públicos, ficou definido na nova redação do § 15 do art. 40 da CF que: "O regime de previdência complementar de que trata o § 14 será instituído por lei de iniciativa do respectivo Poder Executivo, observado o disposto no art. 202 e seus parágrafos, no que couber, por intermédio de entidades fechadas de previdência complementar, de natureza pública, que oferecerão aos respectivos participantes planos de benefícios somente na modalidade de contribuição definida".

No caso da previsão constitucional de previdência complementar facultativa aos agentes públicos ocupantes de cargos efetivos e vitalícios, convém frisar que os fundos de previdência complementar terão de ser instituídos por lei de iniciativa do respectivo Poder Executivo, e terão de ser geridos por entidade com personalidade jurídica de direito público (autarquia ou fundação), não se enquadrando, pois, nas hipóteses das Leis Complementares n. 108 e n. 109.

Outro ponto a ser salientado é que, com a instituição desse regime complementar, o ente público instituidor poderá, a partir daí, determinar para novos agentes públicos, admitidos após a sua instituição, o teto de benefícios igual ao estabelecido ao Regime Geral de Previdência Social, recolhendo destes, como valor máximo de salário de contribuição, a alíquota incidente sobre o mesmo valor-teto do RGPS. Mas isso não poderá afetar os futuros benefícios a serem concedidos aos ocupantes de cargos públicos que, antes da instituição de tal fundo, já pertençam aos quadros de pessoal do ente público instituidor; apenas por expressa opção desses agentes públicos poderá o ente da Federação submetê-los ao "teto" idêntico ao do RGPS.

Cabe destacar a edição da Lei n. 12.618, de 30.04.2012, que institui o regime de previdência complementar para os servidores públicos federais titulares de cargo efetivo, inclusive os membros dos órgãos que mencionam e fixam o limite máximo para a concessão de aposentadorias e pensões pelo regime de previdência de que trata o art. 40 da Constituição Federal; autorizando a criação de entidades fechadas de previdência complementar.

A Lei n. 12.618/2012, que instituiu o Regime de Previdência Complementar (RPC) para os servidores públicos da União, autarquias e fundações públicas federais, facultou, em seu art. 3º, a adesão dos servidores que haviam ingressado no serviço público antes do início das atividades da FUNPRESP. Para tanto, assegurou a tais servidores um benefício especial, que se somará ao benefício do Regime Próprio de Previdência Complementar (RPPS), que serão pagos a partir da aposentadoria. O benefício especial será calculado com base nas remunerações e no tempo de contribuição cumprido até o momento da adesão ao novo regime.

Diversos Estados e Municípios já instituíram o regime de previdência complementar para seus servidores ocupantes de cargos efetivos. A EC n. 103/2019 passou a exigir a adoção do RPC nos entes públicos que possuem RPPS. Segundo o entendimento preconizado pelo então Ministério da Economia os entes que não o fizerem perderão o direito a transferências voluntárias da União, o que é bastante discutível, havendo precedente no STF pela invalidade de tal bloqueio (ACO 830, Rel. Min. Marco Aurélio).

Com a instituição dos fundos de previdência complementar, os entes públicos que os instituírem terão que conviver, durante um longo período, com uma duplicidade de situações: de um lado, os ocupantes de cargos públicos que ingressaram antes da instituição dos fundos de previdência complementar, que continuarão recolhendo contribuição sobre a totalidade da remuneração auferida e terão direito a benefícios cujo valor máximo será a própria remuneração do cargo, e o teto de remuneração da Administração Pública a que pertence; de outro lado, os que ingressarem após a instituição dos fundos, que contribuirão sobre a remuneração, desde que ela não ultrapasse o valor-teto fixado para o RGPS, e receberão benefícios calculados por média, com valor máximo igual ao do RGPS. Essa nova condição assemelha-se praticamente em tudo à condição dos segurados do RGPS, salvo pela inexistência do "fator previdenciário" incidindo sobre aposentadorias voluntárias no serviço público.

Interessante frisar que pairava grande controvérsia sobre a competência jurisdicional para julgar litígios envolvendo o participante e a entidade fechada de previdência complementar.

O STF, em julgamento proferido em âmbito de Repercussão Geral (Tema n. 190), no tocante à competência jurisdicional para processar e julgar demandas envolvendo participante e entidade de previdência complementar fechada respectiva, concluiu competir à Justiça Estadual, e não à Justiça do Trabalho, a apreciação desses litígios (RE 586.453, Tribunal Pleno, Rel. p/ acórdão Min. Dias Toffoli, *DJe* 06.06.2013).

Quanto às normas que disciplinam a relação entre o participante de planos de previdência complementar e as entidades respectivas, cumpre frisar o entendimento consolidado pelo STJ na Súmula n. 563, e a correspondente retirada da Súmula n. 321 daquele Pretório: "O Código de Defesa do Consumidor é aplicável às entidades abertas de previdência complementar, não incidindo nos contratos previdenciários celebrados com entidades fechadas".

### 5.2.3 Regime dos Militares das Forças Armadas

Os militares não são mais considerados, pelo texto constitucional, servidores públicos, em face das alterações propostas pelo Poder Executivo e promulgadas pela Emenda Constitucional n. 18, de 05.02.1998, criando tratamento diferenciado aos membros das Forças Armadas em vários aspectos, fundamentalmente acabando com o tratamento isonômico exigido pelo texto original da Constituição entre servidores civis e militares.

Além da diferenciação no atinente ao modo de reajuste da remuneração, permitindo-se que os oficiais e graduados das Forças Armadas tenham índices de majoração e épocas diversas em relação aos servidores públicos "civis", também no que concerne à concessão de benefícios de inatividade são os militares privilegiados pela ordem jurídica, tendo restado inalterados pelas reformas constitucionais.

Assim, a Constituição, em seu atual art. 142, X, remete à lei ordinária o tratamento de várias matérias de interesse dos militares, entre as quais as "condições de transferência do militar para a inatividade", apenas exigido que sejam respeitados os §§ 7º e 8º do art. 40. A Lei n. 6.880, de 09.12.1980, que dispõe sobre o Estatuto dos Militares – considerados assim os membros das Forças Armadas –, norma recepcionada pela ordem constitucional vigente, prevê a transferência para a reserva remunerada, nos arts. 96 a 103, e a reforma, nos arts. 104 a 114. O Estatuto em comento sofreu alterações pela Lei n. 10.416, de 27.03.2002, e pela Medida Provisória n. 2.215-10, de 31.08.2001, mantendo-se esta vigente até deliberação do Congresso Nacional sobre a matéria, conforme disposto no art. 2º da Emenda Constitucional n. 32, de 2001.

Destaca-se a aprovação da Lei n. 13.954, de 16.12.2019, que altera a Lei n. 6.880/1980, que dispõe sobre o Estatuto dos Militares (incluindo a reserva remunerada) e a Lei n. 3.765/1960, sobre as pensões militares, a qual foi regulamentada pelo Decreto n. 10.742/2021.

O art. 50-A do Estatuto foi incluído com a seguinte redação: "O Sistema de Proteção Social dos Militares das Forças Armadas é o conjunto integrado de direitos, serviços e ações, permanentes e interativas, de remuneração, pensão, saúde e assistência, nos termos desta Lei e das regulamentações específicas".

A lei passou a prever a cobrança de uma alíquota sobre o rendimento bruto dos militares de todas as categorias: ativos, inativos, pensionistas, cabos, soldados e alunos de escolas de formação, de 9,5%, a partir de 1º de janeiro de 2020, e de 10,5%, a partir de 1º de janeiro de 2021, além da contribuição para a pensão militar.

Também objetiva permitir que os militares das Forças Armadas passem mais tempo na ativa, ou seja, vai retardar a idade mínima para se ter direito à transferência para a reserva remunerada e altera, ainda, a idade para a reforma.

De acordo com o art. 97 do Estatuto dos Militares (com redação conferida pela Lei n. 13.954/2019), a transferência para a reserva remunerada, a pedido, será concedida, por meio de requerimento, ao militar de carreira que contar, no mínimo, 35 anos de serviço, dos quais:

> I – no mínimo, 30 (trinta) anos de exercício de atividade de natureza militar nas Forças Armadas, para os oficiais formados na Escola Naval, na Academia Militar das Agulhas Negras, na Academia da Força Aérea, no Instituto Militar de Engenharia, no Instituto Tecnológico de Aeronáutica e em escola ou centro de formação de oficiais oriundos de carreira de praça e para as praças; ou
>
> II – no mínimo, 25 (vinte e cinco) anos de exercício de atividade de natureza militar nas Forças Armadas, para os oficiais não enquadrados na hipótese prevista na hipótese ante-

rior. Contudo, não foi estabelecida idade mínima para que o militar passe para a reserva remunerada.

A Lei n. 13.954/2019 (art. 22), assim como sua regulamentação (Decreto n. 11.002/2022) respeitou o direito adquirido daqueles que tinham implementado as condições anteriores à mudança e também fixou regras de transição para aqueles que se encontram na ativa com menos de 30 anos de serviço, que deverão cumprir um pedágio:

I – o militar da ativa que, na data da publicação desta Lei, contar 30 (trinta) anos ou mais de serviço terá assegurado o direito de ser transferido para a inatividade com todos os direitos previstos na Lei n. 6.880, de 9 de dezembro de 1980 (Estatuto dos Militares), até então vigentes; e

II – o militar da ativa que, na data da publicação desta Lei, contar menos de 30 (trinta) anos de serviço deverá cumprir:

a) o tempo de serviço que faltar para completar 30 (trinta) anos, acrescido de 17% (dezessete por cento); e

b) o tempo de atividade de natureza militar de 25 (vinte e cinco) anos nas Forças Armadas, que, em relação aos militares a que se refere o inciso I do *caput* do art. 97 da Lei n. 6.880, de 9 de dezembro de 1980 (Estatuto dos Militares), será acrescido de 4 (quatro) meses a cada ano, a partir de 1º de janeiro de 2021, até atingir 30 (trinta) anos.

Uma vez mais, na história do nosso país, as mudanças de regras de inatividade para os militares das Forças Armadas foram muito mais amenas do que aquela adotadas pela EC n. 103/2019 para os trabalhadores vinculados ao RGPS e para os servidores vinculados ao RPPS da União, gerando ainda maiores discriminações, sejam elas positivas ou negativas, entre os indivíduos quanto a seus direitos no campo da Previdência.

# PARTE II
## O Regime Geral de Previdência Social

# O Regime Geral de Previdência Social

Principal regime previdenciário na ordem interna, o Regime Geral de Previdência Social (RGPS) abrange obrigatoriamente todos os trabalhadores da iniciativa privada, ou seja: os trabalhadores que possuem relação de emprego urbano (CLT), inclusive nas modalidades de tempo parcial, intermitente ou de aprendizagem, o empregado rural (Lei n. 5.889/1973), o empregado doméstico (LC n. 150/2015), e o contratado de modo temporário (Lei n. 6.019/1974), todos na forma e nas condições da legislação trabalhista; os servidores e demais agentes públicos sem regime próprio de previdência; os trabalhadores autônomos, eventuais ou não (como, por exemplo, as faxineiras sem vínculo de emprego, o condutor autônomo de veículo rodoviário, inclusive o taxista, do auxiliar de condutor autônomo e do operador de trator, máquina de terraplanagem, colheitadeira e assemelhados e os motoristas de transporte privado de passageiros – como os que trabalham por intermédio das plataformas Uber, 99 etc.); as pessoas filiadas a cooperativas de trabalho e de transportadores autônomos; os empresários individuais (inclusive o Microempreendedor Individual – MEI) e sócios gestores de sociedades empresárias com remuneração (*pro labore*); os trabalhadores avulsos (Leis n. 9.719/1998 e n. 12.023/2009); os pequenos produtores rurais e pescadores artesanais, extrativistas vegetais e garimpeiros trabalhando em regime de economia familiar; e categorias especiais de trabalhadores e prestadores de serviços (como garimpeiros, empregados de organismos internacionais, sacerdotes, entre outros).

Segundo a redação do Texto Constitucional (art. 201 – redação do *caput* e do inciso I conferida pela EC n. 103/2019), o RGPS deve prestar, nos termos da lei:

- a cobertura dos eventos de incapacidade temporária ou permanente para o trabalho e idade avançada;
- a proteção à maternidade, especialmente à gestante;
- a proteção ao trabalhador em situação de desemprego involuntário;
- o salário-família para segurados de baixa renda;
- o auxílio-reclusão para os dependentes dos segurados de baixa renda;
- a pensão por morte do segurado, homem ou mulher, ao cônjuge ou companheiro(a) e demais dependentes.

O RGPS é regido pela Lei n. 8.213/1991, intitulada "Plano de Benefícios da Previdência Social", sendo de filiação compulsória e automática para os segurados obrigatórios, permitindo, ademais, que pessoas que não estejam enquadradas como obrigatórios e não tenham regime próprio de previdência se inscrevam como segurados facultativos, passando também a serem filiados ao RGPS. É o único regime previdenciário compulsório brasileiro que permite a adesão de segurados facultativos, em obediência ao princípio da universalidade do atendimento – art. 194, I, da Constituição.

A lei que regula o RGPS é composta por normas de direito público, que estabelecem direitos e obrigações entre os indivíduos potencialmente beneficiários do regime e o Estado, gestor da Previdência Social. Dessa maneira, impõe-se discriminar exaustivamente as obrigações que o ente previdenciário tem para com os segurados e seus dependentes. A tais obrigações, de dar ou de fazer, consequentemente, correspondem prestações, a que chamamos prestações previdenciárias.

As prestações previstas no PBPS (Lei n. 8.213/1991) são expressas em benefícios e serviços. As prestações são o gênero, do qual são espécies os benefícios e serviços. Benefícios são valores pagos em dinheiro aos segurados e dependentes. Serviços são prestações imateriais postas à disposição dos beneficiários.

Há prestações devidas somente ao segurado; outras, somente ao dependente; e, algumas, tanto ao segurado como ao dependente, conforme previsto no art. 18 da Lei n. 8.213/1991. Trata-se da aplicação do princípio da seletividade: as prestações são concedidas apenas aos indivíduos que dela necessitem, sendo certo que alguns benefícios não comportam deferimento a segurados (é o caso da pensão por falecimento), e outros, que não cabem aos dependentes (como as aposentadorias).

Quanto ao segurado, os benefícios são os seguintes: aposentadoria por incapacidade permanente para o trabalho, de acordo com a EC n. 103/2019 (antes, aposentadoria por invalidez); aposentadoria programada; aposentadoria por tempo de contribuição e aposentadoria por idade (mantidas apenas nas regras de transição pela EC n. 103/2019); aposentadoria especial; auxílio por incapacidade temporária (antes, auxílio-doença); auxílio-acidente; salário-família; salário-maternidade. Há, ainda, os benefícios de aposentadoria aos segurados com deficiência (por tempo de contribuição e por idade), com requisitos diferenciados definidos na Lei Complementar n. 142/2013.

Quanto ao dependente, os benefícios são a pensão por morte e o auxílio-reclusão.

As prestações oferecidas tanto ao segurado quanto ao dependente são: o serviço social e a reabilitação profissional.

Nada impede que o número de prestações seja ampliado, para dar ensejo à proteção do indivíduo em face da ocorrência de outros eventos de infortunística. Todavia, a ampliação da proteção previdenciária não pode ser feita sem que, previamente, se tenha criado a fonte de custeio (tributária ou orçamentária) capaz de atender ao dispêndio com a concessão (Constituição, art. 195, § 5º). Também pode ocorrer, eventualmente, supressão de prestações, mantido, sempre, o direito adquirido daqueles que implementaram as condições exigidas por lei para a obtenção das mesmas e desde que não seja tal supressão objeto de norma que colida com as normas constitucionais.

# Beneficiários do RGPS: Segurados e Dependentes

De acordo com o art. 10 da Lei n. 8.213/1991, os beneficiários do Regime Geral de Previdência Social – RGPS classificam-se como segurados e dependentes.

| Beneficiários do RGPS | Segurado: a pessoa física que exerce atividade remunerada, efetiva ou eventual, de natureza urbana ou rural, com ou sem vínculo de emprego, ou contribui facultativamente para o Regime |
|---|---|
| | Dependente: a pessoa que tem relação de parentesco com o segurado, podendo fazer jus a: pensão por morte, auxílio-reclusão, serviço social e reabilitação profissional. |

Vejamos com mais detalhes:

## 2.1 SEGURADOS

É segurado da Previdência Social, nos termos do art. 11 da Lei n. 8.213/1991 e seus parágrafos, de forma obrigatória, a pessoa física que exerce atividade remunerada, efetiva ou eventual, de natureza urbana, doméstica ou rural, com ou sem vínculo de emprego, a título precário ou não, bem como aquele que a lei define como tal, observadas, quando for o caso, as exceções previstas no texto legal.

Também é segurado aquele que se filia facultativa e espontaneamente à Previdência Social, contribuindo para o custeio das prestações sem estar vinculado obrigatoriamente ao Regime Geral de Previdência Social – RGPS ou a outro regime previdenciário qualquer.

E aquele que contribuiu em alguma das situações acima (como segurado obrigatório ou facultativo), mantém sua qualidade de segurado – mesmo sem contribuir – no "período de graça", lapso temporal em que o indivíduo que tenha contribuído por pelo menos um mês permanece nesta condição e, desta forma, ainda possui direito a prestações do RGPS.

Como visto, existem duas espécies de segurados: os obrigatórios e os facultativos.

| Segurados | Obrigatórios: são aqueles que ingressam no RGPS sem precisarem expressar sua vontade e que contribuem compulsoriamente para a Seguridade Social, com direito aos benefícios pecuniários previstos para a sua categoria (aposentadorias, pensões, auxílios, salário-família e salário-maternidade) e aos serviços (reabilitação profissional e serviço social), a cargo da Previdência Social. |
|---|---|
| | Facultativos: são as pessoas que, não estando em nenhuma situação que a lei considera como segurado obrigatório, contribuirem para o sistema, desde que sejam maiores de 16 anos e não estejam vinculado a nenhum outro regime previdenciário (art. 11 e § 2.º do Decreto n.º 3.048/1999). |

Seguem maiores informações sobre cada espécie de segurado:

## 2.1.1 Segurados obrigatórios

Segurados obrigatórios são aqueles que ingressam no Regime Geral da Previdência Social sem precisarem expressar sua vontade e que contribuem compulsoriamente para a Seguridade Social, com direito aos benefícios pecuniários previstos para a sua categoria de segurado, tanto para si quanto para seus dependentes (aposentadorias, pensões, auxílios, salário-família e salário-maternidade) e aos serviços (reabilitação profissional e serviço social), a cargo da Previdência Social.

O pressuposto básico para alguém ter a condição de segurado do RGPS é o de ser pessoa física (art. 11 da Lei n. 8.213/1991), pois é inconcebível a existência de segurado pessoa jurídica. Outro requisito para ser segurado obrigatório é o exercício de uma atividade laborativa, remunerada e lícita, pois o exercício de atividade com objeto ilícito não encontra amparo na ordem jurídica. Não havendo exercício de atividade remunerada, não há condição para enquadramento como segurado obrigatório, permitindo-se a filiação facultativa, como veremos adiante.

O segurado obrigatório exerce atividade remunerada, seja com vínculo empregatício, urbano, rural ou doméstico, seja sob o regime jurídico público estatutário (desde que não possua regime próprio de previdência social), incluindo os ocupantes de cargos em comissão, seja trabalhador autônomo ou a este equiparado, trabalhador avulso, empresário, ou segurado especial.

Ressaltamos que a nomenclatura utilizada, por vezes, gera margem a dúvidas. Exemplo disso é o do servidor "estatutário", ocupante de cargo efetivo, pertencente a quadro de Ente Público (geralmente municípios) que não possui regime próprio de previdência social, e por esta razão acaba por ser "enquadrado" como "segurado empregado", assim como outras situações.

Ainda que alguém exerça atividades no exterior, será amparado pela Previdência Social brasileira, nas hipóteses previstas nas alíneas "c", "e" e "f" do inciso I do art. 11 da Lei n. 8.213/1991 (tratados pela legislação previdenciária, portanto, como se fossem segurados empregados):

– o brasileiro ou o estrangeiro domiciliado e contratado no Brasil para trabalhar como empregado em sucursal ou agência de empresa nacional no exterior;

- o brasileiro civil que trabalha para a União, no exterior, em organismos oficiais brasileiros ou internacionais dos quais o Brasil seja membro efetivo, ainda que lá domiciliado e contratado, salvo se segurado na forma da legislação vigente do país de domicílio; e
- o brasileiro ou estrangeiro domiciliado e contratado no Brasil para trabalhar como empregado em empresa domiciliada no exterior, cuja maioria do capital votante pertença a empresa brasileira de capital nacional.

Impõe-se lembrar, outrossim, que não importa a nacionalidade da pessoa para a filiação ao RGPS e seu consequente enquadramento como segurado obrigatório, sendo permitido aos estrangeiros com domicílio fixo no Brasil o ingresso no sistema previdenciário brasileiro.

Importante frisar que a legislação previdenciária brasileira (ainda) não trata da questão do chamado "trabalho remoto" transfronteiriço, em que alguém, mesmo domiciliado no Brasil, trabalha em regime de teletrabalho para uma empresa domiciliada no exterior (e vice-versa). A Lei n. 14.442/2022, decorrente da conversão da Medida Provisória n. 1.108/2022, ao incluir o § 8º no art. 75-B da CLT, passou a dispor que "Ao contrato de trabalho do empregado admitido no Brasil que optar pela realização de teletrabalho fora do território nacional aplica-se a legislação brasileira, excetuadas as disposições constantes da Lei n. 7.064, de 6 de dezembro de 1982, salvo disposição em contrário estipulada entre as partes", de modo que se pode compreender que, neste caso específico, o empregado estará filiado ao RGPS no Brasil.

É o trabalho mediante retribuição pecuniária que enseja a qualidade de segurado obrigatório. Segundo Wladimir Novaes Martinez, "o trabalho não remunerado normalmente não conduz à filiação. Então, as situações devem ser examinadas em particular. Existem hipóteses onde *(sic)* a remuneração é presumida, não necessariamente demonstrada, como acontece, por exemplo, com a do sócio-gerente. Ao contrário, há pessoas remuneradas não filiadas, como o estagiário"[1]. Mesmo assim, sublinhe-se, quando a situação do estagiário estiver em desacordo com os preceitos da Lei n. 11.718/2008, este passa a ser considerado empregado, logo, segurado obrigatório.

De acordo com o art. 11 da Lei n. 8.213/1991, são segurados obrigatórios da Previdência Social as pessoas físicas classificadas como: empregado; empregado doméstico; contribuinte individual (empresário, trabalhador autônomo e equiparado a trabalhador autônomo), trabalhador avulso e segurado especial. A partir de 29.11.1999, data da publicação da Lei n. 9.876, de 26.11.1999, o empresário, o trabalhador autônomo e os a ele equiparados passaram a ser classificados como *contribuintes individuais*.

O segurado (inclusive o segurado especial), eleito para o cargo de dirigente sindical ou nomeado magistrado da Justiça Eleitoral na forma do inciso II do art. 119 ou do inciso III do § 1º do art. 120 da Constituição Federal, mantém durante o exercício do mandato o mesmo enquadramento no RGPS de antes da investidura no cargo (§§ 10 e 11 do art. 9º do Regulamento). Isso deve ocorrer, ademais, quanto aos membros das comissões de representantes de empregados de que tratam os arts. 510-A e seguintes da CLT, incluídos pela Lei n. 13.467/2017.

O servidor público efetivo da União, dos Estados ou dos Municípios, bem como o das autarquias e fundações públicas, e o militar das Forças Armadas, são excluídos do RGPS, desde que estejam sujeitos a regime próprio de previdência social. Porém, caso o servidor ou o militar venha a exercer, concomitantemente, uma ou mais atividades abrangidas pelo RGPS, tornar-se-á segurado obrigatório em relação a essas atividades (art. 12 da Lei n. 8.213/1991). Não caracteriza exercício de atividade abrangida pelo RGPS a cessão de servidor ou militar

---

[1] MARTINEZ, Wladimir Novaes. *O salário de contribuição na Lei Básica da Previdência Social*. São Paulo: LTr, 1993. p. 45.

amparado por regime próprio de previdência para prestar serviços a órgão ou entidade cujo regime não permita filiação como cedido, mantida, portanto, a filiação ao regime de origem (§ 2º do art. 12 da Lei n. 8.213/1991).

De acordo com o art. 9º da EC n. 103/2019, corroborando o entendimento já existente no Decreto n. 3.048/1999, entende-se por regime próprio de previdência social o que assegura as aposentadorias e pensão por morte previstas no art. 40 da Constituição Federal. A Emenda inova ao prever que o rol de benefícios seja restrito a estes.

Na categoria de *segurado empregado*, conforme o inciso I do art. 11 da Lei n. 8.213/1991, regulamentado pelo inciso I do art. 9º do Decreto n. 3.048/1999, incluem-se todos aqueles que possuem vínculo laboral regido pela CLT, com os requisitos previstos nos arts. 2º e 3º da Consolidação, com ou sem prazo determinado (inclusive as modalidades de trabalho a tempo parcial, em teletrabalho ou trabalho remoto, trabalho intermitente, aprendiz), bem como os empregados rurais (alínea "a"), os contratados na forma da Lei n. 6.019/1974, os agentes públicos sem regime próprio (contratados temporariamente, comissionados e detentores de mandato eletivo), além de outras situações que, para efeitos previdenciários, geram *equiparação de tratamento* aos empregados propriamente ditos, identificadas nas demais alíneas do inciso I do art. 9º do Decreto regulamentador.

Em relação aos empregados de entidades da Administração Indireta – empresas públicas e sociedades de economia mista, suas subsidiárias e de consórcios públicos –, já são filiados ao RGPS, na qualidade de segurados empregados, bem como o serão todos aqueles contratados para empregos nessas entidades.

Embora seja execrada pela ordem jurídica as hipóteses de trabalho infantil e análogo ao escravo, mas tendo em vista a constatação de que ainda há casos em que se verifica tal ocorrência, principalmente no meio rural, esse trabalhador deverá ser considerado segurado obrigatório, na categoria de empregado, já que se trata de prestação laborativa subordinada, ainda que não remunerada, ou remunerada abaixo dos níveis considerados lícitos. A violação da ordem jurídica, no caso, partiu daquele que submeteu o indivíduo à condição análoga à de escravo, não podendo a vítima de tal conduta deixar de ter amparo previdenciário, caso dele necessite, durante o período em que prestou trabalho em condições desumanas. As contribuições ao RGPS, evidentemente, deverão ser cobradas de quem exigiu o trabalho em tal condição, que, para tais efeitos, é considerado empregador, satisfazendo também as contribuições do trabalhador escravizado (art. 33, § 5º, da Lei n. 8.212/1991). Regra de duvidosa validade jurídica foi incluída pelo Dec. n. 10.410/2020 no art. 9º, § 27, do Regulamento, prevendo que "O vínculo empregatício mantido entre cônjuges ou companheiros não impede o reconhecimento da qualidade de segurado do empregado, excluído o doméstico, observado o disposto no art. 19-B".[2]

Segundo a IN RFB n. 2.110/2022, em seu art. 12, o estrangeiro não domiciliado no Brasil e contratado para prestar serviços eventuais, mediante remuneração, não é considerado contribuinte obrigatório do RGPS, salvo se existir acordo internacional com o seu país de origem.

O agente público – federal, estadual ou municipal –, ocupante exclusivamente de cargo em comissão, de livre nomeação e exoneração, de outro cargo temporário, inclusive mandato eletivo, ou de emprego público, é vinculado ao RGPS, ainda que sua relação não seja regida pela CLT, conforme previsto no art. 40, § 13, da Constituição, desde a redação dada pela EC n. 20/1998 e atualizada pela EC n. 103/2019.

---

[2] "Art. 19-B. Na hipótese de não constarem do CNIS as informações sobre atividade, vínculo, remunerações ou contribuições, ou de haver dúvida sobre a regularidade das informações existentes, o período somente será confirmado por meio da apresentação de documentos contemporâneos dos fatos a serem comprovados, com menção às datas de início e de término e, quando se tratar de trabalhador avulso, à duração do trabalho e à condição em que tiver sido prestada a atividade".

Não havendo regime próprio mantido pelo Ente da Federação (caso da maioria dos Municípios brasileiros), o servidor ocupante de cargo efetivo é segurado obrigatório do RGPS, sendo tratado como "segurado empregado", apesar de seu vínculo laboral não ser de emprego – ou seja, recebe apenas o mesmo tratamento previdenciário que os regidos pela CLT, e seus benefícios de aposentadoria (e pensão, em caso de óbito) deverão ser requeridos ao INSS, autarquia que também é responsável pela manutenção desses benefícios. Suas contribuições serão também deduzidas nas alíquotas, prazos e limites estabelecidos pela legislação de custeio da Seguridade Social.

Aplica-se a mesma regra (filiação como segurado obrigatório do RGPS) ao pessoal contratado por tempo determinado para atender à necessidade temporária de excepcional interesse público, em face do disposto no art. 37, IX, da Constituição, regulamentado pelo art. 8º da Lei n. 8.745/1993, já que não estão sujeitos ao regime previdenciário do servidor público ocupante de cargo efetivo. Tal previsão também consta do Decreto n. 3.048/1999, art. 9º, inciso I, alínea "l".

No que diz respeito aos detentores de mandato eletivo, são considerados também segurados obrigatórios do RGPS atualmente, desde que não amparados por regime próprio de previdência. Quanto ao servidor público amparado por RPPS que venha a exercer mandato eletivo nesta condição, a nova redação do inciso V do art. 38 da CF, a partir da EC n. 103/2019, indica que este "permanecerá filiado a esse regime, no ente federativo de origem".

O art. 14 da EC n. 103/2019 prevê ainda que, vedadas a adesão de novos segurados e a instituição de novos regimes dessa natureza, os atuais segurados de regime de previdência aplicável a titulares de mandato eletivo da União, dos Estados, do Distrito Federal e dos Municípios poderão, por meio de opção expressa formalizada no prazo de 180 dias, contado da data de entrada da Emenda, desfiliarem-se dos regimes previdenciários aos quais se encontrem vinculados.

Restou assegurada, a qualquer tempo, a concessão de aposentadoria aos titulares de mandato eletivo e de pensão por morte aos dependentes de titular de mandato eletivo falecido, desde que cumpridos os requisitos para obtenção desses benefícios até a data de entrada em vigor da EC n. 103/2019, observados os critérios da legislação vigente na data em que foram atendidos os requisitos para a concessão da aposentadoria ou da pensão por morte.

Para o início da filiação do detentor de mandato eletivo, o INSS disciplinou internamente a questão, na forma estabelecida pela Lei n. 10.887, de 18.06.2004.

Pairava controvérsia a respeito da condição de segurado no período antecedente; porém, restou reconhecido aos ocupantes de cargos eletivos: (1) o direito à restituição, em relação ao período de 1º.02.1998 a 18.09.2004, dos valores retidos indevidamente pelos entes federativos; ou (2) a opção pela manutenção da filiação na qualidade de segurado facultativo, mediante recolhimento complementar das contribuições relativas ao respectivo período, abatendo-se os valores retidos.

Sobre a possibilidade da contagem do tempo de exercício de mandato eletivo para fins de aposentadoria, o TRF da 4ª Região firmou orientação de que o art. 55, IV, da Lei n. 8.213/1991 não autoriza esse cômputo sem a indenização das contribuições previdenciárias:

> Até a Lei n. 10.887/2004, o reconhecimento do labor como vereador para fins previdenciários exige a devida prova do recolhimento das contribuições respectivas; a partir de então, tal ônus passa ao encargo do Município a que aquele é vinculado, de forma que fica dispensada tal comprovação. Eventuais contribuições recolhidas pelos detentores de mandato eletivo poderão ser aproveitadas para a caracterização da qualidade de segurado facultativo, a despeito da diferença de alíquotas existente entre tal categoria e a categoria dos segurados empregados (na qual foram inseridos os agentes políticos). (...). (TRF4, AC 5014695-65.2018.4.04.9999, TRS/PR, Rel. Márcio Antônio Rocha, juntado aos autos em 16.07.2020).

Admite-se, ainda, no caso de mandato eletivo:

> a complementação da contribuição correspondente à diferença de alíquota entre o segurado facultativo e o segurado empregado, recolhida durante a vigência da Lei n. 9.506/1997, ou, deve ser realizada a redução proporcional do salário de contribuição relativa à diferença de alíquota. (TRF4, AC 5000191-41.2017.4.04.7137, 6ª Turma, Rel. Des. Federal João Batista Pinto Silveira, juntado aos autos em 04.06.2020)

Quanto à contribuição dos entes federados em relação aos agentes políticos não vinculados a RPPS, cabe referir a decisão proferida em Repercussão Geral (Tema n. 691) no RE 626.837, Rel. Min. Dias Toffoli, em que foi firmada a seguinte tese: "Incide contribuição previdenciária sobre os rendimentos pagos aos exercentes de mandato eletivo, decorrentes da prestação de serviços à União, a Estados e ao Distrito Federal ou a Municípios, após o advento da Lei n. 10.887/2004, desde que não vinculados a regime próprio de previdência" (j. 25.05.2017).

A Portaria Conjunta MTP/INSS n. 4, de 20.06.2022 disciplinou a matéria no sentido de enquadrar o exercente de mandato eletivo como segurado empregado, a partir de 19 de setembro de 2014, desde que não vinculado a outro regime previdenciário. Para os períodos em que não era exigida a filiação obrigatória, ficou autorizada a indenização das contribuições.

**Empregado doméstico** é aquele que presta serviços com pessoalidade, continuidade e subordinação, mediante salário, a um empregador doméstico, no âmbito residencial, sem fins lucrativos e por mais de dois dias na semana (art. 9º, inciso II, do Regulamento, com a redação do Dec. n. 10.410/2020). Importante conquista teve a categoria com a promulgação da Emenda Constitucional n. 72, de 2 de abril de 2013, regulamentada pela Lei Complementar n. 150, de 01.06.2015, estendendo aos empregados domésticos direitos de natureza trabalhista e previdenciária, destacando-se, nesse último aspecto, o direito à proteção acidentária, ao FGTS, ao seguro-desemprego e ao salário-família.

O **contribuinte individual** (segurado obrigatório, na forma do art. 11, inciso V, da LBPS) é a pessoa que exerce atividade remunerada que não se configura como vínculo empregatício, trabalho avulso ou como segurado especial.

Há que se apontar ainda o fenômeno denominado "pejotização", em que pessoas que antes atuavam como empregados acabam tendo sua condição "modificada" em razão de que seu empregador, para tentar reduzir e até mesmo eliminar custos de natureza trabalhista e previdenciária[3], rompe formalmente o contrato de trabalho, mas mantém a mesma relação de trabalho de forma dissimulada, desde que o trabalhador (ou trabalhadores) passe(m) a constar como sócios de uma pessoa jurídica (geralmente uma microempresa ou, mais recentemente, utilizando a figura do MEI; quando em caso de grupo de trabalhadores, utiliza-se a figura de falsas cooperativas de trabalho).

Nesses casos, a prestação do trabalho é a mesma, mas no campo formal é como se passasse a ser um "contrato entre pessoas jurídicas" – situação em que, teoricamente, não incidiria contribuição previdenciária. Todavia, frisa-se que nas hipóteses em que seja constatado o intuito fraudatório de direitos, assim como de sonegação de contribuições à Seguridade Social, é caso de nulidade absoluta, cabível a atuação da Receita Federal do Brasil para a exigência das contribuições e acréscimos de mora, bem como a autuação para a aplicação de multa pelo descumprimento das obrigações acessórias.

---

[3] BURITI, Tamara de Santana Teixeira. A "pejotização" e a fraude ao regime de emprego. *Conteúdo Jurídico*. Brasília-DF: 25 jan. 2018. Disponível em: http://www.conteudojuridico.com.br/?artigos&ver=2.590277&seo=1. Acesso em: 1º nov. 2018.

É contribuinte individual o microempreendedor individual – MEI[4], o empresário individual a que se refere o art. 966 da Lei n. 10.406, de 2002 – Código Civil, ou o empreendedor que exerça as atividades de industrialização, comercialização e prestação de serviços no âmbito rural, que tenha auferido receita bruta no ano-calendário imediatamente anterior até o limite estabelecido no art. 18-A da Lei Complementar n. 123, de 2006, que tenha optado pelo Simples Nacional e não esteja impedido de optar pela sistemática de recolhimento (Regulamento, art. 9º, § 26, incluído pelo Dec. n. 10.410/2020).

O Decreto n. 10.410/2020 atualiza, também, o rol de atividades como empresário que geram filiação obrigatória, passando a considerar como segurados (na nova redação da alínea "e" do inciso V do art. 9º do Regulamento), desde que recebam remuneração decorrente de trabalho na empresa:

1. o empresário individual e o titular de empresa individual de responsabilidade limitada, urbana ou rural;[5]
2. o diretor não empregado e o membro de conselho de administração de sociedade anônima;
3. o sócio de sociedade em nome coletivo; e
4. o sócio-solidário, o sócio-gerente, o sócio-cotista e o administrador, quanto a este último, quando não for empregado em sociedade limitada, urbana ou rural.

Também passam a ser reconhecidos pelo Regulamento como contribuintes individuais (alíneas "q" e "r" do inciso V do art. 9º – incluídas pelo Decreto n. 10.410/2020): o médico participante do "Projeto Mais Médicos para o Brasil", instituído pela Lei n. 12.871, de 22.10.2013, exceto na hipótese de cobertura securitária específica estabelecida por organismo internacional ou filiação a regime de seguridade social em seu país de origem, com o qual a República Federativa do Brasil mantenha acordo de seguridade social; e o médico em curso de formação no âmbito do "Programa Médicos pelo Brasil", instituído pela Lei n. 13.958, de 18.12.2019.

O segurado eleito para cargo de direção de conselho, de ordem ou de autarquia de fiscalização do exercício de atividade profissional, mesmo que pertencente à categoria de segurado empregado, durante o período de seu mandato, no tocante à remuneração recebida em razão do cargo, será considerado contribuinte individual, incidindo contribuição sobre a remuneração a ele paga ou creditada pelo órgão representativo de classe.

Muitas dúvidas existem a respeito da diferenciação entre o contribuinte individual e o segurado facultativo.

O contribuinte individual, ao começar a exercer atividade remunerada, deve fazer sua inscrição e contribuir sobre os rendimentos auferidos no mês em suas atividades, até o limite máximo do salário de contribuição, tal como os segurados empregados, domésticos e avulsos. Quando o serviço é prestado a pessoas jurídicas, cumpre a estas a retenção da contribuição antes do pagamento ao contribuinte, a exemplo do que ocorre com os empregados (Lei n. 10.666/2003).

---

[4] A criação do Microempreendedor Individual – MEI é uma política pública que tem por objetivo a formalização de pequenos empreendimentos e a inclusão social e previdenciária (art. 18-E da LC n. 123/2006, com a redação conferida pela LC n. 147/2014).

[5] Criada em 2011 pela Lei n. 12.441/2011, a Empresa Individual de Responsabilidade Limitada (EIRELI) deixou de existir por força da Lei n. 14.382/2022, que revogou as disposições do Código Civil que haviam sido inseridas em 2011 e previam sua existência; antes disso, o art. 41 da Lei n. 14.195/2021 já havia previsto que "As empresas individuais de responsabilidade limitada existentes na data da entrada em vigor desta Lei serão transformadas em sociedades limitadas unipessoais independentemente de qualquer alteração em seu ato constitutivo".

Já o segurado facultativo é aquele que não exerce qualquer atividade remunerada quando resolve começar a contribuir, podendo ostentar esta situação em caráter provisório, quando, por exemplo, estiver em licença não remunerada, ou com contrato suspenso na atividade que geralmente exercer com filiação ao RGPS ou a algum RPPS, como prevê o § 5º do art. 11 do Decreto n. 3.048/1999, inserido pelo Decreto n. 10.410/2020:

> § 5º O segurado poderá contribuir facultativamente durante os períodos de afastamento ou de inatividade, desde que não receba remuneração nesses períodos e não exerça outra atividade que o vincule ao RGPS ou a regime próprio de previdência social.

Assim, no mês em que não for paga nem creditada remuneração, ou não houver retribuição financeira pela prestação de serviço, os segurados de qualquer categoria, inclusive os contribuintes individuais, poderão, por ato volitivo, contribuir facultativamente para a Previdência Social, já que não há fato gerador se não há rendimento do trabalho. Dessa forma, o tempo de contribuição continua sendo computado. Como exemplo, temos o caso de um profissional liberal que opte por tirar férias por conta própria em determinado mês, nada recebendo por serviços prestados.

O Trabalhador avulso é aquele que, na forma do Regulamento (art. 9º, inciso VI, com redação dada pelo Decreto n. 10.410/2020):

a) sindicalizado ou não, preste serviço de natureza urbana ou rural a diversas empresas, ou equiparados, sem vínculo empregatício, com intermediação obrigatória do órgão gestor de mão de obra, nos termos do disposto na Lei n. 12.815, de 5 de junho de 2013, ou do sindicato da categoria, assim considerados,

   1. o trabalhador que exerça atividade portuária de capatazia, estiva, conferência e conserto de carga e vigilância de embarcação e bloco;

   2. o trabalhador de estiva de mercadorias de qualquer natureza, inclusive carvão e minério;

   3. o trabalhador em alvarenga (embarcação para carga e descarga de navios);

   4. o amarrador de embarcação;

   5. o ensacador de café, cacau, sal e similares;

   6. o trabalhador na indústria de extração de sal;

   7. o carregador de bagagem em porto;

   8. o prático de barra em porto;

   9. o guindasteiro; e

   10. o classificador, o movimentador e o empacotador de mercadorias em portos; e

b) exerça atividade de movimentação de mercadorias em geral, nos termos do disposto na Lei n. 12.023, de 27 de agosto de 2009, em áreas urbanas ou rurais, sem vínculo empregatício, com intermediação obrigatória do sindicato da categoria, por meio de acordo ou convenção coletiva de trabalho, nas atividades de:

   1. cargas e descargas de mercadorias a granel e ensacados, costura, pesagem, embalagem, enlonamento, ensaque, arrasto, posicionamento, acomodação, reordenamento, reparação de carga, amostragem, arrumação, remoção, classificação, empilhamento, transporte com empilhadeiras, paletização, ova e desova de vagões, carga e descarga em feiras livres e abastecimento de lenha em secadores e caldeiras;

   2. operação de equipamentos de carga e descarga; e

   3. pré-limpeza e limpeza em locais necessários às operações ou à sua continuidade.

Considera-se **segurado especial**, segundo a redação conferida ao art. 11, VII, da Lei n. 8.213/1991, pela Lei n. 11.718/2008 (com idêntico regramento no Regulamento), a pessoa física residente no imóvel rural ou em aglomerado urbano ou rural próximo a ele que, individualmente ou em regime de economia familiar, ainda que com o auxílio eventual de terceiros, na condição de:

a) produtor, seja proprietário, usufrutuário, possuidor, assentado, parceiro ou meeiro outorgados, comodatário ou arrendatário rurais, que explore atividade:

1. agropecuária em área de até 4 (quatro) módulos fiscais; ou

2. de seringueiro ou extrativista vegetal que exerça suas atividades nos termos do inciso XII do *caput* do art. 2º da Lei n. 9.985, de 18.07.2000, e faça dessas atividades o principal meio de vida;

b) pescador artesanal ou a este assemelhado, que faça da pesca profissão habitual ou principal meio de vida; e

c) cônjuge ou companheiro, bem como filho maior de 16 (dezesseis) anos de idade ou a este equiparado, dos segurados de que tratam as alíneas "a" e "b" deste inciso, que, comprovadamente, tenham participação ativa nas atividades rurais ou pesqueiras artesanais, respectivamente, do grupo familiar.

Segundo o § 1º do art. 11 da mesma Lei de Benefícios, também alterado pela Lei n. 11.718/2008, "entende-se como regime de economia familiar a atividade em que o trabalho dos membros da família é indispensável à própria subsistência e ao desenvolvimento socioeconômico do núcleo familiar e é exercido em condições de mútua dependência e colaboração, sem a utilização de empregados permanentes".

De acordo com a redação do art. 12, especificamente seu § 8º, da Lei de Benefícios (conferida pela Lei n. 12.873/2013), o grupo familiar poderá utilizar-se de empregados contratados por prazo determinado ou trabalhador de que trata a alínea "g" do inciso V do *caput* desse artigo, à razão de, no máximo, 120 pessoas por dia no ano civil, em períodos corridos ou intercalados ou, ainda, por tempo equivalente em horas de trabalho, não sendo computado nesse prazo o período de afastamento em decorrência da percepção de benefício por incapacidade temporária.

Consideram-se assemelhados ao pescador artesanal, dentre outros, além do mariscador, o caranguejeiro, o eviscerador (limpador de pescado), o observador de cardumes, o pescador de tartarugas e o catador de algas. Conforme o Regulamento, considera-se assemelhado ao pescador artesanal aquele que realiza atividade de apoio à pesca artesanal, exercendo trabalhos de confecção e de reparos de artes e petrechos de pesca e de reparos em embarcações de pequeno porte ou atuando no processamento do produto da pesca artesanal (§ 14-A do art. 9º).

Não descaracterizam a condição de segurado especial, de acordo com o § 8º do art. 11 da Lei n. 8.213/1991 (com regra idêntica no Regulamento):

I – a outorga, por meio de contrato escrito de parceria, meação ou comodato, de até 50% (cinquenta por cento) de imóvel rural cuja área total não seja superior a 4 (quatro) módulos fiscais, desde que outorgante e outorgado continuem a exercer a respectiva atividade, individualmente ou em regime de economia familiar;

II – a exploração da atividade turística da propriedade rural, inclusive com hospedagem, por não mais de 120 (cento e vinte) dias ao ano;

III – a participação em plano de previdência complementar instituído por entidade classista a que seja associado, em razão da condição de trabalhador rural ou de produtor rural em regime de economia familiar;

IV – ser beneficiário ou fazer parte de grupo familiar que tem algum componente que seja beneficiário de programa assistencial oficial de governo;

V – a utilização pelo próprio grupo familiar, na exploração da atividade, de processo de beneficiamento ou industrialização artesanal, na forma do § 11 do art. 25 desta Lei;

VI - a associação, exceto em cooperativa de trabalho, conforme regulamento:

a) em cooperativa que tenha atuação vinculada às atividades previstas no inciso VII do caput deste artigo, conforme previsão em seu objeto social ou autorização competente (redação dada pela Lei n. 15.072, de 2024); e

b) (vetado)

VII – a incidência do Imposto Sobre Produtos Industrializados – IPI sobre o produto das atividades desenvolvidas nos termos do § 14 do *caput* deste artigo; e

De acordo com o § 10 do art. 12 da Lei de Custeio e o § 9º do art. 11 da Lei de Benefícios, cuja redação foi conferida pela Lei n. 11.718/2008, não será considerado segurado especial o membro de grupo familiar que possuir outra fonte de rendimento, exceto se decorrente de:

*I – benefício de pensão por morte, auxílio-acidente ou auxílio-reclusão, cujo valor não supere o do menor benefício de prestação continuada da Previdência Social;*

*II – benefício previdenciário pela participação em plano de previdência complementar instituído nos termos do inciso IV do § 9º deste artigo;*

*III – exercício de atividade remunerada em período não superior a cento e vinte dias, corridos ou intercalados, no ano civil, observado o disposto no § 13;*

*IV – exercício de mandato eletivo de dirigente sindical de organização da categoria de trabalhadores rurais;*

*V – exercício de:*

*a) mandato de vereador do Município em que desenvolve a atividade rural;*

*b) atividade remunerada, sem dedicação exclusiva ou regime integral, derivada de mandato eletivo:*

1) em cooperativa, exceto de trabalho, que tenha atuação vinculada às atividades previstas no inciso VII do caput deste artigo, conforme previsão em seu objeto social ou autorização da autoridade competente, de acordo com regulamento e observado o disposto no § 13 deste artigo (redação dada pela Lei n. 15.072, de 2024)

2) (vetado)

*VI – parceria ou meação outorgada na forma e condições estabelecidas no inciso I do § 9º deste artigo;*

*VII – atividade artesanal desenvolvida com matéria-prima produzida pelo respectivo grupo familiar, podendo ser utilizada matéria-prima de outra origem, desde que a renda mensal obtida na atividade não exceda ao menor benefício de prestação continuada da Previdência Social; e*

*VIII – atividade artística, desde que em valor mensal inferior ao menor benefício de prestação continuada da Previdência Social.*

Conforme o § 12 do art. 11 da LBPS, a participação em sociedade empresária, sociedade simples, como empresário individual ou como titular de empresa individual de responsabilidade limitada com objeto ou âmbito agrícola, agroindustrial ou agroturístico, considerada microempresa nos termos da LC nº 123/2006, não exclui a condição de segurado especial. Essa condição se mantém desde que o segurado preserve o exercício da atividade rural, conforme o inciso VII do caput e o § 1º, e que a pessoa jurídica seja composta exclusivamente por segurados da mesma natureza, com sede no mesmo município ou em município limítrofe àquele onde desenvolvam suas atividades.

Nos moldes do art. 112, inciso XI, da IN n. 128/2022, também não tem o condão de descaracterizar a condição de segurado especial a manutenção de contrato de integração, nos termos da Lei n. 13.288, de 16 de maio de 2016, em que o produtor rural ou pescador figure como integrado.

Por outro lado, o § 23 do art. 9º do Regulamento (com parte da redação alterada pelo Decreto n. 10.410/2020) enumera as diversas situações que determinam a exclusão do enquadramento do trabalhador como segurado especial.

O STJ, sobre esse assunto, em sede de incidente de Recurso Repetitivo, fixou as seguintes teses:

– **Tema n. 532:** "O fato de um dos integrantes da família exercer atividade incompatível com o regime de economia familiar não descaracteriza, por si só, a condição de segurado especial dos demais componentes devendo ser averiguada a dispensabilidade do trabalho rural para a subsistência do grupo familiar, incumbência esta das instâncias ordinárias" (REsp 1.304.479-SP, 1ª Seção, Rel. Min. Herman Benjamin, *DJe* 19.12.2012);

– **Tema n. 1.115:** "O tamanho da propriedade não descaracteriza, por si só, o regime de economia familiar, quando preenchidos os demais requisitos legais exigidos para a concessão da aposentadoria por idade rural" (REsp 1.947.404/RS, 1ª Seção, Rel. Min. Benedito Gonçalves, *DJe* 07.12.2022).

Corrobora com o repetitivo do STJ o disposto no art. 113, parágrafo único, inciso I, da IN n. 128/2022, que deslinda que o exercício de atividade incompatível com o regime de economia familiar não será extensivo para descaracterizar a condição de segurado especial dos demais membros do grupo.

De acordo com as definições constantes das sucessivas Instruções Normativas expedidas pelo INSS, são considerados segurados especiais "o produtor rural e o pescador artesanal ou a este assemelhado, desde que exerçam a atividade rural individualmente ou em regime de economia familiar, ainda que com o auxílio eventual de terceiros" (art. 109 da IN PRESI/INSS n. 128/2022). Dessa normativa, destacamos que:

- É irrelevante a nomenclatura dada ao segurado especial nas diferentes regiões do país, como lavrador, agricultor, e outros de mesma natureza, cabendo a efetiva comprovação da atividade rural exercida, seja individualmente ou em regime de economia familiar (art. 109, § 3º).
- Enquadra-se como segurado especial o indígena cujo(s) período(s) de exercício de atividade rural tenha(m) sido objeto de certificação pela Fundação Nacional dos Povos Indígenas – FUNAI (art. 109, § 4º).
- Para efeitos do enquadramento como segurado especial, considera-se produtor rural o proprietário, condômino, usufrutuário, posseiro/possuidor, assentado, parceiro, meeiro, comodatário, arrendatário rural, quilombola, seringueiro, extrativista vegetal ou foreiro, que reside em imóvel rural, ou em aglomerado urbano ou rural próximo, e desenvolve atividade agrícola, pastoril ou hortifrutigranjeira, individualmente ou em regime de economia familiar (art. 110).
- O enquadramento do condômino na condição de segurado especial independe da delimitação formal da área por este explorada, cabendo a comprovação do exercício da atividade, se individualmente ou em regime de economia familiar (art. 110, § 4º).
- A delimitação do tamanho da terra em quatro módulos fiscais tem vigência a partir de 23 de junho de 2008, data da vigência da Lei n. 11.718, de 2008, de forma que os períodos de atividade do segurado especial anteriores devem ser analisados independentemente do tamanho da propriedade (art. 110, § 8º).

## 2.1.2 Segurados facultativos

Ao lado do segurado obrigatório, o qual é filiado independentemente de sua vontade, encontramos o segurado facultativo, que desfruta da concessão constitucional e legal de se filiar ao RGPS. É a pessoa que, não estando em nenhuma situação que a lei considera como segurado obrigatório, desejar contribuir para a Previdência Social, desde que seja maior de 16 anos e não esteja vinculado a nenhum outro regime previdenciário (art. 11 e § 2º do Decreto n. 3.048/1999).

A Constituição Federal, no texto original do § 1º do art. 201, para este fim dispunha que "qualquer pessoa poderá participar dos benefícios da Previdência Social, mediante contribuição na forma dos planos previdenciários". Mesmo com a alteração do texto constitucional, mantém-se a possibilidade de filiação facultativa tanto na Lei de Custeio (Lei n. 8.212/1991) quanto na Lei de Benefícios (Lei n. 8.213/1991) e no Decreto regulamentador.

É admitida a filiação na qualidade de segurado facultativo das pessoas físicas enumeradas no art. 11 do Decreto n. 3.048/1999, entre outros:

a) daquele que se dedique exclusivamente ao trabalho doméstico no âmbito de sua residência (redação dada pelo Decreto n. 10.410/2020);

b) do síndico de condomínio, quando não remunerado;

c) do estudante;

d) do brasileiro que acompanha cônjuge que presta serviço no exterior;

e) daquele que deixou de ser segurado obrigatório da Previdência Social;

f) do membro de conselho tutelar de que trata o art. 132 da Lei n. 8.069, de 13.07.1990, quando não esteja vinculado a qualquer regime de previdência social;

g) do estagiário que presta serviços à empresa de acordo com a Lei n. 11.718/2008 (redação dada pelo Decreto n. 10.410/2020);

h) do bolsista que se dedique em tempo integral à pesquisa, curso de especialização, pós-graduação, mestrado ou doutorado, no Brasil ou no exterior, desde que não esteja vinculado a qualquer regime de previdência social;

i) do presidiário que não exerce atividade remunerada nem esteja vinculado a qualquer regime de previdência social;

j) do brasileiro residente ou domiciliado no exterior (redação dada pelo Decreto n. 10.410/2020);

k) o segurado recolhido à prisão sob regime fechado ou semiaberto, que, nesta condição, preste serviço, dentro ou fora da unidade penal, a uma ou mais empresas, com ou sem intermediação da organização carcerária ou entidade afim, ou que exerce atividade artesanal por conta própria; e

l) o atleta beneficiário da Bolsa-Atleta não filiado a regime próprio de previdência social ou não enquadrado como segurado obrigatório do RGPS (incluído pelo Decreto n. 10.410/2020).

A filiação ao RGPS, na qualidade de segurado facultativo, é vedada a pessoa participante de RPPS, salvo na hipótese de afastamento de servidor público em licença sem vencimentos e desde que não permitida, nesta condição, contribuição ao respectivo regime próprio.

Considera-se a filiação, na qualidade de segurado facultativo, um ato volitivo, gerador de efeito somente a partir da inscrição e do primeiro recolhimento sem atraso, não podendo retroagir e não permitindo o pagamento de contribuições relativas a competências anteriores à data da inscrição. Nesse sentido, Recurso Cível: 5002130-89.2021.4.04.7210, TRF-4, 2ª Turma Recursal de SC, Rel. Henrique Luiz Hartmann, j. 26.08.2022.

Após a inscrição, o segurado facultativo somente poderá recolher contribuições em atraso quando não tiver ocorrido perda da qualidade de segurado, o que ocorre após seis meses da cessação das contribuições (§ 4º do art. 11 do Decreto n. 3.048/1999). Na hipótese de perda da qualidade de segurado facultativo, somente serão consideradas, para fins de carência, as contribuições efetivadas após novo recolhimento sem atraso (§ 4º do art. 28 do RPS, com a redação conferida pelo Decreto n. 10.410/2020).

Conforme já frisado no tópico relativo aos segurados obrigatórios, qualquer segurado poderá contribuir facultativamente durante os períodos de afastamento ou de inatividade, desde que não receba remuneração nesses períodos e não exerça outra atividade que o vincule ao RGPS ou a regime próprio de previdência social (§ 5º do art. 11 do RPS, com redação determinada pelo Decreto n. 10.410/2020).

### 2.1.3   A menoridade e a filiação como segurado

Considera-se menor, para os efeitos da legislação previdenciária, a partir da Emenda Constitucional n. 20, de 15.12.1998, o trabalhador de 14 a 18 anos de idade.

É proibido o trabalho noturno, perigoso ou insalubre a menores de 18 anos e qualquer trabalho a menores de 16 anos de idade, salvo na condição de aprendiz, quando a idade mínima é de 14 anos (CF, art. 7º, XXXIII – redação dada pela EC n. 20/1998). É vedado o trabalho doméstico a quem tenha menos de 18 anos (Convenção n. 182 da OIT – art. 1º, parágrafo único, da LC 150/2015).

As regras do contrato de aprendizagem estão dispostas nos arts. 428 a 433 da CLT, fixando-se a idade entre 14 e 24 anos, e a duração máxima de dois anos ao referido contrato.

O limite mínimo legal de idade para o trabalho, tanto do trabalhador urbano quanto do rural, tem sido alterado frequentemente. Vejamos:

| PERÍODO | IDADE | NORMA |
| --- | --- | --- |
| até 28.02.1967 | 14 anos | CF/1946 |
| de 1º.03.1967 a 05.10.1988 | 12 anos | CF/1967 |
| de 06.10.1988 a 15.12.1998 | 14 anos, permitida a filiação na condição de aprendiz a partir dos 12 anos | CF/1988 |
| a partir de 16.12.1998 | 16 anos, salvo na condição de aprendiz, a partir dos 14 anos | EC n. 20/1998 |

Em que pese a alteração da idade mínima estabelecida pela Emenda Constitucional n. 20, de 1998, as Leis de Custeio e Benefícios e o Decreto n. 3.048/1999 não tiveram suas redações totalmente adequadas aos novos limites, já que em nível legal ainda está fixada a idade mínima de 14 anos para a filiação como segurado facultativo (art. 14 da Lei n. 8.212/1991 e art. 13 da Lei n. 8.213/1991), e o Regulamento, no seu art. 18, § 2º, dispõe que a filiação ao RGPS exige a *idade mínima de 16 anos, em qualquer caso*.

Há, entretanto, manifesto equívoco na regra do Decreto em comento, uma vez que o contrato de aprendizagem, previsto no art. 428 da CLT, com a redação conferida pela Lei n. 11.180/2005, é o "contrato de trabalho especial, ajustado por escrito e por prazo determinado, em que o empregador se compromete a assegurar ao *maior de 14 (quatorze) e menor de 24 (vinte e quatro) anos* inscrito em programa de aprendizagem formação técnico-profissional metódica, compatível com o seu desenvolvimento físico, moral e psicológico, e o aprendiz, a executar com zelo e diligência as tarefas necessárias a essa formação". Logo, ao aprendiz contratado na forma do referido dispositivo é assegurada a filiação ao RGPS, como *segurado obrigatório, com a idade mínima de 14 anos*, e não 16.

As Instruções Normativas do INSS, por seu turno, admitem a filiação do aprendiz, a partir dos 14 anos (IN n. 128/2022 – art. 45, IV), em conformidade com o disposto no art. 7º, XXXIII, da Constituição, e, nos demais casos, fixa a idade mínima de filiação em 16 anos.

Quanto à possibilidade de ser computado período de trabalho sem limitação de idade mínima, aplica-se aqui a orientação do STF (RE 600616 AgR/RS, 1ª Turma, Min. Barroso, *DJe* 10.09.2014), e o decidido na ACP 5017267-34.2013.4.04.7100/RS (TRF-4).

No mesmo sentido, o Representativo de Controvérsia Tema n. 219 da TNU: "É possível o cômputo do tempo de serviço rural exercido por pessoa com idade inferior a 12 (doze) anos na época da prestação do labor campesino" (PEDILEF n. 5008955-78.2018.4.04.7202/SC, julgado em 23.06.2022).

E, por meio do Ofício-Circular Conjunto n. 25/DIRBEN/PFE/INSS, de 13.05.2019 (sucedido pela Portaria Conjunta n. 7, de 09.04.2020), foi dado cumprimento à decisão proferida na ACP n. 5017267-34.2013.4.04.7100, que determinou ao INSS que passe a *aceitar, como tempo de contribuição, o trabalho comprovadamente exercido na categoria de segurado obrigatório de qualquer idade*, exceto o segurado facultativo, bem como devem ser aceitos os mesmos meios de prova exigidos para o trabalho exercido com a idade permitida. A determinação judicial produz efeitos para benefícios com DER a partir de 19.10.2018 e alcança todo o território nacional.

Trata-se da aplicação do princípio da universalidade da cobertura da Seguridade Social (CF, art. 194, parágrafo único, I), segundo o qual nenhum indivíduo deve ficar desprotegido de infortúnios.

### 2.1.4 Aposentado que retorna à atividade

O aposentado pelo RGPS que continuar estiver exercendo ou que voltar a exercer atividade abrangida por este Regime é considerado segurado obrigatório em relação a essa atividade, ficando sujeito ao recolhimento das contribuições de que trata a Lei n. 8.212/1991.[6]

No caso de um segurado que venha a se aposentar pelo RGPS e retorne à atividade remunerada, ou nela permaneça, o salário de contribuição será a importância recebida em razão do trabalho, mas não o valor dos proventos da aposentadoria paga pelo INSS. Ou seja, o segurado aposentado que volta a trabalhar em atividade sujeita à filiação obrigatória será contribuinte e sua contribuição, embora não lhe assegure outra aposentadoria (ao menos conforme a interpretação do INSS), é devida com fulcro no princípio da solidariedade.

Por outro lado, o aposentado que pretenda permanecer em atividade ou a ela retornar não terá direito a novas prestações previdenciárias, exceto o salário-família e a reabilitação profissional, quando for o caso. É o que estabelece o art. 18, § 2º, da Lei n. 8.213/1991.

Assim, as contribuições realizadas pelo segurado aposentado ou que retorne à atividade não gerarão direito a nova prestação previdenciária, nem terão reflexo no valor da renda mensal do benefício em manutenção.

---

[6] Art. 168 do RPS: "Exceto nas hipóteses de aposentadoria por incapacidade permanente ou especial, observado quanto a esta última o disposto no parágrafo único do art. 69, o retorno do aposentado à atividade não prejudicará o recebimento de sua aposentadoria".

Visando à alteração dessa interpretação foram criadas teses como a da desaposentação e da dupla aposentadoria questionando esse entendimento, como será visto no capítulo pertinente. Entretanto, cabe ressaltar que o Plenário do STF considerou inviável o recálculo do valor da aposentadoria por meio da chamada desaposentação.

O julgamento da desaposentação não havia encerrado por completo a discussão quanto ao direito dos aposentados que continuam a contribuir. Esta outra questão foi definitivamente decidida quando do julgamento do Tema n. 1065 de Repercussão Geral, sufragada a seguinte tese: "É constitucional a contribuição previdenciária devida por aposentado pelo Regime Geral de Previdência Social (RGPS) que permaneça em atividade ou a essa retorne" (ARE 1.224.327, *DJE* 04.11.2019). Ou seja, não cabe a devolução dos valores pagos.

Importante salientar que também foi objeto de discussão no STF a possibilidade de percepção do benefício da aposentadoria especial na hipótese em que o segurado permanece no exercício de atividades laborais nocivas à saúde. No Tema n. 709 a Suprema Corte conferiu o entendimento de que é constitucional a vedação de continuidade da percepção de aposentadoria especial se o beneficiário permanece laborando em atividade especial ou a ela retorna, seja a atividade que ensejou a aposentadoria especial pura ou não. Ou seja, a nosso ver, não se desfaz o vínculo empregatício do aposentado especial pelo simples fato de que, após a jubilação, trabalhe exposto a agente nocivo, cessando apenas o pagamento do benefício.

Ressalta-se que a contribuição do aposentado do RGPS que volta a exercer atividade remunerada incide somente sobre os seus ganhos na atividade laborativa, e não sobre os proventos de aposentadoria concedida pelo INSS, em face da expressa vedação contida no art. 195, II, da Constituição, desde a redação dada pela Emenda Constitucional n. 20/1998 e mantida pela EC n. 103/2019.

O enquadramento do aposentado que retorna à atividade será feito de acordo com a atividade que ele passar a exercer depois de aposentado. Caso voltar a trabalhar como empregado, assim será filiado; se como empresário, autônomo, ou equiparado, será enquadrado como contribuinte individual; se voltar na atividade de empregado doméstico, trabalhador avulso, ou segurado especial, será enquadrado na categoria específica.

## 2.2 DEPENDENTES

Dependentes são as pessoas que, embora não contribuindo para a Seguridade Social,[7] a Lei de Benefícios elenca como possíveis beneficiários do Regime Geral de Previdência Social – RGPS, fazendo jus às seguintes prestações: pensão por morte, auxílio-reclusão, serviço social e reabilitação profissional.

Como aduz Feijó Coimbra, "em boa parte, os dependentes mencionados na lei previdenciária coincidem com aqueles que a lei civil reconhece credores de alimentos a serem prestados pelo segurado. É bem lógico que assim o seja, pois que a prestação previdenciária – conteúdo material da pretensão do dependente – é, acima de tudo, uma reposição de renda perdida: aquela renda que o segurado proporcionaria, caso não o atingisse um risco social"[8].

Cumpre evidenciar a existência de situações previstas em lei nas quais não há necessariamente dependência econômica: por exemplo, mesmo que ambos os cônjuges exerçam atividade remunerada, um é considerado dependente do outro, para fins previdenciários, fazendo jus a benefícios, mesmo que aufiram ganhos decorrentes de atividade laborativa.

---

[7] Cabe esclarecer que o dependente também pode ter filiação como segurado obrigatório ou facultativo da Previdência sem que isso implique quaisquer prejuízos às prestações do RGPS.

[8] COIMBRA, Feijó. *Direito previdenciário brasileiro*. 7. ed. Rio de Janeiro: Edições Trabalhistas, 1997. p. 95.

É que os critérios para a fixação do quadro de dependentes são vários, e não somente o da dependência puramente econômica. São os vínculos familiares, dos quais decorre a solidariedade civil e o direito dos necessitados à provisão da subsistência pelos mais afortunados (CF, art. 229), a nosso ver, o principal critério norteador da fixação da dependência no campo previdenciário.

Esse critério, em alguns casos, será conjugado com o da necessidade econômica, vale dizer, quando se estende a dependência a pessoas que estão fora da célula familiar básica – cônjuge e filhos. É o caso dos pais do segurado, bem como dos irmãos inválidos ou menores de idade, não emancipados.

Os dependentes são divididos em três classes, de acordo com os parâmetros previstos no art. 16 da Lei n. 8.213/1991, com redação atual dos incisos I e III, dada pela Lei n. 13.146, de 06.07.2015[9]:

> **Classe 1:** o cônjuge, a companheira, o companheiro e o filho não emancipado, de qualquer condição, menor de 21 anos ou inválido ou que tenha deficiência intelectual ou mental ou deficiência grave

> **Classe 2:** os pais, desde que comprovada a dependência econômica em relação ao filho segurado

> **Classe 3:** o irmão não emancipado, de qualquer condição, menor de 21 anos ou inválido ou que tenha deficiência intelectual ou mental ou deficiência grave, desde que comprovada a dependência econômica em relação ao irmão segurado

## 2.2.1 Relações conjugais e afetivas com intuito de constituir família

Em conformidade com as normas previdenciárias que vigoraram no período que antecedeu à Constituição de 1988, a pensão por morte era concedida ao cônjuge de sexo masculino somente na hipótese de ser inválido, não havendo tal restrição quando a pensionista fosse mulher.

O STF decidiu por diversas vezes que a extensão automática da pensão ao viúvo, em decorrência do falecimento da esposa segurada urbana e rural, exigia lei específica, sendo que a regulamentação reclamada só teria ocorrido com o advento da Lei n. 8.213/1991 (RE 204.193/RS, Plenário, Rel. Min. Carlos Velloso, *DJ* 31.10.2002).

Posteriormente, com base no princípio da isonomia, a Corte Suprema mudou sua orientação e passou a admitir como autoaplicável a norma constitucional e foi ainda mais adiante, ao entender como devida a concessão da pensão por morte ao cônjuge varão, até mesmo para óbitos ocorridos na vigência da Constituição de 1967, independentemente da comprovação da invalidez (STF, RE 880.521 AgR/SP, 2ª T., Rel. Min. Teori Zavascki, *DJe* 28.03.2016).

---

[9] A redação conferida pela Lei n. 13.146/2015 entrou em vigor em 3.1.2016. Até então prevaleceu a redação anterior para as classes 1 e 3, qual seja:

Classe 1 – o cônjuge, a companheira, o companheiro e o filho não emancipado, de qualquer condição, menor de 21 (vinte e um) anos ou inválido ou que tenha deficiência intelectual ou mental que o torne absoluta ou relativamente incapaz, assim declarado judicialmente; (Redação dada pela Lei n. 12.470, de 2011).

Classe 3 – o irmão não emancipado, de qualquer condição, menor de 21 (vinte e um) anos ou inválido ou que tenha deficiência intelectual ou mental que o torne absoluta ou relativamente incapaz, assim declarado judicialmente; (Redação dada pela Lei n. 12.470, de 2011).

Assim, o cônjuge ou o companheiro do sexo masculino é dependente presumido em casos de requerimento de pensão por morte ou auxílio-reclusão, tanto quanto a do sexo feminino.

Quanto ao vínculo afetivo não convertido em casamento, em uma interpretação restritiva e superada pela jurisprudência, era considerada união estável (com fundamento no art. 226, § 3º, da Constituição Federal, e art. 1º, da Lei n. 9.278, de 1996) aquela verificada entre homem e mulher como entidade familiar, quando solteiros, separados judicialmente, divorciados ou viúvos, ou tenham prole em comum, enquanto não se separassem.

O STF equiparou as uniões homoafetivas às uniões "convencionais", no âmbito previdenciário e sucessório. Vejam-se, a respeito, a Ação Direta de Inconstitucionalidade (ADI) 4.277 e a Arguição de Descumprimento de Preceito Fundamental (ADPF) 132: reconheceram a união estável para pessoas conviventes do mesmo gênero e a decisão em Repercussão Geral – Tema n. 498, em que foi fixada a seguinte tese:

> É inconstitucional a distinção de regimes sucessórios entre cônjuges e companheiros prevista no art. 1.790 do CC/2002, devendo ser aplicado, tanto nas hipóteses de casamento quanto nas de união estável, o regime do art. 1.829 do CC/2002.

Apesar dessa orientação, foi editada norma (Lei n. 13.135/2015) que altera o disposto no art. 77, § 2º, V, b, da LBPS, e passou a prever que a duração da pensão será de apenas quatro meses, se o óbito ocorrer sem que o segurado tenha vertido 18 contribuições mensais ou se o casamento ou a união estável tiverem sido iniciados em menos de dois anos antes do óbito do segurado. Não se aplica essa exigência, conforme a regra em comento, somente se o óbito do segurado decorrer de acidente de qualquer natureza ou de doença profissional e nos casos de cônjuge e companheiro inválido ou com deficiência.

O STF, ao julgar a ADI 5.389, entendeu que a Lei n. 13.135/2015, na parte em que disciplinou, no âmbito da pensão por morte destinada a cônjuges ou companheiros, carência, período mínimo de casamento ou de união estável e período de concessão do benefício, não causou violação do princípio da proibição do retrocesso social ou ofensa ao princípio da isonomia (Plenário, Rel. Min. Dias Tóffoli, Sessão Virtual de 11.10.2024 a 18.10.2024).

Considere-se, em termos práticos, a dificuldade em se produzir prova de um *tempo de vínculo afetivo com objetivo de constituir família*, como ora exigido, inclusive com as draconianas exigências da MP n. 871/2019, posteriormente convertida na Lei n. 13.846/2019 – violadoras do princípio da aptidão para a prova – de que haja prova documental contemporânea e vedação da prova exclusivamente testemunhal, pois a realidade social vivida por grande parte da população é de não formalização deste tipo de união.[10]

Destaca-se que a prova da união estável não exigia início de prova documental. Nesse sentido, a Súmula n. 104 do TRF da 4ª Região: "A legislação previdenciária não faz qualquer restrição quanto à admissibilidade da prova testemunhal, para comprovação da união estável, com vista à obtenção de benefício previdenciário".

Portanto, é nosso entendimento de que deveria prevalecer apenas a regra (constante da Lei n. 13.135/2015) que prevê a perda do direito à pensão caso comprovada, a qualquer tempo, simulação ou fraude no casamento ou na união estável, ou sua formalização com o fim exclusivo de constituir benefício previdenciário, apuradas em processo judicial no qual será assegurado o direito ao contraditório e à ampla defesa (§ 2º do art. 74 da Lei n. 8.213/1991).

---

[10] "§ 5º As provas de união estável e de dependência econômica exigem início de prova material contemporânea dos fatos, produzido em período não superior a 24 (vinte e quatro) meses anterior à data do óbito ou do recolhimento à prisão do segurado, não admitida a prova exclusivamente testemunhal, exceto na ocorrência de motivo de força maior ou caso fortuito, conforme disposto no regulamento" (Incluído pela Lei n. 13.846, de 2019).

O RPS, no art. 16, §§ 5º e 6º (este com redação dada Decreto n. 10.410/2020), considera por *companheira ou companheiro* a pessoa que mantém união estável com o segurado ou a segurada, sendo esta configurada na convivência pública, contínua e duradoura entre pessoas (incluindo-se as uniões homoafetivas)[11], estabelecida com intenção de constituição de família, observado o disposto no § 1º do art. 1.723 do Código Civil, desde que comprovado o vínculo na forma estabelecida no § 3º do art. 22 do RPS (com redação dada pelo Decreto n. 10.410/2020).[12]

No tocante à situação de cônjuges como dependentes para fins previdenciários durante a constância do casamento, não há dúvidas a respeito. O problema se dá quando ocorre separação – de fato ou judicial – ou divórcio. O Decreto n. 10.410/2020, ao alterar o inciso I do art. 17 do Regulamento da Previdência Social (conforme já previsto na redação atual da Lei n. 8.213/1991 sobre o assunto), prevê a cessação da dependência "para o cônjuge, pelo divórcio ou pela separação judicial ou de fato, enquanto não lhe for assegurada a prestação de alimentos, pela anulação do casamento, pelo óbito ou por sentença judicial transitada em julgado", ou seja, passando a identificar a *separação de fato* também como fator determinante da perda da qualidade de dependente.

Porém, em que pese a relação conjugal ser rompida em definitivo somente com a dissolução pelo divórcio, a dependência para fins previdenciários não obedece às mesmas regras do Direito Civil.

A jurisprudência do STJ se posiciona no sentido de que é possível o rateio de pensão entre a viúva e a companheira com quem o instituidor da pensão mantinha união estável, assim entendida aquela na qual *inexiste impedimento para a convolação do relacionamento em casamento*, que somente não se concretiza pela vontade dos conviventes. Nos casos em que o instituidor da pensão falece no estado de *casado*, necessário se faz que estivesse separado de fato, convivendo unicamente com a companheira, para que esta possa fazer jus ao recebimento da pensão (STJ, AgRg no REsp 2012/0195969-7, 2ª Turma, Rel. Min. Humberto Martins, *DJe* 14.12.2012).

Comprovada a dependência econômica em relação ao *de cujus*, o cônjuge separado judicialmente ou divorciado faz jus ao benefício de pensão pós-morte do ex-cônjuge, sendo irrelevante o não recebimento de pensão alimentícia anterior (nesse sentido: STJ, AgRg no REsp 2011/0287716-0, 2ª Turma, Rel. Min. Cesar Asfor Rocha, *DJe* 28.06.2012).

Entretanto, a comprovação da dependência do ex-cônjuge para com o *de cujus* passa a ter regra diferenciada após a promulgação da Lei n. 13.846/2019 (conversão da MP n. 871/2019). Assim, *para óbitos posteriores a 18.01.2019*, é necessário o início de prova material. Isso porque foi incluído o § 5º no art. 16 da Lei n. 8.213/1991, nos seguintes termos:

> § 5º A prova de união estável e de dependência econômica exigem início de prova material contemporânea dos fatos, produzido em período não superior a 24 (vinte e quatro) meses anterior à data do óbito ou do recolhimento à prisão do segurado, não admitida a prova exclusivamente testemunhal, exceto na ocorrência de motivo de força maior e ou caso fortuito, conforme disposto no regulamento.[13]

---

[11] Considerando determinação judicial constante da Ação Civil Pública n. 2000.71.00.009347-0, da 3.ª Vara Federal Previdenciária de Porto Alegre/RS, decisão esta confirmada pelo STJ (REsp 395.904 – Informativo STJ de 15.12.2005), o INSS estabeleceu os procedimentos a serem adotados para concessão de benefícios previdenciários ao companheiro ou à companheira homossexual, fazendo jus aos benefícios de pensão por morte ou auxílio-reclusão, independentemente da data do óbito (pensão) ou da perda da liberdade (auxílio-reclusão) do segurado.

[12] O § 3º do art. 22 do Regulamento prevê que, para comprovação do vínculo e da dependência econômica, conforme o caso, deverão ser apresentados, no mínimo, dois documentos daqueles constantes do rol que se encontra nos incisos do referido parágrafo.

[13] A disciplina da matéria quanto à comprovação da dependência econômica, como visto, consta do § 3º do art. 22 do Regulamento (redação dada pelo Dec. n. 10.410/2020).

Nos casos em que o cônjuge falecido mantinha, ao mesmo tempo, relação conjugal e em concubinato, o STF decidiu que a concubina não tem direito a dividir a pensão com a viúva, em face de a Constituição proteger somente o núcleo familiar passível de se converter em casamento. No caso, a segunda união desestabiliza a primeira (RE 397.762, *DJe* 13.08.2008). Na sequência, o STF confirmou esse entendimento ao julgar com repercussão geral os seguintes temas:

> **Tema n. 526** – Possibilidade de concubinato de longa duração gerar efeitos previdenciários.
>
> **Tese Firmada:** "É incompatível com a Constituição Federal o reconhecimento de direitos previdenciários (pensão por morte) à pessoa que manteve, durante longo período e com aparência familiar, união com outra casada, porquanto o concubinato não se equipara, para fins de proteção estatal, às uniões afetivas resultantes do casamento e da união estável" (RE 883.168, Plenário – Sessão Virtual, Rel. Min. Dias Toffoli, em 02.08.2021).
>
> **Tema n. 529** – Possibilidade de reconhecimento jurídico de união estável e de relação homoafetiva concomitantes, com o consequente rateio de pensão por morte.
>
> **Tese Firmada:** "A preexistência de casamento ou de união estável de um dos conviventes, ressalvada a exceção do art. 1.723, § 1º, do Código Civil, impede o reconhecimento de novo vínculo referente ao mesmo período, inclusive para fins previdenciários, em virtude da consagração do dever de fidelidade e da monogamia pelo ordenamento jurídico-constitucional brasileiro" (RE 1.045.273, Plenário – Sessão Virtual, Rel. Alexandre de Moraes, em 30.04.2021).

## 2.2.2 Filhos e equiparados

São considerados "filhos de qualquer condição" aqueles havidos ou não da relação de casamento, ou adotados, que possuem os mesmos direitos e qualificações dos demais, proibidas quaisquer designações discriminatórias relativas à filiação.

Tema que merece atenção é a do parentesco socioafetivo, reconhecido largamente pela jurisprudência como gerador de direitos de natureza alimentar, e por que não, previdenciários também. Nesse sentido, decisão do TRF3 reconheceu o direito ao benefício de pensão por morte a uma filha socioafetiva de segurado. Na análise do recurso interposto pelo INSS, a relatora, Desembargadora Federal Marisa Santos, afirmou que, com o reconhecimento da paternidade socioafetiva, a criança é, portanto, herdeira, na forma dos arts. 1.596 e 1.829, I, do Código Civil. "Assim também com a união homoafetiva, que, embora ainda não expressamente coberta pela legislação, já é largamente reconhecida pela sociedade civil e, via de consequência, pela jurisprudência. E é o que agora ocorre com a denominada filiação/paternidade/parentalidade socioafetiva". A paternidade socioafetiva, reconhecida, no caso, por decisão transitada em julgado, tem reflexos favoráveis à agravada na esfera previdenciária (AI 0028979-25.2015.4.03.0000/SP, e-DJF3 18.07.2016).

No entanto, dúvidas existiam sobre a possibilidade jurídica de reconhecimento simultâneo de duas pessoas na condição de pai de um mesmo filho ou filha.

O STF decidiu, em sede de Repercussão Geral – Tema n. 622, que "A paternidade socioafetiva, declarada ou não em registro público, não impede o reconhecimento do vínculo de filiação concomitante baseado na origem biológica, com os efeitos jurídicos próprios" (Leading Case: RE 898.060, Tribunal Pleno, Rel. Min. Luiz Fux, *DJe* 24.08.2017).

O caso, em verdade, envolvia como partes uma filha e o seu pai biológico, tendo aquela sido adotada por outra pessoa do sexo masculino (pai adotivo, ou socioafetivo). A discussão abrangia o direito da filha de ser beneficiada pelos "efeitos patrimoniais" de sua ligação com o pai biológico. O pai biológico sustentava não ser mais responsável em caráter patrimonial, já que havia, agora, um pai adotivo e a filha não pretendia romper os laços de parentesco com este último.

Por efeitos patrimoniais pode-se ter que a filha poderia buscar, por exemplo, uma pensão alimentícia, ou ser reconhecida futuramente como herdeira do patrimônio deixado pelo pai biológico, quando este vier a falecer. São questões ligadas ao Direito Civil – especialmente ao Direito de Família e das Sucessões.

A decisão do STF indica o reconhecimento de uma coexistência de relações de parentesco, quando se trata de pai e filhos, pois segundo o relator do processo, Ministro Luiz Fux, "não há impedimento do reconhecimento simultâneo de ambas as formas de paternidade – socioafetiva ou biológica –, desde que este seja o interesse do filho". Dizendo em palavras mais simples: sim, uma mesma pessoa pode, "aos olhos do Direito", ser filho ou filha de dois pais, em tal situação.

O direito a alimentos é irrenunciável, como se sabe, da mesma forma como é irrenunciável o direito à proteção previdenciária, tanto de segurados quanto de seus dependentes.

Não haveria sentido, portanto, em se limitar os efeitos da decisão judicial tomada, em nível de repercussão geral, como se o Direito pudesse ser cindido e a paternidade reconhecida para fins civis fosse "diferente" daquela reconhecida para fins previdenciários.

Significa que, se na ordem jurídica construída sob a Constituição de 1988, uma pessoa pode ser considerada como filho ou filha de dois seres humanos do sexo masculino simultaneamente, sendo um na condição de pai biológico e outro na condição de pai socioafetivo, tal reconhecimento se espraia por todas as outras situações contempladas pelo Direito, e não apenas quanto aos efeitos da responsabilidade pai-filho ou aos efeitos sobre direitos patrimoniais de um em relação ao outro.

Desta forma, entendemos que um mesmo ser humano pode ser dependente, para fins previdenciários, na condição de filho de mais de uma pessoa na qualidade de pai, toda vez que situação semelhante ao do julgamento proferido pelo STF ocorrer – houve um pai biológico e outro, socioafetivo.

Até mesmo os nascituros são reconhecidos como dependentes. A Portaria DIRBEN/INSS n. 991, de 28.03.2022 (art.14) estabelece que: "Os nascidos dentro dos 300 (trezentos) dias subsequentes à dissolução da sociedade conjugal por morte são considerados filhos concebidos na constância do casamento, conforme inciso II do art. 1.597 do Código Civil". No mesmo sentido, "se o autor ainda não era nascido quando do óbito do segurado – pai –, o benefício é devido desde a data do nascimento. O art. 4º do Código Civil põe a salvo os direitos do nascituro (TRF4, AC 5004159-27.2016.4.04.7004, Turma Regional Suplementar/PR, Rel. Des. Federal Luiz Fernando Wowk Penteado, juntado aos autos em 24.09.2018).

Quanto à cessação da menoridade, o Código Civil, Lei n. 10.406, de 10.01.2002, a reduziu para 18 anos completos, ficando a pessoa a partir dessa idade habilitada à prática de todos os atos da vida civil (art. 5º, *caput*). Reduziu, também, para 16 anos, a idade para a emancipação (art. 5º, parágrafo único, inc. I).

Com a entrada em vigor do Código Civil, em janeiro de 2003, passou-se a questionar se a redução do limite etário para definição da capacidade civil importa na perda da qualidade de dependente para fins previdenciários aos 18 anos de idade.

Na "Jornada de Direito Civil" promovida pelo Centro de Estudos Judiciários do Conselho da Justiça Federal, no período de 11 a 13.09.2002, o entendimento que prevaleceu sobre o tema é o de que, por ser a lei previdenciária norma especial em face do Código Civil, continuam a valer as regras previstas na Lei n. 8.213/1991, e, por consequência, é dependente quem tiver até 21 anos de idade. Nesse sentido, o enunciado aprovado:

> A redução do limite etário para a definição da capacidade civil aos 18 anos não altera o disposto no art. 16, I, da Lei n. 8.213/1991, que regula específica situação de dependência econômica para fins previdenciários e outras situações similares de proteção, previstas em legislação especial.

Segundo o Regulamento, equiparam-se a filho, na condição de dependente de que trata o inciso I do *caput*, exclusivamente o enteado e o menor tutelado, desde que comprovada a dependência econômica na forma estabelecida no § 3º do art. 22 do Regulamento (§ 3º do art. 16 do Decreto n. 3.048/1999, com a redação conferida pelo Decreto n. 10.410/2020).

Para comprovação do vínculo do enteado e da dependência econômica, conforme o caso, deverão ser apresentados, no mínimo, dois documentos daqueles que o INSS admite como comprobatórios da situação (a regra anterior exigia declaração do segurado e, no mínimo, três documentos). Em relação ao menor sob tutela é necessária, também, a apresentação do termo de tutela.

No entanto, cumpre destacar os aspectos relativos ao menor sob guarda, que já constou expressamente no rol de dependentes e agora não mais; matéria, todavia, ainda discutida no campo jurisprudencial, como será visto a seguir.

### 2.2.3 EC n. 103/2019 e o menor sob guarda

Os menores sob guarda, que constavam originalmente da Lei n. 8.213/1991, foram excluídos do rol de dependentes com a redação dada pela Lei n. 9.528/1997.

Essa restrição, todavia, representa uma vulneração aos arts. 6º e 227 da Constituição Federal e às disposições protetivas inseridas no Estatuto da Criança e do Adolescente – ECA

(Lei n. 8.069/1990), especialmente porque a guarda, segundo dispõe o art. 33 do Estatuto, obriga à prestação de assistência global e, sobretudo, assegura à criança ou ao adolescente a condição de dependente, para todos os fins e efeitos, inclusive previdenciários.

O STJ reconheceu a prevalência do disposto no art. 33, § 3º, do ECA sobre norma previdenciária de natureza restritiva. Nesse sentido, o julgamento do Repetitivo – Tema n. 732, no qual foi fixada a seguinte tese:

> O menor sob guarda tem direito à concessão do benefício de pensão por morte do seu mantenedor, comprovada sua dependência econômica, nos termos do art. 33, § 3º do Estatuto da Criança e do Adolescente, ainda que o óbito do instituidor da pensão seja posterior à vigência da Medida Provisória n. 1.523/1996, reeditada e convertida na Lei n. 9.528/1997. Funda-se essa conclusão na qualidade de lei especial do Estatuto da Criança e do Adolescente (8.069/1990), frente à legislação previdenciária.

Há de se verificar se prevalecerá o referido entendimento jurisprudencial diante da alteração constitucional trazida pela EC n. 103/2019, que no § 6º do art. 23 passou a prever expressamente que "equiparam-se a filho, para fins de recebimento da pensão por morte, exclusivamente o enteado e o menor tutelado, desde que comprovada a dependência econômica".

No nosso entendimento, a vedação introduzida pela EC n. 103/2019 (com status de norma ordinária) é inconstitucional por afrontar o art. 227, *caput*, da Constituição Federal que determina que "É dever da família, da sociedade e do Estado assegurar à criança, ao adolescente e ao jovem, com absoluta prioridade, o direito à vida, à saúde, à alimentação, à educação, ao lazer, à profissionalização, à cultura, à dignidade, ao respeito, à liberdade e à convivência familiar e comunitária, além de colocá-los a salvo de toda forma de negligência, discriminação, exploração, violência, crueldade e opressão".

No julgamento das ADIs n. 4.878 e n. 5.083, o Ministro Edson Fachin destacou: "Os pedidos formulados nas ADIs n. 5.083 e n. 4.878, contudo, não contemplaram a redação do art. 23 da EC n. 103/2019, razão pela qual, ao revés do e. Ministro Relator, não procedo à verificação da constitucionalidade do dispositivo, em homenagem ao princípio da demanda. De toda sorte, os argumentos veiculados na presente manifestação são em todo aplicáveis ao art. 23 referido".

Na sequência, o STF admitiu nova Repercussão Geral para definir se menor sob guarda tem direito à pensão por morte de segurado do INSS após a Reforma da Previdência de 2019:

– **Tema n. 1.271 – Descrição:** "Recurso extraordinário em que se discute, à luz dos arts. 2º, 60, § 4º, 201, da Constituição Federal e do art. 23, § 6º, da Emenda Constitucional n. 103/2019, se a retirada da criança e do adolescente sob guarda do rol de beneficiários, na qualidade de dependentes do segurado do Regime Geral de Previdência Social, violou os princípios da igualdade, da proibição do retrocesso e da proteção integral das crianças e dos adolescentes" (RE 1.442.021, Rel. Min. André Mendonça).

Por fim, não há de se confundir, contudo, a guarda de filho por pai ou mãe biológicos (decorrente de separação de fato ou judicial, ou divórcio dos cônjuges) com a guarda de menor em processo de tutela ou adoção. Nos processos de adoção e de tutela, a guarda serve para conceder provisoriamente o poder familiar a alguém que não é o pai nem a mãe biológicos, até a decisão judicial final.

Vale destacar por fim que a Portaria DIRBEN/INSS n. 1.080, de 06.12.2022, passou a incluir como equiparado a filho o menor sob guarda nas seguintes datas e hipóteses (art. 26 da Portaria n. 992/2022):

| Período | Forma | Previsão |
| --- | --- | --- |
| Até 13.10.1996. | O menor sob guarda integra a relação de dependente. | Publicação da Medida Provisória n. 1.523, reeditada e convertida na Lei n. 9.528, de 10 de dezembro de 1997. |
| De 14.101996 a 13.11.2019. | Equipara-se a filho o menor sob guarda que comprove a dependência econômica, conforme determinado pelo STF. | Julgamento vinculante das ADIs n. 4.878 e n. 508. |

A regra administrativa dispõe ainda que o menor sob guarda perderia a qualidade de dependente ao completar 18 anos de idade, aplicando-se todas as demais causas de perda da qualidade de dependente previstas no art. 25.

As novas regras permitindo a concessão da pensão ao menor sob guarda até 13 de novembro de 2019 na via administrativa aplica-se a todos os benefícios pendentes de decisão no INSS, ou no CRPS, em fase recursal, conforme disposição do art. 26 da Portaria n. 992/2022 com a redação da Portaria n. 1.080/2022.

## 2.2.4 EC n. 103/2019 e o dependente inválido ou com deficiência

O dependente inválido desde o texto original da Lei n. 8.213/1991 foi considerado, independentemente do quesito etário, para os fins de concessão de benefício de pensão e auxílio-reclusão. Posteriormente, a Lei n. 13.146/2015 estendeu essa presunção de dependência à pessoa do cônjuge, companheiro(a), filhos e equiparados ou irmãos do segurado com deficiência intelectual, mental ou grave.

Acertadamente, estabeleceu a EC n. 103/2019, no art. 23, § 5º, que para o dependente inválido ou com deficiência intelectual, mental ou grave, sua condição pode ser reconhecida previamente ao óbito do segurado, por meio de avaliação biopsicossocial realizada por equipe multiprofissional e interdisciplinar, observada revisão periódica na forma da legislação. Por outra vertente, o Decreto n. 10.410/2020 passa a prever a perda da condição de dependente uma vez que cessada a invalidez *ou a deficiência intelectual* (alínea "a" do inciso IV do art. 17 do Regulamento).

Paira controvérsia, todavia, quanto à condição de invalidez (incapacidade permanente) ou deficiência quando anterior ao óbito do segurado, mas posterior ao atingimento da idade de 21 anos para os filhos, equiparados e irmãos do segurado. O entendimento do INSS era que somente quando tais condições sejam também antecedentes à idade de 21 anos é que a incapacidade ou deficiência permitirão a permanência no rol de dependentes. No entanto, em cumprimento da decisão proferida na Ação Civil Pública n. 0059826-86.2010.4.01.3800/MG, que determinou ao INSS que reconheça, para fins de concessão de pensão por morte, a dependência do filho inválido ou do irmão inválido, quando a invalidez tenha se manifestado após a maioridade ou emancipação, mas até a data do óbito do segurado, desde que atendidos os demais requisitos da lei, foi publicada a Portaria Conjunta Dirben/INSS n. 72, de 16 de dezembro de 2022, a qual alterou a Portaria Conjunta n. 4 /Dirben/PFE/INSS, de 5 de março de 2020. Desse modo:

- para os requerimentos enquadrados na decisão judicial não mais se aplicará o disposto no art. 17, inciso III, alíneas "a" a "d" do Regulamento da Previdência Social, aprovado pelo Decreto n. 3.048, de 6 de maio de 1999, cabendo a concessão de pensão por morte previdenciária (B/21) sempre que a invalidez do filho ou irmão for anterior ao óbito do instituidor, mesmo que posterior aos 21 (vinte e um) anos ou a eventual causa de emancipação;
- para fins de cumprimento da decisão judicial proferida na Ação Civil Pública n. 0059826-86.2010.4.01.3800/MG, considera-se relativa a presunção de dependência econômica do filho cuja invalidez ocorreu após os 21 (vinte e um) anos de idade ou após a sua emancipação;
- admite-se a prova da desconstituição da dependência econômica quando identificada a percepção pelo dependente de benefício previdenciário, assistencial ou outra fonte de renda, descaracterizando a condição de dependente; e
- o irmão maior inválido, cuja invalidez se deu após os 21 (vinte e um) anos de idade ou após a sua emancipação, para fazer jus à pensão por morte nos termos da decisão judicial proferida na Ação Civil Pública n. 0059826-86.2010.4.01.3800/MG deverá comprovar sua dependência econômica em relação ao instituidor na data do óbito.

De registrar-se, todavia, que as disposições relativas ao irmão inválido somente serão aplicáveis "aos novos requerimentos propostos ou pendentes de conclusão a partir da data da publicação desta Portaria" (Portaria Conjunta n. 4 /DIRBEN/PFE/INSS, alterada pelo art. 5º-B da Portaria Conjunta Dirben/INSS n. 72, de 16 de dezembro de 2022).

A jurisprudência tem precedentes de reconhecimento do direito ao benefício, divergindo quanto à condição de dependência, para admiti-la como presumida, quanto ao filho inválido maior de 21 anos:

> A dependência econômica no caso do filho maior inválido é presumida, por força da lei. É despiciendo que a condição tenha se implementado após sua maioridade civil, ou 21 anos de idade, sendo essencial apenas que ocorra antes do momento em que o direito passa a ser devido, ou seja, quando do óbito do instituidor. (...) (TRF4, Proc. 5006437-40.2012.4.04.7004, TRS/PR, Relator Des. Federal Fernando Quadros da Silva, j. 28.03.2018).

Cumpre frisar, ademais, que a EC n. 103/2019 (art. 23, § 5º) inova ao possibilitar o cadastramento prévio do dependente inválido ou com deficiência intelectual, mental ou grave, mediante avaliação biopsicossocial realizada por equipe multiprofissional e interdisciplinar, observada revisão periódica na forma da legislação.

No entanto, embora previsto na referida Emenda e regulamentado pela Portaria DIRBEN/INSS n. 991/2022, o INSS ainda não disponibilizou o serviço que possibilite o cadastramento prévio do dependente.

### 2.2.5 Estudante universitário até os 24 anos

A jurisprudência do STJ é pacífica no sentido de que não cabe estender o benefício da pensão devida pelo RGPS ao filho com mais de 21 anos de idade, salvo quando inválido, não se admitindo a pretensão de continuidade do pagamento de sua cota parte pelo fato de estar na condição de estudante. Nesse sentido, o Repetitivo do STJ – Tema n. 643, no qual foi fixada a seguinte tese:

> Não há falar em restabelecimento da pensão por morte ao beneficiário, maior de 21 anos e não inválido, diante da taxatividade da lei previdenciária, porquanto não é dado ao Poder Judiciário legislar positivamente, usurpando função do Poder Legislativo.

### 2.2.6 Outras hipóteses de perda da qualidade de dependente

Acerca da situação de invalidez do filho para fins de dependência, o art. 17, III, do Decreto n. 3.048/1999, na redação conferida pelo Decreto n. 6.939/2009, passou a adotar o entendimento de que somente a invalidez adquirida antes do implemento da idade de 21 anos geraria direitos.

O Decreto n. 3.048/1999, com a redação atual do inciso III do art. 17 conferida pelo Decreto n. 10.410/2020, indica as hipóteses de perda da condição de dependente, quando o fato ocorrer antes de completar 21 anos:

> a) casamento;
> 
> b) início do exercício de emprego público efetivo;
> 
> c) constituição de estabelecimento civil ou comercial ou pela existência de relação de emprego, desde que, em função deles, o menor com dezesseis anos completos tenha economia própria; ou
> 
> d) concessão de emancipação, pelos pais, ou por um deles na falta do outro, por meio de instrumento público, independentemente de homologação judicial, ou por sentença judicial, ouvido o tutor, se o menor tiver dezesseis anos completos; e (...).

No § 1º do mesmo art. 17, com nova redação, passa a constar que "o filho, o irmão, o enteado e o menor tutelado, desde que comprovada a dependência econômica dos três últimos, se inválidos ou se tiverem deficiência intelectual, mental ou grave, não perderão a qualidade de dependentes desde que a invalidez ou a deficiência intelectual, mental ou grave tenha ocorrido antes de uma das hipóteses previstas no inciso III do *caput*".

Essa restrição, a nosso ver, e como já visto, não tem base legal, pois o art. 16 da Lei n. 8.213/1991 não distingue se a invalidez ou deficiência que enseja referida dependência deve ser ou não precedente aos 21 anos de idade, mas apenas que, ao tempo do óbito do segurado, a pessoa esteja inválida ou tenha deficiência intelectual ou mental ou deficiência grave. Porém, a jurisprudência do STJ firmou-se no sentido de que "a comprovação da invalidez do filho maior do instituidor do benefício não o exime da demonstração da relação de dependência econômica que mantinha com o segurado. Isso porque a presunção estabelecida no art. 16, § 4º, da Lei n. 8.213/1991 não é absoluta, admitindo-se prova em sentido contrário, especialmente quando o filho maior inválido já recebe outro amparo previdenciário" (AgInt no AREsp 1167371/RJ, 2ª Turma, Rel. Min. Francisco Falcão, *DJe* 15.03.2021).

## 2.2.7 Dependente designado

Originalmente, a Lei n. 8.213/1991 previa a possibilidade de, na falta de dependentes das demais classes, a pessoa do segurado eleger um dependente. A pessoa cuja designação como dependente do segurado tenha sido feita até 28.04.1995, véspera da publicação da Lei n. 9.032/1995,[14] que revogou tal possibilidade, fará jus à pensão por morte ou ao auxílio-reclusão, se o fato gerador do benefício – o óbito ou a prisão – ocorreu até aquela data, desde que comprovadas as condições exigidas pela legislação vigente. Nesse sentido, a Súmula n. 4 da Turma Nacional de Uniformização dos JEFs.

## 2.2.8 Divisão do benefício entre os dependentes

Os dependentes de uma mesma classe concorrem em igualdade de condições. De acordo com Feijó Coimbra, "a existência de vários dependentes arrolados na mesma classe decreta a concorrência entre eles e a partilha da prestação previdenciária".[15] Todos os arrolados como dependentes da mesma classe possuem igualdade de direitos perante a Previdência Social.

A eventual concessão de alimentos provisionais a algum dependente ex-cônjuge ou filho, decorrente de separação ou divórcio, não garante direito a percentual semelhante ao que vinha sendo pago pelo segurado alimentante, vale dizer, a divisão de cotas de todos os beneficiários perante a Previdência, na condição de dependentes, é sempre em igualdade de condições.

Entretanto, com a alteração do § 3º do art. 76 da Lei n. 8.213/1991 pela Lei n. 13.846/2019, de duvidosa constitucionalidade, a duração do benefício de pensão por morte pode variar no caso de ex-cônjuge ou ex-companheiro se a pensão alimentícia for *provisória, fixada por determinação judicial*. Nesses casos, especialmente, prevê o dispositivo em comento que o percentual é idêntico, mas a duração da pensão previdenciária será também provisória, pelo prazo remanescente, na data do óbito, daquele fixado para a pensão alimentícia judicial.

Compreendemos o tema, todavia, tal como tem reiteradamente decidido o STJ: "o rateio do valor referente à pensão por morte deixada pelo varão, entre a ex-cônjuge divorciada e a viúva, deve ocorrer em partes iguais, independentemente do percentual que vinha sendo recebido pela ex-esposa a título de pensão alimentícia" (REsp 1449968/RJ, 1ª Turma, Rel. Min. Sérgio Kukina, *DJe* 20.11.2017).

Por força do disposto no § 1º do art. 16 da Lei n. 8.213/1991, a existência de dependentes de qualquer das classes exclui do direito às prestações os das classes seguintes. Há no Direito Previdenciário, tal como no Direito das Sucessões, uma ordem de vocação entre dependentes para o recebimento de benefício, embora as classes elencadas na Lei de Benefícios não sejam as mesmas indicadas no Código Civil. Inicialmente, devem ser beneficiários os que estão na célula familiar do segurado; depois, não existindo esta, fazem jus os genitores; por fim, seus irmãos ainda menores ou incapazes para prover a sua própria subsistência.

A regra, todavia, aplica-se na ocasião de cada evento capaz de estabelecer direito à prestação pelo conjunto de dependentes do segurado. Por exemplo, se o segurado vem a ser recolhido à prisão, acarretando o direito ao auxílio-reclusão, o INSS irá averiguar quais os dependentes que se encontram inscritos, para determinar quem serão os beneficiários do

---

[14] O art. 16, IV, da Lei n. 8.213/1991, revogado pelo art. 8º da Lei n. 9.032/1995, possibilitava ao segurado incluir como dependentes: "a pessoa designada, menor de 21 (vinte e um) anos ou maior de 60 (sessenta) anos ou inválida".

[15] COIMBRA, Feijó. *Direito previdenciário brasileiro*. 7. ed. Rio de Janeiro: Edições Trabalhistas, 1997. p. 97.

auxílio. Se, no momento da prisão, o segurado possui como dependentes apenas o cônjuge e seu pai, o benefício será pago a sua consorte. Saindo da prisão, contudo, o segurado vem a ficar viúvo. Se novamente for recolhido à prisão após sua viuvez, o auxílio será pago ao genitor da pessoa segurada.

### 2.2.9 Comoriência

Questão interessante, com efeito semelhante ao do Direito das Sucessões, é a análise da comoriência entre segurado e dependentes, com vistas à pensão por falecimento daquele.

Suponha-se que um segurado possua como dependentes apenas sua esposa e um irmão inválido, e venha ele a sofrer acidente em companhia daquela, no qual vem a falecer.

- Se a morte do segurado e a de sua esposa forem simultâneas, a pensão caberá ao irmão inválido, pois não haverá dependente de classe privilegiada;
- No entanto, se o segurado falecer e a esposa sobreviver ao acidente, a ela caberá a pensão.

Por fim, se a viúva não resistir e falecer logo depois, o benefício da pensão será extinto, não se transmitindo ao irmão inválido, pois este pertence a outra classe menos privilegiada na ordem legal.

### 2.2.10 Dependência econômica presumida ou comprovada

A dependência econômica do cônjuge, do companheiro ou da companheira e do filho é presumida e a dos demais (pais e irmãos) deve ser comprovada.

Segundo Wladimir Martinez, "a presunção da lei é absoluta e, portanto, não comporta prova em contrário"[16]. Somente se o casal estivesse separado e o marido tivesse uma companheira, ou a mulher tivesse um companheiro, a viúva ou o viúvo precisaria comprovar que, apesar disso, dependia do *de cujus*, pelo menos em parte.

A prova da dependência econômica junto ao INSS, a partir da nova redação do Regulamento, conferida pelo Decreto n. 10.410/2020, é feita mediante a apresentação de, ao menos, dois documentos que comprovem a dependência, ou, então, mediante justificação administrativa ou judicial, havendo força maior ou caso fortuito que impeça a produção probatória nos termos exigidos.

Segundo o art. 180 da IN n. 128/2022, são exigidas duas provas materiais contemporâneas dos fatos, sendo que pelo menos uma delas deve ter sido produzida em período não superior a 24 (vinte e quatro) meses anterior ao fato gerador. E, "Caso o dependente só possua um documento emitido em período não superior a 24 (vinte e quatro) meses anteriores à data do fato gerador, a comprovação de vínculo ou de dependência econômica para esse período poderá ser suprida mediante justificação administrativa".

Tratando-se de comprovação de união estável ou homoafetiva, o que se exige do dependente é a prova da união, mas não da dependência econômica, que é presumida, como é estabelecido pelo § 1º do art. 16 da Lei n. 8.213/1991, sendo ilegal exigir comprovação de renda ou qualquer outra forma de indicação de que um dependia economicamente do outro. Tais relações se equiparam, em tratamento, à relação conjugal, na qual também se considera presumida a dependência, ou seja, independentemente da renda auferida pelo(a)

---

[16] MARTINEZ, Wladimir Novaes. *Comentários à Lei Básica da Previdência Social*. 4. ed. São Paulo: LTr, 1997. p. 137. t. II.

cônjuge falecido(a) ou supérstite. Nesse sentido, a Tese fixada pela TNU no Representativo de Controvérsia Tema n. 226: "A dependência econômica do cônjuge ou do companheiro relacionados no inciso I do art. 16 da Lei n. 8.213/1991, em atenção à presunção disposta no § 4º do mesmo dispositivo legal, é absoluta" (PEDILEF 0030611-06.2012.4.03.6301/SP, j. 25.03.2021).

Quanto aos pais, continua sendo aplicada a Súmula n. 229, do extinto Tribunal Federal de Recursos, que diz: "A mãe do segurado tem direito a pensão previdenciária, em caso de morte do filho, se provada a dependência econômica, mesmo não exclusiva". Embora o enunciado fale em mãe, após a Constituição de 1988 se interpreta também em favor do pai. Neste sentido, TRF1, AC 10266103220194019999, 2ª Turma, Rel. Des. Fed. Rafael Paulo, *DJe* 09.09.2021.

Segundo orientação do STJ, é preciso que os pais comprovem a dependência econômica em relação ao filho, sendo certo que essa não é presumida, isto é, deverá ser corroborada, seja na via administrativa, seja perante o Poder Judiciário.

E o fato de o pai ter sido nomeado "curador provisório" de seu falecido filho, no processo de interdição deste, não tem o condão de, cumpridas todas as condições impostas pelas regras de direito previdenciário atinentes à espécie, afastar-lhe o direito à pensão por morte pleiteada (REsp 1.082.631/RS, 5ª Turma, Rel. Min. Laurita Vaz, *DJe* 26.03.2013).

A exigência de início de prova documental para comprovação da dependência econômica, embora importante para demonstrá-la, não obstou até 18.01.2019 a pretensão da pessoa do postulante, conforme se observa do enunciado da Turma Regional de Uniformização dos JEFs da 4ª Região:

– Súmula n. 8: "A falta de prova material, por si só, não é óbice ao reconhecimento da dependência econômica, quando por outros elementos o juiz possa aferi-la".

Entretanto, a comprovação da dependência econômica passa a ter regra diferenciada após a promulgação da MP n. 871/2019 (convertida na Lei n. 13.846/2019). Assim, para óbitos posteriores a 18.01.2019, a lei considera necessário o início de prova material, o que já foi objeto de nossos comentários no tópico antecedente, ao qual remetemos o leitor.

### 2.2.11 Cessação da dependência

As hipóteses em que ocorre a cessação da dependência decorrem das disposições contidas no art. 16 e no art. 77, § 2º, da LBPS, mas estão delimitadas de forma a facilitar a análise, no art. 181 da IN PRES/INSS n. 128/2022, quais sejam:

I – para os dependentes em geral, pelo falecimento;
II – para o cônjuge, pela separação, seja extrajudicial, judicial ou de fato, pelo divórcio, pela anulação do casamento ou por sentença judicial transitada em julgado;
III – para o(a) companheiro(a), pela cessação da união estável com o segurado ou segurada, desde que não receba pensão alimentícia, observado o § 2º;
IV – para o filho, o enteado, o menor tutelado, ou o irmão, de qualquer condição, ao completarem 21 (vinte e um) anos de idade, observado os §§ 3º e 4º; e
V – pela adoção, para o filho adotado que receba pensão por morte dos pais biológicos, observando que a adoção produz efeitos a partir do trânsito em julgado da sentença que a concede;
VI – pela cessação da invalidez ou pelo afastamento da deficiência, exceto para os dependentes cônjuge, companheiro ou companheira e pais.

A previsão contida nos citados incisos II e III não se aplicam ao cônjuge ou companheiro(a) que esteja recebendo pensão alimentícia, ou que comprove o recebimento de ajuda financeira, sob qualquer forma, após a separação ou divórcio.

O dependente elencado no inciso IV, maior de 16 (dezesseis) anos, perde a qualidade de dependente antes de completar 21 (vinte e um) anos de idade, caso tenha ocorrido: a) casamento; b) início do exercício de emprego público efetivo. A emancipação deixou de ser causa de cessação da cota individual da pensão por morte, diante da atual redação do inciso II, § 2º, do art. 77 da LBPS, cuja redação foi conferida pela Lei n. 13.183/2015.

A perda da qualidade de segurado não se aplica se o dependente for inválido ou tiver deficiência intelectual ou mental ou deficiência grave. O INSS adota a regra de que a invalidez ou a deficiência deve ocorrer antes dos 21 (vinte e um) anos de idade. Porém, a orientação jurisprudencial é no sentido de que a pensão por morte pode ser concedida a filho inválido ou com deficiência de qualquer idade, desde que a invalidez ou a deficiência tenham surgido em momento anterior ao óbito do segurado.

Quanto ao inciso VI, cabe referir que o exercício de atividade remunerada a partir de 03.01.2016, data da entrada em vigência desta regra da Lei n. 13.146/2015, inclusive na condição de microempreendedor, não impede a concessão ou manutenção da parte individual da pensão do dependente com deficiência intelectual ou mental ou com deficiência grave.

Importante referir que será excluído da condição de dependente aquele que tiver sido condenado criminalmente por sentença com trânsito em julgado, como autor, coautor ou partícipe de homicídio doloso, ou de tentativa desse crime, cometido contra a pessoa do segurado, ressalvados os absolutamente incapazes e os inimputáveis.

Tecemos maiores considerações sobre o tema no tópico relativo à pensão por morte, ao qual remetemos o leitor, caso tenha interesse em analisar as questões ligadas à validade jurídica do tratamento diferenciado de tais situações.

### 2.2.12 Renúncia

Não há previsão de renúncia, no RGPS, à condição de dependente. Tal ausência tem fundamento na irrenunciabilidade dos Direitos Fundamentais Sociais. Todavia, a Lei n. 13.135/2015 alterou o art. 222 da Lei n. 8.112/1990, que trata do direito à pensão no RPPS da União, para prever, no inciso VI, de forma inédita (e discutível) a renúncia expressa como forma de perda da qualidade de beneficiário. E, no âmbito do RGPS, há precedentes admitindo a renúncia da cota da pensão por morte para obtenção do BPC/LOAS. Nesse sentido:

> **TNU RC n. 284:** "Os dependentes que recebem ou que têm direito à cota de pensão por morte podem renunciar a esse direito para o fim de receber benefício assistencial de prestação continuada, uma vez preenchidos os requisitos da Lei n. 8.742/1993" (PEDILEF n. 0004160-11.2017.4.01.4300/TO, j. 18.08.2022).

# 3
# Filiação e Inscrição

## 3.1 FILIAÇÃO E INSCRIÇÃO DE SEGURADOS

Filiação é o vínculo jurídico que se estabelece entre pessoas que contribuem como segurados para a Previdência Social e esta, vínculo este do qual decorrem direitos e obrigações (Regulamento, art. 20, *caput*). A pessoa filiada ao RGPS sujeita-se às regras da legislação de custeio e benefícios do regime.

Segundo Alfredo Ruprecht, a filiação inicia-se "no exato momento em que o indivíduo entra no campo da seguridade social e perdura por todo o tempo em que este – que preenche as condições pertinentes – mantém-se como segurado". E mais, que "a circunstância de haver perdido o caráter de filiado não impede, superada a causa da cessação da filiação, sua recuperação", para concluir que "o objeto da filiação é determinar quais são os indivíduos que, tendo satisfeito as disposições respectivas, estão em condições de obter os benefícios da seguridade social, ou seja, liga a pessoa a esta. É também o de controlar as variações que, com o passar do tempo, podem ser produzidas na situação de cada filiado"[1].

A filiação decorre automaticamente do exercício de atividade remunerada para os segurados obrigatórios e da inscrição formalizada com o pagamento da primeira contribuição para o segurado facultativo (§ 1º do art. 20 do Regulamento).

A filiação do trabalhador rural contratado por produtor rural pessoa física por prazo de até dois meses no período de um ano, para o exercício de atividades de natureza temporária, decorre automaticamente de sua inclusão em declaração prevista em ato do Secretário Especial da Receita Federal do Brasil por meio de identificação específica (§ 2º do art. 20 do Regulamento, com redação dada pelo Decreto n. 10.410, de 2020).

Assim, a filiação não depende de ato volitivo para o segurado obrigatório (pois este tem a filiação automática), mas somente para o facultativo. Este entendimento possui pleno amparo na jurisprudência do STJ: REsp 2015/0285415-4, 2ª Turma, Rel. Min. Mauro Campbell Marques, *DJe* 18.12.2015.

O exercício de atividade prestada de forma gratuita e o serviço voluntário, nos termos do disposto na Lei n. 9.608/1998, não geram filiação obrigatória ao RGPS (§ 3º do art. 20 do Regulamento, com redação dada pelo Dec. n. 10.410/2020).

A inscrição, por sua vez, constitui o ato de formalização cadastral do indivíduo (segurado ou dependente) perante a Previdência Social, para que possa ser identificado. Na forma do art. 18 do RPS, em sua redação conferida pelo Dec. n. 10.410/2020, a inscrição se dá de diferentes modos para as categorias de segurados, a ver:

---

[1] RUPRECHT, Alfredo J. *Direito da seguridade social*. São Paulo: LTr, 1996.

I – empregado – pelo empregador, por meio da formalização do contrato de trabalho e, a partir da obrigatoriedade do uso do Sistema de Escrituração Digital das Obrigações Fiscais, Previdenciárias e Trabalhistas – eSocial, instituído pelo Decreto n. 8.373, de 11 de dezembro de 2014, ou do sistema que venha a substituí-lo, por meio do registro contratual eletrônico realizado nesse Sistema;

II – trabalhador avulso – pelo cadastramento e pelo registro no órgão gestor de mão de obra, no caso de trabalhador portuário, ou no sindicato, no caso de trabalhador não portuário, e a partir da obrigatoriedade do uso do eSocial, ou do sistema que venha a substituí-lo, por meio do cadastramento e do registro eletrônico realizado nesse Sistema;

III – empregado doméstico – pelo empregador, por meio do registro contratual eletrônico realizado no eSocial;

IV – contribuinte individual:

a) por ato próprio, por meio do cadastramento de informações para identificação e reconhecimento da atividade, hipótese em que o Instituto Nacional do Seguro Social – INSS poderá solicitar a apresentação de documento que comprove o exercício da atividade declarada;

b) pela cooperativa de trabalho ou pela pessoa jurídica a quem preste serviço, no caso de cooperados ou contratados, respectivamente, se ainda não inscritos no RGPS; e

c) pelo MEI, por meio do sítio eletrônico do Portal do Empreendedor;

V – segurado especial – preferencialmente, pelo titular do grupo familiar que se enquadre em uma das condições previstas no inciso VII do *caput* do art. 9º, hipótese em que o INSS poderá solicitar a apresentação de documento que comprove o exercício da atividade declarada, observado o disposto no art. 19-D; e

VI – segurado facultativo – por ato próprio, por meio do cadastramento de informações pessoais que permitam a sua identificação, desde que não exerça atividade que o enquadre na categoria de segurado obrigatório.

Na forma do § 9º do art. 18 do RPS (incluído pelo Decreto n. 10.410/2020), a identificação do trabalhador no Cadastro Nacional de Informações Sociais – CNIS poderá ser feita:

I – pelo NIT, único, pessoal e intransferível, independentemente de alterações de categoria profissional; ou

II – pelo Cadastro de Pessoas Físicas – CPF.

O contribuinte individual é considerado automaticamente filiado ao RGPS ao começar a exercer atividade remunerada, porém sendo seu dever inscrever-se, caso tenha iniciado a atividade como prestador de serviços apenas a pessoas físicas. Caso o primeiro trabalho como autônomo tenha sido realizado para pessoas jurídicas, a responsabilidade pela inscrição (e, de resto, todas as obrigações tributárias) se transfere para o tomador dos serviços, por força da Lei n. 10.666/2003, a partir da vigência desta.

A IN RFB n. 2.110/2022 dispõe ainda:

Art. 18. A inscrição dos segurados contribuinte individual, empregado doméstico, segurado especial e facultativo no NIT será feita uma única vez e deverá ser utilizada para o recolhimento de suas contribuições.

§ 1º Após a cessação das atividades, os segurados contribuinte individual, empregado doméstico ou segurado especial deverão solicitar a suspensão de suas inscrições no NIT.

§ 2º Os procedimentos de inscrição e suspensão mencionados no *caput* e no § 1º serão realizados perante o INSS, observadas as normas estabelecidas por esse órgão.

Ao segurado obrigatório de qualquer categoria que já seja cadastrado no Programa de Integração Social – PIS, no Programa de Formação do Patrimônio do Servidor Público – Pasep ou no Número de Identificação Social – NIS, não se fará novo cadastramento, aproveitando-se o primeiro cadastro já realizado.

Para a correta formalização do primeiro vínculo laboral respectivo (de emprego ou não) do segurado obrigatório, de acordo com a IN RFB n. 2.110/2022, destacamos as seguintes regras:

- Art. 19. As empresas, os equiparados e as cooperativas de trabalho e de produção são obrigados a efetuar a inscrição no NIT dos contribuintes individuais contratados ou de seus cooperados, respectivamente, caso eles não comprovem sua inscrição na data da contratação pela empresa ou da admissão na cooperativa;
- Art. 20. Os órgãos da administração pública direta e indireta, bem como as demais entidades integrantes do Sistema Integrado de Administração Financeira do Governo Federal (Siafi), que contratarem pessoa física para prestação de serviços eventuais, sem vínculo empregatício, inclusive como integrante de grupo-tarefa, deverão obter dela a respectiva inscrição no NIT ou, caso o trabalhador não esteja inscrito, providenciar a sua inscrição como contribuinte individual;
- Art. 21. O segurado especial responsável pelo recolhimento da contribuição incidente sobre a comercialização de sua produção deverá providenciar a sua inscrição no NIT, observado o disposto no art. 18, e a inscrição da matrícula CEI ou CAEPF da propriedade rural, conforme o caso.
- Art. 22, § 5º. Para fins de constituição do crédito tributário ou de parcelamento de débito, inclusive o decorrente de reclamatória trabalhista, de responsabilidade de empregador doméstico, ser-lhe-á atribuída, de ofício, uma matrícula CEI vinculada ao NIT já existente do empregado doméstico ou ao NIT a ele atribuído de ofício pelo INSS.

Quando da formalização do cadastro da pessoa do segurado, não será exigida documentação comprobatória de atividade remunerada, bastando que o sujeito passivo preste as informações necessárias. À medida que haja requerimento de benefício, tal comprovação pode ser exigida.

As informações fornecidas para o cadastramento têm caráter declaratório e são de inteira responsabilidade do declarante, podendo a RFB ou o INSS, conforme o caso, exigir, a qualquer momento, a sua comprovação.

A inscrição do segurado especial será feita de forma a vinculá-lo ao seu respectivo grupo familiar e conterá, além das informações pessoais, a identificação da propriedade em que desenvolve a atividade e a que título, se nela reside ou o Município onde reside e conterá, além das informações pessoais (§ 7º do art. 18 do RPS, com redação dada pelo Decreto n. 10.410/2020):

I – a identificação da propriedade em que é desenvolvida a atividade e a informação de a que título ela é ocupada;
II – a informação sobre a residência ou não do segurado na propriedade em que é desenvolvida a atividade, e, em caso negativo, sobre o Município onde reside; e
III – quando for o caso, a identificação e a inscrição da pessoa responsável pelo grupo familiar.

Além disso, por força do disposto no art. 8º, § 2º, incisos I a VII, da IN n. 128/2022, ainda deverá conter na inscrição do segurado especial:

I – a forma do exercício da atividade, se individual ou em regime de economia familiar, neste caso com vinculação ao seu respectivo grupo familiar;
II – a sua condição no grupo familiar, se titular ou componente;

III – o grupo e o tipo de atividade do titular de acordo com tabela do Código Brasileiro de Ocupações – CBO;

IV – a forma de ocupação do titular vinculando-o à propriedade, ao local ou à embarcação em que trabalhe;

V – a identificação da propriedade, local ou embarcação em que desenvolve a atividade;

VI – o local ou município onde reside, de forma a identificar se é mesmo município ou município contíguo, ou aglomerado rural; e

VII – a identificação e inscrição da pessoa responsável pelo grupo familiar, quando for o caso.

As informações sobre o segurado especial constituirão o Cadastro do Segurado Especial no CNIS, podendo o INSS firmar acordo de cooperação com órgãos da administração pública federal, estadual, distrital e municipal para a manutenção e a gestão do sistema de cadastro, que conterá as informações necessárias à caracterização da condição de segurado especial (cf. Lei n. 13.846/2019).

O segurado facultativo pode filiar-se à Previdência Social por sua própria vontade a qualquer tempo, porém a inscrição só gerará efeitos a partir do primeiro recolhimento, não podendo retroagir e não se permitindo o pagamento de contribuições relativas aos meses anteriores à data da inscrição, ressalvada a situação específica quando houver a opção pela contribuição trimestral.

A Lei n. 13.846/2019 (decorrente da conversão da MP n. 871/2019) vedou a inscrição *post mortem* em relação ao segurado contribuinte individual e ao segurado facultativo (art. 17,§ 7º, da LBPS), com o alegado objetivo de combater fraudes contra a Previdência Social. Curiosamente, em sentido diverso e ferindo o princípio isonômico, o RPS confere tratamento distinto ao segurado especial na matéria, permitindo expressamente a inscrição *post mortem* deste, quando presentes os pressupostos da filiação (§ 5º do art. 18, com redação determinada pelo Dec. n. 3.265/1999), o que é ratificado na forma do Dec. n. 10.410/2020, que não só mantém a regra, mas também prevê para a hipótese que, "caso não seja comprovada a condição de segurado especial, poderá ser atribuído Número de Inscrição do Trabalhador – NIT, especificamente para fins de requerimento do benefício previdenciário" (§ 5º-A).

No entanto, tal restrição nem sempre existiu.

O § 1º do art. 45 da Lei n. 8.212/1991, desde a edição da Lei n. 9.876/1999, até a Lei Complementar n. 128/2008, que o revogou, autorizava o recolhimento de contribuições, a qualquer tempo, para fins de comprovação do exercício de atividade remunerada pelo contribuinte individual, com vistas à obtenção de benefícios.

A Instrução Normativa INSS/DC n. 95, de 07.10.2003, possibilitava que as solicitações de pensão por morte fossem concedidas, mesmo nos casos em que o óbito tivesse ocorrido após a perda da qualidade de segurado, franqueando, nessa hipótese, a regularização, por parte dos dependentes, de eventuais débitos de contribuições previdenciárias remanescentes – comprovada a qualidade de segurado do falecido, no momento do óbito, mediante demonstração do exercício de atividade como contribuinte individual e acerto, na forma da legislação de regência, do débito de contribuições previdenciárias por ele deixado.

Entretanto, não há que se considerar ausente a qualidade de segurado ao trabalhador de qualquer categoria que, tendo prestado serviços (mediante atividade remunerada), não tenha realizado recolhimentos, principalmente quando estes sejam transferidos ao tomador dos serviços (hipótese em que se enquadram os empregados, inclusive domésticos, trabalhadores avulsos e contribuintes individuais, estes últimos quando prestando serviços a pessoas jurídicas).

A qualidade de segurado decorre automaticamente do exercício da atividade, ou seja, muito antes de que seja vertido qualquer recolhimento (cujo vencimento da obrigação se dá sempre no mês subsequente ao do trabalho remunerado correspondente) e não das contribuições – que são devidas e devem ser exigidas, pela Receita Federal do Brasil, daquele que inadimpliu a obrigação (art. 33, § 5º, da Lei n. 8.212/1991 e art. 34, inciso I, da Lei n. 8.213/1991). Nesse sentido: TRF3, 10ª Turma, AC 0000788-25.2010.4.03.6117, Rel. Des. Federal Baptista Pereira, j. 24.07.2012.

Em relação ao segurado empregado, trabalhador avulso e especial, comprovado o exercício de atividade remunerada que determine a filiação automática, a inscrição do segurado obriga-tório pode ser efetuada após o seu óbito, de modo que os seus dependentes – via de regra – têm assegurado o direito à pensão por morte. Neste sentido:

> PREVIDENCIÁRIO. PENSÃO POR MORTE. REQUISITOS. QUALIDADE DE SEGURADO DO FALECIDO. VÍNCULO EMPREGATÍCIO. ANOTAÇÃO EM CTPS. RECOLHIMENTO DAS CONTRIBUIÇÕES. 1. A concessão do benefício de pensão por morte depende do preenchimento dos seguintes requisitos: a) a ocorrência do evento morte; b) a condição de dependente de quem objetiva a pensão; c) a demonstração da qualidade de segurado do *de cujus* por ocasião do óbito. O benefício independe de carência e é regido pela legislação vigente à época do óbito. 2. As anotações constantes na CTPS gozam de presunção *juris tantum* de veracidade (Súmula n. 12 do TST, Decreto n. 3.048/1999, art. 19), dos vínculos empregatícios ali registrados, presumindo-se a existência de relação jurídica válida e perfeita entre empregado e empregador, salvo eventual fraude, do que não se cuida na espécie. 3. A falta de recolhimento das contribuições pelo empregador nos períodos controvertidos não pode refletir em prejuízo ao segurado, uma vez que essa fiscalização deve ficar a cargo do INSS e não do empregado. Eventual acerto entre a empresa e o INSS não constitui óbice ao reconhecimento do vínculo empregatício anotado em carteira. Além disso, de acordo com a Lei de Custeio (Lei n. 8.212/1991, art. 30), o ônus pelo recolhimento das contribuições é atribuído ao empregador. 4. Comprovado o preenchimento de todos os requisitos legais, a parte autora faz jus ao benefício de pensão por morte. (TRF-4, AC 5008718-87.2021.4.04.9999, Turma Regional Suplementar do PR, Rel. Márcio Antônio Rocha, j. 08.06.2021)

Já em relação aos contribuintes individuais, há que se observar a máxima *tempus regit actum*. Ou seja, enquanto a legislação permitiu o recolhimento, não há dúvida em haver como realizá-lo de forma válida mesmo após o falecimento do contribuinte individual, com a consequente concessão da pensão por morte. Precedente: TRF-3, EI: 0011146-79.2009.4.03.6183 SP, Rel. Juíza Convocada Vanessa Mello, 3ª Seção, publ. e-DJF3 Judicial 16.05.2019).

Mas no período após a alteração causada pela Lei n. 9.876/1999, a orientação jurisprudencial é em sentido contrário, tendo o STJ apreciado a matéria em âmbito de recursos repetitivos (REsp 1.110.565/SE), no sentido da impossibilidade de recolhimento pelos dependentes, para fins de concessão do benefício de pensão por morte, de contribuições vertidas após o óbito do instituidor, no caso de contribuinte individual.

No mesmo sentido a jurisprudência da TNU, em sua **Súmula n. 52:** "Para fins de concessão de pensão por morte, é incabível a regularização do recolhimento de contribuições de segurado contribuinte individual posteriormente a seu óbito, exceto quando as contribuições devam ser arrecadadas por empresa tomadora de serviços".

Porém, após isso, a TNU flexibilizou em parte sua orientação ao julgar o Representativo de Controvérsia – Tema n. 286, no qual fixou a seguinte tese: "Para fins de pensão por morte, é possível a complementação, após o óbito, pelos dependentes, das contribuições recolhidas em vida, a tempo e modo, pelo segurado facultativo de baixa renda do art. 21, § 2º, II, 'b', da Lei n. 8.212/1991, da alíquota de 5% para as de 11% ou 20%, no caso de não validação dos recolhimentos" (PEDILEF n. 5007366-70.2017.4.04.7110/RS, j. 23.06.2022).

Não se pode esquecer, além disso, que os contribuintes individuais prestadores de serviços a pessoas jurídicas, por força da Lei n. 10.666/2003, não são os responsáveis tributários pelo recolhimento das contribuições sobre seus rendimentos do trabalho, e sim o tomador de seus serviços. Assim, não há como deixar de reconhecer a qualidade de segurado, pois a regularização é devida pela empresa contratante:

> PREVIDENCIÁRIO. PENSÃO POR MORTE. QUALIDADE DE SEGURADO. CONTRIBUINTE INDIVIDUAL. PRESTADOR DE SERVIÇOS. CONTRIBUIÇÕES PREVIDENCIÁRIAS. ÔNUS DA EMPRESA. HONORÁRIOS ADVOCATÍCIOS. TUTELA ESPECÍFICA. 1. A concessão do benefício de pensão por morte depende do preenchimento dos seguintes requisitos: a) a ocorrência do evento morte; b) a condição de dependente de quem objetiva a pensão; c) a demonstração da qualidade de segurado do *de cujus* por ocasião do óbito. O benefício independe de carência e é regido pela legislação vigente à época do óbito. 2. O contribuinte individual é segurado obrigatório da Previdência Social; sua filiação decorre automaticamente do exercício de atividade remunerada. 3. Em se tratando de contribuinte individual que presta serviço à empresas, o ônus do recolhimento das contribuições previdenciárias é da empresa tomadora dos serviços, nos termos do art. 4º da Lei n. 10.666/2003. 4. Verba honorária majorada em razão do comando inserto no § 11 do art. 85 do CPC/2015. 5. Reconhecido o direito da parte, impõe-se a determinação para a imediata implantação do benefício, nos termos do art. 497 do CPC. (TRF-4, AC 5020751-22.2020.4.04.7000, 10ª Turma, Rel. Luiz Fernando Wowk Penteado, j. 28.02.2023)

Não divergimos da ideia de que é inadmissível a inscrição póstuma de segurado facultativo, pois aí há a ausência do pressuposto básico para a inscrição, que é o ato volitivo do próprio indivíduo.

Todavia, quanto aos contribuintes individuais que não se enquadram como prestadores de serviços a pessoas jurídicas, entendemos que não se pode engessar a possibilidade dos dependentes do segurado obrigatório, falecido na qualidade de contribuinte individual, em ver reconhecida essa condição, para efeito de recebimento da pensão por morte. A realidade social brasileira, em que grande parte dos trabalhadores, exerce atividade em caráter informal, sem o devido registro profissional e sem que o tomador dos serviços realize o recolhimento de contribuições previdenciárias, torna esse grupo de pessoas verdadeiros "não cidadãos", ante a possibilidade de privação de seus Direitos Fundamentais Sociais. Veja-se o caso dos trabalhadores intermediados por plataformas digitais, que estão numa "zona cinzenta", pois sem dúvida prestam serviços que são retribuídos por pagamentos realizados pelas empresas que exploram as plataformas (e não por clientes pessoas físicas, como os taxistas), ainda que não se reconheça a existência de uma relação empregatícia – e sem entrarmos nesse mérito.

Ademais, há casos em que o contribuinte individual, *em seu primeiro mês de atividade laborativa* (em toda a sua vida), pode vir a ser vítima de acidente ou doença fatal. Como visto, não há obrigação de que o segurado, antes de iniciar sua atividade, venha a se inscrever. Aliás, isso nem seria possível, pois sua filiação inexistiria (ainda não teria prestado atividade remunerada). Nesse caso, como o vencimento da contribuição se dá somente no dia 15 do mês seguinte ao da prestação do serviço, *o recolhimento sempre será feito em data posterior ao óbito*, o que, no entanto, não pode ser visto como inscrição fraudulenta ou tentativa de obtenção de benefício indevido. O vencimento da obrigação tributária, sendo posterior ao falecimento, causa essa situação, não podendo ser penalizados os dependentes do segurado diante dessa infeliz coincidência. O mesmo raciocínio pode ser aplicado no mês em que ocorre o óbito, mesmo que não tenha havido recolhimentos anteriores.

Note-se, ainda, que como se trata de obrigação tributária, esta subsiste, mesmo após o óbito do segurado, em relação ao período em que houve prestação de serviço, ante a ocorrência de recebimento de valores que integram o salário de contribuição.

Longe de se defender que tal situação configure tentativa de fraude ao sistema, está-se diante da conjugação de diversos princípios e regras do Direito Previdenciário:

- a compulsoriedade da filiação previdenciária impõe que esse segurado seja assim considerado desde o primeiro dia de atividade laborativa, independentemente de ter havido contribuição (art. 20 do Decreto n. 3.048/1999);
- a contribuição do segurado obrigatório é tributo (Súmula Vinculante n. 8 do STF), e assim permanece devida, como obrigação personalíssima do segurado, sujeita a juros e multa de mora, exigível mediante procedimento fiscal e ação de execução fiscal, tudo na forma da Lei n. 8.212/1991;
- a inércia do contribuinte individual quanto ao procedimento de inscrição junto à Previdência Social e ao pagamento da contribuição não constitui ato ilícito, mas mero inadimplemento de obrigações, devendo presumir-se a boa-fé, tanto do segurado quanto dos dependentes deste, se o infortúnio do óbito acontece antes que seja feita a inscrição e estejam pagas as contribuições.

Como exemplo do entendimento *supra*, colhe-se da jurisprudência:

> De acordo com o depoimento das testemunhas (fl. 69/71) o falecido trabalhou como ajudante de caminhão ("chapa") até a data do óbito, fato gerador da contribuição previdenciária. (...) A responsabilidade pelos recolhimentos das contribuições previdenciárias devidas é da pessoa jurídica contratante cuja omissão não pode penalizar o segurado e seus dependentes, cabendo ao INSS a fiscalização e cobrança dos valores não recolhidos (...) não podendo o segurado e sua família, hipossuficientes, ficar prejudicados por essa desídia. Ainda que o falecido fosse considerado contribuinte individual, não deixaria de ser segurado obrigatório, eis que a qualidade de segurado decorre do trabalho remunerado por ele exercido (...) Considerando que o benefício previdenciário de pensão por morte independe de carência, é devido aos dependentes do segurado falecido, ainda que não tenha havido recolhimentos (...) (TRF1, AC 0000285-86.2005.4.01.3804, 2ª Turma, Rel. Des. Fed. Francisco de Assis Betti, Publ. 08.10.2013).

Assim, deve o julgador possuir extrema sensibilidade e ponderação para analisar cada caso concreto, evitando-se o falacioso argumento – muitas vezes entoado pelo órgão previdenciário – de que todos os dependentes que se encontram nessa condição, buscando regularizar a situação da pessoa falecida, são "estelionatários" e visam fraudar a Previdência e obter benefícios indevidos, até porque contrário ao princípio geral de direito que estabelece que "a boa-fé se presume, a má-fé se prova".

## 3.2 INSCRIÇÃO DE DEPENDENTES

De acordo com o art. 17, § 1º, da Lei de Benefícios e com o art. 22 do Decreto n. 3.048/1999, com a redação conferida pelo Decreto n. 4.079/2002, a inscrição do dependente do segurado será promovida quando do requerimento do benefício a que tiver direito, mediante a apresentação dos seguintes documentos:

- para os dependentes preferenciais:
a) cônjuge e filhos: certidões de casamento e de nascimento;
b) companheira ou companheiro: documento de identidade e certidão de casamento com averbação da separação judicial ou divórcio, quando um dos companheiros ou ambos já tiverem sido casados, ou de óbito, se for o caso; e
c) equiparado a filho: certidão judicial de tutela e, em se tratando de enteado, certidão de casamento do segurado e de nascimento do dependente;

- para os pais: certidão de nascimento do segurado e documentos de identidade dos mesmos; e
- para os irmãos: certidão de nascimento.

Foi revogada pelo aludido Decreto a regra pela qual a inscrição do cônjuge e filho do segurado era feita na empresa, caso fosse empregado, no sindicato ou órgão gestor da mão de obra, caso fosse trabalhador avulso, e no INSS, nos demais casos, assim como a que incumbia ao segurado a inscrição do dependente, no ato da inscrição do próprio segurado.

O dependente com idade entre 16 e 18 anos deverá apresentar declaração de não emancipação e, se maior de 18 anos, de não ter incorrido em nenhuma das seguintes situações:

a) casamento;
b) início do exercício de emprego público efetivo;
c) constituição de estabelecimento civil ou comercial ou existência de relação de emprego, desde que, em função disso, tenha economia própria.

Para inscrição dos pais ou irmãos, estes deverão comprovar a inexistência de dependentes preferenciais, mediante declaração firmada perante o INSS, na forma do art. 24 do Decreto n. 3.048/1999.

Segundo orientação do STJ, é preciso que os pais comprovem a dependência econômica em relação ao filho, sendo certo que essa não é presumida, isto é, deverá ser corroborada, seja na via administrativa, seja perante o Poder Judiciário. E o fato de o pai ter sido nomeado "curador provisório" de seu falecido filho, no processo de interdição deste, não tem o condão de, cumpridas todas as condições impostas pelas regras de direito previdenciário atinentes à espécie, afastar-lhe o direito à pensão por morte pleiteada (REsp 1.082.631/RS, 5ª Turma, Rel. Min. Laurita Vaz, *DJe* 26.03.2013).

A prova da dependência econômica, a partir da nova redação do § 3º do art. 22 do RPS, conferida pelo Decreto n. 10.410/2020, é feita mediante a apresentação de, ao menos, dois documentos que comprovem a dependência, ou, então, mediante justificação administrativa ou judicial.

Para comprovação de dependência e união afetiva, podem ser apresentados os documentos previstos no § 3º do art. 22 do Decreto n. 3.048/1999, ao qual remetemos o leitor.

O fato superveniente que importe exclusão ou inclusão de dependente deve ser comunicado ao INSS, com as provas respectivas.

# 4

# Tempo de Contribuição para Fins Previdenciários

Tema central quanto às prestações da Previdência Social, é necessário analisar toda a disciplina relativa à contagem de tempo para efeitos previdenciários.

A relevância desse conteúdo permeia todos os aspectos ligados à relação indivíduo/regime previdenciário, pois apenas com o reconhecimento de que um determinado lapso temporal surte efeitos perante o sistema é que podemos dizer que alguém é segurado, desde quando, e se mantém (ou não) tal qualidade, se preenche o requisito temporal exigido para os benefícios que impõem tal critério como um dos exigidos para o direito ser implementado, e da mesma forma, o salário de contribuição correspondente ao lapso temporal, fixado, como veremos, em meses, ou "competências", no jargão das normas previdenciárias.

Considera-se *tempo de contribuição*, na atual redação do Regulamento, o tempo correspondente aos períodos para os quais tenha havido contribuição obrigatória ou facultativa ao RGPS (art. 19-C, incluído pelo Dec. n. 10.410/2020).

O referido artigo do Regulamento indica que, entre outras hipóteses (rol exemplificativo) será também considerado o período:

> I – de contribuição efetuada por segurado que tenha deixado de exercer atividade remunerada que o enquadrasse como segurado obrigatório da previdência social;
>
> II – em que a segurada tenha recebido salário-maternidade;
>
> III – de licença remunerada, desde que tenha havido desconto de contribuições;
>
> IV – em que o segurado tenha sido colocado em disponibilidade remunerada pela empresa, desde que tenha havido desconto de contribuições;
>
> V – de atividade patronal ou autônoma, exercida anteriormente à vigência da Lei n. 3.807, de 26 de agosto de 1960, desde que tenha sido indenizado conforme o disposto no art. 122;
>
> VI – de atividade na condição de empregador rural, desde que tenha havido contribuição na forma prevista na Lei n. 6.260, de 6 de novembro de 1975, e indenização do período anterior, conforme o disposto no art. 122;
>
> VII – de exercício de mandato eletivo federal, estadual, distrital ou municipal, desde que tenha havido contribuição na época apropriada e este não tenha sido contado para fins de aposentadoria por outro regime de previdência social;
>
> VIII – de licença, afastamento ou inatividade sem remuneração do segurado empregado, inclusive o doméstico e o intermitente, desde que tenha havido contribuição na forma prevista no § 5º do art. 11; e
>
> IX – em que o segurado contribuinte individual e o segurado facultativo tenham contribuído na forma prevista no art. 199-A, observado o disposto em seu § 2º.

Acerca do salário-maternidade, oportuno frisar que o STF, apreciando o Tema n. 72 de Repercussão Geral, entendeu que é inconstitucional a incidência de contribuição previdenciária sobre os valores pagos a este título (Plenário Virtual, *DJe* 21.10.2020). Mesmo assim, ante a expressa previsão de que o período correspondente ao aludido benefício é computado como tempo de contribuição, cumpre ao INSS reconhecer, inclusive para fins de carência, o lapso correspondente.

E, em relação à contribuição a cargo da pessoa segurada, o STF reconheceu a existência de Repercussão Geral sob o Tema n. 1.274, pendente de julgamento: "Constitucionalidade da incidência de contribuição previdenciária a cargo da empregada sobre o salário-maternidade pago pela Previdência Social" (RE 1.455.643, *DJe* 17.10.2023).

Cabe destacar, ainda, quanto ao desconto da contribuição previdenciária devida pela segurada (empregada, segurada especial, segurada facultativa, contribuinte individual e trabalhadora avulsa), que na Solução de Consulta n. 127, publicada em 14.09.2021, a RFB ratificou o entendimento que a inconstitucionalidade reconhecida pelo Supremo não abrange a contribuição devida pela segurada.

Nos termos do § 1º do mesmo art. 19-C, será computado o tempo intercalado de recebimento de benefício por incapacidade, na forma do disposto no inciso II do *caput* do art. 55 da Lei n. 8.213/1991, exceto para efeito de carência, o que contraria a jurisprudência pacificada pelo STF:

> **Repercussão Geral Tema n. 1.125 – Tese fixada:** "É constitucional o cômputo, para fins de carência, do período no qual o segurado esteve em gozo do benefício de auxílio-doença, desde que intercalado com atividade laborativa" (RE 1.298.832, *DJe* 24.02.2021).

Quanto ao valor das contribuições vertidas pelos segurados, as novas disposições do RPS (§§ 2º e 3º do art. 19-C) preveem que:

- as competências em que o salário de contribuição mensal tenha sido igual ou superior ao limite mínimo serão computadas integralmente como tempo de contribuição, independentemente da quantidade de dias trabalhados; e
- na hipótese de o débito ser objeto de parcelamento, o período correspondente ao parcelamento somente será computado para fins de concessão de benefício no RGPS e de emissão de certidão de tempo de contribuição para fins de contagem recíproca após a comprovação da quitação dos valores devidos.

Não se pode perder de vista que a EC n. 20/1998, ao considerar o tempo de contribuição efetivo para a Previdência Social para o cálculo dos benefícios e não mais o tempo de serviço, determinou que o *tempo de serviço prestado considerado pela legislação vigente para efeito de aposentadoria será contado como tempo de contribuição*, exceto o tempo de serviço ou contribuição em dobro ou qualquer outra contagem de tempo fictício (art. 4º da EC n. 20).

Regra similar se encontra na EC n. 103/2019, no art. 25: "Será assegurada a contagem de tempo de contribuição fictício no Regime Geral de Previdência Social decorrente de hipóteses descritas na legislação vigente até a data de entrada em vigor desta Emenda Constitucional para fins de concessão de aposentadoria, observando-se, a partir da sua entrada em vigor, o disposto no § 14 do art. 201 da Constituição Federal"; ou seja, aplica-se a máxima *tempus regit actum* no tocante à consideração (ou não) de atividades prestadas e regras de cômputo, como decorrência dos princípios da proteção da confiança e da obediência à segurança jurídica.

Para o segurado nas categorias de empregado (urbano e rural), empregado doméstico e de trabalhador avulso, é atualmente considerado tempo de contribuição, na forma do Regulamento, "o conjunto de competências em que houve ou deveria ter havido contribuição em razão do exercício de atividade remunerada sujeita à filiação obrigatória ao RGPS, observado o disposto no art. 19-E" (art. 32, § 22, do Decreto n. 3.048/1999, com redação conferida pelo Decreto n. 10.410/2020). Há aqui uma alteração importante: o tempo de contribuição deixa de ser contado "data a data", computando-se por "meses" em que existam contribuições (o que, evidentemente, não pode ser aplicado retroativamente caso venha a prejudicar o cálculo de tempo anterior à data de publicação do Decreto n. 10.410).

Apesar da expressão "tempo de contribuição" poder levar a interpretações reducionistas, o entendimento predominante é que, tendo havido atividade remunerada, independentemente das contribuições terem sido ou não recolhidas pelo tomador dos serviços, o tempo deve, em regra, ser computado para fins previdenciários, sem prejuízo da respectiva cobrança das contribuições devidas e das sanções cabíveis ao responsável pelos recolhimentos não realizados na época devida, qual seja, o empregador ou o tomador dos serviços a quem a lei atribui responsabilidade tributária (art. 34, I, da Lei n. 8.213/1991 e art. 33, § 5º, da Lei n. 8.212/1991). Esse entendimento se aplica, também, ao contribuinte individual, quando preste serviços a pessoas jurídicas, após a vigência da Lei n. 10.666/2003.

Porém, como já salientado no capítulo pertinente, a respeito do período de graça e possível perda da qualidade de segurado por ter contribuições apuradas sobre base de cálculo inferior a um salário mínimo, o art. 19-E do Decreto visa justamente excluir do cômputo do tempo de contribuição os meses (ou competências, utilizando a nomenclatura típica do Regulamento) em que a contribuição foi a menor e não houve a complementação.

Até a edição da Lei n. 10.403/2002 e do Decreto n. 4.079/2002, havia necessidade de que os segurados não enquadrados nas categorias acima citadas comprovassem as contribuições realizadas. A norma legal em questão inseriu na Lei de Benefícios o art. 29-A, que prevê a utilização dos dados do Cadastro Nacional de Informações Sociais – CNIS e a possibilidade de retificação pelo segurado desses mesmos dados, com a apresentação de prova documental.

Conforme prevê o art. 3º, inciso V, da Portaria 123/2020 do INSS, o serviço de acerto de CNIS (atualizar vínculos e remunerações) pode ser solicitado pela **Central 135** ou nas Agências de Previdência Social (APS). A solicitação pelo 135 abre uma tarefa no portal do **Meu INSS**, em que o segurado (ou procurador) poderá **juntar documentos** para comprovação do seu direito. Diretamente no portal do Meu INSS ainda **não** há como iniciar o serviço de acerto do CNIS. Ou seja, a tarefa deve ser sempre iniciada pelo 135.

A LC n. 128, de 2008, conferiu nova redação ao art. 29-A da Lei n. 8.213/1991, para estabelecer que o INSS utilize as informações constantes no CNIS sobre os vínculos e as remunerações dos segurados, para fins de cálculo do salário de benefício, comprovação de filiação ao RGPS, tempo de contribuição e relação de emprego. Foi uma importante ampliação da utilização dessa fonte de dados, sem ressalvar a possibilidade de o segurado solicitar, a qualquer momento, a inclusão, exclusão ou retificação de informações, com a apresentação de documentos comprobatórios dos dados divergentes.

O INSS também poderá, em caso de dúvida sobre a regularidade do vínculo incluído no CNIS e inexistência de informações sobre remunerações e contribuições, exigir a apresentação dos documentos que serviram de base à anotação, sob pena de exclusão do período.

A Lei n. 9.528/1997 introduziu a obrigatoriedade de apresentação da Guia de Recolhimento do Fundo de Garantia do Tempo de Serviço e Informações à Previdência Social – GFIP. Com isso, desde a competência janeiro de 1999, todas as pessoas físicas ou jurídicas sujeitas ao recolhimento do FGTS, conforme estabelece a Lei n. 8.036/1990 e legislação posterior, bem como às contribuições e/ou informações à Previdência Social, conforme disposto nas Leis n. 8.212/1991 e n. 8.213/1991 e legislação posterior, passaram a ser obrigadas à entrega da GFIP.

A GFIP, no entanto, foi gradativamente sendo substituída por novos sistemas mais modernos e eficientes: eSocial, EFD-Reinf e DCTFWeb.

O eSocial é um sistema que unifica a prestação de informações pelo empregador em relação aos seus empregados. Ele abrange dados sobre vínculos, contribuições previdenciárias, folha de pagamento, comunicações de acidente de trabalho, aviso prévio, escriturações fiscais, entre outros.

A EFD-Reinf (Escrituração Fiscal Digital de Retenções e Outras Informações Fiscais) complementa o eSocial e é utilizada para declarar informações sobre retenções de impostos, contribuições previdenciárias e outras informações fiscais.

A DCTFWeb (Declaração de Débitos e Créditos Tributários Federais Web) é utilizada para declarar e apurar os débitos e créditos tributários federais, substituindo a GFIP na apuração das contribuições previdenciárias.

O último ato a esse respeito foi o inciso V do art. 19 da Instrução Normativa RFB n. 2.005, de 29 de janeiro de 2021, que determinou que as contribuições previdenciárias e as contribuições sociais devidas a terceiros decorrentes de decisões condenatórias ou homologatórias proferidas pela Justiça do Trabalho, que se tornarem definitivas a partir de 1º de outubro de 2023, devem ser escrituradas no eSocial e confessadas em DCTFWeb – Reclamatória Trabalhista.

Assim, a partir de outubro de 2023, a DCTFWeb passa a substituir integralmente a GFIP para fins de confissão de dívida das contribuições previdenciárias e para outras entidades e fundos (terceiros).

A partir da obrigatoriedade do uso do eSocial,[1] ou do sistema que venha a substituí-lo, será observado, para cada espécie de segurado, na forma do § 11 do art. 19 do RPS (redação do Decreto n. 10.410/2020), o seguinte:

> I – empregado e empregado doméstico – os registros eletrônicos gerados pelo eSocial equivalerão às anotações relativas ao contrato de trabalho, definidas pela CLT, que serão incorporados ao CNIS e à Carteira de Trabalho Digital;
> II – trabalhador avulso – os registros eletrônicos gerados pelo eSocial substituirão as informações relativas ao registro e às remunerações do trabalhador avulso portuário previstas no inciso II do *caput* do art. 32 e no § 2º do art. 33 da Lei n. 12.815, de 2013, e aquelas relativas ao trabalhador avulso não portuário previstas no art. 4º da Lei n. 12.023, de 2009, que serão incorporados ao CNIS;
> III – contribuinte individual que preste serviços conforme o disposto no § 20 do art. 216 do Regulamento da Previdência Social – os registros eletrônicos gerados pelo eSocial substituirão as informações prestadas sobre os valores da remuneração na forma prevista no § 21 do art. 216, que serão incorporados ao CNIS; e
> IV – contribuinte individual que preste serviços a empresa ou equiparado a partir de abril de 2003, conforme o disposto no art. 4º da Lei n. 10.666, de 8 de maio de 2003 – os registros eletrônicos gerados pelo eSocial substituirão as informações prestadas sobre os valores da remuneração e do desconto feito a título de contribuição previdenciária, conforme previsto no inciso XII do *caput* do art. 216 do RPS, que serão incorporados ao CNIS.

Ocorre que o trabalhador, muitas vezes, tem seus vínculos laborais, informações funcionais e salariais incorretamente inseridos no CNIS. A principal razão de tal problema é a inexistência ou a falta de registro correto do trabalhador como empregado (urbano, rural ou doméstico), bem como do trabalhador avulso e do contribuinte individual que presta serviços a pessoas jurídicas, ante a não emissão da GFIP (até setembro de 2023) ou DTCFWeb (de outubro de 2023 em diante) na chamada "época própria", ou a não inclusão de seu nome na GFIP/DTCFWeb

---

[1] Conforme calendário constante em: https://www.gov.br/esocial/pt-br/noticias/confira-o-novo-calendario-de--obrigatoriedade-do-esocial. Acesso em: 4 ago. 2020.

do período de trabalho. Temos, ainda, o fenômeno do pagamento de salários "por fora" do contracheque, com o intuito de sonegar contribuições e demais obrigações.

Mesmo aquelas pessoas que não tenham configurada sua relação laboral como sendo uma relação de emprego têm problemas com a comprovação de sua atividade "autônoma".

Está-se diante do corriqueiro fenômeno da informalidade nas relações de trabalho, que atinge praticamente a metade da população que exerce alguma atividade remunerada em âmbito privado.

A esse respeito, particularmente do trabalho intermediado por plataformas digitais (entregadores, motoristas), a empresa que explora a plataforma tem outras obrigações fiscais e regulatórias, mas a emissão da DCTFWeb para motoristas ou entregadores não está entre elas.

O Decreto n. 3.048/1999 dispõe que as informações inseridas extemporaneamente no CNIS, independentemente de serem inéditas ou retificadoras de dados anteriormente informados, somente serão aceitas se corroboradas por documentos que comprovem a sua regularidade e que respeitadas as definições vigentes sobre a procedência e origem das informações.

Considera-se extemporânea a inserção de dados, conforme a redação conferida pelo Dec. n. 10.410/2020 ao Regulamento (§ 3º do art. 19):

> I – relativos à data de início de vínculo empregatício, após o último dia do quinto mês subsequente ao mês da data da admissão do segurado;
> II – relativos à remuneração de trabalhador avulso ou contribuinte individual que preste serviços a empresa ou equiparado, após o último dia do quinto mês subsequente ao mês da data da prestação de serviço pelo segurado; ou
> III – relativos à contribuição, sempre que o recolhimento tiver sido feito sem observância ao disposto em lei.

A extemporaneidade em questão poderá ser relevada administrativamente após um ano da data do documento que tiver gerado a informação, conforme critérios a serem definidos pelo INSS.

É de se frisar que mesmo as GFIP e DCTFWeb emitidas por força de decisão proferida pela Justiça do Trabalho em ação trabalhista sofrem a mesma adjetivação – de "extemporânea" –, acarretando graves problemas ao trabalhador que já teve seu vínculo reconhecido por decisão judicial, em pleno exercício da jurisdição estatal, como se o Estado Brasileiro pudesse negar efeitos às suas próprias decisões, ou o Poder Executivo (ou alguma de suas autarquias) pudesse analisar a decisão judicial em seu conteúdo para depois decidir se reconhece ou não seus efeitos.

Não será computado como tempo de contribuição o já considerado para a concessão de qualquer aposentadoria do RGPS ou por outro Regime de Previdência Social. E, de acordo com o art. 55, § 4º, da Lei n. 8.213/1991 (incluído pela LC n. 123/2006), não será computado como tempo de contribuição, apenas para efeito de concessão da aposentadoria *por tempo de contribuição*, o período em que o segurado contribuinte individual ou facultativo tiver contribuído na forma do § 2º do art. 21 da Lei n. 8.212/1991 (alíquota reduzida), salvo se tiver complementado as contribuições na forma do § 3º do mesmo artigo.

Eram contados como tempo de contribuição, entre outros, os períodos relacionados no art. 60 do Regulamento da Previdência Social (havia um extenso rol de situações). Todavia, o referido artigo foi revogado pelo Dec. n. 10.410/2020, passando a referida lista a constar agora do art. 188-G do Regulamento, ao qual remetemos o leitor.

Apesar da lista de períodos considerados como tempo de contribuição, ficam sem previsão no referido artigo algumas situações extremamente comuns e polêmicas.

A primeira delas diz respeito aos períodos de estabilidade não absoluta. Seriam tais períodos computados como tempo de contribuição?

A nosso ver, a resposta positiva se impõe, visto que o direito à estabilidade no emprego pode ser tido como o direito de ver reconhecida e intocável a relação de emprego até, no mínimo, o fim do período da estabilidade, sendo nula de pleno direito a ruptura contratual praticada.

Não há sentido algum em assegurar os salários e vantagens do período garantido, e por outro lado desconsiderar o tempo como de contribuição. Ademais, o pagamento de tais salários, quando não ocorra a reintegração, é parcela que sempre sofrerá incidência da contribuição à Seguridade Social, visto que a parcela não perde seu caráter salarial pelo mero fato de ter sido quitada em Juízo e após o término do liame empregatício. No mesmo sentido, a atual redação do § 12 do art. 214 do RPS: "o valor pago à empregada gestante, inclusive à doméstica, em função do disposto na alínea 'b' do inciso II do art. 10 do Ato das Disposições Constitucionais Transitórias da Constituição Federal, integra o salário de contribuição, excluídos os casos de conversão em indenização previstos nos arts. 496 e 497 da Consolidação das Leis do Trabalho". Se integra o salário de contribuição, o período respectivo deve ser considerado.

Na mesma linha de raciocínio, os períodos de aviso prévio, quando "indenizados" – leia-se, convertidos em pecúnia –, devem compor o cálculo do tempo de contribuição. Não há como negar validade à regra do art. 487 da Consolidação das Leis do Trabalho, que impõe o reconhecimento do período de aviso prévio, mesmo quando indenizado, para todos os efeitos legais.

Em que pese o STJ entender pela não incidência de contribuição sobre períodos de aviso prévio não trabalhados, nota-se que a jurisprudência, para os fins de contagem do tempo, admite a sua inclusão:

> – "No aviso prévio dado pelo empregador, tanto aquele trabalhado quanto o indenizado, o seu período de duração integra o tempo de contribuição para fins previdenciários" (TRF4, AC 5050038-94.2015.4.04.7100, 5ª Turma, Rel. Des. Fed. Gisele Lemke, juntado aos autos em 08.07.2020).
> – TNU RC Tema n. 250: "O período de aviso prévio indenizado é válido para todos os fins previdenciários, inclusive como tempo de contribuição para obtenção de aposentadoria" (PEDILEF 0515850-48.2018.4.05.8013/AL, j. 25.02.2021).

Logo, uma vez "indenizado" o aviso, deverá ainda assim ser registrado na Carteira de Trabalho e Previdência Social – CTPS, na sua íntegra, mesmo quando pago em dinheiro, em vez de trabalhado.

Um terceiro problema é o do tempo de serviço prestado no estrangeiro. É fato que o Brasil já celebrou vários Acordos Internacionais no sentido de reconhecimento recíproco de tempo de contribuição prestado noutros países, com a consequente compensação financeira do período contribuído para o país concedente do benefício ao indivíduo. Porém, isso não contempla todas as hipóteses de brasileiros que chegaram a trabalhar parte de sua vida no exterior.

Sobre a possibilidade da contagem do tempo de exercício de mandato eletivo para fins de aposentadoria, o TRF da 4ª Região firmou orientação de que o art. 55, IV, da Lei n. 8.213/1991 não autoriza esse cômputo sem a indenização das contribuições previdenciárias. Faz interpretação restritiva, sob alegação de que até o advento da Lei n. 10.887/2004, o exercício de mandato eletivo não implicava filiação obrigatória e nos termos do § 1º do art. 55 da Lei n. 8.213/1991, a averbação de tempo de serviço cujo exercício não determinava filiação obrigatória ao RGPS só será admitida mediante o recolhimento das contribuições correspondentes (EINF 2001.71.14.000516-7/TRF 3ª Seção, Rel. Des. Federal João Batista Pinto Silveira, *DE* 1º.10.2009).

Outra questão de grande interesse envolve o ingresso na Administração Pública sem prévia aprovação em concurso, fora dos casos de livre nomeação e exoneração, em que a relação de trabalho fundada em lei estadual é posteriormente declarada inconstitucional pelo Poder Judiciário.

Em tal hipótese, a TNU fixou a tese de que "a relação jurídica previdenciária estabelecida entre a entidade gestora do RGPS e a pessoa que exerce atividade que determina vínculo obrigatório a aquele, na modalidade de segurado empregado, é relativamente independente da relação jurídica de trabalho a ela subjacente, razão pela qual a nulidade da investidura ou do contrato, decorrente da ausência de prévia aprovação em concurso público, não anula o respectivo tempo de serviço/contribuição, desde que não tenha havido simulação ou fraude na investidura ou contratação" (PEDILEF 0518315-72.2014.4.05.8400, Rel. Juiz Federal Marcos Antônio de Carvalho, j. 16.06.2016).

## 4.1 TRABALHO INTERMITENTE

Com a previsão legal do chamado "trabalho intermitente" pela Lei n. 13.467/2017, passamos a ter de enfrentar a questão sob a ótica previdenciária, especialmente quanto à preservação da qualidade de segurado destes trabalhadores.

A hipótese, prevista agora nos arts. 443 e 452-A da CLT, é assim conceituada no § 3º do art. 443:

> Considera-se como intermitente o contrato de trabalho no qual a prestação de serviços, com subordinação, não é contínua, ocorrendo com alternância de períodos de prestação de serviços e de inatividade, determinados em horas, dias ou meses, independentemente do tipo de atividade do empregado e do empregador, exceto para os aeronautas, regidos por legislação própria.

Quanto à prestação do trabalho intermitente, o art. 452-A da CLT (incluído pela Lei n. 13.467, de 2017) demonstra que a preocupação do legislador é relacionada a pessoas que, em regra, exercem atividades como *freelancers*, em casas noturnas – tais como garçons, *barman*, agentes de segurança e outras atividades que envolvem o chamado "ramo de entretenimento".

Ocorre que, pelos dispositivos legais citados, o trabalhador em tal condição não terá remuneração, necessariamente, em todos os meses do referido contrato. Ou seja, nos meses em que não prestar trabalho, não terá salário de contribuição. Então, em que pese ter um vínculo de emprego em pleno curso – e, por conseguinte, ser segurado obrigatório – pode ficar meses sem contribuir.

Compreendemos que, neste caso, o segurado não poderá perder tal qualidade pelo simples fato de não ter contribuído (já que não exerceu trabalho). Porém, seu tempo de contribuição ficará limitado aos meses em que efetivamente realizar a contribuição, inclusive para fins de cômputo de prazos carenciais.

Entretanto, a EC n. 103/2019 fixou no art. 195, § 14, que o segurado somente terá somada ao tempo de contribuição ao RGPS a competência cuja contribuição seja igual ou superior à contribuição mínima mensal exigida para sua categoria, assegurado o agrupamento de contribuições.

E, nas regras transitórias (art. 29) possibilitou três formas de validação das contribuições inferiores a esse limite, quais sejam:

> I – complementar a sua contribuição, de forma a alcançar o limite mínimo exigido;
> II – utilizar o valor da contribuição que exceder o limite mínimo de contribuição de uma competência em outra; ou
> III – agrupar contribuições inferiores ao limite mínimo de diferentes competências, para aproveitamento em contribuições mínimas mensais.

No entanto, consta desse dispositivo a necessidade de que os ajustes de complementação ou agrupamento de contribuições somente poderão ser feitos ao longo do mesmo ano civil.

Nossa interpretação quanto a essa norma é de que, feito o ajuste no mesmo ano civil, não haverá a incidência de encargos moratórios. Entretanto, a regularização também poderá ocorrer em momento posterior, na forma de regularização de contribuições em atraso, com incidência de juros e multa.

## 4.2 PROVA DO TEMPO DE CONTRIBUIÇÃO

A comprovação do exercício de atividade era, em regra, de incumbência do segurado, que deveria reunir provas de haver prestado serviços cuja vinculação à Previdência Social era obrigatória.

A partir da promulgação da Lei n. 10.403/2002 e do Decreto n. 4.079/2002, tal incumbência só se mantém na hipótese de não haver informações do segurado no Cadastro Nacional de Informações Sociais – CNIS, ou se o segurado entender que tais informações, quando existentes, não condizem com a realidade (art. 19 do Decreto n. 3.048/1999).

A prova do tempo de contribuição deve ser feita por meio de documentos que comprovem o exercício da atividade nos períodos a serem contados, devendo esses documentos, conforme a atual redação da Lei de Benefícios, ser contemporâneos aos fatos a comprovar, admitida a prova exclusivamente testemunhal somente na ocorrência de motivo de força maior ou caso fortuito (art. 55, § 3º, da Lei n. 8.213/1991). Nesse sentido foi a alteração realizada pela MP n. 871/2019 (convertida na Lei n. 13.846/2019).

O dispositivo que exige documentação contemporânea do período trabalhado não é condizente, é bom que se diga, com a realidade – tipicamente informal – do mercado de trabalho brasileiro, seja urbano, seja rural.

Como alento, convém assinalar que a Lei n. 11.941/2009 incluiu o art. 125-A na Lei de Benefícios, dispondo que:

> Art. 125-A. Compete ao Instituto Nacional do Seguro Social – INSS realizar, por meio dos seus próprios agentes, quando designados, todos os atos e procedimentos necessários à verificação do atendimento das obrigações não tributárias impostas pela legislação previdenciária e à imposição da multa por seu eventual descumprimento.
> § 1º A empresa disponibilizará a servidor designado por dirigente do INSS os documentos necessários à comprovação de vínculo empregatício, de prestação de serviços e de remuneração relativos a trabalhador previamente identificado.
> § 2º Aplica-se ao disposto neste artigo, no que couber, o art. 126.
> § 3º O disposto neste artigo não abrange as competências atribuídas em caráter privativo aos ocupantes do cargo de Auditor-Fiscal da Receita Federal do Brasil previstas no inciso I do art. 6º da Lei n. 10.593, de 6 de dezembro de 2002.

A finalidade da norma, segundo a Exposição de Motivos que remeteu a MP n. 449/2008 ao Congresso, é "dotar o INSS de instrumentos necessários ao regular reconhecimento, manutenção, revisão ou extinção de direitos previdenciários, a exemplo das diligências destinadas à comprovação de vínculo empregatício", o que pode vir a se transformar em importante ferramenta em favor dos trabalhadores mantidos na informalidade, para a comprovação da atividade laboral exercida.

Caracteriza motivo de força maior ou caso fortuito a verificação de ocorrência notória, tais como incêndio, inundação ou desmoronamento, que tenha atingido o local no qual o segurado alegue ter trabalhado, devendo ser comprovada por meio de ocorrência policial e verificada a correlação entre a atividade da empresa e a profissão do segurado.

Sobre os tipos de prova a serem utilizadas para a comprovação do tempo de atividade, escreve *Wladimir Novaes Martinez*:

> As provas podem ser materiais ou orais. As materiais consistem em documentos ou objetos que evidenciem haver o segurado prestado serviços. As orais são depoimentos testemunhais, os quais só são aceitos se acompanhados de início razoável de prova material. Quanto à eficácia, elas podem ser plenas ou não. A prova não plena é um conjunto probatório, geralmente baseado em documentos, que configuram cabalmente a prestação de serviços. A plena é usualmente isolada, caso da anotação regular da relação de emprego na CTPS, e dispensa outras provas[2].

Para efeito de prova de tempo de contribuição para os trabalhadores em geral, o § 1º do art.19-B do RPS (redação dada pelo Dec. n. 10.410/2020) relaciona os seguintes documentos, subsidiariamente ao CNIS:

I – carteira profissional ou Carteira de Trabalho e Previdência Social;
II – contrato individual de trabalho;
III – contrato de trabalho por pequeno prazo, na forma prevista no § 3º do art. 14-A da Lei n. 5.889, de 1973;
IV – carteira de férias;
V – carteira sanitária;
VI – caderneta de matrícula;
VII – caderneta de contribuição dos extintos institutos de aposentadoria e pensões;
VIII – caderneta de inscrição pessoal visada:
a) pela Capitania dos Portos;
b) pela Superintendência do Desenvolvimento da Pesca; ou
c) pelo Departamento Nacional de Obras Contra as Secas;
IX – declaração da Secretaria Especial da Receita Federal do Brasil do Ministério da Economia;
X – certidão de inscrição em órgão de fiscalização profissional, acompanhada de documento que prove o exercício da atividade;
XI – contrato social, acompanhado de seu distrato, e, quando for o caso, ata de assembleia geral e registro de empresário;
XII – certificado de sindicato ou órgão gestor de mão de obra que agrupe trabalhadores avulsos;
XIII – extrato de recolhimento do FGTS; e
XIV – recibos de pagamento.

Os documentos necessários à atualização do CNIS e à análise de requerimentos de benefícios e serviços poderão ser apresentados em cópias simples, em meio físico ou eletrônico, dispensada a sua autenticação, exceto nas hipóteses em que haja previsão legal expressa e de dúvida fundada quanto à autenticidade ou à integridade do documento, ressalvada a possibilidade de o INSS exigir, a qualquer tempo, os documentos originais para fins do disposto no art. 179, situação em que o responsável pela apresentação das cópias ficará sujeito às sanções administrativas, civis e penais aplicáveis (§ 2º do art. 19-B do RPS).

Vale destacar ainda da IN n. 128/2022 o art. 46, que possibilita para fins de comprovação junto ao INSS do vínculo empregatício urbano ou rural, com admissão a partir da data de

---

[2] MARTINEZ, Wladimir Novaes. *O salário-base na previdência social*. São Paulo: LTr, 1986. p. 349.

instituição da Carteira de Trabalho Digital, **além rol dos documentos acima dispostos do art. 19-B:**

> – quando inexistir o vínculo no CNIS, ou constar com pendências ou divergências de dados, mas não for extemporâneo, o empregado poderá apresentar:
> 
> a) comprovante contendo o número do recibo eletrônico emitido pelo eSocial, acompanhado de declaração, com a devida assinatura e identificação do responsável pelas informações, podendo ser utilizado, para tanto, o modelo "Declaração de Confirmação do Envio de Dados Trabalhistas e Previdenciários pelo eSocial e Informação dos Números dos Recibos Eletrônicos" constante do Anexo II, para fins de solicitação junto ao INSS, para que tome providências quanto à disponibilização das informações correspondentes, provenientes do eSocial, no CNIS;
> 
> b) documento expedido pelo Ministério do Trabalho e Previdência, que comprove a relação de emprego e remunerações auferidas.
> 
> – quando o vínculo for extemporâneo, o empregado poderá apresentar:
> 
> a) declaração única do empregador e empregado, sob as penas da Lei, que deverá conter informação quanto ao exercício de atividade, indicando os períodos efetivamente trabalhados até o momento da declaração, inclusive para o intermitente, acompanhado de documentação que serviu de base para comprovar o que está sendo declarado.

Caso os documentos apresentados não sejam suficientes para a comprovação de atividade, vínculo ou remunerações, estes poderão ser corroborados por pesquisa, na forma prevista no § 5º do art. 19-B do RPS, ou justificação administrativa, conforme o caso.[3]

Na falta de documento contemporâneo, podem ser aceitos declaração do empregador ou de seu preposto, atestado de empresa ainda existente ou certificado ou certidão de entidade oficial dos quais constem os dados previstos no *caput*, desde que extraídos de registros existentes, que serão confirmados pelo INSS na forma prevista no § 5º, exceto se fornecidas por órgão público (§ 4º do art. 19-B do RPS).

Somente serão exigidos certidões ou documentos expedidos por órgãos públicos quando não for possível a sua obtenção diretamente do órgão ou da entidade responsável pela base de dados oficial. É que existe dever de colaboração entre as entidades públicas.

Serão realizados exclusivamente pela Secretaria Especial da Receita Federal do Brasil os acertos de:

> I – inclusão de recolhimento, alterações de valor autenticado ou data de pagamento da Guia da Previdência Social ou do documento que venha a substituí-la;
> 
> II – transferência de contribuição com identificador de pessoa jurídica ou equiparada para o CNIS; e
> 
> III – inclusão da contribuição liquidada por meio de parcelamento.

No que se refere ao exercício de atividade rural, o art. 106 da LBPS indica os documentos que devem ser apresentados de forma alternativa:

> – contrato individual de trabalho ou Carteira de Trabalho e Previdência Social;

---

[3] Art. 19-B, § 5º: "A empresa disponibilizará a servidor designado por dirigente do INSS as informações e os registros de que dispuser, relativamente a segurado a seu serviço e previamente identificado, para fins de instrução ou revisão de processo de reconhecimento de direitos e outorga de benefícios do RGPS e para inclusão, exclusão, ratificação ou retificação das informações constantes do CNIS, conforme critérios definidos pelo INSS, independentemente de requerimento de benefício".

- contrato de arrendamento, parceria ou comodato rural;
- comprovante de cadastro do Instituto Nacional de Colonização e Reforma Agrária – INCRA (a MP n. 871/2019, convertida na Lei n. 13.846/2019, passou a exigir declaração de Aptidão ao Programa Nacional de Fortalecimento da Agricultura Familiar, de que trata o inciso II do *caput* do art. 2º da Lei n. 12.188/2010, ou documento que a substitua, emitido apenas por instituições ou organizações públicas);
- bloco de notas do produtor rural;
- notas fiscais de entrada de mercadorias, de que trata o § 24 do art. 225, emitidas pela empresa adquirente da produção, com indicação do nome do segurado como vendedor;
- documentos fiscais relativos à entrega de produção rural à cooperativa agrícola, entreposto de pescado ou outros, com indicação do segurado como vendedor ou consignante;
- comprovantes de recolhimento de contribuição à Previdência Social decorrentes da comercialização da produção;
- cópia da declaração de imposto de renda, com indicação de renda proveniente da comercialização de produção rural;
- licença de ocupação ou permissão outorgada pelo INCRA; ou
- certidão fornecida pela Fundação Nacional dos Povos Indígenas – FUNAI, certificando a condição do indígena como trabalhador rural, desde que homologada pelo INSS.

As anotações na CTPS valem para todos os efeitos como prova de filiação à Previdência Social, relação de emprego, tempo trabalhado e salário de contribuição.

Não é do trabalhador o ônus de provar a veracidade das anotações de sua CTPS, nem de fiscalizar o recolhimento das contribuições previdenciárias, pois as anotações gozam de presunção *juris tantum* de veracidade, consoante a Súmula n. 75 da TNU: "A Carteira de Trabalho e Previdência Social (CTPS) em relação à qual não se aponta defeito formal que lhe comprometa a fidedignidade goza de presunção relativa de veracidade, formando prova suficiente de tempo de serviço para fins previdenciários, ainda que a anotação de vínculo de emprego não conste no Cadastro Nacional de Informações Sociais (CNIS)".

Aplica-se a mesma regra em favor do empregado rural com registro em carteira profissional em período anterior ao advento da Lei n. 8.213/1991. Nesse sentido: STJ, Repetitivo – Tema n. 644, *DJe* 05.12.2013.

Para quem trabalha por conta própria (os contribuintes individuais), bem como para os segurados facultativos, o tempo de contribuição será comprovado pelos comprovantes de recolhimento. Para quem alterna períodos como segurado empregado, inclusive doméstico, ou trabalho avulso com períodos de trabalho por conta própria, o tempo de contribuição nestas categorias é somado ao tempo de contribuição comprovado pelas guias respectivas.

## 4.3 RECONHECIMENTO DO TEMPO DE CONTRIBUIÇÃO E RESPECTIVA INDENIZAÇÃO

Reconhecimento do tempo de contribuição é o direito de o segurado ter reconhecido, em qualquer época, o tempo de exercício de atividade anteriormente abrangida pela previdência social, observado o disposto no art. 122 do RPS.

O referido dispositivo regulamentar, com a redação conferida pelo Dec. n. 10.410/2020, assim dispõe:

> O reconhecimento do tempo de contribuição no período em que o exercício de atividade remunerada não exigia filiação obrigatória à previdência social somente será feito por meio

de indenização das contribuições relativas ao respectivo período, conforme o disposto no § 7º e nos § 9º ao § 14 do art. 216 e nos § 8º e § 8º-A do art. 239.

O valor a ser indenizado poderá ser objeto de parcelamento por solicitação do segurado à Secretaria Especial da Receita Federal do Brasil, observado o disposto no § 1º do art. 128 do Regulamento.[4]

A indenização em comento, todavia, é exigida inclusive para períodos de filiação obrigatória, mesmo antecedentes à inscrição, como é o caso dos contribuintes individuais, segurados obrigatórios que são por força de lei, mas que, por vezes, fazem sua inscrição tempos após terem iniciado sua atividade.

Preceitua o art. 124 do RPS, com redação conferida pelo Dec. n. 10.410/2020, que, caso o segurado contribuinte individual manifeste interesse em recolher contribuições relativas a *período anterior à sua inscrição*, a retroação da data do início das contribuições (retroação da DIC) será autorizada, desde que comprovado o exercício de atividade remunerada no respectivo período, observado o disposto nas demais regras referentes ao pagamento das contribuições em atraso, ou da indenização de períodos atingidos pela decadência quanto às contribuições devidas.

O INSS reconhece que o contribuinte individual informado em GFIP a partir da competência abril de 2003 (Lei n. 10.666/2003), poderá ter deferido o pedido de reconhecimento da filiação mediante comprovação do exercício da atividade remunerada, independentemente do efetivo recolhimento das contribuições. O mesmo raciocínio deve ser aplicado, por conseguinte, a partir de outubro de 2023, às informações prestadas por DTCFWeb relativamente a contribuintes individuais.

Se o período a ser reconhecido for tal que o direito de exigir as contribuições não esteja fulminado pela decadência (5 anos, conforme a Súmula Vinculante n. 8 do STF e art. 173 do CTN), aplica-se a regra de cálculo para as contribuições em atraso, apuradas sobre o salário de contribuição, com juros SELIC e multa moratória (Lei n. 8.212/1991, arts. 35 a 39, redação da Lei n. 11.941/2009).

Quanto ao período antecedente ao prazo decadencial (5 anos), cuja exigibilidade da contribuição respectiva já tenha sido atingida pela decadência (Súmula Vinculante n. 8 do STF), bem como para fins de contagem recíproca de períodos na condição de trabalhador rural, sem contribuição, para utilização em Regime Próprio mediante certidão[5], a sistemática de cálculo para a indenização correspondente é prevista na LC n. 128, de 2008, que incluiu o art. 45-A ao texto da Lei n. 8.212/1991, nos seguintes termos:

> Art. 45-A. O contribuinte individual que pretenda contar como tempo de contribuição, para fins de obtenção de benefício no Regime Geral de Previdência Social ou de contagem recíproca do tempo de contribuição, período de atividade remunerada alcançada pela decadência deverá indenizar o INSS.
>
> § 1º O valor da indenização a que se refere o *caput* deste artigo e o § 1º do art. 55 da Lei n. 8.213, de 24 de julho de 1991, corresponderá a 20% (vinte por cento):
>
> I – da média aritmética simples dos maiores salários de contribuição, reajustados, correspondentes a 80% (oitenta por cento) de todo o período contributivo decorrido desde a competência julho de 1994; ou

---

[4] RPS, Art. 128, § 1º: "A certidão de tempo de contribuição, para fins de averbação do tempo em outros regimes de previdência, somente será expedida pelo Instituto Nacional do Seguro Social após a comprovação da quitação de todos os valores devidos, inclusive de eventuais parcelamentos de débito".

[5] Arts. 123, 125 e 128, § 3º, todos do Regulamento, com a redação conferida pelo Decreto n. 10.410/2020.

II – da remuneração sobre a qual incidem as contribuições para o regime próprio de previdência social a que estiver filiado o interessado, no caso de indenização para fins da contagem recíproca de que tratam os arts. 94 a 99 da Lei n. 8.213, de 24 de julho de 1991, observados o limite máximo previsto no art. 28 e o disposto em regulamento.

§ 2º Sobre os valores apurados na forma do § 1º deste artigo incidirão juros moratórios de 0,5% (cinco décimos por cento) ao mês, capitalizados anualmente, limitados ao percentual máximo de 50% (cinquenta por cento), e multa de 10% (dez por cento).

§ 3º O disposto no § 1º deste artigo não se aplica aos casos de contribuições em atraso não alcançadas pela decadência do direito de a Previdência constituir o respectivo crédito, obedecendo-se, em relação a elas, as disposições aplicadas às empresas em geral.

A regulamentação da matéria por meio de lei complementar objetiva afastar discussões judiciais sobre a existência de vício formal, adequando-se ao disposto no art. 146 da CF. No RPS, a matéria vem disposta no § 7º do art. 216, nos seguintes termos:

Para apuração e constituição dos créditos a que se refere o § 1º do art. 348, a seguridade social utilizará como base de incidência o valor da média aritmética simples dos maiores salários de contribuição correspondentes a oitenta por cento de todo o período contributivo decorrido desde a competência julho de 1994, corrigidos mês a mês pelos mesmos índices utilizados para a obtenção do salário de benefício, observado o limite máximo a que se refere o § 5º do art. 214. (Redação dada pelo Decreto n. 10.410, de 2020)

É passível de questionamento que a sistemática de cálculo para a "indenização" supramencionada utilize base de cálculo agora diversa daquela utilizada para o cálculo dos benefícios após a EC n. 103, já que para estes não há mais o desprezo dos salários de contribuição mais baixos, equivalentes a 20% do período contributivo.

Vale dizer, perdeu-se a simetria entre contribuição e contraprestação, o que pode levar a uma tese que ponha em discussão a redução do valor da indenização após a EC n. 103.

Cabe referir, ainda, que, conforme a jurisprudência dominante do STJ, é indevida a exigência de juros moratórios e multa sobre o valor de indenização substitutiva de contribuições previdenciárias, relativamente a período de tempo anterior à Medida Provisória n. 1.523, de 1996, ou seja, 14.10.1996 (Repetitivo Tema n. 1.103, REsp 1929631/PR, 1ª Seção, *DJe* 20.05.2022). Este entendimento passou a constar do RPS por força da redação do art. 239, conferida pelo Decreto n. 10.410/2020.

### 4.3.1 Possibilidade de utilização de períodos indenizados para obtenção do melhor benefício

Em relação ao recolhimento em atraso de contribuições, o INSS passou a entender que, para efeito de verificação do direito adquirido ou de enquadramento nas regras de transição dos arts. 16 e 17 da EC n. 103/2019, não seria possível computar, como tempo de contribuição, o período cujas contribuições tenham sido indenizadas após 13.11.2019.

Ou seja, o recolhimento efetuado em atraso após o fato gerador não será computado para nenhum fim, ainda que dentro do prazo de manutenção da qualidade de segurado, observada a possibilidade de alteração da DER para os benefícios programáveis. A respeito desse novo entendimento, conferir o Comunicado Divben n. 02, de 23.04.2021, a Portaria PRESI/INSS n. 1.382/2021 (art. 9º) e a IN PRESI/INSS n. 128/2022 (art. 211).

No entanto, colhe-se de precedentes jurisprudenciais que tal interpretação dada pelo INSS não tem amparo legal, porque pretende restringir o que legislador (reformador ou ordinário) não restringiu.

A EC n. 103/2019 não revoga nem altera o disposto no art. 45-A da Lei n. 8.212/1991, que rege o recolhimento das indenizações das contribuições previdenciárias e permite – sem restrições – o uso como tempo de contribuição do período objeto do recolhimento em atraso.

Do mesmo modo, o art. 27 da Lei n. 8.213/1991 impede o aproveitamento das contribuições recolhidas em atraso para fins de carência, mas não para fins de tempo de contribuição. Portanto, considerando que os arts. 16 e 17 da EC n. 103/2019 tratam de tempo de contribuição, e não de carência, mostra-se possível a utilização do tempo rural indenizado para verificação do direito adquirido ou enquadramento nas regras transitórias, ainda que a indenização tenha ocorrido após a publicação da aludida Emenda Constitucional ou mesmo após 30.06.2020. Nesse sentido: TRF-4, TRS/SC n. 5012278-86.2021.4.04.7202 e n. 5017465-16.2022.4.04.0000, Rel. Des. Fed. Paulo Afonso Brum Vaz, j. 05.02.2022 e em 04.05.2022, respectivamente.

A nosso ver, feita a indenização, deverá ser verificado o preenchimento dos requisitos em momento anterior à EC n. 103/2019 (porque o período indenizado também é anterior), apenas com a concessão postergada para momento posterior à indenização. E, também, o cumprimento das regras de transição, considerando como tempo de contribuição aquele que constava no CNIS, em 13.11.2019, acrescido do tempo indenizado.

Em síntese, sustentamos que, para efeito de verificação do direito ao melhor benefício com base em regras de direito adquirido ou de opção pela regra de transição mais vantajosa, entre as previstas na EC n. 103/2019, é possível computar, como tempo de contribuição, o período cujas contribuições tenham sido indenizadas após 13.11.2019.

### 4.4 ATIVIDADE RURÍCOLA E O REGIME DE ECONOMIA FAMILIAR

Consoante previsão contida no § 8º do art. 195 da Constituição Federal, o trabalho em regime de economia familiar é aquele exercido pelo produtor, pelo parceiro, pelo meeiro e pelo arrendatário rurais e o pescador artesanal, bem como pelos respectivos cônjuges, sem empregados permanentes.

Como já assinalado no tópico relativo aos segurados, as Leis ns. 11.718/2008 e 13.846/2019 trouxeram uma série de novidades quanto ao trabalho rural. A primeira delas, redefinindo o que se entende por segurado especial e regime de economia familiar, conforme consta na nova redação do art. 11, VII, da Lei n. 8.213/1991:

– **segurado especial:** a pessoa física residente no imóvel rural ou em aglomerado urbano ou rural próximo a ele que, individualmente ou em regime de economia familiar, ainda que com o auxílio eventual de terceiros a título de mútua colaboração, (...)
– **regime de economia familiar:** a atividade em que o trabalho dos membros da família é indispensável à própria subsistência e ao desenvolvimento socioeconômico do núcleo familiar e é exercido em condições de mútua dependência e colaboração, sem a utilização de empregados permanentes (...).

A Lei n. 13.846/2019 (conversão da MP n. 871/2019) criou sérias dificuldades na comprovação do tempo trabalhado pelo segurado especial, entre as quais a necessidade de inscrição no CNIS e de atualização anual do cadastro (art. 38-A da LBPS). O RPS, com a redação conferida pelo Dec. n. 10.410/2020, vem no mesmo diapasão.

Consigna-se que, havia a previsão legal de que, a partir de 1º de janeiro de 2023, a comprovação da condição e do exercício da atividade rural do segurado especial ocorresse exclusivamente pelas informações constantes do CNIS. Foi estabelecida, também, a possibilidade de, até 1º de janeiro de 2025, o cadastro ser realizado, atualizado e corrigido, e, na hipótese de ausência de atualização do cadastro, o segurado especial só poderia computar o período de trabalho rural se efetuado, em época própria, o recolhimento na forma prevista no art. 25 da Lei n. 8.212/1991 (incidente sobre a comercialização da sua produção).

No entanto, a EC n. 103/2019 postergou a obrigatoriedade do cumprimento da exigência de inscrição no CNIS para quando a cobertura mínima atingir 50% dos segurados especiais. Vejamos o que consta do art. 25, § 1º, da Reforma da Previdência:

> Para fins de comprovação de atividade rural exercida até a data de entrada em vigor desta Emenda Constitucional, o prazo de que tratam os §§ 1º e 2º do art. 38-B da Lei n. 8.213, de 24 de julho de 1991, será prorrogado até a data em que o Cadastro Nacional de Informações Sociais (CNIS) atingir a cobertura mínima de 50% (cinquenta por cento) dos trabalhadores de que trata o § 8º do art. 195 da Constituição Federal, apurada conforme quantitativo da Pesquisa Nacional por Amostra de Domicílios Contínua (Pnad).

Considerando-se que o percentual mínimo previsto na EC n. 103/2019 não foi atingindo, continua válida a comprovação do tempo de exercício da atividade rural por meio de autodeclaração ratificada por entidades públicas executoras do Programa Nacional de Assistência Técnica e Extensão Rural na Agricultura Familiar e na Reforma Agrária – PRONATER, nos termos do disposto no art. 13 da Lei n. 12.188/2010, e por outros órgãos públicos, na forma prevista no RPS e no art. 115 da IN PRESI/INSS n. 128/2022. Ou seja, não será considerada válida a declaração obtida de sindicato que represente o trabalhador rural, em face da revogação do art. 106, III, da Lei n. 8.213/1991.

Tal imposição também está disciplinada no § 1º do art. 117 da IN n. 128/2022.

Novo avanço ocorreu no final de 2022, quando o INSS disponibilizou a autodeclaração por meio eletrônico para o envio de informações para fins de reconhecimento de atividade rural, em que o segurado poderá ter a concessão automática de benefício de aposentadoria por idade rural ou mesmo o salário-maternidade rural. As informações prestadas na autodeclaração eletrônica, disponível no Meu INSS, poderão ser ratificadas por meio de batimento com os dados já constantes do cadastro do cidadão nos sistemas do INSS, bem como de outras bases governamentais.[6]

### 4.4.1 Aspectos destacados da jurisprudência sobre trabalhador rural

Segundo orientação do STJ é cabível o reconhecimento da atividade agrícola exercida individualmente, nos casos em que o cônjuge ou outros membros da família do segurado têm outra fonte de renda. Exemplificando, o recebimento de proventos pelo marido não retira a qualidade de segurada especial da esposa que exerceu a atividade agrícola individualmente, pois, nos termos da antiga redação do art. 11, inciso VII, da Lei n. 8.213/1991, também é segurado especial quem exerce atividade agrícola de forma individual. Nesse sentido, a tese fixada em Repetitivo:

> **Tema n. 532:** "O trabalho urbano de um dos membros do grupo familiar não descaracteriza, por si só, os demais integrantes como segurados especiais, devendo ser averiguada a dispensabilidade do trabalho rural para a subsistência do grupo familiar, incumbência esta das instâncias ordinárias (Súmula n. 7/STJ)" (REsp 1304479/SP, 1ª Seção, *DJe* 19.12.2012).

No âmbito da TNU foi editada a Súmula n. 41, com o seguinte teor:

> A circunstância de um dos integrantes do núcleo familiar desempenhar atividade urbana não implica, por si só, a descaracterização do trabalhador rural como segurado especial, condição que deve ser analisada no caso concreto.

---

[6] Passo a passo disponível em: https://www.gov.br/inss/pt-br/saiba-mais/rural/FolderquadrobrancoB41rural_22.pdf. Acesso em: 03 out 2023.

Quanto às provas a serem apresentadas por quem trabalha em regime de economia familiar, deve-se levar em conta a dificuldade do interessado, não raras vezes pessoa humilde e de pouca instrução, em obter documentos em seu nome para que tenha reconhecido o tempo de serviço prestado. As particularidades do meio rural devem ser levadas em consideração, pois culturalmente não se vê o homem do campo preocupado com a formalização, por via de documentos, das mais diversas formas de atos – até mesmo o registro de nascimento das pessoas, salvo quando se demonstra necessário.

Os Tribunais aceitam as mais diversas provas, desde que hábeis e idôneas. Devem, entretanto, representar um conjunto, de modo que, quando integradas, levem à convicção de que efetivamente houve a prestação do serviço. O fato de o segurado não possuir todos os documentos da atividade agrícola em seu nome não elide o seu direito ao benefício postulado, pois, como normalmente acontece no meio rural, os documentos de propriedade e talonários fiscais são expedidos em nome de quem encabeça os negócios da família. Nesse caso, os documentos do principal provedor caracterizam-se como prova material indireta, hábil à comprovação do tempo de serviço rural prestado em regime de economia familiar. Igualmente, servem de início de prova da atividade laboral rural o registro da qualificação "agricultor" ou "lavrador" nos documentos militares (alistamento ou certificado de reservista) ou certidões de casamento.

Nesse sentido, a Súmula n. 73 do TRF da 4ª Região: "Admitem-se como início de prova material do efetivo exercício de atividade rural, em regime de economia familiar, documentos de terceiros, membros do grupo parental".

Os documentos pessoais dotados de fé pública, como as certidões de nascimento, casamento e óbito, não necessitam ostentar a contemporaneidade com o período de carência do benefício previdenciário rural para serem aceitos como início de prova material, desde que o restante conjunto probatório permita a extensão de sua eficácia probatória por sobre aquele período. Nesse sentido:

> (...) 2. A Certidão de Casamento, ainda que extemporânea ao período de carência que se quer demonstrar, é válida como início de prova material dado o seu caráter de documento de fé pública, a ostentar uma condição do segurado que se protrai no tempo. (TNU, PU 2006.82.01.505208-4/PB, Rel. Juiz Federal Paulo Ricardo Arena Filho, *DOU* 30.09.2011)

Ainda no tocante à contemporaneidade da prova, cabe ressaltar que, conforme jurisprudência predominante na TNU e no STJ, não se exige que a prova material apresentada seja relativa a todo o período, sendo suficiente a existência de um início razoável, contemporâneo ao período de carência, que possa ter a sua eficácia probatória ampliada por meio de prova testemunhal, seja de forma retrospectiva, seja prospectiva, de modo a abranger todo o período de trabalho que se pretende ver reconhecido (STJ, AgRg no AREsp 194.962/MT; TNU, PU n. 2005.81.10.001065-3/CE, *DOU* 04.10.2011).

Ainda quanto à comprovação da atividade rural, a TNU definiu um longo rol exemplificativo de documentos (in)servíveis como início de prova material, entre eles:

**a) documentos servíveis como início de prova material: em nome próprio ou em nome de membros do grupo familiar da parte autora:**

- certidão do INCRA em nome do pai (PEDILEF n. 2008.72.55.007778-3/SC);
- guia de recolhimento de ITR em nome do pai (PEDILEF n. 2008.72.55.007778-3/SC);
- comprovante de recolhimento de imposto sobre exploração agrícola (PEDILEF n. 2006.72.95.011963-2/SC);
- matrícula de propriedade rural (PEDILEF n. 2004.83.20.00.3767-0/PE);

- certidão do Registro de Imóveis relativa a propriedade rural (PEDILEF n. 2006.70.95.014573-0/PR);
- escritura de propriedade rural (PEDILEF n. 2004.83.20.003767-0/PE);
- certidão de casamento do pai (PEDILEF n. 2007.70.95.000280-7/PR);
- certidões de nascimento de irmãos (PEDILEF n. 2006.72.59.000860-0/SC);
- certidão de óbito de irmão (PEDILEF n. 2006.70.95.012605-0/PR);
- certidão de alistamento militar da parte autora (PEDILEF n. 2006.72.59.000860-0/SC);
- certidão da Justiça Eleitoral com indicação do exercício de atividade rural (PEDILEF n. 2007.83.02.505452-7/PE);
- título eleitoral da parte autora (PEDILEF n. 2006.72.59.000860-0/SC);
- folha de pagamento de Programa Permanente de Combate à Seca (PEDILEF n. 2007.83.03.504233-9/CE);
- ficha de Sindicato Rural (PEDILEF n. 2003.81.10.004265-7/CE);
- carteira de filiação a Sindicato Rural (PEDILEF n. 2007.83.00.526657-4/PE);
- recibos de pagamento a Sindicato Rural (PEDILEF n. 2004.81.10.009403-0/CE);
- ficha de contribuição a Associação de Pequenos Produtores Rurais (PEDILEF n. 2007.83.00.526657-4/PE);
- ficha de cadastramento familiar realizado pela Secretaria de Saúde do Município de residência da parte autora (PEDILEF n. 2004.81.10.009403-0/CE);
- prontuário médico de Posto de Saúde constando a profissão (PEDILEF n. 2007.83.05.501035-6/PE);
- documentos escolares do segurado ou seus descendentes emitidos por escola rural (PUIL n. 5000636-73.2018.4.02.5005/ES).

**b) documentos servíveis como início de prova material: em nome de terceiros estranhos ao grupo familiar da parte autora:**
- documentos relativos a propriedade ou posse rural pertinentes à terra na qual a parte autora teria trabalhado [como comprovante de ITR, Certidão do Registro de Imóveis, Declaração do Instituto de Terras, histórico oficial de posse de área rural] (PEDILEF n. 2005.39.00.708920-0/PA; PEDILEF n. 2006.43.00.906123-6/TO; PEDILEF n. 2006.70.95.014573-0/PR).

**c) documentos inservíveis como início de prova material:**
- declaração de Sindicato de Trabalhadores Rurais não homologada pelo Ministério Público ou pelo INSS (PEDILEF n. 2008.32.00.703599-2/AM);
- declarações em geral (PEDILEF n. 2007.83.00.526657-4/PE);
- declaração fornecida por suposto vizinho, por consubstanciar mera prova testemunhal reduzida a escrito (PEDILEF n. 2006.83.02.503892-0/PE);
- declaração fornecida por suposto parceiro rural, sem base em nenhum documento específico (como contrato de parceria escrito), por consubstanciar mera prova testemunhal reduzida a escrito (PEDILEF n. 2006.70.95.014573-0/PR);
- declaração fornecida por suposto feirante que comercializaria alimentos produzidos pela parte autora, sem base em nenhum documento específico, por consubstanciar mera prova testemunhal reduzida à escrito (PEDILEF n. 2006.83.00.521010-2/PE);

- documentos que contêm anotação da profissão da parte autora e de seu cônjuge preenchida posteriormente ao preenchimento do documento e com visível adulteração (PEDILEF n. 2005.84.00.503903-4/RN);
- certidão do INCRA com data posterior ao óbito do pai da parte autora (PEDILEF n. 2002.61.84.002017-8/SP);
- documento de terceiro que deixou de trabalhar no campo (PEDILEF n. 2008.38.00725419-1).

No que tange à extensão do imóvel rural, a jurisprudência é firme no sentido de que a dimensão não afasta, *per se*, a caracterização do regime de economia familiar, podendo tal condição ser demonstrada por outros meios de prova, independentemente se a propriedade em questão possui área igual ou superior ao módulo rural da respectiva região. Nesse sentido, a orientação do STJ:

– **Tema Repetitivo n. 1.115:** "O tamanho da propriedade não descaracteriza, por si só, o regime de economia familiar, quando preenchidos os demais requisitos legais exigidos para a concessão da aposentadoria por idade rural" (REsp 1.947.404/RS, 1ª Seção, *DJe* 07.12.2022).

Ainda, quanto à regra da propriedade não possuir dimensões superiores a quatro módulos fiscais prevista na Lei n. 11.718/2008, a TNU ratificou a orientação fixada na Súmula n. 30, no sentido de que: "tratando se de demanda previdenciária, o fato de o imóvel ser superior ao módulo rural não afasta, por si só, a qualificação de seu proprietário como segurado especial, desde que comprovada, nos autos, a sua exploração em regime de economia familiar". Ou seja, mesmo que a propriedade seja superior a quadro módulos rurais é possível reconhecer o exercício da atividade rural como segurado especial (PEDILEF n. 05078128820064058103, Rel. Juiz Federal Alcides Saldanha Lima, *DOU* 1º.06.2012).

No que se refere à utilização de maquinário e a eventual contratação de diaristas não afastam, por si só, a qualidade de segurado especial porquanto ausente qualquer exigência legal no sentido de que o trabalhador rural exerça a atividade agrícola manualmente (TRF-4, EINF 5023877-32.2010.404.7000, 3ª Seção, em 18.08.2015).

Outra polêmica está relacionada com a prova testemunhal. É consenso no meio previdenciário de que a eficácia da prova material por ser ampliada com testemunhas, mas a utilização exclusiva dessa forma não é suficiente para demonstrar o exercício da atividade. Nesse sentido, o STJ editou a Súmula n. 149: "A prova exclusivamente testemunhal não basta à comprovação da atividade rurícola, para efeito de obtenção do benefício previdenciário". Entretanto, tal exigência deve ser relativizada, tendo-se em vista as peculiaridades que envolvem a categoria dos "boias-frias" ou "safristas" (STJ, REsp n. 79.962/SP; TNU, PEDILEF n. 2008.70.95.000032-3/PR).

Cabe destacar que, após o advento da Lei n. 13.846/2019, a comprovação da atividade rural em regime de economia familiar se dá precipuamente por meio de prova documental, com os registros constantes do CNIS ou com a autodeclaração referida no § 2º do art. 38-B da Lei n. 8.213/1991 para o período anterior à implementação completa do CNIS.

No âmbito administrativo, o Ofício-Circular n. 46 DIRBEN/INSS, de 13.09.2019, assim como o art. 116 da IN PRESI/INSS n. 128/2022, ampliaram o rol de documentos com os quais se possibilita a complementação da autodeclaração de atividade rural em regime de economia familiar, além de flexibilizar a exigência de prova documental para cada ano de exercício de atividade rural, demandando apenas um documento para cada metade do período de carência exigida para o benefício, dispensando a justificativa administrativa para colheita de declarações de testemunhas.

Assim, na via administrativa, tornou-se dispensável a prova oral, salvo quando necessário para complementar a instrução probatória em razão da insuficiência da prova documental. Procedimento adotado também em muitos processos judiciais.

No âmbito judicial, destaca-se a orientação firmada pelo Enunciado FONAJEF n. 222: "É possível o julgamento do mérito dos pedidos de benefício previdenciário rural com base em prova exclusivamente documental, caso seja suficiente para a comprovação do período de atividade rural alegado na petição inicial".

No tocante à apreciação da prova, o Plano de Benefícios não impõe tarifação ou limite ao livre convencimento do Juiz. Se a situação fática recomenda a aceitação de documento que não esteja entre os elencados no art. 106 da Lei de Benefícios, ou que não se refira à pessoa do demandante, o Magistrado poderá acatá-lo, conquanto tenha força suficiente para convencê-lo.

Cabe acentuar que, de acordo com a jurisprudência consolidada no âmbito do STJ: "(...) *não é imperativo que o início de prova material diga respeito a todo período de carência estabelecido pelo art. 143 da Lei n. 8.213/1991, desde que a prova testemunhal amplie sua eficácia probatória*" (AgRg no REsp 1.312.727/MS, *DJe* 04.06.2012).

E, posteriormente, o STJ editou a Súmula n. 577: "É possível reconhecer o tempo de serviço rural anterior ao documento mais antigo apresentando, desde que amparado em convincente prova testemunhal colhida sob o contraditório".

No mesmo sentido, a orientação da TNU de que basta a apresentação de um documento servível como início de prova material e que seja contemporâneo, não sendo necessária a apresentação de documentos que abranjam todo o período pretendido, dada à possibilidade de extensão no tempo da eficácia probatória da prova documental pela prova testemunhal, que pode ter eficácia retrospectiva e prospectiva se o exame da prova testemunhal o permitir (PEDILEF 200772600027110, *DOU* 30.08.2011).

E quando houver o exercício de atividades rurais de forma intercalada com tempo urbano, a orientação fixada pela TNU é a seguinte:

- **Representativo de Controvérsia Tema n. 301:** "Cômputo do Tempo de Trabalho Rural I. Para a aposentadoria por idade do trabalhador rural não será considerada a perda da qualidade de segurado nos intervalos entre as atividades rurícolas. Descaracterização da condição de segurado especial II. A condição de segurado especial é descaracterizada a partir do 1º dia do mês seguinte ao da extrapolação dos 120 dias de atividade remunerada no ano civil (Lei n. 8.213/1991, art. 11, § 9º, III); III. Cessada a atividade remunerada referida no item II e comprovado o retorno ao trabalho de segurado especial, na forma do art. 55, parag. 3º, da Lei n. 8.213/1991, o trabalhador volta a se inserir imediatamente no VII, do art. 11 da Lei n. 8.213/1991, ainda que no mesmo ano civil" (PEDILEF 0501240-10.2020.4.05.8303/PE, j. 15.09.2022).

Acerca do reconhecimento do tempo de atividade rural, a Turma Nacional de Uniformização dos JEFs editou as seguintes Súmulas:

- 5: "A prestação de serviço rural por menor de 12 a 14 anos, até o advento da Lei n. 8.213, de 24 de julho de 1991, devidamente comprovada, pode ser reconhecida para fins previdenciários".
- 6: "A certidão de casamento ou outro documento idôneo que evidencie a condição de trabalhador rural do cônjuge constitui início razoável de prova material da atividade rurícola".
- 10: "O tempo de serviço rural anterior à vigência da Lei n. 8.213/1991 pode ser utilizado para fins de contagem recíproca, assim entendida aquela que soma tempo de atividade

privada, rural ou urbana, ao de serviço público estatutário, desde que sejam recolhidas as respectivas contribuições previdenciárias".

- 14: "Para a concessão de aposentadoria rural por idade, não se exige que o início de prova material, corresponda a todo o período equivalente à carência do benefício".
- 24: "O tempo de serviço do segurado trabalhador rural anterior ao advento da Lei n. 8.213/1991, sem o recolhimento das contribuições previdenciárias, pode ser considerado para a concessão dos benefícios do Regime Geral de Previdência Social (RGPS), exceto para efeito de carência, conforme a regra do art. 55, § 2º, da Lei n. 8.213/1991".
- 30: "Tratando-se de demanda previdenciária, o fato de o imóvel ser superior ao imóvel rural não afasta, por si só, a qualificação de seu proprietário como segurado especial, desde que comprovada nos autos, a sua exploração em regime de economia familiar".
- 34: "Para fins de comprovação do tempo de labor rural, o início de prova material deve ser contemporâneo à época dos fatos a provar".
- 41: "A circunstância de um dos integrantes do núcleo familiar desempenhar atividade urbana não implica, por si só, a descaracterização do trabalhador rural como segurado especial, condição que deve ser analisada no caso concreto".
- 46: "O exercício de atividade urbana intercalada não impede a concessão de benefício previdenciário de trabalhador rural, condição que deve ser analisada no caso concreto".
- 54: "Para a concessão de aposentadoria por idade de trabalhador rural, o tempo de exercício de atividade equivalente à carência deve ser aferido no período imediatamente anterior ao requerimento administrativo ou à data do implemento da idade mínima".

Entendemos, assim, que somente para a contagem recíproca, ou seja, aquela que soma o tempo de atividade privada (rural ou urbana) ao de serviço público, é que se faz necessária a indenização das contribuições. Consequentemente, é dispensável o recolhimento das contribuições previdenciárias em relação ao período de atividade rural anterior a novembro de 1991 para ser somado ao tempo de atividade urbana para fins de concessão de benefício pelo RGPS. Essa, inclusive, é a regra prevista no art. 123 do Decreto n. 3.048/1999. Nesse sentido: STJ, REsp n. 635.741/PR, 6ª Turma, Rel. Min. Hamilton Carvalhido, *DJ* 25.10.2004.

A Advocacia-Geral da União, visando eliminar a produção de recursos e medidas judiciais e dirimir controvérsias internas na Administração Federal, baixou sobre a matéria o Enunciado 27, com o seguinte teor: "Para concessão de aposentadoria no RGPS, é permitido o cômputo do tempo de serviço rural exercido anteriormente à Lei n. 8.213, de 24 de julho de 1991, independente do recolhimento das contribuições sociais respectivas, exceto para efeito de carência".

Da mesma forma, em seara administrativa, tem-se o Enunciado n. 8 do CRPS, que vincula as decisões de seus órgãos, com a seguinte redação:

> O tempo de trabalho rural do segurado especial e do contribuinte individual, anterior à Lei n. 8.213/1991, pode ser utilizado, independente do recolhimento das contribuições, para fins de benefícios no RGPS, exceto para carência.
> I – O tempo de trabalho rural do segurado especial e do contribuinte individual, anterior à Lei n. 8.213/1991, pode ser utilizado para contagem recíproca, desde que sejam indenizadas as respectivas contribuições previdenciárias.
> II – A atividade agropecuária efetivamente explorada em área de até 4 módulos fiscais, individualmente ou em regime de economia familiar na condição de produtor, devidamente comprovada nos autos do processo, não descaracteriza a condição de segurado especial, independente da área total do imóvel rural.

III – O exercício de atividade urbana por um dos integrantes do grupo familiar não implica, por si só, a descaracterização dos demais membros como segurado especial, condição que deve ser devidamente comprovada no caso concreto.

IV – Quem exerce atividade rural em regime de economia familiar, além das tarefas domésticas em seu domicílio, é considerado segurado especial, aproveitando-se-lhe as provas em nome de seu cônjuge ou companheiro(a), corroboradas por outros meios de prova.

V – O início de prova material – documento contemporâneo dotado de fé pública, sem rasuras ou retificações recentes, constando a qualificação do segurado ou de membros do seu grupo familiar como rurícola, lavrador ou agricultor – deverá ser corroborado por outros elementos, produzindo um conjunto probatório harmônico, robusto e convincente, capaz de comprovar os fatos alegados.

VI – Não se exige que o início de prova material corresponda a todo o período equivalente à carência do benefício, porém deve ser contemporâneo à época dos fatos a provar, inclusive podendo servir de começo de prova documento anterior a este período.

Quanto à idade mínima para reconhecimento do tempo rural, tem sido observada na via administrativa a decisão do TRF da 4ª Região na ACP n. 5017267-34.2013.4.04.7100, que possibilitou computar, para fins previdenciários, o trabalho exercido em qualquer idade. A referida decisão possuiu como um de seus fundamentos a observância à realidade fática do Brasil, que não obstante a vedação ao trabalho infantil, há milhares de crianças desenvolvendo atividades laborais, inclusive no âmbito rural. Essa decisão do TRF-4 foi mantida pelo STF (RE 1.225.475) e seguida pela TNU, consoante Representativo de Controvérsia n. 219, cuja tese é a seguinte: "É possível o cômputo do tempo de serviço rural exercido por pessoa com idade inferior a 12 (doze) anos na época da prestação do labor campesino" (PEDILEF n. 5008955-78.2018.4.04.7202/SC, j. 23.06.2022).

No âmbito administrativo, a observância da decisão da ACP se deu com a edição do Ofício-Circular Conjunto DIRBEN/PFE/INSS n. 25, de 13.05.2019, revogado pela Portaria Conjunta INSS/PFE n. 7, de 09.04.2020.

## 4.5 TEMPO COMO ALUNO-APRENDIZ

Considera-se aluno-aprendiz aquele que possui período de aprendizado profissional realizado em escola técnica, desde que comprovada a remuneração, mesmo que indireta, à conta do orçamento público, e o vínculo empregatício (art. 60 do RPS, com redação conferida pelo Decreto n. 6.722/2008).

Desde a edição da Lei n. 3.353/1959, passou-se a exigir, para a contagem do tempo na condição de aluno-aprendiz de escolas técnicas, a demonstração de que o aluno foi remunerado. O elemento essencial à caracterização do tempo como aluno-aprendiz não é a percepção de vantagem direta ou indireta, mas a efetiva execução do ofício para o qual recebia instrução, mediante encomendas de terceiros.

O Decreto n. 10.410/2020, por seu turno, revogou o art. 60 do Regulamento, acima mencionado, passando a matéria a ser regida pelo art. 188-G, inciso IX, que permite o cômputo, *até 13.11.2019*, como tempo de contribuição, de data a data, desde a admissão até o desligamento, inclusive para cálculo da renda mensal inicial de qualquer benefício, do tempo exercido na condição de aluno-aprendiz referente ao período de aprendizado profissional realizado em escola técnica, "desde que comprovados a remuneração pelo erário, mesmo que indireta, e o vínculo empregatício".

Entendimento similar encontramos no Enunciado n. 24 da Advocacia-Geral da União.

O CRPS, em seu Enunciado n. 2, inciso V, preconiza o entendimento, em sede recursal administrativa, com caráter vinculante para seus órgãos, em que:

É permitida a contagem, como tempo de contribuição, do tempo exercido na condição de aluno-aprendiz, exceto para fins de contagem recíproca, referente ao período de aprendizado profissional realizado em escolas técnicas, desde que comprovada a remuneração, mesmo que indireta, à conta do orçamento público e o vínculo empregatício, admitindo-se, como confirmação deste, o trabalho prestado na execução de atividades com vistas a atender encomendas de terceiros.

Apreciando esta matéria, o STF decidiu que a declaração emitida por instituição de ensino profissionalizante somente comprova o período de trabalho caso registre expressamente a participação do educando nas atividades laborativas desenvolvidas para atender aos pedidos feitos às escolas. Assim, se da certidão consta apenas que o aluno frequentou curso técnico profissionalizante por certo período, sem referência à sua participação na produção de quaisquer bens ou serviços solicitados por terceiros e não há sequer comprovação de retribuição pecuniária, o tempo correspondente não pode ser computado para fins previdenciários (MS 31.518, Rel. Min. Marco Aurélio, 1ª Turma, *DJE* 06.09.2017 – STF, Informativo 853).

Quanto ao tempo prestado como aluno-aprendiz, destacamos ainda as Súmulas que tratam do tema editadas pelo Tribunal de Contas da União e da Turma Nacional de Uniformização dos JEFs, respectivamente:

- **Súmula n. 96 do TCU**: "Conta-se, para todos os efeitos, como tempo de serviço público, o período de trabalho prestado, na qualidade de aluno aprendiz, em Escola Pública Profissional, desde que comprovada a retribuição pecuniária à conta do orçamento, admitindo-se, como tal, o recebimento de alimentação, fardamento, material escolar e parcela de renda auferida com a execução de encomendas para terceiros".
- **Súmula n. 18 da TNU**: "Para fins previdenciários, o cômputo do tempo de serviço prestado como aluno-aprendiz exige a comprovação de que, durante o período de aprendizado, houve simultaneamente: (i) retribuição consubstanciada em prestação pecuniária ou em auxílios materiais; (ii) à conta do Orçamento; (iii) a título de contraprestação por labor; (iv) na execução de bens e serviços destinados a terceiros".

No âmbito administrativo, nos termos do disposto no *caput* do art. 135 da IN n. 128/2022, o INSS possui o entendimento de que o período de aprendizado profissional apenas poderá ser computado para fins de tempo de contribuição até 16.12.1998, data da vigência da EC n. 20/1998, independentemente do período em que o segurado venha implementar os demais requisitos para concessão de aposentadoria no RGPS.

É certo que a EC n. 103/2019 passou a prever, no § 14 do art. 201 da CF, ser "vedada a contagem de tempo de contribuição fictício para efeito de concessão dos benefícios previdenciários e de contagem recíproca". E, no art. 25, *caput*, da aludida Emenda, há disposição no sentido de que "será assegurada a contagem de tempo de contribuição fictício no Regime Geral de Previdência Social decorrente de hipóteses descritas na legislação vigente até a data de entrada em vigor desta Emenda Constitucional para fins de concessão de aposentadoria, observando-se, a partir da sua entrada em vigor, o disposto no § 14 do art. 201 da Constituição Federal".

Há de se verificar, entretanto, se a limitação temporal prevista na nova redação do RPS prevalecerá na jurisprudência, qual seja, o entendimento pela possibilidade de contagem do período de aprendizagem *apenas até 13.11.2019*, na medida em que há indícios de que houve extrapolamento do poder regulamentar conferido ao Poder Executivo na edição de decretos, que não se prestam a limitar o alcance de direitos que a lei não limitou.

## 4.6 EFEITOS DAS DECISÕES DA JUSTIÇA DO TRABALHO PARA CÔMPUTO JUNTO AO INSS

Questão deveras controvertida e complexa é a que se dá quando um trabalhador, sem registro formal, tem sua relação de emprego reconhecida pela Justiça do Trabalho a partir de provas testemunhais, dada a informalidade da relação laboral. Há também situações em que, embora devidamente formalizado, o empregado teve pagamentos salariais que não constaram em folha de pagamento, ou verbas deferidas somente após reconhecimento do direito em ação trabalhista.

Como será visto, o tema envolve uma grave contradição do ordenamento jurídico em matéria de Direitos Sociais Fundamentais, pois nem sempre que há o reconhecimento de uma relação de emprego, assegurando-se os direitos da legislação trabalhista por decisão proferida na Justiça do Trabalho, a Previdência Social admite o cômputo do período reconhecido para fins de contagem do tempo de contribuição, negando a condição de segurado obrigatório ao trabalhador que obteve a tutela jurisdicional. Por outro lado, não há maiores dificuldades em se reconhecer pagamentos "por fora" para revisar salários de contribuição (e, por consequência, o cálculo de benefícios).

O INSS pauta sua "negativa" para averbação do tempo de contribuição na regra disposta no art. 55, § 3º, da Lei n. 8.213/1991 (com redação atual conferida pela Lei n. 13.846/2019), que estabelece, para tal cômputo, que haja, por parte do segurado, "início de prova documental contemporânea dos fatos", não servindo para tal fim prova meramente testemunhal, salvo motivo de força maior.

A contradição existe porque a Justiça do Trabalho, ao apreciar o pedido de reconhecimento da relação de emprego, não exige do trabalhador que faça prova documental dos fatos, tampouco que seja contemporânea, podendo ele se valer da prova testemunhal, e até mesmo de confissão – real ou ficta – do réu considerado então empregador.

Surge daí uma grave disparidade – o trabalhador vê sua relação de emprego reconhecida em Juízo; a União (por intermédio da Receita Federal do Brasil) pode – e deve – lançar o débito correspondente, fazendo a cobrança em execução fiscal; o Ministério Público Federal pode – e deve – mover ação penal contra o empregador, por crime de sonegação de contribuições (art. 337-A do CP); mas a Previdência não considera o tempo correspondente, por força do referido artigo da Lei de Benefícios.

Curiosamente, o mesmo fato – trabalho sem registro – quando reconhecido pela Justiça do Trabalho, acarreta ao empregador faltoso a responsabilidade penal pelo delito de sonegação (fiscal) de contribuições previdenciárias – art. 337-A do CP.

Tanto que o RPS estabelece:

> Art. 276. Nas ações trabalhistas de que resultar o pagamento de direitos sujeitos à incidência de contribuição previdenciária, o recolhimento das importâncias devidas à seguridade social será feito no dia dois do mês seguinte ao da liquidação da sentença.
> (...)
> § 7º Se da decisão resultar reconhecimento de vínculo empregatício, deverão ser exigidas as contribuições, tanto do empregador como do reclamante, para todo o período reconhecido, ainda que o pagamento das remunerações a ele correspondentes não tenham sido reclamadas na ação, tomando-se por base de incidência, na ordem, o valor da remuneração paga, quando conhecida, da remuneração paga a outro empregado de categoria ou função equivalente ou semelhante, do salário normativo da categoria ou do salário mínimo mensal, permitida a compensação das contribuições patronais eventualmente recolhidas.
> (...)
> § 9º É exigido o recolhimento da contribuição previdenciária de que trata o inciso II do art. 201, incidente sobre o valor resultante da decisão que reconhecer a ocorrência de prestação

de serviço à empresa, mas não o vínculo empregatício, sobre o valor total da condenação ou do acordo homologado, independentemente da natureza da parcela e forma de pagamento.

Ou seja, a interpretação conferida pelo Regulamento da Previdência Social é de que a sentença proferida produz efeitos, gerando a obrigação de recolhimento das contribuições previdenciárias correspondentes ao período reconhecido, e não se discute como a sentença concluiu seu veredito a respeito da existência da relação de emprego (§ 7º do art. 276 do RPS); e mesmo nas situações em que se deu uma homologação de acordo sem reconhecimento da relação de emprego (ou seja, houve outra forma de relação de trabalho), as contribuições do período reconhecido na avença são devidas (cf. § 9º do art. 276 do RPS).

Além disso, tanto a Lei n. 8.212/1991 em seu art. 43 quanto o art. 277 do RPS indicam que o órgão judicante trabalhista deve zelar pelo cumprimento de tais exigências, expedindo ofício à autoridade própria (atualmente, a Receita Federal do Brasil) para apuração dos débitos e eventual cobrança em Juízo (mediante inscrição em Dívida Ativa e posterior ação de execução fiscal, isso por força do entendimento da Súmula Vinculante n. 53 do STF – que resume a competência executiva da Justiça do Trabalho, quanto às contribuições e acréscimos de mora, àquelas que incidam sobre valores objeto de condenação ou do acordo homologado, mas não do período "sem registro".

A matéria é também objeto da Instrução Normativa PRES/INSS n. 128/2022.

A "reclamatória trabalhista", segundo o art. 172 da IN n. 128/2022, por si só, não produz efeitos para fins previdenciários; a análise do processo pelo INSS deverá observar a existência de início de prova material, ainda que produzido apenas no requerimento administrativo (não precisa ter constado dos autos da ação trabalhista).

Se com base no início de prova material restar comprovado o exercício da atividade, o reenquadramento em outra categoria de filiação, por força de sentença trabalhista transitada em julgado, deverá ser acatado pelo INSS (art. 174 da IN n. 128/2022).

Mas, tratando-se de ação trabalhista transitada em julgado envolvendo apenas a complementação de remuneração de vínculo devidamente comprovado, não será exigido início de prova material, independentemente de existência de recolhimentos correspondentes (art. 172, inc. IV, da IN n. 128/2022).

Ou seja, vimos que o entendimento da administração tem evoluído em parte para afastar, se existente o registro em CTPS ou no eSocial, a necessidade de apresentação de início de prova material quando a intenção do segurado seja apenas o reconhecimento de salários de contribuição (como nas hipóteses de pagamentos "extrafolha") ou a complementação destes (no caso de reconhecimento de direito a verbas que integram a este, como diferenças salariais, horas extras, ou adicionais de insalubridade ou periculosidade, por exemplo)[7].

O STJ firmou orientação de que "a sentença trabalhista somente será admitida como início de prova material do vínculo laboral caso ela tenha sido fundada em outros elementos de prova que evidenciem o exercício da atividade laborativa durante o período que se pretende ter reconhecido na ação previdenciária" (AgInt nos EDcl no AREsp 1917056/SP, 1ª Turma, *DJe* 25.05.2022). Na sequência, o STJ firmou orientação mais rigorosa quanto ao reconhecimento de tempo de contribuição baseada em sentenças homologatórias da Justiça do Trabalho:

– **PUIL Tema n. 293:** "A sentença trabalhista homologatória de acordo somente será considerada início válido de prova material, para os fins do art. 55, § 3º, da Lei n. 8.213/1991,

---

[7] No mesmo sentido: TRF da 4ª Região, Súmula n. 107: "O reconhecimento de verbas remuneratórias em reclamatória trabalhista autoriza o segurado a postular a revisão da renda mensal inicial, ainda que o INSS não tenha integrado a lide, devendo retroagir o termo inicial dos efeitos financeiros da revisão à data da concessão do benefício".

quando fundada em elementos probatórios contemporâneos dos fatos alegados, aptos a evidenciar o exercício da atividade laboral, o trabalho desempenhado e o respectivo período que se pretende ter reconhecido, em ação previdenciária" (1ª Seção, j. 14.12.2022).

Por fim, ao apreciar o Tema Repetitivo n. 1.188, fixou o STJ a seguinte tese: "A sentença trabalhista homologatória de acordo, assim como a anotação na CTPS e demais documentos dela decorrentes, somente será considerada início de prova material válida, conforme o disposto no art. 55, § 3º, da Lei n. 8.213/1991, quando houver nos autos elementos probatórios contemporâneos que comprovem os fatos alegados e sejam aptos a demonstrar o tempo de serviço no período que se pretende reconhecer na ação previdenciária, exceto na hipótese de caso fortuito ou força maior" (ac. 1ª Seção, 16.09.2024). No mesmo sentido, o Tema n. 10 do Programa *Desjudicializa Prev*.

Em que pese os citados precedentes, é digno de registro o problema decorrente da confusão conceitual estabelecida entre "sentença trabalhista" e "início de prova material".

Prova é um instrumento de convencimento do órgão julgador para que este realize a prestação jurisdicional. A sentença é a própria prestação jurisdicional, ato de jurisdição, constituindo-se em exercício do poder soberano do Estado, sendo absolutamente irrelevante qual tenha sido o "ramo" do Judiciário (Federal, Estadual ou Trabalhista) que a tenha proferido.

Logo, é de se afirmar, categoricamente, que o segurado que foi contemplado por uma sentença proferida pelo poder estatal que o reconhece como empregado leva à consequência – objetiva, não mais sujeita à reanálise, salvo em caso de ação rescisória daquele julgado – de que tal indivíduo é segurado obrigatório da Previdência Social, na forma do art. 12, inciso I, da Lei n. 8.212/1991, por decorrência lógica, já que, no ordenamento jurídico interno, todo empregado urbano, rural ou doméstico, trabalhador avulso, segurado especial e contribuinte individual é segurado obrigatório do RGPS, merecendo o mesmo tratamento, pelo princípio da universalidade da cobertura e do atendimento (CF, art. 194, p. único, inc. I). O que se tem notado é que prevalece a tese, até aqui, que "É viável o reconhecimento do vínculo laboral de sentença proferida em sede de reclamatória trabalhista, ainda que o INSS não tenha participado daquela lide, desde que, naquele feito, se verifiquem elementos suficientes que afastem a possibilidade de sua propositura meramente para fins previdenciários, dentre os quais se destaca a contemporaneidade do ajuizamento, a ausência de acordo entre empregado e empregador, a confecção de prova pericial e a não prescrição das verbas indenizatórias" (TRF4, AC 5002051-72.2015.4.04.7129, 5ª Turma, Rel. Altair Antonio Gregório, juntado aos autos em 02.07.2020).

Nos casos de períodos de trabalho muito antigos, para os quais o INSS não pode mais exigir contribuição do empregado, o ingresso de pedido primeiro na via judicial trabalhista para posterior pedido na via judicial previdenciária acaba por atrasar a solução do problema e, pelo visto, sem nenhum efeito prático previdenciário – e mais, após a Lei n. 13.467/2017, tendo o autor da demanda que assumir os riscos de eventual sucumbência, caso não tenha êxito em convencer o órgão judicial.

Assim, pela atual posição da jurisprudência previdenciária, deve-se ingressar primeiro na Justiça do Trabalho para se conseguir a decisão que reconhece o vínculo de emprego somente quando haja créditos a que faça jus, pretenda a entrega ou retificação do Perfil Profissiográfico Previdenciário, ou esteja embasada em provas materiais (desaconselhável a realização de acordos judiciais neste caso!) e, depois de obtida decisão de mérito na esfera trabalhista, solicitar o acerto de CNIS junto ao INSS.

Sugere-se, ademais, que em caso de ação trabalhista sobre períodos sem registro em CTPS ou verbas sem trânsito em folha de pagamento, se requeira a expedição de ofício à Secretaria da Receita Federal do Brasil e ao Ministério Público Federal, para o lançamento e cobrança das contribuições sonegadas e para a ação penal cabível (art. 337-A do CP), respectivamente, podendo – e devendo – fazê-lo também o próprio trabalhador prejudicado com a conduta delituosa. Recorda-se que tais contribuições (relativas ao período sonegado) não podem ser executadas na Justiça do Trabalho, conforme a Súmula Vinculante n. 53 do STF. Nesse sentido:

> Comissão paga "extra folha" – Sonegação de direitos assegurados pela legislação trabalhista e ilícitos tributários. Expedição de ofícios. O pagamento de salário inoficioso é uma prova difícil para o autor, pois normalmente é feito em dinheiro pela empresa e de forma separada, empregado por empregado. Assim, não se pode exigir prova documental e mesmo a prova oral não será cabal, pois, dificilmente um empregado terá presenciado outro empregado recebendo o salário extrafolha. A prova produzida no caso em exame, de que a comissão era paga separadamente do salário fixo, sendo este em conta bancária e a comissão em dinheiro diretamente ao empregado, é suficiente para demonstrar que esta era paga de maneira inoficiosa. Incumbe, por dever de ofício, cientificar a Receita Federal do Brasil, para cobrança dos tributos sonegados, e o Ministério Público Federal, para apuração da autoria e materialidade dos delitos praticados. (TRT12 – ROT – 0000311-63.2019.5.12.0002, Rel. Carlos Alberto Pereira de Castro, 3ª Câmara, Assinatura: 20.07.2020)

Para proteção do segurado pode-se, inclusive, intentar as duas ações ao mesmo tempo, requerendo-se, entretanto, a suspensão do processo previdenciário até que se resolva o processo trabalhista. Isso poderá significar, nas ações de concessão de benefício, um aumento dos valores devidos, posto que interrompida a prescrição das parcelas com o ajuizamento da ação. Sobre esse ponto, a uniformização de jurisprudência da TNU:

> – **RC Tema n. 200:** "Na pretensão ao recebimento de diferenças decorrentes de revisão de renda mensal inicial em virtude de verbas salariais reconhecidas em reclamação trabalhista, a prescrição quinquenal deve ser contada retroativamente da data do ajuizamento da ação previdenciária, não fluindo no período de tramitação da ação trabalhista, enquanto não definitivamente reconhecido o direito e não homologados os cálculos de liquidação" (PEDILEF 5002165-21.2017.4.04.7103/RS, j. 09.12.2020).

Outro caso em que o ajuizamento da ação previdenciária envolve o êxito em ação trabalhista é o caso de revisão de renda mensal inicial de benefícios, sujeito ao prazo de decadência de 10 anos a contar da DIB.[8] Nessa matéria, a orientação consolidada do STJ foi no seguinte sentido:

> – **Tema n. 1.117:** "O marco inicial da fluência do prazo decadencial, previsto no caput do art. 103 da Lei n. 8.213/1991, quando houver pedido de revisão da renda mensal inicial (RMI) para incluir verbas remuneratórias recebidas em ação trabalhista nos salários de contribuição que integraram o período básico de cálculo (PBC) do benefício, deve ser o trânsito em julgado da sentença na respectiva reclamatória" (REsp 1947419/RS, 1ª Seção, Rel. Min. Gurgel de Faria, *DJe* 30.08.2022).

Sobre a aplicação do prazo prescricional em tais casos, a TNU decidiu pela contagem sem prejuízo do autor da demanda trabalhista, é dizer, desde o pedido revisional (PUIL n. 0001530-06.2008.4.03.6316 (j. 22.06.2017): "Pedido nacional de uniformização de jurisprudência. Direito previdenciário. Aposentadoria por idade. Revisão de benefício. Inclusão nos salários-de-contribuição de parcelas reconhecidas pelo empregador em reclamatória. Termo inicial dos efeitos financeiros da condenação fixado na data do pedido revisional. Acórdão em confronto com a jurisprudência da TNU. Incidente provido".

---

[8] Para entender melhor a decadência, vide capítulo 9, Parte IV.

Logo, na hipótese de cômputo de tempo de contribuição como segurado empregado, com datas de serviço antigas, nos quais se tem tanto prova documental quanto testemunhal para a averbação do tempo, o ingresso na Justiça do Trabalho torna-se desnecessário, sendo mais prático o ingresso direto na Justiça Federal ou Estadual com vistas à solicitação da concessão do benefício comum ou acidentário, respectivamente. Nesse caso, intenta-se uma ação de averbação de tempo de contribuição cumulada com pedido de concessão de benefício previdenciário/acidentário.

Em casos de períodos mais recentes, o ingresso na Justiça do Trabalho poderá significar o recolhimento dos valores devidos ao INSS sobre verbas como o 13º salário e outras verbas objeto de condenação que integram o salário de contribuição, facilitando, assim, o cômputo do tempo no processo de concessão do benefício. Para o caso de concessão de benefício, pode-se também ajuizar as ações de forma simultânea, pedindo o sobrestamento de ação previdenciária até a solução da ação trabalhista.

Por fim, cabe-nos lembrar que em muitos casos, mesmo quando a sentença homologatória de acordo servir de início de prova documental, convém que o requerente traga aos autos da ação previdenciária provas testemunhais e documentais que ajudem no convencimento do juiz da causa no tocante ao efetivo exercício da atividade, bem como do direito ao benefício pleiteado. Isso porque apenas a sentença trabalhista, como visto nos entendimentos antes transcritos, não significa a automática concessão do benefício.

Paradoxalmente, o entendimento vigente é de que os dois processos judiciais são independentes, podendo o juiz da lide previdenciária analisar os fatos e o direito novamente, decidindo como melhor lhe parecer o direito, não ficando vinculado ao julgamento da Justiça do Trabalho, ainda que em sentença condenatória e não apenas homologatória, como em alguns julgados – lamentavelmente – ainda se observa (*v.g.* TRF da 5ª Região, AC 2006.83.02.000164-4, 4ª Turma, Rel. Des. Federal Marcelo Navarro, *DJ* 08.02.2008).

Assim, em casos de sentença condenatória, devem-se utilizar as provas do processo trabalhista para o convencimento do Juiz da demanda previdenciária.

## 4.7 CONTAGEM RECÍPROCA DO TEMPO DE CONTRIBUIÇÃO

A garantia da contagem recíproca do tempo de serviço, prevista inicialmente na Lei n. 6.226/1975, passou então a ser a contagem de tempo de contribuição, permitindo-se o cômputo, para fins de aposentadoria, do período trabalhado no serviço público e daquele prestado na iniciativa privada, inclusive para o trabalhador urbano e rural, hipótese cujos regimes de Previdência Social envolvidos se compensarão financeiramente conforme regra prevista no § 9º do art. 201 da Constituição Federal.

A EC n. 103/2019 tratou da contagem recíproca do tempo de contribuição no art. 201, §§ 9º, 9º-A e 14, fixando as seguintes regras:

- para fins de aposentadoria, será assegurada a contagem recíproca do tempo de contribuição entre o RGPS e os RPPS, e destes entre si, observada a compensação financeira, de acordo com os critérios estabelecidos em lei;
- o tempo de serviço militar exercido nas atividades de que tratam os arts. 42, 142 e 143 da CF e o tempo de contribuição ao RGPS ou a RPPS terão contagem recíproca para fins de inativação militar ou aposentadoria e a compensação financeira será devida entre as receitas de contribuição referentes aos militares e as receitas de contribuição aos demais regimes;
- é vedada a contagem de tempo de contribuição fictício para efeito de concessão dos benefícios previdenciários e de contagem recíproca.

Nas regras transitórias (art. 25, *caput*), foi assegurada a contagem de tempo de contribuição fictício no RGPS decorrente de hipóteses descritas na legislação vigente até a data de entrada em vigor da EC n. 103/2019, para fins de concessão de aposentadoria. E que, a partir da sua entrada em vigor, deve ser observado o disposto no § 14 do art. 201 da Constituição Federal.

A compensação financeira será efetuada pelos demais regimes em relação ao regime cujo interessado estiver vinculado ao requerer o benefício, em relação aos respectivos tempos de contribuição ou serviço.

A regulamentação legislativa definindo os critérios para a compensação financeira entre o RGPS e os regimes de previdência dos servidores da União, dos Estados, do Distrito Federal e dos Municípios, nos casos de contagem recíproca de tempo de contribuição para efeito de aposentadoria, se deu com a Lei n. 9.796, de 26.05.1999, e pelo Decreto n. 3.112, de 06.07.1999.

O tempo de contribuição, em caso de contagem recíproca, será computado de acordo com a legislação pertinente, observadas, entre outras, as normas previstas no art. 96 da Lei n. 8.213/1991, com alterações posteriores da Lei n. 9.528, de 10.12.1997, e da MP n. 871/2019 (convertida na Lei n. 13.846/2019), quais sejam:

– não será admitida a contagem em dobro ou em outras condições especiais;
– é vedada a contagem de tempo de serviço público com o de atividade privada, quando concomitantes (ressalvados os casos de acumulação de cargos ou empregos públicos admitidos pela Constituição);
– não será contado por um sistema o tempo de serviço utilizado para concessão de aposentadoria pelo outro;
– o tempo de serviço anterior ou posterior à obrigatoriedade de filiação à Previdência Social só será contado mediante indenização da contribuição correspondente ao período respectivo, com acréscimo de juros moratórios de 0,5% ao mês e multa de 10%;
– é vedada a emissão de CTC com o registro exclusivo de tempo de serviço, sem a comprovação de contribuição efetiva, exceto para o segurado empregado, empregado doméstico e trabalhador avulso e, a partir de 1º de abril de 2003, para o contribuinte individual que presta serviço a empresa obrigada a arrecadar a contribuição a seu cargo, observado o disposto nos arts. 4º e 5º da Lei n. 10.666, de 8 de maio de 2003 (essa restrição não se aplica ao tempo de serviço anterior à edição da EC n. 20, de 1998, que tenha sido equiparado por lei a tempo de contribuição);
– a CTC somente poderá ser emitida por regime próprio de previdência social para ex-servidor;
– é vedada a contagem recíproca de tempo de contribuição do RGPS por regime próprio de previdência social sem a emissão da CTC correspondente, ainda que o tempo de contribuição do RGPS tenha sido prestado pelo servidor público ao próprio ente instituidor;
– é vedada a desaverbação de tempo em regime próprio de previdência social quando o tempo averbado tenha gerado a concessão de vantagens remuneratórias ao servidor público em atividade; e
– para fins de elegibilidade às aposentadorias especiais referidas no § 4º do art. 40 e no § 1º do art. 201 da Constituição Federal, os períodos reconhecidos pelo regime previdenciário de origem como de tempo especial, sem conversão em tempo comum, deverão estar incluídos nos períodos de contribuição compreendidos na CTC e discriminados de data a data.

Poderá ser contado o tempo de contribuição na administração pública direta, autárquica e fundacional dos Estados, do Distrito Federal e dos Municípios, desde que estes assegurem aos seus servidores, mediante legislação própria, a contagem de tempo de contribuição em atividade vinculada ao RGPS.

Em consonância com o art. 19-A do Decreto n. 3.048/1999, com redação conferida pelo Decreto n. 6.722/2008, "para fins de benefícios de que trata este Regulamento, os períodos de vínculos que corresponderem a serviços prestados na condição de servidor estatutário somente serão considerados mediante apresentação de Certidão de Tempo de Contribuição fornecida pelo órgão público competente, salvo se o órgão de vinculação do servidor não tiver instituído regime próprio de previdência social".

De acordo com o art. 130 do Decreto n. 3.048/1999, o tempo de contribuição para o Regime Próprio de Previdência Social ou para o RGPS pode ser provado com certidão fornecida:

I – pela unidade gestora do regime próprio de Previdência Social ou pelo setor competente da administração federal, estadual, do Distrito Federal e municipal, suas autarquias e fundações, desde que devidamente homologada pela unidade gestora do regime próprio, relativamente ao tempo de contribuição para o respectivo regime próprio de Previdência Social; ou

II – pelo setor competente do Instituto Nacional do Seguro Social, relativamente ao tempo de contribuição para o Regime Geral de Previdência Social.

O INSS deverá promover o levantamento do tempo de filiação ao RGPS à vista dos assentamentos internos ou das anotações na Carteira do Trabalho e/ou na CTPS, ou de outros meios de prova admitidos em direito.

O setor competente do órgão federal, estadual, do Distrito Federal ou municipal deverá promover o levantamento do tempo de contribuição para o respectivo regime próprio de Previdência Social à vista dos assentamentos funcionais.

Conforme o art. 70 da Instrução Normativa PRES/INSS n. 128, de 28 de março de 2022, com redação conferida pela IN PRES/INSS n. 167/2024, observado o disposto no art. 130 do RPS, o aproveitamento no RGPS do tempo de contribuição durante o qual o agente público federal, estadual, distrital ou municipal foi vinculado a RPPS, na forma de contagem recíproca de que trata a Lei n. 6.226, de 14 de julho de 1975, será feito mediante a apresentação da Certidão de Tempo de Contribuição – CTC, conforme Anexo IX da Portaria MTP n. 1.467, de 2022, que deverá estar acompanhada da "Relação das Bases de Cálculo de Contribuição", conforme Anexo X da mesma Portaria, caso compreenda período posterior à competência junho de 1994.

Isso porque "a CTC oriunda de outros regimes de previdência ou a Certidão de Tempo de Serviço Militar expedida no âmbito do Sistema de Proteção Social dos Militares – SPSM, no caso das atividades de que tratam os arts. 42, 142 e 143 da Constituição Federal, emitidas a partir de 1º de julho de 2022, data da entrada em vigor da Portaria MPT n. 1.467, de 2022, deverão seguir o modelo constante no Anexo IX da referida Portaria e estar acompanhada da "Relação das Bases de Cálculo de Contribuição", conforme Anexo X da mesma Portaria, caso compreenda período posterior à competência junho de 1994" (art. 213 da Instrução Normativa PRES/INSS n. 128, de 28 de março de 2022, com redação conferida pela IN PRES/INSS n. 167/2024). A CTC só poderá ser emitida para ex-servidor do RPPS ou ex-militar do SPSM e relativamente aos períodos em que tenha havido, por parte deles, a prestação de serviço ou a correspondente contribuição.

Ocorrerá averbação automática do registro do tempo de contribuição, vinculado ao RGPS, em que o servidor público prestou ao próprio ente federativo no período anterior a 18 de janeiro de 2019, e que teve a apresentação da CTC dispensada pelo INSS para fins de realização da compensação financeira, podendo a averbação automática ocorrer nas seguintes situações (art. 512, § 3º, da Instrução Normativa PRES/INSS n. 128, de 28 de março de 2022, com redação conferida pela IN PRES/INSS n. 167/2024):

I – em decorrência da criação do Regime Jurídico Único, em obediência ao art. 39 da Constituição Federal de 1988; e

II – no caso dos servidores estaduais, municipais ou distritais, quando da transformação do Regime de Previdência em RPPS.

Em relação à contagem recíproca do tempo de atividade especial, decidiu o STF nos seguintes termos:

> A contagem recíproca é um direito assegurado pela Constituição do Brasil. O acerto de contas que deve haver entre os diversos sistemas de previdência social não interfere na existência desse direito, sobretudo para fins de aposentadoria. Tendo exercido suas atividades em condições insalubres à época em que submetido aos regimes celetista e previdenciário, o servidor público possui direito adquirido à contagem desse tempo de serviço de forma diferenciada e para fins de aposentadoria. Não seria razoável negar esse direito à recorrida pelo simples fato de ela ser servidora pública estadual e não federal. E isso mesmo porque condição de trabalho, insalubridade e periculosidade, é matéria afeta à competência da União (CB, art. 22, I [direito do trabalho]) (RE 255.827, Rel. Min. Eros Grau, julgamento em 25.10.2005, *DJ* 2.12.2005).

A respeito do direito do servidor público de exigir do INSS a certidão que comprova o exercício da atividade especial, assim se pronunciou o STF:

> O servidor público tem direito à emissão pelo INSS de certidão de tempo de serviço prestado como celetista sob condições de insalubridade, periculosidade e penosidade, com os acréscimos previstos na legislação previdenciária. A autarquia não tem legitimidade para opor resistência à emissão da certidão com fundamento na alegada impossibilidade de sua utilização para a aposentadoria estatutária; requerida esta, apenas a entidade à qual incumba deferi-la é que poderia se opor à sua concessão. (RE 433.305, Rel. Min. Sepúlveda Pertence, j. 14.02.2006, *DJ* 10.03.2006. No mesmo sentido: RE 383.998-AgR, Rel. Min. Sepúlveda Pertence, j. 13.02.2007, *DJ* 27.04.2007)

O direito à conversão do tempo especial no serviço público foi definido de forma favorável pelo STF, até o advento da EC n. 103/2019, consoante se observa da tese fixada na Repercussão Geral – Tema n. 942:

> Até a edição da Emenda Constitucional n. 103/2019, o direito à conversão, em tempo comum, do prestado sob condições especiais que prejudiquem a saúde ou a integridade física de servidor público decorre da previsão de adoção de requisitos e critérios diferenciados para a jubilação daquele enquadrado na hipótese prevista no então vigente inciso III do § 4º do art. 40 da Constituição da República, devendo ser aplicadas as normas do regime geral de previdência social relativas à aposentadoria especial contidas na Lei n. 8.213/1991 para viabilizar sua concretização enquanto não sobrevier lei complementar disciplinadora da matéria. Após a vigência da EC n. 103/2019, o direito à conversão em tempo comum, do prestado sob condições especiais pelos servidores obedecerá à legislação complementar dos entes federados, nos termos da competência conferida pelo art. 40, § 4º-C, da Constituição da República. (RE 1014286, Tribunal Pleno, Rel. do Acórdão Min. Edson Fachin, *DJe* 24.09.2020)

A Secretaria de Previdência divulgou a Nota Técnica n. 792/2021/CGNAL/SRPPS/SPREV/SEPRT/ME, aprovada pelo Despacho n. 846/2021/SPREV/SEPRT-ME, que analisou a tese fixada pelo STF no RE n. 1.014.286 (Tema n. 942 da Repercussão Geral), orientando que:

Deverá ser mantido o procedimento de emissão de Certidão de Tempo de Contribuição – CTC com o reconhecimento de tempo especial pelo regime de origem, mas sem conversão em tempo comum, nos termos do inciso IX do art. 96 da Lei n. 8.213/1991 (que não foi afetado pela decisão do STF), cabendo ao Regime instituidor efetuar a conversão quando cabível.

Nesse mesmo sentido é a orientação da TNU, conforme se observa do precedente que segue:

> O segurado do RGPS que trabalhava sob condições especiais e passou, sob qualquer condição, para o RPPS, tem direito à expedição de certidão desse tempo identificado como especial, discriminado de data a data, com indicação do fator de conversão, ficando a conversão em comum e a contagem recíproca à critério do RPPS de destino. (PUIL n. 5000356-30.2017.4.04.7124/RS, j. 16.10.2020)

Com relação à expedição de certidão de tempo de contribuição para período fracionado, não utilizado para efeito de concessão de benefício por regime diverso, decidiu o STJ nos termos que seguem:

> Previdenciário. Recurso especial. Segurado já aposentado no serviço público com utilização da contagem recíproca. Concessão de aposentadoria junto ao RGPS. Tempo não utilizado no instituto da contagem recíproca. Fracionamento de período. Possibilidade. Art. 98 da Lei n. 8.213/1991. Interpretação restritiva. 1. A norma previdenciária não cria óbice à percepção de duas aposentadorias em regimes distintos, quando os tempos de serviços realizados em atividades concomitantes sejam computados em cada sistema de previdência, havendo a respectiva contribuição para cada um deles. 2. O art. 98 da Lei n. 8.213/1991 deve ser interpretado restritivamente, dentro da sua objetividade jurídica. A vedação contida em referido dispositivo surge com vistas a reafirmar a revogação da norma inserida na Lei n. 5.890/1973, que permitia o acréscimo de percentual a quem ultrapassasse o tempo de serviço máximo, bem como para impedir a utilização do tempo excedente para qualquer efeito no âmbito da aposentadoria concedida. 3. É permitido ao INSS emitir certidão de tempo de serviço para período fracionado, possibilitando ao segurado da Previdência Social levar para o regime de previdência próprio dos servidores públicos apenas o montante de tempo de serviço que lhe seja necessário para obtenção do benefício almejado naquele regime. Tal período, uma vez considerado no outro regime, não será mais contado para qualquer efeito no RGPS. O tempo não utilizado, entretanto, valerá para efeitos previdenciários junto à Previdência Social. 4. Recurso especial a que se nega provimento. (REsp 687.479, Rel. Min. Laurita Vaz, *DJ* 30.05.2005)

Merece destaque, ainda, que este também é o entendimento do STF acerca do direito do segurado à obtenção de certidão de tempo de contribuição parcial perante o INSS, nos termos da ementa que segue:

> Direitos individuais homogêneos. Segurados da Previdência Social. Certidão parcial de tempo de serviço. Recusa da autarquia previdenciária. Direito de petição e direito de obtenção de certidão em repartições públicas. Prerrogativas jurídicas de índole eminentemente constitucional. Existência de relevante interesse social. Ação civil pública. Legitimação ativa do Ministério Público. Doutrina. Precedentes. Recurso extraordinário improvido. (RE 472.489/RS, 2ª Turma, Rel. Min. Celso de Mello, *DJe* 28.11.2007)

O benefício resultante da contagem recíproca do tempo será concedido e pago pelo sistema a que o interessado estiver vinculado ao requerê-lo, e calculado na forma da respectiva legislação. Concedido o benefício, caberá, segundo o art. 131 do RPS:

- ao INSS comunicar o fato ao órgão público emitente da certidão, para as anotações nos registros funcionais e/ou na segunda via da certidão de tempo de contribuição; e
- ao órgão público comunicar o fato ao INSS, para efetuar os registros cabíveis.

### 4.7.1 Requerimento de Certidão de Tempo de Contribuição – CTC

O requerimento de Certidão de Tempo de Contribuição pode ser pleiteado pelos portais "MEU INSS" (meu.inss.gov.br) ou "INSS Digital" (geridinss.dataprev.gov.br e novorequerimento.inss.gov.br). O pedido é realizado totalmente a distância, sem a necessidade de comparecimento na agência do INSS, salvo nos casos de exigência para cumprimento presencial expedido pelo servidor.

Destacamos ainda que o pedido de CTC pode ser com relação a todo tempo contribuído ou apenas relativo a alguns períodos, devendo o segurado explicitar no requerimento quais os períodos que deseja, se não estiver requerendo certidão de tempo de contribuição total.

Além disso, é possível o requerimento de tempo de contribuição em conjunto com o pedido de retroação da data de início das contribuições (DIC) ou com o pedido de recolhimento em atraso de períodos em aberto. Assim o segurado fará o recolhimento de novos valores para que estes sejam incluídos da CTC a ser emitida pelo INSS.

Importante destacar que sempre que a CTC é requerida deve ser informado o órgão que irá receber tal documento, ou seja, qual órgão o segurado está vinculado e pretende levar o tempo contribuído.

A certidão de tempo de contribuição deverá ser expedida em duas vias, das quais a primeira será fornecida ao interessado, mediante recibo passado na segunda via, implicando sua concordância quanto ao tempo certificado.

Caso o segurado mude de órgão posteriormente e queira transferir o tempo a outro órgão/Regime, deve ser solicitada a revisão da CTC e a comprovação da inutilização ou desaverbação do tempo anteriormente retirado do INSS.

É possível também pleitear a revisão de CTC, para inclusão de períodos e/ou valores de contribuição, ou ainda para a correção de uma CTC que tenha sido emitida com algum erro. Nesse caso, está disponível no portal "MEU INSS" e INSS Digital o serviço **"Revisão de Certidão de Tempo de Contribuição"**, realizado integralmente de forma digital, salvo emissão de exigência expressa para cumprimento presencial. Etapas para pedir o serviço: a) entre no Meu INSS; b) clique no botão "Novo Pedido"; c) digite "revisão de certidão"; d) na lista, clique no nome do serviço/benefício; e) selecione "Revisar"; f) leia o texto que aparece na tela e avance seguindo as instruções.[9]

Uma modificação relevante com a digitalização do serviço é a dispensa da entrega da CTC para emissão de uma nova. Assim, uma vez requerida a revisão da CTC e sendo esta emitida pelo INSS, automaticamente haverá o cancelamento da anterior.

A emissão de CTC obriga a compensação financeira entre os regimes, ficando o Regime que reconhecer e certificar o tempo obrigado a efetuar os pagamentos na forma da Lei n. 9.796/1999.

## 4.8 JUSTIFICAÇÃO ADMINISTRATIVA

A Justificação Administrativa – JA é o meio utilizado para suprir a falta ou insuficiência de documentos ou produzir prova de fato ou circunstância de interesse dos beneficiários perante a Previdência Social – Lei n. 8.213/1991, art. 108.

---

[9] Disponível em: https://www.gov.br/pt-br/servicos/solicitar-revisao-de-certidao-de-tempo-de-contribuicao. Acesso em: 3 out. 2023.

A Justificação Administrativa, assim como a Justificação Judicial, é caracterizada como meio de prova subsidiário, com previsão na IN PRESI/INSS n. 128/2022, arts. 567 a 572.

Utilizamos, por oportuno, a definição dada por Osiris A. Borges de Medeiros à justificação administrativa: "É o procedimento utilizado para provar fatos ou circunstâncias de interesse dos beneficiários frente à Previdência Social e que eles não conseguem deixar completamente demonstrados apenas com documentos"[10].

O Decreto n. 3.048/1999 vedou a tramitação da justificação administrativa como processo autônomo, exigindo que seja parte de processo antecedente (art. 142, § 2º). Dessa forma, não pode ser processada isoladamente. Sua instrução passa a ser decorrente de processo de benefício, de averbação de tempo de serviço ou de Certidão de Tempo de Contribuição – CTC.

Não será admitida a JA quando o fato a comprovar exigir registro público de casamento, de idade ou de óbito, ou de qualquer ato jurídico para o qual a lei prescreva forma especial. E só será admitido o processamento da JA na hipótese de ficar evidenciada a inexistência de outro meio capaz de configurar a verdade do fato alegado.

O interessado deverá apresentar início de prova material (prova documental contemporânea ao fato alegado), devendo ser apresentados indícios (um ou mais) como marco inicial; e outro, como marco final, que possam levar à convicção do que se pretende comprovar. Se o período a ser comprovado for superior a quatro anos, deverão ser apresentados indícios de prova intermediários relativos ao período a ser comprovado (um ou mais).

Se no decorrer do processamento da JA ficar evidenciado que a prestação de serviço se deu sem relação de emprego, será feito o reconhecimento da filiação na categoria de contribuinte individual, com obrigatoriedade do recolhimento das contribuições, na forma do art. 195 da IN PRES/INSS n. 128/2022 (a IN n. 77/2015 já tinha o mesmo entendimento em seu art. 147).

Para efeito de comprovação de tempo de contribuição mediante processamento de JA, esteja ou não a empresa em atividade, deverá o interessado juntar prova oficial de sua existência no período que se pretende comprovar.

No caso de comprovação de tempo de contribuição, é dispensado o início de prova material quando houver ocorrência de motivo de força maior ou caso fortuito.[11]

O motivo de força maior ou caso fortuito deverá ser comprovado por meio da certidão do corpo de bombeiro, Defesa Civil, boletim de ocorrência policial, conforme o caso. Da ocorrência policial deverão constar registros que evidenciem que a empresa foi atingida pelo sinistro (endereço, os setores atingidos, documentação destruída, danos causados etc.).

O Laudo de Exame Grafotécnico/documentoscópico somente será aceito se apresentados os documentos originais que serviram de base na realização do exame, para verificação sobre sua aceitação como indício de prova material para fins de processamento de JA.

A homologação da JA, quanto à forma e ao mérito, é de competência da autoridade que autorizou seu processamento. Cabe ao processante apenas fazer relatório sucinto do que colheu sobre os fatos, opinando conclusivamente sobre a prova produzida, isto é, se foram confirmados, ou não, os fatos alegados, não sendo de sua competência analisar o início de prova material apresentado.

Na hipótese de as testemunhas residirem em localidade distante ou localidade pertencente à zona de influência de outro órgão local, caberá o julgamento quanto à eficácia da JA à autoridade que solicitou seu processamento.

---

[10] MEDEIROS, Osiris A. Borges de. *Aposentadoria ao alcance de todos*. Rio de Janeiro: Forense, 1995. p. 131.

[11] "O caso fortuito ou de força maior verifica-se no fato necessário, cujos efeitos não era possível evitar ou impedir" (parágrafo único do art. 393 do Código Civil).

De acordo com o art. 147 do Decreto n. 3.048/1999, não caberá recurso da decisão da autoridade competente do INSS que considerar eficaz ou ineficaz a justificação administrativa.

A justificação poderá ser também judicial, cuja jurisdição é voluntária. A sentença apenas homologa a prova produzida, não adentrando o mérito de sua validade como meio de convencimento do Juízo, por isso, não há condenação do INSS a reconhecer o tempo de contribuição.

O STF decidiu que, ante o disposto no art. 866 do CPC (art. 381, § 5º, do CPC/2015) o pronunciamento judicial na justificação não torna estreme de dúvida o tempo de contribuição. Essa é a orientação da 1ª Turma ao denegar mandado de segurança, em que arguida ofensa a direito líquido e certo, porquanto teria sido olvidado título extraído da justificação judicial. Sustentava-se também decadência do direito de o Poder Público rever atos administrativos em razão do decurso de quase 10 anos entre a concessão de aposentadoria e o exame procedido pela Corte de Contas, assim como violação ao contraditório e à ampla defesa. Sobrelevou-se haver atos sequenciais para o registro do benefício em comento, de modo que, enquanto não praticado o último, não se cogitaria de inércia punível da Administração. Logo, não se aplicaria o art. 54 da Lei n. 9.784/1999. Por fim, aludiu-se à Súmula Vinculante n. 3, consoante a qual o contraditório não alcançaria o processo de registro de aposentadoria (MS 28.829/AM, 1ª T., Rel. Min. Marco Aurélio, 11.09.2011 – Informativo STF 679).

Experiência exitosa tem sido adotada em alguns JEFs, em que o INSS é intimado, antes da citação ou após a contestação, para que efetue justificação administrativa para oitiva das testemunhas voltadas à comprovação do exercício da atividade rural. Tal prática tem dispensado a realização de audiências de instrução e proporcionado a realização de acordos nas ações que buscam a comprovação do tempo rural para a concessão de benefícios.

# 5

# Manutenção e Perda da Qualidade de Segurado

O instituto da manutenção da qualidade de segurado trata do período em que o indivíduo continua filiado ao Regime Geral de Previdência Social – RGPS, por estar contribuindo ou por estar no chamado "período de graça".

No período de graça, o segurado continua amparado pela Previdência Social – bem como seus dependentes – em caso de infortúnios, mesmo se não estiver exercendo atividade que o enquadre como segurado obrigatório, nem contribuir mensalmente, como facultativo; trata-se de exceção em face do sistema do RGPS, de caráter eminentemente contributivo (Constituição, art. 201, *caput*).

A qualidade de segurado é mantida, independentemente de contribuições, conservando todos os direitos perante a Previdência Social, nos prazos previstos no art. 15 da Lei n. 8.213/1991, que assim resumimos:

## 5.1 SEGURADO EM GOZO DE BENEFÍCIO, EXCETO DO AUXÍLIO-ACIDENTE

O fato de o segurado estar em fruição de benefício previdenciário impede que ele, por motivo alheio à sua vontade, permaneça contribuindo para o RGPS. Em virtude disso, a legislação estabelece que, durante o tempo de fruição, se mantenha a qualidade de segurado, para todos os fins. Nessa linha de entendimento, o INSS reconhecia a manutenção da qualidade de segurado inclusive durante o período de percepção do auxílio-acidente ou de auxílio suplementar[1]. No entanto, a Lei n. 13.846/2019 (conversão da MP n. 871/2019) passou a excluir de tal hipótese, expressamente, o beneficiário do auxílio-acidente. Dessa forma, a Instrução Normativa n. 128/2022 dispõe no art. 184, I, que no período de recebimento de auxílio-acidente e auxílio suplementar deverá ser observada a regra geral para leitura do prazo da manutenção da qualidade de segurado.

Cessado o benefício por incapacidade, é mantida a qualidade de segurado por mais 12 meses. Nesse sentido, o art. 13, II, do RPS: "II – até doze meses após a cessação de benefício por incapacidade ou das contribuições, observado o disposto nos §§ 7º e 8º e no art. 19-E; (...)".

## 5.2 SEGURADO QUE DEIXAR DE EXERCER ATIVIDADE REMUNERADA

O texto original do Decreto n. 3.048/1999 previa, no inciso II do art. 13, que era mantida a qualidade de segurado "até doze meses após a cessação de benefício por incapacidade ou após a

---

[1] Art. 137, I, da IN PRESI/INSS n. 77/2015, a qual foi substituída pela IN PRESI/INSS n. 128/2022.

cessação das contribuições, o segurado que deixar de exercer atividade remunerada abrangida pela previdência social ou estiver suspenso ou licenciado sem remuneração".

O Decreto n. 10.410/2020 havia restringido da redação a menção ao término de fruição de benefício por incapacidade, o que também não consta da redação da Lei n. 8.213/1991 em seu art. 15, inciso II. O Decreto n. 10.491, de 23.09.2020, modificou novamente a redação, reincluindo a situação da cessação de benefícios por incapacidade na redação do RPS.

Embora o art. 184, § 4º, da IN PRESI/INSS n. 128/2022 preveja que sejam necessárias 120 contribuições mensais sem interrupção que acarrete a perda da qualidade de segurado, entendemos que a prorrogação se aplica também nos casos em que esse quantitativo é atingido de forma descontínua (com perda da qualidade de segurado). Isso porque, com o reingresso do segurado ao sistema, é direito do segurado que as contribuições anteriores sejam computadas, inclusive para efeito de carência. No entanto, a TNU reafirmou a tese de que "a extensão do prazo de graça prevista no art. 15, § 1º, da Lei n. 8.213/1991 somente se aplica quando vertidas ao menos 120 contribuições sem interrupção que acarrete a perda da qualidade de segurado" (PUIL 0039239-49.2014.4.01.3300, Rel. Juiz Federal Jairo Gilberto Schafer, publ. 17.02.2020).

Relevante, ademais, destacar precedente da TNU no sentido de que "se incorpora definitivamente ao patrimônio jurídico do(a) segurado(a) a extensão do período de graça previsto no § 1º do art. 15 da Lei n. 8.213/1991, quando houver contribuído por mais de 120 meses sem interrupções que importem a perda da qualidade de segurado(a)" (PUIL n. 0001377-02.2014.4.03.6303/SP, Sessão de 17.08.2018).

Sendo assim, o período de graça do segurado que deixa de exercer atividade laborativa pode ser de doze meses (para o segurado com menos de 120 contribuições mensais), vinte e quatro meses (para o segurado com mais de 120 contribuições mensais; ou para o segurado com menos de 120 contribuições, comprovando que, depois dos primeiros doze meses de período de graça, permanece na situação de desemprego, ou trinta e seis meses (quando o segurado com mais de 120 contribuições mensais comprove, após os primeiros vinte e quatro meses, que permanece desempregado).

A respeito da comprovação da condição de desemprego, importante frisar a Súmula n. 27 da TNU, que ainda faz referência ao extinto MTE, mas permanece aplicável em sua essência: "A ausência de registro em órgão do Ministério do Trabalho não impede a comprovação do desemprego por outros meios admitidos em Direito". E também:

> A prorrogação da qualidade de segurado por desemprego involuntário, nos moldes do § 2º do art. 15 da Lei n. 8.213/1991, se estende ao segurado contribuinte individual se comprovada a cessação da atividade econômica por ele exercida por causa involuntária, além da ausência de atividade posterior. (TNU, PUIL n. 0504272-91.2018.4.05.8400/RN, j. 28.04.2021)

Segundo o STJ, a ausência de registro na CTPS não é suficiente para comprovar a situação de desempregado, pois não afasta a possibilidade do exercício de atividade remunerada na informalidade: "Dessa forma, esse registro não deve ser tido como o único meio de prova da condição de desempregado do segurado, especialmente considerando que, em âmbito judicial, prevalece o livre convencimento motivado do Juiz e não o sistema de tarifação legal de provas. Assim, o registro perante o SINE poderá ser suprido quando for comprovada tal situação por outras provas constantes dos autos, inclusive a testemunhal" (Pet n. 7.115/PR, 3ª Seção, Rel. Min. Napoleão Nunes Maia Filho, DJe 06.04.2010).

O TRF da 4ª Região tem precedentes no sentido de que "Comprovada a situação de desemprego do segurado após o término do último vínculo de emprego, por meio da percepção de parcelas a título de seguro-desemprego, faz jus à prorrogação do período de graça na forma do disposto no art. 15, § 2º, da Lei n. 8.213/1991" (AC 5014717-89.2019.4.04.9999, TRF/SC,

Rel. Des. Federal Paulo Afonso Brum Vaz, j. 02.07.2020). Orientação similar é prevista na IN PRESI/INSS n. 128/2022, que estabelece como condição o registro no Sistema Nacional de Emprego (SINE) ou o recebimento de seguro-desemprego (art. 184, § 5º). Por uma questão de isonomia com os demais beneficiários do Regime Geral da Previdência Social, o segurado especial pode ter o seu "período de graça" prorrogado por até 36 meses, desde que satisfeitas as condições do art. 15 da Lei n. 8.213/1991. Nesse sentido: "Uma vez satisfeitas as condições do art. 15 da Lei n. 8.213/1991, o segurado especial pode ter o seu "período de graça" prorrogado por até 36 meses" (TNU, PUIL n. 0503487-95.2019.4.05.8303/PE, j. 27.05.2021).

A regra também se aplica ao indivíduo que se tenha desvinculado de RPPS (ex.: servidor que pede exoneração ou é demitido), nos termos do § 4º do art. 13 do RPS, incluído pelo Decreto n. 3.265/1999.

Ainda é importante salientar que, segundo o art. 188 da IN n. 128/2022, "o exercício de atividade rural entre atividades urbanas, ou vice-versa, assegura a manutenção da qualidade de segurado, quando, entre uma atividade e outra, não tenha ocorrido interrupção que acarrete a perda dessa qualidade".

## 5.3 SEGURADO ACOMETIDO DE DOENÇA DE SEGREGAÇÃO COMPULSÓRIA

Nesse caso, o segurado que foi acometido ou mesmo que ainda esteja na condição de ser suspeito de estar contaminado por doença que exija, pelas normas de vigilância sanitária e epidemiológica, a internação em separado ou a impossibilidade de contato com outras pessoas, além de mantido na condição de segurado durante o período da doença, por estar em benefício (primeira hipótese elencada), terá direito a mais doze meses de período de graça, após a cessação da segregação, sem necessidade de recolhimento de contribuições.

Exemplo evidente da situação em comento é a decorrente das normas de vigilância sanitária editadas em face da pandemia de covid-19, que impuseram a todos os que estavam com o vírus, ainda que assintomáticos (ou seja, **não necessariamente incapacitados para o trabalho**), bem como aos que foram isolados preventivamente, por suspeita de contágio, ou por residirem ou terem tido contato com pessoas contaminadas, o afastamento compulsório não só das atividades remuneradas, mas **de todo o convívio social**. É dizer, tais indivíduos, à luz da regra em comento, fazem jus à manutenção da qualidade de segurado, se a possuíam antes desta segregação, pelo lapso de 12 meses após cessar a obrigatoriedade de afastamento.

A Lei n. 13.979, de 6 de fevereiro de 2020, vigente desde a referida data, disciplinou as situações decorrentes de medidas emergenciais tomadas durante o estado de emergência internacional pelo coronavírus. A aludida lei deixava claro que as disposições ali contidas envolviam uma questão de "emergência de saúde pública de relevância internacional (art. 1º, *caput*) e que "as medidas estabelecidas nesta Lei objetivam a proteção da coletividade" (§ 1º do art. 1º). É relevante observar as definições contidas no art. 2º da Lei:

> Art. 2º Para fins do disposto nesta Lei, considera-se:
> I – **isolamento**: separação de pessoas doentes ou contaminadas, ou de bagagens, meios de transporte, mercadorias ou encomendas postais afetadas, de outros, de maneira a evitar a contaminação ou a propagação do coronavírus; e
> II – **quarentena:** restrição de atividades ou separação de pessoas suspeitas de contaminação das pessoas que não estejam doentes, ou de bagagens, contêineres, animais, meios de transporte ou mercadorias suspeitos de contaminação, de maneira a evitar a possível contaminação ou a propagação do coronavírus.

O art. 3º previu que, para o enfrentamento da emergência de saúde pública de importância internacional decorrente do coronavírus, poderiam ser adotadas, entre outras, medidas como o isolamento e a quarentena. E no § 4º deste artigo há regra impositiva: "[a]s pessoas deverão sujeitar-se ao cumprimento das medidas previstas neste artigo, e o descumprimento delas acarretará responsabilização, nos termos previstos em lei". Tem-se pela lei em comento que há imposição de quarentena a pessoas que, embora não contaminadas, sejam "suspeitos de contaminação", de maneira a evitar a possível contaminação ou a propagação do coronavírus.

Trata-se, portanto, de situação de segregação compulsória. Por medida de saúde pública, protegendo toda a coletividade, como bem explana a Lei, não se pode arriscar que uma pessoa suspeita de estar contaminada possa transmitir o vírus.

Assim, conclui-se que, seja em razão de isolamento, seja em razão de quarentena, a hipótese constitui período de graça (com manutenção da qualidade de segurado, mesmo sem verter contribuições), pelo lapso de "12 (doze) meses após cessar a segregação".

Situação similar deve ser considerada, mais recentemente, às pessoas infectadas e suspeitas de infecção pela chamada "varíola dos macacos", incluída na Lista Nacional de Doenças de Notificação Compulsória pelo Ministério da Saúde.[2]

Para tanto, deverá o segurado comprovar, mediante documentação específica (atestado médico, parecer ou documento médico que comprove o fato), a necessária segregação, sob pena de não ser considerado o período. Nesse sentido, o julgado da 10ª Turma do TRF da 3ª Região na AC 2008.03.99.022029-9, Rel. Juíza convocada Giselle França, em 07.10.2008.

## 5.4 SEGURADO DETIDO OU RECLUSO

O segurado que for recolhido a cárcere, ainda que em prisão cautelar, impossibilitado, portanto, de exercer atividade remunerada, permanece na qualidade de segurado, durante o período de cumprimento da pena respectiva. Concedida a liberdade – provisória ou não –, o segurado permanece nessa condição até doze meses após.

Em relação ao condenado na condição de foragido, a TNU fixou a seguinte tese: "Tratando-se de preso foragido, não se aplica a regra de manutenção da qualidade de segurado por 12 meses a partir do livramento, nos termos do art. 15, IV, da Lei n. 8.213/1991" (PUIL n. 0067318-03.2008.4.01.3800/MG, j. 18.09.2019).

Quanto ao segurado que tenha idade inferior a 18 anos e seja apenado com medidas socioeducativas de internação em estabelecimento, na forma do Estatuto da Criança e do Adolescente, parece-nos que deve ser aplicada a mesma regra, uma vez que há perda da possibilidade de trabalhar.

Evidentemente, não possui a qualidade de segurado o detento ou recluso que não era, ao tempo da prisão, segurado do RGPS, nem se encontrava em período de graça. Vale dizer, o indivíduo que não era segurado antes do cumprimento da pena não adquire tal condição ao livrar-se solto.

## 5.5 DAS REGRAS PERTINENTES AO SEGURADO ESPECIAL (RURAL)

Para a manutenção da qualidade do segurado especial (rural) a IN n. 128/2022 do INSS garante, esteja ele contribuindo facultativamente ou não, que se observem as condições de

---

[2] Conforme informação contida no portal do Ministério da Saúde: https://www.gov.br/saude/pt-br/assuntos/noticias/2022/setembro/ministerio-da-saude-inclui-variola-dos-macacos-na-lista-nacional-de-notificacao-compulsoria-de-doencas. Acesso em: 12 set. 2022.

perda e manutenção de qualidade de segurado dos empregados a que se referem os incisos I a V *caput* do art. 184:

> I – sem limite de prazo para quem estiver em gozo de benefício, exceto na hipótese de recebimento de auxílio-acidente e auxílio-suplementar;
> II – até 12 (doze) meses após a cessação de benefícios por incapacidade, salário-maternidade ou após a cessação das contribuições, para o segurado que deixar de exercer atividade remunerada abrangida pela Previdência Social, observado que o salário-maternidade deve ser considerado como período de contribuição;
> III – até 12 (doze) meses após cessar a segregação, para o segurado acometido de doença de segregação compulsória;
> IV – até 12 (doze) meses após o livramento, para o segurado detido ou recluso.

## 5.6 SEGURADO INCORPORADO ÀS FORÇAS ARMADAS PARA PRESTAR SERVIÇO MILITAR

A prestação de serviço militar citada na lei é a do serviço militar *obrigatório*, que suspende o contrato de trabalho dos segurados empregados (art. 472 da CLT e Lei n. 4.375/1964, com a redação da Lei n. 4.754/1965).

Observe-se que apenas aquele que já era segurado antes de prestar o serviço militar permanece nessa condição, durante o período junto às Forças Armadas, até três meses após o seu licenciamento, ou "baixa". Ademais, embora a legislação previdenciária seja omissa a respeito, aplica-se esta mesma regra, analogicamente, ao segurado que vier a prestar serviço civil alternativo, por motivo de crença religiosa ou convicção filosófica ou política, na forma do art. 143, § 1º, da Constituição, com a redação da Emenda Constitucional n. 19/1998, regulamentado pela Lei n. 8.239/1991.

## 5.7 SEGURADO FACULTATIVO

Nesta categoria, o segurado, uma vez tendo iniciado a contribuir como tal, tem o permissivo legal de não contribuir por até seis meses contínuos, permanecendo durante esse prazo na condição de segurado, devendo, para assim se manter, contribuir no mês seguinte a este prazo; evidentemente, o período em que não houve contribuição não servirá para fins de contagem de tempo para aposentadoria.

## 5.8 DISPOSIÇÕES GERAIS PERTINENTES À PERDA DA QUALIDADE DE SEGURADO

A perda da qualidade de segurado, segundo a regra prevista no § 4º do art. 15 da Lei n. 8.213/1991, ocorrerá no dia seguinte ao do término do prazo fixado no Plano de Custeio da Seguridade Social para recolhimento da contribuição referente ao mês imediatamente posterior ao final dos prazos referidos acima.

A regra pode dar ao intérprete a impressão de haver contradição entre os prazos dos incisos do art. 15 da Lei n. 8.213/1991 e a data de término do chamado período de graça, conforme o § 4º do art. 15.

A explicação é simples. Durante o período de graça, o segurado não está efetuando contribuições. Se o segurado tem sua atividade laborativa assegurada ao final do período (por exemplo, segurado empregado após retornar do auxílio por incapacidade temporária), a contribuição presume-se realizada tão logo este retorne ao posto de trabalho (art. 33, § 5º, da Lei n. 8.212/1991), não cabendo falar em perda da qualidade de segurado nessas circunstâncias.

A questão que causa maior dificuldade de compreensão é o caso do segurado sem ocupação. Se, expirado o período de graça, este não consegue outra colocação, então o indivíduo, para se manter na condição de segurado, deverá filiar-se como facultativo. Para tanto, o prazo de recolhimento da contribuição como segurado facultativo é o dia 15 do mês subsequente ao da competência. Então, se o período de graça, por exemplo, expirar em abril, a primeira contribuição como facultativo deverá ser feita sobre o mês de maio. Esta, por seu turno, deverá ser recolhida pelo contribuinte até o dia 15 do mês seguinte, ou seja, 15 de junho. Caso a pessoa não faça a contribuição até essa data, então, perderá a qualidade de segurado.

Importante salientar que, caso dentro do período de graça o segurado volte a exercer atividade que o qualifique como segurado obrigatório, ainda que por um mês ou menos que isso, haverá período contributivo durante o lapso temporal da atividade remunerada e, nesse caso, a contagem do período de graça se interrompe, iniciando-se novamente caso o segurado volte a ficar desempregado.

A mesma situação acontece quando o segurado que esteja em período de graça faça uma contribuição dentro desse período na condição de facultativo – a contagem do período de graça voltará a fluir "do zero" do mês seguinte ao que se referir à última contribuição vertida.

Na prática, o segurado contribuinte individual possui 13 meses e 15 dias no mínimo, como período de graça, podendo chegar a 37 meses e 15 dias, por interpretação sistemática do § 4º do art. 15 da LBPS. Esse deveria ser, inclusive, o entendimento do INSS, tendo em vista o Parecer CONJUR/MPS n. 616/2010:

> de acordo com a interpretação sistemática dos dispositivos ora examinados, o período de graça para o segurado contribuinte individual não é de exatos doze meses, mas de treze meses e quinze dias, por força do § 4º do art. 15 da LBPS, salientando que se deve iniciar a contagem do período de graça sempre a partir do primeiro dia do mês de pagamento da última contribuição.

A perda da qualidade de segurado importa a caducidade dos direitos inerentes a essa qualidade, segundo a redação do art. 102 da Lei n. 8.213/1991, conferida pela Lei n. 9.528/1997.

De acordo com o RPS a perda da qualidade de segurado não implica supressão do direito adquirido à aposentadoria para cuja concessão tenham sido preenchidos todos os requisitos, segundo a legislação vigente na época em que tais requisitos foram atendidos. É o cumprimento da regra constitucional que determina o respeito ao direito adquirido (§ 1º do art. 180 do Decreto n. 3.048/1999).

Quanto à pensão por morte após a perda da qualidade de segurado, esta somente é devida, atendidas as demais exigências legais, se o falecido já tivesse direito adquirido a alguma espécie de aposentadoria, por ter cumprido todos os requisitos à época em que estava filiado ao RGPS (§ 2º do art. 180 do RPS).

Da mesma forma, todo e qualquer direito adquirido ao tempo em que o indivíduo se encontrava na qualidade de segurado é passível de exigência pelo beneficiário – art. 165 do RPS.

E, segundo o art. 186, § 4º, da IN PRESI/INSS n. 128/2022: "Se o fato gerador ocorrer durante os prazos fixados para a manutenção da qualidade de segurado e todos os demais requisitos estiverem atendidos, o benefício poderá ser concedido mesmo que o requerimento tenha sido realizado após a perda da qualidade de segurado".

Necessário frisar que a Lei n. 10.666, de 08.05.2003, alterou em parte o tratamento dado em relação à perda da qualidade de segurado que postula a concessão de aposentadoria por tempo de contribuição, especial e por idade.

De acordo com o art. 3º da Lei n. 10.666/2003, a perda da qualidade de segurado não será considerada para a concessão das aposentadorias por tempo de contribuição e especial. Na hipótese de aposentadoria por idade, a perda da qualidade de segurado não será considerada para a concessão desse benefício, desde que o segurado conte com, no mínimo, o tempo de contribuição correspondente ao exigido para efeito de carência na data do requerimento do benefício.

A previsão contida na Lei n. 10.666/2003 visa reparar uma injustiça praticada contra o segurado da Previdência Social, especialmente o de baixa renda, que, na maioria das vezes, ao perder seu emprego, não tem condições de contribuir como facultativo e acaba perdendo a qualidade de segurado.

## 5.9 EXIGÊNCIA DE CONTRIBUIÇÃO MÍNIMA PARA CÔMPUTO DO PERÍODO DE GRAÇA

A EC n. 103/2019 inseriu regra inédita, impondo a todos os segurados – obrigatórios e facultativos – que, para que haja cômputo de tempo de contribuição, o valor pago a título de contribuição, pelo segurado, deve ser igual ou maior ao que corresponda à incidência da alíquota prevista em lei sobre o menor salário de contribuição do mês respectivo (no caso, o salário mínimo mensal).

É o § 14 do art. 195, que tem a seguinte redação: "O segurado somente terá reconhecida como tempo de contribuição ao Regime Geral de Previdência Social a competência cuja contribuição seja igual ou superior à contribuição mínima mensal exigida para sua categoria, assegurado o agrupamento de contribuições".

Em acréscimo, o art. 29 da Emenda prevê:

> Art. 29. Até que entre em vigor lei que disponha sobre o § 14 do art. 195 da Constituição Federal, o segurado que, no somatório de remunerações auferidas no período de 1 (um) mês, receber remuneração inferior ao limite mínimo mensal do salário de contribuição poderá:
> I – complementar a sua contribuição, de forma a alcançar o limite mínimo exigido;
> II – utilizar o valor da contribuição que exceder o limite mínimo de contribuição de uma competência em outra; ou
> III – agrupar contribuições inferiores ao limite mínimo de diferentes competências, para aproveitamento em contribuições mínimas mensais.
> Parágrafo único. Os ajustes de complementação ou agrupamento de contribuições previstos nos incisos I, II e III do caput somente poderão ser feitos ao longo do mesmo ano civil.

E o Decreto n. 10.410/2020, alterando o texto do RPS, inseriu um § 8º no art. 15, nos seguintes termos: "O segurado que receber remuneração inferior ao limite mínimo mensal do salário de contribuição somente manterá a qualidade de segurado se efetuar os ajustes de complementação, utilização e agrupamento a que se referem o § 1º do art. 19-E e o § 27-A do art. 216". Os dispositivos citados dizem respeito à complementação de contribuição, como será mais bem descrito no capítulo que versa sobre "Tempo de Contribuição".

Sobre a inconstitucionalidade dessa regulamentação que impede a manutenção da qualidade de segurado e como período de carência em relação ao segurado empregado, empregado doméstico e trabalhador avulso, destacamos o precedente que segue:

> PREVIDENCIÁRIO. BENEFÍCIO POR INCAPACIDADE. CONTRIBUIÇÕES COMO SEGURADO EMPREGADO APÓS O ADVENTO DA EC N. 103/2019. SALÁRIO DE CONTRIBUIÇÃO INFERIOR AO SALÁRIO MÍNIMO. VALIDADE PARA FINS DE MANUTENÇÃO DA QUALIDADE DE SEGURADO E CARÊNCIA.
> 1. O § 14 do art. 195 da CF/1988, incluído pela EC n. 103/2019, passou a excluir da contagem como "tempo de contribuição" do RGPS os salários-de-contribuição inferiores ao mínimo

legal. Vedação que não se estende aos critérios de carência e de manutenção da qualidade de segurado. Inconstitucionalidade parcial dos arts. 13, § 8º, e 26, do Decreto n. 3.048/1999.

2. O conceito de limite mínimo legal para fins de contribuição mínima mensal deve ser interpretado de acordo com o art. 28, da Lei n. 8212/1991, não podendo ser equiparado a salário mínimo para a categoria dos segurados empregado, empregado doméstico e trabalhador avulso.

3. Hipótese em que o Decreto n. 3.048/1999 extrapola o poder regulamentador previsto no art. 84, VI, da Constituição Federal.

4. Validados os requisitos qualidade de segurado e carência na DII, é devida a concessão de auxílio por incapacidade temporária desde a DER, quando comprovadamente havia incapacidade temporária.

5. Recurso da parte autora provido (RC 5008573-74.2021.4.04.7107, Rel. Juíza Federal Marina Vasques Duarte, 4ª TRRS-JEFs, j. 23.03.2023).

Com base nesse mesmo entendimento, a TNU, ao apreciar o Tema n. 349 dos representativos de controvérsia, fixou a seguinte tese: "O recolhimento de contribuição previdenciária em valor inferior ao mínimo mensal da categoria, à míngua de previsão legal, não impede o reconhecimento da qualidade de segurado obrigatório, inclusive após o advento da EC n. 103/2019, que acrescentou o § 14 ao art. 195 da CF/1988" (Pedido de Uniformização de Interpretação de Lei (Turma) n. 0504017-94.2022.4.05.8400/RN, Rel. Juiz Federal Neian Milhomem Cruz, j. 16.10.2024). Evidentemente, o precedente se aplica a toda e qualquer situação em que se questione a qualidade de segurado, inclusive quando falecido, para fins de pensão de seus dependentes, ou em caso de prisão deste, para os fins de percepção de auxílio-reclusão.

Frisa-se, ainda, que com o afã de regulamentar a matéria, a RFB emitiu instrução normativa, não obedecendo sequer o prazo de 90 dias exigido para as hipóteses de majoração de contribuições à Seguridade Social (§ 6º do art. 195 da CF). Pela referida instrução normativa, a complementação seria devida já a partir da competência novembro de 2019 e a não realização acarretará a desconsideração de contribuições menores para todos os fins previdenciários, inclusive a manutenção da qualidade de segurado.

Essa complementação deverá ser realizada nas competências a partir de novembro de 2019, segundo o ato administrativo em comento, para preservação do período contributivo em questão. Observe-se que a norma é absolutamente draconiana, pois como o art. 29 da EC n. 103 exige que a complementação se dê "ao longo do mesmo ano civil", o segurado teria apenas o mês de dezembro de 2019 para tal complementação no que diz respeito a novembro de 2019.

A complementação, segundo a instrução da RFB, deverá ser realizada por meio do Documento de Arrecadação de Receitas Federais – DARF, com a utilização do número do CPF do segurado/contribuinte, no código de receita 1872 – Complemento de Contribuição Previdenciária, conforme Ato Declaratório Executivo CODAC/RFB n. 05, de 06.02.2020.

Até agosto de 2022 o cálculo e a geração do DARF eram realizados no Sicalcweb – Programa para Cálculo e Impressão de Darf On-Line, de gestão da Secretaria Especial da Receita Federal do Brasil, no endereço eletrônico: http://servicos.receita.fazenda.gov.br/Servicos/sicalcweb/default.asp?TipTributo=1&FormaPagto=1.

A complementação (do valor da contribuição) corresponderá ao valor resultante da diferença entre o salário mínimo nacional vigente no mês e a remuneração consolidada que não atingiu o limite mínimo, multiplicado pela alíquota correspondente à categoria de segurado.

Para o empregado, empregado doméstico e trabalhador avulso, devem ser aplicadas as alíquotas de 8% para as competências de 11/2019 a 02/2020; e 7,5% para as competências a partir de março de 2020 e, para o Contribuinte Individual (exclusivamente aquele que presta serviço à empresa), deve ser aplicada a alíquota de 11%.

Caso o segurado exerça mais de uma atividade no mês e a soma das remunerações não atinja o salário mínimo, a complementação (valor da contribuição) corresponderá ao valor resultante da diferença entre o salário mínimo nacional vigente no mês e o somatório de remunerações das atividades exercidas, multiplicado pela menor alíquota correspondente à categoria de segurado na competência. Assim, por exemplo, se o cidadão foi empregado e também contribuinte individual prestador de serviço à empresa no mesmo mês e a soma de remunerações não atingiu o salário mínimo, a alíquota incidente sobre a diferença para alcançar o salário mínimo será a de empregado (8%, entre 11/2019 e 02/2020; e 7,5%, a partir de 03/2020).[3]

Se a solicitação da complementação, agrupamento ou utilização das contribuições excedentes pleiteadas ocorrer a partir de agosto de 2022, o procedimento deverá ser realizado pelo portal MEU INSS. O serviço a ser requerido é o *"Ajuste para Alcance do Salário Mínimo – Emenda Constitucional n. 103/2019"*, devendo prosseguir com a informação do ano civil que se pretende ajustar as contribuições, selecionar as competências recolhidas abaixo do salário mínimo, bem como informar qual ajuste pretende realizar (agrupar, complementar ou utilizar).

Caso a contribuição não seja complementada nos meses a partir de novembro de 2019, de modo a atingir o valor incidente sobre um salário mínimo, portanto, não haverá consideração pelo INSS para carência (e para qualquer outro fim).

Esclarecidas as regras infralegais que visam disciplinar o tema, impõe-se grifar que temos severas restrições quanto a esta exigência de complementação, pois há evidentes indícios de inconstitucionalidade na cobrança de tal complementação.

É de notar-se que o fato gerador da contribuição previdenciária do segurado sempre foi (e continua sendo, mesmo após a EC n. 103) a remuneração auferida nas atividades laborativas que acarretam sua filiação compulsória ao RGPS (CF, art. 195, II). Ora, se a renda auferida foi inferior a um salário mínimo (hipótese que abrange uma gama bem grande de pessoas, como empregados domésticos, aprendizes, trabalhadores a tempo parcial e, mais recentemente, os intermitentes), temos que estas pessoas, caso se admita válida a exigência, ter que arcar com uma parcela de seus ganhos muito maior que as alíquotas aplicáveis ao maior salário de contribuição, o que leva a uma situação confiscatória dos ganhos – recaindo, o que é mais grave, sobre a população menos abastada, com renda abaixo de um salário mínimo mensal.

Fere-se, sem dúvida, o princípio da capacidade contributiva (art. 145 da CF)[4] e da equidade da participação no custeio do sistema (CF, art. 194, parágrafo único, inc. V)[5], o que leva ao nosso entendimento pela inconstitucionalidade da imposição contida na EC n. 103, bem como a ilegalidade da disciplina da matéria por mera instrução normativa da RFB, devendo ser computado, a nosso ver, todo o período de trabalho remunerado, incidindo somente as alíquotas devidas sobre o efetivo salário de contribuição auferido.

---

[3] Conforme informações contidas no sítio: https://www.inss.gov.br/wp-content/uploads/2020/04/comunicado-sicalc2-2-1.pdf. Acesso em: 23 jul. 2020.

[4] O princípio da capacidade contributiva é tratado não só como um valor de igualdade na tributação, mas também como um limitador à incidência tributária. São identificados os limites de preservação ao mínimo existencial, em que há ausência de capacidade contributiva, e o de vedação ao confisco, em que se esgota a capacidade contributiva (HACK, Érico. Princípio da capacidade contributiva: limites e critérios para o tributo. *Revista da SJRJ* n. 39. Disponível em: https://www.jfrj.jus.br/revista-sjrj/artigo/principio-da-capacidade-contributiva-limites-e--criterios-para-o-tributo-ability. Acesso em: 21 jul. 2020. p. 83).

[5] Como didaticamente apontado por Marcelino Alcântara, "a equidade, quem possui maior poder aquisitivo contribui mais, ao passo em que o empregado que ganha um salário mínimo, por exemplo, contribuirá proporcionalmente às suas condições" (ALCÂNTARA, Marcelino Alves de. *O princípio da equidade na forma de participação no custeio*. Dissertação (Mestrado em Direito) – Pontifícia Universidade Católica de São Paulo, São Paulo, 2010. p. 128).

## 5.10 TABELA PARA VERIFICAÇÃO DA MANUTENÇÃO DA QUALIDADE DE SEGURADO (PERÍODO DE GRAÇA LEGAL) DE ACORDO COM AS DATAS DE RECOLHIMENTOS VIGENTES

Como já dito, durante o período de graça, o segurado está protegido dos infortúnios previdenciários, mesmo não contribuindo.

Entretanto, muitas vezes, há dificuldade de determinar a data exata da perda da qualidade de segurado, até porque nem sempre as regras quanto ao recolhimento do benefício foram iguais.

Segundo o INSS, no período de setembro de 1994 a 05.03.1997, não havendo expediente bancário no dia 2 – data em que vencia a obrigação de recolhimento da contribuição –, a perda da qualidade de segurado ocorria no segundo dia útil posterior.

Já no período de 06.03.1997 a 28.11.1999, véspera da publicação da Lei n. 9.876, recaindo o dia 15 (vencimento da contribuição) no sábado, domingo ou feriado, inclusive o municipal, o pagamento das contribuições deveriam ser efetuado no dia útil anterior. Assim, a perda da qualidade de segurado observará tal dia, e não o dia útil subsequente.

Entretanto, a partir de 29.11.1999, com a publicação da Lei n. 9.876, recaindo o dia 15 no sábado, domingo ou feriado federal, estadual e o municipal, o pagamento das contribuições deverá ser efetuado no dia útil imediatamente posterior.

E se, por força de lei, ocorrer alteração nas datas de vencimento de recolhimentos, deverão ser obedecidos, para manutenção ou perda da qualidade de segurado, os prazos vigentes no dia do desligamento da atividade, e não na data da suposta perda da qualidade.

Apresentamos a seguir a tabela que esclarece tais prazos:

| Situação | Período de Graça | Até 24/7/1991 Decreto nº 83.080, de 24/1/1979 | 25/7/1991 a 20/7/1992 Lei nº 8.213, de 1991 | 21/7/1992 a 4/1/1993 Lei nº 8.444, de 20/7/1992 e Decreto nº 612, de 21/7/1992 | 5/1/1993 a 31/3/1993 Lei nº 8.444, de 1992 e Decreto nº 612, de 21/7/1992 | 1/4/1993 a 14/9/1994 Lei nº 8.620, de 6/1/1993 e Decreto nº 738, de 28/1/1993 | 15/9/1994 a 5/3/1997 Med. Prov. nº 598, de 14/6/1994 e Reedições, Convertida na Lei nº 9.063, de 14/6/1995 | A partir de 6/3/1997 Decreto nº 2.172, de 6/3/1997[76] |
|---|---|---|---|---|---|---|---|---|
| Até 120 contribuições | 12 meses após encerramento da atividade | 1º dia do 15º mês | 6º dia útil do 14º mês | Empregado: 6º dia útil do 14º mês Contrib. Indiv. e Domést.: 16º dia útil do 14º mês | Empregado: 9º dia útil do 14º mês Contrib. Indiv. e Domést.: 16º dia útil do 14º mês | Empregado: dia 9 do 14º mês Contrib. Indiv. e Domést.: dia 16 do 14º mês | Empregado: dia 3 do 14º mês Contrib. Indiv. e Domést.: dia 16 do 14º mês | Dia 16 do 14º mês |
| Mais de 120 contribuições | 24 meses após encerramento da atividade | 1º dia do 27º mês | 6º dia útil do 26º mês | Empregado: 6º dia útil do 26º mês Contrib. Indiv. e Domést.: 16º dia útil do 26º mês | Empregado: 9º dia útil do 26º mês Contrib. Indiv. e Domést.: 16º dia útil do 26º mês | Empregado: dia 9 do 26º mês Contrib. Indiv. e Domést.: dia 16 do 26º mês | Empregado: dia 3 do 26º mês Contrib. Indiv. e Domést.: 16º dia do 26º mês | Dia 16 do 26º mês |
| Em gozo de benefício[77] | 12 ou 24 meses após a cessação do benefício | 1º dia do 15º ou 27º mês | 6º dia útil do 14º ou 26º mês | Empregado: 6º dia útil do 14º ou 26º mês Contrib. Indiv. e Domést.: 16º dia útil do 14º ou 26º mês | Empregado: 9º dia útil do 14º ou 26º mês Contrib. Indiv. e Domést.: 16º dia útil do 14º ou 26º mês | Empregado: dia 9 do 14º ou 26º mês Contrib. Indiv. e Domést.: dia 16 do 14º ou 26º mês | Empregado: dia 3 do 14º ou 26º mês Contrib. Indiv. e Domést.: dia 16 do 14º ou 26º mês | Dia 16 do 14º ou 26º mês |
| Recluso | 12 meses após o livramento | 1º dia do 15º mês | 6º dia útil do 14º mês | Empregado: 6º dia útil do 14º mês Contrib. Indiv. e Domést.: 16º dia útil do 14º mês | Empregado: 9º dia útil do 14º mês Contrib. Indiv. e Domést.: 16º dia útil do 14º mês | Empregado: dia 9 do 14º mês Contrib. Indiv. e Domést.: dia 16 do 14º mês | Empregado: dia 3 do 14º mês Contrib. Indiv. e Domést.: dia 16 do 14º mês | Dia 16 do 14º mês |
| Contribuinte em dobro | 12 meses após a interrupção das contribuições | 1º dia do 13º mês | — | — | — | — | — | — |
| Facultativo (a partir da Lei nº 8.213/91) | 6 meses após a interrupção das contribuições | — | 6º dia útil do 8º mês | 16º dia útil do 8º mês | 16º dia útil do 8º mês | Dia 16 do 8º mês | Dia 16 do 8º mês | Dia 16 do 8º mês |
| Segurado Especial | 12 meses após o encerramento da atividade ** | — | 6º dia útil do 14º mês | 16º dia útil do 14º mês | 16º dia útil do 14º mês | Dia 16 do 14º mês | Dia 16 do 14º mês | Dia 16 do 14º mês |
| Serviço Militar | 3 meses após o licenciamento | 1º dia útil do 5º mês | 1º dia útil do 4º mês | 1º dia útil do 4º mês | 1º dia útil do 4º mês | 1º dia útil do 4º mês | 1º dia útil do 4º mês | Dia 16 do 5º mês |

# 6

# Períodos de Carência

Nas palavras da lei, período de carência é o número de contribuições mensais indispensáveis para que o beneficiário faça jus ao benefício, consideradas a partir do transcurso do primeiro dia dos meses de suas competências (art. 24 da Lei n. 8.213/1991).

A EC n. 103/2019 não cita a necessidade de cumprimento de períodos de carência para a concessão das aposentadorias reguladas pelas regras transitórias da Reforma da Previdência. Entretanto, não significa que tenha revogado ou afastado a aplicação do cumprimento desse requisito. Isto porque, durante o período de carência, o beneficiário ainda não tem direito à prestação previdenciária. Como se cogita de Previdência, isto é, cobertura de danos futuros e incertos, e não de assistência, que seria a atividade de amparo a qualquer manifestação de necessidade decorrente de risco social, a presença do dano no próprio momento da vinculação distorceria a finalidade do sistema e levaria a Previdência Social a tornar-se uma instituição de caráter assistencial.

Acompanha esse entendimento Leonardo Cacau La Bradbury, que bem aponta a recepção das regras da LBPS:

> A bem da verdade, a EC n. 103/2019 ao não tratar sobre a carência de forma diversa da Lei n. 8.213/1991, gerou duas consequências: 1) a sua manutenção como requisito para a concessão das aposentadorias programadas; 2) a recepção dos arts. 24 a 27-A da Lei n. 8.213/1991, que somente podem ser alterados por lei superveniente.[1]

A exigência dos períodos de carência para a concessão das aposentadorias após a EC n. 103/2019 pende de uniformização jurisprudencial. A título de exemplo, o Representativo de Controvérsia Tema n. 358, cuja questão controvertida é a seguinte:

> Saber se, para fins de concessão de aposentadoria por idade urbana com DER após a EC n. 103/2019, permanece a necessidade de cumprimento do requisito da carência, particularmente para quem precisa usar a regra de transição do art. 18 da EC n. 103, ou se a regra de transição prevista no art. 18, da EC n. 103/19 não exige mais tal requisito (bastando ao beneficiário preencher, cumulativamente, os requisitos "idade" e "tempo de contribuição"), de forma que as contribuições recolhidas em atraso pelo contribuinte individual possam ser computados como tempo de contribuição (ainda que este tenha perdido a qualidade de segurado) (PEDILEF 0500179-22.2022.4.05.8311/PE, afetado em 13.03.2024).

É importante destacar que o Decreto n. 10.410/2020, ao regulamentar o § 14 do art. 195 da CF (redação da EC n. 103/2019), modificou em parte o conceito de período de carência, em função da necessidade da contribuição mínima, dispondo que: "é o tempo correspondente ao

---

[1] BRADBURY, Leonardo Cacau Santos La. *Curso Prático de Direito e Processo Previdenciário*. 4. ed. São Paulo: Atlas, 2021. p. 161.

número mínimo de contribuições mensais indispensáveis para que o beneficiário faça jus ao benefício, consideradas as competências cujo salário de contribuição seja igual ou superior ao seu limite mínimo mensal" (art. 26 do RPS). A regra seria aplicável para períodos posteriores a 13.11.2019, mas, mesmo assim, questionável quando se trata de segurados empregados, domésticos e avulsos, em face dos princípios da universalidade da cobertura e do atendimento, da equidade na forma de participação no custeio e da filiação obrigatória, bem como da capacidade tributária e da vedação de tributação com efeito de confisco, conforme comentamos a respeito do art. 29 da EC n. 103/2019 e do art. 19-E do Regulamento da Previdência Social (red. Dec. n. 10.410/2020).

A carência se calcula por número de contribuições mensais, e não dia a dia. Dessa forma, pouco importa se o segurado prestou sua atividade durante todo o mês ou parte dele; de igual forma, computar-se-á uma contribuição mensal.

O dia do início da contagem do período de carência é feito observando-se as seguintes regras detalhadas no art. 28 do RPS, com redação do Decreto n. 10.410/2020:

> I – para o segurado empregado, inclusive o doméstico, e o trabalhador avulso, a partir da data de sua filiação ao RGPS; e
> II – para o segurado contribuinte individual, observado o disposto no § 4º do art. 26, e o segurado facultativo, inclusive o segurado especial que contribua na forma prevista no § 2º do art. 200, a partir da data do efetivo recolhimento da primeira contribuição sem atraso, e não serão consideradas, para esse fim, as contribuições recolhidas com atraso referentes a competências anteriores, observado, quanto ao segurado facultativo, o disposto nos §§ 3º e 4º do art. 11.

A primeira regra envolve todos os segurados que não possuem responsabilidade tributária pela correção dos recolhimentos das contribuições que lhes são retidas. Não podendo responder, por eventual inadimplemento destas, os segurados das categorias de empregado urbano, rural e doméstico, bem como o trabalhador avulso, que não podem ser penalizados pela conduta alheia. Semelhante tratamento possui o contribuinte individual que presta serviços a pessoas jurídicas, a partir do mês da vigência da Lei n. 10.666/2003 (abril de 2003), pois a responsabilidade pela retenção e pelo recolhimento recai, nesse caso, sobre o tomador dos serviços.

A Lei Complementar n. 150/2015, que deu nova redação ao art. 27, I, da LBPS, incluiu os empregados domésticos na regra de presunção do recolhimento das contribuições em igualdade de condições com os demais empregados e trabalhadores avulsos.

O Decreto n. 10.410/2020 possui, entretanto, regra *contra legem*, ao estabelecer que a presunção se aplica apenas ao período a partir de junho de 2015, sendo que, antes disso, somente será computado para fins de carência a competência da data do efetivo recolhimento da primeira contribuição sem atraso em diante (§§ 4º-A e 4º-B do art. 26 do Regulamento).

Muito antes da Lei Complementar em comento, a TNU já havia uniformizado o entendimento de que o recolhimento tardio das contribuições devidas à Previdência Social pelo empregador não pode militar em desfavor do empregado doméstico (*v.g.* PEDILEF n. 200870500072980. Relator Paulo Ricardo Arena Filho, *DOU* 19.12.2011).

Já para o contribuinte individual nas demais hipóteses e para o segurado facultativo, a carência somente é computada a partir da primeira contribuição mensal sem atraso e as contribuições recolhidas em atraso devem ser consideradas para efeito de carência apenas quando sejam posteriores à primeira contribuição paga sem atraso, conforme a citada regra prevista no art. 27, II, da Lei n. 8.213/1991, também constante do Regulamento (§ 4º do art. 28, com redação dada pelo Dec. n. 10.410/2020).

No entanto, na jurisprudência, observamos haver reconhecimento da possibilidade de cômputo das contribuições recolhidas com atraso pelo contribuinte individual relativas ao período entre a perda da qualidade de segurado e a sua reaquisição para efeito de carência:

- STJ: "Previdenciário. Ação rescisória. Violação de literal disposição de lei. Aposentadoria. Invalidez permanente. contribuições efetuadas com atraso, posteriormente ao primeiro recolhimento efetuado sem atraso. cômputo para fins de carência. Possibilidade, desde que preservada a condição de segurado. pedido procedente" (Ação Rescisória n. 4.372-SP, 3ª Seção, DJe 18.04.2016).
- TNU - RC Tema n. 192: "Contribuinte individual. Recolhimento com atraso das contribuições posteriores ao pagamento da primeira contribuição sem atraso. Perda da qualidade de segurado. Impossibilidade de cômputos das contribuições recolhidas com atraso relativas ao período entre a perda da qualidade de segurado e a sua reaquisição para efeito de carência" (PEDILEF 2009.71.50.019216-5/RS, j. 20.02.2013).
- TRF/4: "As contribuições recolhidas a destempo podem ser consideradas para fins de carência quando antecedidas de contribuições pagas dentro do prazo legal, em face do disposto no art. 27, inciso II, da Lei n. 8.213/1991, somente não sendo consideradas as contribuições recolhidas em atraso anteriores ao pagamento da primeira prestação em dia" (APELREEX n. 0011180-49.2014.404.9999/RS, 6ª Turma, j. 07.06.2017).

O Decreto n. 3.048/1999, em sua redação atual, ao regulamentar a Lei de Benefícios, detalha outras regras para o cômputo da carência no art. 26:

- para o segurado especial, considera-se período de carência, para fins de concessão dos benefícios de que trata o inciso I do § 2º do art. 39 do RPS, o tempo mínimo de efetivo exercício de atividade rural, ainda que de forma descontínua, igual à quantidade de meses necessária à concessão do benefício requerido;
- não é computado para efeito de carência o tempo de atividade do trabalhador rural anterior à competência novembro de 1991;
- para efeito de carência, considera-se presumido o recolhimento das contribuições do segurado empregado, do trabalhador avulso e, relativamente ao contribuinte individual, a partir da competência abril de 2003;
- no caso de segurado empregado doméstico: a) considera-se presumido o recolhimento das contribuições dele descontadas pelo empregador doméstico, a partir da competência junho de 2015 (LC n. 150/2015); b) filiado ao RGPS nessa condição até 31 de maio de 2015, o período de carência será contado a partir da data do efetivo recolhimento da primeira contribuição sem atraso;
- para os contribuintes individuais e segurados facultativos optantes pelo recolhimento trimestral na forma prevista nos §§ 15 e 16 do art. 216 do RPS, o período de carência é contado a partir do mês de inscrição do segurado, desde que efetuado o recolhimento da primeira contribuição no prazo estipulado no referido § 15;
- as contribuições vertidas para quaisquer RPPS serão consideradas para todos os efeitos, inclusive para os de carência;
- será considerado, para efeito de carência, o tempo de contribuição para o Plano de Seguridade Social do Servidor Público anterior à Lei n. 8.647, de 13.04.1993, efetuado pelo servidor público ocupante de cargo em comissão sem vínculo efetivo com a União, autarquias, ainda que em regime especial, e fundações públicas federais; e

– as contribuições anteriores à data de publicação da Emenda à Constituição n. 103, de 12 de novembro de 2019, serão consideradas em conformidade com a legislação vigente à época.

Quanto ao segurado especial, considera-se computado o prazo carencial desde que comprove o exercício de atividade rural, ainda que de forma descontínua, *no período imediatamente anterior ao requerimento do benefício*, igual ao número de meses correspondentes à carência do benefício requerido (art. 39, I, da Lei n. 8.213/1991 com redação conferida pela Lei n. 12.873/2013).

Atualmente, segundo a IN PRES/INSS n. 128/2022, art. 193, são computáveis para fins de cumprimento da carência, observadas as especificações relativas aos trabalhadores rurais:

I – o período em que o segurado recebeu salário-maternidade, exceto o do segurado especial que não contribui facultativamente;

II – o período como contribuinte individual prestador de serviço a pessoa jurídica, na forma da Lei n. 10.666 de 2003, ainda que sem contribuição, desde que devidamente comprovados e referentes a competências posteriores a abril de 2003;

III – as contribuições vertidas para o RPPS certificadas na forma da contagem recíproca, desde que o segurado não tenha utilizado o período naquele regime, esteja filiado ao RGPS e desvinculado do regime de origem;

IV – o tempo de contribuição para o Plano de Seguridade Social do Servidor Público anterior à Lei n. 8.647, de 1993, efetuado pelo servidor público ocupante de cargo em comissão sem vínculo efetivo com a União, Autarquias, ainda que em regime especial, e Fundações Públicas Federais;

V – o período relativo ao prazo de espera de 15 (quinze) dias do afastamento do trabalho de responsabilidade do empregador, desde que anterior à data de início da incapacidade do benefício requerido; e

VI – anistia prevista em lei, desde que seja expressamente previsto o cômputo do período de afastamento para contagem da carência.

Cabe consignar que, segundo orientação do STJ, é possível a concessão de aposentadoria por tempo de contribuição mediante o cômputo de atividade rural com registro em carteira profissional em período anterior ao advento da Lei n. 8.213/1991 para efeito da carência exigida pela Lei de Benefícios.

Esse entendimento não ofende o art. 55, § 2º, da Lei n. 8.213/1991 e justifica-se pelo fato de que o trabalhador rural, quando empregado, não pode ser responsabilizado pela comprovação do recolhimento das contribuições. Ademais, o parágrafo único do art. 138 da Lei n. 8.213/1991 expressamente considera o tempo de contribuição devido aos regimes anteriores a sua vigência. Por fim, o art. 63 da Lei n. 4.214/1963 (Estatuto do Trabalhador Rural) determinava que os contratos de trabalho, se constantes de anotações em carteira profissional, não poderiam ser contestados (REsp 1.352.791/SP/Repetitivo, 1ª Seção, Rel. Min. Arnaldo Esteves Lima, *DJe* 05.12.2013).

No mesmo sentido, o Representativo de Controvérsia da TNU – Tema n. 153, cuja tese firmada foi a seguinte: "É possível o reconhecimento do tempo de serviço exercido por trabalhador rural registrado em carteira profissional em período anterior à Lei n. 8.213/1991 para efeito de carência, independentemente do recolhimento das contribuições previdenciárias, tendo em vista que o empregador rural, juntamente com as demais fontes previstas na legislação de regência, eram os responsáveis pelo custeio do fundo de assistência e previdência rural (FUNRURAL)" (PEDILEF 0000804-14.2012.4.01.3805/MG, j. 22.11.2017).

Quanto ao segurado do RGPS que possua tempo pretérito como servidor público não sujeito, à época, a regime próprio (vinculado, por conseguinte, ao RGPS), tem-se que este tempo deve ser computado para todos os fins, inclusive carência, independentemente da prova de contribuições vertidas, a exemplo do que ocorre com os segurados empregados:

> Hipótese em que o demandante, como ocupante de cargo em comissão, não estava amparado por regime próprio de previdência, de modo que sua filiação ao regime de previdência social urbana (e na vigência da Lei n. 8.213/1991 ao regime geral de previdência) era automática. Assim, as remunerações recebidas no período não poderiam ter sido ignoradas pelo INSS quando do cálculo da renda mensal inicial, sendo irrelevante o fato de o Município eventualmente não ter repassado contribuições para o INSS, haja vista que o recolhimento das contribuições previdenciárias é obrigação do empregador (...) (TRF da 4ª Região, APELREEX 0018884-56.2009.404.7100, 6ª T., Rel. Des. Fed. João Batista Pinto Silveira, *DE* 30.11.2010).

A diferença de tratamento entre as espécies de segurados para efeitos de carência exigiu comentário de alguns dos estudiosos do tema. Feijó Coimbra, citando Russomano, chama a atenção para o contrassenso entre a obrigatoriedade de filiação dos contribuintes individuais e o reconhecimento do prazo carencial somente a partir da primeira contribuição vertida sem atraso, acarretando grave injustiça;[2] é que, por esta regra, o contribuinte individual que, mesmo exercendo atividade que o enquadre como obrigatório por período superior ao da carência exigida, não esteja fazendo recolhimentos, não fará jus a nenhuma prestação de que a norma exija prazo mínimo de contribuições. E, em caso de falecimento, também seus dependentes ficarão desprotegidos.

Para o segurado em categorias de empregado (inclusive doméstico) e contribuinte individual, desde que este não tenha perdido essa qualidade e desde que comprovado recolhimento de contribuições, é contado para efeito de carência todo o período de atividade desde a filiação como empregado, quando tenha sido a categoria inicial, mesmo que, quando na categoria de contribuinte individual, tenha efetuado recolhimentos em atraso.

Quanto à possibilidade de antecipação do pagamento de contribuições para efeito de cumprimento do período de carência e consequente recebimento de benefícios, havia vedação expressa a respeito no art. 89, § 7º, da Lei n. 8.212/1991. Esse dispositivo acabou sendo revogado pela Lei n. 11.941/2009, mas entendemos que essa vedação continua existindo por força do disposto no art. 24 da Lei de Benefícios. No mesmo sentido: TRF/4, AC 5003738-90.2014.404.7203, TR de SC, Relator Des. Fed. Celso Kipper, em 14.09.2017.

A concessão das prestações pecuniárias do RGPS atualmente depende dos seguintes períodos de carência, de acordo com o art. 25 da Lei n. 8.213/1991 e com os ajustes de nomenclatura e atualizações constantes do Decreto n. 10.410/2020 no Regulamento da Previdência Social:

- 12 contribuições mensais, nos casos de auxílio por incapacidade temporária e aposentadoria por incapacidade permanente;
- 24 contribuições mensais, no caso do auxílio-reclusão (a partir da MP n. 871/2019 – convertida na Lei n. 13.846/2019); e
- 180 contribuições mensais, nos casos de aposentadorias programadas – por idade, inclusive do trabalhador rural, a aposentadoria especial, e por tempo de serviço (depois, por tempo de contribuição, lembrando que a EC n. 103/2019 extinguiu esse último benefício das regras permanentes da CF, mantendo apenas nas regras de transição e nos casos de direito adquirido).

A exigência de dez contribuições mensais para a concessão do salário-maternidade às pessoas nas categorias de contribuinte individual, segurado especial e facultativa, foi

---

[2] COIMBRA, J. R. Feijó. *Direito previdenciário brasileiro*. 7. ed. Rio de Janeiro: Edições Trabalhistas, 1997. p. 147.

reconhecida como inconstitucional pelo STF no julgamento da ADI n. 2.110, em 2024, ou seja, não há que se falar em carência para o benefício de salário-maternidade para qualquer categoria.

O período de carência de qualquer aposentadoria, inclusive as referidas nas regras transitórias da EC n. 103, salvo a por incapacidade permanente, é de 180 contribuições mensais, para os segurados que ingressaram no Regime a partir de 25.07.1991. Para os segurados cuja filiação se deu até 24.07.1991, bem como ao trabalhador e ao empregador rural cobertos pela Previdência Social Rural anteriormente à unificação dos regimes, a carência das aposentadorias por tempo de contribuição por idade e especial obedece à tabela prevista no art. 142 da Lei n. 8.213/1991, de acordo com o ano em que o segurado venha a implementar as condições para a obtenção do benefício.

Para fins de concessão das aposentadorias programáveis, a carência a ser considerada deverá observar (art. 199 da IN PRESI/INSS n. 128/2022):

– se segurado filiado até 24 de julho de 1991, véspera da publicação da Lei n. 8.213/1991, inclusive no caso de reingresso, o número de contribuições constante da tabela progressiva do art. 142 do mesmo dispositivo legal; e
– se segurado filiado a partir de 25 de julho de 1991, 180 contribuições mensais.

Segundo o mesmo dispositivo da IN n. 128/2022, em se tratando de "aposentadoria por idade, inclusive do trabalhador rural, para fins de atendimento do disposto no inciso I, o número de meses de contribuição da tabela progressiva a ser exigido para efeito de carência será o do ano em que for preenchido o requisito etário, ainda que a carência seja cumprida em ano posterior ao que completou a idade". E, "o exercício de atividade rural anterior a novembro de 1991 será considerado para a utilização da tabela progressiva do art. 142 da Lei n. 8.213, de 1991".

Em relação ao trabalhador rural, a LBPS (art. 143) garantiu a aposentadoria por idade, no valor de um salário mínimo, durante quinze anos, contados a partir da data de vigência da Lei n. 8.213/1991, desde que comprovado o exercício de atividade rural, ainda que descontínua, no período imediatamente anterior ao requerimento do benefício, em número de meses idêntico à carência do referido benefício.

Esse prazo foi prorrogado até o dia 31.12.2010, pela Lei n. 11.718/2008, dispondo que essa regra se aplica ao trabalhador rural enquadrado na categoria de segurado contribuinte individual que presta serviços de natureza rural, em caráter eventual, a uma ou mais empresas, sem relação de emprego.

Essa regra não se aplica ao segurado especial, que poderá continuar se aposentando com renda de um salário mínimo, mediante a comprovação da carência por meio da atividade rural, por força do art. 39, I, da Lei n. 8.213/1991.

Em conformidade com a Lei n. 11.718/2008, art. 3º, na concessão de aposentadoria por idade do empregado rural, em valor equivalente ao salário mínimo, serão contados para efeito de carência:

– até 31 de dezembro de 2010, a atividade comprovada na forma do art. 143 da Lei n. 8.213, de 24 de julho de 1991;
– de janeiro de 2011 a dezembro de 2015, cada mês comprovado de emprego, multiplicado por três, limitado a 12 meses, dentro do respectivo ano civil; e
– de janeiro de 2016 a dezembro de 2020, cada mês comprovado de emprego, multiplicado por dois, limitado a 12 meses dentro do respectivo ano civil.

Aplica-se, ademais, o disposto no *caput* do art. 3º e respectivo inciso I ao trabalhador rural enquadrado na categoria de segurado contribuinte individual que comprovar a prestação de serviço de natureza rural, em caráter eventual, a uma ou mais empresas, sem relação de emprego.

No caso da aposentadoria por tempo de contribuição, a exigência de 35 anos de contribuição ao segurado e de 30 anos de contribuição à segurada não exclui a regra vigente sobre a carência, uma vez que o tempo de contribuição pode ser obtido computando-se atividades prestadas em períodos anteriores à inscrição, como nos casos de averbação do tempo anterior à perda da qualidade de segurado, de contagem recíproca de tempo de contribuição cumprido em outros regimes, e outras aberturas legais que permitem incluir períodos nos quais não houve efetiva contribuição ao sistema, como nas hipóteses de fruição de benefícios por incapacidade intercalados, e o acréscimo da conversão do tempo especial em comum.

Isso também ocorre com a *aposentadoria programada* estabelecida pela EC n. 103, conforme a interpretação que se extrai do Decreto n. 10.410/2020, ao alterar o art. 51, *caput*, do Regulamento:

> Art. 51. A aposentadoria programada, uma vez cumprido o período de carência exigido, será devida ao segurado que cumprir, cumulativamente, os seguintes requisitos:
> I – sessenta e dois anos de idade, se mulher, e sessenta e cinco anos de idade, se homem; e
> II – quinze anos de tempo de contribuição, se mulher, e vinte anos de tempo de contribuição, se homem.

Caso a carência tivesse sido fixada em 15 anos para a mulher e 20 anos para o homem, como consta do inciso II, não haveria razão para a inclusão, na cabeça do artigo, da expressão "uma vez cumprido o período de carência exigido". Ou seja, o tempo fixado no inciso II não se confunde com o prazo carencial.

## 6.1 BENEFÍCIOS QUE NÃO DEPENDEM DE CARÊNCIA

Nem todas as prestações reclamam um período prévio de carência. Independe de carência a concessão das seguintes prestações, consoante estabelece o art. 26 da Lei n. 8.213/1991:

- pensão por morte, salário-família e auxílio-acidente;
- auxílio por incapacidade temporária e aposentadoria por incapacidade permanente, nos casos de acidente de qualquer natureza ou causa e de doença profissional ou do trabalho, bem como nos casos de segurado que, após filiar-se ao RGPS, for acometido de alguma das doenças e afecções especificadas em lei[3], de acordo com os critérios de estigma, deformação, mutilação, deficiência ou outro fator que lhe confira especificidade e gravidade que mereçam tratamento particularizado;
- benefícios concedidos na forma do inciso I do art. 39 da Lei, aos segurados especiais;
- serviço social;
- reabilitação profissional; e
- salário-maternidade.

No tocante à pensão por morte não podemos confundir carência com duração do benefício. Isso porque, apesar de a norma não prever carência para as pensões por morte, a Lei n. 8.213/1991

---

[3] Atualmente, o rol se encontra no art. 151 da Lei n. 8.213/1991, com atualização da Portaria Interministerial MTP/MS n. 22, de 31.08.2022.

prevê que, se o óbito ocorrer sem que o segurado tenha vertido 18 contribuições mensais ou se o casamento ou a união estável tiverem sido iniciados em menos de dois anos antes do óbito do segurado, a duração para a pessoa que tinha relação conjugal ou afetiva será de apenas 4 meses, nos termos do art. 77, V, "b" (redação da Lei n. 13.135/2015). Vale lembrar que tal regra não se aplica caso o óbito do segurado decorra de acidente de qualquer natureza, de doença profissional ou do trabalho. Também são excluídos deste prazo os demais dependentes do segurado, a exemplo de filhos, equiparados a estes (tutelados e enteados), pais e irmãos do segurado.

Entende-se como acidente de qualquer natureza aquele evento súbito que, não se confundindo com as doenças, provoca lesão corporal ou perturbação funcional, com perda ou redução da capacidade laborativa, permanente ou temporária, seja em decorrência do trabalho ou não.

As doenças ocupacionais são as reconhecidas como profissionais ou do trabalho, guardando nexo de causalidade, concausalidade ou epidemiológico com a atividade laborativa desempenhada pelo segurado empregado (urbano, rural ou doméstico), trabalhador avulso ou segurado especial (arts. 20, 21 e 21-A da Lei n. 8.213/1991).

Para os benefícios por incapacidade, tem-se como regra geral que é exigida carência de 12 contribuições mensais, sendo importante frisar que, no caso de segurados nas categorias de empregado, inclusive o doméstico, trabalhador avulso e, nos casos de contribuintes individuais que prestam serviços a pessoas jurídicas a partir de abril de 2003, a falta de contribuição no período não pode ser considerada obstáculo ao deferimento do pedido, já que a responsabilidade pelo recolhimento da contribuição é encargo do tomador dos serviços, não podendo o segurado ser prejudicado pela inadimplência de outrem.

No entanto, tratando-se de benefício por incapacidade de origem acidentária (com nexo de causalidade ou concausalidade entre a enfermidade e o trabalho, ou nexo técnico epidemiológico), e mesmo em casos de acidente de qualquer outra natureza ou causa, bem como por doenças especificadas como graves, contagiosas ou incuráveis, a carência é inexigível.

Entende-se como acidente de qualquer natureza o que ocorre provocando lesão corporal ou perturbação funcional, com perda ou redução da capacidade laborativa, permanente ou temporária, seja em decorrência do trabalho ou não.

Sobre a delimitação do acidente de qualquer natureza, a TNU fixou a seguinte tese no Representativo de Controvérsia – Tema n. 269:

> O conceito de acidente de qualquer natureza, para os fins do art. 86 da Lei n. 8.213/1991 (auxílio-acidente), consiste em evento súbito e de origem traumática, por exposição a agentes exógenos físicos, químicos ou biológicos, ressalvados os casos de acidente do trabalho típicos ou por equiparação, caracterizados na forma dos arts. 19 a 21 da Lei n. 8.213/1991. (PUIL n. 0031628-86.2017.4.02.5054/ES)

De acordo com o art. 2º da Portaria Interministerial MTP/MS n. 22, de 31.08.2022 (em vigor desde 03.10.2022), as doenças ou afecções a seguir indicadas, quando diagnosticadas após o segurado filiar-se ao RGPS, excluem a exigência de carência para concessão de benefícios auxílio por incapacidade temporária e aposentadoria por incapacidade permanente aos segurados do RGPS:

    I – tuberculose ativa;
    II – hanseníase;
    III – transtorno mental grave, desde que esteja cursando com alienação mental;
    IV – neoplasia maligna;
    V – cegueira;
    VI – paralisia irreversível e incapacitante;

VII – cardiopatia grave;
VIII – doença de Parkinson;
IX – espondilite anquilosante;
X – nefropatia grave;
XI – estado avançado da doença de Paget (osteíte deformante);
XII – síndrome da deficiência imunológica adquirida (Aids);
XIII – contaminação por radiação, com base em conclusão da medicina especializada;
XIV – hepatopatia grave;
XV – esclerose múltipla;
XVI – acidente vascular encefálico (agudo); e
XVII – abdome agudo cirúrgico.
Parágrafo único. As doenças e afecções listadas nos incisos XVI e XVII do *caput* serão enquadradas como isentas de carência quando apresentarem quadro de evolução aguda e atenderem a critérios de gravidade.

Essa relação de doenças deve ser entendida como exemplificativa, podendo ser incluídas outras situações, como, por exemplo, gravidez de alto risco. Nesse sentido, a uniformização da TNU em Representativo de Controvérsia – Tema n. 220 com a fixação da seguinte tese:

1. O rol do inciso II do art. 26 da Lei n. 8.213/1991 é exaustivo. 2. A lista de doenças mencionada no inciso II, atualmente regulamentada pelo art. 151 da Lei n. 8.213/1991, não é taxativa, admitindo interpretação extensiva, desde que demonstrada a especificidade e gravidade que mereçam tratamento particularizado. 3. A gravidez de alto risco, com recomendação médica de afastamento do trabalho por mais de 15 dias consecutivos, autoriza a dispensa de carência para acesso aos benefícios por incapacidade.

A TNU deu essa interpretação de dispensa da carência para outras situações. Vejamos: – AVC que cause paralisia irreversível e incapacitante (PUIL n. 0033626-77.2016.4.01.3300/BA, j. 27.05.2021); – Esquizofrenia, que cause alienação mental (PUIL n. 1001346-98.2019.4.01.3504/GO, j. 27.05.2021); Cegueira monocular (PUIL n. 5004134-79.2019.4.04.7110/RS, j. 25.02.2021). No entanto, o STF considerou afetada a matéria em Tema de Repercussão Geral n. 1353 – "Pagamento de auxílio-doença à segurada em gestação de alto risco, independentemente de período de carência", apesar de não haver previsão em lista de patologias que autorizam a isenção, com fundamento na proteção à maternidade e à infância (RE 1.455.046, Rel. Min. Gilmar Mendes, *DJe* 19.11.2024).

Extrai-se, portanto, que o entendimento da Autarquia Previdenciária concernente ao AVC, a partir da publicação da Portaria MPT/MS n. 22/2022 é mais vantajoso ao segurado, uma vez que a Portaria exige que o segurado seja acometido por AVC agudo, mas não necessariamente exige como causa superveniente a paralisia irreversível e incapacitante.

Frisamos, por oportuno, que é cabível o mesmo argumento (interpretação extensiva) para situações de agravo da saúde ocasionados pela covid-19 ou desdobramentos decorrentes do contágio, ainda mais na medida em que o legislador, em 1991, jamais suporia a existência dessa enfermidade, sendo certo que o Direito não pode ficar à mercê da celeridade da atuação legislativa em casos de tamanha gravidade.

Tenha-se, noutros exemplos pessoas que, com onze meses de contribuição ao sistema, se vejam acometida de *doença de chagas*, ou *malária*, ou *febre amarela*, ou *dengue hemorrágica*, caso não considerada como adquirida em função do trabalho.

Nesses casos, o INSS indeferirá o benefício, por mais grave que seja o estado de saúde da pessoa, diante da falta de contribuições exigidas, pois tais enfermidades não estão listadas no art. 151 da LBPS.

Do conjunto normativo sobre o tema conclui-se que, em grande parte dos casos de benefícios por incapacidade, não se exige prazo mínimo de filiação previdenciária para a obtenção de tais benefícios. O problema está justamente naqueles casos em que o segurado é acometido de doença incapacitante no interregno dos primeiros doze meses de atividade vinculada ao RGPS sem que a doença seja considerada ocupacional, nem esteja no rol de doenças graves.

Essa é a razão pela qual se questiona a possível inconstitucionalidade da exigência estabelecida para tais benefícios.

Teria o constituinte originário, ao determinar no art. 201 a proteção do segurado quanto aos riscos sociais de doença e invalidez, autorizado o legislador a limitar o acesso às prestações por incapacidade pelo estabelecimento de um prazo carencial? Tal prazo não estaria sendo aplicado em evidente afronta ao princípio da universalidade da cobertura e do atendimento, previsto no art. 194, parágrafo único, inciso I, do Texto Constitucional?

A limitação do acesso a tais direitos deve ser decorrente de fundamentos razoáveis (princípio da razoabilidade). A nosso ver, não parece razoável deixar um segurado acometido de doença grave, porém não identificada dessa forma pelas autoridades públicas, alijado de obter a prestação que seria devida, justamente quando mais necessita, em face da incapacidade temporária ou, pior, permanente.

Com efeito, a fixação de prazo carencial tem por base a ideia de que o sistema deve estar apto a dar atendimento aos interesses dos segurados, tanto individual quanto coletivamente. Assim, não tem sentido deixar de exigir carência em caso de aposentadorias voluntárias, cuja programação pelo segurado depende de sua vontade exclusiva.

Situação muito diferente, diametralmente oposta, é a do segurado incapaz temporariamente ou inválido: ele não optou por ficar incapaz e a ausência da proteção social pode lhe causar a total desproteção estatal, visto que, *na condição de trabalhador, não lhe será possível obter renda por seu próprio esforço*. Aliás, esta é a gênese, a razão de ser, do Direito Previdenciário.

De outro lado, tem-se que a lista de doenças consideradas liberadas de carência é por demais restrita e a atualização realizada em 2022 não abrange um leque de doenças razoável.

Dessa forma, sustenta-se incabível negar benefícios por incapacidade a segurados que não tenham cumprido o prazo carencial, (1) seja pela inconstitucionalidade da regra do art. 25, inciso I, da Lei n. 8.213/1991, (2) seja pela imprestabilidade da lista de doenças de que trata o art. 151 da mesma Lei.

## 6.2 CUMPRIMENTO DA CARÊNCIA EM CASO DE NOVA FILIAÇÃO À PREVIDÊNCIA SOCIAL

Até a publicação da MP n. 739, em 07.07.2016, havendo perda da qualidade de segurado, as contribuições anteriores a essa data poderiam ser computadas para efeito de carência depois que o segurado contasse, a partir de uma nova filiação à Previdência Social (pela assunção de nova atividade laborativa ou pela filiação como segurado facultativo), com, no mínimo, um terço do número de contribuições exigidas para o cumprimento da carência relativa ao benefício a ser requerido – art. 24, parágrafo único, da Lei n. 8.213/1991.

Exemplificando, o segurado que, depois de um ano, perdera esta qualidade e retornara à atividade laboral só poderia receber benefício por incapacidade contraída após seu retorno, quando, completados quatro meses de contribuição (um terço da carência, que é de doze contribuições mensais), então poderia somar o tempo anterior (para atingir doze contribuições) e assim fazer jus ao benefício. Antes de completar a carência, não faria jus ao recebimento do benefício, salvo nas hipóteses em que esta era dispensada.

Houve, então, a revogação do parágrafo único do art. 24 e o surgimento do parágrafo único do art. 27 na LBPS, com a redação conferida pela MP n. 739/2016: "No caso de perda da qualidade de segurado, para efeito de carência para a concessão dos benefícios de auxílio-doença, de aposentadoria por invalidez e de salário-maternidade, o segurado deverá contar, a partir da nova filiação à Previdência Social, com os períodos previstos nos incisos I e III do *caput* do art. 25".

É dizer, revogou-se a regra (que era mais benéfica) de recuperação do período contributivo anterior para fins de carência, quando a pessoa já tinha um terço da carência exigida para benefícios por incapacidade.

Ocorre que a MP n. 739 perdeu sua vigência em *04.11.2016*, por não ter sido apreciada pelo Poder Legislativo no prazo previsto no § 3º do art. 62 da Constituição (redação da EC n. 32/2001). Em consequência, deveria o Congresso Nacional disciplinar, por decreto legislativo, as relações jurídicas delas decorrentes. O decreto legislativo deveria ser publicado até sessenta dias após a rejeição ou perda de eficácia de medida provisória, mas não foi.

Na sequência, houve edição da MP n. 767, de 06.01.2017, voltando nessa data à cena jurídica a revogação do parágrafo único do art. 24 da LBPS e a inclusão do art. 27-A, com o seguinte dispositivo:

> No caso de perda da qualidade de segurado, para efeito de carência para a concessão dos benefícios de auxílio-doença, de aposentadoria por invalidez e de salário-maternidade, o segurado deverá contar, a partir da nova filiação à Previdência Social, com os períodos previstos nos incisos I e III do *caput* do art. 25.

Esta última MP foi transformada na Lei n. 13.457, de 26.06.2017, mantendo a revogação do art. 24, parágrafo único, da Lei n. 8.213/1991, mas conferindo nova redação ao art. 27-A, para dispor que:

> No caso de perda da qualidade de segurado, para efeito de carência para a concessão dos benefícios de que trata esta Lei, o segurado deverá contar, a partir da nova filiação à Previdência Social, com metade dos períodos previstos nos incisos I e III do *caput* do art. 25 desta Lei.

Assim, no período de vigência da Lei n. 13.457/2017, havendo perda da qualidade de segurado, deveriam ser cumpridos novamente (antes do surgimento da incapacidade) pelo menos 6 contribuições mensais de carência para ter direito ao auxílio por incapacidade temporária (antigo auxílio-doença – B 31) e à aposentadoria por incapacidade permanente (antiga aposentadoria por invalidez – B 32). No caso do salário-maternidade da contribuinte individual, da segurada especial e da facultativa, a exigência era de 5 contribuições.

Contudo, antes mesmo de consolidadas essas alterações, surgiu a MP n. 871, de 18.01.2019, modificando novamente o art. 27-A da Lei n. 8.213/1991, para fixar que, havendo perda da qualidade de segurado, deverá ser cumprida a carência integral para os benefícios por incapacidade, salário-maternidade e auxílio-reclusão.

No entanto, quando da conversão na Lei n. 13.846/2019, retornou-se a redação que exige o cumprimento de metade do prazo de carência em caso de refiliação para os mesmos benefícios, sem menção às demais aposentadorias, que não mais possuem tal regra, acarretando gravíssimos prejuízos aos segurados, notadamente a dificuldade de preencher os requisitos para aposentadoria em tempos de difícil empregabilidade, o que só piora quanto maior é a idade em que se busca a recolocação no mercado de trabalho. No mesmo sentido, o art. 27-A do Regulamento, com a redação conferida pelo Decreto n. 10.410/2020.

Diante desse vaivém de normas, surgiram casos em que os benefícios foram indeferidos na vigência das MPs n. 739, 767 e 871, cujas regras eram mais rigorosas que a redação original da Lei n. 8.213/1991 e daquela conferidas pelas Leis n. 13.457/2017 e n. 13.846/2019.

De acordo com a interpretação do INSS (art. 200 da IN n. 128/2022), a análise da carência tem a seguinte regra intertemporal:

> Art. 200. Para os benefícios requeridos a partir de 25 de julho de 1991, data da publicação da Lei n. 8.213, de 1991, observado o § 1º, quando ocorrer a perda da qualidade de segurado, qualquer que seja a época da inscrição ou da filiação do segurado no RGPS, as contribuições anteriores a essa data só poderão ser computadas para efeito de carência, observado o fato gerador, depois que o segurado contar, a partir da nova filiação ao RGPS, com, no mínimo:

| FATO GERADOR E NORMA APLICÁVEL | AUXÍLIO POR INCAPACIDADE TEMPORÁRIA E APOSENTADORIA POR INCAPACIDADE PERMANENTE | SALÁRIO--MATERNIDADE | AUXÍLIO--RECLUSÃO |
|---|---|---|---|
| de 25.07.1991 a 07.07.2016 Lei n. 8.213, de 1991 (redação original) | 4 (quatro) contribuições (1/3 da carência) | 3 (três) contribuições (1/3 da carência) | Isento |
| de 08.07.2016 a 04.11.2016 Lei n. 8.213, de 1991 (redação Medida Provisória n. 739 de 2016) | 12 (doze) contribuições (total da carência) | 10 (dez) contribuições (total da carência) | Isento |
| de 05.11.2016 a 05.01.2017 Lei n. 8.213, de 1991 (redação original) | 4 (quatro) contribuições (1/3 da carência) | 3 (três) contribuições (1/3 da carência) | Isento |
| de 06.01.2017 a 26.06.2017 Lei n. 8.213, de 1991 (redação Medida Provisória n. 767 de 2017) | 12 (doze) contribuições (total da carência) | 10 (dez) contribuições (total da carência) | Isento |
| de 27.06.2017 a 17.01.2019 Lei n. 8.213, de 1991 (redação Lei n. 13.457, de 2017) | 6 (seis) contribuições (1/2 da carência) | 5 (cinco) contribuições (1/2 da carência) | Isento |
| de 18.01.2019 a 17.06.2019 Lei n. 8.213, de 1991 (redação Medida Provisória n. 871, de 2019) | 12 (doze) contribuições (total da carência) | 10 (dez) contribuições (total da carência) | 24 (vinte e quatro) contribuições (total da carência) |
| de 18.06.2019 em diante Lei n. 8.213, de 1991 (redação Lei n. 13.846, de 2019) | 6 (seis) contribuições (1/2 da carência) | 5 (cinco) contribuições (1/2 da carência) | 12 (doze) contribuições (1/2 da carência) |

> § 1º Para as aposentadorias programáveis, a regra de que trata o *caput* incide sobre a carência de 180 (cento e oitenta) contribuições mensais, com a aplicabilidade prejudicada para requerimentos protocolados a partir de 13 de dezembro de 2002, data da publicação da Medida Provisória n. 83, de 2002.

§ 2º O disposto no *caput* não se aplica aos trabalhadores rurais sem contribuição.

§ 3º Aplica-se o disposto neste artigo ao segurado oriundo de RPPS que se filiar ao RGPS após os prazos previstos para manutenção da qualidade de segurado, conforme a categoria.

No nosso entendimento, a interpretação mais adequada é a que segue:

a) **período de vigência da MP n. 739/2016 (08.07.2016 a 04.11.2016):** deve ser aplicada a redação original da Lei n. 8.213/1991, qual seja, o cumprimento de um terço da carência necessária (art. 24, parágrafo único), porque viola o princípio da isonomia a aplicação de regra mais rigorosa em período intermediário. Em situação análoga, a TNU firmou a seguinte orientação:

– Súmula n. 65: "Os benefícios de auxílio-doença, auxílio-acidente e aposentadoria por invalidez concedidos no período de 28.03.2005 a 20.07.2005 devem ser calculados nos termos da Lei n. 8.213/1991, em sua redação anterior à vigência da Medida Provisória n. 242/2005".

b) **período de vigência das MPs n. 767/2017 e n. 871/2019 (06.01.2017 a 26.06.2017 e de 18.01.2019 a 17.06.2019):** valem as regras aprovadas nas Leis ns. 13.457/2017 e 13.846/2019, que estabeleceram a necessidade do cumprimento da metade da carência exigida (art. 27-A). Como a regra mais rígida não foi transformada em lei, não há como ser aplicada sequer no período de vigência da medida provisória.

Ademais, num processo legislativo democrático, a vontade do legislador deve sobrepor ao do Chefe do Poder Executivo. No caso, o Congresso Nacional rejeitou o texto da MP que ampliava para doze o mínimo de contribuições em caso de reingresso ao sistema. Manter a validade dessa regra representa afronta ao que foi aprovado no texto de lei e não pode prevalecer sob pena de criar situações inusitadas, ferindo norma constitucional que garante tratamento isonômico entre segurados.

Porém, a interpretação dada pela TNU foi a de que deve ser observada a regra de carência vigente no momento do surgimento da incapacidade. A tese foi fixada no julgamento do Representativo de Controvérsia – Tema n. 176, nos termos que seguem: "Constatado que a incapacidade do(a) segurado(a) do Regime Geral da Previdência Social (RGPS) ocorreu ao tempo da vigência das Medidas Provisórias n. 739/2016 e n. 767/2017, aplicam-se as novas regras de carência nelas previstas" (Processo n. 5001792-09.2017.4.04.7129/RS, j. 17.08.2018).

## 6.3 DIVERGÊNCIAS SOBRE A CONTAGEM DO PRAZO DE CARÊNCIA

Um primeiro ponto polêmico decorre da "regulamentação por decreto" do art. 26 da EC n. 103/2019, promovida pelo Decreto n. 10.410/2020, especialmente o art. 19-E inserido no Regulamento da Previdência Social, no sentido de que não serão considerados, para fins de carência, a partir de 13.11.2019, os meses cujo salário de contribuição seja inferior ao limite mínimo mensal do salário de contribuição e não tenha havido complementação da contribuição ou agrupamento de contribuições para chegar a este limite mínimo.

A regra viola, a nosso ver, diversos princípios constitucionais, como o da capacidade contributiva e da equidade da participação no custeio, pelo que reputamos que deverão continuar sendo considerados, para contagem do prazo carencial, todos os meses em que houve efetivo labor remunerado, ainda que o salário de contribuição auferido pelo segurado tenha sido menor que um salário mínimo, por questões ligadas à precarização do mercado de trabalho e circunstâncias alheias à vontade do trabalhador – que não pode vir a ser penalizado por se encontrar com rendimento tão baixo, que, além de violar sua dignidade e de sua família, ainda o coloque na condição de marginalidade quanto à efetividade dos Direitos Fundamentais Sociais estampados na Constituição, interpretação que não tem a menor condição de prevalecer, salvo se esquecidos os objetivos traçados pelo constituinte originário no primeiro capítulo da Carta de 1988.

Um segundo questionamento importante é se o período em gozo de benefício por incapacidade pode ser computado para efeito de carência.

Com a edição do Decreto n. 10.410/2020, o INSS deixou de computar os períodos de recebimento de benefício por incapacidade para fins de carência, mesmo os decorrentes de acidente do trabalho, considerando-os apenas como tempo de contribuição. É o que consta do RPS, art. 19-C, § 1º: "Será computado o tempo intercalado de recebimento de benefício por incapacidade, na forma do disposto no inciso II do *caput* do art. 55 da Lei n. 8.213, de 24 de julho de 1991, exceto para efeito de carência".

A orientação fixada pela TNU é de que não existe óbice legal para o cômputo dos períodos em gozo de benefício por incapacidade para fins de carência, desde que intercalados com períodos de contribuição. Nesse sentido foi editada a Súmula n. 73: "O tempo de gozo de auxílio-doença ou de aposentadoria por invalidez não decorrentes de acidente de trabalho só pode ser computado como tempo de contribuição ou para fins de carência quando intercalado entre períodos nos quais houve recolhimento de contribuições para a previdência social". No mesmo sentido, a Súmula n. 102 do TRF da 4ª Região.

O STF comunga desse mesmo entendimento, consoante se observa da Repercussão Geral – Tema n. 1.125, cuja tese fixada foi a seguinte: "É constitucional o cômputo, para fins de carência, do período no qual o segurado esteve em gozo do benefício de auxílio-doença, desde que intercalado com atividade laborativa" (RE 1.298.832, Plenário Virtual, DJe 24.02.2021).

Por força da decisão judicial proferida na Ação Civil Pública n. 2009.71.00.004103-4 (novo n. 0004103-29.2009.4.04.7100), o INSS deve reconhecer o cômputo, para fins de carência, do período em gozo de benefício por incapacidade, inclusive os decorrentes de acidente do trabalho, desde que intercalado com períodos de contribuição ou atividade, para os benefícios requeridos a partir de 19 de setembro de 2011, observado o seguinte (IN PRES/INSS n. 128/2022, art. 193, § 1º):

a) no período compreendido entre 19 de setembro de 2011 e 3 de novembro de 2014, a decisão judicial teve abrangência nacional; e
b) para os residentes nos Estados do Rio Grande do Sul, Santa Catarina e Paraná, a determinação permanece vigente, observada a decisão proferida pelo Superior Tribunal de Justiça (STJ) no Recurso Especial (REsp) n. 1.414.439-RS, e alcança os benefícios requeridos a partir de 29 de janeiro de 2009.

Adicionalmente, o Conselho de Recursos da Previdência Social (CRPS) reforçou esse entendimento com a edição do Enunciado n. 18, conforme Resolução CRPS n. 27/2024, que dispõe:

Para requerimentos protocolados a partir de 29 de janeiro de 2009, é garantido o cômputo dos períodos em que o segurado esteve em fruição de benefício por incapacidade, para fins de carência, desde que intercalados com períodos de contribuição ou atividade laborativa.

I – O disposto no *caput* também se aplica aos segurados facultativos;
II – Os períodos em gozo de benefício por incapacidade acidentário independem de períodos de contribuição ou atividade intercalados;
III – O auxílio por incapacidade temporária e a aposentadoria por incapacidade permanente, decorrente de sua conversão, por se originarem da mesma moléstia incapacitante, são considerados para fins de carência;

IV – O cômputo dos períodos em que o segurado esteve em gozo de benefício por incapacidade, para fins de carência, é aplicável em todo o território brasileiro.

Para os benefícios requeridos até 18 de setembro de 2011, somente contarão para carência os períodos de auxílio por incapacidade temporária ou aposentadoria por incapacidade permanente recebidos no período de 1º de junho de 1973 a 30 de junho de 1975.

Em conformidade com o § 3º do art. 193 da IN PRES/INSS n. 128/2022 (incluído pela Instrução Normativa PRES/INSS n. 167, de 10.06.2024), por força da decisão judicial, transitada em julgado, proferida na Ação Civil Pública n. 0216249-77.2017.4.02.5101/RJ, de abrangência nacional, para os benefícios requeridos a partir de 20 de dezembro de 2019, é devido o cômputo, para fins de carência, dos períodos em gozo de benefício por incapacidade:

I – previdenciário, desde que sejam intercalados com períodos de contribuição ou atividade; e
II – acidentário, intercalado ou não com períodos de contribuição ou atividade.

Em precedente do TRF da 4ª Região, também se admitiu (por caracterizado o *distinguish*) o cômputo de período de incapacidade intercalado com o de contribuições como segurado facultativo (ou seja, mesmo sem atividade laborativa) para fins de carência: Ap. Civ. 5004374-62.2019.4.04.7112 (RS), Rel. p/ o acórdão Des. Paulo Afonso Brum Vaz, j. 27.09.2023.

Sobre o tema, o STJ, em posicionamento isolado, deu interpretação ainda mais ampla ao admitir o período de gozo de auxílio-acidente para fins de carência (REsp n. 1.243.760/PR, 5ª Turma, Rel. Min. Laurita Vaz, *DJe* 09.04.2013). Esse precedente do STJ não tem sido observado pelos Tribunais e Turmas de Uniformização. Por exemplo, a tese fixada pela TNU: "O período sem contribuição em que o segurado esteve em gozo de auxílio-acidente não pode ser computado como período de carência" (Processo 0504317-35.2017.4.05.8302/PE, Sessão de 27.06.2019). Quanto ao tema da perda da qualidade de segurado e recuperação de contribuições anteriores, cumpre ainda lembrar que, no caso de contribuintes individuais e segurados facultativos, "na hipótese de perda da qualidade de segurado, somente serão consideradas, para fins de carência, as contribuições efetivadas após novo recolhimento sem atraso" (§ 4º do art. 28 do Regulamento, com redação dada pelo Decreto n. 10.410/2020). A regra, no entanto, somente se aplica, a nosso ver – e o decreto não esclarece isso –, ao contribuinte individual que preste serviços exclusivamente a pessoas físicas, pois, quanto ao prestador de serviço a pessoas jurídicas, desde a vigência da Lei n. 10.666/2003, presume-se o recolhimento, de incumbência do tomador dos serviços, como já visto.

**– Períodos em que a contribuição não atingiu o montante previsto no § 14 do art. 195 da CF (redação da EC n. 103/2019) são computáveis para carência?**

Como visto no tópico 19.5 desta obra, o § 14 do art. 195 foi incluído pela EC n. 103/2019 com a seguinte redação: "O segurado somente terá reconhecida como tempo de contribuição ao Regime Geral de Previdência Social a competência cuja contribuição seja igual ou superior à contribuição mínima mensal exigida para sua categoria, assegurado o agrupamento de contribuições".

E como já assinalado no tópico 31.1.4, conforme o art. 19-E do Decreto n. 3.048/1999, inserido pelo Decreto n. 10.410/2020, ao "regulamentar" a EC n. 103, não será considerado o tempo para nenhuma finalidade quando a contribuição mensal não chegar a alcançar o equivalente ao que incidiria sobre o salário mínimo, devendo o segurado complementar sua contribuição para "salvar" o período.

No entanto, a jurisprudência vem rechaçando a aplicação desse entendimento no caso de benefícios por incapacidade postulados por segurados nesta condição, como se vê do julgado da TRU do TRF 4: "Em se tratando de segurado empregado e empregado doméstico, mesmo após a vigência da Emenda Constitucional (EC) n. 103/2019, da Reforma da Previdência, os recolhimentos realizados com base em remuneração inferior ao limite mínimo mensal do salário de contribuição não impedem a manutenção da qualidade de segurado nem o seu cômputo como carência para o deferimento de benefício por incapacidade" (Proc. 5000078-47.2022.4.04.7126).

Compreendemos, em acréscimo ao entendimento jurisprudencial anterior, que a mesma condição deve ser observada para o trabalhador avulso e para o contribuinte individual que presta serviços à pessoa jurídica, pois a incidência da contribuição, bem como sua retenção e seu recolhimento, é de responsabilidade do tomador da mão de obra, não podendo o indivíduo ser penalizado pela situação, pois a realidade social demonstra a existência de situações inúmeras de subemprego e desemprego estrutural, e a esdrúxula alteração constitucional levada a efeito vem a penalizar com a exclusão social justamente a camada mais vulnerável da população, que muitas vezes só vê alternativa para sua subsistência aceitando trabalhos cujo rendimento é inferior ao salário mínimo mensal.

## 6.4 TABELA DE CARÊNCIA EXIGIDA ATÉ 2011

Segundo o art. 142 da Lei n. 8.213/1991, o segurado inscrito na Previdência Social Urbana até 24.07.1991, bem como o trabalhador e o empregador rural cobertos pela Previdência Social Rural até a mesma data, terão direito a uma carência diferenciada para os benefícios de aposentadoria por idade, por tempo de serviço e especial.

Cumpre destacar que, consoante orientação firmada pela jurisprudência, o segurado inscrito no RGPS até 24.07.1991, mesmo que nessa data não mais apresente condição de segurado, caso restabeleça relação jurídica com o INSS e volte a ostentar a condição de segurado após a Lei n. 8.213/1991, tem direito à aplicação da regra de transição prevista no art. 142 do mencionado diploma, devendo o requisito da carência, para a concessão de aposentadoria urbana, ser definido de acordo com o ano em que o segurado implementou apenas o requisito etário, e não conforme o ano em que ele tenha preenchido, simultaneamente, tanto o requisito da carência quanto o requisito etário. Nesse sentido: STJ, REsp n. 1.412.566/RS, 2ª Turma, Rel. Min. Mauro Campbell Marques, *DJe* 02.04.2014.

O art. 142 da LBPS apresenta uma tabela que leva em conta o ano em que o segurado implementou todas as condições necessárias à obtenção do benefício (artigo e tabela com a redação dada pela Lei n. 9.032/1995):

| ANO DE IMPLEMENTAÇÃO DAS CONDIÇÕES | MESES DE CONTRIBUIÇÃO EXIGIDOS |
|---|---|
| 1991 | 60 meses |
| 1992 | 60 meses |
| 1993 | 66 meses |
| 1994 | 72 meses |
| 1995 | 78 meses |
| 1996 | 90 meses |
| 1997 | 96 meses |
| 1998 | 102 meses |
| 1999 | 108 meses |

| ANO DE IMPLEMENTAÇÃO DAS CONDIÇÕES | MESES DE CONTRIBUIÇÃO EXIGIDOS |
|---|---|
| 2000 | 114 meses |
| 2001 | 120 meses |
| 2002 | 126 meses |
| 2003 | 132 meses |
| 2004 | 138 meses |
| 2005 | 144 meses |
| 2006 | 150 meses |
| 2007 | 156 meses |
| 2008 | 162 meses |
| 2009 | 168 meses |
| 2010 | 174 meses |
| 2011 | 180 meses |

Com o escopo de auxiliar no entendimento do texto legal, sugerimos que o leitor acompanhe o seguinte exemplo. Para uma segurada urbana que tenha nascido em 08.10.1937, e tenha se filiado à previdência social em 1962 (período anterior ao advento da Lei n. 8.213/1991), qual o prazo de carência a ser comprovado?

Nesse caso, a segurada implementou a idade prevista no art. 48 (60 anos) em 1997, razão pela qual deveria comprovar a carência de 96 (noventa e seis) contribuições. Na hipótese de ela não conseguir demonstrar que tenha recolhido todas as contribuições até 1997, isso não determinará um aumento do prazo de carência como se poderia imaginar pela literalidade do dispositivo.

Em primeiro lugar, porquanto o risco social tutelado é a idade avançada, tendo o legislador, progressivamente, estipulado um aumento na exigência da carência para promover a implantação gradativa dos novos contornos do novo sistema de proteção social contributivo. Uma vez que o segurado atinja o limite de idade fixado, o prazo de carência está consolidado, não podendo mais ser alterado[4]. Esse também é o entendimento da Turma Nacional de Uniformização, conforme a Súmula n. 44:

> Para efeito de aposentadoria por idade urbana, a tabela progressiva de carência prevista no art. 142 da Lei n. 8.213/1991 deve ser aplicada em função do ano em que o segurado completa a idade mínima para concessão do benefício, ainda que o período de carência só seja preenchido posteriormente.

## 6.5 REGRAS DE CONTAGEM DE CARÊNCIA DE ACORDO COM A FORMA DE FILIAÇÃO

Quando se tratar de cômputo do período de carência, este deverá levar em consideração a filiação, a inscrição ou o recolhimento efetuado pelos segurados.

---

[4] ROCHA, Daniel Machado; BALTAZAR JÚNIOR, José Paulo. *Comentários à Lei de Benefícios da Previdência Social*. 6. ed. Porto Alegre: Livraria do Advogado, 2006. Comentários ao art. 142.

A carência exigida para a concessão dos benefícios devidos pela Previdência Social será sempre aquela prevista na legislação vigente na data em que o interessado tenha implementado todos os requisitos para a concessão, ainda que após essa data venha a perder a qualidade de segurado (*tempus regit actum*). Apenas no caso da aposentadoria por idade, o número de meses de contribuição da tabela progressiva do art. 142 da LBPS a ser exigido para efeito de carência será o do ano em que for preenchido o requisito etário, ainda que cumprido em ano posterior ao que completou a idade, não se obrigando que a carência exigida seja a da data do requerimento do benefício.

Considera-se para efeito de carência, segundo o entendimento do INSS expresso no art. 193 da IN PRESI/INSS n. 128/2022:

> I – o período em que o segurado recebeu salário-maternidade, exceto o do segurado especial que não contribui facultativamente;
> 
> II – o período como contribuinte individual prestador de serviço a pessoa jurídica, na forma da Lei n. 10.666, de 2003, ainda que sem contribuição, desde que devidamente comprovados e referentes a competências posteriores a abril de 2003;
> 
> III – as contribuições vertidas para o RPPS certificadas na forma da contagem recíproca, desde que o segurado não tenha utilizado o período naquele regime, esteja filiado ao RGPS e desvinculado do regime de origem;
> 
> IV – o tempo de contribuição para o Plano de Seguridade Social do Servidor Público anterior à Lei n. 8.647, de 1993, efetuado pelo servidor público ocupante de cargo em comissão sem vínculo efetivo com a União, Autarquias, ainda que em regime especial, e Fundações Públicas Federais;
> 
> V – o período relativo ao prazo de espera de 15 (quinze) dias do afastamento do trabalho de responsabilidade do empregador, desde que anterior à data de início da incapacidade do benefício requerido; e
> 
> VI – anistia prevista em lei, desde que seja expressamente previsto o cômputo do período de afastamento para contagem da carência.

O tempo de serviço militar obrigatório exercido posteriormente a 13.11.2019 (data da publicação da EC n. 103), devidamente certificado pelo respectivo ente federativo na forma da contagem recíproca por meio de CTC, será considerado para fins de carência (art. 194, § 1º, da IN PRESI/INSS n. 128/2022).

E, de acordo com a normatização interna do INSS (art. 194 da IN PRESI/INSS n. 128/2022), não será computado como período de carência:

- o tempo de serviço militar, obrigatório ou voluntário, exercido até 13.11.2019;
- o tempo de serviço do segurado trabalhador rural anterior à competência novembro de 1991, exceto para os benefícios do inciso I do art. 39 e *caput* e § 2º do art. 48, ambos da Lei n. 8.213, de 1991;
- o período de retroação da DIC;
- a contribuição recolhida em atraso pelo contribuinte individual, facultativo ou segurado especial que contribua facultativamente, inclusive como indenização, fora do período de manutenção da qualidade de segurado, observado o art. 192 da IN n. 128/2022;
- o período indenizado de segurado especial posterior a novembro de 1991, exceto para os benefícios de aposentadoria por idade ou por incapacidade permanente, de auxílio por incapacidade temporária, de auxílio-reclusão ou de pensão, no valor de 1 (um) salário mínimo, e de auxílio-acidente, desde que mantida a condição ou a qualidade de segurado especial na DER, ou na data em que implementar os requisitos para concessão dos benefícios;

- o período em que o segurado está ou esteve em gozo de auxílio-acidente ou auxílio-suplementar;
- o período de aviso prévio indenizado; e
- a competência com recolhimento abaixo do valor mínimo mensal, resguardado o direito aos ajustes de complementação, utilização de excedente e agrupamento (não se aplica ao segurado empregado, inclusive doméstico, ou trabalhador avulso para competências anteriores a 13.11.2019).

Segue a tabela trazida pela IN INSS/PRES n. 128/2022 (art. 190), que visa facilitar a compreensão das normas aplicáveis a cada categoria, de acordo com a forma de filiação e a data-limite:

| FORMA DE FILIAÇÃO | A PARTIR DE | DATA-LIMITE | INÍCIO DO CÁLCULO |
|---|---|---|---|
| Empregado | Indefinida | Sem limite | Data da filiação |
| Avulso | Indefinida | Sem limite | Data da filiação |
| | Indefinida | 24.07.1991 | Data da filiação |
| Empresário | 25.07.1991 | 28.11.1999 | Data da 1ª contribuição sem atraso |
| | 08.04.1973 | 24.07.1991 | Data da filiação |
| Doméstico | 25.07.1991 | 31.05.2015 | Data da 1ª contribuição sem atraso |
| | 1º.06.2015 | Sem limite | Data da filiação |
| Facultativo | 25.07.1991 | Sem limite | Data da 1ª contribuição sem atraso |
| | 05.09.1960 | 09.09.1973 | Data da 1ª contribuição |
| | 10.09.1973 | 1º.02.1976 | Data da inscrição |
| Equiparado a autônomo | 02.02.1976 | 23.01.1979 | Data da 1ª contribuição sem atraso |
| | 24.01.1979 | 23.01.1984 | Data da inscrição |
| | 24.01.1984 | 28.11.1999 | Data da 1ª contribuição sem atraso |
| Empregado rural | 1º.01.1976 | 24.07.1991 | Data da 1ª contribuição sem atraso |
| Contribuinte em dobro | 1º.09.1960 | 24.07.1991 | Data da filiação |
| Segurado especial que não optou contribuir facultativamente (art. 200, § 2º, do RPS) | Indefinida | Sem limite | Data da filiação |
| Segurado especial que optou contribuir facultativamente (art. 200, § 2º, do RPS) | 11.1991 | Sem limite | Data da 1ª contribuição sem atraso |
| | 05.09.1960 | 09.09.1973 | Data do 1º pagamento |
| | 10.09.1973 | 1º.02.1976 | Data da inscrição |
| Autônomo | 02.02.1976 | 23.01.1979 | Data da 1ª contribuição sem atraso |
| | 24.01.1979 | 23.01.1984 | Data da inscrição |
| | 24.01.1984 | 28.11.1999 | Data da 1ª contribuição sem atraso |
| Contribuinte individual | 29.11.1999 | Sem limite | Data da 1ª contribuição sem atraso |
| Contribuinte individual (prestador de serviços) | 1º.04.2003 | Sem limite | Data da filiação |

# 7
# Acidente do Trabalho e Doenças Ocupacionais

Cumpre-nos comentar os infortúnios decorrentes do ambiente de trabalho – os acidentes de trabalho e as doenças ocupacionais.

Dados do sistema eSocial do Ministério do Trabalho e Emprego (MTE) demonstram que, em 2023, ocorreram 2.888 acidentes do trabalho fatais. O sistema registrou, naquele mesmo ano, um total de 499.955 acidentes de trabalho. Entre os setores que mais registraram acidentes de trabalho com mortes e lesões graves no Brasil, estão os setores da Construção Civil e de Transporte Rodoviário de Cargas e Passageiros. O Brasil é o 4º colocado no *ranking* mundial de acidentes de trabalho.

A razão de tais números é, em grande parte, a falta de prevenção, em regra relegada a segundo plano pelas empresas. Sempre cabe lembrar a tragédia de Brumadinho, no início de 2019, que é o maior acidente laboral de nossa história, com mais de 330 mortes confirmadas, além de pessoas ainda desaparecidas.

Há que se destacar, ainda, que é bastante considerável a ocorrência de acidentes e doenças não notificados, por omissão dos empregadores e na medida em que grande parte dos trabalhadores da iniciativa privada estão no chamado "mercado informal de trabalho", sendo totalmente desprezadas as normas referentes à proteção social. Logo, não temos dúvida de que a quantidade de infortúnios é bem maior do que as estatísticas oficiais revelam.

Anualmente, segundo estimativas globais da Organização Internacional do Trabalho, a economia perde cerca de 4% do Produto Interno Bruto em razão de doenças e acidentes do trabalho, o que, além das perdas humanas, gera a perda de produtividade provocada por ambientes de trabalho inseguros ou insalubres. A agenda 2030 da Organização das Nações Unidas para o Desenvolvimento Sustentável, em sua meta 8.8, destaca a necessidade de promover ambientes de trabalho seguros e protegidos para todos os trabalhadores, incluindo os trabalhadores migrantes, em particular as mulheres migrantes, e pessoas em empregos precários.[1]

Como bem ressaltado na norma regulamentar, "a empresa é responsável pela adoção e uso de medidas coletivas e individuais de proteção à segurança e saúde do trabalhador sujeito aos riscos ocupacionais por ela gerados" (art. 338, *caput*, do Decreto n. 3.048/1999, redação conferida pelo Decreto n. 4.032/2001).

Apesar da exigência ao empregador de cumprimento de normas de higiene e segurança no trabalho e da imposição de indenização por danos causados, em casos de conduta comissiva ou omissiva do empregador, o número de acidentados é absurdo. O aspecto da prevenção, em regra, é relegado a segundo plano pelas empresas, gerando tais números.

---

[1] Conforme o Observatório Saúde e Segurança no Trabalho – SmartLab. Disponível em: https://smartlabbr.org/sst/localidade/0?dimensao=despesa. Acesso em: 20 jul. 2022.

## 7.1 PROTEÇÃO ACIDENTÁRIA NO PERÍODO PÓS-CONSTITUIÇÃO DE 1988

A Constituição de 1988 insere o acidente de trabalho como risco social, passível então de proteção previdenciária (art. 201, I). O seguro de acidentes do trabalho é encargo somente do empregador (art. 7º, XXVIII), independentemente da indenização devida por dolo ou culpa. Adota-se, cumulativamente, a teoria do risco empresarial com a do risco social.

As Leis n. 8.212 e n. 8.213/1991, em seus textos originais, tratam do acidente do trabalho com benefícios diferenciados, regulamentando o custeio pelo empregador (art. 22, II, da Lei de Custeio), mantida a exclusividade de oferecimento do SAT pela previdência estatal.

A Lei n. 9.032, de 28.04.1995, dispôs que o benefício de cunho acidentário seria equiparado ao benefício previdenciário, calculando-se a renda mensal com base no salário de benefício, não mais pelo salário de contribuição da data do acidente, que, na maioria das vezes, era mais vantajoso. Revogou, outrossim, o art. 123 da Lei n. 8.213/1991, que possibilitava a conversão da aposentadoria por tempo de serviço ou por idade em aposentadoria por invalidez acidentária, sempre que o aposentado apresentasse doença profissional ou do trabalho relacionada com as condições que exercia anteriormente à aposentadoria.

A EC n. 20/1998 estabeleceu, de forma programática, a possibilidade de que o seguro de acidentes do trabalho a cargo da empresa pudesse ser objeto de cobertura pelo RGPS e pela iniciativa privada, de forma concorrente; todavia, a matéria não foi regulamentada, mantendo-se a fórmula da proteção acidentária por meio das regras de custeio da Seguridade Social – Lei n. 8.212/1991 e sua regulamentação. Essa previsão retornou com a EC n. 103/2019, mas dependerá de lei complementar para a regulamentação e adoção desse modelo, que também poderá ser estendido aos demais benefícios não programados.

A LC n. 150/2015 regulamentou a EC n. 72/2013, que ampliou os direitos sociais da categoria dos empregados domésticos e estendeu a estes a cobertura acidentária.

## 7.2 CONCEITO DE ACIDENTE DO TRABALHO

Segundo o conceito legal vigente, "acidente do trabalho é o que ocorre pelo exercício do trabalho a serviço de empresa ou de empregador doméstico ou pelo exercício do trabalho dos segurados referidos no inciso VII do art. 11 desta Lei, provocando lesão corporal ou perturbação funcional que cause a morte ou a perda ou redução, permanente ou temporária, da capacidade para o trabalho" – art. 19 da Lei n. 8.213/1991, com a redação conferida pela LC n. 150/2015.

O conceito do art. 19 da LBPS identifica o *acidente típico* como aquele sofrido "pelo segurado a serviço da empresa ou de empregador doméstico", ou pelo segurado especial.

Com a promulgação da EC n. 72, de 2013, impunha-se a alteração do conceito legal, para a inclusão dos domésticos. Sobreveio, então, a LC n. 150/2015, com vigência a partir de sua publicação – 1º.06.2015.

Surge daí um debate importante: a partir de quando os domésticos passam a fazer jus à proteção acidentária, apenas quando entrou em vigor a LC n. 150/2015, que veio a alterar o art. 19, antes indicado, ou desde a promulgação da EC n. 72, ante a autoaplicabilidade da norma de direito fundamental.

Entendemos que a demora na produção da lei não pode subtrair dos segurados a proteção – até porque os benefícios acidentários e toda a disciplina concernente a eles já existem em relação aos demais segurados, bastando que se faça a interpretação do texto do art. 19 da Lei n. 8.213/1991 em conformidade com a nova ordem constitucional erigida após a EC n. 72, desconsiderando-se o discrímen antes existente –, aliás, nada razoável, pois os empregados domésticos sempre foram vítimas de acidentes durante a atividade laborativa, sendo deveras injusta a ausência de proteção acidentária, especialmente em termos práticos, pela ausência de concessão de auxílio-acidente a estes, quando vítimas de acidentes com sequelas.

Para um conceito mais próximo do chamado acidente típico, devemos nos socorrer dos estudiosos do tema. Russomano, ao tentar defini-lo, busca amparo na doutrina francesa: "O acidente de trabalho, pois, é um acontecimento em geral súbito, violento e fortuito, vinculado ao serviço prestado a outrem pela vítima que lhe determina lesão corporal. Por aproximação, podemos dizer que é esse o pensamento de Rouast e Givord (*Traité sur Accidents du Travail*, p. 98)"[2].

O acidente do trabalho será caracterizado pelo INSS quando verificado pelo Perito Médico Federal o nexo técnico entre o trabalho e o agravo.

O empregado intermitente, o segurado especial, o trabalhador avulso e o empregado doméstico, este a contar de 2 de junho de 2015, data da publicação da Lei Complementar n. 150, de 2015, que sofrerem acidente de trabalho com incapacidade para sua atividade habitual serão encaminhados à perícia médica para avaliação do grau de incapacidade e o estabelecimento do nexo técnico, logo após o acidente, sem necessidade de aguardar os 15 (quinze) dias consecutivos de afastamento (§ 3º do art. 348 da IN INSS/PRES n. 128/2022).

São, portanto, a nosso ver, características do acidente de trabalho: a exterioridade da causa do acidente; a violência; a subtaneidade e a relação com a atividade laboral.

A caracterização do acidente de trabalho impõe tenha ele sido causado pelo exercício de atividade laborativa. Exclui-se, portanto, o acidente ocorrido fora do âmbito dos deveres e das obrigações decorrentes do trabalho. Não é necessário, nesse aspecto, que o fato tenha ocorrido no ambiente de trabalho, mas tão somente em decorrência dele. Conclui-se daí que os acidentes de trajeto e os sofridos em trabalhos externos também devem ser considerados como integrantes do conceito.

Não é requisito para a caracterização do acidente do trabalho a emissão da Comunicação de Acidente do Trabalho – CAT, que se trata de mera formalidade, mas não é exigida no conceito legal para o reconhecimento do acidente ou doença ligada ao trabalho.

Retomando o conceito atribuído pelo legislador, também se considera acidente de trabalho o ocorrido no local e no horário de trabalho por agressão, sabotagem ou terrorismo praticado por terceiro ou companheiro de trabalho; ofensa física intencional, inclusive de terceiro, por motivo de disputa relacionada com o trabalho; ato de imprudência, negligência ou imperícia de terceiro ou companheiro de trabalho; ato de pessoa privada do uso da razão; casos fortuitos ou de força maior; em quaisquer locais e horários, em caso de contaminação acidental do segurado no exercício de sua atividade; na execução de ordem ou realização de serviço sob a autoridade da empresa; na prestação espontânea de qualquer serviço à empresa para lhe evitar prejuízo ou proporcionar proveito; em viagem a serviço da empresa, inclusive para fins de estudo quando financiada por esta; no percurso da residência ao local de trabalho e vice-versa; nos períodos destinados à refeição ou descanso intrajornada, ou satisfação de outras necessidades fisiológicas, no local do trabalho ou durante este, sendo nessas oportunidades considerado no exercício do trabalho – art. 21 da Lei n. 8.213/1991.

Acidente *in itinere*, ou de trajeto, é expressão utilizada para caracterizar o acidente que, tendo ocorrido fora do ambiente de trabalho, ainda assim se considera acidente de trabalho, pois decorrente do deslocamento do segurado entre sua residência e o local de trabalho, e vice-versa. Conforme a melhor jurisprudência, não há se exigir, para a caracterização do acidente de trajeto, ter o segurado percorrido o "caminho mais curto" entre a sua residência e o local de trabalho.

---

[2] RUSSOMANO, Mozart Victor. *Comentários à Consolidação das Leis da Previdência Social*. 2. ed. São Paulo: Revista dos Tribunais, 1981. p. 395.

Assim, "ligeiro desvio no percurso, quando o obreiro entra em um estabelecimento comercial para aquisição de um bem, não rompe o nexo entre o acidente e o retorno do trabalho para casa". Para descaracterizar o acidente de percurso, o desvio de rota deve ser relevante, como no caso em que o trabalhador "passou horas bebendo com amigos ou quando foge do percurso usual"[3].

Pouco importa o que venha a ter causado o acidente de percurso, relevante apenas a característica do deslocamento de ou para o trabalho. Colhe-se da jurisprudência:

> I – Equipara-se ao acidente de trabalho o acidente ocorrido no percurso do local de trabalho para a residência da vítima ou desta para aquele, e, no caso dos autos, é incontroverso o acidente de trajeto sofrido pela autora, *ex vi* do art. 21, IV, "d", da Lei n. 8.213/1991. II – Não tem relevância jurídica ao caso em voga, o fato de a alegada agressão ser oriunda de assalto, haja vista que qualquer que seja o tipo penal consumado, não afasta o acidente de trabalho ocorrido no percurso do trabalho/residência, em que foi vítima a recorrente (...) (TJ-GO – APL: 03785939520098090076, 1ª Câmara Cível, Rel. Amélia Martins de Araújo, *DJ* 06.12.2018).

> ACIDENTE DE TRAJETO EQUIPARADO A ACIDENTE DO TRABALHO. ART. 21, IV, "D", DA LEI N. 8.213/1991 VIGENTE À ÉPOCA DO CONTRATO DE TRABALHO. EMPREGADO CONVOCADO PELO EMPREGADOR PARA PRESTAR DEPOIMENTO COMO TESTEMUNHA EM JUÍZO. ACIDENTE DE TRÂNSITO NO PERCURSO ATÉ SUA CASA. PRESTAÇÃO DE ATIVIDADE À DISPOSIÇÃO DO EMPREGADOR. ESTABILIDADE ACIDENTÁRIA RECONHECIDA. ART. 118 DA LEI N. 8.213/1991. O comparecimento de empregado, convocado pelo empregador, para prestar depoimento como testemunha, em audiência de processo trabalhista realizada em seu dia de folga, configura atividade à disposição do empregador, na forma do art. 4º da CLT e art. 21, inciso IV, "a", da Lei n. 8.213/1991. Na forma da alínea "d" do mesmo preceito legal previdenciário, com redação vigente na época do contrato de trabalho, o acidente de trajeto equipara-se a acidente do trabalho para efeitos daquela Lei e, por isso, resta configurado o direito do empregado à estabilidade acidentária prevista no art. 118 da Lei n. 8.213/1991 (TRT-12, ROT 0000824-52.2017.5.12.0050, 3ª Câmara, Rel. Carlos Alberto Pereira de Castro, data de assinatura: 13.05.2020).

A MP n. 905/2019 havia revogado a alínea "d" do inciso IV do *caput* do art. 21 da Lei n. 8.213/1991, que considerava o acidente de percurso como acidente de trabalho. Contudo, antes mesmo de expirado o prazo para sua apreciação pelo Legislativo, foi revogada pela MP n. 955, de 20.04.2020 (que teve a vigência encerrada em 17.08.2020). Com isso, questiona-se: os acidentes de percurso ocorridos entre 11.11.2019 e 20.04.2020 serão ou não equiparados ao acidente típico?

Quanto ao acidente de trajeto, nossa compreensão é de que deve ser tratado como acidente de trabalho mesmo nesse lapso temporal, pois as situações jurídicas consolidadas na vigência da MP n. 905/2019 regulam-se pela redação original dos dispositivos anteriormente vigentes.

Não se caracteriza como acidente de trabalho o acidente de trajeto sofrido pelo segurado que, por interesse pessoal, tiver interrompido ou alterado o percurso habitual.

Se o acidente do trabalhador avulso ocorre no trajeto do órgão gestor de mão de obra ou sindicato para a residência, o INSS entende ser indispensável para caracterização do acidente o registro de comparecimento ao órgão gestor de mão de obra ou ao sindicato.

---

[3] OLIVEIRA, José de. *Acidentes do trabalho: teoria, prática, jurisprudência*. 2. ed. São Paulo: Saraiva, 1992. p. 3.

O elemento objetivo para a caracterização do acidente de trabalho é a existência de lesão corporal ou perturbação funcional que cause a morte ou perda ou redução, permanente ou temporária, da capacidade para o trabalho. Lesão corporal é aquela que atinge a integridade física do indivíduo, causando um dano físico-anatômico, enquanto a perturbação funcional é a que, sem aparentar lesão física, apresenta dano fisiológico ou psíquico, relacionado com órgãos ou funções específicas do organismo humano[4].

Quanto ao elemento subjetivo, é irrelevante para a caracterização do acidente de trabalho a existência de culpa do segurado. Trata-se da aplicação da teoria do risco social, segundo a qual a sociedade arca com o ônus do indivíduo incapacitado, independentemente de quem causou o infortúnio. Apenas interessa a existência ou inexistência de culpa do empregador para efeitos de responsabilidade civil. Nem se queira entender em contrário, pelo fato de que a alínea "c" do inc. II do art. 21 da Lei do RGPS aluda apenas a ato de imprudência, negligência ou imperícia de terceiro ou companheiro de trabalho como hipótese de configuração de acidente, e não a atitudes desidiosas do próprio segurado; como bem explica Russomano, ainda comentando legislação pretérita, nesse tópico intocada, "o legislador de 1944 quis, apenas, acentuar que não somente os atos de imprudência, negligência e brincadeira (sic) cometidos pelo próprio empregado servem e bastam para a definição do acidente de trabalho, como, também, possuem o mesmo significado os atos daquela natureza praticados por seus companheiros de serviço ou por terceiros"[5].

Estabelece o Regulamento que será considerado agravamento do acidente aquele sofrido pelo acidentado quando estiver sob a responsabilidade da reabilitação profissional – art. 337, § 2º.

## 7.3 DOENÇAS OCUPACIONAIS

As doenças ocupacionais são aquelas deflagradas em virtude da atividade laborativa desempenhada pelo indivíduo. Valendo-nos do conceito oferecido por Stephanes, são as que "resultam de constante exposição a agentes físicos, químicos e biológicos, ou mesmo do uso inadequado dos novos recursos tecnológicos, como os da informática"[6]. Dividem-se em doenças profissionais e do trabalho.

Classifica-se como *doença profissional* a decorrente de situações comuns aos integrantes de determinada categoria de trabalhadores, relacionada como tal no Decreto n. 3.048/1999, Anexo II, ou, comprovado o nexo causal entre a doença e a lesão, aquela que seja reconhecida pela Previdência, independentemente de constar na relação. São também chamadas de idiopatias, tecnopatias ou ergopatias. São comuns aos profissionais de certa atividade.

Denomina-se *doença do trabalho* aquela adquirida ou desencadeada em função de condições especiais cujo trabalho é realizado e com ele se relacione diretamente, estando elencada no referido Anexo II do Decreto n. 3.048/1999, ou reconhecida pela Previdência. É o caso, *verbi gratia*, de um empregado de casa noturna cujo "som ambiente" supere os limites de tolerância; a atividade profissional que desempenha não geraria nenhuma doença ou perturbação funcional auditiva, porém, pelas condições em que exerce o seu trabalho, está sujeito ao agente nocivo à sua saúde – ruído excessivo.

Também é o exemplo dos "Distúrbios do Sistema Osteomuscular Relacionados ao Trabalho" – DORT, dos quais as lesões por esforços repetitivos são o principal evento; são casos em que as condições inadequadas, sob o prisma da ergonomia, desenvolvem os problemas típicos. A

---

[4] OLIVEIRA, José de. *Acidentes do trabalho: teoria, prática, jurisprudência*. 2. ed. São Paulo: Saraiva, 1992. p. 1.
[5] RUSSOMANO, Mozart Victor. *Comentários à Consolidação das Leis da Previdência Social*. 2. ed. São Paulo: Revista dos Tribunais, 1981. p. 417.
[6] STEPHANES, Reinhold. *Reforma da previdência sem segredos*. Rio de Janeiro: Record, 1998. p. 219.

prevenção, no caso, deve ser baseada na limitação do tempo de exposição (duração da jornada e concessão de pausas regulares), na alteração do processo e organização do trabalho (evitando excessos de demanda) e na adequação de máquinas, mobília, equipamentos e ferramental do trabalho às características ergonômicas dos trabalhadores. São as chamadas mesopatias.

Nessas doenças, as características são diferenciadas em relação aos acidentes-tipo: a exterioridade da causa permanece; porém, pode-se dizer que muitas doenças são previsíveis e, certamente, não dependem de um evento violento e súbito; são as contingências do trabalho desempenhado ao longo do tempo que estabelecem o nexo causal entre a atividade laborativa e a doença.

Independentemente de constar na relação do Regulamento, deve a Previdência reconhecer a natureza ocupacional quando restar comprovado que a doença foi desencadeada pelas condições especiais de trabalho a que estava submetido o segurado – § 2º do art. 20 da Lei n. 8.213/1991.

Exige a legislação pátria que uma moléstia, para ser considerada como ocupacional, decorra, necessariamente, do trabalho. Assim, "as doenças não profissionais, mesmo quando adquiridas no decurso e no local de trabalho, tecnicamente, não são equiparáveis aos acidentes"[7].

Não são consideradas doenças do trabalho: a doença degenerativa – causada por agentes endógenos, com a perda gradativa da integridade física ou mental; a doença inerente a grupo etário (relacionadas à velhice, como a arteriosclerose e a osteoporose); a que não chegou a produzir incapacidade para o trabalho; a doença endêmica adquirida em função da região territorial em que se desenvolva (malária, febre amarela, dengue, cólera), salvo exposição ou contato direto em função do trabalho. Contudo, o agravamento de doença degenerativa, em função do trabalho, deve ser considerado como ocupacional, o que muitas vezes não ocorre nas perícias.

No entanto, há que se tomar extremo cuidado ao analisar as excludentes do § 1º do art. 20 da Lei n. 8.213/1991. É que nem toda doença degenerativa está desvinculada do trabalho, estando em certo sentido ultrapassada a concepção da Lei n. 8.213/1991 nesse aspecto, como estudos da própria Medicina apontam.

Note-se, por exemplo, a hipótese de neoplasia de cunho ocupacional, típica de determinadas profissões, devido à exposição a agentes carcinogênicos presentes no ambiente de trabalho, como o amianto, mesmo após a cessação da exposição, o que representa de 2% a 4% dos casos de câncer identificados[8].

## 7.4 NEXO CAUSAL E CONCAUSALIDADE

Como assinala o médico do trabalho Primo Brandimiller, para a caracterização do acidente de trabalho requer-se que a enfermidade, além de incapacitante, relacione-se com o exercício do trabalho. A esta necessária relação entre o dano experimentado pela vítima e a atividade laborativa dá-se o nome de nexo causal[9].

O nexo causal é, portanto, o vínculo fático que liga o efeito (incapacidade para o trabalho ou morte) à causa (acidente de trabalho ou doença ocupacional). Decorre de uma análise

---

[7] RUSSOMANO, Mozart Victor. *Comentários à Consolidação das Leis da Previdência Social*. 2. ed. São Paulo: Revista dos Tribunais, 1981. p. 396.
[8] RIBEIRO, Fátima Sueli Neto; WÜNSCH FILHO, Victor. Avaliação retrospectiva da exposição ocupacional a cancerígenos: abordagem epidemiológica e aplicação em vigilância em saúde. *Caderno Saúde Pública*, n. 20(4): p. 881-890, jul./ago. 2004. Disponível em: http://pesquisa.bvsalud.org/brasil/resource/pt/mdl-15300280. Acesso em: 2 out. 2017.
[9] *Perícia judicial em acidentes e doenças do trabalho*. São Paulo: SENAC, 1996. p. 161.

técnica, a ser realizada, obrigatoriamente, por médico perito ou junta médica formada por peritos nesta matéria.

Incumbe à perícia médica do INSS a investigação do nexo de causalidade entre a lesão, perturbação ou morte e o acidente ou doença, bem como tipificar o evento como sendo em decorrência do trabalho – Regulamento, art. 337. Aqui paira uma das constantes críticas dos beneficiários da Previdência Social no Brasil: a caracterização do acidente de trabalho ou da doença ocupacional nem sempre é tarefa fácil, e, pior, ao contrário do que preconiza a melhor doutrina, os profissionais encarregados de fazer o laudo médico de nexo de causalidade oneram o vitimado com a comprovação da correlação entre infortúnio e efeito causado à saúde do segurado.

Equipara-se ao acidente de trabalho a chamada concausa, ou seja, a causa que, embora não tenha sido a única, contribuiu diretamente para a morte do segurado, para redução ou perda de sua capacidade laborativa, ou produziu lesão que exija atenção médica para a sua recuperação – inciso I do art. 21 da Lei n. 8.213/1991. É de *Russomano* a definição que melhor se adequou à ideia de concausalidade:

> A causa propriamente dita, a causa originária, a causa traumática, como dizem os peritos, gera determinados efeitos, mas não são, por sua vez, resultantes da causa traumática. São concorrentes e, não, decorrentes.
>
> A exemplificação dada por Afrânio Peixoto, nesse sentido, elucida o problema: o indivíduo que sofre de hemofilia recebe ferimento e morre esvaído em sangue.
>
> Outro indivíduo é atingido, no braço, por objeto cortante, que secciona a artéria umeral, ocasionando-lhe a morte, também por hemorragia.
>
> No primeiro caso, a hemofilia – como uma situação anterior ao acidente – veio contribuir para que o ferimento – causa traumática – determinasse a morte da vítima. A hemofilia, na hipótese, é concausa.
>
> No segundo caso, a hemorragia era consequência natural e previsível do próprio acidente. Não houve concurso de nenhum outro fator e, portanto, não há como falar em concausa (...)[10].

As concausas podem ser anteriores, simultâneas ou posteriores ao acidente. Para efeito de reconhecimento do direito ao benefício por acidente de trabalho é irrelevante se a concausa é simultânea, anterior ou posterior ao evento; em todos os casos, o direito é assegurado.

O § 2º do art. 337 do RPS preconiza que será considerado agravamento do acidente aquele sofrido pelo acidentado quando estiver sob a responsabilidade da reabilitação profissional.

Há que se tomar extremo cuidado ao analisar as excludentes do § 1º do art. 20 da Lei n. 8.213/1991. É que nem toda doença degenerativa está desvinculada do trabalho. Note-se, por exemplo, a hipótese de *neoplasia de cunho ocupacional,* típica de determinadas profissões, devido a exposição a agentes carcinogênicos presentes no ambiente de trabalho, mesmo após a cessação da exposição, o que representa de 2% a 4% dos casos de câncer identificados (informação estatística disponível no *site* do Governo Biblioteca Virtual em Saúde – BVS http://bvsms.saude.gov.br/bvs/ dicas/115cancer_ocupa.html, acesso em 8 dez. 2011).

### 7.4.1 A perícia para fins de averiguação da causalidade/concausalidade

A investigação da concausalidade é também motivo de preocupação por parte de segurados, visto que nem sempre o perito – mesmo o judicial – aprofunda sua análise para verificar

---

[10] RUSSOMANO, Mozart Victor. *Comentários à Consolidação das Leis da Previdência Social.* 2. ed. São Paulo: Revista dos Tribunais, 1981. p. 405-406.

a existência de mais de um fator desencadeante da incapacidade. Incumbe às partes e ao juiz da causa formular quesitos ao perito no sentido de que este responda, conclusivamente, se há ou não multiplicidade de fatores causadores da incapacidade, e se algum deles está ligado ao trabalho, caracterizando (ou não) concausalidade, como nos casos a seguir:

> ACIDENTÁRIA. ACIDENTE VASCULAR CEREBRAL. SEQUELA GERADORA DE INCAPACIDADE TOTAL E PERMANENTE. SEGURADO ACOMETIDO DE HIPERTENSÃO ARTERIAL SISTÊMICA. STRESS COMO FATOR DESENCADEANTE DO INFORTÚNIO. CONCAUSA. CONVERSÃO DA APOSENTADORIA POR INVALIDEZ PREVIDENCIÁRIA EM ACIDENTÁRIA. HONORÁRIOS ADVOCATÍCIOS. CUSTAS PROCESSUAIS. A hipertensão arterial, apesar de definida como doença degenerativa orgânica, é também doença profissional, sendo o *stress* fator coadjuvante para a eclosão de sequela incapacitante decorrente de acidente vascular cerebral (...) (Ap. Cível 1997.013265-4, TJSC, 2ª Câmara de Direito Comercial, Rel. Des. Pedro Manoel Abreu, j. 07.05.1998).

> APELAÇÃO CÍVEL AÇÃO ACIDENTÁRIA. ATIVIDADE DE MOTORISTA. PECULIARIDADES. DOENÇA DEGENERATIVA NA COLUNA VERTEBRAL. AGRAVAMENTO. CONCAUSA. NEXO DE CAUSALIDADE. CONVERSÃO DA APOSENTADORIA POR INVALIDEZ COMUM EM ACIDENTÁRIA. RECURSO DESPROVIDO. 1. As peculiaridades do exercício das funções de motorista de transporte coletivo, que cumpre toda a jornada de trabalho sentado e submetido a intermitentes trepidações, solavancos e abalos inerentes ao tráfego diário de veículos, exigem demasiada solicitação osteomuscular da coluna vertebral. 2. Concluindo a perícia que a doença degenerativa de que padece o apelado foi agravada em razão do exercício das atividades de sua profissão, constituem estas concausas de incapacitação total e permanente para o trabalho. 3. Comprovado o nexo de causalidade entre o exercício das atividades e o agravamento das lesões que levaram à incapacitação para o trabalho, afigura-se correta a conversão da aposentadoria por invalidez comum para aposentadoria por invalidez acidentária. 4. Recurso desprovido (Ap. Cível 24000126326, TJES, 1ª Câmara Cível, Rel. Des. Fabio Clem de Oliveira, publ. 16.09.2008).

Frisa-se que "a Perícia Médica Federal terá acesso aos ambientes de trabalho e a outros locais onde se encontrem os documentos referentes ao controle médico de saúde ocupacional e aqueles que digam respeito ao programa de prevenção de riscos ocupacionais para verificar a eficácia das medidas adotadas pela empresa para a prevenção e o controle das doenças ocupacionais" (§ 2º do art. 338 do Regulamento da Previdência Social, redação conferida pelo Decreto n. 10.410/2020).

### 7.4.2 A presunção de nexo causal – Nexo técnico epidemiológico

A Lei n. 11.430, de 26.12.2006, alterou significativamente a equação do ônus da prova, em relação às doenças ocupacionais. Trata-se da inclusão do art. 21-A, cujo teor, a partir da LC n. 150/2015, é o seguinte: "A perícia médica do Instituto Nacional do Seguro Social (INSS) considerará caracterizada a natureza acidentária da incapacidade quando constatar ocorrência de nexo técnico epidemiológico entre o trabalho e o agravo, decorrente da relação entre a atividade da empresa ou do empregado doméstico e a entidade mórbida motivadora da incapacidade elencada na Classificação Internacional de Doenças (CID), em conformidade com o que dispuser o regulamento".

O art. 337, § 3º, do Decreto n. 3.048, com a redação conferida pelo Decreto n. 6.957, de 09.09.2009, assim dispõe: "Considera-se estabelecido o nexo entre o trabalho e o agravo quando se verificar nexo técnico epidemiológico entre a atividade da empresa e a entidade mórbida motivadora da incapacidade, elencada na Classificação Internacional de Doenças – CID em conformidade com o disposto na Lista C do Anexo II deste Regulamento".

Nota-se, a partir de tal redação, que a norma estabelece uma presunção legal de existência da conexão da doença de que for acometido o trabalhador com o trabalho por ele desempenhado, sempre que a atividade da empresa guardar relação com esta, havendo histórico de trabalhadores que já adoeceram pelo mesmo mal.

Convém, por oportuno, transcrever a Exposição de Motivos da referida Medida Provisória, na parte que se refere à inovação em matéria acidentária:

> 7. Diante do descumprimento sistemático das regras que determinam a emissão da CAT, e a dificuldade de fiscalização por se tratar de fato individualizado, os trabalhadores acabam prejudicados nos seus direitos, em face da incorreta caracterização de seu benefício. Necessário, pois, que a Previdência Social adote um novo mecanismo que segregue os benefícios acidentários dos comuns, de forma a neutralizar os efeitos da sonegação da CAT.
> 8. Para atender a tal mister, e por se tratar de presunção, matéria regulada por lei e não por meio de regulamento, está-se presumindo o estabelecimento do nexo entre o trabalho e o agravo, e, consequentemente, o evento será considerado como acidentário, sempre que se verificar nexo técnico epidemiológico entre o ramo de atividade da empresa e a entidade mórbida relacionada na CID motivadora da incapacidade.
> 9. Essa metodologia está embasada na CID, que se encontra atualmente na 10ª Revisão.
> Em cada processo de solicitação de benefício por incapacidade junto à Previdência Social, consta obrigatoriamente o registro do diagnóstico (CID-10) identificador do problema de saúde que motivou a solicitação. Esse dado, que é exigido para a concessão de benefício por incapacidade laborativa, independentemente de sua natureza acidentária ou previdenciária, e cujo registro é de responsabilidade do médico que prestou o atendimento ao segurado, estabelece a relação intrínseca entre a incapacidade laboral e a entidade mórbida que a provocou.
> 10. Assim, denomina-se Nexo Técnico Epidemiológico a relação entre Classificação Nacional de Atividades Econômicas – CNAE e o agrupamento CID-10. É, na verdade, uma medida de associação estatística, que serve como um dos requisitos de causalidade entre um fator (nesse caso, pertencer a um determinado CNAE-classe) e um desfecho de saúde, mediante um agrupamento CID, como diagnóstico clínico. Por meio desse nexo, chega-se à conclusão de que pertencer a um determinado segmento econômico (CNAE-classe) constitui fator de risco para o trabalhador apresentar uma determinada patologia (agrupamento CID-10).

Desde abril de 2007, o INSS mudou seus procedimentos, permitindo a caracterização, pela Perícia Médica, de Nexo Técnico Previdenciário – NTEP (Epidemiológico, Profissional ou do Trabalho e Individual), ainda que o segurado não apresente a CAT no ato do exame pericial, o que será contabilizado como um registro de acidente ou doença do trabalho (equivalerá a uma CAT registrada). O processo de contagem é feito de forma a impossibilitar a duplicação da contagem do evento.

O nexo técnico previdenciário está, a partir de então, dividido em três espécies:

a) nexo técnico profissional ou do trabalho – fundamentado nas associações entre patologias e exposições constantes das listas A e B do anexo II do Decreto n. 3.048/1999.

b) nexo técnico por doença equiparada a acidente de trabalho, ou nexo técnico individual – decorrente de acidentes de trabalho típicos ou de trajeto, bem como de condições especiais em que o trabalho é realizado e com ele relacionado diretamente.

c) nexo técnico epidemiológico previdenciário (NTEP) – aplicável quando houver significância estatística da associação entre o código da Classificação Internacional de

Doenças (CID), e o da Classificação Nacional de Atividade Econômica (CNAE), na parte inserida pelo Decreto n. 6.042/2007, na lista B do anexo II do Decreto n. 3.048/1999.

A perícia médica do INSS deixará de aplicar o NTEP quando demonstrada a inexistência do nexo, em decisão fundamentada (§ 1º do art. 21-A da Lei de Benefícios). Convém frisar que a inexistência de nexo técnico epidemiológico não elide o nexo entre o trabalho e o agravo, cabendo à perícia do INSS verificar se há a caracterização técnica do acidente do trabalho típico ou por equiparação, ou doença ocupacional, fundamentadamente, sendo obrigatórios o registro e a análise do relatório do médico-assistente, além dos exames complementares que eventualmente o acompanhem.

Na hipótese, a perícia poderá, se necessário, solicitar as demonstrações ambientais da empresa, efetuar pesquisa ou realizar vistoria do local de trabalho ou solicitar o Perfil Profissiográfico Previdenciário – PPP, diretamente ao empregador.

Com isso, em termos de proteção previdenciária, não cabe mais ao médico perito do INSS duvidar da natureza acidentária da doença, quando não haja emissão de CAT, desde que identificada a doença como ligada à atividade empresarial, diante de um quadro de constantes afastamentos de trabalhadores pelo mesmo motivo (nexo técnico epidemiológico); já no campo da responsabilização civil do empregador, transfere-se o ônus de prova em matéria de doença ocupacional quando houver histórico de adoecimentos na empresa por trabalhadores nas mesmas condições: caberá, doravante, ao tomador dos serviços demonstrar que não concorreu para o mal que acometeu o trabalhador, o que só será possível mediante prova robusta (presunção legal).

Já se nota na jurisprudência dos Tribunais a aplicação do art. 21-A da Lei n. 8.213/1991, favorecendo a presunção da natureza acidentária da incapacidade laborativa e a consequente percepção do auxílio acidentário (B-91) em vez do previdenciário (B-31):

> AGRAVO DE INSTRUMENTO. DANO MORAL. DOENÇA OCUPACIONAL. NEXO CAUSAL. PRESUNÇÃO. NEXO TÉCNICO EPIDEMIOLÓGICO. O Nexo Técnico é ferramenta criada para a caracterização da doença ocupacional a partir de estatísticas existentes no órgão previdenciário. A novidade contida no art. 21-A da Lei n. 8.213/1991 constitui mera técnica destinada a vincular determinadas doenças a determinadas atividades econômicas e gera como resultado apenas a presunção do nexo que, todavia, pode ser ilidida por prova em contrário. Resulta daí que, não havendo prova pericial afastando o nexo causal, afigura-se perfeitamente possível aplicar a presunção que decorre do nexo técnico epidemiológico. Agravo de Instrumento a que se nega provimento. (...). (TST, AIRR 343940-55.2007.5.11.0004, 1ª Turma, Rel. Des. Convocado Marcelo Lamego Pertence, *DEJT* 10.03.2017)

Todavia, convém ressaltar que tal presunção é relativa, comportando prova em sentido contrário:

> DIREITO PREVIDENCIÁRIO. AUXÍLIO-DOENÇA. ACIDENTE DE TRABALHO. NEXO TÉCNICO EPIDEMIOLÓGICO. PRESUNÇÃO RELATIVA. PERÍCIA JUDICIAL. NEXO DE CAUSALIDADE. AFASTADO. I – O Nexo Técnico Epidemiológico Previdenciário (NTEP) presume a doença profissional pela simples associação entre a atividade da empresa e a doença ensejadora da incapacidade. Todavia, trata-se de presunção relativa, a qual pode ser afastada por prova robusta em sentido contrário. II – Comprovada por perícia judicial a inexistência de nexo de causalidade entre a atividade exercida pelo autor e a doença que gerou a incapacidade para o trabalho, não é devida a concessão do auxílio-doença de natureza acidentária. III – Negou-se provimento ao recurso. (TJDFT, Acórdão 1009744, 00309955720158070015, 6ª Turma Cível, Rel. José Divino, *DJe* 26.05.2017)

A empresa poderá requerer ao INSS a não aplicação do nexo técnico epidemiológico ao caso concreto mediante a demonstração de inexistência de correspondente nexo entre o trabalho e o agravo. O requerimento poderá ser apresentado no prazo de quinze dias da data para a entrega – na forma do inciso IV do art. 225 do RPS – da GFIP que registre a movimentação do trabalhador, sob pena de não conhecimento da alegação em instância administrativa. Caracterizada a impossibilidade de atendimento do prazo, motivada pelo não conhecimento tempestivo do diagnóstico do agravo, o requerimento poderá ser apresentado no prazo de quinze dias, contado da data em que a empresa tomar ciência da decisão que concedeu o benefício com reconhecimento de nexo epidemiológico.

A informação sobre a concessão de benefícios com aplicação do NTEP será disponibilizada para consulta pela empresa, por meio do portal da Previdência Social na internet ou pela Comunicação de Decisão do requerimento de benefício por incapacidade.

Com o requerimento, a empresa ou o empregador doméstico deverá formular as alegações que entender necessárias e apresentará a documentação probatória, em duas vias, para demonstrar a inexistência do nexo técnico entre o trabalho e o agravo.

O requerimento e as provas devem ser encaminhados pela Agência da Previdência Social mantenedora do benefício à perícia médica para análise prévia.

Sempre que a instrução do pedido evidenciar a possibilidade de reconhecimento de inexistência do nexo técnico entre o trabalho e o agravo, o segurado será comunicado sobre a existência do requerimento, para, querendo, apresentar contrarrazões no prazo de 15 dias, permitida a juntada de documentos que venham a comprovar as suas alegações.

A análise do requerimento e das provas produzidas será realizada pela perícia médica, cabendo ao setor administrativo da Agência da Previdência Social comunicar o resultado da análise à empresa e ao segurado.

O INSS procederá à marcação eletrônica do benefício no Sistema de Administração de Benefícios por Incapacidade (SABI), que estará sob efeito suspensivo, deixando para alterar a espécie após o julgamento do recurso pelo CRPS, quando for o caso.

Da decisão do requerimento cabe recurso, no prazo de 30 dias, com efeito suspensivo, por parte da empresa ou, conforme o caso, do segurado, à Junta de Recursos do CRPS. A interposição de recurso, todavia, não prejudica o pagamento regular do benefício, desde que atendidos os requisitos de carência que permitam a manutenção do reconhecimento do direito ao benefício como auxílio por incapacidade temporária na espécie previdenciária (B-31).

## 7.5 ASPECTOS DA PROTEÇÃO PREVIDENCIÁRIA À VÍTIMA DE ACIDENTE

Já se disse antes que a proteção previdenciária não é plena, pois é tarifada pela Lei de Benefícios. Não cobre, por exemplo, lucros cessantes e danos emergentes. Não há imposição de reparação do *status quo ante,* aliás, de impossibilidade material facilmente constatável, pois o que se encontra em discussão não são bens materiais, mas a vida ou a integridade física e psíquica do indivíduo.

Por essa razão, o constituinte de 1988 manteve a responsabilidade civil do empregador, independentemente do seguro de acidentes de trabalho e a consequente proteção pelo regime previdenciário. Havendo culpa do empregador, no campo da responsabilidade civil o indivíduo pode postular em Juízo uma reparação maior, com pretensão de *restitutio in integrum* – incluindo então as perdas e os danos decorrentes de morte, lesão corporal ou perturbação funcional.

Para a proteção previdenciária, não ocorre a necessidade de existência de dolo ou culpa do empregador, sendo devida inclusive nos casos de dolo ou culpa da vítima.

A competência para as ações de indenização por acidente do trabalho e situações equiparadas é da Justiça do Trabalho, inclusive para os chamados "danos em ricochete" (devidos aos familiares, em caso de morte do trabalhador).[11]

---

[11] O STJ havia editado a Súmula n. 366, em novembro de 2008: "Compete à Justiça estadual processar e julgar ação indenizatória proposta por viúva e filhos de empregado falecido em acidente de trabalho". No entanto, a referida

Impõe-se que haja nexo causal entre o acidente ou a doença e a lesão incapacitante, ou a morte; caracteriza-se o nexo de causalidade se, abstraído o evento, a incapacidade para o trabalho não se tivesse verificado.

No caso da reparação civil, pode o empregado obter indenização, cabendo à empresa que o empregou provar a inexistência de dolo ou culpa.

A matéria, geralmente, exige prova pericial, pois cumpre investigar a existência de dano e o nexo de causalidade entre o acidente ou doença e o trabalho, no acidente típico ou doença ocupacional. Os danos materiais envolvem todos os prejuízos sofridos pelo trabalhador, seja pela redução de seu rendimento (a diferença entre a remuneração auferida e o valor do benefício previdenciário), bem como o que deixou de auferir e todas as despesas decorrentes de tratamentos, medicamentos e outros gastos devidamente comprovados nos autos do processo.

As regras do Código Civil e da CLT (arts. 223-A e seguintes) dispõem sobre a reparação material, cumulativamente com a reparação de danos morais, tanto em caso de lesão corporal (com ou sem sequelas), como em caso de morte do trabalhador (quando será devida aos familiares do trabalhador falecido).

## 7.6 A COMUNICAÇÃO DO ACIDENTE DE TRABALHO

Para que o segurado possa fruir dos benefícios e serviços em face de acidente de trabalho ou doença ocupacional, diante dos princípios que regem a concessão de benefícios, seria certo que a ele fosse imposta a iniciativa de requerer o benefício. Contudo, em vista das particularidades que envolvem o evento em questão, estabeleceu o legislador um modo de eximir o segurado ou seus dependentes desse ônus. Por isso, compete à empresa comunicar a ocorrência de acidente de trabalho ou doença profissional ou do trabalho, e, dessa maneira, o beneficiário fica desobrigado de tomar a iniciativa de peticionar o benefício a que faça jus.

No entanto, a exigência de emissão de CAT e de encaminhamento pelo empregador do segurado a serviço da empresa em caso de doença ou acidente não pode servir de óbice ao requerimento de benefício, seja acidentário ou previdenciário. Isso porque é lamentavelmente frequente no mercado de trabalho ocorrer de o trabalhador não obter do médico da empresa o aludido encaminhamento, como forma de obstar a concessão de benefício por incapacidade àquele.

A CAT é feita por formulário próprio, constituindo-se obrigação da empresa e do empregador doméstico (este a partir da vigência da LC n. 150/2015). O prazo é até o primeiro dia útil após a ocorrência, e, em caso de falecimento, de imediato, à autoridade policial competente, sob pena de multa variável entre os limites mínimo e máximo do salário de contribuição, a ser aplicada pela fiscalização do INSS – art. 22 da Lei n. 8.213/1991 e art. 286 do Decreto n. 3.048/1999.

O emitente deverá entregar cópia da CAT ao acidentado, ao sindicato da categoria e à empresa e, nos casos de óbito, também aos dependentes e à autoridade competente (art. 350 da IN INSS/PRES n. 128/2022).

Na CAT de reabertura de acidente do trabalho, deverão constar as mesmas informações da época do acidente, exceto quanto ao afastamento, último dia trabalhado, atestado médico e data da emissão, que serão relativos à data da reabertura. Não serão consideradas CAT de reabertura as situações de simples assistência médica ou de afastamento com menos de quinze dias consecutivos.

---

súmula foi cancelada, em setembro de 2009, por contrariar orientação jurisprudencial do STF, segundo a qual o ajuizamento da ação de indenização pelos sucessores não altera a competência da Justiça especializada, pois a transferência do direito patrimonial em decorrência do óbito do empregado é irrelevante (CC 7.545/SC, *DJe* 14.08.2009).

O óbito decorrente de acidente ou de doença profissional ou do trabalho ocorrido após a emissão da CAT inicial ou de reabertura, será comunicado ao INSS, por CAT de comunicação de óbito, constando a data do óbito e os dados relativos ao acidente inicial.

São responsáveis pelo preenchimento e encaminhamento da CAT (art. 351 da IN INSS/PRES n. 128/2022):

I – no caso de segurado empregado, a empresa empregadora;

II – para o segurado especial, o próprio acidentado, seus dependentes, a entidade sindical da categoria, o médico assistente ou qualquer autoridade pública;

III – no caso do trabalhador avulso, a empresa tomadora de serviço e, na falta dela, o sindicato da categoria ou o órgão gestor de mão de obra;

IV – no caso de segurado desempregado, nas situações em que a doença profissional ou do trabalho manifestou-se ou foi diagnosticada após a demissão, as autoridades dos §§ 4º e 5º; e

V – tratando-se de empregado doméstico, o empregador doméstico, para acidente ocorrido a partir de 2 de junho de 2015, data da publicação da Lei Complementar n. 150, de 2015.

A CAT entregue pelo responsável fora do prazo legal, mas anteriormente ao início de qualquer procedimento administrativo ou de medida de fiscalização, exclui a multa prevista no mesmo dispositivo.

No caso do segurado empregado, trabalhador avulso e empregado doméstico exercerem atividades concomitantes e vierem a sofrer acidente de trajeto entre um local de trabalho e outro, será obrigatória a emissão da CAT pelos dois empregadores.

É considerado como agravamento do acidente aquele sofrido pelo acidentado quando estiver sob a responsabilidade da reabilitação profissional, neste caso, caberá ao profissional de referência comunicar à perícia médica o ocorrido.

Na falta de comunicação por parte da empresa, podem formalizá-la o próprio acidentado, seus dependentes, a entidade sindical competente, o médico que o assistiu ou qualquer autoridade pública, não prevalecendo nestes casos o prazo legal. Consideram-se autoridades públicas reconhecidas para tal finalidade os magistrados em geral, os membros do Ministério Público e dos Serviços Jurídicos da União, dos Estados e dos Municípios, os comandantes de unidades militares do Exército, da Marinha, da Aeronáutica e das Forças Auxiliares (Corpo de Bombeiros e Polícia Militar), prefeitos, delegados de polícia, diretores de hospitais e de asilos oficiais e servidores da Administração Direta e Indireta Federal, Estadual, do Distrito Federal ou Municipal, quando investidos de função (§§ 4º e 5º do art. 351 da IN INSS/PRES n. 128/2022). A CAT formalizada por outra pessoa que não o responsável não exclui a multa.

Não cabe aplicação de multa, por não emissão de CAT, quando o enquadramento decorrer de aplicação do Nexo Técnico Epidemiológico Previdenciário – NTEP.

A falta de emissão da CAT não constitui óbice para o reconhecimento da natureza acidentária da incapacidade, como é cediço na jurisprudência, tanto na Justiça Federal quanto na Justiça do Trabalho:

> RECURSO DE REVISTA INTERPOSTO ANTES DA LEI N. 13.015/2014. (...) ACIDENTE DE TRABALHO. ESTABILIDADE. DANO MORAL. O empregado que sofre acidente de trabalho faz jus à estabilidade. Restou consignado na decisão matriz que a lesão sofrida pelo réu guarda relação de causalidade com a execução do contrato de trabalho, além de ter sido constatada a culpa da autora. *In casu*, a reintegração do reclamante ao emprego foi determinada em virtude do reconhecimento da existência de doença profissional equiparada a acidente de trabalho, muito embora não tenha ocorrido a emissão de CAT. Sendo assim, tem-se que o empregado detém estabilidade provisória independentemente do percebimento de auxílio-doença acidentário, nos termos da parte final do item II da Súmula n. 378 do TST.

Por fim, presentes os requisitos da responsabilidade subjetiva da empregadora o reclamante faz jus a indenização por dano moral. (...) (TST, RR 80600-85.2006.5.02.0464, 2ª Turma, Rel. Min. Maria Helena Mallmann, *DEJT* 08.09.2017).

Sempre que a Perícia Médica Federal constatar o descumprimento da obrigação de emissão da CAT, comunicará formalmente aos demais órgãos interessados, inclusive para fins de aplicação e cobrança da multa devida (art. 338, § 4º, do Decreto n. 3.048/1999, com a redação conferida pelo Decreto n. 10.410/2020).

# 8

# Concessão da Prestação Previdenciária

Para que o indivíduo faça jus à prestação previdenciária, é necessário que demonstre o preenchimento de determinados requisitos de elegibilidade, dos quais destacamos:

a) **que ele se encontre na qualidade de beneficiário do regime, à época do evento** – para que alguém possa fruir da prestação previdenciária, é necessário que esteja enquadrado como beneficiário. Exemplificando: um indivíduo que nunca foi segurado, uma vez adoecendo, não faz jus a benefício por incapacidade, pois não é segurado; quando um segurado vem a falecer, tendo seu filho mais de 21 anos de idade e não sendo inválido ou com deficiência, este não fará jus à pensão, pois já não é considerado dependente pela norma legal; exceção a essa regra ocorre em relação às aposentadorias e pensões, pois há hipóteses nas quais, mesmo já tendo deixado de ser segurado da Previdência Social, o indivíduo preserva o direito, seja por já tê-lo adquirido, seja porque, tendo um número mínimo de contribuições, ainda que vertidas em tempo passado, e atingida a idade para aposentadoria por idade, prevalece atualmente o entendimento de que é devido o benefício;

b) **a existência de um dos eventos cobertos pelo regime, conforme a legislação vigente na época da ocorrência do fato** – o que deflagra o direito à prestação é o evento coberto pela Previdência Social, em conformidade com os requisitos legais pertinentes. Assim, só há direito à aposentadoria por incapacidade permanente desde que o segurado esteja totalmente incapaz para toda e qualquer atividade laborativa; enquanto tiver capacidade, ainda que reduzida, para a realização de trabalho, não lhe será concedido o benefício; da mesma forma ocorre com a aposentadoria voluntária, que não pode ser concedida antes de implementados todos os requisitos exigidos;

c) **o cumprimento de exigências legais** – em grande parte dos casos, as prestações previdenciárias previstas somente são concedidas se o beneficiário, além de atingido pelo evento amparado, cumprir algumas exigências, como carência de contribuições, idade mínima, ou a ausência de percepção de outro benefício inacumulável com o requerido;

d) **a iniciativa do beneficiário** – o ente previdenciário não concede benefícios sem que lhe tenha sido feito o pedido correspondente, por quem de direito. Não há pagamento de benefícios de ofício. Apenas mediante a iniciativa do beneficiário, por meio de um requerimento – ato de manifestação de vontade no sentido de exercer o direito – e depois de preenchidos os requisitos anteriormente mencionados, pode ser entregue a prestação. Há exceção no art. 76 do RPS (redação conferida pelo Decreto n. 10.410/2020), ao estabelecer que "A previdência social deve processar de ofício o benefício quando tiver ciência da incapacidade do segurado sem que este tenha requerido auxílio por incapacidade temporária".

Entendemos que há outras situações em que o INSS deve processar de ofício o benefício, como na hipótese de auxílio-acidente, após a consolidação das sequelas decorrentes de incapacidade, pelo que quando ausente a concessão pela via administrativa, este deve retroagir à data em que cessado o auxílio-doença ou por incapacidade temporária antecedente. Nesse sentido: (TJ-CE – AC: 00032703620128060077 Forquilha, 2ª Câmara Direito Público, Rel. Des. Maria Iraneide Moura Silva, publ. 23.11.2022).

De nada adianta, por outro lado, o segurado requerer a concessão de um benefício antes de implementar as condições para o direito, visando assegurar a aplicação de regras vigentes, quando, por exemplo, se avizinha alguma alteração legislativa; sem ter adquirido o direito, não há falar em preservação das condições anteriores.

São legitimados para realizar o requerimento do benefício ou serviço:

- o próprio segurado, dependente ou beneficiário;
- o procurador legalmente constituído;
- o representante legal, assim entendido tutor, curador, detentor da guarda ou administrador provisório do interessado, quando for o caso;
- a empresa, o sindicato ou a entidade de aposentados devidamente legalizada, na forma do art. 117 da Lei n. 8.213/1991; e
- o dirigente de entidade de atendimento de que trata o art. 92, § 1º, do Estatuto da Criança e do Adolescente – ECA, na forma do art. 493.

No ato de requerimento de benefícios operacionalizados pelo INSS, não será exigida apresentação de termo de curatela de titular ou de beneficiário com deficiência, observados os procedimentos a serem estabelecidos em ato do INSS (art. 162, § 5º, do RPS, redação do Dec. n. 10.410/2020). A regra vem ao encontro das normas legais relativas à inclusão das pessoas com deficiência, revogando disposições anteriores do Decreto, que eram na direção diametralmente oposta.

O benefício devido ao segurado ou dependente civilmente incapaz será pago ao cônjuge, pai, mãe, tutor ou curador, admitindo-se, na sua falta e por período não superior a seis meses, o pagamento a herdeiro necessário, mediante termo de compromisso firmado no ato do recebimento.

É facultado à empresa protocolar requerimento de auxílio por incapacidade temporária ou documento dele originário de seu empregado ou de contribuinte individual a ela vinculado ou a seu serviço, na forma estabelecida pelo INSS (art. 76-A do RPS, redação do Dec. n. 10.410/2020). A empresa que assim proceder terá acesso às decisões administrativas correspondentes aos requerimentos protocolados na forma acima, bem como às decisões administrativas de benefícios requeridos por seus empregados, resguardadas as informações consideradas sigilosas, na forma estabelecida em ato do INSS (art. 76-B do RPS, incluído pelo Dec. n. 10.410/2020).

O requerimento ou o agendamento de benefícios e serviços poderá ser realizado pelos seguintes canais de atendimento:

- Meu INSS (canal de atendimento remoto): é uma ferramenta criada para facilitar a vida do cidadão. Pode ser acessada pela internet ou por meio de aplicativo para *smartphones* (Android e IOS). Está disponível no portal gov.br/meuinss ou mediante instalação do aplicativo Meu INSS no celular, gerando acesso a mais de 90 serviços oferecidos pelo

INSS. Para utilizar esses serviços, é necessário se cadastrar e obter senha, no próprio *site* ou aplicativo, ou utilizar o cadastro e senha já realizados previamente na plataforma gov.br.
- Central telefônica 135 (canal de atendimento remoto): criada com o propósito de ampliar o acesso da população aos serviços do INSS por meio de um canal de atendimento por telefone; funciona de segunda a sábado, das 7h às 22h – horário de Brasília. Por ser considerado um serviço de utilidade pública, as ligações efetuadas, a partir de telefones fixos e telefones públicos (orelhões) para o número 135, são gratuitas e, a partir de celular, é cobrada a tarifa de custo de uma ligação local.
- Agências da Previdência Social (APS): são as unidades de atendimento presencial da Previdência Social, em que são realizadas as perícias médicas ou avaliações sociais e outros atos que exijam o comparecimento do interessado.[1]
- Unidades de Atendimento de Acordos Internacionais: destinam-se ao atendimento de requerimentos de benefícios e serviços exclusivamente no âmbito dos acordos internacionais de Previdência Social.
- Unidades de Atendimento de demandas judiciais: destinam-se exclusivamente ao cumprimento de determinações judiciais em ações nas quais o INSS for parte do litígio.

O requerimento formulado será processado em meio eletrônico em todas as fases do processo administrativo, ressalvados os atos que exijam a presença do requerente.

Segundo a nova redação do RPS, apenas excepcionalmente, "caso o requerente não disponha de meios adequados para apresentação da solicitação pelos canais de atendimento eletrônico", o requerimento e o agendamento de serviços poderão ser feitos presencialmente nas Agências da Previdência Social.

Discordamos dessa diretriz (§ 2º do art. 176-A do RPS), na medida em que pode ferir o direito de petição e de acesso a informações de interesse pessoal dos indivíduos, sendo que há prazos peremptórios a serem cumpridos (alguns muito curtos, como os de requerimento de benefícios por incapacidade) e que envolvem eventual dificuldade de prática de atos (por exemplo, um segurado hospitalizado).

A opção por qual meio o segurado ou dependente se dirige ao órgão público deve ser do indivíduo, sendo oportuno lembrar que, geralmente, se trata de pessoas de poucas posses, idosos, com baixa escolaridade e acesso bastante prejudicado à tecnologia e à internet.

Independentemente do canal de atendimento utilizado, será considerada como data de entrada do requerimento – DER – a de solicitação do agendamento do benefício ou serviço, ressalvadas as seguintes hipóteses:

- caso não haja o comparecimento do interessado na data agendada para conclusão do requerimento;
- nos casos de reagendamento por iniciativa do interessado, exceto se for antecipado o atendimento;

---

[1] Vale ressaltar ainda que, a partir de 23.10.2023, o INSS passou a receber requerimento de benefício por incapacidade temporária (antigo auxílio-doença) nas Agências da Previdência Social mediante a entrega do atestado médico, sem a necessidade de prévio requerimento. A medida foi originalmente prevista na Portaria DIRBEN/INSS n. 1.173, de 20.10.2023, sucedida pela Portaria DIRBEN/INSS n. 1.197, de 19.03.2024. Essa medida, assim como o "ATESTMED" (Portaria Conjunta PRES/INSS/SRGPS/MPS n. 37, de 16.10.2023) e o Programa de Enfrentamento de Filas (Lei n. 14.724/2023), foi adotada visando reduzir as filas de requerimentos que esperam por perícia médica.

– caso na DER o segurado não cumpra os requisitos para o gozo do benefício pleiteado, mas adquire o direito a concessão ou a benefício mais vantajoso até a data do despacho do benefício (DDB), desde que autorizado pelo segurado; ou
– no caso de incompatibilidade do benefício ou serviço agendado com aquele efetivamente devido, hipótese na qual a DER será considerada a data do atendimento das exigências necessárias (art. 176-D do RPS), impondo-se manifestação expressa do interessado para o deferimento (art. 176-E).

No caso de falecimento do interessado, os dependentes ou herdeiros poderão formalizar o requerimento do benefício, mantida a DER na data do agendamento inicial, hipótese em que, obrigatoriamente, deverá ser comprovado o óbito e anexado o comprovante do agendamento eletrônico no processo de benefício, aplicando-se o mesmo entendimento em caso de impetração de recurso administrativo e pedido de revisão.

Quanto aos documentos exigidos, na forma do art. 19-B, § 2º, do RPS, com redação conferida pelo Dec. n. 10.410/2020, "poderão ser apresentados em cópias simples, em meio físico ou eletrônico, dispensada a sua autenticação, exceto nas hipóteses em que haja previsão legal expressa e de dúvida fundada quanto à autenticidade ou à integridade do documento, ressalvada a possibilidade de o INSS exigir, a qualquer tempo, os documentos originais", situação em que o responsável pela apresentação das cópias ficará sujeito às sanções administrativas, civis e penais aplicáveis.

De acordo com o art. 172 do RPS, em sua redação atual, fica o Instituto Nacional do Seguro Social obrigado a emitir e a enviar aos beneficiários aviso de concessão de benefício, além da memória de cálculo do valor dos benefícios concedidos, sendo que "o primeiro pagamento do benefício será efetuado até quarenta e cinco dias após a data da apresentação, pelo segurado, da documentação necessária à sua concessão" (art. 174 do RPS). O prazo fica prejudicado nos casos de justificação administrativa ou outras providências a cargo do segurado, que demandem a sua dilatação, iniciando-se essa contagem a partir da sua data da conclusão.

Conforme preceitua o art. 176 do RPS, com a redação conferida pelo Dec. n. 10.410/2020, a apresentação de documentação incompleta não constitui, por si só, motivo para recusa do requerimento de benefício ou serviço, ainda que seja possível identificar previamente que o segurado não faça jus ao benefício ou serviço pretendido. Na hipótese, o INSS deverá proferir decisão administrativa, com ou sem análise de mérito, em todos os pedidos administrativos formulados, e, quando for o caso, emitirá carta de exigência prévia ao requerente.

Se o beneficiário atende aos requisitos, embora não postule a prestação, diz-se que o indivíduo possui direito adquirido à prestação previdenciária. Uma vez adquirido o direito, este se torna intangível por norma posterior, devendo ser concedido o benefício ou prestado o serviço nos termos do regramento existente à época da aquisição do direito, independentemente de quando for requerido.

Não se configura o direito adquirido se o beneficiário não atender a algum dos requisitos da época do requerimento. Assim, não se pode falar em direito adquirido à aposentadoria daquele que está ainda prestes a completar o tempo de contribuição ou a idade exigida. A alteração legislativa que venha a ocorrer anteriormente à aquisição do direito é totalmente aplicável aos segurados e dependentes do regime, não havendo direito à manutenção das regras vigentes à época da filiação ao RGPS.

Como assevera Feijó Coimbra: "A lei poderá, a qualquer tempo, mudar as condições de aquisição, criar ou suprimir prestações, respeitando, unicamente, o direito dos que, por terem satisfeito as condições legais de aquisição, já são titulares do direito à prestação, porque já haverá, aí, situação jurídica perfeitamente definida"[2].

---

2   COIMBRA, J. R. Feijó. *Direito previdenciário brasileiro*. 7. ed. Rio de Janeiro: Edições Trabalhistas, 1997. p. 119.

No caso de segurado que tenha perdido esta qualidade, mas que, enquanto era segurado ou dependente, implementou as condições para obtenção da prestação, o direito mantém-se íntegro.

Discussão importante foi travada acerca do momento do cumprimento das exigências legais ao deferimento da aposentadoria por idade, ou seja, se é devido o benefício mesmo quando o preenchimento da condição de idade mínima ocorra em época na qual o interessado já tenha perdido a condição de segurado, visto que cumpriu anteriormente o requisito de carência exigida.

O art. 102 da Lei n. 8.213/1991 estabelece que a perda da qualidade de segurado importa em caducidade dos direitos inerentes a essa qualidade, só não prejudicando o direito à aposentadoria e pensão por morte para cuja concessão tenham sido preenchidos todos os requisitos, segundo a legislação então em vigor.

No entanto, o STJ adotou entendimento de não ser necessária a simultaneidade no preenchimento dos requisitos para a percepção de aposentadoria por idade avançada, sendo irrelevante, para concessão do benefício o fato de que o requerente, ao atingir a idade mínima, já tenha perdido a condição de segurado.

Esse entendimento foi incorporado ao ordenamento legal pela Lei n. 10.666, de 08.05.2003, em seu art. 3º, *verbis*:

> Art. 3º A perda da qualidade de segurado não será considerada para a concessão das aposentadorias por tempo de contribuição e especial.
>
> § 1º Na hipótese de aposentadoria por idade, a perda da qualidade de segurado não será considerada para a concessão desse benefício, desde que o segurado conte com, no mínimo, o tempo de contribuição correspondente ao exigido para efeito da carência na data do requerimento do benefício.
>
> § 2º A concessão do benefício de aposentadoria por idade, nos termos do § 1º, observará, para os fins de cálculo do valor do benefício, o disposto no art. 3º, *caput* e § 2º, da Lei n. 9.876, de 26 de novembro de 1999, ou, não havendo salários de contribuição recolhidos no período a partir da competência julho 1994, o disposto no art. 35 da Lei n. 8.213, de 24 de julho de 1991.

O indeferimento, pela Autarquia Previdenciária, de requerimento de benefício, quando o postulante preencher todos os requisitos legais para tanto, é ato ilícito, podendo ser questionado em Juízo, por se tratar de lesão a direito.

A Lei n. 13.846/2019 (conversão da MP n. 871/2019) incluiu, na Lei n. 8.213/1991, o art. 124-C, segundo o qual "O servidor responsável pela análise dos pedidos dos benefícios previstos nesta Lei motivará suas decisões ou opiniões técnicas e responderá pessoalmente apenas na hipótese de dolo ou erro grosseiro".

De acordo com o art. 181-B, § 2º, do RPS (redação do Dec. n. 10.410/2020), "o segurado poderá desistir do seu pedido de aposentadoria desde que manifeste essa intenção e requeira o arquivamento definitivo do pedido antes do recebimento do primeiro pagamento do benefício ou da efetivação do saque do FGTS ou do PIS".

## 8.1 SUSPENSÃO E CANCELAMENTO DE BENEFÍCIOS

Na legislação de seguro social, há certas situações que autorizam o INSS a deixar de pagar o benefício, suspendendo a prestação devida. Não se deve confundir, contudo, tal situação com a de *cancelamento do benefício*: na *suspensão*, o benefício teve apenas seu *pagamento sustado*; no cancelamento, dá-se a *extinção da obrigação de pagamento pelo INSS ao beneficiário*.

A Lei n. 13.846/2019 (conversão da MP n. 871/2019), ao dispor integralmente sobre o processo de suspensão e cancelamento de benefícios, revogou tacitamente o art. 11 da Lei n. 10.666/2003, tendo em vista a nova redação conferida ao art. 69 da Lei n. 8.212/1991.

São casos de suspensão do pagamento do benefício:

a) a conduta do beneficiário que não se apresenta para realização do exame médico-pericial periódico quando notificado pelo INSS (art. 70 da Lei n. 8.212/1991);

b) a não comprovação trimestral da manutenção do cumprimento da pena em regime fechado, do segurado recluso, em relação ao auxílio-reclusão pago aos dependentes (art. 117, § 1º, do Decreto n. 3.048/1999) – há previsão de que a certidão judicial e a prova de permanência na condição de presidiário serão substituídas pelo acesso à base de dados, por meio eletrônico, a ser disponibilizada pelo CNJ, com dados cadastrais que assegurem a identificação plena do segurado e da sua condição de presidiário (art. 116, § 2º-B, do RPS);

c) a ausência de defesa do beneficiário, quando notificado pelo INSS em casos de suspeita de irregularidade na concessão ou manutenção de benefício (art. 11, § 1º, da Lei n. 10.666/2003 e art. 69, § 4º, da Lei n. 8.212/1991, com redação conferida pela Lei n. 13. 846/2019;

d) falta de apresentação anual de atestado de vacinação obrigatória e de comprovação de frequência à escola do filho ou equiparado para obtenção do salário-família (art. 84, § 2º, do Decreto n. 3.048/1999);

e) a falta de apresentação, pelo beneficiário do RGPS, da "prova de vida", nas hipóteses em que esta é exigida (art. 69, § 8º, da Lei n. 8.212/1991, com a redação conferida pela Lei n. 14.199/2021), destacando ainda que a partir de 2022 a comprovação de vida será realizada apenas quando não for possível o INSS confirmar que o titular do benefício realizou algum ato registrado em bases de dados dos órgãos, entidades ou instituições, mantidos ou administrados pelos órgãos públicos federais, estaduais, municipais e privados;

f) o auxílio-acidente quando da concessão ou da reabertura do auxílio por incapacidade temporária, em razão do mesmo acidente ou de doença que lhe tenha dado origem (art. 356 da IN PRESI/INSS n. 128/2022);

g) o segurado em gozo de auxílio por incapacidade temporária, auxílio-acidente ou aposentadoria por incapacidade permanente e o pensionista inválido, cujos benefícios tenham sido concedidos judicial ou administrativamente, estão obrigados, sob pena de suspensão do benefício, a submeter-se a: perícia médica para avaliação das condições; processo de reabilitação profissional; tratamento oferecido gratuitamente, exceto o cirúrgico e a transfusão de sangue, que são facultativos (art. 101 da Lei n. 8.213/1991 – redação conferida pela Lei n. 14.441/2022); e

h) o retorno ao labor nocivo ou sua continuidade, por quem já recebe a aposentadoria especial prevista no art. 57, § 8º, da LBPS (Repercussão Geral n. 709 do STF).

A Lei n. 14.973/2024 inseriu nova situação de suspensão: quando da ausência de ciência em até 30 (trinta) dias, da notificação de que trata o § 1º do art. 69 (§ 2º-A do art. 69, inserido pela Lei n. 14.973/2024). No entanto, ao que parece, a regra fere princípios constitucionais, notadamente o direito à ampla defesa, pois, não havendo ciência por parte do beneficiário, não há como se atribuir sanção por inércia.

São casos de cancelamento de benefício, legalmente previstos:

a) o auxílio-acidente em caso de concessão de aposentadoria (art. 86, § 2º, da Lei n. 8.213/1991);

b) o reaparecimento do segurado considerado falecido por decisão judicial que havia declarado morte presumida (art. 78, § 2º, da Lei n. 8.213/1991);

c) o retorno ao trabalho do segurado aposentado por invalidez/incapacidade permanente (art. 46 da Lei n. 8.213/1991);

d) a alta programada em caso de auxílio por incapacidade temporária (art. 60, § 8º, da LBPS com redação conferida pela Lei n. 13.457/2017);

e) a verificação, pelo INSS, de concessão ou manutenção de benefício de forma irregular ou indevida.

Entretanto, a suspensão ou o cancelamento somente podem se dar após regular processo administrativo, assegurado o contraditório e a ampla defesa, como se verá a seguir.

Na hipótese de haver indícios de irregularidade ou erro material na concessão, na manutenção ou na revisão do benefício, conforme o § 1º do art. 179 do RPS (redação do Dec. n. 10.410/2020), o INSS notificará o beneficiário, o seu representante legal ou o seu procurador para apresentar defesa, provas ou os documentos dos quais dispuser, no prazo de:

I – 30 dias, no caso de trabalhador urbano; ou

II – 60 dias, no caso de:

a) trabalhador rural individual;

b) trabalhador rural avulso;

c) agricultor familiar; ou

d) segurado especial.

Quanto à forma de notificação, nesses casos, ocorria, preferencialmente, na seguinte ordem (§ 2º do art. 179 do RPS):

I – por rede bancária, conforme definido em ato do INSS;

II – por meio eletrônico, por meio de cadastramento prévio, na forma definida em ato do INSS, a ser realizado por procedimento em que seja assegurada a identificação adequada do interessado;

III – por via postal, por meio de carta simples destinada ao endereço constante do cadastro do segurado que requereu o benefício, hipótese em que o aviso de recebimento será considerado prova suficiente da sua notificação;

IV – pessoalmente, quando entregue ao interessado em mão; ou

V – por edital, na hipótese de o segurado não ter sido localizado por meio da comunicação a que se refere o inciso III.

Todavia, a Lei n. 14.973/2024 excluiu a possibilidade de notificação por via postal e por via editalícia, revogando os respectivos incisos do § 2º do art. 69 da Lei de Custeio, pelo que os incisos III e V *supra* do § 2º do art. 179 do RPS perderam sua eficácia.

A defesa poderá ser apresentada pelo canal de atendimento eletrônico do INSS ou na Agência da Previdência Social do domicílio do beneficiário.

O benefício será suspenso na hipótese tanto de não apresentação da defesa no prazo estabelecido como de defesa considerada insuficiente ou improcedente pelo INSS.

O INSS, decidindo pela suspensão com base em algum dos dois fundamentos, notificará o beneficiário, que disporá do prazo de trinta dias, contado da data de notificação, para interposição de recurso administrativo à JRPS. Decorrido o prazo sem que o beneficiário, o seu representante legal ou o seu procurador apresente recurso administrativo aos canais de atendimento do INSS ou a outros canais autorizados, o benefício será cessado.

O recurso administrativo deveria ter efeito devolutivo e suspensivo, porém, em afronta ao devido processo legal, a Lei n. 13.846/2019 retirou o efeito suspensivo (art. 69, § 9º, da Lei n. 8.212/1991). Nesse sentido, a ACP n. 0063922-73.2016.4.01.3400, que tramita na 6ª Vara Federal de Brasília, determinou que o INSS só poderá cancelar benefícios depois de exaurida a via administrativa.

Outra questão polêmica que envolve a matéria é justamente o cabimento (ou não) da suspensão/bloqueio do pagamento do benefício previdenciário em caso de mero não comparecimento do beneficiário ao recenseamento ou que deixar de fazer prova de vida, conforme disciplinado nos §§ 7º e 8º do art. 69 da Lei n. 8.212/1991, com redação da Lei n. 14.199/2021, e regulamentação dada pela Portaria PRES/INSS n. 1.408/2022 (esta última com a redação atual conferida pela Portaria PRES/INSS n. 1.552/2023).

Tratando-se o INSS de uma entidade pública, seus atos devem se pautar pelos princípios regentes da Administração, entre os quais se destaca, em particular, o da legalidade. A concessão equivocada de benefícios a pessoas que não atendem aos requisitos legais estabelecidos para tanto é medida que se torna eivada de nulidade absoluta, passível, portanto, de revisão pela própria Administração, a qualquer tempo e de ofício. É o entendimento já consolidado na jurisprudência do STF, em sua Súmula n. 473.

Entretanto, não pode o INSS prescindir de respeitar os direitos fundamentais do contraditório e da ampla defesa, obrigatórios em qualquer procedimento judicial ou administrativo (Constituição, art. 5º). Visto por esse ângulo, o § 6º do art. 179 do Regulamento possui indícios de inconstitucionalidade, pois visa autorizar o INSS a cancelar benefício de forma arbitrária, sem que haja razoável indício de ilegalidade cometida, como se a ausência fosse bastante, soando como confissão ficta, o que não se aplica ao processo administrativo, como descrevemos melhor no capítulo pertinente.

É dizer, caso o INSS tenha verificado indícios de ilegalidade, deve oferecer o direito de defesa e prova ao interessado e, ao final, decidir se a concessão foi ou não irregular; se não os possui, não pode presumir que houve fraude ou má-fé. Isso porque, ao contrário, os atos administrativos gozam de presunção de legalidade, de modo que, não havendo prova de concessão ao arrepio da lei, não há se quebrarem os efeitos de tal presunção.

Merece destaque a observância dos direitos das pessoas idosas. O recadastramento de segurados com idade igual ou superior a 60 (sessenta) anos será objeto de prévio agendamento no órgão recadastrador, que o organizará em função da data do aniversário ou da data da concessão do benefício inicial. E, quando se tratar de segurado com idade igual ou superior a 80 (oitenta) anos ou que, independentemente da idade, por recomendação médica, estiver impossibilitado de se deslocar, o recadastramento deverá ser realizado na sua residência.

Nos casos em que o INSS não comprova que o cancelamento foi, em face de alguma irregularidade, consequência de processo administrativo, entendemos que o benefício deve ser restabelecido. O beneficiário poderá obter sua pretensão em juízo, por meio de mandado de segurança, quando não demandar de instrução probatória, ou pelo procedimento comum, ou perante o JEF, com a possibilidade da tutela provisória, quando demonstrar o preenchimento dos requisitos exigidos para a concessão da medida, previstos pelo art. 300 do CPC/2015.

A Lei n. 10.839/2004, incluiu o art. 103-A no texto da Lei n. 8.213/1991, disciplinando a matéria atinente ao prazo para anulação de atos administrativos de que resultem benefícios indevidos a segurados e dependentes, fixando em dez anos, contados do dia em que foram praticados, salvo comprovada má-fé, sendo que, no caso de efeitos patrimoniais contínuos no tempo, considerar-se-á o prazo decadencial a partir do primeiro pagamento.

A TNU, a esse respeito, reconheceu ao segurado o direito de manter o seu benefício, mesmo tendo sido concedido por erro de cálculo do INSS. No caso concreto, o autor teve sua aposentadoria concedida pelo INSS em abril de 1983 e, apenas em 1996, o INSS cassou o benefício, por ter detectado erro no cálculo do tempo de serviço (Processo n. 2002.51.10.0007217, Sessão de 24.05.2006).

## 8.2 PROGRAMA DE REVISÃO DOS BENEFÍCIOS POR INCAPACIDADE – PRBI

A Lei n. 13.846/2019 (conversão da MP n. 871/2019) instituiu o Programa Especial para Análise de Benefícios com Indícios de Irregularidade, o Programa de Revisão de Benefícios por Incapacidade, o Bônus de Desempenho Institucional por Análise de Benefícios com Indícios de Irregularidade do Monitoramento Operacional de Benefícios e o Bônus de Desempenho Institucional por Perícia Médica em Benefícios por Incapacidade.

O Programa de Revisão de Benefícios por Incapacidade (Programa de Revisão), tem por objetivo revisar:

a) os benefícios por incapacidade mantidos sem perícia pelo INSS por período superior a 6 (seis) meses e que não possuam data de cessação estipulada ou indicação de reabilitação profissional; e
b) outros benefícios de natureza previdenciária, assistencial, trabalhista ou tributária.

Integram o Programa de Revisão (art. 1º, § 4º, da Lei n. 13.846/2019, com redação dada pela Lei n. 14.441, de 2 de setembro de 2022):

> I – o acompanhamento por médico perito de processos judiciais de benefícios por incapacidade; e
> II – o exame médico pericial presencial realizado nas unidades de atendimento da Previdência Social cujo prazo máximo de agendamento de perícia médica for superior a 45 (quarenta e cinco) dias.

A Lei n. 13.846/2019 prevê, em seu art. 10, § 1º, que ato do Secretário Especial de Previdência e Trabalho disporá sobre os critérios para seleção dos benefícios objeto das perícias extraordinárias e abrangerá:

> I – benefícios por incapacidade mantidos sem perícia pelo INSS por período superior a 6 (seis) meses e que não possuam data de cessação estipulada ou indicação de reabilitação profissional;
> II – benefícios de prestação continuada sem revisão por período superior a 2 (dois) anos; e
> III – outros benefícios de natureza previdenciária, assistencial, trabalhista ou tributária.

É importante frisar que o INSS sempre pôde revisar, a qualquer tempo, benefícios por incapacidade em manutenção, como se pode observar do que dispõe o *caput* do art. 101 da Lei n. 8.213/1991, em sua redação atual, conferida pela Lei n. 14.441/2022, que prevê a avaliação periódica dos segurados em fruição de benefícios, com o intuito de verificar eventuais ocorrências de concessão ou manutenção indevida:

> Art. 101. O segurado em gozo de auxílio por incapacidade temporária, auxílio-acidente ou aposentadoria por incapacidade permanente e o pensionista inválido, cujos benefícios tenham sido concedidos judicial ou administrativamente, estão obrigados, sob pena de suspensão do benefício, a submeter-se a:
> I – exame médico a cargo da Previdência Social para avaliação das condições que ensejaram sua concessão ou manutenção;
> II – processo de reabilitação profissional por ela prescrito e custeado; e

III – tratamento dispensado gratuitamente, exceto o cirúrgico e a transfusão de sangue, que são facultativos.

As avaliações e os exames médico-periciais poderão ser realizados com o uso de tecnologia de telemedicina ou por análise documental, conforme situações e requisitos definidos em regulamento (§ 6º do art. 101 da LBPS, com redação dada pela Lei n. 14.724/2023).

No entanto, primeiro se devem apurar os fatos e dar ao segurado o direito de se defender; depois, comprovado que o benefício não lhe é mais devido, este deve ser cessado. Caso contrário, a subsistência da pessoa e de seus familiares correrá grave risco, não sendo razoável que um benefício concedido há longo período seja cessado imediatamente.

O STJ, apreciando esta matéria, já se posicionou pela "impossibilidade do cancelamento automático do benefício previdenciário, ainda que diante de desídia do segurado em proceder à nova perícia perante o INSS, sem que haja prévio procedimento administrativo, sob pena de ofensa aos princípios da ampla defesa e do contraditório" (STJ, REsp 1.534.569/MT, Rel. Min. Og Fernandes, *DJe* 22.06.2015; STJ, REsp 1.544.417/MT, Rel. Min. Mauro Campbell Marques, *DJe* 19.08.2015; STJ, REsp 1.291.075/CE, Rel. Min. Regina Helena Costa, *DJe* 18.02.2014).

Outra observação importante a respeito do procedimento é que, quando da data da perícia de revisão, deve o segurado levar consigo toda a documentação médica que possuir relativa à enfermidade que o tornou incapaz, desde a concessão até os dias atuais, especialmente seu prontuário médico (e não apenas atestados). É vedado ao médico que atenda ao trabalhador deixar de fazer constar no prontuário médico "todas as informações referentes aos atos médicos praticados" conforme definido pelo Conselho Federal de Medicina (art. 6º, IV, da Resolução n. 2.323/2022 do CFM).

Grande parte dos problemas verificados na perícia do INSS decorre da falta de apresentação desta documentação. O perito médico irá avaliar a documentação e verificar se existe ou não condições de a pessoa voltar ao trabalho. Se o segurado não leva documentos médicos, o risco de uma cessação do benefício é grande.

Quanto à revisão administrativa de benefício concedido judicialmente, o STJ possui precedentes de que não se aplica o paralelismo de formas, mas o respeito ao contraditório, à ampla defesa e ao devido processo legal, sempre que houver necessidade de revisão do benefício previdenciário, por meio do processo administrativo previdenciário, impedindo com isso, o cancelamento unilateral por parte da autarquia, sem oportunizar apresentação de provas que entenderem necessárias. Nesse sentido: STJ, REsp 1.429.976/CE, 2ª Turma, Min. Humberto Martins, *DJe* 24.02.2014.

No entanto, o mesmo tribunal, em outros julgados, tem adotado o princípio do paralelismo de formas, como no que segue:

> PREVIDENCIÁRIO. RECURSO ESPECIAL. APOSENTADORIA POR INVALIDEZ CONCEDIDA JUDICIALMENTE. CANCELAMENTO ADMINISTRATIVO. IMPOSSIBILIDADE. NECESSIDADE DE AÇÃO JUDICIAL REVISIONAL. RECURSO ESPECIAL DO INSS A QUE SE NEGA SEGUIMENTO. "Com efeito, o acórdão recorrido está em consonância com o entendimento desta Corte de que não é possível a cessação administrativa dos benefícios por incapacidade concedidos judicialmente, sob pena de violação à coisa julgada material e desrespeito ao princípio do paralelismo das formas" (STJ – REsp 1.408.281 – SC, 24.02.2017).

Diante dessa dualidade de entendimentos, o STJ afetou o tema como repetitivo a ser julgado, cuja questão controvertida foi definida nos seguintes termos:

> – **Tema n. 1.157:** "Definir a possibilidade – ou não – de cancelamento na via administrativa, após regular realização de perícia médica, dos benefícios previdenciários por incapacidade, concedidos judicialmente e após o trânsito em julgado, independentemente de propositura de ação revisional" (REsp 1985189/SP, Rel. Herman Benjamin, afetação em 30.06.2022).

Cabe destacar que, no âmbito dos JEFs, a TNU validou o mecanismo "alta programada", em Representativo de Controvérsia, fixando a seguinte tese:

> **– Tema n. 164 –** "Por não vislumbrar ilegalidade na fixação de data estimada para a cessação do auxílio-doença, ou mesmo na convocação do segurado para nova avaliação da persistência das condições que levaram à concessão do benefício na via judicial, a Turma Nacional de Uniformização, por unanimidade, firmou as seguintes teses:
> 
> **a) os benefícios de auxílio-doença concedidos judicial ou administrativamente, sem Data de Cessação de Benefício (DCB), ainda que anteriormente à edição da MP n. 739/2016,** podem ser objeto de revisão administrativa, na forma e prazos previstos em lei e demais normas que regulamentam a matéria, por meio de previa convocação dos segurados pelo INSS, para avaliar se persistem os motivos de concessão do benefício;
> 
> **b) os benefícios concedidos, reativados ou prorrogados posteriormente à publicação da MP n. 767/2017, convertida na Lei n. 13.457/2017,** devem, nos termos da lei, ter a sua DCB fixada, sendo desnecessária, nesses casos, a realização de nova perícia para a cessação do benefício;
> 
> **c) em qualquer caso, o segurado poderá pedir a prorrogação do benefício, com garantia de pagamento até a realização da perícia médica**".

A validade da estipulação da Data de Cessão do Benefício (DCB) automática para o auxílio por incapacidade temporária será decidida pelo STF no RE 1.347.526 com Repercussão Geral Tema n. 1.196, cuja descrição é a que segue:

> Recurso extraordinário em que se discute, à luz dos arts. 2º, 62, *caput* e § 1º, I, *b*, e 246, da Constituição Federal, a constitucionalidade das Medidas Provisórias 739/2016 e 767/2017 (convertida na Lei n. 13.457/2017), que estabeleceram procedimento de fixação da Data de Cessação do Benefício (DCB) de auxílio-doença de forma automatizada, ou seja, sem a necessidade de perícia prévia do segurado, em inobservância à urgência e relevância para sua edição, inclusão de norma processual civil e regulamentação de norma da Constituição Federal alterada entre 1995 até a promulgação da Emenda Constitucional n. 32/2001.

## 8.3 PROGRAMA ESPECIAL PARA ANÁLISE DE BENEFÍCIOS COM INDÍCIOS DE IRREGULARIDADE

Como visto no tópico anterior, a Lei n. 13.846/2019 (conversão da MP n. 871/2019) instituiu também o "Programa Especial para Análise de Benefícios com Indícios de Irregularidade", o qual foi alterado pela Lei n. 14.441/2022. O referido Programa tem como finalidade analisar processos que apresentem indícios de irregularidade e potencial risco de realização de gastos indevidos na concessão de benefícios administrados pelo INSS.

Integra o Programa Especial a análise de processos administrativos de requerimento inicial e de revisão de benefícios administrados pelo INSS com prazo legal para conclusão expirado e que represente acréscimo real à capacidade operacional regular de conclusão de requerimentos, individualmente considerada, conforme estabelecido em ato do Presidente do INSS (art. 1º, § 2º, da Lei n. 13.846/2019 com redação dada pela Lei n. 14.441/2022).

São considerados processos com indícios de irregularidade integrantes do Programa Especial aqueles com potencial risco de gastos indevidos e que se enquadrem nas seguintes hipóteses, sem prejuízo das disposições previstas no ato de que trata o art. 8º da Lei n. 13.846/2019:

> I – potencial acúmulo indevido de benefícios indicado pelo Tribunal de Contas da União ou pela Controladoria-Geral da União;

II – potencial pagamento indevido de benefícios previdenciários indicados pelo Tribunal de Contas da União e pela Controladoria-Geral da União;

III – processos identificados na Força-Tarefa Previdenciária, composta pelo Ministério Público Federal, pela Polícia Federal e pela Secretaria Especial de Previdência e Trabalho do Ministério da Economia;

IV – suspeita de óbito do beneficiário;

V – benefício de prestação continuada previsto na Lei nº 8.742, de 7 de dezembro de 1993, com indícios de irregularidade identificados em auditorias do Tribunal de Contas da União, da Controladoria-Geral da União e em outras avaliações realizadas pela administração pública federal, permitidas, se necessário, a colaboração e a parceria da administração pública estadual e da administração pública municipal, por meio de procedimentos a serem definidos em cooperação com os Ministérios competentes;

VI – processos identificados como irregulares pelo INSS, devidamente motivados;

VII – benefícios pagos em valores superiores ao teto previdenciário adotado pelo RGPS.

Para a execução dos Programas instituídos pela Lei n. 13.846/2019, foram concedidos o pagamento dos seguintes bônus:

I – Bônus de Desempenho Institucional por Análise de Benefícios com Indícios de Irregularidade do Monitoramento Operacional de Benefícios (BMOB); renomeado pela Lei n. 14.441/2022 para: I – Tarefa Extraordinária de Redução de Fila e Combate à Fraude (Terf);

II – Bônus de Desempenho Institucional por Perícia Médica em Benefícios por Incapacidade (BPMBI), renomeado pela Lei n. 14.441/2022 para II – Perícia Extraordinária de Redução de Fila e Combate à Fraude (Perf).

O Programa Especial e o de Revisão foram previstos para durar até 31.12.2020, com prorrogação autorizada até 31.12.2022, por ato fundamentado do Presidente do INSS (§§ 1º e 3º do art. 1º da Lei n. 13.846/2019).

Acena, ainda, a Lei n. 13.846/2019 com a criação, pelo INSS, de um "programa permanente de revisão da concessão e da manutenção dos benefícios por ele administrados, a fim de apurar irregularidades ou erros materiais".

Convém lembrar que de acordo com a Lei de Introdução às Normas do Direito Brasileiro – LINDB, art. 24.

> A revisão, nas esferas administrativa, controladora ou judicial, quanto à validade de ato, contrato, ajuste, processo ou norma administrativa cuja produção já se houver completado levará em conta as orientações gerais da época, sendo vedado que, com base em mudança posterior de orientação geral, se declarem inválidas situações plenamente constituídas.

O mesmo dispositivo define que "consideram-se orientações gerais as interpretações e especificações contidas em atos públicos de caráter geral ou em jurisprudência judicial ou administrativa majoritária, e ainda as adotadas por prática administrativa reiterada e de amplo conhecimento público (Incluído pela Lei n. 13.655, de 2018)".

## 8.4 ABONO ANUAL

É devido o abono anual aos segurados e dependentes que tiverem recebido durante o ano quaisquer dos seguintes benefícios: auxílio-doença (atual auxílio por incapacidade permanente), auxílio-acidente, aposentadoria, salário-maternidade, pensão por morte ou auxílio-reclusão (art. 120 do Decreto n. 3.048/1999, com a redação conferida pelo Decreto n. 4.032/2001).

O benefício também é chamado de gratificação natalina, vantagem inicialmente prevista aos empregados em atividade, pela Lei n. 4.090/1962, e estendida aos beneficiários da Previdência Social a partir da Lei n. 4.281/1963. Não tem direito ao abono os recebedores de salário-família e dos benefícios assistenciais.

É um direito dos beneficiários da Previdência Social previsto no art. 201, § 6º, da Constituição e regulado pelo art. 40 da Lei n. 8.213/1991, bem como pelo art. 120 do Decreto n. 3.048/1999.

O valor é calculado da mesma forma que a gratificação de Natal dos trabalhadores: corresponde à renda mensal de dezembro, se o benefício for mantido por doze meses, dentro do mesmo ano. Será proporcional ao valor da renda mensal da data de cessação, se o benefício for mantido por período igual ou superior a quinze dias e inferior a doze meses.

O abono anual incidirá sobre a parcela de acréscimo de 25%, nas hipóteses de recebimento pelo segurado em face de depender de auxílio permanente de outra pessoa, observado o disposto no art. 120 do RPS (redação do Dec. n. 10.410/2020).

O pagamento será efetuado em duas parcelas, da seguinte forma:

> I – a primeira parcela corresponderá a até cinquenta por cento do valor do benefício devido no mês de agosto e será paga juntamente com os benefícios dessa competência; e
> II – a segunda parcela corresponderá à diferença entre o valor total do abono anual e o valor da primeira parcela e será paga juntamente com os benefícios da competência de novembro.

O valor do abono anual correspondente ao período de duração do salário-maternidade será pago, em cada exercício, com a última parcela do benefício nele devido.

## QUADRO-RESUMO – ABONO ANUAL

| BENEFÍCIO | ABONO ANUAL |
|---|---|
| Evento Gerador | O abono anual, conhecido como décimo terceiro salário ou gratificação natalina, será devido ao segurado e ao dependente que, durante o ano, recebeu auxílio-doença (incapacidade temporária), auxílio-acidente, aposentadoria, salário-maternidade, pensão por morte ou auxílio-reclusão. |
| Beneficiários | Segurados e dependentes da Previdência que tenham recebido benefícios durante o ano. |
| Requisitos | – Ter recebido benefício da Previdência durante o ano.<br>– Não tem direito os recebedores de salário-família e dos benefícios assistenciais. |
| Valor | – Corresponde ao valor da renda mensal do benefício no mês de dezembro ou no mês da alta ou da cessação do benefício.<br>– O recebimento de benefício por período inferior a doze meses, dentro do mesmo ano, determina o cálculo do abono anual de forma proporcional.<br>– O período igual ou superior a quinze dias, dentro do mês, será considerado como mês integral para efeito de cálculo do abono anual.<br>– O abono anual incidirá sobre a parcela de acréscimo de 25%, nas hipóteses de recebimento pelo segurado em face de depender de auxílio permanente de outra pessoa. |
| Data de Pagamento | – A primeira parcela corresponderá a até cinquenta por cento do valor do benefício devido no mês de agosto e será paga juntamente com os benefícios dessa competência; e<br>– A segunda parcela corresponderá à diferença entre o valor total do abono anual e o valor da primeira parcela e será paga juntamente com os benefícios da competência de novembro.<br>– O valor do abono anual correspondente ao período de duração do salário-maternidade será pago, em cada exercício, juntamente com a última parcela do benefício nele devido. |
| Observações | As regras gerais sobre o abono anual encontram-se no art. 201, § 6º, da CF, art. 40 da Lei n. 8.213/1991 e art. 120 do Decreto n. 3.048/1999. |

# PARTE III
## A Postulação na Via Administrativa

# PART III

A Postlaggard via Administrative

# Processo Administrativo Previdenciário

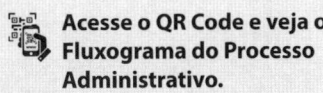

Acesse o QR Code e veja o Fluxograma do Processo Administrativo.

> https://uqr.to/1ym1x

Considera-se Processo Administrativo Previdenciário – PAP o conjunto de atos praticados pelo administrado ou pelo INSS nos Canais de Atendimento da Previdência Social, iniciado em razão de requerimento formulado pelo interessado, de ofício pela Administração ou por terceiro legitimado e concluído com a decisão definitiva no âmbito administrativo (art. 523 da IN PRES/INSS n. 128/2022, redação conferida pela IN PRES/INSS n. 141/2022).

A Lei n. 13.846/2019 (conversão da MP n. 871/2019) inclui, na Lei n. 8.213/1991, o art. 124-A, que dispõe que: "O INSS implementará e manterá processo administrativo eletrônico para requerimento de benefícios e serviços e disponibilizará canais eletrônicos de atendimento".

## 1.1 DA NECESSIDADE DO PROCESSO ADMINISTRATIVO

O processo administrativo decorre do direito de petição, constitucionalmente assegurado a todos. De outra vertente, o processo administrativo é necessário, em regra, para:

a) a manifestação inequívoca de interesse do segurado ou dependente em relação à prestação postulada, já que, em regra,[1] para o gozo de benefícios previdenciários do RGPS é necessária a vontade expressa do beneficiário para dar início ao exercício do direito, não bastando o cumprimento dos requisitos legais;

b) a interrupção da contagem de marcos decadenciais ou prescricionais, quando existentes;

c) a deflagração de eventual litígio entre o indivíduo e a Previdência, em especial após a decisão do STF sobre a necessidade de prévio requerimento administrativo como prova do interesse de agir e da necessidade de intervenção judicial em causas previdenciárias (Tema n. 350 – RE n. 631240).

A valorização do processo administrativo previdenciário é essencial para reduzir a judicialização, como bem observa o Desembargador Federal Paulo Afonso Brum Vaz:

---

[1] Algumas exceções serão tratadas neste capítulo, a exemplo da possibilidade de requerimento do benefício pela empresa, pelo sindicato ou pela entidade de aposentados devidamente legalizada, na forma do art. 117 da Lei n. 8.213, de 1991.

A redução da judicialização dos direitos da Seguridade Social, todavia, não depende exclusivamente do Poder Judiciário. O reconhecimento da existência de um direito constitucional subjetivo titularizado pelos cidadãos a uma tutela administrativa individual ou coletiva adequada, igualitária e efetiva na concretização dos direitos fundamentais sociais seria o fundamento suficiente para uma viragem que pudesse tornar a via administrativa mais eficaz, ao modo de dispensar a judicialização.[2]

## 1.2 PRECEITOS E PRINCÍPIOS DO PROCESSO ADMINISTRATIVO

O INSS determina em seu âmbito interno, por Portaria, a observância dos seguintes princípios nos processos administrativos, chamados pela Portaria DIRBEN/INSS n. 993/2022, norma complementar à IN n. 128/2022, de preceitos (art. 4º):

## Princípio da Presunção da Boa-fé

- Inciso I – no processo administrativo previdenciário a Administração deve presumir a boa-fé dos atos praticados pelos administrados.

## Princípio da Legalidade

- Inciso II – a administração deve pautar sua atuação conforme a Lei e o Direito.
- Inciso III – a Administração deve atender a fins de interesse geral, vedada a renúncia total ou parcial de poderes e competências, salvo autorização em lei.

## Princípio da Impessoalidade administrativa

- Inciso IV – a Administração deve manter objetividade no atendimento do interesse público, vedada a promoção pessoal de agentes ou autoridades.

## Princípio da Publicidade

- Inciso VIII – a administração deve dar publicidade dos atos praticados no curso do processo administrativo restrita aos interessados e seus representantes legais, resguardando-se o sigilo médico e dos dados pessoais, exceto se destinado a instruir processo judicial ou administrativo.
- Inciso XI – deve haver a identificação do servidor responsável peta prática de cada ato e a respectiva data.
- Inciso XIII – compartilhamento de informações com órgãos públicos, na forma da lei.

## Princípio da Proteção ao Hipossuficiente e ao Direito Adquirido

- Inciso VI – condução do processo administrativo com a finalidade de resguardar os direitos subjetivos dos segurados, dependentes e demais interessados da Previdência Social, esclarecendo-se os requisitos necessários ao benefício ou serviço mais vantajoso;
- Inciso VII – o dever de prestar ao interessado, em todas as fases do processo, os esclarecimentos necessários para o exercício dos seus direitos, tais como documentação indispensável ao requerimento administrativo, prazos para a prática de atos, abrangência e limite dos recursos, não sendo necessária, para tanto, a intermediação de terceiros;
- Inciso XII – adoção de formas e vocabulário simples, suficientes para propiciar adequado grau de certeza, segurança e respeito aos direitos dos usuários da Previdência Social, evitando-se o uso de siglas ou palavras de uso interno da Administração que dificultem o entendimento pelo interessado;

## Princípio da Moralidade administrativa

- Inciso V – a atuação administrativa segundo padrões éticos de probidade, decoro e boa-fé;

## Princípio da Razoabilidade e Proporcionalidade administrativa

- Inciso IX – adequação entre meios e fins, vedada a imposição de obrigações, restrições e sanções em medida superior àquelas estritamente necessárias ao atendimento do interesse público;

## Princípio do Contraditório e da Ampla Defesa

- Inciso XIV – garantia dos direitos à comunicação, à apresentação de alegações finais, à produção de provas, nos processos de que possam resultar sanções e nas situações de litígio;

## Princípio do Duplo Grau de Jurisdição

- Inciso XIV – garantia à interposição de recursos, nos processos de que possam resultar sanções e nas situações de litígio;

> **Princípio da Motivação**
> - Inciso X – fundamentação das decisões administrativas, indicando os documentos e os elementos que levaram à concessão ou ao indeferimento do benefício ou serviço;

> **Princípio da Gratuidade do Processo Administrativo**
> - Inciso XV – proibição de cobrança de despesas processuais, ressalvadas as previstas em lei;

> **Princípio da Oficialidade**
> - Inciso XVI – impulsão de ofício, do processo administrativo, sem prejuízo da atuação dos interessados;

> **Princípio da Segurança Jurídica**
> - Inciso XVII – interpretação da norma administrativa da forma que melhor garanta o atendimento do fim público a que se dirige, vedada aplicação retroativa de nova interpretação.

Tais preceitos são semelhantes aos dispostos no art. 2º da Lei n. 9.784/1999, sobre o processo administrativo no âmbito da Administração Pública Federal.

Observa-se no tocante aos princípios administrativos a preocupação da normativa em garantir os direitos constitucionais como o contraditório, a ampla defesa, o direito de petição, o direito ao devido processo legal, o direito à probidade, a eficiência, a fundamentação das decisões ainda que administrativas, enfim, a ideia de se espelhar no atendimento administrativo os mesmos princípios que já norteiam os direitos individuais e as regras referentes à administração pública, inseridos nos arts. 5º e 37 da Constituição Federal de 1988.

A Portaria DIRBEN/INSS n. 993/2022 expressamente prevê que a condução do processo administrativo tem como finalidade resguardar os direitos de segurados, dependentes e demais interessados da Previdência Social e que cabe ao servidor e ao INSS como instituição esclarecer sempre que necessário os requisitos para os benefícios ou serviços.

Ademais, a impulsão do processo não depende apenas do segurado, dependente ou interessado, cabendo a movimentação de ofício, sem detrimento da publicidade e do direito à defesa e de acesso à fundamentação das decisões e informações em todas as fases do processo administrativo previdenciário.

O direito de postulação do segurado, sem intervenção de terceiros, é preservado, mas de forma que seu desconhecimento da norma não lhe prejudique, posto que cabe ao servidor e ao INSS como um todo a orientação de quais documentos devem ser apresentados para o requerimento administrativo, quais os prazos para a prática de atos, qual a abrangência e limite dos recursos.

Vale ressaltar que o interessado tem o dever de prestar as informações que lhe forem solicitadas pelo INSS, assim como apresentar documentos para comprovação de dados divergentes, extemporâneos ou não constantes no CNIS e colaborar para o esclarecimento dos fatos que forem necessários para a análise de seu direito (art. 106 da Portaria DIRBEN/INSS n. 993/2022).

Ademais, não há, a princípio, interesses contrapostos; o servidor do órgão público deve, por esse motivo, buscar prestar seu serviço de modo a conduzir o processo administrativo sem causar óbices desnecessários ao beneficiário.

## 1.3 INSTRUÇÃO DO PROCESSO ADMINISTRATIVO PREVIDENCIÁRIO E O SIGILO DE DADOS DO REQUERENTE

Para a instrução do processo administrativo previdenciário, a Lei n. 13.846/2019 (conversão da MP n. 871/2019) inseriu o art. 124-B na LBPS, autorizando ao INSS a ter acesso a todos os dados de interesse para a recepção, a análise, a concessão, a revisão e a manutenção de benefícios por ele administrados, podendo compartilhar as informações com os regimes próprios de previdência social, em especial:

> a) os dados dos registros e dos prontuários eletrônicos do Sistema Único de Saúde – SUS, administrados pelo Ministério da Saúde;
> b) os dados dos documentos médicos mantidos por entidades públicas e privadas, sendo necessária, no caso destas últimas, a celebração de convênio para garantir o acesso; e
> c) os dados de movimentação das contas do Fundo de Garantia por Tempo de Serviço – FGTS.

Regra similar é encontrada nos §§ 1º a 5º do art. 179-B do RPS (redação do Decreto n. 10.410/2020). O referido dispositivo regulamentar esclarece ainda que:

- Para fins do cumprimento do disposto no *caput*, serão preservados o sigilo e a integridade dos dados acessados pelo INSS, eventualmente existentes, e, quanto aos dados dos prontuários eletrônicos do SUS e dos documentos médicos mantidos por entidades públicas e privadas, o acesso será franqueado exclusivamente aos peritos médicos federais designados pelo INSS;
- O Ministério da Economia[3] terá acesso às bases de dados geridas ou administradas pelo INSS, incluída a folha de pagamento de benefícios detalhada;
- As bases de dados e as informações poderão ser compartilhadas com os regimes próprios de previdência social somente para fins de cumprimento de suas competências relacionadas à recepção, à análise, à concessão, à revisão e à manutenção de benefícios por eles administrados, preservados o sigilo e a integridade dos dados, na forma disciplinada em ato conjunto do Secretário Especial de Previdência e Trabalho do Ministério da Economia[4] e do gestor dos dados;
- Fica dispensada a celebração de convênio, acordo de cooperação técnica ou instrumentos congêneres para a concessão do acesso aos dados de que versa o *caput* quando se tratar de dados hospedados por órgãos da administração pública federal e caberá ao INSS a responsabilidade de arcar com os custos envolvidos, quando houver, para o acesso ou a extração dos dados, exceto quando estabelecido de forma diversa entre os órgãos envolvidos; e
- As solicitações de acesso a dados hospedados por entidades privadas têm característica de requisição, dispensados a celebração de convênio, o acordo de cooperação técnica ou os instrumentos congêneres para a concessão do acesso aos dados de que trata o *caput* e o ressarcimento de eventuais custos, vedado o compartilhamento dos referidos dados com outras entidades de direito privado.

Esse novo procedimento, prevendo uma quebra de sigilo de dados sensíveis, caso adotado como regra geral, pode caracterizar violação à garantia de direito à intimidade das pessoas que buscam a proteção previdenciária/assistencial, direito este considerado inviolável pelo art. 5º, inciso X, da CF.

No RPS (redação do Decreto n. 10.410/2020), passou o art. 46, § 6º, a prever que a Perícia Médica Federal terá acesso aos prontuários médicos do segurado registrados no Sistema Único de Saúde – SUS, *desde que haja anuência prévia do municiado e seja garantido o sigilo sobre os seus dados*, procedimento com o qual concordamos, por estar em plena consonância com os ditames da Lei Geral de Proteção de Dados – LGPD, especialmente o art. 7º da referida norma.

O dever de proteção dos dados pessoais e sigilosos também está expressamente previsto no § 1º do art. 1º da Portaria DIRBEN/INSS n. 993/2022, alterada pela Portaria DIRBEN/INSS n. 1.221 de 24 de julho de 2024, que dispõe que o processo administrativo previdenciário é de acesso restrito aos interessados e a seus representantes, salvo por determinação

---

[3] Atualmente, Ministério da Fazenda.
[4] Atualmente, Ministério da Fazenda.

judicial ou desde que devidamente justificado, por solicitação do Ministério Público ou de Defensor Público, realizada no exercício das funções, no sentido de instrução de Procedimento Administrativo.

## 1.4 DO DIREITO AO MELHOR BENEFÍCIO

Como visto, o processo administrativo previdenciário se pauta por normas voltadas à apuração de direito e à orientação do segurado.

Nesse sentido, a orientação do Conselho de Recursos da Previdência Social, em seu Enunciado n. 1: "A Previdência Social deve conceder o melhor benefício a que o segurado fizer jus, cabendo ao servidor orientá-lo nesse sentido".

A regra passou a constar expressamente no RPS, com a redação conferida pelo Decreto n. 10.410/2020, como corolário, no art. 176-E:

> Caberá ao INSS conceder o benefício mais vantajoso ao requerente ou benefício diverso do requerido, desde que os elementos constantes do processo administrativo assegurem o reconhecimento desse direito.

Regras com teor de mesma diretriz são observadas no Regulamento: § 1º do art. 50 (sobre aposentadoria por incapacidade permanente), nos §§ 1º e 4º do art. 167 (sobre pensões por morte e auxílio-reclusão) e no art. 181-D (quanto ao direito ao cálculo da aposentadoria pelas regras vigentes à época da implementação dos requisitos, quando o segurado optar por permanecer em atividade).

Sobre o tema, destacamos ainda a previsão da Portaria DIRBEN/INSS n. 993/2022:

> Art. 107. O INSS deve conceder o melhor benefício a que o segurado fizer jus, cabendo ao servidor orientar nesse sentido.
> Art. 108. Quando, por ocasião da decisão, for identificado que estão satisfeitos os requisitos para mais de um tipo de benefício, cabe ao INSS oferecer ao segurado o direito de opção, mediante a apresentação dos demonstrativos financeiros de cada um deles.
> § 1º A opção deverá ser expressa e constar nos autos.
> § 2º Nos casos previstos no *caput*, deverá ser observada a seguinte disposição:
> I – se os benefícios forem do mesmo grupo, a DER será mantida; e
> II – se os benefícios forem de grupos distintos, e o segurado optar por aquele que não requereu inicialmente, a DER será fixada na data da habilitação do benefício, observado o disposto nos arts. 31 a 34.

Ao que se refere à orientação delineada no inciso I do art. 577 da IN n. 128/2022:

> Art. 577. Por ocasião da decisão, em se tratando de requerimento de benefício, deverá o INSS:
> I – oferecer ao segurado o direito de opção ao benefício mais vantajoso quando for identificado que estão satisfeitos os requisitos para mais de um tipo de benefício, mediante a apresentação dos demonstrativos financeiros de cada um deles; e [...]

Logo, é dever do servidor do INSS não apenas analisar o processo administrativo com o enfoque no requerimento do interessado ou seu representante legal, mas, sim, orientar de forma a conceder a melhor prestação previdenciária dentro dos requisitos cumpridos pela parte requerente, mesmo que essa prestação não tenha sido ventilada pelo beneficiário ou seu representante.

É que, por um lado, não se pode exigir da população o conhecimento de matérias de cunho jurídico, ou mesmo médico-pericial, e, de outro, a Previdência se constitui num dever assumido pelo Estado, sem que haja sentido em conceder ao indivíduo prestação aquém do que este faz jus. Com base neste raciocínio:

> O fato de a aposentada não haver formulado de forma precisa, esclarecendo e detalhando, quando do protocolo, o que exatamente pretendia fosse revisado em seu benefício, não afasta o dever de o INSS processar o pleito apresentado na via extrajudicial, incumbindo ao órgão previdenciário dirigir-lhe carta de exigências, a fim de que reste explicitado e delimitado, pela interessada, com precisão, os motivos pelos quais reputa seu benefício deva sofrer revisão. (TRF4 5000763-15.2021.4.04.7215, Turma Regional Suplementar de SC, Rel. Sebastião Ogê Muniz, juntado aos autos em 31.08.2021)

Na hipótese de direito à concessão de benefício diverso do requerido, caberá ao INSS notificar o segurado para que este manifeste expressamente a sua opção pelo benefício, observado o disposto no art. 176-D do Decreto n. 3.048/1999:

> Se, na data de entrada do requerimento do benefício, o segurado não satisfizer os requisitos para o reconhecimento do direito, mas implementá-los em momento posterior, antes da decisão do INSS, o requerimento poderá ser reafirmado para a data em que satisfizer os requisitos, que será fixada como início do benefício, exigindo-se, para tanto, a concordância formal do interessado, admitida a sua manifestação de vontade por meio eletrônico.

Tal regramento também está expresso no art. 577, II, da IN n. 128/2022 e no art. 33 da Portaria DIRBEN/INSS n. 993/2022:

> Art. 33. Em se tratando de análise inicial de requerimento de benefício de aposentadoria, na hipótese de reconhecimento do direito a mais de uma aposentadoria na DER, deverá ser oferecida ao segurado a opção pelo benefício que seja mais vantajoso.
> § 1º O disposto no *caput* se aplica às situações em que for implementado o direito a mais de uma aposentadoria em momento posterior à DER até a data do despacho do benefício – DDB, devendo ser oferecido ao segurado a possibilidade de reafirmação da DER para esta data, observado que ela deve ser anterior a DDB.
> § 2º Se durante a análise do requerimento inicial for verificado que na DER o segurado não satisfazia os requisitos para o reconhecimento do direito, mas que os implementou em momento posterior até a DDB, deverá o servidor informar ao interessado sobre a possibilidade de reafirmação da DER para esta data, observado que ela deverá ser anterior a DDB, exigindo-se, para sua efetivação, a expressa concordância por escrito ou por meio digital com validação de acesso por senha, como no Portal "Meu INSS".

No caso, o valor inicial da aposentadoria, apurado conforme as regras vigentes na data em que todos os requisitos tiverem sido cumpridos, será comparado com o valor da aposentadoria calculada na data de entrada do requerimento, hipótese em que será mantido o benefício mais vantajoso e será considerada como data de início do benefício a data de entrada do requerimento, salvo no caso do segurado empregado que tenha se desligado do vínculo empregatício até 90 dias da data de entrada do requerimento, quando a DIB será a data de saída do emprego. A renda mensal inicial será então reajustada pelos índices de reajustamento aplicados aos benefícios até a DIB e não será devido qualquer pagamento relativamente a período anterior a essa data.

## 1.5 DAS FASES DO PROCESSO ADMINISTRATIVO

São fases do processo administrativo previdenciário[5]:

**1. fase inicial ou de instauração**
início do processo, com o requerimento do administrado ou a instauração de ofício, onde se definem os objetivos do processo administrativo.

**2. fase instrutória**
fase onde se produzem as provas necessárias para a comprovação do direito e/ou a tomada de decisão pelo servidor/julgador.

**3. fase decisória**
momento em que o servidor/julgador analisa as provas, consedera os requerimentos e os objetivos traçados para o processo e decide sobre o caso posto.

**4. fase recursal**
fase na qual o administrado, não concordando com a decisão administrativa, postula sua alteração ao órgão superior, através de recurso administrativo para o CRPS.

**5. fase de cumprimento da decisão administrativa**
Após o encerramento do processo inicia-se a fase de cumprimento da decisão, onde se implementam ou se cancelam benefícios, por exemplo.

São considerados interessados legitimados para realizar o requerimento de benefício ou de serviço (art. 524 da IN PRES/INSS n. 128/2022):

I – o próprio segurado;
II – o beneficiário;
III – o dependente; ou
IV – pessoa jurídica, para requerer:
a) benefício de auxílio por incapacidade em favor de segurado que lhe presta serviço; ou
b) contestação de nexo técnico previdenciário em requerimento de benefício por incapacidade, dos segurados que lhe prestam serviço.

Os beneficiários da pensão por morte ou herdeiros têm legitimidade para dar início ao processo de revisão do benefício originário de titularidade do instituidor, respeitado o prazo

---

[5] Portaria n. 993/2022, art. 1º, § 2º – O Processo Administrativo Previdenciário contempla as fases inicial, instrutória, decisória, recursal e revisional.

decadencial do benefício originário. A diferença não prescrita de renda devida ao instituidor será paga ao pensionista, na forma de resíduos (§§ 7º e 8º do art. 524 da IN PRES/INSS n. 128/2022).

O requerimento efetuado por pessoa jurídica, em relação à contestação de nexo técnico, está vinculado à contestação em benefício de incapacidade dos segurados que lhe prestam ou prestaram serviço. Nesses casos, o segurado titular do benefício deverá ser relacionado no processo, de forma que lhe seja garantido o direito de defesa e contraditório (§§ 2º e 3º do art. 524 da IN PRES/INSS n. 128/2022).

O Regulamento da Previdência Social prevê, no § 2º do art. 179-A, que "poderão ser celebrados acordos de cooperação, na modalidade de adesão, com órgãos e entidades da União, dos Estados, do Distrito Federal e dos Municípios, para o recebimento de documentos e o apoio administrativo às atividades do INSS que demandem a prestação de serviços presenciais".

Empresas, sindicatos e entidades fechadas de previdência complementar poderão, mediante celebração de acordo de cooperação técnica com o INSS, encarregar-se, relativamente a seus empregados, associados ou beneficiários, de requerer benefícios previdenciários por meio eletrônico, preparando-os e instruindo-os para análise do Instituto (§ 11 do art. 524 da IN PRES/INSS n. 128/2022, redação conferida pela IN PRES/INSS n. 141/2022).

### 1.5.1 Representação dos legitimados

Os legitimados que sejam pessoas físicas podem se fazer representar por outra pessoa física desde o requerimento e em todos os atos do PAP por pessoa que seja escolhida pelo requerente como seu representante.

Já os legitimados que sejam pessoas jurídicas deverão ser obrigatoriamente representados por pessoa física.

O representante, em qualquer caso, deverá ser identificado na forma do art. 527 da IN PRES/INSS n. 128/2022. De acordo com a regra em comento, podem servir como representantes para realizar o requerimento do benefício ou serviço:

I – em se tratando de interessado civilmente incapaz:
a) o representante legal, assim entendido o tutor nato, tutor, curador, detentor da guarda, ou administrador provisório do interessado, quando for o caso; ou
b) o dirigente de entidade de atendimento de que trata o art. 92, § 1º, do Estatuto da Criança e do Adolescente – ECA;
II – em se tratando de interessado civilmente capaz:
a) o procurador legalmente constituído; ou
b) as entidades conveniadas.

Não caberá ao INSS fazer exigência de interdição do interessado, seja ela total ou parcial.

A tutela, a curatela e a guarda legal, ainda que provisórias, serão sempre declaradas por decisão judicial, servindo, como prova de nomeação do representante legal, o ofício encaminhado pelo Poder Judiciário à unidade do INSS.

Na ausência de tutela, curatela ou guarda legal para os interessados civilmente incapazes, o requerimento deverá ser efetuado por administrador provisório, devendo este ser um os herdeiros necessários, representado pelos descendentes (filho, neto, bisneto), ascendentes (pais, avós) e cônjuge, na forma do art. 1.845 do Código Civil, observado o § 7º do art. 527 da IN PRES/INSS n. 128/2022: "O administrador provisório poderá requerer benefício, sendo-lhe autorizado o recebimento do valor mensal do benefício, exceto o previsto no art. 529, durante o prazo de validade de seu mandato, que será de 6 (seis) meses a contar da assinatura do termo de compromisso, constante no Anexo XXIX, firmado no ato de seu cadastramento (alterado pela Instrução Normativa PRES/INSS n. 141, de 6 de Dezembro de 2022)".

A prorrogação, especificamente para fins de pagamento ao administrador provisório, além do prazo de 6 (seis) meses, dependerá da comprovação do andamento do respectivo processo judicial de representação civil.

No caso de tutor nato civilmente incapaz, este será substituído em suas atribuições, para com o beneficiário menor incapaz, por seu representante legal, até o momento em que for adquirida ou recuperada sua capacidade civil, dispensando-se, neste caso, nomeação judicial (art. 530 da IN PRES/INSS n. 128/2022, redação conferida pela IN PRES/INSS n. 141/2022).

### 1.5.2 Representação do interessado por procuração

É a que se dá pela constituição de poderes pelo titular de direitos para exercer os atos em nome do seu constituinte ou outorgante, no PAP.

O INSS apenas poderá negar-se a aceitar procuração quando se manifestar indício de inidoneidade do documento ou do mandatário, sem prejuízo, no entanto, das providências que se fizerem necessárias (art. 157 do Decreto n. 3.048/1999).

O titular de benefício residente em país para o qual o Brasil não remeta pagamentos de benefícios, ou que optar pelo recebimento no Brasil, deverá nomear procurador, de forma que o recebimento dos valores ficará vinculado à apresentação da procuração (art. 536 da IN PRES/INSS n. 128/2022).

Importante destacar que o segurado civilmente capaz, em regra, não necessita de procurador ou representante em nenhuma das fases do processo administrativo. Entretanto, a atuação de procuradores (sejam advogados ou não), é permitida, desde que obedecidas as regras a esse respeito.

Em se tratando de requerimento de pensão por morte, todos os dependentes capazes, no gozo de direitos civis, são aptos para outorgar ou receber mandato para os demais dependentes, excetuando-se os que não podem ser representantes legais por alguma das hipóteses enumeradas no art. 531 da IN PRES/INSS n. 128/2022, nas seguintes hipóteses:

> I – que for excluído definitivamente dessa condição por ter sido condenado criminalmente por sentença transitada em julgado, como autor, coautor ou partícipe de homicídio doloso, ou de tentativa desse crime, cometido contra a pessoa do segurado, ressalvados os absolutamente incapazes e os inimputáveis;
>
> II – que tiver sua parte no benefício de pensão por morte suspensa provisoriamente, por meio de processo administrativo próprio, respeitados os direitos à ampla defesa e ao contraditório, na hipótese de haver fundados indícios de sua autoria, coautoria ou participação em homicídio, ou em tentativa desse crime, cometido contra a pessoa do segurado, ressalvados os absolutamente incapazes e os inimputáveis; e
>
> III – cônjuge, companheiro ou companheira, se comprovada, a qualquer tempo, simulação ou fraude no casamento ou na união estável, ou a formalização desses com o fim exclusivo de constituir benefício previdenciário, apurada em processo judicial, assegurados os direitos ao contraditório e à ampla defesa.

Desse modo, evita-se que cada dependente tenha que fazer o requerimento separadamente.

Pelo instrumento do mandato outorgam-se poderes os mais diversos, desde que legalmente possíveis. Pode-se limitar os poderes ao requerimento, à prática de algum ato, inclusive ao recebimento de valores, ou a vários poderes. Mas para benefícios pagos por meio de conta de depósitos, o cadastramento de procurador somente terá efeito para a realização de atos junto ao INSS (art. 534, § 3º, da IN PRES/INSS n. 128/2022).

Para recebimento do benefício, na forma do art. 534 da IN PRES/INSS n. 128/2022, o interessado poderá ser representado por procurador que apresente mandato com poderes específicos nos casos de:

I – ausência;
II – moléstia contagiosa; ou
III – impossibilidade de locomoção.

O INSS prevê no § 1º do art. 534 da IN n. 128/2022 (com redação dada pela IN n. 141/2022) que, para o cadastramento da procuração, deverá ser observado que:

- a **comprovação da ausência** será feita mediante declaração escrita do outorgante, com o preenchimento do campo específico do modelo de "Procuração" constante no Anexo XXII, a fim de indicar o período de ausência e se a viagem é dentro do país ou no exterior, sendo necessário, nos casos em que o titular já estiver no exterior, apresentar o atestado de vida, cujo prazo de validade é de 90 dias a partir da data de sua expedição, legalizado pela autoridade brasileira competente;
- a procuração **outorgada por motivo de moléstia contagiosa** será acompanhada de atestado médico que comprove tal situação; e
- a procuração outorgada por motivo de impossibilidade de locomoção será acompanhada de:
  a) atestado médico que comprove tal situação;
  b) atestado de recolhimento à prisão, emitido por autoridade competente, nos casos de privação de liberdade; ou
  c) declaração de internação em casa de recuperação de dependentes químicos, quando for o caso.

O INSS ainda exige que os atestados acima previstos sejam datados de, no máximo, 30 dias da data de solicitação de inclusão do procurador (art. 534, § 2º, da IN n. 128/2022).

## 1.6 O REQUERIMENTO ADMINISTRATIVO E O SISTEMA "MEU INSS"

O requerimento feito pelo segurado ou por seu representante legal é a maneira mais comum de se dar início a um processo administrativo previdenciário. Falaremos mais adiante sobre as formas de protocolo, mas é importante, inicialmente, ressaltarmos algumas sugestões e detalhes pertinentes ao requerimento.

O Regulamento da Previdência Social, com a redação conferida pelo Decreto n. 10.410/2020, passou a prever no art. 176-A que "o requerimento de benefícios e de serviços administrados pelo INSS será formulado por meio de canais de atendimento eletrônico, observados os procedimentos previstos em ato do INSS".

O requerimento, uma vez formulado, será processado em meio eletrônico em todas as fases do processo administrativo, ressalvados os atos que exijam a presença do requerente.

Para facilitar a atuação do segurado na via administrativa o INSS disponibiliza formulários-padrão para requerimentos, correções, recursos e outros. Esses modelos editáveis podem ser acessados no *site* do INSS, em "normas interativas".[6]

---

[6] Disponível em: https://www.gov.br/inss/pt-br/acesso-a-informacao/legislacao/normas-interativas/.

No entanto, cabe ressaltar que tais "modelos", caso não adotados, não podem impedir o segurado ou seu representante legal de postular administrativamente no formato que lhe convier, respeitadas a legislação e normativas aplicáveis à espécie. O Regulamento da Previdência Social prevê que "excepcionalmente, caso o requerente não disponha de meios adequados para apresentação da solicitação pelos canais de atendimento eletrônico, o requerimento e o agendamento de serviços poderão ser feitos presencialmente nas Agências da Previdência Social" (§ 2º do art. 176-A, redação conferida pelo Decreto n. 10.410/2020).

Portanto, quando o segurado ou dependente postula seu direito no âmbito administrativo, ele não tem obrigação de formular de maneira ampla e completa seu pedido.

É que não se pode perder de vista que os beneficiários do RGPS são, em sua maioria, pessoas de baixa renda, com pouco acesso a tecnologias, algumas delas com baixíssima escolaridade, sem contar com os analfabetos funcionais. Neste sentido, já se consolidou que "é vedado à Administração Pública deixar de apreciar qualquer petição que lhe seja endereçada, quanto mais recusar-se a protocolar o pedido" (TRF4, REOMS 2006.72.06.003163-0, 6ª Turma, Rel. Victor Luiz dos Santos Laus, *DE* 12.07.2007).

O direito de petição aos Poderes Públicos é cláusula pétrea com amparo no art. 5º, XXXIV, alínea "a", da CF/1988. Logo, não cabe restringir as formas de apresentar a petição aos meios eletrônicos.

Em razão da pandemia de covid-19 e, por consequência, da suspensão do atendimento presencial durante vários meses, a principal ferramenta de requerimento passou a ser o portal *Meu INSS*, seja por acesso ao *site*, seja utilizando o aplicativo para *smartphones*. Pelo aplicativo, também é possível acompanhar o status dos requerimentos.

Assim, está se observando um período de transição da forma de protocolo administrativo, em que se vê atualmente, o formato eletrônico tornou-se principal fonte de acesso dos beneficiários aos requerimentos.

O *Meu INSS* foi instituído pela Instrução Normativa PRES/INSS n. 96, de 14.05.2018, e hoje é utilizado com base na previsão do art. 551 da IN PRES/INSS n. 128/2022.

Desde então, o cidadão que comparecer às Unidades de Atendimento deverá ser informado acerca da nova modalidade, devendo ser adotados os seguintes procedimentos (art. 27 da Portaria DIRBEN/INSS n. 993/2022):

- caso o cidadão não possua senha e cadastro no Meu INSS, o atendente, na triagem, deverá emitir senha do Meu INSS via Sistema de Atendimento – SAT, e orientá-lo a acessar a central de serviços;
- quando a solicitação do requerimento for por meio das Agências da Previdência Social de Teleatendimento (Central 135), deverá ser oferecido primeiramente o cadastro no Meu INSS, com explicação para o que serve; e
- caso não se obtenha sucesso no cadastro do Meu INSS, ou o requerente não opte pelo seu cadastramento, o requerimento deverá ser efetuado presencialmente nas Unidades de Atendimento ou por Entidade Conveniada, sendo que os documentos, caso apresentados, deverão ser digitalizados e anexados na ordem prevista no art. 15 da Portaria DIRBEN/INSS n. 993/2022.

O *Meu INSS* está na plataforma *gov.br*, que oferece um ambiente de autenticação digital único do usuário aos serviços públicos do Governo que estão na Internet. Significa que cadastrando-se como um único usuário e senha, há acesso a todos os serviços públicos digitais que também estejam no gov.br.

Para fazer o cadastro é preciso CPF, nome completo, data de nascimento e responder algumas perguntas do seu cadastro junto ao INSS.

## 1.6.1 Principais serviços disponíveis no Meu INSS

O sistema *Meu INSS* já se encontra bastante desenvolvido. Reputa-se positiva a sua criação e o desenvolvimento, como mais uma forma de acesso ao órgão previdenciário, porém sem que se estabeleça restrição a outras formas de requerimento, assegurando-se o direito de petição, consagrado como fundamental (CF, art. 5º, inc. XXXIV, "a").

Podem ser realizados diversos procedimentos e consultas, destacando-se:

- **Agendamentos/Solicitações:** é possível pedir um benefício ou serviço do INSS e acompanhar o andamento do requerimento.

- **Pedir Aposentadoria:** é possível pedir aposentadoria por tempo de contribuição ou por idade, seja ela urbana ou rural, e a aposentadoria da pessoa com deficiência, além daquelas concedidas em outros países que contenham acordo internacional celebrado com o Brasil.

- **Simulador de Aposentadoria:** a ferramenta realiza uma busca automática de todas as informações e dados de vínculos do segurado registrados nos sistemas do INSS para calcular o tempo de contribuição, ou seja, quanto tempo falta para o segurado se aposentar. E caso falte algum que porventura não conste nos registros previdenciários, há a opção de incluir manualmente para fazer a simulação.

- **Extrato de Imposto de Renda:** utilizado pelos beneficiários do INSS que precisam declarar imposto de renda (IR).

- **Declaração de Beneficiário do INSS:** declaração que informa a existência ou não de benefício em seu CPF. Alguns órgãos de governo costumam exigir esse "Nada Consta".

- **Extrato de Pagamento:** usado para comprovar que a pessoa recebe benefício do INSS e mostra sua renda mensal. Vale para fins legais como abertura de conta em bancos, abertura de crediário, empréstimo consignado, gratuidade para idosos no transporte interestadual, programas educacionais, entre outras finalidades. Detalha valores, banco e data de pagamento do benefício.

- **Extrato de Contribuições no CNIS**: histórico de toda a situação contributiva do segurado, seja empregado, empregado individual, empresário, empregado doméstico e sobre o aposentado. Permite saber, mês a mês, se o empregador está repassando a contribuição e se os recolhimentos estão sendo feitos de forma correta. Dá para saber também quais os períodos que estão faltando para que possa garantir a comprovação futura ou se está perto ou não de se aposentar. Vale mencionar que algumas instituições bancárias disponibilizam diretamente a consulta ao extrato previdenciário pelo terminal de autoatendimento e até pelos *sites* do Banco do Brasil e da Caixa Econômica Federal.

- **Extrato de Empréstimo Consignado:** por meio desse extrato é possível ao segurado conferir todo histórico de créditos consignados realizado com desconto no seu benefício previdenciário, além de outras informações, como a margem da consignação atual, valores de parcela e prazo.

- **Extrato de Informações de Benefício:** serviço para emitir documento que contém informações detalhadas sobre o benefício.

- **Resultado de Benefício por Incapacidade:** informa se o segurado foi considerado capacitado ou não para o trabalho. Esse serviço se destina às pessoas que pediram auxílio-doença ou outro benefício por incapacidade.

- **Pedir Benefício por Incapacidade (substituiu o Agendar Perícia):** com ele é possível:
    - requerer benefício por incapacidade temporária (auxílio-doença);
    - agendar perícia de prorrogação e de transformação de espécie (auxílio para aposentadoria, por exemplo, ou auxílio-doença para auxílio-acidente);
    - remarcar perícia ou;
    - agendar perícia presencial por não conformação da documentação médica.

- **Carta de Concessão:** documento que comunica ao cidadão sobre a concessão do benefício, a forma de cálculo utilizada para apuração da renda mensal inicial e informações relativas ao banco responsável pelo pagamento.

- **Encontre uma Agência:** localiza a agência do INSS mais próxima, por meio do CEP ou do município.

- **Declaração de Contribuinte Individual (DRSCI):** documento que comprova que o contribuinte individual está com situação cadastral regular e com seus recolhimentos em dia.

- **Atualização de Cadastro e/ou Benefício:** é possível atualizar os dados cadastrais do titular do benefício ou do participante (procurador, representante legal, dependente, instituidor). Pode-se ainda atualizar/corrigir dados cadastrais, tais como nome, data de nascimento, filiação, documento de identificação e dados de contato (endereço, telefone e e-mail).

Além disso, para os segurados contribuintes individuais, facultativos, empregados domésticos e segurados especiais é possível atualizar (incluir/alterar/encerrar) o tipo de atividade que realiza/realizava (por exemplo: motorista de táxi, dona de casa, babá).

- **Solicitar Laudo Médico:** é possível ter acesso aos laudos de perícia médica realizada pelo segurado. Após solicitação, os laudos são disponibilizados em até 48 horas para consulta e *download*.

- **Bloquear/Desbloquear Benefício para Empréstimo Consignado:** o segurado com acesso ao nível prata ou ouro no portal MEU INSS poderá requerer o bloqueio/desbloqueio do benefício para realização de empréstimo consignado. Vale ressaltar que os benefícios concedidos a partir de 1º.04.2019 permanecerão bloqueados para realização de empréstimos por até 90 dias da data do seu despacho.

- **Extrato de Informação de Benefício:** documento único que reúne algumas informações básicas disponíveis nas telas dos sistemas SABI e *Plenus,* como a data do início da incapacidade (DII), a data do início da doença (DID), os dados do benefício originário, como nos casos de pensão por morte. Em muitos casos, substituiu as telas do INSS como INFBEN, COMBAS e HISMED, que usávamos anteriormente.

- **Ajustes para Alcance do Salário Mínimo – Emenda Constitucional n. 103/2019:** serviço que permite a realização dos ajustes necessários para o alcance do salário mínimo nas contribuições mensais (complementação, agrupamento ou utilização de excedente), das competências a partir de novembro de 2019. O serviço está disponível para as seguintes categorias de segurado: o segurado empregado; o empregado doméstico; o trabalhador avulso; e o contribuinte individual, inclusive aqueles que exerçam atividades concomitantes.

- **Validar contribuição de Facultativo Baixa Renda:** este serviço é exclusivo para os segurados que contribuem utilizando o código 1929 – Facultativo Baixa Renda (Mensal) ou 1937 – Facultativo Baixa Renda (Trimestral) validarem os recolhimentos para fins de contagem de tempo de contribuição e carência.

- **Acréscimo de 25%:** serviço disponível para o segurado que se encontra aposentado por incapacidade permanente (antiga aposentadoria por invalidez) e que dependa de terceiro para realizar atividades da vida diária (banho, alimentação e outros). Vale ressaltar que para ter direito à grande invalidez, é necessário passar por uma avaliação da perícia médica federal.

- **Isenção de Imposto de Renda:** disponível para solicitar a isenção do imposto de renda descontado em seu benefício, em razão de ser portador de doença disciplinada no art. 6º, XIV, da Lei n. 7.713/1988 e no art. 2º da Portaria MPT/MS n. 22, de 31 de agosto de 2022.

- **Suspender o Benefício Assistencial à Pessoa com Deficiência para Inclusão no Mercado de Trabalho:** está disponível para informar e requerer a suspensão do benefício assistencial (BPC/LOAS) da pessoa com deficiência que começou a trabalhar (seja como empregado, microempreendedor individual – MEI ou prestador de serviço). Ao pedir esse serviço, o benefício ficará suspenso durante o período de trabalho, podendo ser reativado após o seu encerramento.

- **Comunicação de Acidente de Trabalho (CAT): possível tanto cadastrar quanto consultar CAT cadastrada relativa ao segurado.** A Comunicação de Acidente de Trabalho é um serviço para comunicar um acidente de trabalho, inclusive o de trajeto, bem como uma doença ocupacional (art. 22 da Lei n. 8.213/1991).

- **Pedido de prorrogação e/ou transformação de espécie de benefício por incapacidade:** serviço para pedir a continuação do Benefício por Incapacidade Temporária (Auxílio-Doença). Durante a perícia médica o trabalhador será avaliado quanto ao benefício devido, podendo ser:
  - Benefício por Incapacidade Temporária (Auxílio-Doença);
  - Benefício por Incapacidade Permanente (Aposentadoria por Invalidez);
  - Auxílio-acidente.
- **Suspender a Aposentadoria Especial para Retorno à Atividade com Exposição ao Risco:** serviço para suspender a aposentadoria especial do beneficiário que permaneceu ou retornou ao trabalho em atividade considerada prejudicial à saúde ou à integridade física. Ao pedir esse serviço, o benefício ficará suspenso durante o período de trabalho, podendo ser reativado após o encerramento da atividade considerada prejudicial à saúde ou à integridade física.
- **Validar contribuição de Facultativo Baixa renda:** serviço para pedir a análise das contribuições realizadas como segurado facultativo baixa renda.

### 1.6.2 INSS Digital

O INSS está implantando gradativamente em todas as suas agências o novo modelo de atendimento, conhecido como INSS Digital.

O INSS Digital foi originalmente concebido com a ideia de construção de um novo fluxo de atendimento para aumentar a capacidade da autarquia de reconhecer direitos. Os pilares do projeto são o processo eletrônico – agendamento e concessão de benefício pela Internet para o segurado ou por meio de entidades que tenham celebrado Acordo de Cooperação Técnica (ACT) com o INSS (neste caso, enquadram-se as Seccionais da OAB) – e a melhor distribuição das demandas entre as unidades.

Os ACT permitem que os advogados filiados à OAB da Seccional convenente possam, sem precisar comparecer a uma agência do INSS, requerer benefícios, requerer certidão de tempo de contribuição, retirar cópias de processos, requerer serviços relacionados à manutenção de benefício e à atualização cadastral, apresentar recursos administrativos de primeira e segunda instâncias em benefícios por incapacidade e requerer revisões do benefício concedido.

O Acordo de Cooperação Técnica celebrado entre OAB e INSS para fins de requerimentos autoriza que os advogados regularmente inscritos realizem serviços previdenciários, assistenciais e seguro-desemprego do pescador artesanal, no âmbito do RGPS.

Visando à expansão dos serviços disponíveis no INSS Digital, a Portaria PRES/INSS n. 1.481, de 22 de agosto de 2022, estabeleceu diretrizes para padronização e inclusão de novos serviços no canal, disponibilizando diversos novos serviços e requerimentos de benefícios em todos os Conselhos Seccionais e Subseções da OAB e retirando a limitação territorial que vinha sendo adotada. Agora, a advocacia pode requerer benefícios para todas as localidades brasileiras.

O requerimento pleiteado no INSS Digital será integralmente processado de forma eletrônica, ressalvados os atos que exijam a presença do requerente, bem como nas situações em que este procedimento for inviável ou em caso de indisponibilidade do meio eletrônico cuja demora no restabelecimento poderá causar dano relevante à celeridade do processo, conforme disposto no art. 12 da Portaria DIRBEN/INSS n. 993/2022.

A tramitação eletrônica serve para tornar mais ágil a análise dos requerimentos, com a distribuição dos processos de uma unidade para outra. O objetivo da autarquia é tornar possíveis de serem realizados a distância todos os serviços que precisem apenas de avaliação administrativa.

Nos casos em que as informações previdenciárias necessárias para o reconhecimento do direito já constarem nos sistemas do INSS, será possível a concessão a distância do benefício. O segurado somente deverá ir a uma agência se for chamado pelo Instituto.

Um dos grandes avanços do novo modelo de atendimento é a digitalização dos documentos apresentados pelo segurado. Agora, no momento da entrada do requerimento, a documentação exigida para a concessão do benefício é digitalizada e anexada no sistema pela pessoa do(a) procurador(a). Para tanto, é importante que o segurado apresente, se assim for exigido, os documentos originais, como Carteira de Identidade – RG, CTPS, Certidão de Tempo de Contribuição (CTC), certificado de reservista, comprovante de residência e carnês de contribuição, se houver, assim como os documentos exigidos para a concessão de cada benefício. Na digitalização, ressaltamos a importância de que ela seja feita na forma colorida, para facilitar a conferência original da documentação.

O advogado que protocolar requerimento por meio do canal INSS Digital deverá instruí-lo com o Termo de Representação e Autorização de Acesso a Informações Previdenciárias **ou** com procuração, devendo neste caso anexar também o termo de responsabilidade e documento oficial de identificação, sendo dispensável a apresentação de procuração pública.

Para o caso de requentes analfabetos ou com deficiência visual que estejam representados por advogado é possível que a procuração seja formalizada a rogo, por instrumento particular, assinada por terceiro e na presença de duas testemunhas que devem assinar também o documento (art. 43, § 3º, da Portaria n. 993/2022).

Vejamos a seguir mais detalhes sobre o requerimento administrativo no INSS.

### 1.6.3 Como requerer: formulários prontos ou elaboração própria?

No sítio eletrônico do INSS[7] é possível encontrar modelos de formulários de requerimentos de serviços e benefícios, sendo sugestão dos autores a verificação do formulário para que este acompanhe o pedido administrativo. Existem também modelos de anexos e documentos vinculados à IN n. 128/2022 a serem encontrados atualizados no sítio em "normas interativas".[8]

Ressaltamos, entretanto, que tais formulários não são de uso obrigatórios, já que ao solicitante é reservado o direito de também elaborar requerimento nos moldes que entender melhor.

No entanto, a indicação é que, ao protocolar o requerimento, se utilize o formulário devidamente preenchido, como também o requerimento mais detalhado, pois facilita a compreensão dos fatos pelo servidor, além de evitar a abertura de cartas de exigências para sua juntada ou, no pior cenário, indeferimento do requerimento.

Vale ressaltar que mesmo sem a utilização do formulário, o requerimento tem de ser protocolado pelo INSS, como já bem pacificado na Justiça: "A recusa do protocolo do requerimento é ato abusivo, que viola, inclusive, o direito de petição (art. 5º, XXXIV, *a*, da CF)" (TRF4, Proc. 5007523-61.2017.4.04.7104, 6ª Turma, Rel. Taís Schilling Ferraz, juntado em 04.09.2018).

Como a demora na apreciação só atua em detrimento do segurado/dependente, convém evitar a necessidade de interposição de mandados de segurança. A instrução correta do processo administrativo com todos os documentos que o INSS considera de praxe como necessários, salvo eventual inviabilidade de acesso aos documentos, agiliza o processo e diminui os riscos de indeferimento ou deferimento parcial do requerimento.

Ressaltamos ainda que a utilização de formulários em conjunto com as petições acelera a análise e facilita a compreensão dos pedidos por parte dos servidores do INSS.

Mas, é obrigatório o protocolo pelo INSS de todos os pedidos administrativos, mesmo que ausente, na data do protocolo, a documentação exigida (art. 552 da IN PRES/INSS n. 128/2022).

---

[7] Os formulários são encontrados em: https://www.gov.br/inss/pt-br/centrais-de-conteudo/formularios.
[8] Contidas em https://www.gov.br/inss/pt-br/acesso-a-informacao/legislacao/normas-interativas/.

Caso o requerimento apresentado não seja o formalmente adequado para a finalidade pretendida pelo requerente, deve-se observar a possibilidade de aproveitamento do ato com outro serviço compatível, desde que observados os requisitos do ato adequado (§ 2º do art. 552 da IN PRES/INSS n. 128/2022).

Havendo qualquer negativa de protocolo presencial ou problemas com protocolo decorrentes de sistema sugerimos registrar o fato à Ouvidoria do INSS.[9] É possível ainda a utilização de Mandado de Segurança para garantir o protocolo, assim como ajuizar a ação de conhecimento alegando que há interesse de agir pelo impedimento do protocolo por parte do INSS. Cabe analisar em cada caso qual a melhor estratégia.

Quanto à documentação, deve-se observar a espécie de benefício pretendido. O requerente tem o direito de juntar quaisquer provas que entenda cabíveis, assim como solicitar a Justificação Administrativa para a oitiva de testemunhas em algumas hipóteses[10].

Pelo sistema do Meu INSS (site *meu.inss.gov.br* ou aplicativo para celular), é possível cumprir exigências, ou seja, apresentar os documentos necessários para conclusão de um requerimento, e, assim, dar andamento à análise do benefício.

Os requerentes são comunicados sobre as diversas exigências da solicitação pelo próprio aplicativo Meu INSS, por e-mail ou por mensagem "SMS" e, a partir de 2024, a comunicação pelo WhatsApp nos casos de benefício por incapacidade. A advocacia e os segurados podem acompanhar as intimações também no "sino" lateral do painel do INSS Digital e na parte inicial do portal Meu INSS, que listam as últimas atualizações ocorridas nos requerimentos.

O serviço *"Cumprimento de Exigência"* é utilizado para apresentar a documentação necessária e exigida pelo servidor para conclusão de um requerimento. Isso ocorre porque, durante a análise do benefício ou serviço solicitado, o INSS identifica a necessidade de documentos complementares. Trataremos desse tópico mais adiante.

Pelo Meu INSS, basta acessar o aplicativo ou *site*, selecionar "consultar pedidos", localizar o processo, clicar em detalhar para ler o despacho do servidor e, em seguida, na opção "cumprir exigência", anexando a documentação exigida pelo servidor. Ademais, já tendo ciência do teor da exigência ao clicar na opção "consultar pedidos" é possível clicar diretamente no campo "cumprir exigência" da tela inicial, hipótese em que o requerimento no portal ficará sinalizado na cor amarela.

Caso precise incluir documentos digitalizados ou fotografados, deve-se clicar em "anexar arquivo". Cada documento pode ter, no máximo, 5 MB. Para enviar, basta clicar em "anexar" e escolher o arquivo a ser enviado. Se for preciso incluir mais documentos, é só repetir o procedimento anterior. Assim que anexar todos os documentos necessários, deve-se clicar em "confirmar".

É possível, ainda, inserir esclarecimentos sobre a exigência para auxiliar a análise do INSS, no campo "responda aqui".

Se estiver tudo certo, basta clicar em "enviar" e conferir se os arquivos aparecem como enviados.

É importante se ater ao tamanho dos arquivos já anexados no requerimento, uma vez que a soma de todos os arquivos que instruem o requerimento não poderá ultrapassar o limite de 50 MB.

Atingido este limite e sendo necessário anexar outros documentos no requerimento, casos corriqueiros quando o objeto do pedido envolve verbas ou vínculos reconhecidos em reclamatória trabalhista, é possível pela Central 135 ou por meio de atendimento na APS ou convênio

---

[9] A Ouvidoria agora atende pelo https://falabr.cgu.gov.br/ e foi unificada com todo o governo federal.
[10] Veremos o detalhamento da JA e seu cabimento em item próprio desta obra.

OAB/INSS, a criação de uma subtarefa para inclusão de novos documentos. Nessa hipótese, será aberto o requerimento de "juntada de documentos", que exigirá os mesmos requisitos da tarefa principal (5 MB por arquivo e limite total de 50 MB).

### 1.6.4 Das formas de agendamento/requerimento administrativo no INSS

O requerimento ou o agendamento de benefícios e serviços poderá ser realizado pelos seguintes canais de atendimento:

- **MEU INSS:** sistema de acesso à informação por aplicativo que permite o requerimento de benefícios, dependendo da espécie. Nesse caso, os requerimentos e os agendamentos são efetuados utilizando-se *login* e senha de cada segurado;
- **INSS DIGITAL:** atendimento a distância, sem necessidade de comparecimento presencial, já existente em grande parte do território nacional, mas ainda em implantação. Acessível pelo www.novorequerimento.inss.gov.br;
- **Central de Atendimento 135:** por meio da qual os agendamentos são feitos e os atendentes prestam informações básicas e genéricas, podendo também auxiliar na liberação da senha e utilização do MEU INSS pelos segurados;
- **Telefone 0800 135 0 135:** tem a mesma finalidade e composição da Central 135, mas o telefone é exclusivo para a advocacia. Durante o atendimento, o INSS exigirá o número de inscrição no Cadastro Nacional de Advogados (CNA), além do número do CPF e outros dois outros dados pessoais.
- **Agências da Previdência Social (APS):** consideramos, em que pese a redação do art. 176-A do RPS, ainda possível o protocolo de requerimento presencial de serviços que não necessitam de agendamento e, ainda, o agendamento de futuro atendimento para os benefícios e serviços. Recomendamos que o interessado se informe em sua cidade sobre horários e formas de atendimento. Vale ressaltar ainda que a partir de 23.10.2023 o INSS passou a receber requerimento de benefício por incapacidade temporária (antigo auxílio-doença) nas Agências da Previdência Social mediante a entrega do atestado médico, sem a necessidade de prévio requerimento. A medida foi prevista na Portaria DIRBEN/INSS n. 1.173 de 20.10.2023, sucedida pela Portaria DIRBEN/INSS n. 1.197, de 19.03.2024, ora vigente. O atendimento é realizado mediante a entrega da senha do serviço "Protocolo de Requerimento". Essa medida, assim como o "ATESTMED" (Portaria Conjunta PRES/INSS/SRGPS/MPS n. 37, de 16.10.2023) e o Programa de Enfrentamento de Filas da Previdência Social (Lei n. 14.724/2023) foi adotada visando reduzir as filas de requerimentos que esperam por perícia médica.
- **Unidades de Atendimento de Acordos Internacionais:** destinam-se ao atendimento de requerimentos de benefícios e serviços exclusivamente no âmbito dos acordos internacionais; e
- **Unidades de Atendimento de demandas judiciais:** destinam-se exclusivamente ao cumprimento de determinações judiciais em ações nas quais o INSS for parte do litígio.

Todo requerimento de benefício ou serviço deverá ter todos os seus atos registrados e disponibilizados em meio eletrônico (art. 13 da Portaria DIRBEN/INSS n. 993/2022) desde a data do comparecimento do interessado na APS ou do requerimento ou abertura do processo administrativo *de ofício* nos canais remotos.

Qualquer que seja o canal utilizado para o requerimento e seu protocolo, será considerada como Data de Entrada do Requerimento – DER a data do agendamento do benefício ou do serviço, ou seja, o dia em que o segurado manifestou interesse, pessoalmente ou por outro meio (internet, aplicativo, telefone), e não a data do atendimento na Agência da Previdência Social. Nos requerimentos oferecidos de modo presencial, o protocolo se dá no recebimento destes.

O INSS disponibiliza pelo MEU INSS o requerimento de praticamente todos os benefícios com atendimento completamente a distância, como as aposentadorias, a pensão por morte e o salário-maternidade; há outros, nos quais o beneficiário comparece posteriormente a uma agência para a entrega de documentação ou submissão à perícia, conforme o caso.

Como regra, para requerer benefícios o segurado deve ter o *login* e a senha do MEU INSS para fazer o agendamento/protocolo ou fazer por meio da central 135, nas hipóteses dos serviços mencionados no art. 3º da Portaria ME/INSS/Diretoria de Atendimento n. 123/2020, bem como nas situações previstas pela Portaria INSS n. 982/2022, que criou o serviço "atendimento especializado" nas APS, ressaltando-se que após abertura do requerimento é possível o envio de documentos pelo sistema, mas, se considerar necessário, o INSS pode requerer o comparecimento para a entrega da documentação.

A partir de 23.10.2023 os segurados do INSS passaram a poder solicitar benefício por incapacidade temporária (antigo auxílio-doença) de forma remota usando o site ou aplicativo "Meu INSS" sem a necessidade de login e senha, nos termos da Portaria DIRBEN/INSS n. 1.173, de 20.10.2023.

Os documentos a serem juntados no requerimento remoto devem ser digitalizados na seguinte sequência (art. 15 da Portaria n. 993/2022):

a) requerimento assinado;
b) procuração, termo de representação ou documento que comprove a representação legal, se for o caso;
c) documento de identificação e Cadastro de Pessoa Física – CPF do procurador ou representante;
d) documento de identificação e CPF do requerente, instituidor e dependentes;
e) documentos referentes às relações previdenciárias, tais como Carteira de Trabalho e Previdência Social – CTPS, CTC, Carnês, formulários de atividade especial, documentação rural, documentos para comprovação de união estável/dependência econômica e outros documentos necessários à comprovação do direito ao benefício ou serviço solicitado ou que o interessado queira adicionar.

Nos protocolos presenciais, uma regra administrativa que favorece o acesso do segurado é a que permite que o requerimento do benefício ou do serviço seja apresentado em qualquer Unidade de Atendimento da Previdência Social, independentemente do local de seu domicílio, exceto APS de Atendimento a Demandas Judiciais – APSADJ e Equipes de Atendimento a Demandas Judiciais – EADJ.

### 1.6.5 Da titularidade para o requerimento administrativo no INSS

O requerimento do benefício ou do serviço que gera o processo administrativo pode ser realizado:

– pelo próprio segurado, dependente ou beneficiário;
– por procurador legalmente constituído;
– por representante legal, tutor, curador ou administrador provisório do interessado, quando for o caso;

– empresas, sindicatos e entidades fechadas de previdência complementar poderão, mediante celebração de acordo de cooperação técnica com o INSS, encarregar-se, relativamente a seus empregados, associados ou beneficiários, de requerer benefícios previdenciários por meio eletrônico, preparando-os e instruindo-os nos termos do acordo (art. 117 da LBPS, redação dada pela Lei n. 14.020, de 2020).

No caso de benefícios por incapacidade, o INSS deve processar de ofício o benefício, quando tiver ciência da incapacidade do segurado, mesmo que este não o tenha requerido, conforme previsão na própria Lei n. 8.213/1991 e art. 76 do Regulamento.

Entendemos, sobre essa regra, que a internação do indivíduo em estabelecimentos públicos do Sistema Único de Saúde é suficiente para o cabimento do processamento de ofício, ou seja, sem se exigir requerimento do enfermo, na medida em que a Constituição define a Seguridade Social como "um conjunto integrado de ações de iniciativa dos poderes públicos e da sociedade, destinadas a assegurar os direitos relativos à saúde, à previdência e à assistência social" (art. 194, *caput*), tendo por principal objetivo a "universalidade da cobertura e do atendimento" (inciso I do parágrafo único do art. 194).

Caso contrário, não teria cabimento a regra inserida no Regulamento, em que o INSS, de que no exercício de suas competências, observado o disposto nos incisos XI e XII do *caput* do art. 5º da Constituição e na Lei n. 13.709/2018, terá acesso aos dados necessários para a análise, a concessão, a revisão e a manutenção de benefícios por ele administrados, entre outros, "[aos dados] dos registros e dos prontuários eletrônicos do SUS, administrados pelo Ministério da Saúde" e dos "documentos médicos mantidos por entidades públicas" (art. 179-B, incisos I e II, red. Decreto n. 10.410/2020).

É facultado à empresa protocolar requerimento de benefício por incapacidade ou documento dele originário de seu empregado ou contribuinte individual a ela vinculado ou a seu serviço (RPS, art. 76-A). Tal faculdade, entretanto, não pode ser interpretada em prejuízo do segurado, quando a empresa não faça o "encaminhamento" para a obtenção do benefício.

### 1.6.6 Da representação por advogado nos processos administrativos

Importante destacar que o segurado não necessita de procurador ou representante para todo o trâmite do processo administrativo.

A atuação de advogados é permitida e o procurador constituído tem, segundo entendimento firmado pelo STF, direito, no exercício de seu múnus profissional, de ser recebido nas Agências do INSS, independentemente de distribuição de fichas ou senhas, em lugar próprio ao atendimento.

O STF já se posicionou no sentido de que "Descabe impor aos advogados, no mister da profissão, a obtenção de ficha de atendimento. A formalidade não se coaduna sequer com o direito dos cidadãos em geral de serem atendidos pelo Estado de imediato, sem submeter-se à peregrinação verificada costumeiramente em se tratando do Instituto" (STF, RE n. 277.065/RS, 1ª Turma, Rel. Min. Marco Aurélio, *DJe* 13.05.2014).

Atualmente é possível, nas APS com mais de 10 servidores, que os advogados sejam atendidos sem a necessidade de retirada de senha e sem agendamento prévio, devendo o atendimento ser também para requerimento de benefícios e serviços[11].

Ademais, cumpre salientar que várias seccionais da OAB estadual celebraram acordos com a Gerência Executiva do INSS do Estado, garantindo o atendimento exclusivo aos advogados e

---

[11] Em cumprimento à decisão proferida pela Justiça Federal do DF na Ação Civil Pública 26178-78.2015.4.01.3400, ajuizada pelo Conselho Federal da OAB contra o INSS.

advogadas por *e-mail*, telefone, *WhatsApp* e atendimento presencial com prévio agendamento, resguardando, assim, as prerrogativas e o acesso aos documentos, serviços e protocolos.

A competência territorial é que regerá a verificação de qual Gerência Executiva contatar para buscar o atendimento.

O documento hábil para outorgar poderes para o advogado é o Termo de Responsabilidade ou procuração outorgada por segurado civilmente capaz. Para comprovação da representação é necessário apresentar: procuração ou outro documento que comprove a representação, documento de identificação e o CPF do procurador (art. 43, § 7º da Portaria DIRBEN/INSS n. 993/2022, alterado pela Portaria DIRBEN/INSS n. 1.221, de 17.07.2024).

Tratando-se de segurado analfabeto ou com deficiência visual ou física que o impeça de assinar o documento, dispõe o § 3º do art. 43 da Portaria DIRBEN/INSS n. 993/2022, que é dispensável a obrigatoriedade da forma pública para a procuração, sendo suficiente a apresentação de procuração particular firmada a rogo por terceiro em nome da pessoa interessada, na presença de 2 (duas) testemunhas, que assinarão conjuntamente. Nesse caso, importante identificar aquele que assina a rogo, juntando documento de identidade.

Vale ressaltar a importância da previsão dos poderes na procuração para representação administrativa, já que a procuração que só tenha como objeto a representação *ad judicia* não é aceita no Processo Administrativo Previdenciário nos termos do § 6º do art. 43 da Portaria DIRBEN/INSS n. 993/2022.

Lembramos por fim que é permitido o substabelecimento da procuração quando constar poderes expressamente especificados no instrumento originário nos termos do § 9º do art. 43 da Portaria DIRBEN/INSS n. 993/2022.

O procedimento é simples e pode ser realizado tanto do MEU INSS quanto do INSS Digital, mediante a inclusão do CPF do novo procurado no campo específico no benefício, ao lado de anexo, chamado "procuradores". Apenas destacamos que somente é possível incluir procuradores ou substabelecer de forma *on-line* os requerimentos administrativos que não estejam concluídos. Nos demais casos será necessário o comparecimento na APS para solicitação.

### 1.6.7 Da proteção a pessoa com deficiência no requerimento administrativo

Considera-se pessoa com deficiência aquela que tem impedimentos de longo prazo de natureza física, mental, intelectual ou sensorial, os quais, em interação com diversas barreiras, podem obstruir sua participação plena e efetiva na sociedade em igualdade de condições com as demais pessoas (RPS, § 3º do art. 70-D).

Evidentemente, não se pode aplicar a tais pessoas o entendimento de que possuem pleno acesso aos canais remotos de atendimento, haja vista que há deficiências de caráter sensorial, notadamente a visão, a fala e a audição, além de questões de ordem mental ou intelectual, o que exigirá atendimento diferenciado.

Com a vigência da Lei n. 13.146/2015, que instituiu o Estatuto da Pessoa com Deficiência, o INSS passou a ter de adotar providências para:

- atendimento prioritário, em todas as instituições e serviços de atendimento ao público;
- prioridade na tramitação processual, em todos os atos e diligências;
- dispensa do comparecimento de pessoa com deficiência perante os órgãos públicos quando seu deslocamento, em razão de sua limitação funcional e de condições de acessibilidade, imponha-lhe ônus desproporcional e indevido;
- quando for necessário, deverá haver atendimento domiciliar, inclusive para a realização de perícias médica e biopsicossocial;

– inexigibilidade de termo de curatela do requerente titular ou beneficiário quando pessoa com deficiência como condição para processamento do benefício requerido (previdenciário ou assistencial)[12].

No entanto, ao consultar o *site* da Previdência Social na internet, observa-se, por exemplo, para o requerimento de BPC, que os canais de atendimento sugeridos na página respectiva não incluem o comparecimento a uma APS, mas apenas o telefone 135, o aplicativo Meu INSS e a própria página da internet, o que viola frontalmente as normas do Estatuto da Pessoa com Deficiência.[13]

Com relação à pessoa com deficiência que elege apoiadores para tomada de decisão, nos termos do art. 42 da Portaria DIRBEN/INSS n. 993/2022, destaca-se que, em caso de requerimentos perante o INSS, os apoiadores não poderão protocolar requerimentos em nome próprio, mas sim da pessoa apoiada, titular do benefício. No entanto, podem ter acesso a seus dados pessoais e processos.

## 1.7 REQUERIMENTO DE CANCELAMENTO, DESISTÊNCIA E RENÚNCIA DO BENEFÍCIO

Segundo o entendimento do INSS, em regra, as aposentadorias voluntárias (exceto, portanto, a aposentadoria por incapacidade permanente) são irreversíveis e irrenunciáveis após o recebimento do primeiro pagamento do benefício ou do saque do PIS e/ou FGTS, prevalecendo o que ocorrer primeiro (art. 181-B do RPS, redação dada pelo Decreto n. 10.410/2020).

Assim, ainda no âmbito administrativo, após o deferimento do benefício, mas antes de alguma das situações acima, o segurado pode solicitar diretamente no aplicativo Meu INSS o cancelamento do benefício deferido. Ou seja, ao contrário da informação contida nas pretéritas cartas de concessão, o segurado pode desistir do pedido de aposentadoria, desde que não faça o saque do primeiro benefício depositado pelo INSS, nem dos recursos do FGTS ou do PIS. Cumpre ressaltar que o novo modelo de carta de concessão aponta de forma clara e objetiva sobre a possibilidade de o segurado desistir do benefício naquelas hipóteses mencionadas.

Em caso de desistência, o processo de requerimento do benefício já concedido será arquivado, e o segurado poderá aguardar a data mais conveniente para entrar com novo requerimento de aposentadoria.

Para efetivação do cancelamento do benefício, o pedido deverá ser formalizado via canais remotos, por meio de requerimento do Serviço "Solicitar Desistência/Encerramento/Renúncia de Benefício".

Na sequência, o INSS realizará o bloqueio do crédito, no caso de pagamento por meio de cartão magnético, ou conta corrente e/ou ressarcimento dos valores creditados em conta corrente, por meio de GPS identificada pelo código de recolhimento 9008, utilizando-se como identificador o número do benefício, com data de vencimento no prazo de 15 dias da sua emissão, conforme prevê o § 1º, II, do art. 124 da Portaria DIRBEN/INSS n. 992/2022.

É de responsabilidade do segurado apresentar declaração formal da CEF, assinada pelo responsável pela unidade, informando se houve ou não o saque do FGTS ou do PIS da conta vinculada do beneficiário, decorrente da concessão do benefício, bem como se o saque, porventura realizado, foi decorrente de crédito automático ou por solicitação do beneficiário (§ 1º, III, do art. 124 da Portaria DIRBEN/INSS n. 992/2022). Sugerimos que a apresentação da solicitação de desistência do benefício seja feita por escrito.

---

[12] Esta disposição já se encontra no § 5º do art. 162 do RPS, com a redação conferida pelo Decreto n. 10.410/2020.

[13] Vide https://www.gov.br/inss/pt-br/direitos-e-deveres/beneficios-assistenciais/beneficio-assistencial-a-pessoa-com-deficiencia-bpc-loas. Acesso em: 29 set. 2024.

Uma vez solicitado o cancelamento do benefício e adotados os procedimentos administrativos internos no INSS, o benefício não poderá ser restabelecido na mesma oportunidade, ocasião na qual o benefício será cessado pelo motivo "desistência escrita do titular do benefício" (§ 2º do art. 124 da Portaria DIRBEN/INSS n. 992/2022). Todavia, se requerido novamente o mesmo benefício pelo interessado, poder-se-ão utilizar as peças do processo anterior.

Inovação expressamente prevista pelo § 3º do art. 124 da Portaria n. 992/2022 é quando o pagamento do PIS ocorre por crédito automático do banco, por força da MP n. 813, de 26 de dezembro de 2017, convertida na Lei n. 13.677, de 13 de junho de 2018, que alterou a LC n. 26, de 11 de setembro de 1975, sem requerimento do interessado, não impede que o segurado desista do benefício, haja vista que a finalidade da Medida Provisória foi beneficiar os participantes do PIS/PASEP e não restringir direitos previdenciários.

Havendo recebimento do PIS por crédito automático pelo banco, o segurado não será obrigado a devolver os valores recebidos, devendo, no entanto, o INSS emitir ofício à Caixa Econômica Federal informando o cancelamento do benefício, tendo o segurado menos de 60 anos de idade. Também não será óbice para cancelamento do benefício, o recebimento do PIS em virtude da concessão de aposentadoria em RPPS, conforme prevê os §§ 3º e 4º do art. 124 da Portaria n. 992/2022.

A normativa estabelece tratamento distinto aos beneficiários de aposentadoria por incapacidade permanente, auxílio por incapacidade temporária, auxílio-acidente e auxílio suplementar, uma vez que possibilita aos segurados na percepção de benefícios de risco a renúncia ao benefício, conforme redação do art. 126 da Portaria DIRBEN/INSS n. 992/2022.

Também é possível a renúncia à percepção de sua cota individual, cota de benefício, de pensão por morte e de auxílio-reclusão, inclusive se concedido ou mantido por determinação judicial, bem como o direito ao recebimento ao benefício de prestação continuada e de renda mensal vitalícia.

O requerimento deve ser protocolado preferencialmente por meio dos canais remotos. Havendo motivo justificável, o segurado poderá realizar o protocolo na APS, fazendo prévio agendamento na Central 135 por meio do pedido de "atendimento especializado".

## 1.8 REQUERIMENTO DE SUSPENSÃO DE APOSENTADORIA ESPECIAL PARA RETORNO À ATIVIDADE COM EXPOSIÇÃO AO RISCO

O segurado beneficiário de aposentadoria especial pura que optar em retornar às atividades com exposição ao risco deverá requerer ao INSS a suspensão da sua aposentadoria.

O pedido deverá ser formalizado pelo serviço "Suspender a Aposentadoria Especial para Retorno à Atividade com Exposição ao Risco", disponível no portal Meu INSS.

O objetivo do requerimento é suspender a aposentadoria especial do segurado que optou em continuar ou voltar ao trabalho em atividade considerada nociva à saúde ou integridade física.

A aposentadoria especial é destinada a trabalhadores que desempenham atividades em condições especiais, que podem gerar danos irreparáveis prejudiciais à saúde ou à integridade física. Trata-se de uma forma de reparação pelo desgaste e os riscos a que esses profissionais estão expostos ao longo de sua carreira.

A vedação da norma é na direção que a continuidade ou o retorno à atividade de risco geraria uma sobreposição que não se alinha com a lógica de proteção social estabelecida para estabelecer critérios diferenciados, pois o intuito do legislador era assegurar uma proteção à saúde do trabalhador que exerce a atividade com exposição a agentes nocivos.

Necessário frisar que, no julgamento do Tema n. 709, o STF convalida e reconhece a constitucionalidade do art. 57, § 8º, da Lei n. 8.213/1991, mas determina a cessação do pagamento do benefício e não a cessação do benefício.

Cessada a relação de emprego com exposição a agentes nocivos, o segurado poderá requerer a reativação do benefício cujo início do pagamento se dará do dia subsequente ao encerramento do contrato de trabalho.

## 1.9 REQUERIMENTO DE CÓPIA INTEGRAL DO PROCESSO ADMINISTRATIVO

É assegurado o direito de vistas, cópia e retirada do processo administrativo físico mediante solicitação do interessado ou seu representante, munido do devido instrumento de outorga, por meio de agendamento do serviço de cópia de processo (art. 602 da IN PRES/INSS n. 128/2022).

Após a concessão do benefício, o INSS envia aos segurados, por via postal, a carta de concessão. Atualmente, as cartas de concessão de benefício contêm diversas informações importantes para a conferência dos dados, principalmente a memória de cálculo. Tais cartas nada mais são do que um resumo de todo o processo de concessão elaborado para aquele segurado.

Assim, é mister que o segurado obtenha a cópia integral desse processo concessivo elaborado pelo INSS porque a carta de concessão não contém a efetiva contagem de tempo elaborada para o segurado. Tais dados podem interferir no valor apurado como RMI, alterando coeficiente de cálculo, fator previdenciário etc.

Além disso, em ações de revisão de benefícios, muitas vezes se exige que o segurado apresente cópia integral desse processo administrativo[14]. Para os casos de benefícios concedidos há mais de cinco anos, nem o segurado possui tais documentos, nem o INSS se diz obrigado a guardá-los.

Portanto, indicamos que o segurado guarde cópia seu processo de concessão para que possa ser feita uma conferência mais criteriosa do benefício, bem como, se for o caso, possa ser utilizado em futuro pedido de revisão.

O requerimento de cópia do processo de concessão pode ser feito:

- por requerimento do serviço "cópia de processo" no MEU INSS ou pelo 135, ocasião na qual a cópia do processo administrativo será fornecida por meio digital, salvo quando o requerente demonstrar a impossibilidade de utilização dos canais remotos;
- pelo INSS DIGITAL, cujo procedimento também será totalmente *on-line*, sendo o pedido e a entrega dos dados feitos pela plataforma, sem a necessidade de comparecimento à APS.

A esse respeito, dispõem os §§ 1º a 4º do art. 602 da IN PRES/INSS n. 128/2022 que:

- A cópia do processo administrativo eletrônico deverá ser fornecida por meio digital, salvo nos casos em que o requerente declara a impossibilidade de utilização dos Canais Remotos.
- O processo administrativo previdenciário, por sua natureza, contém informações pessoais do cidadão e sua cópia ou vistas só podem ser fornecidas a advogado com procuração.
- O disposto no parágrafo acima também se aplica ao estagiário inscrito na OAB que não apresente o substabelecimento ou procuração outorgada pelo advogado responsável.
- Na solicitação de cópia de processo com laudo social, realizada por procurador ou por entidade conveniada, será obrigatória a apresentação de procuração com consentimento expresso do interessado ou seu tutor nato, tutor, curador, detentor de guarda legal ou

---

[14] Consideramos tal exigência incorreta, uma vez que o art. 438 do CPC/2015 e o art. 11 da Lei n. 10.259/2001 estabelecem que incumbe ao órgão público tal providência.

administrador provisório para acesso ao Laudo Social, nos termos do inciso II do § 1º do art. 31 da Lei n. 12.527/2011.

Antes de prosseguir com o requerimento é de suma importância que o segurado verifique se a cópia desejada está disponível no Portal Meu INSS. A consulta poderá ser realizada no campo "Consultar Pedidos" e em seguida o segurado deverá clicar em "baixar processo" no requerimento desejado. Assim, o arquivo estará disponível imediatamente, sem necessidade de realizar requerimento de cópia.

Na Parte VI desta obra encontra-se o modelo de requerimento para tais casos.

## 1.10 PEDIDO DE RESTITUIÇÃO OU COMPENSAÇÃO DE CONTRIBUIÇÕES PAGAS A MAIOR

Em caso de pagamento indevido de contribuições à Seguridade Social, o segurado poderá solicitar a compensação ou a restituição do valor.

Além disso, cabe reembolso dos valores adiantados pelo empregador a título de quotas do salário-família e do salário-maternidade e a compensação do adicional de insalubridade a que se refere o § 2º do art. 394-A da Consolidação das Leis do Trabalho (no período de afastamento da função da empregada gestante e/ou lactante que labora em atividades insalubres) – art. 255 do RPS, com a redação dada pelo do Decreto n. 10.410/2020.

É de se recordar, ainda, o julgamento, pelo STF, do Tema n. 72 de Repercussão Geral, com o reconhecimento de que "É inconstitucional a incidência de contribuição previdenciária a cargo do empregador sobre o salário maternidade", o que comportará pedidos de restituição de indébito.

O procedimento para tais situações era previsto no Decreto n. 3.048/1999, em seus arts. 247 e seguintes, mas, com a transferência da competência arrecadatória para a Receita Federal do Brasil, houve mudanças nas formalidades e procedimentos.[15]

Atualmente, o procedimento administrativo mediante o qual o sujeito passivo postula restituição ou compensação pela RFB deve ser feito *on-line*, por meio de programa (PER/DCOMP) próprio disponibilizado no *site* da Receita Federal, e realizado na forma da Instrução Normativa RFB n. 2.055/2021.

Atenção apenas para o pedido de restituição dos tributos administrados pela RFB abrangidos pelo regime unificado de pagamento de tributos, de contribuições e dos demais encargos do empregador doméstico (Simples Doméstico), instituído pela Lei Complementar n. 150, de 1º de junho de 2015, que deve ser feito por meio do aplicativo "Restituição do Empregador Doméstico", disponível no Portal e-CAC, no *site* da RFB na Internet[16].

Nos demais casos o interessado deve observar os prazos prescricionais, além de ter em mãos a comprovação do recolhimento ou do pagamento do valor a ser requerido, como requisito para que se efetue a restituição.

Podem ser requeridas restituições, dentre outras, relativas a:

I) contribuições sociais previdenciárias, inclusive as descontadas dos segurados ou de outras entidades e fundos, e, quando for o caso, atualização monetária, multa e juros de mora correspondentes ao pagamento indevido;

---

[15] Atualmente, o art. 247 do RPS, com redação do Decreto n. 10.410/2020, prevê apenas que "Art. 247. A restituição e a compensação de valores recolhidos indevidamente observarão os termos e as condições estabelecidos pela Secretaria Especial da Receita Federal do Brasil do Ministério da Economia".

[16] Disponível em: https:www.gov.br/receitafederal/pt-br. Acesso em: 29 set. 2024.

II) salário-família não deduzido em época própria;

III) contribuições sociais destinadas a outras entidades e fundos.

Poderão requerer a restituição os responsáveis diretos pelo recolhimento indevido ou a maior, como nos casos das empresas ou equiparados e empregadores domésticos.

O empregador doméstico, em programa diferenciado como dito acima, também poderá ainda requerer a restituição do valor descontado indevidamente do sujeito passivo, caso comprove o ressarcimento às pessoas físicas referidas.

Lembramos ainda que poderão requerer a restituição de valores que lhes tenham sido descontados indevidamente, mesmo não sendo os responsáveis pelo recolhimento indevido:

I) o segurado empregado, inclusive o doméstico;

II) o segurado trabalhador avulso;

III) o segurado contribuinte individual;

IV) o produtor rural pessoa física;

V) o segurado especial;

VI) a associação desportiva que mantém equipe de futebol profissional.

Somente no caso de impossibilidade de utilização do Programa disponível no *site* da Receita Federal (PERD/COMP), o requerente, pessoa física, poderá protocolizar seu pedido em qualquer unidade de atendimento da RFB, com a apresentação da seguinte documentação:

- pedido de Restituição de Valores Indevidos Relativos à Contribuição Previdenciária, em duas vias, assinadas pelo requerente ou por seu representante (Anexo I da IN RFB n. 2055, de 6 de dezembro de 2021);
- procuração por instrumento particular, com firma reconhecida em cartório, ou por instrumento público, com poderes específicos para representar o requerente, salvo quando a representação se der por advogado, ocasião na qual será dispensado o reconhecimento de firma;
- original e cópia simples ou cópia autenticada do documento de identidade do requerente e do procurador.

Documentação específica para o segurado contribuinte individual:

I) quando a contribuição descontada sobre a sua remuneração for superior ao limite máximo do salário de contribuição, deverá apresentar:

   a) Discriminativo de Remuneração e Valores Recolhidos pelo Contribuinte Individual, conforme modelo, relacionando, mês a mês, as empresas para as quais prestou serviços, as remunerações recebidas, os valores descontados, a partir de 1º.04.2003, e, se for o caso, os valores recolhidos diretamente pelo segurado, incidentes sobre a remuneração auferida por serviços prestados por conta própria a pessoas físicas, a outro segurado contribuinte individual equiparado à empresa, a produtor rural pessoa física, à missão diplomática ou à repartição consular de carreira estrangeira;

   b) original e cópia simples ou cópia autenticada dos comprovantes de pagamento pelo serviço prestado, devendo constar, além do valor da remuneração e do desconto feito a título de contribuição social previdenciária, a identificação completa da empresa, inclusive com o número no CNPJ e o NIT.

II) quando o segurado contribuinte individual exercer, concomitantemente, atividade como segurado empregado, além dos documentos relacionados no item acima, deverá apresentar:

  a) original e cópia simples ou cópia autenticada do recibo de pagamento de salário referente a cada vínculo empregatício e a cada competência em que é pleiteada a restituição;

  b) original e cópia simples ou cópia autenticada das folhas da CTPS ou outro documento que comprove o vínculo empregatício, no qual constem a identificação do empregado e a do empregador;

  c) declaração firmada pelo empregador, conforme modelo Declaração do Empregador para o Segurado Empregado e o Segurado Trabalhador Avulso, com firma reconhecida em cartório, de que descontou, recolheu e não devolveu a contribuição objeto do pedido de restituição, não compensou a importância nem pleiteou a restituição na RFB.

III) na hipótese de o segurado contribuinte individual solicitar restituição em razão de não ter efetuado na época própria a dedução de 45% da contribuição recolhida pelo tomador dos serviços, deverá apresentar o original e a cópia dos recibos de pagamento da remuneração referentes a cada tomador, relativos a cada competência em que é pleiteada a restituição.

Documentação específica para o segurado empregado:

I) original e cópia simples ou cópia autenticada das folhas da CTPS ou de outro documento que comprove o vínculo empregatício, no qual constem a identificação do empregado e a do empregador;

II) declaração, com firma reconhecida em cartório, conforme modelo de Declaração do Empregador para o Segurado Empregado e o Segurado Trabalhador Avulso firmada pelo empregador, sob as penas da lei, de que descontou, recolheu e não devolveu ao segurado o valor objeto da restituição, não compensou a importância nem pleiteou a restituição na RFB, devendo nela constar os valores das remunerações pagas em relação às quais foram descontadas as importâncias objeto do pedido de restituição.

Documentação específica para o segurado trabalhador avulso:

I) quando ocorrer intermediação da mão de obra realizada pelo Órgão Gestor de Mão de Obra (OGMO), as quais abrangem as categorias de estivador, conferente, consertador, vigia portuário e trabalhador de capatazia:

  a) original e cópia simples ou cópia autenticada dos comprovantes de pagamento da remuneração correspondente ao montante de Mão de Obra Mensal (MMO), recibos de pagamento de férias e de décimo terceiro salário referentes às competências em que é pleiteada a restituição;

  b) original e cópia simples ou cópia autenticada do comprovante de registro ou cadastro no OGMO;

  c) declaração firmada por dirigente responsável pelo OGMO, conforme modelo Declaração do Empregador para o Segurado Empregado e o Segurado Trabalhador Avulso, sob as penas da lei, com firma reconhecida em cartório, de que foi descontada, recolhida e não devolvida ao segurado a contribuição objeto do pedido de restituição, não foi compensada a importância nem pleiteada a restituição na RFB.

II) quando ocorrer intermediação da mão de obra realizada pelo sindicato da categoria:
   a) original e cópia simples ou cópia autenticada dos comprovantes de pagamento da remuneração correspondente ao montante de Mão de Obra Mensal (MMO), recibos de pagamento de férias e de décimo terceiro salário referentes às competências em que é pleiteada a restituição;
   b) original e cópia simples ou cópia autenticada do comprovante de registro ou cadastro no sindicato;
   c) declaração firmada pela empresa tomadora dos serviços, conforme modelo Declaração do Empregador para o Segurado Empregado e o Segurado Trabalhador Avulso, sob as penas da lei, com firma reconhecida em cartório, de que foi descontada, recolhida e não devolvida ao segurado a contribuição objeto do pedido de restituição, não foi compensada a importância nem pleiteada a restituição na RFB.

Na Parte VI desta obra há modelo de requerimento de restituição de valores relativos a contribuições previdenciárias, que pode ser protocolado em qualquer unidade de atendimento da RFB, caso o Programa disponível no *site* (PERD/COMP) não possa ser utilizado.

## 1.11 DO REQUERIMENTO DE CÁLCULO DE COMPLEMENTAÇÃO DAS CONTRIBUIÇÕES RECOLHIDAS ABAIXO DO SALÁRIO MÍNIMO PARA PERÍODOS ANTERIORES A NOVEMBRO DE 2019

Para as contribuições recolhidas na condição de segurado contribuinte individual e segurado facultativo, cujas competências do recolhimento sejam até outubro de 2019 (mês anterior a publicação da EC n. 103/2019), poderá o segurado requerer na central 135 ou mediante agendamento do requerimento via APS o serviço "solicitar cálculo de complementação", previsto no art. 3º, inciso II, da Portaria INSS n. 123/2020.

Na ocasião, o atendente da central 135 ou servidor questionará quais são as competências em que se objetiva complementar as contribuições e se pretende cadastrar procurador no requerimento.

Em seguida, o atendente prosseguirá com a abertura do requerimento, que ficará disponível para acompanhamento no MEU INSS. A tarefa será incluída para análise do servidor, que emitirá GPS de complementação após verificar a existência de contribuições recolhidas abaixo do salário mínimo.

Cabe lembrar que os empregados não eram obrigados à complementação antes da EC n. 103/2019, portanto, antes de complementar atente-se ao tipo de contribuinte e verifique se realmente é necessário o pagamento para a contagem do tempo.

## 1.12 DO REQUERIMENTO DE AJUSTES PARA ALCANCE DO SALÁRIO MÍNIMO – EMENDA CONSTITUCIONAL N. 103/2019

Quanto a este tópico, inicialmente reforçamos nosso entendimento pela inconstitucionalidade da exigência de complementação de contribuições cuja base de cálculo seja inferior ao salário mínimo, conforme discutido no tópico referente à "contagem de tempo de contribuição" nesta obra. Todavia, em termos pragmáticos, necessário se faz indicar a forma como tal ajuste possa ser realizado.

Importante salientar que, em se tratando de competências a partir de novembro 2019, o serviço a ser requerido é "Ajuste para alcance do salário mínimo – Emenda Constitucional n. 103/2019", disponível também para requerimento no MEU INSS.

Diferentemente do requerimento de cálculo de complementação, o serviço de ajuste para alcance do salário mínimo está disponível para as seguintes categorias de segurado:

- o segurado empregado;
- o empregado doméstico;
- o trabalhador avulso; e,
- o contribuinte individual, inclusive aqueles que exerçam atividades concomitantes.

Conforme previsão do art. 124 da IN PRES/INSS n. 128/2022, o ajuste poderá ser realizado de três maneiras:

- complementação da contribuição das competências por Documento de Arrecadação de Receitas Federais – DARF;
- utilização do valor do salário de contribuição que exceder ao limite mínimo, de uma ou mais competências, para completar o salário de contribuição de uma ou mais competências;
- agrupamento dos salários de contribuição inferiores ao limite mínimo, de diferentes competências, para aproveitamento em uma ou mais competências, de forma que o resultado do agrupamento não ultrapasse o valor mínimo do salário de contribuição.

Cabe ao segurado solicitar a qualquer tempo os ajustes de complementação, utilização e agrupamento, desde que utilizadas as competências do mesmo ano civil, exceto o 13º (décimo terceiro) salário. No entanto, após processados, serão irreversíveis e irrenunciáveis, nos termos do § 1º do art. 124 da IN n. 128/2022.

Os valores do salário-maternidade concedido à segurada empregada, empregada doméstica, trabalhadora avulsa e contribuinte individual também poderão ser objeto de ajuste, desde que haja o desconto da contribuição previdenciária da segurada durante a sua percepção (art. 124, § 8º, da IN n. 128/2022).

Ademais, importa ressaltar que não será permitido novo agrupamento em competências já agrupadas (art. 126, parágrafo único, da IN PRES/INSS n. 128/2022).

Importante ressaltar que foi revogada pela Instrução Normativa PRES/INSS n. 141, de 6 de dezembro de 2022, a possibilidade de o segurado rever, desde que dentro do ano civil e/ou ano civil imediatamente anterior quando as contribuições ainda não tivessem sido computadas em benefício. Assim, parece-nos que o INSS passa a adotar postura mais restritiva à revisão dos ajustes.

## 1.13 DO REQUERIMENTO DE ALTERAÇÃO DE CÓDIGO DE PAGAMENTO

Tendo o segurado recolhido a contribuição previdenciária devida no código de pagamento incorreto, poderá requerer por meio da central 135 ou mediante agendamento do requerimento via APS, o serviço "Solicitar Alteração de Código de Pagamento", previsto no art. 3º, inciso II, da Portaria INSS n. 123/2020.

Situação hipotética que permite a alteração do código é quando o segurado contribui como facultativo "baixa renda", sem observar os demais requisitos legais para validação das contribuições.

Nesse caso, poderá ser requerida a complementação até o alcance da diferença para atingir a alíquota 11% ou 20% do valor da contribuição, a depender da destinação que se pretende.

Cenário comum também ocorre com o contribuinte individual, quando recolhe indevidamente no código de segurado facultativo e até mesmo empregado ou empregador doméstico. Nessa hipótese, por se tratar de alteração de código de contribuinte obrigatório, poderá o INSS exigir a comprovação da atividade econômica.

## 1.14 DO REQUERIMENTO DE SOLICITAÇÃO DE RETROAÇÃO DA DATA DO INÍCIO DA CONTRIBUIÇÃO – DIC

A retroação da data do início da contribuição – DIC consiste na manifestação do segurado contribuinte individual em recolher contribuição relativa a período anterior à sua inscrição.

De acordo com o *caput* do art. 99 da IN PRES/INSS n. 128/2022, será admitida a retroação da DIC quando restar comprovado o exercício de atividade remunerada no período, sendo o cálculo da contribuição na forma de indenização, quando se tratar de período decadente, ou na forma de cálculo de regência previsto no art. 35 da Lei n. 8.212/1991 (acrescidos de multa de mora e juros de mora), quando se tratar de período não alcançado pela decadência.

A retroação da DIC também poderá originar-se de lançamento de débito de ofício pela RFB, em razão da constatação de exercício de atividade remunerada do contribuinte individual em período anterior à sua inscrição, e da ausência de recolhimento das contribuições sob sua responsabilidade, sendo que neste caso o INSS fará a atualização cadastral desde que o segurado manifeste formalmente interesse (art. 99, § 1º, da IN PRES/INSS n. 128/2022).

O requerimento poderá ser realizado por meio da central 135 ou mediante agendamento do requerimento via APS, o serviço "solicitar retroação da data do início da contribuição – DIC", previsto no art. 3º, inciso III, da Portaria INSS n. 123/2020.

O atendente da central 135 ou servidor questionará qual o período que se pretende comprovar, prosseguindo, na sequência, com a abertura do requerimento, que ficará disponível para acompanhamento no MEU INSS.

Recomendamos que seja anexada toda a documentação probatória no requerimento, por meio do sistema MEU INSS. A tarefa será incluída para análise do servidor que, reconhecendo o período, emitirá a guia para recolhimento.

Vale ressaltar que havendo parcelamento das contribuições objeto de retroação de DIC, o período não será computado como tempo de contribuição até que haja liquidação declarada pela RFB (art. 216, inciso I, da IN PRES/INSS n. 128/2022).

## 1.15 DO REQUERIMENTO PARA CÁLCULO DE INDENIZAÇÃO

De acordo com a IN PRES/INSS n. 128/2022, será objeto do cálculo de indenização o período de (art. 100):

- exercício de atividade remunerada não abrangida pela Previdência Social, mas que, posteriormente, tenha se tornado de filiação obrigatória em decorrência do disposto no art. 122 do RPS;
- exercício de atividade remunerada na condição de contribuinte individual, desde que alcançado pela decadência, nos termos do art. 45-A da Lei n. 8.212, de 1991; e
- exercício de atividade do trabalhador rural anterior à competência novembro de 1991, para fins de contagem recíproca, nos termos do art. 123 do RPS e, a partir dessa data, o período de atividade do segurado especial, que não tenha contribuído facultativamente, para fins de cômputo em aposentadoria por tempo de contribuição ou para contagem recíproca.

A base de cálculo que será considerada, na apuração do valor da indenização será (art. 101 da IN PRES/INSS n. 128/2022):

- a média aritmética simples dos maiores salários de contribuição correspondentes a 80% (oitenta por cento) de todo o período contributivo, decorrido desde a competência julho de 1994, corrigidos mês a mês pelos mesmos índices utilizados para a obtenção do salário de benefício, respeitados os limites mínimo e máximo do salário de contribuição, caso o período indenizado for para fins de obtenção de benefício do RGPS; e
- a remuneração vigente na data do requerimento do cálculo sobre a qual incidem as contribuições para o RPPS a que estiver filiado o interessado, observado o limite máximo do salário de contribuição, quando o período indenizado for para fins de aproveitamento em RPPS.

Para fatos geradores ocorridos a partir de 14.10.1996, o valor mensal da indenização será resultado da aplicação da alíquota de 20% sobre a base de cálculo, acrescido de juros moratórios de 0,5% ao mês, capitalizados anualmente, limitados ao percentual máximo de 50% e multa de 10% (§§ 1º e 2º do art. 101 da IN PRES/INSS n. 128/2022).

Assim como no requerimento de retroação de DIC, o pedido de indenização de período decadente apenas será reconhecido pelo INSS mediante comprovação da atividade remunerada e de recolhimento obrigatório.

Para abertura do requerimento, o interessado deverá requerer por meio da central 135 ou mediante agendamento do requerimento via APS, o serviço "solicitar cálculo de período decadente", previsto no art. 3º, inciso I, da Portaria INSS n. 123/2020.

O atendente da central 135 ou servidor questionará qual o período que se pretende indenizar, prosseguindo, na sequência, com a abertura do requerimento, que ficará disponível para acompanhamento no MEU INSS.

Recomendamos que seja anexada toda a documentação necessária para comprovação do exercício da atividade econômica no requerimento, por meio do sistema MEU INSS. A tarefa será incluída para análise do servidor que, reconhecendo o período, emitirá a guia para recolhimento.

## 1.16 DA FORMALIZAÇÃO DO PROCESSO ADMINISTRATIVO PREVIDENCIÁRIO

– **Requerimento de Benefícios ou Serviços**

Quanto à formalização do processo administrativo previdenciário, o INSS estabelece que o requerimento dos benefícios ou dos serviços deve conter os seguintes documentos (art. 15 da Portaria DIRBEN/INSS n. 993/2022):

- requerimento formalizado e assinado;
- procuração, termo de representação ou documento que comprove a representação legal, se for o caso;
- documento de identificação e CPF do procurador ou representante;
- documento de identificação e CPF do requerente, instituidor e dependentes;
- documentos referentes às relações previdenciárias, tais como Carteira de Trabalho e Previdência Social – CTPS, CTC, carnês, formulários de atividade especial, documentação rural, documentos para comprovação de união estável/dependência econômica e outros documentos necessários à comprovação do direito ao benefício ou serviço solicitado ou que o interessado queira adicionar.

Ao requerente analfabeto ou impossibilitado de assinar, será permitida, conforme as normativas internas do INSS, respectivamente:

- a aposição da impressão digital na presença de servidor do INSS, que o identificará;
- a assinatura a rogo na presença de duas pessoas, preferencialmente servidores, as quais deverão assinar com um terceiro, que assinará em nome do interessado.

O segurado e o dependente, quando maiores de dezesseis anos de idade, poderão firmar requerimento de benefício, independentemente da presença dos pais ou tutor, observando que seus pais ou tutor poderão assisti-los perante a Previdência Social até a maioridade civil, ou seja, dezoito anos.

Tais regras, entretanto, já deveriam ter sido revistas em face da criação das ferramentas de requerimento digital, especialmente o Meu INSS e o INSS Digital.

Pode ocorrer a instauração do processo administrativo de ofício. Por exemplo, no caso de benefícios por incapacidade (art. 76 do RPS), ou nos processos de suspensão ou cancelamento de benefício, nos quais é obrigatória a notificação prévia do interessado, para que este, inicialmente, possa produzir suas alegações de defesa (cf. art. 11 da Lei n. 10.666/2003).

A defesa do segurado, neste caso, poderá ser apresentada pelo canal de atendimento eletrônico do INSS ou na Agência da Previdência Social do domicílio do beneficiário (§ 3º do art. 179 do RPS, redação conferida pelo Decreto n. 10.410/2022). Sobre este assunto, convém recordar o Enunciado n. 16 do CRPS: "A suspeita de fraude na concessão de benefício previdenciário ou assistencial não enseja, de plano, a sua suspensão ou cancelamento, mas dependerá de apuração em procedimento administrativo, observados os princípios do contraditório e da ampla defesa e as disposições do art. 69 da Lei n. 8.212/1991".

Segundo o art. 35, § 3º, da Portaria DIRBEN/INSS n. 993/2022, em caso de atendimento presencial para dar início a processo administrativo, deverá haver a apresentação de, pelo menos, um dos seguintes documentos de identificação do segurado:

- Carteira de Identidade;
- Carteira Nacional de Habilitação;
- Carteira de Trabalho e Previdência Social;
- Carteira Profissional;
- Passaporte;
- Carteira de Identificação Funcional; ou
- Outro documento dotado de fé pública que permita a identificação do cidadão.

Sendo o requerente imigrante, de acordo com o § 3º-A do art. 35 da Portaria DIRBEN/INSS n. 993/2022, incluído pela Portaria DIRBEN/INSS n. 1.221 de 17.07.2024, valerá como documento de identificação os seguintes documentos:

- Carteira de Registro Nacional Migratório – CRNM;
- Protocolo de solicitação da CRNM acompanhado do documento de viagem ou de outro documento de identificação estabelecido em ato do Ministro de Estado do Ministério da Justiça e Segurança Pública;
- Documento Provisório de Registro Nacional Migratório – DPRNM;
- Protocolo de Solicitação de Refúgio;
- Registro Nacional de Estrangeiro – RNE;
- Quaisquer documentos de viagem mencionado no art. 5º da Lei de Migração.

Tal apresentação se dá pela necessidade de identificação do requerente e o documento apresentado deverá conter fotografia que permita o reconhecimento dele pelo servidor. Caso o interessado não apresente documento de identificação com foto, não poderá ser realizado o atendimento pretendido (§ 5º do art. 35 da Portaria DIRBEN/INSS n. 993/2022).

Caso o documento apresentado não seja suficiente para identificar o interessado, o servidor não pode impedir o início do processo administrativo, devendo emitir *carta de exigência* para que o interessado apresente algum outro documento que o identifique.

Vale lembrar que o art. 35 da Portaria DIRBEN/INSS n. 993/2022 permite ainda que o INSS utilize biometria ou meio subsidiário de identificação incorporado aos sistemas informatizados de atendimento, como o registro fotográfico. Está previsto ainda que a autenticação eletrônica, por certificação digital ou senha pessoal, será considerada meio válido para identificação nos canais remotos e autoatendimento, quando necessário. É o formato observado pelo sistema *Meu INSS*.

### – Processo de Apuração de Indícios de Irregularidade

A IN PRES/INSS n. 170/2024, alterando a IN PRES/INSS n. 128/2022, passou a prever no art. 668-D da referida Instrução Normativa, o "processo de apuração de indícios de irregularidade", que "consiste numa sequência de atos administrativos com a finalidade de apurar ato ou fato irregular relacionado à concessão, manutenção e pagamento de benefícios previdenciários do RGPS e de benefícios assistenciais operacionalizados pelo INSS, CTC, seguro defeso, dados cadastrais do CNIS, eventos previdenciários e requerimento de benefícios, ainda que não tenha havido a concessão". A finalidade do processo é apurar ato ou fato irregular e adotar as medidas de encaminhamentos para responsabilização administrativa, disciplinar, civil e penal, e, portanto, não se confunde com o processo de revisão previsto no art. 583 da IN PRES/INSS n. 128/2022 e com a revisão bienal prevista no *caput* do art. 21 da Lei n. 8.742, de 1993.

O processo de apuração de indícios de irregularidade, que deve observar os princípios constitucionais do devido processo legal, da ampla defesa e do contraditório, compreende:

I – instauração: ato formal que dá início ao processo, motivado por demanda interna ou externa, após confirmação de subsídios necessários para a instauração da apuração;

II – instrução: fase processual que inclui a análise prévia dos documentos, diligências e a tomada de decisão administrativa quanto ao prosseguimento da apuração ou a sua conclusão;

III – contraditório e ampla defesa: garantia dada às partes envolvidas de apresentarem argumentos, provas e manifestações sobre os fatos alegados, além de assegurar o conhecimento das alegações e provas apresentadas pelo INSS, permitindo ao interessado sua participação ativa no processo de apuração, de forma a contribuir para uma decisão justa e equitativa;

IV – decisão administrativa: ato formal que encerra o processo de apuração ou uma de suas fases, devidamente motivado, com parecer regular, irregular, parcialmente irregular ou pela decadência do ato administrativo, após análise dos elementos, provas e argumentos apresentados pelas partes envolvidas, incluindo as possíveis consequências jurídicas e sanções administrativas dela decorrentes;

V – recurso: direito dos interessados de recorrer das decisões proferidas pelo INSS, no prazo de 30 dias corridos, nos termos do art. 578 da IN;

VI – encerramento do Processo de Apuração: ato formal que encerra o processo, pela constatação de:

a) decadência do ato administrativo;

b) regularidade; ou

c) irregularidade, ocasião em que o INSS, quando couber, adotará medidas para os encaminhamentos de responsabilizações nas esferas:

1. administrativa: instauração de cobrança administrativa para o ressarcimento dos valores indevidamente pagos no benefício, se houver;
2. disciplinar: envio à Corregedoria quando constatado envolvimento de servidor público, para apreciação quanto ao exame de juízo de admissibilidade e eventual aplicação de penalidade disciplinar;
3. penal: representação de notícia-crime ao Ministério Público Federal – MPF quando constatada fraude ou conduta de má-fé por parte do beneficiário, representante legal ou terceiro identificado, e à Polícia Federal – PF para os casos em que não foi possível identificar a autoria da fraude.

O processo de apuração de indícios de irregularidade deve conter a avaliação da conduta do beneficiário ou de terceiros, com os motivos e fundamentos da presunção de boa-fé ou da devida comprovação da má-fé.

Se no decorrer da apuração forem constatadas evidências de participação de associação ou organização criminosa, o caso deverá ser noticiado às autoridades investigativas e de inteligência. Sem prejuízo da remessa da informação, deverão ser adotadas as medidas necessárias para a continuidade da apuração, salvo solicitação expressa e formal pelos órgãos de inteligência.

## 1.17 DAS COMUNICAÇÕES AOS INTERESSADOS

Devem ser objeto de intimação todos os atos do processo que resultem para o interessado em imposição de deveres, ônus, sanções ou restrição ao exercício de direitos e atividades e os atos de outra natureza, de seu interesse (art. 28 da Lei n. 9.784/1999).

As comunicações dos interessados para o cumprimento de exigências ou ciência de decisão são feitas pelas Unidades de Atendimento da Previdência Social onde tramita o processo administrativo ou pelo servidor. A comunicação poderá ser feita por qualquer meio, mas, preferencialmente, pelo eletrônico e deverá conter (art. 74 da Portaria DIRBEN/INSS n. 993/2022):

- identificação do interessado e, se for o caso, do terceiro interessado;
- número do protocolo do requerimento a que se refere;
- texto que informe objetivamente qual o documento a ser apresentado e/ou qual a providência que deve ser tomada, não devendo ser informado apenas o ato normativo que justifica a solicitação;
- data, hora e local em que deve comparecer, acompanhado ou não de testemunhas, se for o caso, e informação se o interessado deve comparecer acompanhado de seu representante legal ou procurador;
- informação da continuidade do processo independentemente do comparecimento;
- formulário caso preenchimento seja solicitado pelo servidor.

A comunicação deverá ser realizada na primeira oportunidade. Acerca da forma de comunicação, aplica-se o art. 319 do RPS (Redação dada pelo Decreto n. 10.410, de 2020), a seguir transcrito:

Art. 319. O INSS notificará o interessado de sua decisão, preferencialmente por meio eletrônico, por meio de cadastramento prévio, na forma definida pelo INSS, realizado por procedimento em que seja assegurada a identificação adequada do interessado ou:

I – por rede bancária, conforme definido em ato do INSS;

II – por via postal, por meio de carta simples destinada ao endereço constante do cadastro do segurado no INSS, hipótese em que o aviso de recebimento será considerado prova suficiente da notificação; ou

III – pessoalmente, quando entregue ao interessado em mão.

Há exceção à forma de notificação para o caso de processos administrativos sobre possível suspensão ou cancelamento de benefícios. O § 1º do art. 179 do RPS prevê que o interessado tem prazo para oferecer defesa, assim fixado:

I – 30 dias, no caso de trabalhador urbano;
II – 60 dias, no caso de:
a) trabalhador rural individual;
b) trabalhador rural avulso;
c) agricultor familiar; ou
d) segurado especial.

Já quanto à forma de notificação nesses casos, ocorria, preferencialmente, na seguinte ordem (§ 2º do art. 179 do RPS – redação conferida pelo Decreto n. 10.410/2020):

I – por rede bancária, conforme definido em ato do INSS;

II – por meio eletrônico, por meio de cadastramento prévio, na forma definida em ato do INSS, a ser realizado por procedimento em que seja assegurada a identificação adequada do interessado;

III – por via postal, por meio de carta simples destinada ao endereço constante do cadastro do segurado que requereu o benefício, hipótese em que o aviso de recebimento será considerado prova suficiente da sua notificação;

IV – pessoalmente, quando entregue ao interessado em mão; ou

V – por edital, na hipótese de o segurado não ter sido localizado por meio da comunicação a que se refere o inciso III.

Entretanto, a Lei n. 14.973/2024 excluiu a possibilidade de notificação por via postal e por via editalícia, revogando os respectivos incisos do § 2º do art. 69 da Lei de Custeio, pelo que os incisos III e V *supra* do § 2º do art. 179 do RPS perderam sua eficácia.

Todos os prazos previstos em relação aos pedidos de interesse dos segurados junto ao INSS começam a correr a partir da data da cientificação oficial, excluindo-se da contagem o dia do começo e incluindo-se o do vencimento.

Os atos processuais eletrônicos praticados por usuários externos consideram-se realizados na data e horário do seu envio ao sistema, de acordo com o horário de Brasília (art. 598 da IN PRES/INSS n. 128/2022).

Ademais, dispõem os arts. 549 e 599 da Instrução Normativa PRES/INSS n. 128/2022 que:

– Quando o requerente optar por acompanhar o processo pelos Canais Remotos ou quando seu endereço eletrônico for informado no ato do requerimento e estiver corretamente cadastrado no Portal de Atendimento, a notificação será presumida após 5 (cinco) dias, contados da data de sua disponibilização.

– Quando o ato for praticado por meio eletrônico para atender prazo processual, serão considerados tempestivos os transmitidos integralmente até as 23h59 (vinte e três horas e cinquenta e nove minutos) horas de seu último dia.

## 1.18 DOS MEIOS DE PROVA NO PROCESSO ADMINISTRATIVO

Como no processo judicial, são admitidas, em regra, no processo administrativo, todas as provas obtidas por meios lícitos. A questão relativa à eficácia probatória fica reservada à análise do responsável pela decisão administrativa, que deverá cotejar o conjunto probatório e, fundamentalmente, indicar as que reputar suficientes para o convencimento – até para que se oportunize a revisão por recurso em sede administrativa, ou judicialmente.

A Previdência exige, em regra, para a formalização do processo administrativo, a apresentação dos documentos originais ou cópias autenticadas em cartório ou por servidor do INSS, solicitando, algumas vezes, a apresentação do documento original para verificação de contemporaneidade ou outras situações em que entender necessária.

O art. 563 da IN PRES/INSS n. 128/2022 dispensa a apresentação de documentos originais necessários à atualização do CNIS e análise de requerimentos de benefícios e serviços, nos termos do § 2º do art. 19-B do RPS. O registro da juntada do documento com uso de *login* e senha no sistema Meu INSS é considerado pela Portaria DIRBEN/INSS n. 993/2022 como suficiente para identificação do responsável.

No entanto, a dispensa de autenticação não impede a rejeição do documento nas hipóteses em que haja previsão legal expressa e de dúvida fundada quanto à autenticidade ou integridade, podendo o INSS, em tais casos, exigir, a qualquer tempo, os documentos originais para confronto.

Contudo, conforme o benefício ou serviço, provas testemunhais e periciais também podem ser necessárias, como será visto a seguir.

### 1.18.1 Meios de prova em espécie no processo administrativo

Para a fase de instrução dos processos são admissíveis todos os meios de prova que se destinem a esclarecer a existência do direito ao recebimento do benefício ou serviço, salvo se a lei exigir forma determinada.

Os principais meios de prova no processo administrativo previdenciário são: a documental, a testemunhal e a pericial.

Conforme o parágrafo único do art. 556 da IN PRES/INSS n. 128/2022, quando os documentos apresentados não forem suficientes e, esgotadas as possibilidades de obtenção pelo requerente, o INSS, respeitadas as especificidades de cada procedimento, poderá proceder à obtenção de informações sobre os fatos a provar, segundo os seguintes meios subsidiários:

I – emitir ofício a empresas ou órgãos;
II – processar Justificação Administrativa – JA; e
III – realizar pesquisa externa.

#### 1.18.1.1 *Provas documentais (ou materiais)*

As provas documentais (ou materiais) constituem o principal meio de prova utilizado pelos interessados para a comprovação dos seus direitos previdenciários. Temos como exemplos os documentos de identificação pessoal como certidões de nascimento, casamento etc.; CTPS ou documentos que comprovem recolhimentos de contribuição e/ou exercício de atividade laboral urbana ou rural; documentos médicos para a prova da incapacidade laboral como atestados e exames; PPP, LTCAT ou documentos relativos ao ambiente de trabalho e ao direito de contagem de tempo em que o segurado esteve exposto a agentes nocivos à saúde ou à integridade física, entre outros.

Em razão da ampliação das informações contidas na internet, compreendemos que se deve dar atenção especial às chamadas "provas digitais". Trata-se da obtenção de elementos probatórios constantes de publicações na internet, como as constantes de sítios de empresas e entidades, redes sociais, aplicativos, entre outros. Tais elementos, uma vez respeitados os procedimentos corretos para sua validação como meio lícito e convincente de prova, constituem-se em prova documental "digital", pois não se confundem, por óbvio, com as provas testemunhais e periciais.

Sobre os documentos obtidos em meio não físico, elucida o art. 558 da IN PRES/INSS n. 128/2022 os seguintes conceitos:

- documento em meio eletrônico: unidade de registro de informações, acessível e interpretável por um equipamento eletrônico, podendo ser registrado e codificado em forma analógica ou em dígitos binários; e
- documento digital: espécie de documento em meio eletrônico, consistindo em informação registrada e codificada em dígitos binários, acessível e interpretável por meio de sistema computacional, podendo ser:
    a) documento nato-digital: criado originariamente em meio eletrônico; ou
    b) documento digitalizado: obtido a partir da conversão de um documento não digital, gerando uma fiel representação em código digital.

O documento produzido em meio eletrônico, apresentado ao INSS em seu formato original, mediante utilização de sistema informatizado, somente será considerado como autenticado quando assinado por meio de certificado digital proveniente da ICP-Brasil, que lhe garanta autenticidade e integridade, conforme § 1º do art. 10 da Medida Provisória n. 2.200-2, de 24 de agosto de 2001, e com carimbo do tempo, que possibilitará a conferência da sua contemporaneidade (art. 560 da IN PRES/INSS n. 128/2022).

O documento impresso ou gerado em formato de arquivo a partir de um conteúdo digital de documento eletrônico não poderá ser utilizado como elemento de prova perante o INSS, por não ser possível atestar a sua autenticidade e integridade. Nas situações em que for apresentado documento impresso ou arquivo proveniente de conteúdo em meio digital, os dados nele contidos somente poderão ser utilizados como elemento de prova perante o INSS se o documento ou arquivo permitir a verificação da autenticidade e do conteúdo mediante informação do endereço eletrônico e do código ou chave de autenticação, o que não afasta a necessidade de avaliação da contemporaneidade, conforme o caso (§§ 3º e 4º do art. 560 da IN PRES/INSS n. 128/2022).

Os documentos cujas informações constam em base de dados oficial da Administração Pública Federal não devem ter sua apresentação exigida do requerente, devendo o órgão público obtê-los diretamente do respectivo órgão ou entidade detentora das informações (art. 2º do Decreto n. 9.094/2017, c/c o art. 69 da Portaria DIRBEN/INSS n. 993/2022).

É importante que, nesse caso, o interessado, se for o caso, faça constar no processo a declaração de que fatos e dados estão registrados em documentos existentes, identificando se possível em qual órgão público, para que a Unidade de Atendimento (APS) ou o servidor possa obter os documentos ou as respectivas cópias.

Entretanto, o interessado não está impedido de providenciar, por conta própria, o documento junto ao órgão responsável, se assim o desejar.

Em caso de requerimento em que exista processo administrativo anterior, o art. 60, § 4º, da Portaria DIRBEN/INSS n. 993/2022 permite a utilização da documentação desse processo para auxiliar a análise. Caso o servidor identifique que o benefício foi indeferido e era da mesma espécie, deverá solicitar informações acerca dos elementos e das razões do seu indeferimento.

As informações podem ser supridas pela apresentação de cópia integral do processo anterior, a qual deverá ser juntada ao novo pedido. Nos casos de impossibilidade material de utilização do processo anterior ou sua desnecessidade justificada, fica dispensada a determinação da juntada.

Para controle interno de seus processos o INSS utiliza o sistema PLENUS, que reúne as informações relacionadas aos benefícios requeridos pelos segurados e dependentes, deferidos ou não pelas unidades do INSS. Todas as informações sobre a implantação ou revisão da renda mensal do benefício são inseridas no sistema, desde os dados pessoais do segurado, dos dependentes e do instituidor da pensão por morte, até os salários de contribuição, dados bancários, valores percebidos e informações das perícias médicas realizadas ou não pela Previdência Social.

O art. 70 da Portaria DIRBEN/INSS n. 993/2022 dispõe que, "quando for necessária a prestação de informações ou a apresentação de documentos por terceiros, poderá ser expedida comunicação para esse fim, mencionando-se data, prazo, forma e condições de atendimento".

Não sendo atendida a solicitação, o INSS deve tomar medidas necessárias para obtenção do documento ou informação.

Quanto à autenticação da documentação por advogados, vale destacar que estes detêm poderes para a autenticação dos documentos não apenas pela norma administrativa, mas também por disposição do art. 425 do CPC/2015. Sua autenticação obriga-o à apresentação de procuração ou substabelecimento e à apresentação da cópia da carteira da OAB.

Caso seja identificado indício de irregularidade nas cópias apresentadas, o servidor poderá exigir a apresentação dos originais para conferência.

Em regra, não poderá o servidor do INSS exigir que os documentos trazidos pelo segurado tenham firma reconhecida, salvo se houver imposição legal ou quando houver dúvida de autenticidade (§ 2º do art. 557 da IN PRES/INSS n. 128/2022). Nesse sentido, destacamos ainda o Decreto n. 9.094/2017, que estabeleceu, em seu art. 9º, que ficam dispensados o reconhecimento de firma e a autenticação de cópia de documentos expedidos no país, exceto em caso de fundada dúvida.

Sempre que apresentados documentos originais, geralmente por solicitação do servidor ou da APS, o servidor, após conferir sua autenticidade, deverá digitalizá-los e devolver os originais ao requerente. As vias originais dos documentos deverão ser preservadas pelo interessado até a conclusão do processo, salvo aqueles utilizados para atualização do CNIS e para análise de requerimentos de benefícios e serviços, cuja guarda dos originais será permanente, nos termos do art. 17 da Portaria DIRBEN/INSS n. 993/2022.

As Carteiras de Trabalho e Previdência Social – CTPS e os Carnês de Contribuição serão transcritos (extrato) ou escaneados pelo servidor do INSS responsável pela instrução do processo, que fará anexar aos autos simulação autenticada do tempo de contribuição apurado, inclusive dos dados existentes no Cadastro Nacional de Informações Sociais – CNIS e de outras informações. Nesse sentido, frisamos a recomendação emitida pelo Ministério Público Federal em Minas Gerais à Agência da Previdência Social da cidade de Patos de Minas no sentido de que:

> Não retenha exames, laudos e atestados médicos originais apresentados pelos segurados que pleiteiam benefício por incapacidade junto ao INSS.
> Em caso de constatação da imprescindibilidade da verificação dos exames, laudos e atestados médicos originais, que eles sejam devolvidos ao titular em, no máximo, cinco dias, devendo ser expedido nestes casos, obrigatoriamente, o termo de retenção e de restituição, em duas

vias, sendo a primeira via do segurado e a segunda do INSS (Inquérito Civil Público n. 1.22.006.000006/2009-51, pub. 10.04.2012).

Dispõe ainda a normativa interna do INSS que os documentos microfilmados por empresas ou cartórios, ambos registrados por órgão do Ministério da Justiça e Segurança Pública, apresentados em cópia perfeitamente legível e devidamente autenticada, fazem a mesma prova dos originais e deverão ser aceitos pelo INSS, sem a necessidade de diligência junto à empresa para verificar o filme e comprovar a sua autenticidade.

Já as certidões de nascimento, casamento e óbito, quando originais, são dotadas de fé pública e o seu conteúdo não poderá ser questionado pelo INSS, nos termos dos arts. 217 e 1.604, ambos do Código Civil. Na hipótese de apresentação de certidão de nascimento e/ou óbito com dados incompletos quando do requerimento de benefícios deverá ser adotado o seguinte procedimento, previsto no art. 177-A da IN PRES/INSS n. 128/2022 (incluído pela IN PRES/INSS n. 141/2022):

> I – no caso de certidão de nascimento em que conste, pelo menos, o ano de nascimento do filiado, considera-se para fins de registro administrativo a data de nascimento como sendo o último dia do ano e, caso contenha o mês e o ano, mas não o dia, considera-se para fins de registro administrativo o último dia daquele mês;
> II – no caso de certidão de óbito em que não conste a data do evento, considerar-se-á como data do óbito a data da lavratura da Certidão; e
> III – aplica-se o disposto no inciso I para o caso de certidão de óbito em que a data do evento esteja incompleta.

A certidão de casamento comprova a qualidade de dependente do respectivo cônjuge para todos os fins previdenciários, inclusive quando registra o matrimônio de pessoas do mesmo sexo, desde que não haja separação de fato (§ 4º do art. 178 da IN PRES/INSS n. 128/2022, incluído pela IN PRES/INSS n. 141/2022).

### 1.18.1.2 Os dados do CNIS como meio de prova

Os dados constantes do Cadastro Nacional de Informações Sociais – CNIS (sistema corporativo da Previdência) relativos a vínculos laborais, remunerações e contribuições valem como prova de filiação à Previdência Social, tempo de contribuição e salários de contribuição, também dispensando o interessado da apresentação da documentação relacionada a essas informações – art. 19 do Regulamento.

Na forma do § 11 do art. 19 do RPS (com redação dada pelo Decreto n. 10.410/2020), a partir da obrigatoriedade do uso do eSocial, ou do sistema que venha a substituí-lo, será observado, para as categorias de segurados:

> I – empregado e empregado doméstico – os registros eletrônicos gerados pelo eSocial equivalerão às anotações relativas ao contrato de trabalho, definidas pela CLT, que serão incorporados ao CNIS e à Carteira de Trabalho Digital;
> II – trabalhador avulso – os registros eletrônicos gerados pelo eSocial substituirão as informações relativas ao registro e às remunerações do trabalhador avulso portuário previstas no inciso II do *caput* do art. 32 e no § 2º do art. 33 da Lei n. 12.815, de 2013, e aquelas relativas ao trabalhador avulso não portuário previstas no art. 4º da Lei n. 12.023, de 2009, que serão incorporados ao CNIS;
> III – contribuinte individual que preste serviços conforme o disposto no § 20 do art. 216 do RPS – os registros eletrônicos gerados pelo eSocial substituirão as informações prestadas

sobre os valores da remuneração na forma prevista no § 21 do art. 216, que serão incorporados ao CNIS; e

IV – contribuinte individual que preste serviços a empresa ou equiparado a partir de abril de 2003, conforme o disposto no art. 4º da Lei n. 10.666, de 8 de maio de 2003 – os registros eletrônicos gerados pelo eSocial substituirão as informações prestadas sobre os valores da remuneração e do desconto feito a título de contribuição previdenciária, conforme previsto no inciso XII do *caput* do art. 216 do RPS, que serão incorporados ao CNIS.

Acerca do segurado especial, o art. 19-D do RPS, inserido pelo Decreto n. 10.410/2020, regulamentando a Lei n. 13.846/2019, prevê:

> Art. 19-D. O Ministério da Economia manterá sistema de cadastro dos segurados especiais no CNIS, observado o disposto nos § 7º e § 8º do art. 18, e poderá firmar acordo de cooperação com o Ministério da Agricultura, Pecuária e Abastecimento e com outros órgãos da administração pública federal, estadual, distrital e municipal para a manutenção e a gestão do sistema de cadastro.
>
> § 1º O sistema de que trata o *caput* preverá a manutenção e a atualização anual do cadastro e conterá as informações necessárias à caracterização da condição de segurado especial.
>
> § 2º A manutenção e a atualização de que trata o § 1º ocorrerão por meio da apresentação, pelo segurado especial, de declaração anual ou de documento equivalente, conforme definido em ato do Secretário Especial de Previdência e Trabalho do Ministério da Economia.
>
> § 3º A aplicação do disposto neste artigo não poderá acarretar ônus para o segurado, sem prejuízo do disposto no § 4º.
>
> § 4º O INSS, no ato de habilitação ou de concessão de benefício, verificará a condição de segurado especial e, se for o caso, o pagamento da contribuição previdenciária, nos termos do disposto na Lei n. 8.212, de 24 de julho de 1991, de modo a considerar, dentre outras informações, aquelas constantes do CNIS.
>
> § 5º A atualização anual de que trata o § 1º será feita pelo segurado especial até 30 de junho do ano subsequente.
>
> § 6º É vedada a atualização anual de que trata o § 1º decorrido o prazo de cinco anos, contado da data a que se refere o § 5º.
>
> § 7º Decorrido o prazo de cinco anos de que trata o § 6º, o segurado especial somente poderá computar o período de trabalho rural se efetuados na época apropriada a comercialização da produção e o recolhimento da contribuição prevista no art. 25 da Lei n. 8.212, de 1991.
>
> § 8º O INSS utilizará as informações constantes do cadastro de que trata o *caput* para fins de comprovação da condição e do exercício da atividade rural do segurado especial e do seu grupo familiar.
>
> § 9º A partir de 1º de janeiro de 2023, a comprovação da condição e do exercício da atividade rural do segurado especial ocorrerá, exclusivamente, por meio das informações constantes do cadastro a que se refere o *caput*, observado o disposto no § 18.

Na forma da mesma Lei n. 13.846/2019, a LBPS foi alterada para exigir do segurado especial, quanto ao período anterior a 1º de janeiro de 2023, para comprovação do exercício da atividade rural, uma *autodeclaração* ratificada por entidades públicas credenciadas, nos termos do disposto no art. 13 da Lei n. 12.188, de 11 de janeiro de 2010, e por outros órgãos públicos.

O § 10 do art. 19-D do RPS, inserido pelo Decreto n. 10.410/2020, determina seja observado o seguinte, quanto à autodeclaração do segurado especial:

> I – a autodeclaração será feita por meio do preenchimento de formulários que serão disponibilizados pelo INSS;

II – a ratificação da autodeclaração será realizada por meio de informações obtidas das bases de dados da Secretaria de Agricultura Familiar e Cooperativismo do Ministério da Agricultura, Pecuária e Abastecimento e de outras bases de dados a que o INSS tiver acesso; e

III – as informações obtidas por meio de consultas às bases de dados governamentais que forem consideradas insuficientes para o reconhecimento do exercício da atividade rural alegada poderão ser complementadas por prova documental contemporânea ao período informado.

Ainda a respeito da prova da condição de segurado especial, o § 11 do art. 19-D exige que, complementarmente à autodeclaração e ao cadastro de que trata o *caput*, a comprovação do exercício de atividade do segurado especial seja feita por meio dos seguintes documentos, dentre outros:

I – contrato de arrendamento, de parceria ou de comodato rural;

II – Declaração de Aptidão ao Programa Nacional de Fortalecimento da Agricultura Familiar de que trata o inciso II do *caput* do art. 2º da Lei n. 12.188, de 2010, ou pelo documento que venha a substituí-la;

III – bloco de notas do produtor rural;

IV – documentos fiscais de entrada de mercadorias de que trata o § 7º do art. 30 da Lei n. 8.212, de 1991, emitidos pela empresa adquirente da produção, com indicação do nome do segurado como vendedor;

V – documentos fiscais relativos a entrega de produção rural a cooperativa agrícola, entreposto de pescado ou outros, com indicação do segurado como vendedor ou consignante;

VI – comprovantes de recolhimento de contribuição à previdência social decorrentes da comercialização de produção rural;

VII – cópia da declaração de imposto sobre a renda, com indicação de renda proveniente da comercialização de produção rural; ou

VIII – licença de ocupação ou permissão outorgada pelo Instituto Nacional de Colonização e Reforma Agrária – Incra.[17]

Sempre que o tipo de outorga informado na autodeclaração do segurado especial for de parceiro, meeiro, arrendatário, comodatário ou de outra modalidade de outorgado, o documento deverá identificar e qualificar o outorgante.

A condição de segurado especial dos indígenas será comprovada por meio de certidão fornecida pela Fundação Nacional dos Povos Indígenas – Funai que:

I – conterá a identificação da entidade e de seu emitente, com a indicação do mandato, se for o caso;

II – será fornecida em duas vias, em papel timbrado, com numeração sequencial controlada e ininterrupta;

III – conterá a identificação, a qualificação pessoal do beneficiário e a categoria de produtor a que pertença;

IV – consignará os documentos e as informações que tenham servido de base para a sua emissão e, se for o caso, a origem dos dados extraídos de registros existentes na própria

---

[17] Em se tratando de remanescentes de comunidades quilombolas, a ratificação da autodeclaração prevista no § 2º do art. 38-B da Lei n. 8.213, de 1991, poderá ser realizada mediante apresentação da Declaração de Exercício de Atividade Rural – Quilombola, conforme decisão proferida na Ação Civil Pública – ACP de n. 080229778.2020.4.05.8500, a ser emitida pelo Instituto Nacional de Colonização e Reforma Agrária – INCRA (§ 12 do art. 116 da IN PRES/INSS n. 128/2022, incluído pela Instrução Normativa PRES/INSS n. 170, de 04.07.2024).

entidade declarante ou em outro órgão, entidade ou empresa, desde que idôneos e acessíveis à previdência social;

V – não conterá informação referente a período anterior ao início da atividade da entidade declarante, exceto se baseada em documento que constitua prova material do exercício dessa atividade; e

VI – consignará os dados relativos ao período e à forma de exercício da atividade rural nos termos estabelecidos pelo INSS.

Na fase de instrução processual, a utilização de informações constantes no sistema de dados informatizados da Previdência Social é de extrema relevância e no CNIS, originalmente denominado Cadastro Nacional do Trabalhador – CNT, que teve como origem o Decreto n. 97.936/1989 (revogado pelo Decreto n. 10.810/2021), é o banco de dados mais antigo, mantendo registros conjuntos com a Previdência Social, a Assistência Social, órgãos ligados à fiscalização do Trabalho, Caixa Econômica Federal e Receita Federal do Brasil, entre outros.

Importante salientar que "O filiado poderá solicitar, a qualquer momento, a inclusão, alteração, ratificação ou exclusão das informações divergentes, extemporâneas ou insuficientes do CNIS, prestando as informações referentes à atualização desejada e apresentando documentos comprobatórios, conforme critérios estabelecidos nesta Instrução Normativa, observadas as formas de filiação, independentemente de requerimento de benefício" (art. 12 da IN PRES/INSS n. 128/2022, com a redação conferida pela Instrução Normativa PRES/INSS n. 164, de 29.05.2024).

Quando não houver, no requerimento eletrônico no Meu INSS (https://meu.inss.gov.br), campos adicionais para registro de todas as informações necessárias para a atualização desejada no CNIS, o segurado ou seu representante legal deverá anexar ao requerimento a solicitação contendo tais informações, podendo, para esse fim, utilizar o respectivo formulário correspondente à atualização desejada ("Requerimento de Atualização do CNIS – RAC", constante no Anexo I), dispensado nas situações de atualização que não demandem a sua manifestação escrita, vinculadas ao requerimento de benefícios (§ 1º do art. 12 da IN PRES/INSS n. 128/2022, incluído pela Instrução Normativa PRES/INSS n. 164/2024).

Segundo o § 2º do art. 12 da IN PRES/INSS n. 128/2022, incluído pela Instrução Normativa PRES/INSS n. 164/2024, a exclusão de informações de atividade, vínculos e remunerações incorretas no CNIS deverá ser efetivada mediante declaração expressa do filiado, podendo utilizar um dos seguintes modelos simplificados de Requerimentos de Atualização do CNIS – RAC:

I – Anexo I-B – 2.2 – Acerto de Vínculos e Remunerações Empregado e Empregado Doméstico;
II – Anexo I-C – 2.3 – Acerto de remunerações – Trabalhador Avulso;
III – Anexo I-D – 2.4 – Acerto de Remunerações – CI Prestador de Serviço; e
IV – Anexo I-E – 2.5 – Reconhecimento de Filiação e Atualização de Atividade, após pesquisas realizadas pelo INSS nos sistemas corporativos.

Quando constar no requerimento eletrônico as informações necessárias para análise e tomada de decisão pelo INSS, não serão exigidas do segurado a solicitação, a declaração ou a RAC previstas nos §§ 1º e 2º, conforme o caso (§ 3º do art. 12 da IN PRES/INSS n. 128/2022, incluído pela Instrução Normativa PRES/INSS n. 164/2024).

Nos casos de dados divergentes ou extemporâneos cabe ao INSS emitir *carta de exigência*, sendo dever da Autarquia realizar as diligências cabíveis quando os documentos apresentados não forem suficientes para o acerto do CNIS, mas constituírem início de prova material. São exemplos dessas diligências:

- consulta aos bancos de dados colocados à disposição do INSS;
- emissão de ofício a empresas ou órgãos;
- pesquisa externa; e
- justificação administrativa.

A administração não pode exigir a produção de documentos de forma pública salvo quando a lei assim dispor, como, por exemplo, as certidões de nascimento, casamento e óbito. Em regra, os fatos jurídicos podem ser comprovados mediante apresentação de documentos particulares. A autenticação também não pode ser exigida se houver a apresentação do original, uma vez que nesses casos será possível a verificação da autenticidade pelo servidor do INSS.

As declarações constantes nos documentos assinados presumem-se verdadeiras em relação aos signatários, mas não fazem prova de fatos relativos a terceiros, conforme expõe o art. 219 do Código Civil.

A prova documental no tocante a tempo de contribuição ganha conotações e exigência primária, em especial pela atual redação do § 3º, art. 55, da Lei n. 8.213/1991 que vincula a comprovação do tempo trabalhado, inclusive mediante justificação administrativa ou judicial, ao início de prova material contemporânea dos fatos a serem comprovados, não sendo admitida prova exclusivamente testemunhal, salvo na ocorrência de motivo de força maior ou caso fortuito.

Lembramos aqui, novamente, a importância atual das "provas digitais" para suprimento de tal exigência legal, pois uma publicação na internet pode perfeitamente ser enquadrada em prova contemporânea de um fato, na medida em que sempre ficam registradas a data e a hora de sua publicação, bastando que se solicite tal informação ao provedor da página, rede social ou aplicativo.

### 1.18.1.3 Prova testemunhal

A prova testemunhal é utilizada no processo administrativo previdenciário de forma a complementar o valor probatório dos documentos, sendo, em regra, prova secundária.

Judicialmente, admite-se a utilização de prova testemunhal como fonte única de convencimento do julgador para alguns fatos/direitos, regra afastada nas mesmas hipóteses em processos administrativos.

A testemunha é o terceiro que, por seus próprios sentidos, tome conhecimento dos fatos a comprovar.

Exemplos de utilização de prova testemunhal são a prova da condição de dependência econômica ou prova de relacionamento como união estável/homoafetiva.

A jurisprudência permite o convencimento do juiz apenas pelas provas testemunhais, mas na via administrativa o INSS exige início de prova material também para esses casos, e, em regra, mais de uma prova, sempre contemporânea dos fatos.

Tanto na via judicial como na administrativa, a prova testemunhal, por si só, não é tida por suficiente para a comprovação do tempo de contribuição bem como de deficiência ou dependência econômica, devendo sempre estar vinculada a provas documentais que afirmem a existência da deficiência, do exercício da atividade laboral ou a relação de dependência.

Estão impedidos de serem admitidos como testemunhas pelo disposto no art. 146 do RPS (redação modificada pelo Decreto n. 10.410/2020):

- os menores de dezesseis anos; e
- o cônjuge, o companheiro ou a companheira, os ascendentes, os descendentes e os colaterais, até o terceiro grau, por consanguinidade ou afinidade.

A Portaria DIRBEN/INSS n. 993/2022 expande o rol do RPS e estabelece, no art. 85, que não poderão atuar como testemunhas no processo administrativo, além das partes supracitadas:

- a parte interessada;
- quem intervém em nome de uma parte, assim como o tutor na causa do menor e o curador, na do curatelado;
- o cônjuge e o companheiro, bem como o ascendente e o descendente em qualquer grau, a exemplo dos pais, avós, bisavós, filhos, netos, bisnetos;
- irmão, tio, sobrinho, cunhado, nora, genro ou qualquer outro colateral, até terceiro grau, por consanguinidade ou afinidade;
- quem, acometido por enfermidade ou diagnosticado com impedimento de longo prazo de natureza por debilidade mental ou intelectual caracterizador de deficiência à época de ocorrência dos fatos, não podia discerni-los ou, ao tempo sobre o qual deve depor, não estiver habilitado a transmitir as percepções; e
- o cego e o surdo, quando a ciência do fato depender dos sentidos que lhes faltam.

A pessoa com deficiência poderá testemunhar em igualdade de condições com as demais pessoas e lhe serão assegurados todos os recursos de tecnologia assistiva (parágrafo único do art. 146 do RPS, redação do Decreto n. 10.410/2020).

A prova testemunhal costumava ser muito utilizada junto ao INSS nos casos de reconhecimento da qualidade de segurado especial e comprovação de dependência econômica nos requerimentos de pensão por morte, para corroborar a prova material. Nesse sentido, o § 1º do art. 47 da IN PRES/INSS n. 77/2015, revogada pela IN PRES/INSSS n. 128/2022 determinava a indispensabilidade da realização de entrevista para a corroboração de provas a serem consideradas em favor do grupo familiar, ressaltando que, além de entrevistas, restando dúvidas ao servidor, deverão ser tomados os depoimentos de testemunhas.

Contudo, vale ressaltar que desde a publicação da Portaria Conjunta n. 1/DIRBEN/DIRAT/INSS, de 7 de agosto de 2017, não é mais realizada a entrevista rural, sendo esta substituída pela autodeclaração do segurado especial.

Caso deseje utilizar de prova testemunhal em processo administrativo, uma opção é reduzir a termo em declaração as informações que deseja provar com a testemunha e efetuar a juntada no processo, e requerer a justificação administrativa, caso se enquadre nas hipóteses estabelecidas pela IN n. 128/2022. Lembre-se de juntar também documentos da testemunha que a validem, como comprovante de titularidade de imóvel vizinho, por exemplo.

### 1.18.1.4 A entrevista

A entrevista era o procedimento interno utilizado pelo INSS principalmente nos processos dos benefícios rurais, consistente na oitiva do requerente, equivalente ao depoimento pessoal no processo judicial, tendo por finalidade a comprovação do exercício de atividade rural, possuindo o caráter complementar em relação às provas documentais. A entrevista também era realizada para a oitiva de vizinhos confrontantes do imóvel rural onde a atividade é ou foi exercida pelo segurado, estes na qualidade de testemunhas.

As entrevistas administrativas eram consideradas pelo art. 112 da IN PRES/INSS n. 77/2015 (revogada pela IN PRES/INSS n. 128/2022) como indispensáveis à comprovação do exercício de atividade rural.

O servidor era obrigado a emitir parecer conclusivo acerca do exercício da atividade rural no momento da entrevista ou depois de tomados os depoimentos das testemunhas, quando houver dúvida quanto aos fatos a comprovar.

Antes de iniciar a entrevista, o servidor tinha que cientificar a testemunha entrevistada sobre as penalidades previstas no art. 299 do Código Penal.

A entrevista era obrigatória nos processos administrativos que envolvam todas as categorias de trabalhador rural, sendo dispensada apenas:

- para o indígena;
- para as categorias de empregado e contribuinte individual que comprovem essa condição, respectivamente, nas formas dos arts. 10 e 32 da IN PRES/INSS n. 77/2015;
- nas hipóteses previstas de migração de períodos positivos de atividade de segurado especial, na forma do art. 120 da IN PRES/INSS n. 77/2015.

A entrevista rural foi utilizada como um dos principais meios de prova para comprovação do tempo de contribuição, especialmente de segurado especial, até a publicação da Portaria Conjunta n. 1/DIRBEN/DIRAT/INSS, de 7 de agosto de 2017. Assim, desde agosto de 2017 a Previdência Social não utiliza mais a entrevista rural como meio de prova para comprovação da atividade do segurado especial, conforme o art. 89 da Portaria DIRBEN/INSS n. 990/2022.

### 1.18.1.5 Prova pericial

O processo administrativo prevê a utilização de prova pericial, em regra, exercida por peritos médicos, assistentes sociais do INSS, em benefícios por incapacidade, a pessoas com deficiência, em caso de dependência por incapacidade e na aposentadoria especial, ou por peritos grafotécnicos, em caso de JA.

Existe a previsão de, constatada a capacidade para o trabalho, o segurado ou seu representante legal, se não concordar com a decisão, poderá interpor recurso no prazo de 30 dias corridos (Portaria MPS n. 2.393, de 2023), que será julgado pelo CRPS.

Cabe salientar que a Medida Provisória n. 1.113, de 20 de abril de 2022, incluiu o art. 126-A da Lei n. 8.213/1991 fixando a competência da Subsecretaria da Perícia Médica Federal para julgar os recursos das decisões constantes de parecer conclusivo quanto à incapacidade laboral e à caracterização da invalidez do dependente.

No entanto, ao ser convertida na Lei n. 14.441, de 2 de setembro de 2022, este dispositivo não foi aprovado pelo Congresso Nacional, pelo que restou não convertido em lei, devendo, portanto, o recurso ser interposto diretamente ao CRPS, que emitirá notificação eletrônica automática para o INSS reanalisar, no prazo máximo de 30 dias, a decisão administrativa (art. 126, § 4º, da Lei n. 8.213/1991, incluído pela Lei n. 14.441/2022).

A perícia médica é utilizada, entre outras hipóteses para verificação:

- da incapacidade laboral do segurado do RGPS nos benefícios de benefícios por incapacidade de cunho previdenciário e acidentário, bem como da existência ou não de nexo de causalidade, concausalidade ou epidemiológico, bem como encaminhamento à reabilitação profissional, bem como nos casos de pedido de prorrogação ou de revisão periódica destes benefícios;
- da incapacidade permanente e insuscetível de reabilitação na concessão e manutenção das aposentadorias por incapacidade permanente, previdenciária e acidentária, bem como da existência ou não de nexo de causalidade, concausalidade ou epidemiológico;
- da existência de sequela que reduza a capacidade laborativa de modo permanente, na concessão de auxílio-acidente;
- do grau de deficiência, a fim de obter a aposentadoria de que trata a LC n. 142/2013;

- da análise de documentação relativa à exposição do segurado a agentes nocivos para fins de obtenção de aposentadoria especial, bem como inspecionar o local de trabalho do segurado para confirmar as informações contidas nos referidos documentos;
- da gravidade do estado de saúde do segurado já aposentado, para fins de obtenção do adicional de 25% sobre o salário de benefício;
- da condição de inválido do dependente, quando maior de 21 anos de idade (incisos I e III do art. 16 da Lei n. 8.213/1991) para concessão/manutenção de benefícios de pensão por morte e auxílio-reclusão;
- da condição de pessoa com deficiência do requerente ou beneficiário do BPC-Loas;
- da doença grave prevista em lei, para a concessão da isenção do Imposto de Renda de beneficiários.

A IN PRES/INSS n. 128/2022 prevê (art. 330) que a Perícia Médica Federal deverá rever o benefício de aposentadoria por incapacidade permanente (antiga invalidez), inclusive o decorrente de acidente do trabalho, a cada dois anos, contados da data de seu início, para avaliar a persistência, atenuação ou o agravamento da incapacidade para o trabalho, alegada como causa de sua concessão, limitada esta revisão à idade de 60 anos (cf. art. 101 da Lei n. 8.213/1991 c/c o art. 330, § 3º, da IN PRES/INSSS n. 128/2022):

- após completarem 60 anos de idade;
- após completarem 55 anos ou mais de idade e quando decorridos 15 anos da data da concessão da aposentadoria por incapacidade permanente ou do auxílio por incapacidade temporária que a precedeu; e
- pessoas positivadas com o vírus HIV/AIDS (§ 5º do art. 43 da LBPS).

A isenção não se aplica quando:

- tiver havido retorno à atividade laboral remunerada;
- verificar a necessidade de assistência permanente de outra pessoa para a concessão do acréscimo de 25% (vinte e cinco por cento) sobre o valor do benefício;
- verificar a recuperação da capacidade de trabalho, mediante solicitação do aposentado ou pensionista que se julgar apto;
- subsidiar autoridade judiciária na concessão de curatela.

No benefício de amparo social à pessoa com deficiência da Lei n. 8.742/1993, a análise médica é realizada à luz das condições sociais (perícia biopsicossocial) em que vive o interessado, com a emissão conjunta de parecer por perito médico e assistente social do INSS. Também há previsão de que o benefício seja revisto a cada dois anos.

Inclusive, o art. 21-B da Lei n. 8.742/1993, incluído pela Lei n. 14.973, de 16 de setembro de 2024, regulamenta a possibilidade de suspenção automática do BPC se, notificado o segurado, deixar de proceder com a atualização do Cadastro Único, se desatualizado pelo prazo superior a dois anos.

A IN PRES/INSS n. 77/2015 (revogada pela IN PRES/INSS n. 128/2022) tinha como previsão expressa no art. 410 a possibilidade de o perito médico federal requisitar, quando entendesse necessário, ao médico assistente do beneficiário o fornecimento de informações a ele relativas para subsidiar a emissão do laudo médico pericial conclusivo. Esse mesmo dispositivo definia como médico assistente o profissional responsável pelo diagnóstico, tratamento e acompanhamento da evolução da doença do paciente. Entretanto, essa regra não possui mais correspondência na IN n. 128/2022 e nas suas Portarias.

Importante ressaltar que o INSS realizará a perícia médica do segurado no hospital ou na residência, mediante a apresentação de documentação médica comprovando a internação ou a impossibilidade de locomoção (art. 46, § 7º, do Decreto n. 3.048/1999).

O sistema SABI (Sistema de Administração dos Benefícios por Incapacidade) administra todas as informações relacionadas à perícia médica, desde os atestados médicos e exames apresentados pelos segurados até a conclusão médica obtida pelo perito médico do INSS, declarando a presença ou não da incapacidade laboral. O interessado pode requerer também o HISMED (histórico médico), em que constarão informações sobre as perícias administrativas.

Cumpre salientar que no portal MEU INSS está disponível o "extrato de informações do benefício", que contém informações importantes da tela HISMED como a data do início da incapacidade (DII), a data do início da doença (DID) e a data do afastamento do trabalho (DAT). Também está disponível no MEU INSS os laudos médicos do SABI. Para ter acesso, basta selecionar o campo "laudo médico" no sistema MEU INSS. Os laudos serão disponibilizados pelo mesmo campo em até 48 horas.

As perícias sociais são realizadas pelos Assistentes Sociais integrantes do Serviço Social do INSS. Tal serviço foi criado para proporcionar o acesso ao reconhecimento dos direitos aos cidadãos.

As ações profissionais do Serviço Social do INSS fundamentam-se no art. 88 da Lei n. 8.213/1991, no art. 161 do Decreto n. 3.048/1999, na Matriz Teórico-Metodológica do Serviço Social da Previdência Social publicada em 1994, e objetivam esclarecer ao usuário os seus direitos sociais e os meios de exercê-los, estabelecendo, de forma conjunta, o processo de superação das questões previdenciárias, tanto no âmbito interno quanto no da dinâmica da sociedade.

A Lei n. 14.441, de 2 de setembro de 2022, incluiu o § 6º-A no art. 20 da Lei n. 8.742/1993 e passou a autorizar o INSS a criar parcerias para realização da avaliação social, mediante supervisão do serviço social, inclusive para avaliar o grau de deficiência (leve, moderado ou grave) na aposentadoria da pessoa com deficiência.

Os recursos técnicos utilizados pelo Assistente Social são, entre outros, o parecer social, a pesquisa social, o estudo exploratório dos recursos sociais, a avaliação social da pessoa com deficiência aos requerentes do Benefício de Prestação Continuada – BPC/LOAS, estabelecida pelo Decreto n. 6.214/2007, e a avaliação social da pessoa com deficiência, em cumprimento ao disciplinado na LC n. 142/2013.

De acordo com o art. 39 da Portaria DIRBEN/INSS n. 1.208, de 29 de maio de 2024, "o Parecer Social consiste no pronunciamento técnico do profissional, com base na observação e estudo social da realidade e tem como objetivo fornecer elementos que subsidiem nos processos de análise de reconhecimento de direitos em fase inicial, manutenção, revisão e recurso de benefícios previdenciários e assistenciais e decisão médico-pericial".

A análise poderá ser realizada em reconhecimento de direitos em fase inicial, manutenção, revisão e recurso de benefícios previdenciários e assistenciais e decisão médico-pericial.

Concernente a emissão do parecer social pode se dar:

- por iniciativa do próprio profissional;
- por solicitação das áreas de benefícios;
- por solicitação da Perícia Médica Federal;
- por solicitação da Procuradoria Federal Especializada/INSS;

- por solicitação de Juntas, Câmaras e Conselhos de Recursos da Previdência Social;
- por solicitação do requerente ou beneficiário.

A finalidade do parecer social é conhecer com profundidade, e de forma crítica, uma determinada situação ou expressão da questão social objeto da intervenção da assistente social (art. 42 da Portaria DIRBEN/INSS n. 1.208, de 2024).

A Portaria DIRBEN/INSS n. 978, de 4 de fevereiro de 2022, institui, em âmbito nacional, a realização da Avaliação Social da Pessoa com Deficiência remota. O serviço será disponibilizado nos canais remotos MEU INSS e Central de Atendimento 135, possibilitando ao interessado escolher a forma do atendimento, presencial ou remota, conforme disposto no art. 1º da supracitada Portaria.

Os assistentes sociais do INSS colaboram com a avaliação médica da pessoa com deficiência considerando os fatores ambientais, sociais, pessoais, a limitação do desempenho de atividades e a restrição da participação social dos requerentes do Benefício de Prestação Continuada da Assistência Social (art. 305 da IN PRES/INSS n. 128/2022).

De acordo com o art. 320 da Portaria DIRBEN n. 991/2022 as informações do segurado relativas aos períodos com deficiência leve, moderada e grave, fixadas em decorrência da avaliação médica e funcional, constarão no CNIS, após as necessárias adequações do sistema, fato que até o momento da revisão da presente edição não ocorreu.

No que se refere à perícia ou parecer grafotécnico, o art. 80 da Portaria DIRBEN/INSS n. 993/2022 dispõe que somente será aceito laudo de exame documentoscópico com parecer grafotécnico como início de prova material se realizado por perito especializado em perícia grafotécnica acompanhada dos documentos originais que serviram de base para a realização do exame.

Segundo a Portaria DIRBEN/INSS n. 993/2022, entende-se por perito especializado em perícia grafotécnica:

- perito oficial: profissional de nível superior detentor de cargo público específico para essa atribuição (Institutos de Criminalística ou Institutos de Medicina Legal), que atue obrigatoriamente em perícias no âmbito da Justiça Criminal, podendo também realizar laudos periciais cíveis ou particulares; e
- perito não oficial: profissional que atua em laudo pericial cível ou laudo pericial de interesse particular e, do ponto de vista técnico-científico, segue os mesmos critérios adotados pelos peritos oficiais na realização das perícias criminais.

### 1.18.1.5.1 Quesitação unificada entre as instâncias administrativa e judiciária

O CNJ criou, por meio da Resolução n. 595, aprovada em 21.11.2024, a padronização dos exames periciais nos benefícios previdenciários por incapacidade e sobre a automação nos processos judiciais previdenciários e assistenciais, por meio do Prevjud.

As perícias médicas podem ser realizadas com o uso de tecnologia de telemedicina ou por análise documental, a critério do juízo, mas o médico-perito poderá, justificadamente, diante de elementos específicos do caso concreto, solicitar perícia médica presencial.

A perícia médica dos benefícios por incapacidade, inclusive os acidentários, deverá abranger a quesitação mínima unificada e as informações solicitadas no Sistema de Perícias Judiciais – Sisperjud, desenvolvido na PDPJ-Br. O laudo pericial respectivo deverá ser apresentado em formato eletrônico, salvo motivo de força maior devidamente justificado nos autos judiciais. A obrigatoriedade de utilizar os quesitos do Sisperjud não impede a complementação da quesitação diante do quadro fático discutido na ação judicial.

## 1.18.1.6 *Programa de Enfrentamento à Fila da Previdência Social (PEFPS)*

A Lei n. 14.724, de 14.11.2023, instituiu o Programa de Enfrentamento à Fila da Previdência Social para reduzir filas do INSS, prevendo bonificação para os servidores responsáveis pela análise de processos administrativos e pela realização de perícias médicas.

Consta do art. 1º da referida Lei a instituição do Programa de Enfrentamento à Fila da Previdência Social (PEFPS) e seus objetivos, quais sejam:

> I – reduzir o tempo de análise de processos administrativos de reconhecimento inicial, de manutenção, de revisão, de recurso, de monitoramento operacional de benefícios e de avaliação social de benefícios administrados pelo Instituto Nacional do Seguro Social (INSS), de modo a representar acréscimo real à capacidade operacional regular de conclusão de requerimentos, individualmente considerada;
> 
> II – dar cumprimento a decisões judiciais em matéria previdenciária cujos prazos tenham expirado;
> 
> III – realizar exame médico-pericial e análise documental relativos a benefícios previdenciários ou assistenciais, administrativos ou judiciais, de modo a representar acréscimo real à capacidade operacional regular de conclusão de requerimentos, individualmente considerada; e
> 
> IV – realizar exame médico pericial do servidor público federal de que tratam os arts. 83, 202 e 203 da Lei n. 8.112, de 11 de dezembro de 1990 (quais sejam: licença médica parental e licença para tratamento de saúde do servidor).

Os processos e serviços que integram o PEFPS estão descritos no art. 2º da referida norma, a saber:

> I – os processos administrativos cujo prazo de análise tenha superado 45 (quarenta e cinco) dias ou que possuam prazo judicial expirado;
> 
> II – os serviços médicos periciais:
> 
> a) realizados nas unidades de atendimento da Previdência Social sem oferta regular de serviço médico pericial;
> 
> b) realizados nas unidades de atendimento da Previdência Social cujo prazo máximo para agendamento seja superior a 30 (trinta) dias;
> 
> c) com prazo judicial expirado;
> 
> d) relativos à análise documental, desde que realizados em dias úteis após as 18h (dezoito horas) e em dias não úteis; e
> 
> e) de servidor público federal na forma estabelecida nos arts. 83, 202 e 203 da Lei n. 8.112, de 11 de dezembro de 1990.

Os servidores que poderão participar do programa e a forma de execução de atividades no âmbito do PEFPS estão inseridos no art. 3º da citada Lei, com a ressalva de que não poderá afetar a regularidade dos atendimentos e dos agendamentos nas agências da Previdência Social. A redação do texto legal é que segue:

> Art. 3º Poderão participar do PEFPS, no âmbito de suas atribuições:
> 
> I – os servidores ocupantes de cargos integrantes da carreira do seguro social, de que trata a Lei n. 10.855, de 1º de abril de 2004; e
> 
> II – os servidores ocupantes de cargos das carreiras de perito médico federal, de supervisor médico-pericial e de perito médico da previdência social, de que tratam as Leis nos 11.907, de 2 de fevereiro de 2009, 9.620, de 2 de abril de 1998, e 10.876, de 2 de junho de 2004.

Parágrafo único. A execução de atividades no âmbito do PEFPS não poderá afetar a regularidade dos atendimentos e dos agendamentos nas agências da Previdência Social.

Para compensar o trabalho executado além da jornada normal dos servidores que participação do PEFPS, o art. 4º instituiu o Pagamento Extraordinário por Redução da Fila do Instituto Nacional do Seguro Social (PERF-INSS) – com valor de referência de R$ 68,00 (sessenta e oito reais) – e o Pagamento Extraordinário por Redução da Fila da Perícia Médica Federal (PERF-PMF) – com valor de referência de R$ 75,00 (setenta e cinco reais).

Compete ao Ministro de Estado da Gestão e da Inovação em Serviços Públicos e ao Ministro de Estado da Previdência Social, a edição de ato conjunto com as metas de desempenho e sobre a operacionalização do PEFPS, bem como para instituir o Comitê de Acompanhamento do PEFPS.

O prazo de duração do PEFPS, inicialmente estabelecido pela lei, era de nove meses, prorrogáveis por outros três meses por ato administrativo referido no art. 9º da mencionada Lei n. 14.724/2023.

No entanto, o governo federal prorrogou o Programa de Enfrentamento à Fila da Previdência Social (PEFPS) até 31 de dezembro de 2024 (Medida Provisória n. 1.273/2024), sendo priorizadas as reavaliações dos benefícios por incapacidade temporária e permanente.

## 1.19 JUSTIFICAÇÃO ADMINISTRATIVA (JA)

A justificação administrativa constitui meio para suprir a falta ou a insuficiência de documento ou para produzir prova de fato ou circunstância de interesse dos beneficiários perante a previdência social (art. 142 do RPS, redação dada pelo Decreto n. 10.410/2020).

Não será admitida a justificação administrativa quando o fato a comprovar exigir registro público de casamento, de idade ou de óbito, ou de qualquer ato jurídico para o qual a lei prescreva forma especial.

Quando a concessão do benefício depender de documento ou de prova de ato ao qual o segurado não tenha acesso, exceto quanto a registro público ou início de prova material, a justificação administrativa será oportunizada, obedecida a regra do art. 151 do Regulamento.

O RPS, em seu art. 151 (redação dada pelo Decreto n. 10.410/2020), dispõe que somente será admitido o processamento de justificação administrativa quando necessário para corroborar o início de prova material apto a demonstrar a plausibilidade do que se pretende comprovar. E o art. 144 indica que a homologação da justificação judicial processada com base em prova exclusivamente testemunhal dispensa a justificação administrativa, desde que complementada com início de prova material contemporânea dos fatos.

A JA pode servir tanto para instrução do processo de atualização de dados do CNIS ou para reconhecimento de direitos, uma vez que em ambas as situações há interesse de agir e, portanto, devem ser assegurados o direito de petição e o de certidão (CF, art. 5º, inc. XXXIV), devendo ser processada mediante requerimento do interessado e sem ônus para este.

Conforme o art. 145 do RPS, em sua redação atual, para o processamento de justificação administrativa, o interessado deverá apresentar requerimento no qual exponha, clara e minuciosamente, os pontos que pretende justificar, além de indicar testemunhas idôneas, em número não inferior a dois nem superior a seis, cujos depoimentos possam levar à convicção da veracidade do que se pretende comprovar.

Uma vez autorizada a JA, o interessado será notificado do local, data e horário no qual será realizada a oitiva das testemunhas.

O processamento administrativo da JA permite inclusive que testemunhas que residam em localidade distante do local do processamento sejam ouvidas na Unidade de Atendimento mais próxima da residência de cada uma delas, mediante requerimento do interessado (art. 84 da Portaria DIRBEN/INSS n. 993/2022).

Como regra, o INSS não intima diretamente as testemunhas, cabendo ao interessado comunicá-las, e, nos casos de oitiva de testemunhas em Unidade de Atendimento que não a do requerimento, caberá a cada Unidade notificar o interessado sobre o local, data, horário e o nome da testemunha que deverá comparecer.

No dia e hora marcados, as testemunhas serão indagadas pelo processante designado a respeito dos pontos que forem objeto de justificação, observado que (art. 90 da Portaria DIRBEN/INSS n. 993/2022):

– por ocasião do processamento da JA, será lavrado o Termo de Assentada e Autorização de Uso de Imagem e Depoimento, por testemunha, conforme Anexo III da Portaria DIRBEN n. 993/2022, consignando-se a presença ou ausência do justificante e de seu procurador, para, posteriormente, o processante passar à inquirição da testemunha, que será realizada e registrada mediante gravação em áudio e vídeo ou, na impossibilidade, registrando a termo o depoimento;
– o processante registrará a presença, ou não, do interessado e de seu representante/procurador;
– cada uma das testemunhas será ouvida separadamente;
– cada uma das testemunhas será cientificada do motivo pelo qual o justificante requereu a JA e o que pretende comprovar;
– cada uma das testemunhas será advertida das cominações previstas nos arts. 299 e 342 do Código Penal;
– o justificante e seu procurador são autorizados a presenciar a oitiva e, ao final de cada depoimento, podem formular perguntas e dirigi-las ao processante, que questionará as testemunhas;
– caso o processante entenda que as perguntas são impertinentes ou abusivas, pode restringi-las ou indeferi-las; e
– caso o comportamento do justificante ou do procurador dificultem ou prejudiquem o bom andamento do trabalho do servidor, serão advertidos e proibidos de participar do restante do procedimento, caso persistam.

O comparecimento do justificante ou de seu procurador no processamento da JA não é obrigatório, mas, caso o processante entenda necessário dirimir eventual controvérsia, poderá convocar o justificante para prestar depoimento, se este não estiver presente.

Caso o servidor entenda necessária a complementação de dados, documentos ou provas, deverá ele emitir Carta de Exigência para oportunizar ao interessado seu cumprimento no prazo máximo de trinta dias. Há também prazo final para análise administrativa de 75 dias quando não for cumprida a carta de exigência e não haja elementos que permitam o reconhecimento do direito ao segurado. Nessas hipóteses, o requerimento será encerrado sem análise do mérito, por desistência do pedido, após decorridos 75 dias da ciência da referida exigência (§ 3º do art. 105 da Portaria DIRBEN/INSS n. 993/2022).

Mas, havendo elementos suficientes ao reconhecimento do direito mesmo sem o cumprimento da exigência, ou seja, mesmo sem que os documentos solicitados pelo INSS tenham sido apresentados pelo segurado, o processo será decidido no mérito de forma favorável (§ 2º do art. 105 da Portaria DIRBEN/INSS n. 993/2022).

Concluído o depoimento das testemunhas, o processante deverá realizar a análise quanto à forma, emitindo parecer único que contenha (art. 93 da Portaria DIRBEN/INSS n. 993/2022):

- o relatório sucinto dos fatos;
- a sua percepção acerca da idoneidade das testemunhas, confrontando a prova oral produzida com os documentos apresentados e as demais informações dos sistemas corporativos;
- a informação de que foi observada, no processamento, a forma prevista na lei e nos atos normativos.

Foi retirada pela Portaria DIRBEN/INSS n. 1.081/2022 a previsão de que o parecer deveria conter a decisão fundamentada esclarecendo se a JA foi eficaz para comprovar os fatos alegados pelo justificante.

Na hipótese do processamento da JA em mais de uma APS pela necessidade de ouvida de testemunhas residentes em outras localidades, cada processante deverá emitir o parecer conclusivo em relação aos depoimentos por ele colhidos. No entanto, a JA deverá ser analisada e concluída na Unidade de Atendimento do protocolo.

O relatório conclusivo do processante, por si só, não faz prova dos fatos alegados no requerimento de JA.

A justificação administrativa ou judicial, para fins de comprovação de tempo de contribuição, dependência econômica, identidade e relação de parentesco, somente produzirá efeito quando for baseada em início de prova material contemporânea dos fatos e não serão admitidas as provas exclusivamente testemunhais.

Será dispensado o início de prova material quando houver ocorrência de motivo de força maior ou de caso fortuito. Caracteriza motivo de força maior ou caso fortuito a verificação de ocorrência notória, tais como incêndio, inundação ou desmoronamento, que tenha atingido a empresa na qual o segurado alegue ter trabalhado, devendo ser comprovada mediante registro da ocorrência policial feito em época própria ou apresentação de documentos contemporâneos dos fatos, e verificada a correlação entre a atividade da empresa e a profissão do segurado.

A JA, quando realizada para confirmar a identidade e a relação de parentesco, constitui hipótese de exceção à necessidade de início de prova material e será utilizada quando houver divergência de dados a respeito da correspondência entre a pessoa interessada e os documentos exibidos.

Para a análise na JA o início de prova material deve ser contemporâneo aos fatos alegados, observadas as seguintes disposições (art. 571 da IN PRES/INSS n. 128/2022):

- o filiado deverá apresentar documento com a identificação da empresa ou equiparado, cooperativa, empregador doméstico ou OGMO/sindicato, referente ao exercício do trabalho que pretende provar, na condição de segurado empregado, contribuinte individual, empregado doméstico ou trabalhador avulso, respectivamente;
- o empregado, o contribuinte individual ou o trabalhador avulso, que exerça atividade de natureza rural, deverá apresentar, também, documento consignando a atividade exercida ou qualquer outro elemento que identifique a natureza rural da atividade;
- deverá ser apresentado um documento como marco inicial e outro como marco final, e, na existência de indícios que tragam dúvidas sobre a continuidade do período, ou seja, o período entre o documento apresentado dos marcos inicial e final, poderão ser exigidos documentos intermediários; e

– a aceitação de um único documento está restrita à prova do ano a que ele se referir, ressalvados os casos em que se exige uma única prova para cada metade do período de carência.

Tratando-se de comprovação da categoria de segurado especial, o documento existente em nome de um dos componentes do grupo familiar era utilizado como início de prova material, por qualquer dos integrantes desse grupo, assim entendidos os pais, os cônjuges, companheiros, inclusive os homoafetivos, e filhos solteiros ou a estes equiparados. Porém, o § 4º do art. 142 do RPS (incluído pelo Decreto n. 10.410/2020) passou a dispor que "a prova material somente terá validade para a pessoa referida no documento, vedada a sua utilização por outras pessoas", alterando assim o entendimento *interna corporis* contido até então na Instrução Normativa.

Para a comprovação de tempo de contribuição por processamento de JA, o interessado deverá juntar prova oficial da existência da empresa no período requerido, salvo na possibilidade de verificação por meio de sistemas coorporativos disponíveis (art. 79 da Portaria DIRBEN/INSS n. 993/2022).

Após o processamento e a homologação da JA, a subtarefa será concluída no PAT para prosseguimento da análise do requerimento principal, nos termos do art. 95 da Portaria DIRBEN/INSS n. 993/2022.

Caso a JA tenha sido eficaz para comprovar parcialmente os fatos ou períodos de contribuição alegados pelo justificante, o parecer deverá conter a delimitação clara entre o que foi e o que não foi reconhecido.

Se não for possível o encaminhamento para o mesmo servidor que autorizou o processamento da JA, a análise do mérito será realizada pela autoridade superior.

Existem casos em que a JA reconhece o trabalho, mas não necessariamente a relação de emprego. Será possível assim admitir a filiação na categoria correspondente, mas não o tempo de contribuição, ficando muitas vezes o segurado contribuinte individual (CI) obrigado a efetuar o recolhimento das contribuições caso deseje contar o tempo. Não se inclui nessa regra o contribuinte individual que tenha prestado serviços a partir de abril/2003 para pessoas jurídicas, pois nesse caso há a presunção do recolhimento das contribuições em prol do segurado.

A JA processada por determinação judicial deverá ser analisada quanto à forma e quanto ao mérito pelo disposto na IN PRES/INSS n. 128/2022 e na Portaria DIRBEN/INSS n. 993/2022.

Caso o servidor considere ausentes os requisitos para o processamento ou homologação da justificação, tais como inexistência de início de prova material ou insuficiência do número de testemunhas, a JA realizada será declarada ineficaz. Nesse caso, a decisão administrativa proferida poderá ser contestada em juízo pelo segurado.

### 1.19.1 Justificação Administrativa para comprovação de tempo especial

Para o processamento de pedidos de aposentadorias especiais após 1º.01.2004, o INSS passou a exigir a comprovação da exposição aos agentes nocivos por meio do formulário denominado Perfil Profissiográfico Previdenciário (PPP).[18]

A Portaria DIRBEN/INSS n. 993/2022 permite que, quando o segurado não dispuser de provas ou formulários (PPP, SB-40 ou outros) para análise de atividade especial, e a empresa estiver legalmente extinta, a JA poderá ser processada para a comprovação de tal exposição, mediante requerimento, observadas as seguintes disposições (art. 81):

---

[18] Entretanto, a IN PRES/INSS n. 128/2022 passou a considerar como válido o Perfil Profissiográfico Previdenciário – PPP, emitido a partir de 18 de julho de 2002 (inciso II do art. 272, alterado pela Instrução Normativa PRES/INSS n. 170, de 04.07.2024).

- quando se tratar de enquadramento por categoria profissional ou atividade até 28 de abril de 1995 que não puder ser comprovado de outra forma, a JA será instruída com base em documentos que informem a função exercida, devendo ser verificada a correlação entre a atividade da empresa e a profissão do segurado; e
- quando se tratar de exposição a qualquer agente nocivo em período anterior ou posterior à Lei n. 9.032, de 1995, a JA deverá ser instruída obrigatoriamente com a apresentação do laudo técnico de avaliação ambiental coletivo ou individual, contemporâneo à época da prestação do serviço ou acompanhado de declaração em que a empresa informe expressamente que não houve alteração no ambiente de trabalho ou em sua organização ao longo do tempo, tais como: mudança de *layout*; substituição de máquinas ou de equipamentos; adoção ou alteração de tecnologia de proteção coletiva; e alcance dos níveis de ação estabelecidos nos subitens do item 9.3.6 da NR-09, aprovados pela Portaria n. 3.214, de 1978, do MTE, se aplicável.

Destaca-se que essa hipótese de JA é prevista apenas para os casos de empresas legalmente extintas, definidas como aquelas que se encontram baixadas no Cadastro Nacional de Pessoa Jurídica – CNPJ ou canceladas, inaptas ou extintas no respectivo órgão de registro.

A JA processada para comprovar enquadramento de exposição a agentes nocivos à saúde e à integridade física ficará sujeita à análise da perícia médica federal, devendo a conclusão do mérito ser realizada pelo servidor que a autorizou.

Vale lembrar por fim que, segundo o art. 271 da IN PRES/INSS n. 128/2022, são considerados para caracterização de atividade exercida em condições especiais os períodos de descanso determinados pela legislação trabalhista, inclusive férias, os de afastamento decorrentes de gozo de benefícios de auxílio-doença ou aposentadoria por invalidez acidentários, bem como os de recebimento de salário-maternidade, desde que, na data do afastamento, o segurado estivesse exercendo atividade considerada especial.

O INSS entende que os períodos de afastamento decorrentes de gozo de benefício por incapacidade, a partir de 1º de julho de 2020, data da publicação do Decreto n. 10.410, de 30 de junho de 2020, inclusive o acidentário, não serão considerados como sendo de atividade especial (art. 271, § 2º, da IN PRES/INSS n. 128/2022), o que, portanto, ensejará a judicialização desse pleito.

### 1.19.2 Justificação Administrativa para exclusão de dependentes

A Portaria DIRBEN/INSS n. 993/2022 prevê a possibilidade de processamento de JA para exclusão de dependente, em favor de outro, situado em ordem concorrente ou preferencial, em que se buscará comprovar se existe o cumprimento de condição essencial ao primeiro, observando-se que (art. 82):

- cada pretendente ao benefício deverá ser cientificado quanto à existência de outro possível dependente e ser orientado a requerer, também, a oitiva de testemunhas ou realizar a comprovação de dependência econômica, quando couber;
- sempre que o dependente a excluir for incapaz, a JA somente poderá ser realizada se ele estiver devidamente representado; e, neste caso, em razão da concorrência de interesses, o representante legal não poderá ser pessoa que venha a ser beneficiada com a referida exclusão, hipótese em que não caberá o processamento de JA, devendo o interessado fazer a prova perante o juízo de direito competente.

A situação concreta mais comum de aplicação dessa medida é aquela em que concorrem como beneficiários à pensão por morte ou auxílio-reclusão, ao mesmo tempo, duas ou mais pessoas que invocam a condição de companheiro(a) em união estável, hetero ou homoafetiva, ou ex-cônjuge com suposta pessoa em regime de união afetiva.

### 1.19.3 Recurso em Justificação Administrativa

Caso o INSS emita decisão para que a JA não seja processada por considerar que ela não preenche os requisitos necessários, ou que não possui início de prova material, ou ainda para que a JA seja processada apenas em parte, o segurado poderá, depois de ser cientificado da decisão, recorrer dela para a Junta de Recursos do CRPS (art. 86, I, da Portaria DIRBEN/INSS n. 993/2022).

Não caberá recurso da decisão conclusiva do INSS que considerar eficaz ou ineficaz a JA (art. 147 do RPS, redação do Decreto n. 10.410/2020 c/c o art. 96 da Portaria DIRBEN/INSS n. 993/2022).

No retorno dos processos em fase recursal, cuja decisão determinar o processamento da JA, a Unidade de Atendimento deverá:

- processar a JA, independentemente da existência de início de prova material;
- emitir o parecer conclusivo.

Além disso, após a conclusão da JA, o interessado poderá apresentar documentos adicionais que, confrontados com os depoimentos, possam ampliar os períodos já homologados, quando será efetuado termo aditivo e reconhecidos os novos períodos (art. 100 da Portaria DIRBEN/INSS n. 993/2022).

O INSS não permite reinquirição de testemunhas ou novo processamento de JA para o mesmo objeto quando a anterior já tiver recebido análise de mérito.

## 1.20 DA CARTA DE EXIGÊNCIA

Conforme preceitua o art. 176 do RPS, na redação conferida pelo Decreto n. 10.410/2020, a apresentação de documentação incompleta, por si só, não constitui motivo para recusa do requerimento de benefício, ainda que seja possível identificar previamente que o segurado não faça jus ao benefício ou serviço pretendido. O disposto no referido artigo aplica-se aos pedidos de revisão e recursos fundamentados em documentos não apresentados no momento do requerimento administrativo.

Na hipótese de falta de apresentação de todos os documentos necessários, o INSS deverá proferir decisão administrativa, com ou sem análise de mérito, em todos os pedidos administrativos formulados, e, quando for o caso, emitirá carta de exigência prévia ao requerente, a fim de que este possa complementar a documentação.

Encerrado o prazo para cumprimento da exigência sem que os documentos solicitados tenham sido apresentados pelo requerente, o INSS:

- decidirá pelo reconhecimento do direito, caso haja elementos suficientes para subsidiar a sua decisão; ou
- decidirá pelo arquivamento do processo sem análise de mérito do requerimento, caso não haja elementos suficientes ao reconhecimento do direito nos termos do disposto no art. 40 da Lei n. 9.784/1999.

Caso haja manifestação formal do segurado no sentido de não dispor de outras informações ou documentos úteis, diversos daqueles apresentados ou disponíveis ao INSS, será proferida a decisão administrativa com análise de mérito do requerimento.

O reconhecimento do direito ao benefício com base em documento apresentado após a decisão administrativa proferida pelo INSS considerará como data de entrada do requerimento a data de apresentação do referido documento.

Não caberá recurso ao CRPS da decisão que determine o arquivamento do requerimento sem análise de mérito decorrente da não apresentação de documentação indispensável ao exame do requerimento. Restará, portanto, a via judicial para discutir eventual equívoco na apreciação da matéria pela APS. O arquivamento do processo não inviabilizará, todavia, a apresentação de novo requerimento pelo interessado, que terá efeitos a partir da data de apresentação da nova solicitação.

Destaca-se que tal posicionamento não costuma ser adotado em todas as APS, sendo ainda comum a negativa de protocolo por documentação incompleta, o que fere o direito constitucional de petição.

Nesses casos, é importante que o segurado ou seu representante insistam no protocolo, mencionando o art. 552 da IN PRES/INSS n. 128/2022 (redação conferida pela IN PRES/INSS n. 141/2022):

> A apresentação de documentação incompleta não constitui motivo para recusa do requerimento do benefício ou serviço, ainda que, preliminarmente, se constate que o interessado não faz jus ao benefício ou serviço, sendo obrigatória a protocolização de todos os pedidos administrativos.

Adota-se tal conduta porque é a data de entrada no requerimento (DER) que irá determinar a data de início do benefício (DIB), geralmente, podendo representar o recebimento de valores a mais no primeiro mês. O não protocolo, por seu turno, pode importar em caducidade de direitos, caso o requerente demore a formular novo requerimento ou demore a conseguir protocolar o requerimento original.

Então, se a data de entrada no requerimento é adiada apenas pela falta de documentos, o segurado perde o direito de receber valores referentes ao período necessário para entregar a documentação faltante.

Já, se o pedido é protocolado e a carta de exigência é emitida, uma vez deferido o benefício, o prazo da demora pela entrega de documentos não prejudicará o segurado, gerando efeitos retroativos.

Vale lembrar ainda que a carta de exigência deve mencionar expressamente quais documentos são necessários para a continuidade do processo de concessão, com a devida fundamentação legal.

O prazo a ser concedido pelo INSS para a juntada dos documentos faltantes é de, no mínimo, 30 dias. Esse prazo poderá ser prorrogado, mediante pedido justificado do requerente, conforme o § 2º do art. 566 da IN PRES/INSS n. 128/2022.

A PRES/INSS n. 77/2015 (art. 678, § 6º) vedava expressamente o cadastramento de exigência para apresentação de procuração. No entanto, a Portaria DIRBEN/INSS n. 993/2022, no art. 77, modifica o entendimento do INSS e passa a autorizar o cadastramento de exigência para apresentação de procuração, desde que observadas as seguintes orientações:

- aquele que comparecer à unidade de atendimento e alegar ser procurador de um interessado sem possuir procuração ou, ao menos, um documento de identificação válido

do próprio interessado, não terá protocolado o benefício ou serviço que alegar que o interessado pretende obter;
- aquele que comparecer à unidade de atendimento munido, além de um documento de identificação pessoal válido, um documento de identificação válido do interessado de quem alegar ser procurador, deve ser atendido, protocolado o benefício ou serviço pretendido e emitida exigência ao interessado para apresentação de procuração no prazo de 30 (trinta) dias;
- até que a procuração seja apresentada, não deverão ser disponibilizadas, ao solicitante, informações pessoais do interessado, assim como não deverão ser aceitas declarações para fins de acerto de dados, vínculos, remunerações e contribuições, ou que importem em renúncia ou opção relacionada à percepção de benefício.

Quando não cumprida a exigência para apresentação da procuração, o servidor responsável pela análise deverá certificar a desistência administrativa por ausência de documento essencial, sem análise dos dados constantes dos sistemas informatizados do INSS e sem análise de mérito (§ 1º do art. 77 da Portaria DIRBEN/INSS n. 993/2022).

Para requerimentos a partir de 15 de agosto de 2019, o INSS passou a aplicar mudanças nas regras referentes à carta de exigência, trazidas pela IN INSS/PRES n. 102, de 14 de agosto de 2019, mediante a inclusão de cinco parágrafos no art. 678 da IN n. 77/2015. Importante mencionar que estas inovações estão expressas na IN INSS/PRES n. 128/2022 e na Portaria DIRBEN/INSS n. 993/2022.

O prazo de cumprimento da carta de exigência permanece em 30 dias, e ficou estabelecido prazo final para análise administrativa de 75 dias quando não for cumprida a carta e não houver elementos que permitam o reconhecimento do direito ao segurado. Nesses casos, o requerimento será encerrado sem análise do mérito, por desistência do pedido, após decorridos 75 dias da ciência da referida exigência parágrafo único do art. 600 da IN n. 128/2022).

Contudo, havendo elementos suficientes ao reconhecimento do direito mesmo sem o cumprimento da exigência, ou seja, mesmo sem que os documentos solicitados pelo INSS tenham sido apresentados pelo segurado, o processo será decidido no mérito de forma favorável (inciso I, § 4º, do art. 574 da IN n. 128/2022).

Em casos de requerimento de benefício por segurados que possuam ação de objeto idêntico, o INSS costuma exigir a comprovação de desistência da demanda para análise do pedido, sob pena de seu indeferimento ou não continuidade de recurso, conforme disposição do art. 19 da Portaria DIRBEN/INSS n. 996/2022:

> Art. 19. A propositura, pelo interessado, de ação judicial que tenha objeto idêntico ao pedido sobre o qual versa o processo administrativo importa em renúncia tácita ao direito de recorrer na esfera administrativa e desistência do recurso interposto.
>
> § 1º Considera-se idêntica a ação judicial que tiver as mesmas partes, a mesma causa de pedir e o mesmo pedido do processo administrativo, sendo definidos para este fim como:
>
> I – partes: os sujeitos de determinada relação jurídica, na qual uma delas demanda algo – requerente/recorrente – em face de outra – requerido/recorrido –, independentemente de o direito alegado existir ou não;
>
> II – causa de pedir: o conjunto de fatos e fundamentos jurídicos que embasam o pedido formulado pelo interessado/recorrente; e (alterado pela Portaria DIRBEN/INSS n. 1.156, de 13 de setembro de 2023)
>
> III – pedido: o efeito jurídico que se pretende obter com a instauração do processo.

§ 2º A renúncia tácita deve ser sempre decidida pelo CRPS, não cabendo ao INSS suscitá-la para fins de arquivamento.

§ 3º (Revogado pela Portaria DIRBEN/INSS n. 1.156, de 13.09.2023)

§ 4º Ao INSS é obrigatória a pesquisa de ação judicial de mesmo objeto na fase de análise e cumprimento de acórdão, porém, havendo conhecimento da propositura em qualquer outro momento, o fato deverá ser comunicado ao órgão julgador (alterado pela Portaria DIRBEN/INSS n. 1.156, de 13 de setembro de 2023).

§ 5º Se for localizada ação judicial com as mesmas partes, mas os dados disponíveis não firmarem convicção de que o objeto é idêntico ao do processo administrativo, o INSS dará prosseguimento ao recurso, cabendo ao CRPS decidir sobre a sua admissibilidade.

A mesma previsão de renúncia à esfera administrativa está contida no § 3º do art. 126 da Lei n. 8.213/1991.

Deverá o segurado, uma vez emitida a carta de exigência, responder às solicitações informando que os documentos já se encontram em outro processo administrativo com a indicação de seu número, de modo que, como previsto nas normas internas do INSS, a documentação deve ser obtida pelo servidor responsável.

O requerimento/resposta à carta de exigência deve ser protocolado preferencialmente por meio dos sistemas digitais (MEU INSS e INSS Digital) e no próprio requerimento. O modelo a ser utilizado se encontra na Parte VI desta obra.

No caso de o requerente não atender à exigência, deverá a APS registrar tal fato no processo, devidamente assinado pelo servidor, procedendo à análise do direito e ao indeferimento pelos motivos cabíveis e existentes, oportunizando ao requerente a interposição de recurso à JRPS.

Segundo a lei que rege o processo administrativo no âmbito federal – aplicável, portanto, ao INSS –, o desatendimento da intimação pelo requerente *não importa* o reconhecimento da verdade dos fatos, nem a renúncia a direito (art. 27 da Lei n. 9.784/1999).

Na análise dos documentos, não pode o servidor do INSS recusar fé a documentos públicos (CF, art. 19, II), de modo que certidões originais e outros documentos do gênero têm de ser aceitos pelo INSS como fidedignos, salvo prova robusta em contrário. Nesse mesmo sentido, o Decreto n. 9.094/2017 determina que a Administração Pública Federal, no trato com os administrados, deve observar, entre outros princípios, o da presunção de boa-fé destes (art. 1º, inciso I).

## 1.21 PESQUISA EXTERNA

Assim como a Justificação Administrativa, a Pesquisa Externa é um meio de prova subsidiário que pode ser realizado a requerimento do interessado e oferecido de forma gratuita pelo INSS.

A Pesquisa Externa (PE) consiste em atividades externas efetuadas por servidores do INSS, que têm por finalidade:

- elucidação de dúvidas;
- acompanhamento da execução dos contratos com as instituições financeiras pagadoras de benefícios;
- atualização do CNIS;
- reconhecimento, manutenção e revisão de direitos;
- desempenho das atividades de serviço social, habilitação e reabilitação profissional;
- identificação e processo de prova de vida para pessoas com dificuldade de locomoção e pessoas idosas acima de 80 anos que recebam benefícios.

Com a PE também é possível a complementação de informações ou apuração de denúncias junto a empresas, órgãos públicos, entidades representativas de classe, cartórios, contribuintes e beneficiários, destinada a verificar os documentos apresentados pelo interessado, beneficiários ou contribuintes.

A pesquisa externa tem especial utilização nos benefícios requeridos por segurados especiais e demais trabalhadores rurais, para a comprovação do efetivo trabalho rural e para o desempenho das atividades do serviço social, perícias médicas, habilitação e reabilitação profissional, bem como para o acompanhamento da execução dos contratos com as instituições financeiras pagadoras de benefícios (art. 103 da Portaria DIRBEN/INSS n. 993/2022).

A PE pode ser utilizada para comprovar união estável, vínculo de extemporaneidade, data de encerramento da empresa, período rural, atividade especial, entre outras hipóteses.

Para a realização de pesquisa externa é necessário que o servidor responsável seja designado previamente para tal, por meio de portaria (§ 2º do art. 573 da IN PRES/INSS n. 128/2022). Normalmente o servidor designado não é o mesmo que requer tal pesquisa, podendo ser vinculado a qualquer Unidade de Atendimento, normalmente a mais próxima ao fato ou direito que se quer verificar.

Na pesquisa externa poderão ser colhidos depoimentos e examinados documentos aos quais a lei não assegure sigilo e que visem sanar as dúvidas do solicitante. No caso de órgão público, poderá ser dispensada a pesquisa externa quando, por meio de ofício, restar esclarecido o que se pretende comprovar.

A pesquisa externa é exceção, sendo normalmente requerida e possibilitada ao interessado a apresentação dos documentos e, somente depois de verificada essa impossibilidade, será autorizada. A PE também é utilizada como ferramenta quando restarem dúvidas sobre os documentos apresentados pelo interessado. Nesse caso, pode ser determinada por membro da Junta de Recursos do CRPS, para elucidar os fatos que se pretendem provar.

Atualmente a Pesquisa Externa só existe na norma, não tendo sido praticada pelo INSS sob a alegação de falta de recursos financeiros e servidores. Caso a entenda indispensável em seu processo administrativo, será necessária a interposição de Mandado de Segurança na maioria dos casos.

## 1.22 REAFIRMAÇÃO DA DATA DE ENTRADA DO REQUERIMENTO (DER)

Outra possibilidade no tocante aos requerimentos de benefícios é a reafirmação da DER (art. 176-D do RPS, redação dada pelo Decreto n. 10.410/2020):

> Se, na data de entrada do requerimento do benefício, o segurado não satisfizer os requisitos para o reconhecimento do direito, mas implementá-los em momento posterior, antes da decisão do INSS, o requerimento poderá ser reafirmado para a data em que satisfizer os requisitos, que será fixada como início do benefício, exigindo-se, para tanto, a concordância formal do interessado, admitida a sua manifestação de vontade por meio eletrônico.

Portanto, a reafirmação é admitida se for verificado que o segurado não satisfazia as condições mínimas exigidas para a concessão do benefício pleiteado, mas que os completou em momento posterior ao pedido inicial e antes do término do procedimento administrativo.

A reafirmação da DER pode ser apurada de ofício ou mediante requerimento do segurado, devendo em qualquer dos casos haver a anuência do segurado pela troca da DER para fins de concessão do benefício.

A reafirmação da DER é possível de ser obtida até o despacho/decisão do pedido realizado no processo administrativo, ou, ainda, em sede recursal, em algum dos órgãos do CRPS, ou seja, a data da decisão final do processo. No entanto, o INSS exige a concordância expressa do interessado (art. 577, II, da IN PRES/INSS n. 128/2022).

Nos termos da IN n. 01/2022 do CRPS, "Nos processos em que inexistir manifestação prévia do recorrente sobre reafirmação da data de entrada do requerimento – DER, com implementação do direito em data posterior ao requerimento inicial, a decisão recursal deverá ser de provimento parcial, com consignação no acórdão sobre a possibilidade de concessão do benefício na data em que a parte implementar todos os requisitos, cabendo ao Instituto Nacional do Seguro Social convocá-la para se manifestar sobre a reafirmação" (art. 87-G, incluído pela IN CRPS/MPS n. 03/2024).

Na via judicial a reafirmação é aceita com base no princípio processual previdenciário da primazia do acertamento da relação jurídica de proteção social. Destaca-se que o STJ, ao julgar o Repetitivo Tema n. 995, fixou o entendimento de que é possível requerer a reafirmação da DER até a segunda instância, com a consideração das contribuições vertidas após o início da ação judicial até o momento em que o segurado houver implementado os requisitos para a benesse postulada.

Em caso de deferimento da reafirmação da DER, será considerada como DER a data da implementação das melhores condições, e não a data do efetivo requerimento administrativo ou do agendamento. Essa regra se aplica a todas as situações que resultem em um benefício mais vantajoso ao segurado, desde que haja sua manifestação expressa na forma escrita.

A TNU tem uniformização adentrando na questão de que pode ocorrer a reafirmação da DER entre a decisão administrativa e o ajuizamento da ação, e, ainda, com base nas novas regras da EC n. 103/2019:

> **Tese firmada:** "Quando o segurado preencher os requisitos para concessão do benefício de aposentadoria posteriormente à DER e antes da data do ajuizamento da ação, o termo inicial dos retroativos (DIB) deve ser a data da citação da autarquia previdenciária" (PUIL n. 5024211-57.2015.4.04.7108/RS, j. 25.10.2017). Este entendimento restou confirmado pelo STJ no julgado do AgInt nos EDcl no REsp 2.004.888/RS, 1ª Turma, *DJe* 31.08.2023.
>
> **Tese firmada:** "A reafirmação da DER pode ser apreciada de ofício ou a requerimento da parte enquanto não esgotada a jurisdição das instâncias ordinárias, abrangendo inclusive o julgamento dos embargos de declaração" (PUIL n. 5004743-98.2015.4.04.7111/RS, j. 28.04.2021).
>
> **Tese firmada:** "É possível a reafirmação da DER para a concessão de benefícios previstos nas regras de transição da EC 103/19, mesmo que o requerimento original preceda à vigência da emenda constitucional" (PU PUIL n. 5003210-40.2020.4.04.7205/SC, j. 27.05.2021).

## 1.23 CADASTRO NACIONAL DE INFORMAÇÕES SOCIAIS (CNIS)

Criado em 1989,[19] o CNIS é um banco de dados do governo federal que armazena as informações necessárias para garantir direitos trabalhistas e previdenciários dos trabalhadores brasileiros. O CNIS contém também os dados anteriores a 1989, possuindo vínculos empregatícios

---

[19] No intuito de criar uma base de dados integrada, o Governo Federal determinou a criação do CNT – Cadastro Nacional do Trabalhador, por meio do Decreto n. 97.936, de 1989, na forma de consórcio entre Ministério da Previdência e Assistência Social (MPAS), Ministério do Trabalho (MTb) e Caixa Econômica Federal (CEF). Posteriormente, assumiu, conforme Lei n. 8.212, de 1991, a denominação de CNIS. Informações disponíveis em: http://www.dataprev.gov.br/produtos/cnis.htm. Acesso em: 22 abr. 2009.

desde 1976, e respectivas remunerações mensais a partir de 1982, além de recolhimentos dos contribuintes individuais efetuados mensalmente por meio de carnê[20] desde 1979.

A partir da edição da Lei Complementar n. 128/2008, observou-se uma tentativa maior de integração dos dados constantes nos sistemas corporativos governamentais, ampliando as bases de dados que alimentam o sistema CNIS com a migração de informações da Secretaria da Receita Federal do Brasil, Ministério da Pesca e Aquicultura, Fundação Nacional dos Povos Indígenas – FUNAI e outros órgãos federais.

São objetivos do CNIS:

- atender com mais eficácia os direitos dos trabalhadores, mantendo informações confiáveis sobre sua vida laboral e liberando-os gradualmente do ônus da prova;
- inibir fraudes e desvios na concessão de benefícios previdenciários e trabalhistas, mediante o cruzamento das informações administradas pelos vários sistemas governamentais;
- buscar o gerenciamento racional e coordenado de informações dispersas em sistemas de diversos órgãos governamentais;
- manter informações confiáveis dos estabelecimentos empregadores, permitindo um maior controle sobre a arrecadação e um direcionamento mais eficaz da fiscalização trabalhista e previdenciária;
- simplificar e reduzir os procedimentos e os custos de coleta de informações sociais impostos aos estabelecimentos empregadores e à sociedade;
- instrumentalizar as instituições governamentais com informações sociais confiáveis como forma de subsidiar a formulação e a avaliação das políticas públicas; e
- contribuir para a integração das informações administradas por outras instituições governamentais no âmbito da Seguridade Social.

Faz parte da base de dados do CNIS:

- Cadastro dos Trabalhadores: dados básicos e complementares de pessoas físicas engajadas em atividades produtivas. Incluem-se nesse universo os trabalhadores empregados ou contribuintes individuais, tais como empresários, servidores públicos ou quaisquer pessoas detentoras de NIT, PIS ou PASEP e que tenham informado a partir de 1971 (para empregados) ou 1973 (para contribuintes individuais) seus dados sociais ou previdenciários ao governo federal. São fontes deste cadastro: PIS/PASEP; RAIS; FGTS; CAGED e Cadastro de Contribuintes Individuais.
- Cadastro de Empregadores: dados cadastrais de pessoas jurídicas e de estabelecimentos empregadores reconhecidos pela Previdência Social. Estarão cadastrados todos os estabelecimentos empregadores, independentemente do ramo de suas atividades (rural, comercial, industrial etc.), que tenham fornecido dados sociais, previdenciários ou fiscais ao governo federal a partir de 1964. São fontes deste cadastro: CGC; Cadastro de Empregadores do INSS; RAIS; CAGED e FGTS.
- Cadastro de Vínculos Empregatícios/Remunerações do Trabalhador Empregado e Recolhimento do Contribuinte Individual: dados de vínculos empregatícios desde 1976 e respectivas remunerações mensais a partir de 1990, além de recolhimentos dos contribuintes individuais efetuados mensalmente por meio de carnê (Guia de

---

[20] Guia de Recolhimento do Contribuinte Individual – GRCI.

Recolhimento do Contribuinte Individual – GRCI) desde 1979. As informações dos vínculos empregatícios/remunerações e recolhimentos de contribuintes individuais permitem determinar o tempo de serviço do trabalhador e o valor do seu benefício previdenciário. São fontes deste cadastro: para Vínculos Empregatícios: RAIS, FGTS e CAGED; para Remunerações do Trabalhador: RAIS e FGTS; para Recolhimentos do CI: Base de Recolhimentos do CI.

- Agregados de Vínculos Empregatícios/Remunerações por Estabelecimento Empregador: dados acumulados de vínculos empregatícios e remunerações mensais, fornecendo uma visão gerencial de massa salarial e quantidade de vínculos. Permite a realização de confrontos com as bases de arrecadação da Previdência Social, para detectar possíveis divergências entre contribuição potencial e contribuição efetiva. São fontes deste cadastro: RAIS; FGTS e Base de Arrecadação Previdenciária.

Constarão no CNIS, ainda, as informações do segurado relativas aos períodos com deficiência leve, moderada e grave, fixadas em decorrência da avaliação médica e funcional, embora a informação ainda não tenha sido operacionalizada no sistema.

Importante destacar que os dados constantes do CNIS relativos a vínculos, remunerações e contribuições valem como prova de filiação à previdência social, tempo de contribuição e salários de contribuição.[21]

Por isso, é de extrema importância que os segurados procedam à conferência dos seus dados constantes no CNIS antes do protocolo do pedido de benefício, pois em muitos casos os dados do CNIS não estão corretos e o valor do benefício pode ser deferido em valor inferior ao efetivamente devido. Observam-se com muita frequência erros no CNIS, principalmente nos valores computados como salário de contribuição, valores esses em montantes inferiores aos efetivamente contribuídos pelo segurado. É comum ainda encontrarmos valores referentes a dois meses de contribuição somados e computados apenas no tocante a um mês.

Para efetuar a conferência deve-se solicitar a relação de vínculos e contribuições constantes no CNIS referentes ao NIT de cada trabalhador, sempre tomando o cuidado de observar se o mesmo trabalhador não possui mais de um número de inscrição no INSS.

A relação de vínculos e remunerações poderá ser baixada no sistema MEU INSS, selecionando o campo "extrato de contribuições (CNIS)" e após clicar em "baixar" basta selecionar a opção "vínculos, contribuições e remunerações". Para períodos a partir da competência 12/2019 (após publicação da EC n. 103/2019) é possível acessar o extrato por ano civil.

Excepcionalmente, o requerimento poderá ser agendado pelo portal MEU INSS seguindo os seguintes passos: clicar em "novo requerimento", em seguida selecionar a opção "agendar para retirar extratos" e "extrato previdenciário (CNIS)". Concluído o requerimento, será disponibilizado o dia, horário e local para retirada do extrato. O agendamento também poderá ser realizado pela Central 135.

O segurado pode comparecer na agência do INSS. Não costuma ser necessária a entrega de nenhum pedido por escrito, bastando a solicitação verbal ao funcionário e justificar o motivo da impossibilidade de retirar o extrato pelo portal MEU INSS. Se o requerimento é feito pelo procurador do segurado, seja ou não advogado, o INSS costuma exigir, além do requerimento, autorização ou procuração com poderes para representar o segurado perante o INSS.

---

[21] Conforme determinação expressa do art. 19 do Decreto n. 3.048/1999, com redação modificada pelo Decreto n. 6.722/2008 e pelo Decreto n. 8.145/2013.

É fundamental realçar ainda que o segurado já inscrito na Previdência Social que optar pelo recolhimento trimestral deverá atualizar seus dados cadastrais até o final do período de graça, para ser preservada a manutenção da qualidade de segurado.

Uma novidade em fase de implantação na concessão dos benefícios é o Aviso do Direito à Aposentadoria. Por meio deste serviço, o INSS enviará um comunicado, por carta, ao segurado que atingir a idade ou a carência para se aposentar por idade, com base em informações constantes no CNIS. Por isso, destacamos a importância de manter atualizados os dados do CNIS, e, se necessário, que se proceda no sentido de realizar correções periódicas.

### 1.23.1 Pedido de atualização dos dados do CNIS

Depois da solicitação dos dados, se constatado o erro, o segurado, ou seu representante, deverá solicitar a correção no INSS. A justificação administrativa é parte do processo de atualização de dados do CNIS ou de reconhecimento de direitos, vedada a sua tramitação na condição de processo autônomo (art. 142 do RPS, com redação dada pelo Decreto n. 10.410/2020).

A partir de 1º.07.1994, as informações válidas para o INSS, salvo prova em contrário, são as provenientes do CNIS.

Assim, para promover alterações, inclusões, exclusões dos dados cadastrais, vínculos, remunerações ou contribuições, o segurado ou seu representante legal deverá solicitar o requerimento de "Atualizar Vínculos e Remunerações e Código de Pagamento", mediante requerimento pelo telefone 135 ou via APS (art. 3º, V, da Portaria INSS n. 123/2020). Na sequência, é indispensável anexar a documentação comprovatória e o formulário RAC (Anexo I, Anexo I-A 2.1 a Anexo I-F 2.6 da IN/PRES n. 128/2022) pelo MEU INSS, sendo necessário o comparecimento na Agência da Previdência Social apenas mediante notificação expressa do servidor.

Necessário se atentar ao tipo de formulário RAC que deverá ser anexado ao requerimento, pois a Instrução Normativa PRES/INSS n. 164, de 29 de abril de 2024, trouxe novos anexos, dos quais ressaltamos:

- Anexo I-A 2.1: Requerimento de atualização do CNIS – RAC-Acerto de Dados de Identificação da Pessoa Física;
- Anexo I-B 2.2: Requerimento de atualização do CNIS – RAC-Acerto de Vínculos e Remunerações – Empregado e Empregado Doméstico;
- Anexo I-C 2.3: Requerimento de atualização do CNIS – RAC-Acerto de Remunerações – Trabalhador Avulso;
- Anexo I-D 2.4: Requerimento de atualização do CNIS – RAC-Contribuinte Individual Prestador de Serviços;
- Anexo I-E 2.5: Requerimento de atualização do CNIS – RAC-Reconhecimento de Filiação e Atualização de atividade;
- Anexo I-F 2.6: Requerimento de atualização do CNIS – RAC-Acerto de Contribuições.

O RPS prevê, em seu art. 19, § 1º (com a redação do Decreto n. 10.410/2020), que o filiado poderá solicitar, a qualquer tempo, a inclusão, alteração, ratificação ou exclusão das informações constantes do CNIS, independentemente de requerimento de benefício. Esta previsão também está normatizada no art. 12 da IN PRES/INSS n. 128/2022 e no art. 25 da Portaria DIRBEN/INSS n. 990/2022.

Sugerimos que, sempre que possível, nenhum documento original seja deixado na agência, ou, em caso de extrema necessidade de retenção, que se obtenha do servidor que retiver os documentos um termo de retenção, com a descrição pormenorizada dos documentos, devendo o segurado retirar fotocópia destes, para evitar perda de tempo ou de prova. Isso porque não é incomum que se percam documentos no INSS, e caso aquele fosse a única prova de tempo ou de contribuição e o segurado não deter ao menos cópia e a prova de que estavam de posse do INSS, tal período se perderá, embora com a digitalização do processo administrativo, a exigência de apresentação de documentação física está cada vez menos usual.

Se após a análise da documentação for verificado que esta é contemporânea, não apresenta indícios de irregularidade e forma convicção de sua regularidade, será efetuado o acerto dos dados, emitindo-se a comunicação ao segurado, informando a inclusão, alteração, ratificação ou exclusão do período ou remuneração pleiteada.

Caso seja verificado que a documentação apresentada é insuficiente a formar convicção ao que se pretende comprovar, a Unidade de Atendimento, conforme o caso, deverá realizar todas as ações necessárias a conclusão do requerimento, ou seja, emitir carta de exigência, tomar depoimentos, emitir Pesquisa Externa ou processar Justificação Administrativa.

Informações inseridas extemporaneamente no CNIS, independentemente de serem inéditas ou retificadoras de dados anteriormente informados, somente serão aceitas se corroboradas por documentos que comprovem a sua regularidade (art. 19, § 2º, do RPS, redação do Decreto n. 10.410/2020).

Para fins de validação das contribuições existentes no CNIS, reconhecimento de filiação e autorização de cálculo de contribuições em atraso, em se tratando de segurado contribuinte individual que exerça atividade por conta própria, o período de atividade será considerado comprovado quando (art. 92 da IN PRES/INSS n. 128/2022):

- existir atividade cadastrada no CNIS, nessa condição, sem evidência de interrupção ou encerramento; e
- inexistir atividade cadastrada no CNIS e houver contribuição recolhida em qualquer inscrição que o identifique, sendo considerada como data de início o primeiro dia da competência da primeira contribuição recolhida sem atraso na condição de contribuinte individual.

Para a atualização de vínculos de segurados empregados (urbano ou rural), serão exigido um dos seguintes documentos[22]:

- Carteira Profissional ou Carteira de Trabalho e Previdência Social, ou comprovante contendo o número do recibo eletrônico emitido pelo eSocial para o registro na Carteira de Trabalho Digital;
- Declaração fornecida pela empresa, devidamente assinada e identificada por seu responsável, acompanhada do original ou cópia autenticada da Ficha de Registro de Empregados ou do Livro de Registro de Empregados, em que conste o referido registro do trabalhador;
- Contrato individual de trabalho;

---

[22] Listagem disponível em: https://www.inss.gov.br/servicos-do-inss/atualizacao-de-tempo-de-contribuicao/documentos-para-comprovacao-de-tempo-de-contribuicao/. Acesso em: 13 jan. 2018.

- Acordo coletivo de trabalho, desde que caracterize o trabalhador como signatário e comprove seu registro na respectiva Superintendência Regional do Trabalho e Emprego – SRTE;
- Termo de rescisão contratual ou comprovante de recebimento do Fundo de Garantia de Tempo de Serviço – FGTS;
- Recibos de pagamento contemporâneos ao fato alegado, com a necessária identificação do empregador e do empregado;
- Cópia autenticada do cartão, livro ou folha de ponto ou ainda outros documentos que poderão vir a comprovar o exercício de atividade junto à empresa.

No caso de trabalhador rural, além dos documentos constantes anteriormente, poderá ser aceita declaração do empregador, comprovada mediante apresentação dos documentos originais que serviram de base para sua emissão, confirmando, assim, o vínculo empregatício, da qual deverá constar:

- a qualificação do declarante, inclusive os respectivos números do CPF e do CEI, ou, quando for o caso, do CNPJ;
- identificação e endereço completo do imóvel rural onde os serviços foram prestados, a que título detinha a sua posse;
- identificação do trabalhador e indicação das parcelas salariais pagas, bem como das datas de início e término da prestação de serviços; e
- informação sobre a existência de registro em livros, folhas de salários ou qualquer outro documento que comprove o vínculo.

A Lei n. 13.846/2019 (conversão da MP n. 871/2019) ampliou a utilização do CNIS em relação ao segurado especial, dispondo que:

– será mantido sistema de cadastro dos segurados especiais no CNIS, e poderá ser firmado acordo de cooperação com o Ministério da Agricultura, Pecuária e Abastecimento e com outros órgãos da administração pública federal, estadual, distrital e municipal para a manutenção e a gestão do sistema de cadastro;
– o sistema preverá a manutenção e a atualização anual do cadastro, até 30 de junho do ano subsequente, e conterá as informações necessárias à caracterização da condição de segurado especial;
– da aplicação dessas novas regras não poderá resultar nenhum ônus para os segurados, sejam eles filiados ou não às entidades conveniadas;
– o INSS, no ato de habilitação ou de concessão de benefício, deverá verificar a condição de segurado especial e, se for o caso, o pagamento da contribuição previdenciária, nos termos da Lei n. 8.212/1991, considerando, entre outros, o que consta do CNIS.

Na verdade, esse procedimento é muito gravoso, pois, decorrido o prazo de atualização do CNIS, o segurado especial só poderá computar o período de trabalho rural se efetuado, em época própria, o recolhimento na forma prevista no art. 25 da Lei n. 8.212/1991 (alíquota incidente sobre a comercialização da produção). E, ainda, foi estabelecida vedação à atualização do CNIS após o prazo de cinco anos contados da data de que deveria ser feita (30 de julho do ano subsequente).

Complementarmente, a Lei n. 13.846/2019 (conversão da MP n. 871/2019) estabelece que:

- o INSS utilizará as informações constantes do CNIS para fins de comprovação do exercício da atividade e da condição do segurado especial e do respectivo grupo familiar;
- a partir de 1º de janeiro de 2023, a comprovação da condição e do exercício da atividade rural do segurado especial ocorrerá exclusivamente pelas informações constantes do CNIS;
- para o período anterior a 1º de janeiro de 2023, o segurado especial comprovará o tempo de exercício da atividade rural por meio de autodeclaração ratificada por entidades públicas credenciadas, nos termos do disposto no art. 13 da Lei n. 12.188/2010, e por outros órgãos públicos, na forma prevista no Regulamento;
- na hipótese de haver divergência de informações, para fins de reconhecimento de direito com vistas à concessão de benefício, o INSS poderá exigir a apresentação dos documentos referidos no art. 106 da LBPS.

No entanto, a EC n. 103/2019 postergou a obrigatoriedade do cumprimento dessa exigência para quando a cobertura mínima atingir 50% dos segurados especiais. Vejamos o que consta do art. 25, § 1º da Reforma da Previdência:

> Para fins de comprovação de atividade rural exercida até a data de entrada em vigor desta Emenda Constitucional, o prazo de que tratam os §§ 1º e 2º do art. 38-B da Lei n. 8.213, de 24 de julho de 1991, será prorrogado até a data em que o Cadastro Nacional de Informações Sociais (CNIS) atingir a cobertura mínima de 50% (cinquenta por cento) dos trabalhadores de que trata o § 8º do art. 195 da Constituição Federal, apurada conforme quantitativo da Pesquisa Nacional por Amostra de Domicílios Contínua (Pnad).

Em setembro de 2019, por meio do Ofício Circular 46, a Coordenação-Geral de Administração de Informações de Segurados (DIRBEN) disponibilizou formulários em arquivo PDF editável para facilitar o autopreenchimento das autodeclarações necessárias para comprovação do tempo rural. Foi também elaborado novo documento referente a segurado especial – seringueiro ou extrativista vegetal.

Atualmente, as autodeclarações válidas são os anexos VIII, IX e X da IN PRES/INSS n. 128/2022.

Todas essas medidas burocráticas, embora tenham o objetivo de evitar fraudes, podem acabar por gerar violação ao princípio constitucional da universalidade da cobertura e do atendimento (CF, art. 194, parágrafo único, inciso I). E, por consequência, novo aumento da judicialização com vista ao reconhecimento do tempo de atividade e concessão de benefícios a essa classe de trabalhadores carentes de proteção social do Estado.

Para trabalhadores avulsos, a comprovação do tempo de contribuição far-se-á por meio do certificado do sindicato ou órgão gestor de mão de obra competente, acompanhado de documentos contemporâneos nos quais constem a duração do trabalho e a condição em que foi prestado, referentes ao período certificado. Para períodos após a implantação do eSocial para esta categoria, caso não conste o número do recibo eletrônico emitido pelo eSocial no contracheque ou recibo de pagamento, conforme previsto na alínea "c" do inciso I do § 1º do art. 87 da IN PRES/INSS n. 128/2022, o trabalhador avulso deverá apresentar, juntamente com o documento, comprovante contendo o número do recibo eletrônico emitido pelo eSocial, acompanhado de declaração, com a devida assinatura e identificação do responsável pelas informações, podendo ser utilizado o modelo "Declaração de Confirmação do Envio de Dados Trabalhistas e Previdenciários do Trabalhador Avulso pelo eSocial e Informação dos Números dos Recibos Eletrônicos" (constante do Anexo III da referida IN), para fins de solicitação junto ao INSS para que tome providências quanto à disponibilização das informações correspondentes, provenientes do eSocial, no CNIS.

Para os empregados domésticos, a comprovação será feita por meio dos comprovantes ou guias de recolhimentos, por meio de um dos seguintes documentos:

- registro contemporâneo com as anotações regulares em Carteira Profissional, em Carteira de Trabalho e Previdência Social, ou comprovante contendo o número do recibo eletrônico emitido pelo eSocial quanto ao vínculo cuja admissão se deu a partir de 1º de outubro de 2015;
- recibos de pagamento de salário emitidos em época própria; ou pelo eSocial, neste caso a partir de 1º de outubro de 2015. Quanto às guias de recolhimento das contribuições previdenciárias de obrigação do empregador doméstico, a partir de 1º de outubro de 2015, quando apuradas com base na folha de pagamento registrada eletronicamente no eSocial, este passou a ser realizado exclusivamente pelo Documento de Arrecadação do eSocial – DAE, de modo que não serão mais aceitos os recolhimentos efetuados por meio de Guia da Previdência Social – GPS após a referida competência e as subsequentes (art. 80, § 1º, da IN PRES/INSS n. 128/2022, redação conferida pela IN PRES/INSS n. 141/2022).

Caso os dados existentes no documento em meio físico sejam conflitantes com as informações no CNIS, deverão ser apresentados outros documentos para o tratamento da extemporaneidade, sendo possível, ao empregado doméstico, solicitar ao seu empregador que efetue as correções necessárias, na forma do parágrafo único do art. 75 da IN PRES/INSS n. 128/2022 (incluído pela IN PRES/INSS n. 141/2022), mediante:

I – regularização dos registros dos eventos eletrônicos no eSocial que estejam incorretos; ou
II – retificação das informações incorretas constantes no documento em meio físico e, na impossibilidade de retificação do documento, que apresente declaração conjunta, sob as penas da lei, que deverá conter informação quanto ao exercício de atividade, com a indicação dos períodos efetivamente trabalhados, acompanhado de documentação que serviu de base para comprovar o que está sendo declarado.

Para atualização de remunerações será exigido um dos seguintes documentos:

– Segurado empregado (urbano ou rural):
- ficha financeira;
- contracheque ou recibo de pagamento, contemporâneo ao período que se pretende comprovar, que deverá conter, além dos dados relativos às parcelas de remunerações: a) identificação do empregador e do empregado; e b) competência ou período a que se refere o documento; ou
- declaração fornecida pela empresa com a informação dos salários de contribuição, devidamente assinada e identificada por seu responsável, acompanhada do original ou cópia autenticada da Ficha de Registro de Empregados ou do Livro de Registro de Empregados ou da Carteira Profissional – CP ou da Carteira de Trabalho e Previdência Social – CTPS, em que conste o referido registro do trabalhador.[23]

---

[23] Observação: a partir da substituição da GFIP pelo eSocial para empregadores urbanos e rurais, as anotações contratuais salariais em CTPS em meio físico, ou aquelas constantes em Carteira de Trabalho Digital, não são mais consideradas pelo INSS como hábeis para comprovar a remuneração inexistente ou divergente no CNIS,

- Trabalhador avulso:
  - relação dos Salários de Contribuição – RSC emitida pelo sindicato ou órgão gestor de mão de obra.

A listagem não é taxativa, tampouco obriga os segurados a apresentarem todos os documentos listados para correção ou inclusão do tempo de contribuição. A documentação a ser apresentada é aquela que a pessoa do segurado tiver em seu poder ou puder ser obtida por ele. Em caso de negativa pelo INSS do pedido de correção, será possível a interposição de recurso na via administrativa à JRPS, assim como o pedido de análise das provas no âmbito judicial.

Importante destacar que, no tocante ao contribuinte individual, adota-se documentação diferenciada.

A comprovação do exercício de atividade de contribuinte individual e aqueles anteriormente denominados "empresários", "trabalhador autônomo" e o "equiparado a trabalhador autônomo", conforme o caso, far-se-á (art. 94 da IN PRES/INSS n. 128/2022):

- para os profissionais liberais que exijam inscrição em Conselho de Classe, pela inscrição e documentos que comprovem o efetivo exercício da atividade;
- para o condutor autônomo de veículo, inclusive o auxiliar, mediante carteira de habilitação acompanhada de certificado de propriedade ou copropriedade do veículo, certificado de promitente comprador, contrato de arrendamento ou cessão do automóvel, certidão do Departamento de Trânsito – DETRAN ou quaisquer documentos contemporâneos que comprovem o exercício da atividade remunerada;
- para o ministro de confissão religiosa ou de membro de instituto de vida consagrada, o ato equivalente de emissão de votos temporários ou perpétuo ou compromissos equivalentes que habilitem ao exercício estável da atividade religiosa e ainda, documentação comprobatória da dispensa dos votos ou dos compromissos equivalentes, caso já tenha cessado o exercício da atividade religiosa;
- para o médico-residente, pelo contrato de residência médica, certificado emitido pelo Programa de Residência Médica, contracheques ou informe de rendimentos referentes ao pagamento da bolsa médico-residente, observando que, a partir da competência abril de 2003, tendo em vista o disposto no art. 4º da Lei n. 10.666, de 2003, a responsabilidade pelo recolhimento da sua contribuição passou a ser da empresa;
- para o contribuinte individual empresário, assim considerados aqueles discriminados no inciso XVIII do art. 90:

a) a partir de 5 de setembro de 1960, data de publicação da Lei n. 3.807, de 26 de agosto de 1960 (Lei Orgânica da Previdência Social – LOPS), a 28 de novembro de 1999, véspera da publicação da Lei n. 9.876, de 1999, em relação aos que atuam nas atividades de gestão, direção ou com retirada de pró-labore, mediante atos de constituição, alteração e baixa da empresa; e

b) para período a partir de 29 de novembro de 1999, data da publicação da Lei n. 9.876, de 1999, em qualquer caso, com a apresentação de documentos contemporâneos que comprovem o recebimento de remuneração na empresa, observando que, a partir da competência abril de 2003, conforme disposto no art. 4º da Lei n. 10.666, de 2003, a responsabilidade pelo recolhimento da sua contribuição passou a ser da empresa;

---

com base no previsto neste artigo e no art. 40 (art. 50, § 4º, da IN PRES/INSS n. 128/2022, incluído pela IN PRES/INSS n. 141, de 6 de dezembro de 2022). Todavia, em sede judicial, não há esta limitação.

- para o contribuinte individual prestador de serviços à empresa ou equiparado e o associado à cooperativa:

a) para período até a competência março de 2003, por meio de contrato de prestação de serviços, recibo de pagamento autônomo – RPA ou outros documentos contemporâneos que comprovem a prestação de serviços; e

b) para período compreendido entre a competência abril de 2003 até a competência anterior à substituição da GFIP pelo eSocial, conforme cronograma de implantação previsto em ato específico, tendo em vista o disposto no art. 4º da Lei n. 10.666, de 2003, por documento contemporâneo que comprove o pagamento pelos serviços prestados, no qual conste a razão ou denominação social, o CNPJ da empresa contratante, o valor da remuneração percebida, o valor retido e a identificação do filiado;

- para o Microempreendedor Individual – MEI, por meio do Certificado da Condição de Microempreendedor Individual, que é o documento comprobatório do registro do Empreendedor Individual, ou do Documento de Arrecadação do Simples Nacional do MEI – DAS-MEI, por meio do qual são realizadas suas contribuições;
- para período compreendido entre a competência abril de 2003 até a competência anterior à substituição da GFIP pelo eSocial, conforme cronograma de implantação previsto em ato específico, para o associado eleito para cargo de direção em cooperativa, associação ou entidade de qualquer natureza ou finalidade, bem como para o síndico ou administrador eleito para exercer atividade de direção condominial, desde que recebam remuneração, mediante apresentação de estatuto e ata de eleição ou nomeação no período de vigência dos cargos da diretoria, registrada em cartório de títulos e documentos;
- a partir da substituição da GFIP pelo eSocial, conforme cronograma de implantação previsto em ato específico, será considerado pelo INSS o registro referente a serviços prestados e respectiva remuneração auferida pelo contribuinte individual prestador de serviços de que trata o § 26 do art. 216 do RPS, informados pela empresa ou cooperativa contratante, mediante evento eletrônico no eSocial;
- para o contribuinte individual que presta serviços a outro contribuinte individual equiparado a empresa, a produtor rural pessoa física, a missão diplomática ou a repartição consular de carreira estrangeira ou para o brasileiro civil que trabalha no exterior para organismo oficial internacional do qual o Brasil é membro efetivo, inclusive para período a partir da competência abril de 2003, em virtude da desobrigação do desconto da contribuição, nos termos do § 3º do art. 4º da Lei n. 10.666, de 2003, por meio de contrato de prestação de serviços, recibo de pagamento autônomo – RPA ou outros documentos contemporâneos que comprovem a prestação de serviços;
- para o segurado anteriormente denominado empregador rural e atualmente contribuinte individual, por meio da antiga carteira de empregador rural, ficha de inscrição de empregador rural e dependente – FIERD, declaração de produção – DP, declaração anual para cadastro de imóvel rural, rendimentos da atividade rural constantes na declaração de imposto de renda (cédula "G" da Declaração do Imposto de Renda Pessoa Física – IRPF), livro de registro de empregados, cadastro de imóvel rural ou outros documentos contemporâneos relacionados à atividade rural;
- para aquele que exerce atividade por conta própria, com inscrição no órgão fazendário estadual, distrital ou municipal, recibo de pagamento do Imposto Sobre Serviço – ISS, declaração de imposto de renda, nota fiscal de compra de insumos, de venda de produtos ou de serviços prestados, dentre outros.

Lembramos, ainda, que, para comprovar o exercício da atividade remunerada, visando à concessão do benefício, será exigido do contribuinte individual, a qualquer tempo, o recolhimento das correspondentes contribuições.

Conforme o art. 93, § 3º, da IN PRES/INSS n. 128/2022, a existência de débito relativo a contribuições devidas pelo segurado à Previdência Social não é óbice, por si só, para a concessão de benefícios quando, excluído o período de débito, estiverem preenchidos todos os requisitos legais para a concessão do benefício requerido, inclusive nas situações em que o período em débito compuser o PBC.

## 1.24 DECISÃO ADMINISTRATIVA

A conclusão do processo administrativo ocorre com a decisão administrativa, ressalvado o direito de o requerente solicitar recurso ou revisão nos prazos previstos nas normas vigentes (art. 576 da IN PRES/INSS n. 128/2022). Na forma do art. 576-A da IN PRES/INSS n. 128/2022 (incluído pela Instrução Normativa PRES/INSS n. 164, de 29.04.2024), "A conclusão do processo não prejudica a apresentação de novo requerimento pelo interessado a partir da ciência da decisão, ressalvado o caso previsto no art. 346".[24]

A decisão do processo administrativo deverá conter um relato sucinto do objeto do requerimento, fundamentação com análise das provas constantes nos autos, bem como conclusão deferindo ou indeferindo o pedido formulado, sendo insuficiente a mera justificativa do indeferimento constante do sistema corporativo da Previdência Social.

Na forma do art. 179-C do RPS, com redação do Decreto n. 10.410/2020, "o servidor responsável pela análise dos pedidos dos benefícios motivará suas decisões ou opiniões técnicas e responderá pessoalmente apenas nas hipóteses de dolo e de erro grosseiro". Divergimos da parte final do dispositivo, pois a responsabilidade por danos se dá com a incidência de qualquer grau de culpa, não apenas em caso de erro crasso.

Prevê expressamente a IN PRES/INSS n. 128/2022 que:

> A motivação deve ser clara e coerente, indicando quais requisitos legais foram ou não atendidos, podendo fundamentar-se em decisões anteriores, bem como em notas técnicas e pareceres do órgão consultivo competente, os quais serão parte do processo se não estiverem disponíveis ao público e não forem de circulação restrita aos servidores do INSS".[25], e que "Todos os requisitos legais necessários à análise do requerimento devem ser apreciados no momento da decisão, registrando-se no processo administrativo a avaliação individualizada de cada requisito legal.[26]

Exige-se, portanto, o respeito ao princípio da motivação dos atos administrativos (pois se trata de ato não discricionário). Não basta o servidor "dizer" genericamente que determinado assunto não foi provado, se há provas; é necessário esclarecer o porquê de tal prova, em que pese ter sido trazida pelo requerente, não ter sido considerada.

A revogada IN n. 77/2015 previa que após a conclusão da instrução do processo administrativo, a unidade de atendimento do INSS teria o prazo de até 30 dias para decidir, salvo prorrogação por igual período expressamente motivada (art. 691, § 4º, da IN n. 77/2015). No

---

[24] Art. 346 da IN PRES/INSS n. 128/2022: "Somente poderá ser realizado novo requerimento de benefício por incapacidade após 30 (trinta) dias, contados da Data de Realização do Exame – DRE, ou da DCB, ou da Data de Cessação Administrativa – DCA, conforme o caso".

[25] Cf. § 1º do art. 574 da IN PRES/INSS n. 128/2022.

[26] Cf. § 2º do art. 574 da IN PRES/INSS n. 128/2022.

entanto, a nova instrução normativa (IN PRES/INSS n. 128/2022), bem como suas portarias auxiliares não estabelecem expressamente prazo para conclusão do requerimento após instrução do PAP. Considera-se concluída a instrução quando estiverem cumpridas todas as exigências, se for o caso, e não houver mais diligências ou provas a serem produzidas.

O interessado será comunicado da decisão administrativa, da qual caberá recurso ordinário à JRPS no prazo de 30 dias corridos (e não mais úteis, conforme alteração realizada pela Portaria MPS n. 2.393, de 2023).

Conforme o art. 577 da IN PRES/INSS n. 128/2022 (redação pela IN n. 141/2022), por ocasião da decisão, em se tratando de requerimento de benefício, deverá o INSS:

I – oferecer ao segurado o direito de opção ao benefício mais vantajoso quando for identificado que estão satisfeitos os requisitos para mais de um tipo de benefício, mediante a apresentação dos demonstrativos financeiros de cada um deles; e

II – quando não satisfeitos os requisitos para o reconhecimento do direito na data de entrada do requerimento do benefício, verificar se esses foram implementados em momento posterior, antes da decisão do INSS, caso em que o requerimento poderá ser reafirmado para a data em que satisfizer os requisitos, exigindo-se, para tanto, a concordância formal do interessado, admitida a sua manifestação de vontade por meio eletrônico.

Vale destacar ainda que, para que se admita o recurso ordinário contra a cessação de benefício por incapacidade previdenciário ou acidentário, este deve ser precedido de pedido de prorrogação. Caso contrário, o recurso é considerado precluso e aceito como requerimento de novo benefício (art. 1º do Provimento CRPS n. 6/2019).

A condução do processo administrativo pelas APS tem sido objeto de muitas críticas, especialmente pela cultura da denegação de direitos amplamente reconhecidos, gerando excesso de demanda judicial. Nesse sentido, o Fórum Interinstitucional Previdenciário de Santa Catarina aprovou a Deliberação que segue:

> **DELIBERAÇÃO 21:** O Fórum delibera que seja oficiado à Superintendência do INSS no sentido de comunicar a constatação de que a principal medida de redução de demandas judiciais é a melhoria do processo administrativo em três pontos: a) esclarecimento aos segurados acerca de seus direitos previdenciários e das provas necessárias à sua obtenção; b) recebimento de todos os documentos apresentados pelo segurados, mesmo quando os servidores julguem desnecessários, dando processamento aos requerimentos de reconhecimento de tempo de contribuição e/ou concessão de benefícios; c) a fundamentação das decisões de indeferimento com a análise de todos os requisitos relacionados à prestação postulada, de modo a garantir que a constatação de um requisito indeferitório não obste a continuidade do exame dos demais.

Na conformidade do disposto no art. 76-B do RPS (incluído pelo Decreto n. 10.410/2020), a empresa terá acesso às decisões administrativas de benefícios requeridos por seus empregados, resguardadas as informações consideradas sigilosas, na forma estabelecida em ato do INSS.

Uma peculiaridade sobre o resultado do processo administrativo concessório ocorre nos casos de segurado empregado, quando, após a concessão de qualquer espécie de aposentadoria, tem sido comum o INSS cientificar o respectivo empregador sobre a data de início do benefício. Ressaltamos, aqui que a aposentadoria voluntária de empregados, a nosso ver, por si, não rompe o vínculo de emprego, conforme já decidido pelo STF nas Ações Diretas de Inconstitucionalidade n. 1.721-3 e n. 1.770-4.

A EC n. 103/2019 faz menção a uma suposta extinção do vínculo somente aos empregados de empresas públicas e sociedades de economia mista (art. 37, § 14) e em caso de aposentadoria compulsória a empregados destas mesmas empresas, subsidiárias e consórcios públicos (art. 201), regras de duvidosa constitucionalidade.

Quanto à aposentadoria especial, a pacificação do entendimento sobre a matéria veio com o julgamento do RE n. 788.092/SC, reconhecendo a constitucionalidade da regra que impõe que o segurado se afaste da atividade com exposição a agentes nocivos após a aposentadoria, sob pena de cancelamento do benefício (art. 57, § 8º, da LBPS).

Cabe ainda ressaltarmos o prazo previsto no § 5º do art. 41-A da Lei n. 8.213/1991, que determina que o primeiro pagamento do benefício será efetuado até 45 dias após a data da apresentação, pelo segurado, da documentação necessária para sua concessão.

# 2
# Recursos no Âmbito Administrativo

Os recursos no âmbito administrativo do INSS são julgados pelo Conselho de Recursos da Previdência Social – CRPS.

O INSS poderá ser representado, nas sessões das Câmaras de Julgamento, das Juntas de Recursos e do Conselho Pleno do CRPS, pela Procuradoria Federal Especializada junto ao INSS, sendo facultada a sustentação oral de suas razões, com auxílio de assistentes técnicos do INSS.

Com a criação da Secretaria da Receita Federal do Brasil, pela Lei n. 11.457/2007, foram criadas cinco Delegacias de Julgamento e 60 Turmas de Julgamento com competência para julgar, em 1ª instância, os processos de exigência de tributos e contribuições arrecadados pela nova Secretaria (Super-Receita) e o art. 29, da mesma Lei, transferiu do CRPS para o 2º Conselho de Contribuintes do Ministério da Fazenda a competência para julgamento de recursos referentes às contribuições à Seguridade Social, que serão divididas em Câmaras especializadas.

Esse Conselho era o órgão competente também nos litígios envolvendo notificações e autos de infração emitidos em função de regras de custeio da Seguridade Social (contribuições e obrigações acessórias) até 25.07.2007. Após, a competência passou para as 5ª e 6ª Câmaras do 2º Conselho de Contribuintes do Ministério da Fazenda. A Lei n. 11.941, de 27.05.2009 (conversão da MP n. 449/2009), alterou novamente a competência para a matéria, ao estabelecer, em seu art. 25, a modificação do Decreto n. 70.235/1972, passando a ser a partir de então competente para tais litígios o Conselho Administrativo de Recursos Fiscais, órgão colegiado, paritário, integrante da estrutura do Ministério da Economia.

O CRPS é um tribunal administrativo que tem por atribuição solucionar, no âmbito não judicial, os conflitos entre a Autarquia Previdenciária e beneficiários do Regime Geral de Previdência Social (quando a matéria em questão é a concessão, a manutenção, a revisão ou o cancelamento de benefício ou serviço), sendo que suas decisões não têm força de coisa julgada ao particular, mas somente ao INSS, surgindo assim o tão festejado, por alguns, "efeito vinculante".

Vale destacar ainda a competência do CRPS, ampliada pela Lei n. 13.846/2019 (conversão da MP n. 871/2019) e regulamentada pelo art. 1º do RICRPS, que incluiu:

- os recursos das decisões proferidas pelo Instituto Nacional do Seguro Social – INSS, nos processos de interesse de seus beneficiários e contribuintes;
- os recursos relativos à atribuição, pelo MTP, do Fator Acidentário de Prevenção – FAP;
- os recursos, das decisões proferidas pelo INSS, relacionados à comprovação de atividade rural de segurado especial de que trata o art. 19-D do Regulamento da Previdência Social, aprovado pelo Decreto n. 3.048, de 1999, ou às demais informações relacionadas ao Cadastro Nacional de Informações Sociais – CNIS;
- os recursos de processos relacionados à compensação financeira entre regimes previdenciários (RPPS e RGPS) de que trata a Lei n. 9.796, de 5 de maio de 1999; e

– os recursos relacionados aos processos sobre irregularidades ou responsabilidade por infração às disposições da Lei n. 9.717, de 27 de novembro de 1998, verificadas pela Secretaria de Previdência em suas atividades de supervisão realizadas por meio de fiscalização nos regimes próprios de previdência social.

As decisões do CRPS não têm força de coisa julgada para o particular, apenas para a Administração Pública.

Ressalta-se que o Ministro da Previdência Social, segundo o Regimento Interno do CRPS, poderá criar Súmula Vinculante no âmbito da administração pública federal, mediante proposta do Presidente do CRPS, do Secretário de Previdência, do Presidente do INSS ou de Confederação representativa de categoria econômica ou profissional habilitada à indicação de conselheiros, ou, ainda, por proposta do Conselho Nacional dos Regimes Próprios de Previdência Social, o Ministro da Previdência Social (art. 81 do RICRPS).

Mas o litigante pode recorrer à via judicial, mesmo após ter sido parte vencida perante os órgãos do CRPS, mas não o INSS, que deverá cumprir a decisão sem ter o direito de buscar revertê-la em âmbito judicial.

Também é importante frisar que, embora seja necessário o prévio requerimento administrativo (postulação junto à Agência da Previdência Social), não é obrigatório o esgotamento da instância administrativa para o ingresso em Juízo, ou seja, *o ajuizamento dos recursos administrativos às Juntas de Recursos é meramente facultativo.*

Conforme o art. 27 do atual Regimento Interno do CRPS (Portaria MTP n. 4.061, de 12 de dezembro de 2022), a indicação e a escolha dos Conselheiros do CRPS deverão atender aos seguintes critérios:

> I – os representantes do Governo serão escolhidos entre servidores federais, preferencialmente do MPS ou do INSS, ou de outro órgão da administração pública federal, estadual, municipal ou distrital, com graduação em Direito, que exercerão as atividades pertinentes à função de Conselheiro em caráter de exclusividade, quando ativos, sem prejuízo dos direitos e vantagens do respectivo cargo de origem; (Redação dada pela Portaria MPS n. 2.393, de 5 de julho de 2023)
>
> II – os representantes classistas deverão ter escolaridade de nível superior em Direito, sendo escolhidos a partir de lista tríplice enviada pelas entidades de classe ou centrais sindicais das respectivas jurisdições; e (Redação dada pela Portaria MPS n. 2.393, de 5 de julho de 2023)
>
> III – os representantes dos entes federativos e dos servidores públicos deverão ter escolaridade de nível superior em Direito, e serão escolhidos entre os indicados em lista tríplice pelo Conselho Nacional dos Regimes Próprios de Previdência Social, observadas as respectivas representações, com graduação em Direito. (Redação dada pela Portaria MPS n. 2.393, de 5 de julho de 2023)

A seleção dos Conselheiros deverá ser realizada em processo formal de seleção, observados os procedimentos previstos no art. 28 do Regimento Interno do CRPS, quais sejam:

> I – o Presidente do CRPS publicará edital de seleção, no sítio oficial do CRPS ou em outros meios idôneos de comunicação, contendo, entre outros aspectos:
> a) o número de vagas disponíveis, bem como as áreas territoriais de abrangência e atuação;
> b) local e prazo para entrega das indicações dos nomes dos representantes interessados em integrar o quadro de Conselheiros; e
> c) remuneração estimada para Conselheiros Classistas ou de governo inativo, para RGPS e FAP, ou para Conselheiros representantes de entes federativos ou de servidores públicos, para RPPS, quando inativos.

II – os currículos recepcionados, por meio de lista tríplice, ou em número menor a depender da disponibilidade de candidatos na localidade, conforme edital, e demais documentos necessários à instrução do processo, deverão ser encaminhados ao Presidente do CRPS, no prazo máximo de 30 (trinta) dias, contados da data de publicação do edital;

III – (Revogado pela Portaria MPS n. 2.393, de 5 de julho de 2023)

IV – As unidades a que se destinam as vagas serão responsáveis pela recepção dos documentos apresentados e instrução do processo de seleção, com encaminhamento para validação ao Serviço de Apoio aos Órgãos Colegiados; (Redação dada pela Portaria MPS n. 2.393, de 5 de julho de 2023);

V – os resultados serão submetidos à homologação do Presidente do CRPS, a fim de se garantir a transparência dos processos seletivos ou de recondução;

VI – a entidade representativa de órgão de classe ou central sindical contemplada com a nomeação de seu representante, será excluída do processo de seleção de novos Conselheiros na respectiva Unidade Julgadora, ressalvada a hipótese de inexistência de pretendentes, mediante autorização expressa do Presidente do CRPS;

VII – em caso de recondução, a entidade de classe ou, conforme o caso, o Conselho Nacional dos Regimes Próprios de Previdência Social, poderão, após avaliação do Presidente da Unidade Julgadora, ratificar a indicação do Conselheiro dela integrante, ficando dispensado, nesses casos, os procedimentos dos incisos I e II deste artigo;

VIII – é garantido às representações de classes e ao Conselho Nacional dos Regimes Próprios de Previdência Social, informações ou esclarecimentos acerca de todo o processo de seleção e recondução de Conselheiros, a serem atendidos pela CGT; e

IX – o Presidente do CRPS encaminhará lista com os nomes dos candidatos com documentação validada pelo Serviço de Apoio aos Órgãos Colegiados, de que trata o inciso IV deste artigo, ao Ministro de Estado da Previdência Social, para fins de escolha e nomeação, dentro do número de vagas disponíveis. (Incluído pela Portaria MPS n. 2.393, de 5 de julho de 2023).

O mandato dos Conselheiros das Câmaras de Julgamento e das Juntas de Recursos é de 3 (três) anos, a contar da data estabelecida no ato de nomeação publicado. Na ausência desta, será considerada a data de publicação no Diário Oficial da União, sendo permitida a recondução, atendidas as condições impostas no Regimento do CRPS (art. 30 do RICRPS).

Compete ao Ministro de Estado da Previdência Social, atendendo à solicitação fundamentada do Presidente do CRPS, declarar a perda do mandato do Conselheiro, titular ou suplente, nos casos em que (art. 31 do Regimento Interno):

I – retiver em sua carga, injustificadamente, recursos que lhe forem distribuídos, além dos prazos previstos neste Regimento ou, na ausência destes, os fixados pelo Presidente do CRPS;

II – retardar, injustificadamente, a prática de atos processuais além dos prazos previstos neste Regimento;

III – deixar de comparecer às sessões de julgamento sem motivo justificado;

IV – participar de julgamento do qual deveria se declarar impedido;

V – incorrer em uma das penalidades previstas nos incisos III e VI do *caput* do art. 127 da Lei n. 8.112/1990;

VI – praticar ilícitos administrativos, cíveis ou criminais, devidamente apurados, após sentença judicial com trânsito em julgado;

VII – praticar atos processuais reiterados contra os atos mencionados nos incisos do art. 33 e contra o disposto no inciso IV do § 2º do art. 34, observado o § 2º do mesmo art. 34 deste Regimento; (Redação dada pela Portaria MPS n. 2.393, de 5 de julho de 2023);

VIII – demonstrar insuficiência de desempenho, quanto aos aspectos quantitativo e/ou qualitativo, apurada pelo Presidente do órgão julgador ou pela CGT; e

IX – exercer atividades incompatíveis com o exercício de suas atribuições, tais como:

a) entrar em exercício em qualquer cargo, emprego ou função pública, inclusive cargo eletivo, ressalvados os cargos em comissão, de livre nomeação e exoneração, que apresentem compatibilidade de horário e com as funções de Conselheiro;

b) patrocinar, administrativa ou judicialmente, diretamente ou por interposta pessoa, interesse de empresas, segurados ou beneficiários, ente federativo ou regime próprio perante a Seguridade Social ou, ainda, integrar sociedade de profissionais que exerçam tais atividades, ou dela participar como colaborador;

c) exercer outras atividades na iniciativa privada consideradas incompatíveis com a função de Conselheiro, nos termos do Código de Ética e de Conduta do CRPS;

d) incidir em situações que caracterizem conflito de interesses, nos termos do disposto no art. 10 da Lei n. 12.813, de 16 de maio de 2013.

Os Conselheiros representantes do governo continuarão sendo remunerados pelos órgãos e entidades de origem, sem prejuízo dos direitos e vantagens dos respectivos cargos, enquanto os representantes classistas de trabalhadores e empresas, bem como os representantes do governo, quando inativos, farão jus ao recebimento de gratificação por processo relatado com voto, na forma prevista pelo Regulamento da Previdência Social.

As Unidades Julgadoras, presididas e administradas por representante do governo, são integradas por quatro membros, denominados conselheiros, obedecendo-se à seguinte composição de julgamento (art. 26 do Regimento Interno do CRPS):

I – para os órgãos com competência para processar e julgar os recursos de que tratam os incisos I, II e III do art. 1º[1]:

a) um Conselheiro Presidente;

b) um Conselheiro representante do governo, ativo ou inativo;

c) um Conselheiro representante dos trabalhadores; e

d) um Conselheiro representante das empresas.

II – para os órgãos com competência para processar e julgar os recursos de que tratam os incisos IV e V do art. 1º[2]:

a) um Conselheiro Presidente;

b) um Conselheiro representante do governo, ativo ou inativo;

c) um Conselheiro representante dos entes federativos, ativo ou inativo; e

d) um Conselheiro representante dos servidores públicos, ativo ou inativo.

## 2.1 REGRAS GERAIS RELATIVAS AOS RECURSOS NO ÂMBITO DO CRPS

O interessado (segurado ou empresa) poderá praticar os atos processuais pessoalmente ou por intermédio de representante, devidamente constituído nos autos.

---

[1] I – os recursos das decisões proferidas pelo Instituto Nacional do Seguro Social – INSS, nos processos de interesse de seus beneficiários e contribuintes;

II – os recursos relativos à atribuição, pelo MTP, do Fator Acidentário de Prevenção – FAP;

III – os recursos, das decisões proferidas pelo INSS, relacionados à comprovação de atividade rural de segurado especial de que trata o art. 19-D do Regulamento da Previdência Social, aprovado pelo Decreto n. 3.048, de 1999, ou às demais informações relacionadas ao Cadastro Nacional de Informações Sociais – CNIS;

[2] IV – os recursos de processos relacionados à compensação financeira de que trata a Lei n. 9.796, de 5 de maio de 1999; e

V – os recursos relacionados aos processos sobre irregularidades ou responsabilidade por infração às disposições da Lei n. 9.717, de 27 de novembro de 1998, verificadas pela Secretaria de Previdência em suas atividades de supervisão realizadas por meio de fiscalização nos regimes próprios de previdência social.

O protocolo do recurso intempestivo pelo interessado não prejudica o envio ao CRPS, devendo o mesmo ser encaminhado ao respectivo órgão julgador com as devidas contrarrazões do INSS, com o apontamento da intempestividade (arts. 3º e 17, da Portaria DIRBEN n. 996/2022).

Mas atenção, a intempestividade constitui razão para não conhecimento do recurso pelo CRPS, que pode ou não relevar o fato. O que não pode ocorrer é o INSS não encaminhar o recurso (art. 17, § 1º, da Portaria DIRBEN n. 996/2022).

Em qualquer fase do processo, o recorrente poderá, voluntariamente, desistir do recurso interposto (art. 23, *caput*, da Portaria DIRBEN n. 996/2022, com alterações da Portaria DIRBEN/INSS n. 1.156, de 13.09.2023). A desistência voluntária será manifestada de maneira expressa, por petição ou termo firmado nos autos do processo.

Dependendo da fase em que se encontrar o processo, uma vez havida a desistência do recurso, teremos diferentes efeitos, a saber:

> I – se a desistência for formalizada antes de qualquer encaminhamento ao CRPS, encerra o pedido, cabendo o arquivamento do processo e a respectiva comunicação ao interessado;
> II – quando a manifestação se der após a remessa dos autos ao CRPS, mas antes do julgamento, o pedido deve ser encaminhado à unidade julgadora para ciência e não conhecimento do recurso, nos termos do art. 57, inciso IV, do RICRPS;
> III – se o pedido de desistência ocorrer após a decisão definitiva, o INSS arquivará o processo, eximindo-se de cumprir a decisão do CRPS.

Uma vez interposto o recurso, o não cumprimento pelo interessado de exigência ou providência que a ele incumbiriam, e para a qual tenha sido devidamente intimado, não implica desistência tácita ou renúncia ao direito de recorrer, devendo o processo ser julgado no estado em que se encontra, arcando o interessado com o ônus de sua inércia (art. 23, § 3º, da Portaria DIRBEN n. 996/2022).

Constitui, ainda, desistência tácita do recurso pelo interessado o ajuizamento de demanda judicial com idêntico objeto, antes ou depois da interposição do recurso administrativo. Sobre o tema, dispõe o art. 70 do Regimento Interno do CRPS:

> Art. 70. A propositura, pelo interessado, de ação judicial que tenha objeto idêntico ao recurso administrativo importa em renúncia tácita ao direito de recorrer na esfera administrativa e a sua desistência, observado o disposto no art. 55 deste Regimento.
> § 1º Considera-se idêntica a ação judicial que contiver as mesmas partes, causa de pedir e pedido idênticos ao do recurso administrativo, sendo definidos, para este fim, como:
> I – partes: os sujeitos de determinada relação jurídica, na qual uma delas demanda algo, em face de outra, independentemente do direito alegado existido ou não;
> II – causa de pedir: o conjunto de fatos ao qual o requerente/recorrente atribui o efeito jurídico que pretende obter com o processo por ele instaurado; e
> III – pedido: o efeito jurídico que se pretende obter com a instauração do processo.
> § 2º Incluem-se na situação descrita no parágrafo anterior, ações judiciais que versem sobre fatos ou o direito objeto do processo administrativo.
> § 3º Certificada a existência de ação judicial, a Unidade Julgadora proferirá decisão de renúncia tácita, nos termos do art. 126, § 3º, da Lei n. 8.213/1991.
> § 4º Caso o conhecimento da propositura da ação judicial seja posterior ao encaminhamento do recurso ao CRPS e este ainda não tenha sido julgado administrativamente, o INSS ou a SPREV (FAP/RPPS) comunicarão o fato à Unidade Julgadora, acompanhado dos elementos necessários à caracterização da renúncia tácita.

§ 5º Na hipótese de conhecimento da ação judicial, e havendo decisão administrativa definitiva favorável ao interessado, o fato será encaminhado ao INSS ou ao MPS (FAP/RPPS), para que comuniquem as consultorias jurídicas respectivas, buscando orientação de como proceder em relação ao cumprimento da decisão administrativa, uma vez que a decisão judicial se sobrepõe a decisão administrativa. (Redação dada pela Portaria MPS n. 2.393, de 5 de julho de 2023)

O INSS e a SPREV (FAP/RPPS) podem, enquanto não tiver ocorrido a decadência, reconhecer expressamente o direito do interessado e reformar sua própria decisão inicialmente desfavorável ao interesse do segurado, observado o seguinte procedimento (art. 66 do Regimento Interno do CRPS):

I – quando o reconhecimento ocorrer antes do encaminhamento do Recurso Ordinário ao CRPS, o INSS e a SPREV (FAP/RPPS) deixarão de enviar o recurso à Unidade Julgadora competente; e
II – quando o reconhecimento ocorrer após a chegada do recurso no CRPS, mesmo que em fase de diligência ou após o julgamento, o INSS e a SPREV (FAP/RPPS), deverão encaminhar os autos à respectiva Unidade Julgadora, devidamente instruído com a comprovação da reforma de sua decisão e do reconhecimento do direito do interessado, para julgamento, se este ainda não tiver ocorrido, ou para que seja proferida nova decisão, se for o caso.
Parágrafo único. Na hipótese de reforma parcial de decisão do INSS ou da SPREV (FAP/RPPS), o processo terá seguimento em relação à questão objeto da controvérsia remanescente.

Na hipótese de reforma parcial de decisão do INSS, o processo terá seguimento em relação à questão objeto da controvérsia remanescente.

Apresentado algum dos recursos previstos no Regimento Interno pelo segurado, abre-se o prazo para contrarrazões pelo INSS.

Porém, na hipótese de Recurso Ordinário serão considerados como contrarrazões do INSS e da SPREV (FAP/RPPS) os motivos do indeferimento, da contestação do pagamento ou da emissão da notificação de auditoria fiscal e do auto de infração (art. 61, § 5º, do Regimento Interno do CRPS).

Em se tratando de Recurso Especial, expirado o prazo para contrarrazões, os autos serão imediatamente encaminhados para julgamento (art. 61, § 6º, do Regimento Interno do CRPS).

O órgão de origem prestará nos autos informação fundamentada quanto à data da interposição do recurso, não podendo recusar o recebimento ou obstar-lhe o seguimento do recurso ao órgão julgador com base nessa circunstância, remetendo o recurso à Junta competente conforme a localidade.

É vedada a inovação de argumentos e provas diversas das contidas nos autos, em sede de embargos de declaração ou no pedido de revisão de acórdão (art. 61, § 7º, do Regimento Interno do CRPS).

Na distribuição dos recursos, deverá ser observada a ocorrência de conexão e continência de acordo com os seguintes critérios, previstos no art. 37 do Regimento Interno):

I – reputam-se conexos dois ou mais recursos quando lhes for comum o objeto ou a causa de pedir; e
II – haverá continência quando existir identidade de partes e da causa de pedir, mas o objeto de um dos recursos, por ser mais amplo, abrange o do outro.

As partes somente poderão alegar a conexão ou a continência até a interposição do recurso ou o oferecimento de contrarrazões (art. 37, § 1º, do RICRPS).

A reunião de processos de recursos, por conexão ou continência, observará a distribuição que ocorreu primeiro, a fim de determinar o Conselheiro Julgador prevento. (art. 37, § 2º, do RICRPS).

Não se consideram conexos ou continentes os recursos de partes idênticas, causa de pedir e pedidos distintos, já julgados por outra Unidade Julgadora (art. 37, § 4º, do RICRPS).

Na hipótese de haver processos com mesmas partes, causa de pedir e pedidos idênticos, a decisão prolatada será de não conhecimento do recurso, ressalvados os casos de apresentação de novos elementos, observada a junção sistêmica estabelecendo processos principal e secundários (art. 37, § 5º, do RICRPS).

Os processos que retornarem de diligência, os referentes à Revisão de Acórdão ou a Embargos de Declaração serão distribuídos ao mesmo relator, salvo se em licença, impedido ou desligado, hipótese em que os processos serão distribuídos a outro Conselheiro pertencente à mesma representação (art. 37, § 3º, do RICRPS).

Os processos reunidos por conexão ou continência, quando tempestivos, serão julgados na mesma sessão, em conjunto ou, se a hipótese comportar, simultaneamente, trasladando-se o acórdão para os demais recursos (art. 37, § 6º, do RICRPS).

Se no cumprimento da diligência houver mudança de entendimento que resulte em reconhecimento do direito ao segurado, ainda que atendendo integralmente o pedido, o servidor deverá elaborar despacho fundamentado quanto às razões que o justifiquem e encaminhar o processo ao respectivo órgão julgador para decisão de mérito (*caput* do art. 34 da Portaria DIRBEN n. 996/2022).

Se a mudança de entendimento decorrer da apresentação de novos elementos, deverá o INSS fazer constar em seu despacho pedido para alteração da DER para a data em que foram juntados (parágrafo único do art. 34 da Portaria DIRBEN n. 996/2022).

Os recursos em processos que envolvam suspensão ou cancelamento de benefícios resultantes do programa permanente de revisão da concessão e da manutenção dos benefícios do Seguro Social, ou decorrentes de atuação de auditoria, deverão ser julgados no prazo máximo de 60 dias após o recebimento pelo órgão julgador – art. 61, § 10, inciso I, do RICRPS.

Já os recursos relativos à compensação financeira de que trata a Lei n. 9.796, de 1999, e os relacionados à notificação ou auto de infração emitidos pela SPREV em sua atividade de supervisão e fiscalização nos regimes de origem ou de destino devem ser julgados em 180 dias após o recebimento pela Unidade Julgadora – art. 61, § 10, inciso II, do RICRPS.

Excetuam-se à cronologia acima os julgamentos envolvendo benefícios por incapacidade, que demandam observância de proporcionalidade, segundo critérios definidos por ato do Presidente do CRPS – art. 61, § 11, do RICRPS.

Entende-se cabível no processo administrativo a concessão de tutela de urgência/evidência previstos no CPC de 2015, por aplicável subsidiária e supletivamente a este. Destarte, pode o interessado requerer tal medida, cabendo ao relator do processo analisar a existência ou não dos requisitos legais.

Até o novo Regimento Interno do CRPS se considerava como prazo máximo de duração do processo administrativo, 360 dias a contar da data do protocolo (art. 24 da Lei n. 11.457/2007). Esse prazo tem sido desrespeitado, gerando o ajuizamento de mandados de segurança para que o CRPS promova o julgamento em prazo razoável. Nesse sentido: TRF/4, TRS-SC, AC 5016452-78.2020.4.04.7201, j. 15.06.2021.

Entretanto, o atual Regimento Interno prevê que salvo algumas exceções, os recursos deverão ser julgados no prazo máximo de 365 dias, observadas as prioridades definidas em lei, a ordem cronológica de distribuição, as circunstâncias estruturais e administrativas, sem prejuízo de sua modificação por ato do Presidente do CRPS (art. 61, § 9º, do RICRPS).

Destaca-se que o acordo homologado pelo STF no RE 1.171.152, prevendo prazos máximos de conclusão pelo INSS dos processos administrativos de benefícios, não se aplica à fase recursal administrativa.

Decorridos esses prazos, há a opção de cadastrar, pela internet, no *site* da CGU,[3] uma reclamação na Ouvidoria Geral da Previdência Social, ligar para a Central de Atendimento da Previdência Social – 135 ou enviar *e-mail* para a Coordenação de Gestão Técnica do Conselho de Recursos, em Brasília.

Na hipótese, porém, de ultrapassagem desses prazos, a lei não prevê qualquer sanção, salvo o retardamento injustificado por parte do relator de recurso nos órgãos do CRPS.

Entendemos que a hipótese é de responsabilização objetiva do Estado, em caso de deferimento com reconhecimento tardio, impondo-se a reparação dos danos materiais e morais causados pela demora.

Em hipótese similar, embora tratando de Regime Próprio de Previdência Social, o Superior Tribunal de Justiça firmou entendimento no sentido de que a demora injustificada da Administração em analisar o requerimento de aposentadoria – no caso, mais de um ano – gera o dever de indenizar o servidor, que foi obrigado a permanecer no exercício de suas atividades. Precedentes: STJ, REsp 968.978/MS, 2ª Turma, Rel. Min. Mauro Campbell Marques, *DJe* 29.03.2011; AgRg no REsp 1.260.985/PR, 2ª Turma, Rel. Min. Castro Meira, *DJe* 03.08.2012.

Não vemos fundamento para que o entendimento seja diverso, tratando-se de demora na apreciação de requerimento de benefício ou de certidão e tempo de contribuição feito ao INSS, bem como daqueles que se encontram no aguardo de julgamento de recursos na via administrativa e mais, nas hipóteses de erros grosseiros da autarquia que causam evidentes prejuízos materiais e extrapatrimoniais ao indivíduo, ante o cancelamento ou indeferimento incorreto.

Colacionamos, por essa razão, casos em que houve condenação em danos morais diante da ilicitude ou falha não justificável de procedimento por parte do INSS:

- Empréstimo fraudulento realizado por terceiro. Desconto em benefício previdenciário. Empréstimo consignado: Condenação fixada em R$ 10.000,00 (TRF4, Apelação/Remessa Necessária 5005533-73.2015.4.04.7114/RS, 4ª Turma, Rel. Juiz Federal Loraci Flores de Lima, j. 16.08.2017; No mesmo sentido: TNU, PEDILEF 05025789420124058013, Rel. Juiz Federal André Carvalho Monteiro, *DOU* 09.05.2014);
- Indeferimento de benefício de salário-maternidade. Abusividade e irregularidade da negativa administrativa. Condenação fixada em R$ 10.000,00 (3ª TR/SC, Recurso Cível 5000068-03.2017.4.04.7215/SC, unânime, Rel. Juiz Federal João Batista Lazzari, j. 24.08.2017);
- Atraso na realização de perícia médica para a concessão do benefício de auxílio-doença, que culminou em dificuldades financeiras para a parte autora visto que essa permaneceu por oito meses sem receber o salário. Condenação fixada em R$ 10.000,00 (3ª TR/SC, Recurso Cível 5020690-85.2016.4.04.7200/SC, unânime, Rel. Juiz Federal Gilson Jacobsen, j. 24.08.2017).

A Turma Nacional de Uniformização dos JEFs firmou tese a respeito no seguinte sentido:

> Os casos de cancelamentos indevidos de benefícios previdenciários ou de não concessão de benefícios tidos, posteriormente, como devidos pelo Poder Judiciário, não possuem, por si sós, potencial suficiente para serem considerados como causadores de danos morais.

---

[3] Disponível em: https://falabr.cgu.gov.br.

Os entes públicos atuam sob as balizas da estrita legalidade e operam, no caso do INSS, com grande volume de atendimentos, de modo que equívocos e divergências na interpretação do fato e do direito aplicável fazem parte do próprio funcionamento estatal, de sorte que, não havendo qualquer circunstância a tornar o caso especialmente dramático, não se devem considerar esses atos como geradores *ipso facto* de danos morais (Processo n. 5000304-31.2012.4.04.7214, Rel. Juiz Federal Bianor Arruda Bezerra Neto, j. 22.06.2017).

## 2.1.1 Conselho Julgador

Segundo o art. 21 do Regimento Interno do CRPS, incumbe ao Conselheiro Julgador (relator), tanto nas Juntas de Recursos como nas Câmaras de Julgamento:

> I – presidir, quando Conselheiro de Governo, e acompanhar a instrução do processo, inclusive requisitando diligências preliminares, ao Conselheiro Diligenciador, até sua inclusão em pauta;
> II – verificar a regularidade dos atos processuais, a fim de que, aos jurisdicionados com recursos em trâmite no CRPS, sejam assegurados o contraditório e a ampla defesa;
> III – solicitar o pronunciamento jurídico ou técnico, da DAJ ou do Departamento de Perícia Médica Federal da Secretaria de Regime Geral de Previdência Social, a fim de obter subsídios para o julgamento de recursos a ele distribuídos; (Redação dada pela Portaria MPS n. 2.393, de 5 de julho de 2023);
> IV – solicitar a retirada de pauta dos recursos para reexame da matéria controvertida, podendo solicitar instrução complementar e pronunciamento de órgãos técnicos;
> V – apontar a ocorrência de conexão ou de continência, determinando a reunião dos feitos, mediante referendo do colegiado da respectiva Unidade Julgadora;
> VI – declarar-se impedido ou suspeito de participar do julgamento, na forma regimental e, supletivamente, observada as disposições do Capítulo II, do Título IV, do Código de Processo Civil – CPC;
> VII – propor ao INSS, em seu voto, que comunique, quando aplicável: (Redação dada pela Portaria MPS n. 2.393, de 5 de julho de 2023)
> a) à Procuradoria-Geral Federal – PGF, para fins de ajuizamento de ação regressiva acidentária prevista no art. 120 da Lei n. 8.213/1991, quando identificar indícios de culpabilidade de empregadores e contratantes em relação aos acidentes do trabalho ou doenças ocupacionais que acarretem a concessão de benefícios previdenciários;
> b) à Secretaria da Receita Federal do Brasil – RFB, quando decidir pelo enquadramento e conversão de tempo especial, para fins da cobrança do correspondente adicional de contribuição previdenciária, observado o trânsito em julgado administrativo; e
> c) à Polícia Federal, quando houver indícios de autoria e materialidade acerca de crimes verificados no âmbito do recurso administrativo interposto.
> VIII – executar outras atribuições fixadas neste Regimento, bem como aquelas determinadas pelo Presidente do CRPS ou, ainda, pelos Presidentes das Unidade Julgadoras a que estejam vinculados.

Acerca da produção de provas em grau de recurso, o art. 35 do Regimento Interno prevê que nos processo que tratam de interesse de seus beneficiários e contribuentes ou relacionados à comprovação de atividade rural de segurado especial ou às demais informações relacionadas ao Cadastro Nacional de Informações Sociais – CNIS o interessado poderá produzir prova documental, requerer diligências, perícias, além de formular alegações sobre a matéria objeto do recurso, até sua inclusão em pauta, hipótese em que será avaliada a necessidade de conferir direito de vista à parte contrária para ciência e manifestação (art. 35, § 1º, do Regimento Interno).

Entretanto, essa dilação probatória não é possível nos (art. 35, § 1º, do Regimento Interno):

- recursos relativos à atribuição, pelo MTP, do Fator Acidentário de Prevenção – FAP;
- recursos de processos relacionados à compensação financeira de que trata a Lei n. 9.796, de 5 de maio de 1999; e
- recursos relacionados aos processos sobre irregularidades ou responsabilidade por infração às disposições da Lei n. 9.717, de 27 de novembro de 1998, verificadas pela Secretaria de Previdência em suas atividades de supervisão realizadas por meio de fiscalização nos regimes próprios de previdência social.

Os requerimentos de provas serão objeto de apreciação por parte do Conselheiro Julgador, mediante referendo da composição de julgamento, cabendo sua recusa, em decisão fundamentada, quando se revelem impertinentes, desnecessárias ou protelatórias (art. 35, § 2º, do Regimento Interno).

De acordo com o art. 39 do RICRPS, os atos processuais, a complementação ou produção de provas serão realizados, preferencialmente, pelo sistema eletrônico, com inserção automática de dados. E, na ausência de informações ou provas suficientes ao julgamento, o Conselheiro poderá solicitar diligências, preferencialmente pelo sistema eletrônico, não cabendo pagamento de gratificação por diligência por ele realizada, ressalvados os casos de conversão em diligência em mesa, ratificada pelo colegiado.

Compete ao Conselheiro quando da não extração automática de informações pelo sistema, extrair das bases de dados governamentais a que tem acesso as informações e os documentos necessários e úteis ao julgamento e expedir comunicação às partes, por meio de sistema eletrônico disponibilizado pelo CRPS (art. 39, § 9º, do RICRPS):

Compete ao INSS, aos regimes instituidor e de origem e à Secretaria de Previdência, conforme o caso, adotar os seguintes procedimentos (art. 39, § 11, do RICRPS):

> I – pesquisa externa;
> II – justificação administrativa a pedido da parte;
> III – as diligências determinadas pelo Conselheiro Julgador; e
> IV – auditoria específica, em se tratando de notificação de auditoria fiscal ou auto de infração.

Nos casos de controvérsia sobre o enquadramento de atividades exercidas sob condições especiais que prejudiquem a saúde ou a integridade física do interessado, o Conselheiro Julgador, mediante despacho fundamentado, poderá, ainda, submeter diligência à Perícia Médica Federal, hipótese em que restringirá as consultas às situações de dúvidas concretas (art. 39, § 13, do RICRPS).

É vedado ao INSS escusar-se de cumprir, integralmente, no prazo de 30 (trinta) dias, prorrogáveis justificadamente por mais 30 (trinta) dias, as diligências solicitadas pelo CRPS (art. 39, § 5º, do RICRPS).

Poderá o INSS adotar procedimento diverso do requerido na diligência, devidamente justificado, desde que eficaz à resolução do recurso (art. 39, § 7º, do RICRPS).

Consideram-se impedimentos para o cumprimento das decisões do CRPS, conforme disposto nos §§ 2º a 4º do art. 59 do Regimento Interno do Conselho de Recursos da Previdência Social – RICRPS, regulamentado pelo art. 2º da Portaria Conjunta INSS/DIRBEN e CRPS n. 95, de 29.05.2024:

> I – a existência de benefício concedido mais vantajoso;
> II – a existência de benefício judicial concedido incompatível com aquele reconhecido na decisão administrativa; ou
> III – a existência de ação judicial, com o mesmo objeto e mesma causa de pedir do recurso.

Nas hipóteses dos incisos II e III *supra*, caberá o arquivamento do processo pelo INSS.

Nos termos dos §§ 1º a 3º do art. 2º da Portaria Conjunta INSS/DIRBEN e CRPS n. 95, de 29.05.2024, na hipótese do inciso I, caberá comunicação ao CRPS por meio de correio eletrônico, acompanhada das seguintes informações:

I – justificativa;
II – comparativo de cálculos em relação ao benefício mais vantajoso; e
III – comunicação ao segurado.

Feita a comunicação, conforme a Portaria *supra*:

- No caso de manifestação favorável do CRPS acerca do impedimento, caberá o arquivamento do processo pelo INSS, sem necessidade de envio deste ao CRPS.
- No caso de manifestação desfavorável do CRPS ou na ausência deste no prazo de 30 dias corridos, caso o INSS entenda que persiste o impedimento quanto ao cumprimento da decisão, o processo deverá ser devolvido ao CRPS, na forma de Revisão de Ofício, conforme disposto no RICRPS.

Na hipótese de ocorrência de ação judicial, havendo dúvidas quanto ao seu objeto ou causa de pedir, o INSS deverá efetuar consulta à Procuradoria Federal Especializada – PFE (art. 2º, § 5º, da Port. Conjunta INSS/DIRBEN e CRPS n. 95, de 29.05.2024).

Encerrado o prazo conferido ao INSS para o cumprimento da decisão do CRPS, inclusive o de sua prorrogação, não havendo resposta acerca do cumprimento das diligências, ou justificativa fundamentada acerca de impossibilidade de fazê-lo, o interessado poderá fazer manifestação junto à plataforma integrada de ouvidoria do Poder Executivo Federal, à Ouvidora-geral do Ministério da Previdência (recriado pela MP n. 1.154/2023) e à Ouvidoria do INSS, ou outra que vier a substituí-las, para adoção das medidas cabíveis ao efetivo cumprimento da diligência e, se for o caso, instauração de procedimento administrativo para apuração de falta funcional do servidor responsável pelo retardamento (art. 39, § 6º, do RICRPS).

### 2.1.2 Pauta, julgamento e sustentação oral

Para cada sessão será elaborada pauta de julgamento, sendo os processos incluídos pelo Conselheiro Julgador, pelo Núcleo de Gerenciamento de Processos da JR ou pela Secretaria da CAJ (art. 41 do RICRPS).

A IN CRPS 1/2022 determina que as Unidades Julgadoras devem promover o cadastramento das sessões de julgamento, comunicando com antecedência mínima de 1 mês aos Conselheiros que participarão das sessões (art. 82). Já a inclusão dos processos pelos Conselheiros pode ser feita no prazo máximo de 5 dias anteriores à sessão (art. 83).

Cabe aos Conselheiros julgadores informarem os pedidos de sustentação oral, para que seja providenciado o agendamento e sejam disponibilizados os links aos interessados ou seus procuradores (art. 84).

Uma das dificuldades apresentadas pelos procuradores e pelos segurados é com relação ao pedido de sustentação oral que era feito por meio de petição ou *e-mail* encaminhado a respectiva Junta ou Câmara julgadora.

A partir da publicação da Portaria CRPS/MPS n. 3.020, de 23 de setembro de 2024, o pedido de sustentação oral poderá ser realizado nas seguintes formas:

- apresentados como pedido nas razões recursais na interposição do recurso;
- anexados ao processo de recurso, por meios dos canais remotos ou diretamente nas APS;

- solicitados pelo interessado, seu procurador ou representante legal, por meio da Plataforma Integrada de Ouvidoria e Acesso à Informação – fala.br.

Os pedidos de sustentação oral somente serão aceitos se formalizados até a data da inclusão dos processos em pauta de julgamento ou se realizados em até três dias úteis antes da data prevista para início da sessão de julgamento, caso solicitados por meio da plataforma integrada de ouvidoria e acesso à informação – fala.br.

Prevê a Portaria n. 3.020/2024, ainda, que:

- os requerimentos de sustentação oral podem ser formalizados pelos procuradores ou representantes legais, desde que estejam devidamente habilitados no recurso ou apresentem instrumento jurídico válido para representação;
- cada requerimento deverá corresponder exclusivamente a um único processo de recurso; e
- não serão recepcionados os requerimentos de sustentação oral e de inclusão ou alteração da parte processual, dos respectivos procuradores e representantes legais, inclusive para substabelecimento do mandato, realizados por *e-mail* ou por telefone.

Agendada a sessão e requerida a sustentação, será disponibilizado pela secretaria da unidade julgadora o *link* à parte recorrente ou aos seus procuradores, quando a sustentação se der por videoconferência.

O passo a passo de como realizar o pedido de sustentação oral está disponível na própria Portaria CRPS/MPS n. 3.020, de 23 de setembro de 2024, que dispõe:

- acessar por meio do endereço: falabr.cgu.gov.br, na opção Ouvidoria;
- escolher a opção Solicitação;
- fazer o *login* (entrada) com a conta criada no sistema fala.br ou com a conta do gov.br, com o CPF ou por meio de certificado digital. Caso o *login* seja com o CPF, ao informá-lo, depois clicar em continuar;
- em seguida, deve informar a senha da conta gov.br e depois escolher a opção "entrar";
- depois, escolher nos campos abaixo as seguintes opções:
- em Esfera: selecionar Federal;
- em Órgão para o qual você quer enviar sua manifestação: Selecionar MPS – Ministério da Previdência Social.
- em Sobre qual assunto você quer falar?: escolher Outros em Previdência.
- em Fale aqui: Digitar o texto da solicitação. É possível anexar documentos no campo Envio de arquivos;
- em seguida, clicar em Avançar – não é necessário preencher os campos Local do fato e Quais são os envolvidos no fato;
- após revisar as informações da solicitação, clicar em Concluir. Caso precise alterar alguma informação, escolha Voltar, faça as alterações necessárias, nos moldes do item 5, e conclua sua solicitação;
- com a conclusão, será gerado um número de protocolo para acompanhamento, o qual será encaminhado também para o *e-mail* informado no momento do cadastro;
- as solicitações formalizadas nos moldes deste Anexo serão também respondidas pelo Conselho de Recursos da Previdência Social – CRPS por meio da plataforma fala.br.

Feita a inclusão em pauta dos autos, o recurso será julgado pelo colegiado, presidido pelo representante do governo que ocupa o cargo de Presidente do órgão julgador.

Da pauta de julgamento constará a identificação dos processos a serem apreciados, da seguinte forma:

    I – identificação do órgão julgador;
    II – dia e hora do início da sessão de julgamento;
    III – nome do relator;
    IV – nome das partes;
    V – número de protocolo dos recursos; e
    VI – número de benefício.

As pautas de julgamento das Câmaras de Julgamento e das Juntas de Recursos serão afixadas nas dependências do órgão julgador, em local visível e de fácil acesso ao público, bem como divulgadas no *site* do Ministério do Trabalho e Previdência, na parte referente ao CRPS.

A sessão de julgamento é pública, qualquer pessoa, mesmo que não possua interesse na causa, pode assistir aos julgamentos, ressalvado o exame reservado de matéria protegida por sigilo, quando será admitida tão somente a presença das partes e de seus procuradores (art. 43, § 3º, do RICRPS).

Atualmente, a distribuição dos processos nas Juntas e Câmaras é feito sem a jurisdição ou vinculação do Estado de origem e preferencialmente os julgamentos dar-se-ão em ambiente eletrônico, por meio de sessões virtuais, nos termos do art. 51 do RICRPS.

Apregoado o processo, o Presidente da Unidade Julgadora dará a palavra ao Conselheiro Julgador, que apresentará o seu relatório, facultado ao recorrente e ao recorrido, sucessivamente, a oportunidade de sustentar oralmente suas razões, pelo tempo de até 8 minutos para cada um, nessa ordem, prosseguindo-se com os votos (art. 43 do RICRPS).

Quanto ao mérito das decisões, o Conselheiro Julgador proferirá voto no prazo regimental e o levará à sessão de julgamento em que estiver pautado o processo.

O § 1º do art. 21 do Regimento Interno prevê que, "Em se tratando de recurso interposto pelo próprio segurado, beneficiário ou empresa, sem estarem representados por advogado, procurador com capacidade postulatória ou pela Defensoria Pública da União – DPU deverá o Conselheiro Julgador constatar a eventual afetação à norma infringida ou não observada pelo INSS ou pela Secretaria de Regime Geral de Previdência Social – FAP" (Redação dada pela Portaria MPS n. 2.393, de 5 de julho de 2023). É que o segurado não tem obrigação de indicar os fundamentos jurídicos de seu pedido na via administrativa.

Sobre a decisão colegiada, os arts. 44 e 45 do Regimento Interno dispõem:

- O Conselheiro pode pedir vista dos autos antes de proferir seu voto, observada a ordem de votação, devendo apresentá-lo até sessão de julgamento do mês subsequente;
- Quando da retomada do julgamento, após o pedido de vista, o recurso será apreciado pelos mesmos integrantes da composição julgadora original, salvo em caso de impossibilidade regimental;
- Tornar-se-á relator para o acórdão o Conselheiro cujo voto divergente seja vencedor;
- Em caso de empate, o Presidente da sessão de julgamento proferirá voto de qualidade;
- O Conselheiro poderá modificar seu voto antes da proclamação do resultado do julgamento.

Os Conselheiros presentes à sessão de julgamento não poderão abster-se de votar, exceto em caso de impedimento, nas hipóteses previstas neste Regimento (art. 45 do RICRPS).

Caso haja reconhecimento de impedimento de Conselheiro durante os trabalhos da sessão, o julgamento do processo ficará sobrestado para convocação de Conselheiro suplente, da mesma representatividade, para a devida continuidade.

O relatório, voto e decisão final serão transcritos integralmente no processo, inclusive os votos divergentes, bem como suas fundamentações e deles dar-se-á ciência às partes (art. 47 do RICRPS).

Na ausência injustificada do Conselheiro Julgador, o processo a ele destinado passará à responsabilidade do suplente, pertencente à mesma representação, devendo ser pautado para a próxima sessão ordinária (art. 48 do RICRPS). O suplente em exercício que iniciar o julgamento, mediante análise de mérito, ficará vinculado ao processo até a o seu julgamento, exceto se, por qualquer motivo, for desligado da respectiva Unidade Julgadora.

### 2.1.3 Consulta de processos no CRPS

Os processos submetidos a julgamento pelo CRPS serão tramitados de forma eletrônica, cabendo ao interessado a devida instrução e o seu acompanhamento (art. 35 do RICRPS).

Para visualizar o processo, utiliza-se o Meu INSS ou o *site* consultaprocessos.inss.gov.br. O usuário deve estar cadastrado no sistema de recurso como parte interessada, seja como procurador (inclusive advogado), como representante legal (curador, tutor, guardião, tutor nato ou administrador provisório) ou como o próprio titular. Para se saber para qual órgão do CRPS foi distribuído o processo, ou o seu andamento, é também possível a consulta pelo telefone 135.

A partir da publicação da Portaria CRPS/MPS n. 3.020, de 23 de setembro de 2024, é possibilitado o substabelecimento de procuradores no recurso administrativo previdenciário. Assim como no requerimento de sustentação oral, o pedido de substabelecimento de procurador poderá ser requerido de três formas:

- apresentados como pedido nas razões recursais na interposição do recurso;
- anexados ao processo de recurso, por meios dos canais remotos ou diretamente nas APS;
- solicitados pelo interessado, seu procurador ou representante legal, por meio da Plataforma Integrada de Ouvidoria e Acesso à Informação – fala.br.

É facultado ao Presidente do CRPS, por meio de ato próprio e sob coordenação conjunta da Coordenação de Gestão Técnica e Coordenação Jurídica, alterar os procedimentos relativos aos julgamentos em adequação às tendências tecnológicas e necessidade do serviço (art. 36, § 3º, do RICRPS).

### 2.1.4 Do impedimento dos Conselheiros

As partes poderão oferecer exceção de impedimento de qualquer Conselheiro até o momento da apresentação de memoriais ou na sustentação oral.

São hipóteses de impedimento (art. 38 do RICRPS):

I – participar do julgamento em 1ª instância;
II – intervir como procurador da parte, perito ou testemunha;

III – no processo em que estiver postulando, como procurador ou advogado da parte, o seu cônjuge, companheiro, parente, consanguíneo ou afim, em linha reta ou na linha colateral, até o terceiro grau;

IV – for cônjuge, companheiro ou companheira, parente, consanguíneo ou afim da parte interessada, em linha reta ou, na colateral, até o terceiro grau;

V – for amigo íntimo ou inimigo notório da parte;

VI – tiver auferido vantagem ou proveito de qualquer natureza, antes ou depois de iniciado o processo administrativo, em razão de aconselhamento acerca do objeto da causa;

VII – tiver interesse, direto ou indireto, no julgamento do recurso; e

VIII – houver proferido decisão indeferitória no âmbito do INSS, do regime instituidor, do regime de origem ou da SPREV, quando for, nesta última, o responsável pela emissão da notificação de auditoria fiscal e do auto de infração.

O impedimento será declarado pelo próprio Conselheiro ou suscitado por qualquer interessado, cabendo ao arguido pronunciar-se por escrito sobre a alegação, devendo constar na ata da respectiva sessão de julgamento, indicando ao menos uma dentre as situações previstas no parágrafo anterior, ou nos arts. 144 e 145 do Código de Processo Civil de 2015.

Caso o Conselheiro não reconheça o seu impedimento, a questão será submetida à deliberação do Presidente da Unidade Julgadora, cabendo recurso desta decisão ao Presidente do CRPS (art. 38, § 3º, do RICRPS).

O Conselheiro que deixar de declarar ou reconhecer seu impedimento, e for considerado impedido por decisão do Presidente do CRPS, poderá ser enquadrado na prática de falta disciplinar grave, sujeitando-se à penalidade de perda do mandato (art. 38, § 4º, do RICRPS).

Em caso de impedimento do Presidente da Câmara ou da Junta, assumirá a presidência dos trabalhos o seu substituto ou outro conselheiro representante do governo na Unidade Julgadora, designado pelo Presidente do CRPS (art. 38, § 5º, do RICRPS).

No caso de impedimento do Conselheiro Julgador ou Diligenciador, o processo será redistribuído a outro Conselheiro, integrante da mesma Unidade Julgadora e pertencente à mesma representação (art. 38, § 6º, do RICRPS).

### 2.1.5 Das decisões

É vedado às JR e CAJ afastar a aplicação, por inconstitucionalidade ou ilegalidade, de tratado, acordo internacional, lei, decreto ou ato normativo ministerial em vigor, de súmulas vinculantes e enunciados, ambos do Conselho Pleno, ressalvados os casos em que já tenha sido declarada a inconstitucionalidade da norma pelo Supremo Tribunal Federal, por meio de súmula vinculante, de ação direta e após a publicação da decisão, em sede de Recurso Extraordinário com repercussão geral, ou pela via incidental após a publicação da resolução do Senado Federal que suspendera sua eficácia (art. 54 do CRPS).

Assim, poderão ser aplicadas às decisões do CRPS as interpretações oriundas do STF:

I – nas decisões, transitadas em julgado, em controle concentrado de constitucionalidade (ADI, ADC, ADPF);

II – nos recursos extraordinários com repercussão geral reconhecida, após o seu trânsito em julgado; e

III – nas súmulas vinculantes e nas súmulas em matéria constitucional.

Já com relação às interpretações oriundas do Superior Tribunal de Justiça o CRPS pode aplicar (art. 54, § 2º, do RICRPS):

I – nos recursos especiais repetitivos, com trânsito em julgado, desde que as decisões não sejam objeto de Recurso Extraordinário, mesmo que supervenientes, e nem estejam suspensas pelo STF;

II – nos incidentes de assunção de competência (IAC) e incidentes de resolução de demandas repetitivas (IRDR), desde que as decisões não sejam objeto de Recurso Extraordinário, mesmo que supervenientes, e nem estejam suspensas pelo STF; e

III – nas súmulas em matéria infraconstitucional, desde que não sejam objeto de Recurso Extraordinário, mesmo que supervenientes, e nem estejam suspensas pelo STF.

No CRPS também cabem decisões monocráticas, desde que submetidas à homologação do Presidente do respectivo Órgão Colegiado, ou na falta deste, o seu substituto ou qualquer outro Conselheiro de Governo por ele previamente designado, podendo ser julgados em lote ou não, os processos em que (art. 55 do RICRPS):

I – for identificada a propositura de ação judicial que tenha o mesmo objeto do pedido constante do recurso administrativo;

II – o recurso ordinário, dispondo exclusivamente sobre matéria médica, em que a manifestação médico-pericial, em sede recursal, corrobore a decisão do INSS que indeferiu o benefício por incapacidade;

III – seja de competência dos incisos II, IV e V do art. 1º deste Regimento, observada a distribuição equânime por representatividade;

IV – o recurso especial verse sobre matéria de alçada exclusiva das JR, quando for o caso; e

V – extinto o processo com resolução do mérito por reconhecimento do direito pelo INSS.

VI – outros casos, conforme decidido em ato do Presidente do CRPS. (Incluído pela Portaria MPS n. 2.393, de 5 de julho de 2023)

Mesmo no caso de decisão monocrática (art. 55 do RICRPS):

- os Conselheiros Julgadores receberão o pagamento de gratificação.
- caberão recursos e incidentes processuais, salvo nos casos de alçada exclusiva das JR.
- caso não homologada a decisão, o processo será submetido à votação do colegiado e, não sendo possível o seu julgamento imediato, incluído na próxima sessão de julgamento.

As decisões proferidas pelas Unidades Julgadoras poderão ser de (art. 56 do RICRPS):

I – conversão em diligência;
II – não conhecimento;
III – conhecimento e não provimento;
IV – conhecimento e provimento parcial;
V – conhecimento e provimento; e
VI – extinção do processo com resolução do mérito por conhecimento do direito pela Parte; e (Redação dada pela Portaria MPS n. 2.393, de 5 de julho de 2023)
VII – anulação. (Incluído pela Portaria MPS n. 2.393, de 5 de julho de 2023)

Cabe destacar que o Conselheiro Julgador receberá Jeton em caso de Embargos de Declaração inadmitidos ou, quando admitidos, sejam rejeitados, ou quando oriundos de outro Conselheiro, independentemente da admissibilidade ou acolhimento, devendo ser o processo incluído em pauta de julgamento. Entretanto, não haverá o pagamento quando Embargos de

Declaração admitidos e providos, salvo se oriundos de outro Conselheiro Julgador (art. 32 da IN CRPS 1/2022).

Segundo o art. 56 do RICRPS, é vedada decisão que antecipe os efeitos do acordão ou de resolução.

Vale ressaltar ainda que no CRPS são razões de não conhecimento do recurso (art. 57 do RICRPS):

> I – a intempestividade;
> II – a ilegitimidade das partes;
> III – a renúncia à utilização da via administrativa para discussão da pretensão, decorrente da propositura de ação judicial;
> IV – a desistência voluntária manifestada por escrito pelo interessado ou seu representante;
> V – qualquer outro motivo que leve à perda do objeto do recurso; e
> VI – a preclusão.

No julgamento de recursos contra indeferimento e cessação de benefício por matéria médica, a ausência de documentos médicos acarretará o não conhecimento do recurso, nos termos do inciso V do art. 57 do Regimento Interno do Conselho de Recursos da Previdência Social (art. 87-D da IN CRPS n. 01/2022, incluído pela IN CRPS/MPS n. 03/2024).

Para fins do disposto no *caput* do referido art. 87-D da IN, considera-se apto para análise recursal:

> I – nos casos de indeferimento do benefício por motivo médico, o documento médico anexado, ainda que emitido anteriormente à interposição do recurso; e
> II – nos casos de cessação do benefício por motivo médico, o documento médico anexado, desde que emitido após a data de cessação do benefício – DCB.

Aplica-se, também, o disposto no art. 87-D da IN CRPS n. 01/2022 aos benefícios de pensão por morte e auxílio-reclusão de dependente maior inválido ou deficiente, de prestação continuada à pessoa com deficiência e de aposentadoria da pessoa com deficiência. A hipótese não se aplica quando for possível suprir a ausência de documentos médicos por utilização de prova emprestada, nos termos do art. 100-A da referida Instrução Normativa, ou pela aplicação do art. 75 do RPS.

Acerca da prova emprestada, dispõe o art. 100-A da IN CRPS n. 01/2022, com a redação conferida pela IN CRPS/MPS n. 03/2024:

> Art. 100-A. Será admitida a utilização de prova produzida em outro processo, atribuindo-lhe o valor adequado, desde que seu conteúdo esteja intrinsecamente vinculado à matéria controvertida em discussão.
> § 1º A utilização da prova emprestada não se limita a recursos de benefícios da mesma espécie, salvo se incompatível com o que se pretende provar.
> § 2º A aplicação da prova emprestada nos benefícios por incapacidade deverá observar o disposto no item 2.1.12 do Anexo V desta Instrução Normativa.
> § 3º Será admitida como prova emprestada a avaliação da deficiência realizada em um Benefício de Prestação Continuada à pessoa com deficiência (B-87) em outro requerimento da mesma espécie, quando a avaliação conjunta realizada no benefício anterior tiver conclusão favorável ao reconhecimento da deficiência, desde que:
> I – o motivo do indeferimento ou da cessação do requerimento anterior não esteja relacionado com a avaliação da deficiência ou com o grau de impedimento; e

II – a avaliação tenha sido realizada em período não superior a 2 (dois) anos contados retroativamente da data de entrada do requerimento – DER do pedido de novo benefício.

§ 4º O prazo a que se refere o inciso II do parágrafo anterior deve ser calculado a partir da data de realização da última avaliação, social ou médica, feita no requerimento de benefício anteriormente indeferido ou cessado.

No caso de intempestividade, é possível que o Conselheiro Julgador, após analisar o mérito do recurso e, demonstrada de forma inequívoca a liquidez e a certeza do direito da parte, proponha que seja relevada a intempestividade dos recursos no corpo do próprio voto (art. 57, § 1º, do RICRPS). Entretanto, nesse caso não poderão ser determinadas diligências para instrução do recurso.

Ainda, a relevação da intempestividade não se aplica aos incidentes processuais, bem como aos procedimentos aplicáveis ao Conselho Pleno.

Em caso de falecimento da parte recorrente antes da decisão, o recurso deve ser julgado no estado em que se encontra, sem diligências (§ 4º do art. 57 do RICRPS, com redação dada pela Portaria MPS n. 2.393, de 5 de julho de 2023).

## 2.2 JUNTAS DE RECURSOS (1ª INSTÂNCIA RECURSAL)

O CRPS é formado por 29 Juntas de Recursos, às quais compete julgar os recursos interpostos contra as decisões do INSS em matéria de benefícios previstos na legislação previdenciária, dos benefícios assistenciais de prestação continuada previstos no art. 20 da Lei n. 8.742, de 7.12.1993, e, ainda, da aplicação das regras do nexo técnico epidemiológico de que trata o § 13 do art. 337 do Regulamento da Previdência Social.

As decisões e acórdãos proferidos pelas Juntas de Recursos são considerados de primeira instância recursal administrativa, conforme o Regimento Interno do Conselho de Recursos.

Dispõe o art. 5º, § 1º, do aludido Regimento (Portaria MPT n. 4.061/2022) que "A admissão dos recursos a que se refere o art. 1º deste Regimento é privativa do CRPS, sendo vedado ao INSS ou à Secretaria de Previdência (FAP/RPPS) recusá-los ou sustar o seu andamento".

### 2.2.1 Recurso ordinário para a Junta de Recursos

O INSS possui um formulário modelo para a interposição de recurso ordinário para a Junta de Recursos, mas tal modelo apresenta pouco espaço para a disposição dos motivos do recurso, sendo mais utilizado nos casos de interposição pelo próprio segurado.

É necessário lembrar ainda que não existe a obrigação de o segurado ou seu representante intentarem recurso para a Junta no formulário disponibilizado pelo INSS, podendo apresentar recurso ordinário nos termos e formas que melhor lhe convir, devendo apenas cumprir requisitos mínimos.

O modelo de recurso para a Junta de Recursos em caso de cancelamento de aposentadoria por invalidez/incapacidade permanente por retorno à atividade se encontra na Parte VI desta obra.

Importante ressaltarmos a orientação administrativa de que o recurso ordinário contra a cessação do benefício de auxílio por incapacidade temporária previdenciário ou acidentário deve ser precedido de pedido de prorrogação, sob pena de ser considerado precluso o pedido e apenas aceito o recurso como requerimento de novo benefício.

Após ser recebido o recurso ordinário na Junta de Recursos, o processo é distribuído a um relator.

Após o julgamento, as decisões/acórdãos são disponibilizadas na internet. O interessado pode buscar saber o resultado pela Central de Atendimento da Previdência Social (telefone

135), pelo Meu INSS ou pelo *site* consultaprocessos.inss.gov.br. O INSS também deve, após o recebimento do processo, encaminhar comunicação ao segurado.

Das decisões proferidas no julgamento do Recurso Ordinário caberá Recurso Especial no prazo de 30 dias corridos (prazo comum às partes) dirigido às Câmaras de Julgamento quando (art. 33 do RICRPS):

> I – violarem disposição de lei, decreto ou de portaria ministerial;
>
> II – divergirem de parecer do Advogado-Geral da União – AGU, aprovado pelo Presidente da República, na forma do art. 40 da Lei Complementar n. 73/1993;
>
> III – divergirem de pareceres da consultoria jurídica dos extintos Ministério do Trabalho e Previdência, MPAS e do MPS, aprovados pelo Ministro de Estado;
>
> IV – divergirem de enunciados editados pelo Conselho Pleno do CRPS;
>
> V – divergirem de Súmula Vinculante do Ministro do Trabalho e Previdência;
>
> VI – quando contrariarem laudos ou pareceres médicos emitidos pela Perícia Médica Federal, referentes a benefícios de matéria exclusivamente médica; e
>
> VII – impetrado por ente federativo ou pela SPREV, na hipótese do inciso V do art. 1º.

É de alçada exclusiva das Juntas de Recursos, na forma do art. 33, § 1º, do Regimento Interno do CRPS, não comportando recurso às Câmaras de Julgamento, as decisões proferidas sobre revisão de reajustamento de benefício em manutenção, exceto quando a diferença na Mensalidade Reajustada – MR decorrer de alteração da Renda Mensal Inicial – RMI, e as fundamentadas exclusivamente em matéria médica, assim definidas:

> I – as relativas aos benefícios por incapacidade temporária e permanente, parcial ou total, ao auxílio-acidente, à aposentadoria da pessoa com deficiência e ao benefício assistencial da pessoa com deficiência;
>
> II – os casos em que a manifestação médico-pericial em sede recursal corrobora a decisão do INSS que indeferiu o benefício por incapacidade;
>
> III – sobre a existência, permanência ou redução da (in)capacidade laborativa ou para atividade habitual, inclusive para fins de pagamento do adicional previsto no art. 45 da Lei n. 8.213/1991;
>
> IV – sobre o reconhecimento de Nexo Técnico Profissional ou do Trabalho, Nexo Técnico Individual e Nexo Técnico Epidemiológico;
>
> V – sobre a fixação das datas relativas ao início da doença (DID), da incapacidade (DII) e cessação do benefício (DCB), momento em que estará cessada a incapacidade, averiguada no mesmo processo ou diverso, na forma de prova emprestada;
>
> VI – sobre a progressão ou agravamento de doença existente anteriormente ao ingresso ou reingresso no RGPS, salvo nos casos de mesmo segurado e doença, a data de início da incapacidade (DII) é posterior à data de início da doença (DID), averiguada no mesmo processo ou diverso, na forma de prova emprestada;
>
> VII – sobre a existência e o grau (leve, médio, grave) de deficiência para fins de benefícios previdenciários e assistenciais;
>
> VIII – sobre a análise de capacidade laborativa residual para fins de encaminhamento do beneficiário ao Programa de Reabilitação Profissional do INSS;
>
> IX – sobre o enquadramento das doenças e critérios de gravidade nas hipóteses que dispensam a carência previdenciária; e
>
> X – sobre a matéria a que se refere o inciso IV[4] do art. 1º deste Regimento.

---

[4] Art. 1º (...) IV – os recursos de processos relacionados à compensação financeira de que trata a Lei n. 9.796, de 5 de maio de 1999.

Em se tratando de matéria exclusivamente médica, deverá ser ouvida previamente a Perícia Médica Federal – PMF, que emitirá parecer de forma fundamentada e conclusiva no âmbito de sua competência, hipótese em que será utilizado encaminhamento interno por meio de despacho, salvo nos casos já decididos em outros processos relativos ao mesmo segurado, versando sobre os mesmos parâmetros médicos e período de incapacidade, averiguada no mesmo processo ou diverso, na forma de prova emprestada (*vide* o art. 100-A da IN CRPS n. 01/2022, com a redação da IN CRPS/MPS n. 03/2024, já comentado linhas atrás).

O parecer técnico de matéria médica acima mencionado será produzido pelos Peritos Médicos Federais, da Subsecretaria de Perícia Médica Federal da Secretaria de Previdência, com caráter vinculante, desde que devidamente fundamentado de forma explícita, clara e congruente, com análise das provas constantes nos autos, bem como conclusão respondendo objetivamente aos questionamentos e informações constantes na diligência solicitada pelo Conselheiro Julgador, sob pena de afastamento da análise pericial (art. 33, § 3º, do RICRPS).

## 2.3 RECURSO ESPECIAL ÀS CÂMARAS DE JULGAMENTO – CAJ (2ª INSTÂNCIA RECURSAL)

O Conselho de Recursos da Previdência Social – CRPS é formado por quatro Câmaras de Julgamento, situadas em Brasília e com competência para julgar em segunda e última instância os recursos especiais interpostos contra as decisões proferidas pelas Juntas de Recursos que infringirem a lei, regulamento, enunciado ou ato normativo ministerial.

Os recursos interpostos contra decisões das Juntas de Recursos são denominados Recursos Especiais e devem ser interpostos em 30 dias corridos (e não mais úteis, conforme alteração realizada pela Portaria MPS n. 2.393, de 2023) a partir da intimação do interessado ou de seu representante legal. O mesmo prazo de 30 dias corridos é destinado a contrarrazões. Expirado o prazo para contrarrazões, os autos serão imediatamente encaminhados para julgamento pela Câmara respectiva.

Não serão conhecidos pelas Câmaras de Julgamento os recursos de competência exclusiva das Juntas de Recursos, observado o disposto no art. 33, § 1º, do Regimento Interno do CRPS.

Reza o art. 87-A da IN CRPS n. 1, de 28 de dezembro de 2022, incluído pela IN CRPS/MPS n. 3, de 12.05.2024, "Ainda que o recurso especial se enquadre na hipótese de não conhecimento por intempestividade, prevista no § 6º do art. 57 do Regimento Interno do Conselho de Recursos da Previdência Social, se verificada a ocorrência das hipóteses dos arts. 34, § 1º, e 76 do Regimento Interno do Conselho de Recursos da Previdência Social nas decisões de 1ª Instância, o recurso deverá ser conhecido, com decisão de anulação do acórdão da Junta de Recursos e devolução para novo julgamento".

A interposição tempestiva do Recurso Especial suspende os efeitos da decisão de primeira instância e devolve à instância superior o conhecimento integral da causa (art. 33, § 4º, do RICRPS).

Observa-se, no entanto, que o art. 61 da Lei n. 9.784/1999, que regula o processo administrativo federal, determina, expressamente, que o recurso administrativo não tem efeito suspensivo, salvo disposição legal em contrário.

Dessa forma, o ato regulamentar (na hipótese, o Decreto n. 3.048/1999) ou qualquer norma administrativa, como a Portaria em comento, não pode ir além do que está expresso na lei. Isso porque é pacífico que, salvo casos expressos previstos na Constituição Federal, não é permitido ao Chefe do Poder Executivo emitir decretos autônomos, tampouco outra autoridade administrativa disciplinar conteúdo reservado à lei em sentido estrito.

Decisões judiciais têm garantido muitas vezes a implementação de benefícios concedidos pelas Juntas de Recursos para os quais o INSS interpõe recurso especial:

Previdenciário e processual civil. Mandado de segurança. Reconhecimento administrativo de direito ao benefício. Recurso administrativo interposto pelo próprio INSS. Efeito suspensivo. Art. 61 da Lei n. 9.784/1999. Nos termos do art. 61 da Lei n. 9.784/1999, a regra geral no procedimento administrativo é a não atribuição de efeito suspensivo ao recurso, por isso não sendo necessário o esgotamento da via para a implantação ou suspensão do benefício. Não opera com força bastante em sentido diverso o disposto no Decreto n. 3.048/1999, por se tratar de ato regulamentar e não de lei. (TRF4, APELREEX 5000892-59.2012.404.7013, 6ª Turma, Rel. João Batista Pinto Silveira, juntado aos autos em 16.08.2013)

O protocolo do recurso especial pode ser feito pelo telefone 135, pelo portal *Meu INSS* ou pelo INSS Digital da advocacia.

## 2.4 RECURSOS AO PLENO DO CRPS

O Conselho Pleno do Conselho de Recursos da Previdência Social é composto pelo Presidente do Conselho de Recursos, que o presidirá, e pelos Presidentes e Conselheiros Titulares das Câmaras de Julgamento das respectivas atribuições, no caso do RGPS (art. 25 do RICRPS).

As sessões do Conselho Pleno serão abertas por seu Presidente, após verificada a presença de, no mínimo, metade mais um dos seus membros (art. 78 do RICRPS).

A competência do Plenário do CRPS é identificada atualmente no art. 3º do Regimento Interno do CRPS:

> I – uniformizar, em tese, a jurisprudência administrativa previdenciária e assistencial, mediante a edição de enunciados;
> II – uniformizar, no caso concreto, as divergências jurisprudenciais entre as Juntas de Recursos nas matérias de sua alçada ou entre as Câmaras de julgamento ou entre as Turmas de Câmara de Julgamento (FAP/RPPS), em sede de Recurso Especial, mediante a edição de Resolução;
> III – decidir, no caso concreto, as Reclamações ao Conselho Pleno, mediante a edição de Resolução; e
> IV – decidir questões administrativas definidas neste Regimento.

Novidade no Regimento Interno da Portaria n. 4.061/2022 é a possibilidade de o Conselho Pleno editar Súmulas Vinculantes, a serem submetidas ao Ministro de Estado do Trabalho e Previdência que, aprovando-as, vincularão o INSS e a Secretaria de Previdência em suas decisões.

No conselho pleno, após a leitura do relatório e do voto do Conselheiro Julgador, será iniciado o processo de votação, no qual os conselheiros poderão (art. 78, § 2º, do RICRPS):

> I – acompanhar o relator;
> II – divergir do relator; ou
> III – pedir vista dos autos.

Encerrada a votação, o Presidente do Conselho Pleno proclamará a decisão.

Quando a decisão do Conselho Pleno for editada em forma de resolução para o caso concreto será exigida a maioria simples.

Já a emissão de Enunciados dependerá da aprovação da maioria absoluta dos membros do Conselho Pleno e vincula, quanto à interpretação do direito, todos os Conselheiros do CRPS, sob pena de responsabilidade administrativa quando da sua não aplicação, ressalvadas as hipóteses dos arts. 34 e 52 do RI (art. 80 do RICRPS).

O Conselho Pleno poderá pronunciar-se pelo não conhecimento do PUJ, ou pelo seu conhecimento e sobre as seguintes decisões (art. 83, § 10, do RICRPS):

I – edição de enunciado, com força normativa vinculante ao Conselho, quando houver aprovação da maioria absoluta de seus membros e havendo deliberação do colegiado para sua emissão; ou

II – edição de resolução para o caso concreto, quando houver aprovação da maioria simples de seus membros;

Proferido o julgamento, caso haja deliberação para edição de enunciado, o conselheiro responsável pelo voto vencedor deverá redigir o projeto de enunciado, a ser aprovado na mesma sessão ou na sessão ordinária seguinte.

Todos os enunciados emitidos pelo Conselho Pleno têm efeito vinculante em relação aos demais órgãos julgadores do Conselho de Recursos, sendo vedado a estes decidir casos concretos em sentido diverso quanto à "matéria de direito" (interpretação das normas previdenciárias).

As consultas das decisões das Câmaras de Julgamento estão disponíveis no próprio *site* do INSS e facilitam a coleta de informações para a interposição da uniformização. Nesses casos, o pedido de uniformização funcionaria quase como um terceiro grau de jurisdição administrativa, garantindo a isonomia na aplicação da Lei.

### 2.4.1 Pedido de uniformização de jurisprudência no âmbito administrativo

Compete ao Conselho Pleno do Conselho de Recursos julgar pedidos de uniformização de jurisprudência no âmbito administrativo do INSS.

Existem dois tipos possíveis de pedidos de uniformização de jurisprudência para o Conselho Pleno: o incidente de uniformização em tese e o de uniformização de matéria de direito.

Trataremos de ambos a seguir.

#### 2.4.1.1 Pedido de uniformização de jurisprudência em tese

Cabe pedido de uniformização da jurisprudência em tese para encerrar divergência jurisprudencial administrativa ou para consolidar jurisprudência reiterada no âmbito do Conselho de Recursos, mediante a edição de enunciados.

A uniformização de matérias em tese é voltada para os órgãos internos do INSS, sendo aplicável para discussões sobre a interpretação e a aplicação da Lei Previdenciária e Assistencial pelos agentes administrativos, não englobando divergências de casos práticos, mas sim de regras genéricas.

A uniformização, em tese, da jurisprudência administrativa previdenciária e assistencial poderá, na forma do art. 79 do Regimento Interno, ser suscitada para encerrar divergência jurisprudencial administrativa ou para consolidar jurisprudência reiterada no âmbito do CRPS, mediante a edição de enunciados.

A uniformização em tese poderá ser provocada pelo Presidente, pela Divisão de Assuntos Jurídicos, pelos Presidentes das Câmaras de Julgamento, pelos Presidentes das Juntas de Recursos, exclusivamente em matéria de alçada, pela Diretoria de Benefícios do INSS, pela PFE/INSS ou pelas Secretarias do MPS (FAP/RPPS), mediante a prévia apresentação de estudo fundamentado sobre a matéria a ser uniformizada, no qual deverá ser demonstrada a existência de relevante divergência jurisprudencial ou de jurisprudência convergente reiterada (§ 1º do art. 79 do RICRPS – Redação dada pela Portaria MPS n. 2.393, de 5 de julho de 2023).

A divergência ou convergência de entendimentos deverá ser demonstrada mediante a elaboração de estudo fundamentado com a indicação de decisórios divergentes ou convergentes, conforme o caso, proferidos nos últimos 3 (três) anos, por outro órgão julgador, turma de julgamento, ou, ainda, por resolução do Conselho Pleno (art. 79, § 2º, do RICRPS).

Elaborado o estudo, a autoridade competente encaminhará a proposta de uniformização em tese da jurisprudência previdenciária ao Presidente do CRPS, que a distribuirá ao relator da matéria no Conselho Pleno (art. 79, § 3º, do RICRPS).

A emissão de Enunciados dependerá da aprovação da maioria absoluta dos membros do Conselho Pleno e vincula, quanto à interpretação do direito, todos os Conselheiros do CRPS, sob pena de responsabilidade administrativa quando da sua não aplicação, ressalvadas as hipóteses dos arts. 34 e 52 do Regimento – art. 80, *caput*, do RICRPS.

A interpretação dada pelo enunciado não se aplica aos casos definitivamente julgados no âmbito administrativo, não servindo como fundamento para a revisão destes (art. 80 do RICRPS).

Em respeito à coisa julgada administrativa, a interpretação dada pelo Enunciado não se aplica aos casos definitivamente julgados no âmbito administrativo, não servindo como fundamento para a revisão destes (art. 80, § 1º, do RICRPS).

O Enunciado poderá ser revogado ou ter sua redação alterada, por maioria absoluta, mediante provocação das autoridades de que trata o § 1º do art. 79, sempre precedido de estudo fundamentado, nos casos em que:

- esteja desatualizado em relação à legislação previdenciária e demais institutos do ordenamento jurídico pátrio (art. 80, § 2º, do RICRPS).
- haja equívoca interpretação da norma ou quando sobrevier parecer normativo ministerial aprovado pelo Ministro de Estado, ou parecer do Advogado Geral da União aprovado pelo Presidente da República que lhe prejudique ou retire a validade ou eficácia (art. 80, § 3º, do RICRPS).

O RPS, com a redação dada pelo Decreto n. 10.410/2020, traz inovação na matéria, em seu art. 352, *verbis*:

> Art. 352. Para fins de reconhecimento inicial de benefícios previdenciários, desde que este não acarrete revisão de ato administrativo anterior, o Presidente do INSS poderá editar súmulas administrativas, que terão caráter vinculante perante o INSS nas seguintes hipóteses:
> I – sobre tema a respeito do qual exista súmula ou parecer emitido pelo Advogado-Geral da União; e
> II – sobre tema decidido pelo Supremo Tribunal Federal, em matéria constitucional, ou pelo Superior Tribunal de Justiça, no âmbito de suas competências, quando definido em sede de repercussão geral ou recurso repetitivo e não houver viabilidade de reversão da tese firmada em sentido desfavorável ao INSS, conforme disciplinado pelo Advogado-Geral da União, nos termos do disposto no § 2º do art. 19-D da Lei n. 10.522, de 19 de julho de 2002.
> § 1º A edição da súmula administrativa de que trata este artigo será precedida de avaliação de impacto orçamentário e financeiro pela Secretaria Especial de Previdência e Trabalho do Ministério da Economia.
> § 2º As súmulas administrativas serão numeradas em ordem cronológica e terão validade até que lei, decreto ou outra súmula discipline a matéria de forma diversa, e competirá ao INSS mantê-las atualizadas em seus sítios eletrônicos.
> § 3º Para fins do disposto neste artigo, a Procuradoria Federal Especializada junto ao INSS emitirá parecer conclusivo para propor a edição, a alteração ou o cancelamento de súmula administrativa, da qual deverá constar o fundamento para a sua edição.

A Procuradoria Federal Especializada do INSS e a Consultoria Jurídica do Ministério da Previdência Social serão cientificadas por ofício acerca da aprovação dos Enunciados, para fins de orientar juridicamente o órgão ou a entidade de origem sobre eventuais medidas administrativas a serem implementadas para a prevenção de futuros litígios.

Por proposta do Presidente do CRPS, do Secretário de Previdência, do Presidente do INSS ou de Confederação representativa de categoria econômica ou profissional habilitada à indicação de conselheiros, ou, ainda, por proposta do Conselho Nacional dos Regimes Próprios de Previdência Social, o Ministro de Estado poderá atribuir efeito vinculante ao Enunciado do CRPS em relação à administração previdenciária federal, passando à condição de Súmula Vinculante no âmbito da administração pública federal (art. 81 do RICRPS).

A proposta deve ser aprovada no Conselho Pleno e encaminhada por intermédio do Presidente do CRPS ao Ministro de Estado do Trabalho e Previdência para a decisão final quanto ao efeito e transformação em Súmula Vinculante, e esta começará a valer a partir da publicação do ato do Ministro do Trabalho e Previdência no Diário Oficial da União (§§ 1º e 2º do art. 81 do RICRPS).

### 2.4.1.2  Pedido de uniformização de jurisprudência em matéria de direito

O Pedido de Uniformização de Jurisprudência – PUJ poderá ser requerido em casos concretos, pelas partes do processo, dirigido ao Presidente do respectivo órgão julgador, nas seguintes hipóteses:

> I – divergência na interpretação em matéria de direito entre acórdãos de Câmaras de Julgamento do CRPS, em sede de recurso especial, ou entre estes e Resoluções do Conselho Pleno;
> 
> II – divergência na interpretação em matéria de direito entre acórdãos de Juntas de Recursos do CRPS, nas hipóteses de alçada exclusiva, ou entre estes e Resoluções do Conselho Pleno; ou
> 
> III – divergência na interpretação nas matérias de direito do FAP e do RPPS entre acórdãos de Turmas da Câmara de Julgamento Especializada.

A divergência deverá ser demonstrada mediante a juntada aos autos do acórdão divergente, proferido nos últimos 3 (três) anos, por outro órgão julgador, turma de julgamento, ou, ainda, por Resolução do Conselho Pleno (art. 83 do RICRPS).

É de 30 (trinta) dias o prazo para o requerimento do PUJ e para o oferecimento de contrarrazões, contados da data da ciência da decisão e da data da intimação do pedido, respectivamente, hipótese em que suspende o prazo para o seu cumprimento.

Os processos serão preliminarmente analisados pelo Conselheiro Julgador do acórdão ou, na sua falta, por aquele designado pelo Presidente da Unidade Julgadora para substituí-lo, a fim de identificar os pressupostos de admissibilidade do PUJ ou outro incidente processual cabível.

Reconhecida em sede de cognição sumária a existência da divergência pelo Presidente da Unidade Julgadora, o processo será por este admitido e encaminhado ao Presidente do Conselho Pleno para que o pedido seja distribuído ao relator da matéria.

Não será admitido o PUJ quando:

- o acórdão paradigma estiver em desacordo com a jurisprudência do CRPS constante em Súmula Vinculante, Enunciado ou Resolução do Conselho Pleno, pareceres da Consultoria Jurídica do Ministério da Previdência Social e dos extintos MTP e MPAS aprovados pelo Ministro de Estado, pareceres do AGU aprovados pelo Presidente da República, na forma da Lei Complementar n. 73/1993 (§ 4º do art. 83 do RICRPS);

- as partes, a pretexto de discutir tese jurídica, objetivam revolver matéria fático-probatória já decidida pelas Câmaras de Julgamento, última instância recursal com competência para análise de fatos e provas (§ 5º do art. 83 do RICRPS).

Do não recebimento do pedido de uniformização pela Presidência da Unidade julgadora, caberá recurso ao Presidente do CRPS, no prazo de trinta dias corridos (e não mais úteis, conforme alteração pela Portaria MPS n. 2.393, de 2023) da ciência da decisão comprovada nos autos (§ 6º do art. 83 do RICRPS).

Quando a admissão do PUJ for parcial, cabe recurso em relação à parte não admitida pelo Presidente do órgão julgador, devendo este notificar as partes para, desejando, apresentar recurso ao Presidente do CRPS, no prazo de 30 dias corridos da ciência da decisão, sob pena de nulidade.

O PUJ poderá ser formulado pela parte uma única vez, tratando-se do mesmo caso concreto ou da mesma matéria examinada em tese, à luz do mesmo acórdão ou resolução indicados como paradigma (§ 9º do art. 83 do RICRPS).

O Conselho Pleno poderá pronunciar-se pelo não conhecimento do pedido de uniformização, ou pelo seu conhecimento e seguintes decisões (art. 83, § 10, do RICRPS):

> I – edição de enunciado, com força normativa vinculante ao Conselho, quando houver aprovação da maioria absoluta de seus membros e havendo deliberação do colegiado para sua emissão; ou
> II – edição de resolução para o caso concreto, quando houver aprovação da maioria simples de seus membros.

Proferido o julgamento, caso haja deliberação para edição de enunciado, o conselheiro responsável pelo voto vencedor deverá redigir o projeto de enunciado, a ser aprovado na mesma sessão ou na sessão ordinária seguinte (art. 83, § 11, do RICRPS).

O pronunciamento do Conselho Pleno, nos casos de uniformização de jurisprudência, poderá ser adiado, uma única vez, para a sessão seguinte a pedido de, no mínimo, três membros presentes. O pedido de adiamento não impedirá que votem os conselheiros que se julguem habilitados a fazê-lo.

Os conselheiros que tenham participado de análise do processo na Câmara de Julgamento não estão impedidos de julgar o pedido de uniformização no Conselho Pleno.

No caso de provimento do Pedido de Uniformização de Jurisprudência, o Órgão Julgador do CRPS que proferiu o acórdão infringente deverá revê-lo de ofício, após ser notificado do resultado do julgamento, adequando o julgado à tese fixada pelo Pleno.

### 2.4.2 Reclamação ao Conselho Pleno

O procedimento denominado reclamação, dirigido ao Plenário do CRPS para que sejam cumpridas decisões vinculantes, é cabível apenas nas hipóteses do art. 84 do atual RICRPS:

> I – pareceres da Consultoria Jurídica de Ministérios com a atribuição de responder pela Previdência Social, vigentes e aprovados pelo respectivo Ministro de Estado, bem como pareceres do AGU aprovados pelo Presidente da República, na forma do art. 40 da Lei Complementar n. 73/1993;
> II – súmulas vinculantes previstas no art. 81 do Regimento do CRPS (efeito vinculante ao Enunciado do CRPS); e
> III – enunciados editados pelo Conselho Pleno.
> § 1º O prazo para o requerimento da Reclamação ao Conselho Pleno é de 30 (trinta) dias contados da data da ciência da decisão infringente e suspende o prazo para o seu cumprimento.
> § 2º Caberá à Presidência do CRPS fazer o juízo de admissibilidade da Reclamação ao Conselho Pleno, verificando se estão presentes os pressupostos previstos no *caput*, podendo:

I – indeferir por decisão monocrática irrecorrível, quando verificar que não foram demonstrados os pressupostos de admissibilidade; ou

II – distribuir o processo ao Conselheiro Julgador da matéria no Conselho Pleno quando verificar os pressupostos de admissibilidade.

§ 3º Os processos poderão ser preliminarmente submetidos pela Presidência do CRPS à Unidade Julgadora que prolatou o acórdão infringente, para facultar-lhe a Revisão de Acórdão nos termos do art. 76 deste Regimento.

§ 4º O resultado do julgamento da Reclamação pelo Conselho Pleno será objeto de notificação à Unidade Julgadora que prolatou o acórdão infringente, para fins de adequação do julgado à tese fixada pelo Pleno, por meio da Revisão de Acórdão.

# 3

# Prazos e Intimações no Âmbito Administrativo

Os prazos e formalidades do processo administrativo são dispostos na IN PRES/INSS n. 128/2022, na Portaria DIRBEN n. 996/2022 e no Regimento Interno do Conselho de Recursos, estando também vinculados às normas gerais estabelecidas pela Lei n. 9.784/1999, relativa a todos os processos administrativos do âmbito federal.

## 3.1 DOS PRAZOS

A principal mudança em 2022 com a criação do Novo Regimento Interno do CRPS foi a contagem em dias úteis dos prazos, a partir da data de ciência pelas partes, excluindo-se o dia do início e incluindo-se o do vencimento (art. 62 do RICRPS).

Entretanto, essa alteração deixou de valer a partir da Portaria MPS n. 2.393, de 05.07.2023, que estabeleceu que "Os prazos estabelecidos neste Regimento são contínuos e começam a correr a partir da data da ciência da parte, excluindo-se da contagem o dia do início e incluindo-se o do vencimento". Ou seja, atualmente, tanto prazos administrativos do INSS quanto do CRPS são contados em dias corridos com algumas exceções que se mantêm, como o prazo de 3 dias úteis para o requerimento da sustentação oral on-line.

Os recursos serão, em regra, distribuídos por ordem cronológica de interposição no CRPS, mas podem ser excluídos (art. 36, § 2º, do RICRPS):

I – o julgamento de processos em bloco para aplicação de tese jurídica firmada em julgamento de casos repetitivos;
II – as preferências legais e as metas estabelecidas pela Presidência do CRPS; e
III – as decorrentes de determinação judicial.

A regra geral para prazos de recursos no CRPS é de 30 dias, excetuados:

– os recursos a que se referem as matérias do FAP (inciso II do art. 1º do RICRPS);
– os embargos de declaração.

O prazo para o INSS, o ente federativo, os regimes de origem ou de destino ou para a SPREV (FAP) interporem recursos terá início a partir da data do recebimento do processo.

O atual Regimento Interno prevê que salvo algumas exceções, os recursos deverão ser julgados no prazo máximo de 365 dias, observadas as prioridades definidas em lei, a ordem cronológica de distribuição, as circunstâncias estruturais e administrativas, sem prejuízo de sua modificação por ato do Presidente do CRPS (art. 61, § 9º, do RICRPS).

Os recursos em processos que envolvam suspensão ou cancelamento de benefícios resultantes do programa permanente de revisão da concessão e da manutenção dos benefícios do Seguro Social, ou decorrentes de atuação de auditoria, deverão ser julgados no prazo máximo de 60 dias após o recebimento pelo órgão julgador – art. 61, § 10, inciso I, do RICRPS.

Já os recursos relativos à compensação financeira de que trata a Lei n. 9.796, de 1999, e os relacionados à notificação ou auto de infração emitidos pela SPREV em sua atividade de supervisão e fiscalização nos regimes de origem ou de destino devem ser julgados em 180 dias após o recebimento pela Unidade Julgadora – art. 61, § 10, inciso II, do RICRPS.

Excetuam-se à cronologia acima os julgamentos envolvendo benefícios por incapacidade, que demandam observância de proporcionalidade, segundo critérios definidos por ato do Presidente do CRPS – art. 61, § 11, do RICRPS.

O prazo só se inicia ou vence em dia de expediente normal no órgão em que tramita o recurso ou em que deva ser praticado o ato, salvo os recursos do FAP, quando que se inicia no dia 1º de novembro de cada ano e termina no dia 30 (trinta) do respectivo mês (§ 3º do art. 62 do RICRPS).

Considera-se prorrogado o prazo até o primeiro dia útil seguinte, se o vencimento ocorrer em dia em que não houver expediente ou em que este for encerrado antes do horário normal (§ 4º do art. 62 do RICRPS).

Os prazos previstos no Regimento do CRPS são em regra improrrogáveis, salvo em caso de exceção expressa, conforme ato definido pelo Presidente do CRPS (§ 5º do art. 62 do RICRPS).

Os recursos devem ser interpostos preferencialmente de maneira eletrônica, pelo MEU INSS ou INSS Digital.

Em caso de impossibilidade de protocolo eletrônico, os recursos poderão ser interpostos em qualquer agência do INSS.

Já para a interposição de recursos e incidentes processuais nas matérias de Compensação Financeira e processos sobre irregularidades ou responsabilidade por infração às disposições da Lei n. 9.717, de 27 de novembro de 1998, verificadas pela Secretaria de Previdência em suas atividades de supervisão realizadas por meio de fiscalização nos regimes próprios de previdência social, os interessados deverão utilizar os canais de atendimento disponibilizados pelo INSS ou pela Secretaria de Previdência (FAP/RPPS), mediante o Sistema de Compensação Previdenciária – COMPREV ou Sistema Eletrônico de Informações – SEI, respectivamente.

Quando o ato for praticado por meio eletrônico para atender a prazo processual, serão considerados tempestivos os transmitidos integralmente, salvo caso fortuito ou força maior, até às 23h59min do último dia do prazo, no horário oficial de Brasília.

Cabe ao recorrente comprovar, sob pena de preclusão, a ocorrência de feriado local no ato de interposição do recurso.

## 3.2 TABELA DOS PRINCIPAIS PRAZOS DO CRPS

| | | |
|---|---|---|
| Contrarrazões de Revisão de Acórdão | 30 dias | Art. 76, § 2º |
| Cumprimento de diligência do INSS para o CRPS | 30 dias prorrogável por + 30 | Art. 39, § 5º |
| Devolução de autos pela entidade ou órgão de origem, salvo auditoria | 30 dias prorrogável por + 30 | Art. 39, § 12 |
| Devolução dos autos em caso de auditoria, notificação de auditoria fiscal ou auto de infração | 90 dias prorrogável por + 90 | Art. 39, § 12 |

| | | |
|---|---|---|
| Embargos de declaração | 10 dias | Art. 75, § 1º |
| Embargos de declaração | 10 dias | Art. 75, § 1º |
| Inscrição para sustentação oral **presencial** | Até o anúncio do início da sessão | Art. 65, § 2º |
| Inscrição para sustentação oral por **videoconferência** | Até 3 (três) dias úteis antes da sessão de julgamento | Art. 65, § 3º |
| Julgamento após o recebimento na Unidade Julgadora | 60 dias os que envolvem benefício | Art. 61, § 10 |
| Julgamento do recurso (máximo) | 365 dias | Art. 61, § 9º |
| Pedido de Uniformização de Jurisprudência CRPUJ | 30 dias | Art. 83, § 1º |
| Reclamação ao Conselho Pleno | 30 dias | Art. 84, § 1º |
| Recurso contra Admissão parcial do pedido de uniformização de jurisprudência – PUJ | 30 dias | Art. 83, § 7º |
| Recurso contra não admissão do pedido de uniformização de jurisprudência – PUJ | 30 dias | Art. 83, § 6º |
| Recurso Especial | 30 dias | Art. 61 |
| Recurso ordinário | 30 dias | Art. 61 |
| Recursos em geral, salvo Embargos e FAP | 30 dias | Art. 61 |
| Recursos FAP | O FAP atribuído pode ser contestado no período de 1º a 30 de novembro do ano em que foi publicada a Portaria ministerial que o fixou. | Art. 61, § 1º |

## 3.3 INTIMAÇÕES NO ÂMBITO ADMINISTRATIVO

Intimação é entendida no CRPS como o ato pelo qual se dá ciência a interessado dos atos, termos e decisões do processo, para que faça ou deixe de fazer algo.

A intimação será efetuada por qualquer meio previsto do Regimento Interno, mas se determina a preferência pelo meio eletrônico (art. 64 do RICRPS).

No tocante às intimações no âmbito dos processos em curso nos órgãos do CRPS, dispõe o art. 63 do Regimento Interno do CRPS:

A intimação poderá ser produzida pelo Conselheiro Julgador ou pelo Conselheiro Diligenciador, ambos pelo método eletrônico, ou qualquer outra modalidade que possa atingir o objetivo.

O CRPS considera feita a intimação (art. 64, § 3º, do RICRPS):

I – após 5 (cinco) dias da data de sua emissão nos sistemas do INSS, do CRPS ou da SPREV (RPPS), nos casos em que o endereço eletrônico de *e-mail* do interessado estiver corretamente cadastrado ou quando ele informar que concorda com o acompanhamento do processo por meio dos canais remotos;

II – na data da consulta efetuada pelo interessado ou seu representante ao processo eletrônico, ou na data da juntada da manifestação expressa do interessado ou seu representante no processo eletrônico, o que ocorrer primeiro, nos casos de notificação por meio eletrônico;

III – nos casos a que se referem as matérias do inciso II do art. 1º deste Regimento, na data de publicação em Diário Oficial da União;

IV – na data do recebimento constante do aviso de recebimento – AR, nos casos de notificação via postal ou na data de publicação de edital; e

V – na data da manifestação expressa do interessado ou de seu representante legal no processo físico ou, caso haja recusa ou impossibilidade de prestar a nota de ciente, a partir da data em que for dada a ciência, declarada nos autos pelo servidor que realizar a intimação, quando a notificação tiver sido realizada pessoalmente.

Cabe aos interessados, ou aos seus representantes legais, o acompanhamento periódico das intimações eletrônicas pelos canais do INSS, do CRPS ou da SPREV, bem como por *e-mail*, *sites* ou sistemas disponibilizados pela Central de Teleatendimento do INSS e outros meios que venham a substituí-los.

Presumem-se válidas as intimações dirigidas ao *e-mail* ou endereço físico, residencial ou profissional, ou meio eletrônico que forneça comprovante da entrega da mensagem, declinado nos autos pelo interessado ou seu representante legal, cabendo a estes atualizá-los sempre que houver modificação temporária ou definitiva.

A intimação será ineficaz quando realizada sem observância das prescrições legais, todavia o comparecimento do interessado ou de seu representante legal supre sua falta ou irregularidade.

A consulta do interessado ou de seu representante ao processo eletrônico, quando devidamente identificados no acesso ao conteúdo do ambiente destinado aos usuários do sistema, torna válidas as intimações efetuadas no processo, observada a regra efetiva de controle individual da parte interessada ou seu representante no acesso ao recurso por meio de sistema eletrônico.

São consideradas válidas as notificações realizadas pela rede bancária que comunicam os atos do processo de revisão de autotutela, observados os critérios definidos em ato do Presidente do CRPS.

# 4 Incidentes Processuais no Âmbito Administrativo

## 4.1 EMBARGOS DE DECLARAÇÃO

Os embargos de declaração também são aceitos dentro do âmbito administrativo, sendo cabíveis quando houver (art. 75 do RICRPS):

**I – obscuridade:** a falta de clareza do ato que gera dúvidas, não permitindo a compreensão do que ficou decidido;
**II – ambiguidade:** o duplo sentido, que pode ter diferentes significados;
**III – contradição:** a falta de coerência, através da incompatibilidade entre a decisão e seus fundamentos;
**IV – omissão:** a falta de pronunciamento sobre pontos que deveria haver manifestação do Órgão Julgador; e
**V – erro material:** os erros de grafia, numéricos, de cálculos ou outros equívocos semelhantes, que não afetem o mérito do pedido, o fundamento ou a conclusão do voto, assim como não digam respeito às interpretações jurídicas dos fatos relacionados nos autos, o acolhimento de opiniões técnicas e profissionais especializadas ou o exercício de valoração de provas.

Em regra, os embargos de declaração possuem caráter integrativo da decisão, não acarretando a anulação do acórdão embargado, salvo nas hipóteses de efeito modificativo (art. 75, § 10, do RICRPS).

Os embargos de declaração serão opostos uma única vez, mediante petição fundamentada e dirigida ao relator do acórdão embargado, no prazo de 10 dias corridos (e não mais úteis, conforme alteração realizada pela Portaria MPS n. 2.393, de 2023) a partir da ciência do acórdão, exceto no caso de erro material, em que poderão ser opostos a qualquer tempo (art. 75, § 1º, do RICRPS).

A oposição tempestiva dos embargos interrompe o prazo para o cumprimento do acórdão, interposição de Recurso Especial, Reclamação ao Conselho Pleno e Pedido de Uniformização de Jurisprudência (art. 75, § 2º, do RICRPS).

A interrupção cessa a partir da intimação das partes acerca da decisão dos embargos, quando passa a fluir o prazo para eventual novo recurso.

O protocolo dos embargos deve ser feito preferencialmente de forma eletrônica no MEU INSS ou no INSS Digital por meio do serviço: "**Recurso Especial ou Incidente (Alteração de Acórdão)**".

Em caso de decisão em matéria de alçada proferida pela Junta de Recursos, também caberão embargos declaratórios.

Não é cabível nos embargos de declaração a juntada de novos documentos, elementos ou qualquer outro pedido probatório, não apresentado até a inclusão do processo que originou o acórdão embargado em pauta de julgamento (§ 9º do art. 75 do RICRPS).

Analisados os embargos, o processo será submetido pelo Conselheiro Julgador ao colegiado para juízo de admissibilidade e julgamento do mérito.

Na hipótese de erro material, o juízo de admissibilidade, a análise e o seu saneamento devem ser realizados monocraticamente, e o Conselheiro Julgador encaminhará o acórdão corrigido para ser republicado pelo presidente da Unidade Julgadora.

Nos embargos não há necessidade de manifestação da parte contrária, salvo nos casos em que a pretensão do embargante implicar a alteração de mérito da decisão, hipótese em que, excepcionalmente, será oportunizado o oferecimento de contrarrazões ao embargado, no mesmo prazo de 10 dias corridos (e não mais úteis, conforme alteração realizada pela Portaria MPS n. 2.393, de 2023).

Assim, decisão proferida nos embargos poderá, em casos excepcionais, modificar o conteúdo do acórdão impugnado, alterando-lhe o sentido/resultado.

Os embargos de declaração poderão ser admitidos como Revisão de Acórdãos e o Conselheiro Julgador entender ser este o incidente processual cabível (§ 11 do art. 75 do RICRPS).

Não haverá sustentação oral nos julgamentos de embargos de declaração, ressalvados os casos em que, no julgamento do Recurso Ordinário ou Especial, objeto do incidente, esta não lhe foi oportunizada e desde que solicitada no prazo regimental (§ 13 do art. 75 do RICRPS).

## 4.2 REVISÃO DE ACÓRDÃO

Os órgãos julgadores deverão rever suas próprias decisões, de ofício, ou a pedido, enquanto não ocorrer a decadência[1] (art. 76 do RICRPS).

Assim, o instituto da revisão de acórdão envolve o reconhecimento de nulidade na decisão proferida, quando esta:

> I – violar literal disposição de lei ou decreto;
> II – divergir dos pareceres da Consultoria Jurídica de Ministério responsável pela Previdência Social, vigentes e aprovados pelo Ministro de Estado, bem como dos pareceres do AGU, aprovados pelo Presidente da República, na forma do art. 40 da Lei Complementar n. 73/1993;
> III – divergir de Enunciado editado pelo Conselho Pleno; e
> IV – for constatado vício insanável.

Considera-se vício insanável (art. 76, § 1º, do RICRPS):

> I – a decisão que tiver voto de Conselheiro impedido ou incompetente, bem como, se condenado por crimes relacionados à matéria objeto de julgamento;
> II – a fundamentação baseada em prova obtida por meios ilícitos, ou cuja falsidade tenha sido apurada em processo administrativo ou judicial;
> III – a decisão decorrer de julgamento de matéria diversa da contida nos autos;
> IV – a fundamentação de voto decisivo ou de acórdão incompatível com sua conclusão; e

---

[1] Lei n. 8.213/1991, art. 103-A. O direito da Previdência Social de anular os atos administrativos de que decorram efeitos favoráveis para os seus beneficiários decai em dez anos, contados da data em que foram praticados, salvo comprovada má-fé.

V – a decisão fundada em "erro de fato", compreendendo-se como tal, aquela que considerou fato inexistente, ou, considerou inexistente fato efetivamente ocorrido, sendo indispensável, em ambos os casos, que o fato não represente ponto controvertido diverso do qual o órgão julgador deveria ter se pronunciado.

Na hipótese de acolhimento do pedido em sede de Revisão de Acórdão, poderá ser oportunizado o oferecimento de contrarrazões à parte contrária, quando implicar a modificação da decisão final, no prazo sucessivo de 30 dias, antes de ser submetido o processo à apreciação da Unidade Julgadora.

Na forma do § 3º do art. 76 do RICRPS, "Analisada a revisão, o processo será submetido pelo Conselheiro ao colegiado para juízo de admissibilidade e julgamento do mérito. (Redação dada pela Portaria MPS n. 2.393, de 5 de julho de 2023)". Caso o relator entenda pela não admissibilidade da revisão, o pedido será decidido monocraticamente na forma do art. 55 do RICRPS. O Presidente da Unidade Julgadora poderá homologar o entendimento do Conselheiro ou discordar deste, por despacho fundamentado, devendo o processo ser submetido à votação do colegiado (§ 5º do art. 76 do RICRPS, redação dada pela Portaria MPS n. 2.393, de 5 de julho de 2023).

A Revisão de Acórdão somente pode ser **requerida uma única vez**, dentro de um processo administrativo, **em cada instância**, e **não suspende o prazo para o cumprimento da decisão** ou para a interposição de Recurso Especial, Embargos de Declaração, Reclamação ao Conselho Pleno ou Pedido de Uniformização de Jurisprudência.

A não apresentação de contrarrazões, em sede de Revisão de Acórdão, torna preclusa para a contraparte a discussão da matéria (§ 7º do art. 76 do RICRPS).

Não é cabível na Revisão de Acórdão a juntada de novos documentos, elementos ou qualquer outro pedido probatório, não apresentado até a inclusão do processo que originou o acórdão objeto da Revisão em pauta de julgamento, observado o poder de autotutela da Administração Pública, conforme art. 53 da Lei n. 9.784/1999 (§ 8º do art. 76 do RICRPS).

Não haverá sustentação oral nos julgamentos de Revisão de Acórdão, ressalvados os casos em que no julgamento do Recurso Ordinário ou Especial, objeto do incidente, esta não lhe foi oportunizada, quando devidamente solicitada no prazo regimental (§ 9º do art. 76 do RICRPS).

A Revisão de Acórdão poderá ser admitida como Embargos de Declaração se o Conselheiro Julgador entender ser este o incidente processual cabível (§ 10 do art. 76 do RICRPS).

À Revisão de Acórdão cabe a aplicação do efeito devolutivo (§ 11 do art.76 do RICRPS).

## 4.3 REVISÃO PARA REAVALIAÇÃO DOS ATOS PRATICADOS PELO INSS

Uma situação em que se aplica a instauração de ofício de revisão é a indicada no art. 179-E do Regulamento da Previdência Social, incluído pelo Decreto n. 10.410/2020, qual seja, a de benefícios administrados pelo INSS que forem objeto de apuração de irregularidade ou fraude pela Coordenação-Geral de Inteligência Previdenciária e Trabalhista da Secretaria Especial de Previdência e Trabalho.

Segundo a regra em questão, tais benefícios poderão ter o respectivo valor bloqueado cautelarmente pelo INSS, por meio de decisão fundamentada, "quando houver risco iminente de prejuízo ao erário e restarem evidenciados elementos suficientes que indiquem a existência de irregularidade ou fraude na sua concessão ou manutenção, hipótese em que será facultado ao titular a apresentação de defesa (...)".

A revisão, neste caso, é o procedimento administrativo utilizado para reavaliação dos atos praticados pelo INSS, mediante controle interno, a pedido do titular ou seu representante, por determinação judicial ou recursal, ou por determinação de órgãos de controle externo, observadas as disposições relativas à prescrição e decadência – art. 583 da IN PRES/INSS n. 128/2022.

Conforme o art. 526 da IN PRES/INSS n. 128/2022 (redação conferida pela IN PRES/INSS n. 141/2022), são considerados interessados nos processos de revisão de ofício:

I – o próprio INSS;
II – a Subsecretaria da Perícia Médica Federal, nos casos dos benefícios em que a atuação da Perícia Médica Federal é indispensável no processo de reconhecimento do direito; e
III – os órgãos de controle interno ou externo.

Constatado erro na decisão administrativa, deverá ser revisto de ofício o processo administrativo já concluído, para que se proceda ao deferimento do pedido devidamente fundamentado, observando-se a decadência e a prescrição, conforme o caso (parágrafo único do art. 576 da IN PRES/INSS n. 128/2022, redação conferida pela IN PRES/INSS n. 141/2022).

O titular do benefício objeto da revisão deverá ser relacionado no processo, de forma que lhe seja garantido o direito de defesa e contraditório.

Para fins de análise da revisão, deverá ser observada a Data do Pedido da Revisão – DPR. Nas revisões a pedido do interessado, a DPR deverá ser fixada na data do requerimento da revisão. Já nas revisões de ofício em sede de processo administrativo de apuração de irregularidade, a DPR deverá ser fixada na data do pedido de instauração do processo administrativo.

E nas revisões de ofício decorrentes de procedimentos internos, tais como auditagem de pagamento ou Compensação Previdenciária, a DPR deverá ser fixada na data do parecer técnico que determinou a revisão (art. 585 da IN PRES/INSS n. 128/2022).

Os efeitos financeiros do processamento de revisão com novos elementos serão fixados na DPR. No caso de pedido de revisão de ato de indeferimento com a apresentação de novos elementos, o pedido será recepcionado como novo requerimento de benefício.

Nas revisões a pedido do interessado ou de ofício, não sendo identificado novo elemento, os efeitos financeiros serão fixados na DIP, observada a prescrição. Porém, nas revisões de ofício em sede de processo administrativo de apuração de irregularidade, caso seja identificada fraude ou má-fé, os efeitos financeiros serão fixados na DIP (art. 586, §§ 1º e 2º, da IN PRES/INSS n. 128/2022).

São novos elementos aqueles que provem (art. 587 da IN PRES/INSS n. 128/2022):

I – fato do qual o INSS não tinha ciência ou declarado inexistente pelo requerente até a decisão que motivou o pedido de revisão; e
II – fato não comprovado pelo requerente após oportunizado prazo para tal pelo INSS.

Na hipótese de pedido de revisão de benefício de aposentadoria por tempo de contribuição, ainda que com apresentação de novos elementos, restarem reconhecidos períodos de atividade do segurado como especial e, preenchido o direito à aposentadoria especial, caberá a alteração de espécie do benefício para especial (§ 2º do art. 589 da IN PRES/INSS n. 128/2022). Nesse caso, os efeitos financeiros serão fixados da DPR.

Quando se verificarem indícios de irregularidade na área de benefícios e serviços, devem ser observados os procedimentos de monitoramento e controle, estabelecidos em ato próprio, exigindo-se, para tanto, a indicação da inconformidade legal ou regulamentar, que possam resultar na restrição ou perda do direito (art. 590 da IN PRES/INSS n. 128/2022).

## 4.4 CONFLITOS DE COMPETÊNCIA

Também no âmbito administrativo podem ocorrer conflitos de competência. A matéria está prevista no art. 77 do Regimento Interno do CRPS.

Quando duas ou mais Juntas de Recursos se declararem aptas para julgar o mesmo processo, ou quando nenhuma delas assumir a competência, os conflitos desse gênero serão dirimidos pelos Presidentes das Câmaras de Julgamento, segundo distribuição alternada, e, nos demais casos, pelo Presidente do Conselho de Recursos.

Em qualquer hipótese, o conflito será resolvido por decisão monocrática irrecorrível, não sendo submetida a matéria a decisão colegiada.

## 4.5 RECLAMAÇÃO PELO DESCUMPRIMENTO DE DECISÃO DO CRPS

Em caso de descumprimento de decisão definitiva do CRPS por parte do INSS, é facultado à parte prejudicada formular reclamação, mediante requerimento instruído com cópia da decisão descumprida e outros elementos necessários à compreensão do processo, junto à plataforma integrada de ouvidoria do Poder Executivo Federal, à Ouvidoria-Geral do Ministério competente e à Ouvidoria do INSS, ou outras que vierem a substituí-las, para adoção das medidas cabíveis e, sendo o caso, para a instauração de procedimento administrativo para apuração de falta funcional.

Vale lembrar que as decisões do Conselho de Recursos e seus órgãos fracionários têm caráter vinculante para a Administração da Previdência Social.

O prazo para se dar cumprimento às decisões do Conselho de Recursos é de 30 dias contados a partir da data de recebimento do processo, conforme o *caput* do art. 15 da Portaria DIRBEN n. 996/2022.

No caso de controvérsia na aplicação de lei ou de ato normativo entre órgãos do Ministério da Previdência Social, o INSS poderá solicitar ao Ministro de Estado da Previdência Social solução para a controvérsia ou questão em abstrato, não cabendo este procedimento para impugnação de casos concretos (art. 64, *caput*, da Portaria DIRBEN n. 996/2022, alterado pela Portaria DIRBEN/INSS n. 1.156, de 13 de setembro de 2023).

Importante salientar também que quando o órgão a quem couber executar o julgado da Junta de Recursos ou CaJ entender que há dúvida sobre a maneira de executá-lo, inclusive por omissão, por obscuridade ou por ambiguidade do texto, poderá esse órgão solicitar ao órgão prolator os esclarecimentos necessários, dentro do prazo de 30 dias.

Quando do cumprimento da decisão, se for observado que foi concedido outro benefício ao beneficiário durante a tramitação de processo recursal ou após decisão de última e definitiva instância, a decisão da instância recursal excepcionalmente poderá deixar de ser cumprida no prazo estipulado se for demonstrado pelo INSS, por meio de comparativo de cálculo dos benefícios, que ao beneficiário foi deferido outro benefício mais vantajoso, desde que haja opção expressa do interessado, dando-se ciência ao órgão julgador.

A exemplo do que ocorre nas concessões normais de benefícios, existe a concordância tácita do segurado pelo benefício novo, concedido em função do recurso, sendo concretizado o aceite mediante o recebimento do primeiro pagamento.

Lembramos ainda que o INSS considera a aceitação do benefício irreversível e irrenunciável, uma vez recebido o primeiro pagamento.

Registre-se, ainda, que, em casos de óbito do segurado, a tramitação do recurso não deve ser interrompida, pois o direito, uma vez reconhecido, poderá gerar benefício a ser concedido aos seus dependentes.

E quando a decisão lhe for favorável, os efeitos financeiros vigorarão normalmente, nos termos da decisão final, e os valores apurados serão pagos aos dependentes habilitados à pensão por morte ou, na falta deles, aos seus sucessores, na forma da lei civil, independentemente de inventário ou de arrolamento, nos termos do art. 112 da Lei n. 8.213/1991, inclusive quando se tratar de benefício assistencial da Loas, conforme o Decreto n. 6.214/2017.

## 4.6 PLATAFORMA DE AUTOCOMPOSIÇÃO IMEDIATA E FINAL DE CONFLITOS ADMINISTRATIVOS – PACIFICA

A **Portaria Normativa PGF/AGU n. 60, de 6 de julho de 2024**, regulamenta a Plataforma de Autocomposição Imediata e Final de Conflitos Administrativos – PACIFICA, no âmbito da Procuradoria-Geral Federal. Instituída pela Portaria Normativa AGU n. 144, de 1º de julho de 2024, a PACIFICA tem como finalidade modernizar e ampliar a adoção de soluções extrajudiciais para conflitos administrativos que envolvem autarquias e fundações públicas federais.

A PACIFICA foi criada para fortalecer a cultura da resolução consensual de conflitos e reduzir a litigiosidade no âmbito federal, principalmente em casos de baixa complexidade e alto volume. A plataforma visa evitar a propositura de ações judiciais desnecessárias e os custos associados, promovendo mais eficiência na gestão pública e otimizando recursos financeiros e humanos. Além disso, a PACIFICA busca proporcionar um acesso mais rápido e simplificado à justiça, garantindo mecanismos ágeis e menos onerosos para a revisão de atos administrativos.

A implementação da PACIFICA inclui a criação de um canal digital para o recebimento de solicitações de composição amigável, a automação de fluxos de trabalho para análise e oferta de propostas de acordo, e a concretização rápida e efetiva dos termos acordados, preferencialmente de forma automatizada. A plataforma também deverá garantir a segurança das informações, a proteção dos dados pessoais e a adoção de uma linguagem acessível e navegação intuitiva para usuários com diferentes níveis de familiaridade tecnológica.

A utilização da PACIFICA será precedida por portarias normativas conjuntas entre a Procuradoria-Geral Federal e as autarquias ou fundações interessadas, que definirão as matérias passíveis de negociação e os parâmetros para os acordos. A plataforma será inicialmente implementada em módulos voltados para a autocomposição de conflitos em matéria previdenciária.

A Procuradoria-Geral Federal tem o compromisso de incentivar a adesão à PACIFICA, promovendo-a como a forma preferencial de resolução de conflitos administrativos que possam resultar em judicialização. A eficácia da plataforma será avaliada anualmente pela Governança Pública da Procuradoria-Geral Federal, garantindo que a PACIFICA evolua conforme as necessidades do sistema de justiça administrativo.

## 4.7 PROGRAMA "DESJUDICIALIZA PREV"

A **Portaria Conjunta n. 4, de 15 de abril de 2024**, estabelece a iniciativa **Desjudicializa Prev**, uma colaboração entre o Conselho Nacional de Justiça (CNJ), a Advocacia-Geral da União (AGU), a Procuradoria-Geral Federal (PGF) e demais órgãos do Poder Judiciário, visando à redução da litigiosidade previdenciária no Brasil. A iniciativa surge em resposta ao elevado volume de processos previdenciários e assistenciais em tramitação, conforme refletido em relatórios como o "Justiça em Números", de 2023, que destacam o auxílio por incapacidade temporária e aposentadorias como os temas mais recorrentes na Justiça Federal.

O Desjudicializa Prev é parte de um esforço maior para enfrentar a judicialização massiva no setor previdenciário, alinhando-se aos Objetivos de Desenvolvimento Sustentável da Agenda 2030, especialmente aqueles relacionados a paz, justiça, instituições eficazes, redução de desigualdades e saúde. A portaria também leva em conta o Termo de Cooperação Técnica n. 004/2023, que visa desenvolver diagnósticos e propor medidas para tratar os conflitos previdenciários, promovendo a desjudicialização e aplicando precedentes qualificados de forma mais eficaz.

No âmbito do Desjudicializa Prev, os processos relacionados aos temas especificados no anexo da Portaria deverão ser identificados em até 60 dias. A partir dessa identificação, a PGF adotará medidas de desjudicialização, que podem incluir a não apresentação de contestação, desistência de recursos, abstenção recursal, propostas de acordos e outras soluções consensuais.

A iniciativa prioriza a resolução rápida e automatizada de benefícios previdenciários ou assistenciais de até um salário ínimo, com prazo recomendável de 30 dias para a implementação após a emissão da ordem judicial.

A Portaria também estabelece que novos temas podem ser incluídos na iniciativa, garantindo a continuidade da cooperação interinstitucional para desjudicializar o setor previdenciário. Casos omissos serão decididos conjuntamente pelo CNJ e pela PGF. A portaria entrou em vigor na data de sua publicação, em 15.04.2024.

Os primeiros temas selecionados para esse programa de desjudicialização são:

**TEMA N. 01** – "É possível a concessão de benefício de prestação continuada quando se pleiteia, com base no § 14 do art. 20 da Lei n. 8.742/1993, a desconsideração de renda proveniente de benefícios assistenciais e previdenciários, no valor de até um salário mínimo por membro do grupo familiar que se enquadre nos conceitos de idoso a partir de 65 (sessenta e cinco) anos de idade ou pessoa com deficiência";

**TEMA N. 02** – "É possível o reconhecimento da condição de dependente de filho ou irmão inválidos, quando a invalidez for posterior à maioridade e anterior ao óbito";

**TEMA N. 03** – "É possível o enquadramento do menor sob guarda judicial como dependente para fins de concessão de benefício previdenciário, ante a decisão do Supremo Tribunal Federal nas ADIs n. 4878 e n. 5083, desde que comprovada a dependência econômica. Não aplicação a benefícios cujo fato gerador tenha ocorrido após 13.11.2019 (data da vigência do art. 23, § 6º, da EC n. 103/2019)";

**TEMA N. 04** – "Para a concessão de auxílio-reclusão (art. 80 da Lei n. 8.213/1991) no regime anterior à vigência da MP n. 871/2019 (ou seja, para prisões ocorridas até 17.01.2019), o critério de aferição de renda do segurado que não exerce atividade laboral remunerada no momento do recolhimento à prisão é a ausência de renda, e não o último salário de contribuição";

**TEMA N. 05** – "É possível a concessão de aposentadoria por tempo de serviço/contribuição a trabalhador urbano empregado, mediante o cômputo de atividade rural com registro em carteira profissional, em período anterior ao advento da Lei n. 8.213/1991, para efeito da carência exigida no art. 142 da Lei de Benefícios";

**TEMA N. 06** – "Após o advento da Lei n. 9.876/1999, e para fins de cálculo do benefício de aposentadoria, no caso do exercício de atividades concomitantes pelo segurado, o salário de contribuição deverá ser composto da soma de todas as contribuições previdenciárias por ele vertidas ao sistema, respeitado o teto previdenciário";

**TEMA N. 07** – "No período entre o indeferimento administrativo e a efetiva implantação de auxílio-doença ou de aposentadoria por invalidez, mediante decisão judicial, o segurado do RGPS tem direito ao recebimento conjunto das rendas do trabalho exercido, ainda que incompatível com sua incapacidade laboral, e do respectivo benefício previdenciário pago retroativamente";

**TEMA N. 08** – "É constitucional o cômputo, para fins de carência, do período no qual o segurado esteve em gozo do benefício de auxílio-doença, desde que intercalado com atividade laborativa";

**TEMA N. 09** – "O segurado que exerce atividades em condições especiais, quando em gozo de auxílio-doença, seja acidentário ou previdenciário, faz jus ao cômputo desse mesmo período como tempo de serviço especial";

**TEMA N. 10** – "O termo inicial do prazo decadencial para pedido de revisão da renda mensal inicial (RMI) de benefício previdenciário, para incluir verbas remuneratórias recebidas em ação trabalhista nos salários de contribuição que integraram o período básico de cálculo (PBC) do benefício, começa a fluir a partir do trânsito em julgado da sentença na respectiva reclamatória, devendo ser precedido de prévio requerimento administrativo de revisão, o qual será o termo inicial dos efeitos financeiros".

# PARTE IV

# A Postulação na Via Judicial – Regime Geral de Previdência Social – RGPS

# Concessão de Aposentadorias Programáveis

A aposentadoria é a prestação por excelência da Previdência Social, juntamente com a pensão por morte. Ambas substituem, em caráter permanente (ou pelo menos duradouro), os rendimentos do segurado e asseguram sua subsistência e a daqueles que dele dependem.

A aposentadoria é garantia constitucional, tratada no art. 201 da Constituição Federal de 1988[1] com as seguintes previsões:

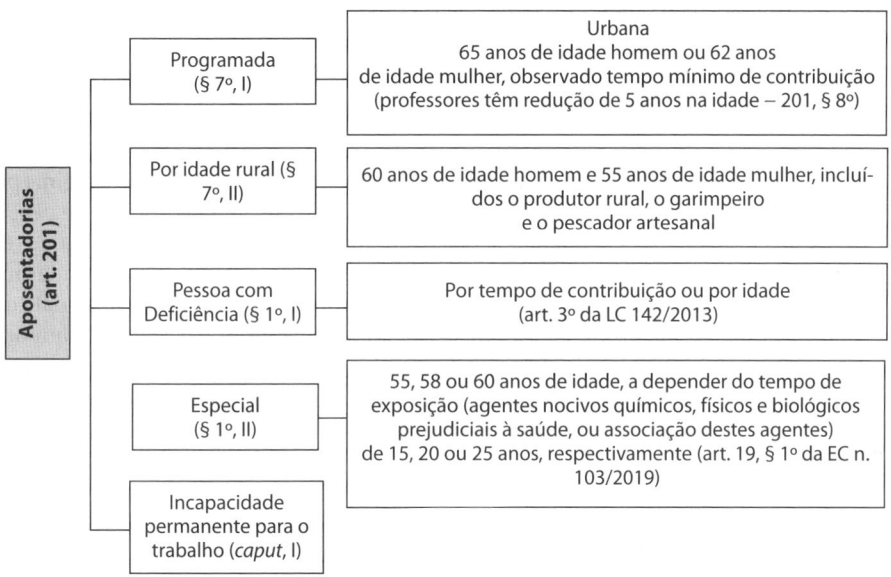

Entende-se por aposentadorias programáveis as previstas no texto vigente do art. 201, § 7º, da CF, e as aposentadorias por idade, por tempo de contribuição, previstas nas regras de transição da EC n. 103/2019, e a aposentadoria especial, que, de acordo com o art. 181-B do Decreto n. 3.048/1999, são irreversíveis e irrenunciáveis. Fica excluída desse rol, portanto, a aposentadoria por incapacidade permanente, que não é programada, mas sim devida em situação alheia à vontade do segurado e que tem caráter precário, já que pode ser cessada em caso de retorno à atividade laboral.

---

[1] Com suas alterações posteriores: Emenda Constitucional n. 20/1998, Emenda Constitucional n. 41/2003, Emenda Constitucional n. 47/2005 e Emenda Constitucional n. 103/2019.

O art. 18, § 2º, da Lei n. 8.213/1991 prevê que: "O aposentado pelo Regime Geral de Previdência Social que permanecer em atividade sujeita a este Regime, ou a ele retornar, não fará jus à prestação alguma da Previdência Social em decorrência do exercício desta atividade, exceto ao salário-família e à reabilitação profissional, quando empregado" (redação dada pela Lei n. 9.528, de 10.12.1997).

Quanto a este tema, o art. 173 do Decreto n. 3.048/1999, com a redação conferida pelo Decreto n. 10.491/2020, de modo mais abrangente, preceitua:

> Art. 173. O segurado em gozo de aposentadoria que voltar a exercer atividade abrangida pelo RGPS, observados o disposto no art. 168 e, nos casos de aposentadoria especial, o disposto no parágrafo único do art. 69, fará jus:
> I – ao salário-família e à reabilitação profissional, quando empregado, inclusive o doméstico, ou trabalhador avulso; e
> II – ao salário-maternidade.

Na hipótese de ocorrer a perda da qualidade de segurado, mas antes disso houve o implemento dos requisitos para a concessão da aposentadoria quando era ainda detentor daquela qualidade, esse faz jus ao benefício, nos termos do art. 102, § 1º, da Lei n. 8.213/1991.

Nesse sentido, destacamos do Enunciado n. 7 do CRPS que: "(...) I – Fixada a Data de Início da Incapacidade (DII) antes da perda da qualidade de segurado, a falta de contribuição posterior não prejudica o seu direito às prestações previdenciárias".

Quanto à constatação do direito adquirido à forma de concessão da aposentadoria de qualquer espécie, deve-se anotar o que dispõe o art. 3º da EC n. 103/2019:

> Art. 3º A concessão de aposentadoria ao servidor público federal vinculado a regime próprio de previdência social e ao segurado do Regime Geral de Previdência Social e de pensão por morte aos respectivos dependentes será assegurada, a qualquer tempo, desde que tenham sido cumpridos os requisitos para obtenção desses benefícios até a data de entrada em vigor desta Emenda Constitucional, observados os critérios da legislação vigente na data em que foram atendidos os requisitos para a concessão da aposentadoria ou da pensão por morte. (...)
> § 2º Os proventos de aposentadoria devidos ao segurado a que se refere o *caput* e as pensões por morte devidas aos seus dependentes serão apurados de acordo com a legislação em vigor à época em que foram atendidos os requisitos nela estabelecidos para a concessão desses benefícios.

No mesmo sentido, o art. 122 da Lei n. 8.213/1991, que assegura a prestação com base nas condições legalmente previstas na data do cumprimento de todos os requisitos necessários à obtenção do benefício, quando o segurado optar por permanecer em atividade, e observada a condição mais vantajosa.

É dizer, pouco importa quando o segurado ingresse com o requerimento: se já possuía, no prazo de vigência da legislação pretérita, o direito à aposentação, conserva esse direito nas mesmas condições vigentes na época em que implementou os requisitos previstos nas normas então regentes da matéria.

Grife-se que, de acordo com o art. 3º da Lei n. 10.666/2003, a perda da qualidade de segurado não será considerada para a concessão das aposentadorias *por tempo de contribuição e especial*, uma vez que, já adquirido o direito pelo preenchimento dos requisitos, a posterior perda da qualidade de segurado não afeta mais a situação jurídica do segurado.

Em sentido mais amplo, sem restringir às espécies mencionadas, o RPS estabelece no § 1º do art. 180 que:

A perda da qualidade de segurado não prejudica o direito à aposentadoria para cuja concessão tenham sido preenchidos todos os requisitos, segundo a legislação em vigor à época em que estes requisitos foram atendidos.

E, no § 2º do mesmo artigo, que:

Não será concedida pensão por morte aos dependentes do segurado que falecer após a perda desta qualidade, nos termos dos arts. 13 a 15, salvo se preenchidos os requisitos para obtenção de aposentadoria na forma do parágrafo anterior, observado o disposto no art. 105.

A aposentadoria – salvo a concedida por incapacidade permanente ou especial – não impede o exercício de atividade remunerada. É o que preceitua o art. 168 do Decreto n. 3.048/1999: "Exceto nas hipóteses de aposentadoria por incapacidade permanente ou especial, observado quanto a esta última o disposto no parágrafo único do art. 69, o retorno do aposentado à atividade não prejudicará o recebimento de sua aposentadoria" (redação dada pelo Decreto n. 10.410/2020).

A vedação à atividade laborativa do beneficiário de aposentadoria por incapacidade permanente decorre da própria natureza da prestação, cujo fato gerador é a ausência de capacidade laborativa para todo e qualquer atividade. Ora, se o segurado continua trabalhando, ou retorna ao trabalho, não faz jus à percepção do benefício, por ausência da incapacidade, e assim seu benefício é cancelado automaticamente a partir da data de retorno (art. 46 da Lei n. 8.213/1991).

No que tange à aposentadoria especial, o art. 57, § 8º, da Lei n. 8.213/1991 dispõe que o segurado que continuar exercendo atividade ou operações que o sujeitem aos agentes nocivos ou voltar a exercer atividade com exposição a tais agentes sofrerá o cancelamento do pagamento do benefício. Cabe registrar que a constitucionalidade dessa regra teve repercussão geral reconhecida pelo STF (Tema n. 709), com julgamento no mérito (RE 788.092, Tribunal Pleno – Sessão Virtual, Rel. Min. Dias Toffoli, *DJe* 16.06.2020, e ED em 23.02.2021), cujas teses fixadas foram as seguintes:

I) É constitucional a vedação de continuidade da percepção de aposentadoria especial se o beneficiário permanece laborando em atividade especial ou a ela retorna, seja essa atividade especial aquela que ensejou a aposentação precoce ou não.

II) Nas hipóteses em que o segurado solicitar a aposentadoria e continuar a exercer o labor especial, a data de início do benefício será a data de entrada do requerimento, remontando a esse marco, inclusive, os efeitos financeiros. Efetivada, contudo, seja na via administrativa, seja na judicial a implantação do benefício, uma vez verificado o retorno ao labor nocivo ou sua continuidade, cessará o pagamento do benefício previdenciário em questão".

A modulação ficou assim definida:

c) modular os efeitos do acórdão embargado e da tese de repercussão geral, de forma a preservar os segurados que tiveram o direito reconhecido por decisão judicial transitada em julgado até a data deste julgamento; e
d) declarar a irrepetibilidade dos valores alimentares recebidos de boa-fé, por força de decisão judicial ou administrativa, até a proclamação do resultado deste julgamento.

E, em novos embargos de declaração, o Ministro Relator acolheu o pedido apresentado pelo Procurador-Geral da República e, suspendeu, liminarmente, os efeitos do Tema n. 709, em relação aos profissionais de saúde constantes do rol do art. 3º-J da Lei n. 13.979/2020, e que trabalharam diretamente no combate à epidemia da covid-19, ou prestaram serviços de atendimento a pessoas atingidas pela doença em hospitais ou instituições congêneres, públicos ou privados (*DJe* 15.03.2021). Decisão confirmada pelo Plenário, Sessão Virtual de 24.09.2021 a 1º.10.2021.

Destacamos que a norma previdenciária em comento não é proibitiva do trabalho após a concessão da aposentadoria especial: pode o segurado continuar trabalhando na mesma empresa inclusive, desde que não esteja mais exposto a agentes nocivos; e caso continue a se expor, a única consequência é a cessação do pagamento, mas não o encerramento de seu vínculo empregatício, que se mantém hígido (como corolário do princípio da primazia da realidade).

Relativamente à opção pelo melhor benefício ou à concessão de benefício diverso do requerido, cabe registrar o avanço na via administrativa trazida pelo Decreto n. 10.410/2020:

> Art. 176-E. Caberá ao INSS conceder o benefício mais vantajoso ao requerente ou benefício diverso do requerido, desde que os elementos constantes do processo administrativo assegurem o reconhecimento desse direito.
>
> Parágrafo único. Na hipótese de direito à concessão de benefício diverso do requerido, caberá ao INSS notificar o segurado para que este manifeste expressamente a sua opção pelo benefício, observado o disposto no art. 176-D.

No que tange à execução dos valores em atraso, em caso de opção pelo benefício mais vantajoso, o STJ, no Repetitivo n. 1.018 (REsp 1767789/PR, 1ª Seção, *DJe* 1º.07.2022), fixou tese em sentido favorável:

> O Segurado tem direito de opção pelo benefício mais vantajoso concedido administrativamente, no curso de ação judicial em que se reconheceu benefício menos vantajoso. Em cumprimento de sentença, o segurado possui o direito à manutenção do benefício previdenciário concedido administrativamente no curso da ação judicial e, concomitantemente, à execução das parcelas do benefício reconhecido na via judicial, limitadas à data de implantação daquele conferido na via administrativa.

Outro ponto que merece destaque é o efeito da aposentadoria em relação aos empregados públicos e servidores vinculados ao RGPS nos seus respectivos vínculos laborais. De acordo com o art. 37, § 14, da CF com a redação dada pela EC n. 103/2019, "a aposentadoria concedida com a utilização de tempo de contribuição decorrente de cargo, emprego ou função pública, inclusive do Regime Geral de Previdência Social, acarretará o rompimento do vínculo que gerou o referido tempo de contribuição". No entanto, segundo a Emenda, o rompimento do vínculo não se aplica a aposentadorias concedidas pelo RGPS até a data de sua entrada em vigor (art. 6º da EC n. 103/2019). A respeito desse tema, o RPS (redação conferida pelo Decreto n. 10.410/2020) disciplinou que:

> Art. 153-A. A concessão de aposentadoria requerida a partir de 14 de novembro de 2019 com utilização de tempo de contribuição decorrente de cargo, emprego ou função pública acarretará o rompimento do vínculo que gerou o referido tempo de contribuição.
>
> Parágrafo único. Para fins do disposto no *caput*, após a consolidação da aposentadoria, nos termos do disposto no art. 181-B, o INSS notificará a empresa responsável sobre a aposentadoria do segurado e constarão da notificação as datas de concessão e de início do benefício.

Mesmo diante dessa previsão, nos parece questionável a validade do rompimento do vínculo de forma compulsória, ao menos em relação aos segurados que haviam implementado todos os requisitos para a aposentadoria até 13.11.2019, mas não realizaram o requerimento do benefício.

Defendemos que, mesmo que não seja reconhecida a inconstitucionalidade, a regra trazida pela EC n. 103/2019 só poderá ser aplicada para aqueles que não preenchiam todas as condições para se aposentar. Segundo orientação de precedente do STF, a existência do direito adquirido não depende da formalização do requerimento, ou seja, os benefícios concedidos (ou que poderiam ser concedidos e não foram) antes da entrada em vigor de uma lei nova são regidos pela "lei antiga", a lei vigente na época dos fatos (*tempus regit actum*), sendo irrelevante a data do requerimento (vide Súmula n. 359 do STF, RE 269.407-AgR; e ADI 3.104, *DJ* 09.11.2007).

No entanto, o STF, ao enfrentar o tema trazido pela EC n. 103/2019, considerou as regras válidas e na tese fixada não fez a diferenciação em favor daqueles que tinham implementados os requisitos e não apresentaram o pedido de aposentadoria até 13.11.2019 – talvez por não ser objeto do *"leading case"*. A decisão foi proferida na Repercussão Geral Tema n. 606, em 16.06.2021, com a seguinte definição:

> A natureza do ato de demissão de empregado público é constitucional-administrativa e não trabalhista, o que atrai a competência da Justiça comum para julgar a questão. A concessão de aposentadoria aos empregados públicos inviabiliza a permanência no emprego, nos termos do art. 37, § 14, da CRFB, salvo para as aposentadorias concedidas pelo Regime Geral de Previdência Social até a data de entrada em vigor da Emenda Constitucional n. 103/19, nos termos do que dispõe seu art. 6º.

Quanto aos servidores públicos estatutários, detentores de cargos efetivos, mas vinculados à RGPS, o STF no julgamento da Repercussão Geral – Tema n. 1.150 fixou a seguinte tese:

> O servidor público aposentado pelo Regime Geral de Previdência Social, com previsão de vacância do cargo em lei local, não tem direito a ser reintegrado ao mesmo cargo no qual se aposentou ou nele manter-se, por violação à regra do concurso público e à impossibilidade de acumulação de proventos e remuneração não acumuláveis em atividade. (RE 1.302.501, Plenário Virtual, Rel. Min. Luiz Fux, 18.06.2021)

### a) Aposentadoria Compulsória dos Empregados Públicos

Os segurados do RGPS na condição de empregados dos consórcios públicos, das empresas públicas, das sociedades de economia mista e das suas subsidiárias, segundo o disposto no art. 201, § 16, da Constituição, introduzido pela EC n. 103/2019, serão aposentados compulsoriamente, observado o cumprimento do tempo mínimo de contribuição, ao atingir a idade máxima de que trata o inciso II do § 1º do art. 40, na forma estabelecida em lei.

Essa norma visa à unificação de regras do serviço público, uma vez que os comandos em questão já prevaleciam no âmbito dos RPPS.

O inciso II do § 1º do art. 40 da CF estabelece que a aposentadoria compulsória dos agentes públicos titulares de cargos efetivos ocorre aos 70 anos de idade, ou aos 75 anos de idade, na forma de lei complementar. Essa aposentadoria é concedida com proventos proporcionais ao tempo de contribuição.

Por sua vez, a Lei Complementar n. 152/2015 ao dispor sobre a aposentadoria compulsória por idade no âmbito da União, dos Estados, do Distrito Federal e dos Municípios, estendeu a idade de 75 anos para todos os agentes públicos aos quais se aplica o inciso II do § 1º do art. 40 da Constituição Federal.

Trata-se de outra norma que pode esbarrar no entendimento consolidado na jurisprudência do STF, contudo. Como se nota de julgado daquela Corte proferido já após a promulgação da EC n. 103, permanece sendo aplicada a tese de que empregados públicos não são titulares de cargo efetivo, possuem relação contratual e, por via de consequência, não se submetem ao limite etário da aposentadoria compulsória do art. 40 da CF: ARE 1.113.285-AgR, Rel. Min. Marco Aurélio, Primeira Turma, *DJe* 18.05.2020.

Do exame do novel dispositivo criado pela EC n. 103/2019, caso não seja considerado inconstitucional, pode-se chegar às seguintes conclusões: a matéria depende, para sua aplicação, de regulamentação legal específica (parte final do dispositivo); uma vez regulamentada, a aposentadoria compulsória será aos 75 anos para os empregados referidos no art. 201, § 16, da CF; e para ter direito à aposentadoria será necessário ter cumprido o tempo mínimo de contribuição, que no caso de segurados que ingressam no RGPS após a EC n. 103/2019 será de 20 anos para homens e 15 anos para mulheres (na regra de transição valem os 15 anos para ambos os sexos), sendo que, na hipótese de o empregado não ter cumprido o tempo mínimo de contribuição até os 75 anos de idade, ele será desligado/afastado do emprego e não receberá aposentadoria, salvo se continuar contribuindo após essa idade de forma voluntária ou por força de outra atividade.

### b) Reafirmação da DER

A reafirmação da DER nas aposentadorias programadas é possível quando o segurado permanece recolhendo contribuições previdenciárias após a entrada do requerimento administrativo ou do ajuizamento da ação judicial e pretende computar esse novo período contributivo para a concessão da aposentadoria.

A IN INSS/PRES n. 128/2022 disciplinou a reafirmação da DER no art. 577.[2] Também o Regulamento da Previdência Social autoriza a reafirmação da DER nos termos que seguem:

> Art. 176-D. Se, na data de entrada do requerimento do benefício, o segurado não satisfizer os requisitos para o reconhecimento do direito, mas implementá-los em momento posterior, antes da decisão do INSS, o requerimento poderá ser reafirmado para a data em que satisfizer os requisitos, que será fixada como início do benefício, exigindo-se, para tanto, a concordância formal do interessado, admitida a sua manifestação de vontade por meio eletrônico. (Redação conferida pelo Decreto n. 10.410/2020)

No âmbito judicial, o STJ ao julgar o Repetitivo Tema n. 995, adotou o entendimento de que é possível requerer a reafirmação da DER até segunda instância, com a consideração das contribuições vertidas após o início da ação judicial até o momento em que o segurado houver implementado os requisitos para a benesse postulada. A tese tem o seguinte conteúdo:

> É possível a reafirmação da DER (Data de Entrada do Requerimento) para o momento em que implementados os requisitos para a concessão do benefício, mesmo que isso se dê no interstício entre o ajuizamento da ação e a entrega da prestação jurisdicional nas instâncias ordinárias, nos termos dos arts. 493 e 933 do CPC/2015, observada a causa de pedir. (REsp 1.727.063/SP, 1ª Seção, Rel. Min. Mauro Campbell Marques, *DJe* 02.12.2019)

---

[2] "Art. 577. Por ocasião da decisão, em se tratando de requerimento de benefício, deverá o INSS:
    I – oferecer ao segurado o direito de opção ao benefício mais vantajoso quando for identificado que estão satisfeitos os requisitos para mais de um tipo de benefício, mediante a apresentação dos demonstrativos financeiros de cada um deles; e
    II – quando não satisfeitos os requisitos para o reconhecimento do direito na data de entrada do requerimento do benefício, verificar se esses foram implementados em momento posterior, antes da decisão do INSS, caso em que o requerimento poderá ser reafirmado para a data em que satisfizer os requisitos, exigindo-se, para tanto, a concordância formal do interessado, admitida a sua manifestação de vontade por meio eletrônico" (NR da IN n. 141/2022).

Em seguida, no julgamento de Embargos de Declaração, o STJ especificou que:

> (...) 3. Conforme delimitado no acórdão embargado, quanto aos valores retroativos, não se pode considerar razoável o pagamento de parcelas pretéritas, pois o direito é reconhecido no curso do processo, após o ajuizamento da ação, devendo ser fixado o termo inicial do benefício pela decisão que reconhecer o direito, na data em que preenchidos os requisitos para concessão do benefício, em diante, sem pagamento de valores pretéritos.
> 4. O prévio requerimento administrativo já foi tema decidido pelo Supremo Tribunal Federal, julgamento do RE 641.240/MG. Assim, mister o prévio requerimento administrativo, para posterior ajuizamento da ação, nas hipóteses ali delimitadas, o que não corresponde à tese sustentada de que a reafirmação da DER implica a burla do novel requerimento.
> 5. Quanto à mora, é sabido que a execução contra o INSS possui dois tipos de obrigações: a primeira consiste na implantação do benefício, a segunda, no pagamento de parcelas vencidas a serem liquidadas e quitadas pela via do precatório ou do RPV. No caso de o INSS não efetivar a implantação do benefício, primeira obrigação oriunda de sua condenação, no prazo razoável de até quarenta e cinco dias, surgirão, a partir daí, parcelas vencidas oriundas de sua mora. Nessa hipótese, deve haver a fixação dos juros, embutidos no requisitório de pequeno valor.
> 6. Quanto à obscuridade apontada, referente ao momento processual oportuno para se reafirmar a DER, afirma-se que o julgamento do recurso de apelação pode ser convertido em diligência para o fim de produção da prova. (EDcl no REsp 1.727.063/SP, 1ª Seção, Rel. Min. Mauro Campbell Marques, *DJe* 21.05.2020)

E, ainda, segundo a TNU:

- "A reafirmação da DER pode ser apreciada de ofício ou a requerimento da parte enquanto não esgotada a jurisdição das instâncias ordinárias, abrangendo inclusive o julgamento dos embargos de declaração" (PUIL n. 5004743-98.2015.4.04.7111/RS, j. 28.04.2021);
- "Quando o segurado preencher os requisitos para concessão do benefício de aposentadoria posteriormente à DER e antes da data do ajuizamento da ação, o termo inicial dos retroativos (DIB) deve ser a data da citação da autarquia previdenciária" (PUIL n. 5024211-57.2015.4.04.7108/RS, j. 25.10.2017);
- "É possível a reafirmação da DER para a concessão de benefícios previstos nas regras de transição da EC n. 103/19, mesmo que o requerimento original preceda à vigência da emenda constitucional" (PUIL n. 5003210-40.2020.4.04.7205/SC, j. 27.05.2021).

Assim, quando houver discussão relacionada com o reconhecimento do tempo de contribuição ou cumprimento da carência, recomenda-se que seja requerida na inicial a reafirmação da DER. Importante que seja demonstrado que a parte continuou a exercer a atividade laborativa depois da DER.

Quando a pretensão seja o reconhecimento de tempo de atividade especial, mostra-se oportuno apresentar PPP atualizado antes da reapreciação do pedido de reafirmação da DER nas instâncias ordinárias. O STJ também decidiu, ao julgar recurso especial versando sobre a concessão de aposentadoria especial, em que houve o preenchimento dos requisitos de concessão em período posterior ao requerimento administrativo e antecedente à ação judicial, estar caracterizado o interesse de agir, sendo desnecessária a renovação da postulação administrativa. Porém, o termo inicial da aposentadoria foi fixado na data da citação (AgInt nos EDcl no REsp 2.004.888/RS, 1ª Turma, *DJe* 31.08.2023).

## 1.1 APOSENTADORIA PROGRAMADA

A EC n. 103/2019 deu nova redação ao art. 201, § 7º, da CF substituindo as aposentadorias por tempo de contribuição e por idade pela aposentadoria programada.

Para o segurado trabalhador urbano essa aposentadoria exige 65 (sessenta e cinco) anos de idade, se homem, e 62 (sessenta e dois) anos de idade, se mulher, observado um tempo mínimo de contribuição, o qual atualmente é fixado pelas regras transitórias em 20 (vinte) anos para o homem e 15 (quinze) anos para a mulher (art. 19, *caput*, da EC n. 103/2019).

Essa aposentadoria teve regulamentação pelos arts. 51 a 53 do RPS (na redação conferida pelos Decretos n. 10.410/2020 e n. 10.491/2020), incluindo-se também a exigência do cumprimento do período de carência de 180 meses. Quanto a esta exigência (carência), o entendimento da TNU é de que ela prevalece após a vigência da EC n. 103/2019, independentemente da fixação de um tempo mínimo de contribuição, como restou decidido na apreciação do Tema n. 358 dos representativos de controvérsia, fixada a seguinte tese: "1. Tempo de contribuição e carência são institutos distintos. 2. Carência condiz com contribuições tempestivas. 3. O art. 18 da EC n. 103/2019 não dispensa a carência para a concessão de aposentadoria" (Pedido de Uniformização de Interpretação de Lei (Turma) n. 0500179-22.2022.4.05.8311/PE, Rel. Juiz Federal Giovani Bigolin, *DE* 1º.10.2024).

Tratando-se de professores, a idade exigida é de 60 (sessenta) anos de idade, se homem, e 57 (cinquenta e sete) anos, se mulher, desde que comprovados 25 (vinte e cinco) anos de contribuição exclusivamente em efetivo exercício das funções de magistério na educação infantil e no ensino fundamental e médio (art. 19, II, da EC n. 103/2019).

No caso dos trabalhadores rurais, foram mantidas as regras que vigoravam antes da EC n. 103/2019, cuja idade mínima é de 60 (sessenta) anos, se homem, e 55 (cinquenta e cinco) anos, se mulher.

Os detalhamentos da aposentadoria programada do professor e da aposentadoria por idade do trabalhador rural serão objeto de análise em tópicos específicos deste capítulo.

### 1.1.1 Beneficiários e DIB da Aposentadoria Programada Urbana

A regulamentação desse ponto foi dada pelo art. 52 do RPS (alterado pelo Decreto n. 10.410/2020), como sendo:

**I – Ao segurado empregado, inclusive o doméstico:**

a) a partir da data do desligamento do emprego, quando requerida até noventa dias depois dela; ou

b) a partir da data do requerimento, quando não houver desligamento do emprego ou quando for requerida após o prazo da alínea "a"; e

**II – Para os demais segurados, a partir da data da entrada do requerimento.**

Portanto, todos os segurados do RGPS são elegíveis a essa nova aposentadoria. É dizer, até mesmo os que contribuem com alíquota reduzida de 11% ou 5% sobre o salário mínimo (MEI e segurados facultativos de baixa renda registrados no CadÚnico) poderão se beneficiar dessa aposentadoria, conforme se depreende do art. 51, § 2º, do RPS (redação conferida pelo Decreto n. 10.410/2020). Todavia, conforme decidido no Tema n. 181 de RC da TNU, "A prévia inscrição no Cadastro Único para Programas Sociais do Governo Federal – CadÚnico é requisito essencial para validação das contribuições previdenciárias vertidas na alíquota de 5% (art. 21, § 2º, inciso II, alínea *b* e § 4º, da Lei n. 8.212/1991 – redação dada pela Lei n. 12.470/2011), e os efeitos dessa inscrição não alcançam as contribuições feitas anteriormente".

### 1.1.2 Renda Mensal Inicial da Aposentadoria Programada

O valor da aposentadoria programada corresponderá a 60% (sessenta por cento) do salário de benefício definido na forma prevista no art. 26 da EC n. 103/2019 (média aritmética simples dos salários de contribuição atualizados monetariamente, correspondentes a cem por cento do período contributivo desde a competência julho de 1994 ou desde o início da contribuição, se posterior àquela competência), com acréscimo de dois pontos percentuais para cada ano de contribuição que exceder a vinte anos de contribuição, para os homens, ou quinze anos de contribuição, para as mulheres.

Para aumentar o coeficiente de cálculo poderão ser utilizados os períodos reconhecidos como tempo de contribuição pelas regras vigentes até o advento da EC n. 103/2019, conforme se depreende do art. 188-G do RPS (incluído pelo Decreto n. 10.410/2020). E, ainda, os períodos de contribuição com base nas novas regras da EC n. 103/2019 e que foram detalhados no art. 19-C do RPS (redação conferida pelo Decreto n. 10.410/2020).

Também será permitida a utilização da regra do descarte de contribuições que excederem o tempo de contribuição mínimo exigido, conforme regra do art. 26, § 6º, da EC n. 103/2019. Recorde-se que os períodos descartados não geram alteração no coeficiente de cálculo.

Nessa modalidade de aposentadoria não havia a incidência da regra do mínimo divisor, o qual ficou restrito aos benefícios concedidos com base na regra de direito adquirido até 13.11.2019, conforme estabelecido no art. 188-E, § 1º, do RPS (redação conferida pelo Decreto n. 10.410/2020). No entanto, para as concessões a partir de 5 de maio de 2022, voltou a incidir o divisor mínimo, que não poderá ser inferior a 108 (cento e oito) meses, com base no art. 129-A da LBPS (incluído pela Lei n. 14.331/2022).

As regras gerais sobre a aposentadoria programada estão disciplinadas no art. 201, § 7º, da CF, art. 19 da EC n. 103/2019 e nos arts. 51 a 53 do Decreto n. 3.048/1999 (com nova redação conferida pelos Decretos n. 10.410/2020 e n. 10.491/2020).

| APOSENTADORIA PROGRAMADA – art. 201, § 7º, I, da CF | | | |
|---|---|---|---|
| Beneficiário | Idade Mínima | Tempo de Contribuição | Carência (RPS) |
| Homem | 65 anos | 20 anos | 180 meses |
| Mulher | 62 anos | 15 anos | 180 meses |

RMI: 60% do salário de benefício (média integral) + dois pontos percentuais para cada ano de contribuição que exceder a 20 anos, se homem, e 15 anos, se mulher.

## 1.2 APOSENTADORIA POR TEMPO DE CONTRIBUIÇÃO (ANTIGA APOSENTADORIA POR TEMPO DE SERVIÇO)

A aposentadoria por tempo de serviço, criada pela Lei Eloy Chaves e extinta pela EC n. 20/1998, era devida, de forma proporcional, ao segurado que completasse, no mínimo, vinte e cinco anos de serviço, se mulher, ou trinta anos, se homem, desde que cumprido o período de carência exigido, e para a aposentadoria por tempo de serviço com proventos integrais, o homem necessitava comprovar trinta e cinco anos de serviço, e, a mulher, trinta anos.

As regras gerais sobre a aposentadoria por tempo de serviço foram disciplinadas pelos arts. 52 a 56 da Lei n. 8.213/1991. Destaca-se que a LBPS não foi atualizada nesse ponto para contemplar as novas regras de aposentadoria decorrentes das sucessivas Reformas da Previdência. Apenas o Decreto n. 10.410/2020, de forma obtusa, "regulamentou" a EC n. 20/1998 e a EC n. 103/2019, uma vez que o ordenamento jurídico pátrio rejeita a hipótese de decreto autônomo, exigindo que haja suporte legal para que o decreto apenas esclareça questões de interpretação da regra legal para os administrados, sem impor novas obrigações, como, por exemplo, o que é filiação e como ela se dá (art. 20 do RPS), ou quais documentos podem ser admitidos para fins probatórios.

A EC n. 20/1998 assegurou a concessão da aposentadoria por tempo de serviço, a qualquer tempo, aos segurados do RGPS que, até a data da publicação daquela Emenda (16.12.1998), tivessem cumprido os requisitos para obtenção desse benefício, com base nos critérios da legislação então vigente (art. 3º, *caput,* da EC n. 20/1998).

Aos segurados filiados ao RGPS até 16.12.1998, e que não tivessem completado o tempo de serviço exigido pela legislação de vigência, determinou-se a aplicação das regras de transição previstas no art. 9º da Emenda Constitucional n. 20/1998, caso não preferissem se adequar às regras da aposentadoria por tempo de contribuição. Para quem se filiou ao RGPS após essa data, aplicaram-se as novas regras para a aposentadoria por tempo de contribuição, sendo a aposentadoria concedida somente de forma integral (100% da média contributiva).

A exigência da combinação do tempo de contribuição com uma idade mínima não foi incluída no texto principal da EC n. 20/1998, constando apenas das regras de transição.

Portanto, em relação à aposentadoria por tempo de contribuição, com RMI igual a 100% da média contributiva, utilizando-se tempo prestado até 13.11.2019, não há que se falar em idade mínima do segurado. Uma vez cumprido o requisito tempo de contribuição (35 anos para o homem, 30 anos para a mulher), a idade do segurado não interferia para a concessão deste benefício, tanto para quem estava no Regime antes de 1998 quanto para quem se filiou posteriormente, mas antes da vigência da EC n. 103/2019.

Com a entrada em vigor da EC n. 103/2019, a aposentadoria por tempo de contribuição foi substituída pela aposentadoria programada, mas em respeito às expectativas de direito, foram criadas quatro regras de transição para quem era filiado à Previdência Social até 13.11.2019, as quais serão examinadas na sequência.

Conforme a regulamentação dada à matéria pelo RPS e pela IN n. 128/2022,[3] a aposentadoria por tempo de contribuição ficou assegurada nas seguintes condições, para quem preencheu os requisitos até 13.11.2019:

A – **SEGURADOS FILIADOS NO RGPS ATÉ 16.12.1998**, data da publicação da EC n. 20/1998, inclusive os oriundos de outro regime de Previdência Social, desde que observada a carência exigida, possuem direito à aposentadoria por tempo de contribuição, desde que tenham cumprido os seguintes requisitos até 13.11.2019:

I – **Aposentadoria por tempo de contribuição, com renda mensal no valor de 100% do salário de benefício**, desde que cumpridos:

a) 35 anos de contribuição, se homem;

b) 30 anos de contribuição, se mulher;

II – **Aposentadoria por tempo de contribuição, com renda mensal proporcional**, desde que cumpridos os seguintes requisitos, cumulativamente:

a) idade: 53 anos para o homem; 48 anos para a mulher;

b) tempo de contribuição: 30 anos, se homem, e 25 anos de contribuição, se mulher;

---

[3] Arts. 187 e 188 do Decreto n. 3.048/1999 (com alterações do Decreto n. 10.410/2020), e arts. 319 a 324 da IN n. 128/2022.

c) um período adicional de contribuição equivalente a 40% (quarenta por cento) do tempo que, em 16.12.1998, faltava para atingir o tempo de contribuição estabelecido (30 anos, se homem, e 25 anos de contribuição, se mulher);

**B – SEGURADO FILIADO AO RGPS A PARTIR DE 17.12.1998**, inclusive os oriundos de outro regime de Previdência Social, desde que cumprida a carência exigida, possuem direito à aposentadoria por tempo de contribuição desde que comprovassem até 13.11.2019:

a) 35 anos de contribuição, se homem;

b) 30 anos de contribuição, se mulher.

Ainda quanto à aplicação das regras de transição da EC n. 20/1998, o STF concluiu pela impossibilidade de utilizar o tempo de contribuição posterior a 16.12.1998 para concessão da aposentadoria com as regras anteriores àquela reforma da Previdência. A decisão foi proferida pelo Tribunal Pleno com Repercussão Geral – Tema n. 70, sendo fixada a seguinte tese:

> Na sistemática de cálculo dos benefícios previdenciários, não é lícito ao segurado conjugar as vantagens do novo sistema com aquelas aplicáveis ao anterior, porquanto inexiste direito adquirido a determinado regime jurídico. (*Leading Case*: RE 575089, Rel. Min. Ricardo Lewandowski, *DJe* 24.10.2008)

A perda da qualidade de segurado não é considerada para a concessão da aposentadoria por tempo de contribuição, conforme previsto na Lei n. 10.666/2003 (art. 3º).

**– Extinção da Aposentadoria por Tempo de Contribuição: Regras permanentes da EC n. 103/2019**

Na avaliação do governo (constante da Exposição de Motivos da PEC n. 06/2019), as mudanças decorrentes da EC n. 20/1998 e da Lei n. 9.876/1999 não foram suficientes para reduzir o déficit do sistema, pois a média de idade nas aposentadorias por tempo de contribuição estava em 54,22 anos.

Com isso, a solução proposta e que passou a viger com a EC n. 103/2019 foi a extinção da previsão de aposentadoria por tempo de contribuição – sem idade mínima – das regras permanentes da Constituição.

Temos, assim, a partir da EC n. 103/2019, somente a possibilidade de concessão de aposentadoria programável – ou seja, com o cumprimento, ao mesmo tempo, de tempo de contribuição mínimo e de idade mínima.

No entanto, foi prevista regra de transição para a aposentadoria por tempo de contribuição sem idade mínima para homens e mulheres que faltavam cumprir até dois anos de contribuição na data da publicação da EC n. 103/2019, mesmo assim, com um pedágio de 50% do tempo faltante (art. 17). Também, foi assegurada a hipótese da aposentadoria por pontos a partir da soma de idade mais tempo de contribuição (art. 15 da EC n. 103/2019; por idade mínima progressiva (art. 16 da EC n. 103/2019); e com a exigência de pedágio de 100% do tempo faltante com idade mínima (art. 20 da EC n. 103/2019).

### 1.2.1 Beneficiários

Em princípio, cumprida a carência e o tempo de contribuição previsto, todos os segurados do RGPS tinham direito à aposentadoria por tempo de contribuição, com observância das seguintes exceções:

**a) Segurado especial**

A contribuição com base exclusiva na comercialização da produção rural não dá direito à aposentadoria por tempo de contribuição, mas apenas à aposentadoria por idade e por incapacidade permanente, de renda mensal igual a um salário mínimo. Caso optasse por efetuar contribuições mensais, de forma voluntária, passava a ter reconhecido o direito à concessão da aposentadoria por tempo de contribuição.

### b) Contribuinte individual e segurado facultativo

Os contribuintes individuais e segurados facultativos que optaram pela sistemática de contribuição, na forma estabelecida na Lei Complementar n. 123, de 14.12.2006 (alíquota de 11% sobre o valor mínimo mensal do salário de contribuição, ou seja, 11% sobre o salário mínimo), não podem desfrutar do benefício da aposentadoria por tempo de contribuição, salvo se complementarem as contribuições feitas em alíquota menor que a regra geral (mais 9% sobre o mesmo salário de contribuição).

### c) Microempreendedor Individual (MEI)

O MEI é um contribuinte individual, pois se enquadra como empresário na forma do art. 966 do CC/2002, sendo a pessoa jurídica constituída uma modalidade de microempresa.

Desde 1º.01.2018, considera-se MEI o empresário individual que se enquadre na definição do art. 966 da Lei n. 10.406, de 10.01.2002 – Código Civil, ou o empreendedor que exerça as atividades de industrialização, comercialização e prestação de serviços no âmbito rural, que tenha auferido receita bruta, no ano-calendário anterior, de até R$ 81.000,00 (oitenta e um mil reais), que seja optante pelo Simples Nacional e que não esteja impedido de optar pela sistemática prevista no art. 18-A da LC n. 123/2006, sendo que no caso de início de atividades, o limite será de R$ 6.750,00 (seis mil, setecentos e cinquenta reais) multiplicados pelo número de meses compreendido entre o início da atividade e o final do respectivo ano-calendário, consideradas as frações de meses como um mês inteiro – LC n. 155/2016.

O MEI pode ter um único empregado contratado que receba o salário mínimo ou o piso da categoria.

A Lei n. 12.470, de 31.08.2011, alterou a alíquota de contribuição do microempreendedor individual para 5% (antes era de 11%) sobre o salário mínimo, com efeitos a partir de 1º.05.2011. Destarte, passou a matéria a ser disciplinada pelo art. 21, § 2º, II, "a" da Lei n. 8.212/1991, em sua redação atual.

Ressalta-se que a contribuição reduzida não assegurava ao MEI a aposentadoria por tempo de contribuição. Caso pretendesse contar o tempo de contribuição correspondente para fins de obtenção da aposentadoria por tempo de contribuição ou de contagem recíproca do tempo de contribuição a que se refere o art. 94 da Lei n. 8.213/1991, deveria complementar a contribuição mensal mediante recolhimento, sobre o valor correspondente ao limite mínimo mensal do salário de contribuição em vigor na competência a ser complementada, da diferença entre o percentual pago e o de 20%, acrescido dos juros moratórios equivalentes à taxa SELIC.

### d) Segurado facultativo com contribuição reduzida (CadÚnico)

A Lei n. 12.470/2011 também reduziu para 5% do salário mínimo a contribuição do segurado facultativo sem renda própria que se dedique exclusivamente ao trabalho doméstico no âmbito de sua residência, desde que pertencente à família de baixa renda, assim considerada a família inscrita no Cadastro Único para Programas Sociais do Governo Federal – CadÚnico cuja renda mensal seja de até dois salários mínimos. Neste caso, aplicam-se as mesmas regras indicadas para o MEI sobre a necessidade de complementação da contribuição.

Porém, conforme se observa do julgamento do Tema n. 181 de RC pela TNU, "A prévia inscrição no Cadastro Único para Programas Sociais do Governo Federal – CadÚnico é requisito essencial para validação das contribuições previdenciárias vertidas na alíquota de 5% (art. 21, § 2º, inciso II, alínea *b* e § 4º, da Lei n. 8.212 /1991 – redação dada pela Lei n. 12.470 /2011), e os efeitos dessa inscrição não alcançam as contribuições feitas anteriormente".

– **Síntese dos segurados que efetuam contribuição reduzida:**

| Alíquota 11% | Alíquota 5% |
|---|---|
| Somente pode pagar sobre o salário mínimo de cada competência; | Somente pode pagar sobre o salário mínimo de cada competência; |
| Não tem direito à aposentadoria por tempo de contribuição, salvo se complementar a contribuição. | Não tinha direito à aposentadoria por tempo de contribuição, salvo se complementasse a contribuição; |
| Disponível para segurado facultativo ou segurado contribuinte individual, que trabalhasse por conta própria, sem relação de trabalho com empresa ou equiparado; | Disponível para microempreendedor individual (MEI) e segurado facultativo sem renda própria que se dedicasse exclusivamente ao trabalho doméstico no âmbito de sua residência, desde que pertencente à família de baixa renda registrada no CadÚnico; |
| Para se aposentar por tempo de contribuição ou obter CTC para contagem recíproca, deverá complementar a contribuição mensal com a diferença de 9%. | Para se aposentar por tempo de contribuição ou obter CTC para contagem recíproca, deverá complementar a contribuição mensal com a diferença de 15%. |

### 1.2.2 Período de carência

O período de carência é de 180 contribuições mensais, para os segurados que ingressaram no Regime após 24.07.1991.

Para os segurados inscritos até 24.07.1991, bem como ao trabalhador e empregador rural cobertos pela Previdência Social Rural anteriormente à unificação dos regimes, a carência da aposentadoria por tempo de contribuição obedecia, ainda, à tabela prevista no art. 142 da Lei n. 8.213/1991, de acordo com o ano cujo segurado venha a implementar as condições para a obtenção do benefício.

Cumpre destacar que o segurado inscrito no RGPS até 24.07.1991, mesmo que tenha perdido a qualidade de segurado, caso restabeleça relação jurídica com o INSS e volte a ostentar a condição de segurado após a Lei n. 8.213/1991, tem direito à aplicação da regra de transição prevista no art. 142 do mencionado diploma. Nesse sentido: STJ, REsp 1.412.566/RS, 2ª Turma, Rel. Min. Mauro Campbell Marques, *DJe* 02.04.2014.

O RPS estabelece a exigência do período de carência de 180 meses para a concessão das aposentadorias programadas, dentre elas a aposentadoria por tempo de contribuição (art. 29 do Decreto n. 3.048/1999, com redação conferida pelo Decreto n. 10.410/2020).

### 1.2.3 Data de início do benefício da aposentadoria por tempo de contribuição

A aposentadoria por tempo de contribuição, uma vez cumpridos os requisitos já expostos, é devida ao segurado empregado, inclusive ao doméstico, a partir da data do desligamento do emprego (quando requerida até noventa dias depois), ou da data do requerimento (quando não houvesse desligamento do emprego ou quando fosse requerida após noventa dias, já que o segurado não é obrigado a deixar o emprego para se aposentar). Para os demais segurados, é devida a partir da data da entrada do requerimento.

Quanto ao sentido da expressão "data do desligamento do emprego", convém tecer algumas considerações. Com efeito, na sistemática trabalhista, existem diversas modalidades de ruptura do contrato de trabalho. Algumas delas se dão de imediato, como as hipóteses de término de contrato por prazo determinado, as dispensas por justa causa e as demissões voluntárias sem o cumprimento do aviso prévio. Todavia, as hipóteses mais corriqueiras são as dispensas sem justa causa, em que o segurado empregado faz jus ao aviso prévio de, no mínimo, 30 dias, proporcional ao tempo na empresa (Lei n. 12.506/2011). Com isso, surge uma dúvida importante: qual seria a data a ser considerada para fins previdenciários e retroação da DIB, nas situações em que o empregado é dispensado e não cumpre o aviso prévio, recebendo-o em pecúnia, na forma do art. 487 da CLT?

Sob a égide do Decreto n. 89.312/1984, há acórdão do STJ interpretando a expressão como "o dia imediatamente subsequente à da rescisão do pacto laboral, último dia de trabalho do obreiro" (REsp 200001371983, Rel. Min. Vicente Leal, 6ª Turma, publ. 25.06.2001). No entanto, tal frase leva novamente à mesma ambiguidade, pois a *data da rescisão* não é, necessariamente, *o último dia de trabalho*.

Na esfera trabalhista, o período de aviso prévio, quando não concedido, acarreta o mesmo efeito de sua concessão, para não causar prejuízos ao empregado: "A falta do aviso prévio por parte do empregador dá ao empregado o direito aos salários correspondentes ao prazo do aviso, garantida sempre a integração desse período no seu tempo de serviço" (CLT, art. 487, § 1º). Por tal razão, a jurisprudência trabalhista determina que a data final do contrato seja considerada a data final do aviso prévio, trabalhado ou não: "A data de saída a ser anotada na CTPS deve corresponder à do término do prazo do aviso prévio, ainda que indenizado" (OJ 82 da SDI-1 do TST).

Acrescenta-se que, na forma do Decreto n. 3.048/1999, com a redação conferida pelo Decreto n. 6.727/2009, o "aviso prévio indenizado" (*sic*) deixou de ser considerado parcela não integrante do salário de contribuição, é dizer, na interpretação conferida pela própria Administração Pública, *o aviso prévio não trabalhado integra o salário de contribuição* (pela revogação da alínea *f* do inciso V do § 9º do art. 214 do Regulamento da Previdência Social, que até então o entendia como parcela não integrante) e, por conseguinte, somente pode ser considerada "data do desligamento", nesses casos, *o primeiro dia após o final do período de aviso*.

Isto posto, o lapso temporal de 90 dias para que o segurado requeira o benefício deve ser computado a partir da data constante da CTPS, nas situações em que o aviso prévio não foi cumprido, a fim de manter a coerência sistêmica dos Direitos Sociais envolvidos.

O benefício pode ser solicitado pela Central 135, pelo portal da Previdência Social na Internet, pelo aplicativo Meu INSS, pelo INSS Digital da advocacia e nas Agências da Previdência Social, mediante o cumprimento das exigências legais.

A aposentadoria por tempo de contribuição é irreversível e irrenunciável (art. 181-B do Regulamento, redação conferida pelo Decreto n. 10.410/2020): depois de receber o primeiro pagamento de benefício, sacar o PIS ou o Fundo de Garantia (o que ocorrer primeiro), o segurado não poderá mais desistir do benefício.

O STF, ao julgar a Repercussão Geral – Tema n. 503, que tratou da desaposentação, fixou a tese de que: "No âmbito do Regime Geral de Previdência Social – RGPS, somente lei pode criar benefícios e vantagens previdenciárias, não havendo, por ora, previsão legal do direito à 'desaposentação' ou à 'reaposentação', sendo constitucional a regra do art. 18, § 2º, da Lei n. 8.213/1991" (ED – RE 661.256/SC, Tribunal Pleno, *DJe* 14.02.2020).

As regras relativas à DIB permanecem válidas para as situações que envolvem direitos adquiridos (preenchimento dos requisitos até 13.11.2019, data de publicação da EC n. 103/2019) e para quem se aposentar pelas regras de transição doravante aplicáveis.

### 1.2.4 Renda mensal inicial

A apuração da renda mensal inicial da aposentadoria por tempo de contribuição observará as seguintes regras:

**a) para direito adquirido até 16.12.1998:** o segurado que, até 16.12.1998 (Data da publicação da EC n. 20/1998), completou o tempo necessário para a aposentadoria por tempo de serviço, integral ou proporcional, bem como a carência necessária, tem o direito de requerer, a qualquer momento, o benefício, que será calculado com base nos salários de contribuição imediatamente anteriores àquela data (até o máximo de 36, apurados no período de até 48 meses) e reajustada até o dia do requerimento pelos mesmos índices aplicados aos benefícios. Nesse caso, não é possível incluir tempo de contribuição exercido posteriormente a 16.12.1998.

**b) para direito adquirido até 28.11.1999:** o segurado que, até 28.11.1999 (data anterior à publicação da Lei n. 9.876/1999), completou o tempo necessário para a aposentadoria por tempo de contribuição, integral ou proporcional, bem como a carência necessária, tem o direito de requerer, a qualquer momento, o benefício, que será calculado com base nos salários de contribuição imediatamente anteriores àquela data (até o máximo de 36, apurados no período de até 48 meses) e reajustada até o dia do requerimento pelos mesmos índices aplicados aos benefícios. Nesse caso, será computada a atividade exercida até 28.11.1999. Não haverá a aplicação do fator previdenciário no cálculo das aposentadorias cujo direito tenha sido adquirido até 16.12.1998 ou 28.11.1999.

**c) para direito adquirido até 13.11.2019, data da publicação da EC n. 103/2019, com tempo integral, inclusive do professor:** 100% (cem por cento) do salário de benefício, multiplicado pelo fator previdenciário.

**d) para direito adquirido até 13.11.2019, data da publicação da EC n. 103/2019, com tempo proporcional:** 70% (setenta por cento) do salário de benefício acrescido de 5% (cinco por cento) por grupo de 12 (doze) contribuições que ultrapassar o período adicional exigido, limitado a 100% (cem por cento) do salário de benefício, multiplicado pelo fator previdenciário.

Nessas duas hipóteses:

– O cálculo do salário de benefício será composto pela média aritmética simples de 80% (oitenta por cento) dos maiores salários de contribuição constantes no PBC.

– Para os filiados até 28.11.1999 (publicação da Lei n. 9.876/1999) que vierem a cumprir os requisitos necessários à concessão da aposentadoria até 13.11.2019, deverá ser observado que o divisor a ser considerado na média não poderá ser inferior a 60% (sessenta por cento) do período decorrido de julho de 1994 até a DIB.

– Não será aplicado o fator previdenciário quando o total resultante da soma entre a idade e o tempo de contribuição atender ao disposto do art. 29-C da Lei n. 8.213, de 1991 (fator 85/95 progressivo – estava em 86/96 em 13.11.2019).

**e) para direito adquirido a partir de 13.11.2019, com implementação do acesso pelas regras de transição com pontuação ou idade mínima, inclusive do professor:** 60% (sessenta por cento) do salário de benefício, com acréscimo de 2% (dois por cento) para cada ano de contribuição que exceder 15 (quinze) anos de contribuição, no caso da mulher, e 20 (vinte) anos de contribuição, no caso do homem;

**f) para direito adquirido a partir de 13.11.2019, com implementação do acesso pela regra de transição com período adicional de 50% (cinquenta por cento):** 100% (cem por cento) do salário de benefício, multiplicado pelo fator previdenciário; e

**g) para direito adquirido a partir de 13.11.2019, com implementação do acesso pela regra de transição com idade mínima e período adicional de 100% (cem por cento), inclusive a do professor:** 100% (cem por cento) do salário de benefício.

Nas três últimas hipóteses, por força do art. 26 da EC n. 103/2019, o salário de benefício é obtido com base na média aritmética simples dos salários de contribuição, atualizados monetariamente, correspondentes a 100% (cem por cento) do período contributivo desde a competência julho de 1994 ou desde o início da contribuição, se posterior a essa competência. E, a partir de 5 de maio de 2022, com a incidência do divisor mínimo de 108 (cento e oito) meses previsto no art. 135-A da LBPS (incluído pela Lei n. 14.331/2022).

O período básico de cálculo – PBC foi fixado, conforme o caso, de acordo com as datas a seguir relacionadas, observada a mais vantajosa para o segurado:

a) data do afastamento da atividade – DAT;

b) data da entrada do requerimento – DER;

c) data da publicação da EC n. 20: 16.12.1998 – DPE;

d) data da publicação da Lei n. 9.876: 28.11.1999 – DPL;

e) data da publicação da EC n. 103: 13.11.2019; ou

f) data de implementação das condições necessárias à concessão do benefício – DICB.

Questão relevante está relacionada à sistemática de cálculo da RMI quando não coincidente com a DER. O entendimento firmado pela jurisprudência foi no sentido daquele preconizado no RPS (art. 188, § 3º), que prevê a atualização pelos mesmos índices utilizados para reajustar os benefícios e não daqueles empregados para correção dos salários de contribuição, regra que seria bem mais vantajosa aos segurados. Nesse sentido: TNU: PEDILEF 0012147-38.2006.4.03.6302; STJ: REsp 1.342.984; REsp 1.369.028.

## QUADRO-RESUMO – APOSENTADORIA POR TEMPO DE CONTRIBUIÇÃO

| BENEFÍCIO | APOSENTADORIA POR TEMPO DE CONTRIBUIÇÃO (Benefício extinto pela EC n. 103/2019, mas com previsão em regras de transição)<br>Código da Espécie (INSS): B-42 |
|---|---|
| Evento Gerador | – Cumprimento, até a entrada em vigor da EC n. 103/2019 (13.11.2019), dos seguintes requisitos:<br>a) Homem: 35 anos de contribuição + carência de 180 meses;<br>b) Mulher: 30 anos de contribuição + carência de 180 meses;<br>c) Professores/as (na educação infantil e no ensino fundamental e médio): 5 anos a menos no período de contribuição acima. |
| Aposentadoria Proporcional pelas Regras de Transição da Emenda Constitucional n. 20/1998 (regra revogada pela EC n. 103/2019) | – O segurado que em 16.12.1998 não havia completado o tempo mínimo exigido para aposentadoria por tempo de contribuição, tinha direito à aposentadoria proporcional desde que cumprida a carência e os seguintes requisitos de forma cumulativa:<br>a) idade: 53 anos para o homem e 48 anos para a mulher;<br>b) tempo de contribuição: 30 anos de contribuição para o homem e 25 anos de contribuição para a mulher;<br>c) tempo de contribuição adicional: equivalente a 40% (quarenta por cento) do tempo que, em 16.12.1998, faltava para atingir o limite de contribuição.<br>– Quando mais vantajoso, os segurados podiam optar pelas regras permanentes alteradas pela EC n. 20/1998, quais sejam, 35 anos de TC – homem; 30 anos de TC, mulher, sem idade mínima (art. 9º da EC n. 20). |
| Beneficiários | – Todos os segurados do RGPS, exceto o segurado especial, salvo se optar por efetuar contribuições mensais, de forma voluntária.<br>– O contribuinte individual, o microempreendedor individual e o segurado facultativo (inclusive a dona de casa de baixa renda) que optaram pela contribuição reduzida não fazem jus à aposentadoria por tempo de contribuição, salvo se complementarem as contribuições feitas em alíquota menor que a regra geral (20% sobre o salário de contribuição). |
| Carência | a) 180 contribuições mensais para os segurados inscritos após 24.07.1991;<br>b) tabela progressiva do art. 142 da Lei n. 8.213/1991: para os segurados inscritos antes de 24.07.1991. |
| Qualidade de Segurado | A perda da qualidade de segurado na data do requerimento não será considerada, desde que já implementados todos os requisitos para a concessão do benefício. |
| Salário de Benefício (válido para os segurados que implementaram os requisitos para a aposentadoria até a entrada em vigor da EC n. 103/2019) | a) Para o segurado filiado na Previdência Social a partir de 29.11.1999 (Lei n. 9.876, de 1999), o salário de benefício consistia:<br>– na média aritmética simples dos maiores salários de contribuição correspondentes a 80% de todo o período contributivo, corrigidos mês a mês, multiplicado pelo fator previdenciário;<br>b) Para o segurado filiado à Previdência Social até 28.11.1999, o salário de benefício consiste:<br>– na média aritmética simples dos 80% maiores salários de contribuição, corrigidos mês a mês, de todo o período contributivo decorrido desde julho de 1994, multiplicado pelo fator previdenciário;<br>– o divisor considerado no cálculo da média não poderia ser inferior a 60% do período decorrido da competência julho de 1994 até a data de início do benefício, limitado a cem por cento de todo o período contributivo. |

| | |
|---|---|
| **Fator Previdenciário** | – Era calculado considerando-se a idade, a expectativa de sobrevida e o tempo de contribuição do segurado ao se aposentar.<br>– Era aplicado para fins de cálculo da RMI da aposentadoria por tempo de contribuição, inclusive de professor.<br>– A Lei n. 13.183/2015 permitiu a opção de não incidência do fator previdenciário, quando o total resultante da soma da idade e do tempo de contribuição do segurado for de, respectivamente, 95 e 85 pontos (denominada fórmula 85/95 progressiva) para o homem e mulher. |
| **Renda Mensal Inicial (válida para os segurados que implementaram os requisitos para a aposentadoria até a entrada em vigor da EC n. 103/2019)** | – Aposentadoria integral: 100% do salário de benefício.<br>– Aposentadoria proporcional prevista na EC n. 20/1998: 70% do salário de benefício acrescido de 5% por ano de contribuição que supere a soma do tempo de 30 anos (h), ou 25 anos (m) + tempo adicional do pedágio. |
| **Data de Início do Benefício** | – Segurado Empregado:<br>a) a partir da data do desligamento do emprego, quando requerida até esta data;<br>b) da data do requerimento, quando não houver desligamento do emprego ou quando requerida após 90 dias.<br>– Para os demais segurados: a partir da data da entrada do requerimento. |
| **Período Básico de Cálculo** | O Período Básico de Cálculo – PBC era fixado, conforme o caso, de acordo com a:<br>I – Data do Afastamento da Atividade ou do Trabalho – DAT;<br>II – Data de Entrada do Requerimento – DER;<br>III – Data da Publicação da Emenda Constitucional n. 20, de 1998 – DPE;<br>IV – Data da Publicação da Lei n. 9.876, de 1999 – DPL;<br>V – Data da Publicação da EC n. 103, de 2019 – DPE;<br>V – Data de Implementação das Condições Necessárias à Concessão do Benefício – DICB. |
| **Duração** | Indeterminada. Cessa com a morte do segurado, quando o benefício é transformado em pensão por morte caso existam dependentes previdenciários. |
| **Desistência** | – Depois que receber o primeiro pagamento, ou sacar o PIS e/ou o FGTS (o que ocorrer primeiro), o segurado não poderá desistir do benefício (art. 181-B – Decreto n. 3.048/1999).<br>– O STF, ao julgar a repercussão geral que tratou da desaposentação, fixou a tese de que por ausência de norma legal não é possível a renúncia da aposentadoria para a concessão de outra mais vantajosa ou a reaposentação, sendo constitucional a regra do art. 18, § 2º, da Lei n. 8.213/1991 (Tema n. 503 – RE 661.256/SC, Tribunal Pleno, j. 06.02.2020). |
| **Regra do Melhor Benefício** | – Se mais vantajoso, fica assegurado o direito à aposentadoria, nas condições legalmente previstas na data do cumprimento de todos os requisitos necessários à obtenção do benefício, ao segurado que, tendo completado 35 anos de serviço, se homem, ou 30 anos, se mulher, optou por permanecer em atividade (art. 122 da Lei n. 8.213/1991).<br>– Caberá ao INSS conceder o benefício mais vantajoso ao requerente ou benefício diverso do requerido, desde que os elementos constantes do processo administrativo assegurem o reconhecimento desse direito (art. 176-E do RPS). |
| **Direito Adquirido a Regra de Cálculo** | a) **Direito adquirido até 16.12.1998:** o segurado que, até 16.12.1998 (data da publicação da EC n. 20/1998), completou o tempo necessário para a aposentadoria por tempo de serviço, integral ou proporcional, bem como a carência necessária, tem o direito de requerer, a qualquer momento, o benefício, que será calculado com base nos salários de contribuição imediatamente anteriores àquela data (até o máximo de 36, apurados no período de até 48 meses) e reajustada até o dia do requerimento pelos mesmos índices aplicados aos benefícios. Nesse caso, não é possível incluir tempo de contribuição exercido posteriormente a 16.12.1998.<br>b) **Direito adquirido até 28.11.1999:** o segurado que, até 28.11.1999 (data anterior à publicação da Lei n. 9.876/1999), completou o tempo necessário para a aposentadoria por tempo de contribuição, integral ou proporcional, bem como a carência necessária, tem o direito de requerer, a qualquer momento, o benefício, que será calculado com base nos salários de contribuição imediatamente anteriores àquela data (até o máximo de 36, apurados no período de até 48 meses) e reajustada até o dia do requerimento pelos mesmos índices aplicados aos benefícios. Nesse caso, será computada a atividade exercida até 28.11.1999. |

| | |
|---|---|
| Direito Adquirido a Regra de Cálculo | – Não haverá a aplicação do fator previdenciário no cálculo das aposentadorias cujo direito tenha sido adquirido até 16.12.1998 ou 28.11.1999.<br>– Embora tenha o segurado direito adquirido à aposentadoria, nos termos do art. 3º da EC n. 20/1998, não pode computar tempo de contribuição posterior a ela, valendo-se das regras vigentes antes de sua edição. Inexiste direito adquirido a determinado regime jurídico, razão pela qual não é lícito ao segurado conjugar as vantagens do novo sistema com aquelas aplicáveis ao anterior. A superposição de vantagens caracteriza sistema híbrido, incompatível com a sistemática de cálculo dos benefícios previdenciários (STF, Plenário, RE 575.089, DJe 24.10.2008).<br>c) **para direito adquirido até 13.11.2019, data da publicação da EC n. 103/2019, com tempo integral, inclusive do professor:** 100% (cem por cento) do salário de benefício, multiplicado pelo fator previdenciário.<br>d) **para direito adquirido até 13.11.2019, data da publicação da EC n. 103/2019, com tempo proporcional:** 70% (setenta por cento) do salário de benefício acrescido de 5% (cinco por cento) por grupo de 12 (doze) contribuições que ultrapassar o período adicional exigido, limitado a 100% (cem por cento) do salário de benefício, multiplicado pelo fator previdenciário. |
| Observações | Os requisitos da aposentadoria por tempo de contribuição encontram-se nas regras de transição da EC n. 103/2019 (arts. 15, 16, 17 e 20), e nos arts. 187 e 188 do Decreto n. 3.048/1999 (este último com redação conferida pelo Decreto n. 10.410/2020). |

### 1.2.5 Regras de transição da aposentadoria por tempo de contribuição vigentes – EC n. 103/2019

Foram revogadas as regras de transição existentes na EC n. 20/1998 e estabelecidas quatro novas regras de transição para os segurados que já eram filiados ao RGPS antes da data de entrada em vigor da EC n. 103/2019.

Vejamos a seguir quais são essas regras e o embasamento legal.

– **Transição 1: SISTEMA DE PONTOS**

Está prevista no art. 15 da EC n. 103/2019, tendo por destinatários os segurados filiados ao RGPS até 13.11.2019, assegurando a estes o direito à aposentadoria, quando preenchidos, cumulativamente, os seguintes requisitos:

> I – 30 (trinta) anos de contribuição, se mulher, e 35 (trinta e cinco) anos de contribuição, se homem; e
>
> II – Somatório da idade e do tempo de contribuição, incluídas as frações, equivalente a 86 (oitenta e seis) pontos, se mulher, e 96 (noventa e seis) pontos, se homem.

De acordo com o art. 188-I do RPS (com redação conferida pelo Decreto n. 10.410/2020), será exigida também a carência de cento e oitenta contribuições mensais, para ambos os sexos, como já era antes da reforma para as aposentadorias voluntárias.

A partir de 1º de janeiro de 2020, a pontuação que se iniciou em 86/96 é acrescida de um ponto a cada ano para o homem e para a mulher, até atingir o limite de 100 pontos, se mulher (em 2033), e de 105 pontos, se homem (em 2028). A idade e o tempo de contribuição são apurados em dias para o cálculo do somatório de pontos.

Importante destacar que o requisito de pontos (estabelecido por meio do somatório de idade e de tempo de contribuição), impõe um mecanismo de incremento gradual dos requisitos, especialmente a partir de 1º de janeiro de 2020, quando essas pontuações irão aumentando gradativamente ano após ano, até os limites supradescritos.

Pode-se dizer que essa regra fragiliza a concepção da previsibilidade de data estimada de aposentadoria, estipulando requisitos mutáveis e que, com o passar do tempo, vão se revelando cada vez mais difíceis de cumprir e exigindo uma idade ainda mais avançada de aposentação.

Pela regra contida na EC n. 103/2019, o valor da aposentadoria corresponderá a 60% do valor do salário de benefício (média integral de todos os salários de contribuição), com acréscimo de dois pontos percentuais para cada ano de contribuição que exceder o tempo de 20 anos de contribuição para os homens e de 15 anos para as mulheres.

### Regras de Transição – Aposentadoria por Tempo de Contribuição
### Art. 15 da EC n. 103/2019

| Aposentadoria por Tempo de Contribuição<br>Regra de transição – art. 15 da Emenda Constitucional n. 103<br>(Filiados antes da EC – requisitos cumpridos após a Emenda Constitucional)<br>Requisitos: T.C. mínimo (mulher: 30 anos – homem: 35 anos) + Pontuação (Idade + T.C.) ||||||
|---|---|---|---|---|---|
| **Ano** | **Pontuação necessária** || **Ano** | **Pontuação necessária** ||
|  | **Mulher** | **Homem** |  | **Mulher** | **Homem** |
| 2019 | 86 | 96 | 2027 | 94 | 104 |
| 2020 | 87 | 97 | 2028 | 95 | 105 |
| 2021 | 88 | 98 | 2029 | 96 | 105 |
| 2022 | 89 | 99 | 2030 | 97 | 105 |
| 2023 | 90 | 100 | 2031 | 98 | 105 |
| 2024 | 91 | 101 | 2032 | 99 | 105 |
| 2025 | 92 | 102 | 2033 | 100 | 105 |
| 2026 | 93 | 103 |  |  |  |

Fonte: ANEXO V – PORTARIA DIRBEN/INSS N. 991, DE 28.03.2022.

### – Transição 2: TEMPO DE CONTRIBUIÇÃO + IDADE MÍNIMA

Está prevista no art. 16 da EC n. 103/2019, tendo por destinatários os segurados filiados ao RGPS até 13.11.2019, assegurando o direito à aposentadoria, quando preenchidos, cumulativamente, os seguintes requisitos:

I – 30 (trinta) anos de contribuição, se mulher, e 35 (trinta e cinco) anos de contribuição, se homem; e
II – Idade de 56 (cinquenta e seis) anos, se mulher, e 61 (sessenta e um) anos, se homem.

E, de acordo com o art. 188-J do RPS (com redação conferida pelo Decreto n. 10.410/2020), será exigida também a carência de cento e oitenta contribuições mensais, para ambos os sexos, como já previsto para as aposentadorias voluntárias.

A partir de 1º de janeiro de 2020, a idade é acrescida de seis meses a cada ano, até atingir 62 anos de idade, se mulher (em 2031), e 65 anos de idade, se homem (em 2027). Após, acaba a transição (em 12 anos para as mulheres, e em 8 anos para os homens), podendo, todavia, ser requerida a aposentadoria a qualquer tempo, uma vez implementados os requisitos que tenham sido cumpridos conforme a idade exigida no ano correspondente.

Pela regra da EC n. 103/2019, a apuração do valor da aposentadoria corresponderá a 60% do valor do salário de benefício (média integral de todos os salários de contribuição), com acréscimo de dois pontos percentuais para cada ano de contribuição que exceder o tempo de 20 anos de contribuição para os homens e de 15 anos para as mulheres.

### Regras de Transição – Aposentadoria por Tempo de Contribuição
### Art. 16 da EC n. 103/2019

| Aposentadoria por Tempo de Contribuição<br>Regra de transição – art. 16 da Emenda Constitucional n. 103/2019<br>(Filiados antes da Emenda Constitucional – requisitos cumpridos após a Emenda Constitucional)<br>T.C. mínimo (mulher: 30 anos – homem 35 anos) + Idade ||||||
|---|---|---|---|---|---|
| Ano | Idade necessária || Ano | Idade necessária ||
| | Mulher | Homem | | Mulher | Homem |
| 2019 | 56 | 61 | 2026 | 59,5 | 64,5 |
| 2020 | 56,5 | 61,5 | 2027 | 60 | 65 |
| 2021 | 57 | 62 | 2028 | 60,5 | 65 |
| 2022 | 57,5 | 62,5 | 2029 | 61 | 65 |
| 2023 | 58 | 63 | 2030 | 61,5 | 65 |
| 2024 | 58,5 | 63,5 | 2031 | 62 | 65 |
| 2025 | 59 | 64 | | | |

Fonte: ANEXO VII – PORTARIA DIRBEN/INSS N. 991, DE 28.03.2022.

### – Transição 3: PEDÁGIO DE 50% DO TEMPO FALTANTE

Está prevista no art. 17 da EC n. 103/2019, tendo por destinatários os segurados filiados ao RGPS até 13.11.2019, e que na referida data contavam com mais de 28 anos de contribuição, se mulher, e 33 anos de contribuição, se homem, ficando assegurado o direito à aposentadoria quando preenchidos, cumulativamente, os seguintes requisitos:

I – 30 anos de contribuição, se mulher, e 35 anos de contribuição, se homem; e

II – cumprimento de período adicional correspondente a 50% do tempo que, na data de entrada em vigor da EC n. 103/2019, faltava para atingir 30 anos de contribuição, se mulher, e 35 anos de contribuição, se homem.

Em conformidade com o art. 188-K do RPS (com redação conferida pelo Decreto n. 10.410/2020), será exigida também a carência de cento e oitenta contribuições mensais, para ambos os sexos, como já era exigido para as aposentadorias voluntárias.

De acordo com o parágrafo único do art. 17 da EC n. 103/2019, a renda mensal inicial deverá corresponder a 100% do salário de benefício, este apurado com base na média aritmética simples dos salários de contribuição correspondentes a todo o período contributivo (desde julho de 1994), multiplicada pelo fator previdenciário. E, pela falta de previsão expressa, não deverá ser aplicada a fórmula 86/1996 progressiva para exclusão do fator previdenciário, constante do art. 29-C da Lei n. 8.213/1991.

Esse novo critério de apuração do valor da renda mensal inicial irá redundar em perda significativa para os segurados que estavam perto de preencher os requisitos da aposentadoria.

Outro aspecto polêmico dessa regra, que não exige idade mínima, é a exclusão dos segurados com menor tempo de contribuição. É possível imaginar segurados que não serão beneficiados com essa regra por terem faltado apenas dois anos e um mês (25 meses) de contribuição na data da publicação da EC n. 103/2019 para atingir 28 anos (mulheres) ou 33 anos (homens).

### Regra de Transição com Adicional de 50% da Aposentadoria por Tempo de Contribuição Art. 17 da EC n. 103/2019

| Aposentadoria por Tempo de Contribuição<br>Regra de transição – art. 17 da Emenda Constitucional n. 103/2019<br>(Filiados antes da Emenda Constitucional – requisitos cumpridos após a Emenda Constitucional)<br>Tempo mínimo antes da Emenda Constitucional + Tempo mínimo total + Pedágio | | |
|---|---|---|
| **Requisitos** | **Mulher** | **Homem** |
| Tempo mínimo antes da EC | 30 | 35 |
| Tempo mínimo total | 28 | 33 |
| Pedágio | 50% do TC que faltava para 30 anos na Emenda Constitucional | 50% do TC que faltava para 35 anos na Emenda Constitucional |

Fonte: ANEXO IX – PORTARIA DIRBEN/INSS N. 991, DE 28.03.2022.

**– Transição 4: PEDÁGIO DE 100% DO TEMPO FALTANTE**

Está prevista no art. 20 da EC n. 103/2019, tendo por destinatários os segurados filiados ao RGPS até 13.11.2019 (data da entrada em vigor da Emenda), assegurando o direito à aposentadoria, quando preenchidos, cumulativamente, os seguintes requisitos:

I – 57 (cinquenta e sete) anos de idade, se mulher, e 60 (sessenta) anos de idade, se homem;

II – 30 (trinta) anos de contribuição, se mulher, e 35 (trinta e cinco) anos de contribuição, se homem;

III – período adicional de contribuição correspondente ao tempo que, na data de entrada em vigor da EC n. 103/2019, faltaria para atingir o tempo mínimo de contribuição referido no inciso II (pedágio de 100% do tempo faltante).

Em conformidade com o art. 188-L do RPS (com redação conferida pelo Decreto n. 10.410/2020), será exigida também a carência de cento e oitenta contribuições mensais, para ambos os sexos, como já era exigido das aposentadorias voluntárias.

Como exemplo dessa regra, podemos considerar um segurado que já tiver a idade mínima de 60 anos, mas tiver 30 anos de tempo de contribuição quando a reforma entrou em vigor; terá de trabalhar os cinco anos que faltam para completar os 35 anos, mais cinco anos de pedágio, totalizando 10 anos a mais de atividade e contribuição respectiva.

Nessa regra, o que mais atrai, em relação às demais, é o coeficiente de cálculo do benefício, que será de 100% do salário de benefício, calculado com base na média integral de todos os salários de contribuição, sem aplicação de fator previdenciário ou outro redutor.

No entanto, considerando o tempo de pedágio a ser cumprido, é bem provável que, conforme o caso, a regra transitória ora fixada pela EC n. 103/2019 seja mais vantajosa do que a de transição.

**Regra de Transição com Adicional de 100% da Aposentadoria por Tempo de Contribuição Art. 20 da EC n. 103/2019**

| Aposentadoria por Tempo de Contribuição | | |
|---|---|---|
| Regra de transição – art. 20 da Emenda Constitucional n. 103/2019 (Filiados antes da Emenda Constitucional – Requisitos cumpridos após a Emenda Constitucional) Tempo + Idade + Pedágio | | |
| **Requisitos** | **Mulher** | **Homem** |
| Tempo mínimo | 30 | 35 |
| Idade | 57 | 60 |
| Pedágio | 100% do que faltava para 30 anos na data da promulgação da Emenda Constitucional | 100% do que faltava para 35 anos na data da promulgação da Emenda Constitucional |

Fonte: ANEXO X – PORTARIA DIRBEN/INSS N. 991, DE 28.03.2022.

## 1.2.6 Principais demandas relacionadas à aposentadoria por tempo de contribuição

Em âmbito de prática jurídica, o benefício em questão tem litígios, geralmente, relacionados:

- Ao cumprimento da carência exigida;
- À dificuldade do reconhecimento do tempo de contribuição, especialmente quando não houve o devido registro (empregados sem carteira assinada, autônomos sem comprovação documental de atividade) e em caso de contribuições não vertidas (no caso de contribuintes individuais ou facultativos);
- Ao cálculo da renda mensal inicial, quando o segurado tenha salários de contribuição não identificados corretamente, ou quando há majoração, notadamente após êxito em ações trabalhistas que reconhecem direitos de natureza remuneratória.

As ações envolvem, por conseguinte:

- A concessão do benefício negado administrativamente, por não ter sido reconhecida a carência exigida ou o tempo de contribuição necessário;
- O direito a ver computado período não constante do CNIS, ainda que com pagamento de indenização (no caso do contribuinte individual);
- A majoração da renda mensal inicial do benefício já concedido administrativamente, para averbação de períodos não aproveitados ou de valores que não foram considerados como salário de contribuição.

A prova a ser produzida, em tais ações, é eminentemente documental, e a oitiva de testemunhas é admitida como subsidiária desta, mas a jurisprudência mostra-se bastante refratária – para não dizer totalmente contrária – à instrução do feito com prova exclusivamente testemunhal, como mencionado.

A competência é da Justiça Federal, com possibilidade de ajuizamento em unidade judiciária da Justiça Estadual, quando o domicílio do segurado seja em cidade localizada a mais de 70 quilômetros de município sede de vara federal.

Na Parte VI desta obra encontram-se modelos de petição inicial visando à concessão de aposentadoria por tempo de contribuição e para inclusão de valores na RMI.

## 1.2.7 Aposentadoria Programada dos Professores

O Decreto n. 53.831/1964 (Anexo, Item 2.1.4) considerava a ocupação de magistério como trabalho penoso, assegurando a aposentadoria aos 25 anos de trabalho em sala de aula. Na sequência, a Emenda Constitucional n. 18/1981, assegurou a aposentadoria para o professor após 30 anos e, para a professora, após 25 anos de efetivo exercício em funções de magistério, com salário integral.

Em consequência da EC n. 18/1981, segundo o STF, a aposentadoria dos professores deixou de ser considerada uma aposentadoria especial: "1. No regime anterior à Emenda Constitucional n. 18/81, a atividade de professor era considerada como especial (Decreto n. 53.831/64, Anexo, Item 2.1.4). Foi a partir dessa Emenda que a aposentadoria do professor passou a ser espécie de benefício por tempo de contribuição, com o requisito etário reduzido, e não mais uma aposentadoria especial" (ARE 742.005 AgR/PE, Rel. Min. Teori Zavascki, *DJe* 1º.04.2014).

A Constituição de 1988, em sua redação original, estabeleceu que pelo exercício das funções de magistério de qualquer nível (educação infantil, ensino fundamental, médio e universitário), era assegurada a aposentadoria por tempo de serviço com renda mensal de 100% do salário de benefício, ao professor, após trinta anos, e à professora, após vinte e cinco anos, de efetivo exercício de função de magistério (art. 202, III, da CF/1988).

Em face da EC n. 20, de 1998, a aposentadoria dos professores passou a ser tratada pelo art. 201, § 8º, da Constituição, sendo necessário comprovar tempo de efetivo exercício das funções de magistério na educação infantil e nos ensinos fundamental e médio, por trinta anos, se homem, e vinte e cinco anos, se mulher.

Diante disso, os professores universitários foram excluídos da regra especial e ficaram sujeitos ao tempo de contribuição previsto na regra geral. Todavia, os que tinham ingressado no magistério até a reforma poderiam ainda se aposentar pela regra de transição prevista na EC n. 20, sendo que o tempo de efetivo exercício de funções de magistério teria o acréscimo de 17% (para o homem) ou 20% (para a mulher) sobre os tempos de serviço já exercidos.

De acordo com a Lei n. 11.301/2006, "são consideradas funções de magistério as exercidas por professores e especialistas em educação no desempenho de atividades educativas, quando exercidas em estabelecimento de educação básica em seus diversos níveis e modalidades, incluídas, além do exercício da docência, as de direção de unidade escolar e as de coordenação e assessoramento pedagógico".

Na ADI n. 3772-2, o STF conferiu interpretação conforme à Constituição Federal, garantindo o benefício da aposentadoria especial, desde que os cargos de diretores, coordenadores e assessores pedagógicos sejam exercidos por professores de carreira (Decisão publicada no *DJe* n. 212, divulgado em 07.11.2008).

A decisão na ADI n. 3772-2 modificou o entendimento anterior da Corte Suprema expresso na Súmula n. 726, que previa: "Para efeito de aposentadoria especial de professores, não se computa o tempo de serviço prestado fora da sala de aula". Muito embora não tenha sido cancelada ou alterada, a referida súmula caiu em desuso.

Em outubro de 2017, o STF ratificou a orientação firmada na ADI n. 3.772-2 na análise da Repercussão Geral Tema n. 965, firmando a seguinte tese:

**Tema n. 965:** "Para a concessão da aposentadoria especial de que trata o art. 40, § 5º, da Constituição, conta-se o tempo de efetivo exercício, pelo professor, da docência e das atividades de direção de unidade escolar e de coordenação e assessoramento pedagógico, desde que em estabelecimentos de educação infantil ou de ensino fundamental e médio".

Seguindo a orientação do STF, o CRPS aprovou o Enunciado n. 9, com o seguinte conteúdo:

> O segurado que exerça funções de magistério, nos termos da Lei de Diretrizes Básicas da Educação, poderá ser considerado professor para fins de redução do tempo de contribuição necessário à aposentadoria (B-57), observados os demais elementos de prova no caso concreto.
> I – Consideram-se funções de magistério as efetivamente exercidas nas instituições de educação básica, incluídas, além do exercício da docência, as de direção de unidade escolar e as de coordenação e assessoramento pedagógico, inclusive nos casos de reintegração trabalhista transitada em julgado.
> II – As funções de direção, coordenação e assessoramento pedagógico integram a carreira do magistério, desde que exercidas, em estabelecimentos de ensino básico, por professores de carreira, excluídos os especialistas em educação.
> III – Os estabelecimentos de educação básica não se confundem com as secretarias ou outros órgãos municipais, estaduais ou distritais de educação.
> IV – É vedada a conversão de tempo de serviço especial em comum na função de magistério após 09.07.1981, data da publicação da Emenda Constitucional n. 18/1981.

### – A Aposentadoria dos Professores na EC n. 103/2019

Com a EC n. 103/2019, o art. 201, § 8º, passou a prever que o requisito de idade a que se refere o inciso I do § 7º (65 anos, homem; 62 anos, mulher) será reduzido em cinco anos para o professor que comprove tempo de efetivo exercício das funções de magistério na educação infantil e no ensino fundamental e médio fixado em lei complementar.

Além da idade mínima de 60 anos, se homem, e de 57 anos, se mulher, são exigidos 25 anos de contribuição exclusivamente em efetivo exercício das funções de magistério na educação infantil e nos ensinos fundamental e médio, tanto para homens como para mulheres, consoante regra contida no art. 19, § 1º, II, da EC n. 103/2019. E, de acordo com o art. 54 da RPS (redação dada pelo Decreto n. 10.410/2020), será exigido o cumprimento da carência de 180 meses.

Assim, a aposentadoria dos professores do RGPS, pela primeira vez, passou a exigir idade mínima, gerando novo obstáculo ao acesso à aposentadoria dessa classe de segurados já penalizada e desmotivada devido aos baixos salários pagos pelas redes de ensino.

Essa aposentadoria também é afetada pela nova fórmula de cálculo do salário de benefício, constante da regra transitória da EC n. 103/2019 (100% da média aritmética simples dos salários de contribuição desde julho de 1994 e coeficiente de cálculo). Assim, inicialmente, corresponderá a 60% do valor do salário de benefício (média integral de todos os salários de contribuição), com acréscimo de dois pontos percentuais para cada ano de contribuição que exceder o tempo de 20 anos de contribuição para os homens e de 15 anos para as mulheres.

Os homens somente ao atingir 40 anos de contribuição poderão obter o percentual de 100% do salário de benefício; as mulheres, com 35 anos de contribuição. Para obter um coeficiente de cálculo mais elevado, poderão ser utilizados períodos contributivos diversos da função de magistério. Ou seja, a redução da idade mínima, comparada a situação com os demais segurados, surte efeito negativo, se considerarmos que a regra de cálculo leva em conta apenas o tempo de contribuição, com critério idêntico ao de quem se exige idade maior. Para obter uma renda mensal maior, os professores e professoras terão de trabalhar até idades mais longevas, considerando que a atividade no magistério não se inicia senão após a conclusão de todo um aprendizado específico.

Futuramente, a apuração do valor da aposentadoria concedida nesses termos poderá, como as demais, ser alterado na forma de lei ordinária a ser aprovada pelo Congresso Nacional.

| NOVA REGRA: APOSENTADORIA PROGRAMADA DOS PROFESSORES ||
|---|---|
| Idade Mínima | Tempo de Magistério |
| 60 anos | 25 anos |
| 57 anos | 25 anos |

RMI: 60% (sessenta por cento) do valor do salário de benefício (média integral de todos os salários de contribuição), com acréscimo de dois pontos percentuais para cada ano de contribuição que exceder o tempo de 20 anos de contribuição para os homens e de 15 anos para as mulheres.

### 1.2.7.1 A aposentadoria dos professores e a aplicação do fator previdenciário

Quem se aposentou como professor ou vai se aposentar pelas regras de direito adquirido que vigoraram até a publicação da EC n. 103/2019, está sujeito à aplicação do fator previdenciário na apuração da renda mensal inicial do benefício.

Com efeito, defendemos que a aplicação do fator previdenciário sobre a aposentadoria dos professores e não sobre as aposentadorias especiais em geral implicava desigualdade entre benefícios assegurados constitucionalmente com a mesma natureza, ou seja, concedidos em razão das condições diferenciadas no desempenho da atividade.

No âmbito do TRF da 4ª Região, houve o reconhecimento da inconstitucionalidade do inciso I do art. 29 da Lei n. 8.213/1991, sem redução do texto, e dos incisos II e III do § 9º do mesmo dispositivo, com redução de texto, pelo fato de não terem conferido à aposentadoria dos professores de ensino infantil, fundamental e médio, direito fundamental que tem relevante densidade constitucional, adequado tratamento, com o consequente afastamento da incidência do fator previdenciário (ARGINC n. 5012935-13.2015.4.04.0000, Corte Especial, Rel. Des. Fed. Ricardo Teixeira do Valle Pereira, *DE* 23.06.2016).

Entretanto, a questão acabou sendo definida pelo STF, ao julgar a Repercussão Geral Tema n. 1091, cuja tese fixada foi a seguinte: "É constitucional o fator previdenciário previsto no art. 29, *caput*, incisos e parágrafos, da Lei n. 8.213/1991, com a redação dada pelo art. 2º da Lei n. 9.876/1999" (*Leading Case*: RE 1.221.630/SC, Plenário, Rel. Min. Presidente, *DJe* 19.06.2020).

E, na sequência o STJ firmou tese no mesmo sentido:

> **Repetitivo n. 1011:** "Incide o fator previdenciário no cálculo da renda mensal inicial de aposentadoria por tempo de contribuição de professor vinculado ao Regime Geral de Previdência Social, independente da data de sua concessão, quando a implementação dos requisitos necessários à obtenção do benefício se der após o início da vigência da Lei n. 9.876/1999, ou seja, a partir de 29.11.1999" (REsp 1.799.305/PE, 1ª Seção, Rel. Min. Mauro Campbell Marques, *DJe* 26.03.2021).

Diante desse cenário, a tese da revisão das aposentadorias dos professores para exclusão do fator previdenciário acabou sendo superada e os processos sem trânsito em julgado ficam vinculados a essa decisão.

### 1.2.8 Regras de transição da aposentadoria dos professores – EC n. 103/2019

Para os professores em efetivo exercício das funções de magistério na educação infantil e no ensino fundamental e médio na data da publicação da EC n. 103/2019, foram aprovadas três regras de transição.

## 1.2.8.1 Transição 1: Sistema de pontos

Está prevista no art. 15, § 3º, da EC n. 103/2019, tendo por destinatários os professores em efetivo exercício das funções de magistério na educação infantil e nos ensinos fundamental e médio em 13.11.2019, quando preenchidos, cumulativamente, os seguintes requisitos:

I – 25 (vinte e cinco) anos de contribuição, se mulher, e 30 (trinta) anos de contribuição, se homem (em efetivo exercício das funções de magistério na educação infantil e no ensino fundamental e médio); e

II – Somatório da idade e do tempo de contribuição, incluídas as frações, equivalente a 81 (oitenta e um) pontos, se mulher, e 91 (noventa e um) pontos, se homem.

Em conformidade com o art. 188-M do RPS (com redação conferida pelo Decreto n. 10.410/2020), será exigida também a carência de cento e oitenta contribuições mensais, para ambos os sexos, como ocorre com todas as aposentadorias voluntárias desde antes da reforma.

A partir de 1º de janeiro de 2020, há o acréscimo de um ponto a cada ano para o homem e para a mulher, até atingir o limite de 92 pontos, se mulher (em 2030), e de 100 pontos, se homem (em 2028).

A idade e o tempo de contribuição serão apurados em número de dias para o cálculo do somatório de pontos.

O valor da aposentadoria corresponderá a 60% do valor do salário de benefício (média integral de todos os salários de contribuição), com acréscimo de dois pontos percentuais para cada ano de contribuição que exceder o tempo de 20 anos de contribuição para os homens e de 15 anos para as mulheres.

**Regra de Transição – Aposentadoria por Tempo de Contribuição dos Professores Art. 15, § 3º, da EC n. 103/2019**

| Aposentadoria por Tempo de Contribuição dos Professores Regra de transição – art. 15 da Emenda Constitucional n. 103/2019, § 3º ||
|---|---|
| (Filiados antes da Emenda Constitucional – requisitos cumpridos após a Emenda Constitucional) Requisitos: T.C. mínimo na Educação Básica (mulher: 25 anos – homem: 30 anos) + Pontuação (Idade + Tempo de Contribuição) ||
| Ano | Pontuação necessária |
| | Mulher / Homem |

| Ano | Mulher | Homem |
|---|---|---|
| 2019 | 81 | 91 |
| 2020 | 82 | 92 |
| 2021 | 83 | 93 |
| 2022 | 84 | 94 |
| 2023 | 85 | 95 |
| 2024 | 86 | 96 |
| 2025 | 87 | 97 |

| Aposentadoria por Tempo de Contribuição dos Professores<br>Regra de transição – art. 15 da Emenda Constitucional n. 103/2019, § 3º |||
|---|---|---|
| (Filiados antes da Emenda Constitucional – requisitos cumpridos após a Emenda Constitucional)<br>Requisitos: T.C. mínimo na Educação Básica (mulher: 25 anos – homem: 30 anos) + Pontuação<br>(Idade + Tempo de Contribuição) |||
| Ano | Pontuação necessária ||
|  | Mulher | Homem |
| 2026 | 88 | 98 |
| 2027 | 89 | 99 |
| 2028 | 90 | 100 |
| 2029 | 91 | 100 |
| 2030 | 92 | 100 |

Fonte: ANEXO VI – PORTARIA DIRBEN/INSS N. 991, DE 28.03.2022.

### 1.2.8.2 Transição 2: Tempo de contribuição + idade mínima

Está prevista no art. 16, § 2º da EC n. 103/2019, tendo por destinatários os professores em efetivo exercício das funções de magistério na educação infantil e no ensino fundamental e médio, na data da entrada em vigor da EC (13.11.2019), quando preenchidos, cumulativamente, os seguintes requisitos:

> I – 25 (vinte e cinco) anos de contribuição, se mulher, e 30 (trinta) anos de contribuição, se homem (em efetivo exercício das funções de magistério na educação infantil e no ensino fundamental e médio); e
> II – idade de 51 (cinquenta e um) anos, se mulher, e 56 (cinquenta e seis) anos, se homem.

Em conformidade com o art. 188-N do RPS (com redação conferida pelo Decreto n. 10.410/2020), será exigida também a carência de cento e oitenta contribuições mensais, para ambos os sexos, como nas demais hipóteses de aposentadoria voluntária.

A partir de 1º de janeiro de 2020, a idade é acrescida de seis meses a cada ano, até atingir 57 anos de idade, se mulher (em 2031), e 60 anos de idade, se homem (em 2027). Em 12 anos, acaba a transição para as mulheres e, em oito anos, para os homens.

O valor da aposentadoria corresponderá a 60% do valor do salário de benefício (média integral de todos os salários de contribuição), com acréscimo de dois pontos percentuais para cada ano de contribuição que exceder o tempo de 20 anos de contribuição para os homens e de 15 anos para as mulheres.

## Regras de Transição de Aposentadoria por Tempo de Contribuição dos Professores
### Art. 16, § 2º, da EC n. 103/2019

**Aposentadoria por Tempo de Contribuição dos Professores**
**Regra de transição – art. 16 da Emenda Constitucional n. 103/2019 – § 2º**

(Filiados antes da Emenda Constitucional – requisitos cumpridos após a Emenda Constitucional)
T.C. mínimo como Professores na Educação Básica
(mulher: 25 anos – homem 30 anos) + Idade mínima

| Ano | Idade necessária | | Ano | Idade necessária | |
|---|---|---|---|---|---|
| | Mulher | Homem | | Mulher | Homem |
| 2019 | 51 | 56 | 2026 | 54,5 | 59,5 |
| 2020 | 51,5 | 56,5 | 2027 | 55 | 60 |
| 2021 | 52 | 57 | 2028 | 55,5 | 60 |
| 2022 | 52,5 | 57,5 | 2029 | 56 | 60 |
| 2023 | 53 | 58 | 2030 | 56,5 | 60 |
| 2024 | 53,5 | 58,5 | 2031 | 57 | 60 |
| 2025 | 54 | 59 | | | |

Fonte: ANEXO VIII – PORTARIA DIRBEN/INSS N. 991, DE 28.03.2022.

### 1.2.8.3 Transição 3: Pedágio de 100% do tempo faltante

Está prevista no art. 20, § 1º, da EC n. 103/2019, tendo por destinatários os professores em efetivo exercício das funções de magistério na educação infantil e no ensino fundamental e médio, na data da entrada em vigor da EC (13.11.2019), quando preenchidos, cumulativamente, os seguintes requisitos:

I – 52 (cinquenta e dois) anos de idade, se mulher, e 55 (cinquenta e cinco) anos de idade, se homem;
II – 25 (vinte e cinco) anos de contribuição, se mulher, e 30 (trinta) anos de contribuição, se homem;
III – período adicional de contribuição correspondente ao tempo que, na data de entrada em vigor da EC n. 103/2019, faltaria para atingir o tempo mínimo de contribuição referido no inciso II (pedágio de 100% do tempo faltante).

Em conformidade com o art. 188-O do RPS (com redação conferida pelo Decreto n. 10.410/2020) será exigida também a carência de cento e oitenta contribuições mensais, para ambos os sexos, como ocorre com todas as aposentadorias voluntárias.

Nessa regra, o coeficiente de cálculo do benefício será de 100% do salário de benefício, calculado com base na média integral de todos os salários de contribuição desde julho de 1994 ou desde o início das contribuições, se depois desse ano.

Considerando o tempo de pedágio a ser cumprido, é bem provável que as regras permanentes sejam mais vantajosas do que as de transição.

### Regra de Transição com Adicional de 100%
### da Aposentadoria por Tempo de Contribuição dos Professores
### Art. 20, § 1º, da EC n. 103/2019

| Aposentadoria por Tempo de Contribuição dos Professores Regra de transição – art. 20 da Emenda Constitucional n. 103/2019, § 1º ||||
|---|---|---|---|
| (Filiados antes da Emenda Constitucional – Requisitos cumpridos após a Emenda Constitucional) Tempo de Magistério na Educação Básica + Idade + Pedágio ||||
| Requisitos | Mulher || Homem |
| Tempo mínimo | 25 || 30 |
| Idade | 52 || 55 |
| Pedágio | 100% do que faltava para 25 anos na data da promulgação da Emenda Constitucional || 100% do que faltava para 30 anos na data da promulgação da Emenda Constitucional |

Fonte: ANEXO XI – PORTARIA DIRBEN/INSS N. 991, DE 28.03.2022.

## 1.3 APOSENTADORIA POR IDADE

As regras de concessão da aposentadoria por idade urbana, na forma prevista no art. 201, § 7º, II, da CF (redação dada pela EC n. 20/1998) e regulada pelos arts. 48 a 51 da Lei n. 8.213/1991, continuam sendo aplicáveis para quem implementou os requisitos até 13.11.2019, quais sejam, 65 anos de idade, se homem, ou 60 anos de idade, se mulher e a carência de 180 meses – regra de direito adquirido. Nesse sentido:

> RPS – "Art. 188-A Será assegurada a concessão de aposentadoria, a qualquer tempo, ao segurado do RGPS, inclusive o oriundo de regime próprio de previdência social, que, até 13 de novembro de 2019, uma vez cumprido o período de carência exigido, tenha cumprido os seguintes requisitos: (Redação dada pelo Decreto n. 10.410, de 2020)
> I – no caso de aposentadoria por idade – sessenta e cinco anos de idade, se homem, e sessenta anos de idade, se mulher;" (Incluído pelo Decreto n. 10.410, de 2020)

Após a vigência da EC n. 103/2019, a aposentadoria por idade urbana poderá ser postulada, mas com base nas regras de transição para os segurados filiados ao RGPS até 13.11.2019 e que não implementaram todos os requisitos até essa data.

Conforme mencionamos no tópico 1.1, em face do novo regramento constitucional trazido pela EC n. 103/2019, a aposentadoria programada substituiu a aposentadoria por idade urbana, sendo que a idade exigida do homem permaneceu em 65 anos, mas a da mulher foi elevada para 62 anos. O tempo de contribuição para o homem foi fixado em 20 anos, e para a mulher em 15 anos. A carência continua definida em 180 meses para ambos os gêneros (art. 29, II, do RPS, com redação conferida pelo Decreto n. 10.410/2020).

A aposentadoria por idade, segundo a Lei de Benefícios (art. 49) poderá ser requerida pela empresa, compulsoriamente, desde que o empregado tenha cumprido o período de carência e completado 70 anos, se homem, e 65 anos, se mulher. Nesse caso, será garantida ao empregado a indenização prevista na legislação trabalhista (40% dos depósitos do FGTS devidos durante o contrato de trabalho), considerada como data da rescisão do contrato de trabalho a imediatamente anterior à do início da aposentadoria. Todavia, frisamos que a regra atualmente não tem mais sentido em permanecer vigente, já que o segurado é o legítimo detentor do direito, cabendo a este decidir pela época mais oportuna para requerer o benefício, podendo inclusive desistir do benefício requerido até o pagamento da primeira renda mensal, como frisado no item anterior deste capítulo.

No que diz respeito à comprovação dos requisitos na obtenção da aposentadoria por idade urbana, a jurisprudência é assente no sentido de que a idade e a carência não necessitam ser preenchidas simultaneamente: STJ, 2ª Turma, REsp 1412566/RS, Relator Ministro Mauro Campbell Marques, *DJe* 02.04.2014.

Esse entendimento também vale para o direito da pensionista do falecido segurado que já havia implementado os requisitos para a aposentadoria por idade, a saber: idade e carência, ainda que não de forma simultânea. Vejamos:

> AGRAVO INTERNO. PENSÃO POR MORTE. CUMPRIMENTO DOS REQUISITOS PARA APOSENTADORIA POR IDADE ANTES DO ÓBITO DO SEGURADO. DESNECESSIDADE DA IMPLEMENTAÇÃO SIMULTÂNEA. PRECEDENTES. 1. Desnecessária a implementação simultânea dos requisitos para aposentadoria por idade. 2. O preenchimento dos requisitos para aposentadoria por idade, antes do óbito do segurado, torna possível a concessão de pensão por morte aos dependentes. (STJ, 6ª Turma, AGA 200601773314, Rel. Min. Celso Limongi – Desembargador Convocado do TJSP, *DJE* 07.06.2010)

No que tange à aposentadoria por idade rural, o STJ, ao julgar o Recurso Repetitivo – Tema n. 642, confirmou a tese de que:

> O segurado especial tem que estar laborando no campo, quando completar a idade mínima para se aposentar por idade rural, momento em que poderá requerer seu benefício. Ressalvada a hipótese do direito adquirido, em que o segurado especial, embora não tenha requerido sua aposentadoria por idade rural, preenchera de forma concomitante, no passado, ambos os requisitos carência e idade. (REsp 1354908/SP, 1ª Seção, Rel. Min. Mauro Campbell Marques, j. 09.09.2015)

Cabe mencionar que a Lei n. 10.666/2003 (art. 3º, § 1º) estabelece que para a concessão da aposentadoria por idade (leia-se a urbana), a perda da qualidade de segurado não será considerada, desde que o segurado conte com, no mínimo, o tempo de contribuição correspondente ao exigido para efeito de carência na data do requerimento do benefício.

No que diz respeito à apuração dos requisitos da carência a ser observada para a concessão da aposentadoria por idade urbana, destacamos a Súmula n. 44 da TNU:

> Para efeito de aposentadoria por idade urbana, a tabela progressiva de carência prevista no art. 142 da Lei n. 8.213/1991 deve ser aplicada em função do ano em que o segurado completa a idade mínima para concessão do benefício, ainda que o período de carência só seja preenchido posteriormente.

As regras gerais sobre a aposentadoria por idade urbana estão disciplinadas no art. 18 da EC n. 103/2019 (regra de transição), nos arts. 48 a 51 da Lei n. 8.213/1991 e no art. 188-A do Decreto n. 3.048/1999 (com nova redação conferida pelo Decreto n. 10.410/2020).

### 1.3.1 Regra de transição em relação à aposentadoria por idade – EC n. 103/2019

Está prevista no art. 18 da EC n. 103/2019, tendo por destinatários os segurados filiados ao RGPS até 13.11.2019, assegurando o direito à aposentadoria, quando preenchidos, cumulativamente, os seguintes requisitos:

I – 60 anos de idade, se mulher, e 65 anos de idade, se homem; e
II – 15 anos de contribuição, para ambos os sexos.

Em conformidade com o art. 188-H do RPS (com redação conferida pelo Decreto n. 10.410/2020), será exigida também a carência de cento e oitenta contribuições mensais, para ambos os sexos, como ocorre desde antes da reforma.

A partir de 1º de janeiro de 2020, a idade de 60 anos da mulher é acrescida em seis meses a cada ano, até atingir 62 anos de idade (em 2023). Para os homens, a idade mínima continua como era antes da Reforma, 65 anos. O tempo mínimo de contribuição também foi mantido para ambos os sexos em 15 anos.

O que se alterou foi o cálculo do valor do benefício. Na regra transitória aprovada pela EC n. 103, até que lei disponha em contrário, corresponderá a 60% do valor do salário de benefício (média integral de todos os salários de contribuição), com acréscimo de dois pontos percentuais para cada ano de contribuição que exceder o tempo de 20 anos de contribuição para os homens e de 15 anos para as mulheres.

O salário de benefício é obtido com base na média aritmética simples dos salários de contribuição, atualizados monetariamente, correspondentes a 100% (cem por cento) do período contributivo desde a competência julho de 1994 ou desde o início da contribuição, se posterior a essa competência. E, a partir de 5 de maio de 2022, com a incidência do divisor mínimo de 108 (cento e oito) meses previsto no art. 135-A da LBPS (incluído pela Lei n. 14.331/2022).

Entendemos que o coeficiente para os homens deve ser igual ao das mulheres, começando com 60% aos 15 anos (idade prevista para a aposentadoria) com acréscimo de dois pontos percentuais a cada novo ano de contribuição, chegando aos 100% com 35 anos de contribuição. Isto porque ficou garantida aposentadoria ao homem com 65 anos de idade e 15 anos de contribuição, não sendo previsto coeficiente menor do que 60% do salário de benefício.

Diante desse quadro, poderá o segurado homem solicitar administrativamente o descarte das menores contribuições, caso possua entre 15 e 20 anos de tempo de contribuição. Com isso, o salário de benefício poderá ser maior.

| REGRA DE TRANSIÇÃO (RGPS): APOSENTADORIA POR IDADE URBANA ||
|---|---|
| **IDADE (homem):** 65 anos | **IDADE (mulher):** 2019 – 60 anos; 2020 – 60,5 anos; 2021 – 61 anos; 2022 – 61,5 anos; 2023 – 62 anos |
| **TEMPO DE CONTRIBUIÇÃO:** 15 anos | **TEMPO DE CONTRIBUIÇÃO:** 15 anos |
| **RMI:** 60% do salário de benefício (média integral) + dois pontos percentuais para cada ano de contribuição que exceder a 20 anos (15 anos – conforme interpretação apresentada), se homem, e 15 anos, se mulher. ||

#### 1.3.1.1 *Aposentadoria por idade do trabalhador rural*

A redução da idade para aposentadoria dos trabalhadores do meio rural foi prevista na Constituição de 1988 (art. 202, inciso I – redação original; art. 201, § 7º, inciso II, na redação atual). No entanto, o Supremo Tribunal Federal não considerou autoaplicável esse preceito constitucional que beneficia os trabalhadores rurais, incluídos o produtor rural, o garimpeiro e o pescador artesanal (STF, 2ª Turma, RE n. 168191-8, Rel. Min. Marco Aurélio, *DJ* 20.06.1997).

A aposentadoria rural por idade, no regime precedente à Lei n. 8.213/1991, somente era devida ao homem, e, excepcionalmente, à mulher, desde que estivesse na condição de chefe ou arrimo de família, nos termos do art. 297 do Decreto n. 83.080/1979. Isto porque, no regime da LC n. 11/1971, a unidade familiar compunha-se de apenas um trabalhador rural; os demais eram dependentes.

A partir da Lei n. 8.213/1991, esse benefício foi estendido aos demais integrantes do grupo familiar (cônjuges ou companheiros, filhos maiores de 14 anos ou a eles equiparados), nos termos do art. 11, VII, da mencionada lei.

A distinção na idade foi mantida pela EC n. 103/2019, ao dar nova redação ao art. 201, § 7º, II, mantendo a exigência de 60 anos para o homem e 55 anos para a mulher para essa aposentadoria voltada aos trabalhadores rurais e aos que exerçam suas atividades em regime de economia familiar, nestes incluídos o produtor rural, o garimpeiro e o pescador artesanal.

Dessa forma, a concessão da aposentadoria por idade do trabalhador rural, prevista no art. 48 da Lei n. 8.213/1991 e regulamentada pelo art. 56 do RPS (redação dada pelo Decreto n. 10.410/2020), está condicionada ao preenchimento de dois requisitos:

a) idade mínima de 60 anos para o homem e de 55 anos para a mulher; e
b) comprovação do exercício de atividade rural por 15 anos, ainda que descontínua, no período imediatamente anterior ao requerimento do benefício ou ao implemento da idade exigida.

Neste contexto, continua válida também a previsão contida no art. 39 da Lei n. 8.213/1991, que estabelece:

> Art. 39. Para os segurados especiais, referidos no inciso VII do *caput* do art. 11 desta Lei, fica garantida a concessão:
> I – de aposentadoria por idade ou por invalidez, de auxílio-doença, de auxílio-reclusão ou de pensão, no valor de 1 (um) salário mínimo, e de auxílio-acidente, conforme disposto no art. 86 desta Lei, desde que comprovem o exercício de atividade rural, ainda que de forma descontínua, no período imediatamente anterior ao requerimento do benefício, igual ao número de meses correspondentes à carência do benefício requerido, observado o disposto nos arts. 38-A e 38-B desta Lei; ou
> II – dos benefícios especificados nesta Lei, observados os critérios e a forma de cálculo estabelecidos, desde que contribuam facultativamente para a Previdência Social, na forma estipulada no Plano de Custeio da Seguridade Social.

Por se tratar de uma espécie de aposentadoria por idade independe da manutenção da qualidade de segurado, exceto a aposentadoria por idade do trabalhador rural do segurado especial que não contribui facultativamente, devendo o segurado estar no exercício da atividade ou em prazo de qualidade de segurado nesta categoria no momento do preenchimento dos requisitos necessários ao benefício pleiteado, ressalvado o direito adquirido. Nesse sentido, o art. 245, § 1º, da IN INSS n. 128/2022.

Consoante orientação firmada pelo STJ, a regra da não simultaneidade dos requisitos não tem validade no caso da aposentadoria por idade rural, sendo necessário que o segurado especial comprove o cumprimento da carência no período que antecede o implemento da idade ou o requerimento (STJ, PET 7.476, 3ª Seção, Rel. p/ acórdão Min. Jorge Mussi, *DJe* 25.04.2011).

A LBPS considera como segurado especial o produtor rural e o pescador artesanal ou a este assemelhado, desde que exerçam a atividade rural individualmente ou em regime de economia familiar, ainda que com o auxílio eventual de terceiros, consoante previsão do art. 11, VII, da Lei n. 8.213/1991:

> Art. 11. São segurados obrigatórios da Previdência Social as seguintes pessoas físicas: (...)
> VII – como segurado especial: a pessoa física residente no imóvel rural ou em aglomerado urbano ou rural próximo a ele que, individualmente ou em regime de economia familiar, ainda que com o auxílio eventual de terceiros, na condição de:
> a) produtor, seja proprietário, usufrutuário, possuidor, assentado, parceiro ou meeiro outorgados, comodatário ou arrendatário rurais, que explore atividade: (...)
> b) pescador artesanal ou a este assemelhado que faça da pesca profissão habitual ou principal meio de vida; e
> c) cônjuge ou companheiro, bem como filho maior de 16 (dezesseis) anos de idade ou a este equiparado, do segurado de que tratam as alíneas *a* e *b* deste inciso, que, comprovadamente, trabalhem com o grupo familiar respectivo.

De acordo com a regulamentação dada pelo INSS (art. 247 da IN PRESI/INSS n. 128/2022), são beneficiados com essa regra os trabalhadores rurais enquadrados nas categorias de:

> I – empregados rurais;
> II – contribuintes individuais que prestam serviço de natureza rural a empresa(s), a outro contribuinte individual equiparado a empresa ou a produtor rural pessoa física;
> III – contribuintes individuais garimpeiros, que trabalhem, comprovadamente, em regime de economia familiar, na forma do § 1º do art. 109[4];
> IV – trabalhadores avulsos que prestam serviço de natureza rural; e
> V – segurado especial.

O INSS não considera trabalhadores rurais, para fins de concessão dessa aposentadoria (art. 247, parágrafo único, da IN PRESI/INSS n. 128/2022):

> I – empregados domésticos;
> II – produtores rurais, proprietários ou não;
> III – pescador profissional; e
> IV – contribuintes individuais garimpeiros que não comprovem atividade em regime de economia familiar.

Observando-se a norma legal, percebe-se que a IN PRESI/INSS n. 128/2022 criou restrições não previstas na LBPS, aviltando o princípio da legalidade.

A comprovação da atividade rural é feita por autodeclaração e com a apresentação dos documentos previstos no art. 106 da Lei n. 8.213/1991, com a redação conferida pela Lei n. 13.846/2019:

> Art. 106. A comprovação do exercício de atividade rural será feita, complementarmente à autodeclaração de que trata o § 2º e ao cadastro de que trata o § 1º, ambos do art. 38-B desta Lei, por meio de, entre outros: (Redação dada pela Lei n. 13.846, de 2019)

---

[4] IN n. 128/2022: "Art. 109 (...) § 1º A atividade é desenvolvida em regime de economia familiar quando o trabalho dos membros do grupo familiar é indispensável à própria subsistência e ao desenvolvimento socioeconômico, sendo exercida em condições de mútua dependência e colaboração, sem a utilização de empregados permanentes, independentemente do valor auferido pelo segurado especial com a comercialização da sua produção, quando houver (...)".

I – contrato individual de trabalho ou Carteira de Trabalho e Previdência Social;

II – contrato de arrendamento, parceria ou comodato rural;

III – revogado;

IV – Declaração de Aptidão ao Programa Nacional de Fortalecimento da Agricultura Familiar, de que trata o inciso II do caput do art. 2º da Lei n. 12.188, de 11 de janeiro de 2010, ou por documento que a substitua; (Redação dada pela Lei n. 13.846/2019);

V – bloco de notas do produtor rural;

VI – notas fiscais de entrada de mercadorias, de que trata o § 7º do art. 30 da Lei n. 8.212, de 24 de julho de 1991, emitidas pela empresa adquirente da produção, com indicação do nome do segurado como vendedor;

VII – documentos fiscais relativos a entrega de produção rural à cooperativa agrícola, entreposto de pescado ou outros, com indicação do segurado como vendedor ou consignante;

VIII – comprovantes de recolhimento de contribuição à Previdência Social decorrentes da comercialização da produção;

IX – cópia da declaração de imposto de renda, com indicação de renda proveniente da comercialização de produção rural; ou

X – licença de ocupação ou permissão outorgada pelo INCRA.

Quanto ao período de carência, o § 2º do art. 48 da Lei de Benefícios (com redação conferida pela Lei n. 11.718/2008) estatui que o trabalhador rural deve comprovar o efetivo exercício de atividade rural, ainda que de forma descontínua, no período imediatamente anterior ao requerimento do benefício, por tempo igual ao número de meses de contribuição correspondente à carência do benefício pretendido, computados os períodos em que o trabalhador estava nas seguintes situações:

- exercício de atividade remunerada em período de entressafra ou do defeso, não superior a 120 (cento e vinte) dias, corridos ou intercalados, no ano civil, observado o disposto no § 13 do art. 12 da Lei n. 8.212/1991;
- exercício de mandato eletivo de dirigente sindical de organização da categoria de trabalhadores rurais;
- exercício de mandato de vereador do Município em que desenvolve a atividade rural ou de dirigente de cooperativa rural constituída, exclusivamente, por segurados especiais, observado o disposto no § 13 do art. 12 da Lei n. 8.212/1991;
- parceria ou meação outorgada na forma e condições estabelecidas no inciso I do § 9º do art. 12 da Lei n. 8.212/1991;
- atividade artesanal desenvolvida com matéria-prima produzida pelo respectivo grupo familiar, podendo ser utilizada matéria-prima de outra origem, desde que a renda mensal obtida na atividade não exceda ao menor benefício de prestação continuada da Previdência Social; e
- atividade artística, desde que em valor mensal inferior ao menor benefício de prestação continuada da Previdência Social.

Além disso, dispôs o art. 3º da Lei n. 11.718/2008 acerca dos critérios de cálculo de carência para concessão de **aposentadoria ao empregado rural e contribuinte individual** (como membro de cooperativa de trabalho, assentado, parceiro, meeiro ou arrendatário rural):

Art. 3º Na concessão de aposentadoria por idade do empregado rural, em valor equivalente ao salário mínimo, serão contados para efeito de carência:

I – até 31 de dezembro de 2010, a atividade comprovada na forma do art. 143 da Lei n. 8.213, de 24 de julho de 1991;
II – de janeiro de 2011 a dezembro de 2015, cada mês comprovado de emprego, multiplicado por 3 (três), limitado a 12 (doze) meses, dentro do respectivo ano civil; e
III – de janeiro de 2016 a dezembro de 2020, cada mês comprovado de emprego, multiplicado por 2 (dois), limitado a 12 (doze) meses dentro do respectivo ano civil.
Parágrafo único. Aplica-se o disposto no *caput* deste artigo e respectivo inciso I ao trabalhador rural enquadrado na categoria de segurado contribuinte individual que comprovar a prestação de serviço de natureza rural, em caráter eventual, a 1 (uma) ou mais empresas, sem relação de emprego.

Com base nessa alteração legislativa, o INSS tem exigido do trabalhador boia-fria o recolhimento de contribuições como contribuinte individual para reconhecimento do tempo de contribuição a partir de 1º.01.2011. Entendemos que essa exigência fere direito dessa categoria de trabalhadores que exercem suas atividades sem qualquer formalização e com remuneração insuficiente para o recolhimento de contribuições.

Em síntese, esse tratamento previdenciário é excludente e deve ser evitado, razão pela qual defendemos que o trabalhador boia-fria deve continuar a ser enquadrado como segurado especial, mesmo após o advento da referida alteração legislativa, em conformidade com as normas de proteção social e da universalização do acesso à previdência social. Nesse sentido:

STJ: "1. Esta Corte consolidou a orientação de que o Trabalhador Rural, na condição de boia-fria, equipara-se ao Segurado Especial de que trata o inciso VII do art. 11 da Lei n. 8.213/1991, no que tange aos requisitos necessários para a obtenção de benefícios previdenciários" (REsp 1.762.211/PR, 1ª Turma, *DJe* 07.12.2018).

Sobre a aposentadoria por idade rural, destacamos, ainda, os seguintes precedentes do STJ e da TNU:

**STJ:**
- **Súmula n. 577:** "É possível reconhecer o tempo de serviço rural anterior ao documento mais antigo apresentado, desde que amparado em convincente prova testemunhal colhida sob o contraditório".
- **Repetitivo Tema n. 532**: "O trabalho urbano de um dos membros do grupo familiar não descaracteriza, por si só, os demais integrantes como segurados especiais, devendo ser averiguada a dispensabilidade do trabalho rural para a subsistência do grupo familiar, incumbência esta das instâncias ordinárias (Súmula n. 7/STJ)" (REsp 1.304.479/SP, 1ª Seção, 19.12.2012).
- **Repetitivo Tema n. 533**: "Em exceção à regra geral (...), a extensão de prova material em nome de um integrante do núcleo familiar a outro não é possível quando aquele passa a exercer trabalho incompatível com o labor rurícola, como o de natureza urbana" (REsp 1.304.479/SP, 1ª Seção, 19.12.2012).
- **Repetitivo Tema n. 554:** "Aplica-se a Súmula 149/STJ ('A prova exclusivamente testemunhal não basta à comprovação da atividade rurícola, para efeitos da obtenção de benefício previdenciário') aos trabalhadores rurais denominados 'boias-frias', sendo imprescindível a apresentação de início de prova material. Por outro lado, considerando a inerente dificuldade probatória da condição de trabalhador campesino, a apresentação de prova material somente sobre parte do lapso temporal pretendido não implica violação da Súmula 149/STJ, cuja aplicação é mitigada se a reduzida prova material

for complementada por idônea e robusta prova testemunhal" (REsp 1.321.493/PR, 1ª Seção, 19.12.2012).
- **Repetitivo Tema n. 638**: "Mostra-se possível o reconhecimento de tempo de serviço rural anterior ao documento mais antigo, desde que amparado por convincente prova testemunhal, colhida sob contraditório" (REsp 1.348.633/SP, 1ª Seção, 05.12.2014).
- **Repetitivo Tema n. 1.115**: "O tamanho da propriedade não descaracteriza, por si só, o regime de economia familiar, quando preenchidos os demais requisitos legais exigidos para a concessão da aposentadoria por idade rural" (REsp 1.947.404/RS, 1ª Seção, 07.12.2022).

TNU:
- **Súmula n. 14**: "Para a concessão de aposentadoria rural por idade, não se exige que o início de prova material corresponda a todo o período equivalente à carência do benefício".
- **Súmula n. 41**: "A circunstância de um dos integrantes do núcleo familiar desempenhar atividade urbana não implica, por si só, a descaracterização do trabalhador rural como segurado especial, condição que deve ser analisada no caso concreto".
- **Súmula n. 46**: "O exercício de atividade urbana intercalada não impede a concessão de benefício previdenciário de trabalhador rural, condição que deve ser analisada no caso concreto".
- **Súmula n. 54**: "Para a concessão de aposentadoria por idade de trabalhador rural, o tempo de exercício de atividade equivalente à carência deve ser aferido no período imediatamente anterior ao requerimento administrativo ou à data do implemento da idade mínima".
- **Representativo de Controvérsia Tema n. 219**: "É possível o cômputo do tempo de serviço rural exercido por pessoa com idade inferior a 12 (doze) anos na época da prestação do labor campesino" (PEDILEF 5008955-78.2018.4.04.7202/SC, j. 23.06.2022).
- **Representativo de Controvérsia n. 301**: "Cômputo do Tempo de Trabalho Rural. I. Para a aposentadoria por idade do trabalhador rural não será considerada a perda da qualidade de segurado nos intervalos entre as atividades rurícolas. Descaracterização da condição de segurado especial. II. A condição de segurado especial é descaracterizada a partir do 1º dia do mês seguinte ao da extrapolação dos 120 dias de atividade remunerada no ano civil (Lei n. 8.213/1991, art. 11, § 9º, III); III. Cessada a atividade remunerada referida no item II e comprovado o retorno ao trabalho de segurado especial, na forma do art. 55, § 3º, da Lei n. 8.213/1991, o trabalhador volta a se inserir imediatamente no VII, do art. 11 da Lei n. 8.213/1991, ainda que no mesmo ano civil" (PEDILEF 0501240-10.2020.4.05.8303/PE, 16.09.2022).
- **PUIL n. 5000636-73.2018.4.02.5005/ES** – Tese Firmada: "Constituem início de prova material da condição de trabalhador rural: (i) documentos escolares do segurado ou seus descendentes emitidos por escola rural; e (ii) certidões de nascimento e casamento dos filhos, que indiquem a profissão rural de um dos genitores" (j. 20.11.2020).
- **PUIL n. 0006786-13.2011.4.01.4300/TO** – Tese Firmada: "Certidões de sindicato rural e da Justiça Eleitoral servem como início da prova material" (j. 24.11.2016).
- **PUIL n. 5004841-66.2013.4.04.7107/RS** – Tese Firmada: "(a).1 – o histórico escolar emitido por escola rural, e certidão de propriedade, mesmo que em nome do pai, podem, em tese, servir como início de prova material para comprovação de atividade rural em regime de economia familiar; (a).2 – não há a necessidade de que a prova

material abranja todo o período pleiteado, diante da extensão probatória prospectiva ou retroativa, desde que conjugadas com prova testemunhal harmônica e convincente" (j. 11.09.2014).
- **PUIL 5000363-97.2018.4.02.5004/ES** – Tese Firmada: "A comercialização da produção do(a) segurado(a) especial não é indispensável à sua caracterização, devendo ser averiguada se sua atividade é indispensável à própria subsistência e ao desenvolvimento socioeconômico do núcleo familiar" (j. 20.11.2020).

No que tange à viabilidade de consideração, como início de prova material, dos documentos em nome de terceiros, integrantes do núcleo familiar, após o retorno do segurado ao meio rural, o TRF da 4ª Região, julgou IRDR fixando a seguinte tese:

> **Tema n. 21:** "Viável a consideração, como início de prova material, dos documentos emitidos em nome de terceiros integrantes do núcleo familiar, após o retorno do segurado ao meio rural, quando corroborada por prova testemunhal idônea" (Processo IRDR 50328833320184040000/TRF4, Rel. Luís Alberto D'Azevedo Aurvalle, em 21.08.2019)

Destacamos, ademais, que a melhor exegese do art. 11, § 9º, III, da Lei n. 8.213/1991 é no sentido de que, se o exercício de atividade remunerada fora do campo se der pelo prazo de até 120 dias por ano civil, não há descaracterização da qualidade de segurado especial do trabalhador, sendo desnecessárias maiores digressões a respeito da influência do labor urbano sobre a condição de segurado especial. Isso não significa, contudo, que todo afastamento superior a 120 ao ano implique automaticamente a descaracterização da condição de segurado especial. Nesses casos, há que se perquirir se o afastamento representou ruptura definitiva do trabalhador em relação ao campo, o que somente pode ser avaliado diante das especificidades de cada caso concreto (PEDILEF 200870570011300, Juiz Federal Rogério Moreira Alves, *DOU* 31.05.2013).

De acordo com o RPS (art. 9º, § 21, com redação dada pelo Decreto n. 10.410/2020), a utilização de empregados pode ser superior aos 120 dias no ano civil, caso haja percepção de auxílio por incapacidade temporária. Outra mudança nessa questão foi a possibilidade de transformar os 120 dias em horas, à razão de 8 horas por dia e 44 horas semanais. Assim, poderiam ser pagos 240 dias, pelo tempo de 4 horas.

Outro precedente relevante refere ao uso de maquinários e ao arrendamento de terras. Para a TNU, não é incompatível com o regime de economia familiar a utilização de máquinas (trator) para plantar e para colher, mormente em se tratando de lavoura de soja. E o arrendamento de parte das terras, durante certo período, também não afasta a possibilidade de ser reconhecido o regime de economia familiar (PEDILEF 200970570007609, Juiz Federal Antônio Fernando Schenkel do Amaral e Silva, *DOU* 17.08.2012).

### 1.3.1.2 Aposentadoria programada "mista" ou "híbrida"

A Lei n. 11.718/2008 criou espécie de aposentadoria por idade ao trabalhador rural que não tiver como comprovar o efetivo exercício de atividade rural, ainda que de forma descontínua, no período imediatamente anterior ao cumprimento da idade mínima ou ao requerimento da aposentadoria originariamente prevista na Lei n. 8.213/1991.

De acordo com o disposto no § 3º do art. 48 da LB (incluído pela Lei n. 11.718/2008), os trabalhadores rurais poderão somar tempo rural e urbano para cumprimento da carência. No entanto, a idade mínima considerada era de 65 anos de idade, se homem, e 60 anos, se mulher, ou seja, equiparando-se ao trabalhador urbano no requisito etário.

Em respeito ao princípio da uniformidade e da equivalência dos benefícios e serviços às populações urbanas e rurais, previsto no art. 194, parágrafo único, inciso II, da Constituição Federal, é possível a concessão de aposentadoria híbrida para qualquer espécie de segurado mediante a contagem, para fins de carência, de períodos de contribuição, tanto como segurado urbano ou como rural, e de períodos de atividade, com ou sem a realização de contribuições facultativas, de segurado especial.

Não existe justificativa fática ou jurídica para que se estabeleça qualquer discriminação em relação ao segurado urbano no que tange à contagem, para fins de carência, do período laborado como segurado especial sem contribuição facultativa, já que o requisito etário para ambos – neste caso – é o mesmo.

Enfatizamos que para essa espécie de aposentadoria híbrida pode ser computado como carência até mesmo o tempo rural anterior à 1º.11.1991, não se aplicando a restrição do art. 55, § 2º, da Lei n. 8.213/1991 que dispõe: "§ 2º O tempo de serviço do segurado trabalhador rural, anterior à data de início de vigência desta Lei, será computado independentemente do recolhimento das contribuições a ele correspondentes, exceto para efeito de carência, conforme dispuser o Regulamento".

Considerando-se que a Lei n. 11.718, de 2008, disciplina de forma inovadora o cômputo de tempo rural (admitindo-o para efeito de carência) e por ser norma posterior, deve prevalecer o entendimento de que o regramento referido (art. 55, § 2º, da LBPS) não tem aplicabilidade para essa modalidade de aposentadoria.

Consigna-se que o STJ, ao referendar o direito da aposentadoria híbrida em favor dos trabalhadores rurais e urbanos, assentou que é permitido ao segurado mesclar o período urbano ao período rural e vice-versa, para implementar a carência mínima necessária e obter o benefício etário híbrido (REsp n. 1.367.479/RS, *DJe* 10.09.2014; REsp n. 1702489/SP, *DJe* 19.12.2017). No mesmo sentido, a tese fixada no Repetitivo n. 1.007:

> O tempo de serviço rural, ainda que remoto e descontínuo, anterior ao advento da Lei n. 8.213/1991, pode ser computado para fins da carência necessária à obtenção da aposentadoria híbrida por idade, ainda que não tenha sido efetivado o recolhimento das contribuições, nos termos do art. 48, § 3º da Lei n. 8.213/1991, seja qual for a predominância do labor misto exercido no período de carência ou o tipo de trabalho exercido no momento do implemento do requisito etário ou do requerimento administrativo.

O STF ao analisar a matéria em Repercussão Geral – Tema n. 1104, proferiu decisão com o seguinte conteúdo: "Requisitos legais necessários para a concessão do benefício previdenciário de aposentadoria hibrida por idade", reconheceu a inexistência de repercussão geral da questão, por não se tratar de matéria constitucional, consolidando a tese fixada pelo STJ no Repetitivo Tema n. 1007 (*Leading Case* RE 1281909, Plenário Virtual, j. 25.09.2020)

Para efetivação dessa interpretação na via administrativa, o Ministério Público Federal ajuizou ação civil pública tendo por objetivo compelir o INSS, ao examinar a viabilidade da concessão do benefício de aposentadoria por idade híbrida de que trata o art. 48, § 3º, da Lei n. 8.213/1991, considerar, inclusive para fim de carência, o tempo de serviço rurícola exercido anteriormente a novembro de 1991, bem como para conceder o referido benefício independentemente da natureza, urbana ou rural, do último labor desenvolvido pelo segurado, seja na época do preenchimento dos requisitos legais, seja na época de seu requerimento.

A referida ACP foi julgada procedente pelo TRF da 4ª Região, com alcance para todo o território nacional (TRF4, ACP 5038261-15.2015.404.7100, 5ª Turma, Rel. Des. Fed. Taís Schilling Ferraz, em 12.06.2017). E, em cumprimento a essa decisão, foi editado o Memorando-Circular Conjunto n. 1/DIRBEN/PFE/INSS, de 04.01.2018, para fins de assegurar o direito à aposentadoria por idade na modalidade híbrida, independentemente de qual tenha sido a última atividade profissional desenvolvida – rural ou urbana. Com o trânsito em julgado da mencionada ACP, essas regras foram tratadas pela IN PRES/INSS n. 151, de 13.07.2023, que alterou a IN PRES/INSS n. 122/2022, e revogou o citado Memorando-Circular.

### 1.3.1.3 A Reforma da Previdência (EC n. 103/2019) e a aposentadoria programada híbrida

Após a Reforma da Previdência, efetivada pela EC n. 103/2019, permanece válida a hipótese de concessão da aposentadoria híbrida, pois não houve revogação expressa nem tácita desse modelo de benefício. No entanto, as regras foram ajustadas para contemplar as mudanças trazidas pela EC n. 103/2019, quais sejam, a elevação da idade mínima para a mulher (62 anos) e a carência de 20 anos para os segurados homens ingressantes no RGPS após a entrada em vigor dessa Emenda.

O Decreto n. 10.410/2020 alterou o texto do art. 57 do RPS, dispondo sobre a aposentadoria híbrida e aplicando as novas regras permanentes da aposentadoria programada (homem: 65 anos de idade e 20 anos de tempo de contribuição; mulher: 62 anos de idade e 15 anos de tempo de contribuição).

Esse decreto também reconheceu:

a) que para fins de cálculo do valor da renda mensal, deve ser considerado como salário de contribuição mensal do período como segurado especial o salário mínimo (§ 1º do art. 57);

b) o direito ao benefício ainda que, na oportunidade do requerimento da aposentadoria, o segurado não se enquadre como trabalhador rural (§ 2º do art. 57).

Porém, o Decreto n. 10.410/2020 não disciplinou a sua concessão com base nas regras de transição da aposentadoria por idade urbana em que o tempo de contribuição é de 15 anos (para homens e mulheres) e a idade da mulher tem aumento gradativo (começando em 60 anos até chegar em 62 em 2023).

Entretanto, essa omissão foi suprida pela IN INSS n. 128/2022 (atualizada pela IN PRES/INSS n. 151, de 13.07.2023), que previu a aplicação das regras de transição da aposentadoria por idade urbana também para a aposentadoria híbrida. Os dispositivos que tratam do tema na referida IN são: o art. 257-A (incluído pela IN PRES/INSS n. 151, de 13.07.2023; e os arts. 316 e 317.

Destaca-se, ainda, da IN n. 128/2022 a seguinte previsão que se mostra adequada à jurisprudência uniformizada pelo STJ sobre o tema:

> Art. 220. Considera-se período contributivo:
> (...) § 2º Para fins de concessão da aposentadoria híbrida, prevista no art. 257, o período de exercício de atividade como segurado especial, ainda que não recolha facultativamente, é considerado contributivo.

Essas normativas representam um grande avanço no reconhecimento do direito à aposentadoria híbrida no âmbito administrativo, pois observam a melhor interpretação do contido na EC n. 103/2019 e das normas legais que estavam em vigor no advento da Reforma da Previdência.

Mais recentemente, a Portaria Conjunta GP n. 4, de 15 de abril de 2024, com o intuito de reduzir a litigiosidade em matéria previdenciária, estabeleceu, em seu Anexo I, como ponto pacífico que "É possível a concessão de aposentadoria por tempo de serviço/contribuição a trabalhador urbano empregado mediante o cômputo de atividade rural com registro em carteira profissional em período anterior ao advento da Lei n. 8.213/1991, para efeito da carência exigida no art. 142 da Lei de Benefícios" (Tema n. 5).

## 1.3.2 Período de carência

Desde a vigência da Lei n. 8.213/1991, a carência exigida para a aposentadoria por idade é 180 contribuições mensais para homens e mulheres, período que pode ser considerado mantido mesmo após a EC n. 103/2019, conforme disciplinado pelo Decreto n. 10.410/2020, que deu nova redação ao art. 29, II, do Regulamento da Previdência. Aplica-se, também, a regra da carência progressiva para os segurados inscritos até 24.07.1991 e que tenham implementado a idade mínima até 2011, consoante tabela prevista no art. 142 da LBPS.

Para o segurado especial, que não contribui facultativamente, considera-se como período de carência o tempo de efetivo exercício de atividade rural, ainda que de forma descontínua, no período imediatamente anterior ao requerimento do benefício, em número de meses idêntico à carência do referido benefício.

## 1.3.3 Data de início do benefício

A aposentadoria por idade é devida ao segurado empregado, inclusive o doméstico, a partir da data do desligamento do emprego (quando requerida até noventa dias depois deste) ou da data do requerimento (quando não houve desligamento do emprego ou quando requerida após noventa dias). Para os demais segurados, tem-se como devida desde a data da entrada do requerimento. Não se exige do segurado que tenha relação de emprego que deixe a atividade para poder se aposentar, bem como os demais segurados podem exercer atividade remunerada após a aposentadoria.

O benefício pode ser solicitado pela Central 135, pelo portal da Previdência Social na Internet (Meu INSS) ou aplicativo e nas Agências da Previdência Social, mediante o cumprimento das exigências legais.

## 1.3.4 Renda mensal inicial

**Nos casos de direito adquirido até 13.11.2019**, o valor consistirá numa renda mensal de 70% (setenta por cento) do salário de benefício, mais 1% (um por cento) deste, por grupo de 12 (doze) contribuições, não podendo ultrapassar 100% (cem por cento) do salário de benefício (art. 50 da Lei n. 8.213/1991).

O salário de benefício corresponderá à média aritmética simples dos maiores salários de contribuição correspondentes a 80% (oitenta por cento) de todo o período contributivo (art. 29, II, da Lei n. 8.213/1991, com redação conferida pela Lei n. 9.876, de 26.11.1999).

Já para o segurado filiado ao RGPS até 28.11.1999 (véspera da publicação da Lei n. 9.876/1999), caso tenha implementado as condições para a concessão do benefício após 28.11.1999, será considerada a média aritmética simples dos maiores salários de contribuição, correspondentes a, no mínimo, 80% (oitenta por cento) de todo o período contributivo decorrido desde a competência julho de 1994 (art. 3º, *caput*, da Lei n. 9.876/1999). Nessa hipótese incide o "mínimo divisor", que não poderá ser inferior a 60% (sessenta por cento) do período decorrido da competência julho de 1994 até a data de início do benefício, limitado a cem por cento de todo o período contributivo (art. 3º, § 2º).

**Para situações de direito adquirido a partir de 13.11.2019**, a renda mensal será de 60% (sessenta por cento) do salário de benefício, com acréscimo de 2% (dois por cento) para cada ano de contribuição que exceder 15 (quinze) anos de contribuição, no caso da mulher, e 20 (vinte) anos de contribuição, no caso do homem (art. 26 da EC n. 103/2019).

O salário de benefício é obtido com base na média aritmética simples dos salários de contribuição, atualizados monetariamente, correspondentes a 100% (cem por cento) do período contributivo desde a competência julho de 1994 ou desde o início da contribuição, se posterior a essa competência. E, a partir de 5 de maio de 2022, com a incidência do divisor mínimo de 108 (cento e oito) meses previsto no art. 135-A da LBPS (incluído pela Lei n. 14.331/2022).

As regras de cálculo da aposentadoria por idade urbana se aplicam integralmente à aposentadoria por idade híbrida, considerando-se como salário de contribuição mensal do período como segurado especial o salário mínimo (art. 57, § 1º, do RPS, com redação conferida pelo Decreto n. 10.410/2020).

A EC n. 103/2019 não modificou os coeficientes de cálculo da aposentadoria do trabalhador rural e manteve a garantia de um salário mínimo para a aposentadoria dos segurados especiais. A regulamentação da matéria está no art. 56 do RPS (redação dada pelo Decreto n. 10.410/2020) e no art. 233 da IN INSS n. 128/2022.

Dessa forma, a RMI da aposentadoria por idade do trabalhador rural será calculada da seguinte forma:

a) para os segurados especiais que não contribuem facultativamente, a RMI será de um salário mínimo; e
b) para os demais trabalhadores rurais (empregados rurais, contribuintes individuais e trabalhadores avulsos), bem como para o segurado especial que contribui facultativamente: 70% (setenta por cento) do salário de benefício, com acréscimo de 1% (um por cento) para cada ano de contribuição.

Quanto à utilização do tempo rural no cálculo da aposentadoria por idade urbana, a TNU editou a Súmula n. 76 com o seguinte teor: "A averbação de tempo de serviço rural não contributivo não permite majorar o coeficiente de cálculo da renda mensal inicial de aposentadoria por idade previsto no art. 50 da Lei n. 8.213/1991".

Essa súmula se baseou na orientação do STJ, segundo o qual a aposentadoria por idade urbana exige a efetiva contribuição para o aumento do coeficiente da renda mensal. Diante da inexistência de contribuições mensais correspondentes aos períodos de atividade rural, a averbação desse tempo de serviço não traz reflexos financeiros capazes de propiciar a revisão, pois se refere a interregnos que não compõem o Período Básico de Cálculo – PBC da aposentadoria por idade (REsp 1.063.112/SC, 5ª Turma, Rel. Min. Jorge Mussi, *DJe* 03.08.2009).

Porém, com a nova sistemática de cálculo trazida pela EC n. 103/2019, entendemos que será possível a sua utilização na concessão de qualquer benefício pelas nova regras permanentes e de transição. Respalda essa interpretação o contido no art. 188-G, parágrafo único, do RPS (com redação conferida pelo Decreto n. 10.410/2020):

> Art. 188-G. O tempo de contribuição até 13 de novembro de 2019 será contado de data a data, desde o início da atividade até a data do desligamento, considerados, além daqueles referidos no art. 19-C, os seguintes períodos: (...)
> Parágrafo único. O tempo de contribuição de que trata este artigo será considerado para fins de cálculo do valor da renda mensal de qualquer benefício. (NR)

Esse avanço justifica-se como forma de compensar em parte a redução do coeficiente de cálculo da aposentadoria, por força do art. 26, § 2º, da EC n. 103/2019.

### 1.3.5 Principais demandas relacionadas à aposentadoria e por idade do trabalhador rural

Em âmbito de prática jurídica, o benefício em questão tem litígios, geralmente, relacionados aos mesmos temas da aposentadoria por idade, e mais os ligados ao reconhecimento da condição de trabalhador rural/segurado especial, para obtenção da aposentadoria rural ou da aposentadoria "híbrida" ou mesmo para o aumento do coeficiente de cálculo para os benefícios concedidos com base na EC n. 103/2019.

A prova, também como ocorre com a aposentadoria por tempo de contribuição, é documental, complementada com prova testemunhal, havendo, no caso do trabalhador rural, alguma relativização da exigência de prova documental robusta, na medida em que deve ter em mente que o trabalho rural, ainda marcado fortemente pela informalidade e pela baixa escolaridade do homem do campo, impõe que, em nome da justiça social, não se prejudique o acesso a direitos fundamentais por questões meramente procedimentais.

### 1.3.6 Sugestão de questionário para ações de concessão de benefício rural

Para melhor analisar a situação do segurado que pretende a aposentadoria, sugerimos o questionário que segue, para obter as informações necessárias ao estudo do caso concreto:

1. Em que período o segurado exerceu atividade rural?
2. Qual era a forma de trabalho:
   ( ) empregado rural (trabalhava para outra pessoa, com...),
   ( ) boia-fria (trabalhava para outra pessoa, sem carteira assinada) ou
   ( ) regime de economia familiar (trabalhava para si mesmo)
3. Alguma vez o segurado fez uso de mão de obra de terceiros (empregados ou alguma outra forma de trabalho)? Em caso positivo, de que forma e por qual período (dias, meses, anual)?
4. Qual o endereço em que desenvolvia as atividades rurais?
5. O terreno era próprio ou de terceiro? Se de terceiro, qual a forma de utilização (arrendamento, comodato)?
6. Qual o tamanho do terreno utilizado (mesmo que aproximado)?
7. O segurado e/ou sua família residiam no terreno em que a atividade rural era desenvolvida? Durante todo o tempo?
8. Qual era a plantação ou criação desenvolvida? Citar todos os tipos.
9. Durante parte ou todo o tempo, o segurado ou alguém de sua família que morasse na mesma residência exerceu algum tipo de atividade com carteira assinada? Se sim, citar quem, quando, qual atividade e, se possível, qual a remuneração auferida aproximada.
10. O segurado ou alguém de sua família utiliza ou utilizou maquinário para a atividade (caminhões, tratores etc.)? Se utilizou, qual o equipamento? O maquinário era próprio ou emprestado (explicar se for o caso de maquinário emprestado)?
11. A residência atual do segurado é a mesma na qual se exerceu a atividade? Houve troca de terras/endereço durante o período de atividade rural? Qual o(s) outro(s) endereço(s)?
12. A atividade rural é exercida até os dias atuais, ou se não, até quando? Explicar o motivo da cessação da atividade rural.

### 1.3.7 Documentos e dados a serem solicitados para o segurado nas ações que envolvam trabalho rural

- Fotocópia simples do CPF e do RG;
- Cópia do processo de concessão do benefício negado pelo INSS. Tal cópia deve ser integral, ou seja, de capa a capa do processo. Essa cópia pode ser solicitada mediante

agendamento pelo telefone 135, sendo que o(a) segurado(a) deve comparecer a Agência do INSS no dia e hora marcados para retirar;

- Efetuar questionário de ações rurais;
- Solicitar que o segurado verifique se possui ou pode conseguir os documentos que comprovem o tempo rural; entre eles sugerimos:
- Blocos de notas do produtor rural;
- Carteira de Vacinação do segurado quando menor ou dos filhos do segurado, onde podem constar o endereço e/ou os dados do posto de saúde do meio rural;
- Certidão de casamento civil ou religioso onde conste a parte ou alguém de sua família como trabalhador rural ou lavrador;
- Certidão de nascimento dos filhos onde conste a parte ou alguém de sua família como trabalhador rural ou lavrador;
- Certidão fornecida pela Fundação Nacional do Índio – FUNAI, certificando a condição do índio como trabalhador rural, desde que homologada pelo INSS, caso seja indígena;
- Certificado de alistamento ou quitação com o serviço militar;
- Comprovante de cadastro do Instituto Nacional de Colonização e Reforma Agrária – INCRA;
- Comprovante de empréstimo bancário para fins de atividade rural;
- Comprovante de matrícula ou ficha de inscrição própria ou dos filhos em escolas rurais;
- Comprovante de participação como beneficiário de programas governamentais para a área rural nos estados ou municípios;
- Comprovante de recebimento de assistência ou acompanhamento pela empresa de assistência técnica e extensão rural;
- Comprovantes de recolhimento de contribuição à Previdência Social decorrentes da comercialização da produção;
- Contrato de arrendamento, parceria ou comodato rural (registrados ou com firmas reconhecidas cartório);
- Contribuição social ao Sindicato de Trabalhadores Rurais, à colônia ou à associação de Pescadores, produtores rurais ou a outras entidades congêneres;
- Cópia da declaração de Imposto de Renda, com indicação de renda proveniente da comercialização de produção rural;
- Declaração Anual de Produtor – DAP;
- Declaração do Sindicato dos Trabalhadores Rurais, Sindicato de Pescadores ou Colônia de Pescadores;
- Documentos fiscais relativos à entrega de produção rural à cooperativa agrícola, entreposto de pescado ou outros, com indicação do segurado como vendedor ou consignante;
- Escritura de compra e venda de imóvel rural;
- Escritura pública de imóvel;
- Ficha de associado em cooperativa rural ou de pescadores artesanais;
- Ficha de crediário em estabelecimentos comerciais que venda produtos agrícolas ou para pesca;
- Ficha de inscrição ou registro sindical ou associativo junto ao sindicato de trabalhadores rurais, colônia ou associação de pescadores, produtores ou outras entidades congêneres;

- Fichas ou registros em livros de casas de saúde, hospitais ou postos de saúde em meio rural;
- Licença de ocupação ou permissão outorgada pelo INCRA;
- Recibo de compra de implementos ou insumos agrícolas ou para a pesca;
- Recibo de pagamento de contribuição federativa ou confederativa;
- Registro em documentos de associações de produtores rurais, comunitárias, recreativas, desportivas ou religiosas;
- Registro em livros de Entidades Religiosas, quando da participação em sacramentos, tais como: batismo, crisma, casamento e outras atividades religiosas;
- Registro em processos administrativos ou judiciais inclusive inquéritos (testemunha, autor ou réu);
- Título de eleitor;
- Título de propriedade de imóvel rural;
- Registro Geral de Atividade Pesqueira – RGP, na categoria de Pescador Profissional Artesanal, conforme inciso I do art. 2º do Decreto n. 8.425, de 31 de março de 2015;
- Declaração fundamentada de sindicato que represente os trabalhadores rurais ou por duas declarações de autoridade, na forma do inciso II do art. 47 ou do art. 110, respectivamente, homologadas pelo INSS;
- Comprovante de pagamento do Imposto sobre a Propriedade Territorial Rural – ITR;
- Documento de Informação e Atualização Cadastral do Imposto sobre a Propriedade Territorial Rural – DIAC e/ou Documento de Informação e Apuração do Imposto sobre a Propriedade Territorial Rural – DIAT, entregue à RFB;
- Autodeclaração de Segurado Especial – Rural (Anexo VIII – IN n. 128/2022); e
- Nomes de 3 testemunhas que possam ajudar na comprovação do tempo rural, com informação do endereço completo e do CPF.

## QUADRO-RESUMO – APOSENTADORIA POR IDADE

| BENEFÍCIO | APOSENTADORIA POR IDADE<br>Código da Espécie (INSS): B-41 |
|---|---|
| Evento Gerador | a) **URBANA** – Homem: 65 anos e 15 anos de contribuição para quem era filiado até a EC n. 103/2019;<br>b) **URBANA** – Mulher: 60 anos e 15 anos de contribuição (a partir da EC n. 103/2019, a idade da mulher foi elevada de forma gradativa – 6 meses a cada ano, até atingir os 62 anos, em 2023);<br>c) **RURAL:** 60 anos, se homem, e 55 anos, se mulher + tempo de atividade rural equivalente à carência de 15 anos.<br>d) **HÍBRIDA:** aplicam-se os mesmos requisitos etários e de tempo de contribuição da aposentadoria por idade urbana. |
| Beneficiários | Todos os segurados do RGPS. |
| Carência | a) 180 contribuições mensais para os segurados inscritos após 24.07.1991;<br>b) Tabela Progressiva do art. 142 da Lei n. 8.213/1991: para os segurados inscritos antes de 24.07.1991. |

| BENEFÍCIO | APOSENTADORIA POR IDADE<br>Código da Espécie (INSS): B-41 |
|---|---|
| Carência do Trabalhador Rural | O trabalhador rural deve comprovar o efetivo exercício de atividade rural, ainda que de forma descontínua, no período imediatamente anterior ao requerimento do benefício ou, conforme o caso, ao mês em que cumpriu o requisito etário, por tempo igual ao número de meses de contribuição correspondente à carência do benefício pretendido. |
| Carência Congelada | "Para efeito de aposentadoria urbana por idade, a tabela progressiva de carência prevista no art. 142 da Lei n. 8.213/1991 deve ser aplicada em função do ano em que o segurado completa a idade mínima para concessão do benefício, ainda que o período de carência só seja preenchido posteriormente" (Súmula n. 44 da TNU). |
| Aposentadoria Programada Híbrida ou Mista | – Os trabalhadores rurais e urbanos que não atendam os requisitos gerais, mas que satisfaçam essa condição, se forem considerados períodos de contribuição sob outras categorias do segurado, farão jus ao benefício ao completarem 65 anos de idade, se homem, e 60 anos, se mulher (a partir da EC n. 103/2019: 62 anos, se mulher).<br>– O cálculo da renda mensal terá PBC, considerando-se como salário de contribuição mensal do período como segurado especial o limite mínimo do salário de contribuição da previdência social.<br>– "O tempo de serviço rural, ainda que remoto e descontínuo, anterior ao advento da Lei n. 8.213/1991, pode ser computado para fins da carência necessária à obtenção da aposentadoria híbrida por idade, ainda que não tenha sido efetivado o recolhimento das contribuições, nos termos do art. 48, § 3º, da Lei n. 8.213/1991, seja qual for a predominância do labor misto exercido no período de carência ou o tipo de trabalho exercido no momento do implemento do requisito etário ou do requerimento administrativo" (STJ, Repetitivo Tema n. 1007). |
| Qualidade de Segurado | – A perda da qualidade de segurado não será considerada para a concessão desse benefício, desde que o segurado conte com, no mínimo, o tempo de contribuição correspondente ao exigido para efeito de carência na data do requerimento do benefício (art. 3º da Lei n. 10.666/2003).<br>– Essa regra não se aplica ao segurado especial, pois a aposentadoria rural tem requisito adicional específico: o efetivo exercício da atividade rural em período logo antecedente ao requerimento administrativo (arts. 39, I; 48, § 2º; e 143, todos da Lei n. 8.213, de 1991) – STJ Repetitivo Tema n. 642. |
| Salário de Benefício | a) Para o segurado filiado à Previdência Social a partir de 29.11.1999 (Lei n. 9.876, de 1999) com DIB até 13.11.2019, o salário de benefício consiste:<br>– Na média aritmética simples dos maiores salários de contribuição correspondentes a 80% de todo o período contributivo, corrigidos mês a mês, multiplicado pelo fator previdenciário;<br>b) Para o segurado filiado à Previdência Social até 28.11.1999 com DIB até 13.11.2019, o salário de benefício consiste:<br>– Na média aritmética simples dos 80% maiores salários de contribuição, corrigidos mês a mês, de todo o período contributivo decorrido desde julho de 1994, multiplicado pelo fator previdenciário.<br>– Divisor considerado no cálculo da média não poderá ser inferior a 60% do período decorrido da competência julho de 1994 até a data de início do benefício, limitado a cem por cento de todo o período contributivo.<br>c) para os benefícios concedidos com cômputo de tempo trabalhado após a EC n. 103/2019: média aritmética simples dos salários de contribuição atualizados monetariamente, correspondentes a 100% do período contributivo desde a competência julho de 1994 ou desde o início da contribuição, se posterior àquela competência. E, a partir de 5 de maio de 2022, com a incidência do divisor mínimo de 108 (cento e oito) meses previsto no art. 135-A da LBPS (incluído pela Lei n. 14.331/2022). |

| BENEFÍCIO | APOSENTADORIA POR IDADE<br>Código da Espécie (INSS): B-41 |
|---|---|
| Fator Previdenciário (aplicável até o advento da EC n. 103/2019) | – Calculado considerando-se a idade, a expectativa de sobrevida e o tempo de contribuição do segurado ao se aposentar.<br>– Ao segurado com direito à aposentadoria por idade era assegurada a opção pela aplicação ou não do fator previdenciário, considerando o que for mais vantajoso. |
| Renda Mensal Inicial | a) até a publicação da EC n. 103/2019: proporcional ao tempo de contribuição, consistindo numa renda mensal correspondente a 70% do salário de benefício, mais 1% a cada grupo de doze contribuições mensais, até 100% do salário de benefício.<br>b) após a publicação da EC n. 103/2019: 60% do salário de benefício, com acréscimo de dois pontos percentuais para cada ano de contribuição que exceder o tempo de 20 anos de contribuição para os homens e de 15 anos para as mulheres.<br>– Segurado especial: é igual a um salário mínimo, salvo quando contribua, facultativamente, como contribuinte individual, quando então terá a aposentadoria calculada com base na regra geral.<br>– Trabalhador rural empregado, bem como segurado especial que contribua facultativamente e contribuintes individuais que verteram contribuições: será calculada pela média integral dos salários de contribuição (conforme art. 26 da EC n. 103/2019), mas será multiplicado pelo coeficiente de cálculo da aposentadoria por idade previsto no art. 50 da LBPS: 70% + 1% a cada ano de contribuição, até o limite de 100% do salário de benefício (art. 56, § 2º, do RPS – redação do Decreto n. 10.410/2020). |
| Período Básico de Cálculo | O Período Básico de Cálculo – PBC é fixado, conforme o caso, de acordo com a:<br>I – Data do Afastamento da Atividade ou do Trabalho – DAT;<br>II – Data de Entrada do Requerimento – DER;<br>III – Data da Publicação da Lei n. 9.876, de 1999 – DPL;<br>IV – Data da Publicação da EC n. 103/2019;<br>VI – Data de Implementação das Condições Necessárias à Concessão do Benefício – DICB. |
| Data de Início do Benefício | – Segurado empregado, inclusive o doméstico:<br>a) a partir da data do desligamento do emprego, quando requerida até essa data ou até noventa dias depois;<br>b) da data do requerimento, quando não houver desligamento do emprego ou quando requerida após 90 dias.<br>– Para os demais segurados: a partir da data da entrada do requerimento. |
| Aposentadoria Compulsória | – A aposentadoria por idade pode ser requerida pela empresa, desde que o segurado tenha cumprido a carência, quando este completar 70 anos de idade, se do sexo masculino, ou 65, se do sexo feminino, sendo compulsória, caso em que será garantida ao empregado a indenização prevista na legislação trabalhista, considerada como data da rescisão do contrato de trabalho a imediatamente anterior à do início da aposentadoria (art. 51 da Lei n. 8.213/1991).<br>– Os empregados dos consórcios públicos, das empresas públicas, das sociedades de economia mista e das suas subsidiárias serão aposentados compulsoriamente, observado o cumprimento do tempo mínimo de contribuição, ao atingir a idade máxima de 75 anos (art. 201, § 16, da CF, incluído pela EC n. 103/2019). |
| Duração | Indeterminada. Cessa com a morte do segurado, transformando-se em pensão por morte, caso tenha dependentes. |
| Desistência | Depois que receber o primeiro pagamento, ou sacar o PIS e/ou o FGTS (o que ocorrer primeiro), o segurado não poderá desistir do benefício (art. 181-B – Decreto n. 3.048/1999). |
| Observações | As regras gerais da aposentadoria por idade encontram-se no art. 18 da EC n. 103/2019, nos arts. 48 a 51 da Lei n. 8.213/1991 e nos arts. 188-A e seguintes do Decreto n. 3.048/1999 (redação conferida pelo Decreto n. 10.410/2020). |

### Tabela das Regras de Transição – Aposentadoria por Idade para a Mulher

| Ano | URBANO | HÍBRIDA |
|---|---|---|
| | **Aposentadoria por Idade** — Regra de Transição para mulheres filiadas antes da Emenda Constitucional n. 103/2019 — Requisitos: 180 meses de carência + idade | |
| | Idade mínima | Idade mínima |
| 2019 | 60 | 60 |
| 2020 | 60,5 | 60,5 |
| 2021 | 61 | 61 |
| 2022 | 61,5 | 61,5 |
| 2023 | 62 | 62 |

Fonte: ANEXO IV – PORTARIA DIRBEN/INSS N. 991, DE 28.03.2022.

## 1.4 APOSENTADORIA ESPECIAL

A aposentadoria especial é uma espécie de aposentadoria programada, com redução da idade mínima e do tempo de contribuição necessário à inativação, se comparada com a regra geral aplicável a todos os segurados, e concedida em razão do exercício de atividades exercidas com exposição a agentes considerados prejudiciais à saúde ou à integridade física.

A EC n. 103/2019 alterou substancialmente a redação do § 1º do art. 201 da Constituição estabelecendo a possibilidade de previsão, em lei complementar, de idade e tempo de contribuição distintos da regra geral para concessão de aposentadoria exclusivamente em favor dos segurados cujas atividades sejam exercidas com *efetiva exposição* a agentes químicos, físicos e biológicos prejudiciais à saúde, ou associação desses agentes, vedados a caracterização por categoria profissional ou ocupação.

Quanto ao enquadramento por periculosidade para fins de aposentadoria especial, o Senado Federal aprovou destaque excluindo do texto originário da PEC n. 6/2019 o trecho que barrava o direito à aposentadoria especial para quem trabalha em situação perigosa, como vigilantes, motoristas de caminhão-tanque, eletricitários e *motoboys*. Com isso, tal questão deverá ser regulamentada por lei complementar.

Conforme se extrai da jurisprudência do STF, "a eliminação das atividades laborais nocivas deve ser a meta maior da Sociedade – Estado, empresariado, trabalhadores e representantes sindicais –, que devem voltar-se incessantemente à defesa da saúde dos trabalhadores, como enuncia a Constituição da República, ao erigir como pilares do Estado Democrático de Direito a dignidade humana (art. 1º, III, CRFB/1988), a valorização social do trabalho, a preservação da vida e da saúde (arts. 3º, 5º e 196, CRFB/1988) e o meio ambiente de trabalho equilibrado (arts. 193 e 225, CRFB/1988). Do mesmo acórdão consta:

> A aposentadoria especial possui nítido caráter preventivo e impõe-se para aqueles trabalhadores que laboram expostos a agentes prejudiciais à saúde e *a fortiori* possuem um desgaste naturalmente maior, por que não se lhes pode exigir o cumprimento do mesmo tempo de contribuição que aqueles empregados que não se encontram expostos a nenhum agente nocivo. (ARE 664.335/SC, Rel. Min. Luiz Fux, *DJe* 12.02.2015)

O tempo mínimo de exercício da atividade geradora do direito à aposentadoria especial foi estipulado em 15 (quinze), 20 (vinte) ou 25 (vinte e cinco) anos pelo art. 31 da Lei n. 3.807/1960, que instituiu o benefício, sendo mantidos esses períodos pelas legislações subsequentes (art. 57 da Lei n. 8.213/1991 e art. 21 da EC n. 103/2019).

De acordo com o anexo IV do Decreto n. 3.048/1999, o direito à concessão de aposentadoria especial aos quinze e aos vinte anos, constatada a nocividade e a permanência, aplica-se às seguintes situações:

> I – quinze anos: trabalhos em mineração subterrânea, em frentes de produção, com exposição à associação de agentes físicos, químicos ou biológicos;
> II – vinte anos:
> a) trabalhos com exposição ao agente químico asbestos (amianto);
> b) trabalhos em mineração subterrânea, afastados das frentes de produção, com exposição à associação de agentes físicos, químicos ou biológicos.

Nos demais casos previstos no Anexo IV do Decreto n. 3.048/1999, o tempo mínimo de exposição a agentes nocivos é de 25 anos.

### 1.4.1 A fixação de idade mínima para a aposentadoria especial pela EC n. 103

A definição da idade mínima para essa modalidade de aposentadoria consta do art. 19, § 1º, da EC n. 103/2019, sendo fixada provisoriamente em 55, 58 ou 60 anos, a depender do tempo de exposição de 15, 20 ou 25 anos, respectivamente. No futuro, conforme a Emenda, esses requisitos serão disciplinados por lei complementar.

Entendemos, contudo, que não se mostra condizente com a natureza dessa aposentadoria a exigência de idade mínima para a inativação.

Isto porque esse benefício se presta a proteger o trabalhador sujeito a condições de trabalho inadequadas e sujeito a um limite máximo de tolerância com exposição a agentes nocivos à saúde.

No passado, já houve a fixação da idade mínima de 50 anos para a concessão da aposentadoria especial, a qual constava do art. 31 da Lei n. 3.807/1960, o qual foi revogado pela Lei n. 5.890/1973.

Para compreender a inadequação do requisito etário na aposentadoria especial, basta imaginar um mineiro de subsolo em frente de escavação que começa a trabalhar com 21 anos de idade e após 15 anos de atividade cumpre o tempo necessário para a aposentadoria, porém, após 13.11.2019. Como estará com 36 anos de idade, pela regra constante da EC n. 103, terá que aguardar até os 55 anos para se aposentar. Com mais alguns anos de trabalho, além dos 15 anos previstos como limite de tolerância, estará inválido ou irá a óbito, em virtude das doenças respiratórias ocupacionais, tais como asma ocupacional, pneumoconiose e pneumonia de hipersensibilidade.

No entanto, prevaleceu na votação que culminou na aprovação do texto final da EC n. 103/2019 o entendimento de que esses trabalhadores, mesmo necessitando ser afastados da atividade nociva, podem e devem ser realocados em outras funções. Isso porque, segundo o relator da PEC n. 6/2019 na Câmara, Deputado Samuel Moreira (PSDB/SP), "a grande maioria daqueles que hoje se aposentam sem limite de idade nestas condições, alguns até mesmo antes dos 40 anos de idade, retornam ao mercado de trabalho, pois possuem condições de se manterem na ativa, desde que em atividade diversa".

Quanto à fixação da idade mínima de 55 anos para a obtenção da aposentadoria especial, justificou o relator: "Adotamos esta premissa, pois sabemos que antes da referida idade há capacidade para manter a atividade produtiva e que não é razoável sobrecarregar as novas gerações. Caso, no entanto, seja constatado que faltam condições para o trabalho, o segurado terá acesso à aposentadoria por incapacidade permanente, sem limite etário".

Consigna-se que pende de julgamento no STF, a ADI n. 6.309 contra dispositivos da EC n. 103/2019 que criaram requisito etário para a concessão da aposentadoria especial, vedaram a conversão do tempo especial para comum do período cumprido após 13.11.2019 e reduziram o coeficiente de cálculo da renda mensal inicial.[5]

### 1.4.2 Beneficiários

De acordo com o regramento adotado pelo INSS (art. 64 do RPS), a aposentadoria especial será devida ao segurado empregado, trabalhador avulso e ao contribuinte individual, este último somente quando filiado à cooperativa de trabalho ou de produção.

Com relação ao contribuinte individual que presta serviço em caráter eventual e sem relação de emprego, o INSS tem adotado a sistemática de que, a partir de 29.04.1995, a sua atividade não poderá ser enquadrada como especial, uma vez que não existe forma de comprovar a exposição a agentes nocivos prejudiciais à saúde e à integridade física, de forma habitual e permanente, não ocasional nem intermitente.

Todavia, é questionável tal norma, visto que a Lei de Benefícios não estabelece qualquer restrição nesse sentido, não fazendo referência a categorias de segurados contemplados, e a especialidade da atividade decorre da exposição aos agentes nocivos. Tenha-se, por exemplo, um fabricante de cristais que exerce a atividade de forma autônoma: pela norma do decreto regulamentador, não faria jus a benefício de aposentadoria especial; da mesma forma, os demais profissionais que atuam expostos a agentes nocivos e que não possuem vínculo empregatício ou como trabalhador avulso.

Por outra vertente, precedentes do STJ admitem pacificamente o reconhecimento do tempo especial e o direito à aposentadoria especial para o contribuinte individual não integrante de cooperativa de trabalho a qualquer tempo, tendo em vista que o art. 57 da Lei n. 8.213/1991 não estabelece restrição. A título de exemplo:

> [...] é ilegal a determinação do art. 64 do Decreto n. 3.048/1999 que limita o direito à aposentadoria especial ao segurado empregado, ao trabalhador avulso e ao contribuinte individual cooperado, uma vez que restringiu direitos conferidos por lei, extrapolando, assim, os limites do Poder Regulamentar dado à Administração. (STJ, AgInt no AREsp 1697600/PR, 2ª Turma, Min. Mauro Campbell, *DJe* 29.04.2021)

No mesmo sentido, foi editada a Súmula n. 62 da TNU: "O segurado contribuinte individual pode obter reconhecimento de atividade especial para fins previdenciários, desde que consiga comprovar exposição a agentes nocivos à saúde ou à integridade física".

O STJ considerou o Tema como afetado no Repetitivo 1.291:

> Definir se há possibilidade de reconhecimento, como especial, da atividade exercida pelo contribuinte individual não cooperado após 29.04.1995, à luz do disposto no art. 22, II, da Lei n. 8.212/1991 e nos arts. 11, V, "h", 14, I, parágrafo único, 57, *caput*, §§ 3º, 4º, 5º, 6º e 7º, e 58, *caput*, §§ 1º e 2º, da Lei n. 8.213/1991 (REsp 2.163.429/RS, 1ª Seção, Rel. Min. Gurgel de Faria, 06.11.2024).

---

[5] Notícia disponível em: https://portal.stf.jus.br/noticias/verNoticiaDetalhe.asp?idConteudo=436033&ori=1. Acesso em: 15 nov. 2023.

Consigna-se, também, que o reconhecimento da atividade especial não está condicionado ao recolhimento da contribuição adicional de que tratam os §§ 6º e 7º do art. 57 da Lei n. 8.213/1991, a cargo do empregador.[6] O recolhimento das contribuições deve ser monitorado pela RFB, não impedindo o reconhecimento da atividade especial em prol do segurado exposto a atividades nocivas. Nesse sentido: TNU, PEDILEF n. 50138641620114047201, Rel. Juiz Federal Daniel Machado da Rocha, *DOU* 06.11.2015; STJ, EDcl no REsp 1.886.795/RS, 1ª Seção, Rel. Min. Gurgel de Farias, *DJe* 18.05.2022.

### 1.4.2.1   Impedimentos legais ao exercício de atividades especiais

Quanto ao exercício de atividades especiais destacamos a existência de restrição em relação aos menores de 18 anos, às gestantes e lactantes, consoante o art. 7º, XXXIII, da CF e o art. 394-A da CLT (redação da conferida pela Lei n. 13.467/2017).

O STF, ao julgar a ADI n. 5938, declarou a inconstitucionalidade da expressão "quando apresentar atestado de saúde, emitido por médico de confiança da mulher, que recomende o afastamento", contida nos incisos II e III do art. 394-A da Consolidação das Leis do Trabalho (CLT), inseridos pelo art. 1º da Lei n. 13.467/2017 (STF, ADI n. 5.938, Plenário, Rel. Min. Alexandre de Moraes, j. 29.05.2019).

Caso os empregadores desrespeitem as vedações legais, caberá o reconhecimento da especialidade em favor de quem exerceu a atividade, pois as normas citadas servem para proteger o trabalhador e não para prejudicar pessoas submetidas a condições inadequadas de labor.

## 1.4.3   Formas de enquadramento do tempo especial

A redação original do art. 57 da Lei n. 8.213/1991 admitia duas formas de se considerar o tempo como especial:

a) enquadramento por categoria profissional: conforme a atividade desempenhada pelo segurado, presumia a lei a sujeição a condições insalubres, penosas ou perigosas;

b) enquadramento por agente nocivo: independentemente da atividade ou profissão exercida, o caráter especial do trabalho decorria da exposição a agentes insalubres arrolados na legislação de regência.

A Lei n. 9.032/1995 excluiu a possibilidade de enquadramento por categoria profissional (regra mantida pela EC n. 103/2019 ao dar nova redação ao § 1º do art. 201 da CF) e impôs a necessidade de comprovação, pelo segurado, da efetiva exposição aos agentes agressivos, exigindo ainda que essa exposição deveria ser habitual e permanente; ou seja, o fator determinante para o reconhecimento do tempo como especial passou então a ser a comprovação do tempo de trabalho permanente, não ocasional nem intermitente, em condições especiais que prejudiquem a saúde ou a integridade física, durante o período mínimo fixado (quinze, vinte ou vinte e cinco anos de trabalho).

---

[6] "Art. 57. (...)
§ 6º O benefício previsto neste artigo será financiado com os recursos provenientes da contribuição de que trata o inciso II do art. 22 da Lei n. 8.212, de 24 de julho de 1991, cujas alíquotas serão acrescidas de doze, nove ou seis pontos percentuais, conforme a atividade exercida pelo segurado a serviço da empresa permita a concessão de aposentadoria especial após quinze, vinte ou vinte e cinco anos de contribuição, respectivamente.
§ 7º O acréscimo de que trata o parágrafo anterior incide exclusivamente sobre a remuneração do segurado sujeito às condições especiais referidas no *caput*".

A respeito da forma de enquadramento do exercício da atividade especial, destacamos as seguintes orientações fixadas pela TNU:

- **PEDILEF**: "Nos casos em que se busca enquadrar uma atividade profissional como especial, com base na categoria a que pertence o segurado, a exposição a agentes nocivos é presumida, isto é, basta a demonstração do efetivo exercício da atividade, sendo desnecessária a comprovação de exposição habitual e permanente a esses agentes" (2008.71.58.010314-9, sessão de 08.03.2013).
- **Representativo de Controvérsia Tema n. 198**: "No período anterior a 29.04.1995, é possível fazer-se a qualificação do tempo de serviço como especial a partir do emprego da analogia, em relação às ocupações previstas no Decreto n. 53.831/64 e no Decreto n. 83.080/79. Nesse caso, necessário que o órgão julgador justifique a semelhança entre a atividade do segurado e a atividade paradigma, prevista nos aludidos decretos, de modo a concluir que são exercidas nas mesmas condições de insalubridade, periculosidade ou penosidade. A necessidade de prova pericial, ou não, de que a atividade do segurado é exercida em condições tais que admitam a equiparação deve ser decidida no caso concreto".
- **Súmula n. 49**: "Para reconhecimento de condição especial de trabalho antes de 29.04.1995, a exposição a agentes nocivos à saúde ou à integridade física não precisa ocorrer de forma permanente".

Ainda sobre a possibilidade de enquadramento por categoria profissional, foi promulgada a EC n. 120, de 5 de maio de 2022, que passou novamente a admitir essa hipótese em favor dos agentes comunitários de saúde e dos agentes de combate às endemias, em razão dos riscos inerentes às funções desempenhadas (art. 198, § 10, da CF).

Diante disso, podemos concluir que por meio de lei complementar é vedada a caracterização de aposentadoria especial por categoria profissional ou ocupação (art. 201, § 1º, II, incluído pela EC n. 103/2019), mas isso não impede que novas emendas constitucionais venham a dispor sobre a aposentadoria especial em favor de outros profissionais.

### 1.4.4 Atividades perigosas

A definição das atividades ou operações consideradas perigosas está prevista no art. 193 da CLT:

> Art. 193. São consideradas atividades ou operações perigosas, na forma da regulamentação aprovada pelo Ministério do Trabalho e Emprego, aquelas que, por sua natureza ou métodos de trabalho, impliquem risco acentuado em virtude de exposição permanente do trabalhador a:
> I – inflamáveis, explosivos ou energia elétrica;
> II – roubos ou outras espécies de violência física nas atividades profissionais de segurança pessoal ou patrimonial.
> III – colisões, atropelamentos ou outras espécies de acidentes ou violências nas atividades profissionais dos agentes das autoridades de trânsito. (Incluído pela Lei n. 14.684, de 2023)
> (...) § 4º São também consideradas perigosas as atividades de trabalhador em motocicleta. (Incluído pela Lei n. 12.997, de 2014)
> § 5º O disposto no inciso I do *caput* deste artigo não se aplica às quantidades de inflamáveis contidas nos tanques de combustíveis originais de fábrica e suplementares, para consumo próprio de veículos de carga e de transporte coletivo de passageiros, de máquinas e de

equipamentos, certificados pelo órgão competente, e nos equipamentos de refrigeração de carga. (Incluído pela Lei n. 14.766, de 2023)

Cabe destacar que, desde a edição do Decreto n. 2.172, de 06.03.1997, o INSS não considera mais como atividades especiais aquelas atividades perigosas e penosas, mas somente as que tenham exposição a agentes nocivos, geralmente acarretando o direito ao adicional de insalubridade na esfera trabalhista.

No entanto, essa relação não pode ser considerada exaustiva, mas enumerativa. Segundo a Súmula n. 198 do extinto Tribunal Federal de Recursos, é devida a aposentadoria especial se a perícia judicial constatar que a atividade exercida pelo segurado é perigosa, insalubre ou penosa, mesmo não inscrita em regulamento.

No mesmo sentido é a orientação da 1ª Seção do STJ estabelecida em Tema Repetitivo, cuja tese fixada foi a seguinte:

> **Tema n. 534:** "As normas regulamentadoras que estabelecem os casos de agentes e atividades nocivos à saúde do trabalhador são exemplificativas, podendo ser tido como distinto o labor que a técnica médica e a legislação correlata considerarem como prejudiciais ao obreiro, desde que o trabalho seja permanente, não ocasional, nem intermitente, em condições especiais (art. 57, § 3º, da Lei n. 8.213/1991)" (REsp 1.306.113/SC, *DJe* 07.03.2013).

A TNU passou a observar essa regulamentação em relação ao transporte de inflamáveis:

> O transporte de inflamáveis é considerado atividade perigosa pela Norma Regulamentadora 16, do Ministério do Trabalho, e pela Lei n. 12.740, de 2012. Com esse fundamento, a TNU decidiu reconhecer como especial o tempo trabalhado por um segurado do INSS do Paraná na função de motorista de caminhão tanque. (PEDILEF 0008265-54.2008.4.04.7051, Rel. p/ Acórdão Juiz Federal João Batista Lazzari, sessão de 18.06.2015)

No que diz respeito ao frentista, o reconhecimento como atividade especial tem ocorrido pela nocividade, e não pelo enquadramento por categoria:

> **TNU – Representativo de Controvérsia – Tema n. 157:** "Não há presunção legal de periculosidade da atividade do frentista, sendo devida a conversão de tempo especial em comum, para concessão de aposentadoria por tempo de contribuição, desde que comprovado o exercício da atividade e o contato com os agentes nocivos por formulário ou laudo, tendo em vista se tratar de atividade não enquadrada no rol dos Decretos n. 53.831/1964 e n. 83.080/1979".

Na sequência, em relação ao vigilante, a 1ª Seção do STJ, também em julgamento sob o rito dos recursos repetitivos, fixou a seguinte tese:

> **Tema n. 1.031:** "É admissível o reconhecimento da atividade especial de vigilante, mesmo após a EC n. 103/2019, com ou sem arma de fogo, em data posterior à edição da Lei n. 9.032/1995 e do Decreto n. 2.172/1997, desde que haja comprovação da efetiva nocividade da atividade por qualquer meio de prova até 05.03.1997 e, após essa data, mediante apresentação de laudo técnico ou elemento material equivalente, para comprovar a permanente, não ocasional, nem intermitente, exposição a agente nocivo que coloque em risco a integridade física do segurado" (EDcl no REsp n. 1.830.508/RS, 1ª Seção, j. 28.09.2021).

Essa matéria chegou ao STF, que admitiu a existência de Repercussão Geral, fixando a seguinte questão controvertida, pendente de julgamento: Tema n. 1209 – "Reconhecimento da atividade de vigilante como especial, com fundamento na exposição ao perigo, seja em período anterior ou posterior à promulgação da Emenda Constitucional n. 103/2019" (RE 1368225, Rel. Min. Nunes Marques, *DJe* 26.04.2022).

A discussão sobre o reconhecimento da especialidade quanto às atividades perigosas voltou à tona com a EC n. 103/2019, que deixou em aberto essa possibilidade, a qual depende de regulamentação por lei complementar (PLC n. 245/2019 pendente de aprovação no Congresso Nacional).

Certamente, esse cenário será objeto de novos embates no âmbito judicial em face da consolidada jurisprudência que considera que o rol de atividades e agentes nocivos possui caráter exemplificativo. Nesse sentido, a Súmula n. 198 do extinto TFR e o Repetitivo n. 534 do STJ.

Temos interpretação de que deve ser admitida a periculosidade e a penosidade até os dias atuais, pois a única vedação contida na EC n. 103/2019 está relacionada com a caracterização por categoria profissional ou ocupação, ou seja, não há restrição quanto às atividades perigosas e penosas. Para convalidar esse entendimento, segue parte da argumentação apresentada no julgamento do Repetitivo n. 1.031:

> (...) a atual redação do art. 201, § 1º, II, da Constituição Federal, dada pela EC n. 103/2019, a matéria relativa à aposentadoria especial, na forma da EC n. 103/2019, não é autoexecutável, estando a depender de lei complementar regulamentadora, de tal sorte que subsiste a legislação infraconstitucional, que prevê, no art. 57 da Lei n. 8.213/1991, aposentadoria especial pelo trabalho em condições que prejudiquem a integridade física, bem como no seu § 4º, que "o segurado deverá comprovar, além do tempo de trabalho, exposição aos agentes nocivos químicos, físicos, biológicos ou associação de agentes prejudiciais à saúde ou à integridade física, pelo período equivalente ao exigido para a concessão do benefício". (EDcl no REsp n. 1.830.508/RS, 1ª Seção, j. 22.09.2021)

### 1.4.5 Trabalho de forma permanente, não ocasional nem intermitente

A partir da Lei n. 9.032, de 28.04.1995, que alterou a redação do § 3º do art. 57 da Lei n. 8.213/1991, passou a ser exigida, para fins de configuração da atividade em condições especiais, a comprovação do exercício daquela em caráter permanente.

No que diz respeito aos regulamentos vigentes em época anterior à Lei n. 9.032/1995, eles não constituem amparo normativo válido à imposição da necessidade de comprovação de trabalho em condições especiais em caráter permanente. Isso porque não havia previsão legal quanto à exigência da "permanência".

Somente com a mudança legislativa (Lei n. 9.032/1995), o segurado deixou de ter direito à aposentadoria especial quando o trabalho era ocasional ou de maneira intermitente com condições prejudiciais à saúde. Nesse sentido, a orientação contida na IN PRESI/INSS n. 128/2022:

> Art. 268. (...) § 2º Para períodos trabalhados até 28 de abril de 1995, véspera da publicação da Lei n. 9.032, de 28 de abril de 1995, que alterou o art. 57 da Lei n. 8.213, de 1991, não será exigido o requisito de permanência indicado no *caput* para os trabalhos exercidos em condições especiais que prejudiquem a saúde, bem como no enquadramento por categoria profissional.

Depois da aprovação da Reforma da Previdência de 2019, foi editado o Decreto n. 10.410/2020, que modificou o RPS e deu nova redação ao art. 64, *caput*, estabelecendo que a concessão da aposentadoria especial dependerá da comprovação do exercício de atividades com efetiva exposição a agentes químicos, físicos e biológicos prejudiciais à saúde, ou a associação desses agentes, de forma permanente, não ocasional nem intermitente, vedada a caracterização por categoria profissional ou ocupação, durante, no mínimo, 15, 20 ou 25 anos, observada a idade mínima correspondente de 55, 58 e 60 anos.

O conceito de trabalho permanente previsto no art. 65 do RPS é o seguinte:

> Art. 65. Considera-se tempo de trabalho permanente aquele que é exercido de forma não ocasional nem intermitente, no qual a exposição do empregado, do trabalhador avulso ou do cooperado ao agente nocivo seja indissociável da produção do bem ou da prestação do serviço. (Redação dada pelo Decreto n. 8.123, de 2013)
>
> Parágrafo único. Aplica-se o disposto no *caput* aos períodos de descanso determinados pela legislação trabalhista, inclusive ao período de férias, e aos de percepção de salário-maternidade, desde que, à data do afastamento, o segurado estivesse exposto aos fatores de risco de que trata o art. 68. (Redação dada pelo Decreto n. 10.410, de 2020)

Entendemos que para a concessão da aposentadoria especial deve ser considerado como:

> I – trabalho permanente – em regra, aquele em que o segurado, no exercício de todas as suas funções, esteve efetivamente exposto a agentes nocivos físicos, químicos, biológicos ou associação de agentes;
>
> II – trabalho não ocasional nem intermitente – em regra, aquele em que, na jornada de trabalho, não houve interrupção ou suspensão do exercício de atividade com exposição aos agentes nocivos, ou seja, não foi exercida, de forma alternada, atividade comum e especial. Podem existir exceções, como no caso do agente nocivo frio.

A respeito dos agentes biológicos e quanto à periculosidade, a TNU tem flexibilizado os critérios de permanência, conforme se observa das teses fixadas em Representativos de Controvérsia:

- **Tema n. 210:** "Para aplicação do art. 57, § 3º, da Lei n. 8.213/1991 à tensão elétrica superior a 250 V, exige-se a probabilidade da exposição ocupacional, avaliando-se, de acordo com a profissiografia, o seu caráter indissociável da produção do bem ou da prestação do serviço, independente de tempo mínimo de exposição durante a jornada".
- **Tema n. 211:** "Para aplicação do art. 57, § 3º, da Lei n. 8.213/1991 a agentes biológicos, exige-se a probabilidade da exposição ocupacional, avaliando-se, de acordo com a profissiografia, o seu caráter indissociável da produção do bem ou da prestação do serviço, independente de tempo mínimo de exposição durante a jornada".

Quanto à exclusão da contagem como tempo especial do período de recebimento de benefício por incapacidade decorrente de acidente do trabalho, houve um retrocesso normativo com violação do princípio da legalidade. A alteração da redação do parágrafo único do art. 65 do RPS representa uma afronta ao que foi uniformizado pelo STJ no Repetitivo n. 998. A 1ª Seção do STJ decidiu que o segurado que exerce atividades em condições especiais, quando em gozo de benefício por incapacidade temporária – seja acidentário ou previdenciário –, faz jus ao cômputo desse período como especial. Não poderia o decreto mudar o entendimento, pois a matéria é reservada à lei complementar (art. 201, § 1º, da CF), padecendo de ilegalidade o RPS neste tópico. Nesse sentido:

- **Tema n. 9:** "O segurado que exerce atividades em condições especiais, quando em gozo de auxílio-doença, seja acidentário ou previdenciário, faz jus ao cômputo desse mesmo período como tempo de serviço especial" (Anexo I da Portaria Conjunta GP n. 4 de 15.04.2024).
- Enunciado FONAJEF n. 217: "O segurado que exerce atividades em condições especiais, quando em gozo de auxílio-doença, seja acidentário ou previdenciário, faz jus

ao cômputo desse mesmo período como tempo de serviço especial, mesmo após a EC n. 103/2019".

### 1.4.6 Agentes nocivos

A Lei n. 9.528/1997, ao modificar a LBPS, estabeleceu que a relação dos agentes nocivos químicos, físicos e biológicos ou associação de agentes prejudiciais à saúde ou à integridade física, considerados para fins de concessão da aposentadoria especial, poderá ser definida pelo Poder Executivo. Fixou, também, a obrigatoriedade de as empresas manterem laudo técnico atualizado, sob pena de multa, assim como elaborar e manter perfil profissiográfico abrangendo as atividades desenvolvidas pelo trabalhador (art. 58, *caput*, e §§ 3º e 4º, da Lei n. 8.213/1991).

Conforme o § 2º do art. 64 do RPS (redação conferida pelo Decreto n. 10.410/2020), "a exposição aos agentes químicos, físicos e biológicos prejudiciais à saúde, ou a associação desses agentes, deverá superar os limites de tolerância estabelecidos segundo critérios quantitativos ou estar caracterizada de acordo com os critérios da avaliação qualitativa de que trata o § 2º do art. 68".

A classificação dos agentes nocivos e o tempo de exposição considerados para fins de concessão de aposentadoria especial constam do Anexo IV do Decreto n. 3.048/1999.

Para verificação do exercício da atividade especial deve-se entender por agentes nocivos aqueles que possam trazer ou ocasionar danos à saúde ou à integridade física do trabalhador nos ambientes de trabalho, em função de natureza, concentração, intensidade e fator de exposição, considerando-se:

- físicos: os ruídos, as vibrações, o calor, as pressões anormais, as radiações ionizantes etc.;
- químicos:[7] os manifestados por névoas, neblinas, poeiras, fumos, gases, vapores de substâncias nocivas presentes no ambiente de trabalho etc.;
- biológicos: os micro-organismos como bactérias, fungos, parasitas, bacilos, vírus etc.

No Perfil Profissiográfico Previdenciário (PPP), documento histórico-laboral do trabalhador, segundo modelo instituído pelo INSS, dentre outras informações, deve conter o resultado das avaliações ambientais, o nome dos responsáveis pela monitoração biológica e das avaliações ambientais, os resultados de monitoração biológica e os dados administrativos correspondentes. Para fins de concessão da aposentadoria especial, a Perícia Médica Federal deverá analisar o formulário e o laudo técnico referidos, bem como inspecionar o local de trabalho do segurado para confirmar as informações contidas nos referidos documentos.

### 1.4.7 Efeitos do uso de Equipamentos de Proteção Individual (EPIs)

É importante, quanto ao direito à aposentadoria especial, o efeito do uso de equipamentos de proteção no direito ao cômputo do tempo de atividade especial. Pelo conceito legal, somente poderia ser considerado tempo computável para esse fim o despendido pelo segurado em atividade nociva à sua saúde.

De acordo com o art. 64, § 1º, do RPS (redação conferida pelo Decreto n. 10.410/2020), a efetiva exposição a agente prejudicial à saúde configura-se quando, mesmo após a adoção

---

[7] "A análise da especialidade em decorrência da exposição a agentes químicos previstos no Anexo 13 da Norma Regulamentadora (NR) 15, como é o caso dos hidrocarbonetos aromáticos, é qualitativa e não se sujeita a limites de tolerância, independentemente do período em que prestada a atividade pelo trabalhador" (TNU, PEDILEF 5004737-08.2012.4.04.7108, Rel. Juiz Federal Frederico Augusto Leopoldino Koehler, j. 20.07.2016).

das medidas de controle previstas na legislação trabalhista, a nocividade não seja eliminada ou neutralizada. E para esse fim, conceitua:

> I – *eliminação* – a adoção de medidas de controle que efetivamente impossibilitem a exposição ao agente prejudicial à saúde no ambiente de trabalho; e
> II – *neutralização* – a adoção de medidas de controle que reduzam a intensidade, a concentração ou a dose do agente prejudicial à saúde ao limite de tolerância previsto neste Regulamento ou, na sua ausência, na legislação trabalhista.

Regulamentando o tema de forma detalhada e apropriada, a IN PRESI/INSS n. 128/2022, estabeleceu:

> Art. 291. Somente será considerada a adoção de Equipamento de Proteção Individual – EPI em demonstrações ambientais emitidas a partir de 3 de dezembro de 1998, data da publicação da Medida Provisória n. 1.729, convertida na Lei n. 9.732, de 11 de dezembro de 1998, e desde que comprovadamente elimine ou neutralize a nocividade e seja respeitado o disposto na NR-06 do MTE, havendo ainda necessidade de que seja assegurada e devidamente registrada pela empresa, no PPP, a observância:
> I – da hierarquia estabelecida na legislação trabalhista, ou seja, medidas de proteção coletiva, medidas de caráter administrativo ou de organização do trabalho e utilização de EPI, nesta ordem, admitindo-se a utilização de EPI somente em situações de inviabilidade técnica, insuficiência ou provisoriamente até a implementação do EPC ou, ainda, em caráter complementar ou emergencial;
> II – das condições de funcionamento e do uso ininterrupto do EPI ao longo do tempo, conforme especificação técnica do fabricante, ajustada às condições de campo;
> III – do prazo de validade, conforme Certificado de Aprovação do Ministério do Trabalho e Previdência ou do órgão que venha sucedê-la;
> IV – da periodicidade de troca definida pelos programas ambientais, comprovada mediante recibo assinado pelo usuário em época própria; e
> V – da higienização.
> Parágrafo único. Entende-se como prova incontestável de eliminação ou neutralização dos riscos pelo uso de EPI, citado no Parecer CONJUR/MPS/N. 616/2010, de 23 de dezembro de 2010, o cumprimento do disposto neste artigo.

Sobre os EPIs é relevante mencionar também o Enunciado n. 12 do CRPS:

> O fornecimento de equipamento de proteção individual (EPI) não descaracteriza a atividade exercida em condições especiais que prejudiquem a saúde ou a integridade física, devendo ser considerado todo o ambiente de trabalho.
> I – Se o EPI for realmente capaz de neutralizar a nocividade, não há direito à aposentadoria especial;
> II – A utilização de Equipamentos de Proteção Coletiva-EPC e/ou EPI não elide a exposição aos agentes reconhecidamente cancerígenos, a ruído acima dos limites de tolerância, ainda que considerados eficazes;
> III – A eficácia do EPI não obsta o reconhecimento de atividade especial exercida antes de 03.12.1998, data de início da vigência da MP n. 1.729/1998, convertida na Lei n. 9.732/1998, para qualquer agente nocivo.

A orientação firmada pelo STJ é no sentido de que o fato de a empresa fornecer EPI não afasta, por si só, o direito ao benefício da aposentadoria com a contagem de tempo especial, devendo ser apreciado caso a caso (AgRg no AREsp 174.282/SC, 2ª Turma, Rel. Min. Humberto Martins, *DJe* 28.06.2012).

Em sentido similar, a Súmula n. 289 do TST: "O simples fornecimento do aparelho de proteção pelo empregador não o exime do pagamento do adicional de insalubridade. Cabe-lhe tomar as medidas que conduzam à diminuição ou eliminação da nocividade, entre as quais as relativas ao uso efetivo do equipamento pelo empregado".

No que tange ao agente nocivo ruído, o STF, apreciando o tema em sede de Repercussão Geral – Tema n. 555, afirmou que "o direito à aposentadoria especial pressupõe a efetiva exposição do trabalhador a agente nocivo à sua saúde, de modo que se o EPI for realmente capaz de neutralizar a nocividade não haverá respaldo constitucional à aposentadoria especial", e, "tratando-se especificamente do agente nocivo ruído, desde que em limites acima do limite legal, constata-se que, apesar do uso de Equipamento de Proteção Individual (protetor auricular) reduzir a agressividade do ruído a um nível tolerável, até no mesmo patamar da normalidade, a potência do som em tais ambientes causa danos ao organismo que vão muito além daqueles relacionados à perda das funções auditivas", de modo que "na hipótese de exposição do trabalhador a ruído acima dos limites legais de tolerância, a declaração do empregador, no âmbito do Perfil Profissiográfico Previdenciário (PPP), no sentido da eficácia do Equipamento de Proteção Individual – EPI, não descaracteriza o tempo de serviço especial para aposentadoria" (ARE 664.335/SC, Rel. Min. Luiz Fux, *DJE* 12.02.2015).

Em face desse julgado do STF, a presença de ruído acima dos níveis de tolerância autoriza o reconhecimento da atividade como especial, mesmo que no LTCAT ou no PPP conste a informação de EPI eficaz. Essa passou ser a orientação interna do INSS, conforme se observa na IN n. 128/2022:

> Art. 290. (...) Parágrafo único. Nos casos de exposição do segurado ao agente nocivo ruído, acima dos limites legais de tolerância, a declaração do empregador o âmbito o Perfil Profissiográfico Previdenciário (PPP), sobre a eficácia do Equipamento de Proteção Individual (EPI), não descaracteriza o enquadramento como atividade especial para fins de aposentadoria.

Mas em relação aos demais agentes, a utilização de EPI eficaz poderá afastar o direito à contagem do tempo trabalhado como especial. Todavia, não basta a simples indicação do fornecimento de EPI eficaz no PPP. Deverão ser produzidas provas dessa eficácia nos termos da Norma Regulamentar n. 6 da Portaria n. 3.214/1978 do então Ministério do Trabalho e Emprego, a qual estabelece que:

> 6.5.1 Cabe à organização, quanto ao EPI:
> a) adquirir somente o aprovado pelo órgão de âmbito nacional competente em matéria de segurança e saúde no trabalho;
> b) orientar e treinar o empregado;
> c) fornecer ao empregado, gratuitamente, EPI adequado ao risco, em perfeito estado de conservação e funcionamento, nas situações previstas no subitem 1.5.5.1.2 da Norma Regulamentadora n. 01 (NR-01) – Disposições Gerais e Gerenciamento de Riscos Ocupacionais, observada a hierarquia das medidas de prevenção;
> d) registrar o seu fornecimento ao empregado, podendo ser adotados livros, fichas ou sistema eletrônico, inclusive, por sistema biométrico;
> e) exigir seu uso;
> f) responsabilizar-se pela higienização e manutenção periódica, quando aplicáveis esses procedimentos, em conformidade com as informações fornecidas pelo fabricante ou importador;

g) substituir imediatamente, quando danificado ou extraviado; e

h) comunicar ao órgão de âmbito nacional competente em matéria de segurança e saúde no trabalho qualquer irregularidade observada.

O PPP e o LTCAT não podem ser considerados provas suficientes do cumprimento desses requisitos, pois refletem uma situação estática, ou seja, a verificação em determinado momento e, além disso, são documentos produzidos pelo empregador, muitas vezes não refletindo a realidade quanto à atividade laborativa e à exposição a agentes nocivos. Assim, entendemos que em juízo cabe ao INSS demonstrar que houve fiscalização sobre a observância da NR-6 ou diligenciar para buscar junto ao empregador os documentos que comprovem essa realidade.

No âmbito do TRF da 4ª Região foi julgado, em 22.11.2017, o IRDR Tema n. 15 – Proc. n. 5054341-77.2016.4.04.0000, fixando-se a seguinte tese: "A mera juntada do PPP referindo a eficácia do EPI não elide o direito do interessado em produzir prova em sentido contrário".

No voto vencedor desse IRDR acertadamente foram destacadas hipóteses em que indicação de adoção de EPI eficaz no PPP deverá ser desconsiderada, e o tempo será computado como especial (independentemente da produção da prova da falta de eficácia). São elas:

*a) Períodos anteriores a 03.12.1998:* pela ausência de exigência de controle de fornecimento e uso de EPI em período anterior a essa data, conforme IN INSS n. 77/2015[8] (art. 279, § 6º). No mesmo sentido, a Súmula n. 87 da TNU: "A eficácia do EPI não obsta o reconhecimento de atividade especial exercida antes de 03.12.1998, data de início da vigência da MP n. 1.729/1998, convertida na Lei n. 9.732/1998";

*b) Pela reconhecida ineficácia do EPI:*

b.1 – no enquadramento por categoria profissional: devido a presunção da nocividade;

b.2 – em caso de ruído: Repercussão Geral n. 555;

b.3 – em relação aos agentes biológicos: item 3.1.5 do Manual da Aposentadoria Especial editado pelo INSS, 2017;

b.4 – para agentes nocivos reconhecidamente cancerígenos: Memorando-Circular Conjunto n. 2/DIRSAT/DIRBEN/INSS/2015;

b.5 – para a periculosidade;

b.6 – em relação ao calor, radiações ionizantes e trabalhos em condições hiperbáricas.

E, segundo o IRDR 15, esgotada a produção da prova na via judicial e não sendo possível constatar a eficácia do EPI, cabe observar o item 11 do Acórdão do STF no julgamento da Repercussão Geral n. 555 (ARE 664335/SC): "Em caso de divergência ou dúvida sobre a real eficácia do Equipamento de Proteção Individual, a premissa a nortear a Administração e o Judiciário é pelo reconhecimento do direito ao benefício da aposentadoria especial. Isto porque o uso de EPI, no caso concreto, pode não se afigurar suficiente para descaracterizar completamente a relação nociva a que o empregado se submete".

A relação de situações em que o EPI não elide o reconhecimento da atividade especial, fixada no IRDR-TRF/4 n. 15, deve ser vista com exemplificativa, pois há outras hipóteses em que não há neutralização da nocividade e da periculosidade, tais como: penosidade; vibrações;

---

[8] Atualmente a IN vigente é a 128/2022 e a referida previsão se encontra no art. 291: Somente será considerada a adoção de Equipamento de Proteção Individual – EPI em demonstrações ambientais emitidas a partir de 3 de dezembro de 1998, data da publicação da MP n. 1.729, de 2 de dezembro de 1998, convertida na Lei n. 9.732, de 11 de dezembro de 1998, e desde que comprovadamente elimine ou neutralize a nocividade e seja respeitado o disposto na NR-06 do MTE, havendo ainda necessidade de que seja assegurada e devidamente registrada pela empresa, no PPP, a observância (...).

frio; calor; pressões anormais; agentes nocivos sobre os quais não se conhece um limite seguro/aceitável de tolerância.

Quanto aos efeitos do EPI, em relação às atividades exercidas pelo segurado contribuinte individual, a TNU fixou a seguinte tese em Representativo de Controvérsia, Tema n. 188: "Após 03.12.1998, para o segurado contribuinte individual, não é possível o reconhecimento de atividade especial em virtude da falta de utilização de equipamento de proteção individual (EPI) eficaz, salvo nas hipóteses de: (a) exposição ao agente físico ruído acima dos limites legais; (b) exposição a agentes nocivos reconhecidamente cancerígenos, constantes do Grupo 1 da lista da LINACH; ou (c) demonstração com fundamento técnico de inexistência, no caso concreto, de EPI apto a elidir a nocividade da exposição ao agente agressivo a que se submeteu o segurado" (PUIL n. 5000075-62.2017.4.04.7128/RS, j. 22.08.2019).

Posteriormente, a TNU, ao julgar o Representativo de Controvérsia n. 213, fixou de forma mais ampla os critérios de aferição da eficácia do EPI na análise do direito à aposentadoria especial ou à conversão de tempo especial em comum, quais sejam:

> I – A informação no Perfil Profissiográfico Previdenciário (PPP) sobre a existência de equipamento de proteção individual (EPI) eficaz pode ser fundamentadamente desafiada pelo segurado perante a Justiça Federal, desde que exista impugnação específica do formulário na causa de pedir, onde tenham sido motivadamente alegados:
>
> (i) a ausência de adequação ao risco da atividade;
>
> (ii) a inexistência ou irregularidade do certificado de conformidade;
>
> (iii) o descumprimento das normas de manutenção, substituição e higienização;
>
> (iv) a ausência ou insuficiência de orientação e treinamento sobre o uso o uso adequado, guarda e conservação; ou
>
> (v) qualquer outro motivo capaz de conduzir à conclusão da ineficácia do EPI.
>
> II – Considerando que o Equipamento de Proteção Individual (EPI) apenas obsta a concessão do reconhecimento do trabalho em condições especiais quando for realmente capaz de neutralizar o agente nocivo, havendo divergência real ou dúvida razoável sobre a sua real eficácia, provocadas por impugnação fundamentada e consistente do segurado, o período trabalhado deverá ser reconhecido como especial.

Mesmo diante de tantos avanços no âmbito jurisprudencial, o Decreto n. 10.410/2020, que revisou o RPS, retrocedeu de forma inexplicável em relação aos agentes cancerígenos, ao estabelecer que, quanto a estes, "(...) caso sejam adotadas as medidas de controle previstas na legislação trabalhista que eliminem a nocividade, será descaracterizada a efetiva exposição" (art. 68, § 4º).

Por todas, vale recordar a decisão proferida pelo STF quanto ao trabalho com amianto e a ineficácia de medidas tendentes a não causar doenças:

> (...) 3. O consenso médico atual identifica, para além de qualquer dúvida razoável, a contração de diversas doenças graves como efeito direto da exposição ao amianto. A Portaria n. 1.339/1999 do Ministério da Saúde imprime reconhecimento oficial à relação de causalidade entre a exposição ao asbesto ou amianto, inclusive da variedade crisotila, e as seguintes doenças: neoplasia maligna do estômago, neoplasia maligna da laringe, neoplasia maligna dos brônquios e do pulmão, mesotelioma da pleura, mesotelioma do peritônio, mesotelioma do pericárdio, placas epicárdicas ou pericárdicas, asbestose, derrame pleural e placas pleurais. 3. Posição oficial da Organização Mundial da Saúde – OMS no sentido de que: (a) todos os tipos de amianto causam câncer no ser humano, não tendo sido identificado limite algum para o risco carcinogênico do crisotila; (b) o aumento do risco de desenvolvimento de câncer tem sido observado mesmo em populações submetidas a níveis muito baixos de exposição; (c) o meio mais eficiente de eliminar as doenças relacionadas ao mineral é eliminar o uso de todos

os tipos de asbesto. 4. Risco significativo de exposição presente não apenas na cadeia produtiva do amianto, mas também para familiares que vivem com trabalhadores desse setor, para a população nas proximidades de minas e indústrias de amianto, para a população consumidora de produtos finais contendo amianto na composição e para pessoas expostas a rejeitos ou descartes de materiais contendo amianto. Quadro justificador da adoção de instrumentos normativos, nos planos doméstico e internacional, voltados ao controle e eliminação progressiva do uso do amianto (...). (ADI 4066, Rel. Min. Rosa Weber, *DJe* 07.03.2018)

Essa previsão vai levar ao aumento de demandas contra o INSS, pois não há argumentos técnicos e jurídicos que justifiquem essa mudança de orientação da Previdência Social.

### 1.4.8 Período de carência

O período de carência para a concessão da aposentadoria especial é de 180 contribuições mensais, conforme previsão contida no art. 15, II, da Lei n. 8.213/1991 e no art. 29, II, do RPS (com redação conferida pelo Decreto n. 10.410/2020).

Para o segurado inscrito na Previdência Social Urbana até 24.07.1991, bem como para o trabalhador e o empregador rurais até então cobertos pela Previdência Social Rural, a carência das aposentadorias por idade, por tempo de serviço e especial obedece à tabela prevista no art. 142 da Lei n. 8.213/1991, a qual leva em conta o ano em que o segurado implementou ou implementará as condições necessárias à obtenção do benefício.

A manutenção da qualidade de segurado para a concessão da aposentadoria especial deixou de ser obrigatória por força do art. 3º, *caput*, da Lei n. 10.666/2003, desde que preenchidos, antes da cessação das contribuições, os requisitos para a concessão do benefício.

### 1.4.9 Data de início do benefício

A aposentadoria especial será devida ao segurado empregado a partir da data do desligamento do emprego (quando requerida até essa data ou até noventa dias depois desta), ou da data do requerimento (quando não houver desligamento do emprego ou quando for requerida após noventa dias deste). Para os demais segurados, será a data da entrada do requerimento. Por força do § 8º do art. 57 da LBPS e da decisão proferida no Tema de RG n. 709 do STF, não é permitida a continuidade do exercício da atividade especial a partir da implantação da aposentadoria especial, sob pena de cessação do pagamento do benefício.

A TNU reafirmou a tese consolidada na Súmula n. 33, para estabelecer a data de início do benefício previdenciário na data do requerimento administrativo, destacando que o momento da confecção ou de apresentação do PPP no qual se baseou o juízo para acolher o pleito de aposentação é indiferente para esse fim (*v.g.*, Processo 0535799-85.2009.4.05.8300, j. 22.06.2017).

### 1.4.10 Cessação do pagamento da aposentadoria especial – STF Tema n. 709

O segurado aposentado de forma especial que continuar ou retornar ao exercício de atividades ou operações que o sujeitem aos agentes nocivos terá cessado o pagamento da sua aposentadoria, conforme determinado pela Lei n. 9.732/1998 (art. 57, § 8º, da Lei n. 8.213/1991).

Essa norma legal impede a continuidade da atividade especial, mas não há vedação ao exercício de atividade não nociva à saúde após a aposentadoria (o empregado não está praticando conduta ilícita). Portanto, o empregador poderá realocar o empregado para um local em condições salubres de labor, sem a necessidade de romper o vínculo de emprego, se assim não desejarem. Caso venha a dispensar o empregado em razão tão somente da aposentadoria requerida, poderá estar sujeito ao pagamento de indenização (40% dos depósitos de FGTS devidos durante o contrato), dada a ausência de justa causa. Nada impede também que o contrato seja rompido por iniciativa do empregado (caso assim seja expressamente firmado, como pedido de demissão) ou na forma do art. 484-A da CLT (de comum acordo entre as partes), o que independe da aposentadoria e não se confunde com o requerimento e deferimento desta.

Na regulamentação do art. 57, § 8º, da LBPS, o Decreto n. 3.048/1999 (art. 69, parágrafo único) estabelece que o segurado que retornar ao exercício de atividade ou operação que o sujeite aos riscos e agentes nocivos constantes do Anexo IV do Decreto n. 3.048/1999, ou nele permanecer, na mesma ou em outra empresa, qualquer que seja a forma de prestação do serviço ou categoria de segurado, será imediatamente notificado da cessação do pagamento de sua aposentadoria especial, no prazo de 60 dias contados da data de emissão da notificação, salvo comprovação, nesse prazo, de que o exercício dessa atividade ou operação foi encerrado. Curiosamente, não há penalização prevista para o empregador que exija do segurado já aposentado que trabalhe em condições nocivas à saúde.

Com a publicação da IN PRESI/INSS n. 128/2022, o INSS passou a adotar o seguinte procedimento:

> Art. 267. (...) § 2º A cessação do benefício observará os procedimentos que garantam ao segurado o direito ao contraditório e à ampla defesa.
> § 3º Não serão considerados como permanência ou retorno à atividade os períodos:
> I – entre a data do requerimento e a data da ciência da concessão do benefício; e
> II – de cumprimento de aviso prévio consequente do pedido de demissão do segurado após a ciência da concessão do benefício.
> § 4º Os valores indevidamente recebidos deverão ser devolvidos ao INSS.

Importante referir que o TRF da 4ª Região havia reconhecido a inconstitucionalidade do § 8º do art. 57 da Lei n. 8.213/1991 (Arguição de Inconstitucionalidade 5001401-77.2012.404.0000, Corte Especial, Rel. Des. Federal Ricardo Teixeira do Valle Pereira, Sessão de 24.05.2012).

No entanto, o STF ao julgar o Recurso Extraordinário com Repercussão Geral – Tema n. 709, validou o referido dispositivo, fixando as seguintes teses (alteradas em embargos de declaração):

> I) É constitucional a vedação de continuidade da percepção de aposentadoria especial se o beneficiário permanece laborando em atividade especial ou a ela retorna, seja essa atividade especial aquela que ensejou a aposentação precoce ou não.
> II) Nas hipóteses em que o segurado solicitar a aposentadoria e continuar a exercer o labor especial, a data de início do benefício será a data de entrada do requerimento, remontando a esse marco, inclusive, os efeitos financeiros. Efetivada, contudo, seja na via administrativa, seja na judicial a implantação do benefício, uma vez verificado o retorno ao labor nocivo ou sua continuidade, cessará o pagamento do benefício previdenciário em questão (RE 788.092-ED, Tribunal Pleno – Sessão Virtual, Rel. Min. Dias Toffoli, *DJe* 12.03.2021).

Destaca-se, também, a importante modulação de efeitos, de forma a se preservarem os direitos dos segurados cujo reconhecimento judicial tenha se dado por decisão transitada em julgado até a data do julgamento dos embargos de declaração. E a declaração da irrepetibilidade dos valores de natureza alimentar recebidos de boa-fé por força de decisão judicial ou administrativa até a proclamação do resultado do julgamento dos embargos.

E, na sequência, o Ministro Dias Toffoli (relator do caso), acolheu pedido da Procuradoria Geral da República em novos embargos de declaração em relação aos profissionais de saúde essenciais ao controle da covid-19, nos termos que seguem:

> (...) acolho o pedido apresentado pelo Procurador-Geral da República e, nos termos do art. 1.026, § 1º, do CPC, suspendo, liminarmente, e em relação aos profissionais de saúde constantes do rol do art. 3º-J, da Lei n. 13.979/2020, e que estejam trabalhando diretamente no combate à epidemia do covid-19, ou prestando serviços de atendimento a pessoas atingidas pela doença em hospitais ou instituições congêneres, públicos ou privados, os efeitos do acórdão proferido nos autos, que apreciou os anteriores recursos de embargos de declaração aqui opostos. (RE 791.961-ED, *DJe* 16.03.2021, decisão ratificada pelo Plenário do STF em 05.10.2021)

A decisão do STF não impõe o rompimento necessário do contrato de trabalho do segurado – nem por este, nem pelo empregador. Nada impede que um segurado exposto a agente nocivo, após a concessão da aposentadoria especial, continue trabalhando na mesma empresa, em atividade que não o sujeite mais à exposição, o que deverá ser objeto de alteração contratual por mútuo consentimento, na forma do art. 468 da CLT.

Ainda quanto ao julgamento do Tema n. 709, pelo STF, deve ser considerado que não atinge situações em que houve conversão de tempo de atividade especial em atividade comum e concessão de aposentadoria por tempo de contribuição ou aposentadoria por idade, pois o art. 57, § 8º, da Lei n. 8.213/1991, se refere expressa e unicamente à aposentadoria especial.

### 1.4.11 Renda mensal inicial

A aposentadoria especial, a partir de 29.04.1995, tinha renda mensal equivalente a 100% do salário de benefício (Lei n. 9.032/1995), observado, para os segurados que implementaram os requisitos até a véspera da vigência da Lei n. 9.876, de 26.11.1999, o cálculo sobre a média dos últimos 36 salários de contribuição.

Para os que passaram a ter direito ao benefício após 26.11.1999, o cálculo era o estabelecido para os segurados em geral, previsto no art. 29 da Lei n. 8.213/1991, qual seja apurado sobre a média dos maiores salários de contribuição a partir de julho de 1994 equivalentes a 80% do período contributivo, mas sem a incidência do fator previdenciário.

A partir da publicação da EC n. 103/2019, o valor da aposentadoria especial, cujos requisitos foram preenchidos somente após sua vigência, corresponderá a 60% do valor do salário de benefício (média integral de todos os salários de contribuição), com acréscimo de dois pontos percentuais para cada ano de contribuição que exceder o tempo de 20 anos de contribuição para os homens (salvo os mineiros de subsolo); e de 15 anos de contribuição para todas as mulheres e para os homens em atividades especiais cuja exigência é de 15 anos (atualmente apenas mineiros em subsolo em frente de escavação).

Por força do art. 26 da EC n. 103/2019, o salário de benefício é obtido com base na média aritmética simples dos salários de contribuição, atualizados monetariamente, correspondentes a 100% (cem por cento) do período contributivo desde a competência julho de 1994 ou desde o início da contribuição, se posterior a essa competência. E, a partir de 5 de maio de 2022, com a incidência do divisor mínimo de 108 (cento e oito) meses previsto no art. 135-A da LBPS (incluído pela Lei n. 14.331/2022).

Para o aumento do coeficiente de cálculo, previsto no art. 26, § 2º, da EC n. 103/2019, poderão ser utilizados também os períodos de contribuição comum. E o valor da renda mensal inicial da aposentadoria especial, como nas demais modalidades de aposentadoria, não poderá ser inferior a um salário mínimo nem superior ao limite máximo do salário de contribuição.

### 1.4.12 Conversão do tempo especial

A conversão de tempo trabalhado em condições geradoras de aposentadorias especiais para tempo de atividade comum consiste na transformação daquele período com determinado acréscimo compensatório em favor do segurado, pois esteve sujeito a trabalho prejudicial à sua saúde. Essa matéria ganha importância especial após a vigência da EC n. 103/2019, como será visto a seguir. Antes, cabe um escorço histórico sobre o tema.

A Lei n. 9.032/1995 vedou a conversão de tempo comum em especial. Antes era possível a conversão de tempo especial para comum e deste para especial, restando ao segurado que dispõe de tempo especial insuficiente a aposentadoria comum.

O STJ chegou a reconhecer, em recurso repetitivo, que essa restrição não deveria se aplicar ao tempo anterior à edição da Lei n. 9.032/1995. Entretanto, na sequência, deu efeitos infringentes aos embargos de declaração do INSS para firmar a tese de que não é possível a conversão em especial do tempo de serviço comum, quando o referido requerimento tenha ocorrido na vigência da Lei n. 9.032/1995: "O sistema previdenciário vigente após a Lei n. 9.032/1995, portanto, somente admite aposentadoria especial para quem exerceu todo o tempo de serviço previsto no art. 57 da Lei n. 8.213/1991 (15, 20 ou 25 anos, conforme o caso) em condições especiais que prejudiquem a saúde ou a integridade física" (EDcl no REsp 1.310.034/PR, 1ª Seção, *DJe* 02.02.2015). Caso o segurado pretenda juntar, depois disso, tempo "comum" e tempo "especial", terá de se submeter à regra geral, não podendo se valer da regra da aposentadoria especial.

Para o segurado que houver exercido sucessivamente duas ou mais atividades sujeitas a condições especiais prejudiciais à saúde ou à integridade física, sem completar em qualquer delas o prazo mínimo exigido para a aposentadoria especial, os respectivos períodos serão somados após a conversão, considerando, para esse fim, a atividade preponderante, cabendo, dessa forma, a concessão da aposentadoria especial com o tempo exigido para a atividade não convertida.

Há de se ressaltar que a regulamentação do reconhecimento da atividade especial ocorreu somente com a Lei n. 3.807/1960, o que não impede a conversão do tempo especial para comum que tenha sido exercido anteriormente a essa data. Nesse sentido, precedente do STJ: "Se de fato ocorreu a especialidade do tempo de serviço, com exercício em data anterior à legislação que criou a aposentadoria especial, é possível o reconhecimento da atividade especial em período anterior a legislação instituidora" (AgRg no REsp n. 1.015.694/RS, 6ª Turma, Min. Maria Thereza de Assis Moura, *DJe* 1º.02.2011).

A respeito da possibilidade de conversão do tempo especial em comum após 28.05.1998, travou-se acirrada discussão no meio doutrinário e jurisprudencial em face da suposta revogação da norma legal que autorizava essa sistemática. A questão surgiu com a edição da MP n. 1.663-10, de 28.05.1998, a qual revogou o § 5º do art. 57 da LBPS, que autorizava a conversão do tempo especial em tempo comum. Na 13ª reedição da MP n. 1.663, foi mantida a vedação da conversão do tempo especial, salvo em relação ao tempo exercido até 28.05.1998, e desde que o segurado tenha implementado percentual do tempo necessário para a obtenção da respectiva aposentadoria especial, conforme estabelecido em regulamento. A referida MP, após sua 14ª edição, acabou convertida na Lei n. 9.711, de 20.11.1998.

Muito embora a Lei n. 9.711/1998 tenha convalidado os atos praticados com base na MP n. 1.663-14, ela não converteu a revogação do § 5º do art. 57 da Lei n. 8.213/1991, revogação levada a efeito expressamente pela MP n. 1.663-10. O ato revocatório que se dava de forma expressa na 10ª edição da MP em questão foi simplesmente afastado quando da 13ª edição.

A orientação do STJ num primeiro momento foi no sentido de vedar a conversão do tempo de trabalho prestado sob condições especiais em tempo comum, a partir de 28.05.1998 (REsp 507287/SC, *DJ* 17.11.2003). Posteriormente, houve alteração desse entendimento e a matéria foi pacificada, admitindo-se a possibilidade de converter o tempo especial em comum, independentemente da época em que foi prestado. Nesse sentido: STJ, REsp julgado como Repetitivo (Tema n. 422) 1.151.363/MG, 3ª Seção, Rel. Min. Jorge Mussi, *DJe* 05.04.2011.

Em relação ao tema, a TNU editou a Súmula n. 50: "É possível a conversão do tempo de serviço especial em comum do trabalho prestado em qualquer período".

Na via administrativa também foi adotada a posição de que, mesmo depois de 28.05.1998, é possível a conversão do tempo de serviço especial em comum, uma vez que o § 5º do art. 57 não teria sido revogado, tendo a Lei n. 9.711/1998, que remeteu seus efeitos a 28.05.1998, disciplinando situação transitória. A adoção dessa regra ocorreu com a edição do citado Decreto n. 4.827, de 03.09.2003, que autorizou, mesmo depois de 28.05.1998, a conversão de tempo especial em comum, nos termos da redação original do art. 57, § 5º, da Lei n. 8.213/1991.

Quanto à conversão do tempo especial, em caso de mudança de regime jurídico laboral por parte do servidor público para o mesmo Ente da Administração, o STF já firmou posicionamento quanto à necessidade de observância da lei vigente à época da prestação de serviços. Nesse sentido, a decisão que segue:

> A jurisprudência da Corte é no sentido de que o servidor que laborou em condições insalubres, quando regido pelo regime celetista, pode somar esse período, ainda que convertido em tempo de atividade comum, com a incidência dos acréscimos legais, ao tempo trabalhado posteriormente sob o regime estatutário, inclusive para fins de aposentadoria e contagem recíproca entre regimes previdenciários distintos. (RE 603581 AgR/SC, 1ª Turma, Rel. Min. Dias Toffoli, *DJe* 04.12.2014. No mesmo sentido: Repercussão Geral Tema n. 293, RE 612.358 AgR/ES, Plenário, Rel. Min. Rosa Weber, *DJe* 13.03.2020)

Outra importante decisão do STF diz respeito ao direito de o servidor público obter junto ao INSS a certidão do tempo de serviço prestado como *celetista* em condições especiais, nos termos que seguem:

> 1. O servidor público tem direito à emissão pelo INSS de certidão de tempo de serviço prestado como celetista sob condições de insalubridade, periculosidade e penosidade, com os acréscimos previstos na legislação previdenciária. 2. A autarquia não tem legitimidade para opor resistência à emissão da certidão com fundamento na alegada impossibilidade de sua utilização para a aposentadoria estatutária; requerida esta, apenas a entidade à qual incumba deferi-la é que poderia se opor à sua concessão. (RE 433305, 1ª Turma, Rel. Min. Sepúlveda Pertence, j. 14.02.2006)

Essa situação foi superada na via administrativa com a edição da Lei n. 13.849/2019, que inclui um novo inciso ao art. 96 da LBPS: "IX – para fins de elegibilidade às aposentadorias especiais referidas no § 4º do art. 40 e no § 1º do art. 201 da Constituição Federal, os períodos reconhecidos pelo regime previdenciário de origem como de tempo especial, sem conversão em tempo comum, deverão estar incluídos nos períodos de contribuição compreendidos na CTC e discriminados de data a data".

Destaca-se, ainda, a conclusão do julgamento pelo STF sobre o tema de Repercussão Geral n. 942, em que foi fixada a seguinte tese:

> Até a edição da Emenda Constitucional n. 103/2019, o direito à conversão, em tempo comum, do prestado sob condições especiais que prejudiquem a saúde ou a integridade física

de servidor público decorre da previsão de adoção de requisitos e critérios diferenciados para a jubilação daquele enquadrado na hipótese prevista no então vigente inciso III do § 4º do art. 40 da Constituição da República, devendo ser aplicadas as normas do regime geral de previdência social relativas à aposentadoria especial contidas na Lei n. 8.213/1991 para viabilizar sua concretização enquanto não sobrevier lei complementar disciplinadora da matéria. Após a vigência da EC n. 103/2019, o direito à conversão em tempo comum, do prestado sob condições especiais pelos servidores obedecerá à legislação complementar dos entes federados, nos termos da competência conferida pelo art. 40, § 4º-C, da Constituição da República. (*Leading Case*: RE 1014286, Rel. Min. Luiz Fux, j. 31.08.2020)

### 1.4.12.1 A EC n. 103/2019 e a vedação da conversão do tempo especial em comum

Com a entrada em vigor da EC n. 103/2019, foi vedada a conversão do tempo especial em comum para períodos trabalhados após a entrada em vigor dessa emenda (a partir de 14.11.2019). Consta do art. 25, § 2º, *in verbis*:

> § 2º Será reconhecida a conversão de tempo especial em comum, na forma prevista na Lei n. 8.213, de 2 de julho de 1991, ao segurado do Regime Geral de Previdência Social que comprovar tempo de efetivo exercício de atividade sujeita a condições especiais que efetivamente prejudiquem a saúde, cumprido até a data de entrada em vigor desta Emenda Constitucional, vedada a conversão para o tempo cumprido após esta data.

Uma interpretação literal desse dispositivo – "tempo de efetivo exercício de atividade sujeita a condições especiais que efetivamente prejudiquem a saúde" – pode levar o INSS a entender como necessária a realização de perícia médica para avaliar se o segurado teve perda da capacidade laborativa ou doença relacionada com o tempo de exercício da atividade especial.

Essa exigência seria inconcebível, pois se refere a tempo prestado antes da aprovação da EC n. 103/2019 e violaria duas regras basilares de reconhecimento de tempo de serviço/contribuição relacionada com o princípio *tempus regit actum* (STF, RE n. 392.559, Rel. Min. Gilmar Mendes, 2ª Turma, *DJ* 03.03.2006), quais sejam:

a) o tempo de serviço/contribuição é disciplinado pela lei vigente à época em que efetivamente prestado, passando a integrar, como direito autônomo, o patrimônio jurídico do trabalhador;

b) a lei nova que venha a estabelecer restrição ao cômputo do tempo de serviço/contribuição não pode ser aplicada retroativamente, em razão da intangibilidade do direito adquirido.

Observando a regra de direito adquirido à conversão do tempo especial exercido até 13.11.2019, o RPS, no art. 188-P, §§ 5º e 6º (redação dada pelo Decreto n. 10.410/2020), autorizou a conversão sem qualquer impeditivo e reconhecem que a caracterização e a comprovação do tempo de atividade sob condições especiais obedecerão ao disposto na legislação em vigor à época da prestação do serviço.

Destaca-se que a conversão entre períodos de atividades especiais distintas não foi vedada pela EC n. 103/2019, continuando válida para qualquer período. Nesse sentido, o RPS:

> Art. 66. Para o segurado que houver exercido duas ou mais atividades sujeitas a agentes químicos, físicos e biológicos prejudiciais à saúde, ou a associação desses agentes, sem completar em quaisquer delas o prazo mínimo exigido para a aposentadoria especial, os respectivos períodos de exercício serão somados após conversão, hipótese em que será

considerada a atividade preponderante para efeito de enquadramento. (Redação dada pelo Decreto n. 10.410, de 2020)

Por atividade preponderante, entende-se aquela pela qual o segurado tenha contribuído por mais tempo, antes da conversão, e servirá como parâmetro para definir o tempo mínimo necessário para a aposentadoria especial e para a conversão, segundo os multiplicadores da tabela constante do § 2º do art. 66 do RPS:

| Tempo a Converter | Para 15 | Para 20 | Para 25 |
|---|---|---|---|
| De 15 anos | -- | 1,33 | 1,67 |
| De 20 anos | 0,75 | -- | 1,25 |
| De 25 anos | 0,60 | 0,80 | -- |

No nosso sentir, mostra-se inconstitucional a regra do art. 25, § 2º, da EC n. 103/2019, que veda a conversão do tempo especial para comum após 13.11.2019. Sendo assim, "mesmo após o advento da EC n. 103/2019 poderá ser reconhecida a possibilidade de conversão do tempo especial em comum do trabalho prestado em qualquer período em observância, ao 'preceito de isonomia, equilibrando a compensação pelos riscos impostos' e 'consectário lógico da isonomia na proteção dos trabalhadores expostos a agentes nocivos'".[9]

### 1.4.12.2 Fator de conversão do tempo especial em tempo comum

Aspecto que provocou discussões está relacionado ao fator de conversão do tempo especial para comum para o segurado homem.

De acordo com os decretos que regulamentam a Lei n. 8.213/1991, a conversão de tempo de atividade exercido sob condições especiais em tempo de atividade comum, observa, para o homem, o fator 1,4 (de 25 para 35 anos). É de se ressaltar que o § 2º do art. 70 do Decreto n. 3.048/1999 (incluído pelo Decreto n. 4.827, de 2003) determina a aplicação do fator 1,4 ao trabalho prestado em qualquer período.

A respeito do tema, a TNU editou a Súmula n. 55, com o seguinte teor: "A conversão do tempo de atividade especial em comum deve ocorrer com aplicação do fator multiplicativo em vigor na data da concessão da aposentadoria".

Da mesma forma, a 1ª Seção do STJ consolidou essa orientação definindo em recurso repetitivo que: "A lei vigente por ocasião da aposentadoria é a aplicável ao direito à conversão entre tempos de serviço especial e comum, independentemente do regime jurídico à época da prestação do serviço" (REsp 1.310.034/PR, Rel. Min. Hermann Benjamin, *DJe* 19.12.2012).

A tabela de conversão consta do art. 188-P, § 5º, do RPS (com redação conferida pelo Decreto n. 10.410/2020), cujos multiplicadores são os seguintes:

| TEMPO A CONVERTER | MULHER (30 ANOS DE CONTRIBUIÇÃO) | HOMEM (35 ANOS DE CONTRIBUIÇÃO) |
|---|---|---|
| DE 15 ANOS | 2,0 | 2,33 |

---

[9] LAZZARI, João Batista; BRANDÃO, Fábio Nobre Bueno. Reforma da Previdência (EC n. 103/2019): inconstitucionalidade da vedação à conversão do tempo de atividade especial em comum. *JURIS – Revista Da Faculdade De Direito*, 30(2). 2020. Disponível em: https://periodicos.furg.br/juris/article/view/12231. Acesso em: 27 jul. 2021.

| TEMPO A CONVERTER | MULHER (30 ANOS DE CONTRIBUIÇÃO) | HOMEM (35 ANOS DE CONTRIBUIÇÃO) |
|---|---|---|
| DE 20 ANOS | 1,5 | 1,75 |
| DE 25 ANOS | 1,2 | 1,4 |

## 1.4.13 Enquadramento de atividade especial exposta ao agente nocivo ruído

Especificamente quanto ao agente nocivo ruído, o Quadro Anexo do Decreto n. 53.831, o Anexo I do Decreto n. 83.080/1979, o Anexo IV do Decreto n. 2.172/1997, durante os respectivos períodos de vigência, insalubres as atividades que expõem o segurado a níveis de pressão sonora superiores, respectivamente, a 80, 90, 90 e 85 decibéis, de acordo com os códigos 1.1.6, 1.1.5, 2.0.1 e 2.0.1:

| Período trabalhado | Enquadramento | Limites de tolerância |
|---|---|---|
| Até 05.03.1997 | Anexo do Decreto n. 53.831/1964 Anexo I do Decreto n. 83.080/1979 | Superior a 80 dB Superior a 90 dB |
| De 06.03.1997 a 06.05.1999 | Anexo IV do Decreto n. 2.172/1997 | Superior a 90 dB |
| De 07.05.1999 a 18.11.2003 | Anexo IV do Decreto n. 3.048/1999, na sua redação original | Superior a 90 dB |
| A partir de 19.11.2003 | Anexo IV do Decreto n. 3.048/1999, com a alteração do Decreto n. 4.882/2003 | Superior a 85 dB |

**Quanto ao período anterior a 05.03.1997,** ficou pacificado pelo STJ e pelo INSS na esfera administrativa (art. 292 da IN PRESI/INSS n. 128/2022) que são aplicáveis concomitantemente, para fins de enquadramento, os Decretos n. 53.831/1964 e n. 83.080/1979 até 05.03.1997, data imediatamente anterior à publicação do Decreto n. 2.172/1997. Desse modo, até então, é considerada nociva à saúde a atividade sujeita a ruídos superiores a 80 decibéis, conforme previsão mais benéfica do Decreto n. 53.831/1964. Nesse sentido também já houve manifestação do STJ no Repetitivo n. 694.

**No período compreendido entre 05.03.1997 e 19.11.2003**, a legislação previu níveis de ruído de 90 dB, sendo que norma posterior (Decreto n. 3.048/1999, com a alteração do Decreto n. 4.882/2003) passou a prever 85 dB como patamar nocivo à saúde.

Entretanto, perdurou na jurisprudência um embate quanto à efetiva aplicabilidade do nível de 90 dB. Isso porque, como o nível posterior foi menor do que o da época, muitos defendem que o de 90 dB deveria ser desconsiderado, e que desde 05.03.1997 caberia a aplicação do nível de 85 dB.

A TNU havia editado a Súmula n. 32, admitindo como tempo de trabalho especial os seguintes níveis: superior a 80 decibéis, na vigência do Decreto n. 53.831/1964 e, a contar de 05.03.1997, superior a 85 decibéis, por força da edição do Decreto n. 4.882, de 18.11.2003, quando a administração pública reconheceu e declarou a nocividade à saúde de tal índice de ruído.

No entanto, o STJ, ao julgar incidente de uniformização contra referida Súmula, entendeu que a contagem do tempo de trabalho de forma mais favorável àquele que esteve submetido a condições prejudiciais à saúde deve obedecer à lei vigente na época em que o trabalhador esteve exposto ao agente nocivo, no caso, ruído.

Assim, na vigência do Decreto n. 2.172, de 05.03.1997, o nível de ruído a caracterizar o direito à contagem do tempo de trabalho como especial deve ser superior a 90 decibéis, só sendo admitida a redução para 85 decibéis após a entrada em vigor do Decreto n. 4.882, de

18.11.2003 (PET 9.059/RS, 1ª Seção, Rel. Min. Benedito Gonçalves, *DJe* 09.09.2013). Esse entendimento foi novamente mantido pela 1ª Seção do STJ no julgamento do REsp 1.398.260/PR (Repetitivo – Tema n. 694).

Quando os níveis de ruído são variáveis, o STJ em Recurso Repetitivo pacificou a matéria com a seguinte tese:

> – **Tema n. 1.083:** "O reconhecimento do exercício de atividade sob condições especiais pela exposição ao agente nocivo ruído, quando constatados diferentes níveis de efeitos sonoros, deve ser aferido por meio do Nível de Exposição Normalizado (NEN). Ausente essa informação, deverá ser adotado como critério o nível máximo de ruído (pico de ruído), desde que perícia técnica judicial comprove a habitualidade e a permanência da exposição ao agente nocivo na produção do bem ou na prestação do serviço" (STJ, REsp 1886795/RS e REsp 1890010/RS, 1ª Seção, Rel. Min. Gurgel de Faria, *DJE* 25.11.2021)

Com isso, ficou superado o entendimento que utilizava a adoção de cálculo pela média aritmética simples dos diferentes níveis de pressão sonora, pois esse critério não leva em consideração o tempo de exposição ao agente nocivo durante a jornada de trabalho. Como consequência, nessas hipóteses, ausente a indicação do NEN, é possível ao magistrado, com base no laudo técnico submetido ao contraditório, reconhecer a especialidade da atividade profissional do segurado exposto a ruídos variáveis, adotando como critério o pico máximo – desde que, nesses casos, seja comprovada a habitualidade da exposição ao agente nocivo.

Ainda quanto ao ruído, o STJ definiu não haver necessidade de apresentação do laudo referente ao agente agressivo ruído quando da apresentação do PPP, caso em que somente poderá ser exigido na via judicial o laudo em caso de dúvida quanto às informações constantes no PPP: "Lícito se faz concluir que, apresentado o PPP, mostra-se despicienda a também juntada do LTCAT aos autos, exceto quando suscitada dúvida objetiva e idônea pelo INSS quanto à congruência entre os dados do PPP e do próprio laudo que o tenha embasado" (PET 10.262, Rel. Min. Sérgio Kukina, j. 08.02.2017).

Por sua vez, a TNU passou a exigir o LTCAT para fins de demonstrar a técnica utilizada na medição, bem como a respectiva norma, quando essa informação não constar do PPP. Veja-se a respeito a tese fixada no Representativo de Controvérsia n. 174:

> (a) A partir de 19 de novembro de 2003, para a aferição de ruído contínuo ou intermitente, é obrigatória a utilização das metodologias contidas na NHO-01 da FUNDACENTRO ou na NR-15, que reflitam a medição de exposição durante toda a jornada de trabalho, vedada a medição pontual, devendo constar do Perfil Profissiográfico Previdenciário (PPP) a técnica utilizada e a respectiva norma;
> (b) Em caso de omissão ou dúvida quanto à indicação da metodologia empregada para aferição da exposição nociva ao agente ruído, o PPP não deve ser admitido como prova da especialidade, devendo ser apresentado o respectivo laudo técnico (LTCAT), para fins de demonstrar a técnica utilizada na medição, bem como a respectiva norma.

Considerando que, geralmente, o PPP não informa a técnica utilizada, deve a parte interessada demonstrar que a empresa não forneceu cópia do LTCAT e solicitar que o juiz intime a empresa para apresentar ou que então seja realizada a perícia técnica no local do trabalho ou em empresa similar. A respeito, a TNU editou novo Representativo de Controvérsia:

> – **Tema n. 317:** "(I) A menção à técnica da dosimetria ou ao dosímetro no PPP enseja a presunção relativa da observância das determinações da norma de higiene ocupacional (NHO-01) da Fundacentro e/ou da NR-15, para os fins do Tema n. 174 desta TNU; (II) Havendo fundada dúvida acerca das informações constantes do PPP ou mesmo omissão

em seu conteúdo, à luz da prova dos autos ou de fundada impugnação da parte, de se desconsiderar a presunção do regular uso do dosímetro ou da dosimetria e determinar a juntada aos autos do laudo técnico respectivo, que certifique a correta aplicação da NHO 01 da Fundacentro ou da NR 15, Anexo 1 do MTB".

## 1.4.14 Enquadramento de atividade especial exposta ao agente nocivo frio

A exemplo do ruído, o agente nocivo frio também possui peculiaridades que devem ser observadas para análise do tempo exercido pelo segurado. Existem dois itens a serem observados quanto ao frio: a ausência de previsão expressa na legislação atual e a necessidade ou não da permanência contínua do segurado nas câmaras frias. Analisaremos os dois itens a seguir.

Quanto à legislação, o Decreto n. 53.831/1964, no código 1.1.2 de seu Anexo, previa:

| 1.1.2 | FRIO Operações em locais com temperatura excessivamente baixa, capaz de ser nociva à saúde e proveniente de fontes artificiais. | Trabalhos na indústria do frio – operadores de câmaras frigoríficas e outros. | Insalubre | 25 anos | Jornada normal em locais com temperatura inferior a 12º centígrados. Arts. 165 e 187 da CLT e Portaria Ministerial n. 262, de 06.08.1962. |
|---|---|---|---|---|---|

Já o Decreto n. 83.080/1979 previa, no código 1.1.2 de seu Anexo I:

| 1.1.2 | FRIO | Câmaras frigoríficas e fabricação de gelo. | 25 anos |
|---|---|---|---|

Entretanto, os Decretos n. 2.172/1997 e n. 3.048/1999 não previram a exposição ao frio como causa do enquadramento da atividade especial. Mas, segundo a jurisprudência, é possível a constatação da especialidade da atividade no caso concreto por meio de perícia técnica, nos termos da Súmula n. 198 do extinto Tribunal Federal de Recursos. Neste sentido: "As normas regulamentadoras que estabelecem os casos de agentes e atividades nocivos à saúde do trabalhador são exemplificativas, podendo ser tido como distinto o labor que a técnica médica e a legislação correlata considerarem como prejudiciais ao obreiro, desde que o trabalho seja permanente, não ocasional, nem intermitente, em condições especiais (art. 57, § 3º, da Lei n. 8.213/1991)" (STJ – tese firmada em sede de recurso repetitivo – Tema n. 534).

Pacificada a possibilidade de contagem de tempo especial, resta saber como deve se dar a análise do tempo de permanência do segurado para fins de enquadramento da atividade especial.

Nesse tópico é importante destacar o acórdão da Turma Recursal de Santa Catarina no Processo n. 2004.72.95.000440-6,[10] que admitiu o enquadramento especial se comprovada a habitualidade da alternância à temperatura excessivamente baixa e à temperatura ambiente.

Tal entendimento tem sido adotado pelo Judiciário porque não seria possível exigir que o trabalhador permaneça durante toda a jornada de trabalho dentro da câmara fria, sob risco de ter graves problemas respiratórios, ou até mesmo a morte por hipotermia ou congelamento.

A permanência, nesse caso, deve ser entendida como a constância da entrada e saída do trabalhador da câmara fria, durante a jornada de trabalho e não como a permanência ininterrupta do segurado na câmara frigorífica. A respeito, decisão proferida pela Turma Regional de Uniformização da 4ª Região:

---

[10] Rel. Juiz Federal João Batista Lazzari, j. 05.05.2005, fls. 372-375.

PREVIDENCIÁRIO. APOSENTADORIA. ATIVIDADE ESPECIAL. ENQUADRAMENTO. FRIO. CÂMARA FRIGORÍFICA. PERMANÊNCIA. INTERMITÊNCIA. DECRETO n. 53.831/64. DECRETO n. 83.080/79. 2. Comprovada a divergência de jurisprudência referente à caracterização da permanência da exposição do trabalhador ao agente nocivo frio. Incidente conhecido neste ponto. 3. A constante entrada e saída do trabalhador de câmaras frias, durante a sua jornada de trabalho, não descaracteriza a permanência exigida para o enquadramento de atividade especial pelo frio, agente agressivo previsto no item 1.1.2 dos Decretos 53.831/1964 e 83.080/1979. (TRU 4ª Região, 2007.70.95.014769-0, Data da Decisão: 13.02.2009, Rel. Luciane Merlin Clève Kravetz, *DE* 19.02.2009)

## 1.4.15 Enquadramento de atividade especial exposta ao agente nocivo calor

Segundo o Decreto n. 53.831/1964, o agente nocivo calor é caracterizado pelo exercício de atividade em locais com temperatura excessivamente alta, no caso, acima de 28ºC cujo calor emanar de fontes artificiais.

Para fazer jus ao benefício de aposentadoria especial o segurado deverá ter trabalhado nessas condições por, no mínimo, 25 anos.

Entretanto, se o tempo de labor na atividade for inferior a 25 anos, é permitida a soma do tempo especial com tempo comum, mediante a conversão do tempo especial convertido, de forma que lhe seja garantido um aumento do tempo trabalhado nessas atividades, e visando a permissão de uma aposentadoria por tempo de contribuição mais cedo.

Cabe ressaltar ainda que no tocante ao agente nocivo calor, a exemplo do que ocorre com o ruído, para que haja o enquadramento pelo agente é importante a demonstração por laudo técnico que aufira a temperatura do ambiente de trabalho. Desta forma, para que haja o enquadramento pelo agente calor, se exigirá, a qualquer tempo, a comprovação da exposição a temperaturas superiores a 28ºC proveniente de fontes artificiais.

Antes do advento da Lei n. 9.032/1995 era possível o enquadramento por categoria, de forma que se o segurado não tem o laudo técnico, mas estava enquadrado por atividade, poderá solicitar a contagem de tempo com base nesta e não no agente nocivo.

Salientamos que não existindo a previsão da atividade exercida antes de 28.04.1995, o segurado deverá fazer prova da exposição a temperaturas superiores a 28ºC.

Tal comprovação, para tempo trabalhado antes da mudança das regras de 1995, não precisa seguir a forma atual, ou seja, não é exigível que o segurado apresente o PPP para uma atividade exercida quando tal formulário não era previsto em Lei. Contudo o segurado deverá apresentar ao menos um laudo de medição do calor no ambiente de trabalho, laudo esse que pode ser emprestado, como no caso de uma ação trabalhista, por exemplo, em que se discutiu a insalubridade, ou até extemporâneo, como nos casos em que se efetua medição em época posterior ou anterior a atividade exercida pelo segurado. Tais laudos são aceitos pela jurisprudência ainda que não tenha havido a continuidade da atividade até os dias atuais.

Tema controvertido na matéria é o cabimento do enquadramento, como atividade especial, do trabalho com exposição ao calor "ao ar livre". A esse respeito, a TNU, em sessão de 30.08.2017, entendeu que após a vigência do Decreto n. 2.172/1997 se tornou possível o reconhecimento das condições especiais do trabalho exercido sob exposição ao calor proveniente de fontes naturais, de forma habitual e permanente, quando comprovada a superação dos patamares estabelecidos no Anexo 3 da NR 15, calculado pelo Índice de Bulbo Úmido – Termômetro de Globo (IBUTG), de acordo com a fórmula prevista para ambientes externos com carga solar (PEDILEF 0501218-13.2015.4.05.8307, Rel. Juiz Federal Fernando Moreira Gonçalves, *DJ* 25.09.2017).

## 1.4.16 Enquadramento de atividade especial exposta ao agente nocivo eletricidade

O agente nocivo eletricidade possuiu peculiaridades no tocante à sua aceitação para a contagem de tempo especial previdenciário, pois a eletricidade não está prevista como agente nocivo no Anexo IV do Decreto n. 3.048/1999.

Quanto a previsões anteriores, cabe-nos ressaltar o Decreto n. 53.831, de 25.03.1964:

| 1.1.8 | ELETRICIDADE Operações em locais com eletricidade em condições de perigo de vida. | Trabalhos permanentes em instalações ou equipamentos elétricos com riscos de acidentes – Eletricistas, cabistas, montadores e outros. | Perigoso | 25 anos |
|---|---|---|---|---|

No Decreto n. 83.080/1979 não houve menção a tal agente nocivo, entretanto a jurisprudência entende possível o enquadramento para contagem de tempo especial no tocante a tal agente, por esclarecer que o rol de agentes é meramente exemplificativo, e não taxativo. Vejamos o entendimento do STJ sobre o tema:

> AGRAVO REGIMENTAL. PREVIDENCIÁRIO. ELETRICISTA. ATIVIDADE PERIGOSA COMPROVADA. ENQUADRAMENTO NO DECRETO N. 83.080/1979. AUSÊNCIA. IRRELEVÂNCIA. ROL EXEMPLIFICATIVO. 1. Atendidas as hipóteses de concessão do benefício, é de se manter a decisão recorrida, considerando-se o rol de atividades nocivas descritas no decreto acima citado como meramente exemplificativo. 2. Agravo regimental a que se nega provimento. (AGRESP 200900424526, 6ª Turma, Rel. Min. Convocado Haroldo Rodrigues, *DJE* 29.11.2010)

Na sequência, o STJ convalidou a tese de que comprovada a efetiva exposição à eletricidade, ainda que tal agente não conste do rol de atividades dos decretos regulamentadores, é devido o reconhecimento da especialidade e sua conversão em tempo de serviço comum, porquanto exemplificativa a lista. Vejamos a tese fixada no Repetitivo Tema n. 534:

> As normas regulamentadoras que estabelecem os casos de agentes e atividades nocivos à saúde do trabalhador são exemplificativas, podendo ser tido como distinto o labor que a técnica médica e a legislação correlata considerarem como prejudiciais ao obreiro, desde que o trabalho seja permanente, não ocasional, nem intermitente, em condições especiais. (art. 57, § 3º, da Lei n. 8.213/1991) (STJ, REsp 1.306.113/SC, 1ª Seção, Rel. Min. Herman Benjamin, *DJe* 07.03.2013)

Seguindo a orientação do STJ, a TNU, em Representativos de Controvérsia, estabeleceu que:

– **Tema n. 159:** "É possível o reconhecimento como especial de período laborado com exposição ao agente energia elétrica, após o Decreto n. 2.172/1997, para fins de concessão de aposentadoria especial".
– **Tema n. 210:** "Para aplicação do art. 57, § 3º, da Lei n. 8.213/1991 à tensão elétrica superior a 250 V, exige-se a probabilidade da exposição ocupacional, avaliando-se, de acordo com a profissiografia, o seu caráter indissociável da produção do bem ou da prestação do serviço, independente de tempo mínimo de exposição durante a jornada".

## 1.4.17 Motoristas de ônibus, caminhão e afins: atividade penosa

No ano de 2017, a TNU reconheceu de forma unânime que o tempo de serviço na atividade de patroleiro e operador de motoniveladora, assim como a de motorista de caminhão ou ônibus, deve ser considerada atividade especial, identificando que o rol das atividades contidas no Decreto não é taxativo. Com isso, a TNU considerou "como especial todo o período anterior a Lei n. 9.032/1995 em que o autor trabalhou como patroleiro e operador de motoniveladora, sem que haja a necessidade de comprovar a exposição a algum dos agentes de insalubridade previstos em Lei" (PEDILEF 0502649-69.2016.4.05.8300, Rel. Juíza Federal Maria Lúcia Gomes de Souza, j. 25.05.2017).

Quanto ao reconhecimento da especialidade das atividades penosas, o TRF da 4ª Região tem precedentes em favor dos motoristas de caminhão e de ônibus. Nesse sentido, a tese fixada em Incidente de Assunção de Competência:

– **Tema n. 5**: "Deve ser admitida a possibilidade de reconhecimento do caráter especial das atividades de motorista ou de cobrador de ônibus em virtude da penosidade, ainda que a atividade tenha sido prestada após a extinção da previsão legal de enquadramento por categoria profissional pela Lei n. 9.032/1995, desde que tal circunstância seja comprovada por meio de perícia judicial individualizada, possuindo o interessado direito de produzir tal prova" (Incidente de Assunção de Competência 5033888-90.2018.4.04.0000, Corte Especial, j. 25.11.2020).

Espera-se que essa interpretação se consolide nas várias instâncias uniformizadoras de jurisprudência e nos Tribunais Regionais Federais.

### 1.4.18 Enquadramento de atividade especial exercida por vigilantes, vigias ou seguranças

Atividades exercidas pelo trabalhador que incluem o porte de arma de fogo, em especial aquela de vigia ou vigilante, tem sido objeto de diversas discussões em nossos tribunais.

Por muito tempo foi considerado que, por não serem atividades insalubres, mas sim perigosas, apenas poderiam receber tratamento diferenciado até o advento do Decreto n. 2.172/1997, que teria retirado essa previsão nos anexos que disciplinavam o reconhecimento do tempo especial.

Vale ressaltar, como já afirmado no subitem anterior, que essas atividades perigosas continuam previstas no art. 193 da CLT, já com a redação definida pela Lei n. 12.740/2012.

Em relação ao vigilante, a 1ª Seção do STJ afetou, em sessão virtual, três recursos especiais (REsp 1.830.508, REsp 1.831.371 e REsp 1.831.377) que foram julgados sob o rito dos repetitivos, no já citado Tema n. 1.031, no sentido de ser "*admissível o reconhecimento da atividade especial de vigilante, mesmo após a EC n. 103/2019, com ou sem arma de fogo, em data posterior à edição da Lei n. 9.032/1995 e do Decreto n. 2.172/1997*" (EDcl no REsp n. 1.830.508/RS, 1ª Seção, j. 28.09.2021). *Porém, o STF reconheceu a repercussão geral da matéria (Tema n. 1209) e concedeu efeito suspensivo a todos os processos, individuais ou coletivos, em qualquer fase e em todo o território nacional, que versem sobre o tema (RE 1368225, Rel. Min. Nunes Marques, DJe 26.4.2022).*

### 1.4.19 Comprovação do exercício de atividade especial

O advogado previdenciarista, quando da defesa dos interesses do segurado que postula aposentadoria especial, tem uma quantidade significativa de normativos e precedentes que podem ser esgrimidos na ação judicial a ser proposta. As demandas, em regra, versam sobre:

- a concessão inicial do benefício de aposentadoria especial, indeferido na via administrativa, retroagindo à DIB original, por não ter sido reconhecida a atividade laboral (um ou mais períodos de trabalho) como geradora do direito ao benefício;
- a transformação de aposentadoria por tempo de contribuição ou por idade em aposentadoria especial (direito ao melhor benefício), pelo mesmo motivo (não reconhecido o tempo como especial), com o pagamento das diferenças do benefício desde a sua DIB;
- a revisão do benefício de aposentadoria especial já concedido, para incluir salários de contribuição não computados, especialmente os decorrentes de êxito em ação trabalhista.

Há, ainda, a ação do segurado contra seu empregador, de competência da Justiça do Trabalho, para compelir este (obrigação de fazer) ao fornecimento do PPP e LTCAT, ou retificação destes, para utilização posterior na obtenção do benefício junto ao INSS ou em Juízo.

A prova, nas ações envolvendo a aposentadoria especial, abrange a documental (notadamente os documentos exigidos para a comprovação da atividade, como o PPP e seus congêneres) e, em certos casos, a pericial, para comprovação da sujeição a agentes nocivos, especialmente quando ausente o fornecimento do PPP, ou quando haja discordância, por parte do segurado, em relação ao teor do PPP entregue a ele.

Quanto ao tempo de contribuição, o pleito é no sentido de que deve ser disciplinado pela lei vigente à época em que efetivamente prestado, passando a integrar, como direito autônomo, o patrimônio jurídico do trabalhador. A lei nova que venha a estabelecer restrição ao cômputo do tempo não pode ser aplicada retroativamente, em razão da intangibilidade do direito adquirido (STF, RE 174.150-3/RJ, Rel. Min. Octávio Gallotti, *DJ* 18.08.2000).

Assim, em respeito ao direito adquirido, se o trabalhador laborou em condições adversas e a lei da época permitia a contagem de forma mais vantajosa, o tempo de contribuição assim deve ser contado. Nesse sentido: STF: RE-AgR n. 463.299; e STJ: REsp n. 200200147709. Por parte do Poder Executivo, houve a edição do Decreto n. 4.827, de 03.09.2003, reconhecendo que a caracterização e a comprovação do tempo de atividade sob condições especiais obedecerão ao disposto na legislação em vigor na época da prestação do serviço.

As condições de trabalho que geram direito à aposentadoria especial são comprovadas pela prova documental que, por sua vez, traz demonstrações ambientais que caracterizem a efetiva exposição do segurado aos agentes nocivos.

As demonstrações ambientais que fazem parte das obrigações acessórias dispostas na legislação previdenciária e trabalhista constituem-se, entre outros, nos seguintes documentos:

- Programa de Prevenção de Riscos Ambientais (PPRA);
- Programa de Gerenciamento de Riscos (PGR);
- Programa de Condições e Meio Ambiente de Trabalho na Indústria da Construção (PCMAT);
- Programa de Controle Médico de Saúde Ocupacional (PCMSO);
- Laudo Técnico de Condições Ambientais do Trabalho (LTCAT);
- Perfil Profissiográfico Previdenciário (PPP);
- Comunicação de Acidente do Trabalho (CAT).

Segundo o § 3º do art. 68 do Decreto n. 3.048/1999, com a redação conferida pelo Decreto n. 10.410/2020, a comprovação da efetiva exposição do segurado a agentes prejudiciais à saúde será feita por meio de documento, em meio físico ou eletrônico, emitido pela empresa ou por seu preposto com base em laudo técnico de condições ambientais do trabalho expedido por médico do trabalho ou engenheiro de segurança do trabalho.

No referido laudo técnico, deverão constar informações sobre a existência de tecnologia de proteção coletiva ou individual e sobre a sua eficácia e será elaborado com observância às normas editadas pela Secretaria Especial de Previdência e Trabalho e aos procedimentos adotados pelo INSS (§ 5º do art. 68 do Decreto n. 3.048/1999, com a redação conferida pelo Decreto n. 10.410/2020).

Já foram utilizados pelo INSS diferentes formulários para a obtenção da prova em atividade especial.

Veja listagem dos formulários históricos do INSS:

| Formulário | Período |
| --- | --- |
| IS n. SSS-501.19/7 | 26.02.1971 a 05.12.1977 |
| ISS-132 | 06.12.1977 a 12.08.1979 |
| SB-40, regulamentado pela OS SB 52.5, de 13.08.1979 | 13.08.1979 e 11.10.1995 |
| DISES BE 5235, regulamentado pela Resolução INSS/PR 58 de 16.09.1991 | 16.09.1991 e 12.10.1995 |
| DSS-8030, regulamentado pela OS INSS/DSS 518 de 13.10.1995 | 13.10.1995 e 25.10.2000 |
| DIRBEN-8030, regulamentado pela IN INSS/DC 39 de 26.10.2000 | 26.10.2000 e 31.12.2003 |
| Perfil Profissiográfico Previdenciário, regulamentado pela IN INSS/DC 99 de 05.12.2003 | a partir de 1º.01.2004 |

O Perfil Profissiográfico Previdenciário (PPP), exigível a partir de 1º.01.2004, substituiu o "Formulário Informações sobre Atividades com Exposição a Agentes Agressivos", chamado de DIRBEN 8030.

O PPP deverá ser elaborado pela empresa ou equiparada à empresa, de forma individualizada, para seus empregados, trabalhadores avulsos e cooperados, que laborem expostos a agentes nocivos químicos, físicos, biológicos ou associação de agentes prejudiciais à saúde ou à integridade física, ainda que não presentes os requisitos para fins de enquadramento de atividade especial, seja pela eficácia dos equipamentos de proteção, coletivos ou individuais, seja por não se caracterizar a permanência (*v.g.* art. 284 da IN n. 128/2022).

É dizer, mesmo quando o segurado não faça jus à adicional de insalubridade ou periculosidade, a empresa continua obrigada a fornecer o PPP, pois não há correlação entre o recebimento das aludidas verbas com a obrigatoriedade prevista na legislação previdenciária.

Desta forma, a empresa que desenvolve atividades em condições especiais que exponham os trabalhadores a riscos ambientais está obrigada a elaborar e manter atualizado o PPP, abrangendo as atividades desenvolvidas pelos segurados empregados, trabalhadores avulsos e cooperados filiados à cooperativa de trabalho e de produção que laborem expostos a agentes nocivos químicos, físicos, biológicos ou a associação desses agentes, prejudiciais à saúde ou à integridade física, ainda que não presentes os requisitos para concessão de aposentadoria especial, seja pela eficácia dos equipamentos de proteção, coletivos ou individuais, seja por não se caracterizar a permanência.

A exigência do PPP tem como finalidade ainda identificar os trabalhadores expostos a agentes nocivos em relação aos quais será cobrada a respectiva alíquota adicional de contribuição para o custeio do benefício da correspondente aposentadoria especial, caso implementados os demais requisitos a esse direito.

A elaboração do PPP, em relação aos agentes químicos e ao agente físico ruído, fica condicionada ao alcance dos níveis de ação de que trata o subitem 9.3.6 da NR-9 do MTE, e em relação aos demais agentes, à simples presença no ambiente de trabalho.

O PPP deverá ser atualizado anualmente ou sempre que houver alteração no ambiente de trabalho ou troca de atividade pelo trabalhador.

E, segundo o RPS (art. 68, § 8º), a empresa deverá elaborar e manter atualizado o perfil profissiográfico previdenciário, ou o documento eletrônico que venha a substituí-lo, no qual deverão ser contempladas as atividades desenvolvidas durante o período laboral, garantido ao trabalhador o acesso às informações nele contidas, sob pena de sujeição às sanções previstas na alínea "h" do inciso I do *caput* do art. 283. O PPP deverá ser atualizado sempre que houver alteração que implique mudança das informações contidas nas suas seções (§ 4º do art. 284 da IN PRESI/INSS n. 128/2022).

A Portaria/MTP n. 313/2021 (alterada pela Portaria/MTP n. 1.010/2021) prevê que: "A partir de 1º de janeiro de 2023 o Perfil Profissiográfico Previdenciário – PPP será emitido exclusivamente em meio eletrônico, a partir das informações constantes nos eventos de Segurança e Saúde no Trabalho (SST) no Sistema Simplificado de Escrituração Digital das Obrigações Previdenciárias, Trabalhistas e Fiscais – eSocial, para os segurados das empresas obrigadas". Porém, a implantação será gradativa, conforme cronograma de implantação dos eventos de SST no eSocial.

O trabalhador ou o seu preposto terá acesso às informações prestadas pela empresa sobre o seu perfil profissiográfico previdenciário e poderá, inclusive, solicitar a retificação de informações que estejam em desacordo com a realidade do ambiente de trabalho (art. 68, § 10, do RPS).

De acordo com o art. 284 da IN PRESI/INSS n. 128/2022, a empresa ou equiparada à empresa deve elaborar e manter atualizado o PPP, bem como fornecê-lo nas seguintes situações:

> I – por ocasião da rescisão do contrato de trabalho ou da desfiliação da cooperativa, sindicato ou órgão gestor de mão de obra, com fornecimento de uma das vias para o trabalhador, mediante recibo;
> II – sempre que solicitado pelo trabalhador, para fins de requerimento de reconhecimento de períodos laborados em condições especiais;
> III – para fins de análise de benefícios e serviços previdenciários e quando solicitado pelo INSS;
> IV – para simples conferência por parte do trabalhador, quando da revisão do Programa de Gerenciamento de Riscos – PGR; e
> V – quando solicitado pelas autoridades competentes.
> § 6º A partir da implantação do PPP em meio digital, as informações disponibilizadas, pela empresa através do eSocial, serão disponibilizadas ao segurado pelo INSS, ficando a empresa ou equiparado responsável pela disponibilização ao trabalhador das informações referentes ao período anterior a tal implantação.

Nas avaliações ambientais deverão ser considerados, além do disposto no Anexo IV do Decreto n. 3.048/1999, a metodologia e os procedimentos de avaliação estabelecidos pela Fundação Jorge Duprat Figueiredo de Segurança e Medicina do Trabalho – FUNDACENTRO.

Na hipótese de não terem sido estabelecidos pela FUNDACENTRO a metodologia e os procedimentos de avaliação, caberá ao Ministério da Economia indicar outras instituições para estabelecê-los (art. 68, § 13, do RPS, com redação conferida pelo Decreto n. 10.410/2020).

A elaboração do PPP, em relação aos agentes químicos e físicos, para os quais haja limite de tolerância estabelecido na legislação trabalhista e aplicável no âmbito da legislação previdenciária, fica condicionada ao alcance dos níveis de ação e, aos demais agentes nocivos, à efetiva exposição no ambiente de trabalho (§ 7º do art. 284 da IN PRESI/INSS n. 128/2022).

Ainda, sobre o preenchimento do PPP é importante que se observe o disposto no art. 285 da referida IN, o qual prevê:

> Art. 285. Quando apresentado o PPP, deverão ser observadas quanto ao preenchimento, para fins de comprovação de efetiva exposição do segurado a agentes prejudiciais à saúde, as seguintes situações:
> I – para atividade exercida até 13 de outubro de 1996, véspera da publicação da Medida Provisória n. 1.523:
> a) quando não se tratar de ruído, fica dispensado o preenchimento do campo referente ao responsável pelos Registros Ambientais; e
> b) fica dispensado o preenchimento dos campos referentes às informações de Equipamentos de Proteção Coletiva – EPC eficaz.
> II – para atividade exercida até 3 de dezembro de 1998, data da publicação da Medida Provisória n. 1.729, convertida na Lei n. 9.732, de 11 de dezembro de 1998, fica dispensado o preenchimento dos campos referentes às informações de Equipamento de Proteção Individual – EPI eficaz; e
> III – para atividade exercida até 31 de dezembro de 1998, fica dispensado o preenchimento do campo código de ocorrência GFIP.

O empregado pode solicitar à empresa a emissão de PPP mesmo em caso de continuidade do contrato de trabalho, quando, por exemplo, desejar se aposentar antes do encerramento do contrato, na medida em que não é obrigado a pedir demissão ao se aposentar.

Aqui recai um dos principais problemas que envolvem a matéria: muitas vezes não acontece o fornecimento de documento, pela empresa ou pessoa a ela equiparada, ou é fornecido com informações inverídicas, imprecisas, o que prejudica sobremaneira o acesso do segurado ao benefício em comento.

Trabalhadores têm ingressado na Justiça do Trabalho – competente para processar e julgar demandas entre estes e seus empregadores, quando pertinentes à relação de trabalho – a fim de exigir a obrigação de fazer consistente no fornecimento (ou retificação) do PPP. A jurisprudência já reconheceu pacificamente tal competência: TST, AIRR-60741-19.2005.5.03.0132, 7ª Turma, Rel. Min. Convocado Flavio Portinho Sirangelo, *DJe* 26.11.2010.

A demanda, a toda evidência, caso seja contestada pelo empregador quanto à existência de agentes nocivos, exige produção de prova pericial, na qual reste comprovada a exposição a agentes que acarretem o direito à aposentadoria especial, de modo a ser o empregador compelido, por decisão judicial, a fornecer o PPP, sob pena de multa diária. Admite-se o manejo das tutelas de urgência e de evidência em tais situações, a fim de conferir celeridade à prestação jurisdicional, desde que o Juízo observe estarem presentes os pressupostos para seu deferimento.

Registre-se que o TST tem orientação no sentido de que tal pretensão é imprescritível (*v.g.*, RR 480-93.2012.5.01.0263, 2ª Turma, Rel. Min. José Roberto Freire Pimenta, *DEJT* 1º.09.2017).

Nesta mesma linha de raciocínio, "o preenchimento do PPP deve se referir a todo o período trabalhado" e não apenas ao lapso dos últimos cinco anos (TST, ARR-1001003-85.2015.5.02.0706, 6ª Turma, Relatora Desembargadora Convocada Cilene Ferreira Amaro Santos, *DEJT* 20.09.2019). Ou seja, mesmo que esteja prescrito, total ou parcialmente, o direito ao recebimento do adicional de insalubridade ou periculosidade, mantém-se hígido e imprescrito o direito ao PPP, inclusive quanto a períodos anteriores ao quinquênio do ajuizamento da ação e do biênio contado do término do contrato.

Sobre o preenchimento do PPP e sua validade como prova do tempo especial, a TNU fixou a seguinte tese em Representativo de Controvérsia:

– **Tema n. 208:** "1. Para a validade do Perfil Profissiográfico Previdenciário (PPP) como prova do tempo trabalhado em condições especiais nos períodos em que há exigência de preenchimento do formulário com base em Laudo Técnico das Condições Ambientais de Trabalho (LTCAT), é necessária a indicação do responsável técnico pelos registros ambientais para a totalidade dos períodos informados, sendo dispensada a informação sobre monitoração biológica. 2. A ausência total ou parcial da indicação no PPP pode ser suprida pela apresentação de LTCAT ou por elementos técnicos equivalentes, cujas informações podem ser estendidas para período anterior ou posterior à sua elaboração, desde que acompanhados da declaração do empregador ou comprovada por outro meio a inexistência de alteração no ambiente de trabalho ou em sua organização ao longo do tempo" (PEDILEF 0500940-26.2017.4.05.8312/PE, ED j. 21.06.2021).

Ainda segundo a TNU, a validade do conteúdo do PPP depende da congruência com o laudo técnico. Essa congruência é presumida. A presunção relativa de congruência do PPP com o laudo técnico dispensa, em regra, que esse documento tenha que ser apresentado conjuntamente com o PPP. Circunstancialmente pode haver dúvidas objetivas sobre a compatibilidade entre o PPP e o laudo técnico. Nesses casos, é legítimo que o juiz condicione a valoração do PPP à exibição do laudo técnico ambiental. A apresentação de laudo técnico ambiental para aferir a validade do teor do PPP deve ser a exceção, e não a regra.

Assim, em regra, pode ser considerado exclusivamente o PPP como meio de comprovação da exposição do segurado ao agente insalubre, inclusive em se tratando de ruído, independentemente da apresentação do respectivo laudo técnico-ambiental (TNU, PU n. 2009.71.62.001838-7, Rel. Juiz Federal Herculano Martins Nacif, *DOU* 22.03.2013). Essa orientação da TNU foi validada pelo STJ:

– **PUIL n. 3:** "Em regra, trazido aos autos o Perfil Profissiográfico Previdenciário (PPP), dispensável se faz, para o reconhecimento e contagem do tempo de serviço especial do segurado, a juntada do respectivo Laudo Técnico de Condições Ambientais de Trabalho (LTCAT), na medida que o PPP já é elaborado com base nos dados existentes no LTCAT, ressalvando-se, entretanto, a necessidade da também apresentação desse laudo quando idoneamente impugnado o conteúdo do PPP" (STJ, PET 10.262/RS, 1ª Seção, Min. Sérgio Kukina, *DJe* 16.02.2017).

De acordo com o art. 297, § 1º, do Livro II, das Normas Procedimentais em Matéria de Benefícios, que disciplina procedimentos e rotinas de reconhecimento de benefícios do Regime Geral de Previdência Social – RGPS no âmbito do INSS, aprovado pela Portaria DIRBEN/INSS n. 991, de 28 de março de 2022, com a redação conferida pela Portaria INSS/DIRBEN n. 1.213, de 14.06.2024, a análise da atividade especial de que trata o *caput* poderá ser feita:

I – mediante análise administrativa da conformidade do formulário de atividade especial; ou

II – pela Perícia Médica Federal quando não for possível a análise administrativa da conformidade do formulário de atividade especial.

A efetiva exposição a agente prejudicial à saúde configura-se quando, mesmo após a adoção das medidas de controle previstas na legislação trabalhista, a nocividade não seja eliminada ou neutralizada, assim entendidos (§ 1º-A do art. 297 da Portaria *supra*):

I – eliminação – a adoção de medidas de controle que efetivamente impossibilitem a exposição ao agente prejudicial à saúde no ambiente de trabalho; e

II – neutralização – a adoção de medidas de controle que reduzam a intensidade, a concentração ou a dose do agente prejudicial à saúde ao limite de tolerância previsto no RPS ou, na sua ausência, na legislação trabalhista.

Embora o PPP, em princípio, seja documento hábil e suficiente para a comprovação das condições especiais da atividade laboral, havendo irregularidade formal no seu preenchimento e, por conseguinte, fundadas dúvidas acerca da sua legitimidade, bem como acerca das informações dele constantes, mostra-se justificável a produção de prova pericial. E, caso impossível a realização da perícia no local onde o serviço foi prestado, porque não mais existente, admite-se a perícia indireta ou por similitude, realizada mediante o estudo técnico em outro estabelecimento, que apresente estrutura e condições de trabalho semelhantes às daquele em que a atividade foi exercida. Nesse sentido:

> **TNU:** "é possível a realização de perícia indireta (por similaridade) se as empresas nas quais a parte autora trabalhou estiverem inativas, sem representante legal e não existirem laudos técnicos ou formulários, ou quando a empresa tiver alterado substancialmente as condições do ambiente de trabalho da época do vínculo laboral e não for mais possível a elaboração de laudo técnico, observados os seguintes aspectos: (i) serem similares, na mesma época, as características da empresa paradigma e aquela onde o trabalho foi exercido, (ii) as condições insalubres existentes, (iii) os agentes químicos aos quais a parte foi submetida, e (iv) a habitualidade e permanência dessas condições" (PEDILEF 0001323-30.2010.4.03.6318, Rel. Juiz Federal Frederico Augusto Leopoldino Koehler, *DOU* 12.09.2017).

> **STJ:** "É possível, em virtude da desconfiguração da original condição de trabalho da ex-empregadora, a realização de laudo pericial em empresa do mesmo ramo de atividade, com o exame de local com características similares ao daquele laborado pelo obreiro, a fim de apurar a efetiva exposição do segurado aos agentes nocivos, para reconhecimento do direito à contagem de tempo especial de serviço" (REsp 1.428.183/RS, *DJe* 06.03.2014).

> **TRF da 4ª Região – Súmula n. 106:** "Quando impossível a realização de perícia técnica no local de trabalho do segurado, admite-se a produção desta prova em empresa similar, a fim de aferir a exposição aos agentes nocivos e comprovar a especialidade do labor".

Cumpre ressaltar que as perícias realizadas por similaridade ou por aferição indireta das circunstâncias de trabalho têm sido amplamente aceitas em caso de impossibilidade da coleta de dados *in loco* para a comprovação da atividade especial.

O fato de o laudo pericial ter sido elaborado após o término do período laborado em condições prejudiciais à saúde e/ou a integridade física não impede o reconhecimento da atividade especial, até porque, como as condições do ambiente de trabalho tendem a aprimorar-se com a evolução tecnológica, sendo razoável supor que em tempos pretéritos a situação era pior ou quando menos igual à constatada na data da elaboração. Da mesma forma, o laudo pode valer para períodos futuros desde que presentes informações sobre a manutenção do *layout* e demais condições de trabalho.

Neste sentido, **a Súmula n. 68 da TNU:** "O laudo pericial não contemporâneo ao período trabalhado é apto à comprovação da atividade especial do segurado".

Maior problema encontra aquele segurado que não possui o laudo quando a empresa em que aquele prestou o serviço deixou de existir. Nesses casos, pode-se utilizar como prova emprestada o laudo produzido em empresa similar, visando auxiliar no convencimento do juiz. Nesse sentido, destacamos: TRF 3ª Região, AC 200603990223516, Juiz Alexandre Sormani,

Turma Suplementar da Terceira Seção, 18.09.2008; TNU, PEDILEF 0001323-30.2010.4.03.6318, Sessão de 22.06.2017.

### 1.4.19.1 Laudo Técnico de Condições Ambientais do Trabalho (LTCAT)

A Lei n. 9.732/1998 (*DOU* 14.12.1998) deu nova redação aos §§ 1º e 2º do art. 58 da Lei n. 8.213/1991, estabelecendo que a comprovação da efetiva exposição do segurado aos agentes nocivos será feita mediante formulário – na forma estabelecida pelo INSS – emitido pela empresa ou seu preposto, com base em laudo técnico de condições ambientais do trabalho expedido por médico do trabalho ou engenheiro de segurança do trabalho nos termos da legislação trabalhista.

Do laudo técnico deverá constar informação sobre a existência de tecnologia de proteção coletiva ou individual que diminua a intensidade do agente agressivo a limites de tolerância e recomendação sobre sua adoção pelo estabelecimento respectivo.

Dessa forma, a partir de 14.12.1998, o laudo técnico deve conter informação sobre a existência e aplicação efetiva de equipamento de proteção individual – EPI.

O Laudo Técnico de Condições Ambientais do Trabalho (LTCAT) é um documento com caráter pericial, de iniciativa da empresa, com a finalidade de propiciar elementos ao INSS para caracterizar ou não a presença dos agentes nocivos à saúde ou à integridade física relacionados no Anexo IV do Decreto n. 3.048/1999. O LTCAT deverá ser assinado por engenheiro de segurança do trabalho ou por médico do trabalho. A partir de 1º.01.2004, foi dispensada a apresentação do LTCAT ao INSS, mas o documento deverá permanecer na empresa à disposição da Previdência Social.

Na hipótese de dúvida quanto às informações contidas no Laudo Técnico e nos documentos que fundamentaram a sua elaboração, o INSS poderá efetuar diligência prévia para conferência dos dados.

Em relação ao período a partir do qual é obrigatória a apresentação do laudo técnico das condições ambientais do trabalho, o Conselho de Recursos da Previdência Social editou o Enunciado n. 11:

> O Perfil Profissiográfico Previdenciário (PPP) é documento hábil à comprovação da efetiva exposição do segurado a todos os agentes nocivos, sendo dispensável o Laudo Técnico de Condições Ambientais de Trabalho (LTCAT) para requerimentos feitos a partir de 1º.01.2004, inclusive abrangendo períodos anteriores a esta data.
>
> I – Considera-se trabalho permanente aquele no qual o trabalhador, necessária e obrigatoriamente, está exposto ao agente nocivo para exercer suas atividades, em razão da indissociabilidade da produção do bem ou da prestação do serviço, mesmo que a exposição não se dê em toda a jornada de trabalho.
>
> II – A nocividade será caracterizada quando a exposição ultrapassar os limites de tolerância para os agentes nocivos avaliados pelo critério quantitativo, sendo suficiente para os agentes avaliados pelo critério qualitativo a sua efetiva presença no ambiente de trabalho.
>
> III – A avaliação quanto à existência de permanência e nocividade será realizada com base nas informações descritas no PPP ou no LTCAT.
>
> IV – Poderá ser solicitado o LTCAT em caso de dúvidas ou divergências em relação às informações contidas no PPP ou no processo administrativo.
>
> V – O LTCAT ou as demonstrações ambientais substitutas extemporâneos que informem quaisquer alterações no meio ambiente do trabalho ao longo do tempo são aptos a comprovar o exercício de atividade especial, desde que a empresa informe expressamente que, ainda assim, havia efetiva exposição ao agente nocivo.

VI – Não se exigirá o LTCAT para períodos de atividades anteriores 14.10.1996, data da publicação da Medida Provisória n. 1.523/1996, facultando-se ao segurado a comprovação da efetiva exposição a agentes nocivos por qualquer meio de prova em direito admitido, exceto em relação a ruído.

Na via judicial o entendimento predominante é de que a exigência do laudo técnico é válida somente após o advento do Decreto n. 2.172, de 06.03.1997. Nesse sentido:

> Este egrégio Superior Tribunal de Justiça firmou entendimento segundo o qual a atividade que tenha sido exercida com efetiva exposição a agentes nocivos até 5.03.1997 pode ser comprovada por qualquer meio de prova e, a partir de 6.03.1997, com o advento da Lei n. 9.528/1997, por meio de laudo técnico. (STJ, AgInt no AREsp 1703209/RS, 1ª Turma, *DJe* 24.02.2022)

Frise-se que, para o ruído e os agentes nocivos não previstos em regulamento, havia a necessidade da apresentação do laudo técnico antes mesmo da edição da MP n. 1.523-10, de 11.10.1996.

Ainda, segundo o art. 280 da IN PRESI/INSS n. 128/2022, "O LTCAT e as demonstrações ambientais deverão embasar o preenchimento da GFIP, eSocial ou de outro sistema que venha a substituí-la, e dos formulários de comprovação de períodos laborados em atividade especial".

Está disponível para consulta no Sistema EPROC (Processo Eletrônico da Justiça Federal da 4ª Região – www.trf4.jus.br) um importante banco de laudos.

Lá a advocacia pode ter acesso ao *link* "Laudos Técnicos" e pesquisar em mais de 3 mil laudos (número em crescimento, pois outros estão em fase de inserção no sistema). Entre as opções de consulta estão: Seção Judiciária de localização da empresa; Atividade Econômica Principal (CNAE); Pessoa Jurídica/Entidade; CNPJ ou Nome da Empresa; Função; Setor; Data de Validade; e Tipo do laudo técnico.

### 1.4.19.2 Tabela de enquadramento legislativo do período de atividade especial

De acordo com a orientação adotada no âmbito administrativo pelo INSS (que não coincide na totalidade com a orientação dos tribunais – como visto nos tópicos anteriores), qualquer que seja a data do requerimento dos benefícios do RGPS, as atividades exercidas deverão ser analisadas com base nos critérios de enquadramento que seguem:

| PERÍODO TRABALHADO | ENQUADRAMENTO |
|---|---|
| Até 28.04.1995 | Quadro anexo ao Decreto n. 53.831, de 1964. Anexos I e II do RBPS, aprovado pelo Decreto n. 83.080, de 1979.<br>Sem exigência de Laudo Técnico, exceto para o ruído (Nível de Pressão Sonora Elevado) e calor. |
| De 29.04.1995 a 13.10.1996 | Anexo I do Decreto n. 83.080, de 1979. Código 1.0.0 do Anexo ao Decreto n. 53.831, de 1964.<br>Sem exigência de Laudo Técnico, exceto para o agente nocivo ruído (Nível de Pressão Sonora Elevado) e calor. |
| De 14.10.1996 a 05.03.1997 | Anexo I do Decreto n. 83.080, de 1979. Código 1.0.0 do Anexo ao Decreto n. 53.831, de 1964.<br>Com exigência de Laudo Técnico para todos os agentes nocivos. |

| PERÍODO TRABALHADO | ENQUADRAMENTO |
|---|---|
| De 06.03.1997 a 05.05.1999 | Anexo IV do Decreto n. 2.172, de 1997.<br>Com exigência de Laudo Técnico para todos os agentes nocivos. |
| A partir de 06.05.1999 | Anexo IV do Decreto n. 3.048, de 1999.<br>Com exigência de Laudo Técnico para todos os agentes nocivos. |
| A partir de 1º.01.2004 | Anexo IV do Decreto n. 3.048, de 1999.<br>Com exigência do PPP para todos os agentes nocivos. Os Laudos ficam à disposição do INSS para conferência. |

## 1.4.20 EC n. 103/2019 e as regras de transição para a aposentadoria especial

As regras de transição para a aposentadoria especial foram fixadas pelo art. 21 da EC n. 103/2019, cujos requisitos contemplam uma soma mínima de idade e tempo de contribuição, além de tempo mínimo de trabalho com exposição a esses agentes.

De acordo com o citado dispositivo, o segurado ou a segurada que tenham se filiado ao RGPS até a data de entrada em vigor da EC n. 103/2019 (13.11.2019), cujas atividades tenham sido exercidas com efetiva exposição a agentes químicos, físicos e biológicos prejudiciais à saúde, ou associação desses agentes, vedada a caracterização por categoria profissional ou ocupação, na forma dos arts. 57 e 58 da Lei n. 8.213/1991, poderá aposentar-se quando o total da soma resultante da sua idade e do tempo de contribuição e o tempo de efetiva exposição forem, respectivamente, de:

I – 66 (sessenta e seis) pontos e 15 (quinze) anos de efetiva exposição;
II – 76 (setenta e seis) pontos e 20 (vinte) anos de efetiva exposição; e
III – 86 (oitenta e seis) pontos e 25 (vinte e cinco) anos de efetiva exposição.

Além do tempo especial e dos pontos, exige-se o cumprimento de 180 meses de carência (art. 29, II, do RPS – redação conferida pelo Decreto n. 10.410/2020).

A idade e o tempo de contribuição serão apurados em dias para o cálculo do somatório de pontos, e, não há qualquer diferenciação entre homem e mulher, sendo exigida a mesma pontuação e o mesmo tempo de atividade especial.

Destarte, a partir da Reforma (2019), para condições de trabalho menos gravosas (exemplo: exposição ao ruído acima dos limites de tolerância), passou a ser exigido um mínimo de 25 anos de atividade especial e a soma de 86 pontos (idade + tempo de contribuição).

Com isso, são necessários 61 anos de idade para chegar aos 86 pontos somados aos 25 anos de atividade especial. Ou, tempo trabalhado superior a 25 anos para reduzir a idade. Nada impede que seja utilizado tempo comum acima dos 25 anos de tempo especial, para chegar à pontuação necessária. Exemplo: 25 anos de tempo especial + 10 anos de tempo comum + 51 anos de idade = 86 pontos.

Mesmo nas regras de transição, o valor da aposentadoria corresponderá a 60% do valor do salário de benefício (sendo este apurado conforme a média integral de todos os salários de contribuição), com acréscimo de dois pontos percentuais para cada ano de contribuição que exceder o tempo de 20 anos de contribuição para os homens; e de 15 anos, para as mulheres e nos casos de atividades especiais que exijam 15 anos (atualmente apenas mineiros em subsolo em frente de escavação).

## QUADRO-RESUMO – APOSENTADORIA ESPECIAL

| BENEFÍCIO | APOSENTADORIA ESPECIAL<br>Código da Espécie (INSS): B-46 |
|---|---|
| Evento Gerador | Trabalho com exposição a agentes nocivos em condições prejudiciais à saúde ou à integridade física, por 15, 20 ou 25 anos, conforme o caso (anexo IV do RPS):<br>I – quinze anos:<br>trabalhos em mineração subterrânea, em frentes de produção, com exposição à associação de agentes físicos, químicos ou biológicos.<br>II – vinte anos:<br>a) trabalhos com exposição ao agente químico asbestos (amianto); ou<br>b) trabalhos em mineração subterrânea, afastados das frentes de produção, com exposição à associação de agentes físicos, químicos ou biológicos.<br>III – vinte e cinco anos: demais hipóteses. |
| Beneficiários | – Será devida ao segurado empregado, trabalhador avulso e contribuinte individual, este somente quando cooperado filiado a cooperativa de trabalho ou de produção (Decreto n. 3.048/1999).<br>– Contribuinte individual: INSS limita o reconhecimento até 29.04.1995. Jurisprudência autoriza: Súmula n. 62 da TNU: "O segurado contribuinte individual pode obter reconhecimento de atividade especial para fins previdenciários, desde que consiga comprovar exposição a agentes nocivos à saúde ou à integridade física". No mesmo sentido, o entendimento do STJ (AgInt no AREsp 1697600/PR, 2ª Turma, *DJe* 29.4.2021). |
| Carência | a) 180 contribuições mensais para os segurados inscritos após 24.07.1991;<br>b) tabela progressiva do art. 142 da Lei n. 8.213/1991: para os segurados inscritos até de 24.07.1991. |
| Idade mínima | A definição da idade mínima constou do art. 19, § 1º, da EC n. 103/2019, sendo fixada em: 55, 58 ou 60 anos, a depender do tempo de exposição de 15, 20 ou 25 anos, respectivamente. Exigida apenas para o segurado que requerer a aposentadoria especial com base nas novas regras da EC n. 103/2019. |
| Qualidade de Segurado | A perda da qualidade de segurado não será considerada para a concessão desse benefício, desde que, na data do requerimento, tenham sido preenchidos todos os requisitos para a concessão do benefício (art. 3º da Lei n. 10.666/2003). |
| Comprovação de Exposição aos Agentes Nocivos | – A caracterização e a comprovação do tempo de atividade sob condições especiais obedecerão ao disposto na legislação em vigor na época da prestação do serviço.<br>– Será feita por formulário denominado Perfil Profissiográfico Previdenciário (PPP), preenchido pela empresa ou seu preposto, com base em Laudo Técnico de Condições Ambientais de Trabalho (LTCAT) expedido por médico do trabalho ou engenheiro de segurança do trabalho. |
| Perfil Profissiográfico Previdenciário (PPP) | – O PPP é o documento histórico-laboral do trabalhador que reúne dados administrativos, registros ambientais e resultados de monitoração biológica, entre outras informações, durante todo o período em que este exerceu suas atividades.<br>– Os antigos formulários para requerimento de aposentadoria especial (SB-40, DISES-BE 5235, DSS-8030 e DIRBEN 8030) somente serão aceitos pelo INSS para períodos laborados até 31.12.2003 e desde que emitidos até esta data, segundo os respectivos períodos de vigência.<br>– Para os períodos trabalhados a partir de 1º.01.2004 ou formulários emitidos após esta data, será aceito apenas o PPP.<br>– O PPP poderá conter informações de todo o período trabalhado, ainda que exercido anteriormente a 1º.01.2004.<br>– A empresa é obrigada a fornecer cópia autêntica do PPP ao trabalhador em caso de rescisão do contrato de trabalho ou de desfiliação da cooperativa, sindicato ou Órgão Gestor de Mão de Obra. |

| BENEFÍCIO | APOSENTADORIA ESPECIAL<br>Código da Espécie (INSS): B-46 |
|---|---|
| **Demonstração Indireta dos Riscos** | – A prova da atividade especial não pode ser considerada tarifada. Permite-se em juízo a utilização de diversos meios de prova, inclusive laudos de empresas similares.<br>– É possível a verificação da especialidade da atividade no caso concreto, por meio de perícia técnica, nos termos da Súmula n. 198 do extinto Tribunal Federal de Recursos. |
| **Critérios de Enquadramento da Atividade Especial – Orientação Jurisprudencial** | **a) no período de trabalho até 28.04.1995:**<br>– possível o reconhecimento da especialidade por categoria profissional e por agente nocivo. Laudo pericial exigido somente para ruído.<br>**b) a partir de 29.04.1995 até 05.03.1997:**<br>– necessária a demonstração efetiva de exposição, de forma permanente, não ocasional nem intermitente, a agentes prejudiciais à saúde ou à integridade física, por qualquer meio de prova, considerando-se suficiente, para tanto, a apresentação de formulário-padrão preenchido pela empresa, sem a exigência de embasamento em laudo técnico (salvo ruído).<br>**c) a partir de 06.03.1997 (Decreto n. 2.172/1997):**<br>– passou-se a exigir a comprovação da efetiva sujeição do segurado a agentes agressivos por meio da apresentação de formulário-padrão, embasado em laudo técnico, ou por meio de perícia técnica, para todos os agentes nocivos. |
| **Enquadramento por Categorias Profissionais** | Período trabalhado: em regra até 28.04.1995. Enquadramento: Decreto n. 53.831/1964 (Quadro Anexo – 2a Parte) e Decreto n. 83.080/1979 (Anexo II). |
| **Habitualidade e Permanência** | Apenas a partir da Lei n. 9.032/1995, que alterou a redação do § 3º do art. 57 da Lei n. 8.213/1991, passou a ser exigida, para fins de configuração da atividade em condições especiais, a comprovação do seu exercício em caráter permanente.<br>Súmula n. 49 da TNU: "Para reconhecimento de condição especial de trabalho antes de 29.04.1995, a exposição a agentes nocivos à saúde ou à integridade física não precisa ocorrer de forma permanente". |
| **Atividades de Risco após o Decreto n. 2.172/1997** | – INSS não reconhece.<br>– Há precedentes jurisprudenciais favoráveis: STJ: Repetitivo 534 (agente perigoso eletricidade – REsp 1.306.113/SC) e 1.031 (atividade de Vigilante – REsp 1.831.371/SP). |
| **Equipamento de Proteção Coletiva (EPC) e Equipamento de Proteção Individual (EPI)** | **EPC:** Será considerada desde que elimine ou neutralize a nocividade e asseguradas as condições de funcionamento ao longo do tempo, conforme especificação técnica do fabricante e respectivo plano de manutenção, estando essas devidamente registradas pela empresa.<br>**EPI:** Somente será considerada a adoção de EPI em demonstrações ambientais emitidas a partir de 3.12.1998 (MP n. 1.729/1998, convertida na Lei n. 9.732/1998), e desde que comprovadamente elimine ou neutralize a nocividade e seja respeitado o disposto na NR-06 do MTE.<br>– O STF reconheceu a existência de repercussão geral em relação ao tema "uso de EPI" para afastar a especialidade do labor: ARE 664335, j. 04.12.2014, fixando duas teses sobre o tema:<br>a) "o direito à aposentadoria especial pressupõe a efetiva exposição do trabalhador a agente nocivo a sua saúde, de modo que se o Equipamento de Proteção Individual (EPI) for realmente capaz de neutralizar a nocividade, não haverá respaldo à concessão constitucional de aposentadoria especial";<br>b) "na hipótese de exposição do trabalhador a ruído acima dos limites legais de tolerância, a declaração do empregador no âmbito do Perfil Profissiográfico Previdenciário (PPP), no sentido da eficácia do Equipamento de Proteção Individual (EPI), não descaracteriza o tempo de serviço especial para a aposentadoria". |

| | |
|---|---|
| **BENEFÍCIO** | **APOSENTADORIA ESPECIAL**<br>Código da Espécie (INSS): B-46 |
| **Conversão do Tempo Especial** | – As regras de conversão de tempo de atividade sob condições especiais em tempo de atividade comum aplicam-se ao trabalho prestado em qualquer período (Decreto n. 4.827/2003). STJ, REsp n. 1.151.363/MG – DJe 05.04.2011. Súmula n. 50 da TNU.<br>– A EC n. 103/2019 veda a conversão do tempo especial em comum para períodos trabalhados após a entrada em vigor da Reforma da Previdência, em 13.11.2019. |
| **Fator de Conversão: Especial em Comum** | – **HOMENS:**<br>Tempo a Converter: 25 anos p/ 35 anos<br>Multiplicador: 1,4 (Qualquer período – PET 7521/PR – STJ 31.03.2011)<br>– **MULHERES:**<br>Tempo a Converter: 25 anos p/ 30 anos Multiplicador: 1,2<br>– Súmula n. 55 da TNU: "A conversão do tempo de atividade especial em comum deve ocorrer com aplicação do fator multiplicativo em vigor na data da concessão da aposentadoria". |
| **Salário de Benefício** | a) Para o segurado filiado à Previdência Social a partir de 29.11.1999 (Lei n. 9.876, de 1999), o salário de benefício consista:<br>– na média aritmética simples dos maiores salários de contribuição correspondentes a 80% de todo o período contributivo, corrigidos mês a mês;<br>b) Para o segurado filiado à Previdência Social até 28.11.1999, o salário de benefício consistia:<br>– na média aritmética simples dos 80% maiores salários de contribuição, corrigidos mês a mês, de todo o período contributivo decorrido desde julho de 1994;<br>– o divisor considerado no cálculo da média não poderá ser inferior a 60% do período decorrido da competência julho de 1994 até a data de início do benefício, limitado a cem por cento de todo o período contributivo.<br>c) Para os benefícios concedidos com tempo trabalhado após a EC n. 103/2019: correspondente a 100% do período contributivo desde a competência julho de 1994 ou desde o início da contribuição, se posterior àquela competência. E, a partir de 5 de maio de 2022, com a incidência do divisor mínimo de 108 (cento e oito) meses previsto no art. 135-A da LBPS (incluído pela Lei n. 14.331/2022). |
| **Fator Previdenciário** | Não é aplicado na aposentadoria especial. |
| **Renda Mensal Inicial** | – Até a entrada em vigor da EC n. 103/2019: 100% do salário de benefício.<br>– Aposentadoria com tempo trabalhado após a EC n. 103/2019: 60% do valor do salário de benefício, com acréscimo de dois pontos percentuais para cada de contribuição para cada ano que exceder o tempo de 20 anos de contribuição para os homens e de 15 anos para as mulheres e nos casos de atividades especiais de 15 anos. |
| **Período Básico de Cálculo** | O Período Básico de Cálculo – PBC é fixado, conforme o caso, de acordo com a:<br>I – Data do Afastamento da Atividade ou do Trabalho – DAT;<br>II – Data de Entrada do Requerimento – DER;<br>III – Data da Publicação da Emenda Constitucional n. 20, de 1998 – DPE;<br>IV – Data da Publicação da Lei n. 9.876, de 1999 – DPL;<br>V – Data da publicação da EC n. 103/2019;<br>VI – Data de Implementação das Condições Necessárias à Concessão do Benefício – DICB. |
| **Data de Início do Benefício** | – Segurado empregado,<br>a) a partir da data do desligamento do emprego, quando requerida até essa data ou até noventa dias depois;<br>b) da data do requerimento, quando não houver desligamento do emprego ou quando requerida após 90 dias.<br>– Para os demais segurados: a partir da data da entrada do requerimento. |

| BENEFÍCIO | APOSENTADORIA ESPECIAL<br>Código da Espécie (INSS): B-46 |
|---|---|
| Duração | Indeterminada. Cessa com a morte do segurado, transformando-se em pensão por morte, caso tenha dependentes. |
| Cessação do pagamento do Benefício | – A aposentadoria especial requerida e concedida a partir de 29.04.1995 (Lei n. 9.032/1995) terá seu pagamento cessado pelo INSS, caso o beneficiário permaneça ou retorne à atividade que ensejou a concessão desse benefício, na mesma ou em outra empresa (art. 57, § 8º, da Lei n. 8.213/1991).<br>– **STF:** Repercussão Geral: Tema n. 709 – Teses fixadas: |
| Cancelamento do Benefício | I) É constitucional a vedação de continuidade da percepção de aposentadoria especial se o beneficiário permanece laborando em atividade especial ou a ela retorna, seja essa atividade especial aquela que ensejou a aposentação precoce ou não.<br>II) Nas hipóteses em que o segurado solicitar a aposentadoria e continuar a exercer o labor especial, a data de início do benefício será a data de entrada do requerimento, remontando a esse marco, inclusive, os efeitos financeiros. Efetivada, contudo, seja na via administrativa, seja na judicial a implantação do benefício, uma vez verificado o retorno ao labor nocivo ou sua continuidade, cessará o pagamento do benefício previdenciário em questão. |
| Desistência | – Depois que receber o primeiro pagamento, ou sacar o PIS e/ou o FGTS (o que ocorrer primeiro), o segurado não poderá mais desistir do benefício (art. 181-B – Decreto n. 3.048/1999). |
| Custeio do Benefício | A Lei n. 9.528/1997 criou adicional sobre a remuneração dos empregados que exercem atividades especiais (nocivas à saúde e à integridade física): 6, 9 ou 12% – Art. 57, §§ 6º e 7º, da Lei n. 8.213/1991. |
| Observações | As regras gerais da aposentadoria especial encontram-se no art. 201, § 1º, II, da CF (redação da EC n. 103/2019), art. 19, § 1º, I, da EC n. 103/2019, nos arts. 57 e 58 da Lei n. 8.213/1991 e nos arts. 64 a 69 e 188-P do Decreto n. 3.048/1999 (com redação conferida pelo Decreto n. 10.410/2020). |

| APOSENTADORIA ESPECIAL: NOVA REGRA PERMANENTE – EC n. 103/2019 (art. 19, § 1º, I) ||
|---|---|
| Idade Mínima (aplicável a novos segurados) | Tempo Mínimo de Atividade Especial |
| 55 anos | 15 anos |
| 58 anos | 20 anos |
| 60 anos | 25 anos |

**RMI:** 60% (sessenta por cento) do valor do salário de benefício (média integral de todos os salários de contribuição), com acréscimo de dois pontos percentuais para cada ano de contribuição que exceder o tempo de 20 anos de contribuição para os homens e de 15 anos para as mulheres. O acrescimento de dois pontos percentuais será aplicado a partir dos 15 anos, inclusive para homens, em caso de atividades que geram aposentadoria com esse tempo (mineiros de subsolo em frente de produção).

| APOSENTADORIA ESPECIAL: REGRA DE TRANSIÇÃO – EC n. 103/2019 (art. 21) ||
|---|---|
| Tempo Mínimo de Atividade Especial (aplicável aos segurados que não implementaram os requisitos até a entrada em vigor da EC n. 103/2019) | Pontos (soma da idade + tempo de contribuição) |
| 15 anos | 66 anos |
| 20 anos | 76 anos |
| 25 anos | 86 anos |

**RMI:** 60% do valor do salário de benefício (média integral de todos os salários de contribuição), com acréscimo de dois pontos percentuais para cada ano de contribuição que exceder o tempo de 20 anos de contribuição para os homens e de 15 anos para as mulheres. O acrescimento de dois pontos percentuais será aplicado a partir dos 15 anos, inclusive para homens, em caso de atividades que geram aposentadoria com esse tempo (mineiros de subsolo em frentes de produção).

## 1.5 APOSENTADORIA AOS SEGURADOS COM DEFICIÊNCIA

Com o advento da EC n. 103/2019, foi mantida a possibilidade de lei complementar definir critérios diferenciados de idade e tempo de contribuição para a concessão de aposentadoria em favor dos segurados com deficiência, previamente submetidos à avaliação biopsicossocial realizada por equipe multiprofissional e interdisciplinar. É o que consta do art. 201, § 1º, I, da CF (com redação dada pela EC n. 103/2019):

> § 1º É vedada a adoção de requisitos ou critérios diferenciados para concessão de benefícios, ressalvado, nos termos de lei complementar, a possibilidade de previsão de idade e tempo de contribuição distintos da regra geral para concessão de aposentadoria exclusivamente em favor dos segurados:
> I – com deficiência, previamente submetidos à avaliação biopsicossocial realizada por equipe multiprofissional e interdisciplinar;

A novidade é a previsão no texto constitucional da necessidade de avaliação biopsicossocial realizada por equipe multiprofissional e interdisciplinar.

### 1.5.1 A regulamentação da aposentadoria da pessoa com deficiência

Enquanto a nova lei complementar exigida pela EC n. 103/2019 não for aprovada, a aposentadoria da pessoa com deficiência será concedida na forma da Lei Complementar n. 142/2013, inclusive quanto aos critérios de cálculo dos benefícios (art. 22 da EC n. 103/2019).

Segundo o relator da PEC n. 6/2019 na Câmara, Deputado Samuel Moreira (PSDB/SP): "(...) não há necessidade de reforma das regras de aposentadoria, uma vez que a norma que determina os requisitos de acesso a este benefício, a Lei Complementar n. 142, de 8 de maio de 2013, é recente em nosso ordenamento jurídico e foi amplamente debatida pelo Congresso Nacional".

A LC n. 142/2013 adotou o conceito de pessoa com deficiência como sendo aquela que tem impedimentos de longo prazo de natureza física, mental, intelectual ou sensorial, os quais, em interação com diversas barreiras, podem obstruir sua participação plena e efetiva na sociedade em igualdade de condições com as demais pessoas (art. 2º).

No mesmo sentido a Lei n. 13.146, de 06.07.2015, que instituiu a Lei Brasileira de Inclusão da Pessoa com Deficiência (Estatuto da Pessoa com Deficiência), destinada a assegurar e a promover, em condições de igualdade, o exercício dos direitos e das liberdades fundamentais por pessoa com deficiência, visando à sua inclusão social e cidadania.

Trata-se de reprodução do art. 1º da Convenção de Nova York e que se encontra também no art. 20, § 2º, da Lei n. 8.742/1993, com redação dada pela Lei n. 13.146/2015, para fins de concessão do benefício assistencial à pessoa com deficiência. A referida Convenção integrou-se ao ordenamento jurídico do Brasil como *status* de emenda constitucional, em face da previsão contida na EC n. 45/2004 e no Decreto n. 6.949, de 25.08.2009.

O evento gerador desse novo benefício está definido no art. 3º da LC n. 142/2013, qual seja, a deficiência do segurado que pode ser de três graus: leve, moderada ou grave, ensejando aposentadoria com base nas seguintes hipóteses:

**Por tempo de contribuição:**

| Grau | Homem | Mulher |
| --- | --- | --- |
| Leve | 33 anos | 28 anos |
| Moderada | 29 anos | 24 anos |
| Grave | 25 anos | 20 anos |

**Por idade:**

| Carência | Homem | Mulher | Existência da doença | Grau |
|---|---|---|---|---|
| 15 anos | 60 anos de idade | 55 anos de idade | 15 anos | Não há diferenciação (pode ser leve, moderado ou grave) |

A definição dos graus de deficiência para os fins da LC n. 142/2013 foi delegada para regulamentação pelo Poder Executivo. No entanto, o Decreto n. 8.145/2013, que dispôs sobre a aposentadoria da pessoa com deficiência, remeteu o tema para ato conjunto do Ministro de Estado Chefe da Secretaria de Direitos Humanos da Presidência da República, dos Ministros de Estado da Previdência Social, da Fazenda, do Planejamento, Orçamento e Gestão e do Advogado-Geral da União (Portaria Interministerial SDH/MPS/MF/MOG/AGU n. 1, de 27.01.2014), cujos critérios de avaliação são praticados pelo INSS com base nas disposições constantes da IN PRESI/INSS n. 128/2022.

Para a TNU, a aferição de deficiência deve ser feita de acordo com os critérios definidos na referida Portaria Interministerial, especialmente a avaliação médica e funcional baseada na Classificação Internacional de Funcionalidade, Incapacidade e Saúde. Nesse sentido: PUIL n. 0512729-92.2016.4.05.8300, Sessão de 21.11.2018.

Compete à Perícia Médica Federal e ao Serviço Social do INSS, para efeito de concessão da aposentadoria da pessoa com deficiência, reconhecer o grau de deficiência, que pode ser leve, moderado ou grave, bem como fixar a data provável do início da deficiência e identificar a ocorrência de variação no grau de deficiência (art. 305 da IN PRESI/INSS n. 128/2022).

A avaliação médica e funcional engloba a perícia médica e o serviço social, objetivando examinar o segurado e fixar a data provável do início da deficiência e o respectivo grau, assim como identificar a ocorrência de variação no grau de deficiência e indicar os respectivos períodos em cada grau.

A comprovação da deficiência somente se dará depois de finalizadas as avaliações médica e do serviço social, sendo seu grau definido pela somatória das duas avaliações e sua temporalidade subsidiada pela data do impedimento e alterações fixadas pela perícia médica (art. 305, § 3º, da IN n. 128/2022).

O Estatuto da Pessoa com Deficiência estabelece no art. 2º, § 1º, que a avaliação da deficiência, quando necessária, será biopsicossocial, realizada por equipe multiprofissional e interdisciplinar e considerará:

– os impedimentos nas funções e nas estruturas do corpo;
– os fatores socioambientais, psicológicos e pessoais;
– a limitação no desempenho de atividades; e
– a restrição de participação.

No que diz respeito à avaliação funcional, sua realização será com base no conceito de funcionalidade disposto na Classificação Internacional de Funcionalidade, Incapacidade e Saúde – CIF, da Organização Mundial de Saúde, e mediante a aplicação do Índice de Funcionalidade Brasileiro Aplicado para Fins de Aposentadoria – IFBrA. E a avaliação das barreiras externas será feita por meio de entrevista com o segurado e, se for necessário, com as pessoas que convivem com ele. Se ainda restarem dúvidas, poderão ser realizadas visitas ao local de trabalho e/ou residência do avaliado, bem como a solicitação de informações médicas e sociais (laudos médicos, exames, atestados, laudos do Centro de Referência de Assistência Social – CRAS, entre outros).

Importante referir que a existência de deficiência anterior à data da vigência da LC n. 142/2013 (novembro de 2013) deverá ser certificada, inclusive quanto ao seu grau, por ocasião da primeira avaliação, sendo obrigatória a fixação da data provável do início da deficiência, não sendo admitida por meio de prova exclusivamente testemunhal (art. 6º da LC n. 142/2013). Dessa forma, será perfeitamente possível ao segurado utilizar o tempo de contribuição com deficiência anterior a novembro de 2013 e somar com os períodos posteriores a essa data para postular a concessão do benefício pretendido.

Por exemplo, uma segurada com deficiência moderada que foi contratada em 10.11.2000, com base na cota para pessoa com deficiência (art. 93 da Lei n. 8.213/1991), poderá, em 10.11.2024, requerer a aposentadoria prevista no art. 3º, II, da LC n. 142/2013.

No caso de deficiência superveniente à filiação ao RGPS, ou em caso de alteração do grau de deficiência, os parâmetros para a concessão da aposentadoria serão proporcionalmente ajustados, considerando-se o número de anos em que o segurado exerceu atividade laboral sem deficiência e com deficiência, observado o grau de deficiência correspondente, nos termos do regulamento da LC em comento.

Vejamos um caso prático para melhor visualização dessa situação. Um segurado que contribuiu 17 anos para o RGPS e, após ser acometido de deficiência moderada, trabalhou mais 15 anos. Certamente ele não poderá se aposentar com 32 anos de contribuição, pois trabalhou apenas 15 anos com deficiência moderada e a redução de 6 anos é para aquele segurado que laborou 29 anos integrais com tal deficiência. Quais as soluções possíveis?

De acordo com o Decreto n. 8.145/2013, será possível converter o tempo trabalhado de duas formas. A primeira possibilidade é a conversão do tempo exercido como pessoa com deficiência (tempo qualificado) em tempo comum, com fator de conversão positivo (1,21 = acréscimo de 3 anos). Nesse caso, o segurado passa a ter: 17 anos comuns + 15 anos qualificados + 3 anos (conversão do tempo qualificado em comum), totalizando 35 anos de tempo comum. Tempo suficiente para a aposentadoria por tempo de contribuição pelas regras de transição da EC n. 103/2019, que exige 35 anos de contribuição, porém com a necessidade de demonstrar o cumprimento de outros requisitos, como a pontuação progressiva que combina idade mais tempo de contribuição. Além do que, o valor do benefício pelas regras da EC n. 103/2019 será menor quando comparado com as regras de cálculo da LC n. 142/2013.

A segunda possibilidade é a conversão do tempo comum (exercido sem deficiência) em tempo qualificado (especial), com fator de conversão negativo (0,83 = redução de 2,89 anos). Nesse caso, o segurado passa a ter: 14,11 anos qualificados (conversão do tempo comum em qualificado) + 15 anos qualificados, totalizando 29,11 anos de tempo qualificado. Tempo suficiente para a aposentadoria por tempo de contribuição da pessoa com deficiência, que exige 29 anos de atividade em caso de deficiência moderada. Nesse caso, o fator previdenciário será aplicado quando gerar ganho no valor do benefício.

A possibilidade de conversão do tempo comum em tempo qualificado está em conformidade com o texto constitucional (art. 201, § 1º), pois garante a aposentadoria diferenciada com as vantagens do cálculo em favor do segurado com deficiência.

Quando o segurado comprovar a deficiência durante todo o tempo de contribuição exigido, com alteração no grau de deficiência, a conversão deverá ser feita de tempo qualificado para tempo qualificado, levando-se em consideração a de maior duração. A solução adotada no Decreto n. 8.145/2013 é similar à prevista no art. 66 do Decreto n. 3.048/1999, que estabelece as regras de conversão para o segurado que exerceu sucessivamente duas ou mais atividades sujeitas a condições especiais sem completar em qualquer delas o prazo mínimo exigido.

Mesmo após a EC n. 103/2019, entendemos que restou mantida a possibilidade de conversão do tempo comum em tempo qualificado e vice-versa, não se aplicando a vedação prevista na novel disposição do § 14, do art. 201: "É vedada a contagem de tempo de contribuição fictício para efeito de concessão dos benefícios previdenciários e de contagem recíproca".

Essa conclusão tem dois fundamentos. Primeiro, porque houve a recepção integral da LC n. 142/2013 pela EC n. 103/2019 (art. 22), a qual regulamenta a possibilidade de conversão de tempos trabalhados para a concessão das aposentadorias aos segurados com deficiência. E, segundo, porque o art. 25 da EC n. 103/2019, ao dispor sobre o tempo ficto trabalhado até a publicação dessa emenda, não menciona o tempo de atividade como pessoa com deficiência. A restrição está ligada ao tempo especial, trabalhado sob condições prejudiciais à saúde, e aos períodos de tempo de serviço sem o recolhimento da respectiva contribuição.

Esse entendimento foi observado na atualização do RPS pelo Decreto n. 10.410/2020, que manteve a redação do art. 70-E, que define as tabelas de conversão.

Caso a pessoa com deficiência venha a exercer, de forma simultânea, atividades consideradas prejudiciais à saúde ou à integridade física, não será possível obter as duas reduções para a obtenção da aposentadoria. Ou seja, a redução do tempo de contribuição prevista na LC n. 142/2013 não poderá ser acumulada, no tocante ao mesmo período contributivo, com a redução assegurada aos casos de atividades exercidas sob condições especiais (art. 10).

A vedação é apenas sobre o mesmo período. Em caso de haver períodos diferentes, não há qualquer proibição em converter um ou mais períodos pela atividade especial e outro pelo exercício laboral como deficiente. No caso de simultaneidade, cabe ao segurado a opção de escolha entre a redução da atividade sob condições especiais ou a redução da atividade como deficiente, conforme a mais vantajosa no caso concreto. Essa regra gera algumas controvérsias.

Por exemplo, professores que atuam na educação infantil e no ensino fundamental e médio e que possuam alguma deficiência, além da redução de cinco anos no tempo de contribuição pela função de magistério (sala de aula, direção, coordenação ou assessoramento pedagógico), também teriam uma redução contributiva conforme o grau de deficiência?

Os trabalhadores rurais e os segurados especiais poderão acumular a redução dos cinco anos, prevista no art. 201, § 7º, II, da Constituição e a redução da LC n. 142/2013?

Entendemos essas reduções como acumuláveis, pois "onde a lei não restringe, não cabe ao intérprete restringir" (STJ, REsp 1.082.631/RS, 5ª Turma, Rel. Min. Laurita Vaz, *DJe* 26.03.2013).

Portanto, inexistindo restrição expressa na LC n. 142/2013 quanto a esse tema, não subsiste eventual óbice imposto ao direito dos professores e trabalhadores rurais. Assim, uma professora que laborar com deficiência moderada, poderá se aposentar aos 19 anos de magistério (redução de seis anos em relação ao exigido constitucionalmente). Da mesma forma, um segurado especial com deficiência poderá se aposentar aos 55 anos de idade, comprovados 15 anos de atividade rural.

No entanto, o Decreto n. 8.145/2013 nada tratou a respeito da função de magistério e restringiu o direito do segurado especial. Quanto à aposentadoria com redução de tempo de contribuição, é exigida contribuição facultativa (art. 70-B, parágrafo único). No que tange à aposentadoria por idade, a norma não admite a redução etária de forma cumulativa (art. 70-C, § 2º).

O art. 9º, III, da LC n. 142/3013 prevê que são aplicáveis as regras de pagamento e de recolhimento das contribuições previdenciárias contidas na Lei n. 8.212/1991. Isso não significa que seja necessário comprovar contribuição adicional para gerar direito a esse benefício.

Poder-se-ia até questionar a constitucionalidade da LC n. 142/2013 pela ausência de fonte de custeio específica na forma exigida no art. 195, § 5º (Nenhum benefício ou serviço da seguridade social poderá ser criado, majorado ou estendido sem a correspondente fonte de custeio total). Na nossa interpretação, essa diretriz direciona-se aos benefícios não previstos no texto constitucional, o que não é o caso da aposentadoria aos segurados com deficiência que está contida no art. 201, § 1º, da Constituição.

### 1.5.2 Beneficiários

A LC n. 142/2013 não define quais os segurados são beneficiários dessa espécie diferenciada de aposentadoria.

O tema foi regulado pelo Decreto n. 8.145/2013, que nominou os benefícios como sendo hipóteses de aposentadoria por tempo de contribuição e por idade.

Em relação à primeira, fixou que é devida ao segurado empregado, inclusive o doméstico, trabalhador avulso, contribuinte individual, ao segurado facultativo e ao segurado especial que contribua facultativamente sobre o salário de contribuição (art. 70-B).

O segurado que tenha contribuído de forma reduzida (contribuinte individual, MEI, segurado facultativo e dona de casa de baixa renda) e pretenda contar o tempo de contribuição correspondente, para fins de obtenção da aposentadoria por tempo de contribuição ou de contagem recíproca do tempo de contribuição, deverá complementar a contribuição mensal (art. 199-A, § 2º, do Decreto n. 3.048/1999 – redação conferida pelo Decreto n. 10.140/2020).

No que tange à aposentadoria por idade, esta é devida a todas as categorias de segurados (art. 70-C). De acordo com o art. 311 da IN PRESI/INSS n. 128/2022, faz parte do rol de beneficiários o trabalhador rural com deficiência, desde que também comprovada a condição de trabalhador rural na DER ou na data do preenchimento dos requisitos. Para esse fim, considera-se trabalhador rural: o empregado rural, o contribuinte individual, o trabalhador avulso e o segurado especial. E, para atingir o tempo necessário poderão ser computados os períodos de contribuição sob outras categorias, inclusive urbanas.

Aplica-se aos beneficiários a contagem recíproca do tempo de contribuição na condição de segurado com deficiência relativa à filiação ao RGPS, ao regime próprio de previdência do servidor público ou a regime militar, devendo os regimes compensarem-se financeiramente (art. 9º, II, da LC n. 142/2013).

### 1.5.3 Período de carência

A LC n. 142/2013 não especificou o período de carência para as aposentadorias com redução do tempo de contribuição (art. 3º, I, II e III), devendo ser aplicada a regra geral da Lei n. 8.213/1991, que estabelece a exigência de 180 contribuições. A aplicação subsidiária da LBPS está prevista no art. 9º, IV, da LC n. 142/2013 e no art. 70-I do RPS, incluído pelo Decreto n. 8.145/2013.

No caso da aposentadoria por idade, o período de carência deve ser interpretado como sendo de 180 contribuições, embora o texto legal diga que deva ser cumprido tempo mínimo de contribuição de 15 anos e comprovada a existência de deficiência durante igual período. Cabe referir que a EC n. 103/2019 não alterou a regra e os períodos de carência previstos na Lei n. 8.213/1991. Nesse sentido o art. 29 do RPS, com redação conferida pelo Decreto n. 10.410/2020.

Vale destacar nosso entendimento, de que: (a) para a aposentadoria por idade, o preenchimento dos requisitos deficiência por 15 anos e o período de carência de 180 contribuições, assim como a idade mínima (60 ou 65 anos), podem ocorrer em momentos diferentes, tal qual é adotado na aposentadoria por idade urbana; (b) quanto à aposentadoria por tempo de contribuição, para se chegar ao tempo mínimo exigido, pode-se utilizar o tempo comum convertido para tempo qualificado, desde que o segurado tenha ao menos dois anos de deficiência contados de forma ininterrupta.

A IN PRESI/INSS n. 128/2022 reconhece que a carência não exige concomitância com a condição de pessoa com deficiência (art. 311, § 1º, e art. 314, § 2º).

## 1.5.4 Renda mensal inicial

De acordo com o art. 8º da LC n. 142/2013, a renda mensal da aposentadoria devida ao segurado com deficiência será calculada aplicando-se sobre o salário de benefício, apurado em conformidade com o disposto no art. 29 da Lei n. 8.213, de 1991, os seguintes percentuais:

- 100%, no caso da aposentadoria por tempo de contribuição de que tratam os incisos I, II e III do art. 3º (com redução de 10, 6 ou 2 anos no tempo de contribuição); ou
- 70% mais 1% do salário de benefício por grupo de 12 contribuições mensais até o máximo de 30%, no caso de aposentadoria por idade.

A apuração do salário de benefício segue a média dos maiores salários de contribuição desde julho de 1994, equivalentes a 80% do período contributivo, com observância do mínimo divisor, para os segurados filiados antes da Lei n. 9.876/1999.

Aplica-se o fator previdenciário na aposentadoria por tempo de contribuição ou na aposentadoria por idade, somente se resultar em renda mensal de valor mais elevado (art. 9º, I, da LC n. 142/2013).

É possível ao segurado a percepção de qualquer outra espécie de aposentadoria estabelecida na Lei n. 8.213/1991, que lhe seja mais vantajosa do que as opções apresentadas na LC n. 142/2013, desde que cumpridos os requisitos. Por exemplo, caso fique inválido em razão de acidente ou doença ligada ao trabalho, a obtenção de aposentadoria por incapacidade permanente acidentária, cujo coeficiente de cálculo é de 100% do salário de benefício, poderá ser mais vantajosa que a aposentadoria por idade.

Entendemos que não se aplica a nova regra de apuração do salário de benefício estabelecida pela EC n. 103/2019, que passou a corresponder a 100% do período contributivo desde a competência julho de 1994 ou desde o início da contribuição, se posterior àquela competência. Porém, o Decreto n. 10.410/2020, que atualizou o RPS (art. 70-J), cometeu ilegalidade ao estabelecer, sem alteração na Lei Complementar n. 142/2013 ou na Lei n. 8.213/1991, que deve ser aplicada a regra do art. 26 da EC n. 103/2019, ou seja, a média de todos os salários de contribuição, sem o desprezo dos 20% menores valores, desde julho de 1994 ou desde o início do período contributivo, se após tal competência. Nesse sentido, decidiu o TCU, em relação ao RPPS da União:

> ACORDAM os Ministros do Tribunal de Contas da União, reunidos em sessão do Plenário, ante as razões expostas pelo Relator, em: 9.1. orientar a Secretaria-Geral de Administração (Segedam) a manter, até a superveniência da lei complementar reclamada nos arts. 201, § 1º, e 40, § 4º, da Constituição, a incidência da regra instituída pela Lei Complementar 142/2013, para a identificação do "período contributivo" a ser considerado no cálculo do benefício previdenciário do servidor com deficiência, nos casos de aposentadoria por idade ou tempo de serviço correspondente à "média aritmética simples dos maiores salários de contribuição correspondentes a **oitenta por cento** de todo o período contributivo". (TCU, TC 042.616/2021-2, Acórdão n. 1368/2023, Plenário, Rel. Walton Alencar Rodrigues, Sessão de 05.07.2023)

A manutenção dos critérios de apuração da RMI da aposentadoria da pessoa com deficiência, se deve ao fato de que na EC n. 103/2019 (art. 22, *caput*) foi estabelecido que esta modalidade de aposentadoria "será concedida na forma da Lei Complementar n. 142, de 8 de maio de 2013, inclusive quanto aos critérios de cálculo dos benefícios", e na referida Lei Complementar se faz menção ao cálculo da média dos maiores salários de contribuição equivalentes a 80% do período contributivo.

Quanto aos coeficientes de cálculo referidos (100% e 70% + 1% por grupo de 12 contribuições), continuam válidos, mesmo após as modificações geradas pela EC n. 103/2019. Nesse ponto, o RPS (atualizado pelo Decreto n. 10.410/2020) foi fiel aos ditames da EC n. 103/2019.

### 1.5.5 Data de início do benefício

Como a LC n. 142/2013 não fixou regra específica, deve ser adotada a regra geral da Lei de Benefícios, qual seja, é devida ao segurado empregado, inclusive o doméstico, a partir da data do desligamento do emprego (quando requerida até 90 dias depois deste) ou da data do requerimento (quando não houve desligamento do emprego ou quando requerida após 90 dias). Para os demais segurados, tem-se como devida desde a data da entrada do requerimento.

Importante referir que a concessão da aposentadoria da pessoa com deficiência está condicionada à comprovação dessa condição na DER ou na data da implementação dos requisitos para o benefício.

Entendemos não ser aplicável o disposto no art. 57, § 8º, da Lei n. 8.213/1991, que veda a continuidade do exercício de atividade ou operação sujeita a agentes nocivos por parte do segurado que obtém aposentadoria especial. Essa regra, destina-se exclusivamente às aposentadorias decorrentes do exercício de atividades nocivas à saúde. Não sendo regra geral, não pode ser adotada para as aposentadorias da LC n. 142/2013. Assim, o segurado beneficiado pela aposentadoria como pessoa com deficiência poderá continuar trabalhando e acumulando os proventos com a remuneração da sua atividade. Neste sentido, andou bem a IN n. 128/2022, ao reconhecer essa hipótese:

> Art. 306. O segurado aposentado de acordo com as regras da LC n. 142, de 2013, poderá permanecer na mesma atividade que exerce na condição de pessoa com deficiência ou desempenhar qualquer outra.

### 1.5.6 Principais demandas relacionadas à aposentadoria da pessoa com deficiência

Em âmbito de prática jurídica, além das situações relacionadas às demais aposentadorias programáveis, indicadas nos itens anteriores, o benefício em questão tem litígios, geralmente, relacionados:

- ao reconhecimento da condição de pessoa com deficiência pelo tempo exigido na lei (carência e tempo de contribuição), quando indeferida a pretensão na via administrativa;
- à discussão sobre o grau de deficiência, mesmo quando o benefício tenha sido deferido na esfera administrativa;
- à análise e cômputo de tempos convertidos (comum, especial, com deficiência);
- à modificação da modalidade de aposentadoria (direito ao melhor benefício) já concedida administrativamente; e
- à revisão do salário de benefício para que seja feito com base na média dos 80% maiores salários de contribuição.

A prova da deficiência é pericial, e de complexidade maior que a perícia médica dos benefícios por incapacidade, pois envolve análise de critérios biopsicossociais, como mencionado. A respeito das *características da prova pericial*, direcionamos o leitor ao capítulo pertinente desta obra.

## QUADRO-RESUMO – APOSENTADORIA AOS SEGURADOS COM DEFICIÊNCIA

| BENEFÍCIO | APOSENTADORIA AOS SEGURADOS COM DEFICIÊNCIA<br>Lei Complementar n. 142/2013 |
|---|---|
| Evento Gerador | a) Aposentadoria por Tempo de Contribuição:<br>– 25 (vinte e cinco) anos de tempo de contribuição, se homem, e 20 (vinte) anos, se mulher, no caso de segurado com deficiência grave;<br>– 29 (vinte e nove) anos de tempo de contribuição, se homem, e 24 (vinte e quatro) anos, se mulher, no caso de segurado com deficiência moderada;<br>– 33 (trinta e três) anos de tempo de contribuição, se homem, e 28 (vinte e oito) anos, se mulher, no caso de segurado com deficiência leve; ou<br>b) Aposentadoria por Idade:<br>– 60 (sessenta) anos de idade, se homem, e 55 (cinquenta e cinco) anos de idade, se mulher, independentemente do grau de deficiência, desde que cumprido tempo mínimo de contribuição de 15 (quinze) anos e comprovada a existência de deficiência durante igual período. |
| Beneficiários | – Todos os segurados do RGPS no caso da aposentadoria por idade.<br>– No caso da aposentadoria por tempo de contribuição há limitações: (a) segurado especial: só é devida caso contribua mensalmente na alíquota de 20% sobre o salário de contribuição; (b) segurados que fazem contribuição reduzida (contribuinte individual, MEI, dona de casa de baixa renda): somente é devida em caso de complementação das contribuições pagas para atingir os 20% sobre o salário de contribuição. |
| Carência | 180 contribuições mensais. |
| Qualidade de Segurado | A perda da qualidade de segurado não será considerada, desde que, na data do requerimento, tenham sido preenchidos todos os requisitos para a concessão do benefício (art. 3º da Lei n. 10.666/2003). |
| Comprovação da deficiência | – Considera-se pessoa com deficiência aquela que tem impedimentos de longo prazo de natureza física, mental, intelectual ou sensorial, os quais, em interação com diversas barreiras, podem obstruir sua participação plena e efetiva na sociedade em igualdade de condições com as demais pessoas.<br>– O grau de deficiência será atestado mediante avaliação biopsicossocial realizada por equipe multiprofissional e interdisciplinar.<br>– Compete à Perícia Médica Federal e ao Serviço Social do INSS, para efeito de concessão da aposentadoria da pessoa com deficiência, reconhecer o grau de deficiência, que pode ser leve, moderado ou grave, bem como fixar a data provável do início da deficiência e identificar a ocorrência de variação no grau de deficiência. |
| Deficiência Anterior | – A existência de deficiência anterior à data da vigência da LC n. 142/2013 deverá ser certificada, inclusive quanto ao seu grau, por ocasião da primeira avaliação, sendo obrigatória a fixação da data provável do início da deficiência.<br>– A comprovação de tempo de contribuição na condição de segurado com deficiência em período anterior à entrada em vigor da LC n. 142/2013 não será admitida por meio de prova exclusivamente testemunhal. |
| Deficiência Superveniente e Alteração do Grau de Deficiência | Se o segurado, após a filiação ao RGPS, tornar-se pessoa com deficiência, ou tiver seu grau de deficiência alterado, os parâmetros mencionados para concessão da aposentadoria serão proporcionalmente ajustados, considerando-se o número de anos em que o segurado exerceu atividade laboral sem deficiência e com deficiência, observado o grau de deficiência correspondente, nos termos do regulamento. |
| Simultaneidade com Atividade Especial | A redução do tempo de contribuição prevista na LC n. 142/2013 não poderá ser acumulada, no tocante ao mesmo período contributivo, com a redução assegurada aos casos de atividades exercidas sob condições especiais que prejudiquem a saúde ou a integridade física. |
| Contagem Recíproca | Aplica-se a contagem recíproca do tempo de contribuição na condição de segurado com deficiência relativo à filiação ao RGPS, ao regime próprio de previdência do servidor público ou a regime de previdência militar, devendo os regimes compensarem-se financeiramente. |

| BENEFÍCIO | APOSENTADORIA AOS SEGURADOS COM DEFICIÊNCIA<br>Lei Complementar n. 142/2013 |
|---|---|
| Salário de Benefício | a) Para o segurado filiado à Previdência Social a partir de 29.11.1999 (Lei n. 9.876, de 1999), o salário de benefício consiste:<br>– na média aritmética simples dos maiores salários de contribuição correspondentes a 80% de todo o período contributivo, corrigidos mês a mês;<br>b) Para o segurado filiado à Previdência Social até 28.11.1999, o salário de benefício consiste:<br>– na média aritmética simples dos 80% maiores salários de contribuição, corrigidos mês a mês, de todo o período contributivo decorrido desde julho de 1994;<br>– o divisor considerado no cálculo da média não poderá ser inferior a 60% do período decorrido da competência julho de 1994 até a data de início do benefício, limitado a cem por cento de todo o período contributivo.<br>c) De acordo com o RPS (redação conferida pelo Decreto n. 10.410/2020), cuja constitucionalidade é duvidosa, pois invadiu competência de lei complementar, para os benefícios concedidos a partir da entrada em vigor da EC n. 103/2019 (13.11.2019), os salários de contribuição corresponderão à média de todos os salários de contribuição desde julho de 1994. E, a partir de 5 de maio de 2022, com a incidência do divisor mínimo de 108 (cento e oito) meses previsto no art. 135-A da LBPS (incluído pela Lei n. 14.331/2022). |
| Fator Previdenciário | Aplica-se o fator previdenciário, se resultar em renda mensal de valor mais elevado. |
| Renda Mensal Inicial | – Aposentadoria por Tempo de Contribuição: 100% do salário de benefício;<br>– Aposentadoria por Idade: 70% mais 1% do salário de benefício por grupo de 12 contribuições mensais até o máximo de 30%, no caso de aposentadoria por idade. |
| Data de Início do Benefício | 1 – Segurado empregado,<br>a) a partir da data do desligamento do emprego, quando requerida até essa data ou até noventa dias depois;<br>b) da data do requerimento, quando não houver desligamento do emprego ou quando requerida após 90 dias.<br>2 – Para os demais segurados: a partir da data da entrada do requerimento.<br>– "O segurado aposentado de acordo com as regras da LC n. 142, de 2013, poderá permanecer na mesma atividade que exerce na condição de pessoa com deficiência ou desempenhar qualquer outra" (art. 306 da IN PRESI/INSS n. 128/2022) |
| Observações | As regras gerais da aposentadoria especial aos segurados portadores de deficiência encontram-se no art. 201, § 1º, inciso I da CF c/c o art. 22 da EC n. 103/2019, na Lei Complementar n. 142/2013 e nos arts. 70-A a 70-J do Decreto n. 3.048/1999 (com redação conferida pelos Decretos n. 8.145/2013 e n. 10.410/2020). |

## 1.6 APOSENTADORIA DOS SEGURADOS DE BAIXA RENDA

A EC n. 103/2019 ampliou importante regra de inclusão previdenciária e de redistribuição de renda ao prever no art. 201, § 12, que: "Lei instituirá sistema especial de inclusão previdenciária, com alíquotas diferenciadas, para atender aos trabalhadores de baixa renda, inclusive os que se encontram em situação de informalidade, e àqueles sem renda própria que se dediquem exclusivamente ao trabalho doméstico no âmbito de sua residência, desde que pertencentes a famílias de baixa renda".

Antes da Reforma da Previdência essa sistemática já vinha sendo adotada, consoante disposição contida no art. 21, § 2º, II, e § 4º da Lei n. 8.212/1991, em favor:

a) do segurado facultativo sem renda própria que se dedique exclusivamente ao trabalho doméstico no âmbito de sua residência, desde que pertencente à família de baixa renda, desde que inscrita no Cadastro Único para Programas Sociais do Governo Federal (Cadastro Único) cuja renda mensal seja de até dois salários mínimos;

b) do Microempreendedor Individual (MEI), de que trata o art. 18-A da LC n. 123/2006.

Esses segurados tinham a possibilidade de recolher com uma alíquota de 5% sobre o salário mínimo e, com isso, contar com a proteção previdenciária, salvo a aposentadoria por tempo de contribuição, a aposentadoria especial e o auxílio-acidente.

Diante disso, até que ocorra regulamentação da nova redação do art. 201, § 12, da CF, permanecem válidas as regras até então vigentes, conforme se observa do art. 199-A, § 1º, do RPS (com redação conferida pelo Decreto n. 10.410/2020) que disciplina o tema.

A aposentadoria concedida com base em contribuições reduzidas para os segurados de baixa renda terá valor de um salário mínimo. Portanto, as mudanças nas regras de cálculo efetivadas pela EC n. 103/2019 em relação às aposentadorias não vão gerar consequências para esses segurados, pois já recebem benefício de valor mínimo.

Cabe referir que, dos benefícios destinados aos segurados de baixa renda, o que deve sofrer impacto é o da aposentadoria programada nas regras permanentes em face do aumento do tempo de contribuição para os homens e da elevação da idade às mulheres.

Entretanto, deverá ser aplicada a regra de transição prevista para a aposentadoria por idade para as seguradas já filiadas ao RGPS na data da publicação da EC n. 103/2019, qual seja, a elevação gradual da idade mínima da mulher.

| APOSENTADORIA POR IDADE DOS TRABALHADORES DE BAIXA RENDA ||
|---|---|
| **HOMEM** | **MULHER** |
| IDADE:<br>65 anos | IDADE:<br>Regra permanente: 62 anos<br>TEMPO DE CONTRIBUIÇÃO:<br>15 anos |
| TEMPO DE CONTRIBUIÇÃO:<br>Regra permanente: 20 anos<br>Regra de transição: 15 anos | Regra de transição:<br>2019 – 60 anos; 2020 – 60,5 anos;<br>2021 – 61 anos; 2022 – 61,5 anos<br>2023 – 62 anos |

# 2
# Concessão e Restabelecimento de Benefícios por Incapacidade Laboral

A regra contida no inciso I do art. 201 da CF/1988 (redação anterior à EC n. 103/2019) garantia a cobertura de eventos de doença e invalidez, cuja regulamentação da Lei n. 8.213/1991 previa a concessão de auxílio-doença, aposentadoria por invalidez e auxílio-acidente.

A EC n. 103/2019 passou a estabelecer no art. 201, I, da CF, a "cobertura dos eventos de incapacidade temporária ou permanente para o trabalho e idade avançada".

Pode-se extrair dessa mudança de redação que, no texto anterior, a cobertura atingia também eventos de incapacidade a pessoas que não exerciam atividade laboral, gerando *proteção a todas as categorias de segurados*, inclusive os segurados facultativos (que não exercem trabalho remunerado).

Por conseguinte, na regulamentação da Reforma da Previdência de 2019, poderá ocorrer a exclusão por incapacidade temporária e aposentadoria por incapacidade permanente em relação aos segurados facultativos (como donas de casa, estudantes e desempregados), sob o fundamento de que não exercem atividade laborativa remunerada. Todavia, tal exclusão somente pode se dar por lei, e não por decreto ou qualquer outro ato administrativo. Na mesma linha de entendimento, a regra do § 2º do art. 71 do RPS, com redação pelo Decreto n. 10.410/2020: "será devido auxílio por incapacidade temporária, independentemente do cumprimento de período de carência, aos segurados obrigatório e facultativo quando sofrerem acidente de qualquer natureza".

A Portaria Conjunta DTI/DIRBEN/INSS n. 4, de 25.04.2024, instituiu o novo requerimento de Benefício por Incapacidade – "novo BI" em âmbito nacional, estando em vigor desde 26.04.2024. A partir de então, o requerimento de BI passa a ser realizado via Portal de Atendimento PAT quando requerido nas APS, via Central 135, Entidades Conveniadas, e pelo Meu INSS, quando requerido diretamente pelo cidadão.

Quanto aos requerimentos de prorrogação de benefícios mantidos no SABI ou no SIBE-PU, será gerada a tarefa do serviço "Pedido de Prorrogação de Benefício por Incapacidade" no PAT e um requerimento de prorrogação no SIBE-PU (art. 8º da Portaria Conjunta DTI/DIRBEN/INSS n. 4/2024).

Quando houver indicação de reabilitação profissional pela Perícia Médica Federal, será criada automaticamente uma tarefa do serviço "F0 Reabilitação Profissional" (art. 10 da Portaria).

Vejamos a seguir as características de cada um desses benefícios.

## 2.1 AUXÍLIO POR INCAPACIDADE TEMPORÁRIA (ANTIGO AUXÍLIO-DOENÇA)

O auxílio por incapacidade temporária, ou, antes da EC n. 103/2019, auxílio-doença, é um benefício concedido ao segurado impedido de trabalhar por mais de 15 dias por motivo de doença ou acidente, ou por prescrição médica (por exemplo, no caso de gravidez de risco e, mais recentemente, em face dos problemas de saúde ligados à pandemia covid-19).

Há debate doutrinário sobre o cabimento desse benefício em caso de acidente ou doença em pessoa da família do segurado. Porém, o auxílio parental tem encontrado resistência no âmbito do RGPS e na jurisprudência. A título de exemplo, a Turma Regional de Uniformização da 4ª Região firmou a tese de que, em relação ao requerimento de concessão do benefício de "auxílio-doença parental", não existe amparo na Lei n. 8.213/1991 (PUIL n. 5010301-39.2019.4.04.7005 – j. 11.12.2020). Ainda a esse respeito:

> No âmbito do Regime Geral de Previdência Social (RGPS), a concessão de auxílio-doença ou de aposentadoria por invalidez pressupõe a verificação da incapacidade laborativa do próprio segurado, não havendo amparo legal para a sua concessão com base exclusivamente na incapacidade de um de seus dependentes. (TNU, PUIL n. 0003417-96.2015.4.03.6310/SP, Sessão de 27.06.2019)

As regras gerais sobre o auxílio por incapacidade temporária estão disciplinadas nos arts. 59 a 63 da Lei n. 8.213/1991 e arts. 71 a 80 do Decreto n. 3.048/1999.

### 2.1.1 Requerimento do benefício

Em regra, o segurado, principal interessado, é quem deverá fazer o requerimento do auxílio por incapacidade temporária.

No entanto, na forma dos arts. 76-A e 76-B do Decreto n. 3.048/1999, é facultado à empresa protocolar requerimento de auxílio por incapacidade temporária ou documento dele originário de seu empregado ou de contribuinte individual a ela vinculado ou a seu serviço, na forma estabelecida pelo INSS, hipótese em que a empresa será comunicada das decisões proferidas.

Ou seja, na hipótese de segurado empregado urbano ou rural, tanto pode ser formulado o requerimento pelo segurado (telefone 135, portal gov.br ou aplicativo Meu INSS) como pelo empregador. Para os demais, a iniciativa deve ser do segurado, ou de representante com poderes para agir em seu nome.

Destaca-se, ainda, a previsão de celebração de acordo de cooperação técnica entre empresas, sindicatos e entidades fechadas de previdência complementar com o INSS para requerer benefícios previdenciários por meio eletrônico e para realizar o pagamento integral dos benefícios devidos a seus empregados, associados ou beneficiários, consoante arts. 117 e 117-A da Lei n. 8.213/1991, com redação conferida pela Lei n. 14.020, de 06.07.2020.

Importante ainda ressaltar que o STF declarou a constitucionalidade da norma que autorizou o INSS a conceder, durante a pandemia e até 31.12.2021, o benefício de auxílio por incapacidade temporária mediante apresentação de atestado médico e de documentos complementares que comprovassem a doença, sem o exame presencial pelos peritos médicos federais. A decisão, unânime, foi tomada na sessão virtual do Tribunal Pleno encerrada em 22.11.2021, no julgamento da ADI n. 6.928.

Após, com a Lei n. 14.724/2023, que acrescentou o § 11-A ao art. 60 da LBPS, fica autorizada a realização do exame médico-pericial com o uso de tecnologia de telemedicina ou por análise documental conforme situações e requisitos definidos em regulamento.

### 2.1.2 Beneficiários do auxílio por incapacidade temporária de origem acidentária

O auxílio por incapacidade temporária de origem acidentária, espécie B-91 pode ser concedido para os segurados enquadrados como:

- empregados (urbanos e rurais);
- trabalhadores avulsos;

- segurados especiais;
- empregados domésticos.

Os domésticos passaram a ter direito em razão da Lei Complementar n. 150/2015, regulamentando a EC n. 72/2013, que estendeu a eles diversos direitos sociais, dentre os quais a proteção contra acidentes do trabalho, pela modificação da redação do parágrafo único do art. 7º da Constituição.

Entendemos, que desde a promulgação da EC n. 72, em 2013 (norma de eficácia plena), que os empregados domésticos, quando vítimas de acidentes que se enquadrem nas circunstâncias indicadas no art. 19 e seguintes da Lei n. 8.213/1991, ou doenças equiparadas ao acidente típico, passaram a fazer jus ao mesmo tratamento jurídico conferido aos empregados em geral.

### 2.1.3 Distinção entre o benefício acidentário e o não acidentário

A diferenciação de tratamento legal entre o auxílio previdenciário (espécie B 31) e o auxílio acidentário (B 91), ocorre quanto:

- aos segurados abrangidos;
- à carência, que no auxílio acidentário é sempre incabível, em razão de sua causa (acidente de trabalho ou doença ocupacional), enquanto há previsão de prazo carencial no auxílio previdenciário (12 contribuições mensais), salvo em caso de acidentes de qualquer outra natureza, doenças graves, contagiosas ou incuráveis previstas como situações em que a carência é incabível; e
- aos efeitos trabalhistas decorrentes, já que apenas o auxílio acidentário acarreta ao empregado a garantia de emprego prevista no art. 118 da Lei n. 8.213/1991 (doze meses após a cessação desse benefício, independentemente de percepção de auxílio-acidente) e a manutenção da obrigatoriedade do recolhimento do Fundo de Garantia por Tempo de Serviço (FGTS) durante o período de afastamento.

Para o reconhecimento do benefício como de origem acidentária, a comprovação da qualidade de segurado empregado independe do registro do contrato de trabalho em CTPS, pois tal obrigação do empregador, muitas vezes, deixa de ser cumprida. A própria condição do trabalhador quando vitimado por acidente do trabalho típico pode ser a prova cabal de que há relação de trabalho protegida pela Previdência Social e, portanto, direito ao benefício B-91:

> Acidente típico. (...) Laudo pericial dando conta da incapacidade parcial e permanente. Trabalhador não registrado na CTPS. Irrelevância, desde que comprovado o acidente-típico. Direito ao benefício corretamente reconhecido. (...). Juros moratórios e correção monetária Incidência da Lei n. 11.960/09. Reexame necessário provido em parte (TJSP, Proc. 0025520-18.2010.8.26.0161, Rel. Des. Afonso Celso da Silva, j. 28.02.2012, 17ª Câmara de Direito Público, publ. 03.03.2012).

Quanto aos demais requisitos, critério de cálculo, data de início e cessação do benefício, as regras são absolutamente iguais entre o auxílio previdenciário e o auxílio acidentário, como veremos a seguir.

### 2.1.4 Recebimento de auxílio por incapacidade temporária em caso de atividades concomitantes

Situação cada vez mais comum é a do segurado que exerce, concomitantemente, mais de uma atividade ou emprego, como os trabalhadores a tempo parcial.

O auxílio por incapacidade temporária do segurado que exercer mais de uma atividade abrangida pela previdência social será devido mesmo no caso de incapacidade apenas para o exercício de uma delas, hipótese em que o segurado deverá informar a Perícia Médica Federal a respeito de todas as atividades que estiver exercendo (art. 73 do RPS, redação do Decreto n. 10.410/2020).

Nesse caso, o benefício será concedido em relação à atividade (ou atividades) em que o segurado se encontrar incapacitado, considerando-se para efeito de carência somente as contribuições relativas a essa atividade. Se nas várias atividades concomitantes o segurado exercer a mesma profissão, será exigido de imediato o afastamento de todas.

O Decreto n. 10.410/2020 alterou o Regulamento com duas inovações:

> (a) constatada durante o recebimento do auxílio por incapacidade temporária concedido nos termos do disposto neste artigo a incapacidade do segurado para cada uma das demais atividades, *o valor do benefício deverá ser revisto com base nos salários de contribuição de cada uma das atividades;* e
> (b) na hipótese prevista no § 1º do art. 73, prevendo que *o valor do auxílio por incapacidade temporária poderá ser inferior ao salário mínimo*, desde que, se somado às demais remunerações recebidas, resulte em valor superior ao salário mínimo.

Quanto ao primeiro aspecto, nada a opor, vez que se trata de regra que beneficia o segurado que venha a ter seu quadro de saúde agravado.

Todavia, quanto ao segundo item, divergimos, pois há flagrante afronta à norma do art. 201, § 2º, da CF/1988 e art. 2º, inciso VI, da Lei n. 8.213/1991, que definem como princípio que nenhum benefício que substitua o salário de contribuição ou o rendimento do trabalho seja inferior ao salário mínimo. Ou seja, o decreto viola o princípio da legalidade, restringindo direitos que a lei não restringe.

### 2.1.5 Processamento de benefício e concessão *ex officio*

O INSS deve processar de ofício o benefício quando tiver ciência da incapacidade do segurado sem que este tenha requerido (art. 76 do Decreto n. 3.048/1999).

O entendimento do INSS a respeito do processamento de ofício pela Previdência Social, conforme previsto no art. 76 do RPS, é de que somente é cabível nas situações em que a Autarquia tiver ciência da incapacidade do segurado por meio de documentos que comprovem essa situação e desde que a incapacidade seja confirmada pela perícia médica do INSS.

É dizer, a interpretação dada pela Autarquia modifica completamente a noção de concessão *ex officio*, na medida em que exige do segurado que este comprove a situação. Seria o caso, por exemplo, de segurado que sofre acidente de graves proporções, sendo internado em estabelecimento do Sistema Único de Saúde, inconsciente, com emissão de Comunicação de Acidente de Trabalho (CAT) pelo médico que o atendeu. Entendemos que a emissão da CAT, no caso, pelo profissional do SUS, é suficiente para que o INSS providencie a concessão *ex officio*, sob pena de descaracterizar-se a regra do Decreto.

### 2.1.6 Destaques sobre a concessão do benefício

Cabe indicar que "não impede a concessão de benefício por incapacidade o fato do segurado, embora incapaz, exercer atividade remunerada como empregado ou contribuinte individual no período correspondente".

Nesse sentido, a Súmula n. 72 da TNU traz: "É possível o recebimento de benefício por incapacidade durante período em que houve exercício de atividade remunerada quando comprovado que o segurado estava incapaz para as atividades habituais na época em que trabalhou".

No mesmo sentido, a definição do STJ ao julgar o Tema n. 1.013 Repetitivo, cuja tese afirmada é: "No período entre o indeferimento administrativo e a efetiva implantação de auxílio-doença ou de aposentadoria por invalidez, mediante decisão judicial, o segurado do RGPS tem direito ao recebimento conjunto das rendas do trabalho exercido, ainda que incompatível com sua incapacidade laboral, e do respectivo benefício previdenciário pago retroativamente". O acórdão foi publicado em 1º.07.2020.

A Advocacia-Geral da União, visando eliminar a produção de recursos e medidas judiciais e dirimir controvérsias internas na Administração Federal, baixou sobre a matéria os seguintes enunciados:

ENUNCIADO 25
Será concedido auxílio-doença ao segurado considerado temporariamente incapaz para o trabalho ou sua atividade habitual, de forma total ou parcial, atendidos os demais requisitos legais, entendendo-se por incapacidade parcial aquela que permita sua reabilitação para outras atividades laborais.

ENUNCIADO 26
Para a concessão de benefício por incapacidade, não será considerada a perda da qualidade de segurado decorrente da própria moléstia incapacitante.

## 2.1.7 A vedação ao recebimento de benefício por incapacidade ao recluso

A Lei n. 13.846/2019 (conversão da MP n. 871/2019) passou a tratar mais amiúde da questão do segurado que, estando em fruição de auxílio-reclusão, também tem reconhecida incapacidade geradora de benefício por incapacidade, bem como o oposto (segurado em auxílio por incapacidade que é recolhido ao cárcere).

Dessa forma, estabelece o § 2º do art. 59, com a redação conferida pela Lei n. 13.846/2019, que "não será devido o auxílio-doença para o segurado recluso em regime fechado", e o § 3º deste mesmo artigo dispõe que "o segurado em gozo de auxílio-doença na data do recolhimento à prisão terá o benefício suspenso".

Visando regulamentar o texto legal, a nova redação do RPS pelo Decreto n. 10.410/2020 passou a dispor, nos §§ 4º a 9º do art. 71, que:

- o segurado em gozo de auxílio por incapacidade temporária na data do recolhimento à prisão terá o seu benefício suspenso;
- a suspensão será pelo prazo de até sessenta dias, contado da data do recolhimento à prisão, hipótese em que o benefício será cessado após o referido prazo;
- na hipótese de o segurado ser colocado em liberdade antes do prazo previsto acima, o benefício será restabelecido a partir da data de sua soltura;
- em caso de prisão declarada ilegal, o segurado terá direito à percepção do benefício por incapacidade por todo o período devido, efetuado o encontro de contas na hipótese de ter havido pagamento de auxílio-reclusão com valor inferior ao do auxílio por incapacidade temporária no mesmo período;
- as regras acima aplicam-se somente aos benefícios dos segurados que tiverem sido recolhidos à prisão a partir da data de publicação da Lei n. 13.846, de 18 de junho de 2019; e
- o segurado recluso em cumprimento de pena em regime aberto ou semiaberto fará jus ao auxílio por incapacidade temporária.

## 2.1.8 Perícia médica nos benefícios por incapacidade

A concessão dos benefícios por incapacidade laboral está sujeita, em regra, à comprovação da incapacidade em exame realizado por médico perito da Previdência Social, uma vez ultrapassado o lapso de quinze dias, cabendo à empresa que dispuser de serviço médico próprio ou em convênio o exame médico e o abono das faltas correspondentes aos primeiros quinze dias de afastamento (art. 75, § 1º, do Regulamento, redação do Decreto n. 10.410/2020). No entanto, cabe ao segurado apresentar documentação médica firmada por um médico (no mínimo, um atestado médico) comprovando a situação de incapacidade.

Em se tratando de empregado, quando a empresa não possua médico ou convênio médico, ficará a cargo do médico do sindicato ou de entidade pública (SUS) o fornecimento do atestado. Os atestados médicos deverão obedecer a essa ordem estabelecida em lei para efeito de abono dos dias em que houve falta do empregado (Súmula n. 15 do TST).[11]

No caso de segurados obrigatórios que não sejam empregados urbanos ou rurais, o direito ao benefício decorre da existência de incapacidade para as atividades habituais (já que os empregados domésticos, trabalhadores avulsos, contribuintes individuais e segurados especiais não são regidos pela CLT, que assegura o pagamento dos primeiros 15 dias pela empresa e, quanto ao segurado facultativo, este não presta trabalho remunerado). Ultrapassado o prazo de 15 dias consecutivos, o segurado será encaminhado ao INSS para avaliação médico-pericial (§ 2º do art. 75 do Regulamento).

Os atos médico-periciais implicam sempre pronunciamento de natureza médico-legal destinado a produzir um efeito na via administrativa do INSS, passível de contestação na via recursal do mesmo e no Poder Judiciário.

A Lei n. 13.846/2019 criou a Carreira de Perito Médico Federal, composta pelos cargos de nível superior, de provimento efetivo, de Perito Médico Federal.[12]

Para a caracterização da incapacidade do segurado, tanto na via administrativa quanto em juízo, é imprescindível a comprovação da incapacidade, mediante a apresentação, pelo segurado, dos documentos médicos (atestados, pareceres e prontuário médico).

Isso, todavia, não exclui a necessidade de análise por médico perito, não sendo possível tomar a decisão pela inaptidão ou aptidão para o trabalho ou atividade habitual sem permitir ao segurado a produção de tal prova, tampouco ser a análise realizada por profissional de outra ciência.

Evidencia-se, no entanto, que o art. 10 da Lei n. 14.724, de 14.11.2023, autorizou, em caráter excepcional, a dispensa da perícia oficial de que trata a Lei n. 8.112/1990, permitindo os afastamentos baseados em atestado médico ou odontológico nos casos de concessão de licença para tratamento da própria saúde ou de licença por motivo de doença em pessoa da família.

Em regra, a perícia deve ser realizada em uma Agência da Previdência Social. É assegurado, entretanto, o atendimento domiciliar e hospitalar pela perícia médica e social do INSS ao segurado com dificuldades de locomoção, quando seu deslocamento, em razão de sua limitação funcional e de condições de acessibilidade, imponha-lhe ônus desproporcional e indevido, nos termos do regulamento. O § 7º do art. 46 do Regulamento, incluído pelo Decreto n. 10.410/2020, contém a previsão de que "O atendimento domiciliar e hospitalar é assegurado pela Perícia Médica Federal e pelo serviço social ao segurado com dificuldade de locomoção, quando o

---

[11] MARTINS, Sergio Pinto. *Direito da seguridade social*. 39. ed. São Paulo: Saraiva, 2020, p. 272-273.

[12] A carreira de Perito Médico Federal quando da sua criação foi vinculada ao quadro de pessoal do Ministério da Economia. Mas com o advento da Lei n. 14.261/2021 (conversão da MP n. 1.058/2021) passou a integrar o quadro de pessoal do Ministério do Trabalho e Previdência (art. 10). Com a nova estrutura ministerial, a carreira volta a integrar os quadros do Ministério da Previdência Social.

seu deslocamento, em razão de sua limitação funcional e de condições de acessibilidade, lhe impuser ônus desproporcional e indevido".

O principal gargalo no processamento das demandas de concessão e restabelecimento dos benefícios por incapacidade está na perícia médica. A crítica à falta de estrutura da Autarquia Previdenciária para que os médicos-peritos realizem a contento o seu trabalho vem de décadas.

É de se frisar que, dado o volume de perícias a serem cumpridas, é comum que o médico-perito disponha de não mais do que 15 minutos para avaliar a situação do segurado, seja quanto à capacidade/incapacidade, seja quanto a existir ou não nexo de causalidade entre a incapacidade e as condições de trabalho.

O Sistema de Administração de Benefícios por Incapacidade – SABI é a ferramenta desenvolvida com o objetivo de agilizar os processos de concessão de benefícios por incapacidade, bem como possibilitar um controle eficiente da qualidade do produto, tanto no aspecto médico quanto no administrativo. O INSS atualmente desenvolve melhorias para essa administração, com a possibilidade de realização de perícia quando o sistema não esteja *on-line*, maior interligação com os demais sistemas do INSS e do SUS, entre outras. Também destacamos o procedimento de Atestmed que tem sido desenvolvido, além do SABI.

Os dados obtidos no exame médico pericial devem ser registrados no Laudo Médico Pericial – LMP, que é a peça médico-legal básica do processo, quanto à sua parte técnica.

Tratando-se de perícia feita no órgão previdenciário, torna-se impossível exigir que o perito que analisa a condição de saúde do segurado seja especialista no ramo da Medicina que envolve a enfermidade.

Mesmo assim, incumbe ao perito do INSS identificar de forma precisa o conjunto de atividades (tarefas, atribuições) desenvolvidas pelo segurado, e não apenas se limitar a reproduzir o nome da função exercida, pois a conclusão acerca da incapacidade para o trabalho habitual ou sobre o nexo de causalidade não pode prescindir de tais informações. Exemplificando, a informação de que o segurado exerce a função de "auxiliar de serviços gerais" ou "auxiliar de produção" nada colabora com o problema; é necessário saber quais "serviços" exerce o primeiro, ou em qual parte da "linha de produção" trabalha o segundo.

Na forma do Manual de Perícias Médicas do INSS[13] (2018), os tipos de conclusões médico-periciais, nos casos de benefício por incapacidade, resultarão das respostas aos quesitos existentes no LMP, nas seguintes formas:

  I – Tipo 1 – Contrária;
  II – Tipo 2 – Data da Cessação do Benefício (DCB); e
  III – Tipo 4 – Data da Comprovação da Incapacidade (DCI).

A conclusão será contrária nos casos de exames iniciais em que for verificada a inexistência de incapacidade para o trabalho, ou na prorrogação, quando for verificada a inexistência de incapacidade para o trabalho.

A conclusão será do Tipo 2[14] (DCB) nos casos de:

  I – Incapacidade Laborativa Cessada. O Perito Médico Previdenciário tem autonomia para fixar a DCB em data anterior ou na Data de Realização do Exame – DRE, no exame inicial, baseando-se nos dados clínicos da história, no exame físico, nos documentos médicos apresentados e na atividade exercida pelo segurado. Observada a forma de filiação do segurado

---

[13] Aprovado pela Resolução n. 637, de 19 de março de 2018.
[14] Item 2.15.2 do Manual Técnico de Perícia Médica Previdenciária.

ao RGPS e constatada a existência de sequela definitiva, poderá ser indicada a concessão de auxílio-acidente, conforme relação discriminada no Anexo III do Decreto n. 3.048, de 1999;
II – Existência de Incapacidade Laborativa. O Perito Médico fixará o prazo estimado para a recuperação da capacidade laborativa, justificando-o tecnicamente. É facultado ao segurado a solicitação de prorrogação, nos 15 dias que antecedem a cessação do benefício até a DCB, caso julgue que o prazo concedido para a sua recuperação se revelou insuficiente; e
III – Incapacidade Laborativa Cessada com Retorno Voluntário ao Trabalho. Nos casos de retorno antecipado ao trabalho, a cessação do benefício será estabelecida após a realização do exame médico pericial, devendo a DCB ser fixada na véspera do retorno ao trabalho.

A conclusão será do Tipo 4[15] (DCI) no caso de existência de incapacidade com indicação de:

I – Reabilitação Profissional: quando o segurado for considerado insuscetível de recuperação para sua atividade habitual, porém com capacidade laborativa residual; e
II – Aposentadoria por Invalidez: Limite Indefinido – LI, quando o segurado for considerado incapaz e insusceptível de reabilitação para o exercício de atividade que lhe garanta a subsistência. Para sugestão de aposentadoria por invalidez/incapacidade permanente, o Perito Médico deverá considerar a gravidade e irreversibilidade da doença/lesão, na repercussão sobre a capacidade laborativa. Deverá, ainda, observar se cabe o direito ao adicional de 25%.

Nos casos de solicitação de prorrogação de auxílio por incapacidade temporária, a avaliação médico-pericial será uma Perícia Médica Conclusiva – PMC, que permitirá as seguintes conclusões:

I – Não Existe Incapacidade;
II – DCB em dois meses;
III – DCB em seis meses;
IV – DCB em um ano;
V – Reabilitação Profissional;
VI – Auxílio-acidente; e
VII – Aposentadoria por incapacidade permanente.

As conclusões nas solicitações de prorrogação de auxílio por incapacidade temporária do tipo DCB em dois meses, DCB em seis meses e DCB em um ano não dependerão de homologação superior.

Em situações de incapacidade laboral nas quais a DCB não puder ser estimada, deverá o Perito Médico avaliar o encaminhamento ao Programa de Reabilitação Profissional, quando o segurado for elegível, e, caso contrário, optar pelo Limite Indefinido, nos termos do art. 42 da Lei n. 8.213, de 1991. É indevida a fixação de DCB sem fundamentação técnica.

A fixação da Data do Início da Doença (DID) deve ser obrigatoriamente feita no exame inicial para concessão do benefício por incapacidade, bem como nos recursos à JR/CRPS e em todos os casos de sugestão de limite indefinido.

A Data do Início da Incapacidade (DII) deve ser obrigatória e corretamente fixada nas mesmas situações assinaladas para a DID. É a data em que as manifestações da doença provocaram um volume de alterações morfopsicofisiológicas que impedem o desempenho das funções específicas de uma profissão, obrigando ao afastamento do trabalho. Deve ser fixada

---

[15] Item 2.15.3 do Manual Técnico de Perícia Médica Previdenciária.

em todos os casos de exame inicial para concessão de benefício por incapacidade, bem como nos recursos à JR/CRPS desde que exista incapacidade para o trabalho.

A DID e a DII serão fixadas utilizando-se, além do exame objetivo, exames complementares, atestado de internação e outras informações de natureza médica. De posse desses elementos, conforme o Manual de Perícias Médicas do INSS (2018), a perícia médica poderá, com relativa segurança, fixar as datas prováveis da DID e da DII.

Quando, no caso de dois benefícios por incapacidade sucessivos, o intervalo entre a data de cessação do benefício (DCB) anterior e a de início (DIB) do subsequente for de até 60 (sessenta) dias, o profissional da área médica deverá pronunciar-se sobre a possibilidade de ser a incapacidade motivada pela mesma doença. Comprovando-se que a doença incapacitante é a mesma, será concedida a prorrogação do primeiro benefício, descontados os dias de trabalho, se houver, ficando prejudicado o segundo benefício.

Da decisão decorrente do laudo, de competência da Agência da Previdência Social, o segurado será comunicado por via postal. Se a decisão for favorável, indicará a espécie de benefício deferido e a data de início do benefício (DIB). Se for desfavorável, indicará o motivo do indeferimento (falta de incapacidade ou de algum outro requisito, como a qualidade de segurado ou carência).

Portanto, para a caracterização da incapacidade do segurado, tanto na via administrativa quanto em juízo, é imprescindível a produção de perícia por médico sobre a patologia em discussão, não sendo possível ao órgão decisório tomar a decisão sem permitir ao segurado a produção de tal prova. Todavia, a Lei n. 14.441/2022 (conversão da MP n. 1.133/2022) criou exceção a esta regra, a qual estudaremos a seguir.

### 2.1.8.1 *Concessão por análise documental – Atestmed*

A Lei n. 14.441/2022 inseriu o § 14 no art. 60 da Lei de Benefícios da Previdência Social, com a seguinte redação: "Ato do Ministro de Estado do Trabalho e Previdência poderá estabelecer as condições de dispensa da emissão de parecer conclusivo da perícia médica federal quanto à incapacidade laboral, hipótese na qual a concessão do benefício de que trata este artigo será feita por meio de análise documental, incluídos atestados ou laudos médicos, realizada pelo INSS".

A Portaria Conjunta MTP/INSS n. 7, de 28.07.2022, disciplinou inicialmente a matéria, tendo sido revogada pela Portaria Conjunta MPS/INSS n. 38, de 20.07.2023, que atualmente rege o tema.

Segundo as regras vigentes, a concessão de benefício de auxílio por incapacidade temporária, com dispensa da emissão de parecer conclusivo da Perícia Médica Federal quanto à incapacidade laboral, será realizada por meio de recepção documental pelo INSS via canais remotos.

Os canais remotos, meio de recepção dos requerimentos de que trata esta Portaria, consistirão em:

I – canais de autoatendimento, quais sejam:
a) Meu INSS, ferramenta acessível por aplicativo e por página web; e
b) Central de teleatendimento 135.
II – canais assistidos, quais sejam:
a) Agências da Previdência Social; e
b) entidades conveniadas mediante Acordo de Cooperação Técnica e/ou Acordo de Cooperação formalizados junto ao Instituto Nacional do Seguro Social.

O art. 3º da Portaria estabelece:

Art. 3º A concessão de benefício de auxílio por incapacidade temporária por meio documental ficará condicionada à apresentação de documentação médica ou odontológica para fins previdenciários, física ou eletrônica, legível e sem rasuras, contendo, obrigatoriamente, os seguintes elementos:

I – nome completo;

II – data de emissão do(s) documento(s) médico(s) ou odontológico(s), a qual não poderá ser superior a 90 (noventa) dias da data de entrada do requerimento;

III – diagnóstico por extenso ou código da Classificação Internacional de Doenças (CID);

IV – assinatura do profissional emitente, que poderá ser eletrônica e passível de validação, respeitados os parâmetros estabelecidos pela legislação vigente;

V – identificação do profissional emitente, com nome e registro no Conselho de Classe (Conselho Regional de Medicina ou Conselho Regional de Odontologia), no Ministério da Saúde (Registro do Ministério da Saúde), ou carimbo, legíveis;

VI – data de início do repouso ou de afastamento das atividades habituais; e

VII – prazo estimado necessário, preferencialmente em dias.

Os beneficiários que tiverem auxílios por incapacidade temporária concedidos na forma desta Portaria, ainda que de forma não consecutiva, não poderão ter a soma de duração dos respectivos benefícios superior a 180 dias – art. 4º, § 1º, da Portaria Conjunta MPS/INSS n. 38, de 20.07.2023.

Quando da apresentação de múltiplos documentos médicos ou odontológicos com indicação de repouso, a data de início do repouso será considerada aquela indicada no atestado com data mais pregressa, e o prazo estimado de repouso será a soma aritmética simples dos prazos estimados em cada um deles, desde que indiquem afastamento ininterrupto (art. 4º, § 2º, da referida Portaria).

Segundo a Portaria vigente, a concessão de benefício por incapacidade temporária de natureza acidentária por meio documental será condicionada à apresentação de Comunicação de Acidente de Trabalho (CAT) (art. 2º, § 3º, redação conferida pela Portaria Conjunta MPS/INSS n. 6/2023). Não há obrigatoriedade de que a CAT tenha sido emitida pelo empregador, é dizer, pode o próprio trabalhador emiti-la, assim como as demais pessoas indicadas no item 29.5 desta obra, ao qual remetemos os leitores e as leitoras.

Quando não for possível a concessão do benefício de auxílio por incapacidade temporária por meio documental, em razão do não atendimento dos requisitos estabelecidos na Portaria, bem como quando ultrapassado o prazo máximo estabelecido para a duração do benefício, será facultada ao requerente a opção de agendamento para se submeter a exame médico-pericial (art. 5º da Portaria).

O requerimento de novo benefício por meio documental somente será possível após 15 dias da última conformação realizada (art. 5º, parágrafo único, da Portaria).

Ressalta-se que, para os benefícios concedidos mediante o procedimento estabelecido nessa Portaria, não se aplica o restabelecimento do benefício anterior, previsto no § 3º do art. 75 do RPS (art. 6º da Portaria).

A Portaria Conjunta PRES/INSS/SRGPS/MPS n. 37, de 16.10.2023, por sua vez, *"Implementa o acesso simplificado para o requerimento de Análise Documental do Benefício por Incapacidade Temporária – Atestmed"*.

Para os requerimentos formulados nessa modalidade, serão utilizados os dados básicos do cidadão com as informações validadas da Receita Federal do Brasil – RFB, como forma de autenticação simplificada. A medida tem como objetivo reduzir o estoque de benefício por incapacidade temporária.

A atual disciplina para as APS sobre a recepção e a formalização do requerimento de Análise Documental do Benefício por Incapacidade Temporária – Atestmed – se encontra na Portaria DIRBEN/INSS n. 1.197, de 19.03.2024.

O pré-requerimento do Atestmed é uma etapa inicial no processo de solicitação de benefícios por incapacidade temporária por meio do Atestmed. Ele permite que o segurado envie antecipadamente os documentos necessários para análise, facilitando e agilizando a concessão do benefício.

Para isso, o segurado deve dar entrada por meio de algum dos canais remotos e fornecer as informações pessoais e detalhes sobre a incapacidade. Em seguida, se estiver em canal remoto que permita isso, anexará os documentos necessários.

O pré-requerimento de Análise Documental do Benefício por Incapacidade Temporária – Atestmed protocolado sem a documentação obrigatória, definida na Portaria Conjunta MPS/INSS n. 38/2023, deverá ser regularizado no prazo de até 5 dias após o protocolo (isso se dá, por exemplo, quando utilizada a central de teleatendimento 135).

Decorrido o prazo *supra*, o pré-requerimento será cancelado por falta de apresentação de documentação obrigatória ao pedido do benefício, o que não impede o segurado de solicitar um novo pedido a qualquer momento.

O atendimento na APS será prestado para o requerimento do Atestmed ou para apresentação de documentação obrigatória para conclusão do pré-requerimento de Atestmed, quando o segurado protocolar o pedido pelos canais remotos, mas sem anexar os documentos obrigatórios de que trata o art. 3º da Portaria Conjunta MPS/INSS n. 38/2023.

O benefício não será indeferido com base exclusivamente na análise documental. Em análise inicial, os documentos são recebidos e apreciados pelo INSS. Se estiverem completos e corretos, o benefício pode ser concedido sem a necessidade de perícia presencial. Caso os documentos não sejam suficientes ou apresentem alguma inconsistência, o INSS pode solicitar informações ou documentos adicionais para complementar a análise.

É dispensada a autenticação da documentação anexada no protocolo do Atestmed (§ 1º do art. 3º da Portaria DIRBEN/INSS n. 1.197/2024).

Por fim, se toda a documentação não for considerada apropriada para o deferimento, é oportunizada a marcação de perícia médica presencial, a encargo da pessoa segurada, seguindo-se o procedimento até então existente.

O segurado será informado sobre o resultado da análise inicial pelo portal ou pelo aplicativo Meu INSS, em que poderá acompanhar o *status* do seu pedido e receber orientações sobre os próximos passos, se necessário.

### 2.1.9 Período de carência

Para ter direito à percepção do auxílio por incapacidade temporária, o segurado do RGPS deverá ter cumprido a carência equivalente a doze contribuições mensais, salvo quando for decorrente de acidente de qualquer natureza ou causa ou de alguma das doenças especificadas no art. 151 da Lei n. 8.213/1991 (com a atualização do art. 2º da Portaria Interministerial MTP/MS n. 22, de 31.08.2022), quando então a carência não é exigida. Caso o segurado não possua a carência, mesmo estando incapacitado, o benefício será indeferido por ausência desse requisito.

Esta regra comporta diversas observações importantes.

A primeira é a insuficiência do rol de doenças consideradas graves, que não contém diversas enfermidades que poderiam assim ser enquadradas, tais como a malária, a febre amarela, a doença de chagas, a esquistossomose, a dengue hemorrágica, entre tantas outras – acarretando grave risco de desproteção social aos vitimados por tais doenças nos primeiros doze meses de filiação previdenciária.

A segunda envolve a situação dos trabalhadores com vínculo de emprego cujo salário não chegue a um salário mínimo mensal. Conforme o art. 19-E do Decreto n. 3.048, inserido pelo Decreto n. 10.410, ao "regulamentar" o art. 29 da EC n. 103, não será considerado o tempo quando a contribuição mensal não chegue a alcançar o equivalente ao que incidiria sobre o salário mínimo, devendo o segurado complementar sua contribuição para "salvar" o período. Ocorre que há situações em que o trabalhador, em seu primeiro mês de trabalho, sofre acidente ou é acometido de doença, de modo que sequer chegou a fazer uma contribuição mensal. Daí por que defendemos não haver cabimento na desconsideração do período contributivo com valores abaixo da previsão do art. 19-E do Decreto.

A terceira diz respeito à própria exigência de carência em situações não programadas pelo segurado – incapacidade laboral não é evento que esteja a critério do trabalhador decidir se irá ou não ocorrer. Com isso, em diversas situações concretas pode um segurado, nos primeiros doze meses de filiação ao RGPS, se ver acometido de doença ou ter de se submeter a cirurgias urgentes, com risco de vida, e não ter o benefício deferido por ausência de carência.

Portanto, de forma nada razoável, o legislador estabelece que o segurado que sofra um acidente de qualquer natureza – não ligado ao trabalho, até mesmo tendo sido o próprio culpado pelo infortúnio – terá direito ao benefício sem qualquer exigência de carência. Entretanto, o segurado que for vítima de doenças graves como a do caso antes mencionado (apendicite) ficará sem qualquer proteção social.

Assim, pode-se defender que a exigência de carência, nestes casos, padeceria de vício de inconstitucionalidade, por estabelecer tratamento diferenciado a situações semelhantes – ou pior, conceder proteção social a situações menos graves e negá-la a problemas de saúde mais graves, ante uma sutil e equivocada diferenciação entre "acidente" e "doença" e entre "doenças graves tipificadas" e "não tipificadas", acarretando violação ao princípio da isonomia (art. 5º, inciso I, da CF).

De outra vertente, pode-se defender que o rol de doenças graves não deve ser considerado taxativo, ante a impossibilidade de completude do ordenamento jurídico – não cabendo ao legislador aquilo que nem mesmo a Medicina é capaz de fazer – arrolar todas as doenças consideradas graves existentes na atualidade e, ainda, manter essa lista atualizada.

Nesse sentido, a uniformização da TNU em Representativo de Controvérsia – Tema n. 220 com a fixação da seguinte tese:

> 1. O rol do inciso II do art. 26 da Lei n. 8.213/1991 é exaustivo. 2. A lista de doenças mencionada no inciso II, atualmente regulamentada pelo art. 151 da Lei n. 8.213/1991, não é taxativa, admitindo interpretação extensiva, desde que demonstrada a especificidade e gravidade que mereçam tratamento particularizado. 3. A gravidez de alto risco, com recomendação médica de afastamento do trabalho por mais de 15 dias consecutivos, autoriza a dispensa de carência para acesso aos benefícios por incapacidade.

A TNU deu essa interpretação de dispensa da carência para outras situações. Vejamos: – AVC que cause paralisia irreversível e incapacitante (PUIL n. 0033626-77.2016.4.01.3300/BA, j. 27.05.2021); – Esquizofrenia, que cause alienação mental (PUIL n. 1001346-98.2019.4.01.3504/GO, j. 27.05.2021); Cegueira monocular (PUIL n. 5004134-79.2019.4.04.7110/RS, j. 25.02.2021).

Porém, o entendimento do STF em repercussão geral (RE n. 656.860), envolvendo a mesma matéria nos RPPS, é de que o rol das doenças graves é taxativo.

Do conjunto normativo sobre o tema, conclui-se que, em grande parte dos casos de benefícios por incapacidade, não se exige prazo mínimo de filiação previdenciária para a obtenção de tais benefícios. O problema está justamente naqueles casos em que o segurado é acometido de doença incapacitante no interregno dos primeiros doze meses de atividade vinculada ao RGPS.

Tenha-se por base uma pessoa que, com seis meses de contribuição ao sistema, se veja acometida de *doença de chagas, ou malária, ou febre amarela, ou dengue, ou, ainda, covid-19*. Nesses casos, o INSS indeferirá o benefício, por mais grave que seja o estado de saúde da pessoa, ante a falta de contribuições exigidas.

Esta é a razão pela qual se questiona a possível inconstitucionalidade da exigência estabelecida para tais benefícios. Teria o Texto Constitucional, ao estabelecer no art. 201 a proteção do segurado quanto ao risco social decorrente da incapacidade para o trabalho, autorizado o legislador a limitar o acesso às prestações pelo estabelecimento de um prazo carencial? Ou, ainda, tal prazo não estaria sendo aplicado em evidente afronta ao princípio da universalidade da cobertura e do atendimento, previsto no art. 194, parágrafo único, inciso I, do Texto Constitucional?

A limitação do acesso a tais direitos deve ser decorrente de fundamentos razoáveis (princípio da razoabilidade). A nosso ver, não parece ser razoável deixar um segurado acometido de doença grave, porém não identificada desta forma pelas autoridades públicas, alijado de obter a prestação que seria devida.

Com efeito, a fixação de prazo carencial tem por base a ideia de que o sistema deve estar apto a dar atendimento aos interesses dos segurados, tanto individual quanto coletivamente. Assim, tem sentido exigir carência em caso de aposentadorias voluntárias, cuja programação pelo segurado depende de sua vontade exclusiva. Situação muito diferente, diametralmente oposta, é a do segurado doente ou inválido: ele não optou por ficar incapaz e a ausência da proteção social pode lhe causar a total desproteção estatal, visto que, na condição de trabalhador, não lhe será possível obter renda por seu próprio esforço.

De outro lado, tem-se que a lista de doenças consideradas liberadas de carência é por demais restrita.

Dessa forma, sustenta-se incabível negar benefícios por incapacidade a segurados que não tenham cumprido o prazo carencial, (1) seja pela inconstitucionalidade da regra do art. 25, inciso I, da Lei n. 8.213/1991, (2) seja pela imprestabilidade da lista de doenças de que trata o art. 26, inciso II, com regulamentação dada pelo art. 151, da mesma Lei.

### 2.1.10 As Medidas Provisórias n. 739 e n. 767: questões ligadas ao direito intertemporal

Cumpre-nos frisar que a Medida Provisória n. 739, de 07.07.2016, havia revogado o parágrafo único do art. 24 da Lei n. 8.213/1991, o qual permitia ao segurado que havia perdido esta qualidade computar apenas um terço da carência exigida (ou seja, quatro contribuições mensais) e obter o período carencial restante computando-se contribuições anteriores à perda da qualidade de segurado (as oito contribuições faltantes).

Em consequência da não apreciação da MP n. 739, esta perdeu sua eficácia em 04.11.2016. Caberia, então, ao Congresso Nacional disciplinar, por decreto legislativo, as relações jurídicas delas decorrentes. O decreto legislativo deveria ter sido publicado até 60 dias após a perda de eficácia de medida provisória, caso contrário, "as relações jurídicas constituídas e decorrentes de atos praticados durante sua vigência conservar-se-ão por ela regidas" (§ 11 do art. 62 da Constituição).

Em vez disso, optou-se por realizar a edição da MP n. 767, de 06.01.2017, em que voltou à cena jurídica a revogação do parágrafo único do art. 24 da LBPS e a inclusão do art. 27-A, dispondo no texto da MP que, "No caso de perda da qualidade de segurado, para efeito de carência para a concessão dos benefícios de auxílio-doença, de aposentadoria por invalidez e de salário-maternidade, o segurado deverá contar, a partir da nova filiação à Previdência Social, com os períodos previstos nos incisos I e III do *caput* do art. 25".

Esta última MP (n. 767) foi transformada na Lei n. 13.457, de 26.06.2017, mantendo a revogação do art. 24, parágrafo único, da Lei n. 8.213/1991, mas conferiu nova redação ao art. 27-A, para dispor que seria necessário cumprir metade da carência exigida no caso de perda da qualidade de segurado.

Contudo, antes mesmo de consolidadas essas alterações, surgiu a MP n. 871, de 18.01.2019, modificando novamente o art. 27-A da Lei n. 8.213/1991, para fixar que, havendo perda da qualidade de segurado, deverá ser cumprida a carência integral para os benefícios de auxílio-doença, salário-maternidade, aposentadoria por invalidez e auxílio-reclusão. No entanto, quando da conversão na Lei n. 13.846/2019, voltou a vigorar a regra da necessidade de cumprimento da metade da carência em caso de refiliação.

Entendemos que não há como interpretar que a fixação do prazo de carência a partir do requerimento (DER), pois o entendimento consolidado é justamente em sentido oposto, assegurando-se o direito às regras vigentes ao tempo do fato gerador do direito independentemente da existência de requerimento protocolado (Súmula n. 359 do STF).

Cabe referir que sobre a interpretação dessas regras de direito intertemporal foi fixada a seguinte tese pela TNU, em Representativo de Controvérsia:

– **Tema n. 176:** "Constatado que a incapacidade do(a) segurado(a) do Regime Geral da Previdência Social (RGPS) ocorreu ao tempo da vigência das Medidas Provisórias n. 739/2016 e n. 767/2017, aplicam-se as novas regras de carência nelas previstas".

De acordo com a interpretação do INSS e da TNU, portanto, a análise da carência nos benefícios por incapacidade tem a seguinte regra intertemporal:

| Fato gerador | Norma aplicável | Mínimo contribuições reingresso |
|---|---|---|
| Até 07.07.2016 | Lei n. 8.213/1991 (art. 24, p. u.) | 4 contribuições (1/3 carência) |
| De 08.07.2016 a 04.11.2016 | MP n. 739/2016 | 12 contribuições |
| De 05.11.2016 a 05.01.2017 | Lei n. 8.213/1991 (art. 24, p. u.) | 4 contribuições (1/3 carência) |
| De 06.01.2017 a 26.06.2017 | MP n. 767/2017 | 12 contribuições |
| De 27.06.2017 a 17.01.2019 | Lei n. 13.457/2017 | 6 contribuições (½ carência) |
| De 18.01.2019 a 17.06.2019 | MP n. 871/2019 | 12 contribuições |
| De 18.06.2019 em diante | Lei n. 13.846/2019 | 6 contribuições (1/2 carência) |

No nosso entendimento, entretanto, a interpretação mais adequada é a que segue:

a) **período de vigência da MP n. 739/2016 (08.07.2016 a 04.11.2016):** deve ser aplicada a redação original da Lei n. 8.213/1991, qual seja, o cumprimento de um terço da carência necessária (art. 24, parágrafo único). Isto porque viola o princípio da isonomia a aplicação de regra mais rigorosa em período intermediário do que no período posterior a sua vigência.

b) **período de vigência das MPs n. 767/2017 e n. 871/2019 (06.01.2017 a 26.06.2017 e de 18.01.2019 a 17.06.2019):** deve ser aplicada a nova regra aprovada pelas Leis n. 13.457/2017 e n. 13.846/2019, que estabeleceram a necessidade do cumprimento da metade da carência exigida (art. 27-A). Pois como a regra mais rígida não foi transformada em lei, não há como ser aplicada sequer no período de vigência da medida provisória.

## 2.1.11 Data de início do benefício

A data de início do benefício (DIB) leva em consideração: a data de afastamento do trabalho (DAT); a data de início da incapacidade (DII); e a data de entrada do requerimento (DER).

A DIB será fixada:

I – para o segurado empregado, exceto doméstico:

a) no 16º (décimo sexto) dia do afastamento da atividade, quando requerido até o 30º (trigésimo) dia da DAT, observado que, caso a DII seja posterior ao 16º (décimo sexto) dia do afastamento, deverá ser na DII; ou

b) na DER, quando o benefício for requerido após 30 (trinta) dias da DAT, observado que, caso a DII seja posterior à DER, deverá ser na DII;

II – para os demais segurados:

a) na DII, desde que o afastamento seja superior a quinze dias, quando o benefício for requerido até 30 (trinta) dias da DAT ou da cessação das contribuições; ou

b) na DER, quando o benefício for requerido após 30 (trinta) dias da DAT ou da cessação das contribuições, observado que, caso a DII seja posterior à DER, deverá ser na DII.

Em que pese a nomenclatura antiga, a EC n. 103 não alterou as regras relativas à DIB de benefícios, pelo que se mantém, alterando-se apenas o *nomen iuris*.

Assim, no caso dos empregados urbanos e rurais, os primeiros 15 dias de afastamento do trabalho por motivo de saúde são pagos pelo empregador, e a Previdência Social paga o benefício a partir do 16º dia de afastamento do trabalho, caso o requerimento seja feito até o 30º dia de incapacidade; do contrário, é pago a partir da data de entrada do requerimento. A regra se aplica, também, ao empregado intermitente de que trata o art. 452-A da CLT, pois não há como diferenciar essa espécie de empregado urbano dos demais, por falta de amparo legal.

Em se tratando de acidente, quando o acidentado empregado, excetuado o doméstico, não se afastar do trabalho no dia do acidente, os 15 (quinze) dias de responsabilidade da empresa serão contados a partir da data que ocorrer o afastamento (art. 336, § 1º, da IN INSS/PRES n. 128/2022).

Em relação aos demais segurados, inclusive o empregado doméstico, reputamos devido o benefício a partir do início da incapacidade ou, caso requerido mais de 30 dias após o início da incapacidade, da data de entrada do requerimento. Em se tratando de segurado empregado doméstico, o empregador não tem a obrigação de pagar salários durante a incapacidade, pois não há previsão legal nesse sentido, sendo tal ônus, por conseguinte, da Previdência Social.

De forma ilegal, todavia, a alteração da redação do inciso II do art. 72 do RPS pelo Decreto n. 10.410/2020 passa a prever que o benefício somente será devido ao doméstico, ao contribuinte individual, ao trabalhador avulso, ao segurado especial e ao facultativo "desde que o afastamento seja superior a quinze dias". Sem cabimento a restrição, pois o texto legal dispõe em contrário senso, prevalecendo este. Ou seja, mesmo que afastamento seja igual ou inferior a 15 dias, defendemos ser devido a estes segurados o benefício desde o primeiro dia de incapacidade. Entendimento em sentido oposto levaria tais segurados – notadamente os domésticos – a não terem proteção alguma nos afastamentos de até 15 dias, já que não há obrigação patronal no pagamento desses dias.

Quando o requerimento do segurado afastado da atividade (inclusive o empregado) for protocolado depois do prazo de 30 dias do início da incapacidade, o benefício será devido, conforme a LBPS, apenas a contar da data da entrada do requerimento, não retroagindo ao início da incapacidade. Penaliza-se, dessa forma, a inércia do segurado em buscar o benefício.

Tal regra, todavia, deve ser interpretada de forma restritiva, pois em muitas situações o segurado está com sua condição de saúde tão comprometida que não seria razoável exigir deste que tivesse condições de tomar a providência de entrar em contato com o INSS. É o caso, por exemplo, de segurado que tenha sofrido grave acidente e esteja hospitalizado – muitas vezes, até mesmo, em estado de coma, ou seja, sem a menor condição de praticar atos da vida civil, quando sequer se poderia considerar computável algum prazo para a caducidade de direitos.

Conforme entendimento do INSS, se o segurado estiver em gozo de férias ou licença-prêmio ou qualquer outro tipo de licença remunerada, o prazo de responsabilidade da empresa será contado a partir do dia seguinte ao término das férias ou da licença. Assim, o segurado empregado que ficar incapacitado durante férias ou licença fará jus ao benefício pago pelo INSS a partir do 16º dia após o final do período de férias ou licença. Trata-se de mais uma regra passível de contestação na via judicial, pois o segurado fica com o período de férias comprometido, deixando de gozar o merecido descanso para ser considerado (em parte) como afastamento por motivo de saúde.

Conforme a LBPS e a regulamentação contida no art. 75 do RPS, caso concedido novo benefício decorrente da mesma doença dentro de sessenta dias contados da cessação do benefício anterior, a empresa fica desobrigada do pagamento relativo aos quinze primeiros dias de afastamento, prorrogando-se o benefício anterior e descontando-se os dias trabalhados, se for o caso.

Quando o segurado empregado ficar afastado do trabalho por até quinze dias, e tornar a se afastar dentro de sessenta dias, caberá à empresa pagar apenas os dias faltantes para completar os quinze dias de afastamento, devendo o segurado ser encaminhado ao INSS para a concessão do benefício no 16º dia de afastamento, computados ambos os períodos.

O § 6º do art. 75 do Decreto prevê que, na impossibilidade de realização do exame médico-pericial inicial antes do término do período de recuperação indicado pelo médico-assistente em documentação, o empregado é autorizado a retornar ao trabalho no dia seguinte à data indicada pelo médico-assistente, mantida a necessidade de comparecimento do segurado à perícia na data agendada.

### 2.1.11.1 A data de início do benefício concedido judicialmente

Problema deveras comum nas demandas acidentárias e não acidentárias por incapacidade é a ausência de laudo conclusivo do perito judicial acerca das condições do segurado à época do requerimento indeferido pelo INSS, alegando o perito não poder se manifestar sobre o estado de saúde do segurado em período pretérito ao da perícia. Com efeito, a função da prova pericial é justamente esta, a de buscar, com base nos elementos existentes (atestados, exames, prontuário médico do segurado, processo administrativo junto ao INSS), concluir se a situação, à época do requerimento administrativo, era de efetiva incapacidade laboral, ou não. Perícia que não responde a esse quesito – fundamental – é inconclusiva, ou seja, inservível ao fim colimado, devendo ser refeita.

A demanda posta em Juízo tem – ou deve ter – o condão de tutelar o direito do indivíduo que sofreu a lesão a bem ou direito desde o seu surgimento. Logo, se há evidências de que o quadro de incapacidade – atestado por médico – acompanha o segurado desde a petição inicial protocolada em Juízo, entendemos que a tutela a seu direito individual somente se faz plena se houver retroação da data de início, no mínimo, à data do ajuizamento, quando não à data em que houve o indeferimento pelo órgão previdenciário, frisando-se novamente, desde que presentes nos autos evidências do quadro de incapacidade laboral desde lá, como é o entendimento da TNU em sua Súmula n. 22, quanto ao benefício assistencial (BPC).

Conforme já se encontra pacificado, prevalece no STJ a compreensão de que o laudo pericial, embora constitua importante elemento de convencimento do julgador, não é, como regra, parâmetro para fixar o termo inicial de benefício previdenciário. Neste sentido, STJ, REsp 1.831.866/SP, 2ª Turma, Rel. Min. Herman Benjamin, *DJe* 11.10.2019; REsp 1.559.324/SP, 1ª Turma, Rel. Min. Napoleão Nunes Maia Filho, *DJe* 04.02.2019.

Portanto, mesmo na hipótese de concessão por decisão judicial, a retroação da DIB deve ser de modo a que o segurado obtenha o benefício por incapacidade a contar do indevido indeferimento pelo INSS na via administrativa, observada a data de início da incapacidade ou da cessação indevida do benefício e a data de entrada do requerimento, não sendo concebível que o perito judicial simplesmente declare não poder definir desde quando o segurado estava incapaz e com isso o segurado seja prejudicado em seus direitos (quanto ao lapso de tempo entre o indeferimento administrativo e a realização da perícia em juízo).

É função da prova pericial exaurir a matéria, sendo evidente que o exame pericial é realizado muito tempo depois da alegada incapacidade. Logo, ainda que eventualmente admitida a hipótese de laudo inconclusivo quanto à data de início da incapacidade (situação com a qual discordamos), deveria o juízo se valer do conjunto probatório (histórico médico, prontuários, laudos, atestados, receituários e outros meios de prova da incapacidade) para suprir a lacuna (*v.g.*, TNU, PEDILEF 200772570036836/SC, Rel. Juíza Federal Jacqueline Michels Bilhalva, *DJ* 11.06.2010).

Contudo, o melhor entendimento é o de que o perito judicial não pode deixar de analisar a questão do início da incapacidade, sob pena de nulidade, que deve ser arguida pela parte quando da expedição do laudo, ou reconhecida pelo Juízo, de ofício (*v.g.*, TJMG, Ap. Cível 4979440-18.2000.8.13.0000, 7ª Câmara Cível, Rel. Des. Eduardo Mariné da Cunha, publ. 22.09.2005).

As decisões que retroagem o benefício apenas até a data da perícia judicial causam ainda outro efeito: se o segurado não tem direito ao benefício antes da perícia em Juízo, e possui vínculo empregatício, o não comparecimento à empresa para trabalhar constituiria, em tese, abandono de emprego, já que pela decisão judicial o trabalhador não tinha impedimento de voltar a trabalhar.

Sugere-se, como forma de minimizar os riscos de decisões com tal fundamento, a propositura de ação pelo segurado – em sede preparatória da ação de concessão ou restabelecimento do benefício – de produção antecipada de provas, com fulcro nos arts. 381 a 383 do CPC/2015, para obter mais rapidamente a prova pericial, e com ela a retroação dos efeitos da decisão judicial até a data em que configurada a incapacidade por médico perito do Juízo, salvaguardando o trabalhador dos nefastos efeitos – trabalhistas, inclusive – de uma decisão que não realize a retroação do benefício à data da cessação pela autarquia.

Muitas vezes, ante a demora do INSS em atender o segurado, seja por falta de data próxima para o agendamento da perícia, seja pela demora na implantação do benefício, o segurado ingressa em juízo postulando a concessão imediata, em tutela provisória, mesmo sem perícia judicial realizada, embasando o pedido em atestados e exames que comprovam sua situação de incapacidade. Trata-se de hipótese em que é plenamente cabível – e importante – a concessão da medida, como forma de manter a subsistência do segurado, já que, caso se tenha de aguardar pela perícia, pode causar risco à sua dignidade. Neste sentido: TRF5, Proc. 0003579-72.2008.4.05.9999, Rel. Des. Federal Amanda Lucena – Substituta, *DJ* 26.02.2009.

Quando o restabelecimento se opera por decisão judicial, em situações em que não houve melhora do estado de saúde, os efeitos financeiros devem ser retroativos à data da cessação do benefício. Nesse sentido:

- Tem prevalecido na jurisprudência do Superior Tribunal de Justiça o entendimento de que, na hipótese de restabelecimento de benefício por incapacidade, em que não tenha havido alteração do quadro clínico, a data a partir da qual serão produzidos os efeitos do restabelecimento será aquela em que houve a cessação indevida (PEDILEF n. 200851510059256, Rel. Juiz Federal Élio Wanderley de Siqueira Filho, *DOU* 15.09.2009);
- Restabelecimento de auxílio-doença. Termo inicial da condenação. Data de início da incapacidade não fixada com precisão pela perícia médica judicial. Presunção de continuidade do estado incapacitante (PEDILEF n. 0013873-13.2007.4.03.6302, Rel. Juíza Federal Kyu Soon Lee, j. 11.09.2014).

## 2.1.12 Renda mensal inicial

A Lei n. 8.213/1991 estabelecia, em seu texto original, que a renda mensal do auxílio-doença corresponderia a:

a) 80% do salário de benefício, mais 1% deste, por grupo de doze contribuições, até o limite de 92% do salário de benefício, para os benefícios decorrentes de causas não acidentárias; e
b) 92% do salário de benefício ou do salário de contribuição vigente no dia do acidente, quando se tratasse de acidente do trabalho.

A Lei n. 9.032/1995 deu nova redação a esse dispositivo, para fixar que o auxílio-doença consiste numa renda mensal correspondente a 91% do salário de benefício (este, desde a Lei n. 9.876/1999 até a EC n. 103, equivalente à média aritmética simples dos maiores salários de contribuição, após corrigidos monetariamente, equivalentes a 80% do período contributivo). A partir da EC n. 103, o salário de benefício corresponde a 100% da média de todos os salários de contribuição corrigidos monetariamente no período básico de cálculo.

Esse critério vale também para os benefícios de origem acidentária, não havendo distinção na apuração da RMI entre o B-31 e o B-91.

Para o segurado especial, o benefício será pago no valor de um salário mínimo; mas comprovando que verteu contribuições para o sistema conforme lhe é permitido, terá a renda mensal calculada com base na regra geral antes citada.

Em qualquer caso, o valor do benefício não poderá ser inferior ao salário mínimo, nem superior ao limite máximo do salário de contribuição.

Consigna-se que a Lei n. 13.135, de 2015, introduziu regra (art. 29, § 10, da Lei n. 8.213/1991) estabelecendo que o salário de benefício do auxílio-doença não pode exceder a média aritmética simples dos últimos 12 salários de contribuição, inclusive no caso de remuneração variável, ou, se não alcançado o número de 12, a média aritmética simples dos salários de contribuição existentes. A regra se aplica aos afastamentos ocorridos após 1º.03.2015 (art. 5º, inc. III, da MP n. 664/2014).

A intenção é evitar situações em que o valor do benefício fica acima do último salário que o segurado recebia, o que faz com que muitos segurados não se sintam estimulados para voltar ao trabalho.

Não foi a primeira vez que o Poder Executivo tenta, por meio de Medida Provisória, reduzir o valor da RMI deste benefício.

Em 2005, houve a edição da MP n. 242, que também incluía o § 10 no art. 29 da LBPS, com a seguinte redação: "A renda mensal do auxílio-doença e aposentadoria por invalidez, calculada de acordo com o inciso III, não poderá exceder a remuneração do trabalhador, considerada em seu valor mensal, ou seu último salário de contribuição no caso de remuneração variável".

Tal Medida Provisória foi objeto das ADIs n. 3.467-7/DF, n. 3.473-1/DF e n. 3.505-3/DF, tendo o STF, em sede de controle concentrado, reconhecido a inconstitucionalidade da referida norma, através de decisão liminar concedida em 1º.07.2005. Na decisão, o relator, Ministro Marco Aurélio, se pronunciou pela inconstitucionalidade por afronta ao § 11 do art. 201 da CF: "Os ganhos habituais do empregado, a qualquer título, serão incorporados ao salário para efeito de contribuição previdenciária e consequente repercussão em benefícios, nos casos e na forma da lei".

Desta forma, acredita-se que é possível que a jurisprudência venha a se posicionar contrariamente à redução da RMI deste benefício, por afronta ao mesmo dispositivo da Constituição. Por isso, na parte dos modelos de peças processuais, apresentamos modelo de petição inicial para afastar esse teto limitador.

Quando o segurado exercer atividades concomitantes e for declarado incapaz em mais de uma delas, o valor do salário de benefício será apurado com base no valor dos salários de contribuição das atividades para as quais se incapacitou.

O § 5º do art. 32 do RPS, com a redação conferida pelo Decreto n. 10.410/2020, prevê que, após a cessação do auxílio por incapacidade temporária decorrente de acidente de qualquer natureza ou causa, independentemente de o segurado ter retornado ou não ao trabalho, se houver agravamento ou sequela que resulte na reabertura do benefício, a renda mensal será igual a noventa e um por cento do valor do salário de benefício do auxílio por incapacidade temporária cessado, o limite máximo igual à média dos últimos doze salários de contribuição, corrigidos até o mês anterior ao da reabertura do benefício pelos mesmos índices de correção empregados no cálculo dos benefícios em geral.

### 2.1.12.1 Tabela de cálculo e coeficiente do auxílio-doença/por incapacidade temporária

| Data do início incapacidade | Base de cálculo | Coeficiente de Cálculo | Base Legal |
|---|---|---|---|
| Até 04.10.1988 (CF) | Média dos últimos 12 salários de contribuição | 70% + 1%* para cada grupo de 12 contribuições até o limite de 90%. | Lei Orgânica da Previdência Social – Lei n. 3.807, de 26 de agosto de 1960 (arts. 24 e ss.) |
| De 05.10.1988 até 27.05.1995 | – Comum: média das últimas 36 contribuições;<br>– Acidente: salário de benefício (média) ou do salário de contribuição vigente no dia do acidente, o que for mais vantajoso. | – 80% + 1%* para cada grupo de 12 contribuições até o limite de 92%.<br>– 92% caso o benefício seja consequência de acidente do trabalho | Redação original da Lei n. 8.213/1991 (arts. 29 e 61) |
| De 28.04.1995 até 27.11.1999 | Média das últimas 36 contribuições. | 91% para benefício comum ou acidentário | Redação da Lei n. 8.213/1991 dada pela Lei n. 9.032/1995 |
| De 28.11.1999 até 12.11.2019 | Média dos 80% maiores salários.<br>* A partir de 30.12.2014 (MP n. 664) tem teto adicional e não pode ser superior à média aritmética simples dos últimos 12 salários. (Lei n. 13.135/2015) | 91% para benefício comum ou acidentário | Redação da Lei n. 8.213/1991 dada pela Lei n. 9.876/1999. |
| A partir de 13.11.2019 | Média de todos os salários de contribuição, com possibilidade de descarte.<br>*Tem teto adicional e não pode ser superior à média aritmética simples dos últimos 12 salários. (Decreto n. 10.410/2020) | 91% para benefício comum ou acidentário | Art. 26 da Emenda Constitucional n. 103/2019 |

### 2.1.13 Processo de reabilitação

A Reabilitação Profissional é um serviço do INSS que tem o objetivo de oferecer aos segurados incapacitados para o trabalho, por motivo de doença ou acidente, os meios de reeducação ou readaptação profissional para o seu retorno ao mercado de trabalho.

O atendimento é feito por equipe de médicos, assistentes sociais, psicólogos, sociólogos, fisioterapeutas e outros profissionais.

A reabilitação profissional pode ser prestada também aos dependentes, de acordo com a disponibilidade das unidades de atendimento da Previdência Social.

O benefício por incapacidade continua sendo pago durante todo o processo de reabilitação, cessando somente ao final deste processo, com o retorno do segurado à atividade laboral. O perito do INSS deve, além de caracterizar a existência ou não da incapacidade laborativa, correlacionando a doença com a profissão e a função que o segurado exerce, avaliar se este é elegível para reabilitação profissional. Tal situação se dá quando identificada a impossibilidade de desempenho da atividade que o segurado exerce, porém permita o desempenho de outra atividade, ou haja limitação para o exercício da atividade habitual, pela redução da capacidade decorrente de sequela.

Não cessará o benefício do segurado até que este seja dado como habilitado para o desempenho de nova atividade que lhe garanta a subsistência ou, quando considerado não recuperável, for aposentado por incapacidade permanente.

Depois de concluído o processo de reabilitação profissional, o INSS emitirá certificado indicando a atividade para a qual o trabalhador foi capacitado profissionalmente.

Na hipótese de exercício de atividades concomitantes, e em apenas uma ou algumas delas seja considerado incapaz, se desta incapacidade advier a insusceptibilidade de recuperação da capacidade laborativa para alguma delas, será pago o benefício por incapacidade temporária indefinidamente, até que o segurado venha a ser aposentado, ou a falecer. Não se pode conceder a aposentadoria por incapacidade permanente, uma vez que o segurado, caso esteja exercendo outra atividade, não pode ser declarado totalmente incapaz.

A saída legal é, portanto, o pagamento do B-31 ou B-91 até que sobrevenha a incapacidade para todo e qualquer trabalho, ou o falecimento do segurado, quando então será paga a pensão aos eventuais beneficiários do segurado. O RPS recebeu, na redação conferida pelo Decreto n. 10.410/2020, nova regra, constante do parágrafo único do art. 74: "Na situação prevista no *caput*, o segurado somente poderá transferir-se das demais atividades que exerce após o conhecimento da reavaliação médico-pericial". Trata-se de regra sem previsão legal, extrapolando, a nosso ver, o poder regulamentar. Dispõe, ainda, o art. 77 do RPS:

> O segurado em gozo de auxílio por incapacidade temporária concedido judicial ou administrativamente está obrigado, independentemente de sua idade e sob pena de suspensão do benefício, a submeter-se a exame médico a cargo da Perícia Médica Federal, processo de reabilitação profissional a cargo do INSS e tratamento dispensado gratuitamente, exceto o cirúrgico e a transfusão de sangue, que são facultativos.

Sobre essa questão, embora envolvendo tratamentos veiculados pelo SUS, o STF, em julgado à unanimidade proferido em 25.09.2024, apreciando o RE n. 1.212.272, sob a sistemática de repercussão geral (Tema n. 1.069), fixou a seguinte tese:

1 – É permitido ao paciente, no gozo pleno de sua capacidade civil, recusar-se a se submeter a tratamento de saúde por motivos religiosos. A recusa a tratamento de saúde por motivos religiosos é condicionada à decisão inequívoca, livre, informada e esclarecida do paciente, inclusive quando veiculada por meio de diretiva antecipada de vontade.

2 – É possível a realização de procedimento médico disponibilizado a todos pelo Sistema Único de Saúde, com a interdição da realização de transfusão sanguínea ou outra medida excepcional, caso haja viabilidade técnico-científica de sucesso, anuência da equipe médica com a sua realização e decisão inequívoca, livre, informada e esclarecida do paciente.

Não cessará o benefício do segurado até que este seja dado como habilitado para o desempenho de nova atividade que lhe garanta a subsistência ou, quando considerado não recuperável, for aposentado. Depois de concluído o processo de reabilitação profissional, o INSS emitirá certificado indicando a atividade para a qual o trabalhador foi capacitado profissionalmente.

Não se pode conceder a aposentadoria por incapacidade permanente, uma vez que o segurado, caso esteja exercendo outra atividade, não pode ser declarado totalmente incapaz. A saída legal é, portanto, o pagamento do auxílio por incapacidade temporária até que sobrevenha a incapacidade para todo e qualquer trabalho, ou o falecimento do segurado, quando então será paga a pensão aos eventuais beneficiários do segurado.

O RPS prevê, no parágrafo único do art. 74, que, quando exercer atividades concomitantes e não se afastar de todas elas, "o segurado somente poderá transferir-se das demais atividades que exerce após o conhecimento da reavaliação médico-pericial". Trata-se de regra sem previsão legal, extrapolando, a nosso ver, o poder regulamentar.

Entendemos que o serviço de reabilitação deve ser aprimorado para atender a demanda dos segurados que não tenham condições de retornar às suas atividades habituais. Segue a respeito recomendação do Fórum Interinstitucional Previdenciário de Santa Catarina:

> **DELIBERAÇÃO 12**: O Fórum delibera o encaminhamento de moção à Presidência da República, ao Ministério da Previdência e Assistência Social, ao Ministério da Saúde, à Presidência do INSS e ao Sistema S (SESI, SENAC, SENAI e SESC) para que adotem medidas que facilitem o acesso do segurado ao tratamento da saúde e à reabilitação.

### 2.1.14 Suspensão e cessação do benefício

O *caput* do art. 101 da Lei n. 8.213/1991, em sua redação atual, conferida pela Lei n. 14.441/2022, prevê a avaliação periódica dos segurados em fruição de benefícios por incapacidade, entre outros, com o intuito de verificar eventuais ocorrências de concessão ou manutenção indevida. Regulamentando a matéria, dispõe o art. 77 do Regulamento (com redação conferida pelo Decreto n. 10.410/2020): "O segurado em gozo de auxílio por incapacidade temporária concedido judicial ou administrativamente está obrigado, independentemente de sua idade e sob pena de suspensão do benefício, a submeter-se a exame médico a cargo da Perícia Médica Federal, processo de reabilitação profissional a cargo do INSS e tratamento dispensado gratuitamente, exceto o cirúrgico e a transfusão de sangue, que são facultativos".

O texto do art. 77 do RPS não esclarece como se resolve a questão do segurado que, por imperativo de consciência, se recusa a realizar tratamento cirúrgico ou de transfusão de sangue. Por corolário, o INSS terá que manter o benefício por incapacidade temporária, até que sobrevenha a alta, ou haja progressão da enfermidade que acarrete o direito à aposentadoria, ou a morte.

A perícia terá acesso aos prontuários médicos do periciado no Sistema Único de Saúde (SUS), desde que haja a prévia anuência do periciado e seja garantido o sigilo sobre os dados dele (§ 4º do art. 101 da LBPS, redação conferida pela Lei n. 13.457/2017).

As avaliações e os exames médicos periciais poderão ser realizados com o uso de tecnologia de telemedicina ou por análise documental conforme situações e requisitos definidos nos §§ 6º, 8º e 9º do art. 101 da LBPS, redação dada pela Lei n. 14.724/2023.

Cabe referir que a TNU fixou orientação no sentido de ser devida a aposentadoria (incapacidade permanente) nos casos em que o procedimento cirúrgico é a única alternativa para recuperação da capacidade laborativa, uma vez que a parte não é obrigada a se submeter a esse tipo de tratamento, contra a sua vontade e sem certeza de sucesso (PEDILEF 03780420940130, Rel. Juíza Federal Marisa Cláudia Gonçalves Cucio, *DOU* 02.08.2014).

O auxílio por incapacidade temporária cessa pela recuperação da capacidade para o trabalho, pela concessão de aposentadoria por incapacidade permanente ou, na hipótese de o evento causador da redução da capacidade laborativa ser o mesmo que gerou o auxílio por incapacidade temporária, pela concessão do auxílio-acidente (art. 78 do RPS, com redação dada pelo Decreto n. 10.410/2020).

O § 6º do art. 60 da Lei de Benefícios, com a redação conferida pela Lei n. 13.135/2015, passou a prever que "o segurado que durante o gozo do auxílio-doença vier a exercer atividade que lhe garanta subsistência poderá ter o benefício cancelado a partir do retorno à atividade", sendo que, conforme o § 7º, "caso o segurado, durante o gozo do auxílio-doença, venha a exercer atividade diversa daquela que gerou o benefício, deverá ser verificada a incapacidade para cada uma das atividades exercidas". Redação idêntica há no Decreto n. 3.048/1999, nos §§ 5º e 6º do art. 73 (redação dada pelo Decreto n. 10.410/2020).

Na impossibilidade de realização do exame médico-pericial inicial antes do término do período de recuperação indicado pelo médico assistente em documentação, é autorizado o retorno do empregado ao trabalho no dia seguinte à data indicada pelo médico assistente, mantida a necessidade de comparecimento do segurado à perícia na data agendada.

A duração do benefício passou a ser objeto de grandes debates e aumento da judicialização, a partir da implantação do chamado "Sistema Data Certa", visto a seguir.

## 2.1.15 Sistema "Data Certa", pedido de prorrogação e pedido de reconsideração

De acordo com o art. 77-A do RPS, "O segurado em gozo de auxílio por incapacidade temporária concedido judicial ou administrativamente poderá ser convocado a qualquer tempo para avaliação das condições que ensejaram sua concessão ou manutenção".

Desde 09.08.2005, o INSS iniciou o programa Cobertura Previdenciária Estimada (Copes), que permite que o benefício seja concedido com prazo determinado por evidências médicas. Esse sistema objetiva, teoricamente, uma avaliação mais conclusiva, evitando que o segurado se submeta a sucessivos exames periciais, eliminando gastos com perícias supostamente desnecessárias.

Pelo sistema de concessão até então em funcionamento, depois que o benefício era concedido, o beneficiário precisava fazer revisões na perícia médica do INSS em média a cada sessenta dias. A regra é utilizada para qualquer tipo de doença, das mais simples às mais complexas.

Desde então, o perito médico previdenciário realiza, a partir do diagnóstico, um prognóstico de cessação da incapacidade, com base no tempo supostamente necessário para a reaquisição da capacidade para o trabalho.

Tal procedimento tem fundamento, desde 2017, nos §§ 8º e 9º do art. 60 da Lei n. 8.213/1991, inseridos pela Lei n. 13.457/2017, que resultou da conversão da Medida Provisória n. 767:

> Art. 60. (...)
> § 8º Sempre que possível, o ato de concessão ou de reativação de auxílio-doença, judicial ou administrativo, deverá fixar o prazo estimado para a duração do benefício.
> § 9º Na ausência de fixação do prazo de que trata o § 8º deste artigo, o benefício cessará após o prazo de 120 dias, contado da data de concessão ou de reativação do auxílio-doença, exceto se o segurado requerer a sua prorrogação perante o INSS, na forma do regulamento, observado o disposto no art. 62 desta Lei.

O tema já vinha disposto no § 1º do art. 78 do Regulamento, atualmente com a redação conferida pelo Decreto n. 10.410/2020, que prevê: "Sempre que possível, o ato de concessão ou de reativação de auxílio por incapacidade temporária, judicial ou administrativo, deverá estabelecer o prazo estimado para a duração do benefício".

O § 4º do art. 78 do Regulamento, com a redação do Decreto n. 10.410/2020, dispõe que "Caso não seja estabelecido o prazo de que trata o § 1º, o benefício cessará após o prazo de cento e vinte dias, contado da data de concessão ou de reativação do auxílio por incapacidade temporária, exceto se o segurado requerer a sua prorrogação ao INSS". E acerca do segurado que se considerar capaz antes do prazo estabelecido pela Perícia Médica Federal no ato da concessão ou da prorrogação do auxílio por incapacidade temporária, agora se determina que *somente deverá retornar ao trabalho após nova avaliação médico-pericial* (§ 5º do art. 78 do RPS, redação do Decreto n. 10.410/2020). O novo procedimento vai em direção diametralmente oposta ao que antes dispunha o regulamento, pois a redação anterior do § 4º do citado artigo era: "A recepção de novo atestado fornecido por médico-assistente com declaração de alta médica do segurado, antes do prazo estipulado na concessão ou na prorrogação do auxílio-doença, *culminará na cessação do benefício na nova data indicada*".

Diferente é a situação quando o segurado, no prazo do prognóstico feito pela perícia previdenciária, ainda se considera inapto. Para esta situação, o segurado, caso entenda que não se encontra ainda apto para o trabalho, deve solicitar (*rectius*: requerer) a prorrogação do benefício, devendo a comunicação emitida pelo INSS para ciência do deferimento do benefício indicar, desde logo, o procedimento para postular a prorrogação, acaso necessária.

Analisemos, então, como deve proceder o segurado neste caso.

Nos casos em que o prazo fixado não for suficiente para a recuperação da capacidade de trabalho, a Previdência instituiu o Pedido de Prorrogação. O objetivo é evitar o fim do auxílio antes da recuperação efetiva do segurado, submetendo-o a nova avaliação para analisar se é necessária a continuidade da licença e do pagamento.

Todavia, o sistema causou sérios problemas aos segurados vítimas de acidentes do trabalho ou de outra natureza ou causa e que, após o tratamento, venham a ficar com sequelas redutoras da capacidade laborativa: é que, no modelo "antigo", tal situação era constatada na perícia "final" – que concedia a "alta médica" – identificando o problema e, a partir daí, concedendo-se *ex officio* o benefício de auxílio-acidente (art. 86 da LBPS).

Com o sistema atual, o segurado não tem meios de postular o auxílio-acidente, nem pelo agendamento feito por telefone, nem pela internet, nem diretamente nas agências do INSS. E mais, sem o devido conhecimento de seus direitos (já que tal informação não é prestada adequadamente), o segurado muitas vezes até deixa de obter o benefício em questão, pois sequer sabe que tem direito àquele e com isso não o postula na via judicial.

A constitucionalidade desse sistema é objeto de análise pelo STF na Repercussão Geral Tema n. 1.196 – "Constitucionalidade da Medida Provisória n. 739/2016, substituída pela Medida Provisória n. 767/2017 e convertida na Lei n. 13.457/2017, as quais alteraram a Lei n. 8.213/1991, inserindo preceito sobre prazo estimado para a duração do benefício" (*Leading Case*: RE 1347526, Rel. Min. Ricardo Lewandowski, *DJe* 23.02.2022)

### 2.1.15.1 *Pedido de prorrogação*

O objetivo do pedido de prorrogação é evitar o fim do auxílio por incapacidade antes da recuperação efetiva do segurado, submetendo-o a nova avaliação para analisar se é necessária a continuidade do afastamento laboral e do pagamento do benefício.

A prorrogação normalmente depende de novo exame médico-pericial, que pode ser solicitado pelo aplicativo Meu INSS, pela Internet ou pelo ramal 135 até quinze dias antes da data de término do benefício, podendo ser repetida, desde que o segurado, no fim do novo prazo de licença, ainda se considere incapaz de voltar ao trabalho.

Em conformidade com a Portaria PRES/INSS/SRGPS/MPS N. 49, de 04.07.2024, os Pedidos de Prorrogação dos benefícios por incapacidade temporária, realizados no prazo estabelecido, devem observar que, quando o tempo de espera para realização da avaliação médico-pericial for:

> I – menor ou igual a 30 (trinta) dias, a avaliação será agendada com a Data de Cessação Administrativa – DCA, quando for o caso; e
> II – maior que 30 (trinta) dias, o benefício será prorrogado por 30 (trinta) dias, sem agendamento da avaliação médico-pericial, sendo fixada Data de Cessação do Benefício – DCB.

Nessas hipóteses, caso o segurado sinta-se apto, poderá retornar ao trabalho sem necessidade de nova perícia médica, formalizando o pedido de cessação do benefício na Agência da Previdência Social de manutenção do seu benefício, por meio do aplicativo Meu INSS ou da Central 135.

Constatada incapacidade decorrente de doença diversa da geradora do benefício objeto de pedido de prorrogação, com alteração do CID devidamente justificado, o pedido será transformado em requerimento de novo benefício, independentemente da data de fixação da DII, observando-se o cumprimento do requisito carência, se for o caso. Nesse caso, a DIB e a DIP serão fixadas:

> I – no dia seguinte à DCA ou DCB do primeiro auxílio por incapacidade temporária, se a DII for menor ou igual à data da cessação do benefício anterior; e
> II – na DII, se a DII for maior que a data da cessação do benefício anterior.

Sobre a prorrogação do auxílio por incapacidade temporária, a Portaria DIRBEN/INSS n. 991/2022 estabelece ainda o seguinte procedimento nos arts. 387 a 389:

> – estando a agenda médica com prazo superior a 30 (trinta) dias para os serviços de perícia, a prorrogação do benefício será automática pelo prazo de 30 (trinta) dias contados da DCB, gerando um requerimento de Prorrogação de Manutenção – PMAN, até o limite de 2 (dois) requerimentos, sem a necessidade de realização de perícia médica;
> – após as duas prorrogações automáticas, ou caso o prazo da agenda médica esteja com prazo inferior a 30 (trinta) dias, o segurado terá direito ainda a 2 (dois) pedidos de prorrogação que são o Pedido de Perícia Médica Conclusiva – PPMC e o Pedido de Perícia Médica Resolutiva – PPMRES, os quais passarão por perícia médica para delimitação da incapacidade e fixação do prazo de duração;
> – nos casos de marcação de perícias de prorrogação, o segurado terá direito ao recebimento dos pagamentos até a Data de Realização do Exame pericial – DRE, em conformidade com a ACP n. 2005.33.00.020219-8 vigente, independente do seu comparecimento, gerando como motivo de cessação a Data de Cessação Administrativa – DCA. E, caso haja remarcação da perícia, o pagamento só ocorrerá se o INSS der causa à remarcação.

O segurado poderá, na forma do § 6º do art. 78 do RPS (com redação dada pelo Decreto n. 10.410/2020), em sua redação atual, desistir do requerimento de prorrogação antes da realização do exame médico-pericial, hipótese em que o benefício será mantido até a data da sua desistência, desde que posterior à data de cessação estabelecida pela Perícia Médica Federal.

O segurado que não concordar com o resultado da avaliação pericial de qualquer dos pedidos de prorrogação poderá apresentar, no prazo de trinta dias, recurso da decisão proferida pela Perícia Médica Federal perante o Conselho de Recursos da Previdência Social – CRPS, cuja análise médico-pericial, se necessária, será feita por perito médico federal diverso daquele que tenha realizado o exame anterior (§ 7º do art. 78 do RPS, com redação dada pelo Decreto n. 10.410/2020).

Caso haja interesse na interposição do recurso o segurado deve agendá-lo pelo aplicativo Meu INSS, pelo portal na internet ou pelo telefone 135, quando então receberá uma data para comparecer na APS para a entrega das razões do recurso. Esse recurso é avaliado pelo setor de perícia médica e será encaminhado para a Junta de Recursos com jurisdição sobre a APS, que dará a decisão final em sede administrativa sobre o assunto.

Recapitulando, o segurado pode fazer pedido de concessão do benefício por incapacidade temporária, o pedido de prorrogação deste e, ainda, o recurso para a Junta de Recursos, todos na via administrativa.

Entendemos que não é exigível o pedido de prorrogação para o ingresso com ação de restabelecimento de benefício. Portanto, diferentemente do que normalmente ocorre nos casos de concessão, em que o segurado deve comprovar o prévio requerimento administrativo, nos casos de restabelecimento, o segurado, mesmo não tendo pedido a prorrogação na via administrativa, pode recorrer ao Judiciário para requerer o reinício de seu benefício.

De fato, nas ações de restabelecimento, o autor da demanda buscará a revisão judicial do ato administrativo que decidiu pela cessação do benefício. A lesão ao direito já foi consumada com a determinação da data certa de fim do benefício: a DCB. Não existe a obrigação de prévio requerimento administrativo para viabilizar o ajuizamento da ação de restabelecimento porque a necessidade e a utilidade do provimento jurisdicional estão caracterizadas.

Tal ocorre porque não se exige o exaurimento da instância administrativa em casos de pedidos de concessão, e não é de se condicionar o acesso à jurisdição à interposição de recurso administrativo, ou seu equivalente no caso: o pedido de prorrogação.

Entendemos que a inclusão da previsão da alta programada na Lei n. 13.457/2017 não muda a realidade segundo a qual o benefício será devido ao segurado "enquanto ele permanecer incapaz", verificação esta que não dispensa a realização de nova perícia.

A TNU, no entanto, apreciando a validade do mecanismo "alta programada" sob a nova roupagem conferida pelas MPs n. 739 e n. 767 e Lei n. 13.457, admitiu a hipótese, mas somente "quando a parte autora preencher os requisitos necessários para concessão do benefício na vigência dos referidos diplomas legais" (interpretação de direito intertemporal) – PEDILEF 5006193-92.2014.4.047117, j. 30.08.2017.

Há que se observar, ainda, na hipótese de concessão judicial, que a cessação pelo INSS deve verificar os parâmetros fixados na sentença. Entende a TNU, no entanto, que a concessão judicial de benefício previdenciário não impede a revisão administrativa pelo INSS, na forma prevista em norma regulamentadora, mesmo durante o curso da demanda (PU n. 5000525-23.2012.4.04.7114, *DOU* 07.06.2013).

O tema foi novamente enfrentado pela TNU (Sessão de 19.04.2018), em Representativo de Controvérsia, sendo fixada a seguinte tese:

> **Tema n. 164** – "Por não vislumbrar ilegalidade na fixação de data estimada para a cessação do auxílio-doença, ou mesmo na convocação do segurado para nova avaliação da persistência das condições que levaram à concessão do benefício na via judicial, a Turma Nacional de Uniformização, por unanimidade, firmou as seguintes teses:
>
> a) **os benefícios de auxílio-doença concedidos judicial ou administrativamente, sem Data de Cessação de Benefício (DCB), ainda que anteriormente à edição da MP n. 739/2016**, podem ser objeto de revisão administrativa, na forma e prazos previstos em lei e demais

normas que regulamentam a matéria, por meio de prévia convocação dos segurados pelo INSS, para avaliar se persistem os motivos de concessão do benefício;

b) **os benefícios concedidos, reativados ou prorrogados posteriormente à publicação da MP n. 767/2017, convertida na Lei n. 13.457/17**, devem, nos termos da lei, ter a sua DCB fixada, sendo desnecessária, nesses casos, a realização de nova perícia para a cessação do benefício;

c) **em qualquer caso, o segurado poderá pedir a prorrogação do benefício, com garantia de pagamento até a realização da perícia médica**".

Discordamos dessa orientação, pois, judicializada a concessão do auxílio, somente após o trânsito em julgado da decisão ficará o INSS autorizado a fazer a revisão administrativa e dentro dos parâmetros fixados na ação judicial. Nesse sentido: "Benefício por invalidez concedido por antecipação de tutela, ainda sub judice, não pode ser cancelado em razão de perícia administrativa antes do trânsito em julgado da decisão" (TRF4, AI n. 0007608-46.2013.404.0000, 5ª Turma, Rel. Des. Federal Rogério Favreto, *DE* 26.02.2014).

Cabe referir, ainda, que o STJ tem firmado entendimento no sentido da ilegalidade da alta programada, pois: "No mais, o fato de a lei impor à autarquia previdenciária a fiscalização administrativa não afasta a jurisprudência do Superior Tribunal de Justiça, que exige o ajuizamento de demanda perante o Poder Judiciário para o cancelamento do benefício judicialmente conferido" (AgInt no AREsp 1.778.732/SP, 2ª Turma, Rel. Min. Francisco Falcão, *DJe* 02.06.2021). Mas a matéria ainda está pendente de solução no STF, na RG Tema n. 1.196:

Constitucionalidade da Medida Provisória n. 739/2016, substituída pela Medida Provisória n. 767/2017 e convertida na Lei n. 13.457/2017, as quais alteraram a Lei n. 8.213/1991, inserindo preceito sobre prazo estimado para a duração do benefício. (RE 1.347.526, Rel. Min. Cristiano Zanin)

Regulando o tema quanto à atuação dos peritos, o Manual de Perícias Médicas do INSS assim dispõe:

Caberá atuação da Perícia Médica nos benefícios implantados/reativados por decisão judicial nos seguintes casos:

I – prorrogação: requerimento e agendamento remotos (Central 135 ou internet) ou na APS de manutenção do benefício. O atendimento será realizado pelo Perito Médico no SABI (ou em outro sistema que venha a substituí-lo), na agenda ordinária ambulatorial ou como perícia externa. Em casos excepcionais, quando houver indisponibilidade ou inconsistência do Sistema de Perícia Médica que impeça o agendamento da solicitação de prorrogação, o exame será agendado pela APS de manutenção do benefício no SAG, utilizando, nestes casos, o Código 1551;

II – por determinação judicial – agenda SAG, Código 1571: exame realizado nos casos em que houver nova intimação judicial manifestando discordância com a DCB fixada em 120 (cento e vinte) dias da Data do Despacho do Benefício – DDB (implantação/reativação), conforme § 9º do art. 60 da Lei n. 8.213, de 1991, condicionando a cessação do benefício à avaliação pericial do segurado. Esta perícia será agendada pela APSADJ/SADJ por ocasião do cumprimento da decisão judicial;

III – reabilitação profissional por determinação judicial: agenda SAG, Código 2211, perícia agendada pela APSADJ/SADJ no momento da implantação/reativação do benefício, cuja sentença determine a reabilitação profissional do segurado. Esta perícia tem por objetivo a avaliação da elegibilidade do segurado para prosseguimento no Programa e poderá ser realizada por todos os Peritos Médicos da APS de manutenção do benefício; e

IV – revisão: agenda SAG, Código 1391, agendamento pela APS de manutenção do benefício no ato de convocação do segurado para perícia de revisão judicial, quando o benefício não tiver DCB fixada, nem a conclusão "NB impedido de cessar automaticamente/sem DCB".

Concedido o benefício por causas associadas à gravidez (por exemplo, em caso de gravidez de risco, em que o médico estabelece a obrigatoriedade de repouso), segundo as normas procedimentais do INSS, a perícia médica poderá, se for o caso, fixar a alta programada de vinte e oito dias a um dia antes da data provável do parto, sendo que em caso de parto antecipado, será necessária a realização de revisão médica para a fixação da cessação do auxílio na véspera da data do parto mediante apresentação da certidão de nascimento da criança.

Já no caso de a gravidez não ser a geradora da incapacidade:

a) o benefício deverá ser suspenso enquanto perdurar o salário-maternidade, devendo ser restabelecido a contar do primeiro dia seguinte ao término do período de cento e vinte dias, caso a data de cessação do benefício (DCB) por incapacidade tenha sido fixada em data posterior a este período, sem necessidade de nova habilitação;
b) se fixada a DCB por incapacidade durante a vigência do salário-maternidade e ficar constatado, mediante avaliação da perícia do INSS, a pedido da segurada, que esta permanece incapacitada pela mesma doença que originou o auxílio cessado, este será restabelecido, fixando-se novo limite; ou
c) se na avaliação da perícia ficar constatada a incapacidade da segurada para o trabalho em razão de moléstia diversa do benefício de auxílio cessado, deverá ser concedido novo benefício.

### 2.1.15.2  Restabelecimento do benefício

Havendo cessação do benefício de auxílio por incapacidade temporária, nem sempre o segurado se vê apto a retornar ao trabalho na data fixada pelo INSS. Nestes casos, o segurado pode postular a reabertura do benefício cessado, passando por nova perícia.

Os pedidos de reabertura de auxílio por incapacidade temporária decorrente de acidente do trabalho deverão ser formulados quando houver reinício do tratamento ou afastamento por agravamento de lesão do acidente ou doença ocupacional, e serão processados nos mesmos moldes do auxílio por incapacidade temporária previdenciário, cadastrando-se a CAT de reabertura, quando apresentada (art. 345 da IN INSS/PRES n. 128/2022).

Segundo a referida Instrução Normativa vigente, em seu art. 346, somente poderá ser realizado novo requerimento de benefício por incapacidade após 30 (trinta) dias contados da Data de Realização do Exame – DRE, ou da DCB, ou da Data de Cessação Administrativa – DCA, conforme o caso.

E, em caso de novo requerimento, se a perícia médica concluir que se trata de direito à mesma espécie de benefício, decorrente da mesma causa de incapacidade e sendo fixada a DIB até 60 (sessenta) dias contados da DCB do benefício anterior, será indeferido o novo pedido, restabelecido o benefício anterior e descontados os dias trabalhados, quando for o caso. Neste caso, a DIP será fixada no dia imediatamente seguinte ao da cessação do benefício anterior, ficando a empresa, no caso de empregado, desobrigada do pagamento relativo aos 15 (quinze) primeiros dias do novo afastamento.

Cabe ressaltar ainda que não se exige do segurado o pedido de prorrogação para o ingresso das ações judiciais cujo pleito seja de restabelecimento de auxílio por incapacidade temporária. Portanto, diferentemente do que normalmente ocorre nos casos de concessão, em que o segurado deve comprovar o prévio requerimento administrativo, nos casos de restabelecimento, o segurado, mesmo não tendo pedido a prorrogação na via administrativa, pode recorrer à justiça para requerer o reinício de seu benefício.

De fato, nas ações de restabelecimento, o autor da demanda buscará a revisão judicial do ato administrativo que decidiu pela cessação do benefício. A lesão ao direito já foi consumada com a determinação da data certa de fim do benefício: a DCB. Não existe a obrigação de prévio requerimento administrativo para viabilizar o ajuizamento da ação de restabelecimento porque a necessidade e a utilidade do provimento jurisdicional estão caracterizadas.

Tal ocorre porque não se exige o exaurimento da instância administrativa em casos de pedidos de concessão, e não é de se condicionar o acesso à jurisdição à interposição de recurso administrativo, ou seu equivalente no caso: o pedido de prorrogação.

### 2.1.16 Situação trabalhista e problemas ligados ao "limbo" jurídico

O segurado empregado em gozo de benefício por incapacidade deve ser considerado licenciado; há, na verdade, a suspensão do contrato de trabalho. A empresa que garantir ao segurado licença remunerada por força do contrato de trabalho, regulamento de empresa, convenção coletiva ou acordo coletivo, ficará obrigada a pagar-lhe durante o período de benefício a eventual diferença entre o valor deste e a importância garantida pela licença. Sobre esse valor não incide contribuição à Seguridade Social, já que a natureza jurídica de tal pagamento é de mero complemento do benefício pago pela Previdência Social, este irrenunciável.

O benefício será devido durante o curso de dissídio individual trabalhista relacionado com a rescisão do contrato de trabalho, ou após a decisão final, desde que implementadas as condições mínimas para a concessão do benefício. É a hipótese, por exemplo, de empregado que postula em Juízo reintegração no emprego, pelo reconhecimento de sua estabilidade; como a situação do autor da ação, em relação à condição de empregado – e de segurado, por consequência –, encontra-se *sub judice*, tem ele direito à prestação previdenciária.

Diga-se, ainda, que é nula a dação de férias, ou aviso prévio com vistas ao despedimento do empregado, durante a fruição do benefício por incapacidade, por estar o contrato de trabalho suspenso.

O empregado em fruição de benefício por incapacidade temporária de cunho acidentário faz jus, além disso, ao recolhimento do FGTS durante este afastamento, por força da Lei n. 8.036/1990.

Dispõe o art. 118 da Lei n. 8.213/1991: "o segurado que sofreu acidente do trabalho tem garantida, pelo prazo mínimo de doze meses, a manutenção do seu contrato de trabalho na empresa, após a cessação do auxílio-doença acidentário, independentemente de percepção de auxílio-acidente".

Durante o período de fruição do auxílio – previdenciário ou acidentário –, tanto como na aposentadoria por incapacidade permanente, com a indevida cessação do plano de saúde empresarial, vem sendo acolhida a tese de que há dano, cabendo a reparação civil-trabalhista. Nesse sentido: TST, RR 1066-69.2011.5.15.0007, 2ª Turma, Rel. Min. Valdir Florindo, *DEJT* 20.09.2013.

Um aspecto lamentavelmente frequente na matéria é costumeiramente denominada pelos profissionais da área "limbo jurídico" do trabalhador.

Explica-se.

Uma vez cessado o benefício, o segurado empregado deve se reapresentar no dia seguinte ao seu empregador, a fim de não caracterizar, com a continuidade de sua ausência, agora injustificada, abandono de emprego:

> Ação de consignação em pagamento. Empregada que não retorna da alta previdenciária e que, por tal circunstância, não tem reconhecida, em ação trabalhista anteriormente ajui-

zada, a estabilidade acidentária. Abandono de emprego configurado. Pleito consignatório procedente. Tendo transitada em julgado a ação trabalhista que nega à trabalhadora o reconhecimento de estabilidade acidentária, assinalando, ainda, que jamais retornou a obreira ao trabalho após a alta previdenciária, procedentes os pedidos da ação de consignação em pagamento, fundados em dispensa por justa causa, em face do abandono de emprego. (TRT 12, R0 0001837-61.2016.5.12.0005, 5ª Câmara, Rel. Des. Trab. Gisele Pereira Alexandrino, j. 08.09.2017)

Para o retorno ao trabalho, o médico da empresa, ou por ela credenciado, realiza um "exame de retorno". Neste, o indivíduo passa por novos exames – considerando que o INSS concede "alta programada" –, e daí podem surgir diversas situações, sem contar com aquela situação "normal" em que o segurado volta ao trabalho sem maiores percalços.

A primeira delas é que o próprio trabalhador pode se declarar sentir-se inapto para retornar ao trabalho. Nesse caso, o médico da empresa geralmente pede que o trabalhador consulte um médico-assistente, que tenha acompanhado seu quadro de saúde para, se for o caso, sugerir que o indivíduo postule a continuação do auxílio (lembrando que há um prazo para o Pedido de Prorrogação, como já salientado) ou a concessão de benefício com base em recidiva. E se é essa a conclusão do médico que assiste o segurado, a demanda efetivamente é contra a Previdência, para o restabelecimento do benefício por incapacidade (e não contra o empregador).

Conforme o Manual de Perícias Médicas do INSS vigente, quando o segurado requerer novamente o auxílio, dentro do prazo de sessenta dias da cessação de um benefício anterior, o profissional da área médica deverá se pronunciar sobre a possibilidade de ser a incapacidade motivada pela mesma doença. Se restar comprovada que a doença incapacitante é a mesma (mesmo CID), será restabelecido o benefício anterior, descontados os dias de trabalho, se houver.

> Numa segunda hipótese, apesar de o segurado declarar ao médico da empresa que se sente apto para retornar, o médico da empresa recusa o retorno, impedindo que aquele retorne ao seu posto de trabalho. Ocorre que o indivíduo não deseja postular novo benefício – já que ele se sente apto e seu médico-assistente assim também entende, além de o INSS ter lhe concedido "alta", ainda que por prognóstico. Nesse caso, a ação a ser ajuizada é trabalhista, movida contra o empregador, para que este seja condenado a devolver o posto de trabalho e pagar os salários do interregno entre a alta previdenciária e o efetivo retorno. (*v.g.*, TRT 12, Ac. Proc. 0000805-31.2016.5.12.0034, 6ª Câmara, Rel. Des. Trab. Ligia Maria Teixeira Gouvêa, j. 04.09.2017)

Importante frisar, entretanto, que o indeferimento do benefício não acidentário por falta de carência ou qualquer outro fundamento utilizado pelo INSS ou pelo Judiciário que considere ser indevido o benefício, sem que haja qualquer conduta patronal ensejadora do indeferimento, não gera, para o empregador, o dever de pagar salários do período de afastamento. Nesse sentido:

> Recurso de revista interposto sob a égide das Leis n. 13.015/2014 e n. 13.105/2015. Indeferimento de auxílio-doença comum pelo INSS ante o não preenchimento do requisito carência. Inexistência de responsabilidade do empregador. Pagamento de salários indevido. A ausência de cobertura previdenciária oficial, por determinação legal, pelo não preenchimento de requisito que depende exclusivamente do segurado (satisfação das doze contribuições mensais), não tem o condão de transferir ao empregador qualquer tipo de responsabilidade, como espécie de segurador supletivo e universal. Recurso de revista conhecido e provido. (TST, RR 10949-58.2015.5.12.0015, Rel. Min. Alberto Luiz Bresciani de Fontan Pereira, 3ª Turma, *DEJT* 22.09.2017)

## 2.1.17 Benefício da Lei Maria da Penha

A Lei Maria da Penha (Lei n. 11.340/2006) prevê, como medida de proteção da mulher vítima de violência doméstica, a manutenção do vínculo trabalhista, por até seis meses, em razão de afastamento do trabalho da vítima – art. 9º, § 2º, inciso II.

Trata-se de uma das medidas protetivas que o juiz pode tomar em favor da mulher vítima de violência, mas paira controvérsia a respeito de ser responsabilidade do empregador ou do INSS o pagamento pelo período de afastamento – a lei não esclarece se é caso de suspensão ou de interrupção do contrato de trabalho.

A matéria foi levada ao STJ, e a 6ª Turma decidiu que o INSS deverá arcar com a subsistência da mulher que tiver de se afastar do trabalho para se proteger de violência doméstica. Para o colegiado – que acompanhou o voto do relator, Ministro Rogerio Schietti Cruz –, tais situações ofendem a integridade física ou psicológica da vítima e são equiparáveis à enfermidade da segurada, o que justifica o direito ao auxílio por incapacidade temporária.

No mesmo julgamento, a turma definiu que o juiz da vara especializada em violência doméstica e familiar – e, na falta deste, o juízo criminal – é competente para julgar o pedido de manutenção do vínculo trabalhista, por até seis meses, em razão de afastamento do trabalho da vítima.

Quanto ao ônus da medida protetiva, o magistrado ressaltou que o legislador não incluiu o período de afastamento previsto na Lei Maria da Penha entre as hipóteses de benefícios previdenciários listadas no art. 18 da Lei n. 8.213/1991, o que deixou ao desamparo as vítimas de violência.

"A vítima de violência doméstica não pode arcar com danos resultantes da imposição de medida protetiva em seu favor. Ante a omissão legislativa, devemos nos socorrer da aplicação analógica, que é um processo de integração do direito em face da existência de lacuna normativa" – afirmou, justificando a adoção do então denominado auxílio-doença. Conforme o entendimento da Turma, os primeiros 15 dias de afastamento devem ser pagos diretamente pelo empregador, e os demais, pelo INSS.

O colegiado definiu também que, para comprovar a impossibilidade de comparecer ao local de trabalho, em vez do atestado de saúde, a vítima deverá apresentar o documento de homologação ou a determinação judicial de afastamento em decorrência de violência doméstica. Os Ministros estabeleceram ainda que a empregada terá direito ao período aquisitivo de férias, desde o afastamento – que, segundo a própria Lei, não será superior a seis meses.

"Em verdade, ainda precisa o Judiciário evoluir na otimização dos princípios e das regras desse novo subsistema jurídico introduzido em nosso ordenamento com a Lei n. 11.340/2006, vencendo a timidez hermenêutica", disse Schietti.

Com o provimento do recurso, o juízo da vara criminal que fixou as medidas protetivas a favor da vítima deverá apreciar seu pedido retroativo de afastamento. Caso reconheça que a mulher tem direito ao afastamento previsto na Lei Maria da Penha, deverá determinar a retificação do ponto e expedir ofício à empresa e ao INSS para que providenciem o pagamento dos dias.

## 2.1.18 A covid-19 e o nexo de causalidade com o trabalho

No início de 2020, fomos surpreendidos com a avassaladora pandemia da covid-19, ou coronavírus, que afetou significativamente as relações interpessoais, entre as quais aquelas ligadas ao mercado de trabalho e, em face dos problemas de saúde e falecimentos causados, infelizmente, muitas questões inerentes ao Direito Previdenciário.

Um problema gravíssimo gerado foi a suspensão do atendimento ao público nas Agências do INSS, acarretando um (ainda maior) represamento de requerimentos benefícios aguardando análise – fato que já vinha do sucateamento da estrutura da autarquia, que não se preparou adequadamente para o (consabido) aumento de procura causado pela reforma levada a efeito pela EC n. 103, sequer tendo alterado a contento seus sistemas de informação e concessão.

A Lei n. 13.982, de 02.04.2020, em seu art. 4º, autorizou a antecipar o valor de salário mínimo mensal para os requerentes do benefício durante o período de 3 (três) meses, a contar da publicação da Lei, ou até a realização de perícia pela Perícia Médica Federal, o que ocorrer primeiro.[16]

Todavia, a antecipação foi condicionada ao cumprimento da carência exigida para a concessão do benefício; e à apresentação de atestado médico, cujos requisitos e forma de análise foram estabelecidos em ato conjunto da Secretaria Especial de Previdência e Trabalho do Ministério da Economia e do INSS (parágrafo único do art. 4º da Lei n. 13.982/2020). Interessante frisar que o procedimento de antecipação, portanto, não serve para situações de benefícios acidentários de segurados com menos de 12 contribuições mensais, em que é inexigível a carência.

Foi então editada a Portaria Conjunta SEPRT/INSS n. 9.381, de 07.04.2020. A Portaria regulou, inicialmente, o procedimento para a antecipação para segurados que solicitassem o auxílio por incapacidade temporária.[17]

Pela referida Portaria foi possível, durante o período de fechamento das APS, enviar o atestado médico diretamente pelo Meu INSS (pelo *site* ou aplicativo para celulares) para ser avaliado pela perícia.

A Portaria Conjunta SEPRT/INSS n. 9.381/2020 definiu, ainda, que seria possível ao segurado já em fruição de benefício, cuja data de cessação coincida com o período de fechamento das agências do INSS, fazer o pedido de prorrogação do benefício anterior pelo mesmo sistema, com base no prazo de afastamento da atividade informado no atestado médico anterior ou mediante apresentação de novo atestado médico (art. 4º).

Na sequência, a Portaria Conjunta SEPRT/INSS n. 47, de 21.08.2020 (que revogou a Portaria anterior), em seu art. 1º, §§ 1º e 2º, autorizou o INSS a deferir a antecipação para requerimentos administrativos protocolados até 31 de outubro de 2020 e estabeleceu que os efeitos financeiros das antecipações não poderão exceder o dia 31 de dezembro de 2020, ficando ressalvada a possibilidade de o segurado apresentar pedido de revisão para fins de obtenção integral e definitiva do auxílio por incapacidade temporária, na forma estabelecida pelo INSS.

A antecipação do benefício ou sua prorrogação teve seu prazo total limitado em até 60 dias,[18] uma vez cumpridos os requisitos legais exigidos, a partir da data de início do benefício fixada no art. 60 da Lei n. 8.213/1991 – é dizer, observados: a categoria de segurado (empregado ou não) e a data de entrada do requerimento (data esta que corresponderá, no caso, à data da remessa da documentação médica pelo Meu INSS). Caso o período estimado de repouso informado no atestado médico não corresponda a mês completo, o valor antecipado será proporcional ao número de dias, na razão de 1/30 (um trinta avos) do salário mínimo mensal por dia (§ 2º do art. 3º da Portaria Conjunta SEPRT/INSS n. 47/2020).

Quando do retorno do atendimento presencial (que iniciou a acontecer, ainda precariamente, em meados de setembro de 2020), segundo o art. 2º da Portaria Conjunta SEPRT/INSS n. 47, de 21.08.2020, com a redação conferida pela Portaria Conjunta n. 62, de 28.09.2020, o segurado, no momento do requerimento (este feito até 31.10.2020, conforme § 1º do art. 1º da mesma Portaria), deveria fazer a opção pelo agendamento da perícia médica para a concessão do auxílio por incapacidade temporária, em uma das unidades de atendimento da Perícia Médica

---

[16] O prazo foi posteriormente estendido até 31.10.2020 pelo Decreto n. 10.413, de 02.07.2020.
[17] Como veremos adiante, a referida Portaria foi revogada pela Portaria Conjunta SEPRT/INSS n. 47, de 21.08.2020, que passou a disciplinar o assunto desde então, sem alterar o procedimento, mas apenas fixando alguns limites e tratando da questão do retorno das perícias presenciais.
[18] Limite fixado pelo art. 3º da Portaria Conjunta SEPRT/INSS n. 47, de 21.08.2020.

Federal cujo serviço de agendamento esteja disponível, ou pela antecipação de que trata o art. 1º. O requerimento do agendamento da perícia médica e o requerimento da antecipação, na forma do *caput*, são excludentes entre si, sem prejuízo do posterior agendamento de perícia para as antecipações realizadas (§ 1º do art. 2º da aludida Portaria).

Reconhecido em definitivo o direito do segurado ao auxílio por incapacidade temporária, seu valor será devido a partir da data de início do benefício, deduzindo-se as antecipações pagas (§ 3º do art. 3º da Portaria Conjunta SEPRT/INSS n. 47/2020). Da mesma forma, caso a situação seja de aposentadoria por incapacidade permanente, e não apenas de incapacidade temporária, compreendemos que caberá ao INSS reconhecer a invalidez em caráter retroativo, com o pagamento de diferenças entre o valor adiantado e o valor devido de RMI.

Importante destacar ainda que, na forma do art. 5º da Lei n. 13.982/2020, foi permitido à empresa "deduzir do repasse das contribuições à previdência social, observado o limite máximo do salário de contribuição ao RGPS, o valor devido, nos termos do § 3º do art. 60 da Lei n. 8.213, de 24 de julho de 1991 [e não apenas o valor de um salário mínimo mensal, ou fração deste], ao segurado empregado cuja incapacidade temporária para o trabalho seja comprovadamente decorrente de sua contaminação pelo coronavírus (covid-19)". Neste caso, o procedimento a ser adotado pela empresa deve ser idêntico ao adotado pelo INSS, com a análise (e guarda, pelo prazo decadencial tributário) da documentação médica que comprove a contaminação (CID da enfermidade), a fim de que a Receita Federal possa, quando de eventual verificação da exatidão da compensação realizada na época do recolhimento de contribuições, constatar os casos em que a empresa assim procedeu.

O STJ considerou afetada a matéria pelo Tema Repetitivo 1.290:

> a) decidir sobre a legitimidade passiva *ad causam* (se do INSS ou da Fazenda Nacional) nas ações em que empregadores pretendem reaver valores pagos a empregadas gestantes durante a pandemia de Covid-19; b) definir se é possível enquadrar como salário-maternidade a remuneração de empregadas gestantes que foram afastadas do trabalho presencial durante o período da pandemia de Covid-19, nos termos da Lei n. 14.151/2021, a fim de autorizar restituição ou compensação tributária desta verba com tributos devidos pelo empregador (REsp 2.160.674/RS, 1ª Seção, Rel. Min. Gurgel de Faria, publ. 06.11.2024).

A regra em comento, porém, não entra no mérito quanto à possibilidade ou não de reconhecimento de a contaminação por coronavírus ser de natureza ocupacional, o que discutiremos a seguir.

O art. 6º da Lei n. 14.131/2021 autorizou o INSS, durante a pandemia e até 31.12.2021, a conceder o benefício de auxílio por incapacidade temporária mediante apresentação pelo requerente de atestado médico e de documentos complementares que comprovem a doença informada no atestado como causa da incapacidade. Esse procedimento foi adotado em caráter excepcional e a duração do benefício por incapacidade temporária dele resultante não teve duração superior a 90 (noventa) dias, sem possibilidade de prorrogação. A constitucionalidade desse dispositivo foi validada pelo STF na ADI n. 6.928, Tribunal Pleno, sessão virtual de 12.11.2021 a 22.11.2021.

Também a esse respeito, em razão da interminável demora no atendimento dos segurados, ressalta-se a decisão proferida no âmbito do TRF da 3ª Região, em que a Desembargadora Federal Inês Virgínia, da 7ª Turma daquele Tribunal, determinou o restabelecimento de benefício por incapacidade temporária a uma segurada que teve o benefício cortado e não conseguiu pedir a prorrogação ao INSS devido à pandemia de covid-19.[19]

---

[19] Remessa Necessária Cível 5232467-16.2020.4.03.9999. Disponível em: http://web.trf3.jus.br/noticias/Noticias/Noticia/Exibir/395139. Acesso em: 10 ago. 2020.

Um tema candente nos últimos tempos tem sido a questão a respeito do reconhecimento (ou não) da contaminação por covid-19 ser considerada acidentária do trabalho. A MP n. 927, que "caducou" sem ser convertida em lei, pretendia fixar o entendimento de que não comportaria, em regra, o reconhecimento da enfermidade como doença ocupacional.

A matéria foi levada ao STF em ADIs, tendo o Plenário, em sessão por videoconferência de 29.04.2020, por maioria, após a divergência aberta pelo Ministro Alexandre de Moraes, proferido decisão no sentido de suspender a eficácia do referido artigo, pois, *ao prever que casos de contaminação pelo coronavírus não serão considerados ocupacionais, exceto mediante comprovação de nexo causal, ofende inúmeros trabalhadores de atividades essenciais que continuam expostos ao risco.*

A decisão foi proferida no julgamento de medida liminar em sete Ações Diretas de Inconstitucionalidade (ADIs) ajuizadas contra a MP. O entendimento do STF, é importante frisar, não leva a considerar todo e qualquer trabalhador acometido de covid-19 como vítima de doença ocupacional; apenas afasta a presunção ali disposta – de que tal enfermidade não guarda nexo com o trabalho, prevalecendo desta maneira as regras até aqui existentes na Lei n. 8.213/1991, destacando-se os arts. 20 e 21, que preveem:

> Art. 20. (...)
> § 1º Não são considerados como doença do trabalho:
> (...)
> d) a doença endêmica adquirida por segurado habitante de região em que ela se desenvolva, *salvo comprovação de que é resultante de exposição ou contato direto determinado pela natureza do trabalho.*
> (...)
> Art. 21. Equiparam-se também ao acidente do trabalho, para efeitos desta Lei:
> (...)
> III – a doença proveniente de *contaminação acidental do empregado no exercício de sua atividade*; (...)

Por último, destacamos que a lista de doenças relacionadas ao trabalho foi atualizada pelo Ministério da Saúde por meio da Portaria GM/MS n. 1.999, de 27.11.2023. O aprimoramento resulta na incorporação de 165 novas patologias que causam danos à integridade física ou mental do trabalhador, dentre elas, covid-19, doenças de saúde mental, distúrbios musculoesqueléticos e outros tipos de cânceres foram inseridos na lista.

Portanto, a nosso sentir, em que pese a dificuldade na identificação de como se deu a contaminação por um vírus de alta transmissibilidade, a contaminação de pessoa que exerce atividade nas áreas da saúde e de análises clínicas tende a ser presumida como de origem laboral. Contudo, e em outras atividades laborativas?

Em termos práticos, supondo que um empregado teve diagnóstico de covid-19 após testagem em massa dos empregados, em que detectado um número significativo de "positivos", seria possível enquadrar a situação como equiparada a acidente do trabalho? E poderia ser considerada a contaminação acidental de que trata o art. 21 da Lei de Benefícios, quando acometido um laboratorista ou trabalhador em instituição hospitalar de internação de pessoas com covid-19?

Embora *não se possa afirmar que a doença é sempre adquirida no ambiente de trabalho*, há casos emblemáticos. Em Dourados (MS), dos 1.197 casos positivos registrados até 15 de junho, 783 ocorreram nos dois frigoríficos – 33 na indústria de frango da Brasil Foods e 750 na

Seara/JBS, que produz derivados de carne suína. Cerca de 1.600 empregados foram afastados, incluindo 450 gestantes, idosos, com comorbidades crônicas e indígenas.[20]

Logo, se um empregado desse frigorífico (ou de empregador com problema idêntico) for diagnosticado, pode-se pensar em nexo?

Ao que indica a Lei n. 8.213/1991, sim. É a regra do § 2º do art. 20: "Em caso excepcional, constatando-se que a doença não incluída na relação prevista nos incisos I e II deste artigo resultou das condições especiais em que o trabalho é executado e com ele se relaciona diretamente, a Previdência Social deve considerá-la acidente do trabalho".

Evidentemente, a lista de doenças com nexo causal ou epidemiológico não está atualizada a ponto de considerar a covid-19 em frigoríficos, dado que sua última atualização se deu antes do surgimento da própria doença entre seres humanos. Cumpre analisar caso a caso, como indica a regra acima.

Com efeito, a caracterização do nexo epidemiológico *não está subordinada à lista constante do Decreto n. 3.048/1999*. Tanto que, desde 1998, existia Resolução do Conselho Federal de Medicina (n. 1.488)[21], diretriz mantida pelas Resoluções que a sucederam, identificando, na metodologia de investigação de nexo de causalidade de enfermidades com o trabalho, a verificação dos dados epidemiológicos.

### 2.1.19 A covid-19 e as situações de afastamento do trabalho

O tema da pandemia, entretanto, envolve bem mais situações.

Antes mesmo da malfadada MP n. 927, a Lei n. 13.979, de 6 de fevereiro de 2020, vigente desde a referida data, disciplinou as situações decorrentes de medidas emergenciais a serem tomadas enquanto perdurar o estado de emergência internacional pelo coronavírus responsável pelo surto de 2019.

A aludida lei deixa claro que as disposições ali contidas envolvem uma questão de "emergência de saúde pública de relevância internacional (art. 1º, *caput*) e que "as medidas estabelecidas nesta Lei objetivam a proteção da coletividade" (§ 1º do art. 1º).

Pois bem, é relevante observar as definições contidas no art. 2º da Lei:

> Art. 2º Para fins do disposto nesta Lei, considera-se:
> I – isolamento: separação de pessoas doentes ou contaminadas, ou de bagagens, meios de transporte, mercadorias ou encomendas postais afetadas, de outros, de maneira a evitar a contaminação ou a propagação do coronavírus; e
> II – quarentena: restrição de atividades ou separação de pessoas suspeitas de contaminação das pessoas que não estejam doentes, ou de bagagens, contêineres, animais, meios de transporte ou mercadorias suspeitos de contaminação, de maneira a evitar a possível contaminação ou a propagação do coronavírus.

Prosseguindo, o art. 3º prevê que, para o enfrentamento da emergência de saúde pública de importância internacional decorrente do coronavírus, poderão ser adotadas, entre outras, medidas como o isolamento e a quarentena. E no § 4º deste artigo há regra impositiva: "[a]s

---

[20] Funcionários de frigoríficos são 65% dos casos de coronavírus em Dourados. Informe da Escola Nacional de Saúde Pública Sergio Arouca. Disponível em: http://www.ensp.fiocruz.br/portal-ensp/informe/site/materia/detalhe/49249. Acesso em: 7 set. 2020.

[21] BRASIL. CONSELHO FEDERAL DE MEDICINA. *Resolução n. 1.488, de 06 de março de 1998*. Dispõe de normas específicas para médicos que atendam o trabalhador.

pessoas deverão sujeitar-se ao cumprimento das medidas previstas neste artigo, e o descumprimento delas acarretará responsabilização, nos termos previstos em lei".

No entanto, quanto aos aspectos ligados às relações de trabalho, limita-se o § 3º do art. 3º a afirmar que será considerada falta justificada ao serviço público ou à atividade laboral privada "o período de ausência decorrente das medidas previstas neste artigo".

Silencia o legislador, contudo, quanto ao fato de que há implicações previdenciárias nas medidas de saúde pública que são previstas e, evidentemente, precisam ser adotadas em caráter compulsório.

Chama-se a atenção para o fato de que o Decreto n. 10.410/2020 passou a denominar o até então "auxílio-doença" de "auxílio por incapacidade temporária" (art. 25, inciso I, alínea "e" do Regulamento, nova redação). A mudança é até bem-vinda, na medida em que a nomenclatura anterior causava certa confusão entre os leigos, pois, em caso de acidentes, havia quem chamasse o benefício por incapacidade, equivocadamente, de auxílio-acidente, quando este somente se aplica a segurados que, após a cessação da incapacidade, permaneçam com sequelas redutoras da capacidade laboral. E, ainda, guardando relação com o que será dito a seguir, nem toda "doença" é incapacitante, e nem toda incapacidade para o trabalho decorre de uma "doença".

Primeiramente, vejamos a questão do adoecimento causado pela covid-19. Apenas quando caracterizada a incapacidade decorrente da enfermidade, com sintomas graves, seria devido algum benefício (auxílio por incapacidade temporária, no caso)? Entendemos que não. A covid-19 se configura como doença de segregação compulsória, impondo o isolamento de pessoas doentes ou contaminadas (ou seja, ainda que assintomáticas, ou com sintomas leves). Ora, com o isolamento, que certamente ultrapassará 15 dias (isso no caso dos empregados urbanos e rurais, cuja regra é diferenciada), será cabível o benefício (para os demais segurados, desde o primeiro dia de isolamento, se não houve afastamento anterior).

Não bastasse tal situação, tem-se pela Lei em comento que há imposição de quarentena a pessoas que, embora não contaminadas, sejam "suspeitas de contaminação", de maneira a evitar a possível contaminação ou a propagação do coronavírus. Pessoas nesta condição também poderiam ser consideradas com direito a auxílio por incapacidade temporária? Compreendemos novamente que sim, em termos. Há, na hipótese, também segregação compulsória, que impede o labor que exija contato com outras pessoas – tanto quanto a pessoa que já foi constatada com a enfermidade. É que, por medida de saúde pública, protegendo toda a coletividade, como bem explana a lei, não se pode arriscar que uma pessoa suspeita de estar contaminada possa transmitir o vírus. E, dessa forma, impondo-se o afastamento do convívio social, há incapacidade (impossibilidade) de prestar trabalho, se este mister exigir o contato com outras pessoas – por exemplo, um comerciário, bancário, motorista de transporte coletivo etc.

Por fim, convém frisar que, seja em razão do isolamento, seja em razão de quarentena, a hipótese constitui período de graça (com manutenção da qualidade de segurado, mesmo sem verter contribuições), na forma do art. 15, inciso III, da Lei n. 8.213/1991, pelo lapso de "12 (doze) meses após cessar a segregação".

### 2.1.20 Principais demandas relacionadas ao auxílio por incapacidade temporária

Em âmbito de prática jurídica, o benefício em questão tem litígios, geralmente, relacionados:

- com a própria existência (concessão do benefício) ou continuidade (restabelecimento do benefício) da incapacidade laborativa do segurado, por vezes não reconhecida pela perícia do INSS, ou quando o benefício é cessado, por exemplo, através do sistema de

revisão dos Benefícios por Incapacidade de Longa Duração – BILD, também conhecido por "operação pente fino";
- com a data de início da doença, mesmo havendo incapacidade, quando o INSS entende ser anterior à filiação ao RGPS, ou anterior ao cumprimento da carência, levando ao indeferimento;
- com a caracterização do nexo da enfermidade geradora da incapacidade com a atividade laborativa, para isenção da carência e direitos de natureza trabalhista-acidentária;
- com a revisão da renda mensal do benefício, pela inclusão de salários de contribuição não reconhecidos na esfera administrativa, ou por apuração de PBC realizada incorretamente.

Com a reforma de previdência aprovada pela EC n. 103/2019, alterou-se a redação do art. 103, § 3º, permitindo a restrição por lei da escolha pela competência delegada. Tal limitação se deu pela Lei n. 13.876/2019, que passou a prever essa possibilidade apenas para quando a Comarca de domicílio do segurado estiver localizada a mais de 70 km (setenta quilômetros) de Município sede de Vara Federal.

Perante a Justiça do Trabalho o indivíduo terá o manejo de ações que pretendam: o reconhecimento da estabilidade acidentária e a nulidade de atos de despedida durante a fruição de benefício de qualquer espécie, com o pagamento dos salários e demais direitos porventura lesados; o direito ao FGTS durante o auxílio por incapacidade acidentário; a manutenção de planos de saúde durante o afastamento; e, evidentemente, as pretensões de indenização por danos patrimoniais e extrapatrimoniais causados por acidentes do trabalho e doenças ocupacionais em que o empregador possa ser responsabilizado objetivamente ou tenha agido, ele próprio ou seus prepostos, com dolo ou culpa.

Em relação às provas a serem produzidas, não resta dúvida de que a prova pericial se torna o principal meio probante da condição de saúde do indivíduo, sendo por tal razão considerada imprescindível. No entanto, a prova documental também é de suma importância, pois os documentos médicos de atendimentos realizados (entre os quais desponta como principal o prontuário médico), bem como exames, guias de internação, receituário, entre outros, levam subsídios de extrema importância para a análise pericial e, posteriormente, para a prolação da decisão judicial. Conforme decisão na ACP n. 5009152-15.2013.4.04.7200/SC, quando o prontuário médico for requisitado pelo juiz, o documento deve ser entregue à autoridade judiciária, e não ao perito judicial.

A prova testemunhal pode ser útil, na medida em que seja necessário provar fatos controvertidos e relevantes para o deslinde da causa – especialmente quanto às questões acidentárias, pois a identificação do nexo de causalidade/concausalidade muitas vezes depende de elementos de prova que vão além dos documentos e da investigação pericial.

## QUADRO-RESUMO – AUXÍLIO POR INCAPACIDADE TEMPORÁRIA (ANTIGO AUXÍLIO-DOENÇA)

| BENEFÍCIO | AUXÍLIO POR INCAPACIDADE TEMPORÁRIA<br>Códigos da Espécie (INSS): B-31 (previdenciário) ou B-91 (acidentário) |
|---|---|
| Evento Gerador | Incapacidade temporária para a atividade laborativa decorrente de acidente ou doença.<br>– Súmula n. 77 da TNU: "O julgador não é obrigado a analisar as condições pessoais e sociais quando não reconhecer a incapacidade do requerente para a sua atividade habitual". |
| Beneficiários | Todos os segurados do RGPS, para o auxílio previdenciário. No caso do auxílio por acidente do trabalho (B-91), somente o segurado empregado, inclusive o doméstico, o trabalhador avulso e o segurado especial. |

| BENEFÍCIO | AUXÍLIO POR INCAPACIDADE TEMPORÁRIA<br>Códigos da Espécie (INSS): B-31 (previdenciário) ou B-91 (acidentário) |
|---|---|
| Carência | a) não é exigida, em caso de acidente do trabalho, doenças ocupacionais e situações equiparadas, ou acidente de outra natureza, e no caso de doenças tipificadas no art. 2º da Portaria Interministerial MTP/MS n. 22, de 31.08.2022, como graves, contagiosas ou incuráveis;<br>b) 12 contribuições mensais, nos demais casos. |
| Enfermidade Preexistente à Filiação | – Não será concedido o benefício, caso o segurado já seja portador da enfermidade incapacitante antes de sua filiação ao RGPS, salvo em caso de progressão ou agravamento desta após o início da atividade laboral que o vinculou ao Regime.<br>– "Não há direito a auxílio-doença ou a aposentadoria por invalidez quando a incapacidade para o trabalho é preexistente ao reingresso do segurado no Regime Geral de Previdência Social" (Súmula n. 53 da TNU). |
| Qualidade de Segurado | É devido o benefício, mesmo que a enfermidade seja diagnosticada durante o período de graça de que trata o art. 15 da Lei n. 8.213/1991. |
| Salário de Benefício | a) Para o segurado filiado à Previdência Social a partir de 29.11.1999 (Lei n. 9.876, de 1999), o salário de benefício consistia:<br>– na média aritmética simples dos maiores salários de contribuição correspondentes a 80% de todo o período contributivo, corrigidos mês a mês;<br>b) Para o segurado filiado à Previdência Social até 28.11.1999, o salário de benefício consistia:<br>– na média aritmética simples dos 80% maiores salários de contribuição, corrigidos mês a mês, de todo o período contributivo decorrido desde julho de 1994;<br>c) Para os benefícios concedidos após a entrada em vigor da EC n. 103/2019: 100% do período contributivo desde a competência julho de 1994, ou desde o início da contribuição, se posterior àquela competência;<br>d) Para o segurado especial o benefício será de um salário mínimo, salvo se contribuir facultativamente sobre salário de contribuição maior que aquele valor, quando então se aplicam as regras anteriores. |
| Fator Previdenciário | Não se aplica a este benefício. |
| Renda Mensal Inicial | – 91% do salário de benefício, o qual não poderá exceder a média aritmética simples dos últimos doze salários de contribuição, inclusive no caso de remuneração variável, ou, se não alcançado o número de doze, a média aritmética simples dos salários de contribuição existentes (Lei n. 13.135/2015). |
| Período Básico de Cálculo | O Período Básico de Cálculo – PBC é fixado, conforme o caso, de acordo com a:<br>I – Data do Afastamento da Atividade ou do Trabalho – DAT;<br>II – Data de Entrada do Requerimento – DER. |
| Data de Início do Benefício | I – Para o segurado empregado:<br>a) a partir do 16º dia de incapacidade, caso requerido até o 30º dia de incapacidade;<br>b) da data do requerimento, quando requerida após 30 dias do início da incapacidade.<br>II – Para os demais segurados:<br>a) a partir do 1º dia de incapacidade, caso requerido até o 30º dia de incapacidade;<br>b) da data do requerimento, quando requerida após 30 dias do início da incapacidade.<br>III – A previdência social deve processar de ofício o benefício, quando tiver ciência da incapacidade do segurado sem que este tenha requerido auxílio-doença (art. 76 do Decreto n. 3.048/1999). |

| BENEFÍCIO | **AUXÍLIO POR INCAPACIDADE TEMPORÁRIA**<br>Códigos da Espécie (INSS): B-31 (previdenciário) ou B-91 (acidentário) |
|---|---|
| Recidiva | Após a cessação do auxílio decorrente de acidente de qualquer natureza ou causa, tendo o segurado retornado ou não ao trabalho, se houver agravamento ou sequela que resulte na reabertura do benefício, a renda mensal será igual a 91% do salário de benefício do benefício cessado, corrigido até o mês anterior ao da reabertura do benefício, pelos mesmos índices de correção dos benefícios em geral. |
| Duração | Indeterminada. Cessa com a recuperação da capacidade laborativa, a transformação em aposentadoria ou a morte do segurado. |
| Estabilidade provisória | O segurado que sofreu acidente do trabalho tem garantida, pelo prazo mínimo de doze meses, a manutenção do seu contrato de trabalho na empresa, após a cessação do benefício acidentário, independentemente de percepção de auxílio-acidente (art. 118 da Lei n. 8.213/1991). |
| Observações | As regras gerais sobre o auxílio por incapacidade temporária encontram-se no art. 201 da CF, nos arts. 59 a 63 da Lei n. 8.213/1991 e nos arts. 71 a 80 do Decreto n. 3.048/1999. |

## 2.2 APOSENTADORIA POR INCAPACIDADE PERMANENTE (ANTIGA APOSENTADORIA POR INVALIDEZ)

O benefício decorrente da incapacidade laborativa permanente foi inicialmente chamado de aposentadoria por invalidez. Entretanto, após a EC n. 103/2019, o nome mais apropriado é aposentadoria por incapacidade permanente, consoante nova redação do art. 201, I, da CF. Assim também a nova redação do Regulamento da Previdência Social (redação dada pelo Decreto n. 10.410/2020).

Utilizando-nos do conceito de Russomano, "é o benefício decorrente da incapacidade do segurado para o trabalho, sem perspectiva de reabilitação para o exercício de atividade capaz de lhe assegurar a subsistência".

Conforme o art. 42 da Lei n. 8.213/1991, esta modalidade de aposentadoria, uma vez cumprida, quando for o caso, a carência exigida, será devida ao segurado que, estando ou não em gozo de benefício por incapacidade, for considerado incapaz e insuscetível de reabilitação para o exercício de atividade que lhe garanta a subsistência, e ser-lhe-á paga enquanto permanecer nesta condição.

A aposentadoria pode ter como causa acidente ou doença não relacionada ao trabalho, quando será considerada como previdenciária (espécie B 32). Quando for relacionada a acidente do trabalho ou doença ocupacional, será considerada como de origem acidentária (B 92).

A incapacidade que resulta na insusceptibilidade de reabilitação pode ser constatada de plano em algumas oportunidades, em face da gravidade das lesões à integridade física ou mental do indivíduo. Nem sempre, contudo, a incapacidade permanente é passível de verificação imediata.

Assim, geralmente, concede-se inicialmente ao segurado o benefício por incapacidade temporária e, posteriormente, concluindo-se pela impossibilidade de retorno à atividade laborativa, transforma-se o benefício inicial em aposentadoria por incapacidade permanente. Por esse motivo, a lei menciona o fato de que o benefício é devido, estando ou não o segurado em gozo prévio de auxílio por incapacidade temporária.

Sobre os critérios de avaliação da incapacidade que gera direito ao benefício, o STJ definiu importantes parâmetros que reputamos adequados para ampliação da proteção aos segurados em situação de risco, superando obstáculos de perícias médicas dissociadas da realidade social do trabalhador mais humilde (*v.g.*, AGRESP 200801032030, 5ª Turma, Rel. Min. Napoleão Nunes Maia Filho, *DJe* 09.11.2009).

É firme a orientação do STJ no sentido da "desnecessidade da vinculação do magistrado à prova pericial, se existentes outros elementos nos autos aptos à formação do seu convencimento, podendo, inclusive, concluir pela incapacidade permanente do segurado em exercer qualquer atividade laborativa, não obstante a perícia conclua pela incapacidade parcial" (AgRg nos EREsp 1229147/MG, 3ª Seção, Rel. Min. Vasco Della Giustina (Des. Convocado do TJRS), *DJe* 30.11.2011).

O STJ também firmou orientação de que para a concessão de aposentadoria por incapacidade, na hipótese em que o laudo pericial tenha concluído pela incapacidade apenas parcial para o trabalho, devem ser considerados, além dos elementos previstos no art. 42 da Lei n. 8.213/1991, os aspectos socioeconômicos, profissionais e culturais do segurado (AgRg no AREsp 283.029-SP, 2ª Turma, Rel. Min. Humberto Martins, *DJe* 15.04.2013). Cabe ressaltar que a avaliação das condições pessoais e sociais só se mostram necessárias quando existente alguma incapacidade laboral. Nesse sentido, a Súmula n. 77: "O julgador não é obrigado a analisar as condições pessoais e sociais quando não reconhecer a incapacidade do requerente para a sua atividade habitual".

Merece destaque a decisão da TNU acerca da análise dos aspectos sociais na avaliação da incapacidade laborativa. Segundo a relatora, Juíza Federal Maria Divina Vitória, a incapacidade para o trabalho é fenômeno multidimensional e não pode ser avaliada tão somente do ponto de vista médico, devendo ser analisados também os aspectos sociais, ambientais e pessoais. Há que se perquirir sobre a real possibilidade de reingresso do segurado no mercado de trabalho. Esse entendimento decorre da interpretação sistemática da legislação, da Convenção da OIT – Organização Internacional do Trabalho, e do princípio da dignidade da pessoa humana. A restrição ao idoso, aliada ao estado de saúde do trabalhador, na prática, inviabilizam o seu retorno à atividade que lhe proporcione meios de subsistência, razão do deferimento da aposentadoria por invalidez (PEDILEF n. 2005.83.00506090-2/PE, j. 17.12.2007).

A concessão de aposentadoria por incapacidade permanente dependerá da verificação da condição de incapacidade permanente mediante exame médico-pericial a cargo da Previdência Social, podendo o segurado, a suas expensas, fazer-se acompanhar de médico de sua confiança – § 1º do art. 42 da Lei n. 8.213/1991.

Consigna-se que a Lei n. 14.724/2023 acrescentou o § 1º-A ao art. 42 da LBPS para autorizar que a realização do exame médico-pericial poderá ser com o uso de tecnologia de telemedicina ou por análise documental conforme situações e requisitos definidos em regulamento.

O art. 162, § 1º, do Regulamento da Previdência Social, com a redação dada pelo Decreto n. 4.729, de 09.06.2003, exigia para a concessão de aposentadoria nessa modalidade decorrente de doença mental a apresentação do termo de curatela, ainda que provisória. Esta regra foi revogada pelo Decreto n. 10.410, de 30.06.2020. Sobre essa questão, o STF admitiu a Repercussão Geral Tema n. 1096 (*Leading Case*: RE 918315, Rel. Min. Ricardo Lewandowski, *DJe* 05.11.2020), cuja descrição é a que segue:

> Recurso extraordinário em que se discute, à luz dos arts. 1º, inciso III; 3º, inciso IV; 5º, *caput*; e 37, *caput*, da Constituição Federal, a constitucionalidade de dispositivo legal que exige a apresentação de termo de curatela como condição de percepção dos proventos de aposentadoria por invalidez decorrente de doença mental.

A doença ou lesão de que o segurado já era portador ao filiar-se ao RGPS não lhe conferirá direito à aposentadoria, salvo quando a incapacidade sobrevier por motivo de progressão ou agravamento dessa doença ou lesão. Isso porque a necessidade de ser futuro e incerto o risco faz com que se exclua da proteção o segurado que, ao tempo da vinculação, já era portador da moléstia ou da lesão que venha a ser invocada como suporte material do direito à prestação[22].

Em relação à doença congênita ou adquirida antes da filiação, o TRF da 4a Região entendeu que não impede a concessão do benefício, desde que o agravamento da enfermidade seja posterior à filiação (Apelação Cível n. 2001.04.01.024579-4/RS, 6ª Turma, Rel. Des. Luiz Fernando Wowk Penteado, Sessão de 13.11.2001).

Sobre a concessão deste benefício temos importantes orientações da TNU expressas nas seguintes Súmulas e Representativos de Controvérsia:

> – **Súmula n. 47:** "Uma vez reconhecida a incapacidade parcial para o trabalho, o juiz deve analisar as condições pessoais e sociais do segurado para a concessão de aposentadoria por invalidez".
> – **Súmula n. 53:** "Não há direito a auxílio-doença ou a aposentadoria por invalidez quando a incapacidade para o trabalho é preexistente ao reingresso do segurado no Regime Geral de Previdência Social".
> – **Súmula n. 77:** "O julgador não é obrigado a analisar as condições pessoais e sociais quando não reconhecer a incapacidade do requerente para a sua atividade habitual".
> – **Súmula n. 78:** "Comprovado que o requerente de benefício é portador do vírus HIV, cabe ao julgador verificar as condições pessoais, sociais, econômicas e culturais, de forma a analisar a incapacidade em sentido amplo, em face da elevada estigmatização social da doença".
> – **RC n. 272:** "A circunstância de a recuperação da capacidade depender de intervenção cirúrgica não autoriza, automaticamente, a concessão de aposentadoria por invalidez (aposentadoria por incapacidade permanente), sendo necessário verificar a inviabilidade de reabilitação profissional, consideradas as condições pessoais do segurado, e a sua manifestação inequívoca a respeito da recusa ao procedimento cirúrgico" (PEDILEF 0211995-08.2017.4.02.5151/RJ, j. 10.02.2022)
> – **RC n. 274:** "É possível a concessão de aposentadoria por invalidez, após análise das condições sociais, pessoais, econômicas e culturais, existindo incapacidade parcial e permanente, no caso de outras doenças, que não se relacionem com o vírus HIV, mas, que sejam estigmatizantes e impactem significativa e negativamente na funcionalidade social do segurado, entendida esta como o potencial de acesso e permanência no mercado de trabalho" (PEDILEF 0512288-77.2017.4.05.8300/PE, j. 23.09.2021).

As regras gerais sobre a aposentadoria por incapacidade permanente (antes chamada aposentadoria por invalidez) estão disciplinadas nos arts. 42 a 47 da Lei n. 8.213/1991 e arts. 43 a 50 do Decreto n. 3.048/1999 (com as alterações introduzidas pelo Decreto n. 10.410/2020).

## 2.2.1 Período de carência

Para a aposentadoria acidentária (espécie B 92) nunca se exige carência, bastando a comprovação da qualidade de segurado e do nexo de causalidade entre a incapacidade e a atividade laborativa.

Já para a aposentadoria previdenciária (espécie B 32), não se exige carência para os acidentes de qualquer natureza e para as doenças consideradas graves, contagiosas ou incuráveis, tipificadas em lei.

---

[22] COIMBRA, J. R. Feijó. *Direito previdenciário brasileiro*. 7. ed. Rio de Janeiro: Edições Trabalhistas, 1997. p. 121.

A lista atual de doenças consideradas para fins de concessão do benefício sem exigência de carência é a constante do art. 2º da Portaria Interministerial MTP/MS n. 22, de 31.08.2022, quais sejam:

> I – tuberculose ativa;
> II – hanseníase;
> III – transtorno mental grave, desde que esteja cursando com alienação mental;
> IV – neoplasia maligna;
> V – cegueira;
> VI – paralisia irreversível e incapacitante;
> VII – cardiopatia grave;
> VIII – doença de Parkinson;
> IX – espondilite anquilosante;
> X – nefropatia grave;
> XI – estado avançado da doença de Paget (osteíte deformante);
> XII – síndrome da deficiência imunológica adquirida (Aids);
> XIII – contaminação por radiação, com base em conclusão da medicina especializada;
> XIV – hepatopatia grave;
> XV – esclerose múltipla;
> XVI – acidente vascular encefálico (agudo); e
> XVII – abdome agudo cirúrgico.

Os segurados especiais (trabalhadores rurais, pescadores etc.) estão isentos do cumprimento do período de carência, devendo comprovar exercício de atividade rural nos doze meses imediatamente anteriores ao requerimento do benefício, salvo quando acometidos de acidentes do trabalho (e situações equiparadas), acidentes de qualquer natureza ou alguma das enfermidades acima, em que bastará a comprovação da condição de segurado especial, sem a exigência de doze meses de atividade rural.

### 2.2.1.1 Cômputo de períodos de benefícios por incapacidade para carência

Questionamento importante é se o período em gozo de benefício por incapacidade pode ser computado para efeito de carência.

O INSS, em cumprimento à decisão proferida em Ação Civil Pública n. 0004103-29.2009.4.04.7100 (antigo n. 2009.71.00.004103-4), que determinou o cômputo do período de recebimento de benefício por incapacidade para fins de carência, se intercalado com períodos de atividade ou contribuição. Atualmente a norma vigente é a IN INSS/PRES n. 128/2022, que assim determina:

> Art. 193 (...)
> § 1º Por força da decisão judicial proferida na Ação Civil Pública n. 2009.71.00.004103-4 (novo n. 0004103-29.2009.4.04.7100) é devido o cômputo, para fins de carência, do período em gozo de benefício por incapacidade, inclusive os decorrentes de acidente do trabalho, desde que intercalado com períodos de contribuição ou atividade, para os benefícios requeridos a partir de 19 de setembro de 2011, observado o seguinte:
> a) no período compreendido entre 19 de setembro de 2011 a 3 de novembro de 2014 a decisão judicial teve abrangência nacional; e
> b) para os residentes nos Estados do Rio Grande do Sul, Santa Catarina e Paraná, a determinação permanece vigente, observada a decisão proferida pelo Superior Tribunal de Justiça (STJ) no Recurso Especial (REsp) n. 1.414.439-RS, e alcança os benefícios requeridos a partir de 29 de janeiro de 2009.

§ 2º Para os benefícios requeridos até 18 de setembro de 2011, somente contarão para carência os períodos de auxílio por incapacidade temporária ou aposentadoria por incapacidade permanente recebidos no período de 1º de junho de 1973 a 30 de junho de 1975.

No entanto, com a edição do Decreto n. 10.410/2020, o INSS deixou de computar os períodos de recebimento de benefício por incapacidade para fins de carência, mesmo os decorrentes de acidente do trabalho, considerando apenas como tempo de contribuição. É o que consta do RPS, art. 19-C § 1º:

> Será computado o tempo intercalado de recebimento de benefício por incapacidade, na forma do disposto no inciso II do *caput* do art. 55 da Lei n. 8.213, de 24 de julho de 1991, exceto para efeito de carência.

Temos de longa data defendido que, estando a renda mensal dos benefícios por incapacidade legalmente equiparada ao salário de contribuição (art. 29, § 5º c/c art. 55, inciso II, da Lei n. 8.213/1991), um dos reflexos disto é o cômputo do período de fruição do benefício como período de carência.

A orientação jurisprudencial é de que não existe óbice legal para o cômputo dos períodos em gozo de benefício por incapacidade para fins de carência, desde que intercalados com períodos de contribuição. Nesse sentido:

> **TNU:** "O tempo de gozo de auxílio-doença ou aposentadoria por invalidez não decorrentes de acidente do trabalho deve ser computado para fins de tempo de contribuição e carência, quando intercalado com períodos de contribuição, independentemente do número de contribuições vertido e o título a que realizadas" (PUIL n. 0000805-67.2015.4.03.6317/SP, Sessão de 25.04.2019).
>
> **TNU – Súmula n. 73:** "O tempo de gozo de auxílio-doença ou de aposentadoria por invalidez não decorrentes de acidente de trabalho só pode ser computado como tempo de contribuição ou para fins de carência quando intercalado entre períodos nos quais houve recolhimento de contribuições para a previdência social".
>
> **TRF/4ª Região – Súmula n. 102:** "É possível o cômputo do interregno em que o segurado esteve usufruindo benefício por incapacidade (auxílio-doença ou aposentadoria por invalidez) para fins de carência, desde que intercalado com períodos contributivos ou de efetivo trabalho".

O STF comunga desse mesmo entendimento, consoante se observa da Repercussão Geral – Tema n. 1125, cuja tese fixada foi a seguinte:

> É constitucional o cômputo, para fins de carência, do período no qual o segurado esteve em gozo do benefício de auxílio-doença, desde que intercalado com atividade laborativa. (RE 1.298.832, Plenário Virtual, *DJe* 24.02.2021)

Sobre o tema, o STJ, em posicionamento isolado, deu interpretação ainda mais ampla ao admitir também o período de gozo de auxílio-acidente para fins de carência. Segue a ementa dessa decisão:

> PREVIDENCIÁRIO. BENEFÍCIO POR INCAPACIDADE. CÔMPUTO DO PERÍODO DE RECEBIMENTO APENAS DE AUXÍLIO-ACIDENTE PARA A CARÊNCIA NECESSÁRIA À CONCESSÃO DA APOSENTADORIA POR IDADE. POSSIBILIDADE. RECURSO ESPECIAL CONHECIDO E PROVIDO.

1. O auxílio-acidente – e não apenas o auxílio-doença e a aposentadoria por invalidez – pode ser considerado como espécie de "benefício por incapacidade", apto a compor a carência necessária à concessão da aposentadoria por idade.

2. *In casu*, é de ser observada a vetusta regra de hermenêutica, segundo a qual "onde a lei não restringe, não cabe ao intérprete restringir" e, portanto, não havendo, nas normas que regem a matéria, a restrição imposta pelo Tribunal a quo, não subsiste o óbice imposto ao direito à pensão por morte.

3. Recurso especial conhecido e provido. (REsp 1.243.760/PR, 5ª Turma, Rel. Min. Laurita Vaz, *DJe* 09.04.2013)

Esse precedente do STJ não tem sido observado pelos Tribunais, a exemplo do que ocorre no TRF da 4ª Região:

CÔMPUTO DE AUXÍLIO-ACIDENTE PARA FINS DE CARÊNCIA. IMPOSSIBILIDADE. É incabível o cômputo como carência ou tempo de serviço do período em que o segurado esteve em gozo de auxílio-acidente, para fins de concessão de qualquer aposentadoria, tendo em vista que se trata de benefício de caráter indenizatório e que não substitui o salário de contribuição ou os rendimentos do trabalho do segurado. (...) (TRF4, AC 5005211-83.2020.4.04.7112, 6ª Turma, Rel. João Batista Pinto Silveira, juntado aos autos em 09.12.2021).

No mesmo sentido a tese fixada pela TNU: "O período sem contribuição em que o segurado esteve em gozo de auxílio-acidente não pode ser computado como período de carência" (Processo n. 0504317-35.2017.4.05.8302/PE, Sessão de 27.06.2019).

## 2.2.2 Data de início do benefício

Quando a aposentadoria decorrer de transformação de auxílio por incapacidade temporária, ela é devida a partir do dia imediato ao da cessação deste.

Quando não decorrer de transformação, ela é devida nas seguintes datas:

- para os segurados empregados (exceto o doméstico): a contar do 16º dia de afastamento da atividade ou a partir da entrada do requerimento, quando postulado após o 30º dia do afastamento da atividade (os quinze primeiros dias de afastamento são de responsabilidade da empresa, que deverá pagar ao segurado empregado o salário); e
- para o segurado empregado doméstico, trabalhador avulso, contribuinte individual, especial e o facultativo: a partir da data do início da incapacidade, ou da data de entrada do requerimento, quando ocorrido após o 30º dia da incapacidade.

Em todos os casos, o requerimento do benefício deve ser formulado no prazo de até 30 dias a partir da data da incapacidade, sob pena de ser a data daquele o termo inicial do benefício. Sobre esse prazo, reportamos o leitor às observações já expostas no item relativo ao auxílio por incapacidade temporária.

Na hipótese em que a aposentadoria nesta modalidade é solicitada exclusivamente na via judicial, sem que exista prévia postulação administrativa, é a citação válida que deve ser considerada como termo inicial para a implantação do benefício. Isto porque a citação, além de informar o litígio, constitui o réu em mora quanto à cobertura do evento causador da incapacidade, tendo em vista a aplicação do art. 240 do CPC/2015. Nesse sentido, a Súmula n. 576 do STJ: "Ausente requerimento administrativo no INSS, o termo inicial para a implantação da aposentadoria por invalidez concedida judicialmente será a data da citação válida".

Assim, a concessão deve coincidir com a data do requerimento administrativo ou, na ausência deste, da citação do INSS, na hipótese em que a incapacidade definitiva apenas seja comprovada após a apresentação do laudo pericial em juízo e o segurado não esteja em gozo de benefício por incapacidade temporária decorrente do mesmo fato gerador. Nesse sentido: STJ, REsp 1.311.665, 1ª Turma, Rel. p/ acórdão Min. Sérgio Kukina, j. 2.09.2014.

Um questionamento se faz oportuno: quando o segurado acometido de mal incapacitante busca a prestação jurisdicional com o intuito de obter auxílio por incapacidade temporária, mas a perícia constata que a incapacidade não é temporária, poderá o juiz conceder a aposentadoria?

Essa situação é bastante comum no meio judiciário. Nesses casos, o juiz poderá conceder a aposentadoria por incapacidade permanente, sem que isso caracterize julgamento *extra ou ultra petita*, pois, constatada a incapacidade, é dever de ofício do INSS conceder o benefício correspondente (pelo princípio da seletividade). Nesse sentido:

> Em matéria previdenciária, deve-se flexibilizar a análise do pedido contido na petição inicial, não entendendo como julgamento *extra* ou *ultra petita* a concessão de benefício diverso do requerido na inicial, desde que o autor preencha os requisitos legais do benefício deferido. (AgRg no REsp 1.367.825-RS, 2ª Turma, Rel. Min. Humberto Martins, *DJe* 29.04.2013)

Na hipótese de concessão da aposentadoria nesta modalidade por decisão judicial, a perícia deve avaliar, necessariamente, qual a condição de saúde do segurado quando do requerimento administrativo do benefício e, uma vez que o órgão judicial se convença da presença dos requisitos naquela data, é fundamental que seja deferida com efeitos retroativos à data em que deveria ter sido pago pelo INSS, sob pena de cometer-se grave injustiça com o autor da demanda. Neste sentido: TRF3, 9ª Turma, AC 0013610-69.2012.4.03.9999, Rel. Des. Federal Nelson Bernardes, j. 30.07.2012.

### 2.2.3 Renda mensal inicial

Até o advento da EC n. 103/2019, a aposentadoria por invalidez, inclusive a decorrente de acidente do trabalho, consistiria numa renda mensal correspondente a 100% do salário de benefício, apurada com base na média aritmética simples dos maiores salários de contribuição correspondentes a oitenta por cento do período contributivo decorrido desde a competência julho de 1994 até a data do início do benefício, corrigidos monetariamente.

No entanto, a EC n. 103/2019 estabeleceu (art. 26) novos coeficientes de cálculo. Vejamos:

- **aposentadoria por incapacidade permanente (não acidentária):** corresponderá a 60% do salário de benefício, com acréscimo de dois pontos percentuais para cada ano de tempo de contribuição que exceder o tempo de 20 anos de contribuição no caso dos homens e de 15 anos, no caso das mulheres. Por exemplo:
- **segurado homem:** 20 anos de tempo de contribuição = 60% do salário de benefício; 30 anos de tempo de contribuição = 80% do salário de benefício; 40 anos de tempo de contribuição = 100% do salário de benefício.
- **segurada mulher:** 15 anos de tempo de contribuição = 60% do salário de benefício; 30 anos de tempo de contribuição = 90% do salário de benefício; 35 anos de tempo de contribuição = 100% do salário de benefício.
- **aposentadoria por incapacidade permanente quando decorrer de acidente de trabalho, de doença profissional e de doença do trabalho:** corresponderá a 100% do salário de benefício.

O salário de benefício, por sua vez, será apurado com base na média aritmética simples de todos os salários de contribuição desde julho de 1994 até o mês anterior ao afastamento, corrigidos monetariamente. Ou seja, não há mais o desprezar dos mais baixos salários de contribuição equivalentes a 20% do total.

Essa mudança no cálculo da aposentadoria nesta modalidade representa uma perda significativa de renda do segurado que se tornar incapaz de forma permanente para o trabalho, salvo na hipótese de a incapacidade ter resultado de acidente do trabalho, de doença profissional e de doença do trabalho.

Semelhante diferenciação ocorreu no passado, na redação original da Lei n. 8.213/1991, sendo corrigida posteriormente pela Lei n. 9.032/1995. E, agora, volta à baila essa regra discriminatória, sem razão de ordem contributiva que justifique pagar menor valor para situações isonômicas. Tema a ser questionado na via judicial, pois houve discrímen nada razoável na fixação de critérios distintos para o cálculo desse benefício após a vigência da Emenda n. 103 e mais, sem que haja qualquer fundamentação que justifique a adoção desse tratamento díspar, levando a uma provável declaração de inconstitucionalidade do preceito. Já se verifica na jurisprudência casos de reconhecimento de inconstitucionalidade desse critério:

> (...) 4. Em razão da inconstitucionalidade do inciso III do § 2º do art. 26 da EC n. 103/2019, esta turma delibera por fixar a seguinte tese: "O valor da renda mensal inicial (RMI) da aposentadoria por incapacidade permanente não acidentária continua sendo de 100% (cem por cento) da média aritmética simples dos salários de contribuição contidos no período básico de cálculo (PBC). Tratando-se de benefício com DIB posterior a EC n. 103/19, o período de apuração será de 100% do período contributivo desde a competência julho de 1994, ou desde o início da contribuição, se posterior àquela competência". (Turma Regional de Uniformização da 4ª Região, Proc. 5003241-81.2021.4.04.7122, Rel. Juiz Federal Daniel Machado da Rocha, juntado aos autos em 12.03.2022)

A matéria já chegou ao STF, inicialmente pelo ajuizamento da ADI n. 6.384 (com julgamento suspenso por pedido de vista) e mais recentemente admitida em sede de repercussão geral (Tema n. 1.300). A questão está assim ementada: "Saber se, após a edição da EC n. 103/2019, a aposentadoria por incapacidade permanente decorrente de doença grave, contagiosa ou incurável deve ser paga de forma integral" (RE 1469150, Rel. Min. Roberto Barroso, publ. 30.04.2024).

Outra situação relacionada ao tema é o cômputo dos salários de benefício como salários de contribuição, nos termos do art. 29, II e § 5º, da Lei n. 8.213/1991, com a redação dada pela Lei n. 9.876/1999, que somente é admitido se, no período básico de cálculo, houver contribuições intercaladas com os afastamentos ocorridos por motivo de incapacidade. Nesse sentido: STF, RE n. 583.834/SC, Plenário, Rel. Min. Ayres Britto, *DJe* 14.02.2012.

A matéria foi sumulada, no mesmo sentido, pelo STJ: Súmula n. 557 – "A renda mensal inicial (RMI) alusiva ao benefício de aposentadoria por invalidez precedido de auxílio-doença será apurada na forma do art. 36, § 7º, do Decreto n. 3.048/1999, observando-se, porém, os critérios previstos no art. 29, § 5º, da Lei n. 8.213/1991, quando intercalados períodos de afastamento e de atividade laboral".

Para o segurado especial, o benefício será concedido no valor de um salário mínimo; porém, caso comprove contribuições para o sistema acima desse valor, terá a renda mensal calculada com base no salário de benefício (100% da média dos valores que serviram de base para a contribuição mensal, corrigidos monetariamente, desde julho de 1994 ou do início das contribuições, se posterior).

O valor da aposentadoria por incapacidade permanente ao segurado que necessitar da assistência permanente de outra pessoa será acrescido de 25% da mesma base de cálculo que deu origem ao benefício de aposentadoria.

O acréscimo será devido, ainda que o valor da aposentadoria atinja o limite máximo legal (teto); será recalculado/reajustado quando o benefício que lhe deu origem for reajustado e cessará com a morte do aposentado, não sendo incorporável ao valor da pensão. Este acréscimo não foi excluído pela EC n. 103/2019, de modo que permanece vigente a regra que o prevê.

As situações cujo aposentado terá direito a essa majoração estão relacionadas no Anexo I do Regulamento da Previdência Social (Decreto n. 3.048/1999), quais sejam:

1 – cegueira total;
2 – perda de nove dedos das mãos ou superior a esta;
3 – paralisia dos dois membros superiores ou inferiores;
4 – perda dos membros inferiores, acima dos pés, quando a prótese for impossível;
5 – perda de uma das mãos e de dois pés, ainda que a prótese seja possível;
6 – perda de um membro superior e outro inferior, quando a prótese for impossível;
7 – alteração das faculdades mentais com grave perturbação da vida orgânica e social;
8 – doença que exija permanência contínua no leito;
9 – incapacidade permanente para as atividades da vida diária.

Essa relação não pode ser considerada exaustiva, pois outras situações podem levar o aposentado a necessitar de assistência permanente, o que pode ser comprovado por intermédio de perícia médica. O Decreto, a nosso ver, não pode limitar os efeitos da lei em casos em que não foi autorizado a fazê-lo. Todavia, o entendimento da jurisprudência tem sido em sentido oposto. Vide, a respeito: STJ, REsp n. 257.624/SP, 5ª Turma, Rel. Min. Gilson Dipp, *DJ* 08.10.2001.

Constatado por ocasião da perícia médica que o segurado faz jus à aposentadoria deverá o perito, de imediato, verificar se este necessita da assistência permanente de outra pessoa, fixando-se, se for o caso, o início do pagamento na data do início da aposentadoria. Trata-se de situação em que o INSS deve conhecer de ofício do direito, independentemente de requerimento. Caso não seja concedido de imediato, ou deferida por via judicial, deve retroagir à data de início da aposentadoria, portanto – já que não há prazo para o requerimento do acréscimo – obedecida, quando for o caso, a prescrição.

É de se ressaltar *que não há previsão de requerimento administrativo para o acréscimo de 25%* – não se consegue, por exemplo, postular pela internet, Meu INSS ou pelo telefone 135 – de modo que tal situação justifica a retroação à data de início da aposentadoria por incapacidade permanente, ou quando a necessidade de assistência permanente ocorrer após, à data em que o segurado passou a estar enquadrado na regra legal. Nesse mesmo sentido: TJDFT, Apelação Cível n. 20050111015645, 3ª Turma Cível, Rel. Des. Mario-Zam Belmiro, *DJe* 27.01.2011; TNU PEDILEF n. 5006445-20.2012.4.04.7100, Rel. Juíza Federal Kyu Soon Lee, j. 11.09.2014.

Conforme o art. 328 da IN INSS/PRES n. 128/2022, o acréscimo de 25% (chamado também de "grande invalidez") será devido:

> I – da data do início do benefício, quando comprovada a situação na perícia que sugeriu a aposentadoria por incapacidade permanente; ou
> II – da data do pedido do acréscimo, quando comprovado que a situação se iniciou após a concessão da aposentadoria por incapacidade permanente, ainda que a aposentadoria tenha sido concedida em cumprimento de ordem judicial.

Importante salientar que, a respeito da incidência de imposto de renda sobre proventos de aposentadoria:

- **CARF – Súmula n. 43**: "Os proventos de aposentadoria, reforma ou reserva remunerada, motivadas por acidente em serviço e os percebidos por portador de moléstia profissional ou grave, ainda que contraída após a aposentadoria, reforma ou reserva remunerada, são isentos do imposto de renda".
- **TRF da 4ª Região – Súmula n. 84:** "Concedida a isenção do imposto de renda incidente sobre os proventos de aposentadoria percebidos por portadores de neoplasia maligna, nos termos art. 6º, inciso XIV, da Lei n. 7.713/1988, não se exige a persistência dos sintomas para a manutenção do benefício".

## 2.2.3.1 Tabela de cálculo e coeficiente da aposentadoria por invalidez/incapacidade permanente

| Data do início da incapacidade | Base de cálculo | Coeficiente de Cálculo | Base Legal |
|---|---|---|---|
| Até 04.10.1988 (CF) | Média dos últimos 12 salários de contribuição | 70% + 1%* para cada grupo de 12 contribuições até o limite de 100%.<br><br>*Para o "+1%" considerar o tempo em que o segurado recebeu auxílio-doença. | Lei Orgânica da Previdência Social – Lei n. 3.807, de 26 de agosto de 1960. |
| De 05.10.1988 até 27.05.1995 | – Comum: média das últimas 36 contribuições;<br>– Acidente: salário de benefício (média) ou do salário de contribuição vigente no dia do acidente, o que for mais vantajoso. | – 80% + 1%* para cada grupo de 12 contribuições até o limite de 100%.<br>*Para o "+1%" considerar o tempo em que o segurado recebeu auxílio-doença ou outra aposentadoria por incapacidade permanente;<br>– 100% caso o benefício seja consequência de acidente do trabalho. | Redação original 8.213/1991 (arts. 29 e 44) |
| De 28.04.1995 até 27.11.1999 | Média das últimas 36 contribuições.<br>Se precedido de auxílio-doença, não tem nova média, apenas altera o coeficiente. | 100% | Redação da Lei n. 8.213/1991 dada pela Lei n. 9.032/1995 |
| De 28.11.1999 até 12.11.2019 | Média dos 80% maiores salários. Se precedido de auxílio-doença, não tem nova média, apenas altera o coeficiente. | 100% | Redação da Lei n. 8.213/1991 dada pela Lei n. 9.876/1999. |
| A partir de 13.11.2019 | Média de todos os salários de contribuição, com possibilidade de descarte. | – 60% + 2% para cada ano de contribuição acima de 20 homem ou 15 mulher<br>–100% para acidente de trabalho, doenças profissionais e do trabalho. | Art. 26 da Emenda Constitucional n. 103/2019 |

## 2.2.4 Recuperação da capacidade de trabalho

A aposentadoria por incapacidade permanente (antiga invalidez) suspende o contrato de trabalho (CLT, art. 475) e cessa com a recuperação da capacidade de trabalho. Por isso, o aposentado que retornar voluntariamente à atividade terá sua aposentadoria automaticamente cancelada, a partir da data do retorno – art. 46 da LBPS.

Questão bastante presente é o alcance da regra do art. 475 da CLT a outros direitos do empregado que não o pagamento do salário. O mais comum dos direitos vindicados em ações trabalhistas movidas por empregados aposentados por incapacidade permanente é a manutenção do plano de saúde em modalidade empresarial, custeado pelo empregador, que muitas vezes é suprimido justamente no período de concessão da aposentadoria. A esse respeito, a posição da jurisprudência é firme no sentido da ilicitude de tal procedimento:

> RECURSO DE REVISTA. SUSPENSÃO DO CONTRATO DE TRABALHO. APOSENTADORIA POR INVALIDEZ. MANUTENÇÃO DO PLANO DE SAÚDE. Nos termos do art. 475 da CLT, "o empregado que for aposentado por invalidez terá suspenso o seu contrato de trabalho durante o prazo fixado pelas leis de previdência social para a efetivação do benefício". Suspenso o ajuste, paralisam-se apenas os efeitos principais do vínculo, quais sejam, a prestação de trabalho, o pagamento de salários e a contagem do tempo de serviço. Todavia, as cláusulas contratuais compatíveis com a suspensão continuam impondo direitos e obrigações às partes, porquanto subsiste intacto o vínculo de emprego. Considerando que o direito ao acesso ao plano de saúde, tal como usufruído antes da aposentadoria por invalidez, não decorre da prestação de serviços, mas diretamente do contrato de emprego – resguardado durante a percepção do benefício previdenciário –, não há motivo para sua cassação. Recurso de revista conhecido e não provido. (TST, 3ª Turma, RR 501300-30.2003.5.01.0341, Rel. Min. Rosa Maria Weber, publ. 14.08.2009)

Consta no art. 43, § 4º, da LBPS, incluído pela Lei n. 13.457/2017, que "O segurado aposentado por invalidez poderá ser convocado a qualquer momento para avaliação das condições que ensejaram o afastamento ou a aposentadoria, concedida judicial ou administrativamente, observado o disposto no art. 101 desta Lei". Mas a Lei n. 13.847/2019 dispensou da perícia a pessoa com HIV/aids, pela redação conferida ao art. 43, § 5º, da LBPS.

De acordo com o art. 101 da LBPS, o segurado em gozo de aposentadoria por incapacidade permanente está obrigado, sob pena de suspensão do benefício, a submeter-se a exame médico a cargo da Previdência Social, a processo de reabilitação profissional por ela prescrito e custeado, e a tratamento oferecido gratuitamente, exceto o cirúrgico e a transfusão de sangue, que são facultativos, independentemente de idade. A periodicidade dessa submissão à perícia é bienal (art. 46, parágrafo único, do RPS).

A perícia para tais fins terá acesso aos prontuários médicos do periciado no Sistema Único de Saúde (SUS), desde que haja a prévia anuência do periciado e seja garantido o sigilo sobre os dados dele (§ 4º do art. 101 da LBPS, redação conferida pela Lei n. 13.457/2017).

A Lei n. 13.063/2014 e, na sequência, a Lei n. 13.457/2017 alteraram o art. 101 da Lei n. 8.213/1991 para isentar do exame médico-pericial o aposentado e o pensionista inválido que não tenham retornado à atividade, nas seguintes hipóteses:

> I – após completarem 55 anos ou mais de idade e quando decorridos quinze anos da data da concessão da aposentadoria por invalidez ou do auxílio-doença que a precedeu; ou
> II – após completarem 60 anos de idade.

A isenção não se aplica quando o exame pericial tem as seguintes finalidades:

> I – verificar a necessidade de assistência permanente de outra pessoa para a concessão do acréscimo de 25% sobre o valor do benefício;

II – verificar a recuperação da capacidade de trabalho, mediante solicitação do aposentado ou pensionista que se julgar apto;

III – subsidiar autoridade judiciária na concessão de curatela.

O exame médico-pericial poderá ser realizado com o uso de tecnologia de telemedicina ou por análise documental conforme situações e requisitos definidos em regulamento (art. 42, § 1º-A da LBPS, incluído pela Lei n. 14.724/2023). Igual procedimento é adotado para a avaliação das condições que ensejaram sua concessão ou manutenção, consoante previsão contida nos §§ 6º, 8º e 9º do art. 101 da LBPS (redação conferida pela Lei n. 14.724/2023).

O STJ chegou a entender que, em caso de deferimento da aposentadoria judicialmente, o cancelamento deveria ser também por meio de ação judicial, nos termos do art. 471, I, do CPC (atual art. 505, I, do CPC/2015), e em respeito ao princípio do paralelismo das formas (REsp n. 1.201.503/RS, 6ª Turma, Rel. Min. Maria Thereza de Assis Moura, *DJe* 26.11.2012).

No entanto, o STJ alterou essa orientação e considerou inaplicável referido princípio para o cancelamento dos benefícios, utilizando-se dos seguintes argumentos (REsp n. 1.429.976/CE, 2ª Turma, Rel. Min. Humberto Martins, *DJe* 24.02.2014):

> 1) a legislação previdenciária, que é muito prolixa, não determina essa exigência, não podendo o Poder Judiciário exigir ou criar obstáculos à autarquia, não previstos em lei;
>
> 2) foge da razoabilidade e proporcionalidade, uma vez que por meio do processo administrativo previdenciário, respeitando o devido processo legal, o contraditório e a ampla defesa, é suficiente para apurar a veracidade ou não dos argumentos para a suspensão/cancelamento do benefício, e não impede uma posterior revisão judicial;
>
> 3) a grande maioria dos benefícios sociais concedidos pela Loas – Lei Orgânica da Assistência Social –, Lei n. 8.742/1993, é deferida por meio de decisão judicial, o que acarretaria excessiva demanda judicial, afetando por demasia o Poder Judiciário, bem como a Procuradoria jurídica da autarquia, além da necessidade de defesa técnica, contratada pelo cidadão, sempre que houvesse motivos para a revisão do benefício.

De qualquer forma, ficou assentado nesse precedente do STJ que é indispensável a observância do contraditório, da ampla defesa e do devido processo legal, sempre que houver necessidade de revisão do benefício previdenciário, por meio do processo administrativo previdenciário, impedindo, com isso, o cancelamento unilateral por parte da autarquia, sem oportunizar apresentação de provas que entenderem necessárias.

A aposentadoria em comento não é concedida em caráter irrevogável. Como a incapacidade para o trabalho pode deixar de existir em face de uma série de fatores, a lei prevê a possibilidade de cessação do pagamento quando ocorrer o retorno ao trabalho. É que "a Previdência Social brasileira, há muitos anos, abandonou o critério da irrevogabilidade da aposentadoria por invalidez, que, no direito anterior, se configurava pelo transcurso do tempo (cinco anos de manutenção do benefício pelo órgão previdencial)".[23]

A cessação do recebimento do benefício, uma vez constatada a recuperação da capacidade de trabalho do aposentado, obedece às regras do art. 47 da Lei n. 8.213/1991 c/c art. 49 do Decreto n. 3.048/1999,[24] procurando permitir ao segurado o retorno gradual ao mercado de trabalho para tornar a prover os meios necessários à manutenção de sua subsistência.

---

[23] RUSSOMANO, Mozart Victor. *Comentários à Consolidação das Leis da Previdência Social*. 2. ed. São Paulo: Revista dos Tribunais, 1981. p. 144.

[24] Art. 49 já atualizado com a EC n. 103/2019 e com redação dada pelo Decreto n. 10.410, de 2020.

Na hipótese de o aposentado por incapacidade permanente se julgar apto a retornar à atividade deverá solicitar a realização de nova avaliação médico-pericial; esta concluindo pela recuperação da capacidade laborativa, a aposentadoria será cessada.

Caso o aposentado por incapacidade permanente retorne voluntariamente à atividade sem solicitar a avaliação médico-pericial prévia, o benefício passa a ter sua manutenção indevida e será cessado administrativamente na data do retorno, sendo assegurados a ampla defesa e o contraditório (art. 46 da Lei n. 8.213/1991 e parágrafo único do art. 332 da IN INSS/PRES n. 128/2022).

Para os segurados empregados, urbanos ou rurais, uma vez estando suspenso o contrato de trabalho, na forma do art. 475 da Consolidação das Leis do Trabalho, e tendo sido verificada a recuperação total da capacidade de trabalho, o benefício cessará de imediato, caso não tenham se passado cinco anos entre a concessão do benefício e a recuperação.

Se a recuperação do segurado empregado for apenas parcial, e este for considerado apto para função diversa da que exercia, ou aquele cuja "alta" sobrevier em tempo posterior a cinco anos da concessão do benefício, então a estes será assegurada a percepção do benefício por mais dezoito meses, sem prejuízo do retorno à atividade, sendo que, nos primeiros seis meses da volta à ativa, o benefício será pago integralmente; do sétimo ao décimo segundo mês será pago com redução de 50% em seu valor e, nos seis últimos meses – do décimo terceiro ao décimo oitavo mês, será pago o benefício com redução de 75%.

Ante a inaplicabilidade dos arts. 477, 478 e 497 da Consolidação das Leis do Trabalho, a partir da adoção do FGTS como regime único de proteção do emprego contra a despedida imotivada, há de se interpretar que o empregador que desejar dispensar o empregado não estável pagará a indenização compensatória da dispensa imotivada igual a 40% do montante dos depósitos do FGTS devidos no curso do contrato de trabalho e, no caso de estável, pagará a indenização equivalente ao período de garantia de emprego, mais a indenização de 40% dos depósitos de FGTS devidos durante o contrato de trabalho.

Não discrepa o entendimento jurisprudencial trabalhista a respeito, preconizado no Enunciado n. 160 do Tribunal Superior do Trabalho: "Cancelada a aposentadoria por invalidez, mesmo após cinco anos, o trabalhador terá direito de retomar ao emprego, facultado, porém, ao empregador, indenizá-lo na forma da lei".

### 2.2.4.1 Mensalidade de recuperação

Aos demais segurados, exceto os empregados, aplica-se o seguinte procedimento, denominado "mensalidade de recuperação" (art. 49 do Regulamento): sobrevindo a recuperação plena nos cinco anos subsequentes à concessão do benefício, a estes lhe será concedido o benefício ainda por tantos meses quantos foram os anos de duração do benefício por incapacidade. Já se a recuperação for parcial, ocorrer após os cinco anos, ou o segurado for declarado apto para o exercício de função diversa da que exercia antes da aposentação, aplicar-se-á a mesma regra da supressão gradativa do benefício, em dezoito meses.

A mensalidade de recuperação será considerada como tempo de contribuição, observado o inciso II do art. 55 da Lei n. 8.213, de 1991, inclusive o período com redução da renda previsto no *caput* (§ 5º do art. 333 da IN INSS/PRES n. 128/2022).

É garantido ao segurado que retornar à atividade requerer, a qualquer tempo, novo benefício, tendo o mesmo processamento normal, ou seja, o aposentado que volte a trabalhar, caso seja vítima de nova incapacidade ou implemente direito a outro benefício de aposentadoria, poderá requerê-lo a qualquer tempo, não havendo obrigação de prazo carencial entre os dois benefícios, ou compensação de valores percebidos a título de aposentadoria.

Caso haja requerimento de novo benefício, durante o período de recebimento de mensalidades de recuperação, caberá ao segurado optar por um dos benefícios, sempre assegurada a opção pelo mais vantajoso. No caso de opção pelo recebimento do novo benefício a que se refere o *caput*, cuja duração encerre antes da cessação do benefício decorrente do *caput*, seu pagamento poderá ser restabelecido pelo período remanescente, respeitando-se as reduções correspondentes (art. 334 da IN INSS/PRES n. 128/2022).

Cabe ainda consignar que há decisões do STJ dando conta da possibilidade de cumulação de aposentadoria por incapacidade permanente e subsídio decorrente de exercício de mandato eletivo, reconhecendo que a incapacidade para o exercício da atividade profissional não significa necessariamente invalidez para os atos da vida política (AgRg no REsp n. 1.412.872/CE, 1ª Turma, Min. Ari Pargendler, *DJe* 18.12.2013; AgRg no REsp n. 1.307.425/SC, 2ª Turma, Min. Castro Meira, *DJe* 02.10.2013).

Comprovados os requisitos para a aposentadoria e sobrevindo o óbito do autor no curso do processo, é possível a conversão daquele benefício em pensão por morte, não caracterizando julgamento *ultra* ou *extra petita*, por ser este benefício consequência daquele. Nesse sentido: STJ, REsp 1.108.079/PR, 6ª Turma, Rel. Min. Maria Tereza de Assis Moura, *DJe* 03.11.2011.

*2.2.4.2    Gráfico demonstrativo da parcela de recuperação (retorno à atividade)*

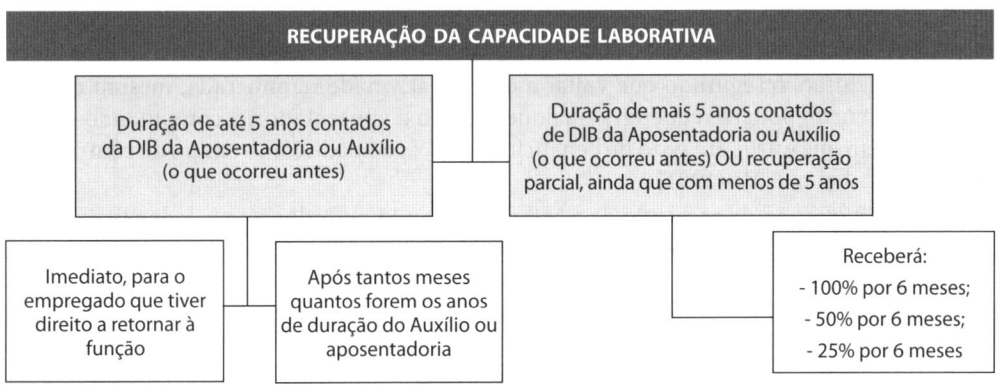

## 2.2.5    Transformação da aposentadoria por incapacidade em aposentadoria por idade

De acordo com a regra contida originalmente no art. 55 do Decreto n. 3.048/1999, a aposentadoria por idade poderia ser decorrente da transformação de aposentadoria por invalidez ou auxílio-doença, desde que requerida pelo segurado e observado o cumprimento da carência exigida na data de início do benefício a ser transformado. No entanto, esse dispositivo foi revogado pelo Decreto n. 6.722, de 2008, impossibilitando essa transformação direta que muitas vezes representava um acréscimo de renda em face da aplicação do fator previdenciário positivo.

O INSS, a partir de 31.12.2008, passou a não conceder mais, na via administrativa, a conversão de benefícios por incapacidade em aposentadoria por idade.

Cabe ressaltar primeiro, no tocante à norma em comento, que ela é claramente inconstitucional, posto que não respeita o direito adquirido daqueles que implementaram o requisito para a aposentadoria por idade antes do advento do Decreto n. 6.722/2008, mas que fizeram o requerimento após 30.12.2008. Ao mencionar apenas "requerimentos efetivados a partir de 31 de dezembro de 2008", a norma nada prescreve em relação ao direito adquirido dos segurados, e, portanto, quanto a eles, é inaplicável.

Para esses segurados obviamente não poderia haver qualquer restrição da transformação de benefícios por incapacidade em aposentadoria por idade, já que obtiveram o direito à aplicação da norma vigente na data da implementação dos requisitos. Portanto, se a implementação do requisito idade e carência for anterior a 30.12.2008, não há que falar na possibilidade de negatória da transformação dos benefícios, mesmo que o requerimento se dê após a mudança legislativa. Nesse sentido: TNU, PEDILEF n. 50017381320114047207, Rel. Juíza Federal Kyu Soon Lee, *DOU* 07.06.2013.

Temos que analisar ainda se poderia o segurado, que não possui direito adquirido à transformação da aposentadoria por incapacidade em aposentadoria por idade, voltar a contribuir para a previdência social e postular na sequência o novo benefício.

Vejamos em que hipóteses esse retorno encontra regramento:

a) caso tenha recuperado a capacidade laborativa e retornar voluntariamente à atividade, a sua aposentadoria será automaticamente cancelada (art. 46 da Lei n. 8.213/1991); e

b) caso o aposentado se julgar apto a retornar à atividade deverá solicitar a realização de nova avaliação médico-pericial e somente depois da perícia médica do INSS concluir pela recuperação da capacidade laborativa, a aposentadoria será cancelada (art. 47 do RPS).

Segundo o art. 50 do RPS, o segurado que retornar à atividade poderá requerer, a qualquer tempo, novo benefício, tendo este processamento normal.

Em conclusão, o segurado que voltar a exercer atividade remunerada, mesmo que por um período curto, poderá requerer a qualquer tempo a aposentadoria, computando o lapso intercalado em que esteve em gozo de benefício por incapacidade como tempo de contribuição (art. 55, II, da Lei n. 8.213/1991).

Quanto à questão do recálculo da RMI, não havendo períodos intercalados de atividade laboral, aplica-se também a orientação do Supremo Tribunal Federal, oriunda do julgamento da Repercussão Geral no RE n. 583.834/SC, que afasta a possibilidade da aplicação do art. 29, § 5º, da Lei n. 8.213/1991 (RE n. 583.834/SC, Plenário, Rel. Min. Ayres Britto, *DJe* 14.02.2012).

Por fim, a aplicação do fator previdenciário, quando cabível, ou seja, quando diga respeito a períodos anteriores à vigência da EC n. 103/2019, deverá levar em conta o novo tempo contributivo (soma de todos os períodos trabalhados e de gozo de benefício) e a idade e expectativa de sobrevida na data do novo requerimento.

### 2.2.6 Principais demandas relacionadas à aposentadoria por incapacidade permanente (invalidez)

Em âmbito de prática jurídica, o benefício em questão tem litígios, geralmente, relacionados a todas as matérias já ventiladas no tópico relativo ao auxílio por incapacidade temporária e revisões de aposentadorias programáveis (ajustes de tempo de contribuição e salários de contribuição), e mais:

- o reconhecimento da incapacidade como permanente, e não apenas temporária (transformação de auxílio por incapacidade temporária em aposentadoria);
- o reconhecimento do direito ao adicional de 25% para as situações que demandem auxílio permanente de outra pessoa (cuidador);
- a revisão da renda mensal do benefício para 100% do salário de benefício, em razão da inconstitucionalidade do inciso III do § 2º do art. 26 da EC n. 103/2019;

- a transformação da aposentadoria por incapacidade permanente de previdenciária para acidentária visando ao aumento do coeficiente de cálculo;
- na esfera trabalhista, o direito ao pensionamento vitalício do aposentado vitimado por acidente do trabalho ou doença ocupacional, bem como o pagamento de verbas não satisfeitas antes do afastamento do trabalho, especialmente as férias não usufruídas, integrais e proporcionais.

A competência e o rito para tais demandas também seguem conforme as que versam sobre o auxílio por incapacidade temporária, conforme já descrito no tópico respectivo, ao qual remetemos o leitor.

## QUADRO-RESUMO – APOSENTADORIA POR INCAPACIDADE PERMANENTE

| | |
|---|---|
| **BENEFÍCIO** | **APOSENTADORIA POR INCAPACIDADE PERMANENTE (INVALIDEZ)**<br>Códigos da Espécie (INSS): B-32 (previdenciária);<br>B-92 (acidentária) |
| **Evento Gerador** | Incapacidade permanente para toda e qualquer atividade laborativa, insuscetível de reabilitação.<br>– Súmula n. 47 da TNU: "Uma vez reconhecida a incapacidade parcial para o trabalho, o juiz deve analisar as condições pessoais e sociais do segurado para a concessão de aposentadoria por invalidez". |
| **Beneficiários** | Todos os segurados do RGPS, para a aposentadoria por invalidez previdenciária. No caso de aposentadoria por acidente do trabalho (B-92), somente o segurado empregado, inclusive o doméstico, o trabalhador avulso e o segurado especial. |
| **Carência** | a) não é exigida, em caso de acidente do trabalho (e situações equiparadas) ou acidente de outra natureza, e no caso de doenças tipificadas no art. 2º da Portaria Interministerial MTP/MS n. 22, de 31.08.2022, como graves, contagiosas ou incuráveis.<br>b) 12 contribuições mensais, nos demais casos. |
| **Enfermidade Preexistente à Filiação** | – Não será concedido o benefício, caso o segurado já seja portador da enfermidade incapacitante antes de sua filiação ao RGPS, salvo em caso de progressão ou agravamento desta após o início da atividade laboral que o vinculou ao Regime.<br>– "Não há direito a auxílio-doença ou a aposentadoria por invalidez quando a incapacidade para o trabalho é preexistente ao reingresso do segurado no Regime Geral de Previdência Social" (Súmula n. 53 da TNU). |
| **Qualidade de Segurado** | É devido o benefício, mesmo que a enfermidade seja diagnosticada durante o período de graça de que trata o art. 15 da Lei n. 8.213/1991. |
| **Salário de Benefício** | a) Para o segurado filiado à Previdência Social a partir de 29.11.1999 (Lei n. 9.876, de 1999), o salário de benefício consiste:<br>   – na média aritmética simples dos maiores salários de contribuição correspondentes a 80% de todo o período contributivo, corrigidos mês a mês;<br>b) Para o segurado filiado à Previdência Social até 28.11.1999, o salário de benefício consistia:<br>   – na média aritmética simples dos 80% maiores salários de contribuição, corrigidos mês a mês, de todo o período contributivo decorrido desde julho de 1994.<br>c) Para os benefícios requeridos após a publicação da EC n. 103/2019: 100% do período contributivo desde a competência julho de 1994, ou desde o início da contribuição, se posterior àquela competência;<br>d) Para o segurado especial o benefício será de um salário mínimo, salvo se contribuir facultativamente sobre salário de contribuição maior que aquele valor, quando então se aplicam as regras anteriores. |

| BENEFÍCIO | APOSENTADORIA POR INCAPACIDADE PERMANENTE (INVALIDEZ)<br>Códigos da Espécie (INSS): B-32 (previdenciária);<br>B-92 (acidentária) |
|---|---|
| Fator Previdenciário | Não se aplica a este benefício. |
| Renda Mensal Inicial | – Até o advento da EC n. 103/2019: 100% do salário de benefício, em todos os casos.<br>– Para os fatos geradores ocorridos após a publicação da EC n. 103/2019:<br>  – aposentadoria por incapacidade permanente (não acidentária): 60% do salário de benefício, com acréscimo de dois pontos percentuais para cada ano de contribuição que exceder o tempo de 20 anos de contribuição no caso dos homens e de 15 anos, no caso das mulheres;<br>  – aposentadoria por incapacidade permanente quando decorrer de acidente de trabalho, de doença profissional e de doença do trabalho: 100% do salário de benefício.<br>– Poderá ser concedido adicional de 25% do valor do benefício quando o segurado comprovar necessidade permanente de auxílio de terceiros ("grande invalidez"), podendo, neste caso, a soma das duas parcelas ultrapassar o valor máximo dos benefícios do RGPS. |
| Período Básico de Cálculo | O Período Básico de Cálculo – PBC é fixado, conforme o caso, de acordo com a:<br>I – Data do Afastamento da Atividade ou do Trabalho – DAT;<br>II – Data de Entrada do Requerimento – DER. |
| Data de Início do Benefício | I – Quando precedido de auxílio por incapacidade temporária: a partir do dia seguinte ao da cessação daquele, por força de conclusão da perícia do INSS.<br>II – Quando não precedido de auxílio por incapacidade temporária:<br>Para o Segurado Empregado:<br>a) a partir do 16º dia de incapacidade, caso requerido até o 30º dia de incapacidade;<br>b) da data do requerimento, quando requerida após 30 dias do início da incapacidade.<br>Para os demais segurados:<br>a) a partir do 1º dia de incapacidade, caso requerido até o 30º dia de incapacidade;<br>b) da data do requerimento, quando requerida após 30 dias do início da incapacidade. |
| Duração | – Indeterminada. Cessa com a recuperação da capacidade laborativa (podendo ser cancelada a qualquer tempo) ou com a morte do segurado.<br>– O segurado aposentado por incapacidade permanente poderá ser convocado a qualquer momento para avaliação das condições que ensejam o afastamento ou a aposentadoria, concedida judicial ou administrativamente, observado o disposto no art. 101 (art. 43, § 4º, da LB, incluído pela Lei n. 13.457/2017). |
| Isenção do exame médico pericial periódico | – Isenta-se o aposentado por incapacidade permanente e o pensionista inválido, beneficiários do RGPS, de se submeterem a exame médico-pericial: – após completarem 55 anos ou mais de idade e quando decorridos 15 anos da data da concessão da aposentadoria por incapacidade permanente ou auxílio por incapacidade temporária que a precedeu; ou – após completarem 60 anos de idade.<br>– A isenção do exame pericial não se aplica quando tem as seguintes finalidades: a) verificar a necessidade de assistência permanente de outra pessoa para a concessão do acréscimo de 25% sobre o valor do benefício; b) verificar a recuperação da capacidade de trabalho, mediante solicitação do aposentado ou pensionista que se julgar apto; c) subsidiar autoridade judiciária na concessão de curatela. |
| Observações | As regras gerais da aposentadoria por incapacidade permanente encontram-se no art. 201 da CF, nos arts. 42 a 47 da Lei n. 8.213/1991 e nos arts. 43 a 50 do Decreto n. 3.048/1999 (com redação dada pelo Decreto n. 10.410/2020). |

## 2.3 AUXÍLIO-ACIDENTE

O auxílio-acidente é um benefício previdenciário pago mensalmente ao segurado acidentado como forma de indenização, sem caráter substitutivo do salário, pois é recebido cumulativamente com ele, quando, após a consolidação das lesões decorrentes de acidente de qualquer natureza – e não somente de acidentes de trabalho –, resultarem sequelas que impliquem redução da capacidade para o trabalho que habitualmente exerce – Lei n. 8.213/1991, art. 86, *caput*. Relevante frisar que, como reiteradas vezes julgado pelo STJ, por possuir natureza indenizatória, o período em que o segurado esteve em gozo exclusivo de auxílio-acidente não pode ser considerado tempo de contribuição, cf. art. 55, II, da Lei n. 8.213/1991 (AgInt nos EDcl no AREsp 1678545/SC, 1ª Turma, Rel. Min. Gurgel de Faria, *DJe* 1º.07.2021).

### 2.3.1 Requisitos para concessão do auxílio-acidente

Não há como confundi-lo com o auxílio-doença (agora, por incapacidade temporária): este somente é devido enquanto o segurado estiver incapaz, temporariamente, para o trabalho; o auxílio-acidente, por seu turno, é devido após a consolidação das lesões ou perturbações funcionais de que foi vítima o acidentado, ou seja, após a "alta médica", não sendo percebido juntamente com o auxílio por incapacidade temporária, mas somente após a cessação deste último – LBPS, art. 86, § 2º.

Em síntese, quatro são os requisitos para a concessão do auxílio-acidente: (a) qualidade de segurado; (b) a superveniência de acidente de qualquer natureza; (c) a redução parcial e definitiva da capacidade para o trabalho habitual; e (d) o nexo causal entre o acidente a redução da capacidade.

O benefício em questão passou a ser devido em relação a acidentes de qualquer natureza (e não só acidentes do trabalho) a partir da redação conferida pela Lei n. 9.032/1995, não se aplicando a acidentes não ligados ao trabalho ocorridos até 29.04.1995.[25]

Sobre a definição do acidente de qualquer natureza para fins desse benefício, a TNU fixou a seguinte tese no Representativo de Controvérsia – Tema n. 269: "O conceito de acidente de qualquer natureza, para os fins do art. 86 da Lei n. 8.213/1991 (auxílio-acidente), consiste em evento súbito e de origem traumática, por exposição a agentes exógenos físicos, químicos ou biológicos, ressalvados os casos de acidente do trabalho típicos ou por equiparação, caracterizados na forma dos arts. 19 a 21 da Lei n. 8.213/1991" (PUIL n. 0031628-86.2017.4.02.5054/ES).

Segundo precedentes jurisprudenciais, o benefício de auxílio-acidente é devido se e quando comprovado pelo conjunto probatório que o segurado é portador de sequela decorrente de acidente de qualquer natureza determinadora de redução da capacidade para o trabalho habitual, não exigindo, a legislação em vigor, grau, índice ou percentual mínimo de incapacidade. O STJ firmou, a esse respeito, tese em sede de recursos repetitivos com o seguinte teor:

> – **Tema n. 416:** "Exige-se, para concessão do auxílio-acidente, a existência de lesão, decorrente de acidente do trabalho, que implique redução da capacidade para o labor habitualmente exercido. O nível do dano e, em consequência, o grau do maior esforço, não interferem na concessão do benefício, o qual será devido ainda que mínima a lesão".

---

[25] A redação original do art. 18, § 1º, da Lei n. 8.213/1991 previa o cabimento de tal benefício a acidentes sofridos por presidiários que exercessem atividade remunerada, o que deixou de ser previsto com a redação dada pela Lei n. 9.032/1995.

De um acidente ocorrido com o segurado podem resultar danos irreparáveis, insuscetíveis de cura, para a integridade física do segurado. Tais danos, por sua vez, podem assumir diversos graus de gravidade. Para a Previdência Social, o dano que enseja direito ao auxílio-acidente é o que acarreta perda ou redução na capacidade de trabalho (redução esta qualitativa ou quantitativa), sem caracterizar a incapacidade permanente para todo e qualquer trabalho. Exemplificando, um motorista de ônibus, vítima de acidente de trânsito, do qual resultem sequelas em seus membros inferiores, que o impossibilitem de continuar dirigindo, estará incapaz definitivamente para a função que exercia, mas não estará totalmente incapaz para toda e qualquer atividade (podendo desenvolver atividades manuais, que não exijam o uso dos membros inferiores). Na hipótese, o segurado terá direito a receber o auxílio-acidente.

Conforme o RPS, art. 104, § 4º, não dará ensejo ao benefício a sequela:

– que apresente danos funcionais ou redução da capacidade funcional sem repercussão na capacidade laborativa; e
– que envolva mudança de função, mediante readaptação profissional promovida pela empresa, como medida preventiva, em decorrência de inadequação do local de trabalho.

A regra é discutível, pois não tem previsão legal, especialmente o segundo item, sendo crucial a análise pericial quanto à existência de sequelas que reduzam a capacidade laborativa, independentemente de quem tenha tomado as medidas e em que caráter, frisando-se que, por força da legislação trabalhista, é dever da empresa zelar pelo meio ambiente de trabalho salubre e pela prevenção de enfermidades causadas pelo labor.

O STJ estabeleceu que o segurado que tenha adquirido lesão caracterizada como causadora de incapacidade *parcial e permanente* tem direito a receber auxílio-acidente, mesmo que essa lesão tenha caráter reversível. A tese firmada em sede de recursos repetitivos no STJ foi que: "Será devido o auxílio-acidente quando demonstrado o nexo de causalidade entre a redução de natureza permanente da capacidade laborativa e a atividade profissional desenvolvida, sendo irrelevante a possibilidade de reversibilidade da doença" (Tema n. 156).

Não rendem ensejo ao auxílio-acidente os casos cujo acidentado apresente danos funcionais ou redução da capacidade funcional sem repercussão na capacidade laborativa, e, em caso de mudança de função, mediante readaptação profissional promovida pela empresa, como medida preventiva, em decorrência de inadequação do local de trabalho – Regulamento, art. 104, § 4º.

De acordo com o § 5º do art. 104 do Decreto n. 3.048/1999, a perda da audição, em qualquer grau, somente proporcionará a concessão do auxílio-acidente, quando, além do reconhecimento do nexo de causa entre o trabalho e a doença, resultar, comprovadamente, na redução ou perda da capacidade para o trabalho que o segurado habitualmente exerce.

Todavia, a jurisprudência do STJ definiu a questão em sede de análise de recursos repetitivos e em Súmula:

– **Tema n. 22:** "Comprovados o nexo de causalidade e a redução da capacidade laborativa, mesmo em face da disacusia em grau inferior ao estabelecido pela Tabela Fowler, subsiste o direito do obreiro ao benefício de auxílio-acidente".
– **Súmula n. 44:** "A definição, em ato regulamentar, de grau mínimo de disacusia, não exclui, por si só, a concessão do benefício previdenciário".

## 2.3.2 Beneficiários

Possuem direito ao recebimento do auxílio-acidente o empregado (urbano, rural e doméstico), o trabalhador avulso e o segurado especial, conforme se observa dos arts. 18, § 1º, com a redação conferida pela LC n. 150/2015, e 39, I, da Lei n. 8.213/1991.

Ao empregado, inclusive o doméstico (este após sua inclusão no rol dos que gozam da proteção acidentária), caberá a concessão do auxílio-acidente mesmo na hipótese de demissão durante o período em que estava recebendo auxílio por incapacidade temporária decorrente de acidente de qualquer natureza, desde que preenchidos os demais requisitos.

O benefício em questão passou a ser devido em relação a acidentes de qualquer natureza (e não só acidentes do trabalho) desde 29.04.1995, independentemente da DIB do auxílio por incapacidade temporária que o precedeu (art. 352, § 1º, da IN INSS/PRES n. 128/2022).

A Constituição Federal não estabelece distinção entre os segurados da Previdência Social no tocante ao auxílio-acidente. Entendemos, portanto, que deve ser reconhecido o direito ao tratamento isonômico entre os segurados do RGPS.

A ausência de previsão na Lei n. 8.213/1991, a nosso ver, não impede a concessão do auxílio-acidente ao contribuinte individual, pois a contribuição que financia esse benefício não é da responsabilidade dos segurados. Nesse sentido: Recurso Cível 5000361-91.2012.404.7200/SC, 1ª Turma Recursal de Santa Catarina, Rel. p/ acórdão Juiz Federal João Batista Lazzari, Sessão de 13.11.2012. No entanto, a TNU uniformizou o tema em sentido contrário no Representativo de Controvérsia n. 201, tese firmada: "O contribuinte individual não faz jus ao auxílio-acidente, diante de expressa exclusão legal" (PEDILEF 0002245-25.2016.4.03.6330/SP, 09.10.2019). Em relação aos segurados especiais, o TRF da 4ª Região uniformizou o entendimento de que fazem jus à concessão de auxílio-acidente independentemente do recolhimento de contribuições:

> Em se tratando de segurado especial (trabalhador rural), a concessão de aposentadoria por invalidez, de auxílio-doença ou de auxílio-acidente (no valor de um salário mínimo), independe de carência, mas pressupõe a demonstração do exercício de atividade rural no período de 12 meses anteriores ao requerimento administrativo, ainda que de forma descontínua. Hipótese comprovada. (TRF4 5015005-66.2021.4.04.9999, 6ª Turma, Rel. Taís Schilling Ferraz, juntado aos autos em 13.08.2022)

A matéria foi analisada pelo STJ sob o rito de julgamento de recursos repetitivos – Tema n. 627, sendo fixada a seguinte tese:

> O segurado especial, cujo acidente ou moléstia é anterior à vigência da Lei n. 12.873/2013, que alterou a redação do inciso I do art. 39 da Lei n. 8.213/1991, não precisa comprovar o recolhimento de contribuição como segurado facultativo para ter direito ao auxílio-acidente (REsp 1361410/RS, 1ª Seção, *DJe* 21.02.2018).

A Previdência Social passou a conceder o auxílio-acidente quando o segurado estiver no período de graça somente a partir da nova redação do art. 104, § 7º, conferida pelo Decreto n. 6.722, de 2008. A restrição até então adotada na via administrativa não encontrava amparo legal. Nesse sentido: TNU, PEDILEF 0502859-55.2014.4.05.8312, j. 16.06.2016.

Por sua vez, a qualidade de segurado não é mais mantida enquanto for recebido pelo segurado exclusivamente o auxílio-acidente, regra que mudou desde 18.06.2019, com a publicação da MP n. 871, posteriormente convertida na Lei n. 13.846/2019. Nesse sentido, o art. 184, I, da IN INSS/PRES n. 128/2022. Antes, a manutenção da qualidade de segurado era reconhecida pela legislação, assim como pela jurisprudência.

### 2.3.3 Período de carência

A concessão do auxílio-acidente independe do número de contribuições pagas, mas é preciso ter a qualidade de segurado.

Esse benefício geralmente decorre de um benefício por incapacidade imediatamente antecedente, mas pode acontecer da pessoa não ter requerido o auxílio por incapacidade temporária e mais tarde vir a requerer o auxílio-acidente, o qual será devido desde que comprovadas sequelas resultantes de acidente de natureza comum ou acidentária em momento que guardava a qualidade de segurado.

Vale ressaltar que para segurados especiais tem se exigido, para a concessão dos benefícios por incapacidade (no valor de um salário mínimo), mesmo independentes de carência, a demonstração do exercício de atividade rural no período de 12 meses anteriores ao requerimento administrativo, ainda que de forma descontínua (TRF-4, Proc. 5030291-26.2017.4.04.9999, 6ª Turma, Rel. José Luis Luvizetto Terra, juntado aos autos em 17.02.2022).

### 2.3.4 Data de início do benefício

O benefício tem início a partir do dia seguinte ao da cessação do auxílio por incapacidade temporária (antigo auxílio-doença), independentemente de qualquer remuneração ou rendimento auferido pelo acidentado; ou na data da entrada do requerimento (DER), quando não precedido de auxílio por incapacidade.

Não há como se admitir outra data para o início do benefício de auxílio-acidente, visto que se trata de situação decorrente do benefício por incapacidade que o antecedeu, tendo o segurado ficado com sequelas que o INSS tinha obrigação de identificar quando da alta médica, providenciando a concessão do benefício *ex officio*.

A 1ª Seção do Superior Tribunal de Justiça (STJ) decidiu, apreciando o Tema Repetitivo 862, que o marco inicial do auxílio-acidente é o dia seguinte ao da cessação do benefício por incapacidade que lhe deu origem, na forma do art. 86, § 2º, da Lei n. 8.213/1991, observando-se, se for o caso, a prescrição quinquenal de parcelas do benefício (REsp 1.729.555, *DJe* 1º.07.2021). O STF, por seu turno, reconheceu a inexistência de repercussão geral da questão, por não se tratar de matéria constitucional (RE 1.382.897, *DJe* 17.08.2022).

Salienta-se que o agendamento está disponível pela Central 135 e presencialmente nas APS. No entanto, embora disponível para agendamento, entendemos como inadmissível a exigência de prévio ingresso na via administrativa neste caso – Súmula n. 89 do STJ, presumindo-se daí que a perícia do INSS indeferiu o auxílio-acidente quando da cessação do benefício por incapacidade anterior, pois poderia fazer a conversão do benefício temporário em auxílio-acidente.

Sobre o tema, a TNU firmou a tese no Tema n. 315, ainda pendente de trânsito em julgado, reconhecendo o termo inicial do auxílio-acidente no dia subsequente à cessação do auxílio por incapacidade temporária, independentemente da formulação de pedido de prorrogação ou pedido específico:

> A data do início do benefício de auxílio-acidente é o dia seguinte à data da cessação do benefício de auxílio por incapacidade temporária, que lhe deu origem, independentemente de pedido de prorrogação deste ou de pedido específico de concessão do benefício de auxílio-acidente, nos termos do art. 86, § 2º, da Lei n. 8.213/1991, observada a prescrição quinquenal dos valores atrasados. (PEDILEF 5063339-35.2020.4.04.7100/RS)

O problema reside na hipótese de auxílio-acidente não precedido de auxílio-doença/incapacidade temporária (quando este não foi requerido, ou foi indeferido por ausência de cumprimento da carência). Nesse caso, a data de início será a do requerimento administrativo (acaso realizado) ou a da citação inicial no processo judicial movido contra o INSS:

O entendimento do STJ – que ora se ratifica – é firme no sentido de que o auxílio-acidente será devido a partir do dia seguinte ao da cessação do auxílio-doença, mas, inexistente a prévia concessão de tal benefício, o termo inicial deverá corresponder à data do requerimento administrativo. Inexistentes o auxílio-doença e o requerimento administrativo, o auxílio-acidente tomará por termo inicial a data da citação. (STJ, REsp n. 1.729.555/SP, 1ª Seção, Rel. Min. Assusete Magalhães, *DJe* 1º.07.2021)

Destaca-se da ementa do acórdão supracitado, ainda, que "Prevalece no STJ a compreensão de que o laudo pericial, embora constitua importante elemento de convencimento do julgador, não é, como regra, parâmetro para fixar o termo inicial de benefício previdenciário".

Quando a matéria é levada a juízo, incumbe ao perito judicial identificar a existência ou não de sequela geradora do direito, ao tempo em que formulada a pretensão, e não apenas na data da perícia, não podendo se esquivar de elaborar laudo conclusivo – favorável ou contrário – à matéria, sob pena de nulidade do feito por cerceamento do direito de defesa dos interesses do segurado. (TJ-AM, AC 0641017-15.2019.8.04.0001, 3ª Câmara Cível, Rel. Des. João de Jesus Abdala Simões, publ. 15.09.2020)

A respeito do assunto fixação do dia do acidente para fins de concessão do benefício, o STJ decidiu, no julgamento do Tema repetitivo n. 556: "Para fins de fixação do momento em que ocorre a lesão incapacitante em casos de doença profissional ou do trabalho, deve ser observada a definição do art. 23 da Lei n. 8.213/1991, segundo a qual 'considera-se como dia do acidente, no caso de doença profissional ou do trabalho, a data do início da incapacidade laborativa para o exercício da atividade habitual, ou o dia da segregação compulsória, ou o dia em que for realizado o diagnóstico, valendo para este efeito o que ocorrer primeiro'".

Ainda sobre a data de início do auxílio-acidente, a uniformização de jurisprudência da TNU – Tema n. 315, cuja tese fixada foi a seguinte: "A data do início do benefício de auxílio--acidente é o dia seguinte à data da cessação do benefício de auxílio por incapacidade temporária, que lhe deu origem, independentemente de pedido de prorrogação deste ou de pedido específico de concessão do benefício de auxílio-acidente, nos termos do art. 86, § 2º, da Lei n. 8.213/1991, observada a prescrição quinquenal dos valores atrasados" (PEDILEF 5063339-35.2020.4.04.7100/RS, j. 18.10.2023).

### 2.3.5 Renda mensal inicial

Na redação original do art. 86, § 1º, da Lei n. 8.213/1991, o auxílio-acidente, mensal e vitalício, correspondia, dependendo da gravidade das sequelas, a 30%, 40% ou 60% do salário de contribuição do segurado vigente no dia do acidente, não podendo ser inferior a esse percentual do seu salário de benefício.

A partir da Lei n. 9.032/1995, o auxílio-acidente mensal passou a corresponder a 50% do salário de benefício, sendo devido até a véspera de qualquer aposentadoria ou até a data do óbito do segurado.

O STF, apreciando o Tema n. 388 de Repercussão Geral, definiu por tese que "É inviável a aplicação retroativa da majoração prevista na Lei n. 9.032/1995 aos benefícios de auxílio-acidente concedidos em data anterior à sua vigência" (RE 613.033 RG, Rel. Min. Dias Toffoli, publ. 09.06.2011). Desse modo, conforme jurisprudência pacífica no STJ, a concessão do benefício de auxílio-acidente deve obedecer à legislação em vigor ao tempo do fato gerador, em estrita aplicação do princípio *tempus regit actum* (*v.g.*, AgInt no REsp 1.975.278/SC, 2ª Turma, Rel. Min. Francisco Falcão, *DJe* 10.08.2022).

O segurado especial receberá benefício equivalente a 50% do salário mínimo. Caso esteja contribuindo facultativamente, terá o benefício concedido com base na média dos salários de contribuição de todo o período desde julho de 1994 ou desde o início das contribuições, corrigidos monetariamente.

Sendo o auxílio-acidente pago no período de vigência da Medida Provisória n. 905, de 12.11.2019 a 18.08.2020, a RMI do auxílio-acidente decorrente de qualquer natureza e do auxílio-acidente decorrente de acidente de trabalho correspondia a 50% da RMI da aposentadoria por incapacidade permanente a que teria direito o segurado, conforme estabelece o art. 235-A da Portaria DIRBEN/INSS n. 1.176, publicada em 14.11.2023.

O valor do benefício, em qualquer caso, poderá ser inferior ao salário mínimo, uma vez que não se trata de benefício substitutivo do salário de contribuição. Nesse sentido:

– **TRF da 4ª Região – Súmula n. 105:** "Inexiste óbice à fixação da renda mensal do auxílio-acidente em patamar inferior ao salário mínimo, uma vez que tal benefício constitui mera indenização por redução de capacidade para o trabalho, não se lhe aplicando, assim, a disposição do art. 201, § 2º, da Constituição Federal".

Dúvidas surgem quanto ao cálculo da renda mensal do auxílio-acidente quando o salário de benefício apurado seja inferior ao salário mínimo. A jurisprudência do STJ entende que o salário de benefício que lhe serve de base não pode ser inferior ao mínimo legal, acarretando que o valor pago a título de renda mensal inicial do auxílio-acidente seja de, pelo menos, 50% do salário mínimo vigente ao tempo da concessão:

RECURSO ESPECIAL. VIOLAÇÃO AO ART. 86, § 1º, DA LEI N. 8.213/1991. AUXÍLIO-ACIDENTE. 50% DO SALÁRIO DE BENEFÍCIO. O art. 201 da Constituição Federal estabelece que a previdência social atenderá à cobertura dos eventos decorrentes de acidente do trabalho, nos termos da lei. A Lei n. 8.213/1991, em seu art. 86, § 1º, dispõe que o auxílio-acidente corresponderá a 50% do salário de benefício do segurado, que, por sua vez, não será inferior a um salário mínimo, nem superior ao limite máximo do salário de contribuição na data do benefício. Recurso provido. (REsp 263.595/PB, 5ª Turma, Rel. Min. Jorge Scartezzini, *DJ* 08.10.2001)

O recebimento de salário ou concessão de outro benefício, exceto de aposentadoria, não prejudicará a continuidade do recebimento do auxílio-acidente. Não é permitida a acumulação de dois ou mais auxílios-acidente.

Importante referir o julgado da TNU em Representativo de Controvérsia – Tema n. 322, cuja tese fixada foi a seguinte: "Devem ser computados os valores percebidos a título de auxílio-acidente no período básico de cálculo (PBC) da aposentadoria por idade rural do segurado especial, para fins de incremento da renda mensal inicial (RMI), independentemente do recolhimento de contribuições facultativas, a teor do inciso II do art. 34 da Lei n. 8.213/1991, excetuadas as hipóteses de cumulação de benefícios contempladas na Súmula 507 do STJ" (PEDILEF 5014634-54.2021.4.04.7202/SC, j. 22.11.2023)

### 2.3.6 Suspensão e cessação do benefício

O auxílio-acidente deixou de ser vitalício e passou a integrar o salário de contribuição para fins de cálculo do salário de benefício de qualquer aposentadoria. Essa disposição, contida no art. 31 da Lei n. 8.213/1991, foi restabelecida pela Lei n. 9.528, de 10.12.1997, pondo fim a uma interminável polêmica.

A matéria encontrava-se pacificada na jurisprudência, no sentido de que o valor percebido a título de auxílio-acidente não se incorporava ao salário de contribuição, para fins de cálculo do salário de benefício da aposentadoria. Essa nova regra justifica-se porque o auxílio-acidente agora se extingue com a concessão da aposentadoria. Poder-se-ia dizer, quanto a esse aspecto, que a nova lei institui espécie de não cumulatividade de benefícios, antes não conhecida, em prejuízo dos segurados.

O Poder Executivo vetou o § 5º do art. 86, que estabelecia o cômputo do valor do auxílio-acidente no cálculo das pensões por falecimento.

Além disso, a nova disciplina do benefício em comento retirou-lhe a vitaliciedade, porém manteve sua percepção desde a cessação do auxílio-doença/incapacidade temporária até a concessão de aposentadoria ou enquanto persistirem as condições que autorizaram sua concessão – § 1º do art. 86 da LBPS.

O auxílio-acidente não cessa pela percepção de rendimentos do trabalho, muito menos pela condição de desemprego do beneficiário.

A normatização interna do INSS (art. 511, § 5º, da IN PRESI/INSS n. 128/2022) prevê, de modo ilegal, a cessação do benefício de auxílio-acidente "quando da emissão de certidão de tempo de contribuição", situação que não guarda nenhuma congruência com a Lei n. 8.213/1991, tampouco com o Regulamento. Por tal razão, a jurisprudência vem rechaçando o procedimento:

> (...) RESTABELECIMENTO DE AUXÍLIO-ACIDENTE. Cessação do benefício ante a emissão de Certidão de Tempo de Contribuição – CTC. Art. 86, § 1º, da Lei n. 8.213/1991 prevê que o auxílio-acidente deve ser mantido até a concessão de qualquer aposentadoria ou morte do segurado. Regras previstas no art. 129 do Decreto n. 3.048/1999 e art. 339, inciso II, da IN/INSS n. 77/2015 extrapolaram suas funções regulamentadoras. Prevalência da norma jurídica de hierarquia superior. Restabelecimento do benefício devido (...). (TJ-SP, AC 10096435020198260114 SP 1009643-50.2019.8.26.0114, 17ª Câmara de Direito Público, Rel. Des. Carlos Monnerat, publ. 13.08.2021)

No caso de novo auxílio por incapacidade temporária, ocasionado por outra enfermidade que não a causadora da sequela que deu origem ao auxílio-acidente, o segurado receberá os dois benefícios (auxílio-acidente e auxílio por incapacidade temporária) cumulativamente. E, quanto à recidiva, dispõe o § 6º do art. 104 do RPS (redação dada pelo Decreto n. 10.410/2020): "No caso de reabertura de auxílio por incapacidade temporária por acidente de qualquer natureza que tenha dado origem a auxílio-acidente, este será suspenso até a cessação do auxílio por incapacidade temporária reaberto, quando será reativado".

Quando o segurado em gozo de auxílio-acidente fizer jus a um novo auxílio-acidente, em decorrência de outro acidente ou de doença, o INSS fará a comparação entre as rendas mensais dos dois benefícios e será mantido o benefício mais vantajoso.

Quanto à possibilidade de cumulação do auxílio-acidente e de aposentadoria, a matéria acabou sendo objeto da Súmula n. 507 do STJ, que possui o seguinte teor: "A acumulação de auxílio-acidente com aposentadoria pressupõe que a lesão incapacitante e a aposentadoria sejam anteriores a 11.11.1997, observado o critério do art. 23 da Lei n. 8.213/1991 para definição do momento da lesão nos casos de doença profissional ou do trabalho".

Quanto ao momento em que ocorre a lesão incapacitante em casos de doença profissional ou do trabalho, deve ser observada a definição do art. 23 da Lei n. 8.213/1991, segundo o qual se considera "como dia do acidente, no caso de doença profissional ou do trabalho, a data do início da incapacidade laborativa para o exercício da atividade habitual, ou o dia da segregação compulsória, ou o dia em que for realizado o diagnóstico, valendo para esse efeito o que ocorrer primeiro" (REsp n. 1.296.673/MG, Rel. Min. Herman Benjamin, *DJe* 03.09.2012).

Porém, a possibilidade de cumulação do auxílio-acidente (fator gerador anterior à Lei n. 9.528/1997) com aposentadoria deverá ser apreciada pelo STF, que reconheceu a existência de repercussão geral no RE 687.813/RS, Tema n. 599, *DJe* 18.10.2012.

A atual redação do art. 101 da Lei n. 8.213/1991, conferida pela Lei n. 14.441/2022, prevê a avaliação pericial periódica dos segurados em fruição de auxílio-acidente, entre outros benefícios, com o intuito de verificar eventuais ocorrências de concessão ou manutenção indevida e sob pena de suspensão do benefício. A avaliação pericial poderá ser realizada com o uso de tecnologia de telemedicina ou por análise documental conforme situações e requisitos definidos em regulamento (§§ 6º, 8º e 9º do art. 101 da LBPS, redação dada pela Lei n. 14.724/2023).

A perícia, para tais fins, terá acesso aos prontuários médicos do periciado no Sistema Único de Saúde (SUS), desde que haja a prévia anuência do periciado e seja garantido o sigilo sobre os dados dele (§ 4º do art. 101 da LBPS, redação conferida pela Lei n. 13.457/2017).

Ocorre que não há que se falar em cessação do benefício, salvo em caso de comprovada fraude, em razão do disposto no § 1º do art. 86 da LBPS. Isso porque deve ser observada a regra do momento da concessão, que previa a vitaliciedade até a Lei n. 9.528/1997 e, após a garantia da continuidade do pagamento até que ocorra a aposentadoria, a qual continua válida, pois não foi revogada pela Lei n. 14.441/2022.

### 2.3.7 Principais demandas relacionadas ao auxílio-acidente

Em âmbito de prática jurídica, o benefício em questão tem litígios, geralmente, relacionados:

- ao reconhecimento do direito ao benefício de auxílio-acidente, pois não concedido de ofício, como a lei prevê, pelo INSS;
- à retroação da DIB do auxílio-acidente eventualmente concedido na via administrativa, sendo certo que o entendimento mais consentâneo é o de que deve ser o dia imediatamente posterior ao da cessação do benefício por incapacidade ou do cancelamento da aposentadoria por incapacidade permanente (invalidez);
- à revisão da renda mensal, para que seja, no mínimo, equivalente a 50% do salário mínimo da época da DIB;
- às questões ligadas ao direito intertemporal;
- na seara trabalhista, recorde-se que o trabalhador beneficiário do auxílio-acidente tem direito de postular pensão vitalícia proporcional à redução de sua capacidade laborativa, além de todos os danos patrimoniais e extrapatrimoniais relacionados ao infortúnio e seu tratamento.

A prova, mais uma vez, será capitaneada em importância pela pericial, a fim de avaliar as sequelas e a redução da capacidade laborativa, embasada na documentação médica e, eventualmente, em prova testemunhal do infortúnio ou outros fatos relevantes.

### QUADRO-RESUMO – AUXÍLIO-ACIDENTE

| BENEFÍCIO | AUXÍLIO-ACIDENTE<br>Códigos da Espécie (INSS): B-36 (previdenciário) ou B-94 (acidentário) |
|---|---|
| Evento Gerador | – Segurado que sofre acidente e fica com sequelas que reduzem sua capacidade de trabalho.<br>– Requisitos para a concessão do auxílio-acidente: (a) qualidade de segurado; (b) a superveniência de acidente de qualquer natureza; (c) a redução parcial e definitiva da capacidade para o trabalho habitual (sequela), e (d) o nexo causal entre o acidente a redução da capacidade. |

| BENEFÍCIO | AUXÍLIO-ACIDENTE<br>Códigos da Espécie (INSS): B-36 (previdenciário) ou B-94 (acidentário) |
|---|---|
| Beneficiários | Segurados empregados, inclusive o doméstico, trabalhadores avulsos e segurados especiais. |
| Carência | Não é exigida. |
| Cumulatividade | O auxílio-acidente, por ter caráter de indenização, pode ser acumulado com outros benefícios pagos pela Previdência Social exceto aposentadoria.<br>– Súmula n. 507 do STJ: "A acumulação de auxílio-acidente com aposentadoria pressupõe que a lesão incapacitante e a aposentadoria sejam anteriores a 11.11.1997, observado o critério do art. 23 da Lei n. 8.213/1991 para definição do momento da lesão nos casos de doença profissional ou do trabalho". |
| Suspensão do Benefício | – O auxílio-acidente será suspenso quando da concessão ou da reabertura do benefício por incapacidade temporária, em razão do mesmo acidente ou de doença que lhe tenha dado origem, sendo restabelecido quando da cessação daquele.<br>– A Lei n. 14.441/2022 estabeleceu nova hipótese de suspensão ao dar nova redação ao art. 101 da LBPS, qual seja, o segurado que deixa de submeter-se a perícia de reavaliação. |
| Salário de Benefício | a) Para o segurado filiado à Previdência Social a partir de 29.11.1999 (Lei n. 9.876, de 1999), o salário de benefício consistia:<br>– na média aritmética simples dos maiores salários de contribuição correspondentes a 80% de todo o período contributivo, corrigidos mês a mês;<br>b) Para o segurado filiado à Previdência Social até 28.11.1999, o salário de benefício consistia:<br>– na média aritmética simples dos 80% maiores salários de contribuição, corrigidos mês a mês, de todo o período contributivo decorrido desde julho de 1994; |
| Salário de Benefício | c) Para os benefícios cujo fato gerador seja posterior à publicação da EC n. 103/2019: 100% do período contributivo desde a competência julho de 1994, ou desde o início da contribuição, se posterior àquela competência. Caso o benefício por incapacidade que antecedeu a concessão do auxílio-acidente seja anterior à EC n. 103/2019, o salário de benefício base é aquele em vigor à época da concessão do benefício originário. |
| Fator Previdenciário | Não se aplica a este benefício. |
| Renda Mensal Inicial | – 50% do salário de benefício que deu origem ao benefício por incapacidade, corrigido até o mês anterior ao do início do auxílio-acidente, pelos índices de atualização dos benefícios do RGPS. |
| Período Básico de Cálculo | O Período Básico de Cálculo – PBC é fixado, conforme o caso, de acordo com a:<br>I – Data do Afastamento da Atividade ou do Trabalho – DAT;<br>II – Data de Entrada do Requerimento – DER. |
| Data de Início do Benefício | A partir do dia seguinte ao da cessação do benefício por incapacidade temporária, devendo ser verificado de ofício pela perícia do INSS. |
| Duração | – Indeterminada. Cessa com a aposentadoria ou com a morte do segurado, o que ocorrer primeiro. |
| Observações | As regras gerais do auxílio-acidente encontram-se no art. 201 da CF, no art. 86 da Lei n. 8.213/1991 e no art. 104 do Decreto n. 3.048/1999 (com redação dada pelo Decreto n. 10.410/2020). |

## 2.4 DIREITO À PROTEÇÃO DO EMPREGO CONTRA DESPEDIDA DO TRABALHADOR ACIDENTADO

O art. 118 da Lei do RGPS prevê garantia de emprego ao trabalhador que tenha sofrido acidente de trabalho, pelo prazo de doze meses após a cessação do benefício decorrente do acidente, independentemente da percepção – posterior – de auxílio-acidente.

A norma é de natureza trabalhista e não previdenciária, pois impõe ao empregador vedação à dispensa sem justa causa do empregado – urbano, doméstico ou rural – que tenha sofrido acidente do trabalho ou doença ocupacional; logo, não se concebe de bom alvitre que esteja incluída em legislação que verse sobre matéria diversa. Além disso, é lacunosa, porque não prevê algumas circunstâncias relativas ao trabalhador acidentado.

Um segundo aspecto dessa regra é o que diz respeito ao momento de aquisição da estabilidade. Nesse ponto, parece inexistir dúvida plausível: a obtenção do direito à estabilidade ocorre quando do fim da incapacidade proveniente de acidente do trabalho ou doença ocupacional. Dessa data pode-se dizer que o empregado tem direito adquirido à estabilidade; no entanto, enquanto estiver em gozo de benefício, seu contrato de trabalho estará suspenso, e, com isso, não há como ser dispensado. Incumbe lembrar que se considera dia do acidente, no caso de doença ocupacional, a data do início da incapacidade laborativa para o exercício da atividade habitual, ou o dia da segregação compulsória – se for o caso –, ou, ainda, o dia em que tenha sido realizado o diagnóstico, valendo para fim de fixação da data o fato que ocorrer primeiro (art. 23 da Lei do RGPS). A efetiva fruição da estabilidade, portanto, depende do implemento da condição suspensiva – o retorno ao trabalho, determinado pela perícia médica do INSS, ou seja, a "alta médica". Somente a partir do primeiro dia de retorno ao trabalho é que será computado o prazo de doze meses de estabilidade. Se o segurado tiver sido vítima de acidente, mas não tiver chegado a ficar mais do que o tempo mínimo exigido para a fruição do auxílio por incapacidade temporária, ainda que acidentário, não há estabilidade.

Ainda no aspecto da contagem do período da estabilidade, há que se observar o efeito da prorrogação de incapacidade laborativa no prazo de sessenta dias contados a partir da cessação do benefício anterior (art. 75, § 3º, do Regulamento); nesse caso, se o benefício foi decorrente de acidente de trabalho ou doença ocupacional, e o retorno ao benefício deu-se pela mesma causa, deve-se contar novo período de estabilidade, a partir da nova "alta médica".

Questão polêmica é a do trabalhador que, laborando sem registro do contrato e trabalho em CTPS, venha a sofrer acidente de trabalho ou desenvolva doença ocupacional. O vínculo jurídico de emprego firma-se a partir da ocorrência do trabalho por conta alheia, na conformidade dos requisitos do art. 2º da Consolidação das Leis do Trabalho. Logo, a não fruição de benefício por incapacidade não caracteriza, por si só, inexistência de estabilidade, quando tal fato decorreu de atitude com fito de mascarar o acidente; apenas se não atingidos os dias exigidos de incapacidade é que não se tem como cogitar de garantia contra a dispensa sem justo motivo; uma vez atingidos, sendo o trabalhador empregado na acepção legal, independentemente de registro do contrato de trabalho, a estabilidade é presente. Nesse sentido:

> Evidenciado que a empresa usou de subterfúgios para que o empregado não usufruísse do auxílio-doença acidentário, mostra-se correto o entendimento do Regional de que não se pode condicionar o direito à estabilidade à percepção do auxílio acidentário se o implemento dessa condição foi obstado pelo próprio empregador. Recurso de revista não conhecido. (TST, 8ª Turma, RR 122200-36.2003.5.15.0042, Rel. Min. Márcio Eurico Vitral Amaro, publ. 23.09.2011)

Em certos casos, também persistem dúvidas acerca da possibilidade de reconhecimento de estabilidade acidentária por infortúnio ocorrido no curso do aviso prévio trabalhado pelo empregado. Nesse sentido, em que pese o teor das Súmulas do TST de n. 371 e n. 378, tem-se firmado o entendimento de que a superveniência de acidente do trabalho ou doença ocupacional no curso do aviso prévio gera, sim, a proteção contra despedida.

## 2.5 AÇÃO REGRESSIVA ACIDENTÁRIA

A Previdência Social tem o dever legal de ajuizar ação regressiva contra os responsáveis nos casos de negligência quanto às normas padrão de segurança e higiene do trabalho indicadas para a proteção individual e coletiva (art. 120, I, da LBPS). E, também, em caso de violência doméstica e familiar contra a mulher (art. 120, II da LBPS), consoante previsão contida na Lei n. 13.846/2019.

O réu, no caso, pode ser o empregador ou tomador dos serviços (item I) ou o agressor (item II).

O foro competente é a Justiça Federal, nos termos do art. 109 da Constituição, já que não se trata da ação em que segurado ou beneficiário postula benefício acidentário.

A ocorrência de tais ações tem sido cada vez mais frequente, e das sentenças emitidas já se pode colher elementos suficientes para o estudo do direito regressivo da Previdência contra o empregador desidioso no que diz respeito à proteção à integridade física do trabalhador.

Assim, surge um novo conceito de responsabilidade pelo acidente de trabalho: o Estado, por meio do ente público responsável pelas prestações previdenciárias, resguarda a subsistência do trabalhador e seus dependentes, mas tem o direito de exigir do verdadeiro culpado pelo dano que este arque com os ônus das prestações – aplicando-se a noção de responsabilidade objetiva, conforme a teoria do risco social para o Estado; mas a da responsabilidade subjetiva e integral, para o empregador infrator.

Medida justa, pois a solidariedade social não pode abrigar condutas deploráveis como a do empregador que não forneça condições de trabalho indene de riscos de acidentes.

Como bem assinalou Daniel Pulino, "o seguro acidentário, público e obrigatório, não pode servir de alvará para que empresas negligentes com a saúde e a própria vida do trabalhador fiquem acobertadas de sua irresponsabilidade, sob pena de constituir-se verdadeiro e perigoso estímulo a esta prática socialmente indesejável".[26]

O tema foi objeto de análise por ocasião do 14º Congresso Brasileiro de Previdência Social, realizado pela LTr em São Paulo/SP, no mês de março de 2001. Consta do texto publicado no Jornal do Congresso, que:

> A ação regressiva segue o rito ordinário em virtude da necessidade de instrução probatória para demonstração da existência do nexo causal, isto é, se o acidente ocorreu por negligência da empresa em relação às normas de segurança que são exigíveis e se dessa omissão resultou o acidente. (...) A análise da existência do nexo causal envolve a apreciação dos contornos fáticos em relação ao acidente. É incumbência do INSS demonstrar a existência de responsabilidade subjetiva do empregador, a qual é decorrente de ato ilícito, isto é, da culpa, da negligência ou imprudência quanto ao cumprimento das normas-padrão de segurança. Só assim poderá transferir o encargo das prestações pagas à vítima e seus beneficiários[27].

Considerando o reduzido número de ações propostas pelo INSS, o Conselho Nacional de Previdência Social editou a Resolução n. 1.291, de 27.06.2007, para "Recomendar ao Instituto Nacional do Seguro Social – INSS, por intermédio de Procuradoria Federal Especializada – INSS, que adote as medidas competentes para ampliar as propositoras de ações regressivas contra os empregadores considerados responsáveis por acidentes do trabalho, nos termos dos arts. 120 e 121 da Lei n. 8.213, de 24.07.1991, a fim de tornar efetivo o ressarcimento dos gastos

---

[26] *Revista de Previdência Social*, São Paulo, LTr, n. 182, p. 16.
[27] LAZZARI, João Batista. Ação regressiva acidentária. *Jornal do 14º Congresso Brasileiro de Previdência Social*, São Paulo: LTr, 2001.

do INSS, priorizando as situações que envolvam empresas consideradas grandes causadoras de danos e aquelas causadoras de acidentes graves, dos quais tenham resultado a morte ou a invalidez dos segurados".

Em julgamento de Recurso Especial o STJ firmou orientação de que o fato de a empresa contribuir para o Seguro de Acidente do Trabalho – SAT não exclui a responsabilidade em caso de acidente decorrente de culpa da empregadora: "Da leitura conjunta dos arts. 22 da Lei n. 8.212/1991 e 120 da Lei n. 8.213/1991 conclui-se que o recolhimento do Seguro de Acidente de Trabalho – SAT não exclui a responsabilidade da empresa nos casos de acidente do trabalho decorrentes de culpa por inobservância das normas de segurança e higiene do trabalho" (STJ, EDcl no AgRg nos EDcl no REsp n. 973.379/RS, 6ª Turma, *DJe* 14.06.2013).

Nesse sentido, revela-se também inviável a compensação entre o que foi pago a título de SAT e os valores que deve arcar em decorrência do pagamento do benefício acidentário (AC 199871000170053, TRF da 4ª Região, Rel. Des. Federal Marga Inge Barth Tessler, *DJe* 29.03.2010).

Outra polêmica está relacionada ao prazo prescricional para a propositura da ação regressiva. Nossa posição é a de que a prescrição no caso é quinquenal, pois o INSS, na condição de autarquia federal, busca com a ação regressiva reaver valores que possuem natureza jurídica de recursos públicos, e não recursos exclusivamente privados a ensejar a aplicação da legislação civil, aplicando-se aí o prazo para a satisfação de dívidas para com a Fazenda Pública em geral. Nesse sentido: TRF4, AC 5003957-71.2012.404.7204, *DE* 24.07.2013.

Cabe referir, ainda, que o INSS passou a ingressar com ações regressivas também contra os responsáveis pelo cometimento de crimes de trânsito e nos casos de cometimento de ilícitos penais dolosos que resultem em lesão corporal, morte ou perturbação funcional. Essa matéria está regulada pela Portaria Conjunta PGF/INSS n. 6, de 18.07.2013, possuindo precedentes favoráveis na jurisprudência, tal qual o que segue:

> PROCESSUAL CIVIL, CIVIL E PREVIDENCIÁRIO. ASSASSINATO DE SEGURADA PELO EX-MARIDO. VIOLÊNCIA CONTRA A MULHER. RESPONSABILIDADE CIVIL DO AGENTE, QUE DEVERÁ RESSARCIR O INSS PELOS VALORES PAGOS A TÍTULO DE PENSÃO POR MORTE. CORREÇÃO MONETÁRIA. INCIDÊNCIA. 1. Cabe ao agente que praticou o ato ilícito que ocasionou a morte do segurado efetuar o ressarcimento das despesas com o pagamento do benefício previdenciário, ainda que não se trate de acidente de trabalho. Hipótese em que se responsabiliza o autor do homicídio pelo pagamento da pensão por morte devida aos filhos, nos termos dos arts. 120 e 121 da Lei n. 8.213/1991 c/c arts. 186 e 927 do CC. 2. O ressarcimento deve ser integral por não estar comprovada a corresponsabilidade do Estado em adotar medidas protetivas à mulher sujeita à violência doméstica. 3. Incidência de correção monetária desde o pagamento de cada parcela da pensão. 4. Apelação do INSS e remessa oficial providas e apelação do réu desprovida. (TRF4, APELREEX 5006374-73.2012.404.7114, 3ª Turma, Rel. Des. Fed. Carlos Eduardo Thompson Flores Lenz, *DE* 09.05.2013)

Somente com o advento da citada Lei n. 13.846/2019 acabou incluída na LBPS (art. 120, II) a possibilidade de ação regressiva por violência doméstica e familiar contra a mulher, nos termos da Lei n. 11.340, de 07.08.2006.

Destaquem-se, ainda, precedentes em que a Ação Regressiva foi considerada descabida:

- **SEGURADO APOSENTADO ANTERIORMENTE. CONVERSÃO EM PENSÃO. AUSÊNCIA DE PREJUÍZO:** "Nos casos em que o segurado é aposentado e falece em acidente do trabalho, havendo a mera conversão da aposentadoria em pensão por morte, não existe qualquer prejuízo ao INSS passível de ressarcimento, e, portanto, descabe a ação regressiva" (TRF/4ª Região, AC 5010802-38.2015.4.04.7003, em 05.07.2018).

- **TRABALHADOR AUTÔNOMO. SERVIÇO EM ALTURA. IMPRUDÊNCIA. CULPA EXCLUSIVA DO PROFISSIONAL.** "Em se tratando de trabalhador autônomo que, nas horas vagas, faz 'bicos', dentre os quais o de afixar *banners* em altura, se a queda ocorrer por imprudência exclusiva sua, não cabe responsabilizar a empresa que imprime o material publicitário e indica tal profissional, a dona da obra ou mesmo a imobiliária contratada para fazer a venda dos apartamentos" (TRF/4ª Região, AC 5058042-32.2015.4.04.7000, em 07.06.2018).

Por fim, cumpre ressaltar que o pagamento de prestações pela Previdência Social em decorrência dos casos em que é cabível a ação regressiva não exclui a responsabilidade civil da empresa ou do responsável pela violência doméstica e familiar.

## 2.6 PRINCIPAIS ASPECTOS DAS AÇÕES DE BENEFÍCIOS POR INCAPACIDADE

Em se tratando de demandas judiciais que versam sobre benefícios por incapacidade, surge uma dicotomia: os benefícios de origem não acidentária seguem a regra geral de competência da Justiça Federal; quanto aos benefícios acidentários, a causa de pedir atrai a competência da Justiça comum, conforme o entendimento fixado no Tema n. 414 de Repercussão Geral do STF: "Compete à Justiça Comum Estadual julgar as ações acidentárias que, propostas pelo segurado contra o Instituto Nacional do Seguro Social (INSS), visem à prestação de benefícios relativos a acidentes de trabalho" (RE 638483 RG/PB, Plenário, Rel. Min. Cezar Peluso, *DJe* 31.08.2011).

Desse modo, as demandas de concessão ou restabelecimento de auxílios por incapacidade temporária de origem acidentária; aposentadoria por incapacidade permanente acidentária; auxílio-acidente cuja origem seja acidentária; pensão por morte acidentária, seja em casos de acidente típico, situações equiparadas ou doenças ocupacionais, com nexo de causalidade ou concausalidade, assim como as ações revisionais desses benefícios. No tocante ao auxílio-acidente, vale lembrar que o mesmo pode ser motivado por acidente de qualquer (outra) natureza. O entendimento jurisprudencial é de que apenas os litígios que discutam o benefício quando há alegação de que é decorrente de acidente do trabalho são de competência da Justiça Estadual.

Também compete à Justiça Comum Estadual analisar os pedidos de alteração da natureza do benefício envolvendo a alegação de ocorrência ou não do acidente de trabalho como causa de pedir (STJ, AgRg no CC 136.147/MG, 1ª Seção, *DJe* 30.06.2017).

Nos termos da jurisprudência do STJ, a competência para julgar as demandas em que se pleiteia a concessão de benefício previdenciário deve ser determinada em razão do pedido e da causa de pedir, cujos elementos identificadores da ação não poderão ser modificados após o saneamento, nos precisos termos do art. 329, II, do CPC/2015 (STJ, REsp 1860012 MT 2020/0023480-2, Rel. Min. Herman Benjamin, *DJ* 30.04.2020).

Em caso de não haver, no curso do processo ajuizado perante a Justiça Estadual em que se pleiteia benefício de origem acidentária, o reconhecimento da causalidade ou concausalidade acidentária, não é caso de remessa dos autos à Justiça Federal, pois "a questão relativa à ausência de nexo causal entre a lesão incapacitante e a atividade laboral do segurado, embora possa interferir no julgamento do mérito da demanda, não é capaz de afastar a competência da Justiça Estadual para processar as demandas em que o pedido formulado diz respeito a benefício previdenciário decorrente de acidente de trabalho, como é o caso dos autos" (STJ, REsp 1.655.442/MG, 2ª Turma, Rel. Min. Herman Benjamin, *DJe* 18.04.2017). Logo, havendo esta situação, o caso é de improcedência do pedido formulado na petição inicial (não é devido o benefício acidentário). A pessoa poderá intentar nova demanda na Justiça Federal, com base na mesma situação incapacitante, postulando o benefício não acidentário.

A respeito da repetição de postulações de benefícios por incapacidade, frisamos o julgamento do IRDR n. 15 pelo TJSC, em que foi fixada a seguinte tese:

> Nas ações acidentárias ajuizadas na Justiça Estadual contra o Instituto Nacional Do Seguro Social (INSS), que tenham por objeto qualquer dos benefícios previstos na Lei Federal n. 8.213/1991, será reconhecida a coisa julgada quando houver sentença de improcedência transitada em julgado na Justiça Federal, em demanda com as mesmas partes, causa de pedir (mesmas moléstias) e pedidos fungíveis ou não, em que tenha sido reconhecida a ausência de incapacidade laboral, salvo em caso de agravamento posterior do mal incapacitante, ou a ausência de nexo etiológico com acidente de trabalho ou doença ocupacional a ele equiparada. (TJ-SC – Incidente de Resolução de Demandas Repetitivas no Proc. 0020933-43.2013.8.24.0018, Rel. Des. Jaime Ramos, j. 26.09.2018, Grupo de Câmaras de Direito Público)

Consigna-se, ainda, o julgamento pelo STJ do Repetitivo Tema n. 1.053, que fixou a seguinte tese: "Os Juizados Especiais da Fazenda Pública não têm competência para o julgamento de ações decorrentes de acidente de trabalho em que o Instituto Nacional do Seguro Social figure como parte" (REsp 1.859.931/MT, 1ª Seção, *DJe* 1º.07.2021).

Vejamos a seguir a análise dos principais requisitos da petição inicial para concessão ou restabelecimento dos benefícios por incapacidade, levando-se em consideração o disposto no art. 319 do CPC/2015:

*I – o juízo a que é dirigida a petição;*

Para o endereçamento da petição inicial devem-se observar as regras de competência, quais sejam:

- benefícios de origem acidentária, inclusive ações revisionais destes: competência da Justiça Estadual – Tema n. 414 de Repercussão Geral do STF;
- benefícios cuja origem não esteja ligada a acidente de trabalho e doenças equiparadas: competência da Justiça Federal, podendo haver opção pela delegação da competência para a Justiça Estadual na hipótese do segurado ou beneficiário residir em comarca que não seja sede de vara da Justiça Federal (consoante alteração decorrente da Lei n. 13.876/2019 (originada no PL n. 2.999/2019), a delegação de competência será cabível desde que o domicílio do segurado seja em cidade localizada a mais de 70 quilômetros de município sede de vara federal).

*II – os nomes, os prenomes, o estado civil, a existência de união estável, a profissão, o número de inscrição no Cadastro de Pessoas Físicas ou no Cadastro Nacional da Pessoa Jurídica, o endereço eletrônico, o domicílio e a residência do autor e do réu;*

Quanto à qualificação das partes, tem sido exigida pelos magistrados a juntada de cópia da carteira de identidade (ou outro documento de identificação), da inscrição no CPF e comprovante atualizado do endereço. Caso o autor não tenha *e-mail*, poderá ser indicado o do advogado que o representa.

O réu nas ações por benefício por incapacidade será sempre o INSS, pessoa jurídica de direito público, autarquia federal com endereço a ser indicado conforme o local da propositura da demanda.

### III – o fato e os fundamentos jurídicos do pedido;

Em relação aos fatos devem ficar comprovados a qualidade de segurado da parte autora na data do início da incapacidade e o cumprimento da carência quando exigida, assim como o prévio requerimento administrativo do benefício e a negativa do INSS.

Para a ação que busca o restabelecimento de benefício, fazem-se necessárias a juntada da carta de concessão e a comprovação do cancelamento.

Ao impugnar a decisão administrativa, a parte autora poderá apontar que a perícia médica do INSS foi feita de forma equivocada e superficial, desconsiderando a incapacidade da parte autora consoante exames e laudos que são anexados à petição inicial.

Ao defender a existência da incapacidade laboral deve ficar esclarecida a causa e/ou doença da parte autora e a indicação da CID com base nos laudos médicos apresentados.

No que toca aos fundamentos jurídicos do pedido, a petição deve indicar os dispositivos legais e regulamentares que embasam o pleito.

Quando possível, devem ser feitas citações de jurisprudência e de doutrina em reforço à tese defendida. Por exemplo:

> A jurisprudência vem entendendo que, se o segurado deixou de verter contribuições pelo fato de já estar acometido de doença durante o período de graça, resta suprida a exigência: Previdenciário. Recurso especial. Aposentadoria por invalidez. Perda da qualidade de segurado não caracterizada. Recurso especial provido. 1. Não ocorre a perda da qualidade de segurado quando, à época da saída do emprego, a parte autora já apresentava sinais de problemas que a impediam de exercer atividades laborais e preenchia os requisitos necessários à aposentadoria por invalidez. 2. Recurso especial provido. (STJ, REsp 826.555/SP, 5ª Turma, Rel. Min. Arnaldo Esteves Lima, *DJe* 13.04.2009)

### IV – quando o fundamento da ação for a discussão de ato praticado pela perícia médica federal;

A petição inicial deverá conter, em complemento aos requisitos previstos no art. 319 do CPC, com base no art. 129-A, I, da LBPS (introduzido pela Lei n. 14.441/2022):

> a) descrição clara da doença e das limitações que ela impõe;
> b) indicação da atividade para a qual o autor alega estar incapacitado;
> c) possíveis inconsistências da avaliação médico-pericial discutida; e
> d) declaração quanto à existência de ação judicial anterior com o objeto de que trata este artigo, esclarecendo os motivos pelos quais se entende não haver litispendência ou coisa julgada, quando for o caso.

### V – o pedido com as suas especificações;

Para melhor análise, sugerimos o rol de pedidos que segue, devendo ser adequado ao caso concreto:

> Diante do exposto, requer-se a Vossa Excelência:
> a) a citação do Instituto Nacional do Seguro Social – INSS, para, querendo, responder à presente demanda, no prazo legal, na pessoa do Superintendente Regional ou da Procuradoria Federal;
> b) a determinação ao INSS para que, na primeira oportunidade em que se pronunciar nos autos, apresente o processo administrativo relacionado ao benefício postulado, conforme determinado pelo art. 11 da Lei n. 10.259/2001, sob pena de cominação de multa diária, nos termos do art. 139, IV, do CPC/2015, a ser fixada por esse Juízo;

c) a concessão da tutela provisória de urgência, antes da realização de perícia médica, determinando-se ao INSS que inicie imediatamente o pagamento do benefício postulado ou promova o restabelecimento do benefício cancelado, o qual deve ser mantido enquanto persistir a enfermidade ensejadora; ou

d) caso seja constatado, por meio de perícia judicial, a existência de incapacidade laboral, seja deferida a tutela provisória de urgência, determinando-se ao INSS que inicie imediatamente o pagamento do benefício previdenciário a que fizer jus;

e) a determinação do pagamento de multa a ser fixada por este Juízo, com base nos arts. 300 e 497 do CPC/2015, caso haja, por parte da Autarquia-Ré, o descumprimento da tutela a ser deferida;

f) a procedência da pretensão deduzida, consoante narrado nesta inicial, condenando-se o INSS a conceder o benefício previdenciário de aposentadoria por invalidez, ou, sucessivamente, a conceder o benefício de auxílio por incapacidade temporária ou auxílio-acidente [adequar conforme o caso], determinando-se ao INSS que pague as parcelas a serem apuradas, mês a mês, a partir da DIB equivalente ao requerimento de concessão realizado administrativamente [ou do cancelamento indevido do benefício], com atualização monetária e juros de mora, bem como continue pagando à parte autora o benefício, enquanto persistir a incapacidade ou até a efetiva reabilitação profissional;

g) a condenação do INSS ao pagamento de custas, despesas e de honorários advocatícios, na base de 20% sobre as parcelas vencidas e as doze vincendas, apuradas em liquidação de sentença, conforme dispõem o art. 55 da Lei n. 9.099/1995 e o art. 85, § 3º, do CPC/2015;

h) a concessão da Gratuidade da Justiça, na forma do art. 98 e ss. do CPC/2015, por ser a parte autora pessoa hipossuficiente, na acepção jurídica do termo, sem condições de arcar com as despesas processuais e os honorários advocatícios sucumbenciais sem prejuízo de seu sustento e de sua família, [recomenda-se a coleta, pelo advogado, de declaração de hipossuficiência do cliente, caso seja requerida a Gratuidade da Justiça. Deve-se, também, de preferência, fazer a juntada de tal declaração nos autos, já na inicial].

i) com base no § 4º do art. 22 da Lei n. 8.906/1994, que, no final da presente demanda, caso sejam encontradas diferenças em favor do(a) autor(a), quando da expedição da RPV ou do precatório, os valores referentes aos honorários contratuais (contrato de honorários anexo) sejam expedidos em nome da sociedade de advogados contratada pela parte autora, no percentual constante no contrato de honorários anexo, assim como dos eventuais honorários de sucumbência.

### VI – *o valor da causa;*

Para estabelecimento do valor da causa devem ser somadas as parcelas vencidas com doze vincendas, em conformidade com o art. 292 do CPC/2015.

No âmbito da Justiça Federal compete ao Juizado Especial Cível processar, conciliar e julgar causas até o valor de 60 salários mínimos, bem como executar suas sentenças. Quando o valor da causa ultrapassa esse limite, a parte autora poderá renunciar de forma expressa ao excedente para que sua ação tramite nos Juizados Especiais Federais.

### VII – *as provas com que o autor pretende demonstrar a verdade dos fatos alegados;*

Para atendimento do disposto no art. 320 do CPC/2015, a petição inicial, qualquer que seja o rito ou procedimento adotado, deverá ser instruída pelo autor com os seguintes documentos, consoante o art. 129-A, II, da LBPS (introduzido pela Lei n. 14.441/2022):

a) comprovante de indeferimento do benefício ou de sua não prorrogação, quando for o caso, pela administração pública;

b) comprovante da ocorrência do acidente de qualquer natureza ou do acidente do trabalho, sempre que houver um acidente apontado como causa da incapacidade;

c) documentação médica de que dispuser relativa à doença alegada como a causa da incapacidade discutida na via administrativa.

O pedido de produção de provas pode ser feito da seguinte forma:

> Requer, também, a produção das provas por todos os meios admitidos em direito, especialmente a oitiva de testemunhas, juntada de novos documentos e, em especial, a nomeação de perito, escolhido por este R. Juízo, para realização da perícia médica, inclusive com poderes para requerer exames que considerar necessários e indispensáveis para a constatação da incapacidade, além dos documentos já apresentados no processo, respondendo aos quesitos formulados [de preferência colocar quesitos anexos; e, não possuindo a parte autora condições financeiras para nomear assistente técnico, protesta pela apresentação de quesitos suplementares para o perito judicial]. Requer, desde já, a manifestação do perito referente ao prontuário, laudos e exames anexos a essa inicial. [Caso a parte tenha mais de uma doença, em especial de diferentes causas, como ortopédica e psiquiátrica, importante observar que pode ser requerida mais de uma perícia, com médicos especialistas, para se garantir a análise correta do caso clínico].

***VIII – a opção do autor pela realização ou não de audiência de conciliação ou de mediação.***

As ações de concessão ou de restabelecimento de benefício por incapacidade são passíveis de solução por meio de acordo entre as partes. Assim, recomenda-se postular:

> Cumprindo a previsão do art. 319, VII, do CPC/2015, a parte autora declara que opta pela realização [ou não realização, adequar conforme o interesse em cada caso] de audiência de conciliação no presente caso.

Vistos os requisitos da petição inicial, deve-se frisar a necessidade de ser instruída desde logo com os documentos indispensáveis à propositura da ação (art. 320 do CPC/2015). No que tange aos benefícios por incapacidade, a documentação médica se revela fundamental para o deslinde de cada caso, destacando-se o prontuário médico de atendimento do segurado, que deve ser juntado em detrimento de meros atestados ou pareceres, que contêm menor força probante, seja pela sua redação sintética, seja por se tratar de provas constituídas exclusivamente para fins de instrução do processo, enquanto o prontuário é prova pré-constituída, isenta de qualquer parcialidade.

Para melhor coleta de provas e dados médicos, sugerimos também que seja solicitado ao médico que faz o tratamento do segurado que forneça um atestado médico para fins de perícia médica, conforme o parágrafo único do art. 3º da Resolução n. 1.658/2002, com a redação dada pela Resolução n. 1.851/2008, ambas do Conselho Federal de Medicina. Caso o médico não possa ou não queira preencher um atestado com o cumprimento do determinado pelo Conselho Federal de Medicina, deve-se solicitar ao menos que seja respondido o questionário. Em casos extremos, convém pedir a intervenção do Conselho Regional de Medicina.

Lembramos que, caso o segurado receba tratamento médico de mais de um profissional, é importante que seja solicitado o questionário para cada um deles.

O magistrado, ao analisar a petição inicial, mandará que seja emendada, no prazo de 15 dias, caso não preencha os requisitos dos arts. 319 e 320 do CPC ou se apresenta defeitos e irregularidades capazes de dificultar o julgamento de mérito, assim como os novos requisitos previstos no art. 129-A da LBPS (introduzido pela Lei n. 14.441/2022). No entanto, o despacho judicial deve indicar com precisão o que deve ser corrigido ou completado. Se o autor não cumprir a diligência, o juiz indeferirá a petição inicial, conforme previsão do art. 321 do CPC/2015.

Considerando a importância de adoção de procedimentos uniformes nas ações judiciais que envolvam a concessão de benefícios previdenciários de benefícios por incapacidade, foi editada a Recomendação Conjunta CNJ/AGU/MTE n. 1/2015, para:

> Art. 1º Recomendar aos Juízes Federais e aos Juízes de Direito com competência previdenciária ou acidentária, nas ações judiciais que visem à concessão de benefícios de aposentadoria por invalidez, auxílio-doença e auxílio-acidente e dependam de prova pericial médica, que:
> I – ao despacharem a inicial, considerem a possibilidade de, desde logo, determinarem a realização de prova pericial médica, com nomeação de perito do Juízo e ciência à parte autora dos quesitos a ele dirigidos, facultando-se às partes a apresentação de outros quesitos e indicação de assistentes técnicos, e, se possível, designando data, horário e local para o ato;
> II – a citação do Instituto Nacional do Seguro Social (INSS) seja realizada acompanhada de laudo da perícia judicial, possibilitando a apresentação de proposta de acordo ou resposta pela Procuradoria-Geral Federal;
> III – priorizem a concentração das perícias, viabilizando a participação da assistência técnica das partes;
> IV – também ao despachar a inicial, intimem o INSS para, sempre que possível, fazer juntar aos autos cópia do processo administrativo (incluindo eventuais perícias administrativas) e/ou informes dos sistemas informatizados relacionados às perícias médicas realizadas.

A observância da referida recomendação pelos magistrados cria condições para uma solução mais célere e efetiva dessas demandas, tendo em vista que prioriza e agiliza a instrução e julgamento dessas demandas e acima de tudo cria a possibilidade real de incremento da conciliação.

### – Tutelas de Urgência nos Benefícios por Incapacidade

Na hipótese de a parte autora pretender postular a concessão de tutela de urgência de natureza antecipada, deverá descrever fatos e juntar provas que demonstrem a verossimilhança das alegações, conforme os arts. 294 e ss. do CPC/2015, além de fundamentar a possibilidade de concessão da medida.

A tutela provisória pode fundamentar-se em urgência ou evidência (art. 294 do CPC). Cabe acentuar que se aplicam aos Juizados Especiais Federais os procedimentos da tutela de urgência, inclusive a tutela de evidência.

A tutela de urgência será concedida quando houver elementos que evidenciem a probabilidade do direito e o perigo de dano ou o risco ao resultado útil do processo (art. 300 do CPC).

A tutela da evidência será concedida, independentemente da demonstração de perigo de dano ou de risco ao resultado útil do processo, entre outras hipóteses, quando (art. 311 do CPC): I – ficar caracterizado o abuso do direito de defesa ou o manifesto propósito protelatório da parte; II – as alegações de fato puderem ser comprovadas apenas documentalmente e houver tese firmada em julgamento de casos repetitivos ou em súmula vinculante[28] [...]; IV – a petição inicial for instruída com prova documental suficiente dos fatos constitutivos do direito do autor, a que o réu não oponha prova capaz de gerar dúvida razoável.

Segundo Paulo Afonso Brum Vaz, em artigo denominado "Condenação para pagar benefício previdenciário tem efeito imediato"[29]:

---

[28] Omitido da citação o inciso III do art. 311, posto que não se aplica para processos previdenciários. Para conhecimento, citamos: "III – se tratar de pedido reipersecutório fundado em prova documental adequada do contrato de depósito, caso em que será decretada a ordem de entrega do objeto custodiado, sob cominação de multa;".

[29] *Conjur*, 08.04.2016. Disponível em: http://www.conjur.com.br/2016-abr-08/paulo-vaz-condenacao-pagar-beneficio-previdenciario-efeito-imediato. Acesso em: 30 mar. 2017.

As tutelas provisórias, de urgência e de evidência, representam contributos importantes para o fim de possibilitar a fruição imediata das prestações alimentares previdenciárias.

Para a tutela de urgência, seria necessário discutir o risco de dano (a menos que se considere presumido), e na tutela de evidência, tem-se a exigência de estar a tese firmada em julgamento de casos repetitivos ou súmula vinculante.

Para melhor compreensão, vejamos exemplo de como pode ser fundamentado o pedido de tutela de urgência: a situação criada pela Ré, ou seja, a decisão denegatória do benefício por incapacidade põe em risco a subsistência da parte autora e de sua família, principalmente pela natureza alimentar do benefício.

Sem receber qualquer tipo de rendimentos e não podendo trabalhar, a parte autora passa por sérias dificuldades financeiras desde seu afastamento do trabalho, uma vez que o benefício em questão é o seu único meio de subsistência.

A jurisprudência vem entendendo pelo cabimento da tutela provisória de urgência antes mesmo da perícia, caso esse respeitável Juízo se convença da existência dos pressupostos para a concessão da medida a partir da documentação já acostada, como se vê da decisão a seguir transcrita:

> Agravo de instrumento. Previdenciário. Auxílio-doença. Antecipação de tutela. Requisitos. Se está demonstrada a incapacidade, através de atestados médicos idôneos, é de se dizer que está preenchido o requisito da probabilidade do direito. Exigir a perícia judicial, sob o pretexto da presunção da validade do laudo administrativo, seria aniquilar parcialmente a tutela de urgência. O fundado receio de dano irreparável ou de difícil reparação está caracterizado pela impossibilidade de a segurada exercer suas atividades habituais e, consequentemente, prover o próprio sustento. (TRF/4, AI 5055444-22.2016.4.04.0000/RS, 5ª Turma, Rel. Des. Fed. Paulo Afonso Brum Vaz, *DE* 21.03.2017)

Assim, impõe-se a concessão imediata da tutela de urgência pretendida, ou sucessivamente, a designação de perícia médica, com urgência, a fim de que, após o laudo, possam ser antecipados os efeitos da tutela, como medida de salvaguarda à vida da parte autora. Em não sendo possível a realização de perícia judicial de forma rápida, faz-se necessária a concessão, ainda que precariamente, da tutela provisória de urgência, de forma a garantir a subsistência do núcleo familiar do qual faz parte o(a) segurado(a).

### 2.6.1 A prova pericial nas ações que envolvem a incapacidade laborativa

Quanto ao âmbito judicial, quando a prova dos fatos debatidos na lide depender de conhecimento técnico ou científico, o juiz será necessariamente assistido por um ou mais peritos, ou seja, profissionais de nível universitário, dotados de especialidade na matéria sobre a qual deverão opinar, realizando exame, vistoria ou avaliação, na condição de auxiliares do juízo (CPC, arts. 464, *caput*, e 475), ressalvadas as hipóteses excepcionais previstas nos arts. 464, § 1º, e 472 do CPC.

Compreende-se como avaliação médico-pericial qualquer atividade que se utiliza da metodologia médico-legal e pericial para confecção de laudos, pareceres e notas técnicas com objetivo médico-legal, independentemente do âmbito administrativo, judicial ou particular (art. 1º da Resolução CFM n. 2.325/2022). A Perícia Médica é, em sentido amplo, todo e qualquer ato propedêutico com formulação de diagnósticos, utilizando conhecimentos médicos, feito por médico e com a finalidade de contribuir com as autoridades administrativas, policiais ou judiciárias na formação de juízos a que estão obrigados em busca da primazia da verdade, na forma do § 1º do art. 1º da aludida Resolução.

Convém lembrar o cabimento da *ação de antecipação da prova* (no caso, a pericial) – art. 381 do CPC/2015. Esta pode e deve ser requerida:

- Nos casos em que haja fundado receio de que venha a se tornar difícil ou impossível a verificação de determinados fatos no curso do processo (inciso I).
- Quando a prova a ser produzida tiver a potencialidade de viabilizar a autocomposição ou outro meio adequado de solução de controvérsias (inciso II).
- Como forma de a parte obter prévio conhecimento dos fatos (inciso III).

É importante lembrar que:

- O juiz poderá dispensar a prova pericial quando as partes, na inicial e na contestação, apresentarem, sobre as questões de fato, pareceres técnicos ou documentos elucidativos que considerar suficientes (art. 472 do CPC/2015).
- "Tratando-se de perícia complexa, que abranja mais de uma área de conhecimento especializado, o juiz poderá nomear mais de um perito e a parte indicar mais de um assistente técnico" (art. 475 do CPC/2015).
- "O juiz apreciará a prova pericial de acordo com o disposto no art. 371, indicando na sentença os motivos que o levaram a considerar ou a deixar de considerar as conclusões do laudo, levando em conta o método utilizado pelo perito" (art. 479 do CPC/2015).

A perícia é, portanto, fundamental para o deslinde das questões ligadas aos benefícios por incapacidade – acidentários ou não –, com maior ênfase para os primeiros, ante a necessidade de se analisar o nexo de causalidade entre a atividade laboral e a enfermidade. Não há como prescindir da prova técnica em matéria de nexo de causalidade, já que não existe outro meio de prova que possa suprir a avaliação médica.

Para o desempenho de sua função, o perito e os assistentes técnicos podem valer-se de todos os meios necessários, ouvindo testemunhas, obtendo informações, solicitando documentos que estejam em poder da parte, de terceiros ou em repartições públicas, bem como instruir o laudo com planilhas, mapas, plantas, desenhos, fotografias ou outros elementos necessários ao esclarecimento do objeto da perícia (CPC/2015, art. 473, § 3º).

Incumbe ao perito (tanto o do INSS quanto o judicial) identificar de forma precisa o conjunto de atividades (tarefas, atribuições) desenvolvidas pelo segurado, e não apenas se limitar a reproduzir o nome da função exercida, pois a conclusão acerca da incapacidade para o trabalho habitual ou o sobre o nexo de causalidade não pode prescindir de tais informações.

Sobre o procedimento para realização de perícias –no âmbito das empresas, no do INSS ou mesmo em sede de perícia judicial –, deve o profissional da Medicina observar os ditames do Código de Ética da categoria, e especialmente em relação ao tema, a Resolução n. 2.323/2022 do Conselho Federal de Medicina, que dispõe sobre as normas específicas de atendimento a trabalhadores.

Pelo que se nota da aludida Resolução, pode-se concluir que:

a) a perícia realizada em Juízo não difere, em termos de deveres do profissional que a realiza, daquelas que devam ser realizadas por médicos de empresas ou do órgão previdenciário, seja quanto aos aspectos técnico-procedimentais, seja quanto aos aspectos ético-profissionais;

b) para uma adequada análise do possível nexo de causalidade, torna-se necessário, em regra, vistoriar o local de trabalho, a fim de observar os agentes que possam ter ocasionado a patologia do segurado (art. 2º, inciso II, da Resolução), não sendo crível que um perito possa, sem sombra de dúvidas, avaliar a relação de causalidade com o labor sem saber exatamente de que forma a atividade laboral era cumprida;

c) o exame pericial não se esgota no exame clínico sobre a situação "presente" do segurado, devendo ser apreciada a histórica clínica e ocupacional, item que a Resolução considera *decisivo para qualquer diagnóstico de nexo de causalidade*;

d) nos incisos do art. 2º, estabelece que outros procedimentos deve o médico realizar, incluindo a vistoria do local de trabalho (medições de calor, frio, ruído, umidade etc.), bem como o estudo da organização do trabalho (dinâmica da atividade, envolvendo esforços repetitivos, existência ou não de pausas etc.) e colher "depoimentos de outros trabalhadores", com o fito de descobrir eventual "maquiagem" do local da perícia.

e) a Resolução menciona "dados epidemiológicos"; porém, não se trata do Nexo Técnico Epidemiológico previsto no art. 21-A da Lei n. 8.213, pois este foi incluído apenas em 2006, enquanto a primeira Resolução é de 1998 (baseada em estudos da OIT/OMS de 1995); ou seja, o perito deve verificar se há outros trabalhadores no ambiente de trabalho com quadro clínico ou subclínico idêntico (cf. CID), independentemente de caracterização do NTEp;

f) pelo teor da Resolução, parece inadmissível a realização de perícias "coletivas" (em que vários segurados são periciados de uma só vez), ou em locais onde não se resguarde a intimidade do segurado, visto que o exame clínico pode trazer constrangimento ao indivíduo pela sua exposição indevida, por exemplo, numa sala de audiências.

Cabe mencionar, a respeito da prova pericial médica por telemedicina, a Resolução CFM n. 2.325, de 13.10.2022, que "define e disciplina o uso de tecnologias de comunicação na avaliação médico pericial". Conforme a norma ético-profissional da Medicina em comento, em seu art. 2º, o uso da telemedicina para realização de avaliações periciais é de caráter excepcional, podendo ser utilizada em situações específicas e pontuais, conforme descritas nos parágrafos a seguir:

§ 1º No caso de morte do municípiando;
§ 2º A perícia indireta ou documental pode se referir apenas a objeto que NÃO envolva:
I) a avaliação de dano pessoal;
II) as capacidades (incluindo a laborativa);
III) a invalidez ou que seja de natureza médico legal.
§ 3º As juntas médicas periciais, desde que pelo menos um dos médicos esteja presencialmente com o periciando, que deve realizar o exame físico e o descrever aos demais participantes.
§ 4º A Prova Técnica Simplificada (PTS) quando for de inquirição simples de menor complexidade e sem manifestação sobre fato referente à avaliação de dano pessoal (físico ou mental), capacidades (incluindo laborativa), nexo causal ou definição de diagnóstico ou prognóstico.

Porém, a Resolução CFM n. 2.325/2022 frisa, em seu art. 4º: "Os exames médico legais de natureza criminal e as perícias para avaliação de dano funcional e/ou estabelecimento de nexo causal, realizadas pelo médico do trabalho dentro de suas atribuições, devem ser realizados sempre de forma presencial".

Fixada a premissa de que o autor detém a qualidade de segurado da previdência social e que está relativa ou absolutamente incapaz de exercer as suas atividades laborativas habituais, não se lhe pode negar o direito ao benefício. Se o laudo pericial não é conclusivo, mas o perito admite a probabilidade de que as lesões resultaram de atividade laboral, impõe-se a anulação do processo para que o laudo seja complementado, ou realizada nova perícia, e, ainda, para que tenha o segurado oportunidade de produzir outras provas.

Impõe-se considerar que nas causas da espécie prepondera o princípio *in dubio pro misero* e que "os pleitos previdenciários possuem relevante valor social de proteção ao Trabalhador Segurado da Previdência Social, sendo, portanto, julgados sob tal orientação exegética" (STJ, REsp 1.067.972, 5ª Turma, Rel. Min. Napoleão Nunes Maia Filho, *DJe* 27.04.2009).

A jurisprudência atual vem rechaçando a realização de laudos periciais em desconformidade com as exigências identificadas na aludida Resolução CFM n. 2.323/2022 e em sua antecedente, pois em nada colaboram para a descoberta da verdade real quanto ao nexo de causalidade/concausalidade entre a enfermidade e o trabalho.

O Tribunal Regional do Trabalho da 12ª Região (SC), em demanda envolvendo indenização postulada por empregado acidentado, já decidiu anular perícia judicial que não cumpriu a Resolução do CFM por não atender à metodologia ali estabelecida:

> NULIDADE DA PERÍCIA MÉDICA. AUSÊNCIA DE DILIGÊNCIA IN LOCO. FRAGILIDADE DO SUPORTE FÁTICO DA ANÁLISE TÉCNICA. CONFIGURAÇÃO. É nula a perícia médica que, não realizando a verificação *in loco* do ambiente de trabalho, equipamentos, ergonomia e forma de realização do serviço, atesta a existência de relação concausal entre a patologia e o labor mediante prognóstico genérico de concausalidade, não individualmente dimensionada para a realidade fática vivenciada pelo trabalhador. Preliminar de nulidade processual acolhida. (TRT 12, ROT 0000763-18.2020.5.12.0009, 5ª Câmara, Rel. Des. Trab. Ligia Maria Teixeira Gouvea, 18.05.2022)

O juiz poderá requisitar o laudo pericial existente ao INSS, que tem a obrigação de fornecê-lo, não cabendo tal providência ao médico-perito. Ainda que no momento da requisição o subscritor do laudo já não esteja em exercício, persiste a obrigação do INSS de atendê-la. Não é dever da parte autora (o segurado) juntar tal documento.

O principal gargalo no processamento das demandas de concessão e restabelecimento dos benefícios por incapacidade está na perícia médica. Segundo o Juiz Federal José Antônio Savaris, "Quando a perícia judicial não cumpre os pressupostos mínimos de idoneidade da prova técnica, ela é produzida, na verdade, de maneira a furtar do magistrado o poder de decisão, porque respostas periciais categóricas, porém sem qualquer fundamentação, revestem um elemento autoritário que contribui para o que se chama decisionismo processual"[30].

### 2.6.2 Fundamentos para a perícia médica judicial previdenciária

A perícia médica judicial previdenciária ocorre nas hipóteses em que o segurado busca a concessão, a prorrogação ou o restabelecimento de benefício por incapacidade.

Uma vez que o processo judicial tenha chegado à fase de instrução (após a petição inicial e a defesa do órgão previdenciário), o Juiz determinará a realização da perícia, nomeando perito de sua confiança e que possa cumprir o mister de avaliar cientificamente o caso, a partir de seus conhecimentos especializados – art. 465 do CPC/2015: "O Juiz nomeará o perito especializado no objeto da perícia e fixará de imediato o prazo para entrega do laudo".

O perito judicial não pode ser "parcial", de modo que não pode ter funcionado como médico-assistente do segurado, nem como perito do INSS. Essa vedação não se aplica aos assistentes técnicos, é dizer, pode o próprio médico particular do segurado servir de assistente técnico no processo judicial. Da mesma forma, o perito do INSS pode funcionar como assistente técnico deste.

---

[30] SAVARIS, José Antonio. *Curso de perícia judicial previdenciária*. São Paulo: Conceito, 2011, p. 29.

Segundo o § 6º do art. 465 do CPC/2015, "quando tiver de realizar-se por carta, poder-se-á proceder à nomeação de perito e à indicação de assistentes técnicos no juízo ao qual se requisitar a perícia".

O Juiz, nomeado o perito (ou peritos), abre prazo às partes (autor e réu) para arguir o impedimento ou a suspeição do perito, se for o caso; indicar assistente técnico; e para a formulação de quesitos, os quais, caso sejam pertinentes, deverão ser respondidos pelo perito. Os assistentes técnicos são profissionais da mesma ciência que o perito, que possam acompanhar a perícia e elaborar, eventualmente, laudos em ratificação ou oposição às conclusões do perito do Juízo.

A TNU estabelece alguns critérios para a exigência de especialização do médico perito nomeado pelo juiz:

> Pedido de uniformização nacional. Previdenciário. Concessão de auxílio-doença ou aposentadoria por invalidez. Realização de perícia médica por especialista. Pedido provido. 1. Não é meramente processual a questão da realização de perícia médica por especialista, pois o trato acerca das características da prova pericial admissível em casos envolvendo discussão sobre capacidade laborativa não envolve o reexame da prova, mas, sim, a valoração jurídica da prova, e mesmo porque a análise destas características é inerente à amplitude objetiva das garantias constitucionais da ampla defesa e do contraditório. 2. A regra de que a perícia médica deve ser realizada por peritos especialistas na área médica sobre a qual deverão opinar, prevista no § 2º do art. 145 do CPC, subsidiariamente aplicável aos Juizados Federais, somente pode ser excepcionada quando médicos generalistas possuam conhecimento técnico suficiente, a exemplo dos quadros médicos simples. 3. Quando, como no caso, a segurada apresenta um quadro médico complicado, complexo, sendo portadora de uma doença neurológica rara, a realização de perícia médica por especialista em neurologia é um direito a ser preservado. 4. Pedido de uniformização provido, anulando-se o acórdão e a sentença para a reabertura da instrução com a realização de perícia por médico neurologista. (PEDILEF 2008.72.51.00.1862-7, Rel. Juíza Jacqueline Michels Bilhalva, j. 10.05.2010)

## 2.6.3 Da elaboração dos quesitos à produção do laudo pericial

Papel relevante possui o advogado da parte que postula benefícios por incapacidade em Juízo quando da formulação dos quesitos a serem respondidos pelo perito do Juízo. Podemos dizer que os quesitos são as perguntas de caráter técnico-científico que envolvem o caso concreto e precisam ser esclarecidas para a solução do litígio.

O art. 465, § 1º, do CPC/2015 prevê que, quando a parte autora requerer a produção de prova pericial, deve, dentro de quinze dias contados da intimação do despacho de nomeação do perito: I – arguir o impedimento ou a suspeição do perito, se for o caso; II – indicar assistente técnico; III – apresentar quesitos. Recomendamos, no entanto, que os quesitos sejam apresentados juntos com a petição inicial, para maior celeridade do feito.

Quesitos são perguntas cujo objeto é a matéria periciada, a serem respondidos a partir do conhecimento técnico.

Quesitos sobre fatos a serem provados por outros meios de prova são impertinentes – apenas tumultuam o processo (por exemplo, pedir ao perito que responda quantas horas extras eram realizadas).

No tocante à comunicação da data, hora e local da perícia a ser realizada hão de se ter certos cuidados quanto a esses aspectos, pois podem ter interferência – negativa – no resultado da perícia. Exemplificando, se houve alteração do *layout* do meio ambiente laboral, isso deve ser objeto de quesitação e investigação pericial; se o que se pretende provar é a sujeição a esforços repetitivos em épocas de maior produção industrial, não adianta a realização da perícia em períodos de férias coletivas da indústria a ser periciada. Se a perícia for feita em turno diverso daquele em que o trabalhador cumpria sua jornada, também pode haver prejuízo da análise das condições do trabalho.

Acerca da importância do conteúdo dos quesitos, são muito bem ponderados os argumentos de Alan Macedo:

> Observamos que, na maioria dos casos, os advogados fazem quesitos genéricos que, muitas vezes, não se encaixam nas especificidades do caso concreto. Entendemos que é de suma importância que os quesitos sejam feitos de acordo com cada caso, pois é obrigação do perito respondê-los com detalhes que permitam a melhor cognição do Juiz sobre a verdade que se quer provar[31].

No tocante aos quesitos em si, a Recomendação Conjunta CNJ/AGU/MPS n. 1, de 2015, traz um anexo em que são sugeridos questionamentos que podem ser aplicados a demandas envolvendo benefícios por incapacidade.

O próprio Juiz da causa também pode (e algumas vezes o faz) formular quesitos a serem respondidos após o exame pericial, com base no art. 470, II, do CPC/2015.

Expirado o prazo para quesitos e indicação de assistentes técnicos, o Juiz determina a intimação do perito para que realize o exame pericial, fixando-lhe um prazo para a elaboração do laudo. O perito, então, deve informar a data, horário e local do exame pericial, se já não foram marcados pelo Juiz (art. 474 do CPC/2015).

Ato contínuo, serão comunicadas as partes e os assistentes técnicos para que compareçam (o autor, principalmente, sem o qual o exame não pode ser realizado). Uma vez fixado o momento do exame, o perito pode modificá-lo, por motivo de força maior, dele próprio ou de algum dos sujeitos envolvidos no exame, mas sempre comunicando previamente o Juízo e as partes e assistentes técnicos, sob pena de violar o direito à ampla defesa, como prevê o § 2º do art. 466, que impõe ao perito "assegurar aos assistentes das partes o acesso e o acompanhamento das diligências e dos exames que realizar, com prévia comunicação, comprovada nos autos, com antecedência mínima de cinco dias".

É relativamente comum a anulação de perícias porque não se permitiu que os assistentes técnicos acompanhassem o exame clínico e outras diligências do perito judicial. Por esta razão, chamamos a atenção da necessidade de cumprimento dessa regra fundamental, decorrente do direito à ampla defesa e à publicidade dos atos processuais, para que não se tenha eventual destituição de perito por esse motivo.

Se o perito, por motivo justificado, não puder apresentar o laudo dentro do prazo, o juiz poderá conceder-lhe, por uma vez, prorrogação pela metade do prazo originalmente fixado – art. 476 do CPC/2015.

Realizado o exame, o perito deve expedir laudo conclusivo, em que responda às indagações do Juízo sobre a (in)capacidade laborativa do segurado, bem como aos quesitos pertinentes. Deve ser evitada a utilização desmesurada de expressões como "vide laudo" ou "já respondido no laudo", já que a função do perito é esclarecer os aspectos científicos a respeito do caso, na medida em que os seus "leitores" são leigos em Medicina.

Problema deveras comum nas demandas acidentárias é a ausência de laudo conclusivo do perito judicial acerca das condições do segurado na época do requerimento indeferido pelo INSS, alegando o perito não poder se manifestar sobre o estado de saúde do segurado

---

[31] MACEDO, Alan da Costa. *A perícia médica como meio de prova no Novo CPC – implicações no processo judicial previdenciário em benefícios por incapacidade*. Disponível em: http://www.ieprev.com.br/conteudo/id/40946/t/a-pericia-medica-como-meio-de-prova-no-novo-cpc-implicacoes-no-processo-judicial-previdenciario-em--beneficios-por-incapacidade. Acesso em: abr. 2017.

em período pretérito ao da perícia. Com efeito, a função da prova pericial é justamente esta, a de buscar, com base nos elementos existentes (atestados, exames, prontuário médico do segurado, processo administrativo junto ao INSS), concluir se a situação, na época do requerimento administrativo, era de efetiva incapacidade laboral ou não. Perícia que não responde a esse quesito – fundamental – é inconclusiva, ou seja, inservível ao fim colimado, devendo ser refeita:

> Fixada a premissa de que o autor detém a qualidade de segurado da previdência social e que está relativa ou absolutamente incapaz de exercer as suas atividades laborativas habituais, não se lhe pode negar o direito ao auxílio-doença, auxílio-acidente ou aposentadoria – previdenciária ou acidentária; nesse quadro, terá ele direito a um desses benefícios. Se o laudo pericial não é conclusivo, se o perito admite a probabilidade de que as lesões resultaram de atividade laborativa, impõe-se a anulação do processo para que o laudo seja complementado, ou realizada nova perícia, e, ainda, para que tenha o segurado oportunidade de produzir outras provas. Impõe-se considerar que nas causas da espécie prepondera o princípio *in dubio pro misero*, e que "os pleitos previdenciários possuem relevante valor social de proteção ao Trabalhador Segurado da Previdência Social, sendo, portanto, julgados sob tal orientação exegética". (STJ, REsp 1.067.972, 5ª Turma, Rel. Min. Napoleão Nunes Maia Filho, *DJe* 27.04.2009)

Quesitos impertinentes são aqueles que não dizem respeito às atribuições do perito médico, por exemplo:

- "o segurado mantinha a qualidade de segurado no tempo do requerimento de benefício?"
- "responda o sr. Perito qual o prazo de carência exigido para o benefício em questão?"
- "diga o sr. Perito se concorda com a data de início do benefício?"
- "o INSS agiu de má-fé no presente caso?"

Em tais situações, deve o perito responder apenas: "quesito impertinente, na medida em que não envolve nenhum aspecto da Medicina, tendo este perito a incumbência de analisar aspectos ligados à capacidade ou incapacidade laborativa do segurado". Todavia, o art. 470 do CPC/2015 prevê que é do Juiz a palavra final sobre a pertinência ou não dos quesitos, de modo que, mesmo o perito judicial entendendo pela impertinência, pode o Juiz determinar que responda a um ou mais quesitos. Mas, geralmente, o Juiz já determina em despacho que o perito "responda aos quesitos pertinentes".

Há que se abordar, por oportuno, a chamada perícia simplificada, adotada em algumas Unidades Judiciárias. Cumpre observar que a prova pericial poderá ser substituída pela denominada "prova técnica simplificada" (CPC, art. 464), o que, contudo, não exclui sobremaneira a presença do perito, apenas altera a forma de sua atuação, simplificando o procedimento (Marques, 2015).

A esse respeito, dispõem os §§ 2º a 4º do art. 464:

> Art. 464. A prova pericial consiste em exame, vistoria ou avaliação. (...)
> § 2º De ofício ou a requerimento das partes, o juiz poderá, em substituição à perícia, determinar a produção de prova técnica simplificada, quando o ponto controvertido for de menor complexidade.
> § 3º A prova técnica simplificada consistirá apenas na inquirição de especialista, pelo juiz, sobre ponto controvertido da causa que demande especial conhecimento científico ou técnico.

§ 4º Durante a arguição, o especialista, que deverá ter formação acadêmica específica na área objeto de seu depoimento, poderá valer-se de qualquer recurso tecnológico de transmissão de sons e imagens com o fim de esclarecer os pontos controvertidos da causa.

Exemplo de procedimento que atende a essa característica é a chamada "perícia integrada", em que o segurado é periciado minutos antes da audiência, cabendo ao perito, oralmente, apontar ao Juízo seu parecer. A jurisprudência vem considerando válido o procedimento, ainda com base no CPC/1973:

> 1. A questão recursal está na nulidade da perícia integrada. O juiz da causa optou, com base no § 2º do art. 421 do CPC, pela denominada perícia informal ou integrada, que consiste na inquirição pelo juiz do perito e dos assistentes, em audiência. Quanto ao ponto, o Tribunal *a quo* não dissentiu da Jurisprudência do STJ, ao asseverar a legalidade da perícia informal. Precedente ilustrativo: REsp 1.316.308/SC. 2. Outrossim, hão de ser levados em consideração o princípio da livre admissibilidade da prova e o princípio do livre convencimento do juiz que, nos termos do art. 130 do Código de Processo Civil, permitem ao julgador determinar as provas que entende necessárias à instrução do processo, bem como o indeferimento daquelas que considerar inúteis ou protelatórias. Incumbência dada às instâncias ordinárias. 3. Agravo regimental não provido. (STJ, 2ª T., AgRg no REsp n. 1.468.369/SC, Rel. Min. Mauro Campbell Marques, j. 23.10.2014, *DJe* 05.11.2014)

O risco desse procedimento é que sejam obstaculizados às partes o direito à impugnação fundamentada e a apresentação, em prazo razoável, de laudos de assistentes técnicos, o que poderia violar o direito à ampla defesa, não devendo a celeridade, por si, causar prejuízos ao chamado devido processo substantivo.

Entregue o laudo, por petição ou em audiência, pode haver quesitos complementares, que têm cabimento quando algum ponto possa necessitar de esclarecimentos, e que deverão ser apresentados pelas partes no prazo firmado pelo Juiz. A resposta a tais quesitos se faz no mesmo formato que o laudo original, sendo despicienda a marcação de nova perícia, salvo se houver necessidade de novo exame clínico no segurado. Entendemos cabível a realização de questionamentos após a entrega do laudo pericial, mesmo nas hipóteses de simplificação do ato pericial, na medida em que dúvidas podem surgir quanto à análise do perito, o que, em face do direito à ampla defesa, somente pode ser discutido após o conhecimento do laudo.

A impugnação ao laudo pericial é medida processual que tem por finalidade discutir eventuais incongruências do parecer técnico exarado – seja (a) pelo incumprimento de normas processuais, (b) pela falta de conhecimento especializado do perito, (c) por fundamentação ausente ou insuficiente, (d) pela incoerência da conclusão com os documentos dos autos ou com apontamentos existentes nos laudos de assistentes técnicos, e, ainda, (e) pela indicação de que o procedimento para realização da perícia não obedeceu às normas ético-profissionais, por exemplo, a Resolução n. 2.323/2022 do CFM.

Para tanto, é de se assinalar que a fundamentação do laudo pericial, conforme Macedo, "assim como a fundamentação da sentença, deve ser compreensível para que possa ser criticada e ser criticável para que seja válida e democrática. O dever de fundamentação das decisões judiciais projeta-se também sobre o laudo, principalmente quando os fundamentos do laudo se tornam fundamentos da decisão judicial (e, na maioria das vezes, são)".[32]

---

[32] MACEDO, Alan da Costa. *A perícia médica como meio de prova no Novo CPC – implicações no processo judicial previdenciário em benefícios por incapacidade*. Disponível em: http://www.ieprev.com.br/conteudo/id/40946/t/a-pericia-medica-como-meio-de-prova-no-novo-cpc-implicacoes-no-processo-judicial-previdenciario-em--beneficios-por-incapacidade. Acesso em: abr. 2017.

A impugnação bem realizada é aquela que se pauta pela divergência de caráter técnico, sendo totalmente equivocado tecer comentários (ataques) pessoais a respeito do profissional envolvido, que apenas retiram a credibilidade da peça processual.

Da impugnação o Juiz tem a faculdade de abrir vista ao perito judicial, para que se manifeste sobre seus fundamentos, mas não é obrigado a dar vista à parte contrária – a não ser que sejam juntados documentos com a impugnação, quando então é necessário obedecer ao contraditório.

Também é possível que o perito seja chamado a prestar esclarecimentos em audiência designada pelo Juízo, respondendo, na ocasião, às indagações do Juiz e àquelas que, feitas pelas partes, o Juiz deferir – art. 477, § 3º, do CPC/2015. Nesse caso, as respostas do perito são tomadas a termo na própria ata de audiência, sendo desnecessário expedir laudo complementar.

Após tais atos processuais, encerra-se o trabalho do perito, em regra, naquele caso concreto – a exceção se dá quando, por algum motivo, anula-se a perícia realizada (por exemplo, por ausência de alguma formalidade legal, como a informação da data, local e hora da perícia, ou o laudo não ter sido conclusivo).

Convém apontar que o perito pode vir a ser substituído no processo, por ato do Juiz, nas hipóteses do art. 468 do CPC/2015:

> Art. 468. O perito pode ser substituído quando:
> I – faltar-lhe conhecimento técnico ou científico;
> II – sem motivo legítimo, deixar de cumprir o encargo no prazo que lhe foi assinado.

No caso previsto no inciso II, o juiz comunicará a ocorrência à corporação profissional respectiva, podendo, ainda, impor multa ao perito, fixada tendo em vista o valor da causa e o possível prejuízo decorrente do atraso no processo.

A solução, quando o feito já se encontra em grau de recurso, no caso, é converter-se o julgamento em diligência para a produção de nova perícia, na forma do art. 938, § 3º, do CPC:

> Art. 938. [...]
> § 3º Reconhecida a necessidade de produção de prova, o relator converterá o julgamento em diligência, que se realizará no tribunal ou em primeiro grau de jurisdição, decidindo-se o recurso após a conclusão da instrução.

Somado a esse aspecto, muitas vezes a prova produzida em ações trabalhistas também pode ser aproveitada para formar o convencimento do julgador para a demanda em que se postula a concessão ou o restabelecimento do benefício. Neste sentido, colhe-se da jurisprudência:

> PREVIDENCIÁRIO. AUXÍLIO-ACIDENTE. PROBLEMAS ORTOPÉDICOS. PERÍCIA QUE NÃO RECONHECE REDUÇÃO DA CAPACIDADE LABORAL. CONTRADIÇÃO COM LAUDO PRODUZIDO EM AÇÃO TRABALHISTA, QUE ATESTA DIMINUIÇÃO DA PERFORMANCE. CONTEXTO PROBATÓRIO INSUFICIENTE À FORMAÇÃO DE UM JUÍZO SEGURO DE CONVICÇÃO. NECESSIDADE DE REALIZAÇÃO DE NOVA PROVA. CONVERSÃO DO JULGAMENTO EM DILIGÊNCIA PARA A PRODUÇÃO DE PERÍCIA. CPC, ART. 938, § 3º. (TJ-SC, AC 0317979-51.2014.8.24.0038, 1ª Câmara de Direito Público, Rel. Des. Paulo Henrique Moritz Martins da Silva, j. 30.01.2020)

Muito se questiona a respeito da obrigatoriedade de a perícia ser feita por profissional especialista na moléstia que se investiga, sendo notório que o INSS não conta com um corpo de peritos suficiente para atender aos segurados nesse quesito. A dúvida persiste quanto a tal exigência nas perícias realizadas como prova em demanda judicial. Sobre o tema, a TNU uniformizou seu entendimento no sentido de que deve ser realizada por especialista nos

caso de quadro médico complicado, complexo, decorrente de doenças raras (*v.g.*, PEDILEF 2008.72.51.00.1862-7, Rel. Juíza Jacqueline Michels Bilhalva, j. 10.05.2010).

A utilização da tecnologia da telemedicina no âmbito das perícias médicas que surgiu de forma emergencial durante o período da pandemia de covid-19 retorna como regra permanente em relação aos municípios com difícil provimento de médicos peritos ou com tempo de espera elevado.

A autorização conferida pelo art. 12 da Lei n. 14.724, de 14.11.2023, adotou como critério que, no auxílio à operacionalização da tecnologia de telemedicina, será formada equipe multidisciplinar de saúde, com médico perito na chefia, e os Municípios com difícil provimento de médicos peritos serão listados em regulamento do Ministério da Previdência Social.

### AS AÇÕES ENVOLVENDO BENEFÍCIOS NÃO ACIDENTÁRIOS

A postulação de benefícios não acidentários acarreta a necessidade de investigação pelo perito, tão somente, da condição de aptidão ou não para o trabalho, desde o indeferimento da concessão, prorrogação ou restabelecimento do benefício junto ao INSS (ou seja, a partir da documentação médica e do processo administrativo que tramitou no órgão previdenciário, responder à indagação principal: o segurado, no tempo em que buscou a proteção do INSS, estava incapacitado (ou inválido) para a atividade laborativa?

### AS AÇÕES ENVOLVENDO BENEFÍCIOS ACIDENTÁRIOS E A RESOLUÇÃO 2.323/2022 DO CFM

Sobre o procedimento para a realização da perícia técnica em matéria acidentária, ante a necessidade de se analisar o nexo causal entre os transtornos de saúde e as atividades do segurado, deve o profissional da Medicina observar os ditames da Resolução n. 2.323/2022, do Conselho Federal de Medicina, que dispõe de normas específicas para o atendimento do trabalhador, já mencionada.

A solução possível para a eventual dúvida leva a concluir que os médicos peritos sempre tiveram (e continuam tendo) o dever de avaliar o ambiente de trabalho do periciado para buscar informações sobre outros trabalhadores no mesmo local acometidos de doenças ou vitimados por acidentes com iguais circunstâncias.

Nas ações que envolvem benefícios acidentários, os quesitos, além de envolverem a situação de saúde (capacidade/incapacidade/invalidez), questionam o perito sobre a existência de causas ou concausas ligadas ao trabalho desempenhado, ou o nexo epidemiológico, a partir da análise dos aspectos presentes no art. 2º da Resolução n. 2.323/2022 do CFM.

### 2.6.4 Exemplos de quesitos para perícia médica (ação previdenciária)

Para utilização em processos judiciais em que se discute benefício por incapacidade, segue lista de quesitos que podem ser formulados ao perito.

Considerando a matéria objeto de perícia, bem como a Resolução n. 2.323/2022 do Conselho Federal de Medicina, que disciplina o procedimento de verificação de incapacidade laboral e acidentária, com base no exame clínico (e exames complementares, se for o caso) e no histórico ocupacional do periciando queira o(a) Sr(a). expert responder aos quesitos a seguir:

- Qual a atividade/profissão do(a) periciando(a) e quais as suas atribuições?
- Em que data se afastou do emprego ou atividade?
- O(A) periciando(a) é portador(a) de doença, lesão ou moléstia que o(a) incapacite para o exercício de sua atividade? Em caso positivo, qual(is) a(s) CID(s)? Desde quando?

- O(A) municipal(a) é portador(a) de doença, lesão ou moléstia que o(a) incapacite para a vida independente? Em caso positivo, qual(is) a(s) CID(s)? Desde quando?
- Quais as características das doenças ou enfermidades de que está acometido(a) o(a) periciando(a)?
- Caso o(a) periciando(a) esteja incapacitado(a), com base no histórico ocupacional, tal situação já se observava quando do indeferimento (ou cessação) do benefício requerido junto ao INSS ou foi posterior?
- A incapacidade laborativa do(a) periciando(a) sobreveio por motivo de progressão ou agravamento de sua doença, moléstia ou lesão?
- Caso o(a) periciando(a) esteja incapacitado(a), essa incapacidade é temporária ou permanente? Total ou parcial?
- Há nexo de causalidade entre o trabalho e a enfermidade?
- Tratando-se de doença degenerativa, há concausalidade pelo agravamento de seu estado de saúde em razão do trabalho desempenhado?
- O(A) periciando(a) exercia atividade com esforços repetitivos ou exposto(a) a agentes nocivos à saúde acima dos limites de tolerância?
- Havia cobrança de metas de produtividade? Tais metas eram exequíveis em condições normais de trabalho, ou havia sobrecarga de atividade?
- Qual o grau de redução da capacidade laborativa do(a) periciando(a)?
- Qual o comprometimento sofrido pelo(a) periciando(a) em sua rotina e hábitos diários (não atinentes a sua vida laboral)?
- O(A) periciando(a) necessita de acompanhamento de terceiros para a realização de suas atividades habituais (higiene pessoal, alimentação etc.)?
- Caso o(a) periciando(a) esteja temporariamente incapacitado(a), qual seria a data sugerida para a reavaliação do benefício por incapacidade temporária?
- Caso o(a) periciando(a) esteja incapacitado(a) temporariamente, é possível que essa incapacidade aumente e venha a se tornar permanente?

### 2.6.5 Observações importantes sobre a perícia

Como a documentação relativa ao prontuário médico, exames e demais conteúdos do gênero envolve o sigilo profissional, convém que o próprio segurado providencie junto ao médico que o assistiu cópias desses documentos, na forma da Resolução CFM n. 2.323/2022, importando em grave violação do Código de Ética da Medicina a negativa, por parte do médico, em permitir ao seu paciente o acesso a essa documentação. Não é conveniente requisitar tais documentos por ordem judicial, por acarretar incidentes processuais que podem retardar o andamento do feito, prejudicando a instrução processual, além da já mencionada norma ética que impede o médico de fornecer tais documentos a outras pessoas que não o próprio paciente ou quem tenha procuração com poderes expressos para esse fim.

Para a elaboração do laudo o perito deve, além de examinar a parte autora, analisar a documentação médica do segurado, seja aquela já juntada aos autos, seja outra que porventura venha a ser solicitada. Além disso, a parte deve levar à perícia judicial todos os laudos, exames e diagnósticos que possuir e que sejam posteriores ao ajuizamento da ação para facilitar a constatação da incapacidade e de suas sequelas pelo perito.

Salientamos ainda que caso a parte autora possua uma doença psiquiátrica e uma doença física, é interessante requerer a realização de duas perícias, já que a perícia psiquiátrica deve ser realizada por médico especialista.

No tocante à especialidade dos médicos, cabe destacar os seguintes enunciados do FONAJEF:

- **112**: "Não se exige médico especialista para a realização de perícias judiciais, salvo casos excepcionais, a critério do juiz".
- **204**: "Verificando-se a necessidade de nova perícia com outra especialidade médica, a Turma Recursal deverá converter os autos em diligências para a realização do ato, em vez de anular a sentença, tendo em vista a limitação de pagamento de uma perícia por instância em cada processo, disposta no § 3º do art. 1º da Lei n. 13.876/2019".

A Lei n. 14.331/2022, ao introduzir o art. 129-A na LBPS, estabeleceu questões inovadoras quanto à prova pericial, são elas:

> § 1º Determinada pelo juízo a realização de exame médico-pericial por perito do juízo, este deverá, no caso de divergência com as conclusões do laudo administrativo, indicar em seu laudo de forma fundamentada as razões técnicas e científicas que amparam o dissenso, especialmente no que se refere à comprovação da incapacidade, sua data de início e a sua correlação com a atividade laboral do municiando.
> § 2º Quando a conclusão do exame médico pericial realizado por perito designado pelo juízo mantiver o resultado da decisão proferida pela perícia realizada na via administrativa, poderá o juízo, após a oitiva da parte autora, julgar improcedente o pedido.
> § 3º Se a controvérsia versar sobre outros pontos além do que exige exame médico-pericial, observado o disposto no § 1º deste artigo, o juízo dará seguimento ao processo, com a citação do réu.

Temos ressalvas quanto ao disposto nos §§ 1º e 2º do art. 129-A, pois passa a sensação de que para o perito judicial será mais fácil manter as conclusões do laudo administrativo do que modificá-las. Portanto, nossa interpretação é a de que, quando o perito judicial mantiver o resultado da decisão da perícia administrativa, também deverá indicar de forma fundamentada os fundamentos dessa conclusão.

### 2.6.6 Perícia complexa ou biopsicossocial

Neste último tópico incumbe tratar das perícias complexas em matéria de benefícios por incapacidade e ações de indenização acidentária. A esse respeito, o dispositivo legal que se revela fundamental é o art. 475 do CPC/2015:

> Art. 475. Tratando-se de perícia complexa que abranja mais de uma área de conhecimento especializado, o juiz poderá nomear mais de um perito, e a parte, indicar mais de um assistente técnico.

Perícia complexa, portanto, se dá quando houver necessidade de mais de uma área do conhecimento, hipótese em que o juiz nomeia tantos peritos quantas sejam as especialidades. Havendo perícia complexa, é direito das partes a indicação de mais de um assistente técnico também.

Em que pese ser a perícia complexa, com apreciação da matéria por mais de um profissional, o laudo pericial será único, lavrado por ambos.

No âmbito dos benefícios por incapacidade (e outros, como os assistenciais), tem-se defendido a realização de perícias que não envolvam somente a Medicina, como são as de caráter biopsicossocial.

Houve, a partir da nova CIF – Classificação Internacional de Funcionalidade, Incapacidade e Saúde, emitida pela Organização Mundial de Saúde – OMS, significativa mudança na concepção da incapacidade laborativa. Como alude Macedo, "nos termos da CIF-2011, por exemplo: "duas pessoas com a mesma doença podem ter níveis diferentes de funcionamento, e duas pessoas com o mesmo nível de funcionamento não têm necessariamente a mesma condição de saúde".

Macedo expõe a respeito, ademais, que

> A evolução nos conceitos médicos e jurídicos, que caminharam para um consenso normativo, é que nos traz a necessidade de rever os conceitos de incapacidade laboral, de invalidez e de deficiência, tratando os três institutos como fenômeno biológico, psicológico e, igualmente, social.
>
> A abordagem do tema passará pela exposição sobre a necessidade de revisão nos procedimentos da perícia médica judicial tradicional.[33]

Os aspectos da Medicina, evidentemente, já foram abordados. Falta abordar as questões psicológicas e sociais.

Segundo Bachur, "a análise psicológica deve considerar o estado mental e psicológico do paciente que tem ou não consciência de sua doença, mas que sofre com ela e com suas consequências, bem como dos sentimentos que desenvolve durante o tratamento".[34]

Para Amado, quanto às condições sociais, "além das condições clínicas do segurado, será preciso analisar a sua idade, e condições sociais, pois em alguns casos a baixa escolaridade e a idade avançada tornam inviável a reabilitação profissional, sendo necessário se conceder a aposentadoria por invalidez ao segurado".[35]

Com efeito, a análise de outros fatores que não a capacidade laborativa, relacionados a condições pessoais do indivíduo em face do meio em que vive (idade do segurado, escolaridade, experiência profissional, possibilidades de reabilitação) têm sido cada vez mais considerados nas decisões judiciais para a concessão – ou não – das pretensões deduzidas em Juízo. É o que notamos das decisões a seguir da TNU:

- **Súmula n. 47:** "Uma vez reconhecida a incapacidade parcial para o trabalho, o juiz deve analisar as condições pessoais e sociais do segurado para a concessão de aposentadoria por invalidez".
- **Súmula n. 78:** "Comprovado que o requerente de benefício é portador do vírus HIV, cabe ao julgador verificar as condições pessoais, sociais, econômicas e culturais, de forma a analisar a incapacidade em sentido amplo, em face da elevada estigmatização social da doença".
- **RC Tema n. 274:** "É possível a concessão de aposentadoria por invalidez, após análise das condições sociais, pessoais, econômicas e culturais, existindo incapacidade parcial e permanente, no caso de outras doenças, que não se relacionem com o vírus HIV, mas, que sejam estigmatizantes e impactem significativa e negativamente na funcionalidade social do segurado, entendida esta como o potencial de acesso e permanência no mercado de trabalho" (PEDILEF 0512288-77.2017.4.05.8300/PE, j. 23.09.2021)

---

[33] MACEDO, Alan da Costa. *A perícia médica como meio de prova no Novo CPC – implicações no processo judicial previdenciário em benefícios por incapacidade*. Disponível em: http://www.ieprev.com.br/conteudo/id/40946/t/a-pericia-medica-como-meio-de-prova-no-novo-cpc-implicacoes-no-processo-judicial-previdenciario-em-beneficios-por-incapacidade. Acesso em: abr. 2017. p. 17.

[34] BACHUR, Tiago Faggioni. *Manual Prático do Direito Previdenciário*. Ed. Especial. Leme: Lemos e Cruz, 2014, p. 59.

[35] AMADO, Frederico. *Curso de direito e processo previdenciário sistematizado*. Salvador: JusPodivm, 2014, p. 443.

Alan Macedo alude a tais características como importantes para a conclusão sobre a capacidade ou não para o trabalho:

> Com a visão acertada de perícia complexa, inclusive, a situação de "desemprego" poderá ser fator determinante na classificação da incapacidade "biopsicossocial". Alguém desempregado, sem qualquer estabilidade no trabalho, se encontra doente, muito mais difícil será para ele prover o seu sustento de forma digna. Enquadrado, portanto, estará no conceito de incapacidade/deficiência previsto nos tratados internacionais de Direitos Humanos.[36]

A absorção da noção de incapacidade biopsicossocial decorre do regramento do Benefício Assistencial de Prestação Continuada – regulamentado pelo Decreto n. 6.214/2007, e do Estatuto da Pessoa com Deficiência, Lei n. 13.146/2015, que expressamente tratam do tema.

Como sugere Cardoso,

> A partir da quebra do paradigma da perícia biomédica, erigiu-se no ordenamento jurídico a consciência de que a PERÍCIA BIOMÉDICA não mais se apresenta como instrumento suficiente para dizer da incapacidade ou deficiência de determinado indivíduo, sendo de rigor a avaliação da incapacidade e da funcionalidade por meio de interação dinâmica entre fatores ambientais e pessoais de cada indivíduo – PERÍCIA BIOPSICOSOCIAL, instituída pela OMS por meio da Classificação Internacional de Funcionalidade, Incapacidade e Saúde (CIF), em complementação à Classificação Estatística Internacional de Doenças e Problemas Relacionados à Saúde, relativa à décima revisão da Classificação Internacional de Doenças (CID-10).[37]

Recorde-se que o direito à aposentadoria por incapacidade permanente decorre do fato de ser o segurado "considerado incapaz e insusceptível de reabilitação para o exercício de atividade que lhe garanta a subsistência, e ser-lhe-á paga enquanto permanecer nesta condição".

O que se nota do dispositivo *supra* é que, sendo a reabilitação uma etapa obrigatória do processo de retorno do segurado à capacidade laborativa, cujo ônus é da Previdência Social, e não tendo o segurado, por exemplo, condições pessoais de "capacitação e profissionalização com vistas ao reingresso no mercado de trabalho", por se tratar de analfabeto funcional, ou que tenha algum outro problema de ordem psicossocial, impõe-se a manutenção do benefício previdenciário, o que deve ser objeto de análise pelo órgão decisório, podendo ser objeto de perícia por profissional formado em Serviço Social, conjuntamente com a perícia médica – perícia complexa, portanto.

No entanto, como visto no Manual de Perícias Médicas do INSS, a análise é feita com base apenas a incapacidade como sendo a impossibilidade de o segurado atingir a média de rendimento alcançada em condições normais pelos trabalhadores da categoria da pessoa examinada. Todavia, para Horvath Júnior, "na avaliação da incapacidade laboral, é necessário ter sempre em mente que o ponto de referência e a base de comparação devem ser as condições daquele próprio examinado enquanto trabalhava, e nunca os da média da coletividade operária. A razão essencial para se conceder qualquer benefício é o beneficiário estar em estado de necessidade social".[38]

---

[36] MACEDO, Alan da Costa. *A perícia médica como meio de prova no Novo CPC – implicações no processo judicial previdenciário em benefícios por incapacidade*. Disponível em: http://www.ieprev.com.br/conteudo/id/40946/t/a-pericia-medica-como-meio-de-prova-no-novo-cpc-implicacoes-no-processo-judicial-previdenciario-em-beneficios-por-incapacidade. Acesso em: abr. 2017. p. 20.

[37] CARDOSO, Lizarb Cilindro. A Perícia Médica Complexa (biopsicossocial), à luz do modelo integrador de funcionalidade, incapacidade e saúde, instituído pela OMS. Âmbito Jurídico, XVII, n. 121, Rio Grande, fev. 2014. Disponível em: http://www.ambito-juridico.com.br/site/?n_link=revista_artigos_leitura&artigo_id=14419. Acesso em: 3 out. 2017.

[38] HORVATH JÚNIOR, Miguel. *Direito Previdenciário*. 9. ed. São Paulo: Quartier Latin, 2012, p. 80.

José Caetano Costa dá o seguinte exemplo: "um indivíduo que é tetraplégico pode não ser contratado por uma empresa que dispõe de equipamento apropriado ao portador de deficiência. O local de trabalho não oferece as condições necessárias para o desenvolvimento do trabalho. Outro indivíduo com a mesma deficiência (tetraplegia) é capaz de realizar o trabalho na empresa, mas não pode devido ao fato de utilizar cadeira de rodas e a empresa não possuir acessibilidade para o uso do equipamento. Outro indivíduo com a mesma patologia pode utilizar cadeira de rodas, pois a empresa oferece as condições necessárias (acessibilidade, *software* com comando de voz etc.), mas pode apresentar problemas de desempenho nos domínios e interações interpessoais com colegas de trabalho, de modo que esse problema de socialização no local de trabalho pode impedir o acesso a oportunidades na empresa".[39]

Parafraseando Savaris[40], tem-se que o perito judicial (e o Juiz, afinal) tem o dever de identificar as reais condições que uma pessoa tem de desempenhar uma atividade profissional digna e que não lhe custe o agravamento do seu quadro de saúde.

## 2.6.7 Utilização da tecnologia de telemedicina na perícia médica federal

Ressalta-se que o art. 13 da Lei n. 14.724/2023 consolidou a possibilidade da realização de exames médico-periciais por meio de telemedicina ou por análise documental, conforme regulamento.

Por força da inovação legislativa, o art. 101 da LBPS teve modificada a redação do § 6º, a revogação do § 7º e a inclusão dos §§ 8º e 9º, com a seguinte redação:

> Art. 101. (...)
>
> § 6º As avaliações e os exames médico-periciais de que trata o inciso I do *caput*, inclusive na hipótese de que trata o § 5º deste artigo, poderão ser realizados com o uso de tecnologia de telemedicina ou por análise documental conforme situações e requisitos definidos em regulamento, observado o disposto nos §§ 11-A e 14 do art. 60 desta Lei e no § 12 do art. 30 da Lei n. 11.907, de 2 de fevereiro de 2009.
>
> § 7º (Revogado).
>
> § 8º Em caso de cancelamento de agendamento para perícia presencial, o horário vago poderá ser preenchido por perícia com o uso de tecnologia de telemedicina, antecipando atendimento previsto para data futura, obedecida a ordem da fila.
>
> § 9º No caso da antecipação de atendimento prevista no § 8º deste artigo, observar-se-á a disponibilidade do periciando para se submeter à perícia remota no horário tornado disponível.

## 2.6.8 Dos honorários periciais

Após a vigência da Emenda Constitucional n. 95/2016, a despesa da Justiça Federal referente ao orçamento da assistência jurídica às pessoas carentes (AJPC) passou a concorrer com as despesas obrigatórias da entidade. Tal fato ensejou sérias dificuldades na obtenção de recursos para pagamento dos peritos judiciais, devido à falta de dotação orçamentária na Justiça Federal.

A solução foi obtida com a publicação da Lei n. 14.331/2022, que alterou a Lei n. 13.876/2019 e a Lei n. 8.213/1991, para dispor sobre o pagamento de honorários periciais e sobre os requisitos da petição inicial em litígios e em medidas cautelares relativos a benefícios assistenciais e previdenciários por incapacidade. Com isso, o art. 1º da Lei n. 13.876/ 2019, passa a vigorar com a seguinte redação:

> Art. 1º O ônus pelos encargos relativos ao pagamento dos honorários periciais referentes às perícias judiciais realizadas em ações em que o Instituto Nacional do Seguro Social (INSS)

---

[39] COSTA, José Ricardo Caetano. *Perícia biopsicossocial: perspectivas de um novo modelo pericial*. São Paulo: Plenum, 2014, p. 59.

[40] SAVARIS, José Antonio. *Direito Processual Previdenciário*. 6. ed. Curitiba: Alteridade, 2016.

figure como parte e se discuta a concessão de benefícios assistenciais à pessoa com deficiência ou benefícios previdenciários decorrentes de incapacidade laboral ficará a cargo do vencido, nos termos da legislação processual civil, em especial do § 3º do art. 98 da Lei n. 13.105, de 16 de março de 2015 (Código de Processo Civil).

§ 4º O pagamento dos honorários periciais limita-se a 1 (uma) perícia médica por processo judicial, e, excepcionalmente, caso determinado por instâncias superiores do Poder Judiciário, outra perícia poderá ser realizada.

§ 5º A partir de 2022, nas ações a que se refere o *caput* deste artigo, fica invertido o ônus da antecipação da perícia, cabendo ao réu, qualquer que seja o rito ou procedimento adotado, antecipar o pagamento do valor estipulado para a realização da perícia, exceto na hipótese prevista no § 6º deste artigo.

§ 6º Os autores de ações judiciais relacionadas a benefícios assistenciais à pessoa com deficiência ou a benefícios previdenciários decorrentes de incapacidade laboral previstas no *caput* deste artigo que comprovadamente disponham de condição suficiente para arcar com os custos de antecipação das despesas referentes às perícias médicas judiciais deverão antecipar os custos dos encargos relativos ao pagamento dos honorários periciais.

§ 7º O ônus da antecipação de pagamento da perícia, na forma do § 5º deste artigo, recairá sobre o Poder Executivo federal e será processado da seguinte forma:

I – nas ações de competência da Justiça Federal, incluídas as que tramitem na Justiça Estadual por delegação de competência, as dotações orçamentárias para o pagamento de honorários periciais serão descentralizadas pelo órgão central do Sistema de Administração Financeira Federal ao Conselho da Justiça Federal, que se incumbirá de descentralizá-las aos Tribunais Regionais Federais, os quais repassarão os valores aos peritos judiciais após o cumprimento de seu múnus, independentemente do resultado ou da duração da ação, vedada a destinação desses recursos para outros fins;

II – nas ações de acidente do trabalho, de competência da Justiça Estadual, os honorários periciais serão antecipados pelo INSS.

A respeito da aplicação dessa norma, especialmente quanto à limitação de uma perícia médica por processo judicial, temos o entendimento de que o juiz da causa poderá determinar a realização de mais perícias quando a situação fática impuser essa necessidade para a adequada instrução processual. Entretanto, o magistrado deverá fundamentar essa excepcionalidade para que ocorra o pagamento dos honorários periciais. Nesse sentido manifestou-se o Des. Paulo Afonso Brum Vaz em artigo doutrinário, ao analisar se o juiz de primeiro grau poderá determinar mais de uma perícia:

> (...) **Mas e o próprio juízo de primeiro grau?** Não poderá mandar que se repita ou que se realize nova perícia paga (antecipada) pela sistemática da nova lei, ou seja, às expensas do poder público? É comezinho perceber que retirar a possibilidade de anulação ou designação de nova perícia de qualquer nível da jurisdição previdenciária é inconstitucional. Viola, em uma olhada rápida, o princípio da inafastabilidade da jurisdição, o contraditório e a ampla produção probatória, garantias constitucionais de qualquer litigante no processo judicial. Uma interpretação que não confunda texto e norma vai concluir que, nesses casos, se deve realizar a eventual segunda (ou mesmo terceira) perícia necessária à adequada e justa solução do conflito, na forma preconizada na lei para a primeira perícia.[41]

---

[41] VAZ, Paulo Afonso Brum. Lei n. 14.331, de 04.05.2022: novas regras para as perícias judiciais e a petição inicial em ações previdenciárias. O espaço. Direito Hoje, EMAGIS/TRF4, Porto Alegre, 2022. Disponível em: https://www.trf4.jus.br/trf4/controlador.php?acao=pagina_visualizar&id_pagina=2355. Acesso em: 18 set. 2022.

# 3
# Concessão de Benefício Assistencial à Pessoa Idosa e à Pessoa com Deficiência – LOAS

A Constituição Republicana de 1988 prevê que em seu art. 203 que a assistência social será prestada a quem dela necessitar, independentemente de contribuição à seguridade social. Dentre seus objetivos (inciso V) está "a garantia de um salário mínimo de benefício mensal à pessoa portadora de deficiência e ao idoso (leia-se à pessoa idosa e à pessoa com deficiência), que comprovem não possuir meios de prover à própria manutenção ou de tê-la provida por sua família, conforme dispuser a lei".

As regras constitucionais estão regulamentadas pela Lei n. 8.742, de 07.12.1993 (Lei Orgânica da Assistência Social – LOAS), que instituiu o benefício de prestação continuada à pessoa idosa e à pessoa com deficiência; pela Lei n. 12.815/2013, que prevê a concessão do benefício assistencial ao trabalhador portuário avulso; e pela Lei n. 13.146, de 06.07.2015 (Lei Brasileira de Inclusão da Pessoa com Deficiência -Estatuto da Pessoa com Deficiência), que assegura o pagamento de auxílio-inclusão a pessoa com deficiência moderada ou grave.

A regulamentação dessa prestação está prevista, também, no Decreto n. 6.214/2007, que regulamenta o BPC devido à pessoa idosa e à pessoa com deficiência, no Decreto n. 9.921, de 18.07.2019, que consolida atos normativos editados pelo Poder Executivo federal que dispõem sobre a temática da pessoa idosa e na Portaria Conjunta n. 3, de 21.09.2018, do então Ministério do Desenvolvimento Social, que "Dispõe sobre regras e procedimentos de requerimento, concessão, manutenção e revisão do Benefício de Prestação Continuada da Assistência Social – BPC".

## 3.1 BENEFÍCIO DE PRESTAÇÃO CONTINUADA À PESSOA IDOSA E À PESSOA COM DEFICIÊNCIA – LOAS

A LOAS define que a assistência social, direito do cidadão e dever do Estado, é política de Seguridade Social não contributiva, que provê os mínimos sociais, realizada através de um conjunto integrado de ações de iniciativa pública e da sociedade, para garantir o atendimento às necessidades básicas.

As condições para a concessão do Benefício de Prestação Continuada (BPC) no valor de um salário mínimo mensal à pessoa idosa e à pessoa com deficiência que comprovem não possuir meios de prover a própria manutenção nem de tê-la provida por sua família estão contidas nos arts. 20 e 21 da LOAS, os quais serão objeto desse nosso estudo.

## 3.1.1 Requisitos legais para a concessão do Benefício de Prestação Continuada (BPC)

Os requisitos definidos na Lei Orgânica da Assistência Social e no seu decreto regulamentador são os seguintes:

- **a Pessoa Idosa deverá comprovar, de forma cumulativa, que:**

    a) possui 65 anos de idade ou mais;[1]

    b) família cuja renda mensal *per capita* seja igual ou inferior a 1/4 (um quarto) do salário mínimo, podendo ser utilizados outros elementos probatórios da condição de miserabilidade do grupo familiar e da situação de vulnerabilidade;

    c) não possui outro benefício no âmbito da Seguridade Social ou de outro regime, salvo os da assistência médica e da pensão especial de natureza indenizatória, bem como as transferências de renda de que tratam o parágrafo único do art. 6º e o inciso VI do *caput* do art. 203 da CF e o *caput* e o § 1º do art. 1º da Lei n. 10.835/2004 (renda básica de cidadania); e

    d) a inscrição do requerente no CPF e no CadÚnico.

- **a Pessoa com Deficiência – PcD deverá comprovar, de forma cumulativa:**

    a) a existência de impedimentos de longo prazo de natureza física, mental, intelectual ou sensorial, os quais, em interação com diversas barreiras, obstruam sua participação plena e efetiva na sociedade em igualdade de condições com as demais pessoas;

    b) família cuja renda mensal per capita seja igual ou inferior a 1/4 (um quarto) do salário mínimo, podendo ser utilizados outros elementos probatórios da condição de miserabilidade do grupo familiar e da situação de vulnerabilidade;

    c) não possuir outro benefício no âmbito da Seguridade Social ou de outro regime, salvo os da assistência médica e da pensão especial de natureza indenizatória, bem como as transferências de renda de que tratam o parágrafo único do art. 6º e o inciso VI do *caput* do art. 203 da CF e o *caput* e o § 1º do art. 1º da Lei n. 10.835/2004 (renda básica de cidadania);[2] e

    d) a inscrição do requerente no CPF e no CadÚnico.

Quanto ao critério de renda mensal *per capita*, a Lei n. 14.176/2021 (conversão da MP n. 1.023/2020) estabeleceu que deve ser "igual ou inferior a 1/4 (um quarto) do salário mínimo", autorizando por regulamento ampliar o limite de renda mensal familiar *per capita* previsto no § 3º do art. 20 da LOAS, "para até 1/2 (meio) salário mínimo".

O art. 20-B da LOAS (introduzido pela Lei n. 14.176/2021) trata da avaliação dos outros elementos probatórios da condição de miserabilidade e da situação de vulnerabilidade, e estabelece que serão considerados os seguintes aspectos para ampliação do critério de aferição da renda familiar mensal *per capita*, o qual irá ocorrer de forma gradativa em face das questões orçamentárias:

---

[1] No período de 1º.01.1996 a 31.12.1997, vigência da redação original do art. 20 da Lei n. 8.742/1993, a idade mínima era de 70 anos. A partir de 1º.01.1998, a idade mínima para o idoso passou a ser 67 anos, conforme nova redação dada pela MP n. 1.599-39, de 1997, e reedições, convertida na Lei n. 9.720/1998. Por fim, a Lei n. 10.741, de 1º.10.2003 (Estatuto do Idoso), reduziu para 65 anos.

[2] A comprovação do requisito (letra "c") poderá ser feita mediante declaração do requerente ou, no caso de sua incapacidade para os atos da vida civil, do seu curador ou tutor.

I – o grau da deficiência, aferido por meio de instrumento de avaliação biopsicossocial;
II – a dependência de terceiros para o desempenho de atividades básicas da vida diária; e
III – o comprometimento do orçamento do núcleo familiar exclusivamente com gastos médicos, com tratamentos de saúde, com fraldas, com alimentos especiais e com medicamentos do idoso ou da pessoa com deficiência não disponibilizados gratuitamente pelo SUS, ou com serviços não prestados pelo SUAS, desde que comprovadamente necessários à preservação da saúde e da vida.

Aplicam-se à pessoa com deficiência os elementos constantes dos itens I e III e à pessoa idosa os constantes dos itens II e III.

Requisito introduzido pelo Decreto n. 8.805, de 07.07.2016, e, posteriormente, pela Lei n. 13.846/2019, é a necessidade de o requerente estar inscrito no Cadastro de Pessoas Físicas – CPF e no Cadastro Único para Programas Sociais do Governo Federal – CadÚnico.

Segundo o Regulamento do BPC, o beneficiário que não realizar a inscrição ou a atualização no CadÚnico, no prazo estabelecido, terá o seu benefício suspenso. Além disso, o benefício só será concedido ou mantido para inscrições no CadÚnico que tenham sido realizadas ou atualizadas nos últimos dois anos.

A Lei n. 14.601/2023 trouxe inovações importantes em relação ao CadÚnico, as quais estão dispostas no art. 6º-F da LOAS e que serão ainda regulamentadas. Dentre elas, destacam-se:

- o CadÚnico passou a ser um registro público eletrônico com a finalidade de coletar, processar, sistematizar e disseminar informações para a identificação e a caracterização socioeconômica das famílias de baixa renda;
- a inscrição no CadÚnico poderá ser obrigatória para acesso a programas sociais do governo federal;
- para fins de cumprimento do disposto no art. 12 da EC n. 103/2019, e de ampliação da fidedignidade das informações cadastrais, será garantida a interoperabilidade de dados do CadÚnico com os dados constantes do CNIS;
- os dados do CNIS incluídos no CadÚnico poderão ser acessados pelos órgãos gestores do CadÚnico, nas 3 (três) esferas da Federação, conforme termo de adesão do ente federativo ao CadÚnico, do qual constará cláusula de compromisso com o sigilo de dados;
- a sociedade civil poderá cooperar com a identificação de pessoas que precisem ser inscritas no CadÚnico;
- o CadÚnico coletará informações que caracterizem a condição socioeconômica e territorial das famílias, as quais serão objeto de checagem em outras bases de dados, nos termos estabelecidos em ato do Poder Executivo federal (de acordo com a Lei n. 15.077/2024).

### 3.1.1.1 *Registro biométrico*

Será solicitado ao requerente do Benefício de Prestação Continuada, ou ao seu responsável legal, o registro biométrico nos cadastros da Carteira de Identidade Nacional (CIN), do título eleitoral ou da Carteira Nacional de Habilitação (CNH), conforme determinado por ato conjunto dos órgãos competentes. Na impossibilidade de realizar o registro biométrico do requerente, a obrigação recairá sobre o responsável legal. Essa exigência foi introduzida pela Lei n. 14.973, de 16.09.2024, ao acrescentar o § 12-A e o parágrafo único ao art. 20 da Lei n. 8.742/1993 (parágrafo único transformado no § 12-B pela Lei n. 15.077, de 2024).

A Portaria PRES/INSS n. 1744, de 29.08.2024, regulamentando o tema, conforme a inclusão do art. 4º-C à Portaria INSS n. 1380/2021, estabeleceu que, a partir de 1º.09.2024, o requerente, ou seu responsável legal, deverá possuir registro biométrico nos cadastros da Carteira de Identidade Nacional (CIN), do título eleitoral ou da Carteira Nacional de Habilitação (CNH). A verificação será realizada por meio de batimento de dados com as bases governamentais. No caso de crianças e adolescentes menores de 16 anos, será aceita a certidão de nascimento, e, em situações de impossibilidade do registro biométrico do requerente, a exigência recairá sobre o responsável legal. A norma prevê, ainda, o prazo de 120 dias para cumprimento da exigência, caso nem o requerente, nem o representante legal possuam registro biométrico.

### 3.1.2 Deficiência para fins de concessão do Benefício de Prestação Continuada (BPC)

Para efeito de concessão deste benefício, considera-se:

I – **pessoa com deficiência:** aquela que tem impedimento de longo prazo de natureza física, mental, intelectual ou sensorial, o qual, em interação com uma ou mais barreiras, pode obstruir sua participação plena e efetiva na sociedade em igualdade de condições com as demais pessoas;

II – **impedimentos de longo prazo:** aqueles que incapacitam a pessoa com deficiência para a vida independente e para o trabalho pelo prazo mínimo de 2 (dois) anos.

A Pessoa com Deficiência – PcD deverá ser avaliada se a sua deficiência o incapacita para a vida independente e para o trabalho, nos termos do regulamento, conforme previsão do § 2º-A do art. 20 da LOAS (introduzido pela Lei n. 15.077/2024).

Enquanto não estiver regulamentado o instrumento de avaliação de que tratam os §§ 1º e 2º do art. 2º da Lei nº 13.146, de 6 de julho de 2015 (Estatuto da Pessoa com Deficiência), a concessão do benefício de prestação continuada a pessoa com deficiência ficará sujeita à avaliação do grau da deficiência e do impedimento de que trata o § 2º do art. 20 da LOAS, composta de avaliação médica e avaliação social realizadas, respectivamente, pela perícia médica federal e pelo serviço social do INSS, com a utilização de instrumentos desenvolvidos especificamente para esse fim, e será obrigatório o registro, nos sistemas informacionais utilizados para a concessão do benefício, do código da Classificação Internacional de Doenças (CID), garantida a preservação do sigilo (art. 40-B da LOAS com redação dada pelo Lei n. 15.077/2024).

E, ainda, segundo o art. 16 do Regulamento da LOAS: "a concessão do benefício à pessoa com deficiência ficará sujeita à avaliação da deficiência e do grau de impedimento, com base nos princípios da Classificação Internacional de Funcionalidades, Incapacidade e Saúde – CIF, estabelecida pela Resolução da Organização Mundial da Saúde no 54.21, aprovada pela 54ª Assembleia Mundial da Saúde, em 22 de maio de 2001" (Redação dada pelo Decreto n. 7.617, de 2011).

A complementação da regulamentação da matéria ocorreu com a publicação da Portaria Conjunta INSS/MDS n. 2, de 30.03.2015, que dispõe sobre critérios, procedimentos e instrumentos para a avaliação social e médica da pessoa com deficiência para acesso ao Benefício de Prestação Continuada. De acordo com essa norma, a avaliação é constituída pelos seguintes componentes, baseados na Classificação Internacional de Funcionalidade, Incapacidade e Saúde – CIF: I – Fatores Ambientais; II – Funções e Estruturas do Corpo; e III – Atividades e Participação.

Essa regra sofreu alterações, a partir de janeiro de 2018, em face do Estatuto da Pessoa com Deficiência, o qual estabelece no art. 2º, § 1º, que a avaliação da deficiência, quando necessária, será biopsicossocial, realizada por equipe multiprofissional e interdisciplinar e considerará:

I – os impedimentos nas funções e nas estruturas do corpo;
II – os fatores socioambientais, psicológicos e pessoais;
III – a limitação no desempenho de atividades; e
IV – a restrição de participação.

Para fins de reconhecimento do direito ao benefício às crianças e aos adolescentes menores de 16 anos de idade, devem ser avaliados a existência da deficiência e o seu impacto na limitação do desempenho de atividade e restrição da participação social, compatível com a idade (art. 4º, § 1º, do Anexo do Regulamento do BPC).

A aferição da deficiência e o prazo de duração dos impedimentos fazem parte dos questionamentos no âmbito judicial. Vejamos:

- **Súmula n. 29 da TNU:** "Para os efeitos do art. 20, § 2º, da Lei n. 8.742, de 1993, incapacidade para a vida independente não só é aquela que impede as atividades mais elementares da pessoa, mas também a impossibilita de prover ao próprio sustento".
- **Súmula n. 48 da TNU:** "Para fins de concessão do benefício assistencial de prestação continuada, o conceito de pessoa com deficiência, que não se confunde necessariamente com situação de incapacidade laborativa, exige a configuração de impedimento de longo prazo com duração mínima de 2 (dois) anos, a ser aferido no caso concreto, desde o início do impedimento até a data prevista para a sua cessação".
- **Súmula n. 80 da TNU:** "Nos pedidos de benefício de prestação continuada (LOAS), tendo em vista o advento da Lei n. 12.470/2011, para adequada valoração dos fatores ambientais, sociais, econômicos e pessoais que impactam na participação da pessoa com deficiência na sociedade, é necessária a realização de avaliação social por assistente social ou outras providências aptas a revelar a efetiva condição vivida no meio social pelo requerente".
- "A incapacidade para a vida independente (a) não exige que a pessoa possua uma vida vegetativa ou seja incapaz de se locomover; (b) não significa incapacidade para as atividades básicas do ser humano, tais como alimentar-se, fazer a higiene pessoal e vestir-se sozinho; (c) não impõe a incapacidade de se expressar ou se comunicar; e (d) não pressupõe dependência total de terceiros" (TRF/4, AC 5005871-62.2015.4.04.7206/SC, TRS-SC, j. 03.10.2018).

Importante mencionar, ainda, a orientação da TNU em caso de pessoas com doenças estigmatizantes:

- **Súmula n. 78:** "Comprovado que o requerente de benefício é portador do vírus HIV, cabe ao julgador verificar as condições pessoais, sociais, econômicas e culturais, de forma a analisar a incapacidade em sentido amplo, em face da elevada estigmatização social da doença".
- "O fato da parte autora sempre ter residido em município pequeno, de menos de vinte e cinco mil habitantes, já caracteriza a estigmatização decorrente da ciência por todos de sua enfermidade contagiosa, independentemente do aspecto visual e sintomático da doença" (PEDILEF n. 2008.72.95.000669-0/SC, *DJ* 15.12.2010).

As doenças estigmatizantes estão relacionadas com enfermidades que, única e exclusivamente por sua existência, possam ensejar comportamentos reprováveis dos demais em relação ao portador da doença, sem outro motivo aparente. Assim, as pessoas estigmatizadas são diferenciadas, desvalorizadas, isoladas, e essa rejeição limita as oportunidades de acesso a postos de trabalho e de vida social.

### 3.1.3 Requisito econômico para fins de concessão do Benefício de Prestação Continuada (BPC)

Para fins do cálculo da renda *per capita*, a família é composta pelo requerente, o cônjuge ou companheiro, os pais e, na ausência de um deles, a madrasta ou o padrasto, os irmãos solteiros, os filhos e enteados solteiros e os menores tutelados, desde que vivam sob o mesmo teto (art. 20, § 1º, da LOAS).

A inclusão do § 3º-A no art. 20 da Lei n. 8.742/1993 pela Lei n. 15.077/2024 introduz uma importante modificação no cálculo da renda familiar para fins de concessão do BPC. A norma explicita que a soma dos rendimentos mensais de todos os membros da família que coabitam será considerada, vedando deduções não previstas em lei e delegando ao Poder Executivo a regulamentação das hipóteses aplicáveis, respeitando as ressalvas do § 14 do mesmo artigo.

Essa alteração busca promover maior clareza e uniformidade nos critérios de avaliação da renda familiar, reduzindo o espaço para interpretações divergentes na análise de elegibilidade. A vedação expressa de deduções não autorizadas por lei reforça a segurança jurídica, prevenindo distorções que possam comprometer a finalidade do benefício.

No entanto, a regulamentação deverá ser elaborada com cautela para evitar impactos negativos aos beneficiários e garantir a efetividade do direito.

Sobre a interpretação dessa norma, destaca-se o Enunciado n. 51 do FONAJEF: "O art. 20, parágrafo primeiro, da Lei n. 8.742/1993 não é exauriente para delimitar o conceito de unidade familiar".

E, ainda, a orientação do STJ, segundo a qual:

1. O conceito de renda mensal da família contido na LOAS deve ser aferido levando-se em consideração a renda das pessoas do grupo familiar que compartilhem a moradia com aquele que esteja sob vulnerabilidade social (idoso, com 65 anos ou mais, ou pessoa com deficiência).

2. Na hipótese, em que pese a filha da autora possuir renda, ela não compõe o conceito de família, uma vez que não coabita com a recorrente, não podendo ser considerada para efeito de aferição da renda mensal per capita (REsp n. 1741057/SP, 1ª Turma, Min. Napoleão Nunes Maia Filho, *DJe* 14.06.2019).

De acordo com o Decreto n. 6.214/2007, art. 4º, VI, do Anexo (com redação dada pelo Decreto n. 7.617/2011), a renda mensal bruta corresponde à: "soma dos rendimentos brutos auferidos mensalmente pelos membros da família composta por salários, proventos, pensões, pensões alimentícias, benefícios de previdência pública ou privada, seguro-desemprego, comissões, pró-labore, outros rendimentos do trabalho não assalariado, rendimentos do mercado informal ou autônomo, rendimentos auferidos do patrimônio, Renda Mensal Vitalícia e Benefício de Prestação Continuada".

Importante referir que "serão deduzidos da renda mensal bruta familiar exclusivamente os gastos com tratamentos de saúde, médicos, fraldas, alimentos especiais e medicamentos do idoso ou da pessoa com deficiência, não disponibilizados gratuitamente pelo Sistema Único de Saúde (SUS), ou com serviços não prestados pelo Serviço Único de Assistência Social (SUAS), desde que de natureza contínua e comprovadamente necessários à preservação da saúde e da vida" (art. 8º, III, "f" da Portaria Conjunta n. 3/2018, com redação conferida pela Portaria Conjunta MC/MTP/INSS n. 14/2021).

Nessa linha, a Lei n. 13.146 de 2015 (Estatuto da Pessoa com Deficiência) alterou a redação do § 9º do art. 20 da Lei n. 8.742/1991, para fixar que os rendimentos decorrentes de estágio supervisionado e de aprendizagem não serão computados para os fins de cálculo da renda familiar *per capita*, e poderão ser utilizados outros elementos probatórios da condição de miserabilidade do grupo familiar e da situação de vulnerabilidade, conforme regulamento.

E, por último, a Lei n. 14.809, de 12.01.2024, deu nova redação ao § 9º do art. 20 da LOAS para também excluir da renda familiar *per capita* os valores recebidos a título de auxílio financeiro temporário ou de indenização por danos sofridos em decorrência de rompimento e colapso de barragens.

Os critérios para aferição do requisito econômico são polêmicos e segundo orientação do STJ o magistrado não está sujeito a um sistema de tarifação legal de provas, motivo pelo qual a delimitação do valor da renda familiar *per capita* não deve ser tida como único meio de prova da condição de miserabilidade do requerente.

O STF, ao julgar a Reclamação n. 4.374, relativa ao critério econômico para concessão de benefício assistencial (renda familiar per capita de até 1/4 do salário mínimo), reconheceu a inconstitucionalidade parcial por omissão, sem pronúncia de nulidade e sem fixar prazo para o legislador eleger novo parâmetro (Rcl 4.374, Tribunal Pleno, Rel. Min. Gilmar Mendes, j. 18.04.2013, *DJe* 04.09.2013).

Em julgamento da Repercussão Geral – Tema n. 27, a tese fixada foi a seguinte: "É inconstitucional o § 3º do art. 20, da Lei n. 8.742/1993, que estabelece a renda familiar mensal per capita inferior a um quarto do salário mínimo como requisito obrigatório para concessão do benefício assistencial de prestação continuada previsto no art. 203, V, da Constituição" (*Leading Case*: RE 567985, Tribunal Pleno, *DJe* 03.10.2013).

O STF também reputou inconstitucional o parágrafo único do art. 34 do Estatuto da Pessoa Idosa por violar o princípio da isonomia, ao abrir exceção para o recebimento de dois benefícios assistenciais de pessoa idosa, mas não permitir a percepção conjunta de benefício de pessoa idosa com o de pessoa com deficiência ou de qualquer outro previdenciário. A tese fixada em Repercussão Geral – Tema n. 312 foi a seguinte: "É inconstitucional, por omissão parcial, o parágrafo único do art. 34 da Lei n. 10.741/2003 (Estatuto do Idoso)" (*Leading Case:* RE 580963, Tribunal Pleno, *DJe* 14.11.2013).

Embora declarados inconstitucionais, não houve a declaração de nulidade do art. 20, § 3º, da LOAS, e do art. 34, parágrafo único, do Estatuto da Pessoa Idosa. Entretanto, a aplicação desses dispositivos deve ser conjugada com o § 11 do art. 20 da Lei n. 8.742, de 1993 (redação conferida pela Lei n. 13.146, de 2015), o qual prevê que poderão ser utilizados outros elementos probatórios da condição de miserabilidade do grupo familiar e da situação de vulnerabilidade.

E, a partir de janeiro de 2022, o limite de renda mensal família *per capita* pode chegar a 1/2 (meio) salário mínimo, com base na avaliação de outros elementos probatórios da condição de miserabilidade e da situação de vulnerabilidade definidos nos arts. 20, § 11-A, e 20-B (com redação conferida pela Lei n. 14.176/2021). Essa ampliação do limite de renda foi condicionada a decreto regulamentador do Poder Executivo, em cuja edição deverá ser comprovado o atendimento aos requisitos fiscais (art. 6º, parágrafo único, da Lei n. 14.176/2021).

No âmbito do STJ, dois repetitivos trataram do requisito econômico, sendo fixadas as seguintes teses:

– **Tema n. 185:** "A limitação do valor da renda *per capita* familiar não deve ser considerada a única forma de se comprovar que a pessoa não possui outros meios para prover a própria manutenção ou de tê-la provida por sua família, pois é apenas um elemento objetivo para se aferir a necessidade, ou seja, presume-se absolutamente a miserabilidade quando comprovada a renda *per capita* inferior a 1/4 do salário mínimo".
– **Tema n. 640:** "Aplica-se o parágrafo único do art. 34 do Estatuto do Idoso (Lei n. 10.741/03), por analogia, a pedido de benefício assistencial feito por pessoa com deficiência a fim de que benefício previdenciário recebido por idoso, no valor de um salário mínimo, não seja computado no cálculo da renda *per capita* prevista no art. 20, § 3º, da Lei n. 8.742/1993".

Ainda sobre o critério renda, cabe destacar o IRDR Tema n. 12, do TRF da 4ª Região, cuja tese fixada foi a seguinte: "O limite mínimo previsto no art. 20, § 3º, da Lei n. 8.742/1993 ('considera-se incapaz de prover a manutenção da pessoa com deficiência ou idosa a família cuja renda mensal *per capita* seja inferior a 1/4 (um quarto) do salário mínimo') gera, para a concessão do benefício assistencial, uma presunção absoluta de miserabilidade".

Também merece destaque, quanto à apuração do requisito econômico para fins de concessão do Benefício de Prestação Continuada, a questão relacionada com a Realização de Laudo Socioeconômico. A esse respeito, destacamos:

> – **TNU – Súmula n. 79**: "Nas ações em que se postula benefício assistencial, é necessária a comprovação das condições socioeconômicas do autor por laudo de assistente social, por auto de constatação lavrado por oficial de justiça ou, sendo inviabilizados os referidos meios, por prova testemunhal".
> – **TNU – Súmula n. 80**: "Nos pedidos de benefício de prestação continuada (LOAS), tendo em vista o advento da Lei n. 12.470/2011, para adequada valoração dos fatores ambientais, sociais, econômicos e pessoais que impactam na participação da pessoa com deficiência na sociedade, é necessária a realização de avaliação social por assistente social ou outras providências aptas a revelar a efetiva condição vivida no meio social pelo requerente".
> – **FONAJEF – Enunciado n. 50**: "Sem prejuízo de outros meios, a comprovação da condição socioeconômica do autor pode ser feita por laudo técnico confeccionado por assistente social, por auto de constatação lavrado por Oficial de Justiça ou através da oitiva de testemunhas".
> – **FONAJEF – Enunciado n. 122**: "É legítima a designação do oficial de justiça, na qualidade de *longa manus* do juízo, para realizar diligência de constatação de situação socioeconômica".

Em relação à necessidade da prova da miserabilidade, quando incontroversa, a TNU ao julgar o Representativo de Controvérsia Tema n. 187, fixou as seguintes teses:

> (i) Para os requerimentos administrativos formulados a partir de 07 de novembro de 2016 (Decreto n. 8.805/2016), em que o indeferimento do Benefício da Prestação Continuada pelo INSS ocorrer em virtude do não reconhecimento da deficiência, é desnecessária a produção em juízo da prova da miserabilidade, salvo nos casos de impugnação específica e fundamentada da autarquia previdenciária ou decurso de prazo superior a 2 (dois) anos do indeferimento administrativo; e
> (ii) Para os requerimentos administrativos anteriores a 07 de novembro de 2016 (Decreto n. 8.805/2016), em que o indeferimento pelo INSS do Benefício da Prestação Continuada ocorrer em virtude de não constatação da deficiência, é dispensável a realização em juízo da prova da miserabilidade quando tiver ocorrido o seu reconhecimento na via administrativa, desde que inexista impugnação específica e fundamentada da autarquia previdenciária e não tenha decorrido prazo superior a 2 (dois) anos do indeferimento administrativo.

Por último e com base em precedentes jurisprudenciais mencionados, houve avanço legislativo com a Lei n. 13.982/2020, que alterou o art. 20 da LOAS, para estabelecer que:

> § 14. O benefício de prestação continuada ou o benefício previdenciário no valor de até 1 (um) salário mínimo concedido a idoso acima de 65 (sessenta e cinco) anos de idade ou pessoa com deficiência não será computado, para fins de concessão do benefício de prestação continuada a outro idoso ou pessoa com deficiência da mesma família, no cálculo da renda a que se refere o § 3º deste artigo.

Essa alteração legislativa, regulamentada pela Portaria PRES/INSS n. 1.635, de 14.12.2023, soluciona importante questão, reduzindo-se a judicialização desnecessária de novas demandas para exclusão de renda de pessoas idosas e de pessoas com deficiência de um mesmo grupo familiar.

## 3.1.4 Beneficiários

Os beneficiários são as **pessoas idosas**, assim consideradas aquelas com mais de 65 anos de idade, e as pessoas com deficiência que não possuam meios para prover sua subsistência nem de tê-la provida por sua família.

Quanto **às pessoas com deficiência,** o INSS adotada o critério de que pode ser de qualquer idade, desde que apresentem impedimentos de longo prazo (mínimo de 2 anos) de natureza física, mental, intelectual ou sensorial, os quais, em interação com diversas barreiras, podem obstruir sua participação plena e efetiva na sociedade em igualdade de condições com as demais pessoas.

O benefício assistencial pode ser pago a mais de um membro da família desde que comprovadas todas as condições exigidas. Nesse sentido, a disposição constante do art. 20, § 15, da LOAS, incluído pela Lei n. 13.982, de 2020.

O INSS reconhece também como beneficiário o brasileiro, naturalizado ou nato, que comprove domicílio e residência no Brasil e atenda a todos os demais critérios estabelecidos para a concessão dessa prestação.

Por força do Acordo de Seguridade Social que vigora entre o Brasil e Portugal, o Decreto n. 8.805, de 07.07.2016, estendeu o BPC às pessoas de nacionalidade portuguesa, desde que comprovem residência no Brasil e atendam a todos os demais critérios estabelecidos no Regulamento (Decreto n. 6.214/2007).

Quanto ao estrangeiro residente no Brasil, o direito à concessão foi reconhecido pelo STF em repercussão geral ao julgar o RE 587970/SP. A tese fixada foi a seguinte:

> – **Tema n. 173**: "Os estrangeiros residentes no país são beneficiários da assistência social prevista no art. 203, inciso V, da Constituição Federal, uma vez atendidos os requisitos constitucionais e legais".

De acordo com o art. 4º-B, da *Portaria PRES/INSS n. 1.380/2021* (alterada pela Portaria INSS/PRES n. 1.695, de 17.05.2024), ao requerente estrangeiro, em situação regular no país, será devida a concessão do BPC, quando atendidos os demais requisitos exigidos para deferimento do pedido. O reconhecimento decorre da decisão judicial proferida na ACP n. 0006972-83.2012.4.01.3400-DF, com identificação do requerente mediante apresentação da Carteira de Identidade de Estrangeiro; ou Trabalho e Previdência Social.

É de destacar que a condição de acolhimento em instituições de longa permanência não prejudica o direito da pessoa idosa ou da pessoa com deficiência ao benefício de prestação continuada (art. 20, § 5º, da Lei n. 8.742/1993, com redação conferida pela Lei n. 12.435/2011).

O benefício assistencial pode ser pago a mais de um membro da família desde que comprovadas todas as condições exigidas. Nesse sentido, a disposição constante do art. 20, § 15, da LOAS, incluído pela Lei n. 13.982, de 2020.

Consignamos, ainda, que a concessão do Benefício de Prestação Continuada independe da interdição judicial da pessoa idosa ou da pessoa com deficiência.

### 3.1.4.1 Beneficiários com Transtorno do Espectro Autista (TEA) e Visão Monocular no BPC/LOAS

A concessão do Benefício de Prestação Continuada (BPC/LOAS) não está vinculada a uma lista taxativa de doenças ou códigos CID que garantam automaticamente o direito ao benefício. O critério essencial para o BPC-Deficiência é a comprovação, por meio de laudo médico, de que a condição da pessoa causa impedimentos de longo prazo, dificultando sua participação plena e efetiva na sociedade em igualdade de condições com as demais pessoas.

Assim, o reconhecimento da deficiência e a concessão do BPC dependem de uma avaliação específica do impacto da condição na vida do requerente.

No caso de pessoas com **Transtorno do Espectro Autista (TEA)**, a legislação oferece um enquadramento claro. A Lei n. 12.764/2012, em seu art. 1º, § 2º, estabelece que a pessoa com TEA é considerada pessoa com deficiência para todos os efeitos legais, assegurando o direito de acesso ao BPC. A deficiência nesse caso não é avaliada apenas por aspectos físicos, mas também pela dificuldade na interação social e nas atividades diárias, típicas do transtorno, o que pode ser considerado impedimento de longo prazo. O autismo, portanto, enquadra-se de maneira objetiva nas disposições que regulamentam a concessão do benefício assistencial.

Quanto à **Visão Monocular**, a Lei n. 14.126/2021 classifica essa condição como deficiência sensorial, do tipo visual, para todos os efeitos legais. No entanto, apesar de o dispositivo legal ser claro, a concessão do BPC para indivíduos com visão monocular ainda é objeto de debate jurídico. Isso ocorre porque, além do reconhecimento da deficiência, é necessário comprovar que a visão monocular impõe um impedimento de longo prazo que prejudica a participação plena e efetiva do indivíduo na sociedade, conforme exigido pela legislação que rege o BPC.

Embora a visão monocular seja reconhecida como deficiência legalmente, a jurisprudência diverge quanto ao seu enquadramento para fins de concessão do BPC. Em algumas decisões judiciais, tem-se considerado que, apesar da deficiência visual, a visão monocular não configura um impedimento suficientemente grave para justificar o benefício, uma vez que o requerente, em tese, pode ter capacidade funcional para atividades profissionais e sociais. Em contrapartida, há decisões que reconhecem que a visão monocular pode gerar dificuldades significativas em atividades cotidianas e laborais, justificando o acesso ao benefício. Nesse sentido: TRF/4, AC 5001227-89.2023.4.04.7208/SC, 9ª Turma, Rel. Paulo Afonso Brum Vaz, j. 21.02.2024.

Assim, a análise para concessão do BPC em casos de visão monocular exige uma avaliação minuciosa, que considere não apenas a presença da deficiência sensorial, mas também os impactos funcionais dessa condição na vida do requerente. Nesse contexto, a questão ainda está em evolução nos tribunais, com divergências que podem ser resolvidas a partir da consolidação de novas interpretações jurisprudenciais.

### 3.1.5 Data de início do benefício

O benefício tem início a partir da data da entrada do requerimento, sendo devido enquanto permanecerem as condições que deram origem à concessão.

Mesmo quando deferido por decisão judicial, seus efeitos devem retroagir à data do requerimento administrativo, uma vez caracterizado que, na oportunidade, o requerente já preenchia os requisitos, conforme Súmula n. 22 da TNU que tem o seguinte teor: "Se a prova pericial realizada em juízo dá conta de que a incapacidade já existia na data do requerimento administrativo, esta é o termo inicial do benefício assistencial".

Não havendo prévio requerimento administrativo, a data de início é a do ajuizamento da ação. Neste sentido: "A comprovação em juízo do preenchimento dos pressupostos de fato do direito pleiteado implica a retroação dos efeitos, conforme o caso, à data do requerimento administrativo ou judicial – que corresponde ao ajuizamento da ação –, independentemente da data na qual se formalizou a citação que, repise-se, não interfere na constituição do direito perseguido" (TNU, PEDILEF n. 0013283-21.2006.4.01.3200, *DOU* 25.11.2011).

Em caso de concessão de benefício diverso, com base no princípio da fungibilidade, não se exige novo requerimento administrativo, mantendo-se a data de início da DER originária. A respeito:

– **TNU – Representativo de Controvérsia Tema n. 217**: "Em relação ao benefício assistencial e aos benefícios por incapacidade, é possível conhecer de um deles em juízo, ainda que não seja o especificamente requerido na via administrativa, desde que preenchidos os requisitos legais, observando-se o contraditório e o disposto nos arts. 9º e 10 do CPC".

### 3.1.6 Revisão do benefício

O benefício deve ser revisto a cada dois anos para avaliação da continuidade das condições que lhe deram origem (art. 21 da LOAS). A regulamentação foi realizada pela Portaria Conjunta n. 3, de 21.09.2018, com as atualizações da Portaria Conjunta n. 7, de 14.09.2020.

A Lei n. 14.176/2021 introduziu ainda uma espécie de pente-fino no BPC concedido judicial ou administrativamente, ao prever que o beneficiário poderá ser convocado para avaliação das condições que ensejaram sua concessão ou manutenção, sendo-lhe exigida a presença dos requisitos previstos na LOAS e no regulamento (art. 21, § 5º).

A cessação do pagamento do benefício ocorrerá nas seguintes hipóteses:

- superação das condições que lhe deram origem;
- morte do beneficiário;
- falta de comparecimento do beneficiário com deficiência ao exame médico-pericial, por ocasião de revisão do benefício;
- falta de apresentação pelo beneficiário da declaração de composição do grupo familiar por ocasião da revisão do benefício.

A concessão, a manutenção e a revisão do benefício exigem que o requerente esteja inscrito no Cadastro de Pessoas Físicas (CPF) e no Cadastro Único para Programas Sociais do Governo Federal – Cadastro Único (art. 20, § 12, da LOAS).

A Lei n. 14.973, de 16.09.2024, trouxe uma importante alteração à LOAS, estabelecendo que os beneficiários do BPC, que não estejam inscritos no CadÚnico ou que tenham o cadastro desatualizado há mais de 48 meses, devem regularizar sua situação dentro de prazos específicos após a notificação oficial. O prazo foi reduzido para 24 meses pela Lei n. 15.077/2024.

Para municípios de pequeno porte, o prazo é de 45 dias; já para municípios de médio e grande porte ou metrópoles com mais de 50 mil habitantes, o prazo se estende para 90 dias. Caso o beneficiário não receba a notificação, o benefício será bloqueado 30 dias após o envio da comunicação. Se o prazo não for cumprido, o benefício será suspenso, desde que comprovada a ciência da notificação. No entanto, o beneficiário ainda poderá atualizar ou incluir seus dados no CadÚnico durante o período de suspensão, sem prejuízo no pagamento do benefício.

Os órgãos federais disponibilizarão as informações constantes das bases de dados de que sejam detentores necessárias à verificação dos requisitos para concessão, manutenção e revisão do benefício de prestação continuada previsto no art. 20 desta Lei, nos termos de ato do Poder Executivo federal (norma introduzida no art. 35. § 2º da LOAS pela Lei n. 15.077/2024).

O BPC será cancelado quando se constatar irregularidade na sua concessão ou utilização.

O desenvolvimento das capacidades cognitivas, motoras ou educacionais e a realização de atividades não remuneradas de habilitação e reabilitação, entre outras, não constituem motivo de suspensão ou cessação do benefício da pessoa com deficiência (art. 21, § 3º, da LOAS).

De acordo com o art. 21-A da LOAS (introduzido pela Lei n. 12.470, de 2011), o benefício será suspenso pelo órgão concedente quando a pessoa com deficiência exercer atividade remunerada, inclusive na condição de microempreendedor individual. Mas, extinta a relação trabalhista ou a atividade empreendedora e, quando for o caso, encerrado o prazo de pagamento do seguro-desemprego e não tendo o beneficiário adquirido direito a qualquer benefício previdenciário, poderá ser requerida a continuidade do pagamento do benefício suspenso, sem necessidade de realização de perícia médica ou reavaliação da deficiência e do grau de incapacidade para esse fim.

A contratação de pessoa com deficiência como aprendiz não acarreta a suspensão do benefício, limitado a dois anos o recebimento concomitante da remuneração e do benefício (art. 21-A, § 2º, da LOAS).

A cessação do benefício de prestação continuada concedido à pessoa com deficiência não impede nova concessão do benefício, desde que atendidos os requisitos definidos em regulamento (art. 21, § 4º, da LOAS).

O benefício assistencial é intransferível e, portanto, não gera pensão por morte. No entanto, o valor do resíduo não recebido em vida pelo beneficiário será pago aos seus herdeiros ou sucessores, na forma da lei civil. Nesse sentido: TNU, PEDILEF 0176818-18.2005.4.03.6301, Rel. Juiz Federal Frederico Augusto Leopoldino Koehler, Sessão de 14.09.2016.

Em situações de equívoco da administração, que em vez de conceder o benefício de natureza previdenciária (a que fazia jus o requerente), concede um LOAS, é cabível a modificação do benefício originário, com a consequente concessão da pensão por morte aos dependentes. Nesse sentido:

> – **STJ:** "No presente caso, a situação mostra-se excepcional, na medida em que a Administração, erroneamente, concedeu ao de cujus o benefício de Renda Mensal Vitalícia, que não dá direito à pensão por morte a seus dependentes, tendo a Turma Recursal de Pernambuco, mediante análise das provas dos autos, acolhido a argumentação do autor de que sua falecida esposa fazia jus à aposentadoria por invalidez, e não à Renda Mensal Vitalícia.
>
> Dessa forma, especificamente nesse caso em que o benefício originário foi concedido de forma equivocada, o prazo decadencial deve ter como termo inicial o requerimento da pensão por morte" (STJ, REsp 1502460 PR 2014/0327686-7, Rel. Min. Humberto Martins, *DJe* 05.02.2015).
>
> – **TNU – Representativo de Controvérsia Tema n. 225:** "É possível a concessão de pensão por morte quando o instituidor, apesar de titular de benefício assistencial, tinha direito adquirido a benefício previdenciário não concedido pela Administração" (PEDILEF 0029902-86.2012.4.01.3500/GO, j. 20.11.2020).

### 3.1.7 Acumulação com outros benefícios

O BPC não pode se acumulado com qualquer outro benefício no âmbito da seguridade social ou de outro regime, salvo os da assistência médica e da pensão especial de natureza indenizatória, bem como as transferências de renda de que tratam o parágrafo único do art. 6º e o inciso VI do *caput* do art. 203 da Constituição Federal e o *caput* e o § 1º do art. 1º da Lei n. 10.835, de 8 de janeiro de 2004 (art. 20, § 4º, da LOAS, com redação conferida pela Lei n. 14.601/2023). Nesse sentido:

> – **TNU – Representativo de Controvérsia Tema n. 253**: "É inacumulável o benefício de prestação continuada – BPC/LOAS com o auxílio-acidente, na forma do art. 20, § 4º, da Lei n. 8.742/1993, sendo facultado ao beneficiário, quando preenchidos os requisitos legais de ambos os benefícios, a opção pelo mais vantajoso" (PEDILEF 0500878-55.2018.4.05.8310/PE, j. 27.05.2021).

Outro importante precedente da TNU garante aos beneficiários que recebem cota de pensão, ou sejam virtuais titulares desse direito, que não seja capaz de os excluir da situação de miserabilidade, a opção pelo benefício assistencial, sem que isto viole o § 4º do art. 20 da Lei n. 8.742/1993:

> – **TNU – Representativo de Controvérsia Tema n. 284:** "Os dependentes que recebem ou que têm direito à cota de pensão por morte podem renunciar a esse direito para o fim de receber benefício assistencial de prestação continuada, uma vez preenchidos os requisitos da Lei n. 8.742/1993" (PEDILEF 0004160-11.2017.4.01.4300/TO, j. 18.08.2022).

A acumulação do benefício com a remuneração advinda do contrato de aprendizagem pela pessoa com deficiência está limitada ao prazo máximo de dois anos, de acordo com a regra estipulada pela Lei n. 12.470/2011.

Essa regra deverá ser conjugada com o art. 26-A (redação conferida pela Lei n. 14.176/2021) o qual prevê o pagamento de auxílio-inclusão à pessoa com deficiência moderada ou grave que receba o benefício de prestação continuada previsto no art. 20 da Lei n. 8.742, de 1993, e que passe a exercer atividade remunerada: a) que tenha remuneração limitada a dois salários mínimos; e b) que enquadre o beneficiário como segurado obrigatório do RGPS ou como filiado a regime próprio de previdência social da União, dos Estados, do Distrito Federal ou dos Municípios.

O Benefício de Prestação Continuada não está sujeito a desconto de qualquer contribuição e não gera direito ao pagamento de abono anual. No entanto, "Os eventuais débitos do beneficiário decorrentes de recebimento irregular do benefício de prestação continuada ou do auxílio-inclusão poderão ser consignados no valor mensal desses benefícios, nos termos do regulamento" (art. 40-C da LOAS, com redação conferida pela Lei n. 14.176/2021).

## QUADRO-RESUMO – BENEFÍCIO DE PRESTAÇÃO CONTINUADA DA ASSISTÊNCIA SOCIAL

| | |
|---|---|
| **BENEFÍCIO** | **BENEFÍCIO DE PRESTAÇÃO CONTINUADA DA ASSISTÊNCIA SOCIAL – BPC-LOAS**<br>Códigos da Espécie (INSS): B-87 (pessoa com deficiência) e B-88 (pessoa idosa) |
| **Evento Gerador** | Pessoa com deficiência e pessoa idosa que comprovem não possuir meios de prover a própria manutenção ou de tê-la provida por sua família. |
| **Beneficiários** | – **Pessoa idosa:** idade **igual** ou **superior** a **65 anos**, para homem ou mulher;<br>– **Pessoa com deficiência:** qualquer idade – pessoas que apresentam impedimentos de longo prazo (mínimo de 2 anos) de natureza física, mental, intelectual ou sensorial, os quais, em interação com diversas barreiras, podem obstruir sua participação plena e efetiva na sociedade em igualdade de condições com as demais pessoas.<br>– Pode ser pago a mais de um membro da família desde que comprovadas todas as condições exigidas. |
| **Requisitos Legais** | – **Pessoa Idosa:**<br>a) possuir 65 anos de idade ou mais;<br>b) família cuja renda mensal per capita seja igual ou inferior a 1/4 do salário mínimo, podendo ser utilizados outros elementos probatórios da condição de miserabilidade do grupo familiar e da situação de vulnerabilidade;<br>c) não possuir outro benefício no âmbito da Seguridade Social ou de outro regime, salvo os da assistência médica e da pensão especial de natureza indenizatória, bem como as transferências de renda de que tratam o parágrafo único do art. 6º e o inciso VI do *caput* do art. 203 da CF e o *caput* e o § 1º do art. 1º da Lei n. 10.835/2004 (renda básica de cidadania); |

| BENEFÍCIO | BENEFÍCIO DE PRESTAÇÃO CONTINUADA DA ASSISTÊNCIA SOCIAL – BPC-LOAS<br>Códigos da Espécie (INSS): B-87 (pessoa com deficiência) e<br>B-88 (pessoa idosa) |
|---|---|
| Requisitos Legais | d) a inscrição do requerente no CPF e no CadÚnico.<br>– **Pessoa com Deficiência – PcD:**<br>a) existência de impedimentos de longo prazo de natureza física, mental, intelectual ou sensorial, os quais, em interação com diversas barreiras, obstruam sua participação plena e efetiva na sociedade em igualdade de condições com as demais pessoas;<br>b) família cuja renda mensal per capita seja igual ou inferior a 1/4 do salário mínimo, podendo ser utilizados outros elementos probatórios da condição de miserabilidade do grupo familiar e da situação de vulnerabilidade;<br>c) não possuir outro benefício no âmbito da Seguridade Social ou de outro regime, salvo os da assistência médica e da pensão especial de natureza indenizatória, bem como as transferências de renda de que tratam o parágrafo único do art. 6º e o inciso VI do caput do art. 203 da CF e o caput e o § 1º do art. 1º da Lei n. 10.835/2004 (renda básica de cidadania);<br>d) a inscrição do requerente no CPF e no CadÚnico.<br>– O STF declarou a inconstitucionalidade parcial, sem pronúncia de nulidade, do art. 20, § 3º, da Lei n. 8.742/1993, que exige renda mensal per capita inferior a 1/4 do salário mínimo (Repercussão Geral – Tema n. 27). |
| Requisitos Legais | – Na análise da renda per capita, deve ser levado em consideração o § 11, do art. 20, da Lei n. 8.742, de 1993 (redação conferida pela Lei n. 13.146, de 2015), o qual prevê que poderão ser utilizados outros elementos probatórios da condição de miserabilidade do grupo familiar e da situação de vulnerabilidade.<br>– A partir de janeiro de 2022, o limite de renda mensal família per capita pode chegar à ½ (meio) salário mínimo, com base na avaliação de outros elementos probatórios da condição de miserabilidade e da situação de vulnerabilidade definidos no art. 20, § 11-A e art. 20-B (com redação conferida pela Lei n. 14.176/2021). Essa ampliação do limite de renda foi condicionada a decreto regulamentador do Poder Executivo, em cuja edição deverá ser comprovado o atendimento aos requisitos fiscais (art. 6º, parágrafo único da Lei n. 14.176/2021).<br>– A concessão do Benefício de Prestação Continuada independe da interdição judicial da pessoa idosa ou da pessoa com deficiência. |
| Pessoa com Deficiência | – Consideram-se impedimentos de longo prazo: aqueles que incapacitam a pessoa com deficiência para a vida independente e para o trabalho pelo prazo mínimo de 2 (dois) anos.<br>– Ficará sujeita à avaliação da deficiência e do grau de impedimento, com base nos princípios da Classificação Internacional de Funcionalidades, Incapacidade e Saúde – CIF.<br>– A avaliação da deficiência e do grau de impedimento será realizada por meio de avaliação social e avaliação médica, pelo serviço social e pela perícia médica do INSS.<br>– Enquanto não estiver regulamentado o instrumento de avaliação de que tratam os §§ 1º e 2º do art. 2º da Lei nº 13.146, de 6 de julho de 2015 (Estatuto da Pessoa com Deficiência), a concessão do benefício de prestação continuada a pessoa com deficiência ficará sujeita à avaliação do grau da deficiência e do impedimento de que trata o § 2º do art. 20 da LOAS, composta de avaliação médica e avaliação social realizadas, respectivamente, pela perícia médica federal e pelo serviço social do INSS, com a utilização de instrumentos desenvolvidos especificamente para esse fim, e será obrigatório o registro, nos sistemas informacionais utilizados para a concessão do benefício, do código da Classificação Internacional de Doenças (CID), garantida a preservação do sigilo. (art. 40-B da LOAS com redação dada pela Lei n. 15.077/2024).<br>– O benefício poderá ser concedido nos casos em que não seja possível prever a duração dos impedimentos, mas exista a possibilidade de que se estendam por longo prazo. |

| BENEFÍCIO | BENEFÍCIO DE PRESTAÇÃO CONTINUADA DA ASSISTÊNCIA SOCIAL – BPC-LOAS<br>Códigos da Espécie (INSS): B-87 (pessoa com deficiência) e<br>B-88 (pessoa idosa) |
|---|---|
| Pessoa com Deficiência | – **TNU: Súmula n. 29**: "Para os efeitos do art. 20, § 2º, da Lei n. 8.742, de 1993, incapacidade para a vida independente não só é aquela que impede as atividades mais elementares da pessoa, mas também a impossibilita de prover ao próprio sustento".<br>– **TNU: Súmula n. 48**: "Para fins de concessão do benefício assistencial de prestação continuada, o conceito de pessoa com deficiência, que não se confunde necessariamente com situação de incapacidade laborativa, exige a configuração de impedimento de longo prazo com duração mínima de 2 (dois) anos, a ser aferido no caso concreto, desde o início do impedimento até a data prevista para a sua cessação". |
| Cálculo da Renda Familiar | – Para fins do cálculo da renda *per capita*, a família é composta pelo requerente, o cônjuge ou companheiro, os pais e, na ausência de um deles, a madrasta ou o padrasto, os irmãos solteiros, os filhos e enteados solteiros e os menores tutelados, desde que vivam sob o mesmo teto (Lei n. 12.435/2011).<br>– O cálculo da renda familiar considerará a soma dos rendimentos auferidos mensalmente pelos membros da família que vivam sob o mesmo teto, nos termos estabelecidos em ato do Poder Executivo federal, vedadas deduções não previstas em lei (§ 3º-A. do art. 20 da LOAS, introduzido pela Lei n. 15.077/2024).<br>– Renda mensal bruta familiar: a soma dos rendimentos brutos auferidos mensalmente pelos membros da família composta por salários, proventos, pensões, pensões alimentícias, benefícios de previdência pública ou privada, seguro-desemprego, comissões, *pro labore*, outros rendimentos do trabalho não assalariado, rendimentos do mercado informal ou autônomo, rendimentos auferidos do patrimônio, Renda Mensal Vitalícia e Benefício de Prestação Continuada (Decreto n. 7.617, de 2011).<br>– A remuneração da pessoa com deficiência na condição de aprendiz não será considerada para fins do cálculo (Lei n. 12.470/2011). |
| Regra do Estatuto do Idoso | – O benefício de prestação continuada ou o benefício previdenciário no valor de até um salário mínimo concedido a idoso acima de 65 (sessenta e cinco) anos de idade ou pessoa com deficiência não será computado, para fins de concessão do benefício de prestação continuada, a outro idoso ou pessoa com deficiência da mesma família, no cálculo da renda *per capita* (art. 20, § 14, da LOAS – introduzido pela Lei n. 13.982/2020).<br>– É devido benefício assistencial a deficiente cujos pais, maiores de 65 anos, já recebem cada um salário mínimo. Cabível a interpretação sistemática do art. 34, parágrafo único, do Estatuto do Idoso (TNU, Proc. n. 2004.84.10.005545-6/RN, 28.02.2008).<br>– O STF declarou a inconstitucionalidade parcial, sem pronúncia de nulidade, do parágrafo único do art. 34 do Estatuto da Pessoa Idosa, por violar o princípio da isonomia, ao abrir exceção para o recebimento de dois benefícios assistenciais de pessoa idosa, mas não permitir a percepção conjunta de benefício de pessoa idosa com o de pessoa com deficiência ou de qualquer outro previdenciário (Repercussão Geral – Tema n. 312).<br>– O benefício de prestação continuada será devido a mais de um membro da mesma família enquanto atendidos os requisitos exigidos em Lei (art. 20, § 15, da LOAS – incluído pela Lei n. 13.982, de 2020). |
| Renda Mensal Inicial | Um salário mínimo. |
| Data de Início do Benefício | A partir da data da entrada do requerimento. |
| Duração/ Cancelamento | – Deve ser revisto a cada 2 (dois) anos para avaliação da continuidade das condições que lhe deram origem.<br>– Deixará de ser pago quando houver superação das condições que deram origem a concessão do benefício ou pelo falecimento do beneficiário.<br>– Será cancelado quando se constatar irregularidade na sua concessão ou utilização. |

| BENEFÍCIO | BENEFÍCIO DE PRESTAÇÃO CONTINUADA DA ASSISTÊNCIA SOCIAL – BPC-LOAS<br>Códigos da Espécie (INSS): B-87 (pessoa com deficiência) e<br>B-88 (pessoa idosa) |
|---|---|
| Duração/<br>Cancelamento | – O desenvolvimento das capacidades cognitivas, motoras ou educacionais e a realização de atividades não remuneradas de habilitação e reabilitação, entre outras, não constituem motivo de suspensão ou cessação do benefício da pessoa com deficiência (Lei n. 12.435/2011).<br>– A cessação do benefício de prestação continuada concedido à pessoa com deficiência não impede nova concessão do benefício, desde que atendidos os requisitos definidos em regulamento (Lei n. 12.470/2011).<br>– A contratação de pessoa com deficiência como aprendiz não acarreta a suspensão do benefício de prestação continuada, limitada a 2 (dois) anos o recebimento concomitante da remuneração e do benefício (Lei n. 12.470/2011).<br>– A condição de acolhimento em instituições de longa permanência não prejudica o direito do idoso ou da pessoa com deficiência ao benefício de prestação continuada (Lei n. 12.435/2011).<br>– O pagamento do benefício cessa, também, em caso de morte do beneficiário; em caso de morte presumida, declarada em juízo e, em caso de ausência, declarada em juízo.<br>– O benefício é intransferível, não gerando direito a pensão. |
| Acumulação com outros Benefícios | – Não pode se acumulado com qualquer outro benefício no âmbito da Seguridade Social ou de outro regime, salvo os da assistência médica e da pensão especial de natureza indenizatória, bem como as transferências de renda de que tratam o parágrafo único do art. 6º e o inciso VI do *caput* do art. 203 da CF e o *caput* e o § 1º do art. 1º da Lei n. 10.835/2004.<br>– Essa regra deverá ser conjugada com o art. 26-A (redação conferida pela Lei n. 14.176/2021) o qual prevê o pagamento de auxílio-inclusão à pessoa com deficiência moderada ou grave que receba o benefício de prestação continuada previsto no art. 20 da Lei n. 8.742, de 1993, e que passe a exercer atividade remunerada: a) que tenha remuneração limitada a 2 (dois) salários mínimos; e b) que enquadre o beneficiário como segurado obrigatório do RGPS ou como filiado a regime próprio de previdência social da União, dos Estados, do Distrito Federal ou dos Municípios. |
| Observações | – As regras gerais do benefício assistencial encontram-se no art. 203 da CF, na Lei n. 8.742/1993 e no Decreto n. 6.214/2007 e suas alterações. |

## 3.2 BENEFÍCIO ASSISTENCIAL AO TRABALHADOR PORTUÁRIO AVULSO

A Lei n. 12.815, de 2013, criou um benefício assistencial não previsto na LOAS destinado aos trabalhadores portuários a partir dos 60 anos de idade. Consta da norma legal:

> É assegurado, na forma do regulamento, benefício assistencial mensal, de até 1 (um) salário mínimo, aos trabalhadores portuários avulsos, com mais de 60 (sessenta) anos, que não cumprirem os requisitos para a aquisição das modalidades de aposentadoria previstas nos arts. 42, 48, 52 e 57 da Lei n. 8.213, de 24 de julho de 1991, e que não possuam meios para prover a sua subsistência. (art. 10-A da Lei n. 9.719/1998, incluído pela Lei n. 12.815/2013)

O direito a esse benefício foi regulamentado por meio da Portaria Interministerial n. 1, de 1º.08.2014 (*DOU* 04.08.2014), dos então Ministérios da Previdência Social, Desenvolvimento Social e Combate à Fome, Fazenda, Planejamento, Orçamento e Gestão e da Secretaria de Portos.

Considera-se trabalhador portuário avulso, para fins do recebimento do benefício, aquele que possui domicílio no Brasil e cadastro ativo ou registro ativo junto ao Órgão Gestor de Mão de Obra do Trabalho Portuário Avulso (OGMO).

Esse benefício não pode ser acumulado pelo beneficiário com qualquer outro no âmbito da seguridade social ou de outro regime, salvo os da assistência médica e da pensão especial de natureza indenizatória.

Para fazer jus ao benefício assistencial o interessado deverá comprovar junto ao Instituto Nacional do Seguro Social (INSS):

> I. Idade de sessenta anos ou mais;
> II. Renda média mensal individual inferior ao valor de um salário mínimo mensal, calculada com base na média aritmética simples dos últimos doze meses anteriores ao requerimento, incluindo-se no cômputo a renda proveniente de décimo terceiro salário, se houver;
> III. Domicílio no Brasil;
> IV. Quinze anos, no mínimo, de cadastro ou registro ativo como trabalhador portuário avulso;
> V. Comparecimento, no mínimo, a oitenta por cento das chamadas realizadas pelo respectivo órgão de gestão de mão de obra; e
> VI. Comparecimento, no mínimo, a oitenta por cento dos turnos de trabalho para os quais tenha sido escalado no período.

Assim como previsto na LOAS, a gratificação natalina não é devida no benefício assistencial mensal ao trabalhador portuário. Também tem a característica de ser pessoal e intransferível e não gerar direito à pensão por morte aos herdeiros ou sucessores.

Cabe destacar que essa prestação deverá ser revista a cada ano para avaliação do critério referente à subsistência do beneficiário e tem as seguintes causas de cessação:

> I – morte do beneficiário;
> II – morte presumida ou de ausência do beneficiário, declarada em juízo;
> III – concessão de qualquer benefício do RGPS ou de outro regime de previdência; e
> IV – quando identificada irregularidade na concessão ou manutenção do benefício.

O requerimento desse benefício poderá ser feito pelo Meu INSS, pelo INSS Digital da advocacia ou pelo telefone 135, não sendo necessário o comparecimento presencial nas unidades do INSS, a não ser quando solicitado para eventual comprovação que não possa ser realizada de forma remota.

## 3.3 AUXÍLIO-INCLUSÃO À PESSOA COM DEFICIÊNCIA

O auxílio-inclusão à pessoa com deficiência é um benefício assistencial destinado à pessoa com deficiência moderada ou grave, previsto no art. 94 da Lei n. 13.146/2015 (Estatuto da Pessoa com Deficiência), e regulamentado pela Lei n. 8.742/1993 (LOAS), a partir da alteração dada pela Lei n. 14.176, de 22.06.2021. A operacionalização compete ao INSS, por meio da espécie B-18.

A regulamentação está prevista na Portaria DIRBEN/INSS n. 949, de 18.11.2021 (modificada pela Portaria DIRBEN/INSS n. 1.047, de 10.08.2022), que "Dispõe sobre as regras e os procedimentos para análise do direito ao Benefício de Auxílio-inclusão à Pessoa com Deficiência".

### 3.3.1 Beneficiários e requisitos do auxílio-inclusão

A concessão do benefício de auxílio-inclusão dependerá do preenchimento simultâneo dos seguintes requisitos (art. 7º da Portaria DIRBEN/INSS n. 949/2021):

> I – ser titular de Benefício Assistencial à Pessoa com Deficiência (B-87) suspenso/cessado há menos de 5 (cinco) anos imediatamente anteriores ao exercício da atividade remunerada ou ativo na DER do Auxílio-inclusão (B-18);

II – exercer, na DER do Auxílio-inclusão (B-18), atividade remunerada que a enquadre como segurado obrigatório do RGPS ou como filiado a RPPS da União, dos Estados, do Distrito Federal ou dos Municípios, inclusive regime de previdência militar (segurado facultativo não se enquadra como beneficiário);

III – ter remuneração mensal limitada a 2 (dois) salários mínimos;

IV – possuir inscrição atualizada no CadÚnico no momento do requerimento do auxílio-inclusão;

V – ter inscrição regular no CPF; e

VI – atender aos critérios de manutenção do benefício de prestação continuada, incluídos os critérios relativos à renda familiar mensal *per capita* exigida para o acesso ao benefício, inclusive aqueles decorrentes das ações civis públicas aplicáveis.

A deficiência será presumida quando o requerente estiver com Benefício Assistencial (B-87) ativo, suspenso ou cessado. Assim, presumir-se-ão cumpridos os critérios de manutenção do BPC, relativos à renda familiar mensal *per capita*, para os requerentes que possuírem o benefício assistencial (B87) ativo no momento da análise do auxílio-inclusão.

O valor do auxílio-inclusão percebido por um membro da família não será considerado no cálculo da renda familiar mensal *per capita*, para fins de concessão e de manutenção de outro auxílio-inclusão no âmbito do mesmo grupo familiar.

Para fins de cálculo da renda familiar *per capita*, serão desconsideradas:

I – as remunerações obtidas pelo requerente em decorrência de exercício de atividade laboral, desde que o total recebido no mês seja igual ou inferior a 2 (dois) salários mínimos; e

II – os valores recebidos a título de auxílio financeiro temporário ou de indenização por danos sofridos em decorrência de rompimento e colapso de barragens, bem como os rendimentos decorrentes de estágio supervisionado e de aprendizagem.

A concessão do auxílio-inclusão independe de carência, devendo o requerimento ser indeferido quando, na DER, não restarem comprovados a filiação ao RGPS ou RPPS, inclusive originário de vínculo militar, ou ainda, o exercício da atividade remunerada.

Também será indeferido se, na DER, o contrato de trabalho estiver suspenso sem remuneração ou o requerente estiver em gozo de licença não remunerada, sendo indevido o recebimento do auxílio durante os períodos de afastamento que gerem suspensão ou interrupção do contrato laboral.

Aplicam-se ao requerimento do Auxílio-Inclusão à Pessoa com Deficiência (B18) as Ações Civis Públicas vigentes para o Benefício Assistencial à Pessoa com Deficiência (B87) em relação à avaliação do critério de miserabilidade, bem como a relativa à concessão de benefício assistencial previsto na LOAS ao estrangeiro em situação regular no País, conforme decisão judicial proferida na Ação Civil Pública n. 0006972-83.2012.4.01.3400/DF (Portaria DIRBEN/INSS n. 1.211, de 11.06.2024).

### 3.3.2 Data de início e renda mensal do auxílio-inclusão

O auxílio-inclusão será devido a partir da data do requerimento, e o seu valor corresponderá a 50% (cinquenta por cento) do valor do benefício de prestação continuada em vigor. E, ao requerer o auxílio-inclusão, o beneficiário autorizará a suspensão do benefício de prestação continuada.

A Lei n. 14.441/2022 passou a prever que o auxílio-inclusão "será concedido automaticamente pelo INSS, observado o preenchimento dos demais requisitos, mediante constatação, pela própria autarquia ou pelo Ministério da Cidadania, de acumulação do benefício de prestação continuada com o exercício de atividade remunerada" (cf. a redação do § 2º do art. 26-B da Lei n. 8.742/1993, inserido pela aludida Lei). Nesta hipótese, o auxílio-inclusão "será devido a partir do primeiro dia da competência em que se identificou a ocorrência de acumulação do benefício de prestação continuada com o exercício de atividade remunerada, e o titular deverá ser notificado quanto à alteração do benefício e suas consequências administrativas" (§ 3º do art. 26-B da Lei n. 8.742/1993, incluído pela Lei n. 14.441/2022).

Nesse contexto, a DIB e a DIP serão sempre fixadas na DER, independentemente da data de início da atividade remunerada e/ou da data de suspensão ou cessação do BPC instituidor.

Não é devida a concessão administrativa de auxílio-inclusão com (DIB) anterior a 1º.10.2021, data em que passou a vigorar a alteração da Lei n. 8.742/1993, com a inclusão dos arts. 26-A a 26-H pela Lei n. 14.176/2021.

O auxílio-inclusão não está sujeito a desconto de qualquer contribuição e não gera direito a pagamento de abono anual, além de não integrar o período básico de cálculo de benefícios previdenciários.

### 3.3.3 Vedação de acumulação, suspensão e cancelamento do auxílio-inclusão

Será devido o pagamento de apenas um auxílio-inclusão para o mesmo titular, independentemente do número de atividades exercidas. E não poderá ser acumulado com o pagamento de:

I – benefício de prestação continuada;
II – prestações a título de aposentadoria, de pensões ou de benefícios por incapacidade pagos por qualquer regime de previdência social; ou
III – seguro-desemprego.

Portanto, o requerimento do auxílio-inclusão poderá acarretar a suspensão do BPC (B-87), se ativo, e o possível encontro de contas dos valores recebidos em concomitância com os da atividade remunerada.

O pagamento do auxílio-inclusão cessará na hipótese de o beneficiário:

I – deixar de atender aos critérios de manutenção do BPC; ou
II – deixar de atender aos critérios de concessão do auxílio-inclusão.

Cessado o auxílio-inclusão poderá ser reativado o BPC anterior, suspenso ou cessado nos termos do art. 21-A da Lei n. 8.742/1993, independentemente de nova avaliação da deficiência e de nova avaliação do critério de miserabilidade.

O interessado poderá interpor recurso ao CRPS em caso de indeferimento e cessação do auxílio-inclusão.

**QUADRO-RESUMO – AUXÍLIO-INCLUSÃO À PESSOA COM DEFICIÊNCIA**

| Espécie de Prestação | NATUREZA ASSISTENCIAL |
|---|---|
| Beneficiários | Pessoa com deficiência moderada ou grave que, cumulativamente receba o benefício de prestação continuada (BPC), de que trata o art. 20 da Lei n. 8.742/1993, e passe a exercer atividade remunerada. |
| Requisitos | I – ser titular de BPC (B-87) suspenso/cessado há menos de 5 (cinco) anos imediatamente anteriores ao exercício da atividade remunerada ou ativo na DER do auxílio-inclusão; |

| Espécie de Prestação | NATUREZA ASSISTENCIAL |
|---|---|
| Requisitos | II – exercer, na DER do auxílio-inclusão, atividade remunerada que a enquadre como segurado obrigatório do RGPS ou como filiado a RPPS da União, dos Estados, do Distrito Federal ou dos Municípios, inclusive regime de previdência militar (segurado facultativo não se enquadra como beneficiário);<br>III – ter remuneração mensal limitada a 2 (dois) salários mínimos;<br>IV – possuir inscrição atualizada no CadÚnico no momento do requerimento do auxílio-inclusão;<br>V – ter inscrição regular no CPF; e<br>VI – atender aos critérios de manutenção do BPC, incluídos os critérios relativos à renda familiar mensal *per capita* exigida para o acesso ao benefício, inclusive aqueles decorrentes das ações civis públicas aplicáveis. |
| Cálculo da renda familiar mensal per capita | – o valor do auxílio-inclusão percebido por um membro da família não será considerado no cálculo da renda familiar mensal per capita, para fins de concessão e de manutenção de outro auxílio-inclusão no âmbito do mesmo grupo familiar.<br>– o valor do auxílio-inclusão e o da remuneração do beneficiário do auxílio-inclusão percebidos por um membro da família não serão considerados no cálculo da renda familiar mensal *per capita* para fins de manutenção do BPC concedido anteriormente a outra pessoa do mesmo grupo familiar.<br>– para fins de cálculo da renda familiar per capita, serão desconsideradas:<br>I – as remunerações obtidas pelo requerente em decorrência de exercício de atividade laboral, desde que o total recebido no mês seja igual ou inferior a 2 (dois) salários mínimos; e<br>II – os valores recebidos a título de auxílio financeiro temporário ou de indenização por danos sofridos em decorrência de rompimento e colapso de barragens, bem como os rendimentos decorrentes de estágio supervisionado e de aprendizagem. |
| Data de Início do Benefício | O auxílio-inclusão será devido a partir da data do requerimento.<br>– A DIB e a DIP serão sempre fixadas na DER, independentemente da data de início da atividade remunerada e/ou da data de suspensão ou cessação do BPC instituidor.<br>– Não é devida a concessão administrativa de auxílio-inclusão com (DIB) anterior a 1º.10.2021, data em que passou a vigorar a alteração da Lei n. 8.742/1993, com a inclusão dos arts. 26-A ao 26-H pela Lei n. 14.176/2021. |
| Valor do Benefício | O valor corresponderá a 50% (cinquenta por cento) do valor do benefício de prestação continuada em vigor. |
| Suspensão do Benefício de Prestação Continuada | Ao requerer o auxílio-inclusão, o beneficiário autorizará a suspensão do benefício de prestação continuada, nos termos do art. 21-A da LOAS. |
| Acumulação de Benefícios | O pagamento do auxílio-inclusão não será acumulado com o pagamento de:<br>I – benefício de prestação continuada de que trata o art. 20 da LOAS;<br>II – prestações a título de aposentadoria, de pensões ou de benefícios por incapacidade pagos por qualquer regime de previdência social; ou<br>III – seguro-desemprego. |
| Cessação do Pagamento | O pagamento do auxílio-inclusão cessará na hipótese de o beneficiário:<br>I – deixar de atender aos critérios de manutenção do BPC; ou<br>II – deixar de atender aos critérios de concessão do auxílio-inclusão.<br>– Cessado o auxílio-inclusão poderá ser reativado o BPC anterior, suspenso ou cessado nos termos do art. 21-A da Lei n. 8.742/1993, independentemente de nova avaliação da deficiência e de nova avaliação do critério de miserabilidade. |
| Descontos e Abono Anual | O auxílio-inclusão não está sujeito a desconto de qualquer contribuição e não gera direito a pagamento de abono anual. |

| Espécie de Prestação | NATUREZA ASSISTENCIAL |
|---|---|
| Regramento | – Foi previsto no art. 94 da Lei n. 13.146/2015 (Estatuto da Pessoa com Deficiência), e regulamentado pela Lei n. 8.742/1993 (LOAS), a partir da alteração dada pela Lei n. 14.176, de 22.06.2021. A operacionalizado compete ao INSS, por meio da espécie B-18.<br>– A regulamentação está prevista na Portaria DIRBEN/INSS n. 949, de 18.11.2021 (modificada pela Portaria DIRBEN/INSS n. 1.047, de 10.08.2022). |

## 3.4 PRINCIPAIS DEMANDAS RELACIONADAS A ESSES BENEFÍCIOS

Em âmbito de prática jurídica, os benefícios em questão têm litígios, geralmente, relacionados:

– ao reconhecimento da situação jurídica de pessoa com deficiência para o deferimento do benefício negado em sede administrativa;
– ao reconhecimento do estado de miserabilidade, nas situações em que se discute a renda *per capita* do grupo familiar, a partir da inclusão ou exclusão de alguma pessoa ou algum rendimento, ou ainda, em razão das condições sociais e econômicas particulares do requerente (como os gastos excessivos com medicamentos ou outras despesas imprescindíveis), também para o deferimento não obtido na agência do INSS ou em recurso administrativo;
– ao restabelecimento do benefício assistencial, quando seja revisado pelo INSS e este entenda não estarem mais presentes os requisitos para a continuação do pagamento.

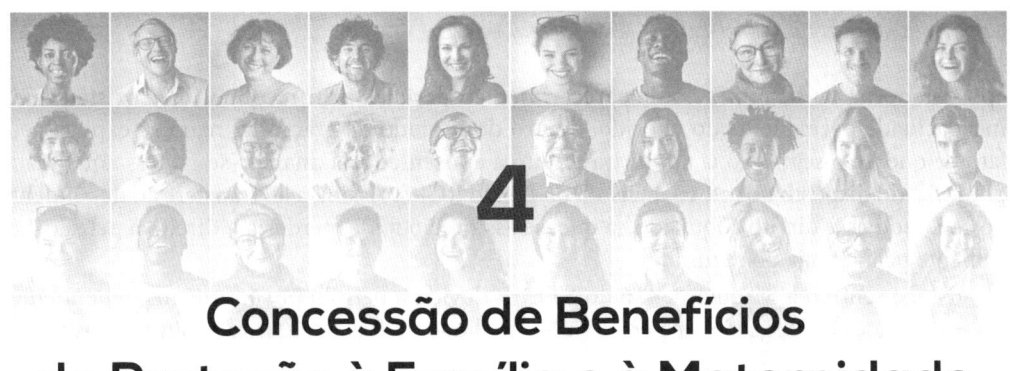

# Concessão de Benefícios de Proteção à Família e à Maternidade

## 4.1 PENSÃO POR MORTE

A pensão por morte é o benefício pago aos dependentes do segurado, homem ou mulher, que falecer, aposentado ou não, conforme previsão expressa do art. 201, V, da Constituição Federal. Trata-se de prestação de pagamento continuado, substituindo a remuneração do segurado falecido, e que pode ter origem comum ou acidentária.

A pensão por morte é devida com o óbito do segurado, comprovada pela respectiva certidão lavrada pelo cartório competente, ou quando este tenha sua morte presumida. Daí por que não há como cogitar de regras de transição em matéria de pensão por morte: a regra a ser aplicada é a da data do óbito (princípio *tempus regit actum*). Nesse sentido, a Súmula n. 340 do STJ: "A lei aplicável à concessão de pensão previdenciária por morte é aquela vigente na data do óbito do segurado".

As regras gerais sobre a pensão por morte estão disciplinadas no art. 201 da CF, nos arts. 23 e 24 da EC n. 103/2019, nos arts. 74 a 79 da Lei n. 8.213/1991, com as alterações promovidas pelas Leis n. 13.135, n. 13.146, n.13.183/2015 e pela Lei n. 13.846/2019, e nos arts. 105 a 115 do Decreto n. 3.048/1999 (com redação dada pelo Decreto n. 10.410/2020).

### 4.1.1 Requisitos para a concessão do benefício

O risco social a ser coberto pela Previdência Social, no caso, é a subsistência de dependentes do segurado do RGPS, assim considerados os que estão arrolados no art. 16 da Lei de Benefícios. Dessa forma, os requisitos para a concessão do benefício são:

- a qualidade de segurado do falecido;
- o óbito ou morte presumida deste;
- a existência de dependentes que possam se habilitar como beneficiários perante o INSS;
- para os óbitos ocorridos a partir de 18.06.2015, o cônjuge, companheiro ou companheira terá que comprovar que o óbito ocorreu depois de vertidas 18 contribuições mensais e pelo menos dois anos após o início do casamento ou da união estável (na inexistência dessas provas, a pensão tem duração de quatro meses, salvo na hipótese de o óbito do segurado decorrer de acidente de qualquer natureza ou doença profissional ou do trabalho; ou se o cônjuge ou companheiro tiver invalidez ou deficiência).

Não é devida pensão por morte quando na data do óbito tiver ocorrido a perda da qualidade de segurado, salvo se o falecido houver implementado os requisitos para obtenção de aposentadoria, ou se, por meio de parecer médico-pericial, ficar reconhecida a existência de incapacidade permanente do falecido, dentro do período de graça. Tal regra se explica pelo fato de que, se o segurado já adquirira direito à aposentadoria, manter-se-ia nessa qualidade por força do disposto no art. 15, inciso I, da Lei do RGPS. Assim, a lei transfere ao dependente do segurado esse direito adquirido, já que, se assim não fosse, perderia o direito à pensão, tão somente pela inércia do segurado.

Nesse sentido a Súmula n. 416 do STJ: "É devida a pensão por morte aos dependentes do segurado que, apesar de ter perdido essa qualidade, preencheu os requisitos legais para a obtenção de aposentadoria até a data do seu óbito".

A mesma situação ocorre se o segurado, ao tempo do falecimento, era detentor do direito ao benefício previdenciário por incapacidade temporária, ainda que tenha sido indeferido pelo INSS e somente reconhecido em Juízo. É que a sentença, no caso, não cria direito, apenas reconhece que, à época, o segurado perfazia as condições para o deferimento. Ou seja, comprovado que o segurado estava doente e somente por tal razão deixou de contribuir para a previdência, tendo falecido em razão da mesma doença, seus dependentes têm direito à pensão por morte.

Em virtude da decisão proferida na ACP 5012756-22.2015.4.04.7100/RS, o INSS deixou de reconhecer a perda da qualidade de segurado, quando devidamente comprovada a incapacidade do segurado na data do óbito ou no período de graça e desde que presentes os demais requisitos legais, para a concessão do benefício de pensão por morte (Portaria Conjunta DIRBEN/DIRAT/PFE/INSS n. 5/2020). A determinação judicial produz efeitos para benefícios de pensão por morte com DER a partir de 05.03.2015 e alcança todo o território nacional. O INSS em 2022, editou ato para regular o cumprimento da referida ACP, trata-se da Portaria Conjunta DIRBEN/PFE/INSS n. 60, de 07.03.2022, que "Comunica adequação dos sistemas para aplicação da decisão judicial proferida na Ação Civil Pública – ACP n. 5012756-22.2015.4.04.7100/RS, referente à análise da incapacidade do instituidor sem qualidade de segurado no fato gerador da pensão por morte".

Destacamos, outrossim, que consoante tese firmada pela TNU no Representativo de Controvérsia Tema n. 148: "A perda da qualidade de segurado constitui óbice à concessão da pensão por morte quando o *de cujus* não chegou a preencher, antes de sua morte, os requisitos para obtenção de qualquer aposentadoria concedida pela previdência social, tal como ocorre nas hipóteses em que, embora houvesse preenchido a carência, não contava com tempo de serviço ou com idade bastante para se aposentar" (PEDILEF 0001076-51.2011.4.03.6306, Rel. Juiz Federal Gerson Luiz Rocha, Sessão de 14.09.2016). No caso em análise, o segurado, na data do óbito, tinha vertido 199 contribuições para o RGPS, contava com 50 anos de idade (seria necessário ter 65 anos para ter direito à aposentadoria por idade) e havia perdido a qualidade de segurado.

### 4.1.2 Pensão provisória em caso de morte presumida

A pensão poderá ser concedida em caráter provisório em caso de morte presumida do segurado, declarada pela autoridade judicial competente depois de seis meses de ausência – art. 78 da Lei n. 8.213/1991, a contar da decisão judicial.

Em caso de desaparecimento do segurado por motivo de catástrofe, acidente ou desastre, deverá ser paga a contar da data da ocorrência, mediante prova hábil.

A Portaria DIRBEN/INSS n. 1.176, publicada em 14.11.2023, que alterou o art. 64 da Portaria DIRBEN/INSS n. 991/2022, disciplina que a análise da qualidade de segurado do instituidor, no caso de morte presumida, deverá ser realizada:

I – na data provável da ausência fixada pelo juízo ou, na sua omissão, na data do ajuizamento da ação declaratória da ausência; ou

II – na data da ocorrência do fato causador do óbito em razão de desaparecimento em situação de extrema probabilidade de morte como catástrofe ou acidente.

Verificado o reaparecimento do segurado, o pagamento da pensão cessa imediatamente, ficando os dependentes desobrigados da reposição dos valores recebidos, salvo comprovada má-fé.

O art. 7º do Código Civil determina que pode ser declarada a morte presumida sem decretação de ausência:

I – se for extremamente provável a morte de quem estava em perigo de vida;

II – se alguém, desaparecido em campanha ou feito prisioneiro, não for encontrado até dois anos após o término da guerra.

A declaração da morte presumida, nesses casos, somente poderá ser requerida depois de esgotadas as buscas e averiguações, devendo a sentença fixar a data provável do falecimento.

O art. 88 da Lei de Registros Públicos (Lei n. 6.015/1973) permite a justificação judicial da morte para assento de óbito de pessoas desaparecidas em naufrágio, inundação, incêndio, terremoto ou qualquer outra catástrofe, quando estiver provada a sua presença no local do desastre e não for possível encontrar o cadáver para exame.

São aceitos como prova do desaparecimento: boletim de ocorrência policial, documento confirmando a presença do segurado no local do desastre, noticiário dos meios de comunicação e outros. Nesses casos, quem recebe a pensão por morte terá de apresentar, de seis em seis meses, documento sobre o andamento do processo de desaparecimento até que seja emitida a certidão de óbito.

Segundo o STJ, a declaração de ausência para fins previdenciários pode ser feita pelo Juiz Federal que julgar o pedido de pensão por morte: "Conflito negativo de competência. Justiça Federal e Estadual. Ação declaratória de ausência. Inexistência de bens para arrecadar. Fins previdenciários. Competência do Juízo Federal. Outros eventuais direitos a serem postulados perante juízo próprio" (CC n. 200701371203, 2ª Seção, Rel. Min. Nancy Andrighi, *DJ* 20.09.2007).

### 4.1.3 Direito à pensão quando o segurado estiver inadimplente com a Previdência

O direito à pensão por morte pressupõe a comprovação da qualidade de segurado do *de cujus* na data do óbito, não se justificando a aplicação, ao caso, por analogia, dos precedentes do STJ que afirmam a desnecessidade de concomitância no preenchimento dos requisitos para a obtenção de aposentadoria por idade.

Por esse motivo, frequentemente nos deparamos com o seguinte questionamento: "os dependentes podem, para fins de recebimento da pensão, efetuar a regularização das contribuições em mora do segurado contribuinte individual, desde que demonstrado o exercício de atividade laboral no período anterior ao óbito?".

A Lei n. 13.846/2019 (MP n. 871/2019) alterou o art. 17 da Lei n. 8.213/1991 e passou a prever expressamente em seu § 7º que "não será admitida a inscrição post mortem de segurado contribuinte individual e de segurado facultativo". Todavia, o tema merece maiores e mais profundas considerações.

Em primeiro lugar, convém apontar que o problema em questão se revela pertinente apenas quando o segurado esteja classificado como contribuinte individual e preste serviços exclusivamente a pessoas físicas. Isto porque, se caracterizado como segurado empregado, inclusive doméstico, trabalhador avulso e contribuinte individual que presta serviços a pessoa jurídica, a responsabilidade pelo recolhimento das contribuições é do tomador de serviços, não se podendo negar o direito à pensão pela ausência de recolhimentos, quando comprovada a atividade laborativa no período antecedente ao óbito ou morte presumida.

Em relação ao contribuinte individual que presta serviços a pessoas físicas somente (ex. taxista, faxineira diarista) entendemos que, ocorrendo trabalho remunerado e não havendo recolhimento das contribuições, o que há é mora tributária, permanecendo o indivíduo com a qualidade de segurado, já que a filiação previdenciária, como visto no capítulo pertinente, se dá automaticamente a partir do exercício de atividade remunerada, para todos os segurados obrigatórios, incluindo-se o contribuinte individual (§ 1º do art. 20 do Decreto n. 3.048). Ou seja, os dependentes do segurado podem, para fins de recebimento da pensão, efetuar o pagamento das contribuições em mora do segurado contribuinte individual, desde que demonstrado o exercício de atividade laboral no período anterior ao óbito.

Tenha-se como exemplo um taxista que, ao obter a autorização para explorar o serviço, tenha sofrido acidente e falecido antes do dia 15 do segundo mês de atividade (data do vencimento da contribuição previdenciária referente ao primeiro mês de trabalho como contribuinte individual). No caso, não há "regularização", mas cumprimento de obrigação tributária preexistente, a qual não foi satisfeita pelo devedor em razão de seu falecimento.

Nesse sentido eram os precedentes jurisprudenciais (*v.g.*, TRF da 4ª Região, AC 5000354-43.2010.404.7209, 5ª Turma, Rel. Des. Federal Rogério Favreto, *DE* 09.08.2012), que não prevaleceram frente a orientação do STJ. Vejamos: "Esta Corte possui entendimento no sentido de que, para fins de obtenção de pensão por morte, não é possível o recolhimento *post mortem*, a fim de regularizar a condição de segurado do instituidor do benefício" (AgInt nos EDcl no REsp 1.781.198/RS, 1ª Turma, Rel. Min. Sérgio Kukina, *DJe* 24.05.2019).

Registramos, também, a edição de súmula pela TNU dando a mesma interpretação: "52 – Para fins de concessão de pensão por morte, é incabível a regularização do recolhimento de contribuições de segurado contribuinte individual posteriormente a seu óbito, exceto quando as contribuições devam ser arrecadadas por empresa tomadora de serviços".

Corroborando essa orientação, decidiu o STJ que: "Esta Corte firmou entendimento no sentido da necessidade de recolhimento das contribuições previdenciárias pelo próprio contribuinte individual para que seus dependentes possam receber o benefício de pensão por morte, não se admitindo a regularização do recolhimento das contribuições post mortem" (AgInt no REsp 1568139/SP, T1, Rel. Min. Regina Helena Costa, *DJe* 23.05.2018).

Outrossim, a Lei n. 13.846/2019 (conversão da MP n. 871/2019), ao introduzir na LBPS a vedação à inscrição *post mortem* em relação ao segurado contribuinte individual e ao segurado facultativo (art. 17, § 7º, da LBPS), segue o entendimento já adotado nos atos normativos internos do INSS e tem por objetivo combater fraudes no sistema. No entanto, acaba por prejudicar trabalhadores que exerceram atividades, mas, por motivos diversos, deixaram de providenciar a devida inscrição junto à Previdência Social.

Na sequência, o Decreto n. 10.410/2020, que atualizou o RPS, incluiu o art. 19-E para tratar da regularização das contribuições abaixo do mínimo legal realizadas após 13.11.2019 (art. 195, § 14, da CF). Nesse contexto, estipulou, no § 7º, que, na hipótese de falecimento do segurado, os ajustes poderão ser solicitados por seus dependentes para fins de reconhecimento de direito para benefício a eles devidos até o dia quinze do mês de janeiro subsequente ao do ano civil correspondente.

Essa regra fere o princípio da isonomia ao tratar os dependentes de forma diversa dos segurados, os quais poderão promover a regularização a qualquer tempo (art. 19-E, § 2º). E, cria uma anomalia com a regra que fixa o prazo para solicitar a pensão por morte (art. 74 da LBPS). Ou seja, a pensão tem início na data do óbito, quando requerida em até 180 dias após o óbito, para os filhos menores de 16 anos, ou em até 90 (noventa) dias após o óbito, para os demais dependentes.

Nesse contexto, vejamos o exemplo de um segurado trabalhador intermitente que possuía contribuições abaixo de um salário mínimo (há mais de 12 meses) e morreu em 15 de dezembro. O cônjuge e os filhos menores comparecem no INSS para requerer a pensão no dia 30 janeiro do ano subsequente, com a expectativa de receber o benefício desde o óbito. No entanto, são informados pelo INSS que o segurado havia perdido a qualidade de segurado por ter contribuído abaixo de um salário mínimo e o prazo para os dependentes regularizarem as contribuições venceu no dia 15 de janeiro.

Esse entendimento lançado no RPS não pode se sustentar, pois contraria os preceitos indicados e pode gerar desproteção social justamente com os dependentes que, geralmente, não possuem renda para o sustento próprio.

Quando a irregularidade se deu na inscrição no Cadastro Único do segurado (CadÚnico), a TNU fixou a seguinte tese em Representativo de Controvérsia – Tema n. 286, que permite a regularização:

> Para fins de pensão por morte, é possível a complementação, após o óbito, pelos dependentes, das contribuições recolhidas em vida, a tempo e modo, pelo segurado facultativo de baixa renda do art. 21, § 2º, II, "b", da Lei n. 8.212/1991, da alíquota de 5% para as de 11% ou 20%, no caso de não validação dos recolhimentos. (PEDILEF n. 5007366-70.2017.4.04.7110/RS, j. 23.06.2022)

Com base no Representativo n. 286 da TNU, a TRU da 4ª Região fixou a tese de que, "para fins de obtenção de pensão por morte do contribuinte individual, os dependentes poderão realizar a complementação, a qualquer tempo, das contribuições efetuadas, em vida, pelo segurado falecido, abaixo do mínimo legal, anteriormente à entrada em vigor da EC n. 103/2019", entendendo "irrazoável e não proporcional o prazo estabelecido no § 7º do art. 19-E do Decreto n. 3.048/1999 (com a redação conferida pelo Decreto n. 10.410/2020)" (Ag/JEF n. 5006152-98.2022.4.04.7100/RS, j. 28.04.2023).

### 4.1.4 Habilitação de beneficiários

Quando da ocorrência do óbito do segurado, os dependentes que se acharem aptos a requerer o benefício devem fazê-lo habilitando-se perante a Previdência, realizando o agendamento pelo telefone 135 ou pelo portal gov.br e no Meu INSS.

De acordo com o art. 17, § 1º, da Lei de Benefícios e o art. 22 do Decreto n. 3.048/1999, com a redação conferida pelo Decreto n. 4.079/2002, a inscrição do dependente do segurado será promovida quando do requerimento do benefício a que tiver direito. Logo, não há mais exigência de inscrição prévia de dependentes pelo segurado junto à Previdência Social, nem registro destes na CTPS, quando se trate de segurado empregado.

Conforme a Lei n. 13.846/2019, que incluiu o § 5º ao art. 16 da LBPS, as provas de união estável e de dependência econômica exigem início de prova material contemporânea dos fatos, produzido em período não superior a 24 meses anterior à data do óbito. Regulamentando, esse dispositivo, o § 3º do art. 22 do RPS (com redação conferida pelo Decreto n. 10.410/2020), dispõe que, para a comprovação do vínculo e da dependência econômica, conforme o caso, deverão ser apresentados, no mínimo, dois documentos, observado o disposto nos §§ 6º-A e 8º do art. 16, e poderão ser aceitos, entre outros (rol exemplificativo):

> I – certidão de nascimento de filho havido em comum;
> II – certidão de casamento religioso;

III – declaração do imposto de renda do segurado, em que conste o interessado como seu dependente;
IV – disposições testamentárias;
(...)
VI – declaração especial feita perante tabelião;
VII – prova de mesmo domicílio;
VIII – prova de encargos domésticos evidentes e existência de sociedade ou comunhão nos atos da vida civil; (...)

A IN PRES/INSS n. 128/2022 detalhou ainda mais a comprovação da união estável e de dependência econômica, estabelecendo que:

> Art. 180. Para comprovação de união estável e de dependência econômica são exigidas duas provas materiais contemporâneas dos fatos, sendo que pelo menos uma delas deve ter sido produzida em período não superior a 24 (vinte e quatro) meses anterior ao fato gerador, não sendo admitida a prova exclusivamente testemunhal, exceto na ocorrência de motivo de força maior ou caso fortuito.
> Parágrafo único. Caso o dependente só possua um documento emitido em período não superior a 24 (vinte e quatro) meses anteriores à data do fato gerador, a comprovação de vínculo ou de dependência econômica para esse período poderá ser suprida mediante justificação administrativa.

A exigência de início de prova material contemporânea, como prova tarifada, é contestável em face do princípio do livre convencimento motivado do juiz. E, ainda, não caberia a exigência da prova contemporânea para fatos ocorridos em data anterior à entrada em vigor da Lei n. 13.846/2019.

Os dependentes de uma mesma classe concorrem em igualdade de condições, nos termos do disposto no art. 77 da Lei n. 8.213/1991. Todos os arrolados como dependentes da mesma classe possuem igualdade de direitos perante a Previdência Social. A eventual concessão de alimentos provisionais a algum dependente ex-cônjuge ou filho, decorrente de separação ou divórcio, não garante direito a percentual semelhante ao que vinha sendo pago pelo segurado alimentante, vale dizer, a divisão de cotas de todos os beneficiários perante a Previdência, na condição de dependentes, é sempre em igualdade de condições.

Como tem reiteradamente decidido o STJ: "a concessão de pensão por morte não se vincula aos parâmetros fixados na condenação para a pensão alimentícia, motivo pelo qual o percentual da pensão não corresponde ao mesmo percentual recebido a título de alimentos" (REsp 1.449.968, 1ª Turma, Rel. Min. Sérgio Kukina, *DJe* 20.11.2017).

Entretanto, na hipótese de o segurado falecido estar, na data do óbito, obrigado por determinação judicial a pagar alimentos temporários a ex-cônjuge, ex-companheiro ou ex-companheira, a pensão por morte será devida apenas pelo prazo remanescente na data do óbito (Lei n. 13.846/2019 – conversão da MP n. 871/2019).

Por força do disposto no § 1º do art. 16 da Lei n. 8.213/1991, a existência de dependentes de qualquer das classes exclui do direito às prestações os das classes seguintes.

Há no Direito Previdenciário, tal como no Direito das Sucessões, uma ordem de vocação entre dependentes para o recebimento de benefício, embora as classes elencadas na Lei de Benefícios não sejam as mesmas indicadas no Código Civil. Inicialmente, devem ser beneficiários os que estão na célula familiar do segurado; depois, não existindo esta, fazem jus os genitores; por fim, seus irmãos ainda menores ou incapazes para prover a sua própria subsistência.

A concessão da pensão por morte não será protelada pela falta de habilitação de outro possível dependente – art. 76 da Lei n. 8.213/1991.

Não é incomum a situação em que na data do falecimento do segurado a cônjuge ou companheira deste estava grávida, donde surge a discussão sobre o cabimento da pensão no caso. Nessas hipóteses, deve ser reconhecido o direito ao recebimento da pensão pelo nascituro, cuja concretização se efetiva com o seu nascimento. Nesse sentido: "Embora assegurados os direitos do nascituro, o direito a alimentos é personalíssimo, surgindo apenas com seu nascimento" (STJ, REsp 1.779.441/SP, 2ª Turma, Rel. Min. Herman Benjamin, *DJe* 13.09.2019).

Se algum beneficiário não tomar a iniciativa de buscar o benefício, nem por esse motivo terão os demais beneficiários de esperar para receber o valor da pensão, que será repartido entre os beneficiários habilitados.

Sobre o tema, *Russomano* acentua que, "se, posteriormente, sobrevier a habilitação de outro dependente e se sua qualificação excluir o dependente que vinha sendo beneficiado pela pensão, essa exclusão somente surtirá efeitos a partir da data em que a habilitação do beneficiário superveniente estiver realizada". É que, de fato, também de acordo com o entendimento do mesmo autor, "a concessão do benefício é feita a título provisório ou precário, de modo a não prejudicar direitos futuros de outros dependentes, que lhes serão reconhecidos a contar do dia em que estiver ultimada a sua habilitação"[1].

Diante dessa orientação, podemos concluir que nas hipóteses em que somente a mãe se habilitou ao recebimento da pensão, o filho que reside com ela não faz jus ao recebimento desde o óbito do instituidor (em caso de posterior habilitação), pois já se beneficiou do valor do benefício. Mas, caso seja um filho que o segurado possuía em outro relacionamento e que não residia com a dependente habilitada, os efeitos da habilitação devem retroagir ao óbito.

Quando o rateio de pensão por morte em razão de posterior inclusão de novo beneficiário gera efeitos retroativos, o entendimento jurisprudencial era de que a redução do valor da cota do pensionista mais antigo não acarretava a obrigação de devolver o valor recebido a mais no período anterior ao desdobramento do benefício.

Nesse sentido, decisão da TNU ressalta que, embora o art. 115, II, da Lei n. 8.213/1991 dispusesse que pode ser descontado dos benefícios o valor decorrente de pagamento além do devido a fim de evitar enriquecimento sem causa, e embora essa norma não seja inconstitucional, deve ser interpretada em conformidade com a Constituição Federal. A proteção da boa-fé, nessa situação, configura princípio constitucional implícito, e, nos casos em que o beneficiário age de boa-fé, a aplicação do referido dispositivo legal deve ser afastada (PU n. 0055731-54.2007.4.01.3400, *DOU* 25.05.2012).

A Lei n. 13.846/2019 (conversão da MP n. 871/2019) passou a prever que:

- "Ajuizada a ação judicial para reconhecimento da condição de dependente, este poderá requerer a sua habilitação provisória ao benefício de pensão por morte, exclusivamente para fins de rateio dos valores com outros dependentes, vedado o pagamento da respectiva cota até o trânsito em julgado da respectiva ação, ressalvada a existência de decisão judicial em contrário" (§ 3º do art. 74 da Lei n. 8.213/1991).
- "Julgada improcedente a ação prevista no § 3º ou 4º deste artigo, o valor retido será corrigido pelos índices legais de reajustamento e será pago de forma proporcional aos demais dependentes, de acordo com as suas cotas e o tempo de duração de seus benefícios" (§ 5º do art. 74 da LBPS).

---

[1] RUSSOMANO, Mozart Victor. *Comentários à Consolidação das Leis da Previdência Social*. 2. ed. São Paulo: Revista dos Tribunais, 1981. p. 198-199.

## 4.1.5 Pensão ao dependente viúvo do sexo masculino

Em conformidade com as normas previdenciárias que vigoraram no período que antecedeu à Constituição de 1988, a pensão por morte era concedida ao cônjuge de sexo masculino somente na hipótese de ser inválido.

Com base no princípio da isonomia, a Corte Suprema mudou sua orientação e passou a admitir como autoaplicável a norma constitucional e foi ainda mais adiante, ao entender como devida a concessão da pensão por morte ao cônjuge varão, até mesmo para óbitos ocorridos na vigência da Constituição de 1967, independentemente da comprovação da invalidez. Nesse sentido, segue precedente que reflete o entendimento atual do STF:

> PREVIDENCIÁRIO. AGRAVO REGIMENTAL NO RECURSO EXTRAORDINÁRIO. PENSÃO POR MORTE AO CÔNJUGE VARÃO. ÓBITO DA SEGURADA EM DATA ANTERIOR AO ADVENTO DA CONSTITUIÇÃO FEDERAL DE 1988. PRINCÍPIO DA ISONOMIA (ART. 153, § 1º, DA CF/1967, NA REDAÇÃO DA EC N. 1/1969). PRECEDENTES.
> 1. Segundo a jurisprudência do Supremo Tribunal Federal, o óbito da segurada em data anterior ao advento da Constituição Federal de 1988 não afasta o direito à pensão por morte ao seu cônjuge varão. Nesse sentido: RE 439.484-AgR, Rel. Min. Roberto Barroso, Primeira Turma, *DJe* 05.05.2014; RE 535.156-AgR, Rel. Min. Cármen Lúcia, Primeira Turma, *DJe* 11.04.2011.
> 2. Agravo regimental a que se nega provimento. (STF, RE 880.521 AgR/SP, 2ª Turma, Rel. Min. Teori Zavascki, *DJe* 28.03.2016)

De acordo com o julgado citado (RE n. 880.521 AgR/SP), ficou superada a alegação do INSS de que o benefício da pensão por morte deveria ser concedido de acordo com a legislação vigente à época do óbito, ou seja, com base no Decreto n. 89.312/1984, segundo o qual o cônjuge sobrevivente somente receberia a referida pensão mediante comprovação de invalidez. Reconheceu o STF, em face de que a Carta Magna de 1967, na redação da EC n. 1/1969, já preceituava que "todos são iguais perante a lei, sem distinção de sexo (...)" (art. 153, § 1º), afigurava-se inconstitucional a exigência de comprovação da condição de invalidez do cônjuge varão para que fosse considerado dependente da segurada.

Podemos concluir, assim, que houve um grande avanço interpretativo por parte do STF, ao reconhecer que o princípio da isonomia de tratamento entre homens e mulheres já existia mesmo antes da Constituição de 1988, ampliando sobremaneira a proteção previdenciária entre cônjuges.

## 4.1.6 Existência simultânea de dependentes cônjuges, ex-cônjuges e companheiros

Discussão frequente em matéria de pensão por morte diz respeito à divisão do benefício entre pessoas que mantiveram relação conjugal, união estável ou homoafetiva com a pessoa falecida, de modo sucessivo ou com alguma condição de simultaneidade.

As dúvidas surgem quando há o término do casamento ou da união estável decorrente de decisão judicial, de acordo extrajudicial, ou de fato.

De acordo com o § 2º do art. 76 da LBPS: "O cônjuge divorciado ou separado judicialmente ou de fato que recebia pensão de alimentos concorrerá em igualdade de condições com os dependentes". E segundo regulamentação do § 1º do art. 373 da IN n. 128/2022, "Equipara-se à percepção de pensão alimentícia o recebimento de ajuda econômica ou financeira sob qualquer forma".

A Portaria DIRBEN/INSS n. 1.176, publicada em 14.11.2023, que alterou a Portaria DIRBEN/INSS n. 991/2022, inovou ao estabelecer que o ex-cônjuge e ex-companheiro(a) fará jus a pensão por morte, concorrendo com a classe 1 de dependentes, desde que comprovada a dependência econômica, seja ela oriunda de pensão alimentícia ou ajuda econômica ou financeira sob qualquer forma (art. 7º-B).

Assim, na existência de declaração do cônjuge de que estava separado de fato, este terá direito à pensão por morte se comprovar o recebimento de auxílio financeiro sob qualquer forma até o óbito do instituidor ou o recebimento de pensão alimentícia (art. 503, § 1º, da Portaria DIRBEN/INSS n. 991/2022).

A respeito do tema, o STJ editou a Súmula n. 336, com o seguinte teor: "A mulher que renunciou aos alimentos na separação judicial tem direito à pensão previdenciária por morte do ex-marido, comprovada a necessidade econômica superveniente". Da mesma forma, o entendimento sumulado deve se aplicar, a nosso ver, na hipótese de ex-cônjuge ou ex-companheiro do sexo masculino.

Nos casos em que o cônjuge falecido mantinha, ao mesmo tempo, relação conjugal e em concubinato, o STF decidiu que a concubina não tem direito a dividir a pensão com a viúva, em face de a Constituição proteger somente o núcleo familiar passível de se converter em casamento. No caso, a segunda união desestabiliza a primeira (RE n. 397.762, *DJe* 13.08.2008). Na sequência, o STF confirmou esse entendimento ao julgar com repercussão geral os seguintes temas:

**– Tema n. 526 – Possibilidade de concubinato de longa duração gerar efeitos previdenciários;**
**Tese Firmada:** "É incompatível com a Constituição Federal o reconhecimento de direitos previdenciários (pensão por morte) à pessoa que manteve, durante longo período e com aparência familiar, união com outra casada, porquanto o concubinato não se equipara, para fins de proteção estatal, às uniões afetivas resultantes do casamento e da união estável" (RE 883.168, Plenário – Sessão Virtual, Rel. Min Dias Toffoli, em 02.08.2021); e

**– Tema n. 529 – Possibilidade de reconhecimento jurídico de união estável e de relação homoafetiva concomitantes, com o consequente rateio de pensão por morte**.
**Tese Firmada:** "A preexistência de casamento ou de união estável de um dos conviventes, ressalvada a exceção do art. 1.723, § 1º, do Código Civil, impede o reconhecimento de novo vínculo referente ao mesmo período, inclusive para fins previdenciários, em virtude da consagração do dever de fidelidade e da monogamia pelo ordenamento jurídico-constitucional brasileiro" (RE 1.045.273, Plenário – Sessão Virtual, Rel. Alexandre de Moraes, em 30.04.2021).

As situações anteriores não se confundem com aquelas hipóteses de divisão entre o ex-cônjuge e o novo relacionamento em momentos distintos. A respeito: "O STJ já decidiu que havendo o pagamento de pensão por morte, seja a oficial ou o benefício suplementar, o valor poderá ser fracionado, em partes iguais, entre a ex-esposa e a convivente estável, haja vista a presunção de dependência econômica simultânea de ambas em relação ao falecido" (REsp n. 1.715.486/RN, 3ª Turma, Rel. Min. Ricardo Villas Bôas Cueva, *DJe* 06.03.2018).

No que tange ao direito à pensão por morte postulada pelo cônjuge separado mediante a prova da dependência econômica superveniente, consideramos relevantes as conclusões do artigo publicado por Luís Alberto d'Azevedo Aurvalle, Des. Federal do Tribunal Regional Federal da 4ª Região:

> Em resumo, a pensão previdenciária devida ao cônjuge separado visa a dar continuidade ao amparo que já vinha sendo outorgado anteriormente à morte. Ao revés, é incompatível ao sistema que, decorrido longo período de ruptura da vida em comum, sem qualquer auxílio material, venha o cônjuge a pleitear a condição de dependente, a partir de um estado de

miserabilidade ostentado após a morte do segurado, arrostando igualdade de condições com companheira e/ou filhos do *de cujus* presentes no seu passamento. Não seria demasiado dizer que, a valer tal entendimento, estar-se-ia a criar novo objetivo ao matrimônio: o da cobertura previdenciária incondicionada! Ora, gravitando o contrato de casamento em torno do conceito de *affectio maritalis*, a partir da ruptura da vida em comum, com o esfacelamento de tal núcleo afetivo, a persistência da geração de efeitos jurídicos patrimoniais daí advindos não resiste à interpretação literal, racional, sistemática e teleológica e ao próprio ideal de justiça, chocando-se com os interesses legítimos dos reais dependentes do segurado no momento da morte.[2]

Caso a companheira reivindique em Juízo pensão que vem sendo recebida pela mulher e filhos do *de cujus*, indispensável é o chamamento destes ao processo, nos exatos termos do art. 114 do CPC/2015, como litisconsortes passivos necessários. Assim como na ação pela qual a esposa requer pensão por falecimento do marido, deve ser citada a concubina, como litisconsorte passiva necessária.

O cônjuge ausente não exclui do direito à pensão o companheiro ou companheira, que somente fará jus ao benefício a partir da data de sua habilitação e mediante prova de dependência econômica – art. 110 do Decreto n. 3.048/1999. O cônjuge divorciado ou separado judicialmente ou que, apenas separado de fato, recebia pensão concorrerá em igualdade de condições com os demais dependentes.

Comprovado que o cônjuge divorciado ou separado judicialmente necessita de prestação alimentícia, faz ele jus à pensão previdenciária, em razão de seu caráter assistencial, de manutenção. A dispensa convencionada na separação não pode ser interpretada como renúncia à prestação alimentar, que é irrenunciável (Súmula n. 379 do STF).

E, segundo precedente da TNU: "É devida pensão por morte ao ex-cônjuge que não percebe alimentos, desde que comprovada dependência econômica superveniente à separação, demonstrada em momento anterior ao óbito" (Representativo de Controvérsia Tema n. 45, PEDILEF 2006.84.00.509436-0/RN, j. 25.04.2012).

### 4.1.7 Comprovação da união estável e homoafetiva

Importante repisar que, para fins previdenciários, a pessoa que convive em união estável ou homoafetiva, quando exigido, precisa comprovar apenas a relação afetiva, pois a dependência econômica é presumida, como ocorre com os demais integrantes do inciso I do art. 16 da Lei de Benefícios. Assim, é ilegal a exigência de comprovação de que a pessoa convivente vivia às expensas da pessoa falecida.

A presunção de dependência econômica entre cônjuges e companheiros (§ 4º do art. 16 da Lei n. 8.213/1991) deve ser interpretada como absoluta, embora tenha quem defenda – a nosso ver, sem amparo legal – a possibilidade de o INSS poder desconstituir essa presunção. Nesse sentido: TNU – Representativo de Controvérsia Tema n. 226: "A dependência econômica do cônjuge ou do companheiro relacionados no inciso I do art. 16 da Lei n. 8.213/1991, em atenção à presunção disposta no § 4º do mesmo dispositivo legal, é absoluta" (PEDILEF 0030611-06.2012.4.03.6301/SP).

No tocante à prova da união estável, a TNU editou a Súmula n. 63: "A comprovação de união estável para efeito de concessão de pensão por morte prescinde de início de prova material".[3]

---

[2] AURVALLE, Luís Alberto d'Azevedo. A pensão por morte e a dependência econômica superveniente. *Revista de Doutrina da 4ª Região*, Porto Alegre, n. 18, jun. 2007. Disponível em: http://www.revistadoutrina.trf4.gov.br/artigos/Edicao018/Luis_Aurvalle.htm. Acesso em: 19 dez. 2007.

[3] No mesmo sentido: TRF da 4ª Região - Súmula n. 104: "A legislação previdenciária não faz qualquer restrição quanto à admissibilidade da prova testemunhal, para comprovação da união estável, com vista à obtenção de benefício previdenciário".

Entretanto, a Lei n. 13.846/2019 (conversão da MP n. 871/2019) alterou as regras pertinentes à prova da união estável, incluindo o § 5º do art. 16, que citamos a seguir:

> § 5º As provas de união estável e de dependência econômica exigem início de prova material contemporânea dos fatos, produzido em período não superior a 24 (vinte e quatro) meses anterior à data do óbito ou do recolhimento à prisão do segurado, não admitida a prova exclusivamente testemunhal, exceto na ocorrência de motivo de força maior ou caso fortuito, conforme disposto no regulamento.

Assim, para os óbitos posteriores a 18.01.2019, há, em regra, a necessidade de início de prova material para a comprovação da união estável. Para que se retire essa exigência é necessária a ocorrência de força maior ou caso fortuito a ser comprovado pelos requerentes, tanto no processo administrativo quanto no judicial.

Para óbitos anteriores, deve-se respeitar a regra vigente à época, como já bem determinado pelo STJ na Súmula n. 340.

Na prática, a alteração da Lei n. 13.846/2019 (conversão da MP n. 871/2019) não modifica muito o procedimento administrativo, já que o INSS exigia, mesmo sem a previsão legal, documentos para a comprovação da União.

No que tange à competência para o reconhecimento da união estável para fins de concessão de pensão por morte previdenciária, o STJ fixou entendimento de que é da Justiça Federal (Conflito de Competência 126.489/RN, 1ª Seção, Rel. Min. Humberto Martins, *DJe* 07.06.2013).

### 4.1.8  A Lei n. 13.135/2015 e a limitação do acesso ao benefício

Na redação original da Lei de Benefícios e desde a origem do sistema previdenciário brasileiro, não havia regra jurídica exigindo tempo mínimo de convivência afetiva para a obtenção do benefício de pensão por morte pelo cônjuge supérstite.

Essa exigência foi introduzida pela Lei n. 13.135/2015 (originária da MP n. 664/2014), de maneira que, para os óbitos ocorridos a partir de 15.01.2015, o cônjuge, companheiro ou companheira terá que comprovar que o óbito ocorreu depois de vertidas dezoito contribuições mensais e pelo menos dois anos após o início do casamento ou da união estável.

Essa regra é excepcionada, nos casos em que:

I – o óbito do segurado decorrer de acidente de qualquer natureza ou doença profissional ou do trabalho;
II – se o cônjuge ou companheiro for portador de invalidez ou deficiência.

De acordo com tese fixada pela TNU: "A morte do segurado instituidor da pensão, vítima do crime de homicídio, caracteriza acidente de qualquer natureza para os fins do art. 77, § 2º-A, da LBPS, na redação que lhe foi conferida pela Lei n. 13.135/2015" (PEDILEF 05087622720164058013, *DJe* 03.07.2018).

Foi também prevista na Lei n. 13.135/2015 a concessão da pensão por morte, em favor do cônjuge ou companheiro, com duração de quatro meses, se o óbito ocorrer sem que o segurado tenha vertido 18 contribuições mensais ou se o casamento ou a união estável tiverem sido iniciados em menos de dois anos antes do óbito do segurado.

A falta de comprovação das dezoito contribuições mensais e de que o casamento ou a união estável ocorreu há pelo menos dois anos antes do óbito não afeta o direito ao recebimento do benefício pelos demais dependentes.

Merece destaque, ainda, a inclusão dos §§ 1º e 2º ao art. 74 da Lei de Benefícios, prevendo que perde o direito à pensão por morte, após o trânsito em julgado, o condenado pela prática de crime de que tenha dolosamente resultado a morte do segurado. E, também, o cônjuge, o companheiro ou a companheira se comprovada, a qualquer tempo, simulação ou fraude no casamento ou na união estável, ou a formalização destes com o fim exclusivo de constituir benefício previdenciário, apuradas em processo judicial no qual será assegurado o direito ao contraditório e à ampla defesa. Esses dispositivos foram modificados pela Lei n. 13.846/2019, passando a ter a seguinte redação:

> § 1º Perde o direito à pensão por morte o condenado criminalmente por sentença com trânsito em julgado, como autor, coautor ou partícipe de homicídio doloso, ou de tentativa desse crime, cometido contra a pessoa do segurado, ressalvados os absolutamente incapazes e os inimputáveis.
>
> § 2º Perde o direito à pensão por morte o cônjuge, o companheiro ou a companheira se comprovada, a qualquer tempo, simulação ou fraude no casamento ou na união estável, ou a formalização desses com o fim exclusivo de constituir benefício previdenciário, apuradas em processo judicial no qual será assegurado o direito ao contraditório e à ampla defesa.

A duração da pensão por morte devida a pessoas que tinham relação afetiva com a pessoa falecida também foi objeto de alteração pela Lei n. 13.135/2015, deixando de ser vitalícia, salvo quando o cônjuge ou companheiro possuir mais de 44 anos na data do óbito do segurado, tema que será debatido ainda neste capítulo, no tópico relativo à cessação do benefício. Essa idade foi alterada para 45 anos a partir de 2021, por força da Portaria ME n. 424, de 29.12.2020, que fixou as novas idades de que tratam a alínea "b" do inciso VII do art. 222 da Lei n. 8.112/1990, e a alínea "c" do inciso V do § 2º do art. 77 da Lei n. 8.213/1991.

### 4.1.9 Direito à pensão do menor sob guarda

O § 2º do art. 16 da Lei de Benefícios, revogado pela Lei n. 9.528/1997, previa a equiparação do menor sob guarda aos filhos do segurado, incluindo-os, portanto, na classe prioritária para percepção da pensão.

Pairou controvérsia a respeito da possibilidade de reconhecimento, como dependente para fins previdenciários, do menor sob guarda de segurado falecido, após a revogação do dispositivo legal em comento.

No âmbito do STJ, houve oscilação nos precedentes, mas acabou sedimentada a tese da proteção integral a crianças e adolescentes (art. 227 da CF), prevalecendo o ECA frente à LBPS. Eis a tese fixada no Repetitivo n. 732:

> O menor sob guarda tem direito à concessão do benefício de pensão por morte do seu mantenedor, comprovada a sua dependência econômica, nos termos do art. 33, § 3º, do Estatuto da Criança e do Adolescente, ainda que o óbito do instituidor da pensão seja posterior à vigência da Medida Provisória n. 1.523/1996, reeditada e convertida na Lei n. 9.528/1997. Funda-se essa conclusão na qualidade de lei especial do Estatuto da Criança e do Adolescente (n. 8.069/1990), frente à legislação previdenciária (REsp n. 1411258/RS, 1ª Seção, Rel. Min. Napoleão Nunes Maia Filho, *DJe* 21.02.2018).

A matéria também foi objeto das ADIs n. 4.878 e n. 5.083, em que a Procuradoria-Geral da República e o Conselho Federal da Ordem dos Advogados do Brasil (OAB), respectivamente, contestaram o art. 2º da Lei n. 9.528/1997, que alterou o art. 16, § 2º, da Lei n. 8.213/1991, sob o argumento de que, ao suprimir os menores sob guarda do pensionamento por morte de segurado do INSS, violaria vários princípios constitucionais, entre eles o da isonomia, da dignidade da pessoa humana, da segurança jurídica e da proteção integral da criança e do adolescente.

No julgamento realizado pelo STF, prevaleceu o voto apresentado pelo Ministro Edson Fachin, no sentido de conferir interpretação conforme a Constituição Federal ao § 2º do art. 16 da Lei n. 8.213/1991, para contemplar, em seu âmbito de proteção, o menor sob guarda (ADIs n. 4.878 e n. 5.083, *DJe* 15.06.2021). Diante dessa decisão, a Portaria Conjunta GP n. 4, de 15.04.2024, reconheceu essa orientação no Tema n. 3, permitindo acordos e desistências de recursos pela Previdência.

No que tange à pensão por morte do menor sob guarda no âmbito dos RPPS, STJ e STF entendem que o art. 33 do ECA deve prevalecer sobre a norma previdenciária, em razão do princípio constitucional da prioridade absoluta dos direitos da criança e do adolescente (*v.g.*: STJ, Ag. Reg. No Rec. Esp. 1.282.737/MG, 1ª Turma, Rel. Min. Napoleão Nunes Maia Filho, *DJe* 26.08.2016; STF, MS 26144 AgR-DF, 2ª Turma, Rel. Min. Teori Zavascki, *DJe* 24.05.2016).

Com objetivo de superar a orientação jurisprudencial prevalente nos tribunais superiores, a EC n. 103/2019, em suas regras transitórias, estabeleceu que "Equiparam-se a filho, para fins de recebimento da pensão por morte, exclusivamente o enteado e o menor tutelado, desde que comprovada a dependência econômica" (art. 25, § 6º).

O debate voltou à baila no STF, no julgamento das duas ADI: n. 4.878 e n. 5.083, e determinando a manutenção da proteção do menor sob guarda.

Entretanto, não foi declarada inconstitucional a EC n. 103/2019, nos termos do voto do Ministro Fachin:

> Os pedidos formulados nas ADIs n. 5.083 e n. 4.878, contudo, não contemplaram a redação do art. 23 da EC n. 103/2019, razão pela qual, ao revés do e. Ministro Relator, não procedo à verificação da constitucionalidade do dispositivo, em homenagem ao princípio da demanda.
>
> De toda sorte, os argumentos veiculados na presente manifestação são em todo aplicáveis ao art. 23 referido.
>
> Diante do exposto, homenageando conclusões diversas, julgo procedente a ADI n. 4.878 e parcialmente procedente a ADI n. 5.083, de modo a conferir interpretação conforme ao § 2º do art. 16, da Lei n. 8.213/1991, para contemplar, em seu âmbito de proteção, o "menor sob guarda". (Plenário, Sessão Virtual de 28.05.2021 a 07.06.2021)

### 4.1.10 Direito à pensão do filho ou irmão inválido

O art. 16 da Lei de Benefícios assegura a condição de dependente ao filho (e enteados e tutelados) e aos irmãos do segurado, até a idade de 21 anos, ou se inválido, ou que tenha deficiência intelectual ou mental ou deficiência grave, nos incisos I e III, respectivamente.

Ocorre que o Decreto n. 6.939/2009 modificou a redação do art. 108 do RPS para estabelecer que a "pensão por morte somente será devida ao filho e ao irmão cuja invalidez tenha ocorrido antes da emancipação ou de completar a idade de vinte e um anos, desde que reconhecida ou comprovada, pela perícia médica do INSS, a continuidade da invalidez até a data do óbito do segurado".

Em nova redação desse dispositivo, dada pelo Decreto n. 10.410/2020, foi mantida essa previsão, com o seguinte acréscimo:

> Art. 108. A pensão por morte será devida ao filho, ao enteado, ao menor tutelado e ao irmão, desde que comprovada a dependência econômica dos três últimos, que sejam inválidos ou

que tenham deficiência intelectual, mental ou grave, cuja invalidez ou deficiência tenha ocorrido antes da data do óbito, observado o disposto no § 1º do art. 17.

§ 1º A invalidez será reconhecida pela Perícia Médica Federal e a deficiência, por meio de avaliação biopsicossocial realizada por equipe multiprofissional e interdisciplinar.

§ 2º A condição do dependente inválido ou com deficiência intelectual, mental ou grave poderá ser reconhecida previamente ao óbito do segurado e, quando necessário, ser reavaliada quando da concessão do benefício.

Art. 115. A cota do filho, do enteado, do menor tutelado ou do irmão dependente que se tornar inválido ou pessoa com deficiência intelectual, mental ou grave antes de completar vinte e um anos de idade não será extinta se confirmada a invalidez ou a deficiência nos termos do disposto no § 1º do art. 108. (NR)

Entendemos que essa regra cria restrição não prevista na Lei de Benefícios e afasta a concessão da prestação previdenciária justamente nos casos de flagrante vulnerabilidade social enfrentadas pelos dependentes inválidos ou com deficiência.

No âmbito judicial, a maioria dos precedentes é nesse sentido, mas a questão controvertida não foi objeto de enfrentamento em recurso qualificado em tribunais superiores. Enquanto isso, na via administrativa, continua prevalecendo o critério de que a qualidade de dependente será reconhecida quando a invalidez ou deficiência tiver início em data anterior à eventual perda da qualidade de dependente e perdurar até a data do óbito do segurado instituidor.

A respeito do tema, a TNU entende possível a concessão da pensão para filho maior inválido, porém a invalidez deve ser anterior ao óbito do segurado, e a dependência econômica tem é relativa, consoante teses que seguem:

- "A invalidez ocorrida após o óbito do instituidor não autoriza a concessão de pensão por morte para filho maior" (Representativo de Controvérsia Tema n. 118, PEDILEF 0501099-40.2010.4.05.8400/RN, j. 19.05.2014).
- "Para fins previdenciários, a presunção de dependência econômica do filho inválido é relativa, motivo pelo qual fica afastada quando este auferir renda própria, devendo ela ser comprovada" (Representativo de Controvérsia Tema n. 114, PEDILEF 0500518-97.2011.4.05.8300/PE, j. 13.11.2013).

Sobre o tema, houve avanço com a Portaria conjunta GP n. 4, de 15.04.2024, Tema n. 2:" É possível o reconhecimento da condição de dependente de filho ou irmão inválidos, quando a invalidez for posterior à maioridade e anterior ao óbito".

### 4.1.11 Dependente universitário – Pensionamento até os 24 anos

Essa matéria foi uniformizada pelo STJ (REsp n. 1.369.832/SP, 1ª Seção, Rel. Min. Arnaldo Esteves Lima, *DJe* 07.08.2013) e pela TNU (Súmula n. 37 da TNU), no sentido de que a pensão previdenciária disciplinada pela Lei n. 8.213/1991 é devida somente até os 21 anos de idade, diante da taxatividade da lei previdenciária, porquanto não é dado ao Poder Judiciário legislar positivamente, usurpando função do Poder Legislativo.

Dessa forma, não cabe a prorrogação do pagamento de pensão por morte (previdenciária) até os 24 anos de idade, não se confundindo esta com a pensão alimentícia devida pelos familiares ao dependente, esta regida pelo Código Civil.

## 4.1.12 Pensão em favor dos pais

Os pais poderão buscar a concessão da pensão por morte no caso de inexistência de dependentes na Classe 1 e desde que comprovem a dependência econômica, com filho falecido, que pode ser parcial ou total, devendo, no entanto, ser permanente. A previsão está no art. 16, II, da LBPS.

Sobre o tema, importante conferir os precedentes que seguem:

- Súmula n. 229 do extinto TFR: "Seguridade social. Pensão. Mãe do segurado. A mãe do segurado tem direito à pensão previdenciária, em caso de morte do filho, se provada a dependência econômica, mesmo não exclusiva".
- TNU – RC Tema n. 147: "A dependência econômica dos genitores em relação ao filho não necessita ser exclusiva, porém a contribuição financeira deste deve ser substancial o bastante para a subsistência do núcleo familiar, e devidamente comprovada, não sendo mero auxílio financeiro o suficiente para caracterizar tal dependência" (PEDILEF 5044944-05.2014.4.04.7100, Sessão de 17.08.2016).

Precedentes do STJ consideram que, embora não prevista tal condição expressamente em lei, avós que criam netos como filhos, em condição similar ao papel de genitores, também são considerados dependentes da Classe 2 com direito à pensão por morte. Neste sentido:

> PREVIDENCIÁRIO. RECURSO ESPECIAL. ENUNCIADO ADMINISTRATIVO 2/STJ. PENSÃO POR MORTE. REGIME GERAL DE PREVIDÊNCIA SOCIAL. ÓBITO DO NETO. AVÓS NA CONDIÇÃO DE PAIS. ROL DO ART. 16 DA LEI N. 8.213/1991 TAXATIVO. ADEQUAÇÃO LEGAL DA RELAÇÃO JURÍDICA FAMILIAR. ART. 74 DA LEI N. 8.213/1991. DIREITO À PENSÃO RECONHECIDO. RECURSO ESPECIAL CONHECIDO E PROVIDO. (STJ, REsp 1.574.859/SP, Rel. Min. Mauro Campbell Marques, j. 08.11.2016)

## 4.1.13 Multiparentalidade e o direito à pensão

A multiparentalidade é um conceito relativamente recente no campo do Direito de Família e tem a ver com a possibilidade de uma criança ter mais de dois pais ou mães legais. Tradicionalmente, o Direito de Família se baseava no princípio da biparentalidade, reconhecendo apenas um pai e uma mãe legais para cada criança. No entanto, as mudanças sociais e as novas formas de família levaram a uma reavaliação desse conceito.

A lei que reconhece a multiparentalidade no Brasil é a Lei n. 12.318/2010, que dispõe sobre a alienação parental e altera dispositivos do Código Civil.

Também nesse sentido, o Enunciado n. 256 do CJF estabelece: "A posse do estado de filho (parentalidade socioafetiva) constitui modalidade de parentesco civil".

A multiparentalidade pode surgir de diversas formas, como:

- **Paternidade socioafetiva:** quando alguém exerce o papel de pai ou mãe na vida de uma criança, mesmo que não tenha laços biológicos ou legais com ela. Isso pode ocorrer em casos de padrastos ou madrastas que assumem uma figura parental na vida de enteados, por exemplo;
- **Reprodução assistida:** em casos de fertilização *in vitro* ou *barriga de aluguel*, pode haver mais de dois genitores biológicos envolvidos. Isso pode gerar situações em que a criança tem mais do que dois pais ou mães biológicos;
- **Adoção por casais homoafetivos:** em muitos países, casais do mesmo sexo têm o direito de adotar crianças. Isso pode resultar em situações em que a criança tem dois pais ou duas mães legais;

- **Reconhecimento de parentesco socioafetivo:** em alguns casos, um indivíduo pode ser reconhecido legalmente como pai ou mãe de uma criança devido ao relacionamento afetivo que estabeleceu com ela, independentemente de ter ou não laços biológicos ou legais.

O STF entendeu, em sede de repercussão geral, que a existência de paternidade socioafetiva não exime de responsabilidade o pai biológico, com a fixação da seguinte tese de repercussão geral – Tema n. 622: "A paternidade socioafetiva, declarada ou não em registro público, não impede o reconhecimento do vínculo de filiação concomitante baseado na origem biológica, salvo nos casos de aferição judicial do abandono afetivo voluntário e inescusável dos filhos em relação aos pais" (RE n. 898.060, Tribunal Pleno, Rel. Min. Luiz Fux, *DJe*-187, publ. 24.08.2017). Este julgado pode, certamente, repercutir em questões previdenciárias, notadamente o direito à pensão.

Também o STF definiu em sede de repercussão geral – Tema n. 1072 – como se dá a concessão de licença (e consequente pagamento pelo período equivalente) nas hipóteses em que, numa união homoafetiva de pessoas do gênero feminino, haja nascimento de filho (por inseminação artificial) em que a parturiente seja uma das duas companheiras homoafetivas, ou adoção em comum. No referido julgamento, houve a fixação da seguinte tese vinculante: "A servidora pública ou a trabalhadora regida pela CLT não gestante em união homoafetiva têm direito ao gozo da licença-maternidade. Caso a companheira tenha usufruído do benefício, fará jus a período de afastamento correspondente ao da licença-paternidade" (RE n. 1.211.446, Tribunal Pleno, Rel. Min. Luiz Fux, *DJe*-s/n, publ. 21.05.2024).

Em suma, o STF decidiu que apenas uma das pessoas faz jus à licença-maternidade (e correspondente pagamento do período), e a outra pessoa faz jus ao período de licença equivalente ao da licença-paternidade, caso exerça atividade remunerada que assegure tal licença (como empregada, trabalhadora avulsa ou servidora pública). A decisão se aplica tanto a seguradas do Regime Geral de Previdência Social (RGPS) quanto a pessoas vinculadas a Regimes Próprios de Previdência (RPPS). Desse modo, mesmo que a gestante ou adotante não seja segurada de nenhum regime previdenciário, a companheira homoafetiva que seja segurada de algum regime fará jus ao benefício do salário-maternidade, pelo período fixado na ordem vigente.

Um precedente de alta relevância foi julgado no âmbito do TRT de São Paulo, envolvendo a situação denominada "gestação por substituição", ou, no jargão popular, "barriga de aluguel". A parte reclamante (pessoa do gênero masculino) apresentou o "gestational surrogacy agreement" firmado com a gestante nos EUA por substituição a lhe garantir todos os direitos sobre a criança gestada. No mesmo sentido, a ordem judicial pré-natal para declaração de paternidade expedida pelo Poder Judiciário estadunidense. A sentença de procedência do pedido foi mantida, por comprovada a gravidez por substituição do reclamante no momento da rescisão do contrato, com o reconhecimento da garantia provisória de emprego gestacional e a consequente condenação da ré à retificação da CTPS e ao pagamento das verbas do período estabilitário (TRT-2, RORSum 1000343-16.2019.5.02.0718, 8ª Turma, Rel. Des. Maria Cristina Xavier Ramos Di Lascio, publ. 04.03.2020). Destaca-se do corpo do acórdão:

> Friso que, embora trate-se de matéria relativamente nova, a Corregedoria Nacional de Justiça já reconheceu a inexistência de vínculo entre a gestante sub-rogada e o nascituro, no art. 17, § 1º, do Provimento 63, de 17 de novembro de 2017, *in verbis*:
>
> "§ 1º Na hipótese de gestação por substituição, não constará do registro o nome da parturiente, informado na declaração de nascido vivo, devendo ser apresentado termo de compromisso firmado pela doadora temporária do útero, esclarecendo a questão da filiação".

Isso reforça a certidão de nascimento apresentada (fl. 77), a indicar ser o autor, pai unilateral, único responsável legal pela criança gestada. [...]

Isso se deve ao fato de que a garantia provisória de emprego gestacional visa à proteção do nascituro, e não da gestante. Trata-se da efetivação do princípio da proteção integral da criança, nos moldes da Convenção da OIT n. 103, de 1952, e do quanto estabelecido nos arts. 226 e 227 da CRFB.

Justamente por isso, é irrelevante ser o reclamante pertencente ao sexo masculino, uma vez que, conforme já supra-assentado, ele é o único responsável legal pela criança.

Ora, a teor do art. 5º, § 1º, da CRFB, a garantia provisória de emprego gestacional possui aplicação imediata e efetividade plena. Não pode sofrer qualquer restrição à sua efetividade, sob pena de ser declarado inconstitucional todo e qualquer ato, interpretação ou aplicação de lei que não observe esse parâmetro.

Logo, sendo a tese ventilada em recurso, com esteio em interpretação gramatical do texto constitucional, evidentemente discriminatória, contrariando as disposições dos arts. 3º, IV, e 5º, I, da CRFB, a estabelecerem a igualdade de homens e mulheres em direitos e obrigações, não se há falar em seu acolhimento, sob pena de inconstitucionalidade do provimento jurisdicional.

Aplica-se, no particular, o mesmo raciocínio contido na Lei n. 12.873/2013, que incluiu os arts. 392-A a 392-C da CLT, a conferir aos empregados do sexo masculino adotantes o direito à fruição da licença-maternidade. O que importa é, reitero, a proteção da criança e da família, e não o sexo biológico do seu responsável.

Tampouco servem como óbice para a aquisição do direito a essa garantia provisória de emprego os requisitos estabelecidos pela legislação brasileira para o procedimento de gravidez por substituição. Essa matéria escapa aos autos e não altera a condição de pai unilateral do autor, nem retira ou mitiga a proteção a ser dada à criança recém-nascida.

A questão do direito à pensão em casos de multiparentalidade é complexa e ainda de recente discussão no campo previdenciário.

No âmbito do Direito Previdenciário, a multiparentalidade também pode ter influência, principalmente quando se trata do direito a benefícios previdenciários, como a pensão por morte e o auxílio-reclusão.

Se a paternidade socioafetiva não impede o vínculo paternal biológico, nada impede que um filho com um pai biológico e outro socioafetivo possa requerer – e ver deferido – o benefício da pensão por morte em caso de falecimento de ambos.

No caso de multiparentalidade, os filhos que se enquadrem como dependentes podem alegar ter direito à pensão por morte de mais de um pai ou mãe segurados, dependendo das circunstâncias.

É importante observar que, para que a multiparentalidade seja reconhecida no contexto previdenciário, pode ser necessário apresentar documentos ou provas legais que estabeleçam o vínculo legal entre a criança e seus pais ou mães adicionais. Isso pode incluir decisões judiciais de reconhecimento de paternidade ou documentos de adoção.

### 4.1.14 A revogação da dependência de pessoas designadas

Na redação original da Lei n. 8.213/1991, o inciso IV do art. 16 previa a possibilidade de haver inscrição, pelo segurado, de pessoa por ele designada, menor de 21 anos ou maior de 60 anos, ou inválida e que vivesse às suas expensas, a qual faria jus à pensão caso não existisse dependente em nenhuma das classes anteriores.

O inciso foi revogado pela Lei n. 9.032/1995, causando com isso questionamentos a respeito dos efeitos de tal mudança quanto ao direito da pessoa designada antes da alteração legislativa. No entanto, nos termos da Súmula n. 4 da TNU, restou pacificado que não há direito adquirido à pensão, na condição de dependente, de pessoa designada, quando o falecimento do segurado se deu após o advento da Lei n. 9.032/1995.

### 4.1.15 Período de carência

A concessão da pensão por morte, a partir da Lei n. 8.213/1991 (cujos efeitos retroagiram a 05.04.1991 – art. 145, *caput*), não dependia de um número mínimo de contribuições pagas pelo segurado falecido. Bastava comprovar a situação de segurado (filiação previdenciária) para ser gerado direito ao benefício. Nos óbitos anteriores a 05.04.1991, a carência exigida pela legislação vigente era de 12 contribuições mensais.

A MP n. 664/2014 previa, para os óbitos ocorridos a partir de 1º.03.2015, a necessidade de cumprimento de um período de carência de 24 meses, salvo nos casos em que o segurado estivesse em gozo de auxílio-doença ou de aposentadoria por invalidez.

Essa regra não foi ratificada na transformação em Lei (n. 13.135/2015), a qual fixou a necessidade de 18 contribuições e a comprovação de 2 (dois) anos de casamento ou de união estável para o cônjuge ou companheiro ter direito à pensão por um prazo maior. Caso contrário, a duração será de apenas quatro meses.

Considerando-se que a exigência de 18 contribuições não tem o caráter de carência, havendo a perda da qualidade de segurado e posterior retorno à condição de segurado, não será necessário cumprir a metade desse período na refiliação.

### 4.1.16 Data de início do benefício

A definição da data de início da pensão por morte está relacionada à legislação vigente no momento do óbito e à capacidade do dependente que requerer o benefício. Podemos sintetizar as regras da seguinte forma:

a) para óbitos ocorridos até o dia 10.11.1997 (véspera da publicação da Lei n. 9.528, de 1997), a contar da data:
 – do óbito, tratando-se de dependente capaz ou incapaz, observada a prescrição quinquenal de parcelas vencidas ou devidas, ressalvado o pagamento integral dessas parcelas aos dependentes menores de dezesseis anos e aos inválidos incapazes.

b) para óbitos ocorridos a partir de 11.11.1997 (Lei n. 9.528/1997) até 04.11.2015, a contar da data:
 – do óbito, quando requerida até trinta dias deste;
 – do requerimento, se requerido depois de trinta dias;
 – o beneficiário menor de 16 anos poderá requerer até 30 dias após completar essa idade, quando então retroagirá ao dia do óbito;
 – equiparam-se ao menor de 16 anos os incapazes de exercer pessoalmente os atos da vida civil na forma do art. 3º do Código Civil, assim declarados judicialmente;
 – os inválidos capazes equiparam-se aos maiores de dezesseis anos de idade.

c) para os óbitos ocorridos de 05.11.2015 até 17.01.2019:
 – do óbito, quando requerida até noventa dias depois deste (Lei n. 13.183/2015);
 – do requerimento, quando requerida após noventa dias do óbito;

- o beneficiário menor de 16 anos poderá requerer até noventa dias após completar essa idade, quando então retroagirá ao dia do óbito.

d) para os óbitos ocorridos a partir de 18.01.2019:
   - do óbito, quando requerida até noventa dias depois deste (Lei n. 13.183/2015);
   - do requerimento, quando requerida após noventa dias do óbito;
   - para o beneficiário menor de 16 anos: quando requerida até 180 dias após o óbito, retroage a data do óbito (Lei n. 13.846/2019 – conversão da MP n. 871/2019);
   - para o beneficiário menor de 16 anos: quando requerida após 180 dias do óbito, os valores são devidos somente a partir da data do requerimento, sem retroação (Lei n. 13.846/2019 – conversão da MP n. 871/2019).

e) da decisão judicial, no caso de morte presumida; e

f) da data da ocorrência, no caso de catástrofe, acidente ou desastre.

De acordo com o Código Civil, a prescrição não gera efeito apenas quanto aos absolutamente incapazes, os ausentes do País em serviço público da União, dos Estados, ou dos Municípios (*sic*), e contra os que se acharem servindo nas Forças Armadas, em tempo de guerra (art. 198, I a III).

Até 18.01.2019, também havia previsão específica na Lei n. 8213/1991, no art. 79, que excluía expressamente a aplicação do art. 103 (prescrição e decadência) para pensionistas menores, incapazes ou ausentes.

Entretanto a Lei n. 13.846/2019 alterou a previsão do art. 74 e revogou o art. 79 na tentativa da aplicação do prazo tanto prescricional quanto de requerimento.

Alterações do tipo, como vimos acima, não são incomuns.

O que sempre se deve observar é a regra vigente no momento do óbito, como bem determinado pela Súmula n. 340 do STJ.

Nesse sentido, para óbitos ocorridos após 18.01.2019, aplicar-se-á a regra dos 180 dias; no entanto, para óbitos ocorridos entre 05.11.2015 e 17.01.2019, aplica-se a possibilidade de requerimento até 90 dias após completar a idade de 16 anos, quando então o pagamento ocorrerá desde a data do óbito.

Nosso entendimento, porém, é que a modificação operada pela citada MP viola o direito do pensionista menor, incapaz ou ausente, e, portanto, não deve ser considerada válida por afronta às normas basilares de Direito Civil (arts. 198, I, e 208 do Código Civil).

É que contra o absolutamente incapaz não correm prazos prescricionais e decadenciais, pois é princípio geral do direito que não há como exigir de pessoa incapaz para os atos da vida civil que tome medidas tendentes à preservação de seus direitos. Neste sentido: TRF da 4ª Região, AC n. 2003.70.01.004795-8/PR, Rel. Juiz Sebastião Ogê Muniz, *DE* 06.12.2006; TNU, PU n. 05085816220074058200, Rel. Juiz Antônio Amaral e Silva, *DOU* 09.08.2012.

Logo, parece-nos que o prazo de 180 dias e a validade da mudança da Lei n. 13.846/2019 (conversão da MP n. 871/2019) serão objeto de inúmeras ações judiciais na busca do pagamento retroativo para menores e incapazes.

### 4.1.17 Renda mensal inicial

O valor da renda mensal da pensão por morte, até a edição da LBPS vigente, era de 50% do salário de benefício, mais 10% por dependente, até o máximo de cinco; a partir da Lei n. 8.213/1991, passou a ser constituída de uma parcela, relativa à família, de 80% do valor da aposentadoria que o segurado recebia ou da que teria direito se estivesse aposentado na data do seu falecimento, mais tantas parcelas de 10% do valor da mesma aposentadoria quantos fossem seus dependentes, até o máximo de duas. Caso o falecimento fosse consequência de acidente do trabalho, o valor era de 100% do salário de benefício ou do salário de contribuição vigente no dia do acidente, o que fosse mais vantajoso.

A partir da Lei n. 9.032, de 28.04.1995, o valor da renda mensal da pensão por morte passou a ser de 100% do salário de benefício, inclusive para os benefícios de origem acidentária, independentemente do número de dependentes. A apuração, portanto, dava-se sobre a média dos últimos 36 salários de contribuição.

A Lei n. 9.876/1999 passou a estabelecer que o cálculo da aposentadoria por invalidez será de 100% do salário de benefício, sendo este composto pela média aritmética dos maiores salários de contribuição, corrigidos monetariamente, equivalentes a 80% do período contributivo, a partir de julho de 1994, caso a filiação fosse anterior a essa data, e a partir da filiação, quando posterior, afetando, assim, também o cálculo da pensão por morte quando o segurado estivesse em atividade na data do óbito.

A renda mensal inicial, a partir de 28.06.1997, passou a ser de 100% da aposentadoria que o segurado recebia ou daquela a que teria direito se estivesse aposentado por invalidez na data de seu falecimento (MP n. 1.523-9, transformada na Lei n. 9.528, de 10.12.1997).

O Plenário do STF, ao julgar os Recursos Extraordinários n. 416.827 e n. 415.454, Rel. Min. Gilmar Mendes, decidiu que a Lei n. 9.032/1995 não atinge os benefícios cuja data de início é anterior à edição da norma. Prevaleceu o entendimento da ausência de fonte de custeio adequada para a pretendida revisão, como exige o § 5º do art. 195 da Constituição Federal, que diz que nenhum benefício ou serviço da seguridade social poderá ser criado, majorado ou estendido sem a correspondente fonte de custeio total.

E, a partir da EC n. 103/2019, caso o segurado não esteja aposentado, a definição da causa do óbito tem relação com o cálculo do valor da renda mensal da pensão. Se o óbito for decorrente de acidente do trabalho, a aposentadoria que serve de base será equivalente a 100% do salário de benefício. Na hipótese de o óbito decorrer de causa diversa, a aposentadoria que servirá de base terá um coeficiente de 60% do salário de benefício, com acréscimo de dois pontos percentuais para cada ano de tempo de contribuição que exceder o tempo de 20 anos de contribuição no caso dos homens e de 15 anos, no caso das mulheres.

Não será incorporado ao valor da aposentadoria, para fins de cálculo da renda mensal da pensão, o acréscimo de 25% pago ao aposentado por incapacidade permanente que necessite de assistência permanente de outra pessoa, ou seja, o pensionista não continua percebendo o adicional de 25% que era pago ao aposentado.

Em se tratando de pensão por morte de segurado especial, o valor da renda mensal corresponde a um salário mínimo, salvo se estiver contribuindo facultativamente, quando o benefício será concedido com base no salário de benefício.

A pensão por morte, até o advento da EC n. 103/2019, havendo mais de um pensionista, era rateada entre todos em partes iguais, cujas parcelas do rateio poderiam ser inferiores ao salário mínimo. Assim, caso os dependentes fossem mãe e filho, seria de 50% para cada um deles; se fossem ex-esposa separada ou divorciada com direito a alimentos, companheira e dois filhos, cada qual tinha direito a 25%. As cotas eram sempre iguais, embora, em muitos casos, essa forma de partilha não fosse a mais justa para as partes.

O cônjuge divorciado, separado judicialmente, ou apenas separado de fato, que recebia pensão de alimentos terá direito à pensão por morte em igualdade de condições com os demais dependentes, não havendo direito adquirido a perceber pensão previdenciária igual ao percentual da pensão alimentícia concedida judicialmente, ou objeto de homologação pelo Juiz de Família, como ocorria no direito anterior (Decreto n. 83.080/1979, arts. 69 e 127). O STJ fixou orientação nestes termos:

> (...) 2. O art. 76, § 2º, da Lei n. 8.213/1991, por sua vez, é claro ao determinar que o cônjuge divorciado ou separado judicialmente e que recebe pensão alimentícia, como no caso,

concorrerá em igualdade de condições com os demais dependentes elencados no art. 16, I do mesmo diploma legal. Além disso, o art. 77 da Lei de Benefícios Previdenciários determina que, havendo mais de um pensionista, a pensão por morte será rateada entre todos em partes iguais.

3. Assim, sendo a lei expressa quanto ao rateio da pensão em frações iguais entre os dependentes, sem determinar qualquer ressalva, não há distinção que coloque o ex-cônjuge/companheiro em condição desfavorável em relação aos demais dependentes. (AgInt no AREsp 1397421/SP, 1ª Turma, Rel. Min. Napoleão Nunes Maia Filho, *DJE* 19.11.2020)

Vale ressaltar, entretanto, que a Lei n. 13.846/2019 (conversão da MP n. 871/2019) alterou a regra não do percentual da cota-parte, mas da duração da pensão para ex-cônjuge ou ex-companheiro. Agora, por força do § 3º do art. 76, se o falecido segurado estiver, na data de seu falecimento, obrigado por determinação judicial a pagar alimentos temporários, esse prazo remanescente será respeitado no caso da pensão, se não incidir outra hipótese de cancelamento anterior do benefício.

Havendo comoriência entre segurado e dependentes, ou entre estes, pode haver ou não direito ao benefício. O Código Civil em seu art. 8º dispõe que, "se dois ou mais indivíduos falecerem na mesma ocasião, não se podendo averiguar se algum dos comorientes precedeu aos outros, presumir-se-ão simultaneamente mortos".

Suponha-se que um segurado possua como dependentes apenas o cônjuge e um irmão inválido, e venha ele a sofrer acidente em companhia daquele, no qual vem a falecer. Se a morte do segurado e a do cônjuge forem consideradas simultâneas, a pensão caberá ao irmão inválido, pois não haverá dependente de classe privilegiada; se, no entanto, o segurado falecer e a cônjuge sobreviver ao acidente, a ela caberá a pensão. Por fim, se a(o) viúva(o) não resistir e falecer depois, o benefício da pensão será extinto, não se transmitindo ao irmão inválido, pois este pertence a outra classe menos privilegiada na ordem legal.

### 4.1.18 A EC n. 103/2019: novas regras de cálculo e de divisão de cotas

Depois da Reforma (13.11.2019), por força do art. 23 da EC n. 103/2019, passou a RMI da pensão por morte a ser equivalente a uma cota familiar de 50% do valor da aposentadoria recebida pelo segurado ou daquela a que teria direito se fosse aposentado por incapacidade permanente na data do óbito, acrescida de cotas de dez pontos percentuais por dependente, até o máximo de 100%. Nesse sentido, também as disposições constantes da Portaria ME/INSS n. 450/2020:

> Art. 47. Na pensão por morte, o valor do benefício, com fato gerador a partir de 14 de novembro de 2019, será calculado na forma da aposentadoria por incapacidade permanente a que o segurado teria direito na data do óbito, aplicando sobre esse valor a regra de cotas para cada dependente, nos termos fixados pelo art. 23 da EC n. 103, de 2019.
> Art. 48. Quando a pensão por morte for precedida de aposentadoria, o valor da pensão seguirá sendo a mesma do benefício precedido, aplicando a ela a regra de cotas.

A novel sistemática de cálculo representa grave prejuízo, principalmente ao dependente do segurado que falecer na ativa, de causa comum, visto que estipula que a pensão por morte será calculada com base no valor que o segurado passaria a receber, na data do óbito, caso se aposentasse por incapacidade permanente para o trabalho. Ou seja, proporcional – 60% da média, mais 2% por ano a mais de contribuição acima de 20 anos (segurados) ou 15 anos (seguradas) –, salvo no caso de acidente do trabalho ou doença a ele relacionada. Apenas neste último caso – pensão por morte decorrente de acidente do trabalho ou situação a este equiparada – o benefício seguirá sendo de 100% do salário de benefício apurado na data do óbito, quando em atividade.

Nos casos de óbito, por exemplo, decorrente de doença grave não relacionada ao trabalho, as cotas familiares e individuais serão aplicadas sobre o valor correspondente à aposentadoria proporcional ao tempo de contribuição, o que leva a uma redução do montante recebido pela família do falecido.

As cotas por dependente (10%) cessam com a perda dessa qualidade e não serão reversíveis aos demais dependentes, preservado o valor de 100% da pensão por morte, quando o número de dependentes remanescente for igual ou superior a cinco.

A previsão de irreversibilidade das cotas dos dependentes que deixam de sê-lo aos demais remanescentes apresenta perspectiva de deterioração ainda maior no valor da pensão por morte com o passar do tempo. Trata-se de mais um elemento para reduzir o valor da pensão, já profundamente vulnerado pela lógica de cotas.

Entretanto, na hipótese de existir dependente inválido ou com deficiência intelectual, mental ou grave, o valor da pensão por morte será equivalente a 100% da aposentadoria recebida pelo segurado ou daquela a que teria direito se fosse aposentado por incapacidade permanente na data do óbito, até o limite máximo de benefícios do RGPS. A justificativa para essa exceção no cálculo foi apresentada pelo relator da PEC n. 6/2019, Deputado Samuel Moreira (PSDB/SP), nos seguintes termos:

> Certamente, o custo de vida da pessoa com deficiência é bem superior ao das demais pessoas, especialmente na ausência de familiares que possam prover cuidados necessários para o exercício de atividades da vida diária, que possibilitem sua participação na vida comunitária.

A nova fórmula de cálculo da pensão por morte (também regulamentada pelos arts. 106 e 113 do RPS – com redação conferida pelo Decreto n. 10.410/2020) provoca uma drástica redução do valor desse benefício. Na situação mais corriqueira, a pensão inicia com vários dependentes e com o passar do tempo resta apenas o cônjuge ou companheiro.

> O critério de cálculo em comento foi objeto de ajuizamento de ações diretas de inconstitucionalidade, dentre elas a ADI 7.051/DF, cuja tese fixada foi a seguinte: "É constitucional o art. 23, *caput*, da Emenda Constitucional n. 103/2019, que fixa novos critérios de cálculo para a pensão por morte no Regime Geral e nos Regimes Próprios de Previdência Social". (Plenário, Sessão Virtual de 16.06.2023 a 23.06.2023)

Outra tese, de menor amplitude, mas já albergada por jurisprudência, entende que o cálculo da RMI da pensão por morte de segurado não aposentado, quando não ocasionada por acidente do trabalho ou doença ocupacional, deve ter por base de cálculo o mesmo critério que a pensão por morte decorrente de causas ligadas ao trabalho, é dizer, que seja considerado como base de cálculo, em qualquer caso, o equivalente a 100% da média dos salários de contribuição desde julho de 1994, corrigidos monetariamente, por haver inconstitucionalidade do art. 26, § 2º, III, da EC n. 103/2019, ao estabelecer tratamento distinto entre as duas modalidades de aposentadoria por incapacidade permanente, conforme foi reconhecido pela TRU da 4ª Região no Proc. 5003241-81.2021.4.04.7122, já mencionado no tópico desta obra pertinente à espécie de aposentadoria em comento, ao qual remetemos o leitor. Consta do acórdão paradigma, da 4ª Turma Recursal do Rio Grande do Sul:

> (...) considerando que o óbito da filha/instituidora da pensão ocorreu em 04.04.2020, aplicam-se, por certo, ao caso concreto, as normas introduzidas pela Emenda Constitucional n. 103, de 13.11.2019, no que se refere à pensão por morte, exceto a fórmula que trata da

composição da renda mensal inicial quando o instituidor não titular benefício. (...) Destarte, albergando a orientação adotada pela Turma de Uniformização Regional da 4ª Região, o benefício deve ser revisto tão somente para [reconhecer] que o valor da renda mensal inicial (RMI) da aposentadoria por incapacidade permanente não acidentária que serve de base de cálculo para a pensão por morte deve corresponder a 100% (cem por cento) da média aritmética simples dos salários de contribuição contidos no período básico de cálculo. (Recurso Cível 5005093-09.2021.4.04.7101, 4ª TR/RS, Rel. Juiz Federal Gerson Godinho da Costa, j. 09.05.2022)

Em uma decisão que reforça a proteção dos direitos previdenciários (AC 5005791-94.2021.4.04.7204/TRF, j. 24.06.2024), o TRF da 4ª Região determinou que o INSS recalcule o valor da pensão por morte de uma pensionista, utilizando a simulação da aposentadoria por incapacidade permanente, caso o falecido tivesse direito a tal benefício na data do óbito. A decisão da 9ª Turma, por maioria, permite a aplicação da técnica do descarte (prevista no art. 26, § 6º, da EC n. 103/2019), que exclui contribuições que reduzam o valor final do benefício, desde que mantido o tempo mínimo de contribuição. Segundo o relator, desembargador Paulo Afonso Brum Vaz, a técnica também deve ser aplicada a benefícios não programáveis, como a pensão por morte, para garantir isonomia e preservar o valor do benefício, conforme o preceito constitucional, mesmo que o Decreto n. 10.410/2020 tenha limitado sua aplicação às aposentadorias programáveis.

O acréscimo de 25% pago ao aposentado por invalidez/incapacidade permanente que necessitava de assistência permanente de outra pessoa não se transfere ao pensionista.

Em se tratando de pensão por morte de segurado especial, o valor da renda mensal corresponde a um salário mínimo. Caso tenha feito contribuições mensais, de forma facultativa, o valor corresponde à aposentadoria por incapacidade permanente que seria devida ao segurado, calculada na forma prevista na legislação ora vigente.

### 4.1.19 Revisão do valor da pensão – legitimidade: STJ Repetitivo n. 1.057

De acordo com o Repetitivo STJ n. 1.057 os pensionistas e sucessores têm legitimidade para, em ordem de preferência, propor em nome próprio a ação revisional da aposentadoria com o objetivo de redefinir a renda mensal da pensão por morte e receber diferenças resultantes do recálculo da pensão ou valores devidos e não pagos pela Administração ao instituidor quando vivo. Com o julgamento, foram definidas quatro teses, quais sejam:

> (i) O disposto no art. 112 da Lei n. 8.213/1991, segundo o qual "o valor não recebido em vida pelo segurado só será pago aos seus dependentes habilitados à pensão por morte ou, na falta deles, aos seus sucessores na forma da lei civil, independentemente de inventário ou arrolamento", é aplicável aos âmbitos judicial e administrativo;
> (ii) Os pensionistas detêm legitimidade ativa para pleitear, por direito próprio, a revisão do benefício derivado (pensão por morte) – caso não alcançada pela decadência –, fazendo jus a diferenças pecuniárias pretéritas não prescritas, decorrentes da pensão recalculada;
> (iii) Caso não decaído o direito de revisar a renda mensal inicial do benefício originário do segurado instituidor, os pensionistas poderão postular a revisão da aposentadoria, a fim de auferirem eventuais parcelas não prescritas resultantes da readequação do benefício original, bem como os reflexos na graduação econômica da pensão por morte; e
> (iv) À falta de dependentes legais habilitados à pensão por morte, os sucessores (herdeiros) do segurado instituidor, definidos na lei civil, são partes legítimas para pleitear, por ação e em nome próprios, a revisão do benefício original – salvo se decaído o direito ao instituidor – e, por conseguinte, de haver eventuais diferenças pecuniárias não prescritas, oriundas do

recálculo da aposentadoria do *de cujus*. (REsp 1.856.967/1.856.968/1.856.969, 1ª Seção, Rel. Min. Regina Helena Costa, j. 23.06.2021)

Essas teses fixadas pelo STJ são de observância obrigatória por todos os tribunais e varas das instâncias ordinárias e, também, pelos Juizados Especiais Federais, por força do art. 927 do CPC.

### 4.1.20 Cessação do benefício

O direito à cota-parte da pensão por morte cessará pela ocorrência das situações previstas no art. 77, § 2º, da Lei n. 8.213/1991, com redação conferida pela Lei n. 13.135/2015, quais sejam:

I – pela morte do pensionista;

II – para o filho, a pessoa a ele equiparada ou o irmão, de ambos os sexos, ao completar 21 (vinte e um) anos de idade, salvo se for inválido ou com deficiência intelectual ou mental ou deficiência grave;[4]

III – para filho ou irmão inválido, pela cessação da invalidez;

IV – para filho ou irmão que tenha deficiência intelectual ou mental ou deficiência grave, pelo afastamento da deficiência, nos termos do regulamento;

V – para cônjuge ou companheiro:

  a) se inválido ou com deficiência, pela cessação da invalidez ou pelo afastamento da deficiência, respeitados os períodos mínimos decorrentes da aplicação das alíneas "b" e "c";

  b) em 4 (quatro) meses, se o óbito ocorrer sem que o segurado tenha vertido 18 (dezoito) contribuições mensais ou se o casamento ou a união estável tiverem sido iniciados em menos de 2 (dois) anos antes do óbito do segurado;

  c) transcorridos os seguintes períodos, estabelecidos de acordo com a idade do beneficiário na data de óbito do segurado, se o óbito ocorrer depois de vertidas 18 (dezoito) contribuições mensais e pelo menos 2 (dois) anos após o início do casamento ou da união estável:

   1) 3 (três) anos, com menos de 21 (vinte e um) anos de idade;

   2) 6 (seis) anos, entre 21 (vinte e um) e 26 (vinte e seis) anos de idade;

   3) 10 (dez) anos, entre 27 (vinte e sete) e 29 (vinte e nove) anos de idade;

   4) 15 (quinze) anos, entre 30 (trinta) e 40 (quarenta) anos de idade;

   5) 20 (vinte) anos, entre 41 (quarenta e um) e 43 (quarenta e três) anos de idade;

   6) vitalícia, com 44 (quarenta e quatro) ou mais anos de idade.

  **c.1) A partir de 1º.01.2021, as idades foram elevadas em 1 ano pela Portaria ME n. 424/2020, ficando em:**

   1) – 3 (três) anos, com menos de 22 (vinte e dois) anos de idade;

   2) – 6 (seis) anos, entre 22 (vinte e dois) e 27 (vinte e sete) anos de idade;

   3) – 10 (dez) anos, entre 28 (vinte e oito) e 30 (trinta) anos de idade;

   4) – 15 (quinze) anos, entre 31 (trinta e um) e 41 (quarenta e um) anos de idade;

---

[4] Redação conferida pela Lei n. 13.183/2015, em vigor desde 03.01.2016. Até então, prevalecia a redação anterior, qual seja: "II – para filho, pessoa a ele equiparada ou irmão, de ambos os sexos, ao completar 21 (vinte e um) anos de idade, salvo se for inválido ou com deficiência;" (Redação dada pela Lei n. 13.135, de 2015).

5) – 20 (vinte) anos, entre 42 (quarenta e dois) e 44 (quarenta e quatro) anos de idade;

6) – vitalícia, com quarenta e cinco ou mais anos de idade.

VI – pela perda do direito decorrente de condenação criminal por sentença com trânsito em julgado, o autor, coautor ou partícipe de homicídio doloso, ou de tentativa desse crime, cometido contra a pessoa do segurado, ressalvados os absolutamente incapazes e os inimputáveis.

Acrescenta-se a esse rol, o alcance da data-limite fixada na concessão da pensão alimentícia para o divorciado, separado de fato ou separado judicialmente, conforme previsão contida no art. 76, § 3º (incluído pela Lei n. 13.846/2019).

Como visto, foi a Lei n. 13.135/2015 que estabeleceu nova hipótese de cessação da condição de pensionista, qual seja, pelo decurso do prazo de recebimento de pensão pelo cônjuge, companheiro ou companheira, para os óbitos ocorridos a partir de 1º.03.2015, de acordo com a expectativa de sobrevida do beneficiário no momento do óbito do instituidor segurado.

Não haverá a cessação pelo transcurso dos referidos prazos, caso o cônjuge ou companheiro beneficiário seja considerado pessoa com invalidez ou com deficiência, reconhecida pela perícia médica federal realizada para este fim. Nessa hipótese, o encerramento da cota-parte se dará pela cessação da invalidez ou pelo afastamento da deficiência, respeitados os períodos mínimos decorrentes da aplicação das alíneas "b" e "c".

Quanto à cessação do benefício por motivo de o dependente não ser mais considerado inválido, o *caput* do art. 101 da LBPS prevê a avaliação periódica dos pensionistas nessa condição, com o intuito de verificar eventuais ocorrências de concessão ou manutenção indevida. O pensionista inválido está isento do exame médico-pericial após completar 60 anos de idade (art. 101, § 1º, II, da LBPS, redação atual conferida pela Lei n. 13.457/2017).

O § 2º do art. 101 da LBPS excetua da isenção de comparecimento do pensionista inválido as perícias médicas com as seguintes finalidades: (1) verificar a recuperação da capacidade de trabalho, mediante solicitação do beneficiário; e (2) subsidiar autoridade judiciária na concessão de curatela. Nestes casos, o comparecimento é sempre obrigatório.

A perícia, para tais fins, terá acesso aos prontuários médicos do periciado no Sistema Único de Saúde (SUS), desde que haja a prévia anuência do periciado e seja garantido o sigilo sobre os dados dele (§ 4º do art. 101 da LBPS, redação conferida pela Lei n. 13.457/2017).

A avaliação e os exames periciais poderão ser realizados com o uso de tecnologia de telemedicina ou por análise documental conforme situações e requisitos definidos em regulamento (§§ 6º, 8º e 9º do art. 101 da LBPS, redação dada pela Lei n. 14.724/2023).

Se o óbito do segurado decorrer de acidente de qualquer natureza ou de doença profissional ou do trabalho, a pensão por morte será concedida independentemente do recolhimento de dezoito contribuições mensais ou da comprovação de dois anos de casamento ou de união estável, mas ficará sujeita às mesmas regras de cessação.

A Lei n. 13.135/2015 prevê também que, após o transcurso de pelo menos três anos e desde que nesse período se verifique o incremento mínimo de um ano inteiro na média nacional única, para ambos os sexos, correspondente à expectativa de sobrevida da população brasileira ao nascer, poderão ser fixadas, em números inteiros, novas idades para os fins previstos na alínea "c" do inciso V do § 2º, em ato do Ministro de Estado da Previdência Social, limitado o acréscimo na comparação com as idades anteriores ao referido incremento. Ou seja, com o aumento da expectativa de sobrevida poderá haver modificação com possível aumento da idade mínima do cônjuge ou companheiro para que a pensão seja vitalícia. Essa elevação ocorreu pela primeira vez a partir de 1º.01.2021, com a publicação da citada Portaria ME n. 424, de 29.12.2020.

Essas medidas, segundo a Exposição de Motivos da MP n. 664/2014, têm o intuito de estimular que o dependente jovem busque seu ingresso no mercado de trabalho, evitando o aumento de despesa nas contas da Previdência para pessoas em plena capacidade produtiva.

Destaca-se, também, que o exercício de atividade remunerada, inclusive na condição de microempreendedor individual, não impede a concessão ou manutenção da parte individual da pensão do dependente com deficiência intelectual ou mental ou com deficiência grave (art. 77, § 6º, incluído pela Lei n. 13.183/2015).

Até o advento da EC n. 103/2019, o valor da cota-parte da pensão recebida por um dependente que perdeu o direito a ela, por algum dos motivos referidos, revertia em favor dos demais e era novamente repartido com os demais dependentes que continuassem na condição de pensionistas. Sobre a reversão das cotas, consta do art. 371 da IN n. 128/2022, que:

> I – para os óbitos ocorridos a partir de 14 de novembro de 2019, data posterior à publicação da Emenda Constitucional n. 103, de 2019, as cotas individuais cessadas não serão revertidas aos demais dependentes; e
>
> II – para os óbitos ocorridos até 13 de novembro de 2019, data da publicação da Emenda Constitucional n. 103, de 2019, as cotas cessadas serão revertidas aos demais dependentes.

Com base em orientação da TNU, fixada no Representativo de Controvérsia Tema n. 284, é possível renunciar à cota de pensão para que o beneficiário opte pelo BPC/LOAS, quando implementados os requisitos para tal. Veja-se a respeito:

> – **TNU RC 284**: "Os dependentes que recebem ou que têm direito à cota de pensão por morte podem renunciar a esse direito para o fim de receber benefício assistencial de prestação continuada, uma vez preenchidos os requisitos da Lei n. 8.742/1993" (PEDILEF n. 0004160-11.2017.4.01.4300/TO, j. 18.08.2022).

Pela Lei n. 8.213/1991, não constitui motivo para a cessação do benefício o novo casamento. Neste sentido: STJ, AgRg no Ag 1425313/PI, 5ª Turma, Rel. Min. Jorge Mussi, *DJe* 09.05.2012.

A emancipação também não é causa de cessação de cota de benefício. A Lei n. 13.183/2015, ao alterar o inciso II do § 2º do art. 77 da LBPS, excluiu a emancipação como causa de cessação de cota de pensão por morte (regra extensível ao auxílio-reclusão).

A partir de 29.04.1995 (Lei n. 9.032, de 28.04.1995), não é permitido o recebimento de mais de uma pensão deixada por cônjuge ou companheiro, ressalvado o direito de opção pela mais vantajosa.

No caso de reaparecimento do segurado, a pensão por morte presumida cessará de imediato, ficando os dependentes desobrigados do reembolso de quaisquer quantias já recebidas, salvo má-fé (art. 78, § 2º, da Lei n. 8.213/1991).

A pensão extingue-se com a perda do direito do último pensionista, e não se transfere a dependente de classe inferior.

### 4.1.21 Suspensão do pagamento da pensão por morte

Novas causas de suspensão do pagamento das cotas da pensão por morte foram previstas pela Lei n. 13.846/2019, quais sejam:

– houver fundados indícios de autoria, coautoria ou participação de dependente, ressalvados os absolutamente incapazes e os inimputáveis, em homicídio, ou em tentativa desse crime, cometido contra a pessoa do segurado, será possível a suspensão provisória de sua parte no benefício de pensão por morte, mediante processo administrativo próprio, respeitados a ampla defesa e o contraditório, e serão devidas, em caso de absolvição,

todas as parcelas corrigidas desde a data da suspensão, bem como a reativação imediata do benefício (art. 77, § 7º, da LBPS);
- ajuizada a ação judicial para reconhecimento da condição de dependente, este poderá requerer a sua habilitação provisória ao benefício de pensão por morte, exclusivamente para fins de rateio dos valores com outros dependentes, vedado o pagamento da respectiva cota até o trânsito em julgado da respectiva ação, ressalvada a existência de decisão judicial em contrário (art. 74, § 3º, da LBPS).

Nas ações em que o INSS for parte, este poderá proceder de ofício à habilitação excepcional da referida pensão, apenas para efeitos de rateio, descontando-se os valores referentes a essa habilitação das demais cotas, vedado o pagamento da respectiva cota até o trânsito em julgado da respectiva ação, ressalvada a existência de decisão judicial em contrário.

Caso julgadas improcedentes as referidas ações, o valor retido será corrigido pelos índices legais de reajustamento e será pago de forma proporcional aos demais dependentes, de acordo com as suas cotas e o tempo de duração de seus benefícios.

E, em qualquer caso, fica assegurada ao INSS a cobrança dos valores indevidamente pagos em função de nova habilitação.

### 4.1.22 Perda do direito à pensão por morte

Conforme já referido, além das hipóteses de cessação, o art. 74, §§ 1º e 2º (redação conferida pela Lei n. 13.135/2015) também estabeleceu duas outras hipóteses de perda do direito ao recebimento da pensão por morte, quais sejam:

a) o condenado criminalmente por sentença com trânsito em julgado, como autor, coautor ou partícipe de homicídio doloso, ou de tentativa desse crime, cometido contra a pessoa do segurado, ressalvados os absolutamente incapazes e os inimputáveis (Redação dada pela Lei n. 13.846, de 2019);

b) o cônjuge, o companheiro ou a companheira se comprovada, a qualquer tempo, simulação ou fraude no casamento ou na união estável, ou a formalização desse com o fim exclusivo de constituir benefício previdenciário, apuradas em processo judicial no qual será assegurado o direito ao contraditório e à ampla defesa.

Essa previsão é salutar, corrigindo distorção que existia no sistema, que não previa a adoção do princípio da indignidade e não reprimia a simulação ou fraude no casamento ou união estável para gerar direito ao benefício.

### 4.1.23 Pensão por morte decorrente de acidente de trabalho

A partir de Lei n. 8.213/1991, os benefícios de natureza acidentária passaram a ter o mesmo tratamento dispensado aos demais benefícios previdenciários, salvo quanto a carência e cálculo da RMI. No entanto, a fórmula de cálculo da renda mensal só foi unificada com a Lei n. 9.032, de 28.04.1995, permanecendo, a partir de então, com o mesmo sistema de cálculo dos benefícios por morte em geral, ao qual remetemos o leitor.

### 4.1.24 Despensão

Com base na tese jurídica da desaposentação, surgiu também a da despensão. Nesta, de regra, o objetivo é a declaração do direito à renúncia da pensão por morte recebida e o reconhecimento do direito de aproveitar as contribuições recolhidas pelo segurado falecido durante a manutenção do benefício originário, quando continuou a trabalhar, para obter a concessão de pensão mais vantajosa. Em síntese, essa ação buscava mudar o valor do benefício originário tendo por base a desaposentação não requerida em vida pelo segurado falecido para gerar uma pensão por morte mais vantajosa.

Para Marco Aurélio Serau Junior, "A despensão é espécie diferenciada de revisão de proventos, a partir de desaposentação possível, mas não praticada em vida pelo próprio segurado. Aproxima-se muito, portanto, da discussão a respeito da desaposentação".

Por sua vez, Marcus Orione e Érica Correia defendem que a despensão não é uma espécie de revisão, mas caso de desfazimento de ato administrativo, com todas as consequências práticas daí decorrentes, nos mesmos moldes da desaposentação.

Entretanto, com a decisão do STF sobre o descabimento da desaposentação e da reaposentação (Repercussão Geral Tema n. 503), entendemos que a despensão também perdeu sua força jurídica.

## QUADRO-RESUMO – PENSÃO POR MORTE

| BENEFÍCIO | PENSÃO POR MORTE<br>Códigos da Espécie (INSS): B-21 (previdenciária) ou B-93 (acidentária) |
|---|---|
| Evento Gerador | Falecimento do segurado ou decretação de sua morte presumida, durante o período em que manteve essa qualidade. |
| Beneficiários | – É paga ao conjunto de dependentes do segurado, segundo classificação do art. 16 da Lei n. 8.213/1991.<br>– A dependência econômica na classe 1 (o cônjuge, a companheira, o companheiro e o filho não emancipado, de qualquer condição, menor de 21 anos ou inválido ou que tenha deficiência intelectual ou mental ou deficiência grave) é presumida e não admite prova em contrário. Dos dependentes da classe 2 (pais) e 3 (o irmão não emancipado, de qualquer condição, menor de 21 (vinte e um) anos ou inválido ou que tenha deficiência intelectual ou mental ou deficiência grave), a dependência econômica deve ser comprovada com início de prova material após 18.01.2019 (Lei n. 13.846/2019, conversão da MP n. 871/2019).<br>– TNU: RC n. 226: "A dependência econômica do cônjuge ou do companheiro relacionados no inciso I do art. 16 da Lei n. 8.213/1991, em atenção à presunção disposta no § 4º do mesmo dispositivo legal, é absoluta". |
| Requisitos | Qualidade de segurado do *de cujus ou direito adquirido à aposentadoria deste antes do óbito, mesmo que não requerida;* e prova do enquadramento em alguma das classes de dependentes do(s) requerente(s). |
| Carência | – óbitos anteriores a 05.04.1991: 12 contribuições mensais;<br>– óbitos a partir de 05.04.1991: não tem período de carência. |
| Qualidade de Segurado | – Súmula n. 416 do STJ: "É devida a pensão por morte aos dependentes do segurado que, apesar de ter perdido essa qualidade, preencheu os requisitos legais para a obtenção de aposentadoria até a data do seu óbito".<br>– Se o óbito ocorrer após a perda da qualidade de segurado, os dependentes terão direito a pensão desde que o trabalhador tenha cumprido, até o dia da morte, os requisitos para obtenção de benefício por incapacidade, dentro do período de manutenção da qualidade do segurado, caso em que a incapacidade deverá ser verificada por meio de parecer da perícia médica do INSS com base em atestados ou relatórios médicos, exames complementares, prontuários ou documentos equivalentes. |
| Pensão Provisória | a) por morte presumida do segurado (ausência), declarada pela autoridade judicial competente, depois de 6 (seis) meses de ausência;<br>b) mediante prova do desaparecimento do segurado em consequência de acidente, desastre ou catástrofe, independentemente da declaração e de prazo.<br>– Verificado o reaparecimento do segurado, o pagamento da pensão cessará imediatamente, desobrigados os dependentes da reposição dos valores recebidos, salvo má-fé. |

## Cap. 4 – CONCESSÃO DE BENEFÍCIOS DE PROTEÇÃO À FAMÍLIA E À MATERNIDADE

| BENEFÍCIO | PENSÃO POR MORTE<br>Códigos da Espécie (INSS): B-21 (previdenciária) ou B-93 (acidentária) |
|---|---|
| Período Básico de Cálculo | O Período Básico de Cálculo é fixado até o mês anterior ao do falecimento, da decretação da morte presumida ou do requerimento. |
| Renda Mensal Inicial | – A partir de 28.06.1997 (Lei n. 9.528/1997) até a publicação da EC n. 103/2019: 100% do valor da aposentadoria que o segurado recebia ou daquela a que teria direito se estivesse aposentado por invalidez na data do óbito.<br>– A partir da EC n. 103/2019: equivalente a uma cota familiar de 50% do valor da aposentadoria recebida pelo segurado ou daquela a que teria direito se fosse aposentado por incapacidade permanente na data do óbito, acrescida de cotas de dez pontos percentuais por dependente, até o máximo de 100%.<br>– Na hipótese de existir dependente inválido ou com deficiência intelectual, mental ou grave, o valor da pensão por morte será equivalente a 100% da aposentadoria recebida pelo segurado ou daquela a que teria direito se fosse aposentado por incapacidade permanente na data do óbito.<br>– Segurado especial: um salário mínimo. Caso estiver contribuindo facultativamente sobre valores superiores a 1 SM, o benefício será calculado na sistemática dos demais segurados obrigatórios.<br>– O acréscimo pago ao aposentado por incapacidade permanente que necessite de assistência permanente de outra pessoa (25% do salário de benefício) não se estende ao pensionista. |
| Fator Previdenciário | Não se aplica de forma direta, mas apenas no benefício originário, quando for decorrente de aposentadoria por tempo de contribuição ou mesmo da aposentadoria por idade (neste caso somente se positivo). |
| Data de Início do Benefício | a) **para óbitos ocorridos até o dia 10.11.1997 (véspera da publicação da Lei n. 9.528, de 1997), a contar da data:**<br>– do óbito, tratando-se de dependente capaz ou incapaz, observada a prescrição quinquenal de parcelas vencidas ou devidas, ressalvado o pagamento integral dessas parcelas aos dependentes menores de dezesseis anos e aos inválidos incapazes;<br>b) **para óbitos ocorridos a partir de 11.11.1997 (Lei n. 9.528/1997) até 04.11.2015, a contar da data:**<br>– do óbito, quando requerida em até 30 dias deste;<br>– do requerimento, se requerido depois de 30 dias;<br>– o beneficiário menor de 16 anos poderá requerer até 30 dias após completar essa idade, quando então retroagirá ao dia do óbito;<br>c) **para os óbitos ocorridos de 05.11.2015 a 17.01.2019:**<br>– do óbito, quando requerida até 90 dias depois deste (Lei n. 13.183/2015);<br>– do requerimento, quando requerida após o prazo de 90 dias;<br>– o beneficiário menor de 16 anos poderá requerer até 90 dias após completar essa idade, quando então retroagirá ao dia do óbito;<br>– os inválidos capazes equiparam-se aos maiores de dezesseis anos de idade;<br>d) **para os óbitos ocorridos a partir de 18.01.2019:**<br>I – do óbito, quando requerida em até cento e oitenta dias após o óbito, para os filhos menores de dezesseis anos, ou quando requerida no prazo de noventa dias, para os demais dependentes;<br>II – do requerimento, quando requerida após o prazo previsto no item I.<br>e) **da decisão judicial,** no caso de morte presumida; e<br>f) **da data da ocorrência**, no caso de catástrofe, acidente ou desastre. |
| Companheiro e Cônjuge do Sexo Masculino | – INSS:<br>a) para óbitos ocorridos a partir de 05.04.1991, é devida a pensão por morte ao companheiro e ao cônjuge do sexo masculino, desde que atendidos os requisitos legais; e<br>b) para cônjuge do sexo masculino, será devida a pensão por morte para óbitos anteriormente a essa data, desde que comprovada a invalidez, conforme o art. 12 do Decreto n. 83.080, de 1979.<br>– STF admite mesmo antes da CF/1988: "o óbito da segurada em data anterior ao advento da Constituição Federal de 1988 não afasta o direito à pensão por morte ao seu cônjuge varão". Nesse sentido: STF, RE 880.521 AgR/SP, 2ª Turma, Rel. Min. Teori Zavascki, *DJe* 28.03.2016. |

| BENEFÍCIO | PENSÃO POR MORTE<br>Códigos da Espécie (INSS): B-21 (previdenciária) ou B-93 (acidentária) |
|---|---|
| Companheiros do mesmo Sexo | Por força de decisão judicial, ACP n. 2000.71.00.009347-0, foi garantido o direito ao companheiro ou companheira do mesmo sexo, para óbitos ocorridos a partir de 05.04.1991, desde que atendidas todas as condições exigidas para o reconhecimento do direito a esse benefício. |
| Cônjuge Separado | – O cônjuge separado de fato, divorciado ou separado judicialmente, terá direito à pensão por morte, mesmo que este benefício já tenha sido requerido e concedido à companheira ou ao companheiro, desde que beneficiário de pensão alimentícia.<br>– Na hipótese de o segurado falecido estar, na data do falecimento, obrigado, por determinação judicial, a pagar alimentos temporários a ex-cônjuge, ex-companheiro ou ex-companheira, a pensão por morte será devida apenas pelo prazo remanescente na data do óbito.<br>– Equipara-se à percepção de pensão alimentícia o recebimento de ajuda econômica ou financeira sob qualquer forma.<br>– Poderá ser concedida pensão por morte, apesar do instituidor ou dependente, ou ambos, serem casados com outrem, desde que comprovada a separação (de fato, judicial ou por acordo extrajudicial) em observância ao disposto no art. 1.723 da Lei n. 10.406, de 2002, que instituiu o Código Civil e a vida em comum.<br>– STJ: Súmula n. 336 – "A mulher que renunciou aos alimentos na separação judicial tem direito à pensão previdenciária por morte do ex-marido, comprovada a necessidade econômica superveniente". |
| Concubina/ Relacionamentos Paralelos | – Não tem direito, consoante orientação do STF ao julgar as Repercussões Gerais cujas teses fixadas foram a seguintes:<br>• Tema n. 526: "É incompatível com a Constituição Federal o reconhecimento de direitos previdenciários (pensão por morte) à pessoa que manteve, durante longo período e com aparência familiar, união com outra casada, porquanto o concubinato não se equipara, para fins de proteção estatal, às uniões afetivas resultantes do casamento e da união estável"; e<br>• Tema n. 529: "A preexistência de casamento ou de união estável de um dos conviventes, ressalvada a exceção do art. 1.723, § 1º, do Código Civil, impede o reconhecimento de novo vínculo referente ao mesmo período, inclusive para fins previdenciários, em virtude da consagração do dever de fidelidade e da monogamia pelo ordenamento jurídico-constitucional brasileiro". |
| Beneficiário Inválido | – De acordo o art. 108 e 115 do RPS: a pensão por morte será devida ao filho, ao enteado, ao menor tutelado e ao irmão, desde que comprovada a dependência econômica dos três últimos, que sejam inválidos ou que tenham deficiência intelectual, mental ou grave, cuja invalidez ou deficiência tenha ocorrido antes da data do óbito. O mais grave é a previsão de que a cota desses dependentes somente será devida caso eles se tornarem inválidos ou pessoas com deficiência intelectual, mental ou deficiência grave antes de completarem 21 anos de idade.<br>– Comprovada a invalidez antes do óbito, o benefício deve ser concedido, mesmo que a invalidez tenha surgido após as hipóteses de cessação da dependência. Nesse sentido: TNU, PEDILEF 50442434920114047100, Relatora Juíza Federal Kyu Soon Lee, DOU 10.01.2014. |
| Menor sob Guarda | – A Lei n. 9.528/1997 excluiu o menor sob guarda da qualidade de dependente de segurado do RGPS, no entanto a jurisprudência fixou entendimento pela manutenção com base no ECA.<br>– STJ: Repetitivo Tema n. 732, reconhece a possibilidade de concessão de pensão por morte ao menor sob guarda, sob o argumento da prevalência do ECA (Lei n. 8.069/1990, art. 33, § 3º), mesmo para os óbitos dos segurados ocorridos sob a vigência da Lei n. 9.528/1997. No mesmo sentido, decidiu o STF nas ADIs n. 4.878 e n. 5.083, j. 07.06.2021.<br>– A EC n. 103/2019 estabeleceu (nas regras transitórias) que "Equiparam-se a filho, para fins de recebimento da pensão por morte, exclusivamente o enteado e o menor tutelado, desde que comprovada a dependência econômica" (art. 25, § 6º). Entendemos que essa vedação é inconstitucional por afrontar o art. 227, caput, da CF (as ADIs n. 4.878 e n. 5.083 não contemplaram a nova redação da EC n. 103).<br>– RG Tema n. 1.271: "Exclusão da criança e do adolescente sob guarda do rol de beneficiários, na condição de dependentes, do segurado do Regime Geral de Previdência Social, implementada pelo art. 23 da Emenda Constitucional n. 103/2019." (RE 1.442.021, pendente de julgamento) |

| BENEFÍCIO | PENSÃO POR MORTE<br>Códigos da Espécie (INSS): B-21 (previdenciária) ou B-93 (acidentária) |
|---|---|
| Habilitação Posterior | – A concessão da pensão por morte não será protelada pela falta de habilitação de outro possível dependente, e qualquer inscrição ou habilitação posterior que importe em exclusão ou inclusão de dependente só produzirá efeito a contar da data da inscrição ou habilitação (art. 76 da Lei n. 8.213/1991).<br>– Ajuizada a ação judicial para reconhecimento da condição de dependente, este poderá requerer a sua habilitação provisória ao benefício de pensão por morte, exclusivamente para fins de rateio dos valores com outros dependentes, vedado o pagamento da respectiva cota até o trânsito em julgado da respectiva ação, ressalvada a existência de decisão judicial em contrário (art. 74, § 3º, da Lei n. 8213/1991 – redação dada pela Lei n. 13.876/2019). |
| Regularização das Contribuições | – Caberá a concessão nas solicitações de pensão por morte em que haja débito decorrente do exercício de atividade do segurado contribuinte individual, desde que comprovada a manutenção da qualidade de segurado perante o RGPS na data do óbito.<br>– TNU: Súmula n. 52 – "Para fins de concessão de pensão por morte, é incabível a regularização do recolhimento de contribuições de segurado contribuinte individual posteriormente a seu óbito, exceto quando as contribuições devam ser arrecadadas por empresa tomadora de serviços".<br>– O RPS (redação dada pelo Decreto n. 10.410/2020) permite a regularização de contribuições abaixo do mínimo legal: Art. 19-E "§ 7º Na hipótese de falecimento do segurado, os ajustes previstos no § 1º poderão ser solicitados por seus dependentes para fins de reconhecimento de direito para benefício a eles devidos até o dia quinze do mês de janeiro subsequente ao do ano civil correspondente".<br>– Não será admitida a inscrição post mortem de segurado contribuinte individual e de segurado facultativo (§ 7º do art. 17 da Lei n. 8.213/1991, com redação da Lei n. 13.846/2019).<br>– TNU, RC Tema n. 286: "Para fins de pensão por morte, é possível a complementação, após o óbito, pelos dependentes, das contribuições recolhidas em vida, a tempo e modo, pelo segurado facultativo de baixa renda do art. 21, § 2º, II, 'b', da Lei n. 8.212/1991, da alíquota de 5% para as de 11% ou 20%, no caso de não validação dos recolhimentos" (PEDILEF 5007366-70.2017.4.04.7110/RS, j. 23.06.2022). |
| Duração | – Indeterminada, em caso de invalidez ou deficiência do pensionista;<br>– 4 meses para o cônjuge ou companheiro, se o óbito do segurado ocorrer sem a comprovação do recolhimento de 18 contribuições mensais e de 2 anos de casamento ou de união estável.<br>– Em caso de invalidez ou deficiência do cônjuge ou companheiro e na hipótese de o óbito do segurado decorrer de acidente de qualquer natureza ou de doença profissional ou do trabalho, não tem aplicação a regra que limita o pagamento da pensão a apenas 4 meses. |
| Cessação | A parte individual da pensão extingue-se:<br>I – pela morte do pensionista;<br>II – para filho, pessoa a ele equiparada ou irmão, de ambos os sexos, ao completar 21 anos de idade, salvo se for inválido ou tiver deficiência intelectual ou mental ou deficiência grave;<br>III – para filho ou irmão inválido, pela cessação da invalidez;<br>IV – para filho ou irmão que tenha deficiência intelectual ou mental ou deficiência grave, pelo afastamento da deficiência, nos termos do regulamento; (esse dispositivo entrará em vigor apenas em 18.06.2017 – art. 6º, II, da Lei n. 13.135/2015)<br>V – para cônjuge ou companheiro:<br>a) se inválido ou com deficiência, pela cessação da invalidez ou pelo afastamento da deficiência, respeitados os períodos mínimos decorrentes da aplicação das alíneas "b" e "c";<br>b) em 4 meses, se o óbito ocorrer sem que o segurado tenha vertido 18 contribuições mensais ou se o casamento ou a união estável tiverem sido iniciados em menos de 2 anos antes do óbito do segurado;<br>c) transcorridos os seguintes períodos, estabelecidos de acordo com a idade do beneficiário na data de óbito do segurado, se o óbito ocorrer depois de vertidas 18 contribuições |

| BENEFÍCIO | PENSÃO POR MORTE<br>Códigos da Espécie (INSS): B-21 (previdenciária) ou B-93 (acidentária) |
|---|---|
| Cessação | mensais e pelo menos 2 anos após o início do casamento ou da união estável (a partir de 1º.01.2021, as idades foram elevadas em 1 ano pela Portaria ME n. 424/2020), ficando em:<br>1) 3 anos, com menos de 22 anos de idade;<br>2) 6 anos, entre 22 e 27 anos de idade;<br>3) 10 anos, entre 28 e 30 anos de idade;<br>4) 15 anos, entre 31 e 41 anos de idade;<br>5) 20 anos, entre 42 e 44 anos de idade;<br>6) vitalícia, com 45 ou mais anos de idade.<br>VI – pela perda do direito decorrente de condenação criminal por sentença com trânsito em julgado, o autor, coautor ou partícipe de homicídio doloso, ou de tentativa desse crime, cometido contra a pessoa do segurado, ressalvados os absolutamente incapazes e os inimputáveis.<br>Acrescenta-se a esse rol, o alcance da data-limite fixada na concessão da pensão alimentícia para o divorciado, separado de fato ou separado judicialmente, conforme previsão contida no art. 76, § 3º (incluído pela Lei n. 13.846/2019)<br>– O novo casamento e a emancipação não constituem causa de extinção do direito à pensão (art. 77 da Lei n. 8.213/1991).<br>– Com a extinção da cota do último pensionista, a pensão por morte será encerrada. |
| Perda do Direito à Pensão | Perde o direito à pensão por morte (art. 74, §§ 1º e 2º, da LBPS):<br>a) o condenado criminalmente por sentença com trânsito em julgado, como autor, coautor ou partícipe de homicídio doloso, ou de tentativa desse crime, cometido contra a pessoa do segurado, ressalvados os absolutamente incapazes e os inimputáveis.;<br>b) o cônjuge, o companheiro ou a companheira se comprovada, a qualquer tempo, simulação ou fraude no casamento ou na união estável, ou a formalização desses com o fim exclusivo de constituir benefício previdenciário, apuradas em processo judicial no qual será assegurado o direito ao contraditório e à ampla defesa.<br>– O exercício de atividade remunerada, inclusive na condição de microempreendedor individual, não impede a concessão ou manutenção da parte individual da pensão do dependente com deficiência intelectual ou mental ou com deficiência grave (art. 77, § 6º da LB, introduzido pela Lei n. 13.183/2015). |
| Suspensão do Pagamento de Cotas | Suspensão do Pagamento de Cotas<br>Novas causas de suspensão do pagamento das cotas da pensão por morte foram previstas pela Lei n. 13.846/2019, quais sejam:<br>– se houver fundados indícios de autoria, coautoria ou participação de dependente, ressalvados os absolutamente incapazes e os inimputáveis, em homicídio, ou em tentativa desse crime, cometido contra a pessoa do segurado, será possível a suspensão provisória de sua parte no benefício de pensão por morte, mediante processo administrativo próprio, respeitados a ampla defesa e o contraditório, e serão devidas, em caso de absolvição, todas as parcelas corrigidas desde a data da suspensão, bem como a reativação imediata do benefício (art. 77, § 7º, da LBPS);<br>– ajuizada a ação judicial para reconhecimento da condição de dependente, este poderá requerer a sua habilitação provisória ao benefício de pensão por morte, exclusivamente para fins de rateio dos valores com outros dependentes, vedado o pagamento da respectiva cota até o trânsito em julgado da respectiva ação, ressalvada a existência de decisão judicial em contrário (art. 74, § 3º da LBPS). |
| Acumulação | – Salvo no caso de direito adquirido, não é permitido o recebimento conjunto mais de uma pensão deixada por cônjuge ou companheiro, ressalvado o direito de opção pela mais vantajosa (art. 124 da Lei n. 8.213/1991, redação dada pela Lei n. 9.032/1995);<br>– No caso de óbito anterior a 29.04.1995 (Lei n. 9.032/1995) para o segurado que recebia cumulativamente duas ou mais aposentadorias concedidas por ex-institutos, será devida a concessão de tantas pensões quantos forem os benefícios que as precederam. |

| BENEFÍCIO | PENSÃO POR MORTE<br>Códigos da Espécie (INSS): B-21 (previdenciária) ou B-93 (acidentária) |
|---|---|
| Acumulação após a entrada em vigor da EC n. 103/2019 (art. 24) | – É vedada a acumulação de mais de uma pensão por morte deixada por cônjuge ou companheiro, no âmbito do mesmo regime de previdência social, ressalvadas as pensões do mesmo instituidor decorrentes do exercício de cargos acumuláveis na forma do art. 37 da CF;<br>– Será admitida, a acumulação de:<br>I – pensão por morte deixada por cônjuge ou companheiro de um regime de previdência social com pensão por morte concedida por outro regime de previdência social ou com pensões decorrentes das atividades militares de que tratam os arts. 42 e 142 da CF<br>II – pensão por morte deixada por cônjuge ou companheiro de um regime de previdência social com aposentadoria concedida no âmbito do RGPS ou de RPPS ou com proventos de inatividade decorrentes das atividades militares de que tratam os arts. 42 e 142 da CF; ou<br>III – pensões decorrentes das atividades militares de que tratam os arts. 42 e 142 da CF com aposentadoria concedida no âmbito do RGPS ou de RPPS.<br>Nessas hipóteses, é assegurada a percepção do valor integral do benefício mais vantajoso e de uma parte de cada um dos demais benefícios, apurada cumulativamente de acordo com as seguintes faixas:<br>I – 60% do valor que exceder 1 salário mínimo, até o limite de 2 salários mínimos;<br>II – 40% do valor que exceder 2 salários mínimos, até o limite de 3 salários mínimos;<br>III – 20% do valor que exceder 3 salários mínimos, até o limite de 4 salários mínimos; e<br>IV – 10% do valor que exceder 4 salários mínimos.<br>– Não incide a proibição de acumulação sobre a acumulação de uma pensão decorrente do óbito do pai e outra do óbito da mãe da mesma criança. |
| Observações | – As regras gerais sobre a pensão por morte encontram-se no art. 201 da CF, nos arts. 23 e 24 da EC n. 103/2019, nos arts. 74 a 79 da Lei n. 8.213/1991 e arts. 105 a 115 do Decreto n. 3.048/1999 (redação dada pelo Decreto n. 10.410/2020). |

## 4.2 AUXÍLIO-RECLUSÃO

A Lei de Benefícios da Previdência Social, na redação original do art. 80, previa a concessão do auxílio-reclusão, nas mesmas condições da pensão por morte, aos dependentes do segurado recolhido à prisão, que não recebesse remuneração da empresa nem estivesse em gozo de auxílio-doença, de aposentadoria ou de abono de permanência em serviço.

Sendo a Previdência um sistema que garante não só ao segurado, mas também à sua família, a subsistência em caso de eventos que não permitam a manutenção por conta própria, é justo que, da mesma forma que ocorre com a pensão por falecimento, os dependentes tenham direito ao custeio de sua sobrevivência pelo sistema de seguro social, diante do ideal de solidariedade.

### 4.2.1 Beneficiários e os critérios de baixa renda

O auxílio-reclusão está previsto no inciso IV do art. 201 da Constituição Federal de 1988, que teve nova redação dada pela Emenda Constitucional n. 20/1998, para limitar a concessão aos beneficiários de segurados que possuam baixa renda. O critério de baixa renda foi mantido pela EC n. 103/2019 e ainda houve a limitação da renda em um salário mínimo.

Sobreveio também o disciplinamento de quais segurados são considerados de baixa renda, conforme se observa na redação do art. 27 da EC n. 103/2019: "Até que lei discipline o acesso ao salário-família e ao auxílio-reclusão de que trata o inciso IV do art. 201 da Constituição Federal, esses benefícios serão concedidos apenas àqueles que tenham renda bruta mensal igual ou inferior a R$ 1.364,43 (mil, trezentos e sessenta e quatro reais e quarenta e três centavos), que serão corrigidos pelos mesmos índices aplicados aos benefícios do Regime Geral de Previdência Social".

Dito de outra forma, a partir de 16.12.1998, os segurados do RGPS que percebem renda bruta mensal superior ao limite estabelecido não geram, aos seus dependentes, o direito ao benefício do auxílio-reclusão. O valor limite é reajustado anualmente, conforme tabela que consta nos anexos desta obra.

A interpretação jurisprudencial caminhava no sentido de que o conceito de renda bruta mensal se referia "à renda do dependente e não à do segurado e que a finalidade do auxílio--reclusão é atender às necessidades dos dependentes que, em face da inculpação do segurado por ato criminoso, se veem desassistidos materialmente" (TRF da 4ª Região, 6ª Turma, Ag. Instrumento n. 2001.04.01.009317-9/RS, Rel. Des. Federal Carlos Eduardo Thompson Flores Lenz, Sessão de 27.11.2001).

O STF, porém, pacificou o entendimento em sentido contrário, vinculando a concessão do benefício à renda do segurado recluso:

> – **Repercussão Geral – Tema n. 89:** "Segundo decorre do art. 201, IV, da Constituição Federal, a renda do segurado preso é a que deve ser utilizada como parâmetro para a concessão do auxílio-reclusão e não a de seus dependentes".

Ainda conforme o entendimento do INSS, que foi adotado até o advento da Lei n. 13.846/2019 (conversão da MP n. 871/2019), se o segurado, embora mantendo essa qualidade, não estivesse em atividade no mês da reclusão, ou nos meses anteriores, seria considerada como remuneração o seu último salário de contribuição.

Esse critério não foi aceito no âmbito judicial, visto que a condição do segurado desempregado é de ausência total de renda, não se podendo retroagir no tempo para buscar a remuneração que o segurado tinha meses antes de ser recolhido à prisão.

A TNU fixou orientação no sentido de que, no momento de avaliar o preenchimento dos requisitos necessários à concessão do auxílio-reclusão, deve ser considerada a legislação vigente à época em que ocorreu a prisão, e, ainda, que o benefício também é devido aos dependentes do segurado que, na data do efetivo recolhimento, não possuía salário de contribuição – como no caso de desempregado –, desde que mantida a qualidade de segurado (PEDILEF n. 5000221-27.2012.4.04.7016, Rel. p/ acórdão Juiz Federal João Batista Lazzari, j. 08.10.2014). Nesse sentido também, a tese fixada pelo STJ no Repetitivo 896 (REsp n. 1485416 / SP, 1ª Seção, Rel. Min. Herman Benjamin, j. 22.11.2017). O qual passou por revisão, em virtude da Lei n. 13.846/2019 (resultado da conversão da MP n. 871/2019), passando a ter a seguinte redação:

> Para a concessão de auxílio-reclusão (art. 80 da Lei n. 8.213/1991) no regime anterior à vigência da MP n. 871/2019, o critério de aferição de renda do segurado que não exerce atividade laboral remunerada no momento do recolhimento à prisão é a ausência de renda, e não o último salário de contribuição. (QO – REsp 1.842.985/PR, 1ª Seção, *DJe* 1º.07.2021)

A TNU decidiu também que a adoção de critério único e inflexível baseada exclusivamente no valor nominal do último salário de contribuição, ignorando todas as verbas de natureza excepcional que o integram, sobretudo por ocasião da rescisão do contrato de trabalho, quando são pagas de uma só vez todas as verbas vencidas, ainda que referentes a competências anteriores, redundaria em manifesto prejuízo à avaliação da real situação financeira do instituidor do benefício de auxílio-reclusão. Dessa forma, fixou a tese de que para a concessão de auxílio-reclusão deverá ser levada em conta a renda do preso no momento da prisão, consubstanciada em seu último salário de contribuição, ressalvada a hipótese em que a última remuneração tenha sido atípica, na qual se admitem outros meios de prova quanto ao enquadramento no conceito de "baixa renda" (PEDLEF n. 0517034-49.2012.4.05.8013, Rel. Juiz Federal Paulo Ernane Moreira Barros, *DOU* 26.09.2014).

Até a entrada em vigor da Lei n. 13.846/2019 (conversão da MP n. 871/2019), era considerada pena privativa de liberdade, para fins de reconhecimento do direito ao benefício de auxílio-reclusão, aquela cumprida em:

a) regime fechado – sujeito à execução da pena em estabelecimento de segurança máxima ou média;

b) regime semiaberto – sujeito à execução da pena em colônia agrícola, industrial ou estabelecimento similar.

Ainda segundo o art. 382 da IN INSS/PRES n. 128/2022 o cumprimento de pena em prisão domiciliar não impedia o recebimento do benefício de auxílio-reclusão pelos dependentes, se o regime previsto for o fechado. E, a monitoração eletrônica do instituidor do benefício de auxílio-reclusão não interferia no direito do dependente ao recebimento do benefício, uma vez que tem a função de fiscalizar o preso, desde que mantido o regime de prisão domiciliar.

Não era devida a concessão de auxílio-reclusão aos dependentes do segurado que estivesse em livramento condicional ou que cumprisse pena em regime aberto, assim entendido aquele cuja execução da pena se dá em casa de albergado ou estabelecimento adequado.

A privação da liberdade, para fins de concessão do benefício, até a modificação trazida pela Lei n. 13.846/2019 (conversão da MP n. 871/2019), era comprovada exclusivamente por documento, emitido pela autoridade competente, demonstrando o recolhimento do segurado à prisão e o regime de cumprimento da pena.

Equiparava-se à condição de recolhido à prisão a situação do segurado do RGPS maior de 16 e menor de 18 anos de idade que se encontrava internado em estabelecimento educacional ou congênere, sob custódia do Juizado da Infância e da Juventude. Considerando-se que os menores não podem cumprir pena em regime fechado, essa hipótese de concessão do benefício ficou afastada pela Lei n. 13.846/2019, conforme abordagem que se fará na sequência.

Registre-se ainda que o benefício era devido enquanto o segurado permanecesse na condição de detento ou recluso. Por isso, para manutenção do benefício, deveria ser apresentada, trimestralmente, a declaração de que o segurado permanece cumprindo pena privativa da liberdade.

Conforme Parecer exarado pela Consultoria Jurídica do então MPAS acerca da caracterização do direito em face do regime prisional, concluiu-se que "as famílias dos segurados presos sob o regime fechado e semiaberto fazem jus ao auxílio-reclusão, ainda que eles exerçam alguma atividade remunerada" e que "as famílias dos segurados em cumprimento de pena sob regime aberto não têm direito ao recebimento do auxílio-reclusão" (Parecer CJ n. 2.583, de 24.09.2001 – *Revista RPS* 252/834, nov. 2001).

Os dependentes do segurado detido em prisão provisória também tinham direito ao benefício, desde que comprovassem o efetivo recolhimento do segurado por meio de documento expedido pela autoridade responsável.

É vedada a concessão do auxílio-reclusão após a soltura do segurado, e, em caso de falecimento do segurado detido ou recluso, o auxílio-reclusão será automaticamente convertido em pensão por morte.

Aplicam-se ao auxílio-reclusão as normas referentes à pensão por morte, sendo necessária, no caso de qualificação de dependentes após a reclusão do segurado, a preexistência da dependência econômica, salvo em relação aos filhos nascidos durante o cumprimento da pena.

As regras gerais sobre o auxílio-reclusão estão dispostas no art. 80 da Lei n. 8.213/1991 (com as alterações da Lei n. 13.846/2019 – conversão da MP n. 871/2019) e nos arts. 116 a 119 do Decreto n. 3.048/1999 (redação conferida pelo Decreto n. 10.410/2020).

## 4.2.2 Novas regras fixadas pela Lei n. 13.846/2019

A Lei n. 13.846/2019 (conversão da MP n. 871/2019) alterou substancialmente as regras de concessão do auxílio-reclusão para estabelecer a necessidade de:

- cumprimento de carência de vinte e quatro meses;
- prova do recolhimento do segurado à prisão em regime fechado;
- não receber remuneração da empresa nem estar em gozo de auxílio-doença (atual auxílio por incapacidade temporária), pensão por morte, salário-maternidade, aposentadoria ou abono de permanência em serviço.

Mostra-se equivocada e de constitucionalidade duvidosa a exigência de carência tão elevada e a limitação do benefício apenas aos dependentes de segurado em regime fechado, pois resultará em ausência de proteção social dos dependentes do segurado privado da sua liberdade e da possibilidade de exercer atividade laborativa capaz de gerar o sustento do grupo familiar, caracterizando afronta ao art. 201, IV, da CF.

A Lei n. 13.846/2019, fixou ainda outros critérios a serem observados na concessão desse benefício, quais sejam:

a) o requerimento do auxílio-reclusão será instruído com certidão judicial que ateste o recolhimento efetivo à prisão, obrigatória, para a manutenção do benefício, a apresentação de prova de permanência na condição de presidiário;

b) o INSS celebrará convênios com os órgãos públicos responsáveis pelo cadastro dos presos para obter informações sobre o recolhimento à prisão;

c) a aferição da renda mensal bruta para enquadramento do segurado como de baixa renda ocorrerá pela média dos salários de contribuição apurados no período de doze meses anteriores ao mês do recolhimento à prisão;

d) a certidão judicial e a prova de permanência na condição de presidiário poderão ser substituídas pelo acesso à base de dados, por meio eletrônico, a ser disponibilizada pelo Conselho Nacional de Justiça, com dados cadastrais que assegurem a identificação plena do segurado e da sua condição de presidiário;

e) em caso de morte de segurado recluso que tenha contribuído para a previdência social durante o período de reclusão, o valor da pensão por morte será calculado levando-se em consideração o tempo de contribuição adicional e os correspondentes salários de contribuição, facultada a opção pelo valor do auxílio-reclusão.

A alteração do critério de aferição da baixa renda é questionável, pois os meses em que o segurado não tiver contribuição não poderão ser excluídos do período básico de cálculo, mas considerados com valor zerado. Esse deve ser o procedimento de apuração, uma vez que, se houver limitação da média dos meses com contribuição, haverá uma distorção da norma.

A justificativa para esses novos critérios na concessão do auxílio-reclusão foi expressa na exposição de motivos da MP n. 871/2019, como sendo:

> 23. Em relação ao auxílio-reclusão, também propõe-se restringir a sua concessão para os dependentes do segurado de baixa renda recolhido à prisão em regime fechado; e, com o objetivo de combater fraudes, estabelecer a carência de 24 (vinte e quatro) meses de contribuição, não cumulação com outros benefícios recebidos pelo preso, a possibilidade da celebração de convênios com o sistema prisional para comprovação da reclusão e aferição de baixa renda com a média dos salários de contribuição apurados no período de 12 (doze)

meses anteriores ao mês do recolhimento à prisão, obstando a concessão para pessoas fora do perfil que estejam desempregadas na véspera da prisão.

Importante lembrar que todas essas alterações só poderão ser aplicadas para os requerimentos cujas prisões ocorreram a partir da entrada em vigor da MP n. 871/2019 (convertida na Lei n. 13.846/2019), em respeito ao princípio do "tempus regit actum". Isso impede que o INSS reveja as concessões com os critérios anteriores, válidos até 18.01.2019, ou aplique os novos requisitos para todas as DER sem observar a data da efetiva privação de liberdade.

### 4.2.3 Concessão do auxílio-reclusão para dependentes de segurados que superem o critério da baixa renda

Referimos que o Pleno do Supremo Tribunal Federal (RE n. 587.365, Rel. Min. Ricardo Lewandowski, *DJe* 08.05.2009), definiu em repercussão geral – Tema n. 89 – que:

- o auxílio-reclusão é restrito aos segurados presos de baixa renda (restrição introduzida pela EC n. 20/1998);
- a renda do segurado preso é que a deve ser utilizada como parâmetro para a concessão do benefício e não a de seus dependentes.

A Primeira Seção do STJ, por sua vez, reafirmou a tese definida no Tema n. 896 dos recursos repetitivos, segundo a qual, para a concessão do auxílio-reclusão, o critério de renda do segurado desempregado no momento de sua prisão é a ausência de renda. O colegiado estabeleceu, porém, que esse entendimento se aplica ao regime jurídico anterior à Medida Provisória n. 871/2019 (convertida na Lei n. 13.846/2019), que alterou o critério de aferição da renda. Pois bem, entendemos que a decisão proferida pelo STF, deve ser interpretada no sentido de que o limite máximo do valor da remuneração do segurado para verificação do direito ao auxílio-reclusão gera presunção absoluta da baixa renda, mas não é um critério absoluto.

Cabe aos dependentes de segurado recluso tratamento isonômico aos requerentes do benefício de prestação continuada (LOAS). Ou seja, a superação do limite de remuneração definido em lei como "baixa renda" não afasta o direito ao benefício se a condição social de carência dos recursos mínimos para a manutenção familiar restar comprovada por outros meios.

Destacamos, também, que, no âmbito dos Juizados Especiais Federais, o magistrado deve utilizar-se do princípio da equidade, premissa inserida de forma expressa no art. 6º da Lei n. 9.099/1995 (aplicável de forma subsidiária à Lei n. 10.259/2001), que estabelece: "o Juiz adotará em cada caso a decisão que reputar mais justa e equânime, atendendo aos fins sociais da lei e às exigências do bem comum". A previsão do art. 5º da LINDB também reforça esse ideário de Justiça.

A equidade seria, dessa forma, uma permissão dada ao julgador para fazer justiça no caso concreto sem sujeitar-se de forma absoluta ao texto expresso e muitas vezes "frio" da norma legal que se aplicado igualmente para todas as situações gera graves injustiças sociais. O papel do juiz, neste ponto, é de distinguir os casos em que a interpretação deve ir além do sentido inicialmente proposto pelo legislador.

Portanto, a análise da renda bruta mensal do recluso como parâmetro para concessão do auxílio-reclusão possui caráter objetivo, ensejando nas hipóteses de superação desse limite o estudo das condições socioeconômicas dos dependentes postulantes.

Nesse sentido, decidiu a 1ª Turma Recursal dos JEFs de Santa Catarina determinado a remessa dos autos ao Juizado de origem para realização de estudo socioeconômico dos dependentes do segurado recluso, a fim de comprovar a situação em que se encontram (composição do grupo familiar, fontes de renda, gastos com alimentação, saúde, transporte, imóvel em que vivem, dentre outros) (Processo n. 5003895-53.2011.404.7208, Rel. Juiz Federal João Batista Lazzari, j. 16.09.2011).

Ainda, segundo o STJ, a flexibilização do critério econômico para concessão do Benefício de Prestação Continuada pode ser aplicada ao auxílio-reclusão quando o caso revela a necessidade de proteção social, permitindo ao julgador flexibilizar a exigência para deferir a concessão do benefício (AgRg no REsp 1523797/RS, T1, Rel. Min. Napoleão Nunes Maia Filho, *DJe* 13.10.2015).

### 4.2.4 Período de carência

A concessão do auxílio-reclusão, a partir da Lei n. 8.213/1991 não dependia de número mínimo de contribuições pagas pelo segurado. Bastava comprovar a situação de segurado para gerar direito ao benefício. A carência exigida pela legislação anterior era de 12 contribuições mensais.

Na Lei n. 13.135/2015, não foi aprovada a carência, mas foi prevista a necessidade de 18 contribuições mensais para que o cônjuge ou companheiro tivesse direito ao auxílio-reclusão por um prazo maior. Caso contrário, a duração seria de apenas quatro meses.

Com o advento da Lei n. 13.846/2019 (conversão da MP n. 871/2019), voltou ao cenário jurídico a necessidade de ser comprovada a carência de 24 (vinte e quatro) meses. Dessa forma, deverá ser observado o que segue:

> I – para fatos geradores ocorridos até 17 de janeiro de 2019, véspera da vigência da Medida Provisória n. 871, o benefício é isento de carência; e
> II – para fatos geradores ocorridos a partir de 18 de janeiro de 2019, exigem-se 24 (vinte e quatro) contribuições mensais como carência.

O período de 24 meses mostra-se abusivo, pois supera o período exigido para outros benefícios de natureza temporária, como o auxílio por incapacidade temporária e o salário-maternidade. Além de que, a população carcerária do Brasil é constituída, em grande parte, por pessoas de baixa renda e com reduzido período contributivo, inviabilizando a concessão do benefício na maioria dos casos.

### 4.2.5 Data de início do benefício

O benefício tem início na data do efetivo recolhimento do segurado à prisão, se requerido até noventa dias deste, e a partir da data do requerimento, se posterior a noventa dias. O prazo foi elevado de trinta para noventa dias pela Lei n. 13.183, de 04.11.2015.

Quando for requerido após o prazo de noventa dias do recolhimento à prisão, a data de início do benefício será a do requerimento, devendo ser ressalvada a situação do beneficiário menor de 16 anos.

Porém, a Lei n. 13.846/2019 adotou regra violadora às normas gerais de proteção dos incapazes, pois fixou prazo de 180 dias para que os filhos menores de 16 anos possam requerer o benefício com retroação da DIP à data da prisão. Transcorrido tal prazo, o benefício será devido somente a partir da data do requerimento.

Entendemos que contra o absolutamente incapaz não correm prazos prescricionais e decadenciais, pois é princípio geral do direito que não há como se exigir de pessoa incapaz para os atos da vida civil que tome medidas tendentes à preservação de seus direitos.

### 4.2.6 Renda mensal inicial

O valor da renda mensal, até o advento da EC n. 103/2019, era igual a 100% do salário de benefício (arts. 75 e 80 da Lei n. 8.213/1991), cujo valor poderia ser superior ao limite de baixa renda. Ou seja, o salário de contribuição, quando acima do limite de baixa renda, impedia a concessão do auxílio-reclusão, mas o valor da renda mensal não sofria a referida limitação.

Com a EC n. 103/2019, o que se destaca é a limitação do valor do auxílio-reclusão a um salário mínimo. Nesse sentido, a regulamentada dada pelo art. 117 do RPS (redação do Decreto n. 10.410/2020) e pelo art. 236 da IN n. 128/2022, que prevê:

> Art. 236. A renda mensal inicial do auxílio-reclusão será calculada na forma daquela aplicável à pensão por morte, limitado ao valor de 1 (um) salário mínimo para fatos geradores a partir de 14 de novembro de 2019, e será rateada em partes iguais aos dependentes habilitados.

Como visto, o valor do auxílio-reclusão, a exemplo do da pensão por morte, quando houver mais de um pensionista, será rateado entre todos em partes iguais, sendo que as cotas do rateio poderão ser inferiores ao salário mínimo. De resto, aplicam-se ao auxílio-reclusão as demais regras da pensão por morte.

Considerando-se, ainda, a previsão contida na EC n. 103/2019, terá uma cota familiar de 50% do valor do salário mínimo, acrescida de cotas de dez pontos percentuais por dependente, até o máximo de 100%.

As cotas por dependente cessam com a perda desta qualidade e não serão reversíveis aos demais dependentes, preservado o valor de 100%, quando o número de dependentes remanescente for igual ou superior a cinco.

E, na hipótese de existir dependente inválido ou com deficiência intelectual, mental ou grave, o valor será equivalente a 100% do salário mínimo.

Em tese, a regra de cálculo por cotas fica sem aplicabilidade, pois o valor do benefício será sempre de um salário mínimo, e não levará em consideração quantos são os dependentes. Porém, entendemos possível a busca em juízo da declaração da inconstitucionalidade dessa limitação, por ser uma norma transitória que fere regra permanente da Constituição, qual seja, o art. 201, § 11, que estabelece: "Os ganhos habituais do empregado, a qualquer título, serão incorporados ao salário para efeito de contribuição previdenciária e consequente repercussão em benefícios, nos casos e na forma da lei".

### 4.2.7 Causas de suspensão e extinção do auxílio-reclusão

Consoante detalhamento constante do art. 391 da IN n. 128/2022, o auxílio-reclusão será suspenso:

> I – se o dependente deixar de apresentar atestado trimestral, firmado pela autoridade competente, para prova de que o segurado permanece recolhido à prisão em regime fechado;
> II – se o segurado recluso possuir vínculo empregatício de trabalho empregado, inclusive de doméstico, avulso ou contribuição como contribuinte individual (o exercício de atividade remunerada do segurado recluso que contribuir na condição de segurado facultativo, em cumprimento de pena em regime fechado, não acarreta a perda do direito ao recebimento do auxílio-reclusão para seus dependentes);
> III – na hipótese de opção pelo recebimento de salário-maternidade; ou
> IV – na hipótese de opção pelo auxílio por incapacidade temporária, para fatos geradores anteriores a 18.01.2019, data da publicação da MP n. 871, convertida na Lei n. 13.846, de 2019.

Nas hipóteses dos incisos II, III e IV, o benefício será restabelecido, respectivamente, no dia posterior ao encerramento do vínculo empregatício, no dia posterior à cessação do salário--maternidade ou no dia posterior à cessação do auxílio por incapacidade temporária.

O pagamento do auxílio-reclusão cessará (art. 392 da IN n. 128/2022):

I – pela progressão do regime de cumprimento de pena, observado o fato gerador:
a) para benefícios concedidos com fato gerador a partir de 18.01.2019, quando o segurado progredir para semiaberto ou aberto; ou
b) para benefícios concedidos com fato gerador anterior a 18.01.2019, quando o segurado progredir para regime aberto;
II – na data da soltura ou livramento condicional;
III – pela fuga do recluso;
IV – se o segurado, ainda que privado de sua liberdade ou recluso, passar a receber aposentadoria;
V – pela adoção, para o filho adotado que receba auxílio-reclusão dos pais biológicos, exceto quando o cônjuge ou o(a) companheiro(a) adota o filho do outro;
VI – com a extinção da última cota individual;
VII – pelo óbito do segurado instituidor ou do beneficiário; ou
VIII – pelas causas de extinção da cota e/ou da pensão por morte.

A cessação em relação aos dependentes com deficiência intelectual ou mental se dá pelo levantamento da interdição (Lei n. 12.470/2011).

Em caso de óbito do segurado, o auxílio-reclusão será automaticamente convertido em pensão por morte.

Na hipótese de fuga, havendo recaptura ou retorno ao regime fechado, o benefício será restabelecido a contar da data do evento, desde que mantida a qualidade de segurado. Nesse ponto, importante observar a tese fixada pela TNU: "Tratando-se de preso foragido, não se aplica a regra de manutenção da qualidade de segurado por 12 meses a partir do livramento, nos termos do art. 15, IV, da Lei n. 8213/1991" (PUIL n. 0067318-03.2008.4.01.3800/MG, j. 18.09.2019).

Se houver exercício de atividade dentro do período de fuga, livramento condicional, cumprimento de pena em regime aberto ou prisão albergue, este será considerado para verificação de manutenção da qualidade de segurado.

Destaca-se, ainda, que o art. 80 da Lei n. 8.213/1991 (com redação conferida pela Lei n. 13.846/2019) estabelece que o auxílio-reclusão não pode ser acumulado com a remuneração da empresa, nem com auxílio por incapacidade, pensão por morte, salário-maternidade, aposentadoria ou abono de permanência em serviço.

As regras gerais sobre o auxílio-reclusão estão dispostas no art. 80 da Lei n. 8.213/1991 (com as alterações da Lei n. 13.846/2019) e nos arts. 116 a 119 do Decreto n. 3.048/1999 (redação conferida pelo Decreto n. 10.410/2020).

### 4.2.8 Principais demandas relacionadas à pensão e ao auxílio-reclusão

Na prática jurídica, os benefícios em questão têm litígios, geralmente, relacionados:

- à concessão, quando não reconhecida a qualidade de segurado do indivíduo falecido ou recolhido à pena privativa de liberdade;
- à divisão (ou não) do benefício entre dependentes que, na verdade, litigam entre si, por exemplo, em caso de haver postulação de ex-cônjuge ou companheiro(a) junto com pessoa que convivia afetivamente na data do óbito ou do início do cumprimento da pena;
- à revisão da renda mensal do benefício, por não computado algum período ou salários de contribuição pelo INSS;

- à revisão da renda mensal do auxílio-reclusão para que não fique limitada a um salário mínimo;
- à prova da condição de baixa renda do segurado recluso;
- à (não) cessação do benefício quando atingido o prazo previsto, em razão da discutível constitucionalidade da Lei n. 13.135/2015.

Na seara trabalhista, os dependentes do trabalhador falecido em acidente do trabalho ou por doença ocupacional fazem jus à indenização pela perda do ente familiar, além das despesas com tratamento, funeral e luto da família, caso o empregador possa ser responsabilizado objetivamente, ou tenha agido, ele ou seus prepostos, com dolo ou culpa.

## QUADRO-RESUMO – AUXÍLIO-RECLUSÃO

| BENEFÍCIO | AUXÍLIO-RECLUSÃO<br>Código da Espécie (INSS): B-25 |
|---|---|
| Evento Gerador | Cumprimento de pena privativa da liberdade (regime fechado, semiaberto ou em prisão provisória) pelo segurado. E, a partir da vigência da MP n. 871/2019 (convertida na Lei n. 13.846/2019), somente em caso de prisão em regime fechado. |
| Beneficiários | – Dependentes do segurado recolhido à prisão.<br>– O filho nascido durante o recolhimento do segurado à prisão terá direito ao benefício de auxílio-reclusão a partir da data do seu nascimento, caso requerido em até 180 dias do nascimento, ou desde o requerimento, se solicitado após tal prazo (Lei n. 13.846/2019).<br>– Se a realização do casamento ocorrer durante o recolhimento do segurado à prisão, o auxílio-reclusão não será devido, considerando a dependência superveniente ao fato gerador. |
| Requisitos | – A reclusão deverá ter ocorrido no prazo de manutenção da qualidade de segurado e o segurado deve contar com a carência de 24 contribuições mensais antes do recolhimento à prisão (MP n. 871/2019 – convertida na Lei n. 13.846/2019).<br>– O regime de reclusão deverá ser o fechado, a partir de 18.01.2019 (MP n. 871/2019, convertida na Lei n. 13.846/2019).<br>– Ser segurado de baixa renda, cujo valor de renda bruta máxima pode ser consultado em tabela constante nos anexos desta obra.<br>– Para o STJ: "Para a concessão de auxílio-reclusão (art. 80 da Lei n. 8.213/1991) **no regime anterior à vigência da MP n. 871/2019,** o critério de aferição de renda do segurado que não exerce atividade laboral remunerada no momento do recolhimento à prisão é a ausência de renda, e não o último salário de contribuição" (Repetitivo 896, REsp 1.842.985/PR, 1º.07.2021). |
| Carência | Nos termos da Lei n. 8.213/1991, com as alterações da Lei n. 13.846/2019, o segurado deve contar com, no mínimo, 24 contribuições antes do recolhimento à prisão.<br>Entretanto, tal carência somente deve ser exigida para recolhimentos ocorridos posteriormente a 18.01.2019, data de publicação da MP n. 871/2019. |
| Qualidade de Segurado | Não será devida a concessão de auxílio-reclusão quando o recolhimento à prisão ocorrer após a perda da qualidade de segurado. |
| Renda Mensal Inicial | – **Até o advento da EC n. 103/2019,** o valor da renda mensal correspondia a 100% do salário de benefício (arts. 75 e 80 da Lei n. 8.213/1991).<br>– Segurado especial: um salário mínimo. Se estivesse contribuindo facultativamente, o benefício seria calculado na sistemática anterior.<br>– Para as prisões ocorridas a partir da entrada em vigor da EC n. 103/2019, o valor do auxílio-reclusão fica limitado a um salário mínimo.<br>– Será fixada uma cota familiar de 50% do valor do salário mínimo, acrescida de cotas de dez pontos percentuais por dependente, até o máximo de 100%. |

| BENEFÍCIO | AUXÍLIO-RECLUSÃO<br>Código da Espécie (INSS): B-25 |
|---|---|
| Período de Graça e Salário de Contribuição | Quando não houver salário de contribuição na data do efetivo recolhimento à prisão, será devido o auxílio-reclusão, desde que:<br>I – não tenha havido perda da qualidade de segurado; e<br>II – a média dos salários de contribuição apurados no período de doze meses anteriores ao mês do recolhimento à prisão (MP n. 871/2019 – convertida na Lei n. 13.846/2019) seja igual ou inferior aos valores fixados como teto da baixa renda à época.<br>Para recolhimentos até 18.01.2019, deve-se aplicar o entendimento da TNU: o benefício também é devido aos dependentes do segurado que, na data do efetivo recolhimento, não possuía salário de contribuição – como no caso de desempregado – desde que mantida a qualidade de segurado (PEDILEF 5000221-27.2012.4.04.7016, j. 08.10.2014). |
| Fator Previdenciário | Não se aplica a este benefício. |
| Cumulatividade | O art. 80 da Lei n. 8.213/1991 (com redação conferida pela Lei n. 13.846/2019)) estabelece que o auxílio-reclusão não pode ser acumulado com a remuneração da empresa, nem com auxílio por incapacidade, pensão por morte, salário-maternidade, aposentadoria ou abono de permanência em serviço. |
| Data de Início do Benefício | a) a partir da data do efetivo recolhimento do segurado à prisão, quando requerida até noventa dias deste (prazo ampliado de trinta para noventa dias pela Lei n. 13.183/2015);<br>b) a partir da data do requerimento, se requerido depois de noventa dias;<br>c) beneficiário menor de 16 anos poderá requerer até 180 dias para receber desde o recolhimento à prisão. Caso o pleito do benefício seja posterior ao prazo, receberá apenas da data do requerimento (Lei n. 13.846/2019). |
| Duração | Indeterminada, sendo devido durante o cumprimento de pena em regime fechado pelo segurado.<br>Em relação ao cônjuge ou companheiro, ser observada a mesma regra de duração da pensão por morte, qual seja:<br>– Temporária, observada a faixa de idade do pensionista com idade inferior a 44 anos na data do óbito do segurado. |
| Cessação | O auxílio-reclusão cessa:<br>I – pela progressão do regime de cumprimento de pena, observado o fato gerador:<br>a) para benefícios concedidos com fato gerador a partir de 18 de janeiro de 2019, quando o segurado progredir para semiaberto ou aberto; ou<br>b) para benefícios concedidos com fato gerador anterior a 18 de janeiro de 2019, quando o segurado progredir para regime aberto;<br>II – na data da soltura ou livramento condicional;<br>III – pela fuga do recluso;<br>IV – se o segurado, ainda que privado de sua liberdade ou recluso, passar a receber aposentadoria;<br>V – pela adoção, para o filho adotado que receba auxílio-reclusão dos pais biológicos, exceto quando o cônjuge ou o(a) companheiro(a) adota o filho do outro;<br>VI – com a extinção da última cota individual;<br>VII – pelo óbito do segurado instituidor ou do beneficiário; ou<br>VIII – pelas causas de extinção da cota e/ou da pensão por morte.<br>– A cessação em relação aos dependentes com deficiência intelectual ou mental se dá pelo levantamento da interdição (Lei n. 12.470/2011).<br>– Em caso de óbito do segurado, o auxílio-reclusão será automaticamente convertido em pensão por morte.<br>– Na hipótese de fuga, havendo recaptura com retorno ao regime fechado, o benefício será restabelecido a contar da data do evento, desde que mantida a qualidade de segurado.<br>– Se houver exercício de atividade dentro do período de fuga, livramento condicional, cumprimento de pena em regime aberto ou prisão albergue, estes serão considerados para verificação de manutenção da qualidade de segurado. |

| BENEFÍCIO | **AUXÍLIO-RECLUSÃO**<br>**Código da Espécie (INSS): B-25** |
|---|---|
| Suspensão | Os pagamentos do auxílio-reclusão serão suspensos:<br>I – se o dependente deixar de apresentar atestado trimestral, firmado pela autoridade competente, para prova de que o segurado permanece recolhido à prisão em regime fechado;<br>II – se o segurado recluso possuir vínculo empregatício de trabalho empregado, inclusive de doméstico, avulso ou contribuição como contribuinte individual (o exercício de atividade remunerada do segurado recluso que contribuir na condição de segurado facultativo, em cumprimento de pena em regime fechado, não acarreta a perda do direito ao recebimento do auxílio-reclusão para seus dependentes);<br>III – na hipótese de opção pelo recebimento de salário-maternidade; ou<br>IV – na hipótese de opção pelo auxílio por incapacidade temporária, para fatos geradores anteriores a 18.01.2019, data da publicação da MP n. 871, convertida na Lei n. 13.846, de 2019.<br>– Nas hipóteses dos incisos II, III e IV, o benefício será restabelecido, respectivamente, no dia posterior ao encerramento do vínculo empregatício, no dia posterior à cessação do salário-maternidade ou no dia posterior à cessação do auxílio por incapacidade temporária. |
| Observações | – As regras gerais do auxílio-reclusão encontram-se no art. 201 da CF, no art. 80 da Lei n. 8.213/1991 (com as alterações da MP n. 871/2019 – convertida na Lei n. 13.846/2019), no art. 27 da EC n. 103/2019 e nos arts. 116 a 199 do Decreto n. 3.048/1999 (com redação dada pelo Decreto n. 10.410/2020). |

## 4.3 SALÁRIO-MATERNIDADE

O salário-maternidade é o benefício devido às seguradas do RGPS, inclusive os em prazo de manutenção dessa qualidade, que cumprirem a carência, quando exigida, por motivo de parto, aborto não criminoso, adoção ou guarda judicial para fins de adoção (art. 357 da IN INSS/PRES n. 128/2022).

A proteção à trabalhadora gestante e à pessoa adotante é garantida, no Brasil, tanto no âmbito do Direito do Trabalho, como no do Direito Previdenciário.

No campo das relações de trabalho, a proteção da gestante se dá:

(a) pela estabilidade conferida, na forma do art. 10 do Ato das Disposições Constitucionais Transitórias, à empregada urbana ou rural, desde a confirmação da gravidez até cinco meses após o parto, até que venha a ser disciplinada a matéria disposta no inciso I do art. 7º do texto constitucional (a Lei Complementar n. 146/2014 estendeu a estabilidade provisória prevista na alínea b do inciso II do art. 10 do ADCT à trabalhadora gestante, nos casos de morte desta, a quem detiver a guarda de seu filho);

(b) pela licença de 120 dias, prevista no art. 7º, XVIII, inclusive em caso de adoção (arts. 392 e 392-A da CLT);

(c) pela possibilidade de alteração do local de trabalho ou função, por prescrição médica, a fim de evitar problemas na gestação e pela liberação do trabalho, para fins de consultas médicas e exames, num mínimo de seis vezes, durante o período de gravidez – § 4º do art. 392);

(d) pela autorização legal para rompimento do vínculo de emprego quando prejudicial à gestação, sem que seja devido qualquer desconto ou indenização – art. 394 da CLT; e

(e) pela vedação expressa à discriminação da mulher no tocante ao seu estado de fertilidade e gravidez, caracterizada a conduta discriminatória do empregador como ilícito penal, além de trabalhista – Lei n. 9.029/1995;

(f) pelo direito a ser afastada de atividades insalubres, enquanto durar a gestação (CLT, art. 394-A, *caput*);

(g) ao pagamento do adicional de insalubridade em caso de afastamento da atividade, efetivando-se a compensação, observado o disposto no art. 248 da Constituição Federal, por ocasião do recolhimento das contribuições incidentes sobre a folha de salários e demais rendimentos pagos ou creditados, a qualquer título, à pessoa física que lhe preste serviço (§ 2º do art. 394-A da CLT).

No campo previdenciário, evidencia-se a proteção da mulher gestante pela concessão do benefício denominado salário-maternidade com duração, em regra geral, de 120 dias.

A Lei n. 13.467/2017, embora trate da denominada "reforma trabalhista" prevê a percepção de salário-maternidade durante todo o período de afastamento (e não apenas por 120 dias) quando não for possível que a gestante ou a lactante afastada exerça suas atividades em local salubre na empresa, hipótese em que será considerada como gravidez de risco (§ 3º do art. 394-A da CLT).

Ruprecht, mencionando a posição de Chantal Paoli, do Bureau Internacional do Trabalho, sustenta a magnitude da proteção social da mulher gestante: "Trata-se de preservar sua função fisiológica no processo da criação, facilitar o cuidado dos filhos e a atenção à família, garantindo seus interesses profissionais e sua renda no mercado de trabalho, sem diminuir nem deteriorar sua condição feminina".

A Consolidação das Leis do Trabalho foi o primeiro normativo legal a garantir o descanso remunerado da gestante, antes e depois do parto, sem prejuízo do emprego e do salário, pelo período de quatro semanas antes do parto e oito semanas após (art. 392). Posteriormente, a Constituição de 1967 garantiu esse direito (art. 165, XI), estabelecendo também a proteção da Previdência Social em relação à maternidade (art. 157, XVI).

Com a Lei n. 6.136/1974, o salário-maternidade passou a ser pago como prestação previdenciária, desonerando-se o empregador de pagar o salário da empregada gestante no período em que lhe era garantido o afastamento do serviço, na época, de doze semanas. Desde então, a empresa adiantava o salário integral à empregada em gozo de licença-maternidade e depois era reembolsada desse valor quando dos recolhimentos devidos ao INSS.

### 4.3.1 Beneficiários do salário-maternidade

A Constituição de 1988 garantiu proteção à maternidade, especialmente à gestante, no art. 201, III, estendendo a duração da licença para cento e vinte dias, sem prejuízo do emprego e do salário, consoante disposição contida no art. 7º, XVIII.

No Plano de Benefícios da Previdência Social, as regras para concessão desse benefício foram disciplinadas nos arts. 71 a 73, sendo concedido inicialmente às seguradas empregadas, trabalhadora avulsa e empregada doméstica, sem exigência de carência, com duração de cento e vinte dias, podendo ter início no período entre vinte e oito dias antes do parto e a data de ocorrência deste.

A Lei n. 8.861, de 25.03.1994, estendeu à segurada especial o direito à percepção do benefício, fixando o valor em um salário mínimo, desde que comprovado o exercício da atividade rural nos últimos doze meses imediatamente anteriores à data do início do benefício, mesmo que de forma descontínua (carência posteriormente reduzida para dez meses).

Na sequência, a Lei n. 9.876, de 26.11.1999, estendeu o salário-maternidade à segurada contribuinte individual e facultativa, criando regras próprias em relação ao valor e ao prazo de carência.

Por sua vez, a Lei n. 10.421, de 15.04.2002, que alterou a CLT e a LBPS, estendeu o direito à segurada que adotar ou obtiver guarda judicial para fins de adoção de criança com idade até 8 anos. E a Lei n. 12.873, de 24.10.2013, entre outras medidas, alterou a redação do art. 77-A da Lei n. 8.213/1991, para proteger o segurado ou segurada que adotar ou obtiver guarda judicial para fins de adoção, considerando devido o salário-maternidade por adoção.

A Lei n. 11.770, de 09.09.2008, ampliou a licença-maternidade de 120 para 180 dias apenas para empregadas de empresas que ingressem no programa Empresa Cidadã, o que será visto com maior detalhamento em tópico destacado à frente.

A Lei n. 13.509, de 22.11.2017, alterou novamente o texto da CLT, passando a redação do art. 392-A a ter o seguinte teor: "À empregada que adotar ou obtiver guarda judicial para fins de adoção de criança ou adolescente será concedida licença-maternidade nos termos do art. 392 desta Lei". Assegurou a referida Lei, ainda, estabilidade à pessoa do empregado que venha a ter deferida a guarda provisória (parágrafo único do art. 391-A da CLT).

Cabe referir também que o STF reconheceu a existência de repercussão geral à controvérsia relativa ao reconhecimento do direito de gestante, contratada por prazo determinado ou ocupante de cargo em comissão não ocupante de cargo efetivo, à licença-maternidade e à estabilidade provisória, quando a gravidez tenha ocorrido durante a prestação dos serviços (art. 7º, XVIII, da CF; art. 10, II, "b", do ADCT): Tema n. 542, cuja tese fixada foi a seguinte:

> A trabalhadora gestante tem direito ao gozo de licença-maternidade e à estabilidade provisória, independentemente do regime jurídico aplicável, se contratual ou administrativo, ainda que ocupe cargo em comissão ou seja contratada por tempo determinado. (RE 842.844, Tribunal Pleno, *DJe* 06.12.2023)

Ainda, segundo a Súmula n. 657 do STJ: "Atendidos os requisitos de segurada especial no RGPS e do período de carência, a indígena menor de 16 anos faz jus ao salário-maternidade".

### 4.3.2 Natureza jurídica do salário-maternidade

Quanto à natureza jurídica do salário-maternidade, não há se confundir com a noção de salário *stricto sensu*, pois é benefício cujo ônus é integral da Previdência Social. Ainda que o empregador urbano ou rural tenha por obrigação adiantá-lo à trabalhadora em licença, o reembolso do valor adiantado é total, de modo que o INSS é o único responsável pelo efetivo pagamento do benefício.

Nesse mesmo sentido, o STF, por maioria de votos (7 a 4), na esteira do relator, ministro Luís Roberto Barroso, votou por dar provimento ao recurso extraordinário e fixar a seguinte tese: "É inconstitucional a incidência de contribuição previdenciária a cargo do empregador sobre o salário-maternidade".

Barroso explicou que o salário-maternidade não constitui contraprestação devida pelo empregador em face do trabalho prestado (pelo contrário, trata-se de uma licença) e não preenche requisito já analisado pelo STF, o de que se constitui em rendimento habitual do trabalho para que se possa incidir a contribuição, já que o estado gravídico não é um estado habitual da mulher. Além disso, o Ministro entendeu que tal tributação onera e desincentiva a contratação de mulheres, discriminação vedada pela CF (RE 576.967, Plenário Virtual, 05.08.2020).

### 4.3.3 Outros critérios de concessão do salário-maternidade

De acordo com a redação original do art. 97 do Decreto n. 3.048/1999, o salário-maternidade da segurada empregada era devido enquanto existisse a relação de emprego. Todavia, essa orientação foi alterada pelos Decretos n. 6.122/2007 e n. 10.410/2020, que deram nova redação ao art. 97 do Regulamento da Previdência Social, para dispor que o benefício: (a) será devido pela previdência social enquanto existir relação de emprego, observadas as regras quanto ao pagamento desse benefício pela empresa; e (b) durante o período de graça, a segurada desempregada fará jus ao recebimento do salário-maternidade, situação em que o benefício será pago diretamente pela previdência social.

Destarte, com a edição do Decreto n. 10.410/2020, caiu a restrição antes constante do Regulamento quanto à necessidade, para concessão do benefício, de que a despedida tivesse ocorrido de forma arbitrária ou sem justa causa, já que a trabalhadora não pode ser compelida a ajuizar ação contra seu ex-empregador, e o direito ao benefício previdenciário é irrenunciável.

A TNU, com acerto, firmou a tese de que o pagamento de indenização trabalhista à empregada dispensada sem justa causa, em valor comprovadamente correspondente a todos os salários relativos ao período em que a gestante gozaria de estabilidade, exclui a necessidade de concessão do benefício de salário-maternidade (Proc. 5010236-43.2016.4.04.7201-SC, Rel. Juiz Fed. Fábio Cesar dos Santos Oliveira, j. 14.09.2017).

Em razão da redação anterior do art. 97 do Decreto, a Defensoria Pública da União vinha ingressando com Ações Civis Públicas e obtendo decisões favoráveis a fim de compelir o INSS a pagar o salário-maternidade às *seguradas dispensadas do emprego durante a gravidez, sem que haja justa causa* e que atenderem as demais exigências legais, pela via administrativa, afastando-se o entendimento de que tal benefício não seria devido às grávidas em tal situação, conforme interpretação deduzida inicialmente pela Autarquia. A título ilustrativo, a decisão proferida pela Juíza Federal Eloá Alves Ferreira em 02.06.2017 nos autos 0012097-76.2017.4.02.5001, em curso na 6ª Vara Federal Cível da Seção Judiciária do Espírito Santo.

É de destacar que de acordo com o art. 103 do Decreto n. 3.048/1999, a segurada aposentada que retornar à atividade fará jus ao pagamento do salário-maternidade (o art. 357, § 8º, da IN INSS/PRES n. 128/2022 vai além e indica o entendimento do INSS de que a aposentada faz jus ao benefício mesmo quando não tenha deixado de exercer a atividade).

Raros são os casos de seguradas aposentadas na condição de mães biológicas (embora uma pessoa aposentada por incapacidade permanente possa estar ainda em idade fértil), no entanto, esse dispositivo tem relevância nos casos de adoção.

Outra situação que merece destaque é relacionada à segurada com idade inferior à permitida para o trabalho, mas que prova estar exercendo atividade remunerada quando engravida, acarretando sua filiação automática à Previdência Social (art. 20 do Decreto n. 3.048/1999). Em tal hipótese, deve prevalecer o sentido protetivo da norma previdenciária. Nesse sentido é a orientação do STF:

> Direito previdenciário. Trabalhadora rural. Menor de 16 anos de idade. Concessão de salário-maternidade. Art. 7º, XXXVIII, da CF. Norma protetiva que não pode privar direitos. Precedentes. Nos termos da jurisprudência do STF, o art. 7º, XXXIII, da CF, "não pode ser interpretado em prejuízo da criança ou adolescente que exerce atividade laboral, haja vista que a regra constitucional foi criada para a proteção e defesa dos trabalhadores, não podendo ser utilizada para privá-los dos seus direitos". (RE 537.040, Rel. Min. Dias Toffoli). Agravo regimental a que se nega provimento (RE 600.616-AgR/RS, 10.09.2014)

No caso de exercer atividades concomitantes, a segurada fará jus ao salário-maternidade relativo a cada atividade (art. 98 do RPS).

A análise do direito ao salário-maternidade deverá observar o fato gerador correspondente, para fins de atendimento dos requisitos de acesso ao benefício, que poderá ser a data do afastamento, o parto, o aborto não criminoso ou a adoção ou guarda judicial para fins de adoção, conforme o caso (art. 357, § 6º, da IN INSS/PRES n. 128/2022).

## 4.3.4 Período de carência

A concessão do salário-maternidade sempre foi possível independentemente do número de contribuições pagas por pessoas nas categorias de segurado empregado, inclusive doméstico, e trabalhador avulso.

Para pessoas seguradas nas categorias contribuinte individual, especial e facultativo, o prazo de carência havia sido fixado pela Lei n. 9.876/1999 em dez contribuições mensais, assim como para as pessoas que estivessem em período de manutenção da qualidade de segurado decorrente dessas categorias.

Porém, o STF reconheceu a inconstitucionalidade da exigência de prazo carencial para o salário-maternidade no julgamento da ADI n. 2.110. Prevaleceu, no julgamento, o voto do ministro Edson Fachin, que considerou que a exigência de cumprimento de carência para concessão do benefício apenas para algumas categorias de trabalhadoras viola o princípio da isonomia. Colhe-se da ementa algumas considerações interessantes, inclusive para o debate de outros temas correlatos à aplicação do princípio isonômico em matéria previdenciária:

> Viola o princípio da isonomia a imposição de carência para a concessão do salário-maternidade, tendo em vista que (i) revela presunção, pelo legislador previdenciário, de má-fé das trabalhadoras autônomas; (ii) é devido às contribuintes individuais o mesmo tratamento dispensado às seguradas empregadas, em homenagem ao direito da mulher de acessar o mercado de trabalho, e observado, ainda, o direito da criança de ser cuidada, nos primeiros meses de vida, pela mãe; e (iii) há um dever constitucional de proteção à maternidade e à criança, nos termos do art. 227 da Constituição de 1988, como sublinhou o Supremo no julgamento da ADI 1.946 (...). (ADI 2110, Rel. Min. Nunes Marques, Tribunal Pleno, *DJe*-s/n publ. 24.05.2024).

## 4.3.5 Data de início e duração do salário-maternidade

O salário-maternidade em caso de gestação é devido à pessoa segurada da previdência social durante 120 dias, com início até 28 dias anteriores ao parto e término 91 dias depois dele, considerando, inclusive, o dia do parto. Ocorrendo parto antecipado, o benefício é pago por 120 dias após o parto.

Tratando-se de parto antecipado ou não, ainda que ocorra parto de natimorto, este último comprovado mediante certidão de óbito, a segurada terá direito aos 120 dias previstos em lei, sem necessidade de avaliação médico-pericial pelo INSS.

Quando houver efetivo risco para a vida da criança ou da mãe, os períodos de repouso anteriores e posteriores ao parto poderão ser prorrogados, excepcionalmente, por duas semanas, mediante atestado médico específico, submetido à avaliação médico-pericial (art. 93, § 3º, do Decreto n. 3.048/1999, com redação dada pelo Decreto n. 10.410/2020).

O STF, apreciando o mérito da ADI 6.327, ratificou a medida cautelar e julgou procedente o pedido formulado para conferir interpretação conforme a Constituição ao art. 392, § 1º, da CLT, assim como ao art. 71 da Lei n. 8.213/1991 e, por arrastamento, ao art. 93 do seu Regulamento (Decreto n. 3.048/1999), de modo a se considerar como termo inicial da licença-maternidade e do respectivo salário-maternidade a alta hospitalar do recém-nascido e/ou de sua mãe, o que ocorrer por último, prorrogando-se em todo o período o benefício, quando o período de internação exceder as duas semanas previstas no art. 392, § 2º, da CLT e no art. 93, § 3º, do Decreto n. 3.048/1999, nos termos do voto do Relator (Rel. Min. Edson Fachin, Plenário, Sessão Virtual de 14.10.2022 a 21.10.2022).

Em caso de aborto não criminoso, comprovado mediante atestado médico, a segurada terá direito ao salário-maternidade correspondente a duas semanas.

O benefício tem início com o afastamento do trabalho pela segurada, o qual é determinado com base em atestado médico ou certidão de nascimento do filho. Compete à interessada instruir o requerimento do benefício com os atestados médicos necessários.

O recebimento do salário-maternidade está condicionado ao afastamento das atividades laborais, sob pena de suspensão de benefício (art. 357, § 2º, da IN INSS/PRES n. 128/2022).

Questão inovadora é a previsão de pagamento de salário-maternidade – durante todo o período de afastamento do trabalho – nos casos em que a gestante ou a lactante não puder exercer atividade insalubre e não for possível a mudança de local de trabalho para ambiente salubre. Essa previsão consta da Lei n. 13.467, de 2017, que alterou a CLT, estabelecendo:

> Art. 394-A. Sem prejuízo de sua remuneração, nesta incluído o valor do adicional de insalubridade, a empregada deverá ser afastada de: (...)
> § 3º Quando não for possível que a gestante ou a lactante afastada nos termos do *caput* deste artigo exerça suas atividades em local salubre na empresa, a hipótese será considerada como gravidez de risco e ensejará a percepção de salário-maternidade, nos termos da Lei n. 8.213, de 24 de julho de 1991, durante todo o período de afastamento.

Muito embora a Lei de Benefícios não tenha sido alterada para contemplar essa hipótese de salário-maternidade, com base na solução de Consulta firmada pela Receita Federal/COSIT (n. 287, de 14.10.2019), ficou esclarecido que pode haver a compensação das contribuições referentes ao pagamento de salário-maternidade em casos de gravidez de risco por exposição à insalubridade:

> Assunto: Contribuições Sociais Previdenciárias
> SALÁRIO-MATERNIDADE. ATIVIDADE INSALUBRE. GRAVIDEZ DE RISCO POR INSALUBRIDADE. COMPENSAÇÃO (DEDUÇÃO). POSSIBILIDADE.
> Segundo a previsão legal objeto do art. 394-A, e § 3º, da CLT, ao contribuinte é permitido o direito à dedução integral do salário-maternidade, durante todo o período de afastamento, quando proveniente da impossibilidade de a gestante ou lactante, afastada em face de atividades consideradas insalubres, e esta não possa exercer suas atividades em local salubre na empresa, restando caracterizada a hipótese como gravidez de risco.

No caso de terceirização, a empregadora precisa comprovar a impossibilidade de exercício de função em ambiente salubre de seu(s) estabelecimento(s) ou de outra contratante de seus serviços de terceirização e não somente no estabelecimento da empresa onde a gestante estava alocada.

### 4.3.5.1 Concessão do salário-maternidade em caso de adoção

O salário-maternidade, como visto, também é devido em caso de adoção ou obtenção de guarda judicial de criança para fins de adoção (art. 71-A da Lei n. 8.213/1991, com redação atual da Lei n. 12.873/2013).

Esse benefício é devido para o segurado ou segurada que adotar ou obtiver a guarda judicial para fins de adoção de criança (assim entendida a pessoa de até 12 anos de idade), pelo período de 120 dias, ainda que a mãe biológica do adotado ou da criança sob guarda já tenha percebido salário-maternidade quando do nascimento (art. 93-A, § 1º, do Decreto n. 3.048/1999, redação conferida pelo Decreto n. 10.410/2020).

Neste caso, havendo adoção por pessoas do sexo masculino, de caráter monoparental ou em união homoafetiva, o benefício poderá ser pago, obedecidos os demais requisitos, à pessoa do segurado.

– O benefício na situação de adoção ou guarda judicial para fins de adoção passou a ser devido ao segurado do sexo masculino, a partir de 25 de outubro de 2013, data da publicação da Lei n. 12.873, de 2013.

Em caso de múltiplas adoções ou guardas judiciais de crianças, pela mesma segurada, na mesma data, somente será devido o valor de um salário-maternidade, a exemplo do que ocorre quando a segurada, mãe biológica, dá à luz gêmeos.

A respeito da condição de avós como guardiães judiciais de seus netos, há importante precedente do TRF3:

> PREVIDENCIÁRIO. INCIDENTE DE UNIFORMIZAÇÃO REGIONAL. CONCESSÃO DE SALÁRIO MATERNIDADE À AVÓ DETENTORA DA GUARDA LEGAL DO NETO. PRECEDENTE DA TNU, QUE FIXOU A SEGUINTE TESE: "A expressão 'para fins de adoção' do art. 71-A,*caput*, da Lei n. 8.213/1991, incluído pela Lei n. 10.421/2002 e alterado pela Medida Provisória n. 619/2013, convertida na Lei n. 12.873/2013, interpretada à luz do art. 227, § 6º, da Constituição Federal, não impede a concessão do salário-maternidade à(ao) avó(ô) que tenha obtido a guarda judicial da(o) neta(o) como forma de regularizar a posse de estado de filho, condição para o estabelecimento do vínculo jurídico de filiação socioafetiva" (PUIL n. 5043905-06.2019.4.04.7000). PEDIDO DE UNIFORMIZAÇÃO DO INSS A QUE SE NEGA PROVIMENTO. (TRF-3 – Pedido de Uniformização de Interpretação de Lei Cível: 5000982-96.2022.4.03.6317, Turma Regional de Uniformização, Rel. Rogerio Volpatti Polezze, *DJEN* 13.03.2024)

No âmbito da TNU, pende de análise a seguinte controvérsia objeto do Representativo Tema n. 344: "Saber se é devido salário-maternidade em razão de adoção de menor acima de doze anos de idade" (PEDILEF 1006649-81.2020.4.01.3820/MG, data de afetação: 19.10.2023).

A nosso ver, ao não prever o pagamento do salário-maternidade em caso de adoção de adolescente, mas apenas em situações de adoção de criança, o legislador agiu em evidente violação do princípio isonômico, bem como contrariou o princípio da proteção integral ao adolescente (art. 227 da CF), pelo que sempre reputamos comportar a regra a aplicação da interpretação conforme a Constituição, de tal modo que também é devido o salário-maternidade em caso de adoção de adolescente.

Até que em ACP movida pelo MPF e que chegou ao STF por força de Recurso Extraordinário, houve por bem a Corte Suprema deferir a pretensão do Parquet e admitir que a concessão do salário-maternidade aos adotantes deve ser conferida independentemente da idade da criança ou adolescente adotados, com efeitos em todo o território nacional (RE 1435957/SC, Rel. Min. Cármen Lúcia, *DJe* 03.10.2023).

### 4.3.5.2 Extensão em casos de falecimento da gestante ou adotante

O benefício também passou a ser pago ao cônjuge ou companheiro(a) sobrevivente, em caso de falecimento do(a) primeiro(a) beneficiário(a), condicionado ao afastamento do beneficiário do trabalho ou da atividade desempenhada, sob pena de suspensão do benefício (arts. 71-B e 71-C da Lei n. 8.213/1991, com redação conferida pela Lei n. 12.873/2013).

De acordo com a IN INSS/PRES n. 128/2022 (art. 360) "O pagamento ao cônjuge ou companheiro(a) sobrevivente é devido para fatos geradores a partir de 23 de janeiro de 2014, data do início da vigência do art. 71-B da Lei n. 8.213, de 1991, e se aplica ao cônjuge ou companheiro(a) sobrevivente que adotar ou obtiver guarda judicial para fins de adoção". No entanto, deixa de aplicar nos seguintes casos:

– em que houve realização de aborto não criminoso (pois nessa hipótese a duração do benefício corresponde a duas semanas, a partir do aborto);
– falecimento do filho, ou seu abandono; ou
– perda ou destituição do poder familiar, decorrente de decisão judicial.

O benefício será pago pelo tempo restante a que teria direito a pessoa do(a) falecido(a), que poderá ser, inclusive, total (óbito no dia do parto, sem que o período de 120 dias tenha sequer iniciado).

O pagamento do benefício deverá ser requerido até o último dia do prazo previsto para o término do salário-maternidade originário.

### 4.3.6 Prorrogação do salário-maternidade por mais sessenta dias

A Lei n. 11.770, de 09.09.2008, ampliou a licença-maternidade de 120 para 180 dias. Para oferecer o benefício, no entanto, a empresa precisa aderir voluntariamente ao programa Empresa Cidadã e, em troca, recebe incentivos fiscais. A empregada pode optar se quer ou não a licença ampliada. A mãe deve requerer a ampliação até o final do primeiro mês após o parto. Os dois meses adicionais serão concedidos imediatamente após o prazo constitucional de 120 dias.

Para as pessoas beneficiárias que estejam em período de graça, a prorrogação em questão caberá apenas para repouso posterior ao fim do benefício (art. 358, § 2º, da IN INSS/PRES n. 128/2022).

A prorrogação será garantida, na mesma proporção, também à empregada que adotar ou obtiver guarda judicial para fins de adoção de criança. No entanto, somente é devida a prorrogação às seguradas cujos empregadores aderirem ao Programa Empresa Cidadã.

Durante o período de prorrogação da licença-maternidade, a empregada terá direito à sua remuneração integral, nos mesmos moldes devidos no período de percepção do salário-maternidade pago pelo Regime Geral de Previdência Social (RGPS).

Nesse período, a empregada não poderá exercer qualquer atividade remunerada e a criança não poderá ser mantida em creche ou organização similar. Havendo descumprimento dessa regra, a empregada perderá o direito à prorrogação.

A prorrogação poderá ser compartilhada entre a mãe e o pai, desde que ambos sejam empregados de pessoa jurídica aderente ao Programa e que a decisão seja adotada conjuntamente, na forma estabelecida em regulamento. Nesta hipótese, a prorrogação poderá ser usufruída pelo empregado da pessoa jurídica que aderir ao Programa somente após o término da licença-maternidade, desde que seja requerida com 30 (trinta) dias de antecedência (§§ 3º e 4º do art. 1º da Lei n. 11.770/2008, incluídos pela Lei n. 14.457/2022).

Fica a empresa participante do Programa Empresa Cidadã autorizada a substituir o período de prorrogação da licença-maternidade pela redução de jornada de trabalho em 50% (cinquenta por cento) pelo período de 120 (cento e vinte) dias (art. 1º-A da Lei n. 11.770/2008, incluído pela Lei n. 14.457/2022).

São requisitos para efetuar a substituição:

I – pagamento integral do salário à empregada ou ao empregado pelo período de 120 (cento e vinte) dias; e
II – acordo individual firmado entre o empregador e a empregada ou o empregado interessados em adotar a medida.

A pessoa jurídica que aderir ao Programa, desde que tributada com base no lucro real, poderá deduzir do imposto devido, em cada período de apuração, o total da remuneração integral da empregada pago nos 60 dias de prorrogação de sua licença-maternidade, vedada a dedução como despesa operacional.

No âmbito da Administração Pública Federal direta, autárquica e fundacional, o Decreto n. 6.690, de 11.12.2008, institui o Programa de Prorrogação da Licença à Gestante e à Adotante. Nesse caso, a prorrogação da licença será custeada com recursos do Tesouro Nacional e aplica-se inclusive às servidoras públicas ocupantes de cargo efetivo que tenham o seu período de licença-maternidade concluído entre 10.09.2008 e a data de publicação do referido Decreto.

A respeito do tema, cumpre repisar o que já foi salientado linhas atrás: a matéria se encontra julgada pelo STF em sede de repercussão geral (Tema n. 782), quando foi fixada a seguinte tese: "Os prazos da licença adotante não podem ser inferiores aos prazos da licença gestante, o mesmo valendo para as respectivas prorrogações. Em relação à licença adotante, não é possível fixar prazos diversos em função da idade da criança adotada". Na oportunidade, foi deferida a uma servidora pública federal o direito aos 180 dias de licença.

A decisão do Tema n. 782 deve ser conjugada, ainda, com a decisão proferida pelo STF na ACP 1435957/SC, já mencionada, de modo que a extensão se dá inclusive nas adoções de adolescentes.

### 4.3.7 Prazo para requerimento do salário-maternidade

Não há mais o prazo de até 90 dias após o parto, antes exigido para o requerimento do benefício, que constava da redação do parágrafo único do art. 71 da Lei n. 8.213/1991, tendo sido revogado pela Lei n. 9.528/1997.

Cabe ressaltar ainda que caso tratemos de segurada adotante, tal prazo também não poderá ser aplicado, podendo a segurada requerer a qualquer tempo o benefício, ficando limitada ao recebimento, em regra, das parcelas não prescritas.

Destacamos ainda que, para o cálculo dos valores devidos, a correção a ser considerada é a da data do fato, não a do requerimento, conforme sumulou a TNU:

> – **Súmula n. 45:** "O salário-maternidade deve receber correção monetária desde a época do parto, independentemente da data do requerimento administrativo" (Precedente: PU 0011597-23.2008.4.01.3200).

### 4.3.8 Renda mensal inicial

O salário-maternidade consistirá numa renda mensal igual à remuneração integral da pessoa segurada, nas categorias de empregado e trabalhador avulso. Para as demais categorias de pessoas seguradas, a renda consistirá, segundo o art. 73 da LBPS, em:

- valor correspondente ao do seu último salário de contribuição, para a pessoa segurada empregada doméstica;[5]
- em um salário mínimo, para a pessoa segurada especial;

---

[5] O art. 19-E do RPS prevê que, a partir de 13.11.2019, para fins de aquisição e manutenção da qualidade de segurado, de carência, de tempo de contribuição e de cálculo do salário de benefício exigidos para o reconhecimento do direito aos benefícios do RGPS e para fins de contagem recíproca, somente serão consideradas as competências cujo salário de contribuição seja igual ou superior ao limite mínimo mensal do salário de contribuição.

– em um doze avos da soma dos doze últimos salários de contribuição, apurados em período não superior a quinze meses, para as pessoas seguradas enquadradas nas categorias de contribuinte individual, facultativa e para as que mantenham a qualidade de segurado durante o período de graça.

A pessoa segurada que exerça atividades concomitantes fará jus ao salário-maternidade relativo a cada atividade para a qual tenha cumprido os requisitos exigidos. Nesse caso, o salário-maternidade relativo a uma ou mais atividades poderá ser inferior ao salário mínimo mensal, mas o valor global do salário-maternidade, consideradas todas as atividades, não poderá ser inferior ao salário mínimo mensal (art. 98 do RPS).

Na hipótese de empregos intermitentes concomitantes, a média aritmética será calculada em relação a todos os empregos e será pago somente um salário-maternidade (art. 100-B, § 2º, do RPS).

O salário-maternidade devido à pessoa empregada com jornada parcial cujo salário de contribuição seja inferior ao seu limite mínimo mensal, será de um salário mínimo (art. 100-C, § 5º, do RPS).

A Lei n. 13.846/2019 estabeleceu que se aplica à pessoa segurada desempregada, que estiver no período de graça, a regra de cálculo baseada na média dos 12 últimos salários de contribuição, apurada em período não superior a 15 meses. Essa é também a orientação da TNU (Representativo de Controvérsia – Tema n. 202):

> O cálculo da renda mensal do salário-maternidade devido à segurada que, à época do fato gerador da benesse, se encontre no período de graça, com última vinculação ao RGPS na qualidade de segurada empregada, deve observar a regra contida no art. 73, inciso III, da Lei n. 8.213/1991.

Aplicam-se mesmas regras de cálculo ao benefício de salário-maternidade devido ao segurado sobrevivente em caso de óbito da pessoa originariamente beneficiária, de acordo com sua última categoria de filiação no fato gerador (art. 240, § 4º, da IN INSS/PRES n. 128/2022).

Se a segurada empregada percebe remuneração variável (como no caso das que recebem por comissões), o valor do benefício será apurado com base na média aritmética corrigida dos últimos seis salários de contribuição.

Em qualquer caso, é garantido o pagamento do salário-maternidade no valor de um salário mínimo, já que se trata de benefício substitutivo da renda da pessoa beneficiária.

O benefício de salário-maternidade devido a pessoas seguradas na condição de trabalhador avulso e empregado, exceto o doméstico, terá a renda mensal sujeita ao teto do subsídio em espécie dos Ministros do Supremo Tribunal Federal (STF), em observância ao art. 248 da Constituição Federal (art. 240, § 3º, da IN INSS/PRES n. 128/2022).

Na redação original do art. 72 da Lei n. 8.213/1991, o pagamento do salário-maternidade à segurada empregada era feito pela empresa, efetivando-se a compensação quando do recolhimento das contribuições sobre a folha de salários. Era pago diretamente pela Previdência Social somente para a empregada doméstica, em valor correspondente ao do seu último salário de contribuição; e, para a segurada especial, no valor de um salário mínimo.

Em face das alterações promovidas pela Lei n. 9.876/1999, o pagamento do salário-maternidade de todas as seguradas passou a ser feito diretamente pelo INSS ou mediante convênio pela empresa, sindicato ou entidade de aposentados devidamente legalizada, na forma do art. 311 do Decreto n. 3.048/1999.

Todavia, a Lei n. 10.710, de 05.08.2003, retomou a forma antiga de procedimento: o art. 72, em seu § 1º, prevê que cabe à empresa adiantar à segurada o valor do salário-maternidade, compensando o seu valor com o das contribuições patronais incidentes sobre folha de pagamento de salários e demais rendimentos das pessoas físicas que lhe prestaram serviços. Assim, o INSS continua pagando diretamente o benefício às demais seguradas (trabalhadoras avulsas, empregadas domésticas, contribuintes individuais e seguradas especiais) e, mediante compensação, às seguradas empregadas urbanas e rurais – art. 73 da Lei n. 8.213/1991. O salário-maternidade em caso de adoção é pago diretamente pela previdência social (art. 93-A, § 6º, do RPS, incluído pelo Decreto n. 4.862, de 2003).

Quanto à incidência de contribuição, o STF dividiu em duas Repercussões Gerais, quais sejam:

- **Tema n. 72 tese fixada:** "É inconstitucional a incidência de contribuição previdenciária a cargo do empregador sobre o salário maternidade" (*Leading Case*: RE 576967, Tribunal Pleno, Sessão Virtual, j. 05.08.2020).
- **Tema n. 1274:** "Constitucionalidade da incidência de contribuição previdenciária a cargo da empregada sobre o salário-maternidade pago pela Previdência Social" (RE 1455643, pendente de julgamento)

As contribuições sociais incidentes sobre o décimo terceiro salário, proporcional aos meses de salário-maternidade, inclusive nos casos em que o benefício seja pago diretamente pelo INSS à segurada, devem ser recolhidas pela empresa ou empregador doméstico, juntamente com as contribuições relativas ao décimo terceiro salário do ano em que o benefício foi pago.

O contrato de trabalho fica suspenso no interregno e a despedida sem justa causa realizada com o fito de obstar o recebimento do benefício acarreta ao empregador – urbano, rural ou doméstico – o ônus de indenizar o valor correspondente ao benefício.

Veja-se, a respeito, a orientação do Conselho de Recursos da Previdência Social, expresso no Enunciado n. 6:

> Cabe ao INSS conceder o salário-maternidade à gestante demitida sem justa causa no curso da gravidez, preenchidos os demais requisitos legais, pagando-o diretamente.
> I – É vedado, em qualquer caso, o pagamento do salário-maternidade em duplicidade, caso a segurada tenha sido indenizada pelo empregador.
> II – Poderá ser solicitada diligência a fim de comprovar se houve pagamento do valor correspondente ao salário-maternidade pelo ex-empregador, enquanto não transcorrer o prazo prescricional para pretensão de créditos trabalhistas.

A TNU uniformizou entendimento no sentido de que a má-fé do empregador não impede o pagamento do salário-maternidade. Segundo o Relator do Pedido de Uniformização n. 2011.72.55.000917-0, publicado no *DOU* 08.06.2012:

> "Em tal situação, cabe ao INSS suportar diretamente o pagamento do salário-maternidade, não sendo razoável impor à empregada demitida buscar da empresa a satisfação pecuniária, quando, ao final, quem efetivamente suportará o pagamento do benefício é o INSS, em face do direito do empregador à compensação". E, ratificou esse entendimento ao julgar o Representativo de Controvérsia – Tema n. 113, fixando a seguinte tese jurídica: "O salário-maternidade é devido mesmo nos casos de desemprego da gestante, hipótese em que deverá ser pago diretamente pela Previdência Social" (PEDILEF 2010.71.58.004921-6/RS, Sessão de 13.11.2013).

No mesmo sentido a orientação do STJ:

> DISPENSA ARBITRÁRIA. MANUTENÇÃO DA CONDIÇÃO DE SEGURADA. PAGAMENTO PELO INSS DE FORMA DIRETA. CABIMENTO NO CASO. PROTEÇÃO À MATERNIDADE. (...) O fato de ser atribuição da empresa pagar o salário-maternidade no caso da segurada empregada não afasta a natureza de benefício previdenciário da prestação em discussão, que deve ser pago, no presente caso, diretamente pela Previdência Social. (REsp n. 1.309.251/RS, 2ª Turma, Rel. Min. Mauro Campbell Marques, *DJe* 28.05.2013).

Logo, em qualquer hipótese de cessação do vínculo laboral, estando a pessoa em período de graça, o requerimento é de ser formulado ao INSS (e por ele deferido).

Quanto à postulação em Juízo, é de observar que, tratando-se de demanda contra o empregador em que se postula direito assegurado pela CLT, como o direito ao afastamento do trabalho, ou diferenças do salário-maternidade adiantado pelo empregador, o que tem origem e incidência no contrato de trabalho mantido entre as partes, resta evidente a natureza laboral da demanda, o que atrai a competência da Justiça do Trabalho para apreciá-la, na forma do art. 114, I, da Constituição Federal (TRT-1, RO 0100024-83.2018.5.01.0056, 7ª Turma, Rel. Des. Rogerio Lucas Martins, publ. 07.11.2018).

Nas hipóteses em que o pagamento deve ser feito diretamente pelo INSS, a ação deve ser intentada contra a Autarquia, sendo de competência da Justiça Federal.

O salário-maternidade poderá ser requerido no prazo de 5 (cinco) anos, a contar da data do fato gerador, exceto na situação do cônjuge ou companheiro(a) sobrevivente, que deverá requerer até o último dia do prazo previsto para o término do benefício originário (art. 71-B, § 1º, da Lei n. 8.213/1991, incluído pela Lei n. 12.873, de 2013). O prazo de prescrição quinquenal para o ajuizamento de ação postulando o benefício começa a ser contado a partir do término do período de 120 dias, que compreende 28 dias antes e 92 dias após o parto, como estabelecido no art. 71 da Lei n. 8.213/1991. Este prazo se aplica a cada uma das quatro parcelas do benefício (TRF1, AC 1001937-67.2022.4.01.9999, 1ª Turma, Rel. Des. Fed. Marcelo Velasco Nascimento Albernaz, *DJe* 14.06.2023).

Não havendo mais dificuldades em se apurar a qualidade de segurado(a) da pessoa requerente do benefício, a demora na concessão é injustificável, ainda mais se considerarmos a urgência da subsistência tanto da pessoa quanto da criança. Por esta razão, cabível a sanção à autarquia em caso de inércia na apreciação e concessão:

> 1. A 3ª Turma Recursal partilha do entendimento de que o ato administrativo de cessação de benefício previdenciário, por si só, não gera dano moral *in re ipsa*, sendo necessário averiguar, caso a caso, a lisura e a razoabilidade do procedimento adotado pela Administração, já que a tomada de decisões é inerente a sua atuação. 2. No caso dos autos, contudo, coaduno com o entendimento do juízo singular de que o não pagamento do salário-maternidade por longo período, quando já reconhecido o direito na esfera administrativa, em 06.11.2020, até o efetivo crédito do NB n. 193.173.736-0, que se deu em 03.03.2022, ofende a dignidade da mulher que já aguardava a referida verba há aproximadamente 1 (um) ano, desde a data do requerimento, a fim de satisfazer suas necessidades básicas e as do recém-nascido. 3. A demora injustificada do INSS para implantar benefício previdenciário não se coaduna com o princípio constitucional da eficiência, que deve pautar o agir administrativo na garantia dos direitos dos cidadãos, de modo que existente o nexo de causalidade entre o ato do réu e o dano extrapatrimonial vivenciado pela segurada, procede o pleito indenizatório. 4. Pondero que a análise

do presente recurso analisou o caso concreto à luz da Perspectiva de Gênero, como orienta o Conselho Nacional de Justiça, na Resolução n. 492, de 17 de março de 2023. 5. Sentença mantida para condenar o INSS ao pagamento de indenização por danos morais no valor de R$ 10.000,00 (dez mil reais). 6. Recurso do INSS improvido. (TRF-4 – Recurso Cível: 5009885-57.2022.4.04.7202, 3ª Turma Recursal de SC, Rel. Gilson Jacobsen, j. 25.03.2024)

## 4.3.9 Cessação do benefício

O pagamento do salário-maternidade pela Previdência Social cessa após o período de cento e vinte dias, caso não haja prorrogação, na maternidade biológica (duas semanas) ou, ainda, pelo falecimento da segurada, se o cônjuge ou companheiro(a) sobrevivente não for segurado do RGPS (art. 71-B da Lei n. 8.213/1991).

Em caso de falecimento, todavia, o pagamento pode ser concedido, pelo tempo restante, à pessoa do cônjuge ou companheiro(a) sobrevivente, desde que possua a qualidade de segurado do RGPS e, caso receba benefício com o qual não se pode acumular o salário-maternidade, cabe a opção pelo benefício mais vantajoso.

## 4.3.10 Principais demandas relacionadas ao salário-maternidade

Em âmbito de prática jurídica, o benefício em questão tem litígios, geralmente, relacionados:

- ao indeferimento do benefício na via administrativa, por ter sido a segurada empregada dispensada sem justa causa (ou de forma arbitrária) no curso da gravidez;
- ao indeferimento do benefício quando de adoção, quando a pessoa do adotado tenha mais de 12 anos de idade, já que o entendimento do INSS é de que a lei somente concede o benefício a quem adotar "criança", aplicando a classificação do Estatuto da Criança e do Adolescente para negar o benefício quando da adoção de "adolescente" – maior de 12 anos completos;
- à revisão do benefício, por ter sido incorretamente calculado pelo INSS, nas situações em que é pago pela autarquia (contribuintes individuais, seguradas especiais, facultativas e em casos de adoção), por eventual desconsideração de período contributivo ou salários de contribuição.

No campo trabalhista, as gestantes e os adotantes despedidos injustamente podem ajuizar ação contra o empregador para exigir, além da reintegração e pagamento dos salários e demais direitos do período estabilitário, incluindo o período do salário-maternidade, a indenização pela despedida discriminatória. Nesse caso, por questão de boa-fé, não cabe postular o pagamento do benefício também pelo INSS, sob pena de caracterização de bis in idem. Todavia, frisamos novamente que não há uma obrigação em postular o pagamento pelo lapso da licença-maternidade em demanda contra seu empregador, pois estamos diante de um *direito de ação*, e não de um *dever*.

A prova a ser produzida aqui é fundamentalmente documental, comprovando pela documentação médica a gravidez, o parto (ou o aborto não criminoso, se for o caso), ou a adoção.

## QUADRO-RESUMO – SALÁRIO-MATERNIDADE

| BENEFÍCIO | SALÁRIO-MATERNIDADE<br>Código da Espécie (INSS): B-80 |
|---|---|
| Evento Gerador | O parto, inclusive de natimorto; o aborto espontâneo, a adoção ou a guarda judicial para fins de adoção. |
| Beneficiários | – Seguradas de todas as espécies e, a partir da Lei n. 12.873/2013, também os segurados do sexo masculino, estes em caso de adoção ou guarda para fins de adoção, e ainda nos casos de falecimento da segurada ou segurado (cônjuge ou companheiro/a) que fizera jus ao recebimento do salário-maternidade originariamente.<br>– Ressalvado o pagamento do salário-maternidade à mãe biológica, não poderá ser concedido o benefício a mais de um segurado, decorrente do mesmo processo de adoção ou guarda, ainda que os cônjuges ou companheiros estejam submetidos a Regime Próprio de Previdência Social.<br>– STF: RG Tema n. 542 – Tese fixada: "A trabalhadora gestante tem direito ao gozo de licença-maternidade e à estabilidade provisória, independentemente do regime jurídico aplicável, se contratual ou administrativo, ainda que ocupe cargo em comissão ou seja contratada por tempo determinado" (RE 842.844, *DJe* 06.12.2023);<br>– STJ: Súmula 657: "Atendidos os requisitos de segurada especial no RGPS e do período de carência, a indígena menor de 16 anos faz jus ao salário-maternidade". |
| Carência | – Não é exigida carência. Para as seguradas facultativas, especial e contribuintes individuais, a exigência de carência de 10 contribuições mensais foi considerada inconstitucional pelo STF (ADI n. 2.110), com efeitos *ex tunc*. |
| Cumulatividade | – No caso de empregos concomitantes, o(a) segurado(a) fará jus ao salário-maternidade relativo a cada emprego.<br>– A segurada aposentada que retornar à atividade fará jus ao pagamento do salário-maternidade (art. 103 do Decreto n. 3.048/1999).<br>– O salário-maternidade não pode ser acumulado com benefício por incapacidade.<br>– Quando ocorrer incapacidade em concomitância com o período de pagamento do salário-maternidade, o benefício por incapacidade, conforme o caso, deverá ser suspenso enquanto perdurar o referido pagamento, ou terá sua data de início adiada para o primeiro dia seguinte ao término do período de cento e vinte dias.<br>– O salário-maternidade é devido à(ao) segurada(o) que adotar, independentemente de a mãe biológica ter recebido o mesmo benefício quando do nascimento da criança. |
| Cessação do Benefício | Após decorrido o prazo de duração do benefício ou em caso de óbito da segurada, o pagamento pode ser feito, pelo tempo restante, à pessoa do cônjuge ou companheiro(a) sobrevivente, desde que possua a qualidade de segurado do RGPS e, caso receba benefício com o qual não se pode acumular o salário-maternidade, cabe a opção pelo benefício mais vantajoso. |
| Salário de Benefício/Renda Mensal Inicial | – Para a segurada empregada e trabalhadora avulsa: o valor da última remuneração auferida, ou em caso de remuneração variável, a média aritmética dos últimos 6 meses (não sujeito ao teto limite do RGPS);<br>– Para a segurada empregada doméstica: o valor do último salário de contribuição, limitado ao teto do RGPS;<br>– Para as seguradas contribuintes individuais, facultativas e para aquelas que estejam em período de graça: média aritmética dos doze últimos salários de contribuição, apurados em período não superior a quinze meses (sujeito ao teto do RGPS);<br>– Para a segurada especial, que não esteja contribuindo facultativamente, será de um salário mínimo. |

| | |
|---|---|
| **BENEFÍCIO** | **SALÁRIO-MATERNIDADE**<br>**Código da Espécie (INSS): B-80** |
| **Fator Previdenciário** | Não se aplica a este benefício. |
| **Período Básico de Cálculo** | – 1/12 (um doze avos) da soma dos 12 (doze) últimos salários de contribuição, apurados em um período não superior a 15 (quinze) meses, para segurados(as) contribuintes individuais e facultativos(as), inclusive quando em situação de desemprego. |
| **Data de Início do Benefício** | – A partir do atestado médico que licencia a gestante, ou a partir do dia do parto antecipado, ou do dia da adoção (ou guarda judicial para fins de adoção).<br>– Poderá ter início até 28 dias antes do parto.<br>– A percepção do salário-maternidade está condicionada ao afastamento do segurado ou segurada requerente de seu trabalho ou da atividade desempenhada, sob pena de suspensão do benefício. |
| **Duração** | – 120 dias, salvo em caso de aborto não criminoso, quando a duração será de duas semanas. Em caso de natimorto, a licença também será de 120 dias.<br>– Quando não for possível que a gestante ou a lactante afastada de atividades consideradas insalubres exerça suas atividades em local salubre na empresa, a hipótese será considerada como gravidez de risco e ensejará a percepção de salário-maternidade, nos termos da Lei n. 8.213, de 24 de julho de 1991, durante todo o período de afastamento, ou seja, mesmo além dos 120 dias (art. 394-A, § 3º, da CLT, incluído pela Lei n. 13.467/2017).<br>– A Lei n. 11.770/2008 permite a prorrogação do benefício por mais 60 dias, desde que a empresa adira voluntariamente ao programa "Empresa Cidadã"; o período adicional é custeado pela empresa, e não pelo INSS.<br>– Ao segurado ou segurada da Previdência Social que adotar ou obtiver guarda judicial para fins de adoção de criança é devido salário-maternidade pelo período de 120 dias (art. 71-A da Lei n. 8.213/1991).<br>– Em casos excepcionais, os períodos de repouso anterior e posterior ao parto podem ser aumentados de mais duas semanas, por meio de atestado médico específico submetido à avaliação médico-pericial (art. 93, § 3º, do RPS).<br>– STF: RG Tema n. 782 – Tese fixada: "Os prazos da licença adotante não podem ser inferiores aos prazos da licença gestante, o mesmo valendo para as respectivas prorrogações. Em relação à licença-adotante, não é possível fixar prazos diversos em função da idade da criança adotada".<br>– Durante o período entre a data do óbito e o último dia do término do salário-maternidade originário, em caso de falecimento da segurada ou segurado (cônjuge ou companheiro/a) seja a maternidade biológica, seja no caso de adoção.<br>– Quando não for possível que a gestante ou a lactante afastada de atividades consideradas insalubres exerça suas atividades em local salubre na empresa, a hipótese será considerada como gravidez de risco e ensejará a percepção de salário-maternidade, nos termos da Lei no 8.213, de 24 de julho de 1991, durante todo o período de afastamento. (Art. 394-A, e §3º da CLT, Incluído pela Lei n. 13.467/2017). |
| **Forma de Pagamento** | – Será pago diretamente pelo INSS ou pela empresa contratante, observando as seguintes situações:<br>I – para requerimentos efetivados a partir de 1º.09.2003, o salário-maternidade devido à segurada empregada, independentemente da data do afastamento ou do parto, será pago diretamente pela empresa, exceto no caso de adoção ou de guarda judicial para fins de adoção, quando será pago diretamente pelo INSS; |

| BENEFÍCIO | SALÁRIO-MATERNIDADE<br>Código da Espécie (INSS): B-80 |
|---|---|
| Forma de Pagamento | II – a segurada empregada que adotar ou obtiver guarda judicial para fins de adoção poderá requerer e receber o salário-maternidade por intermédio da empresa se esta possuir convênio com tal finalidade; e<br>III – as seguradas nas categorias de trabalhadora avulsa, empregada doméstica, contribuinte individual, facultativa, especial e as em prazo de manutenção da qualidade de segurada terão o benefício de salário-maternidade pago pelo INSS.<br>– O salário-maternidade devido à trabalhadora avulsa e à empregada do microempreendedor individual de que trata o art. 18-A da LC n. 123/2006, será pago diretamente pelo INSS, assim como nos casos de adoção.<br>– O salário-maternidade devido ao cônjuge ou companheiro sobrevivente será pago diretamente pelo INSS.<br>– O salário-maternidade devido à empregada intermitente e a empregada com jornada parcial cujo salário de contribuição seja inferior ao seu limite mínimo mensal será pago diretamente pela previdência social (arts. 100-B e 100-C do RPS). |
| Observações | As regras gerais do salário-maternidade encontram-se no art. 201 da CF, nos arts. 71 a 73 da Lei n. 8.213/1991 e nos arts. 93 a 103 do Decreto n. 3.048/1999 (com redação conferida pelo Decreto n. 10.410/2020). |

## 4.4 SALÁRIO-FAMÍLIA

Criado pela Lei n. 4.266/1963, o salário-família é um benefício previdenciário pago, mensalmente, ao trabalhador de baixa renda, filiado na condição de segurado empregado (incluído o doméstico, este a partir de 1º.06.2015, pela nova redação conferida ao art. 65 da Lei n. 8.213/1991) e de trabalhador avulso, na proporção do respectivo número de filhos ou equiparados de até 14 anos de idade, ou inválidos.

O RPS (redação dada pelo Decreto n. 10.410/2020) equipara a filhos somente os enteados e os menores tutelados, desde que comprovada a dependência econômica (arts. 81 e 83), deixando indevidamente de fora os menores sob guarda.

O benefício é concedido por cotas, de modo que o segurado perceba tantas cotas quantas sejam os filhos, enteados ou tutelados, com idade até 14 anos incompletos, ou inválidos, com qualquer idade.

Entendemos que deva ser estendido também para os filhos maiores de 14 anos com deficiência intelectual ou mental ou deficiência grave, a exemplo da previsão contida no art. 16, I, da LBPS (com redação da Lei n. 13.146/2015), em relação aos dependentes do segurado que busca pensão por morte ou auxílio-reclusão.

Inicialmente pago somente aos empregados urbanos, o benefício foi estendido aos trabalhadores avulsos pela Lei n. 5.480/1968.

Para a concessão de cota de salário-família por filho ou equiparado inválido com idade superior a 14 anos, a invalidez deve ser verificada em exame médico-pericial realizado pela Perícia Médica Federal.

O direito à cota do salário-família é definido em razão da remuneração que seria devida ao empregado no mês, independentemente do número de dias efetivamente trabalhados. Todas as importâncias que integram o salário de contribuição serão consideradas como parte integrante da remuneração do mês, exceto o 13º salário e a remuneração total de férias – inciso XVII do art. 7º da Constituição, para efeito de definição do direito à cota de salário-família. O benefício é devido proporcionalmente aos dias trabalhados nos meses de admissão e de rompimento do contrato de trabalho do empregado.

O aposentado por incapacidade permanente ou por idade e os demais aposentados com 65 anos ou mais de idade, se do sexo masculino, ou 60 anos ou mais, se do feminino, terão direito ao salário-família, pago juntamente com a aposentadoria. E, no caso do trabalhador rural, será devido ao aposentado por idade aos 60 anos, se do sexo masculino; ou 55 anos, se do sexo feminino.

Sua natureza jurídica é de benefício previdenciário, pois não é um encargo direto do empregador em decorrência da contraprestação dos serviços prestados pelo segurado; apesar do nome, não tem natureza salarial. Embora o pagamento seja efetuado pelo empregador (incluído o doméstico a partir de 1º.06.2015) com o salário, este tem o direito de reembolsar-se integralmente do valor adiantado, efetuando a compensação quando do recolhimento das contribuições devidas à Previdência Social (art. 68 da Lei n. 8.213/1991, com a redação conferida pela LC n. 150/2015).

Mesmo sendo pago em função da existência de dependentes, o benefício é devido ao segurado, e não ao dependente. Uma vez desempregado, o segurado não faz mais jus às cotas. A regra contraria a ideia de manutenção da qualidade de segurado no período imediatamente após o desemprego.

### 4.4.1 Beneficiários e o critério das quotas do salário-família

A Constituição de 1988 concedeu o salário-família como direito social dos trabalhadores urbanos e rurais, devido em função dos seus dependentes (art. 7º, XII).

É devido como ajuda à manutenção dos dependentes dos segurados empregados (excetuados os domésticos) e trabalhadores avulsos de baixa renda (art. 201, II, da Constituição).

Com a Emenda Constitucional n. 20/1998, a redação do inciso XII do art. 7º da Constituição foi alterada para estabelecer que o salário-família será pago em razão do dependente do trabalhador de baixa renda nos termos da lei. Igual alteração deu-se no inciso IV do art. 201 da Constituição.

A EC n. 103/2019 fez modificações também com relação ao salário-família, mantendo a limitação de acesso apenas àqueles que tenham renda bruta mensal igual ou inferior a R$ 1.364,43, que será corrigida pelos mesmos índices aplicados aos benefícios do RGPS (art. 27). E ainda, estabeleceu um único valor de cota por dependente (R$ 46,54) até que lei discipline a matéria.

A cota do salário-família não será incorporada, para qualquer efeito, ao salário ou ao benefício.

Conforme o entendimento do INSS sobre o tema considera-se remuneração mensal do segurado o valor total do respectivo salário de contribuição, ainda que resultante da soma dos salários de contribuição correspondentes a atividades simultâneas.

O direito à cota do salário-família é definido em razão da remuneração que seria devida ao empregado no mês, independentemente do número de dias efetivamente trabalhados.

Todas as importâncias que integram o salário de contribuição serão consideradas como parte integrante da remuneração do mês para efeito de definição do direito à cota do salário-família, exceto a gratificação de Natal (13º salário) e o adicional de férias previsto no inciso XVII do art. 7º da Constituição.

O salário-família do trabalhador avulso independe do número de dias trabalhados no mês, devendo o seu pagamento corresponder ao valor integral da cota.

O salário-família correspondente ao mês de afastamento do trabalho será pago integralmente pela empresa, pelo empregador doméstico ou pelo sindicato ou órgão gestor de mão de obra, conforme o caso, e o do mês da cessação de benefício pelo INSS, independentemente do número de dias trabalhados ou em benefício (art. 86 do Regulamento, com redação dada pelo Decreto n. 10.410/2020).

Quando o pai e a mãe são segurados empregados, inclusive os domésticos, ou trabalhadores avulsos de baixa renda, ambos têm direito ao benefício, em função dos mesmos dependentes.

Na hipótese de divórcio, separação judicial ou de fato dos pais, ou em caso de abandono legalmente caracterizado ou perda do pátrio poder, o salário-família passará a ser pago diretamente àquele a cujo cargo ficar o sustento do menor, ou a outra pessoa, se houver determinação judicial nesse sentido.

A Lei n. 9.876/1999 deu nova redação ao art. 67 da Lei n. 8.213/1991, para estabelecer que o pagamento do salário-família é condicionado à apresentação da certidão de nascimento do filho ou da documentação relativa ao equiparado ou ao inválido, e à apresentação anual de atestado de vacinação obrigatória e de comprovação de frequência à escola do filho ou equiparado. Regras que foram mantidas pelo STF no julgamento da ADI n. 2.110 MC/DF, Pleno, Rel. Min. Sydney Sanches, *DJ* 05.12.2003.

As regras gerais sobre o salário-família estão disciplinadas no art. 27 da EC n. 103/2019, nos arts. 65 a 70 da Lei n. 8.213/1991 e nos arts. 81 a 92 do Decreto n. 3.048/1999 (redação dada pelo Decreto n. 10.410/2020).

### 4.4.2 Período de carência

A concessão do salário-família independe do número de contribuições pagas pelo segurado, pois, em face de seu caráter nitidamente alimentar, não seria justo exigir carência para a percepção do benefício.

### 4.4.3 Data de início do benefício

O pagamento do salário-família será devido a partir do mês em que houve a apresentação da certidão de nascimento do filho ou da documentação relativa ao equiparado.

Não há fracionamento do valor da cota devida, individualmente, por filho ou equiparado menor de 14 anos ou inválido.

### 4.4.4 Renda mensal inicial

Os valores das cotas do salário-família, bem como o valor considerado como limite de renda mensal bruta para a obtenção do benefício, constam de tabela anexa ao final desta obra.

Destaca-se que a EC n. 103/2019 optou em manter apenas uma faixa de renda (R$ 1.364,43) e um único valor de benefício até esse limite de renda: R$ 46,54. Esses valores deverão ser corrigidos anualmente pelos índices de reajustes dos benefícios do RGPS.

O pagamento é feito mensalmente, a partir da apresentação da certidão de nascimento do filho ou da documentação relativa ao equiparado ou inválido, sendo efetuado (art. 82 do RPS):

- ao empregado, inclusive o doméstico, pela empresa ou pelo empregador doméstico, juntamente com o salário, e ao trabalhador avulso, pelo sindicato ou órgão gestor de mão de obra, por meio de convênio;
- ao empregado, inclusive o doméstico, e ao trabalhador avulso aposentados por incapacidade permanente ou em gozo de auxílio por incapacidade temporária, pelo INSS, juntamente com o benefício;
- ao trabalhador rural aposentado por idade aos 60 anos, se do sexo masculino, ou 55 anos, se do sexo feminino, pelo INSS, juntamente com a aposentadoria; e

- aos demais empregados, inclusive os domésticos, e aos trabalhadores avulsos aposentados aos 65 anos de idade, se homem, ou aos 60 anos, se mulher, pelo INSS, juntamente com a aposentadoria.

As cotas do salário-família pagas pela empresa ou pelo empregador doméstico serão deduzidas quando do recolhimento das contribuições. Tal previsão consta no RPS (art. 82, § 4º).

A falta de pagamento do salário-família pelo empregador, inclusive o doméstico, enseja direito ao empregado de buscar a indenização correspondente, perante a Justiça do Trabalho, na forma do art. 186 do atual Código Civil – Lei n. 10.406/2002.

### 4.4.5 Perda do direito

A perda do direito ao recebimento do benefício ocorre nas seguintes hipóteses:

- por morte do filho ou equiparado, a contar do mês seguinte ao do óbito;
- quando o filho ou equiparado completar 14 anos de idade, salvo se inválido, a contar do mês seguinte ao desta data de aniversário;
- pela recuperação da capacidade do filho ou equiparado inválido, a contar do mês seguinte ao da cessação da incapacidade;
- pelo desemprego do segurado, a partir do dia seguinte à dispensa.

Para efeito de concessão e manutenção do salário-família, o segurado deve firmar termo de responsabilidade, no qual se comprometa a comunicar à empresa, ao empregador doméstico ou ao INSS qualquer fato ou circunstância que determine a perda do direito ao benefício, ficando sujeito, em caso do não cumprimento, às sanções penais e trabalhistas.

### 4.4.6 Principais demandas relacionadas ao salário-família

Em âmbito de prática jurídica, o benefício em questão tem litígios, geralmente, ajuizados perante a Justiça do Trabalho, pois a maciça maioria dos beneficiários tem vínculo de emprego, recebendo o benefício por intermédio do empregador.

O principal óbice ao direito, nesse caso, está na jurisprudência sumulada pelo TST, nos seguintes termos: "254 – Salário-família. Termo inicial da obrigação. O termo inicial do direito ao salário-família coincide com a prova da filiação. Se feita em Juízo, corresponde à data de ajuizamento do pedido, salvo se comprovado que anteriormente o empregador se recusara a receber a certidão respectiva". A prova de tal "recusa", evidentemente, incumbe ao empregado, e se trata de prova impossível, pois não há documentos e nem testemunhas que possam comprovar o fato. A exceção admitida é a contratação sem registro, na qual se admite, pela ilicitude maior cometida pelo empregador, que também há a "recusa" – nesse sentido, o acórdão do TRT da 3ª Região, 2ª Turma, no Proc. 0137600-39.2009.5.03.0099, Rel. Juíza Convocada Maria Raquel Ferraz Zagari Valentim, *DEJT* 08.02.2012.

Para desvencilhar-se desse ônus, sugere-se que o empregado se utilize das "provas digitais": desse modo, uma mensagem de *e-mail* ou encaminhada por aplicativo de conversas, com os referidos documentos (certidão de nascimento, adoção, cartão de vacinação e comprovante de frequência escolar, quando for o caso), supriria o ônus probatório.

Compreendemos que, havendo nascimento ou adoção durante o contrato de trabalho, com a concessão da respectiva licença-paternidade ou maternidade, presume-se que o empregador recebeu a certidão de nascimento, caso contrário a licença não seria autorizada por ele, ou seja, "há presunção favorável ao ex-empregado que demonstra a existência de filho menor no curso do contrato, quanto ao preenchimento dos requisitos de fato para receber o benefício em questão" (TRT-4, RO 0020857-57.2016.5.04.0103, 7ª Turma, Rel. Des. Carmen Izabel Centena Gonzalez, j. 08.02.2018).

Nesse caso, bem como nas situações em que o benefício seja devido pelo INSS, o pleito é de concessão da(s) cota(s) a que faça jus, fazendo-se a prova documental – consistente na certidão de nascimento ou adoção dos dependentes – e pericial – quando o dependente maior de 14 anos seja inválido.

## QUADRO-RESUMO – SALÁRIO-FAMÍLIA

| BENEFÍCIO | SALÁRIO-FAMÍLIA |
|---|---|
| Evento Gerador | – Ter o segurado (de baixa renda) filhos ou pessoas equiparadas até 14 anos de idade, ou inválidos com qualquer idade.<br>– Entendemos que deva ser estendido também para os filhos maiores de 14 anos com deficiência intelectual ou mental ou deficiência grave, a exemplo da previsão contida no art. 16, I, da LBPS (com redação da Lei n. 13.146/2015), em relação aos dependentes do segurado que busca pensão por morte ou auxílio-reclusão. |
| Beneficiários | a) Segurados empregados, inclusive os domésticos, de baixa renda, observado o valor previsto por Portaria à época da concessão do benefício;<br>b) empregado, inclusive o doméstico, e ao trabalhador avulso quando aposentado por incapacidade permanente ou em gozo de auxílio por incapacidade temporária;<br>c) trabalhador rural aposentado por idade aos 60 anos, se do sexo masculino, ou 55 anos, se do sexo feminino;<br>d) demais empregados, inclusive os domésticos, e aos trabalhadores avulsos aposentados aos 65 anos de idade, se homem, ou aos 60 anos, se mulher. |
| Cumulatividade | Caso ambos os pais sejam segurados do RGPS, poderão receber o salário-família pelo mesmo dependente. Não há limite de cotas por segurado. |
| Cessação do Benefício | O salário-família cessa:<br>– com a morte do segurado, no mês seguinte ao óbito;<br>– com o desemprego, no mês seguinte à rescisão contratual;<br>– quando o dependente perder a qualidade (ex: filho ou equiparado a partir do mês seguinte ao que completar 14 anos de idade, salvo se inválido; cessação da invalidez, no caso de dependente inválido);<br>– com a morte do dependente. |
| Renda Mensal Inicial | A partir de 14 de novembro de 2019, passa a ter faixa única quanto ao valor da cota devida, não havendo alteração para enquadramento como segurado de baixa renda, conforme estabelecido pelo art. 27 da EC n. 103, de 2019. |
| Período Básico de Cálculo | Não se aplica a este benefício. |
| Data de Início do Benefício | Será devido a partir da data da apresentação da certidão de nascimento do filho ou da documentação relativa ao equiparado. |
| Forma de Pagamento | O salário-família será pago mensalmente (art. 82 do RPS):<br>– ao empregado, inclusive o doméstico, pela empresa ou pelo empregador doméstico, juntamente com o salário, e ao trabalhador avulso, pelo sindicato ou órgão gestor de mão de obra, por meio de convênio;<br>– ao empregado, inclusive o doméstico, e ao trabalhador avulso aposentados por incapacidade permanente ou em gozo de auxílio por incapacidade temporária, pelo INSS, juntamente com o benefício;<br>– ao trabalhador rural aposentado por idade aos 60 anos, se do sexo masculino, ou 55 anos, se do sexo feminino, pelo INSS, juntamente com a aposentadoria; e<br>– aos demais empregados, inclusive os domésticos, e aos trabalhadores avulsos aposentados aos 65 anos de idade, se homem, ou aos 60 anos, se mulher, pelo INSS, juntamente com a aposentadoria. |

| BENEFÍCIO | SALÁRIO-FAMÍLIA |
|---|---|
| Duração | Até que o dependente complete 14 anos, recupere a capacidade (se inválido maior de 14 anos) ou venha a falecer, e enquanto subsistir relação de emprego urbana ou rural.<br><br>Tendo havido divórcio, separação judicial ou de fato dos pais, ou em caso de abandono legalmente caracterizado ou perda do pátrio-poder, o salário-família passará a ser pago diretamente àquele a cujo cargo ficar o sustento do menor, ou a outra pessoa, se houver determinação judicial nesse sentido.<br><br>O pagamento do salário-família é condicionado à apresentação anual de atestado de vacinação obrigatória, até seis anos de idade, e de comprovação semestral de frequência à escola do filho ou equiparado, a partir dos sete anos de idade. |
| Observações | As regras gerais do salário-família encontram-se no art. 201 da CF, no art. 27 da EC n. 103/2019, nos arts. 65 a 70 da Lei n. 8.213/1991, nos arts. 81 a 92 do Decreto n. 3.048/1999 (redação dada pelo Decreto n. 10.410/2020). |

# 5
# Regras Gerais sobre Acumulação e Cálculo dos Benefícios e Ações Revisionais

## 5.1 ACUMULAÇÃO DE BENEFÍCIOS

O recebimento conjunto de mais de um benefício previdenciário sofre limitações impostas pela EC n. 103/2019, pela Lei n. 8.213/1991 e pelo Decreto n. 3.048/1999, sendo ressalvado o direito adquirido dos beneficiários que já acumulam essas prestações com base em legislação anterior.

Diante das disposições do art. 124 da LBPS, regulamentado pelo art. 167 do RPS (com redação alterada pelo Decreto n. 10.410/2020), não será permitido o recebimento conjunto dos seguintes benefícios:

– aposentadoria com auxílio-doença/auxílio por incapacidade temporária;
– aposentadoria com auxílio-acidente, salvo com DIB (data de início de benefício) anterior a 11.11.1997;[1]
– mais de uma aposentadoria, exceto com DIB anterior a janeiro de 1967;
– aposentadoria com abono de permanência em serviço;
– salário-maternidade com auxílio-doença/auxílio por incapacidade temporária;
– mais de um auxílio-acidente;
– mais de uma pensão deixada por cônjuge e/ou companheiro(a), ressalvado o direito de opção pela mais vantajosa;
– seguro-desemprego com qualquer benefício de prestação continuada da Previdência Social, exceto pensão por morte ou auxílio-acidente;
– benefícios previdenciários com benefícios assistenciais pecuniários, exceto a pensão especial mensal aos dependentes das vítimas da hemodiálise em Caruaru (Lei n. 9.422, de 24.12.1996);
– auxílio-reclusão e algum dos seguintes benefícios: auxílio-doença/auxílio por incapacidade temporária, pensão por morte, salário-maternidade, aposentadoria ou abono de permanência em serviço (art. 80 da Lei n. 8.213/1991, redação pela Lei n. 13.846/2019).

---

[1] Súmula n. 507 do STJ: "A acumulação de auxílio-acidente com aposentadoria pressupõe que a lesão incapacitante e a aposentadoria sejam anteriores a 11.11.1997, observado o critério do art. 23 da Lei n. 8.213/1991 para definição do momento da lesão nos casos de doença profissional ou do trabalho".

No art. 639 da IN INSS/PRESI n. 128/2022 outras hipóteses de vedação de acumulação são mais bem detalhadas, quais sejam:

> IV – salário-maternidade com auxílio por incapacidade temporária ou aposentadoria por incapacidade permanente;
>
> VII – auxílio-acidente com auxílio por incapacidade temporária, do mesmo acidente ou da mesma doença que o gerou;
>
> XI – renda mensal vitalícia com qualquer benefício de qualquer regime, exceto se o beneficiário tiver ingressado no regime do extinto INPS após completar 60 (sessenta) anos, quando será possível também receber o pecúlio de que trata o § 3º do art. 5º da Lei n. 3.807, de 1960;
>
> XII – pensão mensal vitalícia de seringueiro (soldado da borracha), com qualquer outro Benefício de Prestação Continuada de natureza assistencial operacionalizado pela Previdência Social;
>
> XIII – mais de um auxílio por incapacidade temporária, inclusive acidentário;
>
> XIV – benefício de prestação continuada da Lei n. 8.742, de 1993 ou indenizações pagas pela União em razão de decisão judicial pelos mesmos fatos com pensão especial destinada a crianças com Síndrome Congênita do Zika Vírus;
>
> XV – pensão por morte deixada por cônjuge ou companheiro com auxílio-reclusão de cônjuge ou companheiro, para evento ocorrido a partir de 29 de abril de 1995, data da publicação da Lei n. 9.032, de 1995, facultado o direito de opção pelo mais vantajoso;
>
> XVI – mais de um auxílio-reclusão de instituidor cônjuge ou companheiro, para evento ocorrido a partir de 29 de abril de 1995, data da publicação da Lei n. 9.032, de 1995, facultado o direito de opção pelo mais vantajoso;
>
> XVII – auxílio-reclusão pago aos dependentes, com auxílio por incapacidade temporária, aposentadoria ou abono de permanência em serviço ou salário-maternidade do segurado recluso, observado o disposto no art. 384;
>
> XVIII – benefício assistencial com benefício da Previdência Social ou de qualquer outro regime previdenciário, ressalvadas as exceções previstas no § 1º; e
>
> XIX – auxílio-suplementar com aposentadoria ou auxílio por incapacidade temporária, observado, quanto ao auxílio por incapacidade temporária, a exceção prevista no art. 644.

Consoante o § 1º do art. 639 da citada IN INSS/PRESI n. 128/2022, nos casos de benefício assistencial concedido a partir de 07.07.2011, data de publicação da Lei n. 12.435/2011, será admitida sua acumulação com as seguintes prestações de natureza indenizatória:

> I – espécie 54 – Pensão Indenizatória a Cargo da União;
>
> II – espécie 56 – Pensão Especial aos Deficientes Físicos Portadores da Síndrome da Talidomida – Lei n. 7.070, de 1982;
>
> III – espécie 60 – Benefício Indenizatório a Cargo da União;
>
> IV – espécie 89 – Pensão Especial aos Dependentes das Vítimas da Hemodiálise – Caruaru – PE – Lei n. 9.422, de 1996; e
>
> V – espécie 96 – Pensão Especial (Hanseníase) – Lei n. 11.520, de 2007.

É de destacar que, de acordo com o art. 103 do Decreto n. 3.048/1999, é possível acumular aposentadoria com salário-maternidade, caso a segurada aposentada continue trabalhando ou retorne a exercer atividade remunerada. Raros são os casos de seguradas aposentadas na condição de mães biológicas, no entanto esse dispositivo tem relevância nos casos de adoção.

Decisão da TNU, em pedido de uniformização, sobre pensão por morte e LOAS, foi no sentido de que o benefício assistencial não pode ser acumulado com o recebimento de pensão por morte. Contudo, dentro de uma interpretação sistemática da legislação, em especial do art. 20, § 4º, da Lei n. 8.742/1993, combinado com o inciso VI do art. 124 da Lei n. 8.213/1991, admite-se a opção pelo benefício mais vantajoso (PEDILEF 05109419120124058200, Rel. Juiz Federal Daniel Machado da Rocha, *DOU* 22.05.2015).

Em outro precedente sobre acumulação, a TNU definiu que: "É inacumulável o benefício de prestação continuada – BPC/LOAS com o auxílio-acidente, na forma do art. 20, § 4º, da Lei n. 8.742/1993, sendo facultado ao beneficiário, quando preenchidos os requisitos legais de ambos os benefícios, a opção pelo mais vantajoso" (TNU, Representativo de Controvérsia – Tema n. 253, PUIL n. 0500878-55.2018.4.05.8310/PE, j. 28.05.2021).

No que diz respeito à acumulação de auxílio-acidente e auxílio-doença, a TNU firmou entendimento pela possibilidade, desde que tenham fatos geradores distintos (PUIL 5006808-79.2014.4.04.7215/SC, Sessão de 27.06.2019).

Outra Súmula que trata de acumulação de benefícios é a de n. 95 do TRF da 4ª Região, que possui o seguinte teor: "A pensão especial devida ao ex-combatente pode ser cumulada com outro benefício previdenciário, desde que não tenham o mesmo fato gerador".

Sobre o tema acumulação, sobressai o entendimento do STF de que a aposentadoria voluntária em regra não põe fim ao contrato de trabalho, sendo devida a multa de 40% do FGTS de todo o período trabalhado na hipótese de despedida sem justa causa. Nesse sentido o julgamento de AgR em RE 603749/SP[2] e ADI n. 1770/DF,[3] que declarou a inconstitucionalidade do § 1º do art. 453 da Consolidação das Leis do Trabalho, na redação dada pelo art. 3º da mesma Lei n. 9.528/1997.

Assim, não há impedimento de o trabalhador aposentado por idade ou por tempo de contribuição (aposentadorias consideradas programadas) continuar a receber salário da empresa ou continuar a exercer sua atividade como autônomo, devendo, entretanto, efetuar os recolhimentos previdenciários pertinentes à nova remuneração. Logo, o retorno do aposentado à atividade não prejudica o recebimento de sua aposentadoria, que será mantida no seu valor integral (Regulamento, art. 168). Existe, entretanto, limitação de continuidade de atividade para os casos de aposentadoria por invalidez/aposentadoria por incapacidade permanente e de aposentadoria especial.

Quanto à aposentadoria especial, o STF reconheceu a constitucionalidade da limitação imposta pelo art. 57, § 8º, da Lei n. 8.213/1991, ao julgar a Repercussão Geral Tema n. 709, em que fixou as seguintes teses:

> I) É constitucional a vedação de continuidade da percepção de aposentadoria especial se o beneficiário permanece laborando em atividade especial ou a ela retorna, seja essa atividade especial aquela que ensejou a aposentação precoce ou não. II). Nas hipóteses em que o segurado solicitar a aposentadoria e continuar a exercer o labor especial, a data de início do benefício será a data de entrada do requerimento, remontando a esse marco, inclusive, os efeitos financeiros. Efetivada, contudo, seja na via administrativa, seja na judicial a implantação do benefício, uma vez verificado o retorno ao labor nocivo ou sua continuidade, cessará o pagamento do benefício previdenciário em questão.

Essa decisão do STF não impede a acumulação da aposentadoria especial com o exercício de trabalho remunerado em atividade considerada comum. O que impede é a percepção de aposentadoria especial com qualquer outra atividade nociva à saúde.

---

[2] RE 603749 AgR, Rel. Min. Luiz Fux, 1ª Turma, j. 19.02.2013.

[3] ADI 1770, Rel. Min. Joaquim Barbosa, Tribunal Pleno, j. 11.10.2006, *DJ* 1º.12.2006.

Mesmo após o julgamento da RG n. 709 restam dúvidas se o segurado que obtiver aposentadoria especial pelo RGPS poderá continuar a exercer atividade especial vinculado a RPPS (exemplo: médico que se aposenta pelo RGPS e tem cargo público vinculado à regime próprio). Entendemos que essa limitação não se comunica entre regimes diversos, valendo exclusivamente para o RGPS. Por ser norma de caráter restritivo, o óbice não pode ultrapassar os limites legais.

Outra limitação existe ainda para o dependente que requerer pensão de cônjuge ou companheiro(a) e já estiver recebendo pensão decorrente de óbito de outro cônjuge ou companheiro(a) já falecido, e ambas não forem decorrentes de ação judicial ou recursal, ficará obrigado a optar pela mais vantajosa. Excepcionalmente, no caso de óbito de segurado que recebia cumulativamente duas ou mais aposentadorias concedidas por Institutos extintos (os antigos IAPs), respeitado o direito adquirido previsto no art. 124 da Lei n. 8.213/1991, será devida a concessão de tantas pensões quantos forem os benefícios que as precederam.

Até o advento da EC n. 103/2019, a proibição de acumulação de benefícios referida dizia respeito ao RGPS. Nada impedia que o beneficiário acumulasse prestações do RGPS com o salário percebido ou com prestações oriundas de outros regimes, desde que cumpridos os requisitos para o recebimento, e desde que inexistisse norma proibitiva para tanto.

Sobre a acumulação de benefícios, escreve Wladimir Novaes Martinez:

> Diante do número crescente de espécies de prestações contempladas e do fato de, individualmente, possuírem ou não caráter substituidor dos salários, com atribuições distintas e, também, possivelmente, em algum momento histórico, existirem múltiplos regimes compondo o sistema nacional, a lei deve estabelecer as regras de acumulação. Num mesmo regime, os benefícios de igual natureza não podem ser recebidos simultaneamente, inadmitindo-se sua concessão, para pessoa idêntica, com diferentes eventos determinantes. Assim, a proibição de percepção de aposentadoria por invalidez e por idade.
>
> Do ponto de vista atuarial, nada impede a fruição de mensalidades iguais oriundas de diferentes regimes, se o segurado está obrigatoriamente sujeito à filiação e às contribuições e se atendida, em todas as hipóteses, a natureza substituidora da prestação de pagamento continuado. Se professora leciona de manhã para o Estado e, à tarde, para o Município, é correto deferir-lhe benefícios correspondentes aos dois salários[4].

Assim já decidiu a 3ª Seção do STJ, em precedente de 2008. A concessão de duas aposentadorias, de acordo com decisões da Corte Superior, depende da comprovação do desenvolvimento concomitante de atividades regidas em dois regimes diferentes, ou seja, uma atividade no serviço público e outra na iniciativa privada. O solicitante deve atestar que contribuiu, efetivamente, para os dois regimes.

Outra orientação firmada pelo STJ sobre o tema autoriza o aproveitamento de eventual excesso de tempo calculado em um regime para efeito de aposentadoria por tempo de serviço em outro regime[5]. Isso significa que o servidor aposentado em Regime Próprio, por exemplo, que tem sobra de períodos, caso solicite outra aposentadoria pelo RGPS, poderá utilizar o tempo

---

[4] MARTINEZ, Wladimir Novaes. *Curso de direito previdenciário.* Tomo I – Noções de direito previdenciário. São Paulo: LTr, 1997. p. 306.

[5] Aposentadoria. Regime Geral de Previdência Social/estatutário. Contagem recíproca. Excesso de tempo. Aproveitamento no cálculo. Art. 98 da Lei n. 8.213/1991. Interpretação favorável ao segurado. 1. Eventual excesso de tempo que restar após contagem recíproca para a concessão de aposentadoria no regime estatutário pode ser considerado, como na hipótese, para efeito de aposentadoria por tempo de serviço no Regime Geral de Previdência Social. 2. Recurso especial provido em parte (STJ, REsp n. 200401267888, 6ª Turma, Rel. Min. Nilson Naves, *DJ* 17.12.2007).

que sobrou do regime estatutário no cálculo para a nova aposentadoria. As decisões têm por base o art. 98 da Lei n. 8.213/1991.

Os julgados em comento são no sentido de aceitar a utilização de períodos fracionados adquiridos em determinado regime para a soma em outro, com o objetivo de alcançar o tempo exigido para a concessão de aposentadoria. A possibilidade de expedição de documento para comprovar tempo de contribuição em período fracionado está prevista no art. 130 do Decreto n. 3.048/1999.

Contudo, no caso de utilização do período fracionado, o tempo só poderá ser utilizado para uma única aposentadoria, não podendo mais ser contado para qualquer efeito no outro regime. Nesse caso, o beneficiado vai receber proventos de acordo com o regime no qual será aposentado, com a devida compensação financeira entre os dois regimes, ou seja, se concedida aposentadoria como servidor público, vai receber proventos pelo regime próprio; se aposentado pelo RGPS, os valores serão calculados de acordo com este regime (REsp n. 924.423, Rel. Min. Jorge Mussi, DJ 19.05.2008).

Outra importante questão sobre limitação de percebimento de aposentadoria é enfrentada pelos Tribunais do Trabalho relacionada aos empregados públicos que se aposentam e permanecem no emprego, sendo que por vezes a empresa pública ou sociedade de economia mista, com base em pareceres e até mesmo por força de imposição do Ministério Público do Trabalho, pretendem vedar o recebimento simultâneo de proventos de aposentadoria voluntária pelo INSS e o salário pago (determinando, nessa situação, que o trabalhador "opte" por receber apenas um dos dois valores).

A matéria recebia tratamento uniforme pela jurisprudência, no sentido de que a vedação atingia somente a cumulação de remuneração e proventos decorrentes de regimes previdenciários próprios, na forma dos arts. 40, 42 e 142 da CF, não alcançando trabalhadores aposentados pelo RGPS, nos moldes do art. 201 da CF (v.g., TST, E-RR – 527700-13.2008.5.12.0014, Subseção I Especializada em Dissídios Individuais, Rel. Min. Dora Maria da Costa, j. 27.09.2012, publ. 05.10.2012).

Todavia, de acordo com o art. 37, § 14, da CF com a redação dada pela EC n. 103/2019, a aposentadoria concedida com a utilização de tempo de contribuição decorrente de cargo, emprego ou função pública, inclusive do RGPS, acarretará o rompimento do vínculo que gerou o referido tempo de contribuição. No entanto, o rompimento do vínculo não se aplica a aposentadorias concedidas pelo RGPS até a data de entrada em vigor dessa emenda (art. 6º da EC n. 103/2019). A respeito desse tema o RPS (redação dada pelo Decreto n. 10.410/2020) disciplinou:

> Art. 153-A. A concessão de aposentadoria requerida a partir de 14 de novembro de 2019 com utilização de tempo de contribuição decorrente de cargo, emprego ou função pública acarretará o rompimento do vínculo que gerou o referido tempo de contribuição.
> 
> Parágrafo único. Para fins do disposto no *caput*, após a consolidação da aposentadoria, nos termos do disposto no art. 181-B, o INSS notificará a empresa responsável sobre a aposentadoria do segurado e constarão da notificação as datas de concessão e de início do benefício. (NR)

Na sequência, o STF decidiu em Repercussão Geral – Tema n. 606, que: "A natureza do ato de demissão de empregado público é constitucional-administrativa e não trabalhista, o que atrai a competência da Justiça comum para julgar a questão. A concessão de aposentadoria aos empregados públicos inviabiliza a permanência no emprego, nos termos do art. 37, § 14, da CRFB, salvo para as aposentadorias concedidas pelo Regime Geral de Previdência Social até a data de entrada em vigor da Emenda Constitucional n. 103/2019, nos termos do que dispõe seu art. 6º" (RE 655.283, Plenário, Rel. Min. Marco Aurélio, j. 16.05.2021). E, posteriormente fixou a seguinte tese na RG Tema n. 1.150:

> O servidor público aposentado pelo Regime Geral de Previdência Social, com previsão de vacância do cargo em lei local, não tem direito a ser reintegrado ao mesmo cargo no qual se aposentou ou nele manter-se, por violação à regra do concurso público e à impossibilidade de acumulação de proventos e remuneração não acumuláveis em atividade.

Por fim, cabe ressaltar ainda sobre a questão de acumulação de benefícios rurais, especialmente no período pretérito ao da unificação realizada pelo RGPS (Lei n. 8.213/1991), a TNU dos JEFs editou a Súmula n. 36, no sentido de que: "Não há vedação legal à acumulação da pensão por morte de trabalhador rural com o benefício da aposentadoria por invalidez, por apresentarem pressupostos fáticos e fatos geradores distintos".

Hipótese que gera discussão no cumprimento da sentença está o direito ao recebimento de benefício de incapacidade pelo segurado que exerceu atividade remunerada enquanto aguardava a concessão da prestação. Veja-se a respeito a Súmula n. 72 da TNU: "É possível o recebimento de benefício por incapacidade durante período em que houve exercício de atividade remunerada quando comprovado que o segurado estava incapaz para as atividades habituais na época em que trabalhou".

No mesmo sentido, a tese fixada pelo STJ no Repetitivo n. 1013: "No período entre o indeferimento administrativo e a efetiva implantação de auxílio-doença ou de aposentadoria por invalidez, mediante decisão judicial, o segurado do RPGS tem direito ao recebimento conjunto das rendas do trabalho exercido, ainda que incompatível com sua incapacidade laboral, e do respectivo benefício previdenciário pago retroativamente".

Em relação à opção pelo melhor benefício quando este for concedido na via administrativa durante a tramitação de ação, bem como à possibilidade de execução das parcelas anteriores do benefício concedido judicialmente, o tema foi afetado pelo STJ em Repetitivo, cuja tese fixada foi favorável aos segurados:

> – **Tema n. 1.018:** "O Segurado tem direito de opção pelo benefício mais vantajoso concedido administrativamente, no curso de ação judicial em que se reconheceu benefício menos vantajoso. Em cumprimento de sentença, o segurado possui o direito à manutenção do benefício previdenciário concedido administrativamente no curso da ação judicial e, concomitantemente, à execução das parcelas do benefício reconhecido na via judicial, limitadas à data de implantação daquele conferido na via administrativa" (REsp 1.767.789/PR, 1ª Seção, Rel. Min. Herman Benjamin, *DJe* 1º.07.2022).

Na sequência, o STJ fixou importante tese relacionada à compensação de prestações previdenciárias, recebidas na via administrativa, quando de levantamento de cálculos em cumprimento de sentença concessiva de outro benefício, com elas não acumulável, qual seja:

> – **Tema Repetitivo n. 1.207:** "A compensação de prestações previdenciárias, recebidas na via administrativa, quando da elaboração de cálculos em cumprimento de sentença concessiva de outro benefício, com elas não acumulável, deve ser feita mês a mês, no limite, para cada competência, do valor correspondente ao título judicial, não devendo ser apurado valor mensal ou final negativo ao beneficiário, de modo a evitar a execução invertida ou a restituição indevida" (REsp 2039614/PR, 1ª Seção, Rel. Min. Gurgel de Faria, *DJe* 28.06.2024).

Quanto aos honorários de sucumbência na hipótese de compensação, o STJ garantiu que deva incidir sobre a totalidade dos valores devidos:

– **Tema Repetitivo n. 1.050:** "O eventual pagamento de benefício previdenciário na via administrativa, seja ele total ou parcial, após a citação válida, não tem o condão de alterar a base de cálculo para os honorários advocatícios fixados na ação de conhecimento, que será composta pela totalidade dos valores devidos" (REsp 1847860/RS , 1ª Seção, Rel. Des. Convocado Manoel Erhardt, *DJe* 05.05.2021).

### – A EC N. 103/2019 E A ACUMULAÇÃO DE BENEFÍCIOS

Consta das regras permanentes da EC n. 103/2019 (art. 201, § 15), que lei complementar estabelecerá vedações, regras e condições para a acumulação de benefícios previdenciários.

Enquanto isso, nas regras transitórias, foi definida nova regra de acumulação de proventos de aposentadoria e pensão por morte no art. 24, §§ 1º e 2º. Permite-se a acumulação de benefícios nos casos de:

i) pensão por morte deixada por cônjuge ou companheiro de um regime de previdência social com pensão por morte concedida por outro regime de previdência social ou com pensão decorrente de atividades militares;

ii) pensão por morte deixada por cônjuge ou companheiro de um regime de previdência social com aposentadoria concedida no âmbito do RGPS ou de RPPS ou de proventos de inatividade decorrentes de atividades militares;

iii) pensões decorrentes das atividades militares com aposentadoria concedida no âmbito do RGPS ou de RPPS.

Todavia, a acumulação envolverá a percepção integral do benefício mais vantajoso e de apenas uma parte de cada um dos demais benefícios, apuradas cumulativamente, de acordo com as seguintes faixas:

i) 100% do valor igual ou inferior a um salário mínimo;
ii) 60% do valor que exceder um salário mínimo até o limite de dois salários mínimos;
iii) 40% do valor que exceder dois salários mínimos até o limite de três salários mínimos;
iv) 20% do valor que exceder três salários mínimos até o limite de quatro salários mínimos;
v) 10% do valor que exceder quatro salários mínimos.

A opção referida poderá ser revista a qualquer tempo, a pedido do interessado, em razão de alteração de algum dos benefícios.

Poderia haver dúvida, por exemplo, a respeito da incidência do novo regramento sobre a acumulação de uma pensão decorrente do óbito do pai e outra do óbito da mãe da mesma criança. Neste caso, não incide a proibição de acumulação e tampouco o pagamento reduzido do benefício menos vantajoso. E, a regra de redução do pagamento de benefícios acumulados, considerando que não se interpreta regra excepcional de forma extensiva, não pode ser aplicada para a soma de rendimentos decorrentes de outros benefícios não previstos no § 1º do art. 24.

Cabe salientar que a regulamentação das acumulações foi disciplinada pelo Decreto n. 10.410/2020, que incluiu o art. 167-A no RPS, do qual, destaca-se que:

i) no ato de habilitação ou concessão de benefício sujeito a acumulação, o INSS deverá: verificar a filiação do segurado ao RGPS ou a regime próprio de previdência social; solicitar ao segurado que manifeste expressamente a sua opção pelo benefício que lhe seja mais vantajoso; e, quando for o caso, verificar a condição do segurado ou pensionista, de modo a considerar, entre outras, as informações constantes do CNIS;

ii) o Ministério da Economia manterá sistema de cadastro dos segurados do RGPS e dos servidores vinculados a RPPS, e poderá, para tanto, firmar acordo de cooperação com outros órgãos da administração pública federal, estadual, distrital ou municipal para a manutenção e a gestão do referido sistema de cadastro;

iii) até que o sistema seja implementado, a comprovação de que o aposentado ou o pensionista cônjuge ou companheira ou companheiro do RGPS não recebe aposentadoria ou pensão de outro RPPS será feita por meio de autodeclaração, a qual o sujeitará às sanções administrativas, civis e penais aplicáveis caso seja constatada a emissão de declaração falsa;

iv) caberá ao aposentado ou pensionista do RGPS informar ao INSS a obtenção de aposentadoria ou pensão de cônjuge ou companheira ou companheiro de outro regime, sob pena de suspensão do benefício.

Por fim, nossa interpretação quanto ao disposto no art. 24 da EC n. 103/2019 é a seguinte:

a) acumulação sem restrições: com base no *caput* do art. 24, quando as pensões forem deixadas pelo mesmo instituidor e forem decorrentes do exercício de cargos acumuláveis na forma do art. 37, XVI, da Constituição Federal (dois cargos de professor; um cargo de professor com outro técnico ou científico; dois cargos ou empregos privativos de profissionais de saúde, com profissões regulamentadas). Ou seja, as pensões são acumuláveis e não se aplicam as restrições do § 2º do art. 24 (opção pela mais vantajosa e redução dos percentuais do segundo benefício);

b) acumulação com restrições: as outras hipóteses de acumulações, por exemplo, do § 1º, "I – pensão por morte deixada por cônjuge ou companheiro de um regime de previdência social com pensão por morte concedida por outro regime de previdência social ou com pensões decorrentes das atividades militares de que tratam os arts. 42 e 142 da Constituição Federal", são acumuláveis, mas com aplicação das restrições do § 2º do art. 24 (opção pela mais vantajosa e redução dos percentuais do segundo benefício);

c) regra do direito adquirido à acumulação integral: está prevista no § 4º: "as restrições previstas neste artigo não serão aplicadas se o direito aos benefícios houver sido adquirido antes da data de entrada em vigor desta Emenda Constitucional". Aqui, deve ser interpretado como o fato gerador dos benefícios, e não a concessão deles.

De qualquer forma, as regras de acumulação, a despeito de preservarem o valor do maior benefício, promovem um corte drástico no montante do outro benefício a ser acumulado.

## 5.2 CÁLCULO DO VALOR DOS BENEFÍCIOS

Os benefícios – prestações pecuniárias devidas pela Previdência Social – têm valores apurados de formas diversas. A regra geral, porém, é que os benefícios sejam calculados segundo os critérios previstos pelo art. 201, § 3º, da Constituição Federal, ou seja, levando-se em conta os salários de contribuição, corrigidos monetariamente, para apuração do chamado salário de benefício.

Os benefícios, contudo, que não têm essa base de cálculo, segundo o art. 31 do RPS (redação conferida pelo Decreto n. 10.410/2020) são: o salário-família; a pensão por morte; o salário-maternidade; o auxílio-reclusão; e os demais benefícios previstos em legislação especial.

### 5.2.1 Definições iniciais para o cálculo dos benefícios: salário de contribuição, salário de benefício, período básico de cálculo, coeficiente de cálculo e renda mensal inicial

Algumas definições iniciais são necessárias para a compreensão dos cálculos dos benefícios do RGPS. As primeiras dizem respeito a:

- **Salário de Contribuição (SC):** é o valor sobre o qual incide a contribuição previdenciária, em regra relacionado à remuneração recebida pelo segurado, mas que deve respeitar limites máximos (teto) e mínimos (salário mínimo) legalmente previstos. O salário de contribuição serve de base cálculo da maioria dos benefícios disponíveis no RGPS, para apuração da média contributiva.
- **Salário de Benefício (SB):** é o valor básico usado para o cálculo da renda mensal inicial dos principais benefícios previdenciários de pagamento continuado (art. 28 da Lei n. 8.213/1991). Desde as legislações anteriores costuma ser relacionado à média de salários de contribuição, mas cada legislação define a quantidade de SC que formarão a média a ser obtida no SB. Já tivemos a média das últimas trinta e seis contribuições, e na sequência a média das 80% maiores contribuições, sendo que para aposentadoria por idade e por tempo de contribuição também se inclui em seu cálculo a aplicação do Fator Previdenciário, conforme redação do art. 29, I da Lei n. 8.213/1991 (incluído pela Lei n. 9.876/1999). E, a partir da EC n. 103/2019, consistirá na média aritmética simples dos salários de contribuição atualizados monetariamente, correspondentes a 100% do período contributivo desde a competência julho de 1994 ou desde o início da contribuição, se posterior àquela competência (art. 26).
- **Período Básico de Cálculo (PBC):** é o período temporal no qual a lei determina que sejam procurados salários de contribuição para a apuração do salário de benefício (média) e posterior determinação da RMI. Difere dependendo da lei vigente. Já foi de 48 meses, e atualmente é de todo o período contributivo, desde a competência julho de 1994 ou desde o início da contribuição, se posterior àquela competência (art. 26 da EC n. 103/2019).
- **Coeficiente de Cálculo (%):** é um percentual definido em lei (EC n. 103/2019, Lei n. 8.213/1991, ou leis específicas, como a da aposentadoria do deficiente) referente a cada benefício. Tal percentual será aplicado sobre o SB para apuração da Renda Mensal Inicial.
- **Renda Mensal Inicial (RMI):** é o resultado do cálculo para a apuração do benefício, ou seja, o valor a ser pago com a concessão do benefício.

Observa-se na evolução da lei previdenciária uma tentativa do legislador de trazer cada vez mais uma relação da vida contributiva do segurado para o resultado do valor de seu benefício (RMI). Nesse sentido, encontra-se o SB como uma "importância apurada a partir dos salários de contribuição do segurado, sob a presunção de eles indicarem o nível da fonte de subsistência do trabalhador, substituível pela prestação previdenciária"[6].

Aduz Russomano, entretanto, que "não há correspondência rigorosa e absoluta entre o *valor do salário de benefício* e o *valor do benefício*. Este resulta de uma terceira operação aritmética"[7].

---

[6] MARTINEZ, Wladimir Novaes. *Comentários à Lei Básica da Previdência Social*. 4. ed. São Paulo: LTr, 1997. t. II, p. 190.

[7] RUSSOMANO. *Comentários à Consolidação das Leis da Previdência Social*. 2. ed. São Paulo: RT, 1981. p. 118.

O resultado, portanto, é a chamada renda mensal inicial do benefício, apurada conforme regras estabelecidas na legislação regente das prestações.

A Constituição Federal de 1988 garantiu que todos os salários de contribuição considerados no cálculo do salário de benefício serão corrigidos monetariamente (art. 201, § 3º). Até o advento da atual Constituição, os doze mais recentes salários de contribuição não eram corrigidos. Tal regra, em tempo de inflação galopante, acarretava uma sensível redução no valor da renda mensal inicial em relação ao último salário da atividade, principalmente nos benefícios de auxílio-doença e aposentadoria por invalidez, que consideravam apenas 12 salários de contribuição, num período básico de cálculo de dezoito meses. Mas, como não havia lei prevendo a atualização, a jurisprudência inclinou-se por sufragar esse critério.

Nesse sentido, a Súmula n. 456 do STJ: "É incabível a correção monetária dos salários de contribuição considerados no cálculo do salário de benefício de auxílio-doença, aposentadoria por invalidez, pensão ou auxílio-reclusão concedidos antes da vigência da CF/1988".

De acordo com a redação original do art. 29, *caput,* da Lei n. 8.213/1991, o salário de benefício consistia na média aritmética simples de todos os últimos salários de contribuição (base de cálculo das contribuições sociais) ou salários de benefício (caso o segurado tivesse fruído benefício no período) dos meses imediatamente anteriores ao do afastamento da atividade ou da data de protocolo do requerimento, até o máximo de 36 contribuições, consecutivas ou não, tomadas num intervalo nunca superior a quarenta e oito meses (período básico de cálculo – PBC), sempre atualizados monetariamente. Impende anotar que na redação original do art. 29 não havia a expressa exclusão do 13º salário, que, atualmente, não integra tal cálculo (art. 29, § 3º, da Lei n. 8.213/1991).

Poderia ocorrer que o segurado, nos últimos quarenta e oito meses, tivesse contribuído ou estado em fruição de benefício em menos de vinte e quatro meses. Nesse caso, em se tratando de pedido de aposentadoria por idade, por tempo de serviço ou especial, o salário de benefício corresponderia a 1/24 da soma dos salários de contribuição apurados no interregno, ou seja, o "divisor" mínimo era sempre 24, em se tratando de aposentadoria voluntária, excluída, portanto, aquela por invalidez e a concedida a anistiado. A regra foi revogada pela Lei n. 9.876/1999.

Com a Emenda Constitucional n. 20/1998, desapareceu do texto constitucional o cálculo do benefício pela média dos 36 últimos salários de contribuição, conforme previa o *caput* do art. 202 da Constituição de 1988, na sua redação original. Esse prazo de cálculo foi alterado para o período total das contribuições, na forma definida na Lei n. 9.876, de 26.11.1999 (*DOU* 29.11.1999), que também criou o chamado "fator previdenciário", dando nova redação ao art. 29 da Lei n. 8.213/1991.

A fórmula de cálculo do salário de benefício para os segurados em geral, excetuados os segurados especiais, prevista na nova redação do *caput* do art. 29 da Lei n. 8.213/1991, conferida pela Lei n. 9.876/1999 (que foi aplicada até a vigência da EC n. 103/2019 e continuará sendo aplicada a benefícios cujos requisitos foram implementados até a véspera da vigência desta Emenda), passou a observar os seguintes critérios:

- para a aposentadoria por idade e por tempo de contribuição: média aritmética simples dos maiores salários de contribuição correspondentes a 80% de todo o período contributivo, multiplicada pelo fator previdenciário;
- para a aposentadoria por invalidez, aposentadoria especial, auxílio-doença e auxílio-acidente: média aritmética simples dos maiores salários de contribuição correspondentes a 80% de todo o período contributivo (para esses benefícios sem a multiplicação pelo fator previdenciário).

Para os segurados já filiados ao RGPS antes de 29.11.1999, nos casos de aposentadorias por idade, tempo de contribuição e especial, o divisor considerado no cálculo da média não poderia ser inferior a 60% do período decorrido da competência julho de 1994 até a data de início do benefício, limitado a 100% de todo o período contributivo (art. 188-E, § 1º, do RPS, com redação conferida pelo Decreto n. 10.410/2020).

A regra do divisor mínimo foi validada pelo STJ, conforme se observa do precedente que segue: "(...) no caso do segurado não ter contribuído, ao menos, pelo tempo correspondente a 60% do período básico de cálculo, os salários de contribuição vertidos entre julho de 1994 e a data do requerimento do benefício são somados e o resultado dividido pelo número equivalente a 60% do período básico de cálculo" (REsp 1655712/PR, 2ª T., *DJe* 30.06.2017).

Já nos casos de benefícios por incapacidade, mesmo contando o segurado com salários de contribuição em número inferior a 60% do número de meses decorridos da competência julho de 1994 até a data de início do benefício, o salário de benefício correspondia à média aritmética simples dos maiores salários de contribuição correspondentes a 80% de todo o período contributivo ou daqueles salários existentes após julho de 1994 em diante.

A regra do mínimo divisor, por não ser tratada pela EC n. 103/2019, deixou de ser aplicada para os benefícios concedidos com base nas novas regras permanentes ou de transição, até o advento da Lei n. 14.331, de 04.05.2022, que recriou o divisor mínimo, mediante a introdução do seguinte artigo na LBPS:

> Art. 135-A. Para o segurado filiado à Previdência Social até julho de 1994, no cálculo do salário de benefício das aposentadorias, exceto a aposentadoria por incapacidade permanente, o divisor considerado no cálculo da média dos salários de contribuição não poderá ser inferior a 108 (cento e oito) meses.

Assim, o mínimo divisor é utilizado para apuração do valor da renda mensal dos benefícios concedidos com base em direito adquirido até 13.11.2019 (art. 188-E do RPS, com redação dada pelo Decreto n. 10.410/2020), e para aqueles com data de início a partir de 5 de maio de 2022. Quem preencheu os requisitos para a aposentadoria no período de 13.11.2019 a 04.05.2022 pode requerer o benefício em data posterior sem a incidência do mínimo divisor, desde que calculado com base nas regras de direito adquirido nesse período (13.11.2019 a 04.05.2022). Aplica-se, em síntese, o critério do melhor benefício, em que o segurado tem reconhecido seu direito à renda mensal mais favorável.

### – A EC N. 103/2019 E AS NOVAS REGRAS DE CÁLCULO

A Emenda n. 103 estabeleceu que no cálculo dos benefícios, será utilizada a média aritmética simples dos salários de contribuição atualizados monetariamente, correspondentes a 100% do período contributivo desde a competência julho de 1994 ou desde o início da contribuição, se posterior àquela competência.

Isto é, pela nova regra, o valor do salário de benefício será calculado com base na média de todo o histórico de contribuições do segurado sem a possibilidade de exclusão das 20% menores rendas apuradas, tal qual constava da Lei n. 9.876/1999.

Entretanto, poderão ser excluídas da média as contribuições que resultem em redução do valor do benefício, desde que mantido o tempo mínimo de contribuição exigido, vedada a utilização do tempo excluído para qualquer finalidade, inclusive para o acréscimo no coeficiente de cálculo (art. 26, § 6º da EC n. 103/2019).

O salário de benefício obedece aos mesmos limites mínimo e máximo do salário de contribuição obtidos na data de início do pagamento do benefício (art. 29, § 2º, da Lei n. 8.213/1991), devendo ser ajustado a estes, quando em desacordo com eles.

Quanto ao auxílio-doença (atual auxílio por incapacidade temporária), a Lei n. 13.135/2015 (conversão da MP n. 664/2014), introduziu regra (§ 10, do art. 29, da Lei n. 8.213/1991) estabelecendo que a renda mensal não poderá exceder a média aritmética simples dos últimos doze salários de contribuição, inclusive no caso de remuneração variável, ou, se não alcançado o número de doze, a média aritmética simples dos salários de contribuição existentes.

A intenção da Previdência foi evitar situações em que o valor do benefício fique acima do último salário que o segurado recebia, o que faz com que muitos segurados não se sintam estimulados para voltar ao trabalho.

A regra vulnera, a nosso ver, princípios básicos do sistema previdenciário, pois o segurado acaba por não fazer jus à contrapartida das contribuições que verteu (caso a média de seus salários de contribuição seja maior que o valor da RMI apurada). E, no nosso entendimento, essa regra deve ser considerada superada em face da EC n. 103/2019 que estabeleceu novos parâmetros para a apuração do salário de benefício.

No entanto, contrariando a EC n. 103/2019, o art. 32, § 2º, do RPS (redação conferida pelo Decreto n. 10.410/2020) determina que o auxílio por incapacidade temporária não poderá exceder a média aritmética simples dos últimos doze salários de contribuição (art. 32, § 23). Trata-se de regra híbrida de cálculo, unindo o art. 29, § 10, da Lei de Benefício ao art. 26 da EC n. 103/2019.

Serão considerados para o cálculo do salário de benefício os ganhos habituais do segurado empregado a qualquer título, sob a forma de moeda corrente ou de utilidades, sobre os quais tenha incidido a contribuição previdenciária, exceto o décimo terceiro salário. Tal exceção, contudo, somente passou a vigorar a partir da Lei n. 8.870/1994, como definido pelo STJ no Repetitivo Tema n. 904:

> O décimo terceiro salário (gratificação natalina) somente integra o cálculo do salário de benefício, nos termos da redação original do § 7º do art. 28 da Lei n. 8.212/1991 e § 3º do art. 29 da Lei n. 8.213/1991, quando os requisitos para a concessão do benefício forem preenchidos em data anterior à publicação da Lei n. 8.870/1994, que expressamente excluiu o décimo terceiro salário do cálculo da Renda Mensal Inicial (RMI), independentemente de o Período Básico de Cálculo (PBC) do benefício estar, parcialmente, dentro do período de vigência da legislação revogada. (REsp 1546680/RS, 1ª Seção, *DJe* 17.05.2017)

Entretanto, também o valor pago a título de acréscimo de um terço sobre a remuneração de férias, por força do art. 7º da CF, não integra o cálculo para fins de concessão de benefícios pelo RGPS. Frisamos que no âmbito dos RPPS, o STF decidiu pela não incidência, por esta razão, de contribuições previdenciárias – Repercussão Geral – Tema n. 163 (*Leading Case*: RE 593068, Tribunal Pleno, Rel. Min. Roberto Barroso, *DJe* 19.10.2018). No entanto, em relação ao RGPS, a tese fixada na Repercussão Geral Tema n. 985 foi pela incidência da contribuição: "É legítima a incidência de contribuição social sobre o valor satisfeito a título de terço constitucional de férias" (*Leading Case*: 1.072.485, Tribunal Pleno, Rel. Min. Marco Aurélio, 31.08.2020).

Na sequência, o Ministro André Mendonça, do STF, determinou a suspensão nacional de todos os processos judiciais e administrativos fiscais que discutam a incidência da contribuição previdenciária patronal sobre o terço constitucional de férias. A suspensão deve vigorar até que a Corte defina os efeitos da decisão tomada no RE 1.072.485, em agosto de 2020, em que julgou legítima a incidência (*DJe* 26.06.2023).

Todos os salários de contribuição utilizados no cálculo do salário de benefício serão corrigidos, mês a mês, de acordo com a variação integral do Índice Nacional de Preço ao Consumidor – INPC, calculado pela Fundação Instituto Brasileiro de Geografia e Estatística – IBGE.

Incumbe alertar que o INPC substituiu o IGP-DI somente a partir de fevereiro de 2004 (Lei n. 10.887/2004, que acrescentou o art. 29-B à Lei n. 8.213/1991).

Questão relacionada a este tema é a utilização ou não dos índices negativos na composição do fator de atualização. O STJ decidiu pela aplicação: "A Corte Especial do STJ, ao apreciar o Recurso Especial n. 1.265.580/CE, relatado pelo Min. Teori Albino Zavascki, *DJe* 18.04.2012, consolidou o entendimento de que os índices negativos de correção monetária devem ser considerados no cálculo de atualização de débito judicialmente apurado, preservando-se, contudo, o valor nominal do montante principal" (REsp n. 1.765.765/SP, 2ª Turma, *DJe* 30.05.2019).

Para o cálculo do salário de benefício, prevê ainda a Lei n. 8.213/1991, que não será considerado o aumento dos salários de contribuição excedente ao limite legal, inclusive o voluntariamente concedido pelo empregador nos trinta e seis meses imediatamente anteriores ao início do benefício, salvo se homologado pela Justiça do Trabalho, resultante de promoção regulada por normas gerais da empresa, admitida pela legislação do trabalho ou proveniente de sentença normativa ou de reajustamento salarial obtido pela categoria respectiva.

Essa regra, prevista no art. 29, § 4º, da Lei n. 8.213/1991, tornou-se ineficaz a partir da edição da Lei n. 8.880/1994 (URV/Real), que instituiu a livre negociação salarial na data-base de todas as categorias, acabando com a política salarial de indexação pelo Governo.

Além disso, a regra do art. 29, § 4º, da Lei n. 8.213/1991 também perdeu sua aplicação em função da alteração no período básico de cálculo criada pela Lei n. 9.876/1999 para obtenção do salário de benefício, pois, não sendo mais este apurado segundo a média dos últimos 36 salários de contribuição do segurado, e sim de todo o período contributivo, de nenhuma serventia a invocação do dispositivo pela Autarquia, na eventual hipótese de suspeição do reajuste concedido ao trabalhador.

No período básico de cálculo, quando o segurado tiver recebido benefícios por incapacidade, sua duração será contada, considerando-se como salário de contribuição, no período, o salário de benefício que serviu de base para o cálculo da renda mensal, reajustado nas mesmas épocas e bases que os benefícios em geral, não podendo ser inferior a um salário mínimo (art. 29, § 5º, da Lei n. 8.213/1991). Tal regra, todavia, somente se aplica quando a fruição de benefício por incapacidade ocorrer entre períodos de efetiva atividade/contribuição, como decidiu o STF em Repercussão Geral:

> – **Tema n. 88 – Tese Fixada:** "Em razão do caráter contributivo do regime geral de previdência (CF/1988, art. 201, *caput*), o art. 29, § 5º, da Lei n. 8.213/1991 não se aplica à transformação de auxílio-doença em aposentadoria por invalidez, mas apenas a aposentadorias por invalidez precedidas de períodos de auxílio-doença intercalados com intervalos de atividade, sendo válido o art. 36, § 7º, do Decreto n. 3.048/1999, mesmo após a Lei n. 9.876/1999" (*Leading Case*: RE 583834, *DJe* 14.02.2012).

A regra do art. 36, § 7º, do Decreto n. 3.048/1999 acabou sendo revogada pelo Decreto n. 10.410/2020, o qual deu nova redação ao art. 44 do RPS (que deve ser combinado com o art. 32) para fixar os novos critérios de cálculo da renda mensal inicial da aposentadoria por incapacidade permanente, em consonância ao art. 26 da EC n. 103/2019.

Em caso de percepção do auxílio-acidente, seu valor é incluído no cálculo do salário de benefício para fins de concessão de aposentadoria (art. 31 da Lei n. 8.213/1991, com a redação da Lei n. 9.528/1997), salvo se esta aposentadoria foi concedida antes da vigência da Lei n. 9.528/1997, quando então será pago de forma vitalícia, não sendo computado para fins de salário de benefício da aposentadoria, com percepção cumulativa dos dois benefícios.

Para o cálculo do valor do salário de benefício, tratando-se de segurado empregado, empregado doméstico e trabalhador avulso, consideram-se os salários de contribuição de todo o período em que foi comprovada a atividade, independentemente de retenção e recolhimento das contribuições pela empresa ou empregador, sem prejuízo da cobrança (exigida do responsável, ou seja, do empregador ou tomador dos serviços) e das penalidades cabíveis (art. 34, inciso I, da Lei n. 8.213/1991; art. 33, § 5º, da Lei n. 8.212/1991); para os demais segurados, somente serão computados os salários de contribuição dos meses cujo recolhimento de contribuições for efetivamente comprovado.

No caso do empregado doméstico, o Decreto n. 6.939, de 18.08.2009, alterou o texto do art. 32 do RPS, incluindo o doméstico entre aqueles que devem ter considerado o período contributivo independentemente de o recolhimento das contribuições ter ocorrido ou não (§ 22, do art. 32, do Decreto n. 3.048/1999). Com a edição da LC n. 150/2015, que alterou a regra do art. 27 da Lei n. 8.213/1991, foram afastados eventuais questionamentos que ainda poderiam existir em relação ao tratamento a ser dado ao doméstico quanto ao cômputo do período de carência.

Outra situação rotineira diz respeito ao fato de o INSS ser recalcitrante em não reconhecer salários de contribuição majorados em virtude de condenação do empregador a pagar verbas que integram a remuneração por decisão da Justiça do Trabalho. A jurisprudência vem corrigindo tal anomalia:

> – **Súmula n. 107 – TRF da 4ª Região:** "O reconhecimento de verbas remuneratórias em reclamatória trabalhista autoriza o segurado a postular a revisão da renda mensal inicial, ainda que o INSS não tenha integrado a lide, devendo retroagir o termo inicial dos efeitos financeiros da revisão à data da concessão do benefício".

Vale lembrar inclusive que a negativa do INSS em rever os salários de contribuição não se limita às ações em que não houve contribuição, tendo os segurados, muitas vezes, que recorrer novamente à Justiça para garantir o cômputo correto dos valores. Nesses julgamentos também se mantém o entendimento de que é devida a revisão do benefício e a correção do CNIS do segurado para que passem a constar os valores declarados nas ações trabalhistas. Se diferente fosse, o INSS sem dúvida estaria a obter vantagem indevida pelo recebimento das contribuições, como bem salientado pelo STJ: "(...) **tendo havido, inclusive, o pagamento das contribuições correspondentes, o que levaria o INSS a obter vantagem indevida se não aumentado o valor do auxílio-doença**" (EDcl no AgRg no AREsp n. 25.553/PR, 6ª Turma, Rel. Min. Maria Thereza de Assis Moura, *DJe* 19.12.2012).

Merece destaque também a discussão sobre a não identificação do tempo do contribuinte individual prestador de serviço a pessoas jurídicas após 2003, tendo em vista que a responsabilidade pela retenção é do tomador de serviços, na forma da Lei n. 10.666/2003.

Diversas disposições da IN INSS/PRES n. 128/2022, dentre elas as do art. 94, determinam que não se considere em débito o contribuinte individual empresário ou prestador de serviço para pessoa jurídica que tenha períodos sem contribuição a partir de 1º de abril de 2003, por força do art. 4º da Lei n. 10.666/2003.

O art. 29-A da Lei de Benefício, na redação conferida pela LC n. 128/2008, prevê que o INSS utilizará as informações constantes no Cadastro Nacional de Informações Sociais – CNIS sobre os vínculos e as remunerações dos segurados, para fins de cálculo do salário de benefício, comprovação de filiação ao RGPS, tempo de contribuição e relação de emprego.

É facultado ao segurado solicitar, a qualquer momento, a inclusão, exclusão ou retificação de informações constantes do CNIS, com a apresentação de documentos comprobatórios dos dados divergentes.

No caso de dúvida sobre a regularidade do vínculo incluído no CNIS e inexistência de informações sobre remunerações e contribuições, o INSS exigirá a apresentação dos documentos que serviram de base à anotação, sob pena de exclusão do período.

Conforme prevê o art. 3º, inciso V, da Portaria n. 123/DIRAT/INSS, de 13.05.2020, o serviço de acerto de CNIS (atualizar vínculos, remunerações e código de pagamento) pode ser solicitado pela **Central 135** ou nas Agências de Previdência Social (APS). A solicitação pelo 135 abre uma tarefa no portal do **Meu INSS**, em que o segurado (ou procurador) poderá juntar documentos para comprovação do seu direito. Diretamente no portal do Meu INSS ainda não há como iniciar o serviço de acerto do CNIS. Ou seja, a tarefa deve ser sempre iniciada pelo telefone 135.

A verificação periódica do CNIS por parte dos segurados e sua correção sempre que necessária pode significar facilidade e rapidez na concessão do benefício. Além disso, hoje em dia recomenda-se a correção do CNIS após toda ação trabalhista julgada favorável à parte, tendo em vista que o cálculo atual é elaborado com todo o período contributivo do segurado, a partir da competência de julho de 1994 e, portanto, qualquer alteração pode representar aumento na renda do benefício futuro. Logo, essas correções são importantes não apenas para os casos de benefícios já concedidos, mas principalmente para os segurados que ainda estão trabalhando.

### 5.2.1.1 Atividades concomitantes

Para o segurado que contribuir em razão de atividades concomitantes, o salário de benefício será calculado com base na soma dos salários de contribuição das atividades exercidas na data do requerimento ou do óbito, ou no período básico de cálculo, observado o disposto no art. 29 e as regras do art. 32 da Lei n. 8.213/1991.

A Lei n. 13.846/2019 deu nova redação ao art. 32 da LBPS, revogando os incisos que disciplinavam a sistemática de cálculo de atividade principal e secundária. No RPS, a adequação dessa nova regra ocorreu com a edição do Decreto n. 10.410/2020 que alterou a redação do art. 34, dispondo que:

> Art. 34. O salário de benefício do segurado que contribuir em razão de atividades concomitantes será calculado com base na soma dos salários de contribuição das atividades exercidas na data do requerimento ou do óbito ou no período básico de cálculo, observado o disposto no art. 32.
> § 1º O disposto neste artigo não se aplica ao segurado que, em obediência ao limite máximo do salário de contribuição, contribuiu apenas por uma das atividades concomitantes.
> § 5º Na hipótese prevista no § 3º do art. 73, o salário de benefício do auxílio por incapacidade temporária será calculado com base na soma dos salários de contribuição referentes às atividades para as quais o segurado seja considerado incapacitado.

A regra até então utilizada pela Previdência reduzia de forma significativa o valor da renda mensal inicial dos benefícios em caso de dupla ou múltiplas atividades, pois estipulava uma proporcionalidade considerando o tempo de exercício de cada uma delas.

Dito isso, passemos às regras que eram observadas pelo INSS até o advento da Lei n. 13.846/2019 (conversão da MP n. 871/2019) para a obtenção do salário de benefício no caso de segurado que exerce atividades concomitantes:

a) quando o segurado satisfizesse, em relação a cada uma das atividades concomitantes, os requisitos para a concessão do benefício, o cálculo tomava por base a soma dos salários de contribuição exercida, obedecido, naturalmente, o limite máximo; é o caso, por exemplo, de um segurado que trabalhava, simultaneamente, como empregado e como contribuinte individual: se viesse a adoecer, e permanecesse incapaz por mais de quinze dias, tendo mais de 12 contribuições mensais sem atraso em cada uma das atividades, o valor do salário de benefício do seu auxílio-doença levava em conta a soma dos salários de contribuição das atividades desempenhadas, obedecida a regra de inclusão no cálculo da "média" dos maiores salários de contribuição equivalentes a 80% do período contributivo;

b) quando não se verificasse a satisfação de todos os requisitos em alguma das atividades exercidas simultaneamente, o cálculo observava a totalidade dos salários de contribuição das atividades em que foram satisfeitas as exigências, acrescido de um percentual da média dos salários de contribuição das atividades restantes, proporcionalmente à relação entre o número de meses em que houve contribuições e o número de meses exigido como carência do benefício requerido; ou seja, esta segunda regra se aplicava apenas a benefícios que exigiam carência: se outro segurado, também simultaneamente trabalhando como empregado e como contribuinte individual, trabalhava há dezoito meses como empregado, mas tinha apenas seis meses de contribuições sem atraso como contribuinte individual, e nessa situação ficasse incapacitado para o trabalho por mais de quinze dias, seu salário de benefício consistiria na média dos salários de contribuição em valores integrais do emprego exercido (maiores salários de contribuição equivalentes a 80% do seu período contributivo, ou seja, de dezoito meses), mais 6/12 (ou 50%) da média dos maiores salários de contribuição da sua filiação como contribuinte individual, equivalentes a 80% dos seis meses assim trabalhados;

c) quando se tratasse de benefício por tempo de contribuição, o percentual de proporcionalidade, em vez de ser obtido pela relação entre meses de contribuição e meses de carência, era o equivalente à comparação entre os anos de contribuição) e os anos apurados para a obtenção do benefício. Explica-se: como no RGPS não se pode receber mais de uma aposentadoria, se o segurado atingisse, em uma ou mais atividades, o tempo necessário para a obtenção do direito à jubilação, embora não em todas as atividades exercidas, e decidisse pelo recebimento do benefício, teria o salário de benefício calculado sobre a média da soma dos salários de contribuição das atividades em que implementou o tempo exigido, mais uma fração da média dos salários de contribuição das atividades nas quais não completasse tempo exigido, sendo o "numerador" desta fração o número de anos de contribuição, e o "denominador" o número de anos considerado para a concessão do benefício. No caso de um segurado duplamente filiado como empregado e como contribuinte individual, de julho de 1994 em diante, que viesse a completar 35 anos de contribuição como empregado, mas apenas 15 como contribuinte individual, o salário de benefício da sua aposentadoria, acaso requerida, consistiria na média aritmética dos maiores salários de contribuição de 80% do seu período contributivo como empregado (ou seja, 28 anos de salários de contribuição, ou seus 336 maiores salários de contribuição), acrescida de 15/35 avos da média aritmética dos maiores salários de contribuição de 80% do seu período contributivo como contribuinte individual (isto é, 12 anos de salários de contribuição, ou seus 144 maiores salários de contribuição), tudo isso multiplicado pelo "fator previdenciário".

A forma de cálculo envolvendo atividades concomitantes, anterior ao advento da Lei n. 13.846/2019, acabou julgada pelo STJ no Repetitivo n. 1.070, cuja tese fixada foi a seguinte:

> Após o advento da Lei n. 9.876/1999, e para fins de cálculo do benefício de aposentadoria, no caso do exercício de atividades concomitantes pelo segurado, o salário de contribuição

deverá ser composto da soma de todas as contribuições previdenciárias por ele vertidas ao sistema, respeitado o teto previdenciário. (REsp 1.870.793/RS, 1ª Seção, *DJe* 24.05.2022)

Resta destacar que a novel regra da soma dos salários de contribuição no período básico de cálculo não ensejou a revisão pelo INSS dos benefícios concedidos anteriormente com base na apuração da atividade principal e acessória. Assim, resta a alternativa da via judicial para que os segurados prejudicados busquem a alteração da renda mensal inicial, observado o prazo decadencial para essa ação de revisão.

### 5.2.1.2 Fórmula de cálculo do salário de benefício da Lei n. 9.876/1999 até a véspera da vigência da EC n. 103/2019

Para facilitar a apuração do valor do salário de benefício, apresentamos a fórmula de cálculo que segue. A relação dos salários de contribuição do segurado pode ser obtida no Portal Meu INSS.

Pode-se ainda consultar o CNIS pelos *sites* do Banco do Brasil ou Caixa Econômica Federal, no item "extrato da previdência social". Lembrando que nesse caso o CPF do correntista tem que ser o mesmo cadastrado no NIT ou PIS/PASEP a ser consultado.

A simulação do cálculo do valor do salário de benefício também pode ser feita diretamente no Portal da Previdência com a indicação do Número de Identificação do Trabalhador – NIT e a referida senha de acesso.

**Fórmula de Cálculo do Salário de Benefício** (exceto salário-maternidade de seguradas empregadas, domésticas e avulsas; salário-família; e pensões por morte de instituidor já aposentado, cujas regras são específicas – regras válidas até a vigência da EC n. 103/2019)

$SB = F \times Y$

No qual:

SB = Salário de benefício

F = Fator previdenciário – a partir da EC n. 103/2019, o fator previdenciário tem aplicação somente às aposentadorias por tempo de contribuição concedidas com base nas regras de transição, e, naquelas dos segurados com deficiência (LC n. 142/2013).

Y = Média aritmética simples dos maiores salários de contribuição correspondentes a 80% de todo o período contributivo até o advento da EC n. 103/2019, que alterou para 100% do período básico de cálculo.

Para os segurados filiados à Previdência Social até 28.11.1999, a média aritmética simples era feita com base nos maiores salários de contribuição, correspondentes a, no mínimo, 80% de todo o período contributivo decorrido desde a competência julho de 1994, mês em que houve a implantação do Real como moeda.

No caso de salário-maternidade às seguradas empregadas, inclusive domésticas, e trabalhadoras avulsas, o salário de benefício corresponde à última remuneração auferida antes da licença respectiva.

Quanto ao salário-família, o valor deste é apurado por dependente até 14 anos ou inválido, e a cada dependente nesta condição é devida uma "cota", fixada anualmente pelo órgão competente do Governo Federal.

E em se tratando de pensões por morte de segurado já aposentado, o valor da pensão corresponde ao valor da aposentadoria que vinha sendo percebida, observada a regra de cotas para os óbitos ocorridos a partir da entrada em vigor da EC n. 103/2019.

### 5.2.1.3 Período básico de cálculo

O Período Básico de Cálculo (PBC), como mencionado anteriormente, corresponde ao período temporal no qual a lei determina que sejam buscados os salários de contribuição para a apuração do salário de benefício (média aritmética simples) e posterior determinação da RMI.

O período básico de cálculo (PBC) é fixado, conforme o caso, de acordo com a:

- DAT: data de afastamento da atividade (*v.g.*, aposentadoria por incapacidade permanente, auxílio por incapacidade temporária);
- DER: data de entrada do requerimento (*v.g.*, aposentadorias programadas);
- DPE: data da publicação da Emenda n. 20, de 15.12.1998 (*v.g.*, aposentadoria por tempo de serviço/contribuição, ou por idade, cujos requisitos da legislação anterior tenham sido implementados até aquela data);
- DPL: data da publicação da Lei n. 9.876, de 26.11.1999 (*v.g.*, aposentadoria por tempo de contribuição cujos requisitos da legislação anterior tenham sido implementados até aquela data);
- DPE: data da publicação da EC n. 103/2019 (*v.g.*, aposentadoria por idade, tempo de contribuição e especial); e
- DICB: data da implementação das condições necessárias à concessão do benefício (*v.g.*, aposentadoria por tempo de contribuição, pelas regras de transição).

Em qualquer hipótese, fica garantido o cálculo mais vantajoso entre os possíveis, em face da regra do direito ao melhor benefício. Nesse sentido, o art. 176-E do RPS (com redação conferida pelo Decreto n. 10.410/2020) assegura a concessão do benefício mais vantajoso ao requerente ou benefício diverso do requerido, desde que os elementos constantes do processo administrativo assegurem o reconhecimento deste direito. O dispositivo, além de prestigiar o direito ao melhor benefício, expressamente admite a fungibilidade das prestações previdenciárias, cabendo ao INSS, nesse caso, previamente notificar o interessado para que manifeste expressamente a sua opção pelo benefício.

Em síntese, fica garantido ao segurado que, até a data da publicação da EC n. 103/2019 (13.11.2019), tenha cumprido os requisitos para a concessão do benefício pretendido, o cálculo do valor inicial segundo as regras até então vigentes, permitindo-se que a apuração do salário de benefício seja com base nos maiores salários de contribuição, correspondentes a, no mínimo, 80% de todo o período contributivo decorrido desde a competência julho de 1994, consoante previsão contida na Lei n. 9.876/1999.

### 5.2.2 Fator previdenciário

O fator previdenciário, criado pela Lei n. 9.876, de 26.11.1999 (*DOU* 29.11.1999), inseriu-se na fórmula de cálculo da renda mensal inicial da aposentadoria por tempo de contribuição (regra obrigatória, salvo se preenchida a fórmula 85/95) e da aposentadoria por idade (se mais vantajoso para o segurado). O cálculo do valor do benefício, até então feito pela média das últimas 36 contribuições, foi substituído pela média dos 80% dos maiores salários de contribuição do segurado de todo o período contributivo, multiplicado pelo fator previdenciário.

O fator previdenciário leva em conta o tempo de contribuição, a idade na data da aposentadoria e o prazo médio durante o qual o benefício deverá ser pago, ou seja, a expectativa de sobrevida do segurado. Essa expectativa é definida a partir de tábua completa de mortalidade para o total da população brasileira, elaborada pela Fundação Instituto Brasileiro de Geografia e Estatística – IBGE, considerando a média nacional única para ambos os sexos. Compete ao IBGE publicar, anualmente, até o dia 1º de dezembro, no *Diário Oficial da União*, a tábua completa de mortalidade para o total da população brasileira referente ao ano anterior, o que foi regulado pelo Decreto n. 3.266, de 29.12.1999.

Esse critério de cálculo objetivou estimular as pessoas a se aposentarem mais tarde. Na prática, instituiu por via transversa a idade mínima para aposentadoria, proposta rejeitada pela Câmara durante a votação da Emenda Constitucional n. 20/1998.

É de se considerar que, passados alguns anos de vigência do fator previdenciário, o então Ministério da Previdência admitiu que essa fórmula não cumpriu seu objetivo principal de adiar a aposentadoria dos trabalhadores brasileiros[8].

Contra a Lei n. 9.876/1999 foi proposta a Ação Direta de Inconstitucionalidade, sob a alegação principal de que o fato de o cálculo do benefício levar em consideração a idade do trabalhador fere a Constituição, tendo sido negada pelo Supremo Tribunal Federal a liminar postulada, ou seja, mantendo-se a aplicação do fator previdenciário (ADI-MC n. 2.110-DF e ADI-MC n. 2.111-DF, Rel. Min. Sydney Sanches, 16.03.2000, *Informativo STF n.* 181, 13 a 17.03.2000).

Em outro julgamento proferido pela Segunda Turma do STF (Ag. Reg. no Recurso Extraordinário com Agravo 648.195/RJ, Rel. Min. Ricardo Lewandowski, *DJ* 14.02.2012), foi reafirmada a constitucionalidade do fator previdenciário previsto no art. 29, *caput*, incisos e parágrafos, da Lei n. 8.213/1991, com redação dada pelo art. 2º da Lei n. 9.876/1999. Nessa decisão, o STF afastou o argumento de que na aplicação do fator previdenciário deveria ter sido utilizada a expectativa de vida masculina, em vez da expectativa de vida média de ambos os sexos, devido à ausência de prequestionamento da alegada ofensa ao art. 5º, I, da Constituição (incidência da Súmula n. 282 do STF).

A tese defendida pelo recorrente nesse processo foi no sentido de que: "é fato público e notório que a expectativa de vida dos homens é inferior à das mulheres. Assim, em tese, um homem e uma mulher com a mesma idade e idêntico histórico contributivo deveriam apresentar fatores previdenciários diversos, isto é, o do homem deveria ser mais favorável que o da mulher, pois a expectativa de vida daquele é inferior a desta".

Por último, o STF julgou a Repercussão Geral Tema n. 1.091, fixando a seguinte tese: "É constitucional o fator previdenciário previsto no art. 29, *caput*, incisos e parágrafos, da Lei n. 8.213/1991, com a redação dada pelo art. 2º da Lei n. 9.876/1999" (RE 1.221.630, Plenário Virtual, *DJe* 19.06.2020).

De acordo com o § 9º do art. 29, para efeito da aplicação do fator previdenciário, ao tempo de contribuição do segurado serão adicionados:

- cinco anos, quando se tratar de mulher;
- cinco anos, quando se tratar de professor que comprove exclusivamente tempo de efetivo exercício em funções de magistério na educação infantil e no ensino fundamental e médio;
- dez anos, quando se tratar de professora que comprove exclusivamente tempo de efetivo exercício em funções de magistério na educação infantil e no ensino fundamental e médio.

Portanto, para as mulheres e professores, exceto os do magistério universitário, foi criado um bônus de cinco anos para o cálculo do fator previdenciário. Se a mulher for professora, tem

---

[8] Notícia disponível em: https://www.correiodoestado.com.br/noticias/governo-admite-que-fator-previdenciario--e-ineficaz/145060/. Acesso em: 10 nov. 2018.

dez anos de bônus. Com isso, as mulheres ou os professores que se aposentaram com trinta e quatro anos de contribuição, por exemplo, tinham seu fator calculado como se o período de contribuição fosse de trinta e nove anos. Esse adicional teve por finalidade adequar o cálculo ao preceito constitucional que garantia às mulheres e professores aposentadoria com redução de cinco anos em relação aos demais segurados da Previdência Social.

Nas aposentadorias por idade, a incidência do fator previdenciário só era devida se ele viesse a ser mais benéfico para o segurado que pretendesse se aposentar, ou seja, nesta espécie de aposentadoria ele não poderia ser utilizado para reduzir o valor da renda mensal inicial do benefício.

É garantida a aplicação do fator previdenciário no cálculo das aposentadorias por tempo de contribuição e por idade devidas ao segurado com deficiência, se resultar em renda mensal de valor mais elevado, devendo o INSS, quando da concessão do benefício, proceder ao cálculo da renda mensal inicial com e sem a aplicação do fator previdenciário (art. 9º, I, da LC n. 142/2013).

O fator previdenciário não se aplicou diretamente sobre as pensões. No caso de segurado que morresse em atividade, a pensão era igual à aposentadoria por invalidez à qual ele teria direito naquela ocasião, sem aplicação do fator. No caso de morte do segurado já aposentado, a pensão era equivalente a 100% da aposentadoria paga. A pensão só seria atingida, nesse caso, indiretamente, ou seja, caso ela decorresse de uma aposentadoria que tivesse sofrido a aplicação do fator (no caso, as aposentadorias por tempo de contribuição – todas – e as por idade e de portadores de deficiência, quando o fator é aplicado para aumentar a renda, somente).

A adoção do fator ocorreu de forma gradual nos cinco primeiros anos da sua instituição (11/1999 – 11/2004), conforme previsão contida no art. 5º da Lei n. 9.876, de 26.11.1999. No primeiro mês, incidiu sobre 1/60 da média dos salários de contribuição. No segundo mês, 2/60, e assim sucessivamente.

Cabe consignar, ainda, que, nos casos de aposentadoria por idade ou por tempo de contribuição concedida nos cinco anos seguintes à vigência da Lei n. 9.876/1999, em que o cálculo do fator previdenciário resultou em índice positivo, deveria o mesmo ser aplicado na sua integralidade, conforme previsão do art. 29, I, da Lei n. 8.213/1991, afastando-se a incidência da regra de transição (art. 5º da Lei n. 9.876/1999), portanto mais gravosa. Neste sentido, a decisão proferida no Processo n. Recurso Cível n. 5007881-39.2011.404.7200/SC, pela 1ª Turma Recursal de Santa Catarina, j. 05.07.2012.

Com a Reforma da Previdência de 2019, em que foi aprovada a idade mínima de aposentadoria, o fator previdenciário perdeu sua razão de ser, salvo na regra de transição (art. 17) para o segurado que busca a aposentadoria por tempo de contribuição, desde que na data da EC n. 103/2019 (13.11.2019) faltassem até dois anos para implementar os requisitos (35 anos de contribuição, se homem; 30 anos de contribuição, se mulher).

Também, poderá ser utilizado de forma excepcional no caso das aposentadorias das pessoas com deficiência, caso resulte positivo, conforme previsão do art. 9º, I, da LC n. 142/2013, mantido pelo art. 22 da EC n. 103/2019.

### 5.2.2.1 Fórmula de cálculo do fator previdenciário

O fator previdenciário é calculado considerando-se a idade, a expectativa de sobrevida e o tempo de contribuição do segurado ao se aposentar, mediante a fórmula:

$$f = \frac{Tc \times a}{Es} \times \left[1 + \frac{(Id + Tc \times a)}{100}\right]$$

Calculadora de fator previdenciário

https://uqr.to/gk9k

No qual:

F = Fator previdenciário
Es = Expectativa de sobrevida no momento da aposentadoria
Tc = Tempo de contribuição até o momento da aposentadoria
Id = Idade no momento da aposentadoria
a = Alíquota de contribuição correspondente a 0,31 (correspondentes a 20% da empresa e 11% do segurado)

#### 5.2.2.2 Afastamento da incidência do fator previdenciário com base na fórmula 85/95 progressiva

A fórmula 95/85 progressiva permitiu a não incidência do fator previdenciário no cálculo da aposentadoria por tempo de contribuição, quando o total resultante da soma da idade e do tempo de contribuição do segurado na data de requerimento da aposentadoria, incluídas as frações, for de, no mínimo, 95 e 85 pontos, respectivamente, para o homem e a mulher.

Essa regra fez parte da Lei n. 13.183/2015 (conversão da MP n. 676, de 17.06.2015), que incluiu o art. 29-C à Lei de Benefícios, estabelecendo que:

> Art. 29-C. O segurado que preencher o requisito para a aposentadoria por tempo de contribuição poderá optar pela não incidência do fator previdenciário no cálculo de sua aposentadoria, quando o total resultante da soma de sua idade e de seu tempo de contribuição, incluídas as frações, na data de requerimento da aposentadoria, for:
> I – igual ou superior a noventa e cinco pontos, se homem, observando o tempo mínimo de contribuição de trinta e cinco anos; ou
> II – igual ou superior a oitenta e cinco pontos, se mulher, observado o tempo mínimo de contribuição de trinta anos.
> § 1º Para os fins do disposto no *caput*, serão somadas as frações em meses completos de tempo de contribuição e idade.

No entanto, a Fórmula 95/85 não era estática, pois houve a inclusão da progressividade desse parâmetro de cálculo, incorporando o impacto do envelhecimento da população e o aumento da expectativa de sobrevida.

Para o Governo, esta foi uma exigência para assegurar a sustentabilidade financeiro-orçamentária futura da Previdência Social. Segundo a Exposição de Motivos da MP n. 676/2015, essa alternativa (Fórmula 95/85), desacompanhada da progressão da regra, levaria as despesas da Previdência Social a patamares insustentáveis no médio e longo prazo, por ignorar o processo de transição demográfica com o envelhecimento acelerado da população e o aumento crescente da expectativa de sobrevida.

Os prazos da progressão fixados na Lei n. 13.183/2015 cuja regra final aprovada consta do § 2º do art. 29-C da Lei de Benefícios, são os seguintes:

Art. 29-C. (...)

§ 2º As somas de idade e de tempo de contribuição previstas no *caput* serão majoradas em um ponto em:

I – 31 de dezembro de 2018;
II – 31 de dezembro de 2020;
III – 31 de dezembro de 2022;
IV – 31 de dezembro de 2024; e
V – 31 de dezembro de 2026.

Em termos práticos, significava que o valor a ser alcançado, na soma de idade com o tempo de contribuição, na data do requerimento da aposentadoria por tempo de contribuição, seria alterado nos seguintes interregnos, considerando-se os pontos mínimos para o homem e para a mulher, respectivamente:

- em 2019 para 96/86;
- em 2021 para 97/87;
- em 2023 para 98/88;
- em 2025 para 99/89; e
- em 2027 para 100/90.

Todavia, esta tabela perdeu a eficácia a partir da vigência da EC n. 103/2019, que estabeleceu idade mínima para as aposentadorias voluntárias, pondo fim à aplicação do fator previdenciário para aqueles que implementaram os requisitos somente após sua promulgação.

Para melhor compreensão do tema, apresentamos alguns exemplos demonstrando que nem todos os segurados foram beneficiados com essa previsão de não aplicação do fator previdenciário:

1 – Segurado homem (DER: 07/2015): 35 anos de tempo de contribuição e 54 anos de idade. Por não atingir os 95 pontos teria aplicado o fator previdenciário, cujo cálculo era o seguinte:

Salário de benefício (hipotético): R$ 2.000,00 x 0,675 (Fator Previdenciário)

Renda Mensal Inicial: R$ 1.350,00

Caso esse segurado tivesse contribuído por mais 3 anos, em 2018 teria completado 38 anos de tempo de contribuição e 57 anos de idade, atingindo os 95 pontos, podendo se aposentar sem a incidência do fator previdenciário.

2 – Segurada mulher (DER: 07/2015): 30 anos de tempo de contribuição e 55 anos de idade. Por atingir os 85 pontos não teve aplicado o fator previdenciário. Entretanto, caso ela tivesse requerido a aposentadoria em maio de 2015, antes da edição da MP n. 676/2015, seria aplicado o fator previdenciário, cujo cálculo seria o seguinte:

Salário de benefício (hipotético): R$ 2.000,00 x 0,700 (Fator Previdenciário)

Renda Mensal Inicial: R$ 1.400,00

Como se pode observar nesse exemplo, a regra ensejou um ganho real na renda mensal inicial da segurada evitando a perda de 30%, mas, caso ela tivesse requerido a aposentadoria antes da publicação da MP n. 676/2015 (18.06.2015), não seria contemplada pela nova sistemática.

Daí se conclui que essa situação acabou por violar o princípio que estabelece o tratamento isonômico entre os segurados, prejudicando aqueles que se aposentaram por tempo de contribuição em data anterior à publicação da MP n. 676/2015 e que cumpriram o requisito para aplicação da excludente prevista na citada MP. Consigna-se que não houve previsão de revisão dos benefícios iniciados antes da criação dessa fórmula, nem há, no texto da Lei n. 13.183/2015, alusão a efeitos retroativos.

### 5.2.2.2.1 Fator previdenciário em relação aos professores

Como visto, a Lei n. 9.876/1999 ao criar o fator previdenciário não excluiu a sua incidência em relação às aposentadorias dos professores, apenas concedeu um acréscimo no tempo de contribuição.

Nessa mesma lógica, a Lei n. 13.183/2015 conferiu tratamento diferenciado para o professor e para a professora que comprove exclusivamente tempo de efetivo exercício de magistério na educação infantil e no ensino fundamental e médio, criando um acréscimo de cinco pontos à soma da idade com o tempo de contribuição. (art. 29, § 3º, da LBPS).

Pela fórmula contida no § 2º do art. 29-C, seriam acrescidos cinco pontos à soma da idade com o tempo de contribuição. Vejamos alguns exemplos:

1) Professor (DER: 07/2015): com 57 anos de idade e 33 anos de magistério, atingiu 90 pontos e, com o acréscimo de 5 pontos, chegou a 95 pontos. Nesse caso não se aplicou o fator previdenciário.

2) Professor (DER: 07/2015): com 55 anos de idade e 30 anos de magistério, atingiu 85 pontos e, com o acréscimo de 5 pontos, chegou a 90 pontos. Nesse caso aplicou-se o fator previdenciário, cujo resultado foi o seguinte:
   - Salário de benefício (hipotético): R$ 2.000,00 x 0,700 (Fator Previdenciário)
   - Renda Mensal Inicial: R$ 1.400,00

3) Professora (DER: 07/2015): com 52 anos de idade e 28 anos de magistério, atingiu 80 pontos e, com o acréscimo de 5 pontos, chegou a 85 pontos. Nesse caso não se aplicou o fator previdenciário.

4) Professora (DER: 07/2015): com 50 anos de idade e 25 anos de magistério, atingiu 75 pontos e, com o acréscimo de 5 pontos, chegou a 80 pontos. Nesse caso aplicou-se o fator previdenciário, cujo resultado foi o seguinte:
   - Salário de benefício (hipotético): R$ 2.000,00 x 0,586 (Fator Previdenciário)
   - Renda Mensal Inicial: R$ 1.172,00

Nos exemplos 1 e 3, caso os pedidos tivessem sido feitos antes da publicação da MP n. 676/2015, haveria a incidência do fator previdenciário com resultado prejudicial, reduzindo drasticamente a RMI dessas aposentadorias e anulando os benefícios conferidos pela Constituição aos professores.

Por isso, defendíamos que o fator previdenciário não poderia ter sido aplicado para reduzir o valor dessas aposentadorias de forma a aviltar ainda a classe dos professores que têm papel primordial para o presente e o futuro da nação brasileira.

No entanto, o STF e o STJ mantiveram a validade da incidência do fator previdenciário nas aposentadorias dos professores. Nesse sentido:

- **STF – Repercussão Geral Tema n. 1.091**: "É constitucional o fator previdenciário previsto no art. 29, *caput*, incisos e parágrafos, da Lei n. 8.213/1991, com a redação dada pelo art. 2º da Lei n. 9.876/1999" (*Leading Case*: RE 1.221.630, Plenário Virtual, Rel. Min. Dias Toffoli, *DJe* 18.06.2020).

- **STJ – Repetitivo Tema n. 1.031**: "Incide o fator previdenciário no cálculo da renda mensal inicial de aposentadoria por tempo de contribuição de professor vinculado ao Regime Geral de Previdência Social, independente da data de sua concessão, quando a implementação dos requisitos necessários à obtenção do benefício se der após o início da vigência da Lei n. 9.876/1999, ou seja, a partir de 29.11.1999" (REsp 1.799.305/PE, 1ª Seção, Rel. Min. Mauro Campbell Marques, *DJe* 26.03.2021).

Essa orientação consolidou perdas significativas da renda mensal das aposentadorias de professores concedidas após a entrada em vigor da Lei n. 9.876/1999 e até o advento da EC n. 103/2019. Com a Reforma da Previdência o fator previdenciário não é mais aplicado a essas aposentadorias.

## 5.3 TABELA RESUMIDA COM A FORMA DE CÁLCULO DOS SALÁRIOS DE BENEFÍCIO APÓS A LEI N. 9.876/1999 E ATÉ A VIGÊNCIA DA EC N. 103/2019

Apresentamos a seguir tabela que resume a interpretação aplicada administrativamente pelo INSS quando da concessão dos benefícios com base na Lei n. 9.876/1999, respeitado o direito adquirido a outra forma de cálculo.

Destacamos que a tabela seguinte é baseada apenas na interpretação administrativa do INSS que não tem garantida a opção dos segurados ingressantes antes de 28.11.1999 pela nova regra, caso mais benéfica. Portanto, tal tabela serve apenas para consultar a forma com que estão sendo concedidos os benefícios pelo ente previdenciário, não representando a interpretação judicial ou doutrinária sobre o tema.

Chamamos a atenção ainda que essa tabela somente pode ser utilizada para benefícios que sejam calculados com base na Lei n. 8.213/1991 e suas modificações posteriores, não sendo aplicável para benefícios concedidos com base em legislação anterior.

| Espécie | Regra de transição para Filiados até 28.11.1999 | Regra para Filiados a partir de 29.11.1999 e com direito adquirido até a vigência da EC n. 103/2019 |
|---|---|---|
| 31, 32, 46, 91 e 92, 41 (opcional) | Média aritmética de oitenta por cento dos maiores salários de contribuição de todo o período contributivo, desde 7/1994, corrigidos mês a mês. | Média aritmética de oitenta por cento dos maiores salários de contribuição de todo o período contributivo, corrigidos mês a mês. |
| 42 e 57 41 (opcional) | Média aritmética de oitenta por cento dos maiores salários de contribuição de todo o período contributivo, desde 7/1994, corrigidos mês a mês, multiplicado pelo fator previdenciário. Verificar o afastamento do fator previdenciário pela regra da aposentadoria do deficiente ou fórmula 85/95. | Média aritmética de oitenta por cento dos maiores salários de contribuição de todo o período contributivo, corrigidos mês a mês, multiplicado pelo fator previdenciário. Verificar o afastamento do fator previdenciário pela regra da aposentadoria do deficiente ou fórmula 85/95. |

## 5.4 RENDA MENSAL INICIAL

A renda mensal inicial corresponde à primeira parcela do benefício de prestação continuada a ser pago pela Previdência Social. A apuração desse valor, que servirá de base para os reajustes posteriores, depende da espécie do benefício a ser pago e do valor do salário de benefício.

**Fórmula para Cálculo da Renda Mensal Inicial**

**RMI = SB x Cf**

No qual:

RMI = Renda mensal inicial

SB = Salário de benefício (média aritmética simples dos salários de contribuição de acordo com a fórmula estabelecida pelo art. 26 da EC n. 103/2019)

Cf = Coeficiente de cálculo (percentual a ser aplicado sobre o salário de benefício. Para cada benefício existe um percentual próprio estabelecido na EC n. 103/2019 e na LBPS)

Pela fórmula acima, para o cálculo da renda mensal inicial dos benefícios de pagamento continuado, quando já tivermos o valor do salário de benefício, basta aplicar-lhe a percentagem correspondente. Exemplificando:

| | |
|---|---|
| Salário de Benefício (SB) | R$ 2.500,00 |
| Coeficiente do Auxílio por Incapacidade Temporária (Cf) | 91% |
| Renda Mensal Inicial (RMI) | R$ 2.275,00 |

A renda mensal do benefício de prestação continuada será calculada aplicando-se sobre o salário de benefício os seguintes coeficientes:

- auxílio-doença/auxílio por incapacidade temporária – 91% do salário de benefício;
- aposentadoria por invalidez – 100% do salário de benefício (regra aplicável para os fatos geradores ocorridos até a vigência da EC n. 103/2019);
- aposentadoria por incapacidade permanente não acidentária (coeficiente fixado pela EC n. 103/2019) – 60% do salário de benefício, com acréscimo de dois pontos percentuais para cada ano de contribuição que exceder o tempo de 20 anos de contribuição no caso dos homens e de 15 anos, no caso das mulheres;
- aposentadoria por incapacidade permanente decorrente de acidente de trabalho, de doença profissional e de doença do trabalho (EC n. 103/2019) – 100% do salário de benefício;
- aposentadoria por idade – 70% do salário de benefício, mais 1% deste por grupo de doze contribuições mensais, até o máximo de 30% (com base em direito adquirido até 13.11.2019 – EC n. 103/2019);
- aposentadoria programada (EC n. 103/2019) – 60% do salário de benefício (média integral) + dois pontos percentuais para cada ano que exceder a 20 anos de contribuição, se homem, e 15 anos de contribuição, se mulher;
- aposentadoria por tempo de contribuição (com base em direito adquirido até 13.11.2019 – EC n. 103/2019):
    a) para a mulher – 100% do salário de benefício aos trinta anos de contribuição;
    b) para o homem – 100% do salário de benefício aos trinta e cinco anos de contribuição; e
    c) 100% do salário de benefício, para o professor aos trinta anos, e para a professora aos vinte e cinco anos de contribuição e de efetivo exercício em função de magistério na educação infantil, no ensino fundamental ou no ensino médio;

d) aposentadoria proporcional prevista no art. 9º, § 1º, inciso II, da Emenda Constitucional n. 20/1998 (30 anos, se homem, e 25 anos, se mulher + pedágio de 40% do tempo faltante em 16.12.1998) – 70% do salário de benefício, acrescido de 5% por ano de contribuição, até o limite de 100%;
- aposentadoria especial (com base em direito adquirido até 13.11.2019 – EC n. 103/2019) – 100% do salário de benefício;
- aposentadoria especial (EC n. 103/2019) – 60% do valor do salário de benefício (média integral + dois pontos percentuais para cada ano que exceder a 20 anos de contribuição para os homens e de 15 anos para as mulheres e nos casos de atividades especiais de 15 anos); e
- auxílio-acidente – 50% do salário de benefício que deu origem ao auxílio-doença/auxílio por incapacidade temporária do segurado.

O salário-maternidade consistirá numa renda mensal igual à remuneração integral da segurada empregada e da trabalhadora avulsa (art. 72 da LBPS). Para as demais seguradas, segundo o art. 73 da Lei n. 8.213/1991, é devido:

- em um valor correspondente ao do seu último salário de contribuição, para a segurada empregada doméstica;
- em um salário mínimo, para a segurada especial;
- em 1/12 da soma dos doze últimos salários de contribuição, apurados em um período não superior a quinze meses, para as demais seguradas, inclusive para a segurada desempregada no período de graça.

Em qualquer caso, o salário-maternidade não pode ser inferior ao valor de um salário mínimo.

O valor mensal da pensão por morte e do auxílio-reclusão era de 100% do valor da aposentadoria que o segurado recebia ou daquela a que teria direito se estivesse aposentado por invalidez na data de seu falecimento. Depois da Reforma da Previdência (art. 23 da EC n. 103/2019), passou a ser equivalente a uma cota familiar de 50% do valor da aposentadoria recebida pelo segurado ou daquela a que teria direito se fosse aposentado por incapacidade permanente na data do óbito, acrescida de cotas de dez pontos percentuais por dependente, até o máximo de 100%. Na hipótese de haver dependente inválido ou com deficiência intelectual, mental ou deficiência grave, o valor da pensão por morte será equivalente a 100% do valor da aposentadoria recebida pelo segurado ou daquela a que teria direito se fosse aposentado por incapacidade permanente na data do óbito, até o limite máximo do salário de benefício do RGPS. E, no caso de auxílio-reclusão, o valor não poderá superar um salário mínimo.

Não será incorporado ao valor da pensão por morte o acréscimo de 25% recebido pelo aposentado por invalidez/incapacidade permanente que necessita da assistência permanente de outra pessoa.

A renda mensal inicial da aposentadoria por incapacidade permanente concedida por transformação de auxílio-doença será, a partir da EC n. 103/2019, de 60 a 100% do salário de benefício que serviu de base para o cálculo da renda mensal inicial do auxílio-doença, reajustado pelos mesmos índices de correção dos benefícios em geral. Nesse caso, a limitação do salário de benefício do auxílio-doença, introduzida pela Lei n. 13.135/2015, não poderá ser aplicada à aposentadoria por invalidez.

Questionável, no entanto, a revogação, pelo Decreto n. 10.410/2020, do § 7º do art. 36 do Decreto n. 3.048/1999, que determinava que a RMI da aposentadoria por invalidez, decorrente de transformação de auxílio-doença, seria apurada com base no salário de benefício, devidamente reajustado. A impossibilidade de utilização do salário de benefício da prestação anterior refletirá, regra geral, de forma negativa no cálculo da RMI da aposentadoria por incapacidade permanente.

No cálculo do valor da renda mensal do benefício do segurado empregado, inclusive o doméstico, e do trabalhador avulso, serão contados os salários de contribuição referentes aos meses de contribuições devidas, ainda que não recolhidas pelo empregador (art. 34, inciso I, da Lei n. 8.213/1991). Para os demais segurados, somente serão computados os salários de contribuição referentes aos meses de contribuição efetivamente recolhidos.

Os valores dos salários de contribuição constantes da ação trabalhista transitada em julgado deverão ser computados, independentemente de início de prova material, ainda que não tenha havido o recolhimento das contribuições devidas à Previdência Social, respeitados os limites máximo e mínimo de contribuição. A matéria encontra-se discutida nesta obra, no capítulo referente às ações revisionais de renda mensal inicial.

Ressaltamos que cabe ao empregador doméstico a responsabilidade pelo desconto e recolhimento das contribuições previdenciárias quanto ao empregado doméstico; e, ao ente arrecadador, verificar e exigir o cumprimento desta obrigação legal. Portanto, sendo do empregador doméstico a responsabilidade do recolhimento, mostra-se descabido atribuir as consequências ao segurado pela ausência ou atraso nos recolhimentos das contribuições. É pacífica a jurisprudência do STJ a respeito: "a legislação atribuiu exclusivamente ao empregador doméstico, e não ao empregado, a responsabilidade quanto ao recolhimento das contribuições previdenciárias" (AgRg no REsp n. 331.748/SP, 5ª Turma, Rel. Min. Felix Fisher, DJe 09.12.2003).

O mesmo entendimento se aplica aos contribuintes individuais que prestaram ou prestam serviços a pessoas jurídicas após a vigência da Lei n. 10.666/2003, pois a partir de então a responsabilidade pelos recolhimentos destes contribuintes passou a ser do tomador dos serviços, não se podendo deixar de computar o tempo respectivo, já que a inadimplência não pode ser imputada ao segurado e este não pode ser prejudicado pela conduta ilícita alheia.

Com o advento do Decreto n. 4.079/2002, o INSS passou a calcular os benefícios tendo por base as informações constantes do Cadastro Nacional de Informações Sociais – CNIS.

Sempre que, cumpridas todas as condições para a concessão do benefício pleiteado, não for possível aos segurados empregado, trabalhador avulso e empregado doméstico comprovar o valor dos seus salários de contribuição no período básico de cálculo, será concedido o benefício de valor mínimo, devendo essa renda ser recalculada quando da apresentação de prova dos salários de contribuição. Ou seja, o requerimento terá de ser sempre aceito, ainda que esteja faltando algum documento, não prevalecendo a norma do direito anterior, que autorizava a Previdência Social a recusar requerimento de benefício que não estivesse acompanhado dos documentos exigidos por lei (art. 117 da CLPS/1984).

### 5.4.1 Tabela de coeficiente de cálculo dos benefícios desde 1979 até o advento da EC n. 103/2019

| Espécie benefício | Decreto n. 83.080/1979 | | | Lei n. 8.213/1991 | | | Leis n. 9.032/1995 e n. 9.528/1997 e Decreto n. 3.048/1999 | | |
|---|---|---|---|---|---|---|---|---|---|
| | % base | % por ano de serviço | % de cálculo | % base | % por ano de serviço | % de cálculo | % base | % por ano de serviço | % de cálculo |
| Auxílio--doença – 31 | 70% | 1% a 20% | 70% a 90% | 80% | 1% por ano até 12% | 80% a 92% | 91% | – | 91% |
| Aposentadoria por invalidez – 32 | 70% | 1% a 30% | 70% a 100% | 80% | 1% por ano até 20% | 80% a 100% | 100% | – | 100% |

| | Decreto n. 83.080/1979 | | | Lei n. 8.213/1991 | | | Leis n. 9.032/1995 e n. 9.528/1997 e Decreto n. 3.048/1999 | | |
|---|---|---|---|---|---|---|---|---|---|
| Auxílio-acidente – 36 | – | – | 40% | – | – | 30%, 40% ou 60% | – | – | 50% |
| Aposentadoria por idade – 41 | 70% | 1% a 25% | 70% a 95% | 70% | 1% por ano até 30% | 70% a 100% | 70% | 1% a 30% | 70% a 100% |
| Aposentadoria por tempo de contribuição – 42 | 80% | 3% a 15% | 80% a 95% | 70% | 6% a 30% | 70% a 100% | 70% | 6% a 30% | 70% a 100% |
| Aposentadoria especial – 46 | 70% | 1% a 25% | 70% a 95% | 85% | 1% por ano até 15% | 100% | 100% | – | 100% |
| Pensão por morte | 50% | + 10% por dependente | 60% a 100% | 80% | + 10% por dependente | 90% a 100% | 100% MP n. 664/2014 Alterou para 50% + 10% por dependente | – | 100% MP n. 664/2014 alterou, sendo variável de 60 a 100% |

## 5.5 VALOR-LIMITE DOS BENEFÍCIOS

À exceção do salário-maternidade, os benefícios substitutivos da remuneração dos segurados e pensionistas são limitados por um valor estabelecido como sendo o teto máximo de benefício.

A renda mensal do benefício de prestação continuada que substituir o salário de contribuição ou o rendimento do trabalho do segurado não terá valor inferior ao do salário mínimo, nem superior ao do limite máximo do salário de contribuição, salvo na hipótese da aposentadoria por invalidez/incapacidade permanente do segurado que necessitar de assistência permanente de outra pessoa, quando é previsto um acréscimo de 25%, mesmo que ultrapasse o limite máximo legal (art. 45 da Lei n. 8.213/1991).

Também estão excluídos da limitação pelo chamado "teto" os benefícios decorrentes de aposentadorias e pensões especiais pagas à conta do Tesouro Nacional (por exemplo, aos anistiados e aos ex-combatentes da Segunda Guerra Mundial).

O salário-maternidade devido à trabalhadora avulsa e à empregada, exceto a doméstica, terá a renda mensal sujeita ao limite máximo fixado no art. 37, XI, da Constituição Federal (subsídio de ministro do STF), não se aplicando o teto do RGPS.

O valor que representa o limite máximo dos benefícios pagos pelo INSS aos segurados do RGPS foi elevado para R$ 1.200,00 pela Emenda n. 20/1998 e para R$ 2.400,00 pela Emenda n. 41/2003, com impacto imediato sobre as contribuições devidas por quem estava percebendo valores nessa faixa de renda ou acima dela.

Esse limite máximo foi previsto para os benefícios concedidos com base no art. 201 da Constituição Federal, com previsão de reajustes de forma a preservar, em caráter permanente, seu valor real. Os valores máximos do salário de benefício constam de tabela anexa a esta obra.

Os benefícios de legislação especial pagos pela Previdência Social à conta do Tesouro Nacional e de ex-combatentes, concedidos até 15.12.1998, ficam submetidos ao teto estabelecido pelo art. 37, XI, da Constituição (isto é, o subsídio fixado para os Ministros do STF). Esta regra foi introduzida nas Disposições Constitucionais Gerais (art. 248), pela Emenda Constitucional n. 20/1998.

## 5.6 REAJUSTAMENTO E REVISÃO DO VALOR DOS BENEFÍCIOS

A Constituição Federal assegura a irredutibilidade do valor dos benefícios (art. 194, parágrafo único, IV) e o reajustamento dos benefícios para preservar-lhes, em caráter permanente, o valor real, conforme critérios definidos em lei (art. 201, § 4º).

Na interpretação de Wladimir Novaes Martinez: "Os dois textos não se confundem: um é princípio, preceito não imperativo, carente de disposição expressa; o outro é regra regulamentar. O segundo é instrumento do primeiro, caso contrário, queda-se como norma programática"[9].

A preservação do valor real é, sem dúvida, uma garantia constitucional de caráter permanente, cabendo ao legislador ordinário estabelecer os parâmetros para cumprimento do comando maior, de maneira que os proventos dos beneficiários reflitam o poder aquisitivo original da data do início dos seus benefícios.

Esses critérios eram previstos no art. 41 da Lei n. 8.213/1991, que previa o reajuste dos benefícios concedidos pela Previdência Social em 1º de junho de cada ano, *pro rata*, de acordo com as respectivas datas de início do benefício ou de seu último reajustamento, com base em percentual definido em regulamento, visando-se à preservação do valor real da renda mensal do benefício. Com a edição da Lei n. 10.699, de 2003, o reajuste geral dos benefícios passou a ocorrer (a partir de 2004) na mesma data em que for majorado o salário mínimo, mantida a regra que determina o reajustamento proporcional.

A Lei n. 11.430, de 26.12.2006 (conversão da MP n. 316/2006), revogou o art. 41 e fez inserir no texto da Lei n. 8.213/1991 o art. 41-A, cujo *caput* passa a dispor: "O valor dos benefícios em manutenção será reajustado, anualmente, na mesma data do reajuste do salário mínimo, *pro rata*, de acordo com suas respectivas datas de início ou do último reajustamento, com base no Índice Nacional de Preços ao Consumidor – INPC, apurado pela Fundação Instituto Brasileiro de Geografia e Estatística – IBGE".

Segundo a Exposição de Motivos da MP n. 316/2006, "A indicação para que seja utilizado o INPC se deve ao fato de que este índice é o que melhor reflete o poder de compra dos trabalhadores na faixa de um a oito salários mínimos, onde se insere a totalidade dos trabalhadores do Regime Geral de Previdência Social e é o que vem sendo aplicado nos últimos anos".

Sobre referidos critérios, o Supremo Tribunal Federal tem orientação consolidada no sentido de que:

> CONSTITUCIONAL. PREVIDENCIÁRIO. BENEFÍCIO. REAJUSTE. ART. 201, § 4º, DA CARTA MAGNA. I – A adoção do INPC, como índice de reajuste dos benefícios previdenciários, não ofende a norma do art. 201, § 4º, da Carta de Outubro (RE n. 376.145 AgR/SC, 1ª Turma, Rel. Min. Carlos Britto, *DJ* 28.11.2003).
>
> Repercussão Geral Tema n. 996: "Não encontra amparo no Texto Constitucional revisão de benefício previdenciário pelo valor nominal do salário mínimo". (*Leading Case*: RE 968.414, *DJe* 02.06.2020)

O STJ também tem decidido pela validade dos critérios de reajustes utilizados pela Previdência Social e firmou orientação de que não é possível a utilização dos mesmos

---

[9] MARTINEZ, Wladimir Novaes. CD – *Comentários à Lei Básica da Previdência Social*. Brasília: Rede Brasil/LTr, fev. 1999.

índices previstos para reajuste dos benefícios de valor mínimo, dos salários de contribuição ou do art. 58 do ADCT (AREsp n. 168.279/MG, 2ª Turma, Rel. Min. Herman Benjamin, DJe 05.11.2012).

O valor da prestação previdenciária reajustado não poderá exceder o limite máximo do salário de benefício na data do reajustamento, respeitados, todavia, os direitos adquiridos e as hipóteses de aposentadoria por invalidez/incapacidade permanente quando acrescida de 25% para os que dependam de assistência permanente. E não poderá ser inferior ao salário mínimo, salvo em relação ao salário-família e ao auxílio-acidente.

Os reajustamentos dos benefícios sempre provocaram muitas discussões judiciais, pois, costumeiramente, não mantêm o valor real da data da concessão. Assevera Ana Maria Wickert Thiesen:

> Os diplomas legais que trataram da matéria previdenciária ao longo do tempo, geralmente, sempre contemplaram normas sobre o modo de reajuste dos benefícios. Algumas vezes, porém, os critérios estabelecidos não se apresentaram justos ou até discreparam das normas constitucionais. Este fato ensejou, e ainda ocasiona, a busca do Judiciário para corrigir as distorções, através das conhecidas ações revisionais de benefícios previdenciários[10].

Os Tribunais pátrios, com o objetivo de uniformizar o entendimento sobre as questões que envolvem os reajustamentos dos benefícios, têm editado várias súmulas, destacando-se, entre elas:

- Superior Tribunal de Justiça (STJ): Súmulas n. 159, n. 456 e n. 557;
- Tribunal Federal de Recursos (extinto): Súmulas n. 91 e n. 260;
- Tribunal Regional Federal da 1ª Região: Súmulas n. 12, n. 20, n. 23, n. 28, n. 36 e n. 49;
- Tribunal Regional Federal da 2ª Região: Súmulas n. 29, n. 35 e n. 49;
- Tribunal Regional Federal da 3ª Região: Súmulas n. 5, n. 6, n. 7, n. 8, n. 18, n. 19 e n. 25;
- Tribunal Regional Federal da 4ª Região: Súmulas n. 2, n. 3, n. 9, n. 24, n. 26, n. 36, n. 48, n. 51, n. 72, n. 77, n. 105 e n. 107;
- Tribunal Regional Federal da 5ª Região: Súmulas n. 8 e n. 9;
- Turma Nacional de Uniformização dos JEFs: Súmulas n. 1, n. 2, n. 8, n. 19, n. 21, n. 25, n. 38, n. 57, n. 65, n. 81 e n. 83.

Em caso de revisão judicial de benefício previdenciário, o STJ vinha adotando a regra de que o termo inicial dos efeitos financeiros retroage à data de início do benefício, sendo irrelevante a insuficiência de documentos no processo administrativo, uma vez que o deferimento da ação revisional representa o reconhecimento tardio de direito já incorporado ao patrimônio jurídico do segurado, observada a prescrição quinquenal (STJ, REsp 1719607/SP, 2ª Turma, DJe 02.08.2018). Entretanto, o STJ voltou a rediscutir a matéria no Repetitivo Tema n. 1.124, cuja questão controvertida a ser solvida é a seguinte:

> Caso superada a ausência do interesse de agir, definir o termo inicial dos efeitos financeiros dos benefícios previdenciários concedidos ou revisados judicialmente, por meio de prova não submetida ao crivo administrativo do INSS: se a contar da data do

---

[10] THIESEN, Ana Maria Wickert et al. *Direito previdenciário*: aspectos materiais, processuais e penais. 2. ed. Porto Alegre: Livraria do Advogado, 1999. p. 69.

requerimento administrativo ou da citação da autarquia previdenciária. (REsp 1.905.830/SP, 1ª Seção, afetação em 17.12.2021, alterada pela Questão de Ordem julgada na sessão de 22.05.2024)

A seguir, sintetizaremos algumas teses de ações revisionais com precedentes favoráveis nos Tribunais pátrios, envolvendo tanto a forma de cálculo dos benefícios como seu reajustamento.

### 5.6.1 Ampliação do período básico de cálculo do salário de benefício – "Tese de uma vida toda"

**Prazo de decadência**: O direito para esta revisão decaiu somente para as aposentadorias concedidas há mais de dez anos, em virtude da decisão proferida pelo STF no RE 626.489 (RG Tema n. 313, *DJe* 23.09.2014), que reconheceu como legítima a instituição de prazo decadencial para a revisão de benefício já concedido.

**Tese:** A fórmula de cálculo do salário de benefício para os segurados em geral (excetuados os segurados especiais) prevista no art. 29 da Lei n. 8.213/1991 (redação conferida pela Lei n. 9.876, de 29.11.1999), válida para os segurados que implementaram os requisitos para a aposentadoria até 13.11.2019 (por força da vigência, a partir de 14.11.2019, da EC n. 103/2019), observava os seguintes critérios:

- para a aposentadoria por idade e por tempo de contribuição: o salário de benefício consistirá na média aritmética simples dos maiores salários de contribuição correspondentes a 80% de todo o período contributivo, multiplicada pelo fator previdenciário;
- para a aposentadoria por invalidez, aposentadoria especial, auxílio-doença e auxílio-acidente: o salário de benefício consistirá na média aritmética simples dos maiores salários de contribuição correspondentes a 80% de todo o período contributivo (para estes benefícios não havia a multiplicação pelo fator previdenciário).

Para os segurados já filiados ao RGPS antes de 29.11.1999, a Lei n. 9.876/1999 estabeleceu no art. 3º as seguintes regras de transição:

- no cálculo do salário de benefício será considerada a média aritmética simples dos maiores salários de contribuição, correspondentes a, no mínimo, 80% de todo o período contributivo decorrido desde a competência julho de 1994;
- no caso das aposentadorias por idade, tempo de contribuição e especial, o divisor considerado no cálculo dessa média não poderá ser inferior a 60% do período decorrido da competência julho de 1994 até a data de início do benefício, limitado a 100% de todo o período contributivo.

Embora a Lei n. 9.876/1999 não tenha previsto expressamente, há que ser entendido que o segurado poderá optar pela regra nova na sua integralidade, ou seja, a média dos 80% maiores salários de contribuição de todo o período em que contribuiu ao sistema e não apenas a partir de julho de 1994.

Como paradigma para essa interpretação podemos citar o art. 9º da EC n. 20/1998, que ao alterar as regras de concessão da aposentadoria por tempo de contribuição permitiu ao segurado optar pelas regras de transição ou pelas novas regras permanentes do art. 201 da Constituição.

Além disso, por tratar-se de regras de transição no direito previdenciário, sua estipulação é exatamente para facilitar a adaptação dos segurados que já estavam contribuindo, mas que ainda não tinham implementado as condições para o benefício, ou seja, que ainda não possuíam o direito adquirido ao benefício. Portanto, não havendo direito adquirido à regra anterior, o segurado teria sempre duas opções: a regra nova ou a regra de transição, podendo sempre optar pela que lhe for mais benéfica.

Trata-se mais uma vez do reconhecimento do direito ao cálculo mais vantajoso para o segurado, dentre as opções possíveis de período básico de cálculo, desde que preenchidos os demais requisitos para a concessão da prestação.

A ampliação do período básico de cálculo para todo o período contributivo pode gerar um salário de benefício mais vantajoso em muitos casos, por exemplo:

- nos casos de aposentadorias por idade, tempo de contribuição e especial, em que a aplicação do divisor mínimo de 60% do período decorrido da competência julho de 1994 até a data de início do benefício, gera competência com salários de contribuição zerados;
- hipóteses de segurados que aderiram a Planos de Demissão Incentivada e reduziram os salários de contribuição no período que antecede a aposentadoria, mas tem um histórico contributivo elevado.

O tema chegou ao STJ, que fixou orientação favorável no Repetitivo Tema n. 999:

– **Tese Fixada:** "Aplica-se a regra definitiva prevista no art. 29, I e II, da Lei n. 8.213/1991, na apuração do salário de benefício, quando mais favorável do que a regra de transição contida no art. 3º da Lei n. 9.876/1999, aos segurados que ingressaram no Regime Geral da Previdência Social até o dia anterior à publicação da Lei n. 9.876/1999" (REsp 1.554.596/SC, 1ª Seção, Rel. Min. Napoleão Nunes Maia Filho, *DJe* 17.12.2019).

Contra a decisão do STJ, o INSS apresentou Recurso Extraordinário (RE 1.276.977), o qual obteve o reconhecimento da existência de Repercussão Geral – Tema n. 1102, cuja tese fixada pelo STF, confirmou o direito à revisão dos benefícios, nos termos que seguem:

O segurado que implementou as condições para o benefício previdenciário após a vigência da Lei n. 9.876, de 26.11.1999, e antes da vigência das novas regras constitucionais, introduzidas pela EC 103/2019, tem o direito de optar pela regra definitiva, caso esta lhe seja mais favorável. (Redator p/ o acórdão Min. Alexandre de Moraes, Plenário, j. 1º.12.2022, DJe 13.04.2023)

Mas, na sequência, o STF, ao julgar as ADIs n. 2.110 e n. 2.111, acabou por fixar tese em sentido contrário, nos termos que seguem:

A declaração de constitucionalidade do art. 3º da Lei n. 9.876/1999 impõe que o dispositivo legal seja observado de forma cogente pelos demais órgãos do Poder Judiciário e pela administração pública, em sua interpretação textual, que não permite exceção. O segurado do INSS que se enquadre no dispositivo não pode optar pela regra definitiva prevista no art. 29, incisos I e II, da Lei n. 8.213/1991, independentemente de lhe ser mais favorável. (Plenário, DJe 24.05.2024)

## 5.6.2 Não incidência do fator previdenciário nas aposentadorias por tempo de contribuição concedidas com base nas regras de transição da EC n. 20/1998

**Prazo de decadência**: O direito para esta revisão decaiu somente para as aposentadorias concedidas há mais de dez anos, em virtude da decisão proferida pelo STF no RE 626.489 (RG

Tema n. 313, *DJe* 23.09.2014), que reconheceu como legítima a instituição de prazo decadencial para a revisão de benefício já concedido.

**Tese:** Essa postulação objetiva a revisão da aposentadoria por tempo de contribuição concedida na forma estabelecida no art. 9º da EC n. 20/1998, a qual garantiu aos segurados já filiados ao RGPS, na data de sua promulgação (16.12.1998), o direito à apuração da renda mensal inicial com base nas regras até então vigentes. No entanto, ao efetuar o cálculo da RMI, concedida nos termos das regras de transição, o INSS aplicou a nova redação do art. 29 da Lei n. 8.213/1991, dada pela Lei n. 9.876/1999, que instituiu o fator previdenciário.

A alteração legislativa promovida pela Lei do Fator Previdenciário não poderia prejudicar a situação jurídica regulada pela EC n. 20/1998. Ou seja, a Lei n. 9.876/1999 veio disciplinar a nova sistemática de cálculo dos benefícios concedidos pelas regras permanentes do art. 201 da Constituição Federal, tendo em vista que o estabelecimento de idade mínima para a aposentadoria por tempo de contribuição não foi aprovado na EC n. 20/1998.

Assim, na defesa dessa tese é apontada a inconstitucionalidade da Lei n. 9.876/1999, no que se refere às aposentadorias alcançadas pelas regras de transição, pois a norma constitucional que alterou a sistemática de cálculo dos benefícios previdenciários garantiu, expressamente, o direito à concessão na forma prevista até sua promulgação, mediante o cumprimento das regras de transição por ela estabelecida.

Caberia, dessa forma, a revisão da renda mensal inicial da aposentadoria proporcional recebida pelos segurados (ou mesmo da aposentadoria integral, desde que implementados os requisitos da idade mínima e do pedágio previstos no art. 9º da EC n. 20/1998), apurando-se o salário de benefício com base na média aritmética simples dos maiores dos salários de contribuição, correspondentes a 80% de todo o período contributivo decorrido desde a competência julho de 1994, sem a incidência do fator previdenciário.

Essa tese tem decisões favoráveis, como a sentença proferida no Processo 0000033-08.2010.404.7108/RS, Juíza Federal Karine da Silva Cordeiro, julgado em 11.05.2010, a qual reconheceu que: "Desta forma, sendo a idade um dos itens integrantes do fator previdenciário, não se pode fazê-la incidir duas vezes quando da concessão do benefício: na exigência da idade mínima e como integrante do fator previdenciário, sob pena de causar limitação excessiva ao segurado. (...) Desse modo, merece acolhida a pretensão da parte autora, devendo a Autarquia Previdenciária recalcular o valor do benefício concedido pelas regras de transição constantes do art. 9º da Emenda Constitucional n. 20/1998, excluindo-se a incidência do fator previdenciário".

Consigna-se, no entanto, que a TNU fixou a tese de que os trabalhadores com direito adquirido à aposentadoria por tempo de serviço na modalidade proporcional em 15.12.1998 não podem computar tempo de contribuição a partir de 16.12.1998, data da publicação da Emenda Constitucional n. 20/1998, nem se utilizar da forma de cálculo da renda mensal inicial anteriormente vigente, sem que satisfaça os requisitos exigidos na norma de transição do art. 9º da referida emenda, que define os requisitos gerais de aposentadoria. A negativa do direito fundamentou-se também na vedação a um sistema híbrido de aposentadoria (PEDILEF n. 5005294-70.2013.4.04.7104, Rel. Juiz Federal Luiz Cláudio Flores da Cunha, *DOU* 23.05.2014).

O tema chegou ao STF e teve reconhecida a existência de repercussão geral, cuja ementa é a seguinte:

– **Tema n. 616**: "Incidência do fator previdenciário (Lei n. 9.876/1999) ou das regras de transição trazidas pela EC n. 20/1998 nos benefícios previdenciários concedidos a segurados filiados ao Regime Geral até 16.12.1998" (*Leading Case:* RE n. 639.856, Rel. Min. Gilmar Mendes, *DJe* 11.12.2012).

## 5.6.3 Revisão com base na concessão do benefício mais vantajoso – Tese do "melhor benefício"

**Prazo de decadência:** O STJ, ao julgar o Repetitivo Tema n. 966, reconheceu a incidência do prazo de decadência para essa revisão. A tese fixada foi a seguinte: "Incide o prazo decadencial previsto no *caput* do art. 103 da Lei n. 8.213/1991 para reconhecimento do direito adquirido ao benefício previdenciário mais vantajoso" (STJ, 1ª Seção, REsp n. 1631021/PR e REsp n. 1612818/PR, *DJe* 13.03.2019).

Diante desse entendimento, a revisão somente pode ser proposta em relação aos benefícios com menos de dez anos contados "do dia primeiro do mês subsequente ao do recebimento da primeira prestação ou da data em que a prestação deveria ter sido paga com o valor revisto" (art. 103, I, da LBPS).

**Tese:** Trata-se de ação objetivando o recálculo da renda mensal inicial da aposentadoria segundo a época em que, já implementados os requisitos para a fruição do benefício, aquela lhe seria mais vantajosa.

Isso porque, em casos de direito adquirido, a renda mensal inicial da aposentadoria deveria ser calculada segundo a época em que, já implementados os requisitos para a fruição do benefício, aquela lhe seria mais vantajosa.

O fundamento está na existência de direito adquirido ao cálculo da renda mensal que seria devida em data anterior à da efetiva concessão do benefício de que é titular, sem alterar, contudo, a data de início do benefício.

Com efeito, a Constituição da República garante, em matéria previdenciária, o direito do segurado ao benefício mais vantajoso, desde o implemento das condições mínimas. Ainda que assim não fosse, o emprego da analogia já seria suficiente para assegurar o direito do segurado ao benefício mais vantajoso, ou, ainda, o emprego do costume estatal de sempre alcançar ao segurado da previdência social o melhor entre os benefícios a que faz jus.

Em regra, o INSS costuma calcular o benefício na forma acima, corrigindo os salários de contribuição somente até a data anterior à nova Lei, que modificou a forma de cálculo, como, por exemplo, até a EC n. 20/1998 ou até a Lei n. 9.876/1999.

Isso pode significar perdas ao benefício, pois os índices de correção dos salários de contribuição costumam ser maiores do que os índices de correção dos benefícios em manutenção.

A discussão da tese do direito adquirido ao melhor benefício ganhou Repercussão Geral e foi julgada procedente pelo STF, ficando assim definida:

> – **RG Tema n. 334 – Tese**: "Para o cálculo da renda mensal inicial, cumpre observar o quadro mais favorável ao beneficiário, pouco importando o decesso remuneratório ocorrido em data posterior ao implemento das condições legais para a aposentadoria, respeitadas a decadência do direito à revisão e a prescrição quanto às prestações vencidas".

**ESTA AÇÃO PODERÁ SER AJUIZADA PARA OS SEGUINTES BENEFÍCIOS:**

Aposentadorias cujos segurados tenham implementado as condições para o requerimento do benefício antes da DIB, ainda que proporcionais. Importante a elaboração de cálculo para a verificação do melhor benefício. Nesse caso recomendamos a utilização dos cálculos disponíveis gratuitamente no *site* da Justiça Federal do Rio Grande do Sul, junto ao setor da contadoria, sendo a DIB do benefício anterior à vigência da EC n. 103/2019.

Partindo da premissa fixada pelo STF na RG n. 334, a busca do melhor benefício mostra-se possível também para outras situações, a exemplo:

– na obtenção da melhor regra de transição da EC n. 103/2019, dentre aquelas que houve o preenchimento dos requisitos;

- no reconhecimento de novos tempos de contribuição para viabilizar o expurgo dos menores salários de contribuição, na forma estabelecida no art. 26, § 6º, da EC n. 103/2019;
- na substituição de um benefício por outro mais vantajoso ou que não tenha restrição na continuidade das atividades exercidas pelo segurado.

**DOCUMENTAÇÃO NECESSÁRIA:**
- Fotocópia da Carta de Concessão do Benefício e, de preferência, a memória de cálculo do benefício a ser revisado.
- Fotocópia do CPF e RG.
- Último Extrato do INSS (pode ser consultado e impresso em https://meu.inss.gov.br).
- Cópia do processo administrativo de concessão.
- Procuração.
- Declaração de hipossuficiência para requerimento de Justiça Gratuita.
- Contrato de Honorários.
- Comprovante de residência atualizado.

### 5.6.4 Revisão baseada no aumento do tempo de contribuição comum e especial

**Prazo de Decadência**: O direito para esta revisão decaiu somente para as aposentadorias concedidas há mais de dez anos, em virtude da decisão proferida pelo STF no RE 626.489 (RG – Tema n. 313, *DJe* 23.09.2014), que reconheceu como legítima a instituição de prazo decadencial para a revisão de benefício já concedido.

Mesmo que o tempo de contribuição não tenha sido postulado na DER, o prazo decadencial tem aplicação, consoante tese fixada pelo STJ no julgamento do Repetitivo do STJ Tema n. 975: "Aplica-se o prazo decadencial de dez anos estabelecido no art. 103, *caput*, da Lei n. 8.213/1991 às hipóteses em que a questão controvertida não foi apreciada no ato administrativo de análise de concessão de benefício previdenciário" (REsp 1.648.336/RS, 1ª Seção, *DJe* 04.08.2020).

**Tese:** Com essa revisão busca-se o aumento do tempo de contribuição decorrente de períodos não constantes do CNIS, dentre os quais: a) atividades no meio rural como segurado especial (anterior à novembro de 1991, sem indenização); b) aluno aprendiz em escolas técnicas; c) trabalhador autônomo/contribuinte individual mediante indenização; d) prestação de serviço militar; e) recebimento de benefício por incapacidade, desde que intercalado; e) tempo especial com a conversão para tempo comum em relação ao prestado até 13.11.2019 (art. 25, § 2º, da EC n. 103/2019).

Com o acréscimo do tempo de contribuição será possível, exemplificativamente: a) obter o benefício mais vantajoso, dentre aqueles em que houve o preenchimento dos requisitos; b) no caso da aposentadoria por tempo de contribuição, poderá ser excluído o fator previdenciário ou até torná-lo positivo em relação aos benefícios anteriores à EC n. 103/2019 e até mesmo para a regra de transição da EC n. 103/2019 (ATC c/pedágio de 50%); c) elevar o coeficiente de cálculo da RMI em 2% para cada novo ano de contribuição para os benefícios em geral concedidos com base nas regras da EC n. 103/2019 (salvo os decorrentes de acidente do trabalho).

### 5.6.5 Revisão baseada em sentença trabalhista com inclusão de tempo de contribuição e aumento dos salários de contribuição

**Prazo de Decadência**: O prazo decadencial para essa revisão tem início com o trânsito em julgado da sentença trabalhista. Neste sentido o Repetitivo julgado pelo STJ, Tema n. 1.117:

"O marco inicial da fluência do prazo decadencial, previsto no *caput* do art. 103 da Lei n. 8.213/1991, quando houver pedido de revisão da renda mensal inicial (RMI) para incluir verbas remuneratórias recebidas em ação trabalhista nos salários de contribuição que integraram o período básico de cálculo (PBC) do benefício, deve ser o trânsito em julgado da sentença na respectiva reclamatória" (REsp 1.947.419, 1ª Seção, DJe 30.08.2022).

No que tange ao **prazo de prescrição**, a regra também é diferenciada, consoante tese fixada pela TNU no julgamento do Representativo de Controvérsia Tema n. 200: "Na pretensão ao recebimento de diferenças decorrentes de revisão de renda mensal inicial em virtude de verbas salariais reconhecidas em reclamação trabalhista, a prescrição quinquenal deve ser contada retroativamente da data do ajuizamento da ação previdenciária, não fluindo no período de tramitação da ação trabalhista, enquanto não definitivamente reconhecido o direito e não homologados os cálculos de liquidação" (PEDILEF 5002165-21.2017.4.04.7103/RS, j. 09.12.2020).

**Tese:** As ações trabalhistas possuem relação direta com a Previdência Social. Tratam, na maioria dos casos, de reconhecimento de vínculos empregatícios não registrados devidamente, de verbas que não foram pagas ao trabalhador (ou foram pagas a menor) e de situações que podem prolongar a qualidade de segurado.

Todos esses fatores impactam os principais pontos verificados para a concessão de benefícios previdenciários. Entres eles estão qualidade de segurado, tempo de contribuição, salários de contribuição e renda mensal inicial dos benefícios.

No entanto, o resultado da sentença trabalhista não é reconhecido de modo automático pela Autarquia Previdenciária, o que acarreta a necessidade de que o indivíduo tenha de buscar novamente a tutela do Estado, dessa feita para ver reconhecidos seus direitos de índole estritamente previdenciária – o seu *status* de segurado, o tempo de contribuição correspondente e os salários de contribuição verdadeiros.

O objetivo dessa revisão, em regra, é aumentar a Renda Mensal Inicial do benefício, no sentido de: a) excluir o fator previdenciário ou até torná-lo positivo em relação aos benefícios anteriores à EC n. 103/2019 e até mesmo para a regra de transição da EC n. 103/2019 (ATC c/pedágio de 50%); b) elevar o coeficiente de cálculo da RMI em 2% para cada novo ano de contribuição para os benefícios em geral concedidos com base nas regras da EC n. 103/2019 (salvo os decorrentes de acidente do trabalho). Neste sentido:

– **Súmula 107 – TRF da 4ª Região**: "O reconhecimento de verbas remuneratórias em reclamatória trabalhista autoriza o segurado a postular a revisão da renda mensal inicial, ainda que o INSS não tenha integrado a lide, devendo retroagir o termo inicial dos efeitos financeiros da revisão à data da concessão do benefício". No mesmo sentido: STJ, REsp 1.674.420/PR, 1ª Turma, Rel. Min. Napoleão Nunes Maia Filho, DJe 22.11.2019.

– **STJ** – Pedido de Uniformização de Interpretação de Lei Federal (PUIL) n. 293: "A sentença trabalhista homologatória de acordo somente será considerada início válido de prova material, para os fins do art. 55, § 3º, da Lei n. 8.213/1991, quando fundada em elementos probatórios contemporâneos dos fatos alegados, aptos a evidenciar o exercício da atividade laboral, o trabalho desempenhado e o respectivo período que se pretende ter reconhecido, em ação previdenciária" (DJe 20.12.2022).

Recomenda-se a correção do CNIS (pela Central 135 do INSS) após toda ação trabalhista julgada favorável à parte, tendo em vista que os cálculos dos benefícios previdenciários são elaborados com base em todo o período contributivo do segurado e, portanto, qualquer alteração pode representar aumento na renda do benefício futuro ou mesmo a revisão de benefício já concedido.

### 5.6.6 Revisão decorrente de atividades concomitantes

**Prazo de Decadência**: O direito para esta revisão decaiu somente para as aposentadorias concedidas há mais de dez anos, em virtude da decisão proferida pelo STF no RE 626.489 (RG – Tema n. 313, *DJe* 23.09.2014), que reconheceu como legítima a instituição de prazo decadencial para a revisão de benefício já concedido.

**Tese:** A tese é baseada no julgamento do STJ, Repetitivo Tema n. 1.070, cuja tese fixada é a seguinte: "Após o advento da Lei n. 9.876/1999, e para fins de cálculo do benefício de aposentadoria, no caso do exercício de atividades concomitantes pelo segurado, o salário de contribuição deverá ser composto da soma de todas as contribuições previdenciárias por ele vertidas ao sistema, respeitado o teto previdenciário" (REsp 1.870.793/RS, 1ª Seção, *DJe* 24.05.2022).

Para o segurado que contribuiu em razão de atividades concomitantes (exemplo: segurado empregado e contribuinte individual), o salário de benefício deverá ser calculado com base na soma dos salários de contribuição das atividades exercidas na data do requerimento ou do óbito, ou no período básico de cálculo, observado o disposto no art. 29 e as regras do art. 32 da Lei n. 8.213/1991.

O reconhecimento desse direito ocorreu apenas após a edição da Lei n. 13.846/2019, a qual deu nova redação ao art. 32 da LBPS, revogando os incisos que disciplinavam a sistemática de cálculo de atividade principal e secundária.

A regra até então utilizada pela Previdência reduzia de forma significativa o valor da renda mensal inicial dos benefícios em caso de dupla atividade, pois estipulava uma proporcionalidade considerando o tempo de exercício de cada uma delas.

Considerando que a nova regra da soma dos salários de contribuição no período básico de cálculo não ensejou a revisão dos benefícios concedidos anteriormente (com base na apuração da atividade principal e acessória.), resta a alternativa da via judicial para que os segurados prejudicados busquem a revisão da renda mensal inicial. A respeito, o Enunciado n. 4 do Programa Desjudicializa Prev:

> – **Tema n. 6:** "Após o advento da Lei n. 9.876/1999, e para fins de cálculo do benefício de aposentadoria, no caso do exercício de atividades concomitantes pelo segurado, o salário-de-contribuição deverá ser composto da soma de todas as contribuições previdenciárias por ele vertidas ao sistema, respeitado o teto previdenciário" (Portaria Conjunta GP n. 4, de 15.04.2024, Anexo I).

### 5.6.7 Revisão dos benefícios por incapacidade concedidos após a EC n. 103/2019

**Prazo de Decadência**: Aplica-se a esta revisão a regra geral do prazo decadencial previsto no art. 103 da Lei n. 8.213/1991, em virtude da decisão proferida pelo STF no RE 626.489 (RG – Tema n. 313, *DJe* 23.09.2014).

**Tese:** Dois pontos devem ser levados em consideração para essa tese, quais sejam, o cálculo do salário de benefício e os coeficientes de cálculos da RMI.

O primeiro tem relação com a nova fórmula de cálculo do salário de benefício, introduzida pelo art. 26, *caput,* da EC n. 103/2019, a qual passou a considerar todos os salários de contribuição do segurado, desde julho de 1994, ou desde o início da contribuição, se posterior àquela competência. E, com base no § 6º do referido artigo foi permitida a exclusão dessa média das contribuições que resultem em redução do valor do benefício, desde que mantido o tempo mínimo de contribuição exigido, vedada a utilização do tempo excluído para qualquer finalidade.

No entanto, o Decreto n. 10.410/2020, ao regulamentar a EC n. 103/2019, inovou no sentido de que em relação aos benefícios por incapacidade aplica-se a regra da média integral, sem a possibilidade de descartes de contribuições que supere o tempo mínimo exigido (art. 32, §§ 24 e 25, do RPS). E, quanto ao auxílio por incapacidade temporária, foi mantida a restrição de que: "não poderá exceder a média aritmética simples dos últimos doze salários de contribuição, inclusive no caso de remuneração variável, ou, se não houver doze salários de contribuição, a média aritmética simples dos salários de contribuição existentes" (art. 29, § 10, da Lei n. 8.213/1991 c/c o art. 32, § 23, do RPS).

Com isso, a sistemática de cálculo do salário de benefício segue um modelo híbrido, conjugando o art. 26 da EC n. 103/2019 com o art. 29 da LBPS. Prática essa já refutada pelo Supremo Tribunal Federal quando do julgamento da RG n. 70, cuja tese fixada foi a seguinte: "Na sistemática de cálculo dos benefícios previdenciários, não é lícito ao segurado conjugar as vantagens do novo sistema com aquelas aplicáveis ao anterior, porquanto inexiste direito adquirido a determinado regime jurídico".

No que diz respeito ao segundo ponto, coeficiente de cálculo, o art. 26, § 3º, da EC n. 103/2019, garantiu o coeficiente de 100% do salário de benefício, unicamente para a aposentadoria por incapacidade permanente decorrente de acidente de trabalho, doença profissional ou doença do trabalho (B-92). Quando não comprovada essa causa, o coeficiente aplicável é de 60% do salário de benefício, mais 2 pontos percentuais para cada ano de contribuição que supere os 20 anos de contribuição, se homem, ou 15 anos, se mulher (art. 26, § 2º, da EC n. 103/2019).

Essa diferenciação viola princípios constitucionais, entre os quais o da isonomia, que deve pairar entre os segurados que se aposentam pelo mesmo fato gerador, qual seja, a incapacidade permanente para o trabalho. Há que se considerar ainda, que todos os segurados empregados e trabalhadores avulsos contribuem com as mesmas alíquotas e no momento da aposentadoria não podem ser discriminados pelo fato de a incapacidade ter relação com o acidente do trabalho. Além de que, a aposentadoria não poderia resultar em RMI com coeficiente de cálculo inferior ao da incapacidade temporária. Essa anomalia já foi reconhecida em diversos julgados, a exemplo dos que seguem:

> – "Em razão da inconstitucionalidade do inciso III do § 2º do art. 26 da EC 103/2019, esta turma delibera por fixar a seguinte tese: 'O valor da renda mensal inicial (RMI) da aposentadoria por incapacidade permanente não acidentária continua sendo de 100% (cem por cento) da média aritmética simples dos salários de contribuição contidos no período básico de cálculo (PBC). Tratando-se de benefício com DIB posterior a EC 103/19, o período de apuração será de 100% do período contributivo desde a competência julho de 1994, ou desde o início da contribuição, se posterior àquela competência'" (TRU/TRF4, PUIL n. 5003241-81.2021.4.04.7122, Rel. Juiz Federal Daniel Machado da Rocha, j. 11.03.2022).
>
> – "DIREITO PREVIDENCIÁRIO E PROCESSUAL CIVIL. AUXÍLIO-DOENÇA E APOSENTADORIA POR INVALIDEZ. INCAPACIDADE TOTAL E PERMANENTE. CRITÉRIO DE CÁLCULO. A pendência da controvérsia no âmbito do STF (ADI n. 6.279) sobre o critério de cálculo da aposentadoria por incapacidade permanente (art. 26, § 2º, III, da EC n. 103/2019) não justifica adiar o julgamento do feito, considerando seu evidente impacto sobre a renda mensal do segurado que vinha em auxílio-doença. Ao contrário, recomenda, por ora, que a aposentadoria seja paga com base no valor que vinha sido recebido a título de auxílio-doença, ficando diferido para momento posterior ao julgamento da ADI 6.279 a solução final quanto ao valor do benefício da parte autora, a ser adotada no juízo de origem. Precedentes deste Tribunal" (TRF4, AC n. 5021724-85.2022.4.04.7200/SC, j. 22.08.2023).

Cabe destacar que a inconstitucionalidade do art. 26, § 2º, III, da EC n. 103/2019 é, ainda, objeto da ADI n. 6.279, distribuída no Supremo Tribunal Federal em 05.12.2019, cujo julgamento deve ser acompanhado.

## 5.6.8 Revisão do salário de benefício para inclusão dos valores pagos em pecúnia a título de auxílio-alimentação

**Prazo de Decadência:** Aplica-se a esta revisão a regra geral do prazo decadencial previsto no art. 103 da Lei n. 8.213/1991, em virtude da decisão proferida pelo STF no RE n. 626.489 (RG – Tema n. 313, DJe 23.09.2014).

**Tese:** De acordo com o art. 29, § 3º, da Lei n. 8.213/1991: "Serão considerados para cálculo do salário de benefício os ganhos habituais do segurado empregado, a qualquer título, sob forma de moeda corrente ou de utilidades, sobre os quais tenha incidido contribuições previdenciárias, exceto o décimo-terceiro salário (gratificação natalina)".

Considerando-se que a renda mensal inicial tem como base de cálculo o salário de benefício, e diante da incidência de contribuição sobre os valores pagos em pecúnia a título de auxílio-alimentação, caberá como consequência lógica o direito dos segurados à revisão dos benefícios já concedidos, assim como gerará impacto nas futuras concessões, para inclusão dos referidos valores.

Dá suporte a essa revisão o julgamento do STJ no Repetitivo Tema n. 1.164, que decidiu: "Incide a contribuição previdenciária a cargo do empregador sobre o auxílio-alimentação pago em pecúnia" (REsp n. 1.995.437/CE, 1ª Seção, Rel. Min. Gurgel de Farias, j. 26.04.2023).

No mesmo sentido foi a tese fixada pela TNU no julgamento do Representativo de Controvérsia Tema n. 244:

> I) Anteriormente à vigência da Lei n. 13.416/2017, o auxílio-alimentação, pago em espécie e com habitualidade ou por meio de vale-alimentação/cartão ou ticket refeição/alimentação ou equivalente, integra a remuneração e constitui base de incidência da contribuição previdenciária patronal e do segurado, refletindo no cálculo da renda mensal inicial do benefício, esteja a empresa inscrita ou não no Programa de Alimentação do Trabalhador (PAT);
>
> II) A partir de 11.11.2017, com a vigência da Lei n. 13.416/2017, que conferiu nova redação ao § 2º do art. 457 da CLT, somente o pagamento do auxílio-alimentação em dinheiro integra a remuneração, constitui base de incidência da contribuição previdenciária patronal e do segurado, refletindo no cálculo da renda mensal inicial do benefício, esteja a empresa inscrita ou não no Programa de Alimentação do Trabalhador. (PEDILEF n. 5002880-91.2016.4.04.7105)

A respeito do tema foi aprovado o Enunciado que segue na I Jornada de Direito da Seguridade Social realizada pelo STJ/CJF em 2023: "Caberá a revisão da renda mensal inicial dos benefícios previdenciários mediante a inclusão no salário de benefício dos valores pagos habitualmente em pecúnia a título de auxílio-alimentação, respeitados os prazos decadenciais e prescricionais" (ID 6600).

O TRF da 4ª Região também tem precedentes no mesmo sentido (v.g.):

> PREVIDENCIÁRIO. REVISÃO DE BENEFÍCIO. SALÁRIOS DE CONTRIBUIÇÃO. AUXÍLIO-ALIMENTAÇÃO.
>
> 1. O auxílio-alimentação e vale-rancho pagos em pecúnia (inclusive mediante o fornecimento de tíquetes), ou creditados em conta-corrente, em caráter habitual, integram a base de cálculo da contribuição previdenciária.
>
> 2. Incluídas, nos salários de contribuição, as referidas verbas, os efeitos financeiros do recálculo da aposentadoria são devidos desde a DER, uma vez que o segurado não pode ser prejudicado pela omissão do empregador no recolhimento das contribuições previdenciárias corretas. Respeitada, na hipótese, a prescrição quinquenal. (AC 5000772-53.2020.4.04.7104, 6ª Turma, Rel. Tais Schilling Ferraz, j. 19.07.2023)

### 5.6.9 Revisão da pensão por morte: dependentes com invalidez ou deficiência

**Prazo de Decadência:** Não há decadência porquanto não se trata de revisão do ato de concessão do benefício, e sim do reconhecimento de situação fática que modifica o critério de cálculo em face do reconhecimento da deficiência que poderá ocorrer a qualquer tempo.

**Tese:** A pensão por morte, segundo a regra vigente (art. 23 da EC n. 103/2019), será equivalente a uma cota familiar de 50% do valor da aposentadoria recebida pelo segurado do RGPS ou pelo servidor federal (vinculado ao RPPS da União) ou daquela a que teria direito se fosse aposentado por incapacidade permanente na data do óbito, acrescida de cotas de 10 pontos percentuais por dependente, até o máximo de 100%. Tal sistemática de cálculo foi validada pelo STF ao julgar a ADI n. 7.051, cuja tese fixada foi a seguinte:

> É constitucional o art. 23, *caput*, da Emenda Constitucional n. 103/2019, que fixa novos critérios de cálculo para a pensão por morte no Regime Geral e nos Regimes Próprios de Previdência Social. (Plenário Virtual, Rel. Min. Luís Roberto Barroso, *DJe* 02.08.2023)

Mas, na hipótese de haver dependente inválido ou com deficiência intelectual, mental ou grave, o valor da pensão por morte será equivalente a 100% do valor da aposentadoria recebida pelo segurado ou daquela a que teria direito se fosse aposentado por incapacidade permanente na data do óbito, até o limite máximo do salário de benefício do RGPS (art. 23, § 2º, I, da EC n. 103/2019).

Portanto, a hipótese legal para superar o critério das cotas é a existência de algum dependente que demonstre possuir invalidez ou deficiência intelectual, mental, que pode ser leve, moderada ou grave. E, no caso de deficiência física ou sensorial, o nível deve ser classificado como grave.

Para que essa situação seja reconhecida, deve ser observada a regra do § 5º do art. 23 da EC n. 103/2019, que estabelece: "Para o dependente inválido ou com deficiência intelectual, mental ou grave, sua condição pode ser reconhecida previamente ao óbito do segurado, por meio de avaliação biopsicossocial realizada por equipe multiprofissional e interdisciplinar, observada revisão periódica na forma da legislação".

O termo "pode" significa que o segurado em vida poderá requerer a inscrição dos seus dependentes que possuam essa condição para que, em caso de pensão por morte, tenham o benefício concedido com o cálculo diferenciado.

Mas quando esse reconhecimento não foi requerido em vida pelo segurado seus dependentes poderão requerer a qualquer momento a revisão do cálculo da pensão por morte, buscando inclusive os valores atrasados desde a data do óbito, respeitada a prescrição quinquenal para aqueles que são considerados incapazes civilmente (art. 198, I c/c art. 3º do CC).

# 6

# Ações sobre a Aplicação do Limite Máximo de Benefício (Teto)

## 6.1 VALOR-LIMITE DOS BENEFÍCIOS PREVIDENCIÁRIOS (TETO)

Com exceção do salário-maternidade, em regra, os benefícios substitutivos da remuneração dos segurados e pensionistas são limitados por um valor estabelecido como sendo o teto máximo de benefício. Por isso, a renda mensal do benefício de prestação continuada que substituir o salário de contribuição ou o rendimento do trabalho do segurado não terá valor inferior ao do salário mínimo nem superior ao do limite máximo do salário de contribuição, salvo na hipótese da aposentadoria por incapacidade permanente do segurado que necessitar de assistência permanente de outra pessoa, quando é previsto um acréscimo de 25%, mesmo que ultrapasse o limite máximo legal (art. 45 da Lei n. 8.213/1991).

Também estão excluídos da limitação pelo chamado "teto" os benefícios decorrentes de aposentadorias e pensões especiais pagas à conta do Tesouro Nacional (por exemplo, aos anistiados e aos ex-combatentes da Segunda Guerra Mundial). Esses benefícios, decorrentes de legislação especial, mas pagos pela Previdência Social à conta do Tesouro Nacional, concedidos até 15.12.1998, ficam submetidos ao teto estabelecido pelo art. 37, XI, da Constituição (isto é, o subsídio fixado para os Ministros do STF). Tal diferenciação foi prevista expressamente nas Disposições Constitucionais Gerais (art. 248), pela Emenda Constitucional n. 20/1998.

Já o salário-maternidade, outro benefício excluído da limitação máxima imposta aos demais, é sempre equivalente à totalidade da remuneração percebida pela segurada empregada antes de ingressar na licença-gestante. Então, mesmo sendo esse valor superior ao limite do salário de contribuição, o benefício consistirá na integralidade de sua remuneração, ou da soma das remunerações percebidas em mais de uma atividade concomitantemente exercidas, respeitado no caso apenas a limitação ao teto estabelecido pelo art. 37, XI, da Constituição (isto é, o subsídio fixado para os Ministros do STF).

Em regra, o valor do teto é reajustado nas mesmas datas e pelos mesmos índices dos benefícios em manutenção. Contudo, esse limite máximo dos benefícios pagos pelo INSS aos segurados do RGPS foi elevado para R$ 1.200,00 pela Emenda n. 20/1998 e para R$ 2.400,00 pela Emenda n. 41/2003, com impacto imediato sobre as contribuições devidas por quem estava percebendo salários nessa faixa de renda ou acima dela.

Após essas modificações extraordinárias o limite máximo voltou a ser reajustado apenas nas datas e nos índices aplicados aos benefícios. Cumpre sublinhar que esse limite máximo foi previsto para os benefícios concedidos com base no art. 201 da Constituição Federal, e seus reajustes devem ocorrer de forma a preservar, em caráter permanente, seu valor real.

## 6.2 AÇÃO PARA APLICAÇÃO DOS TETOS TRAZIDOS PELAS EMENDAS CONSTITUCIONAIS N. 20/1998 E N. 41/2003 NOS BENEFÍCIOS CONCEDIDOS ATÉ 31.12.2003

**Prazo de Decadência:** Não há decadência, porquanto não se trata de revisão do ato de concessão do benefício, e sim de reajustes posteriores (STJ, AREsp 1.731.170/SE, 2ª T., Rel. Min. Herman Benjamin, *DJe* 13.04.2021).

**Prazo de Prescrição:** "Na ação de conhecimento individual, proposta com o objetivo de adequar a renda mensal do benefício previdenciário aos tetos fixados pelas Emendas Constitucionais 20/1998 e 41/2003 e cujo pedido coincide com aquele anteriormente formulado em ação civil pública, a interrupção da prescrição quinquenal, para recebimento das parcelas vencidas, ocorre na data de ajuizamento da lide individual, salvo se requerida a sua suspensão, na forma do art. 104 da Lei n. 8.078/1990" (STJ, Repetitivo Tema n. 1.005, REsp 1.761.874/SC, *DJe* 1º.07.2021).

**Tese:** O novo limite máximo da renda mensal fixado pela Emenda Constitucional n. 20, de 16.12.1998 (R$ 1.200,00) e pela Emenda Constitucional n. 41, de 31.12.2003 (R$ 2.400,00), enseja o pedido de revisão do valor dos benefícios concedidos anteriormente à edição das normas reformadoras da Constituição.

O limite dos benefícios que vigorava quando da entrada em vigor da EC n. 20/1998 era de R$ 1.081,50 (valor estabelecido em junho de 1998), e, da EC n. 41/2003 era de R$ 1.869,34 (valor estabelecido em junho de 2003).

A Emenda Constitucional n. 20/1998, em seu art. 14, estabeleceu que: "O limite máximo para o valor dos benefícios do regime geral de previdência social de que trata o art. 201 da Constituição Federal é fixado em R$ 1.200,00 (um mil e duzentos reais), devendo, a partir da data da publicação desta Emenda, ser reajustado de forma a preservar, em caráter permanente, seu valor real, atualizado pelos mesmos índices aplicados aos benefícios do regime geral de previdência social".

Ocorre que o então Ministério da Previdência Social, ao editar portaria que tratou da implementação imediata dos dispositivos da Emenda Constitucional n. 20/1998, relativos ao RGPS, estabeleceu que o novo limite do valor dos proventos seria aplicado apenas aos benefícios concedidos a partir de 16.12.1998.

A situação repetiu-se quando da publicação da Emenda Constitucional n. 41/2003 (art. 5º), que elevou o teto para R$ 2.400,00. O MPS novamente disciplinou a matéria na via administrativa para aplicar o novo valor apenas aos benefícios concedidos a partir de janeiro de 2004.

A interpretação restritiva do texto das Reformas da Previdência produziu uma situação inusitada, qual seja, a existência de vários tetos de benefícios dentro do mesmo regime, todos para benefícios concedidos na vigência da mesma Lei, a n. 8.213/1991.

No nosso entender, o disposto no art. 14 da EC n. 20/1998 e no art. 5º da EC n. 41/2003 alcançam também os benefícios concedidos anteriormente à elevação do teto, mas desde que na data de início tenham ficado limitados ao teto que vigorava à época.

Isso acontece porque em muitos casos o cálculo do salário de benefício resultou em valor superior ao teto em vigor na DIB, mas a renda mensal inicial ficou limitada naquele montante (teto) somente para fins de pagamento da prestação previdenciária.

Porém, com a elevação do teto limite dos benefícios, parece-nos permitida a recomposição da renda mensal com base no novo valor, desde que dentro desse novo patamar.

Essa sistemática não significa a adoção de um reajuste automático a todos os benefícios, mas apenas a recomposição do valor com base no novo limite nos casos cuja fixação dos proventos resultou em montante inferior à média atualizada dos salários de contribuição. Nesse sentido:

Turma Regional de Uniformização dos JEFs da 4ª Região, IUJEF n. 2006.70.51.004338-4/PR e IUJEF n. 2006.72.51.000953-8/SC, Sessão de 13.12.2007.

O Supremo Tribunal Federal adotou esse entendimento em relação aos efeitos da Emenda Constitucional n. 20/1998, conforme julgado a seguir:

> BENEFÍCIO PREVIDENCIÁRIO. TETO. ALTERAÇÃO. Uma vez alterado o teto relativo a benefício previdenciário, como foi feito mediante a Emenda Constitucional n. 20/1998, cumpre ter presente o novo parâmetro fixado, observados os cálculos primitivos. (Ag. Reg. no RE n. 499.091-1/SC, 1ª Turma, Rel. Min. Marco Aurélio, DJ 1º.06.2007)

Diante da relevância do tema, o Plenário do STF reconheceu a existência de repercussão geral (RE n. 564354/SE, em 03.05.2008), cujo julgamento do mérito contemplou o reconhecimento da tese defendida nesta obra. A tese fixada foi a seguinte:

> – **Tema n. 76:** "Não ofende o ato jurídico perfeito a aplicação imediata do art. 14 da Emenda Constitucional n. 20/1998 e do art. 5º da Emenda Constitucional n. 41/2003 aos benefícios previdenciários limitados a teto do regime geral de previdência estabelecido antes da vigência dessas normas, de modo a que passem a observar o novo teto constitucional".

Após a decisão proferida pelo STF e tendo em vista que o INSS não providenciou administrativamente a revisão dos benefícios lesados, o MPF ingressou com uma Ação Civil Pública, no Estado de São Paulo, n. 0004911-28.2011.403.6183. Em tal ação se efetuou acordo para que o INSS alterasse a renda mensal dos benefícios, assim como efetuasse os pagamentos dos valores referentes às diferenças entre o que foi pago e o que era devido. Tal pagamento não foi parcelado, como ocorreu na revisão do IRSM, mas sim integral. No entanto, houve programação de pagamento em datas específicas. No mês de agosto de 2011, foram revistos os valores dos benefícios futuros de todos os beneficiários que o INSS considerou ter errado no cálculo. O pagamento se concretizou até o quinto dia útil de setembro de 2011.

O pagamento dos valores atrasados foi previsto para as seguintes datas:

- 31.10.2011 para os que têm direito a receber até R$ 6 mil;
- 31.05.2012 para quem é credor de um valor na faixa entre R$ 6.000,01 até R$ 15 mil;
- 30.11.2012 para os valores entre R$ 15.000,01 e R$ 19 mil; e
- 31.01.2013 para os créditos superiores a R$ 19 mil.

Vale lembrar, entretanto, que o INSS tem interpretação mais restritiva da decisão do STF do que a aplicada pela Justiça. Assim, nem todos que teriam direito a revisão realmente receberam a modificação de seus benefícios na via administrativa. Um exemplo é no tocante aos benefícios anteriores a 05.04.1991. Quanto a eles, o INSS restringiu, indevidamente, a revisão das aposentadorias e pensões de todos os segurados que obtiveram seus benefícios entre 05.04.1991 e 1º.01.2004 e foram limitados pelo teto da Previdência.

Evidenciamos que todo e qualquer segurado que se sentir lesado pode recorrer ao Judiciário para garantir a correta aplicação dos tetos da EC n. 20/1998 e da EC n. 41/2003 aos seus benefícios, se eles já estavam em manutenção antes da edição de ambas as normas.

## 6.3 "BURACO NEGRO"

Cumpre esclarecer o que significa a expressão *buraco negro* no contexto das revisões dos benefícios do Regime Geral de Previdência Social.

Entende-se por *buraco negro* a revisão devida aos benefícios iniciados após a Constituição Federal de 1988 até a vigência da Lei n. 8.213/1991 (benefício concedido entre **05.10.1988 e 05.04.1991**), que não foram devidamente revisados pelo INSS, que deixou de aplicar a correta atualização monetária das contribuições do período básico de cálculo pela variação do INPC. Nessa situação, é necessário ser feito um cálculo de conferência prévia para ver se foi ou não aplicado o coeficiente correto na via administrativa.

Com a promulgação da Constituição Federal em 1988, as relações jurídicas previdenciárias acabaram num vácuo legal, já que os ditames anteriormente vigentes sofreram transformações profundas e tornaram-se, quase em sua maioria, incompatíveis com a nova ordem constitucional.

É o exemplo da regra do § 3º do art. 201 da CF, que dispôs em sua redação original: "§ 3º Todos os salários de contribuição considerados no cálculo de benefício serão corrigidos monetariamente"[1].

Anteriormente à CF/1988, apenas os primeiros 24 salários de contribuição eram corrigidos monetariamente, e os 12 últimos seriam apenas somados aos demais, sem qualquer atualização. A Constituição Cidadã veio, portanto, corrigir erros e injustiças, mas suas normas, nesse caso, foram consideradas não autoaplicáveis[2]. Desse modo, somente após a promulgação das Leis n. 8.213/1991 e n. 8.212/1991 é que os benefícios previdenciários passaram a ser regrados por normas constitucionalmente coerentes.

Mas mesmo não existindo norma compatível com os ditames constitucionais, não se admitia que a concessão de benefícios previdenciários ficasse suspensa ou interrompida durante o tempo que levaria o legislador ordinário para elaborar as leis necessárias. Tampouco poderiam deixar de ser reajustados os benefícios vigentes à época.

Com relação aos reajustes dos benefícios em manutenção, a própria CF/1988 dispôs como deveriam ser feitos, em seu art. 58 do ADCT.[3]

Mas faltava ainda a regulamentação dos benefícios concedidos durante o chamado "buraco negro". Isso porque tais benefícios foram concedidos com base em leis e decretos anteriores, sabidamente inconstitucionais, mas que eram, no momento, os únicos ditames disponíveis.

Com a edição da Lei n. 8.213/1991 resolveu-se o problema. Os arts. 144 e 145 estabeleceram a revisão dos benefícios concedidos posteriormente à Constituição Federal de 1988 e o seu advento, durante o chamado *buraco negro*.

Dessa maneira, a Lei aplicada aos benefícios concedidos durante o *buraco negro* para todos os fins foi a Lei n. 8.213/1991.

O próprio art. 144 dispõe que a nova renda mensal encontrada substitui, para todos os efeitos, as que prevaleciam até então.

---

[1] Redação da EC n. 20/1998: § 3º Todos os salários de contribuição considerados para o cálculo de benefício serão devidamente atualizados, na forma da lei.

[2] Aposentadoria. Cálculo do benefício. Arts. 201, § 3º, e 202, *caput*, da Constituição Federal. Art. 58 do ADCT. Conforme precedentes do STF, o disposto nos arts. 201, § 3º, e 202, *caput*, da Constituição Federal, sobre o cálculo do benefício da aposentadoria, não é autoaplicável, pois, dependente da legislação, que posteriormente entrou em vigor (Leis n. 8.212 e n. 8.213, ambas de 24.07.1991). Precedentes: MI 306; RE 163.478; RE 164.931; RE 193.456; RE 198.314; RE 198.983 (RE 201.091, Rel. Min. Sydney Sanches, j. 18.04.1997, DJ 30.05.1997).

[3] Art. 58. Os benefícios de prestação continuada, mantidos pela previdência social na data da promulgação da Constituição, terão seus valores revistos, a fim de que seja restabelecido o poder aquisitivo, expresso em número de salários mínimos, que tinham na data de sua concessão, obedecendo-se a esse critério de atualização até a implantação do plano de custeio e benefícios referidos no artigo seguinte. Parágrafo único. As prestações mensais dos benefícios atualizadas de acordo com este artigo serão devidas e pagas a partir do sétimo mês a contar da promulgação da Constituição.

É como se apagássemos o cálculo anterior e esses benefícios fossem concedidos novamente, dali para frente, com a aplicação da nova norma. Até por isso, não se falou em pagamento de diferenças.

Caso outro fosse o entendimento, ou seja, se considerarmos que foram válidas as normas aplicadas e a forma de concessão anteriormente utilizada, teríamos que, por óbvio, falar em pagamento das diferenças.

Quando o STF adotou o posicionamento pela não autoaplicabilidade da norma constitucional, os benefícios concedidos durante o *buraco negro* somente passam a ser juridicamente aceitos após a entrada em vigor da Lei n. 8.213/1991, ou seja, somente passam a ter validade os cálculos elaborados pelas regras novas trazidas pela Lei adequada à nova Constituição. E esses cálculos e seus resultados (RMI) substituem os anteriores para todos os fins, conforme a própria determinação da LBPS. Vale ressaltar ainda que no tocante a parcelas, somente foram devidas após maio de 1992, conforme parágrafo único do mencionado art. 144.

Até porque, não podemos considerar como válidos cálculos elaborados sem a correção dos 12 últimos salários quando a Constituição Federal dizia expressamente da necessidade de correção.

Então, os benefícios foram concedidos com as regras antigas apenas por não ser possível a suspensão dos trabalhos pelo INSS até que a nova norma infraconstitucional viesse a ser elaborada. Mas a validade jurídica e os efeitos de tais benefícios dizem respeito à entrada em vigor da Lei n. 8.213/1991, quando eles foram devidamente revisados e passaram a ser condizentes com as normas constitucionais pertinentes. Assim, garantida a aplicação da Lei n. 8.213/1991 aos benefícios concedidos durante o *buraco negro*, porque inexistentes regras contemporâneas constitucionalmente válidas.

Portanto, os benefícios concedidos nesse período devem ser considerados sempre analisando as regras trazidas pela Lei n. 8.213/1991, e sua validade e eficácia jurídica apenas começaram a existir após a aplicação dos arts. 144 e 145 da referida Lei, até sua revogação pela MP n. 2.187-13, de 2001 e mesmo após, pois foi adquirido o direito antes da revogação.

Caso se observe que não foi aplicada corretamente a revisão do art. 144 ainda é possível o ingresso de ação para sua revisão, tendo em vista que o art. 144 aplica norma de manutenção do benefício e disposição expressa de lei. Nesse sentido, destacamos:

> PREVIDENCIÁRIO. PROCESSUAL CIVIL. AÇÃO RESCISÓRIA. DECADÊNCIA DO DIREITO À REVISÃO. MANIFESTA VIOLAÇÃO À NORMA JURÍDICA. ART. 144 DA LEI N. 8.213/1991. PROCEDÊNCIA. Não há falar em decadência ou prescrição do fundo de direito à revisão do benefício nos termos do art. 144 da Lei n. 8.213/1991, porque não se trata de retificação do ato de concessão do benefício, mas da correta aplicação, a benefício já concedido, da recomposição de que trata o mesmo dispositivo legal. Nesse contexto, tem-se que o acórdão rescindindo, ao reconhecer a decadência, violou manifestamente norma jurídica, impondo-se a procedência do pedido rescisório. (TRF 4, ARS 5045908-16.2018.4.04.0000, 3ª Seção, Rel. Márcio Antônio Rocha, juntado aos autos em 30.11.2020)

Quanto à aplicação dos novos tetos das EC n. 20/1998 e EC n. 41/2003 no período conhecido como *buraco negro*, que vai de 05.10.1988 a 05.04.1991, o STF fixou tese favorável aos segurados que tiveram seus benefícios iniciados naqueles meses:

> – **RG Tema n. 930 – Tese**: "Os benefícios concedidos entre 05.10.1988 e 05.04.1991 (período do *buraco negro*) não estão, em tese, excluídos da possibilidade de readequação segundo os tetos instituídos pelas ECs n. 20/1998 e n. 41/2003, a ser aferida caso a caso, conforme os parâmetros definidos no julgamento do RE 564.354, em regime de repercussão geral" (*Leading Case*: RE 937595, Plenário Virtual, Rel. Min. Roberto Barroso, *DJe* 15.05.2017).

Ainda sobre o tema, a TNU ao analisar a questão controvertida: "Saber qual a forma que deve ser utilizada para obtenção do coeficiente de incremento trazido pelas Emendas Constitucionais n. 20/1998 e n. 41/20038", fixou a seguinte tese em representativo de controvérsia:

> – **Tema n. 138**: "O pedido revisional com fulcro no art. 21, § 3º, da Lei n. 8.880/1994 pressupõe que haja a redução da média dos salários-de-contribuição utilizados no cálculo do benefício, bem como que essa redução seja decorrente do limite máximo para o teto contributivo, de modo que, se a redução foi derivada de outros elementos utilizados no cálculo do salário-de-benefício, e não propriamente em razão da incidência do limite máximo para o salário-de-contribuição vigente no mês de início do benefício, não há que se cogitar de diferença percentual a ser incorporada/recuperada" (PEDILEF 5001628-31.2013.4.04.7211/SC, *DJe* 23.09.2016).

Com o objetivo de definir, para efeito de adequação dos benefícios concedidos antes da Constituição Federal aos tetos das ECs n. 20/1998 e n. 41/2003, a forma de cálculo da renda mensal do benefício em face da aplicação, ou não, dos limitadores vigentes à época de sua concessão (menor e maior valor-teto), o STJ fixou a seguinte tese no Repetitivo Tema n. 1.140:

> Para efeito de adequação dos benefícios previdenciários concedidos antes da Constituição Federal aos tetos das Emendas Constitucionais n. 20/1998 e n. 41/2003, no cálculo devem-se aplicar os limitadores vigentes à época de sua concessão (menor e maior valor teto), utilizando-se o teto do salário de contribuição estabelecido em cada uma das emendas constitucionais como maior valor teto, e o equivalente à metade daquele salário de contribuição como menor valor teto. (REsp 1957733/RS, 1ª Seção, *DJe* 27.08.2024)

## 6.4 "BURACO VERDE" E PRIMEIRO REAJUSTAMENTO COM O INCREMENTO LEGAL

O chamado *buraco verde* compreende a revisão dos benefícios concedidos entre **05.04.1991 e 31.12.1993**, com base na Lei n. 8.870/1994. Tal revisão se fez necessária porque a sistemática de cálculo dos benefícios, na forma prevista originalmente pela Lei n. 8.213/1991, gerou sérios prejuízos na fixação da renda mensal inicial de uma significativa parcela de segurados que tinham benefício limitado ao teto em sua RMI.

Observou-se que após o primeiro reajuste desses benefícios havia uma queda brusca da renda em função da proporcionalidade dos reajustes e a necessidade de correção desse equívoco legislativo ocorreu para que não perdurassem no tempo os danos causados à manutenção do valor real dos benefícios, garantia essa estabelecida na Constituição Federal.

Aprovou-se então a Lei n. 8.870/1994, na qual o legislador reconheceu a falha e estabeleceu formas para a sua correção, inclusive para os benefícios concedidos anteriormente a 1994. Estabelece seu art. 26:

> Art. 26. Os benefícios concedidos nos termos da Lei n. 8.213/1991, de 24 de julho de 1991, com data de início entre 5 de abril de 1991 e 31 de dezembro de 1993, cuja renda mensal inicial tenha sido calculada sobre salário de benefício inferior à média dos 36 últimos salários de contribuição, em decorrência do disposto no § 2º do art. 29 da referida lei, serão revistos a partir da competência abril de 1994, mediante a aplicação do percentual correspondente à diferença entre a média mencionada neste art. e o salário de benefício considerado para a concessão.
> Parágrafo único. Os benefícios revistos nos termos do *caput* deste art. não poderão resultar superiores ao teto do salário de contribuição vigente na competência de abril de 1994.

A Lei n. 8.870/1994 veio sanar equívoco cometido quando da fixação dos critérios de elaboração do cálculo da renda mensal inicial pela Lei n. 8.213/1991.

Cumpre registrar que as regras foram modificadas tanto para o passado quanto para o futuro, sendo que a partir da Lei n. 8.880/1994 temos a aplicação do incremento. Vejamos o artigo:

> Art. 21. Nos benefícios concedidos com base na Lei n. 8.213/1991, com data de início a partir de 1º de março de 1994, o salário de benefício será calculado nos termos do art. 29 da referida lei, tomando-se os salários de contribuição expressos em URV.
>
> § 1º Para os fins do disposto neste artigo, os salários de contribuição referentes às competências anteriores a março de 1994 serão corrigidos monetariamente até o mês de fevereiro de 1994 pelos índices previstos no art. 31 da Lei n. 8.213/1991, com as alterações da Lei n. 8.542/1992 e convertidos em URV, pelo valor em Cruzeiros Reais do equivalente em URV no dia 28 de fevereiro de 1994.
>
> § 2º A partir da primeira emissão do Real, os salários de contribuição computados no cálculo do salário de benefício, inclusive os convertidos nos termos do § 1º, serão corrigidos monetariamente mês a mês pela variação integral do IPC-R.
>
> § 3º Na hipótese de a média apurada nos termos deste artigo resultar superior ao limite máximo do salário de contribuição vigente no mês de início do benefício, a diferença percentual entre esta média e o referido limite será incorporada ao valor do benefício juntamente com o primeiro reajuste do mesmo após a concessão, observado que nenhum benefício assim reajustado poderá superar o limite máximo do salário de contribuição vigente na competência em que ocorrer o reajuste.

Dessa forma, quando do primeiro reajustamento do benefício (integral ou proporcional), há a incidência do chamado *incremento*, nos moldes do que atualmente estabelece o § 3º do art. 35 do Decreto n. 3.048/1999:

> § 3º Na hipótese de a média apurada na forma do art. 32 resultar superior ao limite máximo do salário de contribuição vigente no mês de início do benefício, a diferença percentual entre esta média e o referido limite será incorporada ao valor do benefício juntamente com o primeiro reajuste do mesmo após a concessão, observado que nenhum benefício assim reajustado poderá superar o limite máximo do salário de contribuição vigente na competência em que ocorrer o reajuste.

Portanto, o art. 26 da Lei n. 8.870/1994 não criou uma regra nova e específica, que se destinava apenas aos benefícios iniciados entre 05.04.1991 e 31.12.1993. Pelo contrário, seus ditames foram incorporados à própria forma de cálculo de todos os benefícios concedidos com base na Lei n. 8.213/1991.

Isso porque a Lei n. 8.870/1994 trouxe a aplicação retroativa (até abril de 1994) e a Lei n. 8.880/1994 a aplicação futura (a partir de março de 1994), perdurando a utilização do seu incremento até hoje, pelo disposto no Decreto n. 3.048/1999.

# Benefícios Extintos e Teses Superadas

Neste capítulo apresentaremos benefícios extintos e algumas teses já superadas, seja pela prescrição, como é o caso da Súmula n. 260 do Tribunal Federal de Recursos, seja pelo não acolhimento dos pleitos pela jurisprudência consolidada dos Tribunais Superiores. Por esse motivo, traremos apenas as explicações referentes a cada tese, não incluindo nenhum modelo de petição.

## 7.1 BENEFÍCIOS EXTINTOS

Neste ponto abordaremos de forma sintética os benefícios que a Previdência Social pagava a seus segurados e que foram extintos após a edição da Lei n. 8.213/1991 (24.07.1991), garantindo-se o direito de quem, na data da extinção, tivesse preenchido todas as condições para a concessão.

### 7.1.1 Renda mensal vitalícia

Criada pela Lei n. 6.179/1974, a renda mensal vitalícia era o benefício pago pela Previdência Social ao maior de 70 anos de idade ou inválido que não exercesse atividade remunerada, não auferisse qualquer rendimento superior ao valor da sua renda mensal, não fosse mantido por pessoa de quem dependesse obrigatoriamente e não tivesse outro meio de prover ao próprio sustento, desde que:

- tivesse sido filiado à Previdência Social, em qualquer época, no mínimo por doze meses, consecutivos ou não;
- tivesse exercido atividade remunerada, posteriormente abrangida pelo Regime Geral de Previdência Social – RGPS, embora sem filiação a este ou à antiga Previdência Social Urbana ou Rural, no mínimo por cinco anos, consecutivos ou não; ou
- tivesse sido filiado à antiga Previdência Social Urbana após completar 60 anos de idade, sem direito aos benefícios regulamentares.

O valor da renda mensal vitalícia, inclusive para os benefícios concedidos antes da entrada em vigor da Lei n. 8.213/1991, era de um salário mínimo, sendo devido a contar da data de apresentação do requerimento, e não podia ser acumulado com qualquer espécie de benefício do RGPS, ou da antiga Previdência Social Urbana ou Rural, ou de outro regime.

A renda mensal vitalícia integrou o elenco de benefícios da Previdência Social até a regulamentação do inciso V do art. 203 da Constituição Federal, que se deu pela Lei n. 8.742, de 07.12.1993.

A Lei Orgânica da Assistência Social foi regulamentada pelo Decreto n. 1.744, de 08.12.1995, que extinguiu, a partir de 1º.01.1996, a renda mensal vitalícia.

O benefício de prestação continuada, previsto no art. 20 da Lei n. 8.742/1993, que substituiu a renda mensal vitalícia, corresponde a um salário mínimo mensal pago à pessoa portadora de deficiência e ao idoso com 70 anos ou mais que comprovem família. A idade foi reduzida para 67 anos a partir de 1º.01.1998 e para 65 anos a partir da entrada em vigor do Estatuto do Idoso (Lei n. 10.741/2003).

Considera-se incapaz de prover à manutenção de pessoa portadora de deficiência ou idosa a família cuja renda mensal *per capita* seja inferior a um quarto do salário mínimo. A deficiência é comprovada por meio de exame médico-pericial e laudo realizados pelos serviços de perícia médica do INSS.

O BPC é devido depois de cumpridos todos os requisitos exigidos e pago a partir de, no máximo, quarenta e cinco dias após o requerimento, não estando sujeito a desconto de qualquer contribuição, nem gerando direito a abono anual e não podendo ser acumulado com nenhum outro benefício da Previdência Social ou outro regime assistencial.

## 7.1.2 Auxílio-natalidade

O auxílio-natalidade era uma prestação pecuniária de cota única, devido ao segurado ou segurada cuja remuneração fosse de valor igual ou inferior ao limite fixado pela Previdência Social, na data do nascimento de filho.

Era pago à segurada, por seu parto, e, ao segurado, pelo parto de sua esposa ou companheira, se esta não fosse segurada.

O prazo de carência era de 12 contribuições mensais sem interrupção que determinasse a perda da qualidade de segurado. O segurado especial estava dispensado do cumprimento do prazo de carência.

Estava previsto no art. 140 da Lei n. 8.213/1991, sendo o pagamento de responsabilidade da Previdência Social até a entrada em vigor da Lei n. 8.742, de 07.12.1993, que dispôs sobre os benefícios e serviços da Assistência Social.

O Decreto n. 1.744, de 08.12.1995, que regulamentou a Lei Orgânica da Assistência Social acabou por extinguir o auxílio-natalidade, bem como o auxílio-funeral e a renda mensal vitalícia a partir de 1º.01.1996.

## 7.1.3 Auxílio-funeral

O auxílio-funeral era devido por morte do segurado empregado, trabalhador avulso, contribuinte individual e segurado especial, cuja remuneração ou salário de contribuição na data do óbito fosse de valor igual ou inferior ao limite fixado pela Previdência Social. Consistia na indenização das despesas com o sepultamento do segurado, devidamente comprovadas, até o máximo fixado pelo Instituto Nacional do Seguro Social – INSS, na data do óbito. Se o executor do funeral fosse dependente do segurado falecido, o valor do auxílio-funeral corresponderia ao máximo previsto, independentemente do total das despesas comprovadas.

A concessão do auxílio-funeral não dependia do cumprimento de prazo de carência e era devido àquele que comprovasse ter efetuado as despesas com o sepultamento do segurado.

Estava previsto no art. 141 da Lei n. 8.213/1991, sendo o pagamento de responsabilidade da Previdência Social até a entrada em vigor da Lei n. 8.742, de 07.12.1993. Foi extinto, a partir de 1º.01.1996, pelo Decreto n. 1.744/1995, que regulamentou a Lei Orgânica da Assistência Social.

## 7.1.4 Pecúlio

O pecúlio era uma prestação única paga pela Previdência Social, correspondente à devolução daquilo que tivesse sido pago pelo segurado a título de contribuição previdenciária, nas hipóteses previstas no art. 81 da Lei n. 8.213/1991, quais sejam:

- ao segurado que se incapacitasse para o trabalho antes de ter completado o período de carência (extinto a partir de 21.11.1995, pela Lei n. 9.129, de 20.11.1995);
- ao segurado aposentado por idade ou por tempo de serviço pelo RGPS que voltasse a exercer atividade abrangida pelo mesmo, quando dela se tivesse afastado (extinto a partir de 16.04.1994, pela Lei n. 8.870, de 15.04.1994);
- ao segurado ou a seus dependentes, em caso de invalidez ou morte decorrente de acidente de trabalho (extinto a partir de 21.11.1995, pela Lei n. 9.129, de 20.11.1995).

No caso dos incisos I e II do art. 81, o pecúlio consistia em pagamento único de valor correspondente à soma das importâncias relativas às contribuições do segurado, pagas de acordo com o índice de remuneração básica dos depósitos de poupança com data de aniversário no dia primeiro. No caso do inciso III do art. 81, o pecúlio consistia em um pagamento único de 75% do limite máximo do salário de contribuição, no caso de invalidez, e de 150% desse mesmo limite, no caso de morte.

O prazo prescricional de cinco anos para que o trabalhador tenha o direito de requerer à Previdência Social o recebimento de pecúlio começa a fluir a partir do afastamento do trabalhador da atividade que ele estava exercendo, e não a partir da vigência da Lei n. 8.870/1994, que extinguiu o pecúlio. O entendimento foi firmado pela Turma Nacional de Uniformização da Jurisprudência dos Juizados Especiais Federais (Processo n. 2005.84.13.001061-3).

## 7.1.5 Abono de permanência em serviço

O abono de permanência em serviço era devido ao segurado que, satisfazendo as condições de carência e tempo de serviço exigidos para obtenção da aposentadoria por tempo de serviço integral (trinta anos para mulher, trinta e cinco anos para homem), preferisse não se aposentar.

A renda mensal correspondia a 25% do salário de benefício para o segurado com trinta e cinco anos ou mais de serviço e para a segurada com trinta anos ou mais de serviço.

O abono de permanência em serviço era extinto pela concessão da aposentadoria, ou por morte do segurado, ou quando da emissão de certidão de tempo de serviço, para fins de contagem recíproca. Era mantido o abono se o segurado entrasse em gozo de auxílio-doença, ou quando ocorresse o desemprego depois de requerido o abono.

O abono de permanência em serviço não se incorporava, para nenhum efeito, à aposentadoria ou à pensão. Estava previsto no art. 87 da Lei n. 8.213/1991 e foi extinto pelo art. 29 da Lei n. 8.870, de 15.04.1994.

## 7.1.6 Aposentadorias diferenciadas

A Medida Provisória n. 1.596-14, de 10.11.1997, convertida na Lei n. 9.528, de 10.12.1997, extinguiu as aposentadorias especiais do jornalista profissional, do jogador profissional de futebol, da telefonista e do juiz classista temporário.

Os jornalistas profissionais que trabalhassem em empresas jornalísticas, quando completassem trinta anos de serviço, tinham direito à aposentadoria integral, nos termos da Lei n. 3.529, de 13.01.1959.

A concessão de benefícios pelo INSS ao jogador profissional de futebol estava definida na Lei n. 5.939, de 19.11.1973, e regulamentada pelo Decreto n. 77.210/1976, o qual previa no art. 4º que: "O cálculo do benefício devido ao jogador profissional de futebol obedecerá às mesmas normas prescritas na Consolidação das Leis de Previdência Social – CLPS, para qualquer segurado obrigatório da previdência social, salvo quando de sua aplicação decorrer, em virtude do desempenho posterior de atividade de menor remuneração, um salário de benefício desvantajoso em relação ao período de exercício da atividade de jogador".

Importante mencionar a disposição contida nas sucessivas Instruções Normativas do INSS sobre o tema:

> Ressalvado o direito adquirido, foram extintas as seguintes aposentadorias de legislação especial:
> I – a partir de 14 de outubro de 1996, data da publicação da MP n. 1.523, de 1996, convertida na Lei n. 9.528, de 1997, para o jornalista profissional e o atleta profissional de futebol, de que tratavam, respectivamente, as Leis n. 3.529, de 13 de janeiro de 1959, e n. 5.939, de 19 de novembro de 1973; e
> II – a partir de 16 de dezembro de 1998, data da publicação da Emenda Constitucional n. 20, de 1998, conforme disposto na Portaria MPAS n. 4.883, de 16 de dezembro de 1998, para o aeronauta, de que tratava a Lei n. 3.501, de 21 de dezembro de 1958.

A Lei n. 7.850, de 23.10.1989, considerava penosa, para efeito de concessão de aposentadoria especial aos vinte e cinco anos de serviço, a atividade profissional de telefonista.

Os representantes classistas temporários da Justiça do Trabalho e os magistrados da Justiça Eleitoral nomeados na forma dos incisos II do art. 119 e III do § 1º do art. 120 da Constituição Federal tinham direito a aposentadorias nos termos da Lei n. 6.903, de 30.04.1981. Com a revogação dessa lei, passaram a se aposentar de acordo com as normas estabelecidas pela legislação previdenciária a que estavam submetidos antes da investidura na magistratura, mantida a referida vinculação previdenciária durante o exercício do mandato. O aposentado de qualquer regime previdenciário que exerça a representação classista vincula-se, obrigatoriamente, ao RGPS.

De acordo com o art. 190, parágrafo único, do Decreto n. 3.048/1999, a aposentadoria especial do aeronauta, nos moldes do Decreto-lei n. 158, de 10.02.1967, foi extinta a partir de 16.12.1998, em face da Emenda Constitucional n. 20/1998. O segurado aeronauta que completasse 45 anos de idade e vinte e cinco anos de serviço tinha direito à aposentadoria por tempo de serviço.

Atualmente, essas categorias de trabalhadores são de segurados obrigatórios do RGPS e possuem os mesmos direitos previdenciários dos demais segurados, sem redução de tempo de contribuição, carência ou cálculo da renda mensal favorecida quando da concessão dos benefícios.

Vale lembrar, entretanto, que o tempo trabalhado até a Medida Provisória n. 1.596-14, de 10.11.1997, convertida na Lei n. 9.528, de 10.12.1997, pode ser contado de forma especial, com conversão ao ser somada ao tempo comum eventualmente trabalhado posteriormente. Isso porque, para fins de contagem de tempo especial, como já visto no estudo da aposentadoria especial, merece ter aplicação da lei vigente no momento da prestação do trabalho. Assim, se a legislação tratava como especiais tais aposentadorias, com redução do tempo de contribuição para obtenção da inatividade, importante que tal direito seja respeitado, ainda que o segurado não tenha cumprido todos os requisitos para uma aposentadoria especial.

## 7.2 MAJORAÇÃO DO COEFICIENTE DE CÁLCULO DA PENSÃO POR MORTE

No regime anterior à Lei n. 8.213/1991, o valor mensal da pensão por morte era equivalente a cinquenta por cento do salário de benefício, acrescido de dez por cento por dependente (Lei n. 3.807/1960, art. 37; Decreto n. 89.312/1984, art. 48).

Com a entrada em vigor da Lei n. 8.213/1991, o valor mensal da pensão por morte passou a ser constituído de uma parcela, relativa à família, de oitenta por cento do valor da aposentadoria que o segurado recebia ou a que teria direito, se estivesse aposentado na data do seu falecimento, mais tantas parcelas de 10% do valor da mesma aposentadoria quantos forem os seus dependentes, até o máximo de duas (art. 75).

Posteriormente, o mencionado art. 75 foi alterado pela Lei n. 9.032, de 28.04.1995, elevando a renda mensal para cem por cento do salário de benefício. Por fim, a MP n. 1.523-9, de 27.06.1997, reeditada até a conversão da Lei n. 9.528, de 10.12.1997.

A questão debatida diz respeito à possibilidade e obrigatoriedade da aplicação de lei nova a efeitos futuros de situações jurídicas definitivamente constituídas no passado (anteriormente à vigência da lei nova), ante a necessidade de respeito ao ato jurídico perfeito.

O STJ decidiu, reiteradamente, no sentido da incidência imediata das Leis n. 8.213/1991 e n. 9.032/1995, alcançando todos os benefícios de pensão concedidos anteriormente a suas respectivas vigências (Embargos de Divergência em REsp n. 297.274-AL, Rel. Min. Gilson Dipp, j. 11.09.2002).

Acerca do tema, a TNU editou a Súmula n. 15, com o seguinte teor: "O valor mensal da pensão por morte concedida antes da Lei n. 9.032, de 28 de abril de 1995, deve ser revisado de acordo com a nova redação dada ao art. 75 da Lei n. 8.213, de 24 de julho de 1991" (atualmente revogada).

No entanto, o Plenário do STF, ao julgar os RE n. 416.827 e n. 415.454, Relator Min. Gilmar Mendes, decidiu que a Lei n. 9.032/1995 não atinge os benefícios cuja data de início é anterior à edição da norma. Prevaleceu o entendimento da ausência de fonte de custeio adequada para a pretendida revisão, como exige o § 5º do art. 195 da Constituição Federal, segundo o qual nenhum benefício ou serviço da seguridade social poderá ser criado, majorado ou estendido sem a correspondente fonte de custeio total (j. 09.02.2007).

## 7.3 DEMAIS REVISÕES DECORRENTES DA LEI N. 9.032/1995

A Lei n. 9.032/1995 também majorou o coeficiente de cálculo da renda mensal inicial de outros benefícios, quais sejam: a aposentadoria por invalidez, a aposentadoria especial e o auxílio-acidente.

Seguindo o mesmo entendimento já indicado no item anterior, a Turma Nacional de Uniformização dos Juizados Especiais Federais vinha acolhendo o direito à revisão desses benefícios.

No entanto, o direito a essas revisões foi fulminado pelo Plenário do STF no julgamento dos REs n. 416.827 e n. 415.454, cujo precedente que rejeitou o direito à revisão da pensão por morte tem aplicação às demais revisões com base na mesma tese jurídica.

Em relação ao auxílio-acidente, que substitui o auxílio suplementar ao acidentado, o STJ entendia viável a revisão, mesmo após os precedentes do STF quanto à pensão por morte. Neste sentido: REsp 93259/SP, 5ª Turma, Rel. Min. Arnaldo Esteves Lima, *DJ* 10.03.2008. Entretanto, o STF julgou o tema em Repercussão Geral e reafirmou a jurisprudência quanto à inaplicabilidade da revisão do percentual do auxílio-acidente pelo advento da Lei n. 9.032/1995 (RE 613033 RG/SP, *DJe* 09.06.2011), fulminando mais essa possibilidade de revisão.

## 7.4 REAJUSTAMENTO DOS BENEFÍCIOS PELOS ÍNDICES INTEGRAIS DO IGP-DI NOS MESES DE JUNHO DE 1997, 1999, 2000, 2001, 2002 E 2003

A revisão da renda mensal dos benefícios previdenciários pela variação integral dos índices do IGP-DI de junho de 1997, junho de 1999, junho de 2000 e junho de 2001, era considerada como devida pela jurisprudência, sendo inclusive objeto da Súmula n. 3, da Turma de Uniformização dos Juizados Especiais Federais.

No entanto, o STF, no julgamento do RE n. 376.846/SC, em Sessão Plenária do dia 24.09.2003 (*DJU* 21.10.2003), de que foi Relator o Ministro Carlos Velloso, decidiu, por maioria, pela constitucionalidade material dos decretos e diplomas legislativos que determinaram os índices de reajustamento dos benefícios previdenciários nos anos de 1997, 1999, 2000 e 2001.

Por outro lado, eventual inconstitucionalidade formal relativamente aos anos de 2001, 2002 e 2003 – em razão de os reajustamentos dos benefícios previdenciários terem sido fixados pelos Decretos n. 3.826, de 31.05.2001, n. 4.249, de 24.05.2002, e n. 4.709, de 29.05.2003, e não por lei – em nada aproveitaria aos segurados, uma vez que traria por consequência a necessidade de serem fixados novos índices (sob pena de não existir índice algum), e estes seriam os estipulados nos decretos mencionados, ante a constitucionalidade material dos índices de reajustamento, de acordo com o entendimento do Supremo Tribunal Federal.

Com isso, os pedidos de reajustamento do valor do benefício previdenciário, mediante a aplicação dos índices integrais do IGP-DI, nos anos de 1997, 1999, 2000, 2001, 2002 e 2003, não obtiveram êxito.

Após a decisão do STF, a TNU cancelou a Súmula n. 3 e editou a de n. 8, com o seguinte teor: Benefícios previdenciários. Os benefícios de prestação continuada, no regime geral da Previdência Social, não serão reajustados com base no IGP-DI nos anos de 1997, 1999, 2000 e 2001.

## 7.5 CONVERSÃO DOS BENEFÍCIOS EM URV

A conversão dos proventos para Unidade Real de Valor (URV), consoante a Lei n. 8.880/1994, foi objeto de questionamento em milhares de ações propostas contra o INSS, pois entendeu-se que teria ocasionado a perda do valor real dos benefícios, pela não aplicação dos percentuais de inflação com base no IRSM dos meses de novembro e dezembro de 1993 e janeiro e fevereiro de 1994, ferindo o disposto no art. 201, § 2º, da Constituição Federal.

O Plenário do STF concluiu pela constitucionalidade da palavra "nominal", constante do inciso I do art. 20 da Lei n. 8.880/1994 (Recurso Extraordinário n. 313.382, j. 26.09.2002). Em outras palavras, decidiu que os beneficiários do RGPS não têm direito ao reajuste dos proventos quando da conversão para URV, ocorrida em março de 1994.

No mesmo sentido, a Súmula n. 1 da TNU: "A conversão dos benefícios previdenciários em URV, em março/1994, obedece às disposições do art. 20, incisos I e II da Lei n. 8.880/1994 (MP n. 434/1994)".

## 7.6 REAJUSTES QUADRIMESTRAIS – IRSM – LEIS N. 8.542/1992 E N. 8.700/1993

A teor do art. 41, II, da Lei n. 8.213/1991, os benefícios previdenciários passaram a ser reajustados de acordo com a variação integral do INPC, nas mesmas épocas em que o salário mínimo foi reajustado. Esse critério de reajuste vigorou até janeiro de 1993, em face da edição da Lei n. 8.542, de 23.12.1992, que determinou a correção dos benefícios pelo Índice de Reajuste do Salário Mínimo – IRSM.

A mecânica estabelecida pela Lei n. 8.542/1992, que foi parcialmente modificada pela Lei n. 8.700, de 27.08.1993, determinava reajustes quadrimestrais, com antecipações mensais correspondentes ao percentual excedente a 10% do IRSM do mês anterior.

Ao final do quadrimestre, o índice integral era repassado, descontadas as antecipações concedidas. Com isso, não se conformaram os beneficiários, que foram a Juízo reclamando o repasse mensal do IRSM integral, sem qualquer expurgo, como forma de preservar o valor real dos benefícios.

A jurisprudência dominante considerou constitucional a sistemática de concessão de antecipações mensais, com a utilização do redutor, com repasse integral no final do quadrimestre, desde que computada a variação inflacionária do período. Nesse sentido, TRF da 1ª Região, AC n. 97.0100036089-0/MG, 2ª Turma, Rel. Juíza Assusete Magalhães, *DJU* 30.09.1997.

A mecânica dos reajustes quadrimestrais perdurou até fevereiro de 1994, quando houve a conversão dos benefícios em URV.

## 7.7 EXPURGOS INFLACIONÁRIOS DE JANEIRO DE 1989; MARÇO, ABRIL E MAIO DE 1990; E FEVEREIRO DE 1991

O reajuste dos benefícios pelos índices de inflação expurgados nos meses de janeiro de 1989; março, abril e maio de 1990; e fevereiro de 1991 não foi considerado devido pela jurisprudência dominante, que entendeu inexistir direito adquirido a eles. Nesse sentido, a Súmula n. 36 do TRF da 4ª Região: "Inexiste direito adquirido a reajuste de benefícios previdenciários com base na variação do IPC – Índice de Preços ao Consumidor – de março e abril de 1990".

A mesma posição foi adotada pelo STF e pelo STJ: "A jurisprudência desta corte, sufragando entendimento do STF, é pacífica no sentido de que os beneficiários do INSS não têm direito adquirido ao reajuste mensal de seus benefícios previdenciários pela incorporação dos índices inflacionários expurgados, que não se confunde com a correção monetária dos débitos cobrados em juízo, cuja incidência é devida" (STJ, REsp n. 155627/SP, 6ª Turma, Rel. Min. Vicente Leal, *DJU* 02.03.1998).

Nesse sentido, também, a Súmula n. 21 da TNU: "Não há direito adquirido a reajuste de benefícios previdenciários com base na variação do IPC (Índice de Preço ao Consumidor), de janeiro de 1989 (42,72%) e abril de 1990 (44,80%)".

## 7.8 SÚMULA N. 260 DO TRIBUNAL FEDERAL DE RECURSOS

Prazo de decadência: O direito para esta revisão decaiu em virtude da decisão proferida pelo STF no RE 626.489 (RG Tema n. 313, *DJe* 23.09.2014), que reconheceu como legítima a instituição de prazo decadencial para a revisão de benefício já concedido.

A Súmula n. 260 do extinto Tribunal Federal de Recursos tem o seguinte conteúdo:

> No primeiro reajuste do benefício previdenciário, deve-se aplicar o índice integral do aumento verificado, independentemente do mês da concessão, considerado, nos reajustes subsequentes, o salário mínimo então atualizado.

A aplicação da primeira parte da Súmula não provoca alteração no valor inicial do benefício (RMI), mas tão só no primeiro reajuste, que passa a ser integral, segundo os índices da política salarial e não do salário mínimo.

Os prejuízos decorrentes da não aplicação da primeira parte da Súmula n. 260 se projetaram no tempo somente até março de 1989, pois a partir do mês de abril passou a vigorar o disposto no art. 58 do ADCT, que converteu todos os benefícios em salário mínimo. Importante destacar que essa conversão se deu no valor da RMI, sem qualquer reajuste. Como a Súmula n. 260 é referente ao reajuste e não ao efetivo valor da RMI, sua aplicação perde a eficácia a partir de março de 1989.

No que se refere ao enquadramento nas faixas salariais, que é o preceito da segunda parte da Súmula, houve distorções pela utilização do salário mínimo antigo, como divisor, no período entre a vigência da Lei n. 6.708/1979 e do Decreto-lei n. 2.171/1984. Os prejuízos cessaram a partir de novembro de 1984, quando foram extintas as faixas da política salarial.

A Súmula n. 260 do extinto TFR teve aplicação em relação aos benefícios concedidos antes da atual Constituição Federal. Quanto à aplicabilidade dos seus critérios aos benefícios concedidos após a Constituição de 1988, a matéria foi pacificada no âmbito do TRF da 4ª Região, com a edição da Súmula n. 51:

> Não se aplicam os critérios da Súmula n. 260 do extinto Tribunal Federal de Recursos aos benefícios previdenciários concedidos após a Constituição Federal de 1988.

## 7.9 APLICAÇÃO DO ART. 58 DO ATO DAS DISPOSIÇÕES CONSTITUCIONAIS TRANSITÓRIAS

O art. 58 do ADCT dispõe: "Os benefícios de prestação continuada, mantidos pela previdência social na data da promulgação da Constituição, terão seus valores revistos, a fim de que seja restabelecido o poder aquisitivo, expresso em número de salários mínimos, que tinham na data de sua concessão, obedecendo-se a esse critério de atualização até a implantação do plano de custeio e benefícios referidos no artigo seguinte".

Trata-se de norma transitória que estabeleceu uma revisão das rendas mensais dos benefícios de prestação continuada mantidos pela Previdência Social na época da promulgação da Constituição Federal de 1988. Determinou uma espécie de recomposição da renda mensal do benefício, a ponto de restabelecer, a partir de abril de 1989, a equivalência do valor do benefício ao número de salários mínimos à época de sua concessão.

A garantia prevista no art. 58 do ADCT teve aplicação a partir de abril de 1989 até dezembro de 1991, especificamente até 09.12.1991, quando publicado o Decreto n. 357/1991, que regulamentou a Lei n. 8.213/1991 (MS n. 1.233-DF, STJ, 1ª Seção, *RSTJ* 30/260).

O pedido de revisão na forma do mencionado art. 58 procede apenas em relação aos benefícios iniciados antes da vigência da Constituição de 1988. Dessa maneira, os benefícios previdenciários iniciados a partir da vigência da Constituição de 1988 são excluídos expressamente do referido artigo e tiveram seu valor real preservado de acordo com os critérios definidos no art. 144 da Lei n. 8.213/1991. Nesse sentido: STJ, REsp n. 97.01.5518-0/RJ, 6ª Turma, Rel. Min. Luiz Vicente Cernicchiaro, *DJU* 23.03.1998.

E, ainda, a Súmula n. 687 do STF: "A revisão de que trata o art. 58 do ADCT não se aplica aos benefícios previdenciários concedidos após a promulgação da Constituição de 1988".

De modo geral, não houve controvérsia quanto à aplicação do artigo constitucional transitório, pois a operação nele prevista é singela, bastando ao administrador dividir o valor inicial dos proventos pelo número de salários mínimos do mês de sua concessão. Considera-se, para este efeito, o piso nacional de salários quando vigoraram concomitantemente o salário mínimo de referência e o piso nacional de salários, instituído pelo Decreto-lei n. 2.351, de 07.08.1987. O produto da operação resultava na conhecida equivalência salarial, que norteou o pagamento dos proventos no período de abril de 1989 a dezembro de 1991.

Quanto aos reflexos da aplicação do art. 58 do ADCT, escreve Ana Maria Wickert Thiesen: "Finalmente, não se deve olvidar que, muito embora já não vigore a paridade salarial, seus reflexos se fazem sentir nas rendas mensais posteriores, sendo de todo cabíveis os pleitos que aportam em juízo buscando sua aplicação, mesmo que no restrito período de sua vigência. Isto porque a renda mensal de dezembro de 1991, de acordo com a equivalência em salários mínimos, serviu de base aos reajustes posteriores. Ademais, há sempre a possibilidade de algum segurado obter recálculo na renda mensal inicial, p. ex., por alteração dos critérios de correção do período básico de cálculo, e lograr direito a um maior número de salários mínimos".[1]

No caso, o pedido de conversão dos benefícios em salários mínimos para a aplicação do artigo 58 do ADCT não dá ensejo a uma ação específica, mas deve ser incluído como pedido em ações cujas datas de início dos benefícios revisados sejam anteriores a 15 de outubro de 1988, com destaque especial na ORTN. Por consequência, não apresentaremos modelo de petição nesse item por não existir mais direito a pedido único dessa revisão, apenas pedido conjugado a outras teses.

## 7.10 ATUALIZAÇÃO MONETÁRIA DOS DOZE ÚLTIMOS SALÁRIOS DE CONTRIBUIÇÃO PARA OS BENEFÍCIOS CONCEDIDOS ANTERIORMENTE À CONSTITUIÇÃO DE 1988

Não há dúvidas de que a não atualização dos 12 últimos salários de contribuição diminuiu injustamente o valor inicial dos proventos cuja data de início dos benefícios foi anterior a 05.10.1988. Ocorre que a atualização monetária de todos os salários de contribuição somente foi admitida a partir da promulgação da Constituição Federal de 1988. O legislador constituinte, atento aos efeitos maléficos da variação inflacionária sobre o valor inicial dos proventos de aposentadoria, determinou, no art. 202, *caput,* da Constituição Federal (redação original), que no cálculo da renda mensal inicial dos benefícios fossem corrigidos todos os salários de contribuição.

As ações previdenciárias que objetivaram a aplicação do novo critério aos benefícios concedidos anteriormente à Carta Constitucional de 1988 não alcançaram êxito. Nesse sentido: AC n. 2001.71.09.000675-3, TRF da 4ª Região, Turma Suplementar, Rel. Des. Federal Luciane Amaral Corrêa Munch, *DE* 29.05.2007.

## 7.11 MANUTENÇÃO DO VALOR REAL DOS BENEFÍCIOS MEDIANTE A EQUIVALÊNCIA DO VALOR DOS BENEFÍCIOS EM NÚMEROS DE SALÁRIOS MÍNIMOS

Não há se confundir o preceito constitucional da manutenção do valor real do benefício (art. 201, § 3º) com equivalência em número de salários mínimos. Manter o valor real do benefício significa reajustá-lo de acordo com a variação inflacionária, de modo a evitar diminuição injusta do seu poder de compra. Em nenhum momento o legislador constituinte quis vincular aquela garantia ao valor do salário mínimo. Apenas no período em que vigorou o art. 58 do ADCT foi o valor dos proventos fixado em número de salários mínimos. A partir daí os indexadores adotados foram aqueles fixados pelo legislador ordinário.

Nesse sentido, decidiu o STF no Tema de Repercussão Geral n. 996: Não encontra amparo no Texto Constitucional revisão de benefício previdenciário pelo valor nominal do salário mínimo (Rel. Min. Marco Aurélio, *Leading Case:* RE 968.414, *DJe* 02.06.2020).

Essa revisão é uma das maiores reivindicações dos aposentados brasileiros. No entanto, até que haja a efetiva aprovação de uma Lei que estabeleça novamente a vinculação, a exemplo do art. 58 do ADCT, inexiste obrigação do INSS de manter o valor recebido de acordo com o valor ou os reajustes do salário mínimo vigente.

---

[1] THIESEN, Ana Maria Wickert et al. *Direito previdenciário:* aspectos materiais, processuais e penais. 2. ed. Porto Alegre: Livraria do Advogado, 1999. p. 164.

## 7.12 VALOR MÍNIMO DOS BENEFÍCIOS

A Constituição de 1988 assegurou que nenhum benefício que substitua o salário de contribuição ou o rendimento do trabalho do segurado terá valor mensal inferior ao salário mínimo (art. 201, § 5º, da CF/1988 – redação original).

No entanto, a Previdência Social entendeu que essa norma não tinha aplicabilidade imediata, necessitando de lei regulamentadora, e, por isso, continuou a pagar benefícios (aposentadorias em geral e auxílio-doença) em valor abaixo do salário mínimo.

A questão foi resolvida pelo STF, que decidiu pela autoaplicabilidade do § 5º do art. 201 da Constituição. Nesse mesmo sentido, a matéria foi sumulada pelos Tribunais Regionais Federais da 1ª, 3ª, 4ª e 5ª Regiões, nos verbetes n. 23, n. 5, n. 24 e n. 8, respectivamente.

Atualmente, é incomum encontrar benefício que substitua o salário do segurado e que seja pago em valor inferior ao mínimo constitucional. Contudo, nem todos os benefícios previdenciários estão protegidos por essa norma, como nos casos de salário-família ou auxílio-acidente.

## 7.13 GRATIFICAÇÃO NATALINA DE 1988/1989

A Previdência Social entendeu não ser autoaplicável o art. 201, § 6º, da Constituição de 1988, que garantiu o pagamento do abono anual, tendo por base o valor dos proventos do mês de dezembro de cada ano.

Com base nessa interpretação, os beneficiários receberam a gratificação natalina de 1988 e 1989 pela média dos proventos pagos durante o ano. O entendimento que predominou, inclusive no STF, foi no sentido da autoaplicabilidade do art. 201, § 6º, da CF/1988, por ser norma de eficácia plena. Nesse sentido, a Súmula n. 24 do TRF da 4ª Região consagra esse entendimento: "São autoaplicáveis os §§ 5º e 6º do art. 201 da Constituição Federal de 1988".

Dessa forma, os beneficiários fazem jus à gratificação natalina integral nos anos de 1988 e 1989, descontados os valores já pagos pelo INSS. Atualmente, esses valores encontram-se prescritos, não havendo possibilidade de se ingressar com a ação com esse pleito específico.

## 7.14 URP DE FEVEREIRO DE 1989

As ações previdenciárias que objetivavam a aplicação do reajuste de 26,05%, concernente à reposição da Unidade de Referência de Preços – URP, no mês de fevereiro de 1989, não obtiveram êxito perante a posição do STF, que entendeu inexistir direito adquirido ao reajuste (STF – ADIN n. 694-1/DF e n. 726-2/SP). Essa posição foi seguida pelo Superior Tribunal de Justiça e Tribunais Regionais Federais.

## 7.15 REAJUSTE DE SETEMBRO DE 1991 – ABONO DA LEI N. 8.178/1991

A Lei n. 8.178, de 1º.03.1991, previu abonos aos aposentados e pensionistas da Previdência Social, nos meses de maio, junho, julho e agosto de 1991, sem direito à incorporação (art. 9º, §§ 6º e 7º). No entanto, o art. 146 da Lei n. 8.213/1991 veio a permitir a incorporação do abono concedido no mês de agosto de 1991, a partir de 1º.09.1991, equivalendo ao percentual de 54,60%, visando estabelecer uma regra de transição entre os antigos critérios de reajustes e a nova sistemática instituída pelo art. 41 da Lei n. 8.213/1991.

Posteriormente, a Lei n. 8.222/1991 reajustou o salário mínimo e os salários de contribuição em 147,06%, a partir de setembro de 1991, índice que não foi repassado aos benefícios previdenciários. Por conta disso, inúmeras ações judiciais foram ajuizadas visando à obtenção do percentual de 147,06%, em setembro de 1991. O Ministério da Previdência Social, em 20.07.1992, editou a Portaria n. 302, reconhecendo a todos os beneficiários o direito ao reajuste de 147,06%, a contar de 1º.09.1991, deduzidos os percentuais já concedidos. Em face do reconhecimento em via administrativa, essas ações perderam objeto, mas o INSS foi condenado nas custas e honorários advocatícios.

O abono concedido com base na Lei n. 8.178/1991 (54,60%) ficou inserido no reajuste total de 147,06%, sendo descabida a percepção conjunta desses índices. Como salienta *Wladimir Novaes Martinez*, a "integração do abono da Lei n. 8.178/1991 e, em seguida, cumulativamente, a variação do INPC, contraria a lógica e o bom senso, uma vez que ambos tomam praticamente os mesmos indicadores econômicos para sua formulação e referem-se a igual período. A sua soma ultrapassa a inflação e o nível indicado pela irredutibilidade do valor dos benefícios". Nesse sentido, a Súmula n. 48 do TRF da 4ª Região: "O abono previsto no art. 9º, § 6º, letra *b*, da Lei n. 8.178/1991 está incluído no índice de 147,06%, referente ao reajuste dos benefícios previdenciários em 1º de setembro de 1991".

## 7.16 REAJUSTES PELO SALÁRIO MÍNIMO DE REFERÊNCIA

Durante a vigência do Decreto-lei n. 2.351, de 07.08.1987, vigorou no País o dúplice regime salarial, com a criação do piso nacional de salários e o salário mínimo de referência.

Os benefícios previdenciários, mesmo os concedidos com base no salário mínimo, deviam ser reajustados com base no salário mínimo de referência, a partir da vigência do Decreto-lei n. 2.351/1987 até o mês de março de 1989, em face do previsto no art. 58 do Ato das Disposições Constitucionais Transitórias, voltando os valores a serem revistos pelo número de salários mínimos da época de sua concessão, a partir do mês de abril de 1989. Dessa forma decidiu o STJ no REsp n. 62.992-6/SP, 5ª Turma, Rel. Min. Jesus Costa Lima, julgado em 10.05.1995.

No mesmo sentido, o TRF da 4ª Região editou a Súmula n. 15: "O reajuste dos benefícios de natureza previdenciária, na vigência do Decreto-lei n. 2.351, de 7 de agosto de 1987, vinculava-se ao salário mínimo de referência e não ao piso nacional de salários".

## 7.17 AUTOAPLICABILIDADE DO ART. 202, *CAPUT*, DA CONSTITUIÇÃO FEDERAL DE 1988

Na sistemática de cálculo do valor dos benefícios anterior à atual Constituição, somente os 24 últimos salários de contribuição utilizados para o cálculo do salário de benefício eram corrigidos monetariamente.

A correção de todos os salários de contribuição só foi assegurada pelo art. 202, *caput*, da Constituição Federal. A Lei n. 8.213/1991, ao regulamentar esse dispositivo constitucional, determinou a revisão dos benefícios concedidos no período de 05.10.1988 a 05.04.1991, para aplicar o novo critério de cálculo da renda mensal inicial, declarando, no entanto, que não seriam devidas as diferenças decorrentes dessa revisão (art. 144, parágrafo único).

O pagamento dos valores atrasados estava ligado à autoaplicabilidade do art. 202, *caput*, da Constituição. Essa discussão foi encerrada depois que o STF decidiu que o art. 202, *caput*, da CF não é autoaplicável: STF, ED-RE n. 153.655/PE, 1ª Turma, Rel. Min. Sydney Sanches, *DJ* 16.12.1994.

Dessa forma, os benefícios concedidos no chamado "buraco negro" (5.10.1988 a 5.04.1991) foram revisados para que todos os salários de contribuição utilizados no cálculo do salário de benefício fossem atualizados monetariamente.

Mas as diferenças resultantes dessa revisão, relativas às competências de outubro de 1988 a maio de 1991, não foram pagas aos beneficiários da Previdência Social. Esse procedimento, por demais injusto e prejudicial aos beneficiários, foi respaldado pelo STF.

## 7.18 RENDA MENSAL INICIAL DA APOSENTADORIA POR INVALIDEZ PRECEDIDA DE AUXÍLIO-DOENÇA

Essa revisão buscava fixar a renda mensal inicial da aposentadoria por invalidez, precedida de auxílio-doença, com base na regra de apuração do salário de benefício prevista no art. 29, § 5º da Lei n. 8.213/1991, que estabelece: "Se, no período básico de cálculo, o segurado tiver recebido benefícios por incapacidade, sua duração será contada, considerando-se como salário de contribuição, no período, o salário de benefício que serviu de base para o cálculo da renda mensal, reajustado nas mesmas épocas e bases dos benefícios em geral, não podendo ser inferior ao valor de 1 (um) salário mínimo".

O INSS utiliza a sistemática de cálculo contida no art. 36, § 7º, do Decreto n. 3.048/1999, segundo o qual, a RMI da aposentadoria por invalidez oriunda da transformação de auxílio-doença, deverá ser de 100% do salário de benefício que serviu de base ao cálculo da RMI daquele auxílio, reajustado pelos índices de correção dos benefícios em geral.

A questão, embora polêmica, teve precedentes favoráveis, conforme se observa na uniformização feita pela TNU: "No cálculo do salário de benefício de aposentadoria por invalidez, precedida de auxílio-doença, deve ser observado o disposto no art. 29, § 5º, da Lei n. 8.213/1991, considerando o salário de benefício do auxílio-doença como se fosse salário de contribuição e não a simples majoração de seu coeficiente de cálculo para 100% do salário de benefício com base no art. 36, § 7º do Decreto n. 3.048/1999" (PEDILEF 200851510054740, *DJ* 13.05.2009).

O Plenário do STF, no entanto, julgando a matéria com Repercussão Geral no RE n. 583834/SC, Rel. Min. Ayres Britto, *DJe* 14.02.2012, validou a regra de cálculo utilizada pelo INSS.

## 7.19 REVISÃO COM INCLUSÃO DO 13º SALÁRIO E DO ADICIONAL DE FÉRIAS NA BASE DE CÁLCULO DO SALÁRIO DE BENEFÍCIO

**Prazo de decadência:** O direito para esta revisão decaiu em virtude da decisão proferida pelo STF no RE 626.489 (RG Tema n. 313, *DJe* 23.09.2014), que reconheceu como legítima a instituição de prazo decadencial para a revisão de benefício já concedido.

**Tese:** O objetivo da ação era garantir que os valores pagos a título de 13º salário (até o advento da Lei n. 8.870/1994) e de adicional de férias, por integrarem o salário de contribuição, fossem considerados na apuração do salário de benefício.

No tocante ao 13º salário, existiu um limite a ser observado, posto que a Lei n. 8.870, de 15.04.1994, determinou expressamente sua exclusão para fins de cálculo de benefício. Entretanto, tal pleito se justificava para períodos anteriores, tendo em vista que a gratificação natalina era considerada salário de contribuição, conforme redação expressa § 7º do art. 28 da Lei n. 8.212/1991:

> Art. 28. Entende-se por salário de contribuição: (...)
> § 7º O décimo terceiro salário (gratificação natalina) integra o salário de contribuição, na forma estabelecida em regulamento (redação original).

Na mesma época o art. 29, § 3º, da Lei n. 8.213/1991 (redação original) determinava:

> Art. 29. O salário de benefício consiste: (...)
> § 3º Serão considerados para cálculo do salário de benefício os ganhos habituais do segurado empregado, a qualquer título, sob forma de moeda corrente ou de utilidades, sobre os quais tenha incidido contribuições previdenciárias (redação original).

Importante destacar também o disposto no Decreto n. 612, de 21.07.1992, que previa:

> Art. 37. Entende-se por salário de contribuição: (...)
>
> § 6º A gratificação natalina – décimo terceiro salário – integra o salário de contribuição, sendo devida a contribuição quando do pagamento ou crédito da última parcela, ou da rescisão do contrato de trabalho.

E, ainda, no RPS da época, Decreto n. 611, de 21.07.1992, tem-se a regra do art. 30:

> Art. 30. O salário de benefício consiste na média aritmética simples de todos os últimos salários de contribuição relativos aos meses imediatamente anteriores ao do afastamento da atividade ou da data da entrada do requerimento, até o máximo de 36 (trinta e seis), apurados em período não superior a 48 (quarenta e oito) meses. (...)
>
> § 4º Serão considerados para cálculo do salário de benefício os ganhos habituais do segurado empregado, a qualquer título, sob forma de moeda corrente ou de utilidades, sobre os quais tenha incidido contribuição previdenciária.

Assim, pelos ditames da legislação vigente à época, depreende-se que o valor correspondente ao 13º salário (gratificação natalina), sobre o qual incidiu contribuição previdenciária, deveria ser considerado para os efeitos de cálculo do salário de benefício, respeitando-se, entretanto, o limite máximo de contribuição mensal, de forma que, somados os valores da remuneração e do 13º salário, o total ficasse dentro máximo legal permitido na competência respectiva.

Os precedentes jurisprudenciais eram favoráveis a essa tese: TRF da 3ª Região, AC 200961110052138, 7ª Turma, Rel. Juíza Eva Regina, *DJF3* 06.10.2010; TRF da 4ª Região, AC 2003.71.00.061668-5, Rel. para o Acórdão Juiz Federal João Batista Lazzari, *DE* 30.09.2009. E também do STJ: AGREsp 201101939424, 6ª Turma, Rel. Min. Assusete Magalhães, *DJe* 14.05.2013.

No mesmo sentido, a Súmula n. 83 da TNU, editada em 2016: "A partir da entrada em vigor da Lei n. 8.870/1994, o décimo terceiro salário não integra o salário de contribuição para fins de cálculo do salário de benefício".

Importante referir que o STJ julgou em recurso repetitivo (REsp 1.546.680), resolvendo o Tema n. 904 com os seguintes termos:

> O 13º salário (gratificação natalina) somente integra o cálculo do salário de benefício, nos termos da redação original do § 7º do art. 28 da Lei n. 8.212/1991 e § 3º do art. 29 da Lei n. 8.213/1991, quando os requisitos para a concessão do benefício forem preenchidos em data anterior à publicação da Lei n. 8.870/1994, que expressamente excluiu o 13º salário do cálculo da Renda Mensal Inicial (RMI), independentemente de o Período Básico de Cálculo (PBC) do benefício estar, parcialmente, dentro do período de vigência da legislação revogada.

Ressaltamos que a inclusão do 13º na base de cálculo para apuração do salário de benefício, fora do período referido, encontra vedação legal na atual redação do art. 28, § 7º, da Lei n. 8.213/1991 e os precedentes jurisprudenciais são desfavoráveis. Nesse sentido: TRF4, AC 200971990007712, 6ª Turma, Rel. Juiz Sebastião Ogê Muniz, *DE* 10.03.2009.

Ainda no tocante ao adicional de férias, o Decreto n. 612/1992 determinava claramente sua pertinência ao montante considerado salário de contribuição:

> Art. 37. Entende-se por salário de contribuição: (...)
>
> § 14. A remuneração adicional de férias de que trata o inciso XVII do art. 7º da Constituição Federal integra o salário de contribuição.

Esse também era o entendimento da jurisprudência pátria. Nesse sentido: TRF4, 6ª Turma, AC 2003.71.00.061668-5, Rel. p/ acórdão Juiz Federal João Batista Lazzari, *DE* 30.09.2009.

Por fim, cabe esclarecer que o que se pretendia com a revisão em questão não era a inclusão de mais salários de contribuição de forma que se ultrapassasse o limite de 36 meses ou que se excluíssem alguns salários, mas, sim, a soma do salário de contribuição referente ao mês em que houve o acréscimo de contribuição devido ao pagamento do 13º salário ou do adicional de férias de 1/3.

## 7.20 ÍNDICES DE CORREÇÃO DOS SALÁRIOS DE CONTRIBUIÇÃO (ORTN-OTN)

Prazo de decadência: O direito para esta revisão decaiu em virtude da decisão proferida pelo STF no RE 626.489 (RG Tema n. 313, *DJe* 23.09.2014), que reconheceu como legítima a instituição de prazo decadencial para a revisão de benefício já concedido.

**Tese:** Tratava-se de pedido de correção, pelos índices de variação da ORTN/OTN, dos 24 salários de contribuição mais distantes dentre os 36 considerados para fins de cálculo do salário de benefício. É norma aplicável aos benefícios concedidos antes do advento da Constituição Federal de 1988. Destacamos que, na época, os 12 mais recentes não eram reajustados, em hipótese alguma, entendimento já sedimentado pelo STF.

A CLPS de 1976 (Decreto n. 77.077), admitindo a necessidade de correção dos 24 salários de contribuição mais distantes, como forma de preservar o quanto possível o valor da renda mensal inicial dos benefícios previdenciários, em face das perdas decorrentes das taxas inflacionárias, já determinara que se fizesse com base em índices estabelecidos pelo então Ministério da Previdência e Assistência Social.

Com o advento da Lei n. 6.423/1977, a variação da ORTN consolidou-se como critério oficial de correção monetária. Entretanto, a Previdência Social continuou a utilizar índices próprios para atualização dos salários de contribuição, contrariando disposição expressa em lei.

A matéria, aliás, restou pacificada no âmbito do TRF da 4ª Região, com a edição da Súmula n. 2: "Para o cálculo da aposentadoria por idade ou por tempo de serviço, no regime anterior à Lei n. 8.213, de 24 de julho de 1991, corrigem-se os salários de contribuição anteriores aos doze últimos meses, pela variação da ORTN/OTN".

Essa tese não era aplicada para: auxílio-doença, aposentadoria por invalidez, pensão por morte (não derivada) e auxílio-reclusão, pois eram calculados pela média dos últimos 12 salários de contribuição. Neste sentido, a Súmula n. 456 do STJ: "É incabível a correção monetária dos salários de contribuição considerados no cálculo do salário de benefício de auxílio-doença, aposentadoria por invalidez, pensão ou auxílio-reclusão concedidos antes da vigência da CF/1988".

## 7.21 APLICAÇÃO DO IRSM DE FEVEREIRO DE 1994

Prazo de decadência: O direito para essa revisão decaiu em virtude da decisão proferida pelo STF no RE 626.489 (RG – Tema n. 313, *DJe* 23.09.2014), que reconheceu como legítima a instituição de prazo decadencial para a revisão de benefício já concedido. O início do prazo decadencial para revisar, com base no IRSM do mês de fevereiro de 1994 (39,67%), a RMI dos benefícios cujos segurados não fizeram acordo nos termos da Lei n. 10.999/2004 foi a data de entrada em vigor da MP n. 201, de 26.07.2004 (TNU, RC n. 130, PEDILEF 5003519-62.2014.4.04.7208/SC, *DOU* 20.05.2016).

**Tese:** A revisão visava garantir a aplicação do índice IRSM de fevereiro de 1994 na apuração do valor dos salários de contribuição convertidos pela URV quando da apuração da RMI. Explica-se: O art. 201, § 3º, da Constituição de 1988 (redação original) assegurou que todos os salários de contribuição considerados no cálculo dos benefícios fossem corrigidos monetariamente.

A Lei n. 8.213/1991 escolheu vários índices para correção monetária dos salários de contribuição que integram o período básico de cálculo. Primeiramente, o INPC (art. 31), que foi substituído, a partir de janeiro de 1993, pelo IRSM (art. 9º da Lei n. 8.542/1992). Na sequência, a Lei n. 8.880/1994 estabeleceu que os salários de contribuição anteriores a março de 1994 seriam corrigidos pelo IRSM, antes da conversão em URV (art. 21 e §§ 1º e 2º).

Mas o INSS não considerou a variação integral do IRSM de fevereiro de 1994, no percentual de 39,67%, antes de realizar a conversão dos salários de contribuição em URV, causando uma diminuição no valor dos benefícios.

A jurisprudência foi uniforme no sentido de que na correção monetária dos salários de contribuição, anteriores a março de 1994, deve ser aplicada a diferença decorrente da variação do IRSM relativa ao período de 1º.02.1994 a 28.02.1994 (39,67%). Nesse sentido, a Súmula n. 19 da Turma Nacional de Uniformização dos JEFs.

Mediante a uníssona posição dos Tribunais pátrios, o Poder Executivo acabou por editar a MP n. 201, de 23.07.2004, convertida na Lei n. 10.999, de 15.12.2004, estendendo a todos os beneficiários do RGPS a revisão dos benefícios previdenciários concedidos, com data de início posterior a fevereiro de 1994, recalculando-se o salário de benefício original, pela aplicação, sobre os salários de contribuição anteriores a março de 1994, do percentual de 39,67%, referente ao IRSM do mês de fevereiro de 1994. Todavia, o pagamento das parcelas atrasadas foi previsto para ser de forma parcelada em até 8 (oito) anos.

Importante esclarecer que a aplicação do IRSM integral no mês de fevereiro de 1994 gerou reflexos na atualização dos salários de contribuição anteriores e não apenas naqueles que possuem o referido mês no PBC. Isso porque a regra está ligada a critérios matemáticos, sendo o índice de atualização dos salários de contribuição derivado de um grupo de outros números.

Sendo assim, o IRSM de fevereiro/1994 (39,67%) integrou o índice de atualização dos demais salários de contribuição que compunham o período básico de cálculo e que sofreram a conversão para a URV.

Importante esclarecer que a aplicação do IRSM integral no mês de fevereiro de 1994 gerou reflexos na atualização dos salários de contribuição anteriores e não apenas naqueles que possuem o referido mês no PBC. Isso porque a regra está ligada a critérios matemáticos, sendo o índice de atualização dos salários de contribuição derivado de um grupo de outros números.

Sendo assim, o IRSM de fevereiro de 1994 (39,67%) integrou o índice de atualização dos demais salários de contribuição que compunham o período básico de cálculo e que sofreram a conversão para a URV.

Portanto, existiam dois tipos de ação quando tratamos de aplicação do IRSM, uma com relação aos benefícios que possuíam o mês de fevereiro de 1994 no PBC e outra para benefícios que possuíam salários de contribuição anteriores a fevereiro de 1994 com DIB posterior a tal mês, mas que, por motivos diversos, não tinham a contribuição de fevereiro de 1994 no PBC.

Para os segurados que possuíam a contribuição de fevereiro de 1994 no cálculo, o próprio INSS emitiu carta informando o direito à revisão, sendo que muitos optaram pela assinatura do acordo. Para quem não o fez, a jurisprudência é pacífica, sendo uma ação de rápida tramitação. Quem não optou e não ingressou com a ação no prazo decadencial, perdeu a oportunidade de revisão da RMI.

## 7.22 DESAPOSENTAÇÃO E REAPOSENTAÇÃO

A tese da desaposentação buscava o desfazimento da aposentadoria por vontade do titular para fins de aproveitamento do tempo de contribuição em contagem para nova aposentadoria, no mesmo ou em outro regime previdenciário, em regra por ter permanecido em atividade laborativa (e contribuindo obrigatoriamente, portanto) após a concessão daquela primeira aposentadoria.

O STJ acolheu a pretensão no sentido de que a renúncia à aposentadoria é perfeitamente possível, pois se trata de um direito patrimonial disponível, de manifestação unilateral pelo detentor, na medida em que não contraria o interesse público, que deve sempre prevalecer ao particular. Nesse sentido, fixou a seguinte tese em recurso repetitivo:

> – **Repetitivo Tema n. 563:** "A pretensão do segurado consiste em renunciar à aposentadoria concedida para computar período contributivo utilizado, conjuntamente com os salários de contribuição da atividade em que permaneceu trabalhando, para a concessão de posterior e nova aposentação. Os benefícios previdenciários são direitos patrimoniais disponíveis e, portanto, suscetíveis de desistência pelos seus titulares, prescindindo-se da devolução dos valores recebidos da aposentadoria a que o segurado deseja preterir para a concessão de novo e posterior jubilamento. A nova aposentadoria, a ser concedida a contar do ajuizamento da ação, há de computar os salários de contribuição subsequentes à aposentadoria a que se renunciou".

A tese da reaposentação estava ligada aos casos em que o segurado continuava trabalhando após a aposentadoria e contribuía por vários anos, completando novo período de carência após o jubilamento. Por exemplo, um segurado que obteve aposentadoria por tempo de contribuição com 50 anos de idade e continuou contribuindo. Ao completar os 65 anos de idade poderá ter preenchido os requisitos para a concessão de nova aposentadoria programável.

No entanto, o STF acabou reconhecendo a existência de repercussão geral e fulminou as duas possibilidades por ausência de previsão legal. Vejamos a tese fixada:

> – **Repercussão Geral Tema n. 503:** "No âmbito do Regime Geral de Previdência Social –RGPS, somente lei pode criar benefícios e vantagens previdenciárias, não havendo, por ora, previsão legal do direito à 'desaposentação' ou 'reaposentação', sendo constitucional a regra do art. 18, § 2º, da Lei n. 8.213/1991" (RE 661.256-SC, Tribunal Pleno, Rel. p/ Acórdão Min. Dias Toffoli, j. 27.10.2016, *DJe* 28.09.2017; ED, Ata n. 1, de 06.02.2020, *DJE* n. 33, divulgado em 14.02.2020).

Entendemos que essa decisão do STF foi equivocada, pois as teses citadas têm por finalidade preservar o direito de opção pelo melhor benefício, com base nas contribuições realizadas pelo segurado. Porém, a questão ficou consolidada em sentido contrário pela Corte Suprema e não cabe nova discussão, nem para a devolução das constrições feitas após a aposentadoria, em face do julgamento de outra Repercussão Geral:

> – **Tema n. 1.065:** "É constitucional a contribuição previdenciária devida por aposentado pelo Regime Geral de Previdência Social (RGPS) que permaneça em atividade ou a essa retorne" (*Leading Case:* ARE 1.224.327, Plenário Virtual, *DJe* 30.10.2019)

## 7.23 APURAÇÃO DA RMI DO AUXÍLIO-DOENÇA E DA APOSENTADORIA POR INVALIDEZ: ART. 29, II, DA LEI N. 8.213, DE 1991

**Prazo de Decadência:** Em virtude do reconhecimento administrativo do direito, a TNU fixou em representativo de controvérsia (Temas n. 120 e n. 134) o seguinte entendimento quanto aos prazos de decadência e prescrição:

> A revisão do benefício de aposentadoria por invalidez decorrente da conversão do auxílio-doença, nos termos do art. 29, II, da Lei n. 8.213/1991, sujeita-se ao prazo decadencial

previsto no art. 103 da Lei n. 8.213/1991, cujo marco inicial é a data da concessão do benefício originário. O prazo decadencial para revisão pelo art. 29, II, da Lei n. 8.213/1991 se inicia a contar de 15.04.2010, em razão do reconhecimento administrativo do direito, perpetrada pelo Memorando-Circular Conjunto n. 21/DIRBENS/PFEINSS. Em razão do Memorando 21/DIRBEN/PFEINSS, de 15.04.2010, que reconhece o direito do segurado à revisão pelo art. 29, II, da Lei n. 8.213/1991, os prazos prescricionais em curso voltaram a correr integralmente a partir de sua publicação. (PEDILEF 5007045-38.2012.4.04.7101/RS e PEDILEF 5004459-91.2013.4.04.7101/RS)

**Sendo assim, eventuais prejuízos não reparados não são mais passíveis de tutela jurisdicional em vista da ocorrência do prazo decadencial.**

**Tese:** O questionamento envolveu o cálculo da renda mensal inicial do auxílio-doença, da aposentadoria por invalidez e por consequência da pensão por morte, não derivada, a fim de que seja observado fielmente o disposto no art. 29, II, da Lei n. 8.213/1991. Ou seja, que a RMI seja apurada com base na média aritmética simples dos 80% maiores salários de contribuição, e não com base na média aritmética simples de todos os salários de contribuição componentes do período básico de cálculo (100% dos salários de contribuição).

Registramos a edição de Súmula sobre a matéria pela TNU, nos termos que seguem:

– **Súmula n. 57:** "O auxílio-doença e a aposentadoria por invalidez não precedida de auxílio-doença, quando concedidos na vigência da Lei n. 9.876/1999, devem ter o salário de benefício apurado com base na média aritmética simples dos maiores salários de contribuição correspondentes a 80% do período contributivo, independentemente da data de filiação do segurado ou do número de contribuições mensais no período contributivo".

Por força do Memorando-Circular Conjunto n. 21/DIRBEN/PFEINSS, de 15.04.2010, o INSS passou a efetuar a referida revisão somente após requerimento do segurado. Posteriormente, o INSS sobrestou as revisões com base no Memorando-Circular n. 19 INSS-DIRBEN, de julho de 2010. E na sequência, restabeleceu através do Memorando-Circular n. 28/INSSIDIRBEN, de 17.09.2010. Sendo assim, em tese, essa revisão pode em regra ser obtida administrativamente.

Cabe destacar também a propositura, em 22.03.2012, da ACP n. 0002320-59.2012.4.03.6183, proposta pela Procuradoria Regional dos Direitos do Cidadão de São Paulo e pelo Sindicato Nacional dos Aposentados para que o INSS seja obrigado a realizar, de ofício, no prazo máximo de 90 dias, a revisão de todas as aposentadorias por invalidez, auxílio-doença e pensões por morte concedidas a partir de 29 de novembro de 1999, calculadas com base em 100% dos salários de contribuição. A liminar foi deferida com abrangência em todo o território nacional, para condenar o INSS a revisar, nos termos do art. 188-A do Decreto n. 3.048/1999, com redação dada pelo Decreto n. 6.939/2009, os benefícios de auxílio-doença, de aposentadoria por invalidez e as pensões deles decorrentes que foram concedidos com base nos Decretos n. 3.265/1999 e n. 5.545/2005, vale dizer, que foram calculados com base em 100% dos salários de contribuição, salvo em relação aos benefícios já corrigidos administrativamente, bem como aqueles casos em que já se operou a decadência (*DE* 10.04.2012, Seção Judiciária de São Paulo).

Para cumprimento da liminar, o INSS propôs o seguinte calendário de pagamento: "Os segurados com benefícios ativos passam a receber o aumento na folha de pagamento de janeiro de 2013, paga no início do mês de fevereiro do próximo ano. Para os segurados com mais de 60 anos, os atrasados já serão pagos na folha de fevereiro, que tem início no mês de março de 2013. De 2014 a 2016, recebem os atrasados os segurados com benefício ativo e que têm de 46 a 59 anos. Na sequência, de 2016 a 2019, recebem aqueles com até 45 anos. Já os segurados que já tiveram o benefício cancelado, mas cujo valor do benefício era inferior ao que é devido, receberão os atrasados entre 2019 e 2022" (http://coad.jusbrasil.com.br/noticias/100019684/

presidente-do-inss-explica-como-sera-a-revisao-dos-beneficios-por-incapacidade – Acesso em: 04.09.2012). Nesse sentido, a Resolução INSS n. 268/2013.

## 7.24 INCLUSÃO DO ADICIONAL DE 25% AO APOSENTADO QUE NECESSITAR DA ASSISTÊNCIA PERMANENTE DE OUTRA PESSOA

**Tese:** Trata-se de pedido de acréscimo de 25%, conhecido como *complemento de acompanhante*, às aposentadorias por idade, especial e tempo de contribuição.

Previsto no art. 45, parágrafo único, da Lei n. 8.213/1991, o referido acréscimo de 25% é devido nos termos da lei ao aposentado por invalidez/aposentadoria por incapacidade permanente que necessite da assistência permanente de outra pessoa, mesmo quando o valor do benefício principal esteja estabelecido no teto limite do RGPS. Para sua concessão, exige-se apenas a comprovação da necessidade de assistência e acompanhamento permanente do segurado inválido por terceira pessoa.

Esse adicional tem sido concedido administrativamente somente aos aposentados por invalidez/por incapacidade permanente em interpretação literal da LBPS.

Por sua vez, o STJ decidiu favoravelmente a matéria em prol dos aposentados, ao julgar o Repetitivo Tema n. 982, no qual foi fixada a seguinte tese: "Comprovadas a invalidez e a necessidade de assistência permanente de terceiro, é devido o acréscimo de 25% (vinte e cinco por cento), previsto no art. 45 da Lei n. 8.213/1991, a todos os aposentados pelo RGPS, independentemente da modalidade de aposentadoria" (REsp 1.648.305/RS, 1ª Seção, Rel. Min. Assusete Magalhães, *DJe* 26.09.2018).

Na sequência, a 1ª Turma do STF suspendeu o trâmite, em todo o território nacional, de ações judiciais individuais ou coletivas e em qualquer fase processual, que tratam sobre a extensão do pagamento do adicional de 25% não relacionada às aposentadorias por invalidez. O fundamento para suspensão foi o risco de impacto bilionário sobre as contas públicas (AgRg na PET 8.002/RS, 1ª Turma, Rel. Min. Luiz Fux, *DJE* 1º.08.2019). A questão foi objeto da **Repercussão Geral – Tema n. 1.095,** cuja tese fixada foi a seguinte:

> a) declarar a impossibilidade de concessão e extensão do "auxílio-acompanhante" para todas as espécies de aposentadoria, com a fixação da seguinte tese: "No âmbito do Regime Geral de Previdência Social (RGPS), somente lei pode criar ou ampliar benefícios e vantagens previdenciárias, não havendo, por ora, previsão de extensão do auxílio da grande invalidez a todas às espécies de aposentadoria";
> 
> b) modular os efeitos da tese de repercussão geral, de forma a se preservarem os direitos dos segurados cujo reconhecimento judicial tenha se dado por decisão transitada em julgado até a data deste julgamento; e
> 
> c) declarar a irrepetibilidade dos valores alimentares recebidos de boa-fé por força de decisão judicial ou administrativa até a proclamação do resultado deste julgamento. (RE 1.221.446, Tribunal Pleno, Sessão Virtual finalizada em 18.06.2021)

Diante desse julgamento, o adicional em questão permanece válido apenas os segurados aposentados por invalidez/aposentadoria por incapacidade permanente.

# 8

# Aspectos Processuais

## 8.1 AÇÕES PREVIDENCIÁRIAS

Neste tópico são abordadas questões relacionadas com as ações previdenciárias, em razão da relevância da prática processual na solução de tais lides.

Inicialmente, para a propositura de uma ação previdenciária deve ser identificada a espécie da prestação que se pretende obter, restabelecer ou revisar, distinguindo-se os benefícios de natureza comum dos de natureza acidentária e assistencial. Essa distinção influenciará diretamente no estabelecimento da competência para o julgamento do feito.

Quando a pretensão a ser apresentada for a concessão de alguma prestação previdenciária (não relacionada a acidente do trabalho ou doença ocupacional), o autor deve demonstrar o preenchimento dos requisitos necessários para obtê-la, quais sejam:

- que se encontrava na qualidade de segurado/dependente do regime, à época do evento que dá direito à prestação (salvo quando dispensada tal condição);
- a existência de um dos eventos cobertos pelo regime, conforme a legislação vigente à época;
- o cumprimento de exigências legais, tais como período de carência, tempo de contribuição e idade mínima;
- a ausência de percepção de outro benefício inacumulável com o requerido;
- a iniciativa do beneficiário perante o ente concessor (requerimento administrativo).

No caso de benefícios acidentários, há ainda que se alegar o nexo de causalidade entre o infortúnio e a atividade laborativa desempenhada.

Não há pagamento de benefícios de ofício, em regra. Apenas mediante a iniciativa do beneficiário, por meio de um requerimento – ato de manifestação de vontade no sentido de exercer o direito – e depois de preenchidos os requisitos anteriormente mencionados, pode ser entregue a prestação.

Há exceção no art. 76 do Decreto n. 3.048/1999, ao estabelecer que "A previdência social processará, de ofício, o benefício quando tiver ciência da incapacidade do segurado sem que este tenha requerido auxílio por incapacidade temporária".

Entendemos que há outras situações em que o INSS deve processar de ofício o benefício, como na hipótese de auxílio-acidente, após a consolidação das sequelas decorrentes de incapacidade (precedido, portanto, de auxílio por incapacidade temporária).

Vale lembrar ainda que de nada adianta o segurado ou dependente peticionar requerendo a concessão de um benefício antes de implementar as condições para o direito, visando assegurar a aplicação de regras vigentes, quando, por exemplo, se avizinha alguma alteração legislativa; sem ter adquirido o direito, não há que falar em preservação das condições anteriores. Não é, portanto, o mero requerimento que lhe garantirá direito adquirido, mas sim o cumprimento dos requisitos para o benefício.

Cabe consignar, no entanto, que é assente na jurisprudência o entendimento de que o deferimento de benefício previdenciário distinto do postulado não caracteriza julgamento *extra petita*, já que as ações previdenciárias se revestem de cunho social e devem ser pautadas pelo princípio da economia processual.

Por exemplo, não comprovada a qualidade de segurado na data de início da incapacidade, em vez da concessão do benefício previdenciário é possível o deferimento de BPC/LOAS, desde que demonstrada a deficiência e o estado de miserabilidade (*v.g.*, AgRg no REsp 868.911/SP, REsp 847.587/SP, AgRg no REsp 1.320.249/RJ, AgRg no REsp 1.367.835/RS).

No âmbito administrativo, essa fungibilidade também é autorizada pelo RPS (redação dada pelo Decreto n. 10.410/2020), ao estabelecer no art. art. 176-E que caberá ao INSS conceder o benefício mais vantajoso ao requerente ou benefício diverso do requerido, desde que os elementos constantes do processo administrativo assegurem o reconhecimento desse direito. E, na hipótese de direito à concessão de benefício diverso do requerido, caberá ao INSS notificar o segurado para que este manifeste expressamente a sua opção pelo benefício.

Destaca-se, ainda, que a questão relacionada à fungibilidade é objeto do Representativo de Controvérsia – Tema n. 217, na TNU, no que diz respeito à possibilidade da aplicação deste instituto nos processos judiciais previdenciários. Veja-se a tese fixada:

> Em relação ao benefício assistencial e aos benefícios por incapacidade, é possível conhecer de um deles em juízo, ainda que não seja o especificamente requerido na via administrativa, desde que preenchidos os requisitos legais, observando-se o contraditório e o disposto no art. 9º e 10 do CPC. (PUIL 0002358-97.2015.4.01.3507/GO, ED j. 18.12.2020)

A concessão de tutela provisória, de urgência e de evidência, nas ações previdenciárias, ocorre com frequência e encontra respaldo no CPC/2015 (arts. 294 e ss.) e na Súmula n. 729 do STF, que dispõe: "A decisão na ADC-4 não se aplica à antecipação de tutela em causa de natureza previdenciária".

A implantação imediata do benefício concedido, restabelecido ou revisado, também é viável consoante regra prevista no art. 497 do CPC/2015, caracterizando-se como obrigação de fazer, considerando-se, ainda, que os recursos excepcionais, em princípio, não possuem efeito suspensivo. Neste sentido: TRF da 4ª Região, QOAC n. 2002.71.00.050349-7/RS, 3ª Seção, Rel. p/ acórdão Des. Federal Celso Kipper, *DE* 02.10.2007; AC n. 5004827-50.2020.4.04.7200/SC, TRS-SC, Rel. Des. Fed. Paulo A. Brum Vaz, j. 22.07.2022.

Com base nessa sistemática, nos casos de procedência do pedido, estando o acórdão sujeito apenas a recurso especial e/ou extraordinário, o INSS é intimado para, em até 45 dias, implantar o benefício ou mesmo a revisão daqueles já concedidos.

Segundo a Repercussão Geral julgada pelo STF (RE 573.872, Tribunal Pleno, Rel. Min. Edson Fachin, *DJe* 11.09.2017), o regime de precatórios não se aplica à execução provisória de obrigação de fazer contra a Fazenda Pública, sendo fixada a seguinte tese:

> – **Tema n. 45**: "A execução provisória de obrigação de fazer em face da Fazenda Pública não atrai o regime constitucional dos precatórios".

## 8.1.1 Competência para as ações previdenciárias

Importante diferenciarmos jurisdição de competência para melhor compreensão da matéria em análise. Jurisdição é a atividade do Estado que tem por objetivo fazer atuar concretamente a lei nos conflitos de interesse. Competência é a delimitação da jurisdição. Presta-se para dividir a jurisdição entre os órgãos do Judiciário.

Os critérios para determinação da competência são de caráter objetivo, funcional e territorial. O critério objetivo subdivide-se na competência em razão do valor da causa, da matéria e da pessoa. O critério funcional diz respeito às funções do Juiz ou Tribunal dentro do processo. Pelo critério territorial, a competência é fixada pelo domicílio das partes, pela situação da coisa ou pelo lugar de certos atos ou fatos.

A incompetência pode ser classificada em absoluta e relativa. A incompetência absoluta deve ser declarada de ofício e pode ser alegada em qualquer tempo e grau de jurisdição (art. 64, § 1º, do CPC/2015). A incompetência relativa cabe ao réu arguir como preliminar de contestação (art. 64, *caput,* do CPC/2015). Se não o fizer, dar-se-á a prorrogação, e o juiz, que era incompetente, passa a ser competente, embora pudesse ter sido afastado (art. 65 do CPC/2015).

Para fins de definição de competência para processar e julgar as ações movidas pelos beneficiários contra o INSS, podemos dividi-las em causas em que se discutem as prestações comuns e de índole assistencial e aquelas cuja origem é acidentária. Temos ainda a questão do valor da causa, como critério para o ajuizamento das demandas perante os Juizados Especiais Federais.

Surgindo conflito de competência entre juízes estaduais e federais, o STJ terá a responsabilidade de dirimir a controvérsia.

Aos Tribunais Regionais Federais cabe solucionar os conflitos de competência verificados, na respectiva Região, entre Juiz Federal e Juiz Estadual investido de jurisdição federal (Súmula n. 3 do STJ), assim como entre Juizado Especial e Juízo Federal de primeira instância da mesma Seção Judiciária (STF, RE n. 590.409 com Repercussão Geral – Tema n. 128, *DJe* 28.10.2009).

No tocante ao conflito de competência entre Juizados Especiais Federais, caberá às Turmas Recursais do respectivo Estado o julgamento (Enunciado FONAJEF n. 99). E, no caso de especialidade das Turmas Recursais dos Estados, a decisão poderá ficar a cargo da Turma Regional de Uniformização (*v.g.* TRF/4ª Região, CC 5023069-26.2020.4.04.0000/SC; TRU, j. 26.06.2020).

Ainda, segundo orientação do STJ, é possível a impetração de mandado de segurança nos Tribunais Regionais Federais com a finalidade de promover o controle da competência dos Juizados Especiais Federais. Precedentes: RMS n. 17.524/BA, Corte Especial, *DJ* 11.09.2006; AgRg no RMS n. 28.262/RJ, 4ª Turma, *DJe* 19.06.2013; e RMS 37.959/BA, 2ª Turma, Rel. Min. Herman Benjamin, *DJe* 06.12.2013.

### 8.1.1.1 Prestações comuns previdenciárias

O art. 109, I, da Constituição Federal estabelece: "Aos juízes federais compete processar e julgar: I – as causas em que a União, entidade autárquica ou empresa pública federal forem interessadas na condição de autoras, rés, assistentes ou oponentes, exceto as de falência, as de acidentes de trabalho e as sujeitas à Justiça Eleitoral e à Justiça do Trabalho".

A competência definida no inciso I do art. 109 da Constituição é em razão da pessoa que é parte no feito (União, entidade autárquica ou empresa pública). Cabe à Justiça Federal julgar os litígios em que esses entes estejam presentes, salvo quando a matéria tratada diga respeito à falência, acidente de trabalho, eleitoral e trabalhista.

A competência da Justiça Federal, fixada na Constituição, somente pode ser ampliada ou reduzida por emenda constitucional, contra ela não prevalecendo dispositivo legal hierarquicamente inferior. Admite a Constituição, como veremos, a delegação de parte da competência federal para a Justiça Estadual.

Dessa forma, as ações que buscam a concessão de benefícios previdenciários (cuja origem não esteja ligada a acidente de trabalho e doenças equiparadas), as ações revisionais dos valores dos benefícios pagos pela Previdência, bem como as que objetivam a comprovação de tempo de serviço, entre outras, devem ser propostas perante a Justiça Federal.

### 8.1.1.2 Competência federal delegada

A delegação da competência da Justiça Federal à Justiça dos Estados para processar e julgar ações previdenciárias é prevista no art. 109, § 3º, da Constituição Federal, ao estabelecer que: "Lei poderá autorizar que as causas de competência da Justiça Federal, em que forem parte instituição de previdência social e segurado, possam ser processadas e julgadas na justiça estadual, quando a comarca do domicílio do segurado não for sede de vara federal" (NR conferida pela EC n. 103/2019).

A previsão da possibilidade de utilização das varas estaduais para processar ações da competência federal é anterior ao Texto Constitucional de 1988 e por ele foi recepcionada.

Nesse sentido, a Súmula n. 8 do TRF da 4ª Região define: "Subsiste no novo texto constitucional a opção do segurado para ajuizar ações contra a previdência social no foro estadual do seu domicílio ou no do juízo federal".

Com o advento da EC n. 103/2019 delegou-se à lei ordinária estabelecer os parâmetros dessa delegação. Com isso, foi aprovada a Lei n. 13.876/2019 que limita o julgamento de causas previdenciárias na justiça estadual somente aos casos em que o domicílio do segurado seja em cidade localizada a mais de 70 quilômetros de município sede de vara federal. Até então, não havia limite de quilometragem para uma causa ser julgada pela justiça estadual se não houvesse sede federal na cidade do interessado. Cabe ao respectivo tribunal regional federal indicar as comarcas que se enquadram nesse critério de distância.

O Conselho da Justiça Federal aprovou a Resolução n. 603, de 12.11.2019, dispondo sobre o exercício da competência da Justiça Federal delegada, em conformidade com o art. 3º da Lei n. 13.876/2019, estabelecendo, entre outros pontos, que:

– para definição das comarcas dotadas de competência delegada federal deverá ser considerada a distância entre o centro urbano do Município sede comarca estadual e o centro urbano do Município sede da vara federal mais próxima, em nada interferindo o domicílio do autor;
– as ações em fase de conhecimento ou de execução, ajuizadas anteriormente a 1º de janeiro de 2020, continuarão a ser processadas e julgadas no juízo estadual.

Na sequência, o CJF editou as Resoluções n. 705 e n. 706/2021, para melhor definir o critério de apuração da distância, fixando que:

– A apuração da distância, deverá observar o deslocamento real, e não em linha reta, conforme tabelas disponíveis em ferramentas de órgãos oficiais, Google Maps ou similares (Res. CJF n. 705/2021);
– As ações, em fase de conhecimento ou de execução, ajuizadas até 30.06.2021, cuja competência territorial tenha sido alterada em decorrência da Resolução CJF n. 603/2019, continuarão a ser processadas e julgadas no juízo federal ao qual foram distribuídas, em atenção ao art. 43 do Código de Processo Civil. (Res. CJF n. 706/2021)

Relacionado aos critérios fixados pela Lei n. 13.876/2019, estão:

a) a **Recomendação CNJ n. 60, de 17.12.2019**, que "Recomenda aos juízes estaduais que mantenham a tramitação de processos previdenciários propostos antes da eficácia da Lei n. 13.876/2019 na Justiça Estadual"[1];

---

[1] Disponível em: https://atos.cnj.jus.br/files/original215838202001095e17a20ed464c.pdf. Acesso em: 20 set. 2022.

b) o **IAC n. 6 do STJ**, em que a Primeira Seção do STJ fixou a seguinte tese: "Os efeitos da Lei n. 13.876/2019, na modificação de competência para o processamento e julgamento dos processos que tramitam na Justiça Estadual no exercício da competência federal delegada insculpido no art. 109, § 3º, da Constituição Federal, após as alterações promovidas pela Emenda Constitucional 103, de 12 de novembro de 2019, aplicar-se-ão aos feitos ajuizados após 1º de janeiro de 2020. As ações, em fase de conhecimento ou de execução, ajuizadas anteriormente a essa data, continuarão a ser processadas e julgadas no juízo estadual, nos termos em que previsto pelo § 3º do art. 109 da Constituição Federal, pelo inciso III do art. 15 da Lei n. 5.010, de 30 de maio de 1965, em sua redação original" (STJ, CC 170051/RS, 1ª Seção, Rel. Min. Mauro Campbell Marques, *DJE* 04.11.2021).

A delegação de competência é uma opção do segurado, respeitados os novos limites territoriais. Cabe, por exemplo, em ação de revisão de benefício previdenciário, concessão de aposentadoria, auxílio por incapacidade temporária (não acidentário), pensão por morte etc.

A justificação judicial cujo julgamento é afeto à Justiça Federal, também admite a delegação de competência para a Justiça Estadual, consoante previsão contida no art. 15, II, da Lei n. 5.010/1966, confirmada pela Súmula n. 32 do STJ:

> Compete à Justiça Federal processar e julgar justificações destinadas a instruir pedidos perante entidades que nela têm exclusividade de foro, ressalvada a aplicação do art. 15, II, da Lei n. 5.010/1966.

Em mandado de segurança havia orientação jurisprudencial de que não cabe delegação de competência, devendo sempre ser ajuizado no Juízo Federal que tenha jurisdição sobre a sede da autoridade impetrada. Neste sentido, a Súmula n. 216 do extinto Tribunal Federal de Recursos: Compete à Justiça Federal processar e julgar mandado de segurança impetrado contra ato de autoridade previdenciária, ainda que localizada em comarca do interior".

No entanto, precedentes atuais adotam a compreensão de que o art. 109 da CF não faz distinção entre as várias espécies de ações previstas na legislação processual, de modo que o fato de se tratar de mandado de segurança não impede o direito de a parte autora escolher, dentre as opções estabelecidas, o foro que lhe for mais conveniente (TRF/4, AG 5003420-12.2019.4.04.0000, TRF-PR, j. 27.05.2019).

A respeito da competência dos Juízes Federais da Capital do Estado para julgamento das causas entre o INSS e segurado domiciliado em município sob jurisdição de outro Juízo Federal, o STF firmou entendimento no sentido de que o art. 109, § 3º, da CF, apenas faculta ao segurado o ajuizamento da ação no foro do seu domicílio, podendo este optar por ajuizá-la perante as varas federais da capital. Nesse sentido: Súmula n. 689 do STF: "O segurado pode ajuizar ação contra a instituição previdenciária perante o juízo federal do seu domicílio ou nas varas federais da Capital do Estado-Membro".

Por fim, convém especificar que a delegação de competência envolve apenas o primeiro grau de jurisdição, pois, de acordo com o § 4º do art. 109 da Constituição, o recurso cabível será sempre para o Tribunal Regional Federal da área de jurisdição do juiz monocrático. Cabe, também, aos Tribunais Regionais Federais julgar os conflitos de competência entre Juízes federais e Juízes estaduais investidos de competência delegada (art. 108, I, *e*, da CF/1988). Sobre o tema:

- **Súmula n. 3 do STJ**: "Compete ao Tribunal Regional Federal dirimir conflito de competência verificado, na respectiva Região, entre Juiz Federal e Juiz Estadual investido de jurisdição federal".

## 8.1.1.3 Ações acidentárias

As ações propostas pelos segurados e beneficiários contra o INSS, cuja origem seja decorrente de acidente de trabalho ou doença ocupacional, devem ser ajuizadas perante a Justiça Estadual, por se tratar de competência residual prevista expressamente pela Constituição Federal (art. 109, I). O Superior Tribunal de Justiça pacificou o entendimento sobre a matéria: "Súmula n. 15: Compete à Justiça Estadual processar e julgar os litígios decorrentes de acidente do trabalho".

Dessa forma, as ações que objetivam a concessão ou restabelecimento de auxílio-doença, aposentadoria por invalidez, auxílio-acidente ou pensão por morte, decorrentes de acidente de trabalho, doença profissional ou do trabalho, devem ser ajuizadas perante a Justiça Estadual, com recursos aos Tribunais de Justiça.

Quanto às ações de concessão de pensão por morte decorrente de acidente do trabalho, a orientação firmada pela Primeira Seção do STJ, é de que compete o julgamento à Justiça Estadual, com base no que prevê o art. 109, I, da CF/1988 e Súmula n. 15 daquela Corte (CC 121.352/SP, Rel. Min. Teori Albino Zavascki, *DJe* 16.04.2012).

Da mesma forma, compete à Justiça Estadual – e não à Justiça Federal – processar e julgar ação que tenha por objeto a concessão de pensão por morte decorrente de óbito de empregado ocorrido em razão de assalto sofrido durante o exercício do trabalho. Segundo o STJ, o assalto sofrido no local e horário de trabalho equipara-se ao acidente do trabalho, e o direito à pensão por morte decorrente do evento inesperado e violento deve ser apreciado pelo juízo da Justiça Estadual, nos termos do art. 109, I, parte final, da CF combinado com o art. 21, II, "a", da Lei n. 8.213/1991 (STJ, CC n. 132.034/SP, 1ª Seção, Rel. Min. Benedito Gonçalves, *DJe* 02.06.2014).

Também no tocante ao auxílio-acidente, vale lembrar que o mesmo pode ser motivado por acidente de qualquer (outra) natureza. O entendimento é de que apenas os que discutam acidente de trabalho são de competência da Justiça Estadual. Os referentes a acidentes de outra natureza ou causa devem ser julgados pela Justiça Federal, permitida a competência delegada. Nesse sentido destacamos: "A Justiça Federal é competente para apreciar pedido de concessão de auxílio-acidente decorrente de acidente não vinculado ao trabalho" (Súmula n. 11 da TRSP – JEF).

No que se refere à competência para o julgamento das ações de *revisão* de valores dos benefícios de origem acidentária, o STF fixou orientação de que a exceção prevista no art. 109, I, da Constituição Federal deve ser interpretada de forma extensiva, cabendo à Justiça Estadual o julgamento dessas ações (*v.g.* RE n. 205.886-6/SP, 1ª Turma, Rel. Min. Moreira Alves, *DJ* 17.04.1998).

Quando a discussão envolver a acumulação de benefícios acidentários e previdenciários comuns, a orientação do STF é de que cabe à Justiça Federal processar e julgar o feito. Nesse sentido:

> I – Tratando-se de matéria de interesse do INSS, qual seja, a possibilidade ou não de acumulação de proventos da aposentadoria com o auxílio suplementar, a matéria refoge à competência da Justiça comum. II – Questão que não se enquadra na ressalva do art. 109, I, da CF, visto que não cuida exclusivamente de acidente do trabalho. III – Reconhecida a competência da Justiça Federal para julgar o feito. IV – Recurso extraordinário improvido. (RE 461005/SP, 1ª Turma, Rel. Min. Ricardo Lewandowski, *DJe* 09.05.2008)

Compete, ainda, à Justiça Comum Estadual analisar os pedidos de alteração da natureza do benefício envolvendo a alegação de ocorrência ou não do acidente de tralho como causar de pedir. Nesse sentido:

> – **STJ**: "No caso, a empregadora ingressou contra o INSS com ação objetivando o reconhecimento da inexistência do acidente de trabalho, com a consequente conversão do benefício

acidentário em comum. Para isso, faz-se necessário o exame do substrato fático/dinâmico dos fatos descritos na exordial, pela qual o julgador, mediante o seu livre convencimento, deverá concluir se o empregado estava ou não a trabalho, ou se estava em trânsito para o trabalho ou dele regressando, o que reforça o entendimento de incidência, na hipótese, da regra de exceção prevista no art. 109, I, da CF, firmando-se a competência do juízo estadual" (AgRg no CC 136.147/MG, 1ª Seção, *DJe* 30.06.2017).

Quanto a utilização do Juizados da Fazenda Pública, o STJ adotou o entendimento de não cabimento: Repetitivo – Tema n. 1.053: "Os Juizados Especiais da Fazenda Pública não têm competência para o julgamento de ações decorrentes de acidente de trabalho em que o Instituto Nacional do Seguro Social figure como parte" (REsp 1.859.931/MT, 1ª Seção, *DJe* 1º.07.2021).

### 8.1.1.4 Causas referentes a benefício assistencial

O benefício de prestação continuada – BPC, de origem assistencial, no valor de um salário mínimo, pago às pessoas idosas ou com deficiência que comprovem a condição de vulnerabilidade social, previsto no art. 203 da Constituição Federal e regulado pelo art. 20 da Lei n. 8.742/1993, não pode ser confundido com os benefícios de origem previdenciária da Lei n. 8.213/1991, embora ambos sejam concedidos pelo INSS.

A legitimidade passiva para as causas que envolvem o benefício assistencial provocou alguma controvérsia jurisprudencial. O TRF da 4ª Região editou a Súmula n. 61, com o seguinte teor: "A União e o INSS são litisconsortes passivos necessários nas ações em que seja postulado o benefício assistencial previsto no art. 20 da Lei n. 8.742/1993, não sendo caso de delegação de jurisdição federal". No entanto, esta súmula foi revogada em maio de 2004.

Analisando-se a questão sob o aspecto normativo, a partir do disposto no art. 12 da Lei n. 8.742/1993, pretensamente cabe à União a manutenção do benefício de prestação continuada, senão vejamos: "Art. 12. Compete a União: I – responder pela concessão e manutenção dos benefícios de prestação continuada definidos no art. 203 da Constituição Federal; [...]".

No entanto, o parágrafo único do art. 29 da LOAS expressamente determina que os recursos de responsabilidade da União destinados ao pagamento da prestação em discussão serão repassados ao INSS, ente responsável pela concessão e manutenção do benefício assistencial.

É oportuno realçar que o art. 3º do Anexo ao Decreto n. 6.214/2007 (Regulamento do BPC), atribui ao INSS a responsabilidade pela operacionalização dessa prestação.

Dessa forma, infere-se que a União é parte ilegítima para figurar no polo passivo de demandas judiciais que versem acerca da concessão e manutenção do benefício assistencial. Esse é também o entendimento do Superior Tribunal de Justiça: REsp n. 308.711/SP, 6ª Turma, Rel. Min. Hamilton Carvalhido, *DJ* 10.03.2003; EREsp n. 204.974/SP, 3ª Seção, Rel. Min. José Arnaldo da Fonseca, *DJU* 29.05.2000.

Sobre a matéria, a Turma Regional de Uniformização dos JEFs da 4ª Região editou a Súmula n. 4, contendo o seguinte teor: "A União é parte ilegítima para figurar no polo passivo nas ações em que seja postulado o benefício assistencial previsto no art. 20 da Lei n. 8.742/1993".

### 8.1.1.5 Ações envolvendo benefícios de entidades fechadas de previdência complementar

Importante dúvida surgiu no tocante à competência para o julgamento de ações movidas por participante de plano de previdência complementar contra entidade fechada de previdência complementar.

A Justiça do Trabalho costumava se considerar competente para tais litígios, por entender que a demanda é decorrente da relação de emprego – quando o participante celebrou contrato de previdência privada em razão da sua condição de empregado de uma empresa patrocinadora.

Todavia, o STF reconheceu que a competência nesses casos é da Justiça Estadual, conforme as Repercussões Gerais que seguem:

> – **Tema n. 190**: "Compete à Justiça comum o processamento de demandas ajuizadas contra entidades privadas de previdência com o propósito de obter complementação de aposentadoria, mantendo-se na Justiça Federal do Trabalho, até o trânsito em julgado e correspondente execução, todas as causas dessa espécie em que houver sido proferida sentença de mérito até 20.02.2013" (RE 586.453-SE, Tribunal Pleno, Rel. p/ o Acórdão Min. Dias Toffoli, *DJe* 06.06.2013).

> – **Tema n. 1.092:** "Compete à Justiça comum processar e julgar causas sobre complementação de aposentadoria instituída por lei cujo pagamento seja, originariamente ou por sucessão, da responsabilidade da Administração Pública direta ou indireta, por derivar essa responsabilidade de relação jurídico-administrativa" (RE 1.265.549, Plenário Virtual, Rel. Min. Presidente, *DJe* 18.06.2020).

No entanto, esse entendimento não se aplica quando a complementação da aposentadoria fica a cargo de ex-empregador. De acordo com decisão da 2ª Turma do STF, nesses casos compete à Justiça do Trabalho o julgamento da ação (Emb. Decl. no Ag. Reg. no RE 716.896, Rel. Min. Ricardo Lewandowski, *DJe* 20.08.2013). Em razão dessa diretriz, assim vem decidindo o TST:

> (...) No caso dos autos, o pedido é relativo ao reflexo das diferenças salariais na recomposição do aporte financeiro, devido à entidade de previdência privada. 2. O julgamento proferido nos Recursos Extraordinários 586453/SE e 583050/RS diz respeito à incompetência da Justiça do Trabalho para julgar processos decorrentes de contrato de previdência complementar privada, situação diversa da que ora se analisa. 3. Tratando-se de parcelas que têm origem no contrato de trabalho, a Justiça do Trabalho é competente para processar e julgar o pleito, nos termos do art. 114 da Carta Magna. Recurso de revista conhecido e provido. (...) (Processo: ARR – 1273-26.2015.5.12.0035, 3ª Turma, Rel. Min. Alberto Luiz Bresciani de Fontan Pereira, *DEJT* 09.11.2018).

Em síntese, compete à Justiça dos Estados e do Distrito Federal o julgamento das ações de complementação a cargo de entidades privadas de previdência complementar e à Justiça do Trabalho as ações para cobrança da complementação a cargo do ex-empregador.

Sobre o tema relacionado ao interesse de agir quando se trata de benefício do RGPS sujeito à complementação por entidade de previdência privada, decidiu o TRF da 4ª Região no ICA n. 1, que: "Há interesse processual do segurado na revisão, com o pagamento das diferenças devidas, do benefício previdenciário que é complementado por entidade de previdência complementar" (50514175920174040000/TRF4, 3ª Seção, Rel. Des. João Batista Pinto Silveira, publ. 29.07.2017).

Ainda quanto ao tema, o STJ julgou repetitivo para definir que o participante de plano de benefícios de previdência privada patrocinado por entes federados para se tornar elegível a um benefício de prestação programada e continuada, deve previamente cessar o vínculo com o patrocinador. A tese fixada foi a seguinte:

> – **Tema n. 944**: "Nos planos de benefícios de previdência privada patrocinados pelos entes federados – inclusive suas autarquias, fundações, sociedades de economia mista e empresas controladas direta ou indiretamente –, para se tornar elegível a um benefício de prestação que seja programada e continuada, é necessário que o participante previamente cesse o

vínculo laboral com o patrocinador, sobretudo a partir da vigência da Lei Complementar n. 108/2001, independentemente das disposições estatutárias e regulamentares" (REsp 1433544/SE, 2ª Seção, Rel. Min. Luis Felipe Salomão, *DJe* 1º.12.2016).

### 8.1.1.6 Aplicação da Lei dos JEFs em caso de delegação de competência

Por força do art. 20 da Lei n. 10.259/2001, onde não houver Vara Federal a causa poderá ser proposta no Juizado Especial Federal mais próximo do foro definido no art. 4º da Lei n. 9.099/1995 (a qual é aplicada de forma subsidiária), vedada a aplicação da Lei dos Juizados Federais no juízo estadual (nesse sentido, decidiu o STJ no RMS n. 18.433/MA e CC n. 46.672/MG).

Mesmo com a adoção do rito comum, muitos advogados têm preferido a competência delegada (quando possível), pois, em alguns casos a jurisprudência dos Tribunais Regionais Federais tem sido mais favorável aos segurados em comparação com as das Turmas Recursais dos JEFs.

Outro ponto a ser considerado é o fato de o sistema de revisão das decisões dos JEFs não admitir a interposição de Recurso Especial, mas apenas os incidentes de uniformização de jurisprudência.

Em muitos casos a matéria discutida é nova e não existe decisão a servir de paradigma favorável que possibilite a propositura de incidente de uniformização. A competência delegada pode ser uma opção mais vantajosa por admitir o cabimento de Recurso Especial nos casos de interpretações divergentes da Lei Federal e quando o julgamento contrariar tratado ou lei federal, ou negar-lhes vigência.

Outro motivo que tem levado muitos advogados a preferirem a competência delegada é quando se faz necessária realização de perícia, em ações que se buscam benefícios por incapacidade e por tempo de atividade especial.

Os procedimentos adotados em alguns Juizados têm impedido uma avaliação consistente sobre a existência ou não de capacidade laboral dos segurados e sobre a nocividade das atividades, repetindo muitas das falhas ocorridas nas perícias realizadas na via administrativa.

Além disso, o procedimento que determina a realização de perícias em audiência, em muitos casos, não permite que seja observada normativa expressa da Lei n. 10.259/2001, que fixa o prazo de cinco dias entre a juntada do laudo e marcação da audiência (art. 12, parágrafo único).

Nesses casos, a celeridade e informalidade do ato, que têm por base os princípios norteadores dos Juizados, pode significar a impossibilidade de apresentação de quesitos complementares, bem como a real impugnação da perícia e a coleta ampla de provas.

Dessa forma, os advogados devem verificar os procedimentos adotados nos JEF e na Justiça Estadual e consultar a jurisprudência das instâncias recursais antes de fazerem a opção da competência, tudo em conformidade com o permissivo constitucional (art. 109, § 3º).

### 8.1.1.7 Dano moral previdenciário

O direito à indenização por dano material, moral ou à imagem encontra-se no rol dos direitos e garantias fundamentais do cidadão (CF, art. 5º, incisos V e X). Ainda, de acordo com o art. 37, § 6º, da Carta Maior, existe responsabilidade objetiva das pessoas jurídicas de direito público e das de direito privado prestadoras de serviços públicos pelos danos causados pelos seus agentes. Nesse sentido, decisão do STF:

> A omissão do Poder Público, quando lesiva aos direitos de qualquer pessoa, induz à responsabilidade civil objetiva do Estado, desde que presentes os pressupostos primários que lhe determinam a obrigação de indenizar os prejuízos que os seus agentes, nessa condição, hajam causado a terceiros. (ARE 655.277 ED, 2ª Turma, Rel. Min. Celso de Mello, *DJe* 12.06.2012)

No âmbito do Código Civil, dentre os vários dispositivos que tratam do tema destacamos o art. 186, que dispõe que "Aquele que, por ação ou omissão voluntária, negligência ou imprudência, violar direito e causar dano a outrem, ainda que exclusivamente moral, comete ato ilícito". Em síntese, a responsabilidade civil pressupõe: a prática de ato ou omissão voluntária de caráter imputável; a existência de dano; e a presença de nexo causal entre o ato e o resultado (prejuízo) alegado.

Logo, se comprovado o nexo de causalidade entre a conduta de um e o dano causado a outro, cabível o dever de indenizar. Nesse sentido, o STJ fixou que: "Constatado o nexo de causalidade entre o ato da Autarquia e o resultado lesivo suportado pelo segurado, é devida a reparação dos danos morais" (STJ, AgRg no AREsp 193.163/SE, *DJe* 08.05.2014). E, ainda, editou a Súmula n. 37 sedimentando que: "São cumuláveis as indenizações por dano material e dano moral oriundos do mesmo fato".

Destacamos que a jurisprudência dominante é contrária à condenação em danos morais sem provas dos prejuízos sofridos pelo ato administrativo desarrazoado, sob o fundamento de que "O simples indeferimento de benefício previdenciário, ainda que equivocado, não é o bastante para dar ensejo a uma indenização por dano moral" (*v.g.*, TRF4, AC 5013774-97.2014.404.7202, j. 24.07.2017).

Segundo uniformização de jurisprudência da TNU, "a condenação em danos morais em virtude do cancelamento de benefício previdenciário demanda a fundamentação no contexto fático-probatório, não havendo presunção de dano pela simples cessação, devendo eventual procedência ou improcedência ser justificada com base nas provas dos autos" (PEDILEF 5000304-31.2012.4.04.7214, 22.06.2017).

Entretanto, há situações em que o dano moral pode ser considerado presumido ou *in re ipsa*, dispensando-se a vítima do ônus da prova da ofensa moral. São exemplos: a) Cessação indevida de benefício por erro na identificação do óbito de homônimo do beneficiário (STJ, AgRg no AREsp 486.376, de 14.08.2014); e b) Empréstimo consignado fraudulento gerando descontos indevidos no valor do benefício (TRF4, AC 5022198-51.2011.404.7100, 4ª Turma, j. 24.04.2017).

Com relação à prescrição, há que se observar a orientação fixada pelo STJ no sentido de que: "O prazo prescricional das ações indenizatórias ajuizadas contra a Fazenda Pública é quinquenal (Decreto n. 20.910/1932), tendo como termo *a quo* a data do ato ou fato do qual originou a lesão ao patrimônio material ou imaterial" (Tema n. 553, REsp 1.251.993/PR, 1ª Seção, j. 12.12.2012). E quanto à correção monetária a tese de que incide desde a data do arbitramento (STJ, Súmula n. 362).

Vejamos agora algumas situações envolvendo a competência para o pedido de condenação do INSS ao pagamento de dano moral:

### a) Competência do Juízo Comum Estadual

Segundo orientação do STJ, cabe à Justiça Estadual examinar tão somente as demandas relativas aos benefícios decorrentes de acidente do trabalho, sem prejuízo do ajuizamento de nova demanda pelo segurado, visando ao ressarcimento dos danos morais perante a Justiça Federal. A respeito, Conflito de Competência 115.449, Rel. Min. Maria Thereza de Assis Moura, *DJe* 18.03.2011. E ainda:

> Tratando-se de ação de reparação por dano moral que tem como fundamento ato administrativo, supostamente indevido, praticado pelo INSS, é competente para o seu processamento e julgamento a Justiça Federal Comum, por não se tratar na hipótese de demanda relativa a benefício previdenciário ou dano material ou moral decorrente de acidente de trabalho. (STJ, Conflito de Competência 54.773, 1ª Seção, *DJe* 06.03.2006)

Cabe esclarecer, outrossim, que, quando o pedido de condenação por danos morais e patrimoniais for decorrente de acidente do trabalho e a ação for movida contra o empregador, pelo empregado ou por seus familiares (dano em ricochete), a competência é da Justiça do Trabalho, por força da EC n. 45/2004 e da Súmula Vinculante n. 22.

### b) Competência do Juízo Comum Federal ou dos Juizados Especiais Federais

Sendo competente a Justiça Federal para as ações que buscam a condenação do INSS em danos morais, o processamento poderá ocorrer em Vara Comum ou de Juizado Especial Federal. Essa definição está ligada ao valor da causa.

Importante destacar que o art. 292, V, do CPC/2015 estabelece que o valor da causa constará da petição inicial e será "na ação indenizatória, inclusive a fundada em dano moral, o valor pretendido".

A respeito dessa estimativa, o TRF da 4ª Região fixou orientação no sentido de que, nas ações previdenciárias, o valor atribuído à indenização por dano moral não pode ser limitado de ofício pelo juiz, salvo em casos excepcionais, de flagrante exorbitância, em atenção ao princípio da razoabilidade. Neste sentido: Incidente de Assunção de Competência n. 5050013-65.2020.4.04.0000, 3ª Seção, Rel. Des. Fed. Celso Kipper, j. 30.03.2023, cuja tese fixada foi a seguinte:

> Nas ações previdenciárias em que há pedido de valores referentes a benefícios previdenciários ou assistenciais cumulado com pedido de indenização por dano moral, o valor da causa deve corresponder à soma dos pedidos (CPC, art. 292, inciso VI), ou seja, às parcelas vencidas do benefício, acrescidas de doze vincendas (CPC, art. 292, §§ 1º e 2º), além do valor pretendido a título de dano moral (CPC, art. 292, inciso V), que não possui necessária vinculação com o valor daquelas e não pode ser limitado de ofício pelo juiz, salvo em casos excepcionais, de flagrante exorbitância, em atenção ao princípio da razoabilidade.

### c) Competência delegada

A pretensão do segurado de obter a condenação do INSS em danos morais poderá ser proposta em sede de competência delegada. Segundo o STJ, o pedido de indenização por danos morais é decorrente do pedido principal (concessão, revisão ou restabelecimento de benefício), e a ele está diretamente relacionado. Nesse sentido: STJ, CC 111.447/SP, 3ª Seção, Rel. Des. Conv. Celso Limongi, *DJe* 02.08.2010.

Cabe referir que o § 3º do art. 109 da CF, que trata da competência delegada, foi alterado pela EC n. 103/2019 e, consoante regulamentação contida na Lei n. 13.876/2019, limita-se às causas em que a Comarca de domicílio do segurado estiver localizada a mais de 70 km (setenta quilômetros) de Município sede de Vara Federal.

### d) Precedentes com condenação em danos morais: valores fixados

Avaliada a questão da competência, vejamos alguns precedentes em que houve a condenação do INSS em danos morais e os respectivos valores, em relação aos quais defendemos que o julgador deve observar o critério pedagógico da condenação, com o objetivo de que o INSS aprimore seu atendimento, de modo a eliminar o tratamento muitas vezes desumano a que são submetidos os segurados e dependentes da Previdência Social:

> I – Indeferimento indevido de salário-maternidade: R$ 10.000,00 (3ª TR/SC, RC 5000068-03.2017.4.04.7215/SC, Rel. João Batista Lazzari, j. 24.08.2017);
> II – Fraude em empréstimo consignado: R$ 10.000,00 (TRF4, AC n. 5009744-57.2020.4.04.9999/PR, 12ª Turma, Rel. Juiz Federal Rodrigo Kravetz, j. 27.09.2023);

III – Hipótese de flagrante indiferença do perito do INSS: R$ 15.000,00 (TRF4, AC 5007180-03.2023.4.04.9999/SC, 9ª Turma, Rel. Des. Fed. Paulo A. Brum Vaz, *DE* 03.08.2023);

IV – Atraso na realização de perícia médica para a concessão de benefício por incapacidade, que culminou em dificuldades financeiras: R$ 10.000,00 (3ª TR/SC, Recurso Cível 5020690-85.2016.4.04.7200/SC, unânime, Rel. Juiz Federal Gilson Jacobsen, j. 24.08.2017);

V – Cessação indevida de benefício assistencial: R$ 10.000,00 (TRF4, AC 5001157-91.2022.4.04.7213, 9ª Turma, Rel. Des. Fed. Paulo A. Brum Vaz, j. 19.09.2023);

VI – Pedreiro portador de cardiopatia grave que faleceu após ter o pedido de benefício por incapacidade negado: 300 salários mínimos em favor da mãe, dependente do segurado (TRF3, APELREEX 0000420-98.2014.4.03.6109/SP, de 24.05.2017);

VII – Desconto indevido em benefício previdenciário: R$ 15.000,00 (STJ, AgInt no AREsp 1.028.529/MS, 4ª Turma, *DJe* 18.10.2017).

Para a obtenção da condenação do INSS em danos morais, as ações judiciais contemplam, geralmente: 1) pedido de concessão/restabelecimento de benefício cumulado com pedido de Dano Moral; 2) pedido de Dano Moral (unicamente) decorrente de erro grosseiro ou ilegalidade de benefício já concedido ou restabelecido por decisão judicial; 3) pedido de Dano Material e Moral decorrente de débito indevido de empréstimo consignado fraudulento.

## 8.2 PRÉVIO REQUERIMENTO NA VIA ADMINISTRATIVA

A exigência da comprovação do prévio ingresso na via administrativa, como condição para propositura de ação de natureza previdenciária, embora seja assunto há muito debatido em nossos Tribunais, é tema frequente e atual nas lides forenses.

A necessidade de prévia manifestação do Poder Público como condição para invocar a prestação jurisdicional pode, aparentemente, significar lesão ao direito de ação garantido pela Constituição, no art. 5º, inciso XXXV. Observamos, no entanto, que esse dispositivo estabelece que somente os casos de lesão ou ameaça de lesão a direito serão apreciados pelo Poder Judiciário.

Não se trata de forma de submissão do direito de ação à prévia manifestação da administração a respeito do pedido, mas de comprovação do legítimo interesse para o exercício desse direito, exigido pelo art. 17 do CPC/2015. Sem a demonstração da existência de um conflito de interesses, não há como ser invocada a prestação jurisdicional.

Segundo Humberto Theodoro Júnior:

> Localiza-se o interesse processual não apenas na utilidade, mas especificamente na necessidade do processo como remédio apto à aplicação do direito objetivo no caso concreto, pois a tutela jurisdicional não é jamais outorgada sem uma necessidade. (...). Só o dano ou o perigo de dano jurídico, representado pela efetiva existência de uma lide, é que autoriza o exercício do direito de ação[2].

Os segurados têm interesse de agir e, portanto, há necessidade e utilidade do processo, quando sua pretensão encontra óbice na via administrativa, em face do indeferimento do pedido apresentado, ou pela omissão no atendimento do pleito pela Autarquia Previdenciária.

Ainda que o exaurimento da via administrativa não seja condição para a propositura da ação de natureza previdenciária, consoante jurisprudência consolidada na Súmula n. 213 do extinto Tribunal Federal de Recursos[3], tratando-se de pedidos de concessão de aposentadorias,

---

[2] THEODORO JÚNIOR, Humberto. *Curso de direito processual civil*. Rio de Janeiro: Forense, 1999, vol. I.

[3] Súmula n. 213 do extinto Tribunal Federal de Recursos: "O exaurimento da via administrativa não é condição para a propositura da ação de natureza previdenciária".

pensão, auxílios ou contagem recíproca do tempo de contribuição para fins de jubilação, a prévia manifestação da administração é necessária, pois o Poder Judiciário, em tais casos, não deve se prestar a substituir a atividade administrativa de conferência de recolhimentos das contribuições, cálculo do tempo de contribuição, avaliação da capacidade laborativa, entre outros requisitos.

Não se exige prévia provocação administrativa quando se cuida de procedimento público e notório do INSS, que não atende às postulações dos segurados por divergência de interpretação de normas, ou quando não cumpre, por ação própria, as obrigações legais.

No STF prevalecia o entendimento de que é dispensável o prévio requerimento para o ajuizamento de ações previdenciárias. Neste sentido: "A jurisprudência desta nossa Corte firmou-se no sentido de ser desnecessário para o ajuizamento de ação previdenciária o prévio requerimento administrativo do benefício à Autarquia Federal" (STF, RE n. 549055 AgR/SP, *DJe* 10.12.2010).

Por último, a discussão da tese da dispensa do prévio requerimento ganhou repercussão geral resultando em orientação, segundo a qual, a exigência não fere a garantia de livre acesso ao Judiciário, previsto no art. 5º, XXXV, da Constituição Federal, pois sem pedido administrativo anterior não fica caracterizada lesão ou ameaça de direito.

Considerou-se não haver interesse de agir do segurado que não tenha inicialmente protocolado seu requerimento junto ao INSS, pois a obtenção de um benefício depende de uma postulação ativa. Nos casos em que o pedido for negado, total ou parcialmente, ou em que não houver resposta no prazo legal de 45 dias, fica caracterizada ameaça a direito.

O relator observou que prévio requerimento administrativo não significa o exaurimento de todas as instâncias administrativas. Negado o benefício, não há impedimento ao segurado para que ingresse no Judiciário antes que eventual recurso seja examinado pela autarquia.

Contudo, ressaltou não haver necessidade de formulação de pedido administrativo prévio para que o segurado ingresse judicialmente com pedidos de revisão de benefícios, a não ser nos casos em que seja necessária a apreciação de matéria de fato. Acrescentou ainda que a exigência de requerimento prévio também não se aplica nos casos em que a posição do INSS seja notoriamente contrária ao direito postulado. Vejamos:

> – **RG Tema n. 350**: "I – A concessão de benefícios previdenciários depende de requerimento do interessado, não se caracterizando ameaça ou lesão a direito antes de sua apreciação e indeferimento pelo INSS, ou se excedido o prazo legal para sua análise. É bem de ver, no entanto, que a exigência de prévio requerimento não se confunde com o exaurimento das vias administrativas;
> II – A exigência de prévio requerimento administrativo não deve prevalecer quando o entendimento da Administração for notória e reiteradamente contrário à postulação do segurado;
> III – Na hipótese de pretensão de revisão, restabelecimento ou manutenção de benefício anteriormente concedido, considerando que o INSS tem o dever legal de conceder a prestação mais vantajosa possível, o pedido poderá ser formulado diretamente em juízo – salvo se depender da análise de matéria de fato ainda não levada ao conhecimento da Administração –, uma vez que, nesses casos, a conduta do INSS já configura o não acolhimento ao menos tácito da pretensão; (...)" (RE 631.240, Plenário, Rel. Min. Luís Roberto Barroso, *DJe* 07.11.2014).

Nesse mesmo julgado, o STF definiu regras de transição a serem aplicadas aos processos judiciais sobrestados que envolvem pedidos de concessão de benefício ao INSS nos quais não houve requerimento administrativo prévio.

Em primeiro lugar, ficou definido que, para aquelas ações ajuizadas em juizados itinerantes, a ausência do pedido administrativo não implicará a extinção do feito. Isso se dá porque os juizados se direcionam, basicamente, para onde não há agência do INSS.

Em segundo lugar, nos casos em que o INSS já apresentou contestação de mérito no curso do processo judicial fica mantido seu trâmite, pois a contestação caracteriza o interesse em agir, uma vez que há resistência ao pedido.

Em terceiro lugar, restou definido que as demais ações judiciais deverão ficar sobrestadas. Nesses casos, o requerente do benefício deve ser intimado pelo juízo para dar entrada no pedido junto ao INSS, no prazo de 30 dias, sob pena de extinção do processo. Uma vez comprovada a postulação administrativa, a autarquia também será intimada a se manifestar, no prazo de 90 dias.

Acolhido administrativamente o pedido, ou nos casos em que ele não puder ser analisado por motivo atribuível ao próprio requerente, a ação é extinta. Do contrário, fica caracterizado o interesse em agir, devendo ter seguimento o pedido judicial da parte. E a data do início da aquisição do benefício é computada do início do processo judicial.

A necessidade ou não de um novo requerimento administrativo em casa de alta programada do auxílio por incapacidade temporária (em que o segurado não apresentou o pedido de prorrogação), tem gerado controvérsias no âmbito judicial. A nosso ver, a simples cessação do benefício pelo prazo já estipulado gera o direito de ingresso em juízo, pois o pedido de prorrogação é um plus que pode ou não ser utilizado pelo segurado, já que tem uma manifestação da perícia médica da Previdência quanto à duração do seu auxílio por incapacidade temporária. Nesse sentido:

> Portanto, em se tratando de pedido de restabelecimento de benefício, não há a necessidade do prévio ingresso na via administrativa, tendo em vista que não só 'já houve a inauguração da relação entre o beneficiário e a Previdência', mas sobretudo porque a parte autora alega que permanece incapacitada para o labor em razão das mesmas moléstias que ensejaram a concessão daquele benefício. (TRF/4. AC 5003934-38.2020.4.04.7207. TRS-SC, 17.03.2021)

### 8.2.1 Prazos para concessão, revisão e implantação de benefícios (STF – RE 1.171.152/SC)

A questão chegou ao STF por força do RE n. 1.171.152/SC (RG – Tema n. 1.066), e, na pendência do julgamento do mérito, as partes envolvidas em diversas ACPs (União, MPF, Ministério da Cidadania, DPU e INSS) apresentaram Termo de Acordo, o qual foi homologado por decisão monocrática do Relator (em 09.12.2020), e, posteriormente pelo Plenário do STF, com a exclusão da sistemática da repercussão geral (Acordo no RE 1.171.152/SC. Sessão Virtual do Plenário. Rel. Min. Alexandre de Moraes, em 08.02.2021).

O Termo de Acordo homologado pelo STF acabou sendo mais amplo do que a questão delimitada inicialmente no paradigma da RG Tema n. 1.066, pois prevê prazos máximos de conclusão dos processos administrativos para: (a) reconhecimento inicial de direito a benefícios previdenciários e assistenciais; e (b) a realização da avaliação social nos casos em que o benefício dependa da aferição da deficiência do segurado. Todos esses prazos não ultrapassam 90 dias e podem variar de acordo com a espécie e o grau de complexidade do benefício (30 a 90 dias).

De forma mais detalhada, o acordo firmado sob a chancela do STF prevê:

– **No âmbito administrativo:**

a) O compromisso do INSS de concluir o processo administrativo de reconhecimento inicial de direitos previdenciários e assistenciais nos seguintes prazos máximos:

| BPC/LOAS | 90 dias |
|---|---|
| Aposentadorias, salvo p/ incapacidade | 90 dias |
| Aposentadoria por incapacidade | 45 dias |
| Auxílio-doença/incapacidade | 45 dias |
| Auxílio-acidente | 60 dias |
| Pensão por morte | 60 dias |
| Auxílio-reclusão | 60 dias |
| Salário-maternidade | 30 dias |

b) A realização da perícia médica necessária à instrução e análise do processo administrativo de reconhecimento inicial de direitos previdenciários e assistenciais operacionalizados pelo INSS, no prazo máximo de até 45 dias após o seu agendamento. Esse prazo, será ampliado para 90 dias, nas unidades da Perícia Médica Federal classificadas como de difícil provimento, para as quais se exige o deslocamento de servidores de outras unidades para o auxílio no atendimento.

– **No âmbito Judicial:**

Em relação ao cumprimento das determinações judiciais, recomenda os seguintes prazos para conclusão, contados a partir da efetiva e regular intimação:

| ESPÉCIE | PRAZO |
|---|---|
| Implantações em tutelas de urgência | 15 dias |
| Benefícios por incapacidade | 25 dias |
| Benefícios assistenciais | 25 dias |
| Benefícios de aposentadorias, pensões e outros auxílios | 45 dias |
| Ações revisionais, emissão de CTC, averbação de tempo, emissão de boletos de indenização | 90 dias |
| Juntada de documentos de instrução (processos administrativos e outras informações, as quais o Judiciário não tenha acesso) | 30 dias |

Os prazos previstos no acordo poderão ser suspensos, de forma parcial ou total, havendo situações de força maior ou caso fortuito, como greves, pandemias, situações de calamidade pública, que alterem o fluxo regular de trabalho e impeçam o INSS de cumpri-los.

Os prazos fixados no Termo de Acordo para a concessão, revisão ou restabelecimento de benefícios na via administrativa, a nosso sentir, extrapolaram os preceitos legais previstos na Lei de Benefícios (Lei n. 8.213/1991) e na Lei que regula o processo administrativo no âmbito da Administração Pública Federal (Lei n. 9.784/1999).

No entanto, para o Relator, Min. Alexandre de Moraes, os prazos estabelecidos no Termo de Acordo são razoáveis, tendo em vista que:

(a) inexiste limite de tempo fixado em lei para a concessão inicial de benefícios previdenciário ou assistencial,

(b) a Lei n. 8.213/1991 (art. 41-A, § 5º) determina que o primeiro pagamento do benefício deve ser efetuado 45 dias após a apresentação pelo segurado da documentação necessária à sua concessão;

(c) no RE n. 631.240/MG (Tema n. 350 da repercussão geral, em que se debateu sobre a exigibilidade, ou não, do prévio requerimento administrativo, perante o INSS, como requisito para o exercício do direito à postulação jurisdicional), esta CORTE determinou a suspensão das ações individuais que já estavam em tramitação sem prévio requerimento administrativo, com a intimação da parte autora para dar entrada no pedido administrativo em 30 dias, o qual deveria ser decidido pelo INSS em 90 dias; e

(d) a Lei n. 9.784/1999 (art. 49) determina que a Administração tem 30 dias para decidir, contados da conclusão da instrução de processo administrativo.

Ainda, segundo o Relator, "o prazo máximo de 90 dias atende ao princípio da razoabilidade, na medida em que não impõe aos segurados espera excessiva, e permite à Administração Pública adotar as medidas necessárias e suficientes à correta concessão dos benefícios".

## 8.3 ATRASO PROCESSUAL CAUSADO PELO RETORNO À VIA ADMINISTRATIVA

Tem-se observado, em alguns locais, a ordem judicial para retorno dos autos à via administrativa para reanálise dos documentos ou para a realização de Justificação Administrativa.

Isso tem ocorrido em regra em ações de concessão ou de revisão em que o segurado efetuou ou tentou e foi impedido de efetuar o requerimento administrativo. Ou seja, são decisões que proferidas em ações ajuizadas contra o INSS em que o juiz determina a reabertura do processo administrativo para realização de Justificação Administrativa, para oitiva de testemunhas visando a comprovação do exercício de trabalho rural pela autora, por exemplo.

Entretanto, defendemos o entendimento de que a reabertura do processo administrativo procrastina o feito, sendo o retorno à via administrativa após o ajuizamento da ação, violação direta da Constituição Federal quanto ao devido processo legal, a ampla defesa e o contraditório, e em especial por afrontar o princípio da celeridade processual.

Também não encontra respaldo o argumento de que a justificação administrativa, nos casos de segurados especiais (rurais, por exemplo), constitua procedimento indispensável ao exame da matéria pela Justiça, sendo apenas um dos procedimentos possíveis à comprovação do tempo de atividade rural.

O posicionamento que se entende adequado é, portanto, o de que o segurado tem o direito de ingressar em juízo para satisfazer sua pretensão, acaso não obtenha administrativamente o êxito desejado, de modo que deve ser resolvida na esfera judicial a controvérsia sobre a concessão de benefício previdenciário se já transferida a esse âmbito, assegurado o direito das partes ao contraditório e à ampla defesa.

Assim, a suspensão do feito a fim de promover a justificação administrativa ou retorno à via administrativa para reanálise de provas deve ser considerada um procedimento que afronta o princípio da celeridade processual, assegurado constitucionalmente a teor do art. 5º, LXXVIII, da Carta Magna.

Em relação ao tema houve o julgamento do IRDR n. 17 do TRF da 4ª Região (Processo 50454186220164040000/TRF4, publ. 13.12.2018), com o objetivo de garantir o contraditório e a ampla defesa. Vejamos a tese fixada:

> Não é possível dispensar a produção de prova testemunhal em juízo, para comprovação de labor rural, quando houver prova oral colhida em justificação realizada no processo administrativo e o conjunto probatório não permitir o reconhecimento do período e/ou o deferimento do benefício previdenciário.

## 8.4 JUIZADOS ESPECIAIS FEDERAIS

Os Juizados Especiais Federais foram instituídos pela Lei n. 10.259, de 12.07.2001. Aos Juizados Federais também se aplicam, de forma complementar (no que não for conflitante com os Juizados Federais) as normas contidas na Lei n. 9.099, de 26.09.1995, que criou os Juizados Especiais Estaduais.

O processo nos Juizados Especiais está sujeito aos princípios processuais previstos na Constituição, entre os quais:

- princípio do devido processo legal: art. 5º, LIV – "ninguém será privado da liberdade ou de seus bens sem o devido processo legal";
- princípios do contraditório e da ampla defesa: art. 5º, LV – "aos litigantes, em processo judicial ou administrativo, e aos acusados em geral são assegurados o contraditório e ampla defesa, com os meios e recursos a ela inerentes";
- inadmissibilidade de provas ilícitas: art. 5º, LVI – "são inadmissíveis, no processo, as provas obtidas por meios ilícitos";
- princípio do juiz natural: art. 5º, LIII – "ninguém será processado nem sentenciado senão pela autoridade competente"; e art. 5º XXXVII – "não haverá juízo ou tribunal de exceção";
- princípio da inafastabilidade da apreciação jurisdicional: art. 5º, XXXV – "a lei não excluirá da apreciação do Poder Judiciário lesão ou ameaça a direito";
- princípio da razoável duração do processo: art. 5º, LXXVIII – "a todos, no âmbito judicial e administrativo, são assegurados a razoável duração do processo e os meios que garantam a celeridade de sua tramitação" (incluído pela Emenda Constitucional n. 45, de 2004).

Por força da lei instituidora dos Juizados Especiais foram eleitos como princípios especiais norteadores desse microssistema processual os princípios da oralidade, simplicidade, informalidade, economia processual e celeridade, buscando sempre que possível a conciliação ou a transação (art. 2º da Lei n. 9.099/1995).

Cabe acentuar que são aplicáveis também os princípios informadores do sistema recursal brasileiro, desde que estejam em sintonia com o espírito dos Juizados Especiais, tais como: o princípio da proibição da *reformatio in pejus*; o princípio da irrecorribilidade das decisões interlocutórias; o princípio da taxatividade dos recursos; os princípios da singularidade e da correlação do recurso; o princípio da fungibilidade dos recursos.

Merecem destaques no âmbito dos Juizados Especiais Federais:

- a igualdade de prazos para a prática de qualquer ato processual, entre o particular e o ente público demandado;
- a abolição do reexame necessário;
- a redução dos recursos, pois somente se admitirá recurso de sentença definitiva e das decisões que (in)deferirem medidas cautelares ou tutelas provisórias no curso do processo;
- o pagamento imediato (60 dias) das condenações até 60 salários mínimos (sem precatórios);
- a desnecessidade de que as partes estejam representadas por advogado para a propositura da ação;[4] e
- a autorização legal aos representantes judiciais dos entes públicos para conciliar, transigir ou desistir.

---

[4] O STF declarou constitucional a dispensa da atuação de advogados nos Juizados Especiais – Ação Direta de Inconstitucionalidade (ADI) 3.168.

Os Juizados Especiais Federais foram concebidos a partir de valores novos, voltados à modernização da prestação jurisdicional no Brasil, primando pela celeridade e eficiência nas soluções dos conflitos.

A facilidade de acesso aos juizados gerou um enorme acréscimo de ações. No entanto, em muitos locais, a estrutura dos JEFs é insuficiente para atender essa demanda na forma esperada pelos jurisdicionados. Destaca a Desembargadora Selene Maria de Almeida:

> O acesso à Justiça, e não o mero acesso ao Poder Judiciário, implica garantia ao justo processo, sem entrave. Significa a garantia de acesso a uma máquina apta a dar solução ao conflito com presteza e segurança.
>
> Quando se avolumam os casos que devem ser resolvidos pelos Juizados, sem estrutura adequada, cria-se dificuldade de acesso à Justiça para os carentes.[5]

Para implantar e estruturar a primeira instância dos JEFs, os Tribunais Regionais Federais transformaram Varas Comuns em Varas de Juizados, o que não foi suficiente. Posteriormente, houve aprovação de novas leis para ampliar a estrutura de primeiro da Justiça Federal com intuito de concluir o processo de implantação dos Juizados Especiais.

Depois de mais de dez anos de funcionamento dos Juizados Especiais Federais, finalmente foi aprovada a Lei n. 12.665, de 13.06.2012, dispondo sobre a criação de estrutura permanente para as Turmas Recursais dos Juizados Especiais Federais. Essa norma criou na Justiça Federal de primeiro grau setenta e cinco Turmas Recursais formadas, cada uma, por três juízes federais titulares e por um juiz suplente.

Para elucidar o tratamento processual das ações julgadas nos Juizados Especiais Federais, recomendamos a leitura das Resoluções do CJF n. 347/2015, que dispõe sobre a compatibilização dos regimentos internos das Turmas Recursais e das Turmas Regionais de Uniformização, e n. 586/2019 que dispõe sobre o Regimento Interno da TNU. De leitura obrigatória são também os enunciados aprovados pelo Fórum Nacional dos Juizados Especiais Federais – FONAJEF,[6] e as Súmulas, as Questões de Ordem e os Representativos de Controvérsia da TNU.[7]

## 8.4.1 Competência dos JEFs

Compete ao Juizado Especial Cível processar, conciliar e julgar causas de competência da Justiça Federal até o valor de 60 salários mínimos, bem como executar suas sentenças. São excluídas dessa competência as causas referidas no art. 109, incisos II, III e XI, da Constituição Federal, as ações de mandados de segurança, de desapropriação, de divisão e demarcação, populares, execuções fiscais e por improbidade administrativa e as demandas sobre direitos ou interesses difusos, coletivos ou individuais homogêneos, as causas relativas aos imóveis da União e das autarquias e fundações públicas federais, entre outras, previstas no § 1º do art. 3º da Lei n. 10.259/2001.

Decidiu o STJ que o valor da causa para fins de fixação da competência nos JEFs, na hipótese de existência de litisconsórcio ativo, deve ser calculado dividindo-se o montante pelo número de autores. Dessa forma, se as parcelas percebidas e as supostamente devidas a cada um dos litisconsortes for inferior a 60 salários mínimos, prevalece competência absoluta do JEF Cível para o julgamento da lide (REsp 1.257.935/PB, 2ª Turma, Rel. Min. Eliana Calmon, *DJe* 29.10.2012).

---

[5] ALMEIDA, Selene Maria. Juizados Especiais Federais: a justiça dos pobres não pode ser uma pobre justiça. *Revista do Tribunal Regional Federal*. 1ª Região. Brasília, v. 15, n. 2, fev. 2003, p. 31-42.

[6] Disponível em: https://www.ajufe.org.br/fonajef/enunciados-fonajef.

[7] Disponível em: https://www.cjf.jus.br/cjf/corregedoria-da-justica-federal/turma-nacional-de-uniformizacao.

Nas Subseções Judiciárias onde estiver instalado o JEF, sua competência é absoluta, sendo definida pelo valor da causa (art. 3º da Lei n. 10.259/2001).

Em princípio, a complexidade da causa ou da perícia não afasta a competência dos JEFs, já que o critério escolhido pelo legislador foi o do valor da causa, o qual tem natureza absoluta. Essa é a posição adotada pelo STJ:

a) os juizados especiais federais têm competência absoluta, onde estiverem instalados, para toda ação cujo valor não ultrapasse sessenta salários mínimos;

b) caso o autor da ação pretenda ver sua demanda julgada por um juizado especial, poderá renunciar ao valor que exceda o limite legal estabelecido no art. 3º, *caput*, da Lei n. 10.259/2001;

c) havendo a renúncia, a qual deve ser expressa, atraída a competência do juizado especial para o feito. (STJ, CC n. 86.398/RJ, 3ª Seção, *DJ* 22.02.2008)

A respeito da competência dos JEFs, destacamos os seguintes enunciados do FONAJEF:

– **Enunciado FONAJEF 9** – Além das exceções constantes do § 1º do art. 3º da Lei n. 10.259, não se incluem na competência dos Juizados Especiais Federais, os procedimentos especiais previstos no Código de Processo Civil, salvo quando possível a adequação ao rito da Lei n. 10.259/2001.
– **Enunciado FONAJEF 22** – A exclusão da competência dos Juizados Especiais Federais quanto às demandas sobre direitos ou interesses difusos, coletivos ou individuais homogêneos somente se aplica quanto a ações coletivas.

Entretanto, no TRF da 1ª Região há orientação no sentido de que: "As causas que possuem instrução processual complexa, com a realização de perícias, para fins de reconhecimento de tempo de serviço especial, não se incluem na competência dos Juizados Especiais Federais (JEF)" (1ª Seção, Processo: 1000 684-39.2020.4.01.0000, j. 02.11.2020).

### 8.4.2 Valor da causa

Os critérios para definição do valor da causa geram controvérsias no âmbito dos JEFs, em face da interpretação dada ao art. 3º, § 2º, da Lei n. 10.259/2001, que dispõem:

**Art. 3º** Compete ao Juizado Especial Federal Cível processar, conciliar e julgar causas de competência da Justiça Federal até o valor de sessenta salários mínimos, bem como executar as suas sentenças.
(...) **§ 2º** Quando a pretensão versar sobre obrigações vincendas, para fins de competência do Juizado Especial, a soma de doze parcelas não poderá exceder o valor referido no art. 3º, *caput*.

No entanto, o STJ, ao julgar o Conflito de Competência n. 46.732/MS, decidiu que, para estabelecimento do valor da causa devem ser somadas as parcelas vencidas com doze vincendas pelo exame conjugado da Lei n. 10.259/2001 com o art. 260 do CPC/1973 (Rel. Min. José Arnaldo da Fonseca, *DJU* 14.03.2005).

No caso de cumulação objetiva de pedidos que ostentem diversas causas de pedir deve ser considerada a repercussão econômica de cada pretensão individualmente, sendo irrelevante o valor hipotético total da condenação.

Por sua vez, o Fórum Nacional dos Juizados Especiais Federais aprovou os seguintes enunciados sobre o valor da causa:

– **Enunciado FONAJEF n. 15**: "Na aferição do valor da causa, deve-se levar em conta o valor do salário mínimo em vigor na data da propositura de ação".
– **Enunciado FONAJEF n. 18**: "No caso de litisconsorte ativo, o valor da causa, para fins de fixação de competência, deve ser calculado por autor".
– **Enunciado FONAJEF n. 20**: "Não se admite, para firmar competência dos JEFs, o fracionamento de parcelas vencidas, ou de vencidas e vincendas, decorrentes da mesma relação jurídica material".
– **Enunciado FONAJEF n. 48**: "Havendo prestação vencida, o conceito de valor da causa para fins de competência do Juizado Especial Federal é estabelecido pelo art. 292 do CPC/2015".
– **Enunciado FONAJEF n. 49**: "O controle do valor da causa, para fins de competência do JEF, pode ser feito pelo juiz a qualquer tempo".
– **Enunciado FONAJEF n. 114**: "Havendo cumulação de pedidos, é ônus da parte autora a identificação expressa do valor pretendido a título de indenização por danos morais, a ser considerado no valor da causa para fins de definição da competência dos Juizados Especiais Federais".
– **Enunciado FONAJEF n. 123**: "O critério de fixação do valor da causa necessariamente deve ser aquele especificado no art. 292, §§ 1º e 2º, do CPC/2015, pois este é o elemento que delimita as competências dos JEFs e das Varas (a exemplo do que foi feito pelo art. 2º, § 2º, da Lei n. 12.153/2009)".

Na ação declaratória que objetiva o reconhecimento de tempo de serviço/contribuição para concessão de benefício futuro, um dos critérios utilizados para delimitação da competência dos JEFs é a fixação do valor da causa a partir de 12 (doze) salários de contribuição atuais do segurado.

### 8.4.3 Renúncia

Nos termos da Súmula n. 17 da Turma Nacional de Uniformização dos JEFs e do Enunciado FONAJEF n. 16, não há renúncia tácita nos Juizados Especiais Federais para fins de fixação de competência.

Dessa forma, a renúncia quando do interesse da parte autora para postular nos JEFs deve ser expressa e não há limite quanto ao montante passível dessa renúncia. Por exemplo, caso o segurado tenha um suposto crédito de R$ 120.000,00, poderá renunciar a todo o excedente.

O momento processual mais adequado para a renúncia do valor excedente a sessenta salários mínimos é o do ajuizamento da ação.

Entretanto, de regra, a determinação exata do valor da causa depende da elaboração de complexos cálculos de atualização monetária, notadamente em feitos de natureza previdenciária, razão pela qual é razoável que se oportunize ao autor a opção pela renúncia do valor excedente por ocasião da audiência de conciliação, instrução e julgamento, quando aqueles cálculos já terão sido feitos, ou mesmo, em momento posterior.

Havendo renúncia, o valor das parcelas vencidas e atualizadas na data do ajuizamento deve ser limitado em 60 salários mínimos. Ao limite podem ser acrescidos novas prestações vincendas, a atualização monetária e eventuais juros de mora.

Nada impede, então, condenação em montante superior a 60 salários mínimos, a despeito da renúncia manifestada. Neste sentido, a decisão da 3ª Seção do STJ:

> O valor da causa a ser considerado é o do momento da propositura da ação, o que afasta a argumentação do suscitante ao afirmar que "caso fosse a ação julgada procedente *in totum*, a execução certamente ultrapassaria o valor atribuído à presente demanda e o valor de alçada dos juizados especiais federais". (CC n. 86.398/RJ, *DJ* 22.02.2008)

Ainda, segundo a TNU:

> PREVIDENCIÁRIO. RENÚNCIA PARA DEFINIÇÃO DE COMPETÊNCIA DE JUIZADO ESPECIAL FEDERAL. INCIDENTE CONHECIDO E PROVIDO PARA FIXAR A TESE DE QUE A RENÚNCIA APRESENTADA PARA DEFINIÇÃO DE COMPETÊNCIA DOS JUIZADOS ESPECIAIS FEDERAIS, RESSALVADA MANIFESTAÇÃO EXPRESSA DA PARTE AUTORA, SOMENTE ABRANGE AS PARCELAS VENCIDAS SOMADAS A DOZE PARCELAS VINCENDAS NA DATA DO AJUIZAMENTO DA AÇÃO. (PEDILEF 0007984-43.2005.4.03.6304, Rel. Juiz Federal Fábio Oliveira, j. 14.04.2016)

Nos casos em que os cálculos judiciais são feitos somente quando do cumprimento da sentença e sendo apurado o valor das parcelas atrasadas anteriores ao ajuizamento (valor da causa) em montante superior ao da alçada dos Juizados Especiais (60 salários mínimos), não cabe impor à parte que renuncie ao excedente.

Nesse sentido, o procedente da TNU: PU n. 200733007130723, Rel. Juiz Federal Alcides Saldanha Lima, *DOU* 25.11.2011; PEDILEF n. 2009.51.51.066908-7, Rel. Juíza Federal Kyu Soon Lee, j. 08.10.2014.

A definição do valor e as hipóteses de renúncia foram também enfrentadas pelo STJ no Repetitivo Tema n. 1030, cuja tese fixada é a seguinte:

> Ao autor que deseje litigar no âmbito de Juizado Especial Federal Cível, é lícito renunciar, de modo expresso e para fins de atribuição de valor à causa, ao montante que exceda os 60 (sessenta) salários mínimos previstos no art. 3º, *caput*, da Lei n. 10.259/2001, aí incluídas, sendo o caso, até doze prestações vincendas, nos termos do art. 3º, § 2º, da referida lei, c/c o art. 292, §§ 1º e 2º, do CPC/2015. (REsp em IRDR 1.807.665/SC, 1ª Seção, *DJe* 26.11.2020)

### 8.4.4 Legitimidade

Nos JEFs podem ser partes autoras as pessoas físicas, microempresas e empresas de pequeno porte; e rés a União, autarquias, fundações e empresas públicas federais (art. 6º da Lei n. 10.259/2001).

Em relação a esse aspecto da Lei dos JEFs, o FONAJEF editou os seguintes enunciados:

– **Enunciado FONAJEF n. 11:** "No ajuizamento de ações no JEF, a microempresa e a empresa de pequeno porte deverão comprovar essa condição mediante documentação hábil".
– **Enunciado FONAJEF n. 12:** "No Juizado Especial Federal, não é cabível o pedido contraposto formulado pela União Federal, autarquia, fundação ou empresa pública federal".
– **Enunciado FONAJEF n. 14:** "Nos Juizados Especiais Federais, não é cabível a intervenção de terceiros ou a assistência".
– **Enunciado FONAJEF n. 21:** "As pessoas físicas, jurídicas, de direito privado ou de direito público estadual ou municipal podem figurar no polo passivo, no caso de litisconsórcio necessário".
– **Enunciado FONAJEF n. 82:** "O espólio pode ser parte autora nos juizados especiais cíveis federais".
– **Enunciado FONAJEF n. 121:** "Os entes públicos, suas autarquias e empresas públicas não têm legitimidade ativa nos Juizados Especiais Federais".

A representação por advogado é facultativa para a propositura de ações nos JEFs. O art. 10 da Lei n. 10.259/2001 faculta as partes designar, por escrito, representantes para a causa, advogado ou não. O STF reconheceu a constitucionalidade dessa norma na ADIN n. 3.168/DF.

A respeito do tema, foi editado pelo FONAJEF o seguinte enunciado:

– **Enunciado FONAJEF n. 83:** "O art. 10, *caput*, da Lei n. 10.259/2001 não autoriza a representação das partes por não advogados de forma habitual e com fins econômicos".

No entanto, na esfera recursal é indispensável a presença de advogado para representar as partes, consoante disposição contida no art. 41, § 2º, da Lei n. 9.099/1995 (aplicada subsidiariamente aos JEFs): "No recurso, as partes serão obrigatoriamente representadas por advogado".

### 8.4.5 Sentença líquida

No âmbito dos Juizados Especiais a regra é de que a sentença seja líquida[8], pois após o trânsito em julgado deve-se apenas atualizar os valores da condenação e incluir parcelas vencidas com a finalidade de ser expedida, desde logo, a RPV ou o Precatório, sem nova oportunidade para discussões sobre os parâmetros de apuração da condenação.

O fato de a sentença adotar cálculos realizados pelo contador judicial sem que oportunizada a manifestação prévia das partes não implica nulidade. Isso decorre da necessidade de a sentença ser líquida e, ademais, a parte pode se insurgir contra o cálculo no recurso.

O FONAJEF editou orientação quanto ao entendimento por sentença líquida, nos termos do Enunciado n. 32: "A decisão que contenha os parâmetros de liquidação atende ao disposto no art. 38, parágrafo único, da Lei n. 9.099/1995".

No mesmo sentido, as Turmas Recursais têm flexibilizado a exigência da sentença líquida devido ao elevado volume de demandas que tramitam nos JEFs e a dificuldade de realização de cálculos em todos os casos de procedência dos pedidos. Neste sentido: Recurso Cível n. 5000959-46.2011.404.7211/SC, 1ª Turma Recursal, Rel. Juiz Federal João Batista Lazzari, Sessão de 13.11.2012.

### 8.4.6 Cumprimento de sentença nos JEFs

Caso o acordo ou a sentença, com trânsito em julgado, imponha obrigação de fazer, não fazer ou entregar coisa certa, o cumprimento é feito por meio de ordem, por ofício do juiz, para a autoridade citada.

Também é possível que a Fazenda Pública devedora/INSS, após o trânsito em julgado da sentença condenatória, compareça espontaneamente em juízo para apresentar a memória contábil discriminada dos valores que entender devidos, havendo concordância, haverá a expedição de precatório ou requisição de pequeno valor (RPV), a depender do montante.

Caso o credor se oponha ao valor indicado espontaneamente pela Fazenda Pública, deverá fazer na forma do art. 534 do CPC (mediante petição acompanhada de memória contábil discriminada e atualizada).

O STF, ao julgar a Arguição de Descumprimento de Preceito Fundamental (ADPF) n. 219, entendeu como valida a denominada "execução invertida", inclusive nos JEFs, pois atende aos princípios regentes do procedimento especial dos juizados especiais no âmbito das causas que envolvam a Fazenda Pública (Leis n. 10.259/2001 e n. 12.153/2009). Entre os fundamentos estão os princípios da legalidade, da moralidade, da eficiência administrativa e da inafastabilidade da tutela jurisdicional, em especial sob a óptica do acesso à Justiça. (Plenário, Rel. Min. Marco Aurélio, j. 20.05.2021).

Entendemos que diante das facilidades do INSS, em razão de dispor de todos os dados e de sistema de cálculos, àquele cabe a apresentação da RMI e sua evolução, a correção monetária

---

[8] Art. 38, parágrafo único, da Lei n. 9.099/1995.

e juros de mora sobre as parcelas em atraso, bem como dos honorários advocatícios (sucumbência). Com isso, reserva-se à Contadoria Judicial dirimir eventuais divergências.

Sobre os desafios da execução da sentença previdenciária, Sergio Geromes aponta que:

> Um dos pontos mais importantes do Direito Previdenciário, senão o de maior relevância, refere-se aos Cálculo Previdenciários, que, didaticamente, devem ser desmembrados em três etapas: 1) cálculo da renda mensal inicial – RMI; 2) cálculo de revisões de benefícios; e 3) cálculo de liquidação de sentença previdenciária.[9]

Para o advogado que atua na área previdenciária mostra-se adequado que tenha acesso a um simulador de cálculos, o qual permite apurar o valor da causa, o tempo de contribuição, o salário de benefício com eventual descarte de contribuições, as regras de concessão para identificar o melhor benefício, a RMI e sua evolução, os atrasados com a devida atualização e juros, os honorários sucumbenciais e ressarcimento de custas, dentre outras facilidades.

Definido o montante da condenação e se for imposta obrigação de pagar quantia certa, deverá ser expedida ao Tribunal competente a requisição dos créditos de pequeno valor (RPV) ou o precatório. No caso de RPV, em até 60 dias, contados do envio da requisição, o valor deve estar disponível na agência mais próxima da Caixa Econômica Federal ou do Banco do Brasil.

O precatório, quando apresentado até 1º de julho, era pago no exercício seguinte, consoante previsão contida no art. 100, § 5º, da CF: "É obrigatória a inclusão, no orçamento das entidades de direito público, de verba necessária ao pagamento de seus débitos, oriundos de sentenças transitadas em julgado, constantes de precatórios judiciários apresentados até 1º de julho, fazendo-se o pagamento até o final do exercício seguinte, quando terão seus valores atualizados monetariamente". Entretanto, a partir de 2022, por força da EC n. 114/2021, que deu nova redação ao § 5º do art. 100 da CF, a apresentação dos precatórios judiciais deve ocorrer até o dia 2 de abril.

O TRF4 firmou entendimento de que é legal o pagamento fracionado de execução contra a Fazenda Pública. O tema foi enfrentado no julgamento do IRDR n. 18, cuja tese fixada foi a seguinte:

> É legalmente admitido o imediato cumprimento definitivo de parcela transitada em julgado, tanto na hipótese de julgamento antecipado parcial do mérito (§§ 2º e 3º do art. 356 do CPC), como de recurso parcial da Fazenda Pública, e o prosseguimento, com expedição de RPV ou precatório, na hipótese de impugnação parcial no cumprimento de sentença que reconheça a exigibilidade de quantia certa (art. 523 e §§ 3º e 4º do art. 535 do CPC), respeitada a remessa oficial, nas hipóteses em que necessária, nas ações em que é condenada a Fazenda Pública na Justiça Federal, nos Juizados Especiais Federais e na competência federal delegada.

No mesmo sentido foi a tese fixada pelo STF no julgamento da Repercussão Geral Tema n. 28: "Surge constitucional expedição de precatório ou requisição de pequeno valor para pagamento da parte incontroversa e autônoma do pronunciamento judicial transitada em julgado observada a importância total executada para efeitos de dimensionamento como obrigação de pequeno valor" (RE 1.205.530, Tribunal Pleno, Rel. Min. Marco Aurélio, *DJe* 30.06.2020).

Quanto à decisão que resolve a impugnação ao cumprimento de sentença, quais os recursos cabíveis?

---

[9] GEROMES, Sergio. *Cálculo de liquidação no cumprimento de sentença previdenciária*. Belo Horizonte: Editora IEPREV, 2021. p. 26.

No procedimento comum, regulado pelo CPC, havendo sentença de extinção da execução/cumprimento da sentença caberá apelação (art. 1.009). No caso de decisões interlocutórias, caberá agravo de instrumento (art. 1.015).

No âmbito dos JEFs, encontramos diferentes entendimentos nas turmas recursais, diante da falta de normatização do procedimento. Em algumas regiões, são admitidos agravos e até recurso inominado, como na 1ª e 3ª Região. Na 4ª Região, admite-se apenas o Mandado de Segurança e somente nos casos de decisões teratológicas.

A respeito das questões relacionadas ao cumprimento da sentença, em especial aos pagamentos devidos pela Fazenda Pública, selecionamos os seguintes enunciados do FONAJEF:

– **Enunciado FONAJEF n. 13:** "Não são admissíveis embargos de execução nos Juizados Especiais Federais, devendo as impugnações do devedor ser examinadas independentemente de qualquer incidente".

– **Enunciado FONAJEF n. 47:** "Eventual pagamento realizado pelos entes públicos demandados deverá ser comunicado ao Juízo para efeito de compensação quando da expedição da RPV".

– **Enunciado FONAJEF n. 56:** "Aplica-se analogicamente nos Juizados Especiais Federais a inexigibilidade do título executivo judicial, nos termos do disposto nos arts. 525, §§ 12, 14, 15; 535, §§ 7º, 8º; 1.057, todos do CPC/2015".

– **Enunciado FONAJEF n. 63:** "Cabe multa ao ente público pelo atraso ou não cumprimento de decisões judiciais com base no art. 461 do CPC, acompanhada de determinação para a tomada de medidas administrativas para apuração de responsabilidade funcional e/ou dano ao Erário, inclusive com a comunicação ao Tribunal de Contas da União. Havendo contumácia no descumprimento, caberá remessa de ofício ao Ministério Público Federal para análise de eventual improbidade administrativa".

– **Enunciado FONAJEF n. 64:** "Não cabe multa pessoal ao procurador *ad judicia* do ente público, seja com base no art. 77, seja nos arts. 497 ou 536, todos do CPC/2015".

– **Enunciado FONAJEF n. 65:** "Não cabe a prévia limitação do valor da multa coercitiva (astreintes), que também não se sujeita ao limite de alçada dos Juizados Especiais Federais, ficando sempre assegurada a possibilidade de reavaliação do montante final a ser exigido na forma do § 1º do art. 537 do CPC/2015".

– **Enunciado FONAJEF n. 70:** "É compatível com o rito dos Juizados Especiais Federais a aplicação do art. 112 da Lei n. 8.213/1991, para fins de habilitação processual e pagamento".

Cabe ainda mencionar que a parte autora poderá, na fase da execução, renunciar ao excedente à alçada dos JEFs (60 salários mínimos) para fins de pagamento por RPV, a qual não se confunde com a renúncia inicial para fins de definição da competência.

## 8.4.7 Nulidades

Em face do entendimento de que não cabe ação rescisória ou anulatória no âmbito dos JEFs, eventual nulidade pode ser reconhecida por simples petição ao juiz da causa ou ao relator do recurso. Nesse sentido:

– **Enunciado FONAJEF n. 55:** "A nulidade do processo por ausência de citação do réu ou litisconsorte necessário pode ser declarada de ofício pelo juiz nos próprios autos do processo, em qualquer fase, ou mediante provocação das partes, por simples petição".

Os casos de erro material não só podem como devem ser corrigidos a qualquer tempo. Exemplo, corrigir erro da soma do tempo de contribuição e, em consequência, reconhecer o direito à aposentadoria por tempo de contribuição. Nesse sentido:

MANDADO DE SEGURANÇA. PREVIDENCIÁRIO. ERRO MATERIAL E ERRO DE CÁLCULO. POSSIBILIDADE DE CORREÇÃO APÓS O TRÂNSITO EM JULGADO. PEDIDO DE REAFIRMAÇÃO DA DER APÓS CORREÇÃO DE ERRO. POSSIBILIDADE.
1. Esta 2ª Turma Recursal tem entendido que o art. 494, inciso I, do Código de Processo Civil, autoriza a correção de erro material e de erro de cálculo após a publicação da sentença, ainda que tenha ocorrido o trânsito em julgado.
2. Ainda que a reafirmação da DER não tenha sido postulada na exordial, considerando que a Autarquia Previdenciária se valeu da oportunidade de correção de erro material após o trânsito em julgado, não há justificativa para que tal benesse não seja alcançada também à parte autora no que tange à subsequente reafirmação da DER, sob pena de malferimento do princípio da isonomia.
3. Segurança concedida em parte. (MS TR 5030214-04.2019.4.04.7200/SC, 2ª TR-SC, 08.06.2020)

### 8.4.8 Custas e honorários advocatícios

A regra a ser observada no tocante a custas processuais é a do art. 54 da Lei n. 9.099/1995 (aplicada subsidiariamente aos JEFs – art. 1º da Lei n. 10.259/2001), que prevê que o acesso ao Juizado Especial independerá, em primeiro grau de jurisdição, do pagamento de custas, taxas ou despesas.

Em caso de recurso, o preparo compreenderá todas as despesas processuais, inclusive aquelas dispensadas em primeiro grau de jurisdição, ressalvada a hipótese de assistência judiciária gratuita. Nesse sentido:

– **Enunciado FONAJEF n. 39:** "Não sendo caso de justiça gratuita, o recolhimento das custas para recorrer deverá ser feito de forma integral nos termos da Resolução do Conselho da Justiça Federal, no prazo da Lei n. 9.099/1995".

Nesse caso, incidem custas somente nos casos de Recurso Inominado para a Turma Recursal e de Recurso Extraordinário para o STF. Nos Recursos Inominados, as custas costumam ser no percentual de 1% do valor da causa, a serem adiantadas quando da interposição do recurso.

Em relação ao Recurso Extraordinário, as custas são devidas conforme tabela publicada por Resolução do Supremo Tribunal Federal.

Mas na maioria das ações previdenciárias acaba ocorrendo a concessão da Justiça Gratuita, o que isenta a parte do pagamento das custas e demais despesas processuais.

De qualquer forma, para os incidentes de uniformização e demais recursos não há previsão de cobrança de custas, como dispõe o Regimento Interno da TNU (Resolução n. 586/2019): "Art. 48. Não são devidas custas pelo processamento do pedido de uniformização de interpretação de lei federal dirigido à Turma Nacional de Uniformização".

Relativamente aos honorários advocatícios, a disciplina legal (art. 55 da Lei n. 9.099/1995) prevê que:

A sentença de primeiro grau não condenará o vencido em custas e honorários de advogado, ressalvados os casos de litigância de má-fé. Em segundo grau, o recorrente, vencido, pagará as custas e honorários de advogado, que serão fixados entre dez por cento e vinte por cento do valor de condenação ou, não havendo condenação, do valor corrigido da causa.

Nesse sentido, a Súmula n. 19 da TR/SC:

Nos Juizados Especiais Federais, só cabe condenação em honorários advocatícios quando o recorrente é integralmente vencido no recurso.

Da mesma forma, a orientação fixada pelo STF de que não há que se falar em condenação ao pagamento de honorários de advogado em processos dos juizados especiais nas hipóteses em que o recorrido restar vencido. Isso em inteligência da norma do art. 55 da Lei n. 9.099/1995 aplicável ao Juizado Especial da Justiça Federal, por força do disposto no art. 1º da Lei n. 10.259/2001 (Ag. Reg. no RE 576.570/DF, 1ª Turma, Rel. Min. Dias Toffoli, *DJe* 13.02.2013).

Sobre a matéria, o FONAJEF uniformizou o entendimento nos termos que seguem:

– **Enunciado FONAJEF n. 57:** "Nos JEFs, somente o recorrente vencido arcará com honorários advocatícios".

– **Enunciado FONAJEF n. 90:** "Os honorários advocatícios impostos pelas decisões do Juizado Especial Federal serão executados nos próprios JEF, por quaisquer das partes".

– **Enunciado FONAJEF n. 145:** "O valor dos honorários de sucumbência será fixado nos termos do art. 55 da Lei n. 9.099/1995, podendo ser estipulado em valor fixo quando for inestimável ou irrisório o proveito econômico ou, ainda, quando o valor da causa for muito baixo, observados os critérios do art. 85, § 2º, CPC/2015".

Cabe referir que o STJ tem entendimento no sentido de que a base de cálculo da verba honorária nas ações previdenciárias é composta das parcelas vencidas até a data da decisão judicial em que o direito do segurado foi reconhecido. Os honorários advocatícios incidem sobre o valor da condenação, nesta compreendidas as parcelas vencidas até a prolação da decisão judicial concessiva do benefício, em consonância com a Súmula n. 111/STJ. A respeito:

> PREVIDENCIÁRIO. AGRAVO INTERNO NO RECURSO ESPECIAL. DISSÍDIO JURISPRUDENCIAL NOTÓRIO. HONORÁRIOS ADVOCATÍCIOS. INCIDÊNCIA DA SÚMULA 111/STJ.
> (...) 2 – Esta Corte mantém o entendimento no sentido de que, mesmo diante do advento do Código de Processo Civil de 2015, a verba honorária deve ser fixada sobre as parcelas vencidas até a prolação da decisão concessiva do benefício, em consonância com o disposto na Súmula 111/STJ. (AgInt no REsp 1.883.713/SP, 1ª Turma, *DJe* 24.06.2021)

Vale ressaltar que o STJ no Repetitivo Tema n. 1.105 manteve a incidência da Súmula n. 111, mesmo após a entrada em vigor no CPC/2015. A tese fixada foi a seguinte:

> Continua eficaz e aplicável o conteúdo da Súmula 111/STJ (com a redação modificada em 2006), mesmo após a vigência do CPC/2015, no que tange à fixação de honorários advocatícios. (REsp 1.883.715/SP, 1ª Seção, Rel. Min. Sérgio Kukina, *DJe* 27.03.2023)

Sobre a apuração dos honorários sucumbenciais, o STJ possui ainda os seguintes precedentes qualificados:

– **Repetitivo Tema n. 1.050 – Tese fixada:** "O eventual pagamento de benefício previdenciário na via administrativa, seja ele total ou parcial, após a citação válida, não tem o condão de alterar a base de cálculo para os honorários advocatícios fixados na ação de conhecimento, que será composta pela totalidade dos valores devidos".

– **Repetitivo Tema n. 1.090 – Tese fixada:** "Na ausência de impugnação à pretensão executória, não são devidos honorários advocatícios sucumbenciais em cumprimento de sentença contra a Fazenda Pública, ainda que o crédito esteja submetido a pagamento por meio de Requisição de Pequeno Valor – RPV".

Em consonância com o entendimento firmado pelo STF (RE 1025776 AgR/RS, 2ª Turma, Rel. Min. Edson Fachin, *DJe* 1º.08.2017) quanto ao pagamento dos honorários contratuais, o Conselho da Justiça Federal editou a Resolução n. 822/2023, prevendo, entre outros pontos, que ao advogado será atribuída a qualidade de beneficiário quando se tratar de honorários sucumbenciais e de honorários contratuais. Para maior detalhamento, remetemos o leitor a conferir os arts. 15 a 19 da citada Resolução CJF n. 822/2023.

É fundamental, pois, que o advogado junte, já em sua inicial, o contrato de honorários, ou que ao menos faça sua juntada após o trânsito em julgado da sentença, para que os honorários devidos sejam destacados do montante a ser pago para a parte. Tal conduta dá mais transparência e segurança a ambas as partes (cliente e advogado).

A separação dos honorários do advogado também é garantida pela Lei n. 8.906/1994 (Estatuto da Advocacia e da Ordem dos Advogados do Brasil):

> Art. 22. [...] § 4º Se o advogado fizer juntar aos autos o seu contrato de honorários antes de expedir-se o mandado de levantamento ou precatório, o juiz deve determinar que lhe sejam pagos diretamente, por dedução da quantia a ser recebida pelo constituinte, salvo se este provar que já os pagou.

Porém, os advogados, desde que munidos de procuração com poderes específicos, podem continuar a sacar os valores depositados em nome de seus clientes para posterior repasse.

Em qualquer dos casos, o advogado é obrigado a prestar contas a seu cliente dos valores recebidos sob o título de honorários, e sua negativa constitui infração disciplinar prevista no Estatuto da Advocacia e da Ordem dos Advogados do Brasil (OAB)[10].

## 8.5  GRATUIDADE DA JUSTIÇA

Inicialmente, é preciso distinguir a Assistência Judiciária da Gratuidade da Justiça.

A Gratuidade da Justiça é eminentemente processual (arts. 98 a 102 do CPC/2015), e pode ser requerida a qualquer tempo, seja no início da ação ou no curso dela, e uma vez deferida importará na dispensa das despesas processuais. Cabe destacar que, caso vencido o beneficiário da gratuidade, as obrigações decorrentes de sua sucumbência ficarão sob condição suspensiva de exigibilidade e somente poderão ser executadas se, nos cinco anos subsequentes ao trânsito em julgado da decisão que as certificou, o credor demonstrar que deixou de existir a situação de insuficiência de recursos que justificou a concessão da gratuidade, extinguindo-se, passado esse prazo, tais obrigações do beneficiário (art. 98, § 3º, do CPC/2015).

Já nos casos da Assistência Judiciária, será colocada à disposição do hipossuficiente, para garantir seu acesso à Justiça, não só a isenção de custas, como também um defensor custeado pelo erário.

Quando é um advogado particular que ingressa com a ação, e não um defensor público, deve-se requerer apenas os benefícios da Gratuidade da Justiça (isenção de custas e despesas processuais) e não a Assistência Judiciária Gratuita.

Quanto à possibilidade de se requerer a gratuita em qualquer fase do processo, sugerimos a leitura dos julgados REsp. n. 742.419/RS, Rel. Min. Jorge Scartezzini, *DJU* 03.10.2005; REsp n. 543.023/SP, Rel. Min. César Asfor Rocha, *DJU* 1º.12.2003; REsp n. 174.538/SP, Rel. Min. Garcia Vieira, *DJU* 26.10.1998; REsp n. 710.624/SP, Rel. Min. Jorge Scartezzini, *DJU* 29.08.2005. Destacamos, ainda, no tocante à matéria, o enunciado abaixo:

---

[10] Conforme art. 34 da Lei n. 8.906/1994: "Constitui infração disciplinar: XXI – recusar-se, injustificadamente, a prestar contas ao cliente de quantias recebidas dele ou de terceiros por conta dele".

– **Enunciado FONAJEF n. 38:** "A qualquer momento poderá ser feito o exame de pedido de gratuidade com os critérios dos arts. 98 e seguintes do CPC/2015. Presume-se necessitada a parte que perceber renda até o valor do limite de isenção do imposto de renda".

Discordamos desse critério, pois, de acordo com o CPC/2015, a pessoa natural ou jurídica com insuficiência de recursos para pagar as custas, as despesas processuais e os honorários advocatícios têm direito à gratuidade da justiça. E o juiz somente poderá indeferir o pedido se houver nos autos elementos que evidenciem a falta dos pressupostos legais para a concessão de gratuidade, devendo, antes de fazê-lo, determinar à parte a comprovação do preenchimento dos referidos pressupostos. Ademais, presume-se verdadeira a alegação de insuficiência deduzida exclusivamente por pessoa natural. Nesse sentido, o IRDR n. 25 julgado pelo TRF da 4ª Região:

> A gratuidade da justiça deve ser concedida aos requerentes pessoas físicas cujos rendimentos mensais não ultrapassem o valor do maior benefício do regime geral de previdência social, sendo prescindível, nessa hipótese, qualquer comprovação adicional de insuficiência de recursos para bancar as despesas do processo, salvo se aos autos aportarem elementos que coloquem em dúvida a alegação de necessidade em face, por exemplo, de nível de vida aparentemente superior, patrimônio elevado ou condição familiar facilitada pela concorrência de rendas de terceiros. Acima desse patamar de rendimentos, a insuficiência não se presume, a concessão deve ser excepcional e dependerá, necessariamente, de prova, justificando-se apenas em face de circunstâncias muito pontuais relacionadas a especiais impedimentos financeiros permanentes do requerente, que não indiquem incapacidade eletiva para as despesas processuais, devendo o magistrado dar preferência, ainda assim, ao parcelamento ou à concessão parcial apenas para determinado ato ou mediante redução percentual. (50360753720194040000, Rel. Leandro Paulsen, j. 30.09.2021)

Entendimento diferente pode, muitas vezes, impedir o acesso dos segurados à Justiça. Temos que ter em mente que a concessão da Gratuidade da Justiça isentará o segurado não apenas das custas processuais de ajuizamento da ação e recursos, que, muitas vezes, não são tão altas na Justiça Federal, mas também isenta de uma possível condenação em honorários sucumbenciais em caso de perda da ação, valor que pode ser calculado sobre o valor da causa ou fixado em salários mínimos.

Portanto, uma futura condenação representaria valores bem mais expressivos que as custas judiciais, podendo comprometer consideravelmente os rendimentos mensais da maioria dos segurados do RGPS.

Com efeito, a expectativa de uma condenação em honorários advocatícios afastaria os mais humildes do foro, preferindo certamente a renúncia ao direito a ter que enfrentar uma demanda onde, no final, poderia arcar com um ônus insuportável, em face de sua miserabilidade. Sobre o assunto, devemos citar os ditames do art. 5º, inciso LXXIV, da Constituição Federal: "é dever do Estado prestar assistência jurídica integral e gratuita aos que comprovarem insuficiência de recursos".

Encontramos o princípio do amplo acesso à Justiça como pilar na Gratuidade da Justiça. Tal prerrogativa, além de fazer valer importante garantia constitucional, disponibiliza aos segurados a certeza de que, caso esteja impossibilitado de arcar com as despesas, estará dispensado das mesmas.

Quanto à possibilidade de concessão da gratuidade para pessoas que possuam bens, móveis ou imóveis, trazemos importante argumentação constante do voto proferido na Apelação Cível n. 596025593, julgada pela 6ª Câmara Cível do TJRS[11]:

---

[11] TJ/RS, Relator Des. Osvaldo Stefanello, FONTE: JURISPRUDÊNCIA, C-CÍVEIS, 1996, V-3, T-9, P-36-40. TTT RJTJRS, V-178/403-EM. Disponível em: http://www.tjrs.jus.br/site_php/jprud2/ementa.php.

Direito supraconstitucional, como é o da vida, o amplo acesso à justiça há que ser facilitado a todo cidadão, assegurando, a quem se afirma não ter condições de suportar as despesas processuais sem reflexos negativos à própria manutenção e/ou sustento da família, a prerrogativa constitucional. O que o princípio impõe ao Estado – assistência judiciária gratuita ou justiça gratuita –, é o prestar a assistência judiciária integral e gratuita a todos os que dela necessitem para exercer o direito de litigar, quer no pleitear uma pretensão de direito material, quer em se opondo à mesma pretensão. Esse o verdadeiro sentido do preceito contido no art. 5º, inciso LXXIV, da Carta Política do País e normas infraconstitucionais que o regulam – Lei n. 1.060, de 1950. A concessão da justiça gratuita, regulada pela Lei n. 1.060, de 1950, ainda vale frisar, não se preocupa, em nenhum de seus artigos, com o fato do peticionante ter ou não propriedades. Limita-se, simplesmente, no seu art. 2º, parágrafo único, a conceituar os necessitados para fins legais, como "os que não podem pagar as custas do processo e honorários de advogado sem prejuízo do sustento próprio ou da família".

A Lei pertinente estabeleceu a prova a ser exigida de quem não tiver a seu favor a presunção da hipossuficiência. Logo, a simples afirmação (declaração) é suficiente para a concessão da benesse, que somente pode ser denegada se houver prova em contrário. E, reforça-se, a renda superior ao limite de isenção do imposto de renda não nos parece prova suficiente.

Note-se que a norma somente exigiu a declaração da insuficiência de recursos, não acrescentando aí a inexistência absoluta de bens, ou, para os que preferirem, a miserabilidade total do requerente.

Por isso, são inapropriadas as restrições não previstas na legislação de regência para determinar quem é hipossuficiente.

Recorda-se que as normas constitucionais impõem um "dever-ser", não são simples declarações de intenção. Ao contemplarem direitos, devem ser observadas em favor dos seus assistidos.

Sobre o assunto, segue a interpretação dada pelo Supremo Tribunal Federal:

> JUSTIÇA GRATUITA – Necessidade de simples afirmação de pobreza da parte para a obtenção do benefício – Inexistência de incompatibilidade entre o art. 4º da Lei n. 1.060/1950 e o art. 5º, LXXIV, da CF. Ementa oficial: O art. 4º da Lei n. 1.060/1950 não colide com o art. 5º, LXXIV, da CF, bastando à parte, para que obtenha o benefício da assistência judiciária, a simples afirmação da sua pobreza, até prova em contrário (RE n. 207.382-2/RS, 1ª Turma, Rel. Min. Ilmar Galvão, *DJ* 19.09.1997, *RT* 748/172).

No mesmo sentido, extrai-se do voto do Ministro Moreira Alves, no Recurso Extraordinário n. 206.958:

> [...]
> A atual Constituição, em seu art. 5º, LXXIV, inclui, entre os direitos e garantias fundamentais, o da assistência jurídica integral e gratuita pelo Estado aos que comprovarem a insuficiência de recursos. Portanto, em face desse texto, não pode o Estado eximir-se desse dever desde que o interessado comprove a insuficiência de recursos, mas isso não impede que ele, por lei, e visando a facilitar o amplo acesso ao Poder Judiciário, que é também direito fundamental (art. 5º, XXXV, da Carta Magna), conceda assistência judiciária gratuita que, aliás, é menos ampla do que a assistência jurídica integral – mediante a presunção *iuris tantum* de pobreza decorrente da afirmação da parte de que não está em condições de pagar as custas do processo e os honorários de advogado, sem prejuízo próprio ou de sua família. Nesse sentido tem decidido a Segunda Turma. Recurso Extraordinário não conhecido. (RE n. 206.958-2/RS, 1ª Turma, Rel. Min. Moreira Alves, *DJ* 26.06.1998)

O Superior Tribunal de Justiça também não discrepa desse entendimento: "Esta Corte Superior possui firme o entendimento no sentido de que: 'O benefício da assistência judiciária gratuita pode ser pleiteado a qualquer tempo, sendo suficiente que a pessoa física declare não ter condições de arcar com as despesas processuais. Entretanto, tal presunção é relativa (art. 99, § 3º, do CPC/2015), podendo a parte contrária demonstrar a inexistência do alegado estado de hipossuficiência ou o julgador indeferir o pedido se encontrar elementos que coloquem em dúvida a condição financeira do peticionário' (AgInt no AREsp 1311620/RS, Rel. Min. Ricardo Villas Bôas Cueva, 3ª TURMA, j. 10.12.2018, *DJe* 14.12.2018)". Entendimento reafirmado no AgInt no REsp 2061951/ MG, T4, Rel. Min. Maria Isabel Gallotti, *DJe* 30.11.2023.

Podemos concluir que a Gratuidade da Justiça deve ser concedida com base na afirmação da própria parte interessada (ou seu advogado[12]) de que se encontra em estado de miserabilidade, cabendo à parte contrária comprovar que tal alegação é inverídica.

---

[12] Desde que munido de poderes para tanto.

# 9

# Prescrição e Decadência

A doutrina civilista conceitua os institutos da prescrição e da decadência de modo relativamente uniforme. Destarte, pode-se observar certo consenso no sentido de que se pode denominar prescrição à perda do direito de exigir uma obrigação pela via jurisdicional.

Segundo Washington de Barros Monteiro, citando Clóvis Bevilácqua, "prescrição é a perda da ação atribuída a um direito, e de toda a sua capacidade defensiva, em consequência do não uso dela, durante determinado espaço de tempo".[1]

Já a decadência, segundo o mesmo estudioso do tema, é observada quando "o direito é outorgado para ser exercido dentro de determinado prazo; se não exercido, extingue-se". É dizer, "a prescrição atinge diretamente a ação e por via oblíqua faz desaparecer o direito por ela tutelado; a decadência, ao inverso, atinge diretamente o direito e por via oblíqua, ou reflexa, extingue a ação".[2]

De acordo com o art. 591 da IN INSS/PRESI n. 128/2022, do decurso do tempo e da inércia das partes decorrem:

I – a prescrição, que extingue a pretensão de obtenção de prestações; e
II – a decadência, que extingue o direito constitutivo.

A prescrição e a decadência são institutos de grande relevância e merecem uma análise detida para a correta interpretação sobre o impacto que ensejam nas demandas previdenciárias.

## 9.1 PRESCRIÇÃO DO DIREITO ÀS PRESTAÇÕES

A regra geral de prescritibilidade dos direitos patrimoniais existe em face da necessidade de se preservar a estabilidade das situações jurídicas. No entanto, considerando que as prestações previdenciárias atendem a uma necessidade de índole eminentemente alimentar, o direito ao benefício previdenciário em si não prescreve, mas tão somente as prestações não reclamadas dentro de certo tempo, que vão prescrevendo, uma a uma, em virtude da inércia do beneficiário.

No direito previdenciário a prescrição quinquenal tem sido aplicada desde o advento do Decreto n. 20.910, de 1932. Neste sentido:

- TFR – Súmula n. 107 – A ação de cobrança de crédito previdenciário contra a Fazenda Pública está sujeita à prescrição quinquenal estabelecida no Decreto n. 20.910, de 1932.
- STJ – Súmula n. 85 – Nas relações jurídicas de trato sucessivo, em que a Fazenda Pública figure como devedora, quando não tiver sido negado o próprio direito reclamado, a

---

[1] *Curso de direito civil*. 16. Ed. São Paulo: Saraiva, 1986. V. 1, p. 286.
[2] Ibidem, p. 288.

prescrição atinge apenas as prestações vencidas antes do quinquênio anterior à propositura da ação.

O mesmo prazo foi fixado na atual Lei de Benefícios no art. 103, parágrafo único. De acordo com essa norma: "Prescreve em cinco anos, a contar da data em que deveriam ter sido pagas, toda e qualquer ação para haver prestações vencidas ou quaisquer restituições ou diferenças devidas pela Previdência Social, salvo o direito dos menores, incapazes e ausentes, na forma do Código Civil".

Acerca dos incapazes, o Código Civil – Lei n. 10.406/2002 –, em seu art. 198, estabelece que não corre a prescrição "contra os incapazes de que trata o art. 3º", ou seja, os absolutamente incapazes; "contra os ausentes do País em serviço público da União, dos Estados ou dos Municípios"; e "contra os que se acharem servindo nas Forças Armadas, em tempo de guerra".

As ações referentes às prestações previdenciárias por acidente do trabalho prescrevem em cinco anos, observado o disposto no art. 104 da Lei n. 8.213/1991, contados da data:

- do acidente, quando dele resultar a morte ou a incapacidade temporária, verificada esta em perícia médica a cargo da Previdência Social; ou
- em que for reconhecida pela Previdência Social a incapacidade permanente ou o agravamento das sequelas do acidente.

A TNU fixou a tese de que não se aplica a menor absolutamente incapaz (neste caso, menor de 16 anos) o disposto no inciso II do art. 74,[3] da Lei n. 8.213/1991 (PEDILEF n. 0024183-29.2008.4.01.3900, *DOU* 27.06.2014).

Na via administrativa, o INSS adota a regra de que não correm os prazos de prescrição e de decadência contra os menores de 16 (dezesseis) anos (IN INSS/PRESI n. 128/2022, art. 591, § 1º).

Por não fluírem os prazos prescricionais contra o menor absolutamente incapaz, e não tendo se operado a prescrição quinquenal, a partir da data em que ele completou 16 anos de idade, assiste-lhe direito à retroação da data de início de sua pensão por morte, para a data do óbito do instituidor da pensão. Nesse sentido: AC n. 2006.70.00.016681-2/PR, TRF da 4ª Região, Rel. Juiz Fernando Quadros da Silva, *DE* 17.12.2007.

Entretanto, a não ocorrência da prescrição em relação a alguns dos dependentes não beneficia os demais, ou seja, consumada a prescrição em relação ao dependente capaz, ao incapaz deve ser assegurado somente o pagamento de sua quota-parte. Neste sentido: AC no 2003.04.01.051040-1/SC, TRF da 4ª Região, Relator Des. Federal Ricardo Teixeira do Valle Pereira, *DE* 27.08.2007.

Outra questão relevante relacionada à contagem do prazo prescricional é se durante a tramitação do processo administrativo corre o prazo prescricional. Entendemos que esse período não pode ser computado. Nesse sentido, a regra contida no Decreto n. 20.910/1932, que regula a prescrição quinquenal:

> Art. 4º Não corre a prescrição durante a demora que, no estudo, ao reconhecimento ou no pagamento da dívida, considerada líquida, tiverem as repartições ou funcionários encarregados de estudar e apurá-la.

---

[3] Art. 74. A pensão por morte será devida ao conjunto dos dependentes do segurado que falecer, aposentado ou não, a contar da data: (Redação dada pela Lei n. 9.528, de 1997)

I – do óbito, quando requerida em até 180 (cento e oitenta) dias após o óbito, para os filhos menores de 16 (dezesseis) anos, ou em até 90 (noventa) dias após o óbito, para os demais dependentes; (Redação dada pela Lei n. 13.846, de 2019)

II – do requerimento, quando requerida após o prazo previsto no inciso anterior; (Incluído pela Lei n. 9.528, de 1997)

III – da decisão judicial, no caso de morte presumida. (Incluído pela Lei n. 9.528, de 1997)

Parágrafo único. A suspensão da prescrição, neste caso, verificar-se-á pela entrada do requerimento do titular do direito ou do credor nos livros ou protocolos das repartições públicas, com designação do dia, mês e ano.

Importante referir que, segundo a Súmula n. 74 da TNU: "O prazo de prescrição fica suspenso pela formulação de requerimento administrativo e volta a correr pelo saldo remanescente após a ciência da decisão administrativa final".

Por esse entendimento, o requerimento administrativo não interrompe o prazo prescricional, mas apenas o suspende, e se coaduna com a orientação do STJ, segundo a qual, tendo havido apresentação de requerimento administrativo pleiteando o pagamento de benefício, permanece suspenso o prazo prescricional, até que a autarquia previdenciária comunique sua decisão ao interessado (REsp 294.032/PR, 5ª Turma, Rel. Min. Félix Fischer, *DJ* 26.03.2001).

Quando admitida a interrupção, aplica-se o art. 9º do Decreto n. 20.910/1932, reiniciando-se o prazo pela metade (STJ, AgRg no REsp n. 1.221.425/RS, 6ª Turma, Rel. Min. Og Fernandes, *DJe* 20.05.2013), mas não fica reduzida para menos de cinco anos. Nesse sentido, a Súmula n. 383 do STF:

> **Prescrição em favor da Fazenda Pública – Interrupção – Contagem de recomeço do termo inicial.**
>
> A prescrição em favor da Fazenda Pública recomeça a correr, por dois anos e meio, a partir do ato interruptivo, mas não fica reduzida aquém de cinco anos, embora o titular do direito a interrompa durante a primeira metade do prazo.

No caso de benefício previdenciário concedido judicialmente, o termo inicial da prescrição quinquenal, previsto no parágrafo único do art. 103 da Lei n. 8.213/1991, relativamente a diferenças pleiteadas em futura ação revisional, é o trânsito em julgado da decisão proferida na ação que concedeu o benefício. Nesse sentido: TRU, 4ª Região, Incidente de Uniformização JEF n. 5004330-47.2013.404.7114, Rel. Juiz Federal Gerson Luiz Rocha, *DE* 17.08.2015.

Questionamento importante sobre a matéria diz respeito à possibilidade de o juiz reconhecer de ofício a prescrição e a decadência em favor do INSS.

A TNU fixou tese no sentido do cabimento, quanto à prescrição: PEDILEF n. 200381100283235, *DJU* 30.05.2006; e quanto à decadência: PEDILEF n. 0020377-04.2008.4.03.6301, *DOU* 22.08.2014.

Essa orientação está em conformidade com a jurisprudência do STJ, segundo a qual as matérias de ordem pública podem ser conhecidas de ofício, por força do efeito translativo da via recursal, ainda que este seja conhecido por motivo diverso.

Tal conclusão encontra fundamento na conhecida Súmula n. 456 do STF, pois o conhecimento da matéria pela Corte não a impede de analisar as questões prejudiciais que se relacionem com o mérito da questão.

Nesse sentido também o CPC/2015, que determina em seu art. 487 a possibilidade de resolução de mérito quando o juiz reconhecer, de ofício ou a requerimento, a ocorrência de decadência ou prescrição.

No caso de cessação do pagamento do benefício previdenciário, tendo o segurado interposto recurso contra tal decisão, a prescrição quinquenal somente começa a correr a partir da decisão definitiva do processo administrativo.

Na aferição da prescrição quinquenal, o que está em causa é o pagamento dos créditos do segurado, de modo que a aferição deve se dar a partir dos vencimentos destes, e não das competências a que tais créditos se referem.

Consigna-se, ainda, que a citação válida em processo extinto sem julgamento do mérito importa na interrupção do prazo prescricional e somente reinicia o seu curso após o trânsito em julgado do processo extinto sem resolução do mérito, quando volta a fluir pela metade, por força do disposto no art. 9º do Decreto n. 20.910/1932. Nesse sentido, a orientação da TNU (PEDILEF n. 0042707-58.2009.4.03.6301, Rel. Juiz Federal João Batista Lazzari, *DOU* 21.03.2014) e do STJ (AgRg no AREsp 202.429/AP, 2ª Turma, Rel. Min. Herman Benjamin, *DJe* 12.09.2013).

No que tange aos critérios de contagem do prazo prescricional da pretensão ao recebimento de diferenças decorrentes de revisão de renda mensal inicial em virtude de reclamação trabalhista, a TNU fixou a seguinte tese em representativo de controvérsia:

> – **Tema n. 200**: "Na pretensão ao recebimento de diferenças decorrentes de revisão de renda mensal inicial em virtude de verbas salariais reconhecidas em reclamação trabalhista, a prescrição quinquenal deve ser contada retroativamente da data do ajuizamento da ação previdenciária, não fluindo no período de tramitação da ação trabalhista, enquanto não definitivamente reconhecido o direito e não homologados os cálculos de liquidação" (PEDILEF 5002165-21.2017.4.04.7103/RS, j. 09.12.2020).

Quanto à fixação do termo inicial da prescrição quinquenal, para recebimento de parcelas de benefício previdenciário reconhecidas judicialmente, em ação individual ajuizada para adequação da renda mensal, cujo pedido coincide com aquele anteriormente formulado em ação civil pública, o STJ fixou a seguinte tese em Repetitivo:

> – **Tema n. 1.005**: "Na ação de conhecimento individual, proposta com o objetivo de adequar a renda mensal do benefício previdenciário aos tetos fixados pelas Emendas Constitucionais n. 20/1998 e n. 41/2003 e cujo pedido coincide com aquele anteriormente formulado em ação civil pública, a interrupção da prescrição quinquenal, para recebimento das parcelas vencidas, ocorre na data de ajuizamento da lide individual, salvo se requerida a sua suspensão, na forma do art. 104 da Lei n. 8.078/1990" (REsp 1.761.874/SC, 1ª Seção, *DJe* 01.07.2021).

## 9.2 A LEI N. 13.846/2019 E A VIOLAÇÃO AOS DIREITOS DO PENSIONISTA MENOR, INCAPAZ OU AUSENTE

A Lei n. 13.846/2019 (conversão da MP n. 871/2019) adotou regras de prescrição e decadência que, a nosso ver, violam o direito do pensionista menor, incapaz ou ausente, as quais não devem ser consideradas válidas por afronta às normas basilares de Direito Civil (arts. 198, I, e 208 do Código Civil), quais sejam:

a) fixação do prazo de até cento e oitenta dias para que os filhos menores de dezesseis anos façam o requerimento da pensão a fim de garantir o pagamento do benefício desde o óbito;

b) fixação do prazo de até noventa dias para que os filhos entre dezesseis e dezoito anos façam o requerimento da pensão a fim de garantir o pagamento do benefício desde o óbito.

Transcorridos esses prazos, o requerimento intempestivo gera efeitos financeiros desde a DER (Data de Entrada do Requerimento).

Essas regras são extensíveis aos beneficiários do auxílio-reclusão e aos servidores públicos federais, em face da alteração do art. 219 da Lei n. 8.112/1990.

Complementado o conjunto de alterações, a Lei n. 13.846/2019 revogou o art. 79 da LBPS, que estipulava que se aplica o disposto no art. 103 (regra de decadência) ao pensionista menor, incapaz ou ausente na forma da lei.

Para o afastamento da aplicação dessas normas, podem também ser invocados com fundamentos de ordem constitucional, consoante comentário lançado por João Marcelino Soares:

> Ora, o motivo de não transcorrer prazo decadencial e prescricional ao absolutamente incapaz é para sua proteção, pois o requerimento do benefício não dependente de sua volição. Obrigatoriamente o seu representante deve fazê-lo e, certamente, o menor não pode ser prejudicado no caso da inércia daquele. Por isto, a legislação o protege, resguardando seu direito (decadência), bem com o exercício deste (prescrição), para o momento em que o requerimento do benefício dependa exclusivamente de sua vontade, e não ao alvedrio de seu representante.
>
> Conforme dispõe o art. 227 da Constituição Federal também cabe ao Estado assegurar à criança e ao adolescente, com absoluta prioridade, entre outros, o direito à vida, à saúde, à alimentação, à educação, ao lazer, à profissionalização, à cultura e à dignidade. A partir do momento que o próprio Estado retira a proteção do menor, fazendo que a decadência e a prescrição transcorram para este, com possibilidade de eliminação de seus direitos, violado se encontra o referido dispositivo constitucional.[4]

Por ora, não houve o reconhecimento da inconstitucionalidade pelo STF das citadas regras envolvendo o pensionista menor, inválido ou ausente, mas há precedentes de tribunais que continuam a aplicar as regras do Código Civil. A respeito: "O termo inicial do benefício de pensão por morte concedido ao filho absolutamente incapaz deve ser fixado na data do óbito, ainda que o requerimento administrativo tenha extrapolado o prazo previsto no art. 74, inciso I, da Lei n. 8.213/1991, pois contra aquele não correm os prazos prescricionais" (TRF/4, AC 5010490-03.2022.4.04.7202/SC, 9ª Turma, Rel. Paulo A. B. Vaz, j. 09.07.2024).

## 9.3 DECADÊNCIA DO DIREITO À REVISÃO DO CÁLCULO DE BENEFÍCIO PREVIDENCIÁRIO

### 9.3.1 Evolução legislativa

Com a Medida Provisória n. 1.523-9, de 27.06.1997, que conferiu nova redação ao art. 103 da Lei n. 8.213/1991, foi prevista pela primeira vez a existência de um prazo decadencial no âmbito do direito previdenciário brasileiro.

No período compreendido entre 1997 e 2004, ocorreram algumas alterações significativas em relação ao prazo da decadência. Inicialmente, enfatizamos a redação original do art. 103 da Lei n. 8.213/1991:

> Art. 103. Sem prejuízo do direito ao benefício, prescreve em 5 (cinco) anos o direito às prestações não pagas nem reclamadas na época própria, resguardados os direitos dos menores dependentes, dos incapazes ou dos ausentes.

Essa regra que não contemplava prazo decadencial perdurou até 27.06.1997, quando a MP n. 1.523-9 foi publicada e modificou a redação do referido dispositivo para:

> Art. 103. É de dez anos o prazo de decadência de todo e qualquer direito ou ação do segurado ou beneficiário para a revisão do ato de concessão de benefício, a contar do dia primeiro

---

[4] SOARES, João Marcelino. **MP 871/19: Detalhamento Técnico e Análise Imparcial**. Disponível em: http://dtojoaosoares.wixsite.com/previdenciario/mp-871-19-analise-tecnica-e-imparci?fbclid=IwAR28N28-e21DD-vxwUG4steQQWn1qxF44NsAOr4EWav_vL0MObR4q2kOHeK4. Acesso em: 27.01.2019.

do mês seguinte ao do recebimento da primeira prestação ou, quando for o caso, do dia em que tomar conhecimento da decisão indeferitória definitiva no âmbito administrativo. Parágrafo único. Prescreve em cinco anos, a contar da data em que deveriam ter sido pagas, toda e qualquer ação para haver prestações vencidas ou quaisquer restituições ou diferenças devidas pela Previdência Social, salvo o direito dos menores, incapazes e ausentes, na forma do Código Civil.

Tal medida provisória foi convertida na Lei n. 9.528, de 10.12.1997, que vigorou até o advento da Lei n. 9.711, de 20.11.1998[5], que diminuiu para cinco anos o prazo de decadência na revisão dos atos de concessão de revisão por iniciativa do segurado.

Ocorre que, em 2003, devido a uma massiva movimentação dos segurados, associações e advogados, que resultou em um elevado ingresso de ações para revisão de benefícios com base no índice IRSM de fevereiro de 1994, o Executivo se viu obrigado, por motivos políticos, a elastecer novamente o prazo decadencial. Editou então a MP n. 138, de 29.12.2003, que foi convertida na Lei n. 10.839, de 05.02.2004, voltando a fixar em 10 anos o prazo de decadência.

Só que o elastecimento do prazo se deu antes de completados os cinco anos previstos em 1998 pela Lei n. 9.711, o que significa dizer que, nesse ínterim, nenhum benefício foi atingido pela materialização da decadência.

Com essa mudança nos termos do art. 103, alguns estudiosos chegaram a defender que o prazo teria se reiniciado para todos os aposentados. Entendemos que a edição da MP n. 138/2003 não significou o início de uma nova contagem, e sim um elastecimento do prazo já corrente. Nesse sentido: "Para os benefícios concedidos até 27.06.1997, aplica-se o prazo de decadência de dez anos, contado a partir de 27.06.1997; para os benefícios concedidos a partir de 28.06.1997, ao final, sempre se aplica o prazo de decadência de dez anos, contado a partir do dia primeiro do mês seguinte ao do recebimento da primeira prestação" (TNU, PU 2008.71.61.002964-5, *DOU* 15.03.2013).

Na sequência, o art. 24 da Lei n. 13.846/2019 (conversão da MP n. 871/2019), objetivou deixar claro que há prazo de decadência para qualquer decisão administrativa (*concessão, indeferimento, cancelamento ou cessação de benefício*), promovendo nova alteração no art. 103 da Lei n. 8.213/1991. No entanto, o STF declarou a inconstitucionalidade do art. 24 da Lei n. 13.846/2019, o que deu nova redação ao art. 103 da Lei n. 8.213/1991, sob o fundamento de que:

> (...) admitir a incidência do instituto para o caso de indeferimento, cancelamento ou cessação importa ofensa à Constituição da República e ao que assentou esta Corte em momento anterior, porquanto, não preservado o fundo de direito na hipótese em que negado o benefício, caso inviabilizada pelo decurso do tempo a rediscussão da negativa, é comprometido o exercício do direito material à sua obtenção. (ADI 6.096/DF, Rel. Min. Edson Fachin, sessão plenária virtual de 2 a 9 de outubro de 2020)

Diante dessa sucessão de normas, temos como válida a seguinte redação do art. 103, *caput*, da Lei n. 8.213/1991 quanto ao prazo decadencial:

> Art. 103. É de dez anos o prazo de decadência de todo e qualquer direito ou ação do segurado ou beneficiário para a revisão do ato de concessão de benefício, a contar do dia primeiro do mês seguinte ao do recebimento da primeira prestação ou, quando for o caso, do dia

---

[5] A diminuição do prazo de 10 para 5 anos se deu inicialmente pela MP n. 1663-15, em 22.10.1998. Entretanto, como essa décima quinta edição da MP não foi convalidada pela Lei n. 9.711, a redução do prazo passou a vigorar apenas a partir da edição da Lei em 21.11.1998. Nesse sentido observe-se o art. 30 da Lei mencionada, que convalida os atos praticados com base na MP 1663-14, de 24.09.1998.

em que tomar conhecimento da decisão indeferitória definitiva no âmbito administrativo. (Redação dada pela Lei n. 10.839, de 2004)

Pela novidade do tema e devido às mudanças periódicas na legislação, verificou-se dificuldade de determinar a forma de aplicação da decadência no direito previdenciário brasileiro. Isso porque existiu certa dificuldade em delimitar quem seria atingido por esse novo prazo e quem estaria protegido pela norma existente em sua época de concessão. Por tratar-se de direito intertemporal, cuja regra geral traz que o fato se rege pela Lei em vigor na data de sua ocorrência, a incidência da Lei imediata seria inevitável.

Entendemos que para o tema é necessário analisar que a Lei n. 8.213/1991 não trouxe, desde seu início, a existência de um prazo decadencial aos segurados.

E, como sabemos, a aplicabilidade da norma no tempo tem suas limitações principiológicas e legais. A eficácia ou incidência de norma nova no passado seria o que chamamos de retroação, que nem sempre é permitida no direito brasileiro, até com base no princípio da segurança jurídica, do direito adquirido, da coisa julgada, do ato jurídico perfeito. Segundo a doutrina:

> Claro que se as normas jurídicas pudessem ter eficácia e incidência de forma ilimitada sobre o passado, um dos alicerces básicos do sistema jurídico e do Estado de Direito Democrático, que é a segurança jurídica, ruiria.[6]

Importante observar ainda que o Decreto-lei n. 4.657, de 1942 (Lei de Introdução às Normas do Direito Brasileiro), que não foi revogado pelo Código de 2002, permanecendo intactas suas disposições. No que diz respeito ao direito intertemporal, tal norma impõe que determinado fato é regido pela Lei em vigor na data de sua ocorrência, salvo quando a natureza da situação requer tratamento diverso ou quando o legislador assim determinar.

No caso em questão, a nova norma que introduziu a decadência não foi expressa ao determinar como deveriam ser tratados os fatos já ocorridos antes de seu ingresso no mundo jurídico. Então, a melhor interpretação determina que tais situações deverão ter tratamento diverso das efetivadas posteriormente à vigência do primeiro ato normativo que veio a prever a decadência para a revisão dos atos de concessão dos benefícios previdenciários. Porém, não foi esse o entendimento adotado pelo STF na RG 313, como veremos adiante.

Apresentamos aqui uma tabela resumida das modificações legislativas pertinentes ao prazo decadencial, buscando facilitar o acompanhamento do leitor:

| PERÍODO | FUNDAMENTAÇÃO LEGAL | PRAZO |
| --- | --- | --- |
| De 24.07.1991 até 27.06.1997 | Lei n. 8.213/1991 | Sem prazo |
| De 28.06.1997 a 22.10.1998 | MP n. 1.523-9/1997, convertida na Lei n. 9.528/1997 | Estabelece o prazo de dez anos |
| De 23.10.1998 a 19.11.2003 | MP n. 1.663-15/1998, convertida na Lei n. 9.711/1998 | Diminui o prazo para cinco anos |
| A partir de 20.11.2003 | MP n. 138, de 19.11.2003, que foi convertida na Lei n. 10.839, de 05.02.2004 | Restabelece o prazo de dez anos |

---

6 NUNES, Luiz Antônio Rizzatto. *Manual de introdução ao estudo do direito*. 6. ed. São Paulo: Saraiva, 2005. p. 226.

## 9.3.2 Da aplicação do instituto da decadência no Direito Previdenciário brasileiro

Já foi mencionado que a instituição do prazo decadencial para revisão do cálculo dos benefícios previdenciários se deu pela MP n. 1.523-9, de 27.06.1997 (*DOU* 28.06.1997), posteriormente convertida na Lei n. 9.528, de 10.12.1997, que deu nova redação ao art. 103 da Lei n. 8.213/1991.

Segundo a norma vigente, a decadência atinge todo e qualquer direito ou ação do segurado ou beneficiário tendente à revisão do ato de concessão do benefício (cálculo da renda mensal inicial, por exemplo) e foi fixada em dez anos, contados do dia primeiro do mês seguinte ao recebimento da primeira prestação, ou, quando for o caso, do dia em que o segurado tomar conhecimento da decisão indeferitória definitiva no âmbito administrativo.

Nos casos dos benefícios concedidos anteriormente à instituição da decadência, inexistia limitação no tempo à possibilidade de revisão. No entanto, o STF entendeu aplicável esse prazo a todos os benefícios, independentemente da data de início, consoante o julgamento da Repercussão Geral – Tema n. 313, cuja ementa segue transcrita:

> DIREITO PREVIDENCIÁRIO. REGIME GERAL DE PREVIDÊNCIA SOCIAL (RGPS). REVISÃO DO ATO DE CONCESSÃO DE BENEFÍCIO. DECADÊNCIA. 1. O direito à previdência social constitui direito fundamental e, uma vez implementados os pressupostos de sua aquisição, não deve ser afetado pelo decurso do tempo. Como consequência, inexiste prazo decadencial para a concessão inicial do benefício previdenciário. 2. É legítima, todavia, a instituição de prazo decadencial de dez anos para a revisão de benefício já concedido, com fundamento no princípio da segurança jurídica, no interesse em evitar a eternização dos litígios e na busca de equilíbrio financeiro e atuarial para o sistema previdenciário. 3. O prazo decadencial de dez anos, instituído pela Medida Provisória 1.523, de 28.06.1997, tem como termo inicial o dia 1º de agosto de 1997, por força de disposição nela expressamente prevista. Tal regra incide, inclusive, sobre benefícios concedidos anteriormente, sem que isso importe em retroatividade vedada pela Constituição. 4. Inexiste direito adquirido a regime jurídico não sujeito a decadência. (RE 626.489/SE, Tribunal Pleno, Rel. Min. Roberto Barroso, j. 16.10.2013)

Importante destacar dessa decisão o reconhecimento pelo STF de que a concessão do benefício não prescreve ou decai, podendo ser postulada a qualquer tempo.

Sendo assim, entendemos que não são atingidos pelo prazo decadencial: o indeferimento de benefício; o restabelecimento deste; os atos de reajustamento ou de aplicação de tetos constitucionais, como nos casos das EC n. 20 e n. 41, por se tratar de atos de manutenção, e não de revisão de benefício, atos, inclusive, que não comportam o deferimento ou indeferimento administrativos previstos no art. 103. Nesse mesmo sentido a orientação do STJ em sede de repetitivo Tema n. 645: "A norma extraída do *caput* do art. 103 da Lei n. 8.213/1991 não se aplica às causas que buscam o reconhecimento do direito de renúncia à aposentadoria, mas estabelece prazo decadencial para o segurado ou seu beneficiário postular a revisão do ato de concessão do benefício, o qual, se modificado, importará em pagamento retroativo, diferente do que se dá na desaposentação".

Outro precedente a ser destacado do STJ diz respeito à concessão inicial ou ao direito de revisão de ato de indeferimento, cancelamento ou cessação do BPC-LOAS. A 1ª Seção fixou tese no sentido de que essa pretensão não é fulminada pela prescrição do fundo de direito, mas tão somente das prestações sucessivas anteriores ao lustro prescricional previsto no art. 1º do Decreto n. 20.910/1932 (REsp 1.803.530, Rel. Min. Herman Benjamin, j. 22.11.2023). Portanto, diante do contexto normativo e jurisprudencial, não são atingidos pelo prazo decadencial a impugnação de ato de indeferimento de benefício, de cessação ou de cancelamento de benefício. Nesse sentido, a Súmula n. 81 da TNU, com o seguinte teor:

> A impugnação de ato de indeferimento, cessação ou cancelamento de benefício previdenciário não se submete a qualquer prazo extintivo, seja em relação à revisão desses atos, seja em relação ao fundo de direito (Redação alterada em 09.12.2020).

Para uma melhor compreensão quanto à interpretação da aplicação do prazo decadencial, destacamos ainda os seguintes precedentes:

> – **STJ – Repetitivo Tema n. 966**: "Incide o prazo decadencial previsto no caput do art. 103 da Lei n. 8.213/1991 para reconhecimento do direito adquirido ao benefício previdenciário mais vantajoso" (REsp 1.631.021/PR, 13.03.2019).
> – **STJ – Repetitivo Tema n. 975**: "Aplica-se o prazo decadencial de dez anos estabelecido no art. 103, *caput*, da Lei n. 8.213/1991 às hipóteses em que a questão controvertida não foi apreciada no ato administrativo de análise de concessão de benefício previdenciário" (REsp 1.648.336/RS, 04.08.2020).
> – **TNU – Representativo de Controvérsia Tema n. 265**: "A impugnação de ato de indeferimento, cessação ou cancelamento de benefício previdenciário não se submete a qualquer prazo extintivo, seja em relação à revisão desses atos, seja em relação ao fundo de direito".

### 9.3.3 Da decadência no caso das ações para contagem ou averbação de tempo de contribuição

Defendemos que as ações declaratórias de averbação de tempo de contribuição não estão sujeitas aos prazos prescricional ou decadencial, em face da ausência de cunho patrimonial imediato e diante da existência de direito adquirido à contagem do tempo trabalhado. Vale referir precedentes que respaldam esse entendimento:

- "Não se submete à prescrição a ação declaratória pura, proposta com o exclusivo fim de ter declarada a existência de uma relação jurídica. Precedentes" (STJ, 5ª Turma, REsp n. 331306/MA, Rel. Min. Edson Vidigal, *DJ* 15.10.2001);
- "O instituto da decadência previsto na nova redação do art. 103, da Lei n. 8.213/1991, apenas se aplica aos casos em que se deseja rever o ato de concessão do benefício, o que não ocorre, evidentemente, quando a aposentadoria sequer ainda foi requerida" (TRF da 5ª Região, 1ª Turma, AC n. 2000.05.00.059051.6/RN, Rel. Des. Federal Margarida Cantarelli, *DJ* 15.10.2001);
- "Tratando-se de ação declaratória não há que se falar na aplicação do instituto da decadência ou da prescrição" (TRF da 4ª Região, Turma Suplementar, AC n. 2001.71.08.003891-5, Rel. Juiz Federal Fernando Quadros da Silva, *DE* 27.10.2008).

Quanto às ações puramente de averbação de tempo de contribuição, cujo ingresso se dê antes da concessão do benefício, não pode haver a aplicação do prazo decadencial pelo mesmo fundamento apresentado no item anterior, porque o segurado tem o direito adquirido tanto à contagem do tempo como à concessão do benefício. Eis o posicionamento do STJ:

> ADMINISTRATIVO. FUNCIONÁRIAS PÚBLICAS DO ESTADO DE SÃO PAULO. AÇÃO DECLARATÓRIA OBJETIVANDO CONTAGEM DE TEMPO DE SERVIÇO. PRESCRIÇÃO AFASTADA PELA SENTENÇA. Decisão incensurável, já que, no ponto questionado, a ação é meramente declaratória, não se lhe aplicando a norma tida por violada, que alude

exclusivamente a prescrição e a decadência, institutos próprios das ações condenatórias e constitutivas. Recurso não conhecido.[7]

Considerando os fundamentos citados, defende-se o entendimento de que a interpretação da regra de decadência não pode ferir direito adquirido do segurado de ter averbado o tempo trabalhado (seja urbano, rural ou especial) em qualquer época.

Cabe destacar também que o § 1º do art. 11 da CLT, o qual trata da prescrição do direito de ação decorrente das relações de trabalho, estabelece que as ações destinadas à obtenção de anotações destinadas a fazer prova perante a previdência social são imprescritíveis.

O INSS também reconhece a qualquer tempo o direito que o segurado tem de averbar o tempo de contribuição. E, no caso de trabalho realizado como autônomo/contribuinte individual, exige o recolhimento das contribuições mesmo após o prazo de decadência para fins de utilização desse período para a concessão da aposentadoria.

Discussão mais acirrada se dá no caso das ações de natureza condenatória, cuja inclusão do período trabalhado é requerida visando revisão do benefício já concedido.

Podemos tomar como exemplo, um segurado aposentado por tempo de contribuição de forma proporcional em 2009. Em 2021, ingressa com ação judicial postulando o reconhecimento de tempo trabalhado no meio rural e em condições especiais para aumentar o coeficiente de cálculo de seu benefício. Na hipótese, objetiva rever o ato de concessão do benefício, ato esse que é a exata expressão legal contida no art. 103 da LB.

Surge então o questionamento: aplica-se o prazo de decadência que impede a revisão proposta?

A solução dada pela jurisprudência (STF e STJ) foi no sentido de que existindo ou não o requerimento administrativo do reconhecimento do tempo trabalhado, estaria operada a decadência, já que o benefício foi concedido posteriormente à instituição do referido prazo e houve o transcurso do tempo previsto no art. 103 da Lei n. 8.213/1991. Assim, já havia decaído o direito à revisão quando do ajuizamento da ação. Nesse sentido: STF: ARE 845.209 AgR/PR, Rel. Min. Marco Aurélio, *DJe* 02.02.2015 e ARE 964.495 AgR/SP, Rel. Min. Rosa Weber, *DJe* 30.06.2016; STJ: REsp 1.648.336/RS, Repetitivo Tema n. 975, Rel. Min. Herman Benjamin, *DJe* 4.08.2020.

### 9.3.4 Prazo para revisão de benefício antecedente em caso de pensão por morte

O STJ e a TNU haviam fixado orientação no sentido de que caso o beneficiário do INSS tenha perdido, em vida, o direito de solicitar a revisão do valor de sua aposentadoria, o fato não prejudica o titular da subsequente pensão por morte. Ou seja: o direito poderia ser discutido pelo pensionista, ainda que fundado em dados que poderiam ter sido questionados pelo aposentado atingido pela decadência. A esse respeito, *STJ, REsp 1.571.465/RS, 2ª Turma, DJe 31.05.2016;* TNU, PEDILEF 50004192120134047116, *DOU* 18.03.2016.

Concordamos com esse entendimento, pois os beneficiários da pensão por morte não poderão sofrer os reflexos da falta de revisão do benefício de origem. Somente a partir do início do recebimento da pensão por morte é que deve ter curso o prazo de decadência para a revisão do benefício que era recebido pelo *de cujus*.

No entanto, a 1ª Seção do STJ revisou a jurisprudência sobre o tema e fixou nova orientação, qual seja, "o prazo decadencial para revisão de benefício originário não é renovado na concessão de pensão por morte". Constou da decisão:

---

[7] STJ, REsp n. 25937/SP, 5ª Turma, Rel. Min. Edson Vidigal, *DJ* 06.12.1993.

> [...] o prazo decadencial é fixado em relação ao direito em si, não em relação à pessoa, de modo que nem mesmo os incapazes escapam dos seus efeitos. Não admite a decadência, por outro lado, diferentemente do que ocorre com a prescrição, suspensão ou interrupção. Assim sendo, a morte do pai da autora e a concessão da pensão em nada interferem na decadência do direito de revisão do benefício originário, decadência que, no caso, já se consumara, antes mesmo do óbito do instituidor da pensão [...]. (EREsp 1605554, 1ª Seção, Rel. p/ Acórdão Min. Assusete Magalhães, *DJe* 02.08.2019)

A questão do direito dos dependentes e sucessores passou por nova análise pelo STJ, no Repetitivo Tema n. 1.057, envolvendo o prazo decadencial, a redefinição da renda mensal da pensão e diferenças resultados do recálculo do benefício derivado. A tese fixada foi a seguinte:

> I. O disposto no art. 112 da Lei n. 8.213/1991 é aplicável aos âmbitos judicial e administrativo;
> II. Os pensionistas detêm legitimidade ativa para pleitear, por direito próprio, a revisão do benefício derivado (pensão por morte) – caso não alcançada pela decadência –, fazendo jus a diferenças pecuniárias pretéritas não prescritas, decorrentes da pensão recalculada;
> III. Caso não decaído o direito de revisar a renda mensal inicial do benefício originário do segurado instituidor, os pensionistas poderão postular a revisão da aposentadoria, a fim de auferirem eventuais parcelas não prescritas resultantes da readequação do benefício original, bem como os reflexos na graduação econômica da pensão por morte; e
> IV. À falta de dependentes legais habilitados à pensão por morte, os sucessores (herdeiros) do segurado instituidor, definidos na lei civil, são partes legítimas para pleitear, por ação e em nome próprios, a revisão do benefício original – salvo se decaído o direito ao instituidor – e, por conseguinte, de haver eventuais diferenças pecuniárias não prescritas, oriundas do recálculo da aposentadoria do *de cujus*. (REsp 1.856.967/ES, 1ª Seção, *DJe* 28.06.2021)

### 9.3.5 Da possibilidade de interrupção do prazo decadencial para revisão do ato de concessão nos casos de requerimento administrativo

Para fins de definição do instituto, devemos entender por decadência a "extinção do direito pela inércia de seu titular, quando sua eficácia foi, de origem, subordinada à condição de seu exercício dentro de um prazo prefixado".[8]

Como mencionado, a decadência atinge todo e qualquer direito ou ação do beneficiário tendente à revisão do ato de concessão do benefício. Esse prazo foi fixado em 10 anos, contados do dia primeiro do mês seguinte ao recebimento da primeira prestação, ou, quando for o caso, do dia em que o segurado tomar conhecimento da decisão indeferitória definitiva no âmbito administrativo.

Cabe ressaltar, entretanto, que, entre as diversas dúvidas surgidas com a criação da decadência, está a que se refere a aplicação e interpretação da norma constante no final do *caput* do art. 103.

Entendemos que o art. 103 da LBPS possibilita a interrupção do prazo decadencial quando o beneficiário ingressar com o pedido administrativo de revisão do benefício.

Isso porque a lei previu a hipótese de o prazo iniciar sua contagem não do primeiro dia do mês seguinte ao do recebimento da primeira prestação, mas, sim, da data em que o segurado tomar conhecimento da decisão de deferimento ou indeferimento de revisão de benefício, no âmbito administrativo.

---

[8] LEAL, Antônio Luiz da Câmara. *Da prescrição e decadência*. Rio de Janeiro: Forense, 1982. p. 101.

Vale lembrar que a prescrição e a decadência são institutos irmãos, surgidos no Direito Civil, que têm sua criação relacionada com o decurso do tempo e com a necessidade de segurança jurídica.

Tanto para a prescrição quanto para a decadência acontecerem, imperativa se faz a inércia do titular do direito. Por inércia deve-se entender "a inação, a passividade do titular do direito, ante a violação por este sofrida".[9]

Como o direito de ação (prescrição) ou o exercício do direito (decadência) são faculdades concedidas ao seu titular, este somente acionará a máquina judiciária ou administrativa para conservá-lo se lhe parecer conveniente.

É a inércia do beneficiário que torna presumível seu desinteresse. Aquele que se conservar inativo durante o tempo determinado legalmente para a proteção de seus direitos o perde por consequência, seja por meio da prescrição ou da decadência.

A inércia do titular é fato tão importante nos dois institutos que já foi até erroneamente considerado seu fundamento. Entretanto, apesar de sua imperial importância, tal característica não passa de elemento essencial para a decretação da decadência e da prescrição.

No Direito Previdenciário a inércia ocorrerá, portanto, sempre que houver erro ou problema no ato da concessão do benefício e se o beneficiário, em vez de reivindicar, quedar-se silente, deixando a violação permanecer por mais de dez anos a contar do primeiro dia do mês seguinte ao primeiro pagamento.

A inércia, portanto, tem início quando a pretensão/ação deveria ter sido exercida e não o foi. E vai cessar no exato momento em que o titular do direito tomar as medidas judiciais ou administrativas que demonstram seu interesse em proteger seu direito.

Assim, o primeiro ponto que devemos esclarecer é que não poderá haver decadência quando o titular do direito atua no sentido de sua proteção, como nos casos em que ele ingressa administrativamente solicitando a revisão do ato de concessão errôneo. Isso porque não existe aí o principal requisito do instituto: a inércia do titular.

Vale ressaltar que esse foi o entendimento firmado pela TNU no Tema n. 256, que citamos:

> I – O prazo decadencial decenal previsto no *caput*, do art. 103, da Lei n. 8.213/1991 alcança o direito potestativo de impugnação (i.) Do ato original de concessão; e (ii.) Do ato de indeferimento da revisão administrativa.
> II – A contagem do prazo decenal para a impugnação do ato original de concessão tem início no dia primeiro do mês seguinte ao do recebimento da primeira prestação.
> III – O prazo decenal para a impugnação do ato de indeferimento definitivo da revisão administrativa tem sua contagem iniciada na data da ciência do beneficiário e apenas aproveita às matérias suscitadas no requerimento administrativo revisional.

No mesmo sentido, a tese fixada pelo TRF da 4ª Região no julgamento do IAC n. 11 (50315989720214040000/TRF4, j. 26.06.2024):

I – O art. 103 da Lei n. 8.213/1991 estabelece prazos decadenciais distintos e autônomos de 10 (dez) anos ao segurado para revisar o ato de concessão de benefício e para revisar o ato de deferimento ou indeferimento de pedido administrativo de revisão de benefício; II – O prazo decadencial para o segurado revisar o ato de concessão de benefício conta-se do dia primeiro do mês subsequente ao do recebimento da primeira prestação; III – O prazo decadencial para o segurado revisar o ato de deferimento ou indeferimento de pedido administrativo de revisão de benefício conta-se do dia em que o beneficiário tomar conhecimento da decisão

---

[9] LEAL, Antônio Luiz da Câmara. *Da prescrição e decadência*. Rio de Janeiro: Forense, 1982. p. 25.

administrativa, limita-se à impugnação da matéria que tenha sido objeto do processo administrativo revisional e não corre enquanto a Administração não cumprir o dever de decidir explicitamente o pedido de revisão.

### 9.3.5.1 Da definição de causa interruptiva de prazo prescricional ou decadencial e da possibilidade de sua criação expressa por lei

A título de diferenciação entre interrupção, suspensão e impedimento, tem-se que tanto *a suspensão quanto o impedimento dizem respeito à característica da pessoa protegida pela causa e não a uma atitude ativa*, seja pelo titular do direito, seja pela pessoa a favor de quem o prazo corre, como acontece nas causas interruptivas.

Assim, quando nos referimos a atos do titular para a proteção do direito, estamos tratando sempre de norma interruptiva do prazo, seja ele decadencial, seja prescricional.

Por meio da interrupção será inutilizado o tempo já percorrido. Isso acontece pela prática de atos pelo titular do direito violado, ou também um ato de reconhecimento do direito pelo prescribente.[10]

Diferente da suspensão, na interrupção o tempo corrido anteriormente não será computado se, porventura, o prazo se reiniciar.

O atual Código Civil estabelece somente normas interruptivas da prescrição, e as limita em apenas uma vez para cada direito. Tal novidade legislativa de limitação do número de interrupções para a prescrição não existia no Código Civil antigo e por isso deve ser observada para os fatos e atos ocorridos após 2003, com a entrada no novo Código Civil. Existem ainda causas interruptivas constantes de leis especiais, que devem ser consideradas para os casos regrados pela Lei que os criar.

Importante observar, no entanto, que o novo Código Civil, apesar de não citar quais as hipóteses, criou permissão expressa para a existência de prazos interruptivos da decadência no seu art. 207, senão vejamos:

> Art. 207. **Salvo disposição legal em contrário**, não se aplicam à decadência as normas que impedem ou interrompem a prescrição.

Logo, haveria a possibilidade de interrupção, impedimento e interrupção da decadência desde que legal e expressamente previstas.

No caso do direito previdenciário, a Lei n. 8.213/1991 possui tal previsão expressa no art. 103, *caput*. Assim, aplicável a espécie à forma interruptiva do prazo decadencial. Nesse sentido, foi a uniformização realizada pela TNU no julgamento do Representativo de Controvérsia Tema n. 256, que entre outras teses fixou que:

> O prazo decenal para a impugnação do ato de indeferimento definitivo da revisão administrativa tem sua contagem iniciada na data da ciência do beneficiário e apenas aproveita às matérias suscitadas no requerimento administrativo revisional. (PUIL n. 5003556-15.2011.4.04.7008, j. 27.05.2021)

Ora, a Lei se preocupou em prescrever que, caso o segurado ingresse com pedido administrativo de revisão de seu ato de concessão, será a data em que o segurado tomar conhecimento do deferimento ou indeferimento de revisão que reiniciará o prazo decadencial.

---

[10] Cf. GOMES, Orlando. *Introdução ao direito civil*. 18. ed. Rio de Janeiro: Forense, 2001. p. 501.

Vejamos um exemplo:

O beneficiário teve seu benefício concedido em 10.12.2000. Recebeu seu primeiro pagamento em 1º.02.2001. Seu prazo decadencial iniciou sua contagem em 1º.03.2001 (dia primeiro do mês seguinte ao primeiro pagamento) e se encerraria em 1º.03.2011.

Entretanto o beneficiário ingressou com pedido de revisão administrativa do ato de concessão no dia 20.02.2011. Caso esse pedido demore dois anos para sua negativa final, sendo o beneficiário notificado em 20.02.2013, será desse dia então que se reiniciará a contagem, sendo possível o pedido judicial de revisão o ato de concessão até 20.02.2023.

Destacamos que a contagem se reinicia sem qualquer utilização do tempo anteriormente transcorrido, primeiro porque essa é a regra geral das normas de interrupção de prazo e segundo porque não cabe à espécie interpretação restritiva do direito de segurado, por estarmos tratando de direito social.

E tal deve ser a aplicação do art. 103, posto que a demonstração de interesse do segurado na busca da revisão, concessão ou restabelecimento de seu benefício tem o condão de interromper o prazo que estava em curso, até porque, sem a inércia, não há que se cogitar a aplicação de decadência. Não há fundamento jurídico para sua aplicação nem justificativa lógica para tanto.

É certo que a aplicação da decadência no direito previdenciário levanta discussões inclusive quanto a sua possibilidade constitucional, por tratarmos de direito social e por falta de relação com os princípios e fundamentos desse ramo do direito.

Entretanto, ainda para aqueles que defendem sua constitucionalidade, é clara a necessidade de aplicação de regras e de adequações que venham a proteger o beneficiário.

Assim, qualquer interpretação no sentido da aplicação da decadência no direito previdenciário deve primar pela proteção do beneficiário, o hipossuficiente dessa relação jurídica.

Tal hipótese também tem sido admitida pela jurisprudência, que reconhece a impossibilidade da fruição do prazo decadencial quando do ajuizamento de ação trabalhista, senão vejamos:

– **STJ – Repetitivo Tema n. 1.117**: "O marco inicial da fluência do prazo decadencial, previsto no *caput* do art. 103 da Lei n. 8.213/1991, quando houver pedido de revisão da renda mensal inicial (RMI) para incluir verbas remuneratórias recebidas em ação trabalhista nos salários de contribuição que integraram o período básico de cálculo (PBC) do benefício, deve ser o trânsito em julgado da sentença na respectiva reclamatória" (REsp 1.947.419/RS, j. 24.08.2022).

Assim, não restam dúvidas quanto à possibilidade de interrupção do prazo decadencial quando do requerimento administrativo da revisão do ato de concessão, desde que o mesmo ocorra antes da fluência do prazo decenal. E, caso a decisão administrativa seja de negativa ao pedido, a data da notificação do segurado será então o novo marco inicial para o prazo decadencial, que começará a contar sem qualquer utilização do tempo fruído anteriormente, tudo conforme a redação do art. 103, *caput*, da Lei n. 8.213/1991.

## 9.3.6 Hipóteses de aplicação do prazo de decadência na via administrativa

Na via administrativa o INSS indica por Instrução Normativa as hipóteses de aplicação do prazo de decadência, reconhecendo algumas situações em que ficam excluídos dessa norma restritiva.

É aplicado o prazo de dez anos para revisão do ato de concessão de todos os benefícios, mesmo os iniciados antes da vigência da MP n. 1.523-9, de 1997. No caso, são levados em consideração os seguintes critérios para definição do início do prazo decadencial:

I – para os benefícios em manutenção em 28.06.1997, data da publicação da MP n. 1.523-9, de 1997, a partir de 1º.08.1997, não importando a data de sua concessão;

II – para os benefícios concedidos com DIB, a partir de 28.06.1997, a partir do dia primeiro do mês seguinte ao do recebimento da primeira prestação;

III – em se tratando de pedido de revisão de benefícios com decisão indeferitória definitiva no âmbito administrativo, em que não houver a interposição de recurso, o prazo decadencial terá início no dia em que o requerente tomar conhecimento da referida decisão.

Importante ressaltar que o INSS não aplica o prazo decadencial para as revisões determinadas em dispositivos legais, salvo se houver revogação expressa, ainda que decorridos mais de dez anos da data em que deveriam ter sido pagas. No processamento dessas revisões, observa-se apenas a prescrição quinquenal.

Consoante a IN INSS/PRESI n. 128/2022, o tema recebe o seguinte tratamento:

Art. 592. É de 10 (dez) anos o prazo de decadência de todo e qualquer direito ou ação do segurado ou beneficiário para a revisão do ato de concessão de benefício, a contar do dia primeiro do mês seguinte ao do recebimento da primeira prestação ou, quando for o caso, do dia em que tomar conhecimento da decisão indeferitória definitiva.

Parágrafo único. Em se tratando de revisão de decisão indeferitória definitiva, deverão ser observados os §§ 1º e 2º do art. 583. (...)

Poderá, também, ser processada a qualquer tempo a revisão para inclusão de novos períodos ou para fracionamento de períodos de trabalho não utilizados no órgão de destino da Certidão de Tempo de Contribuição.

No que tange à controvérsia se a coisa julgada administrativa é oponível na hipótese de revisão de ato administrativo versando sobre matéria previdenciária, considerando que os requisitos para concessão de benefício previdenciário são previstos em lei, a TNU fixou a seguinte tese:

– **Representativo de Controvérsia Tema n. 283**: "A coisa julgada administrativa não exclui a apreciação da matéria controvertida pelo poder judiciário e não é oponível à revisão de ato administrativo para adequação aos requisitos previstos na lei previdenciária, enquanto não transcorrido o prazo decadencial" (PEDILEF 5002117-85.2019.4.04.7202/SC, j. 26.08.2021).

### 9.3.7 Prazo decadencial para o INSS rever seus atos

Para o INSS rever seus atos de que decorram efeitos favoráveis aos beneficiários deve, necessariamente, fazê-lo com base em um processo administrativo que apurou alguma irregularidade na concessão da prestação.

O poder-dever da Administração de desconstituir seus próprios atos por vícios de nulidade condiciona-se à comprovação das referidas ilegalidades em processo administrativo próprio, com oportunização ao administrado, das garantias constitucionais da ampla defesa e do contraditório (art. 5º, LV, da CF/1988 e Súmula n. 160 do extinto TFR).

Na sequência, a Lei n. 13.846/2019 (conversão da MP n. 871/2019) instituiu o "Programa Especial para Análise de Benefícios com Indícios de Irregularidade" e promoveu aperfeiçoamentos no "Programa de Revisão de Benefícios por Incapacidade", para agilizar a análise de processos com potencial risco de gastos indevidos.

Diante desse enfoque, o art. 69 da Lei n. 8.212/1991 passou a vigorar com as seguintes alterações:

– o INSS manterá programa permanente de revisão da concessão e da manutenção dos benefícios por ele administrados, a fim de apurar irregularidades ou erros materiais;
– na hipótese de haver indícios de irregularidade ou erros materiais na concessão, na manutenção ou na revisão do benefício, o INSS notificará o beneficiário, o seu repre-

sentante legal ou o seu procurador para, no prazo de dez dias, apresentar defesa, provas ou documentos dos quais dispuser;

- a notificação será feita preferencialmente por rede bancária ou notificação por meio eletrônico; ou por via postal, por carta simples, considerado o endereço constante do cadastro do benefício, hipótese em que o aviso de recebimento será considerado prova suficiente da notificação;
- a defesa poderá ser apresentada por canais de atendimento eletrônico definidos pelo INSS e o benefício será suspenso na hipótese de não apresentação da defesa no prazo de dez dias;
- no caso de suspensão ou defesa considerada insuficiente ou improcedente pelo INSS, o beneficiário terá o prazo de trinta dias para interposição de recurso, sob pena de cancelamento do benefício;
- os recursos para a JR/CRPS não terão efeito suspensivo.

A revisão iniciada dentro do prazo decadencial com a devida expedição de notificação para ciência do segurado impedirá a consumação da decadência, ainda que a decisão definitiva do procedimento revisional ocorra após a extinção de tal lapso.

Nos casos em que o INSS não comprova que a revisão foi em face de alguma irregularidade apurada em processo administrativo, o benefício deve ser restabelecido.

O beneficiário poderá obter sua pretensão em juízo, por meio de mandado de segurança, quando não demandar instrução probatória; e pelo procedimento comum ou dos JEFs, com a possibilidade da tutela provisória, quando demonstrar o preenchimento dos requisitos exigidos para a concessão da medida (art. 300 do CPC).

O prazo que vigora atualmente para o INSS anular os atos administrativos de que resultem benefícios indevidos a segurados e dependentes é de dez anos contados da data em que estes foram praticados, salvo comprovada má-fé (MP n. 138, de 19.11.2003, convertida na Lei n. 10.839, de 05.02.2004, que incluiu o art. 103-A no texto da Lei n. 8.213/1991).

Deve ser ressaltado, que esse prazo sofreu alterações ao longo do tempo, que destacamos[11]:

| Lei | Alteração |
|---|---|
| Lei n. 6.309/1975 | previa em seu art. 7º que os processos de interesse de beneficiários não poderiam ser revistos após 5 anos, contados de sua decisão final, ficando dispensada a conservação da documentação respectiva além desse prazo |
| Lei n. 8.422, de 13.05.1992 | revogou a Lei n. 6.309/1975 (art. 22). Assim, em se tratando de benefício deferido sob a égide da Lei n. 6.309/1975, caso decorrido o prazo de cinco anos, inviável a revisão da situação, ressalvadas as hipóteses de fraude, pois esta não se consolida com o tempo |
| Lei n. 9.784, de 29.01.1999 (art. 54) | institui prazo decadencial de cinco anos para desfazimento de atos administrativos de que decorram efeitos favoráveis para os destinatários, incluídos os atos de concessão de benefício previdenciário |
| Medida Provisória n. 138, de 19.11.2003 (convertida na Lei n. 10.839, de 05.02.2004) | instituiu o art. 103-A da Lei n. 8.213/1991, estabelecendo prazo decadencial de dez anos para a Previdência Social anular os atos administrativos de que decorram efeitos favoráveis para os seus beneficiários. Como quando a MP n. 138 entrou em vigor não haviam decorrido cinco anos a contar do advento da Lei n. 9.784/1999, os prazos que tiveram início sob a égide desta Lei foram acrescidos, de tanto tempo quanto necessário para atingir o total de dez anos. Assim, na prática todos os casos subsumidos inicialmente à regência da Lei n. 9.784/1999, passaram a observar o prazo decadencial de dez anos, aproveitando-se, todavia, o tempo já decorrido sob a égide da norma revogada. |

---

[11] Resumo extraído do julgamento do AI n. 0003392-13.2011.404.0000/RS, TRF da 4ª Região, 5ª Turma, Rel. Des. Federal Ricardo Teixeira do Valle Pereira, *DE* 27.05.2011.

No entanto, o STJ firmou entendimento no sentido de que antes do advento da Lei n. 9.784/1999 não havia prazo para a Administração Pública desfazer atos dos quais decorressem efeitos favoráveis para os beneficiários. Segue a tese firmada em Repetitivo:

> – **Tema n. 214:** "Os atos administrativos praticados antes da Lei n. 9.784/1999 podem ser revistos pela Administração a qualquer tempo, por inexistir norma legal expressa prevendo prazo para tal iniciativa. Somente após a Lei n. 9.784/1999 incide o prazo decadencial de 5 anos nela previsto, tendo como termo inicial a data de sua vigência (01.02.99). (...) Antes de decorridos 5 anos da Lei n. 9.784/1999, a matéria passou a ser tratada no âmbito previdenciário pela MP 138, de 19.11.2003, convertida na Lei n. 10.839/2004, que acrescentou o art. 103-A à Lei n. 8.213/1991 (LBPS) e fixou em 10 anos o prazo decadencial para o INSS rever os seus atos de que decorram efeitos favoráveis a seus beneficiários" (REsp 1114938/AL 3ª Seção, Rel. Min. Napoleão Nunes Maia Filho, *DJe* 02.08.2010).

Na via administrativa, o INSS segue a linha de entendimento do STJ, conforme se observa da redação dos arts. 593 e 594 da IN PRES/INSS n. 128/2022:

> Art. 593. O direito da Previdência Social de rever os atos administrativos de ofício decai em 10 (dez) anos, devendo ser observado que:
> I – para os requerimentos de benefícios com Data de Despacho do Benefício – DDB até 31 de janeiro de 1999, o início do prazo decadencial começa a correr a partir de 1º de fevereiro de 1999; e
> II – para os requerimentos de benefícios com efeitos patrimoniais contínuos, concedidos a partir de 1º de fevereiro de 1999, o prazo decadencial será contado a partir da data do primeiro pagamento.
> § 1º Operada a decadência de que trata o *caput*, haverá a consolidação do ato administrativo e a preservação das relações jurídicas dele decorrentes, observado o § 3º.
> § 2º Não estão sujeitos à consolidação do ato administrativo disposta no § 2º:
> I – ocorrência de má-fé do beneficiário; e
> II – os benefícios os quais, a qualquer momento, podem ter sua hipótese legal de direito ao benefício alterada.
> Art. 594. Não se aplica o prazo decadencial disposto no art. 593:
> I – quando se tratar de revisão de reajustamento;
> II – nos casos em que a manutenção do benefício encontra-se irregular por falta de cessação do benefício ou cota-parte; e
> III – comprovada má-fé.

Dessa forma, podemos concluir que a administração, em atenção ao princípio da legalidade, tem o poder-dever de anular seus próprios atos quando eivados de vícios que os tornem ilegais (Súmulas n. 346 e n. 473 do STF).

Entretanto, este poder-dever é limitado no tempo sempre que se encontrar situação que, frente a peculiares circunstâncias, exija a proteção jurídica de beneficiários de boa-fé, em decorrência dos princípios da segurança jurídica e da proteção da confiança.

Cabe destacar que o STF reconheceu repercussão geral quanto à possibilidade de o INSS proceder, em qualquer tempo, à revisão de ato administrativo de concessão de aposentadoria e pensão por morte, ante o alegado erro da Administração, tendo em vista o ato jurídico perfeito e a decadência administrativa:

> – **Tema n. 632:** "Segurança jurídica e decadência para o Instituto Nacional do Seguro Social proceder à revisão do critério de reajuste de aposentadoria e pensão por morte, em virtude de alegado erro da Administração" (RE 699.535 RG/RS, Rel. Min. Luiz Fux, *DJe* 18.03.2013).

No que tange ao entendimento do CRPS em relação ao tema da prescrição e da decadência, destaca-se o Enunciado n. 10 (nova redação conferida pela Resolução n. 28/CRPS, de 2023):

> **A decadência prevista no art. 103-A da Lei n. 8.213/1991 não se aplica aos atos administrativos praticados pela Administração Previdenciária tendentes à cessação da manutenção de benefícios ou quotas cuja continuidade da percepção seja indevida em face da legislação previdenciária de regência.**
>
> I – O prazo decadencial previsto no art. 103-A da Lei n. 8.213/1991, para revisão dos atos praticados pela Previdência Social antes da Lei n. 9.784/1999, somente começa a correr a partir de 1º.02.1999.
>
> II – Não se aplica o instituto da decadência às revisões de reajustamento e às estabelecidas em dispositivo legal.
>
> III – A má-fé afasta a decadência, mas não a prescrição, e deve ser comprovada em procedimento próprio, no caso concreto, assegurado o contraditório e a ampla defesa.
>
> IV – Não se aplica a decadência prevista no art. 103-A da Lei n. 8.213/1991 ao auxílio por incapacidade temporária, à aposentadoria por incapacidade permanente e aos benefícios assistenciais sujeitos a revisão periódica prevista na legislação.
>
> V – A decadência prevista do art. 103 da Lei n. 8.213/1991 não se aplica à revisão de atos de indeferimento, cancelamento ou cessação de benefícios.
>
> VI – Transcorridos mais de dez anos da data da concessão do benefício, não poderá haver sua suspensão ou cancelamento na hipótese de o interessado não mais possuir a documentação que instruiu o pedido, exceto em caso de fraude ou má-fé.

Percebe-se desse enunciado alguns avanços importantes, permitindo que os segurados possam obter o reconhecimento de direitos sem a necessidade do ingresso de ações judiciais.

Sobre a interpretação do art. 103-A da LBPS, a TNU firmou importantes teses que merecem ser visitas. São elas:

- "Incide o prazo de decadência de dez anos, consoante dicção do art. 103-A da Lei n. 8.213/1991, sobre o ato de revisão do benefício previdenciário de pensão por morte, ainda que concedido ou mantido indevidamente, salvo a ocorrência de má-fé" (PUIL n. 0500038-51.2015.4.02.5168/RJ, j. 25.03.2021).

- "Não incide a decadência prevista pelo art. 103-A da Lei n. 8.213/1991 em relação à revogação de benefício de auxílio-acidente indevidamente cumulado com aposentadoria" (PUIL n. 0001294-18.2017.4.01.3819/MG, j. 19.06.2020).

### 9.3.8 Conclusões sobre os institutos da prescrição e da decadência

Os prazos de prescrição e decadência limitam sobremaneira o direito à revisão dos benefícios previdenciários. Por outro lado, solidificam os procedimentos adotados pelo ente Previdenciário em épocas passadas, evitando o pagamento de indenizações de grande vulto.

No direito previdenciário a prescrição quinquenal tem sido aplicada desde o advento do Decreto n. 20.910, de 1932, e os tribunais possuem jurisprudência sedimentada sobre as regras de aplicabilidade.

A decadência surgiu com a Medida Provisória n. 1.523-9/1997, cujo prazo é de dez anos, e, ao longo do tempo, foram feitas alterações no tocante às hipóteses de atos e datas de contagem. A redação atual conferida pela Lei n. 10.839/2004, prevê que:

- "É de dez anos o prazo de decadência de todo e qualquer direito ou ação do segurado ou beneficiário para a revisão do ato de concessão de benefício, a contar do dia primeiro do mês seguinte ao do recebimento da primeira prestação ou, quando for o caso, do dia em que tomar conhecimento da decisão indeferitória definitiva no âmbito administrativo" (art. 103 da LBPS);
- "O direito da Previdência Social de anular os atos administrativos de que decorram efeitos favoráveis para os seus beneficiários decai em dez anos, contados da data em que foram praticados, salvo comprovada má-fé" (art. 103-A da LBPS).

A modificação dos critérios de aplicação do prazo de decadência introduzidos pela Lei n. 13.846/2019 (conversão da MP n. 871/2019), foram declarados inconstitucionais pelo STF (ADIN n. 6096). Com isso, evitou-se a ampliação desse prazo nos casos de indeferimento, cancelamento ou cessação de benefício.

O alcance e os efeitos dos prazos de prescrição e de decadência são polêmicos e geram celeumas no âmbito administrativo e judicial. Diante desses aspectos, destacamos que:

a) pela sua natureza de direito fundamental, inexiste qualquer prazo prescricional, que atinja o fundo de direito, na hipótese de pleito de concessão inicial de benefício previdenciário ou assistencial, ainda que haja ocorrido indeferimento administrativo, ressalvada eventual prescrição das parcelas vencidas.

b) não corre a prescrição entre a data do protocolo do requerimento administrativo e a comunicação da decisão ao interessado;

c) a decadência não atinge o direito ao benefício em si, mas apenas a possibilidade de revisão do ato de concessão;

d) a decadência não incide nos casos de indeferimento, cancelamento e cessação de benefícios;

e) a contagem do prazo decenal para a impugnação do ato original de concessão tem início no dia primeiro do mês seguinte ao do recebimento da primeira prestação;

f) o prazo decenal para a impugnação do ato de indeferimento definitivo da revisão administrativa tem sua contagem iniciada na data da ciência do beneficiário e apenas aproveita às matérias suscitadas no requerimento administrativo revisional;

g) a concessão da pensão por morte, embora legitime o pensionista a pedir a revisão da aposentadoria do falecido, não tem como efeito reabrir o prazo decadencial para essa discussão;

h) não se aplica à revisão de teto das EC n. 20 e n. 41, por não se referirem ao ato de concessão do benefício, a decadência do art. 103 da Lei n. 8.213/1991;

i) nas revisões promovidas pelo INSS devem ser observados os prazos de decadência, bem como o devido processo legal e a proteção jurídica dos beneficiários de boa-fé, em decorrência dos princípios da segurança jurídica e da proteção da confiança que deve prevalecer nas relações de seguro social.

A partir dessas considerações espera-se o avanço na área doutrinária e jurisprudencial sobre a delimitação dos institutos da prescrição e decadência no âmbito dos benefícios da Previdência Social.

# 10
# Execução de Sentença e Pagamentos dos Valores Devidos pelo INSS

Este capítulo tem por objeto a análise da atual sistemática de pagamento das dívidas decorrentes de sentença judiciária.

De acordo com as regras em vigor (art. 100 da Constituição, regulamentado pela Lei n. 10.259/2001), o pagamento das somas a que a Fazenda Pública, nesta incluído o INSS, for condenada, é feito por Requisição de Pequeno Valor (RPV), para créditos de até 60 salários mínimos, e por meio de precatório, aos valores superiores a esse limite.

## 10.1 EVOLUÇÃO LEGISLATIVA

Foi a Emenda Constitucional n. 20, de 15.12.1998, que inseriu o § 3º ao art. 100 da Constituição Federal, para excluir do regime do precatório os pagamentos de obrigações das Fazendas Federal, Estadual e Municipal, decorrentes de sentenças judiciais, transitadas em julgado, definidas em lei como de pequeno valor.

Posteriormente, foi aprovada a Emenda Constitucional n. 30, de 13.09.2000, que alterou novamente a redação do art. 100 da CF, estabelecendo:

a) a atualização monetária dos valores após a expedição dos precatórios judiciários (§ 1º);
b) a definição dos débitos de natureza alimentar, aí incluídos aqueles decorrentes de benefícios previdenciários (§ 1º-A);
c) a inclusão das obrigações de pequeno valor da Fazenda Distrital na sistemática do § 3º;
d) a possibilidade de serem fixados valores distintos para os pagamentos de pequeno valor, segundo as diferentes capacidades das entidades de direito público (§ 5º); e
e) que o Presidente do Tribunal competente que, por ato comissivo ou omissivo, retardar ou tentar frustrar a liquidação regular de precatório incorrerá em crime de responsabilidade (§ 6º).

Por sua vez, a Lei n. 10.259, de 12.07.2001, que criou os Juizados Especiais no âmbito da Justiça Federal, estabeleceu que, para os efeitos do § 3º do art. 100 da Constituição, as obrigações ali definidas como de pequeno valor, a serem pagas independentemente de precatório, terão como limite o mesmo valor estabelecido para a competência dos Juizados Especiais Cíveis, ou seja, 60 salários mínimos.

Na sequência cronológica, a Emenda Constitucional n. 37, de 12.06.2002, vedou a expedição de precatório complementar ou suplementar de valor pago, bem como fracionamento, repartição ou quebra do valor da execução, a fim de que seu pagamento não se faça, em parte, na forma de requisição de pequeno valor e, em parte, mediante expedição de precatório (art. 100, § 4º).

Posteriormente, a EC n. 62, de 11.11.2009, alterou o art. 100 da Constituição Federal e no § 2º, instituiu regime especial de pagamento de precatórios pelos Estados, Distrito Federal e Municípios. Entre as novidades está a previsão de que os débitos de natureza alimentícia cujos titulares tenham 60 anos de idade ou mais na data de expedição do precatório, ou sejam portadores de doença grave, definidos na forma da lei, serão pagos com preferência sobre todos os demais débitos, até o valor equivalente ao triplo do fixado em lei como de pequeno valor (na esfera federal 60 salários mínimos), admitido o fracionamento para essa finalidade, sendo que o restante será pago na ordem cronológica de apresentação do precatório (com preferência sobre os créditos comuns).

Essa regra da "superpreferência" havia sido disciplina pela Resolução CNJ n. 303/2019, que permitia a expedição de RPV de até 180 salários mínimos. Porém, o STF suspendeu os efeitos dessa medida na ADI 6.556/DF, em 18.12.2020. Posteriormente, o Tribunal, por unanimidade, referendou a decisão que deferiu parcialmente o pedido de concessão de medida cautelar, para suspender, até o julgamento do mérito desta ação, os efeitos do art. 9º, §§ 3º e 7º, da Resolução n. 303/2019 do CNJ, nos termos do voto da Relatora, Ministra Rosa Weber (Plenário, sessão virtual de 11.02.2022 a 18.02.2022).

O tema agora pende de análise na Repercussão Geral, Tema n. 1.156: "Pagamento da parcela de natureza superpreferencial, prevista no art. 100, § 2º, da Constituição Federal, por meio de Requisição de Pequeno Valor (RPV)" (RE 1.326.178). A descrição do tema é a seguinte:

> Recurso extraordinário em que se discute, à luz do art. 100, §§ 2º e 8º, da Constituição Federal, a possibilidade de pagamento de precatórios de natureza alimentícia, pela via da requisição de pequeno valor (RPV), a credores idosos, ou portadores de doenças graves, ou pessoas com deficiência – os chamados créditos superpreferenciais –, até o limite do triplo do que for definido em lei como obrigações de pequeno valor.

Destaca-se, ainda, que a EC n. 62/2009 estabeleceu que a atualização de valores de requisitórios, após sua expedição, até o efetivo pagamento, independentemente de sua natureza, seria feita pelo índice oficial de remuneração básica da caderneta de poupança, e, para fins de compensação da mora, incidiriam juros simples no mesmo percentual de juros incidentes sobre a caderneta de poupança, ficando excluída a incidência de juros compensatórios.

No entanto, o Plenário do STF, no julgamento das ADIs n. 4.357 e n. 4.425, que apreciou a constitucionalidade do art. 100 da CF, com a redação que lhe foi dada pela EC n. 62/2009, declarou a inconstitucionalidade da expressão "na data de expedição do precatório", do § 2º; dos §§ 9º e 10; e das expressões "índice oficial de remuneração básica da caderneta de poupança" e "independente de sua natureza", do § 12, todos do art. 100 da Constituição Federal de 1988, com a redação da Emenda Constitucional n. 62/2009, e, por arrastamento, também declarou inconstitucional parcial do art. 1º-F da Lei n. 9.494, com a redação dada pelo art. 5º da Lei n. 11.960, de 29.07.2009 (Taxa Referencial – TR).

No acórdão da ADI 4.357/DF, publicado no *DJE* 06.08.2015, restou definido que "modulam-se os efeitos das decisões declaratórias de inconstitucionalidade proferidas nas ADIs n. 4.357 e n. 4.425 para manter a vigência do regime especial de pagamento de precatórios instituído pela Emenda Constitucional n. 62/2009 por 5 (cinco) exercícios financeiros a contar de primeiro de janeiro de 2016", mantidos, nesse período, "(i) a vinculação de percentuais mínimos da receita corrente líquida ao pagamento dos precatórios (art. 97, § 10, do ADCT) e (ii) as sanções para o caso de não liberação tempestiva dos recursos destinados ao pagamento de precatórios (art. 97, § 10, do ADCT)".

A respeito dos índices de reajustamento, a decisão assim estabeleceu:

> Confere-se eficácia prospectiva à declaração de inconstitucionalidade dos seguintes aspectos da ADI, fixando como marco inicial a data de conclusão do julgamento da presente questão de ordem (25.03.2015) e mantendo-se válidos os precatórios expedidos ou pagos até esta data, a saber: (i) fica mantida a aplicação do índice oficial de remuneração básica da caderneta de poupança (TR), nos termos da Emenda Constitucional n. 62/2009, até 25.03.2015, data após a qual (a) os créditos em precatórios deverão ser corrigidos pelo Índice de Preços ao Consumidor Amplo Especial (IPCA-E) e (b) os precatórios tributários deverão observar os mesmos critérios pelos quais a Fazenda Pública corrige seus créditos tributários; e (ii) ficam resguardados os precatórios expedidos, no âmbito da administração pública federal, com base nos arts. 27 das Leis n. 12.919/2013 e n. 13.080/2015, que fixam o IPCA-E como índice de correção monetária.

Quanto às formas alternativas de pagamento previstas no regime especial, decidiu o STF que:

> (i) consideram-se válidas as compensações, os leilões e os pagamentos à vista por ordem crescente de crédito previstos na Emenda Constitucional n. 62/2009, desde que realizados até 25.03.2015, data a partir da qual não será possível a quitação de precatórios por tais modalidades; (ii) fica mantida a possibilidade de realização de acordos diretos, observada a ordem de preferência dos credores e de acordo com lei própria da entidade devedora, com redução máxima de 40% do valor do crédito atualizado.

No final de 2021, foram aprovadas duas novas Emendas Constitucionais (n. 113 e n. 114), que modificaram a Constituição Federal e o ADCT, gerando grande impacto nas regras relacionadas com o regime de pagamento de precatórios.

Da EC n. 113, de 08.12.2021, destaca-se a previsão do uso da SELIC na atualização monetária, remuneração do capital e compensação da mora (art. 3º), com a aplicação desse novo regime a todos os requisitórios já expedidos, inclusive no orçamento fiscal e da seguridade social do exercício de 2022 (art. 5º). Porém, o STF, em apreciação de Repercussão Geral no RE 1.515.163/RS, Tema 1.335, fixou a seguinte tese:

> 1. Não incide a taxa SELIC, prevista no art. 3º da EC n. 113/2021, no prazo constitucional de pagamento de precatórios do § 5º do art. 100 da Constituição. 2. Durante o denominado "período de graça", os valores inscritos em precatório terão exclusivamente correção monetária, nos termos decididos na ADI 4.357-QO/DF e na ADI 4.425-QO/DF (Plenário Virtual, Rel. Min. Luís Roberto Barroso, *DJe* 21.10.2024).

Com relação à EC n. 114, de 16.12.2021, foi aprovada a proposta de parcelamento de parte dos precatórios até o final do ano de 2026, consoante a seguinte previsão: "ADCT: Art. 107-A. Até o fim de 2026, fica estabelecido, para cada exercício financeiro, limite para alocação na proposta orçamentária das despesas com pagamentos em virtude de sentença judiciária de que trata o art. 100 da Constituição Federal, equivalente ao valor da despesa paga no exercício de 2016, incluídos os restos a pagar pagos, corrigido na forma do § 1º do art. 107 deste Ato das Disposições Constitucionais Transitórias, devendo o espaço fiscal decorrente da diferença entre o valor dos precatórios expedidos e o respectivo limite ser destinado ao programa previsto no parágrafo único do art. 6º e à seguridade social, nos termos do art. 194, ambos da Constituição Federal, (...)".

Essa postergação no pagamento de parte dos precatórios representa um "calote" contra a sociedade e acaba por ferir a segurança jurídica. A ordem de preferência anual para recebimento dos valores foi estabelecida no § 8º do art. 107-A do ADCT, qual seja:

> I – obrigações definidas em lei como de pequeno valor, previstas no § 3º do art. 100 da Constituição Federal;

II – precatórios de natureza alimentícia cujos titulares, originários ou por sucessão hereditária, tenham no mínimo 60 (sessenta) anos de idade, ou sejam portadores de doença grave ou pessoas com deficiência, assim definidos na forma da lei, até o valor equivalente ao triplo do montante fixado em lei como obrigação de pequeno valor;

III – demais precatórios de natureza alimentícia até o valor equivalente ao triplo do montante fixado em lei como obrigação de pequeno valor;

IV – demais precatórios de natureza alimentícia além do valor previsto no inciso III deste parágrafo;

V – demais precatórios.

Os precatórios que não fossem pagos pela falta de orçamento teriam prioridade para pagamento em exercícios seguintes, observada a ordem cronológica e a ordem de preferência prevista no § 8º do art. 107-A do ADCT.

A pedido do CFOAB, o CJF decidiu que o pagamento do crédito principal e dos honorários contratuais destacados dos precatórios devidos pela Fazenda Pública Federal devem ser realizados no âmbito da Justiça Federal de forma concomitante, observando sempre a posição na ordem de precedência do crédito principal (Processo n. 0002328-11.2022.4.90.8000, j. 02.08.2022). Regra mantida pelo CNJ quando da edição da Resolução n. 482, de 19.12.2022, a qual "Atualiza a Resolução CNJ n. 303/2019, que dispõe sobre a gestão dos precatórios e respectivos procedimentos operacionais no âmbito do Poder Judiciário".

Na sequência, acertadamente, o STF invalidou as restrições ao pagamento de precatórios. A decisão foi tomada no julgamento das Ações Diretas de Inconstitucionalidade (ADI 7.064) apresentadas pelo CFOAB e pela AMB, e na ADI n. 7.047, assinadas pelo PDT. A síntese dos julgados é a que segue:

– **ADI n. 7.047**: o STF converteu o julgamento da medida cautelar em julgamento de mérito e conheceu da ação direta para julgá-la parcialmente procedente e declarar a inconstitucionalidade dos arts. 100, § 9º, da CF, e 101, § 5º, do ADCT, com redação estabelecida pelo art. 1º da EC 113/21, bem como dar interpretação conforme a Constituição ao art. 100, § 11, da Constituição, com redação da EC 113/21, para excluir a expressão com autoaplicabilidade para a União de seu texto (Plenário, Rel. Min. Luiz Fux, Sessão Virtual Extraordinária de 30.11.2023).

– **ADI n. 7.064**: o STF converteu o julgamento da medida cautelar em julgamento de mérito e conheceu da ação direta para julgá-la parcialmente procedente para:

i) dar interpretação conforme a Constituição ao *caput* do art. 107-A do ADCT, incluído pela EC n. 114/2021 para que seus efeitos somente operem para o exercício de 2022;

ii) declarar a inconstitucionalidade, com supressão de texto, dos incisos II e III do art. 107-A do ADCT;

iii) declarar a inconstitucionalidade por arrastamento dos §§ 3º, 5º e 6º do mesmo art. 107-A;

iv) declarar a inconstitucionalidade do art. 6º da EC n. 114/2021, bem como dos arts. 100, § 9º, da CF, e 101, § 5º, do ADCT, com redação estabelecida pelo art. 1º da EC n. 113/2021;

v) dar interpretação conforme a Constituição ao art. 100, § 11, da Constituição, com redação da EC n. 113/2021, para excluir a expressão com autoaplicabilidade para a União de seu texto;

vi) reconhecer que o cumprimento integral do teor desta decisão insere-se nas exceções descritas no art. 3º, § 2º, da LC n. 200/2023, que institui o Novo Regime Fiscal Sustentável, cujos valores não serão considerados exclusivamente para fins de verificação do cumprimento da meta de resultado primário a que se refere o art. 4º, § 1º, da LC n. 101, de 4 de maio de 2000, prevista na lei de diretrizes orçamentárias em que for realizado o pagamento;

vii) deferir o pedido para abertura de créditos extraordinários para quitação dos precatórios expedidos para os exercícios de 2022, 2023, 2024, 2025 e 2026, quando excedentes do subteto fixado pelo art. 107-A do ADCT, deduzidas as dotações orçamentárias já previstas na proposta orçamentária para o exercício de 2024, estando presentes, no caso concreto, os requisitos constitucionais da imprevisibilidade e da urgência previstos no § 3º do art. 167 da CF, e sendo possível a edição de medida provisória para o pagamento ainda no exercício corrente (Plenário, Rel. Min. Luiz Fux, Sessão Virtual Extraordinária de 30.11.2023).

## 10.2 ATUALIZAÇÃO DOS VALORES PAGOS EM ATRASO

Sobre os valores de benefícios pagos em atraso, na via administrativa, incide a correção monetária, em face da natureza alimentar dos benefícios previdenciários. Nesse sentido, preconiza a Súmula n. 9 do Tribunal Regional Federal da 4ª Região:

> Incide correção monetária sobre os valores pagos com atraso, na via administrativa, a título de vencimento, remuneração, provento, soldo, pensão ou benefício previdenciário, face a sua natureza alimentar (*DJ* 06.11.1992)

A Advocacia-Geral da União, visando eliminar discussões judiciais e padronizar o entendimento na Administração Federal, baixou sobre a matéria o seguinte enunciado:

> – **Súmula n. 38:** "Incide a correção monetária sobre as parcelas em atraso não prescritas, relativas aos débitos de natureza alimentar, assim como aos benefícios previdenciários, desde o momento em que passaram a ser devidos, mesmo que em período anterior ao ajuizamento de ação judicial".

Nas condenações judiciais em geral e antes da expedição do precatório ou da RPV, a correção monetária incide a partir do vencimento de cada prestação, devendo ser calculada pelos índices oficiais e jurisprudencialmente aceitos.

Destacamos, nesse sentido, o Manual de Cálculos do Conselho da Justiça Federal[1], o qual adota, caso não haja decisão judicial em contrário, os seguintes índices de correção:

| PERÍODO | INDEXADOR | LEGISLAÇÃO/OBSERVAÇÃO |
|---|---|---|
| 10/1964 a 02/1986 | ORTN | Lei n. 4.257/1964 |
| 03/1986 a 01/1989 | OTN | Decreto-lei n. 2.284/1986. Os débitos anteriores a jan./1989 devem ser multiplicados, neste mês, por 6,17. |
| 01/1989 | IPC/IBGE de 42,72% | Expurgo, em substituição ao BTN |
| 02/1989 | IPC/IBGE de 10,14% | Expurgo, em substituição ao BTN |
| 03/1989 a 03/1990 | BTN | Lei n. 7.777/1989 |
| 03/1990 a 02/1991 | IPC/IBGE | Expurgo, em substituição ao BTN e ao INPC de fev./1991 |
| 03/1991 a 11/1991 | INPC | |
| Em dez./1991 De jan./1992 a dez./2000 | IPCA Série Especial Ufir | Art. 2º, § 2º, da Lei n. 8.383/1991 Lei n. 8.383/1991 |

---

[1] Manual de orientação de procedimentos para os cálculos na Justiça Federal/Conselho da Justiça Federal, Corregedoria-Geral da Justiça Federal; elaboração: Comissão Permanente de Revisão e Atualização do Manual de Orientação de Procedimentos para os Cálculos na Justiça Federal; Presidente da Comissão: Desembargador Federal Marcos Augusto de Sousa. Brasília: Conselho da Justiça Federal, Centro de Estudos Judiciários, 2022, p. 52-53.

| PERÍODO | INDEXADOR | LEGISLAÇÃO/OBSERVAÇÃO |
|---|---|---|
| De jan./2001 a nov./2001 | IPCA-E/IBDE | RE 870947 (Tema n. 810) e REsp 1.492.221 (Tema n. 905). O percentual a ser utilizado em janeiro de 2001 deverá ser o IPCA-E acumulado no período de janeiro a dezembro de 2000. A partir de janeiro de 2001, deverá ser utilizado o IPCA-E mensal (IPCA-15/IBGE). |
| A partir de dez./2021 | Selic | Art. 3º da EC n. 113/2021. Não incide a taxa SELIC, prevista no art. 3º da EC n. 113/2021, no prazo constitucional de pagamento de precatórios do § 5º do art. 100 da Constituição. Durante o denominado "período de graça", os valores inscritos em precatório terão exclusivamente correção monetária, nos termos decididos na ADI 4.357-QO/DF e na ADI 4.425-QO/DF (RE 1.515.163, Plenário Virtual, Rel. Min. Luís Roberto Barroso, DJe 21.10.2024). |

Quanto aos juros de mora, são contados a partir da citação, salvo determinação judicial em outro sentido, excluindo-se o mês de início e incluindo-se o mês da conta, conforme os seguintes critérios: até 29.06.2009 devem ser fixados à taxa de 1% ao mês, a contar da citação, com base no art. 3º do Decreto-Lei n. 2.322/1987, aplicável, analogicamente, aos benefícios pagos com atraso, tendo em vista o seu caráter alimentar, consoante firme entendimento consagrado na jurisprudência do STJ e na Súmula n. 75 do TRF da 4ª Região. A partir de 30.06.2009, por força da Lei n. 11.960, de 29.06.2009, que alterou o art. 1º-F da Lei n. 9.494/1997, para fins de apuração dos juros de mora, haverá a incidência, uma única vez, até o efetivo pagamento, do índice oficial aplicado à caderneta de poupança.

A validade da utilização da TR, a contar de 1º.07.2009, data em que passou a vigorar a Lei n. 11.960/2009 (a qual alterou o art. 1º-F da Lei n. 9.494/1997), teve repercussão geral reconhecida pelo STF no Recurso Extraordinário n. 870947-SE (Tema n. 810), julgado em 20.09.2017, com a fixação das seguintes teses:

> 1. O art. 1º-F da Lei n. 9.494/1997, com a redação dada pela Lei n. 11.960/2009, na parte em que disciplina os juros moratórios aplicáveis a condenações da Fazenda Pública, é inconstitucional ao incidir sobre débitos oriundos de relação jurídico-tributária, aos quais devem ser aplicados os mesmos juros de mora pelos quais a Fazenda Pública remunera seu crédito tributário, em respeito ao princípio constitucional da isonomia (CRFB, art. 5º, *caput*); quanto às condenações oriundas de relação jurídica não tributária, a fixação dos juros moratórios segundo o índice de remuneração da caderneta de poupança é constitucional, permanecendo hígido, nesta extensão, o disposto no art. 1º-F da Lei n. 9.494/1997 com a redação dada pela Lei n. 11.960/2009;
>
> 2. O art. 1º-F da Lei n. 9.494/1997, com a redação dada pela Lei n. 11.960/2009, na parte em que disciplina a atualização monetária das condenações impostas à Fazenda Pública segundo a remuneração oficial da caderneta de poupança, revela-se inconstitucional ao impor restrição desproporcional ao direito de propriedade (CRFB, art. 5º, XXII), uma vez que não se qualifica como medida adequada a capturar a variação de preços da economia, sendo inidônea a promover os fins a que se destina (RE 870.947/SE, Tribunal Pleno, Rel. Min. Luiz Fux, ATA n. 27, de 20.09.2017, publicado no *DJE* n. 216, divulgado em 22.09.2017).

Na sequência, o STF rejeitou todos os embargos de declaração e não modulou os efeitos da decisão proferida na Repercussão Geral Tema n. 810 (Plenário, 03.10.2019).

Por sua vez, o STJ, ao julgar o Repetitivo Tema n. 905, fixou a tese de que, nas condenações judiciais de natureza previdenciária, deve ser aplicado o INPC (em substituição à TR) como índice de correção monetária a contar do vencimento de cada prestação, e juros de mora, a contar da citação, segundo os índices oficiais aplicados à caderneta de poupança, conforme o art. 5º, da Lei n. 11.960/2009, que deu nova redação ao art. 1º-F, da Lei n. 9.494/1997, observando-se os arts. 1º e 2º da Lei n. 12.703/2012, que estabelecem o seguinte percentual:

a) 0,5% ao mês, enquanto a meta da taxa SELIC ao ano, definida pelo Banco Central do Brasil, for superior a 8,5%; ou
b) 70% da meta da taxa SELIC ao ano, definida pelo Banco Central do Brasil, mensalizada, vigente na data de início do período de rendimento, nos demais casos.

Por último, a EC n. 113/2021 (*DOU* 09.12.2021) trouxe alterações em relação ao índice de atualização monetária, de remuneração do capital e de compensação da mora nas discussões e nas condenações que envolvam a Fazenda Pública, impactando também o cumprimento de sentenças judiciais transitadas em julgado sob a forma de precatórios e RPVs. O art. 3º prevê a incidência, uma única vez, até o efetivo pagamento, do índice da taxa referencial do Sistema Especial de Liquidação e de Custódia (Selic), acumulado mensalmente. E o art. 5º estabelece que as alterações relativas ao regime de pagamento dos precatórios aplicam-se a todos os requisitórios já expedidos, inclusive no orçamento fiscal e da seguridade social do exercício de 2022.

Em face da inovação constitucional trazida pela EC n. 113/2021, a Resolução CNJ n. 448, de 25.03.2022, alterou a Resolução CNJ n. 303/2019, que dispõe sobre a gestão de precatórios e respectivos procedimentos operacionais no âmbito do Poder Judiciário, da qual destaca-se:

> Art. 21. A partir de dezembro de 2021, e para fins de atualização monetária, remuneração do capital e de compensação da mora, os precatórios, independentemente de sua natureza, serão corrigidos pelo índice da taxa referencial do Sistema Especial de Liquidação e de Custódia (Selic), acumulado mensalmente. (NR)
>
> Art. 21-A Os precatórios não tributários requisitados anteriormente a dezembro de 2021 serão atualizados a partir de sua data-base mediante os seguintes indexadores:
> (...) XII – IPCA-E/ IBGE – de 26.03.2015 a 30 de novembro de 2021;
> XIII – Taxa Referencial do Sistema Especial de Liquidação e de Custódia (Selic) – de dezembro de 2021 em diante.
> (...) § 6º Não havendo o adimplemento no prazo a que alude o § 5º do art. 100 da Constituição Federal, a atualização dos precatórios tributários e não tributários será pela taxa Selic. (NR)
>
> Art. 22. Na atualização da conta do precatório não tributário os juros de mora devem incidir somente até o mês de novembro de 2021, observado o disposto no § 5º do art. 21-A desta Resolução.
> § 1º A partir de dezembro de 2021, a compensação da mora dar-se-á da forma discriminada no art. 21 dessa Resolução, ocasião em que a taxa referencial do Sistema Especial de Liquidação e de Custódia (Selic) incidirá sobre o valor consolidado, correspondente ao crédito principal atualizado monetariamente na forma do art. 21-A dessa Resolução até novembro de 2021 e aos juros de mora, observado o disposto nos §§ 5º e 6º do art. 21-A desta Resolução.
> § 2º Em nenhuma hipótese a atualização monetária e o cálculo dos juros, previstos nos arts. 21 e 21-A, poderão retroagir a período anterior da data-base da expedição do precatório. (NR)

Porém, o STF, em apreciação de Repercussão Geral no RE 1.515.163/RS, Tema 1.335, fixou a seguinte tese:

> 1. Não incide a taxa SELIC, prevista no art. 3º da EC n. 113/2021, no prazo constitucional de pagamento de precatórios do § 5º do art. 100 da Constituição. 2. Durante o denomi-

nado "período de graça", os valores inscritos em precatório terão exclusivamente correção monetária, nos termos decididos na ADI 4.357-QO/DF e na ADI 4.425-QO/DF (Plenário Virtual, Rel. Min. Luís Roberto Barroso, *DJe* 21.10.2024).

Cabe mencionar que a utilização da taxa Selic não pode ser cumulada com qualquer outro índice ou parâmetro de cálculo, a teor da jurisprudência do STJ, a exemplo da decisão em sede de agravo interno proferida pela 4ª Turma daquela Corte, no Recurso Especial n. 1.752.361/MG, j. 21.06.2021.

## 10.3 REQUISIÇÃO DE PEQUENO VALOR (RPV)

Considera-se Requisição de Pequeno Valor – RPV aquela relativa a crédito cujo valor atualizado, por beneficiário, seja igual ou inferior a:

- sessenta salários mínimos, se a devedora for a Fazenda Federal (art. 17, § 1º, da Lei n. 10.259, de 12.07.2001);
- quarenta salários mínimos ou o valor estipulado pela legislação local, se a devedora for a Fazenda Estadual ou Distrital, não podendo a lei fixar valor inferior ao do maior benefício do Regime Geral de Previdência Social;
- trinta salários mínimos ou o valor estipulado pela legislação local, se a devedora for a Fazenda Municipal, não podendo a lei fixar valor inferior ao do maior benefício do Regime Geral de Previdência Social.

Em caso de litisconsórcio, para a definição da RPV, será considerada cada parte individualmente.

A Lei de Diretrizes Orçamentárias de 2002 (Lei n. 10.266, de 24.07.2001) estabeleceu a obrigatoriedade de as RPVs serem dirigidas ao presidente do Tribunal competente, pondo fim à possibilidade de pagamento direto.

Para Antônio F. S. do Amaral e Silva:

> O objetivo da Lei n. 10.266, em seu art. 23, é bastante simples, atendendo à necessidade de efetivar-se o planejamento dos gastos da União, das autarquias e das fundações públicas com as requisições de pequeno valor[2].

Ainda no tocante ao tema, é mister enfatizarmos a Resolução CJF n. 822/2023. Tal resolução regulamenta, no âmbito da Justiça Federal de primeiro e segundo graus, os procedimentos relativos à expedição de ofícios requisitórios, ao cumprimento da ordem cronológica dos pagamentos, às compensações, ao saque e ao levantamento dos depósitos.

Competirá ao Presidente do respectivo Tribunal Regional Federal aferir a regularidade formal das requisições, bem como assegurar a obediência à ordem de preferência de pagamento dos créditos, nos termos preconizados na Constituição Federal e na Resolução CJF n. 822/2023.

Nos casos de sentença transitada em julgado ou acórdão determinando a obrigação de pagar quantia certa de pequeno valor em que o devedor for a União, suas autarquias e fundações, o juiz expedirá requisição ao presidente do Tribunal Regional Federal.

Tais RPVs serão organizadas mensalmente, em ordem cronológica, com os valores por beneficiário, devendo ser encaminhadas à Secretaria de Planejamento, Orçamento e Finanças

---

[2] SILVA, Antonio F. S. do Amaral; SCHÄFER, Jairo Gilberto. *Juizados especiais federais*: aspectos cíveis e criminais. Blumenau: Acadêmica, 2002. p. 63.

do Conselho da Justiça Federal e ao representante legal da entidade devedora, e serão pagas em 60 dias a contar de suas expedições.

Desrespeitado o prazo de 60 dias em qualquer dos casos, o juízo da execução deverá determinar o sequestro da verba necessária à quitação do valor requisitado (art. 17, § 2º, da Lei n. 10.259/2001).

A previsão de sequestro dos valores, antes exclusiva do Presidente do Tribunal, foi estendida ao Juiz de primeiro grau pela Lei n. 10.259/2001 (art. 17, § 2º), caso a requisição para pagamento não seja atendida no prazo de 60 dias. Entendemos ser extremamente importante a previsão legal do sequestro dos valores, como forma de garantia da efetividade da ordem judicial em prol dos beneficiários, normalmente pessoas que passam por grandes dificuldades financeiras.

Para a atualização monetária das RPVs serão utilizados, da data-base informada pelo juízo da execução até o efetivo depósito, os índices estabelecidos na Lei de Diretrizes Orçamentárias. Não haverá a incidência de juros de mora quando seu pagamento for feito dentro do prazo de 60 dias. Desatendido o prazo fixado no parágrafo anterior, o juiz da execução determinará de ofício o sequestro do numerário suficiente ao cumprimento da decisão, dispensada a audiência da entidade devedora (§ 3º do art. 3º da Resolução CJF n. 822/2023).

O art. 9º da Resolução CJF n. 822/2023 dispõe que, em se tratando de requisição de pagamento de juizado especial federal, o juiz, após o trânsito em julgado da sentença, expedirá o ofício requisitório, que indicará os dados relacionados naquela normativa, que podem ser acessados em: https://www.cjf.jus.br/publico/biblioteca/Res%20822-2023.pdf. Nos artigos seguintes da Resolução CJF n. 822/2023, consta que:

– fica dispensado o envio de peças, física ou digitalmente, para a formalização de requisições de pagamento (art. 10);
– havendo, no cálculo judicial, verba tributária e não tributária, o juízo deverá expedir requisições de pagamento distintas, que deverão ser somadas pelo juízo para definição da modalidade do requisitório – precatório ou RPV (art. 11);
– o juízo da execução, antes do encaminhamento ao tribunal, intimará as partes para manifestação acerca do inteiro teor do ofício requisitório (art. 12);
– ausentes quaisquer dos dados especificados, o ofício requisitório não será considerado, cabendo ao tribunal restituí-lo à origem (art. 13);
– no caso de condenação contra a Fazenda Pública em pagar quantia certa, é possível a expedição de precatório e de RPV em relação à parcela incontroversa contida na decisão, observado o valor total da execução para fins de fixação do instrumento de pagamento do débito (art. 14).

No tribunal, após a expedição, a requisição não poderá sofrer alteração que implique aumento da despesa prevista no orçamento. A decisão que retificar a natureza do crédito será cumprida sem cancelamento do precatório, mantendo-se inalterada a data da apresentação. E, após a expedição da requisição, o cancelamento ou a retificação de valor para menor se fará por solicitação imediata do juízo da execução ao presidente do tribunal (art. 43 da Resolução CJF n. 822/2023).

Mas, uma vez realizado o depósito em instituição financeira oficial (Caixa Econômica Federal ou Banco do Brasil S.A.) e sendo necessário o cancelamento da requisição ou a retificação para menor pelo juízo da execução, os recursos correspondentes serão devolvidos ao tribunal (art. 44 da Resolução CJF n. 822/2023).

No caso de penhora, arresto, sequestro, cessão de crédito ou falecimento do credor posterior à apresentação do ofício requisitório, os valores requisitados ou depositados serão convertidos em depósito judicial, indisponível, à ordem do juízo da execução, até ulterior deliberação deste sobre a destinação do crédito (art. 51 da Resolução CJF n. 822/2023).

O disposto no art. 100, § 8º, da Constituição, regulado pelo § 3º do art. 17 da Lei n. 10.259/2001, veda a expedição de precatório complementar ou suplementar de valor pago, bem como fracionamento, repartição ou quebra do valor da execução, a fim de que seu pagamento não se faça em parte na forma de RPV e, em parte, mediante expedição de precatório.

Então, caso o valor da execução ultrapasse o limite estabelecido como de pequeno valor, o pagamento far-se-á por meio de precatório, ressalvado o direito do credor de renunciar ao crédito que exceda o limite de dispensa do precatório, consoante previsão do § 4º do art. 17 da Lei n. 10.259/2001.

A vedação ao fracionamento do valor da execução e a possibilidade de renúncia do crédito excedente já eram previstas na Lei n. 10.099/2000, que deu nova redação ao art. 128 da Lei n. 8.213/1991.

Não se pode entender como fracionamento a existência de pagamento para mais de um autor num mesmo processo. Por isso, em caso de litisconsórcio será considerado o valor devido a cada litisconsorte, expedindo-se, simultaneamente, se for o caso, RPVs e requisições mediante precatório.

Também não caracteriza fracionamento o pagamento da parte incontroversa. Essa foi a tese fixada pelo STF no julgamento da Repercussão Geral Tema n. 28: "Surge constitucional expedição de precatório ou requisição de pequeno valor para pagamento da parte incontroversa e autônoma do pronunciamento judicial transitada em julgado observada a importância total executada para efeitos de dimensionamento como obrigação de pequeno valor" (RE 1.205.530, Tribunal Pleno, Rel. Min. Marco Aurélio, *DJe* 30.06.2020).

## 10.4 PAGAMENTO POR PRECATÓRIO

Os pagamentos de valores superiores ao limite de 60 (sessenta) salários mínimos serão requisitados mediante precatório judiciário, que possuem caráter alimentar e estão sujeitos à ordem cronológica distinta dos precatórios de natureza diversa.

Os precatórios até 2021 eram apresentados até 1º de julho para inclusão no orçamento da verba necessária ao pagamento, o qual deverá ocorrer até o final do exercício seguinte, quando terão seus valores atualizados monetariamente. Entretanto, a partir de 2022, a apresentação deve ocorrer até 2 de abril, por força da nova redação do § 5º do art. 100 da CF, conferida pela EC n. 114/2021.

O juiz da execução informará no requisitório os dados constantes do processo (art. 8º da Resolução CJF n. 822/2023, disponível em: https://www.cjf.jus.br/publico/biblioteca/Res%20822-2023.pdf).

## 10.5 PAGAMENTO DE HONORÁRIOS CONTRATUAIS E SUCUMBÊNCIAIS

Quando o advogado solicitar a separação do valor de seus honorários, deve-se observar o disposto no art. 22, § 4º, da Lei n. 8.906/1994 e os arts. 15 a 18 da Resolução CJF n. 822/2023, de forma que ao advogado será atribuída a qualidade de beneficiário quando se tratar de honorários sucumbenciais e de honorários contratuais.

Ressalta-se que o STF fixou orientação no sentido da impossibilidade de expedição de requisição de pagamento de honorários contratuais dissociados do principal a ser requisitado (RE 1025776 AgR-RS, 2ª Turma, Rel. Min. Edson Fachin, *DJe* 01.08.2017). Nesse sentido, o CJF decidiu que o pagamento do crédito principal e dos honorários contratuais destacados dos precatórios devidos pela Fazenda Pública Federal devem ser realizados no âmbito da Justiça

Federal de forma concomitante, observando sempre a posição na ordem de precedência do crédito principal (Processo n. 0002328-11.2022.4.90.8000, j. 02.08.2022).

Com isso, voltou-se a adotar a regra que apenas os honorários sucumbenciais são separados e os honorários contratuais devem ser considerados parcela integrante do valor devido a cada credor para fins de classificação do requisitório como de pequeno valor.

Cabe referir que o STJ tem entendimento no sentido de que a base de cálculo da verba honorária nas ações previdenciárias é composta das parcelas vencidas até a data da decisão judicial em que o direito do segurado foi reconhecido. Os honorários advocatícios incidem sobre o valor da condenação, nesta compreendidas as parcelas vencidas até a prolação da decisão judicial concessiva do benefício, em consonância com a Súmula n. 111/STJ. A respeito, a tese fixada no Repetitivo Tema n. 1.105: "Continua eficaz e aplicável o conteúdo da Súmula 111/STJ (com a redação modificada em 2006), mesmo após a vigência do CPC/2015, no que tange à fixação de honorários advocatícios".

Sobre a apuração dos honorários sucumbenciais, o STJ possui ainda o seguinte precedente qualificados:

– **Repetitivo n. 1.050 – Tese fixada**: "O eventual pagamento de benefício previdenciário na via administrativa, seja ele total ou parcial, após a citação válida, não tem o condão de alterar a base de cálculo para os honorários advocatícios fixados na ação de conhecimento, que será composta pela totalidade dos valores devidos".

– **Repetitivo n. 1.190 – Tese fixada**: "Na ausência de impugnação à pretensão executória, não são devidos honorários advocatícios sucumbenciais em cumprimento de sentença contra a Fazenda Pública, ainda que o crédito esteja submetido a pagamento por meio de Requisição de Pequeno Valor – RPV".

As requisições expedidas em favor do advogado para pagamento dos honorários sucumbenciais e os destaques de honorários contratuais estarão sujeitos à incidência do imposto de renda nos termos previstos na Lei n. 10.833/2003 (art. 36 da Resolução n. 822/2023 do CJF).

## 10.6 PREFERÊNCIA NO PAGAMENTO DE REQUISIÇÕES (RPV OU PRECATÓRIO)

Verbas relativas a benefícios previdenciários são consideradas débitos de natureza alimentícia, assim como aquelas decorrentes de salários, vencimentos, proventos, pensões e suas complementações e indenizações por morte ou por invalidez fundadas em responsabilidade civil, em virtude de sentença judicial transitada em julgado.

São portadores de doença grave os beneficiários acometidos das moléstias indicadas no inciso XIV do art. 6º da Lei n. 7.713/1988, com a redação dada pela Lei n. 11.052, de 29.12.2004, ou portador de doença considerada grave a partir de conclusão da medicina especializada, mesmo que a doença tenha sido contraída após o início do processo. E, pessoa com deficiência, o beneficiário assim definido pela Lei n. 13.146, de 6 de julho de 2015.

O portador de doença grave beneficiário de precatório de natureza alimentícia poderá requerer a prioridade no pagamento a qualquer tempo, cabendo a decisão ao juízo da execução, que comunicará ao presidente do tribunal eventual deferimento da prioridade constitucional, com a finalidade de alterar a ordem de pagamento quando já expedido o ofício requisitório.

Os demais sucessores, portanto, somente terão direito à preferência quando, pessoalmente, preencherem os requisitos para sua obtenção, na forma prevista no art. 100, § 2º, da Constituição Federal.

O CPC/2015 (art. 1.048) contemplou essas prioridades das pessoas idosas, com doenças graves ou com deficiência e estendeu esse tratamento aos procedimentos regulados pela Lei n. 8.069, de 1990 (Estatuto da Criança e do Adolescente). No que tange às doenças graves, a opção foi pelo rol contido no art. 6º, XIV, da Lei n. 7.713, de 1988 (Legislação do Imposto de Renda).

Ainda, segundo o Estatuto da Pessoa Idosa (alterado pela Lei n. 13.466, de 2017), entre os processos de idosos, dar-se-á prioridade especial aos maiores de 80 anos. Ou seja, todas as pessoas com mais de 60 anos continuam tendo prioridade, mas os acima de 80 anos possuem uma "superprioridade" diante dos demais idosos.

Pelo Estatuto da Pessoa com Deficiência (Lei n. 13.146, de 06.07.2015) foi assegurada prioridade aos que têm impedimento de longo prazo de natureza física, mental, intelectual ou sensorial, o qual, em interação com uma ou mais barreiras, pode obstruir sua participação plena e efetiva na sociedade em igualdade de condições com as demais pessoas.

Esse Estatuto confere o atendimento prioritário em todas as instituições e serviços de atendimento ao público, em procedimentos judiciais e administrativos, contemplando todos os atos e diligências (art. 9º). E, com o objetivo de garantir o acesso à justiça em igualdade de oportunidades com as demais pessoas, prevê (arts. 79 e 80):

- adaptações e recursos de tecnologia assistiva;
- capacitação dos membros e dos servidores que atuam no Poder Judiciário, no Ministério Público, na Defensoria Pública, nos órgãos de segurança pública e no sistema penitenciário quanto aos direitos da pessoa com deficiência;
- acessibilidade, quando submetidos a medidas restritivas de liberdade.

Em caso de processo judicial, o interessado na obtenção do benefício em questão, juntando prova de sua condição, deverá requerê-lo à autoridade judiciária competente para decidir o feito, que determinará ao cartório do juízo as providências a serem cumpridas. Deferida a prioridade, os autos receberão identificação própria que evidencie o regime de tramitação prioritária.

## 10.7 DO SAQUE E LEVANTAMENTO DOS DEPÓSITOS (RPVS E PRECATÓRIOS)

A Resolução CJF n. 822/2023 estabeleceu normas referentes aos saques dos valores destinados aos pagamentos decorrentes de precatórios e de requisições de pequeno valor, determinando que serão sempre depositados pelos Tribunais Regionais Federais em instituição financeira oficial, abrindo-se conta remunerada e individualizada para cada beneficiário (art. 49, *caput*). E disciplinou nesse mesmo artigo, que:

- os saques correspondentes a precatórios e a RPVs serão feitos independentemente de alvará e reger-se-ão pelas normas aplicáveis aos depósitos bancários, com o prazo de até 48 horas para a agência efetuar o pagamento, a contar da apresentação dos documentos de identificação ao gerente (§ 1º);
- nas hipóteses da liberação de grandes lotes de precatórios e RPVs para pagamento por uma mesma agência bancária, o prazo do parágrafo anterior poderá ser ampliado até seu dobro, desde que devidamente justificado pelo respectivo gerente (§ 2º);
- poderão ser expedidas requisições, a critério do juízo, com indicação de levantamento mediante expedição de alvará ou meio equivalente (§ 3º);
- os precatórios e as RPVs expedidos com indicação de recolhimento das contribuições indicadas nos arts. 8º e 9º, inciso XIV, serão levantados mediante expedição de alvará ou meio equivalente (§ 4º);

- os precatórios e as RPVs expedidos pelas varas estaduais com competência delegada serão levantados mediante expedição de alvará ou meio equivalente (§ 5º);
- os valores sacados, com ou sem expedição de alvará, estarão sujeitos à retenção da contribuição para o PSS, se houver, bem como do imposto de renda, nos termos da lei (§ 6º);
- o saque por meio de procurador somente poderá ser feito mediante procuração específica, da qual conste o número da conta de depósito ou o número de registro da requisição de pagamento no tribunal e, em caso de dúvida de autenticidade, com firma reconhecida (§ 7º);
- a exigência prevista no § 7º não se aplica aos advogados que já tenham procuração nos autos, desde que nela constem poderes para dar e receber quitação, e, ainda, obrigatoriamente, esteja acompanhada de certidão emitida pela secretaria da vara ou juizado em que tramita o processo, atestando que a referida procuração esteja em vigor e por meio dela tenham sido outorgados poderes para receber o crédito (§ 8º);
- a certidão prevista no § 8º poderá ser emitida de forma eletrônica no sistema de processo judicial eletrônico, bem como poderá ser dispensada nos casos de saque por meio de alvará eletrônico, desde que o sistema possa validar a vigência da procuração e a existência de poderes para receber o crédito (§ 9º);
- a certidão emitida, nos termos prevista no § 9º, terá validade pelo prazo de 30 dias contados da data da sua emissão (§ 10).

Cada Tribunal Regional Federal comunicará a efetivação do depósito ao juízo da execução, e este cientificará as partes, que deverão comparecer às instituições bancárias para efetuar o saque dos valores depositados.

Qualquer fato anterior ao depósito pelo tribunal, que impeça o saque, será imediatamente comunicado pelo juízo da execução ao presidente do tribunal, que determinará o bloqueio até decisão final (art. 52, *caput*, da Resolução n. 822/2023 do CJF). E, após o depósito, o bloqueio deverá ser determinado pelo juízo da execução ou pelo presidente do tribunal diretamente à instituição financeira, conforme dispuser o regulamento do tribunal (parágrafo único do art. 52 da Resolução n. 822/2023 do CJF).

## 10.8 RETENÇÃO DE IMPOSTO DE RENDA EM SAQUE DE REQUISIÇÃO (RPV OU PRECATÓRIO)

A regra de desconto do Imposto de Renda sobre os valores dos benefícios previdenciários está regulada pela Lei n. 7.713/1988 e alterações posteriores. Existe a faixa de isenção e a tributação progressiva, assim como os demais rendimentos do trabalho. Destacamos, no entanto, que nos termos do art. 6º, XIV, ficam isentos do imposto de renda os seguintes rendimentos percebidos por pessoas físicas:

> XIV – os proventos de aposentadoria ou reforma motivada por acidente em serviço e os percebidos pelos portadores de moléstia profissional, tuberculose ativa, alienação mental, esclerose múltipla, neoplasia maligna, cegueira, hanseníase, paralisia irreversível e incapacitante, cardiopatia grave, doença de Parkinson, espondiloartrose anquilosante, nefropatia grave, hepatopatia grave, estados avançados da doença de Paget (osteíte deformante), contaminação por radiação, síndrome da imunodeficiência adquirida, com base em conclusão da medicina especializada, mesmo que a doença tenha sido contraída depois da aposentadoria ou reforma; (Redação dada pela Lei n. 11.052, de 2004)

A questão referente à natureza do rol de moléstias graves constante do art. 6º, XIV, da Lei n. 7.713/1988 – se taxativa ou exemplificativa –, de modo a possibilitar, ou não, a concessão de isenção de Imposto de Renda a aposentados portadores de outras doenças graves e incuráveis, foi objeto do Repetitivo STJ Tema n. 250 (REsp 1116620-BA, 1ª Seção, DJe 25.08.2010), que fixou tese no sentido de que: "o rol contido no referido dispositivo legal é taxativo (*numerus clausus*), vale dizer, restringe a concessão de isenção às situações nele enumeradas".

Para a apuração do imposto de renda sobre os rendimentos do trabalho e os provenientes de aposentadoria, pensão, transferência para a reserva remunerada ou reforma do militar, pagos pelos Regimes de Previdência da União, dos Estados, do Distrito Federal e dos Municípios, quando correspondentes a anos-calendários anteriores ao do recebimento, deve ser observada a regra que segue:

> Art. 12-A. Os rendimentos recebidos acumuladamente e submetidos à incidência do imposto sobre a renda com base na tabela progressiva, quando correspondentes a anos-calendário anteriores ao do recebimento, serão tributados exclusivamente na fonte, no mês do recebimento ou crédito, em separado dos demais rendimentos recebidos no mês. (Redação dada pela Lei n. 13.149, de 2015)
> 
> § 1º O imposto será retido pela pessoa física ou jurídica obrigada ao pagamento ou pela instituição financeira depositária do crédito e calculado sobre o montante dos rendimentos pagos, mediante a utilização de tabela progressiva resultante da multiplicação da quantidade de meses a que se refiram os rendimentos pelos valores constantes da tabela progressiva mensal correspondente ao mês do recebimento ou crédito. (Incluído pela Lei n. 12.350, de 2010)

O STJ fixou orientação quanto à forma de cálculo do Imposto de Renda na fonte, na hipótese de pagamento acumulado de benefícios previdenciários atrasados, vale dizer, se o IRRF deve ter como parâmetro o valor de cada parcela mensal a que faria jus o beneficiário, ou se deve ser calculado sobre o montante integral creditado. A tese fixada em Recurso Repetitivo (REsp 1118429/SP, 1ª Seção, DJe 14.05.2010) foi a seguinte:

> – **Tema n. 351:** O Imposto de Renda incidente sobre os benefícios previdenciários atrasados pagos acumuladamente deve ser calculado de acordo com as tabelas e alíquotas vigentes à época em que os valores deveriam ter sido adimplidos, observando a renda auferida mês a mês pelo segurado, não sendo legítima a cobrança de IR com parâmetro no montante global pago extemporaneamente.

Cabe ainda destacar que a Lei n. 13.149/2015 incluiu o art. 12-B na Lei n. 7.713/1988 (do Imposto sobre Renda e Proventos de Qualquer Natureza), para definir que: "Os rendimentos recebidos acumuladamente, quando correspondentes ao ano-calendário em curso, serão tributados, no mês do recebimento ou crédito, sobre o total dos rendimentos, diminuídos do valor das despesas com ação judicial necessárias ao seu recebimento, inclusive de advogados, se tiverem sido pagas pelo contribuinte, sem indenização".

O Imposto de Renda incidente sobre os valores de requisição de pagamento devidos aos beneficiários será retido na fonte pela instituição financeira responsável pelo pagamento, por ocasião do saque efetuado pelo beneficiário, nos termos da lei. E, no caso da cessão de crédito, a retenção na fonte do imposto de renda ocorrerá em nome do cedente, considerando os dados constantes da requisição de pagamento (art. 32 da Resolução n. 822/2023, do CJF).

A retenção do imposto de renda de que trata o art. 27 da Lei n. 10.833, de 29.12. 2003, será efetuada à alíquota de 3% sobre o montante pago, sem nenhuma dedução, no momento do pagamento do requisitório ao beneficiário ou a seu representante legal.

A retenção do imposto fica dispensada quando o beneficiário declarar, à instituição financeira responsável pelo pagamento, que os rendimentos recebidos são isentos ou não tributáveis, ou que, em se tratando de pessoa jurídica, está inscrito no Regime Especial Unificado de

Arrecadação de Tributos e Contribuições devidos pelas Microempresas e Empresas de Pequeno Porte – Simples Nacional, declaração que poderá ser prestada por meio eletrônico próprio da Justiça Federal (art. 33, § 1º, da Resolução n. 822/2023, do CJF, alterado pela Resolução CJF n. 894/2024).

Importante destacar que na hipótese de crédito de natureza salarial por exercício de emprego, cargo ou função, não incidirá imposto de renda sobre a parcela relativa aos juros, conforme previsto no art. 33, § 2º, da Resolução n. 822/2023, do CJF). De acordo com o § 3º desse disposto, o imposto retido na fonte será:

> I – considerado antecipação do imposto apurado na declaração de ajuste anual das pessoas físicas; ou
>
> II – deduzido do apurado no encerramento do período de apuração ou na data da extinção, no caso de beneficiário pessoa jurídica.

A retenção do imposto de renda sobre os rendimentos recebidos acumuladamente (RRA) relativos aos anos-calendário anteriores ao do momento do saque, de que trata o art. 12-A da Lei n. 7.713/1988, será efetuada quando do pagamento do requisitório ao beneficiário ou a seu representante legal.

São considerados rendimentos recebidos acumuladamente (RRA) aqueles decorrentes de precatórios e RPVs referentes (art. 34, § 1º, da Resolução n. 822/2023 do CJF):

> I – à aposentadoria, à pensão, à transferência para reserva remunerada ou à reforma pagos pela previdência social da União, dos estados, do Distrito Federal e dos municípios;
>
> II – aos rendimentos do trabalho.

Tratando-se de requisição de pequeno valor (RPV) relativa aos RRA, deverão ser adotados os seguintes procedimentos (art. 35 da Resolução n. 822/2023 do CJF):

> I – sobre os valores referentes ao ano-calendário da própria requisição, a retenção do imposto de renda deverá ser feita à alíquota de 3% (art. 27 da Lei n. 10.833/2003);
>
> II – sobre os valores relativos aos anos-calendário anteriores ao da requisição, a retenção do imposto de renda deverá ser feita pela tabela progressiva da Receita Federal (art. 12-A da Lei n. 7.713/1988).

Quanto aos juros de mora, não cabe a incidência do imposto de renda. Nesse sentido, a Repercussão Geral STF Tema n. 808: "Não incide imposto de renda sobre os juros de mora devidos pelo atraso no pagamento de remuneração por exercício de emprego, cargo ou função".

As requisições expedidas em favor do advogado para pagamento dos honorários sucumbenciais e os destaques de honorários contratuais estarão sujeitas à incidência do imposto de renda nos termos previstos na Lei n. 10.833/2003, ainda que o valor principal seja classificado como RRA (art. 36 da Resolução n. 822/2023 do CJF, modificado pela Resolução CJF n. 872/2024).

## 10.9 CONTRIBUIÇÃO DO PLANO DE SEGURIDADE SOCIAL DO SERVIDOR PÚBLICO CIVIL – CPSS

Em relação ao desconto da contribuição previdenciária do servidor vinculado ao RPPS da União, a Resolução n. 822/2023, do CJF, disciplina no art. 37 que:

> – incide sobre os valores de requisições de pagamento devidos aos beneficiários servidores públicos civis da União e suas autarquias e fundações e será retido na fonte pela

instituição financeira pagadora por ocasião do saque efetuado pelo beneficiário, com base no valor informado pelo juiz da execução em campo próprio;
- o valor informado a título de contribuição do PSS no ofício requisitório não deverá ser deduzido do valor da requisição nem a ele acrescido;
- não existindo crédito a ser sacado pelo beneficiário em decorrência de o valor ser idêntico ao do PSS, o recolhimento da referida contribuição pela instituição financeira ocorrerá no momento da disponibilização do depósito;
- o valor do PSS será atualizado, no âmbito do Tribunal, mantendo-se a proporcionalidade do valor principal.

No que tange à contribuição patronal da União, de que trata o art. 8º da Lei n. 10.887/2004, ela será calculada com base nas informações prestadas ao tribunal pela instituição financeira oficial, responsável pela retenção na fonte da parcela da contribuição do plano de seguridade social do servidor público civil ativo, devida em decorrência de saque dos valores relativos às RPVs e aos precatórios, ocorrido no mês anterior (art. 38 da Resolução n. 822/2023 do CJF).

## 10.10 CESSÃO DE CRÉDITOS

A Resolução CJF n. 822/2023 disciplina (arts. 20 a 26) a possibilidade de o credor ceder a terceiros, total ou parcialmente, seus créditos em requisições de pagamento, independentemente da concordância do devedor, não se aplicando ao cessionário o disposto nos §§ 2º e 3º do art. 100 da Constituição Federal. Do contido nesses dispositivos da Res/CJF, destaca-se que:

- caberá exclusivamente ao juízo da execução o processamento e a análise do pedido de registro de cessão de créditos nas requisições de pagamento;
- havendo deferimento pelo juízo da execução, após a apresentação do ofício requisitório, o juízo indicará o percentual e/ou o valor cedido, comunicando ao tribunal que fará os registros necessários e poderá colocar os valores à disposição da vara de origem;
- deferida pelo juízo a cessão de crédito, aquele cientificará a entidade devedora;
- somente alcança o valor disponível, entendido este como o valor líquido após incidência de contribuição para o PSS, provisão do imposto de renda, penhora, cessão anterior, destaque de honorários contratuais e outras deduções;
- no caso de cessão total do valor líquido, o valor do PSS deverá ser requisitado em favor do beneficiário original;
- a provisão do imposto de renda será calculada pelo tribunal;
- a mudança de beneficiário na requisição somente ocorrerá se o cessionário juntar aos autos da execução o respectivo contrato antes da elaboração do requisitório pelo juízo da execução;
- havendo cessão total ou parcial de crédito após a apresentação do ofício requisitório, o juiz da execução comunicará imediatamente o fato ao tribunal para que, quando do depósito, coloque os valores integralmente requisitados à sua disposição, com o objetivo de liberar o crédito cedido diretamente ao cessionário mediante alvará ou meio equivalente;
- no caso de a cessão ser deferida pelo juízo após o tribunal já haver depositado o valor da requisição ou iniciado os procedimentos de depósito, conforme o regulamento de cada órgão, a comunicação de bloqueio deverá ser dirigida pelo juízo diretamente ao banco depositário;

- a cessão de crédito não altera a natureza do precatório de comum para alimentícia ou de alimentícia para comum, nem altera a modalidade da requisição de precatório para requisição de pequeno valor;
- os valores do cedente e do cessionário, em caso de cessão parcial, deverão ser solicitados no mesmo ofício requisitório, em campo próprio ou por outro meio que permita a vinculação;
- quando a cessão ocorrer antes da apresentação do ofício requisitório, tanto o valor do cedente, se houver, quanto o do cessionário farão parte do mesmo precatório;
- se a cessão ocorrer após a apresentação do precatório, tal fato será comunicado pelo juízo da execução ao presidente do tribunal. O depósito será feito à disposição do juízo da execução, que tomará as providências para a disponibilização dos valores aos beneficiários, inclusive recolhimento de PSS, se houver.

A cessão tem sido aceita também no procedimento dos JEFs. A esse respeito:

> MANDADO DE SEGURANÇA. PREVIDENCIÁRIO. LIQUIDAÇÃO DO JULGADO. CESSÃO DE CRÉDITO. POSSIBILIDADE. 1. Após a alteração do texto constitucional pela EC n. 62/2009, posteriormente regulamentada pelo CNJ e pelo CJF, restou superada a restrição estabelecida no art. 114 da Lei n. 8.213/1991 à cessão de créditos. (...). (MS TR 5028578-66.2020.4.04.7200/SC, 2ª TR-SC, 22.04.2021)

## 10.11 COMPLEMENTO POSITIVO

Entende-se por complemento positivo a pretensão de que as parcelas vencidas a partir da sentença constituam obrigação de fazer, sendo devido o pagamento diretamente pela administração, dispensada a requisição de pequeno valor ou precatório.

Nesse contexto, o pagamento sob a forma de complemento positivo deve limitar-se às parcelas posteriores à sentença recorrida, até a implantação ou revisão do benefício. As prestações devidas antes da sentença, ainda que posteriores ao cálculo, constituem-se crédito vencido (obrigação de pagar) e deverão ser pagas mediante requisição de pequeno valor ou precatório, na forma do art. 17 da Lei n. 10.259/2001.

Sobre o pagamento da condenação judicial por meio de complemento positivo, merece destaque o Enunciado FONAJEF n. 72: "As parcelas vencidas após a data do cálculo judicial podem ser pagas administrativamente, por meio de complemento positivo".

No entanto, o STF considerou inconstitucional a utilização do complemento positivo, sob o fundamento de não ser possível o fracionamento da execução. A matéria foi objeto de repercussão geral, sendo julgado o mérito com a reafirmação da jurisprudência dominante:

> – **Tema n. 755**: "É vedado o fracionamento da execução pecuniária contra a Fazenda Pública para que uma parte seja paga antes do trânsito em julgado, por meio de Complemento Positivo, e outra depois do trânsito, mediante Precatório ou Requisição de Pequeno Valor" (*Leading Case:* ARE 723307, Plenário Virtual, Rel. Min. Gilmar Mendes, *DJe* 26.09.2016).

## 10.12 PERÍODO ENTRE A DATA DA ELABORAÇÃO DA CONTA E DA INSCRIÇÃO DO PRECATÓRIO – JUROS DE MORA E CORREÇÃO MONETÁRIA

A discussão refere-se à incidência de correção monetária e à contagem de juros de mora no período que medeia a data da realização da conta e da inscrição do precatório.

A respeito da incidência de juros de mora sobre a dívida do INSS, o Supremo Tribunal Federal decidiu que não devem incidir após a "expedição" do precatório, a menos que os valores ali expressos não sejam adimplidos no exercício financeiro seguinte (consoante preceitua o art. 100, § 1º, da CF/1988), quando, então, voltam a correr. Veja-se, a propósito, a ementa do julgamento:

> Recurso Extraordinário. 2. Precatórios. Juros de mora. 3. Art. 100, § 1º, da Constituição Federal. Redação anterior à Emenda 30, de 2000. 4. Inclusão no orçamento das entidades de direito público. Apresentação até 1º de julho, data em que terão seus valores atualizados. 5. Prazo constitucional de pagamento até o final do exercício seguinte. 5. Descaracterização da mora, quando não há atraso na satisfação dos débitos. 5. Recurso extraordinário provido. (STF, RE n. 298616/SP, Plenário, Rel. Min. Gilmar Mendes, *DJU* 03.10.2003)

Neste sentido, foi editada a Súmula Vinculante n. 17 com o seguinte teor: "Durante o período previsto no § 1º do art. 100 da Constituição, não incidem juros de mora sobre os precatórios que nele sejam pagos".

No entanto, a decisão do STF não tem o condão de afastar os juros mediados entre a feitura do cálculo exequendo e a atualização efetuada pelos Tribunais nos termos do art. 100, § 1º, da CF/1988, ou seja, apenas não são devidos juros no período de tramitação do precatório, que até 2021 tinha início em 1º de julho de cada ano e se encerrava no final do seguinte.

O STF, ao utilizar o termo "expedição" do precatório para fixar o limite temporal de incidência dos juros, não se referiu à data em que remetida a requisição pelo juiz de primeira instância ao Presidente do Tribunal respectivo, mas à data-limite para apresentação dos precatórios na Corte (1º de julho, até 2021). Nesse sentido, a Repercussão Geral RE 579431/RS, Tribunal Pleno, Rel. Min. Marco Aurélio, *DJe* 30.06.2017, sendo fixada a seguinte tese:

> – **Tema n. 96:** "Incidem os juros da mora no período compreendido entre a data da realização dos cálculos e a da requisição ou do precatório".

No que tange ao tema dos juros na Requisição de Pequeno Valor, a Seção Previdenciária do TRF da 4ª Região tem o entendimento de que, no período de tramitação da requisição, ou seja, nos sessenta dias de que dispõe o ente público para efetuar o depósito (contados da data de autuação da requisição no TRF), não são devidos juros de mora, a menos que o pagamento não seja cumprido no prazo legal, quando os juros reiniciam a fluir até o pagamento. Nessa linha, os seguintes precedentes: AI n. 2004.04.01.051397-2/SC, 5ª Turma, Rel. Juiz Federal João Batista Lazzari, *DJU* 31.08.2005; AI n. 2003.04.01.047587-5/SC, 6ª Turma, Rel. Juiz Federal Ricardo Teixeira do Valle Pereira, *DJU* 31.08.2005.

A discussão realçada neste tópico sofreu modificação em face da EC n. 113/2021, que estabeleceu: "Art. 3º Nas discussões e nas condenações que envolvam a Fazenda Pública, independentemente de sua natureza e para fins de atualização monetária, de remuneração do capital e de compensação da mora, inclusive do precatório, haverá a incidência, uma única vez, até o efetivo pagamento, do índice da taxa referencial do Sistema Especial de Liquidação e de Custódia (Selic), acumulado mensalmente". Regra aplicada desde 09.12.2021 (data de publicação da EC n. 113).

Porém, o STF, em apreciação de Repercussão Geral no RE 1.515.163/RS, Tema 1.335, fixou a seguinte tese:

> 1. Não incide a taxa SELIC, prevista no art. 3º da EC n. 113/2021, no prazo constitucional de pagamento de precatórios do § 5º do art. 100 da Constituição. 2. Durante o denominado "período de graça", os valores inscritos em precatório terão exclusivamente correção monetária, nos termos decididos na ADI 4.357- QO/DF e na ADI 4.425-QO/DF (Plenário Virtual, Rel. Min. Luís Roberto Barroso, *DJe* 21.10.2024).

## 10.13 COISA JULGADA PREVIDENCIÁRIA

A Constituição Federal de 1988 tem entre suas cláusulas pétreas a preservação da coisa julgada (art. 5º, XXXVI), estabelecendo que: "a lei não prejudicará o direito adquirido, o ato jurídico perfeito e a coisa julgada".

Segundo Schuster, Savaris e Vaz, a coisa julgada é "Sustentada no pressuposto liberal da confiança, sua função é impedir a discussão de matéria já decidida, projetando para fora do processo um efeito declaratório imutável sobre as consequências jurídicas pretendidas pela parte em um determinado momento no tempo e no espaço, a fim de evitar a eternização das controvérsias e, assim, dar estabilidade às decisões jurisdicionais e segurança jurídica".[3]

Acerca do cabimento de ação rescisória, o STF e o STJ fixaram importantes teses a serem observadas com aplicação no âmbito previdenciário:

- **STF/Súmula n. 343:** "Não cabe ação rescisória por ofensa a literal disposição de lei, quando a decisão rescindenda se tiver baseado em texto legal de interpretação controvertida nos tribunais".
- **STF/RG – Tema n. 100:** "1) é possível aplicar o art. 741, parágrafo único, do CPC/1973, atual art. 535, § 5º, do CPC/2015, aos feitos submetidos ao procedimento sumaríssimo, desde que o trânsito em julgado da fase de conhecimento seja posterior a 27.08.2001; 2) é admissível a invocação como fundamento da inexigibilidade de ser o título judicial fundado em 'aplicação ou interpretação tida como incompatível com a Constituição' quando houver pronunciamento jurisdicional, contrário ao decidido pelo Plenário do Supremo Tribunal Federal, seja no controle difuso, seja no controle concentrado de constitucionalidade; 3) o art. 59 da Lei n. 9.099/1995 não impede a desconstituição da coisa julgada quando o título executivo judicial se amparar em contrariedade à interpretação ou sentido da norma conferida pela Suprema Corte, anterior ou posterior ao trânsito em julgado, admitindo, respectivamente, o manejo (i) de impugnação ao cumprimento de sentença ou (ii) de simples petição, a ser apresentada em prazo equivalente ao da ação rescisória" (RE n. 586.068).
- **STF/RG – Tema n. 136:** "Não cabe ação rescisória quando o julgado estiver em harmonia com o entendimento firmado pelo Plenário do Supremo à época da formalização do acórdão rescindendo, ainda que ocorra posterior superação do precedente" (RE 590.809).
- **STF/RG Tema n. 733:** "A decisão do Supremo Tribunal Federal declarando a constitucionalidade ou a inconstitucionalidade de preceito normativo não produz a automática reforma ou rescisão das decisões anteriores que tenham adotado entendimento diferente. Para que tal ocorra, será indispensável a interposição de recurso próprio ou, se for o caso, a propositura de ação rescisória própria, nos termos do art. 485 do CPC, observado o respectivo prazo decadencial (CPC, art. 495)" (RE 730.462).
- **STJ/Repetitivo Tema n. 239:** "A Súmula 343, do Supremo Tribunal Federal, cristalizou o entendimento de que não cabe ação rescisória por ofensa a literal disposição de lei, quando a decisão rescindenda se tiver baseado em texto legal de interpretação controvertida nos tribunais. A ação rescisória resta cabível, se, à época do julgamento cessara a

---

[3] SCHUSTER, Diego Henrique; SAVARIS, José Antonio; VAZ, Paulo Afonso Brum. *A garantia da coisa julgada no processo previdenciário*: para além dos paradigmas que limitam a proteção social. Curitiba: Alteridade Editora, 2019, p. 16.

divergência, hipótese em que o julgado divergente, ao revés de afrontar a jurisprudência, viola a lei que confere fundamento jurídico ao pedido" (REsp 1.001.779/DF).

Tema extremamente polêmico é o que diz respeito à ocorrência da coisa julgada em matéria de benefícios previdenciários, em face de decisões judiciais que tenham negado o direito à prestação postulada ou à revisão da renda mensal.

A análise da existência de coisa julgada material exige a observância da natureza social e alimentar dos benefícios previdenciários e a renovação do direito à prestação a cada mês (trato sucessivo), bem como o disposto no art. 505, inciso I, do CPC /2015, *in verbis*:

> Art. 505. Nenhum juiz decidirá novamente as questões já decididas relativas à mesma lide, salvo:
> I – se, tratando-se de relação jurídica de trato continuado, sobreveio modificação no estado de fato ou de direito; caso em que poderá a parte pedir a revisão do que foi estatuído na sentença;

Quanto ao tempo de atividade especial, há vasta jurisprudência no sentido de afastar a coisa julgada em caso de nova hipótese de exposição aos agentes nocivos. Nesse sentido: "A submissão do trabalhador a diversos agentes nocivos (ruído, agentes químicos e periculosidade), muito embora conduza a um mesmo efeito jurídico – relação jurídica e direito ao tempo especial – constitui fatos (suportes fáticos) distintos, que, juridicizados pela incidência da regra previdenciária, compõem, cada qual, uma causa de pedir remota (fato jurídico) diversa" (TRF4, AC 5007824-88.2020.4.04.7205/SC, *DE* 03.08.2023).[4]

Em relação aos benefícios por incapacidade, é comum ocorrer o agravamento da doença após a perícia judicial ou, mesmo, o surgimento de outra moléstia incapacitante, impedindo o segurado de exercer suas atividades. Em tais casos, será necessário novo requerimento administrativo e nova análise do pedido, não se podendo falar em coisa julgada. Nesse sentido, o pronunciamento do STJ: "É possível a propositura de nova ação pleiteando o mesmo benefício, desde que fundada em causa de pedir diversa, decorrente de eventual agravamento do estado de saúde da parte, com o surgimento de novas enfermidades" (AgRg no AREsp 843233/SP, T2, Rel. Min. Mauro Campbell Marques, *DJe* 17.03.2016).

O TRF da 1ª Região, inclusive, tem reiteradas decisões de negativa de benefício por incapacidade, constando em seus julgados que a coisa julgada ali tem apenas efeito *secundum eventum litis*, e declarando expressamente que, demonstrando a parte autora, em momento posterior, o atendimento dos requisitos, poderá postular o benefício almejado. Vejamos um exemplo:

> PREVIDENCIÁRIO. APOSENTADORIA URBANA POR INVALIDEZ. LAUDO PERICIAL CONCLUSIVO. CAPACIDADE LABORAL. IMPOSSIBILIDADE DE DEFERIMENTO DA PRESTAÇÃO. SENTENÇA MANTIDA. 1. Laudo pericial (fls. 151/156): concluiu que a autora é portadora de "tendinopatia em ombros", mas não está incapacitada para o trabalho. 2. Os requisitos indispensáveis para a concessão do benefício previdenciário de auxílio-doença/aposentadoria por invalidez são: a) a qualidade de segurado; b) a carência de 12 (doze) contribuições mensais; c) incapacidade para o trabalho ou atividade habitual por mais de 15 dias ou, na hipótese da aposentadoria por invalidez, incapacidade (permanente e total) para atividade laboral. 3. Ante a ausência de comprovação de incapacidade da parte autora constatada por prova pericial oficial, não há como se conceder o benefício requerido

---

[4] Sobre o tema: KIPPER, Celso. Atividade especial em matéria previdenciária: coisa julgada e ajuizamento de nova ação com fundamento em agente nocivo diverso. *Direito Hoje*. Disponível em: https://www.trf4.jus.br/trf4/controlador.php?acao=pagina_visualizar&id_pagina=4431. Acesso em: 06 out. 2023.

na exordial. 4. Coisa julgada *secundum eventum litis*, de forma que, demonstrando a parte autora, em momento posterior, o atendimento dos requisitos, poderá postular a aposentadoria almejada. 5. Apelação desprovida. (TRF1, AC n. 200938070057638, 2ª Turma, Des. Federal Candido Moraes, *e-DJF1* 28.07.2014)

*Contrario sensu*, a jurisprudência admite que o auxílio-doença/auxílio por incapacidade temporária concedido judicialmente possa ser cancelado administrativamente em caso de recuperação da capacidade laborativa: TRF da 4ª Região, AC 2002.04.01.017795-1/SC, *DE* 06.10.2008; TNU, PEDILEF 5000525-23.2012.4.04.7114, *DOU* 07.06.2013.

Nesse sentido, o STJ deixou de aplicar o princípio do paralelismo das formas, entendendo que o INSS pode suspender ou cancelar benefício concedido judicialmente, desde que conceda administrativamente o contraditório e a ampla defesa ao beneficiário (REsp 1.429.976/CE, 2ª Turma, Rel. Min. Humberto Martins, *DJe* 24.02.2014).

Em relação à aposentadoria por invalidez (atual aposentadoria por incapacidade permanente), a orientação de vários julgados do STJ é pela observância do chamado paralelismo de formas:

> Deferida a aposentadoria por invalidez judicialmente, pode a autarquia previdenciária rever a concessão do benefício, uma vez tratar-se de relação jurídica continuativa, desde que por meio de ação judicial, nos termos do art. 471, inciso I, do Código de Processo Civil, e em respeito ao princípio do paralelismo das formas. (REsp 1.201.503/RS, 6ª Turma, *DJe* 26.11.2012; AREsp 1.857.796, *DJe* 23.06.2021)

Na sequência, o STJ afetou o Tema n. 1.157 para ser apreciado como Repetitivo, cuja questão controvertida é:

> Definir a possibilidade – ou não – de cancelamento na via administrativa, após regular realização de perícia médica, dos benefícios previdenciários por incapacidade, concedidos judicialmente e após o trânsito em julgado, independentemente de propositura de ação revisional (REsp 1985189/SP, 1ª Seção, data da afetação: 30.06.2022).

Cumpre destacar que, em face da Lei n. 14.331/2022, a qual introduziu o art. 129-A na LBPS, na propositura de ações relativas aos benefícios por incapacidade deve ser apresentada declaração quanto à existência de ação judicial anterior com o mesmo objeto, esclarecendo os motivos pelos quais se entende não haver litispendência ou coisa julgada, quando for o caso.

Em relação ao reconhecimento do tempo de contribuição, é comum o segurado não instruir o seu pedido com os documentos necessários à comprovação do seu direito. Nessa hipótese, o STJ firmou duas orientações.

A primeira, no sentido de que "é possível ao tribunal, na ação rescisória, analisar documento novo para efeito de configuração de início de prova material destinado à comprovação do exercício de atividade rural, ainda que esse documento seja preexistente à propositura da ação em que proferida a decisão rescindenda referente à concessão de aposentadoria rural por idade" (AR 3.921-SP, 3ª Seção, Rel. Min. Sebastião Reis Júnior, *DJe* 07.05.2013).

Entendeu o STJ que é irrelevante o fato de o documento apresentado ser preexistente à propositura da ação originária, pois devem ser consideradas as condições desiguais pelas quais passam os trabalhadores rurais, adotando-se a solução *pro misero*. Dessa forma, o documento juntado aos autos é hábil à rescisão do julgado com base no art. 485, VII, do CPC/1973, segundo o qual a sentença de mérito transitada em julgado pode ser rescindida quando, "depois da sentença, o autor obtiver documento novo, cuja existência ignorava, ou de que não pôde fazer uso, capaz, por si só, de lhe assegurar pronunciamento favorável".

A segunda e mais atual orientação do STJ, fixada em Repetitivo, é de que o juiz deve extinguir o processo sem exame de mérito, possibilitando ao segurado a propositura de nova ação com os documentos necessários para comprovar seu direito:

> – **Tema n. 629:** "A ausência de conteúdo probatório eficaz a instruir a inicial, conforme determina o art. 283 do CPC, implica a carência de pressuposto de constituição e desenvolvimento válido do processo, impondo sua extinção sem o julgamento do mérito (art. 267, IV do CPC) e a consequente possibilidade de o autor intentar novamente a ação (art. 268 do CPC), caso reúna os elementos necessários à tal iniciativa" (STJ, REsp 1.352.721/SP, Corte Especial, Rel. Min. Napoleão Nunes Maia Filho, *DJe* 28.04.2016).

Para o relator desse representativo, "(...) deve-se procurar encontrar na hermenêutica previdenciária a solução que mais se aproxime do caráter social da Carta Magna, a fim de que as normas processuais não venham a obstar a concretude do direito fundamental à prestação previdenciária a que faz jus o segurado".

Sobre o alcance desse valioso precedente do STJ, Schuster, Savaris e Vaz argumentam que "a coisa julgada *secundum eventum probationis* pode ser admitida quando: (a) a improcedência do pedido se der com fundamento na ausência, insuficiência ou fragilidade da prova; e (b) existir nova prova como elemento capaz de gerar uma expectativa de alteração do resultado jurisdicional"[5].

Nesse sentido, acolhendo a extinção do processo sem exame de mérito em caso de aposentadoria por tempo de contribuição: TRF/4, AC n. 5013498-77.2016.4.04.7208/SC, TRS-SC, Rel. JF João Batista Lazzari, j. 12.12.2018. E, em relação ao pedido de reconhecimento de tempo especial fundado em agente nocivo diverso: TRF/4, AC n. 5003095-30.2017.4.04.7203, TRS-SC, Rel. Paulo A. Brum Vaz, j. 20.03.2019.

Passado o prazo da ação rescisória ou na hipótese do seu não cabimento (caso dos Juizados Especiais Federais), a alternativa será apresentar novo requerimento administrativo com novas provas, pois a decisão anterior não pode impedir a reapreciação da pretensão como nova roupagem, afastando-se, assim, a coisa julgada. Nesse sentido:

> Tratando-se de relação jurídica de trato sucessivo, a coisa julgada contém a cláusula *rebus sic stantibus*, ou seja, nos termos do art. 471, I do CPC, em sendo modificadas as situações fáticas e jurídicas sobre as quais se formou a anterior coisa julgada material, tem-se uma nova ação, isto é, uma nova causa de pedir próxima ou uma nova causa de pedir remota, o que permite uma análise do Poder Judiciário. (TRF da 4ª Região, AC 2003.70.01.008417-7/PR, Turma Suplementar, Des. Federal Luís Alberto d'Azevedo Aurvalle, *DE* 28.07.2008)
>
> Não afronta a coisa julgada a discussão sobre o reconhecimento de labor especial de período analisado em demanda precedente, para fins de obtenção do mesmo tipo de aposentadoria, tendo em vista a possibilidade de reexame das alegações não declinadas naquele feito, mediante apresentação de novos elementos probantes com relação à prestação laboral no período controvertido. (TRF da 4ª Região, 501020686.2013.4.04.7112/RS, 5ª Turma, Rel. Juíza Federal Taís Schilling Ferraz, j. 11.10.2016)

Algumas vezes, a legislação é inovada com normas mais benéficas (*v.g.* Leis n. 10.666/2003 e n. 11.718/2008). É de aceitação geral que no sistema de direito positivo brasileiro a lei nova não atinge o ato jurídico perfeito, o direito adquirido e a coisa julgada (Constituição Federal,

---

[5] SCHUSTER, Diego Henrique; SAVARIS, José Antonio; VAZ, Paulo Afonso Brum. *A garantia da coisa julgada no processo previdenciário*: para além dos paradigmas que limitam a proteção social. Curitiba: Alteridade Editora, 2019, p. 200.

art. 5º, inciso XXXVI, e Lei de Introdução às Normas do Direito Brasileiro, art. 6º). Mas essa regra deve ser relativizada diante das características da prestação previdenciária.

Entendemos, então, que nos casos de indeferimento da aposentadoria por idade, por perda da qualidade de segurado, ou do reconhecimento do tempo de atividade rural, novo requerimento administrativo pode ser apresentado ao INSS sob os ditames da nova ordem jurídica (Lei n. 10.666/2003 e Lei n. 11.718/2008), cujos efeitos financeiros serão devidos a partir dessa nova postulação.

Nessa hipótese, um novo requerimento administrativo será possível para os casos dos segurados que continuaram a contribuir ou que tenham uma nova causa de pedir decorrente de uma situação que não tenha sido apreciada ou em virtude de alteração das normas que regem a matéria.

A maior dificuldade em superar os efeitos da coisa julgada está nos casos em que ocorre mudança do entendimento jurisprudencial (*v.g.*, a possibilidade de conversão do tempo especial para comum após 28.05.1998 e o fator de conversão a ser utilizado para o homem – 1,4 em vez de 1,2). Mas já é possível visualizar precedentes favoráveis nos casos em que não houve análise da questão fática:

> Segundo entendimento desta Turma, não há coisa julgada se em outro processo deixou-se de analisar a especialidade somente pela impossibilidade, à época, da conversão para tempo comum em razão da Medida Provisória 1.633-10/1998, pois não houve real exame do mérito. (TRF da 4ª Região, Proc. 5000673-40.2012.404.7112/RS, 6ª Turma, Rel. Des. Fed. Salise Monteiro Sanchotene, *DE* 26.01.2017)

Um novo requerimento administrativo será possível apenas nos casos dos segurados que continuaram a contribuir ou que tenham uma nova causa de pedir decorrente de uma situação que não tenha sido apreciada ou em virtude de alteração das normas que regem a matéria.

Sobre esses questionamentos, apresentamos as *Considerações para efetividade do processo previdenciário – a segurança e a coisa julgada previdenciária*, externadas pelo Juiz Federal José Antônio Savaris, em sua obra *Direito Processual Previdenciário*, com as quais temos plena concordância e pedimos vênia para transcrever na íntegra:

> Enquanto o processo civil se mostra exuberante no que conquista de mais elevada segurança com o instituto da coisa julgada, o direito previdenciário é guiado por um princípio fundamental de que o indivíduo não pode ser separado de seu direito de sobreviver pela solidariedade social por uma questão formal. Não é adequado que se sepulte, de uma vez por todas, o direito de receber proteção social em função da certeza assegurada pela coisa julgada, quando a pessoa, na realidade, faz jus à prestação previdenciária que lhe foi negada judicialmente.
>
> Tal como no direito penal se admite a revisão criminal para beneficiar o réu quando, por exemplo, são descobertas novas provas que o favoreçam, o processo previdenciário pauta-se pelo comprometimento, a todo tempo, com o valor que se encontra em seu fundamento: a proteção social do indivíduo vulnerável, essa essencial dimensão de liberdade real e dignidade humana. Em relação a este valor, é de se reconhecer, a segurança contraposta deve ser superada como um interesse menor.
>
> A coisa julgada não deve significar uma técnica formidável de se ocultar a fome e a insegurança social para debaixo do tapete da forma processual, em nome da segurança jurídica. Tudo o que acontece, afinal, seria "apenas processual, mesmo que seus efeitos sejam desastrosos para a vida real" (SILVA, Ovídio Araújo Baptista da. Direito material e processo. *Revista Jurídica*, Porto Alegre, n. 321, p. 7-27, p. 14, jul. 2004).
>
> A fundamentação para a aceitação do que acima foi proposto não se dá apenas pelas três primeiras características da "singularidade previdenciária". Também o caráter público do

instituto de previdência que assume o polo passivo da demanda é relevante, pois não haverá o sentimento de eterna ameaça de renovação de um litígio ou de revisão de uma sentença. Não há insegurança em se discutir novamente uma questão previdenciária à luz de novas provas, como inexiste insegurança na possibilidade de se rever uma sentença criminal em benefício do réu. O que justifica esta possibilidade é justamente o valor que se encontra em jogo, a fundamentalidade do bem para o indivíduo e sua relevância para a sociedade.

Mais ainda, não se pode esquecer que o indivíduo agravado com a sentença de não proteção se presume hipossuficiente (em termos econômicos e informacionais) e sofrendo ameaça de subsistência pela ausência de recursos sociais. Seria minimamente adequada a sentença que impõe ao indivíduo a privação perpétua de cobertura previdenciária a que, na realidade, faz jus? Em nome do que, exatamente?

De outro lado, a entidade pública chamada a conceder a prestação previdenciária tão somente operará na melhor aplicação do princípio da legalidade, entregando ao indivíduo o que, ao fim e ao cabo, lhe era mesmo devido por lei.

Enquanto o processo civil clássico aponta para o fechamento preponderantemente indiscutível da coisa julgada, o processo previdenciário busca apoiar-se no princípio constitucional do devido processo legal com as cores específicas da não preclusão do direito previdenciário.[6]

A corroborar esse entendimento, citamos a decisão da TNU que segue:

PEDIDO DE UNIFORMIZAÇÃO. PREVIDENCIÁRIO. BENEFÍCIO POR INCAPACIDADE. EXTINÇÃO DO PROCESSO. COISA JULGADA. RENOVAÇÃO DO REQUERIMENTO ADMINISTRATIVO. NOVOS DOCUMENTOS. NÃO INCIDÊNCIA DA SÚMULA TNU 43. EXCEPCIONALIDADE DO CASO. RELATIVIZAÇÃO DA COISA JULGADA. PRIMAZIA DA PROTEÇÃO PREVIDENCIÁRIA. INCIDENTE CONHECIDO E PARCIALMENTE PROVIDO.

(...) 10. Em conclusão, em primeiro lugar está a regra constitucional da proteção previdenciária, permitindo, em determinadas hipóteses, a desconsideração da eficácia plena da coisa julgada, como no caso dos autos, ante a apresentação de novas provas pela autora (CTPS e documentos médicos acerca da continuidade do tratamento de suas moléstias). Interpretação diversa implicaria obstáculo ao princípio do acesso à justiça ao hipossuficiente, o que representa um contrassenso ao princípio da instrumentalidade das formas.

11. Assim, excepcionalmente, conheço e dou parcial provimento ao pedido de uniformização da parte autora para afastar a coisa julgada e anular o acórdão recorrido e a sentença, determinando o retorno dos autos ao juízo de origem para reabertura da instrução probatória a fim de se averiguar a idoneidade do registro em CTPS. No caso procedência do pedido, os efeitos financeiros devem retroagir à data do segundo requerimento. (PEDILEF n. 0031861-11.2011.4.03.6301, Rel. Juiz Federal João Batista Lazzari, Sessão de 07.05.2015)

Porém, em decisão posterior, a TNU decidiu pela impossibilidade de desconsideração da coisa julgada em pedido de revisão do ato concessório da aposentadoria em que se buscava o reconhecimento de tempo especial para alteração da espécie do benefício e/ou majoração da RMI (PUIL 5000532-53.2014.4.04.7014/PR, j. 18.09.2019).

Em conclusão, defendemos que, em primeiro lugar, é esta a regra constitucional da proteção previdenciária, permitindo-se, em determinadas hipóteses, a desconsideração da eficácia plena da coisa julgada, pois: *O direito previdenciário não admite preclusão do direito ao benefício, por falta de provas: sempre será possível, renovadas estas, sua concessão* (TRF da 4ª Região, 5ª

---

[6] SAVARIS, José Antônio. *Direito processual previdenciário*. Curitiba: Juruá, 2008. p. 84-85.

Turma, AC n. 2001.04.01.075054-3, Rel. Des. Federal Antônio Albino Ramos de Oliveira, *DJ* 18.09.2002). No mesmo sentido: TRF1, AC 200701990317514, 2ª Turma, Des. Federal Candido Moraes, *e-DJF1* 22.05.2014.

Essa também é a orientação fixada pelo STJ, que esperamos seja observada em todas as instâncias do Judiciário:

> Tradicionalmente, o Direito Previdenciário se vale da processualística civil para regular os seus procedimentos, entretanto, não se deve perder de vista as peculiaridades das demandas previdenciárias, que justificam a flexibilização da rígida metodologia civilista, levando-se em conta os cânones constitucionais atinentes à Seguridade Social, que tem como base o contexto social adverso em que se inserem os que buscam judicialmente os benefícios previdenciários. (STJ, REsp 1.352.721/SP, Corte Especial, Rel. Min. Napoleão Nunes Maia Filho, *DJe* 28.04.2016)

## 10.14 EXECUÇÃO DO JULGADO

Segundo o art. 775 do CPC /2015 (art. 569 do CPC/1973), "o exequente tem o direito de desistir de toda a execução ou de apenas alguma medida executiva". Assim sendo, não há qualquer impedimento a que o autor execute apenas a obrigação de fazer, consistente na averbação do tempo de serviço/contribuição determinada pelo título judicial transitado em julgado, dispondo de cinco anos, a contar do trânsito em julgado, para executar, total ou parcialmente, o título.

É possível também a manutenção do benefício concedido administrativamente no curso da ação e, concomitantemente, a execução das parcelas do benefício postulado na via judicial até a data da implantação administrativa. Nesse sentido, a tese fixada pelo STJ no Tema Repetitivo n. 1.018, segundo a qual:

> O Segurado tem direito de opção pelo benefício mais vantajoso concedido administrativamente, no curso de ação judicial em que se reconheceu benefício menos vantajoso. Em cumprimento de sentença, o segurado possui o direito à manutenção do benefício previdenciário concedido administrativamente no curso da ação judicial e, concomitantemente, à execução das parcelas do benefício reconhecido na via judicial, limitadas à data de implantação daquele conferido na via administrativa. (STJ, REsp 1.767.789/PR, 1ª Seção, *DJe* 1º.07.2022)

Destacando-se que:

> O eventual pagamento de benefício previdenciário na via administrativa, seja ele total ou parcial, após a citação válida, não tem o condão de alterar a base de cálculo para os honorários advocatícios fixados na ação de conhecimento, que será composta pela totalidade dos valores devidos (STJ, Repetitivo n. 1.050).

Há que se destacar, ainda, que a concessão administrativa do benefício no curso do processo acarreta a extinção do feito, desde que corresponda ao pedido formulado na inicial com o pagamento das parcelas atrasadas desde a data de entrada do requerimento. Pelo Enunciado FONAJEF 86 essa extinção do processo é sem resolução do mérito. Entendemos, no entanto, que a concessão na via administrativa do benefício após o ajuizamento da demanda representa o reconhecimento do pedido e enseja a extinção com resolução do mérito e consequente condenação em honorários advocatícios, salvo na hipótese de a demanda tramitar na primeira instância do JEF.

Cabe referir que, no caso de benefício previdenciário pago em atraso e acumuladamente, não é legítima a cobrança de imposto de renda com parâmetro no montante global quitado extemporaneamente. Isso porque a incidência do imposto de renda deve observar as tabelas e alíquotas vigentes na época em que os valores deveriam ter sido adimplidos, devendo ser observada a renda auferida mês a mês pelo segurado (STJ, REsp n. 1.118.429/SP-Repetitivo, 1ª Seção, Rel. Min. Herman Benjamin, *DJe* 14.05.2010).

O STF em repercussão geral validou esse entendimento:

> IMPOSTO DE RENDA – PERCEPÇÃO CUMULATIVA DE VALORES – ALÍQUOTA. A percepção cumulativa de valores há de ser considerada, para efeito de fixação de alíquotas, presentes, individualmente, os exercícios envolvidos. (STF, RE n. 614.406/RS, Plenário, Red. p/ acórdão Min. Marco Aurélio, *DJe* 26.11.2014)

A Lei n. 13.149/2015 incluiu o art. 12-B à Lei do Imposto de Renda, para definir que: "Os rendimentos recebidos acumuladamente, quando correspondentes ao ano-calendário em curso, serão tributados, no mês do recebimento ou crédito, sobre o total dos rendimentos, diminuídos do valor das despesas com ação judicial necessárias ao seu recebimento, inclusive de advogados, se tiverem sido pagas pelo contribuinte, sem indenização".

A RFB, sobre o tema, emitiu a Instrução Normativa n. 1.500, de 29.10.2014, estabelecendo critérios diferenciados de incidência do IRPF em caso de "rendimentos recebidos acumuladamente" – RRA. Os arts. 36 e 37 da referida Instrução Normativa, com redação dada pela Instrução Normativa RFB n. 1.558, de 31.03.2015), dispõem que:

> Art. 36. Os RRA, a partir de 11 de março de 2015, submetidos à incidência do Imposto sobre a Renda com base na tabela progressiva, quando correspondentes a anos-calendário anteriores ao do recebimento, serão tributados exclusivamente na fonte, no mês do recebimento ou crédito, em separado dos demais rendimentos recebidos no mês.
> § 1º Aplica-se o disposto no *caput*, inclusive, aos rendimentos decorrentes de decisões das Justiças do Trabalho, Federal, Estaduais e do Distrito Federal.
> § 2º Os rendimentos a que se refere o *caput* abrangem o décimo terceiro salário e quaisquer acréscimos e juros deles decorrentes.
> § 3º O disposto no *caput* aplica-se desde 28 de julho de 2010 aos rendimentos decorrentes:
> I – de aposentadoria, pensão, transferência para a reserva remunerada ou reforma, pagos pela Previdência Social da União, dos estados, do Distrito Federal e dos municípios; e
> II – do trabalho.
> § 4º Não se sujeitam à incidência do imposto sobre a renda os juros de mora devidos pelo atraso no pagamento de remuneração por exercício de emprego, cargo ou função. (Parágrafo acrescentado pela Instrução Normativa RFB n. 2.141 *DE* 22.05.2023).
> Art. 37. O imposto será retido, pela pessoa física ou jurídica obrigada ao pagamento ou pela instituição financeira depositária do crédito, e calculado sobre o montante dos rendimentos pagos, mediante a utilização de tabela progressiva resultante da multiplicação da quantidade de meses a que se referem os rendimentos pelos valores constantes da tabela progressiva mensal correspondente ao mês do recebimento ou crédito.
> § 1º O décimo terceiro salário, quando houver, representará em relação ao disposto no *caput* a um mês.
> § 2º A fórmula de cálculo da tabela progressiva acumulada a que se refere o *caput* deverá ser efetuada na forma prevista no Anexo IV a esta Instrução Normativa.

Os rendimentos recebidos no decorrer do ano-calendário poderão integrar a base de cálculo do Imposto sobre a Renda na Declaração de Ajuste Anual (DAA) do ano-calendário do recebimento, à opção irretratável do contribuinte. Nessa hipótese, o imposto será considerado antecipação do imposto devido apurado na DAA.

Os procedimentos relativos à expedição de ofícios requisitórios, ao cumprimento da ordem cronológica dos pagamentos, às compensações, ao saque e ao levantamento dos depósitos, estão regulamentados, no âmbito da Justiça Federal de primeiro e segundo graus, pela Resolução CJF n. 822/2023.

## 10.15 INTANGIBILIDADE DOS VALORES PAGOS AO AUTOR DA DEMANDA PREVIDENCIÁRIA

Cabe ao INSS fornecer ao beneficiário demonstrativo minucioso das importâncias pagas, discriminando-se, entre outros aspectos, os descontos efetuados. Trata-se do princípio da intangibilidade do valor do benefício, que se desdobra por várias regras de proteção ao indivíduo beneficiário da Previdência Social.

Assim é que, *a priori*, o valor recebido a título de benefício é insuscetível de débitos. Porém, de acordo com o art. 115 da Lei n. 8.213/1991, o INSS pode descontar da renda mensal do benefício as seguintes parcelas:

- contribuições devidas pelo segurado à Previdência Social;
- pagamento administrativo ou judicial de benefício previdenciário ou assistencial indevido, ou além do devido, inclusive na hipótese de cessação do benefício pela revogação de decisão judicial, em valor que não exceda 30% (trinta por cento) da sua importância, nos termos do regulamento; (NR dada pela Lei n. 13.846/2019);
- imposto de renda a ser retido na fonte;
- pensão de alimentos decretada em sentença judicial;
- mensalidades de associações e demais entidades de aposentados legalmente reconhecidas, desde que autorizadas por seus filiados (a autorização do desconto deverá ser revalidada anualmente); e
- pagamento de empréstimos, financiamentos e operações de arrendamento mercantil concedidos por instituições financeiras e sociedades de arrendamento mercantil, ou por entidades fechadas ou abertas de previdência complementar, públicas e privadas, quando expressamente autorizado pelo beneficiário, até o limite de 45% (quarenta e cinco por cento) do valor do benefício, sendo 35% (trinta e cinco por cento) destinados exclusivamente a empréstimos, financiamentos e arrendamentos mercantis, 5% (cinco por cento) destinados exclusivamente à amortização de despesas contraídas por meio de cartão de crédito consignado ou à utilização com a finalidade de saque por meio de cartão de crédito consignado e 5% (cinco por cento) destinados exclusivamente à amortização de despesas contraídas por meio de cartão consignado de benefício ou à utilização com a finalidade de saque por meio de cartão consignado de benefício. (redação dada pela Lei n. 14.431/2022).

Ainda segundo o art. 114 da Lei n. 8.213/1991, o benefício não pode ser objeto de penhora, arresto ou sequestro, sendo nula de pleno direito a sua venda ou cessão, ou a constituição de qualquer ônus sobre ele, bem como a outorga de poderes irrevogáveis ou em causa própria para o seu recebimento. A exceção diz respeito a valor devido à Previdência Social e a desconto autorizado pela Lei de Benefícios, ou derivado da obrigação de prestar alimentos, quando reconhecida em sentença judicial.

Todavia, o art. 833 do CPC/2015 passou a prever, em seu § 2º, que é possível a penhora de rendimentos do trabalho ou proventos de aposentadoria e pensões "para pagamento de dívida alimentícia de qualquer origem, bem como nos casos de importâncias acima de 50 (salários mínimos)".

Sobre a penhora de quantias depositadas em conta bancária em que o executado percebe seus proventos de aposentadoria, o STJ fixou a seguinte tese: "São impenhoráveis os valores depositados em instituição bancária até o limite de 40 salários mínimos, ainda que não se trate especificamente de conta-poupança" (REsp 2.072.733-SP, 4ª Turma, j. 27.08.2024).

Quanto ao desconto de benefícios pagos além do devido, a TNU entendeu não ser possível tal procedimento em caso de habilitação de outro pensionista após a data de início do benefício. Ou seja, quando o rateio de pensão por morte em razão da superveniente inclusão de novo beneficiário opera efeitos retroativos, a redução no valor da cota do pensionista mais antigo não lhe acarreta a obrigação de devolver o valor recebido a maior no período anterior ao desdobramento do benefício (PEDILEF n. 557315420074013400, Rel. Juiz Federal Rogério Moreira Alves, *DOU* 25.05.2012).

A forma de devolução das importâncias recebidas indevidamente está disciplinada no art. 154 do Decreto n. 3.048/1999, que estabelece, entre outras medidas:

> *a) nos casos comprovados de dolo, fraude ou má-fé, deverá ser atualizada, e feita de uma só vez ou mediante acordo de parcelamento, independentemente de outras penalidades legais;*
> *b) caso o débito seja originário de erro da Previdência Social, o segurado, usufruindo de benefício regularmente concedido, poderá devolver o valor de forma parcelada, atualizado, devendo cada parcela corresponder, no máximo, a trinta por cento do valor do benefício em manutenção, e ser descontado em número de meses necessários à liquidação do débito;*
> *c) se o débito for originário de erro da Previdência Social e o segurado não usufruir de benefício, o valor deverá ser atualizado e devolvido, da seguinte forma:*
> *I – no caso de empregado, mediante desconto, da remuneração paga pelo empregador; e*
> *II – no caso dos demais beneficiários, mediante a inscrição em dívida ativa.*

Quando o pagamento, feito por erro do INSS, cabe destacar a tese fixada pelo STJ no julgamento do Repetitivo Tema n. 979:

> Com relação aos pagamentos indevidos aos segurados, decorrentes de erro administrativo (material ou operacional) não embasado em interpretação errônea ou equivocada da lei pela administração, são repetíveis, sendo legítimo o desconto no percentual de até 30% do valor do benefício pago ao segurado/beneficiário, ressalvada a hipótese em que o segurado, diante do caso concreto, comprove sua boa-fé objetiva, sobretudo com demonstração de que não lhe era possível constatar o pagamento indevido. (REsp 1.381.734/RN, 1ª Seção, Rel. Min. Benedito Gonçalves, *DJe* 23.04.2021)

E, diante do impacto desse novo entendimento que passou a ser adotado pelo Superior Tribunal de Justiça, foram modulados os efeitos da seguinte forma:

> 7. Modulação dos efeitos: Tem-se de rigor a modulação dos efeitos definidos neste representativo da controvérsia, em respeito à segurança jurídica e considerando o inafastável interesse social que permeia a questão *sub examine*, e a repercussão do tema que se amolda a centenas de processos sobrestados no Judiciário. Desse modo somente deve atingir os processos que tenham sido distribuídos, na primeira instância, a partir da publicação deste acórdão. (Acórdão publicado no *DJe* 23.04.2021)

Nesse julgado foi também definido que, na aferição da boa-fé, é preciso avaliar a aptidão do segurado "**para compreender, de forma inequívoca, a irregularidade do pagamento**".

Deve-se somar a esse entendimento que a simples entrega de prestação previdenciária com a ausência dos pressupostos para a concessão, por si só, não enseja a devolução dos valores. Ou seja, é indispensável o exame do elemento subjetivo. Isto porque, a boa-fé deve ser presumida, não havendo exceção para esta presunção. O que deve ser provada é a má-fé. Caso contrário, haverá a inversão do raciocínio lógico-jurídico, de que *"Bona fides semper praesumitur nisi mala adesse probetur"*[7].

Não cabe a inversão do ônus da prova, a qual é incompatível com a realidade fática dos segurados e dependentes do RGPS e com o ordenamento processual pátrio.

Na maioria das vezes a prova da boa-fé será difícil ou impossível de ser produzida pela parte hipossuficiente – violando-se, portanto, o *princípio da aptidão para a prova*.

Caberia ao INSS, caso invoque conduta desleal, apresentar prova robusta da má-fé do beneficiário, o que resulta muito mais lógico e viável. A corroborar esse entendimento, segue trecho do voto-vista divergente apresentado pela Ministra Assusete Magalhães, quando do julgamento do Repetitivo Tema n. 979:

> É preciso ter em conta, por fim, que a Administração Pública dispõe de recursos tecnológicos, além de pessoal qualificado, e deve haver, certamente, no INSS – assim como há, nos demais órgãos públicos de semelhante envergadura –, setor de tecnologia apto a atuar na criação de mecanismos eficazes para diagnosticar, e, preventivamente, evitar a ocorrência de erro material.
>
> Nesse contexto, **deve ser prestigiado e reafirmado o entendimento sedimentado no STJ de irrepetibilidade dos alimentos**, recebidos de **boa-fé**, por segurado/beneficiário da Previdência Social, decorrente de **erro** da Administração, **para impedir o desconto, destinado a restituir valores recebidos, por força de interpretação errônea, má aplicação da lei ou erro da Administração da Previdência Social**. (com grifos no original)

Em reforço a esse argumento, José Antonio Savaris apresenta posicionamento doutrinário baseado nos princípios da razoabilidade, da boa-fé e da proteção da confiança. Vejamos:

> Em nosso modo de ver, a aplicação da regra contida no art. 115, inciso II, da Lei n. 8.213/1991, em face dos princípios da razoabilidade, da boa-fé e da proteção da confiança do cidadão nos atos dos poderes públicos, somente será possível quando houver comprovação de que o beneficiário contribuiu, de modo direito e decisivo, para o erro da Administração Pública ou da decisão judicial.[8]

Quando comprovada a má-fé, não resta dúvida quanto ao cabimento da devolução (STJ, AgRg no REsp 2010/0060892-0, 6ª Turma, Rel. Min. Sebastião Reis Júnior, *DJe* 02.04.2014).

No que tange à cobrança, o STJ decidiu, em Recurso Repetitivo – Tema n. 598, que não é possível a inscrição em dívida ativa de valor correspondente a benefício previdenciário indevidamente recebido e não devolvido ao INSS. Isso porque os benefícios previdenciários indevidamente recebidos, qualificados como enriquecimento ilícito, não se enquadram no conceito de crédito tributário ou não tributário previsto no art. 39, § 2º, da Lei n. 4.320/1964, a justificar sua inscrição em dívida ativa. Sendo assim, o art. 154, § 4º, II, do Decreto n. 3.048/1999, que determina a inscrição em dívida ativa de benefício previdenciário pago indevidamente, não

---

[7] "Sempre se presume a boa-fé, a má-fé depende de prova".

[8] SAVARIS, José Antonio. Direito Processual Previdenciário. 6. ed. Curitiba: Alteridade Editora, 2016. p. 404.

encontra amparo legal (REsp n. 1.350.804-PR, 1ª Seção, Rel. Min. Mauro Campbell Marques, *DJe* 28.06.2013).

Com a finalidade de superar essa orientação do STJ, foi editada a Lei n. 13.494/2017, acrescentando um novo parágrafo ao art. 115 da Lei n. 8.213/1991, para autorizar a inscrição em dívida ativa pela Procuradoria-Geral Federal dos "créditos constituídos pelo INSS em razão de benefício previdenciário ou assistencial pago indevidamente ou além do devido, hipótese em que se aplica o disposto na Lei n. 6.830, de 22 de setembro de 1980, para a execução judicial".

O rigor na recuperação dos créditos teve novo avanço com a Lei n. 13.846/2019, que alterou novamente o art. 115 da Lei n. 8.213/1991, para fixar que podem ser descontados dos benefícios pagamento administrativo ou judicial de benefício previdenciário ou assistencial indevido, ou além do devido, inclusive na hipótese de cessação do benefício pela revogação de decisão judicial. Além disso, a citada norma fixou que:

- serão inscritos em dívida ativa pela Procuradoria-Geral Federal os créditos constituídos pelo INSS em decorrência de benefício previdenciário ou assistencial pago indevidamente ou além do devido, inclusive na hipótese de cessação do benefício pela revogação de decisão judicial, nos termos do disposto na Lei n. 6.830/1980, para a execução judicial;
- que será objeto de inscrição em dívida ativa, em conjunto ou separadamente, o terceiro beneficiado que sabia ou deveria saber da origem do benefício pago indevidamente em razão de fraude, dolo ou coação, desde que devidamente identificado em procedimento administrativo de responsabilização;

A Lei n. 13.846/2019, ao alterar o § 4º do art. 115 da Lei n. 8.213/1991, autorizou a inscrição em dívida ativa pela Procuradoria-Geral Federal, em conjunto ou separadamente, do terceiro beneficiado que sabia ou deveria saber da origem ilícita de benefício previdenciário ou assistencial recebido indevidamente por dolo, fraude ou coação.

Quanto ao procedimento no desconto de valores recebidos a título de benefícios inacumuláveis, quando o direito à percepção de um deles transita em julgado após o auferimento do outro, gerando crédito de proventos em atraso, a TNU fixou a seguinte tese, em julgamento de Representativo de Controvérsia:

- **Tema n. 195**: "No cálculo das parcelas atrasadas do benefício concedido judicialmente, devem ser compensados todos os valores recebidos em período concomitante em razão de benefício inacumulável, sendo que a compensação deve se dar pelo total dos valores recebidos, não se podendo gerar saldo negativo para o segurado" (PEDILEF 5042553-09.2016.4.04.7100/RS, j. 18.09.2020; 25.02.2021 – ED).

Sobre essa questão, o STJ possui precedente com a seguinte orientação:

- **Repetitivo Tema n. 1207 – Tese fixada**: "A compensação de prestações previdenciárias, recebidas na via administrativa, quando da elaboração de cálculos em cumprimento de sentença concessiva de outro benefício, com elas não acumulável, deve ser feita mês a mês, no limite, para cada competência, do valor correspondente ao título judicial, não devendo ser apurado valor mensal ou final negativo ao beneficiário, de modo a evitar a execução invertida ou a restituição indevida" (REsp 2039614/PR, 1ª Seção, *DJe* 28.06.2024).

Cabe ainda referir a decisão proferida em ACP, com abrangência nacional, vedando o INSS de efetuar descontos em benefícios previdenciários sempre que estes resultem em pagamentos abaixo do salário mínimo (TRF4, AC n. 5056833-53.2014.4.04.7100/RS, em 04.08.2021).

## 10.16 DEVOLUÇÃO DE BENEFÍCIOS PREVIDENCIÁRIOS RECEBIDOS POR FORÇA DE TUTELA PROVISÓRIA POSTERIORMENTE REVOGADA

Quanto aos valores recebidos de boa-fé, assim como os recebidos por decisão judicial posteriormente revogada, entendemos que não é preciso devolver, diante do caráter eminentemente alimentar do benefício previdenciário.

Quanto ao tema, a 1ª Turma do STF tem reiterada jurisprudência no sentido de que o benefício previdenciário recebido de boa-fé pelo segurado em virtude de decisão judicial não está sujeito à repetição de indébito, dado o seu caráter alimentar. Constou, ainda, da ementa, que essa orientação não importa declaração de inconstitucionalidade do art. 115 da Lei n. 8.213/1991 (ARE n. 734.199 AgR, Rel. Min. Rosa Weber, *DJe* 23.09.2014). No mesmo sentido: ARE 734.242 AgR/DF, Rel. Min. Roberto Barroso, *DJe* 08.09.2015.

Mais recentemente, o Plenário do STF reconheceu, em relação aos segurados que obtiveram a desaposentação por meio de decisões provisórias, que os valores recebidos de boa-fé não serão devolvidos ao INSS (ED – RE 381.367-RE 827.833 e RE 661.256, j. 06.02.2020), e na Repercussão Geral Tema n. 709, que tratou da vedação do recebimento de aposentadoria especial com a continuidade do exercício de atividade nociva à saúde.

Apesar da existência desses precedentes, o STF, ao examinar a Repercussão Geral Tema "799 – Possibilidade da devolução de valores recebidos em virtude de tutela antecipada posteriormente revogada", por maioria, reconheceu a inexistência de repercussão geral da questão, por não se tratar de matéria constitucional (*Leading Case*: ARE 722421, Plenário, *DJe* 30.03.2015).

Por sua vez, o STJ, ao julgar recurso repetitivo para definir se deve o litigante beneficiário do RGPS devolver os valores percebidos do INSS em virtude de decisão judicial precária, que venha a ser posteriormente revogada, acabou fixando tese no sentido da necessidade de devolução dos valores:

– **Tema n. 692:** "A reforma da decisão que antecipa a tutela obriga o autor da ação a devolver os benefícios previdenciários indevidamente recebidos".[9]

Na sequência, o STJ julgou questão de ordem e revisou a tese, que passou a ter o seguinte conteúdo:

A reforma da decisão que antecipa os efeitos da tutela final obriga o autor da ação a devolver os valores dos benefícios previdenciários ou assistenciais recebidos, o que pode ser feito por meio de desconto em valor que não exceda 30% (trinta por cento) da importância de eventual benefício que ainda lhe estiver sendo pago. (Pet 12482/DF, 1ª Seção, Rel. Min. Og Fernandes, *DJe* 24.05.2022)

Registre-se, ainda, que, a Corte Especial do STJ, em embargos de divergência, definiu que: "Não está sujeito à repetição o valor correspondente a benefício previdenciário recebido por determinação de sentença que, confirmada em segunda instância, vem a ser reformada apenas no julgamento de recurso especial" (EREsp 1.086.154/RS, Rel. Min. Nancy Andrighi, *DJe* 19.03.2014).[10]

---

[9] Seguindo a orientação do STJ, a TNU acabou cancelando, em agosto de 2017 (*DJe* 20.09.2017), a Súmula n. 51 que tinha o seguinte teor: "Os valores recebidos por força de antecipação dos efeitos de tutela, posteriormente revogada em demanda previdenciária, são irrepetíveis em razão da natureza alimentar e da boa-fé no seu recebimento".

[10] No caso da desaposentação, as tutelas concedidas estavam amparadas em decisão proferida em Recurso Repetitivo pelo STJ que reconhecia esse direito (REsp 1.334.488/SC, Representativo de Controvérsia, *DJe* 14.05.2013). Portanto, tinham mais do que uma dupla conformidade, sendo desnecessária a devolução de valores.

Entre os fundamentos adotados pela Corte Especial do STJ, está o de que "por meio da edição da Súmula 34/AGU, a União reconhece a irrepetibilidade da verba recebida de boa-fé, por servidor público, em virtude de interpretação errônea ou inadequada da Lei pela Administração. Desse modo, e com maior razão, assim também deve ser entendido na hipótese em que o restabelecimento do benefício previdenciário dá-se por ordem judicial posteriormente reformada".

Também não cabe em Ação Rescisória a postulação de devolução de valores recebidos por força de decisão Judicial (STJ, AR 4.179/SP, 3ª Seção, Rel. Mi. Jorge Mussi, *DJe* 05.10.2018).

Toda essa discussão no âmbito do STJ ganhou um novo ingrediente, qual seja, a MP n. 871/2019 (convertida na Lei n. 13.846/2019), que modificou o art. 115 da Lei n. 8.213/1991 impondo o dever de devolução do pagamento administrativo ou judicial de benefício previdenciário ou assistencial indevido, ou além do devido, inclusive na hipótese de cessação do benefício pela revogação de decisão judicial, com previsão de inscrição em dívida ativa e execução fora da Lei n. 6.830/1980.

Cabe ainda destacar a publicação do Memorando-Circular Conjunto n. 48/DIRBEN/PFE/INSS, de 09.10.2018, dando cumprimento à decisão proferida na Ação Civil Pública 0005906-07.2012.403.6183. Essa ACP impede a cobrança administrativa de valores relativos aos benefícios previdenciários e assistenciais concedidos por meio de decisão liminar, tutela antecipada e sentença, reformadas por outra ou ulterior decisão judicial, excetuadas as hipóteses de execução judicial quanto à possibilidade de pedidos de liquidação e cobrança expressos nos próprios autos do processo judicial.

Por força dessa decisão, as cobranças administrativas que se encontravam em curso foram interrompidas e os respectivos processos administrativos encaminhados à unidade da PGF responsável pelo acompanhamento dos processos judiciais com decisão provisória posteriormente revogada ou reformada.

# 11
# Recursos no Procedimento Comum e nos Juizados Especiais Federais

Com vistas a auxiliar o advogado militante em Direito Previdenciário em todas as suas instâncias, apresentamos apontamentos sobre os recursos cabíveis no âmbito dos Juizados Especiais Federais e no procedimento comum da Justiça Federal e da Justiça Estadual (em competência delegada e sobre matéria acidentária).

Iniciaremos a análise pelas regras recursais dos Juizados Especiais Federais, e, na sequência, iremos detalhar os recursos do procedimento comum previstos no CPC.

## 11.1 TURMAS RECURSAIS DOS JUIZADOS ESPECIAIS FEDERAIS E RECURSOS DE SUA COMPETÊNCIA

O rito processual adotado nos Juizados Especiais Federais é diferente do utilizado nos Juizados Estaduais e do Código de Processo Civil. Uma das maiores diferenças encontradas está nos tipos de recursos cabíveis e nas instâncias recursais.

No procedimento comum, da sentença caberá apelação ao tribunal competente, e no rito dos Juizados, caberá recurso inominado, a ser julgado por uma das Turmas Recursais da Seção Judiciária.

Segundo o art. 13 da Lei n. 10.259/2001, não haverá reexame necessário nos Juizados Especiais Federais, devendo o ente público propor recurso inominado para que seja feito reexame da sentença condenatória. Já no procedimento comum, com o CPC/2015, o reexame necessário passou a ser exceção e não mais a regra (art. 496).

O prazo para interposição do recurso inominado nos JEFs é de 10 dias, a contar da publicação ou da intimação da decisão. Já o prazo de apelação é de 15 dias (art. 1.009, § 1º, do CPC/2015).

Importante referir que, no recurso, as partes serão obrigatoriamente representadas por advogado (art. 41, § 2º, da Lei n. 9.099/1995). A dispensa de representação por advogado envolve apenas o primeiro grau de jurisdição dos Juizados Especiais.

O preparo é exigido apenas no recurso contra a sentença, devendo ser feito, independentemente de intimação, nas 48 horas seguintes à interposição, sob pena de deserção (art. 42, § 1º, da Lei n. 9.099/1995). Em relação ao Recurso Extraordinário há também a exigência do pagamento de despesas processuais para sua interposição.

Nos JEFs não há prazo em dobro para recorrer em favor do INSS, União e demais entes públicos (art. 9º da Lei n. 10.259/2001). No procedimento comum, o CPC/2015 garante prazo em dobro (art. 183).

A tutela provisória de urgência ou de evidência é cabível em sede recursal. Aos juízes competentes para o juízo de admissibilidade incumbe decidir, de ofício ou a requerimento das partes, sobre provimentos cautelares e de tutela provisória. Igual competência é conferida aos relatores desses recursos, presentes os requisitos legais, submetendo a decisão ao referendo da Turma.

Frise-se que o STJ decidiu que, apesar da suspensão processual prevista pelo CPC em virtude de determinação de julgamento de ação sob o rito dos recursos repetitivos (art. 1.037, inciso II, do CPC), não há impedimento para a concessão de tutelas provisórias urgentes, caso o magistrado entenda estarem cumpridos os requisitos de urgência e de risco irreparável (art. 300 do CPC). Também não há vedação para o cumprimento de medidas cautelares já deferidas judicialmente (REsp n. 1.657.156).[1]

Cabe destacar que os regimentos internos das Turmas Recursais e de Uniformização editados pelos Tribunais respectivos inseriram regras que vão desde a definição dos prazos de recursos até a criação de novos recursos e a imposição de requisitos de admissibilidade recursal.

Esses Regimentos Internos são modificados com frequência, dificultando a sedimentação das regras e burocratizando o acesso às esferas de uniformização de jurisprudência. Afora isso, o rigor no exame da admissibilidade recursal tem se estabelecido como fator impeditivo na análise do direito material a ser uniformizado.

De acordo com o disposto na Lei n. 10.259/2001 (art. 21), cabe aos Tribunais Regionais Federais decidir sobre a instituição das Turmas Recursais, sua composição e área de competência, podendo abranger mais de uma seção judiciária. Entretanto, atualmente todas as Seções Judiciárias contam com Turmas Recursais instaladas. Na maioria dos Estados, o volume de processos gerou a necessidade de instalação de mais de uma Turma Recursal.

Quanto ao funcionamento, é importante observarmos que o Conselho da Justiça Federal (CJF) aprovou a Resolução n. 347, de 02.06.2015, que compatibiliza os regimentos internos das turmas recursais e das turmas regionais de uniformização dos Juizados Especiais Federais (JEFs), bem como a atuação dos magistrados integrantes dessas Turmas, com exclusividade de funções.

Esse normativo foi modificado pela Resolução CJF n. 393, de 19.04.2016, para adequá-lo às disposições do CPC/2015, adotando as seguintes vertentes[2]:

a) adaptação e atualização dos regimentos internos das TRs e TRUs, preservadas suas particularidades, linhas ideológicas e práticas do novo modelo processual, que avançam na afirmação de técnicas de coletivização e de unidade de convicção dos julgamentos;

b) conciliação entre a aparente tensão do disposto nos §§ 1º e 2º do art. 14 da Lei n. 10.259/2001 – incidente de resolução de demandas repetitivas – e a vinculação dos juizados especiais federais ao Tribunal Regional Federal – com a suspensão e aplicação da tese, conforme disciplina o art. 982, inciso I, c/c art. 985, inciso I, do NCPC;

c) sobre o agravo interno, uniformização dos prazos em quinze dias, nos termos do NCPC (arts. 1.003, § 5º, e 1.070);

d) sobre a contagem dos prazos, somente serão computados os dias úteis, consoante prevê o art. 219 da novel legislação.[3]

---

[1] Notícia veiculada no *site* do STJ: Disponível em: http://www.stj.jus.br/sites/STJ/default/pt_BR/Comunica%-C3%A7%C3%A3o/noticias/Not%C3%ADcias/Suspens%C3%A3o-em-repetitivo-n%C3%A3o-impede-apreciacia%C3%A7%C3%A3o-de-tutelas-de-urg%C3%AAncia. Acesso em: 19 nov. 2023.

[2] Retiradas do voto proferido pelo Ministro Corregedor-Geral da Justiça Federal Og Fernandes na Sessão do CJF, de 07.04.2016, que aprovou a Resolução CJF n. 393/2016.

[3] Nesse mesmo sentido, o Enunciado n. 19 da I JORNADA DE DIREITO PROCESSUAL CIVIL, organizada pelo CJF, ocorrida em Brasília, nos dias 24 e 25 de agosto de 2017: "O prazo em dias úteis previsto no art. 219 do CPC aplica-se também aos procedimentos regidos pelas Leis n. 9.099/1995, n. 10.259/2001 e n. 12.153/2009".

Destacamos ainda as alterações ocorridas na Resolução n. 347/2015, efetuadas pelo novo Regimento Interno da TNU (Resolução n. 586/2019), que revogou diversas partes do texto, em especial aquelas referentes à previsão de forma nacionalizada do agravo direcionado ao presidente da TRU, cabível após inadmissão de PU para a TRU. Entretanto, o recurso de agravo antes previsto nos §§ 4º e 5º do art. 3º continua cabível, mas agora deve ser fundamentado nas Resoluções de cada TRF e não mais na Resolução 347/2015.

Vale ressaltar que causou controvérsia a contagem dos prazos em dias úteis nos Juizados Especiais, perante a inexistência de regra determinando a contagem em dias corridos nas leis que regulam os juizados especiais. A controvérsia findou com a Lei n. 13.728, de 31.10.2018, que alterou a Lei n. 9.099/1995, estabelecendo que, na contagem de prazo para a prática de qualquer ato processual, inclusive para a interposição de recursos, serão computados somente os dias úteis.

Todavia, a regra quanto à realização automática da intimação no processo eletrônico é baseada em dias corridos, na forma da Lei n. 11.419/2006, art. 5º, § 3º, que assim determina:

> § 3º A consulta referida nos §§ 1º e 2º deste artigo deverá ser feita em até 10 (dez) dias corridos contados da data do envio da intimação, sob pena de considerar-se a intimação automaticamente realizada na data do término desse prazo.

Portanto, a contagem de prazo para a intimação automática é em dias corridos enquanto a contagem do prazo para o ato processual, uma vez iniciado, é feita em dias úteis.

A padronização do CJF dos regimentos das Turmas Recursais e de Uniformização visa imprimir agilidade aos julgamentos dos JEFs. Na Resolução n. 347/2015 do CJF ficou determinado que compete às Turmas Recursais dos Juizados Especiais Federais processar e julgar:

> I – em matéria cível, o recurso de sentença, excetuada a homologatória de conciliação ou laudo arbitral, e o de decisão que defere ou indefere medidas cautelares ou antecipatórias dos efeitos da tutela;
> II – em matéria criminal, a apelação de sentença e a de decisão de rejeição da denúncia ou queixa;
> III – os embargos de declaração opostos aos seus acórdãos;
> IV – os mandados de segurança contra ato de juiz federal no exercício da competência dos Juizados Especiais Federais e contra os seus próprios atos e decisões;
> V – os *habeas corpus* contra ato de juiz federal no exercício da competência dos Juizados Especiais Federais e de juiz federal integrante da própria Turma Recursal;
> VI – os conflitos de competência entre juízes federais dos Juizados Especiais Federais vinculados à Turma Recursal;
> VII – as revisões criminais de julgados seus ou dos juízes federais no exercício da competência dos Juizados Especiais Federais.

Estabeleceu-se ainda que o relator (Juiz Federal membro da Turma Recursal) será competente para negar seguimento a recurso manifestamente inadmissível, improcedente, prejudicado ou em confronto com súmula ou com jurisprudência dominante da TNU, do STJ ou do STF, ou em confronto com tese firmada em julgamento de IRDR.

O relator será também competente para dar provimento ao recurso se a decisão recorrida estiver em manifesto confronto com súmula ou com jurisprudência dominante da TNU, do STJ ou do STF, ou com tese firmada em julgamento de IRDR.

Nos casos de decisões monocráticas proferidas pelo relator ou pelo presidente da Turma Recursal, caberá agravo regimental no prazo de quinze dias, sendo possível a retratação pelo juízo. Se não houver retratação, o prolator da decisão deverá apresentar o processo em mesa, proferindo voto. Caso a decisão do relator tenha sido submetida à Turma Recursal e por ela confirmada, não será cabível a interposição de agravo regimental, devendo nesse caso ser avaliada a possibilidade de interposição de Pedido de Uniformização ou Recurso Extraordinário, dependendo do caso concreto.

No caso de decisões que deferem ou indeferem medidas cautelares ou tutelas provisórias, caberá recurso (que pode ser chamado de recurso de medida cautelar, agravo ou mesmo de recurso inominado) no prazo de dez dias, e a parte recorrida será intimada para apresentar resposta em igual prazo.

Vale ressaltar que em alguns Estados esse recurso tem sido chamado de Recurso de Medida Cautelar. Portanto, sugere-se a inclusão dessa nomenclatura nas petições, como exemplo: "Agravo/Recurso de medida cautelar". Tudo isso em conformidade com a Lei n. 10.259/2001, art. 4º, que mantém a previsão de concessão de medidas cautelares:

> Art. 4º O Juiz poderá, de ofício ou a requerimento das partes, deferir medidas cautelares no curso do processo, para evitar dano de difícil reparação.

A Resolução n. 347/2015 do CJF estabeleceu também que o exame da admissibilidade dos pedidos de uniformização e dos recursos extraordinários compete ao Presidente ou Vice-Presidente da Turma Recursal ou a outro membro designado pelo Tribunal Regional Federal ou mediante previsão no regimento interno das turmas recursais diretamente afetadas pela medida[4].

Havendo inadmissão preliminar do incidente nacional de uniformização, a parte poderá interpor agravo nos próprios autos, no prazo de quinze dias, a contar da publicação da decisão recorrida, devendo fundamentar o pleito, demonstrando o equívoco de tal decisão. Não havendo reconsideração, os autos serão encaminhados à Turma de Uniformização cujo incidente foi direcionado (TRU ou TNU).

Também caberá agravo interno, no prazo de quinze dias, dirigido à própria Turma Recursal de origem, se a decisão de inadmissão estiver fundada em: i) julgamento do STF, proferida na sistemática de repercussão geral; ii) súmula da TRU (no caso do incidente regional); súmula ou representativo de controvérsia da TNU (no caso de incidente nacional).

Vale lembrar ainda que em cada Tribunal existe a figura do Desembargador Coordenador dos Juizados Especiais Federais, que exerce também a Presidência da Turma Regional de Uniformização.

Na sequência apresentamos os principais recursos no âmbito das Turmas Recursais dos JEFs e suas características. Os modelos estão disponíveis na Parte VI desta obra.

### 11.1.1 Recurso de medida cautelar ou tutela provisória (agravo)

a) hipóteses de cabimento:
- cabe de decisão que defere ou indefere medidas cautelares ou tutelas provisórias (de urgência ou de evidência) (art. 4º da Lei n. 10.259/2001 c/c art. 2º, I e § 1º, da Resolução CJF n. 347/2015);
- fora das hipóteses do art. 4º da Lei n. 10.259/2001, a impugnação de decisões interlocutórias proferidas antes da sentença deverá ser feita no recurso desta (art. 41 da Lei n. 9.099/1995) – *Enunciado FONAJEF* n. 107.

---

[4] A admissão de IRDR por TRF suspende o processamento do pedido de uniformização regional, no âmbito de sua jurisdição (Resolução CJF n. 393, de 19.04.2016).

- I Jornada de Direito Processual Civil CJF/CEJ, 2017: Enunciado n. 70 – "É agravável o pronunciamento judicial que postergar a análise de pedido de tutela provisória ou condicioná-la a qualquer exigência";
- contra a tutela de urgência apreciada na sentença o recurso cabível é o inominado (recurso contra a sentença).

b) **competência para julgamento:**
- deve ser apresentado diretamente às Turmas Recursais da Seção Judiciária em que localizado o JEF.

c) **prazo de interposição:**
- 10 dias para interposição e para contrarrazões (art. 2º, § 1º, da Resolução CJF n. 347/2015).

### QUADRO-RESUMO – RECURSO DE MEDIDA CAUTELAR OU TUTELA PROVISÓRIA (AGRAVO)

| | |
|---|---|
| **Hipótese** | Cabe de decisão que defere ou indefere medidas cautelares ou tutelas provisórias (de urgência ou de evidência) (art. 4º da Lei n. 10.259/2001 c/c o art. 2º, I e § 1º, da Resolução CJF n. 347/2015). |
| **Representação por Advogado** | No recurso, as partes serão obrigatoriamente representadas por advogado (art. 41, § 2º, da Lei n. 9.099/1995). |
| **Competência para Julgamento** | O recurso deve ser apresentado diretamente às Turmas Recursais da Seção Judiciária em que localizado o JEF. |
| **Prazo de Interposição** | – 10 dias. Para resposta o prazo é o mesmo (art. 2º, § 1º, da Resolução CJF n. 347/2015). <br> – <br> Não há prazo em dobro para recorrer em favor do INSS, União e demais entes públicos (art. 9º da Lei n. 10.259/2001). |
| **Preparo** | Não há incidência de custas. |
| **Efeitos do Recurso** | A liminar em sede de agravo corresponde à concessão de efeito suspensivo. |
| **Outras Decisões Interlocutórias** | Fora das hipóteses do art. 4º da Lei n. 10.259/2001, a impugnação de decisões interlocutórias proferidas antes da sentença deverá ser feita no recurso desta (art. 41 da Lei n. 9.099/1995) – *Enunciado FONAJEF n. 107.* |

### 11.1.2 Aspectos destacados do recurso da sentença (recurso inominado)

a) **hipóteses de cabimento:**
- cabe da sentença proferida no Juizado Especial Federal Cível, excetuada a homologatória de conciliação ou laudo arbitral (art. 5º da Lei n. 10.259/2001 c/c art. 2º, I e § 1º, da Resolução CJF n. 347/2015);
- Enunciado n. 144 do FONAJEF: "É cabível recurso inominado contra sentença terminativa se a extinção do processo obstar que o autor intente de novo a ação ou quando importe negativa de jurisdição";
- I Jornada de Direito Processual Civil CJF/CEJ – Enunciado n. 39: "Cassada ou modificada a tutela de urgência na sentença, a parte poderá, além de interpor recurso, pleitear o respectivo restabelecimento na instância superior, na petição de recurso ou em via autônoma".

b) **competência para julgamento:**
- Turmas Recursais da Seção Judiciária em que localizado o JEF.

c) **prazo de Interposição**
- 10 dias para interposição e para contrarrazões (art. 42 da Lei n. 9.099/1995).

d) **preparo**
- o preparo será feito, independentemente de intimação, nas 48 horas seguintes à interposição, sob pena de deserção (art. 42, § 1º, da Lei n. 9.099/1995);
- quando insuficiente, o preparo poderá ser complementado (art. 1.007, § 2º, do CPC);
- é dispensado o preparo para os beneficiários da gratuidade da justiça (art. 98 do CPC) e pessoas jurídicas de direito público.

e) **efeitos do recurso:**
- a regra que vige é a de que os recursos tenham somente efeito devolutivo, podendo o Juiz dar-lhe efeito suspensivo, para evitar dano irreparável para a parte (art. 43 da Lei n. 9.099/1995);

f) **admissibilidade:**
- Após o recebimento das contrarrazões ou depois de decorrido o prazo sem a interposição destas, os autos serão remetidos à turma recursal, independentemente de juízo de admissibilidade (art. 2º, § 1º, da Resolução CJF n. 347/2015).

g) **questões a serem decididas:**
- reexame de provas, questões processuais e de direito indicadas no recurso;
- não há reexame necessário nos JEFs (art. 13 da Lei n. 10.259/2001);
- a matéria não apreciada na sentença, mas veiculada na inicial, pode ser conhecida no recurso inominado, mesmo não havendo a oposição de embargos de declaração;
- a Turma Recursal poderá conhecer diretamente das questões não examinadas na sentença que acolheu prescrição ou decadência, estando o processo em condições de imediato julgamento (Enunciado FONAJEF n. 100);
- o Pleno do STF, no RE n. 635.729, em que foi reconhecida repercussão geral do tema constitucional, reafirmou jurisprudência no sentido de que decisão de Turma Recursal de Juizados Especiais, quando adota os mesmos fundamentos da sentença questionada, não afronta a exigência constitucional de motivação dos atos decisórios (*DJe* 24.08.2011);
- Acórdão Genérico: a TNU fixou a tese de que acórdãos genéricos devem ser anulados quando equivalem à negativa de prestação jurisdicional, implicam em cerceamento de defesa, ou, ainda, quando frustram o conhecimento de divergência jurisprudencial. Nesses casos, depois de anulado o acórdão, os autos devem retornar à turma recursal de origem para nova análise (PEDILEF n. 05000672-02.2012.4.05.8100, Rel. Juíza Federal Kyu Soon Lee, j. 08.10.2014).

h) **decisão monocrática do relator:**
Incumbe ao relator:
- negar seguimento a recurso manifestamente inadmissível, improcedente, prejudicado ou em confronto com súmula ou com jurisprudência dominante da TNU, do STJ ou do STF, ou em confronto com tese firmada em julgamento de IRDR;
- dar provimento ao recurso se a decisão recorrida estiver em manifesto confronto com súmula ou com jurisprudência dominante da TNU, do STJ ou do STF, ou com tese firmada em julgamento de IRDR;
- da decisão do Relator caberá agravo regimental no prazo de quinze dias. Se não houver retratação, o prolator da decisão apresentará o processo em mesa para julgamento na primeira sessão subsequente, proferindo voto.

i) **provas:**
- a Turma Recursal tem poder para complementar os atos de instrução já realizados pelo juiz do Juizado Especial Federal, de forma a evitar a anulação da sentença (Enunciado FONAJEF n. 101);
- convencendo-se da necessidade de produção de prova documental complementar, a Turma Recursal produzirá ou determinará que seja produzida, sem retorno do processo para o juiz do Juizado Especial Federal (Enunciado FONAJEF n. 102);
- sempre que julgar indispensável, a Turma Recursal, sem anular a sentença, baixará o processo em diligências para fins de produção de prova testemunhal, pericial ou elaboração de cálculos (Enunciado FONAJEF n. 103).

j) **sucumbência:**
- o recorrente, vencido, pagará as custas e honorários de advogado, que serão fixados entre dez por cento e vinte por cento do valor de condenação ou, não havendo condenação, do valor corrigido da causa (art. 55 da Lei n. 9.099/1995 c/c art. 85, § 3º, do Código de Processo Civil/2015);
- o provimento, ainda que parcial, de recurso inominado afasta a possibilidade de condenação do recorrente ao pagamento de honorários de sucumbência (Enunciado FONAJEF n. 99).

k) **recurso adesivo:**
- não cabe recurso adesivo nos Juizados Especiais Federais (Enunciado n. 59 do FONAJEF);
- Súmula n. 10 das TRs do DF: "O recurso adesivo, à míngua de previsão legal na legislação de regência (Leis n. 9.099, de 26.09.1995, e n. 10.259, de 12.07.2001) e sendo incompatível com o princípio da celeridade, não é admitido nos Juizados Especiais";
- Súmula n. 19 das TRs de SE: "O recurso adesivo é compatível com o rito previsto na Lei de Juizados Especiais Federais".

## QUADRO-RESUMO – RECURSO CONTRA SENTENÇA (RECURSO INOMINADO)

| | |
|---|---|
| **Hipótese** | - Cabe da sentença proferida no Juizado Especial Federal Cível, excetuada a homologatória de conciliação ou laudo arbitral (art. 5º da Lei n. 10.259/2001 c/c o art. 2º, I e § 1º, da Resolução CJF n. 347/2015).<br>- "É cabível recurso inominado contra sentença terminativa se a extinção do processo obstar que o autor intente de novo a ação ou quando importe negativa de jurisdição".(Enunciado n. 144 do FONAJEF) |
| **Representação por Advogado** | No recurso, as partes serão obrigatoriamente representadas por advogado (art. 41, § 2º, da Lei n. 9.099/1995). |
| **Competência para Julgamento** | - Turmas Recursais da Seção Judiciária em que localizado o JEF.<br>- O recurso será submetido ao juiz que proferiu a sentença, que o recebe, processa e posteriormente encaminha os autos às Turmas Recursais. |
| **Prazo de Interposição** | - 10 dias. Para contrarrazões o prazo é o mesmo (art. 42 da Lei n. 9.099/1995).<br>- Não há prazo em dobro para recorrer em favor do INSS, União e demais entes públicos (art. 9º da Lei n. 10.259/2001). |
| **Preparo** | - O preparo será feito, independentemente de intimação, nas 48 horas seguintes à interposição, sob pena de deserção (art. 42, § 1º, da Lei n. 9.099/1995): 1% sobre valor da causa.<br>- Há dispensa das custas no caso de deferimento da gratuidade da justiça assistência judiciária gratuita/justiça gratuita.<br>- O INSS é isento de custas na Justiça Federal. |

| | |
|---|---|
| **Efeitos do Recurso** | A regra que vige é a de que os recursos tenham somente efeito devolutivo, podendo o juiz dar-lhe efeito suspensivo, para evitar dano irreparável para a parte (art. 43 da Lei n. 9.099/1995). |
| **Admissibilidade** | Após o recebimento das contrarrazões ou depois de decorrido o prazo sem a interposição destas, os autos serão remetidos à turma recursal, independentemente de juízo de admissibilidade. |
| **Questões a serem Decididas** | – Reexame de provas, questões processuais e de direito indicadas no recurso.<br>– Não há reexame necessário nos JEFs (art. 13 da Lei n. 10.259/2001).<br>– A Turma Recursal poderá conhecer diretamente das questões não examinadas na sentença que acolheu prescrição ou decadência, estando o processo em condições de imediato julgamento (Enunciado FONAJEF n. 100).<br>– O Pleno do STF, no RE n. 635.729, em que foi reconhecida repercussão geral do tema constitucional, reafirmou jurisprudência no sentido de que decisão de Turma Recursal de Juizados Especiais, quando adota os mesmos fundamentos da sentença questionada, não afronta a exigência constitucional de motivação dos atos decisórios (*DJe* 24.08.2011). |
| **Tutela Provisória** | É cabível em sede recursal. Aos juízes competentes para o juízo de admissibilidade incumbe decidir, de ofício ou a requerimento das partes, sobre provimentos cautelares e tutela provisória. Igual competência é conferida aos relatores desses recursos, presentes os requisitos legais, submetendo a decisão ao referendo da Turma. |
| **Decisão Monocrática** | *Incumbe ao relator:*<br>a) negar seguimento a recurso manifestamente inadmissível, improcedente, prejudicado ou em confronto com súmula ou jurisprudência dominante da TNU, do STJ ou do STF, ou em confronto com tese firmada em julgamento de IRDR;<br>b) dar provimento ao recurso se a decisão recorrida estiver em manifesto confronto com súmula ou com jurisprudência dominante da TNU, do STJ ou do STF, ou com tese firmada em julgamento de IRDR.<br>– Da decisão do Relator caberá agravo regimental no prazo de quinze dias. Se não houver retratação, o prolator da decisão apresentará o processo em mesa para julgamento na primeira sessão subsequente, proferindo voto. |
| **Degravação de Audiências** | Não é obrigatória a degravação, tampouco a elaboração de resumo, para apreciação de recurso, de audiência gravada por meio magnético ou equivalente, desde que acessível ao órgão recursal (Enunciado FONAJEF n. 85). |
| **Provas** | – A Turma Recursal tem poder para complementar os atos de instrução já realizados pelo juiz do Juizado Especial Federal, de forma a evitar a anulação da sentença (Enunciado FONAJEF n. 101).<br>– Convencendo-se da necessidade de produção de prova documental complementar, a Turma Recursal produzirá ou determinará que seja produzida, sem retorno do processo para o juiz do Juizado Especial Federal (Enunciado FONAJEF n. 102).<br>– Sempre que julgar indispensável, a Turma Recursal, sem anular a sentença, baixará o processo em diligências para fins de produção de prova testemunhal, pericial ou elaboração de cálculos (Enunciado FONAJEF n. 103). |
| **Sucumbência** | O recorrente, vencido, pagará as custas e honorários de advogado, que serão fixados entre 10% e 20% do valor de condenação ou, não havendo condenação, do valor corrigido da causa (art. 55 da Lei n. 9.099/1995). |
| **Recurso Adesivo** | Não cabe recurso adesivo nos Juizados Especiais Federais (Enunciado FONAJEF n. 59). |
| **Revisor** | Não haverá revisor nos recursos interpostos nos feitos da competência dos Juizados Especiais Federais. |

## 11.1.3 Mandado de segurança nos Juizados Especiais Federais

Consigna-se que não se admite mandado de segurança para Turma Recursal, exceto na hipótese de ato jurisdicional teratológico contra o qual não caiba recurso. Nesse sentido o Enunciado FONAJEF n. 88.

É da competência das turmas recursais processar e julgar os mandados de segurança contra ato de juiz federal no exercício da competência dos Juizados Especiais Federais e contra os seus próprios atos e decisões (Resolução CJF n. 347, de 2015 – art. 2º, IV; Súmula n. 376 do STJ).

Ainda em conformidade com o STF, compete à Turma Recursal o exame de mandado de segurança, quando utilizado como substitutivo recursal, contra ato de juiz federal dos Juizados Especiais Federais (RE n. 586.789/PR, Tribunal Pleno, Rel. Min. Ricardo Lewandowski, *DJe* 24.02.2012).

Não há previsão do cabimento de recurso ordinário da decisão do mandado de segurança proferida pelos Juizados Especiais, por força de disposição expressa contida nos arts. 102, II, "a", e 105, II, "b", da Constituição Federal, regulamentados pelo art. 1.027 do Código de Processo Civil/2015 (art. 539 do CPC/1973), admitido apenas das decisões de tribunais.

Eventual insurgência pode ser apreciada em pedido de uniformização nas hipóteses em que caracterizada a divergência de interpretação de direito material.

Com a entrada em vigor do CPC/2015 e com as interpretações jurisprudenciais pertinentes, não mais tem sido aceito Mandado de Segurança contra ato que indefere produção de prova, devendo, nesse caso, a parte renovar a discussão em preliminar de recurso inominado/apelação (*v.g.*, TRF da 4ª Região, MS n. 5028494-73.2016.4.04.0000/PR, 02.08.2016).

E, ainda, a Questão de Ordem n. 44 da TNU: "No âmbito da Turma Nacional de Uniformização, não cabe mandado de segurança contra decisão judicial transitada em julgado, devendo, então, no caso de decisão judicial irrecorrível teratológica, ser impetrado o 'mandamus' no prazo de 05 dias, contado a partir da intimação daquele ato" (Aprovada, por unanimidade, na Sétima Sessão Ordinária da TNU, j. 15.09.2022. Precedentes: 5000181-35.2021.4.90.0000 e 5000180-50.2021.4.90.0000).

**QUADRO-RESUMO – MANDADO DE SEGURANÇA**

| | |
|---|---|
| **Hipótese** | – Cabe contra ato de Juiz Federal no exercício da competência dos Juizados Especiais Federais e de Juiz Federal integrante da própria Turma Recursal.<br>– É admissível MS para Turma Recursal de ato jurisdicional que cause gravame e não haja recurso (Enunciado FONAJEF n. 88).<br>– Lei n. 12.016/2009: "Art. 1º Conceder-se-á mandado de segurança para proteger direito líquido e certo, não amparado por *habeas corpus* ou *habeas data*, sempre que, ilegalmente ou com abuso de poder, qualquer pessoa física ou jurídica sofrer violação ou houver justo receio de sofrê-la por parte de autoridade, seja de que categoria for e sejam quais forem as funções que exerça". |
| **Não Cabimento** | – Não se incluem na competência do Juizado Especial Cível as ações de mandado de segurança (art. 3º, § 1º, I, da Lei n. 10.259/2001). Portanto, o MS não tem cabimento no primeiro grau de jurisdição dos JEFs.<br>– Lei n. 12.016/2009: "Art. 5º Não se concederá mandado de segurança quando se tratar:<br>I – de ato do qual caiba recurso administrativo com efeito suspensivo, independentemente de caução;<br>II – de decisão judicial da qual caiba recurso com efeito suspensivo;<br>III – de decisão judicial transitada em julgado". |

| | |
|---|---|
| Não Cabimento | – QO n. 4 da TNU: "No âmbito da Turma Nacional de Uniformização, não cabe mandado de segurança contra decisão judicial transitada em julgado, devendo, então, no caso de decisão judicial irrecorrível teratológica, ser impetrado o 'mandamus' no prazo de 05 dias, contado a partir da intimação daquele ato". |
| Representação por Advogado | As partes serão obrigatoriamente representadas por advogado (art. 41, § 2º, da Lei n. 9.099/1995). |
| Competência para Julgamento | – É da competência das Turmas Recursais processar e julgar os mandados de segurança contra ato de juiz federal no exercício da competência dos JEFs e contra os seus próprios atos e decisões (Resolução CJF n. 61, de 2009 – art. 2º, IV; RE n. 586.789/PR, Rel. Min. Ricardo Lewandowski, 16.11.2011).<br>– Compete à Turma Recursal processar e julgar o mandado de segurança contra ato de juizado especial (Súmula n. 376 – STJ). |
| Prazo de Interposição | O direito de requerer mandado de segurança extinguir-se-á decorridos 120 dias, contados da ciência, pelo interessado, do ato impugnado (art. 23 da Lei n. 12.016/2009). |
| Preparo | Pode haver custas, logo recomendamos verificar a normativa pertinente em cada TRF. No TRF 4, a Resolução n. 33, de 08.05.2018, determinou o recolhimento de custas para MS nas TRs e TRUs[5]. |
| Liminar | – Ao despachar a inicial, os tribunais poderão prever a incidência de custas quando houver fundamento relevante e do ato impugnado puder resultar a ineficácia da medida, caso seja finalmente deferida, sendo facultado exigir do impetrante caução, fiança ou depósito, com o objetivo de assegurar o ressarcimento à pessoa jurídica.<br>– Os efeitos da medida liminar, salvo se revogada ou cassada, persistirão até a prolação da sentença.<br>– Deferida a medida liminar, o processo terá prioridade para julgamento (§ 4º do art. 7º da Lei n. 12.016/2009). |
| Recurso da Decisão Liminar | Da decisão do relator que conceder ou denegar a medida liminar caberá agravo regimental no prazo de quinze dias (art. 2º, § 4º, da Resolução CJF n. 347/2015, alterada pela Resolução CJF 393/2016). |
| Indeferimento da Inicial | – A inicial será desde logo indeferida, por decisão motivada, quando não for o caso de mandado de segurança ou lhe faltar algum dos requisitos legais ou quando decorrido o prazo legal para a impetração.<br>– Dessa decisão caberá agravo regimental para o colegiado da Turma Recursal. |
| Recursos das Decisões Proferidas pelas Turmas Recursais | Das decisões em mandado de segurança proferidas pelas Turmas Recursais cabe pedido de uniformização e recurso extraordinário, nos casos legalmente previstos. |
| Sucumbência | Não cabe a condenação ao pagamento dos honorários advocatícios, sem prejuízo da aplicação de sanções no caso de litigância de má-fé (art. 25 da Lei n. 12.016/2009). |

---

[5] Art. 34, parágrafo único, da Resolução n. 33/2018 TRF4: Haverá custas nos mandados de segurança de competência originária das turmas recursais e da turma regional de uniformização, observando-se a Portaria n. 619, de 10.07.2012, do Tribunal Regional Federal da 4ª Região, Tabelas I, *a* e *c*.

## 11.2 TURMA REGIONAL DE UNIFORMIZAÇÃO DE JURISPRUDÊNCIA DOS JUIZADOS ESPECIAIS FEDERAIS E RECURSOS DE SUA COMPETÊNCIA

Após julgamento pela Turma Recursal, se a parte considerar que existe divergência sobre direito material na interpretação da lei com decisões de outras Turmas, ela pode interpor pedido de uniformização de jurisprudência.

Tal incidente pode ser interposto para a Turma Nacional ou Regional de Uniformização, dependendo de quais Turmas Recursais estão discordando sobre a matéria.

Se o pedido for fundado em divergência entre Turmas Recursais da mesma Região, ele será julgado em reunião conjunta das Turmas em conflito, chamada de Turma Regional de Uniformização, sob a presidência do Desembargador Coordenador dos Juizados.

Segundo a Resolução n. 347/2015, do Conselho da Justiça Federal, compete à Turma Regional de Uniformização processar e julgar:

I – o incidente regional de uniformização de jurisprudência;
II – os embargos de declaração opostos aos seus acórdãos;
III – o agravo regimental da decisão do relator e do presidente.

Apesar de estarem ligadas aos TRFs, não cabe incidente de uniformização de jurisprudência por divergência entre a decisão da Turma Recursal e do TRF ao qual ela está vinculada. No caso, para interposição do incidente à TRU, é indispensável que as divergências ocorram entre Turmas Recursais de uma mesma região.

Ainda, de acordo com a Resolução CJF n. 347/2015 (alterada pela Resolução n. 417/2016), não caberá incidente regional se a decisão da turma recursal estiver em consonância com súmula ou jurisprudência dominante do STJ ou da TNU.

Cada Tribunal Regional expedirá as normas regulamentando a composição dos órgãos e os procedimentos a serem adotados para o processamento e o julgamento do pedido de uniformização para as TRUs.

O prazo para interposição do pedido de uniformização de jurisprudência atualmente é de quinze dias, a contar da publicação ou intimação, e deve ser encaminhado ao Presidente da Turma Recursal prolatora da decisão atacada, que, após ouvir a parte contrária, em igual prazo, procederá ao juízo de admissibilidade.

Em havendo interposição simultânea de incidentes dirigidos à TNU e à Turma Regional, deve-se julgar primeiramente o da TRU (art. 6º, parágrafo único, do RI da TNU – Resolução n. 586/2019 do CJF). Tal determinação também está prevista na Questão de Ordem n. 28 da TNU.

### 11.2.1 Aspectos destacados do Incidente Regional de Uniformização de Jurisprudência

a) hipóteses de cabimento:
- caberá quando houver divergência entre decisões sobre questões de direito material proferidas por Turmas Recursais da mesma Região na interpretação da lei (art. 14, § 1º, da Lei n. 10.259/2001);
- são também admitidos incidentes fundados em divergência entre as Turmas Recursais e a Turma Regional de Uniformização, quanto à aplicação do direito material (art. 37, § 1º, da Resolução n. 33/2018 do TRF da 4ª Região);
- não caberá incidente regional se a decisão da turma recursal estiver em consonância com súmula ou jurisprudência dominante do STJ ou da TNU.

b) **competência para julgamento:**
- Turma Regional de Uniformização da Região em que localizada a Turma Recursal prolatora da decisão recorrida.

c) **prazo de interposição:**
- 15 dias para interposição e para contrarrazões.

d) **prova do dissídio:**
- necessidade da demonstração do dissídio e cópia dos julgados divergentes ou indicação suficiente do julgado apontado como paradigma.

e) **efeitos do recurso:**
- em regra, o recurso será recebido apenas no efeito devolutivo.

f) **admissibilidade:**
- o exame da admissibilidade dos pedidos de uniformização e dos recursos extraordinários compete ao Presidente ou Vice-Presidente da Turma Recursal ou a outro membro designado pelo Tribunal Regional Federal ou mediante previsão no regimento interno das turmas recursais diretamente afetadas pela medida;
- o juiz responsável pelo juízo preliminar de admissibilidade devolverá o feito à Turma Recursal para eventual adequação, caso o acórdão recorrido esteja em manifesto confronto com súmula ou jurisprudência dominante da TNU, do STJ ou do STF.
- o feito também deverá ser devolvido à Turma de origem quando o acórdão recorrido contrariar julgamento proferido em IRDR, para aplicação da tese firmada.

g) **inadmissão preliminar:**
- em caso de inadmissão preliminar, a parte poderá interpor agravo, no prazo de quinze dias, a contar de sua intimação, fundamentando-se no equívoco da decisão recorrida, o qual será encaminhado para a TRU;
- contra decisão de inadmissão fundada em julgamento do STF, proferido na sistemática de repercussão geral, ou em súmula da TRU, caberá agravo interno, no prazo de quinze dias, o qual, após o decurso de igual prazo para contrarrazões, será julgado pela Turma Recursal, mediante decisão irrecorrível (art. 3º, § 7º, da Resolução n. 347/2015).

h) **sobrestamento:**
- serão sobrestados os processos que versem sobre tema que estiver pendente de apreciação na TNU, no STJ ou no STF, em regime representativo de controvérsia ou de repercussão geral, para posterior confirmação do acórdão recorrido ou sua adaptação à decisão que vier a ser proferida nos recursos paradigmas.

i) **questões a serem decididas:**
- uniformização de questões de direito material;
- não cabe reexame de provas e análise de questões de direito processual.

j) **incidentes simultâneos à TRU e à TNU:**
- havendo interposição simultânea de pedidos de uniformização dirigidos à Turma Regional de Uniformização e à Turma Nacional, será julgado, em primeiro lugar, o incidente dirigido à Turma Regional (art. 6º, parágrafo único, da Resolução CJF n. 586/2019).

k) **pedido de uniformização simultâneo com o recurso extraordinário:**
- interposto recurso extraordinário e pedido de uniformização de jurisprudência, este será processado antes do recurso extraordinário, salvo se houver questão prejudicial de natureza constitucional.

l) **decisão monocrática:**

– incumbe ao Presidente da TRU, ou ao relator, monocraticamente, por analogia ao RI da TNU:

I – negar-lhe seguimento quando:

a) manifestamente inadmissível, improcedente, prejudicado ou em confronto com súmula ou jurisprudência dominante da TRU, da TNU, do STJ ou do STF; ou

b) deduzir pretensão contrária à tese firmada em julgamento de IRDR;

II – determinar o retorno dos autos à origem para adequação ou dar provimento ao pedido de uniformização quando o acórdão recorrido estiver em manifesto confronto com súmula ou jurisprudência dominante da TRU, da TNU, do STJ, do STF, ou em confronto com tese firmada em julgamento de IRDR pelo TRF da Região, do STJ ou pelo STF;

III – sobrestar ou devolver às turmas recursais de origem, para sobrestamento, os processos que versem sobre tema que estiver pendente de apreciação na TRU, na TNU, no STJ ou no STF, em regime de representativo de controvérsia ou de repercussão geral, a fim de que promovam a posterior confirmação do acórdão recorrido ou sua adaptação à decisão que vier a ser proferida nos recursos paradigmas;

IV – devolver às Turmas de origem os processos suspensos em face de IRDR.

### QUADRO-RESUMO – INCIDENTE REGIONAL DE UNIFORMIZAÇÃO DE JURISPRUDÊNCIA

| | |
|---|---|
| Hipótese | – Caberá quando houver divergência entre decisões sobre questões de direito material proferidas por Turmas Recursais da mesma região na interpretação da lei (art. 14, § 1º, da Lei n. 10.259/2001).<br>– São também admitidos pedidos de uniformização fundados em divergência entre as Turmas Recursais e a TRU, quanto à aplicação do direito material.<br>– Não caberá incidente regional se a decisão da turma recursal estiver em consonância com súmula ou jurisprudência dominante do STJ ou da TNU. |
| Representação por Advogado | *No recurso, as partes serão obrigatoriamente representadas por advogado (art. 41, § 2º, da Lei n. 9.099/1995).* |
| Competência para Julgamento | – TRU da Região em que localizada a Turma Recursal prolatora da decisão recorrida.<br>– O pedido de uniformização será submetido ao Presidente da Turma Recursal que proferiu a decisão, que o recebe, processa e posteriormente encaminha os autos à TRU. |
| Prazo de Interposição | – 15 dias. Para contrarrazões o prazo é o mesmo.<br>– Não há prazo em dobro para recorrer em favor do INSS, União e demais entes públicos (art. 9º da Lei n. 10.259/2001). |
| Prova do Dissídio | *Necessidade da demonstração do dissídio e cópia dos julgados divergentes ou indicação suficiente do julgado apontado como paradigma.* |
| Preparo | *Não há incidência de custas.* |
| Efeitos do Recurso | *Em regra, o recurso será recebido apenas no efeito devolutivo.* |

| | |
|---|---|
| **Admissibilidade** | Compete ao Presidente ou Vice-Presidente da Turma Recursal ou a outro membro designado pelo TRF ou mediante previsão no regimento interno das turmas recursais diretamente afetadas pela medida;<br><br>– O juiz responsável pelo juízo preliminar de admissibilidade devolverá o feito à Turma Recursal para eventual adequação, caso o acórdão recorrido esteja em manifesto confronto com súmula ou jurisprudência dominante da TNU, do STJ ou do STF;<br><br>– O feito também deverá ser devolvido à Turma de origem quando o acórdão recorrido contrariar julgamento proferido em IRDR, para aplicação da tese firmada. |
| **Inadmissão Preliminar** | – em caso de inadmissão preliminar, a parte poderá interpor agravo, no prazo de quinze dias, a contar de sua intimação, fundamentando-se no equívoco da decisão recorrida, o qual será encaminhado para a TRU;<br><br>– contra decisão de inadmissão fundada em julgamento do STF, proferido na sistemática de repercussão geral, ou em súmula da TRU, caberá agravo interno, no prazo de quinze dias, o qual, após o decurso de igual prazo para contrarrazões, será julgado pela Turma Recursal, mediante decisão irrecorrível (art. 3º, § 7º, da Resolução n. 347/2015). |
| **Sobrestamento** | – Havendo incidente similar em processamento na Turma Regional ou Nacional de Uniformização, o Presidente ao qual compete a admissibilidade recursal determinará o sobrestamento do pedido de uniformização, o qual aguardará em Secretaria o julgamento do precedente.<br><br>– Publicada a decisão da Turma Regional ou Nacional de Uniformização, os pedidos sobrestados serão apreciados pela Turma Recursal, que poderá exercer juízo de retratação ou declará-los prejudicados. |
| **Questões a serem Decididas** | – Uniformização de questões de direito material.<br>– Não cabe reexame de provas e análise de questões de direito processual. |
| **Tutela Provisória** | É cabível em sede recursal. Aos juízes competentes para o juízo de admissibilidade incumbe decidir, de ofício ou a requerimento das partes, sobre provimentos cautelares e tutela provisória. Igual competência é conferida aos relatores desses recursos, presentes os requisitos legais, submetendo a decisão ao referendo da Turma. |
| **Decisão Monocrática** | Incumbe ao Presidente da TRU ou ao relator, monocraticamente, antes da distribuição do pedido de uniformização, mediante decisão irrecorrível (por analogia ao previsto no RI da TNU, art. 16):<br><br>I – negar-lhe seguimento quando:<br>a) manifestamente inadmissível, improcedente, prejudicado ou em confronto com súmula ou jurisprudência dominante da TRU, da TNU, do STJ ou do STF; ou<br>b) deduzir pretensão contrária à tese firmada em julgamento de IRDR;<br><br>II – determinar o retorno dos autos à origem para adequação ou dar provimento ao pedido de uniformização quando o acórdão recorrido estiver em manifesto confronto com súmula ou jurisprudência dominante da TRU, da TNU, do STJ, do STF, ou em confronto com tese firmada em julgamento de IRDR pelo TRF da Região, do STJ ou pelo STF;<br><br>III – sobrestar ou devolver às turmas recursais de origem, para sobrestamento, os processos que versem sobre tema que estiver pendente de apreciação na TRU, na TNU, no STJ ou no STF, em regime de representativo de controvérsia ou de repercussão geral, a fim de que promovam a posterior confirmação do acórdão recorrido ou sua adaptação à decisão que vier a ser proferida nos recursos paradigmas;<br><br>IV – devolver às Turmas de origem os processos suspensos em face de IRDR. |
| **Sucumbência** | Em regra, não haverá condenação em honorários advocatícios, mas poderá o relator fixar em casos específicos quando mantida a decisão recorrida. |
| **Revisor** | Não haverá revisão nos recursos interpostos nos feitos da competência dos Juizados Especiais Federais. |

| | |
|---|---|
| **Pedidos de Uniformização Simultâneos TRU e TNU** | Havendo interposição simultânea de pedidos de uniformização dirigidos à TRU e à TNU, será julgado, em primeiro lugar, o incidente dirigido à Turma Regional (QO n. 28 da TNU e Resolução CJF n. 586/2019). |
| **Uniformização e Recurso Extraordinário** | Interpostos recurso extraordinário e pedido de uniformização de jurisprudência, este será processado antes do recurso extraordinário, salvo se houver questão prejudicial de natureza constitucional. |

## 11.3 TURMA NACIONAL DE UNIFORMIZAÇÃO DOS JUIZADOS ESPECIAIS FEDERAIS – TNU

A criação da Turma Nacional de Uniformização da Jurisprudência dos Juizados Especiais Federais (TNU) foi prevista pela Lei n. 10.259/2001, e atualmente seu funcionamento é regulado pela Resolução n. 586/2019, do Conselho da Justiça Federal, adotando as seguintes vertentes[6]:

a) adaptação e atualização do Regimento Interno da TNU, preservadas suas particularidades, linhas ideológicas e práticas do novo modelo processual, que avançam na afirmação de técnicas de coletivização e de unidade de convicção dos julgamentos;

b) acomodação, no sistema dos JEFs, da sistemática de resolução de demandas repetitivas introduzidas pelo CPC/2015;

c) minimizar o excessivo número de recursos que chegam à Presidência da TNU, veiculando pretensão em manifesto dissenso com firme orientação da TNU e dos Tribunais Superiores;

d) sobre o agravo interno, uniformização dos prazos em quinze dias, nos termos do CPC/2015 (arts. 1.003, § 5º, e 1.070);

e) sobre a contagem dos prazos, somente serão computados os dias úteis, consoante prevê o art. 219 da novel legislação.

A Turma Nacional é composta por doze juízes federais provenientes das Turmas Recursais dos Juizados, sendo dois de cada Região da Justiça Federal, e presidida pelo Ministro Corregedor-Geral da Justiça Federal.

Cada Tribunal Regional Federal indica dois juízes como membros efetivos e dois como membros suplentes, escolhidos dentre os integrantes de Turmas Recursais, com mandato de dois anos, permitida uma recondução.

Na TNU os juízes terão seus assentos determinados primeiramente pela ordem de antiguidade na Turma e, subsidiariamente, na carreira.

Em casos de ausências do membro titular, ele será substituído pelo suplente da respectiva Região. Já em caso de vacância, o sucessor completará o mandato, escolhendo-se novo suplente.

A sede da TNU fica em Brasília, funcionando junto ao Conselho da Justiça Federal, onde ocorrem as sessões de julgamento, podendo realizá-las fora da sede, em casos de necessidade ou conveniência.

Compete à Turma Nacional processar:

I – os pedidos de uniformização de interpretação de lei federal;

II – os mandados de segurança contra atos de seus membros;

III – as reclamações para preservar sua competência ou garantir a autoridade das suas decisões

---

[6] Retiradas do voto proferido pelo Ministro Corregedor-Geral da Justiça Federal Og Fernandes na Sessão do CJF, de 07.04.2016, que aprovou a Resolução CJF n. 392/2016.

O prazo para interposição do pedido de uniformização para a TNU é de 15 dias. Esse prazo não está previsto na Lei n. 10.259/2001, mas apenas em resolução do CJF (art. 12 da Resolução n. 586/2019). O incidente deve ser encaminhado ao Presidente da Turma Recursal ou ao Presidente da Turma Regional e deve possuir cópia do acórdão paradigma, salvo quando se tratar de julgado proferido em recurso repetitivo pelo STJ ou recurso representativo de controvérsia pela TNU.

O prazo para a apresentação das contrarrazões também será o mesmo do recurso (15 dias), contados a partir da intimação do requerido.

O juízo preliminar de admissibilidade do pedido de uniformização será exercido pelo Presidente ou Vice-Presidente da Turma que prolatou o acórdão recorrido, podendo essa competência ser outorgada a outro magistrado, mediante ato do Tribunal Regional Federal ou previsão no regimento interno das turmas recursais diretamente afetadas pela medida.

O magistrado responsável pelo juízo preliminar de admissibilidade encaminhará o processo à Turma Recursal ou Regional para juízo de retratação, caso o acórdão recorrido esteja em manifesto confronto com súmula ou jurisprudência dominante da TNU, do STJ ou do STF. O feito também será devolvido à Turma de origem quando o acórdão recorrido contrariar julgamento proferido em IRDR, para aplicação da tese firmada.

Cabe salientar que a instauração de IRDR por TRF não suspende os pedidos de uniformização nacional já admitidos pela Turma de origem, exceto quando a suspensão abrange todo o território nacional.

No que tange às atribuições do relator do pedido de uniformização junto à TNU, o RI (art. 8º) prevê, entre outras, que compete a ele:

- submeter à Turma as questões de ordem;
- apreciar os pedidos de tutela provisória, na forma da lei processual;
- não conhecer de PUIL, incabível, prejudicado, interposto por parte ilegítima ou carecedor de interesse recursal;
- determinar a suspensão do feito junto ao juízo responsável pelo exame preliminar de admissibilidade na origem, nas hipóteses do art. 14, inciso II, do RI;
- negar seguimento nas hipóteses previstas no art. 14, inciso III, do RI;
- dar provimento, determinando a devolução dos autos à Turma de origem, para adequação, nas hipóteses do art. 14, inciso IV, do RI, ou quando o acórdão recorrido divergir do entendimento dominante do STF, do STJ ou da TNU;
- inadmitir nas hipóteses previstas no art. 14, inciso V, do RI;
- indicar para afetação como representativo de controvérsia, quando houver multiplicidade de recursos com fundamento em idêntica questão de direito;
- homologar as desistências, transações e renúncias de direito.

A decisão proferida pela TNU no incidente que versar sobre a questão discutida deve ser adotada pela turma de origem para fins de adequação ou manutenção do acórdão recorrido.

Uma vez publicada a decisão da TNU, os pedidos retidos serão apreciados pela Turma Recursal, que poderá exercer juízo de retratação ou declará-los prejudicados.

Ainda, conforme disposição do art. 48 da Resolução n. 586/2019 do CJF, não serão cobradas custas pelo processamento do pedido de uniformização.

Importante referir os instrumentos adotados pela TNU para agilizar o julgamento dos processos:

a) **questões de ordem:** regulam questões administrativas ou jurisdicionais, de natureza processual, que dizem respeito, na grande maioria, ao exame de admissibilidade dos Pedidos de Uniformização. Exemplo: Questão de Ordem n. 51: "Não cabe a instauração de Incidente de Resolução de Demandas Repetitivas – IRDR no âmbito da Turma Nacional de Uniformização dos Juizados Especiais Federais".

b) **súmulas:** uniformizam de forma mais consistente e duradoura os entendimentos firmados pelo colegiado. A relação completa das súmulas da TNU consta nos anexos desta obra. Vale citar neste tópico as que seguem:
   - **n. 42:** "Não se conhece de incidente de uniformização que implique reexame de matéria de fato".
   - **n. 43:** "Não cabe incidente de uniformização que verse sobre matéria processual".

c) **processos representativos de controvérsia:** com o objetivo de divulgar o resultado do julgamento de matérias controvertidas, está disponibilizado no Portal da TNU quadro informativo, do qual constam os processos que foram julgados conforme o art. 16 do RI da TNU. Cita-se, como exemplo, a tese fixada no Tema n. 315: "A data do início do benefício de auxílio-acidente é o dia seguinte à data da cessação do benefício de auxílio por incapacidade temporária, que lhe deu origem, independentemente de pedido de prorrogação deste ou de pedido específico de concessão do benefício de auxílio-acidente, nos termos do art. 86, § 2º, da Lei n. 8.213/1991, observada a prescrição quinquenal dos valores atrasados".

### 11.3.1 Jurisprudência da Turma Nacional de Uniformização dos Juizados Especiais Federais

De acordo com o Regimento Interno da TNU, considera-se entendimento dominante aquele adotado reiteradamente em decisões idênticas proferidas em casos semelhantes.

A jurisprudência firmada pela TNU poderá ser compilada em súmula, cuja aprovação dar-se-á pelo voto de pelo menos sete de seus membros, cabendo ao relator propor-lhe o enunciado.

Somente poderá ser objeto de súmula o entendimento adotado em julgamento tomado pelo voto da maioria absoluta dos membros da Turma e que represente seu entendimento dominante.

Os enunciados da súmula prevalecem sobre jurisprudência anterior, aplicando-se a casos não definitivamente julgados, e serão revistos na forma estabelecida no Regimento Interno.

Além das súmulas, a TNU tem promovido a uniformização da jurisprudência dos JEFs por meio dos Representativos de Controvérsia, conforme disposto no art. 16 do Regimento Interno, sempre que houver uma multiplicidade de recursos baseados em idêntica questão de direito.

### 11.3.2 Pedido de Uniformização de interpretação de Lei Federal (PEDILEF) para a Turma Nacional de Uniformização dos JEFs – TNU

O pedido de uniformização endereçado à TNU deve cumprir alguns requisitos, devendo, principalmente, estabelecer de forma clara a relação entre a decisão paradigma que se busca uniformizar e o caso concreto em análise.

Na maioria das vezes, os pedidos de uniformização não são conhecidos diante da ausência da comprovação da existência de similitude fática e jurídica pelo requerente, aplicando-se a Questão de Ordem n. 22 da TNU, que diz:

> É possível o não conhecimento do pedido de uniformização por decisão monocrática quando o acórdão recorrido não guarda similitude fática e jurídica com o acórdão paradigma.

Por isso, importante que sejam destacados no corpo do pedido de uniformização os motivos e semelhanças entre os casos e a existência de decisões efetivamente conflitantes, de forma que a TNU consiga observar claramente a necessidade de uniformização do tema posto *sub judice*, sob pena de não se conhecer do PU.

Orientamos que existam no PU tópicos específicos, entre eles: da decisão combatida, com destaque aos aspectos principais da decisão que se quer ver reformada; da decisão paradigma, em que se devem sublinhar pontos importantes da decisão que se quer ver aplicada; da necessidade de uniformização de jurisprudência, contendo claramente a semelhança dos casos julgados pelas duas decisões e a discrepância entre os resultados obtidos, de forma que se estabeleça a efetiva necessidade de uniformização por parte da TNU.

Aspectos destacados do Pedido de Uniformização de interpretação de Lei Federal:

a) **hipóteses de cabimento:**
- Em conformidade com o art. 14, § 2º, da Lei n. 10.259/2001 e art. 12 do Regimento Interno da TNU, o recorrente deverá demonstrar, quanto à questão de direito material, a existência de divergência na interpretação da lei federal entre a decisão recorrida e:

    I) decisão proferida por turma recursal ou regional vinculadas a outro Tribunal Regional Federal;

    II) súmula ou entendimento dominante do Superior Tribunal de Justiça ou da Turma Nacional de Uniformização.

- **Súmula n. 42 da TNU:** "Não se conhece de incidente de uniformização que implique reexame de matéria de fato".
- **Súmula n. 43 da TNU:** "Não cabe incidente de uniformização que verse sobre matéria processual".
- **STJ/PUIL n. 825:** "À falta de baliza normativo-conceitual específica, tem-se que a locução 'jurisprudência dominante', para fins do manejo de pedido de uniformização de interpretação de lei federal (PUIL), deve abranger não apenas as hipóteses previstas no art. 927, III, do CPC, mas também os acórdãos do STJ proferidos em embargos de divergência e nos próprios pedidos de uniformização de lei federal por ele decididos".

b) **competência para julgamento:**
- Turma Nacional de Uniformização dos JEFs.

c) **prazo de interposição:**
- 15 dias para interposição e para as contrarrazões (art. 12 da Resolução CJF n. 586/2019);
- o prazo para a interposição dos pedidos de uniformização nacional e regional é único e inicia-se com a intimação do acórdão proferido pela turma recursal, sendo incabível incidente nacional contra acórdão proferido por turma regional quando esta mantiver o acórdão de turma recursal pelos mesmos fundamentos (Questão de Ordem n. 32);
- não há exigência de preparo.

d) **prova do dissídio:**
- necessidade da demonstração do dissídio e juntada de cópia dos julgados divergentes;
- "1) Nos termos da interpretação do art. 14, V, 'b', do RITNU (Resolução CJF n. 586/2019), é obrigatória a juntada do acórdão paradigma ou, no caso de julgado obtido por meio da internet, a indicação da fonte ou link que permita a aferição de sua autenticidade, sob o risco de não conhecimento do pedido de uniformização; 2) a providência referida no item anterior é dispensada nas hipóteses de tese firmada pela TNU em recurso representativo de controvérsia ou de súmulas ou precedentes do STJ representativos de

sua jurisprudência dominante (entendimentos firmados em julgamento de incidente de resolução de demandas repetitivas – IRDR, incidente de assunção de competência – IAC, recurso especial repetitivo, embargos de divergência ou pedido de uniformização de interpretação de lei – PUIL/STJ)" (Aprovada, a alteração da Questão de Ordem n. 3, por maioria, na Sessão de Julgamento de 18.10.2023 – Precedente: 0001159-74.2019.4.03.6310).

- para os fins do art. 14, § 2º, da Lei n. 10.259/2001, a divergência de interpretação de questão de direito material entre o acórdão recorrido e a jurisprudência dominante do STJ deve ser demonstrada pela indicação de um precedente do STJ resultante do julgamento de alguma destas modalidades de impugnação: 1) incidente de resolução de demandas repetitivas (IRDR); 2) incidente de assunção de competência (IAC); 3) recurso especial repetitivo; 4) embargos de divergência; ou 5) pedido de uniformização de interpretação de lei federal – PUIL/STJ (QO n. 05);

- não cabe o incidente de uniformização quando a parte que o deduz apresenta tese jurídica inovadora, não ventilada nas fases anteriores do processo e sobre a qual não se pronunciou expressamente a Turma Recursal no acórdão recorrido (Questão de Ordem n. 10);

- quando o acórdão indicado como paradigma já foi superado em face do efeito substitutivo recursal, em juízo de adequação ou de retratação, bem como quando vencido na Turma de origem, por enunciado de súmula, não serve para demonstração da divergência (Questão de Ordem n. 12);

- serve para caracterizar a divergência jurisprudencial, o acórdão apontado como paradigma que, conquanto não tenha conhecido do recurso, afirma tese jurídica contrária à adotada pelo acórdão recorrido (Questão de Ordem n. 26);

- precedentes do STF não se prestam como paradigmas válidos, para fins de admissão do pedido nacional de uniformização de interpretação de lei federal previsto no art. 14, § 2º, da Lei n. 10.259/2001 (QO n. 48).

e) **efeitos do recurso:**
- em regra será recebido somente no efeito devolutivo.

f) **admissibilidade:**
- de acordo com o art. 14 do Regimento Interno da TNU, decorrido o prazo para contrarrazões, os autos serão conclusos ao magistrado responsável pelo **exame preliminar de admissibilidade, que deverá, de forma sucessiva:**

**I – não conhecer do PUIL** intempestivo, incabível, prejudicado, interposto por parte ilegítima ou carecedor de interesse recursal;

**II – determinar a suspensão** junto ao órgão responsável pelo exame preliminar de admissibilidade do PUIL que versar sobre tema submetido a julgamento:

a) em regime de repercussão geral ou de acordo com o rito dos recursos extraordinários e especiais repetitivos pelo STF ou pelo STJ;

b) em recurso representativo de controvérsia pela TNU ou em PUIL dirigido ao STJ; ou

c) em IRDR ou em IAC que irradiem efeitos sobre a Região.

**III – negar seguimento a PUIL** interposto contra acórdão que esteja em conformidade com entendimento consolidado:

a) em regime de repercussão geral ou de acordo com o rito dos recursos extraordinários e especiais repetitivos pelo STF ou pelo STJ;

b) em recurso representativo de controvérsia pela TNU ou em PUIL dirigido ao STJ;

c) em IRDR ou em IAC que irradiem efeitos sobre a Região; ou

d) em súmula do STF, do STJ ou da TNU.

**IV – encaminhar os autos à Turma de origem** para eventual juízo de retratação, quando o acórdão recorrido divergir de entendimento consolidado:

a) em regime de repercussão geral ou de acordo com o rito dos recursos extraordinários e especiais repetitivos pelo STF ou pelo STJ;

b) em recurso representativo de controvérsia pela TNU ou em PUIL dirigido ao STJ;

c) em IRDR ou em IAC que irradiem efeitos sobre a Região; ou

d) em súmula ou entendimento dominante do STF, do STJ ou da TNU.

**V – não admitir o PUIL**, quando desatendidos os seus requisitos, notadamente se:

a) não indicado paradigma válido, com a devida identificação do processo em que proferido;

b) não juntada cópia do acórdão paradigma, salvo quando se tratar de julgado proferido em recurso repetitivo pelo STJ ou recurso representativo de controvérsia pela TNU;

c) não demonstrada a existência de similitude, mediante cotejo analítico dos julgados;

d) a análise do pedido de uniformização demandar reexame de matéria de fato;

e) versar sobre matéria processual;

f) a decisão impugnada possuir mais de um fundamento suficiente e as razões do pedido de uniformização não abranger todos eles;

g) o acórdão recorrido estiver em consonância com entendimento dominante do STF, STJ e da TNU.

**VI – admitir o PUIL que preencha os requisitos legais e regimentais,** encaminhando os autos à TNU e, havendo multiplicidade de recursos com fundamento em idêntica questão de direito, indicar sua afetação como **representativo de controvérsia**, ficando sobrestados os demais enquanto não julgado o caso-piloto.

- A decisão proferida em exame preliminar de admissibilidade deverá ser fundamentada e indicar, de maneira clara e precisa, a alínea e o inciso do art. 14 do RI em que se sustenta e o eventual precedente qualificado a que se reporta.

- Da decisão de inadmissibilidade proferida com fundamento nos incisos I e V do art. 14 do RI, caberá agravo nos próprios autos, no prazo de 15 (quinze) dias a contar da intimação, a ser dirigido à TNU, no qual o agravante deverá demonstrar, fundamentadamente, o equívoco da decisão recorrida.

- Da decisão proferida com fundamento nos incisos II e III do art. 14 do RI, caberá agravo interno, no prazo de 15 (quinze) dias a contar da intimação, o qual, após o decurso de igual prazo para contrarrazões, será julgado pela turma que prolatou o acórdão impugnado, mediante decisão irrecorrível.

- Reconsiderada a decisão que inadmitiu o pedido de uniformização, o agravo será considerado prejudicado, devendo o pedido de uniformização de interpretação de lei federal ser remetido à TNU.

- No caso de a decisão de inadmissibilidade desafiar, a um só tempo, os dois agravos a que se referem os parágrafos §§ 3º e 4º do art. 14 do RI, será cabível apenas a interposição do agravo dirigido à TNU previsto no §2º, no qual deverão ser cumulados os pedidos de reforma da decisão.

- Julgado o precedente que justificou a suspensão prevista no inciso II do art. 14 do RI, o juízo responsável pelo exame preliminar de admissibilidade prosseguirá na sua análise, nos termos do inciso III e seguintes desse artigo.
- Nos casos do inciso IV do art. 14 do RI, a nova decisão proferida pela Turma de origem substitui a anterior, ficando integralmente prejudicados os PUILs anteriormente interpostos.
- Interposto novo PUIL em face da nova decisão da Turma de origem, não cabe nova remessa a essa turma para eventual juízo de retratação, devendo se prosseguir no exame de admissibilidade.
- O conhecimento do pedido de uniformização pressupõe a efetiva apreciação do direito material controvertido por parte da Turma de que emanou o acórdão impugnado (Questão de Ordem n. 35).
- A interposição dos embargos de declaração para fins de prequestionamento faz-se necessária somente quando a matéria não tenha sido apreciada, a despeito de previamente suscitada (QO n. 36).
- A TNU pode apreciar questões jurídicas de natureza constitucional, no exercício do controle difuso de constitucionalidade, desde que não haja determinação de sobrestamento de processos pelo STF (QO n. 46).

g) **inadmissão preliminar:**
- A decisão proferida em exame preliminar de admissibilidade deverá ser fundamentada e indicar, de maneira clara e precisa, a alínea e o inciso do art. 14 do RI em que se sustenta e o eventual precedente qualificado a que se reporta.
- Da decisão de inadmissibilidade proferida com fundamento nos incisos I e V do art. 14 do RI, caberá agravo nos próprios autos, no prazo de 15 (quinze) dias a contar da intimação, a ser dirigido à TNU, no qual o agravante deverá demonstrar, fundamentadamente, o equívoco da decisão recorrida.
- Da decisão proferida com fundamento nos incisos II e III do art. 14 do RI, caberá agravo interno, no prazo de 15 (quinze) dias a contar da intimação, o qual, após o decurso de igual prazo para contrarrazões, será julgado pela turma que prolatou o acórdão impugnado, mediante decisão irrecorrível.
- Reconsiderada a decisão que inadmitiu o pedido de uniformização, o agravo será considerado prejudicado, devendo o pedido de uniformização de interpretação de lei federal ser remetido à TNU.
- No caso de a decisão de inadmissibilidade desafiar, a um só tempo, os dois agravos a que se referem os parágrafos §§ 3º e 4º do art. 14 do RI, será cabível apenas a interposição do agravo dirigido à TNU previsto no § 2º, no qual deverão ser cumulados os pedidos de reforma da decisão.
- Julgado o precedente que justificou a suspensão prevista no inciso II do art. 14 do RI, o juízo responsável pelo exame preliminar de admissibilidade prosseguirá na sua análise, nos termos do inciso III e seguintes desse artigo.
- Nos casos do inciso IV do art. 14 do RI, a nova decisão proferida pela Turma de origem substitui a anterior, ficando integralmente prejudicados os PUILs anteriormente interpostos.
- Interposto novo PUIL em face da nova decisão da Turma de origem, não cabe nova remessa a essa turma para eventual juízo de retratação, devendo se prosseguir no exame de admissibilidade.

- "O agravo contra a decisão de inadmissão do Incidente de Uniformização com base nas Súmulas 42 e 43, que não importam aplicação de regra de direito material, deve ser interposto nos próprios autos e dirigido à TNU e não como agravo interno à Turma de origem" (QO n. 40).

h) **processamento do PUIL junto à TNU**

- De acordo com o art. 15 do RI, antes da distribuição do PUIL, o Presidente da TNU poderá:

    I – não conhecer nas hipóteses previstas no art. 14, inciso I do RI;

    II – determinar a suspensão do feito junto ao juízo responsável pelo exame preliminar de admissibilidade na origem, nas hipóteses previstas no art. 14, inciso II do RI;

    III – negar seguimento nas hipóteses previstas no art. 14, inciso III do RI;

    IV – determinar a devolução dos autos à Turma de origem, para adequação, nas hipóteses do art. 14, inciso IV do RI, ou quando o acórdão recorrido divergir do entendimento dominante do STF, do STJ ou da TNU;

    V – inadmitir nas hipóteses previstas no art. 14, inciso V do RI;

    VI – admitir e determinar a distribuição do PUIL que preencha os requisitos legais e regimentais, e, havendo multiplicidade de recursos com fundamento em idêntica questão de direito, indicar sua afetação como representativo de controvérsia.

- A decisão do Presidente da TNU que admite o pedido de uniformização e determina sua distribuição, bem como as demais previstas no art. 15 do RI, são irrecorríveis.
- A devolução dos autos às Turmas de origem poderá ser realizada por ato ordinatório da Secretaria, desde que se reporte à decisão anterior do Presidente da Turma que haja determinado idêntica solução para feito similar.
- Nos termos do art. 10 da Lei n. 9.099/1995, aplicável aos Juizados Especiais Federais por força do art. 1º da Lei n. 10.259/2001, não é admitida qualquer modalidade de intervenção de terceiros no pedido de uniformização nacional, com exceção do *amicus curiae*, nos termos do art. 138 do CPC/2015 (QO n. 50).

i) **do pedido de uniformização como representativo de controvérsia**

- Em conformidade com o art. 16 do RI, quando houver multiplicidade de recursos com fundamento em idêntica questão de direito, a TNU poderá afetar dois ou mais PUILs como recurso representativo de controvérsia.
- O juízo responsável pelo exame preliminar de admissibilidade que indicar PUIL como representativo de controvérsia na origem comunicará o Presidente da TNU, indicando os dados do respectivo processo e daqueles que ficaram sobrestados, a fim de que a TNU delibere acerca da afetação da matéria.
- Não tendo sido apontado como representativo pela Turma de origem, o Presidente da TNU ou o relator do PUIL, identificando que sobre a matéria já existe entendimento dominante ou que a matéria está sendo apreciada pelo Colegiado, poderá suscitar perante o Pleno a afetação do recurso como representativo de controvérsia, hipótese em que, admitido, será determinado o sobrestamento dos processos envolvendo idêntica questão de direito.
- Após análise prévia de admissibilidade realizada pelo Presidente, o representativo de controvérsia, caso admitido, será distribuído ao relator, que deverá pautar a afetação do tema, no prazo de 60 (sessenta) dias.
- A afetação e o julgamento do representativo de controvérsia deverão ser sucedidos da mais ampla e específica divulgação e publicidade.

- A Secretaria da TNU dará ciência às Turmas Recursais e Regionais de Uniformização e ao juízo responsável pelo exame preliminar de admissibilidade dos PUILs acerca da afetação de representativo de controvérsia, a fim de que sejam suspensos os demais processos envolvendo idêntica questão de direito enquanto não julgado o caso-piloto.
- O PUIL admitido como representativo da controvérsia será processado e julgado com observância do procedimento previsto no art. 16, § 6º, do RI, qual seja:

I – será publicado edital para que pessoas, órgãos ou entidades com interesse na controvérsia possam apresentar memoriais escritos no prazo de 10 (dez) dias;

II – o relator poderá solicitar informações, a serem prestadas no prazo de 15 (quinze) dias, às Turmas Recursais e Regionais a respeito da controvérsia;

III – antes do julgamento, o MPF terá vista dos autos pelo prazo de 10 (dez) dias;

IV – transcorrido o prazo para o MPF e remetida cópia do relatório e voto do relator aos demais juízes, o processo será incluído em pauta, devendo ser julgado com preferência sobre os demais feitos, ressalvados os que envolvam réu preso;

V – na sessão de julgamento, poderão fazer sustentação oral as quatro primeiras pessoas, órgãos ou entidades que tenham formulado requerimento nesse sentido, ficando a critério do Presidente assegurar a outros interessados o direito de também fazê-la;

VI – transitado em julgado o acórdão da TNU, os PUILs sobrestados:

a) terão seguimento denegado na hipótese de o acórdão recorrido coincidir com a orientação da TNU; ou

b) serão encaminhados à Turma de origem para juízo de retratação, quando o acórdão recorrido divergir do decidido pela TNU, ficando integralmente prejudicados os PUILs anteriormente interpostos.

j) **questões a serem decididas no pedido de uniformização:**
- uniformização de questões de direito material;
- se a TNU decidir que o incidente de uniformização deva ser conhecido e provido no que toca a matéria de direito e se tal conclusão importar na necessidade de exame de provas sobre matéria de fato, que foram requeridas e não produzidas, ou foram produzidas e não apreciadas pelas instâncias inferiores, a sentença ou acórdão da Turma Recursal deverá ser anulado para que tais provas sejam produzidas ou apreciadas, ficando o juiz de 1º grau e a respectiva Turma Recursal vinculados ao entendimento da Turma Nacional sobre a matéria de direito (Questão de Ordem n. 20);
- em decorrência de julgamento em pedido de uniformização, poderá a Turma Nacional aplicar o direito ao caso concreto decidindo o litígio de modo definitivo, desde que a matéria seja de direito apenas, ou, sendo de fato e de direito, não necessite reexaminar o quadro probatório definido pelas instâncias anteriores, podendo, para tanto, restabelecer a sentença desconstituída por Turma Recursal ou Regional (Questão de Ordem n. 38);
- afastada a prescrição ou a decadência decretada na instância ordinária, os autos são devolvidos ao juizado ou à Turma Recursal, conforme o caso (Questão de Ordem n. 7);
- se a Turma Recursal não reconhecer a existência de início de prova material e este juízo for contrariado pela TNU, esta só poderá prosseguir no julgamento da causa se a instância ordinária tiver aprofundado o exame da prova testemunhal; se a Turma Nacional só proclamar a existência do início de prova material, devolverá os autos à origem, para que a Turma Recursal extraia da prova as suas consequências, seja pela procedência, seja pela improcedência da ação (Questão de Ordem n. 6).

- no caso de omissão expressamente impugnada em embargos de declaração na origem, admite-se anulação do acórdão, por meio de pedido de uniformização (QO n. 17 da TNU), desde que apresentado paradigma válido no sentido da tese defendida (QO n. 47).

## QUADRO-RESUMO – PEDIDO DE UNIFORMIZAÇÃO DE INTERPRETAÇÃO DE LEI FEDERAL (PUIL)

| | |
|---|---|
| Hipóteses | – Em conformidade com o art. 14, § 2º, da Lei n. 10.259/2001 e o art. 12 do Regimento Interno da TNU, caberá o pedido de uniformização de interpretação de lei federal em questões de direito material:<br>– O recorrente deverá demonstrar, quanto à questão de direito material, a existência de divergência na interpretação da lei federal entre a decisão recorrida e:<br>  a) decisão proferida por turma recursal ou regional vinculadas a outro TRF;<br>  b) súmula ou entendimento dominante do STJ ou da TNU.<br>– Súmula n. 42 da TNU: "Não se conhece de incidente de uniformização que implique reexame de matéria de fato".<br>– Súmula n. 43 da TNU: "Não cabe incidente de uniformização que verse sobre matéria processual".<br>– O agravo contra a decisão de inadmissão do Incidente de Uniformização com base nas Súmulas n. 42 e n. 43, que não importam aplicação de regra de direito material, deve ser interposto nos próprios autos e dirigido à TNU e não como agravo interno à Turma de origem (QO n. 40).<br>– STJ/PUIL n. 825: "À falta de baliza normativo-conceitual específica, tem-se que a locução 'jurisprudência dominante', para fins do manejo de pedido de uniformização de interpretação de lei federal (PUIL), deve abranger não apenas as hipóteses previstas no art. 927, III, do CPC, mas também os acórdãos do STJ proferidos em embargos de divergência e nos próprios pedidos de uniformização de lei federal por ele decididos". |
| Representação por Advogado | No recurso, as partes serão obrigatoriamente representadas por advogado (art. 41, § 2º, da Lei n. 9.099/1995). |
| Competência para Julgamento | – Turma Nacional de Uniformização dos JEFs.<br>– O pedido de uniformização será submetido ao Presidente da Turma Recursal ou ao Presidente da Turma Regional que proferiu a decisão recorrida, que o recebe, processa e posteriormente encaminha os autos à TNU. |
| Prazo de Interposição | – 15 dias. Para contrarrazões o prazo é o mesmo.<br>– Não há prazo em dobro para recorrer em favor do INSS, União e demais entes públicos (art. 9º da Lei n. 10.259/2001).<br>– O prazo para a interposição dos incidentes de uniformização nacional e regional é único e inicia-se com a intimação do acórdão proferido pela turma recursal, sendo incabível incidente nacional contra acórdão proferido por turma regional quando esta mantiver o acórdão de turma recursal pelos mesmos fundamentos (QO n. 32). |
| Prova do Dissídio | – Necessidade da demonstração do dissídio e juntada de cópia dos julgados divergentes.<br>– "1) Nos termos da interpretação do art. 14, V, 'b', do RITNU (Resolução CJF n. 586/2019), é obrigatória a juntada do acórdão paradigma ou, no caso de julgado obtido por meio da internet, a indicação da fonte ou link que permita a aferição de sua autenticidade, sob o risco de não conhecimento do pedido de uniformização; 2) a providência referida no item anterior é dispensada nas hipóteses de tese firmada pela TNU em recurso representativo de controvérsia ou de súmulas ou precedentes do STJ representativos de sua jurisprudência dominante (entendimentos firmados em julgamento de incidente de resolução de demandas repetitivas – IRDR, incidente de assunção de competência – IAC, recurso especial repetitivo, embargos de divergência ou pedido de uniformização de interpretação de lei – PUIL/STJ)". (Aprovada, a alteração da Questão de Ordem n. 3, por maioria, j. 18.10.2023 – Precedente: 0001159-74.2019.4.03.6310). |

| | |
|---|---|
| Prova do Dissídio | – para os fins do art. 14, § 2º, da Lei n. 10.259/2001, a divergência de interpretação de questão de direito material entre o acórdão recorrido e a jurisprudência dominante do STJ deve ser demonstrada pela indicação de um precedente do STJ resultante do julgamento de alguma destas modalidades de impugnação: 1) incidente de resolução de demandas repetitivas (IRDR); 2) incidente de assunção de competência (IAC); 3) recurso especial repetitivo; 4) embargos de divergência; ou 5) pedido de uniformização de interpretação de lei federal – PUIL/STJ (QO n. 05).<br>– Não cabe o pedido de uniformização quando a parte que o deduz apresenta tese jurídica inovadora, não ventilada nas fases anteriores do processo e sobre a qual não se pronunciou expressamente a Turma Recursal no acórdão recorrido (QO n. 10).<br>– Quando o acórdão indicado como paradigma já foi superado em face do efeito substitutivo recursal, em juízo de adequação ou de retratação, bem como quando vencido na Turma de origem, por enunciado de súmula, não serve para demonstração da divergência (QO n. 12).<br>– Serve para caracterizar a divergência jurisprudencial, o acórdão apontado como paradigma que, conquanto não tenha conhecido do recurso, afirma tese jurídica contrária à adotada pelo acórdão recorrido (QO n. 26).<br>– A interposição dos embargos de declaração para fins de prequestionamento faz-se necessária somente quando a matéria não tenha sido apreciada, a despeito de previamente suscitada (QO n. 36).<br>– Precedentes do STF não se prestam como paradigmas válidos, para fins de admissão do pedido nacional de uniformização de interpretação de lei federal previsto no art. 14, § 2º, da Lei n. 10.259/2001 (QO n. 48). |
| Preparo | Não serão cobradas custas pelo processamento do pedido de uniformização (art. 48 da Resolução CJF n. 586/2019). |
| Efeitos do Recurso | Em regra, será recebido somente no efeito devolutivo. |
| Admissibilidade | – O Presidente da Turma Recursal ou o Presidente da Turma Regional decidirão preliminarmente sobre a admissibilidade do incidente de uniformização;<br>– De acordo com o art. 14 do Regimento Interno da TNU, decorrido o prazo para contrarrazões, os autos serão conclusos ao magistrado responsável pelo exame preliminar de admissibilidade, que deverá, de forma sucessiva:<br>I – não conhecer do PUIL intempestivo, incabível, prejudicado, interposto por parte ilegítima ou carecedor de interesse recursal;<br>II – determinar a suspensão junto ao órgão responsável pelo exame preliminar de admissibilidade do PUIL que versar sobre tema submetido a julgamento:<br>a) em regime de repercussão geral ou de acordo com o rito dos recursos extraordinários e especiais repetitivos pelo STF ou pelo STJ;<br>b) em recurso representativo de controvérsia pela TNU ou em PUIL dirigido ao STJ; ou<br>c) em IRDR ou em IAC que irradiem efeitos sobre a Região.<br>III – negar seguimento a PUIL interposto contra acórdão que esteja em conformidade com entendimento consolidado:<br>a) em regime de repercussão geral ou de acordo com o rito dos recursos extraordinários e especiais repetitivos pelo STF ou pelo STJ;<br>b) em recurso representativo de controvérsia pela TNU ou em PUIL dirigido ao STJ;<br>c) em IRDR ou em IAC que irradiem efeitos sobre a Região; ou<br>d) em súmula do STF, do STJ ou da TNU.<br>IV – encaminhar os autos à Turma de origem para eventual juízo de retratação, quando o acórdão recorrido divergir de entendimento consolidado:<br>a) em regime de repercussão geral ou de acordo com o rito dos recursos extraordinários e especiais repetitivos pelo STF ou pelo STJ;<br>b) em recurso representativo de controvérsia pela TNU ou em PUIL dirigido ao STJ;<br>c) em IRDR ou em IAC que irradiem efeitos sobre a Região; ou<br>d) em súmula ou entendimento dominante do STF, do STJ ou da TNU.<br>V – não admitir o PUIL, quando desatendidos os seus requisitos, notadamente se:<br>a) não indicado paradigma válido, com a devida identificação do processo em que proferido; |

| | |
|---|---|
| **Admissibilidade** | b) não juntada cópia do acórdão paradigma, salvo quando se tratar de julgado proferido em recurso repetitivo pelo STJ ou recurso representativo de controvérsia pela TNU;<br>c) não demonstrada a existência de similitude, mediante cotejo analítico dos julgados;<br>d) a análise do pedido de uniformização demandar reexame de matéria de fato;<br>e) versar sobre matéria processual;<br>f) a decisão impugnada possuir mais de um fundamento suficiente e as razões do pedido de uniformização não abranger todos eles;<br>g) o acórdão recorrido estiver em consonância com entendimento dominante do STF, STJ e da TNU.<br>VI – admitir o PUIL que preencha os requisitos legais e regimentais, encaminhando os autos à TNU e, havendo multiplicidade de recursos com fundamento em idêntica questão de direito, indicar sua afetação como representativo de controvérsia, ficando sobrestados os demais enquanto não julgado o caso-piloto.<br>– É inadmissível o pedido de uniformização quando a decisão impugnada tem mais de um fundamento suficiente e as respectivas razões não abrangem todos eles (QO n. 18).<br>– É possível o não conhecimento do pedido de uniformização por decisão monocrática quando o acórdão recorrido não guarda similitude fática e jurídica com o acórdão (QO n. 22).<br>– O conhecimento do pedido de uniformização pressupõe a efetiva apreciação do direito material controvertido por parte da Turma de que emanou o acórdão impugnado (QO n. 35).<br>– Não se conhece de incidente de uniformização interposto contra acórdão que se encontra no mesmo sentido da orientação do Superior Tribunal de Justiça, externada em sede de incidente de uniformização ou de recursos repetitivos, representativos de controvérsia (QO n. 24).<br>– A TNU pode apreciar questões jurídicas de natureza constitucional, no exercício do controle difuso de constitucionalidade, desde que não haja determinação de sobrestamento de processos pelo STF (QO n. 46). |
| **Inadmissão preliminar** | – A decisão proferida em exame preliminar de admissibilidade deverá ser fundamentada e indicar, de maneira clara e precisa, a alínea e o inciso do art. 14 do RI em que se sustenta e o eventual precedente qualificado a que se reporta.<br>– Da decisão de inadmissibilidade proferida com fundamento nos incisos I e V do art. 14 do RI, caberá agravo nos próprios autos, no prazo de 15 (quinze) dias a contar da intimação, a ser dirigido à TNU, no qual o agravante deverá demonstrar, fundamentadamente, o equívoco da decisão recorrida.<br>– Da decisão proferida com fundamento nos incisos II e III do art. 14 do RI, caberá agravo interno, no prazo de 15 (quinze) dias a contar da intimação, o qual, após o decurso de igual prazo para contrarrazões, será julgado pela turma que prolatou o acórdão impugnado, mediante decisão irrecorrível.<br>– Reconsiderada a decisão que inadmitiu o pedido de uniformização, o agravo será considerado prejudicado, devendo o pedido de uniformização de interpretação de lei federal ser remetido à TNU.<br>– No caso de a decisão de inadmissibilidade desafiar, a um só tempo, os dois agravos a que se referem os parágrafos §§ 3º e 4º do art. 14 do RI, será cabível apenas a interposição do agravo dirigido à TNU previsto no § 2º, no qual deverão ser cumulados os pedidos de reforma da decisão.<br>– Julgado o precedente que justificou a suspensão prevista no inciso II do art. 14 do RI, o juízo responsável pelo exame preliminar de admissibilidade prosseguirá na sua análise, nos termos do inciso III e seguintes desse artigo.<br>– Nos casos do inciso IV do art. 14 do RI, a nova decisão proferida pela Turma de origem substitui a anterior, ficando integralmente prejudicados os PUILs anteriormente interpostos.<br>– Interposto novo PUIL em face da nova decisão da Turma de origem, não cabe nova remessa a essa turma para eventual juízo de retratação, devendo se prosseguir no exame de admissibilidade. |

| | |
|---|---|
| **Processamento do PUIL junto à TNU** | – De acordo com o art. 15 do RI, antes da distribuição do PUIL, o Presidente da TNU poderá:<br>I – não conhecer nas hipóteses previstas no art. 14, inciso I do RI;<br>II – determinar a suspensão do feito junto ao juízo responsável pelo exame preliminar de admissibilidade na origem, nas hipóteses previstas no art. 14, inciso II do RI;<br>III – negar seguimento nas hipóteses previstas no art. 14, inciso III do RI;<br>IV – determinar a devolução dos autos à Turma de origem, para adequação, nas hipóteses do art. 14, inciso IV do RI, ou quando o acórdão recorrido divergir do entendimento dominante do STF, do STJ ou da TNU;<br>V – inadmitir nas hipóteses previstas no art. 14, inciso V do RI;<br>VI – admitir e determinar a distribuição do PUIL que preencha os requisitos legais e regimentais, e, havendo multiplicidade de recursos com fundamento em idêntica questão de direito, indicar sua afetação como representativo de controvérsia.<br>– A decisão do Presidente da TNU que admite o pedido de uniformização e determina sua distribuição, bem como as demais previstas no art. 15 do RI, são irrecorríveis.<br>– A devolução dos autos às Turmas de origem poderá ser realizada por ato ordinatório da Secretaria, desde que se reporte à decisão anterior do Presidente da Turma que haja determinado idêntica solução para feito similar.<br>– Nos termos do art. 10 da Lei n. 9.099/1995, aplicável aos Juizados Especiais Federais por força do art. 1º da Lei n. 10.259/2001, não é admitida qualquer modalidade de intervenção de terceiros no pedido de uniformização nacional, com exceção do *amicus curiae*, nos termos do art. 138 do CPC/2015 (QO n. 50). |
| **Pedido de uniformização como representativo de controvérsia** | – Em conformidade com o art. 16 do RI, quando houver multiplicidade de recursos com fundamento em idêntica questão de direito, a TNU poderá afetar dois ou mais PUILs como recurso representativo de controvérsia.<br>– O juízo responsável pelo exame preliminar de admissibilidade que indicar PUIL como representativo de controvérsia na origem comunicará o Presidente da TNU, indicando os dados do respectivo processo e daqueles que ficaram sobrestados, a fim de que a TNU delibere acerca da afetação da matéria.<br>– Não tendo sido apontado como representativo pela Turma de origem, o Presidente da TNU ou o relator do PUIL, identificando que sobre a matéria já existe entendimento dominante ou que a matéria está sendo apreciada pelo Colegiado, poderá suscitar perante o Pleno a afetação do recurso como representativo de controvérsia, hipótese em que, admitido, será determinado o sobrestamento dos processos envolvendo idêntica questão de direito.<br>– Após análise prévia de admissibilidade realizada pelo Presidente, o representativo de controvérsia, caso admitido, será distribuído ao relator, que deverá pautar a afetação do tema, no prazo de 60 (sessenta) dias.<br>– A afetação e o julgamento do representativo de controvérsia deverão ser sucedidos da mais ampla e específica divulgação e publicidade.<br>– A Secretaria da TNU dará ciência às Turmas Recursais e Regionais de Uniformização e ao juízo responsável pelo exame preliminar de admissibilidade dos PUILs acerca da afetação de representativo de controvérsia, a fim de que sejam suspensos os demais processos envolvendo idêntica questão de direito enquanto não julgado o caso-piloto.<br>– O PUIL admitido como representativo da controvérsia será processado e julgado com observância do procedimento previsto no art. 16, § 6º do RI, qual seja:<br>I – será publicado edital para que pessoas, órgãos ou entidades com interesse na controvérsia possam apresentar memoriais escritos no prazo de 10 (dez) dias;<br>II – o relator poderá solicitar informações, a serem prestadas no prazo de 15 (quinze) dias, às Turmas Recursais e Regionais a respeito da controvérsia;<br>III – antes do julgamento, o MPF terá vista dos autos pelo prazo de 10 (dez) dias;<br>IV – transcorrido o prazo para o MPF e remetida cópia do relatório e voto do relator aos demais juízes, o processo será incluído em pauta, devendo ser julgado com preferência sobre os demais feitos, ressalvados os que envolvam réu preso;<br>V – na sessão de julgamento, poderão fazer sustentação oral as quatro primeiras pessoas, órgãos ou entidades que tenham formulado requerimento nesse sentido, ficando a critério do Presidente assegurar a outros interessados o direito de também fazê-la; |

| | |
|---|---|
| **Pedido de uniformização como representativo de controvérsia** | VI – transitado em julgado o acórdão da TNU, os PUILs sobrestados:<br>a) terão seguimento denegado na hipótese de o acórdão recorrido coincidir com a orientação da TNU; ou<br>b) serão encaminhados à Turma de origem para juízo de retratação, quando o acórdão recorrido divergir do decidido pela TNU, ficando integralmente prejudicados os PUILs anteriormente interpostos. |
| **Reclamação** | – Para preservar a competência da TNU ou garantir a autoridade das suas decisões, caberá reclamação da parte interessada ou do Ministério Público, no prazo de quinze dias, a contar da intimação da decisão nos autos de origem (arts. 40 a 45 do RI da TNU).<br>– Cabe a condenação em honorários advocatícios sucumbenciais em reclamação no âmbito da Turma Nacional de Uniformização (QO n. 52). |
| **Questões a serem Decididas no Pedido de Uniformização** | – Uniformização de questões de direito material.<br>– Não cabe reexame de provas e análise de questões de direito processual.<br>– Se a TNU decidir que o pedido de uniformização deva ser conhecido e provido no que toca à matéria de direito e se tal conclusão importar na necessidade de exame de provas sobre matéria de fato, que foram requeridas e não produzidas, ou foram produzidas e não apreciadas pelas instâncias inferiores, a sentença ou acórdão da Turma Recursal deverá ser anulado para que tais provas sejam produzidas ou apreciadas, ficando o juiz de 1º grau e a respectiva Turma Recursal vinculados ao entendimento da Turma Nacional sobre a matéria de direito (QO n. 20).<br>– Em decorrência de julgamento em pedido de uniformização, poderá a Turma Nacional aplicar o direito ao caso concreto decidindo o litígio de modo definitivo, desde que a matéria seja de direito apenas, ou, sendo de fato e de direito, não necessite reexaminar o quadro probatório definido pelas instâncias anteriores, podendo, para tanto, restabelecer a sentença desconstituída por Turma Recursal ou Regional (QO n. 38).<br>– Afastada a prescrição ou a decadência decretada na instância ordinária, os autos são devolvidos ao juizado ou à Turma Recursal, conforme o caso (QO n. 7).<br>– Se a Turma Recursal não reconhecer a existência de início de prova material e este juízo for contrariado pela TNU, esta só poderá prosseguir no julgamento da causa se a instância ordinária tiver aprofundado o exame da prova testemunhal; se a Turma Nacional só proclamar a existência do início de prova material, devolverá os autos à origem, para que a Turma Recursal extraia da prova as suas consequências, seja pela procedência, seja pela improcedência da ação (QO n. 6). |
| **Tutela Provisória** | – Aos juízes competentes para o juízo de admissibilidade incumbe decidir, de ofício ou a requerimento das partes, sobre provimentos cautelares e tutela provisória.<br>– Igual competência é conferida aos relatores desses recursos, presentes os requisitos legais, submetendo a decisão ao referendo da Turma. |
| **Competência do Presidente e do Relator na TNU** | – Os atos de competência do Presidente da TNU estão definidos no art. 7º e dos Relatores, estão definidos no art. 8º do RI/TNU.<br>– É possível o não conhecimento do pedido de uniformização por decisão monocrática quando o acórdão recorrido não guarda similitude fática e jurídica com o acórdão paradigma (QO 22).<br>– Da decisão do Relator caberá agravo no prazo de quinze dias. Se não houver retratação, o prolator da decisão apresentará o processo em mesa, proferindo voto (art. 29 do RI da TNU).<br>– A decisão que determina o sobrestamento do incidente de uniformização na origem, por não ter cunho decisório, não comporta recurso (QO n. 30). |
| **Sucumbência** | O acolhimento do pedido de uniformização gera dois efeitos: a reforma da decisão da Turma Recursal e a consequente estipulação de honorários advocatícios, se for o caso, bem assim a prejudicialidade do recurso extraordinário, se interposto (QO n. 2). |
| **Revisor** | Não haverá revisão nos recursos interpostos nos feitos da competência dos Juizados Especiais Federais. |
| **Pedidos de Uniformização Simultâneos TRU e TNU** | Havendo interposição simultânea de pedidos de uniformização dirigidos à TRU e à TNU, será julgado, em primeiro lugar, o incidente dirigido à Turma Regional (QO n. 28 e art. 6º, § 1º, do RI da TNU). |

| Uniformização e Recurso Extraordinário | Interpostos recurso extraordinário e pedido de uniformização de jurisprudência, este será processado antes do recurso extraordinário, salvo se houver questão prejudicial de natureza constitucional. |
|---|---|

### 11.3.3 Agravo interno/regimental nas turmas

Há previsão no Regimento Interno da TNU de cabimento de agravo interno contra decisão monocrática do relator (art. 29 do RITNU), cujo prazo de interposição é de 15 (quinze) dias, o qual deverá ser incluído em pauta, caso não haja reconsideração.

No art. 2º, § 4º, da Resolução CJF n. 347/2015, que dispõe sobre a compatibilização dos regimentos internos das Turmas Recursais e das Turmas Regionais de Uniformização dos JEFs, também há previsão do cabimento do agravo regimental da decisão do relator e do presidente da Turma Recursal ou Regional no prazo de quinze dias úteis. Se não houver retratação, o prolator da decisão apresentará o processo em mesa, proferindo voto.

A competência para julgamento é da Turma em que proferida a decisão recorrida. E, caso a decisão do relator tenha sido submetida à Turma Recursal e por ela confirmada, não será cabível a interposição de agravo regimental (art. 2º, § 5º, da Resolução CJF n. 347/2015).

O recurso, a exemplo do agravo interno do art. 994, inciso III, e art. 1.021 do CPC/2015, é a ferramenta processual que garante o julgamento pelo órgão colegiado, seja para alterar o entendimento do relator seja para possibilitar recurso para instância superior.

Isso porque não cabe recurso extraordinário ou incidente de uniformização de decisão monocrática.

Assim, em caso de julgamento do mérito pelo relator, monocraticamente, caberá o agravo interno como forma de forçar uma manifestação colegiada, da qual, caso permaneça contrária, caberá recurso para instância superior.

### QUADRO-RESUMO – AGRAVO INTERNO/REGIMENTAL

| Hipóteses | – Cabe Agravo Regimental da decisão do relator e do presidente da turma recursal ou regional (art. 2º, § 4º, da Resolução CJF n. 347/2015);<br>– Cabe Agravo Interno da decisão do relator da TNU (art. 29 da Resolução CJF n. 586/2019).<br>– Se não houver retratação, o prolator da decisão apresentará o processo em mesa para julgamento pelo Colegiado. |
|---|---|
| Representação por Advogado | No recurso, as partes serão obrigatoriamente representadas por advogado (art. 41, § 2º, da Lei n. 9.099/1995). |
| Competência | Da turma em que proferida a decisão recorrida. |
| Prazo de Interposição | – 15 dias.<br>– Não há prazo em dobro para recorrer em favor do INSS, União e demais entes públicos (art. 9º da Lei n. 10.259/2001). |
| Preparo | Não há incidência de custas. |

### 11.3.4 Agravo nos próprios autos em face da decisão de inadmissão do Pedido de Uniformização Regional ou Nacional

Cabe agravo nos próprios autos contra negativa de seguimento de pedido de uniformização tanto para a TRU quanto para a TNU. O prazo para esse recurso é de 15 dias, assim como o prazo para contrarrazões, após o qual o recurso será encaminhado ao presidente da Turma Regional ou Nacional para verificação de admissibilidade.

O recurso será cabível sempre que a turma de origem negar seguimento ao recurso por considerar que este:

- é intempestivo, incabível, prejudicado, interposto por parte ilegítima ou carecedor de interesse recursal;
- é faltante de demonstração de paradigma válido, sem a devida identificação do processo em que proferido;
- não possui cópia do acórdão paradigma, salvo quando se tratar de julgado proferido em recurso repetitivo pelo Superior Tribunal de Justiça ou recurso representativo de controvérsia pela Turma Nacional de Uniformização;
- não demonstrou a existência de similitude, mediante cotejo analítico dos julgados;
- demanda reexame de matéria de fato;
- versa sobre matéria processual;
- impugna decisão que possui mais de um fundamento suficiente e as razões do pedido de uniformização não abrangem todos eles;
- combate acórdão que está em consonância com entendimento dominante do Supremo Tribunal Federal, do Superior Tribunal de Justiça e da Turma Nacional de Uniformização.

O agravo ao presidente, inicialmente nomeado de pedido de submissão, contra a inadmissão de Pedido de Uniformização sofreu modificação de forma e de nomenclatura em 2011, quando o CJF alterou o RI da TNU (na época regulado pela Resolução n. 22/2008).

Tal modificação foi feita no RI da TNU (atualmente art. 14, § 2º, da Resolução 586/2019), que passou a exigir a fundamentação adequada dos recursos interpostos contra decisões que não admitem incidentes na origem.

Essa mudança visa possibilitar um sistema recursal mais racional, evitando acúmulo de recursos desnecessários e, dessa forma, garantindo maior agilidade no julgamento dos processos que realmente necessitassem de uniformização.

Destacamos, portanto, no tocante a esse recurso de agravo, a necessidade de fundamentação mais detalhada do equívoco, bem como a possibilidade de pedido de retratação para o julgador *a quo* que havia negado o seguimento do incidente. Essas duas ferramentas, se corretamente utilizadas pelo advogado da causa, podem garantir a subida do pedido de uniformização.

### 11.3.5 Agravo interno em face da decisão de inadmissibilidade do Pedido de Uniformização Regional ou Nacional

Caberá Agravo Interno no prazo de quinze dias, a contar da respectiva publicação da decisão de inadmissão do Pedido de Uniformização Regional ou Nacional, o qual, após o decurso de igual prazo para contrarrazões, será julgado pela Turma Recursal ou Regional, conforme o caso, mediante decisão irrecorrível.

Em conformidade com o art. 14, § 3º, da Resolução n. 586/2019 do CJF, caberá o Agravo Interno contra decisão de inadmissão de Pedido de Uniformização Nacional fundada:

a) em regime de repercussão geral ou de acordo com o rito dos recursos extraordinários e especiais repetitivos pelo STF ou pelo STJ;
b) em recurso representativo de controvérsia pela TNU ou em PUIL dirigido ao STJ;
c) em IRDR ou em IAC que irradiem efeitos sobre a Região; ou
d) em súmula do STF, do STJ ou da TNU.

Ainda, segundo o art. 3º, § 7º, da Resolução n. 347/2015 do CJF (alterada pela Resolução n. 393/2016), caberá Agravo Interno, contra decisão de inadmissão de Pedido de Uniformização Regional fundada em julgamento do STF, proferido na sistemática de repercussão geral, ou em súmula da TRU.

Cabe destacar que, apresentado o Agravo contra a decisão de inadmissão de pedido de uniformização, cabe ao magistrado responsável pela admissibilidade definir a forma de processamento do recurso, determinando a remessa para julgamento pela instância uniformizadora (agravo nos próprios autos) ou pela turma que proferiu a decisão que contrariou os precedentes relevantes já referidos (agravo interno).

Em síntese, o prazo do agravo é único (15 dias) e pelo princípio da fungibilidade será processado, seja internamente ou com remessa à instância superior.

Diante das modificações introduzidas pelas Resoluções do CJF, apresentamos tabela para auxiliar na verificação das hipóteses de cabimento do Agravo:

| Recurso com seguimento negado | Fundamentos da decisão de Inadmissão do Pedido de Uniformização | Recurso cabível | Órgão responsável pelo julgamento | Base Legal |
|---|---|---|---|---|
| Incidente de Uniformização para a TRU | – ausência de pressupostos recursais;<br>– não demonstrada a existência de dissídio jurisprudencial, mediante cotejo analítico dos julgados e a identificado do processo em que proferido o acórdão paradigma. | Agravo ao presidente do TRU | Turma Regional de Uniformização (TRU) | Verificar Resolução do TRF de cada Região que regulamente o Regimento Interno da TRU, já que a Resolução n. 586/2019 revogou os §§ 4º e 5º do art. 3º da Resolução n. 347/2015.<br><br>Ex.: art. 39 da Resolução n. 33/2018 do TRF da 4ª Região. |
| | – fundada em julgamento do STF, proferido na sistemática de repercussão geral, ou em súmula da TRU; | Agravo interno | Turma Recursal (TR) | Res. CJF n. 347/2015, art. 3º, § 7º. |
| | – ser ele intempestivo, incabível, prejudicado, interposto por parte ilegítima ou carecedor de interesse recursal;<br>– sem indicação do paradigma válido, com a devida identificação do processo em que proferido;<br>– sem juntada cópia do acórdão paradigma, salvo quando se tratar de julgado proferido em recurso repetitivo pelo Superior Tribunal de Justiça ou recurso representativo de controvérsia pela Turma Nacional de Uniformização;<br>– não demonstração da existência de similitude, mediante cotejo analítico dos julgados; | Agravo ao presidente do TNU | Turma Nacional de Uniformização (TNU) | Res. CJF n. 586/2019, art. 14, I e V. |

| Recurso com seguimento negado | Fundamentos da decisão de Inadmissão do Pedido de Uniformização | Recurso cabível | Órgão responsável pelo julgamento | Base Legal |
|---|---|---|---|---|
| Incidente de Uniformização para a TRU | – não demonstração da existência de similitude, mediante cotejo analítico dos julgados;<br>– a análise do pedido de uniformização demanda reexame de matéria de fato;<br>– versa sobre matéria processual;<br>– a decisão impugnada possui mais de um fundamento suficiente e as razões do pedido de uniformização não abrangem todos eles;<br>– o acórdão recorrido está em consonância com entendimento dominante do Supremo Tribunal Federal, do Superior Tribunal de Justiça e da Turma Nacional de Uniformização. | | | |
| | – Fundada<br>a) em regime de repercussão geral ou de acordo com o rito dos recursos extraordinários e especiais repetitivos pelo STF ou pelo STJ;<br>b) em recurso representativo de controvérsia pela TNU ou em PUIL dirigido ao STJ;<br>c) em IRDR ou em IAC que irradiem efeitos sobre a Região; ou<br>d) em súmula do STF, do STJ ou da TNU. | Agravo interno | Turma Recursal (TR) ou Turma Regional de Uniformização (TRU) | Res. CJF n. 586/2019, art. 14, § 2º;<br>Res. CJF n. 347/2015, art. 5º, parágrafo único. |

## 11.3.6 Reclamação

O instituto da reclamação é previsto constitucionalmente para a preservação da competência e garantia da autoridade das decisões do STF e do STJ (arts. 102, I, "i", e 105, I, "f"), cuja regulamentação se deu pela Lei n. 8.038, de 1990.

Na legislação dos Juizados Especiais não há disposição expressa quanto ao seu cabimento. No entanto, para dar efetividade à sistemática de uniformização de jurisprudência adotada no âmbito dos Juizados Especiais Federais, tornou-se necessário admitir a reclamação perante as Turmas de Uniformização. A respeito das hipóteses de cabimento da reclamação nos JEFs, escreve Savaris:

> É perfeitamente possível o manejo da reclamação no âmbito dos Juizados Especiais Federais e isso não apenas em relação às decisões do Supremo Tribunal Federal (proferidas em Recurso Extraordinário, em sede de controle abstrato de constitucionalidade, ou consolidadas em súmula vinculante) e do Superior Tribunal de Justiça (proferidas no incidente de uniformização de que trata o art. 14, § 4º, da Lei n. 10.259/2001 – art. 19 da Lei n. 12.153/2009), mas igualmente em relação às decisões dos colegiados uniformizadores.
>
> Não havia sentido atribuir competência de uniformização no âmbito dos Juizados Especiais Federais e aceitar que as instâncias ordinárias desconsiderem, no processo objeto de incidente de uniformização, os termos em que determinada a aplicação do direito pelos colegiados uniformizadores[7].

---

[7] SAVARIS, José Antonio; XAVIER, Flávia da Silva. *Manual dos recursos nos juizados especiais federais*. 3. ed. Curitiba: Juruá. 2012. p. 321.

A Reclamação está regulamentada pela Resolução CJF n. 586/2019, que aprovou o novo RI da TNU. Está prevista nos arts. 40 a 45, dos quais destacamos:

a) *Hipóteses de Cabimento*: para preservar a competência da TNU ou garantir a autoridade das suas decisões;
b) *Legitimidade*: da parte interessada ou do Ministério Público, no prazo de quinze dias, a contar da intimação das decisões nos autos de origem;
c) *Competência para julgamento*: endereçada ao presidente da TNU e será julgada pela Turma Nacional de Uniformização;
d) *Não cabimento, sendo a inicial desde logo indeferida, quando:*
    – reclamar de decisão proferida em processo em que a reclamante não tenha sido parte;
    – impugnar decisões proferidas pelo Presidente da Turma Nacional, inclusive aquelas a que se refere o art. 15 da Resolução n. 586/2019 do CJF;
    – impugnar decisões proferidas por magistrado responsável pelo juízo preliminar de admissibilidade baseadas no art. 14 da Resolução n. 586/2019 do CJF;
e) *Resultado*: julgando procedente a reclamação, a TNU cassará a decisão impugnada, no todo ou em parte, ou determinará medida adequada à preservação de sua competência. O presidente da TNU determinará imediato cumprimento da decisão, sendo o acórdão lavrado posteriormente.

Sobre a reclamação, a TNU aprovou a QO n. 52, com o seguinte teor: "Cabe a condenação em honorários advocatícios sucumbenciais em reclamação no âmbito da Turma Nacional de Uniformização".

## 11.4 PEDIDO DE UNIFORMIZAÇÃO DE INTERPRETAÇÃO DE LEI (PUIL) DIRIGIDO AO STJ

O *Pedido de Uniformização de Interpretação de Lei (PUIL) para o STJ* foi previsto pelo art. 14, § 4º, da Lei n. 10.259/2001 e está regulamentado pela Resolução STJ n. 10/2007 e pelo art. 31 do RI da TNU aprovado pela Resolução n. 586/2019 do CJF.

Esse incidente tem cabimento quando o acórdão da TNU, envolvendo direito material, for proferido em contrariedade à súmula ou jurisprudência dominante do STJ. Caberá, também, quando o acórdão proferido pela TNU estiver em contrariedade a alguma tese firmada em julgamento de IRDR.

Caso presente a plausibilidade do direito invocado e havendo fundado receio de dano de difícil reparação, poderá o relator conceder, de ofício ou a requerimento do interessado, medida liminar determinando a suspensão dos processos nos quais a controvérsia esteja estabelecida.

O incidente de uniformização de jurisprudência para o STJ será endereçado ao Presidente da Turma Nacional, no prazo de quinze dias, a contar da data da publicação da decisão da TNU (art. 31 RI TNU).

O processamento do incidente dar-se-á nos próprios autos. A parte contrária será intimada para apresentar manifestação no prazo de 15 dias. Após tal prazo, os autos serão conclusos ao Presidente da Turma Nacional, que decidirá acerca da admissibilidade.

Inadmitido o incidente, a parte poderá requerer, nos próprios autos, no prazo de dez dias, que o feito seja remetido ao STJ.

Eventuais pedidos de uniformização idênticos, recebidos subsequentemente, poderão ficar retidos nos autos, aguardando-se pronunciamento do STJ.

Dentre as competências do Presidente da TNU (art. 15, II, da Resolução n. 586/2019) está a de sobrestar e devolver os feitos que tratem de matéria sob a apreciação do STJ, por meio de incidente de uniformização de jurisprudência e de recurso repetitivo, enquanto pendentes de julgamento.

Uma vez decidida a matéria e publicado o acórdão respectivo, os pedidos retidos serão apreciados pelas Turmas Recursais, que poderão exercer juízo de retratação ou declará-los prejudicados, se veicularem tese não acolhida pelo STJ.

De acordo com a Súmula n. 203 do STJ: "Não cabe recurso especial contra decisão proferida por órgão de segundo grau dos Juizados Especiais". Sendo assim, o incidente em análise serve como um elo entre os juizados especiais e a jurisdição ordinária, cuja palavra final na interpretação da legislação federal cabe ao STJ.

### 11.4.1 Aspectos destacados do Pedido de Uniformização de Interpretação de Lei (PUIL) para o STJ

**a) hipóteses de cabimento:**
- quando a orientação acolhida pela TNU, em questões de direito material, contrariar súmula ou jurisprudência dominante no STJ, a parte interessada poderá provocar a manifestação deste, que dirimirá a divergência (art. 14, § 4º, da Lei n. 10.259/2001, art. 31 do RI da TNU e Resolução STJ n. 10/2007). Caberá, também, quando o acórdão proferido pela TNU estiver em contrariedade a tese firmada em julgamento de IRDR.
- "À falta de baliza normativo-conceitual específica, tem-se que a locução "jurisprudência dominante", para fins do manejo de pedido de uniformização de interpretação de lei federal (PUIL), deve abranger não apenas as hipóteses previstas no art. 927, III, do CPC, mas também os acórdãos do STJ proferidos em embargos de divergência e nos próprios pedidos de uniformização de lei federal por ele decididos" (PUIL n. 825/RS 2018/0131584-1, j. 24.05.2023).

**b) competência para julgamento:**
- compete ao STJ o julgamento do incidente;
- será suscitado, nos próprios autos perante o Presidente da TNU, que faz a admissibilidade prévia e posteriormente encaminha ao STJ.

**c) prazo de interposição:**
- 15 dias, sendo a parte contrária intimada para apresentar manifestação em igual prazo.

**d) prova do dissídio:**
- necessidade da demonstração do dissídio e juntada de cópia dos julgados divergentes ou indicação suficiente dos julgados apontados como paradigmas.

**e) efeitos do recurso:**
- presente a plausibilidade do direito invocado e havendo fundado receio de dano de difícil reparação, poderá o relator conceder, de ofício ou a requerimento do interessado, medida liminar determinando a suspensão dos processos nos quais a controvérsia esteja estabelecida (art. 14, § 5º, da Lei n. 10.259/2001);
- da decisão concessiva da medida limar caberá agravo à Seção competente (art. 2º, IV, § 1º, da Resolução n. 10/2007 do STJ).

**f) admissibilidade:**
- o Presidente da TNU procederá ao juízo prévio de admissibilidade. Admitido, remeterá o pedido ao STJ que será distribuído a relator integrante da Seção competente para o julgamento.

g) **inadmissão preliminar:**
- em caso de inadmissão e mediante requerimento da parte, no prazo de 10 dias, o pedido de uniformização será distribuído no STJ a relator integrante da Seção competente (§ 3º do art. 31 do RI da TNU);
- se o relator indeferir o pedido, dessa decisão caberá agravo à Seção respectiva, que proferirá julgamento irrecorrível (§ 2º do art. 1º da Resolução n. 10/2007 do STJ).

h) **questões a serem decididas no incidente:**
- uniformização de questões de direito material;
- não cabe reexame de provas e análise de questões de direito processual.

## QUADRO-RESUMO – PEDIDO DE UNIFORMIZAÇÃO DE INTERPRETAÇÃO DE LEI (PUIL) DIRIGIDO AO STJ

| | |
|---|---|
| Hipóteses | Quando a orientação acolhida pela TNU, em questões de direito material, contrariar súmula ou jurisprudência dominante no STJ, a parte interessada poderá provocar a manifestação deste, que dirimirá a divergência (art. 14, § 4º, da Lei n. 10.259/2001, art. 31 do RI da TNU, Resolução STJ n. 10/2007). Caberá, também, quando o acórdão proferido pela TNU estiver em contrariedade a alguma tese firmada em julgamento de IRDR.<br>– "À falta de baliza normativo-conceitual específica, tem-se que a locução "jurisprudência dominante", para fins do manejo de pedido de uniformização de interpretação de lei federal (PUIL), deve abranger não apenas as hipóteses previstas no art. 927, III, do CPC, mas também os acórdãos do STJ proferidos em embargos de divergência e nos próprios pedidos de uniformização de lei federal por ele decididos." (PUIL n. 825/RS 2018/0131584-1, j. 24.05.2023). |
| Representação por Advogado | No recurso, as partes serão obrigatoriamente representadas por advogado (art. 41, § 2º, da Lei n. 9.099/1995). |
| Competência para Julgamento | – Compete ao STJ o julgamento do incidente (1ª Seção).<br>– Será suscitado, nos próprios autos perante o Presidente da TNU, que faz a admissibilidade prévia e, posteriormente, encaminha ao STJ. |
| Prazo de Interposição | – 15 dias.<br>– A parte contrária será intimada para apresentar manifestação em igual prazo.<br>– Não há prazo em dobro para recorrer em favor do INSS, União e demais entes públicos (art. 9º da Lei n. 10.259/2001). |
| Prova do Dissídio | – Necessidade da demonstração do dissídio e juntada de cópia dos julgados divergentes ou indicação suficiente dos julgados apontados como paradigmas. |
| Preparo | Não serão cobradas custas pelo processamento do incidente de uniformização. |
| Efeitos do Recurso | Presente a plausibilidade do direito invocado e havendo fundado receio de dano de difícil reparação, poderá o relator conceder, de ofício ou a requerimento do interessado, medida liminar determinando a suspensão dos processos nos quais a controvérsia esteja estabelecida (art. 14, § 5º, da Lei n. 10.259/2001). |
| Admissibilidade | O Presidente da TNU procederá ao juízo prévio de admissibilidade. Admitido, remeterá o pedido ao STJ, que será distribuído a relator integrante da seção competente para o julgamento. |
| Inadmissão Preliminar | – Em caso de inadmissão e mediante requerimento da parte, no prazo de dez dias, o pedido de uniformização será distribuído no STJ a relator integrante da Seção competente.<br>– Se o relator indeferir o pedido, dessa decisão caberá agravo à seção respectiva, que proferirá julgamento irrecorrível (art. 1º da Resolução n. 10/2007). |
| Sobrestamento | Caso deferida a medida liminar pelo Relator, será suspensa a tramitação dos processos nos quais tenha sido estabelecida a mesma controvérsia. |

| | |
|---|---|
| Questões a serem Decididas no Incidente | – Uniformização de questões de direito material.<br>– Não cabe reexame de provas e análise de questões de direito processual. |
| Procedimento | Admitido o incidente, o relator:<br>I – poderá, de ofício ou a requerimento da parte, presentes a plausibilidade do direito invocado e o fundado receio de dano de difícil reparação, deferir medida liminar para suspender a tramitação dos processos nos quais tenha sido estabelecida a mesma controvérsia;<br>II – oficiará ao Presidente da TNU e aos Presidentes das Turmas Recursais, comunicando o processamento do incidente e solicitando informações;<br>III – ordenará a publicação de edital no Diário da Justiça, com destaque no noticiário do STJ na internet, para dar ciência aos interessados sobre a instauração do incidente, a fim de que se manifestem, querendo, no prazo de 30 (trinta) dias;<br>IV – decidir o que mais for necessário à instrução do feito.<br>– Da decisão concessiva da medida liminar, caberá agravo à Seção competente.<br>– As partes e os terceiros interessados, nos seus prazos, poderão juntar documentos, arrazoados e memoriais. |
| Preferência para Julgamento | Cumpridos os prazos, com ou sem manifestação das partes, do Ministério Público ou de eventuais terceiros interessados, o feito será incluído na pauta da sessão, com preferência sobre os demais, ressalvados os processos com réu preso, os habeas corpus e mandados de segurança. |
| Divulgação da Decisão | O acórdão do julgamento do incidente conterá, se houver, súmula sobre a questão controvertida, e dele será enviada cópia ao Presidente da TNU. |

## 11.5 RECURSO EXTRAORDINÁRIO (RE) NO RITO DOS JUIZADOS ESPECIAIS FEDERAIS

Dos acórdãos das Turmas de Recursos e de Uniformização dos Juizados Especiais Federais caberá a interposição de Recurso Extraordinário ao STF, desde que seja de única ou última instância e a decisão recorrida contrariar dispositivo da Constituição ou declarar a inconstitucionalidade de tratado ou lei federal (art. 102, III, da CF c/c o art. 15 da Lei n. 10.259/2001).

Sobre o momento oportuno para a interposição do recurso extraordinário, o STF firmou entendimento no sentido de se considerar extemporâneo o RE interposto antes da publicação da decisão do incidente de uniformização de interpretação de lei. Entretanto, esse entendimento não deverá prevalecer em face do CPC/2015 que estabelece no art. 218, § 4º, que: "Será considerado tempestivo o ato praticado antes do termo inicial do prazo".

Deve-se observar, ainda, que, quando cabível pedido de uniformização, somente após o pronunciamento da Turma de Uniformização estará esgotada a prestação jurisdicional que dará ensejo à interposição do recurso extraordinário. Nessa linha, entre outros: STF, AI 693.138-5, Rel. Min. Ricardo Lewandowski, julgado em 11.12.2007.

Em outros termos, sendo caso de cabimento de pedido de uniformização, deverá a parte provocar primeiramente as Turmas de Uniformização como pré-requisito para interposição do RE. Nesse sentido:

> PROCESSUAL CIVIL. JUIZADOS ESPECIAIS FEDERAIS. ACÓRDÃO DE TURMA RECURSAL. ATAQUE SIMULTÂNEO POR RECURSO EXTRAORDINÁRIO E POR INCIDENTE DE UNIFORMIZAÇÃO DE JURISPRUDÊNCIA. OFENSA AO PRINCÍPIO DA UNIRRECORRIBILIDADE. AUSÊNCIA DE EXAURIMENTO DE INSTÂNCIA.
> 1. O incidente de uniformização de jurisprudência no âmbito dos Juizados Especiais Federais, cabível quando "houver divergência entre decisões sobre questões de direito material proferidas por Turmas Recursais na interpretação da lei" (art. 14, *caput*, da Lei n. 10.259/2001), possui natureza recursal, já que propicia a reforma do acórdão impugnado.

Trata-se de recurso de interposição facultativa, com perfil semelhante ao dos embargos de divergência previstos no art. 546 do CPC e dos embargos previstos no art. 894, II, da CLT.

2. Embora se admita, em tese – a exemplo do que ocorre em relação a aqueles embargos (CPC, art. 546 e CLT, art. 894, II) –, a interposição alternativa de incidente de uniformização de jurisprudência ou de recurso extraordinário, não é admissível, à luz do princípio da unirrecorribilidade, a interposição simultânea desses recursos, ambos com o objetivo de reformar o mesmo capítulo do acórdão recorrido.

3. Apresentado incidente de uniformização de jurisprudência de decisão de Turma Recursal, o recurso extraordinário somente será cabível, em tese, contra o futuro acórdão que julgar esse incidente, pois somente então, nas circunstâncias, estará exaurida a instância ordinária, para os fins previstos no art. 102, III, da CF/1988.

4. Agravo regimental a que se nega provimento. (STF, ARE 850960 AgR/SC, 2ª Turma, Rel. Min. Teori Zavascki, *DJe* 13.04.2015)

Ressalta-se que nem sempre as partes estão obrigadas a recorrer primeiramente para a TNU. Existem matérias nas quais pode não haver decisão paradigma para justificar o pedido de uniformização e ainda assim ocorrer descumprimento à ordem constitucional, de forma que poderá ser interposto diretamente o recurso extraordinário.

Nesses casos, deve-se observar o disposto na Resolução n. 347/2015 do CJF, regulamentando a competência e a forma de processamento do recurso extraordinário pelas Turmas Recursais. O prazo para interposição do recurso extraordinário, em qualquer dos casos, será de 15 dias, perante o Presidente da Turma recorrida, aplicando-se as disposições da Lei n. 8.038/1990.

Interposto recurso extraordinário e pedido de uniformização de jurisprudência, o recurso extraordinário deve ser considerado extemporâneo e deverá ser processado apenas o incidente de uniformização, ou seja, a parte deverá reapresentar o recurso extraordinário após o julgamento da TNU.

Quanto à admissibilidade prévia do recurso extraordinário, a Resolução n. 586/2019 (RI da TNU) determina que compete ao Presidente da TNU fazê-lo. Igual atribuição é conferida aos Presidentes da Turmas Recursais e Regionais, quando o RE for apresentado contra acórdãos dessas unidades (Resolução CJF n. 347/2015).

Serão sobrestados os feitos que tratem de questão constitucional cuja repercussão geral tenha sido reconhecida pelo STF, bem como os recursos repetitivos, quando ainda não realizado o respectivo julgamento de mérito do recurso extraordinário (conforme art. 1.036, § 1º, do CPC/2015).

Uma vez publicada a decisão do STF, os pedidos retidos serão apreciados pelas Turmas Recursais, que exercerão juízo de retratação ou declararão os recursos prejudicados, conforme o caso.

Admitido o recurso, os autos serão encaminhados ao STF; inadmitido, caberá agravo, no prazo de 15 (quinze) dias, em petição dirigida ao presidente ou vice-presidente do tribunal de origem, salvo quando fundada na aplicação de entendimento firmado em regime de repercussão geral (art. 1.042, *caput*, do CPC/2015).

O STF recusará recurso extraordinário cuja questão constitucional não oferecer repercussão geral. Para efeito da repercussão geral, será considerada a existência, ou não, de questões que, relevantes do ponto de vista econômico, político, social ou jurídico, ultrapassem os interesses subjetivos das partes (a respeito, art. 1.035 do CPC/2015).

### 11.5.1 Aspectos destacados do recurso extraordinário

a) hipóteses de cabimento:

O recurso extraordinário em matéria constitucional de repercussão geral caberá de decisão de única ou última instância, que pode ser de Tribunal, de Turma Recursal e de Uniformização e do STJ (art. 102, III, da CF, art. 15 da Lei n. 10.259/2001 e Regimento Interno do STF).

b) **competência para julgamento:**

Será interposto perante o Presidente da Turma ou Tribunal recorrido, que após as contrarrazões, fará a admissibilidade prévia e posteriormente encaminhará ao STF para julgamento.

c) **prazo de interposição:**

Será de 15 dias (art. 1.003, § 5º, do CPC/2015). A parte contrária será intimada para responder em igual prazo.

d) **prova do dissídio:**

Quando o recurso fundar-se em dissídio jurisprudencial, o recorrente fará a prova da divergência com a certidão, cópia ou citação do repositório de jurisprudência, oficial ou credenciado, inclusive em mídia eletrônica, em que houver sido publicado o acórdão divergente, ou, ainda, com a reprodução de julgado disponível na rede mundial de computadores, com indicação da respectiva fonte, mencionando, em qualquer caso, as circunstâncias que identifiquem ou assemelhem os casos confrontados (art. 1.029, § 1º, do CPC/2015).

e) **preparo:**

É devido o recolhimento de custas e de porte de remessa e retorno, conforme Resolução n. 606/2018 do STF, exceto o porte para os processos eletrônicos.

f) **efeitos do recurso:**
- o recurso será recebido no efeito devolutivo;
- o recurso extraordinário e o recurso especial não impedem a eficácia da decisão (art. 995 do CPC/2015).

g) **requisitos de admissibilidade:**
- tempestividade;
- legitimidade do peticionário;
- interesse em recorrer;
- preparo;
- matéria exclusivamente de direito;
- prequestionamento das normas violadas;
- decisão de única ou última instância que contrariar dispositivo da Constituição (art. 102, III, "a", da CF);
- demonstrar, em preliminar do recurso, para apreciação exclusiva do STF, a existência da repercussão geral.

h) **repercussão geral:**
- Questão constitucional que ofereça repercussão geral (art. 1.035 do CPC/2015):

a) existência de questões relevantes do ponto de vista econômico, político, social ou jurídico, que ultrapassem os limites subjetivos do processo;

b) há repercussão geral sempre que o recurso impugnar acórdão contrário a súmula ou jurisprudência dominante do Tribunal;

c) quando questionar decisão que tenha reconhecido a inconstitucionalidade de tratado ou lei federal, nos termos do art. 97 da Constituição Federal.

i) **admissibilidade:**
- Recebida a petição do recurso pela secretaria do tribunal, o recorrido será intimado para apresentar contrarrazões no prazo de 15 (quinze) dias, findo o qual os autos serão conclusos ao presidente ou ao vice-presidente do tribunal recorrido, que deverá fazer a admissibilidade recursal (art. 1.030 do CPC/2015 com redação conferida pela Lei n. 13.256/2016);

- Cabe agravo, no prazo de 15 dias, contra decisão do presidente ou do vice-presidente do tribunal recorrido que inadmitir recurso extraordinário, salvo quando fundada na aplicação de entendimento firmado em regime de repercussão geral (art. 1.042 do CPC).

j) **sobrestamento:**
- Reconhecida a repercussão geral, o relator no STF determinará a suspensão do processamento de todos os processos pendentes, individuais ou coletivos, que versem sobre a questão e tramitem no território nacional (art. 1.035, § 5º, do CPC).

k) **interposição de recursos simultâneos:**
- Interposto recurso extraordinário e pedido de uniformização de jurisprudência, este será processado antes do recurso extraordinário, salvo se houver questão prejudicial de natureza constitucional.

l) **divulgação da decisão:**
- Decididos os recursos afetados, os órgãos colegiados declararão prejudicados os demais recursos versando sobre idêntica controvérsia ou os decidirão aplicando a tese firmada. Negada a existência de repercussão geral no recurso extraordinário afetado, serão considerados automaticamente inadmitidos os recursos extraordinários cujo processamento tenha sido sobrestado (art. 1.039 do CPC/2015).
- CPC/2015 – Art. 1.040: Publicado o acórdão paradigma:

    I – o presidente ou o vice-presidente do tribunal de origem negará seguimento aos recursos especiais ou extraordinários sobrestados na origem, se o acórdão recorrido coincidir com a orientação do tribunal superior;

    II – o órgão que proferiu o acórdão recorrido, na origem, reexaminará o processo de competência originária, a remessa necessária ou o recurso anteriormente julgado, se o acórdão recorrido contrariar a orientação do tribunal superior;

    III – os processos suspensos em primeiro e segundo graus de jurisdição retomarão o curso para julgamento e aplicação da tese firmada pelo tribunal superior;

    IV – se os recursos versarem sobre questão relativa a alguma prestação de serviço público objeto de concessão, permissão ou autorização, o resultado do julgamento será comunicado ao órgão, ao ente ou à agência reguladora competente para fiscalização da efetiva aplicação, por parte dos entes sujeitos a regulação, da tese adotada.

## QUADRO-RESUMO – RECURSO EXTRAORDINÁRIO

| | |
|---|---|
| **Hipóteses** | O recurso extraordinário em matéria constitucional de repercussão geral caberá de decisão de única ou última instância, que pode ser de Tribunal, de Turma Recursal e de Uniformização e do STJ (art. 102, III, da CF; art. 15 da Lei n. 10.259/2001 e Regimento Interno do STF). |
| **Representação por Advogado** | No recurso, as partes serão obrigatoriamente representadas por advogado. |
| **Competência para Julgamento** | – Supremo Tribunal Federal.<br>– Será interposto perante o Presidente da Turma ou Tribunal recorrido, que, após as contrarrazões, fará a admissibilidade prévia e, posteriormente, encaminhará ao STF. |
| **Prazo de Interposição** | – 15 dias (§ 5º do art. 1.003 do CPC/2015). A parte contrária será intimada para responder em igual prazo.<br>– Nos JEFs não há prazo em dobro para recorrer em favor do INSS, União e demais entes públicos (art. 9º da Lei n. 10.259/2001). |

| | |
|---|---|
| **Recurso Adesivo** | Sendo vencidos autor e réu, ao recurso interposto por qualquer deles poderá aderir o outro (art. 997, § 1º, do CPC/2015). |
| **Prova do Dissídio** | Quando o recurso fundar-se em dissídio jurisprudencial, o recorrente fará a prova da divergência com a certidão, cópia ou citação do repositório de jurisprudência, oficial ou credenciado, inclusive em mídia eletrônica, em que houver sido publicado o acórdão divergente, ou ainda com a reprodução de julgado disponível na rede mundial de computadores, com indicação da respectiva fonte, devendo-se, em qualquer caso, mencionar as circunstâncias que identifiquem ou assemelhem os casos confrontados (art. 1.029, § 1º, do CPC/2015). |
| **Preparo** | É devido o recolhimento de custas e de porte de remessa e retorno, conforme Resolução n. 606/2018 do STF, exceto o porte para os processos eletrônicos. |
| **Efeitos do Recurso** | O recurso será recebido no efeito devolutivo. |
| **Requisitos de Admissibilidade** | – tempestividade;<br>– legitimidade do peticionário;<br>– interesse em recorrer;<br>– preparo;<br>– matéria exclusivamente de direito;<br>– prequestionamento das normas violadas;<br>– decisão de única ou última instância que contrariar dispositivo da Constituição (art. 102, III, "a", da CF);<br>– demonstrar, em preliminar do recurso, para apreciação exclusiva do STF, a existência da repercussão geral. |
| **Repercussão Geral** | – Questão constitucional que ofereça repercussão geral (art. 1.035 do CPC/2015):<br>a) existência de questões relevantes do ponto de vista econômico, político, social ou jurídico, que ultrapassem os limites subjetivos da causa;<br>b) há repercussão geral sempre que o recurso impugnar acórdão que: contrarie súmula ou jurisprudência dominante do Tribunal; tenha reconhecido a inconstitucionalidade de tratado ou de Lei federal, nos termos do art. 97 da Constituição Federal.<br>– Negada a existência de repercussão geral pelo STF, os recursos sobrestados considerar-se-ão automaticamente não admitidos. |
| **Admissibilidade** | Recebida a petição do recurso pela secretaria do tribunal, o recorrido será intimado para apresentar contrarrazões no prazo de 15 (quinze) dias, findo o qual os autos serão conclusos ao presidente ou ao vice-presidente do tribunal recorrido, que deverá fazer a admissibilidade recursal (art. 1.030 do CPC/2015 com redação conferida pela Lei n. 13.256/2016).<br>– Da decisão de inadmissibilidade, caberá agravo ao STF (art. 1.030, V, do CPC/2015) ou agravo interno ao tribunal/turma recursal de origem (art. 1.030, I e III, do CPC/2015), no prazo de 15 dias. |
| **Cumprimento de Sentença** | O recurso extraordinário e o recurso especial não impedem o cumprimento da sentença; a interposição do agravo de instrumento não obsta o andamento do processo, ressalvada decisão em sentido contrário do relator (art. 995 do CPC/2015). |
| **Sobrestamento** | Reconhecida a repercussão geral, o relator no STF determinará a suspensão do processamento de todos os processos pendentes, individuais ou coletivos, que versem sobre a questão e tramitem no território nacional (art. 1.035, § 5º, do CPC/2015). |
| **Interposição de Recursos Simultâneos** | – Interpostos recurso extraordinário e pedido de uniformização de jurisprudência, este será processado antes do recurso extraordinário, salvo se houver questão prejudicial de natureza constitucional.<br>– Na hipótese de interposição conjunta de recurso extraordinário e recurso especial, os autos serão remetidos ao STJ (art. 1.031 do CPC/2015). |

| | |
|---|---|
| **Preferência para Julgamento** | O recurso que tiver a repercussão geral reconhecida deverá ser julgado no prazo de um ano e terá preferência sobre os demais feitos, ressalvados os que envolvam réu preso e o pedido de *habeas corpus* (cf. § 9º do art. 1.035 do CPC/2015). |
| **Efeitos do julgamento do Recurso Extraordinário** | – Decididos os recursos afetados, os órgãos colegiados declararão prejudicados os demais recursos versando sobre idêntica controvérsia ou os decidirão aplicando a tese firmada (art. 1.039, *caput*, do CPC/2015).<br>– Negada a existência de repercussão geral no recurso extraordinário afetado, serão considerados automaticamente inadmitidos os recursos extraordinários cujo processamento tenha sido sobrestado (art. 1.039, parágrafo único, do CPC/2015).<br>– Conforme art. 1.040 do CPC/2015, publicado o acórdão paradigma:<br>I – o presidente ou o vice-presidente do tribunal de origem negará seguimento aos recursos especiais ou extraordinários sobrestados na origem, se o acórdão recorrido coincidir com a orientação do tribunal superior;<br>II – o órgão que proferiu o acórdão recorrido, na origem, reexaminará o processo de competência originária, a remessa necessária ou o recurso anteriormente julgado, se o acórdão recorrido contrariar a orientação do tribunal superior;<br>III – os processos suspensos em primeiro e segundo graus de jurisdição retomarão o curso para julgamento e aplicação da tese firmada pelo tribunal superior;<br>IV – se os recursos versarem sobre questão relativa a alguma prestação de serviço público objeto de concessão, permissão ou autorização, o resultado do julgamento será comunicado ao órgão, ao ente ou à agência reguladora competente para fiscalização da efetiva aplicação, por parte dos entes sujeitos a regulação, da tese adotada. |

## 11.6 DESTAQUES PROCESSUAIS E RECURSAIS DOS JEFS

Primeiro, é importante diferenciarmos o pedido de uniformização da jurisprudência que era previsto no art. 476 do CPC/1973 do rito dos Juizados Especiais Federais. O primeiro era um incidente processual e não daquele recurso. Ele poderia ser suscitado, inclusive, de ofício, pelo juiz. Tal incidente não serve para alterar uma decisão já proferida, mas tem sim efeitos internos, prestando-se para unificar o entendimento do Tribunal.

Já o pedido de uniformização utilizado pelos JEFs é um recurso, e vai atingir a decisão já emanada, seja para confirmá-la ou para reformá-la. Seu intuito também é uniformizar o entendimento, mas, nesse caso, é em relação às Turmas Recursais e às Turmas de Uniformização ou STJ. Este é o entendimento da TNU sobre o pedido de uniformização, conforme se observa da Questão de Ordem n. 01:

> PROCESSUAL CIVIL. DIVERGÊNCIA ENTRE DECISÕES DE TURMAS DE REGIÕES DIFERENTES. PEDIDOS DE UNIFORMIZAÇÃO (LEI N. 10.259, ART. 14, §§ 2º, 6º E 9º). JUÍZO DE RETRATAÇÃO. DECLARAÇÃO DE PREJUDICIALIDADE. 1. Os Juizados Especiais orientam-se pela simplicidade e celeridade processual nas vertentes da lógica e da política judiciária de abreviar os procedimentos e reduzir os custos. 2. Diante de divergência entre decisões de Turmas Recursais de regiões diferentes, o pedido de uniformização tem a natureza jurídica de recurso, cujo julgado, portanto, modificando ou reformando, substitui a decisão ensejadora do pedido provido. 3. A decisão constituída pela Turma de Uniformização servirá para fundamentar o juízo de retratação das ações com o processamento sobrestado ou para ser declarada a prejudicialidade dos recursos interpostos.

Existe, entretanto, escassa regulamentação legal acerca das regras processuais aplicáveis aos recursos no âmbito dos JEFs, sendo importante a utilização dos enunciados dos FONAJEFs para se entender melhor os procedimentos adotados em cada caso. Destacamos os seguintes:

– **Enunciado FONAJEF n. 28:** "É inadmissível a avocação, por Tribunal Regional Federal, de processos ou matéria de competência de Turma Recursal, por flagrante violação ao art. 98 da Constituição Federal".

– **Enunciado FONAJEF n. 29:** "Cabe ao Relator, monocraticamente, atribuir efeito suspensivo a recurso, não conhecê-lo, bem assim lhe negar ou dar provimento nas hipóteses tratadas no art. 932, IV, "c", do CPC, e quando a matéria estiver pacificada em súmula da Turma Nacional de Uniformização, enunciado de Turma Regional ou da própria Turma Recursal".

– **Enunciado FONAJEF n. 30:** "A decisão monocrática referendada pela Turma Recursal, por se tratar de manifestação do colegiado, não é passível de impugnação por intermédio de agravo interno".

– **Enunciado FONAJEF n. 39:** "Não sendo caso de justiça gratuita, o recolhimento das custas para recorrer deverá ser feito de forma integral nos termos da Resolução do Conselho da Justiça Federal, no prazo da Lei n. 9.099/1995".

– **Enunciado FONAJEF n. 42:** "Em caso de embargos de declaração protelatórios, cabe a condenação em litigância de má-fé (princípio da lealdade processual)".

– **Enunciado FONAJEF n. 43:** "É adequada a limitação dos incidentes de uniformização às questões de direito material".

– **Enunciado FONAJEF n. 44:** "Não cabe ação rescisória no JEF. O art. 59 da Lei n. 9.099/1995 está em consonância com os princípios do sistema processual dos Juizados Especiais, aplicando-se também aos Juizados Especiais Federais".

– **Enunciado FONAJEF n. 57:** "Nos Juizados Especiais Federais, somente o recorrente vencido arcará com honorários advocatícios".

– **Enunciado FONAJEF n. 59:** "Não cabe recurso adesivo nos Juizados Especiais Federais".

– **Enunciado FONAJEF n. 85:** "Não é obrigatória a degravação, tampouco a elaboração de resumo, para apreciação de recurso, de audiência gravada por meio magnético ou equivalente, desde que acessível ao órgão recursal".

– **Enunciado FONAJEF n. 87:** "A decisão monocrática proferida por Relator é passível de Agravo Interno".

– **Enunciado FONAJEF n. 88:** "Não se admite Mandado de Segurança para Turma Recursal, exceto na hipótese de ato jurisdicional teratológico contra o qual não caiba recurso".

– **Enunciado FONAJEF n. 89:** "Não cabe processo cautelar autônomo, preventivo ou incidental, no âmbito do JEF".

– **Enunciado FONAJEF n. 98:** "É inadmissível o reexame de matéria fática em pedido de uniformização de jurisprudência".

– **Enunciado FONAJEF n. 99:** "O provimento, ainda que parcial, de recurso inominado afasta a possibilidade de condenação do recorrente ao pagamento de honorários de sucumbência".

– **Enunciado FONAJEF n. 100:** "No âmbito dos Juizados Especiais Federais, a Turma Recursal poderá conhecer diretamente das questões não examinadas na sentença que acolheu prescrição ou decadência, estando o processo em condições de imediato julgamento".

– **Enunciado FONAJEF n. 101:** "A Turma Recursal tem poder para complementar os atos de instrução já realizados pelo juiz do Juizado Especial Federal, de forma a evitar a anulação da sentença".

– **Enunciado FONAJEF n. 102:** "Convencendo-se da necessidade de produção de prova documental complementar, a Turma Recursal produzirá ou determinará que seja produzida, sem retorno do processo para o juiz do Juizado Especial Federal".

– **Enunciado FONAJEF n. 103:** "Sempre que julgar indispensável, a Turma Recursal, sem anular a sentença, baixará o processo em diligências para fins de produção de prova testemunhal, pericial ou elaboração de cálculos".

– **Enunciado FONAJEF n. 105:** "A Turma de Uniformização, ao externar juízo acerca da admissibilidade do pedido de uniformização, deve considerar a presença de similitude de questões de fato e de direito nos acórdãos confrontados".

– **Enunciado FONAJEF n. 106:** "Cabe à Turma Recursal conhecer e julgar os conflitos de competência apenas entre Juizados Especiais Federais sujeitos a sua jurisdição".
– **Enunciado FONAJEF n. 107:** "Fora das hipóteses do art. 4º da Lei n. 10.259/2001, a impugnação de decisões interlocutórias proferidas antes da sentença deverá ser feita no recurso desta (art. 41 da Lei n. 9.099/1995)".
– **Enunciado FONAJEF n. 108:** "Não cabe recurso para impugnar decisões que apreciem questões ocorridas após o trânsito em julgado".
– **Enunciado FONAJEF n. 109:** "A tempestividade do recurso pode ser comprovada por qualquer meio idôneo, inclusive eletrônico".
– **Enunciado FONAJEF n. 110:** "A competência das turmas recursais reunidas, onde houver, deve ser limitada à deliberação acerca de enunciados das turmas recursais das respectivas seções judiciárias".
– **Enunciado FONAJEF n. 120:** "Não é obrigatória a degravação de julgamentos proferidos oralmente, desde que o arquivo de áudio esteja anexado ao processo, recomendando-se o registro, por escrito, do dispositivo ou acórdão".
– **Enunciado FONAJEF n. 124:** "É correta a aplicação do art. 46 da Lei n. 9.099/1995 nos Juizados Especiais Federais, com preservação integral dos fundamentos da sentença".
– **Enunciado FONAJEF n. 131:** "A Turma Recursal, analisadas as peculiaridades do caso concreto, pode conhecer documentos juntados na fase recursal, desde que não implique apreciação de tese jurídica não questionada no primeiro grau".
– **Enunciado FONAJEF n. 132:** "Em conformidade com o art. 14, § 9º, da Lei n. 10.259/2001, cabe ao colegiado da Turma Recursal rejulgar o feito após a decisão de adequação de Tribunal Superior ou da TNU".
– **Enunciado FONAJEF n. 144:** "É cabível recurso inominado contra sentença terminativa se a extinção do processo obstar que o autor intente de novo a ação ou quando importe negativa de jurisdição".
– **Enunciado FONAJEF n. 148:** "Nas ações revisionais em que se se postula aplicação da tese de direito adquirido ao melhor benefício, é requisito da petição inicial que seja apontada a data em que verificada tal situação".
– **Enunciado FONAJEF n. 151:** "O CPC/2015 só é aplicável nos Juizados Especiais naquilo que não contrariar os seus princípios norteadores e a sua legislação específica".
– **Enunciado FONAJEF n. 154:** "O art. 46, da Lei n. 9.099/1995, não foi revogado pelo novo CPC".
– **Enunciado FONAJEF n. 155:** "As disposições do CPC/2015 referentes às provas não revogam as disposições específicas da Lei n. 10259/2001, sobre perícias (art. 12), e nem as disposições gerais da Lei n. 9.099/1995".
– **Enunciado FONAJEF n. 156:** "Não se aplica aos juizados especiais a técnica de julgamento não unânime" (art. 942, CPC/2015).
– **Enunciado FONAJEF n. 182:** "O juízo de admissibilidade do recurso inominado deve ser feito na turma recursal, aplicando-se subsidiariamente o art. 1.010, § 3º, do CPC/2015".
– **Enunciado FONAJEF n. 184:** "Durante a suspensão processual decorrente do IRDR e de recursos repetitivos pode haver produção de provas no juízo onde tramita o processo suspenso, em caso de urgência, com base no art. 982, § 2º, do CPC".
– **Enunciado FONAJEF n. 185:** "Os mecanismos processuais de suspensão de processos não impedem a realização de atos processuais necessários para o exame ou efetivação da tutela de urgência".
– **Enunciado FONAJEF n. 223:** "O juiz poderá indeferir a petição inicial, por inépcia, quando, em ações previdenciárias, intimada a parte para a emenda, não seja sanada a inadequada narrativa dos fatos ou a ausência de início de prova material".

Em relação aos demais aspectos relacionados à admissão e efeitos dos recursos, é recomendável a consulta às Questões de Ordem publicadas pela TNU e disponibilizadas no Portal: www.jf.jus.br, bem como nos anexos desta obra.

## 11.7 O CPC/2015 E SEUS REFLEXOS NOS JUIZADOS ESPECIAIS FEDERAIS

Com a entrada em vigor do novo CPC, surgem questionamentos sobre seus reflexos em relação aos JEFs.

Primeiramente cumpre consignar que entendemos possível o emprego das normas do CPC nos JEFs, compatibilizando-as com os princípios inerentes a esse microssistema, sempre que houver uma lacuna legal a ser suprida. Por exemplo: requisitos da petição inicial, contagem de prazos, regras do contraditório, prioridades, limites do recurso, interesse recursal, julgamento por decisão monocrática, entre outras.

A esse respeito, o Enunciado FONAJEF n. 151: "O CPC/2015 só é aplicável nos Juizados Especiais naquilo que não contrariar os seus princípios norteadores e a sua legislação específica".

Cabe lembrar que os princípios básicos dos Juizados Especiais constam no art. 2º da Lei n. 9.099/1995, quais sejam: oralidade, simplicidade, informalidade, economia processual e celeridade, buscando, sempre que possível, a conciliação ou a transação.

Acentuam Nelson Nery Júnior e Rosa Maria de Andrade Nery que mesmo inexistindo dispositivo expresso determinando a aplicação subsidiária do Código de Processo Civil às ações que tramitam nos Juizados Especiais, referida aplicação ocorre pelo fato de o CPC ser a lei ordinária geral do Direito Processual Civil no Brasil[8].

Oscar Valente Cardoso complementa expressando que as leis específicas de cada Juizado Especial têm incidência subsidiária preferencial, observando-se a ordem cronológica de preferência, e o Código de Processo Civil será sempre a última fonte, por ser a lei geral regulamentadora do Direito Processual Civil no Brasil[9].

O CPC/2015 inova por apresentar um conjunto de comandos que fomentam o diálogo e o controle de todas as ações dos sujeitos processuais, por exemplo, a boa-fé processual, a fundamentação estruturada das decisões e o formalismo democrático.

Esse novo diploma foi idealizado para harmonizar o sistema processual civil com as garantias constitucionais do Estado Democrático de Direito, buscando o equilíbrio entre conservação e inovação, evitando uma drástica ruptura com as normas em vigor.

Destacamos, entre as inovações trazidas pelo CPC/2015, as que seguem:

- o incentivo à realização de conciliação e mediação judiciais (art. 3º, § 3º);
- a prolação de sentenças ou acórdãos pelos juízes e tribunais, atendendo, preferencialmente, à ordem cronológica de conclusão (art. 12, com redação conferida pela Lei n. 13.256/2016), excetuando-se a essa regra "causa que exija urgência no julgamento, assim reconhecida por decisão fundamentada" (art. 12, § 2º, IX);
- a estipulação de honorários advocatícios na reconvenção, no cumprimento de sentença, na execução e nos recursos interpostos, de modo cumulativo àqueles arbitrados em sentença (art. 85, § 1º);

---

[8] NERY JÚNIOR, Nelson; NERY, Rosa Maria de Andrade. *Código de Processo Civil comentado e legislação extravagante*. 11. ed. São Paulo: RT, 2010. p. 1.604.

[9] CARDOSO, Oscar Valente. Regras de incidência subsidiária de normas e preenchimento de lacunas: uma leitura a partir do sistema normativo dos Juizados Especiais Cíveis. *Revista Dialética de Direito Processual*. São Paulo: Dialética, n. 100, jul. 2011. p. 87.

- o reconhecimento oficial de honorários advocatícios como crédito alimentar do advogado (art. 85, § 14);
- o recebimento de honorários de sucumbência pelos advogados públicos (art. 85, § 19);
- a criação do negócio jurídico processual, ou seja, as partes, de comum acordo, poderão alterar o procedimento para a tramitação do processo (art. 190);
- a contagem dos prazos processuais somente em dias úteis (art. 219);
- o "ônus dinâmico da prova", que faculta ao juiz a redistribuição do ônus probatório, mas estipula a obrigação de que as partes sejam informadas (art. 373, § 1º);
- a obrigação de os magistrados de primeiro grau apreciarem os tópicos e argumentos propostos pelas partes, um a um, sob pena de nulidade da decisão (art. 489, § 1º, IV);
- a prolação de sentenças ou acórdãos pelos juízes e tribunais atendendo, preferencialmente, a ordem cronológica de conclusão (art. 12, com redação conferida pela Lei n. 13.256/2016), excetuando-se a esta regra "causa que exija urgência no julgamento, assim reconhecida por decisão fundamentada" (art. 12, § 2º, IX);
- a obrigatoriedade de observância ao sistema de precedentes para fins de estabilização da jurisprudência (art. 926 e parágrafos);
- a possibilidade de modulação dos efeitos das decisões judiciais (art. 927, § 3º);
- a implementação do Incidente de Resolução de Demandas Repetitivas (art. 976);
- a contagem dos prazos processuais somente em dias úteis (art. 219);
- a simplificação do sistema recursal, com a uniformização dos prazos (art. 1.070);
- o fim dos embargos infringentes e do agravo retido.

Das normas do CPC/2015 enumeramos algumas delas para analisar sua aplicabilidade aos Juizados Especiais, indicando enunciados aprovados pelo Fórum Nacional dos Juizados Especiais Federais – FONAJEF e pelo Seminário "O Poder Judiciário e o novo Código de Processo Civil", organizado pela Escola Nacional de Formação e Aperfeiçoamento de Magistrados – ENFAM e pela I Jornada de Direito Processual Civil organizada pelo CJF/CEJ.

### a) Petição inicial, novos requisitos

O CPC/2015, na Parte Geral, estabelece entre seus princípios e regras fundamentais que "A conciliação, a mediação e outros métodos de solução consensual de conflitos deverão ser estimulados por juízes, advogados, defensores públicos e membros do Ministério Público, inclusive no curso do processo judicial" (art. 3º, § 3º).

Por essa razão, a petição inicial deve indicar a opção ou não pela realização de audiência de conciliação (art. 319, VII). Por outro lado, o réu deverá indicar seu desinteresse na autocomposição, por petição, a ser apresentada com 10 dias de antecedência da data da audiência de conciliação ou de mediação (art. 334, § 5º).

A respeito do tema, foram aprovados os seguintes Enunciados:

- **ENFAM n. 61:** "Somente a recusa expressa de ambas as partes impedirá a realização da audiência de conciliação ou mediação prevista no art. 334 do CPC/2015, não sendo a manifestação de desinteresse externada por uma das partes justificativa para afastar a multa de que trata o art. 334, § 8º".
- **FONAJEF n. 152:** "A conciliação e a mediação nos Juizados Especiais Federais permanecem regidas pelas Leis n. 10.259/2001 e n. 9.099/1995, mesmo após o advento do novo Código de Processo Civil".

- **I JORNADA DIREITO PROCESSUAL CIVIL CJF/CEJ – Enunciado n. 24:** "Havendo a Fazenda Pública publicizado ampla e previamente as hipóteses em que está autorizada a transigir, pode o juiz dispensar a realização da audiência de mediação e conciliação, com base no art. 334, § 4º, II, do CPC, quando o direito discutido na ação não se enquadrar em tais situações".

Entendemos que as normas não são contrapostas. Na verdade, elas se complementam, sendo importante mencionar que a Lei n. 10.259/2001, no art. 10, parágrafo único, autoriza os representantes judiciais da União, autarquias, fundações e empresas públicas federais a conciliar transigir ou desistir, nos processos da competência dos Juizados Especiais Federais.

Outra novidade da petição inicial é a constante do art. 319, II, que cuida da qualificação das partes, passando a exigir a indicação da existência de união estável, o número de inscrição no Cadastro de Pessoas Físicas ou no Cadastro Nacional da Pessoa Jurídica, bem como o endereço eletrônico.

Entretanto, os §§ 2º e 3º garantem que a petição não será indeferida se, a despeito da falta de informações a que se refere o inciso II, for possível a citação do réu, ou se a obtenção de tais informações tornar impossível ou excessivamente oneroso o acesso à justiça.

Defendemos, ainda, que na hipótese do indeferimento da inicial, sem exame de mérito, por ausência de alguns desses requisitos, caberá recurso inominado dessa sentença para as Turmas Recursais dos Juizados, como forma de garantia do direito constitucional de acesso à justiça, ratificado pela parte final do § 3º do art. 319 do CPC/2015.

### b) Contagem dos prazos: dias úteis e suspensão

De acordo com o art. 219 do CPC/2015, na contagem de prazo em dias, estabelecido por lei ou pelo juiz, computar-se-ão somente os dias úteis.

Logo após o início da vigência do NCPC (2016) se observou alguma discussão acerca da aplicação dessa forma de contagem no rito dos Juizados, tendo em vista o princípio da celeridade processual especialmente aplicável.

No âmbito dos Juizados, a Lei n. 13.728, de 31.10.2018, alterou a Lei n. 9.099/1995, estabelecendo que, na contagem de prazo para a prática de qualquer ato processual, inclusive para a interposição de recursos, serão computados somente os dias úteis.

A regra de contagem em dias úteis não se aplica ao prazo para confirmação das intimações eletrônicas, previsto no art. 5º, § 3º, Lei n. 11.419/2006 (*v.g.* Enunciado FONAJEF n. 158). Essa lei trata da informatização do processo judicial e não foi modificada pelo novo CPC. Assim, em caso de processo eletrônico, a parte tem até 10 dias corridos, contados da data do envio da intimação, sob pena de considerar-se a intimação automaticamente realizada na data do término desse prazo. Depois disso, começa a contagem do prazo processual em dias úteis.

A suspensão do curso dos prazos processuais nos dias compreendidos entre 20 de dezembro e 20 de janeiro, inclusive, é prevista no art. 220 do NCPC. Durante a suspensão dos prazos, não se realizarão audiências nem sessões de julgamento. E, segundo o Enunciado FONAJEF n. 198: "A suspensão de prazos processuais dos dias 20 de dezembro a 20 de janeiro é aplicável aos Juizados Especiais Federais".

Ainda, segundo o art. 1.003, § 5º, do CPC/2015, excetuados os embargos de declaração, o prazo para interpor os recursos e para responder-lhes é de 15 dias. Essa regra não se aplica integralmente aos JEFs (Enunciado ENFAM n. 46), pois o prazo para recorrer da sentença continua sendo de 10 dias, em face da norma expressa contida no art. 42 da Lei n. 9.099/1995, bem como para recorrer da decisão que concede ou nega medidas cautelares ou tutelas provisórias (art. 2º da Resolução CJF n. 347/2015).

### c) Prioridade de tramitação

O CPC/2015 prevê prioridade de tramitação, em qualquer juízo ou tribunal, para os procedimentos judiciais em que figure como parte ou interessado pessoa com idade igual ou superior a 60 anos ou portadora de doença grave, assim compreendida qualquer das enumeradas no art. 6º, inciso XIV, da Lei n. 7.713/1988 (art. 1.048). E, também, para aqueles regulados pela Lei n. 8.069/1990 (Estatuto da Criança e do Adolescente).

Afora essas situações, o Estatuto da Pessoa com Deficiência (Lei n. 13.146, de 06.07.2015) assegura prioridade aos que têm impedimento de longo prazo de natureza física, mental, intelectual ou sensorial, o qual, em interação com uma ou mais barreiras, pode obstruir sua participação plena e efetiva na sociedade em igualdade de condições com as demais pessoas.

Ainda, segundo o Estatuto do Idoso (alterado pela Lei n. 13.466, de 2017), entre os processos de idosos, dar-se-á prioridade especial aos maiores de 80 anos. Ou seja, todas as pessoas com mais de 60 anos continuam tendo prioridade, mas os acima de 80 anos possuem uma "superprioridade" diante da idade avançada. Assim, por exemplo, havendo dois idosos (um com 65 e outro com 82 anos), o processo daquele que possui 82 anos deverá ser julgado primeiro.

As regras de prioridade são aplicáveis aos JEFs, mas, devido à quantidade de pessoas que estão enquadradas nelas, notadamente nas demandas da Seguridade Social, o resultado nem sempre é o esperado pelas partes.

### d) Supressão de instância, conhecimento de questões novas e "não surpresa"

Advinda do princípio constitucional do contraditório, trouxe o CPC/2015 a premissa de que "O juiz não pode decidir, em grau algum de jurisdição, com base em fundamento a respeito do qual não se tenha dado às partes oportunidade de se manifestar, ainda que se trate de matéria sobre a qual deva decidir de ofício" (art. 10).

Em segunda instância, caso o relator constate a ocorrência de fato superveniente à decisão recorrida ou a existência de questão apreciável de ofício ainda não examinada que devam ser considerados no julgamento do recurso, intimará as partes para que se manifestem no prazo de 5 (cinco) dias. E, se a constatação ocorrer durante a sessão de julgamento, esse será imediatamente suspenso a fim de que as partes se manifestem especificamente (art. 933 e § 1º).

A flexibilização na interpretação dessas regras foi a tônica dos enunciados que seguem;

- **Enunciado FONAJEF n. 160**: "Não causa nulidade a não aplicação do art. 10 do NCPC e do art. 487, parágrafo único, do NCPC nos juizados, tendo em vista os princípios da celeridade e informalidade".

- **Enunciado ENFAM n. 1**: "Entende-se por "fundamento" referido no art. 10 do CPC/2015 o substrato fático que orienta o pedido, e não o enquadramento jurídico atribuído pelas partes".

- **Enunciado ENFAM n. 2**: "Não ofende a regra do contraditório do art. 10 do CPC/2015 o pronunciamento jurisdicional que invoca princípio, quando a regra jurídica aplicada já debatida no curso do processo é emanação daquele princípio".

- **Enunciado ENFAM n. 3**: "É desnecessário ouvir as partes quando a manifestação não puder influenciar na solução da causa".

- **Enunciado ENFAM n. 4**: "Na declaração de incompetência absoluta não se aplica o disposto no art. 10, parte final, do CPC/2015".

- **Enunciado ENFAM n. 5**: "Não viola o art. 10 do CPC/2015 a decisão com base em elementos de fato documentados nos autos sob o contraditório".

– **Enunciado ENFAM n. 6**: "Não constitui julgamento surpresa o lastreado em fundamentos jurídicos, ainda que diversos dos apresentados pelas partes, desde que embasados em provas submetidas ao contraditório".

A flexibilização na interpretação dessas regras, mediante a aprovação desses enunciados, caracteriza uma tentativa de reduzir os efeitos das normas processuais que são da máxima importância para a efetivação de um processo democrático, seja no procedimento comum, seja nos Juizados Especiais.

### e) Produção de provas

No que tange à produção de provas, as normas previstas no CPC/2015 não invalidam as utilizadas pelo microssistema dos Juizados Especiais, mas devem ser compatibilizadas em respeito ao contraditório e à justa solução dos litígios. Nesse sentido, os Enunciados FONAJEF:

– **Enunciado FONAJEF n. 155**: "As disposições do CPC/2015 referentes às provas não revogam as disposições específicas da Lei n. 10.259/2001, sobre perícias (art. 12), e nem as disposições gerais da Lei n. 9.099/1995".
– **Enunciado FONAJEF n. 179**: "Cumpre os requisitos do contraditório e da ampla defesa a concessão de vista do laudo pericial pelo prazo de cinco dias, por analogia ao *caput* do art. 12 da Lei n. 10.259/2001".

José Savaris faz considerações sobre a prova em direito previdenciário, matéria frequente em grande parte dos processos que tramitam no âmbito dos Juizados Especiais Federais, acentuando que:

> Também no direito previdenciário o postulado do devido processo legal assegura aos litigantes, como pressuposto de defesa e exercício do contraditório, o direito constitucional à produção da prova lícita. É um direito fundamental que somente pode ser restringido por lei e na medida em que essa restrição seja proporcional[10].

Cabe considerar que o CPC/2015, nos arts. 369 a 484, regula de maneira detalhada a produção e valoração dos diversos tipos de provas. Os Juizados Especiais devem se socorrer dessas normas para uma adequada instrução processual, dentre as quais, as que estabelecem:

– o direito fundamental à prova (art. 369);
– os poderes instrutórios do juiz (art. 370);
– a distribuição do ônus da prova e sua inversão (art. 373);
– a apreciação da prova (art. 371);
– a utilização da prova emprestada (art. 372);
– a utilização da videoconferência (arts. 385 e 453);
– a exibição de documentos (art. 403);
– a arguição de falsidade documental (art. 430);
– a intimação e questionamento das testemunhas (arts. 455 e 459);
– a possibilidade de substituir a perícia por prova técnica simplificada (art. 464);
– a escolha consensual do perito (art. 471).

---

[10] SAVARIS, José Antonio. *Direito Processual Previdenciário*. 6. ed. Curitiba: Alteridade Editora, 2016. p. 77.

### f) Improcedência liminar do pedido

Trata-se de forma abreviada de extinção do processo prevista no art. 332 do CPC/2015, para as causas que dispensem a fase instrutória, permitindo ao juiz, independentemente da citação do réu, julgar liminarmente improcedente o pedido que contrariar:

I – enunciado de súmula do STF ou do STJ;
II – acórdão proferido pelo STF ou pelo STJ em julgamento de recursos repetitivos;
III – entendimento firmado em incidente de resolução de demandas repetitivas ou de assunção de competência;
IV – enunciado de súmula de tribunal de justiça sobre direito local.

O juiz também poderá julgar liminarmente improcedente o pedido se verificar, desde logo, a ocorrência de decadência ou de prescrição.

Essa sistemática tem aplicação nos JEFs e foi bem aceita pela magistratura, como demonstram os enunciados que seguem:

- **Enunciado FONAJEF n. 159**: "Nos termos do Enunciado n. 1 do FONAJEF e à luz dos princípios da celeridade e da informalidade que norteiam o processo no JEF, vocacionado a receber demandas em grande volume e repetitivas, interpreta-se o rol do art. 332 como exemplificativo".
- **Enunciado ENFAM n. 43**: "O art. 332 do CPC/2015 se aplica ao sistema de juizados especiais e o inciso IV também abrange os enunciados e súmulas dos seus órgãos colegiados competentes".

### g) Flexibilização do procedimento

A flexibilização do procedimento é condizente com um sistema democrático de direito em que as partes podem colaborar para a solução das demandas e encontra guarida nos princípios dos Juizados Especiais.

Prevista no CPC/2015 (art. 139, VI), impõe ao juiz o dever de dilatar os prazos processuais e alterar a ordem de produção dos meios de prova, adequando-os às necessidades do conflito de modo a conferir maior efetividade à tutela do direito.

Sobre o tema foi editado o Enunciado ENFAM n. 35 prevendo que, além das situações em que a flexibilização do procedimento é autorizada pelo art. 139, VI, do CPC/2015, pode o juiz, de ofício, preservada a previsibilidade do rito, adaptá-lo às especificidades da causa, observadas as garantias fundamentais do processo.

Da mesma forma, o art. 190 do CPC autoriza "estipular mudanças no procedimento para ajustá-lo às especificidades da causa e convencionar sobre os seus ônus, poderes, faculdades e deveres processuais, antes ou durante o processo". E o art. 191 permite às partes fixar calendário para a prática dos atos processuais.

Sobre a aplicabilidade desses dispositivos nos Juizados Especiais, foram editados os Enunciados nos 16 e 17, durante a I Jornada de Direito Processual Civil, organizada pelo Conselho da Justiça Federal, em 2017.

### h) Observância da ordem cronológica de conclusão para os julgamentos

Com base no art. 12 do CPC/2015, que teve nova redação conferida pela Lei n. 13.256/2016, os juízes e os tribunais atenderão, preferencialmente, à ordem cronológica de conclusão para proferir sentença ou acórdão, e a lista de processos aptos a julgamento deverá estar permanentemente à disposição para consulta pública em cartório e na rede mundial de computadores. Regra aplicável também aos Juizados Especiais.

A ordem cronológica comporta exceções que estão relacionadas no § 2º do art. 12, entre as quais: as sentenças proferidas em audiência; o julgamento de processos em bloco de teses jurídicas já consolidadas; o julgamento de recursos repetitivos; o julgamento de embargos de declaração e de agravo interno; a causa que exija urgência no julgamento.

Os Enunciados ENFAM, ao flexibilizarem a observância dessa ordem, acabaram por desvirtuar o sentido da norma processual. Vejamos:

– **Enunciado ENFAM n. 32**: "O rol do art. 12, § 2º, do CPC/2015 é exemplificativo, de modo que o juiz poderá, fundamentadamente, proferir sentença ou acórdão fora da ordem cronológica de conclusão, desde que preservadas a moralidade, a publicidade, a impessoalidade e a eficiência na gestão da unidade judiciária".

– **Enunciado ENFAM n. 33**: "A urgência referida no art. 12, § 2º, IX, do CPC/2015 é diversa da necessária para a concessão de tutelas provisórias de urgência, estando autorizada, portanto, a prolação de sentenças e acórdãos fora da ordem cronológica de conclusão, em virtude de particularidades gerenciais da unidade judicial, em decisão devidamente fundamentada".

– **Enunciado ENFAM n. 34**: "A violação das regras dos arts. 12 e 153 do CPC/2015 não é causa de nulidade dos atos praticados no processo decidido/cumprido fora da ordem cronológica, tampouco caracteriza, por si só, parcialidade do julgador ou do serventuário".

De todo modo, os Juizados Especiais estão sujeitos a observar essa ordem de julgamento em todos os graus de jurisdição.

### i) Dever de fundamentação de todas as decisões

A necessidade de fundamentação das decisões administrativas e judiciais tem base constitucional e foi regulada pelo art. 489 do CPC/2015, que fixou no § 1º, que não se considera fundamentada qualquer decisão judicial, seja ela interlocutória, sentença ou acórdão, que:

I – se limitar à indicação, à reprodução ou à paráfrase de ato normativo, sem explicar sua relação com a causa ou a questão decidida;

II – empregar conceitos jurídicos indeterminados, sem explicar o motivo concreto de sua incidência no caso;

III – invocar motivos que se prestariam a justificar qualquer outra decisão;

IV – não enfrentar todos os argumentos deduzidos no processo capazes de, em tese, infirmar a conclusão adotada pelo julgador;

V – se limitar a invocar precedente ou enunciado de súmula, sem identificar seus fundamentos determinantes nem demonstrar que o caso sob julgamento se ajusta àqueles fundamentos;

VI – deixar de seguir enunciado de súmula, jurisprudência ou precedente invocado pela parte, sem demonstrar a existência de distinção no caso em julgamento ou a superação do entendimento.

Aqui temos um grande dilema em relação aos Juizados Especiais, diante da precária fundamentação de muitas decisões emanadas desse microssistema. No entanto, tudo indica que o CPC/2015 não vai alterar essa realidade, conforme se observa dos enunciados FONAJEF que seguem:

– **Enunciado FONAJEF n. 153**: "A regra do art. 489, parágrafo primeiro, do NCPC deve ser mitigada nos juizados por força da primazia dos princípios da simplicidade e informalidade que regem o JEF".

- **Enunciado FONAJEF n. 154**: "O art. 46 da Lei n. 9.099/1995, não foi revogado pelo novo CPC".

Em sentido oposto, o Enunciado n. 37, aprovado pela I Jornada de Direito Processual Civil do CJF/CEJ: "Aplica-se aos juizados especiais o disposto nos parágrafos do art. 489 do CPC".

O art. 46 da Lei n. 9.099/1995 autoriza que o julgamento em segunda instância conste apenas da ata, com a indicação suficiente do processo, fundamentação sucinta e parte dispositiva. E, se a sentença for confirmada pelos próprios fundamentos, a súmula do julgamento servirá de acórdão.

Os enunciados da ENFAM também são no sentido de amenizar os efeitos desejados pelo NCPC quanto à fundamentação das decisões:

- **Enunciado ENFAM n. 9**: "É ônus da parte, para os fins do disposto no art. 489, § 1º, V e VI, do CPC/2015, identificar os fundamentos determinantes ou demonstrar a existência de distinção no caso em julgamento ou a superação do entendimento, sempre que invocar jurisprudência, precedente ou enunciado de súmula".
- **Enunciado ENFAM n. 10**: A fundamentação sucinta não se confunde com a ausência de fundamentação e não acarreta a nulidade da decisão se forem enfrentadas todas as questões cuja resolução, em tese, influencie a decisão da causa".
- **Enunciado ENFAM n. 11**: "Os precedentes a que se referem os incisos V e VI do § 1º do art. 489 do CPC/2015 são apenas os mencionados no art. 927 e no inciso IV do art. 332".
- **Enunciado ENFAM n. 12**: "Não ofende a norma extraível do inciso IV do § 1º do art. 489 do CPC/2015 a decisão que deixar de apreciar questões cujo exame tenha ficado prejudicado em razão da análise anterior de questão subordinante".
- **Enunciado ENFAM n. 13**: "O art. 489, § 1º, IV, do CPC/2015 não obriga o juiz a enfrentar os fundamentos jurídicos invocados pela parte, quando já tenham sido enfrentados na formação dos precedentes obrigatórios".

Sobre a fundamentação racional e legítima das decisões judiciais, colhe-se da obra *Novo CPC - Fundamentos e sistematização*, que:

> Assim, o Novo CPC impõe o cumprimento do que já estava contido no **art. 93, IX da CRFB/1988**, no seu **art. 489**, uma vez que ao analisar o modo como as decisões são (mal) fundamentadas tornou-se imperativa uma perspectiva adequada para a referida cláusula constitucional, inclusive com o respaldo dessa (nova) legislação que promova com efetividade a expansividade e perfectibilidade típicas do modelo constitucional de processo brasileiro. Atente-se que "decisão fundamentada", isto é, que leve a sério os argumentos, teses e provas de ambas as partes não é sinônimo de decisão longa. Pode-se, plenamente, ter uma sem outra coisa. O que no Novo CPC quer (ou melhor, o que, antes e acima dele, a Constituição quer) é uma decisão legítima, correta e íntegra (Dworkin) e não, necessariamente, uma decisão longa[11].

Dessa forma, é possível acreditar que o STF volte a analisar a constitucionalidade do art. 46 da Lei n. 9.099/1995, agora com foco nos preceitos constitucionais e na Lei n. 13.105/2015, que irradia efeitos de norma regulamentar no ordenamento processual civil brasileiro.

---

[11] THEODORO JÚNIOR, Humberto et al. *Novo CPC - Fundamentos e sistematização*. 2. ed. Rio de Janeiro: Forense, 2015. p. 301-302.

### j) Embargos de Declaração

Quanto aos embargos de declaração, o CPC/2015 foi explícito em alterar as regras da Lei n. 9.099/1995, dando nova redação aos artigos:

> Art. 48. Caberão embargos de declaração contra sentença ou acórdão nos casos previstos no Código de Processo Civil.
>
> Art. 50. Os embargos de declaração interrompem o prazo para a interposição de recurso.

Com isso, caberão embargos de declaração contra qualquer decisão judicial para (art. 1.022 do CPC/2015):

> I – esclarecer obscuridade ou eliminar contradição;
> II – suprir omissão de ponto ou questão sobre o qual devia se pronunciar o juiz de ofício ou a requerimento;
> III – corrigir erro material.

Também ficou redefinido que os embargos de declaração interrompem o prazo recursal, mesmo quando interpostos contra a sentença proferida nos Juizados Especiais.

### k) Ônus recursal de impugnação específica

Para recorrer, a parte deverá impugnar especificamente os fundamentos da decisão combatida (art. 932, III, do CPC/2015).

Essa previsão aumenta a responsabilidade e a atenção do advogado que deverá ingressar com embargos de declaração para questionar eventuais omissões do julgamento de primeiro grau.

### l) Integração da decisão colegiada pelo voto vencido, para fins de prequestionamento

Em conformidade com o art. 941, § 3º, do CPC/2015, o voto vencido será necessariamente declarado e considerado parte integrante do acórdão para todos os fins legais, inclusive de prequestionamento.

Nos Juizados Especiais essa exigência não deverá ser observada, em face dos princípios da celeridade e da simplicidade das decisões proferidas em grau recursal.

A título exemplificativo, vejamos a Questão de Ordem n. 14 da TNU, que diz: "Os temas tratados no voto vencido, sem terem sido enfrentados pelo voto condutor, não satisfazem o requisito do prequestionamento".

### m) Julgamento não unânime

Pelo CPC/2015 (art. 942), quando o resultado da apelação for não unânime, o julgamento terá prosseguimento em sessão a ser designada com a presença de outros julgadores, que serão convocados nos termos previamente definidos no regimento interno, em número suficiente para garantir a possibilidade de inversão do resultado inicial, assegurado às partes e a eventuais terceiros o direito de sustentar oralmente suas razões perante os novos julgadores.

Essa inovação não tem aplicabilidade nos JEFs, em virtude dos princípios da celeridade e da simplicidade dos julgamentos proferidos pelas turmas recursais. A respeito, o Enunciado FONAJEF n. 156: "Não se aplica aos juizados especiais a técnica de julgamento não unânime (art. 942, CPC/2015)".

## 11.8 INCIDENTE DE RESOLUÇÃO DE DEMANDAS REPETITIVAS (IRDR)

A finalidade do IRDR é a de resolver questões de direito em que ocorra efetiva repetição de processos que contenham controvérsia, evitando risco de ofensa à isonomia e à segurança jurídicas.

No IRDR é fixada a tese jurídica, que será posteriormente aplicada tanto nos casos que serviram como substrato para a formação do incidente, como nos demais casos pendentes e futuros.

Esse incidente, de origem alemã, consta dos arts. 976 e ss. do NCPC como cabível quando houver, simultaneamente:

> I – efetiva repetição de processos que contenham controvérsia sobre a mesma questão unicamente de direito;
> II – risco de ofensa à isonomia e à segurança jurídica.

Caso julgado procedente, a tese jurídica será aplicada:

> I – a todos os processos individuais ou coletivos que versem sobre idêntica questão de direito e que tramitem na área de jurisdição do respectivo tribunal, inclusive àqueles que tramitem nos juizados especiais do respectivo Estado ou região;
> II – aos casos futuros que versem idêntica questão de direito e que venham a tramitar no território de competência do tribunal.

De acordo com o art. 977 do CPC, o pedido de instauração do incidente será dirigido ao presidente de Tribunal: I – pelo juiz ou relator, por ofício; II – pelas partes, por petição; III – pelo Ministério Público ou pela Defensoria Pública, por petição.

O ofício ou a petição será instruído com os documentos necessários à demonstração do preenchimento dos pressupostos para a instauração do incidente.

Segundo o STJ, "O IRDR somente é cabível no âmbito dos Tribunais de Justiça e Tribunais Regionais Federais. Na sistemática atual, havendo multiplicidade de recursos especiais com fundamento na mesma questão de direito, a competência deste Tribunal está reservada ao julgamento de recursos especiais repetitivos, a teor do art. 1.036 e seguintes do CPC/2015" (PET no REsp n. 1.490.286/RS, Rel. Min. Sérgio Kukina, em 02.04.2018).

Sobre esse procedimento inovador, o Seminário da ENFAM aprovou os seguintes enunciados:

- **Enunciado ENFAM n. 20**: "O pedido fundado em tese aprovada em IRDR deverá ser julgado procedente, respeitados o contraditório e a ampla defesa, salvo se for o caso de distinção ou se houver superação do entendimento pelo tribunal competente".
- **Enunciado ENFAM n. 21**: "O IRDR pode ser suscitado com base em demandas repetitivas em curso nos juizados especiais".
- **Enunciado ENFAM n. 22**: "A instauração do IRDR não pressupõe a existência de processo pendente no respectivo tribunal".

Em relação aos JEFs, o Conselho da Justiça Federal afastou a possibilidade de julgamento de IRDR pelos órgãos colegiados dos Juizados Especiais e, ao mesmo tempo, determinou a observância das teses firmadas nesses incidentes no âmbito dos JEFs (Resoluções n. 392 e n. 393, de 19.04.2016). No mesmo sentido, seguiu a Resolução n. 586/2019 que aprovou o novo Regimento Interno da TNU.

A orientação do STJ foi no sentido de que eventual divergência entre Turmas Recursais dos JEFs não autoriza a interposição de IRDR, mas o Pedido de Uniformização perante a TNU. A respeito do tema:

> PROCESSUAL CIVIL. RECURSO ESPECIAL EM INCIDENTE DE RESOLUÇÃO DE DEMANDAS REPETITIVAS – IRDR. JULGAMENTO FINAL DA CAUSA NA INSTÂNCIA DE ORIGEM. AUSÊNCIA. REQUISITO CONSTITUCIONAL. INOBSERVÂNCIA. RITO DOS RECURSOS REPETITIVOS. NÃO AFETAÇÃO.

(...) 6. Eventual divergência de entendimento entre decisões de Turmas Recursais deve ser decidida no âmbito da Turma Nacional de Uniformização – TNU, podendo ascender ao STJ pela via do pedido de uniformização de interpretação de lei – PUIL, enquanto os entendimentos divergentes no âmbito dos Tribunais continuarão subindo para esta Corte por meio de recurso especial, após o julgamento do caso concreto, mas não pela adoção de um sistema híbrido.
(ProAfR no REsp n. 1.881.272/RS, 1ª Seção, Rel. Min. Sérgio Kukina, red. p/ o acórdão Min. Gurgel de Faria, *DJe* 26.11.2021).

Não cabe a instauração de Incidente de Resolução de Demandas Repetitivas – IRDR no âmbito da Turma Nacional de Uniformização dos Juizados Especiais Federais (Questão de Ordem n. 51 da TNU, Precedente: 5033738-70.2022.4.04.0000, j. 13.03.2024).

O IRDR, a ser julgado pelos Tribunais, tem sido instrumento importante para dar maior isonomia na aplicação do direito entre a jurisdição comum e a dos juizados especiais.

A título exemplificativo, mencionamos alguns dos IRDRs julgados por Tribunais Regionais Federais:

- TRF da 5ª Região: Tema n. 1 – Processo n. 0804985-07.2015.4.05.8300

  Tese Fixada: "Se a aposentadoria de professor não é aposentadoria especial, mas sim aposentadoria por tempo de contribuição, é forçoso concluir, em atenção aos ditames da Lei n. 8.213/1991, que sobre a jubilação de professor deve incidir o fator previdenciário, com base no art. 29, I, e § 9º, II e III, da Lei n. 8.213/1991.

- TRF da 4ª Região: Tema n. 8 – Processo n. 50178966020164040000

  Tese Fixada: O período de auxílio-doença de natureza previdenciária, independentemente de comprovação da relação da moléstia com a atividade profissional do segurado, deve ser considerado como tempo especial quando trabalhador exercia atividade especial antes do afastamento.

- TRF da 4ª Região: Tema n. 12 – Processo n. 50130367920174040000

  Tese Fixada: "O limite mínimo previsto no art. 20, § 3º, da Lei n. 8.742/1993 (considera-se incapaz de prover a manutenção da pessoa com deficiência ou idosa a família cuja renda mensal *per capita* seja inferior a 1/4 (um quarto) do salário mínimo) gera, para a concessão do benefício assistencial, uma presunção absoluta de miserabilidade".

- TRF da 4ª Região: Tema n. 15 – Processo n. 50543417720164040000

  Tese Fixada: "A mera juntada do PPP referindo a eficácia do EPI não elide o direito do interessado em produzir prova em sentido contrário".

- TRF da 4ª Região: Tema n. 17 – Processo 50454186220164040000

  Tese Fixada: "Não é possível dispensar a produção de prova testemunhal em juízo, para comprovação de labor rural, quando houver prova oral colhida em justificação realizada no processo administrativo e o conjunto probatório não permitir o reconhecimento do período e/ou o deferimento do benefício previdenciário".

- TRF da 4ª Região: Tema n. 18 – Processo 50486972.20174040000

  Tese Fixada: "É legalmente admitido o imediato cumprimento definitivo de parcela transitada em julgado, tanto na hipótese de julgamento antecipado parcial do mérito

(§§ 2º e 3º do art. 356 do CPC), como de recurso parcial da Fazenda Pública, e o prosseguimento, com expedição de RPV ou precatório, na hipótese de impugnação parcial no cumprimento de sentença que reconheça a exigibilidade de quantia certa (art. 523 e §§ 3º e 4º do art. 535 do CPC), respeitada a remessa oficial, nas hipóteses em que necessária, nas ações em que é condenada a Fazenda Pública na Justiça Federal, nos Juizados Especiais Federais e na competência federal delegada".

- TRF da 4ª Região: Tema n. 21 – Processo 50328833320184040000

  Tese Fixada: "Viável a consideração, como início de prova material, dos documentos emitidos em nome de terceiros integrantes do núcleo familiar, após o retorno do segurado ao meio rural, quando corroborada por prova testemunhal idônea".

- TRF da 4ª Região: Tema n. 26 – Processo 50392495420194040000

  Tese Fixada: "É devida, no cumprimento de títulos judiciais que determinam a retroação da data de início do benefício com base em direito adquirido ao melhor benefício, a aplicação do primeiro reajuste integral (súmula 260 do TFR), ainda que não haja determinação nesse sentido na decisão exequenda".

## 11.9 INCIDENTE DE ASSUNÇÃO DE COMPETÊNCIA (IAC)

**Nos termos do art. 947 do CPC,** "É admissível a assunção de competência quando o julgamento de recurso, de remessa necessária ou de processo de competência originária envolver relevante questão de direito, com grande repercussão social, sem repetição em múltiplos processos".

Os IACs julgados pelo Tribunais e pelo STJ, vinculam todos os juízes e órgãos fracionários. São exemplos de teses fixadas com base nesse incidente:

- **STJ – IAC n. 6 – Tese fixada:** "Os efeitos da Lei n. 13.876/2019 na modificação de competência para o processamento e julgamento dos processos que tramitam na Justiça Estadual no exercício da competência federal delegada insculpido no art. 109, § 3º, da Constituição Federal, após as alterações promovidas pela Emenda Constitucional 103, de 12 de novembro de 2019, aplicar-se-ão aos feitos ajuizados após 1º de janeiro de 2020. As ações, em fase de conhecimento ou de execução, ajuizadas anteriormente a essa data, continuarão a ser processadas e julgadas no juízo estadual, nos termos em que previsto pelo § 3º do art. 109 da Constituição Federal, pelo inciso III do art. 15 da Lei n. 5.010, de 30 de maio de 1965, em sua redação original" (IAC no CC 170051 RS, Rel. Ministro Mauro Campbell Marques, 1ª Seção, *DJe* 04.11.2021).

- **TRF/4ª Região – IAC n. 5 – Tese fixada:** "Deve ser admitida a possibilidade de reconhecimento do caráter especial das atividades de motorista ou de cobrador de ônibus em virtude da penosidade, ainda que a atividade tenha sido prestada após a extinção da previsão legal de enquadramento por categoria profissional pela Lei n. 9.032/1995, desde que tal circunstância seja comprovada por meio de perícia judicial individualizada, possuindo o interessado direito de produzir tal prova" (50338889020184040000/TRF4, j. 25.11.2020).

- **Considerações finais sobre os impactos do CPC/2015 nos JEFs**

As primeiras impressões lançadas sobre o CPC/2015 servem para fomentar uma reflexão acerca do tema, dada a importância de uma nova lei geral processual no cenário nacional.

Embora os entendimentos doutrinários e jurisprudenciais[12] sejam no sentido de aplicação subsidiária do Código de Processo Civil aos JEFs, essa utilização pelos magistrados deve ser ponderada em cada caso com os princípios que guiam os Juizados Especiais, sob pena de ocorrer a chamada "ordinarização" desse modelo.

Dentro desse contexto, mostra-se relevante analisar a novel legislação sem se descurar do ideal que move os Juizados Especiais, qual seja, tornar o processo judicial mais simples, célere e efetivo, ampliando o acesso à Justiça, com ênfase nas pessoas menos favorecidas economicamente.

Pode-se dizer que os Juizados Especiais buscam atender à necessidade de constante reestruturação e modernização dos meios de acesso à Justiça, acompanhando as transformações da sociedade e o desejo majoritário de uma prestação jurisdicional simplificada, sem as amarras e entraves do procedimento comum.

No entanto, os Juizados Especiais Federais enfrentam sérios desafios a serem superados, destacadamente em relação ao respeito ao direito fundamental de produção de provas e, ainda, quanto ao alto índice de recorribilidade das decisões. Esse último, em face da instabilidade jurisprudencial, da falta de observância dos precedentes, da quantidade de recursos cabíveis e da inexistência de oneração que desestimule a busca por instâncias superiores.

Neste ponto, espera-se que o CPC/2015 traga influência positiva aos JEFs, diante da nova regulação das regras de produção e valoração de provas e quanto à observância aos precedentes, permitindo assim, maior racionalidade ao sistema em prol de uma prestação jurisdicional mais justa e equânime.

## 11.10 APELAÇÃO

No âmbito do procedimento comum, seja na competência delegada ou na competência originária, existe a previsão do recurso de Apelação. Tal recurso tem seu regramento no Código de Processo Civil com peculiaridades de processamento nos Regimentos Internos de cada Tribunal.

Cabe apelação da sentença de primeiro grau (art. 1.009 do CPC/2015), não sendo remédio próprio para discutir despachos ou decisões interlocutórias (art. 1.001 do CPC/2015). Cabe lembrar ainda que a sentença pode ser impugnada no todo ou em parte, conforme disposto no art. 1.002 do CPC/2015.

Nos casos de indeferimento da petição inicial, o autor poderá apelar, sendo facultado ao juiz, no prazo de cinco dias, retratar-se e dar prosseguimento ao processo. Entretanto, não sendo reformada a decisão, o juiz mandará citar o réu para responder ao recurso e, após a resposta, os autos serão encaminhados ao Tribunal competente para julgamento, conforme o art. 331 do CPC/2015.

Destaca-se ainda que, conforme o CPC/2015, também é facultado ao autor apelar nos casos de sentenças baseadas na previsão do art. 332, ou seja, quando a causa dispensar a fase instrutória e dispensar a citação e proferir de plano a sentença. Nesse caso, se o autor apelar, é facultado ao juiz decidir, no prazo de cinco dias, não manter a sentença e determinar o prosseguimento da ação (art. 332, § 3º, do CPC/2015). Caso seja mantida a sentença, será ordenada a citação do réu para responder ao recurso (contrarrazões).

A Apelação deve ser interposta nos próprios autos e dirigida ao juiz da causa (*a quo*), devendo a petição conter os nomes das partes e sua qualificação, os fundamentos de fato e de direito que lhe dão fundamento, as razões do pedido de reforma ou da decretação da nulidade da sentença e o pedido de nova decisão no caso (cf. art. 1.010 do CPC/2015). Ressalta-se que após a interposição

---

[12] Nesse sentido: STJ, CC n. 98.679/RS, 3ª Seção, Rel. Min. Arnaldo Esteves Lima, *DJe* 04.02.2009.

do recurso, o apelante poderá, a qualquer momento e sem a necessidade de anuência do apelado ou dos litisconsortes, desistir do mesmo (cf. art. 998 do CPC/2015). A desistência do recurso não impede a análise de questão cuja repercussão geral já tenha sido reconhecida e daquela que seja objeto de julgamento de recursos extraordinários ou especiais repetitivos.

É possível ainda a renúncia do próprio direito de recorrer, antes da interposição da Apelação, caso em que a parte também não necessita da anuência da outra parte (cf. art. 999 do CPC/2015).

Lembramos ainda que, caso a parte pratique, sem qualquer reserva, atos incompatíveis com a vontade de recorrer, será reconhecida a renúncia tácita do direito de recurso, caso em ficará impedida de apelar (cf. art. 1.000 do CPC/2015). Isso pode ocorrer nas ações previdenciárias quando o INSS inicia procedimentos de implementação de benefícios ou de pagamento de valores por Complemento Positivo.

O prazo para a interposição da apelação é de 15 dias, assim como o prazo para as contrarrazões (cf. art. 1.003, § 5º, do CPC/2015). O prazo para interposição da apelação é contado da data em que os advogados, a sociedade de advogados, a Advocacia Pública, a Defensoria Pública ou o Ministério Público são intimados da decisão (art. 1.003, *caput*, do CPC/2015).

Se, durante o prazo para a interposição do recurso, sobrevier o falecimento da parte ou de seu advogado ou ocorrer motivo de força maior que suspenda o curso do processo, será tal prazo restituído em proveito da parte, do herdeiro ou do sucessor, contra quem começará a correr novamente depois da intimação (cf. art. 1.003 do CPC/2015).

A Apelação interposta por um dos litisconsortes aproveita a todos (cf. 1.005 do CPC/2015).

Na prática, a apelação devolve ao tribunal o conhecimento da matéria impugnada, mas serão objeto da apreciação e julgamento pelo Tribunal todas as questões suscitadas e discutidas no processo, ainda que a sentença não as tenha julgado por inteiro (cf. art. 1.013 do CPC/2015). As questões de fato não propostas no juízo inferior poderão ser suscitadas na apelação, se a parte provar que deixou de fazê-lo por motivo de força maior (cf. art. 1.014 do CPC/2015).

Nos casos em que o juiz conceder apenas um pedido havendo mais de um, ou acolher apenas uma fundamentação, havendo mais de uma, a apelação devolverá ao Tribunal o conhecimento de todos (cf. § 2º do art. 1.013 do CPC/2015).

Já nos casos de extinção do processo sem julgamento do mérito, o Tribunal pode julgar a ação em sede de apelação, desde que a questão seja exclusivamente de direito e haja condições para o julgamento. Caso haja necessidade de prova, o Tribunal deverá anular a sentença e remeter ao juiz de primeiro grau para que proceda ao julgamento (cf. § 3º do art. 1.013 do CPC/2015).

Cabe ressaltar que em regra as alegações e a prova do direito devem ser feitas antes da sentença, durante a instrução do feito, mas questões de fato, não propostas no juízo inferior, poderão ser suscitadas na apelação, se a parte provar que deixou de fazê-lo por motivo de força maior (cf. art. 1.014 do CPC/2015).

Após a interposição da Apelação, o juiz dará vistas ao apelado para responder (cf. art. 1.010, § 1º, do CPC/2015).

A apelação, em regra, terá efeitos suspensivo e devolutivo, entretanto, passará a produzir efeitos imediatamente após sua publicação nos casos previstos no § 1º do art. 1.012 do CPC/2015:

- homologar a divisão ou a demarcação;
- condenar à prestação de alimentos;
- extinguir sem resolução do mérito ou julgar improcedentes embargos do executado;
- julgar procedente o pedido de instituição de arbitragem;
- conceder, confirmar ou revogar a tutela provisória; ou
- decretar a interdição.

Das previsões acima expostas, tendo em vista a matéria tratada no âmbito previdenciário, em regra, a apelação iniciará seus efeitos imediatamente após sua publicação nos casos de tutela provisória ou em embargos à execução. Nesses casos o apelado poderá promover o pedido de cumprimento provisório depois de publicada a sentença.

O cumprimento provisório da sentença impugnada por apelação desprovida de efeito suspensivo será realizado da mesma forma que o cumprimento definitivo, requerido por petição dirigida ao juízo competente. Não sendo eletrônicos os autos, será acompanhada de cópias das seguintes peças do processo, cuja autenticidade poderá ser certificada pelo próprio advogado, sob sua responsabilidade pessoal (cf. art. 522 do CPC/2015):

- da decisão exequenda;
- da certidão de interposição do recurso não dotado de efeito suspensivo;
- das procurações outorgadas pelas partes;
- da decisão de habilitação, se for o caso;
- facultativamente, das outras processuais consideradas necessárias para demonstrar a existência do direito, como cálculos ou documentos da parte.

Além disso, no cumprimento provisório da sentença o executado poderá apresentar impugnação, se quiser, nos termos do art. 525 do CPC/2015.

Após o recebimento das contrarrazões ou depois de decorrido o prazo sem a interposição destas, os autos serão remetidos ao tribunal pelo juiz, independentemente de juízo de admissibilidade. Tal procedimento é uma novidade trazida pelo § 3º do art. 1.010 do CPC/2015.

Importante ressaltar que em casos de apelação deverão ser recolhidas custas e preparo, sob pena de deserção, salvo quando do deferimento da justiça gratuita ou da assistência judiciária. Cada tribunal tem sua peculiaridade quanto ao valor das custas; processos eletrônicos são isentos de porte de remessa e de retorno (cf. art. 1.007, § 3º, do CPC/2015), assim, aconselhamos ao leitor a verificação, no caso concreto, dos valores e formas de recolhimento.

O preparo em regra deve ser comprovado no ato da interposição do recurso de Apelação, inclusive o porte de remessa e de retorno, quando exigido, sob pena de deserção (cf. art. 1.007 do CPC/2015). O recorrente que não comprovar o recolhimento do preparo, inclusive porte de remessa e retorno, no ato de interposição do recurso será intimado, na pessoa de seu advogado, para realizar o recolhimento em dobro, também sob pena de deserção (art. 1.007, § 4º, do CPC/2015).

A insuficiência no valor do preparo, inclusive porte de remessa e retorno, implicará deserção, se o recorrente, intimado na pessoa de seu advogado, não vier a supri-lo no prazo de cinco dias (cf. art. 1.007, § 2º, do CPC/2015). É vedada a complementação se houver insuficiência parcial do preparo, inclusive porte de remessa e retorno, no recolhimento realizado após a primeira intimação do recorrente que não comprovou o recolhimento do preparo junto ao recurso.

Entretanto, em caso de justo impedimento do recolhimento, desde que provado, o relator fixará prazo de cinco dias para a efetuação do preparo (cf. art. 1.007, § 6º, do CPC/2015).

O equívoco no preenchimento da guia de custas não implicará a aplicação da pena de deserção, cabendo ao relator, na hipótese de dúvida quanto ao recolhimento, intimar o recorrente para sanar o vício no prazo de cinco dias (cf. art. 1.007, § 7º, do CPC/2015).

Cabe ressaltar também que são dispensados de preparo, inclusive porte de remessa e retorno, os recursos interpostos pelo Ministério Público, pela União, pelo Distrito Federal, pelos Estados, pelos Municípios, e respectivas autarquias, e pelos que gozam de isenção legal (cf. § 1º do art. 1.007 do CPC/2015).

Quanto ao prazo, cada parte interporá a Apelação no seu prazo e observadas as exigências legais.

Sendo vencidos autor e réu, à Apelação de qualquer um deles poderá aderir a outra parte. O recurso adesivo fica, no entanto, subordinado ao recurso principal, e deve observar as seguintes disposições (art. 997 do CPC/2015):

- será dirigido ao órgão perante o qual o recurso independente fora interposto, no prazo de que a parte dispõe para responder;
- não será conhecido, se houver desistência do recurso principal ou se for ele considerado inadmissível.

Ao recurso adesivo se aplicam as mesmas regras do recurso independente, quanto às condições de admissibilidade, preparo e julgamento no Tribunal Superior (cf. § 2º do art. 997 do CPC/2015).

## 11.10.1 Da tramitação da apelação nos tribunais

Após os trâmites da Apelação no juízo *a quo* e independentemente do juízo de admissibilidade, os autos serão remetidos ao Tribunal competente para julgamento.

Iniciam-se, então, os procedimentos pertinentes ao Tribunal e cujas regras estão previstas no Código de Processo Civil e nos Regimentos Internos de cada órgão. No novo Código de Processo Civil o regramento está disposto nos arts. 929 e seguintes.

O art. 929 determina que os autos remetidos ao Tribunal serão registrados no protocolo no dia de sua entrada, cabendo à secretaria ordená-los, com imediata distribuição. Importante lembrar que atualmente a Justiça brasileira tem procurado adotar a numeração uniformizada, e que, caso o processo não tenha observado a numeração da origem, sofrerá a adequação de acordo com as regras de unificação.

Cabe frisar a determinação do Conselho Nacional de Justiça no sentido de que seja adotada a numeração única de processos, com vistas a facilitar a identificação e padronizar a forma de reconhecimento da Unidade Judiciária de origem dos autos.

A distribuição da apelação será feita de acordo com o disposto no Regimento Interno de cada Tribunal, observando-se a alternatividade, o sorteio eletrônico e a publicidade (cf. art. 930 do CPC/2015).

Distribuídos, os autos serão de imediato conclusos ao relator, que, em 30 dias, depois de elaborar o voto, restitui-los-á, com relatório, à secretaria (cf. art. 931 do CPC/2015).

Incumbe ao relator designado (cf. art. 932 do CPC/2015):

- dirigir e ordenar o processo no tribunal, inclusive em relação à produção de prova, bem como, quando for o caso, homologar autocomposição das partes;
- apreciar o pedido de tutela provisória nos recursos e nos processos de competência originária do tribunal;
- não conhecer de recurso inadmissível, prejudicado ou que não tenha impugnado especificamente os fundamentos da decisão recorrida;
- negar provimento a recurso que for contrário a:
    a) súmula do STF, do STJ ou do próprio tribunal;
    b) acórdão proferido pelo STF ou pelo STJ em julgamento de recursos repetitivos;
    c) entendimento firmado em incidente de resolução de demandas repetitivas ou de assunção de competência;

– depois de facultada a apresentação de contrarrazões, dar provimento ao recurso se a decisão recorrida for contrária a:
  a) súmula do STF, do STJ ou do próprio tribunal;
  b) acórdão proferido pelo STF ou pelo STJ em julgamento de recursos repetitivos;
  c) entendimento firmado em incidente de resolução de demandas repetitivas ou de assunção de competência.
– determinar a intimação do Ministério Público, quando for o caso.

Nova regra trazida pelo CPC de 2015 é a que determina que, antes de considerar inadmissível o recurso, o relator concederá o prazo de cinco dias ao recorrente para que seja sanado vício ou complementada a documentação exigível.

Em seguida, os autos serão apresentados ao presidente, que designará dia para julgamento, ordenando, em todas as hipóteses previstas neste Livro, a publicação da pauta no órgão oficial (cf. art. 934 do CPC/2015).

Lembramos que diversos Tribunais já utilizam o processo virtual não apenas para peticionamento, mas também para intimações, como é o caso do Tribunal Regional Federal da 4ª Região. Nesses casos, as intimações de pauta não são publicadas da maneira tradicional e sim disponibilizadas no sistema do Tribunal por meio eletrônico, sem o descumprimento das regras previstas no Código de Processo Civil.

Em qualquer dos casos deverá ser respeitado o prazo de cinco dias entre a data da intimação/publicação e a data da sessão de julgamento (cf. art. 935 do CPC/2015).

Na sessão de julgamento, depois da exposição da causa pelo relator, o presidente dará a palavra, sucessivamente, ao recorrente e ao recorrido, e ao membro do Ministério Público, nos casos de sua intervenção, pelo prazo improrrogável de 15 minutos para cada um, a fim de sustentarem suas razões, seguindo-se pelo voto do relator e os dos demais julgadores (cf. art. 937 do CPC/2015).

Cabe destacar que o procurador que desejar proferir sustentação oral poderá requerer, até o início da sessão, que seja o feito julgado em primeiro lugar, sem prejuízo das preferências legais conforme o disposto no § 2º do art. 937 do CPC/2015.

É permitido ao advogado com domicílio profissional em cidade diversa daquela onde está sediado o tribunal realizar sustentação oral por meio de videoconferência ou outro recurso tecnológico de transmissão de sons e imagens em tempo real, desde que o requeira até o dia anterior ao da sessão (cf. § 4º do art. 937 do CPC/2015).

Seja ele proferido pela composição plena, seja pela Turma ou Câmara, o relator ou outro juiz que não se considerar habilitado a proferir imediatamente seu voto poderá solicitar vista pelo prazo máximo de dez dias, após o qual o recurso será reincluído em pauta para julgamento na sessão seguinte à data da devolução (cf. 940, *caput*, do CPC/2015). Se os autos não forem devolvidos tempestivamente ou não for solicitada prorrogação de prazo pelo juiz pelo prazo máximo de mais dez dias, o presidente do órgão fracionário os requisitará para julgamento do recurso na sessão ordinária subsequente, com publicação da pauta em que for incluído (cf. § 1º do art. 940 do CPC/2015).

Quando o presidente do órgão requisitar os autos na forma acima descrita, se aquele que fez o pedido de vista ainda não se sentir habilitado a votar, o presidente convocará substituto para proferir voto, na forma estabelecida no regimento interno do tribunal (cf. § 2º do art. 940 do CPC/2015).

Encerrada a votação no tocante à apelação, o presidente do órgão julgador competente anunciará o resultado do julgamento, designando para redigir o acórdão o relator ou, se vencido este, o autor do primeiro voto vencedor (cf. art. 941, *caput*, do CPC/2015).

O voto vencido será necessariamente declarado e considerado parte integrante do acórdão para todos os fins legais, inclusive de prequestionamento (cf. § 3º do art. 941 do CPC/2015).

Os votos, os acórdãos e os demais atos processuais podem ser registrados em documento eletrônico inviolável e assinados eletronicamente, na forma da lei, devendo ser impressos para juntada aos autos do processo, quando este não for eletrônico (cf. art. 943, parágrafo único, do CPC/2015).

Ressaltamos, ainda, que todo acórdão conterá ementa. Lavrado o acórdão, sua ementa será publicada no órgão oficial no prazo de dez dias. Não publicado o acórdão no prazo de 30 dias, contado da data da sessão de julgamento, as notas taquigráficas o substituirão, para todos os fins legais, independentemente de revisão; nesse caso, o presidente do tribunal lavrará, de imediato, as conclusões e a ementa, e mandará publicá-lo (cf. arts. 943 e 944 do CPC/2015).

Importante frisar que a Apelação não poderá ser incluída em pauta antes do julgamento do Agravo de Instrumento interposto no mesmo processo, caso exista, conforme o art. 946 do CPC/2015. Mas ambos os recursos podem ser julgados na mesma sessão, tendo precedência o Agravo.

Em julgamentos de recursos em geral, inclusive nas Apelações, questões preliminares suscitadas devem ser decididas antes do mérito, podendo não haver o conhecimento do mérito caso incompatível com a decisão da preliminar.

Caso rejeitadas todas as preliminares, seguirá então a apreciação do mérito, com a discussão da matéria principal do recurso de Apelação.

Julgada a apelação, com ou sem recurso adesivo, o julgamento proferido pelo tribunal substituirá a decisão impugnada no que tiver sido objeto do recurso (art. 1.008 do CPC/2015).

## QUADRO-RESUMO – APELAÇÃO

| | |
|---|---|
| **Hipótese** | – Cabe da sentença proferida por juiz de primeiro grau da Justiça Federal e da Estadual (art. 1.009 do CPC/2015).<br>– A sentença pode ser impugnada no todo ou em parte. |
| **Representação por Advogado** | – As partes serão obrigatoriamente representadas por advogado. |
| **Competência para Julgamento** | – Tribunais Regionais Federais e Tribunais de Justiça dos Estados e do Distrito Federal. |
| **Prazo de Interposição** | – 15 dias para interpor e para responder (§ 5º do art. 1.003 do CPC/2015). |
| **Preparo** | – No ato de interposição do recurso, o recorrente comprovará, quando exigido pela legislação pertinente, o respectivo preparo, inclusive porte de remessa e de retorno, sob pena de deserção (art. 1.007 do CPC/2015).<br>– Dispensa das custas no caso de deferimento da gratuidade da justiça. |
| **Efeitos do Recurso** | – A apelação será recebida em seu efeito devolutivo e suspensivo. Entretanto, passará a produzir efeitos imediatamente após sua publicação nos casos previstos no § 1º do art. 1.012 do CPC/2015:<br>• homologar a divisão ou a demarcação;<br>• condenar à prestação de alimentos;<br>• extinguir sem resolução do mérito ou julgar improcedentes embargos do executado;<br>• julgar procedente o pedido de instituição de arbitragem;<br>• conceder, confirmar ou revogar a tutela provisória; ou<br>• decretar a interdição. |
| **Admissibilidade** | *Os autos serão remetidos ao tribunal pelo juiz, independentemente de juízo de admissibilidade (art. 1.010, § 3º, do CPC/2015).* |

| | |
|---|---|
| Questões a serem decididas | – A apelação devolverá ao tribunal o conhecimento da matéria impugnada (art. 1.013 do CPC/2015).<br>– Serão, porém, objeto de apreciação e resolução pelo tribunal todas as questões suscitadas e discutidas no processo, ainda que não tenham sido solucionadas, desde que relativas ao capítulo impugnado.<br>– Quando o pedido ou a defesa tiver mais de um fundamento e o juiz acolher apenas um deles, a apelação devolverá ao tribunal o conhecimento dos demais.<br>– Nos casos de extinção do processo sem resolução do mérito (art. 485 do CPC/2015), o tribunal pode julgar desde logo a lide, se a causa versar questão exclusivamente de direito e estiver em condições de imediato julgamento.<br>– Quando reformar sentença que reconheça a decadência ou a prescrição, o tribunal, se possível, julgará o mérito, examinando as demais questões, sem determinar o retorno do processo ao juízo de primeiro grau.<br>– As questões de fato, não propostas no juízo inferior, poderão ser suscitadas na apelação, se a parte provar que deixou de fazê-lo por motivo de força maior (art. 1.014 do CPC/2015). |
| Tutela Provisória | – O capítulo da sentença que confirma, concede ou revoga a tutela provisória é impugnável na apelação (art. 1.013, § 5º, do CPC/2015). |
| Sucumbência | – O vencido pagará ao vencedor as despesas que antecipou e os honorários advocatícios, que serão fixados entre 10% e 20% do valor de condenação ou, não havendo condenação, do valor corrigido da causa (art. 85 do CPC/2015).<br>– Súmula n. 111 do STJ: "Os honorários advocatícios, nas ações previdenciárias, não incidem sobre prestações vincendas após a sentença".<br>– Súmula n. 76 do TRF da 4ª Região: "Os honorários advocatícios, nas ações previdenciárias, devem incidir somente sobre as parcelas vencidas até a data da sentença de procedência ou do acórdão que reforme a sentença de improcedência". |
| Recurso Adesivo | – Cada parte interporá o recurso, independentemente, no prazo e observadas as exigências legais. Sendo, porém, vencidos autor e réu, ao recurso interposto por qualquer deles poderá aderir a outra parte. O recurso adesivo fica subordinado ao recurso principal (art. 997, §§ 1º e 2º, do CPC/2015). |
| Cumprimento provisório da Sentença | – Recebida a apelação só no efeito devolutivo, o apelado poderá promover o pedido de cumprimento provisório (art. 1.012, § 2º, do CPC/2015). |

## 11.11 REEXAME NECESSÁRIO

Previsto pelo art. 496 do CPC/2015 (art. 475 do CPC/1973), o reexame necessário garante o duplo grau de jurisdição para as ações em que são vencidos a União, o Estado, o Distrito Federal, o Município, ou suas respectivas autarquias e fundações de direito público.

Nesse caso, a sentença não produz efeito senão depois de sua confirmação pelo Tribunal competente.

Ressalta-se que a reanálise pelo Tribunal se dá mesmo nos casos em que não exista apelação pela parte vencida. Se o juiz *a quo* não enviar o processo para julgamento no Tribunal, caberá avocação por este. Em qualquer desses casos, o tribunal julgará a remessa necessária (cf. § 2º do art. 496 do CPC/2015).

O § 3º do art. 496 do CPC/2015, visando a diminuir o volume de processos nos Tribunais, excluiu do reexame necessário as ações em que a condenação ou o proveito econômico obtido na causa for de valor certo e líquido inferior a:

– 1.000 salários mínimos para a União e as respectivas autarquias e fundações de direito público;

– 500 salários mínimos para os Estados, o Distrito Federal, as respectivas autarquias e fundações de direito público, e os Municípios que constituam capitais dos Estados;

- 100 salários mínimos para todos os demais municípios e respectivas autarquias e fundações de direito público.

Também não se aplica o reexame necessário quando a sentença estiver fundada em:

- súmula de tribunal superior;
- acórdão proferido pelo STF ou pelo STJ em julgamento de recursos repetitivos;
- entendimento firmado em incidente de resolução de demandas repetitivas ou de assunção de competência;
- entendimento coincidente com orientação vinculante firmada no âmbito administrativo do próprio ente público, consolidada em manifestação, parecer ou súmula administrativa.

O STJ afetou em Repetitivo o Tema n. 1.081, cuja questão controvertida é: Definir se a demanda previdenciária cujo valor da condenação seja aferível por simples cálculos aritméticos deve ser dispensada da remessa necessária, quando for possível estimar que será inferior ao montante previsto no art. 496, § 3º, inc. I do Código de Processo Civil" (REsp 1.882.236/RS, 1ª Seção, afetação em 10.03.2021).

Por fim, como já vimos anteriormente, nos JEFs não existe a possibilidade de reexame necessário, somente sendo garantido o duplo grau de jurisdição caso haja a interposição de recurso de forma expressa pela parte vencida. Tal previsão está presente no art. 13 da Lei n. 10.259/2001.

## 11.12 RECURSO ESPECIAL

O Recurso Especial está previsto em nossa Constituição Federal de 1988, como recurso direcionado para o STJ nas causas decididas, em única ou última instância, pelos Tribunais Regionais Federais ou pelos Tribunais dos Estados, do Distrito Federal e Territórios. Para ser possível o REsp, a decisão recorrida deve (cf. art. 105, III, da CF/1988):

- contrariar tratado ou lei federal, ou negar-lhes vigência;
- julgar válida lei ou ato de governo local contestado em face de lei federal;
- julgar válido ato de governo local contestado em face de lei federal.

A EC n. 125, de 14.07.2022, alterou o art. 105 da Constituição Federal para instituir no recurso especial o requisito da relevância das questões de direito federal infraconstitucional. Com base nessa Emenda, foram incluídos os seguintes parágrafos no aludido artigo:

> Art. 105. (...) § 2º No recurso especial, o recorrente deve demonstrar a relevância das questões de direito federal infraconstitucional discutidas no caso, nos termos da lei, a fim de que a admissão do recurso seja examinada pelo Tribunal, o qual somente pode dele não conhecer com base nesse motivo pela manifestação de 2/3 (dois terços) dos membros do órgão competente para o julgamento.
> § 3º Haverá a relevância de que trata o § 2º deste artigo nos seguintes casos:
> I – ações penais;
> II – ações de improbidade administrativa;
> III – ações cujo valor da causa ultrapasse 500 (quinhentos) salários mínimos;
> IV – ações que possam gerar inelegibilidade;
> V – hipóteses em que o acórdão recorrido contrariar jurisprudência dominante do Superior Tribunal de Justiça;
> VI – outras hipóteses previstas em lei.

A relevância de que trata o § 2º do art. 105 da CF será exigida nos recursos especiais interpostos após a entrada em vigor dessa EC (15.07.2022), ocasião em que a parte poderá atualizar o valor da causa para os fins de que trata o inciso III do § 3º do referido artigo.

Esse filtro de relevância do recurso especial deverá garantir mais agilidade no julgamento que chegar ao STJ, valorizando o papel da Corte da Cidadania. A respeito da exigibilidade desse filtro, o STJ editou o Enunciado Administrativo n. 8, com o seguinte conteúdo:

> A indicação no recurso especial dos fundamentos de relevância da questão de direito federal infraconstitucional somente será exigida em recursos interpostos contra acórdãos publicados após a data de entrada em vigor da lei regulamentadora prevista no art. 105, § 2º, da Constituição Federal.

Cabe lembrar que não existe previsão do Recurso Especial no rito dos Juizados Especiais Federais apenas no procedimento comum, tanto na Justiça Federal quanto na Justiça Estadual.

Outro aspecto que merece destaque é o entendimento proferido pelo STJ na Tese fixada no Repetitivo 1.246:

> É inadmissível recurso especial interposto para rediscutir as conclusões do acórdão recorrido quanto ao preenchimento, em caso concreto em que se controverte quanto a benefício por incapacidade (aposentadoria por invalidez, auxílio-doença ou auxílio-acidente), do requisito legal da incapacidade do segurado para o exercício de atividade laborativa, seja pela vertente de sua existência, de sua extensão (total ou parcial) e/ou de sua duração (temporária ou permanente) (REsp 2.082.395/SP, 1ª Seção, Rel. Min. Paulo Sérgio Domingues, *DJe* 18.11.2024).

O regramento do REsp está disposto no CPC e seu prazo para interposição é de 15 dias, assim como o prazo para suas contrarrazões, conforme o disposto no § 5º do art. 1.003 do CPC/2015.

Recebida a petição do recurso pela secretaria do tribunal, o recorrido será intimado para apresentar contrarrazões no prazo de 15 dias (art. 1.030 do CPC/2015). Dentro desse prazo é possível a interposição de recurso adesivo no Recurso Especial, que fica, no entanto, subordinado ao recurso principal, e deve observar as seguintes disposições (cf. §§ 1º e 2º do art. 997 do CPC/2015):

- será dirigido ao órgão perante o qual o recurso independente fora interposto, no prazo de que a parte dispõe para responder;
- não será conhecido, se houver desistência do recurso principal ou se for ele considerado inadmissível.

Ao recurso adesivo se aplicam as mesmas regras do recurso independente, quanto às condições de admissibilidade, preparo e julgamento no tribunal superior.

Destaca-se ainda que o Recurso Especial não impede a eficácia de decisão recorrida (cf. art. 995 do CPC/2015).

O REsp será proposto perante o presidente ou o vice-presidente do tribunal recorrido, em petição distinta do Recurso Extraordinário, caso exista a possibilidade de ambos, ressaltando que sua interposição deve ser simultânea.

A petição de Recurso Especial deverá conter (cf. art. 1.029 do CPC/2015):

- a exposição do fato e do direito;
- a demonstração do cabimento do recurso interposto;

- as razões do pedido de reforma da decisão recorrida;
- a demonstração da relevância das questões de direito federal infraconstitucional discutidas no caso (EC n. 125/2022).

Caso o REsp se funde em dissídio jurisprudencial, o recorrente fará a prova da divergência com a certidão, cópia ou citação do repositório de jurisprudência, oficial ou credenciado, inclusive em mídia eletrônica, em que houver sido publicado o acórdão divergente, ou ainda com a reprodução de julgado disponível na rede mundial de computadores, com indicação da respectiva fonte; em qualquer caso, as circunstâncias que identifiquem ou assemelhem os casos confrontados devem ser mencionadas. Quando o recurso estiver fundado em dissídio jurisprudencial, é vedado ao tribunal inadmiti-lo com base em fundamento genérico de que as circunstâncias fáticas são diferentes, sem demonstrar a existência da distinção. E o STJ poderá desconsiderar vício formal de recurso tempestivo ou determinar sua correção, desde que não o repute grave (cf. art. 1.029 do CPC/2015).

O prazo para contrarrazões será de 15 (quinze) dias e será aberto mediante intimação ao recorrido, após recebida a petição pela secretaria do tribunal *a quo*. Findo esse prazo, os autos serão conclusos ao presidente ou ao vice-presidente do tribunal recorrido, que deverá fazer a admissibilidade recursal, de acordo com a alteração no CPC/2015 levada a efeito pela Lei n. 13.256/2016.

Quanto aos efeitos, cabe ressaltar que o Recurso Especial, assim como o Recurso Extraordinário, será recebido, em regra, no efeito devolutivo, cabendo, entretanto, pedido de concessão de efeito suspensivo ao recurso especial a ser formulado por requerimento dirigido ao:

- tribunal superior respectivo, no período compreendido entre a interposição do recurso e sua distribuição, ficando o relator designado para seu exame prevento para julgá-lo;
- relator, se já distribuído o recurso;
- presidente ou vice-presidente do tribunal local, no caso de o recurso ter sido sobrestado.

Vale lembrar que, quando houver a interposição de embargos de declaração quanto ao acórdão que o REsp pretenda combater, é necessária a reiteração deste. Nesse caso, é indispensável que a parte demonstre novo interesse no recurso depois do acórdão que julgar os embargos, ainda que em caso de não conhecimento ou em caso de não modificação do julgado. Nesse sentido:

> PROCESSUAL CIVIL. EMBARGOS DE DECLARAÇÃO. ALEGAÇÃO DE DESERÇÃO. INOCORRÊNCIA. COMPROVAÇÃO DO RECOLHIMENTO DAS CUSTAS. RECURSO ESPECIAL. RATIFICAÇÃO. 1. Acórdão embargado que não se manifestou sobre o alegado nas contrarrazões do Recurso Especial acerca da suposta ausência de preparo do apelo. 2. "**É inadmissível o Recurso Especial interposto antes da publicação do acórdão dos embargos de declaração, sem posterior ratificação**" – **Súmula n. 418/STJ**. 3. A petição de ratificação apenas reitera as razões consignadas no recurso interposto, não havendo necessidade de recolhimento de novas custas ou de comprovação do preparo já efetuado quando da interposição do recurso. 4. Embargos de declaração acolhidos somente para esclarecer a decisão embargada sem, contudo, modificar o julgado. (STJ, EDREsp n. 200802245118, 4ª Turma, Rel. Min. João Otávio de Noronha, *DJE* 1º.07.2010 – grifo nosso)

Importante ressaltar que o julgamento do REsp precede em ordem do RE. Concluído o julgamento do Recurso Especial, serão os autos remetidos ao STF para apreciação do Recurso Extraordinário, se este não estiver prejudicado.

Existe previsão, entretanto, de exceção à regra, na hipótese de o relator do Recurso Especial considerar que o Recurso Extraordinário é prejudicial ao especial, quando poderá, em decisão irrecorrível, sobrestar o seu julgamento no STJ e remeterá os autos ao STF, para o julgamento do RE (cf. § 2º do art. 1.031 do CPC/2015).

Nesse caso, se o relator do recurso extraordinário, em decisão irrecorrível, rejeitar a prejudicialidade, devolverá os autos ao STJ, para o julgamento do recurso especial.

Outro caso de possibilidade de sobrestamento do julgamento do REsp é quando houver multiplicidade de recursos com tema e fundamento idêntico e que for reconhecida o recurso repetitivo. Tal possibilidade está prevista no art. 1.036 do CPC/2015.

Selecionados os recursos repetitivos, o relator no STJ proferirá decisão de afetação, na qual (art. 1.037 do CPC/2015):

- identificará com precisão a questão a ser submetida a julgamento;
- determinará a suspensão do processamento de todos os processos pendentes, individuais ou coletivos, que versem sobre a questão e tramitem no território nacional;
- requisitará aos presidentes ou vice-presidentes de todos os tribunais de justiça ou tribunais regionais federais a remessa de um recurso representativo da controvérsia.

Havendo mais de uma afetação, será prevento o relator que primeiro tiver proferido a decisão a que se refere o inciso I do *caput*.

Os recursos afetados deverão ser julgados no prazo de um ano e terão preferência sobre os demais feitos, ressalvados os que envolvam réu preso e o pedido de *habeas corpus* (cf. § 4º do art. 1.037 do CPC/2015). Não ocorrendo o julgamento nesse prazo, contado da publicação da decisão de afetação, cessam automaticamente a afetação e a suspensão dos processos em todo o território nacional, que retomarão seu curso normal (cf. § 5º do art. 1.037 do CPC/2015).

Entretanto, é permitido a outro relator do respectivo tribunal superior afetar dois ou mais recursos representativos da controvérsia na forma do art. 1.033 (cf. § 6º do art. 1.037 do CPC/2015).

As partes deverão ser intimadas da decisão de suspensão de seu processo, a ser proferida pelo respectivo juiz ou relator, entretanto, caso demonstre distinção entre a questão a ser decidida no processo e aquela a ser julgada no recurso especial ou extraordinário afetado, a parte poderá requerer o prosseguimento do seu processo (cf. §§ 8º e 9º do art. 1.037 do CPC/2015).

A petição para requerimento do prosseguimento do feito será dirigida ao (cf. § 10 do art. 1.037 do CPC/2015):

- juiz, se o processo sobrestado estiver em primeiro grau;
- relator, se o processo sobrestado estiver no tribunal de origem;
- relator do acórdão recorrido, se for sobrestado, no tribunal de origem, recurso especial ou extraordinário;
- relator do recurso especial ou extraordinário, no tribunal superior, cujo processamento houver sido sobrestado.

A outra parte deverá ser ouvida sobre o requerimento de prosseguimento do feito, no prazo de cinco dias (cf. § 11 do art. 1.037 do CPC/2015).

Reconhecida a distinção no caso, o próprio juiz ou relator dará prosseguimento ao processo ou o relator comunicará a decisão ao presidente ou vice-presidente que houver determinado o sobrestamento, para que o recurso especial ou recurso extraordinário seja encaminhado ao respectivo tribunal superior (cf. § 12 do art. 1.037 do CPC/2015).

Da decisão que resolver o requerimento de prosseguimento de feito cabe (cf. § 13 do art. 1.037 do CPC/2015):

- agravo de instrumento, se o processo estiver em primeiro grau;
- agravo interno, se a decisão for de relator.

Entretanto, caso o recurso tenha ficado sobrestado tendo em vista a similitude dos temas, uma vez julgados os recursos demonstrativos da controvérsia e publicado o acórdão do STJ, os recursos especiais sobrestados na origem serão declarados prejudicados ou decididos aplicando a tese estabelecida pelo STJ, nas seguintes hipóteses previstas no art. 1.040 do CPC/2015:

- o presidente ou vice-presidente do tribunal de origem negará seguimento aos recursos especiais ou extraordinários sobrestados na origem, se o acórdão recorrido coincidir com a orientação do tribunal superior; ou
- o órgão que proferiu o acórdão recorrido, na origem, reexaminará a causa de competência originária, a remessa necessária ou o recurso anteriormente julgado, na hipótese de o acórdão recorrido contrariar a orientação do tribunal superior;
- os processos suspensos em primeiro e segundo graus de jurisdição retomarão o curso para julgamento e aplicação da tese firmada pelo tribunal superior.

Realizado o juízo de retratação, com alteração do acórdão divergente, o tribunal de origem, se for o caso, decidirá as demais questões ainda não decididas, cujo enfrentamento se tornou necessário em decorrência da alteração (cf. § 2º do art. 1.040 do CPC/2015).

Em caso de sobrestamento do processo em primeiro grau de jurisdição, sobrevindo, durante a suspensão dos processos, decisão da instância superior a respeito do mérito da controvérsia, o juiz proferirá sentença e aplicará a tese firmada. A parte poderá optar pela desistência da ação em curso no primeiro grau de jurisdição, antes de proferida a sentença, se a questão nela discutida for idêntica à resolvida pelo recurso representativo da controvérsia. Se a desistência ocorrer antes de oferecida a contestação, a parte ficará isenta do pagamento de custas e de honorários de sucumbência. Vale destacar que a desistência da ação antes da sentença independerá do consentimento do réu, ainda que apresentada a contestação (cf. art. 1.040 do CPC/2015).

Quando da chegada dos autos no STJ, estes serão verificados pela secretaria e distribuídos, observando-se a alternatividade, o sorteio eletrônico e a publicidade.

Distribuídos, os autos serão de imediato conclusos ao relator, que, em 30 dias, depois de elaborar o voto, restitui-los-á, com relatório, à secretaria (art. 931 do CPC/2015). O relator pode emitir decisão monocrática negando seguimento ao REsp, conforme previsão do inciso IV do art. 932 do CPC/2015, nas hipóteses de o recurso ser contrário a:

- súmula do STF, do STJ ou do próprio tribunal;
- acórdão proferido pelo STF ou pelo STJ em julgamento de recursos repetitivos;
- entendimento firmado em incidente de resolução de demandas repetitivas ou de assunção de competência.

Já o relator poderá dar provimento ao recurso se a decisão recorrida for contrária a (cf. inc. V do art. 932 do CPC/2015).

- súmula do STF, do STJ ou do próprio tribunal;
- acórdão proferido pelo STF ou pelo STJ em julgamento de recursos repetitivos;
- entendimento firmado em incidente de resolução de demandas repetitivas ou de assunção de competência.

Em ambos os casos caberá agravo interno, no prazo de 15 dias, ao respectivo órgão colegiado, observadas, quanto ao processamento, as regras do regimento interno do STJ e o art. 1.021 do CPC/2015. Na petição de agravo interno, o recorrente impugnará especificadamente os fundamentos da decisão agravada. O agravo será dirigido ao relator, que intimará o agravado para manifestar-se sobre recurso no prazo de 15 dias, ao final do qual, não havendo retratação, o relator levá-lo-á a julgamento pelo órgão colegiado, com inclusão em pauta.

É vedado ao relator se limitar à reprodução dos fundamentos da decisão agravada para julgar improcedente o agravo interno conforme o art. 1.021, § 3º, do CPC/2015.

Se provido o agravo, o recurso terá seguimento e será também julgado. Entretanto, se considerado manifestamente inadmissível ou improcedente em votação unânime, o órgão colegiado, em decisão fundamentada, condenará o agravante a pagar ao agravado multa fixada entre um e cinco por cento do valor da causa atualizado (cf. § 4º do art. 1.021 do CPC/2015), ficando a interposição de qualquer outro recurso condicionada ao depósito do respectivo valor, à exceção do beneficiário de gratuidade da justiça e da Fazenda Pública, que farão o pagamento ao final da ação (cf. § 5º do art. 1.021 do CPC/2015).

Designado o dia para julgamento pelo colegiado, em caso de admissibilidade do REsp, será publicada a pauta no órgão oficial com pelo menos cinco dias de antecedência do julgamento.

Na sessão de julgamento, depois da exposição da causa pelo relator, o presidente dará a palavra, sucessivamente, ao recorrente e ao recorrido, e ao membro do Ministério Público, nos casos de sua intervenção, pelo prazo improrrogável de 15 minutos para cada um, conforme previsão do Regimento Interno e do art. 937 do CPC/2015.

Cabe destacar que o procurador que desejar proferir sustentação oral poderá requerer, até o início da sessão, que seja o feito julgado em primeiro lugar, sem prejuízo das preferências legais, conforme o disposto no § 2º do art. 937 do CPC/2015.

É permitido ao advogado com domicílio profissional em cidade diversa daquela onde está sediado o tribunal realizar sustentação oral por meio de videoconferência ou outro recurso tecnológico de transmissão de sons e imagens em tempo real, desde que o requeira até o dia anterior ao da sessão (cf. § 4º do art. 937 do CPC/2015).

Após as sustentações e manifestações das partes, o relator apresentará seu voto e será seguido pelos demais ministros julgadores.

No julgamento, seja proferido pela composição plena, seja pela Seção ou Turma do STJ, o ministro que não se considerar habilitado a proferir imediatamente seu voto poderá solicitar vista pelo prazo máximo de sessenta dias, após o qual o recurso será reincluído em pauta para julgamento na sessão seguinte à data da devolução. Se os autos não forem devolvidos tempestivamente ou não for solicitada prorrogação de prazo pelo ministro pelo prazo máximo de mais trinta dias, o presidente do órgão fracionário os requisitará para julgamento do recurso na sessão ordinária subsequente, com publicação da pauta em que for incluído. Caso os autos sejam devolvidos pelo ministro que requereu vistas, eles serão incluídos para julgamento na primeira sessão ordinária subsequente à devolução, dispensada nova publicação de pauta[13].

Quando o presidente do órgão requisitar os autos na forma acima descrita, se aquele que fez o pedido de vista ainda não se sentir habilitado a votar, o presidente convocará substituto para proferir voto, na forma estabelecida no regimento interno do tribunal (cf. § 2º do art. 940 do CPC/2015).

Encerrada a votação no tocante ao REsp, o presidente do órgão julgador competente anunciará o resultado do julgamento, designando para redigir o acórdão o relator ou, se vencido este, o autor do primeiro voto vencedor (cf. art. 941, *caput*, do CPC/2015.

O voto vencido será necessariamente declarado e considerado parte integrante do acórdão para todos os fins legais, inclusive de prequestionamento (cf. § 3º do art. 941 do CPC/2015).

Os votos, os acórdãos e os demais atos processuais podem ser registrados em documento eletrônico inviolável e assinados eletronicamente, na forma da lei, devendo ser impressos para juntada aos autos do processo, quando este não for eletrônico. Ressaltamos ainda que todo acórdão conterá ementa. Lavrado o acórdão, sua ementa será publicada no órgão oficial no prazo de dez dias (cf. art. 943, § 2º, do CPC/2015). Não publicado o acórdão no prazo de 30 dias, contado da data da sessão de julgamento, as notas taquigráficas o substituirão, para todos os fins legais, independentemente de revisão; nesse caso, o presidente do tribunal lavrará, de imediato, as conclusões e a ementa, e mandará publicá-lo (art. 944 do CPC/2015). Caso não seja admitido o Recurso Especial, é possível agravo nos próprios autos, no prazo de 15 dias, conforme exposto no art. 1.039 do CPC/2015. Entretanto, o agravante deverá interpor um agravo para cada recurso não admitido. A petição de agravo será dirigida à presidência do tribunal de origem, não dependendo do pagamento de custas e despesas postais. Não existe mais a necessidade de formação de instrumento para o presente agravo tampouco o protocolo diretamente no STF ou no STJ.

O agravado será intimado, de imediato, para no prazo de 15 (quinze) dias oferecer resposta, e em seguida os autos serão remetidos ao tribunal superior onde obedecerá ao procedimento e o disposto no regimento interno.

O agravo poderá ser julgado, conforme o caso, conjuntamente com o recurso especial, assegurada, nesse caso, sustentação oral, observando-se, ainda, o disposto no regimento interno do tribunal respectivo. O Código de Processo Civil permite, ainda, que o relator do agravo, ao recebê-lo:

- não o conheça, se manifestamente inadmissível ou que não tenha ataque especificamente os fundamentos da decisão agravada;
- conheça do agravo, mas lhe negue provimento, se considerar correta a decisão que não o admitiu;
- conheça do agravo, mas lhe negue seguimento se manifestamente inadmissível, prejudicado ou em confronto com súmula ou jurisprudência dominante no tribunal;
- conheça do agravo e lhe dê provimento, se o acórdão recorrido estiver em confronto com súmula ou jurisprudência dominante no tribunal.

Da decisão do relator que não conhecer do agravo, negar-lhe provimento ou decidir, desde logo, o recurso não admitido na origem, caberá agravo interno, no prazo de 15 (quinze) dias, ao órgão competente, observado o disposto no art. 1.021 do CPC/2015.

---

[13] Apesar das alterações trazidas pelo art. 940 do Código de Processo Civil/2015, o Pleno do STJ, em 16.03.2016, entendeu que a nova regra do CPC é destinada aos tribunais locais, de apelação, e não ao STJ.

## QUADRO-RESUMO – RECURSO ESPECIAL

| | |
|---|---|
| Hipóteses | – O recurso especial caberá de decisão de única ou última instância proferidas pelos Tribunais Regionais Federais ou pelos Tribunais dos Estados, do Distrito Federal e Territórios, quando a decisão recorrida:<br>a) contrariar tratado ou lei federal, ou negar-lhes vigência;<br>b) julgar válido ato de governo local contestado em face de lei federal;<br>c) der a lei federal interpretação divergente da que lhe haja atribuído outro tribunal (art. 105, III, da CF).<br>– Necessidade da demonstração da relevância das questões de direito federal infraconstitucional discutidas no caso (EC n. 125/2022).<br>– STJ – Enunciado Administrativo n. 8; "A indicação no recurso especial dos fundamentos de relevância da questão de direito federal infraconstitucional somente será exigida em recursos interpostos contra acórdãos publicados após a data de entrada em vigor da lei regulamentadora prevista no art. 105, § 2º, da Constituição Federal".<br>– Súmula n. 203 do STJ: "Não cabe recurso especial contra decisão proferida por órgão de segundo grau dos Juizados Especiais". |
| Representação por Advogado | No recurso, as partes serão obrigatoriamente representadas por advogado. |
| Competência para Julgamento | – Superior Tribunal de Justiça.<br>– Será interposto perante o presidente ou o vice-Presidente do tribunal recorrido que fará a admissibilidade prévia e, posteriormente, encaminhará ao STJ. |
| Prazo de Interposição | 15 dias (art. 1.003, § 5º, do CPC/2015). A parte contrária será intimada para responder em igual prazo. |
| Recurso Adesivo | Sendo vencidos autor e réu, ao recurso interposto por qualquer deles poderá aderir o outro (art. 997, § 1º, do CPC/2015). |
| Prova do Dissídio | Quando o recurso fundar-se em dissídio jurisprudencial, o recorrente fará a prova da divergência com a certidão, cópia ou citação do repositório de jurisprudência, oficial ou credenciado, inclusive em mídia eletrônica, em que houver sido publicado o acórdão divergente, ou ainda com a reprodução de julgado disponível na rede mundial de computadores, com indicação da respectiva fonte, devendo-se, em qualquer caso, mencionar as circunstâncias que identifiquem ou assemelhem os casos confrontados (art. 1.029, § 1º, do CPC/2015). |
| Preparo | No ato de interposição do recurso, o recorrente comprovará, quando exigido pela legislação pertinente, o respectivo preparo, inclusive porte de remessa e de retorno, sob pena de deserção (art. 1.007 do CPC/2015). |
| Admissibilidade | – Decisão fundamentada do Presidente ou Vice-Presidente do Tribunal recorrido admitirá ou não o recurso. Admitido, os autos serão encaminhados ao STJ.<br>– Da decisão de inadmissibilidade, caberá agravo ao STF (art. 1.030, V, do CPC/2015) ou agravo interno ao tribunal/turma recursal de origem (art. 1.030, I e III, do CPC/2015), no prazo de 15 dias. |
| Efeitos do Recurso | O recurso será recebido no efeito devolutivo. |
| Requisitos de Admissibilidade | – tempestividade;<br>– legitimidade do peticionário;<br>– interesse em recorrer;<br>– preparo;<br>– matéria exclusivamente de direito; |

| | |
|---|---|
| **Requisitos de Admissibilidade** | – prequestionamento das normas violadas;<br>– a comprovação de divergência, nos casos que a decisão recorrida der a lei federal interpretação divergente da que lhe haja atribuído outro tribunal;<br>– demonstração da relevância das questões de direito federal infraconstitucional discutidas no caso, após a data de entrada em vigor da lei regulamentadora prevista no art. 105, § 2º, da CF; |
| **Recurso Representativo da Controvérsia** | – Sempre que houver multiplicidade de recursos extraordinários ou especiais com fundamento em idêntica questão de direito, haverá afetação para julgamento de acordo com as disposições dos arts. 1.036 e ss. do CPC/2015, observado o disposto no Regimento Interno do STF e no do STJ.<br>– O presidente ou o vice-presidente de TJ ou de TRF selecionará 2 (dois) ou mais recursos representativos da controvérsia, que serão encaminhados ao STF ou ao STJ para fins de afetação, determinando a suspensão do trâmite de todos os processos pendentes, individuais ou coletivos, que tramitem no Estado ou na região, conforme o caso.<br>– A escolha feita pelo presidente ou vice-presidente do TJ ou do TRF não vinculará o relator no tribunal superior, que poderá selecionar outros recursos representativos da controvérsia.<br>– O relator em tribunal superior também poderá selecionar 2 (dois) ou mais recursos representativos da controvérsia para julgamento da questão de direito independentemente da iniciativa do presidente ou do vice-presidente do tribunal de origem.<br>– Somente podem ser selecionados recursos admissíveis que contenham abrangente argumentação e discussão a respeito da questão a ser decidida. |
| **Sobrestamento** | O relator no STJ, ao identificar que sobre a controvérsia já existe jurisprudência dominante ou que a matéria já está afeta ao colegiado, poderá determinar a suspensão, nos tribunais de segunda instância, dos recursos nos quais a controvérsia esteja estabelecida. |
| **Interposição de Recursos Simultâneos** | Interpostos recursos extraordinário e especial, este será processado antes do recurso extraordinário, salvo se houver questão prejudicial de natureza constitucional. |
| **Procedimento** | No julgamento do recurso especial verificar-se-á, preliminarmente, se o recurso é cabível. Decidida a preliminar pela negativa, a Turma não conhecerá do recurso; se pela afirmativa, julgará a causa, aplicando o direito à espécie. |
| **Cumprimento da Sentença** | O recurso extraordinário e o recurso especial não impedem a execução da sentença; a interposição do agravo de instrumento não obsta o andamento do processo, ressalvada decisão em sentido contrário do relator (art. 995 do CPC/2015). |

## 11.13 RECURSO EXTRAORDINÁRIO NO PROCEDIMENTO COMUM

O Recurso Extraordinário possui previsão Constitucional que determina a competência do STF para seu julgamento. Além disso, o cabimento do RE está limitado às hipóteses de a decisão recorrida:

- contrariar dispositivo desta Constituição;
- declarar a inconstitucionalidade de tratado ou lei federal;
- julgar válida lei ou ato de governo local contestado em face da Constituição;
- julgar válida lei local contestada em face de lei federal.

O prazo para interposição do RE é de 15 dias, assim como o prazo para suas contrarrazões, conforme o disposto no § 5º do art. 1.003 do CPC/2015. Segundo o Regimento Interno do STF (art. 321), a petição do RE deve conter indicação do dispositivo que o autorize, dentre os casos previstos nos arts. 102, III, *a*, *b*, *c*, e 121, § 3º, da Constituição Federal.

Lembramos que, dentro do prazo para as contrarrazões, é possível a interposição de recurso adesivo no Recurso Extraordinário, que fica, no entanto, subordinado ao recurso principal, e deve observar as seguintes disposições (cf. §§ 1º e 2º do art. 997 do CPC/2015 e art. 321, § 1º, do Regimento Interno do STF):

- será dirigido ao órgão perante o qual o recurso independente fora interposto, no prazo de que a parte dispõe para responder;
- não será conhecido, se houver desistência do recurso principal ou se for ele considerado inadmissível.

Ao recurso adesivo se aplicam as mesmas regras do recurso independente, quanto às condições de admissibilidade, preparo e julgamento no tribunal superior.

Destaca-se que o Recurso Extraordinário não impede a eficácia de decisão recorrida (cf. art. 995 do CPC/2015).

O RE deverá ser proposto perante o presidente ou o vice-presidente do tribunal recorrido, em petição distinta do Recurso Especial, caso exista a possibilidade de ambos, ressaltando que sua interposição deve ser simultânea.

A petição que Recurso Extraordinário ou do Recurso Adesivo em RE deverá conter:

- a exposição do fato e do direito;
- a demonstração do cabimento do recurso interposto;
- as razões do pedido de reforma da decisão recorrida;
- preliminar formal e fundamentada de repercussão geral.

O STF poderá desconsiderar vício formal de recurso tempestivo ou determinar sua correção, desde que não o repute grave (cf. § 3º do art. 1.029 do CPC/2015).

O prazo para contrarrazões será de quinze dias e aberto mediante intimação ao recorrido, depois de recebida a petição pela secretaria do tribunal *a quo*. Findo esse prazo, os autos serão conclusos ao presidente ou ao vice-presidente do tribunal recorrido, que deverá fazer a admissibilidade recursal, de acordo com a alteração no CPC/2015 levada a efeito pela Lei n. 13.256/2016.

Quanto aos efeitos, cabe ressaltar que, assim como o Recurso Especial, o Recurso Extraordinário será recebido, em regra, no efeito devolutivo, cabendo, entretanto, pedido de concessão de efeito suspensivo ao recurso, a ser formulado por requerimento dirigido ao (cf. § 5º art. 1.029 do CPC/2015):

- tribunal superior respectivo, no período compreendido entre a publicação da decisão de admissão do recurso e sua distribuição, ficando o relator designado para seu exame prevento para julgá-lo;
- relator, se já distribuído o recurso;
- ao presidente ou ao vice-presidente do tribunal recorrido, no período compreendido entre a interposição do recurso e a publicação da decisão de admissão do recurso, assim como no caso de o recurso ter sido sobrestado, nos termos do art. 1.037 do CPC/2015.

Cabe agravo contra decisão do presidente ou do vice-presidente do tribunal recorrido que inadmitir recurso extraordinário ou recurso especial, salvo quando fundada na aplicação de entendimento firmado em regime de repercussão geral ou em julgamento de recursos repetitivos (art. 1.042 do CPC/2015, com redação conferida pela Lei n. 13.256/2016).

A petição de agravo será dirigida ao presidente ou ao vice-presidente do tribunal de origem e independe do pagamento de custas e despesas postais, aplicando-se a ela o regime de repercussão geral e de recursos repetitivos, inclusive quanto à possibilidade de sobrestamento e do juízo de retratação.

O agravado será intimado, de imediato, para, no prazo de 15 (quinze) dias, oferecer resposta, e o procedimento obedecera e o disposto no regimento interno e no art. 1.042 e seguintes do CPC/2015.

O Código de Processo Civil permite, ainda, que o relator do agravo, ao recebê-lo:

- não o conheça, se manifestamente inadmissível ou que não tenha ataque especificamente os fundamentos da decisão agravada;
- conheça do agravo, mas lhe negue provimento, se considerar correta a decisão que não o admitiu;
- conheça do agravo, mas lhe negue seguimento se manifestamente inadmissível, prejudicado ou em confronto com súmula ou jurisprudência dominante no tribunal;
- conheça do agravo e lhe dê provimento, se o acórdão recorrido estiver em confronto com súmula ou jurisprudência dominante no tribunal.

Da decisão do relator que não conhecer do agravo, negar-lhe provimento ou decidir, desde logo, que o recurso não deve ser admitido na origem, caberá agravo interno, no prazo de quinze dias, ao órgão competente, observadas, quanto ao processamento, as regras do regimento interno do STF e o art. 1.021 do CPC/2015. Na petição de agravo interno, o recorrente impugnará especificadamente os fundamentos da decisão agravada. O agravo será dirigido ao relator, que intimará o agravado para manifestar-se sobre recurso no prazo de quinze dias, ao final do qual, não havendo retratação, o relator levá-lo-á a julgamento pelo órgão colegiado, com inclusão em pauta.

Quando da chegada dos autos no STF, estes serão verificados pela secretaria e distribuídos, observando-se os princípios de publicidade, alternatividade e sorteio.

Para a admissão do RE é necessária a comprovação da repercussão geral. Após a regulamentação da Emenda Constitucional n. 45/2004 (pela Lei n. 11.418/2006 e Emenda Regimental STF n. 21/2007), fica obrigado o recorrente a demonstrar a repercussão geral das questões constitucionais discutidas no caso, nos termos da lei, a fim de que o Tribunal examine a admissão do recurso, somente podendo recusá-lo pela manifestação de dois terços de seus membros (cf. § 3º do art. 102 da CF/1988). Caso a questão constitucional não seja considerada com repercussão geral o STF recusará o RE (cf. art. 322 do RI do STF).

O RI do STF, em seu § 1º do art. 322, define que existe repercussão geral quando a matéria recorrida apresentar questões relevantes do ponto de vista econômico, político, social ou jurídico, que ultrapassem os interesses subjetivos das partes.

A repercussão geral pode ser presumida quando o recurso versar sobre questão cuja repercussão já houver sido reconhecida pelo STF, ou quando impugnar decisão contrária a súmula ou a jurisprudência dominante.

No tocante a repercussão geral é possível a manifestação de terceiros, a ser determinada de ofício pelo relator ou a pedido, decisão essa que será irrecorrível. Essa manifestação deve ser subscrita por procurador habilitado e no prazo determinado pelo relator, conforme previsão do RI do STF, § 3º do art. 323.

Quanto ao rito da determinação da repercussão geral, primeiro haverá manifestação do Relator(a), que pode ser encaminhada pelo meio eletrônico, depois manifestação dos demais Ministros, também por meio eletrônico, no prazo comum de vinte dias (cf. art. 324 do RI do STF).

Decorrido o prazo sem manifestações suficientes para recusa do RE, reputar-se-á existente a repercussão geral, exceto se o Relator declarar que a matéria é infraconstitucional, caso em que a ausência de pronunciamento no prazo será considerada como manifestação de inexistência de repercussão geral, autorizando a aplicação do art. 1.035, § 8º, do CPC/2015.

Quando a questão tratada no RE for suscetível de reproduzir-se em múltiplos feitos, a Presidência do STF ou o Relator, de ofício ou a requerimento da parte interessada, comunicará o fato aos Tribunais ou Turmas de Juizado Especial, a fim de que observem o disposto no art. 1.036 do CPC/2015, e sobrestejam todas as demais causas com questão idêntica.

Quando houver a subida de múltiplos recursos com fundamento na mesma controvérsia, a Presidência do STF ou o Relator selecionará um ou mais representativos da questão e determinará a devolução dos demais aos Tribunais ou Turmas de Juizado Especial de origem, para aplicação dos parágrafos do art. 1.036 do CPC/2015. Deve ainda a Presidência do STF promover ampla e específica divulgação do teor das decisões sobre repercussão geral, bem como formação e atualização de banco eletrônico de dados a respeito.

Lembramos ainda que, segundo o RI do STF, caso o Relator seja vencido na análise da repercussão geral, o recurso extraordinário será redistribuído por exclusão do Relator e dos Ministros que expressamente o acompanharam.

O recurso que tiver a repercussão geral reconhecida deverá ser julgado no prazo de um ano e terá preferência sobre os demais feitos, ressalvados os que envolvam réu preso e o pedido de *habeas corpus* (cf. § 9º do art. 1.035 do CPC/2015). Não ocorrendo o julgamento nesse prazo, contado da publicação da decisão de afetação, cessam automaticamente a afetação e a suspensão dos processos em todo o território nacional, que retomarão seu curso normal (cf. §§ 9º e 10 do art. 1.035 do CPC/2015).

Entretanto, é permitido a outro relator do respectivo tribunal superior afetar dois ou mais recursos representativos da controvérsia na forma do § 6º do art. 1.037 do CPC/2015.

Salientamos que toda decisão de inexistência de repercussão geral é irrecorrível e valerá para todos os recursos sobre questão idêntica, devendo ser comunicada, pelo Relator, à Presidência do Tribunal, para que recuse ou aceite os novos recursos sobre a matéria. Caso o Presidente não identifique a ausência da repercussão geral ou seu prévio julgamento, poderá o Relator sorteado recusar o recurso.

As partes deverão ser intimadas da decisão de suspensão de seu processo, a ser proferida pelo respectivo juiz ou relator, entretanto, caso a parte demonstre distinção entre a questão a ser decidida no processo e aquela a ser julgada no recurso extraordinário afetado, a parte poderá requerer o prosseguimento do seu processo (cf. §§ 8º e 9º do art. 1.037 do CPC/2015).

A petição para requerimento do prosseguimento do feito será dirigida ao (cf. § 10 do art. 1.037 do CPC/2015):

- juiz, se o processo sobrestado estiver em primeiro grau;
- relator, se o processo sobrestado estiver no tribunal de origem;
- relator do acórdão recorrido, se for sobrestado, no tribunal de origem, recurso especial ou extraordinário;
- relator do recurso especial ou extraordinário, no tribunal superior, cujo processamento houver sido sobrestado.

A outra parte deverá ser ouvida sobre o requerimento de prosseguimento do feito, no prazo de cinco dias (cf. § 11 do art. 1.037 do CPC/2015).

Reconhecida a distinção no caso, o próprio juiz ou relator dará prosseguimento ao processo ou o relator comunicará a decisão ao presidente ou vice-presidente que houver determinado o sobrestamento, para que o recurso especial ou recurso extraordinário seja encaminhado ao respectivo tribunal superior (cf. § 12 do art. 1.037 do CPC/2015).

Da decisão que resolver o requerimento de prosseguimento de feito cabe (cf. § 13 do art. 1.037 do CPC/2015):

- agravo de instrumento, se o processo estiver em primeiro grau;
- agravo interno, se a decisão for de relator.

Da decisão monocrática que negar seguimento ao RE caberá agravo, cf. § 2º do art. 327 do RI do STF.

Cabe ressaltar ainda que existe previsão do Recurso Extraordinário no rito dos Juizados Especiais Federais e que seu regramento é semelhante em ambas as hipóteses, nos dois casos respeitando Código de Processo Civil e o Regimento Interno do STF.

Designado o dia para julgamento pelo colegiado, em caso de admissibilidade do RE, será publicada a pauta no órgão oficial com pelo menos cinco dias de antecedência do julgamento.

Na sessão de julgamento, depois da exposição da causa pelo relator, o presidente dará a palavra, sucessivamente, ao recorrente e ao recorrido, e ao membro do Ministério Público, nos casos de sua intervenção, pelo prazo improrrogável de 15 minutos para cada um, conforme previsão do Regimento Interno e do art. 937 do CPC/2015.

Cabe destacar que o procurador que desejar proferir sustentação oral poderá requerer, até o início da sessão, que seja o feito julgado em primeiro lugar, sem prejuízo das preferências legais conforme o disposto no § 2º art. 937 do CPC/2015.

É permitido ao advogado com domicílio profissional em cidade diversa daquela onde está sediado o tribunal realizar sustentação oral por meio de videoconferência ou outro recurso tecnológico de transmissão de sons e imagens em tempo real, desde que o requeira até o dia anterior ao da sessão (cf. § 4º do art. 937 do CPC/2015). Após as sustentações e manifestações das partes, o relator apresentará seu voto e será seguido pelos demais ministros julgadores.

No julgamento, seja proferido pela composição plena, seja pela Seção ou Turma do STF, o ministro que não se considerar habilitado a proferir imediatamente seu voto poderá solicitar vista pelo prazo máximo de dez dias, após o qual o recurso será reincluído em pauta para julgamento na sessão seguinte à data da devolução. Se os autos não forem devolvidos tempestivamente ou não for solicitada prorrogação de prazo pelo ministro pelo prazo máximo de mais dez dias, o presidente do órgão fracionário os requisitará para julgamento do recurso na sessão ordinária subsequente, com publicação da pauta em que for incluído. Caso os autos sejam devolvidos pelo ministro que requereu vistas, eles serão incluídos para julgamento na primeira sessão ordinária subsequente à devolução, dispensada nova publicação de pauta. Quando o presidente do órgão requisitar os autos na forma acima descrita, se aquele que fez o pedido de vista ainda não se sentir habilitado a votar, o presidente convocará substituto para proferir voto, na forma estabelecida no regimento interno do tribunal (cf. art. 940, § 2º do CPC/2015).

Encerrada a votação no tocante ao RE, o presidente do órgão julgador competente anunciará o resultado do julgamento, designando para redigir o acórdão o relator ou, se vencido este, o autor do primeiro voto vencedor. O voto vencido será necessariamente declarado e considerado parte integrante do acórdão para todos os fins legais, inclusive de prequestionamento (cf. art. 941 do CPC/2015).

Os votos, os acórdãos e os demais atos processuais podem ser registrados em documento eletrônico inviolável e assinados eletronicamente, na forma da lei, devendo ser impressos para juntada aos autos do processo, quando este não for eletrônico (cf. art. 943 do CPC/2015).

Ressaltamos, ainda, que todo acórdão conterá ementa (cf. § 1º do art. 943 do CPC/2015). Lavrado o acórdão, sua ementa será publicada no órgão oficial no prazo de dez dias (cf. § 2º do art. 943 do CPC/2015). Não publicado o acórdão no prazo de 30 dias, contado da data da sessão de julgamento, as notas taquigráficas o substituirão, para todos os fins legais, independentemente de revisão; nesse caso, o presidente do tribunal lavrará, de imediato, as conclusões e a ementa, e mandará publicá-lo (art. 944 do CPC/2015). Por fim, esclarecemos que o modelo de Recurso Extraordinário a ser utilizado no procedimento comum é o mesmo do rito dos Juizados Especiais.

# PARTE V
# Regimes Próprios de Previdência Social – RPPS

# Aspectos Gerais dos Regimes Próprios

Considera-se Regime Próprio de Previdência Social – RPPS – aquele que assegure aos servidores ocupantes de cargo efetivo de um Ente da Federação a aposentadoria e, a seus dependentes, a pensão por morte (§ 2º do art. 9º da Emenda n. 103/2019).

Em função da autonomia político-administrativa de cada um dos Entes da Federação, incumbe especificamente à União estabelecer, normatizar e fazer cumprir a regra constitucional do art. 40 com relação aos seus servidores públicos ocupantes de cargos efetivos; a cada Estado-membro da Federação e ao Distrito Federal, em relação a seus servidores públicos estaduais ou distritais e agentes públicos; e a cada Município, em relação aos seus servidores públicos municipais, o que acarreta a existência milhares de Regimes de Previdência Social na ordem jurídica vigente.

Considera-se *instituído* o RPPS a partir da entrada em vigor da lei estadual ou municipal (em sentido estrito) que assegurou a concessão dos benefícios de aposentadoria e pensão por morte, independentemente da criação de unidade gestora ou do estabelecimento de alíquota de contribuição, observadas as condições estabelecidas na própria lei de criação. Quando os benefícios de aposentadoria e pensão por morte estiverem previstos em leis distintas, considerar-se-á instituído o RPPS na data da vigência da lei mais recente que estabeleça a concessão de um desses benefícios (Portaria MTP n. 1.467/2022, art. 2º, §§ 2º e 3º). Não podem ser consideradas, para esse fim, as normas constantes da Constituição Federal, de Constituições Estaduais ou de Leis Orgânicas Municipais, nos termos do Parecer CJ/MPS/n. 3.165, de 29.10.2003.

São *regimes próprios* (no plural), porque cada ente da Federação (a União, os Estados, o Distrito Federal e os Municípios) deve ter seu próprio regime.

Utilizando os dados colhidos pela Exposição de Motivos da PEC n. 6/2019, apresentada em fevereiro de 2019 pelo governo federal:

> Atualmente, existem mais de 2.130 RPPS (...) o da União, de todos os Estados, de todas as capitais e de cerca de 2.080 Municípios, cobrindo cerca de 5,7 milhões de servidores ativos e 3,8 milhões de aposentados e pensionistas. Cerca de 70% da população vive em Municípios que possuem RPPS. A gestão dos RPPS é realizada por cada ente federativo, que juntos somam mais de 270 bilhões em ativos para finalidade de pagamento dos benefícios previdenciários, sendo cerca de R$ 150 bilhões no mercado financeiro.

Por este conjunto de dados se constata a importância e o alcance das medidas levadas a efeito pela reforma de 2019, afetando uma parcela significativa de pessoas que exercem cargos públicos em atividades essenciais à sociedade, como saúde, educação, segurança e justiça.

O STF, em sede de repercussão geral, reconheceu a inconstitucionalidade da criação ou manutenção de benefícios de matiz previdenciária a ocupantes de cargos eletivos, fixando a seguinte tese: "Lei municipal a versar a percepção, mensal e vitalícia, de 'subsídio' por ex-vereador e a consequente pensão em caso de morte não é harmônica com a Constituição Federal de 1988" (Tema n. 672, Rel. Min. Marco Aurélio).

No julgamento do Tema n. 1.254, também sob a sistemática de Repercussão Geral, reafirmou sua jurisprudência, no sentido de que servidores admitidos sem concurso público ou que tenham adquirido estabilidade com a Constituição Federal de 1988 devem se aposentar sob o Regime Geral de Previdência Social (RGPS). Portanto, não têm direito às vantagens privativas dos servidores concursados ocupantes de cargo efetivo, que se aposentam sob as regras do regime próprio de previdência social (RPPS), ao sufragar a seguinte tese: "São admitidos no regime próprio de previdência social exclusivamente os servidores públicos civis detentores de cargo efetivo (art. 40, CF, na redação dada pela EC n. 20/1998), o que exclui os estáveis na forma do art. 19 do ADCT e demais servidores admitidos sem concurso público" (Plenário Virtual, *DJe* 16.06.2023).

Em outros julgados, o STF decidiu pela impossibilidade de inclusão, em Regime Próprio, de pessoas que não exercem cargo público efetivo: ADI n. 2.791, Rel. Min. Gilmar Mendes, Plenário, *DJ* 24.11.2006 e AI 628.114-ED, Rel. Min. Ellen Gracie, 2ª Turma, *DJE* 18.12.2009.

É do texto constitucional, em seu art. 24, inciso XII, que se observa a competência legislativa concorrente entre União, Estados e Distrito Federal sobre a matéria referente à cobertura previdenciária de seus servidores, e mais, diante do art. 149, com a redação conferida pela Emenda Constitucional n. 103/2019, tal como já era previsto desde a EC n. 41/2003, se observa que também os Municípios possuem tal competência, inclusive para a fixação da contribuição devida pelos servidores aos respectivos regimes próprios.

Pende de apreciação pelo STF, em sede de Repercussão Geral, a discussão sobre a "competência legislativa da União para dispor sobre normas gerais em matéria previdenciária no que diz respeito ao descumprimento da Lei 9.717/1998 e do Decreto 3.778/2001 pelos demais entes federados" (Tema n. 968, Rel. Min. Edson Fachin, *Leading Case*: RE 1.007.271, *DJe* 13.11.2017). Isto porque há Estados que se insurgem contra a fixação de regras para serem cumpridas por eles (e pelos Municípios).

Situação similar poderá advir da possibilidade ou não de aplicação da EC n. 103/2019, notadamente o § 22 do art. 40 da CF.

## 1.1 SEGURADOS DOS REGIMES PRÓPRIOS DE PREVIDÊNCIA

São segurados dos Regimes Próprios de Previdência Social os "servidores públicos titulares de cargo efetivo, membros da magistratura, do Ministério Público, da Defensoria Pública e dos Tribunais de Contas de quaisquer dos poderes da União, dos Estados, do Distrito Federal e dos Municípios, incluídas suas autarquias e fundações" (Portaria MTP n. 1.467/2022, art. 2º, III).[1]

Em função da autonomia político-administrativa de cada um dos entes da Federação, incumbe especificamente à União estabelecer, normatizar e fazer cumprir a regra constitucional do art. 40 com relação aos seus servidores públicos ocupantes de cargos efetivos (inclusive os vitalícios); a cada Estado-membro da Federação e ao Distrito Federal, em relação a seus servidores públicos estaduais ou distritais e agentes públicos; e a cada Município, em relação aos seus servidores públicos municipais, o que acarreta a existência de milhares de Regimes de Previdência Social na ordem jurídica vigente.

---

[1] Deverá ser garantido aos segurados e aos beneficiários o pleno acesso às informações relativas à gestão do RPPS e às de seu interesse pessoal e divulgadas, por meio de sítios eletrônicos, em linguagem clara e acessível, as principais informações administrativas, contábeis, financeiras e atuariais do regime (art. 74 da Portaria MTP n. 1.467/2022).

Todavia, a regra do *caput* do art. 40 não confere, a nosso ver, plenos poderes aos entes da Federação para definir critérios de estabelecimento e indicação dos segurados dos respectivos Regimes Próprios.

Note-se, por exemplo, a decisão do STF na ADI n. 3.106, em que o Procurador-Geral da República questionava a filiação de servidores temporários ao regime próprio de previdência dos servidores públicos estaduais de Minas Gerais e a cobrança compulsória de assistência médica, hospitalar, odontológica, social, farmacêutica e complementar dos servidores temporários prestada pelo Instituto de Previdência dos Servidores daquele estado (IPSEMG). Pela decisão da Corte, o Estado pode instituir plano de saúde para servidor, mas a adesão ou não ao plano deve ser uma opção dos servidores.

No mesmo sentido, o STF, em sede de repercussão geral, reconheceu a inconstitucionalidade da criação ou manutenção de benefícios de matiz previdenciária a ocupantes de cargos eletivos, fixando a seguinte tese: "Lei municipal a versar a percepção, mensal e vitalícia, de 'subsídio' por ex-vereador e a consequente pensão em caso de morte não é harmônica com a Constituição Federal de 1988" (Tema n. 672, Rel. Min. Marco Aurélio).

Em outros julgados, o STF decidiu pela impossibilidade de inclusão, em Regime Próprio, de pessoas que não exercem cargo público efetivo, como os serventuários de cartórios extrajudiciais:

> Art. 34, § 1º, da Lei estadual do Paraná 12.398/1998, com redação dada pela Lei estadual 12.607/1999. (...) Inconstitucionalidade material que também se verifica em face do entendimento já pacificado nesta Corte no sentido de que o Estado-membro não pode conceder aos serventuários da Justiça aposentadoria em regime idêntico ao dos servidores públicos (art. 40, *caput*, da CF) (ADI 2.791, Plenário, Rel. Min. Gilmar Mendes, *DJ* 24.11.2006). No mesmo sentido: AI 628.114-ED, 2ª Turma, Rel. Min. Ellen Gracie, *DJe* 18.12.2009.

## 1.2 FILIAÇÃO A REGIME PRÓPRIO

A filiação é a situação jurídica daquele que se encontra vinculado a um regime de previdência, sendo importante fixar a data de início dessa mesma filiação, bem como a manutenção e a perda da qualidade de segurado – aqui, destacadamente, quanto aos Regimes Próprios de Previdência.

Para tanto, valemo-nos da interpretação contida na Portaria MTP n. 1.467/2022: como os segurados de RPPS são ocupantes de cargos públicos efetivos (incluídos os vitalícios, como os da Magistratura e do Ministério Público), a data a ser reconhecida como sendo a de início da filiação é a que coincide com o "exercício das atribuições do cargo de que é titular" (§ 4º do art. 3º da Portaria).

Dúvidas surgem, entretanto, quando do surgimento de algumas situações peculiares que ocorrem com os agentes públicos.

A primeira delas diz respeito à pessoa que tenha exercício exclusivo de cargo em comissão, temporário ou decorrente de mandato eletivo. A essas pessoas a filiação é automática, mas com vinculação ao RGPS, na forma da legislação própria, notadamente o art. 20 do Decreto n. 3.048/1999.

Já a pessoa que exerça cargo público e tenha sido investido em cargo ou função em comissão, por nomeação, designação ou outra forma de investidura nos órgãos ou entidades da administração pública direta, indireta ou fundacional, continua filiada exclusivamente ao RPPS, não sendo devidas contribuições ao RGPS pelo exercício do cargo ou função comissionados.

Mas quando houver exercício concomitante de cargo efetivo com outro cargo não efetivo, em outro ente federativo, desde que haja compatibilidade de horários, haverá o vínculo e o recolhimento ao RPPS, pelo cargo efetivo e, ao RGPS, pelo cargo em comissão (§ 5º do art. 3º da Portaria MTP n. 1.467/2022).

O servidor público titular de cargo efetivo filiado a regime próprio de previdência social, quando cedido a órgão ou entidade de outro ente da federação, com ou sem ônus para o cessionário, permanecerá vinculado ao regime de origem (art. 1º-A da Lei n. 9.717/1998, incluído pela MP n. 2.187-13/2001).

O segurado de RPPS que for investido no mandato de vereador e, havendo compatibilidade de horários, continuar exercendo as atribuições do cargo efetivo, sem prejuízo da remuneração do cargo eletivo, permanecerá filiado ao RPPS no ente federativo de origem em relação ao cargo efetivo, sendo também filiado ao RGPS, pelo exercício concomitante do cargo eletivo.

Os notários ou tabeliães, os oficiais de registro ou registradores, os escreventes e os auxiliares, não remunerados pelos cofres públicos, são segurados obrigatórios do RGPS, e não se filiam a RPPS nessa condição.

O aposentado por qualquer regime de previdência que exerça ou venha a exercer cargo em comissão, cargo temporário, emprego público ou mandato eletivo filia-se, obrigatoriamente, ao RGPS (§ 2º do art. 3º da Portaria MTP n. 1.467/2022).

São situações de *manutenção da qualidade de segurado* de RPPS do ente federativo que ocupa cargo efetivo (art. 4º da Portaria MTP n. 1.467/2022):

> I – quando cedido, com ou sem ônus para o cessionário, a órgão ou entidade da administração direta ou indireta de quaisquer dos entes federativos;
> 
> II – quando licenciado, na forma da lei do ente federativo;
> 
> III – durante o afastamento do cargo para o exercício de mandato eletivo em quaisquer dos entes federativos, com ou sem ônus para o órgão do exercício do mandato, conforme art. 38 da Constituição Federal;
> 
> IV – durante o afastamento do país por cessão ou licenciamento, na forma da lei do ente federativo; e
> 
> V – durante o afastamento para exercício de cargo temporário ou função pública providos por nomeação, designação ou outra forma de investidura nos órgãos ou entidades da administração pública direta, indireta ou fundacional do mesmo ou de outro ente federativo.

A respeito da situação do servidor filiado a RPPS que se afasta ou é licenciado temporariamente do exercício do cargo efetivo sem recebimento de remuneração ou de subsídio pelo ente federativo, prevê o art. 23 da Portaria MTP n. 1.467/2022 que "somente contará o tempo correspondente ao afastamento ou licenciamento para fins de aposentadoria mediante o recolhimento mensal, ao RPPS, das contribuições a seu cargo".

Nesse caso, a lei do respectivo ente federativo atribuirá ao segurado o ônus de recolher a própria contribuição e definirá se a responsabilidade pelo recolhimento da parcela de contribuição a cargo do ente federativo será mantida ou imputada ao segurado. Na omissão da lei, o repasse do valor correspondente à unidade gestora do RPPS continuará sob a responsabilidade do ente federativo.

As contribuições, no caso de afastamento ou licença não remunerada, incidirão sobre a mesma base de cálculo e nos mesmos percentuais que incidiriam se o segurado estivesse em atividade.

O período de contribuição do segurado nesta situação será computado para a concessão de aposentadoria pelo RPPS ou para a contagem recíproca de que trata o art. 201 da Constituição Federal, porém não será considerado para verificação do cumprimento dos requisitos de tempo de efetivo exercício no serviço público,[2] de tempo na carreira e de tempo de exercício no cargo efetivo[3] para a concessão de aposentadoria ao segurado.

---

[2] Considera-se tempo de efetivo exercício no serviço público, para este fim, "o tempo de exercício de cargo, inclusive militar, função ou emprego público, ainda que descontínuo, na Administração direta e indireta de qualquer dos entes federativos" (Portaria MTP n. 1.467, de 02.06.2022, art. 2º, inc. XII).

[3] Será considerado como tempo no cargo efetivo, tempo na carreira e de efetivo exercício no serviço público o período em que o segurado estiver em exercício de mandato eletivo, cedido, com ou sem ônus para o

Será suspensa, pelo entendimento da Administração Pública Federal, em caso de licença sem remuneração do servidor, a contagem do tempo de contribuição para efeitos de concessão de benefícios previdenciários do segurado que não efetivar o recolhimento das contribuições ao RPPS e "não será devida, no período, a cobertura dos riscos previdenciários não programáveis de aposentadoria por incapacidade permanente para o trabalho, aposentadoria por invalidez e pensão por morte" (art. 23, § 5º, da Portaria MTP n. 1.467/2022).

Entendemos que é discutível essa interpretação, na medida em que ausente qualquer previsão legal a respeito, e restringe o acesso ao direito fundamental à proteção previdenciária (do indivíduo e de seus dependentes). Apenas para reforçar esse argumento, veja-se que no RGPS a pessoa que não contribuir ainda é amparada nos prazos do art. 15 da LBPS – os "períodos de graça", e só após expirados estes é que ocorrerá a perda da qualidade de segurado e consequente desproteção.

Se o segurado que acumule licitamente dois cargos for afastado de ambos para investidura em cargo de provimento em comissão, "a contribuição ao RPPS deverá ser realizada sobre as bases de cálculo dos dois cargos, sob pena de suspender a contagem do tempo de contribuição no cargo quanto ao qual não houve o recolhimento" (art. 24 da referida Portaria).

Ressalvadas as situações de direito adquirido, a concessão de benefícios previdenciários pelos RPPS exige a comprovação de filiação ativa ao RPPS (art. 169 da Portaria MTP n. 1.467/2022). A filiação como segurado de RPPS se mantém até que ocorra a perda desta qualidade.

A *perda da condição de segurado* do RPPS, segundo o mesmo diploma infralegal, ocorrerá nas hipóteses de morte, exoneração, demissão, cassação da aposentadoria, transcurso do tempo de duração ou demais condições da pensão por morte previstas em lei do ente federativo, ou em razão de decisão judicial (art. 6º da Portaria MTP n. 1.467/2022).[4]

---

cessionário, a órgão ou entidade da administração direta ou indireta, do mesmo ou de outro ente federativo, ou afastado do país por cessão ou licenciamento com remuneração (art. 167 da Portaria MTP n. 1.467/2022).

[4] De modo, a nosso ver, equivocado, o art. 5º da Portaria MTP n. 1.467/2022 considera "segurados, na condição de beneficiários, os dependentes em gozo de pensão por morte e os aposentados". Na verdade, os beneficiários são aqueles que usufruem de benefícios decorrentes da condição de segurado, ou dependente de segurado, do regime previdenciário respectivo.

# A Emenda Constitucional n. 103, de 2019

Nova "reforma" veio a ocorrer no ano de 2019, a partir da Proposta de Emenda Constitucional (PEC) n. 6, de 2019, aprovada no mesmo ano.

As alterações promovidas por essa Emenda alcançam a maioria dos benefícios concedidos pelos dois modelos de Regimes, tanto o RGPS quanto o RPPS da União e, com a aprovação de reformas em cada Ente Federativo, os demais Regimes Próprios, influenciando os requisitos e valores a serem recebidos, em resposta ao interesse de redução de despesas. Em linhas gerais, desde a apresentação da PEC n. 6/2019, observou-se uma mudança de visão no tocante aos objetivos e fundamentos da Previdência Brasileira com um reforço na ideia da individualidade sobre a solidariedade.

Os pontos mais marcantes são: a alteração da idade mínima e tempo mínimo de contribuição no serviço público, para aposentadoria; a modificação dos critérios de cálculo da renda de aposentadoria (inclusive por invalidez, agora denominada incapacidade permanente) e pensão; a desconstitucionalização das regras aplicadas a servidores em matéria de aposentadoria e pensão, pela previsão de que lei complementar irá dispor sobre o tema; a fixação de novas regras de transição para as aposentadorias voluntárias, incluindo-se uma inédita regra para aposentadorias por exposição a agentes prejudiciais à saúde e aos servidores com deficiência.

Duas são as alterações no *caput* do art. 40 da Constituição levadas a efeito pela EC n. 103/2019.

A primeira é que foi excluída a menção a cada um dos entes públicos: União, Estados, Distrito Federal e Municípios. Isso envolve a questão da inclusão, ou não, na reforma, dos Estados e Municípios, como foi bastante discutido durante a tramitação da proposta.

Chama a atenção o fato de que nas duas reformas anteriores (EC n. 20, de 1998, e EC n. 41, de 2003), as alterações valeram para todos os servidores – federais, distritais, estaduais e municipais, sem qualquer dúvida a respeito.

A segunda é a retirada da parte final do texto, que tem a ver com a ideia de "desconstitucionalização" da matéria.

Agora, há possibilidade de mudanças por normas infraconstitucionais, sem precisar de nova reforma constitucional para alterar regras de aposentadoria (à exceção da idade mínima e das regras de transição) e de pensão por morte no serviço público. Não havendo mais a limitação ao "disposto neste artigo", reformas podem ser mais frequentes e mais fáceis de serem aprovadas. Isso enfraquece, certamente, a noção de segurança jurídica que se tinha quanto às regras de aposentadoria e pensão aplicadas aos servidores em Regimes Próprios.

Não é mais possível a reunião de entes federativos para instituir um Regime Próprio "conjunto", como já existiu tempos atrás, em que autarquias estaduais funcionavam como unidade gestora de benefícios a servidores municipais, nem a existência de mais de um RPPS por ente federativo.

Substituiu-se a expressão "unidade gestora" por "órgão ou entidade gestora", caracterizando que a gestão do RPPS pode ser feita por uma entidade (como, em regra, acontece em Estados e Municípios, que possuem uma autarquia para este fim) ou órgão público, este vinculado, evidentemente, ao Poder Executivo do ente público.[1]

A unidade gestora única deverá gerenciar, direta ou indiretamente, a concessão, o pagamento e a manutenção, dos benefícios de aposentadoria e pensão por morte devidos a todos os segurados e beneficiários do RPPS e a seus dependentes, relativos a todos os poderes, órgãos e entidades do ente federativo. Há gerenciamento indireto quando a concessão, o pagamento e a manutenção dos benefícios forem executados por outro órgão ou entidade integrante da correspondente Administração Pública, atendendo-se, porém, na realização daquelas atividades, ao comando, à coordenação e ao controle da unidade gestora única (§§ 1º e 2º do art. 71 da Portaria MTP n. 1.467/2022).

O ente federativo deverá manter registro individualizado dos segurados e beneficiários do RPPS, que conterá, no mínimo, as seguintes informações:

I – nome e demais dados pessoais, inclusive dos dependentes;
II – matrícula e outros dados funcionais;
III – valores mensais das remunerações, subsídios e proventos e das bases de cálculo das contribuições;
IV – valores mensais da contribuição do segurado e do beneficiário;
V – valores mensais da contribuição do ente federativo; e
VI – Certidão de Tempo de Contribuição – CTC.

Aos segurados e beneficiários e, na sua falta, aos dependentes devidamente identificados serão disponibilizadas as informações constantes de seu registro individualizado (art. 75 e seu § 1º da Portaria MTP n. 1.467/2022).

## 2.1 A EC N. 103/2019 E A SUPERPOSIÇÃO DE REGRAS DE TRANSIÇÃO

As regras de transição das EC n. 20/1998, 41/2003 e 47/2005 foram revogadas de inopino pelos incisos II, III e IV do art. 35 da EC n. 103/2019, em relação ao RGPS e aos servidores públicos da União. Para os demais servidores, o serão apenas quando (e se) aprovadas as respectivas reformas pela legislação de cada ente (art. 36 da EC n. 103/2019).

A aposentadoria digna é resguardada pelo art. 7º, inciso XXIV, da Constituição Federal como um direito fundamental das pessoas que trabalham, de modo que o constituinte derivado não possui competência para interferir tão substancialmente nesse direito a ponto de piorar gravemente o acesso à inatividade.

O legislador constituinte derivado ao determinar a revogação de todas as regras de transição em vigor, com a Emenda Constitucional n. 103/2019, acabou por macular gravemente o acesso de inúmeros servidores públicos à aposentadoria. Muitos dos quais, até a reforma, precisavam apenas de dias ou meses para chegarem à inatividade e, agora, sem direito resguardado a uma razoável transição, devem continuar na atividade por anos.

---

[1] O governo federal considera *unidade gestora de Regime Próprio* a "entidade ou órgão único, de natureza pública, de cada ente federativo, abrangendo todos os poderes, órgãos e entidades autárquicas e fundacionais, que tenha por finalidade a administração, o gerenciamento e a operacionalização do RPPS, incluindo a arrecadação e gestão de recursos e fundos previdenciários, a concessão, o pagamento e a manutenção dos benefícios previdenciários" (Portaria MTP n. 1.467/2022, art. 2º, inc. VI).

Ademais, as regras de transição não podem ser confundidas com o regime jurídico em si, já que as mudanças previdenciárias, quando realizadas de inopino e afetando pessoas cuja trajetória profissional e contributiva já se acabam por repercutir diretamente na confiança e na expectativa que o servidor público possui em relação às regras de aposentadoria. Desse modo, as normas de transição acabam por representar um mínimo de respeito entre as expectativas de direito previdenciário, assentadas na segurança jurídica.

Não se desconhece que a Suprema Corte já teve oportunidade de, partindo da premissa de que inexiste direito adquirido a regime jurídico, reconhecer como constitucional, por maioria de votos, a nova norma restritiva de direitos que revoga regras transitórias de dignidade constitucional (STF, Plenário, ADI 3104/DF, Rel. Min. Carmen Lucia, *DJ* 09.11.2007).

No entanto, cumpre destacar, do citado julgamento, trecho do voto do Ministro Gilmar Mendes, quanto à necessidade de o Supremo evoluir sua compreensão sobre a temática da segurança jurídica para os direitos em formação. Neste sentido:

> (...) Já não consigo subscrever no Direito brasileiro e há boas achegas no Direito comparado para se fazer uma reflexão sobre esse assunto. Imaginemos – não foi o caso aqui desta Emenda, porque, sabemos, que a Emenda n. 41 alterou apenas o modelo de cálculo dos proventos, mas poderia ter alterado, por exemplo, os critérios de idade; poderia ter tornado esse prazo mais alongado, com surpresas várias para os eventuais atingidos. E isso poderia se transformar, inclusive, numa corrida de obstáculos com obstáculo móvel.
>
> (...) em se tratando da chamada não-existência de direito adquirido a um dado regime jurídico, podemos ter abusos notórios. Em regime de aposentadoria, é muito fácil imaginar. O indivíduo que esteja a inaugurar a sua vida funcional, se se altera o regime jurídico, pouco se lhe dá. Isso não tem nenhum reflexo em nenhum aspecto do seu patrimônio sequer afetivo.
>
> Outra é a situação para aquele que está em fim de carreira e, eventualmente, esperando cumprir os últimos dias, quando se dá a mudança do regime, eventualmente, acrescentando dez novos anos.
>
> (...) De modo, Senhora Presidente, com essas considerações, permitiria fazer o registro da necessidade de começarmos a refletir sobre a insuficiência da teoria do direito adquirido, tal como adotamos, tendo em vista critérios de justiça material.

Por outro lado, é preciso observar a teoria do adimplemento substancial do "contrato social previdenciário", nas hipóteses em que os servidores já tinham cumprindo a quase totalidade dos requisitos para a aposentadoria, na data de publicação da EC n. 103/2019.

## 2.2 A EC N. 103/2019 E A VIOLAÇÃO AO PRINCÍPIO DA SEGURANÇA JURÍDICA

Diante das alterações da EC n. 103/2019, a questão que exsurge é se o Poder Constituinte Derivado poderia desconsiderar promessas anteriores asseguradoras de legítimas expectativas, modificando abruptamente as situações jurídicas daqueles que estavam contemplados pelas disposições transitórias das Emendas anteriores, ora revogadas.

O primeiro ponto a ser observado é a ausência de *vacatio legis,* contrariando os preceitos basilares do processo legislativo previsto no art. 59 da CF/1988 e regulamentado pela Lei Complementar n. 95/1998, a qual estabelece:

> *Art. 8º A vigência da lei será indicada de forma expressa e de modo a contemplar prazo razoável para que dela se tenha amplo conhecimento, reservada a cláusula "entra em vigor na data de sua publicação" para as leis de pequena repercussão.* (grifo nosso)

Quando o legislador decide por transformar bruscamente o sistema previdenciário, deve usar dos meios necessários a preservar a confiança que o jurisdicionado possui no Estado e na estabilidade de seus sistemas e normas. É com esse propósito que, quando ocorreram as mudanças previdenciárias mais profundas, o legislador sempre buscou, por meio da previsão de regras de transição, preservar minimamente as expectativas de direitos geradas.

O segundo ponto a ser acentuado é justamente a ausência de regras de transição específicas para quem ingressou no serviço público até 16.12.1998 (EC n. 20/1998) ou até 31.12.2003 (EC n. 41/2003), tal qual ocorreu nas Emendas Constitucionais anteriores, com a finalidade de amenizar parte do rigor das novas regras.

Não se pode dizer que não há direito a ser protegido diante de quem cumpriu a maior parte das exigências previstas em regras de transição que estavam válidas, e que haviam sido fixadas em Reformas Previdenciárias anteriores.

Em síntese, os incisos II, III e IV do art. 35 da EC n. 103/2019, ao revogarem as regras de transição estabelecidas pelas Emendas n. 20/1998, n. 41/2003 e n. 47/2005, afrontaram direitos fundamentais, entre os quais, o da segurança jurídica e social, a boa-fé, a confiança legítima, o direito expectado, a proporcionalidade e a razoabilidade, decorrentes do pacto assumido pelo Estado quando da edição das reformas que estavam vigorando.

## 2.3 TEORIA DO ADIMPLEMENTO SUBSTANCIAL DO "CONTRATO SOCIAL PREVIDENCIÁRIO"

Na esteira da segurança jurídica, da proporcionalidade e do princípio da confiança acrescenta-se, também, a teoria do adimplemento substancial do "contrato social previdenciário" em relação às regras de transição vigentes na data da publicação da EC n. 103, em 13 de novembro de 2019.

O pressuposto do direito intertemporal é o de que o período de vigência das normas no tempo é indeterminado quanto ao seu fim, motivo pelo qual, sobrevindo uma norma superveniente, é necessário saber os efeitos desta sobre a norma anterior, inclusive no que diz respeito à preservação de situações ou direitos já constituídos ou na iminência de sê-los sob a vigência da norma antecedente.

Ou seja, não pode o constituinte derivado, nem mesmo por emendas à Constituição, desconstituir totalmente àquilo que já havia sido posto e romper bruscamente com o regime jurídico. É justamente o que ocorre com a revogação das regras de transição das emendas anteriores, vez que o legislador desconsidera totalmente os regimes e regras postas até então ao não preservar minimamente a expectativa dos servidores que ingressaram no serviço público durante a vigência de regras muito diferentes.

As regras de transição são necessárias para garantir a proteção do pacto inicial de confiança e o mínimo de segurança jurídica ao patrimônio do servidor público, de modo que as reformas possam ser concretizadas sem que sejam violados direitos fundamentais e legítimas expectativas.

Ressalta-se, que as regras de transição, classificadas como normas de vigência temporária, não podem ser revogadas a qualquer momento, de acordo com as conveniências do legislador, ainda mais quando houve o adimplemento substancial das exigências para a obtenção do direito por parte do indivíduo a ser protegido, sob pena de deixariam de fazer qualquer sentido no ordenamento jurídico.

Esse preceito também foi validado pelo STF ao confirmar a decisão que aplicou a teoria do adimplemento substancial no âmbito previdenciário. Vejamos:

O Tribunal de origem decidiu a controvérsia em acórdão cuja ementa transcrevo:

"EMENTA: CONSTITUCIONAL. APOSENTADORIA ESPECIAL PARA FUNÇÃO DE MAGISTÉRIO. ART. 201, § 8º, DA CF/1988. PROVA DO EFETIVO EXERCÍCIO DE ATIVIDADES PRÓPRIAS DO MAGISTÉRIO. CARÊNCIA COMPROVADA. TEMPO DE CONTRIBUIÇÃO DE 24 ANOS E 10 MESES. TEORIA DO ADIMPLEMENTO SUBSTANCIAL. CONCESSÃO DO BENEFÍCIO.
(...) 3. A noção de adimplemento substancial, já amplamente utilizada pelos Tribunais, sobretudo o STJ, não só nas lides obrigacionais (inclusivos contratos administrativos), mas também no âmbito do direito penal, a respeito do cumprimento das regras do *Sursis* (TRF-3-RSE – RECURSO EM SENTIDO ESTRITO – 4851), pode, com toda razão, ser aplicada na esfera do direito previdenciário. Explica-se que não se trata de desconsiderar a natureza contributiva e atuarial do sistema previdenciário nacional, mas tão-somente de considerar implementado, para o caso excepcional da parte autora, o tempo necessário de 25 anos de tempo de contribuição, em razão do inadimplemento mínimo de 02 meses do tempo faltante.
4. Recurso de aposentadoria especial por tempo de contribuição como professora mantido.
5. Recurso improvido".

O entendimento adotado no acórdão recorrido não diverge da jurisprudência firmada no âmbito deste Supremo Tribunal Federal, razão pela qual não se divisa a alegada ofensa aos dispositivos constitucionais suscitados. (RE 758.452/MG, Rel. Min. Rosa Weber, *DJe* 28.09.2016)

Portanto, a teoria do adimplemento substancial do "contrato social previdenciário" pressupõe-se a manutenção das regras em vigor quando o cumprimento integral dos requisitos para a obtenção da aposentadoria está muito próximo do fim. Com isso, veda-se a extinção da regra de transição e busca-se a efetividade da proteção previdenciária, em observância a sua função social, respaldada na boa-fé objetiva.

# 3
# Previdência Complementar dos Servidores Públicos

Até o advento da EC n. 20/1998, a matéria relativa à previdência complementar na Constituição limitava-se a estabelecer, como ônus da Previdência Social, a criação de um "seguro coletivo, de caráter complementar e facultativo, custeado por contribuições adicionais" (art. 201, § 7º, do texto original).

Com a EC n. 20, a matéria passou a ser disciplinada nos arts. 40 e 202, determinando, ao contrário do texto anterior, a autonomia do regime previdenciário complementar em face dos regimes públicos de previdência, o que, de fato, já ocorria com os segurados do RGPS, que participam compulsoriamente desse regime, em sistema contributivo de repartição e, facultativamente, de planos de previdência complementar, mediante sistema de capitalização.

A nova redação conferida ao § 14 pela EC n. 103, de 2019, tornou obrigatória a limitação dos benefícios dos regimes próprios ao teto do regime geral e a criação dos regimes complementares.

Conforme comando constitucional (art. 40, § 15), os planos de benefícios do RPC serão necessariamente na modalidade de Contribuição Definida – CD, com contas individuais para os participantes. Nessa modalidade, o participante é quem decide o valor de sua contribuição, e o valor do benefício dependerá do montante de recursos acumulado pelo servidor, incluídas as contribuições paritárias do ente da Federação e acrescido da rentabilidade dos investimentos.

Dessa forma, o valor do benefício programado será calculado de acordo com o montante do saldo de conta acumulado pelo participante, e não segundo um valor predeterminado.

Serão oferecidos os benefícios de aposentadoria programada e, no mínimo, os benefícios de risco para os casos de invalidez e de falecimento do participante, cuja elegibilidade será definida em regulamento.

Neste regime complementar (RPC), utiliza-se para a pessoa do segurado, associado ou beneficiário o termo "participante" ou "assistido". Para que um indivíduo se torne participante de um plano previdenciário de entidade fechada de previdência privada há necessidade de que preencha os requisitos exigidos pela entidade, geralmente a vinculação a um empregador (empresa); já para ingressar num plano de entidade aberta, basta a adesão voluntária, não havendo necessidade de vinculação a um empregador (art. 8º, inciso I, da LC n. 109/2001). Assistido é o participante ou seu beneficiário que estejam fruindo benefício de prestação continuada referente aos planos de previdência complementar (art. 8º, II, da LC n. 109).

O RPC terá vigência a partir da autorização do convênio de adesão ao plano de benefício da entidade de previdência complementar pelo órgão fiscalizador de que trata a LC n. 109/2001.

Até que seja disciplinada a relação entre a União, os Estados, o Distrito Federal e os Municípios e entidades abertas de previdência complementar, na forma prevista nos §§ 4º e 5º do art. 202 da Constituição Federal, somente entidades fechadas de previdência complementar poderão efetivar o RPC, nos termos do que prevê o art. 33 da EC n. 103, de 2019.

Alguns Estados e Municípios já instituíram esse modelo e outros possuem projetos de lei tramitando no mesmo sentido.

No âmbito da União, a Lei n. 12.618, de 30.04.2012, institui o regime de previdência complementar para os servidores públicos federais titulares de cargos efetivos, inclusive os membros do Judiciário, Ministério Público da União e Tribunal de Contas da União, e fixa o limite máximo para a concessão de aposentadorias e pensões pelo regime de previdência de que trata o art. 40 da Constituição Federal, autorizando a criação de entidades fechadas de previdência complementar, comumente conhecidas como fundos de pensão.

Em seguida à publicação da Lei n. 12.618, a Fundação de Previdência Complementar do Servidor Público Federal do Poder Executivo – Funpresp-Exe foi criada pelo Decreto n. 7.808/2012, com a finalidade de administrar e executar planos de benefícios de caráter previdenciário complementar para os servidores públicos titulares de cargo efetivo da União, suas autarquias e fundações, estendida também aos servidores do Poder Legislativo (Câmara dos Deputados e Senado Federal) e Ministros e servidores do Tribunal de Contas da União.

Depois, a Funpresp-Jud foi criada pela Resolução STF n. 496, de 26.10.2012, com a finalidade de administrar e executar planos de benefícios de caráter previdenciário para os membros e os servidores públicos titulares de cargo efetivo dos órgãos do Poder Judiciário da União, estendida aos ocupantes de cargos efetivos do Ministério Público da União e do Conselho Nacional do Ministério Público.

Dessa forma, desde o dia 04.02.2013, data em que a Portaria n. 44/2013, da Superintendência Nacional de Previdência Complementar (PREVIC), autorizando o funcionamento do Plano de Benefícios dos servidores do Executivo Federal, foi publicada no *Diário Oficial da União*, os servidores que entrarem em exercício de cargos efetivos no Poder Executivo, autarquias e fundações federais ingressam nessa nova formatação de cobertura previdenciária.

Os servidores das Casas do Legislativo Federal e os membros e servidores do TCU ingressantes (data de exercício) a partir de 07.05.2013 – data em que foi aprovado o Plano de Benefícios para estes – também ingressaram no novo sistema (Portaria PREVIC n. 239/2013).

A partir do dia 14.10.2013, todo membro do Poder Judiciário, servidores ocupantes de cargo efetivo dos órgãos do Judiciário Federal (STF, STJ, STM, TSE, Justiça Federal, Justiça do Trabalho, Justiça Eleitoral e Militar no âmbito da União), incluindo os servidores efetivos do CNJ, bem como os membros e servidores dos órgãos do Ministério Público da União, passaram a estar da mesma forma sujeitos ao teto do RGPS.

A Lei n. 12.618/2012 facultou, em seu art. 3º, a adesão ao RPC, de servidores vinculados ao RPPS da União que haviam ingressado no serviço público antes do início da implementação dos Planos de Benefícios da Funpresp-EXE e da Funpresp-JUD. Para tanto, assegurou a tais servidores um benefício especial, que se somará ao benefício do Regime Próprio de Previdência Social (RPPS), que serão pagos, ambos, a partir da concessão da aposentadoria.

O prazo de opção para o regime de previdência complementar foi fixado inicialmente até 29.07.2018. Depois foi novamente aberto e encerrado em 29.03.2019. E, por último, foi reaberto até 30.11.2022, pela MP n. 1.119, de 25.05.2022, convertida na Lei n. 14.463, de 26.10.2022.

O benefício especial, que possui natureza compensatória, será calculado com base nas contribuições recolhidas ao regime de previdência da União, dos Estados, do Distrito Federal ou dos Municípios de que trata o art. 40 da CF, observada a sistemática estabelecida nos §§ 2º e 3º do art. 3º da Lei n. 12.618/2012, que leva em consideração ainda a data de opção pelo RPC.

O TCU havia entendido que o tempo militar federal, estadual e distrital também poderia ser incluído nas remunerações de contribuição e/ou no fator de conversão do benefício especial previstos no art. 3º, §§ 1º e 3º, da Lei n. 12.618/2012, conforme as disposições do art. 22 da mesma lei, n. c/c os art. 201, § 9º-A, da Constituição Federal de 1988, art. 26, *caput*, da Emenda

Constitucional n. 103/2019, art. 100 da Lei n. 8.112/1990 (Acórdão n. 965/2024 – Plenário, j. 22.05.2024). Porém, aos julgar os Embargos de Declaração, atribuiu excepcionais efeitos infringentes, para conferir ao item 9.2 do acórdão embargado a seguinte redação: "9.2. responder ao consulente que não há amparo legal para o cômputo do tempo militar federal, estadual ou distrital nas remunerações de contribuição e/ou no fator de conversão do benefício especial previsto na Lei 12.618/2012" (Plenário, TC 036.695/2019-0, Data da Sessão: 18.09.2024).

Observe-se que a limitação das contribuições e dos benefícios desses novos servidores a valor igual ao praticado como "teto" do RGPS não os retira do RPPS.

Os entes públicos que criaram (e os que venham a criar) fundos de previdência complementar deverão manter o respectivo regime próprio de que trata o *caput* do art. 40 da Constituição, cujos valores de aposentadoria e pensão, para esses "novos servidores", será, no máximo, o valor utilizado como teto para o Regime Geral (§ 2º do art. 40 da CF, redação dada pela EC n. 103, de 2019).

A premissa básica do regime de previdência complementar é a adesão facultativa (CF, art. 202, *caput*), devendo essa ser interpretada como sendo a manifestação expressa do servidor que, tenha ou não ingressado após o funcionamento do "fundo de pensão", venha a concordar em participar do referido sistema. É dizer, não há escolha, por parte do servidor que ingressa no cargo após a implantação do RPC, quanto à vinculação ao RPPS e aos valores-limite pagos por este, para aqueles que ingressam após a implantação dos planos de previdência complementar; a escolha se limita, portanto, a aderir ou não ao fundo de previdência complementar.

# 4

# Custeio dos Regimes Próprios

Trata o presente capítulo de como é custeado cada regime próprio de previdência, matéria que envolve aspectos distintos daqueles fixados para o RGPS, com diversos questionamentos acerca da constitucionalidade (ou não) de leis que foram promulgadas no âmbito do RPPS da União com o intuito de estabelecer "normas gerais" a esse respeito.

## 4.1 DISPOSIÇÕES SOBRE CUSTEIO DOS RPPS CONTIDAS NA EC N. 103/2019

As normas sobre o custeio de cada um dos regimes próprios de previdência se dão na forma do que for estabelecido pelo respectivo ente da Federação. É dizer, a EC n. 103/2019 não modifica nem revoga, de imediato, a legislação estadual, distrital, ou municipal de cada ente que mantenha RPPS. Alterações no cálculo das contribuições desses regimes, inclusive quanto à faixa de isenção de aposentados e pensionistas, somente serão possíveis após a edição de leis locais posteriormente à Emenda, cuja iniciativa privativa incumbe ao Chefe do respectivo Poder Executivo (EC n. 103/2019, art. 36, inciso II).

A esse respeito, o STF decidiu em repercussão geral, em relação ao período entre a EC n. 20/1998 e a EC n. 41/2003, pela devolução das contribuições de aposentados e pensionistas sem haver legislação local, fixando a seguinte tese:

– **Tema n. 343**: "É devida a devolução aos pensionistas e inativos, perante o Juízo competente para a execução, da contribuição previdenciária indevidamente recolhida no período entre a EC n. 20/1998 e a EC n. 41/2003, sob pena de enriquecimento ilícito do ente estatal" (*Leading Case*: RE 580.871, Tribunal Pleno, Rel. Min. Gilmar Mendes, *DJe* 10.12.2010).

Quanto aos demais entes federativos que não a União, as leis locais que regem a matéria, com fulcro no art. 149, § 1º, da Constituição, na quase unanimidade das vezes, repetem os mesmos critérios de apuração da contribuição de seus servidores, inclusive aposentados e pensionistas.

Em vista do caráter contributivo do sistema, são devidas contribuições pelos segurados dos RPPS, além de aposentados e pensionistas, nos limites fixados pelas normas vigentes.

O ente da Federação também tem contribuições a verter, de modo a prover o fundo previdenciário específico, como tomador dos serviços. A matéria vem disciplinada, no âmbito federal, pelos arts. 8º e 8º-A da Lei n. 10.887/2004.

As alíquotas de contribuição do ente federativo, dos segurados e dos beneficiários do RPPS serão instituídas ou alteradas expressamente por meio de lei do ente federativo, observando-se o disposto no art. 9º da Portaria MTP n. 1.467/2022:

- em caso de instituição ou majoração, serão exigidas depois de decorridos noventa dias da data da publicação da lei de cada ente que as houver instituído ou majorado, podendo ser postergada, na lei, a exigência para o primeiro dia do mês subsequente

- ao nonagésimo dia, devendo ser mantida a vigência da contribuição anterior durante esse período;
- poderão ser progressivas de acordo com o valor da base de contribuição desde que embasadas em avaliação atuarial; e
- não poderão ser alteradas com efeitos retroativos.

Quanto à base de cálculo das contribuições, incumbe à lei de cada ente federativo definir as parcelas que comporão esta, observados os seguintes parâmetros (art. 12 da Portaria MTP n. 1.467/2022):

> I – integram a base de cálculo das contribuições, dentre outros, o subsídio, o vencimento do cargo efetivo, acrescido das vantagens pecuniárias permanentes estabelecidas em lei, os adicionais de caráter individual e as seguintes rubricas:
> a) no que se refere ao segurado: o décimo terceiro salário ou gratificação natalina, a remuneração devida ao segurado em decorrência de períodos de afastamento legal, inclusive por incapacidade temporária para o trabalho e por maternidade; e
> b) relativamente aos beneficiários: a gratificação natalina ou abono anual;
> II – a contribuição incidente sobre o décimo terceiro salário, gratificação natalina ou abono anual incidirá sobre o valor bruto dessas verbas, sem compensação dos adiantamentos pagos, mediante aplicação, em separado, das alíquotas definidas em lei pelo ente federativo;
> III – para o segurado que ingressar no serviço público em cargo efetivo a partir do início da vigência do Regime de Previdência Complementar – RPC ou que tenha exercido a opção correspondente, na forma dos §§ 14 a 16 do art. 40 da Constituição Federal, a base de cálculo das contribuições observará o limite máximo estabelecido para os benefícios do RGPS;
> IV – as contribuições dos beneficiários:
> a) incidirão sobre a parcela dos proventos e pensões por morte que supere o limite máximo estabelecido para os benefícios do RGPS ou daquele fixado nos termos do inciso II do *caput* do art. 8º;
> b) na forma da lei do ente federativo, incidirão sobre as parcelas de proventos de aposentadoria e de pensão por morte que superem o dobro do limite máximo estabelecido para os benefícios do RGPS quando o beneficiário for portador de doença incapacitante e desde que não referendada, na forma do *caput* do art. 8º, a revogação do disposto no § 21 do art. 40 pela Emenda Constitucional n. 103, de 2019;
> c) serão calculadas mensalmente, observando-se as alterações das bases de cálculo em caso de alíquotas progressivas ou dos limites de que trata a alínea "a"; e
> d) incidirão sobre o valor total do benefício, antes de sua divisão em cotas;
> V – a base de cálculo das contribuições dos segurados não poderá ser inferior ao salário mínimo, inclusive na hipótese de redução de carga horária, com prejuízo do subsídio ou remuneração;
> VI – quando o pagamento mensal do segurado sofrer descontos em razão de faltas ou de quaisquer outras ocorrências, a alíquota de contribuição deverá incidir sobre o valor total da base de cálculo prevista em lei, relativa à remuneração ou subsídio mensal do segurado no cargo, desconsiderados os descontos; e
> VII – não incidirá contribuição sobre verba não incorporável aos proventos de aposentadoria do segurado, tais como abono de permanência, terço de férias, serviços extraordinários, adicional noturno e adicional de insalubridade, observado o disposto no § 1º.

A exemplo do que já ocorre na legislação do RPPS da União, a lei do ente federativo poderá prever a inclusão, na base de cálculo, das parcelas pagas em decorrência de local de trabalho, de função de confiança, de cargo em comissão, ou de outras parcelas temporárias de remuneração, inclusive quando pagas por ente cessionário, mediante opção expressa do servidor que for se aposentar com cálculo pela média (e não pela integralidade), hipótese na qual também será devida a contribuição do ente (§ 1º do art. 12 da Portaria MTP n. 1.467/2022).

No tocante à contribuição dos pensionistas de RPPS, na hipótese de haver mais de um beneficiário de pensão por morte do mesmo segurado instituidor, em que algum for portador de doença incapacitante, deverão ser realizados cálculos separados das contribuições sobre o total da base de cálculo considerando as duas condições, a ser descontada de cada um de forma proporcional à quantidade de cotas-parte do benefício.

Nas hipóteses de cessão, licenciamento ou afastamento de segurado, prevê a normativa do Ministério do Trabalho e Previdência que o cálculo da contribuição ao RPPS será feito com base na remuneração ou subsídio do cargo efetivo de que o segurado for titular (art. 19 da Portaria MTP n. 1.467/2022).

Exceção a essa conduta, nota-se que alguns entes da Federação exigem, em suas leis locais, contribuições a servidores no período em que estejam licenciados do cargo, porém sem auferir rendimentos (licenças não remuneradas, geralmente para tratar de interesses particulares).

Não vemos cabimento, entretanto, na previsão de cobrança de contribuições de servidores que não estejam recebendo remuneração, como no caso de licenças para tratar de interesses particulares, comuns aos estatutos de servidores públicos. É que falta, nesse caso, a existência de fato gerador, não havendo prestação laboral onerosa, nem valor sobre o qual possa incidir a contribuição, visto que a base de cálculo – a remuneração auferida – seria igual a zero.

Estabelece o art. 20 da Portaria MTP n. 1.467/2022 que na cessão de segurado ou no afastamento para exercício de mandato eletivo, em que o órgão ou entidade cessionário ou órgão do exercício do mandato efetua o pagamento da remuneração ou subsídio diretamente ao segurado, será de responsabilidade desse órgão ou entidade:

> I – o desconto das contribuições devidas pelo segurado ao RPPS de origem;
> II – o custeio das contribuições normais e suplementares devidas pelo órgão ou entidade de origem ao regime próprio; e
> III – o repasse das contribuições, de que tratam os incisos I e II, à unidade gestora do RPPS a que está filiado o segurado.

Já na cessão ou afastamento do segurado, sem ônus para o cessionário, continuarão sob a responsabilidade do órgão ou entidade de origem o recolhimento e o repasse, à unidade gestora do RPPS, das contribuições correspondentes à parcela devida pelo segurado e pelo ente federativo, o que se aplica às situações de segurado afastado do cargo para exercício de mandato eletivo de prefeito ou de vereador em que haja opção pelo recebimento do subsídio ou da remuneração do cargo efetivo de que ele seja titular e no caso de segurado afastado, sem ônus para o cessionário, para exercício de cargo político (art. 21 da Portaria MTP n. 1.467/2022).

Não incidirão contribuições para o RPPS do ente de origem, para o RPPS do ente cessionário ou de exercício do mandato, nem para o RGPS, sobre as parcelas remuneratórias não componentes da remuneração do cargo efetivo pagas, pelo ente cessionário ou de exercício do mandato ou de cargo político, ao segurado cedido ou licenciado para exercício de mandato eletivo em outro ente federativo, exceto na hipótese em que houver a opção pela contribuição facultativa ao RPPS do ente de origem, na forma prevista na legislação deste último.

Todavia, há que se destacar o § 4º do art. 9º da EC n. 103, de 2019, o qual certamente será objeto de debate sob a ótica da autonomia dos entes federativos: "Os Estados, o Distrito Federal e os Municípios não poderão estabelecer alíquota inferior à da contribuição dos servidores da União, exceto se demonstrado que o respectivo regime próprio de previdência social não possui déficit atuarial a ser equacionado, hipótese em que a alíquota não poderá ser inferior às alíquotas aplicáveis ao Regime Geral de Previdência Social".

Passou o art. 149 da CF, com a redação conferida pela EC n. 103/2019, a prever que as contribuições relativas ao custeio de regimes previdenciários "poderão ter alíquotas progressivas de acordo com o valor da base de contribuição ou dos proventos de aposentadoria e de pensões" e ainda, havendo déficit atuarial, "é facultada a instituição de contribuição extraordinária, no âmbito da União, dos servidores públicos ativos, dos aposentados e dos pensionistas". O § 1º do referido artigo também teve sua redação alterada, mantida a obrigatoriedade de instituição de contribuição, descontada de servidores, aposentados e pensionistas, para custeio dos regimes próprios, mas agora fazendo menção à fixação de alíquotas progressivas.[1]

Antes da EC n. 103, já decidiu o STF várias vezes que "a instituição de alíquotas progressivas para a contribuição previdenciária dos servidores públicos ofende o princípio da vedação à utilização de qualquer tributo com efeito de confisco (art. 150, IV, da Constituição). Tal entendimento estende-se aos Estados e Municípios" (RE 414.915-AgR, Rel. Min. Ellen Gracie).

Também merece destaque a decisão proferida pelo TJPR a esse respeito: "As contribuições previdenciárias, de caráter retributivo e proporcional, não podem sofrer tributação progressiva, uma vez que não há progressividade na contraprestação oferecida pela Seguridade Social. A progressividade de alíquota implica no desvirtuamento da natureza da contribuição social, passando-se a ter verdadeiro caráter confiscatório, vedado pelo art. 150, inc. IV, da Constituição Federal". Relevante, ainda, frisar que a decisão ora transcrita foi confirmada pelo STF (RE 396509/PR, Rel. Min. Luiz Fux, *DJe* 02.02.2012).

Pelo mesmo fundamento, o STF suspendeu a aplicação de artigos da MP n. 805/2017 (antes de sua caducidade) que, entre outras medidas, aumentava de 11% para 14% a contribuição social devida pelos servidores públicos, incidente sobre a parcela que ultrapassa o teto das aposentadorias regidas pelo RGPS (ADI 5.809, Rel. Min. Ricardo Lewandowski, em 18.12.2017).

Permaneceu no Texto Constitucional a previsão de incidência de contribuição sobre proventos de aposentadorias e pensões que superem o limite máximo de benefícios do RGPS (§ 18 do art. 40). A contribuição continua incidindo sobre o valor da parcela dos proventos de aposentadoria e de pensões que supere o limite máximo estabelecido para os benefícios do RGPS, hipótese em que será considerada a totalidade do valor do benefício para fins de definição das alíquotas aplicáveis.

A EC n. 47/2005 havia acrescentado o § 21 ao art. 40 da Constituição, prevendo que "a contribuição prevista no § 18 deste artigo incidirá apenas sobre as parcelas de proventos de aposentadoria e de pensão que superem o dobro do limite máximo estabelecido para os benefícios do RGPS de que trata o art. 201 desta Constituição, quando o beneficiário, na forma da lei, for portador de doença incapacitante.

As dúvidas sobre a autoaplicabilidade dessa regra, levou o STF a admitir a apreciação da matéria em âmbito de repercussão geral, cuja tese fixada foi a seguinte:

> – **Tema n. 317:** "O art. 40, § 21, da Constituição Federal, enquanto esteve em vigor, era norma de eficácia limitada e seus efeitos estavam condicionados à edição de lei complementar federal ou lei regulamentar específica dos entes federados no âmbito dos respectivos regimes próprios de previdência social" (STF, RE 630.137 RG/RS, *DJe* 12.03.2021).

---

[1] A esse respeito – progressividade de alíquotas – é importante salientar o entendimento já consolidado pelo STF: "'Progressividade' não se limita ao escalonamento do cálculo do tributo em função do tempo, mas também abrange a exasperação da carga tributária com base na capacidade contributiva, na seletividade, na essencialidade ou na função social da propriedade" (RE n. 396.411-AgR, 2ª Turma, Rel. Min. Joaquim Barbosa, *DJe* 12.11.2010).

Entretanto, o aludido parágrafo foi revogado pelo art. 35 da EC n. 103/2019, o que levará a mais debates sobre o direito intertemporal: a nosso ver, a imunidade conferida deverá vigorar desde a promulgação da EC n. 47 até a véspera da promulgação da EC n. 103/2019, cabendo ao STF, entretanto, dirimir a questão, o que deve acontecer no julgamento da repercussão geral antes citada.

O STF reconheceu a Repercussão Geral (Tema n. 933) quanto às leis estaduais que elevam as alíquotas da contribuição previdenciária dos servidores, especialmente à luz do caráter contributivo do regime previdenciário e dos princípios do equilíbrio financeiro e atuarial, da vedação ao confisco e da razoabilidade. A tese fixada foi a seguinte:

> 1. A ausência de estudo atuarial específico e prévio à edição de lei que aumente a contribuição previdenciária dos servidores públicos não implica vício de inconstitucionalidade, mas mera irregularidade que pode ser sanada pela demonstração do déficit financeiro ou atuarial que justificava a medida. 2. A majoração da alíquota da contribuição previdenciária do servidor público para 13,25% não afronta os princípios da razoabilidade e da vedação ao confisco. (ARE n. 875.958/GO, Plenário Virtual, *DJe* 11.02.2022)

Pendem, ainda, de julgamento no STF as ADIs n. 6.254, n. 6.255 e n. 6.256, assim como a Repercussão Geral – Tema n. 1226, que deve definir a questão relativa à: "Constitucionalidade do art. 11, § 1º, incisos V a VIII, da Emenda Constitucional n. 103/2019, ante a previsão de alíquotas progressivas às contribuições previdenciárias dos servidores públicos federais" (*Leading Case*: RE 1.384.562). O julgamento foi iniciado e interrompido por pedido de vista, consoante se observa da ata da decisão que segue:

> Após o voto do Ministro Roberto Barroso (Relator), que julgava improcedente o pedido formulado; e do voto do Ministro Edson Fachin, que divergia do Relator e decretava a ilegitimidade ativa ad causam da autora Associação Nacional dos Magistrados da Justiça do Trabalho – ANAMATRA, julgando extinta a ação, sem resolução do mérito, em relação a essa autora, e, em relação às demais autoras, julgava parcialmente procedente o pedido para declarar: i) a inconstitucionalidade do art. 1º da EC n. 103/2019, na parte alteradora dos parágrafos 1º-A, 1º-B e 1º-C do art. 149 da Constituição Federal; ii) a inconstitucionalidade da expressão "que tenha sido concedida ou" do art. 25, § 3º, da EC n. 103/2019 e, em relação ao mesmo dispositivo, dava interpretação conforme à Constituição à locução "que venha a ser concedida", de modo a assegurar que o tempo de serviço anterior ao advento da EC n. 20/1998, nos termos da legislação vigente à época de seu implemento, seja computado como tempo de contribuição para efeito de aposentadoria; iii) a interpretação conforme à Constituição ao art. 26, § 5º, da EC n. 103/2019, de modo a que o acréscimo sobre o cálculo de benefícios, instituído em favor das trabalhadoras mulheres filiadas ao Regime Geral da Previdência Social (RGPS), aplique-se em igual modo e sem distinção às mulheres servidoras vinculadas ao Regime Próprio da Previdência Social (RPPS), pediu vista dos autos o Ministro Ricardo Lewandowski. (Plenário, Sessão Virtual de 16.09.2022 a 23.09.2022)

Além do supradescrito, que já acarreta tratamento mais gravoso a tais beneficiários dos RPPS, a EC n. 103 inova ao prever a possibilidade de redução da faixa de isenção aplicada a aposentados e pensionistas "quando houver déficit atuarial", hipótese em que a contribuição ordinária dos aposentados e pensionistas poderá incidir sobre o valor dos proventos de aposentadoria e de pensões que supere o salário mínimo (§ 1º-A do art. 149 da CF).

Neste caso, "demonstrada a insuficiência da medida prevista no § 1º-A para equacionar o déficit atuarial, é facultada a instituição de contribuição extraordinária, no âmbito da União, dos servidores públicos ativos, dos aposentados e dos pensionistas", o que deverá ser instituído simultaneamente com "outras medidas para equacionamento do déficit e vigorará por período determinado, contado da data de sua instituição" (§ 1º-B e 1º-C do art. 149).

Quanto aos servidores de entes da Federação que possuem Regime Próprio, mas não instituíram o RPC, não há que se falar em limitação do salário de contribuição ao valor máximo utilizado para os benefícios do RGPS, porquanto o cálculo da aposentadoria desses agentes, como visto no Capítulo sobre o tema, não é limitado por esse valor.

### 4.1.1 Restituição de contribuições indevidas

A contribuição, como obrigação de índole tributária, pode ser eventualmente exigida em valor superior ao devido, pelo que comporta a necessária restituição àquele que foi onerado a maior.

Para cumprir tal exigência, a unidade gestora do RPPS poderá restituir, no prazo previsto no art. 168 da Lei n. 5.172/1966 (CTN), a quem seja o sujeito passivo da obrigação, ou esteja por ele expressamente autorizado, contribuição repassada ao RPPS quando tenha havido pagamento indevido da obrigação por aquele que pleiteia a restituição comprovado em processo administrativo formalmente constituído (art. 82 da Portaria MTP n. 1.467/2022).

### 4.2 CONTRIBUIÇÕES NO RPPS DA UNIÃO

A matéria relativa à contribuição devida por ocupantes de cargos efetivos ao Regime Próprio era, até a promulgação da EC n. 103, de 2019, regulamentada pela Lei n. 10.887/2004.

Com a reforma, quanto ao RPPS da União, o art. 11 da EC n. 103/2019 passou a reger, em caráter de regra transitória, a contribuição dos seus participantes, inclusive aposentados e pensionistas, cujas novas alíquotas e respectivas bases de cálculo passam a ser exigidas a partir de 1º.03.2020 (art. 36, inciso I, da EC n. 103/2019). E, a cada ano, os valores correspondentes aos patamares de base de cálculo de cada alíquota serão reajustados pelo INPC (§ 3º do art. 11 da EC n. 103), cujas tabelas atualizadas por Portaria Interministerial MPS/MF estão nos anexos desta obra.

No tocante a aposentados e pensionistas do RPPS da União, o entendimento dos órgãos do governo federal é de que se aplica imediatamente a revogação da faixa de isenção diferenciada de que tratava o § 21 do art. 40 da Constituição.

Quanto à incidência da contribuição sobre os proventos, merece destaque a situação decorrente da fixação de alíquotas progressivas para esses contribuintes, que embora já aposentados, ou que talvez nunca tenham trabalhado para a União (pensionistas), sofrerão impacto bem maior que os ocupantes de cargos públicos em atividade. Até a EC n. 103, a alíquota era de 11% para todos, mas incidia apenas sobre os valores superiores ao "teto" do RGPS. Após a Emenda, como as alíquotas são menores apenas para quem recebe até um valor inferior ao "teto", conclui-se facilmente que todos os aposentados e pensionistas terão aumento em sua contribuição, partindo do mínimo de 14% e chegando a 22% sobre a última faixa de incidência.

Entretanto, os mais atingidos são os aposentados e pensionistas no âmbito do RPPS federal, que eram contemplados com a regra do § 21 do art. 40, revogado pela EC n. 103. A partir do primeiro pagamento de benefício após promulgada a EC n. 103/2019, os beneficiários que têm doenças incapacitantes passaram a ter, como faixa de isenção, o mesmo valor que os demais (caindo pela metade); além disso, a partir de março de 2020, passaram a ter de contribuir com alíquotas maiores, de forma progressiva. Como já bem salientado por entidades representativas de categorias de servidores, para tais pessoas "que são justamente os mais vulneráveis e que provavelmente gastam muito mais com questões médicas, a perda causada pela Reforma foi ainda maior".[2]

---

[2] Disponível em: https://www.proifes.org.br/noticias-proifes/calculadora-das-novas-aliquotas-de-contribuicao-a--previdencia-social. Acesso em: 31 ago. 2020.

Com isso, aposentados nesta condição (com doenças incapacitantes, como a cardiopatia grave) que, por exemplo, recebiam R$ 10.000,00 de proventos até a promulgação da Emenda n. 103, nada pagariam de contribuição, mas a partir de março de 2020 passaram a contribuir com valor idêntico aos daqueles aposentados que não possuem enfermidade desta gravidade.

Importante lembrar que, para servidores que entraram no serviço público federal após a implementação do RPC (Funpresp), ou para aqueles que, mesmo tendo ingressado antes da implementação, resolveram migrar para o novo sistema, a progressividade terá como teto de contribuição o limite máximo dos benefícios do RGPS. Desse modo, para esse grupo de servidores, a alíquota mais elevada não ultrapassará o percentual de 14%.

O STF, em julgamento de Repercussão Geral (Tema n. 163) para analisar a incidência de contribuição sobre verbas auferidas por servidores federais, quando não incorporável aos proventos da aposentadoria e não expressamente excluídas da incidência pelo parágrafo único do art. 1º da Lei n. 9.783/1999, sufragou a seguinte tese: "Não incide contribuição previdenciária sobre verba não incorporável aos proventos de aposentadoria do servidor público, tais como 'terço de férias', 'serviços extraordinários', 'adicional noturno' e 'adicional de insalubridade'" (*DJe* 19.10.2018).[3]

Cabe ainda destacar que a IN RFB n. 2097, de 18.07.2022, estabelece normas relativas à Contribuição para o Plano de Seguridade Social do Servidor (CPSS), de que trata a Lei n. 10.880, de 2004, e com base nas novas diretrizes estabelecidas pela EC n. 103, de 2019.

A CPSS incide sobre o subsídio ou vencimento de cargo vitalício ou efetivo, acrescido das vantagens pecuniárias permanentes estabelecidas em lei e dos adicionais de caráter individual e sobre os proventos de aposentadorias e pensões, inclusive sobre a gratificação natalina. Sobre as alíquotas do servidor ativo, colhe-se do art. 4º, parágrafo único, dessa IN, que:

> Aplicam-se, sobre as bases de cálculo previstas no *caput*, as alíquotas de:
> I – 11% (onze por cento), até 29 de fevereiro de 2020; e
> II – 14% (quatorze por cento), a partir de 1º de março de 2020, que será reduzida ou majorada, e aplicada de forma progressiva, conforme o valor da base de cálculo da contribuição, de acordo com os parâmetros constantes de ato publicado periodicamente pelo Ministério do Trabalho e Previdência.

Em relação aos aposentados e pensionistas a definição consta do art. 5º da IN RFB n. 2.097/2022, quais sejam:

> Art. 5º A contribuição do servidor aposentado ou pensionista é calculada sobre o valor dos proventos de aposentadorias e pensões que ultrapassar o limite máximo estabelecido para os benefícios do RGPS, mediante aplicação das alíquotas de:
> I – 11% (onze por cento), até 29 de fevereiro de 2020; e
> II – 14% (quatorze por cento), a partir de 1º de março de 2020, que será reduzida ou majorada conforme o valor total do benefício recebido, de acordo com os parâmetros constantes de ato publicado periodicamente pelo Ministério do Trabalho e Previdência.
> Parágrafo único. Para fins de definição das alíquotas incidentes sobre os proventos de pensão, deverá ser considerada a totalidade do valor pago a esse título, independentemente do valor da quota devida a cada pensionista.

---

[3] Interessante observar que o STF, ao julgar o Tema n. 985 de Repercussão Geral, tratando da incidência da contribuição das empresas (na Lei n. 8.212/1991, ou seja, no RGPS) sobre o acréscimo de um terço de férias, reconheceu a constitucionalidade (RE 1.072.485, Plenário Virtual, j. 29.08.2020).

### 4.2.1 Contribuição incidente sobre valores decorrentes de decisão judicial

Prevê a Lei n. 12.350/2010, ao incluir o art. 16-A da Lei n. 10.887/2004, que a contribuição do Plano de Seguridade do Servidor Público (PSS), decorrente de valores pagos em cumprimento de decisão judicial, ainda que derivada de homologação de acordo, será retida na fonte, no momento do pagamento ao beneficiário ou seu representante legal, pela instituição financeira responsável pelo pagamento, por intermédio da quitação da guia de recolhimento remetida pelo setor de precatórios do Tribunal respectivo, no caso de pagamento de precatório ou requisição de pequeno valor, ou pela fonte pagadora, no caso de implantação de rubrica específica em folha, mediante a aplicação da alíquota de 11% (onze por cento) sobre o valor pago.

Com a vigência da EC n. 103/2019, as alíquotas passam a ser as definidas no art. 11 da referida Emenda, se o fato gerador (direito discutido em Juízo) for posterior à sua vigência.

# 5

# Regras de Aposentadoria dos Regimes Próprios

A aposentadoria do servidor público pode ser conceituada como o direito subjetivo, exercitado em face do ente da Federação, de perceber determinada soma em pecúnia, denominada proventos, após ter permanecido em exercício de cargo público efetivo, diante da ocorrência de certos fatos jurídicos previamente estabelecidos, satisfeitos os requisitos estabelecidos pela ordem jurídica, inaugurando-se, com a concessão do benefício, uma nova relação jurídica entre o servidor, ora aposentado, e o ente da Federação, relação esta de natureza previdenciária.

A aposentadoria gera o rompimento do liame jurídico-laboral entre o servidor público e o ente da Administração Pública que o admitira em seu quadro, com o que é declarado vago o cargo que até então ocupava,[1] podendo ser provido por outro servidor, iniciando-se aí nova relação jurídica,[2] de natureza previdenciária,[3] entre os mesmos sujeitos. Esse entendimento é reforçado, agora, pela inclusão do § 14 no art. 37 da CF, a partir da EC n. 103, de 2019: "A aposentadoria concedida com a utilização de tempo de contribuição decorrente de cargo, emprego ou função pública, inclusive do Regime Geral de Previdência Social, acarretará o rompimento do vínculo que gerou o referido tempo de contribuição". Evidentemente, a regra só pode ser aplicada a relações *estatutárias*, excetuadas as situações regidas pela CLT. Importante observar que, regra geral, a aposentadoria de matiz voluntária, no âmbito dos RPPS, uma vez deferida, não retroage seus efeitos pecuniários à data do requerimento.

A justificativa para este procedimento é que a aposentadoria acarreta vacância do cargo ocupado, somente podendo haver provimento do mesmo cargo por outra pessoa após a saída do ocupante anterior dos quadros da Administração.

Ocorre então uma diferenciação bastante significativa em relação ao RGPS, já que no regime dos trabalhadores em geral, a aposentadoria não significa necessariamente o rompimento da relação laboral.

A matéria foi submetida ao STF, em razão do ajuizamento da ADI 6.849, interposta contra a legislação do RPPS do Estado do Paraná, que estabelece como marco inicial do pagamento do benefício "o mês subsequente ao da publicação do ato concessivo". A inicial da ADI sustenta

---

[1] Cf. dispõe o art. 33, inciso VII, da Lei n. 8.112, de 11 de dezembro de 1990, que dispõe sobre o regime jurídico dos servidores públicos civis da União, autarquias e fundações públicas federais.

[2] "A relação entre o aposentado e o Estado, reformulada, tem como objeto uma 'pensão vitalícia' irredutível, resultante de um direito subjetivo (ou de uma situação individual) do funcionário, frente à prestação obrigacional do Estado" (OLIVEIRA, J. E. Abreu de. *Aposentadoria no Serviço Público*. Rio de Janeiro: Freitas Bastos, 1970, p. 36).

[3] DEMO, *Reforma da Previdência. Servidor Público que toma posse em novo cargo. Regime previdenciário aplicável*, p. 215.

que mesmo presentes os requisitos constitucionais que dão o direito de se aposentar, a administração leva vários meses, ou mesmo anos, para processar e dar efeitos jurídicos ao direito já adquirido. Enquanto isso ocorre, milhares de servidores são mantidos no serviço, quando já têm direito à aposentadoria. De fato, compreendemos que este regramento pode vir em evidente prejuízo do servidor, quanto ao lapso temporal entre o requerimento e a publicação do ato de aposentadoria.

Há um problema relacionado aos entes da Federação que não possuem Regime Próprio de Previdência, submetendo seus servidores efetivos ao RGPS/INSS. É que, mesmo havendo o vínculo "estatutário", a aposentadoria concedida pelo INSS não exigia o "desligamento" do cargo, acarretando dúvidas sobre a situação dos servidores. Por outro lado, como o RGPS não prevê aposentadoria "automática" aos 75 anos, servidores que chegavam a essa idade eram obrigados a deixar o cargo efetivo e, no entanto, não tinham (e continuam não tendo) assegurado o direito à aposentadoria, caso não consigam atingir os requisitos exigidos na Lei que regulamenta o RGPS, uma vez que nesse regime não há previsão de aposentadoria compulsória a servidor público, apenas as demais modalidades (voluntária/especial/incapacidade permanente).

Nota-se, portanto, um direcionamento da preocupação especificamente a servidores desses Municípios e empregados de empresas públicas e sociedades de economia mista de todas as esferas da Administração Indireta. No âmbito do Regime Jurídico do servidor público, a aposentadoria é causa de vacância do cargo público, mesmo aquela causada por invalidez, ou, agora, incapacidade permanente. Vide, a esse respeito, por exemplo, a Lei n. 8.112, de 1990 (Regime Jurídico Único dos Servidores Públicos Federais).

O art. 6º da EC n. 103/2019 define que "o disposto no § 14 do art. 37 da Constituição Federal não se aplica a aposentadorias concedidas pelo Regime Geral de Previdência Social até a data de entrada em vigor desta Emenda Constitucional", ou seja, aquelas aposentadorias que já estão sendo pagas na data em que a Emenda passou a vigorar não poderão ser consideradas hipóteses de rompimento contratual. A nosso ver, a regra comporta reflexões, seja pela posição já consolidada no STF de que a aposentadoria, no RGPS, por si só não importa em extinção do contrato de trabalho (inclusive com entidades da Administração Indireta), seja porque o constituinte derivado parece ter se esquecido das situações de direito adquirido: uma vez satisfeitos os requisitos antes da alteração normativa, não se pode dar tratamento distinto ao detentor do direito pelo fato de ter postergado o exercício de seu direito.

A citada interpretação do STF não se manteve quando do julgamento da Repercussão Geral (Tema n. 606), cuja tese fixada foi a seguinte:

> A natureza do ato de demissão de empregado público é constitucional-administrativa e não trabalhista, o que atrai a competência da Justiça comum para julgar a questão. A concessão de aposentadoria aos empregados públicos inviabiliza a permanência no emprego, nos termos do art. 37, § 14, da CRFB, salvo para as aposentadorias concedidas pelo Regime Geral de Previdência Social até a data de entrada em vigor da Emenda Constitucional n. 103/2019, nos termos do que dispõe seu art. 6º. (RE 655283, Plenário, Rel. Min. Marco Aurélio, j. 16.06.2021)

Frisamos, ainda, que ao julgar o RE n. 1.302.501, o STF decidiu em Repercussão Geral (Tema n. 1.150), que: "O servidor público aposentado pelo Regime Geral de Previdência Social, com previsão de vacância do cargo em lei local, não tem direito a ser reintegrado ao mesmo cargo no qual se aposentou ou nele manter-se, por violação à regra do concurso público e à impossibilidade de acumulação de proventos e remuneração não acumuláveis em atividade", sem a limitação adotada pelo art. 6º da EC n. 103.

## 5.1 CONCESSÃO DE BENEFÍCIOS NOS RPPS

A concessão da aposentadoria e da pensão por morte nos RPPS é ato a ser praticado pelo órgão competente dentro de cada ente federativo, na forma da legislação pertinente, não cabendo ao INSS esta atribuição.

No RPPS da União, não há um órgão único, central, que seja responsável pelas concessões, ficando a cargo, em regra, dos órgãos de pessoal dentro de cada Ministério do Poder Executivo, em cada um dos Tribunais do Poder Judiciário da União, bem como das Procuradorias do Ministério Público da União; e das casas do Poder Legislativo Federal. Já em boa parte dos Estados e Municípios existe uma autarquia com essa função específica de gestora de benefícios previdenciários do respectivo Regime Próprio.

## 5.2 O CRIVO OBRIGATÓRIO DO TRIBUNAL DE CONTAS

Outra diferença importante é que, nos Regimes Próprios, o ato de deferimento da aposentadoria passa, obrigatoriamente, pelo crivo do Tribunal de Contas respectivo, por expressa disposição constitucional que determina a sua apreciação, para fins de registro (art. 71, inciso III).

Assim, a análise da legalidade do ato de concessão de aposentadorias (e pensões) nos RPPS é da essência do ato, que assim se revela, segundo a doutrina publicista, como ato administrativo complexo, o qual pode ter seu registro recusado quando lhe faltar base legal (STF, RE 197.227/ES, Rel. Min. Ilmar Galvão, *DJ* 22.10.1996).

Todavia, não cabe ao Tribunal de Contas – como instância administrativa que é – a alteração do ato concessório, como já decidiu o STF:

> No exercício da sua função constitucional de controle, o Tribunal de Contas da União procede, dentre outras atribuições, à verificação da legalidade da aposentadoria e determina – tal seja a situação jurídica emergente do respectivo ato concessivo – a efetivação, ou não, de seu registro. O Tribunal de Contas da União, no desempenho dessa específica atribuição, não dispõe de competência para proceder a qualquer inovação no título jurídico de aposentação submetido a seu exame. Constatada a ocorrência de vício de legalidade no ato concessivo de aposentadoria, torna-se lícito ao Tribunal de Contas da União – especialmente ante a ampliação do espaço institucional de sua atuação fiscalizadora – recomendar ao órgão ou entidade competente que adote as medidas necessárias ao exato cumprimento da lei, evitando, desse modo, a medida radical da recusa de registro. Se o órgão de que proveio o ato juridicamente viciado, agindo nos limites de sua esfera de atribuições, recusar-se a dar execução à diligência recomendada pelo Tribunal de Contas da União – reafirmando, assim, o seu entendimento quanto à plena legalidade da concessão da aposentadoria –, caberá à Corte de Contas, então, pronunciar-se, definitivamente, sobre a efetivação do registro. (MS 21.466/DF, Rel. Min. Celso de Mello, *DJ 06.05.1994*)

Também quanto à matéria, cumpre recordar o conteúdo da Súmula Vinculante n. 3: "Nos processos perante o Tribunal de Contas da União asseguram-se o contraditório e a ampla defesa, quando a decisão puder resultar em anulação ou revogação do ato administrativo que beneficie o interessado, *excetuada a apreciação da legalidade do ato de concessão inicial de aposentadoria, reforma e pensão*". Este entendimento se aplica também aos demais Tribunais de Contas de Estados e Municípios.

Dúvidas podem surgir quanto às situações em que o Tribunal de Contas responsável pelo controle de legalidade diverge quanto ao cálculo da aposentadoria ou pensão concedida, mas não quanto ao direito do servidor ou dependente. Nestas hipóteses, pode ter havido apenas incorreção na apuração do valor devido a título de proventos.

Em análise bastante pertinente, Antonio Malheiro divide o problema em dois: (1) quando o valor apurado pelo órgão concedente é menor que o considerado correto pelo órgão de controle e (2) quando o valor apurado é maior que o considerado correto pelo órgão de controle. Para o Conselheiro, em caso de pagamento a menor, cumpre ao Tribunal de Contas efetivar o registro, porém notificando o servidor ou dependente a respeito da suposta incorreção para que este tome as medidas cabíveis, administrativa ou judicialmente; já nos casos de concessão de valor considerado maior que o devido, defende que deve ser notificado o gestor, conferindo-lhe prazo para corrigir a distorção, em vez de simplesmente negar o registro, permitindo a manutenção da aposentadoria porém com os devidos ajustes – inclusive eventual ressarcimento ao Erário dos pagamentos considerados irregulares feitos pelo gestor público ao servidor ou dependente beneficiário.[4]

## 5.3 DEVOLUÇÃO DE VALORES PERCEBIDOS DE BOA-FÉ NOS RPPS

Dadas as circunstâncias em que se concede a aposentadoria aos ocupantes de cargos públicos, com a necessária passagem pelo Tribunal de Contas competente para análise da legalidade do ato, há muitas situações em que a aposentadoria é questionada e por vezes até mesmo considerada indevida, acarretando querelas jurídicas acerca da devolutividade ou não de valores recebidos pelo servidor que teria tido seu requerimento de benefício indevidamente deferido.

Entretanto, o Plenário do STF assentou que, havendo boa-fé do servidor público que recebe valores indevidos a título de aposentadoria, só a partir da data em que for ela julgada ilegítima pelo órgão competente deverá ser devolvida a quantia recebida a maior (*v.g.*, MS n. 26.085, Rel. Min. Cármen Lúcia, *DJe* 13.06.2008; e MS n. 24.781, Rel. p/ Acórdão Min. Gilmar Mendes, *DJe* 09.06.2011).

No mesmo sentido, a jurisprudência pacificada no STJ: "quando a Administração Pública interpreta erroneamente uma lei, resultando em pagamento indevido ao servidor, cria-se uma falsa expectativa de que os valores recebidos são legais e definitivos, impedindo, assim, que ocorra desconto dos mesmos, ante a boa-fé do servidor público" (Tema Repetitivo n. 531).

No entanto, em outro julgamento de Repetitivo (Tema n. 1.009), o STJ fixou tese que contrasta com o entendimento antes consolidado:

> Os pagamentos indevidos aos servidores públicos decorrentes de erro administrativo (operacional ou de cálculo), não embasado em interpretação errônea ou equivocada da lei pela Administração, estão sujeitos à devolução, ressalvadas as hipóteses em que o servidor, diante do caso concreto, comprova sua boa-fé objetiva, sobretudo com demonstração de que não lhe era possível constatar o pagamento indevido. (REsp 1.769.306/AL, 1ª Seção, Rel. Min. Benedito Gonçalves, *DJe* 19.05.2021)

Por conta dessa reviravolta, o STJ modulou os efeitos no seguinte sentido: "Os efeitos definidos neste representativo da controvérsia, somente devem atingir os processos que tenham sido distribuídos, na primeira instância, a partir da publicação deste acórdão".

## 5.4 PRAZO PARA DISCUSSÃO ACERCA DA LEGALIDADE DO ATO CONCESSÓRIO

Em razão da distinção de tratamento quanto aos benefícios concedidos por Regimes Próprios, qualquer prazo para discussão judicial do ato concessório também sofre os efeitos da complexidade do ato:

---

[4] MALHEIRO, Antonio Fernando. Função do Tribunal de Contas na Aprovação de Aposentadorias e Pensões. In: VIEIRA, Lucia Helena (coord.). *Regimes Próprios*: aspectos relevantes. São Paulo: ABIPEM, 2008. v. 2.

A concessão de aposentadoria aos servidores públicos é ato administrativo complexo, o qual só se aperfeiçoa depois do registro, que se dá após duas manifestações: uma do ente público ao qual se encontra vinculado o servidor; e outra do Tribunal de Contas da União. Portanto, apenas a partir dessa segunda manifestação é que a contagem do prazo decadencial inicia seu curso. (STF, 1ª Turma, MS 28.953/DF, Rel. Min. Cármen Lúcia, j. 28.02.2012)

O STF, a respeito do tema, fixou tese de repercussão geral (Tema n. 445) nos seguintes termos: "Em atenção aos princípios da segurança jurídica e da confiança legítima, os Tribunais de Contas estão sujeitos ao prazo de 5 anos para o julgamento da legalidade do ato de concessão inicial de aposentadoria, reforma ou pensão, a contar da chegada do processo à respectiva Corte de Contas".

O TCU, por seu turno, decidiu que "O prazo de cinco anos estabelecido pelo STF para a apreciação definitiva de atos sujeitos a registro, contado da data de entrada do ato no TCU (RE 636.553 – Tema n. 445 da Repercussão Geral), possui natureza decadencial, não se sujeitando a marcos suspensivos ou interruptivos" (Acórdão 8660/2021, Primeira Câmara – Pedido de Reexame, Rel. Min. Vital do Rêgo).

Cumpre ainda ressaltar que o prazo para que o agente público venha a discutir o ato de aposentadoria, visando sua revisão, é de cinco anos computados da publicação do ato concessório, como decidiu a TNU (PEDILEF 200671950194238/RS, Rel. Juiz Federal Paulo Ricardo Arena Filho, *DOU* 18.05.2012).

*Mas* é firme a jurisprudência no sentido de que "Inexiste afronta ao princípio do contraditório e da segurança jurídica quando a análise do ato de concessão de aposentadoria, pensão ou reforma for realizada pelo TCU dentro do prazo de cinco anos, contados da entrada do processo administrativo na Corte de Contas" (STF, MS n. 31.704, 1ª Turma, Rel. Min. Edson Fachin, j. 19.04.2016).

## 5.5 O § 3º DO ART. 25 DA EC N. 103/2019

O ato de aposentadoria do servidor, após sua análise pelo Tribunal de Contas, é ato jurídico perfeito. Todavia, o § 3º do art. 25 da EC n. 103, de 2019, prevê que "Considera-se nula a aposentadoria que tenha sido concedida ou que venha a ser concedida por regime próprio de previdência social com contagem recíproca do Regime Geral de Previdência Social mediante o cômputo de tempo de serviço sem o recolhimento da respectiva contribuição ou da correspondente indenização pelo segurado obrigatório responsável, à época do exercício da atividade, pelo recolhimento de suas próprias contribuições previdenciárias".

Desta forma, tudo indica que a Emenda em questão pretende atacar atos jurídicos perfeitos, que já não podem mais ser modificados sequer pelo próprio Tribunal de Contas que o considerou correto. Ainda que se quisesse analisar a questão sob o prisma das concessões mediante fraude, é da essência da anulação de atos jurídicos o direito ao contraditório e à ampla defesa do interessado, o que não transparece do texto aprovado.

## 5.6 DIREITO ADQUIRIDO EM MATÉRIA DE APOSENTADORIA NOS RPPS

Importante observar que, para compreensão do que seja direito adquirido em matéria de aposentadoria nos RPPS, admite-se o mesmo entendimento que cabe quanto ao RGPS: adquire-se o direito à aposentadoria na data em que se preenche o último dos requisitos exigidos pela norma jurídica. Antes disso, há mera expectativa de direito, e para fins de transição, direito acumulado ao cômputo do tempo de contribuição já vertido.

Os servidores que ingressaram no cargo público antes das Reformas Constitucionais não possuem direito adquirido à imutabilidade ou à permanência das regras vigentes (e de transição) ao tempo do ingresso no serviço público conforme o entendimento do STF a esse respeito, cunhado na expressão "não existe direito adquirido a regime jurídico".

A data de ingresso no serviço público é, destarte, relevante para a identificação, para cada segurado/servidor, das regras gerais e de transição aplicáveis.

Na fixação da data de ingresso no serviço público, para fins de verificação do direito de opção pelas regras de transição para concessão de aposentadoria, quando o segurado tiver ocupado, sem interrupção, sucessivos cargos efetivos na Administração Pública direta, autárquica e fundacional, em qualquer dos entes federativos, será considerada a data da investidura mais remota dentre as ininterruptas (art. 166 da Portaria MTP n. 1.467/2022).

Com base nessa premissa, o STF e o STJ consolidaram orientação segundo a qual o servidor público não possui direito adquirido à forma de cálculo de remuneração, desde que respeitado o princípio da irredutibilidade de vencimentos e proventos (*v.g.*, AgInt no RMS 50.289/PR, 1ª Turma, Rel. Min. Regina Helena Costa, *DJe* 29.05.2017).

É matéria pacificada no STF que, "Ressalvada a revisão prevista em lei, os proventos da inatividade regulam-se pela lei vigente ao tempo em que o militar, ou o servidor civil reuniu os requisitos necessários" (STF, Súmula n. 359), ou seja, não há necessidade de prévio requerimento administrativo para resguardar o direito à aplicação das regras revogadas, se o agente público chegou a preencher os requisitos para a aposentadoria antes de sua revogação.

## 5.7 OS CRITÉRIOS DE CÁLCULO DE APOSENTADORIAS

No âmbito dos Regimes Próprios, houve significativa alteração dos critérios de apuração da renda mensal inicial de aposentadoria a cada reforma constitucional.

No texto original da CF de 1988, o critério era o da "integralidade"[5], permitindo a legislação regulamentadora a incorporação de vantagens de modo que o valor dos proventos poderia (e em muitos casos ocorria) até exceder o valor recebido em atividade.

A EC n. 20, de 1998, alterou esse cenário para proibir a incorporação de vantagens, limitando o valor dos proventos à última remuneração do cargo efetivo ocupado pelo servidor, mantida a "integralidade".

Na sequência, a EC n. 41 modificou o critério novamente, determinando o cálculo por média dos salários de contribuição (e não mais pela última remuneração), o que foi regulamentado pela Lei n. 10.887. Deixava de existir o critério da "integralidade", porém o servidor ainda poderia, em tese, se aposentar com valor igual ao de sua última remuneração do cargo efetivo, caso a média atingisse este valor.

Com a edição da EC n. 103, de 2019, nova alteração ocorreu.

A começar pelo fato de que as mudanças ali perpetradas se aplicam de imediato apenas ao RPPS da União, exigindo-se lei local de cada ente federativo para que as novas regras se apliquem em cada Estado, Município e no Distrito Federal.

Pelas regras trazidas com a EC n. 103, o cálculo da aposentadoria dos servidores federais continua a ser por média, mas, diferentemente do que previa a Lei n. 10.887, será considerada no cálculo a totalidade dos salários de contribuição, corrigidos monetariamente, desde julho de 1994 (e não apenas os equivalentes a 80%, desprezando-se os mais baixos). Além disso, determina o § 2º do art. 40, com a nova redação a ele conferida, que o valor máximo observe o "teto" do RGPS (e não mais a última remuneração do servidor). Essa regra se aplica a novos

---

[5] Entende-se como cálculo por integralidade a "regra de definição do valor inicial de proventos de aposentadoria e das pensões por morte, que corresponderão à remuneração do segurado no cargo efetivo, ao subsídio, ou ao provento, conforme previsto na regra vigente para concessão desses benefícios quando da implementação dos requisitos pelo segurado ou beneficiário" (Portaria MTP n. 1.467, de 02.06.2022, art. 2º, inc. XVIII).

servidores federais, ou seja, pessoas admitidas em um cargo público efetivo pela primeira vez após a promulgação da Emenda n. 103/2019. Para aqueles que já exercem cargo público antes disso, no âmbito do RPPS da União, devem buscar enquadramento nas regras de transição, o que pode levar a proventos que não sejam limitados pelo mesmo valor que os "novos".

A redação vigente do § 3º do art. 40, pós-EC n. 103, de 2019, passa a prever que "As regras para cálculo de proventos de aposentadoria serão disciplinadas em lei do respectivo ente federativo", levando à chamada "desconstitucionalização" da matéria. Rompe-se assim uma tradição de tratamento igualitário a todos os servidores públicos, pois cria a EC n. 103/ 2019 tratamento diferenciado aos ocupantes de cargos públicos federais, afetando de imediato (e sem qualquer certeza de que os critérios nos demais Entes será o mesmo) o cálculo de proventos, pois o assunto está regulamentado na referida Emenda apenas para o RPPS da União, como será visto a seguir.

## 5.8 CÁLCULO DOS PROVENTOS NO RPPS DA UNIÃO (ART. 26 DA EC N. 103, DE 2019)

Acerca dos servidores federais, o art. 26 da Emenda n. 103/2019 cria uma regra transitória, tanto para o RGPS quanto para esses servidores, e que vale para aposentadorias cujos requisitos sejam preenchidos a partir de 14.11.2019, até que seja produzida a regulamentação do cálculo no RPPS da União:

> Art. 26. Até que lei discipline o cálculo dos benefícios do regime próprio de previdência social da União e do Regime Geral de Previdência Social, será utilizada a média aritmética simples dos salários de contribuição e das remunerações adotados como base para contribuições a regime próprio de previdência social e ao Regime Geral de Previdência Social, ou como base para contribuições decorrentes das atividades militares de que tratam os arts. 42 e 142 da Constituição Federal, atualizados monetariamente, correspondentes a 100% (cem por cento) do período contributivo desde a competência julho de 1994 ou desde o início da contribuição, se posterior àquela competência.
> 
> § 1º A média a que se refere o *caput* será limitada ao valor máximo do salário de contribuição do Regime Geral de Previdência Social para os segurados deste regime e para o servidor que ingressou no serviço público em cargo efetivo após a implantação do regime de previdência complementar ou que tenha exercido a opção correspondente, nos termos do disposto nos §§ 14 a 16 do art. 40 da Constituição Federal.
> 
> § 2º O valor do benefício de aposentadoria corresponderá a 60% (sessenta por cento) da média aritmética definida na forma prevista no *caput* e no § 1º, com acréscimo de 2 (dois) pontos percentuais para cada ano de contribuição que exceder o tempo de 20 (vinte) anos de contribuição nos casos:
> 
> I – do inciso II do § 6º do art. 4º, do § 4º do art. 15, do § 3º do art. 16 e do § 2º do art. 18;
> 
> II – do § 4º do art. 10, ressalvado o disposto no inciso II do § 3º e no § 4º deste artigo;
> 
> III – de aposentadoria por incapacidade permanente aos segurados do Regime Geral de Previdência Social, ressalvado o disposto no inciso II do § 3º deste artigo; e
> 
> IV – do § 2º do art. 19 e do § 2º do art. 21, ressalvado o disposto no § 5º deste artigo.
> 
> § 3º O valor do benefício de aposentadoria corresponderá a 100% (cem por cento) da média aritmética definida na forma prevista no *caput* e no § 1º:
> 
> I – no caso do inciso II do § 2º do art. 20;
> 
> II – no caso de aposentadoria por incapacidade permanente, quando decorrer de acidente de trabalho, de doença profissional e de doença do trabalho.
> 
> § 4º O valor do benefício da aposentadoria de que trata o inciso III do § 1º do art. 10 corresponderá ao resultado do tempo de contribuição dividido por 20 (vinte) anos, limitado a um inteiro, multiplicado pelo valor apurado na forma do *caput* do § 2º deste artigo, ressalvado

o caso de cumprimento de critérios de acesso para aposentadoria voluntária que resulte em situação mais favorável.

A regra transitória "piora" a situação do cálculo em relação à regra anterior.

Antes (para os ocupantes de cargos efetivos federais ingressantes após a EC n. 41), a média em questão era apurada desprezando-se os mais baixos salários de contribuição, na razão de 20% do total do tempo de contribuição (ou seja, o cálculo era feito considerando os maiores salários de contribuição, equivalentes a 80% do todo). Assim, de cada dez meses de contribuição desprezavam-se os dois salários de contribuição mais baixos, o que fazia a média ser um pouco menos prejudicada por esses valores reduzidos em comparação aos demais.

Por outra vertente, o § 6º traz uma regra de difícil compreensão, pois autoriza a exclusão, no cálculo da média, de "contribuições (sic) que resultem em redução do valor do benefício". Ocorre que a redução decorre do salário de contribuição (e não da contribuição em si) e não há um benefício já concedido, sendo o seu valor apurado quando do requerimento, ou na concessão. Redução "do valor do benefício" pressupõe haver um cálculo inicial, para que se possa fazer a comparação entre valores do benefício "com" e "sem" salários de contribuição. Em que oportunidade o beneficiário faria o pedido de exclusão?

Entendemos, em face da imensa lacuna a esse respeito, que incumbe à entidade concedente do benefício informar ao beneficiário qual o *critério mais favorável para apuração da média* (pela garantia de que o indivíduo deve ter o *melhor benefício a que faça jus* e pelo presumido desconhecimento dos detalhes, por parte do beneficiário, sobre a regra de cálculo); ou seja, *calcularia, o órgão previdenciário, a média com o desprezo dos meses cujo salário de contribuição venha a prejudicar a média*.

O cálculo da aposentadoria (e, por ricochete, também o da pensão) é afetado ainda pelo critério de aferição do coeficiente aplicado. Uma vez obtida a média, aplica-se, então, o percentual devido, para se chegar ao valor da renda (dos proventos) de aposentadoria. A matéria está no § 2º do art. 26 da EC n. 103 e nos seguintes, vistos adiante.

Os servidores de Estados, Distrito Federal e Municípios não sofrem com essa alteração de imediato, mas somente se e quando houver alteração da legislação local.

O § 9º do art. 4º da EC n. 103/2019 trata a matéria da seguinte forma:

> Aplicam-se às aposentadorias dos servidores dos Estados, do Distrito Federal e dos Municípios as normas constitucionais e infraconstitucionais anteriores à data de entrada em vigor desta Emenda Constitucional, enquanto não promovidas alterações na legislação interna relacionada ao respectivo regime próprio de previdência social.

Dessa forma, enquanto ausente a regulamentação prevista no § 3º do art. 40, o cálculo, para servidores estaduais, distritais e municipais, continuará sendo feito com base no que dispõe o art. 1º da Lei n. 10.887/2004.

## 5.9 QUESTÕES SOBRE A LIMITAÇÃO DO VALOR DOS PROVENTOS

As regras da EC n. 41/2003 limitavam o seu valor máximo por um lado, à remuneração do cargo efetivo do próprio servidor requerente (art. 40, § 2º), e por outro, aos valores estabelecidos genericamente para a categoria, denominados "tetos e subtetos de remuneração do serviço público", de modo que as aposentadorias concedidas a partir da publicação da Emenda, portanto, não poderão exceder o subsídio mensal, em espécie, dos Ministros do Supremo Tribunal Federal, aplicando-se como limite, nos Municípios, o subsídio do Prefeito, e nos Estados e no Distrito Federal, o subsídio mensal do Governador no âmbito do Poder Executivo, o subsídio dos Deputados Estaduais e Distritais, no âmbito do Poder Legislativo e o subsídio dos Desembargadores do Tribunal de Justiça, limitado, nesse último caso, a noventa inteiros e vinte e cinco centésimos por cento do subsídio mensal, em espécie, dos Ministros do Supremo Tribunal Federal, no âmbito do Poder Judiciário, aplicável este limite aos membros do Ministério Público, aos Procuradores e aos Defensores Públicos dos Estados (CF, art. 37, Xl).

Tal limitação restou confirmada pelo STF em decisões proferidas após o *leading case* (SS 2.542-AgR, Rel. Min. Presidente Gilmar Mendes, j. 12.06.2008, Plenário, *DJe* 17.10.2008). No mesmo sentido: SS 4.264-AgR, Rel. Min. Presidente Cezar Peluso, j. 09.12.2010, Plenário, *DJe* 11.02.2011; SS 2.504-AgR, Rel. Min. Presidente Ellen Gracie, j. 17.03.2008, Plenário, *DJe* 2.05.2008.

Quanto ao limite mínimo, tem-se que o valor dos proventos de aposentadoria, por imperativo constitucional, não poderá ser inferior ao salário mínimo. Agora, o § 2º do art. 40, com a redação conferida pela EC n. 103, de 2019, expressamente prevê esse limite mínimo. Dessa forma, mesmo que haja direito a benefício com cálculo proporcional ao tempo de contribuição, ou em razão de carga horária reduzida, mantém-se o mínimo existencial:

> "Para admitir que o servidor, mesmo se aposentando proporcionalmente, pudesse receber abaixo do mínimo, teríamos que trabalhar com a categoria jurídica nova, absurda, a do submínimo; quer dizer, o mínimo já é o piso abaixo do qual não se admite absolutamente nada" (voto do Min. Carlos Britto no RE 340.599-3/CE, Min. Sepúlveda Pertence). (TJSC, Apelação Cível n. 0300433-88.2015.8.24.0218, 4ª Câmara de Direito Público, Rel. Des. Vera Lúcia Ferreira Copetti, j. 28.06.2018)

A respeito das parcelas que devem estar submetidas ao valor-teto de proventos, o STF estabeleceu que:

> Subtraído o montante que exceder o teto e subteto previsto no art. 37, inciso XI, da Constituição Federal, tem-se o valor que vale como base para o Imposto de Renda e para a contribuição previdenciária (RE 675.978 – Tema n. 639 de Repercussão Geral, *DJe* 29.06.2015). Computam-se para efeito de observância do teto remuneratório do art. 37, XI, da Constituição da República, também os valores percebidos anteriormente à vigência da EC n. 41/2003 a título de vantagens pessoais pelo servidor público, dispensada a restituição de valores eventualmente recebidos em excesso e de boa-fé até o dia 18.11.2015 [data do julgamento]. (RE 606.358 – Tema n. 257 de Repercussão Geral, *DJe* 20.11.2015)

Registramos, por fim, que esta matéria, em que pese a alteração promovida pela EC n. 103, de 2019, continuará por muito tempo em evidência, em razão das situações de direito adquirido e de aplicação de regras de transição que asseguram o pagamento de proventos iguais à última remuneração, como será visto em capítulo próprio.

## 5.10 ACUMULAÇÃO DE PROVENTOS COM OUTROS RENDIMENTOS DECORRENTES DE CARGO, EMPREGO OU FUNÇÃO PÚBLICA

É estabelecida, pelo § 6º do art. 40 da Constituição, a proibição de acumulação de proventos de aposentadorias, ressalvadas as hipóteses de acumulação permitida de cargos, empregos e funções públicas, constantes do art. 37, incisos XVI e XVII, da Constituição, aplicando-se outras vedações, regras e condições para a acumulação de benefícios previdenciários estabelecidas no RGPS (conforme a redação conferida pela EC n. 103, de 2019).

A acumulação de duas aposentadorias em matéria de RPPS decorre da permissão contida no art. 37 da Carta Magna, de acumulação lícita de cargos. Considerando que, nos RPPS (diferentemente do que ocorre no RGPS), a aposentadoria se dá em cada cargo, não se somando os salários de contribuição para a concessão de um único benefício, nada mais justo do que a acumulação se estender às aposentadorias decorrentes de trabalho lícito. Além da acumulação de aposentadorias decorrentes de cargos constitucionalmente acumuláveis, continua sendo possível a acumulação de uma aposentadoria de regime próprio com outra decorrente de filiação do regime geral, mas há previsão expressa de que as disposições constitucionais relativas ao tema poderão ser alteradas por futura lei complementar (§ 5º do art. 24 da EC n. 103, de 2019).

Sobre a acumulação de proventos de aposentadoria com vencimentos de cargo em exercício, o STF sedimentou o entendimento de que somente se permite a acumulação quando se tratar de cargos, empregos ou funções acumuláveis em atividade, nos termos da norma do art. 37, XVI, da Constituição Federal (Ag. no RE 498.944/RJ, 2ª Turma, Rel. Min. Joaquim Barbosa, DJe 1º.02.2012). E, ainda, "a acumulação de proventos e vencimentos somente é permitida quando se tratar de cargos, funções ou empregos acumuláveis na atividade, na forma permitida na Constituição. Não é permitida a acumulação de proventos de duas aposentadorias com os vencimentos de cargo público, ainda que proveniente de aprovação em concurso público antes da EC n. 20/1998" (STF, AI 479.810-AgR, 2ª Turma, Rel. Min. Carlos Velloso, j. 06.12.2005, DJ 03.02.2006). No mesmo sentido: RE 595.713-AgR, 1ª Turma, Rel. Min. Ricardo Lewandowski, j. 08.02.2011, DJe 10.03.2011.

Esta é a tese fixada pelo STF em Repercussão Geral – Tema n. 384 (RE 602043, Rel. Min. Marco Aurélio, j. 27.04.2017, DJe 08.09.2017): "Nos casos autorizados constitucionalmente de acumulação de cargos, empregos e funções, a incidência do art. 37, inciso XI, da Constituição Federal pressupõe consideração de cada um dos vínculos formalizados, afastada a observância do teto remuneratório quanto ao somatório dos ganhos do agente público" (A mesma tese foi fixada para o Tema n. 377).

De acordo com os precedentes, a EC n. 41/2003 restabeleceu a vigência do art. 17 do ADCT, que, embora em seu *caput* afaste a invocação do direito adquirido ao recebimento de verbas remuneratórias contrárias à CF, em seus §§ 1º e 2º traz exceção ao assegurarº expressamente o exercício cumulativo de dois cargos ou empregos privativos de profissionais de saúde. Assim, conforme a jurisprudência do STJ, a referida norma excepciona a incidência do teto constitucional aos casos de acumulação de cargos dos profissionais de saúde, devendo tais cargos ser considerados isoladamente para esse fim (RMS 38.682-ES, 2ª Turma, Rel. Min. Herman Benjamin, DJe 05.12.2012).

Sobre a acumulação de proventos de aposentadoria e de vencimentos, quando referente a dois cargos de professor, a TNU fixou a tese de que "a incompatibilidade de horários não determina a inacumulabilidade do exercício de cargo de professor com a percepção de aposentadoria pelo mesmo cargo, ainda que em regime de dedicação exclusiva, pois as respectivas atribuições não se exercem simultaneamente, impondo-se sejam essas fontes de renda consideradas individualizadamente para efeito de abate-teto" (PEDILEF 50555396320144047100/RS, Sessão de 12.09.2018).

Não se admite acúmulo tríplice de provimentos e vencimentos de professor, mesmo que decorrentes de aprovações em concursos públicos anteriores à vigência da EC n. 20/1998 (STF, AI 545.424 AgR-AgR, 2ª Turma, Min. Celso de Mello, DJe 25.03.2013; AI 529.499 AgR, 1ª Turma, Min. Ricardo Lewandowski, DJe 17.11.2010). E, ainda, não se tratando de emprego ou função pública acumulável na atividade, na forma prevista na Constituição Federal, não se admite a acumulação se o retorno ao serviço público ocorreu somente após a Emenda Constitucional n. 20/1998 (Ag. Reg. no AI 717.747/SP, 1ª Turma, Rel. Min. Dias Toffoli, DJe 26.04.2013).

Há decisões divergentes da Corte Suprema, entretanto, sobre a acumulação de proventos de aposentadoria com remunerações de cargo em atividade, em situações específicas:

> Magistério. Acumulação de proventos de uma aposentadoria com duas remunerações. Retorno ao serviço público por concurso público antes do advento da EC n. 20/1998.

Possibilidade. É possível a acumulação de proventos oriundos de uma aposentadoria com duas remunerações quando o servidor foi aprovado em concurso público antes do advento da EC n. 20. O art. 11 da EC n. 20 convalidou o reingresso – até a data da sua publicação – do inativo no serviço público, por meio de concurso. A convalidação alcança os vencimentos em duplicidade se os cargos são acumuláveis na forma do disposto no art. 37, XVI, da CB, vedada, todavia, a percepção de mais de uma aposentadoria (RE 489.776-AgR, 2ª Turma, Rel. Min. Eros Grau, j. 17.06.2008, *DJe* 1º.08.2008.) No mesmo sentido: RE 547.900-AgR, 1ª Turma, Rel. Min. Marco Aurélio, j. 13.12.2011, *DJe* 15.02.2012; RE 599.909-AgR, 2ª Turma, Rel. Min. Celso de Mello, j. 07.12.2010, *DJe* 1º.02.2011; AI 483.076-AgR-AgR, 2ª Turma, Rel. Min. Gilmar Mendes, j. 16.11.2010, *DJe* 1º.12.2010.

A acumulação de proventos e vencimentos somente é permitida quando se tratar de cargos, funções ou empregos acumuláveis na atividade, na forma permitida na Constituição. Não é permitida a acumulação de proventos de duas aposentadorias com os vencimentos de cargo público, ainda que proveniente de aprovação em concurso público antes da EC n. 20/1998 (AI 479.810-AgR, 2ª Turma, Rel. Min. Carlos Velloso, j. 06.12.2005, *DJ* 03.02.2006). No mesmo sentido: RE 595.713-AgR, 1ª Turma, Rel. Min. Ricardo Lewandowski, j. 08.02.2011, *DJe* 10.03.2011.

A jurisprudência do STJ, por seu turno, é firme na seguinte orientação:

ENUNCIADO ADMINISTRATIVO N. 3/STJ. SERVIDOR PÚBLICO. POLICIAL MILITAR E PROFESSOR. CASSAÇÃO DE APOSENTADORIA. ACUMULAÇÃO INCONSTITUCIONAL. IMPOSSIBILIDADE. ART. 142, § 3º, II, EM LEITURA CONJUNTA COM O ART. 37, XVI, "B", DA CONSTITUIÇÃO FEDERAL. JURISPRUDÊNCIA DO STF.
1. A Primeira Seção deste Superior Tribunal de Justiça, na sentada do dia 11 de setembro de 2013, no julgamento do Mandado de Segurança n. 20.148/DF, na relatoria do Ministro Arnaldo Esteves Lima, firmou a compreensão de que a Administração não perde, pelo decurso de prazo, a possibilidade de adotar procedimento para rever ilegal acumulação de cargos públicos.
2. A acumulação de cargos de professor e integrantes da Polícia Militar dos Estados é inconstitucional, nos termos do art. 142, § 3º, II, em leitura conjunta com o art. 37, XVI, "b", da Constituição Federal.
3. Por não serem acumuláveis os referidos cargos, incide o § 10º do art. 37 da Constituição Federal sem a ressalva: "É vedada a percepção simultânea de proventos de aposentadoria decorrentes do art. 40 ou dos arts. 42 e 142 com a remuneração de cargo, emprego ou função pública, ressalvados os cargos acumuláveis na forma desta Constituição, os cargos eletivos e os cargos em comissão declarados em lei de livre nomeação e exoneração". 4. Agravo interno não provido. (AgInt no RMS 55.438/DF, 2ª Turma, Rel. Min. Mauro Campbell Marques, *DJe* 21.02.2018)

Já em termos de atividade como empregado público (filiado ao RGPS, portanto), até a EC n. 103, de 2019, sempre entendemos que não há vedação ao recebimento simultâneo de salário devido pelo emprego e a aposentadoria paga pelo INSS, conforme o entendimento pacificado pela SBDI do Tribunal Superior do Trabalho (vide decisão no ERR 496000-16.2009.5.12.0036, Rel. Min. Lélio Bentes Correa, *DEJT* 20.09.2012).

Segundo precedente do STF, a aposentadoria voluntária do servidor regido pela CLT não extingue o vínculo empregatício – ao menos até a promulgação da EC n. 103. Caso seja dispensado sem justa causa em consequência do pedido de aposentadoria, cabe o pagamento de verbas rescisórias plenas, incluindo-se a indenização de 40% do FGTS (Ag. Reg. no AI 737.279-SP, 1ª Turma, Rel. Min. Marco Aurélio, *DJe* 22.08.2013).

Agora, o novo § 14 do art. 37 da CF passou a prever que a aposentadoria concedida com a utilização de tempo de contribuição decorrente de cargo, emprego ou função pública, inclusive do RGPS, acarretará o rompimento do vínculo que gerou o referido tempo de contribuição. O dispositivo não tem vigência retroativa. Para as aposentadorias concedidas até a data de entrada em vigor dessa Emenda Constitucional não há rompimento do vínculo (art. 6º da EC n. 103/2019). Entendemos que a vedação também não se aplica aos que requereram a aposentadoria antes da entrada em vigor da EC n. 103/2019, mas com a concessão deferida somente em data posterior, bem como aos detentores de direito adquirido até 13.11.2019 (a esse respeito, vide o art. 153-A do RPS, com redação conferida pelo Decreto n. 10.410/2020).

Quanto ao recebimento conjunto de aposentadoria e pensão por um mesmo servidor público, não há vedação à acumulação no regime antecedente à EC n. 103, mas o STF, apreciando o Tema n. 359 de Repercussão Geral, fixou a seguinte tese: "Ocorrida a morte do instituidor da pensão em momento posterior ao da Emenda Constitucional n. 19/1998, o teto constitucional previsto no inciso XI do art. 37 da Constituição Federal incide sobre o somatório de remuneração ou provento e a pensão recebida por servidor" (Plenário, 06.08.2020 – Sessão realizada inteiramente por videoconferência – Resolução n. 672/2020/STF, *DJe* 20.08.2020).

O art. 24 da EC n. 103, de 2019, passou a prever nova hipótese de limitação aplicada à acumulação de benefícios, envolvendo o RGPS, o RPPS da União e, ainda, proventos de inatividade de militares e as pensões deixadas por militares.[6]

Assim, de acordo com o novo regramento (§ 2º do art. 24), admite-se apenas a acumulação *parcial* de pensão por morte deixada por cônjuge ou companheiro de um regime de previdência social com aposentadoria concedida no âmbito do RGPS ou de regime próprio de previdência social ou com proventos de inatividade decorrentes das atividades militares de que tratam os arts. 42 e 142 da Constituição Federal; ou aposentadoria concedida no âmbito do RGPS ou de regime próprio de previdência social com pensões decorrentes das atividades militares de que tratam os arts. 42 e 142 da Constituição Federal (incisos II e III do § 1º do art. 24 da EC). Há limitações também quanto ao acúmulo de pensões por morte, o que será objeto de comentários no capítulo pertinente a esse benefício.

Nas hipóteses das acumulações acima, é assegurada pelo § 2º do mesmo art. 24 da EC, a percepção do valor integral do benefício mais vantajoso e de uma parte de cada um dos demais benefícios, apurada cumulativamente de acordo com as seguintes faixas:

I – 100% (cem por cento) até o valor de 1 (um) salário mínimo;
II – 60% (sessenta por cento) do valor que exceder 1 (um) salário mínimo, até o limite de 2 (dois) salários mínimos;
III – 40% (quarenta por cento) do valor que exceder 2 (dois) salários mínimos, até o limite de 3 (três) salários mínimos;
IV – 20% (vinte por cento) do valor que exceder 3 (três) salários mínimos, até o limite de 4 (quatro) salários mínimos; e
V – 10% (dez por cento) do valor que exceder 4 (quatro) salários mínimos.

A aplicação do disposto no § 2º do art. 24 da EC poderá ser revista a qualquer tempo, a pedido do interessado, em razão de alteração de algum dos benefícios.

---

[6] Entendemos que, por força do § 8º do art. 23 da EC n. 103, "aplicam-se às pensões concedidas aos dependentes de servidores dos Estados, do Distrito Federal e dos Municípios as normas constitucionais e infraconstitucionais anteriores à data de entrada em vigor desta Emenda Constitucional, enquanto não promovidas alterações na legislação interna relacionada ao respectivo regime próprio de previdência social". Ou seja, as limitações à acumulação de benefícios trazida pela Emenda também precisarão ser disciplinadas em leis locais, e enquanto não forem, não poderão ser aplicadas, salvo no RGPS, no RPPS da União e aos militares e pensionistas das Forças Armadas.

As restrições mencionadas, segundo a disciplina fixada na Emenda, não serão aplicadas apenas se o direito a ambos os benefícios houver sido adquirido antes da data de entrada em vigor da EC n. 103/2019; ou seja, se um dos benefícios (ou ambos) tiver seus requisitos preenchidos após a promulgação, sujeitar-se-á o beneficiário aos limites impostos. Frisamos que não é necessário que o requerimento de benefício seja anterior à vigência da Emenda, mas, sim, o preenchimento de todos os requisitos.

# 6
# Benefícios dos RPPS

## 6.1 APOSENTADORIA POR INCAPACIDADE PERMANENTE

A aposentadoria por incapacidade permanente (antes chamada aposentadoria por invalidez), no âmbito dos Regimes Próprios de Previdência Social de que trata o art. 40 da Constituição, depende da ausência de condições físicas ou psíquicas de permanecer o indivíduo exercendo a atividade no serviço público, podendo ser requerida pelo interessado ou decidida *ex officio*, por questões de interesse público.

Não se exige tempo mínimo de serviço público, nem de contribuição, no âmbito dos RPPS, para a concessão desse benefício, diferentemente do que ocorre no RGPS, em que se exige carência de 12 contribuições mensais, salvo as hipóteses excluídas por lei.

### 6.1.1 Regras aplicáveis ao RPPS da União (e entes federativos que tenham promovido reformas após a EC n. 103/2019)

A atual redação do art. 40 da CF, pós-EC n. 103, de 2019, acarreta modificações nessa modalidade de benefício. Entretanto, tais alterações se aplicam de imediato apenas ao RPPS da União, dependendo de lei de cada ente federativo para que sejam aplicadas aos demais RPPS.

Inicialmente, passa a se exigir a insusceptibilidade de readaptação do servidor em cargo compatível com suas limitações, em caso de redução de capacidade (e não incapacidade total). A readaptação passa a ser prevista no § 13 do art. 37 da Carta.

No âmbito da legislação da União, todavia, já havia tal previsão (Lei n. 8.112/1990, art. 24):

> Readaptação é a investidura do servidor em cargo de atribuições e responsabilidades compatíveis com a limitação que tenha sofrido em sua capacidade física ou mental verificada em inspeção médica.

Na mesma lei estão descritas as exigências para a readaptação (art. 24, § 2º):

> A readaptação será efetivada em cargo de atribuições afins, respeitada a habilitação exigida, nível de escolaridade e equivalência de vencimentos e, na hipótese de inexistência de cargo vago, o servidor exercerá suas atribuições como excedente, até a ocorrência de vaga.

As exigências para a readaptação, portanto, envolvem: a existência de um cargo compatível com a redução da capacidade e, ao mesmo tempo, que o servidor tenha a habilitação e o grau de escolaridade exigidos. Ausente algum desses requisitos, o servidor deverá ser aposentado por incapacidade permanente.

Mesmo readaptado para cargo com remuneração inferior ao ocupado antes da redução da sua capacidade laborativa, o servidor deverá continuar recebendo o valor do cargo de origem.

O inciso I do § 1º do art. 40 passa a prever também que será obrigatória a realização de avaliações periódicas para verificação da continuidade das condições que ensejaram a concessão da aposentadoria, "na forma de lei do respectivo ente federativo".

Sobre a forma de cálculo da aposentadoria por incapacidade permanente, houve também severas mudanças.

Antes da EC n. 103/2019, a aposentadoria era de 100% do valor devido para todos os servidores (federais, estaduais, distritais e municipais) nas situações de acidentes em serviço, moléstia ocupacional ou doença grave, contagiosa ou incurável, tipificada em lei, e proporcional ao tempo de contribuição, nos demais casos.

Na nova disciplina prevista no art. 26 da EC n. 103, de 2019, aplicável de imediato no âmbito do RPPS da União e demais RPPS, a partir da vigência das respectivas leis dos demais entes federativos no mesmo sentido, somente terá direito a 100% da média o servidor que teve como causa da aposentadoria por incapacidade permanente um acidente em serviço ou doença ocupacional. Deixa de haver pagamento de 100% para as doenças graves tipificadas em lei, que geram direito a proventos como nos casos de incapacidade em geral: 60% da média, mais 2% para cada ano de contribuição que supere 20 anos.

Dessa forma, um servidor federal com 15 anos de contribuição, que seja vitimado por neoplasia maligna, ou cardiopatia grave, por exemplo, com diagnóstico a partir de 14.11.2019, receberá apenas 60% da média dos salários de contribuição, limitado ao valor teto do RGPS, pelo resto da vida.

Como a EC n. 103/2019 somente trata do RGPS e do RPPS da União, deverão ser disciplinadas por lei ordinária dos entes federativos as regras para concessão de aposentadoria por incapacidade permanente para o trabalho, "no cargo em que estiver investido o segurado, quando insuscetível de readaptação, hipótese em que será obrigatória a realização de avaliações periódicas para verificação da continuidade das condições que ensejaram a concessão da aposentadoria" (art. 164 da Portaria MTP n. 1.467/2022).

A nosso ver, há evidente afronta ao texto original da Constituição, em face da inserção de *discrímen* sem qualquer razoabilidade e sem nenhuma justificativa plausível às pessoas vitimadas por doenças tipificadas como graves. A TRU da 4ª Região, discutindo a mesma regra, porém versando sobre segurado do RGPS, reconheceu a inconstitucionalidade desse critério:

> PREVIDENCIÁRIO. APOSENTADORIA POR INCAPACIDADE PERMANENTE. DISCRIMINAÇÃO ENTRE OS COEFICIENTES DA ACIDENTÁRIA E DA NÃO ACIDENTÁRIA. CÁLCULO DA RENDA MENSAL INICIAL. INCONSTITUCIONALIDADE DO ART. 26, § 2º, III, DA EC N. 103/2019. VIOLAÇÃO DOS PRINCÍPIOS CONSTITUCIONAIS DA ISONOMIA, DA RAZOABILIDADE E DA IRREDUTIBILIDADE DO VALOR DOS BENEFÍCIOS E DA PROIBIÇÃO DA PROTEÇÃO DEFICIENTE. 1. A EC n. 103/2019 alterou a forma de cálculo dos benefícios previdenciários. Em relação a aposentadoria por incapacidade permanente não acidentária, estabeleceu, até o advento de lei posterior, que o seu cálculo, corresponda a 60% (sessenta por cento) da média aritmética simples dos salários de contribuição contidos no período de apuração, com acréscimo de 2% (dois por cento) para cada ano de contribuição que exceder o tempo de 20 anos de contribuição para os homens ou 15 anos de contribuição para as mulheres. 2. O art. 194, parágrafo único, IV, da CF/1988, garante a irredutibilidade do valor dos benefícios. Como a EC n. 103/2019 não tratou do auxílio-doença (agora auxílio por incapacidade temporária) criou uma situação paradoxal. De fato, continua sendo aplicável o art. 61 da LBPS, cuja renda mensal inicial corresponde a 91% do salário de benefício. Desta forma, se um segurado estiver recebendo auxílio-doença que for convertido em aposentadoria por incapacidade permanente, terá uma redução substancial, não fazendo sentido, do ponto de vista da proteção social, que um benefício por incapacidade temporária tenha um valor superior a um benefício por incapa-

cidade permanente. 3. Ademais, não há motivo objetivo plausível para haver discriminação entre os coeficientes aplicáveis à aposentadoria por incapacidade permanente acidentária e não acidentária. 4. Em razão da inconstitucionalidade do inciso III do § 2º do art. 26 da EC n. 103/2019, esta turma delibera por fixar a seguinte tese: "O valor da renda mensal inicial (RMI) da aposentadoria por incapacidade permanente não acidentária continua sendo de 100% (cem por cento) da média aritmética simples dos salários de contribuição contidos no período básico de cálculo (PBC). Tratando-se de benefício com DIB posterior a EC n. 103/2019, o período de apuração será de 100% do período contributivo desde a competência julho de 1994, ou desde o início da contribuição, se posterior àquela competência. (Proc. 5003241-81.2021.4.04.7122, Rel. Juiz Federal Daniel Machado da Rocha, juntado aos autos em 12.03.2022)

Enquanto não editada lei local a esse respeito nos Estados, DF e Municípios, prevalece a aplicação das regras da Lei n. 10.887, de 2004, ou seja, aos servidores de Estados, DF e Municípios não se aplica o critério de cálculo do art. 26 da EC n. 103, de 2019. É o que se extrai do § 9º do art. 4º da EC n. 103, de 2019.

Na ocorrência das hipóteses previstas para concessão de aposentadoria compulsória ou por incapacidade permanente a segurado que tenha implementado os requisitos legais para concessão de aposentadoria voluntária em qualquer regra, o RPPS deverá facultar que, antes da concessão da aposentadoria de ofício, o segurado, ou seu representante legal, opte pela aposentadoria de acordo com a regra que lhe seja mais vantajosa (art. 174 da Portaria MTP n. 1.467/2022).

Regra de extrema importância consta da normatização infralegal pelo Ministério do Trabalho e Previdência, quanto à data de concessão do benefício nos RPPS: "a aposentadoria por incapacidade permanente ou por invalidez será concedida com base na legislação vigente na data em que o laudo médico-pericial definir como início da incapacidade total e definitiva para o trabalho, e vigorará a partir da data da publicação do ato correspondente" (art. 176 da Portaria MTP n. 1.467/2022). Com isso, a eventual demora no processamento, deferimento e publicação do ato de aposentadoria, em caso de incapacidade permanente, não causará prejuízo ao segurado do RPPS, mesmo que ocorra alteração de requisitos ou critérios de cálculo.

Frisamos que a incapacidade temporária do agente público vinculado a RPPS é de ser remunerada a título de licença para tratamento de saúde, ou nomenclatura similar, pelo tempo que for necessário à recuperação da capacidade, ou conversão em aposentadoria por incapacidade permanente. Neste sentido, considerou-se inconstitucional "Lei que estabelece licença por incapacidade temporária sem remuneração ao Servidor Público do Município de Esteio/RS" (STF – ARE: 1462480/RS, 1ª Turma, Rel. Min. Alexandre de Moraes, j. 21.02.2024, *DJe*-s/n publ. 28.02.2024).

A licença para tratamento de saúde, ou auxílio-doença, deve ser considerada, em todo caso, como tempo de contribuição, pois, a exemplo do que ocorre no RGPS, trata-se de período em que o indivíduo não tem como contribuir, por estar incapacitado, não podendo ser prejudicado por evento alheio a sua vontade.

Nessa linha, "inexiste, portanto, previsão legal no sentido de autorizar a suspensão da contagem do prazo de estágio probatório durante as licenças médicas gozadas pelo próprio servidor público" (STJ, REsp 2.049.016/RN, Rel. Min. Regina Helena Costa, *DJe* 08.02.2023).

Ademais, a respeito do direito a férias do servidor licenciado, definiu o STF em tese fixada quanto ao Tema n. 221 de Repercussão Geral: "No exercício da autonomia legislativa municipal, não pode o Município, ao disciplinar o regime jurídico de seus servidores, restringir o direito de férias a servidor em licença-saúde de maneira a inviabilizar o gozo de férias anuais previsto no art. 7º, XVII, da Constituição Federal de 1988".

Quanto à situação em que a pessoa aposentada necessite de assistência permanente de terceiros, o que no RGPS gera o direito ao adicional de 25% previsto no art. 45 da Lei n. 8.213/1991, entende o STJ que não cabe a extensão desse direito a servidor público federal, regido pela Lei n. 8.112/1990 (STJ, REsp 2020/0031268-0, Rel. Min. Assusete Magalhães, 2ª Turma, *DJe* 26.10.2021).

O aposentado por RPPS que voltar a exercer atividade que denote a recuperação de capacidade laboral para o exercício das atribuições do cargo em que se deu a aposentadoria ou a possibilidade de sua readaptação, terá a aposentadoria por incapacidade permanente ou invalidez reavaliada, a pedido ou de ofício, assegurado sempre ao interessado o direito à ampla defesa e ao contraditório (parágrafo único do art. 176 da Portaria MTP n. 1.476/2022).

### 6.1.2 Acidente em serviço e moléstias profissionais

O conceito de acidente em serviço é identificado no âmbito do RPPS da União pelo art. 212 da Lei n. 8.112/1990 – Regime Jurídico Único dos Servidores Públicos Federais, *verbis*:

> Art. 212. Configura acidente em serviço o dano físico ou mental sofrido pelo servidor, que se relacione, mediata ou imediatamente, com as atribuições do cargo exercido.
> Parágrafo único. Equipara-se ao acidente em serviço o dano:
> I – decorrente de agressão sofrida e não provocada pelo servidor no exercício do cargo;
> II – sofrido no percurso da residência para o trabalho e vice-versa.

Quanto às moléstias (ou doenças) profissionais, por ausência de indicação específica, aplica-se o conceito constante do art. 20, inciso I, da Lei n. 8.213/1991, que dispõe sobre a matéria no âmbito do RGPS (por força do § 12 do art. 40 da Constituição, que determina a aplicação dos critérios desse Regime nas lacunas da legislação dos RPPS), como sendo: "a produzida ou desencadeada pelo exercício do trabalho peculiar a determinada atividade e constante da respectiva relação elaborada pelo Ministério do Trabalho e da Previdência Social".

### 6.1.3 A Emenda Constitucional n. 70/2012

A Emenda Constitucional n. 70/2012 havia modificado o cálculo dos proventos das aposentadorias por invalidez concedidas ou a conceder aos servidores que ingressaram no cargo até 31.12.2003, e que se incapacitaram depois dessa data. Isso se deu pela inclusão do art. 6º-A na EC n. 41, que tem a seguinte redação:

> O servidor da União, dos Estados, do Distrito Federal e dos Municípios, incluídas suas autarquias e fundações, que tenha ingressado no serviço público até a data de publicação desta Emenda Constitucional e que tenha se aposentado ou venha a se aposentar por invalidez permanente, com fundamento no inciso I do § 1º do art. 40 da Constituição Federal, tem direito a proventos de aposentadoria calculados com base na remuneração do cargo efetivo em que se der a aposentadoria, na forma da lei, não sendo aplicáveis as disposições constantes dos §§ 3º, 8º e 17 do art. 40 da Constituição Federal.

Os proventos de invalidez desse grupo de servidores, quando integrais, corresponderiam a 100% do valor da remuneração do cargo na data da concessão da aposentadoria e, se proporcionais, terão o percentual correspondente ao tempo de contribuição aplicado sobre essa remuneração.

Foi alterada também a forma de reajuste desses benefícios e das pensões delas decorrentes, significando que, na revisão dos proventos, era aplicada a paridade dos benefícios com a remuneração do servidor no cargo correspondente.

Não houve, todavia, alteração no texto do art. 40, § 1º, I, da Constituição pela Emenda n. 70/2012, portanto não foi garantida a integralidade dos proventos em relação à remuneração nas hipóteses ali previstas.

Em cumprimento ao art. 2º da Emenda n. 70/2012, o valor dos proventos por invalidez, concedidos a partir de 1º.01.2004 aos servidores que ingressaram antes dessa data, deveriam ser revistos em 180 dias contados de 29.03.2012, com recálculo do valor inicial e das revisões posteriores na forma determinada.

O STF, no julgamento do RE 924.456/RJ (Tema de Repercussão Geral n. 754), assentou a seguinte tese: "os efeitos financeiros das revisões de aposentadoria concedidas com base no art. 6º-A da Emenda Constitucional n. 41/2003, introduzido pela Emenda Constitucional n. 70/2012, somente se produzirão a partir da data de sua promulgação (30.02.2012)" (STF, RE 924.456, Rel. p/ Acórdão Min. Alexandre de Moraes, *DJe* 08.09.2017).

A regra da paridade também se aplicaria, conforme a EC n. 70, às pensões decorrentes dos falecimentos dos segurados aposentados por invalidez, desde que o aposentado tenha ingressado até 31.12.2003. Os valores dessas pensões devem ser revisados pela paridade desde a data da concessão da pensão.

Entretanto, a EC n. 103/2019 revogou o dispositivo, de modo que a regra somente se aplica, no âmbito do RPPS da União, aposentadorias e pensões cujo direito tenha sido adquirido até a data da promulgação dessa Emenda.

Já quanto aos servidores de Estados e Municípios, o STF proferiu decisão em ADI interposta pelo Governador do Rio Grande do Sul entendendo que não há observância obrigatória do art. 15 da Lei n. 10.887/2004. Conforme consta da ementa, "Por afrontar a autonomia constitucional de Estado-membro e a repartição constitucional de competências legislativas, é formalmente inconstitucional lei federal que determina a todos os entes federados mantenedores de regimes próprios da previdência social a realização de reajustes, na mesma data e índice em que se der o reacerto dos benefícios do regime geral, ressalvado (*sic*) os casos de beneficiários agraciados pela paridade" (ADI 4.582, Rel. Min. André Mendonça, Tribunal Pleno, julgado em sessão virtual encerrada em 03.11.2022).

Efetivamente, pois "a concorrência entre os entes políticos em matéria de previdência dá-se apenas no âmbito da previdência social do servidor público. Nesse caso, a União edita normas gerais sobre o regime previdenciário próprio do servidor, cabendo aos demais entes dispor sobre a matéria de forma suplementar, nos termos do art. 24 e dos incisos I e II do art. 25 da CR/1988"[1].

**QUADROS-RESUMO – REGRAS DE APOSENTADORIA POR INCAPACIDADE PERMANENTE**

Observação: caso o servidor a ser aposentado seja ocupante de cargo efetivo de ente federativo que já tenha implementado o regime de previdência complementar de que tratam os §§ 14 a 16 do art. 40 da CF, e que ingressou após a implementação, ou migrou para este modelo, antes de concedida a aposentadoria, os proventos de aposentadoria devidos pelo RPPS serão limitados ao mesmo valor fixado para teto do RGPS, fazendo jus, em caso de previsão neste sentido na legislação do respectivo ente federativo, ao benefício especial e ainda, caso tenha aderido ao plano de previdência complementar, o benefício para o qual tenha contribuído para proteção da invalidez.

---

[1] NÓBREGA, Tatiana de Lima; BENEDITO, Maurício Roberto de Souza. *O regime previdenciário do servidor público*. 3. ed. Indaiatuba: Foco, 2023.

## APOSENTADORIA POR INCAPACIDADE PERMANENTE – RPPS EM GERAL
## (EXCETO A UNIÃO, BEM COMO OS ENTES QUE JÁ REALIZARAM REFORMA EM SENTIDO SIMILAR À EC N. 103)

Válida para todos os RPPS, exceto o da União e demais Entes que promoveram reformas com regras similares à EC n. 103, quando a incapacidade permanente ocorra após a vigência da respectiva reforma.

Art. 40, §§ 1º, I, e § 3º, da CF (redação dada pela EC n. 103, de 2019); art. 4º, § 9º, da EC n. 103, de 2019; e Lei n. 10.887, de 2004

| REQUISITOS MÍNIMOS | |
|---|---|
| TEMPO MÍNIMO | Não há tempo mínimo. |
| CÁLCULO DO BENEFÍCIO | Proventos calculados com base na média dos maiores salários de contribuição, corrigidos monetariamente, equivalentes a 80% do período contributivo, contado este desde julho de 1994 até a aposentadoria, sendo os proventos de 100% desta média (até que lei local seja aplicada em substituição à regra da Lei n. 10.887, de 2004) – quando decorrentes de acidente em serviço, moléstia profissional e proporcionais ao tempo de contribuição nos demais casos. |
| TETO DO BENEFÍCIO | Última remuneração no cargo efetivo, salvo na hipótese de servidor de ente federativo com RPC, para o servidor que tenha ingressado após a instituição do RPC (ou faça migração para este regime), quando então será limitado ao valor-teto fixado para o RGPS. |
| REAJUSTE | Cabe ao ente federativo fixar a data e o índice dos reajustes aplicáveis aos proventos, não se aplicando o art. 15 da Lei federal n. 10.887/2004, na redação dada pela Lei n. 11.784/2008 (ADI n. 4.582). |

## REGRA ATUAL – APOSENTADORIA POR INCAPACIDADE PERMANENTE – RPPS DA UNIÃO
## E DEMAIS ENTES FEDERATIVOS QUE REALIZARAM REFORMAS APÓS A EC N. 103

Aplicável aos servidores federais, independentemente da data de ingresso, desde que a concessão seja posterior a 13.11.2019; e aos servidores dos entes federativos que empreenderam reformas no mesmo sentido, a partir da vigência da respectiva legislação local.

Art. 40, § 1º, I, da CF, com redação dada pela EC n. 103, de 2019, e art. 26 da mesma EC

| REQUISITOS MÍNIMOS | |
|---|---|
| TEMPO MÍNIMO | Não há tempo mínimo. |
| CÁLCULO DO BENEFÍCIO | 60% da média aritmética simples, correspondentes a 100% (cem por cento) do período contributivo desde a competência julho de 1994 ou desde o início da contribuição, se posterior àquela competência, definida na forma prevista no *caput* e no § 1º do art. 26 da EC n. 103, de 2019, com acréscimo de dois pontos percentuais para cada ano de contribuição que exceder o tempo de vinte anos de contribuição, exceto se decorrente de acidente em serviço ou moléstia profissional, quando o valor será de 100% da média. |
| TETO DO BENEFÍCIO | – Servidores federais que ingressaram após o FUNPRESP, ou tendo ingressado antes, migraram para o Regime por ele instituído: teto do RGPS.<br>– Demais servidores federais: remuneração do cargo efetivo em que se deu a aposentadoria. |
| REAJUSTE | Para os servidores da União, deverão ser reajustados na mesma data e índice adotados para o reajuste dos benefícios do Regime Geral de Previdência Social. Para os demais servidores, cabe ao ente federativo fixar a data e o índice dos reajustes aplicáveis aos proventos, não se aplicando o art. 15 da Lei federal n. 10.887/2004, na redação dada pela Lei n. 11.784/2008 (ADI n. 4.582). |

## 6.2 APOSENTADORIA COMPULSÓRIA POR IDADE

No âmbito dos Regimes Próprios, a redação original do art. 40 da Constituição previa a compulsoriedade da aposentadoria, quando o servidor – seja do sexo masculino ou feminino – atingisse a idade de 70 anos.

Ocorre *ex officio*, na mesma data em que o servidor atinge a idade limite, não sendo permitida a permanência no cargo após o dia em que o servidor completa a idade máxima permitida.

A EC n. 88/2015 modificou parcialmente a matéria, possibilitando que fosse estendida aos 75 anos, na forma de lei complementar (art. 40, § 1º, II). E, ainda, autorizou de imediato o aumento de idade aos Ministros de Tribunais Superiores e do Tribunal de Contas da União (ADCT – art. 100).

Na sequência, a Lei Complementar n. 152, de 03.12.2015, regulamentou a aplicação dessa nova idade aos agentes públicos de todos os poderes no âmbito da União, dos Estados, do Distrito Federal e dos Municípios, dispondo que estes *serão aposentados compulsoriamente, com proventos proporcionais ao tempo de contribuição, aos 75 (setenta e cinco) anos de idade.*

A Portaria MTP n. 1.467/2022 aponta ser vedado o estabelecimento, por lei de outro ente federativo, de idade de aposentadoria compulsória diversa da prevista na Lei Complementar n. 152, de 03.12.2015 (art. 164, § 4º, inc. I).

A aposentadoria compulsória ocorre *ex officio*, na mesma data em que o servidor atinge a idade limite, não sendo permitida a permanência no cargo após o dia em que o servidor completa a idade máxima permitida.

No entanto, se por equívoco da Administração o servidor permanece em exercício após a idade-limite, é devido o pagamento da remuneração até a efetivação da aposentadoria, não cabendo a devolução de valores ao Erário: TRF da 5ª Região, REOMS 0000476-32.2007.4.05.8305, Rel. Des. Federal Vladimir Carvalho, 3ª Turma, *DJ* 17.04.2009.

O Plenário do STF assentou que, havendo boa-fé do servidor público que recebe valores indevidos a título de aposentadoria, só a partir da data em que for ela julgada ilegítima pelo órgão competente deverá ser devolvida a quantia recebida a maior (*v.g.*, MS n. 26.085, Rel. Min. Cármen Lúcia, *DJe* 13.06.2008; e MS n. 24.781, Rel. p/ Acórdão Min. Gilmar Mendes, *DJe* 09.06.2011).

No mesmo sentido, a jurisprudência pacificada no STJ: "quando a Administração Pública interpreta erroneamente uma lei, resultando em pagamento indevido ao servidor, cria-se uma falsa expectativa de que os valores recebidos são legais e definitivos, impedindo, assim, que ocorra desconto dos mesmos, ante a boa-fé do servidor público" (Tema Repetitivo n. 531).

O cálculo desta aposentadoria, *exceto no RPPS da União e nos demais Entes que já promoveram reformas similares à EC n. 103*, é proporcional ao tempo de contribuição do servidor, observando-se, para a base de cálculo, o disposto no art. 1º da Lei n. 10.887/2004, ou seja, correspondendo à média dos maiores salários de contribuição, equivalentes a 80% do período contributivo, contado desde julho de 1994, ou desde o início da atividade, quando posterior, corrigidos monetariamente. O cálculo abrangerá todos os salários de contribuição utilizados nos Regimes de Previdência para os quais o servidor tenha contribuído. Assim, se o servidor exerceu atividade vinculada ao RGPS, ou exerceu outro cargo público anteriormente, tais períodos também serão utilizados para o cálculo do valor da aposentadoria. Tal critério de cálculo irá vigorar até que lei local discipline de modo diverso a matéria em cada Ente Federativo (§ 9º do art. 4º da EC n. 103, de 2019).

*No âmbito federal*, após a vigência da EC n. 103, ou seja, de 13.11.2019, os proventos de aposentadoria compulsória serão calculados tendo por base a média de todos os salários de contribuição desde julho de 1994, para servidores de ambos os gêneros, masculino ou feminino (art. 26 da EC n. 103). A regra de cálculo da aposentadoria compulsória levará em conta, ainda, o tempo de contribuição cumprido até a idade limite, dividido pelo equivalente a 20 anos; feita essa operação, o valor superior a um inteiro é desprezado, e, se o valor for inferior a um inteiro (pessoa com menos de 20 anos de contribuição), o número será multiplicado pela média obtida com base no critério geral. Assim, uma pessoa que chegue à idade da compulsória com apenas 15 anos de contribuição, receberá 0,75 (75%) da média apurada, conforme a regra geral (art. 26, § 4º). O valor dos proventos, por imperativo constitucional, não poderá ser inferior ao salário mínimo – § 2º do art. 40 da CF, com a redação da EC n. 103, de 2019.

Para a aposentadoria compulsória, não se exige a permanência durante 10 anos no serviço público e 5 anos no cargo efetivo, nem tempo mínimo de contribuição em geral.

Na ocorrência das hipóteses previstas para concessão de aposentadoria compulsória ou por incapacidade permanente a segurado que tenha implementado os requisitos legais para concessão de aposentadoria voluntária em qualquer regra, o RPPS deverá facultar que, antes da concessão da aposentadoria de ofício, o segurado, ou seu representante legal, opte pela aposentadoria de acordo com a regra que lhe seja mais vantajosa (art. 174 da Portaria MTP n. 1.467/2022).

Com relação a titulares de serventias judiciais ainda não estatizadas, o STF, apreciando a Repercussão Geral – Tema n. 571, fixou a seguinte tese:

> Não se aplica a aposentadoria compulsória prevista no art. 40, § 1º, II, da CF aos titulares de serventias judiciais não estatizadas, desde que não sejam ocupantes de cargo público efetivo e não recebam remuneração proveniente dos cofres públicos. (RE 675.228/PR, Tribunal Pleno, Rel. Min. Gilmar Mendes, j. 15.02.2017)

Também segundo tese fixada pelo STF em Repercussão Geral, os servidores ocupantes exclusivamente de cargo em comissão não se submetem à regra da aposentadoria compulsória prevista no art. 40, § 1º, II, da CF, a qual atinge apenas os ocupantes de cargo de provimento efetivo, inexistindo, ainda, qualquer idade-limite para fins de nomeação a cargo em comissão, como ficou definido no Tema n. 763 (RE 786540, Tribunal Pleno, Rel. Min. Dias Toffoli, j. 15.12.2016).

## REGRAS – APOSENTADORIA COMPULSÓRIA (IDADE LIMITE)

Observação: caso o servidor a ser aposentado seja ocupante de cargo efetivo de ente federativo que já tenha implementado o regime de previdência complementar de que tratam os §§ 14 a 16 do art. 40 da CF, e que ingressou após a implementação, ou migrou para este modelo, antes de atingida a idade limite para a aposentadoria compulsória, os proventos de aposentadoria devidos pelo RPPS serão limitados ao mesmo valor fixado para teto do RGPS, fazendo jus, em caso de previsão neste sentido na legislação do respectivo ente federativo, ao benefício especial correspondente ao tempo de contribuição anterior, e ainda, caso tenha aderido ao plano de previdência complementar, o benefício para o qual tenha contribuído.

| APOSENTADORIA COMPULSÓRIA POR IDADE |   |
|---|---|
| Aplicável a servidores, exceto da União e demais Entes Federativos que promoveram reformas similares à EC N. 103, que atinjam a idade-limite após a vigência da respectiva alteração em seu Ente Federativo |   |
| – Art. 40, § 1º, II (alterado pela EC n. 88, de 07.05.2015), e § 3º, da CF (redação conferida pela EC n. 103, de 2019); art. 4º, § 9º, da EC n. 103, de 2019; Lei n. 10.887, de 2004. |   |
| **REQUISITOS MÍNIMOS** |   |
| IDADE | Atualmente: 75 anos, homem ou mulher, por força da EC n. 88/2015. Regra regulamentada pela Lei complementar n. 152, de 03.12.2015. |
| CÁLCULO DO BENEFÍCIO | Proventos proporcionais ao tempo de contribuição, com base na média aritmética simples das maiores remunerações (80% de todo o período contributivo – art. 1º da Lei n. 10.887/2004) (regra vigente até que lei local discipline de modo diverso a matéria, na forma do § 3º do art. 40 da CF, redação da EC n. 103, de 2019). |
| TETO DO BENEFÍCIO | Valor-teto fixado para o RGPS. |
| REAJUSTE | Cabe ao ente federativo fixar a data e o índice dos reajustes aplicáveis aos proventos, não se aplicando o art. 15 da Lei federal n. 10.887/2004, na redação dada pela Lei n. 11.784/2008 (ADI n. 4.582). |

| REGRA VIGENTE – APOSENTADORIA COMPULSÓRIA POR IDADE |
|---|
| Aplicável a servidores do RPPS da União (e demais entes que promoveram reformas após a EC n. 103/2019) que atinjam a idade-limite após a promulgação da EC n. 103, de 2019 (RPPS da União) ou após a vigência da lei local (demais entes) |
| Art. 26, § 4º, da EC n. 103, de 2019 |

| | |
|---|---|
| IDADE | Atualmente: 75 anos, homem ou mulher, por força da EC n. 88/2015. Regra regulamentada pela Lei Complementar n. 152, de 03.12.2015. |
| CÁLCULO DO BENEFÍCIO | Média de todos os salários de contribuição desde julho de 1994, para servidores de ambos os gêneros, masculino ou feminino, levando-se em conta, ainda, o tempo de contribuição cumprido até a idade limite, dividido pelo equivalente a 20 anos; feita essa operação, o valor superior a um inteiro é desprezado, e, se o valor for inferior a um inteiro (pessoa com menos de 20 anos de contribuição), o número será multiplicado pela média obtida com base no critério geral. |
| TETO DO BENEFÍCIO | – Servidores federais que ingressaram após o FUNPRESP, ou tendo ingressado antes, migraram para o Regime por ele instituído: teto do RGPS.<br>– Demais servidores federais: remuneração do cargo efetivo em que se deu a aposentadoria. |
| REAJUSTE | Para os servidores da União, na mesma data e índice adotados para o reajuste dos benefícios do Regime Geral de Previdência Social. Quanto aos demais entes, cabe ao ente federativo fixar a data e o índice dos reajustes aplicáveis aos proventos, não se aplicando o art. 15 da Lei federal n. 10.887/2004, na redação dada pela Lei n. 11.784/2008 (ADI n. 4.582). |

## 6.3 APOSENTADORIA VOLUNTÁRIA

Com as alterações promovidas pela Emenda Constitucional n. 20/1998, no art. 40 e parágrafos do Texto de 1988, estabeleceram-se novos requisitos para concessão de aposentadoria voluntária ao servidor público em Regimes Previdenciários Próprios.

Uma primeira alteração substancial no que tange aos requisitos para a aposentadoria reside na modificação do critério "tempo de serviço" pelo critério de "tempo de contribuição" ocorrida com a promulgação da EC n. 20/1998, o que é esclarecido por Francisco Cavalcanti: "a adoção de tal requisito, em substituição ao tempo de serviço, justifica-se com a necessidade de fazer desaparecer as contagens de tempo fictícias de tempo de serviço, como conversão de licenças-prêmios"[2], como se nota do § 10 do art. 40.

Pode surgir dúvida quanto ao sentido da expressão "serviço público" utilizada no Texto Constitucional, para o implemento de requisitos para a aposentadoria, visto que a interpretação pode ser feita de forma mais restritiva, considerando-se somente o período como ocupante de cargo efetivo (na administração direta, autarquias e fundações), excluindo-se as situações de emprego público, ou por outra vertente, a interpretação mais elástica, tendo-se como serviço público toda atividade prestada por indivíduo em relação laboral com a administração pública direta e indireta (cargos e empregos públicos), inclusive contratações temporárias.

A interpretação conferida pela Administração Pública Federal considera serviço público, para tais efeitos "o tempo de exercício de cargo, função ou emprego público, ainda que descontínuo, na Administração direta, indireta, autárquica, ou fundacional de qualquer dos entes federativos, ou seja, abrangendo também o tempo de serviço em empresas públicas e sociedades de economia mista".

O entendimento da TNU foi sedimentado na Súmula n. 69: "O tempo de serviço prestado em empresa pública ou em sociedade de economia mista por servidor público federal somente pode ser contado para efeitos de aposentadoria e disponibilidade".

---

[2] CAVALCANTI, *Tratado de Direito Administrativo*, p. 40.

Quanto ao tempo de contribuição exigido, deve ser considerado todo o tempo prestado a quaisquer Regimes Previdenciários devidamente comprovado (seja o RGPS, seja algum dos RPPS), bem como o tempo prestado no estrangeiro, quando abrangido por acordo internacional de previdência: STJ, REsp 2010/0002876-2, Rel. Min. Maria Thereza de Assis Moura, 6ª Turma, DJe 27.06.2012.

Por força do disposto no art. 4º da EC n. 20/1998, como já salientado, cumpre ao órgão concedente reconhecer como tempo de contribuição todo e qualquer período que, antes da referida Emenda, já era considerado tempo de serviço para fins de aposentadoria. Neste sentido: STF, AI 727.410-AgR, Rel. Min. Gilmar Mendes, j. 20.03.2012, Segunda Turma, DJe 02.04.2012.

O STF, apreciando o Tema n. 293 de Repercussão Geral, consolidou o entendimento já existente de que "o tempo de serviço prestado por servidor público ex-celetista, em período anterior à instituição do regime jurídico único, uma vez comprovadas as condições insalubres, periculosas ou penosas, constituiu direito adquirido para todos os efeitos" (RE 612.358, Tribunal Pleno, Rel. Min. Rosa Weber, DJe 13.03.2020).

Em conformidade com o § 3º do art. 512 da IN PRES/INSS n. 128/2022, com a redação conferida pela IN PRES/INSS n. 167, de 10.06.2024, considera-se como de averbação automática o registro do tempo de contribuição, vinculado ao RGPS, que o servidor público prestou ao próprio ente federativo no período anterior a 18.01.2019, e que teve a apresentação da CTC dispensada pelo INSS para fins de realização da compensação financeira, podendo a averbação automática ocorrer nas seguintes situações:

> I – em decorrência da criação do Regime Jurídico Único, em obediência ao art. 39 da Constituição Federal de 1988; e
>
> II – no caso dos servidores estaduais, municipais ou distritais, quando da transformação do Regime de Previdência em RPPS.

Acerca da conversão do tempo especial em comum, no âmbito dos RPPS, o STF, apreciando o Tema n. 942 de Repercussão Geral, firmou a seguinte tese, mais ampla: "Até a edição da Emenda Constitucional 103/2019, o direito à conversão, em tempo comum, do prestado sob condições especiais que prejudiquem a saúde ou a integridade física de servidor público decorre da previsão de adoção de requisitos e critérios diferenciados para a jubilação daquele enquadrado na hipótese prevista no então vigente inciso III do § 4º do art. 40 da Constituição da República, devendo ser aplicadas as normas do RGPS relativas à aposentadoria especial contidas na Lei 8.213/1991 para viabilizar sua concretização enquanto não sobrevier lei complementar disciplinadora da matéria. Após a vigência da EC n. 103/2019, o direito à conversão em tempo comum, do prestado sob condições especiais pelos servidores obedecerá à legislação complementar dos entes federados, nos termos da competência conferida pelo art. 40, § 4º-C, da Constituição da República" (RE 1.014.286, Plenário Virtual, j. 29.08.2020).

Já no caso de tempo de atividade rural – abrangida, portanto, pelo RGPS e devidamente comprovada na forma da regulamentação daquele regime, é possível a contagem junto ao Regime Próprio, mediante certidão expedida pelo INSS, porém condicionada ao pagamento de indenização (sic) pelo período respectivo:

- **STF:** "A contagem recíproca de tempo de serviço rural para a aposentadoria no serviço público pressupõe o recolhimento das contribuições previdenciárias correspondentes" (MS 26.391, Tribunal Pleno, Rel. Min. Marco Aurélio, DJe 06.06.2011).
- **TNU – Súmula n. 10:** "O tempo de serviço rural anterior à vigência da Lei n. 8.213/1991 pode ser utilizado para fins de contagem recíproca, assim entendida aquela que soma tempo de atividade privada, rural ou urbana, ao de serviço público estatutário, desde que sejam recolhidas as respectivas contribuições previdenciárias".

Todavia, quanto à incidência de acréscimos de mora sobre tal "indenização", posicionou-se o STJ de modo a considerar indevida até a alteração realizada pela MP n. 1.523/1996 (REsp 1.681.403/RS, 2ª Turma, Rel. Min. Herman Benjamin, *DJe* 09.10.2017). Este entendimento passou a ser adotado na via administrativa a partir do Decreto n. 10.410/2020, que inseriu o § 8º-A no art. 239 do RPS.

Ressaltamos ainda que, em face da decisão do STF no RE 661.256 (RG Tema n. 503) a Desaposentação no RGPS para fins de obtenção de Certidão de Tempo de Contribuição e utilização do tempo no RPPS ficou impossibilitada. Somente será possível em caso de legislação própria a ser criada pelo Congresso Nacional.

Sobre o requisito de permanência de cinco anos no cargo, o STF adotou o entendimento de que "A CF/1988 não exige que os cinco anos de efetivo exercício no cargo em que se dará a aposentadoria sejam ininterruptos" (RE n. 591.467-AgR, 2ª Turma, Rel. Min. Gilmar Mendes, *DJe* 25.04.2012).

Acerca do exercício de cargos em carreira escalonada, pairava controvérsia quanto à contagem dos cinco anos apenas no último cargo ocupado, ou se em toda a carreira.

O STF, em sede de repercussão geral – Tema n. 578 (RE 662.423/SC, Plenário, Sessão Virtual de 14.08.2020 a 21.08.2020), entendeu, na esteira do voto do relator, Min. Dias Toffoli, que a interpretação literal da norma se refere apenas aos chamados cargos isolados, em que o servidor é empossado para exercer funções específicas, sem a possibilidade de promoção. Nas carreiras escalonadas em diversos níveis, como a de Procurador de Justiça, a expressão "cargo" deve ser compreendida como "carreira", de maneira que a exigência será de cinco anos de efetivo exercício.

Foi fixada a seguinte tese:

> (i) Ressalvado o direito de opção, a regra de transição do art. 8º, inciso II, da Emenda Constitucional n. 20/1998 somente se aplica aos servidores que, quando da sua publicação, ainda não reuniam os requisitos necessários para aposentadoria; (ii) em se tratando de carreira pública escalonada em classes, a exigência instituída pelo art. 8º, inciso II, da Emenda Constitucional n. 20/1998, de cinco anos de efetivo exercício no cargo no qual se dará a aposentadoria, deverá ser compreendida como cinco anos de efetivo exercício na carreira a que pertence o servidor.

### 6.3.1 Regras aplicáveis aos RPPS dos Estados, Distrito Federal e Municípios que não efetuaram a Reforma da Previdência

Em face do tratamento dispensado pela EC n. 103, de 2019, aos servidores públicos federais, que foram diretamente afetados pela reforma, surge a necessidade de estudarmos separadamente a situação destes, razão pela qual tratamos neste item dos servidores dos demais Entes que não a União.

De imediato, convém ressaltar que, no âmbito dos Estados, Distrito Federal e Municípios, não se aplicam as idades e demais critérios firmados pela EC n. 103, de 2019, de modo que permanecem vigentes até que lei local (estadual, distrital ou municipal) discipline de modo diverso as regras constitucionais e infraconstitucionais vigentes antes da reforma levada a efeito em 2019 (§ 9º do art. 4º da EC n. 103, de 2019).

É sobre tais regras, ainda válidas para Estados, DF e Municípios que não promoveram suas reformas e para os servidores da União, detentores de cargo efetivo que implementaram os requisitos até 13.11.2019, que iremos tratar a seguir.

## 6.4 APOSENTADORIA POR IDADE

A primeira das aposentadorias voluntárias – que dependem de manifestação de vontade do próprio servidor, requerendo o benefício – é a aposentadoria por idade, que não se confunde, portanto, com a aposentadoria compulsória, pois esta última independe de requerimento, ocorrendo automaticamente com o implemento da idade limite prevista no âmbito do regime próprio.

Para que o servidor possa requerer e ter deferido este benefício, exige-se que possua 65 anos de idade, se do sexo masculino, ou 60 anos, se do sexo feminino. Além disso, deve o servidor ter cumprido 10 anos de serviço público e 5 anos no cargo público em que pretende se aposentar. Ou seja, não se exige um tempo de contribuição mínimo como requisito para esta aposentadoria. Tais requisitos irão vigorar até que lei do respectivo Ente da Federação (Estado, Distrito Federal ou Município) discipline a matéria de modo diverso (§ 9º do art. 4º da EC n. 103, de 2019).

A base de cálculo dessa aposentadoria por idade, para os servidores que ingressaram no serviço público a partir de 1º.01.2004 (após a EC n. 41/2003) corresponde a 100% da média dos maiores salários de contribuição, equivalentes a 80% do período contributivo, contado desde julho de 1994, ou desde o início da atividade, quando posterior a julho de 1994, corrigidos monetariamente. Computar-se-ão, para este fim, os valores que serviram de base para a contribuição previdenciária em quaisquer regimes de previdência pública pelos quais tenha passado o requerente antes de se aposentar.

No tocante às situações de direito adquirido, há que se frisar a inexistência da regra de permanência de 10 anos no serviço público e de cinco anos no cargo ocupado até 16.12.1998, época em que somente era exigida a idade mínima já mencionada. Os interstícios supracitados vieram a ser previstos e exigidos somente com a promulgação da EC n. 20, ou seja, em 16.12.1998.

Aqueles servidores que ingressaram em cargo público e chegaram a implementar as exigências previstas para esta modalidade de aposentadoria até o dia 31.12.2003 terão como base de cálculo a remuneração do cargo efetivo ocupado, e não a média contributiva, por se tratar de regra mais benéfica e em respeito ao direito adquirido. Também estes servidores, por serem detentores de direito adquirido à regra anterior, farão jus à paridade com os servidores em atividade, no tocante ao reajustamento dos proventos, conforme vigorou até 31.12.2003.

No que tange à incorporação de vantagens além da remuneração básica do cargo efetivo, como por exemplo, as gratificações de função, esta é assegurada apenas aos que preencheram os requisitos para esta modalidade de benefício até 15.12.1998.

Interessante pontuar que, nos termos da Súmula 290 do TCU, "É vedado o pagamento das vantagens oriundas do art. 193 da Lei 8.112/1990, inclusive o pagamento parcial da remuneração do cargo em comissão ('opção'), aos servidores que implementaram os requisitos de aposentadoria após 16/12/1998, data de publicação da EC 20/1998, que limitou o valor dos proventos à remuneração do cargo efetivo no qual se deu a aposentadoria".

Na hipótese de o ocupante de cargo efetivo pertencer a quadro de ente federativo que tenha instituído Regime de Previdência Complementar e tenha ingressado após sua implementação, ou tenha migrado para o modelo previsto nos §§ 14 a 16 do art. 40 da CF, o valor dos proventos será limitado ao valor estabelecido como "teto" para o RGPS, fazendo jus, caso haja previsão na legislação própria do ente respectivo, a um benefício especial equivalente ao período contributivo anterior (como ocorre, por exemplo, no RPPS da União) e ainda, caso tenha aderido ao plano de benefícios do RPC, à complementação de aposentadoria para a qual tenha contribuído.

### QUADRO-RESUMO – REGRAS SOBRE APOSENTADORIA VOLUNTÁRIA EXCLUSIVAMENTE POR IDADE

Os quadros apresentados procuram identificar as possibilidades de concessão de aposentadoria aos servidores públicos vinculados a RPPS, com base nas regras permanentes e de transição previstas nas Emendas Constitucionais n. 20/1998, n. 41/2003 e n. 47/2005. Esses requisitos são válidos para os servidores estaduais, distritais e municipais até que lei do respectivo ente federativo modifique os critérios exigidos. E, aos servidores federais que implementaram os requisitos até a publicação da EC n. 103, em 13.11.2019.

Observação: caso o servidor a ser aposentado seja ocupante de cargo efetivo de ente federativo que já tenha implementado o regime de previdência complementar de que tratam os §§ 14 a 16 do art. 40 da CF, e que ingressou após a implementação, ou migrou para este modelo antes de concedida a aposentadoria, os proventos devidos pelo RPPS serão limitados ao mesmo valor fixado para teto do RGPS, fazendo jus, em caso de previsão neste sentido na legislação do respectivo ente federativo, ao benefício especial correspondente ao tempo de contribuição anterior e ainda, caso tenha aderido ao plano de previdência complementar, o benefício para o qual tenha contribuído.

| APOSENTADORIA POR IDADE NOS REGIMES PRÓPRIOS – EC n. 41/2003 |
|---|
| Aplicável aos servidores que ingressarem no serviço público a partir de 01.01.2004, ou àqueles que não optaram pelas regras de transição dos arts. 2º e 6º da EC n. 41/2003 ou do art. 3º da EC n. 47/2005 – vigente até 13.11.2019, para servidores da União (regra de direito adquirido), e, para os demais, até que lei do respectivo Ente Público discipline a matéria após a promulgação da EC n. 103, de 2019. |

REGRA PERMANENTE – Art. 40, § 1º, III, "b" (redação da EC n. 41, de 2003); art. 4º, § 9º, da EC n. 103, de 2019; e Lei n. 10.887, de 2004.

| REQUISITOS MÍNIMOS CUMULATIVOS | | | |
|---|---|---|---|
| | IDADE MÍNIMA | TEMPO MÍNIMO NO SERVIÇO PÚBLICO | TEMPO MÍNIMO DE EFETIVO EXERCÍCIO NO CARGO EM QUE SE DARÁ A APOSENTADORIA |
| HOMEM | 65 ANOS | 10 ANOS | 5 ANOS |
| MULHER | 60 ANOS | 10 ANOS | 5 ANOS |
| CÁLCULO DO BENEFÍCIO | Proporcional ao tempo de contribuição, com base na média aritmética simples das maiores remunerações (80% de todo o período contributivo – art. 1º da Lei n. 10.887/2004). | | |
| TETO DO BENEFÍCIO | ÚLTIMA REMUNERAÇÃO NO CARGO EFETIVO, SALVO NA HIPÓTESE DE SERVIDOR DE ENTE FEDERATIVO COM RPC, QUE TENHA INGRESSADO APÓS A INSTITUIÇÃO DO RPC (OU FAÇA MIGRAÇÃO PARA ESTE REGIME), QUANDO ENTÃO SERÁ LIMITADO AO VALOR-TETO FIXADO PARA O RGPS. | | |
| REAJUSTE | NÃO TEM PARIDADE. Cabe ao ente federativo fixar a data e o índice dos reajustes aplicáveis aos proventos, não se aplicando o art. 15 da Lei federal n. 10.887/2004, na redação dada pela Lei 11.784/2008 (ADI 4.582). | | |

| APOSENTADORIA VOLUNTÁRIA POR IDADE PROPORCIONAL – PARA DETENTORES DE DIREITO ADQUIRIDO |
|---|
| (Já revogada, vigente até 16.12.1998, aplicável após tal data e a qualquer tempo apenas a quem tenha preenchido os requisitos até então, em respeito ao direito adquirido; frisamos que foram criadas novas regras de transição pelas EC n. 20/1998, n. 41/2003 e n. 47/2005, constantes dos quadros correspondentes, para aqueles que, até 16.12.1998, não haviam atingido todos os requisitos até então exigidos) |
| Aplicável somente aos servidores que ingressaram e complementaram todos os requisitos antes da Emenda Constitucional n. 20, de 16.12.1998. |

Art. 3º da EC n. 41/2003; Art. 40, III, da CF/1988 (redação original)

| REQUISITOS MÍNIMOS | |
|---|---|
| HOMEM | 65 anos de idade |
| MULHER | 60 anos de idade |

| CÁLCULO DO BENEFÍCIO | PROPORCIONAL AO TEMPO DE SERVIÇO |
|---|---|
| BASE DE CÁLCULO | ÚLTIMA REMUNERAÇÃO, PERMITIDA A INCORPORAÇÃO DE VANTAGENS PESSOAIS, SALVO NA HIPÓTESE DE SERVIDOR DE ENTE FEDERATIVO COM RPC, QUE TENHA INGRESSADO APÓS A INSTITUIÇÃO DO RPC (OU FAÇA MIGRAÇÃO PARA ESTE REGIME), QUANDO ENTÃO SERÁ LIMITADO AO VALOR-TETO FIXADO PARA O RGPS. |
| REAJUSTE | PARIDADE COM OS SERVIDORES EM ATIVIDADE. |

**REGRA ANTERIOR – APOSENTADORIA VOLUNTÁRIA POR IDADE – PARA DETENTORES DE DIREITO ADQUIRIDO**

(Criada pela EC n. 20/1998 e já revogada, vigente até 31.12.2003, aplicável após essa data e a qualquer tempo somente para aqueles que implementaram os requisitos até então, em respeito ao direito adquirido; frisamos que foram criadas novas regras de transição pela EC n. 41/2003 e n. 47/2005, constantes dos quadros correspondentes, para aqueles que, até 31.12.2003, não haviam atingido todos os requisitos até então exigidos para se aposentar)

Aplicável somente aos servidores que, já estando em exercício de cargo efetivo, preencheram todos os requisitos entre 16.12.1998 e 31.12.2003.

Art. 3º da EC n. 41/2003 c/c art. 40, § 1º, III, "a", com a redação dada pela EC n. 20/1998.

| REQUISITOS BÁSICOS CUMULATIVOS ||||
|---|---|---|---|
| | IDADE MÍNIMA | TEMPO MÍNIMO NO SERVIÇO PÚBLICO | TEMPO MÍNIMO DE EFETIVO EXERCÍCIO NO CARGO EM QUE SE DARÁ A APOSENTADORIA |
| HOMEM | 65 ANOS | 10 ANOS | 5 ANOS |
| MULHER | 60 ANOS | 10 ANOS | 5 ANOS |
| CÁLCULO DO BENEFÍCIO | PROPORCIONAL AO TEMPO DE CONTRIBUIÇÃO COM BASE NA REMUNERAÇÃO DO CARGO EFETIVO. |||
| TETO DO BENEFÍCIO | ÚLTIMA REMUNERAÇÃO NO CARGO EFETIVO, SALVO NA HIPÓTESE DE SERVIDOR DE ENTE FEDERATIVO COM RPC, QUE TENHA INGRESSADO APÓS A INSTITUIÇÃO DO RPC (OU FAÇA MIGRAÇÃO PARA ESTE REGIME), QUANDO ENTÃO SERÁ LIMITADO AO VALOR-TETO FIXADO PARA O RGPS. |||
| REAJUSTE | PARIDADE COM OS SERVIDORES EM ATIVIDADE. |||

### 6.4.1 Aposentadoria voluntária "por idade e tempo de contribuição"

De imediato, convém ressaltar novamente que, no âmbito dos Estados, Distrito Federal e Municípios, não se aplicam as idades e demais critérios firmados pela EC n. 103, de 2019, de modo que permanecem vigentes, até que lei local (estadual, distrital ou municipal) discipline de modo diverso as regras constitucionais e infraconstitucionais vigentes antes da reforma levada a efeito em 2019 (§ 9º do art. 4º da EC n. 103, de 2019).

Nas regras do texto original da Carta Magna, caso o servidor público atingisse 35 anos de serviço, se homem, ou 30 anos de serviço, se mulher, a norma assegurava-lhe proventos integrais, ou seja, calculados com base na sua última remuneração. Exigia-se cinco anos de serviço a menos aos docentes de instituições públicas de ensino de qualquer grau.

Caso o servidor público pretendesse se aposentar com proventos proporcionais ao tempo de serviço, poderia fazê-lo a partir dos 30 anos de serviço, se homem, ou 25 anos de serviço, se mulher, apurando-se tal proporção tendo-se por base de cálculo sua última remuneração. O mesmo ocorria se o servidor público atingisse a idade de 65 anos, se homem, ou 60 anos, se mulher, quando, a partir de então, mesmo não tendo o número de anos de serviço exigidos, poderia se aposentar com proventos proporcionais ao tempo de serviço prestado[3], caso assim requeresse.

O Texto Constitucional, modificado pela Emenda n. 20/1998, passou a exigir uma conjugação de requisitos para a aposentadoria voluntária – por idade e tempo de contribuição (art. 40, § 1º, inciso III, alínea *a*), não sendo mais suficiente, apenas, o tempo de serviço – ou de contribuição, doravante – desempenhado.

Ao lado deste requisito, surge a exigência de perfazer o servidor público uma idade mínima – de 60 anos para o homem, e de 55 anos para a mulher – sem a qual não pode aposentar-se voluntariamente, e ainda, a determinação de que tenha cumprido 10 anos de serviço público, sendo 5 anos no cargo em que pretenda se aposentar. Essas são as regras vigentes para os servidores estaduais, distritais e municipais vinculados a RPPS, até que lei do respectivo Ente Público as modifique e, também, para os servidores da União que cumpriram esses requisitos até 13.11.2019.

Apenas os exercentes de funções de magistério na educação infantil e no ensino fundamental e médio foram mantidos com a redução em cinco anos de idade a perfazer e tempo de contribuição a cumprir, mantendo-se a tradição de regras especiais para essa categoria. Os docentes de nível superior, a partir de 16.12.1998 (EC n. 20/1998), passaram a ser enquadrados na regra geral. Também a estes se mantêm os requisitos até que lei do Ente Público a que pertençam venha a mudar os critérios de elegibilidade.

Os docentes públicos não podem mesclar tempo de outra atividade, mesmo que no serviço público, para fins de cumprimento do tempo mínimo no magistério para obter a aposentadoria com redução do tempo de contribuição, segundo definiu o STF: ADI 178, Rel. Min. Maurício Corrêa, j. 22.02.1996, Plenário, *DJ* 26.04.1996). No mesmo sentido: RE 486.155-AgR, Rel. Min. Ricardo Lewandowski, j. 1º.02.2011, 1ª Turma, *DJe* 21.02.2011; RE 602.873-AgR, Rel. Min. Cármen Lúcia, 1ª Turma, *DJe* 1º.02.2011; RE 528.343-AgR, Rel. Min. Gilmar Mendes, j. 16.11.2010, 2ª Turma, *DJe* 30.11.2010. Vide: ADI 3.772, Rel. p/ o ac. Min. Ricardo Lewandowski, j. 29.10.2008, Plenário, *DJe* 29.10.2009; ADI 2.253, Rel. Min. Maurício Corrêa, j. 25.03.2004, Plenário, *DJ* 07.05.2004.

Quanto aos servidores que cumpriram parte do tempo em magistério e outra, fora dele, firmou-se o entendimento de que não é possível converter o tempo de magistério em comum para cálculo do tempo total de contribuição. Nesse sentido, destacamos a Repercussão Geral – Tema n. 772 com decisão já transitada em julgado e que teve a seguinte tese firmada: "É vedada a conversão de tempo de serviço especial em comum na função de magistério após a EC n. 18/1981" (STF, ARE 703.550, Rel. Min. Gilmar Mendes, 20.10.2014).

Impõe-se recordar que o STF julgou em repercussão geral o direito à contagem, como tempo de magistério, de atividades correlatas à docência, mesmo que realizadas "fora da sala de aula", firmando a seguinte tese no Tema n. 965:

> Para a concessão da aposentadoria especial de que trata o art. 40, § 5º, da Constituição, conta-se o tempo de efetivo exercício, pelo professor, da docência e das atividades de direção de unidade escolar e de coordenação e assessoramento pedagógico, desde que em estabelecimentos de educação infantil ou de ensino fundamental e médio. (STF, RE 1.039.644, Rel. Min. Alexandre de Moraes, 10.11.2017)

---

[3] Entende-se por proventos proporcionais os "proventos de aposentadoria concedidos ao segurado que não cumpriu os requisitos para obtenção de proventos integrais, calculados conforme fração entre o tempo de contribuição do segurado e o tempo mínimo exigido para concessão de proventos integrais, calculado em dias, fração que será aplicada sobre a integralidade da remuneração do segurado ou sobre o resultado da média aritmética das bases de cálculo de contribuição com os percentuais a ela acrescidos, conforme regra constitucional ou legal aplicável em cada hipótese" (Portaria MTP n. 1.467, de 2.06.2022, art. 2º, inc. XXIII).

O STF entende que atividades meramente administrativas não podem ser consideradas como de magistério, mas é devida a contagem para aqueles que, ao lado do professor que atua em sala de aula, são encarregados das atividades de direção, coordenação e assessoramento pedagógico, se inserem na condução da atividade-fim da escola, na medida em que acompanham os próprios processos educacionais.

A Portaria MTP n. 1.467/2022 também consigna o entendimento *supra* no art. 164, § 1º: "Conforme § 2º do art. 67 da Lei n. 9.394, de 20 de dezembro de 1996, são consideradas funções de magistério as exercidas por segurado ocupante de cargo de professor no desempenho de atividades educativas, quando exercidas em estabelecimento de educação básica, formada pela educação infantil, ensino fundamental e médio, em seus diversos níveis e modalidades, incluídas, além do exercício de docência, as de direção de unidade escolar e as de coordenação e assessoramento pedagógico".

Prevê, ainda, o § 2º do art. 164 da Portaria MTP n. 1.467/2022 que "o tempo em que o segurado estiver em exercício de mandato eletivo ou cedido a órgão ou entidade da administração direta ou indireta, do mesmo ou de outro ente federativo, com ou sem ônus para o cessionário, ou afastado do país por cessão ou licenciamento, não será considerado tempo de contribuição diferenciado...".

O cálculo da aposentadoria nessa modalidade, para os servidores estaduais, distritais e municipais com RPPS, permanece (até que legislação local discipline de outra forma) sendo correspondente a 100% da média dos maiores salários de contribuição, equivalentes a 80% do período contributivo, contado desde julho de 1994, ou desde o início da atividade, quando posterior, corrigidos monetariamente.

Caso o ocupante de cargo efetivo pertença a quadro de ente federativo que tenha instituído Regime de Previdência Complementar e tenha ingressado após sua implementação, ou tenha migrado para o modelo previsto nos §§ 14 a 16 do art. 40 da CF, o valor dos proventos será limitado ao valor estabelecido como "teto" para o RGPS, fazendo jus, caso haja previsão na legislação própria do ente respectivo, a um benefício especial equivalente ao período contributivo anterior (como ocorre, por exemplo, no RPPS da União) e ainda, caso tenha aderido ao plano de benefícios do RPC, à complementação de aposentadoria para a qual tenha contribuído.

Quanto à exigência de outros requisitos não previstos no art. 40 da Constituição, o STF já havia se pronunciado de modo contrário a tal possibilidade:

> APOSENTADORIA – DISPONIBILIDADE – TEMPO DE SERVIÇO – CONTAGEM RECÍPROCA – ATIVIDADE PRIVADA. O Supremo, no julgamento do Recurso Extraordinário n. 162.620-8/SP, concluiu ser inconstitucional condicionar-se, por meio de lei local, a concessão de aposentadoria a um número mínimo de contribuições ao sistema previdenciário do Estado. (AgR no AI 452.425-PR, Rel. Min. Marco Aurélio Mello, *DJE* 18.10.2011)

No entanto, com a "desconstitucionalização" da matéria promovida pela EC n. 103, de 2019, será necessário aguardar a eventual provocação do Judiciário para saber se, doravante, o Ente Público estará autorizado a fixar livremente outras balizas que não as fixadas como critérios no RGPS ou no RPPS da União.

### 6.4.2 Regras de transição para a aposentadoria voluntária por idade e tempo de contribuição

Convém iniciar este tópico frisando que as regras de transição das Emendas n. 41/2003 e n. 47/2005 valerão, ainda após a promulgação da EC n. 103, de 2019, para os servidores de RPPS dos Estados, do Distrito Federal e dos Municípios, até que ocorra a alteração, por lei de cada ente, das regras em questão, por força do § 9º do art. 4º da aludida Emenda; e vigoraram, até a publicação da EC n. 103, para os servidores vinculados ao RPPS da União.

A possibilidade de o segurado de algum dos RPPS se valer das regras de transição em cada período de vigência destas depende, basicamente, da data de ingresso no serviço público. De acordo com o art. 166 da Portaria MTP n. 1.467/2022, na fixação da data de ingresso no serviço público, para fins de verificação do direito de opção pelas regras de transição, quando o servidor tiver ocupado, sem interrupção, sucessivos cargos na Administração Pública Direta, autárquica e fundacional, em qualquer dos entes federativos, será considerada a data da investidura mais remota entre as ininterruptas.

E lembramos que, uma vez implementados todos os requisitos exigidos pela regra (geral ou de transição), durante a sua vigência, adquire o segurado do RPPS o direito à aposentadoria, a qualquer tempo, pelo critério ali estabelecido, sem que tenha necessidade de requerê-lo – conforme a Súmula n. 359 do STF, que consagra a máxima *tempus regit actum* em matéria de benefícios previdenciários, notadamente a aposentadoria.

Em função das modificações introduzidas pela Emenda Constitucional n. 20/1998, que em alguns casos poderiam acarretar aos Servidores que não implementaram os requisitos para aposentadoria voluntária anteriormente à sua publicação diferenças de grande magnitude entre o tempo faltante na forma do texto anterior e o tempo a cumprir (ou a idade a perfazer) com base no texto aprovado, preferiu-se adotar um conjunto de "regras de transição", a serem aplicadas aos servidores públicos já em atividade antes da publicação das EC n. 20 e n. 41 que quisessem se aposentar segundo os critérios estabelecidos no texto antes vigente da Constituição de 1988.

### – Servidores que ingressaram até a promulgação da Emenda n. 20, de 16.12.1998

Este grupo de servidores chegou a exercer atividade no serviço público sob a égide do texto original da Constituição, porém não conseguiram preencher todos os requisitos exigidos para a aposentadoria até a promulgação da Emenda, em 16.12.1998.

Para a percepção de aposentadoria com proventos integrais, equivalentes ao valor da última remuneração, exigiu-se de 16.12.1998 em diante, até a promulgação da EC n. 41, em 31.12.2003, o cumprimento das seguintes condições, conforme o art. 8º da Emenda n. 20/1998:

> I – ter cinquenta e três anos de idade, se homem, e quarenta e oito anos de idade, se mulher;
> II – ter cinco anos de efetivo exercício no cargo em que se dará a aposentadoria;
> III – contar tempo de contribuição igual, no mínimo, à soma de:
> a) trinta e cinco anos, se homem, e trinta anos, se mulher; e
> b) um período adicional de contribuição equivalente a vinte por cento do tempo que, na data da publicação desta Emenda, faltaria para atingir o limite de tempo constante da alínea anterior.

Já para percepção de aposentadoria com proventos proporcionais ao tempo de serviço, foram exigidos os seguintes requisitos:

- ter cinquenta e três anos de idade, se homem, e quarenta e oito anos de idade, se mulher;
- ter cinco anos de efetivo exercício no cargo em que se dará a aposentadoria; e
- contar tempo de contribuição igual, no mínimo, à soma de trinta anos, se homem, e vinte e cinco anos, se mulher; e um período adicional de contribuição equivalente a quarenta por cento do tempo que, na data da publicação da Emenda, faltaria para atingir o limite de tempo constante da alínea anterior.

A EC n. 41, de 31.12.2003, revogou as disposições do art. 8º da Emenda n. 20, ou seja, somente os servidores que implementaram aquelas condições até 31.12.2003 puderam se beneficiar daquela regra de transição.

De 1º.01.2004 em diante, restaram fixadas novas regras de transição (art. 2º da EC n. 41) para os servidores públicos que tenham ingressado em cargo público de provimento efetivo anteriormente à vigência da EC n. 20, de 1998, de modo a permitir que se valham, ainda, do critério de reajuste de aposentadoria por paridade[4] com os servidores públicos em atividade, *porém sem mais assegurar o cálculo dos proventos iguais à integralidade da remuneração auferida no cargo efetivo.*

As regras de transição instituídas pela EC n. 41/2003 constam de seus arts. 2º e 6º.

As regras fixadas pelo art. 2º da EC n. 41, para aqueles que já eram servidores anteriormente à promulgação da EC n. 20, estabelecem que, para estes, é assegurada aposentadoria com proventos calculados na forma dos §§ 3º e 17 do art. 40 da Constituição – em sua redação atual, ou seja, *apurados a partir da média aritmética dos valores que serviram de cálculo para as contribuições ao Regime,* corrigidos monetariamente – desde que possuíssem:

(a) 53 anos [de idade], se homem, e 48, se mulher; (b) 5 anos de efetivo exercício no cargo em que se dará a aposentadoria; (c) tempo de contribuição mínimo igual à soma de 35 anos de contribuição, se homem, e 30, se mulher, somados a um período adicional (que, ao tempo da Emenda 20, era conhecido como "pedágio") equivalente a 20% do tempo que faltaria, na data da publicação da Emenda [n. 20], para atingir o limite do tempo previsto (35 anos, se homem; e 30, se mulher), (...) sofrendo uma redução nos proventos para cada ano antecipado em relação aos necessários para completar a idade de 60 anos, se homem, e 55, se mulher, na seguinte proporção: 3,5% para quem completar as exigências para aposentadoria até 31.12.2005 e 5% a partir de 01.01.2006. Neste caso, o tempo de serviço de magistrado, membro do Ministério Público ou de Tribunal de Contas, exercido até a publicação da Emenda Constitucional 20, de 15.12.1998, se homem, será contado com um acréscimo de 17% (§ 3º). Também será contado com este acréscimo e com o de 20%, se mulher, o tempo de professor, desde que se aposente, exclusivamente, com tempo de efetivo exercício nas funções de magistério (§ 4º).[5]

O acréscimo de 17% foi objeto de discussão no STF, haja vista não ter constado nas regras de transição das ECs n. 41/2003 e n. 47/2005. Pendia a divergência sobre a manutenção do direito ao cômputo diferenciado mesmo após 31.12.2003, ou seja, para aqueles magistrados e membros do Ministério Público e de Tribunais de Contas que não chegaram a preencher todos os requisitos constantes da regra disposta na EC n. 20/1998 até sua revogação pela EC n. 41/2003. No julgamento proferido, a Corte Suprema reconheceu o direito à contagem com o aludido acréscimo, pois, segundo o voto vencedor, do Min. Alexandre de Moraes, "no exato momento da publicação da EC n. 20/1998, estes servidores públicos do sexo masculino, a despeito de ingressarem em um novo regime jurídico no tocante aos requisitos para obtenção da aposentadoria voluntária, reuniam todos os elementos essenciais à aquisição do direito ao

---

[4] Considera-se paridade a "forma de revisão dos proventos de aposentadoria e das pensões por morte aos quais foi assegurada a aplicação dessa regra, que ocorrerá na mesma proporção e na mesma data, sempre que se modificar a remuneração ou subsídio dos segurados em atividade, sendo também estendidos aos aposentados e pensionistas quaisquer benefícios ou vantagens posteriormente concedidos aos segurados, inclusive quando decorrentes da transformação ou reclassificação do cargo ou função em que se deu a aposentadoria ou que serviu de referência para a concessão de pensão por morte, desde que tenham natureza permanente e geral e sejam compatíveis com o regime jurídico dos segurados em atividade, na forma da lei" (Portaria MTP n. 1.467, de 02.06.2022, art. 2º, inc. XX).

[5] MELLO, *Curso de Direito Administrativo,* p. 271.

referido acréscimo no tempo de serviço que, definitivamente, ingressou em seus patrimônios jurídicos" (MS 31.299, Plenário Virtual, julgamento encerrado em 23.02.2021).

Entendemos que esse precedente deveria ser aplicado também aos professores de ensino superior, propiciando o acréscimo de 20% a professoras e 17% a professores, sobre o tempo cumprido por estes docentes até 16.12.1998, por se tratar de situação idêntica.

Os servidores que não atenderam aos requisitos para obtenção de aposentadoria integral e reajustada segundo o critério da paridade antes da publicação da EC n. 41, de 2003, ainda podem fazer jus a proventos calculados sobre a remuneração integral do cargo efetivo ocupado, desde que satisfeitos os requisitos indicados pelo art. 6º da Emenda até a véspera da vigência da EC n. 103 (no caso dos servidores da União) ou da emenda constitucional do Estado-membro ou de lei orgânica municipal (para os Estados, DF e Municípios) que venha a revogar, nos respectivos regimes, tal disposição:

> Art. 6º Ressalvado o direito de opção à aposentadoria pelas normas estabelecidas pelo art. 40 da Constituição Federal ou pelas regras estabelecidas pelo art. 2º desta Emenda, o servidor da União, dos Estados, do Distrito Federal e dos Municípios, incluídas suas autarquias e fundações, que tenha ingressado no serviço público até a data de publicação desta Emenda poderá aposentar-se com proventos integrais, que corresponderão à totalidade da remuneração do servidor no cargo efetivo em que se der a aposentadoria, na forma da lei, quando, observadas as reduções de idade e tempo de contribuição contidas no § 5º do art. 40 da Constituição Federal, vier a preencher, cumulativamente, as seguintes condições:
> I – sessenta anos de idade, se homem, e cinquenta e cinco anos de idade, se mulher:
> II – trinta e cinco anos de contribuição, se homem, e trinta anos de contribuição, se mulher;
> III – vinte anos de efetivo exercício no serviço público; e
> IV – dez anos de carreira e cinco anos de efetivo exercício no cargo em que se der a aposentadoria.
> Parágrafo único. Os proventos das aposentadorias concedidas conforme este artigo serão revistos na mesma proporção e na mesma data, sempre que se modificar a remuneração dos servidores em atividade, na forma da lei, observado o disposto no art. 37, XI, da Constituição Federal.

Ressaltando a diferenciação de tratamento entre as regras do art. 2º e do art. 6º da Emenda n. 41, Fábio Zambitte Ibrahim aponta que

> Enquanto a primeira regra transitória (art. 2º) admite servidores que tenham ingressado no serviço público até a data da publicação da EC n. 20/1998 (16.12.1998), a segunda regra (art. 6º) admite servidores [que tenham ingressado] até a data da publicação da EC n. 41/2003 (31.12.2003). Obviamente, todos os servidores que estejam abrangidos pelo art. 2º poderão beneficiar-se, alternativamente, pelo art. 6º, mas a recíproca não é verdadeira. Os servidores que ingressaram no serviço público após 16.12.1998, mas antes de 31.12.2003, somente poderão utilizar-se da regra transitória do art. 6º. O ingresso no serviço público após 31.12.2003 impõe, necessariamente, a aplicação das regras definitivas do art. 40 da CRFB/1988.[6]

Quanto à exigência de tempo na carreira, deve ser reconhecido como tal o cumprido nas diversas classes ou cargos de uma mesma estrutura, não se podendo mesclar tempos prestados

---

[6] TAVARES (coord.), *Comentários à Reforma da Previdência:* EC n. 41/2003. 2. ed. Rio de Janeiro: Impetus, 2004, p. 108.

em carreiras distintas: STJ, ROMS 2008/0252556-5, Rel. Min. Marco Aurélio Buzzi, 5ª Turma, *DJe* 16.04.2012.

O reajustamento dos proventos de aposentadorias de servidores concedidas na forma do art. 6º da EC n. 41 se dá de acordo com a regra de paridade com os servidores públicos em atividade,[7] limitados os proventos, sempre, ao valor limite de remuneração do serviço público, fixado pelo art. 37, XI, da Constituição – o valor do subsídio mensal percebido, em espécie, pelos Ministros do STF, ao que se tem denominado "paridade parcial".[8]

Outra regra de transição a ser analisada é a que se aplica aos agentes públicos que ingressaram no serviço público até 16.12.1998, e lhes assegura proventos integrais e paridade plena, desde que satisfeitos todos os requisitos a seguir:

- tempo de contribuição de 35 anos (homem) ou 30 anos (mulher);
- 25 anos de efetivo exercício no serviço público, 15 anos de carreira e 5 anos no cargo;
- idade mínima resultante da redução, relativamente aos limites do art. 40, § 1º, inciso III, alínea a, da Constituição Federal, de um ano de idade para cada ano de contribuição que exceder a condição prevista no inciso I do *caput do artigo*.

Trata-se da adoção da chamada "fórmula 95/85": por esta, o que importa, para fazer jus à aposentadoria, é a soma da idade com o tempo de contribuição: se o ocupante de cargo efetivo do gênero masculino tiver idade mais tempo de contribuição igual a 95, e a do gênero feminino tiver idade mais tempo de contribuição igual a 85, independentemente da idade mínima, fará jus à aposentadoria, desde que satisfaça as demais exigências (25 anos de serviço público, 15 anos de carreira e 5 anos no cargo em que pretende se aposentar).

É dizer, essa regra de transição assegura ao ocupante de cargo efetivo que preencha todos os requisitos estabelecidos, o direito de se aposentar com o valor da última remuneração do cargo em que permaneceu por cinco anos ou mais, bem como a paridade plena com os ocupantes de cargo efetivo em atividade, sem exigir, no caso das mulheres, nenhum tempo a mais do que antes da Emenda n. 20 já fosse exigido (30 anos), e para os homens, exigindo apenas 5 anos a mais.

Quanto à possibilidade de utilização da regra geral constante da redação do art. 40, § 1º, inciso III, alíneas *a* ou *b*, da Constituição, esta se mantém existente. Isto é, o ocupante de cargo efetivo que, por opção, pretender se aposentar pela média das remunerações que serviram de base para a contribuição previdenciária vertida aos Regimes a que esteve vinculado desde julho de 1994, ou desde o início de sua filiação a algum Regime (o que ocorreu, cronologicamente, por último), limitado ao valor de sua última remuneração, pode fazê-lo. Nessa hipótese, decidiu o STF que cabe ao ente federativo fixar a data e o índice dos reajustes aplicáveis aos proventos, não se aplicando o art. 15 da Lei federal n. 10.887/2004, na redação dada pela Lei n. 11.784/2008 (ADI n. 4.582, julgamento pelo Plenário Virtual encerrado em 13.11.2022).

– **Servidores que ingressaram entre a promulgação da Emenda n. 20, de 16.12.1998, e a promulgação da Emenda n. 41, de 31.12.2003**

Os servidores públicos de qualquer RPPS que tomaram posse em cargo público no período que mediou entre a promulgação das duas Emendas têm em seu favor apenas uma regra de transição: *a do art. 6º da EC n. 41/2003*, com proventos calculados sobre o valor da remuneração

---

[7] MODESTO (org.), *Reforma da Previdência*: análise e crítica da Emenda Constitucional n. 41/2003, p. 97.
[8] TAVARES (coord.), *Comentários à Reforma da Previdência*: EC n. 41/2003, p. 109.

do cargo em que se der a aposentadoria, reajustados os proventos toda vez que a remuneração dos servidores em atividade for majorada.[9]

Caso o ocupante de cargo efetivo pertença a quadro de ente federativo que tenha instituído Regime de Previdência Complementar e tenha ingressado após sua implementação, ou tenha migrado para o modelo previsto nos §§ 14 a 16 do art. 40 da CF, mesmo sendo optante por uma das regras de transição, o valor dos seus proventos será limitado ao valor estabelecido como "teto" para o RGPS, fazendo jus, caso haja previsão na legislação própria do ente respectivo, a um benefício especial equivalente ao período contributivo anterior (como ocorre, por exemplo, no âmbito federal) e ainda, caso tenha aderido ao plano de benefícios do RPC, à complementação de aposentadoria para a qual tenha contribuído.

Os ocupantes de cargos públicos que possuem direito adquirido à aposentadoria pelas regras já revogadas ou pelas regras de transição fazem jus ao abono de permanência em serviço a partir da data da implementação de todos os requisitos exigidos para a aposentadoria voluntária, até a efetiva concessão da aposentadoria voluntária ou, no máximo, até o implemento da idade-limite para a aposentadoria compulsória.

O STF julgou em repercussão geral que, também, os servidores públicos abrangidos pela aposentadoria especial ao abono de permanência. Vejamos:

> – **Tema n. 888:** "DIREITO DE SERVIDORES PÚBLICOS ABRANGIDOS PELA APOSENTADORIA ESPECIAL AO ABONO DE PERMANÊNCIA. O Tribunal reconheceu a repercussão geral e reafirmou jurisprudência da Corte no sentido de assegurar aos servidores públicos abrangidos pela aposentadoria especial o direito a receber o abono de permanência" (*Leading Case*: ARE 954408, Plenário Virtual, Rel. Min. Teori Zavascki, j. 15.04.2016).

Segundo a jurisprudência, não há necessidade de requerimento do aludido abono para que ele seja considerado devido, bastando o implemento dos requisitos: TNU, PEDILEF 2008.71500338945, Rel. Juiz Federal Rogério Moreira Alves, *DJ* 26.10.2012.

Quanto à natureza jurídica, a orientação atual do STJ é de que possui caráter remuneratório e confere acréscimo patrimonial ao beneficiário, não havendo lei que autorize a isenção do imposto de renda (REsp 1.192.556/PE, 1ª Seção, Rel. Min. Mauro Campbell Marques, *DJe* 06.09.2010). A eficácia impositiva iniciou-se somente a partir da mudança de orientação, em respeito ao princípio da segurança jurídica (REsp 1.596.978/RJ, 1ª Turma, Rel. Min. Napoleão Nunes Maia Filho, *DJe* 1º.09.2016).

Ainda, para o STJ, "o abono de permanência é vantagem de caráter permanente, incorporando-se ao patrimônio jurídico do servidor e inserindo-se no conceito de remuneração do cargo efetivo. Dessa forma, pode ser incluído na base de cálculo do terço de férias e da gratificação natalina" (AgInt no REsp 2.026.028/AL, 2ª Turma, Rel. Min. Herman Benjamin, *DJe* 04.04.2023). De tal entendimento resulta que o abono de permanência, por consistir em verba remuneratória, deve integrar a base de cálculo do valor de um terço de acréscimo nas férias e da gratificação natalina, por incidirem tais rubricas sobre a remuneração dos servidores.

## RESUMO – APOSENTADORIAS VOLUNTÁRIAS POR IDADE E TEMPO DE CONTRIBUIÇÃO (ANTERIORES À EC N. 103/2019)

Os quadros apresentados procuram identificar as possibilidades de concessão de aposentadoria aos servidores públicos vinculados a RPPS, com base nas regras permanentes e de transição previstas nas Emendas Constitucionais n. 20/1998, n. 41/2003 e n. 47/2005, as quais ainda se aplicam a servidores estaduais, distritais e municipais até que lei do respectivo Ente

---

[9] CAMPOS, Regime Próprio de Previdência Social dos Servidores Públicos, p. 99.

Federativo modifique os critérios exigidos e vigoraram até a véspera da promulgação da EC n. 103, de 2019, para os servidores federais.

## QUADRO-RESUMO – REGRAS VIGENTES, ATÉ QUE LEI LOCAL DISPONHA EM CONTRÁRIO, PARA SERVIDORES ESTADUAIS, DISTRITAIS E MUNICIPAIS: APOSENTADORIA VOLUNTÁRIA POR IDADE MAIS TEMPO DE CONTRIBUIÇÃO

Observação: caso o servidor a ser aposentado seja ocupante de cargo efetivo de ente federativo que já tenha implementado o regime de previdência complementar de que tratam os §§ 14 a 16 do art. 40 da CF, e que ingressou após a implementação, ou migrou para este modelo antes de concedida a aposentadoria, os proventos devidos pelo RPPS serão limitados ao mesmo valor fixado para teto do RGPS, fazendo jus, em caso de previsão neste sentido na legislação do respectivo ente federativo, ao benefício especial correspondente ao tempo de contribuição anterior e ainda, caso tenha aderido ao plano de previdência complementar, o benefício para o qual tenha contribuído.

| APOSENTADORIA VOLUNTÁRIA POR IDADE MAIS TEMPO DE CONTRIBUIÇÃO SERVIDORES EM GERAL |
|---|
| Aplicável aos servidores que ingressarem no serviço público a partir de 01.01.2004, ou àqueles que não optaram pelas regras de transição dos art. 2º e 6º da EC n. 41/2003 ou do art. 3º da EC n. 47/2005 até que lei do respectivo Ente Federativo, editada após a EC n. 103, de 2019, disponha de modo diverso. Válida também para os servidores da União que implementaram os requisitos até 13.11.2019 (direito adquirido). |
| Art. 40, § 1º, III, "a" (redação da EC n. 41, de 2003); art. 4º, § 9º, da EC n. 103, de 2019; e Lei n. 10.887, de 2004. |

| REQUISITOS MÍNIMOS CUMULATIVOS | | | |
|---|---|---|---|
| TEMPO MÍNIMO DE CONTRIBUIÇÃO | IDADE MÍNIMA | TEMPO MÍNIMO NO SERVIÇO PÚBLICO | TEMPO MÍNIMO DE EFETIVO EXERCÍCIO NO CARGO EM QUE SE DARÁ A APOSENTADORIA |
| HOMEM 35 ANOS | 60 ANOS | 10 ANOS | 5 ANOS |
| MULHER 30 ANOS | 55 ANOS | 10 ANOS | 5 ANOS |

\* Docentes: os requisitos de idade e de tempo de contribuição serão reduzidos em cinco anos, desde que comprovem exclusivamente tempo de efetivo exercício das funções de magistério na educação infantil e no ensino fundamental e médio.

| CÁLCULO DO BENEFÍCIO | Média aritmética simples das maiores remunerações (80% de todo o período contributivo) – art. 1º da Lei n. 10.887/2004). |
|---|---|
| TETO DO BENEFÍCIO | ÚLTIMA REMUNERAÇÃO NO CARGO EFETIVO, SALVO NA HIPÓTESE DE SERVIDOR DE ENTE FEDERATIVO COM RPC, QUE TENHA INGRESSADO APÓS A INSTITUIÇÃO DO RPC (OU FAÇA MIGRAÇÃO PARA ESTE REGIME), QUANDO ENTÃO SERÁ LIMITADO AO VALOR-TETO FIXADO PARA O RGPS. |
| REAJUSTE | NÃO TEM PARIDADE. Cabe ao ente federativo fixar a data e o índice dos reajustes aplicáveis aos proventos (ADI 4.582). |

| 1ª REGRA ANTERIOR – APOSENTADORIA VOLUNTÁRIA INTEGRAL (por tempo de serviço) VÁLIDA ATÉ 16.12.1998 |
|---|
| (Revogada em 16.12.1998 pela EC n. 20/1998, aplicável após essa data e a qualquer tempo somente a quem preencheu todos os requisitos exigidos até então, em respeito ao direito adquirido; frisamos que em seu lugar, foram criadas novas regras de transição pelas EC n. 20/1998, n. 41/2003 e n. 47/2005, constantes dos quadros correspondentes, para aqueles que, até 16.12.1998, não haviam atingido todos os requisitos até então exigidos) |
| Aplicável somente aos servidores que ingressaram no serviço público em cargo efetivo e complementaram todos os requisitos antes da Emenda Constitucional n. 20, de 16.12.1998 (hipótese de direito adquirido). |

Art. 3º da EC n. 41/2003 – Art. 40, III, da CF/1988 (redação original)

| REQUISITOS MÍNIMOS | |
|---|---|
| TEMPO MÍNIMO DE SERVIÇO (incluindo-se contagens fictícias, como licenças-prêmio não fruídas) | |
| HOMEM | 35 anos de serviço |
| MULHER | 30 anos de serviço |
| DOCENTES | 30 anos de efetivo exercício em funções de magistério, se professor, 25 anos de efetivo exercício em funções de magistério, se professora. |
| CÁLCULO DO BENEFÍCIO | ÚLTIMA REMUNERAÇÃO NO CARGO EFETIVO, SALVO NA HIPÓTESE DE SERVIDOR DE ENTE FEDERATIVO COM RPC, QUE TENHA INGRESSADO APÓS A INSTITUIÇÃO DO RPC (OU FAÇA MIGRAÇÃO PARA ESTE REGIME), QUANDO ENTÃO SERÁ LIMITADO AO VALOR-TETO FIXADO PARA O RGPS. |
| REAJUSTE | PARIDADE COM OS SERVIDORES EM ATIVIDADE |

**2ª REGRA ANTERIOR – APOSENTADORIA VOLUNTÁRIA PROPORCIONAL
(por tempo de serviço) VÁLIDA ATÉ 16.12.1998**

(Já revogada em 16.12.1998 pela EC n. 20/1998, aplicável após essa data e a qualquer tempo somente a quem preencheu todos os requisitos exigidos até então, em respeito ao direito adquirido; frisamos que em seu lugar, foram criadas novas regras de transição pelas EC n. 20/1998, n. 41/2003 e n. 47/2005, constantes dos quadros correspondentes, para aqueles que, até 16.12.1998, não haviam atingido todos os requisitos até então exigidos)

Aplicável somente aos servidores que ingressaram e complementaram todos os requisitos antes da Emenda Constitucional n. 20, de 16.12.1998 (hipótese de direito adquirido)

Art. 3º da EC n. 41/2003 – Art. 40, III, da CF/1988 (redação original)

| REQUISITOS MÍNIMOS | |
|---|---|
| TEMPO MÍNIMO DE SERVIÇO (incluindo-se contagens fictícias, como licenças-prêmio não fruídas). | |
| HOMEM | 30 anos de serviço |
| MULHER | 25 anos de serviço |
| CÁLCULO DO BENEFÍCIO | PROPORCIONAL AO TEMPO DE SERVIÇO |
| BASE DE CÁLCULO | ÚLTIMA REMUNERAÇÃO, PERMITIDA A INCORPORAÇÃO DE VANTAGENS PESSOAIS, SALVO NA HIPÓTESE DE SERVIDOR DE ENTE FEDERATIVO COM RPC, QUE TENHA INGRESSADO APÓS A INSTITUIÇÃO DO RPC (OU FAÇA MIGRAÇÃO PARA ESTE REGIME), QUANDO ENTÃO SERÁ LIMITADO AO VALOR-TETO FIXADO PARA O RGPS. |
| REAJUSTE | PARIDADE COM OS SERVIDORES EM ATIVIDADE |

**3ª REGRA ANTERIOR – APOSENTADORIA VOLUNTÁRIA POR TEMPO DE CONTRIBUIÇÃO –
VÁLIDA ATÉ 31.12.2003**

(Revogada em 31.12.2003 pela EC n. 41/2003, aplicável após essa data e a qualquer tempo somente a quem preencheu todos os requisitos exigidos até então, em respeito ao direito adquirido; frisamos que em seu lugar, foram criadas novas regras de transição pelas EC n. 41/2003 e n. 47/2005, constantes dos quadros correspondentes, para aqueles que, até 31.12.2003, não haviam atingido todos os requisitos até então exigidos)

Aplicável somente aos servidores (inclusive federais) que ingressaram no serviço público e preencheram todos os requisitos entre 16.12.1998 e 31.12.2003 (hipótese de direito adquirido).

Art. 3º da EC n. 41/2003 C/C Art. 40, § 1º, III, "a", com a redação dada pela EC n. 20/1998

| REQUISITOS BÁSICOS CUMULATIVOS ||||
|---|---|---|---|---|
| | TEMPO MÍNIMO DE CONTRIBUIÇÃO | IDADE MÍNIMA | TEMPO MÍNIMO NO SERVIÇO PÚBLICO | TEMPO MÍNIMO DE EFETIVO EXERCÍCIO NO CARGO EM QUE SE DARÁ A APOSENTADORIA |
| HOMEM | 35 ANOS | 60 ANOS | 10 ANOS | 5 ANOS |
| MULHER | 30 ANOS | 55 ANOS | 10 ANOS | 5 ANOS |

\* professores: os requisitos de idade e de tempo de contribuição serão reduzidos em cinco anos, desde que comprovem exclusivamente tempo de efetivo exercício das funções de magistério na educação infantil e no ensino fundamental e médio.

| CÁLCULO DO BENEFÍCIO | INTEGRALIDADE DA REMUNERAÇÃO NO CARGO EFETIVO |
|---|---|
| TETO DO BENEFÍCIO | ÚLTIMA REMUNERAÇÃO NO CARGO EFETIVO, SALVO NA HIPÓTESE DE SERVIDOR DE ENTE FEDERATIVO COM RPC, QUE TENHA INGRESSADO APÓS A INSTITUIÇÃO DO RPC (OU FAÇA MIGRAÇÃO PARA ESTE REGIME), QUANDO ENTÃO SERÁ LIMITADO AO VALOR-TETO FIXADO PARA O RGPS. |
| REAJUSTE | PARIDADE COM OS SERVIDORES EM ATIVIDADE |

## REGRAS DE TRANSIÇÃO

**APOSENTADORIA VOLUNTÁRIA POR TEMPO DE CONTRIBUIÇÃO – CÁLCULO PELA MÉDIA CONTRIBUTIVA E SEM PARIDADE COM OS SERVIDORES EM ATIVIDADE**

Aplicável aos servidores que tenham ingressado no serviço público até 16.12.1998 e completem os requisitos após 31.12.2003. Esta regra permanece vigente para servidores estaduais, distritais e municipais com RPPS até que lei do respectivo Ente Federativo disponha em contrário. Para os federais, foi revogada com a promulgação da EC n. 103, de 2019, somente podendo ser invocada se os requisitos foram preenchidos até a véspera da promulgação.

Art. 2º da EC n. 41/2003.

| REQUISITOS MÍNIMOS CUMULATIVOS |||||
|---|---|---|---|---|
| | TEMPO MÍNIMO DE CONTRIBUIÇÃO | \*PEDÁGIO | IDADE MÍNIMA | TEMPO MÍNIMO DE EFETIVO EXERCÍCIO NO CARGO EM QUE SE DARÁ A APOSENTADORIA |
| HOMEM | 35 ANOS | 20% | 53 ANOS | 5 ANOS |
| MULHER | 30 ANOS | 20% | 48 ANOS | 5 ANOS |

\*Período adicional de contribuição equivalente a 20% do período que, em 16.12.1998, faltava para atingir o tempo mínimo de contribuição.

\*\*Professores: acréscimo de 17%, se homem, e de 20%, para as professoras, no tempo exercido até 16.12.1998, desde que se aposente, exclusivamente, com tempo de efetivo exercício nas funções de magistério.

\*\*\*Magistrado, membro do Ministério Público e de Tribunal de Contas, se homem, terá o tempo de serviço exercido até a data de publicação da EC n. 20/1998 contado com acréscimo de 17%.

| CÁLCULO DO BENEFÍCIO | – Média aritmética simples das maiores remunerações (80% de todo o período contributivo) – art. 1º da Lei n. 10.887/2004 – Com redutor de idade – VER QUADRO ABAIXO – § 1º, art. 2º, EC n. 41/2003. |
|---|---|
| TETO DO BENEFÍCIO | ÚLTIMA REMUNERAÇÃO NO CARGO EFETIVO, SALVO NA HIPÓTESE DE SERVIDOR DE ENTE FEDERATIVO COM RPC, QUE TENHA INGRESSADO APÓS A INSTITUIÇÃO DO RPC (OU FAÇA MIGRAÇÃO PARA ESTE REGIME), QUANDO ENTÃO SERÁ LIMITADO AO VALOR-TETO FIXADO PARA O RGPS. |

| REAJUSTE | NÃO TEM PARIDADE. Cabe ao ente federativo fixar a data e o índice dos reajustes aplicáveis aos proventos (ADI 4.582). |
|---|---|

### SERVIDOR QUE COMPLETOU OS REQUISITOS MÍNIMOS DA REGRA DE TRANSIÇÃO ATUAL ATÉ 31.12.2005

| IDADE HOMEM/MULHER | % A REDUZIR (3,5% a.a.) | % A RECEBER |
|---|---|---|
| 53/48 | 24,50% | 75,50% |
| 54/49 | 21% | 79% |
| 55/50 | 17,50% | 82,50% |
| 56/51 | 14% | 86% |
| 57/52 | 10,50% | 89,50% |
| 58/53 | 7% | 93% |
| 59/54 | 3,50% | 96,50% |
| 60/55 | 0% | 100% |

### SERVIDOR QUE COMPLETAR OS REQUISITOS MÍNIMOS DA REGRA DE TRANSIÇÃO A PARTIR DE 01.01.2006

| IDADE HOMEM/MULHER | % A REDUZIR (5% a.a.) | % A RECEBER |
|---|---|---|
| 53/48 | 35% | 65% |
| 54/49 | 30% | 70% |
| 55/50 | 25% | 75% |
| 56/51 | 20% | 80% |
| 57/52 | 15% | 85% |
| 58/53 | 10% | 90% |
| 59/54 | 5% | 95% |
| 60/55 | 0% | 100% |

### APOSENTADORIA VOLUNTÁRIA POR TEMPO DE CONTRIBUIÇÃO – CÁLCULO PELA ÚLTIMA REMUNERAÇÃO E PARIDADE DE REAJUSTE – EC n. 41/2003

Aplicável aos servidores que tenham ingressado no serviço público até 31.12.2003, a qualquer tempo. Esta regra permanece vigente para servidores estaduais, distritais e municipais com RPPS até que lei do respectivo Ente Federativo disponha em contrário. Para os federais, foi revogada com a promulgação da EC n. 103, de 2019, somente podendo ser invocada se os requisitos foram preenchidos até a véspera da promulgação.

Art. 6º da EC n. 41/2003.

### REQUISITOS MÍNIMOS CUMULATIVOS

| | TEMPO MÍNIMO DE CONTRIBUIÇÃO | IDADE MÍNIMA | TEMPO MÍNIMO NO SERVIÇO PÚBLICO | TEMPO MÍNIMO NA CARREIRA | TEMPO MÍNIMO DE EFETIVO EXERCÍCIO NO CARGO EM QUE SE DARÁ A APOSENTADORIA |
|---|---|---|---|---|---|
| HOMEM | 35 ANOS | 60 ANOS | 20 ANOS | 10 ANOS | 5 ANOS |
| MULHER | 30 ANOS | 55 ANOS | 20 ANOS | 10 ANOS | 5 ANOS |
| CÁLCULO DO BENEFÍCIO | INTEGRALIDADE DA REMUNERAÇÃO NO CARGO EFETIVO. | | | | |

| | |
|---|---|
| **TETO DO BENEFÍCIO** | TETO REMUNERATÓRIO DO SERVIÇO PÚBLICO, SALVO NA HIPÓTESE DE SERVIDOR DE ENTE FEDERATIVO COM RPC, QUE TENHA INGRESSADO APÓS A INSTITUIÇÃO DO RPC (OU FAÇA MIGRAÇÃO PARA ESTE REGIME), QUANDO ENTÃO SERÁ LIMITADO AO VALOR-TETO FIXADO PARA O RGPS. |
| **REAJUSTE** | PARIDADE COM OS SERVIDORES EM ATIVIDADE. |

### APOSENTADORIA VOLUNTÁRIA POR TEMPO DE CONTRIBUIÇÃO – CÁLCULO PELA ÚLTIMA REMUNERAÇÃO E PARIDADE DE REAJUSTE – 47/2005

Aplicável aos servidores que tenham ingressado no serviço público até 16.12.1998 e completem os requisitos após 31.12.2003. Esta regra permanece vigente para servidores estaduais, distritais e municipais com RPPS até que lei do respectivo Ente Federativo disponha em contrário. Para os federais, foi revogada com a promulgação da EC n. 103, de 2019, somente podendo ser invocada se os requisitos foram preenchidos até a véspera da promulgação.

Art. 3º da EC n. 47/2005.

#### REQUISITOS MÍNIMOS CUMULATIVOS

| | TEMPO MÍNIMO DE CONTRIBUIÇÃO | IDADE COM REDUTOR | TEMPO MÍNIMO NO SERVIÇO PÚBLICO | TEMPO MÍNIMO DE CARREIRA | TEMPO MÍNIMO DE EFETIVO EXERCÍCIO NO CARGO EM QUE SE DARÁ A APOSENTADORIA |
|---|---|---|---|---|---|
| **HOMEM** | 35 ANOS | *60 ANOS | 25 ANOS | 15 ANOS | 5 ANOS |
| **MULHER** | 30 ANOS | *55 ANOS | 25 ANOS | 15 ANOS | 5 ANOS |

*Reduzir um ano de idade para cada ano a mais que supere o tempo mínimo de contribuição – fórmula 85 (mulher) e 95 (homem) – VER QUADRO ABAIXO.

| | |
|---|---|
| **CÁLCULO DO BENEFÍCIO** | INTEGRALIDADE DOS PROVENTOS |
| **TETO DO BENEFÍCIO** | TETO REMUNERATÓRIO DO SERVIÇO PÚBLICO, SALVO NA HIPÓTESE DE SERVIDOR DE ENTE FEDERATIVO COM RPC, QUE TENHA INGRESSADO APÓS A INSTITUIÇÃO DO RPC (OU FAÇA MIGRAÇÃO PARA ESTE REGIME), QUANDO ENTÃO SERÁ LIMITADO AO VALOR-TETO FIXADO PARA O RGPS. |
| **REAJUSTE** | PARIDADE COM OS SERVIDORES EM ATIVIDADE. |

#### FÓRMULA PARA APLICAÇÃO DO REDUTOR DA REGRA DE TRANSIÇÃO

| SEXO | H | M | H | M | H | M | H | M | H | M | H | M |
|---|---|---|---|---|---|---|---|---|---|---|---|---|
| TEMPO DE CONTRIBUIÇÃO | 35 | 30 | 36 | 31 | 37 | 32 | 38 | 33 | 39 | 34 | 40 | 35 |
| IDADE | 60 | 55 | 59 | 54 | 58 | 53 | 57 | 52 | 56 | 51 | 55 | 50 |
| £ | 95 | 85 | 95 | 85 | 95 | 85 | 95 | 85 | 95 | 85 | 95 | 85 |

### APOSENTADORIA VOLUNTÁRIA INTEGRAL POR TEMPO DE CONTRIBUIÇÃO – VIGENTE DE 16.12.1998 A 31.12.2003

(Revogada em 31.12.2003 pela EC n. 41/2003, aplicável após essa data e a qualquer tempo somente a quem preencheu todos os requisitos exigidos até então, em respeito ao direito adquirido; em seu lugar, foram riadas novas regras de transição pelas EC n. 41/2003 e n. 47/2005, constantes dos quadros correspondentes, para aqueles que, até 31.12.2003, não haviam atingido todos os requisitos até então exigidos)

Aplicável somente aos servidores que ingressaram no serviço público até 16.12.1998 e preencheram todos os requisitos entre 16.12.1998 e 31.12.2003 (hipótese de direito adquirido).

Art. 3º da EC n. 41/2003 e Art. 8º da EC n. 20/1998

| REQUISITOS BÁSICOS CUMULATIVOS | | | | |
|---|---|---|---|---|
| | TEMPO MÍNIMO DE CONTRIBUIÇÃO | *PEDÁGIO | IDADE MÍNIMA | TEMPO MÍNIMO DE EFETIVO EXERCÍCIO NO CARGO EM QUE SE DARÁ A APOSENTADORIA |
| HOMEM | 35 ANOS | 20% | 53 ANOS | 5 ANOS |
| MULHER | 30 ANOS | 20% | 48 ANOS | 5 ANOS |

\* período adicional de contribuição equivalente a 20% do período que, em 16.12.1998, faltava para atingir o tempo mínimo de contribuição.

\*\* professor: na apuração do tempo de serviço exercido até 16.12.1998, deverá ser computado como acréscimo o percentual de 17%, se homem e 20%, se mulher, desde que a aposentadoria seja calculada, exclusivamente com tempo de efetivo exercício das funções de magistério.

\*\*\* magistrado, membro do Ministério Público e de Tribunal de Contas, se homem, terá o tempo de serviço exercido até a data de publicação da EC n. 20/1998, contado com acréscimo de 17%.

| CÁLCULO DO BENEFÍCIO | INTEGRALIDADE DA REMUNERAÇÃO NO CARGO EFETIVO |
|---|---|
| TETO DO BENEFÍCIO | ÚLTIMA REMUNERAÇÃO NO CARGO EFETIVO, SALVO NA HIPÓTESE DE SERVIDOR DE ENTE FEDERATIVO COM RPC, QUE TENHA INGRESSADO APÓS A INSTITUIÇÃO DO RPC (OU FAÇA MIGRAÇÃO PARA ESTE REGIME), QUANDO ENTÃO SERÁ LIMITADO AO VALOR-TETO FIXADO PARA O RGPS. |
| REAJUSTE | PARIDADE COM OS SERVIDORES EM ATIVIDADE |

**REGRA DE TRANSIÇÃO ANTERIOR, CRIADA PELA EC n. 20/1998 – APOSENTADORIA VOLUNTÁRIA PROPORCIONAL POR TEMPO DE CONTRIBUIÇÃO**

(Já revogada em 31.12.2003 pela EC n. 41/2003, aplicável após essa data e a qualquer tempo somente a quem preencheu todos os requisitos exigidos até então; em seu lugar, foram criadas novas regras de transição pelas EC n. 41/2003 e n. 47/2005, constantes dos quadros correspondentes, para aqueles que, até 31.12.2003, não haviam atingido todos os requisitos até então exigidos)

Aplicável somente aos servidores (inclusive federais) que ingressaram no serviço público até 16.12.1998 e preencheram todos os requisitos mínimos entre 16.12.1998 e 31.12.2003 (hipótese de direito adquirido).

Art. 3º da EC n. 41/2003 c/c art. 8º, § 1º, da EC n. 20/1998

| REQUISITOS BÁSICOS CUMULATIVOS | | | | |
|---|---|---|---|---|
| | TEMPO MÍNIMO DE CONTRIBUIÇÃO | *PEDÁGIO | IDADE MÍNIMA | TEMPO MÍNIMO DE EFETIVO EXERCÍCIO NO CARGO EM QUE SE DARÁ A APOSENTADORIA |
| HOMEM | 30 ANOS | 40% | 53 ANOS | 5 ANOS |
| MULHER | 25 ANOS | 40% | 48 ANOS | 5 ANOS |

\* período adicional de contribuição equivalente a 40% do período que, em 16.12.1998, faltava para atingir o tempo mínimo de contribuição.

| CÁLCULO DO BENEFÍCIO | PROPORCIONALIDADE DOS PROVENTOS EQUIVALENTES A SETENTA POR CENTO DO VALOR MÁXIMO QUE O SERVIDOR PODERIA OBTER, ACRESCIDO DE 5% POR ANO DE CONTRIBUIÇÃO QUE SUPERE O TEMPO DE CONTRIBUIÇÃO MAIS O PEDÁGIO. |
|---|---|
| TETO DO BENEFÍCIO | ÚLTIMA REMUNERAÇÃO NO CARGO EFETIVO, SALVO NA HIPÓTESE DE SERVIDOR DE ENTE FEDERATIVO COM RPC, QUE TENHA INGRESSADO APÓS A INSTITUIÇÃO DO RPC (OU FAÇA MIGRAÇÃO PARA ESTE REGIME), QUANDO ENTÃO SERÁ LIMITADO AO VALOR-TETO FIXADO PARA O RGPS. |
| REAJUSTE | PARIDADE COM OS SERVIDORES EM ATIVIDADE |

## 6.5 APOSENTADORIAS ESPECIAIS NOS REGIMES PRÓPRIOS

O texto constitucional prevê as possibilidades de aposentadorias especiais nos Regimes Próprios de Previdência dos servidores ocupantes de cargo efetivo (art. 40 da CF, com a redação dada pela EC n. 103/2019):

> § 4º É vedada a adoção de requisitos ou critérios diferenciados para concessão de benefícios em regime próprio de previdência social, ressalvado o disposto nos §§ 4º-A, 4º-B, 4º-C e 5º.
>
> § 4º-A. Poderão ser estabelecidos por lei complementar do respectivo ente federativo idade e tempo de contribuição diferenciados para aposentadoria de servidores com deficiência, previamente submetidos a avaliação biopsicossocial realizada por equipe multiprofissional e interdisciplinar.
>
> § 4º-B. Poderão ser estabelecidos por lei complementar do respectivo ente federativo idade e tempo de contribuição diferenciados para aposentadoria de ocupantes do cargo de agente penitenciário, de agente socioeducativo ou de policial dos órgãos de que tratam o inciso IV do *caput* do art. 51, o inciso XIII do *caput* do art. 52 e os incisos I a IV do *caput* do art. 144.
>
> § 4º-C. Poderão ser estabelecidos por lei complementar do respectivo ente federativo idade e tempo de contribuição diferenciados para aposentadoria de servidores cujas atividades sejam exercidas com efetiva exposição a agentes químicos, físicos e biológicos prejudiciais à saúde, ou associação desses agentes, vedada a caracterização por categoria profissional ou ocupação.

### 6.5.1 Aposentadoria por exposição a agentes nocivos

Em que pese a previsão da aposentadoria especial para servidores ocupantes de cargos efetivos que tenham atividades envolvendo agentes nocivos à saúde ou à integridade física desde o texto original da Constituição de 1988, não houve a regulamentação da matéria até o advento da EC n. 103/2019, pelo que aplicava a legislação do RGPS, por força da Súmula Vinculante n. 33.

No entanto, a EC n. 103/2019 disciplinou a aposentadoria especial apenas no âmbito do RPPS da União (juntamente com alterações no RGPS), estabelecendo inclusive regras de transição, o que não guarda sentido, se considerarmos que não havia regra anterior.

Porém, quanto aos RPPS de Estados, Distrito Federal e Municípios, remeteu a EC n. 103/2019 a regulamentação para a lei a ser promulgada em cada ente da federação, criando verdadeira Babel legislativa.

É o que se deduz da redação do § 7º do art. 10 da EC n. 103, de 2019:

> Aplicam-se às aposentadorias dos servidores dos Estados, do Distrito Federal e dos Municípios as normas constitucionais e infraconstitucionais anteriores à data de entrada em vigor desta Emenda Constitucional, enquanto não promovidas alterações na legislação interna relacionada ao respectivo regime próprio de previdência social.

Antes da EC n. 103/2019, além de inexistirem normas a respeito do tema versando sobre servidores públicos filiados a Regimes Próprios, a compreensão era a de que a matéria deveria ser regulamentada por uma lei "nacional" (MI 1.832-AgR, Plenário, Rel. Min. Cármen Lúcia, j. 24.03.2011, *DJe* 18.05.2011). No mesmo sentido: MI 1.898-AgR, Plenário, Min. Joaquim Barbosa, j. 16.05.2012, *DJe* 1º.06.2012.

A discussão relativa à ausência de regulamentação (e, por conseguinte, impossibilidade de concessão) da aposentadoria especial para os RPPS chegou ao STF por força de diversos mandados de injunção impetrados por servidores públicos, no mais das vezes trabalhando na área da saúde. A decisão que se tornou precedente na matéria foi proferida no MI 721, cujo relator foi o Min. Marco Aurélio Mello, publicada no *DJe* 30.11.2007, que assegurou a aplicação subsidiária das regras sobre aposentadoria especial previstas no RGPS para as atividades prestadas por servidor filiado a Regime Próprio de Previdência, por força do § 12 do art. 40 da Constituição, ante a ausência de lei específica do respectivo ente público.

O tema foi, depois, objeto da Súmula Vinculante n. 33 do STF, que contém a seguinte redação: "Aplicam-se ao servidor público, no que couber, as regras do RGPS sobre aposentadoria especial de que trata o art. 40, § 4º, inciso III, da Constituição Federal, até edição de lei complementar específica".

Enquanto os entes federados subnacionais não promoverem suas reformas e não regulamentarem a aposentadoria especial, continua aplicável aos seus servidores os critérios de concessão do RGPS (pré-EC n. 103/2019), nos termos do citado § 7º do art. 10 da EC n. 103/2019, e da Súmula Vinculante n. 33. No mesmo sentido é o que consta da Portaria MTP n. 1.467/2022:

> Art. 161. Até que entre em vigor lei complementar do respectivo ente federativo que discipline o § 4º-C do art. 40 da Constituição Federal, a concessão de aposentadoria especial aos segurados dos RPPS dos Estados, do Distrito Federal e dos Municípios, cujas atividades sejam exercidas sob condições especiais que prejudiquem a saúde ou a integridade física, observará, no que couber, as regras do RGPS sobre aposentadoria especial de que trata o inciso III do § 4º do art. 40 da Constituição Federal, na redação em vigor em 12 de novembro de 2019, em consonância com a Súmula Vinculante n. 33 do Supremo Tribunal Federal e as disposições contidas no Anexo IV.

Cabe destacar que a SV 33 vincula a administração apenas quanto à aposentadoria especial decorrente de atividades prejudiciais à saúde e à integridade física, pois limitou seu alcance apenas ao art. 40, § 4º, III, da CF. Poderia e deveria o STF ter ido além, incluindo na Súmula todas as espécies de aposentadorias especiais, evitando a necessidade de novos mandados de injunção.

Visando disciplinar o cumprimento das decisões judiciais proferidas, foi publicada a Instrução Normativa MPS/SPPS n. 1/2010 (modificada pela IN MPS/SPPPS n. 3/2014), que estabelecia instruções para o reconhecimento, pelos RPPS da União, dos Estados, do Distrito Federal e dos Municípios, do direito à aposentadoria dos servidores públicos com requisitos e critérios diferenciados, "com fundamento na Súmula Vinculante n. 33 ou por ordem concedida em Mandado de Injunção".

*Referidas INs (n. 1/2010 e n. 3/2014) foram revogadas* pela Portaria MTP n. 1.467/2022, a qual estabelece o art. 161 e o art. 172, cujo § 1º, dispõe que: "A caracterização e a comprovação do tempo de atividade sob condições especiais obedecerão ao disposto na legislação em vigor do RGPS na época da prestação do serviço".

O que se observa, em relação a esse aspecto, é que a comprovação da atividade especial permanece dificultada para a grande maioria dos servidores, já que muitos dos entes públicos não produziram a documentação hábil para comprovar a exposição a agentes nocivos, por não ser obrigação prevista nos "estatutos" de servidores efetivos aos Entes Federativos, para demonstrar o exercício do labor em caráter nocivo à saúde, a exemplo do que é exigido das empresas pelo RGPS.

Mesmo com a publicação da Súmula Vinculante n. 33 do STF, a aferição do direito individual do servidor à referida aposentadoria dependerá de análise do caso concreto pela autoridade concedente da aposentadoria:

> A autoridade administrativa responsável pelo exame do pedido de aposentadoria é competente para aferir, no caso concreto, o preenchimento de todos os requisitos para a aposenta

previstos no ordenamento jurídico vigente. (STF, MI 1.286-ED, Plenário, Rel. Min. Cármen Lúcia, j. 18.12.2009, *DJe* 19.02.2010)

Cabe mencionar o entendimento já firmado pelo STF a respeito de impossibilidade de fixação de idade mínima para tal modalidade de aposentadoria enquanto fossem aplicadas as regras do RGPS, com diversos precedentes todos no mesmo sentido: "os parâmetros alusivos à aposentadoria especial, enquanto não editada a lei exigida pelo texto constitucional, são aqueles contidos na Lei n. 8.213/1991, não cabendo mesclar sistemas para, com isso, cogitar-se de idade mínima" (*verbi gratia*, MI 2.058, Rel. Min. Marco Aurélio, *DJe* 31.07.2014).

Embora admitida no RGPS a conversão de tempo especial em comum, a Súmula Vinculante n. 33 não autorizou essa prática nos RPPS, o que só veio a ocorrer com a decisão proferida pelo STF na Repercussão Geral Tema n. 942, em que, firmou a seguinte tese, mais ampla:

> Até a edição da Emenda Constitucional n. 103/2019, o direito à conversão, em tempo comum, do prestado sob condições especiais que prejudiquem a saúde ou a integridade física de servidor público decorre da previsão de adoção de requisitos e critérios diferenciados para a jubilação daquele enquadrado na hipótese prevista no então vigente inciso III do § 4º do art. 40 da Constituição da República, devendo ser aplicadas as normas do regime geral de previdência social relativas à aposentadoria especial contidas na Lei n. 8.213/1991 para viabilizar sua concretização enquanto não sobrevier lei complementar disciplinadora da matéria. Após a vigência da EC n. 103/2019, o direito à conversão em tempo comum, do prestado sob condições especiais pelos servidores obedecerá à legislação complementar dos entes federados, nos termos da competência conferida pelo art. 40, § 4º-C, da Constituição da República. (RE 1.014.286, Plenário Virtual, j. 29.08.2020).

Logo, tal conversão está limitada ao tempo trabalhado até 13.11.2019. Nesse sentido, também, o § 2º do art. 172 da Portaria MTP n. 1.467/2022.

## 6.5.2 Aposentadoria do servidor público com deficiência

A aposentadoria da pessoa com deficiência foi objeto de regulamentação no âmbito do RGPS pela Lei Complementar n. 142, de 08.05.2013, que adotou, como conceito de pessoa com deficiência, aquela que tem impedimentos de longo prazo de natureza física, mental, intelectual ou sensorial, os quais, em interação com diversas barreiras, podem obstruir sua participação plena e efetiva na sociedade em igualdade de condições com as demais pessoas (art. 2º).

Diante de mais essa omissão do legislador quanto aos RPPS, o STF decidiu de forma reiterada em mandados de injunção pela aplicabilidade da LC n. 142/2013 em favor dos servidores públicos. Nesse sentido:

> A LC 142/2013, que regulamentou a aposentadoria especial de pessoas com deficiência no Regime Geral de Previdência Social, deve ser aplicada ao pedido de aposentadoria de servidores públicos com deficiência, por se tratar de diploma mais adequado para suprir a omissão na regulamentação do antigo art. 40, § 4º, I, da CF/1988 (atual art. 40, § 4º-A). (MI 4.031 AgR, Rel. Min. Roberto Barroso, *DJe* 20.05.2020)

A EC n. 103/2019, ao tratar dessa aposentadoria, estabeleceu o seguinte regramento:

> Art. 22. Até que lei discipline o § 4º-A do art. 40 e o inciso I do § 1º do art. 201 da Constituição Federal, a aposentadoria da pessoa com deficiência segurada do Regime Geral de Previdência Social ou do servidor público federal com deficiência vinculado a regime próprio de previdência social, desde que cumpridos, no caso do servidor, o tempo mínimo de 10

(dez) anos de efetivo exercício no serviço público e de 5 (cinco) anos no cargo efetivo em que for concedida a aposentadoria, será concedida na forma da Lei Complementar n. 142, de 8 de maio de 2013, inclusive quanto aos critérios de cálculo dos benefícios.

Parágrafo único. Aplicam-se às aposentadorias dos servidores com deficiência dos Estados, do Distrito Federal e dos Municípios as normas constitucionais e infraconstitucionais anteriores à data de entrada em vigor desta Emenda Constitucional, enquanto não promovidas alterações na legislação interna relacionada ao respectivo regime próprio de previdência social.

Portanto, como não houve regulamentação dessa aposentadoria pela EC n. 103 para os servidores estaduais, distritais e municipais com Regime Próprio, e até que o ente público venha a regulamentar, por lei local, a matéria, para seus servidores, a aplicação da LC n. 142/2013 depende de medida judicial específica. Nesse sentido, a disciplina constante da Portaria MTP n. 1.467/2022:

> Art. 162. Na concessão das aposentadorias dos segurados do RPPS da União com deficiência, ou dos RPPS dos Estados, do Distrito Federal e dos Municípios que adotaram as mesmas regras para os servidores federais, bem como dos segurados com deficiência desses entes, quando amparados por ordem concedida em mandado de injunção, a serem concedidas na forma da Lei Complementar n. 142, de 8 de maio de 2013, será observado o disposto no Anexo V, enquanto esses entes não promoverem alteração na legislação, nos termos do § 4º-A do art. 40 da Constituição Federal.
>
> Parágrafo único. É vedada a concessão de aposentadoria especial para o segurado com deficiência dos Estados, Distrito Federal e dos Municípios não amparado por ordem concedida em mandado de injunção, até que lei complementar do ente federativo discipline a matéria nos termos do § 4º-A do art. 40 da Constituição Federal.

Quanto ao valor dos proventos, entendemos que não se aplica a nova regra de apuração do salário de benefício estabelecida pelo art. 26 da EC n. 103/2019, que passou a corresponder a 100% do período contributivo desde a competência julho de 1994 ou desde o início da contribuição, se posterior àquela competência. No mesmo sentido é a orientação do TCU:

> Aposentadoria especial. Pessoa com deficiência. Aposentadoria por tempo de serviço. Aposentadoria por idade. Proventos. Cálculo. Legislação.
>
> O cálculo dos proventos de aposentadoria especial por idade ou tempo de serviço do servidor com deficiência deve considerar, até a superveniência da lei complementar a que se referem os arts. 201, § 1º, e 40, § 4º-A, da Constituição Federal, a média aritmética simples dos maiores salários de contribuição correspondentes a oitenta por cento de todo o período contributivo (art. 22 da EC n. 103/2019, art. 8º da LC 142/2013 e art. 29 da Lei 8.213/1991). (Acórdão 1.368/2023, Plenário Administrativo, Rel. Min. Walton Alencar Rodrigues)

Pela ausência de legislação nos RPPS a esse respeito, havia risco de se aplicar, no âmbito do RPPS da União, o Decreto n. 10.410/2020, que, ao atualizar o RPS (art. 70-J) e como já descrito nesta obra na parte relativa ao RGPS, cometeu ilegalidade ao estabelecer, sem alteração na Lei Complementar n. 142/2013 ou na Lei n. 8.213/1991, que deve ser aplicada a regra do art. 26 da EC n. 103/2019, ou seja, a média integral dos salários de contribuição, sem o despezo dos menores valores equivalentes a 20% do período contributivo.

Acertadamente, o TCU decidiu pela manutenção da totalidade dos critérios de apuração da RMI da aposentadoria da pessoa com deficiência, o que se deve ao fato de que na EC n. 103/2019 (art. 22, *caput*) foi estabelecido que essa modalidade de aposentadoria, tanto no RGPS quanto no RPPS da União, "será concedida na forma da Lei Complementar n. 142, de 8 de maio de 2013, inclusive quanto aos critérios de cálculo dos benefícios", e na referida Lei Complementar se faz menção ao cálculo da média dos maiores salários de contribuição equivalentes a 80% do período contributivo, constante da Lei n. 8.213/1991.

Como a matéria, para os demais RPPS que não a União, pende de disposições constitucionais ou infraconstitucionais que possam vir a disciplinar especificamente o tema, por normas locais, também prevalece para o âmbito dos servidores dos Estados, DF e Municípios o critério estabelecido nas decisões judiciais supramencionadas, com a aplicação da LC n. 142, até que a matéria seja regulamentada em cada RPPS.

Ressalta-se que não há decisão vinculante quanto ao tema e que o STF, após a EC n. 103/2019, deixou de apreciar a matéria em relação aos servidores estaduais, municipais e distritais, a exemplo do julgado que segue:

> Agravo Regimental no Agravo Regimental no Mandado de Injunção. Aposentadoria Especial de Servidor Público portador de deficiência. Alteração superveniente do quadro normativo. Emenda Constitucional n. 103, de 12 de novembro de 2019. Servidores Públicos Federais. Art. 22 da Emenda Constitucional n. 103/2019. Perda Superveniente do interesse de agir. Servidores Públicos Estaduais, Municipais e Distritais. Competência legislativa de cada Ente Federativo, na forma do Art. 40, § 4º-A, da Constituição da República. Mandado de Injunção julgado prejudicado. (MI 1613 Agr-Agr, Tribunal Pleno, Rel. Min. Luiz Fux, *DJe* 09.09.2020)

### 6.5.3 Aposentadorias em atividade de risco

Assim como já foi frisado quanto às demais modalidades de aposentadoria especial nos RPPS, a Emenda n. 103/2019, não tratou de disciplinar o tema quanto aos policiais e demais servidores em atividades de risco nos Estados, no Distrito Federal e nos Municípios. As regras da EC n. 103/2019, não se aplicam, portanto, a esses servidores, mas somente aos servidores federais, conforme disposição contida no § 2º do art. 5º da EC n. 103/2019:

> § 2º Aplicam-se às aposentadorias dos servidores dos Estados de que trata o § 4º-B do art. 40 da Constituição Federal as normas constitucionais e infraconstitucionais anteriores à data de entrada em vigor desta Emenda Constitucional, enquanto não promovidas alterações na legislação interna relacionada ao respectivo regime próprio de previdência social.

Desta forma, até que entre em vigor lei complementar do Estado que discipline o § 4º-B do art. 40 da Constituição Federal, a aposentadoria especial do servidor que, em razão do exercício de atividade de risco, se enquadrar na hipótese do inciso II do § 4º do art. 40 da Constituição Federal, na redação dada pela EC n. 47/2005, será concedida, na forma da LC n. 51/1985, apenas ao servidor público policial.

Não será considerado tempo de exercício em cargo de natureza estritamente policial, para os fins do inciso II do art. 1º da LC n. 51, de 1985, o tempo em que o segurado policial estiver em exercício de mandato eletivo, ou quando estiver cedido a órgão ou entidade da administração direta ou indireta, do mesmo ou de outro ente federativo, com ou sem ônus para o cessionário, ou afastado por licenciamento (art. 163 da Portaria MTP n. 1.467/2022).

Quanto à atividade de risco na carreira policial, o STF tem jurisprudência firmada no sentido de que o inciso I do art. 1º da LC n. 51/1985 foi recepcionado pela Constituição Federal de 1988. Esse dispositivo prevê que ao servidor policial é garantido o direito à aposentadoria voluntária, com proventos integrais, após 30 anos de serviço, desde que conte pelo menos 20 anos de exercício em cargo de natureza estritamente policial. Nesse sentido, a Repercussão Geral Tema n. 26, cuja tese fixada foi: "O inciso I do art. 1º da Lei complementar n. 51/1985 foi recepcionado pela Constituição Federal de 1988" (*Leading Case*: RE n. 567.110, *DJe* 11.04.2011).

Posteriormente, o Plenário da Suprema Corte julgou um caso idêntico na ADI n. 3.817, concluindo que o art. 1º da LC n. 51 foi recepcionado pela EC n. 20/1998, que deu nova redação ao art. 40, § 4º, da CF.

A LC n. 144, de 15.05.2014, alterou o art. 1º da LC n. 51, de 20.12.1985, para regulamentar a aposentadoria da mulher servidora policial, nos termos que seguem:

> Art. 2º O art. 1º da Lei Complementar n. 51, de 20 de dezembro de 1985, passa a vigorar com a seguinte redação:
> "Art. 1º O servidor público policial será aposentado:
> I – compulsoriamente, com proventos proporcionais ao tempo de contribuição, aos 65 (sessenta e cinco) anos de idade, qualquer que seja a natureza dos serviços prestados;
> II – voluntariamente, com proventos integrais, independentemente da idade:
> a) após 30 (trinta) anos de contribuição, desde que conte, pelo menos, 20 (vinte) anos de exercício em cargo de natureza estritamente policial, se homem;
> b) após 25 (vinte e cinco) anos de contribuição, desde que conte, pelo menos, 15 (quinze) anos de exercício em cargo de natureza estritamente policial, se mulher" (NR).

No que tange à regra do inciso I do art. 1º da Lei Complementar n. 51/1985, com a redação conferida pela Lei Complementar n. 144/2014, importante referir que o dispositivo foi revogado expressamente pelo art. 3º da Lei Complementar n. 152, de 08.12.2015, com o que se entende que a idade para a aposentadoria compulsória dos policiais civis passou a ser a mesma que a dos demais servidores públicos ocupantes de cargos efetivos, ou seja, 75 anos.

Na mesma linha de entendimento que o já esposado no campo das aposentadorias por exposição a agentes nocivos, o STF refuta a aplicação de idade mínima à aposentadoria de servidores policiais civis: MI 4.528-AgR, Plenário, Rel. Min. Cármen Lúcia, j. 13.06.2012, *DJe* 1º.08.2012.

No caso de policial civil cedido a outros órgãos da administração pública, o STF não reconhece o cômputo do tempo de exercício em outra atividade durante o período da cessão para fins de aposentadoria especial: ADI 3.817, Plenário, Rel. Min. Cármen Lúcia, j. 13.11.2008, *DJe* 03.04.2009. No mesmo sentido: RE 544.544-AgR, 1ª Turma, Rel. Min. Marco Aurélio, j. 21.08.2012, *DJe* 06.09.2012; AI 820.495-AgR, 1ª Turma, Rel. Min. Cármen Lúcia, j. 08.02.2011, *DJe* 24.03.2011; RE 567.110, Plenário, Rel. Min. Cármen Lúcia, j. 13.10.2010, *DJe* 11.04.2011, com repercussão geral.

**QUADRO-RESUMO – REGRAS SOBRE APOSENTADORIA ESPECIAL NOS RPPS DOS ENTES FEDERADOS SUBNACIONAIS (QUE NÃO REALIZARAM A REFORMA DA PREVIDÊNCIA)**

Observação: caso o servidor a ser aposentado seja ocupante de cargo efetivo de ente federativo que já tenha implementado o regime de previdência complementar de que tratam os §§ 14 a 16 do art. 40 da CF, e que ingressou após a implementação, ou migrou para este modelo antes de concedida a aposentadoria, os proventos devidos pelo RPPS serão limitados ao mesmo valor fixado para teto do RGPS, fazendo jus, em caso de previsão neste sentido na legislação do respectivo ente federativo, ao benefício especial correspondente ao tempo de contribuição anterior e ainda, caso tenha aderido ao plano de previdência complementar, o benefício para o qual tenha contribuído.

## APOSENTADORIA VOLUNTÁRIA ESPECIAL – SÚMULA VINCULANTE N. 33
**Aplicável aos servidores dos Estados, do Distrito Federal e dos Municípios, até que lei do respectivo Ente da Federação venha a disciplinar a matéria e aos servidores da União que cumpriram os requisitos até 13.11.2019.**

Art. 40, § 4º, III, "c", da CF/1988 (redação dada pela EC n. 41, de 2003); art. 10, § 7º, da EC n. 103, de 2019; art. 57 da Lei n. 8.213/1991; Súmula Vinculante n. 33 do STF; e Portaria MTP n. 1.467/2022 (art. 161).

### REQUISITOS MÍNIMOS CUMULATIVOS

| | TEMPO MÍNIMO DE CONTRIBUIÇÃO | IDADE MÍNIMA | TEMPO MÍNIMO NO SERVIÇO PÚBLICO | TEMPO MÍNIMO DE EFETIVO EXERCÍCIO NO CARGO EM QUE SE DARÁ A APOSENTADORIA |
|---|---|---|---|---|
| **HOMEM/ MULHER** | 25 ANOS DE EXPOSIÇÃO A AGENTES NOCIVOS, CONFORME A REGRA DO RGPS (VIDE QUADRO NO CAP. 37) | NÃO SE EXIGE | 10 ANOS | 5 ANOS |
| **CÁLCULO DO BENEFÍCIO** | 100% da média aritmética simples das maiores remunerações (80% de todo o período contributivo) – art. 1º da Lei n. 10.887/2004. | | | |
| **TETO DO BENEFÍCIO** | ÚLTIMA REMUNERAÇÃO NO CARGO EFETIVO, SALVO NA HIPÓTESE DE SERVIDOR DE ENTE FEDERATIVO COM RPC, QUE TENHA INGRESSADO APÓS A INSTITUIÇÃO DO RPC (OU FAÇA MIGRAÇÃO PARA ESTE REGIME), QUANDO ENTÃO SERÁ LIMITADO AO VALOR-TETO FIXADO PARA O RGPS. | | | |
| **REAJUSTE** | NÃO TEM PARIDADE. Cabe ao ente federativo fixar a data e o índice dos reajustes aplicáveis aos proventos (ADI 4.582). | | | |

### REGRA ANTERIOR – APOSENTADORIA VOLUNTÁRIA ESPECIAL
**Aplicável aos servidores que ingressarem no serviço público até 31.12.2003.**

Art. 40, § 4º, III, "c", da CF (redação dada pela EC n. 20, de 1998); art. 57 da Lei n. 8.213/1991; Súmula Vinculante n. 33 do STF; e Instrução Normativa MPS/SPPS n. 1/2010.

### REQUISITOS MÍNIMOS CUMULATIVOS

| | TEMPO MÍNIMO DE CONTRIBUIÇÃO | IDADE MÍNIMA | TEMPO MÍNIMO NO SERVIÇO PÚBLICO | TEMPO MÍNIMO DE EFETIVO EXERCÍCIO NO CARGO EM QUE SE DARÁ A APOSENTADORIA |
|---|---|---|---|---|
| **HOMEM/ MULHER** | 15, 20 OU 25 ANOS DE EXPOSIÇÃO A AGENTES NOCIVOS, CONFORME A REGRA DO RGPS (VIDE QUADRO NO CAP. 37) | NÃO SE EXIGE | 10 anos | 5 anos |
| **CÁLCULO DO BENEFÍCIO** | 100% da última remuneração no cargo efetivo*[10]. | | | |

---

[10] STF RG Tema n. 1.019: "Direito de servidor público que exerça atividades de risco de obter, independentemente da observância das regras de transição das Emendas Constitucionais n. 41/2003 e n. 47/2005, aposentadoria especial com proventos calculados com base na integralidade e na paridade" (pendente de julgamento).

| | |
|---|---|
| **TETO DO BENEFÍCIO** | ÚLTIMA REMUNERAÇÃO NO CARGO EFETIVO, SALVO NA HIPÓTESE DE SERVIDOR DE ENTE FEDERATIVO COM RPC, QUE TENHA INGRESSADO APÓS A INSTITUIÇÃO DO RPC (OU FAÇA MIGRAÇÃO PARA ESTE REGIME), QUANDO ENTÃO SERÁ LIMITADO AO VALOR-TETO FIXADO PARA O RGPS. |
| **REAJUSTE** | PARIDADE COM OS SERVIDORES EM ATIVIDADE* |

## APOSENTADORIA AOS SERVIDORES COM DEFICIÊNCIA

Aplicável aos servidores dos entes federados subnacionais, mediante decisão judicial e até que lei do respectivo Ente venha a disciplinar a matéria. Aplicável aos servidores da União a partir da EC n. 103/2019

Art. 22 c/c o art. 10, § 7º, ambos da EC n. 103, de 2019; LC n. 142/2013; art. 57 da Lei n. 8.213/1991; STF, MI 5.126; Portaria MTP n. 1.467/2022 (art. 162).

**REQUISITOS MÍNIMOS CUMULATIVOS**

**Aposentadoria por Tempo de Contribuição**
- 25 (vinte e cinco) anos de tempo de contribuição, se homem, e 20 (vinte) anos, se mulher, no caso de segurado com deficiência grave;
- 29 (vinte e nove) anos de tempo de contribuição, se homem, e 24 (vinte e quatro) anos, se mulher, no caso de segurado com deficiência moderada;
- 33 (trinta e três) anos de tempo de contribuição, se homem, e 28 (vinte e oito) anos, se mulher, no caso de segurado com deficiência leve; ou

**Aposentadoria por Idade**
- 60 (sessenta) anos de idade, se homem, e 55 (cinquenta e cinco) anos de idade, se mulher, independentemente do grau de deficiência, desde que cumprido tempo mínimo de contribuição de 15 (quinze) anos e comprovada a existência de deficiência durante igual período.

| TEMPO MÍNIMO NO SERVIÇO PÚBLICO | TEMPO MÍNIMO DE EFETIVO EXERCÍCIO NO CARGO EM QUE SE DARÁ A APOSENTADORIA |
|---|---|
| 10 ANOS | 5 ANOS |

| | |
|---|---|
| **CÁLCULO DO BENEFÍCIO** | APC: 100% da média aritmética simples das maiores remunerações (80% de todo o período contributivo) – art. 1º da Lei n. 10.887/2004). Na aposentadoria por idade, o coeficiente é de 70% mais 1% por grupo de 12 contribuições. |
| **TETO DO BENEFÍCIO** | ÚLTIMA REMUNERAÇÃO NO CARGO EFETIVO, SALVO NA HIPÓTESE DE SERVIDOR DE ENTE FEDERATIVO COM RPC, QUE TENHA INGRESSADO APÓS A INSTITUIÇÃO DO RPC (OU FAÇA MIGRAÇÃO PARA ESTE REGIME), QUANDO ENTÃO SERÁ LIMITADO AO VALOR-TETO FIXADO PARA O RGPS. |
| **REAJUSTE** | NÃO TEM PARIDADE. Cabe ao ente federativo fixar a data e o índice dos reajustes aplicáveis aos proventos (ADI n. 4.582). |

**APOSENTADORIA POR TEMPO DE CONTRIBUIÇÃO DO SERVIDOR COM DEFICIÊNCIA**

| GRAU DE DEFICIÊNCIA | HOMEM TEMPO DE CONTRIBUIÇÃO | MULHER TEMPO DE CONTRIBUIÇÃO | TEMPO DE SERVIÇO PÚBLICO | TEMPO NO CARGO |
|---|---|---|---|---|
| leve | 33 anos | 28 anos | 10 ANOS | 5 ANOS |
| moderada | 29 anos | 24 ANOS | 10 ANOS | 5 ANOS |
| grave | 25 anos | 20 ANOS | 10 ANOS | 5 ANOS |

**REGRA DE CÁLCULO: 100% DA MÉDIA CONTRIBUTIVA, LIMITADO AO TETO DO RGPS PARA QUEM INGRESSOU APÓS A INSTITUIÇÃO DA PREV. COMPLEMENTAR OU A ELA ADERIU**

**APOSENTADORIA POR IDADE DO SERVIDOR COM DEFICIÊNCIA**

| GRAU DE DEFICIÊNCIA | HOMEM IDADE | MULHER IDADE | TEMPO DE CONTRIBUIÇÃO COM DEFICIÊNCIA | TEMPO DE SERVIÇO PÚBLICO | TEMPO NO CARGO |
|---|---|---|---|---|---|
| leve/moderada/grave | 60 anos | 55 anos | 15 anos | 10 ANOS | 5 ANOS |

**REGRA DE CÁLCULO: 70% DA MÉDIA CONTRIBUTIVA + 1% POR GRUPO DE 12 CONTRIBUIÇÕES, LIMITADO AO TETO DO RGPS PARA QUEM INGRESSOU APÓS A INSTITUIÇÃO DA PREV. COMPLEMENTAR OU A ELA ADERIU**

## 6.6 TEMPO DE CONTRIBUIÇÃO NOS REGIMES PRÓPRIOS

A noção de tempo de contribuição é imprescindível para o estudo do direito à aposentadoria em qualquer regime previdenciário.

Na regulamentação do RGPS, identificava-se como tempo de contribuição, até 13.11.2019, o tempo, contado de data a data, desde o início da atividade até o desligamento (art. 188-G do RPS, incluído pelo Decreto n. 10.410/2020). E, a partir de 13.11.2019, passou a ser considerado tempo de contribuição, as competências em que o salário de contribuição mensal tenha sido igual ou superior ao limite mínimo, independentemente da quantidade de dias trabalhados (art. 19-C do RPS, incluído pelo Decreto n. 10.410/2020). Nos RPPS, pode-se dizer que o tempo de contribuição inclui, além dos tempos de efetivo exercício, os períodos de licença remunerada e os tempos fictícios, estes quando autorizados por lei e limitados a 16.12.1998 (data de promulgação da EC n. 20/1998, que acrescentou o § 10 ao texto do art. 40 da CF).

No art. 40, § 9º, da Constituição (redação dada pela EC n. 103, de 2019), consta que: "O tempo de contribuição federal, estadual, distrital ou municipal será contado para fins de aposentadoria, observado o disposto nos §§ 9º e 9º-A do art. 201, e o tempo de serviço correspondente será contado para fins de disponibilidade".

É importante salientar algumas regras fundamentais em relação ao cômputo do tempo para fins de aposentadoria, consoante art. 96 da Lei n. 8.213/1991:

- Não será computado como tempo de contribuição o já considerado para a concessão de qualquer aposentadoria do RGPS ou por outro Regime de Previdência Social.
- O tempo de atividade sujeita à filiação ao RGPS/INSS (emprego público, cargos em comissão, mandato eletivo) somente pode ser averbado mediante certidão de tempo de contribuição emitida por aquela autarquia.
- O tempo de atividade em cargo público de provimento efetivo de outro ente da Federação deve ser averbado mediante certidão emitida pelo respectivo ente público.

Em relação ao tempo de serviço prestado pelo servidor antes de seu ingresso no cargo em que pretende se aposentar, este deve ser computado conforme a legislação vigente à época do período laboral respectivo (*tempus regit actum*).

E acerca da conversão do tempo especial em comum, no âmbito dos RPPS, o STF, apreciando o Tema n. 942 de Repercussão Geral, firmou a seguinte tese, mais ampla: "Até a edição da Emenda Constitucional n. 103/2019, o direito à conversão, em tempo comum, do prestado sob condições especiais que prejudiquem a saúde ou a integridade física de servidor público decorre da previsão de adoção de requisitos e critérios diferenciados para a jubilação daquele enquadrado na hipótese prevista no então vigente inciso III do § 4º do art. 40 da Constituição da República, devendo ser aplicadas as normas do regime geral de previdência social relativas à aposentadoria especial contidas na Lei n. 8.213/1991 para viabilizar sua concretização enquanto não sobrevier lei complementar disciplinadora da matéria. Após a vigência da EC n. 103/2019, o direito à conversão em tempo comum, do prestado sob condições especiais pelos servidores obedecerá à legislação complementar dos entes federados, nos termos da competência conferida pelo art. 40, § 4ºC, da Constituição da República" (RE 1.014.286, Plenário Virtual, j. 29.08.2020).

### 6.6.1 Contagem recíproca de tempo de contribuição

Nos termos da Súmula n. 10 da Turma Nacional de Uniformização dos JEFs, a contagem recíproca é aquela que soma tempo de atividade privada, rural ou urbana, ao serviço público estatutário e vice-versa.

Diante da nova redação dada ao art. 201, §§ 9º, 9º-A e 14, pela EC n. 103/2019:

- para fins de aposentadoria, será assegurada a contagem recíproca do tempo de contribuição entre o RGPS e os RPPS, e destes entre si, observada a compensação financeira, de acordo com os critérios estabelecidos em lei;
- o tempo de serviço militar exercido nas atividades de que tratam os arts. 42, 142 e 143 da CF e o tempo de contribuição ao RGPS ou a RPPS terão contagem recíproca para fins de inativação militar ou aposentadoria e a compensação financeira será devida entre as receitas de contribuição referentes aos militares e as receitas de contribuição aos demais regimes;
- *é vedada a contagem de tempo de contribuição fictício para efeito de concessão dos benefícios previdenciários e de contagem recíproca.*

A compensação financeira será efetuada pelos demais regimes em relação ao regime em que o interessado estiver vinculado ao requerer o benefício, em relação aos respectivos tempos de contribuição ou serviço.

O tempo de contribuição, em caso de contagem recíproca, será computado de acordo com a legislação pertinente, observadas, entre outras, as normas previstas no art. 96 da Lei n. 8.213/1991, com alterações posteriores da Lei n. 13.846/2019, quais sejam:

- não será admitida a contagem em dobro ou em outras condições especiais;
- é vedada a contagem de tempo de serviço público com o de atividade privada, quando concomitantes (ressalvados os casos de acumulação de cargos ou empregos públicos admitidos pela Constituição);
- não será contado por um sistema o tempo de serviço utilizado para concessão de aposentadoria pelo outro;
- o tempo de serviço anterior ou posterior à obrigatoriedade de filiação à Previdência Social só será contado mediante indenização da contribuição correspondente ao período respectivo, com acréscimo de juros moratórios de 0,5% ao mês e multa de 10%;
- é vedada a emissão de CTC com o registro exclusivo de tempo de serviço, sem a comprovação de contribuição efetiva, exceto para o segurado empregado, empregado doméstico, trabalhador avulso e, desde 1º de abril de 2003, para o contribuinte individual que presta serviço a empresa obrigada a arrecadar a contribuição a seu cargo, observado o disposto no § 5º do art. 4º da Lei n. 10.666, de 8 de maio de 2003 (essa

vedação não se aplica ao tempo de serviço anterior à edição da EC n. 20/1998, que tenha sido equiparado por lei a tempo de contribuição);
- a CTC somente poderá ser emitida por regime próprio de previdência social para ex-servidor;
- é vedada a contagem recíproca de tempo de contribuição do RGPS por RPPS sem a emissão da CTC correspondente, ainda que o tempo de contribuição referente ao RGPS tenha sido prestado pelo servidor público ao próprio ente instituidor (essa exigência só é válida a partir da Lei n. 13.846/2019);
- é vedada a desaverbação de tempo em RPPS quando o tempo averbado tiver gerado a concessão de vantagens remuneratórias ao servidor público em atividade; e
- para fins de elegibilidade às aposentadorias especiais referidas no § 4º do art. 40 e no § 1º do art. 201 da Constituição Federal, os períodos reconhecidos pelo regime previdenciário de origem como de tempo especial, sem conversão em tempo comum, deverão estar incluídos nos períodos de contribuição compreendidos na CTC e discriminados de data a data.

Os Regimes Próprios devem observar, para o servidor que ocupe mais de um cargo acumulável, quanto à averbação de tempo de contribuição prestado como segurado do RGPS, as disposições do art. 193 da Portaria MTP n. 1.467/2022:

> Art. 193. A averbação, por RPPS, de tempo de contribuição constante de CTC emitida pelo INSS somente pode ser efetivada em um único cargo ocupado pelo segurado, ainda que, no período certificado, tenha havido filiação ao RGPS pelo exercício de múltiplas atividades decorrentes de empregos públicos ou privados ou cargos públicos.
> Parágrafo único. Ressalva-se do disposto no *caput*, a hipótese de emissão, pelo INSS, de CTC única com divisão e destinação do tempo de contribuição para, no máximo, dois órgãos distintos, quando solicitado pelo segurado que exerce cargos constitucionalmente acumuláveis, conforme previsão do § 7º do art. 130 do Regulamento da Previdência Social, aprovado pelo Decreto n. 3.048, de 1999.

Para fins de contagem recíproca e compensação financeira previstas nos §§ 9º e 9º-A do art. 201 da Constituição Federal, o tempo de contribuição, na forma do art. 182 da Portaria MTP n. 1.467/2022, deverá ser comprovado por:

> I – Certidão de Tempo de Contribuição – CTC, fornecida pela unidade gestora do RPPS ou, excepcionalmente, pelo órgão de origem do segurado, desde que devidamente homologada pela respectiva unidade gestora, limitada ao período de vinculação a este regime, ou pelo Instituto Nacional do Seguro Social – INSS, quando se referir a tempo de contribuição no RGPS; e
> II – por Certidão de Tempo de Serviço Militar, fornecida pelo órgão responsável pela gestão do Sistema de Proteção Social dos Militares – SPSM, quando for o caso de tempo de serviço militar exercido nas atividades de que tratam os arts. 42, 142 e 143 da Constituição Federal.

Constará da CTC emitida para o segurado que ocupou o cargo de professor, a discriminação do tempo de efetivo exercício das funções de magistério na educação infantil e no ensino fundamental e médio (art. 186, § 1º, da Portaria MTP n. 1.467/2022).

Para fins de elegibilidade às aposentadorias especiais referidas nos §§ 4º, 4º-A, 4º-B e 4º-C do art. 40 da Constituição Federal, os períodos reconhecidos pelo regime previdenciário de origem como de tempo especial, cumprido em qualquer época, deverão estar incluídos nos períodos de contribuição compreendidos na CTC, sem conversão em tempo comum e discriminados de data a data, em campo próprio da CTC (art. 188 da Portaria MTP n. 1.467/2022).

Quando solicitado pelo ex-segurado que mantém filiação a 2 (dois) RPPS ou 2 (dois) vínculos funcionais com filiação ao mesmo RPPS e ao RGPS, é permitida a emissão de CTC única com destinação do tempo de contribuição para, no máximo, estes três regimes previdenciários ou dois vínculos, segundo indicação do requerente (art. 192 da Portaria MTP n. 1.467/2022).

Caberá revisão da CTC, inclusive de ofício, quando for constatado erro material e desde que tal revisão não importe em dar à certidão destinação diversa da que lhe foi dada originariamente (art. 202 da Portaria MTP n. 1.467/2022).

Havendo reconhecimento de filiação em período em que o exercício de atividade não exigia filiação obrigatória à Previdência Social, esse período somente será averbado (e emitida a certidão de tempo de contribuição) se o INSS for indenizado pelas contribuições não pagas.

No caso de tempo de atividade rural, abrangida, portanto, pelo RGPS e devidamente comprovada na forma da regulamentação daquele regime, é possível a contagem junto ao Regime Próprio, mediante certidão expedida pelo INSS, porém condicionada ao pagamento de indenização (*sic*) pelo período respectivo:

- **STF**: "A contagem recíproca de tempo de serviço rural para a aposentadoria no serviço público pressupõe o recolhimento das contribuições previdenciárias correspondentes" (MS 26.391, Tribunal Pleno, Rel. Min. Marco Aurélio, *DJe* 06.06.2011).
- **TNU – Súmula n. 10**: "O tempo de serviço rural anterior à vigência da Lei n. 8.213/1991 pode ser utilizado para fins de contagem recíproca, assim entendida aquela que soma tempo de atividade privada, rural ou urbana, ao de serviço público estatutário, desde que sejam recolhidas as respectivas contribuições previdenciárias".

Quanto à incidência de acréscimos de mora sobre essa "indenização", posicionou-se o STJ de modo a considerar indevida até a alteração realizada pela MP n. 1.523/1996 (REsp n. 1.929.631/PR, 1ª Seção, Rel. Min. Og Fernandes, *DJe* 20.05.2022 – Tema Repetitivo n. 1.103). A matéria agora também consta do Regulamento da Previdência Social, reconhecendo que a incidência de juros moratórios e multa será estabelecida apenas para fatos geradores ocorridos a partir de 14.10.1996 (§ 8º-A do art. 239 do RPS, incluído pelo Decreto n. 10.410/2020).

Ressaltamos ainda que, em face da decisão do STF no RE 661.256 (RG Tema n. 503), a Desaposentação no RGPS para fins de obtenção de Certidão de Tempo de Contribuição e utilização do tempo no RPPS ficou impossibilitada. Somente será possível em caso de legislação própria a ser criada pelo Congresso Nacional.

O art. 130 do Decreto n. 3.048/1999 prevê que o tempo de contribuição para o regime próprio de Previdência Social ou para o RGPS pode ser provado com certidão fornecida:

I – pela unidade gestora do regime próprio de previdência social ou pelo setor competente da administração federal, estadual, do Distrito Federal e municipal, suas autarquias e fundações, desde que devidamente homologada pela unidade gestora do regime próprio, relativamente ao tempo de contribuição para o respectivo regime próprio de previdência social; ou

II – pelo setor competente do Instituto Nacional do Seguro Social, relativamente ao tempo de contribuição para o Regime Geral de Previdência Social.

O setor competente do INSS deverá promover o levantamento do tempo de contribuição para o RGPS à vista dos assentamentos internos ou das anotações na Carteira do Trabalho e/ou na CTPS, ou de outros meios de prova admitidos em direito.

Da mesma forma, o setor competente do órgão Federal, Estadual, do Distrito Federal ou Municipal deverá promover o levantamento do tempo de contribuição para o respectivo regime próprio de previdência social à vista dos assentamentos funcionais.

O tempo de serviço militar, obrigatório ou não, é computado para todos os fins para o servidor, inclusive o decorrente do chamado "Tiro de Guerra" (Súmula n. 108 do TCU). No mesmo sentido: "O tempo de serviço militar obrigatório deve ser computado para fins de carência no tocante à aposentadoria por idade no Regime Geral da Previdência Social" (TNU, PUIL n. 0527059-78.2017.4.05.8100/CE, Sessão de 27.06.2019).

O benefício resultante da contagem recíproca do tempo será concedido e pago pelo sistema a que o interessado estiver vinculado ao requerê-lo, e calculado na forma da respectiva legislação.

Concedido o benefício, caberá, segundo o art. 131 do RPS:

- ao INSS comunicar o fato ao órgão público emitente da certidão, para as anotações nos registros funcionais e/ou na segunda via da certidão de tempo de contribuição; e
- ao órgão público comunicar o fato ao INSS, para efetuar os registros cabíveis.

A emissão de CTC obriga a compensação financeira entre os regimes, ficando o Regime que reconhecer e certificar o tempo obrigado a efetuar os pagamentos na forma da Lei n. 9.796/1999.

### 6.6.2 Contagens fictícias

Entende-se como tempo fictício aquele considerado em lei como tempo de contribuição para fins de concessão de aposentadoria sem que tenha havido, por parte do segurado, a prestação de serviço ou a correspondente contribuição (art. 195, § 1º, da Portaria MTP n. 1.467/2022).

Ou seja, tempo fictício pode ser definido como aquele em que não houve prestação de serviço pelo servidor e/ou não houve contribuição, e que decorre de previsões legais existentes antes de 16.12.1998 que permitiam ao servidor ocupante de cargo efetivo converter determinados períodos em tempo ficto para fins de aposentadoria, como na hipótese clássica das licenças-prêmio que, uma vez não usufruídas, poderiam ser computadas para a aposentadoria, em dobro.

A EC n. 103/2019 também vedou a contagem de tempo de contribuição fictício para efeito de concessão dos benefícios previdenciários (RGPS) e de contagem recíproca (art. 201, § 14, da CF). Nas regras transitórias da EC n. 103 (art. 25), foi assegurada a contagem de tempo de contribuição fictício no RGPS decorrente de hipóteses descritas na legislação vigente até a data de entrada em vigor da referida Emenda, para fins de concessão de aposentadoria. E, a partir da sua entrada em vigor, deve ser observado o disposto no § 14 do art. 201 da Constituição Federal.

É assente no âmbito do STJ que "o tempo de serviço público federal prestado sob o pálio do extinto regime celetista deve ser computado para todos os efeitos, inclusive para anuênios e licença-prêmio por assiduidade, nos termos dos arts. 67 e 100, da Lei n. 8.112/1990" (Precedente: AgRg no Ag 1.276.352/RS, 5ª Turma, Rel. Min. Laurita Vaz, *DJe* 18.10.2010).

O entendimento do STF, entretanto, é que contagens fictícias são permitidas a servidores, mesmo para contagem de tempo de contribuição para aposentadorias concedidas na forma da atual redação do art. 40, quando o direito à vantagem antecede a EC n. 20/1998. Nesse sentido:

> DIREITO CONSTITUCIONAL E ADMINISTRATIVO. SERVIDOR PÚBLICO. LICENÇA-PRÊMIO NÃO USUFRUÍDA. PERÍODO ANTERIOR À VIGÊNCIA DA EC N. 20/1998. APOSENTADORIA. CONTAGEM DE TEMPO EM DOBRO. POSSIBILIDADE. DIREITO ADQUIRIDO. ART. 5º, XXXVI, DA LEI MAIOR. JURISPRUDÊNCIA PACÍFICA. ACÓRDÃO RECORRIDO PUBLICADO EM 08.10.2008. A jurisprudência desta Corte firmou-se no sentido de que o servidor público que completou os requisitos para

usufruir da licença-prêmio em data anterior à EC n. 20/1998, e não a utilizou, tem direito ao cômputo em dobro do tempo de serviço prestado nesse período para fins de aquisição de aposentadoria. Agravo regimental conhecido e não provido. (AI 760595 AgR, 1ª Turma, Rel. Min. Rosa Weber, *DJe* 25.03.2013)

Quanto ao prazo para postular em juízo o direito a licenças não usufruídas, a matéria foi pacificada pelo STJ na análise do Tema Repetitivo n. 516: "A contagem da prescrição quinquenal relativa à conversão em pecúnia de licença-prêmio não gozada e nem utilizada como lapso temporal para a aposentadoria tem como termo *a quo* a data em que ocorreu a aposentadoria do servidor público".

Não se considera fictício o tempo definido em lei como tempo de contribuição para fins de concessão de aposentadoria quando tenha havido, por parte do segurado, a prestação de serviço ou a correspondente contribuição (art. 171, § 1º, da Portaria MTP n. 1.467/2022).

## 6.7 PRAZO PRESCRICIONAL PARA AÇÃO DE CONCESSÃO OU REVISIONAL DE APOSENTADORIA NOS RPPS

Tema de suma importância é a abordagem quanto aos marcos prescricionais, no campo dos RPPS, para as demandas que versem sobre a negativa de concessão, bem como nas ações que visam a revisão da renda dos benefícios destes Regimes.

Na hipótese em que o servidor busca a revisão do ato de aposentadoria, ocorre a prescrição do próprio fundo de direito após o transcurso de mais de cinco anos entre o ato de concessão e o ajuizamento da ação, consoante prevê o art. 1º do Decreto n. 20.910/1932.

E, segundo a jurisprudência dominante do STJ, "em se tratando de ato de efeito concreto que suprimiu vantagem recebida pelo servidor, a contagem do prazo prescricional inicia-se a partir da sua publicação, não havendo falar em relação de trato sucessivo na espécie" (AgInt no REsp 1.874.802/CE, 1ª Turma, Rel. Min. Sérgio Kukina, *DJe* 17.11.2020).

Importante dizer que o pleito de concessão de benefícios nos Regimes Próprios depende de requerimento administrativo, o qual deve ser analisado e deferido ou não pelo órgão competente. E, se não houver a recusa administrativa e formal do órgão responsável, não existirá prescrição do fundo de direito. Por outro lado, se a administração recusar o pedido, o interessado terá prazo de cinco anos contados do indeferimento para levar a pretensão ao Poder Judiciário. Com esse entendimento, a 1ª Turma do STJ deu provimento ao recurso especial ajuizado pelo pai de um servidor público que buscava a reversão da cota-parte de pensão por morte referente ao falecimento de seu filho (REsp 1.767.010, Rel. Des. convocado Manoel Erhardt, j. 22.06.2021).

O STJ considera que a existência de norma específica que regula a prescrição quinquenal, nos feitos que envolvem as relações de cunho administrativo – tais como aquelas que envolvem a Administração Pública e os seus servidores –, afasta a adoção do prazo decenal previsto no art. 103, *caput*, da Lei n. 8.213/1991, que dispõe sobre os Planos de Benefícios da Previdência Social. Nesse sentido, o Pet 9.156/RJ, 1ª Seção, Rel. Min. Arnaldo Esteves Lima, *DJe* 03.06.2014.

Ainda quanto à prescrição "é importante destacar que a jurisprudência desta Corte Superior é firme no sentido de que não se opera a prescrição de fundo de direito nos casos em que se objetive a revisão dos proventos de aposentadoria, com base na paridade entre ativos e inativos, nos termos do art. 40, § 8º, da Constituição da República" (STJ, AgInt nos EREsp 1.920.465/RS, 1ª Seção, Rel. Min. Francisco Falcão, *DJe* 02.06.2022).

# 7

# Pensão por Morte nos Regimes Próprios

A pensão por morte no âmbito dos RPPS não difere daquela devida no âmbito do RGPS quanto ao fato gerador do benefício: morte do segurado/servidor, ou morte presumida deste.

A evolução da pensão no âmbito dos RPPS passou por diversas regras até o texto atual da Constituição, com as alterações levadas a efeito nas Emendas n. 20, n. 41, n. 47 e n. 70.

Na esfera do RPPS da União, a matéria é regida pelo art. 219 da Lei n. 8.112/1990. A Lei n. 13.846/2019 alterou a redação de tal dispositivo legal, passando a prever que a pensão por morte será devida ao conjunto dos dependentes do segurado que falecer, aposentado ou não, a contar da data:

I – do óbito, quando requerida em até cento e oitenta dias após o óbito, para os filhos menores de dezesseis anos, ou em até noventa dias após o óbito, para os demais dependentes;
II – do requerimento, quando requerida após o prazo previsto no inciso I; ou
III – da decisão judicial, na hipótese de morte presumida.

No tocante à morte presumida, a legislação federal (art. 221 da Lei n. 8.112/1990) prevê que "Será concedida pensão provisória por morte presumida do servidor, nos seguintes casos: I – declaração de ausência, pela autoridade judiciária competente; II – desaparecimento em desabamento, inundação, incêndio ou acidente não caracterizado como em serviço; III – desaparecimento no desempenho das atribuições do cargo ou em missão de segurança".

A pensão provisória será transformada em vitalícia ou temporária, conforme o caso, decorridos cinco anos de sua vigência, ressalvado o eventual reaparecimento do servidor, hipótese em que o benefício será automaticamente cancelado.

Segundo pacífica jurisprudência do STJ (e de TRFs), acerca da data de início do benefício, o pagamento de pensão por morte deve retroagir ao momento em que o dependente requereu administrativamente sua habilitação, ainda que a efetiva implantação do benefício se dê posteriormente, em âmbito administrativo ou judicial. Nesse sentido: TRF 4, AC 5028963-53.2016.4.04.7200, 3ª Turma, Rel. Marga Inge Barth Tessler, juntado aos autos em 14.11.2018.

## 7.1 CÁLCULO E REAJUSTAMENTO DA PENSÃO POR MORTE NOS RPPS

O cálculo da pensão por morte nos RPPS é realizado considerando-se diversos fatores.

Frisamos, a respeito do tema que, diferentemente do RGPS, em que se calcula um valor de pensão único para o caso de exercer o segurado atividades concomitantes como filiado àquele regime, em caso de óbito de segurado em exercício de cargos acumuláveis ou que acumulava proventos ou remuneração com proventos decorrentes de cargos acumuláveis, o cálculo da pensão por morte será feito individualmente, por cargo ou provento (parágrafo único do art. 178 da Portaria MTP n. 1.467/2022). É possível, portanto, haver mais de um benefício de pensão em razão do mesmo servidor falecido (denominado instituidor), caso tivesse exercido mais de um cargo acumulável licitamente.

A pensão por morte, na redação original da Constituição de 1988, correspondia ao valor da última remuneração do servidor, quando o óbito ocorria em atividade, ou ao valor da aposentadoria, quando já aposentado. Antes da Carta Magna vigente, o benefício era devido apenas à viúva, mas não ao viúvo.

O STF, todavia, decidiu, em julgado na Repercussão Geral Tema n. 457, que "é inconstitucional, por transgressão ao princípio da isonomia entre homens e mulheres (CF, art. 5º, I), a exigência de requisitos legais diferenciados para efeito de outorga de pensão por morte de ex-servidores públicos em relação a seus respectivos cônjuges ou companheiros/companheiras (CF, art. 201, V)" (*Leading Case:* RE 659424, *DJe* 23.10.2020).

Na mesma linha de raciocínio, há precedentes no sentido de que o cônjuge varão faz jus ao recebimento de pensão por morte mesmo no caso em que o óbito ocorreu em data anterior ao advento da Constituição Federal de 1988, tendo em conta o princípio da igualdade. Nesse sentido: RE 439.484-AgR, 1ª Turma, Rel. Min. Roberto Barroso, *DJe* 05.05.2014; RE 535.156-AgR, 1ª Turma, Rel. Min. Cármen Lúcia, *DJe* 11.04.2011.

A EC n. 103, de 2019, alterou a redação do § 7º do art. 40 da CF, passando a dispor:

> Observado o disposto no § 2º do art. 201, quando se tratar da única fonte de renda formal auferida pelo dependente, o benefício de pensão por morte será concedido nos termos de lei do respectivo ente federativo, a qual tratará de forma diferenciada a hipótese de morte dos servidores de que trata o § 4º-B decorrente de agressão sofrida no exercício ou em razão da função.

Há, portanto, a "desconstitucionalização" da matéria, remetendo à regulação por meio de lei do respectivo Ente Federativo, com duas únicas ressalvas: (1) de que o valor da pensão não poderá ser inferior ao salário mínimo, quando se tratar de única fonte de renda formal auferida pelo beneficiário, e (2) de que o valor da pensão será diferenciado para o caso de falecimento de agente penitenciário, de agente socioeducativo ou de policial por agressão sofrida no exercício ou em razão da função.

Como será visto doravante, outras disposições da EC n. 103 versam exclusivamente sobre o pensionamento devido a dependentes de servidores públicos federais, seguindo o mesmo modelo aplicado às aposentadorias. Dessa forma, também é preciso destacar os demais RPPS em relação ao RPPS da União.

## 7.2 PENSÃO NOS RPPS EM GERAL (EXCETO O DA UNIÃO E DOS ENTES FEDERATIVOS QUE PROMOVERAM A REFORMA DA PREVIDÊNCIA)

Tendo em vista que a EC n. 103, de 2019, não alterou os critérios de concessão, cálculo e cessação do benefício da pensão por morte no âmbito dos RPPS dos Estados, Distrito Federal e Municípios, seguem valendo para esses Regimes as regras vigentes em 13.11.2019, até que lei do respectivo Ente Federativo modifique tais disposições.

Cabe referir que o atual critério de cálculo da pensão por morte no âmbito do RPPS da União, é idêntico ao do RGPS, como consta do art. 23 da EC n. 103/2019, que possui o caráter de regra transitória. Vejamos:

> Art. 23. A pensão por morte concedida a dependente de segurado do Regime Geral de Previdência Social ou de servidor público federal será equivalente a uma cota familiar de

50% (cinquenta por cento) do valor da aposentadoria recebida pelo segurado ou servidor ou daquela a que teria direito se fosse aposentado por incapacidade permanente na data do óbito, acrescida de cotas de 10 (dez) pontos percentuais por dependente, até o máximo de 100% (cem por cento).

§ 1º As cotas por dependente cessarão com a perda dessa qualidade e não serão reversíveis aos demais dependentes, preservado o valor de 100% (cem por cento) da pensão por morte quando o número de dependentes remanescente for igual ou superior a 5 (cinco).

§ 2º Na hipótese de existir dependente inválido ou com deficiência intelectual, mental ou grave, o valor da pensão por morte de que trata o *caput* será equivalente a:

I – 100% (cem por cento) da aposentadoria recebida pelo segurado ou servidor ou daquela a que teria direito se fosse aposentado por incapacidade permanente na data do óbito, até o limite máximo de benefícios do Regime Geral de Previdência Social; e

II – uma cota familiar de 50% (cinquenta por cento) acrescida de cotas de 10 (dez) pontos percentuais por dependente, até o máximo de 100% (cem por cento), para o valor que supere o limite máximo de benefícios do Regime Geral de Previdência Social.

§ 3º Quando não houver mais dependente inválido ou com deficiência intelectual, mental ou grave, o valor da pensão será recalculado na forma do disposto no *caput* e no § 1º.

O modelo de cálculo por cotas, adotado pela EC n. 103/2019, representa uma nova redução do valor da pensão por morte no RPPS da União, permitindo-se, no entanto, que os demais entes federados estabeleçam critérios diferenciados (art. 23, § 8º, da EC n. 103/2019).

Registra-se que, no julgamento da ADI 7.051, o STF validou o novo regramento de cálculo da pensão por morte, presente no *caput* do art. 23 da EC n. 103/2019. O tema foi discutido na sessão virtual encerrada em 23.06.2023, e, embora a ação tenha sido ajuizada pela Confederação Nacional dos Trabalhadores Assalariados e Assalariadas Rurais (Contar), em debate da aplicação do dispositivo no âmbito do RGPS, não se duvida que aquela Corte venha a adotar o mesmo entendimento para o cálculo da pensão no âmbito dos RPPS, que se dá com base na mesma regra.

## 7.3 REGRAS DE ACUMULAÇÃO DE BENEFÍCIOS

No campo do serviço público federal, o art. 225 da Lei n. 8.112/1990 (RJU), desde a redação conferida pela Lei n. 13.135/2015, dispunha que "Ressalvado o direito de opção, é vedada a percepção cumulativa de pensão deixada por mais de um cônjuge ou companheiro ou companheira e de mais de 2 (duas) pensões".

A EC n. 103/2019, inovando na matéria, introduziu o § 15 no art. 201, cujo enunciado dispõe que lei complementar estabelecerá vedações, regras e condições para a acumulação de benefícios previdenciários. E enquanto a lei complementar não é editada, vigora a regra transitória constante do art. 24 da referida Emenda, tornando ineficaz a regra do art. 225 do RJU.

As vedações à acumulação de benefícios aplicáveis às aposentadorias dos RPPS se estendem a pensões por morte destes Regimes, nos exatos termos, como já decidiu o STF, mesmo tratando-se de falecimento ocorrido antes da EC n. 20/1998. Nesse sentido, foi a Tese Fixada em Repercussão Geral – Tema n. 162:

> É inconstitucional a percepção cumulativa de duas pensões estatutárias pela morte de servidor aposentado que reingressara no serviço público, por meio de concurso, antes da edição da EC n. 20/1998 e falecera após o seu advento. (*Leading Case*: RE n. 584.388/SC, Tribunal Pleno, Rel. Min. Ricardo Lewandowski, *DJe* 27.09.2011)

Entendemos que, por força do § 8º do art. 23 da EC n. 103, "aplicam-se às pensões concedidas aos dependentes de servidores dos Estados, do Distrito Federal e dos Municípios as normas constitucionais e infraconstitucionais anteriores à data de entrada em vigor desta Emenda Constitucional, enquanto não promovidas alterações na legislação interna relacionada ao respectivo regime próprio de previdência social". Ou seja, as limitações à acumulação de benefícios trazida pela Emenda também precisarão ser disciplinadas em leis locais, e enquanto não forem, não poderão ser aplicadas, salvo no RGPS, no RPPS da União e aos militares e pensionistas das Forças Armadas. Todavia, o entendimento constante da Portaria MTP n. 1.467/2022 é no sentido da autoaplicabilidade a todos os RPPS.

Quanto ao recebimento conjunto de aposentadoria e pensão por um mesmo servidor público, não havia vedação à acumulação no regime antecedente à EC n. 103/2019.

O art. 24 da EC n. 103, de 2019, entretanto, passou a prever hipóteses de limitação aplicada à acumulação de benefícios, envolvendo ainda o RGPS, bem como proventos de inatividade de militares e as pensões por morte deixadas por militares.

### 7.3.1 Redutores do art. 24 da Emenda Constitucional n. 103/2019

A EC n. 103/2019 introduziu o § 15 no art. 201, cujo enunciado dispõe que lei complementar estabelecerá vedações, regras e condições para a acumulação de benefícios previdenciários. Enquanto a lei complementar não é editada, vigora o art. 24 da referida Emenda.

Entendemos que, por força do § 8º do art. 23 da EC n. 103, "aplicam-se às pensões concedidas aos dependentes de servidores dos Estados, do Distrito Federal e dos Municípios as normas constitucionais e infraconstitucionais anteriores à data de entrada em vigor desta Emenda Constitucional, enquanto não promovidas alterações na legislação interna relacionada ao respectivo regime próprio de previdência social". Ou seja, as limitações à acumulação de benefícios trazida pela Emenda também precisarão ser disciplinadas em leis locais, e enquanto não forem, não poderão ser aplicadas, salvo no RGPS, no RPPS da União e aos militares e pensionistas das Forças Armadas. No entanto, o entendimento do Governo Federal é de que tais regras se aplicam ainda que os entes não tenham efetuado reforma na legislação do RPPS de seus servidores e continuem a aplicar as normas constitucionais e infraconstitucionais anteriores à data de publicação da Emenda Constitucional n. 103, de 2019 (§ 6º do art. 165 da Portaria MTP n. 1.467/2022).

O tema da acumulação parcial de benefícios foi tratado pela EC n. 103/2019, no art. 24, com a seguinte redação:

> Art. 24. É vedada a acumulação de mais de uma pensão por morte deixada por cônjuge ou companheiro, no âmbito do mesmo regime de previdência social, ressalvadas as pensões do mesmo instituidor decorrentes do exercício de cargos acumuláveis na forma do art. 37 da Constituição Federal.
> § 1º Será admitida, nos termos do § 2º, a acumulação de:
> I – pensão por morte deixada por cônjuge ou companheiro de um regime de previdência social com pensão por morte concedida por outro regime de previdência social ou com pensões decorrentes das atividades militares de que tratam os arts. 42 e 142 da Constituição Federal;
> II – pensão por morte deixada por cônjuge ou companheiro de um regime de previdência social com aposentadoria concedida no âmbito do Regime Geral de Previdência Social ou de regime próprio de previdência social ou com proventos de inatividade decorrentes das atividades militares de que tratam os arts. 42 e 142 da Constituição Federal; ou
> III – pensões decorrentes das atividades militares de que tratam os arts. 42 e 142 da Constituição Federal com aposentadoria concedida no âmbito do Regime Geral de Previdência Social ou de regime próprio de previdência social.

§ 2º Nas hipóteses das acumulações previstas no § 1º, é assegurada a percepção do valor integral do benefício mais vantajoso e de uma parte de cada um dos demais benefícios, apurada cumulativamente de acordo com as seguintes faixas:

I – 100% (cem por cento) do valor até 1 (um) salário mínimo;

II – 60% (sessenta por cento) do valor que exceder 1 (um) salário mínimo, até o limite de 2 (dois) salários mínimos;

III – 40% (quarenta por cento) do valor que exceder 2 (dois) salários mínimos, até o limite de 3 (três) salários mínimos;

IV – 20% (vinte por cento) do valor que exceder 3 (três) salários mínimos, até o limite de 4 (quatro) salários mínimos; e

V – 10% (dez por cento) do valor que exceder 4 (quatro) salários mínimos.

§ 3º A aplicação do disposto no § 2º poderá ser revista a qualquer tempo, a pedido do interessado, em razão de alteração de algum dos benefícios.

§ 4º As restrições previstas neste artigo não serão aplicadas se o direito aos benefícios houver sido adquirido antes da data de entrada em vigor desta Emenda Constitucional.

§ 5º As regras sobre acumulação previstas neste artigo e na legislação vigente na data de entrada em vigor desta Emenda Constitucional poderão ser alteradas na forma do § 6º do art. 40 e do § 15 do art. 201 da Constituição Federal.

Tratando-se de pensão, os redutores são aplicados depois da realização do cálculo do benefício, pois o valor do benefício, consoante o examinado no item anterior, não corresponde mais a 100% da aposentadoria do servidor. Havendo extinção de benefício que seja mais vantajoso, é necessário reavaliar a situação com base nos benefícios remanescentes.

As vedações à acumulação aplicáveis às aposentadorias dos RPPS se estendem a pensões por morte destes Regimes, como já decidiu o STF, mesmo tratando-se de falecimento ocorrido antes da EC n. 20/1998. Nesse sentido, foi a Tese Fixada em Repercussão Geral – Tema n. 162 – "É inconstitucional a percepção cumulativa de duas pensões estatutárias pela morte de servidor aposentado que reingressara no serviço público, por meio de concurso, antes da edição da EC n. 20/1998 e falecera após o seu advento" (*Leading Case*: RE n. 584.388/SC, Tribunal Pleno, Rel. Min. Ricardo Lewandowski, *DJe* 27.09.2011).

Essa restrição não é aplicável no caso de o direito aos benefícios – todos eles – ter sido implementado antes da entrada em vigor da EC n. 103, de 2019. Além disso, a Portaria MTP n. 1.467/2022 prevê que o redutor previsto no § 2º do art. 24 da EC n. 103/2019 "não se aplica às pensões por morte deixadas pelo mesmo cônjuge ou companheiro decorrentes de cargos acumuláveis no âmbito do mesmo RPPS, exceto quando as pensões forem acumuladas com aposentadoria de qualquer regime previdenciário" (art. 165, § 4º, inc. I).

### 7.3.2 Acumulação de proventos com outros rendimentos decorrentes de cargo, emprego ou função pública

É estabelecida, pelo § 6º do art. 40 da Constituição, a proibição de acumulação de proventos de aposentadorias, ressalvadas as hipóteses de acumulação permitida de cargos, empregos e funções públicas, constantes do art. 37, incisos XVI e XVII, da Constituição, aplicando-se outras vedações, regras e condições para a acumulação de benefícios previdenciários estabelecidas no RGPS (conforme a redação conferida pela EC n. 103, de 2019).

A acumulação de duas aposentadorias em matéria de RPPS decorre da permissão contida no art. 37 da Carta Magna, de acumulação lícita de cargos. Considerando que, nos RPPS (diferentemente do que ocorre no RGPS), a aposentadoria se dá em cada cargo, não se somando os salários de contribuição para a concessão de um único benefício, nada mais justo do que a acumulação se estender às aposentadorias decorrentes de trabalho lícito.

Além da acumulação de aposentadorias decorrentes de cargos constitucionalmente acumuláveis, continua sendo possível a acumulação de uma aposentadoria de regime próprio com outra decorrente de filiação do regime geral, mas há previsão expressa de que as disposições constitucionais relativas ao tema poderão ser alteradas por futura lei complementar (§ 5º do art. 24 da EC n. 103, de 2019).

O STF dirimiu importantes questionamentos relacionados à acumulação de vencimentos e proventos, consoante as teses fixadas em julgamentos de repercussões gerais que seguem:

– **Tema n. 384**: "Nos casos autorizados constitucionalmente de acumulação de cargos, empregos e funções, a incidência do art. 37, inciso XI, da Constituição Federal pressupõe consideração de cada um dos vínculos formalizados, afastada a observância do teto remuneratório quanto ao somatório dos ganhos do agente público" (*Leading Case*: RE 602043).

– **Tema n. 359**: "Ocorrida a morte do instituidor da pensão em momento posterior ao da Emenda Constitucional n. 19/1998, o teto constitucional previsto no inciso XI do art. 37 da Constituição Federal incide sobre o somatório de remuneração ou provento e pensão percebida por servidor" (*Leading Case*: RE 602584).

– **Tema n. 480:** "O teto de retribuição estabelecido pela Emenda Constitucional 41/03 possui eficácia imediata, submetendo às referências de valor máximo nele discriminadas todas as verbas de natureza remuneratória percebidas pelos servidores públicos da União, Estados, Distrito Federal e Municípios, ainda que adquiridas de acordo com regime legal anterior. Os valores que ultrapassam os limites estabelecidos para cada nível federativo na Constituição Federal constituem excesso cujo pagamento não pode ser reclamado com amparo na garantia da irredutibilidade de vencimentos".

– **Tema n. 921**: "É vedada a cumulação tríplice de vencimentos e/ou proventos, ainda que a investidura nos cargos públicos tenha ocorrido anteriormente à EC n. 20/1998" (*Leading Case*: ARE 848993).

O Tribunal de Contas da União, apreciando os efeitos do julgamento do Tema n. 359 *supra*, entendeu por definir como marco temporal para a cobrança dos valores retroativos recebidos a maior a data de 21.08.2020, referente à publicação da ata contendo a tese fixada no julgamento do Tema com Repercussão Geral n. 359/STF e informar à pessoa beneficiária sobre o direito à manifestação de opção acerca do rendimento sobre a qual deseja que haja aplicação do teto constitucional, que pode incidir tanto sobre a sua remuneração, proventos de aposentadoria, pensão ou benefício previdenciário (Ac. TC 006.646/2021-2, Rel. Min. Aroldo Cedraz, Sessão Plenária de 26.07.2023). Para aquela Corte de Contas, "a garantia de irredutibilidade não se aplica no caso de cumulatividade de remuneração, provento ou pensão em desacordo com o teto constitucional".

Não discrepa o entendimento do TRF da 2ª Região: "correta a Administração em proceder aos descontos nos proventos do servidor a partir de 21.08.2020, já que a) esta é a data da publicação da ata de julgamento do RE 602.584; b) a Corte Maior entendeu, como já exposto, pela aplicabilidade imediata da tese fixada no julgamento do aludido recurso" (Apelação Cível n. 5122968-40.2021.4.02.5101/RJ, Rel. Desembargador Federal Aluisio Gonçalves de Castro Mendes, j. 06.09.2022).

Cabe destacar que, segundo orientação do STJ, a acumulação de proventos de servidor aposentado em decorrência do exercício cumulado de dois cargos de profissionais da área de saúde legalmente exercidos, nos termos autorizados pela CF, não se submete ao teto constitucional, devendo os cargos serem considerados isoladamente para esse fim.

De acordo com os precedentes, a EC n. 41/2003 restabeleceu a vigência do art. 17 do ADCT, que, embora em seu *caput* afaste a invocação do direito adquirido ao recebimento de verbas remuneratórias contrárias à CF, em seus §§ 1º e 2º traz exceção ao assegurar expressamente o exercício cumulativo de dois cargos ou empregos privativos de profissionais de saúde. Assim, conforme a jurisprudência do STJ, a referida norma excepciona a incidência do teto constitucional aos casos de acumulação de cargos dos profissionais de saúde, devendo tais cargos ser considerados isoladamente para esse fim (STJ, RMS 38.682/ES, 2ª Turma, Rel. Min. Herman Benjamin, *DJe* 05.12.2012).

Sobre a acumulação de proventos de aposentadoria e de vencimentos, quando referente a dois cargos de professor, a TNU fixou a tese de que "a incompatibilidade de horários não determina a inacumulabilidade do exercício de cargo de professor com a percepção de aposentadoria pelo mesmo cargo, ainda que em regime de dedicação exclusiva, pois as respectivas atribuições não se exercem simultaneamente, impondo-se sejam essas fontes de renda consideradas individualizadamente para efeito de abate-teto" (PEDILEF 50555396320144047100/ RS, sessão de 12.09.2018).

E, ainda, não se tratando de emprego ou função pública acumulável na atividade, na forma prevista na Constituição Federal, não se admite a acumulação se o retorno ao serviço público ocorreu somente após a Emenda Constitucional n. 20/1998 (Ag. Reg. no AI 717.747/SP, 1ª Turma, Rel. Min. Dias Toffoli, *DJe* 26.04.2013).

Há decisões divergentes da Corte Suprema, entretanto, sobre a acumulação de proventos de aposentadoria com remunerações de cargo em atividade, em situações específicas:

> Magistério. Acumulação de proventos de uma aposentadoria com duas remunerações. Retorno ao serviço público por concurso público antes do advento da EC n. 20/1998. Possibilidade. É possível a acumulação de proventos oriundos de uma aposentadoria com duas remunerações quando o servidor foi aprovado em concurso público antes do advento da EC n. 20. O art. 11 da EC n. 20 convalidou o reingresso – até a data da sua publicação – do inativo no serviço público, por meio de concurso. A convalidação alcança os vencimentos em duplicidade se os cargos são acumuláveis na forma do disposto no art. 37, XVI, da CB, vedada, todavia, a percepção de mais de uma aposentadoria (RE 489.776-AgR, 2ª Turma, Rel. Min. Eros Grau, j. 17.06.2008, *DJe 1º.08.2008.*) No mesmo sentido: RE 547.900-AgR, 1ª Turma, Rel. Min. Marco Aurélio, j. 13.12.2011, *DJe* 15.02.2012; RE 599.909-AgR, 2ª Turma, Rel. Min. Celso de Mello, j. 07.12.2010, *DJe* 1º.02.2011; AI 483.076-AgR-AgR, 2ª Turma, Rel. Min. Gilmar Mendes, j. 16.11.2010, *DJe* 1º.12.2010.

> A acumulação de proventos e vencimentos somente é permitida quando se tratar de cargos, funções ou empregos acumuláveis na atividade, na forma permitida na Constituição. Não é permitida a acumulação de proventos de duas aposentadorias com os vencimentos de cargo público, ainda que proveniente de aprovação em concurso público antes da EC n. 20/1998 (AI 479.810-AgR, 2ª Turma, Rel. Min. Carlos Velloso, j. 06.12.2005, *DJ* 03.02.2006.) No mesmo sentido: RE 595.713-AgR, 1ª Turma, Rel. Min. Ricardo Lewandowski, j. 08.02.2011, *DJe* 10.03.2011.

A jurisprudência do STJ, por seu turno, é firme na seguinte orientação:

> ENUNCIADO ADMINISTRATIVO N. 3/STJ. SERVIDOR PÚBLICO. POLICIAL MILITAR E PROFESSOR. CASSAÇÃO DE APOSENTADORIA. ACUMULAÇÃO INCONSTITUCIONAL. IMPOSSIBILIDADE. ART. 142, § 3º, II, EM LEITURA CONJUNTA COM O ART. 37, XVI, "B", DA CONSTITUIÇÃO FEDERAL. JURISPRUDÊNCIA DO STF.
> 1. A Primeira Seção deste Superior Tribunal de Justiça, na sentada do dia 11 de setembro de 2013, no julgamento do Mandado de Segurança n. 20.148/DF, na relatoria do Ministro

Arnaldo Esteves Lima, firmou a compreensão de que a Administração não perde, pelo decurso de prazo, a possibilidade de adotar procedimento para rever ilegal acumulação de cargos públicos.

2. A acumulação de cargos de professor e integrantes da Polícia Militar dos Estados é inconstitucional, nos termos do art. 142, § 3º, II, em leitura conjunta com o art. 37, XVI, "b", da Constituição Federal.

3. Por não serem acumuláveis os referidos cargos, incide o § 10 do art. 37 da Constituição Federal sem a ressalva: "É vedada a percepção simultânea de proventos de aposentadoria decorrentes do art. 40 ou dos arts. 42 e 142 com a remuneração de cargo, emprego ou função pública, ressalvados os cargos acumuláveis na forma desta Constituição, os cargos eletivos e os cargos em comissão declarados em lei de livre nomeação e exoneração". 4. Agravo interno não provido. (AgInt no RMS 55.438/DF, 2ª Turma, Rel. Min. Mauro Campbell Marques, *DJe* 21.02.2018)

Já em termos de atividade como empregado público (filiado ao RGPS, portanto), até a EC n. 103, de 2019, sempre entendemos que não há vedação ao recebimento simultâneo de salário devido pelo emprego e a aposentadoria paga pelo INSS, conforme o entendimento pacificado pela SBDI do Tribunal Superior do Trabalho. De acordo com o TST, a vedação constitucional refere-se apenas à acumulação da remuneração de cargo, emprego ou função pública com os proventos das aposentadorias decorrentes dos arts. 40, 42 ou 142 da Constituição, ou seja, de regimes previdenciários especiais, tais como servidores estatutários, magistrados, membros das polícias militares e corpos de bombeiros militares e membros das Forças Armadas (*vide* decisão no ERR 496000-16.2009.5.12.0036, Rel. Min. Lélio Bentes Correa, *DEJT* 20.09.2012).

Segundo os precedentes do STF anteriores à EC n. 103/2019, a aposentadoria voluntária do servidor regido pela CLT não teria o condão de extinguir o vínculo empregatício. Caso fosse dispensado sem justa causa em consequência do pedido de aposentadoria, caberia o pagamento de verbas rescisórias plenas, incluindo-se a indenização de 40% do FGTS (Ag. Reg. no AI 737.279-SP, 1ª Turma, Rel. Min. Marco Aurélio, *DJe* 22.08.2013).

Agora, o novo § 14 do art. 37 da CF passou a prever que a aposentadoria concedida com a utilização de tempo de contribuição decorrente de cargo, emprego ou função pública, inclusive do RGPS, acarretará o rompimento do vínculo que gerou o referido tempo de contribuição. O dispositivo não tem vigência retroativa. No mesmo sentido, consta do art. 170 da Portaria MTP n. 1.467/2022: "A concessão de aposentadoria ao servidor titular de cargo efetivo, ainda que pelo RGPS, com a utilização de tempo de contribuição decorrente do cargo em exercício, acarretará o rompimento do vínculo funcional e determinará a vacância do cargo".

Para as aposentadorias concedidas até a data de entrada em vigor dessa Emenda Constitucional, frisa o texto da Emenda, não há rompimento do vínculo (art. 6º da EC n. 103/2019). Entendemos que a vedação também não se aplica aos que requereram a aposentadoria antes da entrada em vigor da EC n. 103/2019, mas com a concessão deferida somente em data posterior, bem como aos detentores de direito adquirido até 13.11.2019 (a respeito, o art. 153-A do RPS, com redação conferida pelo Decreto n. 10.410/2020).

Assim, de acordo com o novo regramento (§ 2º do art. 24), admite-se apenas a acumulação *parcial* de pensão por morte deixada por cônjuge ou companheiro de um regime de previdência social com aposentadoria concedida no âmbito do RGPS ou de regime próprio de previdência social ou com proventos de inatividade decorrentes das atividades militares de que tratam os arts. 42 e 142 da Constituição Federal; ou aposentadoria concedida no âmbito do RGPS ou de regime próprio de previdência social com pensões decorrentes das atividades militares de que tratam os arts. 42 e 142 da Constituição Federal (incisos II e III do § 1º do art. 24 da EC). Há limitações também quanto ao acúmulo de pensões por morte, o que será objeto de comentários no capítulo pertinente a esse benefício.

Nas hipóteses das acumulações acima, é assegurada pelo § 2º do mesmo art. 24 da EC, a percepção do valor integral do benefício mais vantajoso e de uma parte de cada um dos demais benefícios, apurada cumulativamente de acordo com as seguintes faixas referidas anteriormente.

A aplicação do disposto no § 2º do art. 24 da EC poderá ser revista a qualquer tempo, a pedido do interessado, em razão de alteração de algum dos benefícios.

As restrições mencionadas, segundo a disciplina fixada na Emenda, não serão aplicadas se o direito a ambos os benefícios houver sido adquirido antes da data de entrada em vigor da EC n. 103, de 2019, ou seja, se um dos benefícios (ou ambos) tiver seus requisitos preenchidos após a promulgação, sujeitar-se-á o beneficiário aos limites impostos. Não é necessário que o requerimento seja anterior à Emenda, mas sim o preenchimento de todos os requisitos antes de sua vigência.

Acerca da discutível constitucionalidade dessa regra, remetemos o leitor ao Capítulo 35 desta obra, em que discorremos com mais profundidade sobre o assunto.

Por fim, tem o Governo Federal o entendimento de que o segurado aposentado por algum RPPS, para ser investido em cargo público efetivo não acumulável com aquele que gerou a aposentadoria deverá renunciar aos proventos dessa última (art. 171, § 4º, da Portaria MTP n. 1.467/2022).

## 7.4 ROL DE BENEFICIÁRIOS E RATEIO DA PENSÃO

Em relação aos dependentes para fins de pensão por morte em Regimes Próprios, não há uma relação que seja padronizada para todos os entes da Federação, de modo que poderia se defender que existe certa esfera de discricionariedade na definição – tanto na lista dos possíveis beneficiários quanto na forma de divisão dos proventos entre estes.

O entendimento da Consultoria Jurídica do Ministério da Previdência Social (Parecer CONJUR/MPS n. 157/2010) era de que não é admissível a modificação do rol de dependentes já previstos na Lei n. 8.213/1991, aplicando-se então, por consequência, a todos os RPPS, isso por força do disposto no art. 5º da Lei n. 9.717/1998, que dispõe:

> Art. 5º Os regimes próprios de previdência social dos servidores públicos da União, dos Estados, do Distrito Federal e dos Municípios, dos militares dos Estados e do Distrito Federal não poderão conceder benefícios distintos dos previstos no Regime Geral de Previdência Social, de que trata a Lei n. 8.213, de 24 de julho de 1991, salvo disposição em contrário da Constituição Federal.

A Lei n. 13.135, de 17.06.2015, no âmbito do Regime Próprio dos Servidores Públicos Federais, alterou a Lei n. 8.112/1990 no tocante à pensão por morte, aplicando algumas regras similares àquelas aprovadas para o RGPS, afetando sensivelmente o direito a este benefício.

O art. 217 da Lei n. 8.112/1990 passou, pois, a ter a seguinte redação:

> Art. 217. São beneficiários das pensões:
> I – o cônjuge;
> II – o cônjuge divorciado ou separado judicialmente ou de fato, com percepção de pensão alimentícia estabelecida judicialmente;
> III – o companheiro ou companheira que comprove união estável como entidade familiar;
> IV – o filho de qualquer condição que atenda a um dos seguintes requisitos:
> a) seja menor de 21 (vinte e um) anos;

b) seja inválido;

c) tenha deficiência grave; ou

d) tenha deficiência intelectual ou mental;

V – a mãe e o pai que comprovem dependência econômica do servidor; e

VI – o irmão de qualquer condição que comprove dependência econômica do servidor e atenda a um dos requisitos previstos no inciso IV.

§ 1º A concessão de pensão aos beneficiários de que tratam os incisos I a IV do *caput* exclui os beneficiários referidos nos incisos V e VI. § 2º A concessão de pensão aos beneficiários de que trata o inciso V do *caput* exclui o beneficiário referido no inciso VI.

§ 3º O enteado e o menor tutelado equiparam-se a filho mediante declaração do servidor e desde que comprovada dependência econômica, na forma estabelecida em regulamento.

Alterou-se, outrossim, o critério de divisão da pensão no âmbito do RPPS da União, com a mudança levada a efeito no art. 218 da Lei n. 8.112/1990, o qual passou a prever que "ocorrendo habilitação de vários titulares à pensão, o seu valor será distribuído em partes iguais entre os beneficiários habilitados".

A Lei n. 13.846/2019 inseriu nova mudança ao prever, na redação conferida ao art. 222, § 5º, que, "na hipótese de o servidor falecido estar, na data de seu falecimento, obrigado por determinação judicial a pagar alimentos temporários a ex-cônjuge, ex-companheiro ou ex-companheira, a pensão por morte será devida pelo prazo remanescente na data do óbito, caso não incida outra hipótese de cancelamento anterior do benefício". Conforme já comentado no capítulo pertinente ao tema no RGPS, trata-se de regra que colide frontalmente com as normas sobre alimentos do Direito Civil, especialmente a que identifica ser ato judicial, demandando devido processo legal, a fixação de alimentos, mediante provocação do postulante (CC, art. 1.706).

A critério da Administração, o beneficiário de pensão motivada por invalidez poderá ser convocado a qualquer momento para avaliação das condições que ensejaram a concessão do benefício.

E, acerca da fixação dos mesmos critérios da Lei n. 13.135/2015 por outros Regimes Próprios, incabível cogitar-se da adoção automática de suas regras por Estados, Distrito Federal e Municípios dotados de Regime Próprio, pois a lei expressamente previu a sua aplicação ao RGPS e ao RPPS da União, não cabendo, aí, interpretação extensiva, tampouco analógica, por se tratar de norma prejudicial aos interesses dos beneficiários. No mesmo sentido compreende o Governo Federal, conforme exposto nas conclusões de Nota Técnica expedida para prestar esclarecimentos aos RPPS:

> As novas regras para concessão e manutenção do benefício de pensão por morte inseridas na Lei n. 8.213/1991 pela Lei n. 13.135/2015 podem e devem ser adotadas, mediante reprodução em lei local, para os servidores amparados pelos RPPS dos Estados, do Distrito Federal e dos Municípios, a exemplo do que se deu na Lei n. 8.112/1990, para o RPPS da União, pois, além de evitar distorções, impedindo a concessão de benefícios em situações que não guardam conformidade com os objetivos da previdência social, também serão favoráveis à busca do equilíbrio financeiro atuarial dos RPPS, princípio estatuído no art. 1º da Lei n. 9.717/1998, no art. 69 da Lei de Responsabilidade Fiscal e no *caput* do art. 40 da Constituição Federal.[1]

A EC n. 103/2019 previu no § 8º do art. 23 de seu texto que: "Aplicam-se às pensões concedidas aos dependentes de servidores dos Estados, do Distrito Federal e dos Municípios as normas constitucionais e infraconstitucionais anteriores à data de entrada em vigor desta

---

[1] BRASIL. NOTA TÉCNICA N. 11/2015/CGNAL/DRPSP/SPPS/MPS.

Emenda Constitucional, enquanto não promovidas alterações na legislação interna relacionada ao respectivo regime próprio de previdência social".

Portanto, as normas referidas da Lei n. 8.112/1990 foram recepcionadas pela EC n. 103/2019, sendo aplicadas aos servidores federais até que ocorram novas modificações.

A seguir são identificados alguns aspectos polêmicos relacionados com a concessão e a divisão da pensão por morte.

### – Cônjuge ou companheiro do sexo masculino

O STF decidiu ter o cônjuge do sexo masculino direito ao recebimento de pensão por morte no caso em que o óbito ocorreu na vigência da Constituição Federal de 1969, tendo em conta o princípio da igualdade (AgRg no RE 439.484/RJ, 1ª Turma, Rel. Min. Luís Roberto Barroso, *DJe* 12.05.2013).

Também firmou entendimento de que é possível o reconhecimento de união estável de pessoa casada que esteja comprovadamente separada judicialmente ou de fato, para fins de concessão de pensão por morte, sem necessidade de decisão judicial neste sentido (MS 33.008 MC/DF, 1ª Turma, Rel. Min. Roberto Barroso, j. 03.05.2016).

### – Existência de Concubinato e Relação Homoafetiva Concomitantes

Os precedentes mais remotos do STF eram contrários ao direito em relação à concubina, quando convivente com pessoa em relação paralela a casamento: *RE n. 397.762, Rel. Min. Marco Aurélio Mello, DJe 13.08.2008*.

A matéria se consolidou com o julgamento pelo STF das Repercussões Gerais Temas n. 526 e n. 529, cujas teses fixadas foram as seguintes:

- **526:** "É incompatível com a Constituição Federal o reconhecimento de direitos previdenciários (pensão por morte) à pessoa que manteve, durante longo período e com aparência familiar, união com outra casada, porquanto o concubinato não se equipara, para fins de proteção estatal, às uniões afetivas resultantes do casamento e da união estável" (RE 883168 Plenário Virtual, Rel. Min. Dias Tófolli, *DJe* 09.08.2021).
- **529:** "A preexistência de casamento ou de união estável de um dos conviventes, ressalvada a exceção do art. 1.723, § 1º, do Código Civil, impede o reconhecimento de novo vínculo referente ao mesmo período, inclusive para fins previdenciários, em virtude da consagração do dever de fidelidade e da monogamia pelo ordenamento jurídico-constitucional brasileiro" (RE 1045273, Plenário Virtual, Rel. Min. Alexandre de Moraes, *DJe* 20.05.2021).

Desses precedentes, restou consagrada a posição do STF no sentido de que "o art. 226, § 3º, da Constituição se esteia no princípio de exclusividade ou de monogamia, como requisito para o reconhecimento jurídico desse tipo de relação afetiva inserta no mosaico familiar atual, independentemente de se tratar de relacionamentos hétero ou homoafetivos".

### – Filho inválido e menor sob guarda

Segundo precedente do STJ, não se exige prova de dependência econômica para a concessão de pensão por morte a filho inválido de servidor público federal. Isso porque, nos termos do art. 217 da Lei n. 8.112/1990, não há tal exigência, ainda que já seja maior de 21 anos de idade (REsp 1.440.855/PB, 2ª Turma, Rel. Min. Humberto Martins, *DJe* 14.04.2014).

Da mesma forma, o STF decidiu que o art. 217 da Lei n. 8.112/1990 não foi revogado (MS 25.823/DF, Relatora Min. Cármen Lúcia, *DJe* 28.08.2009). Consta da ementa que "O menor que, na data do óbito do servidor, esteja sob a guarda deste último, tem direito à pensão temporária até completar 21 (vinte e um) anos de idade (alínea 'b' do inciso II do art. 217

da Lei n. 8.112/1990). Irrelevante o fato de a guarda ser provisória ou definitiva". No mesmo sentido, decidiu o STF no MS 33.099/DF, Rel. Min. Roberto Barroso, *DJe* 03.05.2016.

Há de se verificar se prevalecerá o referido entendimento jurisprudencial diante da alteração constitucional trazida pela EC n. 103/2019, que no § 6º do art. 23 passou a prever expressamente que "equiparam-se a filho, para fins de recebimento da pensão por morte, exclusivamente o enteado e o menor tutelado, desde que comprovada a dependência econômica".

No nosso entendimento, a vedação introduzida pela EC n. 103/2019 (com status de norma ordinária) é inconstitucional por afrontar o art. 227, *caput*, da Constituição Federal que determina que "É dever da família, da sociedade e do Estado assegurar à criança, ao adolescente e ao jovem, com absoluta prioridade, o direito à vida, à saúde, à alimentação, à educação, ao lazer, à profissionalização, à cultura, à dignidade, ao respeito, à liberdade e à convivência familiar e comunitária, além de colocá-los a salvo de toda forma de negligência, discriminação, exploração, violência, crueldade e opressão".

No julgamento das ADIs n. 4.878 e n. 5.083, o Ministro Edson Fachin destacou: "Os pedidos formulados nas ADIs n. 5.083 e n. 4.878, contudo, não contemplaram a redação do art. 23 da EC n. 103/2019, razão pela qual, ao revés do e. Ministro Relator, não procedo à verificação da constitucionalidade do dispositivo, em homenagem ao princípio da demanda. De toda sorte, os argumentos veiculados na presente manifestação são em todo aplicáveis ao art. 23 referido".

Quanto ao filho inválido, compreendemos que não há necessidade de que a incapacidade total e permanente para o trabalho tenha surgido até os 21 anos, podendo advir após o implemento da referida idade, desde que ocorrida antes do óbito.

Neste mesmo sentido, foi editada a Súmula 663 do STJ: "A pensão por morte de servidor público federal pode ser concedida ao filho inválido de qualquer idade, desde que a invalidez seja anterior ao óbito".

A condição de invalidez, como visto, deve ser verificada na data do óbito do instituidor da pensão, não se admitindo a possibilidade de concessão em caso de invalidez do dependente quando se verifique apenas em época posterior ao óbito: *v.g.*, TRF 4, AC 5026120-61.2015.4.04.7100, 3ª Turma, Rel. Des. Rogerio Favreto, juntado aos autos em 24.10.2018.

Sobre a possibilidade de prorrogação da duração do benefício em face de pendência de curso superior, o STJ entende que, havendo lei que estabelece que a pensão por morte é devida ao filho inválido ou até que complete 21 anos de idade, impossível estendê-la até os 24 anos de idade quando o beneficiário for estudante universitário, tendo em vista a inexistência de previsão legal (REsp 1.347.272, 2ª Turma, Rel. Min. Herman Benjamin, *DJe* 05.11.2012).

A exceção feita pelo STF diz respeito às beneficiárias mulheres que recebem pensão por morte com base na Lei n. 3.373/1958. O fundamento adotado é de que a lei que rege a concessão do benefício de pensão por morte é a vigente na data do óbito do segurado. Por esse motivo, a interpretação dada ao dispositivo da Lei n. 3.373/1958 é aquela que somente autoriza a revisão da pensão concedida com amparo em seu regramento nas hipóteses em que a filha solteira maior de 21 anos se case ou tome posse em cargo público permanente. Isso porque não havia na Lei de 1958 a hipótese de cessação da pensão em decorrência do exercício, pela pensionista, de outra atividade laborativa que lhe gerasse algum tipo de renda, à exceção de cargo público permanente (MS 35.795, Rel. Min. Edson Fachin, *DJe* 02.08.2018).

A TNU, por sua vez, julgando o RC n. 330 fixou a seguinte Tese: "É ilegal o cancelamento do benefício de pensão por morte temporária da filha maior de 21 (vinte e um) anos e solteira sem que lhe seja garantido o exercício prévio do direito à opção entre a pensão por morte temporária prevista na Lei n. 3.373/58 e os vencimentos decorrentes de cargo público permanente" (PEDILEF 0000264-40.2018.4.01.3001/RO, publ. 08.08.2024).

Ainda sobre este tema, o STF decidirá em âmbito de repercussão geral sobre o direito à pensão para filha solteira transexual, de modo a analisar se o direito à continuidade da pensão está ou não condicionado à alteração do registro civil antes do óbito do servidor (Tema n. 1298

– Plenário virtual). O caso em questão envolve requerimento de filha trans de militar falecido em 1998, e que alterou seu nome e gênero no registro civil 21 anos após a morte do pai. A pessoa recebia a pensão por morte, na qualidade de filho homem menor de idade, mas quando alcançou a maioridade, o pagamento foi encerrado. Após pedido de restabelecimento do benefício, agora na condição de filha maior solteira, ter sido negado administrativamente, a questão foi judicializada.

### – Posterior habilitação e efeitos financeiros

A Lei n. 13.846/2019 passou a prever, no art. 219 do RJU, quanto ao RPPS dos agentes públicos federais, que:

- a concessão da pensão por morte não será protelada pela falta de habilitação de outro possível dependente e a habilitação posterior que importe em exclusão ou inclusão de dependente só produzirá efeito a partir da data da publicação da portaria de concessão da pensão ao dependente habilitado;
- ajuizada a ação judicial para reconhecimento da condição de dependente, este poderá requerer a sua habilitação provisória ao benefício de pensão por morte, exclusivamente para fins de rateio dos valores com outros dependentes, vedado o pagamento da respectiva cota até o trânsito em julgado da respectiva ação, ressalvada a existência de decisão judicial em contrário;
- nas ações em que for parte o ente público responsável pela concessão da pensão por morte, este poderá proceder de ofício à habilitação excepcional da referida pensão, apenas para efeitos de rateio, descontando-se os valores referentes a essa habilitação das demais cotas, vedado o pagamento da respectiva cota até o trânsito em julgado da respectiva ação, ressalvada a existência de decisão judicial em contrário;
- julgada improcedente a ação prevista no § 2º, o valor retido, corrigido pelos índices legais de reajustamento, será pago de forma proporcional aos demais dependentes, de acordo com as suas cotas e o tempo de duração de seus benefícios;
- em qualquer hipótese, fica assegurada ao órgão concessor da pensão por morte a cobrança dos valores indevidamente pagos em função de nova habilitação.

Segundo o STJ, no caso de concessão integral da pensão por morte de servidor público, a posterior habilitação, que inclua novo dependente, produz efeitos a partir da data de seu requerimento na via administrativa. Presume-se que nessa data tenha ocorrido a ciência da Administração sobre o fato gerador a ensejar a concessão do benefício, o que se infere da análise das regras contidas nos arts. 215, 218 e 219, parágrafo único, da Lei n. 8.112/1990 (REsp 1.348.823/RS, 2ª Turma, Rel. Min. Mauro Campbell Marques, *DJe* 18.02.2013).

## 7.5 PERDA E CESSAÇÃO DO DIREITO À PENSÃO

No âmbito do RPPS da União, o art. 220 da Lei n. 8.112/1990, com a redação conferida pela Lei n. 13.135/2015, passou a prever duas hipóteses de perda do direito à pensão. É dizer, mesmo sendo a pessoa arrolada como dependente, não poderá participar do rateio do benefício:

> I – após o trânsito em julgado, o beneficiário condenado pela prática de crime de que tenha dolosamente resultado a morte do servidor;
> II – o cônjuge, o companheiro ou a companheira se comprovada, a qualquer tempo, simulação ou fraude no casamento ou na união estável, ou a formalização desses com o fim exclusivo de constituir benefício previdenciário, apuradas em processo judicial no qual será assegurado o direito ao contraditório e à ampla defesa.

Já quanto à cessação do direito à pensão, hipótese em que a pessoa irá receber o benefício, mas perderá a condição de beneficiária, o art. 222 da Lei n. 8.112/1990, com a redação conferida pela Lei n. 13.846/2019, no âmbito dos agentes públicos federais, da seguinte forma:

Art. 222. Acarreta perda da qualidade de beneficiário:

I – o seu falecimento;

II – a anulação do casamento, quando a decisão ocorrer após a concessão da pensão ao cônjuge;

III – a cessação da invalidez, em se tratando de beneficiário inválido, ou o afastamento da deficiência, em se tratando de beneficiário com deficiência, respeitados os períodos mínimos decorrentes da aplicação das alíneas *a* e *b* do inciso VII do *caput* deste artigo;

IV – o implemento da idade de 21 (vinte e um) anos, pelo filho ou irmão;

V – a acumulação de pensão na forma do art. 225;

VI – a renúncia expressa; e

VII – em relação aos beneficiários de que tratam os incisos I a III do *caput* do art. 217:

a) o decurso de 4 (quatro) meses, se o óbito ocorrer sem que o servidor tenha vertido 18 (dezoito) contribuições mensais ou se o casamento ou a união estável tiverem sido iniciados em menos de 2 (dois) anos antes do óbito do servidor;

b) o decurso dos seguintes períodos, estabelecidos de acordo com a idade do pensionista na data de óbito do servidor, depois de vertidas 18 (dezoito) contribuições mensais e pelo menos 2 (dois) anos após o início do casamento ou da união estável:

1) 3 (três) anos, com menos de 21 (vinte e um) anos de idade;

2) 6 (seis) anos, entre 21 (vinte e um) e 26 (vinte e seis) anos de idade;

3) 10 (dez) anos, entre 27 (vinte e sete) e 29 (vinte e nove) anos de idade;

4) 15 (quinze) anos, entre 30 (trinta) e 40 (quarenta) anos de idade;

5) 20 (vinte) anos, entre 41 (quarenta e um) e 43 (quarenta e três) anos de idade;

6) vitalícia, com 44 (quarenta e quatro) ou mais anos de idade.

**– A partir de 1º.01.2021, as idades foram elevadas em um ano pela Portaria ME n. 424/2020, ficando em:**

I – 3 (três) anos, com menos de 22 (vinte e dois) anos de idade;

II – 6 (seis) anos, entre 22 (vinte e dois) e 27 (vinte e sete) anos de idade;

III – 10 (dez) anos, entre 28 (vinte e oito) e 30 (trinta) anos de idade;

IV – 15 (quinze) anos, entre 31 (trinta e um) e 41 (quarenta e um) anos de idade;

V – 20 (vinte) anos, entre 42 (quarenta e dois) e 44 (quarenta e quatro) anos de idade;

VI – vitalícia, com 45 ou mais anos de idade.

Ou seja, a pessoa beneficiária na condição de cônjuge ou companheiro(a), mesmo que portadora de invalidez ou algum tipo de deficiência:

- somente fará jus à pensão por 4 meses, se o óbito ocorrer antes que o servidor ou servidora tenha vertido 18 contribuições mensais a regimes previdenciários ou se a relação conjugal ou afetiva tenha menos de dois anos; essa regra é excepcionada quando a morte decorre de acidente de qualquer natureza, doença profissional ou do trabalho e no caso de beneficiário inválido ou com deficiência;

- caso implementados os requisitos (dois anos de convivência e 18 contribuições), terá direito à vitaliciedade do recebimento de sua cota-parte, se, ao tempo do óbito, já tiver 45 anos ou mais de idade; caso contrário, receberá pensão provisoriamente, pelo lapso de tempo indicado (mínimo de três anos; máximo de 20 anos).

A norma em comento prevê que o tempo de contribuição a qualquer Regime Próprio de Previdência Social ou ao RGPS será considerado na contagem das 18 contribuições mensais referidas nas alíneas "a" e "b" do inciso VII do *caput* do art. 222 da Lei n. 8.112/1990.

A critério da administração, o beneficiário de pensão cuja preservação seja motivada por invalidez, por incapacidade ou por deficiência poderá ser convocado a qualquer momento para avaliação das referidas condições.

Após o transcurso de pelo menos três anos e desde que nesse período se verifique o incremento mínimo de um ano inteiro na média nacional única, para ambos os sexos, correspondente à expectativa de sobrevida da população brasileira ao nascer, poderão ser fixadas, em números inteiros, novas idades para os fins previstos na alínea "b" do inciso VII do *caput*, em ato do Ministro de Estado competente, limitado o acréscimo na comparação com as idades anteriores ao referido incremento. Essa elevação ocorreu a partir de 1º.01.2021, com a publicação da citada Portaria ME n. 424, de 29.12.2020.

Entendemos que a exigência dos dois anos de relacionamento para continuidade do recebimento da pensão por morte tem constitucionalidade duvidosa, pois cria uma presunção de fraude contra os cônjuges e companheiros e, portanto, não pode ser acolhida como norma válida. Deveria prevalecer apenas a regra que prevê a perda do direito à pensão caso comprovada, a qualquer tempo, simulação ou fraude no casamento ou na união estável, ou sua formalização com o fim exclusivo de constituir benefício previdenciário, apuradas em processo judicial no qual será assegurado o direito ao contraditório e à ampla defesa (art. 220 da Lei n. 8.112/1990, com a redação conferida pela Lei n. 13.135/2015).

Por último, a Lei n. 13.846/2019, em conformidade com a previsão já contida no RGPS, estabeleceu do art. 222 do RJU que o exercício de atividade remunerada, inclusive na condição de microempreendedor individual, não impede a concessão ou manutenção da cota da pensão de dependente com deficiência intelectual ou mental ou com deficiência grave. E que, no ato de requerimento de benefícios previdenciários, não será exigida apresentação de termo de curatela de titular ou de beneficiário com deficiência, observados os procedimentos a serem estabelecidos em regulamento.

## REGRAS – PENSÃO POR MORTE (PARA TODOS OS RPPS, EXCETO O DA UNIÃO E DEMAIS ENTES FEDERADOS QUE REALIZARAM A REFORMA DA PREVIDÊNCIA)

Os quadros apresentados procuram identificar as possibilidades de concessão de pensão por morte aos seus dependentes, com base nas regras permanentes e de transição previstas nas Emendas Constitucionais n. 20/1998, n. 41/2003, n. 47/2005 e n. 70/2012.

| PENSÃO POR MORTE | |
|---|---|
| **Óbitos ocorridos após 20.02.2004 e antes da vigência da reforma que altera os critérios em cada Ente Federativo** | |
| Art. 24, § 8º, da EC n. 103, de 2019; Lei n. 9.717/1998, Lei n. 10.887/2004 e Lei n. 13.135/2015 | |
| **REQUISITOS MÍNIMOS** | |
| TEMPO MÍNIMO | Inexigível |
| CÁLCULO DO BENEFÍCIO | Igual à remuneração ou proventos do servidor falecido até o limite do teto de benefícios do RGPS, acrescido de 70% da parcela excedente a esse limite. |
| TETO DO BENEFÍCIO | ÚLTIMA REMUNERAÇÃO NO CARGO EFETIVO.[2] |

---

[2] Caso o instituidor (servidor falecido ocupante de cargo efetivo) pertença a quadro de ente federativo que tenha instituído Regime de Previdência Complementar e tenha ingressado após sua implementação, ou tenha migrado para o modelo previsto nos §§ 14 a 16 do art. 40 da CF, o valor da pensão será limitado ao valor estabelecido como

| REAJUSTE | NÃO TEM PARIDADE. OS PROVENTOS DEVERÃO SER REAJUSTADOS NA MESMA DATA E ÍNDICE ADOTADOS PARA O REAJUSTE DOS BENEFÍCIOS DO REGIME GERAL DE PREVIDÊNCIA SOCIAL.<br><br>EXCEÇÕES: a regra da paridade do benefício com a remuneração deverá ser aplicada às pensões cujo óbito tenha ocorrido antes da vigência da EC n. 103, de 2019, no caso da União, e da vigência das normas dos demais Entes Federativos, e sejam:<br><br>a) derivadas de proventos de servidores falecidos que tenham se aposentado com integralidade e paridade com base nas regras de transição (art. 3º da EC n. 47/2005);<br><br>b) decorrentes dos falecimentos dos segurados aposentados por invalidez, desde que o aposentado tenha ingressado até 31.12.2003 (EC n. 70/2012). |
|---|---|

| 1ª REGRA ANTERIOR – PENSÃO POR MORTE<br>Óbitos ocorridos até 16.12.1998. ||
|---|---|
| REGRA<br>Art. 40, § 5º, da CF (redação original) ||
| REQUISITOS MÍNIMOS ||
| TEMPO MÍNIMO | Inexigível |
| CÁLCULO DO BENEFÍCIO | INTEGRALIDADE |
| BASE DE CÁLCULO | TOTALIDADE DOS VENCIMENTOS OU PROVENTOS DO SERVIDOR FALECIDO, ATÉ O LIMITE ESTABELECIDO EM LEI. |
| REAJUSTE | PARIDADE COM OS SERVIDORES EM ATIVIDADE |

| 2ª REGRA ANTERIOR – PENSÃO POR MORTE<br>Óbitos ocorridos entre 16.12.1998 até 20.02.2004 ||
|---|---|
| REGRA<br>Art. 40, § 2º, da CF (redação dada pela EC n. 20/1998) ||
| REQUISITOS MÍNIMOS ||
| TEMPO MÍNIMO | Inexigível |
| CÁLCULO DO BENEFÍCIO | INTEGRALIDADE COM BASE NA ÚLTIMA REMUNERAÇÃO OU PROVENTOS DO SERVIDOR FALECIDO. |
| TETO DO BENEFÍCIO | ÚLTIMA REMUNERAÇÃO NO CARGO EFETIVO |
| REAJUSTE | PARIDADE COM OS SERVIDORES EM ATIVIDADE |

"teto" para o RGPS, fazendo jus o(s) pensionista(s), caso haja previsão na legislação própria do ente respectivo, a um benefício especial equivalente ao período contributivo anterior (como ocorre, por exemplo, no âmbito RPPS da União) e ainda, caso tenha aderido ao plano de benefícios do RPC, ao valor que tenha sido segurado para fins de complementação de pensão e para a qual tenha contribuído.

# 8

# O Regime Próprio da União

O título *supra* é aquele que, no âmbito dos RPPS, talvez tenha gerado maior debate, por se tratar da alteração da idade mínima para obtenção da aposentadoria voluntária e dos critérios de cálculo das aposentadorias em geral apenas no RPPS da União, ou no serviço público federal.

Dado o tratamento "diferenciado", para fins de uma abordagem a mais didática possível, passamos a tratar o RPPS da União em separado nesta obra.

Antes da reforma levada a efeito pela EC n. 103, de 2019, havia duas situações de aposentadoria voluntária para o servidor vinculado ao RPPS da União: uma, a aposentadoria por tempo de contribuição, com idade mínima (alínea *a* do art. 40 da CF, texto anterior); outra, a aposentadoria apenas por idade (alínea *b*).

Para ambas, o servidor federal teria de cumprir, ainda, os requisitos de dez anos de serviço público e cinco anos no cargo efetivo.

A mudança principal, então, é que passa a existir, para os servidores federais que ingressam na carreira pública federal após a reforma, apenas uma modalidade de aposentadoria voluntária – excetuados os casos específicos de docentes, de segurados com deficiência, de atividades insalubres, de atividades de risco e de atividades vinculadas à segurança pública.

Chama atenção a menção expressa apenas aos servidores da União, como diretamente atingidos pela reforma, enquanto os servidores de Estados e Municípios terão alterações similares apenas caso uma lei de iniciativa do respectivo ente da Federação seja aprovada em termos semelhantes.

Poder-se-ia cogitar, com razoável grau de ponderação, que o tratamento dispensado pela EC n. 103 aos servidores fere o princípio isonômico, na medida em que, desde o texto original da Constituição e em todas as "reformas" por que passou a matéria (Emendas n. 3, n. 20, n. 41, n. 47 e n. 70), não houve tal distinção, ou seja, as regras postas e modificadas afetaram, invariavelmente e sem postergação para atos futuros de iniciativa dos Entes da Federação, os critérios de elegibilidade, cálculo e reajustamento de benefícios nos Regimes Próprios.

Já há julgamentos no sentido de reconhecer a inconstitucionalidade das regras de aposentadoria da EC n. 103 quanto aos servidores da União (vide, a propósito, a sentença proferida nos autos n. 5014981-30.2020.4.04.7200/SC, proferida pelo Juiz Federal Leonardo Cacau Santos La Bradbury, da 2ª Vara Federal de Florianópolis, publ. 30.07.2021).

Não faz sentido, sob a ótica do princípio da proporcionalidade, tratar-se diferentemente pessoas que exercem cargos de características idênticas ou muito semelhantes (como um auditor-fiscal da Receita Federal e um de Estado; um professor universitário admitido por uma Universidade Federal, quando comparado com outro, do corpo docente de uma Universidade Estadual; ou policiais federais e policiais dos Estados).

No campo prático, a questão pode ensejar litígios envolvendo a reversão de indeferimentos de pedidos de benefícios ou a revisão de proventos, sob a alegação *incidenter tantum* de inconstitucionalidade do tratamento díspar entre federais e demais servidores públicos.

Aguardemos, todavia, a eventual provocação do Judiciário – notadamente o STF – sobre o tema.

## 8.1 A APOSENTADORIA VOLUNTÁRIA NO RPPS DA UNIÃO – REGRA GERAL

O texto do art. 40 da Constituição foi bastante alterado pela EC n. 103, e, quanto ao RPPS da União, a distinção mais evidente se encontra no inciso III do § 1º do referido artigo, com a redação que lhe foi conferida na "reforma" de 2019:

> Art. 40. (...)
> § 1º O servidor abrangido por regime próprio de previdência social será aposentado:
> (...)
> III – no âmbito da União, aos 62 (sessenta e dois) anos de idade, se mulher, e aos 65 (sessenta e cinco) anos de idade, se homem, e, no âmbito dos Estados, do Distrito Federal e dos Municípios, na idade mínima estabelecida mediante emenda às respectivas Constituições e Leis Orgânicas, observados o tempo de contribuição e os demais requisitos estabelecidos em lei complementar do respectivo ente federativo.

Foi extinta, nesse bojo, a aposentadoria "por idade", que gerava proventos proporcionais ao tempo de contribuição, identificada na alínea *b* do inciso III da redação anterior do § 1º do art. 40 da CF.

Com isso, passou a existir, a partir da vigência da EC n. 103/2019, para os servidores federais em geral, excepcionadas as situações especiais, uma só regra de aposentadoria voluntária, que será vista a seguir.

Convém assinalar, antes disso, que os critérios de cálculo das aposentadorias dos detentores de direito adquirido até a véspera da promulgação da Emenda seguem, ainda, o critério definido na Lei n. 10.887, como indica o art. 3º da EC n. 103, de 2019. Já para as regras a seguir, o critério de cálculo obedecerá ao art. 26 da EC n. 103, até que lei posterior venha a disciplinar o tema de forma diversa.

## 8.2 CÁLCULO DOS PROVENTOS DE APOSENTADORIA COM BASE NAS REGRAS TRANSITÓRIAS DA EMENDA N. 103, DE 2019

Até a EC n. 41 (31.12.2003), o cálculo da aposentadoria levava em conta apenas a última remuneração do servidor como base. A redação mudou, passando a prever desde a regulamentação (Lei n. 10.887, de 2004) o cálculo por média dos maiores salários de contribuição (valores que serviram de base para a contribuição), equivalentes a 80% do período considerado (fixado a partir de julho de 1994, quando da troca da moeda para Real, até a aposentadoria). Essa média não poderia ser menor do que o salário mínimo, nem superar a remuneração do servidor no cargo efetivo (§ 2º do art. 40, redação da EC n. 41). Agora, o parágrafo em comento não trata mais de fixar nenhum critério, remetendo tudo para a regulamentação legal, a chamada "desconstitucionalização" da matéria. Isso permite que futuras alterações sejam feitas (até mesmo) por medida provisória ou por projeto de lei submetido ao Poder Legislativo de cada ente da Federação.

Acerca dos servidores federais, o art. 26 da EC n. 103/2019 criou uma regra transitória, que valerá até que seja produzida a regulamentação do cálculo no RPPS da União:

> Art. 26. Até que lei discipline o cálculo dos benefícios do regime próprio de previdência social da União e do Regime Geral de Previdência Social, será utilizada a média aritmética simples dos salários de contribuição e das remunerações adotados como base para contribuições

a regime próprio de previdência social e ao Regime Geral de Previdência Social, ou como base para contribuições decorrentes das atividades militares de que tratam os arts. 42 e 142 da Constituição Federal, atualizados monetariamente, correspondentes a cem por cento do período contributivo desde a competência julho de 1994 ou desde o início da contribuição, se posterior àquela competência.

Não há distinção entre homens e mulheres no RPPS, apenas no Regime Geral, podendo ser questionada essa igualdade de gênero por ter sido adotada apenas para servidoras federais.

São exceções a essa regra de utilização do coeficiente básico de 60% mais 2% por ano de contribuição (§§ 3º a 5º do art. 26 da EC n. 103):

- A regra de cálculo da aposentadoria compulsória, que levará em conta, ainda, o tempo de contribuição cumprido até a idade limite, dividido pelo equivalente a 20 anos; feita essa operação, o valor superior a um inteiro é desprezado, e, se o valor for inferior a um inteiro (pessoa com menos de 20 anos de contribuição), o número será multiplicado pela média obtida com base no critério geral.

- A *regra de transição que prevê proventos de aposentadoria pela* totalidade da remuneração do servidor público no cargo efetivo em que se der a aposentadoria, em relação ao servidor público que tenha ingressado no serviço público em cargo efetivo até 31.12.2003 e que não tenha feito a opção de que trata o § 16 do art. 40 da CF (previdência complementar), desde que tenha, no mínimo, 62 anos de idade, se mulher, e 65 anos de idade, se homem, ou, para os titulares do cargo de professor, 57 anos de idade, se mulher, e 60 anos de idade, se homem (inciso I, do § 6º do art. 4º).

- A *regra de transição que prevê proventos de aposentadoria pela* totalidade da remuneração do servidor público no cargo efetivo em que se der a aposentadoria, em relação ao servidor público que tenha ingressado no serviço público em cargo efetivo até 31.12.2003 e que não tenha feito a opção de que trata o § 16 (previdência complementar) do art. 40 da CF (inciso I, do § 2º do art. 20).

- A regra de transição para servidores que ingressaram entre a regulamentação da EC n. 41/2003 e a promulgação da Emenda n. 103/2019: para estes, o valor será igual a 100% da média, uma vez cumpridos os requisitos da regra de transição respectiva (inciso II do § 2º do art. 20).

- A regra de cálculo da aposentadoria por incapacidade permanente que teve por causa acidente do trabalho ou doença ocupacional: para esses casos, o cálculo é de 100% da média, para todo e qualquer servidor.

Já as doenças graves, antes geradoras da aposentadoria com proventos "integrais", deixam de constar da exceção, passando à "regra geral", de cálculo pela regra de 60% mais 2% para cada ano de contribuição acima de 20, regra que se apresenta como de duvidosa constitucionalidade, como se verá adiante.

## 8.3 REAJUSTAMENTO DOS BENEFÍCIOS DO RPPS DA UNIÃO

Salvo em caso de direito adquirido à aplicação de alguma regra revogada que assegure critério distinto (paridade com o pessoal em atividade), as aposentadorias do RPPS da União serão reajustadas conforme os critérios fixados para o RGPS, inclusive as dos servidores federais que se beneficiem das regras de transição da EC n. 103/2019. Isso porque o § 7º é categórico ao afirmar o reajustamento das aposentadorias concedidas com base nas regras desse artigo conforme as regras do RGPS, o que corresponde, atualmente, à majoração pelo INPC em 1º de janeiro de cada ano.

A desvinculação entre o reajuste de padrões remuneratórios dos agentes públicos (vencimentos, remunerações e subsídios) e o reajuste dos proventos de aposentados e pensionistas se iniciou pela redação conferida ao § 8º do art. 40 pela EC n. 41. Anteriormente, previa-se a paridade de reajuste entre agentes públicos em atividade e beneficiários (aposentados e pensionistas) do RPPS.

O STF, sobre o reajuste de proventos no RPPS da União, apreciando o Tema n. 1.124 de Repercussão Geral, firmou a seguinte tese: "É constitucional o reajuste de proventos e pensões concedidos a servidores públicos federais e seus dependentes não beneficiados pela garantia de paridade de revisão, pelo mesmo índice de reajuste do regime geral de previdência social (RGPS), previsto em normativo do Ministério da Previdência Social, no período anterior à Lei 11.784/2008".

## 8.4 REGRA GERAL TRANSITÓRIA DE APOSENTADORIA VOLUNTÁRIA NO RPPS DA UNIÃO

Enquanto a lei regulamentadora das alterações no âmbito do RPPS da União não é editada, a partir da promulgação da reforma valem os requisitos transitoriamente fixados no art. 10 da Emenda n. 103/2019:

> Art. 10. Até que entre em vigor lei federal que discipline os benefícios do regime próprio de previdência social dos servidores da União, aplica-se o disposto neste artigo.
> § 1º Os servidores públicos federais serão aposentados:
> I – voluntariamente, observados, cumulativamente, os seguintes requisitos:
> a) 62 (sessenta e dois) anos de idade, se mulher, e 65 (sessenta e cinco) anos de idade, se homem; e
> b) 25 (vinte e cinco) anos de contribuição, desde que cumprido o tempo mínimo de 10 (dez) anos de efetivo exercício no serviço público e de 5 (cinco) anos no cargo efetivo em que for concedida a aposentadoria.

Como se pode notar, os servidores federais terão de cumprir, além da idade mínima, um tempo mínimo de contribuição de 25 anos, além de dez anos de "efetivo exercício no serviço público" e cinco anos "no cargo efetivo em que for concedida a aposentadoria".

## 8.5 REGRA TRANSITÓRIA – APOSENTADORIA VOLUNTÁRIA DOS/AS PROFESSORES/AS FEDERAIS

Quanto aos docentes de instituições federais, prevê o inciso III do § 2º do mesmo art. 10 da EC n. 103 que, a partir da promulgação dessa Emenda, o titular do cargo federal de professor poderá se aposentar "aos 60 (sessenta) anos de idade, se homem, aos 57 (cinquenta e sete) anos, se mulher, com 25 (vinte e cinco) anos de contribuição exclusivamente em efetivo exercício das funções de magistério na educação infantil e no ensino fundamental e médio, 10 (dez) anos de efetivo exercício de serviço público e 5 (cinco) anos no cargo efetivo em que for concedida a aposentadoria, para ambos os sexos".

### QUADRO – APOSENTADORIAS NO RPPS DA UNIÃO – REGRA TRANSITÓRIA GERAL E DOS/DAS PROFESSORES/PROFESSORAS

| Idade Mínima | Tempo de Contribuição | Tempo Serviço Público | Tempo Cargo |
|---|---|---|---|
| 62/65 anos | 25 anos em quaisquer Regimes | 10 anos | 5 anos |
| Professor ||||
| 57/60 anos | 25 anos de magistério infantil, fundamental e médio | 10 anos | 5 anos |

## 8.6 APOSENTADORIA DOS POLICIAIS, AGENTES PENITENCIÁRIOS E SOCIOEDUCATIVOS DA UNIÃO

A EC n. 103/2019, também tratou de dispor sobre as aposentadorias a servidores federais em atividades de risco, já que o § 4º do art. 40 da Constituição também restou modificado, deixando de prever as situações de aposentadorias com critérios distintos da regra geral do § 1º, passando a redação a ser:

> É vedada a adoção de requisitos ou critérios diferenciados para concessão de benefícios em regime próprio de previdência social, ressalvado o disposto nos §§ 4º-A, 4º-B, 4º-C e 5º.

O § 4º-B, por sua vez, passa a dispor sobre o assunto nos seguintes termos:

> § 4º-B. Poderão ser estabelecidos por lei complementar do respectivo ente federativo idade e tempo de contribuição diferenciados para aposentadoria de ocupantes do cargo de agente penitenciário, de agente socioeducativo ou de policial dos órgãos de que tratam o inciso IV do *caput* do art. 51, o inciso XIII do *caput* do art. 52 e os incisos I a IV do *caput* do art. 144.

Tal como se deu com a regra geral, o art. 10, § 2º, I, da EC n. 103 estabeleceu de forma transitória os requisitos a serem exigidos desses agentes, desde a promulgação da Emenda até que venha a existir uma regulamentação por lei:

> (...) o policial civil do órgão a que se refere o inciso XIV do *caput* do art. 21 da Constituição Federal, o policial dos órgãos a que se referem o inciso IV do *caput* do art. 51, o inciso XIII do *caput* do art. 52 e os incisos I a III do *caput* do art. 144 da Constituição Federal e o ocupante de cargo de agente federal penitenciário ou socioeducativo, aos 55 (cinquenta e cinco) anos de idade, com 30 (trinta) anos de contribuição e 25 (vinte e cinco) anos de efetivo exercício em cargo dessas carreiras, para ambos os sexos.

No entanto, o Ministro Flávio Dino, do STF, proferiu, em 17.10.2024, decisão liminar na ADI n. 7.727, em referência à idade para aposentadoria das policiais mulheres, com o seguinte teor:

> (...) concedo parcialmente a medida cautelar, *ad referendum* do Plenário, para suspender a eficácia das expressões "para ambos os sexos", contidas nos arts. 5º, *caput*, e 10, § 2º, I, da EC n. 103/2019, bem como para determinar que o Congresso Nacional corrija a inconstitucionalidade mediante a edição da norma adequada. Aplicar-se-á, por simetria, até que o novel regramento constitucional entre em vigor, a diferenciação contida no art. 40, III, da Lei Maior, na redação dada pela EC n. 103/2019, ou seja, a "regra geral" de 3 (três) anos de redução para todos os prazos que se refiram a mulheres policiais civis e federais. Acresço que o Congresso Nacional, ao legislar para corrigir a inconstitucionalidade quanto às mulheres, deve adotar a diferenciação que considerar cabível em face da discricionariedade legislativa.

Não se exige desses servidores possuir 10 anos de serviço público e 5 anos no cargo, pois estão contidas no tempo de atividade (25 anos) em cargos das categorias abrangidas.

As categorias atingidas por essa regra transitória são:

- policial civil do Distrito Federal (inciso XIV do *caput* do art. 21 da CF/1988);
- polícia legislativa da Câmara de Deputados e do Senado Federal (inciso IV do *caput* do art. 51 e inciso XIII do *caput* do art. 52 da CF/1988);
- policial federal, policial rodoviário federal e policial ferroviário federal (incisos I a III do *caput* do art. 144 da CF/1988);
- agente federal penitenciário ou socioeducativo.

Convém assinalar que o entendimento firmado no âmbito do Executivo Federal para a matéria foi assim definido:

1) Os policiais civis da União, ingressos nas respectivas carreiras até 12.11.2019 (data anterior a vigência da EC n. 103/2019), fazem jus à aposentadoria com base no art. 5º da Emenda Constitucional n. 103/2019, com proventos integrais (totalidade da remuneração do servidor no cargo efetivo em que se der a aposentadoria), nos termos art. 1º, II, da Lei Complementar n. 51/1985, e paridade plena, com fundamento no art. 38 da Lei n. 4.878/1965.

2) Os policiais civis da União, ingressos nas respectivas carreiras a partir de 13.11.2019 (com a vigência da EC n. 103/2019), fazem jus à aposentadoria com base no art. 10, § 2º, I, com proventos calculados pela média aritmética e reajustados nos termos estabelecidos para o Regime Geral de Previdência Social, conforme art. 26, todos da Emenda Constitucional n. 103/2019, bem como passaram a se submeter ao Regime de Previdência Complementar da Lei n. 12.618/2012.[1]

**QUADRO – APOSENTADORIA DOS POLICIAIS E DEMAIS ATIVIDADES DE RISCO – RPPS DA UNIÃO (AMBOS OS SEXOS)**

| Classe | Idade Mínima (ambos os gêneros) | Tempo de Contribuição | Tempo de Exercício na carreira |
|---|---|---|---|
| Policiais, agentes penitenciários e socioeducativos de órgãos federais | 55 anos (vide decisão liminar na ADI n. 7.727, que suspende o efeito da aplicação dessa regra às servidoras mulheres) | 30 anos | 25 anos |

## 8.7 REGRA TRANSITÓRIA – APOSENTADORIA ESPECIAL (EXPOSIÇÃO A AGENTES NOCIVOS) NO ÂMBITO DA UNIÃO

A regra ora comentada é aquela que sequer chegou a ser regulamentada, embora constasse do Texto Constitucional (art. 40, § 4º). O direito à aposentadoria com redução de tempo de contribuição para servidores expostos a agentes nocivos à saúde somente começou a ser concedida em maior escala após a edição, pelo STF, da Súmula Vinculante n. 33, que determina a adoção das regras do RGPS enquanto não regulamentada a matéria no âmbito dos RPPS.

Pois bem, com a EC n. 103, de 2019, o tema ganhou novos contornos, passando o art. 40 a ter um § 4º-C, cuja redação segue:

> § 4º-C. Poderão ser estabelecidos por lei complementar do respectivo ente federativo idade e tempo de contribuição diferenciados para aposentadoria de servidores cujas atividades sejam exercidas com efetiva exposição a agentes químicos, físicos e biológicos prejudiciais à saúde, ou associação desses agentes, vedados a caracterização por categoria profissional ou ocupação.

O problema da regulamentação do assunto em leis locais é abordado quando do item correspondente a essa modalidade para os RPPS em geral. Quanto à União, o art. 10 da EC

---

[1] BRASIL. ADVOCACIA GERAL DA UNIÃO. Parecer n. 00004/2020/CONSUNIAO/CGU/AGU. Aprovado em 8.06.2020. Disponível em: http://www.planalto.gov.br/CCIVIL_03/AGU/Pareceres/2019-2022/PRC-JL-04-2020.htm. Acesso em: 16 set. 2020.

n. 103 estabelece como regra transitória (inciso II do § 2º), vigente a partir da promulgação da Emenda:

> (...) o servidor público federal cujas atividades sejam exercidas com efetiva exposição a agentes químicos, físicos e biológicos prejudiciais à saúde, ou associação desses agentes, vedada a caracterização por categoria profissional ou ocupação, aos 60 (sessenta) anos de idade, com 25 (vinte e cinco) anos de efetiva exposição e contribuição, 10 (dez) anos de efetivo exercício de serviço público e 5 (cinco) anos no cargo efetivo em que for concedida a aposentadoria.

Fixa, assim, uma idade mínima de 60 anos (para ambos os gêneros), além da exigência de 25 anos de contribuição e efetiva exposição a agentes nocivos, ou seja, com a devida comprovação de trabalho prestado sob condições adversas, nos moldes da regulamentação do RGPS, já que o referido dispositivo continua não identificando os agentes e limites de exposição, atraindo a continuidade da aplicação da Súmula Vinculante n. 33 do STF até que venha a regulamentação em âmbito de RPPS.

Sobre a exigência de idade mínima nessa modalidade de aposentadoria, tecemos considerações já no que tange ao RGPS, que se aplicam da mesma forma aos servidores públicos. É que a conjugação de 60 anos de idade com 25 anos de contribuição fará com que muitas pessoas trabalhem muito mais do que o tempo mínimo exigido, na medida em que poucas pessoas ingressam no cargo público com 35 anos de idade (única situação que faria com que essa pessoa chegasse aos 25 de contribuição aos 60 anos).

**QUADRO – REGRA TRANSITÓRIA – APOSENTADORIA POR EXPOSIÇÃO A AGENTE NOCIVO NO RPPS DA UNIÃO**

| Idade Mínima (ambos os gêneros) | Tempo de Contribuição e exposição a agentes nocivos | Tempo Serviço Público | Tempo Cargo |
|---|---|---|---|
| 60 anos | 25 anos | 10 anos | 5 anos |

## 8.8 APOSENTADORIA DO SERVIDOR COM DEFICIÊNCIA NO RPPS DA UNIÃO

A última modalidade de aposentadoria voluntária a ser analisada é aquela devida a pessoas com deficiência – também não regulamentada no âmbito dos RPPS, embora prevista no texto anterior do § 4º do art. 40 da CF, levando a inúmeros mandados de injunção ajuizados no STF, com decisões que determinam a aplicação da regulamentação prevista, para o RGPS, na Lei Complementar n. 142/2013.

Assim, atualmente, para o segurado e para o servidor público com deficiência, de ambos os gêneros, será possível a concessão de duas modalidades de aposentadoria, conforme previsão da LC n. 142/2013.

O art. 22 da EC n. 103/2019, dispõe:

> Art. 22. Até que lei discipline o § 4º-A do art. 40 e o inciso I do § 1º do art. 201 da Constituição Federal, a aposentadoria da pessoa com deficiência segurada do Regime Geral de Previdência Social ou do servidor público federal com deficiência vinculado a regime próprio de previdência social, desde que cumpridos, no caso do servidor, o tempo mínimo de 10 (dez) anos de efetivo exercício no serviço público e de 5 (cinco) anos no cargo efetivo em que for concedida a aposentadoria, será concedida na forma da Lei Complementar n. 142, de 8 de maio de 2013, inclusive quanto aos critérios de cálculo dos benefícios.
> Parágrafo único. Aplicam-se às aposentadorias dos servidores com deficiência dos Estados, do Distrito Federal e dos Municípios as normas constitucionais e infraconstitucio-

nais anteriores à data de entrada em vigor desta Emenda Constitucional, enquanto não promovidas alterações na legislação interna relacionada ao respectivo regime próprio de previdência social.

Com isso, regulamentou-se, ainda que de forma transitória, o direito desses servidores federais. Já servidores de Estados e Municípios continuarão dependentes de judicialização, até que lei de seus respectivos entes públicos disponha a respeito, segundo definido pela EC n. 103/2019.

Incluiu-se, entre os critérios de elegibilidade, a exigência de 10 anos de serviço público e 5 anos no cargo, além dos requisitos já previstos na referida Lei Complementar.

A primeira modalidade, tratada nos incisos I a III do art. 3º da LC n. 142/2013, constitui um tipo de aposentadoria por tempo de contribuição reduzido. Para tanto, é necessário cumprir tempo de contribuição variável conforme o grau da deficiência exigido:

> I – aos 25 (vinte e cinco) anos de tempo de contribuição, se homem, e 20 (vinte) anos, se mulher, no caso de segurado com deficiência grave;
>
> II – aos 29 (vinte e nove) anos de tempo de contribuição, se homem, e 24 (vinte e quatro) anos, se mulher, no caso de segurado com deficiência moderada;
>
> III – aos 33 (trinta e três) anos de tempo de contribuição, se homem, e 28 (vinte e oito) anos, se mulher, no caso de segurado com deficiência leve.

A segunda modalidade é uma aposentadoria etária – inciso IV do art. 3º da LC n. 142/2013. Nessa espécie, é irrelevante o grau de deficiência. A idade é reduzida em cinco anos quanto à regra geral, desde que sejam cumpridos 15 anos do exercício de atividade, nos quais exista comprovação de deficiência na forma da LC n. 142/2013, durante todo o período.

Essa modalidade de aposentadoria não garante um benefício com integralidade e paridade para os servidores antigos. A parte final do art. 22 não deixa dúvida de que devem ser observados também os critérios de cálculo da LC n. 142/2013. Portanto, no caso de aposentadoria por tempo de contribuição (LC n. 142/2013, art. 3º, I a III), o percentual é de 100% do salário de benefício (e este, corresponde a 80% dos maiores salários de contribuição desde julho de 1994); mas, para a modalidade etária, o inciso II do art. 8º da LC n. 142/2013 estipula uma proporcionalidade que considera uma parcela básica de 70%, acrescida de 1% por grupo de 12 contribuições mensais até o máximo de 30% da média auferida.

## 8.9 AS ATUAIS REGRAS DE TRANSIÇÃO PARA OS SERVIDORES DA UNIÃO

Em razão da mudança observada para o âmbito do RPPS da União, vieram a ser dispostas novas regras de transição para as aposentadorias voluntárias supradescritas, as quais irão substituir as que foram fixadas pelas EC n. 41 e 47, exclusivamente para o RPPS da União, e alcançam aqueles servidores que, tendo ingressado antes da EC n. 103, não tenham adquirido o direito à aposentação por alguma das regras revogadas por esta, até a véspera de sua promulgação.

## 8.10 REGRA DE TRANSIÇÃO – SERVIDORES FEDERAIS EM GERAL

Para os servidores federais em geral, que não possuem tratamento diferenciado (docentes, policiais e cargos da segurança pública, atividades com exposição a agentes nocivos ou com deficiência), foram fixadas duas regras distintas de transição.

A primeira regra está disposta no art. 4º da EC n. 103:

> Art. 4º O servidor público federal que tenha ingressado no serviço público em cargo efetivo até a data de entrada em vigor desta Emenda Constitucional poderá aposentar-se voluntariamente quando preencher, cumulativamente, os seguintes requisitos:

I – 56 (cinquenta e seis) anos de idade, se mulher, e 61 (sessenta e um) anos de idade, se homem, observado o disposto no § 1º;

II – 30 (trinta anos) de contribuição, se mulher, e 35 (trinta e cinco) anos de contribuição, se homem;

III – 20 (vinte) anos de efetivo exercício no serviço público;

IV – 5 (cinco) anos no cargo efetivo em que se der a aposentadoria; e

V – somatório da idade e do tempo de contribuição, incluídas as frações, equivalente a 86 (oitenta e seis) pontos, se mulher, e 96 (noventa e seis) pontos, se homem, observado o disposto nos §§ 2º e 3º.

§ 1º A partir de 1º de janeiro de 2022, a idade mínima a que se refere o inciso I do *caput* será de 57 (cinquenta e sete) anos de idade, se mulher, e 62 (sessenta e dois) anos de idade, se homem.

§ 2º A partir de 1º de janeiro de 2020, a pontuação a que se refere o inciso V do *caput* será acrescida a cada ano de 1 (um) ponto, até atingir o limite de 100 (cem) pontos, se mulher, e de 105 (cento e cinco) pontos, se homem.

§ 3º A idade e o tempo de contribuição serão apurados em dias para o cálculo do somatório de pontos a que se referem o inciso V do *caput* e o § 2º.

No caso dos servidores ingressantes antes das EC n. 20/1998 e n. 41/2003, a aposentadoria já demandava um limite mínimo de idade de 60 anos para o homem e de 55 para a mulher. Contudo, estavam em vigor importantes regras de transição, e o art. 6º da EC n. 41/2003 e o art. 3º da EC n. 47/2005, inclusive, permitiam a aposentadoria com integralidade e paridade.

No lugar dos dispositivos revogados, a novel regra geral de transição para os servidores federais que tenham ingressado no serviço público até a data de entrada em vigor da EC n. 103/2019, veiculada pelo art. 4º, garante o acesso à aposentadoria voluntária mediante o cumprimento de uma série de requisitos de difícil implementação, são eles: idade mínima, tempo de contribuição, tempo de serviço público e no cargo, além de pontuação que se dá mediante a soma da idade e do tempo de contribuição.

Tanto a idade quanto o escore previdenciário não são estabelecidos de forma definitiva. Depois de 1º.01.2022, o requisito etário previsto nessa regra de transição é aumentado, passando a ser de 57 anos para a mulher e de 62 anos para o homem.

O escore previdenciário, por sua vez, a partir de 1º.01.2020, é acrescido de um ponto ao ano até atingir o limite de cem pontos, se mulher, e de cento e cinco pontos, se homem.

Quanto ao cálculo, o § 6º do art. 4º prevê que corresponderá "à totalidade da remuneração do servidor público no cargo efetivo em que se der a aposentadoria, observado o disposto no § 8º, para o servidor público que tenha ingressado no serviço público em cargo efetivo até 31 de dezembro de 2003 e que não tenha feito a opção de que trata o § 16 do art. 40 da Constituição Federal, desde que tenha, no mínimo, 62 (sessenta e dois) anos de idade, se mulher, e 65 (sessenta e cinco) anos de idade, se homem". Mas, caso o indivíduo pretenda se aposentar antes das idades em questão (62 ou 65 anos), o cálculo será feito da forma como fixado para as regras transitórias do art. 10 pelo art. 26 da EC n. 103 (60% da média de todos os salários de contribuição, mais 2% para cada ano que suplantar 20 anos de contribuição).

A segunda regra, oferecida simultaneamente para os segurados do RGPS e para os servidores públicos federais, está localizada no art. 20 da EC n. 103/2019:

Art. 20. O segurado ou o servidor público federal que se tenha filiado ao Regime Geral de Previdência Social ou ingressado no serviço público em cargo efetivo até a data de entrada em vigor desta Emenda Constitucional poderá aposentar-se voluntariamente quando preencher, cumulativamente, os seguintes requisitos:

I – 57 (cinquenta e sete) anos de idade, se mulher, e 60 (sessenta) anos de idade, se homem;

II – 30 (trinta) anos de contribuição, se mulher, e 35 (trinta e cinco) anos de contribuição, se homem;

III – para os servidores públicos, 20 (vinte) anos de efetivo exercício no serviço público e 5 (cinco) anos no cargo efetivo em que se der a aposentadoria;

IV – período adicional de contribuição correspondente ao tempo que, na data de entrada em vigor desta Emenda Constitucional, faltaria para atingir o tempo mínimo de contribuição referido no inciso II.

A aposentadoria efetuada com base nesse artigo permite, para os servidores que ingressaram antes de 31.12.2003, a integralidade e a paridade com idade menor do que a prevista no art. 4º (inciso I dos §§ 2º e 3º do art. 20 da EC n. 103/2019):

§ 2º O valor das aposentadorias concedidas nos termos do disposto neste artigo corresponderá:
I – em relação ao servidor público que tenha ingressado no serviço público em cargo efetivo até 31 de dezembro de 2003 e que não tenha feito a opção de que trata o § 16 do art. 40 da Constituição Federal, à totalidade da remuneração no cargo efetivo em que se der a aposentadoria, observado o disposto no § 8º do art. 4º; e
II – em relação aos demais servidores públicos e aos segurados do Regime Geral de Previdência Social, ao valor apurado na forma da lei.
§ 3º O valor das aposentadorias concedidas nos termos do disposto neste artigo não será inferior ao valor a que se refere o § 2º do art. 201 da Constituição Federal e será reajustado:
I – de acordo com o disposto no art. 7º da Emenda Constitucional n. 41, de 19 de dezembro de 2003, se cumpridos os requisitos previstos no inciso I do § 2º;
II – nos termos estabelecidos para o Regime Geral de Previdência Social, na hipótese prevista no inciso II do § 2º.

Na hipótese de o servidor ter ingressado após a instituição do FUNPRESP, ou ter exercido a opção correspondente, nos termos do disposto nos §§ 14 a 16 do art. 40 da CF/1988, a média dos salários de contribuição fica limitada ao teto do RGPS (§ 1º do art. 26 da EC n. 103/2019).

Para o servidor que ingressou a partir de 1º.01.2004, e antes da criação do FUNRPESP, sem ter feito a opção prevista no § 16 do art. 40 da CF/1988, será possível o deferimento de benefício sem limitação ao teto do RGPS, concedendo-se um benefício calculado com base na média das contribuições. Nesse caso, o procedimento de cálculo observará o salário de benefício obtido conforme o referido no parágrafo anterior (inciso II do § 6º do art. 4º c/c o art. 26 da EC n. 103/2019).

A regra é, portanto, interessante para quem já concluiu o tempo de contribuição previsto no inciso II, pois não terá "pedágio" a cumprir, tendo direito a critério de cálculo e reajustamento ainda diferenciados.

**RPPS – Regra de transição 1 – Art. 4º da EC N. 103/2019**

**REGRA DE CÁLCULO DA APOSENTADORIA**

1) INTEGRALIDADE: SOMENTE PARA QUEM INGRESSOU NO SP ATÉ 31.12.2003 E DESDE QUE NÃO TENHA FEITO A OPÇÃO PELA PREV. COMPLEMENTAR E POSSUA 65 ANOS DE IDADE (HOMEM) E 62 (MULHER).
2) 60% DA MÉDIA DE TODOS OS SALÁRIOS DE CONTRIBUIÇÃO + 2% PARA CADA ANO QUE SUPERE 20 ANOS DE CONTRIBUIÇÃO (HOMEM E MULHER): DEMAIS SITUAÇÕES, SENDO ADOTADO O TETO DO RGPS PARA QUEM INGRESSOU NO SP APÓS A ADOTAÇÃO DA PREV COMPLEMENTAR OU A ELA ADERIU.

**RPPS – Regra de transição 2 – Art. 20 da EC N. 103/2019**

| Idade de contribuição | Tempo de serviço público | Tempo de cargo | Pedágio do tempo faltante em 13.11.2019 | |
|---|---|---|---|---|
| Homem: 60 anos | 35 anos | 20 anos | 5 anos | 100% |
| Mulher: 57 anos | 30 anos | 20 anos | 5 anos | 100% |

**REGRA DE CÁLCULO DA APOSENTADORIA**

1) INTEGRALIDADE: SOMENTE PARA QUEM INGRESSOU NO SP ATÉ 31.12.2003 E DESDE QUE NÃO TENHA FEITO A OPÇÃO PELA PREV. COMPLEMENTAR.
2) 100% DA MÉDIA DE TODOS OS SALÁRIOS DE CONTRIBUIÇÃO: DEMAIS SITUAÇÕES, SENDO ADOTADO O TETO DO RGPS PARA QUEM INGRESSOU NO SP APÓS A ADOTAÇÃO DA PREV COMPLEMENTAR OU A ELA ADERIU.

## 8.11 REGRAS DE TRANSIÇÃO PARA PROFESSORES/AS DE INSTITUIÇÕES FEDERAIS

Os docentes cuja atuação ocorre exclusivamente na educação infantil e no ensino fundamental e médio, são beneficiados com redução de cinco anos de idade e de cinco anos no tempo de contribuição (com diminuição de cinco pontos no escore previdenciário também, na regra que possui tal exigência), o que também se aplica às regras de transição. É o que se observa a seguir:

Art. 4º (...)

§ 4º Para o titular do cargo de professor que comprovar exclusivamente tempo de efetivo exercício das funções de magistério na educação infantil e no ensino fundamental e médio, os requisitos de idade e de tempo de contribuição de que tratam os incisos I e II do *caput* serão:

I – 51 (cinquenta e um) anos de idade, se mulher, e 56 (cinquenta e seis) anos de idade, se homem;

II – 25 (vinte e cinco) anos de contribuição, se mulher, e 30 (trinta) anos de contribuição, se homem; e

III – 52 (cinquenta e dois) anos de idade, se mulher, e 57 (cinquenta e sete) anos de idade, se homem, a partir de 1º de janeiro de 2022.

(...)

Art. 20. (...)

§ 1º Para o professor que comprovar exclusivamente tempo de efetivo exercício das funções de magistério na educação infantil e no ensino fundamental e médio serão reduzidos, para ambos os sexos, os requisitos de idade e de tempo de contribuição em 5 (cinco) anos.

No caso do professor que ingressou antes da EC n. 41, a integralidade pode ser conquistada com cinco anos a menos de idade que os demais, desde que cumpridos os demais requisitos já expostos na regra de transição geral.

Para os servidores que ingressaram em momento posterior, a aposentadoria observará o novo critério para o cálculo e para o reajustamento (§§ 2º e 3º do art. 4º e art. 26 da EC n. 103/2019). As particularidades quanto à forma de cálculo e reajustamento são as mesmas já comentadas quanto à regra geral de transição.

**RPPS – REGRA DE TRANSIÇÃO 1 (ART. 4º DA EC N. 103/2019): PROFESSORES(AS)**

| IDADE | TEMPO DE CONTRIBUIÇÃO | TEMPO DE SERVIÇO PÚBLICO | TEMPO DE CARGO | PONTOS (IDADE + TEMPO DE CONTRIBUIÇÃO) |
|---|---|---|---|---|
| PROFESSORES 2019: 56 anos 2022: 57 anos | 30 anos | 20 anos | 5 anos | 91 (2019) + 1 PONTO A CADA ANO ATÉ ATINGIR 100 PONTOS |
| PROFESSORAS 2019: 51 anos 2022: 52 anos | 25 anos | 20 anos | 5 anos | 81 (2019) + 1 PONTO A CADA ANO ATÉ ATINGIR 92 PONTOS |

**REGRA DE CÁLCULO DA APOSENTADORIA**

- integralidade: somente para quem ingressou no SP até 31.12.2003 e desde que não tenha feito a opção pela prev. complementar e possua 60 anos de idade (homem) e 57 (mulher).
- 60% da média de todos os salários de contribuição + 2% para cada ano que supere 20 anos de contribuição (homem e mulher): demais situações, sendo adotado o teto do RGPS para quem ingressou no SP após a adoção da prev. complementar ou a ela aderiu.

**RPPS – REGRA DE TRANSIÇÃO 2 (ART. 20 DA EC N. 103/2019): PROFESSORES/AS**

| IDADE | TEMPO DE CONTRIBUIÇÃO | TEMPO DE SERVIÇO PÚBLICO | TEMPO DE CARGO | PEDÁGIO DO TEMPO FALTANTE EM 13.11.2019 |
|---|---|---|---|---|
| Homem: 55 anos | 30 anos | 20 anos | 5 anos | 100% |
| Mulher: 52 anos | 25 anos | 20 anos | 5 anos | 100% |

**REGRA DE CÁLCULO DA APOSENTADORIA**

- integralidade: somente para quem ingressou no SP até 31.12.2003 e desde que não tenha feito a opção pela prev. complementar.
- 100% da média de todos os salários de contribuição: demais situações, sendo adotado o teto do RGPS para quem ingressou no SP após a adoção da prev. complementar ou a ela aderiu.

## 8.12 REGRA DE TRANSIÇÃO PARA APOSENTADORIA DE SERVIDORES FEDERAIS EXPOSTOS A AGENTES NOCIVOS

A situação dos servidores federais que exercem atividade sujeita à exposição a agentes nocivos à saúde, ainda que não regulamentada antes da EC n. 103, de 2019, mereceu uma "regra de transição" específica, idêntica à do RGPS, salvo quanto à exigência de tempo de serviço público e no cargo, como previsto no art. 21 da Emenda:

> Art. 21. O segurado ou o servidor público federal que se tenha filiado ao Regime Geral de Previdência Social ou ingressado no serviço público em cargo efetivo até a data de entrada em vigor desta Emenda Constitucional cujas atividades tenham sido exercidas com efetiva exposição a agentes químicos, físicos e biológicos prejudiciais à saúde, ou associação desses agentes, vedada a caracterização por categoria profissional ou ocupação, desde que cumpridos, no caso do servidor, o tempo mínimo de 20 (vinte) anos de efetivo exercício no serviço público e de 5 (cinco) anos no cargo efetivo em que for concedida a aposentadoria, na forma dos arts. 57 e 58 da Lei n. 8.213, de 24 de julho de 1991, poderão aposentar-se quando o total da soma resultante da sua idade e do tempo de contribuição e o tempo de efetiva exposição forem, respectivamente, de:
> I – 66 (sessenta e seis) pontos e 15 (quinze) anos de efetiva exposição;
> II – 76 (setenta e seis) pontos e 20 (vinte) anos de efetiva exposição; e
> III – 86 (oitenta e seis) pontos e 25 (vinte e cinco) anos de efetiva exposição.
> § 1º A idade e o tempo de contribuição serão apurados em dias para o cálculo do somatório de pontos a que se refere o *caput*.

Dessa forma, além de cumprir a "somatória" de pontos que se exige do segurado do RGPS, o servidor federal terá de comprovar 20 anos de serviço público e 5 anos no cargo. O cálculo será sempre na forma da regra geral do art. 26 da Emenda n. 103: 60% da média, mais 2% para cada ano excedente a 20 anos de contribuição, já que não há, no caso do RPPS da União, pessoa que se enquadre no inciso I.

**RPPS – REGRA DE TRANSIÇÃO DA APOSENTADORIA ESPECIAL ART. 21 DA EC N. 103/2019**

| TEMPO DE ATIVIDADE ESPECIAL | TEMPO DE SERVIÇO PÚBLICO | TEMPO DE CARGO | PONTOS (IDADE + TEMPO DE CONTRIBUIÇÃO) |
|---|---|---|---|
| 25 anos | 20 anos | 5 anos | 86 |

**Regra de cálculo:** 60% da média de todos os salários de contribuição + 2% para cada ano que supere 20 anos de contribuição (homem e mulher), sendo adotado o teto do RGPS para quem ingressou no serviço público após a adoção da previdência complementar ou a ela aderiu.

## 8.13 REGRAS DE TRANSIÇÃO PARA OS POLICIAIS, AGENTES PENITENCIÁRIOS E SOCIOEDUCATIVOS

### – Primeira regra

A regra específica criada para tratar dos agentes policiais, veiculada pelo art. 5º da Emenda n. 103/2019, contemplou um raio de ação de considerável abrangência. Além dos agentes públicos que integram a polícia federal, a polícia rodoviária federal, a polícia ferroviária federal e os policiais civis, acolheu os agentes públicos que integram a polícia da Câmara dos Deputados (inciso IV do art. 51 da CF) e do Senado (inciso XIII do art. 52 da CF), desde que já estivessem no exercício do cargo respectivo antes da promulgação da Emenda.

A versão final culminou por também incluir, no mesmo artigo, os agentes penitenciários e socioeducativos. Por isso, o § 1º do art. 5º da EC n. 103/2019 amplia o conceito de atividade estritamente policial para abranger o tempo de atividade militar nas Forças Armadas, nas polícias militares e nos corpos de bombeiros militares e o tempo de atividade como agente penitenciário ou socioeducativo.

Os requisitos são os seguintes:

I – 55 anos de idade, para ambos os sexos;
II – 30 anos de contribuição, se homem, e 25 anos de contribuição, se mulher;
III – 20 anos de efetivo exercício em cargo de natureza policial, se homem, e 15 anos, se mulher.

Para fins da presente regra de transição, serão considerados o tempo de atividade militar nas Forças Armadas, nas polícias militares e nos corpos de bombeiros militares e o tempo de atividade como agente penitenciário ou socioeducativo.

Para esses agentes não há alteração progressiva da idade.

**RPPS – REGRAS DE TRANSIÇÃO PARA POLICIAIS, AGENTES PENITENCIÁRIOS E SOCIOEDUCATIVOS – Art. 5º da EC n. 103/2019**

| IDADE MÍNIMA (H/M) | TEMPO DE CONTRIBUIÇÃO | EFETIVO EXERCÍCIO EM CARGO DE NATUREZA POLICIAL |
|---|---|---|
| 55 anos | 30 anos (H)<br>25 anos (M) | 20 anos (H)<br>15 anos (M) |

**– Segunda regra**

Ao final, restou prevista outra possibilidade para esses mesmos servidores.

A aposentadoria poderá ser concedida a partir do implemento da idade de 52 anos, se mulher, e 53 anos de idade, se homem, desde que cumprido período adicional de contribuição correspondente ao tempo que, na data de entrada em vigor dessa emenda constitucional, faltaria para atingir o tempo de contribuição previsto na LC n. 51, de 1985 (§ 3º do art. 5º).

Destarte, a interpretação do constituinte derivado é de que os policiais, agentes penitenciários e socioeducativos que ingressaram antes da publicação da nova emenda constitucional – mesmo que depois da EC n. 41/2003, que eliminou a integralidade e paridade no serviço público – tenham direito à aposentação com a totalidade da remuneração, diferentemente do que ocorre com os demais ocupantes de cargos públicos efetivos, ingressantes após a regulamentação da EC n. 41.

Em verdade, é nosso entendimento, até aqui, que a recepção da LC n. 51/1985 ocorreu apenas no que tange aos requisitos de elegibilidade, como foi decidido pelo STF no julgamento da ADI 3.817 – entendimento ratificado, em sede de repercussão geral no julgamento do RE 567.110.

Vale dizer, a recepção pela Constituição da República de 1988 do art. 1º da LC n. 51/1985, que estabelece critérios diferenciados para a aposentadoria especial de servidores públicos policiais, em momento algum reconheceu o direito à integralidade dos servidores policiais, mas tão somente os direitos previstos naquela lei complementar.

Com efeito, conforme reconheceu o STF no julgamento do RE 924.456, o conceito de proventos integrais deixou de ter correspondência com a remuneração recebida em atividade e foi definida pela Lei n. 10.887/2004 como sendo o valor equivalente à média aritmética de 80% das melhores contribuições revertidas pelo servidor aos regimes previdenciários aos quais foi filiado.

Porém, no julgamento da Repercussão Geral Tema n. 1.019, cuja questão em debate é o "Direito de servidor público que exerça atividades de risco de obter, independentemente da observância das regras de transição das Emendas Constitucionais n. 41/03 e n. 47/05, aposentadoria especial com proventos calculados com base na integralidade e na paridade", a tese firmada foi a seguinte:

O servidor público policial civil que preencheu os requisitos para a aposentadoria especial voluntária prevista na LC n. 51/1985 tem direito ao cálculo de seus proventos com base na regra da integralidade e, quando também previsto em lei complementar, na regra da paridade, independentemente do cumprimento das regras de transição especificadas nos arts. 2º e 3º da EC n. 47/2005, por enquadrar-se na exceção prevista no art. 40, § 4º, inciso II, da Constituição Federal, na redação anterior à EC n. 103/2019, atinente ao exercício de atividade de risco (RE 1.162.672/SP, Rel. Min. Dias Toffoli, julgamento virtual finalizado em 1º.09.2023).

Recorde-se que todos os servidores federais do Poder Executivo que ingressaram depois de 04.02.2013 no RPPS, ou seja, após a instituição do FUNPRESP, têm sua contribuição previdenciária limitada ao teto do RGPS, podendo aderir facultativamente ao referido fundo de previdência complementar.

Dessa forma, em que pese a regra constante da EC n. 103/2019, somos do entendimento de que a concessão de benefício com integralidade e paridade para policiais e integrantes das demais categorias em comento obedece ao regramento da EC n. 41, Lei n. 10.887/2004 e Lei n. 12.618/2012.

### RPPS – REGRAS DE TRANSIÇÃO PARA POLICIAIS, AGENTES PENITENCIÁRIOS E SOCIOEDUCATIVOS – ART. 5º, § 3º, DA EC N. 103/2019

| IDADE MÍNIMA | TEMPO DE CONTRIBUIÇÃO | EFETIVO EXERCÍCIO EM CARGO DE NATUREZA POLICIAL | PEDÁGIO |
|---|---|---|---|
| 53 anos (H) 52 anos (M) | 30 anos (H) 25 anos (M) | 20 anos (H) 15 anos (M) | 100% do TC faltante em 13.11.2019 |

# 9
# Pensão por Morte no RPPS da União

A pensão por morte, na redação original da Constituição de 1988, correspondia ao valor da última remuneração do servidor, quando o óbito ocorria em atividade, ou ao valor da aposentadoria, quando já aposentado.

No âmbito do RPPS da União, com a mudança levada a efeito no art. 218 da Lei n. 8.112/1990 pela Lei n. 13.135/2015, passou-se a prever que, "ocorrendo habilitação de vários titulares à pensão, o seu valor será distribuído em partes iguais entre os beneficiários habilitados". Anteriormente, a divisão não era equânime, pois cabia aos dependentes na condição de cônjuge ou companheiro (considerados até então vitalícios) o equivalente a 50% do valor a ser rateado, e os outros 50% eram compartilhados entre os demais pensionistas (dependentes temporários).

A Emenda n. 103/2019 não só "desconstitucionalizou" a matéria (não mais existindo, na nova redação do § 7º do art. 40, qualquer previsão de como será o cálculo deste benefício), mas afetou mais uma vez o modo de cálculo e o rateio da pensão por morte.

Comentando as alterações sofridas no texto original da Proposta no âmbito da Comissão Especial, assim se pronunciou o Deputado Relator, Samuel Moreira:

> Quanto à pensão por morte, mantivemos a proposta de o benefício ser correspondente a 50% da aposentadoria, acrescido de 10% por dependente e avançamos no sentido de garantir que, quando houver dependente inválido, com deficiência grave, intelectual ou mental, o benefício seja equivalente a 100% da aposentadoria. Certamente, o custo de vida da pessoa com deficiência é bem superior ao das demais pessoas, especialmente na ausência de familiares que possam prover cuidados necessários para o exercício de atividades da vida diária, que possibilitem sua participação na vida comunitária. Ademais, avançamos no sentido de garantir uma redação mais consentânea com a realidade da pessoa com deficiência e a preocupação dos familiares em terem a garantia, em vida, de que seus filhos com deficiência serão efetivamente beneficiários de pensão por morte. Assim, tornamos possível que o segurado possa, ainda em vida, buscar o reconhecimento do dependente com deficiência, para fins previdenciários (p. 83).

Enquanto a regulamentação da pensão não é produzida, a União pagará a pensão (em caso de falecimento após a promulgação da Emenda) aos dependentes de servidores públicos federais conforme a regra transitória do art. 23 da Emenda:

> Art. 23. A pensão por morte concedida a dependente de segurado do Regime Geral de Previdência Social ou de servidor público federal será equivalente a uma cota familiar de 50% (cinquenta por cento) do valor da aposentadoria recebida pelo segurado ou servidor ou daquela a que teria direito se fosse aposentado por incapacidade permanente na data do óbito, acrescida de cotas de 10 (dez) pontos percentuais por dependente, até o máximo de 100% (cem por cento).

§ 1º As cotas por dependente cessarão com a perda dessa qualidade e não serão reversíveis aos demais dependentes, preservado o valor de 100% (cem por cento) da pensão por morte quando o número de dependentes remanescente for igual ou superior a 5 (cinco).

§ 2º Na hipótese de existir dependente inválido ou com deficiência intelectual, mental ou grave, o valor da pensão por morte de que trata o *caput* será equivalente a:

I – 100% (cem por cento) da aposentadoria recebida pelo segurado ou servidor ou daquela a que teria direito se fosse aposentado por incapacidade permanente na data do óbito, até o limite máximo de benefícios do Regime Geral de Previdência Social; e

II – uma cota familiar de 50% (cinquenta por cento) acrescida de cotas de 10 (dez) pontos percentuais por dependente, até o máximo de 100% (cem) por cento, para o valor que supere o limite máximo de benefícios do Regime Geral de Previdência Social.

§ 3º Quando não houver mais dependente inválido ou com deficiência intelectual, mental ou grave, o valor da pensão será recalculado na forma do disposto no caput e no § 1º.

§ 4º O tempo de duração da pensão por morte e das cotas individuais por dependente até a perda dessa qualidade, o rol de dependentes e sua qualificação e as condições necessárias para enquadramento serão aqueles estabelecidos na Lei n. 8.213, de 24 de julho de 1991.

§ 5º Para o dependente inválido ou com deficiência intelectual, mental ou grave, sua condição pode ser reconhecida previamente ao óbito do segurado, por meio de avaliação biopsicossocial realizada por equipe multiprofissional e interdisciplinar, observada revisão periódica na forma da legislação.

§ 6º Equiparam-se a filho, para fins de recebimento da pensão por morte, exclusivamente o enteado e o menor tutelado, desde que comprovada a dependência econômica.

§ 7º As regras sobre pensão previstas neste artigo e na legislação vigente na data de entrada em vigor desta Emenda Constitucional poderão ser alteradas na forma da lei para o Regime Geral de Previdência Social e para o regime próprio de previdência social da União.

§ 8º Aplicam-se às pensões concedidas aos dependentes de servidores dos Estados, do Distrito Federal e dos Municípios as normas constitucionais e infraconstitucionais anteriores à data de entrada em vigor desta Emenda Constitucional, enquanto não promovidas alterações na legislação interna relacionada ao respectivo regime próprio de previdência social.

Com isso, ficam tacitamente ineficazes as disposições da Lei n. 8.112/1990 e suas alterações sobre o assunto a partir da promulgação da Emenda, atingindo exclusivamente o Regime dos Servidores Federais. Novamente frisamos que servidores estaduais e municipais não foram atingidos pelas mudanças aqui destacadas, tampouco o foi a pensão deixada a seus dependentes.

Interessante frisar que o § 6º do art. 23 restringe a equiparação a dependentes por filiação aos enteados e tutelados, estes últimos enquanto durar a situação de tutela (a cessação se dá na forma do Código Civil).

Com isso, pretendeu o Governo evitar a (re)discussão quanto à figura da pessoa com idade abaixo de 18 anos sob guarda ter ou não o direito a ser equiparado a filho, para fins de pensionamento. O STF irá discutir se o menor sob guarda pode receber pensão por morte de segurado do INSS nos óbitos após a EC n. 103/2019 (Tema n. 1.271), decisão que, uma vez proferida, deverá ser aplicada, a nosso ver, também aos Regimes Próprios de Previdência Social.

Essas regras vigoram desde a promulgação da Emenda n. 103/2019 e até que venha a vigorar alguma alteração por lei (ordinária), conforme indica o § 7º do art. 23 da Emenda.

## 9.1 CRITÉRIO DE CÁLCULO DA PENSÃO NO ÂMBITO DA UNIÃO – REGRA GERAL

Pensando unicamente na redução de gastos, a EC n. 103/2019 reformulou o cálculo do benefício de pensão tanto para o RGPS quanto para o RPPS da União, retomando os critérios previstos na Lei Orgânica da Previdência Social de 1960, e que não eram aplicados no âmbito dos regimes próprios até então.

Para saber o valor do benefício, primeiro é necessário fixar a base de cálculo. Se o servidor falecido já estava aposentado, será utilizado o valor da aposentadoria.

No caso de servidor federal que falece em atividade, a base de cálculo corresponderá à aposentadoria por incapacidade permanente (antiga aposentadoria por invalidez) a que o instituidor teria direito na data do óbito, salvo, entendemos, se ele já era detentor de direito adquirido à aposentadoria por melhor regra de cálculo. Frisamos que, em caso de morte causada por acidente ou doença em que haja nexo de causalidade/concausalidade com o exercício do cargo público, o cálculo da aposentadoria por incapacidade é de 100% da média dos salários de contribuição desde julho de 1994, mas se não for esta a causa, será de 60% mais 2% para cada ano de contribuição acima de 20 anos, para ambos os gêneros. Essa diferenciação se aplica também à pensão por morte.

Considerando a nova fórmula de cálculo da aposentadoria por incapacidade permanente, aqui poderá haver uma expressiva redução da renda percebida pelo servidor em atividade, se não for caso de direito adquirido a benefício de aposentadoria no RPPS da União mais vantajoso quando em vida.

Depois, conforme o *caput* do art. 23 da EC n. 103/2019, sobre a base de cálculo antes citada (valor da aposentadoria a que faria jus o *de cujus*) haverá a incidência de um percentual de 50% (cota familiar), acrescido de 10% para cada dependente até o máximo de 100% (cinco dependentes).

No caso de servidor da União que faleça quando já aposentado, a diferença é que as cotas são calculadas sobre o valor da aposentadoria que o segurado recebia.

É feita, pela EC n. 103/2019, uma distinção na hipótese de existir dependente inválido ou com deficiência intelectual, mental ou grave, caso em que não se aplica a regra do *caput*. Nesse caso, o valor da pensão por morte será de 100% da aposentadoria recebida pelo servidor federal ou daquela a que teria direito, até o limite máximo de benefícios do RGPS, e aplica-se a divisão em cotas somente em caso de o valor da pensão superar o limite máximo do RGPS (§ 2º do art. 23 da EC n. 103/2019); a redução pela aplicação do critério de cotas incidirá somente sobre o que excede esse limite.

Todavia, prevê o § 3º do mesmo art. 23 da EC que, quando não houver mais dependente inválido ou com deficiência intelectual, mental ou grave, o valor da pensão será recalculado na forma da regra geral. Em verdade, trata-se de regra bastante discutível, pois pode acarretar a redução do valor nominal do benefício mediante um "recálculo" após a concessão inicial, prejudicando sobremaneira os dependentes remanescentes, que podem vir a ser surpreendidos, por exemplo, em caso de falecimento do dependente que se enquadrava como deficiente ou inválido. Atenta-se, a nosso sentir, contra a regra do art. 194, IV, da Constituição, que se aplica, como norma principiológica, a todos os Regimes de Previdência Social.

Havendo interesse do servidor federal em evitar futuras discussões sobre o quadro clínico do dependente, restou prevista a possibilidade de a condição do dependente ser previamente avaliada por perícia biopsicossocial realizada por equipe multiprofissional (§ 5º do art. 23 da EC n. 103/2019), norma que dependerá de regulamentação a respeito do procedimento a ser adotado.

Cumpre relembrar que já existem decisões judiciais reconhecendo a inconstitucionalidade das regras sobre pensão por morte da EC n. 103 para os beneficiários do RGPS (idênticas às do RPPS da União), como a proferida pela Turma Recursal dos JEFs de Sergipe, cujo teor transcrevemos em parte, pela relevância:

> O que a EC pretendeu fazer foi suprimir direitos previdenciários construídos ao longo de décadas para a proteção de quem se vê sem sua fonte de subsistência primária, em razão

de evento inesperado, ao restabelecer a regulação sobre pensão por morte que havia na Lei Orgânica da Previdência Social – LOPS, Lei n. 3.807/1960, e com regramento sobre renda mensal ainda mais gravoso do que aquele, mesmo depois dela ter sido revogada pela CF e pela Lei n. 8.213/1991. E, o que é ainda mais esdrúxulo do ponto de vista da lógica do processo legislativo, disciplinando inclusive percentuais de cálculo de renda mensal de benefício, questões normalmente deixadas para a legislação complementar e ordinária. (...) reduzir drasticamente o valor da renda mensal de benefício como o fez a EC n. 103/2019 sem qualquer outro parâmetro econômico (ex.: estado de empregado do dependente, nível de renda etc.) é esvaziar o conteúdo da garantia constitucional na prática. (Proc. 0509761-32.2020.4.05.8500, Rel. Juiz Federal Marcos Antônio Garapa de Carvalho, publ. 02.05.2021)

E, após tal decisão, o Procurador-Geral da República, em parecer exarado como *custos legis* em Ação Direta de Inconstitucionalidade sobre o assunto, assim se pronunciou:

> O novo regramento de pensão por morte, introduzido pela atual Reforma da Previdência, impõe redução severa e demasiadamente rigorosa no valor daquele benefício, em manifesta ofensa à proporcionalidade e à razoabilidade. O mandamento veiculado no art. 23 da EC n. 103/2019 também incorre em afronta à dignidade humana (CF, art. 1º, III), uma vez que a diminuição promovida nos valores pagos a título de pensão por morte compromete as condições de subsistência e independência dos pensionistas, na medida em que implica em redução, com excessiva onerosidade, do poder aquisitivo, configurando, ainda, violação do direito à proteção do Estado à família (CF, art. 226), destinatária daquele benefício previdenciário. Parecer pelo não conhecimento da ação no tocante às regras pertinentes ao RGPS e, no mérito, pela procedência parcial do pedido, para que seja declarada a inconstitucionalidade do art. 23 da EC n. 103/2019 e, por arrastamento, do art. 40, § 7º, da CF, na redação dada pela própria EC n. 103/2019. (Parecer do PGR na ADI 6.916. Disponível em: http://www.mpf.mp.br/pgr/documentos/ADI6.916.pdf. Acesso em: 26 ago. 2022)

A matéria, portanto, está longe de ser pacífica, merecendo atenção especial no que toca a jurisprudência.

## 9.2 DURAÇÃO DO PAGAMENTO DA PENSÃO A CADA DEPENDENTE

Acerca do tema da duração do benefício da pensão, houve importantes mudanças desde a Lei n. 13.135/2015, de duvidosa constitucionalidade, ante o *discrímen* realizado, conforme já discutido no âmbito do RGPS e das regras gerais dos RPPS.

A EC n. 103/2019 prevê expressamente que "O tempo de duração da pensão por morte e das cotas individuais por dependente até a perda dessa qualidade, o rol de dependentes e sua qualificação e as condições necessárias para enquadramento serão aqueles estabelecidos na Lei n. 8.213, de 24 de julho de 1991" (§ 4º do art. 23), regra que vale, portanto, para o RPPS da União, em que pese estar a Emenda se reportando à Lei de Benefícios do RGPS.

Dessa forma, a pensão terá a seguinte duração, no âmbito do RPPS da União:

- Indeterminada, em caso de invalidez ou deficiência do pensionista.
- 4 meses para o cônjuge ou companheiro, se o óbito do segurado ocorrer sem a comprovação do recolhimento de 18 contribuições mensais e de 2 anos de casamento ou de união estável.
- Em caso de invalidez ou deficiência do cônjuge ou companheiro, e na hipótese de o óbito do segurado decorrer de acidente de qualquer natureza ou de doença profissional

ou do trabalho, não tem aplicação a regra que limita o pagamento da pensão a apenas 4 meses.
- Temporária, observada a faixa de idade, para cônjuge ou companheiro pensionista.
- Vitalícia, para o cônjuge ou companheiro com idade superior à fixada para este fim, na data do óbito do segurado.

A parte individual da pensão extingue-se para os óbitos até 31.12.2020:

I – pela morte do pensionista;
II – para filho, pessoa a ele equiparada ou irmão, de ambos os sexos, ao completar 21 anos de idade, salvo se for inválido ou tiver deficiência intelectual ou mental ou deficiência grave;
III – para filho ou irmão inválido, pela cessação da invalidez;
IV – para filho ou irmão que tenha deficiência intelectual ou mental ou deficiência grave, pelo afastamento da deficiência, nos termos do regulamento;
V – para cônjuge ou companheiro:
a) se inválido ou com deficiência, pela cessação da invalidez ou pelo afastamento da deficiência, respeitados os períodos mínimos decorrentes da aplicação das alíneas "b" e "c";
b) em 4 meses, se o óbito ocorrer sem que o segurado tenha vertido 18 contribuições mensais ou se o casamento ou a união estável tiverem sido iniciados em menos de 2 anos antes do óbito do segurado;
c) transcorridos os seguintes períodos, estabelecidos de acordo com a idade do beneficiário na data de óbito do segurado, se o óbito ocorrer depois de vertidas 18 contribuições mensais e pelo menos 2 anos após o início do casamento ou da união estável:
1) 3 anos, com menos de 21 anos de idade;
2) 6 anos, entre 21 e 26 anos de idade;
3) 10 anos, entre 27 e 29 anos de idade;
4) 15 anos, entre 30 e 40 anos de idade;
5) 20 anos, entre 41 e 43 anos de idade;
6) vitalícia, com 44 ou mais anos de idade.

– **A partir de 1º.01.2021, as idades do item "c" supra foram elevadas em um ano pela Portaria ME n. 424/2020, ficando em:**

I – 3 (três) anos, com menos de 22 (vinte e dois) anos de idade;
II – 6 (seis) anos, entre 22 (vinte e dois) e 27 (vinte e sete) anos de idade;
III – 10 (dez) anos, entre 28 (vinte e oito) e 30 (trinta) anos de idade;
IV – 15 (quinze) anos, entre 31 (trinta e um) e 41 (quarenta e um) anos de idade;
V – 20 (vinte) anos, entre 42 (quarenta e dois) e 44 (quarenta e quatro) anos de idade;
VI – vitalícia, com 45 ou mais anos de idade.

Frisamos que a proibição da reversão das cotas não terá aplicabilidade em relação às pensões cujo óbito do instituidor ocorreu em data anterior à vigência da EC n. 103 (ou seja, até 13.11.2019).

## 9.3 ALTERAÇÃO DA REGULAMENTAÇÃO INFRACONSTITUCIONAL

Houve, por força do art. 36 da EC n. 103/2019, a revogação expressa do art. 3º da Emenda n. 47/2005. Logo, pensões decorrentes de óbitos de servidores federais que chegaram a se beneficiar daquela regra de transição, ou com direito adquirido, mantém o direito à paridade com os servidores em atividade no respectivo cargo se o óbito ocorrer antes da promulgação da nova Emenda; todavia, se o falecimento do servidor sobrevier após a vigência da EC n. 103/2019, a pensão será calculada com base no art. 23 desta última Emenda.

### 9.4 A QUESTÃO DO AUXÍLIO-RECLUSÃO NO RPPS DA UNIÃO

A EC n. 103/2019 em mais de uma passagem prevê a impossibilidade de se conceder auxílio-reclusão em âmbito de Regimes Próprios. Veja-se, a este propósito, o § 2º do art. 9º da Emenda, que restringe o rol de benefícios dos RPPS às aposentadorias e à pensão por morte; e o art. 27 da Emenda, que trata apenas de estabelecer regra transitória para o auxílio-reclusão para o RGPS, diferentemente do art. 13 da EC n. 20, que também fixava regras para o servidor (e seus dependentes) quanto a esse benefício.

Logo, é possível que regra infraconstitucional venha a estabelecer uma "interpretação autêntica" da Administração Pública Federal no sentido de ter sido extinto o benefício que até aqui era previsto e disciplinado pelo art. 229 da Lei n. 8.112/1990 (RJU da União), mantendo-se apenas os benefícios já concedidos até que cesse o fato ensejador (reclusão de servidor federal).

### 9.5 EFEITOS PRÁTICOS DAS ALTERAÇÕES – NAS PENSÕES POR MORTE – RPPS DA UNIÃO

Para se ter ideia da repercussão da mudança no âmbito das pensões por morte, veja-se o que foi descrito pelo Deputado Samuel Moreira, Relator da matéria na CCJ da Câmara dos Deputados (p. 49 do Relatório):

> Ressalte-se que o valor da própria pensão, que já foi reduzido por força da Emenda Constitucional n. 41, de 2003, no caso do agente público, será novamente reduzido por força da Proposta em exame, pois corresponderá a apenas 50%, acrescidos de 10% por dependente, sendo tais cotas não reversíveis. Assim, em caso de infortúnio, o valor assegurado ao cônjuge remanescente é de 60% apenas, e poderá chegar a 100% somente na hipótese de haver 4 filhos dependentes, situação muito rara nos dias de hoje.
>
> Caso a pensão por morte seja devida em virtude do falecimento de servidor aposentado por invalidez após quinze ou vinte anos de atividade e que não seja decorrente de acidente de trabalho ou doença profissional, o seu cálculo dependerá do tempo de contribuição do falecido, e poderá chegar a apenas 36% da remuneração, uma vez que o benefício será calculado sobre apenas 60% da média apurada.

É importante chamar atenção para o fato de que só se adquire o direito à pensão com o falecimento ou a morte presumida, assim prevista em lei, do servidor (denominado em tais casos de "instituidor"). Desse modo, um servidor que faleça na véspera da alteração das regras "deixa pensão" em valores e com critérios de divisão diferentes de outro que venha a falecer no dia seguinte.

Daí porque defendemos que tal alteração é inconstitucional, seja no âmbito do RPPS da União, seja no RGPS, utilizando-nos dos fundamentos lançados no já citado julgamento proferido pela TR de Sergipe (Proc. 0509761-32.2020.4.05.8500, Rel. Juiz Marcos Antônio Garapa de Carvalho, publ. 05.04.2021).

| PENSÃO POR MORTE – ART. 23 DA EC N. 103/2019 | |
|---|---|
| **Óbitos ocorridos a partir de 14.11.2019** | |
| **REQUISITOS MÍNIMOS** | |
| **TEMPO MÍNIMO** | Inexigível |
| **CÁLCULO DO BENEFÍCIO** | – Equivalente a uma cota familiar de 50% do valor da aposentadoria recebida pelo servidor ou daquela a que teria direito se fosse aposentado por incapacidade permanente na data do óbito, acrescida de cotas de 10 pontos percentuais por dependente, até o máximo de 100%.<br>– As cotas por dependente cessarão com a perda dessa qualidade e não serão reversíveis aos demais dependentes, preservado o valor de 100% da pensão por morte quando o número de dependentes remanescente for igual ou superior a 5 (cinco). |
| **CÁLCULO DO BENEFÍCIO: DEPENDENTE INVÁLIDO OU COM DEFICIÊNCIA** | – Na hipótese de existir dependente inválido ou com deficiência intelectual, mental ou grave, o valor da pensão por morte será equivalente a:<br>I – 100% da aposentadoria recebida pelo servidor ou daquela a que teria direito se fosse aposentado por incapacidade permanente na data do óbito, até o limite máximo de benefícios do RGPS; e<br>II – uma cota familiar de 50% acrescida de cotas de 10 pontos percentuais por dependente, até o máximo de 100%, para o valor que supere o limite máximo de benefícios do RGPS.<br>– Quando não houver mais dependente inválido ou com deficiência intelectual, mental ou grave, o valor da pensão será recalculado na forma do quadro acima (**caput** e no § 1º do art. 23) |
| **TETO DO BENEFÍCIO** | Última remuneração no cargo efetivo do servidor falecido, sendo adotado o teto do RGPS para quem ingressou no sérvio público após a adoção da prev complementar ou a ela aderiu. |
| **REAJUSTE** | Não tem paridade. Os proventos deverão ser reajustados na mesma data e índice adotados para o reajuste dos benefícios do RGPS. |

# PARTE VI

## Modelos de Requerimentos, Petições e Recursos

# Sumário

## I. MODELOS PARA O ÂMBITO ADMINISTRATIVO – RGPS

1. Modelo de requerimento de certidão de tempo de contribuição .......... 939
2. Modelo de requerimento administrativo de atualização do CNIS .......... 940
3. Modelo de pedido administrativo de acerto de vínculos e remunerações (CNIS) para inclusão de salários de contribuição no CNIS anterior à competência 01/1981 .......... 952
4. Modelo de requerimento genérico de concessão de benefício .......... 954
5. Modelo de requerimento de inclusão de microficha/ajuste de guia .......... 955
6. Modelo de pedido administrativo de unificação de NITS e disponibilização de microfichas .......... 955
7. Modelo de requerimento de aposentadoria por idade pelas regras de transição da EC n. 103/2019 .......... 957
8. Modelo de requerimento de aposentadoria programada pelas regras da EC n. 103/2019 com contagem de tempo rural e especial .......... 959
9. Modelo de requerimento de benefício de BPC LOAS para pessoa com deficiência .......... 963
10. Modelo de requerimento de pensão por morte .......... 965
11. Modelo de pedido de habilitação provisória em pensão por morte .......... 967
12. Modelo de requerimento de benefício por incapacidade .......... 969
13. Modelo de pedido de utilização de documentos já anexados a outro requerimento de benefício (resposta à carta de exigência do INSS) .......... 970
14. Modelo de requerimento de retroação de DIC e indenização de contribuições em atraso referente a períodos alcançados pela decadência .......... 971
15. Modelo de autodeclaração do segurado especial – pescador .......... 974
16. Modelo de autodeclaração do segurado especial – rural .......... 977
17. Modelo de autodeclaração do segurado especial – seringueiro e extrativista vegetal .......... 981
18. Modelo de requerimento de cancelamento/desistência do benefício .......... 983
19. Modelo de requerimento de cópia integral do processo de concessão .......... 984
20. Modelo de requerimento de cálculo de recolhimento de contribuições em atraso .......... 984
21. Inscrição/correção do cadastro do segurado especial .......... 986
22. Modelo de pedido de inclusão de conta bancária .......... 987
23. Modelo de pedido de revisão da certidão de tempo de contribuição .......... 987
24. Modelo de pedido administrativo de revisão de pensão por morte para dependente inválido .......... 988
25. Modelo de recurso ordinário para a junta de recursos do CRPS .......... 990

26. Modelo de recurso especial para a câmara de julgamento do CRPS .................. 994
27. Modelo de pedido de uniformização de jurisprudência ao pleno do CRPS .......... 997
28. Modelo de embargos de declaração para a junta de recursos do Conselho de Recursos da Previdência Social – CRPS .................. 1001
29. Modelo de declaração de recebimento de pensão ou aposentadoria em outro regime de previdência .................. 1002

## II. MODELOS DE PETIÇÕES INICIAIS RELATIVAS AO RGPS

### II.1 AÇÕES DE CONCESSÃO E RESTABELECIMENTO DE BENEFÍCIO DO RGPS

30. Modelo de ação para a concessão de aposentadoria por tempo de contribuição – regra de transição EC n. 103/2019 .................. 1004
31. Modelo de ação para concessão de aposentadoria programada com cômputo de tempo rural e especial .................. 1007
32. Modelo de ação para concessão de aposentadoria programada com cômputo de tempo militar .................. 1013
33. Modelo de ação de concessão de aposentadoria por idade urbana – direito adquirido antes da EC n. 103/2019 .................. 1017
34. Modelo de ação de concessão de aposentadoria programada .................. 1020
35. Modelo de ação de concessão de aposentadoria por idade do trabalhador rural .................. 1024
36. Modelo de ação de concessão de aposentadoria programada híbrida – tempo rural e urbano .................. 1028
37. Modelo de ação de concessão de aposentadoria especial .................. 1034
38. Modelo de ação de concessão de aposentadoria especial para profissionais da saúde .... 1038
39. Modelo de ação de concessão de aposentadoria especial para motoristas de ônibus e de caminhão .................. 1043
40. Modelo de ação de concessão de aposentadoria especial para eletricistas ou eletricitários .................. 1047
41. Modelo de ação de concessão de aposentadoria especial para vigilantes .................. 1052
42. Modelo de ação de concessão de aposentadoria programada com contagem de tempo especial .................. 1057
43. Modelo de ação de concessão de aposentadoria por tempo de contribuição/por idade para segurado com deficiência .................. 1060
44. Modelo de ação para concessão de aposentadoria do professor com contagem de tempo em atividades de direção, coordenação e assessoramento pedagógico em estabelecimento de ensino básico .................. 1065
45. Modelo de ação de concessão de aposentadoria para professor com deficiência .................. 1069
46. Modelo de item a ser incluído na fundamentação jurídica da petição inicial quando da interrupção das contribuições em virtude de enfermidade .................. 1073
47. Modelo de ação de concessão de auxílio por incapacidade temporária .................. 1074
48. Modelo de ação de concessão de auxílio por incapacidade temporária e/ou aposentadoria por incapacidade permanente .................. 1081
49. Modelo de ação de restabelecimento de auxílio-doença, com pedido de aposentadoria por invalidez, reabilitação e auxílio-acidente e dano moral – direito adquirido anterior à ECn. 103/2019 .................. 1088

50. Modelo de ação de concessão de auxílio-acidente ............................................................. 1100
51. Modelo de ação de concessão de benefício de prestação continuada (LOAS) – deficiente .................................................................................................................................................... 1105
52. Modelo de ação de concessão de benefício de prestação continuada (LOAS) – idoso ...... 1110
53. Modelo de ação de concessão de pensão por morte de menor sob guarda ....................... 1113
54. Modelo de ação de concessão de benefício de pensão por morte – união estável ............ 1118
55. Modelo de ação de concessão de auxílio-reclusão ................................................................. 1122
56. Modelo de concessão de salário-maternidade para segurada especial ............................... 1125
57. Modelo de ação de concessão de acréscimo de 25% para aposentadoria por incapacidade permanente ............................................................................................................................ 1128
58. Modelo de mandado de segurança para restabelecimento de benefício cancelado em razão da alta programada ............................................................................................................ 1131

## II.2 AÇÕES DE REVISÃO DE BENEFÍCIOS DO RGPS

### II.2.1 REVISÕES BASEADAS NAS REGRAS DA EC N. 183/2019

59. Modelo de ação de revisão de aposentadoria programada para descarte de contribuições (art. 26 da EC n. 103/2019) ................................................................................................... 1136
60. Modelo de ação de revisão de aposentadoria por idade (regra de transição da EC n. 103/2019) de segurado filiado antes de 2019 ............................................................................ 1138
61. Modelo de ação de revisão de aposentadoria programada para inclusão de novos períodos de contribuição ................................................................................................................... 1141
62. Modelo de ação de revisão de aposentadoria por idade ou por tempo de contribuição de pessoa com deficiência – concedido com base nas regras da EC n. 103/2019 ............ 1143
63. Modelo de ação de revisão de auxílio por incapacidade temporária para afastar limitador extra referente à média das últimas 12 contribuições – benefício concedido com base nas regras da EC n. 103/2019 ............................................................................................. 1146
64. Modelo de ação de revisão da renda mensal inicial da aposentadoria por incapacidade permanente a partir da EC n. 103/2019, para aumento do coeficiente de cálculo ............ 1149
65. Modelo de ação de revisão da renda mensal inicial da aposentadoria especial pós-reforma, para cálculo que inclua todas as atividades trabalhadas e períodos que não estão no CNIS ............................................................................................................................................. 1152
66. Modelo de ação de revisão da renda mensal inicial da aposentadoria do professor pós-reforma, para aumento com base na inclusão de todas as atividades trabalhadas ........... 1157
67. Modelo de ação de revisão de pensão por morte quando há dependente inválido ou com deficiência ............................................................................................................................. 1163

### II.2.2 REVISÕES BASEADAS NAS REGRAS ANTERIORES À EC N. 103/2019

68. Modelo de ação de revisão de benefício baseada na inclusão de valores na rmi da aposentadoria por tempo de contribuição – direito adquirido anterior à EC n. 103/2019 ....... 1167
69. Modelo de ação de revisão de benefício baseada na alteração dos valores computados como salários de contribuição em caso de atividades concomitantes (benefícios anteriores a 18.01.2019) .......................................................................................................................... 1170
70. Modelo de ação de revisão de auxílio-doença para afastar limitador extra referente à média das últimas 12 contribuições – direito adquirido anterior à EC n. 103/2019 ............ 1173

71. Modelo de ação de revisão da renda mensal com base nos novos tetos das Emendas Constitucionais n. 20/1998 e n. 41/2003 .................................................................................................. 1177

### II.2.3 REVISÕES PARA REGRAS ANTERIORES E POSTERIORES À EC N. 103/2019

72. Modelo de ação de revisão de benefício baseada na inclusão de valores decorrentes de ação trabalhista.................................................................................................................................................. 1183
73. Modelo de ação de revisão de benefício mediante averbação de tempo especial............... 1186
74. Modelo de ação de revisão da renda mensal inicial com retroação do período básico de cálculo – tese do melhor benefício................................................................................................................ 1190
75. Modelo de ação de revisão da renda mensal inicial de benefício baseado em totalização em acordos internacionais............................................................................................................................. 1194
76. Modelo de ação de revisão de benefício para transferência de contribuições recolhidas em NIT de terceiros.......................................................................................................................................... 1196
77. Modelo de ação de revisão de benefício para inclusão no salário de contribuição das verbas pecuniárias percebidas a título de auxílio-alimentação.................................................... 1201

### III. MODELOS DE PETIÇÕES INICIAIS TRABALHISTAS

78. Modelo de ação trabalhista para obtenção de PPP e LTCAT ........................................................ 1205
79. Modelo de ação trabalhista para reconhecimento de atividade com exposição a agente nocivo e retificação de PPP e LTCAT fornecidos com dados incorretos .................................. 1211
80. Modelo de ação trabalhista de reconhecimento de vínculo de emprego (inclusive doméstico) para fins de prova junto à previdência social (com uso de início de prova material contemporânea dos fatos) ......................................................................................................................... 1219
81. Modelo de ação de indenização por acidente de trabalho ........................................................... 1222
82. Modelo de ação trabalhista – empregado dispensado após ter sofrido acidente do trabalho......................................................................................................................................................................... 1229

### IV. MODELOS DE PETIÇÕES INICIAIS PARA O RPPS

83. Modelo de ação de conversão de férias não gozadas em pecúnia ........................................... 1234
84. Modelo de ação de reajuste de proventos de aposentadoria e pensão concedidas com base na média das contribuições (após 2004 até a EC n. 103/2019)......................................... 1237
85. Modelo de ação para revisão da pensão por morte para reconhecimento do direito à paridade por ter o instituidor falecido atendido aos requisitos do art. 3º da EC n. 47/2005 ............................................................................................................................................................... 1240
86. Modelo de ação para limitação de teto isoladamente para os casos de cargos públicos acumuláveis legalmente ............................................................................................................................... 1242
87. Modelo de ação de concessão de aposentadoria especial de servidor público municipal e estadual com direito adquirido antes da reforma da previdência do ente respectivo ........... 1245
88. Modelo de ação de concessão de aposentadoria especial de servidor público federal com direito adquirido antes da EC n. 103/2019.................................................................................. 1250
89. Modelo de ação de concessão de aposentadoria especial de servidor público federal após a EC n. 103/2019 ................................................................................................................................... 1254

90. Modelo de ação de averbação de tempo especial e aposentadoria voluntária de servidor público com direito adquirido até 13.11.2019 ou até a realização de reforma pelo ente público .................................................................................................................. 1259
91. Modelo de ação de concessão de certidão de tempo de contribuição trabalhado até 13.11.2019 com inclusão de tempo especial para fins de contagem recíproca ............... 1263
92. Modelo de ação de concessão de pensão por morte de servidor público federal (ou de outros entes que já tenham promovido reformas após a EC n. 103) ............................ 1269
93. Modelo de ação de concessão de aposentadoria por incapacidade permanente de servidor público ............................................................................................................. 1272
94. Modelo de ação de revisão de aposentadoria por incapacidade permanente de pessoa com doença grave prevista em lei para que seja concedida com coeficiente de 100% ..... 1276
95. Modelo de ação de concessão de aposentadoria programada de servidor público federal – EC n. 103/2019 ..................................................................................................... 1278
96. Modelo de ação de concessão de aposentadoria voluntária com base na regra de transição do art. 3º da EC n. 47/2005 ............................................................................ 1281
97. Modelo de ação de concessão de aposentadoria voluntária com base na regra de transição do art. 6º da EC n. 41/2003 ............................................................................ 1283

### V. PETIÇÕES INICIAIS DIVERSAS

98. Modelo de ação para reparação de danos morais por descontos indevidos e não autorizados pelo segurado em seu benefício previdenciário ............................................... 1287
99. Modelo de ação para reparação de danos morais por suspensão e/ou cancelamento indevido do benefício previdenciário ....................................................................... 1294
100. Modelo de ação para restituição dos valores pagos a título de juros moratórios e multa em indenização de tempo de contribuição ................................................................. 1299
101. Modelo de mandado de segurança visando à conclusão do processo administrativo ...... 1303

### VI. MODELOS DE RECURSOS E PETIÇÕES INTERMEDIÁRIAS DIVERSAS

102. Modelo de declaração para requerimento da gratuidade da justiça ........................... 1036
103. Modelo de pedido de expedição da RPV e/ou precatório ........................................ 1306
104. Modelo de petição informando a satisfação do crédito ........................................... 1307
105. Modelo de manifestação de laudo pericial e apresentação de quesitos complementares ................................................................................................................. 1307
106. Modelo de pedido de comprovação da RMA e PAB ................................................ 1308
107. Modelo de pedido de prioridade de tramitação processual ...................................... 1308
108. Modelo de petição de concordância com a proposta de acordo apresentada pelo INSS .. 1309
109. Modelo de pedido de restabelecimento de benefício objeto de ação judicial revisado administrativamente pelo INSS – alta programada ................................................... 1309
110. Modelo de agravo de instrumento contra decisão que indefere cumulação de pedidos de concessão e/ou restabelecimento de benefício previdenciário com danos morais .... 1312
111. Modelo de recurso de medida cautelar/agravo contra o indeferimento de tutela provisória de urgência por juizado especial federal ............................................................ 1316
112. Modelo de recurso inominado I – cerceamento de defesa ....................................... 1318

**113.** Modelo de recurso inominado II – interesse de agir .................................................. 1320
**114.** Modelo de contrarrazões de recurso inominado .................................................. 1326
**115.** Modelo de memorial em julgamento de recurso inominado .................................................. 1327
**116.** Modelo de incidente de uniformização para a Turma Regional de Uniformização de Jurisprudência dos Juizados Especiais Federais – TRU .................................................. 1330
**117.** Modelo de agravo ao presidente da Turma Regional de Uniformização para seguimento do incidente de uniformização .................................................. 1335
**118.** Modelo de incidente de uniformização para a Turma Nacional de Uniformização dos Juizados Especiais Federais – TNU .................................................. 1336
**119.** Modelo de agravo ao presidente da Turma Nacional de Uniformização para seguimento do incidente de uniformização .................................................. 1340
**120.** Modelo de incidente de uniformização para o Superior Tribunal de Justiça – STJ .................................................. 1341
**121.** Modelo de apelação .................................................. 1343
**122.** Modelo de contrarrazões de apelação .................................................. 1346
**123.** Modelo de incidente de resolução de demandas repetitivas – IRDR .................................................. 1347
**124.** Modelo de recurso especial .................................................. 1353
**125.** Modelo de contrarrazões de recurso especial .................................................. 1356
**126.** Modelo de recurso extraordinário .................................................. 1357
**127.** Modelo de contrarrazões de recurso extraordinário .................................................. 1364

# I. MODELOS PARA O ÂMBITO ADMINISTRATIVO – RGPS

Acesse o *QR Code* e faça o *download* dos modelos de peças.

> https://uqr.to/1ym1y

## 1. MODELO DE REQUERIMENTO DE CERTIDÃO DE TEMPO DE CONTRIBUIÇÃO

**ILUSTRÍSSIMO SENHOR CHEFE DA AGÊNCIA DO INSTITUTO NACIONAL DO SEGURO SOCIAL**

**REQUERIMENTO**

Eu, segurado(a), nacionalidade, estado civil, CPF n. ___.___.___-__, residente e domiciliado(a) na Rua, n.º, Complemento: Bairro, Cidade, Estado, CEP, venho, por meio deste, REQUERER Certidão de Tempo de Contribuição nos termos do art. 130 do Decreto n. 3.048/1999, para averbação de tempo junto à (INCLUIR ENTE PÚBLICO PARA O QUAL SERÁ UTILIZADO O TEMPO A AVERBAR: UNIÃO, ESTADO, DISTRITO FEDERAL OU MUNICÍPIO) <ADEQUAR AO CASO>.

Quanto à emissão da certidão, requer que constem os seguintes períodos:

<OBSERVAÇÃO 1: identificar se os períodos envolvem contagem/conversão de tempo especial>.

De____ até_____.

De____ até_____.

<ADEQUAR AO CASO>

Informa o requerente que deseja sua certidão fracionada conforme a possibilidade prevista nos §§ 10 e 11 do art. 130 do Decreto n. 3.048/1999, que dispõe:

> § 10. Poderá ser emitida, por solicitação do segurado, certidão de tempo de contribuição para período fracionado.
>
> § 11. Na hipótese do parágrafo anterior, a certidão conterá informação de todo o tempo de contribuição ao Regime Geral de Previdência Social e a indicação dos períodos a serem aproveitados no regime próprio de previdência social.

<OBSERVAÇÃO 2: SE A CTC FOR DO PERÍODO INTEGRAL, RETIRAR OS DOIS PARÁGRAFOS ACIMA>.

<OBSERVAÇÃO 3: PARA O CASO DE O REQUERENTE DESEJAR QUE A CTC SEJA EMITIDA PARA AVERBAÇÃO DE TEMPO EM MAIS DE UM ÓRGÃO, É POSSÍVEL REQUERER QUE ELA SEJA ENTREGUE A ELE EM DUAS VIAS PARA TANTO, SUGERIMOS QUE SEJA CITADO O ARTIGO 130, §§ 7º e 8º do Decreto n. 3.048/1999:

> § 7º Quando solicitado pelo segurado que exerce cargos constitucionalmente acumuláveis, é permitida a emissão de certidão única com destinação do tempo de contribuição para, no máximo, dois órgãos distintos.
>
> § 8º Na situação do parágrafo anterior, a certidão de tempo de contribuição deverá ser expedida em três vias, das quais a primeira e a segunda serão fornecidas ao interessado, mediante recibo passado na terceira via, implicando sua concordância quanto ao tempo certificado.>

Por fim, destaca o requerente que junta ao presente requerimento as provas do tempo de contribuição que detém; entretanto, caso algum documento esteja ausente, ressalta que o tempo constante no CNIS vale para todos os fins e, portanto, é devida a emissão da CTC com esse período sem a necessidade de juntada de nova prova pelo segurado. Clara é a determinação do art. 19 do Decreto n. 3.048/1999:

> Art. 19. Os dados constantes do Cadastro Nacional de Informações Sociais – CNIS relativos a vínculos, remunerações e contribuições valem como prova de filiação à previdência social, tempo de contribuição e salários de contribuição.

Requer assim a emissão da CTC nos termos acima expostos para que os tempos pleiteados possam ser averbados junto ao(s) órgão(s) competente(s) indicado(s).

Nesses termos,

PEDE DEFERIMENTO.

Cidade e data.

Assinatura do segurado ou seu representante legal

## 2. MODELO DE REQUERIMENTO ADMINISTRATIVO DE ATUALIZAÇÃO DO CNIS

Segundo a Portaria INSS n. 123/2020, é possível solicitar a Atualização de Vínculos e Remunerações através do 135 ou 0800-1350135. Nesse caso, a abertura do procedimento se dá pelo telefone ou pessoalmente numa APS e após requerente que poderá anexar a documentação que julgar pertinente a análise do pedido pelo Meu INSS. Recomendamos que seja juntado o formulário abaixo nesse procedimento, para facilitar o processamento pelo INSS. Caso deseje incluir informações ou outros documentos, é possível complementar o formulário abaixo.

**ILUSTRÍSSIMO SENHOR CHEFE DA AGÊNCIA DO INSTITUTO NACIONAL DO SEGURO SOCIAL**

**ANEXO I**

INSTRUÇÃO NORMATIVA PRES/INSS N. 128, DE 28 DE MARÇO DE 2022

**REQUERIMENTO DE ATUALIZAÇÃO DO CNIS – RAC COMPLETO**

| 1. INFORMAÇÕES BÁSICAS ||
|---|---|
| Nome civil: ||
| CPF nº: ||
| Número(s) de Inscrição(ões) NIT/PIS/Pasep/NIS: ||
| Data de nascimento: ||
| Nome da mãe: ||
|  ||

| 2. TIPO DE ATUALIZAÇÃO ||
|---|---|
| **2.1. ACERTO DE DADOS DE IDENTIFICAÇÃO DA PESSOA FÍSICA** ||
| Ao escolher a opção "Incluir" ou "Alterar", informe na coluna "CAMPO A SER ATUALIZADO" o dado correto para atualização. Ao escolher a opção "Excluir", informe na coluna "CAMPO A SER ATUALIZADO" o dado a ser excluído. ||

| AÇÃO | CAMPO A SER ATUALIZADO |
|---|---|
| ( ) Incluir<br>( ) Alterar<br>( ) Excluir | 1. Nome social (se houver): |

| | |
|---|---|
| ( ) Incluir<br>( ) Alterar<br>( ) Excluir | 2. Nome civil: |
| ( ) Incluir<br>( ) Alterar<br>( ) Excluir | 3. Nome da mãe: |
| ( ) Incluir<br>( ) Alterar<br>( ) Excluir | 4. Nome do pai: |
| ( ) Incluir<br>( ) Alterar<br>( ) Excluir | 5. Data de nascimento: |
| ( ) Incluir<br>( ) Alterar<br>( ) Excluir | 6. Sexo:<br>( ) Masculino ( ) Feminino ( ) Não Informado/declarado |
| ( ) Incluir<br>( ) Alterar<br>( ) Excluir | 7. Estado civil:<br>( ) Solteiro(a) ( ) Casado(a) ( ) Separado(a) Judicialmente<br>( ) Viúvo(a) ( ) Divorciado(a) |
| ( ) Incluir<br>( ) Alterar<br>( ) Excluir | 8. Grau de instrução:<br>( ) Analfabeto ( ) Fundamental Incompleto ( ) Fundamental Completo<br>( ) Ensino Médio Incompleto ( ) Ensino Médio Completo<br>( ) Superior Incompleto ( ) Superior Completo ( ) Especialização |
| ( ) Incluir<br>( ) Alterar<br>( ) Excluir | 9. Cor/Raça:<br>( ) Branca ( ) Preta ( ) Parda ( ) Amarela<br>( ) Indígena ( ) Não Declarada |
| ( ) Incluir<br>( ) Alterar<br>( ) Excluir | 10. Nacionalidade:<br>( ) Brasileira ( ) Brasileiro Nascido no Exterior<br>( ) Naturalizado Brasileiro ( ) Estrangeiro |
| ( ) Incluir<br>( ) Alterar<br>( ) Excluir | 11. Município de nascimento/UF: |
| ( ) Incluir<br>( ) Alterar<br>( ) Excluir | 12. País de origem |
| ( ) Incluir<br>( ) Alterar<br>( ) Excluir | 13. Chegada ao País (estrangeiro): |
| ( ) Incluir<br>( ) Alterar<br>( ) Excluir | 14. Endereço principal:<br>CEP: _____<br>Tipo de Logradouro (Rua/Avenida): _____<br>Logradouro: _____ Nº: _____<br>Complemento: _____ Bairro: _____ UF: _____<br>Município: _____ |

| | |
|---|---|
| ( ) Incluir<br>( ) Alterar<br>( ) Excluir | 15. Endereço secundário:<br>CEP: _____<br>Tipo de Logradouro (Rua/Avenida): _____<br>Logradouro: _____ Nº: _____<br>Complemento: _____ Bairro: _____ UF: _____<br>Município: _____ |
| ( ) Incluir<br>( ) Alterar<br>( ) Excluir | 16. Telefones:<br>Fixo: (DDD: ____) Nº _____<br>Celular: (DDD: ____) Nº _____<br>Principal: (DDD: ____) Nº _____<br>Secundário: (DDD: ____) Nº _____<br>E-mail: _____ |
| ( ) Incluir<br>( ) Alterar<br>( ) Excluir | 17. CPF: |
| ( ) Incluir<br>( ) Alterar<br>( ) Excluir | 18. Nº CTPS: _____ Nº Série: _____<br>Data de Emissão: ___/___/___ UF: _____ |
| ( ) Incluir<br>( ) Alterar<br>( ) Excluir | 19. Nº Carteira de Identidade (RG): _____<br>Data de Emissão: ___/___/___ UF: _____ Órgão Emissor: _____ |
| ( ) Incluir<br>( ) Alterar<br>( ) Excluir | 20. Nº Título de eleitor: _____<br>Data de Emissão: ___/___/___ |
| ( ) Incluir<br>( ) Alterar<br>( ) Excluir | 21. Certidão de nascimento:<br>Nº Termo: _____ Livro: _____ Folha: _____ UF: _____<br>Município: _____<br>Cartório: _____<br>Data do Evento: ___/___/___ Data do Registro: ___/___/___ |
| ( ) Incluir<br>( ) Alterar<br>( ) Excluir | 22. Certidão de casamento:<br>Nº Termo _____ Livro: _____ Folha: _____ UF: _____<br>Município: _____<br>Cartório: _____<br>Data do Evento: ___/___/___ Data do Registro: ___/___/___ |
| ( ) Incluir<br>( ) Alterar<br>( ) Excluir | 23. Nº Carteira de marítimo: _____<br>Data de Emissão: ___/___/___ |
| ( ) Incluir<br>( ) Alterar<br>( ) Excluir | 24. Nº CNH: _____ Categoria: _____<br>Data Primeira Habilitação: ___/___/___<br>Data de Emissão: ___/___/___ |
| ( ) Incluir<br>( ) Alterar<br>( ) Excluir | 25. Nº Passaporte: _____ Série: _____<br>Data de Emissão: ___/___/___ |
| ( ) Incluir<br>( ) Alterar<br>( ) Excluir | 26. Nº Documento estrangeiro: _____<br>País Emissor: _____ Data de Emissão: ___/___/___ |

| | |
|---|---|
| **2.2. ACERTO DE VÍNCULOS E REMUNERAÇÕES – EMPREGADO E EMPREGADO DOMÉSTICO** | |
| **2.2.1. INCLUIR VÍNCULO E REMUNERAÇÃO** | |
| Tipo de Filiado: ( ) Empregado | ( ) Empregado Doméstico |

| |
|---|
| Nome ou Razão Social do Empregador: |
| CNPJ/CEI/CPF do Empregador: |
| Data de Admissão: |
| Data de Rescisão: |
| Motivo da Rescisão: |
| Tipo de Contrato:<br>    ( ) Contrato de Trabalho por Prazo Determinado, vinculado à ocorrência de um fato<br>    ( ) Contrato de Trabalho por Tempo Indeterminado<br>    ( ) Contrato de Trabalho por Tempo Determinado<br>    ( ) Contrato Temporário de Trabalho<br>    ( ) Aluno Aprendiz<br>    ( ) Menor Aprendiz<br>    ( ) Mandato Eletivo |

| | | |
|---|---|---|
| Regime Jurídico (Trabalho): ( ) CLT | | ( ) Estatutário / Regime Jurídico Único – RJU |
| Regime Previdenciário: ( ) RGPS | | ( ) RPPS |
| Natureza da Ocupação: | ( ) Urbana | ( ) Rural |

| |
|---|
| Ocupação (CBO): |

| Competência (Mês/Ano) | Remuneração (R$) | Competência (Mês/Ano) | Remuneração (R$) Competência (Mês/Ano) | Remuneração (R$) |
|---|---|---|---|---|
| __/__/____ | | __/__/____ | | __/__/____ |
| __/__/____ | | __/__/____ | | __/__/____ |
| __/__/____ | | __/__/____ | | __/__/____ |
| __/__/____ | | __/__/____ | | __/__/____ |
| __/__/____ | | __/__/____ | | __/__/____ |
| __/__/____ | | __/__/____ | | __/__/____ |
| __/__/____ | | __/__/____ | | __/__/____ |
| __/__/____ | | __/__/____ | | __/__/____ |
| __/__/____ | | __/__/____ | | __/__/____ |
| __/__/____ | | __/__/____ | | __/__/____ |
| __/__/____ | | __/__/____ | | __/__/____ |
| __/__/____ | | __/__/____ | | __/__/____ |

Observação: _____
_____

| 2.2.2. ALTERAR VÍNCULO |||
|---|---|---|
| Nome ou Razão Social do Empregador: |||
| CNPJ/CEI/CPF do Empregador: |||

| Dados | De | Para |
|---|---|---|
| Data de Admissão: | ___/___/_____ | ___/___/_____ |
| Data de Rescisão: | ___/___/_____ | ___/___/_____ |
| Motivo da Rescisão: | | |
| Tipo de Contrato: | | |
| Regime Jurídico (Trabalho): | | |
| Regime Previdenciário: | | |
| Natureza do Vínculo: | | |
| Ocupação (CBO): | | |
| Observação: _____ |||

| 2.2.3. ALTERAR REMUNERAÇÃO DO VÍNCULO |||||||
|---|---|---|---|---|---|---|
| **ATENÇÃO:** Empregado preencher o CNPJ/CEI/CAEPF/CNO do estabelecimento<br>Empregado Doméstico preencher o CPF do empregador |||||||
| Tipo de Remuneração: | ( ) Normal<br>( ) Trabalhador Cedido<br>( ) Dirigente Sindical || ( ) Acordo, Convenção ou Dissídio Coletivo<br>( ) Reclamatória Trabalhista ||||
| Razão Social do Empregador | Nº CNPJ/CEI/CAEPF/ CNO/CPF do Empregador || Data de Admissão | Competência (Mês/Ano) | De (R$) | Para (R$) |
| | | | ___/___/____ | | | |
| | | | ___/___/____ | | | |
| | | | ___/___/____ | | | |
| | | | ___/___/____ | | | |
| | | | ___/___/____ | | | |
| | | | ___/___/____ | | | |
| | | | ___/___/____ | | | |
| | | | ___/___/____ | | | |
| Observação:_____ |||||||

| 2.2.4. COMPROVAR VÍNCULO EXTEMPORÂNEO ||||
|---|---|---|---|
| Nome ou Razão Social do Empregador | Nº CNPJ/CEI/CPF do Empregador | Data de Admissão (Dia/Mês/Ano) | Data de Rescisão (Dia/Mês/Ano) |
| | | __/__/____ | __/__/____ |
| | | __/__/____ | __/__/____ |
| | | __/__/____ | __/__/____ |
| | | __/__/____ | __/__/____ |
| | | __/__/____ | __/__/____ |
| | | __/__/____ | __/__/____ |

Observação: _____

| 2.2.5. EXCLUIR VÍNCULO ||||
|---|---|---|---|
| Nome ou Razão Social do Empregador | CNPJ/CEI/CPF do Empregador | Data de Admissão (Dia/Mês/Ano) | Data de Rescisão (Dia/Mês/Ano) |
| | | __/__/____ | __/__/____ |
| | | __/__/____ | __/__/____ |
| | | __/__/____ | __/__/____ |
| | | __/__/____ | __/__/____ |
| | | __/__/____ | __/__/____ |
| | | __/__/____ | __/__/____ |
| | | __/__/____ | __/__/____ |

Observação:_____

| 2.3. ACERTO DE REMUNERAÇÕES - TRABALHADOR AVULSO |||||
|---|---|---|---|---|
| Informe os dados para atualização. |||||
| 2.3.1. INCLUIR REMUNERAÇÕES DO TRABALHADOR AVULSO |||||
| Tipo: | ( ) Portuário || ( ) Não Portuário ||
| Nº CNPJ do OGMO/Sindicato: |||||
| Nº CNPJ do Estabelecimento: |||||
| Competência (Mês/Ano) | Nº CNPJ do Tomador | Natureza* | Ocupação (CBO) | Remuneração (R$) |
| ___/___ | | | | |
| ___/___ | | | | |
| ___/___ | | | | |
| ___/___ | | | | |
| ___/___ | | | | |
| ___/___ | | | | |
| ___/___ | | | | |
| ___/___ | | | | |
| *Natureza: 1 – Urbana; 2 – Rural |||||

Observação:_____

| 2.3.2. ALTERAR REMUNERAÇÕES DO TRABALHADOR AVULSO |||||
|---|---|---|---|---|
| DE: |||||
| Tipo: | ( ) Portuário || ( ) Não Portuário ||
| Nº CNPJ do OGMO/Sindicato: |||||
| Nº CNPJ do Estabelecimento: |||||
| Competência (Mês/Ano) | Nº CNPJ do Tomador | Natureza* | Ocupação (CBO) | Remuneração (R$) |
| ___/___ | | | | |
| ___/___ | | | | |
| ___/___ | | | | |
| ___/___ | | | | |
| ___/___ | | | | |
| ___/___ | | | | |
| ___/___ | | | | |
| ___/___ | | | | |
| *Natureza: 1 – Urbana; 2 – Rural |||||

| PARA: | | | |
|---|---|---|---|
| Tipo: | (  ) Portuário | | (  ) Não Portuário |
| CNPJ do OGMO/Sindicato: | | | |
| CNPJ do Estabelecimento: | | | |

| Competência (Mês/Ano) | CNPJ do Tomador | Natureza* | Ocupação (CBO) | Remuneração (R$) |
|---|---|---|---|---|
| __/__/____ | | | | |
| __/__/____ | | | | |
| __/__/____ | | | | |
| __/__/____ | | | | |
| __/__/____ | | | | |
| __/__/____ | | | | |
| __/__/____ | | | | |
| __/__/____ | | | | |

*Natureza: 1 – Urbana; 2 – Rural

Observação:_____

### 2.3.3. EXCLUIR REMUNERAÇÕES DO TRABALHADOR AVULSO

| Tipo: | (  ) Portuário | | (  ) Não Portuário |
|---|---|---|---|
| Nº CNPJ do OGMO/Sindicato: | | | |
| Nº CNPJ do Estabelecimento: | | | |

| Competência (Mês/Ano) | CNPJ do Tomador | Natureza* | Ocupação (CBO) | Remuneração (R$) |
|---|---|---|---|---|
| ____/_____ | | | | |
| ____/_____ | | | | |
| ____/_____ | | | | |
| ____/_____ | | | | |
| ____/_____ | | | | |
| ____/_____ | | | | |
| ____/_____ | | | | |
| ____/_____ | | | | |

*Natureza: 1 – Urbana; 2 – Rural

Observação:_____

| 2.4 ACERTO DE REMUNERAÇÕES – CI PRESTADOR DE SERVIÇO ||||||
|---|---|---|---|---|---|
| Informe os dados para atualização. ||||||
| 2.4.1. INCLUIR, ALTERAR OU EXCLUIR REMUNERAÇÕES DE CI PRESTADOR DE SERVIÇO A PARTIR DE ABRIL DE 2003 ||||||
| Ação | Competência (Mês/Ano) | Razão Social (Contratante/cooperativa/ estabelecimento) | Ocupação (CBO) | Valor (R$) CNIS x Valor (R$) da remuneração recebida De → Para ||
| ( ) Incluir<br>( ) Alterar<br>( ) Excluir | ___/___ | | | | → |
| ( ) Incluir<br>( ) Alterar<br>( ) Excluir | ___/___ | | | | → |
| ( ) Incluir<br>( ) Alterar<br>( ) Excluir | ___/___ | | | | → |
| ( ) Incluir<br>( ) Alterar<br>( ) Excluir | ___/___ | | | | → |
| ( ) Incluir<br>( ) Alterar<br>( ) Excluir | ___/___ | | | | → |
| ( ) Incluir<br>( ) Alterar<br>( ) Excluir | ___/___ | | | | → |
| ( ) Incluir<br>( ) Alterar<br>( ) Excluir | ___/___ | | | | → |
| ( ) Incluir<br>( ) Alterar<br>( ) Excluir | ___/___ | | | | → |
| ( ) Incluir<br>( ) Alterar<br>( ) Excluir | ___/___ | | | | → |
| ( ) Incluir<br>( ) Alterar<br>( ) Excluir | ___/___ | | | | → |
| ( ) Incluir<br>( ) Alterar<br>( ) Excluir | ___/___ | | | | → |
| ( ) Incluir<br>( ) Alterar<br>( ) Excluir | ___/___ | | | | → |

| ( ) Incluir<br>( ) Alterar<br>( ) Excluir | ___/___ | | → |
|---|---|---|---|
| Observação:_____ ||||

## 2.5. RECONHECIMENTO DE FILIAÇÃO E ATUALIZAÇÃO DE ATIVIDADE
Ao escolher a opção "Incluir" ou "Alterar", informe os dados corretos para atualização.
Ao escolher a opção "Excluir", informe os dados a serem excluídos.

| Ação | NIT | *Tipo de Filiado | Ocupação | Data de Início | Data-Fim |
|---|---|---|---|---|---|
| ( ) Incluir<br>( ) Alterar<br>( ) Excluir | | | | __/__/____ | __/__/____ |
| ( ) Incluir<br>( ) Alterar<br>( ) Excluir | | | | __/__/____ | __/__/____ |
| ( ) Incluir<br>( ) Alterar<br>( ) Excluir | | | | __/__/____ | __/__/____ |
| ( ) Incluir<br>( ) Alterar<br>( ) Excluir | | | | __/__/____ | __/__/____ |

*Tipo de Filiado: 1 – Empregado Doméstico; 2 – Contribuinte Individual; 3 – Segurado Especial; 4 – Facultativo

Observação:_____

## 2.6. ACERTO DE CONTRIBUIÇÕES
(CONTRIBUINTE INDIVIDUAL, FACULTATIVO E SEGURADO ESPECIAL)
Informe os dados para atualização.

### 2.6.1. INCLUIR OU EXCLUIR CONTRIBUIÇÃO (exceto GPS/DARF)

| Ação | Competência (Mês/Ano) | NIT/PIS/Pasep/NIS | Código | Valor (R$) autenticado | Valor (R$) de contribuição | Data de Pagamento (Dia/Mês/Ano) |
|---|---|---|---|---|---|---|
| ( ) Incluir<br>( ) Excluir | __/__/____ | | | | | __/__/____ |
| ( ) Incluir<br>( ) Excluir | __/__/____ | | | | | __/__/____ |
| ( ) Incluir<br>( ) Excluir | __/__/____ | | | | | __/__/____ |
| ( ) Incluir<br>( ) Excluir | __/__/____ | | | | | __/__/____ |

| ( ) Incluir ( ) Excluir | __/__/____ | | | | | | __/__/____ |
|---|---|---|---|---|---|---|---|
| ( ) Incluir ( ) Excluir | __/__/____ | | | | | | __/__/____ |
| ( ) Incluir ( ) Excluir | __/__/____ | | | | | | __/__/____ |
| ( ) Incluir ( ) Excluir | __/__/____ | | | | | | __/__/____ |
| ( ) Incluir ( ) Excluir | __/__/____ | | | | | | __/__/____ |
| ( ) Incluir ( ) Excluir | __/__/____ | | | | | | __/__/____ |
| ( ) Incluir ( ) Excluir | __/__/____ | | | | | | __/__/____ |
| ( ) Incluir ( ) Excluir | __/__/____ | | | | | | __/__/____ |

Observação: _____
_____
_____

| **2.6.2. ALTERAR CONTRIBUIÇÃO** | | | | | |
|---|---|---|---|---|---|
| NIT/PIS/Pasep/NIS | Competência (Mês/Ano) De → Para | Data de autenticação (Dia/Mês/Ano) De → Para | Valor (R$) da contribuição De → Para | Valor (R$) autenticado De → Para | Alterar Código de Pagamento De → Para |
| | → | → | → | → | → |
| | → | → | → | → | → |
| | → | → | → | → | → |
| | → | → | → | → | → |
| | → | → | → | → | → |
| | → | → | → | → | → |
| | → | → | → | → | → |
| | → | → | → | → | → |
| | → | → | → | → | → |
| | → | → | → | → | → |

| | | → | | → | | → | | → | | → | |
|---|---|---|---|---|---|---|---|---|---|---|---|
| | | → | | → | | → | | → | | → | |

Observação:_____

### 2.6.3. DESMEMBRAR CONTRIBUIÇÃO

| Guia a desmembrar (Mês/Ano) | NIT PIS/Pasep NIS | Valor (R$) autenticado (incluindo juros e multa) | Código | Data de Pagamento (Dia/Mês/Ano) | Período referente ao desmembramento (Mês/Ano a Mês/Ano) |
|---|---|---|---|---|---|
| ___/_____ | | | | ___/___/_____ | ___/___ a ___/___ |
| ___/_____ | | | | ___/___/_____ | ___/___ a ___/___ |
| ___/_____ | | | | ___/___/_____ | ___/___ a ___/___ |
| ___/_____ | | | | ___/___/_____ | ___/___ a ___/___ |
| ___/_____ | | | | ___/___/_____ | ___/___ a ___/___ |
| ___/_____ | | | | ___/___/_____ | ___/___ a ___/___ |
| ___/_____ | | | | ___/___/_____ | ___/___ a ___/___ |
| ___/_____ | | | | ___/___/_____ | ___/___ a ___/___ |

Observação:_____

### 2.6.4. TRANSFERIR CONTRIBUIÇÕES

Do NIT/PIS/Pasep/NIS: _____
Para o NIT/PIS/Pasep/NIS: _____

| Competência (Mês/Ano) | Data de autenticação (Dia/Mês/Ano) | Valor (R$) da contribuição | Valor (R$) autenticado | Código de pagamento |
|---|---|---|---|---|
| ___/_____ | ___/___/_____ | | | |
| ___/_____ | ___/___/_____ | | | |
| ___/_____ | ___/___/_____ | | | |
| ___/_____ | ___/___/_____ | | | |
| ___/_____ | ___/___/_____ | | | |
| ___/_____ | ___/___/_____ | | | |
| ___/_____ | ___/___/_____ | | | |
| ___/_____ | ___/___/_____ | | | |
| ___/_____ | ___/___/_____ | | | |
| ___/_____ | ___/___/_____ | | | |
| ___/_____ | ___/___/_____ | | | |

| ___/_____ | ___/___/____ | | |

Observação:_____

---

☐ Declaro, para os devidos fins, que exerço/exerci atividade de filiação obrigatória, referente às contribuições constantes no Cadastro Nacional de Informações Sociais – CNIS, vinculadas ao NIT conforme acima referenciado, na atividade e no período conforme acima relacionados.

Declaro, ainda, serem completas e verdadeiras as informações acima expostas, estando ciente das penalidades do art. 299 do Código Penal Brasileiro, conforme descrito abaixo.

> "Art. 299. Omitir, em documento público ou particular, declaração que devia constar, ou nele inserir, ou fazer inserir declaração falsa ou diversa da que devia ser escrita, com o fim de prejudicar direito, criar, obrigação ou alterar a verdade sobre fato juridicamente relevante".

**Atenção: Junte ao requerimento os comprovantes dos dados a serem atualizados.**

Local:_____  Assinatura:

Data:_____/_____/_____

---

## 3. MODELO DE PEDIDO ADMINISTRATIVO DE ACERTO DE VÍNCULOS E REMUNERAÇÕES (CNIS) PARA INCLUSÃO DE SALÁRIOS DE CONTRIBUIÇÃO NO CNIS ANTERIOR À COMPETÊNCIA 01/1981

**ILUSTRÍSSIMO SENHOR CHEFE DA AGÊNCIA DA PREVIDÊNCIA SOCIAL DE <CIDADE>**

**SEGURADO(a)**, nacionalidade, estado civil, profissão, portador(a) da cédula de identidade, inscrito(a) no CPF sob o n., endereço eletrônico, residente e domiciliado(a) na Rua, Bairro, Cidade, Estado, CEP, vem à presença de Vossa Senhoria, por intermédio de seus procuradores constituídos, requerer **ACERTO DE VÍNCULOS E REMUNERAÇÕES**, pelos fatos e fundamentos a seguir expostos.

**1. DOS FATOS** <ADEQUAR AO CASO CONCRETO>

A segurada é titular do benefício previdenciário de aposentadoria por idade (NB 41/000.000.000-0), concedida e mantida pelo INSS, com data de início em 00.00.0000, *vide* carta de concessão.

Analisando o CNIS da segurada, verifica-se que não constam lançados os salários de contribuição relativos à competência de 00.00.0000 a 00.00.0000.

Assim, a segurada vem pleitear a inclusão no seu CNIS dos salários de contribuição nas competências supracitadas, nos seguintes termos.

**2. DA CORREÇÃO DO CNIS E INCLUSÃO DE VÍNCULOS E REMUNERAÇÕES**

**Do acerto do CNIS**

Nos moldes do art. 12 da IN n. 128/2022, a segurada poderá a qualquer tempo pleitear inclusão, exclusão e alterações de informações relativas a vínculos e remunerações no CNIS, independentemente de requerimento de benefício. Senão vejamos:

> Art. 12. O filiado poderá solicitar, a qualquer momento, a inclusão, alteração, ratificação ou exclusão das informações divergentes, extemporâneas ou insuficientes do CNIS, prestando as informações referentes à atualização desejada e apresentando documentos comprobatórios, conforme critérios estabelecidos nesta Instrução Normativa, observadas as formas de filiação, independentemente de requerimento de benefício. (alterado pela Instrução Normativa PRES/INSS n. 164, de 29 de abril de 2024)

Ainda, a própria IN n. 128/2022 estabelece no § 3º do art. 574 que se tratando de atualização de CNIS, ainda que pleiteado em sede de requerimento administrativo, o servidor deverá realizar todos os pedidos de correção de vínculos e remunerações.

> Art. 574. A decisão administrativa, em qualquer hipótese, deverá conter despacho sucinto do objeto do requerimento administrativo, fundamentação com análise das provas constantes nos autos, bem como conclusão deferindo ou indeferindo o pedido formulado, sendo insuficiente a mera justificativa do indeferimento constante no sistema corporativo do INSS. (...)
>
> § 3º Em se tratando de requerimento de atualização de CNIS, ainda que no âmbito de requerimento de benefício, o INSS deverá analisar todos os pedidos relativos à inclusão, alteração, ratificação ou exclusão das informações divergentes, extemporâneas ou insuficientes do CNIS, observado o disposto no art. 12.

Vale ressaltar, ainda, que o art. 12 da IN n. 128/2022 garante que a qualquer momento o filiado poderá solicitar as correções do CNIS, conforme destacamos:

> Art. 12. **O filiado poderá solicitar, a qualquer momento, a inclusão, alteração, ratificação ou exclusão das informações divergentes, extemporâneas ou insuficientes do CNIS,** prestando as informações referentes à atualização desejada e apresentando documentos comprobatórios, conforme critérios estabelecidos nesta Instrução Normativa, observadas as formas de filiação, independentemente de requerimento de benefício. (alterado pela Instrução Normativa PRES/INSS n. 164, de 29 de abril de 2024)

Assim, com intuito de corrigir o cadastro, bem como reconhecer o direito da segurada em incluir e corrigir todos os vínculos que não constam no CNIS ou com divergência cadastral, a segurada pleiteia a correção do CNIS, bem como a inclusão dos vínculos mencionados abaixo no cadastro e que seja considerado para análise do feito.

**Da inclusão dos salários de contribuição da empresa <INCLUIR O NOME DA EMPRESA>**

No período de 00.00.0000 a 00.00.0000, a segurada foi empregada na empresa X. Vejamos:

<SUGERIMOS QUE SEJA COLACIONADO O CNIS INDICANDO O VÍNCULO>

O referido vínculo foi integralmente considerado no cômputo de tempo de contribuição, para concessão do benefício. Contudo, como demonstra o CNIS colacionado acima, não foram lançados os salários de contribuição no extrato previdenciário da segurada.

Cumpre salientar que todas as alterações salariais estão discriminadas nas alterações salariais da CTPS anexa. Vejamos:

<SUGERIMOS QUE SEJAM COLACIONADAS IMAGENS DA CTPS OU DO DOCUMENTO UTILIZADO COMO PROVA>

Cumpre salientar que a anotação do contrato de trabalho está na página 10 da CTPS. Já as alterações salariais realizadas até a competência 12/1981 estão anotadas nas páginas 32 a 34.

No tocante à utilização da carteira de trabalho como prova da remuneração auferida, disciplina o art. 51, II, da IN n. 128/2022 que a CTPS, desde que contenha anotações contemporâneas à prestação do labor poderá ser utilizada como meio de prova. Senão vejamos:

> Art. 51. Observado o disposto nas Seções IV e X deste Capítulo, a comprovação junto ao INSS, para fins de atualização do CNIS, da remuneração relativa ao vínculo do empregado, urbano ou rural, inclusive aquele com contrato de trabalho intermitente, anterior à substituição da GFIP pelo eSocial, conforme cronograma de implantação previsto em ato específico, far-se-á por um dos seguintes documentos em meio físico: (...)
>
> II – anotações contemporâneas acerca das alterações de remuneração constantes da CP ou da CTPS, realizadas até a data da instituição da Carteira de Trabalho Digital, que poderão ser utilizadas apenas com anuência do filiado; ou (...)

Assim, nos moldes supracitados, a segurada apresenta a carteira de trabalho digitalizada integralmente para que sejam incluídos os salários de contribuição do período de 00.00.0000 a 00.00.0000, conforme as alterações salariais anotadas habilmente.

3. **DOS REQUERIMENTOS** <ADEQUAR AO CASO CONCRETO>

Ante o exposto, requer-se:

a) a inclusão dos salários de contribuição relativo ao vínculo com <ex.: a instituição financeira Colégio Dante Alighieri>, relativo às competências 00.0000 a 00.0000, utilizando como prova os salários de contribuição anotados na CTPS, tanto na parte de contrato (p. 10), quanto nas alterações salariais (p. 32-35);

b) necessário sendo a apresentação de novos documentos, que seja emitida a carta de exigência com o prazo razoável para o cumprimento da mesma, nos termos do art. 566 da IN n. 128/2022;

c) por fim, requer-se que as intimações e correspondências referentes ao presente pedido de aposentadoria se deem em nome do(a) advogado(a) <INCLUIR NOME E OAB> pelo sistema INSS DIGITAL ou pelo endereço constante no rodapé desse requerimento.

Nesses Termos,

Pede Deferimento.

Local de data.

Advogado/OAB

## 4. MODELO DE REQUERIMENTO GENÉRICO DE CONCESSÃO DE BENEFÍCIO

**ILUSTRÍSSIMO SENHOR CHEFE DA AGÊNCIA DO INSTITUTO NACIONAL DO SEGURO SOCIAL**

**REQUERIMENTO**

Eu, _____, nacionalidade, estado civil, CPF n. ___.___.___-__, NIT de número_____, residente e domiciliado(a) na Rua, nº, Complemento: Bairro, Cidade, Estado, CEP, venho, por meio deste, REQUERER:

( ) Aposentadoria especial;

( ) Aposentadoria por tempo de contribuição da pessoa com deficiência;

( ) Aposentadoria por idade da pessoa com deficiência;

( ) Aposentadoria por idade do trabalhador rural;

( ) Aposentadoria programada;

( ) Aposentadoria programada com carência híbrida/mista;

( ) Aposentadoria por incapacidade permanente;

( ) Aposentadoria por incapacidade permanente decorrente de acidente ou doença do trabalho;

( ) Aposentadoria programada do professor;

( ) Auxílio por incapacidade temporária;

( ) Auxílio por incapacidade temporária decorrente de acidente ou doença do trabalho;

( ) Auxílio-reclusão;

( ) Auxílio-acidente;

( ) Salário-maternidade;

( ) Pensão por morte;

( ) Pensão por morte decorrente acidente de trabalho;

( ) Benefício de Prestação Continuada da LOAS ao idoso ou deficiente.

Requer, ainda, a juntada dos documentos em anexo e a abertura de exigência para a juntada dos documentos que eventualmente se entenda faltante e indispensável ao pedido.

PEDE DEFERIMENTO.

Cidade e data.

Assinatura do segurado ou seu representante legal

Telefone para contato

## 5. MODELO DE REQUERIMENTO DE INCLUSÃO DE MICROFICHA/AJUSTE DE GUIA

**ILUSTRÍSSIMO SENHOR CHEFE DA AGÊNCIA DO INSTITUTO NACIONAL DO SEGURO SOCIAL**

**REQUERIMENTO**

Eu, _____, nacionalidade, estado civil, CPF n. ___.___.___-__, NIT de número_____, residente e domiciliado(a) na Rua, n., Complemento: Bairro, Cidade, Estado, CEP, venho, por meio deste, REQUERER o AJUSTE DE GUIA. E a devida inclusão no CNIS dos períodos constantes em Microficha, nos termos do art. 111 da Portaria DIRBEN/INSS n. 990/2022.

Destaca-se que a inclusão de dados no CNIS por meio do ajuste de guia é garantida na Portaria n. 990/2022, em seu art. 111:

> Art. 111. Entende-se por **ajuste de Guia, as operações de inclusão**, alteração, exclusão, transferência ou desmembramento de recolhimentos a serem realizadas em sistema próprio, **a fim de corrigir no CNIS** as informações divergentes dos comprovantes de recolhimentos apresentados pelo contribuinte individual, empregado doméstico, facultativo e segurado especial que contribui facultativamente, sendo que:
>
> I – **Inclusão é a operação a ser realizada para inserir contribuições que não existem no extrato de contribuições do segurado** e nem na Área Disponível para Acerto – ADA, mas que são comprovadas por documentos próprios de arrecadação, sendo permitida a inserção de contribuições efetivadas em Guias de Recolhimento (GR, GR1 e GR2), Carnês de Contribuição, Guias de Recolhimento de Contribuinte Individual (GRCI), Guias de Recolhimento da Previdência Social (GRPS 3) ou **constante em microficha**;

Sobre os períodos em que as Microfichas servem para a comprovação da contribuição, destacamos também o art. 111:

> § 3º Considerando que os **dados constantes do CNIS relativos a contribuições valem como tempo de contribuição e prova de filiação à Previdência Social, os recolhimentos constantes em microfichas, a partir de abril de 1973 para os empregados domésticos e, a partir de setembro de 1973 para os autônomos**, equiparados a autônomo e empresário, poderão ser incluídos a pedido do filiado, observando-se a titularidade do NIT, bem como os procedimentos definidos em manuais.

Requer, assim, o Ajuste de Guias e que se proceda a inclusão dos períodos constantes nas Microfichas.

PEDE DEFERIMENTO.

Cidade e data.

Assinatura do segurado ou do seu representante legal

Telefone para contato

## 6. MODELO DE PEDIDO ADMINISTRATIVO DE UNIFICAÇÃO DE NITS E DISPONIBILIZAÇÃO DE MICROFICHAS

**ILUSTRÍSSIMO SENHOR CHEFE DA AGÊNCIA DA PREVIDÊNCIA SOCIAL DE <CIDADE>**

**SEGURADO(a),** nacionalidade, estado civil, profissão, portador(a) da cédula de identidade, inscrito(a) no CPF sob o n., endereço eletrônico, residente e domiciliado(a) na Rua, Bairro, Cidade, Estado, CEP, vem à presença de Vossa Senhoria, por intermédio de seus procuradores constituídos, requerer **UNIFICAÇÃO DE NITS E SOLICITAÇÃO DE MICROFICHAS (ajuste de guia)**, com fundamento, respectivamente, no art. 160 da Portaria DIRBEN/INSS n. 990/2022 e art. 119 da IN n. 128/2022, pelos fatos e fundamentos a seguir expostos.

## 1. DO ELO ENTRE OS NITS <ADEQUAR AO CASO CONCRETO>

Necessário ressaltar que o segurado possui dois números de inscrição (NITs), assim como registros de contribuições lançados nos dois números. Vejamos:

<SUGERIMOS QUE SEJA INCLUÍDA IMAGEM DOS DOCUMENTOS COM NIT DISTINTOS>

Ocorre que no cadastro do segurado sob o número de inscrição 000.00000.00-0, não consta o número de CPF, bem como não está unificado com o NIT principal do segurado, como possível verificar abaixo.

Nesse sentido, disciplina o art. 160, §§ 1º e 4º, inciso II, da Portaria DIRBEN/INSS n. 990/2022 que na ausência do CPF em NIT vinculado ao segurado o tratamento a ser adotado é a atualização do NIT com a inclusão do CPF e a criação de elo entre os NITs:

> Art. 160. A atualização cadastral do trabalhador no CNIS, conforme disposto no parágrafo único do art. 33 com a informação correta do seu número de inscrição no CPF, é de fundamental importância para garantir a apropriação pela camada Extrato CNIS das informações relativas a vínculos e remunerações, registradas por meio do eSocial.
>
> § 1º Quando existir no CNIS mais de um NIT/PIS/Pasep/NIS cadastrado para o mesmo trabalhador, com o mesmo CPF, porém estas inscrições não estiverem interligadas, na forma prevista na Seção V deste Capítulo, as informações de vínculos e remunerações serão disponibilizadas em todas as inscrições que possuam o CPF cadastrado.
>
> § 2º Na hipótese do § 1º deste artigo, faz-se necessário que se proceda à atualização cadastral no CNIS em todas as inscrições NIT para que o elo seja criado. Quando as inscrições forem somente PIS e/ou Pasep, a atualização e formação de elo dependerá do administrador desses Programas, respectivamente Caixa Econômica Federal ou Banco do Brasil, devendo ser observada a Seção V deste Capítulo.
>
> § 3º A falta de validação do CPF no NIT/PIS/Pasep/NIS pode acarretar problemas na disponibilização dos dados de vínculos e remunerações de fonte eSocial no CNIS, e, portanto, é importante que o cadastro de pessoa física do CNIS esteja atualizado.
>
> § 4º Na hipótese do § 3º deste artigo, para saneamento dos problemas ocasionados pela informação indevida do CPF no cadastro, conforme o caso, caberá:
>
> I – a exclusão do CPF que constar indevidamente no NIT/PIS/Pasep/NIS de outra pessoa;
>
> II – a atualização do NIT/PIS/Pasep/NIS do titular para inclusão/alteração do CPF no cadastro.

Diante da apresentação das GPS recolhidas e do cartão de inscrição de contribuinte individual e cartão de inscrição do PIS, o segurado demonstra que ambos os NITs são de sua titularidade, razão pela qual requer a unificação do NIT supracitado com o NIT principal, bem como com eventuais inscrições constantes com os seus dados.

## 2. AS MICROFICHAS

No período de 1976 a 1983, o segurado verteu contribuições na categoria empresário/autônomo. Ocorre que parte da documentação do segurado foi extraviada, não possuindo, portanto, provas dos recolhimentos das contribuições realizadas.

Concernente à possibilidade de pleitear a consulta de microfichas a qualquer tempo, disciplina o § 3º do art. 119 da IN n. 128/2022 que as contribuições constantes em microfichas valem como tempo de contribuição e poderão ser solicitadas a qualquer tempo pelo segurado, dede que observada a titularidade do NIT (demonstrado no título anterior).

Art. 119. Entende-se por ajuste de guia, as operações de inclusão, alteração, exclusão, transferência ou desmembramento de recolhimentos a serem realizadas em sistema próprio, a fim de corrigir no CNIS as informações divergentes dos comprovantes de recolhimentos apresentados pelo contribuinte individual, empregado doméstico, facultativo e segurado especial que contribui facultativamente, sendo que: (...)

§ 3º Considerando que os dados constantes do CNIS relativos a contribuições valem como tempo de contribuição e prova de filiação à Previdência Social, os recolhimentos constantes em microfichas, a partir de abril de 1973 para os (segurados) empregados domésticos e, a partir de setembro de 1973 para os (segurados) autônomos, equiparados a autônomo e empresário, poderão ser incluídos a pedido do filiado, observando-se a titularidade do NIT, bem como os procedimentos definidos em manuais.

Destarte, requer que seja realizada consulta na base de dados do INSS para verificar a existência de microfichas que comprovam os recolhimentos de salários de contribuições do supracitado período.

### 3. DOS REQUERIMENTOS <ADEQUAR AO CASO CONCRETO>

Ante o exposto, requer-se:

a) a atualização cadastral, para que passe a constar na inscrição n. 000.00000.00-0 o número do CPF do segurado, nos moldes do art. 160, § 1º e § 4º, inciso II, da Portaria DIRBEN/INSS n. 990/2022;
b) a unificação do NIT 000.00000.00-0 com o NIT 000.00000.00-0, bem como com eventuais inscrições constantes com os dados do segurado;
c) que seja realizada consulta na base de dados do INSS e verificada a existência de microfichas, especificamente do período de 1976 a 1983. Verificando a existência das microfichas, que sejam disponibilizadas para consulta do segurado e inclusas no CNIS, nos moldes do art. 119, § 3º, da IN n. 128/2022;
d) necessário sendo a apresentação de novos documentos, que seja emitida a carta de exigência com o prazo razoável para o cumprimento, nos termos do art. 566 da IN n. 128/2022;
e) por fim, requer-se que as intimações e correspondências referentes ao presente pedido de aposentadoria se deem em nome do(a) advogado(a) <INCLUIR NOME E OAB> pelo sistema INSS DIGITAL ou pelo endereço constante no rodapé desse requerimento.

Nesses Termos,

Pede Deferimento.

Local de data.

Advogado/OAB

### 7. MODELO DE REQUERIMENTO DE APOSENTADORIA POR IDADE PELAS REGRAS DE TRANSIÇÃO DA EC N. 103/2019

**ILUSTRÍSSIMO SENHOR CHEFE DA AGÊNCIA DO INSTITUTO NACIONAL DO SEGURO SOCIAL**

**REQUERIMENTO**

Eu, _____, nacionalidade, estado civil, CPF n. ___.___.___-__, NIT de número_____, endereço eletrônico, residente e domiciliado(a) na Rua, nº, Complemento: Bairro, Cidade, Estado, CEP, venho, por meio deste, REQUERER APOSENTADORIA <incluir a espécie>, nos termos dos fatos e do direito a seguir expostos:

## I. Resumo dos fatos pertinentes

O(a) requerente possui na data deste requerimento 00 anos de idade e, como demonstraremos a seguir, 00 anos 00 meses e 00 dias de tempo de contribuição junto ao INSS como segurado urbano.

Possui ainda 00 anos 00 meses e 00 dias de tempo trabalhado no meio rural, que deseja computar para o cálculo da sua aposentadoria por idade e para o qual junta provas a esse pedido.

<incluir aqui se tem tempo militar, CTC ou ação trabalhista que deseja contar>.

## II. Resumo do tempo a ser computado

### II.1 Período de 00.00.0000 a 00.00.0000

<separar os períodos indicando a documentação que comprova cada um deles>

## III. Dos salários de contribuição que precisam ser incluídos ou alterados

<aqui indicar se algum salário de contribuição não está no CNIS ou está errado e deve ser computado de forma diferente na hora da concessão desse benefício. Recomendamos para os períodos de GPS que a seja feita a juntada da mesma digitalizada em formato colorido/original. No caso de períodos contribuídos como empregado, sugerimos que seja juntada ficha financeira emitida pelo empregador e que contenha carimbo e assinatura. E nos casos de individuais que prestaram serviço para empresas (PJ) após 04/2003 sugerimos obter junto a PJ a relação das remunerações auferidas.>

## IV. Do total de tempo e do cumprimento dos requisitos

<caso você utilize alguma planilha de cálculo, sugerimos apresentar um quadro resumo do período computado e do total de tempo. Caso não utilize, recomendamos a planilha gratuita da JFRS (JUSPREV 5). Ressaltar aqui o cumprimento dos requisitos legais>.

## V. Requerimentos

Ante o exposto, REQUER-SE:

a) A concessão da aposentadoria por idade <sugerimos incluir a previsão normativa, como, por exemplo: pela regra de transição prevista no art. 18 da EC n. 103/2019 e do art. 188-H do Decreto n. 3.048/1999>;
<exemplos de outros pedidos que podem ser pertinentes:
b) O reconhecimento do vínculo e inclusão dos salários de contribuição no cálculo do benefício referente ao período reconhecido em sede de reclamação trabalhista, nos termos do parágrafo único do art. 144 do Decreto n. 3.048/1999;
c) A inclusão no cálculo do benefício dos vínculos e remunerações não constantes no CNIS, do período contribuído como segurado empregado e contribuinte individual, nos termos desta petição – conforme comprovação documental;
d) A retificação do CNIS para que sejam incluídos os vínculos que não constam no cadastro, nos termos desta petição e da documentação anexa;
e) O descarte dos menores salários de contribuição, caso resulte numa renda mensal inicial mais vantajosa ao Segurado, nos termos do § 6º do art. 26 da EC n. 103/2019 e do art. 32, §§ 24, 25 e 26 do Decreto n. 3.048/1999;
f) Demonstrando esta Autarquia que na data do requerimento da aposentadoria por idade o(a) requerente não cumpre todos os requisitos para concessão do benefício, requer a reafirmação da DER, nos termos do art. 176-D do Decreto n. 3.048/1999;
g) Havendo regra para concessão de aposentadoria mais benéfica o(a) requerente, requer que seja concedido o melhor benefício, nos termos do art. 176-E do Decreto n. 3.048/1999;
h) Caso seja entendido que alguma documentação indispensável não foi apresentada pelo(a) requerente, requer emissão de Carta de Exigência com prazo para cumprimento;
i) Entendendo essa Autarquia que os documentos acostados no requerimento são insuficientes para apreciação do feito, requer que seja possibilitada a Justificação Administrativa;

j) Por fim, requer-se que as intimações e correspondências referentes ao presente pedido de aposentadoria se deem em nome do(a) advogado(a) XXX, OAB/XX 00000, pelo sistema INSS DIGITAL ou pelo endereço constante no rodapé desse requerimento.

Nestes termos,

PEDE DEFERIMENTO.

Cidade e data.

Assinatura do segurado ou seu representante legal.

## 8. MODELO DE REQUERIMENTO DE APOSENTADORIA PROGRAMADA PELAS REGRAS DA EC N. 103/2019 COM CONTAGEM DE TEMPO RURAL E ESPECIAL

**ILUSTRÍSSIMO SENHOR CHEFE DA AGÊNCIA DO INSTITUTO NACIONAL DO SEGURO SOCIAL**

**REQUERIMENTO**

Eu, _____, nacionalidade, estado civil, CPF n. ___.___.___-__, NIT de número_____, endereço eletrônico, residente e domiciliado(a) na Rua, nº, Complemento: Bairro, Cidade, Estado, CEP, venho, por meio deste, REQUERER APOSENTADORIA **PROGRAMADA**, nos termos dos fatos e do direito a seguir expostos:

### I. Resumo dos fatos pertinentes

O(a) requerente possui na data deste requerimento 00 anos de idade e, como demonstraremos a seguir, 00 anos 00 meses e 00 dias de tempo de contribuição junto ao INSS como segurado urbano.

Possui ainda 00 anos 00 meses e 00 dias de tempo trabalhado no meio rural, que deseja computar para o cálculo da sua aposentadoria e para o qual junta provas a esse pedido.

Ressalta ainda que parte do tempo urbano foi exercido sob condições efetivamente nocivas à saúde, conforme demonstram os Perfis Profissiográficos Previdenciários anexos a esse requerimento. Portanto, faz jus a conversão de tempo especial.

<incluir aqui se tem tempo militar, CTC ou ação trabalhista que deseja contar>.

### II. Resumo do tempo a ser computado <exemplos>

<separar os períodos indicando a documentação que comprova cada um deles>

#### II.1 Período de 00.00.0000 a 00.00.0000 – Tempo Rural

Dados sobre a atividade rural <ADEQUAR AO CASO CONCRETO E JUNTAR A AUTODECLARAÇÃO aplicável ao caso>:

| |
|---|
| 1. Período rural |
| 2. Localidade e Município |
| 3. Quantidade de membros da família |
| 4. Produtos cultivados |
| 5. Criação de animais (espécie e n.) |

Quanto à prova do tempo rural, destacamos:

> Art. 19-D. Decreto 3.048/1999: § 10. Para o período anterior a 1º de janeiro de 2023, o segurado especial comprovará o exercício da atividade rural por meio de autodeclaração ratificada por entidades públicas credenciadas, nos termos do disposto no art. 13 da Lei n. 12.188, de 11 de janeiro de 2010, e por outros órgãos públicos, observado o seguinte: (Incluído pelo Decreto n. 10.410, de 2020).

I – a autodeclaração será feita por meio do preenchimento de formulários que serão disponibilizados pelo INSS; (Incluído pelo Decreto n. 10.410, de 2020).

II – a ratificação da autodeclaração será realizada por meio de informações obtidas das bases de dados da Secretaria de Agricultura Familiar e Cooperativismo do Ministério da Agricultura, Pecuária e Abastecimento e de outras bases de dados a que o INSS tiver acesso; e (Incluído pelo Decreto n. 10.410, de 2020).

III – as informações obtidas por meio de consultas às bases de dados governamentais que forem consideradas insuficientes para o reconhecimento do exercício da atividade rural alegada poderão ser complementadas por prova documental contemporânea ao período informado. (Incluído pelo Decreto n. 10.410, de 2020).

O(A) segurado(a) possuiu prova de que trabalhou como agricultor(a) junto com sua família em condições de dependência e colaboração, por ser indispensável à própria subsistência do grupo familiar, sem a utilização de empregados <OU COM A UTILIZAÇÃO DE EMPREGADOS DENTRO DA FORMA PERMITIDA LEGALMENTE>, o que, pela lei, o torna segurado especial perante a Autarquia, possibilitando, assim, a contagem do referido período para a concessão da aposentadoria pleiteada.

Dentre as provas documentais apresentadas, o(a) autor(a) juntou: <ADEQUAR AO CASO>

a) Em nome de seus genitores e/ou terceiros:
   ( ) Certidão do INCRA;
   ( ) Escritura Pública;
   ( ) Ficha de sócio no Sindicato dos Trabalhadores Rurais de_____;
   ( ) Notas de Produtor Rural;
   ( ) Guias de Recolhimentos do ITR, ou
   ( ) outros: _____

b) Em nome do autor(a):
   ( ) Certidão de casamento e título eleitoral;
   ( ) Certificado de Reservista;
   ( ) Certidão de nascimento dos filhos;
   ( ) Lembrança da 1.ª Comunhão;
   ( ) Histórico Escolar;
   ( ) Certificado de conclusão do curso primário;
   ( ) Notas de Produtor Rural;
   ( ) Certidão do INCRA;
   ( ) Autodeclaração do Segurado Especial – Rural; ou
   ( ) outros: _____

### II.2 Do Tempo Especial

O(a) Segurado(a) exerceu também atividade exposta a agentes nocivos, devendo tal tempo ser somado de forma diferenciada aos demais períodos de contribuição.

Dados sobre a atividade especial <ADEQUAR AO CASO CONCRETO>:

| Início | Fim | Agente nocivo ou categoria profissional | Empresa |
|---|---|---|---|
|  |  |  |  |

Dentre as provas documentais apresentadas referentes ao tempo especial, destaca(m)-se: <adequar ao caso>
   ( ) Cópia da Carteira de Trabalho e Previdência Social;

( ) Formulário(s) SB-40 ou DSS-8030;
( ) Laudo(s) pericial(is); ou
( ) Perfil Profissiográfico Previdenciário;
( ) Outros _____

Cabe destacar que o tempo especial que se pleiteia a conversão é anterior à EC n. 103/2019, portanto, aplicável o art. 25, § 2.º, da referida norma:

> § 2º Será reconhecida a conversão de tempo especial em comum, na forma prevista na Lei n. 8.213, de 24 de julho de 1991, ao segurado do Regime Geral de Previdência Social que comprovar tempo de efetivo exercício de atividade sujeita a condições especiais que efetivamente prejudiquem a saúde, cumprido até a data de entrada em vigor desta Emenda Constitucional, vedada a conversão para o tempo cumprido após esta data.

Quanto ao(s) período(s) em que laborou sujeito a condições especiais à sua saúde e integridade física, cabe à parte autora destacar que <EXEMPLOS>:

1. trabalhou em atividade profissional especial, elencada nos Decretos n. 53.831, de 25.03.1964, e n. 83.080, de 24.01.1979, o que garante seu cômputo como tempo especial, independentemente de laudo pericial, até 29.04.1995, data do advento da Lei n. 9.032/1995, que passou a exigir prova de efetiva submissão aos agentes nocivos; OU
2. trabalhou em atividade que o submetia, de modo habitual e permanente, a algum dos agentes nocivos elencados nos Decretos n. 53.831, de 25.03.1964, e n. 83.080, de 24.01.1979. O enquadramento em tais diplomas perdurou até 05.03.1997, quando passou a ser disciplinado no Decreto n. 2.172. Por fim, desde 06.05.1999, os agentes nocivos encontram previsão no Decreto n. 3.048. Entende que, pelo menos até o advento da Lei n. 9.032/1995, que passou a exigir prova de efetiva submissão aos agentes nocivos, a comprovação de que seu labor foi especial pode dar-se pela apresentação dos formulários SB-40, DSS-8030 ou PPP.

Assim, a parte tem direito adquirido (art. 5.º, XXXVI, da Constituição Federal) a ver considerado(s) tal(is) período(s) como tempo de serviço especial, de acordo com a sistemática vigente à época em que o labor foi executado.

Quanto à possibilidade de conversão do tempo especial e sua forma de conversão, destacamos:

> Art. 188-P. Decreto 3.048/1999 (...)
> § 5º A conversão de tempo de atividade sob condições especiais em tempo de atividade comum aplica-se somente ao trabalho prestado até 13 de novembro de 2019, em conformidade com o disposto na seguinte tabela: (Incluído pelo Decreto n. 10.410, de 2020).

| MULIPLICADORES | | |
|---|---|---|
| TEMPO A converter | MULHER (30 anos de contribuição) | HOMEM (35 anos de contribuição) |
| de 15 anos | 2,00 | 2,33 |
| de 20 anos | 1,50 | 1,75 |
| de 25 anos | 1,20 | 1,40 |

> § 6º A caracterização e a comprovação do tempo de atividade sob condições especiais obedecerão ao disposto na legislação em vigor à época da prestação do serviço. (Incluído pelo Decreto n. 10.410, de 2020).

**III. Dos salários de contribuição que precisam ser incluídos ou alterados <incluir se for ocaso>**

<aqui indicar se algum salário de contribuição não está no CNIS ou está errado e deve ser computado de forma diferente na hora da concessão desse benefício. Recomendamos para os períodos

de GPS que a seja feita a juntada da mesma digitalizada em formato colorido/original. No caso de períodos contribuídos como empregado, sugerimos que seja juntada ficha financeira emitida pelo empregador e que contenha carimbo e assinatura. E nos casos de individuais que prestaram serviço para empresas (PJ) após 04/2003 sugerimos obter junto a PJ a relação das remunerações auferidas.>

### IV. Do total de tempo e do cumprimento dos requisitos <incluir se for ocaso>

<caso você utilize alguma planilha de cálculo, sugerimos apresentar um quadro resumo do período computado e do total de tempo. Caso não utilize, recomendamos a planilha gratuita da JFRS (JUSPREV 5). Ressaltar aqui o cumprimento dos requisitos legais>.

### V. Requerimentos

Ante o exposto, REQUER-SE:

a) o reconhecimento do tempo de segurado especial rural trabalhado de 00.00.0000 a 00.00.0000, com sua devida inclusão no CNIS e seu cômputo para o cálculo do benefício pleiteado, sem a necessidade de recolhimento, tendo em vista ser anterior a novembro de 1991, nos termos do art. 188-G, IV, do Decreto n. 3.048/1999;[1]

b) o reconhecimento dos períodos de segurado especial de 00.00.0000 até 00.00.0000, e tendo em vista que ele é posterior a 31.10.1991, a emissão da GPS para que o(a) requerente efetue o pagamento delas;[2]

c) o reconhecimento do período de trabalho em atividade especial (agentes nocivos à saúde) de 00.00.0000 até 00.00.0000, com a devida conversão, nos termos do art.188-P, § 5º, do Decreto n. 3.048/1999;[3]

d) a concessão da aposentadoria programada a partir da DER;
<exemplos de outros pedidos que podem ser pertinentes:

e) o reconhecimento do vínculo e inclusão dos salários de contribuição no cálculo do benefício referente ao período reconhecido em sede de reclamação trabalhista, nos termos do parágrafo único do art. 144 do Decreto n. 3.048/1999;

f) a inclusão no cálculo do benefício dos vínculos e remunerações não constantes no CNIS, do período contribuído como segurado empregado e contribuinte individual, nos termos desta petição – conforme comprovação documental;

g) a retificação do CNIS para que sejam incluídos os vínculos que não constam no cadastro, nos termos desta petição e da documentação anexa;

h) o descarte dos menores salários de contribuição, caso resulte numa renda mensal inicial mais vantajosa ao Segurado, nos termos do § 6º do art. 26 da EC n. 103/2019 e do art. 32, §§ 24, 25 e 26, do Decreto n. 3.048/1999;

i) demonstrando esta Autarquia que na data do requerimento da aposentadoria programada o(a) requerente não cumpre todos os requisitos para concessão do benefício, requer a reafirmação da DER, nos termos do art. 176-D do Decreto n. 3.048/1999;

j) havendo regra para concessão de aposentadoria mais benéfica o(a) requerente, requer que seja concedido o melhor benefício, nos termos do art. 176-E do Decreto n. 3.048/1999;

---

[1] Art. 188-G do Decreto n. 3.048/1999 – O tempo de contribuição até 13 de novembro de 2019 será contado de data a data, desde o início da atividade até a data do desligamento, considerados, além daqueles referidos no art. 19-C, os seguintes períodos: (Incluído pelo Decreto n. 10.410, de 2020) (...) IV – o tempo de serviço do segurado trabalhador rural anterior à competência novembro de 1991; (Incluído pelo Decreto n. 10.410, de 2020).

[2] Com relação ao tempo de serviço rural ulterior à Lei de Benefícios (competência de novembro de 1991, conforme disposto no artigo 192 do Regulamento dos Benefícios da Previdência Social aprovado pelo Decreto n. 357/1991), o aproveitamento condiciona-se ao recolhimento das contribuições previdenciárias correspondentes, de acordo com o art. 39, inciso II, da Lei n. 8.213/1991 e Súmula n. 272 do Superior Tribunal de Justiça.

[3] § 5º A conversão de tempo de atividade sob condições especiais em tempo de atividade comum aplica-se somente ao trabalho prestado até 13 de novembro de 2019, em conformidade com o disposto na seguinte tabela: (Incluído pelo Decreto n. 10.410, de 2020).

l) caso seja entendido que alguma documentação indispensável não foi apresentada pelo(a) requerente, requer emissão de Carta de Exigência com prazo para cumprimento;

m) entendendo essa Autarquia que os documentos acostados no requerimento são insuficientes para apreciação do feito, requer a que seja possibilitada a Justificação Administrativa;

Por fim, requer-se que as intimações e correspondências referentes ao presente pedido de aposentadoria se deem em nome do(a) advogado(a) XXX, OAB/XX 00000, pelo sistema INSS DIGITAL ou pelo endereço constante no rodapé desse requerimento.

Nestes termos,

PEDE DEFERIMENTO.

Cidade e data.

Assinatura do segurado ou seu representante legal.

## 9. MODELO DE REQUERIMENTO DE BENEFÍCIO DE BPC LOAS PARA PESSOA COM DEFICIÊNCIA

**ILUSTRÍSSIMO(A) SENHOR(A) CHEFE DA AGÊNCIA DO INSTITUTO NACIONAL DO SEGURO SOCIAL (INSS)**

### REQUERIMENTO

Eu, **[NOME COMPLETO DO REQUERENTE]**, **nacionalidade**, **estado civil**, portador(a) do CPF n. ___.___.___-__, e NIT n. _____, residente e domiciliado(a) na Rua **[endereço completo]**, **Cidade**, **Estado**, **CEP**, venho, por meio deste, requerer o **Benefício Assistencial à Pessoa com Deficiência (BPC-LOAS)**, com fundamento na Lei n. 8.742/1993, art. 20, § 2º, e nas normas vigentes do INSS, pelas razões de fato e de direito a seguir expostas:

### I. DOS FATOS

O(a) requerente é portador(a) de deficiência de natureza **[física, mental, intelectual ou sensorial]**, conforme os laudos e documentos médicos anexados a este pedido, sendo a condição impeditiva de longo prazo, resultando em barreiras para o pleno e efetivo exercício de atividades cotidianas em igualdade de condições com as demais pessoas.

Além disso, o(a) requerente pertence à família cuja renda mensal *per capita* é inferior a ¼ (um quarto) do salário mínimo vigente, nos termos exigidos para concessão do Benefício de Prestação Continuada (BPC).

### II. DA FUNDAMENTAÇÃO JURÍDICA

O Benefício de Prestação Continuada (BPC) é garantido pela **Lei n. 8.742/1993** (Lei Orgânica da Assistência Social – LOAS) e pelo **Decreto n. 6.214/2007**, que regulamenta o benefício. O direito ao BPC é assegurado às pessoas com deficiência que comprovem não possuir meios de prover a própria manutenção e nem de tê-la provida pela família, com renda mensal per capita inferior a ¼ do salário mínimo.

### III. COMPOSIÇÃO DO GRUPO FAMILIAR

Para efeito de cálculo da renda *per capita*, o(a) requerente apresenta a composição familiar e as respectivas rendas mensais:

| Nome | Data de Nascimento | Parentesco | Renda Mensal (R$) |
|---|---|---|---|
| [Nome do Familiar 1] | [Data de Nascimento] | [Parentesco] | [Renda] |

| Nome | Data de Nascimento | Parentesco | Renda Mensal (R$) |
|---|---|---|---|
| [Nome do Familiar 2] | [Data de Nascimento] | [Parentesco] | [Renda] |
| [Nome do Familiar 3] | [Data de Nascimento] | [Parentesco] | [Renda] |
| **Total da Renda do Grupo Familiar** | | | [Total da Renda] |
| **Renda Per Capita** | | | [Renda Per Capita] |

**Observações:**

- **Residência própria**: ( ) Sim ( ) Não
    - Valor do aluguel (se aplicável): R$ _____
    - Despesas mensais com água e luz: R$ _____
- **Outras despesas**: Caso o requerente ou membros do grupo familiar possuam gastos contínuos com medicamentos, tratamentos médicos ou outros itens não fornecidos pelo SUS, detalhar abaixo:
    - Item: _____
- Valor: R$ _____

## IV. DOS DOCUMENTOS APRESENTADOS

O(a) requerente apresenta os seguintes documentos para análise e deferimento do benefício:

1. Documento de identificação oficial com foto (RG, CNH etc.);
2. Cadastro de Pessoa Física (CPF);
3. Comprovante de residência atualizado;
4. Laudos médicos que atestam a deficiência e impedimentos de longo prazo;
5. Comprovantes de renda familiar de todos os membros;
6. Declaração do CadÚnico comprovando a inclusão da família no sistema;
7. Outros documentos que possam comprovar a situação de vulnerabilidade social e incapacidade de prover a subsistência.

## V. DO REQUERIMENTO

Ante o exposto, o(a) requerente solicita:

a) O reconhecimento de sua condição de pessoa com deficiência e a concessão do Benefício Assistencial à Pessoa com Deficiência (BPC-LOAS), nos termos da Lei n. 8.742/1993 e suas atualizações; b) A dispensa de contribuições previdenciárias retroativas, uma vez que o benefício assistencial não exige contribuição prévia; c) Caso seja necessário, a emissão de Carta de Exigência para complementação de eventuais documentos faltantes; d) O agendamento de perícia médica para avaliação das condições de deficiência, conforme previsto na legislação vigente.

Por fim, requer-se que as correspondências e intimações relacionadas ao presente requerimento sejam enviadas em nome do(a) advogado(a) **[Nome do Advogado]**, OAB **[n. da OAB]**, com endereço profissional a **[Endereço do Advogado]**, ou pelo sistema **INSS DIGITAL**, conforme dados já cadastrados.

Nestes termos,

PEDE DEFERIMENTO.

Cidade e data.

Assinatura do segurado ou seu representante legal.

## 10. MODELO DE REQUERIMENTO DE PENSÃO POR MORTE

**ILUSTRÍSSIMO SENHOR GERENTE EXECUTIVO DO INSTITUTO NACIONAL DO SEGURO SOCIAL – INSS**

Eu, [NOME COMPLETO DO REQUERENTE], nacionalidade, estado civil, residente e domiciliado(a) na Rua [endereço completo], Cidade, Estado, CEP, venho, por meio deste, requerer a concessão do benefício de **Pensão por Morte**, com fundamento no art. 74 da Lei n. 8.213/1991 e nas normas vigentes do INSS, pelos motivos de fato e de direito a seguir expostos:

**Resumo dos Dados Importantes**

| Dados | Informação |
| --- | --- |
| Data do Óbito | [Data do óbito] |
| Nome do Segurado (Instituidor) | [Nome completo do segurado falecido] |
| Nome do Requerente (Dependente) | [Nome completo do requerente] |
| Grau de Parentesco | [Cônjuge, companheiro(a), filho(a), etc.] |
| Número de Dependentes | [Número de dependentes que fazem parte deste requerimento] |

### I. Dos Fatos

O requerente é dependente do segurado falecido [nome completo do segurado falecido], que faleceu em [data do óbito], conforme certidão de óbito anexa. O(a) falecido(a) era segurado(a) do Regime Geral de Previdência Social na condição de [trabalhador(a) empregado(a), contribuinte individual etc.].

### II. Da Fundamentação Jurídica

A concessão da pensão por morte segue os critérios estabelecidos no art. 74 da Lei n. 8.213/1991 e nas disposições da IN n. 128/2022, aplicando-se as regras vigentes na data do óbito, conforme o art. 365, § 1º da IN n. 128/2022. A seguir, detalho as regras aplicáveis tanto para o rateio entre os dependentes quanto para o cálculo do benefício, conforme o caso.

### II.1. Data do Óbito: [Indicar a data do óbito]

1. Regras de Rateio entre Dependentes:

De acordo com a legislação vigente, o rateio das cotas de pensão entre os dependentes varia conforme a data do óbito. Se o óbito ocorreu antes de 14 de novembro de 2019, as cotas dos dependentes extintos são revertidas aos demais dependentes, conforme o art. 371, II da IN n. 128/2022.

No entanto, se o óbito ocorreu a partir de 14 de novembro de 2019, as cotas cessadas não serão revertidas aos dependentes remanescentes, conforme o art. 371, I da IN n. 128/2022.

### II.2. Coeficiente de Cálculo do Benefício:

O valor da pensão por morte será calculado com base em um coeficiente que varia conforme as condições do segurado e dos dependentes habilitados. De acordo com o art. 235 da IN n. 128/2022, o cálculo será feito da seguinte maneira:

- A pensão é composta por uma cota familiar de 50% do valor do salário de benefício do segurado;
- Adiciona-se uma cota individual de 10% para cada dependente habilitado, até o limite de 100%.

Se houver dependente inválido ou com deficiência intelectual, mental ou grave, o valor da pensão será de 100% do salário de benefício, independentemente do número de dependentes.

### III. Da Duração da Pensão para o Cônjuge ou Companheiro(a)

Considerando as contribuições vertidas pelo segurado e a duração do casamento ou união estável, requer que a pensão por morte seja concedida conforme as disposições aplicáveis, levando em conta os seguintes critérios:

1. Se o casamento ou união estável durou **menos de 2 anos**, ou se o segurado contribuiu com **menos de 18 meses** para a Previdência Social, o benefício deverá ser concedido com duração de **4 meses**, conforme o art. 375, I da IN n. 128/2022.

2. Se o casamento ou união estável durou **mais de 2 anos**, e o segurado contribuiu com pelo menos **18 meses**, o benefício deverá ser concedido conforme a **idade do dependente** no momento do óbito, nos seguintes termos:

| Idade do Dependente na Data do Óbito | Duração da Pensão |
|---|---|
| Menos de 22 anos | 3 anos |
| Entre 22 e 27 anos | 6 anos |
| Entre 28 e 30 anos | 10 anos |
| Entre 31 e 41 anos | 15 anos |
| Entre 42 e 44 anos | 20 anos |
| 45 anos ou mais | Vitalícia |

3. Caso o óbito tenha ocorrido em decorrência de **acidente de trabalho ou doença profissional**, independentemente do tempo de contribuição ou da duração do casamento ou união estável, a pensão deverá ser **vitalícia**, conforme o art. 375, § 2º, da IN n. 128/2022.

Requer, assim, que a duração do benefício seja fixada de acordo com os critérios mencionados, comprovando-se que o relacionamento durou **[indicar o número de anos do casamento ou união estável]** e que o segurado verteu **[indicar o número de contribuições]** contribuições para a Previdência Social.

### IV. Comprovação de Dependência e Documentos Apresentados

O(s) requerente(s) junta(m) os seguintes documentos necessários à análise do pedido de Pensão por Morte, conforme as disposições da IN n. 128/2022:

### IV.1. Documentos Gerais:

Estes documentos são exigidos de todos os requerentes, independentemente do grau de dependência:

- Documento de identificação oficial com foto (RG, CNH etc.);
- Certidão de óbito do segurado falecido;
- Comprovante de residência atualizado;
- Documento que comprove a qualidade de segurado do falecido (contracheques, CNIS etc.);
- Outros documentos que possam ser exigidos para comprovação de dependência ou qualidade de segurado.

### IV.2. Documentos Específicos por Categoria de Dependente:

**a) Para cônjuge ou companheiro(a):**

- Certidão de casamento ou documentos que comprovem união estável, conforme o art. 178, § 3º, da IN n. 128/2022.
- Para comprovação de união estável, são exigidas duas provas materiais contemporâneas dos fatos, como:
  - Contas conjuntas;
  - Contratos de aluguel em nome de ambos;
  - Comprovantes de residência no mesmo endereço;
  - Apólices de seguro com indicação mútua de beneficiário;
  - Outros documentos que comprovem a convivência pública, contínua e duradoura.

**b) Para filhos menores ou dependentes inválidos:**

- Certidão de nascimento, adoção ou documento que comprove a guarda legal.

- Laudos médicos, se aplicável, para dependentes inválidos ou com deficiência, conforme o art. 178, § 8º, da IN n. 128/2022.

**c) Para pais ou irmãos:**
- Documentos que comprovem a dependência econômica, tais como:
  - Extratos bancários que demonstrem a transferência regular de recursos;
  - Declaração de imposto de renda do segurado em que conste o dependente;
  - Outros comprovantes de contribuição financeira regular do segurado para o sustento do dependente.

**V. Do Requerimento**

Ante o exposto, o(s) requerente(s) solicita(m):

a) O reconhecimento da qualidade de dependente(s) e a concessão do benefício de Pensão por Morte, nos termos do art. 74 da Lei n. 8.213/1991 e da IN n. 128/2022;

b) A dispensa de exigência de contribuições retroativas ou inadimplidas pelo segurado falecido, conforme a legislação vigente;

c) Caso seja necessário, a emissão de Carta de Exigência para complementação de eventuais documentos faltantes;

d) A concessão imediata de benefício provisório enquanto perdurar a análise do requerimento, conforme o art. 118 da IN n. 128/2022.

Nestes termos,

PEDE DEFERIMENTO.

Cidade e data.

Assinatura do segurado ou seu representante legal

## 11. MODELO DE PEDIDO DE HABILITAÇÃO PROVISÓRIA EM PENSÃO POR MORTE

**ILUSTRÍSSIMO SENHOR GERENTE EXECUTIVO DO INSTITUTO NACIONAL DO SEGURO SOCIAL – INSS**

<Este requerimento pode ser realizado como pedido de pensão por morte, considerando que, no momento, não há requerimento específico disponível para este serviço no INSS. A petição ora apresentada deve ser juntada ao processo administrativo de pedido de pensão por morte. >

**O(s) requerente(s)**, **[NOME COMPLETO DO(S) REQUERENTE(S)]**, **nacionalidade**, **estado civil**, residente(s) e domiciliado(a)(s) na **Rua [endereço completo]**, **Cidade**, **Estado**, **CEP**, inscrito(s) no CPF sob o número **[número do CPF]**, vem(êm), por meio deste, requerer a **habilitação provisória** no benefício de **Pensão por Morte** referente ao segurado **[NOME COMPLETO DO SEGURADO FALECIDO]**, falecido em **[data do óbito]**, conforme os fundamentos fáticos e jurídicos a seguir expostos.

**I. DOS FATOS**

O(s) requerente(s) já apresentou(aram) **pedido administrativo** de concessão de **pensão por morte** junto ao INSS, o qual foi **indeferido** pela Autarquia, sob a alegação de **[motivo do indeferimento, se conhecido]**. Em razão disso, o(s) requerente(s) foi(foram) obrigado(s) a ajuizar a **Ação de Concessão de Pensão por Morte nº [informar número da ação]**, atualmente em trâmite perante o **[nome da vara ou tribunal]**, buscando o reconhecimento de seu(s) direito(s) ao benefício como dependente(s) do segurado falecido **[nome completo do segurado falecido]**, falecido em **[data do óbito]**, conforme certidão de óbito anexa.

A habilitação provisória ora solicitada visa garantir que o(s) requerente(s) tenha(m) sua(s) cota(s)-parte(s) da pensão por morte devidamente resguardada(s), sem que haja prejuízo ao direito dos demais dependentes já habilitados, até o trânsito em julgado da decisão que reconhecerá, ou não, o(s) direito(s) do(s) requerente(s) à pensão por morte.

## II. DOS FUNDAMENTOS JURÍDICOS

Nos termos do **art. 376 da IN n. 128/2022**, o(s) requerente(s) possui(em) o direito de pleitear a **habilitação provisória** no benefício de **pensão por morte**, exclusivamente para fins de **rateio dos valores** com outros dependentes já habilitados, enquanto perdurar a ação judicial que tramita para o reconhecimento de seu(s) direito(s) ao benefício.

O *caput* do art. 376 dispõe que, ajuizada ação para o reconhecimento da condição de dependente e concessão de pensão por morte, poderá ser requerida a habilitação provisória, sendo vedado o pagamento da respectiva cota até que haja o **trânsito em julgado** da decisão judicial, salvo decisão judicial em contrário. Ressalta-se que tal procedimento se aplica a requerimentos efetuados a partir de 18 de maio de 2019, conforme o § 1º do referido artigo.

**O pedido de habilitação provisória é justificado, pois a pensão por morte já foi requerida administrativamente junto ao INSS e indeferida, obrigando o(s) requerente(s) a buscar a via judicial para ver reconhecido seu direito.** Durante o trâmite da ação judicial, a habilitação provisória busca resguardar a cota-parte do(s) requerente(s) no benefício, sem prejuízo aos demais dependentes.

Ainda, conforme o § 2º do art. 376, o INSS poderá proceder à habilitação provisória exclusivamente para efeitos de **rateio**, sendo vedado o pagamento ao(s) requerente(s) até o trânsito em julgado da ação judicial. Caso a ação seja julgada improcedente, o valor retido será corrigido pelos índices legais e rateado entre os dependentes habilitados, conforme o § 3º do referido artigo. **Portanto, a medida aqui solicitada não representa prejuízo aos demais beneficiários da pensão por morte.**

Diante do exposto, resta evidente o direito do(s) requerente(s) à habilitação provisória no benefício de pensão por morte, até o julgamento definitivo da ação judicial.

## III. DO PEDIDO

Ante o exposto, requer-se:

a) A habilitação provisória no benefício de **Pensão por Morte** do segurado **[NOME COMPLETO DO SEGURADO FALECIDO]**, nos termos do **art. 376 da IN n. 128/2022**, para fins de **rateio** da pensão com os demais dependentes habilitados, até o trânsito em julgado da **Ação de Concessão de Pensão por Morte nº [informar número da ação]**;

b) A **suspensão do pagamento** da respectiva cota ao(s) requerente(s) até que a decisão judicial transite em julgado, conforme previsto no art. 376 da IN n. 128/2022, ou conforme eventual decisão judicial em contrário;

c) Caso a ação seja julgada improcedente, que o valor retido seja rateado entre os demais dependentes habilitados, corrigido pelos índices legais de reajustamento, conforme § 3º do art. 376 da IN n. 128/2022.

Nestes termos,
PEDE DEFERIMENTO.
Cidade e data.
Assinatura do segurado ou seu representante legal

## 12. MODELO DE REQUERIMENTO DE BENEFÍCIO POR INCAPACIDADE

### REQUERIMENTO DE BENEFÍCIO POR INCAPACIDADE

| Nome | Data de Nascimento | Nacionalidade |
|---|---|---|
| Endereço | | Nº |
| Complemento | Bairro | |
| Cidade | Estado | CEP |
| Sexo ☐ Masc ☐ Fem. | Doc. Inscrição (Nº e Série) | |
| Estado Civil ☐ Solteiro ☐ Casado ☐ Viúvo ☐ Desquitado/Divorciado | Tem outra atividade com vinculação à previdência social? ☐ Sim ☐ Não | |

Assinatura: _____

| Nome do Procurador ou Curador | |
|---|---|
| Endereço | |

### ATESTADO DE AFASTAMENTO DO TRABALHO

| Empresa: | Nº CNPJ | |
|---|---|---|
| Endereço: | | Nº |
| Complemento: | Bairro: | |
| Cidade: | Estado | CEP |
| Último dia de trabalho do segurado | Afastado por: ☐ Doença ☐ Acidente do trabalho ☐ Férias | |

### DEPENDENTES PARA SALÁRIO FAMÍLIA

| Prenome dos filhos | Data Nasc. | Prenome dos Filhos | Data Nasc. |
|---|---|---|---|
| | | | |
| | | | |
| | | | |
| | | | |

| Localidade: | Data: |
|---|---|

Assinatura do responsável e carimbo do CGC da Empresa

#### Instruções

1. O requerimento deve ser preenchido sem rasuras e sem rasuras e preferencialmente à máquina.
2. No caso de segurado empregado, a empresa é responsável pelo preenchimento do Atestado de Afastamento do Trabalho.
3. No mês do afastamento do trabalho se a empresa efetuar o pagamento integral do Salário Família, o INSS fará o mesmo no mês da cessação do benefício, evitando-se assim, cálculo de valores fracionados.

## 13. MODELO DE PEDIDO DE UTILIZAÇÃO DE DOCUMENTOS JÁ ANEXADOS A OUTRO REQUERIMENTO DE BENEFÍCIO (RESPOSTA À CARTA DE EXIGÊNCIA DO INSS)

**ILUSTRÍSSIMO SENHOR CHEFE DA AGÊNCIA DO INSTITUTO NACIONAL DO SEGURO SOCIAL**

**RESPOSTA À CARTA DE EXIGÊNCIA**

**Segurado:**

**Benefício:**

**Espécie:**

Em 00/00/2000, foi protocolado, pelo segurado, pedido de concessão do benefício de aposentadoria por idade. Em resposta, o INSS solicitou documentos originais do segurado, para que fosse possível dar continuidade ao processo administrativo de concessão de aposentadoria.

<OBS.: ADEQUAR TODO O TEXTO AO CASO CONCRETO, INFORMANDO DOCUMENTOS REQUERIDOS E JÁ FORNECIDOS>

A exigência determina o dever de "apresentar Certidão de Casamento ou de Nascimento para fins de comprovação de idade mínima", além de "apresentar CTC originais de todos os períodos que deseja averbar junto ao INSS" e ainda "para averbação de tempo de serviço junto ao INSS é obrigatório apresentação das CTC originais dos órgãos expedidores".

Dos documentos solicitados, o segurado junta à presente resposta a Certidão de Casamento. Salienta-se que é uma cópia simples, em cumprimento do previsto no § 2º do art. 19-B do Decreto n. 3.048/1999:

> § 2º Os documentos necessários à atualização do CNIS e à análise de requerimentos de benefícios e serviços poderão ser apresentados em cópias simples, em meio físico ou eletrônico, dispensada a sua autenticação, exceto nas hipóteses em que haja previsão legal expressa e de dúvida fundada quanto à autenticidade ou à integridade do documento, ressalvada a possibilidade de o INSS exigir, a qualquer tempo, os documentos originais para fins do disposto no art. 179, situação em que o responsável pela apresentação das cópias ficará sujeito às sanções administrativas, civis e penais aplicáveis. (Incluído pelo Decreto 10.410/2020).

No tocante aos demais documentos, ou seja, CTCs originais dos órgãos expedidores, cabe ressaltar que eles já foram entregues ao INSS e que estão contidos nos autos do processo da Aposentadoria por Tempo de Contribuição (42) NB 000.000.000-0 <OBS.: ADEQUAR AO CASO>.

É importante destacar que, nos autos do processo de concessão do benefício (ESP) NB 000.000.000-0, foram elaboradas pesquisas e pedidos de informação e restou comprovado o tempo total de "x" anos, conforme análise da defesa prévia do processo de número 0000000. <OBS.: ADEQUAR AO CASO>.

Por essa razão, requer-se a juntada da certidão ora anexa, bem como SUBSIDIARIAMENTE:

– Que os demais documentos, requeridos pela autarquia, sejam obtidos dos autos do processo do benefício (ESP) NB 000.000.000-0 e anexados ao processo do novo benefício (ESP) NB 000.000.000-0, tudo conforme o disposto nos arts. 60, §§ 4º e 5º, e 69 da Portaria DIRBEN/INSS n. 993/2022[4]. <OBS.: ADEQUAR AO CASO>

---

[4] Art. 60. A análise quanto ao reconhecimento do direito deve considerar os documentos juntados ao processo em análise e/ou em outros requerimentos.

§ 4º Caso o segurado requeira novo benefício, poderá ser utilizada a documentação de processo anterior para auxiliar a análise.

§ 5º Identificada a existência de processo de benefício indeferido da mesma espécie, deverão ser solicitadas informações acerca dos elementos nele constantes e as razões do seu indeferimento, suprindo-se estas pela apresentação de cópia integral do processo anterior, a qual deverá ser juntada ao novo pedido.

– Na impossibilidade do que foi requerido, postula seja aberto novo prazo, para que o segurado possa providenciar a coleta dos documentos solicitados.

Nestes termos,

PEDE DEFERIMENTO.

Cidade e data.

Assinatura do segurado ou seu representante legal

## 14. MODELO DE REQUERIMENTO DE RETROAÇÃO DE DIC E INDENIZAÇÃO DE CONTRIBUIÇÕES EM ATRASO REFERENTE A PERÍODOS ALCANÇADOS PELA DECADÊNCIA

<Segundo a Portaria INSS n. 123/2020 a solicitação de retroação de DIC e contribuição de período decadente deve ser feita através do 135 ou 0800-1350135. Nesse caso, a abertura do procedimento se dá pelo telefone ou pessoalmente numa APS e após requerente que poderá anexar um requerimento como o abaixo, assim como a documentação que julgar pertinente à análise do pedido pelo MEU INSS.>

**ILUSTRÍSSIMO SENHOR CHEFE DA AGÊNCIA DO INSTITUTO NACIONAL DO SEGURO SOCIAL**

OBJETO: RECONHECIMENTO DO TEMPO DE FILIAÇÃO. RETROAÇÃO DA DIC. INDENIZAÇÃO.

Eu, segurado(a), nacionalidade, estado civil, CPF n.º___.___.___–___, residente e domiciliado(a) na Rua, n.º, Complemento: Bairro, Cidade, Estado, CEP, venho, por meio deste REQUERER A RETROAÇÃO DA DATA DE INÍCIO DAS CONTRIBUIÇÕES – DIC COM PEDIDO DE APURAÇÃO DE VALORES PARA INDENIZAÇÃO DAS CONTRIBUIÇÕES EM ATRASO, com base no art. 124[5] do Decreto n. 3.048 e nos arts. 98[6], 99, § 2º[7],

---

[5] Art. 69. Quando o interessado declarar que fatos e dados estão registrados em documentos existentes em qualquer órgão público, o INSS procederá, de ofício, à obtenção dos documentos ou das respectivas cópias.

§ 1º Exceto se houver disposição legal em contrário, se o INSS necessitar de documentos comprobatórios de regularidade da situação do interessado, de atestados, de certidões ou de outros documentos comprobatórios que constem em base de dados oficial da Administração Pública Federal, deverá obtê-los diretamente do órgão ou da entidade responsável pela base de dados.

§ 2º O disposto no § 1º deste artigo não impede que o interessado providencie, por conta própria, o documento junto ao órgão responsável, se assim o desejar. (...)

§ 1º Identificada a existência de processo de benefício indeferido da mesma espécie, deverão ser solicitadas informações acerca dos elementos nele constantes e as razões do seu indeferimento, suprindo-se estas pela apresentação de cópia integral do processo anterior, a qual deverá ser juntada ao novo pedido.

§ 2º Nos casos de impossibilidade material de utilização do processo anterior ou desnecessidade justificada fica dispensada a determinação do parágrafo anterior.

[5] Art. 124. Caso o segurado contribuinte individual manifeste interesse em recolher contribuições relativas a período anterior à sua inscrição, a retroação da data do início das contribuições será autorizada, desde que comprovado o exercício de atividade remunerada no respectivo período, observado o disposto nos §§ 7º a 14 do art. 216 e no § 8º do art. 239. (Redação dada pelo Decreto 10.410/2020)

Parágrafo único. O valor do débito poderá ser objeto de parcelamento mediante solicitação do segurado junto ao setor de arrecadação e fiscalização do Instituto Nacional do Seguro Social, observado o disposto no § 2º do art. 122, no § 1º do art. 128 e no art. 244. (Redação dada pelo Decreto 10.410/2020)

[6] Art. 98. Entende-se por reconhecimento de filiação, o direito do segurado de ter reconhecido, em qualquer época, o período em que exerceu atividade não abrangida pela Previdência Social, mas que, posteriormente, se tornou de filiação obrigatória, bem como o período não contribuído, anterior ou posterior à inscrição, em que exerceu atividade remunerada sujeita a filiação obrigatória.

[7] Art. 99. A retroação da data do início da contribuição – DIC, que consiste na manifestação de interesse do contribuinte individual em recolher contribuição relativa a período anterior à sua inscrição, será admitida quando

100, II[8], 101, § 1º[9] e 94, XI[10] da Instrução Normativa INSS/PRES n. 128 de 2022, pelos motivos e direito a seguir expostos:

## I. PRELIMINARMENTE – DO DIREITO DE PETIÇÃO DO SEGURADO

O segurado tem, A QUALQUER TEMPO E INDEPENDENTE DO REQUERIMENTO DE BENEFÍCIO, o direito ao requerimento da correção do CNIS, nos termos do art. 19, § 1.º, do Decreto n. 3.048/1999:

> § 1º O segurado poderá solicitar, a qualquer tempo, a inclusão, a exclusão, a ratificação ou a retificação de suas informações constantes do CNIS, com a apresentação de documentos comprobatórios dos dados divergentes, conforme critérios definidos pelo INSS, independentemente de requerimento de benefício, exceto na hipótese prevista no art. 142, observado o disposto nos art. 19-B e art. 19-C. (Redação dada pelo Decreto n. 10.410, de 2020)

Além disso, a IN INSS/PRES n. 128, de 2022, garante a todos os segurados a protocolização de requerimentos junto ao INSS, conforme dispõe em seu art. 552, vejamos:

> Art. 552. A apresentação de documentação incompleta não constitui motivo para recusa do requerimento do benefício ou serviço, ainda que, preliminarmente, se constate que o interessado não faz jus ao benefício ou serviço, sendo obrigatória a protocolização de todos os pedidos administrativos. (alterado pela Instrução Normativa PRES/INSS nº 141, de 6 de Dezembro de 2022).

Ademais, a recusa do INSS de protocolar os requerimentos de benefício formulados por segurados, impondo-lhes exigências outras que não se encontram dentro das formalidades do procedimento administrativo, configura lesão ao direito constitucional de petição, inscrito no art. 5.º, XXXIV, a da Constituição Federal de 1988.

Portanto, o presente requerimento deve ser protocolizado por esta Autarquia, sob pena de ferir a Constituição Federal e violar a IN INSS/PRES n. 128/2022.

## II. DA COMPROVAÇÃO DA ATIVIDADE DESENVOLVIDA PELO SEGURADO DURANTE O PERÍODO DE 00/00/0000 A 00/00/0000 <ADEQUAR AO CASO CONCRETO>

Durante o período de <ADEQUAR> o(a) segurado(a) exercia a atividade de <ADEQUAR>. As funções desempenhadas pelo requerente consistiam na <ADEQUAR>.

---

restar comprovado o exercício de atividade remunerada no período, sendo o cálculo da contribuição na forma de indenização prevista no art. 45-A da Lei nº 8.212, de 1991 quando se tratar de período decadente, ou na forma de cálculo de regência previsto no art. 35 da Lei nº 8.212, de 1991 quando se tratar de período não alcançado pela decadência.

§ 2º A partir da competência abril de 2003, o contribuinte individual prestador de serviços a empresa contratante ou a cooperativa obrigado ao desconto previsto no art. 4º da Lei nº 10.666, de 2003, informado em GFIP, e Social ou sistema que venha substituí-lo, poderá ter deferido o pedido de reconhecimento da filiação mediante comprovação do exercício da atividade remunerada, independente do efetivo recolhimento das contribuições.

[8] Art. 100. Será objeto do cálculo de indenização o período de:
II – exercício de atividade remunerada na condição de contribuinte individual, desde que alcançado pela decadência, nos termos do art. 45-A da Lei nº 8.212, de 1991;

[9] Art. 101. Na apuração do valor da indenização, será considerada como base de cálculo:
§ 1º O valor mensal da indenização será resultado da aplicação da alíquota de 20% (vinte por cento) sobre a base de cálculo encontrada nos incisos I e II do *caput*, conforme a finalidade do cálculo, acrescido de juros moratórios de 0,5% (zero vírgula cinco por cento) ao mês, capitalizados anualmente, limitados ao percentual máximo de 50% (cinquenta por cento), e multa de 10% (dez por cento).

[10] Art. 94. Na impossibilidade de reconhecer período de atividade a partir das informações existentes nos sistemas corporativos à disposição do INSS, a comprovação do exercício de atividade do segurado contribuinte individual e do segurado anteriormente denominado empresário, trabalhador autônomo e o equiparado a trabalhador autônomo far-se-á: (…)
XI – para aquele que exerce atividade por conta própria, com inscrição no órgão fazendário estadual, distrital ou municipal, recibo de pagamento do Imposto Sobre Serviço – ISS, declaração de imposto de renda, nota fiscal de compra de insumos, de venda de produtos ou de serviços prestados, dentre outros.

Como será demonstrado a seguir, o conjunto probatório trazido pelo(a) segurado(a) não deixa dúvidas do exercício da atividade.

Importante destacar que, por exercer a atividade de <ADEQUAR>, o(a) segurado(a) é classificado(a) como contribuinte obrigatório do RGPS.

Assim, para que seja comprovado o efetivo exercício de sua atividade, devem ser observados os ditames do art. 94, XI, da IN INSS/PRES n. 128/2022, que assim dispõe <ADEQUAR>:

> Art. 94. Na impossibilidade de reconhecer período de atividade a partir das informações existentes nos sistemas corporativos à disposição do INSS, a comprovação do exercício de atividade do segurado contribuinte individual e do segurado anteriormente denominado empresário, trabalhador autônomo e o equiparado a trabalhador autônomo far-se-á: (...)
>
> XI – para aquele que exerce atividade por conta própria, com inscrição no órgão fazendário estadual, distrital ou municipal, recibo de pagamento do Imposto Sobre Serviço – ISS, declaração de imposto de renda, nota fiscal de compra de insumos, de venda de produtos ou de serviços prestados, dentre outros.

Passamos à análise da documentação que comprova o exercício da atividade:

<ADEQUAR>

Pelos documentos em anexo e por todo exposto é mais do que notório que o requerente de fato exercia a atividade de <ADEQUAR>.

Pelo exposto, resta comprovado que o(a) segurado(a) faz jus ao reconhecimento do seu efetivo exercício de <ADEQUAR> no período de <ADEQUAR>, nos termos dos arts. 98 e ss. da IN INSS/PRES n. 128, de 2022.

### III. DO CÁLCULO DA INDENIZAÇÃO

No que tange ao pagamento referente às contribuições relativas ao exercício da atividade econômica desempenhada pelo(a) segurado(a), o artigo 216, §§ 7º a 14, do Decreto n. 3.048/1999.

Assim, ao realizarmos a média aritmética simples dos maiores salários de contribuição correspondentes a 80% de todo o período contributivo decorrido desde a competência julho de 1994 do(a) segurado(a), chega-se ao valor de R$ <ADEQUAR> reais, conforme o cálculo em anexo.

Após a realização do cálculo da média a norma estabelece que se deve observar o seguinte cálculo para verificar o valor referente à indenização do período que se deseja contribuir em atraso, vejamos o art. 216, § 14, do Decreto n. 3.048/1999:

> § 14. Sobre os salários de contribuição apurados na forma dos §§ 7º a 11 e 13 será aplicada a alíquota de vinte por cento, e o resultado multiplicado pelo número de meses do período a ser indenizado, observado o disposto no § 8º do art. 239.

Requer assim que o INSS promova o cálculo da indenização devida e emita as guias pertinentes a tal pagamento, possibilitando o recolhimento em atraso e a Retroação de Data do Início da Contribuição – DIC.

### IV. REQUERIMENTOS

Por todo o exposto e provado, requer o(a) segurado(a):

a) O reconhecimento de filiação ao INSS do período de <ADEQUAR> e a retroação da DIC para <ADEQUAR>, nos termos do art. 124 do Decreto n. 3.048/1999 e do art. 98, c/c os arts. 99, § 2º e 94, XI, da IN INSS/PRES n. 128/2022;
b) O cálculo para apuração dos valores referentes às contribuições pertinentes ao período de <ADEQUAR>, e a emissão das guias para possibilitar o recolhimento pelo(a) segurado(a);
c) Requer ainda, após o pagamento da guia pelo(a) requerente, a devida averbação do período reconhecido no presente processo administrativo no Cadastro Nacional de Informações Sociais – CNIS;

Nesses termos, PEDE DEFERIMENTO.

Cidade e data.

Assinatura do(a) segurado(a) ou seu representante legal

## 15. MODELO DE AUTODECLARAÇÃO DO SEGURADO ESPECIAL – PESCADOR

<Mesmo sendo possível o preenchimento diretamente no sistema Meu INSS e INSS Digital da advocacia, sugiro que caso o(a) procurador(a) opte por fazer o requerimento em seu sistema, que obtenha do cliente o anexo abaixo preenchido e devidamente assinado, para que se resguarde a respeito da origem das informações.>

**ANEXO IX**
**INSTRUÇÃO NORMATIVA PRES/INSS N. 128, DE 28 MARÇO DE 2022**
**AUTODECLARAÇÃO DO SEGURADO ESPECIAL – PESCADOR**
**(TODAS AS INFORMAÇÕES SERÃO CHECADAS NOS SISTEMAS OFICIAIS)**

1. Dados do Segurado:

NOME:_____ APELIDO:_____

DATA DE NASCIMENTO:___/___/____ LOCAL DE NASCIMENTO:_____

ENDEREÇO RESIDENCIAL:_____

MUNICÍPIO:_____ UF:_____ CPF:_____

RG: _____ LOCAL DE EXPEDIÇÃO/DATA _____, ___/___/_____

*RGP: _____ MATRÍCULA CEI/CAEPF: _____

2. Período(s) de atividade pesca (dia/mês/ano):

| PERÍODO (xx/xx/xxxx a xx/xx/xxxx) | LOCAL ONDE EXERCE A ATIVIDADE* | SITUAÇÃO |
|---|---|---|
| | | ( ) Individualmente<br>( ) Regime de economia familiar |
| | | ( ) Individualmente<br>( ) Regime de economia familiar |
| | | ( ) Individualmente<br>( ) Regime de economia familiar |

*Mar/Rio/Estuário/Lagoa/Açude/Represa.

2.1 No caso de exercício de atividade em regime de economia familiar, informe sua condição no grupo:

( ) Titular

( ) Componente

2.2 Grupo Familiar, se exerceu ou exerce a atividade em regime de economia familiar, informe os componentes do grupo familiar:

NOME:_____ DN:_____

CPF (NÚMERO):_____

ESTADO CIVIL:_____ PARENTESCO:_____

NOME:_____ DN:_____

CPF (NÚMERO):_____

ESTADO CIVIL:_____ PARENTESCO:_____

NOME:_____ DN:_____

CPF (NÚMERO):_____

ESTADO CIVIL:_____ PARENTESCO:_____

NOME:_____ DN:_____

CPF (NÚMERO):_____

ESTADO CIVIL:_____ PARENTESCO:_____

3. Informe a condição de pescador em relação à embarcação em que exerce/exerceu a atividade:

| PERÍODO (xx/xx/xxxx a xx/xx/xxxx) | CONDIÇÃO EM RELAÇÃO À EMBARCAÇÃO* | ARQUEAÇÃO BRUTA DA EMBARCAÇÃO (AB) |
|---|---|---|
| | | |
| | | |
| | | |
| | | |
| | | |

*Arrendatário/Comodatário/Meeiro/Parceiro/Proprietário/Pescador Artesanal ou mariscador sem embarcação.

3.1 Se o segurado for proprietário e houve arrendamento da embarcação, informar:

| |
|---|
| |
| |
| |
| |

3.2 Qual o nome e CPF do(s) titular(es) da embarcação:

| NOME__PERÍODO (xx/xx/xxxx a xx/xx/xxxx) | | |
|---|---|---|
| | | |
| | | |
| | | |

3.3 Informe a atividade pesqueira (pescador de tambaqui, pescador de ostra etc.):

| | |
|---|---|
| | |
| | |
| | |
| | |

3.4 Informe se houve recolhimento de Imposto sobre Produtos Industrializados – IPI sobre a venda da produção: SIM ( ) NÃO ( )

|  |  |
|---|---|
|  |  |
|  |  |
|  |  |

3.5 Possui empregado(s) ou prestador(es) de serviço: SIM ( ) NÃO ( ) Especificar.

| NOME_, se possuir_PERÍODO (xx/xx/xxxx a xx/xx/xxxx) |
|---|
|  |
|  |
|  |

4. Informe se exerce ou exerceu outra atividade e/ou recebe/recebeu outra renda:

| ATIVIDADE*_PERÍODO (xx/xx/xxxx a xx/xx/xxxx) |
|---|
|  |

* Pedreiro, carpinteiro, pintor, servidor público, entre outros.

4.1 Informe se recebe/recebeu outra renda nas seguintes atividades: atividade turística, artística, artesanal, dirigente sindical ou de cooperativa, mandato de vereador:

SIM ( ) NÃO ( )

| ATIVIDADE_ÍODO (xx/xx/xxxx a xx/xx/xxxx)_RENDA (R$) | OUTRAS INFORMAÇÕES* |
|---|---|
|  |  |
|  |  |
|  |  |

* Para atividade artesanal, informar a origem da matéria-prima.

Para mandato de vereador, informar o Município.

Para exploração de atividade turística na propriedade, indicar os dias de hospedagem por exercício.

4.2 Informe se participa de cooperativa: SIM ( ) NÃO ( )

| ENTIDADE__INFORMAR SE É AGROPECUÁRIA OU DE CRÉDITO RURAL |
|---|
|  |

Declaro sob as penas previstas na legislação, que as informações prestadas nesta declaração são verdadeiras, estando ciente das penalidades do art. 299 do Código Penal Brasileiro.

Local:_____ Data: _____

_____
Assinatura do segurado/requerente

[ POLEGAR DIREITO ]

Art. 299 do Código Penal: "Omitir, em documento público ou particular, declaração que dele devia constar ou nele inserir ou fazer inserir declaração falsa ou diversa da que devia ser escrita, com o fim de prejudicar direito, criar obrigação ou alterar a verdade sobre fato juridicamente relevante.

Pena – reclusão, de um a cinco anos, e multa, se o documento é público, e reclusão de um a três anos, e multa, se o documento é particular."

## 16. MODELO DE AUTODECLARAÇÃO DO SEGURADO ESPECIAL – RURAL

<Mesmo sendo possível o preenchimento diretamente no sistema Meu INSS e INSS Digital da advocacia, sugiro que caso o(a) procurador(a) opte por fazer o requerimento em seu sistema, que obtenha do cliente o anexo abaixo preenchido e devidamente assinado, para que se resguarde a respeito da origem das informações.>

**ANEXO VIII**
**INSTRUÇÃO NORMATIVA PRES/INSS N. 128, 28 DE MARÇO DE 2022**
**AUTODECLARAÇÃO DO SEGURADO ESPECIAL – RURAL**
**TODAS AS INFORMAÇÕES SERÃO CHECADAS NOS SISTEMAS OFICIAIS**

1. **Dados do Segurado:**

NOME:_____ APELIDO:_____

DATA DE NASCIMENTO/DN: _____ LOCAL DE NASCIMENTO:_____

ENDEREÇO RESIDENCIAL: _____

MUNICÍPIO:_____ UF:_____

CPF:_____ RG: _____ DATA/LOCAL DE EXPEDIÇÃO:_____

2. **Período(s) de atividade rural (dia/mês/ano):**

| PERÍODO (xx/xx/xxxx a xx/xx/xxxx) | CONDIÇÃO EM RELAÇÃO AO IMÓVEL* | SITUAÇÃO |
|---|---|---|
| | | ( ) Individualmente<br>( ) Regime de economia familiar |
| | | ( ) Individualmente<br>( ) Regime de economia familiar |
| | | ( ) Individualmente<br>( ) Regime de economia familiar |
| | | ( ) Individualmente<br>( ) Regime de economia familiar |
| | | ( ) Individualmente<br>( ) Regime de economia familiar |

*Proprietário/Possuidor/Comodatário/Arrendatário/Parceiro/Meeiro/Usufrutuário/Condômino/Posseiro/Assentado/ Acampado.

2.1 No caso de exercício de atividade em regime de economia familiar, informe sua condição no grupo na data do requerimento:

( ) Titular

( ) Componente

2.2 Grupo Familiar, se exerceu ou exerce a atividade em regime de economia familiar, informe os componentes do grupo familiar:

NOME: _____DN: ___/___/_____
CPF (NÚMERO): _____
ESTADO CIVIL:_____ PARENTESCO: _____

NOME: _____DN: ___/___/_____
CPF (NÚMERO): _____
ESTADO CIVIL:_____ PARENTESCO: _____

NOME: _____DN: ___/___/_____
CPF (NÚMERO): _____
ESTADO CIVIL:_____ PARENTESCO: _____

NOME: _____DN: ___/___/_____
CPF (NÚMERO): _____
ESTADO CIVIL:_____ PARENTESCO: _____

**3. Se o segurado for proprietário, posseiro/possuidor, assentado, usufrutuário e houve cessão da terra, informar:**

| FORMA DE CESSÃO*_ÍODO (xx/xx/xxxx a xx/xx/xxxx) | ÁREA CEDIDA em hectare – ha |
|---|---|
| | |
| | |
| | |
| | |
| | |

*Exemplos: arrendamento, parceria, meação, comodato etc.

3.1 Informe os dados da(s) terra(s) onde exerceu ou exerce a atividade rural (conforme item 2): *se exploração em condomínio, informar no campo "área total do imóvel" a área pertencente ao condômino.

Registro ITR, se possuir: _____
Nome da propriedade:_____
Município/UF:_____
Área total do imóvel (ha): _____
Área explorada pelo requerente (ha): _____
Nome do proprietário:_____ CPF:_____

Registro ITR, se possuir: _____

Nome da propriedade:_____

Município/UF: _____

Área total do imóvel (ha): _____

Área explorada pelo requerente (ha): _____

Nome do proprietário:_____ CPF:_____

Registro ITR, se possuir: _____

Nome da propriedade:_____

Município/UF: _____

Área total do imóvel (ha): _____

Área explorada pelo requerente (ha): _____

Nome do proprietário:_____ CPF:_____

Registro ITR, se possuir: _____

Nome da propriedade:_____

Município/UF: _____

Área total do imóvel (ha): _____

Área explorada pelo requerente (ha): _____

Nome do proprietário:_____ CPF:_____

3.2 Informe o que explora na atividade rural e destinação (milho, feijão, porcos etc.)

|  |  |
|---|---|
|  |  |
|  |  |
|  |  |
|  |  |

3.3 Informe se houve recolhimento de Imposto sobre Produtos Industrializados – IPI sobre a venda da produção: SIM ( ) NÃO ( )

| PERÍODO (xx/xx/xxxx a xx/xx/xxxx) |
|---|
|  |
|  |

3.4 Possui empregado(s) ou prestador(es) de serviço: SIM ( ) NÃO ( ) Especificar.

| NOME_, se possuir_PERÍODO (xx/xx/xxxx a xx/xx/xxxx) |  |
|---|---|
|  |  |
|  |  |
|  |  |

**4. Informe se exerce ou exerceu outra atividade e/ou recebe/recebeu outra renda:**

SIM ( ) NÃO ( ) Especificar.

| ATIVIDADE/RENDA*__PERÍODO (xx/xx/xxxx a xx/xx/xxxx) |
|---|
| |
| |
| |

*Pedreiro, carpinteiro, pintor, servidor público, empregado rural, entre outros.

4.1 Informe se recebe/recebeu outra renda nas seguintes atividades: atividade turística, artística, artesanal, dirigente sindical ou de cooperativa, mandato de vereador:

SIM ( ) NÃO ( )

| ATIVIDADE_PERÍODO (xx/xx/xxxx a xx/xx/xxxx)_RENDA (R$) | OUTRAS INFORMAÇÕES* |
|---|---|
| | |
| | |
| | |

* Para atividade artesanal, informar a origem da matéria-prima.

Para mandato de vereador, informar o Município.

Para exploração de atividade turística na propriedade, indicar os dias de hospedagem por exercício.

4.2. Informe se participa de cooperativa: SIM ( ) NÃO ( )

| ENTIDADE__INFORMAR SE É AGROPECUÁRIA OU DE CRÉDITO RURAL |
|---|
| |
| |

Declaro sob as penas previstas na legislação, que as informações prestadas nesta declaração são verdadeiras, estando ciente das penalidades do art. 299 do Código Penal Brasileiro.

Local:_____ Data: ___/___/_____

_____
Assinatura do segurado/requerente

POLEGAR DIREITO

Art. 299 do Código Penal: "Omitir, em documento público ou particular, declaração que dele devia constar ou nele inserir ou fazer inserir declaração falsa ou diversa da que devia ser escrita, com o fim de prejudicar direito, criar obrigação ou alterar a verdade sobre fato juridicamente relevante.

Pena – reclusão, de um a cinco anos, e multa, se o documento é público, e reclusão de um a três anos, e multa, se o documento é particular."

## 17. MODELO DE AUTODECLARAÇÃO DO SEGURADO ESPECIAL – SERINGUEIRO E EXTRATIVISTA VEGETAL

<Mesmo sendo possível o preenchimento diretamente no sistema Meu INSS e INSS Digital da advocacia, sugiro que caso o(a) procurador(a) opte por fazer o requerimento em seu sistema, que obtenha do cliente o anexo abaixo preenchido e devidamente assinado, para que se resguarde a respeito da origem das informações.>

**ANEXO X**
**INSTRUÇÃO NORMATIVA PRES/INSS N. 128, 28 DE MARÇO DE 2022**
**AUTODECLARAÇÃO DO SEGURADO ESPECIAL – SERINGUEIRO E EXTRATIVISTA VEGETAL**
**TODAS AS INFORMAÇÕES SERÃO CHECADAS NOS SISTEMAS OFICIAIS**

**1. Dados do Segurado:**

NOME:_____ APELIDO:_____

DATA DE NASCIMENTO/DN:_____ LOCAL DE NASCIMENTO:_____

ENDEREÇO RESIDENCIAL: _____ MUNICÍPIO:_____ UF: _____

CPF:_____RG:_____DATA/LOCAL DE EXPEDIÇÃO:_____

**2.** O requerente é/foi seringueiro ou extrativista vegetal que explorou os recursos naturais renováveis de modo sustentável (assegurando a diversidade biológica e dos ecossistemas), sendo esta atividade seu principal meio de vida.

( ) SIM

( ) NÃO

**3. Período(s) de atividade extrativista (dia/mês/ano):**

| PERÍODO (xx/xx/xxxx a xx/xx/xxxx) | LOCAL ONDE EXERCE A ATIVIDADE | SITUAÇÃO |
|---|---|---|
|  |  | ( ) Individualmente<br>( ) Regime de economia familiar |
|  |  | ( ) Individualmente<br>( ) Regime de economia familiar |
|  |  | ( ) Individualmente<br>( ) Regime de economia familiar |

3.1 No caso de exercício de atividade em regime de economia familiar, informe sua condição no grupo:

( ) Titular

( ) Componente

3.2 Grupo Familiar, se exerceu ou exerce a atividade em regime de economia familiar, informe os componentes do grupo familiar:

NOME:_____ DN:_____

CPF (NÚMERO E LOCAL EXPEDIÇÃO):_____

ESTADO CIVIL:_____ PARENTESCO:_____

NOME:_____ DN:_____
CPF (NÚMERO E LOCAL EXPEDIÇÃO):_____
ESTADO CIVIL:_____ PARENTESCO:_____

NOME:_____ DN:_____
CPF (NÚMERO E LOCAL EXPEDIÇÃO):_____
ESTADO CIVIL:_____ PARENTESCO:_____

**4. Informe os dados da(s) terra(s):**
Registro ITR, se possuir _____
Nome da propriedade_____ Município/UF_____
Registro ITR, se possuir _____
Nome da propriedade_____ Município/UF_____

4.1. Informe a atividade extrativista principal (seringueiro, castanheiro etc.):

| ATIVIDADE | SUBSISTÊNCIA/VENDA |
|---|---|
|  |  |
|  |  |
|  |  |

4.2 Informe se há/houve processo de beneficiamento/industrialização artesanal com incidência de Imposto sobre Produtos Industrializados – IPI (farinha, processamento de borracha etc.):
SIM ( ) NÃO ( )

| PERÍODO (xx/xx/xxxx a xx/xx/xxxx) |
|---|
|  |
|  |

4.3. Possui empregado(s) ou prestador(es) de serviço: SIM ( ) NÃO ( ) Especificar.

| NOME | CPF, se possuir | PERÍODO (xx/xx/xxxx a xx/xx/xxxx) |
|---|---|---|
|  |  |  |
|  |  |  |
|  |  |  |

**5. Informe se exerce ou exerceu outra atividade e/ou recebe/recebeu outra renda:**
SIM ( ) NÃO ( ) Especificar.

| ATIVIDADE* | LOCAL | PERÍODO (xx/xx/xxxx a xx/xx/xxxx) |
|---|---|---|
|  |  |  |
|  |  |  |
|  |  |  |

\* Pedreiro, carpinteiro, pintor, servidor público, entre outros.

5.1. Informe se recebe/recebeu outra renda nas seguintes atividades: atividade turística, artística, artesanal, dirigente sindical ou de cooperativa, mandato de vereador: SIM ( ) NÃO ( )

| ATIVIDADE | PERÍODO (xx/xx/xxxx a xx/xx/xxxx) | RENDA (R$) | OUTRAS INFORMAÇÕES* |
|---|---|---|---|
|  |  |  |  |
|  |  |  |  |

\* Para atividade artesanal, informar a origem da matéria-prima.

Para mandato de vereador, informar o Município.

Para exploração de atividade turística na propriedade, indicar os dias de hospedagem por exercício.

5.2. Informe se participa de cooperativa: SIM ( ) NÃO ( )

| ENTIDADE | CNPJ | INFORMAR SE É AGROPECUÁRIA OU DE CRÉDITO RURAL |
|---|---|---|
|  |  |  |

Declaro, sob as penas previstas na legislação, que as informações prestadas nesta declaração são verdadeiras, estando ciente das penalidades do Art. 299 do Código Penal Brasileiro.

Local:_____ Data: ___/___/_____

_____
Assinatura do segurado/requerente

POLEGAR DIREITO

Art. 299 do Código Penal: Omitir, em documento público ou particular, declaração que dele devia constar ou nele inserir ou fazer inserir declaração falsa ou diversa da que devia ser escrita, com o fim de prejudicar direito, criar obrigação ou alterar a verdade sobre fato juridicamente relevante.

Pena – reclusão, de um a cinco anos, e multa, se o documento é público, e reclusão de um a três anos, e multa, se o documento é particular.

**NOTA: esta declaração deverá ser assinada pelo declarante em todas as suas páginas.**

## 18. MODELO DE REQUERIMENTO DE CANCELAMENTO/DESISTÊNCIA DO BENEFÍCIO

<Esse requerimento pode ser protocolado no Meu INSS do cliente ou pelo INSS Digital do advogado, mediante o serviço de "Solicitar Desistência de Benefício". Esse pedido é realizado totalmente pela internet.>

**ILUSTRÍSSIMO SENHOR CHEFE DA AGÊNCIA DO INSTITUTO NACIONAL DO SEGURO SOCIAL**

**REQUERIMENTO QUANTO AO BENEFÍCIO n. ___.___.___-___**

Eu, segurado(a), nacionalidade, estado civil, CPF n.º___.___.___-___, residente e domiciliado(a) na Rua, n.º, Complemento, Bairro, Cidade, Estado, CEP, venho, por meio deste, INFORMAR QUE NÃO TENHO INTERESSE EM RECEBER O BENEFÍCIO ACIMA MENCIONADO, DESISTINDO, PORTANTO, DO REQUERIMENTO ANTERIORMENTE PROTOCOLADO.

Destaco que continuarei a fazer recolhimentos ao INSS caso receba remunerações proveniente do trabalho, e pretendo requerer, futuramente, nova aposentadoria, posto que a ora concedida está muito abaixo dos valores esperados <ADEQUAR AO CASO. O CLIENTE PODE APENAS DESEJAR AGUARDAR SEM CONTRIBUIR>.

Declaro, ainda, sob as penas da Lei, que não procedi ao saque de meu FGTS e/ou PIS/PASEP com base na aposentadoria ora cancelada.

Requeiro, portanto, o CANCELAMENTO DO BENEFÍCIO já mencionado.

Nesses termos, PEDE DEFERIMENTO.

Cidade e data.

Assinatura do(a) segurado(a) ou seu representante legal

### 19. MODELO DE REQUERIMENTO DE CÓPIA INTEGRAL DO PROCESSO DE CONCESSÃO

**ILUSTRÍSSIMO SENHOR CHEFE DA AGÊNCIA DO INSTITUTO NACIONAL DO SEGURO SOCIAL**

**REQUERIMENTO**

Eu, segurado(a), nacionalidade, estado civil, CPF n.º___.___.___-___, residente e domiciliado(a) na Rua, n.º, Bairro, Cidade, Estado, CEP, venho, por meio deste, REQUERER cópia integral do processo de concessão do benefício NB: ___-___-___-___, DIB: ___/___/___, inclusive cópias de laudos relativos à perícia médica ou do serviço social. <é possível requerer cópia do benefício originário também, para os casos de pensão e de aposentadoria por invalidez>.

Requer ainda informações sobre eventuais revisões administrativas, PAB (pagamento alternativo de benefício) e CP (complemento positivo).

Nesses termos,

PEDE DEFERIMENTO.

Cidade e data.

Assinatura do(a) segurado(a) ou seu representante legal

Telefone para contato

### 20. MODELO DE REQUERIMENTO DE CÁLCULO DE RECOLHIMENTO DE CONTRIBUIÇÕES EM ATRASO

<Segundo a Portaria INSS n. 123/2020, a solicitação de recolhimento em atraso de período de débito (dentro dos últimos 5 anos) pode ser feita através do 135 ou 0800-1350135. Nesse caso, a abertura do procedimento se dá pelo telefone ou pessoalmente numa APS e após requerente que poderá anexar um requerimento como o abaixo, assim como a documentação que julgar pertinente à análise do pedido pelo Meu INSS do cliente. >

# ANEXO VII
## INSTRUÇÃO NORMATIVA PRES/INSS N. 128, DE 28 DE MARÇO DE 2022
## REQUERIMENTO PARA CÁLCULO DE CONTRIBUIÇÃO EM ATRASO

| |
|---|
| INFORMAÇÕES BÁSICAS |
| Nome civil: |
| CPF: |
| Número de Inscrição (NIT/PIS/PASEP/NIS): |
| Data de nascimento: |
| Nome da mãe: |
| Nome do pai: |
| FINALIDADE DO CÁLCULO |
| (  ) CONTAGEM NO RGPS (Indenização/Retroação da data do início das contribuições – DIC) |
| (  ) CONTAGEM RECÍPROCA (emissão de Certidão de Tempo de Contribuição – CTC) |
| COMPETÊNCIAS PARA CÁLCULO/TIPO DE FILIADO/OCUPAÇÃO |
| 1. NIT: _____<br>2. Tipo de filiado: _____<br>3. Ocupação: _____<br>4. Data de início: \_\_\_\_\_/\_\_\_\_\_/_____<br>5. Data fim: \_\_\_\_\_/\_\_\_\_\_/_____<br>Observação: _____ |
| **DOCUMENTOS APRESENTADOS** |
| (  ) Cédula de Identidade ou Registro Geral – RG;<br>(  ) Carteira Nacional de Habilitação – CNH;<br>(  ) Carteira de Trabalho e Previdência Social – CTPS em meio físico;<br>(  ) Carteira expedida por órgão ou entidade de classe;<br>(  ) Passaporte;<br>(  ) Documento Nacional de Identificação – DNI; ou<br>(  ) Outro documento legal com foto dotado de fé pública que permita a identificação da pessoa física. Especificar: _____; |
| (  ) Declaração fornecida pela empresa, devidamente assinada e identificada por seu responsável, acompanhada de original ou cópia autenticada da Ficha de Registro de Empregados ou do Livro de Registros de Empregados, onde conste o referido registro do trabalhador; |
| (  ) Contracheque ou recibo de pagamento contemporâneos aos fatos que se pretende comprovar;<br>(  ) Certificado de sindicato ou órgão gestor de mão de obra que agrupa trabalhadores avulsos;<br>(  ) Contrato Social e alterações/Registro de Firma Individual;<br>(  ) Guias de recolhimentos de contribuição de contribuinte individual;<br>(  ) Comprovante de inscrição de contribuinte individual;<br>(  ) Documentos comprobatórios de atividade rural. Especificar:_____<br>(  ) Outros documentos. Especificar:_____ |

O requerente fica ciente de que:

1. Estará sujeito ao pagamento das diferenças e acréscimos legais devidos, caso a Previdência Social constate, a qualquer momento, que o recolhimento foi efetuado em desacordo com a finalidade descrita, com os procedimentos do sistema ou legislação aplicável ao cálculo de contribuições em atraso.

2. Qualquer declaração falsa ou diversa da escrita sujeitará o declarante à pena prevista no art. 299 do Código Penal.

Declaro, para os devidos fins, que exerço/exerci atividade de filiação obrigatória, referente às contribuições constantes no Cadastro Nacional de Informações Sociais – CNIS, vinculadas ao NIT acima referenciado, na atividade e períodos acima relacionados.

Declaro, ainda, serem completas e verdadeiras as informações acima expostas, estando ciente das penalidades do art. 299 do Código Penal Brasileiro, conforme descrito abaixo.

> Art. 299 – Omitir, em documento público ou particular, declaração que devia constar, ou nele inserir, ou fazer inserir declaração falsa ou diversa da que devia ser escrita, com o fim de prejudicar direito, criar obrigação ou alterar a verdade sobre fato juridicamente relevante.

Local e Data: _____, _____/_____/_____

_____
Assinatura do Filiado/Representante Legal

## 21. INSCRIÇÃO/CORREÇÃO DO CADASTRO DO SEGURADO ESPECIAL

<Tentar preencher o maior número possível de informações>

| | | | |
|---|---|---|---|
| Nome completo: | | CPF: | |
| Data de nascimento: | Identidade: | Emissor: | UF: |
| Nome completo da mãe: | | | |
| CTPS: | Série: | UF: | CNH: |
| Título de eleitor: | Carteira de marítimo: | | Emissão: |
| Passaporte: | Série: | Emissão: | Validade: |
| Tipo de Certidão: | Termo: | Livro: | Folha: |
| Cartório: | | Data do registro: | |
| Data da emissão da segunda via: | | | |
| Nome completo do pai: | | | |
| Estado civil: | Sexo: | Nacionalidade: | |
| Data da chegada ao país: | País de nascimento: | | |
| Município de nascimento: | Data da emancipação: | | |
| CEP: | Tipo de logradouro: | | |
| Logradouro: | | Número: | |
| Complemento: | Bairro: | | |
| UF: | Município: | | |
| Telefone: | Celular: | Email: | |
| Dados específicos do segurado especial | | | |
| Forma de exercício da atividade: | Individual: | Economia familiar: | |
| Condição do segurado no grupo familiar: | Titular: | Componente: | |
| Tipo de ocupação: | Forma de ocupação: | | |
| Dados da terra ou embarcação: | | | |
| Nome do proprietário: | | | |

| CPF do proprietário: | CNPJ do proprietário: |
|---|---|
| CEI do proprietário: | |
| Entidade emissora da inscrição: | |
| CNPJ entidade emissora da inscrição: | |
| Nome do funcionário emissor: | |
| CPF do funcionário emissor: | |
| Sujeito à Lei n. 8.212, de 24 de julho de 1991, e Decreto n. 3.048, de 6 de maio de 1999. Declaro serem verídicas as informações acima por mim prestadas, sob pena de incursão no art. 299 do Código Penal. As informações acima prestadas têm caráter declaratório, ressalvado o direito de o INSS solicitar comprovação delas sempre que necessário. | |
| Local/data: Assinatura do segurado | |

## 22. MODELO DE PEDIDO DE INCLUSÃO DE CONTA BANCÁRIA

**ILUSTRÍSSIMO SENHOR CHEFE DA AGÊNCIA DO INSTITUTO NACIONAL DO SEGURO SOCIAL**

Benefício: NB 000.000.000-0

### REQUERIMENTO DE INCLUSÃO DE CONTA BANCÁRIA

Eu, beneficiário(a), nacionalidade, estado civil, CPF nº___.___.___-___, residente e domiciliado(a) na Rua, nº, Complemento: Bairro, Cidade, Estado, CEP, venho, por meio deste, requerer que meu benefício acima mencionado passe a ser depositado diretamente na conta-corrente <OU POUPANÇA> abaixo nominada, de minha titularidade:

Banco:

Agência:

Conta:

Requer ainda a juntada dos documentos anexos.

Nesses termos, PEDE DEFERIMENTO.

Cidade e data.

Assinatura do(a) beneficiário(a) ou de seu representante legal

## 23. MODELO DE PEDIDO DE REVISÃO DA CERTIDÃO DE TEMPO DE CONTRIBUIÇÃO

<Esse requerimento pode ser protocolo no Meu INSS do cliente ou pelo INSS Digital do advogado, mediante o serviço de "Revisão de Certidão de Tempo de Contribuição". Este pedido é realizado totalmente pela internet dentro das opções Recurso e Revisão.>

**ILUSTRÍSSIMO SENHOR CHEFE DA AGÊNCIA DO INSTITUTO NACIONAL DO SEGURO SOCIAL**

### REQUERIMENTO DE REVISÃO DE CERTIDÃO DE TEMPO DE CONTRIBUIÇÃO

Eu, segurado(a), nacionalidade, estado civil, CPF nº___.___.___-___, residente e domiciliado(a) na Rua, nº, Complemento: Bairro, Cidade, Estado, CEP, venho, por meio deste, REQUERER A REVISÃO DA CTC, conforme previsão expressa da IN INSS/PRES n. 128/2022 em seu art. 517 c/c o art. 515.

Requer, portanto:

1. A emissão da nova certidão e o cancelamento da antiga, para que conste na nova certidão o acréscimo de tempo especial tendo em vista o exercício da atividade de ..... <ADEQUAR AO CASO>

e, sobretudo, por estar exposta a agentes nocivos à saúde, conforme comprova o PPP anexo a esse requerimento e garante o art. 515[11] da IN n. 128/2022.

2. Requer ainda que caso seja necessária alguma documentação adicional no presente caso, que seja emitida carta de exigência com prazo para entrega.

Nesses termos,

PEDE DEFERIMENTO.

Cidade e data.

Assinatura do(a) segurado(a) ou seu representante legal.

## 24. MODELO DE PEDIDO ADMINISTRATIVO DE REVISÃO DE PENSÃO POR MORTE PARA DEPENDENTE INVÁLIDO

ILUSTRÍSSIMO SENHOR CHEFE DA AGÊNCIA DA PREVIDÊNCIA SOCIAL DE <CIDADE>

**SEGURADO(a)**, nacionalidade, estado civil, profissão, portador(a) da cédula de identidade, inscrito(a) no CPF sob o n., endereço eletrônico, residente e domiciliado(a) na Rua, Bairro, Cidade, Estado, CEP, vem à presença de Vossa Senhoria, por intermédio de seus procuradores constituídos, requerer **REVISÃO DE PENSÃO POR MORTE**, com fundamento no art. 235, § 3º, da IN n. 128/2022 c/c art. 226 da Portaria 991/2022, pelos fatos e fundamentos a seguir expostos.

### 1. DOS FATOS <ADEQUAR AO CASO CONCRETO>

A requerente era casada com o XXX, aposentado, falecido em 00.00.2000. Necessário se faz salientar que na data do óbito do instituidor, foi reconhecida a dependência e o direito de a beneficiária perceber à Pensão por Morte.

A beneficiária é portadora de <exemplo: neoplasia maligna do cólon sigmoide (CID-10:18.7), permanecendo até a data da entrada do requerimento em tratamento oncológico>.

Ocorre que no ato da concessão do benefício, não foi observada a condição de invalidez da beneficiária, sendo a pensão por morte concedida sem aplicação do salário-base reservada aos dependentes inválidos.

Assim, tendo em vista que na data do óbito a beneficiária era considerada permanentemente inválida, bem como impossibilitada de exercer suas atividades laborais e habituais e comprovadamente sem possibilidade de recuperação ou reabilitação, é razoável que seja revisada a renda mensal inicial da Pensão por Morte para garantir à beneficiária o pagamento do salário-base.

### 2. DO DIREITO <ADEQUAR AO CASO CONCRETO>

#### 2.1. Da condição de invalidez

Preambularmente, cumpre salientar que requisitos como qualidade de dependente, qualidade de segurado e dependência econômica foram analisados na data da concessão do benefício. Por consequência, será demonstrado tão somente a existência de invalidez da dependente na data do óbito.

Conforme brevemente narrado na síntese fática, a beneficiária foi diagnosticada em 00.00.0000 com Neoplasia Maligna do Cólon Sigmoide (CID-10: 18.7).

---

[11] Art. 515. Quando for solicitada CTC com identificação do tempo de serviço prestado em condições perigosas ou insalubres, será realizada a análise de mérito da atividade cujo reconhecimento é pretendido como atividade especial.
Parágrafo único. Os períodos reconhecidos pelo INSS como de tempo de atividade exercida em condições especiais deverão ser incluídos na CTC e discriminados de data a data, sem conversão em tempo comum.

Extrai-se do relatório médico atestado pelo especialista que acompanha o quadro clínico da beneficiária que ela está em seguimento oncológico regular e por tempo indeterminado, vejamos laudo assinado e datado em 00.00.0000 pelo médico especialista em cancerologia cirúrgica:

<SUGERIMOS QUE SEJA INCLUÍDA IMAGEM DO LAUDO MÉDICO>

Já na data do óbito do instituidor a segurada havia sido diagnosticada com a doença que atualmente lhe incapacita total e permanentemente para o exercício de suas atividades laborais e habituais. Nesse sentido, vejamos o disposto no exame médico anexo:

<SUGERIMOS QUE SEJA INCLUÍDA IMAGEM DO DOCUMENTO MÉDICO QUE DEMONSTRA A INVALIDEZ>

Nesse passo, disciplina o art. 235, § 3º, da IN n. 128/2022, que na existência de dependentes inválidos e/ou com deficiência intelectual, mental ou grave, a renda mensal inicial equivalerá a 100% do salário-base da pensão por morte. Senão vejamos:

> Art. 235. A renda mensal inicial da pensão por morte será constituída pela soma da cota familiar e da(s) cota(s) individual (is), observado o §§ 3º e 4º, e será rateada em partes iguais aos dependentes habilitados.
> § 3º Na hipótese de existir dependente inválido ou com deficiência intelectual, mental ou grave, a renda mensal inicial da pensão por morte corresponderá a 100% (cem por cento) do salário-base da pensão por morte, em substituição ao disposto no *caput*.

No mesmo sentido é o que segue disposto no *caput* do art. 226 da Portaria n. 991/2022:

> Art. 226. Na hipótese de existir dependente inválido ou com deficiência intelectual, mental ou grave, a renda mensal inicial será equivalente a 100% (cem por cento) do salário-base da pensão por morte.

Diante o exposto, resta claro a existência de invalidez da dependente na data do óbito, razão pela qual é razoável que seja revisada a renda mensal inicial para que seja resguardado o pagamento do salário-base.

### 2.2. Da perícia médica federal

Regulamenta o art. 178, § 8º, da IN n. 128/2022, que a condição de invalidez da dependente será comprovada por meio de exame médico pericial a ser realizado pela Perícia Médica Federal.

> Art. 178. São beneficiários do RGPS na condição de dependentes do segurado: (...)
> § 8º O dependente inválido ou com deficiência intelectual, mental ou grave, para fins previdenciários, terá sua condição de invalidez comprovada mediante exame médico pericial a cargo da Perícia Médica Federal, e a condição de deficiência comprovada por meio de avaliação biopsicossocial realizada por equipe multiprofissional e interdisciplinar, observada a revisão periódica na forma do art. 330, no que couber.

Na mesma linha é o disposto na Portaria n. 991/2022, no art. 21:

> Art. 21. Para comprovação da invalidez é necessário:
> I – agendar perícia para avaliação da invalidez alegada, devendo a perícia médica informar, além da existência da invalidez, a data do seu início;
> III – o laudo médico-pericial será digitado no benefício de pensão por morte/auxílio-reclusão e, para fins de análise de direito, a conclusão médica deve ser favorável (tipo 4) e a data da invalidez menor ou igual à data da cessação da cota ou do benefício.
> Parágrafo único. Considera-se inválido o dependente cônjuge, companheiro(a), filho(a), pais e irmão(ã) que for considerado incapaz e insuscetível de reabilitação para o exercício de atividade remunerada que lhe garanta subsistência, comprovado mediante exame médico-pericial a cargo do INSS, desde que a Data do Início da Invalidez tenha ocorrido até a data prevista para a cessação da cota (quatro meses ou conforme a idade).

Destarte, tendo em vista que até data do pedido de revisão (DPR) não há serviço autônomo disponível no portal "MEU INSS", bem como na Central 135, requer-se que a beneficiária seja encaminhada para realização da Perícia Médica Federal.

### 2.3. Dos efeitos financeiros

Nos moldes do § 1º do art. 586 da IN n. 128/2022, não sendo identificados novos elementos no pedido de revisão, o efeito financeiro do pedido retroagirá à data do início do pagamento:

> Art. 586. Os efeitos financeiros do processamento de revisão com novos elementos serão fixados na DPR.
>
> § 1º Nas revisões a pedido do interessado ou de ofício, ressalvado o disposto no § 2º, não sendo identificado novo elemento, os efeitos financeiros serão fixados na DIP, observada a prescrição.

Destarte, visto que na data da entrada do requerimento a segurada apresentou no requerimento de pensão por morte documentos que demonstravam que a sua condição de invalidez era notória, é razoável que os efeitos financeiros sejam fixados na DIP.

### 3. DOS REQUERIMENTOS <ADEQUAR AO CASO CONCRETO>

Ante o exposto, requer-se:

a) a Revisão da RMI da Pensão por Morte para que seja resguardado o pagamento de 100% do salário-base à segurada, tendo em vista a condição de invalidez existente na data do óbito, nos moldes do art. 235, § 3º, da IN n. 128/2022 c/c art. 226 da Portaria n. 991/2022;

b) o agendamento de Perícia Médica Federal para que seja atestada a condição de invalidez da beneficiária, bem como a comunicação expressa do efetivo agendamento, nos moldes do art. 178, § 8º, da IN n. 128/2022 c/c art. 21, I, da Portaria n. 991/2022, visto que na data do pedido de revisão não há serviço autônomo que possibilite o agendamento pela segurada;

c) Necessário sendo a apresentação de novos documentos, que seja emitida a carta de exigência com o prazo razoável para o cumprimento da mesma, nos termos do art. 566 da IN n. 128/2022;

d) por fim, requer-se que as intimações e correspondências referentes ao presente pedido de aposentadoria se deem em nome do(a) advogado(a) <INCLUIR NOME E OAB> pelo sistema INSS DIGITAL ou pelo endereço constante no rodapé desse requerimento.

Nesses Termos,

Pede Deferimento.

Local de data.

Advogado/OAB

## 25. MODELO DE RECURSO ORDINÁRIO PARA A JUNTA DE RECURSOS DO CRPS

<Esse requerimento pode ser protocolo no Meu INSS do cliente ou pelo INSS Digital do advogado, mediante o serviço de "Recurso Ordinário (1ª Instância)". Esse pedido é realizado totalmente pela internet dentro das opções Recurso e Revisão.>

**ILUSTRÍSSIMO(A) SENHOR(A) CHEFE DA AGÊNCIA DO INSTITUTO NACIONAL DO SEGURO SOCIAL**

**Segurado(a),** nacionalidade, estado civil, residente e domiciliado(a) na Rua, Bairro, Cidade/Estado, CEP, NB 000.000.000-0, com DIB de 00.00.2000, vem, por meio desse, apresentar RECURSO ORDINÁRIO, com base no disposto no art. 578[12] da IN INSS/PRES n. 128/2022 e no art. 32 do RI do CRPS[13].

---

[12] Art. 578. Das decisões proferidas pelo INSS, poderão os interessados interpor recurso ordinário às Juntas de Recursos do Conselho de Recursos da Previdência Social – CRPS.

[13] Art. 32. Denomina-se Recurso Ordinário aquele interposto pelo interessado e endereçado às Juntas de Recursos do CRPS, em face de decisão proferida pelo INSS nos casos de benefícios em matéria previdenciária e assistencial, bem como a contestação apresentada em face da decisão do MTP nos processos relativos à apuração do FAP, a que se refere o inciso II do artigo 1º; o recurso impetrado contra as decisões relacionadas à compensação

Requer a reanálise da decisão proferida, nos termos dos art. 66[14] do Regimento Interno do CRPS.

Caso não haja a retratação da decisão denegatória, que seja o processo instruído e seja encaminhado para a Junta de Recursos, nos termos do art. 27[15] da Portaria DIRBEN/INSS n. 996/2022.

Após 30 dias, com ou sem contrarrazões, que seja o presente processo administrativo encaminhado à Junta de Recursos competente para julgamento.

Requer-se, ainda, o devido pronunciamento da perícia médica em revisão analítica (em caso de benefício negado por força de entendimento do médico-perito da APS).

Nesses termos,

PEDE DEFERIMENTO.

Cidade e data.

Segurado(a)/representante legal.

<SUGESTÃO AO LEITOR PARA INSERÇÃO DE QUEBRA DE PÁGINA>

**RAZÕES DO RECURSO**

**NOBRES JULGADORES**

**Recorrente:**

**Recorrido: Instituto Nacional do Seguro Social (INSS)**

**Assunto:**

**1. DOS FATOS** <ADEQUAR AO CASO CONCRETO>

Em 00.00.2016, foi marcada avaliação médica, para verificar a persistência, atenuação ou agravamento da incapacidade que gerou a concessão do auxílio por incapacidade temporária/aposentadoria por incapacidade permanente ora discutido(a).

Ocorre que o resultado do exame indicou a cessação da incapacidade e foi proferida a decisão denegatória com os seguintes fundamentos:

<COLACIONAR MOTIVOS DA DECISÃO>

---

financeira de que trata a Lei nº 9.796, de 1999 e o recurso apresentado contra notificação de auditoria fiscal ou auto de infração emitidos pela Secretaria de Previdência em sua atividade de supervisão realizada por meio de fiscalização nos regimes próprios de previdência social, a que se referem os incisos IV e V do artigo 1º, todos deste Regimento.

[14] Art. 66. O INSS e a SPREV (FAP/RPPS), enquanto não ocorrida a decadência, poderão reconhecer o direito do interessado e reformar suas próprias decisões, observado o seguinte procedimento:

I – quando o reconhecimento ocorrer antes do encaminhamento do Recurso Ordinário ao CRPS, o INSS e a SPREV (FAP/RPPS) deixarão de enviar o recurso à Unidade Julgadora competente; e

II – quando o reconhecimento ocorrer após a chegada do recurso no CRPS, mesmo que em fase de diligência ou após o julgamento, o INSS e a SPREV (FAP/RPPS), deverão encaminhar os autos à respectiva Unidade Julgadora, devidamente instruído com a comprovação da reforma de sua decisão e do reconhecimento do direito do interessado, para julgamento, se este ainda não tiver ocorrido, ou para que seja proferida nova decisão, se for o caso.

Parágrafo único. Na hipótese de reforma parcial de decisão do INSS ou da SPREV (FAP/RPPS), o processo terá seguimento em relação à questão objeto da controvérsia remanescente.

[15] Art. 27. Recebido o recurso, deve o INSS proceder, respeitando o prazo regimental, à instrução do feito, juntando a ele o processo em que se deu a decisão recorrida.

§ 1º Quando o objeto for decisão proferida em requerimento de benefício por incapacidade, poderão ser juntados como processo concessório os extratos e dados dos sistemas corporativos que reconstituam as informações do requerimento.

§ 2º Após a juntada à instrução do recurso ordinário do processo em que se deu a decisão recorrida, o requerimento poderá ser encaminhado para as JRs, oportunidade em que serão ratificadas as razões do indeferimento, que serão consideradas como as contrarrazões do INSS.

*Concessa venia*, os argumentos da decisão denegatória não merecem prosperar, não existindo, portanto, motivo que justifique a cessação do benefício ora discutido, restando mais do que comprovada a incapacidade do(a) segurado(a) para o exercício de atividade laborativa.

Salientamos, ainda, que no presente caso não foi efetuado o pagamento da parcela de recuperação prevista nos arts. 47 da Lei n. 8.213/1991 e 49, II, do Decreto n. 3.048/1999.

Destacamos que o benefício do(a) segurado(a) foi cancelado, estando o(a) mesmo(a) totalmente desprotegido(a) financeiramente, tendo que viver de ajuda de familiares e amigos.

Tal situação obriga o(a) segurado(a) a recorrer a essa nobre Junta de Recursos, para garantir a correta interpretação dos fatos, bem como a devida aplicação do direito pertinente.

## 2. DOS FUNDAMENTOS JURÍDICOS <ADEQUAR AO CASO CONCRETO>

O(A) segurado(a) ainda está acometido(a) da doença que deu ensejo ao benefício ora discutido, com as seguintes CIDs: <LISTAR>

Como prova, juntamos ao presente recurso prontuário médico e laudo recente do médico Dr. (nome do médico) que trata do(a) recorrente desde o início de seus problemas de saúde. Do mencionado laudo destacamos:

<COLACIONAR ATESTADO E LAUDO MÉDICO QUE CONCLUI PELA IMPOSSIBILIDADE DE RETORNO ÀS ATIVIDADES LABORATIVAS>

Anexamos, ainda, ao presente recurso, cópia do receituário, onde constam as medicações tomadas constantemente pelo(a) recorrente, de forma a manter sob controle seu quadro clínico.

<INCLUIR MAIS DETALHES SOBRE A CONDIÇÃO CLÍNICA DO(A) SEGURADO(A)>

Para concretizar ainda mais as provas, juntamos aos autos o prontuário médico do(a) segurado(a), do qual destacamos:

<INCLUIR DESTAQUES DO PRONTUÁRIO SOBRE A CONDIÇÃO CLÍNICA DO(A) SEGURADO(A)>

Fica comprovado que não existe motivo algum para a cessação do benefício; ao contrário, o(a) segurado(a) ainda está em tratamento e acometido das mesmas limitações que ainda o impedem de continuar trabalhando.

Não há, portanto, mudança em seu estado clínico que justifique a drástica alteração de interpretação da incapacidade por parte do INSS.

Juntamos, à defesa inicial, cópia dos laudos médicos existentes produzidos em exames a que se submeteu o segurado, todos concluindo pela incapacidade laborativa do(a) segurado(a).

No caso, primeiro foi concedido ao(a) segurado(a) o benefício de auxílio por incapacidade temporária; entretanto, após não ser constatada melhora, foi recomendada, pelo médico do próprio INSS, a aposentadoria. (EM CASO DE APOSENTADORIA POR INCAPACIDADE PERMANENTE)

Do laudo que acarretou o deferimento, citamos:

<SE TIVER, CITAR DETALHES DOS DIAGNÓSTICOS DO INSS>

Assim, a concessão da aposentadoria por incapacidade permanente para o(a) segurado(a) foi embasada em diversos laudos médicos, produzidos por peritos do INSS e médicos que tratavam o(a) segurado(a), sendo que as conclusões eram sempre as mesmas. (EM CASO DE APOSENTADORIA POR INCAPACIDADE PERMANENTE)

Ocorre que, no laudo médico produzido na última perícia do INSS, o médico não levou em consideração o quadro clínico do(a) segurado(a), tampouco analisou os documentos médicos anteriores e o tratamento ao qual o(a) segurado(a) está submetido. O médico limitou-se a CONSTATAR O QUADRO MÓRBIDO, mas colocou como data-limite para a incapacidade laborativa o dia 00/00/20___. <ADEQUAR AO CASO>

Tal conclusão não é condizente com os documentos e laudos apresentados.

Desse modo, diante do erro na avaliação médico-pericial, faz-se necessária a análise de toda a documentação médica apresentada, de forma a ser restabelecido imediatamente o benefício, ou, ao menos, ser iniciado imediatamente o pagamento da parcela de recuperação prevista nos arts. 47 da Lei n. 8.213/1991 e 49, II, do Decreto n. 3.048/1999.

Ademais, quanto à possibilidade de cancelamento do benefício, é sabido que, enquanto perdurar a análise da presente defesa, o INSS está impedido de cancelar o benefício em questão. Nesse sentido, a orientação jurisprudencial do STJ:

> (...) em observância aos princípios do contraditório e da ampla defesa, é necessário o exaurimento da via recursal administrativa antes que a autarquia previdenciária proceda à suspensão do benefício. (REsp 1.609.517/MG, Rel. Min. Regina Helena Costa, *DJe* 02.03.2018)

Destacamos, ainda, que, no caso de recuperação da capacidade laborativa por parte do(a) aposentado(a) por invalidez, existem regras próprias para o cancelamento desse benefício, que citamos abaixo: (EM CASO DE APOSENTADORIA POR INCAPACIDADE PERMANENTE)

> Art. 47 da Lei n. 8.213/1991 – Verificada a recuperação da capacidade de trabalho do aposentado por invalidez, será observado o seguinte procedimento: [...]
>
> II – quando a recuperação for parcial, ou ocorrer após o período de 5 (cinco) anos ou ainda quando o segurado for declarado apto para o exercício de trabalho diverso do qual habitualmente exerça, a aposentadoria será mantida, sem prejuízo da volta a atividade:
>
> a) no seu valor integral, durante 6 (seis) meses contados da data em que for verificada a recuperação da capacidade;
>
> b) com redução de 50% (cinquenta por cento), no período seguinte de 6 (seis) meses;
>
> c) com redução de 75% (setenta e cinco por cento), também por igual período de 6 (seis) meses, ao término do qual cessará definitivamente.

No mesmo sentido o art. 49 do Decreto n. 3.048/1999. Desta forma, ainda que o INSS entenda pelo retorno da capacidade laborativa, o benefício não pode ser cessado imediatamente, devendo ser cumprida a norma disposta no art. 47 da LBPS e art. 49, inciso II, do Decreto n. 3.048/1999.

O segurado recorrente postula, ainda, dada a sua situação de grave dificuldade financeira, ante o não recebimento de benefício e tampouco de rendimentos do trabalho, que lhe seja antecipada por esta d. Junta a tutela de sua pretensão, com o imediato restabelecimento do benefício cessado.

## 3. REQUERIMENTOS <ADEQUAR AO CASO CONCRETO>

Ante todo o exposto, o recorrente requer:

> a) a concessão da tutela de urgência por esta d. Junta, a fim de que seja imediatamente restabelecido o benefício indevidamente cessado, à vista da documentação médica constante nos autos e da situação de necessidade que se encontra o(a) segurada(a);
>
> b) em caso de indeferimento da tutela pleiteado no item a, requer a concessão imediata da parcela de recuperação para cumprimento dos arts. 47 da Lei n. 8.213/1991 e 49, inciso II, do Decreto n. 3.048/1999. <EM CASO DE APOSENTADORIA POR INCAPACIDADE PERMANENTE>;
>
> c) caso essa Junta de Recurso entenda que a documentação médica acostada aos autos não é suficiente para a prova da incapacidade, requer a marcação de perícia médica, de forma a se garantir a correta avaliação do caso por um médico especialista;

Salienta desde já que, em caso de nova perícia, deve ser observado pelo perito ou pela Junta Médica, todo o histórico de saúde do(a) recorrente, de forma que se requer o apensamento ao presente do processo administrativo de concessão dos benefícios anteriores NB 000.000.000-0 <ADEQUAR AO CASO CONCRETO>.

Em sendo constatada a existência e persistência da incapacidade laborativa, que esta Junta determine o restabelecimento do benefício, a contar da indevida cessação.

Nesses termos, PEDE DEFERIMENTO.

Cidade e data.

Assinatura do(a) segurado(a) ou de seu representante legal

## 26. MODELO DE RECURSO ESPECIAL PARA A CÂMARA DE JULGAMENTO DO CRPS

<Esse requerimento pode ser protocolo no Meu INSS do cliente ou pelo INSS Digital do advogado, mediante o serviço de "Recurso Especial (2ª Instância) /Alteração de Acórdão[16]". Esse pedido é realizado totalmente pela internet dentro das opções Recurso e Revisão.>

**ILUSTRÍSSIMO(A) SENHOR(A) CHEFE DA AGÊNCIA DO INSTITUTO NACIONAL DO SEGURO SOCIAL**

**Segurado(a),** nacionalidade, estado civil, residente e domiciliado(a) na Rua, Bairro, Cidade/Estado, CEP, NB 000.000.000-0, com DIB de 00.00.2000, vem, por meio desse, apresentar RECURSO ESPECIAL, com base no disposto no art. 33 do Regimento Interno do CRPS no art. 5º[17] da IN INSS/PRES n. 128/2022.

Nesses termos, PEDE DEFERIMENTO.

Cidade e data.

Segurado(a)/representante legal.

<SUGESTÃO AO LEITOR PARA INSERÇÃO DE QUEBRA DE PÁGINA>

**RAZÕES DO RECURSO ESPECIAL**

**NOBRES JULGADORES**

**Recorrente:**

**Recorrido: Instituto Nacional do Seguro Social (INSS)**

**Assunto:**

1. **DOS FATOS** <ADEQUAR AO CASO CONCRETO>

Em 00.00.20__, o recorrente apresentou requerimento de aposentadoria especial, tendo em vista que durante toda a sua vida contributiva trabalhou em atividade insalubre, com exposição ao agente nocivo ruído.

---

[16] Art. 33. Das decisões proferidas no julgamento do Recurso Ordinário caberá Recurso Especial dirigido às Câmaras de Julgamento quando:
I – violarem disposição de lei, decreto ou de portaria ministerial;
II – divergirem de parecer do Advogado-Geral da União – AGU, aprovado pelo Presidente da República, na forma do art. 40 da Lei Complementar nº 73/1993;
III – divergirem de pareceres da consultoria jurídica do Ministério do Trabalho e Previdência, dos extintos MPAS e MPS, aprovados pelo Ministro de Estado;
IV – divergirem de enunciados editados pelo Conselho Pleno do CRPS;
V – divergirem de Súmula Vinculante do Ministro do Trabalho e Previdência;
VI – quando contrariarem laudos ou pareceres médicos emitidos pela Perícia Médica Federal, referentes à benefícios de matéria exclusivamente médica; e
VII – impetrado por ente federativo ou pela SPREV, na hipótese do inciso V do art. 1º.

[17] Art. 579. Das decisões proferidas no julgamento do recurso ordinário, ressalvadas as matérias de alçada, na forma do Regimento Interno do CRPS, poderão os interessados interpor recurso especial às Câmaras de Julgamento do CRPS.

Dados sobre a atividade especial:

| Período | Profissão | Agente nocivo | Empresa |
|---------|-----------|---------------|---------|
|         |           |               |         |

Dentre as provas documentais apresentadas, o(a) autor(a) juntou:

( ) Cópia da Carteira de Trabalho e Previdência Social;

( ) Formulário(s) SB-40 ou DSS-8030 e PPP;

( ) LTCAT;

( ) Laudo(s) pericial(is) de empresas similares; ou

( ) _____

Seu benefício negado com o seguinte fundamento:

<CITAR OS FUNDAMENTOS DA NEGATIVA ADMINISTRATIVA>

Destaca-se que houve o reconhecimento dos períodos especiais 00.00.2000 a 00.00.2000 e 00.00.2000 a 00.00.2000.

Entretanto, não foi reconhecido no caso o período de trabalho especial de 00.00.2000 a 00.00.2000 e de 00.00.2000 a 00.00.2000.

Inconformado, o recorrente apresentou recurso ordinário a Junta de Recursos do CRPS.

Em 00.00.2017, a Xª Junta de Recursos julgou o recurso e deu parcial provimento, reconhecendo o período de trabalho especial de 00.00.2000 a 00.00.2000, mas restando negado o período de 00.00.2000 a 00.00.2000. Destaca-se da decisão da Junta de Recursos:

<COLACIONAR MOTIVOS/DESTAQUES DA DECISÃO DA JUNTA DE RECURSOS>

*Concessa venia*, os argumentos da decisão da Junta de Recursos estão inadequados ao caso concreto, já que toda a documentação dos autos demonstra o direito do recorrente à contagem do tempo especial, como demonstraremos a seguir.

Assim, necessário o conhecimento e provimento do presente Recurso Especial para que se garanta o reconhecimento do tempo especial assim como a concessão do benefício na forma pleiteada.

## 2. DOS FUNDAMENTOS JURÍDICOS <ADEQUAR AO CASO CONCRETO>

### 2.1 Do direito à aposentadoria especial <ADEQUAR AO CASO CONCRETO>

O(A) recorrente laborou no(s) período(s) supradescrito(s) sujeito a condições prejudiciais à sua saúde e integridade física, nos seguintes termos: <DESCREVER DETALHES DOS PERÍODOS PLEITEADOS>

1. trabalhou em atividade profissional especial elencada nos Decretos n. 53.831, de 25.03.1964, e n. 83.080, de 24.01.1979, o que garante seu cômputo como tempo de serviço especial, independentemente de laudo pericial, até 28.04.1995, data do advento da Lei n. 9.032/1995, que passou a exigir prova de efetiva submissão aos agentes nocivos; E/OU

2. trabalhou em atividade que o submetia, de modo habitual e permanente, a algum dos agentes nocivos elencados nos Decretos n. 53.831, de 25.03.1964, e n. 83.080, de 24.01.1979. O enquadramento em tais diplomas perdurou até 05.03.1997, quando passou a ser disciplinado no Decreto n. 2.172/1997. Por fim, desde 06.05.1999, os agentes nocivos encontram previsão no Decreto n. 3.048/1999.

Entende que, pelo menos até o advento da Lei n. 9.032/1995, que passou a exigir prova de efetiva submissão aos agentes nocivos, a comprovação de que seu labor foi especial pode dar-se pela apresentação dos formulários SB-40 ou DSS-8030.

É importante ressaltar que os Tribunais Pátrios já firmaram entendimento no sentido de que deve ser considerado o tempo especial, mesmo sem a juntada de laudos ou PPP, se, na época do exercício da atividade, o segurado possuía o enquadramento na categoria profissional prevista nos Decretos vigentes, senão vejamos: <INCLUIR JURISPRUDÊNCIA SOBRE O ENQUADRAMENTO>. Citamos alguns exemplos importantes:

> (...) 2. Até o advento da Lei n. 9.032/1995 é possível o reconhecimento do tempo de serviço especial em face do enquadramento na categoria profissional do trabalhador. A partir dessa lei, a comprovação da atividade especial se dá através dos formulários SB-40 e DSS-8030, expedidos pelo INSS e preenchidos pelo empregador, situação modificada com a Lei n. 9.528/1997, que passou a exigir laudo técnico. 3. Contudo, para comprovação da exposição a agentes insalubres (ruído e calor), sempre foi necessária aferição por laudo técnico, o que não se verificou nos presentes autos. (...) (STJ, AGREsp n. 200601809370, 6.ª Turma, Rel. Haroldo Rodrigues (Desembargador convocado do TJ/CE), 30.08.2010).
>
> PEDIDO DE UNIFORMIZAÇÃO. PREVIDENCIÁRIO. REVISÃO DE APOSENTADORIA POR TEMPO DE CONTRIBUIÇÃO. LABOR EXERCIDO EM CONDIÇÕES ESPECIAIS. MOTORISTA DE CAMINHÃO E DE ÔNIBUS. CONVERSÃO DE TEMPO DE SERVIÇO ESPECIAL EM COMUM. COMPROVAÇÃO POR QUALQUER MEIO DE PROVA ATÉ A VIGÊNCIA DO DECRETO n. 2.172/1997. INCIDENTE DE UNIFORMIZAÇÃO CONHECIDO EM PARTE E PARCIALMENTE PROVIDO.
>
> 1. Cabe Pedido de Uniformização, em princípio, quando demonstrada a divergência com jurisprudência dominante do STJ.
>
> 2. Para fins de reconhecimento do labor exercido em condições especiais após 29.04.95, não é mais possível o reconhecimento da especialidade por categoria profissional, devendo ser comprovada a sujeição a agentes nocivos por qualquer meio de prova até 05.03.97 (Decreto n. 2.172/1997).
>
> 3. A necessidade de comprovação de exposição a agentes nocivos por formulários descritivos da atividade do segurado (SB-40 ou DSS-8030) e laudo técnico pericial só surgiu com o advento do Decreto n. 2.172 de 05.03.97, que regulamentou a Lei n. 9.032/1995 e a MP 1.523/1996 (convertida na Lei n. 9.528/1997), exceto para os agentes físicos ruído e calor para os quais sempre se exigiu a apresentação de laudo pericial, tendo em vista tratar-se de agentes nocivos que necessitam de aferição técnica para sua medição. (...) (TNU, PEDILEF n. 200772510045810, Juiz Federal José Antonio Savaris, 01.03.2010)

<NESSE PONTO PODEM SER DESTACADOS ASPECTOS SOBRE A ATIVIDADE EXERCIDA, A FORMA DE ENQUADRAMENTO (SE POR ATIVIDADE OU AGENTE NOCIVO) E OS DADOS PREVISTOS NOS DECRETOS QUE GARANTEM O DIREITO À CONTAGEM ESPECIAL. É IMPORTANTE, AINDA, A JUNTADA, SEMPRE QUE POSSÍVEL, DE PRECEDENTES JURISPRUDENCIAIS ESPECÍFICOS SOBRE A ATIVIDADE OU O AGENTE DISCUTIDO.>

A pretensão do(a) Recorrente encontra-se amparada no inciso <indicar qual dos abaixo, se I, II ou III> do art. 21 da EC n. 103/2019:

> Art. 21. O segurado ou o servidor público federal que se tenha filiado ao Regime Geral de Previdência Social ou ingressado no serviço público em cargo efetivo até a data de entrada em vigor desta Emenda Constitucional cujas atividades tenham sido exercidas com efetiva exposição a agentes químicos, físicos e biológicos prejudiciais à saúde, ou associação desses agentes, vedada a caracterização por categoria profissional ou ocupação, desde que cumpridos, no caso do servidor, o tempo mínimo de 20 (vinte) anos de efetivo exercício no serviço público e de 5 (cinco) anos no cargo efetivo em que for concedida a aposentadoria, na forma dos arts. 57 e 58 da Lei n. 8.213, de 24 de julho de 1991, poderão aposentar-se quando o **total da soma resultante da sua idade e do tempo de contribuição e o tempo de efetiva exposição forem**, respectivamente, de:
>
> I – 66 (sessenta e seis) pontos e 15 (quinze) anos de efetiva exposição;
>
> II – 76 (setenta e seis) pontos e 20 (vinte) anos de efetiva exposição; e
>
> III – 86 (oitenta e seis) pontos e 25 (vinte e cinco) anos de efetiva exposição.
>
> § 1º A idade e o tempo de contribuição serão apurados em dias para o cálculo do somatório de pontos a que se refere o *caput*.

<caso não seja aplicável a regra de transição, mas a regra transitória, trocar para a indicação abaixo>:

> § 1º Até que lei complementar disponha sobre a redução de idade mínima ou tempo de contribuição prevista nos §§ 1º e 8º do art. 201 da Constituição Federal, será concedida aposentadoria:

I – aos segurados que comprovem o exercício de atividades com efetiva exposição a agentes químicos, físicos e biológicos prejudiciais à saúde, ou associação desses agentes, vedada a caracterização por categoria profissional ou ocupação, durante, no mínimo, 15 (quinze), 20 (vinte) ou 25 (vinte e cinco) anos, nos termos do disposto nos arts. 57 e 58 da Lei n. 8.213, de 24 de julho de 1991, quando cumpridos:

a) 55 (cinquenta e cinco) anos de idade, quando se tratar de atividade especial de 15 (quinze) anos de contribuição;

b) 58 (cinquenta e oito) anos de idade, quando se tratar de atividade especial de 20 (vinte) anos de contribuição; ou

c) 60 (sessenta) anos de idade, quando se tratar de atividade especial de 25 (vinte e cinco) anos de contribuição;>

Quanto ao tempo de contribuição especial, tem-se os seguintes períodos:

| Início | Fim | Agente nocivo | Total (anos meses e dias) |
|---|---|---|---|
|  |  |  |  |
|  |  | Total: |  |

Quanto ao tempo comum de contribuição, tem-se os seguintes períodos:

| Início | Fim | Empresa | Total (anos meses e dias) |
|---|---|---|---|
|  |  |  |  |
|  |  | Total: |  |

Quanto à idade, informa que o(a) segurado(a) possui na DER 00 anos, 00 meses e 00 dias.

Como resultado, encontra-se o somatório de 00 pontos, o que significa o cumprimento dos requisitos estabelecido pela Emenda Constitucional n. 103/2019.

Como se observa pelos documentos, fatos e direito apresentados, o(a) Recorrente cumpre todos os requisitos para a concessão da aposentadoria especial.

Há, portanto, o direito de concessão do benefício na forma pleiteada, com o pagamento dos valores devidos desde a DER.

3. **REQUERIMENTOS** <ADEQUAR AO CASO CONCRETO>

Resta comprovado o direito do(a) segurado(a) da concessão da aposentadoria especial desde a DER de 00/00/2000.

Assim, requer-se o conhecimento e provimento do presente recurso especial, para determinar ao INSS a concessão do benefício de aposentadoria especial e o pagamento dos valores devidos ao(à) segurado(a).

Nesses termos, PEDE DEFERIMENTO.

Cidade e data.

Assinatura do(a) segurado(a) ou de seu representante legal

## 27. MODELO DE PEDIDO DE UNIFORMIZAÇÃO DE JURISPRUDÊNCIA AO PLENO DO CRPS

<Esse requerimento pode ser protocolo no Meu INSS do cliente ou pelo INSS Digital do advogado, mediante o serviço de "Recurso Especial (2ª Instância) /Alteração de Acórdão". Esse pedido é realizado totalmente pela internet dentro das opções Recurso e Revisão. PEDIDO DE UNIFORMIZAÇÃO DE JURISPRUDÊNCIA PODERÁ SER REQUERIDO EM CASOS CONCRETOS, PELAS PARTES DO

PROCESSO, DIRIGIDO AO PRESIDENTE DO RESPECTIVO ÓRGÃO JULGADOR, CONFORME ART. 58 da Portaria DIRBEN/INSS n. 996/2022>.

**ILUSTRÍSSIMO(A) SENHOR(A) CHEFE DA AGÊNCIA DO INSTITUTO NACIONAL DO SEGURO SOCIAL**

**Segurado(a),** nacionalidade, estado civil, residente e domiciliado(a) na Rua, Bairro, Cidade/Estado, CEP, NB 000.000.000-0, com DIB de 00.00.2000, vem, por meio desse, apresentar PEDIDO DE UNIFORMIZAÇÃO DE JURISPRUDÊNCIA, nos termos do art. 58 da Portaria DIRBEN/INSS n. 996/2022.

Requer ainda o cumprimento das formalidades de estilo, com o encaminhamento para a apresentação de contrarrazões e posterior remessa ao Conselho Pleno para julgamento, conforme disposto no §3º, do art. 58 da Portaria DIRBEN/INSS n. 996/2022.

Nesses termos,

PEDE DEFERIMENTO.

Cidade e data.

Segurado(a)/representante legal.

<SUGESTÃO AO LEITOR PARA INSERÇÃO DE QUEBRA DE PÁGINA>

## RAZÕES DO INCIDENTE DE UNIFORMIZAÇÃO DE JURISPRUDÊNCIA
## NOBRES JULGADORES

**Recorrente:**

**Recorrido:** Instituto Nacional do Seguro Social (INSS)

**Assunto:**

### INCIDENTE DE UNIFORMIZAÇÃO RAZÕES DO RECURSO

**1. HISTÓRICO BREVE E NECESSÁRIO <ADEQUAR AO CASO CONCRETO. SEGUE EXEMPLO:>**

Através da presente demanda o(a) Recorrente buscou, em síntese, o reconhecimento e conversão do tempo de atividade especial de 00.00.1990 a 28.04.1995 com a consequente revisão de sua aposentadoria.

O enquadramento especial do período se deu pela atividade desenvolvida pela parte, de médico. Vale ressaltar que o segurado recorrente trabalhou em atividade profissional especial elencada nos Decretos n. 53.831, de 25.03.1964, e n. 83.080, de 24.01.1979, o que garante seu cômputo como tempo de serviço especial, independentemente de laudo pericial, até 28.04.1995, data do advento da Lei n. 9.032/1995, que passou a exigir prova de efetiva submissão aos agentes nocivos

Ao analisar os autos, a Xª Junta de Recursos julgou os pedidos improcedentes. Inconformada, a parte Recorrente apresentou Recurso Especial à Câmara de Julgamentos.

A Xª Câmara de Julgamentos negou o direito requerido, entretanto, tal entendimento está em descompasso com a jurisprudência das Câmaras de Julgamento em casos semelhantes.

Assim, indispensável a interposição do presente pedido de uniformização de jurisprudência, para que se possa corrigir o dano causado e se garanta o cumprimento da Lei no caso concreto.

**2. DA DECISÃO IMPUGNADA**

A decisão impugnada é divergente na interpretação da matéria de direito discutida no presente processo da posição adotada em outras Câmaras de Julgamento do CRPS, em sede de Recurso Especial <OU DIVERGENTE DAS RESOLUÇÕES DO CONSELHO PLENO>.

Da decisão combatida destacamos <NESSE ITEM, O ADVOGADO DEVE EXPOR PARTES DIVERGENTES DO ACÓRDÃO COMBATIDO>:

Entretanto, em outras Câmaras de Julgamentos do CRPS, o entendimento é diferente. Nesse sentido destacamos <AQUI O ADVOGADO DEVE DEMONSTRAR A DIVERGÊNCIA MEDIANTE A INDICAÇÃO DO AO MENOS UM ACÓRDÃO DIVERGENTE, PROFERIDO NOS ÚLTIMOS CINCO ANOS POR OUTRO ÓRGÃO JULGADOR, COMPOSIÇÃO DE JULGAMENTO, OU, AINDA, POR RESOLUÇÃO DO CONSELHO PLENO>:

Está demonstrada, portanto, a inapropriada interpretação adotada pelo e. Relator e demais julgadores que o acompanharam.

## 3. DO MÉRITO DISCUTIDO NO PRESENTE INCIDENTE

<INCLUIR DADOS REFERENTES AO MÉRITO DA QUESTÃO QUE DEU CAUSA AO INCIDENTE, COM DOUTRINA, SE POSSÍVEL> Exemplo:

É sabido que a lei previdenciária assegura a possibilidade de converter-se o tempo prestado em atividade especial para atividade comum, de acordo com certos multiplicadores legais.

Destaca-se ainda que o tempo ora pleiteado é anterior a EC n. 103/2019, portanto, sendo cabível sua conversão, nos termos do art. 25, § 2º, da norma, que destacamos:

> § 2º Será reconhecida a conversão de tempo especial em comum, na forma prevista na Lei n. 8.213, de 24 de julho de 1991, ao segurado do Regime Geral de Previdência Social que comprovar tempo de efetivo exercício de atividade sujeita a condições especiais que efetivamente prejudiquem a saúde, cumprido até a data de entrada em vigor desta Emenda Constitucional, vedada a conversão para o tempo cumprido após esta data.

Nos períodos acima mencionados, o(a) recorrente trabalhava em ambiente nocivo a sua saúde e/ou integridade física. Assim, afigura-se imperiosa a conversão do tempo de atividade sob condições especiais em tempo de atividade comum.

Nesse caso, devem seguir-se os percentuais do Decreto n. 3.048/1999, art. 70, parágrafo único, **aplicável até a EC n. 103/2019**[18], *in verbis*:

> Art. 70. A conversão de tempo de atividade sob condições especiais em tempo de atividade comum dar-se-á de acordo com a seguinte tabela:

| TEMPO A CONVERTER | MULTIPLICADORES | |
|---|---|---|
| | MULHER (30) | HOMEM (35) |
| DE 15 ANOS | 2,00 | 2,33 |
| DE 20 ANOS | 1,50 | 1,75 |
| DE 25 ANOS | 1,20 | 1,40 |

No caso concreto, uma vez convertido o tempo especial do(a) Recorrente, percebe-se uma alteração devida no coeficiente de cálculo apurado, tendo em vista que esta passa a contar com mais 00 anos de tempo e, portanto, merece o adicional de 2% para cada a mais apurado. Nesse sentido, destacamos o art. 53 do Decreto n. 3.048/1999:

> Art. 53. O valor da aposentadoria programada corresponderá a sessenta por cento do salário de benefício definido na forma prevista no art. 32, com acréscimo de dois pontos percentuais para cada ano de contribuição que exceder o tempo de vinte anos de contribuição, para os homens, ou de quinze anos de contribuição, para as mulheres. (Redação dada pelo Decreto n. 10.491, de 2020)

Destacam-se quanto ao tema para Uniformização as Resoluções 7 e 8 do CRPS, nos seguintes temos:

---

[18] Destacamos que a aplicação é apenas até 13.11.2019, inclusive com a revogação do citado artigo pelo Decreto n. 10.410/2020.

> EMENTA: Pedido de Uniformização de Jurisprudência. Art. 63 do Regimento Interno do CRSS. Aposentadoria por tempo de contribuição. Art. 9, § 1º, I, da Emenda Constitucional n. 20, de 1998. Enquadramento de atividade especial por categoria profissional. Desnecessidade de comprovação da atividade especial por documento profissiográfico – SB40, DSS-8030, DIR-BEN-8030 e PPP. Aplicação de jurisprudência deste Conselho – Resolução n. 04 e 05, de 2016. (j. 26.03.2019)

Destaca-se ainda:

> ENUNCIADO 14 CRPS
>
> A atividade especial efetivamente desempenhada pelo segurado, permite o enquadramento por categoria profissional até 28.04.1995 nos anexos dos Decretos n. 53.831/1964 e 83.080/1979, ainda que divergente do registro em Carteira de Trabalho e Previdência Social (CTPS), Ficha ou Livro de Registro de Empregados, desde que comprovado o exercício nas mesmas condições de insalubridade, periculosidade ou penosidade.
>
> **I – É dispensável a apresentação de PPP ou outro formulário para enquadramento de atividade especial por categoria profissional, desde que a profissão ou atividade comprovadamente exercida pelo segurado conste nos anexos dos Decretos n. 53.831/64 e 83.080/79.**
>
> II – O enquadramento do guarda, vigia ou vigilante no código 2.5.7 do Decreto n. 53.831/1964 independe do uso, porte ou posse de arma de fogo. (item II revogado pelo CRPS, *DOU* 20.06.2022)

<NESSE PONTO PODEM SER DESTACADOS ASPECTOS SOBRE A ATIVIDADE EXERCIDA, A FORMA DE ENQUADRAMENTO (SE POR ATIVIDADE OU AGENTE NOCIVO) E OS DADOS PREVISTOS NOS DECRETOS QUE GARANTEM O DIREITO À CONTAGEM ESPECIAL. É IMPORTANTE, AINDA, A JUNTADA, SEMPRE QUE POSSÍVEL, DE PRECEDENTES JURISPRUDENCIAIS ESPECÍFICOS SOBRE A ATIVIDADE OU AGENTE DISCUTIDO.>

Requer, portanto, a uniformização da jurisprudência assim o consequente reconhecimento da atividade especial do período 00.00.1990 a 28.04.1995, determinando-se ao INSS que revise o benefício de aposentadoria com o recálculo da RMI e o pagamento dos valores devidos, desde a DER.

**4. DA NECESSIDADE DA UNIFORMIZAÇÃO DA JURISPRUDÊNCIA** <ADEQUAR AO CASO CONCRETO>

Resta claro que a matéria necessita ser uniformizada, tendo em vista a divergência jurisprudencial encontrada nos acórdãos supramencionados, onde se deu interpretação e aplicação totalmente antagônica e divergente sobre o mesmo tema.

Requer assim que seja uniformizada a jurisprudência de forma a se garantir a conversão de tempo especial sem a necessidade de comprovação de exposição a agentes nocivos caso o segurado se enquadre na presunção legal de especialidade prevista nos casos de categorias profissionais enquadradas nos anexos dos Decretos n. 53.831/1964 e n. 83.080/1979, não necessitando de comprovação por meio de laudos ou formulários.

**5. DOS REQUERIMENTOS** <ADEQUAR AO CASO CONCRETO>

Diante de todo o exposto e à luz das divergências e contrariedades cabalmente demonstradas, requer-se o conhecimento e provimento do presente Incidente de Uniformização, com a consequente (art. 59[19] da Portaria DIRBEN/INSS n. 996/2022):

---

[19] Art. 59. O Conselho Pleno poderá pronunciar-se pelo não conhecimento do pedido de uniformização ou pelo seu conhecimento com as seguintes decisões:
I – edição de Enunciado, com força normativa vinculante para os órgãos julgadores do CRPS, quando houver aprovação da maioria absoluta de seus membros; e
II – edição de Resolução para o caso concreto, quando houver aprovação da maioria simples de seus membros.
Parágrafo único. Caso o pedido não seja conhecido, caberá recurso ao Presidente do CRPS.

a) edição de Enunciado, com força normativa vinculante, se houver aprovação da uniformização por maioria absoluta dos membros dessa nobre corte administrativa e havendo deliberação do colegiado para sua emissão;

b) edição de Resolução para o caso concreto, se houver aprovação da maioria simples dos membros dessa nobre corte administrativa.

Requer ainda, no caso de provimento do presente Pedido de Uniformização de Jurisprudência, que o <ÓRGÃO JULGADOR DO CRPS QUE PROFERIU O ACÓRDÃO INFRINGENTE> seja notificado do resultado deste julgamento, com a determinação de que seja revista a decisão, de ofício, e seja adequado o julgado à tese fixada pelo Pleno.

Nesses termos,

PEDE DEFERIMENTO.

Cidade e data.

Assinatura do(a) segurado(a) ou de seu representante legal

## 28. MODELO DE EMBARGOS DE DECLARAÇÃO PARA A JUNTA DE RECURSOS DO CONSELHO DE RECURSOS DA PREVIDÊNCIA SOCIAL – CRPS

<Esse requerimento pode ser protocolo no Meu INSS do cliente ou pelo INSS Digital do advogado, mediante o serviço de "Recurso Especial (2ª Instância)/Alteração de Acórdão". Prazo de 30 dias. Esse pedido é realizado totalmente pela internet dentro das opções Recurso e Revisão.>

**ILUSTRÍSSIMO SENHOR PRESIDENTE DA ª JUNTA DE RECURSOS DO CONSELHO DE RECURSOS DA PREVIDÊNCIA SOCIAL – CRPS** <ADEQUAR AO CASO CONCRETO>

**RECURSO ORDINÁRIO DE n.**

**NB:**

Eu, beneficiário(a), nacionalidade, estado civil, CPF n.º___.____.____-____, residente e domiciliado(a) na Rua, n.º, Complemento: Bairro, Cidade, Estado, CEP, venho, por meio desta, interpor EMBARGOS DE DECLARAÇÃO contra a decisão proferida no Recurso Ordinário acima citado, com base no disposto no art. 52[20] da Portaria/INSS n. 996/2022.

*Concessa venia*, a decisão da Colenda Junta merece ser revista, pois houve, acreditamos, erro material e, portanto, omissão/contradição/obscuridade com relação à contagem da carência exigida para a Concessão do Benefício à segurada <ADEQUAR AO CASO>.

No Acórdão proferido houve o cômputo de apenas 14 anos de contribuição; entretanto, tal dado está em desacordo com a correta contagem de contribuições pertinentes ao caso.

No *site* oficial do INSS é possível realizar a simulação de Tempo de Contribuição da(o) segurada(o), vejamos:

<INCLUIR CONTAGEM DE TEMPO CORRETA>.

Ressalta-se que íntegra dos cálculos encontra-se anexa aos Embargos (doc. 1).

---

[20] Art. 52. Caberão embargos de declaração, dirigidos ao relator do processo, respeitado o prazo regimental, quando constatadas na decisão, seja das JRs ou das CaJs, as seguintes situações:
I – obscuridade: falta de clareza do ato que gera dúvidas, não permitindo a compreensão do que ficou decidido;
II – ambiguidade: duplo sentido, que pode ter diferentes significados;
III – contradição: falta de coerência da decisão, através da incompatibilidade entre a decisão e seus fundamentos;
IV – omissão: falta de pronunciamento sobre pontos que deveria haver manifestação do órgão julgador; ou
V – erro material: erros de grafia, numéricos, de cálculos ou outros equívocos semelhantes, que não afetem o mérito do pedido, o fundamento ou a conclusão do voto, assim como não digam respeito às interpretações jurídicas dos fatos relacionados nos autos, o acolhimento de opiniões técnicas de profissionais especializados ou o exercício de valoração de provas.

Como se vê, a planilha de cálculos do INSS computa para a(o) segurada(o) 15 anos e 6 meses de Tempo de Contribuição.

Tal cálculo está correto, entretanto, tempo de contribuição não equivale à carência.

Desse modo, resta claro que o cálculo realizado por esta respeitada Turma possui erro material ao contabilizar apenas 179 contribuições à segurada.

Por fim, destaca-se que os dados utilizados para a realização dos cálculos foram retirados do CNIS da(o) segurada(o), uma vez que está de acordo com as informações constantes na Carteira de Trabalho – CTPS da(o) segurada(o).

### REQUERIMENTOS

Isso posto, e tendo em vista a contradição com a realidade fática, podendo ser considerado erro material existente no acórdão, requer-se o acolhimento e o provimento dos presentes embargos declaratórios, para:

> 1. que seja alterado o acórdão no que tange o cômputo do período de carência, passando esse a ser computado no total de 180 contribuições mensais, conforme demonstrado nos cálculos;
>
> 2. que seja concedido o benefício de Aposentadoria por Idade, e, consequentemente, o pagamento dos valores devidos desde a DIB decorrente do primeiro agendamento administrativo.

Requer ainda a juntada dos cálculos em anexo.

Nesses termos, PEDE DEFERIMENTO.

Cidade e data.

Assinatura do(a) beneficiário(a) ou de seu representante legal

## 29. MODELO DE DECLARAÇÃO DE RECEBIMENTO DE PENSÃO OU APOSENTADORIA EM OUTRO REGIME DE PREVIDÊNCIA

**ANEXO XXIV**
**INSTRUÇÃO NORMATIVA PRES/INSS N. 128, DE 28 DE MARÇO DE 2022**
**DECLARAÇÃO DE RECEBIMENTO DE PENSÃO**
**OU APOSENTADORIA EM OUTRO REGIME DE PREVIDÊNCIA**

Eu,_____(nome do requerente), portador do CPF n._____ e RG n._____, declaro, sob as penas do art. 299 do Código Penal, que:

(  ) não recebo aposentadoria/pensão de outro regime e previdência.

(  ) recebo aposentadoria/pensão de outro regime de previdência.

Caso receba aposentadoria ou pensão de outro regime de previdência, deverá declarar:

Tipo do benefício: (   ) Pensão*          (   ) Aposentadoria

*Caso opção seja Pensão, informar se a relação com o instituidor era como cônjuge ou companheiro(a) – S/N (   )

– Ente de origem: (   ) Estadual     (   ) Municipal     (   ) Federal
– Tipo de servidor: (   ) Civil     (   ) Militar

Data de início do benefício no outro regime: _____/_____/_____

Nome do órgão da pensão/aposentadoria:

Última remuneração bruta*: R$_____     Mês/ano: _____/_____

*Última remuneração bruta sem considerar valores de 13º salário (abono anual).

Na Emenda Constitucional n. 103, de 12 de novembro de 2019, art. 24, § 1º, a acumulação de pensão por morte com outro benefício, sujeita à redução do valor daquele menos vantajoso, é admitida nas seguintes situações:

I – pensão por morte deixada por cônjuge ou companheiro(a) do RGPS com pensão por morte concedida por outro regime de previdência social, inclusive as decorrentes das atividades militares, exceto regime de previdência complementar; e

II – pensão por morte deixada por cônjuge ou companheiro(a) de qualquer regime de previdência social, inclusive as decorrentes das atividades militares, com aposentadoria concedida por qualquer regime de previdência social ou com proventos de inatividade decorrentes das atividades militares, exceto regime de previdência complementar.

A declaração falsa ou diversa de fato ou situação real ocorrida, além de obrigar à devolução de eventuais importâncias recebidas indevidamente, quando for o caso, sujeitar-me-á às penalidades previstas nos arts. 171 e 299 do Código Penal.

Local: _____ Data: ____ / _____ / _____

_____
Assinatura e identificação do(a) requerente ou representante legal

## II. MODELOS DE PETIÇÕES INICIAIS RELATIVAS AO RGPS

### II.1 AÇÕES DE CONCESSÃO E RESTABELECIMENTO DE BENEFÍCIO DO RGPS

 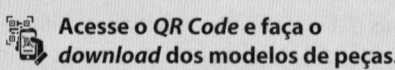

> https://uqr.to/1ym20

Observação inicial: nas causas em que a competência originária é da Justiça Federal, deve-se verificar se é possível (e interessante, por razões de celeridade ou entendimento) o ajuizamento da ação na vara estadual mediante a utilização da competência delegada, mas adequando a nova limitação de 70 km entre a sede da JF e a sede da Comarca. Em caso positivo, adequar o endereçamento da petição para a autoridade competente da Justiça Estadual.

### 30. MODELO DE AÇÃO PARA A CONCESSÃO DE APOSENTADORIA POR TEMPO DE CONTRIBUIÇÃO – REGRA DE TRANSIÇÃO EC N. 103/2019

**EXCELENTÍSSIMO(A) SENHOR(A) DOUTOR(A) JUIZ(A) FEDERAL DA VARA/JUIZADO ESPECIAL FEDERAL DA CIDADE – SEÇÃO JUDICIÁRIA DO ESTADO** <VERIFICAR SE É INTERESSANTE O AJUIZAMENTO DA AÇÃO NA VARA ESTADUAL MEDIANTE A UTILIZAÇÃO DA COMPETÊNCIA DELEGADA, PELO ENDEREÇO DO SEGURADO E O NOVO LIMITE DE 70 KM. SE SIM, ADEQUAR PARA A NOMENCLATURA ESTADUAL>

Segurado, nacionalidade, estado civil, profissão, residente e domiciliado(a) na Rua, bairro, cidade, Estado, inscrito no CPF sob o nº, endereço eletrônico, vem à presença de Vossa Excelência, por intermédio de seus procuradores constituídos, propor a presente **AÇÃO DE CONCESSÃO DE APOSENTADORIA POR TEMPO DE CONTRIBUIÇÃO** contra o **INSTITUTO NACIONAL DO SEGURO SOCIAL – INSS**, pessoa jurídica de direito público, autarquia federal, com endereço na..., pelos fatos e fundamentos que a seguir aduz:

**1. BREVE RESENHA FÁTICA** <ADEQUAR AO CASO CONCRETO>

Nos termos da Emenda Constitucional n. 103/2019, e conforme a regra de transição aplicável <verificar qual entre os arts. 15, 16, 17 ou 20 da EC n. 103/2019 se aplica>, a Parte Autora faz jus ao benefício de aposentadoria por tempo de contribuição, uma vez que preencheu todos os requisitos previstos na legislação previdenciária vigente.

Portanto, deve ser observado o direito ao melhor benefício, conforme a documentação comprobatória apresentada e o tempo de contribuição acumulado até a DER.

Vale ressaltar que a parte Autora postulou, junto ao INSS, concessão de aposentadoria por tempo de contribuição com base na regra de transição <verificar qual entre os arts. 15, 16, 17 ou 20 da EC n. 103/2019 se aplica>; entretanto, teve seu pedido indeferido.

O requerimento inicial da aposentadoria ocorreu em 00.00.0000 e o benefício requerido obteve NB....

Dentre as provas documentais apresentadas, a parte Autora apresenta:

– Protocolo de requerimento de benefício;

- Carta de indeferimento do benefício;
- Cópia da Carteira de Trabalho e Previdência Social;
- Comprovantes de contribuição para a Previdência Social (GPS/GIF);
- Extrato Previdenciário (CNIS);

( ) Outros_____

Segundo o INSS, o indeferimento do benefício se deu por <INCLUIR OS MOTIVOS DE INDEFERIMENTO>.

É descabida, entretanto, a justificação apresentada pelo INSS para o indeferimento, sendo devida a concessão do benefício na forma da Lei Previdenciária vigente. O segurado recorre a esse nobre Juízo para garantir a concessão do benefício, posto que implementou todos os requisitos necessários para o deferimento do pedido administrativo.

## 2. FUNDAMENTOS JURÍDICOS DO PEDIDO <ADEQUAR AO CASO CONCRETO>

A parte pleiteia na presente ação a concessão de aposentadoria com base no art. <informar o artigo. Ver requisitos nos arts. 15, 16, 17 e 20 da EC n. 103/2019>. O INSS indevidamente lhe negou o direito, mas ela cumpre todos os requisitos para o deferimento do benefício e, portanto, merece a procedência de seu pedido.

Como requisitos para o benefício, a norma determina os seguintes <adequar conforme o caso>:

- Tempo de contribuição: 00 anos (os arts. 15, 16, 17 e 20 da EC n. 103/2019 exigem no mínimo 35 anos homem ou 30 anos mulher)
- idade mínima ou pontos: 00
- pedágio: 00% <verificar se há pedágio na regra, caso não haja, deletar esse item>.

Conforme documentação anexa a essa inicial, a parte autora comprova que na data do requerimento contava com 00 anos de idade e 00 tempo de contribuição.

No presente caso, a parte autora cumpre os requisitos legais para o benefício. Para tanto, importante observar o previsto nos <incluir os artigos, verificando a eventual aplicação das novas regras de EC n. 103/2019.

No tocante ao tempo de contribuição, deve-se observar que a parte <INCLUIR DADOS REFERENTES AO PREENCHIMENTO DOS REQUISITOS PARA A CONCESSÃO DO BENEFÍCIO, POR PARTE DO SEGURADO TITULAR DA AÇÃO, DE ACORDO COM O DIREITO PLEITEADO>.

Frente aos argumentos apresentados, fica claro o preenchimento, por parte do segurado, dos requisitos necessários para o deferimento da aposentadoria por tempo de contribuição (regra de transição EC n. 103/2019) requerida, não sendo admissível a decisão denegatória por parte do INSS. É indispensável, então, a intervenção jurisdicional para garantir o direito ora pleiteado.

## 3. DA REAFIRMAÇÃO DA DER

A presente ação visa à concessão do benefício assim como o início do pagamento a partir da data de entrada do requerimento administrativo (DER).

Entretanto, caso seja entendido que nessa data não havia possibilidade da concessão do benefício na forma pleiteada ou que melhor benefício seria possível durante o curso da presente ação, requer seja aceita a reafirmação da DER visando à garantia do melhor benefício.

A reafirmação da DER está disciplina na via administrativa pelo Regulamento da Previdência Social (Decreto n. 3.048/1999):

> Art. 176-D. Se, na data de entrada do requerimento do benefício, o segurado não satisfizer os requisitos para o reconhecimento do direito, mas implementá-los em momento posterior, antes da decisão do INSS, o requerimento poderá ser reafirmado para a data em que satisfizer os requisitos, que será fixada como início do benefício, exigindo-se, para tanto, a concordância formal do interessado, admitida a sua manifestação de vontade por meio eletrônico. (Incluído pelo Decreto n. 10.410, de 2020)

Ademais, a própria Instrução Normativa n. 128/2022 do INSS disciplina que sendo os requisitos implementados entre a DER e a data da publicação do despacho concessório, o INSS deverá reafirmar a DER para a data em que satisfaça os requisitos, desde que a reafirmação seja autorizada pelo(a) segurado(a):

> Art. 577. Por ocasião da decisão, em se tratando de requerimento de benefício, deverá o INSS:
>
> II – quando não satisfeitos os requisitos para o reconhecimento do direito na data de entrada do requerimento do benefício, verificar se esses foram implementados em momento posterior, antes da decisão do INSS, caso em que o requerimento poderá ser reafirmado para a data em que satisfizer os requisitos, exigindo-se, para tanto, a concordância formal do interessado, admitida a sua manifestação de vontade por meio eletrônico. (alterado pela Instrução Normativa PRES/INSS n. 141, de 6 de dezembro de 2022)

Sobre a reafirmação da DER, o Superior Tribunal de Justiça fixou tese no Tema n. 995, que a seguir destacamos:

> "É possível a reafirmação da DER (Data de Entrada do Requerimento) para o momento em que implementados os requisitos para a concessão do benefício, mesmo que isso se dê no interstício entre o ajuizamento da ação e a entrega da prestação jurisdicional nas instâncias ordinárias, nos termos dos arts. 493 e 933 do CPC/2015, observada a causa de pedir."

E a TNU uniformizou a possibilidade de reafirmação da DER com base nas regras de transição da EC n. 103/2019, vejamos a tese fixada:

> "É possível a reafirmação da DER para a concessão de benefícios previstos nas regras de transição da EC n. 103/19, mesmo que o requerimento original preceda à vigência da emenda constitucional" (PUIL n. 5003210-40.2020.4.04.7205/SC, j. 27.05.2021).

Assim, requer-se a análise do direito a reafirmação da DER para fins da garantia ao melhor benefício no caso concreto.

## 4. DO PREQUESTIONAMENTO

Resta clara a violação aos ditames constitucionais e legislação federal, da qual destacamos os artigos <ADEQUAR AO CASO CONCRETO, CITANDO NOMINALMENTE OS ARTIGOS, INCUSIVE COM PARÁGRAFOS E INCISOS, LEMBRANCO-SE DE INCLUIR TAMBÉM LEGISLAÇÃO FEDERAL MESMO PARA AS AÇÕES DOS JUIZADOS>.

## 5. REQUERIMENTOS <ADEQUAR AO CASO CONCRETO>

Diante do exposto, requer-se a Vossa Excelência:

a) a citação do Instituto Nacional do Seguro Social – INSS para, querendo, responder à presente demanda, no prazo legal;

b) a determinação ao INSS para que, na primeira oportunidade em que se pronunciar nos autos, apresente cópia do Processo Administrativo relacionado ao requerimento do benefício em análise, conforme determinado pelo art. 11 da Lei n. 10.259/2001, sob pena de cominação de multa diária, nos termos do art. 139, IV, do CPC – a ser fixada por esse Juízo;

c) a procedência da pretensão deduzida, consoante narrado nesta inicial, condenando-se o INSS a conceder o benefício de aposentadoria <adequar ao caso> à parte Autora, com data de início a contar do requerimento administrativo ou na DER a ser reafirmada, em proteção ao direito ao melhor benefício <VERIFICAR TAMBÉM SE A PARTE ERA EMPREGADA E SE ENCERROU O CONTRATO DE TRABALHO DENTRO DE 90 DIAS ANTES DO REQUERIMENTO. SE FOR ESSE O CASO, PODE-SE PEDIR A CONCESSÃO DESDE A RESCISÃO DO CONTRATO DE TRABALHO, CONFORME ART. 49[1] C/C O ART. 54[2], AMBOS DA LEI n. 8.213/1991>;

---

[1] Art. 49. A aposentadoria por idade será devida:
I – Ao segurado empregado, inclusive o doméstico, a partir:
a) da data do desligamento do emprego, quando requerida até essa data ou até 90 (noventa) dias depois dela; ou
b) da data do requerimento, quando não houver desligamento do emprego ou quando for requerida após o prazo previsto na alínea "a";
II – para os demais segurados, da data da entrada do requerimento.

[2] Art. 54. A data do início da aposentadoria por tempo de serviço será fixada da mesma forma que a da aposentadoria por idade, conforme o disposto no art. 49.

d) a condenação do INSS ao pagamento dos valores acumulados, aplicando-se juros e correção monetária até 11/2021, nos termos dos Temas 810 do STF e 905 do STJ e, a partir de 12/2021, o índice da taxa referencial do Sistema Especial de Liquidação e de Custódia (Selic), acumulado mensalmente, para fins de atualização monetária e de compensação da mora (art. 3º da EC n. 113/2021), respeitada a prescrição quinquenal;

e) a condenação do INSS ao pagamento de honorários advocatícios, na base de 20% (vinte por cento), apuradas em liquidação de sentença, conforme dispõem o art. 55 da Lei n. 9.099/1995 e o art. 85, § 3º, do CPC;

f) <SE NECESSÁRIA A PRODUÇÃO DE PROVAS, A EXEMPLO DA TESTEMUNHAL, REQUERER E FAZER O ARROLAMENTO DAS TESTEMUNHAS; ENTRETANTO, SE A DOCUMENTAÇÃO ANEXA NA INICIAL FOR SUFICIENTE PARA A COMPROVAÇÃO DO TEMPO E O DEFERIMENTO DO BENEFÍCIO, INCLUIR O SEGUINTE PEDIDO: "CONSIDERANDO QUE A QUESTÃO DE MÉRITO É **UNICAMENTE DE DIREITO,** REQUER O **JULGAMENTO ANTECIPADO DA LIDE**, CONFORME DISPÕE O ART. 352 DO CPC. SENDO OUTRO O ENTENDIMENTO DE V. EXA., REQUER E PROTESTA PELA PRODUÇÃO DE TODOS OS MEIOS DE PROVA ADMITIDOS EM DIREITO, SEM EXCLUSÃO DE NENHUM QUE SE FIZER NECESSÁRIO AO DESLINDE DA DEMANDA">

g) a concessão da gratuidade da Justiça, por ser a parte Autora pessoa hipossuficiente, na acepção jurídica do termo, sem condições de arcar com as despesas processuais e os honorários advocatícios sucumbenciais sem prejuízo de seu sustento e de sua família, na forma do art. 98 e ss. do CPC. <RECOMENDA-SE A COLETA, PELO ADVOGADO, DE DECLARAÇÃO DE HIPOSSUFICIÊNCIA DO CLIENTE, CASO SEJA REQUERIDA A GRATUIDADE DA JUSTIÇA. DEVE-SE, TAMBÉM, DE PREFERÊNCIA, FAZER A JUNTADA DE TAL DECLARAÇÃO NOS AUTOS, JÁ NA INICIAL>.

Cumprindo a previsão do art. 319, VII, do CPC, a parte autora declara que opta pela realização <ou não realização, adequar conforme o interesse em cada caso> de audiência de conciliação no presente caso.

Requer-se, ainda, com base no § 4º, do art. 22, da Lei n. 8.906/1994, que, ao final da presente demanda, caso sejam encontradas diferenças em favor do autor, quando da expedição da RPV ou do precatório, os valores referentes aos honorários contratuais e sucumbenciais sejam expedidos em nome da sociedade de advogados contratada pela parte Autora, sendo os honorários contratuais devidos no percentual constante no contrato em anexo.

Dá-se à causa o valor de R$ 1.000,00 (mil reais). <ADEQUAR CONFORME O CASO>

Nesses termos,

PEDE DEFERIMENTO.

Cidade e data.

Nome do Advogado e OAB

## 31. MODELO DE AÇÃO PARA CONCESSÃO DE APOSENTADORIA PROGRAMADA COM CÔMPUTO DE TEMPO RURAL E ESPECIAL

**EXCELENTÍSSIMO(A) SENHOR(A) DOUTOR(A) JUIZ(A) FEDERAL DA VARA/JUIZADO ESPECIAL FEDERAL DA CIDADE – SEÇÃO JUDICIÁRIA DO ESTADO <VERIFICAR SE É INTERESSANTE O AJUIZAMENTO DA AÇÃO NA VARA ESTADUAL MEDIANTE A UTILIZAÇÃO DA COMPETÊNCIA DELEGADA, MAS ADEQUANDO À NOVA LIMITAÇÃO DE 70 KM ENTRE A SEDE DA JF E A SEDE DA COMARCA. SE SIM, ADEQUAR PARA A NOMENCLATURA ESTADUAL>**

**Nome do(a) Segurado(a),** nacionalidade, estado civil, profissão, residente e domiciliado(a) na Rua, bairro, cidade, Estado, inscrito no CPF sob o nº, endereço eletrônico, vem à presença de Vossa Excelência, por intermédio de seus procuradores constituídos, propor a presente **AÇÃO DE CONCESSÃO DE APOSENTADORIA** contra o **INSTITUTO NACIONAL DO SEGURO SOCIAL – INSS**, pessoa jurídica de direito público, autarquia federal, com endereço na..., pelos fatos e fundamentos que a seguir aduz:

## 1. BREVE RESENHA FÁTICA <ADEQUAR AO CASO CONCRETO>

A parte Autora requereu junto à Autarquia Previdenciária o benefício de Aposentadoria programada com reconhecimento de atividade rural em regime de economia familiar na condição de segurado especial bem como o reconhecimento de período(s) trabalhados em atividade sujeita a condições especiais, com sua conversão em tempo comum que foi indeferido, conforme documento anexo.

Dados sobre a atividade rural <ADEQUAR AO CASO CONCRETO E JUNTAR AOS AUTOS A AUTODECLARAÇÃO DE RURAL>:

| | |
|---|---|
| 1. Período rural: | |
| 2. Localidade e Município: | |
| 3. n. de membros da família: | |
| 4. Produtos cultivados | |
| 5. Criação de animais (espécie e nº) | |

Quanto à prova do tempo rural, destacamos:

> Decreto n. 3.048/1999: Art. 19-D. (...) § 10. Para o período anterior a 1º de janeiro de 2023, o segurado especial comprovará o exercício da atividade rural por meio de autodeclaração ratificada por entidades públicas credenciadas, nos termos do disposto no art. 13 da Lei n. 12.188, de 11 de janeiro de 2010, e por outros órgãos públicos, observado o seguinte: (Incluído pelo Decreto n. 10.410, de 2020)
>
> I – a autodeclaração será feita por meio do preenchimento de formulários que serão disponibilizados pelo INSS; (Incluído pelo Decreto n. 10.410, de 2020)
>
> II – a ratificação da autodeclaração será realizada por meio de informações obtidas das bases de dados da Secretaria de Agricultura Familiar e Cooperativismo do Ministério da Agricultura, Pecuária e Abastecimento e de outras bases de dados a que o INSS tiver acesso; e (Incluído pelo Decreto n. 10.410, de 2020)
>
> III – as informações obtidas por meio de consultas às bases de dados governamentais que forem consideradas insuficientes para o reconhecimento do exercício da atividade rural alegada poderão ser complementadas por prova documental contemporânea ao período informado. (Incluído pelo Decreto n. 10.410, de 2020)

A parte Autora apresentou no requerimento administrativo prova de que trabalhou como agricultor(a) junto com sua família em condições de dependência e colaboração, por ser indispensável à própria subsistência do grupo familiar, sem a utilização de empregados <OU COM A UTILIZAÇÃO DE EMPREGADOS DENTRO DA FORMA PERMITIDA LEGALMENTE>, o que, pela lei, o torna segurado especial perante a Autarquia, possibilitando, assim, a contagem do referido período para a concessão da aposentadoria pleiteada.

Dentre as provas documentais apresentadas, a parte Autora juntou: <ADEQUAR AO CASO>
  a) Em nome de seus genitores e/ou terceiros:
    ( ) Certidão do INCRA;
    ( ) Escritura Pública;
    ( ) Ficha de sócio no Sindicato dos Trabalhadores Rurais de_____;
    ( ) Notas de Produtor Rural;
    ( ) Guias de Recolhimentos do ITR, ou
    ( ) outros: _____

  b) Em nome do autor(a):
    ( ) Certidão de casamento e título eleitoral;
    ( ) Certificado de Reservista;
    ( ) Certidão de nascimento dos filhos;
    ( ) Lembrança da 1ª Comunhão;

( ) Histórico Escolar;
( ) Certificado de conclusão do curso primário;
( ) Notas de Produtor Rural;
( ) Certidão do INCRA;
( ) Autodeclaração do Segurado Especial – Rural; ou
( ) outros: _____

Além disso, em outro(s) período(s) de trabalho(s) a parte Autora exerceu também atividade exposta a agentes nocivos, devendo tal tempo ser somado de forma diferenciada aos demais períodos de contribuição.

Dados sobre a atividade especial <ADEQUAR AO CASO CONCRETO>:

| Início | Fim | Agente nocivo ou categoria profissional | Empresa |
|--------|-----|------------------------------------------|---------|
|        |     |                                          |         |

Entre as provas documentais apresentadas referentes ao tempo especial, destaca(m)-se: <adequar ao caso>

( ) Cópia da Carteira de Trabalho e Previdência Social;
( ) Formulário(s) SB-40 ou DSS-8030;
( ) Laudo(s) pericial(is); ou
( ) Perfil Profissiográfico Previdenciário;
( ) Outros _____

Segundo o INSS, o indeferimento do benefício se deu por... <INCLUIR OS MOTIVOS DE INDEFERIMENTO>.

É descabida, entretanto, a justificação apresentada pelo INSS para o indeferimento, sendo devida a concessão do benefício na forma da Lei Previdenciária vigente. O segurado recorre a esse nobre Juízo para garantir a concessão da aposentadoria, posto que implementou todos os requisitos necessários para o deferimento do pedido administrativo.

## 2. FUNDAMENTOS JURÍDICOS DO PEDIDO <ADEQUAR AO CASO CONCRETO>

### 2.1 Do tempo rural

No que tange ao tempo de atividade rural, exercido em regime de economia familiar no período de 00/00/0000 até 00/00/0000.

A parte junta aos autos documentos comprovando a atividade rural <ADEQUAR AO CASO> e, portanto, tem direito à contagem do tempo de contribuição para fins previdenciários junto ao RGPS.

Resta assim assegurado o direito de computar referido tempo rural como tempo de contribuição, independentemente do recolhimento de contribuições, por ser período anterior à competência novembro de 1991, consoante previsão contida no art. 123[3] do Decreto 3.048/1999.

Quanto ao cálculo do benefício, importante destacar o disposto no art. 188-G do Dec. n. 3.048/1999 com a redação dada pelo Dec. n. 10.410/2020:

> Art. 188-G. O tempo de contribuição até 13 de novembro de 2019 será contado de data a data, desde o início da atividade até a data do desligamento, considerados, além daqueles referidos no art. 19-C, os seguintes períodos: (...)
>
> IV – o tempo de serviço do segurado trabalhador rural anterior à competência novembro de 1991;

---

[3] "Art. 123. Para fins de concessão dos benefícios deste Regulamento, o tempo de serviço prestado pelo trabalhador rural anteriormente à competência novembro de 1991 será reconhecido, desde que devidamente comprovado."

(...)
Parágrafo único. O tempo de contribuição de que trata este artigo será considerado para fins de cálculo do valor da renda mensal de qualquer benefício."

## 2.2 Do tempo especial

Inicialmente, cabe destacar que o tempo especial que se pleiteia a conversão é anterior à EC n. 103/2019, portanto, aplicável o art. 25, § 2º, da referida norma:

> § 2º Será reconhecida a conversão de tempo especial em comum, na forma prevista na Lei n. 8.213, de 24 de julho de 1991, ao segurado do Regime Geral de Previdência Social que comprovar tempo de efetivo exercício de atividade sujeita a condições especiais que efetivamente prejudiquem a saúde, cumprido até a data de entrada em vigor desta Emenda Constitucional, vedada a conversão para o tempo cumprido após esta data.

Quanto ao(s) período(s) em que laborou sujeito a condições especiais à sua saúde e integridade física, cabe à parte autora destacar que <EXEMPLOS>:

> 1. trabalhou em atividade profissional especial, elencada nos Decretos n. 53.831, de 25.03.1964, e n. 83.080, de 24.01.1979, o que garante seu cômputo como tempo especial, independentemente de laudo pericial, até 29.04.1995, data do advento da Lei n. 9.032/1995, que passou a exigir prova de efetiva submissão aos agentes nocivos; OU
>
> 2. trabalhou em atividade que o submetia, de modo habitual e permanente, a algum dos agentes nocivos elencados nos Decretos n. 53.831, de 25.03.1964, e n. 83.080, de 24.01.1979. O enquadramento em tais diplomas perdurou até 05.03.1997, quando passou a ser disciplinado no Decreto n. 2.172. Por fim, desde 06.05.1999, os agentes nocivos encontram previsão no Decreto n. 3.048. Entende que, pelo menos até o advento da Lei n. 9.032/1995, que passou a exigir prova de efetiva submissão aos agentes nocivos, a comprovação de que seu labor foi especial pode dar-se pela apresentação dos formulários SB-40 ou DSS-8030.

Assim, a parte tem direito adquirido (art. 5º, XXXVI, da Constituição Federal) a ver considerado(s) tal(is) período(s) como tempo de serviço especial, de acordo com a sistemática vigente à época em que o labor foi executado.

Nesse sentido, é importante destacar o entendimento do STJ, que permite a conversão do tempo especial em comum após 28.5.1998 tendo firmado a seguinte tese no Recurso Repetitivo Tema n. 422:

> Permanece a possibilidade de conversão do tempo de serviço exercido em atividades especiais para comum após 1998, pois a partir da última reedição da MP n. 1.663, parcialmente convertida na Lei 9.711/1998, a norma tornou-se definitiva sem a parte do texto que revogava o referido § 5º do art. 57 da Lei n. 8.213/1991.

A TNU também passou a adotar esse mesmo entendimento, editando a Súmula n. 50, com o seguinte teor: "É possível a conversão do tempo de serviço especial em comum do trabalho prestado em qualquer período".

Cabe ressaltar, ainda, que a parte Autora tem direito à conversão do tempo de serviço especial trabalhado até a data de publicação da EC n. 103/2019, consoante facultado pelo § 5º do art. 57 da Lei n. 8.213/1991.

Dessa forma, somando-se o período especial convertido em comum, bem como o tempo de atividade rural em regime de economia familiar, ao restante tempo de serviço comum, a parte autora tem tempo suficiente à aposentação pleiteada, nos moldes do art. 201, § 7º, I, da Constituição Federal.

Por fim, caso não lhe assista direito à aposentação, a parte Autora deseja a averbação do tempo rural bem como do tempo exercido mediante condições especiais, com sua conversão em tempo comum.

## 3. DA REAFIRMAÇÃO DA DER

A presente ação visa à concessão do benefício assim como o início do pagamento a partir da data de entrada do requerimento administrativo (DER).

Entretanto, caso seja entendido que nessa data não havia possibilidade da concessão do benefício na forma pleiteada ou que melhor benefício seria possível durante o curso da presente ação, requer seja aceita a reafirmação da DER visando à garantia do melhor benefício.

A reafirmação da DER está disciplina na via administrativa pelo Regulamento da Previdência Social (Decreto n. 3.048/999):

> Art. 176-D. Se, na data de entrada do requerimento do benefício, o segurado não satisfizer os requisitos para o reconhecimento do direito, mas implementá-los em momento posterior, antes da decisão do INSS, o requerimento poderá ser reafirmado para a data em que satisfizer os requisitos, que será fixada como início do benefício, exigindo-se, para tanto, a concordância formal do interessado, admitida a sua manifestação de vontade por meio eletrônico. (Incluído pelo Decreto n. 10.410, de 2020)

Ademais, a própria Instrução Normativa n. 128/2022 do INSS disciplina que sendo os requisitos implementados entre a DER e a data da publicação do despacho concessório, o INSS deverá reafirmar a DER para a data em que satisfaça os requisitos, desde que a reafirmação seja autorizada pelo(a) segurado(a):

> Art. 577. Por ocasião da decisão, em se tratando de requerimento de benefício, deverá o INSS:
>
> II – quando não satisfeitos os requisitos para o reconhecimento do direito na data de entrada do requerimento do benefício, verificar se esses foram implementados em momento posterior, antes da decisão do INSS, caso em que o requerimento poderá ser reafirmado para a data em que satisfizer os requisitos, exigindo-se, para tanto, a concordância formal do interessado, admitida a sua manifestação de vontade por meio eletrônico.

Sobre a reafirmação da DER, o Superior Tribunal de Justiça fixou tese no Tema n. 995, que a seguir destacamos:

> "É possível a reafirmação da DER (Data de Entrada do Requerimento) para o momento em que implementados os requisitos para a concessão do benefício, mesmo que isso se dê no interstício entre o ajuizamento da ação e a entrega da prestação jurisdicional nas instâncias ordinárias, nos termos dos arts. 493 e 933 do CPC/2015, observada a causa de pedir."

E a TNU uniformizou a possibilidade de reafirmação da DER com base nas regras de transição da EC n. 103/2019, vejamos a tese fixada:

> "É possível a reafirmação da DER para a concessão de benefícios previstos nas regras de transição da EC n. 103/19, mesmo que o requerimento original preceda à vigência da emenda constitucional" (PUIL n. 5003210-40.2020.4.04.7205/SC, j. 27.05.2021).

Assim, requer-se a análise do direito a reafirmação da DER para fins da garantia ao melhor benefício no caso concreto.

## 4. DO PREQUESTIONAMENTO <ADEQUAR AO CASO CONCRETO>

Resta clara a violação aos ditames constitucionais e legislação federal, da qual destacamos os artigos <ADEQUAR AO CASO CONCRETO, CITANDO NOMINALMENTE OS ARTIGOS, INCLUSIVE COM PARÁGRAFOS E INCISOS, LEMBRANDO-SE DE INCLUIR TAMBÉM LEGISLAÇÃO FEDERAL MESMO PARA AÇÕES DE JUIZADOS>.

## 5. REQUERIMENTOS <ADEQUAR AO CASO CONCRETO>

Diante do exposto, requer-se a Vossa Excelência:

a) a citação do Instituto Nacional do Seguro Social – INSS para, querendo, responder à presente demanda, no prazo legal;

b) a determinação ao INSS para que, na primeira oportunidade em que se pronunciar nos autos, apresente cópia do Processo Administrativo relacionado ao requerimento do benefício em análise conforme determinado pelo art. 11 da Lei n. 10.259/2001, sob pena de cominação de multa diária, nos termos do art. 139, IV, do CPC – a ser fixada por esse Juízo;

c) a procedência da pretensão deduzida, consoante narrado nesta inicial, para que se determine ao INSS que proceda a averbação do tempo de serviço rural da parte Autora, em regime de economia familiar, na condição de segurado especial, o período de _____ a _____;

d) a procedência da pretensão deduzida, consoante narrado nesta inicial, para que se determine ao INSS que proceda a averbação em favor da parte Autora, do(s) período(s) de _____ a _____, como laborados em condições especiais, convertendo-o(s) em tempo de serviço comum;

e) a procedência da pretensão deduzida, consoante narrado nesta inicial, condenando-se o INSS a conceder o benefício de aposentadoria programada à parte Autora, com data de início a contar da DER ou na DER a ser reafirmada, em proteção ao direito ao melhor benefício <VERIFICAR SE A PARTE ERA EMPREGADA E SE ENCERROU O CONTRATO DE TRABALHO DENTRO DE 90 DIAS ANTES DO REQUERIMENTO. SE FOR ESSE O CASO, PODE-SE PEDIR A CONCESSÃO DESDE A RESCISÃO DO CONTRATO DE TRABALHO, CONFORME ART. 49 C/C O ART. 54, AMBOS DA LEI n. 8.213/1991>;

f) para fins de cálculo do benefício de aposentadoria pleiteada, que os períodos referentes ao pedido c e d sejam utilizados como tempo para a apuração dos percentuais adicionais aos 60%, nos termos do art. 53[4] do Dec. n. 3.048/1999 (redação conferida pelo Decreto n. 10.491/2020);

g) a condenação do INSS ao pagamento dos valores acumulados, aplicando-se juros e correção monetária até 11/2021, nos termos dos Temas 810 do STF e 905 do STJ e, a partir de 12/2021, o índice da taxa referencial do Sistema Especial de Liquidação e de Custódia (Selic), acumulado mensalmente, para fins de atualização monetária e de compensação da mora (art. 3º da EC n. 113/2021), respeitada a prescrição quinquenal;

h) a condenação do INSS ao pagamento de custas, despesas e honorários advocatícios, na base de 20% (vinte por cento), apuradas em liquidação de sentença, conforme dispõem o art. 55 da Lei n. 9.099/1995 e o art. 85, § 3º, do CPC;

i) <SE NECESSÁRIA A PRODUÇÃO DE PROVAS, A EXEMPLO DA TESTEMUNHAL, REQUERER E FAZER O ARROLAMENTO DAS TESTEMUNHAS; ENTRETANTO, SE A DOCUMENTAÇÃO ANEXA NA INICIAL FOR SUFICIENTE PARA A COMPROVAÇÃO DO TEMPO E O DEFERIMENTO DO BENEFÍCIO, INCLUIR O SEGUINTE PEDIDO: "CONSIDERANDO QUE A QUESTÃO DE MÉRITO É UNICAMENTE DE DIREITO, REQUER O JULGAMENTO ANTECIPADO DA LIDE, CONFORME DISPÕE O ART. 355 DO CPC. SENDO OUTRO O ENTENDIMENTO DE V. EXA., REQUER E PROTESTA PELA PRODUÇÃO DE TODOS OS MEIOS DE PROVA ADMITIDOS EM DIREITO, SEM EXCLUSÃO DE NENHUM QUE SE FIZER NECESSÁRIO AO DESLINDE DA DEMANDA.">

j) a concessão da Gratuidade da Justiça, por ser a parte Autora pessoa hipossuficiente, na acepção jurídica do termo, sem condições de arcar com as despesas processuais e os honorários advocatícios sucumbenciais sem prejuízo de seu sustento e de sua família, na forma do art. 98 e ss. do CPC. <RECOMENDA-SE A COLETA, PELO ADVOGADO, DE DECLARAÇÃO DE HIPOSSUFICIÊNCIA DO CLIENTE, CASO SEJA REQUERIDA A GRATUIDADE DA JUSTIÇA. DEVE-SE, TAMBÉM, DE PREFERÊNCIA, FAZER A JUNTADA DE TAL DECLARAÇÃO NOS AUTOS, JÁ NA INICIAL>.

Cumprindo a previsão do art. 319, VII, do CPC, a parte autora declara que opta pela realização <OU NÃO REALIZAÇÃO, ADEQUAR CONFORME O INTERESSE EM CADA CASO> de audiência de con-

---

[4] "Art. 53. O valor da aposentadoria programada corresponderá a sessenta por cento do salário de benefício definido na forma prevista no art. 32, com acréscimo de dois pontos percentuais para cada ano de contribuição que exceder o tempo de vinte anos de contribuição, para os homens, ou de quinze anos de contribuição, para as mulheres. (Redação dada pelo Decreto 10.491, de 2020)"

ciliação no presente caso.

Requer-se, ainda, com base no § 4º, do art. 22, da Lei n. 8.906/1994, que, ao final da presente demanda, caso sejam encontradas diferenças em favor do autor, quando da expedição da RPV ou do precatório, os valores referentes aos honorários contratuais e sucumbenciais sejam expedidos em nome da sociedade de advogados contratada pela parte Autora, sendo os honorários contratuais devidos no percentual constante no contrato em anexo.

Dá-se à causa o valor de R$ 1.000,00 (mil reais). <ADEQUAR CONFORME O CASO>

Nesses termos,

PEDE DEFERIMENTO.

Cidade e data.

Nome do Advogado e OAB

<CASO SEJA NECESSÁRIA A OUVIDA DE TESTEMUNHAS, RECOMENDA-SE A LISTAGEM DAS MESMAS, COM NOME COMPLETO, CPF E ENDEREÇO, JÁ NA INICIAL. RECOMENDAMOS TAMBÉM A ENTREVISTA DO ADVOGADO COM AS TESTEMUNHAS ANTES DE SUA INCLUSÃO NO PROCESSO>.

## 32. MODELO DE AÇÃO PARA CONCESSÃO DE APOSENTADORIA PROGRAMADA COM CÔMPUTO DE TEMPO MILITAR

**EXCELENTÍSSIMO(A) SENHOR(A) DOUTOR(A) JUIZ(A) FEDERAL DA VARA/JUIZADO ESPECIAL FEDERAL DA CIDADE – SEÇÃO JUDICIÁRIA DO ESTADO <VERIFICAR SE É INTERESSANTE O AJUIZAMENTO DA AÇÃO NA VARA ESTADUAL MEDIANTE A UTILIZAÇÃO DA COMPETÊNCIA DELEGADA, MAS ADEQUANDO À NOVA LIMITAÇÃO DE 70 KM ENTRE A SEDE DA JF E A SEDE DA COMARCA. SE SIM, ADEQUAR PARA A NOMENCLATURA ESTADUAL>**

**Nome do(a) Segurado(a),** nacionalidade, estado civil, profissão, residente e domiciliado(a) na Rua, bairro, cidade, Estado, inscrito no CPF sob o nº, endereço eletrônico, vem à presença de Vossa Excelência, por intermédio de seus procuradores constituídos, propor a presente **AÇÃO DE CONCESSÃO APOSENTADORIA PROGRAMADA** contra o **INSTITUTO NACIONAL DO SEGURO SOCIAL – INSS**, pessoa jurídica de direito público, autarquia federal, com endereço na..., pelos fatos e fundamentos que a seguir aduz:

**1. BREVE RESENHA FÁTICA** <ADEQUAR AO CASO CONCRETO>

A parte Autora requereu junto à Autarquia Previdenciária o benefício de Aposentadoria programada com cômputo de tempo comum e tempo militar.

O benefício foi indeferido, conforme documento anexo.

A parte Autora possui prova de que exerceu atividade urbana nos seguintes períodos, conforme extrato do CNIS:

| Início | Fim | Empresa |
|---|---|---|
|  |  |  |

A parte autora juntou ainda aos autos comprovação do exercício de atividade militar em condição de risco, certidão fornecida pelo __ Batalhão do Exército de __ possibilitando, assim, a contagem do referido período como tempo especial para a concessão da aposentadoria pleiteada.

Dentre as provas documentais apresentadas referentes ao tempo comum e militar, destaca(m)-se: <adequar ao caso>

( ) Cópia da Carteira de Trabalho e Previdência Social;

( ) Certificado de Reservista;
( ) Certidão do Ministério do Exército/Aeronáutica/Marinha;
( ) Outros _____ .

Segundo o INSS, o indeferimento do benefício se deu por... <INCLUIR OS MOTIVOS DE INDEFERIMENTO>.

É descabida, entretanto, a justificação apresentada pelo INSS para o indeferimento, sendo devida a concessão do benefício na forma da Lei Previdenciária vigente. O segurado recorre a esse nobre Juízo para garantir a concessão da aposentadoria, posto que implementou todos os requisitos necessários para o deferimento do pedido administrativo.

## 2. FUNDAMENTOS JURÍDICOS DO PEDIDO <ADEQUAR AO CASO CONCRETO>

### 2.1 Do tempo de serviço militar

No que tange ao tempo de serviço militar, cabe destacar que este é computado para fins de concessão de aposentadoria no RGPS, nos termos do art. 201, § 9º-A da Constituição Federal e do art. 55, I, da Lei n. 8.213/1991:

> CF – Art. 201. (...)
>
> § 9º-A. O tempo de serviço militar exercido nas atividades de que tratam os arts. 42, 142 e 143 e o tempo de contribuição ao Regime Geral de Previdência Social ou a regime próprio de previdência social terão contagem recíproca para fins de inativação militar ou aposentadoria, e a compensação financeira será devida entre as receitas de contribuição referentes aos militares e as receitas de contribuição aos demais regimes. (Incluído pela Emenda Constitucional n. 103, de 2019).
>
> Lei n. 8.213/1991 – Art. 55. O tempo de serviço será comprovado na forma estabelecida no Regulamento, compreendendo, além do correspondente às atividades de qualquer das categorias de segurados de que trata o art. 11 desta Lei, mesmo que anterior à perda da qualidade de segurado:
>
> I – o tempo de serviço militar, inclusive o voluntário, e o previsto no § 1º do art. 143 da Constituição Federal, ainda que anterior à filiação ao Regime Geral de Previdência Social, desde que não tenha sido contado para inatividade remunerada nas Forças Armadas ou aposentadoria no serviço público;

A parte junta aos autos Certidão que comprova a prestação do serviço militar, em que constam informações de onde o serviço foi prestado e a sua data de início e de fim.

Ainda sobre o direito de contagem do tempo de militar, destacamos a previsão contida no Regulamento da Previdência Social (Decreto n. 3.048/1999, redação dada pelo Decreto n. 10.410/2020):

> Art. 188-G. O tempo de contribuição até 13 de novembro de 2019 será contado de data a data, desde o início da atividade até a data do desligamento, considerados, além daqueles referidos no art. 19-C, os seguintes períodos: (...)
>
> I – o tempo de serviço militar, exceto se já contado para inatividade remunerada nas Forças Armadas ou auxiliares ou para aposentadoria no serviço público federal, estadual, distrital ou municipal, ainda que anterior à filiação ao RGPS, obrigatório, voluntário ou alternativo, assim considerado o tempo atribuído pelas Forças Armadas àqueles que, após o alistamento, alegaram imperativo de consciência, entendido como tal aquele decorrente de crença religiosa ou de convicção filosófica ou política, para se eximirem de atividades de caráter militar; (...)
>
> Parágrafo único. O tempo de contribuição de que trata este artigo será considerado para fins de cálculo do valor da renda mensal de qualquer benefício.

Resta assim assegurado o direito de computar referido tempo como de contribuição.

## 3. DA REAFIRMAÇÃO DA DER

A presente ação visa à concessão do benefício assim como o início do pagamento a partir da data de entrada do requerimento administrativo (DER).

Entretanto, caso seja entendido que nessa data não havia possibilidade da concessão do benefício na forma pleiteada ou que melhor benefício seria possível durante o curso da presente ação, requer seja aceita a reafirmação da DER visando à garantia do melhor benefício.

A reafirmação da DER está disciplina na via administrativa pelo Regulamento da Previdência Social (Decreto n. 3.048/1999):

> Art. 176-D. Se, na data de entrada do requerimento do benefício, o segurado não satisfizer os requisitos para o reconhecimento do direito, mas implementá-los em momento posterior, antes da decisão do INSS, o requerimento poderá ser reafirmado para a data em que satisfizer os requisitos, que será fixada como início do benefício, exigindo-se, para tanto, a concordância formal do interessado, admitida a sua manifestação de vontade por meio eletrônico. (Incluído pelo Decreto n. 10.410, de 2020).

Ademais, a própria Instrução Normativa n. 128/2022 do INSS disciplina que sendo os requisitos implementados entre a DER e a data da publicação do despacho concessório, o INSS deverá reafirmar a DER para a data em que satisfaça os requisitos, desde que a reafirmação seja autorizada pelo(a) segurado(a):

> Art. 577. Por ocasião da decisão, em se tratando de requerimento de benefício, deverá o INSS:
>
> II – quando não satisfeitos os requisitos para o reconhecimento do direito na data de entrada do requerimento do benefício, verificar se esses foram implementados em momento posterior, antes da decisão do INSS, caso em que o requerimento poderá ser reafirmado para a data em que satisfizer os requisitos, exigindo-se, para tanto, a concordância formal do interessado, admitida a sua manifestação de vontade por meio eletrônico.

Sobre a reafirmação da DER, o Superior Tribunal de Justiça fixou tese no Tema n. 995, que a seguir destacamos:

> É possível a reafirmação da DER (Data de Entrada do Requerimento) para o momento em que implementados os requisitos para a concessão do benefício, mesmo que isso se dê no interstício entre o ajuizamento da ação e a entrega da prestação jurisdicional nas instâncias ordinárias, nos termos dos arts. 493 e 933 do CPC/2015, observada a causa de pedir.

E a TNU uniformizou a possibilidade de reafirmação da DER com base nas regras de transição da EC n. 103/2019, vejamos a tese fixada:

> "É possível a reafirmação da DER para a concessão de benefícios previstos nas regras de transição da EC n. 103/19, mesmo que o requerimento original preceda à vigência da emenda constitucional" (PUIL n. 5003210-40.2020.4.04.7205/SC, j. 27.05.2021).

Assim, requer-se a análise do direito a reafirmação da DER para fins da garantia ao melhor benefício no caso concreto.

**4. DO PREQUESTIONAMENTO** <ADEQUAR AO CASO CONCRETO>

Resta clara a violação aos ditames constitucionais e à legislação federal, da qual destacamos os artigos <ADEQUAR AO CASO CONCRETO, CITANDO NOMINALMENTE OS ARTIGOS, INCLUSIVE COM PARÁGRAFOS E INCISOS, LEMBRANDO-SE DE INCLUIR TAMBÉM LEGISLAÇÃO FEDERAL MESMO PARA AÇÕES DE JUIZADOS>.

**5. REQUERIMENTOS** <ADEQUAR AO CASO CONCRETO>

Diante do exposto, requer-se a Vossa Excelência:

a) a citação do Instituto Nacional do Seguro Social – INSS, para, querendo, responder à presente demanda, no prazo legal;

b) a determinação ao INSS para que, na primeira oportunidade em que se pronunciar nos autos, apresente cópia do Processo Administrativo relacionado ao requerimento do benefício em análise, conforme determinado pelo art. 11 da Lei n. 10.259/2001, sob pena de cominação de multa diária, nos termos do art. 139, IV, do CPC – a ser fixada por esse Juízo;

c) a procedência da pretensão deduzida, consoante narrado nesta inicial, para que se determine ao INSS que proceda a averbação do tempo de serviço militar do período de _____ a _____;

d) a procedência da pretensão deduzida, consoante narrado nesta inicial, condenando-se o INSS a conceder o benefício de aposentadoria programada à parte autora, com data de início a contar da DER ou na DER a ser reafirmada, em proteção ao direito ao melhor benefício <VERIFICAR SE A PARTE ERA EMPREGADA E SE ENCERROU O CONTRATO DE TRABALHO DENTRO DE 90 DIAS ANTES DO REQUERIMENTO. SE FOR ESSE O CASO, PODE-SE PEDIR A CONCESSÃO DESDE A RESCISÃO DO CONTRATO DE TRABALHO, CONFORME ART. 49 C/C O ART. 54, AMBOS DA LEI n. 8.213/1991>;

e) para fins de cálculo do benefício de aposentadoria pleiteada, que o período militar seja utilizado como tempo para a apuração dos percentuais adicionais aos 60%, nos termos do art. 53[5] do Dec. n. 3.048/1999 (redação conferida pelo Decreto n. 10.491/2020);

f) a condenação do INSS ao pagamento dos valores acumulados, aplicando-se juros e correção monetária até 11/2021, nos termos dos Temas 810 do STF e 905 do STJ e, a partir de 12/2021, o índice da taxa referencial do Sistema Especial de Liquidação e de Custódia (Selic), acumulado mensalmente, para fins de atualização monetária e de compensação da mora (art. 3º da EC n. 113/2021), respeitada a prescrição quinquenal;

g) a condenação do INSS ao pagamento de custas, despesas e honorários advocatícios, na base de 20% (vinte por cento), apuradas em liquidação de sentença, conforme dispõem o art. 55 da Lei n. 9.099/1995 e o art. 85, § 3º, do CPC;

h) <SE NECESSÁRIA A PRODUÇÃO DE PROVAS, A EXEMPLO DA TESTEMUNHAL, REQUERER E FAZER O ARROLAMENTO DAS TESTEMUNHAS; ENTRETANTO, SE A DOCUMENTAÇÃO ANEXA NA INICIAL FOR SUFICIENTE PARA A COMPROVAÇÃO DO TEMPO E O DEFERIMENTO DO BENEFÍCIO, INCLUIR O SEGUINTE PEDIDO: "CONSIDERANDO QUE A QUESTÃO DE MÉRITO É UNICAMENTE DE DIREITO, REQUER O JULGAMENTO ANTECIPADO DA LIDE, CONFORME DISPÕE O ART. 355 DO CPC. SENDO OUTRO O ENTENDIMENTO DE V. EXA., REQUER E PROTESTA PELA PRODUÇÃO DE TODOS OS MEIOS DE PROVA ADMITIDOS EM DIREITO, SEM EXCLUSÃO DE NENHUM QUE SE FIZER NECESSÁRIO AO DESLINDE DA DEMANDA.">

i) a concessão da gratuidade da Justiça, por ser a parte autora pessoa hipossuficiente, na acepção jurídica do termo, sem condições de arcar com as despesas processuais e os honorários advocatícios sucumbenciais sem prejuízo de seu sustento e de sua família, na forma dos arts. 98 e ss. do CPC. <RECOMENDA-SE A COLETA, PELO ADVOGADO, DE DECLARAÇÃO DE HIPOSSUFICIÊNCIA DO CLIENTE, CASO SEJA REQUERIDA A GRATUIDADE DA JUSTIÇA. DEVE-SE, TAMBÉM, DE PREFERÊNCIA, FAZER A JUNTADA DE TAL DECLARAÇÃO NOS AUTOS, JÁ NA INICIAL>.

Cumprindo a previsão do art. 319, VII, do CPC, a parte autora declara que opta pela realização <OU NÃO REALIZAÇÃO, ADEQUAR CONFORME O INTERESSE EM CADA CASO> de audiência de conciliação no presente caso.

Requer-se, ainda, com base no § 4º, do art. 22, da Lei n. 8.906/1994, que, ao final da presente demanda, caso sejam encontradas diferenças em favor do autor, quando da expedição da RPV ou do precatório, os valores referentes aos honorários contratuais e sucumbenciais sejam expedidos em nome da sociedade de advogados contratada pela parte autora, sendo os honorários contratuais devidos no percentual constante no contrato em anexo.

Dá-se à causa o valor de R$ 1.000,00 (mil reais). <ADEQUAR CONFORME O CASO>

Nesses termos,

PEDE DEFERIMENTO.

---

[5] "Art. 53. O valor da aposentadoria programada corresponderá a sessenta por cento do salário de benefício definido na forma prevista no art. 32, com acréscimo de dois pontos percentuais para cada ano de contribuição que exceder o tempo de vinte anos de contribuição, para os homens, ou de quinze anos de contribuição, para as mulheres. (Redação dada pelo Decreto 10.491, de 2020)"

Cidade e data.

Nome do Advogado e OAB

<CASO SEJA NECESSÁRIA A OUVIDA DE TESTEMUNHAS, RECOMENDA-SE A LISTAGEM DELAS, COM NOME COMPLETO, CPF E ENDEREÇO, JÁ NA INICIAL. RECOMENDAMOS TAMBÉM A ENTREVISTA DO ADVOGADO COM AS TESTEMUNHAS ANTES DE SUA INCLUSÃO NO PROCESSO>.

## 33. MODELO DE AÇÃO DE CONCESSÃO DE APOSENTADORIA POR IDADE URBANA – DIREITO ADQUIRIDO ANTES DA EC N. 103/2019

**EXCELENTÍSSIMO(A) SENHOR(A) DOUTOR(A) JUIZ(A) FEDERAL DA VARA/JUIZADO ESPECIAL FEDERAL DA CIDADE – SEÇÃO JUDICIÁRIA DO ESTADO** <VERIFICAR SE É INTERESSANTE O AJUIZAMENTO DA AÇÃO NA VARA ESTADUAL MEDIANTE A UTILIZAÇÃO DA COMPETÊNCIA DELEGADA, MAS ADEQUANDO À NOVA LIMITAÇÃO DE 70 KM ENTRE A SEDE DA JF E A SEDE DA COMARCA. SE SIM, ADEQUAR PARA A NOMENCLATURA ESTADUAL>

**Nome do(a) Segurado(a),** nacionalidade, estado civil, profissão, residente e domiciliado(a) na Rua, Bairro, Cidade, Estado, inscrito(a) no CPF sob o nº, endereço eletrônico, vem à presença de Vossa Excelência, por intermédio de seus procuradores constituídos, propor a presente **AÇÃO DE CONCESSÃO DE APOSENTADORIA POR IDADE** contra o **INSTITUTO NACIONAL DO SEGURO SOCIAL – INSS**, pessoa jurídica de direito público, autarquia federal, com endereço na..., pelos fatos e fundamentos que a seguir aduz:

1. **BREVE RESENHA FÁTICA** <ADEQUAR AO CASO CONCRETO>

A parte Autora postulou, junto ao INSS, concessão de aposentadoria por idade; entretanto, teve seu pedido indeferido. O requerimento inicial da aposentadoria ocorreu em 00.00.0000 e o benefício requerido obteve **NB (...)**.

Segundo o INSS, o indeferimento do benefício se deu <INCLUIR OS MOTIVOS DE INDEFERIMENTO>.

É descabida, entretanto, a justificação apresentada pelo INSS para o indeferimento, sendo devida a concessão do benefício nas formas da Lei Previdenciária vigente à época do cumprimento dos requisitos. O segurado recorre a esse nobre Juízo para garantir a concessão da aposentadoria, posto que implementou todos os requisitos necessários para o deferimento do pedido administrativo.

2. **FUNDAMENTOS JURÍDICOS DO PEDIDO** <ADEQUAR AO CASO CONCRETO>

Para a concessão da aposentadoria por idade tem-se a necessidade de cumprimento, até a Emenda Constitucional n. 103/2019, de dois requisitos essenciais: idade e carência.

Ressalta-se que no presente caso está se tratando de direito adquirido anterior à Reforma de Previdência, e assim deve ser adotada a legislação vigente à época, em cumprimento das regras constitucionais aplicáveis e do art. 3º da EC n. 103/2019, que citamos:

> Art. 3º A concessão de aposentadoria ao servidor público federal vinculado a regime próprio de previdência social e ao segurado do Regime Geral de Previdência Social e de pensão por morte aos respectivos dependentes será assegurada, a qualquer tempo, desde que tenham sido cumpridos os requisitos para obtenção desses benefícios até a data de entrada em vigor desta Emenda Constitucional, **observados os critérios da legislação vigente na data em que foram atendidos os requisitos para a concessão da aposentadoria ou da pensão por morte**.

Quanto à idade necessária, cabe ressaltar o art. 48 da Lei n. 8.213/1991, na redação vigente à época:

> Art. 48. A aposentadoria por idade será devida ao segurado que, cumprida a carência exigida nesta Lei, completar 65 (sessenta e cinco) anos de idade, se homem, e 60 (sessenta), se mulher.

Quanto a carência, aplica-se o art. 25, II, da Lei n. 8.213/1991, vigente à época:

> II – aposentadoria por idade, aposentadoria por tempo de serviço e aposentadoria especial: 180 contribuições mensais. (Redação dada pela Lei n. 8.870, de 1994)

A parte demonstra que cumpriu ambos os requisitos citados, contando na DER com 65 anos (60 anos, se mulher) de idade (DN ../../....) e mais de 15 anos de carência, destacando que <EXEMPLO>: embora não mantivesse a qualidade de segurado(a) quando completou a idade exigida para a aposentadoria, já havia cumprido a carência (regra de transição ou regra geral) em momento anterior.

Consigna-se que a concessão de aposentadoria por idade não demanda satisfação simultânea dos requisitos idade/manutenção da qualidade de segurado(a)/carência, na linha do seguinte julgado do STJ:

> PREVIDENCIÁRIO. RECURSO ESPECIAL. APOSENTADORIA POR IDADE URBANA. PREENCHIMENTO SIMULTÂNEO DOS REQUISITOS. DESNECESSIDADE. REGRA DE TRANSIÇÃO DO ART. 142 DA LEI DE BENEFÍCIOS. PRECEDENTES. RECURSO ESPECIAL CONHECIDO E PROVIDO. (...) 3. A implementação dos requisitos para a aposentadoria por idade urbana pode dar-se em momentos diversos, sem simultaneidade. Mas, uma vez que o segurado atinja o limite de idade fixado, o prazo de carência está consolidado, não podendo mais ser alterado. A interpretação a ser dada ao art. 142 da referida Lei deve ser finalística, em conformidade com os seus objetivos, que estão voltados à proteção do segurado que se encontre no período de transição ali especificado, considerando o aumento da carência de 60 contribuições para 180 e que atinjam a idade nele fixada.
>
> (...) 6. O segurado que não implementa a carência legalmente exigida quando atingido o requisito etário, pode cumpri-la posteriormente pelo mesmo número de contribuições previstas para essa data. Não haverá nesta hipótese um novo enquadramento na tabela contida no art. 142 da Lei 8.213/1991, como entendeu o Tribunal *a quo*.
>
> 7. Recurso especial conhecido e provido, determinando-se ao INSS que refaça a contagem da carência com base na data em que a segurada atingiu a idade mínima. Inversão do ônus da sucumbência. Honorários advocatícios fixados em 10% sobre o valor da condenação.
>
> (STJ, REsp 1412566/RS, 2ª Turma, Rel. Ministro Mauro Campbell Marques, *DJe* 02.04.2014)

Destacamos ainda a Súmula 44 da TNU:

> Para efeito de aposentadoria urbana por idade, a tabela progressiva de carência prevista no art. 142 da Lei n. 8.213/1991 deve ser aplicada em função do ano em que o segurado completa a idade mínima para concessão do benefício, ainda que o período de carência só seja preenchido posteriormente.

No que se refere à data de início do benefício, deverá reger-se pelo disposto no art. 49 da Lei n. 8.213/1991:

> Art. 49. A aposentadoria por idade será devida:
>
> I – ao segurado empregado, inclusive o doméstico, a partir:
>
> a) da data do desligamento do emprego, quando requerida até essa data ou até 90 (noventa) dias depois dela; ou
>
> b) da data do requerimento, quando não houver desligamento do emprego ou quando for requerida após o prazo previsto na alínea "a";
>
> II – para os demais segurados, da data da entrada do requerimento.

## 3. DA REAFIRMAÇÃO DA DER

A presente ação visa à concessão do benefício assim como o início do pagamento a partir da data de entrada do requerimento administrativo (DER).

Entretanto, caso seja entendido que nessa data não havia possibilidade da concessão do benefício na forma pleiteada ou que melhor benefício seria possível durante o curso da presente ação, requer seja aceita a reafirmação da DER visando à garantia do melhor benefício.

A reafirmação da DER está disciplinada na via administrativa pelo Regulamento da Previdência Social (Decreto n. 3.048/1999):

> Art. 176-D. Se, na data de entrada do requerimento do benefício, o segurado não satisfizer os requisitos para o reconhecimento do direito, mas implementá-los em momento posterior, antes da decisão do INSS, o requerimento poderá ser reafirmado para a data em que satisfizer os requisitos, que será fixada como início do benefício, exigindo-se, para tanto, a concordância formal do interessado, admitida a sua manifestação de vontade por meio eletrônico. (Incluído pelo Decreto n. 10.410, de 2020).

Ademais, a própria Instrução Normativa n. 128/2022 do INSS disciplina que sendo os requisitos implementados entre a DER e a data da publicação do despacho concessório, o INSS deverá reafirmar a DER para a data em que satisfaça os requisitos, desde que a reafirmação seja autorizada pelo(a) segurado(a):

> Art. 577. Por ocasião da decisão, em se tratando de requerimento de benefício, deverá o INSS:
>
> II – quando não satisfeitos os requisitos para o reconhecimento do direito na data de entrada do requerimento do benefício, verificar se esses foram implementados em momento posterior, antes da decisão do INSS, caso em que o requerimento poderá ser reafirmado para a data em que satisfizer os requisitos, exigindo-se, para tanto, a concordância formal do interessado, admitida a sua manifestação de vontade por meio eletrônico.

Sobre a reafirmação da DER, o Superior Tribunal de Justiça fixou tese no Tema n. 995, que a seguir destacamos:

> É possível a reafirmação da DER (Data de Entrada do Requerimento) para o momento em que implementados os requisitos para a concessão do benefício, mesmo que isso se dê no interstício entre o ajuizamento da ação e a entrega da prestação jurisdicional nas instâncias ordinárias, nos termos dos arts. 493 e 933 do CPC/2015, observada a causa de pedir.

E a TNU uniformizou a possibilidade de reafirmação da DER com base nas regras de transição da EC n. 103/2019, vejamos a tese fixada:

> "É possível a reafirmação da DER para a concessão de benefícios previstos nas regras de transição da EC n. 103/2019, mesmo que o requerimento original preceda à vigência da emenda constitucional" (PUIL n. 5003210-40.2020.4.04.7205/SC, j. 27.05.2021).

Assim, requer-se a análise do direito a reafirmação da DER para fins da garantia ao melhor benefício no caso concreto.

**4. DO PREQUESTIONAMENTO** <ADEQUAR AO CASO CONCRETO>

Resta clara a violação aos ditames constitucionais e legislação federal, da qual destacamos os artigos <ADEQUAR AO CASO CONCRETO, CITANDO NOMINALMENTE OS ARTIGOS, INCLUSIVE COM PARÁGRAFOS E INCISOS, LEMBRANDO-SE DE INCLUIR TAMBÉM LEGISLAÇÃO FEDERAL MESMO PARA AÇÕES DE JUIZADOS>.

**5. REQUERIMENTOS** <ADEQUAR AO CASO CONCRETO>

Diante do exposto, requer-se a Vossa Excelência:

a) a citação do Instituto Nacional do Seguro Social – INSS, para, querendo, responder à presente demanda, no prazo legal, advertindo-se que:

b) a determinação ao INSS para que, na primeira oportunidade em que se pronunciar nos autos, apresente cópia do Processo Administrativo relacionado ao requerimento do benefício em análise, conforme determinado pelo art. 11 da Lei n. 10.259/2001, sob pena de cominação de multa diária, nos termos do art. 139, IV, do CPC – a ser fixada por esse Juízo;

c) a procedência da pretensão deduzida, consoante narrado nesta inicial, condenando-se o INSS a conceder o benefício de aposentadoria por idade à parte Autora, com data de início a contar do requerimento administrativo ou na DER a ser reafirmada, em proteção ao direito ao melhor benefício <VERIFICAR TAMBÉM SE A PARTE ERA EMPREGADA E SE ENCERROU O CONTRATO DE TRABALHO DENTRO DE 90 DIAS ANTES DO REQUERIMENTO. SE FOR ESSE O CASO, PODE-SE PEDIR A CONCESSÃO DESDE A RESCISÃO DO CONTRATO DE TRABALHO, CONFORME ART. 49, I, "A", DA LEI n. 8.213/1991>;

d) a condenação do INSS ao pagamento dos valores acumulados, aplicando-se juros e correção monetária até novembro de 2021, nos termos dos Temas 810 do STF e 905 do STJ e, a partir de dezembro de 2021, o índice da taxa referencial do Sistema Especial de Liquidação e de Custódia (Selic), acumulado mensalmente, para fins de atualização monetária e de compensação da mora (art. 3º da EC n. 113/2021), respeitada a prescrição quinquenal;

e) a condenação do INSS ao pagamento de custas, despesas e de honorários advocatícios, na base de 20% (vinte por cento) sobre a condenação, conforme dispõem o art. 55 da Lei n. 9.099/1995 e o art. 85, § 3º, do CPC;

f) <SE NECESSÁRIA A PRODUÇÃO DE PROVAS, A EXEMPLO DA TESTEMUNHAL, REQUERER E FAZER O ARROLAMENTO DAS TESTEMUNHAS; ENTRETANTO, SE A DOCUMENTAÇÃO ANEXA NA INICIAL FOR SUFICIENTE PARA A COMPROVAÇÃO DO TEMPO E O DEFERIMENTO DO BENEFÍCIO, INCLUIR O SEGUINTE PEDIDO: "CONSIDERANDO, AINDA, QUE A QUESTÃO DE MÉRITO É UNICAMENTE DE DIREITO, REQUER O JULGAMENTO ANTECIPADO DA LIDE, CONFORME DISPÕE O ART. 355 DO CPC. SENDO OUTRO O ENTENDIMENTO DE V. EXA., REQUER A PRODUÇÃO DE TODOS OS MEIOS DE PROVA EM DIREITO ADMITIDOS.">

g) a concessão da Gratuidade da Justiça, por ser a parte Autora pessoa hipossuficiente, na acepção jurídica do termo, sem condições de arcar com as despesas processuais e os honorários advocatícios sucumbenciais sem prejuízo de seu sustento e de sua família, na forma do art. 98 e ss do CPC. <RECOMENDA-SE A COLETA, PELO ADVOGADO, DE DECLARAÇÃO DE HIPOSSUFICIÊNCIA DO CLIENTE, CASO SEJA REQUERIDA A GRATUIDADE DA JUSTIÇA. DEVE-SE, TAMBÉM, DE PREFERÊNCIA, FAZER A JUNTADA DE TAL DECLARAÇÃO NOS AUTOS, JÁ NA INICIAL>.

Cumprindo a previsão do art. 319, VII, do CPC, a parte autora declara que opta pela realização <OU NÃO REALIZAÇÃO, ADEQUAR CONFORME O INTERESSE EM CADA CASO> de audiência de conciliação no presente caso.

Requer-se, ainda, com base no § 4º, do art. 22, da Lei n. 8.906/1994, que, ao final da presente demanda, caso sejam encontradas diferenças em favor da parte Autora, quando da expedição da RPV ou do precatório, os valores referentes aos honorários contratuais e sucumbenciais sejam expedidos em nome da sociedade de advogados contratada pela parte Autora, sendo os honorários contratuais devidos no percentual constante no contrato em anexo.

Dá-se à causa o valor de R$ 1.000,00 (mil reais). <ADEQUAR CONFORME O CASO>

Nesses termos,

PEDE DEFERIMENTO.

Cidade e data.

Nome do Advogado e OAB

### 34. MODELO DE AÇÃO DE CONCESSÃO DE APOSENTADORIA PROGRAMADA

**EXCELENTÍSSIMO(A) SENHOR(A) DOUTOR(A) JUIZ(A) FEDERAL DA VARA/JUIZADO ESPECIAL FEDERAL DA CIDADE – SEÇÃO JUDICIÁRIA DO ESTADO** <VERIFICAR SE É INTERESSANTE O AJUIZAMENTO DA AÇÃO NA VARA ESTADUAL MEDIANTE A UTILIZAÇÃO DA COMPETÊNCIA DELEGADA, MAS ADEQUANDO À NOVA LIMITAÇÃO DE 70 KM ENTRE A SEDE DA JF E A SEDE DA COMARCA. SE SIM, ADEQUAR PARA A NOMENCLATURA ESTADUAL>

**Nome do(a) Segurado(a),** nacionalidade, estado civil, profissão, residente e domiciliado(a) na Rua, Bairro, Cidade, Estado, inscrito(a) no CPF sob o nº, endereço eletrônico, vem à presença de

Vossa Excelência, por intermédio de seus procuradores constituídos, propor a presente **AÇÃO DE CONCESSÃO DE APOSENTADORIA PROGRAMADA** contra o **INSTITUTO NACIONAL DO SEGURO SOCIAL – INSS**, pessoa jurídica de direito público, autarquia federal, com endereço na..., pelos fatos e fundamentos que a seguir aduz:

## 1. BREVE RESENHA FÁTICA <ADEQUAR AO CASO CONCRETO>

A parte Autora postulou, junto ao INSS, concessão de aposentadoria programada; entretanto, teve seu pedido indeferido. O requerimento inicial da aposentadoria ocorreu em 00.00.0000 e o benefício requerido obteve **NB (...)**.

Segundo o INSS, o indeferimento do benefício se deu <INCLUIR OS MOTIVOS DE INDEFERIMENTO>.

É descabida, entretanto, a justificação apresentada pelo INSS para o indeferimento, sendo devida a concessão do benefício nas formas da Lei Previdenciária vigente à época do cumprimento dos requisitos. Assim, a parte Autora recorre a esse nobre Juízo para garantir a concessão da aposentadoria, posto que implementou todos os requisitos necessários para o deferimento do pedido administrativo.

## 2. FUNDAMENTOS JURÍDICOS DO PEDIDO <ADEQUAR AO CASO CONCRETO>

A aposentadoria programada foi criada pela Emenda Constitucional n. 103/2019, numa conjugação das antigas aposentadorias por idade e por tempo de contribuição.

Na nova regra, prevista no art. 19 da EC n. 103/2019, temos os seguintes requisitos para a concessão desse benefício:

> Art. 19. Até que lei disponha sobre o tempo de contribuição a que se refere o inciso I do § 7º do art. 201 da Constituição Federal, o segurado filiado ao Regime Geral de Previdência Social após a data de entrada em vigor desta Emenda Constitucional será aposentado aos 62 (sessenta e dois) anos de idade, se mulher, 65 (sessenta e cinco) anos de idade, se homem, com 15 (quinze) anos de tempo de contribuição, se mulher, e 20(vinte) anos de tempo de contribuição, se homem.

No tocante à regra de transição para os segurados filiados até 13.11.2019, destacamos o art. 18 da mesma Emenda Constitucional:

> Art. 18. O segurado de que trata o inciso I do § 7º do art. 201 da Constituição Federal filiado ao Regime Geral de Previdência Social até a data de entrada em vigor desta Emenda Constitucional poderá aposentar-se quando preencher, cumulativamente, os seguintes requisitos:
> I – 60 (sessenta) anos de idade, se mulher, e 65 (sessenta e cinco) anos de idade, se homem; e
> II – 15 (quinze) anos de contribuição, para ambos os sexos.
> § 1º A partir de 1º de janeiro de 2020, a idade de 60 (sessenta) anos da mulher, prevista no inciso I do *caput*, será acrescida em 6 (seis) meses a cada ano, até atingir 62 (sessenta e dois) anos de idade.
> § 2º O valor da aposentadoria de que trata este artigo será apurado na forma da lei.

A parte autora detinha na DER 00 anos completos e 00 anos 00 meses e 00 dias de contribuição.[6]

A parte demonstra que cumpre ambos os requisitos citados, contando, atualmente, com 65 anos de idade de 20 anos de contribuição, destacando que <EXEMPLO>: embora não mantivesse a qualidade de segurado(a) quando completou a idade exigida para a aposentadoria, já havia cumprido a carência (regra de transição ou regra geral) em momento anterior.

---

[6] Observando que a contagem em dias foi apurada apenas até 13.11.2019, após tal data, a contagem se dá em meses nos termos § 2º do art. 19-C do Dec. n. 3.048/1999 com a redação do Dec. n. 10.410/2020.

Consigna-se que para a concessão da aposentadoria programada deve ser aplicada a regra da aposentadoria por idade, a qual não demanda satisfação simultânea dos requisitos idade/manutenção da qualidade de segurado(a)/carência, na linha do seguinte julgado do STJ:

> PREVIDENCIÁRIO. RECURSO ESPECIAL. APOSENTADORIA POR IDADE URBANA. PREENCHIMENTO SIMULTÂNEO DOS REQUISITOS. DESNECESSIDADE. REGRA DE TRANSIÇÃO DO ART. 142 DA LEI DE BENEFÍCIOS. PRECEDENTES. RECURSO ESPECIAL CONHECIDO E PROVIDO. (...) 3. A implementação dos requisitos para a aposentadoria por idade urbana pode dar-se em momentos diversos, sem simultaneidade. Mas, uma vez que o segurado atinja o limite de idade fixado, o prazo de carência está consolidado, não podendo mais ser alterado. A interpretação a ser dada ao art. 142 da referida Lei deve ser finalística, em conformidade com os seus objetivos, que estão voltados à proteção do segurado que se encontre no período de transição ali especificado, considerando o aumento da carência de 60 contribuições para 180 e que atinjam a idade nele fixada.
> (...) 6. O segurado que não implementa a carência legalmente exigida quando atingido o requisito etário, pode cumpri-la posteriormente pelo mesmo número de contribuições previstas para essa data. Não haverá nesta hipótese um novo enquadramento na tabela contida no art. 142 da Lei 8.213/1991, como entendeu o Tribunal *a quo*.
> 7. Recurso especial conhecido e provido, determinando-se ao INSS que refaça a contagem da carência com base na data em que a segurada atingiu a idade mínima. Inversão do ônus da sucumbência. Honorários advocatícios fixados em 10% sobre o valor da condenação.
> (STJ, REsp 1412566/RS, 2ª Turma, Rel. Min. Mauro Campbell Marques, *DJe* 02.04.2014)

Destacamos ainda a Súmula n. 44 da TNU:

> Para efeito de aposentadoria urbana por idade, a tabela progressiva de carência prevista no art. 142 da Lei n. 8.213/1991 deve ser aplicada em função do ano em que o segurado completa a idade mínima para concessão do benefício, ainda que o período de carência só seja preenchido posteriormente.

No que se refere à data de início do benefício, deverá reger-se pelo disposto no art. 52 do Decreto n. 3.048/1999 (redação conferida pela Decreto n. 10.410/2020):

> Art. 52. A aposentadoria programada será devida: (Redação dada pelo Decreto n. 10.410, de 2020).
>
> I – ao segurado empregado, inclusive o doméstico:
>
> a) a partir da data do desligamento do emprego, quando requerida até noventa dias depois dela; ou
>
> b) a partir da data do requerimento, quando não houver desligamento do emprego ou quando for requerida após o prazo da alínea "a"; e
>
> II – para os demais segurados, a partir da data da entrada do requerimento.

## 3. DA REAFIRMAÇÃO DA DER

A presente ação visa à concessão do benefício assim como o início do pagamento a partir da data de entrada do requerimento administrativo (DER).

Entretanto, caso seja entendido que nessa data não havia possibilidade da concessão do benefício na forma pleiteada ou que melhor benefício seria possível durante o curso da presente ação, requer seja aceita a reafirmação da DER visando à garantia do melhor benefício.

A reafirmação da DER está disciplina na via administrativa pelo Regulamento da Previdência Social (Decreto n. 3.048/1999):

> Art. 176-D. Se, na data de entrada do requerimento do benefício, o segurado não satisfizer os requisitos para o reconhecimento do direito, mas implementá-los em momento posterior, antes da decisão do INSS, o requerimento poderá ser reafirmado para a data em que satisfizer os requisitos, que será fixada como início do benefício, exigindo-se, para tanto, a concordância formal do interessado, admitida a sua manifestação de vontade por meio eletrônico. (Incluído pelo Decreto n. 10.410, de 2020)

Ademais, a própria Instrução Normativa n. 128/2022 do INSS disciplina que sendo os requisitos implementados entre a DER e a data da publicação do despacho concessório, o INSS deverá reafirmar a DER para a data em que satisfaça os requisitos, desde que a reafirmação seja autorizada pelo(a) segurado(a):

Art. 577. Por ocasião da decisão, em se tratando de requerimento de benefício, deverá o INSS:

II – quando não satisfeitos os requisitos para o reconhecimento do direito na data de entrada do requerimento do benefício, verificar se esses foram implementados em momento posterior, antes da decisão do INSS, caso em que o requerimento poderá ser reafirmado para a data em que satisfizer os requisitos, exigindo-se, para tanto, a concordância formal do interessado, admitida a sua manifestação de vontade por meio eletrônico.

Sobre a reafirmação da DER, o Superior Tribunal de Justiça fixou tese no Tema n. 995, que a seguir destacamos:

"É possível a reafirmação da DER (Data de Entrada do Requerimento) para o momento em que implementados os requisitos para a concessão do benefício, mesmo que isso se dê no interstício entre o ajuizamento da ação e a entrega da prestação jurisdicional nas instâncias ordinárias, nos termos dos arts. 493 e 933 do CPC/2015, observada a causa de pedir."

E a TNU uniformizou a possibilidade de reafirmação da DER com base nas regras de transição da EC n. 103/2019, vejamos a tese fixada:

"É possível a reafirmação da DER para a concessão de benefícios previstos nas regras de transição da EC n. 103/19, mesmo que o requerimento original preceda à vigência da emenda constitucional" (PUIL n. 5003210-40.2020.4.04.7205/SC, j. 27.05.2021).

Assim, requer-se a análise do direito a reafirmação da DER para fins da garantia ao melhor benefício no caso concreto.

**4. DO PREQUESTIONAMENTO** <ADEQUAR AO CASO CONCRETO>

Resta clara a violação aos ditames constitucionais e à legislação federal, da qual destacamos os artigos <ADEQUAR AO CASO CONCRETO, CITANDO NOMINALMENTE OS ARTIGOS, INCLUSIVE COM PARÁGRAFOS E INCISOS, LEMBRANDO-SE DE INCLUIR TAMBÉM LEGISLAÇÃO FEDERAL MESMO PARA AÇÕES DE JUIZADOS>.

**5. REQUERIMENTOS** <ADEQUAR AO CASO CONCRETO>

Diante do exposto, requer-se a Vossa Excelência:

a) a citação do Instituto Nacional do Seguro Social – INSS, para, querendo, responder à presente demanda, no prazo legal, advertindo-se que:

b) a determinação ao INSS para que, na primeira oportunidade em que se pronunciar nos autos, apresente cópia do Processo Administrativo relacionado ao requerimento do benefício em análise, conforme determinado pelo art. 11 da Lei n. 10.259/2001, sob pena de cominação de multa diária, nos termos do art. 139, IV, do CPC – a ser fixada por esse Juízo;

c) a procedência da pretensão deduzida, consoante narrado nesta inicial, condenando-se o INSS a conceder o benefício de aposentadoria programada à parte autora, com data de início a contar do requerimento administrativo, ou na DER a ser reafirmada, em proteção ao direito ao melhor benefício <VERIFICAR TAMBÉM SE A PARTE ERA EMPREGADA E SE ENCERROU O CONTRATO DE TRABALHO DENTRO DE 90 DIAS ANTES DO REQUERIMENTO. SE FOR ESSE O CASO, PODE-SE PEDIR A CONCESSÃO DESDE A RESCISÃO DO CONTRATO DE TRABALHO, CONFORME ART. 49, I, "A", DA LEI n. 8.213/1991>;

d) a condenação do INSS ao pagamento dos valores acumulados, aplicando-se juros e correção monetária até 11/2021, nos termos dos Temas 810 do STF e 905 do STJ e, a partir de 12/2021, o índice da taxa referencial do Sistema Especial de Liquidação e de Custódia (Selic), acumulado mensalmente, para fins de atualização monetária e de compensação da mora (art. 3º da EC n. 113/2021), respeitada a prescrição quinquenal;

e) a condenação do INSS ao pagamento de custas, despesas e de honorários advocatícios, na base de 20% (vinte por cento) sobre a condenação, conforme dispõe o art. 55 da Lei n. 9.099/1995 e o art. 85, § 3º, do CPC;

f) <SE NECESSÁRIA A PRODUÇÃO DE PROVAS, A EXEMPLO DA TESTEMUNHAL, REQUERER E FAZER O ARROLAMENTO DAS TESTEMUNHAS; ENTRETANTO, SE A DOCUMENTAÇÃO ANEXA NA INICIAL FOR SUFICIENTE PARA A COMPROVAÇÃO DO TEMPO E O DEFERIMENTO DO BENEFÍCIO, INCLUIR O SEGUINTE PEDIDO: "CONSIDERANDO, AINDA, QUE A QUESTÃO DE MÉRITO É UNICAMENTE DE DIREITO, REQUER O JULGAMENTO ANTECIPADO DA LIDE, CONFORME DISPÕE O ART. 355 DO CPC. SENDO OUTRO O ENTENDIMENTO DE V. EXA., REQUER A PRODUÇÃO DE TODOS OS MEIOS DE PROVA EM DIREITO ADMITIDOS.">

g) a concessão da gratuidade da Justiça, por ser a parte autora pessoa hipossuficiente, na acepção jurídica do termo, sem condições de arcar com as despesas processuais e os honorários advocatícios sucumbenciais sem prejuízo de seu sustento e de sua família, na forma dos arts. 98 e ss. do CPC. <RECOMENDA-SE A COLETA, PELO ADVOGADO, DE DECLARAÇÃO DE HIPOSSUFICIÊNCIA DO CLIENTE, CASO SEJA REQUERIDA A GRATUIDADE DA JUSTIÇA. DEVE-SE, TAMBÉM, DE PREFERÊNCIA, FAZER A JUNTADA DE TAL DECLARAÇÃO NOS AUTOS, JÁ NA INICIAL>.

Cumprindo a previsão do art. 319, VII, do CPC, a parte autora declara que opta pela realização <OU NÃO REALIZAÇÃO, ADEQUAR CONFORME O INTERESSE EM CADA CASO> de audiência de conciliação no presente caso.

Requer-se, ainda, com base no § 4º do art. 22 da Lei n. 8.906/1994, que, ao final da presente demanda, caso sejam encontradas diferenças em favor da parte Autora, quando da expedição da RPV ou do precatório, os valores referentes aos honorários contratuais e sucumbenciais sejam expedidos em nome da sociedade de advogados contratada pela parte autora, sendo os honorários contratuais devidos no percentual constante no contrato em anexo.

Dá-se à causa o valor de R$ 1.000,00 (mil reais). <ADEQUAR CONFORME O CASO>

Nesses termos,

PEDE DEFERIMENTO.

Cidade e data.

Nome do Advogado e OAB

## 35. MODELO DE AÇÃO DE CONCESSÃO DE APOSENTADORIA POR IDADE DO TRABALHADOR RURAL

**EXCELENTÍSSIMO(A) SENHOR(A) DOUTOR(A) JUIZ(A) FEDERAL DA VARA/JUIZADO ESPECIAL FEDERAL DA CIDADE – SEÇÃO JUDICIÁRIA DO ESTADO** <VERIFICAR SE É INTERESSANTE O AJUIZAMENTO DA AÇÃO NA VARA ESTADUAL MEDIANTE A UTILIZAÇÃO DA COMPETÊNCIA DELEGADA, MAS ADEQUANDO À NOVA LIMITAÇÃO DE 70 KM ENTRE A SEDE DA JF E A SEDE DA COMARCA. SE SIM, ADEQUAR PARA A NOMENCLATURA ESTADUAL>

**Nome do(a) Segurado(a),** nacionalidade, estado civil, trabalhador rural, residente e domiciliado(a) na Rua, Bairro, Cidade, Estado, inscrito(a) no CPF sob o nº, endereço eletrônico, vem à presença de Vossa Excelência, por intermédio de seus procuradores constituídos, propor a presente **AÇÃO DE CONCESSÃO DE BENEFÍCIO PREVIDENCIÁRIO DE APOSENTADORIA (RURAL)**, em face do **INSTITUTO NACIONAL DO SEGURO SOCIAL – INSS**, pessoa jurídica de direito público, autarquia federal, com endereço na..., pelos fatos e fundamentos que a seguir aduz:

**1. RESUMO FÁTICO** <ADEQUAR AO CASO CONCRETO>

A parte Autora é(era) trabalhador(a) rural e exerce(ia) suas atividades em regime de economia familiar.

Desde a infância, executou suas tarefas laborais nas terras do pai, no município de _____.

Após seu casamento, continuou a laborar nas terras do casal.

Em 00.00.2000, após completar todos os requisitos para a concessão da aposentadoria por idade, a parte Autora requereu o benefício previdenciário.

Cumpre destacar que a parte apresentou autodeclaração de segurado especial – rural e vários documentos comprovando a sua condição de segurado especial, conforme normativa aplicável.

No entanto, não logrou o êxito desejado, tendo seu pedido indeferido pela seguinte motivação: <incluir motivo da negativa, como exemplo: não cumprimento da carência exigida>.

Inconformada com o erro cometido pela Autarquia-Ré na concessão de seu benefício, vem a parte Autora, perante este Emérito Julgador, requerer a concessão de seu benefício de aposentadoria por idade do trabalhador rural.

É, em apertada síntese, a resenha fática necessária.

**2. DAS PROVAS** <ADEQUAR AO CASO CONCRETO>

Além dos depoimentos das testemunhas arroladas, a parte Autora juntou ao processo administrativo bem como à presente inicial:

1) Autodeclaração de segurado especial – rural;

2) Documento n. 1 – Certidão de nascimento da parte Autora, qualificando o seu pai como lavrador, em 00.00.0000;

3) Documento n. 2 – Certidão de casamento da parte Autora, qualificando o seu esposo como lavrador, celebrado em 00.00.0000;

<INCLUIR A LISTAGEM DE DOCUMENTOS MAIS IMPORTANTES ACOSTADOS NA INICIAL, COM UMA PEQUENA EXPLICAÇÃO SOBRE ELES, A EXEMPLO DOS ITENS ACIMA>.

**3. FUNDAMENTOS JURÍDICOS DO PEDIDO** <ADEQUAR AO CASO CONCRETO>

De acordo com o previsto no inciso II, § 7º, do art. 201 da CF/1988, é assegurada a aposentadoria no RGPS nas seguintes condições:

> II – 60 (sessenta) anos de idade, se homem, e 55 (cinquenta e cinco) anos de idade, se mulher, para os trabalhadores rurais e para os que exerçam suas atividades em regime de economia familiar, nestes incluídos o produtor rural, o garimpeiro e o pescador artesanal.

O art. 56 do Decreto n. 3.048/1999 regulamenta ainda que:

> § 1º Para fins do disposto no caput, o segurado a que se refere o inciso VII do caput do art. 9º comprovará o efetivo exercício de atividade rural, ainda que de forma descontínua, no período imediatamente anterior ao requerimento do benefício ou, conforme o caso, ao mês em que tiver cumprido o requisito etário, por tempo igual ao número de meses de contribuição correspondente à carência do benefício pretendido, computados os períodos pelos quais o segurado especial tenha recebido os rendimentos a que se referem os incisos III ao VIII do § 8º do art. 9º. (Redação dada pelo Decreto n. 10.410, de 2020).

Examinando os autos, verifica-se que a parte Autora completou 60 anos (se homem) ou 55 anos (se mulher) de idade em 00.00.0000, e exerceu a atividade de trabalhador(a) rural de 00.00.0000 até a data do requerimento administrativo (DER).

A parte Autora comprovou também o exercício de atividade rural por período superior ao da carência mínima exigida, no período imediatamente anterior ao requerimento do benefício, sendo os documentos apresentados bastantes para a comprovação do alegado.

Portanto, a parte Autora cumpriu todos os requisitos exigidos para a concessão do benefício vindicado.

Diante do indeferimento injustificado do seu pedido de aposentadoria, restou à parte Autora, buscar a tutela jurisdicional do Estado, que vem sabiamente corrigindo as distorções provocadas pela Autarquia Previdenciária em processos similares, aplicando a tão necessária Justiça.

A jurisprudência pátria já se manifestou sobre o tema ora discutido e na oportunidade optou por abraçar a tese aqui levantada:

- STJ – Súmula n. 577: "É possível reconhecer o tempo de serviço rural anterior ao documento mais antigo apresentado, desde que amparado em convincente prova testemunhal colhida sob o contraditório."
- TNU – Súmula n. 6: "A certidão de casamento ou outro documento idôneo que evidencie a condição de trabalhador rural do cônjuge constitui início razoável de prova material da atividade rurícola."
- TNU – Súmula 14: "Para a concessão de aposentadoria rural por idade, não se exige que o início de prova material, corresponda a todo o período equivalente à carência do benefício".
- TNU – Súmula n. 41: "A circunstância de um dos integrantes do núcleo familiar desempenhar atividade urbana não implica, por si só, a descaracterização do trabalhador rural como segurado especial, condição que deve ser analisada no caso concreto."
- TNU – Súmula n. 46: "O exercício de atividade urbana intercalada não impede a concessão de benefício previdenciário de trabalhador rural, condição que deve ser analisada no caso concreto."
- TNU – Súmula n. 54: "Para a concessão de aposentadoria por idade de trabalhador rural, o tempo de exercício de atividade equivalente à carência deve ser aferido no período imediatamente anterior ao requerimento administrativo ou à data do implemento da idade mínima."

Assim, deveria o INSS ter acolhido a contagem de tempo exercido na qualidade de segurado especial no período de _____ a _____.

Merece acolhida, portanto, a presente ação, devendo o INSS ser condenado a conceder o benefício de aposentadoria por idade do trabalhador rural.

## 4. DA REAFIRMAÇÃO DA DER

A presente ação visa à concessão do benefício assim como o início do pagamento a partir da data de entrada do requerimento administrativo (DER).

Entretanto, caso seja entendido que nessa data não havia possibilidade da concessão do benefício na forma pleiteada ou que melhor benefício seria possível durante o curso da presente ação, requer seja aceita a reafirmação da DER visando à garantia do melhor benefício.

A reafirmação da DER está disciplinada na via administrativa pelo Regulamento da Previdência Social Decreto n. 3.048/1999):

> Art. 176-D. Se, na data de entrada do requerimento do benefício, o segurado não satisfizer os requisitos para o reconhecimento do direito, mas implementá-los em momento posterior, antes da decisão do INSS, o requerimento poderá ser reafirmado para a data em que satisfizer os requisitos, que será fixada como início do benefício, exigindo-se, para tanto, a concordância formal do interessado, admitida a sua manifestação de vontade por meio eletrônico. (Incluído pelo Decreto n. 10.410, de 2020).

Ademais, a própria Instrução Normativa n. 128/2022 do INSS disciplina que sendo os requisitos implementados entre a DER e a data da publicação do despacho concessório, o INSS deverá reafirmar a DER para a data em que satisfaça os requisitos, desde que a reafirmação seja autorizada pelo(a) segurado(a).

> Art. 577. Por ocasião da decisão, em se tratando de requerimento de benefício, deverá o INSS:
> 
> II – quando não satisfeitos os requisitos para o reconhecimento do direito na data de entrada do requerimento do benefício, verificar se esses foram implementados em momento posterior, antes da decisão do INSS, caso em que o requerimento poderá ser reafirmado para a data em que satisfizer os requisitos, exigindo-se, para tanto, a concordância formal do interessado, admitida a sua manifestação de vontade por meio eletrônico.

Sobre a reafirmação da DER, o Superior Tribunal de Justiça fixou tese no Tema n. 995, que a seguir destacamos:

É possível a reafirmação da DER (Data de Entrada do Requerimento) para o momento em que implementados os requisitos para a concessão do benefício, mesmo que isso se dê no interstício entre o ajuizamento da ação e a entrega da prestação jurisdicional nas instâncias ordinárias, nos termos dos arts. 493 e 933 do CPC/2015, observada a causa de pedir.

E a TNU uniformizou a possibilidade de reafirmação da DER com base nas regras de transição da EC n. 103/2019, vejamos a tese fixada:

"É possível a reafirmação da DER para a concessão de benefícios previstos nas regras de transição da EC n. 103/19, mesmo que o requerimento original preceda à vigência da emenda constitucional" (PUIL n. 5003210-40.2020.4.04.7205/SC, j. 27.05.2021).

Assim, requer-se a análise do direito a reafirmação da DER para fins da garantia ao melhor benefício no caso concreto.

**5. DO PREQUESTIONAMENTO** <ADEQUAR AO CASO CONCRETO>

Resta clara a violação aos ditames constitucionais e legislação federal, que destacamos: <ADEQUAR AO CASO CONCRETO, LEMBRANDO DE INCLUIR LEGISLAÇÃO FEDERAL TAMBÉM, MESMO PARA AÇÕES DE JUIZADOS.>, assim, requer a manifestação expressa desse juízo para fins de interposição de recurso para os tribunais superiores.

**6. REQUERIMENTOS** <ADEQUAR AO CASO CONCRETO>

Diante do exposto, requer-se a Vossa Excelência:

a) a citação do Instituto Nacional do Seguro Social – INSS, para, querendo, responder à presente demanda, no prazo legal;

b) a determinação ao INSS para que, na primeira oportunidade em que se pronunciar nos autos, apresente cópia do Processo Administrativo relacionado ao requerimento do benefício em análise, conforme determinado pelo art. 11 da Lei n. 10.259/2001, sob pena de cominação de multa diária, nos termos do art. 139, IV, do CPC, a ser fixada por esse Juízo;

c) a procedência da pretensão deduzida, consoante narrado nesta inicial, condenando-se o INSS a conceder o benefício de aposentadoria por idade do trabalhador rural à parte Autora;

d) a condenação do INSS ao pagamento do benefício previdenciário desde a data de entrada do requerimento administrativo (DER – 00.00.2000) ou na DER a ser reafirmada, em proteção ao direito ao melhor benefício;

e) a condenação do INSS ao pagamento dos valores acumulados, aplicando-se juros e correção monetária até 11/2021, nos termos dos Temas 810 do STF e 905 do STJ e, a partir de 12/2021, o índice da taxa referencial do Sistema Especial de Liquidação e de Custódia (Selic), acumulado mensalmente, para fins de atualização monetária e de compensação da mora (art. 3º da EC n. 113/2021), respeitada a prescrição quinquenal;

f) a condenação do INSS ao pagamento de custas, despesas e de honorários advocatícios, na base de 20% (vinte por cento) sobre a condenação, conforme dispõem o art. 55 da Lei n. 9.099/1995 e o art. 85, § 3º, do CPC;

g) a produção de todos os meios de prova admitidos em direito, inclusive a oitiva de testemunhas, se necessária, sem exclusão de nenhum outro meio de prova que se fizer necessário ao deslinde da demanda;

h) a concessão da Gratuidade da Justiça, por ser a parte Autora pessoa hipossuficiente, na acepção jurídica do termo, sem condições de arcar com as despesas processuais e os honorários advocatícios sucumbenciais sem prejuízo de seu sustento e de sua família, na forma do art. 98 e ss do CPC. <RECOMENDA-SE A COLETA, PELO ADVOGADO, DE DECLARAÇÃO DE HIPOSSUFICIÊNCIA DO CLIENTE, CASO SEJA REQUERIDA A GRATUIDADE DA JUSTIÇA. DEVE-SE, TAMBÉM, DE PREFERÊNCIA, FAZER A JUNTADA DE TAL DECLARAÇÃO NOS AUTOS, JÁ NA INICIAL>.

Cumprindo a previsão do art. 319, VII, do CPC, a parte autora declara que opta pela realização <OU NÃO REALIZAÇÃO, ADEQUAR CONFORME O INTERESSE EM CADA CASO> de audiência de conciliação no presente caso.

Requer-se, ainda, com base no § 4º, do art. 22, da Lei n. 8.906/1994, que, ao final da presente demanda, caso sejam encontradas diferenças em favor da parte Autora, quando da expedição da RPV ou do precatório, os valores referentes aos honorários contratuais e sucumbenciais sejam expedidos em nome da sociedade de advogados contratada pela parte Autora, sendo os honorários contratuais devidos no percentual constante no contrato em anexo.

Dá-se à causa o valor de R$ 1.000,00 (mil reais). <ADEQUAR CONFORME O CASO>

Nesses termos,

PEDE DEFERIMENTO.

Cidade e data.

Nome do Advogado e OAB

TESTEMUNHAS:

1. nome – CPF – Endereço – Telefone

2. nome – CPF – Endereço – Telefone

3. nome – CPF – Endereço – Telefone

## 36. MODELO DE AÇÃO DE CONCESSÃO DE APOSENTADORIA PROGRAMADA HÍBRIDA – TEMPO RURAL E URBANO

**EXCELENTÍSSIMO(A) SENHOR(A) DOUTOR(A) JUIZ(A) FEDERAL DA VARA/JUIZADO ESPECIAL FEDERAL DA CIDADE – SEÇÃO JUDICIÁRIA DO ESTADO** <VERIFICAR SE É INTERESSANTE O AJUIZAMENTO DA AÇÃO NA VARA ESTADUAL MEDIANTE A UTILIZAÇÃO DA COMPETÊNCIA DELEGADA, MAS ADEQUANDO À NOVA LIMITAÇÃO DE 70 KM ENTRE A SEDE DA JF E A SEDE DA COMARCA. SE SIM, ADEQUAR PARA A NOMENCLATURA ESTADUAL>

**Nome do(a) Segurado(a),** nacionalidade, estado civil, trabalhador rural, residente e domiciliado(a) na Rua, Bairro, Cidade, Estado, inscrito(a) no CPF sob o nº, endereço eletrônico, vem à presença de Vossa Excelência, por intermédio de seus procuradores constituídos, propor a presente **AÇÃO DE CONCESSÃO DE APOSENTADORIA POR IDADE HÍBRIDA**, em face do **INSTITUTO NACIONAL DO SEGURO SOCIAL – INSS,** pessoa jurídica de direito público, autarquia federal, com endereço na..., <endereço para citação/intimação a ser verificado de acordo com a cidade e estado que se ingressa com a ação>, pelos fatos e fundamentos que a seguir aduz:

**1. DOS FATOS** <ADEQUAR AO CASO CONCRETO>

A parte Autora era trabalhador(a) rural e exercia suas atividades em regime de economia familiar.

Desde a infância, executou suas tarefas laborais nas terras do pai, no município de_____. Após seu casamento, continuou a laborar nas terras do casal.

Em 00.00.2000, a parte Autora mudou-se para o meio urbano e começou a desenvolver atividades de pintor, iniciando a contribuir na condição de segurado obrigatório do RGPS, como contribuinte individual. <ADEQUAR AO CASO>.

Após completar todos os requisitos para a concessão da aposentadoria por idade, a parte Autora requereu o benefício previdenciário. Juntou ao pedido os documentos comprovatórios da atividade rurícola e a autodeclaração rural, como prova para o tempo rural e CTPS e CNIS referente ao tempo urbano.

No entanto, não logrou o êxito desejado e seu pedido foi indeferido com o seguinte fundamento:

<INCLUIR MOTIVO DA NEGATIVA>

Inconformada com a decisão proferida pela Autarquia Ré, vem, a parte Autora, perante este Emérito Julgador, requerer a concessão de seu benefício de aposentadoria programada híbrida, com contagem de tempo rural e urbano.

É, em apertada síntese, a resenha fática necessária.

## 2. DAS PROVAS DO TEMPO TRABALHADO/CONTRIBUÍDO <ADEQUAR AO CASO CONCRETO>

Quanto ao tempo rural, além das testemunhas arroladas, a parte autora juntou ao processo administrativo bem como à presente inicial:

1) autodeclaração de segurado especial – rural;

2) Documento n. 1 – Certidão de nascimento da parte autora, qualificando o seu pai como lavrador, em 00.00.0000;

3) Documento n. 2 – Certidão de casamento da parte autora, qualificando o seu esposo como lavrador, celebrado em 00.00.0000;

<INCLUIR A LISTAGEM DE DOCUMENTOS MAIS IMPORTANTES ACOSTADOS NA INICIAL, COM UMA PEQUENA EXPLICAÇÃO SOBRE ELES, A EXEMPLO DOS ITENS 1 E 2, ACIMA>.

Quanto ao tempo urbano, constam dos autos administrativos e seguem anexos a essa inicial:

CTPS

GPS

CNIS

Outros:

<ADEQUAR O CASO>.

## 3. FUNDAMENTOS JURÍDICOS DO PEDIDO <ADEQUAR AO CASO CONCRETO>

A aposentadoria programada híbrida tem previsão no art. 48, §§ 3º e 4º, da Lei n. 8.213/1991 (incluídos pela Lei n. 11.718/2008) e está regulamentada pelo art. 57 do Decreto n. 3.048/1999:

> "Art. 57. Os trabalhadores rurais que não atendam ao disposto no art. 56 mas que satisfaçam essa condição, se considerados períodos de contribuição sob outras categorias de segurado, farão jus ao benefício ao atenderem os requisitos definidos nos incisos I e II do caput do art. 51." (Redação dada pelo Decreto n. 10.410, de 2020).

Os requisitos do referido art. 51 são os seguintes:

> "Art. 51. A aposentadoria programada, uma vez cumprido o período de carência exigido, será devida ao segurado que cumprir, cumulativamente, os seguintes requisitos: (Redação dada pelo Decreto n. 10.410, de 2020).
>
> I – sessenta e dois anos de idade, se mulher, e sessenta e cinco anos de idade, se homem; e (Incluído pelo Decreto n. 10.410, de 2020)
>
> II – quinze anos de tempo de contribuição, se mulher, e vinte anos de tempo de contribuição, se homem." (Incluído pelo Decreto n. 10.410, de 2020)

Vale ressaltar que, por disposição expressa do Regulamento da Previdência Social (Dec. 3.048/1999), o trabalhador pode estar afastado do trabalho rural no momento da aposentadoria/requerimento:

> "Art. 57, § 2º O disposto neste artigo aplica-se ainda que, na oportunidade do requerimento da aposentadoria, o segurado não se enquadre como trabalhador rural." (Incluído pelo Decreto n. 10.410, de 2020)

Sobre o tema, o TRF da 4ª Região editou a Súmula n. 103 com os seguintes determinantes:

> "A concessão da aposentadoria híbrida ou mista, prevista no art. 48, § 3º, da Lei n. 8.213/91, não está condicionada ao desempenho de atividade rurícola pelo segurado no momento imediatamente anterior ao requerimento administrativo, sendo, pois, irrelevante a natureza do trabalho exercido neste período."

A Turma Nacional de Uniformização dos JEFs também firmou tese nesse sentido, em representativo de controvérsia de n. 131:

> "Para a concessão da aposentadoria por idade híbrida ou mista, na forma do art. 48, § 3º, da Lei n. 8.213/1991, cujo requisito etário é o mesmo exigido para a aposentadoria por idade urbana, é irrelevante o caráter rural ou urbano da atividade exercida pelo requerente. Ademais, não há vedação para que o tempo rural anterior à Lei 8.213/91 seja considerado para efeito de carência, ainda que não verificado o recolhimento das respectivas contribuições."
> (Representativo de Controvérsia n. 131, PEDILEF 5009416-32.2013.4.04.7200, Rel. Juíza Federal Ângela Cristina Monteiro, j. 20.10.2016)

Quanto ao valor do benefício, é importante também destacar o previsto no § 1º do art. 57 do Dec. n. 3.048/1999:

> "§ 1º Para fins do disposto no *caput*, o valor da renda mensal da aposentadoria será apurado na forma do disposto no art. 53, considerando-se como salário de contribuição mensal do período como segurado especial o salário mínimo." (Incluído pelo Decreto n. 10.410, de 2020)

Assim, para o cálculo do salário de benefício (art. 26 da EC n. 103/2019), serão considerados os salários de contribuição da parte Autora:

- o valor do salário mínimo para os períodos como segurado especial (sem contribuição facultativa); e
- para os outros períodos de contribuição sob outras categorias de segurados, os salários de contribuição respectivos referentes a tais categorias de segurados.

Quanto ao coeficiente de cálculo, importante citarmos o art. 53 do Decreto n. 3.048/1999:

> Art. 53. O valor da aposentadoria programada corresponderá a sessenta por cento do salário de benefício definido na forma prevista no art. 32, com acréscimo de dois pontos percentuais para cada ano de contribuição que exceder o tempo de vinte anos de contribuição, para os homens, ou de quinze anos de contribuição, para as mulheres. (Redação dada pelo Decreto 10.491, de 2020).

Enfatiza-se, por fim, que, para essa espécie de aposentadoria programada híbrida, o STJ também firmou teses no sentido de que pode ser computado tempo rural anterior a 1º.11.1991, conforme Tema 1.007:

> "O tempo de serviço rural, ainda que remoto e descontínuo, anterior ao advento da Lei n. 8.213/1991, pode ser computado para fins da carência necessária à obtenção da aposentadoria híbrida por idade, ainda que não tenha sido efetivado o recolhimento das contribuições, nos termos do art. 48, § 3º, da Lei n. 8.213/1991, seja qual for a predominância do labor misto exercido no período de carência ou o tipo de trabalho exercido no momento do implemento do requisito etário ou do requerimento administrativo."

O STF, ao analisar a RG Tema 1.104, com o seguinte conteúdo: "Requisitos legais necessários para a concessão do benefício previdenciário de aposentadoria híbrida por idade", reconheceu a inexistência de repercussão geral da questão, por não se tratar de matéria constitucional, consolidando a tese fixada pelo STJ no Tema Repetitivo 1.007 (*Leading Case* RE 1281909, Plenário Virtual, j. 25.9.2020).

Destaca-se, ainda, da IN PRESI/INSS n. 128/2022 a seguinte previsão que se mostra adequada à jurisprudência uniformizada pelo STJ sobre o tema:

> "Art. 220. Considera-se período contributivo:
> (...) § 2º Para fins de concessão da aposentadoria híbrida, prevista no art. 257, o período de exercício de atividade como segurado especial, ainda que não recolha facultativamente, e considerado contributivo."

E, da Portaria DIRBEN/INSS n. 991, de 28 de março de 2022, constou:

> "Art. 273. Os trabalhadores rurais que não atendam ao disposto no Capítulo IV, referente a aposentadoria por idade do trabalhador rural, mas que satisfaçam o tempo de contribuição exigido computando-se os períodos de contribuição sob outras categorias, inclusive urbanas, farão jus a aposentadoria na modalidade híbrida, desde que cumpram os requisitos dos incisos I e II do art. 253.
>
> § 1º O disposto no caput aplica-se exclusivamente aos segurados que, na data da implementação dos requisitos, comprovem a condição de trabalhador rural, ainda que na DER estejam em outra categoria.
>
> § 2º A Ação Civil Pública – ACP n. 5038261-15.2015.4.04.7100/RS, recepcionada pelo Memorando-Circular Conjunto n. 1/DIRBEN/PFE/INSS, de 4 de janeiro de 2018, ampliou o efeito do disposto no caput para os trabalhadores urbanos em qualidade de segurado na DER ou na data da implementação dos requisitos.
>
> § 3º A qualidade de segurado da qual trata o § 2º poderá ocorrer, inclusive, em razão de recolhimento na categoria de segurado facultativo, pela natureza urbana dessa."

## 4. DAS REGRAS VIGENTES E DO CUMPRIMENTO DOS REQUISITOS PELA PARTE AUTORA

A aposentadoria por idade híbrida sofreu algumas alterações com a reforma da EC n. 103/2019, e portanto, é importante esclarecer quais as regras que devem ser analisadas no caso concreto para que se verifique o direito aplicável:

| Regra de Aposentadoria | Requisitos para o(a) Segurado(a) | Cálculo da Renda Mensal Inicial (RMI) | Coeficiente de Cálculo | Normativa Aplicável |
|---|---|---|---|---|
| Regra de Direito Adquirido (cumprida até 13.11.2019 – EC n. 103/2019) | Mulher: 60 anos de idade e 15 anos de contribuição (combinando tempo rural e urbano). Homem: 65 anos de idade e 15 anos de contribuição (combinando tempo rural e urbano). | Média aritmética dos 80% maiores salários de contribuição, aplicando-se o fator previdenciário se vantajoso. | 70% + 1% a cada grupo de 12 contribuições até o limite de 100%. | Art. 48, § 3º, da Lei n. 8.213/1991; art. 316 da IN INSS n. 128/2022 e art. 257 da IN INSS n. 128/2022 |
| Regra de Transição (para segurados ingressantes até a EC n. 103/2019 que cumpram após) | Mulher: idade mínima começando em 60 anos (a partir de 2020), acrescida de 6 meses por ano até atingir 62 anos em 2023, com 15 anos de tempo de contribuição. Homem: 65 anos de idade e 15 anos de contribuição. | Média aritmética de 100% dos salários de contribuição, sem fator previdenciário. | 60%, acrescidos de 2% para cada ano que exceder 15 anos de contribuição para mulheres e 20 anos para homens. | Art. 317 da IN INSS n. 128/2022 e art. 257 da IN INSS n. 128/2022 |
| Nova Regra (para ingressantes após a EC n. 103/2019) | Mulher: 62 anos de idade e 15 anos de contribuição (considerando tempo rural e urbano). Homem: 65 anos de idade e 20 anos de contribuição (considerando tempo rural e urbano). | Média aritmética de 100% dos salários de contribuição, sem fator previdenciário. | 60%, acrescidos de 2% para cada ano que exceder 15 anos de contribuição para mulheres e 20 anos para homens. | Art. 19 da EC n. 103/2019 e art. 233 do Decreto n. 3.048/1999, atualizado pelo Decreto n. 10.410/2020 e art. 257 da IN INSS n. 128/2022 |

No caso concreto, a parte cumpre <adequar ao caso> conforme o tempo abaixo comprovado:

| Início | Fim | Empresa / atividade |
|---|---|---|
| | | |

Dessa forma, merece acolhida a presente ação, uma vez que a parte comprova que possui a idade de 00 anos (DN 00.00.0000) e 00 anos de tempo de trabalho, com contagem de tempo rural e urbano. Assim, devida a concessão da aposentadoria programada híbrida.

## 5. DA REAFIRMAÇÃO DA DER

A presente ação visa à concessão do benefício assim como o início do pagamento a partir da data de entrada do requerimento administrativo (DER).

Entretanto, caso seja entendido que nessa data não havia possibilidade da concessão do benefício na forma pleiteada ou que melhor benefício seria possível durante o curso da presente ação, requer seja aceita a reafirmação da DER visando à garantia do melhor benefício.

A reafirmação da DER está disciplina na via administrativa pelo Regulamento da Previdência Social (Decreto n. 3.048/1999):

> "Art. 176-D. Se, na data de entrada do requerimento do benefício, o segurado não satisfizer os requisitos para o reconhecimento do direito, mas implementá-los em momento posterior, antes da decisão do INSS, o requerimento poderá ser reafirmado para a data em que satisfizer os requisitos, que será fixada como início do benefício, exigindo-se, para tanto, a concordância formal do interessado, admitida a sua manifestação de vontade por meio eletrônico. (Incluído pelo Decreto n. 10.410, de 2020)."

Ademais, a própria Instrução Normativa n. 128/2022 do INSS disciplina que sendo os requisitos implementados entre a DER e a data da publicação do despacho concessório, o INSS deverá reafirmar a DER para a data em que satisfaça os requisitos, desde que a reafirmação seja autorizada pelo(a) segurado(a).

> Art. 577. Por ocasião da decisão, em se tratando de requerimento de benefício, deverá o INSS:
>
> II – quando não satisfeitos os requisitos para o reconhecimento do direito na data de entrada do requerimento do benefício, verificar se esses foram implementados em momento posterior, antes da decisão do INSS, caso em que o requerimento poderá ser reafirmado para a data em que satisfizer os requisitos, exigindo-se, para tanto, a concordância formal do interessado, admitida a sua manifestação de vontade por meio eletrônico.

Sobre a reafirmação da DER, o Superior Tribunal de Justiça fixou tese no Tema n. 995, que a seguir destacamos:

> "É possível a reafirmação da DER (Data de Entrada do Requerimento) para o momento em que implementados os requisitos para a concessão do benefício, mesmo que isso se dê no interstício entre o ajuizamento da ação e a entrega da prestação jurisdicional nas instâncias ordinárias, nos termos dos arts. 493 e 933 do CPC/2015, observada a causa de pedir."

E a TNU uniformizou a possibilidade de reafirmação da DER com base nas regras de transição da EC n. 103/2019, vejamos a tese fixada:

> "É possível a reafirmação da DER para a concessão de benefícios previstos nas regras de transição da EC n. 103/19, mesmo que o requerimento original preceda à vigência da emenda constitucional" (PUIL n. 5003210-40.2020.4.04.7205/SC, j. 27.05.2021).

Assim, requer-se a análise do direito a reafirmação da DER para fins da garantia ao melhor benefício no caso concreto.

## 6. DO PREQUESTIONAMENTO <ADEQUAR AO CASO CONCRETO>

Resta clara a violação aos ditames constitucionais e legislação federal, da qual destacamos os artigos <ADEQUAR AO CASO CONCRETO, CITANDO NOMINALMENTE OS ARTIGOS, INCLUSIVE COM PARÁGRAFOS E INCISOS, LEMBRANDO-SE DE INCLUIR TAMBÉM LEGISLAÇÃO FEDERAL MESMO PARA AÇÕES DE JUIZADOS>.

## 7. DOS REQUERIMENTOS <ADEQUAR AO CASO CONCRETO>

Diante do exposto, requer-se a Vossa Excelência:

a) a citação do Instituto Nacional do Seguro Social – INSS, para, querendo, responder à presente demanda, no prazo legal;

b) a determinação ao INSS para que, na primeira oportunidade em que se pronunciar nos autos, apresente cópia do Processo Administrativo relacionado ao requerimento do benefício em análise, conforme determinado pelo art. 11 da Lei n. 10.259/2001, sob pena de cominação de multa diária, nos termos do art. 139, IV, do CPC, a ser fixada por esse Juízo;

c) a procedência da pretensão deduzida, consoante narrado nesta inicial, condenando-se o INSS a conceder o benefício de aposentadoria programada híbrida à parte autora, com contagem de tempo rural e urbano para o cumprimento dos requisitos legais;

d) a condenação do INSS ao pagamento do benefício previdenciário desde a data de entrada do requerimento administrativo (DER – 00.00.2000) ou na DER a ser reafirmada, em proteção ao direito ao melhor benefício <VERIFICAR TAMBÉM SE A PARTE ERA EMPREGADA E SE ENCERROU O CONTRATO DE TRABALHO DENTRO DE 90 DIAS ANTES DO REQUERIMENTO. SE FOR ESSE O CASO, PODE-SE PEDIR A CONCESSÃO DESDE A RESCISÃO DO CONTRATO DE TRABALHO, CONFORME ART. 49 DA LEI n. 8.213/1991>.

e) a condenação do INSS ao pagamento dos valores acumulados, aplicando-se juros e correção monetária até 11/2021, nos termos dos Temas 810 do STF e 905 do STJ e, a partir de 12/2021, o índice da taxa referencial do Sistema Especial de Liquidação e de Custódia (Selic), acumulado mensalmente, para fins de atualização monetária e de compensação da mora (art. 3º da EC n. 113/2021), respeitada a prescrição quinquenal;

f) a condenação do INSS ao pagamento de custas, despesas e de honorários advocatícios, na base de 20% (vinte por cento) dos valores devidos apurados em liquidação de sentença, conforme dispõem o art. 55 da Lei n. 9.099/1995 e o art. 85, § 3º, do CPC.

g) a produção de todos os meios de prova admitidos em direito, inclusive a oitiva de testemunhas, se necessária, sem exclusão de nenhum outro meio de prova que se fizer necessário ao deslinde da demanda;

h) a concessão da Gratuidade da Justiça, por ser a parte Autora pessoa hipossuficiente, na acepção jurídica do termo, sem condições de arcar com as despesas processuais e os honorários advocatícios sucumbenciais sem prejuízo de seu sustento e de sua família na forma do art. 98 e ss do CPC. <RECOMENDA-SE A COLETA, PELO ADVOGADO, DE DECLARAÇÃO DE HIPOSSUFICIÊNCIA DO CLIENTE, CASO SEJA REQUERIDA A JUSTIÇA GRATUITA. DEVE-SE, TAMBÉM, DE PREFERÊNCIA, FAZER A JUNTADA DE TAL DECLARAÇÃO NOS AUTOS, JÁ NA INICIAL>.

Cumprindo a previsão do art. 319, VII, do CPC, a parte autora declara que opta pela realização <OU NÃO REALIZAÇÃO, ADEQUAR CONFORME O INTERESSE EM CADA CASO> de audiência de conciliação no presente caso.

Requer-se, ainda, com base no § 4º, do art. 22, da Lei n. 8.906/1994, que, ao final da presente demanda, caso sejam encontradas diferenças em favor da parte Autora, quando da expedição da RPV ou do precatório, os valores referentes aos honorários contratuais e sucumbenciais sejam expedidos em nome da sociedade de advogados contratada pela parte Autora, sendo os honorários contratuais devidos no percentual constante no contrato em anexo.

Dá-se à causa o valor de R$ 1.000,00 (mil reais). <ADEQUAR CONFORME O CASO>

Nesses termos,

PEDE DEFERIMENTO.

Cidade e data.

Nome do Advogado e OAB

TESTEMUNHAS: <SE FOR NECESSÁRIA A PROVA DO TEMPO RURAL>

Nome – CPF – Endereço – Telefone

Nome – CPF – Endereço – Telefone

Nome – CPF – Endereço – Telefone

## 37. MODELO DE AÇÃO DE CONCESSÃO DE APOSENTADORIA ESPECIAL

**EXCELENTÍSSIMO(A) SENHOR(A) DOUTOR(A) JUIZ(A) FEDERAL DA VARA/JUIZADO ESPECIAL FEDERAL DA CIDADE – SEÇÃO JUDICIÁRIA DO ESTADO** <VERIFICAR SE É INTERESSANTE O AJUIZAMENTO DA AÇÃO NA VARA ESTADUAL MEDIANTE A UTILIZAÇÃO DA COMPETÊNCIA DELEGADA, MAS ADEQUANDO À NOVA LIMITAÇÃO DE 70 KM ENTRE A SEDE DA JF E A SEDE DA COMARCA. SE SIM, ADEQUAR PARA A NOMENCLATURA ESTADUAL>

**Nome do(a) Segurado(a),** nacionalidade, estado civil, profissão, residente e domiciliado(a) na Rua, bairro, cidade, Estado, inscrito no CPF sob o nº, endereço eletrônico, vem à presença de Vossa Excelência, por intermédio de seus procuradores constituídos, propor a presente **AÇÃO DE CONCESSÃO DE APOSENTADORIA ESPECIAL** contra o **INSTITUTO NACIONAL DO SEGURO SOCIAL – INSS**, pessoa jurídica de direito público, autarquia federal, com endereço à <ADEQUAR AO CASO CONCRETO>, pelos fatos e fundamentos que a seguir aduz:

**1. BREVE RESENHA FÁTICA** <ADEQUAR AO CASO CONCRETO>

O(A)Autor(a) requereu, junto à Autarquia Previdenciária, o benefício de Aposentadoria Especial, com reconhecimento de período(s) trabalhado(s) em atividade sujeita a agentes prejudiciais à saúde e à integridade física, tendo seu benefício indeferido, conforme comprova documento anexo.

O requerimento inicial da aposentadoria ocorreu em 00.00.0000 e o benefício requerido obteve NB 000.000.000-0.

Dados sobre a atividade especial:

| Início | Fim | Agente nocivo ou categoria profissional | Empresa |
|--------|-----|----------------------------------------|---------|
|        |     |                                        |         |

Dentre as provas documentais apresentadas, a parte Autora juntou:

( ) Cópia da Carteira de Trabalho e Previdência Social;
( ) Formulário(s) SB-40 ou DSS-8030 e PPP;
( ) Laudo(s) pericial(is); ou
( ) Outros _____

Segundo o INSS, o indeferimento do benefício deu-se <INCLUIR OS MOTIVOS DE INDEFERIMENTO>.

É descabida, entretanto, a justificação apresentada pelo INSS para o indeferimento, sendo devida a concessão do benefício na forma da Lei Previdenciária vigente. Assim, a parte Autora recorre a esse nobre Juízo para garantir a concessão da aposentadoria, posto que implementou todos os requisitos necessários para o deferimento do pedido administrativo.

**2. FUNDAMENTOS JURÍDICOS DO PEDIDO** <ADEQUAR AO CASO CONCRETO>

**2.1 Do direito à aposentadoria especial**

O(A)autor(a) laborou no(s) período(s) supradescrito(s) sujeito a condições prejudiciais à sua saúde e integridade física, nos seguintes termos:

1. trabalhou em atividade profissional especial elencada nos Decretos n. 53.831, de 25.03.1964, e n. 83.080, de 24.01.1979, o que garante seu cômputo como tempo de serviço especial, independentemente de laudo pericial, até 29.04.1995, data do advento da Lei n. 9.032/1995, que passou a exigir prova de efetiva submissão aos agentes nocivos; E/OU

2. trabalhou em atividade que o submetia, de modo habitual e permanente, a algum dos agentes nocivos elencados nos Decretos n. 53.831, de 25.03.1964, e n. 83.080, de 24.01.1979. O enquadramento em tais diplomas perdurou até 05.03.1997, quando passou a ser disciplinado no Decreto

n. 2.172/1997. Por fim, desde 06.05.1999, os agentes nocivos encontram previsão no Decreto n. 3.048/1999.

Entende que, pelo menos até o advento da Lei n. 9.032/1995, que passou a exigir prova de efetiva submissão aos agentes nocivos, a comprovação de que seu labor foi especial pode dar-se pela apresentação dos formulários (SB-40, DSS-8030, PPP...).

É importante ressaltar que os Tribunais Pátrios já firmaram entendimento no sentido de que deve ser considerado o tempo especial, mesmo sem a juntada de laudos ou PPP, se, na época do exercício da atividade, a parte Autora possuía o enquadramento na categoria profissional prevista nos Decretos vigentes, senão vejamos: <INCLUIR JURISPRUDÊNCIA SOBRE O ENQUADRAMENTO>.

<NESSE PONTO PODEM SER DESTACADOS ASPECTOS SOBRE A ATIVIDADE EXERCIDA, A FORMA DE ENQUADRAMENTO (SE POR ATIVIDADE OU AGENTE NOCIVO) E OS DADOS PREVISTOS NOS DECRETOS QUE GARANTEM O DIREITO À CONTAGEM ESPECIAL E A INEFICÁCIA DO EPI É IMPORTANTE, AINDA, QUE SEJAM JUNTADAS, SEMPRE QUE POSSÍVEL, JURISPRUDÊNCIAS ESPECÍFICAS SOBRE A ATIVIDADE OU O AGENTE DISCUTIDO, LEMBRANDO QUE, PARA AÇÕES NOS JUIZADOS ESPECIAIS, A PREFERÊNCIA É POR DECISÕES DO STF, DO STJ, DO TNU, DO TRU E DE TURMAS RECURSAIS ESTADUAIS. JÁ NAS AÇÕES QUE TRAMITAM NAS VARAS FEDERAIS COMUNS, RECOMENDA-SE A JUNTADA DE JURISPRUDÊNCIA STF, STJ E TRF DE CADA REGIÃO>

A pretensão da parte Autora encontra-se amparada no artigo <adequar incluindo o artigo aplicável ao caso, analisando o direito adquirido às normas anteriores à Reforma, ou a regra de transição, ou a regra transitória da EC n. 103/2019>, senão vejamos: <incluir citação do artigo aplicável. Para o caso da EC n. 103/2019, ver art. 19, I, para regra transitória, e art. 21, para regra de transição com pontos>.

Como se observa pelos documentos, fatos e direitos apresentados, a parte Autora cumpre todos os requisitos para a concessão da aposentadoria especial.

**2.2 Do pedido alternativo: direito à contagem diferenciada do tempo especial, para fins de concessão de aposentadoria programada**

<Verificar se é possível o pedido e, se for o caso, incluir o item em sua petição>

A parte autora requer de forma alternativa que, caso não lhe assista à aposentação na forma especial, lhe seja concedida a averbação do tempo exercido mediante condições especiais com a majoração legalmente prevista.

Nesse caso, aplicável o art. 25, § 2º, da Emenda Constitucional n. 103/2019, tendo em vista que existe tempo anterior a 13.11.2019:

> "§ 2º Será reconhecida a conversão de tempo especial em comum, na forma prevista na Lei n. 8.213, de 24 de julho de 1991, ao segurado do Regime Geral de Previdência Social que comprovar tempo de efetivo exercício de atividade sujeita a condições especiais que efetivamente prejudiquem a saúde, cumprido até a data de entrada em vigor desta Emenda Constitucional, vedada a conversão para o tempo cumprido após esta data."

É importante salientar, portanto, que persiste o direito à conversão do tempo de serviço especial trabalhado até a data da publicação da EC n. 103/2019.

Por fim, cabe salientar que, se somado o período especial convertido em comum ao restante do tempo trabalhado, a parte Autora poderá atingir tempo necessário para a concessão da aposentadoria programada.

Sendo assim, caso não lhe assista direito à aposentação, postula a averbação do tempo de serviço em discussão como submetido a condições especiais, com sua conversão majorada em tempo de atividade comum.

**3. DA REAFIRMAÇÃO DA DER**

A presente ação visa à concessão do benefício assim como o início do pagamento a partir da data de entrada do requerimento administrativo (DER).

Entretanto, caso seja entendido que nessa data não havia possibilidade da concessão do benefício na forma pleiteada ou que melhor benefício seria possível durante o curso da presente ação, requer seja aceita a reafirmação da DER visando à garantia do melhor benefício.

A reafirmação da DER está disciplina na via administrativa pelo Regulamento da Previdência Social (Decreto n. 3.048/1999):

> "Art. 176-D. Se, na data de entrada do requerimento do benefício, o segurado não satisfizer os requisitos para o reconhecimento do direito, mas implementá-los em momento posterior, antes da decisão do INSS, o requerimento poderá ser reafirmado para a data em que satisfizer os requisitos, que será fixada como início do benefício, exigindo-se, para tanto, a concordância formal do interessado, admitida a sua manifestação de vontade por meio eletrônico. (Incluído pelo Decreto n. 10.410, de 2020)."

Ademais, a própria Instrução Normativa n. 128/2022 do INSS disciplina que sendo os requisitos implementados entre a DER e a data da publicação do despacho concessório, o INSS deverá reafirmar a DER para a data em que satisfaça os requisitos, desde que a reafirmação seja autorizada pelo(a) segurado(a).

> Art. 577. Por ocasião da decisão, em se tratando de requerimento de benefício, deverá o INSS:
>
> II – quando não satisfeitos os requisitos para o reconhecimento do direito na data de entrada do requerimento do benefício, verificar se esses foram implementados em momento posterior, antes da decisão do INSS, caso em que o requerimento poderá ser reafirmado para a data em que satisfizer os requisitos, exigindo-se, para tanto, a concordância formal do interessado, admitida a sua manifestação de vontade por meio eletrônico.

Sobre a reafirmação da DER, o Superior Tribunal de Justiça fixou tese no Tema n. 995, que a seguir destacamos:

> "É possível a reafirmação da DER (Data de Entrada do Requerimento) para o momento em que implementados os requisitos para a concessão do benefício, mesmo que isso se dê no interstício entre o ajuizamento da ação e a entrega da prestação jurisdicional nas instâncias ordinárias, nos termos dos arts. 493 e 933 do CPC/2015, observada a causa de pedir."

E a TNU uniformizou a possibilidade de reafirmação da DER em relação ao tempo especial e com base nas regras de transição da EC n. 103/2019, vejamos as teses fixadas:

- "É possível a reafirmação da Data de Entrada do Requerimento (DER), com inclusão de tempo de trabalho especial posterior ao requerimento administrativo, desde que devidamente comprovada a atividade especial e respeitados os limites da causa de pedir, o contraditório e a ampla defesa." (PUIL n. 5004019-12.2015.4.04.7009/PR, j. 27.05.2021);
- "É possível a reafirmação da DER para a concessão de benefícios previstos nas regras de transição da EC n. 103/2019, mesmo que o requerimento original preceda à vigência da emenda constitucional." (PUIL n. 5003210-40.2020.4.04.7205/SC, j. 27.05.2021).

Assim, requer-se a análise do direito a reafirmação da DER para fins da garantia ao melhor benefício no caso concreto.

### 4. DO PREQUESTIONAMENTO <ADEQUAR AO CASO CONCRETO>

Resta clara a violação aos ditames constitucionais e à legislação federal, que destacamos: <ADEQUAR AO CASO CONCRETO, LEMBRANDO DE INCLUIR LEGISLAÇÃO FEDERAL TAMBÉM, MESMO PARA AÇÕES DE JUIZADOS>.

### 5. REQUERIMENTOS <ADEQUAR AO CASO CONCRETO>

Diante do exposto, requer-se a Vossa Excelência:

a) a citação do Instituto Nacional do Seguro Social – INSS para, querendo, responder à presente demanda, no prazo legal;

b) a determinação ao INSS para que, na primeira oportunidade em que se pronunciar nos autos, apresente cópia do Processo Administrativo relacionado ao requerimento do benefício em análise, conforme determinado pelo art. 11 da Lei n. 10.259/2001, sob pena de cominação de multa diária, nos termos do art. 139, IV, do CPC, a ser fixada por esse Juízo;

c) a procedência da pretensão deduzida, consoante narrado nesta inicial, condenando-se o INSS a conceder a aposentadoria especial desde a data de entrada no requerimento administrativo ou na DER a ser reafirmada, em proteção ao direito ao melhor benefício.

d) caso não lhe assista direito à aposentadoria especial, postula a averbação majorada do tempo de serviço especial trabalhado até 13.11.2019, e a concessão de benefício de aposentadoria <por tempo de contribuição ou programada, de acordo com qual direito adquiriu>, se possível, contando-se, para início, a DER ou na DER a ser reafirmada, em proteção ao direito ao melhor benefício <VERIFICAR SE A PARTE ERA EMPREGADA E SE ENCERROU O CONTRATO DE TRABALHO DENTRO DE 90 DIAS ANTES DO REQUERIMENTO. SE FOR ESSE O CASO, PODE-SE PEDIR A CONCESSÃO DESDE A RESCISÃO DO CONTRATO DE TRABALHO, CONFORME ART. 49, I, *A*, C/C O ART. 54, AMBOS DA LEI n. 8.213/1991>. <incluir se aplicável: Requer, nesse caso, que seja observada a nova forma de cálculo trazida pela regra 85/95 (progressiva) e que, caso lhe seja possível e mais vantajoso, seja afastada a incidência do fator previdenciário do benefício a ser concedido>;

e) independentemente da concessão de aposentadoria no presente caso, seja o INSS condenado a averbar o tempo de contribuição aceito como especial, ainda que para a concessão de benefícios de aposentadoria a serem requeridos posteriormente na via administrativa, após o implemento de todas as condições pelo(a) segurado(a);

f) a condenação do INSS ao pagamento dos valores acumulados, aplicando-se juros e correção monetária até 11/2021, nos termos dos Temas 810 do STF e 905 do STJ e, a partir de 12/2021, o índice da taxa referencial do Sistema Especial de Liquidação e de Custódia (Selic), acumulado mensalmente, para fins de atualização monetária e de compensação da mora (art. 3º da EC n. 113/2021), respeitada a prescrição quinquenal;

g) a condenação do INSS ao pagamento de custas, despesas e de honorários advocatícios, na base de 20% (vinte por cento) sobre a condenação, conforme dispõem o art. 55 da Lei n. 9.099/1995 e o art. 85, § 3º, do CPC;

h) <SE NECESSÁRIA A PRODUÇÃO DE PROVAS, REQUERER. ENTRETANTO, SE A DOCUMENTAÇÃO ANEXA NA INICIAL FOR SUFICIENTE PARA A COMPROVAÇÃO DO TEMPO E O DEFERIMENTO DO BENEFÍCIO, INCLUIR O SEGUINTE PEDIDO: "CONSIDERANDO, AINDA, QUE A QUESTÃO DE MÉRITO É UNICAMENTE DE DIREITO, REQUER O JULGAMENTO ANTECIPADO DA LIDE, CONFORME DISPÕE O ART. 355 DO CPC. SENDO OUTRO O ENTENDIMENTO DE V. EXA., REQUER E PROTESTA PELA PRODUÇÃO DE TODOS OS MEIOS DE PROVA ADMITIDOS EM DIREITO, EM ESPECIAL PERÍCIA TÉCNICA PARA A PROVA DO TEMPO ESPECIAL E AS DEMAIS PROVAS QUE SE FIZEREM NECESSÁRIAS AO DESLINDE DA DEMANDA.">

i) a concessão da Gratuidade da Justiça, por ser a parte Autora pessoa hipossuficiente, na acepção jurídica do termo, sem condições de arcar com as despesas processuais e os honorários advocatícios sucumbenciais sem prejuízo de seu sustento e de sua família, na forma do art. 98 e ss do CPC. <RECOMENDA-SE A COLETA, PELO ADVOGADO, DE DECLARAÇÃO DE HIPOSSUFICIÊNCIA DO CLIENTE, CASO SEJA REQUERIDA A GRATUIDADE DA JUSTIÇA. DEVE-SE, TAMBÉM, DE PREFERÊNCIA, FAZER A JUNTADA DE TAL DECLARAÇÃO NOS AUTOS, JÁ NA INICIAL>.

Cumprindo a previsão do art. 319, VII, do CPC, a parte autora declara que opta pela realização <OU NÃO REALIZAÇÃO, ADEQUAR CONFORME O INTERESSE EM CADA CASO> de audiência de conciliação no presente caso.

Requer-se, ainda, com base no § 4º, do art. 22, da Lei n. 8.906/1994, que, ao final da presente demanda, caso sejam encontradas diferenças em favor do autor, quando da expedição da RPV ou do precatório, os valores referentes aos honorários contratuais e sucumbenciais sejam expedidos em nome da sociedade de advogados contratada pela parte Autora, sendo os honorários contratuais devidos no percentual constante no contrato em anexo.

Dá-se à causa o valor de R$ 1.000,00 (mil reais). <ADEQUAR CONFORME O CASO>

Nesses termos,

PEDE DEFERIMENTO.

Cidade e data.

Nome do Advogado e OAB

## 38. MODELO DE AÇÃO DE CONCESSÃO DE APOSENTADORIA ESPECIAL PARA PROFISSIONAIS DA SAÚDE

**EXCELENTÍSSIMO(A) SENHOR(A) DOUTOR(A) JUIZ(A) FEDERAL DA VARA/JUIZADO ESPECIAL FEDERAL DA CIDADE – SEÇÃO JUDICIÁRIA DO ESTADO** <VERIFICAR SE É INTERESSANTE O AJUIZAMENTO DA AÇÃO NA VARA ESTADUAL MEDIANTE A UTILIZAÇÃO DA COMPETÊNCIA DELEGADA, MAS ADEQUANDO À NOVA LIMITAÇÃO DE 70 KM ENTRE A SEDE DA JF E A SEDE DA COMARCA. SE SIM, ADEQUAR PARA A NOMENCLATURA ESTADUAL>

**Nome do(a) Segurado(a),** nacionalidade, estado civil, <profissão da área da saúde>, residente e domiciliado(a) na Rua, bairro, cidade, Estado, inscrito no CPF sob o nº, endereço eletrônico, vem à presença de Vossa Excelência, por intermédio de seus procuradores constituídos, propor a presente **AÇÃO DE CONCESSÃO DE APOSENTADORIA ESPECIAL** contra o **INSTITUTO NACIONAL DO SEGURO SOCIAL – INSS**, pessoa jurídica de direito público, autarquia federal, com endereço à <ADEQUAR AO CASO CONCRETO>, pelos fatos e fundamentos que a seguir aduz:

**1. BREVE RESENHA FÁTICA** <ADEQUAR AO CASO CONCRETO>

O(A)Autor(a) requereu junto à Autarquia Previdenciária, o benefício de Aposentadoria Especial tendo em vista sua atividade na área de saúde e sua exposição a atividade sujeita a agentes prejudiciais à saúde (biológicos). Seu benefício foi indeferido pelo INSS, conforme comprova documento anexo.

O requerimento inicial da aposentadoria ocorreu em 00.00.0000 e o benefício requerido obteve NB 000.000.000-0.

Dados sobre a atividade especial:

| Início | Fim | Agente nocivo ou categoria profissional | Empresa |
|---|---|---|---|
|  |  |  |  |

Dentre as provas documentais apresentadas, a parte Autora juntou:

( ) Cópia da Carteira de Trabalho e Previdência Social;
( ) Diploma profissional (graduação, especialização, residência...);
( ) Carteira de registro profissional;
( ) Formulário(s) SB-40 ou DSS-8030 e PPP;
( ) Laudo(s) pericial(is); ou
( ) Outros _____

Segundo o INSS, o indeferimento do benefício deu-se <INCLUIR OS MOTIVOS DE INDEFERIMENTO>.

É descabida, entretanto, a justificação apresentada pelo INSS para o indeferimento, sendo devida a concessão do benefício na forma da Lei Previdenciária vigente. Portanto, a parte Autora recorre a esse nobre Juízo para garantir a concessão da aposentadoria, posto que implementou todos os requisitos necessários para o deferimento do pedido administrativo.

## 2. FUNDAMENTOS JURÍDICOS DO PEDIDO <ADEQUAR AO CASO CONCRETO>

### 2.1 Do direito à aposentadoria especial

O(A)autor(a) laborou no(s) período(s) supradescrito(s) sujeito a condições prejudiciais à sua saúde:

1. Trabalhou em atividade na área da saúde, presumidamente especial conforme código 2.1.3 do Decreto n. 53.831, de 25.03.1964, e anexo II, código 2.1.3 do Decreto n. 83.080, de 24.01.1979, o que garante seu cômputo como tempo de serviço especial, independentemente de laudo pericial, até 29.04.1995, data do advento da Lei n. 9.032/1995, que passou a exigir prova de efetiva submissão aos agentes nocivos;

Vale ressaltar que a aplicabilidade do Anexo do Decreto n. 53.831/64 se manteve pela observância no art. 292 do Decreto n. 611/92, que dispõe:

> "Art. 292. Para efeito de concessão das aposentadorias especiais serão considerados os Anexos I e II do Regulamento dos Benefícios da Previdência Social, aprovado pelo Decreto n. 83.080, de 24 de janeiro de 1979, e o Anexo do Decreto n. 53.831, de 25 de março de 1964, até que seja promulgada a lei que disporá sobre as atividades prejudiciais à saúde e à integridade física."

2. Trabalhou em atividade na área da saúde que o submetia, de modo habitual e permanente, ao(s) agente(s) nocivo(s) <INCLUIR O AGENTE, NORMALMENTE BIOLÓGICO, MAS EM MUITOS CASOS PODE SER QUÍMICO OU FÍSICO>, agente(s) esse(s) devidamente elencado no Anexo IV no Decreto n. 3.048/1999.

Quanto à prova da atividade, destacamos:

- Até o advento da Lei n. 9.032/1995, que passou a exigir prova de efetiva submissão aos agentes nocivos, a comprovação de que seu labor foi especial pode dar-se pela apresentação dos documentos que demonstram o exercício de sua atividade na área da saúde, que possui presunção legal de especialidade.
- Após 28.04.1995, contamos então com o PPP anexo para comprovar a exposição <NESSE CASO, SE O SEGURADO FOR CONTRIBUINTE INDIVIDUAL, DEVERÁ PROVIDENCIAR LTCAT E PPP PARA QUE POSSA COMPROVAR A ESPECIALIDADE DO PERÍODO PLEITEADO APÓS 28.04.1995>.

É importante ressaltar que os Tribunais Pátrios já firmaram entendimento no sentido de que deve ser considerado o tempo especial, mesmo sem a juntada de laudos ou PPP, se, na época do exercício da atividade, o segurado possuía o enquadramento na categoria profissional prevista nos Decretos vigentes, senão vejamos: <INCLUIR JURISPRUDÊNCIA SOBRE O ENQUADRAMENTO PELA ATIVIDADE ESPECÍFICA, COMO MÉDICO, ENFERMEIRO, AUXILIAR DE ENFERMAGEM, BIOQUÍMICO>.

<NESSE PONTO PODEM SER DESTACADOS ASPECTOS SOBRE A ATIVIDADE EXERCIDA, A FORMA DE ENQUADRAMENTO (SE POR ATIVIDADE OU AGENTE NOCIVO) E OS DADOS PREVISTOS NOS DECRETOS QUE GARANTEM O DIREITO À CONTAGEM ESPECIAL. É IMPORTANTE, AINDA, QUE SEJAM JUNTADAS, SEMPRE QUE POSSÍVEL, JURISPRUDÊNCIAS ESPECÍFICAS SOBRE A ATIVIDADE OU O AGENTE DISCUTIDO, LEMBRANDO QUE, PARA AÇÕES NOS JUIZADOS ESPECIAIS, A PREFERÊNCIA É POR DECISÕES DO STF, DO STJ, DO TNU, DO TRU E DE TURMAS RECURSAIS ESTADUAIS. JÁ NAS AÇÕES QUE TRAMITAM NAS VARAS FEDERAIS COMUNS, RECOMENDA-SE A JUNTADA DE JURISPRUDÊNCIA STF, STJ E TRF DE CADA REGIÃO>

<exemplo> Sobre os agentes biológicos, face necessário observar os Representativos de Controvérsia n. 205 e 211 da TNU, em que foram firmadas as seguintes teses:

> **Tema n. 205:** "a) para reconhecimento da natureza especial de tempo laborado em exposição a agentes biológicos não é necessário o desenvolvimento de uma das atividades arroladas nos Decretos de regência, sendo referido rol meramente exemplificativo; b) entretanto, é necessária a comprovação em concreto do risco de exposição a micro-organismos ou parasitas infectocontagiosos, ou ainda suas toxinas, em medida denotativa de que o risco de contaminação em seu ambiente de trabalho era superior ao risco em geral, devendo, ainda, ser avaliado, de acordo com a profissiogra-

fia, se tal exposição tem um caráter indissociável da produção do bem ou da prestação do serviço, independentemente de tempo mínimo de exposição durante a jornada."

**Tema n. 211:** "Para aplicação do artigo 57, § 3º, da Lei n. 8.213/91 a agentes biológicos, exige-se a probabilidade da exposição ocupacional, avaliando-se, de acordo com a profissiografia, o seu caráter indissociável da produção do bem ou da prestação do serviço, independente de tempo mínimo de exposição durante a jornada."

Quanto ao EPI, há consagrado entendimento de que não tem eficácia em caso de exposição a agentes biológicos. A título exemplificativo, a decisão do IRDR n. 15 do TRF da 4ª Região: (Processo n. 50543417720164040000/TRF4, j. 22.11.2017).

A pretensão da parte Autora encontra-se amparada no artigo <adequar incluindo o artigo aplicável ao caso, analisando o direito adquirido às normas anteriores à Reforma, ou a regra de transição, ou a regra transitória da EC n. 103/2019>, senão vejamos: <citar o artigo mencionado. Para o caso da EC n. 103/2019, ver art. 19, I para regra transitória; e art. 21, para regra de transição com pontos>.

Como se observa pelos documentos, fatos e direito apresentados, a parte Autora cumpre todos os requisitos para a concessão da aposentadoria especial.

## 2.2 Do pedido alternativo: direito à contagem diferenciada do tempo especial, para fins de concessão de aposentadoria programada

<Verificar se é possível o pedido e, se for o caso, incluir o item em sua petição>

Caso não assista à parte autora direito à aposentação, esta deseja a averbação do tempo exercido mediante condições especiais, com sua conversão majorada em tempo comum.

Nesse caso, aplicável o art. 25, § 2º, da Emenda Constitucional n. 103/2019, tendo em vista que existe tempo anterior a 13.11.2019:

"§ 2º Será reconhecida a conversão de tempo especial em comum, na forma prevista na Lei n. 8.213, de 24 de julho de 1991, ao segurado do Regime Geral de Previdência Social que comprovar tempo de efetivo exercício de atividade sujeita a condições especiais que efetivamente prejudiquem a saúde, cumprido até a data de entrada em vigor desta Emenda Constitucional, vedada a conversão para o tempo cumprido após esta data."

É importante salientar, portanto, que persiste o direito à conversão do tempo de serviço especial trabalhado até a data da publicação da EC n. 103/2019.

Por fim, cabe salientar que, se somado o período especial convertido em comum ao restante do tempo trabalhado, a parte autora poderá atingir tempo necessário para a concessão da aposentadoria programada.

Sendo assim, caso não lhe assista direito à aposentação, postula a averbação do tempo de serviço em discussão como submetido a condições especiais, com sua conversão majorada em tempo de atividade comum.

## 3. DA REAFIRMAÇÃO DA DER

A presente ação visa à concessão do benefício assim como o início do pagamento a partir da data de entrada do requerimento administrativo (DER).

Entretanto, caso seja entendido que nessa data não havia possibilidade da concessão do benefício na forma pleiteada ou que melhor benefício seria possível durante o curso da presente ação, requer seja aceita a reafirmação da DER visando à garantia do melhor benefício.

A reafirmação da DER está disciplina na via administrativa pelo Regulamento da Previdência Social – (Decreto n. 3.048/1999):

"Art. 176-D. Se, na data de entrada do requerimento do benefício, o segurado não satisfizer os requisitos para o reconhecimento do direito, mas implementá-los em momento posterior, antes da decisão do INSS, o requerimento poderá ser reafirmado para a data em que satisfizer os requisitos, que será fixada como início do benefício, exigindo-se, para tanto, a concordância formal do interessado, admitida a sua manifestação de vontade por meio eletrônico." (Incluído pelo Decreto n. 10.410, de 2020).

Ademais, a própria Instrução Normativa n. 128/2022 do INSS disciplina que sendo os requisitos implementados entre a DER e a data da publicação do despacho concessório, o INSS deverá reafirmar a DER para a data em que satisfaça os requisitos, desde que a reafirmação seja autorizada pelo(a) segurado(a).

> Art. 577. Por ocasião da decisão, em se tratando de requerimento de benefício, deverá o INSS:
>
> II – quando não satisfeitos os requisitos para o reconhecimento do direito na data de entrada do requerimento do benefício, verificar se esses foram implementados em momento posterior, antes da decisão do INSS, caso em que o requerimento poderá ser reafirmado para a data em que satisfizer os requisitos, exigindo-se, para tanto, a concordância formal do interessado, admitida a sua manifestação de vontade por meio eletrônico.

Sobre a reafirmação da DER, o Superior Tribunal de Justiça fixou tese no Tema n. 995, que a seguir destacamos:

> "É possível a reafirmação da DER (Data de Entrada do Requerimento) para o momento em que implementados os requisitos para a concessão do benefício, mesmo que isso se dê no interstício entre o ajuizamento da ação e a entrega da prestação jurisdicional nas instâncias ordinárias, nos termos dos arts. 493 e 933 do CPC/2015, observada a causa de pedir."

E a TNU uniformizou a possibilidade de reafirmação da DER em relação ao tempo especial e com base nas regras de transição da EC n. 103/2019, vejamos as teses fixadas:

> – "É possível a reafirmação da Data de Entrada do Requerimento (DER), com inclusão de tempo de trabalho especial posterior ao requerimento administrativo, desde que devidamente comprovada a atividade especial e respeitados os limites da causa de pedir, o contraditório e a ampla defesa" (PUIL n. 5004019-12.2015.4.04.7009/PR, j. 27.05.2021);

> "É possível a reafirmação da DER para a concessão de benefícios previstos nas regras de transição da EC n. 103/19, mesmo que o requerimento original preceda à vigência da emenda constitucional" (PUIL n. 5003210-40.2020.4.04.7205/SC, j. 27.05.2021).

Assim, requer-se a análise do direito a reafirmação da DER para fins da garantia ao melhor benefício no caso concreto.

**4. DO PREQUESTIONAMENTO** <ADEQUAR AO CASO CONCRETO>

Resta clara a violação aos ditames constitucionais e à legislação federal, que destacamos: <ADEQUAR AO CASO CONCRETO, LEMBRANDO DE INCLUIR LEGISLAÇÃO FEDERAL TAMBÉM, MESMO PARA AÇÕES DE JUIZADOS>.

**5. REQUERIMENTOS** <ADEQUAR AO CASO CONCRETO>

Diante do exposto, requer-se a Vossa Excelência:

a) a citação do Instituto Nacional do Seguro Social – INSS para, querendo, responder à presente demanda, no prazo legal;

b) a determinação ao INSS para que, na primeira oportunidade em que se pronunciar nos autos, apresente cópia do Processo Administrativo relacionado ao requerimento do benefício, em análise conforme determinado pelo art. 11 da Lei n. 10.259/2001, sob pena de cominação de multa diária, nos termos do art. 139, IV, do CPC, a ser fixada por esse Juízo;

c) a procedência da pretensão deduzida, consoante narrado nesta inicial, condenando-se o INSS a conceder a aposentadoria especial desde a data de entrada no requerimento administrativo ou na DER a ser reafirmada, em proteção ao direito ao melhor benefício.

d) caso não lhe assista direito à aposentadoria especial, seja determinada a averbação majorada do tempo de serviço especial trabalhado até 13.11.2019, e a concessão de benefício de aposentadoria <por tempo de contribuição ou programada, de acordo com qual direito adquiriu>, se possível, contando-se, para início, a DER ou na DER a ser reafirmada, em proteção ao direito ao melhor benefício <VERIFICAR SE A PARTE ERA EMPREGADA E SE ENCERROU O CONTRATO DE TRABALHO DENTRO DE 90 DIAS ANTES DO REQUERIMENTO. SE FOR ESSE O CASO, PODE-SE PEDIR A CONCESSÃO DESDE A RESCISÃO DO CONTRATO DE TRABALHO, CONFORME ART. 49, I, *A*, C/C O ART. 54, AMBOS DA LEI n. 8.213/1991>. <incluir, se aplicável: Requer, nesse caso, que seja observada a nova forma de cálculo trazida pela regra 85/95 (progressiva) e que, caso lhe seja possível e mais vantajoso, seja afastada a incidência do fator previdenciário do benefício a ser concedido>;

e) independentemente da concessão de aposentadoria no presente caso, seja determinada a averbação do tempo de contribuição aceito como especial, ainda que para a concessão de benefícios de aposentadoria a serem requeridos posteriormente na via administrativa, após o implemento de todas as condições pela parte Autora;

f) a condenação do INSS ao pagamento dos valores acumulados, aplicando-se juros e correção monetária até 11/2021, nos termos dos Temas 810 do STF e 905 do STJ e, a partir de 12/2021, o índice da taxa referencial do Sistema Especial de Liquidação e de Custódia (Selic), acumulado mensalmente, para fins de atualização monetária e de compensação da mora (art. 3º da EC n. 113/2021), respeitada a prescrição quinquenal;

g) a condenação do INSS ao pagamento de custas, despesas e de honorários advocatícios, na base de 20% (vinte por cento) sobre a condenação, conforme dispõem o art. 55 da Lei n. 9.099/1995 e o art. 85, § 3º, do CPC;

h) <SE NECESSÁRIA A PRODUÇÃO DE PROVAS, REQUERER. ENTRETANTO, SE A DOCUMENTAÇÃO ANEXA NA INICIAL FOR SUFICIENTE PARA A COMPROVAÇÃO DO TEMPO E O DEFERIMENTO DO BENEFÍCIO, INCLUIR O SEGUINTE PEDIDO: "CONSIDERANDO, AINDA, QUE A QUESTÃO DE MÉRITO É UNICAMENTE DE DIREITO, REQUER O JULGAMENTO ANTECIPADO DA LIDE, CONFORME DISPÕE O ART. 355 DO CPC. SENDO OUTRO O ENTENDIMENTO DE V. EXA., REQUER E PROTESTA PELA PRODUÇÃO DE TODOS OS MEIOS DE PROVA ADMITIDOS EM DIREITO, EM ESPECIAL PERÍCIA TÉCNICA PARA A PROVA DO TEMPO ESPECIAL E AS DEMAIS PROVAS QUE SE FIZEREM NECESSÁRIAS AO DESLINDE DA DEMANDA.">

i) a concessão da Gratuidade da Justiça, por ser a parte Autora pessoa hipossuficiente, na acepção jurídica do termo, sem condições de arcar com as despesas processuais e os honorários advocatícios sucumbenciais sem prejuízo de seu sustento e de sua família, na forma do art. 98 e ss do CPC. <RECOMENDA-SE A COLETA, PELO ADVOGADO, DE DECLARAÇÃO DE HIPOSSUFICIÊNCIA DO CLIENTE, CASO SEJA REQUERIDA A GRATUIDADE DA JUSTIÇA. DEVE-SE, TAMBÉM, DE PREFERÊNCIA, FAZER A JUNTADA DE TAL DECLARAÇÃO NOS AUTOS, JÁ NA INICIAL>.

Cumprindo a previsão do art. 319, VII, do CPC, a parte autora declara que opta pela realização <OU NÃO REALIZAÇÃO, ADEQUAR CONFORME O INTERESSE EM CADA CASO> de audiência de conciliação no presente caso.

Requer-se, ainda, com base no § 4º, do art. 22, da Lei n. 8.906/1994, que, ao final da presente demanda, caso sejam encontradas diferenças em favor do autor, quando da expedição da RPV ou do precatório, os valores referentes aos honorários contratuais e sucumbenciais sejam expedidos em nome da sociedade de advogados contratada pela parte Autora, sendo os honorários contratuais devidos no percentual constante no contrato em anexo.

Dá-se à causa o valor de R$ 1.000,00 (mil reais). <ADEQUAR CONFORME O CASO>

Nesses termos,

PEDE DEFERIMENTO.

Cidade e data.

Nome do Advogado e OAB

## 39. MODELO DE AÇÃO DE CONCESSÃO DE APOSENTADORIA ESPECIAL PARA MOTORISTAS DE ÔNIBUS E DE CAMINHÃO

**EXCELENTÍSSIMO(A) SENHOR(A) DOUTOR(A) JUIZ(A) FEDERAL DA VARA/JUIZADO ESPECIAL FEDERAL DA CIDADE – SEÇÃO JUDICIÁRIA DO ESTADO** <VERIFICAR SE É INTERESSANTE O AJUIZAMENTO DA AÇÃO NA VARA ESTADUAL MEDIANTE A UTILIZAÇÃO DA COMPETÊNCIA DELEGADA, MAS ADEQUANDO À NOVA LIMITAÇÃO DE 70 KM ENTRE A SEDE DA JF E A SEDE DA COMARCA. SE SIM, ADEQUAR PARA A NOMENCLATURA ESTADUAL>

**Nome do(a) Segurado(a),** nacionalidade, estado civil, profissão, residente e domiciliado(a) na Rua, bairro, cidade, Estado, inscrito no CPF sob o nº, endereço eletrônico, vem à presença de Vossa Excelência, por intermédio de seus procuradores constituídos, propor a presente **AÇÃO DE CONCESSÃO DE APOSENTADORIA ESPECIAL** contra o **INSTITUTO NACIONAL DO SEGURO SOCIAL – INSS**, pessoa jurídica de direito público, autarquia federal, com endereço à <ADEQUAR AO CASO CONCRETO>, pelos fatos e fundamentos que a seguir aduz:

**1. BREVE RESENHA FÁTICA** <ADEQUAR AO CASO CONCRETO>

A parte Autora requereu, junto à Autarquia Previdenciária, o benefício de Aposentadoria Especial, com reconhecimento de período(s) trabalhado(s) em atividade de motorista de caminhão/ônibus, reconhecidamente sujeita à agentes prejudiciais à saúde e à integridade física. Seu benefício foi indeferido indevidamente, conforme comprova documentação em anexo.

O requerimento inicial da aposentadoria ocorreu em 00.00.0000 e o benefício requerido obteve NB 000.000.000-0.

Dados sobre a atividade especial:

| Início | Fim | Agente nocivo ou categoria profissional | Empresa |
|---|---|---|---|
|  |  |  |  |

Dentre as provas documentais apresentadas, a parte Autora juntou:

( ) Cópia da Carteira de Trabalho e Previdência Social;
( ) Notas de frete;[7]
( ) Carteira Nacional de Habilitação;
( ) Formulário(s) SB-40 ou DSS-8030 e PPP;
( ) Laudo(s) pericial(is); ou
( ) Outros _____

Segundo o INSS, o indeferimento do benefício deu-se <INCLUIR OS MOTIVOS DE INDEFERIMENTO>.

É descabida, entretanto, a justificação apresentada pelo INSS para o indeferimento, sendo devida a concessão do benefício na forma da Lei Previdenciária vigente. O segurado recorre a esse nobre Juízo para garantir a concessão da aposentadoria, posto que implementou todos os requisitos necessários para o deferimento do pedido administrativo.

**2. FUNDAMENTOS JURÍDICOS DO PEDIDO** <ADEQUAR AO CASO CONCRETO>

**2.1 Do direito à aposentadoria especial**

A parte Autora laborou no(s) período(s) supradescrito(s) sujeito a condições prejudiciais à sua saúde e integridade física, nos seguintes termos:

---

[7] Vale lembrar que, após abril de 2003, todos os caminhoneiros podem comprovar tempo de contribuição ao INSS por meio de notas de frete, tendo em vista que a empresa tomadora do serviço tem obrigação de reter o valor da contribuição previdenciária sobre o valor do frete e recolher ao RGPS por GFIP.

1. trabalhou como <ADEQUAR AO CASO> motorista de caminhão de cargas <ou> de motorista de ônibus, elencada nos códigos 2.4.4 do anexo do Decreto 53.831/64 e 2.4.2 do anexo II do Decreto 83.08/79, o que garante seu cômputo como tempo de serviço especial, independentemente de laudo pericial, até 29.04.1995; E/OU

2. trabalhou em atividade que o submetia, de modo habitual e permanente, ao agente nocivo <ADEQUAR AO CASO CONCRETO> ruído e a penosidade da atividade motorista de caminhão de cargas <OU> de motorista de ônibus. <EM CASO DE TRANSPORTE DE COMBUSTÍVEIS/LÍQUIDO INFLAMÁVEL, É POSSÍVEL A CARACTERIZAÇÃO DA ESPECIALIDADE POR PERICULOSIDADE. VERIFICAR SE É O CASO DE EFETUAR A MENÇÃO NO CASO CONCRETO>.

Quanto à penosidade do trabalho exercido pela parte autora, destacamos a bem conhecida realidade de rotina laboral que enfrentam estes profissionais em nosso país, com altas jornadas de trabalho, longos períodos longe de suas casas, condições péssimas das estradas, atenção constante – gerando tensões e desgastes psicológicos – e, além disso, risco sempre presente de assaltos e roubos de carga. No caso concreto, a parte conta também com as seguintes provas do prejuízo sofrido:

O TRF/4[8] Região firmou entendimento que para fins de análise da atividade do motorista profissional, essa atividade deve ser considerada penosa quando for possível constatar efetivo prejuízo à saúde física, emocional e mental do trabalhador, em decorrência de longos períodos submetidos a posturas incômodas, viciosas e fatigantes, associados ou não a rotineira alternância de horários de sono e vigília, bem como de alimentação. Veja-se a tese firmada em Incidência de Assunção de Competência:

> Tema n. 5: "Deve ser admitida a possibilidade de reconhecimento do caráter especial das atividades de motorista ou de cobrador de ônibus em virtude da penosidade, ainda que a atividade tenha sido prestada após a extinção da previsão legal de enquadramento por categoria profissional pela Lei 9.032/1995, desde que tal circunstância seja comprovada por meio de perícia judicial individualizada, possuindo o interessado direito de produzir tal prova." (IAC n. 5033888-90.2018.4.04.0000/RS, 3ª Seção, Rel. Des. Fed. João Batista Pinto Silveira, j. 25.11.2020)

<Nesse caso, toda prova em direito é admitida, mas sugerimos, por exemplo: atestados médicos, comprovantes de internação de tratamento durante a vida laboral que possam ser relacionados à atividade, prova testemunhal.>

Ademais, ainda que não se considere a atividade especial até os dias atuais, ao menos até o advento da Lei n. 9.032/1995, deve haver o reconhecimento por categoria.

É importante ressaltar que os Tribunais Pátrios já firmaram entendimento no sentido de que deve ser considerado o tempo especial, mesmo sem a juntada de laudos ou PPP, se, na época do exercício da atividade, o segurado possuía o enquadramento na categoria profissional prevista nos Decretos vigentes, senão vejamos: <INCLUIR JURISPRUDÊNCIA SOBRE O ENQUADRAMENTO>.

<NESSE PONTO PODEM SER DESTACADOS ASPECTOS SOBRE A ATIVIDADE EXERCIDA, A FORMA DE ENQUADRAMENTO (SE POR ATIVIDADE OU AGENTE NOCIVO) E OS DADOS PREVISTOS NOS DECRETOS QUE GARANTEM O DIREITO À CONTAGEM ESPECIAL. É IMPORTANTE, AINDA, QUE SEJAM JUNTADAS, SEMPRE QUE POSSÍVEL, JURISPRUDÊNCIAS ESPECÍFICAS SOBRE A ATIVIDADE OU O AGENTE DISCUTIDO, LEMBRANDO QUE, PARA AÇÕES NOS JUIZADOS ESPECIAIS, A PREFERÊNCIA É POR DECISÕES DO STF, DO STJ, DO TNU, DO TRU E DE TURMAS RECURSAIS ESTADUAIS. JÁ NAS AÇÕES QUE TRAMITAM NAS VARAS FEDERAIS COMUNS, RECOMENDA-SE A JUNTADA DE JURISPRUDÊNCIA STF, STJ E TRF DE CADA REGIÃO>

A pretensão da parte Autora encontra-se amparada no artigo <adequar incluindo o artigo aplicável ao caso, analisando o direito adquirido às normas anteriores à Reforma, ou a regra de transição, ou a regra transitória da EC n. 103/2019>, senão vejamos: <citar o artigo mencionado. Para o caso da EC n. 103/2019, ver art. 19, I, para regra transitória; e art. 21, para regra de transição com pontos>.

---

[8] Destacamos Apelação/Remessa Necessária 5058179-73.2013.4.04.7100, Salise Monteiro Sanchotene, TRF/4 – Sexta Turma, *DE* 28.11.2016.

Como se observa pelos documentos, fatos e direito apresentados, a parte Autora cumpre todos os requisitos para a concessão da aposentadoria especial.

### 2.2 Do pedido alternativo: direito à contagem diferenciada do tempo especial, para fins de concessão de aposentadoria programada

<Verificar se é possível o pedido e, se for o caso, incluir o item em sua petição>

Caso não assista à parte autora direito à aposentação, esta deseja a averbação do tempo exercido mediante condições especiais, com sua conversão majorada em tempo comum.

Nesse caso, aplicável o art. 25, § 2º, da Emenda Constitucional n. 103/2019, tendo em vista que existe tempo anterior a 13.11.2019:

> "§ 2º Será reconhecida a conversão de tempo especial em comum, na forma prevista na Lei n. 8.213, de 24 de julho de 1991, ao segurado do Regime Geral de Previdência Social que comprovar tempo de efetivo exercício de atividade sujeita a condições especiais que efetivamente prejudiquem a saúde, cumprido até a data de entrada em vigor desta Emenda Constitucional, vedada a conversão para o tempo cumprido após esta data."

É importante salientar, portanto, que persiste o direito à conversão do tempo de serviço especial trabalhado até a data da publicação da EC n. 103/2019.

Por fim, cabe salientar que, se somado o período especial convertido em comum ao restante do tempo trabalhado, a parte autora poderá atingir tempo necessário para a concessão da aposentadoria programada.

Sendo assim, caso não lhe assista direito à aposentação, postula a averbação do tempo de serviço em discussão como submetido a condições especiais, com sua conversão majorada em tempo de atividade comum.

### 3. DA REAFIRMAÇÃO DA DER

A presente ação visa à concessão do benefício assim como o início do pagamento a partir da data de entrada do requerimento administrativo (DER).

Entretanto, caso seja entendido que nessa data não havia possibilidade da concessão do benefício na forma pleiteada ou que melhor benefício seria possível durante o curso da presente ação, requer seja aceita a reafirmação da DER visando à garantia do melhor benefício.

A reafirmação da DER está disciplinada na via administrativa pelo Regulamento da Previdência Social (Decreto n. 3.048/1999):

> "Art. 176-D. Se, na data de entrada do requerimento do benefício, o segurado não satisfizer os requisitos para o reconhecimento do direito, mas implementá-los em momento posterior, antes da decisão do INSS, o requerimento poderá ser reafirmado para a data em que satisfizer os requisitos, que será fixada como início do benefício, exigindo-se, para tanto, a concordância formal do interessado, admitida a sua manifestação de vontade por meio eletrônico." (Incluído pelo Decreto n. 10.410, de 2020).

Ademais, a própria Instrução Normativa n. 128/2022 do INSS disciplina que sendo os requisitos implementados entre a DER e a data da publicação do despacho concessório, o INSS deverá reafirmar a DER para a data em que satisfaça os requisitos, desde que a reafirmação seja autorizada pelo(a) segurado(a).

> Art. 577. Por ocasião da decisão, em se tratando de requerimento de benefício, deverá o INSS:
>
> II – quando não satisfeitos os requisitos para o reconhecimento do direito na data de entrada do requerimento do benefício, verificar se esses foram implementados em momento posterior, antes da decisão do INSS, caso em que o requerimento poderá ser reafirmado para a data em que satisfizer os requisitos, exigindo-se, para tanto, a concordância formal do interessado, admitida a sua manifestação de vontade por meio eletrônico.

Sobre a reafirmação da DER, o Superior Tribunal de Justiça fixou tese no Tema n. 995, que a seguir destacamos:

> "É possível a reafirmação da DER (Data de Entrada do Requerimento) para o momento em que implementados os requisitos para a concessão do benefício, mesmo que isso se dê no interstício entre o ajuizamento da ação e a entrega da prestação jurisdicional nas instâncias ordinárias, nos termos dos arts. 493 e 933 do CPC/2015, observada a causa de pedir."

E a TNU uniformizou a possibilidade de reafirmação da DER em relação ao tempo especial e com base nas regras de transição da EC n. 103/2019, vejamos as teses fixadas:

> "É possível a reafirmação da Data de Entrada do Requerimento (DER), com inclusão de tempo de trabalho especial posterior ao requerimento administrativo, desde que devidamente comprovada a atividade especial e respeitados os limites da causa de pedir, o contraditório e a ampla defesa" (PUIL n. 5004019-12.2015.4.04.7009/PR, j. 27.05.2021);

> "É possível a reafirmação da DER para a concessão de benefícios previstos nas regras de transição da EC n. 103/19, mesmo que o requerimento original preceda à vigência da emenda constitucional" (PUIL n. 5003210-40.2020.4.04.7205/SC, j. 27.05.2021).

Assim, requer-se a análise do direito a reafirmação da DER para fins da garantia ao melhor benefício no caso concreto.

## 4. DO PREQUESTIONAMENTO <ADEQUAR AO CASO CONCRETO>

Resta clara a violação aos ditames constitucionais e legislação federal, que destacamos: <ADEQUAR AO CASO CONCRETO, LEMBRANDO DE INCLUIR LEGISLAÇÃO FEDERAL TAMBÉM, MESMO PARA AÇÕES DE JUIZADOS>.

## 5. REQUERIMENTOS <ADEQUAR AO CASO CONCRETO>

Diante do exposto, requer-se a Vossa Excelência:

a) a citação do Instituto Nacional do Seguro Social – INSS para, querendo, responder à presente demanda, no prazo legal;

b) a determinação ao INSS para que, na primeira oportunidade em que se pronunciar nos autos, apresente cópia do Processo Administrativo relacionado ao requerimento do benefício em análise, conforme determinado pelo art. 11 da Lei n. 10.259/2001, sob pena de cominação de multa diária, nos termos do art. 139, IV, do CPC, a ser fixada por esse Juízo;

c) a procedência da pretensão deduzida, consoante narrado nesta inicial, condenando-se o INSS a conceder a aposentadoria especial desde a data de entrada no requerimento administrativo ou na DER a ser reafirmada, em proteção ao direito ao melhor benefício.

d) caso não lhe assista direito à aposentadoria especial, seja determinada a averbação majorada do tempo de serviço especial trabalhado até 13.11.2019, e a concessão de benefício de aposentadoria <por tempo de contribuição ou programada, de acordo com qual direito adquiriu>, se possível, contando-se, para início, a DER ou na DER a ser reafirmada, em proteção ao direito ao melhor benefício <VERIFICAR SE A PARTE ERA EMPREGADA E SE ENCERROU O CONTRATO DE TRABALHO DENTRO DE 90 DIAS ANTES DO REQUERIMENTO. SE FOR ESSE O CASO, PODE-SE PEDIR A CONCESSÃO DESDE A RESCISÃO DO CONTRATO DE TRABALHO, CONFORME ART. 49, I, A, C/C O ART. 54, AMBOS DA LEI n. 8.213/1991>. <incluir se aplicável: Requer, nesse caso, que seja observada a nova forma de cálculo trazida pela regra 85/95 (progressiva) e que, caso lhe seja possível e mais vantajoso, seja afastada a incidência do fator previdenciário do benefício a ser concedido>;

e) independentemente da concessão de aposentadoria no presente caso, seja o INSS condenado a averbar o tempo de contribuição aceito como especial, ainda que para a concessão de benefícios de aposentadoria a serem requeridos posteriormente na via administrativa, após o implemento de todas as condições pelo(a) segurado(a);

f) a condenação do INSS ao pagamento dos valores acumulados, aplicando-se juros e correção monetária até 11/2021, nos termos dos Temas 810 do STF e 905 do STJ e, a partir de 12/2021, o índice da taxa referencial do Sistema Especial de Liquidação e de Custódia (Selic), acumulado mensalmente, para fins de atualização monetária e de compensação da mora (art. 3º da EC n. 113/2021), respeitada a prescrição quinquenal;

g) a condenação do INSS ao pagamento de custas, despesas e de honorários advocatícios, na base de 20% (vinte por cento) sobre a condenação, conforme dispõem o art. 55 da Lei n. 9.099/1995 e o art. 85, § 3º, do CPC;

h) <SE NECESSÁRIA A PRODUÇÃO DE PROVAS, REQUERER. ENTRETANTO, SE A DOCUMENTAÇÃO ANEXA NA INICIAL FOR SUFICIENTE PARA A COMPROVAÇÃO DO TEMPO E O DEFERIMENTO DO BENEFÍCIO, INCLUIR O SEGUINTE PEDIDO: "CONSIDERANDO, AINDA, QUE A QUESTÃO DE MÉRITO É UNICAMENTE DE DIREITO, REQUER O JULGAMENTO ANTECIPADO DA LIDE, CONFORME DISPÕE O ART. 355 DO CPC. SENDO OUTRO O ENTENDIMENTO DE V. EXA., REQUER E PROTESTA PELA PRODUÇÃO DE TODOS OS MEIOS DE PROVA ADMITIDOS EM DIREITO, EM ESPECIAL PERÍCIA TÉCNICA PARA A PROVA DO TEMPO ESPECIAL E AS DEMAIS PROVAS QUE SE FIZEREM NECESSÁRIAS AO DESLINDE DA DEMANDA.">

i) a concessão da Gratuidade da Justiça, por ser a parte Autora pessoa hipossuficiente, na acepção jurídica do termo, sem condições de arcar com as despesas processuais e os honorários advocatícios sucumbenciais sem prejuízo de seu sustento e de sua família, a concessão da Gratuidade da Justiça, na forma do art. 98 e ss do CPC. <RECOMENDA-SE A COLETA, PELO ADVOGADO, DE DECLARAÇÃO DE HIPOSSUFICIÊNCIA DO CLIENTE, CASO SEJA REQUERIDA A GRATUIDADE DA JUSTIÇA. DEVE-SE, TAMBÉM, DE PREFERÊNCIA, FAZER A JUNTADA DE TAL DECLARAÇÃO NOS AUTOS, JÁ NA INICIAL>.

Cumprindo a previsão do art. 319, VII, do CPC, a parte autora declara que opta pela realização <OU NÃO REALIZAÇÃO, ADEQUAR CONFORME O INTERESSE EM CADA CASO> de audiência de conciliação no presente caso.

Requer-se, ainda, com base no § 4º, do art. 22, da Lei n. 8.906/1994, que, ao final da presente demanda, caso sejam encontradas diferenças em favor do autor, quando da expedição da RPV ou do precatório, os valores referentes aos honorários contratuais e sucumbenciais sejam expedidos em nome da sociedade de advogados contratada pela parte Autora, sendo os honorários contratuais devidos no percentual constante no contrato em anexo.

Dá-se à causa o valor de R$ 1.000,00 (mil reais). <ADEQUAR CONFORME O CASO>

Nesses termos,

PEDE DEFERIMENTO.

Cidade e data.

Nome do Advogado e OAB

## 40. MODELO DE AÇÃO DE CONCESSÃO DE APOSENTADORIA ESPECIAL PARA ELETRICISTAS OU ELETRICITÁRIOS

**EXCELENTÍSSIMO(A) SENHOR(A) DOUTOR(A) JUIZ(A) FEDERAL DA VARA/JUIZADO ESPECIAL FEDERAL DA CIDADE – SEÇÃO JUDICIÁRIA DO ESTADO** <VERIFICAR SE É INTERESSANTE O AJUIZAMENTO DA AÇÃO NA VARA ESTADUAL MEDIANTE A UTILIZAÇÃO DA COMPETÊNCIA DELEGADA, MAS ADEQUANDO À NOVA LIMITAÇÃO DE 70 KM ENTRE A SEDE DA JF E A SEDE DA COMARCA. SE SIM, ADEQUAR PARA A NOMENCLATURA ESTADUAL>

**Nome do(a) Segurado(a),** nacionalidade, estado civil, profissão, residente e domiciliado(a) na Rua, bairro, cidade, Estado, inscrito no CPF sob o nº, endereço eletrônico, vem à presença de Vossa Excelência, por intermédio de seus procuradores constituídos, propor a presente **AÇÃO DE CONCESSÃO DE BENEFÍCIO PREVIDENCIÁRIO** contra o **INSTITUTO NACIONAL DO SEGURO SOCIAL**

– **INSS**, pessoa jurídica de direito público, autarquia federal, com endereço à <ADEQUAR AO CASO CONCRETO>, pelos fatos e fundamentos que a seguir aduz:

## 1. BREVE RESENHA FÁTICA <ADEQUAR AO CASO CONCRETO>

A parte Autora requereu, junto à Autarquia Previdenciária, o benefício de Aposentadoria Especial, com reconhecimento de período(s) trabalhado(s) em atividade de eletricista <OU> eletricitário[9], exposta ao agente nocivo corrente elétrica igual ou superior a 250 volts. Seu benefício foi indeferido indevidamente, conforme comprova documentação em anexo.

O requerimento inicial da aposentadoria ocorreu em 00.00.0000 e o benefício requerido obteve NB 000.000.000-0.

Dados sobre a atividade especial:

| Início | Fim | Agente nocivo ou categoria profissional | Empresa |
|---|---|---|---|
|  |  |  |  |

Dentre as provas documentais apresentadas, a parte Autora juntou:

( ) Cópia da Carteira de Trabalho e Previdência Social;

( ) Diploma de formação técnica, se houver;

( ) Formulário(s) SB-40 ou DSS-8030 e PPP;

( ) Laudo(s) pericial(is); ou

( ) Outros _____

Segundo o INSS, o indeferimento do benefício deu-se <INCLUIR OS MOTIVOS DE INDEFERIMENTO>.

É descabida, entretanto, a justificação apresentada pelo INSS para o indeferimento, sendo devida a concessão do benefício na forma da Lei Previdenciária vigente. Assim, a parte Autora recorre a esse nobre Juízo para garantir a concessão da aposentadoria, posto que implementou todos os requisitos necessários para o deferimento do pedido administrativo.

## 2. FUNDAMENTOS JURÍDICOS DO PEDIDO <ADEQUAR AO CASO CONCRETO>

### 2.1 Do direito à aposentadoria especial

A parte Autora laborou no(s) período(s) supradescrito(s) sujeito a condições prejudiciais à sua saúde e integridade física, nos seguintes termos:

1. trabalhou como <adequar ao caso> eletricista <OU> eletricitário, atividade elencada no código 1.1.8 do anexo do Decreto 53.831/64, o que garante seu cômputo como tempo de serviço especial, independentemente de laudo pericial, até 29.04.1995; E/OU

2. trabalhou em atividade que o submetia, de modo habitual e permanente, ao agente nocivo <ADEQUAR AO CASO CONCRETO> corrente elétrica igual ou superior a 250 volts, conforme comprovam os documentos em anexo <sugerimos a apresentação de PPP como prova ou de laudos emprestado para empresas que não existam mais. Nos casos em que não houver documentação, pode ser requerida a realização de perícia técnica, mas tais perícias não têm sido permitidas nos JEFs. Assim, recomendamos sempre que o segurado procure obter o máximo de documentos possíveis, devendo os contribuintes individuais também contratarem profissionais habilitados para a produção de LTCAT e PPP>.

---

[9] Eletricista é o profissional, em regra liberal ou terceirizado, que trabalha em contato com corrente elétrica. Já o eletricitário é empregado em uma empresa vinculada ao sindicato patronal de empresas de eletricidade.

Vale ressaltar que o agente nocivo eletricidade dá direito a aposentadoria especial até os dias atuais. Não há que se entender pela impossibilidade de configuração como tempo especial frente a supressão do agente eletricidade do rol de agentes nocivos pelo Decreto 2.172/1997 (Anexo IV). Isso porque, o rol de agentes nocivos é exemplificativo e a análise da nocividade deve ser feita com base em técnica médica e legislação correlata. Nesse sentido destacamos a tese firmada pelo STJ em recurso repetitivo:

> **Tema 534 – Tese Firmada**: "As normas regulamentadoras que estabelecem os casos de agentes e atividades nocivos à saúde do trabalhador são exemplificativas, podendo ser tido como distinto o labor que a técnica médica e a legislação correlata considerarem como prejudiciais ao obreiro, desde que o trabalho seja permanente, não ocasional, nem intermitente, em condições especiais (art. 57, § 3º, da Lei 8.213/1991)."
>
> **Anotações Nugep**: "É cabível o enquadramento como atividade especial do trabalho exposto ao agente perigoso eletricidade, exercido após a vigência do Decreto n. 2.172/1997, para fins de aposentadoria especial, desde que a atividade exercida esteja devidamente comprovada pela exposição aos fatores de risco de modo permanente, não ocasional, nem intermitente, em condições especiais." (REsp 1306113/SC, Rel. Ministro Herman Benjamin, 1ª Seção, *DJe* 7.3.2013)

No mesmo sentido, os Representativos de Controvérsia n. 159 e n. 210 da TNU, em que foram firmadas as seguintes teses:

> **Tema n. 159:** "É possível o reconhecimento como especial de período laborado com exposição ao agente energia elétrica, após o Decreto 2.172/97, para fins de concessão de aposentadoria especial."
>
> **Tema n. 210:** "Para aplicação do artigo 57, § 3º, da Lei n. 8.213/91 à tensão elétrica superior a 250 V, exige-se a probabilidade da exposição ocupacional, avaliando-se, de acordo com a profissiografia, o seu caráter indissociável da produção do bem ou da prestação do serviço, independente de tempo mínimo de exposição durante a jornada."

Quanto ao EPI, há consagrado entendimento de que não tem eficácia em caso de exposição às atividades perigosas. A título exemplificativo, a decisão do IRDR n. 15 do TRF da 4ª Região: (Processo n. 50543417720164040000/TRF4, j. 22.11.2017).

A pretensão da parte Autora encontra-se amparada no artigo <adequar incluindo o artigo aplicável ao caso, analisando o direito adquirido às normas anteriores à Reforma, ou a regra de transição, ou a regra transitória da EC n. 103/2019>, senão vejamos: <citar o artigo mencionado. Para o caso da EC n. 103/2019, ver art. 19, I, para regra transitória; e art. 21, para regra de transição com pontos>.

Como se observa pelos documentos, fatos e direito apresentados, a parte Autora cumpre todos os requisitos para a concessão da aposentadoria especial.

## 2.2 Do pedido alternativo: direito à contagem diferenciada do tempo especial, para fins de concessão de aposentadoria programada

<Verificar se é possível o pedido e, se for o caso, incluir o item em sua petição>

Caso não assista à parte autora direito à aposentação, esta deseja a averbação do tempo exercido mediante condições especiais, com sua conversão majorada em tempo comum.

Nesse caso, aplicável o art. 25, § 2º, da Emenda Constitucional n. 103/2019, tendo em vista que existe tempo anterior a 13.11.2019:

> "§ 2º Será reconhecida a conversão de tempo especial em comum, na forma prevista na Lei n. 8.213, de 24 de julho de 1991, ao segurado do Regime Geral de Previdência Social que comprovar tempo de efetivo exercício de atividade sujeita a condições especiais que efetivamente prejudiquem a saúde, cumprido até a data de entrada em vigor desta Emenda Constitucional, vedada a conversão para o tempo cumprido após esta data."

É importante salientar, portanto, que persiste o direito à conversão do tempo de serviço especial trabalhado até a data da publicação da EC n. 103/2019.

Por fim, cabe salientar que, se somado o período especial convertido em comum ao restante do tempo trabalhado, a parte autora poderá atingir tempo necessário para a concessão da aposentadoria programada.

Sendo assim, caso não lhe assista direito à aposentação, postula a averbação do tempo de serviço em discussão como submetido a condições especiais, com sua conversão majorada em tempo de atividade comum.

## 3. DA REAFIRMAÇÃO DA DER

A presente ação visa à concessão do benefício assim como o início do pagamento a partir da data de entrada do requerimento administrativo (DER).

Entretanto, caso seja entendido que nessa data não havia possibilidade da concessão do benefício na forma pleiteada ou que melhor benefício seria possível durante o curso da presente ação, requer seja aceita a reafirmação da DER visando à garantia do melhor benefício.

A reafirmação da DER está disciplina na via administrativa pelo Regulamento da Previdência Social (Decreto n. 3.048/1999):

> "Art. 176-D. Se, na data de entrada do requerimento do benefício, o segurado não satisfizer os requisitos para o reconhecimento do direito, mas implementá-los em momento posterior, antes da decisão do INSS, o requerimento poderá ser reafirmado para a data em que satisfizer os requisitos, que será fixada como início do benefício, exigindo-se, para tanto, a concordância formal do interessado, admitida a sua manifestação de vontade por meio eletrônico." (Incluído pelo Decreto n. 10.410, de 2020).

Ademais, a própria Instrução Normativa n. 128/2022 do INSS disciplina que sendo os requisitos implementados entre a DER e a data da publicação do despacho concessório, o INSS deverá reafirmar a DER para a data em que satisfaça os requisitos, desde que a reafirmação seja autorizada pelo(a) segurado(a).

> Art. 577. Por ocasião da decisão, em se tratando de requerimento de benefício, deverá o INSS:
>
> II – quando não satisfeitos os requisitos para o reconhecimento do direito na data de entrada do requerimento do benefício, verificar se esses foram implementados em momento posterior, antes da decisão do INSS, caso em que o requerimento poderá ser reafirmado para a data em que satisfizer os requisitos, exigindo-se, para tanto, a concordância formal do interessado, admitida a sua manifestação de vontade por meio eletrônico.

Sobre a reafirmação da DER, o Superior Tribunal de Justiça fixou tese no Tema n. 995, que a seguir destacamos:

> "É possível a reafirmação da DER (Data de Entrada do Requerimento) para o momento em que implementados os requisitos para a concessão do benefício, mesmo que isso se dê no interstício entre o ajuizamento da ação e a entrega da prestação jurisdicional nas instâncias ordinárias, nos termos dos arts. 493 e 933 do CPC/2015, observada a causa de pedir."

E a TNU uniformizou a possibilidade de reafirmação da DER em relação ao tempo especial e com base nas regras de transição da EC n. 103/2019, vejamos as teses fixadas:

> "É possível a reafirmação da Data de Entrada do Requerimento (DER), com inclusão de tempo de trabalho especial posterior ao requerimento administrativo, desde que devidamente comprovada a atividade especial e respeitados os limites da causa de pedir, o contraditório e a ampla defesa." (PUIL n. 5004019-12.2015.4.04.7009/PR, j. 27.05.2021);
>
> "É possível a reafirmação da DER para a concessão de benefícios previstos nas regras de transição da EC n. 103/19, mesmo que o requerimento original preceda à vigência da emenda constitucional." (PUIL n. 5003210-40.2020.4.04.7205/SC, j. 27.05.2021).

Assim, requer-se a análise do direito a reafirmação da DER para fins da garantia ao melhor benefício no caso concreto.

## 4. DO PREQUESTIONAMENTO <ADEQUAR AO CASO CONCRETO>

Resta clara a violação aos ditames constitucionais e legislação federal, que destacamos: <ADEQUAR AO CASO CONCRETO, LEMBRANDO DE INCLUIR LEGISLAÇÃO FEDERAL TAMBÉM, MESMO PARA AÇÕES DE JUIZADOS>.

## 5. REQUERIMENTOS <ADEQUAR AO CASO CONCRETO>

Diante do exposto, requer-se a Vossa Excelência:

a) a citação do Instituto Nacional do Seguro Social – INSS para, querendo, responder à presente demanda, no prazo legal;

b) a determinação ao INSS para que, na primeira oportunidade em que se pronunciar nos autos, apresente cópia do Processo Administrativo relacionado ao requerimento do benefício em análise o Processo de Concessão do Benefício Previdenciário para apuração dos valores devidos à parte Autora, conforme determinado pelo art. 11 da Lei n. 10.259/2001, sob pena de cominação de multa diária, nos termos do art. 139, IV, do CPC, a ser fixada por esse Juízo;

c) a procedência da pretensão deduzida, consoante narrado nesta inicial, condenando-se o INSS a conceder a aposentadoria especial desde a data de entrada no requerimento administrativo ou na DER a ser reafirmada, em proteção ao direito ao melhor benefício;

d) caso não lhe assista direito à aposentadoria especial, seja determinada a averbação majorada do tempo de serviço especial trabalhado até 13.11.2019, e a concessão de benefício de aposentadoria <por tempo de contribuição ou programada, de acordo com qual direito adquiriu>, se possível, contando-se, para início, a DER ou na DER a ser reafirmada, em proteção ao direito ao melhor benefício <VERIFICAR SE A PARTE ERA EMPREGADA E SE ENCERROU O CONTRATO DE TRABALHO DENTRO DE 90 DIAS ANTES DO REQUERIMENTO. SE FOR ESSE O CASO, PODE-SE PEDIR A CONCESSÃO DESDE A RESCISÃO DO CONTRATO DE TRABALHO, CONFORME ART. 49, I, *A*, C/C O ART. 54, AMBOS DA LEI n. 8.213/1991>. <incluir se aplicável: Requer, nesse caso, que seja observada a nova forma de cálculo trazida pela regra 85/95 e que, caso lhe seja possível e mais vantajoso, seja afastada a incidência do fator previdenciário do benefício a ser concedido>;

e) independentemente da concessão de aposentadoria no presente caso, seja o INSS condenado a averbar o tempo de contribuição aceito como especial, ainda que para a concessão de benefícios de aposentadoria a serem requeridos posteriormente na via administrativa, após o implemento de todas as condições pelo(a) segurado(a);

f) a condenação do INSS ao pagamento dos valores acumulados, aplicando-se juros e correção monetária até 11/2021, nos termos dos Temas 810 do STF e 905 do STJ e, a partir de 12/2021, o índice da taxa referencial do Sistema Especial de Liquidação e de Custódia (Selic), acumulado mensalmente, para fins de atualização monetária e de compensação da mora (art. 3º da EC n. 113/2021), respeitada a prescrição quinquenal;

g) a condenação do INSS ao pagamento de custas, despesas e de honorários advocatícios, na base de 20% (vinte por cento) sobre a condenação, conforme dispõem o art. 55 da Lei n. 9.099/1995 e o art. 85, § 3º, do CPC;

h) <SE NECESSÁRIA A PRODUÇÃO DE PROVAS, REQUERER. ENTRETANTO, SE A DOCUMENTAÇÃO ANEXA NA INICIAL FOR SUFICIENTE PARA A COMPROVAÇÃO DO TEMPO E O DEFERIMENTO DO BENEFÍCIO, INCLUIR O SEGUINTE PEDIDO: "CONSIDERANDO, AINDA, QUE A QUESTÃO DE MÉRITO É UNICAMENTE DE DIREITO, REQUER O JULGAMENTO ANTECIPADO DA LIDE, CONFORME DISPÕE O ART. 355 DO CPC. SENDO OUTRO O ENTENDIMENTO DE V. EXA., REQUER E PROTESTA PELA PRODUÇÃO DE TODOS OS MEIOS DE PROVA ADMITIDOS EM DIREITO, EM ESPECIAL PERÍCIA TÉCNICA PARA A PROVA DO TEMPO ESPECIAL E AS DEMAIS PROVAS QUE SE FIZEREM NECESSÁRIAS AO DESLINDE DA DEMANDA.">

i) a concessão da Gratuidade da Justiça, por ser a parte Autora pessoa hipossuficiente, na acepção jurídica do termo, sem condições de arcar com as despesas processuais e os honorários advocatícios sucumbenciais sem prejuízo de seu sustento e de sua família, na forma do art. 98 e ss do CPC. <RECOMENDA-SE A COLETA, PELO ADVOGADO, DE DECLARAÇÃO DE HIPOSSUFICIÊNCIA DO CLIENTE, CASO SEJA REQUERIDA A GRATUIDADE DA JUSTIÇA. DEVE-SE, TAMBÉM, DE PREFERÊNCIA, FAZER A JUNTADA DE TAL DECLARAÇÃO NOS AUTOS, JÁ NA INICIAL>.

Cumprindo a previsão do art. 319, VII, do CPC, a parte autora declara que opta pela realização <OU NÃO REALIZAÇÃO, ADEQUAR CONFORME O INTERESSE EM CADA CASO> de audiência de conciliação no presente caso.

Requer-se, ainda, com base no § 4º, do art. 22, da Lei n. 8.906/1994, que, ao final da presente demanda, caso sejam encontradas diferenças em favor do autor, quando da expedição da RPV ou do precatório, os valores referentes aos honorários contratuais e sucumbenciais sejam expedidos em nome da sociedade de advogados contratada pela parte Autora, sendo os honorários contratuais devidos no percentual constante no contrato em anexo.

Dá-se à causa o valor de R$ 1.000,00 (mil reais). <ADEQUAR CONFORME O CASO>

Nesses termos,

PEDE DEFERIMENTO.

Cidade e data.

Nome do Advogado e OAB

## 41. MODELO DE AÇÃO DE CONCESSÃO DE APOSENTADORIA ESPECIAL PARA VIGILANTES

**EXCELENTÍSSIMO(A) SENHOR(A) DOUTOR(A) JUIZ(A) FEDERAL DA VARA/JUIZADO ESPECIAL FEDERAL DA CIDADE – SEÇÃO JUDICIÁRIA DO ESTADO** <VERIFICAR SE É INTERESSANTE O AJUIZAMENTO DA AÇÃO NA VARA ESTADUAL MEDIANTE A UTILIZAÇÃO DA COMPETÊNCIA DELEGADA, MAS ADEQUANDO À NOVA LIMITAÇÃO DE 70 KM ENTRE A SEDE DA JF E A SEDE DA COMARCA. SE SIM, ADEQUAR PARA A NOMENCLATURA ESTADUAL>

**Nome do(a) Segurado(a),** nacionalidade, estado civil, profissão, residente e domiciliado(a) na Rua, bairro, cidade, Estado, inscrito no CPF sob o nº, endereço eletrônico, vem à presença de Vossa Excelência, por intermédio de seus procuradores constituídos, propor a presente **AÇÃO DE CONCESSÃO DE APOSENTADORIA ESPECIAL** contra o **INSTITUTO NACIONAL DO SEGURO SOCIAL – INSS**, pessoa jurídica de direito público, autarquia federal, com endereço à <ADEQUAR AO CASO CONCRETO>, pelos fatos e fundamentos que a seguir aduz:

1. **BREVE RESENHA FÁTICA** <ADEQUAR AO CASO CONCRETO>

A parte Autora requereu, junto à Autarquia Previdenciária, o benefício de Aposentadoria Especial, com reconhecimento de período(s) trabalhado(s) em atividade de vigilante, com a devida prova do tempo especial. Seu benefício foi indeferido indevidamente, conforme comprova documentação em anexo.

O requerimento inicial da aposentadoria ocorreu em 00.00.0000 e o benefício requerido obteve NB 000.000.000-0.

Dados sobre a atividade especial:

| Início | Fim | Agente nocivo ou categoria profissional | Empresa |
|---|---|---|---|
|  |  |  |  |

Dentre as provas documentais apresentadas, a parte Autora juntou:

( ) cópia da Carteira de Trabalho e Previdência Social;
( ) diploma de formação técnica, se houver;

( ) porte de arma de fogo, se tiver;
( ) formulário(s) SB-40 ou DSS-8030 e PPP;
( ) laudo(s) pericial(is); ou
( ) outros _____

Segundo o INSS, o indeferimento do benefício deu-se <INCLUIR OS MOTIVOS DE INDEFERIMENTO>.

É descabida, entretanto, a justificação apresentada pelo INSS para o indeferimento, sendo devida a concessão do benefício na forma da Lei Previdenciária vigente. Assim, a parte Autora recorre a esse nobre Juízo para garantir a concessão da aposentadoria, posto que implementou todos os requisitos necessários para o deferimento do pedido administrativo.

## 2. FUNDAMENTOS JURÍDICOS DO PEDIDO <ADEQUAR AO CASO CONCRETO>

### 2.1 Do direito à aposentadoria especial

A parte Autora laborou no(s) período(s) supradescrito(s) sujeito a condições prejudiciais à sua saúde e integridade física, nos seguintes termos:

1. trabalhou como <adequar ao caso> vigilante <OU> segurança, atividade elencada no código 2.5.7 do anexo do Decreto 53.831/64, o que garante seu cômputo como tempo de serviço especial, independentemente de laudo pericial, até 29.04.1995; E/OU

2. trabalhou em atividade que o submetia, de modo habitual e permanente, ao agente nocivo <ADEQUAR AO CASO CONCRETO> periculosidade, conforme comprovam os documentos em anexo.

Vale ressaltar que o porte de arma de fogo não é definidor do direito a contagem do tempo especial para vigilantes e seguranças, inclusive conforme expresso entendimento do STJ, no julgamento do Recurso Repetitivo Tema n. 1.031:

> **Tese fixada:** "É admissível o reconhecimento da especialidade da atividade de Vigilante, mesmo após EC n. 103/2019, com ou sem o uso de arma de fogo, em data posterior à Lei 9.032/1995 e ao Decreto 2.172/1997, desde que haja a comprovação da efetiva nocividade da atividade, por qualquer meio de prova até 5.3.1997, momento em que se passa a exigir apresentação de laudo técnico ou elemento material equivalente, para comprovar a permanente, não ocasional nem intermitente, exposição à atividade nociva, que coloque em risco a integridade física do Segurado" (REsp 1.831.371/SP, 1ª Seção, DJe 02.03.2021, tese alterada no julgamento de ED, em 28.09.2021).

Ademais, até o advento da Lei n. 9.032/1995 deve haver o reconhecimento por categoria, nos termos da Súmula n. 26 da TNU: "A atividade de vigilante enquadra-se como especial, equiparando-se à de guarda, elencada no item 2.5.7. do Anexo III do Decreto n. 53.831/64." E, também, o Enunciado n. 14 do CRPS:

> "A atividade especial efetivamente desempenhada pelo segurado, permite o enquadramento por categoria profissional até 28/04/1995 nos anexos dos Decretos n. 53.831/64 e 83.080/79, ainda que divergente do registro em Carteira de Trabalho e Previdência Social (CTPS), Ficha ou Livro de Registro de Empregados, desde que comprovado o exercício nas mesmas condições de insalubridade, periculosidade ou penosidade.
>
> I – É dispensável a apresentação de PPP ou outro formulário para enquadramento de atividade especial por categoria profissional, desde que a profissão ou atividade comprovadamente exercida pelo segurado conste nos anexos dos Decretos n. 53.831/64 e 83.080/79.
>
> II – O enquadramento do guarda, vigia ou vigilante no código 2.5.7 do Decreto n. 53.831/64 independe do uso, porte ou posse de arma de fogo."

<NESSE PONTO PODEM SER DESTACADOS ASPECTOS SOBRE A ATIVIDADE EXERCIDA, A FORMA DE ENQUADRAMENTO (SE POR ATIVIDADE OU AGENTE NOCIVO) E OS DADOS PREVISTOS NOS DECRETOS QUE GARANTEM O DIREITO À CONTAGEM ESPECIAL. É IMPORTANTE, AINDA, QUE SE-

JAM JUNTADAS, SEMPRE QUE POSSÍVEL, JURISPRUDÊNCIAS ESPECÍFICAS SOBRE A ATIVIDADE OU O AGENTE DISCUTIDO, LEMBRANDO QUE, PARA AÇÕES NOS JUIZADOS ESPECIAIS, A PREFERÊNCIA É POR DECISÕES DO STF, DO STJ, DO TNU, DO TRU E DE TURMAS RECURSAIS ESTADUAIS. JÁ NAS AÇÕES QUE TRAMITAM NAS VARAS FEDERAIS COMUNS, RECOMENDA-SE A JUNTADA DE JURISPRUDÊNCIA STF, STJ E TRF DE CADA REGIÃO>

Quanto ao EPI, há consagrado entendimento de que não tem eficácia em casa de exposição às atividades perigosas. A título exemplificativo, a decisão do IRDR n. 15 do TRF da 4ª Região: (Processo n. 50543417720164040000/TRF4, j. 22.11.2017).

A pretensão da parte Autora encontra-se amparada no artigo <adequar incluindo o artigo aplicável ao caso, analisando o direito adquirido às normas anteriores à Reforma, ou a regra de transição, ou a regra transitória da EC n. 103/2019>, senão vejamos: <citar o artigo mencionado. Para o caso da EC n. 103/2019, ver art. 19, I, para regra transitória; e art. 21, para regra de transição com pontos>.

Como se observa pelos documentos, fatos e direito apresentados, a parte Autora cumpre todos os requisitos para a concessão da aposentadoria especial.

### 2.2 Do pedido alternativo: direito à contagem diferenciada do tempo especial, para fins de concessão de aposentadoria programada

<Verificar se é possível o pedido e, se for o caso, incluir o item em sua petição>

Caso não assista à parte autora direito à aposentação, esta deseja a averbação do tempo exercido mediante condições especiais, com sua conversão majorada em tempo comum.

Nesse caso, aplicável o art. 25, § 2º, da Emenda Constitucional n. 103/2019, tendo em vista que existe tempo anterior a 13.11.2019:

> "§ 2º Será reconhecida a conversão de tempo especial em comum, na forma prevista na Lei n. n. 8.213, de 24 de julho de 1991, ao segurado do Regime Geral de Previdência Social que comprovar tempo de efetivo exercício de atividade sujeita a condições especiais que efetivamente prejudiquem a saúde, cumprido até a data de entrada em vigor desta Emenda Constitucional, vedada a conversão para o tempo cumprido após esta data."

É importante salientar, portanto, que persiste o direito à conversão do tempo de serviço especial trabalhado até a data da publicação da EC n. 103/2019.

Por fim, cabe salientar que, se somado o período especial convertido em comum ao restante do tempo trabalhado, a parte autora poderá atingir tempo necessário para a concessão da aposentadoria programada.

Sendo assim, caso não lhe assista direito à aposentação, postula a averbação do tempo de serviço em discussão como submetido a condições especiais, com sua conversão majorada em tempo de atividade comum.

### 3. DA REAFIRMAÇÃO DA DER

A presente ação visa à concessão do benefício assim como o início do pagamento a partir da data de entrada do requerimento administrativo (DER).

Entretanto, caso seja entendido que nessa data não havia possibilidade da concessão do benefício na forma pleiteada ou que melhor benefício seria possível durante o curso da presente ação, requer seja aceita a reafirmação da DER visando à garantia do melhor benefício.

A reafirmação da DER está disciplinada na via administrativa pelo Regulamento da Previdência Social (Decreto n. 3.048/1999):

> "Art. 176-D. Se, na data de entrada do requerimento do benefício, o segurado não satisfizer os requisitos para o reconhecimento do direito, mas implementá-los em momento posterior, antes da decisão do INSS, o requerimento poderá ser reafirmado para a data em que satisfizer os requisitos, que será fixada como início do benefício, exigindo-se, para tanto, a concordância formal do interessado, admitida a sua manifestação de vontade por meio eletrônico." (Incluído pelo Decreto n. 10.410, de 2020).

Ademais, a própria Instrução Normativa n. 128/2022 do INSS disciplina que sendo os requisitos implementados entre a DER e a data da publicação do despacho concessório, o INSS deverá reafirmar a DER para a data em que satisfaça os requisitos, desde que a reafirmação seja autorizada pelo(a) segurado(a).

> Art. 577. Por ocasião da decisão, em se tratando de requerimento de benefício, deverá o INSS:
>
> II – quando não satisfeitos os requisitos para o reconhecimento do direito na data de entrada do requerimento do benefício, verificar se esses foram implementados em momento posterior, antes da decisão do INSS, caso em que o requerimento poderá ser reafirmado para a data em que satisfizer os requisitos, exigindo-se, para tanto, a concordância formal do interessado, admitida a sua manifestação de vontade por meio eletrônico.

Sobre a reafirmação da DER, o Superior Tribunal de Justiça fixou tese no Tema n. 995, que a seguir destacamos:

> "É possível a reafirmação da DER (Data de Entrada do Requerimento) para o momento em que implementados os requisitos para a concessão do benefício, mesmo que isso se dê no interstício entre o ajuizamento da ação e a entrega da prestação jurisdicional nas instâncias ordinárias, nos termos dos arts. 493 e 933 do CPC/2015, observada a causa de pedir."

E a TNU uniformizou a possibilidade de reafirmação da DER em relação ao tempo especial e com base nas regras de transição da EC n. 103/2019, vejamos as teses fixadas:

> "É possível a reafirmação da Data de Entrada do Requerimento (DER), com inclusão de tempo de trabalho especial posterior ao requerimento administrativo, desde que devidamente comprovada a atividade especial e respeitados os limites da causa de pedir, o contraditório e a ampla defesa" (PUIL n. 5004019-12.2015.4.04.7009/PR, j. 27.05.2021);
>
> "É possível a reafirmação da DER para a concessão de benefícios previstos nas regras de transição da EC n. 103/19, mesmo que o requerimento original preceda à vigência da emenda constitucional" (PUIL n. 5003210-40.2020.4.04.7205/SC, j. 27.05.2021).

Assim, requer-se a análise do direito a reafirmação da DER para fins da garantia ao melhor benefício no caso concreto.

### 4. DO PREQUESTIONAMENTO <ADEQUAR AO CASO CONCRETO>

Resta clara a violação aos ditames constitucionais e legislação federal, que destacamos: <ADEQUAR AO CASO CONCRETO, LEMBRANDO DE INCLUIR LEGISLAÇÃO FEDERAL TAMBÉM, MESMO PARA AÇÕES DE JUIZADOS>.

### 5. REQUERIMENTOS <ADEQUAR AO CASO CONCRETO>

Diante do exposto, requer-se a Vossa Excelência:

a) a citação do Instituto Nacional do Seguro Social – INSS para, querendo, responder à presente demanda, no prazo legal;

b) a determinação ao INSS para que, na primeira oportunidade em que se pronunciar nos autos, apresente cópia do Processo Administrativo relacionado ao requerimento do benefício em análise, conforme determinado pelo art. 11, da Lei n. 10.259/2001, sob pena de cominação de multa diária, nos termos do art. 139, IV, do CPC, a ser fixada por esse Juízo;

c) a procedência da pretensão deduzida, consoante narrado nesta inicial, condenando-se o INSS a conceder a aposentadoria especial desde a data de entrada no requerimento administrativo ou na DER a ser reafirmada, em proteção ao direito ao melhor benefício;

d) caso não lhe assista direito à aposentadoria especial, seja determinada a averbação majorada do tempo de serviço especial trabalhado até 13.11.2019, e a concessão de benefício de aposentadoria <por tempo de contribuição ou programada, de acordo com qual direito adqui-

riu>, se possível, contando-se, para início, a DER ou na DER a ser reafirmada, em proteção ao direito ao melhor benefício <VERIFICAR SE A PARTE ERA EMPREGADA E SE ENCERROU O CONTRATO DE TRABALHO DENTRO DE 90 DIAS ANTES DO REQUERIMENTO. SE FOR ESSE O CASO, PODE-SE PEDIR A CONCESSÃO DESDE A RESCISÃO DO CONTRATO DE TRABALHO, CONFORME ART. 49, I, A, C/C O ART. 54, AMBOS DA LEI n. 8.213/1991>. <incluir se aplicável: Requer, nesse caso, que seja observada a nova forma de cálculo trazida pela regra 85/95 (progressiva) e que, caso lhe seja possível e mais vantajoso, seja afastada a incidência do fator previdenciário do benefício a ser concedido>;

e) independentemente da concessão de aposentadoria no presente caso, seja o INSS condenado a averbar o tempo de contribuição aceito como especial, ainda que para a concessão de benefícios de aposentadoria a serem requeridos posteriormente na via administrativa, após o implemento de todas as condições pelo(a) segurado(a);

f) a condenação do INSS ao pagamento dos valores acumulados, aplicando-se juros e correção monetária até 11/2021, nos termos dos Temas 810 do STF e 905 do STJ e, a partir de 12/2021, o índice da taxa referencial do Sistema Especial de Liquidação e de Custódia (Selic), acumulado mensalmente, para fins de atualização monetária e de compensação da mora (art. 3º da EC n. 113/2021), respeitada a prescrição quinquenal;

g) a condenação do INSS ao pagamento de custas, despesas e de honorários advocatícios, na base de 20% (vinte por cento) sobre a condenação, conforme dispõem o art. 55 da Lei n. 9.099/1995 e o art. 85, § 3º, do CPC;

h) <SE NECESSÁRIA A PRODUÇÃO DE PROVAS, REQUERER. ENTRETANTO, SE A DOCUMENTAÇÃO ANEXA NA INICIAL FOR SUFICIENTE PARA A COMPROVAÇÃO DO TEMPO E O DEFERIMENTO DO BENEFÍCIO, INCLUIR O SEGUINTE PEDIDO: "CONSIDERANDO, AINDA, QUE A QUESTÃO DE MÉRITO É UNICAMENTE DE DIREITO, REQUER O JULGAMENTO ANTECIPADO DA LIDE, CONFORME DISPÕE O ART. 355 DO CPC. SENDO OUTRO O ENTENDIMENTO DE V. EXA., REQUER E PROTESTA PELA PRODUÇÃO DE TODOS OS MEIOS DE PROVA ADMITIDOS EM DIREITO, EM ESPECIAL PERÍCIA TÉCNICA PARA A PROVA DO TEMPO ESPECIAL E AS DEMAIS PROVAS QUE SE FIZEREM NECESSÁRIAS AO DESLINDE DA DEMANDA.">

i) a concessão da Gratuidade da Justiça, por ser a parte Autora pessoa hipossuficiente, na acepção jurídica do termo, sem condições de arcar com as despesas processuais e os honorários advocatícios sucumbenciais sem prejuízo de seu sustento e de sua família, a concessão da Gratuidade da Justiça, na forma do art. 98 e ss do CPC. <RECOMENDA-SE A COLETA, PELO ADVOGADO, DE DECLARAÇÃO DE HIPOSSUFICIÊNCIA DO CLIENTE, CASO SEJA REQUERIDA A GRATUIDADE DA JUSTIÇA. DEVE-SE, TAMBÉM, DE PREFERÊNCIA, FAZER A JUNTADA DE TAL DECLARAÇÃO NOS AUTOS, JÁ NA INICIAL>.

Cumprindo a previsão do art. 319, VII, do CPC, a parte autora declara que opta pela realização <OU NÃO REALIZAÇÃO, ADEQUAR CONFORME O INTERESSE EM CADA CASO> de audiência de conciliação no presente caso.

Requer-se, ainda, com base no § 4º, do art. 22, da Lei n. 8.906/1994, que, ao final da presente demanda, caso sejam encontradas diferenças em favor do autor, quando da expedição da RPV ou do precatório, os valores referentes aos honorários contratuais e sucumbenciais sejam expedidos em nome da sociedade de advogados contratada pela parte Autora, sendo os honorários contratuais devidos no percentual constante no contrato em anexo.

Dá-se à causa o valor de R$ 1.000,00 (mil reais). <ADEQUAR CONFORME O CASO>

Nesses termos,

PEDE DEFERIMENTO.

Cidade e data.

Nome do Advogado e OAB

## 42. MODELO DE AÇÃO DE CONCESSÃO DE APOSENTADORIA PROGRAMADA COM CONTAGEM DE TEMPO ESPECIAL

**EXCELENTÍSSIMO(A) SENHOR(A) DOUTOR(A) JUIZ(A) FEDERAL DA VARA/JUIZADO ESPECIAL FEDERAL DA CIDADE – SEÇÃO JUDICIÁRIA DO ESTADO** <VERIFICAR SE É INTERESSANTE O AJUIZAMENTO DA AÇÃO NA VARA ESTADUAL MEDIANTE A UTILIZAÇÃO DA COMPETÊNCIA DELEGADA, MAS ADEQUANDO À NOVA LIMITAÇÃO DE 70 KM ENTRE A SEDE DA JF E A SEDE DA COMARCA. SE SIM, ADEQUAR PARA A NOMENCLATURA ESTADUAL>

**Nome do(a) Segurado(a),** nacionalidade, estado civil, profissão, residente e domiciliado(a) na Rua, bairro, cidade, Estado, inscrito no CPF sob o nº, endereço eletrônico, vem à presença de Vossa Excelência, por intermédio de seus procuradores constituídos, propor a presente **AÇÃO DE CONCESSÃO DE APOSENTADORIA PROGRAMADA** contra o **INSTITUTO NACIONAL DO SEGURO SOCIAL – INSS**, pessoa jurídica de direito público, autarquia federal, com endereço à <ADEQUAR AO CASO CONCRETO>, pelos fatos e fundamentos que a seguir aduz:

### 1. BREVE RESENHA FÁTICA <ADEQUAR AO CASO CONCRETO>

O(A)Autor(a) requereu, junto à Autarquia Previdenciária, o benefício de Aposentadoria, com reconhecimento de período(s) trabalhado(s) em atividade sujeita a agentes prejudiciais à saúde e à integridade física, tendo seu benefício indeferido, conforme documento anexo.

O requerimento inicial da aposentadoria ocorreu em 00/00/0000 e o benefício requerido obteve **NB** <ADEQUAR AO CASO CONCRETO>.

Dados sobre a atividade especial:

| Início | Fim | Agente nocivo ou categoria profissional | Empresa |
|---|---|---|---|
|  |  |  |  |

Dentre as provas documentais apresentadas, a parte Autora juntou <ADEQUAR AO CASO>:

( ) Cópia da Carteira de Trabalho e Previdência Social;
( ) Formulário(s) SB-40 ou DSS-8030 e PPP;
( ) Laudo(s) pericial(is); ou
( ) Outros _____

Segundo o INSS, o indeferimento do benefício deu-se por... <INCLUIR OS MOTIVOS DE INDEFERIMENTO>.

É descabida, entretanto, a justificação apresentada pelo INSS para o indeferimento, sendo devida a concessão do benefício na forma da Lei Previdenciária vigente. Assim, a parte Autora recorre a esse nobre Juízo para garantir a concessão da aposentadoria programada, posto que implementou todos os requisitos necessários para o deferimento do pedido administrativo.

### 2. FUNDAMENTOS JURÍDICOS DO PEDIDO <ADEQUAR AO CASO CONCRETO>

A parte Autora laborou, no(s) período(s) supradescrito(s), sujeito(s) a condições especiais à sua saúde e integridade física, nos seguintes termos:

1. trabalhou em atividade profissional especial, elencada nos Decretos n. 53.831, de 25.03.1964, e n. 83.080, de 24.01.1979, o que garante seu cômputo como tempo de serviço especial, independentemente de laudo pericial, até 29.04.1995, data do advento da Lei n. 9.032, que passou a exigir prova de efetiva submissão aos agentes nocivos; e/OU

2. trabalhou em atividade que o(a) submetia, de modo habitual e permanente, a algum dos agentes nocivos elencados nos Decretos n. 53.831, de 25.03.1964, e n. 83.080, de 24.01.1979. O enquadramento em tais diplomas perdurou até 05.03.1997, quando passou a ser disciplinado no

Decreto n. 2.172. Por fim, desde 06.05.1999, os agentes nocivos encontram previsão no Decreto n. 3.048. Entende que, pelo menos até o advento da Lei n. 9.032/1995 que passou a exigir prova de efetiva submissão aos agentes nocivos, a comprovação de que seu labor foi especial pode dar-se pela apresentação dos formulários SB-40 ou DSS-8030.

Além disso, tem direito adquirido (art. 5º, XXXVI, da Constituição Federal) a ver considerado(s) tal(is) período(s) como tempo de serviço especial, de acordo com a sistemática vigente à época em que o labor foi executado.

É importante salientar, ainda, que persiste o direito à conversão do tempo de serviço especial trabalhado até a data de publicação da EC n. 103/2019, em respeito ao § 2º do art. 25 da referida emenda:

> § 2º Será reconhecida a conversão de tempo especial em comum, na forma prevista na Lei n. 8.213, de 24 de julho de 1991, ao segurado do Regime Geral de Previdência Social que comprovar tempo de efetivo exercício de atividade sujeita a condições especiais que efetivamente prejudiquem a saúde, cumprido até a data de entrada em vigor desta Emenda Constitucional, vedada a conversão para o tempo cumprido após esta data.

Por fim, cabe salientar que, somando-se o período especial convertido em comum ao restante tempo de serviço comum, a parte Autora atinge tempo suficiente à aposentação programada, nos moldes do art. 201, § 7º, I, da Constituição Federal.

Quanto ao percentual a ser aplicado para a concessão da aposentadoria ora pleiteada, destaca-se:

> Art. 53 do Dec. n. 3.048/1999: O valor da aposentadoria programada corresponderá a sessenta por cento do salário de benefício definido na forma prevista no art. 32, com acréscimo de dois pontos percentuais para cada ano de contribuição que exceder o tempo de vinte anos de contribuição, para os homens, ou de quinze anos de contribuição, para as mulheres. (Redação dada pelo Decreto n. 10.491, de 2020).

## 3. DA REAFIRMAÇÃO DA DER

A presente ação visa à concessão do benefício assim como o início do pagamento a partir da data de entrada do requerimento administrativo (DER).

Entretanto, caso seja entendido que nessa data não havia possibilidade da concessão do benefício na forma pleiteada ou que melhor benefício seria possível durante o curso da presente ação, requer seja aceita a reafirmação da DER visando à garantia do melhor benefício.

A reafirmação da DER está disciplina na via administrativa pelo Regulamento da Previdência Social (Decreto n. 3.048/1999):

> "Art. 176-D. Se, na data de entrada do requerimento do benefício, o segurado não satisfizer os requisitos para o reconhecimento do direito, mas implementá-los em momento posterior, antes da decisão do INSS, o requerimento poderá ser reafirmado para a data em que satisfizer os requisitos, que será fixada como início do benefício, exigindo-se, para tanto, a concordância formal do interessado, admitida a sua manifestação de vontade por meio eletrônico." (Incluído pelo Decreto n. 10.410, de 2020).

Ademais, a própria Instrução Normativa n. 128/2022 do INSS disciplina que sendo os requisitos implementados entre a DER e a data da publicação do despacho concessório, o INSS deverá reafirmar a DER para a data em que satisfaça os requisitos, desde que a reafirmação seja autorizada pelo(a) segurado(a).

> Art. 577. Por ocasião da decisão, em se tratando de requerimento de benefício, deverá o INSS:
> II – quando não satisfeitos os requisitos para o reconhecimento do direito na data de entrada do requerimento do benefício, verificar se esses foram implementados em momento posterior, antes da decisão do INSS, caso em que o requerimento poderá ser reafirmado para a data em que satisfizer os requisitos, exigindo-se, para tanto, a concordância formal do interessado, admitida a sua manifestação de vontade por meio eletrônico.

Sobre a reafirmação da DER, o Superior Tribunal de Justiça fixou tese no Tema n. 995, que a seguir destacamos:

> "É possível a reafirmação da DER (Data de Entrada do Requerimento) para o momento em que implementados os requisitos para a concessão do benefício, mesmo que isso se dê no interstício entre o ajuizamento da ação e a entrega da prestação jurisdicional nas instâncias ordinárias, nos termos dos arts. 493 e 933 do CPC/2015, observada a causa de pedir."

E a TNU uniformizou a possibilidade de reafirmação da DER com base nas regras de transição da EC n. 103/2019, vejamos a tese fixada:

> "É possível a reafirmação da DER para a concessão de benefícios previstos nas regras de transição da EC n. 103/19, mesmo que o requerimento original preceda à vigência da emenda constitucional." (PUIL n. 5003210-40.2020.4.04.7205/SC, j. 27.05.2021).

Assim, requer-se a análise do direito a reafirmação da DER para fins da garantia ao melhor benefício no caso concreto.

**4. DO PREQUESTIONAMENTO** <ADEQUAR AO CASO CONCRETO>

Resta clara a violação aos ditames constitucionais e legislação federal, que destacamos: <ADEQUAR AO CASO CONCRETO, LEMBRANDO DE INCLUIR LEGISLAÇÃO FEDERAL TAMBÉM, MESMO PARA AÇÕES DE JUIZADOS>.

**5. REQUERIMENTOS** <ADEQUAR AO CASO CONCRETO>

Diante do exposto, requer-se a Vossa Excelência:

a) a citação do Instituto Nacional do Seguro Social – INSS para, querendo, responder à presente demanda, no prazo legal;

b) a determinação ao INSS para que, na primeira oportunidade em que se pronunciar nos autos, apresente cópia do Processo Administrativo relacionado ao requerimento do benefício em análise, conforme determinado pelo art. 11 da Lei n. 10.259/2001, sob pena de cominação de multa diária, nos termos do art. 139, IV, do CPC, a ser fixada por esse Juízo;

c) a procedência da pretensão deduzida, consoante narrado nesta inicial, condenando-se o INSS a averbar, em favor da parte Autora, o(s) período(s) de _____, como laborado(s) em condições especiais, convertendo-o(s) em tempo de contribuição comum com as majorações legais posto que trabalhados antes de 13.11.2019;

d) a procedência da pretensão deduzida, consoante narrado nesta inicial, condenando-se o INSS a conceder à parte Autora o benefício de aposentadoria programada desde a data do requerimento administrativo ou na DER a ser reafirmada, em proteção ao direito ao melhor benefício <VERIFICAR TAMBÉM SE A PARTE ERA EMPREGADA E SE ENCERROU O CONTRATO DE TRABALHO DENTRO DE 90 DIAS ANTES DO REQUERIMENTO. SE FOR ESSE O CASO, PODE-SE PEDIR A CONCESSÃO DESDE A RESCISÃO DO CONTRATO DE TRABALHO, CONFORME ART. 49 C/C O ART. 54, AMBOS DA LEI 8.213/1991>;

e) a condenação do INSS ao pagamento dos valores acumulados, aplicando-se juros e correção monetária até 11/2021, nos termos dos Temas 810 do STF e 905 do STJ e, a partir de 12/2021, o índice da taxa referencial do Sistema Especial de Liquidação e de Custódia (Selic), acumulado mensalmente, para fins de atualização monetária e de compensação da mora (art. 3º da EC n. 113/2021), respeitada a prescrição quinquenal;

f) a condenação do INSS ao pagamento de custas, despesas e de honorários advocatícios, na base de 20% (vinte por cento) sobre a condenação, conforme dispõem o art. 55 da Lei n. 9.099/1995 e o art. 85, § 3º, do CPC;

g) <SE NECESSÁRIA A PRODUÇÃO DE PROVAS, A EXEMPLO DA TESTEMUNHAL, REQUERER E FAZER O ARROLAMENTO DAS TESTEMUNHAS; ENTRETANTO, SE A DOCUMENTAÇÃO ANEXA NA

INICIAL FOR SUFICIENTE PARA A COMPROVAÇÃO DO TEMPO E O DEFERIMENTO DO BENEFÍCIO, INCLUIR O SEGUINTE PEDIDO: "CONSIDERANDO, AINDA, QUE A QUESTÃO DE MÉRITO É UNICAMENTE DE DIREITO, REQUER O JULGAMENTO ANTECIPADO DA LIDE, CONFORME DISPÕE O ART. 355 DO CPC. SENDO OUTRO O ENTENDIMENTO DE V. EXA., REQUER E PROTESTA PELA PRODUÇÃO DE TODOS OS MEIOS DE PROVA ADMITIDOS EM DIREITO, SEM EXCLUSÃO DE NENHUM QUE SE FIZER NECESSÁRIO AO DESLINDE DA DEMANDA">

h) a concessão da Gratuidade da Justiça, por ser a parte Autora pessoa hipossuficiente, na acepção jurídica do termo, sem condições de arcar com as despesas processuais e os honorários advocatícios sucumbenciais sem prejuízo de seu sustento e de sua família, na forma do art. 98 e ss do CPC. <RECOMENDA-SE A COLETA, PELO ADVOGADO, DE DECLARAÇÃO DE HIPOSSUFICIÊNCIA DO CLIENTE, CASO SEJA REQUERIDA A GRATUIDADE DA JUSTIÇA. DEVE-SE, TAMBÉM, DE PREFERÊNCIA, FAZER A JUNTADA DE TAL DECLARAÇÃO NOS AUTOS, JÁ NA INICIAL>.

Cumprindo a previsão do art. 319, VII, do CPC, a parte autora declara que opta pela realização <OU NÃO REALIZAÇÃO, ADEQUAR CONFORME O INTERESSE EM CADA CASO> de audiência de conciliação no presente caso.

Requer-se, com base no § 4º, do art. 22, da Lei n. 8.906/1994, que, ao final da presente demanda, caso sejam encontradas diferenças em favor do autor, quando da expedição da RPV ou do precatório, os valores referentes aos honorários contratuais e sucumbenciais sejam expedidos em nome da sociedade de advogados contratada pela parte Autora, sendo os honorários contratuais devidos no percentual constante no contrato em anexo.

Dá-se à causa o valor de R$ 1.000,00 (mil reais). <ADEQUAR CONFORME O CASO>

Nesses termos,

PEDE DEFERIMENTO.

Cidade e data.

Nome do Advogado e OAB

## 43. MODELO DE AÇÃO DE CONCESSÃO DE APOSENTADORIA POR TEMPO DE CONTRIBUIÇÃO/POR IDADE PARA SEGURADO COM DEFICIÊNCIA

**EXCELENTÍSSIMO(A) SENHOR(A) DOUTOR(A) JUIZ(A) FEDERAL DA VARA/JUIZADO ESPECIAL FEDERAL DA CIDADE – SEÇÃO JUDICIÁRIA DO ESTADO** <VERIFICAR SE É INTERESSANTE O AJUIZAMENTO DA AÇÃO NA VARA ESTADUAL MEDIANTE A UTILIZAÇÃO DA COMPETÊNCIA DELEGADA, MAS ADEQUANDO À NOVA LIMITAÇÃO DE 70 KM ENTRE A SEDE DA JF E A SEDE DA COMARCA. SE SIM, ADEQUAR PARA A NOMENCLATURA ESTADUAL>

**Nome do(a) Segurado(a),** nacionalidade, estado civil, residente e domiciliado(a) na Rua, Bairro, Cidade, Estado, inscrito(a) no CPF sob o nº, endereço eletrônico, vem à presença de Vossa Excelência, por intermédio de seus procuradores constituídos, propor a presente **AÇÃO DE CONCESSÃO DE APOSENTADORIA POR TEMPO DE CONTRIBUIÇÃO DA PESSOA COM DEFICIÊNCIA** contra o **INSTITUTO NACIONAL DO SEGURO SOCIAL – INSS,** pessoa jurídica de direito público, autarquia federal sita à... <ENDEREÇO PARA CITAÇÃO/INTIMAÇÃO A SER VERIFICADO DE ACORDO COM A CIDADE E ESTADO QUE SE INGRESSA COM A AÇÃO>, pelos fatos e fundamentos que a seguir aduz:

**1. BREVE RESENHA FÁTICA** <ADEQUAR AO CASO CONCRETO>

A parte Autora requereu o benefício de aposentadoria por tempo de contribuição ou por idade <ADEQUAR AO CASO> para pessoa com deficiência, entretanto o INSS indeferiu o pedido, conforme comprova a documentação anexa a essa exordial.

Ocorre que a parte cumpre todos os requisitos necessários para a concessão do benefício, conforme legislação pertinente, em especial a Lei Complementar n. 142, de 08.05.2013.

Assim, merece ser revisto o ato administrativo que resultou na negativa do benefício postulado.

## 2. FUNDAMENTOS JURÍDICOS DO PEDIDO <ADEQUAR AO CASO CONCRETO>

O art. 201, § 1º, da Constituição Federal prevê a adoção de requisitos e critérios diferenciados para os casos de atividades especiais que prejudiquem a saúde ou a integridade física e para os segurados portadores de deficiência (redação dada pela EC n. 47/2005).

A regulamentação do direito à aposentadoria aos segurados com deficiência veio com a edição da Lei Complementar n. 142/2013 e do Decreto n. 8.145/2013.

O artigo 2º da referida Lei Complementar definiu pessoa com deficiência como aquela que tem impedimentos de longo prazo de natureza física, mental, intelectual ou sensorial, os quais, em interação com diversas barreiras, podem obstruir sua participação plena e efetiva na sociedade em igualdade de condições com as demais pessoas.

Na sequência, a EC n. 103/2019 manteve a previsão dessa aposentadoria, recepcionando a LC n. 142/2013, nos termos que seguem:

> CF – "Art. 201. (...) § 1º É vedada a adoção de requisitos ou critérios diferenciados para concessão de benefícios, ressalvada, nos termos de lei complementar, a possibilidade de previsão de idade e tempo de contribuição distintos da regra geral para concessão de aposentadoria exclusivamente em favor dos segurados:
> I – com deficiência, previamente submetidos a avaliação biopsicossocial realizada por equipe multiprofissional e interdisciplinar;"
> **EC n. 103/2019** – "Art. 22. Até que lei discipline o § 4º-A do art. 40 e o inciso I do § 1º do art. 201 da Constituição Federal, a aposentadoria da pessoa com deficiência segurada do Regime Geral de Previdência Social ou do servidor público federal com deficiência vinculado a regime próprio de previdência social, desde que cumpridos, no caso do servidor, o tempo mínimo de 10 (dez) anos de efetivo exercício no serviço público e de 5 (cinco) anos no cargo efetivo em que for concedida a aposentadoria, será concedida na forma da Lei Complementar n. 142, de 8 de maio de 2013, inclusive quanto aos critérios de cálculo dos benefícios."

Destaca-se que a parte autora comprova por meio da documentação anexa que detém a condição de pessoa com deficiência na DER e/ou na data de implementação das condições para o benefício, em cumprimento ao art. 70-A do Decreto n. 3.048/1999:

> "Art. 70-A. A concessão da aposentadoria por tempo de contribuição ou por idade ao segurado que tenha reconhecido, após ter sido submetido a avaliação biopsicossocial realizada por equipe multiprofissional e interdisciplinar, grau de deficiência leve, moderada ou grave está condicionada à comprovação da condição de pessoa com deficiência na data da entrada do requerimento ou na data da implementação dos requisitos para o benefício." (Redação dada pelo Decreto n. 10.410, de 2020)

Vale ressaltar no tocante às possibilidades de concessão que a parte se enquadra na hipótese prevista no art. 3º da LC n. 142/2013, como segue: <DESTACAR CONFORME O CASO>:

> "Art. 3º É assegurada a concessão de aposentadoria pelo RGPS ao segurado com deficiência:
> I – aos 25 anos de tempo de contribuição, se homem, e 20 anos, se mulher, no caso de segurado com deficiência grave;
> II – aos 29 anos de tempo de contribuição, se homem, e 24 anos, se mulher, no caso de segurado com deficiência moderada;
> III – aos 33 anos de tempo de contribuição, se homem, e 28 anos, se mulher, no caso de segurado com deficiência leve; ou
> IV – aos 60 anos de idade, se homem, e 55 anos de idade, se mulher, independentemente do grau de deficiência, desde que cumprido tempo mínimo de contribuição de 15 (quinze) anos e comprovada a existência de deficiência durante igual período."

A deficiência de natureza <FÍSICA, MENTAL, INTELECTUAL OU SENSORIAL>, conforme demonstram os laudos acostados a essa exordial, obstrui a participação do segurado de forma plena e efetiva na sociedade em igualdade de condições com as demais pessoas.

<CASO HAJA DISCUSSÃO SOBRE O GRAU ATESTADO PELO MÉDICO ASSISTENTE E O PERITO DO INSS, ISSO DEVE SER OBJETO DA AÇÃO, INCLUSIVE COM REQUERIMENTO DE PERÍCIA JUDICIAL PARA DETERMINAR A REALIDADE CLÍNICA NO CASO CONCRETO SOB ANÁLISE>.

Os exames médicos e laudos periciais apresentados também comprovam que o segurado possui deficiência <LEVE, MODERADA OU GRAVE> desde <..............>, cumprindo o requisito temporal necessário para a obtenção da aposentadoria pretendida.

Assim, não resta dúvida quanto ao direito da parte autora de ter concedido seu benefício de aposentadoria por tempo de contribuição ou por idade <ADEQUAR AO CASO> na qualidade de pessoa com deficiência, merecendo pronta resposta deste juízo para que seja garantido seu direito constitucional.

## 3. DA REAFIRMAÇÃO DA DER

A presente ação visa à concessão do benefício assim como o início do pagamento a partir da data de entrada do requerimento administrativo (DER).

Entretanto, caso seja entendido que nessa data não havia possibilidade da concessão do benefício na forma pleiteada ou que melhor benefício seria possível durante o curso da presente ação, requer seja aceita a reafirmação da DER visando à garantia do melhor benefício.

A reafirmação da DER está disciplinada na via administrativa pelo Regulamento da Previdência Social (Decreto n. 3.048/1999):

> "Art. 176-D. Se, na data de entrada do requerimento do benefício, o segurado não satisfizer os requisitos para o reconhecimento do direito, mas implementá-los em momento posterior, antes da decisão do INSS, o requerimento poderá ser reafirmado para a data em que satisfizer os requisitos, que será fixada como início do benefício, exigindo-se, para tanto, a concordância formal do interessado, admitida a sua manifestação de vontade por meio eletrônico." (Incluído pelo Decreto n. 10.410, de 2020).

Ademais, a própria Instrução Normativa n. 128/2022 do INSS disciplina que sendo os requisitos implementados entre a DER e a data da publicação do despacho concessório, o INSS deverá reafirmar a DER para a data em que satisfaça os requisitos, desde que a reafirmação seja autorizada pelo(a) segurado(a).

> Art. 577. Por ocasião da decisão, em se tratando de requerimento de benefício, deverá o INSS:
> II – quando não satisfeitos os requisitos para o reconhecimento do direito na data de entrada do requerimento do benefício, verificar se esses foram implementados em momento posterior, antes da decisão do INSS, caso em que o requerimento poderá ser reafirmado para a data em que satisfizer os requisitos, exigindo-se, para tanto, a concordância formal do interessado, admitida a sua manifestação de vontade por meio eletrônico.

Sobre a reafirmação da DER, o Superior Tribunal de Justiça fixou tese no Tema n. 995, que a seguir destacamos:

> "É possível a reafirmação da DER (Data de Entrada do Requerimento) para o momento em que implementados os requisitos para a concessão do benefício, mesmo que isso se dê no interstício entre o ajuizamento da ação e a entrega da prestação jurisdicional nas instâncias ordinárias, nos termos dos arts. 493 e 933 do CPC/2015, observada a causa de pedir."

E a TNU uniformizou a possibilidade de reafirmação da DER com base nas regras de transição da EC n. 103/2019, vejamos a tese fixada:

> "É possível a reafirmação da DER para a concessão de benefícios previstos nas regras de transição da EC n. 103/19, mesmo que o requerimento original preceda à vigência da emenda constitucional" (PUIL n. 5003210-40.2020.4.04.7205/SC, j. 27.05.2021).

Assim, requer-se a análise do direito a reafirmação da DER para fins da garantia ao melhor benefício no caso concreto.

## 4. DO PREQUESTIONAMENTO

Resta clara a violação aos ditames constitucionais e legislação federal, que destacamos: <ADEQUAR AO CASO CONCRETO, LEMBRANDO-SE DE INCLUIR LEGISLAÇÃO FEDERAL TAMBÉM, MESMO PARA AÇÕES DE JUIZADOS>.

## 5. REQUERIMENTOS <ADEQUAR AO CASO CONCRETO>

Diante do exposto, requer-se a Vossa Excelência:

a) a citação do Instituto Nacional do Seguro Social – INSS, na pessoa de seu Superintendente Regional ou Procurador Regional, para, querendo, contestar o presente feito, no prazo legal, sob pena de revelia;

b) a determinação ao INSS para que, na primeira oportunidade em que se pronunciar nos autos, apresente cópia do Processo Administrativo relacionado ao requerimento do benefício em análise, conforme determinado pelo art. 11 da Lei n. 10.259/2001, sob pena de cominação de multa diária, nos termos do art. 139, IV, do CPC, a ser fixada por esse Juízo;

c) a procedência da pretensão deduzida, consoante narrado nesta inicial, condenando-se o INSS a conceder a aposentadoria por tempo de contribuição ou por idade <ADEQUAR AO CASO> para segurado com deficiência, desde a DER ou na DER a ser reafirmada, em proteção ao direito ao melhor benefício;

d) o cálculo da renda mensal inicial do benefício ora discutido, com a determinação do pagamento de todos os proventos desde o primeiro, para, ao final, proceder à correta definição do valor da renda mensal atual, com a condenação do INSS ao pagamento das diferenças verificadas desde a data do início do benefício ou na DER a ser reafirmada, em proteção ao direito ao melhor benefício <VERIFICAR TAMBÉM SE A PARTE ERA EMPREGADA E SE ENCERROU O CONTRATO DE TRABALHO DENTRO DE 90 DIAS ANTES DO REQUERIMENTO. SE FOR ESSE O CASO, PODE-SE PEDIR A CONCESSÃO DESDE A RESCISÃO DO CONTRATO DE TRABALHO, CONFORME ART. 49 C/C O ART. 54 E § 2º DO ART. 57[10], TODOS DA LEI n. 8.213/1991>;

e) a condenação do INSS ao pagamento dos valores acumulados, aplicando-se juros e correção monetária até 11/2021, nos termos dos Temas 810 do STF e 905 do STJ e, a partir de 12/2021, o índice da taxa referencial do Sistema Especial de Liquidação e de Custódia (Selic), acumulado mensalmente, para fins de atualização monetária e de compensação da mora (art. 3º da EC n. 113/2021), respeitada a prescrição quinquenal;

f) a condenação do INSS ao pagamento de custas, despesas e de honorários advocatícios, na base de 20% (vinte por cento) sobre as parcelas vencidas e as doze vincendas, apuradas em liquidação de sentença, conforme dispõem o art. 55 da Lei n. 9.099/1995 e o art. 85, § 3º, do CPC;

g) considerando que a questão de mérito é unicamente de direito, requer o Julgamento Antecipado da Lide, conforme dispõe o art. 355 do CPC. Sendo outro o entendimento de V. Exa., requer e protesta pela produção de todos os meios de prova admitidos em direito, sem exclusão de nenhum que se fizer necessário ao deslinde da demanda, inclusive perícia judicial. <SE NECESSÁRIA A PRODUÇÃO DE OUTRAS PROVAS, A EXEMPLO DA TESTEMUNHAL, REQUERER E FAZER O ARROLAMENTO DAS TESTEMUNHAS; ENTRETANTO, SE A DOCUMENTAÇÃO ANEXA NA INICIAL FOR SUFICIENTE PARA A COMPROVAÇÃO DA DOENÇA E O DEFERIMENTO DO BENEFÍCIO, ADEQUAR O PEDIDO ACIMA DESCRITO. EM REGRA, RECOMENDAMOS O PEDIDO DE PERÍCIA MÉDICA PARA A DETERMINAÇÃO DA DEFICIÊNCIA>. Em caso de marcação de perícia, requer a manifestação do perito referente aos laudos e exames anexos a essa inicial. <CASO A PARTE TENHA MAIS DE UMA DOENÇA, EM ESPECIAL DE DIFERENTES CAUSAS, COMO ORTOPÉDICA E PSIQUIÁTRICA, IMPORTANTE OBSERVAR QUE PODE SER REQUERIDA MAIS DE UMA PERÍCIA, COM MÉDICOS ESPECIALISTAS, PARA SE GARANTIR A ANÁLISE CORRETA DO CASO CLÍNICO>;

---

[10] § 2º A data de início do benefício será fixada da mesma forma que a da aposentadoria por idade, conforme o disposto no art. 49.

h) a realização de audiência, com a possibilidade de oitiva da parte autora e de testemunhas para que se demonstre o direito no caso concreto, tendo em vista que o julgador não se encontra restrito às conclusões do perito médico judicial, em caso de a perícia entender pela inexistência da deficiência;

i) a concessão da Gratuidade da Justiça, por ser a parte Autora pessoa hipossuficiente, na acepção jurídica do termo, sem condições de arcar com as despesas processuais e os honorários advocatícios sucumbenciais sem prejuízo de seu sustento e de sua família, na forma do art. 98 e ss do CPC <RECOMENDA-SE A COLETA, PELO ADVOGADO, DE DECLARAÇÃO DE HIPOSSUFICIÊNCIA DO CLIENTE, CASO SEJA REQUERIDA A GRATUIDADE DA JUSTIÇA. DEVE-SE, TAMBÉM, DE PREFERÊNCIA, FAZER A JUNTADA DE TAL DECLARAÇÃO NOS AUTOS, JÁ NA INICIAL>.

Cumprindo a previsão do art. 319, VII, do CPC, a parte autora declara que opta pela realização <OU NÃO REALIZAÇÃO, ADEQUAR CONFORME O INTERESSE EM CADA CASO> de audiência de conciliação no presente caso.

Requer-se, ainda, com base no § 4º, do art. 22, da Lei n. 8.906/1994, que, ao final da presente demanda, caso sejam encontradas diferenças em favor do autor, quando da expedição da RPV ou do precatório, os valores referentes aos honorários contratuais e sucumbenciais sejam expedidos em nome da sociedade de advogados contratada pela parte Autora, sendo os honorários contratuais devidos no percentual constante no contrato em anexo.

Dá-se à causa o valor de R$ 1.000,00 (mil reais). <ADEQUAR CONFORME O CASO>

Nesses termos,

PEDE DEFERIMENTO.

Cidade e data.

Nome do Advogado e OAB

---

Quesitos para a perícia <ADEQUAR AO CASO CONCRETO>

1. O(a) municipando(a) é portador de algum tipo de deficiência? Em caso positivo informe o respectivo CID?
2. Qual(is) é(são) a(s) natureza(s) da(s) deficiência(s) que aflige(m) o(a) municipando(a) (física, mental, intelectual ou sensorial)?
3. Qual(is) é(são) a(s) causa(s) ou origem da(s) deficiência(s) que aflige(m) o(a) municipando(a)?
4. É possível informar data de início da deficiência, especificando-a?
5. Se o(a) municipando(a) apresenta deficiência, qual seu grau (leve, moderado ou grave)?
6. É possível esclarecer se a(s) doença(s)/lesão(ões) ou sequela(s), permitem caracterizar a parte autora como "pessoa com deficiência" e "impedimentos de longo prazo"?
7. Qual o grau de limitação nos atos da via diária sofridos pelo(a) municipando(a)?
8. Caso existente, qual o curso natural e prognóstico da(s) doença(s)/lesão(ões) ou sequela(s)?
9. O Sr. Perito pode informar os parâmetros da avaliação médico-pericial da deficiência (deficiências nas funções e nas estruturas do corpo em correlação à existência de limitação do desempenho de atividades e restrição à participação social, segundo suas especificidades)?
10. O(a) municipando(a) faz algum acompanhamento médico em razão da deficiência? Qual?
11. O(a) municipando(a) faz uso de medicamentos como parte do acompanhamento de sua deficiência? Se sim, quais?
12. Há prognóstico de reversão da deficiência?
13. Qual é a especialidade de formação do perito oficial, registrado no CRM?

## 44. MODELO DE AÇÃO PARA CONCESSÃO DE APOSENTADORIA DO PROFESSOR COM CONTAGEM DE TEMPO EM ATIVIDADES DE DIREÇÃO, COORDENAÇÃO E ASSESSORAMENTO PEDAGÓGICO EM ESTABELECIMENTO DE ENSINO BÁSICO

**EXCELENTÍSSIMO(A) SENHOR(A) DOUTOR(A) JUIZ(A) FEDERAL DA VARA/JUIZADO ESPECIAL FEDERAL DA CIDADE – SEÇÃO JUDICIÁRIA DO ESTADO** <VERIFICAR SE É INTERESSANTE O AJUIZAMENTO DA AÇÃO NA VARA ESTADUAL MEDIANTE A UTILIZAÇÃO DA COMPETÊNCIA DELEGADA, MAS ADEQUANDO À NOVA LIMITAÇÃO DE 70 KM ENTRE A SEDE DA JF E A SEDE DA COMARCA. SE SIM, ADEQUAR PARA A NOMENCLATURA ESTADUAL>

**Nome do(a) Segurado(a),** nacionalidade, estado civil, professor(a), residente e domiciliado(a) na Rua, Bairro, Cidade, Estado, inscrito(a) no CPF sob o nº ___.___.___-__, endereço eletrônico, vem à presença de Vossa Excelência, por intermédio de seus procuradores constituídos, propor a presente

### AÇÃO DE CONCESSÃO DE APOSENTADORIA DO PROFESSOR

**em face do Instituto Nacional do Seguro Social – INSS**, pessoa jurídica de direito público, autarquia federal, com endereço na [informar endereço completo], pelos fatos e fundamentos que a seguir aduz:

**1. DOS FATOS** <ADEQUAR AO CASO CONCRETO>

A parte Autora é professor(a) e por vários anos exerceu atividades de docência em sala de aula. Ocorre que em determinados períodos desempenhou funções de coordenação pedagógica, orientação e direção escolar, todas em função de magistério.

Essas atividades foram exercidas em estabelecimentos de ensino básico, conforme comprovam os documentos anexos, o que atende plenamente aos requisitos legais para o reconhecimento do direito à aposentadoria do professor.

O pedido administrativo de aposentadoria foi indeferido pelo INSS sob o argumento de que o tempo dessas atividades não deveria ser computado como tempo de serviço de professor e que, portanto, não estariam cumpridos os requisitos para a concessão do benefício.

No entanto, as atividades foram desenvolvidas dentro de unidades de ensino básico e conforme jurisprudência firme sobre a matéria, integram a carreira do magistério. Portanto, necessária se faz a intervenção judicial para que sejam reconhecidas e se garanta o direito à aposentadoria ora pleiteada.

**2. DO DIREITO**

A legislação previdenciária é clara ao assegurar ao professor o direito à aposentadoria, considerando inclusive os períodos em que o professor exerceu funções administrativas e pedagógicas. Isso se deve ao reconhecimento da natureza especial do trabalho docente e da importância das atividades desempenhadas em estabelecimentos de ensino básico.

A **Instrução Normativa INSS/PRES n. 128/2022**, em seu art. 214, estabelece de forma inequívoca que o tempo de contribuição para aposentadoria do professor não se limita à docência em sala de aula, mas também abrange as funções de direção, coordenação e assessoramento pedagógico, desde que exercidas em estabelecimentos de ensino básico por professores admitidos ou contratados para tais funções:

> Art. 214. Considera-se como tempo de contribuição para aposentadoria de professor os seguintes períodos:
> I - os períodos desempenhados em entidade educacional de ensino básico em função de magistério:
> (...)
> b) em funções de direção de unidade escolar, de coordenação e assessoramento pedagógico, desde que exercidos por professores admitidos ou contratados para esta função, excluídos os especialistas em educação;

Esta previsão normativa confirma que as atividades desenvolvidas pela parte autora como coordenador(a), diretor(a) e assessor(a) pedagógico(a) em estabelecimento de ensino básico são contabilizadas como tempo de serviço de professor para fins de aposentadoria.

O mesmo entendimento é reforçado pelo Decreto n. 3.048/1999, que regulamenta a Previdência Social. Em seu art. 54, o decreto especifica que:

> Art. 54. Para o professor que comprove, exclusivamente, tempo de efetivo exercício em função de magistério na educação infantil, no ensino fundamental ou no ensino médio, desde que cumprido o período de carência exigido, será concedida a aposentadoria de que trata esta Subseção quando cumprir, cumulativamente, os seguintes requisitos: (Redação dada pelo Decreto n. 10.410, de 2020).
> (...)
> § 2º Para fins de concessão da aposentadoria de que trata este artigo, considera-se função de magistério aquela exercida por professor em estabelecimento de ensino de educação básica em seus diversos níveis e modalidades, incluídas, além do exercício da docência, as funções de direção de unidade escolar e de coordenação e assessoramento pedagógicos. (Incluído pelo Decreto n. 10.410, de 2020)

Dessa forma, tanto a legislação quanto a regulamentação administrativa reconhecem que o tempo de serviço prestado pelo professor em atividades de direção, coordenação e assessoramento pedagógico em unidades de ensino básico deve ser computado para fins de aposentadoria do professor.

Além disso, o Supremo Tribunal Federal, ao julgar a **ADI n. 3.772**, declarou a constitucionalidade da Lei n. 11.301/2006, a qual ampliou o conceito de funções de magistério, incluindo precisamente as atividades desempenhadas em coordenação e direção pedagógica. Dessa maneira, a mais alta corte do país confirmou que o tempo dedicado a essas funções deve ser computado para fins de aposentadoria.

Por fim, a tese de **Repercussão Geral fixada pelo STF no Tema n. 965 (RE n. 1.039.644)** ratifica essa compreensão, ao afirmar:

> Para a concessão da aposentadoria de que trata o art. 40, § 5º, da Constituição, conta-se o tempo de efetivo exercício, pelo professor, da docência e das atividades de direção de unidade escolar e de coordenação e assessoramento pedagógico, desde que em estabelecimentos de educação infantil ou de ensino fundamental e médio.

Diante disso, fica claro que a parte autora, ao exercer as funções mencionadas em estabelecimento de ensino básico, cumpre integralmente os requisitos para que o tempo de serviço seja computado para a aposentadoria do professor, confirmando, assim, o direito ao benefício pleiteado.

### 3. DO TEMPO DE CONTRIBUIÇÃO

A parte autora possui períodos contributivos que, ao serem analisados, devem ser enquadrados nas regras do direito adquirido ou nas regras de transição, conforme estabelecido pela legislação previdenciária.

### 3.1. Das regras de direito adquirido e de transição

| Regra de Aposentadoria | Requisitos para o(a) Professor(a) | Cálculo da Renda Mensal Inicial (RMI) |
| --- | --- | --- |
| Direito Adquirido (até 13.11.2019) | Mulher: 25 anos de contribuição / Homem: 30 anos de contribuição exclusivamente em funções de magistério. | Média aritmética simples dos 80% maiores salários de contribuição, multiplicada pelo fator previdenciário, exceto se atingir a regra 85/95 (com a inclusão de 5 pontos adicionais). |
| Regra de Transição - Pontuação | Mulher: 25 anos de contribuição exclusivamente em funções de magistério e 92 pontos (idade + tempo de contribuição) / Homem: 30 anos de contribuição exclusivamente em funções de magistério e 100 pontos (idade + tempo de contribuição). | 60% da média dos salários de contribuição + 2% por ano que exceder 15 anos (mulher) ou 20 anos (homem). |

| Regra de Aposentadoria | Requisitos para o(a) Professor(a) | Cálculo da Renda Mensal Inicial (RMI) |
|---|---|---|
| Regra de Transição - Idade Mínima | Mulher: 52 anos de idade / Homem: 55 anos de idade. 25 e 30 anos de tempo de contribuição exclusivamente em funções de magistério, respectivamente. | 60% da média dos salários de contribuição + 2% por ano que exceder 15 anos (mulher) ou 20 anos (homem). |
| Regra de Transição - Período Adicional | Mulher: 52 anos de idade + período adicional de 100% do tempo que faltava para cumprir 25 anos em 13.11.2019 / Homem: 55 anos de idade + período adicional de 100% do tempo que faltava para cumprir 30 anos em 13.11.2019, exclusivamente em funções de magistério. | Média aritmética de 100% dos salários de contribuição, sem aplicação do fator previdenciário. |

### 3.2. Do cálculo do tempo de contribuição da parte autora

Segue a tabela detalhando os períodos de contribuição da parte autora, incluindo o tempo total acumulado para fins de análise:

| Período de Início | Período de Fim | Total em Anos | Total em Meses | Total em Dias |
|---|---|---|---|---|
| TOTAL GERAL | | | | |

Todo o tempo desta tabela comprova que a parte autora atingiu o tempo necessário para a concessão da aposentadoria do professor, cumprindo as exigências do direito adquirido ou, alternativamente, as regras de transição aplicáveis, conforme demonstrado. Com a aplicação da regra 85/95 e o adicional de 5 pontos para professores, o fator previdenciário não será aplicado no cálculo do benefício, assegurando, assim, o direito a uma aposentadoria mais vantajosa.

### 3.3. Da prova do tempo de contribuição

A parte autora apresenta os documentos anexos que comprovam o exercício da atividade de magistério e funções de direção, coordenação e assessoramento pedagógico em estabelecimentos de ensino básico, conforme previsto na IN INSS/PRES n. 128/2022, Portaria n. 991/2022 e na legislação aplicável.

Os documentos apresentados para comprovação do tempo de contribuição incluem:

- **Carteira de Trabalho e Previdência Social (CTPS):** Contendo registros de trabalho como professor(a), direção, coordenação ou assessoramento pedagógico.
- **Informações constantes no CNIS:** Registro do período de contribuição como professor(a).
- **Declaração de Tempo de Contribuição (DTC):** Para comprovar o tempo de contribuição ao Regime Geral de Previdência Social (RGPS) em cargos comissionados ou de designação temporária.
- **Certidão de Tempo de Contribuição (CTC):** Para comprovar o tempo de contribuição ao Regime Próprio de Previdência Social (RPPS) e sua utilização no INSS.
- **Certidões de tempo de serviço emitidas por órgãos públicos:** Referentes ao tempo de serviço em instituições de ensino público.
- **Contratos de trabalho, termos de rescisão e fichas financeiras:** Para comprovar o vínculo empregatício e o tempo de contribuição na função de magistério.
- **Declarações emitidas por instituições de ensino:** Atestando o período e as funções exercidas pelo(a) professor(a).
- **Documentos de ações trabalhistas:** Cópias de decisões judiciais que reconhecem o tempo de serviço como professor(a).

Esses documentos comprovam o tempo de serviço da parte autora e o efetivo exercício das atividades de magistério, preenchendo os requisitos para a concessão da aposentadoria do professor.

## 4. DO PREQUESTIONAMENTO

Resta clara a violação aos ditames constitucionais e legislação federal, que destacamos: <ADEQUAR AO CASO CONCRETO, LEMBRANDO-SE DE INCLUIR LEGISLAÇÃO FEDERAL TAMBÉM, MESMO PARA AÇÕES DE JUIZADOS>.

## 5. DOS PEDIDOS

Diante do exposto, requer-se a Vossa Excelência:

a) a citação do Instituto Nacional do Seguro Social – INSS para, querendo, responder à presente demanda, no prazo legal;

b) a determinação ao INSS para que, na primeira oportunidade em que se pronunciar nos autos, apresente cópia do Processo Administrativo relacionado ao requerimento do benefício em análise, conforme determinado pelo art. 11 da Lei n. 10.259/2001, sob pena de cominação de multa diária, nos termos do art. 139, IV, do CPC – a ser fixada por esse Juízo;

c) a procedência da pretensão deduzida, consoante narrado nesta inicial, condenando-se o INSS a conceder o benefício de aposentadoria do professor à parte Autora, com data de início a contar do requerimento administrativo ou na DER a ser reafirmada, em proteção ao direito ao melhor benefício <verificar também se a parte era empregada e se encerrou o contrato de trabalho dentro de 90 dias antes do requerimento. Se for esse o caso, pode-se pedir a concessão desde a rescisão do contrato de trabalho, conforme art. 49 c/c o art. 54, ambos da Lei n. 8.213/1991>;

d) a condenação do INSS ao pagamento dos valores acumulados, aplicando-se juros e correção monetária até novembro de 2021, nos termos dos Temas 810 do STF e 905 do STJ e, a partir de dezembro de 2021, o índice da taxa referencial do Sistema Especial de Liquidação e de Compensação (Selic), acumulado mensalmente, para fins de atualização monetária e de compensação da mora (art. 3º da EC n. 113/2021), respeitada a prescrição quinquenal;

e) a condenação do INSS ao pagamento de honorários advocatícios, na base de 20% (vinte por cento), apuradas em liquidação de sentença, conforme dispõem o art. 55 da Lei n. 9.099/1995 e o art. 85, § 3º, do CPC;

f) considerando que a questão de mérito é unicamente de direito, requer o julgamento antecipado da lide, conforme dispõe o art. 352 do CPC. Sendo outro o entendimento de V. Exa., requer e protesta pela produção de todos os meios de prova admitidos em direito, sem exclusão de nenhum que se fizer necessário ao deslinde da demanda;

g) a concessão da gratuidade da Justiça, por ser a parte autora pessoa hipossuficiente, na acepção jurídica do termo, sem condições de arcar com as despesas processuais e os honorários advocatícios sucumbenciais sem prejuízo de seu sustento e de sua família, na forma dos arts. 98 e ss. do CPC. <Recomenda-se a coleta, pelo advogado, de declaração de hipossuficiência do cliente, caso seja requerida a gratuidade da justiça. Deve-se, também, de preferência, fazer a juntada de tal declaração nos autos, já na inicial>;

Cumprindo a previsão do art. 319, VII, do CPC, a parte autora declara que opta pela realização ou não realização, adequar conforme o interesse em cada caso, de audiência de conciliação no presente caso.

Dá-se à causa o valor de R$ 1.000,00 (mil reais). <Adequar conforme o caso>

Nesses termos,

PEDE DEFERIMENTO.

Cidade e data.

Nome do Advogado e OAB

## 45. MODELO DE AÇÃO DE CONCESSÃO DE APOSENTADORIA PARA PROFESSOR COM DEFICIÊNCIA

**EXCELENTÍSSIMO(A) SENHOR(A) DOUTOR(A) JUIZ(A) FEDERAL DA VARA/JUIZADO ESPECIAL FEDERAL DA CIDADE – SEÇÃO JUDICIÁRIA DO ESTADO** <VERIFICAR SE É INTERESSANTE O AJUIZAMENTO DA AÇÃO NA VARA ESTADUAL MEDIANTE A UTILIZAÇÃO DA COMPETÊNCIA DELEGADA, MAS ADEQUANDO À NOVA LIMITAÇÃO DE 70 KM ENTRE A SEDE DA JF E A SEDE DA COMARCA. SE SIM, ADEQUAR PARA A NOMENCLATURA ESTADUAL>

**Nome do(a) Segurado(a),** nacionalidade, estado civil, professor(a), residente e domiciliado(a) na Rua, Bairro, Cidade, Estado, inscrito(a) no CPF sob o nº, endereço eletrônico, vem à presença de Vossa Excelência, por intermédio de seus procuradores constituídos, propor a presente **AÇÃO DE CONCESSÃO DE BENEFÍCIO PREVIDENCIÁRIO** contra o **INSTITUTO NACIONAL DO SEGURO SOCIAL – INSS,** pessoa jurídica de direito público, autarquia federal com endereço à <ENDEREÇO PARA CITAÇÃO/INTIMAÇÃO A SER VERIFICADO DE ACORDO COM A CIDADE E ESTADO QUE SE INGRESSA COM A AÇÃO>, pelos fatos e fundamentos que a seguir aduz:

**1. BREVE RESENHA FÁTICA** <ADEQUAR AO CASO CONCRETO>

A parte Autora tem deficiência e professor(a), tendo requerido, em.../.../...., aposentadoria por tempo de contribuição com redução de tempo em razão do exercício da função de magistério e da deficiência. Entretanto, o INSS indeferiu o pedido, conforme comprova a documentação anexa a essa exordial.

Ocorre que a parte cumpre todos os requisitos necessários para a concessão do benefício com a acumulação das duas reduções (magistério e deficiência) com base na CF/1988 e na Lei Complementar 142, de 08.05.2013.

Assim, merece ser revisto o ato administrativo que resultou na negativa do benefício postulado.

**2. FUNDAMENTOS JURÍDICOS DO PEDIDO** <ADEQUAR AO CASO CONCRETO>

O art. 201, § 1º, da Constituição Federal prevê a adoção de requisitos e critérios diferenciados para os casos de atividades especiais que prejudiquem a saúde ou a integridade física e para os segurados com deficiência (redação dada pela EC n. 47/2005).

A regulamentação do direito à aposentadoria aos segurados com deficiência veio com a edição da Lei Complementar n. 142/2013 e do Decreto n. 8.145/2013.

O artigo 2º da referida Lei Complementar definiu pessoa com deficiência como aquela que tem impedimentos de longo prazo de natureza física, mental, intelectual ou sensorial, os quais, em interação com diversas barreiras, podem obstruir sua participação plena e efetiva na sociedade em igualdade de condições com as demais pessoas.

Na sequência, a EC n. 103/2019 manteve a previsão dessa aposentadoria, recepcionando a LC n. 142/2013, nos termos que se seguem:

> **CF – "Art. 201.** (...) § 1º É vedada a adoção de requisitos ou critérios diferenciados para concessão de benefícios, ressalvada, nos termos de lei complementar, a possibilidade de previsão de idade e tempo de contribuição distintos da regra geral para concessão de aposentadoria exclusivamente em favor dos segurados:
> I – com deficiência, previamente submetidos a avaliação biopsicossocial realizada por equipe multiprofissional e interdisciplinar;"
> **EC n. 103/2019** – "Art. 22. Até que lei discipline o § 4º-A do art. 40 e o inciso I do § 1º do art. 201 da Constituição Federal, a aposentadoria da pessoa com deficiência segurada do Regime Geral de Previdência Social ou do servidor público federal com deficiência vinculado a regime próprio de previdência social, desde que cumpridos, no caso do servidor, o tempo mínimo de 10 (dez) anos de efetivo exercício no serviço público e de 5 (cinco) anos no cargo efetivo em que for concedida a aposentadoria, será concedida na forma da Lei Complementar n. 142, de 8 de maio de 2013, inclusive quanto aos critérios de cálculo dos benefícios."

Segundo o art. 70-A do Decreto n. 3.048/1999 (com a redação conferida pelo Decreto n. 10.410/2020), a concessão da aposentadoria por tempo de contribuição ou por idade ao segurado que tenha reconhecido, após ter sido submetido a avaliação biopsicossocial realizada por equipe multiprofissional e interdisciplinar, grau de deficiência leve, moderada ou grave está condicionada à comprovação da condição de pessoa com deficiência na data da entrada do requerimento ou na data da implementação dos requisitos para o benefício.

Vale ainda ressaltar, no tocante às possibilidades de concessão, que a parte se enquadra na hipótese prevista no art. 3º da LC n. 142/2013, como segue <DESTACAR CONFORME O CASO>:

> "Art. 3º É assegurada a concessão de aposentadoria pelo RGPS ao segurado com deficiência, observadas as seguintes condições:
>
> I – aos 25 (vinte e cinco) anos de tempo de contribuição, se homem, e 20 (vinte) anos, se mulher, no caso de segurado com deficiência grave;
>
> II – aos 29 (vinte e nove) anos de tempo de contribuição, se homem, e 24 (vinte e quatro) anos, se mulher, no caso de segurado com deficiência moderada;
>
> III – aos 33 (trinta e três) anos de tempo de contribuição, se homem, e 28 (vinte e oito) anos, se mulher, no caso de segurado com deficiência leve; ou
>
> IV – aos 60 (sessenta) anos de idade, se homem, e 55 (cinquenta e cinco) anos de idade, se mulher, independentemente do grau de deficiência, desde que cumprido tempo mínimo de contribuição de 15 (quinze) anos e comprovada a existência de deficiência durante igual período."

A deficiência de natureza <FÍSICA, MENTAL, INTELECTUAL OU SENSORIAL>, conforme demonstram os laudos acostados a essa exordial, obstrui a participação do segurado de forma plena e efetiva na sociedade em igualdade de condições com as demais pessoas.

<CASO HAJA DISCUSSÃO SOBRE O GRAU ATESTADO PELO MÉDICO ASSISTENTE E O PERITO DO INSS, ISSO DEVE SER OBJETO DA AÇÃO, INCLUSIVE COM REQUERIMENTO DE PERÍCIA JUDICIAL PARA DETERMINAR A REALIDADE CLÍNICA NO CASO CONCRETO SOB ANÁLISE>.

Os exames médicos e laudos periciais apresentados também comprovam que o segurado possui deficiência <LEVE, MODERADA OU GRAVE> desde <............>, cumprindo o requisito temporal necessário para a obtenção da aposentadoria pretendida.

Ocorre que no caso concreto a negativa do INSS se justificou no inadimplemento do requisito tempo de contribuição, posto que a autarquia não considerou cabível a acumulação da redução do tempo de contribuição para a aposentadoria pela função de magistério e pela existência da deficiência. O embasamento da negativa se deu, indevidamente, no art. 10 da LC 142/2013, que tem a seguinte redação:

> "Art. 10. A redução do tempo de contribuição prevista nesta Lei Complementar não poderá ser acumulada, no tocante ao mesmo período contributivo, com a redução assegurada aos casos de atividades exercidas sob condições especiais que prejudiquem a saúde ou a integridade física."

Entretanto, a limitação expressa do artigo 10 da LC n. 142/2013 não se aplica ao caso, pois a função de magistério não é considerada como de atividade exercida com prejuízo a saúde ou a integridade física, e sim atividade comum com redução da exigência contributiva. Vale lembrar inclusive que, até o advento da EC n. 103/2019, o professor tinha direito à aposentadoria por tempo de contribuição, com incidência de fator previdenciário, tendo em vista a não especialidade de função por interpretação do próprio INSS. Com a EC n. 103/2019, a aposentadoria do professor é considerada aposentadoria programada e não especial (regras permanentes). Nas regras de transição, manteve-se o modelo anterior, com requisitos de elegibilidade similares à aposentadoria por tempo de contribuição.

Assim, não há que falar em impossibilidade de acumulação das reduções previstas para cada caso em que se enquadra a parte autora, um no tocante a sua deficiência e outra no tocante a sua atividade de professor(a).

Portanto, não resta dúvida quanto ao direito da parte autora de ter concedido a aposentadoria destinada aos segurados com deficiência cumulando com a redução do tempo trabalhado na função de magistério (5 anos), merecendo pronta resposta deste juízo para que seja efetivada a garantia constitucional prevista no art. 201, § 1º.

## 3. DA REAFIRMAÇÃO DA DER

A presente ação visa à concessão do benefício assim como o início do pagamento a partir da data de entrada do requerimento administrativo (DER).

Entretanto, caso seja entendido que nessa data não havia possibilidade da concessão do benefício na forma pleiteada ou que melhor benefício seria possível durante o curso da presente ação, requer seja aceita a reafirmação da DER visando à garantia do melhor benefício.

A reafirmação da DER está disciplinada na via administrativa pelo Regulamento da Previdência Social (Decreto n. 3.048/1999):

> "Art. 176-D. Se, na data de entrada do requerimento do benefício, o segurado não satisfizer os requisitos para o reconhecimento do direito, mas implementá-los em momento posterior, antes da decisão do INSS, o requerimento poderá ser reafirmado para a data em que satisfizer os requisitos, que será fixada como início do benefício, exigindo-se, para tanto, a concordância formal do interessado, admitida a sua manifestação de vontade por meio eletrônico." (Incluído pelo Decreto n. 10.410, de 2020).

Ademais, a própria Instrução Normativa n. 128/2022 do INSS disciplina que sendo os requisitos implementados entre a DER e a data da publicação do despacho concessório, o INSS deverá reafirmar a DER para a data em que satisfaça os requisitos, desde que a reafirmação seja autorizada pelo(a) segurado(a).

> Art. 577. Por ocasião da decisão, em se tratando de requerimento de benefício, deverá o INSS:
>
> II – quando não satisfeitos os requisitos para o reconhecimento do direito na data de entrada do requerimento do benefício, verificar se esses foram implementados em momento posterior, antes da decisão do INSS, caso em que o requerimento poderá ser reafirmado para a data em que satisfizer os requisitos, exigindo-se, para tanto, a concordância formal do interessado, admitida a sua manifestação de vontade por meio eletrônico.

Sobre a reafirmação da DER, o Superior Tribunal de Justiça fixou tese no Tema n. 995, que a seguir destacamos:

> "É possível a reafirmação da DER (Data de Entrada do Requerimento) para o momento em que implementados os requisitos para a concessão do benefício, mesmo que isso se dê no interstício entre o ajuizamento da ação e a entrega da prestação jurisdicional nas instâncias ordinárias, nos termos dos arts. 493 e 933 do CPC/2015, observada a causa de pedir."

E a TNU uniformizou a possibilidade de reafirmação da DER com base nas regras de transição da EC n. 103/2019, vejamos a tese fixada:

> "É possível a reafirmação da DER para a concessão de benefícios previstos nas regras de transição da EC n. 103/19, mesmo que o requerimento original preceda à vigência da emenda constitucional" (PUIL n. 5003210-40.2020.4.04.7205/SC, j. 27.05.2021).

Assim, requer-se a análise do direito a reafirmação da DER para fins da garantia ao melhor benefício no caso concreto.

## 4. DO PREQUESTIONAMENTO <ADEQUAR AO CASO CONCRETO>

Resta clara a violação aos ditames constitucionais e legislação federal, que destacamos: <ADEQUAR AO CASO CONCRETO, LEMBRANDO DE INCLUIR LEGISLAÇÃO FEDERAL TAMBÉM, MESMO PARA AÇÕES DE JUIZADOS>.

## 5. REQUERIMENTOS <ADEQUAR AO CASO CONCRETO>

Diante do exposto, requer-se a Vossa Excelência:

a) a citação do Instituto Nacional do Seguro Social – INSS, na pessoa de seu Superintendente Regional ou Procurador Regional, para, querendo, contestar o presente feito, no prazo legal, sob pena de revelia;

b) a determinação ao INSS para que, na primeira oportunidade em que se pronunciar nos autos, apresente cópia do Processo Administrativo relacionado ao requerimento do benefício em análise, conforme determinado pelo art. 11 da Lei n. 10.259/2001, sob pena de cominação de multa diária, nos termos do art. 139, IV, do CPC, a ser fixada por esse Juízo;

c) a procedência da pretensão deduzida, consoante narrado nesta inicial, condenando-se o INSS a conceder a aposentadoria para segurado com deficiência cumulada com a redução do tempo de atividade em função de magistério, desde a DER ou na DER a ser reafirmada, em proteção ao direito ao melhor benefício <VERIFICAR TAMBÉM SE A PARTE ERA EMPREGADA E SE ENCERROU O CONTRATO DE TRABALHO DENTRO DE 90 DIAS ANTES DO REQUERIMENTO. SE FOR ESSE O CASO, PODE-SE PEDIR A CONCESSÃO DESDE A RESCISÃO DO CONTRATO DE TRABALHO, CONFORME ART. 49 C/C O ART. 54 E § 2º DO ART. 57, TODOS DA LEI n. 8.213/1991>, nos termos dessa inicial;

d) o cálculo da renda mensal inicial do benefício ora discutido, com a determinação do pagamento de todos os proventos desde o primeiro, para, ao final, proceder à correta definição do valor da renda mensal atual;

e) a condenação do INSS ao pagamento dos valores acumulados, aplicando-se juros e correção monetária até 11/2021, nos termos dos Temas 810 do STF e 905 do STJ e, a partir de 12/2021, o índice da taxa referencial do Sistema Especial de Liquidação e de Custódia (Selic), acumulado mensalmente, para fins de atualização monetária e de compensação da mora (art. 3º da EC n. 113/2021), respeitada a prescrição quinquenal;

f) a condenação do INSS ao pagamento de custas, despesas e de honorários advocatícios, na base de 20% (vinte por cento) sobre as parcelas vencidas e as doze vincendas, apuradas em liquidação de sentença, conforme dispõem o art. 55 da Lei n. 9.099/1995 e o art. 85, § 3º, do CPC;

g) o Julgamento Antecipado da Lide, conforme dispõe o art. 355 do CPC, considerando que a questão de mérito é unicamente de direito. Sendo outro o entendimento de V. Exa., requer e protesta pela produção de todos os meios de prova admitidos em direito, sem exclusão de nenhum que se fizer necessário ao deslinde da demanda;

h) <SE NECESSÁRIA A PRODUÇÃO DE PROVAS, A EXEMPLO DA TESTEMUNHAL, REQUERER E FAZER O ARROLAMENTO DAS TESTEMUNHAS; ENTRETANTO, SE A DOCUMENTAÇÃO ANEXA NA INICIAL FOR SUFICIENTE PARA A COMPROVAÇÃO DA DOENÇA E O DEFERIMENTO DO BENEFÍCIO, ADEQUAR O PEDIDO ACIMA DESCRITO. EM REGRA, RECOMENDAMOS O PEDIDO DE PERÍCIA MÉDICA PARA A DETERMINAÇÃO DA DOENÇA>.

i) a concessão da Gratuidade da Justiça, por ser a parte Autora pessoa hipossuficiente, na acepção jurídica do termo, sem condições de arcar com as despesas processuais e os honorários advocatícios sucumbenciais sem prejuízo de seu sustento e de sua família, na forma do art. 98 e ss do CPC. <RECOMENDA-SE A COLETA, PELO ADVOGADO, DE DECLARAÇÃO DE HIPOSSUFICIÊNCIA DO CLIENTE, CASO SEJA REQUERIDA A GRATUIDADE DA JUSTIÇA. DEVE-SE, TAMBÉM, DE PREFERÊNCIA, FAZER A JUNTADA DE TAL DECLARAÇÃO NOS AUTOS, JÁ NA INICIAL>

Cumprindo a previsão do art. 319, VII, do CPC, a parte autora declara que opta pela realização <OU NÃO REALIZAÇÃO, ADEQUAR CONFORME O INTERESSE EM CADA CASO> de audiência de conciliação no presente caso.

Requer-se, ainda, com base no § 4º, do art. 22, da Lei n. 8.906/1994, que, ao final da presente demanda, caso sejam encontradas diferenças em favor do autor, quando da expedição da RPV ou do precatório, os valores referentes aos honorários contratuais e sucumbenciais sejam expedidos em nome da sociedade de advogados contratada pela parte Autora, sendo os honorários contratuais devidos no percentual constante no contrato em anexo.

Dá-se à causa o valor de R$ 1.000,00 (mil reais). <ADEQUAR CONFORME O CASO>

Nesses termos,

PEDE DEFERIMENTO.

Cidade e data.

Nome do Advogado e OAB

Quesitos para a perícia <ADEQUAR AO CASO CONCRETO>

1. O(a) periciando(a) é portador de algum tipo de deficiência? Em caso positivo informe o respectivo CID?
2. Qual(is) é(são) a(s) natureza(s) da(s) deficiência(s) que aflige(m) o(a) periciando(a) (física, mental, intelectual ou sensorial)?
3. Qual(is) é(são) a(s) causa(s) ou origem da(s) deficiência(s) que aflige(m) o(a) periciando(a)?
4. É possível informar data de início da deficiência, especificando-a?
5. Se o(a) periciando(a) apresenta deficiência, qual seu grau (leve, moderado ou grave)?
6. É possível esclarecer se a(s) doença(s)/lesão(ões) ou sequela(s), permitem caracterizar a parte autora como "pessoa com deficiência" e "impedimentos de longo prazo"?
7. Qual o grau de limitação nos atos da via diária sofridos pelo(a) periciando(a)?
8. Caso existente, qual o curso natural e prognóstico da(s) doença(s)/lesão(ões) ou sequela(s)?
9. O Sr. Perito pode informar os parâmetros da avaliação médico-pericial da deficiência (deficiências nas funções e nas estruturas do corpo em correlação à existência de limitação do desempenho de atividades e restrição à participação social, segundo suas especificidades)?
10. O(a) periciando(a) faz algum acompanhamento médico em razão da deficiência? Qual?
11. O(a) periciando(a) faz uso de medicamentos como parte do acompanhamento de sua deficiência? Se sim, quais?
12. Há prognóstico de reversão da deficiência?
13. Qual é a especialidade de formação do perito oficial, registrado no CRM?

## 46. MODELO DE ITEM A SER INCLUÍDO NA FUNDAMENTAÇÃO JURÍDICA DA PETIÇÃO INICIAL QUANDO DA INTERRUPÇÃO DAS CONTRIBUIÇÕES EM VIRTUDE DE ENFERMIDADE

**II – FUNDAMENTOS JURÍDICOS DO PEDIDO**

**II.1 DA INTERRUPÇÃO DO RECOLHIMENTO DAS CONTRIBUIÇÕES, DECORRENTE DE ENFERMIDADE DO TRABALHADOR – DIREITO À MANUTENÇÃO DA QUALIDADE DE SEGURADO**

A concessão do benefício previdenciário ora pleiteado está condicionada ao preenchimento do período de carência e da constatação, por meio de exame médico-pericial, de que o segurado está incapacitado para o seu trabalho ou para a sua atividade habitual por mais de 15 (quinze) dias consecutivos (art. 71 do Dec. n. 3.048/1999, com redação dada pelo Decreto n. 10.410/2020).

A parte Autora comprova, por seu prontuário médico, laudos e exames, que realmente se encontra temporariamente impossibilitada de exercer atividades laborativas para sua subsistência. Entretanto, o INSS alega que a parte perdeu a qualidade de segurado. Tal alegação não merece guarida, posto que a interrupção das contribuições se deu em razão da doença.

Segundo entendimento firmado pelo Superior Tribunal de Justiça, a perda da qualidade de segurado pressupõe que a suspensão do pagamento das contribuições e do efetivo trabalho decorra da vontade do trabalhador, descaracterizando-se caso a interrupção se dê por motivo de enfermidade.

Confira-se o julgado:

> AGRAVO REGIMENTAL NO RECURSO ESPECIAL. PREVIDENCIÁRIO. PENSÃO POR MORTE. PERDA DA QUALIDADE DE SEGURADO DO *DE CUJUS*. NÃO OCORRÊNCIA. AGRAVO IMPROVIDO.
>
> 1. Esta Corte Superior de Justiça consolidou seu entendimento no sentido de que o trabalhador que deixa de contribuir para a Previdência Social em razão de estar incapacitado para o trabalho não perde a qualidade de segurado. 2. Agravo regimental improvido.
>
> (STJ, AgRg no REsp 985.147/RS, Sexta Turma, Rel. Ministra Maria Thereza de Assis Moura, *DJe* 18.10.2010).

No mesmo sentido é a jurisprudência consolidada do TRF-4:

> PREVIDENCIÁRIO. PENSÃO POR MORTE. QUALIDADE DE SEGURADO DO *DE CUJUS*. INCAPACIDADE LABORATIVA. PERÍODO DE GRAÇA.
>
> 1. A concessão do benefício de pensão por morte depende do preenchimento dos seguintes requisitos: a) a ocorrência do evento morte; b) a condição de dependente de quem objetiva a pensão; c) a demonstração da qualidade de segurado do *de cujus* por ocasião do óbito. O benefício independe de carência e é regido pela legislação vigente à época do óbito.
>
> 2. De acordo com a jurisprudência deste Tribunal Regional Federal da 4ª Região, não perde a qualidade de segurado quem deixou de contribuir para a Previdência Social em decorrência de moléstia incapacitante para o trabalho, uma vez comprovado nos autos que deveria ter recebido o benefício em razão da incapacidade, circunstância que preservaria sua qualidade de segurado enquanto permanecesse em situação de incapacidade laboral.
>
> 3. Havendo a demonstração de que o segurado estava incapacitado para o trabalho desde a cessação de seu último vínculo laboral, assim permanecendo até a data do seu óbito, aplica-se o entendimento jurisprudencial no sentido de que não perde a qualidade de segurado enquanto se manteve incapacitado para o trabalho, tendo requerido benefício previdenciário por incapacidade, o qual foi indeferido na via administrativa. Consequentemente, seus dependentes previdenciários fazem jus à pensão por morte.
>
> (TRF-4, AC 5011202-12.2020.4.04.9999, 10ª Turma, Rel. para acórdão Oscar Valente Cardoso, juntado aos autos em 18.7.2022)

No caso em questão, a parte Autora deixou de contribuir a partir de 00.00.0000, exatamente em razão da enfermidade que lhe acometia, pelo que se mostra evidente contrassenso da Autarquia Previdenciária indeferir a concessão do benefício sob o argumento da perda da qualidade de segurado.

Assim, uma vez cumprida a carência exigida por lei, há que se conceder o benefício.

Diante do exposto, verifica-se que não deve prevalecer o entendimento da Autarquia Previdenciária, clamando a parte Autora para que seja deferido o benefício, condenando-se o INSS ao pagamento da prestação previdenciária desde a data em que o autor ingressou com o pedido na via administrativa, ou seja, desde 00.00.0000.

## 47. MODELO DE AÇÃO DE CONCESSÃO DE AUXÍLIO POR INCAPACIDADE TEMPORÁRIA

**EXCELENTÍSSIMO(A) SENHOR(A) DOUTOR(A) JUIZ(A) FEDERAL DA VARA/JUIZADO ESPECIAL FEDERAL DA CIDADE – SEÇÃO JUDICIÁRIA DO ESTADO** <VERIFICAR SE É INTERESSANTE O AJUIZAMENTO DA AÇÃO NA VARA ESTADUAL MEDIANTE A UTILIZAÇÃO DA COMPETÊNCIA DELEGADA, MAS ADEQUANDO À NOVA LIMITAÇÃO DE 70 KM ENTRE A SEDE DA JF E A SEDE DA COMARCA, OU POR SER INCAPACIDADE DECORRENTE DE ACIDENTE DO TRABALHO OU DOENÇA PROFISSIONAL OU DO TRABALHO. SE SIM, ADEQUAR PARA A NOMENCLATURA ESTADUAL>

**Nome do(a) Segurado(a),** nacionalidade, estado civil, <PROFISSÃO>, residente e domiciliado(a) na Rua, Bairro, Cidade, Estado, inscrito(a) no CPF sob o nº, endereço eletrônico, vem à presença de Vossa Excelência, por intermédio de seus procuradores constituídos, propor a presente **AÇÃO DE CONCESSÃO DE AUXÍLIO POR INCAPACIDADE TEMPORÁRIA** contra o **INSTITUTO NACIONAL DO SEGURO SOCIAL – INSS**, pessoa jurídica de direito público, autarquia federal com endereço à... <ADEQUAR CONFORME A CIDADE> pelos fatos e fundamentos que a seguir aduz:

**1. DOS FATOS** <ADEQUAR AO CASO CONCRETO>

A parte autora detém a qualidade de segurado da Previdência Social, e, desde 00.00.2000, sofre de problemas psíquicos <EXEMPLO>.

Ocorre que, apesar de devidamente requerido, não foi concedido o benefício de auxílio por incapacidade temporária pela Autarquia Previdenciária.

Tal requerimento e sua decisão denegatória estão devidamente comprovados nos documentos anexos a essa exordial.

Quanto ao resultado do pedido administrativo, sem dúvida alguma, merece reparo avaliação realizada pela perícia médica previdenciária. Isso porque a análise do caso realizada pelo perito da previdência foi feita de forma incorreta e superficial, desconsiderando o tratamento feito desde ..../../.... pela parte autora, bem como os exames e laudos apresentados <adequar ao caso concreto>.

*In casu*, <adequar ao caso concreto> a parte autora é portadora das enfermidades denominadas por <exemplos de CID> F41.0 – Transtorno de Pânico/ F31.4 – Transtorno Afetivo Bipolar Episódio Atual Depressivo Grave sem Sintomas Psicóticos/ F40.9 – Transtorno Fóbico Ansioso não especificado/ e F33.1 – Transtorno Depressivo Recorrente>, e, por estar ainda em tratamento, não se encontra em condições de voltar às suas atividades laborais.

Inconformada com o erro cometido pela Autarquia-ré, vem, a parte autora, perante este Emérito Julgador, requerer a concessão de seu benefício de auxílio por incapacidade temporária.

## 2. DA PROVA DA INCAPACIDADE/REQUISITOS DA PETIÇÃO INICIAL (LEI N. 14.331/2022)

Compulsando a documentação médica que instrui a presente exordial, extrai-se que a parte Autora padece das seguintes enfermidades:

- CID 10: <INFORMAR CID + NOME DA DOENÇA>;
- CID 10: <INFORMAR CID + NOME DA DOENÇA>.

Importante salientar que a parte autora ajuizou ação sob o n. XXXXXXX-XX.XXXX.X.XX.XXXX, transitada em julgado em 0.00.0000, cujo objeto da lide foi a concessão de auxílio por incapacidade temporária <AUXÍLIO-DOENÇA, SE ANTERIOR À EC n. 103/2019>.

<NA INEXISTÊNCIA DE AÇÃO DE BENEFÍCIO POR INCAPACIDADE, INFORMAR QUE A PARTE AUTORA NÃO AJUIZOU AÇÃO DE CONCESSÃO DE BENEFÍCIO POR INCAPACIDADE.>

Na referida ação, o juízo reconheceu a existência de incapacidade laborativa e julgou procedente os pedidos formulados pela parte Autora, concedendo o benefício sob o NB 31/000.000.000-0, sendo fixada data de início do benefício em 00.00.0000 e data de cessação em 00.00.0000.

Contudo, destaca-se que a razão pela qual a parte Autora ajuizou a supracitada ação judicial foi em decorrência da lesão do fêmur que lhe incapacitou temporariamente para o exercício de suas atividades habituais e laboral. Ademais, recuperada a capacidade para o trabalho, a parte Autora retornou ao exercício de suas atividades por mais de dois anos. Portanto, fato gerador diverso do discutido nesta demanda, tendo em vista que a incapacidade atual é decorrente do câncer de próstata que lhe acomete <ADEQUAR AO CASO>.

Ora, Excelência, mesmo apresentado na perícia médica todos os relatórios médicos, exames, atestados e prontuários, o perito médico federal indeferiu o pedido da parte Autora sob arguição de inexistência de incapacidade laborativa, vejamos o comunicado de decisão:

<SUGERIMOS A INCLUSÃO DO PRINT DO COMUNICADO DE DECISÃO>.

Na avaliação médico-pericial realizada em 00.00.0000, a arguição do perito federal foi que embora seja inegável o diagnóstico de neoplasia maligna a parte Autora não estaria incapacitada para a atividade laboral que exerce.

<SUGERIMOS A INCLUSÃO DO PRINT DO LAUDO MÉDICO-PERICIAL>.

Ademais, vale ressaltar que o douto perito atestou que a parte Autora está realizando sessões de quimioterapia após retirada do tumor em cirurgia realizada no dia 00.00.0000. Assim, resta claro que o perito federal sequer levou em consideração o desgaste com o tratamento e tampouco as reações que as sessões de quimioterapia e os medicamentos causam no organismo da parte autora.

Portanto, restam cumpridas as exigências previstas no art. 129-A da Lei n. 14.331/2022, que estabelece os seguintes requisitos da petição inicial cujo objeto seja benefício por incapacidade:

Art. 129-A. Os litígios e as medidas cautelares relativos aos benefícios por incapacidade de que trata esta Lei, inclusive os relativos a acidentes do trabalho, observarão o seguinte:

I – quando o fundamento da ação for a discussão de ato praticado pela perícia médica federal, a petição inicial deverá conter, em complemento aos requisitos previstos no art. 319 da Lei n. 13.105, de 16 de março de 2015 (Código de Processo Civil):

a) descrição clara da doença e das limitações que ela impõe;

b) indicação da atividade para a qual o autor alega estar incapacitado;

c) possíveis inconsistências da avaliação médico-pericial discutida; e

d) declaração quanto à existência de ação judicial anterior com o objeto de que trata este artigo, esclarecendo os motivos pelos quais se entende não haver litispendência ou coisa julgada, quando for o caso;

II – para atendimento do disposto no art. 320 da Lei n. 13.105, de 16 de março de 2015 (Código de Processo Civil), a petição inicial, qualquer que seja o rito ou procedimento adotado, deverá ser instruída pelo autor com os seguintes documentos:

a) comprovante de indeferimento do benefício ou de sua não prorrogação, quando for o caso, pela administração pública;

b) comprovante da ocorrência do acidente de qualquer natureza ou do acidente do trabalho, sempre que houver um acidente apontado como causa da incapacidade;

c) documentação médica de que dispuser relativa à doença alegada como a causa da incapacidade discutida na via administrativa. (...)"

Com relação à documentação médica comprovatória da doença incapacitante, bem como a descrição da doença e das limitações que impedem que a parte Autora exerça suas atividades como auxiliar de almoxarifado, discrimina a oncologista que acompanha o quadro clínico da parte Autora que a permanência no ambiente de trabalho poderá ocasionar riscos inclusive à integridade física da parte Autora, tendo em vista que opera máquinas que exige especial esforço e concentração <ESPECIFICAR DE ACORDO COM A DOCUMENTAÇÃO MÉDICA>.

À vista do exposto, resta claro que a doença que acomete a parte Autora lhe incapacita temporariamente para o trabalho, uma vez que não consegue realizar as atividades correlatas à sua profissão, razão pela qual pleiteia a parte Autora a concessão de auxílio por incapacidade temporária, desde a data do diagnóstico da doença.

### 3. FUNDAMENTOS JURÍDICOS DO PEDIDO <ADEQUAR AO CASO CONCRETO>

São os requisitos para a concessão de auxílio por incapacidade temporária:

(a) qualidade de segurado do requerente;

(b) cumprimento da carência de 12 contribuições mensais[11], observados os casos de dispensa em virtude de acidente de qualquer natureza ou causa e de doença profissional ou do trabalho, bem como das doenças e afecções especificadas de acordo com a gravidade que mereçam tratamento particularizado;

(c) superveniência de moléstia temporariamente incapacitante para o desenvolvimento de atividade laboral que garanta a subsistência.

No presente caso, a parte demonstra pela documentação médica acostada aos autos que a doença que lhe acomete retirou sua capacidade laborativa, ainda que temporariamente. Demonstra ainda a contemporaneidade do tratamento médico, que perdura até os dias atuais. Nesse sentido, destacamos: <ADEQUAR>

Além disso, o CNIS comprava a existência de contribuições de forma a garantir a qualidade de segurado e a carência exigida no caso concreto. Nesse sentido, destacamos: <ADEQUAR>

---

[11] Importante observar que o art. 19-C do Dec. n. 3.048/1999 determina: "§ 1º Será computado o tempo intercalado de recebimento de benefício por incapacidade, na forma do disposto no inciso II do *caput* do art. 55 da Lei n. 8.213, de 24 de julho de 1991, exceto para efeito de carência. (Incluído pelo Decreto n. 10.410, de 2020)"

Portanto, não há como negar que a parte autora preencheu, na DER, todos os requisitos necessários para a obtenção do auxílio por incapacidade temporária.

## 4. DO DIREITO À PERÍCIA CONCLUSIVA

A perícia é fundamental para o deslinde das questões ligadas aos benefícios por incapacidade – acidentários ou não –, já que não há outro meio de prova que possa suprir a avaliação médica. Sobre o procedimento para realização de perícias – no âmbito das empresas, no do INSS ou mesmo em sede de perícia judicial – deve o profissional da medicina observar os ditames do Código de Ética da categoria, e, especialmente em relação ao tema, a Resolução n. 2.323/2022 do Conselho Federal de Medicina, que dispõe sobre as normas específicas de atendimento a trabalhadores.

Problema deveras comum nas demandas por incapacidade é a ausência de laudo conclusivo do perito judicial acerca das condições do segurado à época do requerimento indeferido pelo INSS, alegando o perito não poder se manifestar sobre o estado de saúde do segurado em período pretérito ao da perícia.

Com efeito, a função da prova pericial é justamente esta, a de buscar, com base nos elementos existentes (prontuário médico do segurado, atestados, exames, processo administrativo junto ao INSS), concluir se a situação, à época do requerimento administrativo, era de efetiva incapacidade laboral ou não. Perícia que não responde a esse quesito – fundamentadamente – é inconclusiva, ou seja, inservível ao fim colimado, devendo ser refeita. Nesse sentido, a orientação jurisprudencial:

> DIREITO PROCESSUAL PREVIDENCIÁRIO. BENEFÍCIO POR INCAPACIDADE. LAUDO PERICIAL INSUFICIENTE. PRINCÍPIO DA PREVENÇÃO. SENTENÇA ANULADA. COLEGIADO AMPLIADO. ART. 942, CPC.
>
> 1. A perícia é muito mais uma anamnese qualificada e estudo da patologia desde o seu início (instalação), progressão e projeção para o futuro (perspectiva de cura, estabilização ou avanço da doença), do que outra coisa. Perícias incompletas, vai-se repetir à exaustão, ao invés de ajudarem, tornam a decisão judicial mais complicada e, às vezes, impossível. Ao olvidar o futuro, conectado com o passado e o presente, o perito-médico atua de forma imprevidente. Vale dizer, sem a devida atenção aos princípios universais da prevenção/precaução. Não cogita os riscos (evitáveis) de sua decisão (laudo é tomada de decisão) na perspectiva daqueles que serão afetados por sua decisão (as consequências).
>
> (...) 3. Não havendo a menor dúvida de que o perito não está efetivamente auxiliando o juízo, e aqui se deve considerar o Tribunal, limitando-se a responder objetivamente os quesitos formulados, mostrando-se a prova técnica insuficiente para firmar o convencimento do Juízo, ante a sua deficiência, mister se faz a reabertura da instrução processual, como vem sendo feito neste Colegiado nos processos em que também atuou o mesmo expert (v.g. AC 5003695-97.2020.4.04.9999, TURMA REGIONAL SUPLEMENTAR DE SC, Relator JOÃO BATISTA LAZZARI, juntado aos autos em 08/06/2020; AC 5005283-67.2015.4.04.7202, TURMA REGIONAL SUPLEMENTAR DE SC, Relator JORGE ANTONIO MAURIQUE, juntado aos autos em 05/03/2018; AC 5018550-52.2018.4.04.9999, Relator PAULO AFONSO BRUM VAZ, juntado aos autos em 19/09/2019). (...)
>
> (AC – APELAÇÃO CÍVEL 5027432-66.2019.4.04.9999, PAULO AFONSO BRUM VAZ, TRF4 – TURMA REGIONAL SUPLEMENTAR DE SC, 22.09.2020.)

Por esse motivo, requer a parte autora, desde já, que este d. Juízo, ao designar perícia por expert de confiança do julgador, determine a este o cumprimento de seu mister de modo conclusivo, evitando nulidades processuais.

Roga-se, ainda, a este d. Juízo, que designe perito que possua especialidade compatível com a enfermidade existente, a fim de que a prova seja mais bem produzida em prol da consecução do ideal de Justiça, como vem decidindo a jurisprudência:

> "PREVIDENCIÁRIO. APOSENTADORIA POR INVALIDEZ. AUXÍLIO-DOENÇA. LAUDO PERECIAL INSUFICIENTE. SENTENÇA ANULADA.
>
> 1. Quando a perícia judicial não cumpre os pressupostos mínimos de idoneidade da prova técnica, ela é produzida, na verdade, de maneira a furtar do magistrado o poder de decisão.
>
> 2. Hipótese em que foi anulada a sentença para a realização de prova pericial por médico psiquiatra" (TRF/4, AC 5027792-98.2019.4.04.9999, TRS-SC, Rel. Des. Paulo A. Brum Vaz, j. 17.11.2020).

## 5. DA TUTELA PROVISÓRIA DE URGÊNCIA <ADEQUAR AO CASO CONCRETO>

A situação criada pela ré, ou seja, a decisão denegatória do auxílio por incapacidade temporária, põe em risco a subsistência da parte autora e de sua família, principalmente pela natureza alimentar do benefício.

Sem receber qualquer tipo de rendimentos e não podendo trabalhar, a parte autora passa por sérias dificuldades financeiras desde seu afastamento do trabalho, uma vez que o benefício em questão seria seu único meio de subsistência.

A jurisprudência vem entendendo pelo cabimento da tutela provisória de urgência **antes mesmo da perícia,** caso esse respeitável Juízo se convença da existência dos pressupostos para a concessão da medida a partir da documentação já acostada, como se vê da decisão a seguir transcrita:

> AGRAVO DE INSTRUMENTO. PREVIDENCIÁRIO. AUXÍLIO-DOENÇA. ANTECIPAÇÃO DE TUTELA. REQUISITOS.
>
> *Se está demonstrada a incapacidade, por meio de atestados médicos idôneos, é de se dizer que está preenchido o requisito da probabilidade do direito. Exigir a perícia judicial, sob o pretexto da presunção da validade do laudo administrativo, seria aniquilar parcialmente a tutela de urgência.* O fundado receio de dano irreparável ou de difícil reparação está caracterizado pela impossibilidade de o segurado exercer suas atividades habituais e, consequentemente, prover o próprio sustento.
>
> (TRF/4, AG 5023494-24.2018.4.04.0000/SC, TRS-SC, Rel. Des. Fed. Paulo Afonso Brum Vaz, 05.09.2018 – sem grifos no original)

Assim, impõe-se a concessão imediata da tutela de urgência pretendida, ou sucessivamente, a designação de perícia médica, com urgência, a fim de que, após o laudo, possam ser antecipados os efeitos da tutela, como medida de salvaguarda à vida da parte autora.

Em não sendo possível a realização de perícia judicial de forma rápida, faz-se necessária a concessão, ainda que precariamente, da tutela provisória de urgência, de forma a garantir a subsistência do núcleo familiar do qual faz parte o(a) segurado(a).

## 6. DO PREQUESTIONAMENTO

Resta clara a violação aos ditames constitucionais e legislação federal, que destacamos: <ADEQUAR AO CASO CONCRETO, LEMBRANDO DE INCLUIR LEGISLAÇÃO FEDERAL TAMBÉM, MESMO PARA AÇÕES DE JUIZADOS>.

## 7. REQUERIMENTOS <ADEQUAR AO CASO CONCRETO>

Diante do exposto, requer-se a Vossa Excelência:

a) a citação do Instituto Nacional do Seguro Social – INSS, para, querendo, responder à presente demanda, no prazo legal, na pessoa do Superintendente Regional ou da Procuradoria Federal;

b) a concessão da **tutela provisória de urgência**, antes da realização de perícia médica, determinando-se ao INSS que inicie imediatamente o pagamento do benefício previdenciário de auxílio por incapacidade temporária, enquanto persistir a enfermidade ensejadora do benefício. Requer ainda que seja determinado ao INSS que se abstenha de incluir DCB com alta programada para o presente caso, devendo, para a cessação do benefício, proceder a realização de perícia administrativa com a parte autora;

c) a determinação do pagamento de multa a ser fixada por este Juízo, com base nos arts. 300 e 497 do CPC, caso haja, por parte da autarquia-ré, o descumprimento da tutela eventualmente deferida;

d) a procedência da pretensão deduzida, consoante narrado nesta inicial, condenando-se o INSS a conceder o auxílio por incapacidade temporária, determinando-se ao INSS que pague as parcelas a serem apuradas, mês a mês, a partir da DIB equivalente ao requerimento realizado administrativamente, ou seja, da competência _____, nos termos desta inicial, bem como continue pagando à parte autora o benefício, enquanto persistirem as doenças ensejadoras deste. Requer ainda que seja determinado ao INSS se abster de incluir DCB com alta programada para o presente caso, devendo, para a cessação do benefício, proceder a realização de perícia administrativa com a parte autora;

e) a condenação do INSS ao pagamento dos valores acumulados, aplicando-se juros e correção monetária até 11/2021, nos termos dos Temas 810 do STF e 905 do STJ e, a partir de 12/2021, o índice da taxa referencial do Sistema Especial de Liquidação e de Custódia (Selic), acumulado mensalmente, para fins de atualização monetária e de compensação da mora (art. 3º da EC n. 113/2021), respeitada a prescrição quinquenal;

f) a condenação do INSS ao pagamento de custas, despesas e de honorários advocatícios, na base de 20% (vinte por cento) sobre as parcelas vencidas e as doze vincendas, apuradas em liquidação de sentença, conforme dispõem o art. 55 da Lei n. 9.099/1995 e o art. 85, § 3º, do CPC;

g) a produção das provas por todos os meios admitidos em direito, especialmente a oitiva de testemunhas, juntada de novos documentos e, em especial, a nomeação de perito, escolhido por este R. Juízo, para realização da perícia médica, inclusive com poderes para requerer exames que considerar necessários e indispensáveis para a constatação da doença, além dos documentos já apresentados no processo, respondendo aos quesitos formulados <DE PREFERÊNCIA COLOCAR QUESITOS ANEXOS; E, NÃO POSSUINDO A PARTE AUTORA CONDIÇÕES FINANCEIRAS PARA NOMEAR ASSISTENTE TÉCNICO, PROTESTA PELA APRESENTAÇÃO DE QUESITOS SUPLEMENTARES PARA O PERITO JUDICIAL>. Requer, desde já, a manifestação do perito referente ao prontuário, laudos e exames anexos a essa inicial. <CASO A PARTE TENHA MAIS DE UMA DOENÇA, EM ESPECIAL DE DIFERENTES CAUSAS, COMO ORTOPÉDICA E PSIQUIÁTRICA, IMPORTANTE OBSERVAR QUE PODE SER REQUERIDA MAIS DE UMA PERÍCIA, COM MÉDICOS ESPECIALISTAS, PARA SE GARANTIR A ANÁLISE CORRETA DO CASO CLÍNICO>.

h) a parte informa, ainda, que não possui condições financeiras para nomeação de assistente técnico, requerendo, desde já, a apresentação de quesitos a serem respondidos pelo perito especialista para se garantir a análise correta do caso clínico, referente aos laudos e exames anexos à essa inicial;

i) a concessão da gratuidade da Justiça, por ser a parte autora pessoa hipossuficiente, na acepção jurídica do termo, sem condições de arcar com as despesas processuais e os honorários advocatícios sucumbenciais sem prejuízo de seu sustento e de sua família, na forma dos arts. 98 e ss. do CPC. <RECOMENDA-SE A COLETA, PELO ADVOGADO, DE DECLARAÇÃO DE HIPOSSUFICIÊNCIA DO CLIENTE, CASO SEJA REQUERIDA A GRATUIDADE DA JUSTIÇA. DEVE-SE TAMBÉM, DE PREFERÊNCIA, FAZER A JUNTADA DE TAL DECLARAÇÃO NOS AUTOS, JÁ NA INICIAL>.

Cumprindo a previsão do art. 319, VII, do CPC, a parte autora declara que opta pela realização <OU NÃO REALIZAÇÃO, ADEQUAR CONFORME O INTERESSE EM CADA CASO> de audiência de conciliação no presente caso;

Requer-se, ainda, com base no § 4º do art. 22 da Lei n. 8.906/1994, que, ao final da presente demanda, caso sejam encontradas diferenças em favor da parte Autora, quando da expedição da RPV ou do precatório, os valores referentes aos honorários contratuais e sucumbenciais sejam expedidos em nome da sociedade de advogados contratada pela parte autora, sendo os honorários contratuais devidos no percentual constante no contrato em anexo.

Dá-se à causa o valor de R$ 1.000,00 (mil reais). <ADEQUAR CONFORME O CASO>

Nesses termos,

PEDE DEFERIMENTO.

Cidade e data.

Nome do Advogado e OAB

Quesitos para a perícia médica <ADEQUAR AO CASO CONCRETO>

1. Qual a idade do(a) periciando(a)?
2. Qual o grau de escolaridade do(a) periciando(a)?
3. Qual a atividade profissional que exerce (ou exercia) o(a) periciando(a)?
4. O(A) periciando(a) é portador(a) de doença, lesão ou moléstia? Em caso positivo, qual ou quais as CID(s)?
5. Houve progressão, agravamento ou desdobramento da doença ou lesão, ao longo do tempo?
6. A doença, lesão ou moléstia que acomete o(a) periciando(a) o incapacita para o exercício da sua atividade?
7. A doença, lesão ou moléstia que acomete o(a) periciando(a) o incapacita para a vida independente?
8. A incapacidade é proveniente de doença decorrente do trabalho, acidente de trabalho ou acidente de qualquer natureza? Se sim, qual a data do evento ou início da doença?
9. Caso o(a) periciando(a) esteja incapacitado, é possível determinar a data do início da incapacidade ou doença?
10. Caso o(a) periciando(a) esteja incapacitado, essa incapacidade é total ou parcial?
11. Caso o(a) periciando(a) esteja temporariamente incapacitado, qual seria a data limite para a reavaliação do benefício por incapacidade temporária?
12. Caso o(a) periciando(a) esteja incapacitado temporariamente, é possível que essa incapacidade aumente e venha a se tornar permanente?
13. Quais são as limitações ou sequelas na vida diária causadas pelas doenças que acometem o(a) periciando(a)?
14. Quais são as limitações ou sequelas na vida laboral causadas pelas doenças que acometem o(a) periciando(a)?
15. Quais as atividades que o(a) periciando(a) desempenhava no exercício de sua função? Que tipo de movimentos e posições, ou pesos tem que carregar?
16. Com as enfermidades que possui atualmente o(a) periciando(a) consegue executar as tarefas inerentes a sua atividade?
17. Caso o(a) periciando(a) esteja incapacitado, existe alguma relação entre a doença e o trabalho exercido por ele? A doença pode ser considerada de alguma forma como decorrente ou influenciada pelo trabalho?
18. A continuidade do trabalho pode agravar a doença do(a) paciente?
19. O(a) periciando(a) tem indicação para nova cirurgia ou procedimento para a melhora do quadro clínico?
20. O periciando está acometido de tuberculose ativa, hanseníase, alienação mental, neoplasia maligna, cegueira, paralisia irreversível e incapacitante, cardiopatia grave, doença de Parkinson, espondiloartrose anquilosante, nefropatia grave, estado avançado de doença de Paget (osteíte deformante), síndrome da deficiência imunológica adquirida (AIDS) e/ou contaminação por irradiação?
21. O(a) periciando(a) possui alguma das doenças abaixo:

( ) Cegueira total.
( ) Perda de nove dedos das mãos ou superior a esta.
( ) Paralisia dos dois membros superiores ou inferiores.
( ) Perda dos membros inferiores, acima dos pés, quando a prótese for impossível.
( ) Perda de uma das mãos e de dois pés, ainda que a prótese seja possível.
( ) Perda de um membro superior e outro inferior, quando a prótese for impossível.
( ) Alteração das faculdades mentais com grave perturbação da vida orgânica e social.
( ) Doença que exija permanência contínua no leito.
( ) Incapacidade permanente para as atividades da vida diária.
( ) Não possui nenhuma das doenças acima citadas.

22. Qual é a especialidade de formação do perito?

## 48. MODELO DE AÇÃO DE CONCESSÃO DE AUXÍLIO POR INCAPACIDADE TEMPORÁRIA E/OU APOSENTADORIA POR INCAPACIDADE PERMANENTE

**EXCELENTÍSSIMO(A) SENHOR(A) DOUTOR(A) JUIZ(A) FEDERAL DA VARA/JUIZADO ESPECIAL FEDERAL DA CIDADE – SEÇÃO JUDICIÁRIA DO ESTADO** <VERIFICAR SE É INTERESSANTE O AJUIZAMENTO DA AÇÃO NA VARA ESTADUAL MEDIANTE A UTILIZAÇÃO DA COMPETÊNCIA DELEGADA, MAS ADEQUANDO À NOVA LIMITAÇÃO DE 70 KM ENTRE A SEDE DA JF E A SEDE DA COMARCA, OU POR SER INCAPACIDADE DECORRENTE DE ACIDENTE DO TRABALHO OU DOENÇA PROFISSIONAL OU DO TRABALHO. SE SIM, ADEQUAR PARA A NOMENCLATURA ESTADUAL>

**Nome do(a) Segurado(a),** nacionalidade, estado civil, <PROFISSÃO>, residente e domiciliado(a) na Rua, Bairro, Cidade, Estado, inscrito(a) no CPF sob o nº, endereço eletrônico, vem à presença de Vossa Excelência, por intermédio de seus procuradores constituídos, propor a presente **AÇÃO DE CONCESSÃO DE AUXÍLIO POR INCAPACIDADE TEMPORÁRIA C/C APOSENTADORIA POR INCAPACIDADE PERMANENTE** contra o **INSTITUTO NACIONAL DO SEGURO SOCIAL – INSS**, pessoa jurídica de direito público, autarquia federal com endereço à... <ADEQUAR CONFORME A CIDADE> pelos fatos e fundamentos que a seguir aduz:

1. **DOS FATOS** <ADEQUAR AO CASO CONCRETO>

A parte Autora detém a qualidade de segurado da Previdência Social, e, desde 00.00.2000, sofre de problemas psiquiátricos <EXEMPLO>.

Ocorre que, apesar de devidamente instruído, o benefício requerido não foi concedido, por suposta ausência de incapacidade ou falta de qualidade de segurado ou não cumprimento de carência <adequar ao caso>.

O requerimento administrativo e decisão denegatória estão devidamente comprovados nos documentos anexos a essa exordial.

O resultado do requerimento administrativo, merece reparo isso porque, a análise da incapacidade realizada pelo perito da Autarquia-Ré foi inconsistente e superficial, desconsiderando o tratamento medicamentoso feito desde ../.. /.... pela parte Autora bem como os exames e laudos apresentados <adequar ao caso concreto>.

*In casu*, <ADEQUAR AO CASO CONCRETO> a parte Autora é portadora das enfermidades denominadas por <EXEMPLOS DE CID> F41.0 – Transtorno de Pânico/ F31.4 – Transtorno Afetivo Bipolar Episódio Atual Depressivo Grave sem Sintomas Psicóticos/ F40.9 – Transtorno Fóbico Ansioso não especificado/ e F33.1 – Transtorno Depressivo Recorrente, e, por estar ainda em tratamento, não se encontra em condições de voltar às suas atividades laborais.

Inconformada com o erro cometido pela Autarquia-Ré, vem, a parte Autora, perante este Emérito Julgador, requerer a concessão de seu benefício de auxílio por incapacidade temporária <verificar se há interesse em pedir a posterior conversão em aposentadoria por incapacidade permanente, tendo em vista que atualmente o cálculo do auxílio é melhor do que da aposentadoria>.

2. **DA PROVA DA INCAPACIDADE/REQUISITOS DA PETIÇÃO INICIAL (LEI N. 14.331/2022)**

Compulsando a documentação médica que instrui a presente exordial, extrai-se que a parte Autora padece das seguintes enfermidades:

- CID 10: <INFORMAR CID + NOME DA DOENÇA>;
- CID 10: <INFORMAR CID + NOME DA DOENÇA>.

Importante salientar que a parte autora ajuizou ação sob o n. XXXXXXX-XX.XXXX.X.XX.XXXX, transitada em julgado em 0.00.0000, cujo objeto da lide foi a concessão de auxílio por incapacidade temporária <AUXÍLIO-DOENÇA, SE ANTERIOR À EC n. 103/2019>.

<NA INEXISTÊNCIA DE AÇÃO DE BENEFÍCIO POR INCAPACIDADE, INFORMAR QUE A PARTE AUTORA NÃO AJUIZOU AÇÃO DE CONCESSÃO DE BENEFÍCIO POR INCAPACIDADE.>

Na referida ação, o juízo reconheceu a existência de incapacidade laborativa e julgou procedente os pedidos formulados pela parte Autora, concedendo o benefício sob o NB 31/000.000.000-0, sendo fixada data de início do benefício em 00.00.0000 e data de cessação em 00.00.0000.

Contudo, destaca-se que a razão pela qual a parte Autora ajuizou a supracitada ação judicial foi em decorrência da lesão do fêmur que lhe incapacitou temporariamente para o exercício de suas atividades habituais e laboral. Ademais, recuperada a capacidade para o trabalho, a parte Autora retornou ao exercício de suas atividades por mais de dois anos. Portanto, fato gerador diverso do discutido nesta demanda, tendo em vista que a incapacidade atual é decorrente do câncer de próstata que lhe acomete <ADEQUAR AO CASO>.

Ora, Excelência, mesmo apresentado na perícia médica todos os relatórios médicos, exames, atestados e prontuários, o perito médico federal indeferiu o pedido da parte Autora sob arguição de inexistência de incapacidade laborativa, vejamos o comunicado de decisão:

<SUGERIMOS A INCLUSÃO DO PRINT DO COMUNICADO DE DECISÃO>.

Na avaliação médico-pericial realizada em 00.00.0000, a arguição do perito federal foi que, embora seja inegável o diagnóstico de neoplasia maligna, a parte Autora não estaria incapacitada para a atividade laboral que exercita.

<SUGERIMOS A INCLUSÃO DO PRINT DO LAUDO MÉDICO-PERICIAL>.

Ademais, vale ressaltar que o douto perito atestou que a parte Autora está realizando sessões de quimioterapia após retirada do tumor em cirurgia realizada no dia 00.00.0000. Assim, resta claro que o perito federal sequer levou em consideração o desgaste com o tratamento e tampouco as reações que as sessões de quimioterapia e os medicamentos causam no organismo da parte autora.

Portanto, restam cumpridas as exigências previstas no art. 129-A da Lei n. 14.331/2022, que estabelece os seguintes requisitos da petição inicial cujo objeto seja benefício por incapacidade:

> "Art. 129-A. Os litígios e as medidas cautelares relativos aos benefícios por incapacidade de que trata esta Lei, inclusive os relativos a acidentes do trabalho, observarão o seguinte:
> I – quando o fundamento da ação for a discussão de ato praticado pela perícia médica federal, a petição inicial deverá conter, em complemento aos requisitos previstos no art. 319 da Lei n. 13.105, de 16 de março de 2015 (Código de Processo Civil):
> a) descrição clara da doença e das limitações que ela impõe;
> b) indicação da atividade para a qual o autor alega estar incapacitado;
> c) possíveis inconsistências da avaliação médico-pericial discutida; e
> d) declaração quanto à existência de ação judicial anterior com o objeto de que trata este artigo, esclarecendo os motivos pelos quais se entende não haver litispendência ou coisa julgada, quando for o caso;
> II – para atendimento do disposto no art. 320 da Lei n. 13.105, de 16 de março de 2015 (Código de Processo Civil), a petição inicial, qualquer que seja o rito ou procedimento adotado, deverá ser instruída pelo autor com os seguintes documentos:
> a) comprovante de indeferimento do benefício ou de sua não prorrogação, quando for o caso, pela administração pública;
> b) comprovante da ocorrência do acidente de qualquer natureza ou do acidente do trabalho, sempre que houver um acidente apontado como causa da incapacidade;
> c) documentação médica de que dispuser relativa à doença alegada como a causa da incapacidade discutida na via administrativa. (...)"

Com relação à documentação médica comprovatória da doença incapacitante, bem como a descrição da doença e das limitações que impedem que a parte Autora exerça suas atividades como auxiliar de almoxarifado, discrimina a oncologista que acompanha o quadro clínico da parte Autora que a permanência no ambiente de trabalho poderá ocasionar riscos inclusive à integridade física da parte Autora, tendo em vista que opera máquinas que exige especial esforço e concentração <ESPECIFICAR DE ACORDO COM A DOCUMENTAÇÃO MÉDICA>.

À vista do exposto, resta claro que a doença que acomete a parte Autora lhe incapacita temporariamente <ou permanentemente> para o trabalho, uma vez que não consegue realizar as atividades correlatas à sua profissão, razão pela qual pleiteia a parte Autora a concessão de auxílio por incapacidade temporária <ou aposentadoria por incapacidade permanente>, desde a data do diagnóstico da doença.

### 3. FUNDAMENTOS JURÍDICOS DO PEDIDO <ADEQUAR AO CASO CONCRETO>

São os requisitos para a concessão de auxílio por incapacidade temporária:

(a) qualidade de segurado do requerente;

(b) cumprimento da carência de 12 contribuições mensais[12], observado os casos de dispensa em virtude de acidente de qualquer natureza ou causa e de doença profissional ou do trabalho, bem como das doenças e afecções especificadas de acordo com a gravidade que mereçam tratamento particularizado;

(c) superveniência de moléstia temporariamente incapacitante para o desenvolvimento de atividade laboral que garanta a subsistência.

No presente caso, a parte demonstra, pela documentação médica acostada aos autos, que a doença que lhe acomete retirou sua capacidade laborativa, ainda que temporariamente. Demonstra também a contemporaneidade do tratamento médico, que perdura até os dias atuais. Nesse sentido, destacamos: <ADEQUAR>

Além disso, o CNIS comprava a existência de contribuições de forma a garantir a qualidade de segurado e a carência exigida no caso concreto. Nesse sentido, destacamos: <ADEQUAR>

Portanto, não há como negar que a parte autora preencheu, na DER, todos os requisitos necessários para a obtenção do auxílio por incapacidade temporária.

### 4. DA TRANSFORMAÇÃO EM INCAPACIDADE PERMANENTE <VERIFICAR O INTERESSE EM SOLICITAR NO CASO CONCRETO, LEMBRANDO QUE O VALOR A APOSENTADORIA POR INCAPACIDADE PÓS-REFORMA COSTUMA SER INFERIOR AO DO AUXÍLIO. ADEQUAR AO CASO CONCRETO>

O *caput* do artigo 42 da Lei n. 8.213/1991 assim estabelece:

> Art. 42. A aposentadoria por invalidez, uma vez cumprida, quando for o caso, a carência exigida, será devida ao segurado que, estando ou não em gozo de auxílio-doença, for considerado incapaz e insusceptível de reabilitação para o exercício de atividade que lhe garanta a subsistência, e ser-lhe-á paga enquanto permanecer nesta condição.

No caso em análise, verificamos que a parte autora se enquadra na hipótese de concessão da aposentadoria por incapacidade permanente desde 00.00.2000, tendo em vista os seguintes laudos que assim atestam:

<INCLUIR MAIS DETALHES SOBRE A EXISTÊNCIA DE INCAPACIDADE PERMANENTE, CONFORME AS PECULIARIDADES DO CASO>.

Sendo assim, restando comprovada a incapacidade permanente da parte autora, esta faz jus à concessão de aposentadoria por incapacidade permanente.

### 5. DO DIREITO À PERÍCIA CONCLUSIVA

A perícia é fundamental para o deslinde das questões ligadas aos benefícios por incapacidade – acidentários ou não –, já que não há outro meio de prova que possa suprir a avaliação médica.

---

[12] Importante observar que o art. 19-C do Dec. n. 3.048/1999 destaca: "§ 1º Será computado o tempo intercalado de recebimento de benefício por incapacidade, na forma do disposto no inciso II do *caput* do art. 55 da Lei n. 8.213, de 24 de julho de 1991, exceto para efeito de carência. (Incluído pelo Decreto n. 10.410, de 2020)"

Sobre o procedimento para realização de perícias – no âmbito das empresas, no do INSS ou mesmo em sede de perícia judicial –, deve o profissional da medicina observar os ditames do Código de Ética da categoria, e, especialmente em relação ao tema, a Resolução n. 2.323/2022 do Conselho Federal de Medicina, que dispõe sobre as normas específicas de atendimento a trabalhadores.

Problema deveras comum nas demandas por incapacidade é a ausência de laudo conclusivo do perito judicial acerca das condições do segurado à época do requerimento indeferido pelo INSS, alegando o perito não poder se manifestar sobre o estado de saúde do segurado em período pretérito ao da perícia.

Com efeito, a função da prova pericial é justamente esta, a de buscar, com base nos elementos existentes (prontuário médico do segurado, atestados, exames, processo administrativo junto ao INSS), concluir se a situação, à época do requerimento administrativo, era de efetiva incapacidade laboral, ou não. Perícia que não responde a esse quesito – fundamental – é inconclusiva, ou seja, inservível ao fim colimado, devendo ser refeita. Nesse sentido, a orientação jurisprudencial:

> DIREITO PROCESSUAL PREVIDENCIÁRIO. BENEFÍCIO POR INCAPACIDADE. LAUDO PERICIAL INSUFICIENTE. PRINCÍPIO DA PREVENÇÃO. SENTENÇA ANULADA. COLEGIADO AMPLIADO. ART. 942, CPC.
>
> 1. A perícia é muito mais uma anamnese qualificada e estudo da patologia desde o seu início (instalação), progressão e projeção para o futuro (perspectiva de cura, estabilização ou avanço da doença), do que outra coisa. Perícias incompletas, vai-se repetir à exaustão, ao invés de ajudarem, tornam a decisão judicial mais complicada e, às vezes, impossível. Ao olvidar o futuro, conectado com o passado e o presente, o perito-médico atua de forma imprevidente. Vale dizer, sem a devida atenção aos princípios universais da prevenção/precaução. Não cogita os riscos (evitáveis) de sua decisão (laudo é tomada de decisão) na perspectiva daqueles que serão afetados por sua decisão (as consequências).
>
> (...) 3. Não havendo a menor dúvida de que o perito não está efetivamente auxiliando o juízo, e aqui se deve considerar o Tribunal, limitando-se a responder objetivamente os quesitos formulados, mostrando-se a prova técnica insuficiente para firmar o convencimento do Juízo, ante a sua deficiência, mister se faz a reabertura da instrução processual, como vem sendo feito neste Colegiado nos processos em que também atuou o mesmo expert (v.g. AC 5003695-97.2020.4.04.9999, Turma Regional Suplementar de SC, Relator João Batista Lazzari, juntado aos autos em 08.06.2020; AC 5005283-67.2015.4.04.7202, Turma Regional Suplementar de SC, Relator Jorge Antonio Maurique, juntado aos autos em 05/03/2018; AC 5018550-52.2018.4.04.9999, Relator Paulo Afonso Brum Vaz, juntado aos autos em 19/09/2019). (...)
>
> (AC – Apelação Cível 5027432-66.2019.4.04.9999, Paulo Afonso Brum Vaz, TRF4 – Turma Regional Suplementar de SC, 22.09.2020.)

Por esse motivo, requer a parte autora, desde já, que este d. Juízo, ao designar perícia por expert de confiança do julgador, determine a este o cumprimento de seu mister de modo conclusivo, evitando nulidades processuais.

Roga-se, ainda, a este d. Juízo, que designe perito que possua especialidade compatível com a enfermidade existente, a fim de que a prova seja mais bem produzida em prol da consecução do ideal de Justiça, como vem decidindo a jurisprudência:

> "PREVIDENCIÁRIO. APOSENTADORIA POR INVALIDEZ. AUXÍLIO-DOENÇA. LAUDO PERECIAL INSUFICIENTE.SENTENÇA ANULADA.
>
> 1. Quando a perícia judicial não cumpre os pressupostos mínimos de idoneidade da prova técnica, ela é produzida, na verdade, de maneira a furtar do magistrado o poder de decisão.
>
> 2. Hipótese em que foi anulada a sentença para a realização de prova pericial por médico psiquiatra"
> (TRF/4, AC 5027792-98.2019.4.04.9999, TRS-SC, Rel. Des. Paulo A. Brum Vaz, j. 17.11.2020).

## 6. DA TUTELA PROVISÓRIA DE URGÊNCIA <ADEQUAR AO CASO CONCRETO>

A situação criada pela Ré, ou seja, a decisão denegatória do benefício por incapacidade, seja ele o auxílio por incapacidade temporária ou a aposentadoria por incapacidade permanente, põe em risco a subsistência da parte Autora e de sua família, principalmente pela natureza alimentar do benefício.

Sem receber qualquer tipo de rendimentos e não podendo trabalhar, a parte Autora passa por sérias dificuldades financeiras desde seu afastamento do trabalho, uma vez que o benefício em questão seria seu único meio de subsistência.

A jurisprudência vem entendendo pelo cabimento da tutela provisória de urgência **antes mesmo da perícia,** caso esse respeitável Juízo se convença da existência dos pressupostos para a concessão da medida a partir da documentação já acostada, como se vê da decisão a seguir transcrita:

> AGRAVO DE INSTRUMENTO. PREVIDENCIÁRIO. AUXÍLIO-DOENÇA. ANTECIPAÇÃO DE TUTELA. REQUISITOS.
> *Se está demonstrada a incapacidade, por meio de atestados médicos idôneos, é de se dizer que está preenchido o requisito da probabilidade do direito. Exigir a perícia judicial, sob o pretexto da presunção da validade do laudo administrativo, seria aniquilar parcialmente a tutela de urgência.* O fundado receio de dano irreparável ou de difícil reparação está caracterizado pela impossibilidade de o segurado exercer suas atividades habituais e, consequentemente, prover o próprio sustento.
> (TRF/4, AG 5023494-24.2018.4.04.0000/SC, TRS-SC, Rel. Des. Fed. Paulo Afonso Brum Vaz, 05.09.2018 – sem grifos no original)

Assim, impõe-se a concessão imediata da tutela de urgência pretendida, ou sucessivamente, a designação de perícia médica, com urgência, a fim de que, após o laudo, possam ser antecipados os efeitos da tutela, como medida de salvaguarda à vida da parte Autora. Em não sendo possível a realização de perícia judicial de forma rápida, faz-se necessária a concessão, ainda que precariamente, da tutela provisória de urgência, de forma a garantir a subsistência do núcleo familiar do qual faz parte o(a) segurado(a).

## 7. DO PREQUESTIONAMENTO

Resta clara a violação aos ditames constitucionais e legislação federal, que destacamos: <ADEQUAR AO CASO CONCRETO, LEMBRANDO DE INCLUIR LEGISLAÇÃO FEDERAL TAMBÉM, MESMO PARA AÇÕES DE JUIZADOS>.

## 8. REQUERIMENTOS <ADEQUAR AO CASO CONCRETO>

Diante do exposto, requer-se a Vossa Excelência:

a) a citação do Instituto Nacional do Seguro Social – INSS, para, querendo, responder à presente demanda, no prazo legal, na pessoa do Superintendente Regional ou da Procuradoria Federal;

b) a concessão da **tutela provisória de urgência**, antes da realização de perícia médica, determinando-se ao INSS que inicie imediatamente o pagamento do benefício previdenciário de auxílio por incapacidade temporária, enquanto persistir a enfermidade ensejadora do benefício. Requer ainda que seja determinado ao INSS que se abstenha de incluir DCB com alta programada para o presente caso, devendo, para a cessação do benefício, proceder a realização de perícia administrativa com a parte autora;

c) a determinação do pagamento de multa a ser fixada por este Juízo, com base nos artigos 300 e 497 do CPC, caso haja, por parte da Autarquia-Ré, o descumprimento da tutela eventualmente deferida;

d) a procedência da pretensão deduzida, consoante narrado nesta inicial, condenando-se o INSS a conceder o auxílio por incapacidade temporária, ou, sucessivamente, a conceder a aposentadoria por incapacidade permanente, determinando-se ao INSS que pague as parcelas a serem apuradas, mês a mês, a partir da DIB equivalente ao requerimento de concessão realizado administrativamente, ou seja, da competência _____, nos termos desta inicial, bem como continue pagando à parte Autora o benefício, enquanto persistirem as doenças ensejadoras do mesmo. Requer ainda que seja determinado ao INSS se abster de incluir DCB com alta programada para o presente caso, devendo, para a cessação do benefício, proceder a realização de perícia administrativa com a parte autora;

e) A parte informa, ainda, que não possui condições financeiras para nomeação de assistente técnico, requerendo, desde já, a apresentação de quesitos. Requer, ainda a manifestação do perito, solicitando sua avaliação com especialista, para se garantir a análise correta do caso clínico, referente aos laudos e exames anexos a essa inicial;

f) a condenação do INSS ao pagamento dos valores acumulados, aplicando-se juros e correção monetária até 11/2021, nos termos dos Temas 810 do STF e 905 do STJ e, a partir de 12/2021, o índice da taxa referencial do Sistema Especial de Liquidação e de Custódia (Selic), acumulado mensalmente, para fins de atualização monetária e de compensação da mora (art. 3º da EC n. 113/2021), respeitada a prescrição quinquenal;

g) a condenação do INSS ao pagamento de custas, despesas e de honorários advocatícios, na base de 20% (vinte por cento) sobre as parcelas vencidas e as doze vincendas, apuradas em liquidação de sentença, conforme dispõem o art. 55 da Lei n. 9.099/1995 e o art. 85, § 3º, do CPC;

h) a produção das provas por todos os meios admitidos em direito, especialmente a oitiva de testemunhas, juntada de novos documentos e, em especial, a nomeação de perito, escolhido por este R. Juízo, para realização da perícia médica, inclusive com poderes para requerer exames que considerar necessários e indispensáveis para a constatação da doença, além dos documentos já apresentados no processo, respondendo aos quesitos formulados <DE PREFERÊNCIA COLOCAR QUESITOS ANEXOS>; E, NÃO POSSUINDO A PARTE AUTORA CONDIÇÕES FINANCEIRAS PARA NOMEAR ASSISTENTE TÉCNICO, PROTESTA PELA APRESENTAÇÃO DE QUESITOS SUPLEMENTARES PARA O PERITO JUDICIAL>. Requer, desde já, a manifestação do perito referente ao prontuário, laudos e exames anexos a essa inicial. <CASO A PARTE TENHA MAIS DE UMA DOENÇA, EM ESPECIAL DE DIFERENTES CAUSAS, COMO ORTOPÉDICA E PSIQUIÁTRICA, IMPORTANTE OBSERVAR QUE PODE SER REQUERIDA MAIS DE UMA PERÍCIA, COM MÉDICOS ESPECIALISTAS, PARA SE GARANTIR A ANÁLISE CORRETA DO CASO CLÍNICO>;

i) a concessão da Gratuidade da Justiça, por ser a parte Autora pessoa hipossuficiente, na acepção jurídica do termo, sem condições de arcar com as despesas processuais e os honorários advocatícios sucumbenciais sem prejuízo de seu sustento e de sua família, na forma do art. 98 e ss do CPC. <RECOMENDA-SE A COLETA, PELO ADVOGADO, DE DECLARAÇÃO DE HIPOSSUFICIÊNCIA DO CLIENTE, CASO SEJA REQUERIDA A GRATUIDADE DA JUSTIÇA. DEVE-SE, TAMBÉM, DE PREFERÊNCIA, FAZER A JUNTADA DE TAL DECLARAÇÃO NOS AUTOS, JÁ NA INICIAL>;

Cumprindo a previsão do art. 319, VII, do CPC, a parte autora declara que opta pela realização <OU NÃO REALIZAÇÃO, ADEQUAR CONFORME O INTERESSE EM CADA CASO> de audiência de conciliação no presente caso.

Requer-se, ainda, com base no § 4º, do art. 22, da Lei n. 8.906/1994, que, ao final da presente demanda, caso sejam encontradas diferenças em favor da parte Autora, quando da expedição da RPV ou do precatório, os valores referentes aos honorários contratuais e sucumbenciais sejam expedidos em nome da sociedade de advogados contratada pela parte Autora, sendo os honorários contratuais devidos no percentual constante no contrato em anexo.

Dá-se à causa o valor de R$ 1.000,00 (mil reais). <ADEQUAR CONFORME O CASO>

Nesses termos,

PEDE DEFERIMENTO.

Cidade e data.

Nome do Advogado e OAB

---------

Quesitos para a perícia médica <ADEQUAR AO CASO CONCRETO>
1. Qual a idade do(a) periciando(a)?
2. Qual o grau de escolaridade do(a) periciando(a)?
3. Qual a atividade profissional que exerce (ou exercia) o(a) periciando(a)?
4. O(a) periciando(a) é portador(a) de doença, lesão ou moléstia? Em caso positivo, qual ou quais as CID(s)?

5. Houve progressão, agravamento ou desdobramento da doença ou lesão, ao longo do tempo?
6. A doença, lesão ou moléstia que acomete o(a) periciando(a) o incapacita para o exercício da sua atividade?
7. A doença, lesão ou moléstia que acomete o(a) periciando(a) o incapacita para a vida independente?
8. A doença, lesão ou moléstia que acomete o(a) periciando(a) o incapacita para o exercício de qualquer atividade?
9. A incapacidade é proveniente de doença decorrente do trabalho, acidente de trabalho ou acidente de qualquer natureza? Se sim, qual a data do evento ou início da doença?
10. Caso o(a) periciando(a) esteja incapacitado, é possível determinar a data do início da incapacidade ou doença?
11. Caso o(a) periciando(a) esteja incapacitado, essa incapacidade é permanente ou temporária?
12. Caso o(a) periciando(a) esteja incapacitado, essa incapacidade é total ou parcial?
13. Caso o(a) periciando(a) esteja temporariamente incapacitado, qual seria a data limite para a reavaliação do benefício por incapacidade temporária?
14. Caso o(a) periciando(a) esteja incapacitado temporariamente, é possível que essa incapacidade aumente e venha a se tornar permanente?
15. Quais são as limitações ou sequelas na vida diária causadas pelas doenças que acometem o(a) periciando(a)?
16. Quais são as limitações ou sequelas na vida laboral causadas pelas doenças que acometem o(a) periciando(a)?
17. Quais as atividades que o(a) periciando(a) desempenhava no exercício de sua função? Que tipo de movimentos e posições, ou pesos tem que carregar?
18. Com as enfermidades que possui atualmente o(a) periciando(a) consegue executar as tarefas inerentes a sua atividade?
19. Qual(is) é(são) a(s) sua(s) natureza(s) e/ou causa(s) da(s) enfermidade(s) que afligem o(a) periciando(a)? (degenerativa, inerente à faixa etária do periciando, hereditária, congênita, adquirida, decorrente de evento infortunístico laborativo ou não). Se existente, é possível informar a origem da doença/lesão ou sequela, especificando-a?
20. Se degenerativa é condizente com a idade cronológica do(a) periciando(a), ou está exacerbada?
21. Caso o(a) periciando(a) esteja incapacitado, existe alguma relação entre a doença e o trabalho exercido por ele? A doença pode ser considerada de alguma forma como decorrente ou influenciada pelo trabalho?
22. A continuidade do trabalho pode agravar a doença do(a) paciente?
23. Existe a possibilidade de cura (recuperação total) do(a) periciando(a) que lhe permita o retorno às suas atividades laborais típicas, sem qualquer limitação?
24. O(a) periciando(a) tem indicação para nova cirurgia ou procedimento para a melhora do quadro clínico?
25. Existe possibilidade de cura após o novo procedimento cirúrgico?
26. Existe a possibilidade de reabilitação do(a) periciando(a) para outro tipo de atividade, dadas a sua idade, sua escolaridade e grau de comprometimento da(s) enfermidade(s)?
27. Se o(a) periciando(a) fosse submetido a um exame admissional para a sua função típica, ele seria considerado apto ao exercício da função? Justifique:
28. O periciando está acometido de tuberculose ativa, hanseníase, alienação mental, neoplasia maligna, cegueira, paralisia irreversível e incapacitante, cardiopatia grave, doença de Parkinson, espondiloartrose anquilosante, nefropatia grave, estado avançado de doença de Paget (osteíte deformante), síndrome da deficiência imunológica adquirida (AIDS) e/ou contaminação por irradiação?
29. O(a) periciando(a) possui alguma das doenças abaixo:
    ( ) Cegueira total.
    ( ) Perda de nove dedos das mãos ou superior a esta.

( ) Paralisia dos dois membros superiores ou inferiores.
( ) Perda dos membros inferiores, acima dos pés, quando a prótese for impossível.
( ) Perda de uma das mãos e de dois pés, ainda que a prótese seja possível.
( ) Perda de um membro superior e outro inferior, quando a prótese for impossível.
( ) Alteração das faculdades mentais com grave perturbação da vida orgânica e social.
( ) Doença que exija permanência contínua no leito.
( ) Incapacidade permanente para as atividades da vida diária.
( ) Não possui nenhuma das doenças acima citadas.

30. Qual é a especialidade de formação do perito?

## 49. MODELO DE AÇÃO DE RESTABELECIMENTO DE AUXÍLIO-DOENÇA, COM PEDIDO DE APOSENTADORIA POR INVALIDEZ, REABILITAÇÃO E AUXÍLIO-ACIDENTE E DANO MORAL – DIREITO ADQUIRIDO ANTERIOR À EC N. 103/2019

**EXCELENTÍSSIMO(A) SENHOR(A) DOUTOR(A) JUIZ(A) FEDERAL DA VARA/JUIZADO ESPECIAL FEDERAL DA CIDADE – SEÇÃO JUDICIÁRIA DO ESTADO** <VERIFICAR SE É INTERESSANTE O AJUIZAMENTO DA AÇÃO NA VARA ESTADUAL MEDIANTE A UTILIZAÇÃO DA COMPETÊNCIA DELEGADA OU POR SER INCAPACIDADE DECORRENTE DE ACIDENTE DO TRABALHO OU DOENÇA PROFISSIONAL OU DO TRABALHO. SE SIM, ADEQUAR PARA A NOMENCLATURA ESTADUAL>

**Nome do(a) Segurado(a),** nacionalidade, estado civil, <OCUPAÇÃO>, residente e domiciliado(a) na Rua, Bairro, Cidade, Estado, inscrito(a) no CPF sob o nº, NB e DIB (incluir dados do benefício anterior se houver), endereço eletrônico, vem à presença de Vossa Excelência, por intermédio de seus procuradores constituídos, propor a presente **AÇÃO DE RESTABELECIMENTO DE BENEFÍCIO PREVIDENCIÁRIO CUMULADO COM DANO MORAL E PEDIDO DE TUTELA PROVISÓRIA DE URGÊNCIA** contra o **INSTITUTO NACIONAL DO SEGURO SOCIAL – INSS**, pessoa jurídica de direito público, autarquia federal com endereço à... <ADEQUAR À CIDADE EM QUE A AÇÃO É AJUIZADA> pelos fatos e fundamentos que a seguir aduz:

**1. BREVE RESENHA FÁTICA** <ADEQUAR AO CASO CONCRETO>

A parte autora detém a qualidade de segurado da previdência social, como demonstram os documentos anexos na presente inicial, sendo que já teve deferido o benefício do auxílio-doença NB 000.000.000-0.

Conforme comprovado pelos documentos em anexo, a parte autora possui doença incapacitante e sofre com seu tratamento, motivo pelo qual apresentou dificuldades em continuar trabalhando e submeteu-se à análise médica do INSS.

Salienta-se que a parte autora recebeu o benefício de auxílio-doença com alta programada, e que, por diversas vezes, fez pedido de prorrogação de seu benefício, sempre se submetendo a novas perícias, sendo que a última resultou no cancelamento indevido do benefício.

Entretanto, a enfermidade perdura até o presente momento e a parte autora não se encontra apta para seu retorno à atividade laboral.

A afirmação supra se faz comprovada por meio do prontuário médico, dos exames e laudos médicos do SUS e do médico particular da parte autora (documentos anexos), os quais dirimem qualquer questionamento a respeito da real situação de sua saúde.

Ressalta-se, ainda, que desde o cancelamento do benefício de auxílio-doença em mês/ano, a parte autora tem passado dificultosa situação financeira, em razão de não possuir outro meio de subsistência.

Vê-se, portanto, que o cancelamento do auxílio-doença pela autarquia-ré é totalmente descabido, forçando o(a) segurado(a) ao retorno de suas atividades laborais, sem que, contudo, este(a) esteja apto(a) ao exercício destas.

Dessa forma, restando inexitosa toda e qualquer solução extrajudicial do litígio, tem-se a presente demanda como único meio útil e eficaz para dirimir a lide em voga.

## 2. DA PROVA DA INCAPACIDADE/REQUISITOS DA PETIÇÃO INICIAL (LEI N. 14.331/2022)

Compulsando a documentação médica que instrui a presente exordial, extrai-se que a parte Autora padece das seguintes enfermidades:

- CID 10: <INFORMAR CID + NOME DA DOENÇA>;
- CID 10: <INFORMAR CID + NOME DA DOENÇA>.

Importante salientar que a parte autora ajuizou ação sob o n. XXXXXXX-XX.XXXX.X.XX.XXXX, transitada em julgado em 0.00.0000, cujo objeto da lide foi a concessão de auxílio por incapacidade temporária <AUXÍLIO-DOENÇA, SE ANTERIOR À EC n. 103/2019>.

<NA INEXISTÊNCIA DE AÇÃO DE BENEFÍCIO POR INCAPACIDADE, INFORMAR QUE A PARTE AUTORA NÃO AJUIZOU AÇÃO DE CONCESSÃO DE BENEFÍCIO POR INCAPACIDADE.>

Na referida ação, o juízo reconheceu a existência de incapacidade laborativa e julgou procedente os pedidos formulados pela parte Autora, concedendo o benefício sob o NB 31/000.000.000-0, sendo fixada data de início do benefício em 00.00.0000 e data de cessação em 00.00.0000.

Contudo, faltando menos de quinze dias para cessação do benefício, a parte Autora pleiteou perante a Autarquia Previdenciária a prorrogação do benefício. Ocorre que o seu pleito foi indeferido sob a alegação de que não há presença de incapacidade para o trabalho. Portanto, importante observar que o objeto da demanda supracitada é a CONCESSÃO do benefício por incapacidade e o que se pede na exordial é o RESTABELECIMENTO do benefício indevidamente cessado <ADEQUAR AO CASO>.

Ora, Excelência, mesmo apresentado na perícia médica todos os relatórios médicos, exames, atestados e prontuários, o perito médico federal indeferiu o pedido da parte Autora sob arguição de inexistência de incapacidade laborativa, vejamos o comunicado de decisão:

<SUGERIMOS A INCLUSÃO DO PRINT DO COMUNICADO DE DECISÃO>.

Na avaliação médico-pericial realizada em 00.00.0000, a arguição do perito federal foi que embora seja inegável o diagnóstico de neoplasia maligna a parte Autora não estaria incapacitada para a atividade laboral que exerce, sendo o benefício cessado na data da realização do exame.

<SUGERIMOS A INCLUSÃO DO PRINT DO LAUDO MÉDICO-PERICIAL>.

Ademais, vale ressaltar que o douto perito atestou que a parte Autora está realizando sessões de quimioterapia após retirada do tumor em cirurgia realizada no dia 00.00.0000. Assim, resta claro que o perito federal sequer levou em consideração o desgaste do tratamento e tampouco as reações que as sessões de quimioterapia e os medicamentos causam no organismo da parte autora.

Portanto, restam cumpridas as exigências previstas no art. 129-A da Lei n. 14.331/2022, que estabelece os seguintes requisitos da petição inicial cujo objeto seja benefício por incapacidade:

> Art. 129-A. Os litígios e as medidas cautelares relativos aos benefícios por incapacidade de que trata esta Lei, inclusive os relativos a acidentes do trabalho, observarão o seguinte:
>
> I – quando o fundamento da ação for a discussão de ato praticado pela perícia médica federal, a petição inicial deverá conter, em complemento aos requisitos previstos no art. 319 da Lei n. 13.105, de 16 de março de 2015 (Código de Processo Civil):
>
> a) descrição clara da doença e das limitações que ela impõe;
>
> b) indicação da atividade para a qual o autor alega estar incapacitado;
>
> c) possíveis inconsistências da avaliação médico-pericial discutida; e
>
> d) declaração quanto à existência de ação judicial anterior com o objeto de que trata este artigo, esclarecendo os motivos pelos quais se entende não haver litispendência ou coisa julgada, quando for o caso;
>
> II – para atendimento do disposto no art. 320 da Lei n. 13.105, de 16 de março de 2015 (Código de Processo Civil), a petição inicial, qualquer que seja o rito ou procedimento adotado, deverá ser instruída pelo autor com os seguintes documentos:

a) comprovante de indeferimento do benefício ou de sua não prorrogação, quando for o caso, pela administração pública;

b) comprovante da ocorrência do acidente de qualquer natureza ou do acidente do trabalho, sempre que houver um acidente apontado como causa da incapacidade;

c) documentação médica de que dispuser relativa à doença alegada como a causa da incapacidade discutida na via administrativa. (...)".

Com relação à documentação médica comprovatória da doença incapacitante, bem como a descrição da doença e das limitações que impedem que a parte Autora exerça suas atividades como auxiliar de almoxarifado, discrimina a oncologista que acompanha o quadro clínico da parte Autora que a permanência no ambiente de trabalho poderá ocasionar riscos inclusive à integridade física da parte Autora, tendo em vista que opera máquinas que exige especial esforço e concentração <ESPECIFICAR DE ACORDO COM A DOCUMENTAÇÃO MÉDICA>.

À vista do exposto, resta claro que a doença que acomete a parte Autora lhe incapacita temporariamente <permanentemente> para o trabalho, uma vez que não consegue realizar as atividades correlatas à sua profissão, razão pela qual pleiteia a parte Autora o restabelecimento do auxílio por incapacidade temporária, desde a data do diagnóstico da doença.

## 3. FUNDAMENTOS JURÍDICOS DO PEDIDO <ADEQUAR AO CASO CONCRETO>

### 3.1 Do restabelecimento do auxílio-doença

Em primeiro lugar, é importante observar que o direito ao benefício por incapacidade foi adquirido antes da Reforma da Previdência (EC n. 103/2019), cabendo, portanto, o cumprimento ao art. 3º da referida Emenda, que destacamos:

> Art. 3º A concessão de aposentadoria ao servidor público federal vinculado a regime próprio de previdência social e ao segurado do Regime Geral de Previdência Social e de pensão por morte aos respectivos dependentes será assegurada, a qualquer tempo, desde que tenham sido cumpridos os requisitos para **obtenção desses benefícios até a data de entrada em vigor desta Emenda Constitucional, observados os critérios da legislação vigente na data em que foram atendidos os requisitos para a concessão da aposentadoria** ou da pensão por morte.

Em conformidade com a Lei de Benefícios (8.213/1991), vigente à época do implemento das condições, temos quatro requisitos para a concessão dos benefícios por incapacidade:

(a) qualidade de segurado do requerente (art. 15);

(b) cumprimento da carência de 12 contribuições mensais (arts. 25, I, e 27-A), observados os casos de dispensa em virtude de acidente de qualquer natureza ou causa e de doença profissional ou do trabalho, bem como das doenças e afecções especificadas de acordo com a gravidade que mereçam tratamento particularizado (art. 26, II);

(c) superveniência de moléstia incapacitante para o desenvolvimento de atividade laboral que garanta a subsistência; e

(d) caráter permanente da incapacidade (para o caso da aposentadoria por invalidez – art. 42) ou temporário (para o caso do auxílio-doença – art. 59).

A jurisprudência reconhece que os benefícios de auxílio-doença e aposentadoria por invalidez são fungíveis, sendo facultado ao julgador (e ao INSS), conforme a espécie de incapacidade constatada, conceder um deles, ainda que o pedido tenha sido limitado ao outro. Dessa forma, o deferimento do benefício nesses moldes não configura julgamento *ultra* ou *extra petita*. Nesse sentido:

> O STJ tem entendimento consolidado de que, em matéria previdenciária, deve-se flexibilizar a análise do pedido contido na petição inicial, não entendendo como julgamento extra ou ultra petita a concessão de benefício diverso do requerido na inicial, desde que o autor preencha os requisitos legais do benefício deferido. (AgRg no REsp 1305049/RJ, Ministro Mauro Campbell Marques, *DJe* 08.05.2012)

E, por se tratar de benefício por incapacidade, o julgador firma a sua convicção, geralmente, por meio da prova pericial. "De qualquer sorte, o caráter da incapacidade, a privar o segurado do exercício de todo e qualquer trabalho, deve ser avaliado conforme as particularidades do caso concreto. Isso porque existem circunstâncias que influenciam na constatação do impedimento laboral (*v.g.*: faixa etária do requerente, grau de escolaridade, tipo de atividade e o próprio contexto socioeconômico em que inserido o autor da ação)" (TRF/4, AC 5037626-96.2017.4.04.9999/SC, TRS-SC, Rel. Des. Paulo Afonso Brum Vaz, 05.09.2018).

Conforme comprovam os laudos acostados a essa inicial, a parte autora preencheu todos os requisitos necessários para a obtenção/manutenção do auxílio-doença. A incapacidade no presente caso impede o retorno às atividades habituais, sendo indispensável a continuidade do tratamento e o afastamento do trabalho, na busca de uma possível recuperação.

**OU**

### 3.2 Do direito a aposentadoria por invalidez

A parte autora não tem condições para retornar ao trabalho em face do agravamento que sua enfermidade apresentou.

Vale ressaltar que essa incapacidade é anterior a 13.11.2019, conforme comprovam os seguintes laudos/atestados: <listar e destacar>

Como se vê, o quadro clínico de incapacidade permanente anterior à EC n. 103/2019 é amplamente atestado nos documentos anexados a essa exordial, bem como será devidamente comprovado pela perícia judicial.

Dessa forma, constata-se que houve inadequação da conclusão da última perícia realizada pela Autarquia-ré e, estando os demais requisitos preenchidos para a concessão do benefício pleiteado, a parte autora faz jus à concessão ou ao restabelecimento da aposentadoria por invalidez desde 00.00.2000, nos termos do art. 42 da Lei n. 8.213/1991:

> Art. 42. A aposentadoria por invalidez, uma vez cumprida, quando for o caso, a carência exigida, será devida ao segurado que, estando ou não em gozo de auxílio-doença, for considerado incapaz e insusceptível de reabilitação para o exercício de atividade que lhe garanta a subsistência, e ser-lhe-á paga enquanto permanecer nesta condição.

É importante ressaltar que, apesar de o auxílio-doença não ter sido concedido à parte Autora, seu quadro clínico nunca melhorou e não apresenta possibilidade de melhora.

<INCLUIR MAIS DETALHES SOBRE A EXISTÊNCIA DE INCAPACIDADE PERMANENTE, CONFORME AS PECULIARIDADES DO CASO FOCANDO ESPECIALMENTE NA COMPROVAÇÃO DA INCAPACIDADE ANTERIOR À 13.11.2019>.

Sendo assim, restando comprovada a incapacidade permanente da parte autora anterior a 13.11.2019, mostra-se devida a concessão de aposentadoria por invalidez nos termos da legislação vigente à época.

### 3.3 Da invalidez social

Caso o perito não constate a incapacidade total no presente processo, mas identifique a impossibilidade de continuidade de trabalho da parte na mesma atividade, é importante que sejam observados os elementos socioeconômicos, profissionais e culturais em que está inserida a parte autora.

Isso porque, no caso concreto, torna-se improvável a reabilitação da parte para outra atividade tendo em vista sua idade avançada e sua escolaridade. Além disso, o local de residência da parte também dificulta a troca de atividade. <ADEQUAR AO CASO CONCRETO>

Sobre o tema destacamos julgado do STJ:

PREVIDENCIÁRIO. APOSENTADORIA POR INVALIDEZ. REQUISITOS. ASPECTOS SOCIOECONÔMICOS, PROFISSIONAIS E CULTURAIS. NECESSIDADE DE AVALIAÇÃO. RETORNO DOS AUTOS AO TRIBUNAL DE ORIGEM.

A concessão da aposentadoria por invalidez deve considerar, além dos elementos previstos no art. 42 da Lei 8.213/91, os aspectos socioeconômicos, profissionais e culturais da segura– da, ainda que o laudo pericial apenas tenha concluído pela sua incapacidade parcial para o trabalho. Precedentes.

Na hipótese dos autos, o Tribunal a quo, ao dar provimento ao apelo do INSS para julgar improcedente a ação, limitou-se a avaliar a perícia médica e apenas considerou que os atestados médicos acostados não seriam capazes de ilidir a conclusão do perito.

Nesse contexto, necessário se faz o retorno dos autos ao Tribunal de origem, a quem é dada a análise das provas dos autos, assim como das circunstâncias socioeconômicas, profissionais e culturais relacionadas à segurada.

Recurso especial provido, em menor extensão.

(REsp 1.568.259/SP, 2ª Turma, Rel. Min. Humberto Martins, *DJe* 01.12.2015)

Assim, importante que o juízo leve em consideração para o deslinde da causa não apenas o resultado da perícia médica, mas também aspectos socioeconômicos, profissionais e culturais da parte autora. Para tanto, requer a realização de perícia social caso V. Exa. entenda necessária, ou a adoção dos critérios do juízo para tal avaliação do direito no caso concreto.

### 3.4 Do direito à reabilitação <ADEQUAR AO CASO CONCRETO. SE NÃO HOUVER NECESSIDADE DE REABILITAÇÃO RETIRAR ESSA PARTE>

Caso não haja o deferimento da aposentadoria por invalidez, a parte tem ao menos o direito, caso fique constatada a impossibilidade de recuperação para sua atividade habitual, de passar por um processo de reabilitação profissional, conforme determina o art. 62 da Lei n. 8.213/1991:

> Art. 62. O segurado em gozo de auxílio-doença, insuscetível de recuperação para sua atividade habitual, deverá submeter-se a processo de reabilitação profissional para o exercício de outra atividade. (Redação dada pela Lei n. 13.457, de 2017.)
>
> Parágrafo único. O benefício a que se refere o caput deste artigo será mantido até que o segurado seja considerado reabilitado para o desempenho de atividade que lhe garanta a subsistência ou, quando considerado não recuperável, seja aposentado por invalidez. (Incluído pela Lei n. 13.457, de 2017)

Requer, portanto, que seja determinado pelo juízo o dever do INSS de promover a reabilitação profissional da parte autora para seu retorno ao mercado de trabalho, já que impossível é seu regresso à mesma atividade, ainda que o perito entenda pela capacidade laboral. E, nesse caso, requer o restabelecimento do auxílio-doença e sua manutenção até que se encerre o processo de reabilitação profissional.

### 3.5 Do direito ao pagamento de auxílio-acidente <ADEQUAR AO CASO CONCRETO. SE NÃO HOUVER ACIDENTE DE QUALQUER NATUREZA OU DOENÇA DECORRENTE DO TRABALHO, RETIRAR ESSA PARTE>

Importante ressaltar ainda o direito da parte à concessão do auxílio-acidente por estar acometido de sequelas que reduziram sua capacidade de trabalho, nos termos do art. 86 da Lei n. 8.213/1991:

> Art. 86. O auxílio-acidente será concedido, como indenização, ao segurado quando, após consolidação das lesões decorrentes de acidente de qualquer natureza, resultarem sequelas que impliquem redução da capacidade para o trabalho que habitualmente exerça.

Importante lembrar que se equiparam a acidente de trabalho as doenças decorrentes de trabalho, nos termos do art. 20 da Lei n. 8.213/1991. Destacamos ainda que se equiparam também aos acidentes de trabalho os acidentes ligados ao trabalho, assim como os sofridos no local de trabalho, bem como as doenças provenientes de contaminação no trabalho e os acidentes relacionados com ordens oriundas do empregador, como bem esclarece o art. 21 da Lei n. 8.213/1991.

## 3.6 DO DIREITO À PERÍCIA CONCLUSIVA

A perícia é fundamental para o deslinde das questões ligadas aos benefícios por incapacidade – acidentários ou não –, já que não há outro meio de prova que possa suprir a avaliação médica. Sobre o procedimento para realização de perícias – no âmbito das empresas, no do INSS ou mesmo em sede de perícia judicial –, deve o profissional da medicina observar os ditames do Código de Ética da categoria, e, especialmente em relação ao tema, a Resolução n. 2.323/2022 do Conselho Federal de Medicina, que dispõe sobre as normas específicas de atendimento a trabalhadores.

Problema deveras comum nas demandas acidentárias é a ausência de laudo conclusivo do perito judicial acerca das condições do segurado à época do requerimento indeferido pelo INSS, alegando o perito não poder se manifestar sobre o estado de saúde do segurado em período pretérito ao da perícia. Com efeito, a função da prova pericial é justamente esta, a de buscar, com base nos elementos existentes (prontuário médico do segurado, atestados, exames, processo administrativo junto ao INSS), concluir se a situação, à época do requerimento administrativo, era de efetiva incapacidade laboral ou não. Perícia que não responde a esse quesito – fundamental – é inconclusiva, ou seja, inservível ao fim colimado, devendo ser refeita. Nesse sentido, a orientação jurisprudencial:

> DIREITO PROCESSUAL PREVIDENCIÁRIO. BENEFÍCIO POR INCAPACIDADE. LAUDO PERICIAL INSUFICIENTE. PRINCÍPIO DA PREVENÇÃO. SENTENÇA ANULADA. COLEGIADO AMPLIADO. ART. 942, CPC.
>
> 1. A perícia é muito mais uma anamnese qualificada e estudo da patologia desde o seu início (instalação), progressão e projeção para o futuro (perspectiva de cura, estabilização ou avanço da doença), do que outra coisa. Perícias incompletas, vai-se repetir à exaustão, ao invés de ajudarem, tornam a decisão judicial mais complicada e, às vezes, impossível. Ao olvidar o futuro, conectado com o passado e o presente, o perito-médico atua de forma imprevidente. Vale dizer, sem a devida atenção aos princípios universais da prevenção/precaução. Não cogita os riscos (evitáveis) de sua decisão (laudo é tomada de decisão) na perspectiva daqueles que serão afetados por sua decisão (as consequências).
>
> (...) 3. Não havendo a menor dúvida de que o perito não está efetivamente auxiliando o juízo, e aqui se deve considerar o Tribunal, limitando-se a responder objetivamente os quesitos formulados, mostrando-se a prova técnica insuficiente para firmar o convencimento do Juízo, ante a sua deficiência, mister se faz a reabertura da instrução processual, como vem sendo feito neste Colegiado nos processos em que também atuou o mesmo expert (v.g. AC 5003695-97.2020.4.04.9999, Turma Regional Suplementar de SC, Relator João Batista Lazzari, juntado aos autos em 08.06.2020; AC 5005283-67.2015.4.04.7202, Turma Regional Suplementar de SC, Relator Jorge Antonio Maurique, juntado aos autos em 05/03/2018; AC 5018550-52.2018.4.04.9999, Relator Paulo Afonso Brum Vaz, juntado aos autos em 19/09/2019). (...)
>
> (AC – Apelação Cível 5027432-66.2019.4.04.9999, Paulo Afonso Brum Vaz, TRF4 – Turma Regional Suplementar de SC, 22.09.2020.)

Por esse motivo, requer a parte autora, desde já, que este d. Juízo, ao designar perícia por expert de confiança do julgador, determine a este o cumprimento de seu mister de modo conclusivo, evitando nulidades processuais.

Roga-se, ainda, a este d. Juízo, que designe perito que possua especialidade compatível com a enfermidade existente, a fim de que a prova seja mais bem produzida em prol da consecução do ideal de Justiça, como vem decidindo a jurisprudência:

> "PREVIDENCIÁRIO. APOSENTADORIA POR INVALIDEZ. AUXÍLIO-DOENÇA. LAUDO PERECIAL INSUFICIENTE. SENTENÇA ANULADA.
>
> 1. Quando a perícia judicial não cumpre os pressupostos mínimos de idoneidade da prova técnica, ela é produzida, na verdade, de maneira a furtar do magistrado o poder de decisão.
>
> 2. Hipótese em que foi anulada a sentença para a realização de prova pericial por médico psiquiatra" (TRF/4, AC 5027792-98.2019.4.04.9999, TRS-SC, Rel. Des. Paulo A. Brum Vaz, j. 17.11.2020).

## 4. DO DANO MORAL

No presente caso, a documentação é clara em demonstrar a continuidade da doença incapacitante.

Sem dúvida, restou inadequado o cancelamento do benefício.

Assim, importante que seja garantida à parte autora a devida indenização por danos morais, tendo em vista que teve legítimo benefício previdenciário suspenso pelo INSS.

Vale lembrar que o INSS é a autarquia que deveria zelar pela presteza de seus serviços públicos e pela manutenção dos benefícios previdenciários do RGPS.

Ademais, a Previdência Social possui caráter iminentemente protetivo e social, conferindo aos segurados benefícios de caráter alimentar.

Diante da suspensão indevida do pagamento de seu benefício, a parte Autora teve sua dignidade mitigada, tendo, conforme descrito, se sujeitado a situações adversas <descrever e juntar provas: tal como, negativação no SPC/SERASA, atraso em financiamento habitacional e/ou bancário, inadimplência condominial>.

Sobre o tema, importante destacarmos que a Constituição Federal de 1988 constituiu importante avanço na consolidação do Estado Democrático de Direito Brasileiro.

Em compromisso aos direitos humanos, o constituinte originário estabeleceu como um dos fundamentos da República: a **dignidade da pessoa humana**.

Apesar da amplitude de sua definição, é imperioso compreender em tal fundamento a noção de que todo ser humano é titular de direitos que devem lhe proporcionar um parâmetro digno de vida.

São desdobramentos constitucionais da dignidade da pessoa os direitos sociais previstos na Constituição Federal de 1988, em que se encontra, dentre outros, o **direito a previdência social**:

> São direitos sociais a educação, a saúde, a alimentação, o trabalho, a moradia, o transporte, o lazer, a segurança, a previdência social, a proteção à maternidade e à infância, a assistência aos desamparados, na forma desta Constituição (art. 6º, caput, CF/88).

A dignidade da pessoa humana possui, ainda, íntima relação com os direitos e deveres individuais e coletivos elencados no art. 5º da Constituição Federal. Dentre eles, encontra-se o seguinte: "são invioláveis a intimidade, a vida privada, a honra e a imagem das pessoas, assegurado o direito a indenização pelo dano material ou moral decorrente de sua violação" (art. 5º, X, CF/88).

Dessa forma, o texto constitucional reconheceu a importância de proteger os direitos vinculados à personalidade, consagrando, ainda, o instituto da indenização pelo dano patrimonial e pelo **dano moral**.

Maria Helena Diniz[13] define o dano como "a lesão (diminuição ou destruição) que devido a um certo evento, sofre uma pessoa, contra sua vontade, em qualquer bem ou interesse jurídico, patrimonial ou moral".

Logo, a privação indevida no presente caso, de verba alimentar, gerou situações constrangedoras à parte autora, como bem destacado, eventos estes que constituem um dano não apenas material, mas, também, moral.

No presente caso, não se pode considerar a suspensão do benefício como um mero infortúnio, mas sim de corrente de insuficiente zelo do INSS na sua atuação, incorrendo em um dano ao(à) autor(a) que perpassou a esfera patrimonial.

A discricionariedade do ato administrativo não constitui carta branca para que a Administração Pública cause danos, materiais ou morais, em bens jurídicos juridicamente relevantes dos segurados. Ainda mais se nos atentarmos ao fato de que tratamos de verbas alimentares.

O Estado, por óbvio, também está sujeito a ser responsabilizado pelos danos causados:

> As pessoas jurídicas de direito público e as de direito privado prestadoras de serviços públicos responderão pelos danos que seus agentes, nessa qualidade, causarem a terceiros, assegurado o direito de regresso contra o responsável nos casos de dolo ou culpa (art. 37, § 6º, CF/88).

---

[13] DINIZ, Maria Helena. *Curso de Direito Civil Brasileiro*. Responsabilidade civil. 25. ed. São Paulo: Saraiva, 2011. v. 7.

Não cabe aqui, portanto, o argumento de que a Autarquia Previdenciária, ao suspender o benefício previdenciário da parte Autora, atuou nos limites de sua competência administrativa.

O reconhecimento nesta ação judicial de que o benefício era realmente devido constata uma falha no julgamento de uma estrutura estatal criada com o precípuo objetivo de materializar garantias de ordem social estabelecidas na Constituição Federal de 1988.

Ante tudo o que foi relatado, observa-se na jurisprudência um número relevante de precedentes que confirmam o chamado dano moral previdenciário. Do STJ, destacamos:

> (...) 1. O indeferimento de benefício previdenciário imotivado acarreta injusta privação de verba alimentar, colocando em risco a subsistência do segurado, sobretudo em casos de pessoas de baixa renda, como é o caso dos autos. (...) 3. Constatado o nexo de causalidade entre o ato da Autarquia e o resultado lesivo suportado pelo segurado, é de– vida a reparação dos danos morais.
>
> 4. Agravo Regimental do INSS desprovido. (STJ, AgRg no AREsp 193.163-SE, 1ª Turma, Min. Rel. Napoleão Nunes Maio Filho, *DJe* 08.05.2014)

Do TRF da 4ª Região, destacamos também:

> ADMINISTRATIVO E RESPONSABILIDADE CIVIL OBJETIVA. CANCELAMENTO DE AUXÍLIO-DOENÇA POSTERIORMENTE REATIVADO POR DECISÃO JUDICIAL. DANO MORAL COMPROVADO. INDENI– ZAÇÃO. CRITÉRIOS DE ARBITRAMENTO. HONORÁRIOS ADVOCATÍCIOS. SÚMULA 326/STJ.
>
> A responsabilidade civil do Estado é objetiva, na qual não se indaga a culpa do Poder Público, bastando tão só a prova do ato lesivo e injusto imputável à Administração Pública.
>
> Diante da comprovação da ocorrência do dano moral, que é aquele configurado pela dor, angústia e sofrimento relevantes que cause grave humilhação e ofensa ao direito de personalidade, deve ser reconhecido direito à indenização.
>
> O arbitramento da indenização pelo dano moral é ato complexo para o julgador que deve sopesar, dentre outras variantes, a extensão do dano, a condição socioeconômica dos envolvidos, a razoabilidade, a proporcionalidade, a repercussão entre terceiros, o caráter pedagógico/punitivo da indenização e a impossibilidade de se constituir em fonte de enriquecimento indevido.
>
> "Na ação de indenização por dano moral, a condenação em montante inferior ao postula– do na inicial não implica sucumbência recíproca". Súmula 326/STJ.
>
> (TRF4, AC 5003744-33.2010.404.7108/RS, 3ª Turma, Rel. Maria Lúcia Luz Leiria, *DE* 01.10.2012).

E ainda:

> PREVIDENCIÁRIO. CANCELAMENTO DE AUXÍLIO-DOENÇA COM DEMORA INJUSTIFICADA NA IMPLANTAÇÃO DA APOSENTADORIA POR INVALIDEZ CONCEDIDA ADMINISTRATIVAMENTE. FALHA NOS SERVIÇOS PREVIDENCIÁRIOS. RESPONSABILIDADE. INDENIZAÇÃO POR DANOS MORAIS. CABIMENTO. JUROS E CORREÇÃO MONETÁRIA DE ACORDO COM O TEMA 810 (STF). CUSTAS PROCESSUAIS. ISENÇÃO. PROVIMENTO PARCIAL DO RECURSO.
>
> 1. Em relação ao pleito indenizatório, a regra geral é de que o indeferimento ou cancelamento de benefício previdenciário, por si só, não se presta à caracterização do dano moral.
>
> 2. No entanto, há dano indenizável a partir da falha na prestação do serviço público quando é cancelado o benefício de auxílio-doença e atrasado o pagamento da aposentadoria por invalidez, em razão de procedimento flagrantemente equivocado por parte da Administração, gerando estresse e constrangimento desnecessários ao segurado que já se encontrava total e permanentemente incapacitado para o trabalho.
>
> 3. Hipótese em que configurado o dano moral, uma vez que a parte autora é pessoa inválida, que foi privada durante meses de valores de caráter alimentar, fundamentais para a sua manutenção e sustento. 4. Demonstrado o nexo causal entre o fato lesivo imputável à ré, exsurge o dever de indenizar, mediante compensação pecuniária compatível com o prejuízo moral. (...)
>
> (TRF-4, AC 5023100-85.2021.4.04.9999, 6ª Turma, Rel. Julio Guilherme Berezoski Schattschneider, juntado aos autos em 22.4.2022)

No âmbito dos Juizados Especiais Federais, cabe apontar o acórdão:

> ADMINISTRATIVO. RESPONSABILIDADE CIVIL. INDEFERIMENTO DE BENEFÍCIO DE SALÁRIO-MATERNIDADE NA VIA ADMINISTRATIVA. ATO ILÍCITO. CONSUSPENÇÃO POR DECISÃO JUDICIAL. DANO MORAL CONFIGURADO. RECURSO INOMINADO PROVIDO.

Hipótese em que o INSS negou o benefício por entender que caberia ao ex-empregador pagá-lo. Ato administrativo não amparado por lei, o que caracteriza a abusividade e irregularidade da negativa administrativa. (...)

No caso, configurado o procedimento flagrantemente equivocado do INSS, resta demonstrada a violação a direito subjetivo da parte autora e o efetivo abalo moral experimentado diante do comprometimento das condições materiais básicas para manutenção da segurada desempregada e do recém-nascido.

Condenação fixada em R$ 10.000,00 (dez mil reais), valor que observa os princípios da razoabilidade e da proporcionalidade, além de satisfazer o cunho educativo da reparação por danos morais. (...) (TRU4, RC 5000068-03.2017.4.04.7215/SC, 3ª Turma Recursal de Santa Catarina, Rel. João Batista Lazzari, *DE* 24.08.2017)

No mesmo sentido, destacamos ainda o julgado no Processo 5014793-76.2016.4.04.7200, Terceira Turma Recursal de SC, Relator Adamastor Nicolau Turnes, j. 24.10.2017.

Quanto à quantificação para fins de valor da causa e quanto à competência para julgar o pedido de dano moral, em recente decisão, o Tribunal Regional Federal da 4ª Região assim assentou:

PREVIDENCIÁRIO E PROCESSUAL CIVIL. CUMULAÇÃO DE PEDIDO DE CONCESSÃO DE BENEFÍCIO COM INDENIZAÇÃO POR DANO MORAL. COMPETÊNCIA DO JUIZADO ESPECIAL FEDERAL.

VALOR DA CAUSA. (...) 2. No caso de cumulação de pedido de concessão de benefício com condenação por dano moral, o valor referente à compensação postulada deve ter como limite o equivalente ao total das parcelas vencidas mais doze vincendas do benefício previdenciário pretendido. (TRF4, AG 5017325-26.2015.404.0000, 5ª Turma, Relator p/ Acórdão José Antonio Savaris, juntado aos autos em 10.08.2015)

Assim, cabe, no caso concreto, a determinação do pagamento de dano moral no valor mínimo de R$ 15.000,00 <ADEQUAR AO CASO CONCRETO>, de forma a se garantir a reparação da parte autora.

## 5. DA TUTELA PROVISÓRIA DE URGÊNCIA <ADEQUAR AO CASO CONCRETO>

O art. 300 do CPC determina que a tutela de urgência poderá ser concedida no seguinte caso:

Art. 300. A tutela de urgência será concedida quando houver elementos que evidenciem a probabilidade do direito e o perigo de dano ou o risco ao resultado útil do processo.

A probabilidade do direito corresponde ao requisito legal da prova inequívoca e da verossimilhança da alegação, está presente nos fatos alegados e nas provas juntadas nesta inicial, formando o conjunto probatório necessário para a realização da cognição sumária, indispensável a esta tutela de urgência.

No caso em análise, deve-se observar, como dito alhures, o preceituado no art. 5º da Lei de Introdução às normas do Direito Brasileiro, estabelecendo que o juiz deve aplicar a lei atendendo aos fins sociais a que ela se dirige; e, como a finalidade do direito previdenciário é propiciar, aos segurados e seus dependentes, os meios indispensáveis à existência digna, a atitude do INSS em cancelar o auxílio-doença, antes do efetivo retorno da capacidade laborativa da parte autora, fere frontalmente o sentido teleológico do direito previdenciário.

Tratando-se de benefício previdenciário, que tem caráter nitidamente alimentar, o fundado receio de dano irreparável decorre da própria condição dos beneficiários, que faz presumir inadiável a prestação jurisdicional postulada, ainda mais no presente caso, quando o(a) segurado(a) encontra-se impossibilitado(a) de exercer suas atividades e de prover por sua subsistência e de sua família, tendo que viver de auxílio de terceiros.

A situação criada pela autarquia-ré, ou seja, o cancelamento do benefício de auxílio-doença, está pondo em risco a subsistência da parte Autora, tendo em vista a natureza alimentar do benefício.

Assim, impõe-se a designação de perícia médica, com urgência, a fim de que, após o laudo, possam ser antecipados os efeitos da tutela, como medida de salvaguardar a subsistência da parte

Autora. Destaca-se que, em não sendo possível o agendamento de perícia de forma rápida, ainda assim seja concedida a tutela provisória de urgência, de forma a garantir a subsistência do(a) segurado(a) bem como de sua família.

Ressalta-se que há cabimento da tutela provisória de urgência antes mesmo da perícia, caso esse respeitável Juízo se convença da existência dos pressupostos para a concessão da medida a partir da documentação já acostada, como se vê da decisão a seguir transcrita:

> AGRAVO DE INSTRUMENTO. PREVIDENCIÁRIO. AUXÍLIO-DOENÇA. ANTECIPAÇÃO DE TUTELA. REQUISITOS.
>
> **Se está demonstrada a incapacidade, através de atestados médicos idôneos, é de se dizer que está preenchido o requisito da probabilidade do direito. Exigir a perícia judicial, sob o pretexto da presunção da validade do laudo administrativo, seria aniquilar parcialmente a tutela de urgência.** O fundado receio de dano irreparável ou de difícil reparação está caracterizado pela impossibilidade de o segurado exercer suas atividades habituais e, consequentemente, prover o próprio sustento.
>
> (TRF4, AG 5012801-73.2021.4.04.0000, Turma Regional Suplementar de SC, Relator Paulo Afonso Brum Vaz, juntado aos autos em 25.05.2021, sem grifos no original).

## 6. DO PREQUESTIONAMENTO <ADEQUAR AO CASO CONCRETO>

Resta clara a violação aos ditames constitucionais e à legislação federal, que destacamos:

<ADEQUAR AO CASO CONCRETO, LEMBRANDO DE INCLUIR LEGISLAÇÃO FEDERAL TAMBÉM, MESMO PARA AÇÕES DE JUIZADOS>.

## 7. REQUERIMENTOS <ADEQUAR AO CASO CONCRETO>

Em face do exposto e comprovado, requer-se digne Vossa Excelência a determinar a procedência total da pretensão deduzida, e:

EM CARÁTER LIMINAR:

a) a concessão da tutela provisória de urgência, de imediato ou após a realização de perícia médica (se possível), determinando-se ao INSS que inicie/restabeleça imediatamente o pagamento das prestações do benefício previdenciário de auxílio-doença, devendo mantê-lo enquanto persistir a enfermidade ensejadora do benefício. Requer ainda que seja determinado ao INSS que se abstenha de incluir DCB com alta programada para o presente caso, devendo, para a cessação do benefício, proceder a realização de perícia administrativa com a parte autora;

b) caso seja constatado, por meio do laudo pericial, a condição de invalidez (incapacidade insuscetível de reabilitação para o exercício de qualquer atividade), requer a concessão da tutela provisória de urgência, determinando-se ao INSS que inicie imediatamente o pagamento das prestações do benefício previdenciário de aposentadoria por invalidez (direito adquirido), com fulcro no art. 77 do Decreto n. 3.048/1999 c/c os arts. 62 e 101 da Lei n. 8.213/1991;

c) a determinação do pagamento de multa a ser fixada por este Juízo, com base nos arts. 300 e 497 do CPC, caso haja, por parte da autarquia-ré, o descumprimento da tutela a ser deferida.

EM CARÁTER DEFINITIVO:

Diante do exposto, requer-se a Vossa Excelência:

d) a citação do Instituto Nacional do Seguro Social – INSS, para, querendo, responder à presente demanda, no prazo legal, advertindo-se que:

e) a determinação ao INSS para que, na primeira oportunidade em que se pronunciar nos autos, apresente o Processo de Concessão do Benefício Previdenciário para apuração dos valores devidos à parte autora, conforme determinado pelo art. 11 da Lei n. 10.259/2001, sob pena de cominação de multa diária, nos termos do art. 139, IV, do CPC, a ser fixada por esse Juízo;

f) constatada por laudo pericial a condição de invalidez (incapacidade insuscetível de recuperação para o exercício de qualquer atividade) em data anterior a 13.11.2019, requer a condenação do INSS à concessão da aposentadoria por invalidez desde a cessação do auxílio-doença;

g) em caso de não se constatar a incapacidade permanente anterior a 13.11.2019, requer subsidiariamente a condenação do INSS ao restabelecimento do auxílio-doença, desde a cessação administrativo do benefício, tornando definitiva a tutela provisória de urgência eventualmente deferida. Requer ainda que seja determinado ao INSS que se abstenha de incluir DCB com alta programada para o presente caso, devendo, para a cessação do benefício, proceder a realização de perícia com a parte autora;

h) sucessivamente aos pleitos anteriores, caso seja constatada no laudo pericial apenas a invalidez parcial, requer a realização de perícia social para que sejam analisados os elementos socioeconômicos, profissionais e culturais em que está inserida a parte autora e a consequente condenação do INSS a concessão da aposentadoria por invalidez (social) desde a cessação do auxílio-doença;

i) em acréscimo ao pedido de letra "g", caso não seja concedida a aposentadoria por invalidez para a parte autora, requer a condenação do INSS para que não cesse o auxílio-doença sem proceder a reabilitação da parte autora, durante a qual deverá permanecer o pagamento do auxílio-doença e após a qual deverá ser concedido o auxílio-acidente, nos termos da Lei n. 8.213/1991.<ADEQUAR AO CASO CONCRETO>

j) A parte informa, ainda, que não possui condições financeiras para nomeação de assistente técnico, requerendo, desde já, a apresentação de quesitos. Requer, ainda, a manifestação do perito, solicitando sua avaliação com especialista, para se garantir a análise correta do caso clínico, referente aos laudos e exames anexos a essa inicial;

k) a condenação do INSS ao pagamento dos valores acumulados, aplicando-se juros e correção monetária até 11/2021, nos termos dos Temas 810 do STF e 905 do STJ e, a partir de 12/2021, o índice da taxa referencial do Sistema Especial de Liquidação e de Custódia (Selic), acumulado mensalmente, para fins de atualização monetária e de compensação da mora (art. 3º da EC n. 113/2021), respeitada a prescrição quinquenal;

l) a condenação do INSS ao pagamento de dano moral no montante de no mínimo R$ 15.000,00, para reparação do abalo moral e psicológico causado pela cessação indevida do benefício;

m) a condenação do INSS ao pagamento de custas, despesas e de honorários advocatícios, na base de 20% (vinte por cento) sobre as parcelas vencidas e as doze vincendas, apuradas em liquidação de sentença, conforme dispõem o art. 55 da Lei n. 9.099/1995 e o art. 85, § 3º, do CPC;

n) para a prova dos fatos alegados, além do conhecimento dos documentos que acompanham a presente ação, requer e protesta pela produção de todos os meios de prova admitidos em direito, em especial a perícia médica, sem exclusão de nenhum outro meio que se fizer necessário ao deslinde da demanda. Requer, portanto, a nomeação de perito, escolhido por este MM. Juízo, para a realização da perícia médica, inclusive, se necessários, a realização de exames suplementares, além dos apresentados, que sejam considerados indispensáveis para a constatação da doença.

o) por não possuir condições financeiras para nomeação de assistente técnico, requer, desde já, a apresentação de quesitos suplementares, e a manifestação do perito referente aos laudos e exames anexos a essa inicial. <CASO A PARTE TENHA MAIS DE UMA DOENÇA, EM ESPECIAL DE DIFERENTES CAUSAS, COMO ORTOPÉDICA E PSIQUIÁTRICA, IMPORTANTE OBSERVAR QUE PODE SER REQUERIDA MAIS DE UMA PERÍCIA, COM MÉDICOS ESPECIALISTAS, PARA SE GARANTIR A ANÁLISE CORRETA DO CASO CLÍNICO>.

p) a concessão da Gratuidade da Justiça, por ser a parte autora pessoa hipossuficiente, na acepção jurídica do termo, sem condições de arcar com as despesas processuais e os honorários advocatícios sucumbenciais sem prejuízo de seu sustento e de sua família, na forma dos arts. 98 e ss. do CPC. <RECOMENDA-SE A COLETA, PELO ADVOGADO, DE DECLARAÇÃO DE HIPOSSUFICIÊNCIA DO CLIENTE, CASO SEJA REQUERIDA A GRATUIDADE DA JUSTIÇA. DEVE-SE, TAMBÉM, DE PREFERÊNCIA, FAZER A JUNTADA DE TAL DECLARAÇÃO NOS AUTOS, JÁ NA INICIAL>.

Cumprindo a previsão do art. 319, VII, do CPC, a parte autora declara que opta pela realização <OU NÃO REALIZAÇÃO, ADEQUAR CONFORME O INTERESSE EM CADA CASO> de audiência de conciliação no presente caso.

Requer-se, ainda, com base no § 4º do art. 22 da Lei n. 8.906/1994, que, ao final da presente demanda, caso sejam encontradas diferenças em favor da parte Autora, quando da expedição da RPV ou do precatório, os valores referentes aos honorários contratuais e sucumbenciais sejam expedidos em nome da sociedade de advogados contratada pela parte autora, sendo os honorários contratuais devidos no percentual constante no contrato em anexo.

Dá-se à causa o valor de R$ 1.000,00 (mil reais). <ADEQUAR CONFORME O CASO>

Nesses termos,

PEDE DEFERIMENTO

Cidade e data.

Nome do Advogado e OAB

_____

Quesitos para a perícia <ADEQUAR AO CASO CONCRETO>

Em vista do preconizado na Resolução n. 1.488/1998 do Conselho Federal de Medicina (juntada aos autos), considerando o exame clínico e os exames complementares, quando necessários, o histórico clínico e ocupacional, reputado decisivo em qualquer diagnóstico do trabalhador pela referida Resolução, e a partir da vistoria do local de trabalho e da organização do trabalho (em caso de perícia acidentária), queira responder o sr. Expert os quesitos a seguir:

Qual a profissão da pessoa periciada?

A pessoa periciada é portadora de doença, lesão ou moléstia que a incapacite para o exercício de sua atividade profissional? Em caso positivo, qual ou quais as CID(s)?

A doença, lesão ou moléstia pode ser considerada profissional ou decorrente de acidente de trabalho ou de qualquer natureza? Se sim, qual a data do início ou do acidente?

A pessoa periciada possui outras doenças que tenham deixado sequelas ou que sejam de importância para o seu estado clínico atual? Quais os CID(s)?

A partir da documentação médica, qual a data de início da incapacidade para o trabalho? (observando-se que o quesito em questão não pode ser considerado "prejudicado", pois é um dos principais aspectos do litígio)

A doença, lesão ou moléstia profissional incapacita a pessoa periciada para o exercício de sua atividade/profissão?

A pessoa periciada é portadora de doença, lesão ou moléstia que a incapacite para outras atividades (que não a sua) que possam lhe garantir a subsistência e/ou para a vida independente? Se não, quais atividades/profissões poderia exercer?

Tais atividades são compatíveis com o grau de escolaridade e a idade da pessoa periciada? Em caso positivo, qual ou quais as CID(s)?

A pessoa periciada possui outras doenças que tenham deixado sequelas ou que sejam de importância para o seu estado clínico atual? Quais os CID(s)?

Quais as características das doenças e/ou limitações na vida diária e laboral causadas pelas enfermidades que acometem a pessoa periciada?

Quais as características das limitações laborais causadas pelas enfermidades que acometem a pessoa periciada?

A pessoa periciada é portadora de artrose? Se sim, desde quando foi diagnosticada a doença? E quais são os efeitos/sintomas que podem causar a artrose? A pessoa periciada pode permanecer muito tempo em pé?

A pessoa periciada pode carregar peso?

A pessoa periciada pode realizar exercer atividades que envolvam caminhadas?

A pessoa periciada pode realizar esforços repetitivos?

A incapacidade laborativa da pessoa periciada sobreveio por motivo de progressão ou agravamento de sua doença, moléstia ou lesão?

Qual o comprometimento sofrido pelo paciente em sua rotina e hábito diários (não atinentes a sua vida laboral)?

Caso a pessoa periciada esteja incapacitada, essa incapacidade é temporária ou permanente?

Qual a data de início da incapacidade permanente, caso essa tenha sido detectada?

Caso a pessoa periciada esteja incapacitada, essa incapacidade é total ou parcial?

Caso a pessoa periciada esteja temporariamente incapacitada, é possível que essa incapacidade aumente e venha a se tornar permanente?

Caso a pessoa periciada esteja temporariamente incapacitada, é possível determinar um prazo mínimo de duração do afastamento para a nova análise do quadro?

Caso a pessoa periciada esteja temporariamente incapacitada, levando-se em consideração a duração dos auxílios-doença da parte e do tratamento que tem sido feito pela mesma, é possível considerar qualquer possibilidade de melhora?

## 50. MODELO DE AÇÃO DE CONCESSÃO DE AUXÍLIO-ACIDENTE

**DOUTO JUÍZO DA VARA DA COMARCA DE CIDADE/ESTADO (em caso de auxílio-acidente precedido por auxílio por incapacidade temporária decorrente de acidente de trabalho (B91) ou de competência delegada, quando aplicável)**

**EXCELENTÍSSIMO(A) SENHOR(A) DOUTOR(A) JUIZ(A) FEDERAL DA VARA/JUIZADO ESPECIAL FEDERAL DA CIDADE – SEÇÃO JUDICIÁRIA DO ESTADO (em caso de auxílio-acidente precedido por auxílio por incapacidade temporária B31)**

**Nome do(a) Segurado(a),** nacionalidade, estado civil, profissão, residente e domiciliado(a) na Rua, Bairro, Cidade, Estado, inscrito(a) no CPF sob o nº, endereço eletrônico, beneficiário do auxílio por incapacidade temporária NB, DIB 00.00.2000 com data de cessação (DCB) em 00.00.2000, vem à presença de Vossa Excelência, por intermédio de seus procuradores constituídos, propor a presente **AÇÃO DE CONCESSÃO DE AUXÍLIO-ACIDENTE** contra o **INSTITUTO NACIONAL DO SEGURO SOCIAL – INSS**, pessoa jurídica de direito público, autarquia federal com endereço à (adequar ao local onde será ajuizada a ação) pelos fatos e fundamentos que a seguir aduz:

**1. BREVE RESENHA FÁTICA** <ADEQUAR AO CASO CONCRETO>

A parte autora postulou e teve deferido o benefício de auxílio por incapacidade temporária (previdenciário ou acidentário), NB........, cessado em 00/00/2000. Todavia, o INSS não realizou processo de reabilitação profissional e não reconheceu a existência de sequela redutora da capacidade laborativa, o que deveria ter feito *ex officio*, levando à necessidade de buscar o benefício do auxílio-acidente em Juízo.

Entre as provas documentais apresentadas, a parte Autora juntou: <ADEQUAR AO CASO>

( ) Protocolo de requerimento de benefício;
( ) Carta de indeferimento do benefício;
( ) Carta de concessão do auxílio por incapacidade temporária;
( ) Cópia da Carteira de Trabalho e Previdência Social;
( ) Carnês de contribuição para a Previdência Social;
( ) Laudo médico atestando a existência de sequela decorrente de acidente;
( ) CAT – Comunicação de acidente de trabalho;
( ) Boletim de ocorrência comprovando o acidente de qualquer natureza;

( ) Prontuário médico comprovando a internação e o tratamento em decorrência do acidente de qualquer natureza;
( ) Outros _____

É descabida, entretanto, a omissão do INSS, causada pelo procedimento de "alta programada", sendo devida a concessão do benefício na forma da Lei Previdenciária vigente.

O(A) segurado(a) recorre a esse nobre Juízo, para garantir a concessão do auxílio-acidente, posto que implementou todos os requisitos necessários para este benefício.

## 2. DA PROVA DA INCAPACIDADE PARCIAL DECORRENTE DAS SEQUELAS DO ACIDENTE/REQUISITOS DA PETIÇÃO INICIAL (LEI N. 14.331/2022)

Compulsando a documentação médica que instrui a presente exordial, extrai-se que a parte Autora possui as seguintes sequelas que lhe incapacita parcial e permanentemente para o exercício de sua atividade laboral e atividades habituais:

- CID 10: <INFORMAR CID + NOME DA DOENÇA>;
- CID 10: <INFORMAR CID + NOME DA DOENÇA>.

Importante salientar que a parte autora ajuizou ação sob o n. XXXXXXX-XX.XXXX.X.XX.XXXX, transitada em julgado em 0.00.0000, cujo objeto da lide foi a concessão de auxílio por incapacidade temporária <AUXÍLIO-DOENÇA, SE ANTERIOR À EC n. 103/2019>.

<NA INEXISTÊNCIA DE AÇÃO DE BENEFÍCIO POR INCAPACIDADE, INFORMAR QUE A PARTE AUTORA NÃO AJUIZOU AÇÃO DE CONCESSÃO DE BENEFÍCIO POR INCAPACIDADE.>

Na referida ação o juízo reconheceu a existência de incapacidade laborativa decorrente do acidente de trabalho e julgou procedente os pedidos formulados pela parte Autora, concedendo o benefício sob o NB 31/000.000.000-0, sendo fixada data de início do benefício em 00.00.0000 e data de cessação em 00.00.0000.

Destaca-se que o objeto da ação transitada em julgado foi tão somente a concessão do auxílio por incapacidade temporária, não fazendo parte da discussão o direito à percepção do auxílio-acidente decorrente das sequelas oriundas do acidente de trabalho. Portanto, importante notar que se trata de objetos distintos! <ADEQUAR AO CASO>.

Ora, Excelência, mesmo apresentados na perícia médica todos os relatórios médicos, exames, atestados e prontuários, o perito médico federal indeferiu o pedido da parte Autora sob arguição, embora indubitável a presença de sequelas decorrentes do acidente, de que as lesões constatadas não alteram a capacidade laborativa da parte Autora, vejamos o comunicado de decisão:

<SUGERIMOS A INCLUSÃO DO PRINT DO COMUNICADO DE DECISÃO>.

Na avaliação médico-pericial realizada em 00.00.0000, a arguição do perito federal foi que a sequela não reduz a capacidade para o trabalho, tampouco impossibilita o exercício das atividades exercidas à época do acidente.

<SUGERIMOS A INCLUSÃO DO PRINT DO LAUDO MÉDICO-PERICIAL>.

Portanto, em cumprimento ao disposto no art. 129-A da Lei n. 14.331/2022, a parte Autora atende aos seguintes requisitos da petição inicial:

> Art. 129-A. Os litígios e as medidas cautelares relativos aos benefícios por incapacidade de que trata esta Lei, inclusive os relativos a acidentes do trabalho, observarão o seguinte:
>
> I – quando o fundamento da ação for a discussão de ato praticado pela perícia médica federal, a petição inicial deverá conter, em complemento aos requisitos previstos no art. 319 da Lei n. 13.105, de 16 de março de 2015 (Código de Processo Civil):
>
> a) descrição clara da doença e das limitações que ela impõe;
>
> b) indicação da atividade para a qual o autor alega estar incapacitado;
>
> c) possíveis inconsistências da avaliação médico-pericial discutida; e

d) declaração quanto à existência de ação judicial anterior com o objeto de que trata este artigo, esclarecendo os motivos pelos quais se entende não haver litispendência ou coisa julgada, quando for o caso;

II – para atendimento do disposto no art. 320 da Lei n. 13.105, de 16 de março de 2015 (Código de Processo Civil), a petição inicial, qualquer que seja o rito ou procedimento adotado, deverá ser instruída pelo autor com os seguintes documentos:

a) comprovante de indeferimento do benefício ou de sua não prorrogação, quando for o caso, pela administração pública;

b) comprovante da ocorrência do acidente de qualquer natureza ou do acidente do trabalho, sempre que houver um acidente apontado como causa da incapacidade;

c) documentação médica de que dispuser relativa à doença alegada como a causa da incapacidade discutida na via administrativa. (...)"

Com relação à documentação médica comprovatória das sequelas definitivas e redutoras da capacidade laborativa da parte Autora, bem como a descrição das sequelas e das limitações que impedem que a parte Autora exerça as atividades realizadas antes do acidente, assim descreve a *expert* que acompanha o quadro clínico da parte Autora <ESPECIFICAR DE ACORDO COM A DOCUMENTAÇÃO MÉDICA>.

À vista do exposto, resta claro que que as sequelas decorrentes do acidente de trabalho são definitivas e geraram limitações na capacidade laborativa da parte Autora, uma vez que não consegue realizar com maestria as atividades correlatas à sua profissão, e, inclusive, suas atividades rotineiras, razão pela qual pleiteia a parte Autora a concessão de auxílio-acidente, desde a data da cessação do auxílio por incapacidade temporária.

### 3. FUNDAMENTOS JURÍDICOS DO PEDIDO <ADEQUAR AO CASO CONCRETO>

O benefício de auxílio-acidente é devido nos termos do art. 86 da Lei n. 8.213/1991, e do art. 104[14] do Dec. n. 3.048/1999, como forma de indenização, ao segurado, inclusive o doméstico, quando, após consolidação das lesões decorrentes de acidente de qualquer natureza, resultarem sequelas que impliquem redução da capacidade para o trabalho que habitualmente exerça. (Redação dada pela Lei n. 9.528, de 1997)

Ainda no tocante ao auxílio-acidente, o Anexo III do Decreto n. 3.048/1999 determina quais as sequelas garantem o direito ao benefício.

Ressalta-se que a sequela adquirida pela parte autora está devidamente atestada por médico e prevista expressamente no Anexo III do Dec. n. 3.048/1999, conforme se observa abaixo:

<INCLUIR CITAÇÃO DA SEQUELA RELACIONADA PELO ANEXO III DO DECRETO n. 3.048/1999>

Ademais, a jurisprudência do STJ já decidiu que a relação de sequelas do Regulamento não é taxativa, tendo pacificado a questão em sede de análise de recursos repetitivos:

> **Tema 22 – Tese Fixada:** "Comprovados o nexo de causalidade e a redução da capacidade laborativa, mesmo em face da disacusia em grau inferior ao estabelecido pela Tabela Fowler, subsiste o direito do obreiro ao benefício de auxílio-acidente" (REsp 1095523/SP, 3ª Seção, Rel. Min. Laurita Vaz, DJe 05.11.2009).
>
> **Tema 156 – Tese Fixada:** "Será devido o auxílio-acidente quando demonstrado o nexo de causalidade entre a redução de natureza permanente da capacidade laborativa e a atividade profissional desenvolvida, sendo irrelevante a possibilidade de reversibilidade da doença" (REsp 1112886/SP, 3ª Seção, Rel. Min. Napoleão Nunes Maia Filho, DJe 12.02.2010).
>
> **Súmula 44/STJ:** "A definição, em ato regulamentar, de grau mínimo de disacusia, não exclui, por si só, a concessão do benefício previdenciário."

---

[14] Art. 104 do Dec. n. 3.048/1999: "O auxílio-acidente será concedido, como indenização, ao segurado empregado, inclusive o doméstico, ao trabalhador avulso e ao segurado especial quando, após consolidação das lesões decorrentes de acidente de qualquer natureza, resultar sequela definitiva que, a exemplo das situações discriminadas no Anexo III, implique redução da capacidade para o trabalho que habitualmente exerça. (Redação dada pelo Decreto n. 10.410, de 2020)"

Quanto à data de início do benefício postulado, deve ser considerada a imediatamente posterior à cessação do auxílio por incapacidade temporária, visto que se trata de situação decorrente deste, tendo o segurado ficado com sequelas que o INSS tinha obrigação de identificar quando da alta médica, providenciando a concessão do benefício *ex officio*. Assim se posiciona o STJ em recurso repetitivo:

> Tema n. 862 – "O termo inicial do auxílio-acidente deve recair no dia seguinte ao da cessação do auxílio-doença que lhe deu origem, conforme determina o art. 86, § 2º, da Lei 8.213/91, observando-se a prescrição quinquenal da Súmula 85/STJ" (REsp 1.729.555/SP, 1ª Seção, DJe 01.07.2021).

Salienta-se que o agendamento via internet ou pelo telefone 135 sequer preveem o requerimento de auxílio-acidente, sendo, portanto, inadmissível a exigência de prévio ingresso na via administrativa neste caso – Súmula n. 89 do STJ, presumindo-se daí que a **perícia do INSS indeferiu o auxílio-acidente quando da cessação do auxílio por incapacidade temporária**, não havendo neste caso sequer a necessidade de provocação da via administrativa pelo segurado. Neste sentido:

> PREVIDENCIÁRIO. AUXÍLIO-ACIDENTE. INTERESSE DE AGIR. PRÉVIO REQUERIMENTO ADMINISTRATIVO. DESNECESSIDADE.
>
> A não conversão do auxílio-doença em auxílio-acidente, no caso de consolidação de lesões decorrentes de acidente, com sequelas que implicam redução da capacidade de trabalho, é suficiente para configurar a pretensão resistida por parte do INSS e o consequente interesse de agir da parte autora, sendo desnecessário prévio requerimento administrativo.
>
> (TRF/4, AC 5010264-80.2021.4.04.9999/SC, TRS-SC, Rel. Sebastiao O. Muniz, j. 21.07.2021).

E, ainda, destaca-se a recente tese firmada no Tema 315 da TNU, embora ainda não transitada em julgado:

> **Tema 315 TNU** – "A data do início do benefício de auxílio-acidente é o dia seguinte à data da cessação do benefício de auxílio por incapacidade temporária, que lhe deu origem, independentemente de pedido de prorrogação deste ou de pedido específico de concessão do benefício de auxílio-acidente, nos termos do art. 86, § 2º, da Lei 8.213/91, observada a prescrição quinquenal dos valores atrasados." (TNU, PEDILEF n. 5063339-35.2020.4.04.7100/RS, Rel. para acórdão Lilian Oliveira da Costa Tourinho, j. 18.10.2023).

Resta claro, portanto, o preenchimento, pela parte Autora, dos requisitos necessários para a concessão do benefício pleiteado. É indispensável, então, pela omissão da autarquia, a intervenção jurisdicional para garantir o direito ora pleiteado.

**4. DO PREQUESTIONAMENTO** <ADEQUAR AO CASO CONCRETO>

Resta clara a violação aos ditames constitucionais e legislação federal, que destacamos os artigos <ADEQUAR AO CASO CONCRETO, LEMBRANDO DE INCLUIR LEGISLAÇÃO FEDERAL TAMBÉM, MESMO PARA AÇÕES DE JUIZADOS>.

**5. REQUERIMENTOS** <ADEQUAR AO CASO CONCRETO>

Diante do exposto, requer-se a Vossa Excelência:

a) a citação do Instituto Nacional do Seguro Social – INSS, para, querendo, responder à presente demanda, no prazo legal, advertindo-se que:

b) a determinação ao INSS para que, na primeira oportunidade em que se pronunciar nos autos, apresente o Processo de Concessão de auxílio por incapacidade temporária para apuração dos valores devidos à parte autora, em especial os laudos administrativos, conforme determinado pelo art. 11 da Lei n. 10.259/2001, sob pena de cominação de multa diária, nos termos do art. 139, IV, do CPC, a ser fixada por esse Juízo;

c) a procedência da pretensão deduzida, consoante narrado nesta inicial, condenando-se o INSS a conceder o benefício de auxílio-acidente à parte Autora, com data de início a contar da cessação do auxílio por incapacidade temporária;

d) a parte informa, ainda, que não possui condições financeiras para nomeação de assistente técnico, requerendo, desde já, a apresentação de quesitos. Requer, ainda a manifestação do perito, solicitando sua avaliação com especialista, para se garantir a análise correta do caso clínico, referente aos laudos e exames anexos a essa inicial;

e) a condenação do INSS ao pagamento dos valores acumulados, aplicando-se juros e correção monetária até 11/2021, nos termos dos Temas 810 do STF e 905 do STJ e, a partir de 12/2021, o índice da taxa referencial do Sistema Especial de Liquidação e de Custódia (Selic), acumulado mensalmente, para fins de atualização monetária e de compensação da mora (art. 3º da EC n. 113/2021), respeitada a prescrição quinquenal;

f) a condenação do INSS ao pagamento de custas, despesas e de honorários advocatícios, na base de 20% (vinte por cento) sobre a condenação, conforme dispõem o art. 85, § 3º, do CPC;

g) <SE NECESSÁRIA A PRODUÇÃO DE PROVAS, A EXEMPLO DA TESTEMUNHAL, REQUERER E FAZER O ARROLAMENTO DAS TESTEMUNHAS; ENTRETANTO, SE A DOCUMENTAÇÃO ANEXA NA INICIAL FOR SUFICIENTE PARA A COMPROVAÇÃO DO TEMPO E O DEFERIMENTO DO BENEFÍCIO, INCLUIR O SEGUINTE PEDIDO: "CONSIDERANDO, AINDA, QUE A QUESTÃO DE MÉRITO É UNICAMENTE DE DIREITO, REQUER O JULGAMENTO ANTECIPADO DA LIDE, CONFORME DISPÕE O ART. 355 DO CPC. SENDO OUTRO O ENTENDIMENTO DE V. EXA., REQUER E PROTESTA PELA PRODUÇÃO DE TODOS OS MEIOS DE PROVA ADMITIDOS EM DIREITO, SEM EXCLUSÃO DE NENHUM QUE SE FIZER NECESSÁRIO AO DESLINDE DA DEMANDA">

h) a concessão da Gratuidade da Justiça, por ser a parte Autora pessoa hipossuficiente, na acepção jurídica do termo, sem condições de arcar com as despesas processuais e os honorários advocatícios sucumbenciais sem prejuízo de seu sustento e de sua família, na forma do art. 98 e ss do CPC. <RECOMENDA-SE A COLETA, PELO ADVOGADO, DE DECLARAÇÃO DE HIPOSSUFICIÊNCIA DO CLIENTE, CASO SEJA REQUERIDA A GRATUIDADE DA JUSTIÇA. DEVE-SE, TAMBÉM, DE PREFERÊNCIA, FAZER A JUNTADA DE TAL DECLARAÇÃO NOS AUTOS, JÁ NA INICIAL>.

Cumprindo a previsão do art. 319, VII, do CPC, a parte autora declara que opta pela realização <OU NÃO REALIZAÇÃO, ADEQUAR CONFORME O INTERESSE EM CADA CASO> de audiência de conciliação no presente caso.

Requer-se, ainda, com base no § 4º, do art. 22, da Lei n. 8.906/1994, que, ao final da presente demanda, caso sejam encontradas diferenças em favor da parte Autora, quando da expedição da RPV ou do precatório, os valores referentes aos honorários contratuais e sucumbenciais sejam expedidos em nome da sociedade de advogados contratada pela parte Autora, sendo os honorários contratuais devidos no percentual constante no contrato em anexo.

Dá-se à causa o valor de R$ 1.000,00 (mil reais). <ADEQUAR CONFORME O CASO>

Nesses termos,

PEDE DEFERIMENTO.

Cidade e data.

Nome do Advogado e OAB

---

Quesitos para a perícia médica <ADEQUAR AO CASO CONCRETO>

1. Qual a idade do(a) periciando(a)?
2. Qual o grau de escolaridade do(a) periciando(a)?
3. Qual a atividade profissional que exerce (ou exercia) o(a) periciando(a)?
4. O(a) Periciando(a) sofreu algum acidente de trabalho ou acidente de qualquer natureza ou é portador de alguma doença decorrente do trabalho? Se sim, qual a data do evento ou do início da doença?
5. Qual a CID, se aplicável ao caso?

6. O acidente ou a doença do trabalho deixaram alguma sequela/limitação na capacidade laboral do(a) periciando(a)?

7. Se existente sequela ou limitação, descrever os membros e os órgãos afetados.

8. Houve progressão, agravamento ou desdobramento da doença ou lesão, ao longo do tempo?

9. Hoje, qual o grau de redução da capacidade laborativa da paciente?

10. O acidente ou a doença do trabalho deixaram alguma sequela/limitação para a realização dos atos da vida diária pelo(a) periciando(a)?

11. Há cura para a doença ou para a sequela/limitação decorrente do acidente do(a) periciando(a)?

12. A doença, lesão ou sequela/limitação que acomete o(a) periciando(a) o incapacita para a sua atividade?

13. A doença, lesão ou moléstia que acomete o(a) periciando(a) o incapacita para o exercício de qualquer atividade?

14. Caso o(a) periciando(a) possua doença, lesão ou sequela, essa gera limitação permanente ou temporária?

15. Caso o(a) periciando(a) possua doença, lesão ou sequela, essa gera limitação total ou parcial?

16. Com as enfermidades/limitações que possui atualmente o(a) periciando(a) consegue executar as tarefas inerentes a sua atividade?

17. Existe a possibilidade de reabilitação do(a) periciando(a) para outro tipo de atividade, dadas a sua idade, sua escolaridade e grau de comprometimento da(s) enfermidade(s)?

18. O(a) periciando(a) necessita da continuidade do tratamento médico até a sedimentação da sequela/doença, ou já pode ser readaptado? Se precisar continuar em tratamento, qual a duração mínima do tratamento até nova avaliação?

19. O(a) periciando(a) possui alguma das doenças abaixo:

( ) Cegueira total.

( ) Perda de nove dedos das mãos ou superior a esta.

( ) Paralisia dos dois membros superiores ou inferiores.

( ) Perda dos membros inferiores, acima dos pés, quando a prótese for impossível.

( ) Perda de uma das mãos e de dois pés, ainda que a prótese seja possível.

( ) Perda de um membro superior e outro inferior, quando a prótese for impossível.

( ) Alteração das faculdades mentais com grave perturbação da vida orgânica e social.

( ) Doença que exija permanência contínua no leito.

( ) Incapacidade permanente para as atividades da vida diária.

( ) Não possui nenhuma das doenças acima citadas.

20. Qual é a especialidade de formação do perito oficial, registrado no CRM?

### 51. MODELO DE AÇÃO DE CONCESSÃO DE BENEFÍCIO DE PRESTAÇÃO CONTINUADA (LOAS) – DEFICIENTE

**EXCELENTÍSSIMO(A) SENHOR(A) DOUTOR(A) JUIZ(A) FEDERAL DA VARA/JUIZADO ESPECIAL FEDERAL DA CIDADE – SEÇÃO JUDICIÁRIA DO ESTADO** <VERIFICAR SE É INTERESSANTE O AJUIZAMENTO DA AÇÃO NA VARA ESTADUAL MEDIANTE A UTILIZAÇÃO DA COMPETÊNCIA DELEGADA, MAS ADEQUANDO À NOVA LIMITAÇÃO DE 70 KM ENTRE A SEDE DA JF E A SEDE DA COMARCA. SE SIM, ADEQUAR PARA A NOMENCLATURA ESTADUAL>

**Beneficiário(a)**, nacionalidade, estado civil, residente e domiciliado(a) na Rua, Bairro, Cidade, Estado, inscrito(a) no CPF sob o nº, endereço eletrônico, devidamente representado/assistido (se for o caso de ser representado – CPC: Art. 71. "O incapaz será representado ou assistido por seus pais, por tutor ou por curador, na forma da lei."), vem à presença de Vossa Excelência, por intermédio de seus procuradores constituídos, propor a presente **AÇÃO DE CONCESSÃO DE BENEFÍCIO DE PRESTAÇÃO CONTINUADA – BPC/LOAS À PESSOA COM DEFICIÊNCIA** contra o **INSTITUTO NACIONAL DO SEGURO SOCIAL – INSS,** pessoa jurídica de direito público, autarquia federal com endereço à... <ENDEREÇO PARA CITAÇÃO/INTIMAÇÃO A SER VERIFICADO DE ACORDO COM A CIDADE E ESTADO QUE SE INGRESSA COM A AÇÃO>, pelos fatos e fundamentos que a seguir aduz:

## 1. BREVE RESENHA FÁTICA <ADEQUAR AO CASO CONCRETO>

A parte Autora é pessoa com deficiência, conforme comprovam laudos e documentos acostados a esta inicial. Devido à impossibilidade de se autoprover, a parte Autora requereu ao INSS, em 00.00.0000, o Benefício de Prestação Continuada à Pessoa com Deficiência (BPC/LOAS). No entanto, o seu pleito foi indeferido pela Autarquia-Ré, sob a alegação <INCLUIR MOTIVO DO INDEFERIMENTO>.

Ocorre que o indeferimento é desarrazoado e não condiz com a prova anexada no requerimento administrativo, como se comprovará pelos documentos e direitos apresentados nessa exordial. Adianta-se, quanto aos fatos, que, no tocante ao núcleo familiar, reside(m) com a parte Autora <INCLUIR DADOS DO GRUPO FAMILIAR. NESSE TÓPICO, RECOMENDAMOS A COLETA DOS SEGUINTES DADOS>

Dados sobre o grupo familiar[15]:

| | |
|---|---|
| 1. Número de componentes, com seus respectivos nomes e datas de nascimento | Nome: |
| | Data: |
| 2. Relação de parentesco da pessoa listada acima com a parte autora | Parentesco |
| 3. Renda Mensal Líquida de cada membro do grupo | <INDICAR SE ALGUÉM RECEBE APOSENTADORIA OU PENSÃO E EM QUAL VALOR MENSAL> |
| 4. Renda líquida do grupo | |

É importante destacar ainda que <INCLUIR AQUI DADOS IMPORTANTES SOBRE AS CONDIÇÕES SOCIOECONÔMICAS[16] DO GRUPO FAMILIAR, E RECOMENDAMOS A COLETA DAS SEGUINTES INFORMAÇÕES>:

1. Residência própria: sim ou não?
2. Em caso de locação indicar o valor do aluguel
3. Detalhes da residência: de material ou alvenaria, quantas peças...
4. Indicar valor que gasta mensal com água e luz
5. Tem despesa de condomínio?
6. Em caso de imóvel rural, indicar se plantam algo ou se fazem criação de animais
7. Verificar qual valor gasta de vestuário e se recebe doações Indicar despesa com saúde, se faz uso de medicamento contínuo, quantidade e custo de cada um

---

[15] A família é composta pelo requerente, o cônjuge ou companheiro, os pais e, na ausência de um deles, a madrasta ou o padrasto, os irmãos solteiros, os filhos e enteados solteiros e os menores tutelados, desde que vivam sob o mesmo teto. (Redação dada pela Lei n. 12.435, de 2011)

[16] Renda mensal bruta familiar: "a soma dos rendimentos brutos auferidos mensalmente pelos membros da família composta por salários, proventos, pensões, pensões alimentícias, benefícios de previdência pública ou privada, seguro-desemprego, comissões, pró-labore, outros rendimentos do trabalho não assalariado, rendimentos do mercado informal ou autônomo, rendimentos auferidos do patrimônio, Renda Mensal Vitalícia e Benefício de Prestação Continuada, ressalvado o disposto no parágrafo único do art. 19." (Art. 4º, VI do Decreto n. 6.214/2007, com redação dada pelo Decreto n. 7.617, de 2011)

Quanto às provas, a parte Autora anexa, à presente exordial, os seguintes documentos <EXEMPLOS>:

( ) Certidão(ões) de nascimento e/ou carteira(s) de identidade;
( ) Carteira(s) de Trabalho e Previdência Social – CTPS;
( ) Contracheque(s) de pagamento ou documento(s) expedido(s) pelo empregador;
( ) Carnê(s) de contribuição para o INSS;
( ) Extrato(s) de pagamento de benefício ou declaração(ões) fornecida(s) pelo INSS ou outro regime de previdência social público ou privado;
( ) Inscrições no Cadastro de Pessoas Físicas – CPF e no Cadastro Único de Programas Sociais do Governo Federal – **CadÚnico**
( ) Conta(s) de água e/ou luz
( ) Outras _____

Já quanto à deficiência, destacamos as condições pessoais da parte Autora <INCLUIR DADOS, DOS QUAIS RECOMENDAMOS OS SEGUINTES>:

| | |
|---|---|
| 1. Tipo de incapacidade/doença/enfermidade/deficiência de que é portador | |
| 2. Limitações decorrentes da deficiência | |
| 3. Data de nascimento | |

A comprovação de suas condições (deficiência) é feita pela apresentação dos seguintes documentos:

( ) Atestado Médico;
( ) Laudo Médico;
( ) Prontuário Médico;
( ) Exames; ou
( ) _____

Certa do indevido indeferimento do benefício assistencial, recorre, a parte Autora, à via judicial competente.

## 2. FUNDAMENTOS JURÍDICOS DO PEDIDO <ADEQUAR AO CASO CONCRETO>

O benefício assistencial, na forma de prestação continuada, está previsto no art. 203, inc. V, da Constituição Federal de 1988, *in verbis:*

> Art. 203. A assistência social será prestada a quem dela necessitar, independentemente de contribuição, a seguridade social, e tem por objetivos:
> [...]
> V – a garantia de um salário mínimo de benefício mensal a pessoa portadora de deficiência e ao idoso que comprovem não possuir meios de prover a própria manutenção ou de tê-la provida por sua família, conforme dispuser a lei.

Sua regulamentação se deu por meio da Lei n. 8.742, de 7.12.1993 (Lei Orgânica da Assistência Social), que exige, além da comprovação da idade ou da deficiência, que a renda familiar mensal *per capita* seja igual ou inferior a 1/4 do salário mínimo (redação dada pela Lei n. 14.176/2021).

Nesse contexto, para **a pessoa idosa** a idade deve ser **igual** ou **superior** a **65 anos**, para homem ou mulher. E, quanto à **pessoa com deficiência** pode ser de qualquer idade, desde que apresente impedimentos de longo prazo de natureza física, mental, intelectual ou sensorial, os quais, em interação com diversas barreiras, podem obstruir sua participação plena e efetiva na sociedade em igualdade de condições com as demais pessoas.

Conforme comprova a documentação anexa, a autora possui deficiência, devidamente atestada por profissional médico especialista, fato este que poderá ser comprovado mediante a realização de perícia judicial, restando, portanto, cumprido o primeiro requisito para a concessão do benefício assistencial no presente caso.

De acordo com as Súmulas n. 29 e n. 48 da TNU:

> 29 – "Para os efeitos do art. 20, § 2º, da Lei n. 8.742, de 1993, incapacidade para a vida independente não só é aquela que impede as atividades mais elementares da pessoa, mas também a impossibilita de prover ao próprio sustento."
>
> 48 – "Para fins de concessão do benefício assistencial de prestação continuada, o conceito de pessoa com deficiência, que não se confunde necessariamente com situação de incapacidade laborativa, exige a configuração de impedimento de longo prazo com duração mínima de 2 (dois) anos, a ser aferido no caso concreto, desde o início do impedimento até a data prevista para a sua cessação".

Quanto ao critério para aferição do requisito econômico, segundo orientação do STJ, o magistrado não está sujeito a um sistema de tarifação legal de provas, motivo pelo qual a delimitação do valor da renda familiar *per capita* não deve ser tida como único meio de prova da condição de miserabilidade do requerente. Nesse sentido, as teses fixadas em recurso especial processado como representativo da controvérsia, nos termos do art. 1.036 do CPC:

> **Tema 185:** "A limitação do valor da renda per capita familiar não deve ser considerada a única forma de se comprovar que a pessoa não possui outros meios para prover a própria manutenção ou de tê-la provida por sua família, pois é apenas um elemento objetivo para se aferir a necessidade, ou seja, presume-se absolutamente a miserabilidade quando comprovada a renda per capita inferior a 1/4 do salário mínimo" (REsp n. 1.112.557/MG, 3ª Seção, DJe 20.11.2009).
>
> **Tema 640:** "Aplica-se o parágrafo único do artigo 34 do Estatuto do Idoso (Lei n. 10.741/03), por analogia, a pedido de benefício assistencial feito por pessoa com deficiência a fim de que benefício previdenciário recebido por idoso, no valor de um salário mínimo, não seja computado no cálculo da renda per capita prevista no artigo 20, § 3º, da Lei n. 8.742/93" (1ª Seção, DJe 05.11.2015).

Da mesma forma, o STF em julgamento da Repercussão Geral – Tema 27, fixou a tese de que: "É inconstitucional o § 3º, do art. 20, da Lei 8.742/1993, que estabelece a renda familiar mensal *per capita* inferior a um quarto do salário mínimo como requisito obrigatório para concessão do benefício assistencial de prestação continuada previsto no artigo 203, V, da Constituição." (*Leading Case*: RE 567985, Tribunal Pleno, *DJe* 03.10.2013)

O STF também reputou inconstitucional o parágrafo único do art. 34 do Estatuto do Idoso por violar o princípio da isonomia, ao abrir exceção para o recebimento de dois benefícios assistenciais de idoso, mas não permitir a percepção conjunta de benefício de idoso com o de pessoa com deficiência ou de qualquer outro previdenciário. A tese fixada em Repercussão Geral – Tema n. 312, foi a seguinte: "É inconstitucional, por omissão parcial, o parágrafo único do art. 34 da Lei 10.741/2003 (Estatuto do Idoso)." (*Leading Case*: RE 580963, Tribunal Pleno, *DJe* 14.11.2013).

Por último e com base em precedentes jurisprudenciais mencionados, houve avanço legislativo com a Lei n. 13.982/2020, que introduziu o § 14 no art. 20 da LOAS, para estabelecer que:

> § 14. O benefício de prestação continuada ou o benefício previdenciário no valor de até 1 (um) salário-mínimo concedido a idoso acima de 65 (sessenta e cinco) anos de idade ou pessoa com deficiência não será computado, para fins de concessão do benefício de prestação continuada a outro idoso ou pessoa com deficiência da mesma família, no cálculo da renda a que se refere o § 3º deste artigo.

Essa inclusão soluciona importante questão, reduzindo-se a judicialização desnecessária de novas demandas para exclusão de renda de idosos e de pessoas com deficiência de um mesmo grupo familiar.

Cabe destacar que a parte Autora, conforme já demonstrado, não possui outros meios para prover a própria manutenção ou de tê-la provida por sua, inexistindo motivos que justifiquem o indeferimento do benefício requerido.

Sendo assim, não merece perdurar a decisão administrativa de indeferimento do benefício, cabendo a esse nobre Juízo restabelecer o direito e a justiça!

## 3. DO PREQUESTIONAMENTO

Resta clara a violação aos ditames constitucionais e legislação federal, <ADEQUAR AO CASO CONCRETO, LEMBRANDO DE INCLUIR LEGISLAÇÃO FEDERAL TAMBÉM, MESMO PARA AÇÕES DE JUIZADOS>.

## 4. REQUERIMENTOS <ADEQUAR AO CASO CONCRETO>

Diante do exposto, requer-se a Vossa Excelência:

a) a citação do Instituto Nacional do Seguro Social – INSS, para, querendo, responder à presente demanda, no prazo legal e a determinação ao INSS para que, na primeira oportunidade em que se pronunciar nos autos, apresente o Processo de Concessão do Benefício de Prestação Continuada (LOAS) para apuração dos valores devidos à parte Autora, conforme determinado pelo art. 11 da Lei n. 10.259/2001, sob pena de cominação de multa diária, nos termos do art. 139, IV, do CPC, a ser fixada por esse Juízo;

b) a procedência da pretensão aduzida, consoante narrado nesta inicial, condenando-se o INSS a conceder o Benefício de Prestação Continuada – LOAS DEFICIENTE, a contar da data do primeiro requerimento administrativo;

c) a parte informa, ainda, que não possui condições financeiras para nomeação de assistente técnico, requerendo, desde já, a apresentação de quesitos. Requer, ainda, a manifestação do perito, solicitando sua avaliação com especialista, para se garantir a análise correta do caso clínico, referente aos laudos e exames anexos a essa inicial;

d) a condenação do INSS ao pagamento dos valores acumulados, aplicando-se juros e correção monetária até 11/2021, nos termos dos Temas 810 do STF e 905 do STJ e, a partir de 12/2021, o índice da taxa referencial do Sistema Especial de Liquidação e de Custódia (Selic), acumulado mensalmente, para fins de atualização monetária e de compensação da mora (art. 3º da EC n. 113/2021), respeitada a prescrição quinquenal;

e) a condenação do INSS ao pagamento de custas, despesas e de honorários advocatícios, na base de 20% (vinte por cento) sobre as parcelas vencidas e as doze vincendas, apuradas em liquidação de sentença, conforme dispõem o art. 55 da Lei n. 9.099/1995 e o art. 85, § 3º, do CPC;

f) a concessão da Gratuidade da Justiça, por ser a parte Autora pessoa hipossuficiente, na acepção jurídica do termo, sem condições de arcar com as despesas processuais e os honorários advocatícios sucumbenciais sem prejuízo de seu sustento e de sua família, na forma do art. 98 e ss do CPC. <RECOMENDA-SE A COLETA, PELO ADVOGADO, DE DECLARAÇÃO DE HIPOSSUFICIÊNCIA DO CLIENTE, CASO SEJA REQUERIDA A GRATUIDADE DA JUSTIÇA. DEVE-SE, TAMBÉM, DE PREFERÊNCIA, FAZER A JUNTADA DE TAL DECLARAÇÃO NOS AUTOS, JÁ NA INICIAL>.

Cumprindo a previsão do art. 319, VII, do CPC, a parte autora declara que opta pela realização <OU NÃO REALIZAÇÃO, ADEQUAR CONFORME O INTERESSE EM CADA CASO> de audiência de conciliação no presente caso.

Requer-se, ainda, com base no § 4º, do art. 22, da Lei n. 8.906/1994, que, ao final da presente demanda, caso sejam encontradas diferenças em favor da parte Autora, quando da expedição da RPV ou do precatório, os valores referentes aos honorários contratuais e sucumbenciais sejam expedidos em nome da sociedade de advogados contratada pela parte Autora, sendo os honorários contratuais devidos no percentual constante no contrato em anexo.

Dá-se à causa o valor de R$ 1.000,00 (mil reais). <ADEQUAR CONFORME O CASO>

Nesses termos,

PEDE DEFERIMENTO.

Cidade e data.

Nome do Advogado e OAB

Quesitos para a perícia:

1. O(a) periciando(a) é portador de algum tipo de deficiência? Em caso positivo informe o respectivo CID?

2. Qual(is) é(são) a(s) natureza(s) da(s) deficiência(s) que aflige(m) o(a) periciando(a) (física, mental, intelectual ou sensorial)?

3. Qual(is) é(são) a(s) causa(s) ou origem da(s) deficiência(s) que aflige(m) o(a) periciando(a)?

4. É possível informar data de início da deficiência, especificando-a?

5. Se o(a) periciando(a) apresenta deficiência, qual seu grau (leve, moderado ou grave)?

6. É possível esclarecer se a(s) doença(s)/lesão(ões) ou sequela(s), permitem caracterizar a parte autora como "pessoa com deficiência" e "impedimentos de longo prazo" à luz do disposto nos §§ 2º e 10, Art. 20 da Lei n. 8.742 de 1993 (com a redação dada pela Lei n. 12.470 de 2011, c/c a Lei 13.146/2015)?

7. Qual o grau de limitação nos atos da via diária sofridos pelo(a) periciando(a)?

8. Caso existente, qual o curso natural e prognóstico da(s) doença(s)/lesão(ões) ou sequela(s)?

9. O Sr. Perito pode informar os parâmetros da avaliação médico-pericial da deficiência (deficiências nas funções e nas estruturas do corpo em correlação à existência de limitação do desempenho de atividades e restrição à participação social, segundo suas especificidades)?

10. O(a) periciando(a) faz algum acompanhamento médico em razão da deficiência? Qual?

11. O(a) periciando(a) faz uso de medicamentos como parte do acompanhamento de sua deficiência? Se sim, quais?

12. Há prognóstico de reversão da deficiência?

13. O(a) periciando(a) encontra-se incapacitado para todo e qualquer tipo de trabalho, ou seja, é incapaz de prover ao próprio sustento? (Quesito dispensado em caso de menor de 16 anos – art. 4º, § 1º, Decreto n. 6.214/2007).

14. A incapacidade para o trabalho é permanente ou temporária?

15. Existe a possibilidade de reabilitação ou habilitação do(a) periciando(a) para atividade profissional, dadas a sua idade, sua escolaridade e grau de deficiência? (Quesito dispensado em caso de menor de 16 anos – art. 4º, § 1º, Decreto n. 6.214/2007)

Em se tratando de menor de 16 anos, a deficiência avaliada, considerando a idade, produz limitação no desempenho de atividade física, cognitiva etc.? E restrição da participação social (art. 4º, § 1º, Decreto n. 6.214/2007)?

16. Em se tratando de menor de 16 anos, há prognóstico de desenvolvimento normal quando da idade adulta, incluindo colocação no mercado de trabalho, desenvolvimento social, afetivo, por exemplo?

17. Qual é a especialidade de formação do perito oficial, registrado no CRM?

## 52. MODELO DE AÇÃO DE CONCESSÃO DE BENEFÍCIO DE PRESTAÇÃO CONTINUADA (LOAS) – IDOSO

**EXCELENTÍSSIMO(A) SENHOR(A) DOUTOR(A) JUIZ(A) FEDERAL DA VARA/JUIZADO ESPECIAL FEDERAL DA CIDADE – SEÇÃO JUDICIÁRIA DO ESTADO** <VERIFICAR SE É INTERESSANTE O AJUIZAMENTO DA AÇÃO NA VARA ESTADUAL MEDIANTE A UTILIZAÇÃO DA COMPETÊNCIA DELEGADA, MAS ADEQUANDO À NOVA LIMITAÇÃO DE 70 KM ENTRE A SEDE DA JF E A SEDE DA COMARCA. SE SIM, ADEQUAR PARA A NOMENCLATURA ESTADUAL>

**Beneficiário(a)**, nacionalidade, estado civil, residente e domiciliado(a) na Rua, Bairro, Cidade, Estado, inscrito(a) no CPF sob o nº, endereço eletrônico, vem à presença de Vossa Excelência, por intermédio de seus procuradores constituídos, propor a presente **AÇÃO DE CONCESSÃO DE**

**BENEFÍCIO DE PRESTAÇÃO CONTINUADA À PESSOA IDOSA** contra o **INSTITUTO NACIONAL DO SEGURO SOCIAL – INSS,** pessoa jurídica de direito público, autarquia federal com endereço à... <ENDEREÇO PARA CITAÇÃO/INTIMAÇÃO A SER VERIFICADO DE ACORDO COM A CIDADE E ESTADO QUE SE INGRESSA COM A AÇÃO>, pelos fatos e fundamentos que a seguir aduz:

**1. BREVE RESENHA FÁTICA** <ADEQUAR AO CASO CONCRETO>

A parte Autora é maior de 65 anos, conforme comprova o documento de identidade anexo a essa inicial.

No tocante ao núcleo familiar, cabe ressaltar que residem com a parte Autora seu cônjuge, que é aposentado por idade e recebe um salário mínimo, e mais 3 (três) filhos.

Por não possuir meios de prover a própria manutenção ou de tê-la provida por sua família, a parte Autora requereu ao INSS, em 00.00.0000, o Benefício de Proteção Continuada, tendo ele sido indeferido pela Autarquia-Ré, sob a alegação de que a renda *per capita* da família é superior a 1/4 do salário mínimo vigente. Cabe destacar que o/a requerente está inscrita no Cadastro Único de Programas Sociais do Governo Federal – CadÚnico.

Buscando a correção de tamanha injustiça, recorre, a parte Autora, à via judicial competente.

**2. FUNDAMENTOS JURÍDICOS DO PEDIDO** <ADEQUAR AO CASO CONCRETO>

O benefício assistencial, na forma de prestação continuada, está previsto no art. 203, inc. V, da Constituição Federal de 1988, *in verbis*:

> Art. 203. A assistência social será prestada a quem dela necessitar, independentemente de contribuição a seguridade social, e tem por objetivos:
> 
> [...]
> 
> V – a garantia de um salário mínimo de benefício mensal a pessoa portadora de deficiência e ao idoso que comprovem não possuir meios de prover a própria manutenção ou de tê-la provida por sua família, conforme dispuser a lei.

Sua regulamentação se deu por meio da Lei n. 8.742, de 07.12.1993 (Lei Orgânica da Assistência Social), que exige, além da comprovação da idade ou da deficiência, que a renda familiar mensal *per capita* seja igual ou inferior a 1/4 do salário mínimo (redação dada pela Lei n. 14.176/2021).

Assim, por possuir mais de 65 anos, a parte Autora cumpre o primeiro requisito para a concessão do benefício pretendido.

Quanto ao segundo requisito, ou seja, a renda familiar *per capita igual ou* inferior a 1/4 de SM, cabe-nos ressaltar que a Parte também o cumpre, posto que a única renda proveniente do núcleo familiar é auferida pelo cônjuge ou companheiro(a), pessoa idosa e cujo benefício de aposentadoria é de 1 (um) salário mínimo.

Já é pacífico na jurisprudência que a renda mínima auferida por outro membro familiar não será considerada para efeito do cálculo da renda familiar *per capita*.

Vejamos os ditames da Lei n. 10.741/2003 – Estatuto da Pessoa Idosa:

> Art. 34. Às pessoas idosas, a partir de 65 (sessenta e cinco) anos, que não possuam meios para prover sua subsistência, nem de tê-la provida por sua família, é assegurado o benefício mensal de 1 (um) salário mínimo, nos termos da LOAS. (Vide Decreto n. 6.214, de 2007) (Redação dada pela Lei n. 14.423, de 2022) Parágrafo único. O benefício já concedido a qualquer membro da família nos termos do *caput* não será computado para os fins do cálculo da renda familiar *per capita* a que se refere a LOAS.

O legislador, ao estabelecer a exceção para o cálculo da renda *per capita*, teve como objetivo preservar a renda mínima auferida pela pessoa idosa, ou seja, assegurar que o minguado benefício (de um salário mínimo) não fosse considerado para efeito do cálculo da renda familiar *per capita*.

Nesse prisma, o art. 20, § 14, da Lei n. 8.742/1993 dispõe expressamente que benefício de salário mínimo recebido por pessoa maior de 65 anos de idade, não será computado no cálculo da renda *per capta*:

Art. 20. O benefício de prestação continuada é a garantia de um salário mínimo mensal à pessoa com deficiência e ao idoso com 65 (sessenta e cinco) anos ou mais que comprovem não possuir meios de prover a própria manutenção nem de tê-la provida por sua família. (Redação dada pela Lei n. 12.435, de 2011) (Vide Lei n. 13.985, de 2020)

(...)

§ 14. O benefício de prestação continuada ou o benefício previdenciário no valor de até 1 (um) salário mínimo concedido a idoso acima de 65 (sessenta e cinco) anos de idade ou pessoa com deficiência não será computado, para fins de concessão do benefício de prestação continuada a outro idoso ou pessoa com deficiência da mesma família, no cálculo da renda a que se refere o § 3º deste artigo. (Incluído pela Lei n. 13.982, de 2020).

Desse modo, a LOAS estende expressamente tal raciocínio aos demais beneficiários de renda mínima, como é o caso do benefício recebido pelo esposo da parte Autora, ainda que não fosse aquele previsto na LOAS, na medida em que ambos se destinam à manutenção e à sobrevivência de pessoa idosa, porquanto seria ilógico fazer a distinção apenas porque concedidos com base em suportes fáticos distintos.

Não pode, portanto, o valor recebido mensalmente pelo cônjuge ou companheiro(a) da Parte, maior de 65 anos, entrar no cálculo do benefício assistencial requerido, como entende a jurisprudência pátria:

STJ – REPETITIVO TEMA 640: "Aplica-se o parágrafo único do artigo 34 do Estatuto do Idoso (Lei n. 10.741/03), por analogia, a pedido de benefício assistencial feito por pessoa com deficiência a fim de que benefício previdenciário recebido por idoso, no valor de um salário mínimo, não seja computado no cálculo da renda per capita prevista no artigo 20, § 3º, da Lei n. 8.742/93."

Assim, uma vez excluída a renda no valor de um salário mínimo, não resta ao grupo familiar qualquer rendimento que possa prover a subsistência dele, sendo indispensável o deferimento do benefício assistencial ora requerido para que se garanta a subsistência mínima, tanto da segurada, como de seus filhos, ambos menores.

Vale lembrar que o STF, em julgamento da Repercussão Geral – Tema 27, fixou a seguinte tese: "É inconstitucional o § 3º, do art. 20, da Lei 8.742/1993, que estabelece a renda familiar mensal *per capita* inferior a um quarto do salário mínimo como requisito obrigatório para concessão do benefício assistencial de prestação continuada previsto no artigo 203, V, da Constituição" (*Leading Case*: RE 567985, Tribunal Pleno, *DJe* 03.10.2013).

O STF, também, reputou inconstitucional o parágrafo único do art. 34 do Estatuto do Idoso por violar o princípio da isonomia, ao abrir exceção para o recebimento de dois benefícios assistenciais de idoso, mas não permitir a percepção conjunta de benefício de idoso com o de pessoa com deficiência ou de qualquer outro previdenciário. A tese fixada em Repercussão Geral Tema n. 312, foi a seguinte: "É inconstitucional, por omissão parcial, o parágrafo único do art. 34 da Lei 10.741/2003 (Estatuto do Idoso)" (*Leading Case*: RE 580963, Tribunal Pleno, *DJe* 14.11.2013).

Por último e com base em precedentes jurisprudenciais mencionados, houve avanço legislativo com a Lei n. 13.982/2020, que introduziu o § 14 no art. 20 da LOAS, para estabelecer que:

§ 14. O benefício de prestação continuada ou o benefício previdenciário no valor de até 1 (um) salário mínimo concedido a idoso acima de 65 (sessenta e cinco) anos de idade ou pessoa com deficiência não será computado, para fins de concessão do benefício de prestação continuada a outro idoso ou pessoa com deficiência da mesma família, no cálculo da renda a que se refere o § 3º deste artigo.

Essa inclusão soluciona importante questão, reduzindo-se a judicialização desnecessária de novas demandas para exclusão de renda de idosos e de deficientes de um mesmo grupo familiar.

Dessa forma, não resta dúvida de que a parte Autora faz jus à concessão do Benefício Assistencial, em razão de ela preencher todos os requisitos legais que ensejam tal concessão.

### 3. DO PREQUESTIONAMENTO <ADEQUAR AO CASO CONCRETO>

Resta clara a violação aos ditames constitucionais e legislação federal, <ADEQUAR AO CASO CONCRETO, LEMBRANDO DE INCLUIR LEGISLAÇÃO FEDERAL TAMBÉM, MESMO PARA AÇÕES DE JUIZADOS>.

## 4. REQUERIMENTOS <ADEQUAR AO CASO CONCRETO>

Diante do exposto, requer-se a Vossa Excelência:

a) a citação do Instituto Nacional do Seguro Social – INSS, para, querendo, responder à presente demanda, no prazo legal;

b) a determinação ao INSS para que, na primeira oportunidade em que se pronunciar nos autos, apresente cópia do Processo Administrativo relacionado ao requerimento do benefício em análise, conforme determinado pelo art. 11 da Lei n. 10.259/2001, sob pena de cominação de multa diária, nos termos do art. 139, IV, do CPC, a ser fixada por esse Juízo;

c) a procedência da pretensão aduzida, consoante narrado nesta inicial, condenando-se o INSS a conceder o Benefício de Prestação Continuada à Pessoa Idosa (BPC/LOAS), nos termos do art. 20 da Lei n. 8.742/1993, a contar da data do requerimento administrativo;

d) a condenação do INSS ao pagamento dos valores acumulados, aplicando-se juros e correção monetária até 11/2021, nos termos dos Temas 810 do STF e 905 do STJ e, a partir de 12/2021, o índice da taxa referencial do Sistema Especial de Liquidação e de Custódia (Selic), acumulado mensalmente, para fins de atualização monetária e de compensação da mora (art. 3º da EC n. 113/2021), respeitada a prescrição quinquenal;

e) a condenação do INSS ao pagamento de custas, despesas e de honorários advocatícios, na base de 20% (vinte por cento) sobre a condenação, conforme dispõem o art. 85, § 3º, do CPC;

f) a concessão da Gratuidade da Justiça, por ser a parte Autora pessoa hipossuficiente, na acepção jurídica do termo, sem condições de arcar com as despesas processuais e os honorários advocatícios sucumbenciais sem prejuízo de seu sustento e de sua família, a concessão da Gratuidade da Justiça, na forma do art. 98 e ss do CPC. <RECOMENDA-SE A COLETA, PELO ADVOGADO, DE DECLARAÇÃO DE HIPOSSUFICIÊNCIA DO CLIENTE, CASO SEJA REQUERIDA A GRATUIDADE DA JUSTIÇA. DEVE-SE, TAMBÉM, DE PREFERÊNCIA, FAZER A JUNTADA DE TAL DECLARAÇÃO NOS AUTOS, JÁ NA INICIAL>.

Cumprindo a previsão do art. 319, VII, do CPC, a parte autora declara que opta pela realização <OU NÃO REALIZAÇÃO, ADEQUAR CONFORME O INTERESSE EM CADA CASO> de audiência de conciliação no presente caso.

Requer-se, ainda, com base no § 4º, do art. 22, da Lei n. 8.906/1994, que, ao final da presente demanda, caso sejam encontradas diferenças em favor da parte Autora, quando da expedição da RPV ou do precatório, os valores referentes aos honorários contratuais e sucumbenciais sejam expedidos em nome da sociedade de advogados contratada pela parte Autora, sendo os honorários contratuais devidos no percentual constante no contrato em anexo.

Dá-se à causa o valor de R$ 1.000,00 (mil reais). <ADEQUAR CONFORME O CASO>

Nesses termos,

PEDE DEFERIMENTO.

Cidade e data.

Nome do Advogado e OAB

## 53. MODELO DE AÇÃO DE CONCESSÃO DE PENSÃO POR MORTE DE MENOR SOB GUARDA

**EXCELENTÍSSIMO(A) SENHOR(A) DOUTOR(A) JUIZ(A) FEDERAL DA VARA/JUIZADO ESPECIAL FEDERAL DA CIDADE – SEÇÃO JUDICIÁRIA DO ESTADO** <VERIFICAR SE É INTERESSANTE O AJUIZAMENTO DA AÇÃO NA VARA ESTADUAL MEDIANTE A UTILIZAÇÃO DA COMPETÊNCIA DELEGADA, MAS ADEQUANDO À NOVA LIMITAÇÃO DE 70 KM ENTRE A SEDE DA JF E A SEDE DA COMARCA, OU POR SER PENSÃO POR MORTE DECORRENTE DE ACIDENTE DO TRABALHO OU DOENÇA PROFISSIONAL OU DO TRABALHO. SE SIM, ADEQUAR PARA A NOMENCLATURA ESTADUAL>

**Dependente**, nacionalidade, estado civil, residente e domiciliado(a) na Rua, Bairro, Cidade, Estado, inscrito(a) no CPF sob o nº, endereço eletrônico, devidamente representado/assistido (CPC: Art. 71. "O incapaz será representado ou assistido por seus pais, por tutor ou por curador, na forma da lei.") vem à presença de Vossa Excelência, por intermédio de seus procuradores constituídos, propor a presente **AÇÃO DE CONCESSÃO DE PENSÃO POR MORTE** contra o **INSTITUTO NACIONAL DO SEGURO SOCIAL – INSS,** pessoa jurídica de direito público, autarquia federal com endereço à... <ENDEREÇO PARA CITAÇÃO/INTIMAÇÃO A SER VERIFICADO DE ACORDO COM A CIDADE E ESTADO QUE SE INGRESSA COM A AÇÃO>, pelos fatos e fundamentos que a seguir aduz:

1. **BREVE RESENHA FÁTICA** <ADEQUAR AO CASO CONCRETO>

A parte Autora é menor de idade e vivia sob a guarda do(a) falecido(a) segurado da Previdência Social, o Sr(a).....

Destaca-se que o(a) falecido(a) era segurado(a) da Previdência Social, conforme comprova cópia da carteira de trabalho anexa ou extrato do CNIS ou extrato de pagamento de benefício.

Em 00.00.2000, após o falecimento do(a) segurado(a), a parte Autora deu entrada em requerimento administrativo para concessão do benefício de pensão por morte (NB), tendo sido o mesmo indeferido pela Autarquia, conforme comprovam os documentos anexos.

Para comprovar sua qualidade de dependente do(a) falecido(a) segurado(a), a parte Autora anexa à presente exordial os seguintes documentos <EXEMPLOS>:

( ) Cópia da Certidão de Nascimento/Casamento do(a) falecido(a) segurado(a);
( ) Cópia da Certidão de Nascimento da parte Autora;
( ) Cópia da Certidão de Óbito do "de cujus";
( ) Cópia da Carteira de Trabalho e Previdência Social do "de cujus";
( ) Termo Judicial de Guarda;
( ) Justificação Administrativa; ou
( ) _____

Consciente da possibilidade assegurada pelo ordenamento jurídico pátrio, bem como pelas decisões de nossos Tribunais, recorre agora à tutela judicial para ver seus direitos concedidos de forma correta e necessária, para que seja garantida a Justiça.

2. **FUNDAMENTOS JURÍDICOS DO PEDIDO** <ADEQUAR AO CASO CONCRETO>

A pensão por morte é devida aos dependentes do(a) segurado(a) falecido(a) e sua existência decorre da proteção social devida não apenas ao trabalhador, mas também daqueles indivíduos que dele dependiam economicamente.

Importante observarmos que a pensão por morte busca amenizar as necessidades econômicas do grupo familiar decorrentes da morte do trabalhador, visando dar efetividade ao princípio da dignidade da pessoa humana.

Para a percepção do benefício da pensão por morte, a legislação previdenciária prevê o cumprimento de três requisitos básicos:

1. morte do segurado (real ou presumida);
2. a qualidade de segurado no momento imediatamente anterior à data do óbito;
3. demonstração do vínculo, sendo em alguns casos exigida a prova de efetiva dependência econômica com o segurado.

Inicialmente, o menor sob guarda figurava entre os dependentes que detinham direito à pensão, com a seguinte redação do art. 16, § 2º, da Lei n. 8.213/1991:

> "§ 2º Equiparam-se a filho, nas condições do inciso I, mediante declaração do segurado: o enteado; o menor que, por determinação judicial, esteja sob a guarda; e o menor que esteja sob a tutela e não possua condições suficientes para o próprio sustento e educação."

A Lei n. 9.528/1997 e mais recentemente a EC n. 103/2019 buscam retirá-lo do rol dos dependentes do segurado.

Contudo, mesmo após essas exclusões promovidas, outras disposições legais (e essencialmente constitucionais) permanecem em pleno vigor a tutelar os direitos previdenciários do menor sob guarda.

Assim, a jurisprudência, em respeito as normas constitucionais aplicáveis ao caso, se nega a retirar a proteção social do menor sob guarda. Da Constituição Federal, destacamos:

> "Art. 1º A República Federativa do Brasil, formada pela união indissolúvel dos Estados e Municípios e do Distrito Federal, constitui-se em Estado Democrático de Direito e tem como fundamentos:
> (...) III – a dignidade da pessoa humana."
> 
> "Art. 6º São direitos sociais a educação, a saúde, a alimentação, o trabalho, a moradia, o lazer, a segurança, a previdência social, a proteção à maternidade e à infância, a assistência aos desamparados, na forma desta Constituição." (Redação dada pela Emenda Constitucional n. 64, de 2010)
> 
> "Art. 227. É dever da família, da sociedade e do Estado assegurar à criança, ao adolescente e ao jovem, com absoluta prioridade, o direito à vida, à saúde, à alimentação, à educação, ao lazer, à profissionalização, à cultura, à dignidade, ao respeito, à liberdade e à convivência familiar e comunitária, além de colocá-los a salvo de toda forma de negligência, discriminação, exploração, violência, crueldade e opressão. (Redação dada Pela Emenda Constitucional n. 65, de 2010)
> (...) § 3º O direito a proteção especial abrangerá os seguintes aspectos:
> (...) II – garantia de direitos previdenciários e trabalhistas."

Sob tema, vale destacar também a Lei n. 8.069/1990 (Estatuto da Criança e do Adolescente):

> "Art. 6º Na interpretação desta Lei, levar-se-ão em conta os fins sociais a que ela se dirige, as exigências do bem comum, os direitos e deveres individuais e coletivos, e a condição peculiar da criança e do adolescente como pessoas em desenvolvimento."
> 
> "Art. 33. A guarda obriga a prestação de assistência material, moral e educacional à criança ou adolescente, conferindo a seu detentor o direito de opor-se a terceiros, inclusive aos pais.
> (...) § 3º **A guarda confere à criança ou adolescente a condição de dependente, para todos os fins e efeitos de direito, inclusive previdenciários."** [grifo à parte]

Ressalta-se ainda a Convenção sobre os Direitos da Criança (internalizada pelo Decreto n. 99.710/1990):

> "Artigo 26.
> 1. Os Estados Partes reconhecerão a todas as crianças o direito de usufruir da previdência social, inclusive do seguro social, e adotarão as medidas necessárias para lograr a plena consecução desse direito, em conformidade com sua legislação nacional.
> 2. Os benefícios deverão ser concedidos, quando pertinentes, levando-se em consideração os recursos e a situação da criança e das pessoas responsáveis pelo seu sustento, bem como qualquer outra consideração cabível no caso de uma solicitação de benefícios feita pela criança ou em seu nome."

Como visto, o instituto da guarda obriga a prestação de assistência material, moral e educacional à criança ou adolescente, conferindo, ao seu detentor, o direito de se opor, inclusive aos pais (art. 33 do Estatuto da Criança e do Adolescente), visando regularizar a posse de fato, fazendo parte da inserção do menor de idade em uma nova família, e conferindo, à criança ou adolescente, a condição de dependente, para todos os fins e efeitos de direito, inclusive previdenciários (art. 33, § 3º, do Estatuto da Criança e do Adolescente).

Assim, a despeito de ausência de previsão na legislação previdenciária, obviamente, o menor de idade sob guarda continua fazendo parte do rol de dependentes previdenciários.

No âmbito do STJ, restou sedimentada a tese da proteção integral a crianças e adolescentes (art. 227 da CF) com a prevalência do ECA sobre a LBPS. Eis a tese fixada no Repetitivo Tema n. 732:

> "O menor sob guarda tem direito à concessão do benefício de pensão por morte do seu mantenedor, comprovada a sua dependência econômica, nos termos do art. 33, § 3º, do Estatuto da Criança e do Adolescente, ainda que o óbito do instituidor da pensão seja posterior à vigência da Medida Provisória 1.523/96, reeditada e convertida na Lei 9.528/97. Funda-se essa conclusão na qualidade de lei

especial do Estatuto da Criança e do Adolescente (8.069/90), frente à legislação previdenciária." (REsp n. 1411258/RS, 1ª Seção, Rel. Min. Napoleão Nunes Maia Filho, j. 11.10.2017)

A matéria também foi objeto das Ações Diretas de Inconstitucionalidade – ADIs 4.878 e 5.083, em que a Procuradoria-Geral da República e o Conselho Federal da Ordem dos Advogados do Brasil (OAB), respectivamente, contestaram o artigo 2º da Lei n. 9.528/1997, que alterou o artigo 16, § 2º, da Lei n. 8.213/1991, sob o argumento de que, ao suprimir os menores sob guarda do pensionamento por morte de segurado do INSS, violaria vários princípios constitucionais, entre eles o da isonomia, o da dignidade da pessoa humana, o da segurança jurídica e o da proteção integral da criança e do adolescente.

No julgamento realizado pelo STF, prevaleceu o voto apresentado pelo ministro Edson Fachin, no sentido de conferir interpretação conforme a Constituição Federal ao § 2º do art. 16 da Lei 8.213/1991, para contemplar, em seu âmbito de proteção, o menor sob guarda (ADIs 4.878 e 5.083, DJe 15.06.2021).

Ademais, a 4ª Turma Recursal do Rio Grande do Sul entendeu pela inconstitucionalidade do art. 23, § 6º, da EC n. 103/2019 no seguinte julgado:

> PREVIDENCIÁRIO. PENSÃO POR MORTE. MENOR SOB GUARDA. ARTIGO 16, § 2º, DA LEI 8.213/91. ARTIGO 33 DO ESTATUTO DA CRIANÇA E DO ADOLESCENTE. TEMA 732 DO STJ. ADIS 4.878 E 5.083. DIREITO AO BENEFÍCIO, DESDE QUE DEPENDENTE ECONOMICAMENTE. ARTIGO 23, § 6º, DA EC n. 103/2019. ENTENDIMENTO NÃO ALTERADO. INCONSTITUCIONALIDE DO DISPOSITIVO. ARTIGOS 1º, III, 60, § 4º E 227 DA CF. DIGNIDADE DA PESSOA HUMANA. DIREITO À VIDA DO MENOR. RECURSO DO INSS IMPROVIDO.
>
> 1. O artigo 16, § 2º, da Lei 8.213/91, em sua redação originária, equiparava a filho, o enteado, o menor sob guarda e o menor sob tutela do segurado. A Medida Provisória n. 1.523/96, de 14/10/1996, convertida na Lei 9.528/97, excluiu o menor sob guarda do rol dos dependentes previdenciários.
>
> 2. O artigo 33 do Estatuto da Criança e do Adolescente (Lei n. 8.069, de 13 de julho de 1990), manteve a previsão de que a guarda, uma das modalidades de colocação em família substituta, ao lado da tutela e da adoção, obriga à prestação de assistência material, moral e educacional à criança ou adolescente, conferindo a seu detentor o direito de opor-se a terceiros, inclusive aos pais.
>
> 3. Ainda que ausente norma própria na Lei 8213/91 acerca da dependência para efeitos previdenciários do menor sob guarda em relação ao guardião segurado do RGPS, o fato é que o artigo 33, § 3º, do ECA, permanece vigente, estendendo a sua incidência para todos os diplomas normativos. Interpretação que se coaduna com o sistema constitucional vigente (artigo 227 da CF).
>
> 4. Em regime de julgamento de demandas repetitivas (Tema 732), o Superior Tribunal de Justiça fixou a seguinte tese: "O menor sob guarda tem direito à concessão do benefício de pensão por morte do seu mantenedor, comprovada sua dependência econômica, nos termos do art. 33, § 3º do Estatuto da Criança e do Adolescente, ainda que o óbito do instituidor da pensão seja posterior à vigência da Medida Provisória 1.523/96, reeditada e convertida na Lei 9.528/97. Funda-se essa conclusão na qualidade de lei especial do Estatuto da Criança e do Adolescente (8.069/90), frente à legislação previdenciária".
>
> 5. A Corte Suprema, no julgamento das ADIs 4.878 e 5.083 conferiu interpretação conforme ao § 2º do art. 16 da Lei n. 8.213/1991, para contemplar, em seu âmbito de proteção, o "menor sob guarda", ratificando o entendimento segundo o qual assiste condição de dependente ao menor sob a guarda de segurado da Previdência Social.
>
> 6. Assim, o menor sob guarda, desde que dependa economicamente do seu guardião, possui direito ao amparo previdenciário pela Lei 8.213/91, pois hermenêutica em sentido diverso viola os preceitos fundamentais que determinam o amparo prioritário à criança e ao adolescente.
>
> 7. Entendimento que se mantém inclusive após o advento da Emenda Constitucional n. 103/2019, que inseriu o artigo 23, § 6º ("Equiparam-se a filho, para fins de recebimento da pensão por morte, exclusivamente o enteado e o menor tutelado, desde que comprovada a dependência econômica").
>
> 8. Embora não haja mais antinomia legal, mas constitucional, é certo que a restrição, neste caso, opera-se inconstitucional, porquanto se trata de alteração que afeta o núcleo essencial do direito fundamental à previdência, anulando o próprio direito do menor que fica sem qualquer amparo financeiro quando do óbito de seu provedor. Artigo 60, § 4º, inciso IV, da Constituição Federal.
>
> 9. Tendo o dispositivo trazido pela EC n. 103/2019 eliminado a possibilidade de amparo previdenciário do menor sob guarda, afetando a preservação do seu direito alimentar básico, afrontando o

princípio da dignidade pessoa humana (art. 1º, inciso III, da CF) e o direito à vida do menor (art. 227, CF), deve ser considerado inconstitucional.

10. Situação em que, ainda que não formalizada judicialmente a guarda, a prova dos autos (Termo de responsabilidade no qual o Conselho Tutelar encaminha a autora à instituidora) indica dependência econômica da extinta segurada, provedora das necessidades da requerente e responsável pelo seu sustento desde tenra idade.

11. Recurso do INSS improvido.

(RC 5048350-87.2021.4.04.7100, 4ª TR/RS, Rel. Marina Vasques Duarte, j. 9.8.2022)

Fica demonstrado, então, que é injustificável qualquer distinção entre o menor de idade sob guarda e o sob tutela, ao preservar ao segundo a possibilidade de constar como dependente e não ao primeiro. Trata-se de discriminação que fere o princípio da isonomia, em confronto com os princípios constitucionais.

Pelo exposto, resta comprovado o direito do(a) requerente à concessão da pensão por morte pleiteada, não havendo motivo plausível para o indeferimento arbitrário feito pela Autarquia-Ré, cuja data de início e RMI deve observar o disposto nos citados arts. 74 e 75 da LBPS.

**3. DO PREQUESTIONAMENTO** <ADEQUAR AO CASO CONCRETO>

Resta clara a violação aos ditames constitucionais e legislação federal, <ADEQUAR AO CASO CONCRETO, LEMBRANDO DE INCLUIR LEGISLAÇÃO FEDERAL TAMBÉM, MESMO PARA AÇÕES DE JUIZADOS>.

**4. DO PEDIDO** <ADEQUAR AO CASO CONCRETO>

Diante do exposto, requer-se a Vossa Excelência:

a) a citação do Instituto Nacional do Seguro Social – INSS, para, querendo, responder à presente demanda, no prazo legal;

b) a determinação ao INSS para que, na primeira oportunidade em que se pronunciar nos autos, apresente cópia do Processo Administrativo relacionado ao requerimento do benefício em análise, bem como o histórico de contribuições do(a) falecido(a) segurado(a), para posterior remessa dos autos à Contadoria Judicial, para apuração da RMI e dos demais valores devidos à parte Autora, conforme determinado pelo art. 11 da Lei n. 10.259/2001, sob pena de cominação de multa diária, nos termos do art. 139, IV, do CPC, a ser fixada por esse Juízo;

c) a procedência da pretensão deduzida, consoante narrado nesta inicial, condenando-se o INSS a conceder a pensão por morte ora pleiteada, devendo ser considerada:

c.1) a inconstitucionalidade da nova regra de cálculo do art. 23 da EC n. 103/2019, mantendo-se a regra da legislação anterior: 100% da aposentadoria que o segurado recebia ou daquela a que teria direito se estivesse aposentado por invalidez na data de seu falecimento (art. 75 da Lei n. 8.213/1991, com redação conferida pela Lei n. 9.528/1997);

c.2) como data de início do referido benefício, a data do óbito, por se tratar de pessoa menor de 18 anos (STJ, REsp 1.405.909-AL, 1ª Turma, *DJe* 09.09.2014);

d) a condenação do INSS ao pagamento dos valores acumulados, aplicando-se juros e correção monetária até 11/2021, nos termos dos Temas 810 do STF e 905 do STJ e, a partir de 12/2021, o índice da taxa referencial do Sistema Especial de Liquidação e de Custódia (Selic), acumulado mensalmente, para fins de atualização monetária e de compensação da mora (art. 3º da EC n. 113/2021), respeitada a prescrição quinquenal;

e) a condenação do INSS ao pagamento de custas, despesas e de honorários advocatícios, na base de 20% (vinte por cento) sobre o valor da condenação apurado em liquidação de sentença, conforme dispõem o art. 55 da Lei n. 9.099/1995 e o art. 85, § 3º, do CPC;

f) o Julgamento Antecipado da Lide, conforme dispõe o art. 355 do CPC, considerando-se que a questão de mérito é unicamente de direito. Sendo outro o entendimento de V. Exa., requer e protesta pela produção de todos os meios de prova admitidos em direito, sem exclusão de nenhum que se fizer necessário ao deslinde da demanda.

h) a concessão da Gratuidade da Justiça, na forma do art. 98 e ss do CPC, por ser a parte Autora pessoa hipossuficiente, na acepção jurídica do termo, sem condições de arcar com as despesas processuais e os honorários advocatícios sucumbenciais sem prejuízo de seu sustento e de sua família. <RECOMENDA-SE A COLETA, PELO ADVOGADO, DE DECLARAÇÃO DE HIPOSSUFICIÊNCIA DO CLIENTE, CASO SEJA REQUERIDA A GRATUIDADE DA JUSTIÇA. DEVE-SE, TAMBÉM, DE PREFERÊNCIA, FAZER A JUNTADA DE TAL DECLARAÇÃO NOS AUTOS, JÁ NA INICIAL>.

Cumprindo a previsão do art. 319, VII, do CPC, a parte autora declara que opta pela realização <OU NÃO REALIZAÇÃO, ADEQUAR CONFORME O INTERESSE EM CADA CASO> de audiência de conciliação no presente caso.

Requer-se, ainda, com base no § 4º, do art. 22, da Lei n. 8.906/1994, que, ao final da presente demanda, caso sejam encontradas diferenças em favor da parte Autora, quando da expedição da RPV ou do precatório, os valores referentes aos honorários contratuais e sucumbenciais sejam expedidos em nome da sociedade de advogados contratada pela parte Autora, sendo os honorários contratuais devidos no percentual constante no contrato em anexo.

Dá-se à causa o valor de R$ 1.000,00 (mil reais). <ADEQUAR CONFORME O CASO>

Nesses termos,

PEDE DEFERIMENTO.

Cidade e data.

Nome do Advogado e OAB

## 54. MODELO DE AÇÃO DE CONCESSÃO DE BENEFÍCIO DE PENSÃO POR MORTE – UNIÃO ESTÁVEL

**EXCELENTÍSSIMO(A) SENHOR(A) DOUTOR(A) JUIZ(A) DE DIREITO DA VARA DA COMARCA DE CIDADE/ESTADO (em caso de falecimento decorrente de acidente do trabalho ou doença ocupacional) ou**

**EXCELENTÍSSIMO(A) SENHOR(A) DOUTOR(A) JUIZ(A) FEDERAL DA VARA/JUIZADO ESPECIAL FEDERAL DA CIDADE – SEÇÃO JUDICIÁRIA DO ESTADO (nos demais casos)**

**Dependente**, nacionalidade, estado civil, residente e domiciliado(a) na Rua, Bairro, Cidade, Estado, inscrito(a) no CPF sob o nº, endereço eletrônico, vem à presença de Vossa Excelência, por intermédio de seus procuradores constituídos, propor a presente **AÇÃO DE CONCESSÃO DE PENSÃO POR MORTE** contra o **INSTITUTO NACIONAL DO SEGURO SOCIAL – INSS,** pessoa jurídica de direito público, autarquia federal com endereço à... <ENDEREÇO PARA CITAÇÃO/INTIMAÇÃO A SER VERIFICADO DE ACORDO COM A CIDADE E ESTADO QUE SE INGRESSA COM A AÇÃO>, pelos fatos e fundamentos que a seguir aduz:

**1. BREVE RESENHA FÁTICA** <ADEQUAR AO CASO CONCRETO>

A parte Autora viveu em união estável com o *de cujus,* Fulano de Tal, pelo período aproximado de .... anos.

Destaca-se que o(a) falecido(a) era segurado(a) da Previdência Social, conforme comprova cópia da Carteira de Trabalho anexa (ou extrato do CNIS, ou extrato do benefício), possuindo, na data de seu falecimento, mais de 18 contribuições previdenciárias.

Após o falecimento de seu(ua) companheiro(a), a parte Autora deu entrada em requerimento administrativo para concessão do benefício de pensão por morte, tendo sido o mesmo indeferido pela Autarquia, conforme comprovam os documentos anexos.

Consciente da possibilidade assegurada pelo ordenamento jurídico pátrio, bem como pelas decisões de nossos Tribunais, recorre, agora, à tutela judicial para ver seus direitos concedidos de forma correta e necessária, para que seja garantida a Justiça.

## 2. FUNDAMENTOS JURÍDICOS DO PEDIDO <ADEQUAR AO CASO CONCRETO>

A parte Autora cumpriu todos os requisitos necessários para a concessão da pensão por morte. Senão vejamos:

A Lei n. 8.213, de 24 de julho de 1991, determina, em seu art. 16:

> "Art. 16. São beneficiários do Regime Geral de Previdência Social, na condição de dependentes do segurado:
> I – o cônjuge, a companheira, o companheiro e o filho não emancipado, de qualquer condição, menor de 21 (vinte e um) anos ou inválido ou que tenha deficiência intelectual ou mental ou deficiência grave; (Redação dada pela Lei n. 13.146, de 2015)
> [...] § 4º A dependência econômica das pessoas indicadas no inc. I é presumida e a das demais deve ser comprovada."

É considerada união estável a relação verificada entre duas pessoas como entidade familiar, quando forem solteiros, separados judicialmente, divorciados ou viúvos (art. 226, § 3º, da Constituição Federal), desde que não haja impedimento para o casamento para ambas. A união estável foi regulamentada pela Lei n. 9.278, de 10.05.1996.

A MP n. 664/2014 previa, em contrariedade à CF e à Lei n. 9.278/1996, que a dependência de cônjuges e companheiros somente seria reconhecida para fins previdenciários após o prazo de dois anos de matrimônio ou convivência.

Na conversão em lei (Lei n. 13.135/2015) essa regra foi amenizada em parte, passando a constar do art. 77, § 2º, da Lei n. 8.213/1991 que a duração da pensão será de apenas quatro meses, se o óbito ocorrer sem que o segurado tenha vertido 18 contribuições mensais ou se o casamento ou a união estável tiverem sido iniciados em menos de dois anos antes do óbito do segurado.

Não se aplica essa exigência se o óbito do segurado decorrer de acidente de qualquer natureza ou de doença profissional e nos casos de cônjuge e companheiro inválido ou com deficiência.

Entendemos que a exigência dos dois anos de relacionamento para continuidade do recebimento da pensão por morte cria uma presunção de fraude contra os cônjuges e companheiros e, portanto, não pode ser acolhida como norma válida.

Deve prevalecer apenas a regra contida na Lei n. 13.135/2015, que prevê a perda do direito à pensão caso comprovada, a qualquer tempo, simulação ou fraude no casamento ou na união estável, ou sua formalização com o fim exclusivo de constituir benefício previdenciário, apuradas em processo judicial no qual será assegurado o direito ao contraditório e à ampla defesa (incluindo-se o § 2º no art. 74 da Lei n. 8.213/1991).

O INSS considera por companheira ou companheiro a pessoa que mantém união estável com o segurado ou a segurada, sendo esta configurada na convivência pública, contínua e duradoura estabelecida com intenção de constituição de família, observando que não constituirá união estável a relação entre:

> I – os ascendentes com os descendentes, seja o parentesco natural ou civil;
> II – os afins em linha reta;
> III – o adotante com quem foi cônjuge do adotado e o adotado com quem o foi do adotante;
> IV – os irmãos, unilaterais ou bilaterais, e demais colaterais, até o terceiro grau inclusive;
> V – o adotado com o filho do adotante;
> VI – as pessoas casadas; e
> VII – o cônjuge sobrevivente com o condenado por homicídio ou tentativa de homicídio contra o seu consorte.

Reconhece, ainda, o INSS a não incidência do inciso VI *supra* no caso de a pessoa casada se achar separada de fato, judicial ou extrajudicialmente.

Assim, por ser a parte Autora companheiro(a) do(a) falecido(a) e este(a) segurado(a) do Regime Geral de Previdência Social, é ele(a), por determinação legal e garantia constitucional, dependente. E sua dependência econômica para com o(a) falecido(a) é legalmente presumida, não necessitando de maiores comprovações.

De fato, os precedentes jurisprudenciais são no sentido de que a presunção de dependência econômica entre companheiros é absoluta[17].

É importante ainda destacar o artigo 201 da Carta Magna, em seu inciso V:

> "Art. 201. Os planos de previdência social, mediante contribuição, atenderão, nos termos da lei, a: [...]
> V – pensão por morte de segurado, homem ou mulher, ao cônjuge ou companheiro e dependentes, obedecido o disposto no § 5º e no art. 202."

Ora, resta claro o direito do(a) requerente à concessão da pensão por morte pleiteada, não havendo motivo plausível para o indeferimento arbitrário feito pela Autarquia-Ré.

## 3. DA PROVA <ADEQUAR AO CASO CONCRETO>

Cabe destacar que, em 18.01.2019, com o advento da MP n. 871, convertida na Lei n. 13.846/2019, algumas regras quanto à prova da pensão por morte foram alteradas. Destacamos o art. 16, § 5º, da Lei n. 8.213/1991:

> "Art. 16. (...) § 5º As provas de união estável e de dependência econômica exigem início de prova material contemporânea dos fatos, produzido em período não superior a 24 (vinte e quatro) meses anterior à data do óbito ou do recolhimento à prisão do segurado, não admitida a prova exclusivamente testemunhal, exceto na ocorrência de motivo de força maior ou caso fortuito, conforme disposto no regulamento."

Antes da alteração normativa, a comprovação da existência de união estável não exigia provas documentais, podendo ser feita exclusivamente testemunhal, conforme art. 442 do CPC e orientação jurisprudencial dominante até então:

- TNU – Súmula n. 63: "A comprovação de união estável para efeito de concessão de pensão por morte prescinde de início de prova material."
- TRF da 4ª Região – Súmula n. 104: "A legislação previdenciária não faz qualquer restrição quanto à admissibilidade da prova testemunhal, para comprovação da união estável, com vista à obtenção de benefício previdenciário."
- STJ, AgRg no AREsp 38.149/PR, Rel. Ministro OG FERNANDES, SEXTA TURMA, *DJe* 11/04/2012;
- AgRg no REsp 1.374.947/PI, Ministro HUMBERTO MARTINS, Segunda Turma, *DJe* 28/06/2013.

Há que se observar no caso concreto a norma vigente à época do óbito, nos termos da Sumula n. 340 do STF:

> "A lei aplicável à concessão de pensão previdenciária por morte é aquela vigente na data do óbito do segurado."

Quanto as provas no concreto, a parte destaca-se que o óbito ocorreu em 00.00.2000.

Para comprovar a União Estável, constam nos autos: <ADEQUAR AO CASO CONCRETO>.

Pretende-se ainda a ouvida das seguintes testemunhas: <ADEQUAR AO CASO CONCRETO>.

---

[17] Turma Recursal de Santa Catarina, Processo n. 2002.72.08.000638-6, Rel. Juiz Sebastião Ogê Muniz, Sessão de 25.06.2002.

## 4. DO PREQUESTIONAMENTO <ADEQUAR AO CASO CONCRETO>

Resta clara a violação aos ditames constitucionais e legislação federal, <ADEQUAR AO CASO CONCRETO, LEMBRANDO DE INCLUIR LEGISLAÇÃO FEDERAL TAMBÉM, MESMO PARA AÇÕES DE JUIZADOS>.

## 5. DO PEDIDO <ADEQUAR AO CASO CONCRETO>

Diante do exposto, requer-se a Vossa Excelência:

a) a citação do Instituto Nacional do Seguro Social – INSS, para, querendo, responder à presente demanda, no prazo legal;

b) a determinação ao INSS para que, na primeira oportunidade em que se pronunciar nos autos, apresente cópia do Processo Administrativo relacionado ao requerimento do benefício em análise, bem como o histórico de contribuições do(a) falecido(a) segurado(a), para posterior remessa dos autos à Contadoria Judicial, para apuração da RMI e dos demais valores devidos à parte Autora, conforme determinado pelo art. 11 da Lei n. 10.259/2001, sob pena de cominação de multa diária, nos termos do art. 139, IV, do CPC, a ser fixada por esse Juízo;

c) a procedência da pretensão deduzida, consoante narrado nessa inicial, condenando-se o INSS a conceder a pensão por morte ora pleiteada, conforme o previsto no art. 201, § 5º, da Constituição Federal de 1988, e nos arts. 74 e seguintes da Lei n. 8.213/1991, devendo ser considerada como data de início do referido benefício, a data do óbito ou, sucessivamente, a data de entrada do requerimento (DER);

d) a condenação do INSS ao pagamento dos valores acumulados, aplicando-se juros e correção monetária até 11/2021, nos termos dos Temas 810 do STF e 905 do STJ e, a partir de 12/2021, o índice da taxa referencial do Sistema Especial de Liquidação e de Custódia (Selic), acumulado mensalmente, para fins de atualização monetária e de compensação da mora (art. 3º da EC n. 113/2021), respeitada a prescrição quinquenal;

e) a condenação do INSS ao pagamento de custas, despesas e de honorários advocatícios, na base de 20% (vinte por cento) sobre o valor da condenação apurado em liquidação de sentença, conforme dispõem o art. 55 da Lei n. 9.099/1995 e o art. 85, § 3º, do CPC;

f) o Julgamento Antecipado da Lide, conforme dispõe o art. 355 do CPC, considerando que a questão de mérito é unicamente de direito. Sendo outro o entendimento de V. Exa., requer e protesta pela produção de todos os meios de prova admitidos em direito, sem exclusão de nenhum que se fizer necessário ao deslinde da demanda, principalmente a ouvida de testemunhas, que comprovarão a relação existente entre o(a) falecido(a) segurado(a) e a parte Autora. Para tanto, se assim entender V. Exa., a parte Autora elenca, ao final da presente, os dados das testemunhas a serem ouvidas.

g) a concessão da Gratuidade da Justiça, na forma do art. 98 e ss do CPC, por ser a parte Autora pessoa hipossuficiente, na acepção jurídica do termo, sem condições de arcar com as despesas processuais e os honorários advocatícios sucumbenciais sem prejuízo de seu sustento e de sua família. <RECOMENDA-SE A COLETA, PELO ADVOGADO, DE DECLARAÇÃO DE HIPOSSUFICIÊNCIA DO CLIENTE, CASO SEJA REQUERIDA A GRATUIDADE DA JUSTIÇA. DEVE-SE, TAMBÉM, DE PREFERÊNCIA, FAZER A JUNTADA DE TAL DECLARAÇÃO NOS AUTOS, JÁ NA INICIAL>.

Cumprindo a previsão do art. 319, VII, do CPC, a parte autora declara que opta pela realização <OU NÃO REALIZAÇÃO, ADEQUAR CONFORME O INTERESSE EM CADA CASO> de audiência de conciliação no presente caso.

Requer-se, ainda, com base no § 4º, do art. 22, da Lei n. 8.906/1994, que, ao final da presente demanda, caso sejam encontradas diferenças em favor da parte Autora, quando da expedição da RPV ou do precatório, os valores referentes aos honorários contratuais e sucumbenciais sejam expedidos em nome da sociedade de advogados contratada pela parte Autora, sendo os honorários contratuais devidos no percentual constante no contrato em anexo.

<incluir somente se tiver sido feito o requerimento: Por fim, a parte informa que requereu a sua habilitação provisória ao benefício de pensão por morte, para fins de rateio dos valores com outros dependentes, nos termos do art. 105, § 6º, do Dec. n. 3.048/1999, com a redação dada pelo Decreto n. 10.410/2020>.

Dá-se à causa o valor de R$ 1.000,00 (mil reais). <ADEQUAR CONFORME O CASO>

Nesses termos,

PEDE DEFERIMENTO.

Cidade e data.

Nome do Advogado e OAB

TESTEMUNHAS:

1. Nome – CPF – Endereço – Telefone
2. Nome – CPF – Endereço – Telefone
3. Nome – CPF – Endereço – Telefone

## 55. MODELO DE AÇÃO DE CONCESSÃO DE AUXÍLIO-RECLUSÃO

**EXCELENTÍSSIMO(A) SENHOR(A) DOUTOR(A) JUIZ(A) FEDERAL DA VARA/JUIZADO ESPECIAL FEDERAL DA CIDADE – SEÇÃO JUDICIÁRIA DO ESTADO** <VERIFICAR SE É INTERESSANTE O AJUIZAMENTO DA AÇÃO NA VARA ESTADUAL MEDIANTE A UTILIZAÇÃO DA COMPETÊNCIA DELEGADA, MAS ADEQUANDO À NOVA LIMITAÇÃO DE 70 KM ENTRE A SEDE DA JF E A SEDE DA COMARCA. SE SIM, ADEQUAR PARA A NOMENCLATURA ESTADUAL>

**Dependente(s)**, nacionalidade, estado civil, residente e domiciliado(a) na Rua, Bairro, Cidade, Estado, inscrito(a) no CPF sob o nº, endereço eletrônico, devidamente representado/assistido (CPC: Art. 71. "O incapaz será representado ou assistido por seus pais, por tutor ou por curador, na forma da lei.") vem à presença de Vossa Excelência, por intermédio de seus procuradores constituídos, propor a presente **AÇÃO DE CONCESSÃO DE AUXÍLIO-RECLUSÃO** contra o **INSTITUTO NACIONAL DO SEGURO SOCIAL – INSS,** pessoa jurídica de direito público, autarquia federal com endereço à... <ENDEREÇO PARA CITAÇÃO/INTIMAÇÃO A SER VERIFICADO DE ACORDO COM A CIDADE E ESTADO QUE SE INGRESSA COM A AÇÃO>, pelos fatos e fundamentos que a seguir aduz:

**1. BREVE RESENHA FÁTICA** <ADEQUAR AO CASO CONCRETO>

A parte Autora é dependente de segurado(a) da Previdência Social, conforme comprovam documentos anexos.

Em 00.00.0000, o(a) segurado(a), Sr...., passou a cumprir pena privativa da liberdade em regime fechado <INCLUIR DADOS SOBRE LOCAL EM QUE ESTÁ SENDO CUMPRIDA A PENA>.

Em 00.00.0000, os dependentes do segurado requereram junto ao INSS o benefício de auxílio-reclusão, NB 000.000.000-0, tendo sido o benefício negado sob o argumento de que o segurado não preenchia o requisito de baixa renda. No entanto, equivocou-se a Autarquia-ré em lhe negar o benefício, conforme será demonstrado a seguir.

Consciente da possibilidade assegurada pelo ordenamento jurídico pátrio, bem como pelas decisões de nossos Tribunais, recorre, agora, à tutela judicial para ver seus direitos concedidos de forma correta e necessária, para que seja garantida a Justiça.

**2. FUNDAMENTOS JURÍDICOS DO PEDIDO** <ADEQUAR AO CASO CONCRETO>

O benefício de auxílio-reclusão tem previsão no artigo 201, IV, da CF/1988. Vejamos:

> "Art. 201. A previdência social será organizada sob a forma do Regime Geral de Previdência Social, de caráter contributivo e de filiação obrigatória, observados critérios que preservem o equilíbrio financeiro e atuarial, e atenderá, na forma da lei, a: (Redação dada pela Emenda Constitucional n. 103, de 2019) (...).
> IV – salário-família e **auxílio-reclusão para os dependentes dos segurados de baixa renda;"**
> (Redação dada pela Emenda Constitucional n. 20, de 1998) (grifou-se)

O Supremo Tribunal Federal, em repercussão geral, firmou a seguinte tese:

> **TEMA 89** – "Segundo decorre do art. 201, IV, da Constituição Federal, a renda do segurado preso é a que deve ser utilizada como parâmetro para a concessão do auxílio-reclusão e não a de seus dependentes."

Ainda segundo o entendimento do INSS, que foi adotado até o advento da Lei n. 13.846/2019, se o segurado, embora mantendo essa qualidade, não estivesse em atividade no mês da reclusão, ou nos meses anteriores, seria considerado como remuneração o seu último salário de contribuição.

Esse critério não foi aceito no âmbito judicial, visto que a condição do segurado desempregado é de ausência total de renda, não se podendo retroagir no tempo para buscar a remuneração que o segurado tinha meses antes de ser recolhido à prisão. Nesse sentido, a tese fixada pelo STJ no Repetitivo 896 (REsp 1.485.416/SP, 1ª Seção, Rel. Min. Herman Benjamin, j. 22.11.2017), a qual passou por revisão, em virtude da Lei n. 13.846/2019 (resultado da conversão da MP n. 871/2019), passando a ter a seguinte redação:

> "Para a concessão de auxílio-reclusão (art. 80 da Lei 8.213/1991) no regime anterior à vigência da MP 871/2019, o critério de aferição de renda do segurado que não exerce atividade laboral remunerada no momento do recolhimento à prisão é a ausência de renda, e não o último salário de contribuição" (QO – REsp n. 1.842.985/PR, 1ª Seção, DJe 01.07.2021).

Após a EC n. 103/2019, o Decreto 10.410/2020 veio novamente regulamentar o auxílio-reclusão e estabeleceu no art. 116, § 1º (do RPS), o critério para se auferir a baixa renda:

> "§ 1º Para fins de concessão do benefício de que trata este artigo, considera-se segurado de baixa renda aquele que tenha renda bruta mensal igual ou inferior a R$ 1.425,56 (um mil quatrocentos e vinte e cinco reais e cinquenta e seis centavos), corrigidos pelos mesmos índices de reajuste aplicados aos benefícios do RGPS, calculada com base na média aritmética simples dos salários de contribuição apurados no período dos doze meses anteriores ao mês do recolhimento à prisão." (Redação dada pelo Decreto n. 10.410, de 2020)

Entretanto, o critério de baixa renda não deve ser estático, cabendo relativização de forma a se garantir a prevalência da proteção social ao núcleo familiar, conforme entendimento já firmado pelo STJ. Nesse sentido, destacamos:

> "(...) II – É possível a flexibilização do critério econômico definidor da condição de baixa renda, para efeito de concessão do auxílio-reclusão, quando na análise do caso concreto restar demonstrado a necessidade de proteção social dos dependentes do segurado recluso. (...)"
> (AgInt nos EDcl no REsp 1741600/PR, Rel. Min. Regina Helena Costa, Primeira Turma, j. 01.04.2019, DJe 04.04.2019)

No presente caso, o segurado foi recolhido à prisão em ..../..../..... e, de acordo com os extratos do CNIS, não estava empregado ou contribuindo no referido mês. <ADEQUAR AO CASO>

Além disso, a média de suas últimas 12 contribuições supera minimamente o limite legal devendo o critério ser relativizado no presente caso <ADEQUAR AO CASO CONCRETO>.

Cabe destacar também que a TNU fixou orientação no sentido de que, no momento de avaliar o preenchimento dos requisitos necessários à concessão do auxílio-reclusão, deve ser considerada a legislação vigente à época em que ocorreu a prisão, e, ainda, que o benefício também é devido aos dependentes do segurado que, na data do efetivo recolhimento, não possuía salário de contribuição – como no caso de desempregado – desde que mantida a qualidade de segurado (PEDILEF n. 5000221-27.2012.4.04.7016, Rel. p/ acórdão Juiz Federal João Batista Lazzari, j. 08.10.2014).

Assim, resta demonstrado o cumprimento do requisito de baixa renda no caso concreto, tornando ilegal a negativa do INSS de conceder o benefício de auxílio-reclusão requerido.

### 3. DO PREQUESTIONAMENTO <ADEQUAR AO CASO CONCRETO>

Resta clara a violação aos ditames constitucionais e legislação federal, <ADEQUAR AO CASO CONCRETO, LEMBRANDO DE INCLUIR LEGISLAÇÃO FEDERAL TAMBÉM, MESMO PARA AÇÕES DE JUIZADOS>.

### 4. DO PEDIDO <ADEQUAR AO CASO CONCRETO>

Diante do exposto, requer-se a Vossa Excelência:

a) a citação do Instituto Nacional do Seguro Social – INSS, para, querendo, responder à presente demanda, no prazo legal;

b) a determinação ao INSS para que, na primeira oportunidade em que se pronunciar nos autos, apresente cópia do Processo Administrativo relacionado ao requerimento do benefício em análise, bem como o histórico de contribuições do(a) segurado(a) instituidor, para posterior remessa dos autos à Contadoria Judicial, para apuração da RMI e dos demais valores devidos à parte Autora, conforme determinado pelo art. 11 da Lei n. 10.259/2001, sob pena de cominação de multa diária, nos termos do art. 139, IV, do CPC, a ser fixada por esse Juízo;

c) a procedência da pretensão deduzida, consoante narrado nesta inicial, condenando-se o INSS a conceder Benefício de Auxílio-Reclusão com data de início em 00.00.0000, conforme previsto na legislação vigente;

d) a condenação do INSS ao pagamento dos valores acumulados, aplicando-se juros e correção monetária até 11/2021, nos termos dos Temas 810 do STF e 905 do STJ e, a partir de 12/2021, o índice da taxa referencial do Sistema Especial de Liquidação e de Custódia (Selic), acumulado mensalmente, para fins de atualização monetária e de compensação da mora (art. 3º da EC n. 113/2021), respeitada a prescrição quinquenal;

e) a condenação do INSS ao pagamento das custas, despesas e honorários advocatícios, na base de 20% (vinte por cento) dos valores devidos apurados em liquidação de sentença, conforme dispõem o art. 55 da Lei n. 9.099/1995 e o art. 85, § 3º, do CPC;

f) o Julgamento Antecipado da Lide, conforme dispõe o art. 355 do CPC, considerando que a questão de mérito é unicamente de direito, . Sendo outro o entendimento de V. Exa., requer e protesta pela produção de todos os meios de prova admitidos em direito, sem exclusão de nenhum que se fizer necessário ao deslinde da demanda, principalmente a ouvida de testemunhas e da parte Autora.

g) a concessão da Gratuidade da Justiça, na forma do art. 98 e ss do CPC, por ser a parte Autora pessoa hipossuficiente, na acepção jurídica do termo, sem condições de arcar com as despesas processuais e os honorários advocatícios sucumbenciais sem prejuízo de seu sustento e de sua família,. <RECOMENDA-SE A COLETA, PELO ADVOGADO, DE DECLARAÇÃO DE HIPOSSUFICIÊNCIA DO CLIENTE, CASO SEJA REQUERIDA A GRATUIDADE DA JUSTIÇA. DEVE-SE, TAMBÉM, DE PREFERÊNCIA, FAZER A JUNTADA DE TAL DECLARAÇÃO NOS AUTOS, JÁ NA INICIAL>.

Cumprindo a previsão do art. 319, VII, do CPC, a parte autora declara que opta pela realização <OU NÃO REALIZAÇÃO, ADEQUAR CONFORME O INTERESSE EM CADA CASO> de audiência de conciliação no presente caso.

Requer-se, ainda, com base no § 4º, do art. 22, da Lei n. 8.906/1994, que, ao final da presente demanda, caso sejam encontradas diferenças em favor da parte Autora, quando da expedição da RPV ou do precatório, os valores referentes aos honorários contratuais e sucumbenciais sejam expedidos em nome da sociedade de advogados contratada pela parte Autora, sendo os honorários contratuais devidos no percentual constante no contrato em anexo.

Dá-se à causa o valor de R$ 1.000,00 (mil reais). <ADEQUAR CONFORME O CASO>

Nesses termos,

PEDE DEFERIMENTO.

Cidade e data.

Nome do Advogado e OAB

## 56. MODELO DE CONCESSÃO DE SALÁRIO-MATERNIDADE PARA SEGURADA ESPECIAL

**EXCELENTÍSSIMO(A) SENHOR(A) DOUTOR(A) JUIZ(A) FEDERAL DA VARA/JUIZADO DA CIDADE – SEÇÃO JUDICIÁRIA DO ESTADO** <VERIFICAR SE É INTERESSANTE O AJUIZAMENTO DA AÇÃO NA VARA ESTADUAL MEDIANTE A UTILIZAÇÃO DA COMPETÊNCIA DELEGADA, MAS ADEQUANDO À NOVA LIMITAÇÃO DE 70 KM ENTRE A SEDE DA JF E A SEDE DA COMARCA. SE SIM, ADEQUAR PARA A NOMENCLATURA ESTADUAL>

**Segurada**, nacionalidade, estado civil, profissão, residente e domiciliada na Rua, Bairro, Cidade, Estado, inscrita no CPF sob o nº, endereço eletrônico, vem à presença de Vossa Excelência, por intermédio de seus procuradores constituídos, propor a presente **AÇÃO DE CONCESSÃO DE SALÁRIO-MATERNIDADE RURAL** contra o **INSTITUTO NACIONAL DO SEGURO SOCIAL – INSS,** pessoa jurídica de direito público, autarquia federal com endereço à... <ENDEREÇO PARA CITAÇÃO/ INTIMAÇÃO A SER VERIFICADO DE ACORDO COM A CIDADE E ESTADO QUE SE INGRESSA COM A AÇÃO>, pelos fatos e fundamentos que a seguir aduz:

**1. DOS FATOS** <ADEQUAR AO CASO CONCRETO>

A parte Autora é segurada do Regime Geral de Previdência Social, conforme se denota por meio dos documentos acostados na presente inicial, enquadrando-se na categoria de segurada especial.

Desde muito jovem, trabalha no terreno de sua família, em regime de economia familiar, no cultivo e plantação <INCLUIR DADOS DA ATIVIDADE ESPECIAL>.

Tendo em vista o nascimento de seu filho (certidão de nascimento anexa), esta requereu, junto ao INSS, o benefício de salário-maternidade.

O INSS, entretanto, negou o benefício, sob o argumento de que a parte Autora não havia comprovado o exercício da atividade rural nos dez meses anteriores ao requerimento do benefício.

Diante do indeferimento do benefício por parte do INSS, recorre a parte Autora a esta Justiça, certa de seu bom direito.

**2. DAS PROVAS DO TEMPO DE TRABALHO RURAL** <ADEQUAR AO CASO CONCRETO>

Quanto ao tempo rural, além das testemunhas arroladas, a parte autora juntou ao processo administrativo bem como à presente inicial:

1) autodeclaração de segurado especial – rural;
2) Documento n. 1 – Certidão de nascimento da parte autora, qualificando o seu pai como lavrador, em 00.00.0000;
3) Documento n. 2 – Certidão de casamento da parte autora, qualificando o seu esposo como lavrador, celebrado em 00.00.0000;
4) Documento n. 3 – Certidão de nascimento do filho da parte autora, onde ela está qualificada como lavradora;

<INCLUIR A LISTAGEM DE DOCUMENTOS MAIS IMPORTANTES ACOSTADOS NA INICIAL, COM UMA PEQUENA EXPLICAÇÃO SOBRE ELES, A EXEMPLO DOS ITENS 1 E 2 ACIMA>.

## 3. FUNDAMENTOS JURÍDICOS DO PEDIDO <ADEQUAR AO CASO CONCRETO>

O salário-maternidade é o benefício previdenciário pago à segurada gestante durante o período de afastamento de suas atividades, em 120 dias, conforme dispõe a Lei de Benefícios[18].

Os requisitos básicos para a sua concessão são: a) demonstrar a maternidade; e b) comprovar a condição de segurada no período de carência.

A maternidade restou comprovada consoante certidão de nascimento anexa.

No tocante ao período de carência/qualidade de segurada, dispõe o § 2º do artigo 93 do Decreto n. 3.048/1999 que:

> "será devido o salário-maternidade à segurada especial, desde que comprove o exercício de atividade rural nos últimos dez meses imediatamente anteriores ao requerimento do benefício, mesmo que de forma descontínua, aplicando-se, quando for o caso, o disposto no parágrafo único do art. 29".

Por sua vez, o inciso VII do artigo 11, também da Lei n. 8.213/1991, assim dispõe:

> "Art. 11. São segurados obrigatórios da Previdência Social as seguintes pessoas físicas [...]
>
> VII – como segurado especial: a pessoa física residente no imóvel rural ou em aglomerado urbano ou rural próximo a ele que, individualmente ou em regime de economia familiar, ainda que com o auxílio eventual de terceiros, na condição de:
>
> a) produtor, seja proprietário, usufrutuário, possuidor, assentado, parceiro ou meeiro outorgados, comodatário ou arrendatário rurais, que explore atividade:
>
> 1. agropecuária em área de até 4 (quatro) módulos fiscais;
>
> 2. de seringueiro ou extrativista vegetal que exerça suas atividades nos termos do inciso XII do *caput* do art. 2º da Lei n. 9.985, de 18 de julho de 2000, e faça dessas atividades o principal meio de vida;
>
> b) pescador artesanal ou a este assemelhado que faça da pesca profissão habitual ou principal meio de vida; e
>
> c) cônjuge ou companheiro, bem como filho maior de 16 (dezesseis) anos de idade ou a este equiparado, do segurado de que tratam as alíneas a e b deste inciso, que, comprovadamente, trabalhem com o grupo familiar respectivo.
>
> § 1º Entende-se como regime de economia familiar a atividade em que o trabalho dos membros da família e indispensável à própria subsistência e ao desenvolvimento socioeconômico do núcleo familiar e é exercido em condições de mútua dependência e colaboração, sem a utilização de empregados permanentes."

<INCLUIR DADOS SOBRE A PROVA DO TEMPO TRABALHADO NA FORMA DE SEGURADO ESPECIAL>.

A jurisprudência do STF é pacífica a respeito:

> "Trabalhadora rural. Menor de dezesseis anos de idade. Concessão de salário-maternidade. (...) Nos termos da jurisprudência do STF, o art. 7º, XXXIII, da Constituição "não pode ser interpretado em prejuízo da criança ou adolescente que exerce atividade laboral, haja vista que a regra constitucional foi criada para a proteção e defesa dos trabalhadores, não podendo ser utilizada para privá-los dos seus direitos" (RE 537.040, Rel. Min. Dias Toffoli).
>
> (RE 600.616 AgR, 1ª Turma, Rel. Min. Roberto Barroso, j. 26.08.2014, *DJe*10.09.2014)

Diante dos documentos acostados pela parte Autora, não restam dúvidas de que esta se enquadrada como segurada especial, e, por isto, faz jus ao benefício de salário-maternidade, conforme prevê o parágrafo único do artigo 39 da Lei n. 8.213/1991.

---

[18] "Art. 71. O salário-maternidade é devido à segurada da Previdência Social, durante 120 (cento e vinte) dias, com início no período entre 28 (vinte e oito) dias antes do parto e a data de ocorrência deste, observadas as situações e condições previstas na legislação no que concerne à proteção à maternidade".

4. **DO PREQUESTIONAMENTO** <ADEQUAR AO CASO CONCRETO>

Resta clara a violação aos ditames constitucionais e legislação federal, <ADEQUAR AO CASO CONCRETO, LEMBRANDO DE INCLUIR LEGISLAÇÃO FEDERAL TAMBÉM, MESMO PARA AÇÕES DE JUIZADOS>.

5. **REQUERIMENTOS** <ADEQUAR AO CASO CONCRETO>

Diante do exposto, requer-se a Vossa Excelência:

a) a citação do Instituto Nacional do Seguro Social – INSS, para, querendo, responder à presente demanda, no prazo legal, apresentando a este d. Juízo o processo de requerimento do benefício em questão, conforme determinado pelo art. 11 da Lei n. 10.259/2001, sob pena de cominação de multa diária, nos termos do art. 139, IV, do CPC, a ser fixada por esse Juízo;

b) a procedência da pretensão deduzida, consoante narrado nesta inicial, condenando-se o INSS a conceder o Benefício de Salário-Maternidade, conforme previsto na legislação vigente;

c) a condenação do INSS ao pagamento dos valores acumulados, aplicando-se juros e correção monetária até 11/2021, nos termos dos Temas 810 do STF e 905 do STJ e, a partir de 12/2021, o índice da taxa referencial do Sistema Especial de Liquidação e de Custódia (Selic), acumulado mensalmente, para fins de atualização monetária e de compensação da mora (art. 3º da EC n. 113/2021), respeitada a prescrição quinquenal;

d) a condenação do INSS ao pagamento de custas, despesas e de honorários advocatícios, na base de 20% (vinte por cento) dos valores devidos apurados em liquidação de sentença, conforme dispõem o art. 55 da Lei n. 9.099/1995 e o art. 85, § 3º, do CPC.

e) a produção de todos os meios de prova admitidos em direito, sem exclusão de nenhum que se fizer necessário ao deslinde da demanda, em especial a ouvida de testemunhas, se V. Exa. considerar necessário;

f) a concessão da Gratuidade da Justiça, na forma do art. 98 e ss do CPC, por ser a parte Autora pessoa hipossuficiente, na acepção jurídica do termo, sem condições de arcar com as despesas processuais e os honorários advocatícios sucumbenciais sem prejuízo de seu sustento e de sua família; <RECOMENDA-SE A COLETA, PELO ADVOGADO, DE DECLARAÇÃO DE HIPOSSUFICIÊNCIA DO CLIENTE, CASO SEJA REQUERIDA A GRATUIDADE DA JUSTIÇA. DEVE-SE, TAMBÉM, DE PREFERÊNCIA, FAZER A JUNTADA DE TAL DECLARAÇÃO NOS AUTOS, JÁ NA INICIAL>

Cumprindo a previsão do art. 319, VII, do CPC, a parte autora declara que opta pela realização <OU NÃO REALIZAÇÃO, ADEQUAR CONFORME O INTERESSE EM CADA CASO> de audiência de conciliação no presente caso;

Requer-se, ainda, com base no § 4º, do art. 22, da Lei n. 8.906/1994, que, ao final da presente demanda, caso sejam encontradas diferenças em favor da parte autora, quando da expedição da RPV ou do precatório, os valores referentes aos honorários contratuais e sucumbenciais sejam expedidos em nome da sociedade de advogados contratada pela parte Autora, sendo os honorários contratuais devidos no percentual constante no contrato em anexo.

Dá-se à causa o valor de R$ 1.000,00 (mil reais). <ADEQUAR CONFORME O CASO>

Nesses termos,

PEDE DEFERIMENTO.

Cidade e data.

Nome do Advogado e OAB

TESTEMUNHAS:

1. nome – CPF – Endereço – Telefone

2. nome – CPF – Endereço – Telefone

3. nome – CPF – Endereço – Telefone

## 57. MODELO DE AÇÃO DE CONCESSÃO DE ACRÉSCIMO DE 25% PARA APOSENTADORIA POR INCAPACIDADE PERMANENTE

**EXCELENTÍSSIMO(A) SENHOR(A) DOUTOR(A) JUIZ(A) FEDERAL DA VARA/JUIZADO DA CIDADE – SEÇÃO JUDICIÁRIA DO ESTADO**

**Nome do(a) Segurado(a),** nacionalidade, estado civil, aposentado(a), residente e domiciliado(a) na Rua, Bairro, Cidade, Estado, inscrito(a) no CPF sob o nº ___.___.___-__, endereço eletrônico, NB e DIB (incluir dados do benefício anterior, se houver), vem à presença de Vossa Excelência, por intermédio de seus procuradores constituídos, propor a presente **AÇÃO DE CONCESSÃO DE ACRÉSCIMO DE 25% PARA APOSENTADORIA POR INCAPACIDADE PERMANENTE** contra o **INSTITUTO NACIONAL DO SEGURO SOCIAL – INSS,** pessoa jurídica de direito público, autarquia federal, com endereço na..., endereço para citação /intimação a ser verificado de acordo com a cidade e estado que se ingressa com a ação>, pelos fatos e fundamentos que a seguir aduz:

**1. DOS FATOS** <ADEQUAR AO CASO CONCRETO>

A parte Autora goza do benefício de aposentadoria por incapacidade permanente (invalidez se concedida até 13.11.2019), que requereu junto à Autarquia-ré, conforme comprovam documentos anexos a essa inicial.

Ocorre que após a concessão da aposentadoria por incapacidade permanente (invalidez, caso a DIB seja anterior a 13.11.2019), a parte Autora começou a sofrer de novos e graves problemas de saúde. <ADEQUAR AO CASO CONCRETO>

Tais doenças resultaram na necessitada de assistência permanente de terceiros para a realização de funções essenciais e básicas de subsistência, como: alimentar-se, vestir-se e higienizar-se. <ADEQUAR AO CASO CONCRETO>

Nesse passo, o art. 45 da Lei n. 8.213/1991 assegura um acréscimo de 25% no valor do benefício de aposentadoria por incapacidade permanente, em virtude da dependência de terceiros na sua vida diária. O pagamento é mais do que justo, e decorre de dispositivo legal protetivo, baseado em princípios fundamentais da Constituição, em especial, o da dignidade da pessoa humana.

**2. FUNDAMENTOS JURÍDICOS DO PEDIDO** <ADEQUAR AO CASO CONCRETO>

**2.1 Do direito ao acréscimo de 25% no valor da aposentadoria por incapacidade permanente**

Segundo determinação legal, o acréscimo de 25% é devido sempre que o aposentado por invalidez (incapacidade permanente, se após 13.11.2019) necessitar de assistência permanente de outra pessoa, senão vejamos:

> Art. 45. O valor da aposentadoria por invalidez do segurado que necessitar da assistência permanente de outra pessoa será acrescido de 25% (vinte e cinco por cento).
>
> Parágrafo único. O acréscimo de que trata este artigo:
>
> a) será devido ainda que o valor da aposentadoria atinja o limite máximo legal;
>
> b) será recalculado quando o benefício que lhe deu origem for reajustado;
>
> c) cessará com a morte do aposentado, não sendo incorporável ao valor da pensão.

Cabe referir que as situações, cujo aposentado terá direito a essa majoração, estão relacionadas no Anexo I do Regulamento da Previdência Social (Decreto n. 3.048/1999), quais sejam:

> 1 – cegueira total;
>
> 2 – perda de nove dedos das mãos ou superior a esta;
>
> 3 – paralisia dos dois membros superiores ou inferiores;
>
> 4 – perda dos membros inferiores, acima dos pés, quando a prótese for impossível;

5 – perda de uma das mãos e de dois pés, ainda que a prótese seja possível;

6 – perda de um membro superior e outro inferior, quando a prótese for impossível;

7 – alteração das faculdades mentais com grave perturbação da vida orgânica e social;

8 – doença que exija permanência contínua no leito;

9 – incapacidade permanente para as atividades da vida diária.

A jurisprudência pátria é unânime ao classificar o rol previsto no Anexo I do Decreto n. 3.048/1999 como exemplificativo, permitindo assim, a inclusão de outras hipóteses para a proteção da pessoa com graves problemas de saúde. Nesse sentido:

> PREVIDENCIÁRIO. QUALIDADE DE SEGURADO ESPECIAL. FUNGIBILIDADE. APOSENTADORIA POR INVALIDEZ. REQUISITOS. ADICIONAL DE 25%.
>
> 1. Comprovada a qualidade de segurado, porquanto a parte autora trouxe aos autos documentos capazes de configurar início de prova material, os quais foram devidamente corroborados pela prova testemunhal.
>
> 2. Ainda que a perícia judicial tenha concluído pela incapacidade laboral temporária, a comprovação da existência de moléstia incapacitante, corroborada pela documentação clínica, associada às condições pessoais da parte autora, se prestam a demonstrar a incapacidade permanente para o exercício de atividade profissional, o que enseja a concessão do benefício de aposentadoria por invalidez.
>
> 3. É possível, frente à fungibilidade, a concessão do benefício previdenciário mais adequado à situação do segurado, assegurando-lhe o direito eventualmente existente, ainda que a denominação atribuída pelas partes no que tange ao nome do benefício previdenciário seja diversa.
>
> 4. Comprovada a situação de dependência, é devido o adicional de 25% ao valor da aposentadoria por invalidez.
>
> (TRF/4, AC 5016244-42.2020.4.04.9999/SC, TRS-SC, Rel. Sebastião Ogê Muniz, j. 21.07.2021).

Importante questão é qual deve ser o termo inicial do adicional de 25% sobre a aposentadoria por invalidez, concedido judicialmente. Essa questão foi uniformizada pela TNU no julgamento do Representativo de Controvérsia Tema 275, cuja tese fixada é a seguinte:

> "O termo inicial do adicional de 25% do art. 45 da Lei 8.213/91, concedido judicialmente, deve ser:
>
> I. a data de início da aposentadoria por invalidez (aposentadoria por incapacidade permanente), independentemente de requerimento específico, se nesta data já estiver presente a necessidade da assistência permanente de outra pessoa;
>
> II. a data do primeiro exame médico de revisão da aposentadoria por invalidez no âmbito administrativo, na forma do art. 101 da Lei 8.213/91, independentemente de requerimento específico, no qual o INSS tenha negado ou deixado de reconhecer o direito ao adicional, se nesta data já estiver presente a necessidade da assistência permanente de outra pessoa;
>
> III. a data do requerimento administrativo específico do adicional, se nesta data já estiver presente a necessidade da assistência permanente de outra pessoa;
>
> IV. a data da citação, na ausência de qualquer dos termos iniciais anteriores, se nesta data já estiver presente a necessidade da assistência permanente de outra pessoa;
>
> V. a data da realização da perícia judicial, se não houver elementos probatórios que permitam identificar fundamentadamente a data de início da necessidade da assistência permanente de outra pessoa em momento anterior."

No caso em análise, a parte autora foi diagnosticada com a grande invalidez, ensejadora do adicional, desde .... <ajustar ao caso concreto>, consoante as seguintes provas <indicar as provas>

### 3. DA TUTELA PROVISÓRIA DE URGÊNCIA <ADEQUAR AO CASO CONCRETO>

A decisão denegatória do acréscimo postulado põe em risco a subsistência da parte Autora e de sua família, principalmente pela natureza alimentar do benefício e por ter que contratar cuidadora para prestar assistência diária.

A jurisprudência vem entendendo pelo cabimento da tutela provisória de urgência **antes mesmo da perícia,** caso esse respeitável Juízo se convença da existência dos pressupostos para a concessão da medida a partir da documentação já acostada, como se vê da decisão a seguir transcrita:

AGRAVO DE INSTRUMENTO. PREVIDENCIÁRIO. AUXÍLIO-DOENÇA. ANTECIPAÇÃO DE TUTELA. REQUISITOS.

**Se está demonstrada a incapacidade, através de atestados médicos idôneos, é de se dizer que está preenchido o requisito da probabilidade do direito. Exigir a perícia judicial, sob o pretexto da presunção da validade do laudo administrativo, seria aniquilar parcialmente a tutela de urgência.** O fundado receio de dano irreparável ou de difícil reparação está caracterizado pela impossibilidade de o segurado exercer suas atividades habituais e, consequentemente, prover o próprio sustento.

(TRF4, AG 5012801-73.2021.4.04.0000, Turma Regional Suplementar de SC, Relator Paulo Afonso Brum VAZ, juntado aos autos em 25.05.2021, sem grifos no original).

Assim, impõe-se a concessão imediata da tutela de urgência pretendida, ou sucessivamente, a designação de perícia médica, com urgência, a fim de que, após o laudo, possam ser antecipados os efeitos da tutela, como medida de salvaguarda à vida da parte Autora.

Em não sendo possível a realização de perícia judicial de forma rápida, faz-se necessária a concessão, ainda que precariamente, da tutela provisória de urgência, de forma a garantir a subsistência do núcleo familiar do qual faz parte a parte Autora.

## 4. DO PREQUESTIONAMENTO <ADEQUAR AO CASO CONCRETO>

Resta clara a violação aos ditames constitucionais e legislação federal, da qual destacamos os artigos <ADEQUAR AO CASO CONCRETO, nesse caso, sugerimos: arts. 1º, inciso III, 5º, 6º, 195, § 5º, 201 e 203 da Constituição Federal, bem como os arts. 1º, 5º e 28 da Convenção Internacional sobre os Direitos das Pessoas com Deficiência. Os artigos devem ser nominalmente, inclusive com parágrafos e incisos, lembrando-se de incluir também legislação federal mesmo para ações de juizados>.

## 5. DOS REQUERIMENTOS <ADEQUAR AO CASO CONCRETO>

Diante do exposto, requer-se a Vossa Excelência:

a) a citação do Instituto Nacional do Seguro Social – INSS, para, querendo, responder à presente demanda, no prazo legal;

b) a concessão da **tutela provisória de urgência**, antes ou após a realização de perícia médica, determinando-se ao INSS que inicie imediatamente o pagamento do adicional de 25% no valor da aposentadoria recebido pela parte autora.

c) a determinação ao INSS para que, na primeira oportunidade em que se pronunciar nos autos, apresente o Processo de Concessão do Benefício Previdenciário para apuração dos valores devidos à parte Autora, conforme determinado pelo art. 11 da Lei n. 10.259/2001, sob pena de cominação de multa diária, nos termos do art. 139, IV, do CPC, a ser fixada por esse Juízo;

d) a procedência da pretensão deduzida, consoante narrado nesta inicial, condenando-se o INSS a conceder o acréscimo de 25% ao benefício da parte Autora, desde a DER (data do requerimento administrativo) ou da data em que o segurado passou a necessitar da assistência permanente de outra pessoa;

e) a condenação do INSS ao pagamento dos valores acumulados, aplicando-se juros e correção monetária até 11/2021, nos termos dos Temas 810 do STF e 905 do STJ e, a partir de 12/2021, o índice da taxa referencial do Sistema Especial de Liquidação e de Custódia (Selic), acumulado mensalmente, para fins de atualização monetária e de compensação da mora (art. 3º da EC n. 113/2021), respeitada a prescrição quinquenal;

f) a condenação do INSS ao pagamento de custas, despesas e de honorários advocatícios, na base de 20% (vinte por cento) dos valores devidos apurados em liquidação de sentença, conforme dispõem o art. 55 da Lei n. 9.099/1995 e o art. 85, § 3º, do CPC;

g) requer o Julgamento Antecipado da Lide, conforme dispõe o art. 355 do CPC, considerando que a questão de mérito é unicamente de direito. Sendo outro o entendimento de V. Exa., requer e protesta pela produção de todos os meios de prova admitidos em direito, sem exclusão de nenhum que se fizer necessário ao deslinde da demanda, em especial perícia médica.

h) a concessão da Gratuidade da Justiça, na forma do art. 98 e ss do CPC, por ser a parte Autora pessoa hipossuficiente, na acepção jurídica do termo, sem condições de arcar com as despesas processuais e os honorários advocatícios sucumbenciais sem prejuízo de seu sustento e de sua família. <RECOMENDA-SE A COLETA, PELO ADVOGADO, DE DECLARAÇÃO DE HIPOSSUFICIÊNCIA DO CLIENTE, CASO SEJA REQUERIDA A JUSTIÇA GRATUITA. DEVE-SE, TAMBÉM, DE PREFERÊNCIA, FAZER A JUNTADA DE TAL DECLARAÇÃO NOS AUTOS, JÁ NA INICIAL>.

Cumprindo a previsão do art. 319, VII, do CPC, a parte autora declara que opta pela realização <OU NÃO REALIZAÇÃO, ADEQUAR CONFORME O INTERESSE EM CADA CASO> de audiência de conciliação no presente caso.

Requer-se, ainda, com base no § 4º, do art. 22, da Lei n. 8.906/1994, que, ao final da presente demanda, caso sejam encontradas diferenças em favor da parte Autora, quando da expedição da RPV ou do precatório, os valores referentes aos honorários contratuais e sucumbenciais sejam expedidos em nome da sociedade de advogados contratada pela parte Autora, sendo os honorários contratuais devidos no percentual constante no contrato em anexo.

Dá-se à causa o valor de R$ 1.000,00 (mil reais). <ADEQUAR CONFORME O CASO>

Nesses termos,

PEDE DEFERIMENTO.

Cidade e data.

Nome do Advogado e OAB

_____

Quesitos para a perícia:

1. Qual a idade do(a) periciando(a)?
   ( ) Cegueira total.
   ( ) Perda de nove dedos das mãos ou superior a esta.
   ( ) Paralisia dos dois membros superiores ou inferiores.
   ( ) Perda dos membros inferiores, acima dos pés, quando a prótese for impossível.
   ( ) Perda de uma das mãos e de dois pés, ainda que a prótese seja possível.
   ( ) Perda de um membro superior e outro inferior, quando a prótese for impossível.
   ( ) Alteração das faculdades mentais com grave perturbação da vida orgânica e social.
   ( ) Doença que exija permanência contínua no leito.
   ( ) Incapacidade permanente para as atividades da vida diária.
   ( ) Não possui nenhuma das doenças acima citadas.
2. Qual é a especialidade de formação do perito oficial, registrado no CRM?

## 58. MODELO DE MANDADO DE SEGURANÇA PARA RESTABELECIMENTO DE BENEFÍCIO CANCELADO EM RAZÃO DA ALTA PROGRAMADA

**EXCELENTÍSSIMO(A) SENHOR(A) DOUTOR(A) JUIZ(A) FEDERAL DA VARA/JUIZADO DA CIDADE – SEÇÃO JUDICIÁRIA DO ESTADO** <MANDADO DE SEGURANÇA CONTRA ATO DO INSS SOMENTE PODE SER INTERPOSTO EM VARA DE RITO COMUM, NÃO PODENDO SER PROTOCOLADO EM JUIZADO ESPECIAL FEDERAL, INDEPENDENTEMENTE DO VALOR DA CAUSA. NÃO SE APLICA A COMPETÊNCIA DELEGADA, MAS ADEQUANDO À NOVA LIMITAÇÃO DE 70 KM ENTRE A SEDE DA JF E A SEDE DA COMARCA>

**IMPETRANTE**, nacionalidade, estado civil, profissão, residente e domiciliado(a) na Rua, Bairro, Cidade, Estado, inscrito(a) no CPF sob o nº, endereço eletrônico, vem à presença de Vossa Excelência, por intermédio de seus procuradores constituídos, propor o presente **MANDADO DE SEGURANÇA**

**COM PEDIDO DE LIMINAR**, com fulcro no artigo 5º, LXIX, da CF/1988 e na Lei n. 12.016/2009, contra ato ilegal de Fulano de Tal, **CHEFE DA AGÊNCIA DO INSS**, com endereço profissional na Rua, Bairro, Cidade, Estado e da pessoa jurídica a que está vinculada a autoridade coatora, a saber, **INSTITUTO NACIONAL DO SEGURO SOCIAL**, Autarquia Federal criada pela Lei n. 8.029/1990, pessoa jurídica de direito público interno, com sede em Brasília, Distrito Federal, e Gerência Executiva localiza na Rua, Bairro, Cidade, Estado, pelos fatos e direito a seguir expostos:

1. **RESUMO FÁTICO** <ADEQUAR AO CASO CONCRETO>

Pretende a parte impetrante assegurar com o presente, em sua plenitude, o direito adquirido e a coisa julgada, previstos constitucionalmente no art. 5º, XXXVI.

A interposição do presente MANDADO DE SEGURANÇA se faz necessária em razão do cancelamento do auxílio por incapacidade temporária concedido à Impetrante por meio de ação judicial transitada em julgado, em dd/mm/aaaa, na qual foi concedido o benefício em questão durante o período da incapacidade laborativa e que somente poderia ser cancelado mediante realização de nova perícia médica administrativa que atestasse o reestabelecimento da capacidade do segurado.

A sentença assim determinou:

> "Ante o exposto:
> 
> (1) **CONDENO o INSS à concessão** do benefício de auxílio-doença enquanto perdurar a incapacidade laborativa da parte autora por prazo indeterminado, **contados a partir de trinta dias da data da intimação da presente decisão.** Após a comprovação pelo INSS do pagamento do benefício, faculto-lhe agendar administrativamente data para a realização de perícia médica no intuito de aferir a (in)existência da manutenção da incapacidade sendo vedado o cancelamento do benefício até a devida comprovação do reestabelecimento capacidade da parte autora."

Contrário ao que foi condenado, o INSS cancelou o auxílio por incapacidade temporária no prazo de 120 dias a contar da concessão do benefício, sem agendamento de nova perícia.

A parte impetrante então procurou uma agência do INSS, munida da decisão judicial, requerendo o restabelecimento de seu benefício, entretanto, foi informada pela impossibilidade de continuidade do pagamento em razão do entendimento administrativo no tocante a alta programada.

Como a Impetrante se viu impossibilitada de resolução de sua demanda na via administrativa, não lhe restou alternativa senão o ingresso com o presente mandado na esfera judicial.

2. **DA ALTA PROGRAMADA E DO DANO AO DIREITO LÍQUIDO E CERTO DO IMPETRANTE**
<ADEQUAR AO CASO CONCRETO>

Válido esclarecer que a chamada "alta programada" consiste no cancelamento automático do auxílio por incapacidade temporária no período de 120 dias a contar da concessão do benefício.

Em que pese o procedimento tenha sua justificativa administrativa baseada em uma suposta necessidade de eficiência na manutenção dos benefícios de auxílio por incapacidade temporária, na prática o que se observa é que esse procedimento exime o INSS da perícia administrativa para a verificação da continuidade da incapacidade dos beneficiários.

Tal postura, entretanto, não é possível em um sistema previdenciário cujo pressuposto é a proteção social.

Não pode o INSS se abster de acompanhar a recuperação da capacidade laborativa dos segurados incapacitados para o trabalho, atribuindo-lhes o ônus de um autoexame clínico, a pretexto da diminuição das filas de atendimento na Autarquia.

Ainda mais no caso concreto em que temos ordem judicial determinando, EXPRESSAMENTE, a necessidade de nova perícia administrativa para fins de eventual cessação do benefício.

Ainda que se veja justificativa para a alta programada administrativa, ela não tem o condão de linearizar os casos em que o benefício é concedido por força de uma decisão judicial, como no presente caso.

Há, portanto, grave dano ao direito líquido e certo da parte impetrante pela aplicação unilateral do INSS da alta programada.

Sobre a necessidade de nova perícia para cessação do auxílio por incapacidade temporária, verifica-se o entendimento do STJ, mesmo em casos em que não se trata de benefício concedido judicialmente:

> PROCESSUAL CIVIL. PREVIDENCIÁRIO. MANDADO DE SEGURANÇA. AUXÍLIO-DOENÇA. ALTA PROGRAMADA. **OFENSA AO ART. 62 DA LEI 8.213/1991. NECESSIDADE DE PERÍCIA.** SUSPENSÃO DO EXPEDIENTE FORENSE. COMPROVAÇÃO. DOCUMENTO IDÔNEO. INTEMPESTIVIDADE AFASTADA. OFENSA AO ART. 535 DO CPC/1973 NÃO DEMONSTRADA. DEFICIÊNCIA NA FUNDAMENTAÇÃO. SÚMULA 284/STF. 1. Trata-se na origem de Mandado de Segurança contra ato do Chefe de Agência do INSS que cessou o benefício de auxílio-doença do ora recorrido com base no sistema de alta programada(...)
>
> 5. O sistema de alta programada estabelecido pelo INSS apresenta como justificativa principal a desburocratização do procedimento de concessão de benefícios por incapacidade. **Todavia, não é possível que um sistema previdenciário, cujo pressuposto é a proteção social, se abstenha de acompanhar a recuperação da capacidade laborativa dos segurados incapazes, atribuindo-lhes o ônus de um autoexame clínico, a pretexto da diminuição das filas de atendimento na autarquia.**
>
> 6. **Cabe ao INSS proporcionar um acompanhamento do segurado incapaz até a sua total capacidade, reabilitação profissional, auxílio-acidente ou aposentadoria por invalidez, não podendo a autarquia focar apenas no aspecto da contraprestação pecuniária.**
>
> 7. Na forma do art. 62 da Lei 8.213/1991, "o segurado em gozo de auxílio-doença, insusceptível de recuperação para sua atividade habitual, deverá submeter-se a processo de reabilitação profissional para o exercício de outra atividade", e "não cessará o benefício até que seja dado como habilitado para o desempenho de nova atividade que lhe garanta a subsistência ou, quando considerado não--recuperável, for aposentado por invalidez". **Transferir essa avaliação ao próprio segurado fere gravemente o princípio da dignidade da pessoa humana.**
>
> 8. Além disso, a jurisprudência que vem se firmando no âmbito do STJ é no sentido de que **não se pode proceder ao cancelamento automático do benefício previdenciário, ainda que diante de desídia do segurado em proceder à nova perícia perante o INSS, sem que haja prévio procedimento administrativo, sob pena de ofensa aos princípios da ampla defesa e do contraditório.**
> (...)
> (AgInt no AREsp 1049440/MT, Rel. Ministro Herman Benjamin, Segunda Turma, j. 27.06.2017, *DJe* 30.06.2017). (grifamos)

A parte impetrante possui direito líquido e certo ao benefício previdenciário, tanto que ele já foi deferido judicialmente em decorrência da indevida negativa do INSS. Após a concessão judicial, o INSS, mais uma vez, comete ato lesivo ao cessar o benefício em alta programada, sem nova a realização de perícia.

Ademais, a parte junta ao presente MS inúmeros atestados e documentos médicos que comprovam seu direito e a continuidade de sua incapacidade laborativa.

Os atos adotados pelo INSS focaram apenas no aspecto pecuniário do benefício, ao invés de proporcionar um acompanhamento do segurado incapaz até a sua total recuperação, oferecendo (se fosse o caso) a possibilidade de reabilitação profissional, auxílio-acidente ou aposentadoria por incapacidade permanente.

O procedimento adotado pela Autarquia Previdenciária não se coaduna com as normas constitucionais, afrontando os princípios da proteção social e da segurança jurídica.

Lembrando ainda que a parte Impetrante foi prejudicada duplamente, já que houve descumprimento da determinação judicial expressa que garantia a perícia antes da cessação do benefício.

Procedimentos internos do INSS em hipótese alguma devem se sobrepor a uma decisão judicial, ainda mais quando esta determinou que se constatada a capacidade poderia o INSS cessar o benefício desde que realizada nova perícia, o que por óbvio não foi respeitado.

Não é por acaso que o INSS aparece entre os maiores demandados nos relatórios divulgados pelo Conselho Nacional de Justiça. As restrições impostas na via administrativa e a falta de atendimento adequado quando dos pedidos de concessões de benefícios contribuem sobremaneira para a judicialização das relações entre os segurados e o ente previdenciário.

Logo, ao impor, por razões de sua burocracia interna, o cancelamento automático do benefício sem a realização de nova perícia médica o INSS não apenas descumpre decisão judicial, mas atenta contra o direito à previdência social, à saúde, à coisa julgada e dignidade do segurado. Comete ainda, no presente caso, flagrante abuso de poder.

### 3. DO CABIMENTO DO MANDADO DE SEGURANÇA <ADEQUAR AO CASO CONCRETO>

O presente mandado de segurança visa impedir ofensa a direito líquido e obter decisão que restabeleça o benefício devido a parte impetrante, com o intuito final de ver assegurado o direito adquirido e a coisa julgada, previsto constitucionalmente.

Ademais, o não cumprimento da sentença judicial como destacado no relato dos fatos, impõe dificuldade adicional à vida do impetrante, desrespeitando os deveres da administração pública previstos no art. 37, *caput*, da CF, dentre eles os princípios de legalidade, moralidade e eficiência.

O ato da cessação do benefício também não é compatível com os princípios da razoabilidade e da proporcionalidade na aplicação das leis pela administração pública.

### 4. DAS PROVAS

A parte acosta aos autos os seguintes documentos que comprovam seu direito líquido e certo:

<ADEQUAR AO CASO CONCRETO>

### 5. DA LIMINAR <ADEQUAR AO CASO CONCRETO>

Requer a parte impetrante que seja deferida liminar para que se determine ao INSS imediato restabelecimento do benefício indevidamente cancelado e ainda que se determine ao INSS que se abstenha de incluir alta programada, devendo ele proceder o agendamento de perícia administrativa para a análise da recuperação da capacidade laborativa. Requer, visando maiores garantias do cumprimento do presente julgado, que seja determinada multa diária em caso de descumprimento, em valor a ser estipulado por V. Exa.

Vale ressaltar que a auxílio por incapacidade temporária é a única fonte de sustento do impetrante, que tem sobrevivido de ajuda e doações de familiares e amigos. Há urgência para a análise e deferimento da liminar, ainda mais tendo em vista o caráter alimentar do benefício.

Reitera-se aqui o que a liminar pleiteada se destina a reverter ilegalidade e dar cumprimento à sentença já mencionada, baseada em laudo de perito judicial que atestou a incapacidade para o trabalho da Impetrante, havendo a devida comprovação nos presentes autos.

Portanto, não restam dúvidas da urgência no presente caso e da viabilidade da concessão da liminar, sendo a mesma indispensável para a subsistência e sobrevivência da Impetrante.

### 6. DO PREQUESTIONAMENTO <ADEQUAR AO CASO CONCRETO>

Resta clara a violação aos ditames constitucionais e legislação federal, da qual destacamos os artigos <ADEQUAR AO CASO CONCRETO, CITANDO NOMINALMENTE OS ARTIGOS, INCLUSIVE COM PARÁGRAFOS E INCISOS, LEMBRANDO-SE DE INCLUIR TAMBÉM LEGISLAÇÃO FEDERAL MESMO PARA AÇÕES DE JUIZADOS>.

### 7. DOS REQUERIMENTOS <ADEQUAR AO CASO CONCRETO>

Diante do exposto, requer a parte IMPETRANTE:

a) seja deferida medida liminar em caráter de urgência, *inaudita altera pars* ou após prazo de manifestação, determinando-se o imediato restabelecimento do auxílio por incapacidade temporária indevidamente cessado e ainda que ambos (autoridade coatora e INSS) se abstenham de incluir alta programada no benefício, devendo proceder com a realização de perícia administrativa antes de qualquer eventual cessação futura, sob pena de multa diária a ser estipulada por V. Exa.;

b) a notificação da autoridade coatora para que preste as informações que entender necessárias, bem como a notificação do Órgão ao qual a autoridade se encontra vinculada, qual seja, o Instituto Nacional do Seguro Social – INSS, para que tome ciência das negativas ora questionadas;

c) a procedência do pedido, com a concessão da Segurança e confirmação de liminar eventualmente concedida, para fins de determinar a autoridade coatora e ao INSS o restabelecimento do auxílio por incapacidade temporária – NB .......... indevidamente cessado, a contar de 00/00/0000, e ainda que ambos se abstenham de incluir alta programada no benefício, devendo proceder com a realização de perícia administrativa antes de qualquer eventual cessação futura do benefício, sob pena de multa diária a ser estipulada por V. Exa.;

d) a procedência do pedido, com a concessão da Segurança também para determinar a autoridade coatora e ao INSS que promovam o pagamento dos valores devidos na via administrativa, desde a cessação do benefício em 00.00.0000, atualizados monetariamente a partir do vencimento de cada, e com a aplicação de juros moratórios a partir da citação;

e) a intimação do MPF para que se manifeste nos presentes autos;

f) seja encaminhada uma das cópias da presente petição inicial, bem como da documentação que a instrui, ao INSS – INSTITUTO NACIONAL DO SEGURO SOCIAL, em atendimento ao disposto nos arts. 6º e 7º da Lei n. 12.016, de 07 de agosto de 2009. <PROVIDÊNCIA DISPENSADA EM CASO DE PROCESSO ELETRÔNICO>

<SE FOR O CASO, INCLUIR O PEDIDO: REQUER-SE, AINDA, POR SER A PARTE AUTORA PESSOA HIPOSSUFICIENTE, NA ACEPÇÃO JURÍDICA DO TERMO, SEM CONDIÇÕES DE ARCAR COM AS DESPESAS PROCESSUAIS E OS HONORÁRIOS ADVOCATÍCIOS SUCUMBENCIAIS SEM PREJUÍZO DE SEU SUSTENTO E DE SUA FAMÍLIA, A CONCESSÃO DA GRATUIDADE DA JUSTIÇA, NA FORMA DO ART. 98 E SS DO CPC. RECOMENDA-SE A COLETA, PELO ADVOGADO, DE DECLARAÇÃO DE HIPOSSUFICIÊNCIA DO CLIENTE, CASO SEJA REQUERIDA A GRATUIDADE DA JUSTIÇA GRATUITA. DEVE-SE, TAMBÉM, DE PREFERÊNCIA, FAZER A JUNTADA DE TAL DECLARAÇÃO NOS AUTOS, JÁ NA INICIAL>.

Dá-se à causa o valor de R$ 1.000,00 (mil reais). <ADEQUAR CONFORME O CASO>

Nesses termos,

PEDE DEFERIMENTO.

Cidade e data.

Nome do Advogado e OAB

## II.2 AÇÕES DE REVISÃO DE BENEFÍCIOS DO RGPS

### II.2.1 REVISÕES BASEADAS NAS REGRAS DA EC N. 103/2019

 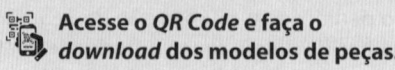

Acesse o *QR Code* e faça o *download* dos modelos de peças.
> https://uqr.to/1ym21

**59. MODELO DE AÇÃO DE REVISÃO DE APOSENTADORIA PROGRAMADA PARA DESCARTE DE CONTRIBUIÇÕES (ART. 26 DA EC N. 103/2019)**

**EXCELENTÍSSIMO(A) SENHOR(A) DOUTOR(A) JUIZ(A) FEDERAL DA VARA/JUIZADO ESPECIAL FEDERAL DA CIDADE – SEÇÃO JUDICIÁRIA DO ESTADO** <VERIFICAR SE É INTERESSANTE O AJUIZAMENTO DA AÇÃO NA VARA ESTADUAL MEDIANTE A UTILIZAÇÃO DA COMPETÊNCIA DELEGADA. SE SIM, ADEQUAR PARA A NOMENCLATURA ESTADUAL>

**Segurado(a)**, nacionalidade, estado civil, profissão, residente e domiciliado(a) na Rua, bairro, cidade, Estado, inscrito no CPF sob o nº, endereço eletrônico, vem à presença de Vossa Excelência, por intermédio de seus procuradores constituídos, propor a presente **AÇÃO DE REVISÃO DE BENEFÍCIO PREVIDENCIÁRIO contra o INSTITUTO NACIONAL DO SEGURO SOCIAL – INSS**, pessoa jurídica de direito público, autarquia federal, com endereço à..., pelos fatos e fundamentos que a seguir aduz:

**1. BREVE RESENHA FÁTICA** <ADEQUAR AO CASO CONCRETO>

A parte autora requereu junto à Autarquia Previdenciária o benefício de Aposentadoria Programada, tendo esta sido concedida mediante a apuração de 65 anos de idade e 23 anos e 8 meses de contribuição.

Ocorre que no caso concreto a parte autora possuía salários de contribuição que prejudicaram sua média e, por consequência, deveriam ter sido descartados do seu cálculo, entretanto, não o foram.

Como veremos a seguir, o cálculo na forma apurada foi feito em descumprimento da norma (§ 6º do art. 26 da EC n. 103/2019) e merece ser revisto, em especial por não respeitar o direito ao melhor benefício.

**2. FUNDAMENTOS JURÍDICOS DO PEDIDO** <ADEQUAR AO CASO CONCRETO>

A EC n. 103/2019 trouxe modificações significativas nos cálculos dos benefícios previdenciários, entre eles, a alteração da forma de apuração da média contributiva para fins de Renda Mensal Inicial.

Até que lei discipline o cálculo, a apuração da média passará a ser feita com 100% dos salários de contribuição, nos termos do caput do art. 26 da EC n. 103/2019, que citamos abaixo:

> Art. 26. Até que lei discipline o cálculo dos benefícios do regime próprio de previdência social da União e do Regime Geral de Previdência Social, será utilizada a média aritmética simples dos salários de contribuição e das remunerações adotados como base para contribuições a regime próprio de previdência social e ao Regime Geral de Previdência Social, ou como base para contribuições decorrentes das atividades militares de que tratam os arts. 42 e 142 da Constituição Federal, atualizados monetariamente, **correspondentes a 100% (cem por cento) do período contributivo desde a competência julho de 1994 ou desde o início da contribuição, se posterior àquela competência.**

Entretanto, a norma previu também a possibilidade de exclusão, no cálculo, dos salários de contribuição que eventualmente possam prejudicar o segurado, de forma a garantir o direito ao melhor benefício e respeitando a evolução contributiva de cada trabalhador.

No entanto, tal exclusão de salários tem efeito diferente daquele existente antes da Reforma da Previdência. Agora, esse período de salário retirado deixa também de contar como tempo de contribuição.

Nas novas regras, o INSS deve apurar as duas hipóteses: a) média com a soma de todos os salários de contribuição; e b) média com a exclusão das menores contribuições, desde que mantido o tempo mínimo exigido. Com isso, chegará ao resultado mais vantajoso para o(a) segurado(a) no cálculo da RMI do benefício a ser concedido. Essa é a previsão do § 6º do art. 26 da EC n. 103/2019, conforme citamos abaixo:

> § 6º Poderão ser excluídas da média as contribuições que resultem em redução do valor do benefício, desde que mantido o tempo mínimo de contribuição exigido, vedada a utilização do tempo excluído para qualquer finalidade, inclusive para o acréscimo a que se referem os §§ 2º e 5º, para a averbação em outro regime previdenciário ou para a obtenção dos proventos de inatividade das atividades de que tratam os art. 42 e 142 da Constituição Federal.

No caso concreto, foi apenas calculada a renda com base em todos os salários <ou com a exclusão de salários maiores>, entretanto, a parte anexa à presente inicial, os cálculos que demonstram diferença positiva no tocante ao valor inicial do benefício caso apurado nos termos do § 6º acima exposto.

Assim, há notório desrespeito ao direito ao melhor benefício que deveria ter sido concedido ao(a) Autor(a).

Portanto, há que se rever a renda mensal inicial do benefício assim como se garantir o pagamento correto dos valores, desde a concessão até os dias atuais.

**3. DO PREQUESTIONAMENTO** <ADEQUAR AO CASO CONCRETO>

Resta clara a violação aos ditames constitucionais e à legislação federal, da qual destacamos os artigos <ADEQUAR AO CASO CONCRETO, CITANDO NOMINALMENTE OS ARTIGOS, INCLUSIVE COM PARÁGRAFOS E INCISOS, LEMBRANDO DE INCLUIR TAMBÉM LEGISLAÇÃO FEDERAL MESMO PARA AÇÕES DE JUIZADOS, TENDO EM VISTA A ATUAL POSSIBILIDADE DE INTERPOSIÇÃO DE IRDR>.

**4. REQUERIMENTOS** <ADEQUAR AO CASO CONCRETO>

Diante do exposto, requer-se a Vossa Excelência:

a) a citação do Instituto Nacional do Seguro Social – INSS para, querendo, responder à presente demanda, no prazo legal;

b) a determinação ao INSS para que, na primeira oportunidade em que se pronunciar nos autos, apresente o Processo de Concessão do Benefício Previdenciário para apuração dos valores devidos à parte autora, conforme determinado pelo art. 11 da Lei n. 10.259/2001, sob pena de cominação de multa diária, nos termos do art. 139, IV, do Código de Processo Civil/2015, a ser fixada por esse Juízo;

c) a procedência da pretensão deduzida, consoante narrado nesta inicial, para que se condene o INSS a revisar o benefício de aposentadoria da parte autora de forma a excluir da média os salários de contribuição que resultem em redução do valor do benefício, mantido o tempo mínimo de contribuição exigido <adequar para o tempo que deseja que seja mantido, como exemplo, 22 anos>. Deve ser visto isso conforme o cálculo que apura a melhor renda, nos termos do § 6º do art. 26 da EC n. 103/2019;

d) a condenação do INSS ao pagamento dos valores acumulados, aplicando-se juros e correção monetária até 11/2021, nos termos dos Temas 810 do STF e 905 do STJ e, a partir de 12/2021, o índice da taxa referencial do Sistema Especial de Liquidação e de Custódia (Selic), acumulado mensalmente, para fins de atualização monetária e de compensação da mora (art. 3º da EC n. 113/2021), respeitada a prescrição quinquenal;

e) a condenação do INSS ao pagamento de custas, despesas e de honorários advocatícios, na base de 20% (vinte por cento) sobre a condenação, conforme dispõem o art. 55 da Lei n. 9.099/1995 e o art. 85, § 3º, do Código de Processo Civil/2015;

f) o julgamento antecipado da lide, conforme dispõe o art. 355 do CPC/2015, considerando que a questão de mérito é unicamente de direito. Sendo outro o entendimento de V. Exa., requer e protesta pela produção de todos os meios de prova admitidos em direito, sem exclusão de nenhum que se fizer necessário ao deslinde da demanda;

<SE NECESSÁRIA A PRODUÇÃO DE PROVAS, A EXEMPLO DA TESTEMUNHAL, REQUERER E FAZER O ARROLAMENTO DAS TESTEMUNHAS; SE FOR NECESSÁRIA MAIS ALGUMA PROVA, ADEQUAR O PEDIDO ACIMA PARA DESCREVER QUAIS DESEJA PRODUZIR, DE FORMA MAIS EXPRESSA.>

g) a concessão da gratuidade da Justiça, na forma dos arts. 98 e ss. do CPC/2015, por ser a parte autora pessoa hipossuficiente, na acepção jurídica do termo, sem condições de arcar com as despesas processuais e os honorários advocatícios sucumbenciais sem prejuízo de seu sustento e de sua família, <RECOMENDA-SE A COLETA, PELO ADVOGADO, DE DECLARAÇÃO DE HIPOSSUFICIÊNCIA DO CLIENTE, CASO SEJA REQUERIDA A GRATUIDADE DA JUSTIÇA. DEVE-SE, TAMBÉM, DE PREFERÊNCIA, FAZER A JUNTADA DE TAL DECLARAÇÃO NOS AUTOS, JÁ NA INICIAL>.

Cumprindo a previsão do art. 319, VII, do Código de Processo Civil/2015, a parte autora declara que opta pela realização <OU NÃO REALIZAÇÃO, ADEQUAR CONFORME O INTERESSE EM CADA CASO> de audiência de conciliação no presente caso.

Requer-se, com base no § 4º do art. 22 da Lei n. 8.906/1994, que, ao final da presente demanda, caso sejam encontradas diferenças em favor do autor, quando da expedição da RPV ou do precatório, os valores referentes aos honorários contratuais e sucumbenciais sejam expedidos em nome da sociedade de advogados contratada pela parte autora, sendo os honorários contratuais devidos no percentual constante no contrato em anexo.

Dá-se à causa o valor de R$ 1.000,00 (mil reais). <ADEQUAR CONFORME O CASO>

Nesses termos,

PEDE DEFERIMENTO.

Cidade e data.

Nome do Advogado e OAB

### 60. MODELO DE AÇÃO DE REVISÃO DE APOSENTADORIA POR IDADE (REGRA DE TRANSIÇÃO DA EC N. 103/2019) DE SEGURADO FILIADO ANTES DE 2019

**EXCELENTÍSSIMO(A) SENHOR(A) DOUTOR(A) JUIZ(A) FEDERAL DA VARA/JUIZADO ESPECIAL FEDERAL DA CIDADE – SEÇÃO JUDICIÁRIA DO ESTADO** <VERIFICAR SE É INTERESSANTE O AJUIZAMENTO DA AÇÃO NA VARA ESTADUAL MEDIANTE A UTILIZAÇÃO DA COMPETÊNCIA DELEGADA. SE SIM, ADEQUAR PARA A NOMENCLATURA ESTADUAL>

**Segurado**, nacionalidade, estado civil, profissão, residente e domiciliado na Rua, bairro, cidade, Estado, inscrito no CPF sob o nº, endereço eletrônico, vem à presença de Vossa Excelência, por intermédio de seus procuradores constituídos, propor a presente **AÇÃO DE REVISÃO DE APOSENTADORIA POR IDADE contra o INSTITUTO NACIONAL DO SEGURO SOCIAL – INSS**, pessoa jurídica de direito público, autarquia federal, com endereço à..., pelos fatos e fundamentos que a seguir aduz:

**1. BREVE RESENHA FÁTICA** <ADEQUAR AO CASO CONCRETO>

O autor requereu junto à Autarquia Previdenciária o benefício de aposentadoria por idade pelas regras de transição da EC n. 103/2019 (art. 18), tendo sido concedida a mesma mediante a apuração de 19 anos e 7 meses de contribuição.

Ocorre que, no caso concreto, a parte autora teve seu benefício concedido com 60% do coeficiente de cálculo.

Entretanto, como veremos a seguir, o segurado foi prejudicado pela forma de cálculo desvantajosa e merece revisão de seu benefício.

**2. FUNDAMENTOS JURÍDICOS DO PEDIDO** <ADEQUAR AO CASO CONCRETO>

A EC n. 103/19 trouxe modificações significativas nos cálculos dos benefícios previdenciários, entre eles a alteração da forma de apuração da média contributiva e do coeficiente de cálculo.

Agora, em regra, a apuração se inicia no coeficiente de 60% e aumenta gradativamente em 2 (dois) pontos percentuais, a cada ano a mais contribuído que supere os 20 anos, se homem, e 15 anos, se mulher.

Para filiados homens, a regra é a prevista no art. 26, § 2º, da EC n. 103/2019:

> § 2º O valor do benefício de aposentadoria corresponderá a 60% (sessenta por cento) da média aritmética definida na forma prevista no caput e no § 1º, com acréscimo de 2 (dois) pontos percentuais para cada ano de contribuição que exceder o tempo de 20 (vinte) anos de contribuição nos casos (...)

Entretanto, no caso dos segurados filiados anteriormente à 13.11.2019, há um equívoco na regra, causado provavelmente pelos atropelos na tramitação da PEC 06/2019.

Isso porque, no caso dos homens, a proposta inicial do governo previa tempo de contribuição para novos e antigos filiados de 20 anos.

Durante a tramitação no Congresso Nacional houve alteração que estabeleceu regra diferenciada para o homem filiado antes da publicação da EC n. 103/2019, 15 anos de contribuição. Para os novos filiados, a exigência ficou em 20 anos de tempo de contribuição.

No entanto, não houve a necessária adequação do coeficiente de cálculo, ficando o filiado antes de 2019 com a mesma evolução daqueles novos ingressantes, somente ultrapassando os 60% após atingir 20 anos de contribuição.

Ou seja, apesar de poder se aposentar com 15 anos de contribuição, seu coeficiente somente começa a aumentar depois dos 20 anos.

São 5 anos de tempo de contribuição desconsiderados!

Na prática, um homem que se aposente com 19 anos recebe o mesmo coeficiente de cálculo de 60% daquele que se aposenta com 15 anos de contribuição.

Para que se garanta a isonomia e a razoabilidade na aplicação da norma, entendemos que duas são as opções viáveis:

– Ao homem filiado antes de 2019 deve ser aplicada a evolução de percentual garantida a mulher que tem 15 anos de tempo de contribuição, ou seja, seu percentual deve aumentar 2% a cada ano acima de 15 contribuídos, nos termos previstos no art. 25, § 5º, da EC n. 103/2019[1];

– Caso somente consiga aumentar seu percentual acima de 20 anos, o homem deve ter garantido o direito ao melhor benefício e o cálculo da média contributiva deve apurado com o descarte dos menores salários de contribuição que supere os 15 anos. Ou seja, utilizando-se a previsão do § 6º[2] do art. 26 da EC n. 103/2019 para a exclusão das contribuições que resultem em redução da média, até o limite do tempo mínimo exigido, de 15 anos.

---

[1] "§ 5º O acréscimo a que se refere o *caput* do § 2º será aplicado para cada ano que exceder 15 (quinze) anos de tempo de contribuição para os segurados de que tratam a alínea 'a' do inciso I do § 1º do art. 19 e o inciso I do art. 21 e para as mulheres filiadas ao Regime Geral de Previdência Social."

[2] "§ 6º Poderão ser excluídas da média as contribuições que resultem em redução do valor do benefício, desde que mantido o tempo mínimo de contribuição exigido, vedada a utilização do tempo excluído para qualquer finalidade, inclusive para o acréscimo a que se referem os §§ 2º e 5º, para a averbação em outro regime previdenciário ou para a obtenção dos proventos de inatividade das atividades de que tratam os art. 42 e 142 da Constituição Federal."

A parte anexa à presente inicial, os cálculos que demonstram os meses de menor valor para fins de apuração da renda, bem como a diferença positiva no tocante ao valor inicial do benefício caso apurado nos termos acima expostos.

### 3. DO PREQUESTIONAMENTO <ADEQUAR AO CASO CONCRETO>

Resta clara a violação aos ditames constitucionais e à legislação federal, da qual destacamos os artigos <ADEQUAR AO CASO CONCRETO, CITANDO NOMINALMENTE OS ARTIGOS, INCLUSIVE COM PARÁGRAFOS E INCISOS, LEMBRANDO DE INCLUIR TAMBÉM LEGISLAÇÃO FEDERAL MESMO PARA AÇÕES DE JUIZADOS, TENDO EM VISTA A ATUAL POSSIBILIDADE DE INTERPOSIÇÃO DE IRDR>.

### 4. REQUERIMENTOS <ADEQUAR AO CASO CONCRETO>

Diante do exposto, requer-se a Vossa Excelência:

a) a citação do Instituto Nacional do Seguro Social – INSS para, querendo, responder à presente demanda, no prazo legal;

b) a determinação ao INSS para que, na primeira oportunidade em que se pronunciar nos autos, apresente o Processo de Concessão do Benefício Previdenciário para apuração dos valores devidos à parte autora, conforme determinado pelo art. 11 da Lei n. 10.259/2001, sob pena de cominação de multa diária, nos termos do art. 139, IV, do Código de Processo Civil/2015, a ser fixada por esse Juízo;

c) a procedência da pretensão deduzida, consoante narrado nesta inicial, SUBSIDIARIAMENTE:

c.1) condenar o INSS a revisar a aposentadoria da parte autora mediante a alteração do coeficiente de cálculo para que este passe a evoluir a partir dos 15 anos de contribuição apurado, aumentando 2% a cada ano a mais;

c.2) caso não haja o deferimento do item c.1, requer a condenação do INSS a revisar o benefício de aposentadoria da parte autora de forma a excluir da média os salários de contribuição que resultem em redução do valor do benefício, mantido o tempo mínimo de contribuição exigido, nos termos do § 6º do art. 26 da EC n. 103/2019;

d) a condenação do INSS ao pagamento dos valores acumulados, aplicando-se juros e correção monetária até 11/2021, nos termos dos Temas 810 do STF e 905 do STJ e, a partir de 12/2021, o índice da taxa referencial do Sistema Especial de Liquidação e de Custódia (Selic), acumulado mensalmente, para fins de atualização monetária e de compensação da mora (art. 3º da EC n. 113/2021), respeitada a prescrição quinquenal;

e) a condenação do INSS ao pagamento de custas, despesas e de honorários advocatícios, na base de 20% (vinte por cento) sobre a condenação, conforme dispõem o art. 55 da Lei n. 9.099/1995 e o art. 85, § 3º, do Código de Processo Civil/2015;

f) o julgamento antecipado da lide, conforme dispõe o art. 355 do CPC/2015, considerando que a questão de mérito é unicamente de direito. Sendo outro o entendimento de V. Exa., requer e protesta pela produção de todos os meios de prova admitidos em direito, sem exclusão de nenhum que se fizer necessário ao deslinde da demanda;

<SE NECESSÁRIA A PRODUÇÃO DE PROVAS, A EXEMPLO DA TESTEMUNHAL, REQUERER E FAZER O ARROLAMENTO DAS TESTEMUNHAS; SE FOR NECESSÁRIA MAIS ALGUMA PROVA, ADEQUAR O PEDIDO ACIMA PARA DESCREVER QUAIS DESEJA PRODUZIR, DE FORMA MAIS EXPRESSA.>

g) a concessão da Gratuidade da Justiça, na forma dos arts. 98 e ss. do CPC/2015, por ser a Parte Autora pessoa hipossuficiente, na acepção jurídica do termo, sem condições de arcar com as despesas processuais e os honorários advocatícios sucumbenciais sem prejuízo de seu sustento e de sua família. <RECOMENDA-SE A COLETA, PELO ADVOGADO, DE DECLARAÇÃO DE HIPOSSUFICIÊNCIA DO CLIENTE, CASO SEJA REQUERIDA A GRATUIDADE DA JUSTIÇA. DEVE-SE, TAMBÉM, DE PREFERÊNCIA, FAZER A JUNTADA DE TAL DECLARAÇÃO NOS AUTOS, JÁ NA INICIAL>.

Cumprindo a previsão do art. 319, VII, do Código de Processo Civil/2015, a parte autora declara que opta pela realização <OU NÃO REALIZAÇÃO, ADEQUAR CONFORME O INTERESSE EM CADA CASO> de audiência de conciliação no presente caso.

Requer-se, ainda, com base no § 4º do art. 22 da Lei n. 8.906/1994, que, ao final da presente demanda, caso sejam encontradas diferenças em favor do autor, quando da expedição da RPV ou do precatório, os valores referentes aos honorários contratuais e sucumbenciais sejam expedidos em nome da sociedade de advogados contratada pela parte autora, sendo os honorários contratuais devidos no percentual constante no contrato em anexo.

Dá-se à causa o valor de R$ 1.000,00 (mil reais). <ADEQUAR CONFORME O CASO>

Nesses termos,

PEDE DEFERIMENTO.

Cidade e data.

Nome do Advogado e OAB

## 61. MODELO DE AÇÃO DE REVISÃO DE APOSENTADORIA PROGRAMADA PARA INCLUSÃO DE NOVOS PERÍODOS DE CONTRIBUIÇÃO

**EXCELENTÍSSIMO(A) SENHOR(A) DOUTOR(A) JUIZ(A) FEDERAL DA VARA/JUIZADO ESPECIAL FEDERAL DA CIDADE – SEÇÃO JUDICIÁRIA DO ESTADO** <VERIFICAR SE É INTERESSANTE O AJUIZAMENTO DA AÇÃO NA VARA ESTADUAL MEDIANTE A UTILIZAÇÃO DA COMPETÊNCIA DELEGADA. SE SIM, ADEQUAR PARA A NOMENCLATURA ESTADUAL>

**Segurado(a)**, nacionalidade, estado civil, profissão, residente e domiciliado(a) na Rua, bairro, cidade, Estado, inscrito no CPF sob o nº ___.___.___-__, endereço eletrônico, vem à presença de Vossa Excelência, por intermédio de seus procuradores constituídos, propor a presente **AÇÃO DE REVISÃO DE BENEFÍCIO PREVIDENCIÁRIO contra o INSTITUTO NACIONAL DO SEGURO SOCIAL – INSS**, pessoa jurídica de direito público, autarquia federal, com endereço à..., pelos fatos e fundamentos que a seguir aduz:

### 1. BREVE RESENHA FÁTICA <ADEQUAR AO CASO CONCRETO>

O autor requereu junto à Autarquia Previdenciária o benefício de aposentadoria programada, tendo esta sido concedida mediante a apuração de 23 anos e 7 meses de contribuição.

Ocorre que no caso concreto não foram considerados todos os períodos contributivos da parte autora, conforme demonstraremos a seguir, o que acabou por alterar o coeficiente de cálculo e o valor do benefício concedido.

Nesse contexto, o segurado foi prejudicado pela forma de cálculo desvantajosa e merece revisão de seu benefício.

### 2. FUNDAMENTOS JURÍDICOS DO PEDIDO <ADEQUAR AO CASO CONCRETO>

A EC n. 103/2019 trouxe modificações significativas nos cálculos dos benefícios previdenciários, entre eles a alteração da forma de apuração da média contributiva e do coeficiente de cálculo.

Agora, em regra, a apuração se inicia no coeficiente de 60% e aumenta gradativamente em 2 (dois) pontos percentuais, a cada ano a mais contribuído que supere os 20 anos, se homem, e 15 anos, se mulher.

Para filiados homens, a regra é a prevista no art. 26, § 2º, da EC n. 103/2019:

> § 2º O valor do benefício de aposentadoria corresponderá a 60% (sessenta por cento) da média aritmética definida na forma prevista no caput e no § 1º, com acréscimo de 2 (dois) pontos percentuais para cada ano de contribuição que exceder o tempo de 20 (vinte) anos de contribuição nos casos (...)

Nos casos de mulheres, temos a previsão do § 5º do mesmo art. 26 da EC n. 103/2019:

> § 5º O acréscimo a que se refere o caput do § 2º será aplicado para cada ano que exceder 15 (quinze) anos de tempo de contribuição para os segurados de que tratam a alínea "a" do inciso I do § 1º do art. 19 e o inciso I do art. 21 e para as mulheres filiadas ao Regime Geral de Previdência Social.

No caso em análise, o INSS computou como contribuídos os seguintes períodos:

No entanto, os períodos de <INFORMAR VÍNCULOS/PERÍODOS> foram desconsiderados pela Autarquia-Ré ao calcular o benefício objeto desta lide.

A parte anexa à presente inicial, os documentos acima listados, que comprovam os períodos trabalhados.

Anexos, ainda, os cálculos que demonstram a diferença de RMI decorrente dos períodos ignorados pelo INSS.

Portanto, merece procedência o pleito para reconhecimento dos períodos indicados, bem como o recálculo da renda mensal inicial da aposentadoria recebida pela parte autora.

3. **DO PREQUESTIONAMENTO** <ADEQUAR AO CASO CONCRETO>

Resta clara a violação aos ditames constitucionais e à legislação federal, da qual destacamos os artigos <ADEQUAR AO CASO CONCRETO, CITANDO NOMINALMENTE OS ARTIGOS, INCLUSIVE COM PARÁGRAFOS E INCISOS, LEMBRANDO DE INCLUIR TAMBÉM LEGISLAÇÃO FEDERAL MESMO PARA AÇÕES DE JUIZADOS, TENDO EM VISTA A ATUAL POSSIBILIDADE DE INTERPOSIÇÃO DE IRDR>.

4. **REQUERIMENTOS** <ADEQUAR AO CASO CONCRETO>

Diante do exposto, requer-se a Vossa Excelência:

a) a citação do Instituto Nacional do Seguro Social – INSS para, querendo, responder à presente demanda, no prazo legal;

b) a determinação ao INSS para que, na primeira oportunidade em que se pronunciar nos autos, apresente o Processo de Concessão do Benefício Previdenciário para apuração dos valores devidos à parte autora, conforme determinado pelo art. 11 da Lei n. 10.259/2001, sob pena de cominação de multa diária, nos termos do art. 139, IV, do Código de Processo Civil/2015, a ser fixada por esse Juízo;

c) a procedência da pretensão deduzida, consoante narrado nesta inicial, com a condenação do INSS a:

c.1) reconhecer e averbar ao CNIS da parte autora os períodos de <INCLUIR OS PERÍODOS POSTULADOS>;

c.2) revisar a aposentadoria concedida, de forma a incluir os períodos reconhecidos, para fins de média e coeficiente de cálculo.

d) a condenação do INSS ao pagamento dos valores acumulados, aplicando-se juros e correção monetária até 11/2021, nos termos dos Temas 810 do STF e 905 do STJ e, a partir de 12/2021, o índice da taxa referencial do Sistema Especial de Liquidação e de Custódia (Selic), acumulado mensalmente, para fins de atualização monetária e de compensação da mora (art. 3º da EC n. 113/2021), respeitada a prescrição quinquenal;

e) a condenação do INSS ao pagamento de custas, despesas e de honorários advocatícios, na base de 20% (vinte por cento) sobre a condenação, conforme dispõem o art. 55 da Lei n. 9.099/1995 e o art. 85, § 3º, do Código de Processo Civil/2015;

f) o julgamento antecipado da lide, conforme dispõe o art. 355 do Código de Processo Civil/2015, considerando que a questão de mérito é unicamente de direito. Sendo outro o entendimento de V. Exa., requer e protesta pela produção de todos os meios de prova admitidos em direito, sem exclusão de nenhum que se fizer necessário ao deslinde da demanda;

<SE NECESSÁRIA A PRODUÇÃO DE PROVAS, A EXEMPLO DA TESTEMUNHAL, REQUERER E FAZER O ARROLAMENTO DAS TESTEMUNHAS; SE FOR NECESSÁRIA MAIS ALGUMA PROVA, ADEQUAR O PEDIDO ACIMA PARA DESCREVER QUAIS DESEJA PRODUZIR, DE FORMA MAIS EXPRESSA.>

g) a concessão da gratuidade da Justiça, na forma dos arts. 98 e ss. do CPC/2015, por ser a parte autora pessoa hipossuficiente, na acepção jurídica do termo, sem condições de arcar com as despesas processuais e os honorários advocatícios sucumbenciais sem prejuízo de seu sustento e de sua família,. <RECOMENDA-SE A COLETA, PELO ADVOGADO, DE DECLARAÇÃO DE HIPOSSUFICIÊNCIA DO CLIENTE, CASO SEJA REQUERIDA A GRATUIDADE DA JUSTIÇA. DEVE-SE, TAMBÉM, DE PREFERÊNCIA, FAZER A JUNTADA DE TAL DECLARAÇÃO NOS AUTOS, JÁ NA INICIAL>.

Cumprindo a previsão do art. 319, VII, do Código de Processo Civil/2015, a parte autora declara que opta pela realização <OU NÃO REALIZAÇÃO, ADEQUAR CONFORME O INTERESSE EM CADA CASO> de audiência de conciliação no presente caso;

Requer-se, ainda, com base no § 4º do art. 22 da Lei n. 8.906/1994, que, ao final da presente demanda, caso sejam encontradas diferenças em favor do autor, quando da expedição da RPV ou do precatório, os valores referentes aos honorários contratuais e sucumbenciais sejam expedidos em nome da sociedade de advogados contratada pela parte autora, sendo os honorários contratuais devidos no percentual constante no contrato em anexo.

Dá-se à causa o valor de R$ 1.000,00 (mil reais). <ADEQUAR CONFORME O CASO>

Nesses termos,

PEDE DEFERIMENTO.

Cidade e data.

Nome do Advogado e OAB

## 62. MODELO DE AÇÃO DE REVISÃO DE APOSENTADORIA POR IDADE OU POR TEMPO DE CONTRIBUIÇÃO DE PESSOA COM DEFICIÊNCIA – CONCEDIDO COM BASE NAS REGRAS DA EC N. 103/2019

**EXCELENTÍSSIMO(A) SENHOR(A) DOUTOR(A) JUIZ(A) FEDERAL DA VARA/JUIZADO DA CIDADE – SEÇÃO JUDICIÁRIA DO ESTADO** <VERIFICAR SE É INTERESSANTE O AJUIZAMENTO DA AÇÃO NA VARA ESTADUAL MEDIANTE A UTILIZAÇÃO DA COMPETÊNCIA DELEGADA, MAS ADEQUANDO À NOVA LIMITAÇÃO DE 70 KM ENTRE A SEDE DA JF E A SEDE DA COMARCA. SE SIM, ADEQUAR PARA A NOMENCLATURA ESTADUAL>

**Segurado(a),** nacionalidade, estado civil, profissão, residente e domiciliado(a) na Rua, Bairro, Cidade, Estado, inscrito(a) no CPF sob o nº, NB e DIB, endereço eletrônico, vem à presença de Vossa Excelência, por intermédio de seus procuradores constituídos, propor a presente **AÇÃO DE REVISÃO DE BENEFÍCIO PREVIDENCIÁRIO** contra o **INSTITUTO NACIONAL DO SEGURO SOCIAL – INSS,** pessoa jurídica de direito público, autarquia federal, com endereço na..., <ENDEREÇO PARA CITAÇÃO/INTIMAÇÃO A SER VERIFICADO DE ACORDO COM A CIDADE E ESTADO QUE SE INGRESSA COM A AÇÃO>, pelos fatos e fundamentos que a seguir aduz:

**1. DOS FATOS** <ADEQUAR AO CASO CONCRETO>

A parte autora recebe atualmente benefício de aposentadoria <POR IDADE OU POR TEMPO DE CONTRIBUIÇÃO> concedido e mantido pela Autarquia-Ré, conforme comprovam documentos anexos a essa inicial.

Seu benefício foi concedido com <IDADE OU TEMPO DE CONTRIBUIÇÃO> diferenciados, tendo em vista que a parte autora é pessoa com deficiência, tudo devidamente documentado nos laudos e atestados médicos constantes no processo concessório.

Ocorre que, no cálculo do benefício, o INSS aplicou regra para apuração da média em desacordo com as normas previstas da EC n. 103/2019 e com a Lei Complementar n. 142/2013.

Como demonstraremos a seguir, tal conduta fere o direito da parte autora e, portanto, merece correção por este juízo.

## 2. FUNDAMENTOS JURÍDICOS DO PEDIDO <ADEQUAR AO CASO CONCRETO>

Antes de tudo, cabe destacar que o benefício da parte autora deveria ter sido calculado com base nas regras previstas pela Reforma da Previdência (EC n. 103/2019).

Tais regras preveem para o cálculo das aposentadorias da pessoa com deficiência os seguintes parâmetros:

> Art. 22. Até que lei discipline o § 4º-A do art. 40 e o inciso I do § 1º do art. 201 da Constituição Federal, a aposentadoria da pessoa com deficiência segurada do Regime Geral de Previdência Social ou do servidor público federal com deficiência vinculado a regime próprio de previdência social, desde que cumpridos, no caso do servidor, o tempo mínimo de 10 (dez) anos de efetivo exercício no serviço público e de 5 (cinco) anos no cargo efetivo em que for concedida a aposentadoria, **será concedida na forma da Lei Complementar n. 142, de 8 de maio de 2013, inclusive quanto aos critérios de cálculo dos benefícios**. (grifou-se)
>
> Parágrafo único. Aplicam-se às aposentadorias dos servidores com deficiência dos Estados, do Distrito Federal e dos Municípios as normas constitucionais e infraconstitucionais anteriores à data de entrada em vigor desta Emenda Constitucional, enquanto não promovidas alterações na legislação interna relacionada ao respectivo regime próprio de previdência social.

Ou seja, a Emenda deixa bem claro que a regra de cálculo das aposentadorias da pessoa com deficiência não será a do art. 26, mas sim os critérios estabelecidos na LC n. 142/2013.

Para fins de apuração da renda mensal inicial, a LC n. 142 dispõe as seguintes regras:

> Art. 8º A renda mensal da aposentadoria devida ao segurado com deficiência será calculada aplicando-se sobre o salário de benefício, apurado em conformidade com o disposto no art. 29 da Lei n. 8.213, de 24 de julho de 1991, os seguintes percentuais:
>
> I – 100% (cem por cento), no caso da aposentadoria de que tratam os incisos I, II e III do art. 3º; ou
>
> II – 70% (setenta por cento) mais 1% (um por cento) do salário de benefício por grupo de 12 (doze) contribuições mensais até o máximo de 30% (trinta por cento), no caso de aposentadoria por idade.

Já o art. 29 da Lei n. 8.213/1991, ainda vigente, assim determina:

> Art. 29. O salário de benefício consiste: (Redação dada pela Lei n. 9.876, de 26.11.1999)
>
> I – para os benefícios de que tratam as alíneas b e c do inciso I do art. 18, na média aritmética simples dos maiores salários de contribuição correspondentes a oitenta por cento de todo o período contributivo, multiplicada pelo fator previdenciário; (Incluído pela Lei n. 9.876, de 26.11.1999)
>
> II – para os benefícios de que tratam as alíneas a, d, e e h do inciso I do art. 18, na média aritmética simples dos maiores salários de contribuição correspondentes a oitenta por cento de todo o período contributivo. (Incluído pela Lei n. 9.876, de 26.11.1999)

Assim, a EC n. 103/2019 é bem clara em determinar que o cálculo dos benefícios da pessoa com deficiência é a média de 80%, e não a média de 100% dos salários de contribuição.

Ocorre que houve por parte do Governo a publicação do Decreto n. 10.410/2020, visando regulamentar a EC n. 103/2020.

Para tanto, o Decreto n. 10.410/2020 alterou dispositivos do Decreto n. 3.048/1999, entre eles, incluindo o art. 70-J, que assim determinou:

> Art. 70-J. A renda mensal da aposentadoria devida ao segurado com deficiência será calculada a partir da aplicação dos seguintes percentuais sobre **o salário de benefício definido na forma prevista no art. 32**: (Incluído pelo Decreto n. 10.410, de 2020) (grifou-se)
>
> I – cem por cento, na hipótese de aposentadoria por tempo de contribuição de que trata o art. 70-B; ou
>
> II – setenta por cento, acrescido de um ponto percentual do salário de benefício por grupo de doze contribuições mensais até o máximo de trinta por cento, na hipótese de aposentadoria por idade de que trata o art. 70-C.

Art. 32. O salário de benefício a ser utilizado para o cálculo dos benefícios de que trata este Regulamento, inclusive aqueles previstos em acordo internacional, consiste no resultado da média aritmética simples dos salários de contribuição e das remunerações adotadas como base para contribuições a regime próprio de previdência social ou como base para contribuições decorrentes das atividades militares de que tratam os art. 42 e art. 142 da Constituição, considerados para a concessão do benefício, atualizados monetariamente, correspondentes a cem por cento do período contributivo desde a competência julho de 1994 ou desde o início da contribuição, se posterior a essa competência.

Veja, Excelência, que, ao remeter ao art. 32, o Decreto n. 3.048/1999 determina que a média seja apurada não com 80% dos salários de contribuição, mas com 100% destes.

Tal apuração não pode ser aplicada à pessoa com deficiência para benefícios concedidos com base na EC n. 103/2019.

Isso porque, esta, expressamente, remete às regras da LC n. 142/2013, e não ao art. 26 da EC n. 103/2019, que foi regulamentado pelo art. 32 do Decreto n. 3.048/1999!

Nunca um mero Decreto do Executivo poderá restringir um direito de tal maneira. Sua função é unicamente regulamentar e complementar a lei.

Contrassenso maior é o Decreto n. 10.410/2020 contrariar ditame expresso do art. 22 da Emenda Constitucional n. 103/2019!

Assim, devida a revisão ora pleiteada.

**3. DO PREQUESTIONAMENTO** <ADEQUAR AO CASO CONCRETO>

Resta clara a violação aos ditames constitucionais e à legislação federal, da qual destacamos os artigos <ADEQUAR AO CASO CONCRETO, CITANDO NOMINALMENTE OS ARTIGOS, INCLUSIVE COM PARÁGRAFOS E INCISOS, LEMBRANDO-SE DE INCLUIR TAMBÉM LEGISLAÇÃO FEDERAL MESMO PARA AÇÕES DE JUIZADOS, TENDO EM VISTA A ATUAL POSSIBILIDADE DE INTERPOSIÇÃO DE IRDR>.

**4. DOS REQUERIMENTOS** <ADEQUAR AO CASO CONCRETO>

Diante do exposto, requer-se a Vossa Excelência:

a) a citação do Instituto Nacional do Seguro Social – INSS, para, querendo, responder à presente demanda, no prazo legal;

b) a determinação ao INSS para que, na primeira oportunidade em que se pronunciar nos autos, apresente o Processo de Concessão do Benefício Previdenciário para apuração dos valores devidos à parte autora, conforme determinado pelo art. 11 da Lei n. 10.259/2001, sob pena de cominação de multa diária, nos termos do art. 139, IV, do Código de Processo Civil/2015, a ser fixada por esse Juízo;

c) a procedência da pretensão deduzida, consoante narrado nesta inicial, condenando-se o INSS a revisar o benefício de aposentadoria da parte autora de forma a que seja calculada com base na média de 80% dos salários de contribuição, nos termos da LC n. 142/2019 e do art. 22 da EC n. 103/2019;

d) a condenação do INSS ao pagamento dos valores acumulados, aplicando-se juros e correção monetária até 11/2021, nos termos dos Temas 810 do STF e 905 do STJ e, a partir de 12/2021, o índice da taxa referencial do Sistema Especial de Liquidação e de Custódia (Selic), acumulado mensalmente, para fins de atualização monetária e de compensação da mora (art. 3º da EC n. 113/2021), respeitada a prescrição quinquenal;

e) a condenação do INSS ao pagamento de custas, despesas e de honorários advocatícios, na base de 20% (vinte por cento) dos valores devidos apurados em liquidação de sentença, conforme dispõem o art. 55 da Lei n. 9.099/1995 e o art. 85, § 3º, do Código de Processo Civil/2015;

f) o julgamento antecipado da lide, conforme dispõe o art. 355 do Código de Processo Civil/2015, considerando que a questão de mérito é unicamente de direito. Sendo outro o entendimento de V. Exa., requer e protesta pela produção de todos os meios de prova admitidos em direito, sem exclusão de nenhum que se fizer necessário ao deslinde da demanda;

g) a concessão da gratuidade da Justiça, na forma dos arts. 98 e ss. do CPC/2015, por ser a parte autora pessoa hipossuficiente, na acepção jurídica do termo, sem condições de arcar com as despesas processuais e os honorários advocatícios sucumbenciais sem prejuízo de seu sustento e de sua família. <RECOMENDA-SE A COLETA, PELO ADVOGADO, DE DECLARAÇÃO DE HIPOSSUFICIÊNCIA DO CLIENTE, CASO SEJA REQUERIDA A GRATUIDADE DA JUSTIÇA. DEVE-SE, TAMBÉM, DE PREFERÊNCIA, FAZER A JUNTADA DE TAL DECLARAÇÃO NOS AUTOS, JÁ NA INICIAL.>

Cumprindo a previsão do art. 319, VII, do Código de Processo Civil/2015, a parte autora declara que opta pela realização <OU NÃO REALIZAÇÃO, ADEQUAR CONFORME O INTERESSE EM CADA CASO> de audiência de conciliação no presente caso.

Requer-se, ainda, com base no § 4º do art. 22 da Lei n. 8.906/1994, que, ao final da presente demanda, caso sejam encontradas diferenças em favor do(a) autor(a), quando da expedição da RPV ou do precatório, os valores referentes aos honorários contratuais e sucumbenciais sejam expedidos em nome da sociedade de advogados contratada pela parte autora, sendo os honorários contratuais devidos no percentual constante no contrato em anexo.

Dá-se à causa o valor de R$ 1.000,00 (mil reais). <ADEQUAR CONFORME O CASO>

Nesses termos,

PEDE DEFERIMENTO.

Cidade e data.

Nome do Advogado e OAB

### 63. MODELO DE AÇÃO DE REVISÃO DE AUXÍLIO POR INCAPACIDADE TEMPORÁRIA PARA AFASTAR LIMITADOR EXTRA REFERENTE À MÉDIA DAS ÚLTIMAS 12 CONTRIBUIÇÕES – BENEFÍCIO CONCEDIDO COM BASE NAS REGRAS DA EC N. 103/2019

**EXCELENTÍSSIMO(A) SENHOR(A) DOUTOR(A) JUIZ(A) FEDERAL DA VARA/JUIZADO DA CIDADE – SEÇÃO JUDICIÁRIA DO ESTADO** <CASO SEJA DECORRENTE ACIDENTE DE TRABALHO A COMPETÊNCIA É DA JUSTIÇA ESTADUAL, PORTANTO, DEVE SER ADEQUADO. EM CASO DE AUXÍLIO-DOENÇA DECORRENTE DE CAUSA DIVERSA, VERIFICAR SE É INTERESSANTE O AJUIZAMENTO DA AÇÃO NA VARA ESTADUAL MEDIANTE A UTILIZAÇÃO DA COMPETÊNCIA DELEGADA, MAS ADEQUANDO À NOVA LIMITAÇÃO DE 70 KM ENTRE A SEDE DA JF E A SEDE DA COMARCA. SE SIM, ADEQUAR PARA A NOMENCLATURA ESTADUAL>

**Segurado(a),** nacionalidade, estado civil, profissão, residente e domiciliado(a) na Rua, Bairro, Cidade, Estado, inscrito(a) no CPF sob o nº, NB e DIB <incluir dados do benefício anterior, se houver>, endereço eletrônico, vem à presença de Vossa Excelência, por intermédio de seus procuradores constituídos, propor a presente **AÇÃO DE REVISÃO DE BENEFÍCIO PREVIDENCIÁRIO** contra o **INSTITUTO NACIONAL DO SEGURO SOCIAL – INSS,** pessoa jurídica de direito público, autarquia federal, com endereço na..., pelos fatos e fundamentos que a seguir aduz:

**1. DOS FATOS** <ADEQUAR AO CASO CONCRETO>

A parte autora recebe atualmente benefício de auxílio por incapacidade temporária concedido e mantido pela Autarquia-Ré, conforme comprovam documentos anexos a essa inicial.

Ocorre que no cálculo do benefício o INSS aplicou limitador extraordinário, além do teto geral para pagamento dos benefícios previdenciários, nos termos de nova regra introduzida pelo Decreto n. 10.410/2020.

Como demonstraremos a seguir, tal conduta fere o direito da parte autora e, portanto, merece correção por este juízo.

## 2. FUNDAMENTOS JURÍDICOS DO PEDIDO <ADEQUAR AO CASO CONCRETO>

Antes de mais nada cabe destacar que o benefício da parte autora foi calculado com base nas regras previstas pela Reforma da Previdência (EC n. 103/2019).

Tais regras preveem para o cálculo dos benefícios a seguinte regra:

> Art. 26. **Até que lei discipline o cálculo dos benefícios** do regime próprio de previdência social da União e do Regime Geral de Previdência Social, **será utilizada** a média aritmética simples dos salários de contribuição e das remunerações adotados como base para contribuições a regime próprio de previdência social e ao Regime Geral de Previdência Social, ou como base para contribuições decorrentes das atividades militares de que tratam os arts. 42 e 142 da Constituição Federal, atualizados monetariamente, correspondentes a 100% (cem por cento) do período contributivo desde a competência julho de 1994 ou desde o início da contribuição, se posterior àquela competência.

Ou seja, a Emenda pretendeu revogar de forma tácita a regra contida no art. 29 da Lei n. 8.213/1991, fixando novos critérios de cálculo dos benefícios até que lei venha a dispor de forma diferente.

Para fins de limitadores de pagamento, o § 1º do art. 26 da EC n. 103/2019, assim dispõe:

> § 1º A média a que se refere **o *caput*** será limitada ao valor máximo do salário de contribuição do Regime Geral de Previdência Social para os segurados desse regime e para o servidor que ingressou no serviço público em cargo efetivo após a implantação do regime de previdência complementar ou que tenha exercido a opção correspondente, nos termos do disposto nos §§ 14 a 16 do art. 40 da Constituição Federal.

Assim, a EC n. 103/2019 é bem clara em determinar que o limitador será o teto do RGPS para os benefícios, até que lei venha a alterar tal ponto.

Ocorre que, antes de qualquer lei tratar do tema, houve por parte do Governo a publicação do Dec. n. 10.410/2020, visando regulamentar a EC n. 103/2020.

Para tanto, o Dec. n. 10.410.2020 alterou dispositivos do Dec. n. 3.048/1999, entre eles o que se relaciona com o cálculo dos benefícios por incapacidade, causando prejuízo à parte autora:

> Art. 32. O salário de benefício a ser utilizado para o cálculo dos benefícios de que trata este Regulamento, inclusive aqueles previstos em acordo internacional, consiste no resultado da média aritmética simples dos salários de contribuição e das remunerações adotadas como base para contribuições a regime próprio de previdência social ou como base para contribuições decorrentes das atividades militares de que tratam os art. 42 e art. 142 da Constituição, considerados para a concessão do benefício, atualizados monetariamente, correspondentes a cem por cento do período contributivo desde a competência julho de 1994 ou desde o início da contribuição, se posterior a essa competência.
>
> (...) § 23. O auxílio por incapacidade temporária não poderá exceder a média aritmética simples dos últimos doze salários de contribuição, inclusive no caso de remuneração variável, ou, se não houver doze salários de contribuição, a média aritmética simples dos salários de contribuição existentes, observado o disposto no art. 33. (Redação dada pelo Decreto n. 10.410, de 2020).

Veja, Excelência, que esse limitador não existe para benefícios concedidos com base na EC n. 103/2019. Isso porque, esta não o prevê e tampouco houve edição de lei posterior que pudesse incluir tal limitador nas novas regras de cálculo da Reforma.

O que quer o INSS é uma regra híbrida, que mistura elementos já revogados pela EC n. 103/2019 com os novos parâmetros de cálculo por ela previstos.

Tal entendimento não merece prosperar.

A limitação foi criada no ordenamento jurídico pós-Reforma por um mero Decreto, que não poderia ser utilizado para tal fim.

Nunca um mero Decreto do Executivo poderá restringir um direito de tal maneira. Sua função é unicamente regulamentar e complementar à lei.

Absurdo ainda mais é pensar que ser quer por Decreto restringir ditame de Emenda Constitucional!

Infelizmente, não é a primeira vez que o INSS tenta prejudicar os segurados titulares de auxílio por incapacidade temporária por meio de Decreto. Há que se recordar das disposições regulamentares ilegais previstas nos Decretos n. 3.265/1999 e n. 5.545/2005, que implicaram significativa diminuição no valor da renda mensal dos benefícios, pelo desrespeito ao critério de cálculo imposto pelo art. 29, II, da Lei n. 8.213/1991 (retirada dos 20% menores salários).

Naquele momento, o Judiciário prontamente determinou a revisão dos benefícios, sedo o tema objeto de diversos julgados favoráveis, dos quais destacamos a Súmula n. 57 da TNU. O próprio INSS teve que posteriormente rever seus atos e editou o Memorando-Circular Conjunto n. 21/DIRBEN/PFEINSS de 15.04.2010.

A mesma proteção social deve ser garantida no presente caso.

Até porque o segundo "teto" aplicado cria tratamento diferenciado e imposição de critérios de cálculos prejudiciais à parte autora, em claro descumprimento do disposto no art. 201, §§ 1º e 11, da CF/1988, que assim dispõe:

> Art. 201. (...) § 1º. É vedada a adoção de requisitos ou critérios diferenciados para concessão de benefícios, ressalvada, nos termos de lei complementar, a possibilidade de previsão de idade e tempo de contribuição distintos da regra geral para concessão de aposentadoria exclusivamente em favor dos segurados: (Redação dada pela Emenda Constitucional n. 103, de 2019).
>
> I – com deficiência, previamente submetidos a avaliação biopsicossocial realizada por equipe multiprofissional e interdisciplinar; (Incluído pela Emenda Constitucional n. 103, de 2019).
>
> II – cujas atividades sejam exercidas com efetiva exposição a agentes químicos, físicos e biológicos prejudiciais à saúde, ou associação desses agentes, vedada a caracterização por categoria profissional ou ocupação. (Incluído pela Emenda Constitucional n. 103, de 2019). [...]
>
> **§ 11. Os ganhos habituais do empregado, a qualquer título, serão incorporados ao salário para efeito de contribuição previdenciária e consequente repercussão em benefícios, nos casos e na forma da lei.**

Assim, não há como se entender possível a limitação pretendida pelo INSS.

### 3. DO PREQUESTIONAMENTO <ADEQUAR AO CASO CONCRETO>

Resta clara a violação aos ditames constitucionais e à legislação federal, da qual destacamos os artigos <ADEQUAR AO CASO CONCRETO, CITANDO NOMINALMENTE OS ARTIGOS, INCLUSIVE COM PARÁGRAFOS E INCISOS, LEMBRANDO-SE DE INCLUIR TAMBÉM LEGISLAÇÃO FEDERAL MESMO PARA AÇÕES DE JUIZADOS, TENDO EM VISTA A ATUAL POSSIBILIDADE DE INTERPOSIÇÃO DE IRDR>.

### 4. DOS REQUERIMENTOS <ADEQUAR AO CASO CONCRETO>

Diante do exposto, requer-se a Vossa Excelência:

a) a citação do Instituto Nacional do Seguro Social – INSS, para, querendo, responder à presente demanda, no prazo legal;

b) a determinação ao INSS para que, na primeira oportunidade em que se pronunciar nos autos, apresente o Processo de Concessão do Benefício Previdenciário para apuração dos valores devidos à parte autora, conforme determinado pelo art. 11 da Lei n. 10.259/2001, sob pena de cominação de multa diária, nos termos do art. 139, IV, do Código de Processo Civil/2015, a ser fixada por esse Juízo;

c) a procedência da pretensão deduzida, consoante narrado nesta inicial, condenando-se o INSS a revisar o benefício de auxílio por incapacidade temporária da parte autora de forma a afastar a limitação prevista no art. 32, § 23, do Decreto n. 3.048/1999 (redação dada pelo Decreto n. 10.410/2020), por se tratar de norma inconstitucional;

d) a condenação do INSS ao pagamento dos valores acumulados, aplicando-se juros e correção monetária até 11/2021, nos termos dos Temas 810 do STF e 905 do STJ, e a partir de 12/2021 o índice da taxa referencial do Sistema Especial de Liquidação e de Custódia (Selic), acumulado mensalmente, para fins de atualização monetária e de compensação da mora (art. 3º da EC n. 113/2021), respeitada a prescrição quinquenal;

e) a condenação do INSS ao pagamento de custas, despesas e de honorários advocatícios, na base de 20% (vinte por cento) dos valores devidos apurados em liquidação de sentença, conforme dispõem o art. 55 da Lei n. 9.099/1995 e o art. 85, § 3º, do Código de Processo Civil/2015;

f) o julgamento antecipado da lide, conforme dispõe o art. 355 do Código de Processo Civil/2015, considerando que a questão de mérito é unicamente de direito. Sendo outro o entendimento de V. Exa., requer e protesta pela produção de todos os meios de prova admitidos em direito, sem exclusão de nenhum que se fizer necessário ao deslinde da demanda;

g) a concessão da gratuidade da Justiça, na forma dos arts. 98 e ss. do CPC/2015, por ser a parte autora pessoa hipossuficiente, na acepção jurídica do termo, sem condições de arcar com as despesas processuais e os honorários advocatícios sucumbenciais sem prejuízo de seu sustento e de sua família. <RECOMENDA-SE A COLETA, PELO ADVOGADO, DE DECLARAÇÃO DE HIPOSSUFICIÊNCIA DO CLIENTE, CASO SEJA REQUERIDA A GRATUIDADE DA JUSTIÇA. DEVE-SE, TAMBÉM, DE PREFERÊNCIA, FAZER A JUNTADA DE TAL DECLARAÇÃO NOS AUTOS, JÁ NA INICIAL.>

Cumprindo a previsão do art. 319, VII, do Código de Processo Civil/2015, a parte autora declara que opta pela realização <OU NÃO REALIZAÇÃO, ADEQUAR CONFORME O INTERESSE EM CADA CASO> de audiência de conciliação no presente caso.

Requer-se, ainda, com base no § 4º do art. 22 da Lei n. 8.906/1994, que, ao final da presente demanda, caso sejam encontradas diferenças em favor do(a) autor(a), quando da expedição da RPV ou do precatório, os valores referentes aos honorários contratuais e sucumbenciais sejam expedidos em nome da sociedade de advogados contratada pela parte autora, sendo os honorários contratuais devidos no percentual constante no contrato em anexo.

Dá-se à causa o valor de R$ 1.000,00 (mil reais). <ADEQUAR CONFORME O CASO>

Nesses termos,

PEDE DEFERIMENTO.

Cidade e data.

Nome do Advogado e OAB

## 64. MODELO DE AÇÃO DE REVISÃO DA RENDA MENSAL INICIAL DA APOSENTADORIA POR INCAPACIDADE PERMANENTE A PARTIR DA EC N. 103/2019, PARA AUMENTO DO COEFICIENTE DE CÁLCULO

**EXCELENTÍSSIMO(A) SENHOR(A) DOUTOR(A) JUIZ(A) FEDERAL DA VARA/JUIZADO DA CIDADE – SEÇÃO JUDICIÁRIA DO ESTADO**

**Segurado(a),** nacionalidade, estado civil, profissão, residente e domiciliado(a) na Rua, Bairro, Cidade, Estado, inscrito(a) no CPF sob o nº, NB e DIB <incluir dados do benefício anterior, se houver>, endereço eletrônico, vem à presença de Vossa Excelência, por intermédio de seus procuradores constituídos, propor a presente **AÇÃO DE REVISÃO DE BENEFÍCIO PREVIDENCIÁRIO** contra o **INSTITUTO NACIONAL DO SEGURO SOCIAL – INSS,** pessoa jurídica de direito público, autarquia federal, com endereço na <adequar>, pelos fatos e fundamentos que a seguir aduz:

**1. DOS FATOS** <ADEQUAR AO CASO CONCRETO>

A Parte Autora é aposentada por incapacidade permanente com DIB em 00/00/2000, conforme comprovam os documentos anexos.

Vale ressaltar que a aposentadoria da parte autora foi concedida com base nas regras da reforma da previdência advindas da EC n. 103/2019, como fica claro na carta de concessão já juntada aos autos.

Ocorre que, no cálculo do valor do benefício em questão, o INSS aplicou coeficiente menor do que 100% do salário de benefício, o que gerou uma renda muito abaixo do benefício de auxílio por incapacidade temporária recebido anteriormente pela parte autora.

Tal coeficiente de cálculo, apesar de decorrente do art. 26 da EC n. 103/2019, não é compatível com as normas constitucionais vigentes, conforme demonstraremos a seguir:

## 2. FUNDAMENTOS JURÍDICOS DO PEDIDO <ADEQUAR AO CASO CONCRETO>

### 2.1 Da inconstitucionalidade do art. 26, § 2º, III, da EC n. 103/2019

Antes de tudo, cabe destacar que o benefício da parte autora foi calculado com base nas regras previstas pela Reforma da Previdência (EC n. 103/2019).

Tais regras preveem para o cálculo da aposentadoria por incapacidade "previdenciária" (quando não decorrer de acidente de trabalho, de doença profissional e de doença do trabalho), o mesmo coeficiente dos demais benefícios, na forma do inciso III do § 2º do art. 26:

> Art. 26 (...)
>
> § 2º O valor do benefício de aposentadoria corresponderá a 60% (sessenta por cento) da média aritmética definida na forma prevista no *caput* e no § 1º, com acréscimo de 2 (dois) pontos percentuais para cada ano de contribuição que exceder o tempo de 20 (vinte) anos de contribuição nos casos:
>
> III – de aposentadoria por incapacidade permanente aos segurados do Regime Geral de Previdência Social, ressalvado o disposto no inciso II do § 3º deste artigo; e

Entretanto, a mesma norma prevê coeficiente de 100% do salário de benefício para aposentadorias por incapacidade quando essas forem decorrentes de acidente de trabalho, de doença profissional e de doença do trabalho:

> Art. 26... § 3º O valor do benefício de aposentadoria corresponderá a 100% (cem por cento) da média aritmética definida na forma prevista no *caput* e no § 1º: (...)
>
> II – no caso de aposentadoria por incapacidade permanente, quando decorrer de acidente de trabalho, de doença profissional e de doença do trabalho.

A discriminação entre os coeficientes aplicáveis à aposentadoria por incapacidade permanente acidentária e não acidentária fere o princípio constitucional da isonomia, esculpido no art. 5º, *caput*, da Constituição Federal de 1988, *in verbis*:

> Art. 5º Todos são iguais perante a lei, sem distinção de qualquer natureza, garantindo-se aos brasileiros e aos estrangeiros residentes no País a inviolabilidade do direito à vida, à liberdade, à igualdade, à segurança e à propriedade, nos termos seguintes:

Não fosse o bastante, a EC n. 103/2019 criou norma que, na prática, torna a aposentadoria por incapacidade permanente, no presente caso, com valor mensal inferior ao auxílio por incapacidade temporária, que o precedeu.

Esse disparate advém do fato de que o auxílio de incapacidade temporária (antigo auxílio-doença), não sofreu modificações em seu coeficiente de cálculo pela EC n. 103/2019, sendo mantida a aplicação do art. 61 da Lei n. 8.213/1991,[3] cuja renda mensal inicial corresponde a 91% do salário de benefício.

Desta forma, o segurado que vinha recebendo o benefício de incapacidade temporária calculada em 91% do salário de benefício, ao ter concedido o benefício por incapacidade permanente, passará a receber o benefício calculado, geralmente, em 60% de sua média contributiva.

Tal situação ofende a previsão da irredutibilidade do valor dos benefícios prevista no art. 194, parágrafo único, IV, da CF/1988:

---

[3] Art. 61. O auxílio-doença, inclusive o decorrente de acidente do trabalho, consistirá numa renda mensal correspondente a 91% (noventa e um por cento) do salário de benefício, observado o disposto na Seção III, especialmente no art. 33 desta Lei.

> Art. 194. A seguridade social compreende um conjunto integrado de ações de iniciativa dos Poderes Públicos e da sociedade, destinadas a assegurar os direitos relativos à saúde, à previdência e à assistência social.
>
> Parágrafo único. Compete ao Poder Público, nos termos da lei, organizar a seguridade social, com base nos seguintes objetivos: (...)
>
> IV – irredutibilidade do valor dos benefícios;

Neste sentido citamos o seguinte julgado:

> PREVIDENCIÁRIO. APOSENTADORIA POR INCAPACIDADE PERMANENTE. DISCRIMINAÇÃO ENTRE OS COEFICIENTES DA ACIDENTÁRIA E DA NÃO ACIDENTÁRIA. CÁLCULO DA RENDA MENSAL INICIAL. INCONSTITUCIONALIDADE DO ART. 26, § 2º, III, DA EC Nº 103/2019. VIOLAÇÃO DOS PRINCÍPIOS CONSTITUCIONAIS DA ISONOMIA, DA RAZOABILIDADE E DA IRREDUTIBILIDADE DO VALOR DOS BENEFÍCIOS E DA PROIBIÇÃO DA PROTEÇÃO DEFICIENTE.
>
> [...] 2. O art. 194, parágrafo único, IV, da CF/88, garante a irredutibilidade do valor dos benefícios. Como a EC 103/19 não tratou do auxílio-doença (agora auxílio por incapacidade temporária), criou uma situação paradoxal. De fato, continua sendo aplicável o art. 61 da LBPS, cuja renda mensal inicial corresponde a 91% do salário de benefício. Desta forma, se um segurado estiver recebendo auxílio-doença que for convertido em aposentadoria por incapacidade permanente, terá uma redução substancial, não fazendo sentido, do ponto de vista da proteção social, que um benefício por incapacidade temporária tenha um valor superior a um benefício por incapacidade permanente.
>
> 3. Ademais, não há motivo objetivo plausível para haver discriminação entre os coeficientes aplicáveis à aposentadoria por incapacidade permanente acidentária e não acidentária.
>
> (TURMA REGIONAL DE UNIFORMIZAÇÃO DA 4ª REGIÃO, P.U. n. 5003241-81.2021.4.04.7122, Relator JF Daniel Machado da Rocha, juntado aos autos em 12.3.2022)

E, ainda, em razão da inconstitucionalidade do inciso III do § 2º do art. 26 da EC n. 103/2019, a TRU 4ª Região fixou a seguinte tese na conclusão do referido pedido de uniformização:

> "O valor da renda mensal inicial (RMI) da aposentadoria por incapacidade permanente não acidentária continua sendo de 100% (cem por cento) da média aritmética simples dos salários de contribuição contidos no período básico de cálculo (PBC). Tratando-se de benefício com DIB posterior a EC 103/19, o período de apuração será de 100% do período contributivo desde a competência julho de 1994, ou desde o início da contribuição, se posterior àquela competência."

Os entendimentos firmados pela jurisprudência reconhecem a desproporcionalidade entre o cálculo do auxílio por incapacidade temporária (antigo auxílio-doença) e da aposentadoria por incapacidade permanente, até porque não há motivo para se penalizar o segurado que necessita do benefício permanente.

Em face de o cálculo contestado violar os princípios constitucionais da razoabilidade, da irredutibilidade, da seletividade na prestação dos benefícios, da proporcionalidade, da isonomia e da dignidade da pessoa humana, deve ser refeito com base na regra anterior à EC n. 103/2019, qual seja, o art. 44 da LBPS, que estabelece:

> Art. 44. A aposentadoria por invalidez, inclusive a decorrente de acidente do trabalho, consistirá numa renda mensal correspondente a 100% (cem por cento) do salário de benefício, observado o disposto na Seção III, especialmente no art. 33 desta Lei.

**3. DO PREQUESTIONAMENTO** <ADEQUAR AO CASO CONCRETO>

Resta clara a violação aos ditames constitucionais e à legislação federal, da qual destacamos os artigos <ADEQUAR AO CASO CONCRETO, CITANDO NOMINALMENTE OS ARTIGOS, INCLUSIVE COM PARÁGRAFOS E INCISOS, LEMBRANDO-SE DE INCLUIR TAMBÉM LEGISLAÇÃO FEDERAL MESMO PARA AÇÕES DE JUIZADOS, TENDO EM VISTA A ATUAL POSSIBILIDADE DE INTERPOSIÇÃO DE IRDR>.

**4. DOS REQUERIMENTOS** <ADEQUAR AO CASO CONCRETO>

Diante do exposto, requer-se a Vossa Excelência:

a) a citação do Instituto Nacional do Seguro Social – INSS, para, querendo, responder à presente demanda, no prazo legal;

b) a determinação ao INSS para que, na primeira oportunidade em que se pronunciar nos autos, apresente o Processo de Concessão do Benefício Previdenciário para apuração dos valores devidos à parte autora, conforme determinado pelo art. 11 da Lei n. 10.259/2001, sob pena de cominação de multa diária, nos termos do art. 139, IV, do CPC/2015, a ser fixada por esse Juízo;

c) a procedência da pretensão deduzida, consoante narrado nesta inicial, condenando-se o INSS a revisar a aposentadoria por incapacidade permanente da parte autora alterando o coeficiente para 100% do salário de benefício, afastando-se a aplicação do inciso III do § 2º do art. 26 da EC n. 103/2019 por se tratar de norma inconstitucional;

d) a condenação do INSS ao pagamento dos valores acumulados, aplicando-se juros e correção monetária até 11/2021, nos termos dos Temas 810 do STF e 905 do STJ e, a partir de 12/2021, o índice da taxa referencial do Sistema Especial de Liquidação e de Custódia (Selic), acumulado mensalmente, para fins de atualização monetária e de compensação da mora (art. 3º da EC n. 113/2021), respeitada a prescrição quinquenal;

e) a condenação do INSS ao pagamento de custas, despesas e de honorários advocatícios, na base de 20% (vinte por cento) dos valores devidos apurados em liquidação de sentença, conforme dispõem o art. 55 da Lei n. 9.099/1995 e o art. 85, § 3º, do CPC/2015;

f) o julgamento antecipado da lide, conforme dispõe o art. 355 do CPC/2015, considerando que a questão de mérito é unicamente de direito. Sendo outro o entendimento de V. Exa., requer e protesta pela produção de todos os meios de prova admitidos em direito, sem exclusão de nenhum que se fizer necessário ao deslinde da demanda;

g) a concessão da gratuidade da Justiça, na forma dos arts. 98 e ss. do CPC/2015, por ser a parte autora pessoa hipossuficiente, na acepção jurídica do termo, sem condições de arcar com as despesas processuais e os honorários advocatícios sucumbenciais sem prejuízo de seu sustento e de sua família. <RECOMENDA-SE A COLETA, PELO ADVOGADO, DE DECLARAÇÃO DE HIPOSSUFICIÊNCIA DO CLIENTE, CASO SEJA REQUERIDA A GRATUIDADE DA JUSTIÇA. DEVE-SE, TAMBÉM, DE PREFERÊNCIA, FAZER A JUNTADA DE TAL DECLARAÇÃO NOS AUTOS, JÁ NA INICIAL.>

Cumprindo a previsão do art. 319, VII, do CPC/2015, a parte autora declara que opta pela realização <OU NÃO REALIZAÇÃO, ADEQUAR CONFORME O INTERESSE EM CADA CASO> de audiência de conciliação no presente caso.

Requer-se, ainda, com base no § 4º do art. 22 da Lei n. 8.906/1994, que, ao final da presente demanda, caso sejam encontradas diferenças em favor do(a) autor(a), quando da expedição da RPV ou do precatório, os valores referentes aos honorários contratuais e sucumbenciais sejam expedidos em nome da sociedade de advogados contratada pela parte autora, sendo os honorários contratuais devidos no percentual constante no contrato em anexo.

Dá-se à causa o valor de R$ 1.000,00 (mil reais). <ADEQUAR CONFORME O CASO>

Nesses termos,

PEDE DEFERIMENTO.

Cidade e data.

Nome do Advogado e OAB

### 65. MODELO DE AÇÃO DE REVISÃO DA RENDA MENSAL INICIAL DA APOSENTADORIA ESPECIAL PÓS-REFORMA, PARA CÁLCULO QUE INCLUA TODAS AS ATIVIDADES TRABALHADAS E PERÍODOS QUE NÃO ESTÃO NO CNIS

**EXCELENTÍSSIMO(A) SENHOR(A) DOUTOR(A) JUIZ(A) FEDERAL DA VARA/JUIZADO ESPECIAL FEDERAL DA CIDADE ___ – SEÇÃO JUDICIÁRIA DO ESTADO** <VERIFICAR SE É INTERESSANTE O AJUIZAMENTO DA AÇÃO NA VARA ESTADUAL MEDIANTE A UTILIZAÇÃO DA COMPETÊNCIA DELEGADA, MAS ADEQUANDO À NOVA LIMITAÇÃO DE 70 KM ENTRE A SEDE DA JF E A SEDE DA COMARCA. SE SIM, ADEQUAR PARA A NOMENCLATURA ESTADUAL. PENSIONISTAS PODEM PEDIR REVISÃO DO BENEFÍCIO ORIGINÁRIO CASO ESTE DIREITO NÃO TENHA AINDA DECAÍDO.>

**Segurado(a),** nacionalidade, estado civil, aposentado(a) ou pensionista, residente e domiciliado(a) na Rua, Bairro, Cidade, Estado, inscrito(a) no CPF sob o nº, NB e DIB (incluir dados do benefício anterior se houver), endereço eletrônico, vem à presença de Vossa Excelência, por intermédio de seus procuradores constituídos, propor a presente **AÇÃO DE REVISÃO DE BENEFÍCIO PREVIDENCIÁRIO** contra o **INSTITUTO NACIONAL DO SEGURO SOCIAL – INSS,** pessoa jurídica de direito público, autarquia federal, pelos fatos e fundamentos que a seguir aduz:

## 1. DOS FATOS <ADEQUAR AO CASO CONCRETO>

A Parte Autora cumpriu os requisitos para a aposentadoria especial sendo seu benefício concedido pelo INSS na espécie 46 com DIB em 00.00.2000, conforme comprovam os documentos anexos.

Vale ressaltar que a aposentadoria da parte autora foi concedida com base nas regras da reforma da previdência advinda da EC n. 103/2019, como fica claro na carta de concessão já juntada aos autos.

Ocorre que no cálculo do valor do benefício em questão o INSS, erroneamente, deixou de considerar, para média e coeficiente de cálculo, os períodos contribuídos além da atividade especial, o que prejudicou em muito a parte autora.

Também não foram computados pelo INSS alguns períodos de trabalho que não estavam inseridos no CNIS, mas que houve comprovação no âmbito administrativo, mediante a juntada de GPS/CTPS, como demonstraremos a seguir:

## 2. FUNDAMENTOS JURÍDICOS DO PEDIDO <ADEQUAR AO CASO CONCRETO>

### 2.1 Das regras de aposentadoria especial no pós-reforma da Previdência (EC n. 103/2019)

A regra transitória criada pela EC n. 103/2019 para a aposentadoria especial tem os seguintes requisitos:[4]

| Requisito | 15 anos | 20 anos | 25 anos |
|---|---|---|---|
| Idade mínima | 55 anos | 58 anos | 60 anos |
| Tempo mínimo de contribuição exclusivamente especial | 15 anos | 20 anos | 25 anos |
| Carência (mínimo de contribuições) | 180 | 180 | 180 |

Além da regra para os novos ingressantes, a Reforma ainda previu 1 regra de transição, com critério de pontos a serem computados com a soma de tempo de contribuição e idade (art. 21 EC n. 103/2019).[5]

---

[4] Art. 19 da EC n. 103/2019. § 1º Até que lei complementar disponha sobre a redução de idade mínima ou tempo de contribuição prevista nos §§ 1º e 8º do art. 201 da Constituição Federal, será concedida aposentadoria:
I – aos segurados que comprovem o exercício de atividades com efetiva exposição a agentes químicos, físicos e biológicos prejudiciais à saúde, ou associação desses agentes, vedada a caracterização por categoria profissional ou ocupação, durante, no mínimo, 15 (quinze), 20 (vinte) ou 25 (vinte e cinco) anos, nos termos do disposto nos arts. 57 e 58 da Lei n. 8.213, de 24 de julho de 1991, quando cumpridos:
a) 55 (cinquenta e cinco) anos de idade, quando se tratar de atividade especial de 15 (quinze) anos de contribuição;
b) 58 (cinquenta e oito) anos de idade, quando se tratar de atividade especial de 20 (vinte) anos de contribuição; ou
c) 60 (sessenta) anos de idade, quando se tratar de atividade especial de 25 (vinte e cinco) anos de contribuição;

[5] Art. 21. O segurado ou o servidor público federal que se tenha filiado ao Regime Geral de Previdência Social ou ingressado no serviço público em cargo efetivo até a data de entrada em vigor desta Emenda Constitucional cujas atividades tenham sido exercidas com efetiva exposição a agentes químicos, físicos e biológicos prejudiciais à saúde, ou associação desses agentes, vedada a caracterização por categoria profissional ou ocupação, desde que cumpridos, no caso do servidor, o tempo mínimo de 20 (vinte) anos de efetivo exercício no serviço público e de 5 (cinco) anos no cargo efetivo em que for concedida a aposentadoria, na forma dos arts. 57 e 58 da Lei n.

| Requisito | 15 anos | 20 anos | 25 anos |
|---|---|---|---|
| Pontos | 66 anos | 76 anos | 86 anos |
| Tempo mínimo de contribuição exclusivamente especial | 15 anos | 20 anos | 25 anos |
| Carência (mínimo de contribuições) | 180 | 180 | 180 |

## 2.2 Do cálculo da média pós-EC n. 103/2019

A forma de apuração das médias das contribuições foi alterada com o advento da EC n. 103/2019, passando a considerar TODAS as remunerações que serviram de base para as contribuições ao RGPS e RPPS, nos termos do art. 26:

> Art. 26. Até que lei discipline o cálculo dos benefícios do regime próprio de previdência social da União e do Regime Geral de Previdência Social, será utilizada a média aritmética simples dos salários de contribuição e das remunerações adotados como base para contribuições a regime próprio de previdência social e ao Regime Geral de Previdência Social, ou como base para contribuições decorrentes das atividades militares de que tratam os arts. 42 e 142 da Constituição Federal, atualizados monetariamente, **correspondentes a 100% (cem por cento) do período contributivo desde a competência julho de 1994 ou desde o início da contribuição, se posterior àquela competência.**

Vale lembrar ainda que a CF/1988 garante a repercussão em benefícios dos ganhos a qualquer tipo que tenha sido base de cálculo da contribuição previdenciária, como destacamos do art. 201, § 11:

> § 11. Os ganhos habituais do empregado, a qualquer título, serão incorporados ao salário para efeito de contribuição previdenciária e consequente repercussão em benefícios, nos casos e na forma da lei. (Incluído dada pela Emenda Constitucional n. 20, de 1998)

## 2.3 Da forma de apuração do coeficiente de cálculo pós-EC n. 103/2019

As aposentadorias especiais após a EC n. 103/2019 deixaram de ter o coeficiente de cálculo de 100%. Agora possuem os percentuais apurados na mesma forma que as demais aposentadorias, nos termos dispostas no art. 26 da EC n. 103:

> § 2º O valor do benefício de aposentadoria corresponderá a **60% (sessenta por cento)** da média aritmética definida na forma prevista no *caput* e no § 1º, com **acréscimo de 2 (dois) pontos percentuais para cada ano de contribuição que exceder o tempo de 20 (vinte) anos de contribuição** nos casos:
>
> IV – do **§ 2º do art. 19 e do § 2º do art. 21**, ressalvado o disposto no § 5º deste artigo.
>
> § 5º O acréscimo a que se refere o *caput* do § 2º será aplicado para cada **ano que exceder 15 (quinze) anos de tempo de contribuição para os segurados** de que tratam a alínea "a" do **inciso I do § 1º do art. 19** e o inciso I do art. 21 e **para as mulheres** filiadas ao Regime Geral de Previdência Social.

## 2.4 Dos períodos não constantes no CNIS, mas para os quais houve comprovação

parte do período de trabalho da parte autora não constava em seu CNIS.

Entretanto, a parte juntou ao seu requerimento administrativo todos os documentos necessários para que os tempos fossem considerados pelo INSS.

---

8.213, de 24 de julho de 1991, poderão aposentar-se quando o total da soma resultante da sua idade e do tempo de contribuição e o tempo de efetiva exposição forem, respectivamente, de:

I – 66 (sessenta e seis) pontos e 15 (quinze) anos de efetiva exposição;

II – 76 (setenta e seis) pontos e 20 (vinte) anos de efetiva exposição; e

III – 86 (oitenta e seis) pontos e 25 (vinte e cinco) anos de efetiva exposição.

§ 1º A idade e o tempo de contribuição serão apurados em dias para o cálculo do somatório de pontos a que se refere o caput. § 2º O valor da aposentadoria de que trata este artigo será apurado na forma da lei.

Dos períodos e das provas, destacamos <exemplos>:

| Início | Fim | Atividade/empresa | Prova |
|--------|-----|-------------------|-------|
|        |     |                   | Cópia da Carteira de Trabalho e Previdência Social |
|        |     |                   | Comprovantes de contribuição para a Previdência Social (GPS/GIF). |

Assim, houve prévio requerimento e devida comprovação do tempo trabalhado, portanto, é devida a revisão do benefício mediante a inclusão de tais períodos.

## 2.5 Dos períodos comprovados mediante ação trabalhista

a parte autora trouxe aos autos cópia do processo trabalhista onde restou reconhecido o exercício da atividade/ vínculo referente ao período de 00.00.0000 a 00.00.0000.

Tais períodos devem ser computados para a apuração do benefício da parte autora independente do recolhimento das contribuições aos cofres previdenciários.

Isso porque, no período a parte autora era empregada e, portanto, a obrigação do recolhimento das contribuições previdenciárias era do seu empregador. Se o mesmo deixou de recolhê-las, não poderá o(a) segurado(a), por tal motivo, ser penalizado(a). Inteligência dos arts. 30, inciso I, alíneas "a" e "b", e 43, ambos da Lei n. 8.212/1991.

Assim, o recolhimento das contribuições aos cofres do INSS é matéria que foge à responsabilidade do segurado empregado, porque **a Lei elegeu a empresa/empregador como responsável pela arrecadação da parte do empregado e do recolhimento dos valores totais devidos**.

Além disso, em casos como o presente, a teor do art. 114, inciso VIII, da CRFB/1988, a própria Justiça do Trabalho executa *ex officio as* contribuições previdenciárias relativas ao período reconhecido na sentença por ela prolatada. Confira-se:

> Art. 114. Compete à Justiça do Trabalho processar e julgar:
> [...]
> VIII – a execução, de ofício, das contribuições sociais previstas no artigo 195, I, a, e II, e seus acréscimos legais, decorrentes das sentenças que proferir;

Conclui-se, portanto, que, ainda que não existam, na via judicial trabalhista, os recolhimentos das contribuições previdenciárias, não poderá o segurado ser responsabilizado ou prejudicado pela sua inexistência, devendo ser computado tal período independente da comprovação dos recolhimentos por parte do empregador.

## 2.6 Do tempo contribuído no caso concreto

no presente caso, como se observa do CNIS, da CTPS e demais provas constantes do processo administrativo, a parte autora, além de cumprir todo o tempo de contribuição necessário para a aposentadoria especial com base no art. X da EC n. 103/2019, ainda possui tempo de contribuição em outras atividades.

Destacamos abaixo os períodos que não foram utilizados para a aposentadoria, mas que foram efetivamente contribuídos.

<incluir períodos>

Tais períodos não podem ser desconsiderados na apuração da média e do coeficiente de cálculo.

Isso porque, a norma é clara em determinar que todos os salários de contribuição após julho de 1994 serão utilizados para a média assim como o **acréscimo de 2 pontos percentuais para cada ano de contribuição que exceder o tempo de 20 anos (homem) ou 15 anos (mulher)**.

Quanto aos períodos eventualmente contribuídos de forma concomitante, cabe destacar a obrigatoriedade da soma dos salários de contribuição até o limite do teto:

Art. 34. Dec. n. 3.048/1999: O salário de benefício do segurado que contribuir em razão de atividades concomitantes será calculado com base na **soma dos salários de contribuição das atividades exercidas na data do requerimento ou do óbito ou no período básico de cálculo**, observado o disposto no art. 32. (Redação dada pelo Decreto n. 10.410, de 2020).

Art. 32 Lei n. 8213/1991. O salário de benefício do segurado que contribuir em razão de atividades concomitantes será calculado com base na soma dos salários de contribuição das atividades exercidas na data do requerimento ou do óbito, ou no período básico de cálculo, observado o disposto no art. 29 desta Lei. (Redação dada pela Lei n. 13.846, de 2019).

**Logo, se há contribuição, independente da categoria, deve haver seu cômputo nos salários de contribuição assim como o aumento de coeficiente de cálculo. Não há justificativa na norma para que alguns períodos sejam descartados.**

A parte autora tem o direito de ver computados para a apuração de seu tempo total todos os períodos contribuídos e sobre eles ver a apuração da média e do percentual de seu benefício.

Até porque, como demonstramos acima, uma coisa são os requisitos da aposentadoria, outra é a forma de cálculo do art. 26.

Vale lembra que após a EC n. 103/2019 o tempo especial não pode mais ser convertido e a aposentadoria passa a ter o coeficiente de cálculo apurado como as demais, se aproximando ainda mais das aposentadorias comuns. Assim, não há motivo para que não se utilize as contribuições e períodos de outras categorias para a apuração da renda da aposentadoria especial.

Negar essa inclusão é tratar desiguais de forma igual e ferir o princípio da isonomia.

Explicamos: ora, no presente caso, além do período de atividade especial a parte autora conta com mais períodos pagos para o RGPS.

De forma alguma poderia obter o mesmo coeficiente de cálculo de segurado que tenha apenas vertido o tempo mínimo necessário para uma aposentadoria especial.

Não é razoável nem proporcional qualquer intepretação que entenda diferente.

A norma da EC é clara: a cada 1 ano contribuído + 2 pontos percentuais, premiando aqueles que vão além do tempo contributivo mínimo.

E as contribuições vertidas após julho de 1994 devem ser apuadas e eventualmente somadas para que tenham reflexos nos benefícios, de forma a traduzir a vida contributiva no resultado financeiro devido ao(a) Autor(a).

Não há no art. 26 da EC qualquer limitação para a utilização dos períodos na mesma categoria de segurado ou atividade. E para que pudesse ser aplicável qualquer restrição, a limitação teria que ser expressa.

Não resta dúvida, portanto, do direito da Parte à revisão de seu benefício.

### 3. DO PREQUESTIONAMENTO <ADEQUAR AO CASO CONCRETO>

Resta clara a violação aos ditames constitucionais e legislação federal, da qual destacamos os artigos <ADEQUAR AO CASO CONCRETO, CITANDO NOMINALMENTE OS ARTIGOS, INCLUSIVE COM PARÁGRAFOS E INCISOS, LEMBRANDO-SE DE INCLUIR TAMBÉM LEGISLAÇÃO FEDERAL MESMO PARA AÇÕES DE JUIZADOS, TENDO EM VISTA A ATUAL POSSIBILIDADE DE INTERPOSIÇÃO DE IRDR.>

### 4. DOS REQUERIMENTOS <ADEQUAR AO CASO CONCRETO>

Diante do exposto, requer-se a Vossa Excelência:

a) a citação do Instituto Nacional do Seguro Social – INSS, para, querendo, responder à presente demanda, no prazo legal;

b) a determinação ao INSS para que, na primeira oportunidade em que se pronunciar nos autos, apresente o Processo de Concessão do Benefício Previdenciário para apuração dos valores devidos à Parte Autora, conforme determinado pelo art. 11 da Lei n. 10.259/2001, sob pena de cominação de multa diária, nos termos do art. 139, IV, do Código de Processo Civil/2015, a ser fixada por esse Juízo;

c) a procedência da pretensão deduzida, consoante narrado nesta inicial, condenando-se o INSS a:

c.1) averbar no CNIS os períodos de 00.00.0000 a 00.00.0000, devidamente comprovados no requerimento administrativo mediante CTPS/GPS/GFIP;

c.2) averbar no CNIS os períodos de 00.00.0000 a 00.00.0000, devidamente comprovados por meio da ação trabalhista 00000000;

c.3) revisar o benefício da parte autora mediante a inclusão, para fins de média e coeficiente de cálculo, dos anos trabalhados em qualquer categoria profissional, não apenas na especial, devendo observar a forma de apuração prevista no caput, § 2º ou 5º do art. 26 da EC n. 103;

d) a condenação do INSS ao pagamento dos valores acumulados, aplicando-se juros e correção monetária até 11/2021, nos termos dos Temas 810 do STF e 905 do STJ e, a partir de 12/2021, o índice da taxa referencial do Sistema Especial de Liquidação e de Custódia (Selic), acumulado mensalmente, para fins de atualização monetária e de compensação da mora (art. 3º da EC n. 113/2021), respeitada a prescrição quinquenal;

e) a condenação do INSS ao pagamento de custas, despesas e de honorários advocatícios, na base de 20% (vinte por cento) dos valores devidos apurados em liquidação de sentença, conforme dispõem o art. 55 da Lei n. 9.099/1995 e o art. 85, § 3º, do Código de Processo Civil/2015;

f) o julgamento antecipado da lide, conforme dispõe o art. 355 do CPC /2015, considerando que a questão de mérito é unicamente de direito. Sendo outro o entendimento de V. Exa., requer a produção de todos os meios de prova admitidos em direito, sem exclusão de nenhum que se fizer necessário ao deslinde da demanda;

g) a concessão da Gratuidade da Justiça, na forma dos arts. 98 e ss. do CPC/2015, por ser a Parte Autora pessoa hipossuficiente, na acepção jurídica do termo, sem condições de arcar com as despesas processuais e os honorários advocatícios sucumbenciais sem prejuízo de seu sustento e de sua família. <RECOMENDA-SE A COLETA, PELO ADVOGADO, DE DECLARAÇÃO DE HIPOSSUFICIÊNCIA DO CLIENTE, CASO SEJA REQUERIDA A GRATUIDADE DA JUSTIÇA. DEVE-SE, TAMBÉM, DE PREFERÊNCIA, FAZER A JUNTADA DE TAL DECLARAÇÃO NOS AUTOS, JÁ NA INICIAL.>

Cumprindo a previsão do art. 319, VII, do CPC, a parte autora declara que opta pela realização <ou não realização, adequar conforme o interesse em cada caso> de audiência de conciliação no presente caso;

Requer-se, ainda, com base no § 4º, do art. 22, da Lei n. 8.906/1994, que, ao final da presente demanda, caso sejam encontradas diferenças em favor da Parte Autora, quando da expedição da RPV ou do precatório, os valores referentes aos honorários contratuais e sucumbenciais sejam expedidos em nome da sociedade de advogados contratada pela parte Autora, sendo os honorários contratuais devidos no percentual constante no contrato em anexo.

Dá-se à causa o valor de R$ 1.000,00 (mil reais). <ADEQUAR CONFORME O CASO>

Nesses termos,

PEDE DEFERIMENTO.

Cidade e data.

Nome do Advogado e OAB

### 66. MODELO DE AÇÃO DE REVISÃO DA RENDA MENSAL INICIAL DA APOSENTADORIA DO PROFESSOR PÓS-REFORMA, PARA AUMENTO COM BASE NA INCLUSÃO DE TODAS AS ATIVIDADES TRABALHADAS

**EXCELENTÍSSIMO(A) SENHOR(A) DOUTOR(A) JUIZ(A) FEDERAL DA VARA/JUIZADO ESPECIAL FEDERAL DA CIDADE – SEÇÃO JUDICIÁRIA DO ESTADO** <VERIFICAR SE É INTERESSANTE O AJUIZAMENTO DA AÇÃO NA VARA ESTADUAL MEDIANTE A UTILIZAÇÃO DA COMPETÊNCIA DELEGADA,

MAS ADEQUANDO À NOVA LIMITAÇÃO DE 70 KM ENTRE A SEDE DA JF E A SEDE DA COMARCA. SE SIM, ADEQUAR PARA A NOMENCLATURA ESTADUAL. PENSIONISTAS PODEM PEDIR REVISÃO DO BENEFÍCIO ORIGINÁRIO CASO ESTE DIREITO NÃO TENHA AINDA DECAÍDO.>

**Segurado(a),** nacionalidade, estado civil, aposentado(a) ou pensionista, residente e domiciliado(a) na Rua, Bairro, Cidade, Estado, inscrito(a) no CPF sob o nº, NB e DIB (incluir dados do benefício anterior se houver), endereço eletrônico, vem à presença de Vossa Excelência, por intermédio de seus procuradores constituídos, propor a presente **AÇÃO DE REVISÃO DE BENEFÍCIO PREVIDENCIÁRIO** contra o **INSTITUTO NACIONAL DO SEGURO SOCIAL – INSS,** pessoa jurídica de direito público, autarquia federal, pelos fatos e fundamentos que a seguir aduz:

## 1. DOS FATOS <ADEQUAR AO CASO CONCRETO>

A Parte Autora cumpriu os requisitos para a aposentadoria de professor sendo seu benefício concedido pelo INSS na espécie 57 com DIB em 00.00.2000, conforme comprovam os documentos anexos.

Vale ressaltar que a aposentadoria da parte autora foi concedida com base nas regras da reforma da previdência advinda da EC n. 103/2019, como fica claro na carta de concessão já juntada aos autos.

Ocorre que no cálculo do valor do benefício em questão o INSS, erroneamente, deixou de considerar, para média e coeficiente de cálculo, os períodos contribuídos além da atividade de professor, o que prejudicou em muito a parte autora.

Também não foram computados pelo INSS alguns períodos de trabalho que não estavam inseridos no CNIS, mas que houve comprovação no âmbito administrativo, mediante a juntada de GPS/CTPS, como demonstraremos a seguir:

## 2. FUNDAMENTOS JURÍDICOS DO PEDIDO <ADEQUAR AO CASO CONCRETO>

### 2.1 Das regras de aposentadoria do professor no pós-reforma da Previdência (EC n. 103/2019))

A regra transitória criada pela EC n. 103/2019 para a aposentadoria dos professores tem os seguintes requisitos:[6]

| Requisito | Regra mínima |
|---|---|
| Idade mínima | 57 mulher 60 homem |
| Tempo mínimo de contribuição exclusivamente em efetivo exercício das funções de magistério na educação infantil e no ensino fundamental e médio | 25 anos |
| Carência | 180 contribuições |

Além da regra para os novos ingressantes, a Reforma ainda previu 3 regras de transição, a saber:

---

[6] Art. 19 da EC n. 103/2019. Até que lei disponha sobre o tempo de contribuição a que se refere o inciso I do § 7º do art. 201 da Constituição Federal, o segurado filiado ao Regime Geral de Previdência Social após a data de entrada em vigor desta Emenda Constitucional será aposentado aos 62 (sessenta e dois) anos de idade, se mulher, 65 (sessenta e cinco) anos de idade, se homem, com 15 (quinze) anos de tempo de contribuição, se mulher, e 20 (vinte) anos de tempo de contribuição, se homem.
§ 1º Até que lei complementar disponha sobre a redução de idade mínima ou tempo de contribuição prevista nos §§ 1º e 8º do art. 201 da Constituição Federal, será concedida aposentadoria:
(...)
II – ao professor que comprove 25 (vinte e cinco) anos de contribuição exclusivamente em efetivo exercício das funções de magistério na educação infantil e no ensino fundamental e médio e tenha 57 (cinquenta e sete) anos de idade, se mulher, e 60 (sessenta) anos de idade, se homem.

a) regra de transição 1: tempo de contribuição + idade (Art. 15 EC n. 103/2019, §§ 3º e 4º.)[7]

| Requisito | Regra mínima |
|---|---|
| Idade mínima | Variável de acordo com pontos |
| Tempo mínimo de contribuição exclusivamente em efetivo exercício das funções de magistério na educação infantil e no ensino fundamental e médio | 25 mulher 30 homem |
| Carência | 180 contribuições |
| Pontos | 81 mulher 91 homem |
| A partir de 1º de janeiro de 2020, 1 ponto a cada ano para o homem e para a mulher, até atingir o limite de 92 pontos, se mulher, e 100 pontos, se homem. | |

b) regra de transição 2: idade mínima progressiva (art. 16, §§ 2º e 3º, da EC n. 103/2019.)[8]

| Requisito | Regra mínima |
|---|---|
| Idade mínima inicial (aumenta 6 meses a cada ano após 2019) | 51 mulher 56 homem |
| Tempo mínimo de contribuição exclusivamente em efetivo exercício das funções de magistério na educação infantil e no ensino fundamental e médio | 25 mulher 30 homem |
| Carência | 180 contribuições |
| A partir de 1º de janeiro de 2020, acrescidos 6 meses, a cada ano, às idades previstas no inciso II do *caput*, até atingirem 57 anos, se mulher, e 60 anos, se homem. | |

c) regra de transição 3: 100% de pedágio [9]

---

[7] Art. 15 da EC n. 103/2019. Ao segurado filiado ao Regime Geral de Previdência Social até a data de entrada em vigor desta Emenda Constitucional, fica assegurado o direito à aposentadoria quando forem preenchidos, cumulativamente, os seguintes requisitos:
§ 3º Para o professor que comprovar exclusivamente 25 (vinte e cinco) anos de contribuição, se mulher, e 30 (trinta) anos de contribuição, se homem, em efetivo exercício das funções de magistério na educação infantil e no ensino fundamental e médio, o somatório da idade e do tempo de contribuição, incluídas as frações, será equivalente a 81 (oitenta e um) pontos, se mulher, e 91 (noventa e um) pontos, se homem, aos quais serão acrescidos, a partir de 1º de janeiro de 2020, 1 (um) ponto a cada ano para o homem e para a mulher, até atingir o limite de 92 (noventa e dois) pontos, se mulher, e 100 (cem) pontos, se homem.
§ 4º O valor da aposentadoria concedida nos termos do disposto neste artigo será apurado na forma da lei.

[8] Art. 16 da EC n. 103/2019. Ao segurado filiado ao Regime Geral de Previdência Social até a data de entrada em vigor desta Emenda Constitucional fica assegurado o direito à aposentadoria quando preencher, cumulativamente, os seguintes requisitos:
§ 2º Para o professor que comprovar exclusivamente tempo de efetivo exercício das funções de magistério na educação infantil e no ensino fundamental e médio, o tempo de contribuição e a idade de que tratam os incisos I e II do caput deste artigo serão reduzidos em 5 (cinco) anos, sendo, a partir de 1º de janeiro de 2020, acrescidos 6 (seis) meses, a cada ano, às idades previstas no inciso II do caput, até atingirem 57 (cinquenta e sete) anos, se mulher, e 60 (sessenta) anos, se homem.
§ 3º O valor da aposentadoria concedida nos termos do disposto neste artigo será apurado na forma da lei.

[9] Art. 20 da EC n. 103/2019. O segurado ou o servidor público federal que se tenha filiado ao Regime Geral de Previdência Social ou ingressado no serviço público em cargo efetivo até a data de entrada em vigor desta Emenda Constitucional poderá aposentar-se voluntariamente quando preencher, cumulativamente, os seguintes requisitos:
I – 57 (cinquenta e sete) anos de idade, se mulher, e 60 (sessenta) anos de idade, se homem;
II – 30 (trinta) anos de contribuição, se mulher, e 35 (trinta e cinco) anos de contribuição, se homem;
III – para os servidores públicos, 20 (vinte) anos de efetivo exercício no serviço público e 5 (cinco) anos no cargo efetivo em que se der a aposentadoria;
IV – período adicional de contribuição correspondente ao tempo que, na data de entrada em vigor desta Emenda Constitucional, faltaria para atingir o tempo mínimo de contribuição referido no inciso II.
§ 1º Para o professor que comprovar exclusivamente tempo de efetivo exercício das funções de magistério na educação infantil e no ensino fundamental e médio serão reduzidos, para ambos os sexos, os requisitos de idade e de tempo de contribuição em 5 (cinco) anos.

| Requisito | Regra mínima |
|---|---|
| Idade mínima | 52 mulher 55 homem |
| Tempo de contribuição exclusivamente em efetivo exercício das funções de magistério na educação infantil e no ensino fundamental e médio | 25 mulher 30 homem |
| Carência | 180 contribuições |
| Pedágio | 100% do tempo que faltava em 13.11.2019 |

## 2.2 Do cálculo da média pós-EC n. 103/2019

A forma de apuração da média das contribuições foi alterada com o advento da EC n. 103/2019, passando a considerar TODAS as remunerações que serviram de base para as contribuições ao RGPS e RPPS, nos termos do art. 26:

> Art. 26. Até que lei discipline o cálculo dos benefícios do regime próprio de previdência social da União e do Regime Geral de Previdência Social, será utilizada a média aritmética simples dos salários de contribuição e das remunerações adotados como base para contribuições a regime próprio de previdência social e ao Regime Geral de Previdência Social, ou como base para contribuições decorrentes das atividades militares de que tratam os arts. 42 e 142 da Constituição Federal, atualizados monetariamente, **correspondentes a 100% (cem por cento) do período contributivo desde a competência julho de 1994 ou desde o início da contribuição, se posterior àquela competência.**

Vale lembrar ainda que a CF/1988 garante a repercussão em benefícios dos ganhos a qualquer tipo que tenha sido base de cálculo da contribuição previdenciária, como destacamos do art. 201, § 11:

> § 11. Os ganhos habituais do empregado, a qualquer título, serão incorporados ao salário para efeito de contribuição previdenciária e consequente repercussão em benefícios, nos casos e na forma da lei. (Incluído dada pela Emenda Constitucional n. 20, de 1998)

## 2.3 Da forma de apuração do coeficiente de cálculo pós-EC n. 103/2019

Das regras disponíveis para os professores após a EC n. 103/2019, apenas o pedágio de 100% (art. 20 EC n. 103/2019) tem coeficiente de cálculo de 100%.

As demais seguem as regras dispostas no art. 26 da EC n. 103, que determina que o coeficiente de cálculo será:

> § 2º O valor do benefício de aposentadoria corresponderá a **60% (sessenta por cento)** da média aritmética definida na forma prevista no *caput* e no § 1º, com **acréscimo de 2 (dois) pontos percentuais para cada ano de contribuição que exceder o tempo de 20 (vinte) anos de contribuição** nos casos:
>
> I – do inciso II do § 6º do art. 4º, do **§ 4º do art. 15**, do **§ 3º do art. 16** e do § 2º do art. 18;
>
> IV – do § 2º do art. 19 e do § 2º do art. 21, ressalvado o disposto no § 5º deste artigo.
>
> § 5º O acréscimo a que se refere o caput do § 2º será aplicado para cada **ano que exceder 15 (quinze) anos de tempo de contribuição para os segurados** de que tratam a alínea "a" do inciso I do § 1º do art. 19 e o inciso I do art. 21 e **para as mulheres** filiadas ao Regime Geral de Previdência Social.

## 2.4 Dos períodos não constantes no CNIS, mas para os quais houve comprovação

parte do período de trabalho da parte autora não constava em seu CNIS.

Entretanto, a parte juntou ao seu requerimento administrativo todos os documentos necessários para que os tempos fossem considerados pelo INSS.

Dos períodos e das provas, destacamos <exemplos>:

| Início | Fim | Atividade/empresa | Prova |
|---|---|---|---|
| | | | Cópia da Carteira de Trabalho e Previdência Social |
| | | | Comprovantes de contribuição para a Previdência Social (GPS/GIF). |

Assim, houve prévio requerimento e devida comprovação do tempo trabalhado, portanto, é devida a revisão do benefício mediante a inclusão de tais períodos.

## 2.5 Dos períodos comprovados mediante ação trabalhista

a parte autora trouxe aos autos cópia do processo trabalhista onde restou reconhecido o exercício da atividade/ vínculo referente ao período de 00.00.0000 a 00.00.0000.

Tais períodos devem ser computados para a apuração do benefício da parte autora independente do recolhimento das contribuições aos cofres previdenciários.

Isso porque, no período a parte autora era empregada e, portanto, a obrigação do recolhimento das contribuições previdenciárias era do seu empregador. Se o mesmo deixou de recolhê-las, não poderá o(a) segurado(a), por tal motivo, ser penalizado(a). Inteligência dos arts. 30, inciso I, alíneas "a" e "b", e 43, ambos da Lei n. 8.212/1991.

Assim, o recolhimento das contribuições aos cofres do INSS é matéria que foge à responsabilidade do segurado empregado, porque **a Lei elegeu a empresa/empregador como responsável pela arrecadação da parte do empregado e do recolhimento dos valores totais devidos**.

Além disso, em casos como o presente, a teor do art. 114, inciso VIII, da CRFB/1988, a própria Justiça do Trabalho executa *ex officio as* contribuições previdenciárias relativas ao período reconhecido na sentença por ela prolatada. Confira-se:

> Art. 114. Compete à Justiça do Trabalho processar e julgar:
> 
> [...]
> 
> VIII – a execução, de ofício, das contribuições sociais previstas no artigo 195, I, a, e II, e seus acréscimos legais, decorrentes das sentenças que proferir;

Conclui-se, portanto, que, ainda que não existam, na via judicial trabalhista, os recolhimentos das contribuições previdenciárias, não poderá o segurado ser responsabilizado ou prejudicado pela sua inexistência, devendo ser computado tal período independente da comprovação dos recolhimentos por parte do empregador.

## 2.6 Do tempo contribuído no caso concreto

no presente caso, como se observa do CNIS, da CTPS e demais provas constantes do processo administrativo, a parte autora, além de cumprir todo o tempo de contribuição necessário para a aposentadoria de professor com base no art. X da EC n. 103/2019 <adequar ao caso concreto>, ainda possui tempo de contribuição em outras categorias.

Destacamos abaixo os períodos que não foram utilizados para a aposentadoria, mas que foram efetivamente contribuídos.

<incluir períodos>

Tais períodos não podem ser desconsiderados na apuração da média e do coeficiente de cálculo.

Isso porque, a norma é clara em determinar que todos os salários de contribuição após julho de 1994 serão utilizados para a média assim como o **acréscimo de 2 pontos percentuais para cada ano de contribuição que exceder o tempo de 20 anos (homem) ou 15 anos (mulher)**.

Quanto aos períodos eventualmente contribuídos de forma concomitante, cabe destacar a obrigatoriedade da soma dos salários de contribuição até o limite do teto:

> Art. 34. Dec. n. 3.048/1999: O salário de benefício do segurado que contribuir em razão de atividades concomitantes será calculado com base na **soma dos salários de contribuição das atividades exercidas na data do requerimento ou do óbito ou no período básico de cálculo**, observado o disposto no art. 32. (Redação dada pelo Decreto n. 10.410, de 2020).
> 
> Art. 32 Lei n. 8213/1991. O salário de benefício do segurado que contribuir em razão de atividades concomitantes será calculado com base na soma dos salários de contribuição das atividades exercidas na data do requerimento ou do óbito, ou no período básico de cálculo, observado o disposto no art. 29 desta Lei. (Redação dada pela Lei n. 13.846, de 2019).

Logo, se há contribuição, independente da categoria, deve haver seu cômputo nos salários de contribuição assim como o aumento de coeficiente de cálculo. Não há justificativa na norma para que alguns períodos sejam descartados.

A parte autora tem o direito de ver computados para a apuração de seu tempo total todos os períodos contribuídos e sobre eles ver a apuração da média e do percentual de seu benefício.

Até porque, como demonstramos acima, uma coisa são os requisitos da aposentadoria, outra é a forma de cálculo do art. 26.

Vale lembra que o STF já esclareceu que a aposentadoria do professor não é uma aposentadoria especial, mas um tipo de aposentadoria comum, não cabendo qualquer conversão do tempo naquela categoria.

Ou seja, apesar de ter data antecipada na concessão do benefício, o dia trabalhado pelos professores "vale" exatamente o mesmo que o das demais categorias.

Quanto à impossibilidade de conversão do tempo de professores, destacamos o Tema 772 do STF:

> É vedada a conversão de tempo de serviço especial em comum na função de magistério após a EC n. 18/1981 (Rel. Min. Gilmar mendes, Leading Case: ARE 703.550, Trânsito em julgado em 05.11.2014).

Quanto ao tempo de contribuição, vale destacar que não há qualquer discussão quanto à sua existência ou validade, apenas o mesmo não foi utilizado para o cálculo da autarquia.

Negar essa inclusão é tratar desiguais de forma igual e ferir o princípio da isonomia.

Explicamos: ora, no presente caso, além do período de professor a parte autora conta com mais períodos pagos para o RGPS.

De forma alguma poderia obter o mesmo coeficiente de cálculo de segurado que tenha apenas vertido o tempo mínimo necessário para uma aposentadoria de professor.

Não é razoável nem proporcional qualquer intepretação que entenda diferente.

A norma da EC é clara: a cada 1 ano + 2 pontos percentuais, premiando aqueles que vão além do tempo contributivo mínimo.

E as contribuições vertidas após julho de 1994 devem ser apuadas e eventualmente somadas para que tenham reflexos nos benefícios, de forma a traduzir a vida contributiva no resultado financeiro devido ao(a) Autor(a).

Não há no art. 26 da EC qualquer limitação para a utilização dos períodos na mesma categoria de professor. E para que pudesse ser aplicável qualquer restrição, a limitação teria que ser expressa.

Não resta dúvida, portanto, do direito da Parte à revisão de seu benefício.

### 3. DO PREQUESTIONAMENTO <ADEQUAR AO CASO CONCRETO>

Resta clara a violação aos ditames constitucionais e legislação federal, da qual destacamos os artigos <ADEQUAR AO CASO CONCRETO, CITANDO NOMINALMENTE OS ARTIGOS, INCLUSIVE COM PARÁGRAFOS E INCISOS, LEMBRANDO-SE DE INCLUIR TAMBÉM LEGISLAÇÃO FEDERAL MESMO PARA AÇÕES DE JUIZADOS, TENDO EM VISTA A ATUAL POSSIBILIDADE DE INTERPOSIÇÃO DE IRDR.>

### 4. DOS REQUERIMENTOS <ADEQUAR AO CASO CONCRETO>

Diante do exposto, requer-se a Vossa Excelência:

a) a citação do Instituto Nacional do Seguro Social – INSS, para, querendo, responder à presente demanda, no prazo legal;

b) a determinação ao INSS para que, na primeira oportunidade em que se pronunciar nos autos, apresente o Processo de Concessão do Benefício Previdenciário para apuração dos valores devidos à Parte Autora, conforme determinado pelo art. 11 da Lei n. 10.259/2001, sob pena de cominação de multa diária, nos termos do art. 139, IV, do Código de Processo Civil/2015, a ser fixada por esse Juízo;

c) a procedência da pretensão deduzida, consoante narrado nesta inicial, condenando-se o INSS à:

c.1) averbar no CNIS os períodos de 00.00.0000 a 00.00.0000, devidamente comprovados no requerimento administrativo mediante CTPS/GPS/GFIP;

c.2) averbar no CNIS os períodos de 00.00.0000 a 00.00.0000, devidamente comprovados por meio da ação trabalhista 00000000;

c.3) revisar o benefício da parte autora mediante a inclusão, para fins de média e coeficiente de cálculo, dos anos trabalhados em qualquer categoria profissional, não apenas na de professores, devendo observar a forma de apuração prevista no caput, § 2º ou 5º do art. 26 da EC n. 103;

d) a condenação do INSS ao pagamento dos valores acumulados, aplicando-se juros e correção monetária até 11/2021, nos termos dos Temas 810 do STF e 905 do STJ e, a partir de 12/2021, o índice da taxa referencial do Sistema Especial de Liquidação e de Custódia (Selic), acumulado mensalmente, para fins de atualização monetária e de compensação da mora (art. 3º da EC n. 113/2021), respeitada a prescrição quinquenal;

e) a condenação do INSS ao pagamento de custas, despesas e de honorários advocatícios, na base de 20% (vinte por cento) dos valores devidos apurados em liquidação de sentença, conforme dispõem o art. 55 da Lei n. 9.099/1995 e o art. 85, § 3º, do Código de Processo Civil/2015;

f) o julgamento antecipado da lide, conforme dispõe o art. 355 do CPC/2015, considerando que a questão de mérito é unicamente de direito. Sendo outro o entendimento de V. Exa., requer a produção de todos os meios de prova admitidos em direito, sem exclusão de nenhum que se fizer necessário ao deslinde da demanda;

g) a concessão da Gratuidade da Justiça, na forma dos arts. 98 e ss. do CPC/2015, por ser a Parte Autora pessoa hipossuficiente, na acepção jurídica do termo, sem condições de arcar com as despesas processuais e os honorários advocatícios sucumbenciais sem prejuízo de seu sustento e de sua família. <RECOMENDA-SE A COLETA, PELO ADVOGADO, DE DECLARAÇÃO DE HIPOSSUFICIÊNCIA DO CLIENTE, CASO SEJA REQUERIDA A GRATUIDADE DA JUSTIÇA. DEVE-SE, TAMBÉM, DE PREFERÊNCIA, FAZER A JUNTADA DE TAL DECLARAÇÃO NOS AUTOS, JÁ NA INICIAL.>

Cumprindo a previsão do art. 319, VII, do CPC, a parte autora declara que opta pela realização <ou não realização, adequar conforme o interesse em cada caso> de audiência de conciliação no presente caso;

Requer-se, ainda, com base no § 4º, do art. 22, da Lei n. 8.906/1994, que, ao final da presente demanda, caso sejam encontradas diferenças em favor da Parte Autora, quando da expedição da RPV ou do precatório, os valores referentes aos honorários contratuais e sucumbenciais sejam expedidos em nome da sociedade de advogados contratada pela parte Autora, sendo os honorários contratuais devidos no percentual constante no contrato em anexo.

Dá-se à causa o valor de R$ 1.000,00 (mil reais). <ADEQUAR CONFORME O CASO>

Nesses termos,

PEDE DEFERIMENTO.

Cidade e data.

Nome do Advogado e OAB

### 67. MODELO DE AÇÃO DE REVISÃO DE PENSÃO POR MORTE QUANDO HÁ DEPENDENTE INVÁLIDO OU COM DEFICIÊNCIA

**EXCELENTÍSSIMO(A) SENHOR(A) DOUTOR(A) JUIZ FEDERAL DA _____VARA/JUIZADO DA CIDADE – SEÇÃO JUDICIÁRIA DO ESTADO**

**AUTOR(a),** nacionalidade, estado civil, profissão, portador(a) da cédula de identidade, inscrito(a) no CPF sob o nº, endereço eletrônico, residente e domiciliado(a) na Rua, Bairro, Cidade, Estado, CEP, vem à presença de Vossa Excelência, por intermédio de seus procuradores constituídos, propor a presente **AÇÃO DE REVISÃO DE PENSÃO POR MORTE**, contra o **INSTITUTO NACIONAL DO SEGURO SOCIAL – INSS,** pessoa jurídica de direito público, podendo ser citada na pessoa do seu representante legal, que atua nessa Subseção Judiciária, para, querendo, responder à presente demanda, o que faz pelos fundamentos de fato e de direito a seguir alinhados:

**1. DOS FATOS** <ADEQUAR AO CASO CONCRETO>

A Autora é aposentada por invalidez, com benefício concedido e mantido pelo INSS em 21.06.2003, sendo a renda mensal atualizada equivalente a R$ 1.320,00 (um salário mínimo).

Necessário salientar que em decorrência do óbito do seu esposo, em 15.01.2023, a parte autora pleiteou pensão por morte perante o INSS e o Estado de Santa Catarina (IPREV), tendo em vista que o instituidor era aposentado vinculado às duas Autarquias Previdenciárias.

Após processamento do pedido, a aposentadoria do Estado foi concedida integralmente. Já o benefício pago pelo INSS e a aposentadoria estão sendo pagas de maneira proporcional e sem a aplicação do coeficiente de 100% autorizado para os dependentes inválidos.

Ocorre que ao aplicar o coeficiente proporcional, o INSS causou a Autora um prejuízo de 40% na renda mensal inicial, razão pela qual a Autora pleiteia a prestação jurisdicional para que lhe seja resguardado o pagamento integral da pensão por morte.

**2. DO DIREITO** <ADEQUAR AO CASO CONCRETO>

**Da condição de invalidez da parte autora**

Preambularmente, importa salientar que na data do óbito do instituidor a parte autora já era pessoa inválida, sendo, inclusive, o início da incapacidade atestada pelo INSS em 21.06.2003, data na qual o benefício de auxílio-doença foi transformado em aposentadoria por invalidez. Vejamos:

<SUGERIMOS QUE SEJA COLACIONADO O EXTRATO DE INFORMAÇÃO DE BENEFÍCIO INDICANDO O INÍCIO DA INCAPACIDADE E DO BENEFÍCIO>

Inclusive, Excelência, no ato do requerimento da pensão por morte, a parte autora indicou que era pessoa inválida na data do óbito.

<SUGERIMOS QUE SEJA COLACIONADA A CAPA DO PROCESSO ADMINISTRATIVO INDICANDO QUE FOI ASSINALADO QUE A PARTE AUTORA ERA PESSOA INVÁLIDA>

Ocorre que, no cálculo da pensão por morte, o INSS aplicou o coeficiente de 60%, trazendo um prejuízo de 40% a menos no pagamento do benefício da parte autora.

Nesse sentido, disciplina o art. 23, § 2º, I, da EC n. 103/2019 que na existência de dependente inválido ou com deficiência, o valor da pensão por morte corresponderá à totalidade da aposentadoria recebida pelo segurado na data do óbito. Senão vejamos:

> Art. 23. A pensão por morte concedida a dependente de segurado do Regime Geral de Previdência Social ou de servidor público federal será equivalente a uma cota familiar de 50% (cinquenta por cento) do valor da aposentadoria recebida pelo segurado ou servidor ou daquela a que teria direito se fosse aposentado por incapacidade permanente na data do óbito, acrescida de cotas de 10 (dez) pontos percentuais por dependente, até o máximo de 100% (cem por cento).
> 
> [...]
> 
> § 2º Na hipótese de existir dependente inválido ou com deficiência intelectual, mental ou grave, o valor da pensão por morte de que trata o *caput* será equivalente a:
> 
> I – 100% (cem por cento) da aposentadoria recebida pelo segurado ou servidor ou daquela a que teria direito se fosse aposentado por incapacidade permanente na data do óbito, até o limite máximo de benefícios do Regime Geral de Previdência Social;

Ademais, cumpre destacar que o art. 4º, § 2º, da Portaria DIRBEN/INSS n. 991/2022, dispensa a necessidade de realização de perícia quando o dependente inválido for beneficiário de aposentadoria por invalidez.

> Art. 4º O dependente inválido ou com deficiência intelectual ou mental ou deficiência grave terá sua condição atestada por meio de perícia médica ou avaliação biopsicossocial realizada por equipe multiprofissional e interdisciplinar, respectivamente, observada revisão periódica na forma da legislação.(...)
>
> § 2º Ficam dispensados do exame médico pericial disposto no *caput* os dependentes que sejam titulares de benefício de aposentadoria por incapacidade permanente, observado o disposto no art. 21.

Outrossim, com intuito de não gerar dúvidas sobre a condição de invalidez da parte autora reconhecida pela própria autarquia ré, destaca-se que o requerimento administrativo foi instruído com diversos documentos médicos comprovam a irreversibilidade da invalidez. Vejamos:

<SUGERIMOS QUE SEJAM LISTADOS OU COLACIONADOS OS DOCUMENTOS MÉDICOS>

Em virtude do exposto, tendo em vista que a parte autora sinalizou ao INSS ser pessoa inválida na data do óbito, assim como que tal condição também não era desconhecida pela autarquia ré, requer que a cota aplicada seja de 100%, nos moldes do art. 23, § 2º, da EC n. 103/2019.

**Da aplicação incorreta do redutor de acumulação**

Conforme brevemente disposto na síntese fática, na data do óbito, a parte autora era aposentada por invalidez, sendo o benefício pago pelo INSS equivalente a um salário mínimo. Vejamos:

<SUGERIMOS QUE SEJA COLACIONADO O EXTRATO DE PAGAMENTO ATUALIZADO>

Ademais, enquanto o benefício de pensão por morte ainda estava pendente de análise, a autarquia ré expediu carta de exigência pleiteando a autora o preenchimento da declaração de recebimento de benefício em outro órgão.

Considerando que a pensão por morte do IPREV já havia sido implementada, a parte autora anexou no requerimento a declaração preenchida, informando o valor do benefício percebido, vide página x, da cópia do processo administrativo.

<SUGERIMOS QUE SEJA COLACIONADA IMAGEM DA DECLARAÇÃO DE RECEBIMENTO DE BENEFÍCIO PAGO POR OUTRO ENTE>

Ocorre, Excelência, que ao conceder o benefício pleiteado, o INSS ignorou o fato de que a pensão por morte paga pelo IPREV e a aposentadoria paga pela própria autarquia ré são inferiores à pensão por morte paga e mantida pelo INSS, pois o valor da aposentadoria do instituidor correspondia a R$ 7.442,71, *vide* INFBEN na página x do processo administrativo.

O direito à percepção integral do benefício mais vantajoso está disposto no art. 24, § 2º, da EC n. 103/2019. Vejamos a letra da lei:

> Art. 24. É vedada a acumulação de mais de uma pensão por morte deixada por cônjuge ou companheiro, no âmbito do mesmo regime de previdência social, ressalvadas as pensões do mesmo instituidor decorrentes do exercício de cargos acumuláveis na forma do art. 37 da Constituição Federal.
>
> (...)
>
> § 2º Nas hipóteses das acumulações previstas no § 1º, é assegurada a percepção do valor integral do benefício mais vantajoso e de uma parte de cada um dos demais benefícios, apurada cumulativamente de acordo com as seguintes faixas:
>
> I – 60% (sessenta por cento) do valor que exceder 1 (um) salário mínimo, até o limite de 2 (dois) salários mínimos;
>
> II – 40% (quarenta por cento) do valor que exceder 2 (dois) salários mínimos, até o limite de 3 (três) salários mínimos;
>
> III – 20% (vinte por cento) do valor que exceder 3 (três) salários mínimos, até o limite de 4 (quatro) salários mínimos; e
>
> IV – 10% (dez por cento) do valor que exceder 4 (quatro) salários mínimos.

Assim, requer além da aplicação do coeficiente de 100% no cálculo da pensão por morte, que a pensão por morte mantida pelo INSS seja paga integralmente, haja vista que é o benefício mais vantajoso, em comparação à aposentadoria por invalidez e à pensão por morte paga pelo IPREV.

## 3. PREQUESTIONAMENTO <ADEQUAR AO CASO CONCRETO>

Resta clara a violação aos ditames constitucionais e à legislação federal, da qual destacamos os artigos <ADEQUAR AO CASO CONCRETO, CITANDO NOMINALMENTE OS ARTIGOS, INCLUSIVE COM PARÁGRAFOS E INCISOS, LEMBRANDO-SE DE INCLUIR TAMBÉM LEGISLAÇÃO FEDERAL MESMO PARA AÇÕES DE JUIZADOS, TENDO EM VISTA A ATUAL POSSIBILIDADE DE INTERPOSIÇÃO DE IRDR>.

## 4. DOS REQUERIMENTOS <ADEQUAR AO CASO CONCRETO>

Ante o exposto, requer-se à Vossa Excelência:

a) a citação do Instituto Nacional do Seguro Social – INSS, na pessoa de seu Superintendente Regional ou Procurador Regional, para querendo, responder à presente demanda, no prazo legal, advertindo-se que, em caso de inércia, presumir-se-ão aceitos como verdadeiros os fatos articulados pelo Autor (art. 334, *in fine*, do CPC);

b) a determinação ao INSS para que na primeira oportunidade em que se pronunciar nos autos apresente a cópia integral do Processo de Concessão do Benefício objeto do feito;

c) a procedência da pretensão deduzida para aplicar o coeficiente de 100% no cálculo da pensão por morte, tendo em vista que a parte autora sinalizou ao INSS na data da entrada do requerimento que era pessoa inválida, bem como era de conhecimento do INSS a sua condição de invalidez, tendo em vista que a Autora é titular de aposentadoria por invalidez mantida e paga pelo INSS;

d) a procedência da pretensão deduzida para pagar o benefício mais vantajoso (pensão por morte do INSS) e a aplicação do redutor de acumulação previsto no art. 24, § 2º, da EC n. 103/2019, apenas na pensão por morte paga pelo IPREV e na aposentadoria por invalidez paga pelo INSS, tendo em vista que são os benefícios de menor valor.

e) a condenação do INSS ao pagamento de honorários advocatícios de acordo com o art. 85 do CPC;

f) considerando, ainda, que a questão de mérito é unicamente de direito, requer o julgamento antecipado da lide, conforme dispõe o art. 355 do CPC. Sendo outro o entendimento de V.Exa., requer a produção de todos os meios de prova em direito admitidos, inclusive a oitiva das testemunhas arroladas abaixo;

g) a condenação da parte ré ao pagamento de multa diária, com valores a serem arbitrados pelo M.M. Juízo, caso não seja cumprido o determinado em sede de antecipação de tutela e/ou sentença de mérito;

h) a condenação da parte ré ao pagamento dos valores acumulados, aplicando-se o índice da taxa referencial do Sistema Especial de Liquidação e de Custódia (Selic), acumulado mensalmente, para fins de atualização monetária e de compensação da mora (art. 3º da EC n. 113/2021), respeitada a prescrição quinquenal;

i) requer-se, ainda, com base no § 4º do art. 22 da Lei n. 8.906/1994, que, ao final da presente demanda, caso sejam encontradas diferenças em favor da parte autora, quando da expedição da RPV ou do precatório, os valores referentes aos honorários contratuais e sucumbenciais sejam expedidos em nome da sociedade de advogados contratada pela parte autora, sendo os honorários contratuais devidos no percentual constante no contrato em anexo;

j) a concessão da gratuidade da Justiça, na forma dos arts. 98 e ss. do CPC, por ser a parte autora pessoa hipossuficiente, na acepção jurídica do termo, sem condições de arcar com as despesas processuais e os honorários advocatícios sucumbenciais sem prejuízo de seu sustento e de sua família. <RECOMENDA-SE A COLETA, PELO ADVOGADO, DE DECLARAÇÃO DE HIPOSSUFICIÊNCIA DO CLIENTE, CASO SEJA REQUERIDA A GRATUIDADE DA JUSTIÇA. DEVE-SE, TAMBÉM, DE PREFERÊNCIA, FAZER A JUNTADA DE TAL DECLARAÇÃO NOS AUTOS, JÁ NA INICIAL.>

Dá-se à causa o valor de R$ 1.000,00 (ADEQUAR CONFORME O CASO).

Nesses Termos,

Pede Deferimento.

Local de data.

Advogado/OAB

## II.2.2 REVISÕES BASEADAS NAS REGRAS ANTERIORES À EC N. 103/2019

### 68. MODELO DE AÇÃO DE REVISÃO DE BENEFÍCIO BASEADA NA INCLUSÃO DE VALORES NA RMI DA APOSENTADORIA POR TEMPO DE CONTRIBUIÇÃO – DIREITO ADQUIRIDO ANTERIOR À EC N. 103/2019

**EXCELENTÍSSIMO(A) SENHOR(A) DOUTOR(A) JUIZ(A) FEDERAL DA VARA/JUIZADO ESPECIAL FEDERAL DA CIDADE – SEÇÃO JUDICIÁRIA DO ESTADO** <VERIFICAR SE É INTERESSANTE O AJUIZAMENTO DA AÇÃO NA VARA ESTADUAL MEDIANTE A UTILIZAÇÃO DA COMPETÊNCIA DELEGADA, MAS ADEQUANDO À NOVA LIMITAÇÃO DE 70 KM ENTRE A SEDE DA JF E A SEDE DA COMARCA. SE SIM, ADEQUAR PARA A NOMENCLATURA ESTADUAL>

**Segurado**, nacionalidade, estado civil, aposentado ou pensionista, residente e domiciliado(a) na Rua, bairro, cidade, Estado, inscrito no CPF sob o nº, NB e DIB (incluir dados do benefício anterior se houver), endereço eletrônico, vem à presença de Vossa Excelência, por intermédio de seus procuradores constituídos, propor a presente **AÇÃO DE REVISÃO DE BENEFÍCIO PREVIDENCIÁRIO** contra o **INSTITUTO NACIONAL DO SEGURO SOCIAL – INSS**, pessoa jurídica de direito público, autarquia federal, com endereço na ..., pelos fatos e fundamentos que a seguir aduz:

1. **BREVE RESENHA FÁTICA** <ADEQUAR AO CASO CONCRETO>

A Parte Autora é titular do benefício de aposentadoria por tempo de contribuição, consoante comprova a documentação anexa. <EXEMPLO, ADEQUAR AO CASO CONCRETO>

Para a implementação do benefício previdenciário da Parte Autora, a Renda Mensal Inicial (RMI) foi calculada levando-se em consideração os oitenta por cento maiores salários de contribuição, desde julho de 1994, em conformidade com a Lei n. 9.876/1999 (direito adquirido anterior à Reforma da Previdência EC n. 103/2019).

No entanto, o cálculo do benefício apresentado pela Autarquia Previdenciária, nos meses de *00/0000 a 00/0000*, levou-se em conta valores inferiores aos efetivamente contribuídos, como se observa na Carta de Concessão de Benefício da Requerida (doc. anexo).

Esta consideração dos valores de forma errônea, feita nos referidos meses, restou em prejuízo na Renda Mensal Inicial (RMI) da(o) Requerente e, consequentemente, no valor do benefício que recebe mensalmente.

Por meio dos comprovantes de recolhimentos/ficha financeira anexados nesta inicial, pode-se observar o valor correto da contribuição nos meses destacados. No entanto, a Autarquia Ré os considerou a menor, razão pela qual se faz indispensável a revisão do benefício previdenciário.

De forma detalhada, tem-se que: <ADEQUAR AO CASO>

| COMPETÊNCIA | VALOR DA REMUNERAÇÃO |
|---|---|

Na apuração do salário de benefício, contudo, o INSS computou como salários de contribuição corrigidos nos meses acima citados o valor de R$ 0,00 <ADEQUAR AO CASO>

Tal proceder da Autarquia, qual seja, o de incluir tais meses com valores aquém daqueles que realmente deveriam ser considerados no cálculo da Renda Mensal Inicial do benefício, causou e continua causando prejuízos à Autora, projetando-se esta diferença mês a mês no benefício dela.

É, de forma concisa, a resenha fática necessária.

## 2. FUNDAMENTOS JURÍDICOS DO PEDIDO <ADEQUAR AO CASO CONCRETO>

### 2.1 Do cálculo do benefício

A Constituição Federal de 1988 determina em seu art. 201 que os valores recebidos pelos trabalhadores de forma habitual deverão gerar reflexos em seus benefícios previdenciários:

> Art. 201. (...) § 11: "Os ganhos habituais do empregado, a qualquer título, serão incorporados ao salário para efeito de contribuição previdenciária e consequente repercussão em benefícios, nos casos e na forma da lei." (Incluído dada pela Emenda Constitucional n. 20, de 1998)

O art. 29 da Lei n. 8.213/1991 também traz a mesma garantia (vigente à época da aquisição do direito):

> § 3º Serão considerados para cálculo do salário de benefício os ganhos habituais do segurado empregado, a qualquer título, sob forma de moeda corrente ou de utilidades, sobre os quais tenha incidido contribuições previdenciárias, exceto o décimo terceiro salário (gratificação natalina). (Redação dada pela Lei n. 8.870, de 1994)

Portanto, como no caso concreto ficou comprovado o recebimento de valores remuneratórios durante o período básico de cálculo, valores estes que não foram utilizados para a apuração da RMI, há que se garantir o direito de a parte ter revisto seu benefício com a consequente inclusão de tais valores remuneratórios de forma a ser alterar o valor inicial do benefício, assim como os montantes pagos desde então. Nesse sentido, a Súmula n. 107 do TRF da 4ª Região:

> SÚMULA N. 107: "O reconhecimento de verbas remuneratórias em reclamatória trabalhista autoriza o segurado a postular a revisão da renda mensal inicial, ainda que o INSS não tenha integrado a lide, devendo retroagir o termo inicial dos efeitos financeiros da revisão à data da concessão do benefício."

### 2.2 Do ônus do recolhimento previdenciário

convém, agora, analisar a responsabilidade pelo recolhimento das contribuições aos cofres previdenciários.

Ainda que reiteradamente se mostre que de fato ocorreram as contribuições nos meses de 00/0000 a 00/0000, na remota hipótese de que Vossa Excelência entenda de maneira diferente, cabe aqui demonstrar a quem cabe a responsabilidade por tal recolhimento. <ADEQUAR AO CASO>

A propósito, impende aqui transcrever decisão lapidar prolatada pelo STJ que retira qualquer dúvida que possa pairar sobre a questão:

> O termo inicial dos efeitos financeiros decorrentes de verbas salariais reconhecidas em reclamatória trabalhista deve retroagir à data da concessão do benefício. Isso porque a comprovação extemporânea de situação jurídica consolidada em momento anterior não tem o condão de afastar o direito já incorporado ao patrimônio jurídico do segurado em ter a renda mensal inicial revisada a contar da data de concessão do benefício. **Outrossim, o segurado, à evidência, não pode ser punido no caso de ausência do correto recolhimento das contribuições previdenciárias por parte do empregador, nem pela falta ou falha do INSS na fiscalização da regularidade das exações**. Precedentes. (REsp 1.502.017/RS, Rel. Min. Regina Helena Costa, Primeira Turma, j. 04.10.2016, DJe 18.10.2016).

No mesmo sentido: Agravo em Recurso Especial n. 1.740.338 – SP, Relatora Ministra Assusete Magalhães, 27.05.2021.

Portanto, a obrigação do recolhimento das contribuições previdenciárias dos segurados empregados é da empresa empregadora. Se a empresa deixa de recolhê-las, não poderá, por tal motivo, a Parte Autora ser penalizada. Inteligência do art. 30, inciso I, alínea "a" e "b", da Lei n. 8.212/1991. Confira-se:

> Art. 30. A arrecadação e o recolhimento das contribuições ou de outras importâncias devidas à Seguridade Social obedecem às seguintes normas: (Redação dada pela Lei n. 8.620, de 05.01.1993)
> I – a empresa é obrigada a:

a) arrecadar as contribuições dos segurados empregados e trabalhadores avulsos ao seu serviço, descontando-as da respectiva remuneração;

b) recolher os valores arrecadados na forma da alínea *a* deste inciso, a contribuição a que se refere o inciso IV do art. 22 desta Lei, assim como as contribuições a seu cargo incidentes sobre as remunerações pagas, devidas ou creditadas, a qualquer título, aos segurados empregados, trabalhadores avulsos e contribuintes individuais a seu serviço até o dia 20 (vinte) do mês subsequente ao da competência; (Nova redação dada pela Lei n. 11.933, de 28.04.2009).

Assim, o recolhimento das contribuições aos cofres do INSS é matéria que foge à responsabilidade da Parte Autora, porque **a Lei elegeu a empresa** como responsável pelo recolhimento da contribuição social em tela, sendo a **responsável pela arrecadação, inclusive da parte do empregado**.

3. **DO PREQUESTIONAMENTO** <ADEQUAR AO CASO CONCRETO>

Resta clara a violação aos ditames constitucionais e legislação federal, da qual destacamos os artigos <ADEQUAR AO CASO CONCRETO, CITANDO NOMINALMENTE OS ARTIGOS, INCLUSIVE COM PARÁGRAFOS E INCISOS, LEMBRANDO-SE DE INCLUIR TAMBÉM LEGISLAÇÃO FEDERAL MESMO PARA AÇÕES DE JUIZADOS, TENDO EM VISTA A ATUAL POSSIBILIDADE DE INTERPOSIÇÃO DE IRDR>.

4. **REQUERIMENTOS** <ADEQUAR AO CASO CONCRETO>

Diante do exposto, requer-se a Vossa Excelência:

a) a citação do Instituto Nacional do Seguro Social – INSS para, querendo, responder à presente demanda, no prazo legal;

b) a determinação ao INSS para que, na primeira oportunidade em que se pronunciar nos autos, apresente o Processo de Concessão do Benefício Previdenciário para apuração dos valores devidos à Parte Autora, conforme determinado pelo art. 11 da Lei n. 10.259/2001, sob pena de cominação de multa diária, nos termos do art. 139, IV, do Código de Processo Civil/2015 – a ser fixada por esse Juízo;

c) a procedência da pretensão deduzida, consoante narrado nesta inicial, condenando-se o INSS a retificar a Renda Mensal Inicial (RMI) do benefício da Parte Autora, considerando, para o salário de contribuição, nos meses de dezembro de 1996 e janeiro de 1997, o valor de R$ 2.355,18 (dois mil trezentos e cinquenta e cinco reais e dezoito centavos); e, nos meses de fevereiro a dezembro de 1997 e janeiro de 1998, o valor de R$ 2.831,59 (dois mil oitocentos e trinta e um reais e cinquenta e nove centavos); nos termos da redação do art. 28 da Lei n. 8.212/1991, vigente na data da concessão; <ADEQUAR AO CASO>

d) a condenação do INSS ao pagamento dos valores acumulados, aplicando-se juros e correção monetária até 11/2021, nos termos dos Temas 810 do STF e 905 do STJ e, a partir de 12/2021, o índice da taxa referencial do Sistema Especial de Liquidação e de Custódia (Selic), acumulado mensalmente, para fins de atualização monetária e de compensação da mora (art. 3º da EC n. 113/2021), respeitada a prescrição quinquenal;

e) ao pagamento de custas, despesas e de honorários advocatícios, na base de 20% (vinte por cento) sobre as parcelas vencidas e as doze vincendas, apuradas em liquidação de sentença, conforme dispõem o art. 55 da Lei n. 9.099/1995 e o art. 85, § 3º, do Código de Processo Civil/2015;

f) o julgamento antecipado da lide, conforme dispõe o art. 355 do Código de Processo Civil/2015, considerando que a questão de mérito é unicamente de direito. Sendo outro o entendimento de V. Exa., requer e protesta pela produção de todos os meios de prova admitidos em direito, sem exclusão de nenhum que se fizer necessário ao deslinde da demanda;

g) a concessão da Gratuidade da Justiça, na forma dos arts. 98 e ss. do CPC/2015, por ser a Parte Autora pessoa hipossuficiente, na acepção jurídica do termo, sem condições de arcar com as despesas processuais e os honorários advocatícios sucumbenciais sem prejuízo de seu sustento e de sua família. <RECOMENDA-SE A COLETA, PELO ADVOGADO, DE DECLARAÇÃO DE HIPOSSUFICIÊNCIA

DO CLIENTE, CASO SEJA REQUERIDA A GRATUIDADE DA JUSTIÇA. DEVE-SE, TAMBÉM, DE PREFERÊNCIA, FAZER A JUNTADA DE TAL DECLARAÇÃO NOS AUTOS, JÁ NA INICIAL>.

Cumprindo a previsão do art. 319, VII, do Código de Processo Civil/2015, a parte autora declara que opta pela realização <OU NÃO REALIZAÇÃO, ADEQUAR CONFORME O INTERESSE EM CADA CASO> de audiência de conciliação no presente caso.

Requer-se, ainda, com base no § 4º, do art. 22, da Lei n. 8.906/1994, que, ao final da presente demanda, caso sejam encontradas diferenças em favor do autor, quando da expedição da RPV ou do precatório, os valores referentes aos honorários contratuais e sucumbenciais sejam expedidos em nome da sociedade de advogados contratada pela parte Autora, sendo os honorários contratuais devidos no percentual constante no contrato em anexo.

Dá-se à causa o valor de R$ 1.000,00 (mil reais). <ADEQUAR CONFORME O CASO>

Nesses termos,

PEDE DEFERIMENTO.

Cidade e data.

Nome do Advogado e OAB

### 69. MODELO DE AÇÃO DE REVISÃO DE BENEFÍCIO BASEADA NA ALTERAÇÃO DOS VALORES COMPUTADOS COMO SALÁRIOS DE CONTRIBUIÇÃO EM CASO DE ATIVIDADES CONCOMITANTES (BENEFÍCIOS ANTERIORES A 18.01.2019)

**EXCELENTÍSSIMO(A) SENHOR(A) DOUTOR(A) JUIZ(A) FEDERAL DA VARA/JUIZADO ESPECIAL FEDERAL DA CIDADE – SEÇÃO JUDICIÁRIA DO ESTADO** <VERIFICAR SE É INTERESSANTE O AJUIZAMENTO DA AÇÃO NA VARA ESTADUAL MEDIANTE A UTILIZAÇÃO DA COMPETÊNCIA DELEGADA, MAS ADEQUANDO À NOVA LIMITAÇÃO DE 70 KM ENTRE A SEDE DA JF E A SEDE DA COMARCA. SE SIM, ADEQUAR PARA A NOMENCLATURA ESTADUAL>

**Segurado**, nacionalidade, estado civil, aposentado ou pensionista, residente e domiciliado(a) na Rua, bairro, cidade, Estado, inscrito no CPF sob o nº, NB e DIB (incluir dados do benefício anterior se houver), endereço eletrônico, vem à presença de Vossa Excelência, por intermédio de seus procuradores constituídos, propor a presente **AÇÃO DE REVISÃO DE BENEFÍCIO PREVIDENCIÁRIO** contra o **INSTITUTO NACIONAL DO SEGURO SOCIAL – INSS**, pessoa jurídica de direito público, autarquia federal, com endereço na..., pelos fatos e fundamentos que a seguir aduz:

**1. BREVE RESUMO DOS FATOS** <ADEQUAR AO CASO CONCRETO>

A Parte Autora é titular de benefício previdenciário vinculado ao INSTITUTO NACIONAL DO SEGURO SOCIAL – INSS, conforme comprovam os documentos em anexo.

Ocorre que a parte teve contribuições em duas atividades concomitantes, e o cálculo de benefício feito pelo INSS adotou regras que lhe prejudicaram a RMI. <INDICAR OS MESES EM QUE HOUVE ATIVIDADES CONCOMITANTES E OS VALORES DOS SALÁRIOS DE CONTRIBUIÇÃO.>

Desse modo, como a Autarquia Previdenciária desconsiderou a soma total das remunerações sobre a qual foi efetuada a contribuição mensal, ainda que de fontes diferentes, causando reflexo negativo no benefício da Parte Autora, e se faz necessária a revisão do benefício.

Isso porque o valor atualmente pago é inferior ao efetivamente devido, causando prejuízo à Parte Autora, e por isso o benefício deve ser alterado, como se demonstrará a seguir:

**2. FUNDAMENTOS JURÍDICOS DO PEDIDO** <ADEQUAR AO CASO CONCRETO>

**2.1 Da fixação dos salários de contribuição**

Para melhor compreensão da situação enfrentada pelo(a) segurado(a), convém esclarecer o que a legislação previdenciária pertinente determina.

A Lei n. 8.212/1991 obriga a contribuição do trabalhador que exerce atividade e recebe de duas fontes, devendo o mesmo contribuir pelos salários recebidos em ambas, até o limite do teto do salário de contribuição, senão vejamos:

> Art. 12, § 2º Todo aquele que exercer, concomitantemente, mais de uma atividade remunerada sujeita ao Regime Geral de Previdência Social é obrigatoriamente filiado em relação a cada uma delas.

Até 18.01.2019 (MP n. 871, convertida na Lei n. 13.846/2019), o art. 32 da Lei n. 8.213/1991 tinha a seguinte redação no tocante à média (SB) para as atividades concomitantes:

> Art. 32. O salário de benefício do segurado que contribuir em razão de atividades concomitantes será calculado com base na soma dos salários de contribuição das atividades exercidas na data do requerimento ou do óbito, ou no período básico de cálculo, observado o disposto no art. 29 e as normas seguintes:
>
> I – quando o segurado satisfizer, em relação a cada atividade, as condições do benefício requerido, o salário de benefício será calculado com base na soma dos respectivos salários de contribuição;
>
> II – quando não se verificar a hipótese do inciso anterior, o salário de benefício corresponde à soma das seguintes parcelas:
>
> a) o salário de benefício calculado com base nos salários de contribuição das atividades em relação às quais são atendidas as condições do benefício requerido;
>
> b) um percentual da média do salário de contribuição de cada uma das demais atividades, equivalente à relação entre o número de meses completo de contribuição e os do período de carência do benefício requerido;
>
> III – quando se tratar de benefício por tempo de serviço, o percentual da alínea "b" do inciso II será o resultante da relação entre os anos completos de atividade e o número de anos de serviço considerado para a concessão do benefício.
>
> § 1º O disposto neste artigo não se aplica ao segurado que, em obediência ao limite máximo do salário de contribuição, contribuiu apenas por uma das atividades concomitantes.
>
> § 2º Não se aplica o disposto neste artigo ao segurado que tenha sofrido redução do salário de contribuição das atividades concomitantes em respeito ao *limite máximo desse salário*.

Vale ressaltar que a Lei n. 13.846/2019 alterou a redação para que o cálculo fosse feito na forma pleiteada nessa ação, conforme destacamos:

> Art. 32. O salário de benefício do segurado que contribuir em razão de atividades concomitantes será calculado com base na soma dos salários de contribuição das atividades exercidas na data do requerimento ou do óbito, ou no período básico de cálculo, observado o disposto no art. 29 desta Lei. (Redação dada pela Lei n. 13.846, de 2019)

Entretanto, como o presente benefício foi concedido antes de 18.01.2019, seu cálculo foi feito indevidamente.

Nesse sentido, destacamos que o art. 32 da Lei n. 8.213/1991, em sua redação anterior, não merece aplicação após 01.04.2003, tendo em vista sua derrogação pela Lei n. 9.876/1999. E tal tem fundamento no fato de que extinta a escala de salário-base a partir de abril de 2003, deixou de haver restrições ao recolhimento por parte dos contribuintes individual e facultativo. Logo, perde justificativa e a validade jurídica a necessidade de aplicação proporcional da contribuição das atividades concomitantes.

E isso se dá por um fato simples: o Período Básico de Cálculo não são mais as últimas 36 contribuições.

Agora se fala em cálculo do benefício baseado em todo o período contributivo, ainda que o cálculo da média seja apurado com as 80% maiores contribuições.

Logo, a proporcionalidade da contribuição já está implícita na nova forma de cálculo. Não se faz mais necessária a proteção do art. 32 da Lei n. 8.213/1991.

Vale lembrar que o fundamento do art. 32 da Lei n. 8.213/1991, e bem assim as normas que disciplinavam a escala de salário-base, foi a tentativa de evitar que o segurado fraudasse o sistema, inflando seus últimos salários e recebendo um benefício que não tivesse relação com sua contribuição durante a vida.

Assim, ficou impedido o segurado empregado, nos últimos anos de contribuição, de contribuir em valores significativos como autônomo/contribuinte individual, ou mesmo que o autônomo/contribuinte individual majorasse significativamente suas contribuições.

Mas por óbvio que tal regra não se aplica no caso concreto em análise. Tampouco nos cálculos elaborados com base na Lei n. 9.876/1999. E esse também é o entendimento do Judiciário.

Cabe ressaltar que a TNU em Representativo de Controvérsia – Tema 167 consolidou esse entendimento fixando a seguinte tese:

> O cálculo do salário de benefício do segurado que contribuiu em razão de atividades concomitantes vinculadas ao RGPS e implementou os requisitos para concessão do benefício em data posterior a 01.04.2003 deve se dar com base na soma integral dos salários de contribuição (anteriores e posteriores a 04/2003) limitados ao teto. (PEDILEF 5003449-95.2016.4.04.7201, publ. em 05.03.2018)

No mesmo sentido, o STJ fixou a tese no Tema Repetitivo 1.070 (até o momento sem trânsito em julgado), reconhecendo que o salário de contribuição deverá consistir na soma de todas as contribuições vertidas pelo segurado. Senão vejamos:

> Após o advento da Lei 9.876/1999, e para fins de cálculo do benefício de aposentadoria, no caso do exercício de atividades concomitantes pelo segurado, o salário de contribuição deverá ser composto da soma de todas as contribuições previdenciárias por ele vertidas ao sistema, respeitado o teto previdenciário.

Salienta-se que a data de 1º.04.2003 refere-se à extinção da escala de salário-base, momento em que deixou de haver restrições ao recolhimento por parte dos contribuintes individual e facultativo de valores de acordo com suas remunerações ou preferências.

Eles passaram, portanto, a poder iniciar a contribuir para a previdência com base em qualquer valor de salário de contribuição até o valor-teto.

A autorização permite ainda que tais valores de contribuição sejam alterados, sem qualquer interstício ou prazo mínimo. Os únicos limites passaram a ser o valor mínimo (salário mínimo) e o teto máximo (este reajustado regularmente).

Portanto, a Parte Autora requer, desde já, a retificação da Renda Mensal Inicial (RMI) do benefício, com base nos valores de contribuição somados com o pagamento das diferenças verificadas desde a concessão do benefício, por ser motivo de Justiça!

### 3. DO PREQUESTIONAMENTO <ADEQUAR AO CASO CONCRETO>

Resta clara a violação aos ditames constitucionais e legislação federal, da qual destacamos os artigos <ADEQUAR AO CASO CONCRETO, CITANDO NOMINALMENTE OS ARTIGOS, INCLUSIVE COM PARÁGRAFOS E INCISOS, LEMBRANDO-SE DE INCLUIR TAMBÉM LEGISLAÇÃO FEDERAL MESMO PARA AÇÕES DE JUIZADOS, TENDO EM VISTA A ATUAL POSSIBILIDADE DE INTERPOSIÇÃO DE IRDR>.

### 4. REQUERIMENTOS <ADEQUAR AO CASO CONCRETO>

Diante do exposto, requer-se a Vossa Excelência:

a) a citação do Instituto Nacional do Seguro Social – INSS para, querendo, responder à presente demanda, no prazo legal;

b) a determinação ao INSS para que, na primeira oportunidade em que se pronunciar nos autos, apresente o Processo de Concessão do Benefício Previdenciário para apuração dos valores devidos à Parte Autora, conforme determinado pelo art. 11 da Lei n. 10.259/2001, sob pena de cominação de multa diária, nos termos do art. 139, IV, do Código de Processo Civil/2015 – a ser fixada por esse Juízo;

c) a procedência da pretensão deduzida, consoante narrado nesta inicial, condenando-se o INSS a revisar a Renda Mensal Inicial (RMI) do benefício da Parte Autora, para determinar a soma dos valores de salários de contribuição existentes em razão de atividades concomitantes;

d) a condenação do INSS ao pagamento dos valores acumulados, aplicando-se juros e correção monetária até 11/2021, nos termos dos Temas 810 do STF e 905 do STJ e, a partir de 12/2021, o índice da taxa referencial do Sistema Especial de Liquidação e de Custódia (Selic), acumulado mensalmente, para fins de atualização monetária e de compensação da mora (art. 3º da EC n. 113/2021), respeitada a prescrição quinquenal;

e) a condenação do INSS ao pagamento de custas, despesas e de honorários advocatícios, na base de 20% (vinte por cento) sobre a condenação, conforme dispõem o art. 55 da Lei n. 9.099/1995 e o art. 85, § 3º, do Código de Processo Civil/2015;

f) o julgamento antecipado da lide, conforme dispõe o art. 355 do Código de Processo Civil/2015, considerando, ainda, que a questão de mérito é unicamente de direito. Sendo outro o entendimento de V. Exa., requer a produção de todos os meios de prova em direito admitidos, sem exclusão de nenhum que se fizer necessário ao deslinde da demanda;

g) a concessão da Gratuidade da Justiça, na forma dos arts. 98 e ss. do CPC/2015, por ser a Parte Autora pessoa hipossuficiente, na acepção jurídica do termo, sem condições de arcar com as despesas processuais e os honorários advocatícios sucumbenciais sem prejuízo de seu sustento e de sua família, <RECOMENDA-SE A COLETA, PELO ADVOGADO, DE DECLARAÇÃO DE HIPOSSUFICIÊNCIA DO CLIENTE, CASO SEJA REQUERIDA A GRATUIDADE DA JUSTIÇA. DEVE-SE, TAMBÉM, DE PREFERÊNCIA, FAZER A JUNTADA DE TAL DECLARAÇÃO NOS AUTOS, JÁ NA INICIAL>.

Cumprindo a previsão do art. 319, VII, do Código de Processo Civil/2015, a parte autora declara que opta pela realização <OU NÃO REALIZAÇÃO, ADEQUAR CONFORME O INTERESSE EM CADA CASO> de audiência de conciliação no presente caso.

Requer-se, com base no § 4º, do art. 22, da Lei n. 8.906/1994, que, ao final da presente demanda, caso sejam encontradas diferenças em favor do autor, quando da expedição da RPV ou do precatório, os valores referentes aos honorários contratuais e sucumbenciais sejam expedidos em nome da sociedade de advogados contratada pela parte Autora, sendo os honorários contratuais devidos no percentual constante no contrato em anexo.

Dá-se à causa o valor de R$ 1.000,00 (mil reais). <ADEQUAR CONFORME O CASO>

Nesses termos,

PEDE DEFERIMENTO.

Cidade e data.

Nome do Advogado e OAB

## 70. MODELO DE AÇÃO DE REVISÃO DE AUXÍLIO-DOENÇA PARA AFASTAR LIMITADOR EXTRA REFERENTE À MÉDIA DAS ÚLTIMAS 12 CONTRIBUIÇÕES – DIREITO ADQUIRIDO ANTERIOR À EC N. 103/2019

**EXCELENTÍSSIMO(A) SENHOR(A) DOUTOR(A) JUIZ(A) FEDERAL DA VARA/JUIZADO DA CIDADE – SEÇÃO JUDICIÁRIA DO ESTADO** <CASO SEJA DECORRENTE ACIDENTE DE TRABALHO A COMPETÊNCIA É DA JUSTIÇA ESTADUAL, PORTANTO DEVE SER ADEQUADO. EM CASO DE AUXÍLIO-DOENÇA DECORRENTE DE CAUSA DIVERSA, VERIFICAR SE É INTERESSANTE O AJUIZAMENTO DA AÇÃO NA VARA ESTADUAL MEDIANTE A UTILIZAÇÃO DA COMPETÊNCIA DELEGADA, MAS ADEQUANDO À NOVA LIMITAÇÃO DE 70 KM ENTRE A SEDE DA JF E A SEDE DA COMARCA. SE SIM, ADEQUAR PARA A NOMENCLATURA ESTADUAL>

**Segurado(a),** nacionalidade, estado civil, profissão, residente e domiciliado(a) na Rua, Bairro, Cidade, Estado, inscrito(a) no CPF sob o nº, NB e DIB <INCLUIR DADOS DO BENEFÍCIO ANTERIOR, SE HOUVER), endereço eletrônico, vem à presença de Vossa Excelência, por intermédio de seus procuradores constituídos, propor a presente **AÇÃO DE REVISÃO DE BENEFÍCIO PREVIDENCIÁRIO** contra o **INSTITUTO NACIONAL DO SEGURO SOCIAL – INSS,** pessoa jurídica de direito público, autarquia federal, com endereço na..., pelos fatos e fundamentos que a seguir aduz:

## 1. DOS FATOS <ADEQUAR AO CASO CONCRETO>

A parte autora recebe atualmente <ou recebeu> benefício de auxílio-doença deferido pela Autarquia-Ré, conforme comprovam documentos anexos a essa inicial.

Ocorre que no cálculo do benefício o INSS aplicou limitador extraordinário, além do teto para pagamento dos benefícios previdenciários, nos termos de nova regra introduzida pela Lei n. 13.135/2015 (conversão da MP n. 664/2014).

Tal conduta fere o direito da parte autora e, portanto, merece correção por este juízo.

## 2. FUNDAMENTOS JURÍDICOS DO PEDIDO DO DIREITO <ADEQUAR AO CASO CONCRETO>

Antes de tudo, cabe destacar que o benefício da parte autora foi deferido antes da Reforma da Previdência e, portanto, devem ser observadas as regras até ali vigentes.

Como dito, na concessão do benefício, entretanto, este sofreu prejuízo no cálculo.

A limitação indevida se deu em razão de recente alteração na Lei n. 8.213/1991, trazida Lei n. 13.135/2015 (conversão da MP n. 664/2014). Da norma destacamos:

> Art. 29, § 10. O auxílio-doença não poderá exceder a média aritmética simples dos últimos 12 (doze) salários de contribuição, inclusive em caso de remuneração variável, ou, se não alcançado o número de 12 (doze), a média aritmética simples dos salários de contribuição existentes.

Não é a primeira vez que o Poder Executivo tenta, por meio de Medida Provisória, reduzir o valor da RMI do auxílio-doença.

Em 2005, houve a edição da MP n. 242, que também incluía o § 10 no art. 29 da LBPS, com a seguinte redação: "A renda mensal do auxílio-doença e aposentadoria por invalidez, calculada de acordo com o inciso III, não poderá exceder a remuneração do trabalhador, considerada em seu valor mensal, ou seu último salário de contribuição no caso de remuneração variável".

Tal Medida Provisória foi objeto das ADIs n. 3.467-7/DF, n. 3.473-1/DF e n. 3.505-3/DF, tendo o STF, em sede de controle concentrado, reconhecido a inconstitucionalidade da referida norma, através de decisão liminar concedida em 01.07.2005.

Na decisão, o relator, Min. Marco Aurélio, se pronunciou pela inconstitucionalidade por afronta ao § 11 do art. 201 da CF: "Os ganhos habituais do empregado, a qualquer título, serão incorporados ao salário para efeito de contribuição previdenciária e consequente repercussão em benefícios, nos casos e na forma da lei."

Colhe-se da decisão:

> "Em suma, tem-se limite imposto pela medida provisória que, neste primeiro exame, contraria a regra do § 11 do artigo 201 da Constituição Federal:
>
> § 11. Os ganhos habituais do empregado, a qualquer título, serão incorporados ao salário para efeito de contribuição previdenciária e consequente repercussão em benefícios, nos casos e na forma da lei.
>
> Evidentemente a alusão 'nos casos e na forma da lei' não constitui uma carta em branco ao legislador, muito menos ao individual, para esvaziar o comando da primeira parte do parágrafo, a revelar a necessidade de os ganhos habituais do empregado, a qualquer título, serem incorporados ao salário para efeito de contribuição previdenciária, repercutindo, consequentemente, nos benefícios. Mais do que isso, o § 10 conflita com a consequência prevista na Carta da República. A um só tempo, o artigo 29, mediante o inciso III, na redação decorrente da medida provisória, diz da consideração da média aritmética simples dos 36 últimos salários de contribuição, compreendidos nestes os ganhos habituais, e em passo seguinte, muito embora com o emprego do vocábulo 'remuneração', afasta, para efeito de definição do teto, os ganhos variáveis, ainda que habituais. Então, se possível fosse concluir pela inexistência do vício a contaminar toda a medida provisória – o que iniludivelmente não é –, caberia deferir a medida acauteladora para suspender, até o julgamento final desta ação direta de inconstitucionalidade, a eficácia do § 10 do artigo 29 da Lei n. 8.213/1991, na redação imprimida pela Medida Provisória n. 242/2005."[10]

---

[10] Decisão na íntegra em: http://www.conjur.com.br/2005-jul-01/stf_suspende_medida_provisoria_auxilio-doenca?pagina=7. Acesso em: 9 out. 2016.

Veja Excelência que tal limitação cria tratamento diferenciado e aplicação de critérios de cálculos prejudiciais para a parte autora, em claro descumprimento do disposto no art. 201, §§ 1º e 11, da CF/1988, que assim dispõe:

> Art. 201, (...) § 1º É vedada a adoção de requisitos e critérios diferenciados para a concessão de aposentadoria aos beneficiários do regime geral de previdência social, ressalvados os casos de atividades exercidas sob condições especiais que prejudiquem a saúde ou a integridade física e quando se tratar de segurados portadores de deficiência, nos termos definidos em lei complementar. (Redação dada pela Emenda Constitucional n. 47, de 2005.)
>
> **§ 11. Os ganhos habituais do empregado, a qualquer título, serão incorporados ao salário para efeito de contribuição previdenciária e consequente repercussão em benefícios, nos casos e na forma da lei.**

O parágrafo primeiro trata da expressa definição de isonomia para o direito previdenciário e, quando a norma fala em aposentadoria, na verdade transporta o direito para todos os benefícios previdenciários. Isso porque deve-se interpretar, nesse caso, o direito a igualdade de exigência de requisitos e critérios, aqui incluída a forma de cálculo do benefício.

Já o parágrafo onze trata do salário de contribuição e do salário de benefício, garantindo que o valor do benefício tenha relação com as contribuições do segurado. Assim, apesar de o sistema não garantir ao beneficiário o último salário sobre o qual incidiu a contribuição, garante que todos os ganhos habituais terão repercussão no valor do benefício a ser concedido pela Previdência Social.

Diferente não poderia ser posto que se admite o critério da seletividade no direito previdenciário, sem, entretanto, permitir ferimento ao princípio da isonomia, que também está presente na CF/1988 no art. 5º, *caput*[11]. Assim, não há justificativa para que se crie parâmetro diferenciado com teto adicional individualizado para o auxílio-doença na prática criando dois tipos de benefícios:

1. Aqueles auxílios que foram concedidos com base na regra do inciso II do art. 29, ou seja, com a média dos 80% maiores salários de contribuição multiplicado pelo coeficiente de cálculo 91%;

2. Aqueles auxílios que foram concedidos com base na regra do § 10 do art. 29, com base na média das últimas 12 contribuições.

Pois bem, aqui se tem a seguinte hipótese: dois segurados que cumprem a carência e as contribuições necessárias para a concessão do auxílio-doença, entretanto um tem melhores salários nos últimos 12 meses e o outro, maiores salários em meses anteriores. Façamos o exemplo com segurados que possuam a mesma média aritmética do salário de contribuição. Nesse caso, apenas um terá direito ao recebimento do benefício com base na efetividade do inciso II do art. 29 da Lei n. 8.213/1991, enquanto ao outro garantir-se-á apenas a média das últimas 12 contribuições.

Vejamos o exemplo em números:

| Segurados | Segurado 1 | Segurado 2 |
|---|---|---|
| Total de meses contribuídos | 36 | 36 |
| Total da soma dos salários de contribuição | R$ 54.000,00 | R$ 54.000,00 |
| Salário de Benefício = média das contribuições | R$ 1.500,00 | R$ 1.500,00 |
| Média das últimas 12 contribuições | R$ 1.300,00 | R$ 1.500,00 |
| Valor do benefício limitado na forma do § 10 (RMI = SB X Coef 91%) com limitação extraordinária | R$ 1.300,00 | R$ 1.365,00 |

---

[11] Art. 5º Todos são iguais perante a lei, sem distinção de qualquer natureza, garantindo-se aos brasileiros e aos estrangeiros residentes no País a inviolabilidade do direito à vida, à liberdade, à igualdade, à segurança e à propriedade, nos termos seguintes (...)

Tal estabelecimento de critérios não pode ser entendido como possível pelo princípio da seletividade previdenciária. Isso porque, tal princípio justifica, por exemplo, a criação do critério de seleção com base na baixa renda para o auxílio-reclusão, mas não legitima, em hipótese alguma, o tratamento diferenciado de dois segurados em que a Lei garantiu o acesso ao benefício.

Vale lembrar que não se pode no caso concreto entender que poderia haver cálculo ou teto diferenciado para segurados que possuem direito ao MESMO BENEFÍCIO.

Podemos destacar dois momentos no direito previdenciário brasileiro em que já foi determinado o afastamento de normas semelhantes.

A primeira, quando da EC n. 20 e EC n. 41, em que o STF determinou expressamente que não poderia haver aplicação de dois tetos diferenciados para segurados com direitos idênticos. Isso porque, se aceitarmos interpretação contrária, estaremos convalidando o enriquecimento ilícito do Instituto, que deveria pagar mais ao segurando, mas somente não o faz pela criação inconstitucional de limitação extraordinária (RE n. 564.354, RG n. 76, Plenário, Rel. Min. Cármen Lúcia, *DJe* 15.02.2011).

O princípio da isonomia previdenciária foi novamente resguardado quando do julgamento dos requisitos da aposentadoria por idade. Naquele momento tínhamos a análise de dois casos de segurados que cumpriam a carência de 15 anos e a idade, mas em momentos distintos. E tanto a jurisprudência como mais tarde a Lei (n. 10.666/2003) vieram a garantir tratamento isonômico aos segurados.

O mesmo merece ser aplicado no caso em concreto. Isso porque, se houver a permissão da limitação extraordinária introduzida pela Lei n. 13.135/2015, o segurado sofrerá tratamento diferenciado e terá ferido seu direito à isonomia constitucional, sem qualquer justificativa, posto que em termos de custeio suas contribuições são exatamente idênticas aos demais segurados.

**3. DO PREQUESTIONAMENTO** <ADEQUAR AO CASO CONCRETO>

Resta clara a violação aos ditames constitucionais e legislação federal, da qual destacamos os artigos <ADEQUAR AO CASO CONCRETO, citando nominalmente os artigos, inclusive com parágrafos e incisos, lembrando-se de incluir também legislação federal mesmo para ações de juizados, tendo em vista a atual possibilidade de interposição de IRDR>.

**4. DOS REQUERIMENTOS** <ADEQUAR AO CASO CONCRETO>

Diante do exposto, requer-se a Vossa Excelência:

a) a citação do Instituto Nacional do Seguro Social – INSS, para, querendo, responder à presente demanda, no prazo legal;

b) a determinação ao INSS para que, na primeira oportunidade em que se pronunciar nos autos, apresente o Processo de Concessão do Benefício Previdenciário para apuração dos valores devidos à Parte Autora, conforme determinado pelo art. 11 da Lei n. 10.259/2001, sob pena de cominação de multa diária, nos termos do art. 139, IV, do Código de Processo Civil/2015, a ser fixada por esse Juízo;

c) a procedência da pretensão deduzida, consoante narrado nesta inicial, condenando-se o INSS a revisar o benefício de auxílio-doença da parte autora de forma a afastar a limitação prevista no art. 29, § 10, da Lei n. 8.213/1991, por se tratar de norma inconstitucional;

d) a condenação do INSS ao pagamento dos valores acumulados, aplicando-se juros e correção monetária até 11/2021, nos termos dos Temas 810 do STF e 905 do STJ e, a partir de 12/2021, o índice da taxa referencial do Sistema Especial de Liquidação e de Custódia (Selic), acumulado mensalmente, para fins de atualização monetária e de compensação da mora (art. 3º da EC n. 113/2021), respeitada a prescrição quinquenal;

e) a condenação do INSS ao pagamento de custas, despesas e de honorários advocatícios, na base de 20% (vinte por cento) dos valores devidos apurados em liquidação de sentença, conforme dispõem o art. 55 da Lei n. 9.099/1995 e o art. 85, § 3º, do Código de Processo Civil/2015;

f) o julgamento antecipado da lide, conforme dispõe o art. 355 do Código de Processo Civil/2015, considerando que a questão de mérito é unicamente de direito. Sendo outro o entendimento de V. Exa., requer e protesta pela produção de todos os meios de prova admitidos em direito, sem exclusão de nenhum que se fizer necessário ao deslinde da demanda;

g) a concessão da Gratuidade da Justiça, na forma dos arts. 98 e ss. do CPC/2015, por ser a Parte Autora pessoa hipossuficiente, na acepção jurídica do termo, sem condições de arcar com as despesas processuais e os honorários advocatícios sucumbenciais sem prejuízo de seu sustento e de sua família. <RECOMENDA-SE A COLETA, PELO ADVOGADO, DE DECLARAÇÃO DE HIPOSSUFICIÊNCIA DO CLIENTE, CASO SEJA REQUERIDA A GRATUIDADE DA JUSTIÇA. DEVE-SE, TAMBÉM, DE PREFERÊNCIA, FAZER A JUNTADA DE TAL DECLARAÇÃO NOS AUTOS, JÁ NA INICIAL.>

Cumprindo a previsão do art. 319, VII, do Código de Processo Civil/2015, a parte autora declara que opta pela realização <OU NÃO REALIZAÇÃO, ADEQUAR CONFORME O INTERESSE EM CADA CASO> de audiência de conciliação no presente caso.

Requer-se, com base no § 4º do art. 22, da Lei n. 8.906/1994, que, ao final da presente demanda, caso sejam encontradas diferenças em favor do(a) autor(a), quando da expedição da RPV ou do precatório, os valores referentes aos honorários contratuais e sucumbenciais sejam expedidos em nome da sociedade de advogados contratada pela parte Autora, sendo os honorários contratuais devidos no percentual constante no contrato em anexo.

Dá-se à causa o valor de R$ 1.000,00 (mil reais). <ADEQUAR CONFORME O CASO>

Nesses termos,

PEDE DEFERIMENTO.

Cidade e data.

Nome do Advogado e OAB

## 71. MODELO DE AÇÃO DE REVISÃO DA RENDA MENSAL COM BASE NOS NOVOS TETOS DAS EMENDAS CONSTITUCIONAIS N. 20/1998 E N. 41/2003

**EXCELENTÍSSIMO(A) SENHOR(A) DOUTOR(A) JUIZ(A) FEDERAL DA VARA/JUIZADO DA CIDADE – SEÇÃO JUDICIÁRIA DO ESTADO** <ADEQUAR À JUSTIÇA ESTADUAL, SE O BENEFÍCIO FOR ACIDENTÁRIO. EM CASO DE BENEFÍCIO NÃO ACIDENTÁRIO, VERIFICAR SE É INTERESSANTE O AJUIZAMENTO DA AÇÃO NA VARA ESTADUAL MEDIANTE A UTILIZAÇÃO DA COMPETÊNCIA DELEGADA, MAS ADEQUANDO À NOVA LIMITAÇÃO DE 70 KM ENTRE A SEDE DA JF E A SEDE DA COMARCA. SE SIM, ADEQUAR PARA A NOMENCLATURA ESTADUAL>

**Segurado(a)**, nacionalidade, estado civil, aposentado(a) ou pensionista, residente e domiciliado(a) na Rua, Bairro, Cidade, Estado, inscrito(a) no CPF sob o nº, NB e DIB (incluir dados do benefício anterior se houver), endereço eletrônico, vem à presença de Vossa Excelência, por intermédio de seus procuradores constituídos, propor apresente **AÇÃO DE REVISÃO DE BENEFÍCIO PREVIDENCIÁRIO** contra o **INSTITUTO NACIONAL DO SEGURO SOCIAL – INSS,** pessoa jurídica de direito público, autarquia federal, com endereço na..., <ENDEREÇO PARA CITAÇÃO/ INTIMAÇÃO A SER VERIFICADO DE ACORDO COM A CIDADE E ESTADO QUE SE INGRESSA COM A AÇÃO>, pelos fatos e fundamentos que a seguir aduz:

1. **BREVE RESENHA FÁTICA** <ADEQUAR AO CASO CONCRETO>

A Parte Autora é beneficiária do Regime Geral de Previdência Social, conforme documentos anexos.

Em julho de 1988, estipulou-se que os benefícios previdenciários do Regime Geral de Previdência Social seriam limitados, de maneira que o pagamento do benefício não pudesse ultrapassar um valor máximo definido.

Esse valor limite (teto) foi sendo reajustado no decorrer dos anos, culminando com a edição da Emenda Constitucional n. 20/1998, que elevou o teto do INSS de R$ 1.081,50 (um mil e oitenta e um reais e cinquenta centavos) para R$ 1.200,00 (um mil e duzentos reais), *ex vi* do art. 14, da EC em tela:

> Art. 14. O limite máximo para o valor dos benefícios do regime geral de previdência social de que trata o art. 201 da Constituição Federal e fixado em R$ 1.200,00 (um mil e duzentos reais), devendo, a partir da data da publicação desta Emenda, ser reajustado de forma a preservar, em caráter permanente, seu valor real, atualizado pelos mesmos índices aplicados aos benefícios do regime geral de previdência social.

Posteriormente, da mesma forma, a EC n. 41/2003 elevou o teto do INSS para R$ 2.400,00, senão vejamos:

> Art. 5º O limite máximo para o valor dos benefícios do regime geral de previdência social de que trata o art. 201 da Constituição Federal e fixado em R$ 2.400,00 (dois mil e quatrocentos reais), devendo, a partir da data da publicação desta Emenda, ser reajustado de forma a preservar, em caráter permanente, seu valor real, atualizado pelos mesmos índices aplicados aos benefícios do regime geral de previdência social.

Na tentativa de evitar o pagamento de parte desse valor, o então Ministério da Previdência e Assistência Social editou, na data imediatamente posterior às citadas Emendas Constitucionais, normas internas, estabelecendo que os novos tetos não fossem utilizados para os benefícios em manutenção.

Tal situação causou enorme gravame aos beneficiários, representando uma afronta às disposições normativas em vigor, haja vista que, em momento algum, autorizaram a existência de dois limitadores para os benefícios mantidos pelo RGPS.

Buscando a correção de tamanha injustiça, recorre, o(a) autor(a), à via judicial competente.

## 2. FUNDAMENTOS JURÍDICOS DO PEDIDO <ADEQUAR AO CASO CONCRETO>

Inicialmente, destaca-se que não há decadência no caso em apreço, porquanto não se trata de revisão do ato de concessão do benefício, mas de reajuste posterior à fixação da renda mensal inicial (STJ, REsp 1.617.000/SC, Rel. Min. Mauro Campbell Marques, *DJe* 19.08.2016).

Com o advento da EC n. 20/1998, evidentemente, todos os segurados que estivessem recebendo R$ 1.081,50 em dezembro/1998, mas cujo total da renda reajustada ultrapassasse tal limite, deveriam passar a receber de acordo com o novo teto, ou seja, levando-se em consideração o teto limitador de R$ 1.200,00.

O INSS, em desacordo com a reforma trazida pela EC n. 20/1998, pretendeu continuar pagando todos os benefícios anteriores a 16.12.1998 de acordo com o limite de R$ 1.081,50. Para tanto, o então Ministério da Previdência e Assistência Social editou, na data imediatamente posterior à EC n. 20/1998, norma interna (Portaria MPAS n. 4.883, de 16.12.1998), estabelecendo que:

> Art. 6º O limite do valor dos benefícios do RGPS, a serem concedidos a partir de 16 de dezembro de 1998, e de R$ 1.200,00 (um mil e duzentos reais), inclusive do benefício de que tratam os arts. 91 a 100 do Regulamento de Benefícios da Previdência Social – RBPS, aprovado pelo Decreto n. 2.172, de 5 de marco de 1997, e dos benefícios de legislação especial pagos pela Previdência Social, mesmo que a conta do Tesouro Nacional.

Tal norma é inaplicável, visto que estabelece regra diferente da trazida pela EC n. 20/1998, fixando dois limitadores aos benefícios mantidos pelo RGPS. Convém indicar que tal duplicidade de limitadores não está prevista na Constituição Federal de 1988, tampouco na Lei n. 8.213/1991, e, portanto, não possui qualquer amparo legal.

O mesmo também aconteceu com o advento da Emenda Constitucional n. 41, de 19 de dezembro de 2003, que aumentou o teto máximo, para todos os benefícios, para R$ 2.400,00 mensais.

O INSS, em desacordo com as reformas trazidas pelas citadas Emendas Constitucionais, pretendeu continuar pagando todos os benefícios anteriores a 16.12.1998 e 19.12.2003 com base nos limites de R$ 1.081,50 e R$ 1.869,34, respectivamente.

Para tanto, o então Ministério da Previdência e Assistência Social editou normas internas (Portarias), estabelecendo que, somente aos benefícios concedidos a partir de 16.12.1998 e 19.12.2003, o teto seria de R$ 1.200,00 e R$ 2.400,00, criando regra diferente da trazida pelas Emendas Constitucionais em tela.

Para melhor compreensão da injustiça cometida pela Autarquia-Ré, tomemos por base o exemplo:

Aposentadoria com DIB 06/1994, RMI de R$ 639,79, limitada a R$ 582,86 na época da concessão.

| Renda Mensal Devida (média ou SB) | Índice de majoração* | Renda devida reajustada | Valor pago (teto) | |
|---|---|---|---|---|
| 06-1994 | R$ 639,79 | | | R$ 582,86 |
| 05-1995 | R$ 639,79 | 1,4286 | R$ 913,98 | R$ 832,66 |
| 05-1996 | R$ 913,98 | 1,1500 | R$ 1.051,07 | R$ 957,56 |
| 06-1997 | R$ 1.051,07 | 1,0776 | R$ 1.132,63 | R$ 1.031,87 |
| 06-1998 | R$ 1.132,63 | 1,0481 | R$ 1.187.10 | R$ 1.081,50 |

Nesse caso, a partir da EC n. 20/1998, o benefício deverá ser pago no montante mensal de R$ 1.187,10. Cabe-nos ressaltar, por oportuno, que não se trata de reajuste de benefício, mas apenas de adequação ao novo limite máximo da renda mensal estabelecido na EC n. 20/1998. Explicamos: se o beneficiário tem direito a pagamento maior do que o teto, mas, devido a uma limitação legal, tem seu valor de benefício diminuído, por certo que o aumento do limite resultará numa adequação do valor do benefício ao teto, respeitando-se sempre o cálculo do valor devido (RMI).

Isso porque, se aceitarmos interpretação contrária, convalidaremos o enriquecimento ilícito do Instituto, que deveria pagar mais ao segurando, mas somente não o faz pela limitação legal. Ora, se a lei aumenta o limite, todos aqueles que deveriam estar recebendo a mais devem passar a perceber um valor de acordo com a nova limitação.

Esse aumento não deve ser entendido como reajuste, porque o direito já existia anteriormente. É apenas uma adequação do valor do benefício à nova limitação legal.

Sobre o tema já se manifestou o Supremo Tribunal Federal, em sede de Repercussão Geral n. 76:

> DIREITOS CONSTITUCIONAL E PREVIDENCIÁRIO. REVISÃO DE BENEFÍCIO. ALTERAÇÃO NO TETO DOS BENEFÍCIOS DO REGIME GERAL DE PREVIDÊNCIA. REFLEXOS NOS BENEFÍCIOS CONCEDIDOS ANTES DA ALTERAÇÃO. EMENDAS CONSTITUCIONAIS N. 20/1998 E N. 41/2003. DIREITO INTERTEMPORAL: ATO JURÍDICO PERFEITO. NECESSIDADE DE INTERPRETAÇÃO DA LEI INFRACONSTITUCIONAL. AUSÊNCIA DE OFENSA AO PRINCÍPIO DA IRRETROATIVIDADE DAS LEIS. RECURSO EXTRAORDINÁRIO A QUE SE NEGA PROVIMENTO.
>
> 1. Há pelo menos duas situações jurídicas em que a atuação do Supremo Tribunal Federal como guardião da Constituição da República demanda interpretação da legislação infraconstitucional: a primeira respeita ao exercício do controle de constitucionalidade das normas, pois não se declara a constitucionalidade ou inconstitucionalidade de uma lei sem antes entendê-la; a segunda, que se dá na espécie, decorre da garantia constitucional da proteção ao ato jurídico perfeito contra lei superveniente, pois a solução de controvérsia sob essa perspectiva pressupõe sejam interpretadas as leis postas em conflito e determinados os seus alcances para se dizer da existência ou ausência da retroatividade constitucionalmente vedada.
>
> 2. Não ofende o ato jurídico perfeito a aplicação imediata do art. 14 da Emenda Constitucional n. 20/1998 e do art. 5º da Emenda Constitucional n. 41/2003 aos benefícios previdenciários limitados a teto do regime geral de previdência estabelecido antes da vigência dessas normas, de modo a que passem a observar o novo teto constitucional. 3. Negado provimento ao recurso extraordinário. (STF, RE 564.354, Tribunal Pleno, Rel. Min. Cármen Lúcia, Repercussão Geral – Mérito, *DJe* 15.02.2011).

Resta comprovado, portanto, o direito da Parte Autora de ter seu benefício limitado pelo valor estipulado pela EC n. 20/1998 e pela EC n. 41/2003. A existência de dois limitadores seria, por óbvio, contrária ao princípio da isonomia presente em nossa Carta Magna.

## 3. DAS GARANTIAS CONSTITUCIONAIS <ADEQUAR AO CASO CONCRETO>

No presente caso, observa-se a ofensa direta e frontal, por parte da Requerida, aos arts. 5º, *caput*; 194, IV; e 201, §§ 1º e 4º, todos da Constituição Federal vigente e como já explanado na EC n. 20/1998.

Vejamos:

> Art. 5º Todos são iguais perante a lei, sem distinção de qualquer natureza, garantindo-se aos brasileiros e aos estrangeiros residentes no País a inviolabilidade do direito à vida, à liberdade, à igualdade, à segurança e à propriedade nos termos seguintes.

Quando a Autarquia Previdenciária editou a norma interna (Portaria MPAS n. 4.883, de 16.12.1998) estabelecendo que o novo teto só fosse aplicado aos benefícios concedidos após 16.12.1998, infringiu o direito adquirido assegurado pela EC n. 20, a qual não fez tal distinção entre os beneficiários.

É o caso de reconhecimento de agressão ao direito individual, e de aplicação da norma constitucional, que fixa o valor máximo sem limitação dos beneficiários por tipo ou por interregno de prazo de concessão.

A norma apontada pela EC n. 20 não admite interpretação para mais ou para menos; é clara em apontar todos os aposentados atingidos pelo teto de benefício, como seus beneficiários; é regra jurídica impositiva de cumprimento pelo legislador, na forma binária de um tudo ou nada, sem abstração, ponderação ou interpretação, muito menos restritiva.

Não obstante ter ferido normas da EC n. 20, o INSS, na esteira de irregularidades, ainda contrariou preceitos constitucionais fundamentais inerentes ao propósito da Seguridade Social no País, quais sejam:

> Art. 194. A seguridade social compreende um conjunto integrado de ações de iniciativa dos Poderes Públicos e da sociedade, destinadas a assegurar os direitos relativos a saúde, a previdência e a assistência social.
>
> Parágrafo único. Compete ao Poder Público, nos termos da lei, organizar a seguridade social, com base nos seguintes objetivos:
>
> [...]
>
> IV – irredutibilidade do valor dos benefícios.

Em consonância com esse dispositivo, dispõe ainda o art. 201, §§ 1º e 4º:

> Art. 201. A previdência social será organizada sob a forma do Regime Geral de Previdência Social, de caráter contributivo e de filiação obrigatória, observados critérios que preservem o equilíbrio financeiro e atuarial, e atenderá, na forma da lei, a: (Redação dada pela Emenda Constitucional nº 103, de 2019)
>
> § 1º É vedada a adoção de requisitos ou critérios diferenciados para concessão de benefícios, ressalvada, nos termos de lei complementar, a possibilidade de previsão de idade e tempo de contribuição distintos da regra geral para concessão de aposentadoria exclusivamente em favor dos segurados: (Redação dada pela Emenda Constitucional nº 103, de 2019) [...]
>
> § 4º É assegurado o reajustamento dos benefícios para preservar-lhes, em caráter permanente, o valor real, conforme critérios definidos em lei.

Com efeito, restou demonstrada nos autos a violação aos dispositivos constitucionais acima referidos, que impõem, entre outros, a igualdade nas regras de concessão dos benefícios, bem como a manutenção do valor real e a irredutibilidade deles.

Explica-se: o INSS, por meio de Portarias, estabeleceu regras distintas para a concessão de benefícios em sua base idênticos, apenas com datas de início diferentes. Feriu, portanto, o princípio da igualdade, que é base de nossa Constituição Federal.

Causou, com tal ato, uma perda significativa aos beneficiários da previdência social brasileira que tiveram seus benefícios concedidos antes da edição da Emenda Constitucional n. 20/1998. Reduziu, ilegalmente, os valores devidos aos segurados, afetando seu valor real.

Sendo assim, verificando o Magistrado que a legislação/norma infraconstitucional está em desacordo com a Lei Maior, cumpre-lhe afastar o ato, entendendo-o inconstitucional, nulo, sem poder de gerar efeitos.

As normas constitucionais impõem um dever-ser; não são simples declarações de intenção. Se contemplam direitos, não será o legislador infraconstitucional, muito menos um órgão público, por meio de uma ordem interna, quem poderá confrontar seus ditames.

É importante ressaltar por fim a manifestação sobre o tema, em repercussão geral do STF, no RE n. 564.354:

> **Tema n. 76 – Tese fixada**: "Não ofende o ato jurídico perfeito a aplicação imediata do art. 14 da Emenda Constitucional 20/1998 e do art. 5º da Emenda Constitucional 41/2003 aos benefícios previdenciários limitados a teto do regime geral de previdência estabelecido antes da vigência dessas normas, de modo a que passem a observar o novo teto constitucional."

De todo o exposto, conclui-se que, ao assim proceder, o INSS afrontou o direito dos segurados do RGPS de terem seus benefícios previdenciários compatíveis com o valor contribuído ao longo de suas vidas laborativas, conforme lhes garante a norma constitucional. Feriu, portanto, o disposto nos arts. 194, IV, e 201, §§ 1º e 4º.

**4. DO PREQUESTIONAMENTO** <ADEQUAR AO CASO CONCRETO>

Resta clara a violação aos ditames constitucionais e legislação federal, da qual destacamos os artigos <ADEQUAR AO CASO CONCRETO, CITANDO NOMINALMENTE OS ARTIGOS, INCLUSIVE COM PARÁGRAFOS E INCISOS, LEMBRANDO-SE DE INCLUIR TAMBÉM LEGISLAÇÃO FEDERAL MESMO PARA AÇÕES DE JUIZADOS, TENDO EM VISTA A ATUAL POSSIBILIDADE DE INTERPOSIÇÃO DE IRDR>.

**5. DOS REQUERIMENTOS** <ADEQUAR AO CASO CONCRETO>

Diante do exposto, requer-se a Vossa Excelência:

a) a citação do Instituto Nacional do Seguro Social – INSS, para, querendo, responder à presente demanda, no prazo legal;

b) a determinação ao INSS para que, na primeira oportunidade em que se pronunciar nos autos, apresente o Processo de Concessão do Benefício Previdenciário para apuração dos valores devidos à Parte Autora, conforme determinado pelo art. 11 da Lei n. 10.259/2001, sob pena de cominação de multa diária, nos termos do art. 139, IV, do Código de Processo Civil/2015, a ser fixada por esse Juízo;

c) a procedência da pretensão deduzida, consoante narrado nesta inicial, condenando o INSS a revisar o benefício previdenciário do(a) autor(a), por meio da elaboração dos novos cálculos dos salários de benefício de acordo com os novos limites estabelecidos pelas Emendas Constitucionais n. 20/1998 e n. 41/2003, implantando-se as diferenças encontradas nas parcelas vincendas, em prazo a ser estabelecido por Vossa Excelência, sob pena de cominação de multa diária;

d) a condenação do INSS ao pagamento dos valores acumulados, aplicando-se juros e correção monetária até 11/2021, nos termos dos Temas 810 do STF e 905 do STJ, e a partir de 12/2021 o índice da taxa referencial do Sistema Especial de Liquidação e de Custódia (Selic), acumulado mensalmente, para fins de atualização monetária e de compensação da mora (art. 3º da EC n. 113/2021), respeitada a prescrição quinquenal;

e) a condenação do INSS ao pagamento de custas, despesas e de honorários advocatícios, na base de 20% (vinte por cento) dos valores devidos apurados em liquidação de sentença, conforme dispõem o art. 55 da Lei n. 9.099/1995 e o art. 85, § 3º, do Código de Processo Civil/2015;

f) o julgamento antecipado da lide, conforme dispõe o art. 355 do Código de Processo Civil/2015considerando que a questão de mérito é unicamente de direito. Sendo outro o entendimento de V. Exa., requer a produção de todos os meios de prova admitidos em direito, sem exclusão de nenhum que se fizer necessário ao deslinde da demanda;

g) a concessão da Gratuidade da Justiça, na forma dos arts. 98 e ss. do CPC/2015, por ser a Parte Autora pessoa hipossuficiente, na acepção jurídica do termo, sem condições de arcar com as despesas processuais e os honorários advocatícios sucumbenciais sem prejuízo de seu sustento e de sua família. <RECOMENDA-SE A COLETA, PELO ADVOGADO, DE DECLARAÇÃO DE HIPOSSUFICIÊNCIA DO CLIENTE, CASO SEJA REQUERIDA A GRATUIDADE DA JUSTIÇA. DEVE-SE, TAMBÉM, DE PREFERÊNCIA, FAZER A JUNTADA DE TAL DECLARAÇÃO NOS AUTOS, JÁ NA INICIAL.>

Cumprindo a previsão do art. 319, VII, do Código de Processo Civil/2015, a parte autora declara que opta pela realização <OU NÃO REALIZAÇÃO, ADEQUAR CONFORME O INTERESSE EM CADA CASO> de audiência de conciliação no presente caso.

Requer-se, ainda, com base no § 4º, do art. 22, da Lei n. 8.906/1994, que, ao final da presente demanda, caso sejam encontradas diferenças em favor do(a) autor(a), quando da expedição da RPV ou do precatório, os valores referentes aos honorários contratuais e sucumbenciais sejam expedidos em nome da sociedade de advogados contratada pela parte Autora, sendo os honorários contratuais devidos no percentual constante no contrato em anexo.

Dá-se à causa o valor de R$ 1.000,00 (mil reais). <ADEQUAR CONFORME O CASO>

Nesses termos,

PEDE DEFERIMENTO.

Cidade e data.

Nome do Advogado e OAB

## II.2.3 REVISÕES PARA REGRAS ANTERIORES E POSTERIORES À EC N. 103/2019

### 72. MODELO DE AÇÃO DE REVISÃO DE BENEFÍCIO BASEADA NA INCLUSÃO DE VALORES DECORRENTES DE AÇÃO TRABALHISTA

**EXCELENTÍSSIMO(A) SENHOR(A) DOUTOR(A) JUIZ(A) FEDERAL DA VARA/JUIZADO ESPECIAL FEDERAL DA CIDADE – SEÇÃO JUDICIÁRIA DO ESTADO** <VERIFICAR SE É INTERESSANTE O AJUIZAMENTO DA AÇÃO NA VARA ESTADUAL MEDIANTE A UTILIZAÇÃO DA COMPETÊNCIA DELEGADA, MAS ADEQUANDO À NOVA LIMITAÇÃO DE 70 KM ENTRE A SEDE DA JF E A SEDE DA COMARCA. SE SIM, ADEQUAR PARA A NOMENCLATURA ESTADUAL>

**Segurado,** nacionalidade, estado civil, aposentado ou pensionista, residente e domiciliado(a) na Rua, bairro, cidade, Estado, inscrito no CPF sob o nº, NB e DIB (incluir dados do benefício anterior se houver), endereço eletrônico, vem à presença de Vossa Excelência, por intermédio de seus procuradores constituídos, propor a presente **AÇÃO DE REVISÃO DE BENEFÍCIO PREVIDENCIÁRIO** contra o **INSTITUTO NACIONAL DO SEGURO SOCIAL – INSS**, pessoa jurídica de direito público, autarquia federal, com endereço na..., pelos fatos e fundamentos que a seguir aduz:

**1. BREVE RESUMO DOS FATOS** <ADEQUAR AO CASO CONCRETO>

A Parte Autora é titular do benefício previdenciário vinculado ao INSTITUTO NACIONAL DO SEGURO SOCIAL – INSS, conforme comprovam os documentos em anexo.

Ocorre que a Justiça do Trabalho, por meio de sentença judicial com trânsito em julgado, reconheceu, ao Autor, diferenças salariais que passaram a integrar o salário de contribuição. É importante salientar que também foi reconhecida pela Justiça do Trabalho a existência de um vínculo com duração maior do que a utilizada pelo INSS nos cálculos do benefício da Parte Autora. <ADEQUAR A AFIRMAÇÃO DE ACORDO COM O CASO>.

Como a concessão do benefício da Parte Autora, entretanto, se deu antes do término da ação trabalhista, tais dados não foram utilizados na apuração dos salários de contribuição que integram o PBC.

Desse modo, como a Autarquia Previdenciária desconsiderou a remuneração efetivamente auferida pelo Autor, consoante determinado pela Justiça Trabalhista, houve reflexo negativo no benefício da Parte Autora, e se faz necessária a revisão do benefício.

Cabe ressaltar, ainda, que, não obstante tenha incidido contribuição previdenciária sobre o total do débito trabalhista recebido (doc. anexo), o INSS não efetuou a revisão da Renda Mensal Inicial do Autor. <TAL AFIRMAÇÃO DEVE SER INCLUÍDA APENAS NOS CASOS EM QUE HOUVE O RECOLHIMENTO E QUE A PARTE AUTORA TIVER A PROVA. NOS DEMAIS CASOS, DELETAR TAL PARÁGRAFO DA PETIÇÃO INICIAL>

A Parte destaca, também, que houve o pedido administrativo formal da revisão, entretanto, o mesmo restou indeferido pelo INSS, conforme comprovam documentos anexos a essa exordial. <É RECOMENDADO O PEDIDO ADMINISTRATIVO ANTES DO INGRESSO NA VIA JUDICIAL. DE QUALQUER FORMA, A AFIRMAÇÃO DEVE SER INCLUÍDA APENAS NOS CASOS EM QUE HOUVE O REQUERIMENTO PELA PARTE AUTORA. NOS DEMAIS CASOS, DELETAR TAL PARÁGRAFO DA PETIÇÃO INICIAL>

Desse modo, como o proceder da Autarquia Previdenciária deixou de retificar a renda mensal inicial do benefício, com base nos valores pleiteados e reconhecidos por sentença judicial trabalhista com trânsito em julgado, houve prejuízo à Parte Autora, que se projetou mês a mês no benefício do segurado.

Assim, o valor atualmente pago é inferior ao efetivamente devido, causando prejuízo à Parte Autora, e por isso o benefício deve ser revisado, como se demonstrará a seguir:

## 2. FUNDAMENTOS JURÍDICOS DO PEDIDO <ADEQUAR AO CASO CONCRETO>

### 2.1 Do direito à inclusão dos salários de contribuição

A Constituição Federal garante, em seu art. 201, que os valores habituais do empregado serão incorporados ao cálculo de seu benefício previdenciário, conforme demonstramos:

> Art. 201. § 11. Os ganhos habituais do empregado, a qualquer título, serão incorporados ao salário para efeito de contribuição previdenciária e consequente repercussão em benefícios, nos casos e na forma da lei. (Incluído dada pela Emenda Constitucional n. 20, de 1998)

No presente processo, ficou demonstrado mediante ação trabalhista, que a remuneração auferida pelo trabalhador era maior do que a constante no CNIS, tendo em vista que parte dos salários era paga "por fora" pelo empregador.

Entretanto, o cálculo do salário de contribuição (média) da parte autora, deve considerar a remuneração efetivamente recebida ou creditada a qualquer título, inclusive os valores pleiteados e reconhecidos em sentença judicial trabalhista transitada em julgado. A jurisprudência do STJ sobre o tema é pacífica:

> O termo inicial dos efeitos financeiros decorrentes de verbas salariais reconhecidas em reclamatória trabalhista deve retroagir à data da concessão do benefício. Isso porque a comprovação extemporânea de situação jurídica consolidada em momento anterior não tem o condão de afastar o direito já incorporado ao patrimônio jurídico do segurado em ter a renda mensal inicial revisada a contar da data de concessão do benefício. **Outrossim, o segurado, à evidência, não pode ser punido no caso de ausência do correto recolhimento das contribuições previdenciárias por parte do empregador, nem pela falta ou falha do INSS na fiscalização da regularidade das exações.** Precedentes. (REsp 1.502.017/RS, Rel. Min. Regina Helena Costa, Primeira Turma, j. 04.10.2016, DJe 18.10.2016)

No mesmo sentido: Agravo em Recurso Especial n. 1.740.338 – SP, Relatora Ministra Assusete Magalhães, 27.05.2021.

Ressaltamos, por oportuno, que o benefício previdenciário se rege pela legislação vigente à época em que o segurado implementou todas as condições para a sua concessão.

No presente caso há ainda que se levar em conta a situação fática real implementada pelo segurado, no caso concreto, no que se refere à base de cálculo do salário de contribuição, salário de benefício e renda mensal, que só vieram a se concretizar com o advento do trânsito em julgado da sentença trabalhista, que reconheceu diferenças salariais em favor da Parte Autora. Nesse sentido, a Súmula n. 107 do TRF da 4ª Região:

> **SÚMULA N. 107:** "O reconhecimento de verbas remuneratórias em reclamatória trabalhista autoriza o segurado a postular a revisão da renda mensal inicial, ainda que o INSS não tenha integrado a lide, devendo retroagir o termo inicial dos efeitos financeiros da revisão à data da concessão do benefício."

Pelo confronto da previsão legislativa com a prática adotada pela Autarquia Previdenciária no caso concreto, vislumbra-se, cristalinamente, a existência de diferenças em favor do segurado.

### 2.2 Do ônus do recolhimento previdenciário

convém também analisar a responsabilidade pelo recolhimento das contribuições aos cofres previdenciários.

Nos casos de segurados empregados, como o presente, a obrigação do recolhimento das contribuições previdenciárias é do empregador. Se o mesmo deixa de recolhê-las, não poderá o segurado, por tal motivo, ser penalizado. Inteligência dos arts. 30, inciso I, alíneas "a" e "b", e 43, ambos da Lei n. 8.212/1991.

Assim, o recolhimento das contribuições aos cofres do INSS é matéria que foge à responsabilidade do segurado empregado, porque **a Lei elegeu a empresa/empregador como responsável pela arrecadação da parte do empregado e do recolhimento dos valores totais devidos**.

Além disso, em casos como o presente, a teor do art. 114, inciso VIII, da CRFB/1988, a própria Justiça do Trabalho executa *ex officio as* contribuições previdenciárias relativas ao período reconhecido na sentença por ela prolatada. Confira-se:

> Art. 114. Compete à Justiça do Trabalho processar e julgar: [...]
>
> VIII – a execução, de ofício, das contribuições sociais previstas no artigo 195, I, a, e II, e seus acréscimos legais, decorrentes das sentenças que proferir;

Conclui-se, portanto, que, ainda que não existam, na via judicial trabalhista, os recolhimentos das contribuições previdenciárias, não poderá o segurado ser responsabilizado ou prejudicado pela sua inexistência, devendo seu benefício ser revisto, independente da comprovação dos recolhimentos por parte do empregador.

## 3. DA INEXISTÊNCIA DE DECADÊNCIA E PRESCRIÇÃO

**Por se tratar de revisão decorrente de sentença trabalhista, o início do prazo decadência se dá com o trânsito em julgado daquela, consoante orientação pacificada pelo STJ:**

> REVISÃO DE BENEFÍCIO. VALORES RECONHECIDOS EM RECLAMATÓRIA TRABALHISTA. TERMO INICIAL PARA CONTAGEM DO PRAZO DECADENCIAL. TRÂNSITO EM JULGADO DA SENTENÇA TRABALHISTA. (REsp 1759178, 2ª Turma, Rel. Min. Herman Benjamin, DJe 12.03.2019

No mesmo sentido, manifestou o STJ no julgamento do Tema Repetitivo 1.117:

> O marco inicial da fluência do prazo decadencial, previsto no *caput* do art. 103 da Lei n. 8.213/1991, quando houver pedido de revisão da renda mensal inicial (RMI) para incluir verbas remuneratórias recebidas em ação trabalhista nos salários de contribuição que integraram o período básico de cálculo (PBC) do benefício, deve ser o trânsito em julgado da sentença na respectiva reclamatória.

No que tange aos critérios de contagem do prazo prescricional da pretensão ao recebimento de diferenças decorrentes de revisão de renda mensal inicial em virtude de reclamação trabalhista, a TNU fixou a seguinte tese em representativo de controvérsia:

> Tema 200: "Na pretensão ao recebimento de diferenças decorrentes de revisão de renda mensal inicial em virtude de verbas salariais reconhecidas em reclamação trabalhista, a prescrição quinquenal deve ser contada retroativamente da data do ajuizamento da ação previdenciária, não fluindo no período de tramitação da ação trabalhista, enquanto não definitivamente reconhecido o direito e não homologados os cálculos de liquidação." (PEDILEF 5002165-21.2017.4.04.7103/RS, j. 09.12.2020)

Portanto, considerando que A aposentadoria tem a DER em 00.00.0000 e a ação trabalhista transitou em julgado em 00.00.0000, não que se falar em ocorrência de prazos de decadência e sequer de prescrição.

## 4. DO PREQUESTIONAMENTO <ADEQUAR AO CASO CONCRETO>

Resta clara a violação aos ditames constitucionais e legislação federal, da qual destacamos os artigos <ADEQUAR AO CASO CONCRETO, CITANDO NOMINALMENTE OS ARTIGOS, INCLUSIVE COM PARÁGRAFOS E INCISOS, LEMBRANDO-SE DE INCLUIR TAMBÉM LEGISLAÇÃO FEDERAL MESMO PARA AÇÕES DE JUIZADOS, TENDO EM VISTA A ATUAL POSSIBILIDADE DE INTERPOSIÇÃO DE IRDR>.

## 5. REQUERIMENTOS

Diante do exposto, requer-se a Vossa Excelência:

a) a citação do Instituto Nacional do Seguro Social – INSS para, querendo, responder à presente demanda, no prazo legal;

b) a determinação ao INSS para que, na primeira oportunidade em que se pronunciar nos autos, apresente o Processo de Concessão do Benefício Previdenciário para apuração dos valores devidos à Parte Autora, conforme determinado pelo art. 11 da Lei n. 10.259/2001, sob pena de cominação de multa diária, nos termos do art. 139, IV, do Código de Processo Civil/2015 – a ser fixada por esse Juízo;

c) a procedência da pretensão deduzida, consoante narrado nesta inicial, condenando-se o INSS a revisar a Renda Mensal Inicial (RMI) do benefício da Parte Autora, com base nas parcelas remuneratórias pleiteadas e reconhecidas na sentença judicial trabalhista com trânsito em julgado em anexo, nos termos da legislação vigente na data da concessão;

d) a condenação do INSS ao pagamento dos valores acumulados, aplicando-se juros e correção monetária até 11/2021, nos termos dos Temas 810 do STF e 905 do STJ e, a partir de 12/2021, o índice da taxa referencial do Sistema Especial de Liquidação e de Custódia (Selic), acumulado mensalmente, para fins de atualização monetária e de compensação da mora (art. 3º da EC n. 113/2021), respeitada a prescrição quinquenal;

e) a condenação do INSS ao pagamento de custas, despesas e honorários advocatícios, na base de 20% (vinte por cento) sobre a condenação, conforme dispõem o art. 55 da Lei n. 9.099/1995 e o art. 85, § 3º, do Código de Processo Civil/2015;

f) o julgamento antecipado da lide, conforme dispõe o art. 355 do Código de Processo Civil/2015, considerando, ainda, que a questão de mérito é unicamente de direito. Sendo outro o entendimento de V.Exa., requer a produção de todos os meios de prova em direito admitidos, sem exclusão de nenhum que se fizer necessário ao deslinde da demanda;

g) a concessão da Gratuidade da Justiça, na forma dos arts. 98 e ss. do CPC/2015, por ser a Parte Autora pessoa hipossuficiente, na acepção jurídica do termo, sem condições de arcar com as despesas processuais e os honorários advocatícios sucumbenciais sem prejuízo de seu sustento e de sua família, <RECOMENDA-SE A COLETA, PELO ADVOGADO, DE DECLARAÇÃO DE HIPOSSUFICIÊNCIA DO CLIENTE, CASO SEJA REQUERIDA A GRATUIDADE DA JUSTIÇA. DEVE-SE, TAMBÉM, DE PREFERÊNCIA, FAZER A JUNTADA DE TAL DECLARAÇÃO NOS AUTOS, JÁ NA INICIAL>.

Cumprindo a previsão do art. 319, VII, do Código de Processo Civil/2015, a parte autora declara que opta pela realização <OU NÃO REALIZAÇÃO, ADEQUAR CONFORME O INTERESSE EM CADA CASO> de audiência de conciliação no presente caso.

Requer-se, ainda, com base no § 4º, do art. 22, da Lei n. 8.906/1994, que, ao final da presente demanda, caso sejam encontradas diferenças em favor do autor, quando da expedição da RPV ou do precatório, os valores referentes aos honorários contratuais e sucumbenciais sejam expedidos em nome da sociedade de advogados contratada pela parte Autora, sendo os honorários contratuais devidos no percentual constante no contrato em anexo.

Dá-se à causa o valor de R$ 1.000,00 (mil reais). <ADEQUAR CONFORME O CASO>

Nesses termos,

PEDE DEFERIMENTO.

Cidade e data.

Nome do Advogado e OAB

## 73. MODELO DE AÇÃO DE REVISÃO DE BENEFÍCIO MEDIANTE AVERBAÇÃO DE TEMPO ESPECIAL

**EXCELENTÍSSIMO(A) SENHOR(A) DOUTOR(A) JUIZ(A) FEDERAL DA VARA/JUIZADO ESPECIAL FEDERAL DA CIDADE – SEÇÃO JUDICIÁRIA DO ESTADO** <VERIFICAR SE É INTERESSANTE O AJUIZAMENTO DA AÇÃO NA VARA ESTADUAL MEDIANTE A UTILIZAÇÃO DA COMPETÊNCIA DELEGADA, MAS ADEQUANDO À NOVA LIMITAÇÃO DE 70 KM ENTRE A SEDE DA JF E A SEDE DA COMARCA. SE SIM, ADEQUAR PARA A NOMENCLATURA ESTADUAL>

**Segurado(a)**, nacionalidade, estado civil, aposentado(a), residente e domiciliado(a) na Rua, Bairro, Cidade, Estado, inscrito(a) no CPF sob o nº, NB e DIB, endereço eletrônico, vem à presença de Vossa Excelência, por intermédio de seus procuradores constituídos, propor a presente **AÇÃO DE REVISÃO DE BENEFÍCIO PREVIDENCIÁRIO** contra o **INSTITUTO NACIONAL DO SEGURO SOCIAL – INSS**, pessoa jurídica de direito público, autarquia federal, sita à..., pelos fatos e fundamentos que a seguir aduz:

## 1. BREVE RESENHA FÁTICA <ADEQUAR AO CASO CONCRETO>

A Parte Autora obteve a concessão de sua aposentadoria programada em 00.00.2000 <adequar ao caso concreto, podendo utilizar também para aposentadoria por tempo de contribuição>, após o devido processo administrativo. Ocorre que o INSS deixou de considerar, na contagem de tempo, o caráter especial das atividades exercidas pela Parte Autora no período de 00.00.0000 a 00.00.0000.

Tal tempo deveria ter sido majorado de acordo com os dispositivos legais pertinentes ao caso, para somente após ser somado ao restante do tempo de contribuição da Parte Autora. Ressalta-se que o tempo que se pleiteia a conversão é anterior a 13.11.2019 e também posterior a essa data.

Em consonância com os documentos acostados à inicial, percebe-se que a Parte Autora laborou um tempo total de <ANOS>, sendo que, nesse tempo, trabalhou durante <ANOS> em atividades que comprometiam sua saúde.

Inconformado(a) com o indeferimento administrativo de seu pedido de revisão de benefício, vem, a parte autora, perante o Emérito Julgador, requerer o reconhecimento do tempo exercido em condições prejudiciais à saúde e à integridade física e sua conversão para tempo comum dos períodos trabalhados até 13.11.2019 e, também posterior a essa data até 00.00.0000, para posterior soma ao restante do tempo de contribuição, aumentando-se, por consequência, o tempo total de contribuição, com reflexos no coeficiente de cálculo <e/ou no fator previdenciário em caso de aposentadoria por tempo de contribuição> utilizado no cálculo da renda mensal inicial do benefício que se postula a majoração.

## 2. FUNDAMENTOS JURÍDICOS DO PEDIDO <ADEQUAR AO CASO CONCRETO>

Destaca-se que, até o advento do Decreto n. 2.172, de 05.03.1997, não era necessária a comprovação da exposição aos agentes nocivos por meio de laudos técnicos das condições ambientais do trabalho, salvo para o agente nocivo ruído. E, até o advento da Lei n. 9.032/1995, havia também a possibilidade do reconhecimento presumido da especialidade nos casos de categorias profissionais enquadradas nos anexos dos Decretos n. 53.831/1964 e n. 83.080/1979. Vejamos o posicionamento do STJ a esse respeito:

> PREVIDENCIÁRIO. INCIDENTE DE UNIFORMIZAÇÃO DE JURISPRUDÊNCIA. CERTIDÃO DE TEMPO DE CONTRIBUIÇÃO. CONVERSÃO DE TEMPO DE SERVIÇO ESPECIAL EM COMUM. MÉDICO. VÍNCULO DE EMPREGO E AUTÔNOMO. COMPROVAÇÃO NA FORMA DA LEGISLAÇÃO EM VIGOR À ÉPOCA DO EXERCÍCIO DA ATIVIDADE. ENQUADRAMENTO DAS CATEGORIAS PROFISSIONAIS. PRESUNÇÃO LEGAL DE EXPOSIÇÃO A AGENTES NOCIVOS À SAÚDE ATÉ O ADVENTO DA LEI N. 9.032/1995. INCIDENTE PROVIDO EM PARTE.
>
> 1. Ação previdenciária na qual o requerente postula o reconhecimento da especialidade das atividades desempenhadas na função de médico (empregado e autônomo), com a consequente conversão do tempo de serviço especial em comum a fim de obter Certidão de Tempo de Contribuição para averbar no órgão público a que está atualmente vinculado.
>
> 2. A controvérsia cinge-se à exigência, ou não, de comprovação da efetiva exposição aos agentes nocivos pelo médico autônomo enquadrado no item 2.1.3 dos anexos dos Decretos n. 53.831/1964 e n. 83.080/1979, no período de 1º.03.1973 a 30.11.1997.
>
> 3. Em observância ao princípio *tempus regit actum*, se o trabalhador laborou em condições especiais quando a lei em vigor o permitia, faz jus ao cômputo do tempo de serviço de forma mais vantajosa.
>
> 4. O acórdão da TNU está em dissonância com a jurisprudência do Superior Tribunal de Justiça que reconhece o direito ao cômputo do tempo de serviço especial exercido antes da Lei n. 9.032/1995, com base na presunção legal de exposição aos agentes nocivos à saúde pelo mero enquadramento das categorias profissionais previstas nos Decretos n. 53.831/1964 e n. 83.080/1979, como no caso do médico.

5. A partir da Lei n. 9.032/1995, o reconhecimento do direito à conversão do tempo de serviço especial se dá mediante a demonstração da exposição aos agentes prejudiciais à saúde por meio de formulários estabelecidos pela autarquia até o advento do Decreto n. 2.172/1997, que passou a exigir laudo técnico das condições ambientais do trabalho.

6. Incidente de uniformização provido em parte.

(STJ, Pet 9.194/PR, 1ª Seção, Rel. Min. Arnaldo Esteves Lima, *DJe* 03.06.2014).

<NESSE PONTO PODEM SER DESTACADOS ASPECTOS SOBRE A ATIVIDADE EXERCIDA, A FORMA DE ENQUADRAMENTO (SE POR ATIVIDADE OU AGENTE NOCIVO) E OS DADOS PREVISTOS NOS DECRETOS QUE GARANTEM O DIREITO A CONTAGEM ESPECIAL. É IMPORTANTE, AINDA, QUE SEJAM CITADOS PRECEDENTES, SEMPRE QUE POSSÍVEL, ESPECÍFICOS SOBRE A ATIVIDADE OU AGENTE DISCUTIDO, LEMBRANDO QUE, PARA AÇÕES NOS JUIZADOS ESPECIAIS, A PREFERÊNCIA É POR DECISÕES DO STF, STJ, TNU, TRU E TURMAS RECURSAIS. JÁ NAS AÇÕES QUE CORRAM NAS VARAS FEDERAIS COMUNS, RECOMENDA-SE A JUNTADA DE JURISPRUDÊNCIA STF, STJ E TRF DE CADA REGIÃO>

Requer, portanto, a Parte Autora, que o tempo de atividade exercido com exposição a agentes nocivos seja devidamente reconhecido com tal e convertido para tempo de contribuição comum, referente aos períodos trabalhados até 13.11.2019 (direito reconhecido pelo art. 25, § 2º, da EC n. 103/2019) e também, posterior a essa data dada a inconstitucionalidade da vedação da conversão do tempo especial em comum.

É sabido que a legislação previdenciária assegura a possibilidade de conversão do tempo prestado em atividade especial para tempo comum, de acordo com certos multiplicadores previstos nos decretos regulamentadores. Mesmo a Reforma da Previdência manteve tal direito, no tocante aos períodos trabalhados antes de 13.11.2019, conforme destacamos:

> Art. 25, § 2º. Será reconhecida a conversão de tempo especial em comum, na forma prevista na Lei n. 8.213, de 24 de julho de 1991, ao segurado do Regime Geral de Previdência Social que comprovar tempo de efetivo exercício de atividade sujeita a condições especiais que efetivamente prejudiquem a saúde, cumprido até a data de entrada em vigor desta Emenda Constitucional, vedada a conversão para o tempo cumprido após esta data.

Há de se destacar que a regra do art. 25, § 2º, da EC n. 103/2019, que veda à conversão do tempo especial para comum após 13.11.2019, mostra-se inconstitucional. Sendo assim, "mesmo após o advento da EC n. 103/2019 poderá ser reconhecida a possibilidade de conversão do tempo especial em comum do trabalho prestado em qualquer período em observância, ao 'preceito de isonomia, equilibrando a compensação pelos riscos impostos' e 'consectário lógico da isonomia na proteção dos trabalhadores expostos a agentes nocivos.'"[12]

Partindo-se da premissa de que, nos períodos acima mencionados, o(a) demandante trabalhava em circunstâncias inadequadas, com comprometimento de sua incolumidade física e/ou psíquica, afigura-se imperiosa a conversão do tempo de atividade sob condições especiais em tempo de atividade comum, em consonância com o que estabelece o Decreto n. 3.048/1999, em seu art. 70, parágrafo único, na forma vigente até 2019[13], *in verbis*:

> Art. 70. A conversão de tempo de atividade sob condições especiais em tempo de atividade comum dar-se-á de acordo com a seguinte tabela:
>
> | | MULHER (30) | HOMEM (35) |
> |---|---|---|
> | DE 15 ANOS | 2,00 | 2,33 |
> | DE 20 ANOS | 1,50 | 1,75 |
> | DE 25 ANOS | 1,20 | 1,40 |

---

[12] LAZZARI, João Batista; BRANDÃO, Fábio Nobre Bueno. Reforma da Previdência (EC n. 103/2019): inconstitucionalidade da vedação à conversão do tempo de atividade especial em comum. *JURIS – Revista Da Faculdade De Direito*, *30*(2). 2020. Disponível em: https://periodicos.furg.br/juris/article/view/12231. Acesso em: 27 jul. 2021.

[13] Tabela aplicável para períodos trabalhados até 13.11.2019, nos termos da EC n. 103/2019.

§ 1º A caracterização e a comprovação do tempo de atividade sob condições especiais obedecerão ao disposto na legislação em vigor na época da prestação do serviço.

§ 2º As regras de conversão de tempo de atividade sob condições especiais em tempo de atividade comum constantes deste artigo aplicam-se ao trabalho prestado em qualquer período.

No caso concreto, uma vez convertido o tempo especial da Parte Autora, percebe-se que o coeficiente aplicado <E/OU FATOR PREVIDENCIÁRIO, CONFORME O CASO> sobre o salário de benefício em muito difere do devido legalmente.

Portanto, merece procedência o pleito para reconhecimento da especialidade do labor exercido pela parte autora no período de 00.00.0000 a 00.00.0000, bem como sua conversão para tempo comum e o recálculo da renda mensal inicial da aposentadoria programada <ou por tempo de contribuição, conforme o caso>.

## 3. DO PREQUESTIONAMENTO

Resta clara a violação aos ditames constitucionais e legislação federal, que destacamos <ADEQUAR AO CASO CONCRETO, LEMBRANDO DE INCLUIR LEGISLAÇÃO FEDERAL TAMBÉM, MESMO PARA AÇÕES DE JUIZADOS, TENDO EM VISTA A ATUAL POSSIBILIDADE DE INTERPOSIÇÃO DE IRDR>.

## 4. REQUERIMENTOS <ADEQUAR AO CASO CONCRETO>

Diante do exposto, requer-se a Vossa Excelência:

a) a citação do Instituto Nacional do Seguro Social – INSS, para, querendo, contestar o presente feito, no prazo legal, sob pena de revelia;

b) a determinação ao INSS para que, na primeira oportunidade em que se pronunciar nos autos, apresente o Processo de Concessão do Benefício Previdenciário para apuração dos valores devidos à Parte Autora, conforme determinado pelo art. 11 da Lei n. 10.259/2001, sob pena de cominação de multa diária, nos termos do art. 139, IV, do Código de Processo Civil/2015, a ser fixada por esse Juízo;

c) a procedência da pretensão deduzida, consoante narrado nesta inicial, condenando-se o INSS a reconhecer o tempo exercido em atividade especial no(s) período(s) <INCLUIR OS PERÍODOS POSTULADOS>, devendo o(s) mesmo(s) ser(em) convertido(s) para tempo de contribuição comum, de acordo com o art. 70 do Decreto n. 3.048/1999;

d) o recálculo da renda mensal inicial do benefício ora discutido, com a devida correção do coeficiente de cálculo utilizado <E/OU DO FATOR PREVIDENCIÁRIO APLICADO, CONFORME O CASO>;

e) a revisão de todos os proventos pagos desde o primeiro, para, ao final, proceder à correta definição do valor da renda mensal atual, com a condenação do INSS ao pagamento dos valores acumulados, aplicando-se juros e correção monetária até 11/2021, nos termos dos Temas 810 do STF e 905 do STJ e, a partir de 12/2021, o índice da taxa referencial do Sistema Especial de Liquidação e de Custódia (Selic), acumulado mensalmente, para fins de atualização monetária e de compensação da mora (art. 3º da EC n. 113/2021), respeitada a prescrição quinquenal;

f) a condenação do INSS ao pagamento de custas, despesas e de honorários advocatícios, na base de 20% (vinte por cento) sobre as parcelas vencidas e as doze vincendas, apuradas em liquidação de sentença, conforme dispõem o art. 55 da Lei n. 9.099/1995 e o art. 85, § 3º, do Código de Processo Civil/2015;

g) o julgamento antecipado da lide, conforme dispõe o art. 355 do Código de Processo Civil/2015, considerando que a questão de mérito é unicamente de direito. Sendo outro o entendimento de V. Exa., requer e protesta pela produção de todos os meios de prova admitidos em direito, sem exclusão de nenhum que se fizer necessário ao deslinde da demanda;

<SE NECESSÁRIA A PRODUÇÃO DE PROVAS, A EXEMPLO DA TESTEMUNHAL, REQUERER E FAZER O ARROLAMENTO DAS TESTEMUNHAS; ENTRETANTO, SE A DOCUMENTAÇÃO ANEXA NA INICIAL FOR SUFICIENTE PARA A COMPROVAÇÃO DO TEMPO E O DEFERIMENTO DO BENEFÍCIO, ADEQUAR O PEDIDO ACIMA DESCRITO>

h) a concessão da Gratuidade da Justiça, na forma dos arts. 98 e ss. do CPC/2015, por ser a Parte Autora pessoa hipossuficiente, na acepção jurídica do termo, sem condições de arcar com as despesas processuais e os honorários advocatícios sucumbenciais sem prejuízo de seu sustento e de sua família. <RECOMENDA-SE A COLETA, PELO ADVOGADO, DE DECLARAÇÃO DE HIPOSSUFICIÊNCIA DO CLIENTE, CASO SEJA REQUERIDA A GRATUIDADE DA JUSTIÇA. DEVE-SE, TAMBÉM, DE PREFERÊNCIA, FAZER A JUNTADA DE TAL DECLARAÇÃO NOS AUTOS, JÁ NA INICIAL>

Cumprindo a previsão do art. 319, VII, do Código de Processo Civil/2015, a parte autora declara que opta pela realização <OU NÃO REALIZAÇÃO, ADEQUAR CONFORME O INTERESSE EM CADA CASO> de audiência de conciliação no presente caso.

Requer-se, ainda, com base no § 4º, do art. 22, da Lei n. 8.906/1994, que, ao final da presente demanda, caso sejam encontradas diferenças em favor do autor, quando da expedição da RPV ou do precatório, os valores referentes aos honorários contratuais e sucumbenciais sejam expedidos em nome da sociedade de advogados contratada pela parte Autora, sendo os honorários contratuais devidos no percentual constante no contrato em anexo.

Dá-se à causa o valor de R$ 1.000,00 (mil reais). <ADEQUAR CONFORME O CASO>

Nesses termos,

PEDE DEFERIMENTO.

Cidade e data.

Nome do Advogado e OAB

### 74. MODELO DE AÇÃO DE REVISÃO DA RENDA MENSAL INICIAL COM RETROAÇÃO DO PERÍODO BÁSICO DE CÁLCULO – TESE DO MELHOR BENEFÍCIO

**EXCELENTÍSSIMO(A) SENHOR(A) DOUTOR(A) JUIZ(A) FEDERAL DA VARA/JUIZADO ESPECIAL FEDERAL DA CIDADE – SEÇÃO JUDICIÁRIA DO ESTADO** <AJUSTAR À JUSTIÇA ESTADUAL, SE O BENEFÍCIO FOR ACIDENTÁRIO. EM CASO DE BENEFÍCIO NÃO ACIDENTÁRIO, VERIFICAR SE É INTERESSANTE O AJUIZAMENTO DA AÇÃO NA VARA ESTADUAL MEDIANTE A UTILIZAÇÃO DA COMPETÊNCIA DELEGADA, MAS ADEQUANDO À NOVA LIMITAÇÃO DE 70 KM ENTRE A SEDE DA JF E A SEDE DA COMARCA. SE SIM, ADEQUAR PARA A NOMENCLATURA ESTADUAL>

**Segurado(a),** nacionalidade, estado civil, aposentado(a) ou pensionista, residente e domiciliado(a) na Rua, Bairro, Cidade, Estado, inscrito(a) no CPF sob o nº, NB e DIB (incluir dados do benefício anterior se houver), endereço eletrônico, vem à presença de Vossa Excelência, por intermédio de seus procuradores constituídos, propor a presente **AÇÃO DE REVISÃO DE BENEFÍCIO PREVIDENCIÁRIO** contra o **INSTITUTO NACIONAL DO SEGURO SOCIAL – INSS,** pessoa jurídica de direito público, autarquia federal, com endereço na..., <ENDEREÇO PARA CITAÇÃO/ INTIMAÇÃO A SER VERIFICADO DE ACORDO COM A CIDADE E ESTADO QUE SE INGRESSA COM A AÇÃO>, pelos fatos e fundamentos que a seguir aduz:

**1. DOS FATOS** <ADEQUAR AO CASO CONCRETO>

A Parte Autora é titular de benefício previdenciário vinculado ao RGPS, conforme comprovam os documentos anexos.

Ocorre que, na concessão do benefício em questão, o INSS cometeu erros que vieram a causar redução do valor da RMI bem como nos valores atualmente percebidos pela Parte, conforme se demonstra a seguir:

**2. FUNDAMENTOS JURÍDICOS DO PEDIDO** <ADEQUAR AO CASO CONCRETO>

No presente caso, busca-se o reconhecimento do direito da Parte em ter elaborado para o seu benefício o melhor cálculo possível, desde o momento que implementou as condições para a concessão da aposentadoria, ainda que proporcional.

Na sistemática de cálculo dos benefícios do RGPS, nem sempre um benefício requerido com maior tempo de contribuição gera a melhor renda mensal inicial.

Mesmo em casos em que o cálculo seja feito com base em legislação idêntica, essa distorção pode se evidenciar. E acontece porque, mesmo com coeficiente menor, muitas vezes, os valores de contribuição podem interferir no benefício de forma a aumentar consideravelmente o valor da renda mensal inicial. Outra hipótese que pode ocorrer é quando o segurado laborou por mais de 25 anos em atividade especial e apenas nos últimos anos passou a contribuir em atividade comum. Na aposentadoria especial não havia aplicação do fator previdenciário, o que tornava esse benefício bem mais atraente que a aposentadoria por tempo de contribuição.

Portanto, existem situações, como a presente, em que o benefício possível de ser deferido em data anterior à do requerimento é significativamente maior ao benefício efetivamente concedido.

É importante observar que não se trata dos diferentes cálculos resultantes das modificações de legislação e sim diferentes cálculos resultantes da realidade de cada segurado, mesmo em épocas de idêntica forma de cálculos de benefícios (ex.: ambos considerando os 80% maiores salários de contribuição).

Cabe destacar, também, que o direito à aposentadoria surge quando são preenchidos os requisitos estabelecidos em lei para o gozo do benefício e não apenas quando o benefício é requerido.

Isso porque, tendo o segurado preenchido todas as exigências legais para inativar-se em um determinado momento, não pode servir de óbice para o reconhecimento do direito ao cálculo do benefício, como previsto naquela data, o fato de ter permanecido em atividade, sob pena de restar penalizado pela postura que redundou em proveito para a Previdência.

Ainda que a Parte Autora tenha optado por exercer o direito à aposentação em momento posterior, possui o direito adquirido de ter sua renda mensal inicial calculada, como se o benefício tivesse sido requerido e concedido em qualquer data anterior, desde que implementados todos os requisitos para a aposentadoria, ainda que proporcional.

Tal entendimento já foi expresso pelo Supremo Tribunal Federal ao reconhecer que o segurado tem direito adquirido ao cálculo do benefício de conformidade com as regras vigentes, quando da reunião dos requisitos da aposentação, sendo desnecessário o requerimento administrativo para tanto. O direito ao melhor benefício em caso de possibilidade de mais de um cálculo na concessão pelo RGPS é matéria pacificada inclusive no STF, senão vejamos:

> **Repercussão Geral – Tema n. 334 – Tese Fixada:**
> Para o cálculo da renda mensal inicial, cumpre observar o quadro mais favorável ao beneficiário, pouco importando o decesso remuneratório ocorrido em data posterior ao implemento das condições legais para a aposentadoria, respeitadas a decadência do direito à revisão e a prescrição quanto às prestações vencidas. (STF, RE 630.501, Tribunal Pleno, Rel. Min. Ellen Gracie, Rel. p/ acórdão Min. Marco Aurélio, *DJe* 26.08.2013)

Não se pode opor óbice à pretensão da Parte Autora, pois a proteção ao direito adquirido não ocorre somente quando efetivadas alterações legislativas que venham a causar prejuízo ao segurado. O direito adquirido está presente, também, para preservar situação fática já consolidada, mesmo ausente modificação no ordenamento jurídico.

Nesse sentido, e diante da regra do direito ao melhor benefício, deve o ente previdenciário oportunizar ao segurado, no momento da aposentação, a retroação do período básico de cálculo de forma a se garantir a melhor renda mensal inicial possível, independente da data em que se efetive o requerimento do benefício, e desde que atendidos os requisitos exigidos à época para a concessão da prestação.

Essa sistemática, de certa forma, passou a integrar o texto da Lei de Benefícios (Lei n. 8.213/1991) e do seu Regulamento (Decreto n. 3.048/1999), bem como as instruções normativas do INSS, conforme se observa dos artigos que seguem:

Lei n. 8.213/1991:

> Art. 122. Se mais vantajoso, fica assegurado o direito a aposentadoria, nas condições legalmente previstas na data do cumprimento de todos os requisitos necessários a obtenção do benefício, ao

segurado que, tendo completado 35 anos de serviço, se homem, ou trinta anos, se mulher, optou por permanecer em atividade. (Restabelecido com nova redação pela Lei n. 9.528, de 1997)

Decreto n. 3.048/1999:

> Art. 176-E. Caberá ao INSS conceder o benefício mais vantajoso ao requerente ou benefício diverso do requerido, desde que os elementos constantes do processo administrativo assegurem o reconhecimento desse direito. (Incluído pelo Decreto n. 10.410, de 2020)
>
> Art. 181-D. Se mais vantajoso, fica assegurado o direito à aposentadoria, nas condições legalmente previstas na data do cumprimento de todos os requisitos ao segurado que tiver optado por permanecer em atividade. (Incluído pelo Decreto n. 10.410, de 2020)

IN INSS/PRES n. 128/2022:

> Art. 222. Para fins de fixação do PBC, deverá ser observado, conforme o caso:
>
> I – data de entrada do requerimento – DER;
>
> II – data do afastamento da atividade ou do trabalho – DAT;
>
> III – data do início da incapacidade – DII;
>
> IV – data do acidente; ou
>
> V – data do direito adquirido, em se tratando de aposentadorias programáveis, que poderá ocorrer na:
>
> a) data da publicação da Emenda Constitucional nº 103, de 2019;
>
> b) data da publicação da Lei nº 9.876, de 1999 – DPL;
>
> c) data da publicação da Emenda Constitucional nº 20, de 1998 – DPE; ou
>
> d) data de implementação das condições necessárias à concessão do benefício – DICB, na situação prevista no art. 234.
>
> § 1º O término do PBC será fixado no mês imediatamente anterior ao da ocorrência de uma das situações previstas nos incisos I ao V do *caput*.
>
> § 2º O disposto no inciso V não altera a fixação da Data de Início do Benefício – DIB, que deverá ser na DER.
>
> § 3º Na hipótese de ser identificado o direito a mais de uma forma de cálculo de aposentadoria, fica resguardada a opção pelo cálculo mais vantajoso, observada a reafirmação da data de entrada do requerimento administrativo a critério do segurado, se for o caso, na forma do art. 577.

Muito embora o art. 122 da Lei n. 8.213/1991 tenha previsto a retroação do período básico de cálculo nos casos de aposentadoria integral (regra reproduzida nas normas regulamentadoras), é possível a extensão desse direito aos casos de concessão de aposentadoria proporcional, em face do princípio da isonomia e em respeito ao já referido critério da garantia do benefício mais vantajoso, como, aliás, preceitua o Enunciado n. 1 do próprio Conselho de Recursos da Previdência Social:

> "A Previdência Social deve conceder o melhor benefício a que o segurado fizer jus, cabendo ao servidor orientá-lo nesse sentido.
>
> I – Satisfeitos os requisitos para a concessão de mais de um tipo de benefício, o INSS oferecerá ao interessado o direito de opção, mediante a apresentação dos demonstrativos financeiros de cada um deles.
>
> II – Preenchidos os requisitos para mais de uma espécie de benefício na Data de Entrada do Requerimento (DER) e em não tendo sido oferecido ao interessado o direito de opção pelo melhor benefício, este poderá solicitar revisão e alteração para espécie que lhe é mais vantajosa, cujos efeitos financeiros remontarão à DER do benefício concedido originariamente, observada a decadência e a prescrição quinquenal. (...)"

Diante da ótica da razoabilidade, a sociedade tem o direito de exigir da Autarquia Previdenciária a devida avaliação do benefício e a forma de cálculo que seja mais rentável aos segurados, na maioria das vezes, pessoas humildes e sem preparo técnico algum na matéria.

Ainda que só tenha requerido a concessão do benefício em 00.00.2000, aos _____ anos de tempo de serviço (fl. _____), tem, a Parte Autora, o direito ao cálculo pela legislação vigente, como requer, quando já preenchera os requisitos à aposentação, sem prejuízo da aplicação do art.

144 da Lei n. 8.213/1991, quando a data utilizada para o cálculo da renda mensal inicial for anterior a esse normativo.

Não resta dúvida, portanto, do direito da Parte à revisão de seu benefício.

**3. DO PREQUESTIONAMENTO** <ADEQUAR AO CASO CONCRETO>

Resta clara a violação aos ditames constitucionais e legislação federal, da qual destacamos os artigos <ADEQUAR AO CASO CONCRETO, CITANDO NOMINALMENTE OS ARTIGOS, INCLUSIVE COM PARÁGRAFOS E INCISOS, LEMBRANDO-SE DE INCLUIR TAMBÉM LEGISLAÇÃO FEDERAL MESMO PARA AÇÕES DE JUIZADOS, TENDO EM VISTA A ATUAL POSSIBILIDADE DE INTERPOSIÇÃO DE IRDR.>

**4. DOS REQUERIMENTOS** <ADEQUAR AO CASO CONCRETO>

Em face do exposto e comprovado, requer a Parte Autora:

a) a citação do Instituto Nacional do Seguro Social – INSS, para, querendo, responder à presente demanda, no prazo legal;

b) a determinação ao INSS para que, na primeira oportunidade em que se pronunciar nos autos, apresente o Processo de Concessão do Benefício Previdenciário para apuração dos valores devidos à Parte Autora, conforme determinado pelo art. 11 da Lei n. 10.259/2001, sob pena de cominação de multa diária, nos termos do art. 139, IV, do Código de Processo Civil/2015, a ser fixada por esse Juízo;

c) a procedência da pretensão deduzida, consoante narrado nesta inicial, declarando-se a existência do direito à percepção do melhor benefício ao qual faz jus, apurado dentre aqueles que seriam devidos desde o implemento das condições mínimas para sua fruição; ou a condenação do INSS a revisar o benefício da Parte Autora, de forma a respeitar o direito ao cálculo previsto em _____ / _____, quando já preenchera os requisitos à aposentação;

d) quanto ao recálculo, que os salários de contribuição que integrarão o novo período básico de cálculo (PBC) sejam atualizados até a data em que reconhecido o direito adquirido, apurando-se, nessa data, a renda mensal inicial (RMI), a qual deverá ser reajustada, nos mesmos meses e índices oficiais de reajustamento utilizados para os benefícios em manutenção, até a Data do Início do Benefício (DIB);

e) a condenação do INSS ao pagamento dos valores acumulados, aplicando-se juros e correção monetária até 11/2021, nos termos dos Temas 810 do STF e 905 do STJ e, a partir de 12/2021, o índice da taxa referencial do Sistema Especial de Liquidação e de Custódia (Selic), acumulado mensalmente, para fins de atualização monetária e de compensação da mora (art. 3º da EC n. 113/2021), respeitada a prescrição quinquenal;

f) a condenação do INSS ao pagamento de custas, despesas e de honorários advocatícios, na base de 20% (vinte por cento) dos valores devidos apurados em liquidação de sentença, conforme dispõem o art. 55 da Lei n. 9.099/1995 e o art. 85, § 3º, do Código de Processo Civil/2015;

g) o julgamento antecipado da lide, conforme dispõe o art. 355 do Código de Processo Civil/2015, considerando que a questão de mérito é unicamente de direito. Sendo outro o entendimento de V. Exa., requer a produção de todos os meios de prova admitidos em direito, sem exclusão de nenhum que se fizer necessário ao deslinde da demanda;

h) a concessão da Gratuidade da Justiça, na forma dos arts. 98 e ss. do CPC/2015, por ser a Parte Autora pessoa hipossuficiente, na acepção jurídica do termo, sem condições de arcar com as despesas processuais e os honorários advocatícios sucumbenciais sem prejuízo de seu sustento e de sua família. <RECOMENDA-SE A COLETA, PELO ADVOGADO, DE DECLARAÇÃO DE HIPOSSUFICIÊNCIA DO CLIENTE, CASO SEJA REQUERIDA A GRATUIDADE DA JUSTIÇA. DEVE-SE, TAMBÉM, DE PREFERÊNCIA, FAZER A JUNTADA DE TAL DECLARAÇÃO NOS AUTOS, JÁ NA INICIAL.>

Cumprindo a previsão do art. 319, VII, do Código de Processo Civil/2015, a parte autora declara que opta pela realização <OU NÃO REALIZAÇÃO, ADEQUAR CONFORME O INTERESSE EM CADA CASO> de audiência de conciliação no presente caso.

Requer-se, ainda, com base no § 4º, do art. 22, da Lei n. 8.906/1994, que, ao final da presente demanda, caso sejam encontradas diferenças em favor da Parte Autora, quando da expedição da RPV ou do precatório, os valores referentes aos honorários contratuais e sucumbenciais sejam expedidos em nome da sociedade de advogados contratada pela parte Autora, sendo os honorários contratuais devidos no percentual constante no contrato em anexo.

Dá-se à causa o valor de R$ 1.000,00 (mil reais). <ADEQUAR CONFORME O CASO>

Nesses termos,

PEDE DEFERIMENTO.

Cidade e data.

Nome do Advogado e OAB

## 75. MODELO DE AÇÃO DE REVISÃO DA RENDA MENSAL INICIAL DE BENEFÍCIO BASEADO EM TOTALIZAÇÃO EM ACORDOS INTERNACIONAIS

**EXCELENTÍSSIMO(A) SENHOR(A) DOUTOR(A) JUIZ(A) FEDERAL DA VARA/JUIZADO ESPECIAL FEDERAL DA CIDADE – SEÇÃO JUDICIÁRIA DO ESTADO** <AJUSTAR À JUSTIÇA ESTADUAL, SE O BENEFÍCIO FOR ACIDENTÁRIO. EM CASO DE BENEFÍCIO NÃO ACIDENTÁRIO, VERIFICAR SE É INTERESSANTE O AJUIZAMENTO DA AÇÃO NA VARA ESTADUAL MEDIANTE A UTILIZAÇÃO DA COMPETÊNCIA DELEGADA, MAS ADEQUANDO À NOVA LIMITAÇÃO DE 70 KM ENTRE A SEDE DA JF E A SEDE DA COMARCA. SE SIM, ADEQUAR PARA A NOMENCLATURA ESTADUAL>

**Nome do Segurado(a),** nacionalidade, estado civil, aposentado(a) ou pensionista, residente e domiciliado(a) na Rua, Bairro, Cidade, Estado, inscrito(a) no CPF sob o nº, NB e DIB (incluir dados do benefício anterior se houver), endereço eletrônico, vem à presença de Vossa Excelência, por intermédio de seus procuradores constituídos, propor a presente **AÇÃO DE REVISÃO DE BENEFÍCIO PREVIDENCIÁRIO** contra o **INSTITUTO NACIONAL DO SEGURO SOCIAL – INSS,** pessoa jurídica de direito público, autarquia federal, com endereço na..., <ENDEREÇO PARA CITAÇÃO/ INTIMAÇÃO A SER VERIFICADO DE ACORDO COM A CIDADE E ESTADO QUE SE INGRESSA COM A AÇÃO>, pelos fatos e fundamentos que a seguir aduz:

### 1. DOS FATOS

O(A) Autor(a) foi contemplado(a) com o benefício previdenciário por totalização concedido em decorrência do acordo internacional celebrado entre o Brasil e o <adequar país>.

No entanto, o valor do benefício, que corresponde a um montante inferior ao salário-mínimo vigente no Brasil, desrespeita os princípios constitucionais e legais que regem o sistema previdenciário brasileiro, além da própria decisão proferida pela Turma Nacional de Uniformização (TNU) no Tema 262, conforme provaremos a seguir:

### 2. DOS FUNDAMENTOS JURÍDICOS

Os acordos internacionais de previdência social foram estabelecidos para proteger os direitos dos trabalhadores migrantes, assegurando que, ao contribuírem para os regimes previdenciários de diferentes países ao longo de suas vidas, possam usufruir dos benefícios previdenciários de forma justa e eficaz.

Esses acordos buscam garantir que os períodos de contribuição realizados em diferentes países sejam considerados para a concessão de benefícios, evitando lacunas de proteção social que poderiam prejudicar o segurado e seus dependentes.

Tal medida reflete o princípio da igualdade de tratamento, que visa equiparar os direitos dos trabalhadores migrantes aos dos nacionais de cada país, garantindo que possam contar com uma proteção previdenciária abrangente e adequada.

Além disso, o sistema previdenciário brasileiro é guiado por princípios como a **dignidade da pessoa humana**, a **universalidade da cobertura e do atendimento** e a **uniformidade e equiva-**

lência dos benefícios e serviços às populações urbanas e rurais (art. 194 da Constituição Federal de 1988).

Ademais, o art. 201, § 2º, da Constituição Federal estabelece que:

> Nenhum benefício que substitua o salário de contribuição ou o rendimento do trabalho do segurado terá valor mensal inferior ao salário mínimo.

Tal previsão garante a manutenção do caráter protetivo da previdência social, assegurando que o segurado não seja reduzido a uma condição de vulnerabilidade financeira.

Dessa forma, é inconcebível que o benefício previdenciário concedido ao(à) Autor(a) seja inferior ao salário-mínimo, ferindo diretamente o texto constitucional e o direito fundamental à segurança social.

Esse é também o entendimento firmado pela Turma Nacional de Uniformização, ao analisar o Tema 262, estabeleceu que:

> Nos casos de benefícios por totalização concedidos na forma do Acordo de Seguridade Social celebrado entre Brasil e Portugal (Decreto n. 1.457/1995), o valor pago pelo INSS poderá ser inferior ao salário-mínimo nacional, desde que a soma dos benefícios previdenciários devidos, por cada Estado, ao segurado seja igual ou superior a esse piso.
>
> **Assim, enquanto não adquirido o direito ao benefício devido por Portugal ou se o somatório dos benefícios devidos por ambos os Estados não atingir o valor do salário mínimo no Brasil, a diferença até esse piso deverá ser custeada pelo INSS para beneficiários residentes no Brasil.** (Tema n. 262)

O relator da TNU enfatizou que a totalização dos períodos contributivos é uma forma de assegurar ao segurado a garantia do direito previdenciário, mas que isso não autoriza a aplicação de um benefício inferior ao salário-mínimo nacional quando o segurado reside no Brasil e ainda não recebe integralmente do outro país a sua parte.

Ao negar provimento ao Pedido de Uniformização, a TNU reconheceu que, enquanto não houver a efetiva complementação pelo outro país, ou caso a soma dos valores devidos não alcance o salário mínimo brasileiro, **cabe ao INSS a obrigação de complementar o benefício, garantindo assim a observância do patamar mínimo de subsistência.**

A decisão do Tema n. 262 está em perfeita consonância com o princípio da **dignidade da pessoa humana**, previsto no art. 1º, III, da Constituição Federal.

Além disso, o princípio da **efetividade da proteção previdenciária** também é violado ao se permitir o pagamento de um benefício inferior ao salário mínimo.

A previdência deve garantir um padrão mínimo de vida, não podendo, em hipótese alguma, permitir que o segurado receba valores insuficientes para sua subsistência.

## 3. DO PEDIDO

Diante de todo o exposto, requer-se a Vossa Excelência:

a) a citação do Instituto Nacional do Seguro Social – INSS, para, querendo, responder à presente demanda, no prazo legal;

b) a determinação ao INSS para que, na primeira oportunidade em que se pronunciar nos autos, apresente o Processo de Concessão do Benefício Previdenciário para apuração dos valores devidos à Parte Autora, conforme determinado pelo art. 11 da Lei n. 10.259/2001, sob pena de cominação de multa diária, nos termos do art. 139, IV, do Código de Processo Civil/2015, a ser fixada por esse Juízo;

c) a procedência da pretensão deduzida, com a condenação do INSS a revisar o benefício concedido ao(à) Autor(a) para que seja pago em valor não inferior ao salário-mínimo nacional, enquanto o benefício devido por <adequar país> não for efetivamente implantado, ou enquanto o somatório dos benefícios não alcançar o piso nacional;

e) a condenação do INSS ao pagamento dos valores acumulados, desde a DER, aplicando-se juros e correção monetária até novembro de 2021, nos termos dos Temas n. 810 do STF e n. 905 do STJ e, a partir de dezembro de 2021, o índice da taxa referencial do Sistema Especial de Liquidação e de Custódia (Selic), acumulado mensalmente, para fins de atualização monetária e de compensação da mora (art. 3º da EC n. 113/2021), respeitada a prescrição quinquenal;

f) a condenação do INSS ao pagamento de custas, despesas e de honorários advocatícios, na base de 20% (vinte por cento) dos valores devidos apurados em liquidação de sentença, conforme dispõem o art. 55 da Lei n. 9.099/1995 e o art. 85, § 3º, do Código de Processo Civil/2015;

g) o julgamento antecipado da lide, conforme dispõe o art. 355 do Código de Processo Civil/2015, considerando que a questão de mérito é unicamente de direito. Sendo outro o entendimento de V. Exa., requer a produção de todos os meios de prova admitidos em direito, sem exclusão de nenhum que se fizer necessário ao deslinde da demanda;

h) a concessão da Gratuidade da Justiça, na forma dos arts. 98 e ss. do CPC/2015, por ser a Parte Autora pessoa hipossuficiente, na acepção jurídica do termo, sem condições de arcar com as despesas processuais e os honorários advocatícios sucumbenciais sem prejuízo de seu sustento e de sua família. <RECOMENDA-SE A COLETA, PELO ADVOGADO, DE DECLARAÇÃO DE HIPOSSUFICIÊNCIA DO CLIENTE, CASO SEJA REQUERIDA A GRATUIDADE DA JUSTIÇA. DEVE-SE, TAMBÉM, DE PREFERÊNCIA, FAZER A JUNTADA DE TAL DECLARAÇÃO NOS AUTOS, JÁ NA INICIAL.>

Cumprindo a previsão do art. 319, VII, do Código de Processo Civil/2015, a parte autora declara que opta pela realização <OU NÃO REALIZAÇÃO, ADEQUAR CONFORME O INTERESSE EM CADA CASO> de audiência de conciliação no presente caso.

Requer-se, ainda, com base no § 4º do art. 22 da Lei n. 8.906/1994, que, ao final da presente demanda, caso sejam encontradas diferenças em favor da Parte Autora, quando da expedição da RPV ou do precatório, os valores referentes aos honorários contratuais e sucumbenciais sejam expedidos em nome da sociedade de advogados contratada pela parte Autora, sendo os honorários contratuais devidos no percentual constante no contrato em anexo.

Dá-se à causa o valor de R$ 1.000,00 (mil reais). <ADEQUAR CONFORME O CASO>

Nesses termos,

PEDE DEFERIMENTO.

Cidade e data.

Nome do Advogado e OAB

## 76. MODELO DE AÇÃO DE REVISÃO DE BENEFÍCIO PARA TRANSFERÊNCIA DE CONTRIBUIÇÕES RECOLHIDAS EM NIT DE TERCEIROS

**EXCELENTÍSSIMO(A) SENHOR(A) DOUTOR(A) JUIZ FEDERAL DA _____ VARA/JUIZADO DA CIDADE – SEÇÃO JUDICIÁRIA DO ESTADO**

**AUTOR(a),** nacionalidade, estado civil, profissão, portador(a) da cédula de identidade, inscrito(a) no CPF sob o nº, endereço eletrônico, residente e domiciliado(a) na Rua, Bairro, Cidade, Estado, CEP, vem à presença de Vossa Excelência, por intermédio de seus procuradores constituídos, propor a presente **AÇÃO DE REVISÃO DE APOSENTADORIA POR TEMPO DE CONTRIBUIÇÃO <especificar o benefício>** contra o **INSTITUTO NACIONAL DO SEGURO SOCIAL – INSS,** pessoa jurídica de direito público, podendo ser citada na pessoa do seu representante legal, que atua nessa Subseção Judiciária, para, querendo, responder à presente demanda, o que faz pelos fundamentos de fato e de direito a seguir alinhados:

**1. DOS FATOS** <ADEQUAR AO CASO CONCRETO>

A parte autora é titular de benefício previdenciário vinculado ao Regime Geral de Previdência Social, mantido e administrado pelo Instituto Nacional de Previdência Social – INSS, conforme comprovam os documentos em anexo.

Cabe ressaltar que durante a vida laboral a parte autora verteu os recolhimentos para o INSS na condição de segurado empregado, contribuinte individual (autônomo) e agente público. Ocorre que no período de 2002 a 2005, período no qual era empresário, o contador da parte autora lançou os recolhimentos em seu próprio NIT.

Com intuito de sanar o impasse, no ato do requerimento do seu benefício o Autor pleiteou a transferência das contribuições – cujo erro, inclusive, foi reconhecido e expressamente declarado pelo contador. No entanto, mesmo diante todo conjunto probatório que instruiu o requerimento administrativo, a autarquia ré transferiu apenas parte das competências.

Destarte, a parte Autora vem requerer a pretensão jurisdicional para que haja a transferência dos seus recolhimentos para o seu CNIS e, por consequência, a revisão da renda mensal inicial.

## 2. DAS PRELIMINARES <ADEQUAR AO CASO CONCRETO>

### Do interesse de agir

Em 09.04.2018 a parte autora pleiteou perante a autarquia ré o benefício de aposentadoria por tempo de contribuição apresentando, no ato do requerimento administrativo, o pedido expresso da transferência dos recolhimentos realizados desacertadamente em nome do seu contador, vide p. X do processo administrativo:

<SUGERIMOS QUE SEJA COLACIONADA A IMAGEM COM O PEDIDO EXPRESSO>.

Destarte, resta demonstrado o interesse de agir no processo administrativo, uma vez que a parte autora pleiteou no ato da concessão do benefício, bem como instruiu o processo administrativo com toda documentação necessária para comprovação da titularidade das contribuições recolhidas.

## 3. O DIREITO <ADEQUAR AO CASO CONCRETO>

### Da possibilidade de transferência das contribuições previdenciárias

Como cediço, o recolhimento das contribuições previdenciárias realizado em NIT errado não implica a desconsideração dos recolhimentos realizados pelo segurado. Assim, importa salientar que o procedimento adotado pelo INSS para correção das contribuições recolhidas equivocadamente em NIT de terceiro é a transferência.

Nos moldes da IN n. 128/2022, a transferência é uma operação que visa corrigir o recolhimento realizado em NIT de terceiro, em NIT indeterminado e em NIT pertencente à faixa crítica. Senão vejamos:

> Art. 119. Entende-se por ajuste de guia, as operações de inclusão, alteração, exclusão, transferência ou desmembramento de recolhimentos a serem realizadas em sistema próprio, a fim de corrigir no CNIS as informações divergentes dos comprovantes de recolhimentos apresentados pelo contribuinte individual, empregado doméstico, facultativo e segurado especial que contribui facultativamente, sendo que: (...)
>
> IV – transferência é a operação a ser realizada:
>
> a) de um NIT para outro, em razão de recolhimento em:
>
> 1. NIT de terceiro;
>
> 2. NIT indeterminado; ou
>
> 3. NIT pertencente à faixa crítica;
>
> b) de um NIT para a ADA, a pedido do contribuinte, quando algum recolhimento constar indevidamente em seu extrato de contribuições ou a pedido dos órgãos de controle;
>
> c) de um NIT para o CNPJ ou o CEI, em razão de recolhimento efetuado indevidamente no NIT; e
>
> d) da ADA para o NIT ou CNPJ/CEI, em razão de recolhimento constante no "banco de inválidos";

Tal disposição normativa também é reproduzida no art. 111, inciso V, da Portaria DIRBEN/INSS n. 990/2022 – livro que regulamenta os procedimentos e rotinas que versam sobre cadastro, administração e retificação de informações dos segurados e beneficiários no âmbito do INSS. Vejamos:

> Art. 111. Entende-se por ajuste de Guia, as operações de inclusão, alteração, exclusão, transferência ou desmembramento de recolhimentos a serem realizadas em sistema próprio, a fim de corrigir no CNIS as informações divergentes dos comprovantes de recolhimentos apresentados pelo contribuinte individual, empregado doméstico, facultativo e segurado especial que contribui facultativamente, sendo que: (...)
>
> IV – transferência é a operação a ser realizada:
>
> a) de um NIT para outro, em razão de recolhimento em:
>
> 1. NIT de terceiro;
>
> 2. NIT indeterminado; ou
>
> 3. NIT pertencente à faixa crítica.
>
> b) de um NIT para a ADA, a pedido do contribuinte, quando algum recolhimento constar indevidamente em seu extrato de contribuições ou a pedido dos órgãos de controle;
>
> c) de um NIT para o CNPJ ou o CEI, em razão de recolhimento efetuado indevidamente no NIT; e
>
> d) da ADA para o NIT ou CNPJ/CEI em razão de recolhimento constante no "banco de inválidos".

No que concerne à competência para transferência dos recolhimentos, o art. 120 da IN n. 128/2022 estabelece que compete ao INSS realizar a transferência. Senão vejamos:

> Art. 120. Observado o disposto no art. 119, os acertos de recolhimento de contribuinte individual, empregado doméstico (segurado) facultativo e segurado especial que contribui facultativamente, identificados no requerimento de benefício ou de atualização de dados do CNIS, são de responsabilidade do INSS, conforme estabelece a Portaria Conjunta RFB/INSS nº 273, de 19 de janeiro de 2009.
>
> Parágrafo único. Conforme § 7º do art. 19-B do RPS, serão realizados exclusivamente pela SRFB os acertos de:
>
> I – inclusão do recolhimento e alteração de valor autenticado ou data de pagamento da Guia da Previdência Social (GPS) ou documento que vier substituí-la;
>
> II – transferência de contribuição com identificador de pessoa jurídica ou equiparada (CNPJ/CEI) para o identificador de pessoa física (NIT) no CNIS; e
>
> III – inclusão da contribuição liquidada por meio de parcelamento no CNIS.

Ademais, cumpre ressaltar que a jurisprudência do TRF da 4ª Região é uníssona no tocante à transferência dos recolhimentos realizados em NIT errado. Nesse sentido se manifestou a Egrégia 10ª Turma do Tribunal Regional Federal da 4ª Região: <ADEQUAR COM PRECEDENTE DE SUA REGIÃO>

> PREVIDENCIÁRIO. APOSENTADORIA POR IDADE. REVISÃO. TEMPO DE SERVIÇO URBANO. EMPRESÁRIO INDIVIDUAL. EMPREGO PÚBLICO. TRANSFORMAÇÃO. ATIVIDADES CONCOMITANTES. RECOLHIMENTO DE CONTRIBUIÇÕES. TEMPO ESPECIAL. ACRÉSCIMO DA CONVERSÃO. UTILIZAÇÃO PARA RECÁLCULO DA RMI. IMPOSSIBILIDADE. RECOLHIMENTO COM NIT ERRADO. CONSIDERAÇÃO DAS CONTRIBUIÇÕES.
>
> 1. A partir da transformação do emprego público em cargo público e a previsão para compensação financeira entre os regimes, nada impede o aproveitamento das contribuições como servidor público pelo demandante para fins de obtenção de aposentadoria no regime próprio e as de empregado privado ou contribuinte individual no regime geral, não se configurando dupla consideração da mesma atividade e das mesmas contribuições, mas, apenas, concomitância de atividades com recolhimentos distintos.
>
> 2. A contagem do tempo em que exercida a atividade profissional de vinculação obrigatória ao RGPS, na qualidade de empresário ou microempreendedor individual, pressupõe o recolhimento de contribuições concernentes à atividade remunerada, as quais não se confundem com as contribuições devidas pela empresa individual.
>
> 3. Não havendo comprovação de pagamento das contribuições previdenciárias correspondentes, é inviável o reconhecimento dos respectivos tempos de serviço.
>
> 4. Ainda que admitida a especialidade de período laboral, na redação do artigo 50 da Lei 8.213/1991 o acréscimo resultante da conversão de tempo especial não pode ser utilizado para fins de definição do coeficiente a ser utilizado no cálculo da RMI da aposentadoria por idade.
>
> 5. Para fins de apuração do salário de benefício da aposentadoria por idade urbana disposta no *caput* do art. 48 da Lei de Benefícios da Previdência Social, não se leva em conta o tempo de serviço do segurado – de modo que não é possível a soma da atividade urbana com a especial, tal como

na aposentadoria por tempo de serviço/contribuição –, mas as contribuições por ele recolhidas à Previdência Social, a teor do art. 50 da Lei n. 8.213/1991, de modo que o acréscimo decorrente da conversão do tempo especial em comum não poderá ser somado para este fim.

6. O recolhimento de contribuições com o NIT errado não implica na desconsideração das contribuições em favor da parte autora. (TRF4, AC 5036429-39.2018.4.04.7100, 11ª Turma, Rel. Ana Cristina Ferro Blasi, juntado aos autos em 12.07.2023)

No mesmo sentido é o entendimento da Eminente 6ª Turma do TRF da 4ª Região:

> PREVIDENCIÁRIO. ATIVIDADE RURAL. SEGURADO ESPECIAL. ATIVIDADE URBANA. CONTRIBUIÇÃO COM NIT INCORRETO. CONTRIBUIÇÕES PREVIDENCIÁRIAS RECOLHIDAS EM VALOR INFERIOR AO DEVIDO. COMPLEMENTAÇÃO. ATIVIDADE ESPECIAL. APOSENTADORIA POR TEMPO DE CONTRIBUIÇÃO. REGRAS DE TRANSIÇÃO. TUTELA ESPECÍFICA.
>
> 1. O tempo de serviço rural para fins previdenciários, a partir dos 12 anos, pode ser demonstrado através de início de prova material, desde que complementado por prova testemunhal idônea.
>
> 2. O recolhimento de contribuições previdenciárias com o NIT errado não implica na desconsideração das contribuições em favor da parte autora.
>
> 3. As contribuições previdenciárias efetuadas a menor do que o valor mínimo só poderão ser computadas para fins de obtenção de aposentadoria mediante o correto recolhimento.
>
> 4. Apresentada a prova necessária a demonstrar o exercício de atividade sujeita a condições especiais, conforme a legislação vigente na data da prestação do trabalho, o respectivo tempo de serviço especial deve ser reconhecido.
>
> 5. Presentes os requisitos da idade, tempo de serviço, carência e o adicional de contribuição, é devida à parte autora a Aposentadoria por Tempo de Contribuição pelas regras de transição.
>
> 6. Determina-se o cumprimento imediato do acórdão naquilo que se refere à obrigação de implementar o benefício em favor da parte autora, por se tratar de decisão de eficácia mandamental que deverá ser efetivada mediante as atividades de cumprimento da sentença *stricto sensu* previstas no art. 497 do CPC/15, sem a necessidade de um processo executivo autônomo (*sine intervallo*). (TRF4, AC n. 5016643-76.2017.4.04.9999, 6ª Turma, Rel. João Batista Pinto Silveira, juntado aos autos em 19.10.2018)

Destarte, a parte autora demonstra o respaldo legal para transferência das contribuições e, por consequência, revisão da RMI.

**Da comprovação da titularidade dos recolhimentos**

Conforme brevemente explanado na síntese fática, no período de 06.2002 a 04.2005 o contador da parte Autora verteu os recolhimentos, na condição de contribuinte individual, em seu próprio NIT. Vejamos a lacuna existente na DER no CNIS do segurado:

<SUGERIMOS QUE SEJA COLACIONADO O CNIS COM A LACUNA EXISTENTE>.

Para demonstrar que os recolhimentos foram, efetivamente, realizados em NIT errado, o segurado apresentou no requerimento administrativo os seguintes documentos:

<SUGERIMOS QUE SEJA LISTADA A RELAÇÃO DE DOCUMENTOS E COLACIONADA AS IMAGENS DOS ANEXOS>.

Embora realizada toda a instrução probatória, o INSS realizou a transferência apenas referente às competências 06.2002 a 03.2003, vide despacho na p. x do processo administrativo:

<SUGERIMOS QUE SEJA COLACIONADO O CNIS COM A LACUNA EXISTENTE>.

As demais competências, de acordo com o INSS, por não constarem informação de GFIP, não foram computadas. Contudo, Excelência, a parte autora apresentou o espelho da GFIP como demonstrado acima (p. 24 e 25), bem como outros documentos demonstrando a existência do recolhimento.

Portanto, inconformado que o prejuízo que a ausência da contagem dos recolhimentos trouxe para o cálculo da sua renda mensal inicial, parte Autora requer que seja realizada a transferência dos recolhimentos relativos às competências 04.2003 a 04.2005, bem como a revisão da sua renda mensal inicial.

## 4. PREQUSTIONAMENTO <ADEQUAR AO CASO CONCRETO>

Resta clara a violação aos ditames constitucionais e à legislação federal, da qual destacamos os artigos <ADEQUAR AO CASO CONCRETO, CITANDO NOMINALMENTE OS ARTIGOS, INCLUSIVE COM PARÁGRAFOS E INCISOS, LEMBRANDO-SE DE INCLUIR TAMBÉM LEGISLAÇÃO FEDERAL MESMO PARA AÇÕES DE JUIZADOS, TENDO EM VISTA A ATUAL POSSIBILIDADE DE INTERPOSIÇÃO DE IRDR>.

## 5. DOS REQUERIMENTOS <ADEQUAR AO CASO CONCRETO>

Ante o exposto, requer-se à Vossa Excelência:

a) a citação do Instituto Nacional do Seguro Social – INSS, na pessoa de seu Superintendente Regional ou Procurador Regional, para querendo, responder à presente demanda, no prazo legal, advertindo-se que, em caso de inércia, presumir-se-ão aceitos como verdadeiros os fatos articulados pelo Autor (art. 334, *in fine*, do CPC);

b) a determinação ao INSS para que na primeira oportunidade em que se pronunciar nos autos apresente a cópia integral do Processo de Concessão do Benefício objeto do feito;

c) a procedência da presente ação para determinar que o INSS transfira os recolhimentos relativos às competências 04.2003 a 04.2005, recolhidas equivocadamente no NIT do seu contador;

d) sendo acolhido o pedido anterior, requer a procedência da pretensão deduzida para condenar o INSS a revisar a RMI do segurado para que sejam incluídos os recolhimentos realizados nas competências 04.2003 a 04.2005;

e) a condenação do INSS ao pagamento de honorários advocatícios de acordo com o art. 85 do CPC;

f) considerando, ainda, que a questão de mérito é unicamente de direito, requer o julgamento antecipado da lide, conforme dispõe o art. 355 do CPC. Sendo outro o entendimento de V.Exa., requer a produção de todos os meios de prova em direito admitidos, inclusive a oitiva das testemunhas arroladas abaixo;

g) a condenação da parte ré ao pagamento de multa diária, com valores a serem arbitrados pelo M.M. Juízo, caso não seja cumprido o determinado em sede de antecipação de tutela e/ou sentença de mérito;

h) a condenação do Réu ao pagamento dos valores acumulados, aplicando-se o índice da taxa referencial do Sistema Especial de Liquidação e de Custódia (Selic), acumulado mensalmente, para fins de atualização monetária e de compensação da mora (art. 3º da EC n. 113/2021), respeitada a prescrição quinquenal;

i) requer-se, ainda, com base no § 4º do art. 22 da Lei n. 8.906/1994, que, ao final da presente demanda, caso sejam encontradas diferenças em favor da parte autora, quando da expedição da RPV ou do precatório, os valores referentes aos honorários contratuais e sucumbenciais sejam expedidos em nome da sociedade de advogados contratada pela parte autora, sendo os honorários contratuais devidos no percentual constante no contrato em anexo;

j) a concessão da gratuidade da Justiça, na forma dos arts. 98 e ss. do CPC, por ser a parte autora pessoa hipossuficiente, na acepção jurídica do termo, sem condições de arcar com as despesas processuais e os honorários advocatícios sucumbenciais sem prejuízo de seu sustento e de sua família. <RECOMENDA-SE A COLETA, PELO ADVOGADO, DE DECLARAÇÃO DE HIPOSSUFICIÊNCIA DO CLIENTE, CASO SEJA REQUERIDA A GRATUIDADE DA JUSTIÇA. DEVE-SE, TAMBÉM, DE PREFERÊNCIA, FAZER A JUNTADA DE TAL DECLARAÇÃO NOS AUTOS, JÁ NA INICIAL.>

Dá-se a causa o valor de R$ 1.000,00 (ADEQUAR CONFORME O CASO).

Nesses Termos,

Pede Deferimento.

Local de data.

Advogado/OAB

## 77. MODELO DE AÇÃO DE REVISÃO DE BENEFÍCIO PARA INCLUSÃO NO SALÁRIO DE CONTRIBUIÇÃO DAS VERBAS PECUNIÁRIAS PERCEBIDAS A TÍTULO DE AUXÍLIO-ALIMENTAÇÃO

**EXCELENTÍSSIMO(A) SENHOR(A) DOUTOR(A) JUIZ FEDERAL DA _____VARA/JUIZADO DA CIDADE – SEÇÃO JUDICIÁRIA DO ESTADO**

**AUTOR(a),** nacionalidade, estado civil, profissão, portador(a) da cédula de identidade, inscrito(a) no CPF sob o nº, endereço eletrônico, residente e domiciliado(a) na Rua, Bairro, Cidade, Estado, CEP, vem à presença de Vossa Excelência, por intermédio de seus procuradores constituídos, propor a presente **AÇÃO DE REVISÃO DE APOSENTADORIA POR TEMPO DE CONTRIBUIÇÃO <especificar o benefício>** contra o **INSTITUTO NACIONAL DO SEGURO SOCIAL – INSS,** pessoa jurídica de direito público, podendo ser citada na pessoa do seu representante legal, que atua nessa Subseção Judiciária, para, querendo, responder à presente demanda, o que faz pelos fundamentos de fato e de direito a seguir alinhados:

### 1. DOS FATOS <ADEQUAR AO CASO CONCRETO>

A parte autora é titular de benefício previdenciário vinculado ao Regime Geral de Previdência Social, mantido e administrado pelo Instituto Nacional de Previdência Social – INSS sob o NB 00/000.000.000-0, conforme comprovam os documentos em anexo.

Necessário salientar que no período de 00.00.0000 a 00.00.0000, a parte autora laborou na Empresa Brasileira de Correios e Telégrafos, percebendo durante todo o período auxílio-alimentação pago em pecúnia.

No entanto, analisando a memória de cálculo da carta de concessão nota-se que os valores percebidos à título de auxílio-alimentação não integraram os salários de contribuição computados no cálculo da RMI, razão pela qual a parte autora busca na presente demanda que tais parcelas sejam incorporadas no cálculo do seu benefício.

### 2. DAS PRELIMINARES <ADEQUAR AO CASO CONCRETO>

#### 2.1 Do interesse de agir

Em 00.00.0000 a parte autora pleiteou perante a autarquia ré a revisão do seu benefício visando a inclusão do auxílio-alimentação nos salários de contribuição do período de 00.00.0000 a 00.00.0000, *vide* o processo administrativo em anexo.

Ademais, com intuito de comprovar o direito à revisão do benefício além dos extratos fornecidos pela empresa demonstrando os valores recebidos, a parte autora anexou no requerimento administrativo declaração apresentada pela empresa demonstrando os índices de reajustes do vale alimentação pago no período supracitado.

Ocorre que a parte ré indeferiu o pleito da parte autora sob a arguição que o auxílio-alimentação tem natureza indenizatória e, portanto, não integra o cálculo do salário de contribuição e, por consequência, da RMI.

Assim, diante do indeferimento da Autarquia Previdenciária resta demonstrado o interesse de agir, tendo em vista que além de formular requerimento expresso, a parte autora anexou nos autos documentos que possibilitaram a revisão da RMI.

### 3. DO DIREITO <ADEQUAR AO CASO CONCRETO>

#### 3.1 Da revisão da RMI e inclusão do vale alimentação na base de cálculo do salário de contribuição

a parte autora foi empregada pública da Empresa Brasileira de Correios e Telégrafos, de 01.01.1993 a 30.12.2018, como demonstra a anotação contida na CTPS.

Importa salientar durante todo o período no qual a parte autora esteve vinculada à empresa pública houve pagamento de vale alimentação em pecúnia, depositado mensalmente em sua conta corrente, *vide* holerites em anexo.

No entanto, analisando o CNIS assim como os salários de contribuição lançados na carta de concessão nota-se que o auxílio alimentação pago pela empresa não integrou a base de cálculo do salário de contribuição.

Atinente à integração do vale alimentação à composição do salário de contribuição, disciplina o art. 28, I, da Lei n. 8.212/1991 que a totalidade dos rendimentos pagos a qualquer título durante o mês, com intuito a retribuir o labor tem natureza de salário de contribuição:

> Art. 28. Entende-se por salário de contribuição:
> I – para o empregado e trabalhador avulso: a remuneração auferida em uma ou mais empresas, assim entendida a totalidade dos rendimentos pagos, devidos ou creditados a qualquer título, durante o mês, destinados a retribuir o trabalho, qualquer que seja a sua forma, inclusive as gorjetas, os ganhos habituais sob a forma de utilidades e os adiantamentos decorrentes de reajuste salarial, quer pelos serviços efetivamente prestados, quer pelo tempo à disposição do empregador ou tomador de serviços nos termos da lei ou do contrato ou, ainda, de convenção ou acordo coletivo de trabalho ou sentença normativa; (Redação dada pela Lei nº 9.528, de 10.12.97)

Sobre o tema, a Turma Nacional de Uniformização fixou entendimento do Tema 244 no seguinte sentido, *in verbis*:

> I) Anteriormente à vigência da Lei n. 13.416/2017, o auxílio-alimentação, pago em espécie e com habitualidade ou por meio de vale-alimentação/cartão ou tíquete-refeição/alimentação ou equivalente, integra a remuneração, constitui base de incidência da contribuição previdenciária patronal e do segurado, refletindo no cálculo da renda mensal inicial do benefício, esteja a empresa inscrita ou não no Programa de Alimentação do Trabalhador – PAT;
> II) A partir de 11/11/2017, com a vigência da Lei n. 13.416/2017, que conferiu nova redação ao § 2º do art. 457 da CLT, somente o pagamento do auxílio-alimentação em dinheiro integra a remuneração, constitui base de incidência da contribuição previdenciária patronal e do segurado, refletindo no cálculo da renda mensal inicial do benefício, esteja a empresa inscrita ou não no Programa de Alimentação do Trabalhador – PAT.

De forma concisa, para a TNU:

– o auxílio-alimentação pago em dinheiro à compõe o salário de contribuição independentemente do período pago.
– o pagamento por meio de vale alimentação (cartão) ou tíquete-refeição à apenas integrará no cálculo da RMI sendo a verba paga até 10.11.2017.

No caso em tela, o auxílio-alimentação sempre foi pago em dinheiro depositado na conta corrente da parte autora junto com o salário. Ademais, a documentação acostada demonstra que a verba era paga habitualmente como forma de retribuição ao trabalho prestado.

Destarte, a parte autora requer que sejam alterados os salários de contribuição do período de 07/1994 a 12/2018 e, consequentemente, recalculada a RMI, para que sejam computados no cálculo do benefício os valores percebidos à título de auxílio-alimentação.

## 3.2 Do efeito financeiro

necessário se faz salientar que o mero fato de a empregadora não recolher a contribuição previdenciária devida decorrente do pagamento do auxílio alimentação não poderá, por si só constituir óbice ao direito de a parte autora computar tais prestações no cálculo do seu benefício, haja vista que é de responsabilidade exclusiva do empregador o recolhimento das contribuições previdenciárias, sendo o dever da Autarquia Previdenciária fiscalizar o seu repasse.

Nesse cenário, é desarrazoado que a parte autora seja novamente penalizada pela desídia da empregadora e da autarquia ré devendo, assim, os efeitos financeiros da pretendida revisão incidir desde a data do início do benefício.

No que tange ao efeito financeiro, o Egrégio Tribunal Regional Federal da 4ª Região tem entendido que deverá incidir desde a DER, sob pena de lesar o segurado, senão vejamos:

> PREVIDENCIÁRIO. REVISÃO DE BENEFÍCIO. SALÁRIOS DE CONTRIBUIÇÃO. AUXÍLIO-ALIMENTAÇÃO.
>
> 1. O auxílio-alimentação e vale-rancho pagos em pecúnia (inclusive mediante o fornecimento de tíquetes), ou creditados em conta-corrente, em caráter habitual, integram a base de cálculo da contribuição previdenciária.
>
> 2. Incluídas, nos salários de contribuição, as referidas verbas, os efeitos financeiros do recálculo da aposentadoria são devidos desde a DER, uma vez que o segurado não pode ser prejudicado pela omissão do empregador no recolhimento das contribuições previdenciárias corretas. Respeitada, na hipótese, a prescrição quinquenal. (AC n. 5000772-53.2020.4.04.7104, 6ª Turma, Rel. Tais Schilling Ferraz. j. 19.07.2023)

À vista do exposto, a parte autora pleiteia a revisão do seu benefício fixando os efeitos financeiros desde a DER, tendo que vista que a ausência dos recolhimentos da contribuição previdenciária se deu por culpa da empresa e da inércia na fiscalização pela autarquia ré não podendo, assim, a parte autora ser novamente lesada.

**4. REQUSTIONAMENTO** <ADEQUAR AO CASO CONCRETO>

Resta clara a violação aos ditames constitucionais e à legislação federal, da qual destacamos os artigos <ADEQUAR AO CASO CONCRETO, CITANDO NOMINALMENTE OS ARTIGOS, INCLUSIVE COM PARÁGRAFOS E INCISOS, LEMBRANDO-SE DE INCLUIR TAMBÉM LEGISLAÇÃO FEDERAL MESMO PARA AÇÕES DE JUIZADOS, TENDO EM VISTA A ATUAL POSSIBILIDADE DE INTERPOSIÇÃO DE IRDR>.

**5. DOS REQUERIMENTOS** <ADEQUAR AO CASO CONCRETO>

Ante o exposto, requer-se à Vossa Excelência:

a) a citação do Instituto Nacional do Seguro Social – INSS, na pessoa de seu Superintendente Regional ou Procurador Regional, para querendo, responder à presente demanda, no prazo legal, advertindo-se que, em caso de inércia, presumir-se-ão aceitos como verdadeiros os fatos articulados pelo Autor (art. 334, *in fine*, do CPC);

b) a determinação ao INSS para que na primeira oportunidade em que se pronunciar nos autos apresente a cópia integral do Processo de Concessão do Benefício objeto do feito;

c) a procedência da presente ação para determinar o recálculo da RMI, incluindo na base de cálculo dos salários de contribuição o auxílio-alimentação percebido em forma de depósito bancário de 01/1993 a 12/2018;

d) sendo acolhido o pedido anterior, requer a procedência da pretensão deduzida para condenar o INSS a pagar a diferença devida desde a DER, tendo em vista que a ausência do recolhimento da contribuição previdenciária se deu por culpa da empresa e pela ausência de fiscalização do INSS, sendo desarrazoado que a parte autora seja prejudicada por tal ato;

e) a condenação do INSS ao pagamento de honorários advocatícios de acordo com o art. 85 do CPC;

f) considerando, ainda, que a questão de mérito é unicamente de direito, requer o julgamento antecipado da lide, conforme dispõe o art. 355 do CPC. Sendo outro o entendimento de V.Exa., requer a produção de todos os meios de prova em direito admitidos, inclusive a oitiva das testemunhas arroladas abaixo;

g) a condenação da parte ré ao pagamento de multa diária, com valores a serem arbitrados pelo M.M. Juízo, caso não seja cumprido o determinado em sede de antecipação de tutela e/ou sentença de mérito;

h) a condenação da parte ré ao pagamento dos valores acumulados, aplicando-se o índice da taxa referencial do Sistema Especial de Liquidação e de Custódia (Selic), acumulado mensalmente, para fins de atualização monetária e de compensação da mora (art. 3º da EC n. 113/2021), respeitada a prescrição quinquenal;

i) requer-se, ainda, com base no § 4º do art. 22 da Lei n. 8.906/1994, que, ao final da presente demanda, caso sejam encontradas diferenças em favor da parte autora, quando da expedição da RPV ou do precatório, os valores referentes aos honorários contratuais e sucumbenciais sejam expedidos em nome da sociedade de advogados contratada pela parte autora, sendo os honorários contratuais devidos no percentual constante no contrato em anexo;

j) a concessão da gratuidade da Justiça, na forma dos arts. 98 e ss. do CPC, por ser a parte autora pessoa hipossuficiente, na acepção jurídica do termo, sem condições de arcar com as despesas processuais e os honorários advocatícios sucumbenciais sem prejuízo de seu sustento e de sua família. <RECOMENDA-SE A COLETA, PELO ADVOGADO, DE DECLARAÇÃO DE HIPOSSUFICIÊNCIA DO CLIENTE, CASO SEJA REQUERIDA A GRATUIDADE DA JUSTIÇA. DEVE-SE, TAMBÉM, DE PREFERÊNCIA, FAZER A JUNTADA DE TAL DECLARAÇÃO NOS AUTOS, JÁ NA INICIAL.>

Dá-se a causa o valor de R$ 1.000,00 (ADEQUAR CONFORME O CASO).

Nesses Termos,

Pede Deferimento.

Local de data.

Advogado/OAB

## III. MODELOS DE PETIÇÕES INICIAIS TRABALHISTAS

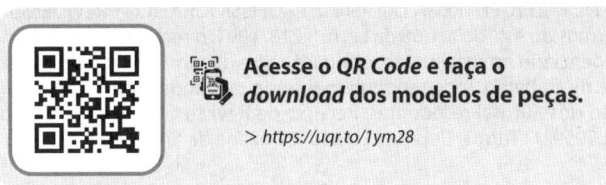

### 78. MODELO DE AÇÃO TRABALHISTA PARA OBTENÇÃO DE PPP E LTCAT

**EXMO. SR. JUIZ TITULAR DA ___ VARA DO TRABALHO DE _____**

HÁ PEDIDO DE TUTELA ANTECIPADA

**FULANO DE TAL**, brasileiro, casado, torneiro mecânico, portador do CPF n. _____, CTPS n. _____ e RG n. _____ expedido pela SSP/____, residente e domiciliado na Rua _____, Bairro _____, Município de _____/____, CEP _____-____, endereço eletrônico xxx@email.com.br, vem perante Vossa Excelência, por seu procurador *ad judicia* (mandato anexo), ajuizar a presente **AÇÃO TRABALHISTA** em face da **EMPRESA TAL**, CNPJ _____, com endereço na Avenida _____, Bairro _____, Município de _____/____, CEP _____, pelos fatos e fundamentos que passa a expor:

### 1. DOS FATOS <ADEQUAR AO CASO CONCRETO>

O autor da presente demanda foi empregado da empresa ré no período de (inserir data de início e término da relação de emprego), tendo exercido a função de torneiro mecânico durante todo o contrato, com salário inicial de R$ _____,_ e recebendo, quando da dispensa sem justa causa, R$ _____.

Ocorre que a empresa, quando da rescisão contratual (ou da intenção do obreiro em requerer sua aposentadoria especial), não lhe forneceu o Perfil Profissiográfico Previdenciário – PPP, documento que permite ao trabalhador a comprovação da efetiva exposição a agentes nocivos à saúde, para fins de futura percepção de aposentadoria especial pelo Instituto Nacional do Seguro Social – INSS.

O autor, exercendo atividade sujeita a agentes nocivos à sua saúde, tem direito de postular, junto ao RGPS, o reconhecimento do tempo especial para fins de aposentadoria, visto que durante sua vida laboral esteve sujeito a agentes nocivos, de modo que, somados os períodos de labor em tais condições, fará jus ao benefício.

Todavia, sem que a ré forneça o aludido documento, o autor se vê alijado de obter seu direito junto à Autarquia Previdenciária, causando, a conduta da empresa, sérios danos à obtenção do benefício que faz jus, razão pela qual invoca a imediata tutela jurisdicional.

### 2. FUNDAMENTOS JURÍDICOS DO PEDIDO <ADEQUAR AO CASO CONCRETO>

#### 2.1 Da competência da Justiça do Trabalho

Antes mesmo de adentrar os fundamentos jurídicos de direito material que embasam o pedido, é conveniente explanar que a competência para o julgamento de tal lide é dessa Justiça Especializada, visto se tratar de demanda obrigacional envolvendo empregado e empregador, decorrente, portanto, de relação de emprego, por descumprimento de obrigação da ré totalmente vinculada ao contrato de trabalho, cujo credor é o autor da demanda.

Em casos análogos, o TST vem mantendo as decisões dos Tribunais Regionais sobre a matéria, como se nota do acórdão a seguir:

> OBRIGAÇÃO DE FAZER. ENTREGA DO PERFIL PROFISSIOGRÁFICO PREVIDENCIÁRIO PELO EMPREGADOR. "Nos termos do § 4º do art. 58 da Lei n. 8.213/1991, o reclamado deve fornecer o Perfil Profissiográfico Previdenciário ao reclamante, obrigação que decorre do reconhecimento da periculosidade no ambiente de trabalho, independentemente de tal condição ter sido deferida apenas em juízo, como no caso dos autos. Precedentes. Recurso de Revista conhecido e provido" (TST, ARR-225600-36.2007.5.02.0059, 1ª Turma, Rel. Min. Luiz José Dezena da Silva, *DEJT* 30.05.2019).

Portanto, não há que se falar em incompetência da Justiça do Trabalho, no caso em discussão.

### 2.2 Da ausência de prescrição <ADEQUAR AO CASO CONCRETO>

É oportuno apontar que não corre prazo prescricional quanto a este pedido, aplicando-se ao caso o § 1º do art. 11 da CLT, como já decidiu, em caso análogo, o TST:

> PRESCRIÇÃO – EXPEDIÇÃO DO FORMULÁRIO DE PERFIL PROFISSIOGRÁFICO PREVIDENCIÁRIO (PPP). A prescrição trabalhista, prevista nos arts. 7º, XXIX e 11 da CLT se refere apenas às pretensões condenatórias a créditos oriundos das relações de trabalho. Na ação em que se objetiva o reconhecimento do exercício da atividade sujeita a condições agressivas à saúde, para efeito de aposentadoria especial reduzida, prevista no art. 57 da Lei n. 8.213/1991, com a consequente entrega do formulário Perfil Profissiográfico Previdenciário – PPP, incide a exceção prevista no § 1º do art. 11 da CLT, ante o seu caráter declaratório. Precedentes. Recurso de revista conhecido por violação do art. 11, § 1º, da CLT. CONCLUSÃO: Recurso parcialmente conhecido e provido. (TST, RR – 478-73.2013.5.05.0006, 3ª Turma, Rel. Min. Alexandre de Souza Agra Belmonte, *DEJT* 17.03.2017).

Assim, é imprescritível a demanda que ora se submete à elevada apreciação desse douto Juízo.

Tampouco há cabimento em se invocar a prescrição quinquenal, de modo que o Perfil Profissiográfico deve conter as atividades de todo o período contratual:

> "o preenchimento do PPP deve se referir a todo o período trabalhado e não apenas ao lapso dos últimos cinco anos" (TST, ARR-1001003-85.2015.5.02.0706, 6ª Turma, Relatora Desembargadora Convocada Cilene Ferreira Amaro Santos, *DEJT* 20.09.2019).

### 2.3 Da obrigatoriedade do fornecimento do PPP <ADEQUAR AO CASO CONCRETO>

O PPP se constitui em formulário próprio do INSS, sendo preenchido obrigatoriamente pela empresa com base em Laudo Técnico de Condições Ambientais do Trabalho (LTCAT) expedido por médico do trabalho ou engenheiro de segurança do trabalho, para fins de comprovação da exposição a agentes nocivos prejudiciais à saúde ou à integridade física, na forma do art. 58 da Lei n. 8.213/1991, *verbis*:

> Art. 58. A relação dos agentes nocivos químicos, físicos e biológicos ou associação de agentes prejudiciais à saúde ou à integridade física considerados para fins de concessão da aposentadoria especial de que trata o artigo anterior será definida pelo Poder Executivo. (Redação dada pela Lei n. 9.528, de 1997)
>
> § 1º A comprovação da efetiva exposição do segurado aos agentes nocivos será feita mediante formulário, na forma estabelecida pelo Instituto Nacional do Seguro Social – INSS, emitido pela empresa ou seu preposto, com base em laudo técnico de condições ambientais do trabalho expedido por médico do trabalho ou engenheiro de segurança do trabalho nos termos da legislação trabalhista. (Redação dada pela Lei n. 9.732, de 11.12.1998)
>
> § 2º Do laudo técnico referido no parágrafo anterior deverão constar informação sobre a existência de tecnologia de proteção coletiva ou individual que diminua a intensidade do agente agressivo a limites de tolerância e recomendação sobre a sua adoção pelo estabelecimento respectivo. (Redação dada pela Lei n. 9.732, de 11.12.1998)
>
> § 3º A empresa que não mantiver laudo técnico atualizado com referência aos agentes nocivos existentes no ambiente de trabalho de seus trabalhadores ou que emitir documento de comprovação de efetiva exposição em desacordo com o respectivo laudo estará sujeita à penalidade prevista no art. 133 desta Lei. (Incluído pela Lei n. 9.528, de 1997)

§ 4º A empresa deverá elaborar e manter atualizado perfil profissiográfico abrangendo as atividades desenvolvidas pelo trabalhador e **fornecer a este, quando da rescisão do contrato de trabalho, cópia autêntica desse documento**. (sem grifo no original)

A matéria se encontra regulamentada pelo Decreto n. 3.048/1999, em seu art. 68, abaixo transcrito <DESTACAR E/OU UTILIZAR APENAS O NECESSÁRIO PARA O CASO CONCRETO>:

Art. 68. A relação dos agentes nocivos químicos, físicos, biológicos ou associação de agentes prejudiciais à saúde ou à integridade física, considerados para fins de concessão de aposentadoria especial, consta do Anexo IV.

§ 1º A Secretaria Especial de Previdência e Trabalho do Ministério da Economia promoverá a elaboração de estudos com base em critérios técnicos e científicos para atualização periódica do disposto no Anexo IV. (Redação dada pelo Decreto n. 10.410, de 2020)

§ 2º A avaliação qualitativa de riscos e agentes prejudiciais à saúde será comprovada pela descrição: (Redação dada pelo Decreto n. 10.410, de 2020)

I – das circunstâncias de exposição ocupacional a determinado agente ou associação de agentes prejudiciais à saúde presentes no ambiente de trabalho durante toda a jornada de trabalho; (Redação dada pelo Decreto n. 10.410, de 2020)

II – de todas as fontes e possibilidades de liberação dos agentes mencionados no inciso I; e (Incluído pelo Decreto n. 8.123, de 2013)

III – dos meios de contato ou exposição dos trabalhadores, as vias de absorção, a intensidade da exposição, a frequência e a duração do contato. (Incluído pelo Decreto n. 8.123, de 2013)

§ 3º A comprovação da efetiva exposição do segurado a agentes prejudiciais à saúde será feita por meio de documento, em meio físico ou eletrônico, emitido pela empresa ou por seu preposto com base em laudo técnico de condições ambientais do trabalho expedido por médico do trabalho ou engenheiro de segurança do trabalho. (Redação dada pelo Decreto n. 10.410, de 2020)

§ 4º Os agentes reconhecidamente cancerígenos para humanos, listados pela Secretaria Especial de Previdência e Trabalho do Ministério da Economia, serão avaliados em conformidade com o disposto nos § 2º e § 3º deste artigo e no *caput* do art. 64 e, caso sejam adotadas as medidas de controle previstas na legislação trabalhista que eliminem a nocividade, será descaracterizada a efetiva exposição. (Redação dada pelo Decreto n. 10.410, de 2020)

§ 5º O laudo técnico a que se refere o § 3º conterá informações sobre a existência de tecnologia de proteção coletiva ou individual e sobre a sua eficácia e será elaborado com observância às normas editadas pela Secretaria Especial de Previdência e Trabalho do Ministério Economia e aos procedimentos adotados pelo INSS. (Redação dada pelo Decreto n. 10.410, de 2020)

§ 6º A empresa que não mantiver laudo técnico atualizado com referência aos agentes existentes no ambiente de trabalho prejudiciais à saúde de seus trabalhadores ou que emitir documento de comprovação de efetiva exposição em desacordo com o referido laudo incorrerá na infração a que se refere a alínea "n" do inciso II do *caput* do art. 283. (Redação dada pelo Decreto n. 10.410, de 2020)

§ 7º O INSS estabelecerá os procedimentos para fins de concessão de aposentadoria especial, podendo, se necessário, confirmar as informações contidas nos documentos mencionados nos § 2º e 3º.

§ 8º A empresa deverá elaborar e manter atualizado o perfil profissiográfico previdenciário, ou o documento eletrônico que venha a substituí-lo, no qual deverão ser contempladas as atividades desenvolvidas durante o período laboral, garantido ao trabalhador o acesso às informações nele contidas, sob pena de sujeição às sanções previstas na alínea "h" do inciso I do *caput* do art. 283. (Redação dada pelo Decreto n. 10.410, de 2020)

§ 9º Para fins do disposto no § 8º, considera-se perfil profissiográfico previdenciário o documento que contenha o histórico laboral do trabalhador, elaborado de acordo com o modelo instituído pelo INSS. (Redação dada pelo Decreto n. 10.410, de 2020)

§ 10. O trabalhador ou o seu preposto terá acesso às informações prestadas pela empresa sobre o seu perfil profissiográfico previdenciário e poderá, inclusive, solicitar a retificação de informações que estejam em desacordo com a realidade do ambiente de trabalho, conforme orientação estabelecida em ato do Ministro de Estado da Economia. (Redação dada pelo Decreto n. 10.410, de 2020)

§ 11. A cooperativa de trabalho e a empresa contratada para prestar serviços mediante cessão ou empreitada de mão de obra atenderão ao disposto nos §§ 3º, 4º e 5º com base nos laudos técnicos de condições ambientais de trabalho emitidos pela empresa contratante, quando o serviço for prestado em estabelecimento da contratante. (Redação dada pelo Decreto n. 8.123, de 2013)

§ 12. Nas avaliações ambientais deverão ser considerados, além do disposto no Anexo IV, a metodologia e os procedimentos de avaliação estabelecidos pela Fundação Jorge Duprat Figueiredo de Segurança e Medicina do Trabalho – FUNDACENTRO. (Incluído pelo Decreto n. 8.123, de 2013)

§ 13. Na hipótese de não terem sido estabelecidos pela FUNDACENTRO a metodologia e os procedimentos de avaliação, caberá ao Ministério da Economia indicar outras instituições para estabelecê-los. (Redação dada pelo Decreto n. 10.410, de 2020)

Ainda sobre o mesmo assunto, o INSS disciplina a matéria em sua Instrução Normativa n. 128/2022, nos seguintes termos <DESTACAR E/OU UTILIZAR APENAS O NECESSÁRIO PARA O CASO CONCRETO>:

Art. 281. O PPP constitui-se em um documento histórico laboral do trabalhador, segundo modelo instituído pelo INSS, conforme formulário do Anexo XVII, que deve conter as seguintes informações básicas:

I – dados administrativos da empresa e do trabalhador;

II – registros ambientais; e

III – responsáveis pelas informações.

§ 1º O PPP deverá ser assinado pelo representante legal da empresa ou seu preposto, que assumirá a responsabilidade sobre a fidedignidade das informações prestadas quanto à:

I – fiel transcrição dos registros administrativos; e

II – veracidade das demonstrações ambientais e dos programas médicos de responsabilidade da empresa.

§ 2º Deverá constar no PPP o nome e o CPF do responsável pela assinatura do documento.

§ 3º A prestação de informações falsas no PPP constitui crime de falsidade ideológica, nos termos do art. 299 do Código Penal, bem como crime de falsificação de documento público, nos termos do art. 297 do Código Penal.

§ 4º O PPP dispensa a apresentação de laudo técnico ambiental para fins de comprovação de condição especial de trabalho, desde que todas as informações estejam adequadamente preenchidas e amparadas em laudo técnico.

§ 5º Sempre que julgar necessário, o INSS poderá solicitar documentos para confirmar ou complementar as informações contidas no PPP, de acordo com § 7º do art. 68 e inciso III do art. 225, ambos do RPS.

§ 6º O trabalhador ou seu preposto terá acesso às informações prestadas pela empresa sobre o seu perfil profissiográfico previdenciário, podendo inclusive solicitar a retificação de informações quando em desacordo com a realidade do ambiente de trabalho, conforme orientação a ser estabelecida em ato do Ministro de Estado do Trabalho e Previdência.

§7º Quando da implantação do PPP em meio digital, o *layout* do formulário previsto no Anexo XVII poderá ser alterado para melhor visualização em formato eletrônico, desde que mantido inalterado o conteúdo do documento.

Art. 282. Além da comprovação do exercício em atividade especial, o PPP tem como finalidade:

I – comprovar as condições para obtenção do direito a benefícios e serviços previdenciários;

II – fornecer ao trabalhador meios de prova produzidos pelo empregador perante a Previdência Social, a outros órgãos públicos e aos sindicatos, de forma a garantir todo direito decorrente da relação de trabalho, seja ele individual ou difuso e coletivo;

III – fornecer à empresa meios de prova produzidos em tempo real, de modo a organizar e a individualizar as informações contidas em seus diversos setores ao longo dos anos, possibilitando que a empresa evite ações judiciais indevidas relativas a seus trabalhadores; e

IV – possibilitar aos administradores públicos e privados acessos a bases de informações fidedignas, como fonte primária de informação estatística, para desenvolvimento de vigilância sanitária e epidemiológica, bem como definição de políticas em saúde coletiva.

Art. 283. As informações constantes no PPP são de caráter privativo do trabalhador, constituindo crime nos termos da Lei n. 9.029, de 1995, práticas discriminatórias decorrentes de sua exigibilidade por outrem, bem como de sua divulgação para terceiros, ressalvado quando exigida pelos órgãos públicos competentes.

Art. 284. A partir de 1º de janeiro de 2004, conforme estabelecido pela Instrução Normativa INSS/DC n. 99, de 2003, a empresa ou equiparada à empresa deverá preencher o formulário PPP de forma individualizada para seus empregados, trabalhadores avulsos e contribuintes individuais cooperados, que trabalhem expostos a agentes prejudiciais à saúde, ainda que não presentes os requisitos para fins de enquadramento de atividade especial, seja pela eficácia dos equipamentos de proteção, coletivos ou individuais, seja por não se caracterizar a permanência.

§ 1º A partir da implantação em meio digital do PPP ou de documento que venha a substituí-lo, esse formulário deverá ser preenchido para todos os segurados empregados, avulsos e cooperados vinculados a cooperativas de trabalho ou de produção, independentemente do ramo de atividade da empresa, da exposição a agentes prejudiciais à saúde.

§ 2º A implantação do PPP em meio digital, ou de documento que venha substituí-lo nesse formato, será gradativa e haverá período de adaptação conforme critérios definidos pela Previdência Social.

§ 3º A declaração de inexistência de exposição a riscos físicos, químicos e biológicos ou associação desses agentes no PPP poderá ser feita:

I – para a Microempresa – ME e a Empresa de Pequeno Porte – EPP embasada na declaração eletrônica de ausência de riscos físicos, químicos e biológicos prevista no item 1.8.4 da NR 1, com redação dada pela Portaria SEPRT n. 6.730, de 9 de março de 2020;

II – para o Microempreendedor Individual – MEI sempre que nas fichas com orientações sobre as medidas de prevenção a serem adotadas de acordo com a atividade econômica de desenvolvida, nos termos do item 1.8.2 da NR 1, com redação dada pela Portaria SEPRT n. 6.730, de 9 de março de 2020, não existir a indicação de exposição a agentes físicos, químicos ou biológicos; e

III – para todas as empresas quando no inventário de riscos do Programa de Gerenciamento de Riscos (PGR) de que trata o item 1.5.7 da NR 1 do Ministério do Trabalho e Previdência for constatada a inexistência de riscos físicos, químicos e biológicos previstos no anexo IV do Regulamento da Previdência Social.

§ 4º O PPP deverá ser atualizado sempre que houver alteração que implique mudança das informações contidas nas suas seções.

**§ 5º A empresa ou equiparada à empresa deve elaborar e manter atualizado o PPP para os segurados referidos no *caput*, bem como fornecê-lo nas seguintes situações:**

**I – por ocasião da rescisão do contrato de trabalho ou da desfiliação da cooperativa, sindicato ou órgão gestor de mão de obra, com fornecimento de uma das vias para o trabalhador, mediante recibo;**

**II – sempre que solicitado pelo trabalhador, para fins de requerimento de reconhecimento de períodos laborados em condições especiais;**

**III – para fins de análise de benefícios e serviços previdenciários e quando solicitado pelo INSS;**

**IV – para simples conferência por parte do trabalhador, quando da revisão do Programa de Gerenciamento de Riscos – PGR; e**

**V – quando solicitado pelas autoridades competentes.**

§ 6º A partir da implantação do PPP em meio digital, as informações disponibilizadas, pela empresa através do eSocial, serão disponibilizadas ao segurado pelo INSS, ficando a empresa ou equiparado responsável pela disponibilização ao trabalhador das informações referentes ao período anterior a tal implantação.

§ 7º A exigência da informação no PPP, em relação aos agentes nocivos químicos e físicos, para os quais haja limite de tolerância estabelecido na legislação trabalhista e aplicável no âmbito da legislação previdenciária, fica condicionada ao alcance dos níveis de ação e, aos demais agentes nocivos, à efetiva exposição no ambiente de trabalho.

§ 8º A comprovação da entrega do PPP disposta no inciso I do § 5º poderá ser feita no próprio instrumento de rescisão ou de desfiliação, bem como em recibo à parte.

§ 9º O PPP e a comprovação de entrega ao trabalhador disposta no inciso I do § 4º deverão ser mantidos na empresa por 20 (vinte) anos. (sem grifos no original)

Importante observar que o Perfil Profissiográfico Previdenciário, à vista das normas citadas, é obrigação do empregador mesmo quando não haja direito, por parte do empregado, a adicional de insalubridade ou periculosidade, pois o que deve constar no aludido documento é a exposição a agentes nocivos indicados no art. 284, *caput*, da Instrução Normativa n. 128, de 2022, bem como a utilização, ou não, de equipamentos de proteção individual ou coletivo, cabendo ao INSS a análise meritória sobre o direito (ou não) à aposentadoria especial.

Assim, é direito do autor exigir da empresa ré o fornecimento do referido documento (PPP), ante a lesão que certamente sofrerá em seu acesso à aposentadoria, sendo curial a pronta e efetiva prestação jurisdicional, no sentido de exigir do demandado o cumprimento da obrigação de fazer em questão.

3. **DOS REQUISITOS PARA A CONCESSÃO DA TUTELA ESPECÍFICA** <ADEQUAR AO CASO CONCRETO>

É cabível, no caso, a tutela específica, a teor do art. 497 do CPC, ante o flagrante descumprimento de obrigação de fazer, caracterizado pela verossimilhança das alegações da parte autora e pela inexistência de risco de retorno ao *status quo ante*, visto que a empresa é obrigada a fornecer o aludido documento (PPP) e não o fez, não havendo justificativa plausível para deixar de cumprir a obrigação legal a ela imposta.

Caso V. Exa. entenda pela não concessão imediata da tutela, em caráter sucessivo se postula que a ré comprove a efetiva entrega do documento aqui exigido (PPP), no prazo assinado por este d. Juízo, sob pena de, não realizada a comprovação, ser sujeita à multa definida na decisão judicial antecipatória da tutela.

4. **DOS REQUISITOS PARA A ASSISTÊNCIA JUDICIÁRIA** <ADEQUAR AO CASO CONCRETO>

O autor se encontra desempregado, presumindo-se, assim, sua hipossuficiência econômica, pelo que requer a V. Exa., na forma da Lei, a isenção de custas e despesas processuais – art. 790, §§ 3º e 4º, da CLT, com a redação conferida pela Lei n. 13.467/2017. De todo modo, declara o autor da demanda, para os fins da Súmula n. 463 do TST, que não possui meios de arcar com as despesas processuais sem prejuízo do seu sustento.

5. **DO PEDIDO** <ADEQUAR AO CASO CONCRETO>

Em razão de todo o exposto, vem o autor formular os seguintes pedidos:

a) a concessão de medida antecipatória da tutela jurisdicional, com a intimação da empresa ré para que cumpra a obrigação de fazer consistente na entrega do Perfil Profissiográfico Previdenciário, com a discriminação de todos os agentes nocivos à saúde a que esteve submetido o autor durante o contrato de trabalho, em caráter de tutela específica, sob pena de imposição de multa (*astreintes*) de R$ 200,00 por dia de atraso;

b) ao final, a confirmação da tutela jurisdicional para condenar a empresa ré na obrigação de fazer consistente na entrega do Perfil Profissiográfico Previdenciário, com a discriminação de todos os agentes nocivos à saúde a que esteve submetido o autor durante o contrato de trabalho, sob as mesmas penas acima, na forma do art. 498 do CPC;

c) a condenação da ré no pagamento de honorários advocatícios de 15% sobre o valor atribuído à causa e nas custas e demais despesas processuais.

6. **DOS REQUERIMENTOS** <ADEQUAR AO CASO CONCRETO>

Para o regular processamento do feito, requer o autor a V. Exa.:

a) a citação do réu, na forma legal, para responder à presente até a audiência designada para tal fim, sob pena de revelia e confissão ficta;

b) o processamento do feito pelo rito sumaríssimo, ante o valor da causa, não superando o limite exigido para o processamento sob tal rito;

c) a produção de todas as provas admitidas em direito, especialmente a prova pericial, caso necessária, para identificar os agentes nocivos à saúde que deverão constar do Perfil Profissiográfico Previdenciário (PPP);

d) a exibição de documentos por parte da empresa ré, especialmente o LTCAT exigido por lei, a fim de comprovar as atividades desempenhadas pelo autor;

e) a concessão da isenção de custas e despesas processuais, pelo enquadramento do trabalhador entre os beneficiários da assistência judiciária gratuita, eis que desempregado, não podendo arcar com tais ônus, conforme o art. 790, §§ 3º e 4º, da CLT, com a redação conferida pela Lei n. 13.467/2017 e consoante o entendimento da Súmula n. 463 do TST; e

f) a expedição de ofício ao INSS, para aplicação da multa cabível à empresa, na forma do art. 283 do Decreto n. 3.048/1999, e ao Ministério Público do Trabalho, para as providências a seu encargo (inquérito civil e ação civil pública por descumprimento de normas relativas à Segurança e Medicina do Trabalho).

**7. DO VALOR DA CAUSA** <ADEQUAR AO CASO CONCRETO>

Dá-se à causa o valor de R$ 3.000,00, para fins de fixação do rito processual, pois não há pedidos de natureza pecuniária a serem liquidados – art. 840, § 1º, da CLT, c/c. art. 292 do CPC.

Termos em que espera deferimento.

Cidade e data.

Nome do Advogado e OAB

## 79. MODELO DE AÇÃO TRABALHISTA PARA RECONHECIMENTO DE ATIVIDADE COM EXPOSIÇÃO A AGENTE NOCIVO E RETIFICAÇÃO DE PPP E LTCAT FORNECIDOS COM DADOS INCORRETOS

**EXMO. SR. JUIZ TITULAR DA __ VARA DO TRABALHO DE _____**

**FULANO DE TAL**, brasileiro, casado, torneiro mecânico, portador do CPF n. _____, CTPS n. _____ e RG n. _____ expedido pela SSP/_____, residente e domiciliado na Rua _____, Bairro _____, Município de _____ / ___, CEP _____, endereço eletrônico xxx@email.com.br, vem perante Vossa Excelência, por seu procurador *ad judicia* (mandato anexo), ajuizar a presente **AÇÃO TRABALHISTA**, em face da **EMPRESA TAL**, CNPJ _____, com endereço na Avenida _____, Bairro _____, Município de _____ / ___, CEP _____, pelos fatos e fundamentos que passa a expor:

**1. DOS FATOS** <ADEQUAR AO CASO CONCRETO>

O autor da presente demanda foi empregado da empresa ré no período de (inserir data de início e término da relação de emprego), tendo exercido a função de _____ durante todo o contrato, com salário inicial de R$ _____,_ e recebendo, quando da dispensa sem justa causa, R$ _____.

<EM CASOS DE INSALUBRIDADE>:

Durante o período contratual, laborou em condições insalubres, exposto a agentes nocivos identificados na NR 15 da Portaria n. 3.214/1978, sem EPIs ou EPCs capazes de elidir a nocividade e sem que tivesse recebido o devido adicional de insalubridade, como determina a legislação trabalhista.

<EM CASOS DE PERICULOSIDADE>:

Durante o período contratual, laborou em condições perigosas, exposto a riscos à sua integridade física, sem que tivesse recebido o respectivo adicional de periculosidade, como determina a legislação trabalhista.

<FORNECIMENTO DO PPP SEM OS DADOS RELATIVOS À EXPOSIÇÃO A AGENTES>:

Ademais, a empresa forneceu o Perfil Profissiográfico Previdenciário – PPP com dados incorretos, o que prejudica futura percepção de aposentadoria especial junto ao Instituto Nacional do Seguro Social – INSS.

O autor, exercendo atividade sujeita a agentes nocivos à sua saúde, tem direito de postular, junto ao RGPS, o reconhecimento do tempo especial para fins de aposentadoria, visto que durante sua vida laboral esteve sujeito a agentes nocivos, de modo que, somados os períodos de labor em tais condições, fará jus ao benefício.

Todavia, sem que a ré forneça o aludido documento de forma correta, o autor se vê alijado de obter seu direito junto à Autarquia Previdenciária, causando, a conduta da empresa, empecilhos à obtenção do benefício a que faz jus, razão pela qual invoca a imediata tutela jurisdicional.

## 2. UNDAMENTOS JURÍDICOS DO PEDIDO <ADEQUAR AO CASO CONCRETO>

### 2.1 A competência da Justiça do Trabalho

Antes mesmo de adentrar os fundamentos jurídicos de direito material que embasam o pedido, é conveniente explanar a Vossa Excelência que a competência para o julgamento de tal lide é dessa Justiça Especializada, visto se tratar de demanda obrigacional envolvendo empregado e empregador (deferimento de adicional de insalubridade/periculosidade/retificação de Perfil Profissiográfico Previdenciário – ajustar ao caso concreto), decorrente, portanto, de relação de emprego, por descumprimento de obrigação da ré totalmente vinculada ao contrato de trabalho, cujo credor é o autor da demanda.

Em casos análogos, o TST vem mantendo as decisões dos Tribunais Regionais sobre a matéria, como se nota do acórdão a seguir:

> Nos termos do art. 114 da Constituição Federal, a Justiça do Trabalho é competente para julgar outras controvérsias decorrentes da relação de trabalho, como no caso dos autos em que se busca retificação e entrega do formulário PPP, uma vez que a pretensão decorre do vínculo de emprego existente entre as partes, consoante jurisprudência pacífica desta Corte. Precedentes (...) (TST, Ag: 518020175170013, Rel. Alberto Bastos Balazeiro, 3ª Turma, j. 27.04.2022, publ. 29.04.2022).

Portanto, não há que se falar em incompetência da Justiça do Trabalho, no caso em discussão.

### 2.2 Da ausência de prescrição <ADEQUAR AO CASO CONCRETO>

É oportuno destacar que não corre prazo prescricional quanto aos pedidos de reconhecimento de atividade laboral prestada sob condições nocivas à saúde e a entrega ou retificação do documento exigido pela legislação (Perfil Profissiográfico Previdenciário), por terem natureza meramente declaratória, aplicando-se ao caso o § 1º do art. 11 da CLT, como já decidiu, em caso análogo, o TST:

> RECURSO DE REVISTA DO AUTOR. LEI 13.467/2017. PRESCRIÇÃO. PERFIL PROFISSIOGRÁFICO PREVIDENCIÁRIO (PPP). RETIFICAÇÃO. TRANSCENDÊNCIA POLÍTICA CONSTATADA. A pretensão de cunho meramente declaratório não implica incidência do instituto da prescrição, tampouco contagem de prazo prescricional, a que aludem os arts. 7º, XXIX, da Constituição Federal e 11 da CLT. Isso porque tais preceitos se reportam a créditos trabalhistas, a pressupor o reconhecimento de pleito de natureza condenatória. O pedido de reconhecimento/correção de condições insalubres de trabalho e condenação da ré na retificação do PPP tem natureza meramente declaratória, razão pela qual não há incidência de prazo prescricional para o seu exercício. Precedentes das oito Turmas do TST. Violação, que se reconhece, do art. 11, § 1º, da CLT. Recurso de revista conhecido e provido. (TST, RR: 10000251220185020607, 7ª Turma, Rel. Claudio Mascarenhas Brandão, j. 16.09.2020, publ. 25.09.2020)

Assim, é imprescritível a demanda que ora se submete à elevada apreciação desse douto Juízo, sendo atingíveis pela prescrição, quando muito, eventuais créditos referentes ao adicional devido e suas repercussões.

Tampouco há cabimento em se invocar a prescrição quinquenal, de modo que o Perfil Profissiográfico deve conter as atividades de todo o período contratual:

> "o preenchimento do PPP deve se referir a todo o período trabalhado e não apenas ao lapso dos últimos cinco anos" (TST, ARR-1001003-85.2015.5.02.0706, 6ª Turma, Rel. Desembargadora Convocada Cilene Ferreira Amaro Santos, *DEJT* 20.09.2019).

## 2.3 Do direito ao reconhecimento da exposição do trabalhador a agentes nocivos à saúde
<ADEQUAR AO CASO CONCRETO>

### 2.3.1 Da exposição a agentes insalubres

A ordem jurídica trabalhista prevê, desde o Texto Constitucional, a proteção à saúde do trabalhador, incluindo o pagamento de adicional para atividades insalubres, perigosas ou penosas (CF 88, art. 7º., inc. XXIII).

Os agentes de insalubridade podem ser físicos, químicos ou biológicos, e incluem fatores como ruído excessivo, calor, frio, radiações ionizantes, produtos químicos tóxicos, micro-organismos patogênicos, entre outros.

A CLT (Consolidação das Leis do Trabalho) e as Normas Regulamentadoras (NRs) do Ministério do Trabalho estabelecem critérios para identificar, avaliar e controlar situações de insalubridade no ambiente de trabalho. Os limites de tolerância são padrões estabelecidos pelas normas regulamentadoras para indicar a concentração máxima permitida de determinada substância no ambiente de trabalho, visando proteger a saúde dos trabalhadores. Esses limites são baseados em estudos científicos e buscam evitar que os trabalhadores estejam expostos a níveis prejudiciais de agentes insalubres.

No contexto da insalubridade, os limites de tolerância são essenciais para determinar se a exposição a determinado agente é prejudicial à saúde e, portanto, se o trabalhador tem direito ao adicional de insalubridade.

Quando os níveis de exposição aos agentes insalubres ultrapassam os limites de tolerância, é considerado que o ambiente de trabalho é insalubre e o trabalhador tem direito ao adicional.

Há, entretanto, agentes que são considerados insalubres qualquer que seja o tempo de exposição, ou seja, sem limite de tolerância. Isso ocorre quando o agente insalubre em questão não possui um limite de tolerância definido em normas específicas, mas ainda assim apresenta riscos à saúde do trabalhador.

A exposição a agentes nocivos deve ser objeto da necessária perícia judicial, o que desde já se requer a Vossa Excelência.

E, uma vez reconhecida não apenas a exposição, mas também o direito ao adicional de insalubridade, é direito do autor da demanda o recebimento deste, no grau a ser constatado quando da perícia e deferido por esse d. Juízo, com a incidência da verba nos demais direitos a que faz jus: FGTS do período (mais 40% em caso de dispensa imotivada); férias fruídas e indenizadas, acrescidas de um terço (art. 7º da CF); gratificação natalina e aviso prévio (quando indenizado).

### 2.3.2 Da exposição à condição de periculosidade

O adicional de periculosidade é devido quando o trabalhador realiza atividades que o expõem a condições sujeitas a riscos à integridade física, como a manipulação de substâncias inflamáveis ou explosivas e eletricidade. O adicional de periculosidade é calculado sobre o salário-base do trabalhador e corresponde a 30% desse salário, conforme estabelecido na CLT (Consolidação das Leis do Trabalho), no § 1º do art. 193.

Na exposição à condição perigosa, não há que se falar em limites de tolerância, pois é o risco à integridade física do trabalhador o fundamento para o deferimento. Incumbe à perícia judicial a avaliação das condições de trabalho do obreiro para identificação das condições perigosas, o que desde já se requer.

Uma vez constatada a existência de periculosidade nas atividades desempenhadas, faz jus o obreiro ao respectivo adicional, o que se postula a Vossa Excelência, com a incidência da verba nos demais direitos a que faz jus: FGTS do período (mais 40% em caso de dispensa imotivada); férias fruídas e indenizadas, acrescidas de um terço (art. 7º da CF); gratificação natalina e aviso prévio (quando indenizado).

### 2.3.3 O direito ao adicional mais benéfico

Por fim, Excelência, nesta matéria, está ciente o autor da demanda que "o trabalhador submetido a agentes insalubres e perigosos deverá optar pelo adicional que lhe for mais benéfico, na medida em que o legislador contemplou a possibilidade de cumulação de circunstâncias de exposição da saúde ou da integridade física, mas rechaçou a de superposição de adicionais" (TST, RR: 8803320175130026, 8ª Turma, Rel. Dora Maria da Costa, j. 27.05.2020, *DEJT* 01.06.2020), o que desde já requer seja deferido por este d. Juízo.

### 2.4 A obrigatoriedade do fornecimento do PPP e sua retificação, quando da incorreção dos dados <ADEQUAR AO CASO CONCRETO>

O PPP se constitui em formulário próprio do INSS, sendo preenchido obrigatoriamente pela empresa com base em Laudo Técnico de Condições Ambientais do Trabalho (LTCAT) expedido por médico do trabalho ou engenheiro de segurança do trabalho, para fins de comprovação da exposição a agentes nocivos prejudiciais à saúde ou à integridade física, na forma do art. 58 da Lei n. 8.213/1991, *verbis*:

> Art. 58. A relação dos agentes nocivos químicos, físicos e biológicos ou associação de agentes prejudiciais à saúde ou à integridade física considerados para fins de concessão da aposentadoria especial de que trata o artigo anterior será definida pelo Poder Executivo. (Redação dada pela Lei n. 9.528, de 1997)
>
> § 1º A comprovação da efetiva exposição do segurado aos agentes nocivos será feita mediante formulário, na forma estabelecida pelo Instituto Nacional do Seguro Social – INSS, emitido pela empresa ou seu preposto, com base em laudo técnico de condições ambientais do trabalho expedido por médico do trabalho ou engenheiro de segurança do trabalho nos termos da legislação trabalhista. (Redação dada pela Lei n. 9.732, de 11.12.1998)
>
> § 2º Do laudo técnico referido no parágrafo anterior deverão constar informação sobre a existência de tecnologia de proteção coletiva ou individual que diminua a intensidade do agente agressivo a limites de tolerância e recomendação sobre a sua adoção pelo estabelecimento respectivo. (Redação dada pela Lei n. 9.732, de 11.12.1998)
>
> § 3º A empresa que não mantiver laudo técnico atualizado com referência aos agentes nocivos existentes no ambiente de trabalho de seus trabalhadores ou que emitir documento de comprovação de efetiva exposição em desacordo com o respectivo laudo estará sujeita à penalidade prevista no art. 133 desta Lei. (Incluído pela Lei n. 9.528, de 1997)
>
> § 4º A empresa deverá elaborar e manter atualizado perfil profissiográfico abrangendo as atividades desenvolvidas pelo trabalhador e **fornecer a este, quando da rescisão do contrato de trabalho, cópia autêntica desse documento**. (sem grifo no original)

Porém, Excelência, é consabido que algumas empresas, infelizmente, não fornecem ao trabalhador o documento, ou ainda, fornecem-no com informações imprecisas, incorretas, faltantes, prejudicando sobremaneira o acesso à aposentadoria especial, por dificultar e até mesmo impedir a produção de prova do trabalho com exposição a agentes nocivos – é o caso da presente demanda.

A matéria se encontra regulamentada pelo Decreto n. 3.048/1999, em seu art. 68, abaixo transcrito <DESTACAR E/OU UTILIZAR APENAS O NECESSÁRIO PARA O CASO CONCRETO>:

> Art. 68. A relação dos agentes nocivos químicos, físicos, biológicos ou associação de agentes prejudiciais à saúde ou à integridade física, considerados para fins de concessão de aposentadoria especial, consta do Anexo IV.
>
> § 1º A Secretaria Especial de Previdência e Trabalho do Ministério da Economia promoverá a elaboração de estudos com base em critérios técnicos e científicos para atualização periódica do disposto no Anexo IV. (Redação dada pelo Decreto n. 10.410, de 2020)
>
> § 2º A avaliação qualitativa de riscos e agentes prejudiciais à saúde será comprovada pela descrição: (Redação dada pelo Decreto n. 10.410, de 2020)
>
> I – das circunstâncias de exposição ocupacional a determinado agente ou associação de agentes prejudiciais à saúde presentes no ambiente de trabalho durante toda a jornada de trabalho; (Redação dada pelo Decreto n. 10.410, de 2020)
>
> II – de todas as fontes e possibilidades de liberação dos agentes mencionados no inciso I; e (Incluído pelo Decreto n. 8.123, de 2013)
>
> III – dos meios de contato ou exposição dos trabalhadores, as vias de absorção, a intensidade da exposição, a frequência e a duração do contato. (Incluído pelo Decreto n. 8.123, de 2013)

§ 3º A comprovação da efetiva exposição do segurado a agentes prejudiciais à saúde será feita por meio de documento, em meio físico ou eletrônico, emitido pela empresa ou por seu preposto com base em laudo técnico de condições ambientais do trabalho expedido por médico do trabalho ou engenheiro de segurança do trabalho. (Redação dada pelo Decreto n. 10.410, de 2020)

§ 4º Os agentes reconhecidamente cancerígenos para humanos, listados pela Secretaria Especial de Previdência e Trabalho do Ministério da Economia, serão avaliados em conformidade com o disposto nos § 2º e § 3º deste artigo e no *caput* do art. 64 e, caso sejam adotadas as medidas de controle previstas na legislação trabalhista que eliminem a nocividade, será descaracterizada a efetiva exposição. (Redação dada pelo Decreto n. 10.410, de 2020)

§ 5º O laudo técnico a que se refere o § 3º conterá informações sobre a existência de tecnologia de proteção coletiva ou individual e sobre a sua eficácia e será elaborado com observância às normas editadas pela Secretaria Especial de Previdência e Trabalho do Ministério Economia e aos procedimentos adotados pelo INSS. (Redação dada pelo Decreto n. 10.410, de 2020)

§ 6º A empresa que não mantiver laudo técnico atualizado com referência aos agentes existentes no ambiente de trabalho prejudiciais à saúde de seus trabalhadores ou que emitir documento de comprovação de efetiva exposição em desacordo com o referido laudo incorrerá na infração a que se refere a alínea "n" do inciso II do *caput* do art. 283. (Redação dada pelo Decreto n. 10.410, de 2020)

§ 7º O INSS estabelecerá os procedimentos para fins de concessão de aposentadoria especial, podendo, se necessário, confirmar as informações contidas nos documentos mencionados nos § 2º e 3º.

§ 8º A empresa deverá elaborar e manter atualizado o perfil profissiográfico previdenciário, ou o documento eletrônico que venha a substituí-lo, no qual deverão ser contempladas as atividades desenvolvidas durante o período laboral, garantido ao trabalhador o acesso às informações nele contidas, sob pena de sujeição às sanções previstas na alínea "h" do inciso I do *caput* do art. 283. (Redação dada pelo Decreto n. 10.410, de 2020)

§ 9º Para fins do disposto no § 8º, considera-se perfil profissiográfico previdenciário o documento que contenha o histórico laboral do trabalhador, elaborado de acordo com o modelo instituído pelo INSS. (Redação dada pelo Decreto n. 10.410, de 2020)

§ 10. O trabalhador ou o seu preposto terá acesso às informações prestadas pela empresa sobre o seu perfil profissiográfico previdenciário e poderá, inclusive, solicitar a retificação de informações que estejam em desacordo com a realidade do ambiente de trabalho, conforme orientação estabelecida em ato do Ministro de Estado da Economia. (Redação dada pelo Decreto n. 10.410, de 2020)

§ 11. A cooperativa de trabalho e a empresa contratada para prestar serviços mediante cessão ou empreitada de mão de obra atenderão ao disposto nos §§ 3º, 4º e 5º com base nos laudos técnicos de condições ambientais de trabalho emitidos pela empresa contratante, quando o serviço for prestado em estabelecimento da contratante. (Redação dada pelo Decreto n. 8.123, de 2013)

§ 12. Nas avaliações ambientais deverão ser considerados, além do disposto no Anexo IV, a metodologia e os procedimentos de avaliação estabelecidos pela Fundação Jorge Duprat Figueiredo de Segurança e Medicina do Trabalho – FUNDACENTRO. (Incluído pelo Decreto n. 8.123, de 2013)

§ 13. Na hipótese de não terem sido estabelecidos pela FUNDACENTRO a metodologia e os procedimentos de avaliação, caberá ao Ministério da Economia indicar outras instituições para estabelecê-los. (Redação dada pelo Decreto n. 10.410, de 2020)

Ainda sobre o mesmo assunto, o INSS disciplina a matéria em sua Instrução Normativa n. 128/2022, nos seguintes termos <DESTACAR E/OU UTILIZAR APENAS O NECESSÁRIO PARA O CASO CONCRETO>:

Art. 281. O PPP constitui-se em um documento histórico laboral do trabalhador, segundo modelo instituído pelo INSS, conforme formulário do Anexo XVII, que deve conter as seguintes informações básicas:

I – dados administrativos da empresa e do trabalhador;

II – registros ambientais; e

III – responsáveis pelas informações.

§ 1º O PPP deverá ser assinado pelo representante legal da empresa ou seu preposto, que assumirá a responsabilidade sobre a fidedignidade das informações prestadas quanto à:

I – fiel transcrição dos registros administrativos; e

II – veracidade das demonstrações ambientais e dos programas médicos de responsabilidade da empresa.

§ 2º Deverá constar no PPP o nome e o CPF do responsável pela assinatura do documento.

§ 3º A prestação de informações falsas no PPP constitui crime de falsidade ideológica, nos termos do art. 299 do Código Penal, bem como crime de falsificação de documento público, nos termos do art. 297 do Código Penal.

§ 4º O PPP dispensa a apresentação de laudo técnico ambiental para fins de comprovação de condição especial de trabalho, desde que todas as informações estejam adequadamente preenchidas e amparadas em laudo técnico.

§ 5º Sempre que julgar necessário, o INSS poderá solicitar documentos para confirmar ou complementar as informações contidas no PPP, de acordo com § 7º do art. 68 e inciso III do art. 225, ambos do RPS.

§ 6º O trabalhador ou seu preposto terá acesso às informações prestadas pela empresa sobre o seu perfil profissiográfico previdenciário, podendo inclusive solicitar a retificação de informações quando em desacordo com a realidade do ambiente de trabalho, conforme orientação a ser estabelecida em ato do Ministro de Estado do Trabalho e Previdência.

§7º Quando da implantação do PPP em meio digital, o *layout* do formulário previsto no Anexo XVII poderá ser alterado para melhor visualização em formato eletrônico, desde que mantido inalterado o conteúdo do documento.

Art. 282. Além da comprovação do exercício em atividade especial, o PPP tem como finalidade:

I – comprovar as condições para obtenção do direito a benefícios e serviços previdenciários;

II – fornecer ao trabalhador meios de prova produzidos pelo empregador perante a Previdência Social, a outros órgãos públicos e aos sindicatos, de forma a garantir todo direito decorrente da relação de trabalho, seja ele individual ou difuso e coletivo;

III – fornecer à empresa meios de prova produzidos em tempo real, de modo a organizar e a individualizar as informações contidas em seus diversos setores ao longo dos anos, possibilitando que a empresa evite ações judiciais indevidas relativas a seus trabalhadores; e

IV – possibilitar aos administradores públicos e privados acessos a bases de informações fidedignas, como fonte primária de informação estatística, para desenvolvimento de vigilância sanitária e epidemiológica, bem como definição de políticas em saúde coletiva.

Art. 283. As informações constantes no PPP são de caráter privativo do trabalhador, constituindo crime nos termos da Lei n. 9.029, de 1995, práticas discriminatórias decorrentes de sua exigibilidade por outrem, bem como de sua divulgação para terceiros, ressalvado quando exigida pelos órgãos públicos competentes.

Art. 284. A partir de 1º de janeiro de 2004, conforme estabelecido pela Instrução Normativa INSS/DC n. 99, de 2003, a empresa ou equiparada à empresa deverá preencher o formulário PPP de forma individualizada para seus empregados, trabalhadores avulsos e contribuintes individuais cooperados, que trabalhem expostos a agentes prejudiciais à saúde, ainda que não presentes os requisitos para fins de enquadramento de atividade especial, seja pela eficácia dos equipamentos de proteção, coletivos ou individuais, seja por não se caracterizar a permanência.

§ 1º A partir da implantação em meio digital do PPP ou de documento que venha a substituí-lo, esse formulário deverá ser preenchido para todos os segurados empregados, avulsos e cooperados vinculados a cooperativas de trabalho ou de produção, independentemente do ramo de atividade da empresa, da exposição a agentes prejudiciais à saúde.

§ 2º A implantação do PPP em meio digital, ou de documento que venha substituí-lo nesse formato, será gradativa e haverá período de adaptação conforme critérios definidos pela Previdência Social.

§ 3º A declaração de inexistência de exposição a riscos físicos, químicos e biológicos ou associação desses agentes no PPP poderá ser feita:

I – para a Microempresa – ME e a Empresa de Pequeno Porte – EPP embasada na declaração eletrônica de ausência de riscos físicos, químicos e biológicos prevista no item 1.8.4 da NR 1, com redação dada pela Portaria SEPRT n. 6.730, de 9 de março de 2020;

II – para o Microempreendedor Individual – MEI sempre que nas fichas com orientações sobre as medidas de prevenção a serem adotadas de acordo com a atividade econômica desenvolvida, nos termos do item 1.8.2 da NR 1, com redação dada pela Portaria SEPRT n. 6.730, de 9 de março de 2020, não existir a indicação de exposição a agentes físicos, químicos ou biológicos; e

III – para todas as empresas quando no inventário de riscos do Programa de Gerenciamento de Riscos (PGR) de que trata o item 1.5.7 da NR 1 do Ministério do Trabalho e Previdência for constatada a inexistência de riscos físicos, químicos e biológicos previstos no anexo IV do Regulamento da Previdência Social.

§ 4º O PPP deverá ser atualizado sempre que houver alteração que implique mudança das informações contidas nas suas seções.

§ 5º A empresa ou equiparada à empresa deve elaborar e manter atualizado o PPP para os segurados referidos no *caput*, bem como fornecê-lo nas seguintes situações:

I – por ocasião da rescisão do contrato de trabalho ou da desfiliação da cooperativa, sindicato ou órgão gestor de mão de obra, com fornecimento de uma das vias para o trabalhador, mediante recibo;

II – sempre que solicitado pelo trabalhador, para fins de requerimento de reconhecimento de períodos laborados em condições especiais;

III – para fins de análise de benefícios e serviços previdenciários e quando solicitado pelo INSS;

IV – para simples conferência por parte do trabalhador, quando da revisão do Programa de Gerenciamento de Riscos – PGR; e

V – quando solicitado pelas autoridades competentes.

§ 6º A partir da implantação do PPP em meio digital, as informações disponibilizadas, pela empresa através do eSocial, serão disponibilizadas ao segurado pelo INSS, ficando a empresa ou equiparado responsável pela disponibilização ao trabalhador das informações referentes ao período anterior a tal implantação.

§ 7º A exigência da informação no PPP, em relação aos agentes nocivos químicos e físicos, para os quais haja limite de tolerância estabelecido na legislação trabalhista e aplicável no âmbito da legislação previdenciária, fica condicionada ao alcance dos níveis de ação e, aos demais agentes nocivos, à efetiva exposição no ambiente de trabalho.

§ 8º A comprovação da entrega do PPP disposta no inciso I do § 5º poderá ser feita no próprio instrumento de rescisão ou de desfiliação, bem como em recibo à parte.

§ 9º O PPP e a comprovação de entrega ao trabalhador disposta no inciso I do § 4º deverão ser mantidos na empresa por 20 (vinte) anos. (sem grifos no original)

Importante observar que o Perfil Profissiográfico Previdenciário, à vista das normas citadas, é obrigação do empregador **mesmo quando não haja direito, por parte do empregado, a adicional de insalubridade ou periculosidade**, pois o que deve constar no aludido documento é **a exposição a agentes nocivos** indicados no art. 284, *caput*, da Instrução Normativa n. 128, de 2022, **bem como a utilização, ou não, de equipamentos de proteção individual ou coletivo**, cabendo ao INSS a análise meritória sobre o direito (ou não) à aposentadoria especial.

Assim, é direito do autor exigir da empresa ré o fornecimento do referido documento (PPP), ante à lesão que certamente sofrerá em seu acesso à aposentadoria, sendo curial a pronta e efetiva prestação jurisdicional, no sentido de exigir do demandado o cumprimento da obrigação de fazer em questão.

## 3. DOS REQUISITOS PARA A CONCESSÃO DA TUTELA ESPECÍFICA <ADEQUAR AO CASO CONCRETO>

É cabível, no caso, a tutela específica, a teor do art. 497 do CPC, ante o flagrante descumprimento de obrigação de fazer, caracterizado pela verossimilhança das alegações da parte autora e pela inexistência de risco de retorno ao *status quo ante*, visto que a empresa é obrigada a fornecer o aludido documento (PPP) e não o fez, não havendo justificativa plausível para deixar de cumprir a obrigação legal a ela imposta.

Caso V. Exa. entenda pela não concessão imediata da tutela, em caráter sucessivo se postula que a ré comprove a efetiva entrega do documento aqui exigido (PPP), no prazo assinado por este d. Juízo, sob pena de, não realizada a comprovação, ser sujeita à multa definida na decisão judicial antecipatória da tutela.

## 4. DOS REQUISITOS PARA A ASSISTÊNCIA JUDICIÁRIA <ADEQUAR AO CASO CONCRETO>

O autor se encontra desempregado, presumindo-se, assim, sua hipossuficiência econômica, pelo que requer a V. Exa., na forma da Lei, a isenção de custas e despesas processuais – art. 790,

§§ 3º e 4º, da CLT, com a redação conferida pela Lei n. 13.467/2017. De todo modo, declara o autor da demanda, para os fins da Súmula n. 463 do TST, que não possui meios de arcar com as despesas processuais sem prejuízo do seu sustento.

## 5. DO PEDIDO <ADEQUAR AO CASO CONCRETO>

Em razão de todo o exposto, vem o autor formular os seguintes pedidos:

a) a concessão de medida antecipatória da tutela jurisdicional, com a intimação da empresa ré para que cumpra a obrigação de fazer consistente na entrega de novo Perfil Profissiográfico Previdenciário, com a correta discriminação de todos os agentes nocivos à saúde a que esteve submetido o autor durante o contrato de trabalho, em caráter de tutela específica, sob pena de imposição de multa (astreintes) de R$ 200,00 por dia de atraso;

b) a declaração deste d. Juízo com o reconhecimento da exposição do autor da demanda a agentes nocivos de caráter insalubre e/ou perigoso, com o pagamento do respectivo adicional de insalubridade ou periculosidade, o que for mais benéfico, com as repercussões em FGTS do período (mais 40% em caso de dispensa imotivada); férias fruídas e indenizadas, acrescidas de um terço (art. 7º da CF); gratificação natalina e aviso prévio (quando indenizado), cuja discriminação segue anexa à exordial, no importe total de R$ _____ (fazer o cálculo das verbas e juntar a planilha com a petição inicial);

c) a confirmação da tutela jurisdicional para condenar a empresa ré na obrigação de fazer consistente na entrega de novo Perfil Profissiográfico Previdenciário, com a correta discriminação de todos os agentes nocivos à saúde a que esteve submetido o autor durante o contrato de trabalho, sob as mesmas penas acima, na forma do art. 498 do CPC;

d) a condenação da ré no pagamento de honorários advocatícios de 15% sobre o valor atribuído à condenação, bem como nas custas e demais despesas processuais.

## 6. DOS REQUERIMENTOS <ADEQUAR AO CASO CONCRETO>

Para o regular processamento do feito, requer o autor a V. Exa.:

a) a citação do réu, na forma legal, para responder à presente até a audiência designada para tal fim, sob pena de revelia e confissão ficta;

b) o processamento do feito pelo rito _____, ante o valor da causa;

c) a produção de todas as provas admitidas em direito, especialmente a prova pericial, para identificar a exposição aos agentes nocivos à saúde que deverão constar do Perfil Profissiográfico Previdenciário (PPP) retificado;

d) a exibição de documentos por parte da empresa ré, especialmente o LTCAT exigido por lei, a fim de comprovar as atividades desempenhadas pelo autor;

e) a concessão da isenção de custas e despesas processuais, pelo enquadramento do trabalhador entre os beneficiários da assistência judiciária gratuita, eis que desempregado, não podendo arcar com tais ônus, conforme o art. 790, §§ 3º e 4º, da CLT, com a redação conferida pela Lei n. 13.467/2017 e consoante o entendimento da Súmula n. 463 do TST; e

f) a expedição de ofício ao INSS, para aplicação da multa cabível à empresa, na forma do art. 283 do Decreto n. 3.048/1999, e ao Ministério Público do Trabalho, para as providências a seu encargo (inquérito civil e ação civil pública por descumprimento de normas relativas à Segurança e Medicina do Trabalho).

## 7. DO VALOR DA CAUSA <ADEQUAR AO CASO CONCRETO>

Dá-se à causa o valor de R$ _____ (repetir o valor dos pedidos).

Termos em que espera deferimento.

Cidade e data.

Nome do Advogado e OAB

## 80. MODELO DE AÇÃO TRABALHISTA DE RECONHECIMENTO DE VÍNCULO DE EMPREGO (INCLUSIVE DOMÉSTICO) PARA FINS DE PROVA JUNTO À PREVIDÊNCIA SOCIAL (COM USO DE INÍCIO DE PROVA MATERIAL CONTEMPORÂNEA DOS FATOS)

**EXMO. SR. JUIZ TITULAR DA ___ VARA DO TRABALHO DE _____**

**SICLANA DE TAL**, brasileira, casada, empregada doméstica, portadora do CPF n. _____, CTPS n. _____ e RG n. _____ expedido pela SSP/ _____, residente e domiciliada na Rua _____, Bairro _____, Município de _____ / _____, CEP _____, endereço eletrônico xxx@email.com.br, vem perante Vossa Excelência, por seu procurador *ad judicia* (mandato anexo), ajuizar a presente **AÇÃO TRABALHISTA DE RECONHECIMENTO DE VÍNCULO DE EMPREGO PARA FINS DE PROVA JUNTO À PREVIDÊNCIA SOCIAL**, em face de:

**SÓFOCLES DE ATENAS**, CPF n. _____, com endereço na Avenida _____, Bairro _____, Município de _____ / ___, CEP _____, e pelos fatos e fundamentos que passa a expor:

### 1. DOS FATOS <ADEQUAR AO CASO CONCRETO>

A autora da presente demanda foi admitida como empregada (doméstica, se for o caso) pelo réu em _____ / _____ / _____, com salário inicial de R$ _____, tendo trabalhado de forma ininterrupta, até ser despedida, sem justa causa, em _____ / _____ / _____.

Ocorre que, durante todo esse tempo, o réu se recusou a registrar o contrato de trabalho na CTPS da autora bem como deixou de recolher as contribuições previdenciárias devidas durante todo o lapso temporal.

Por conta disso, a autora vem a Juízo postular o reconhecimento do vínculo de emprego, com o devido registro do contrato havido na CTPS, inclusive para fins de comprovação do tempo de atividade como empregada doméstica junto à Previdência Social – art. 11 da CLT.

### 2. DAS QUESTÕES PREJUDICIAIS <ADEQUAR AO CASO CONCRETO>

#### 2.1 Da competência da Justiça do Trabalho

Antes mesmo de adentrar os fundamentos jurídicos de direito material que embasam o pedido, é conveniente explanar que a competência para o julgamento de tal lide é dessa Justiça Especializada, visto se tratar de demanda em que se postula direito de natureza trabalhista, envolvendo empregado e empregador, decorrente, portanto, de relação de emprego, competência esta expressa no art. 114 da Constituição da República, com a redação que lhe conferiu a Emenda Constitucional n. 45/2004.

Na Consolidação das Leis do Trabalho há dispositivo legal que corrobora ser da Justiça do Trabalho a competência material para a análise de tal pleito, *verbis*:

> Art. 11. A pretensão quanto a créditos resultantes das relações de trabalho prescreve em cinco anos para os trabalhadores urbanos e rurais, até o limite de dois anos após a extinção do contrato de trabalho. (Redação dada pela Lei n. 13.467, de 2017)
>
> § 1º O disposto neste artigo não se aplica às ações que tenham por objeto anotações para fins de prova junto à Previdência Social. (Incluído pela Lei n. 9.658, de 05.06.1998)

O sentido da aludida regra é o de reconhecer, ao mesmo tempo, a imprescritibilidade da demanda de reconhecimento de vínculo de emprego – mesmo depois de vencido o prazo de dois anos do fim do contrato – mas, também, de reconhecer a competência da Justiça do Trabalho para o julgamento, visto que o art. 11 se refere aos prazos de prescrição dos créditos trabalhistas, os quais são objeto de demandas, única e exclusivamente, na Justiça do Trabalho.

Portanto, não há que se falar em incompetência da Justiça do Trabalho, no caso em discussão.

## 2.2 Da ausência de prescrição

Como já frisado, o presente pleito não se sujeita a prazo prescricional, uma vez que tem natureza declaratória do direito da autora em ver reconhecido o vínculo de emprego havido.

Assim, não está prescrita a demanda que ora se submete à elevada apreciação desse douto Juízo.

## 3. FUNDAMENTOS JURÍDICOS DO PEDIDO <ADEQUAR AO CASO CONCRETO>

### 3.1 Dos requisitos da relação de emprego

A CLT (ou a Lei Complementar n. 150/2015, que trata especificamente do trabalho doméstico), estabelece os requisitos para a caracterização da relação de emprego: a existência de trabalho prestado em caráter personalíssimo a um empregador, de forma não eventual, subordinada e mediante o afã de receber salário.

Nota-se, no caso concreto em questão, a existência de todos os elementos caracterizadores, como se explana a seguir.

#### 3.1.1 Pessoalidade

A autora prestou serviços ao réu, durante ... anos, em caráter personalíssimo, não se podendo fazer substituir por outra pessoa. Os diálogos constantes das mensagens enviadas e recebidas pela parte autora e pela parte demandada em aplicativo *WhatsApp* (ou similar), extraídos em sua íntegra e anexos à presente exordial, identificam tal característica de modo satisfatório e indubitável, constituindo-se em prova material contemporânea dos fatos alegados.

Dessa forma, está presente o requisito da pessoalidade na prestação laborativa, exigido para a caracterização da relação de emprego.

#### 3.1.2 Habitualidade

A autora prestava seu trabalho durante .... anos de forma ininterrupta, sem que se verifique qualquer lapso temporal que possa caracterizar sua atividade laboral como meramente eventual. Com efeito, a permanência da autora no mesmo local de trabalho em que trabalhou durante ... anos consecutivos é prova cabal do requisito habitualidade. Novamente, as conversas havidas entre as partes litigantes indicam, inclusive com evidências materiais (e não meramente testemunhais), a relação laboral havida entre autora e réu.

#### 3.1.3 Onerosidade

A autora sempre trabalhou mediante remuneração paga pelo réu, em periodicidade mensal, com valor fixo, não se caracterizando como trabalho gracioso ou voluntário. Colaciona-se aos autos o extrato bancário da autora, em que recebia pagamentos por depósito ou "pix", sempre tendo como depositante o réu – mais uma prova material contemporânea dos fatos.

#### 3.1.4 Subordinação

A autora cumpria estritamente as ordens emanadas pelo réu no horário de trabalho que cumpria de modo escorreito – das ... às ... horas, de segunda a sexta-feira (Obs.: adequar ao caso) – restando evidente a subordinação. Caso a autora faltasse ao trabalho, era-lhe descontado o valor equivalente ao dia de trabalho, demonstrando, assim, sua submissão ao poder empregatício do réu. Os diálogos havidos em aplicativo de mensagens mais uma vez militam a favor da autora, como evidência de prova material contemporânea dos fatos.

## 4. DO DIREITO AO REGISTRO EM CTPS E A COMUNICAÇÃO À PREVIDÊNCIA SOCIAL <ADEQUAR AO CASO CONCRETO>

É imposição legal o registro de todos os vínculos laborais na CTPS do empregado, bem como no eSocial, caracterizando fraude à legislação trabalhista a ausência de anotação.

O empregador (doméstico), ao não realizar o registro, está prejudicando sensivelmente a autora, visto que esta, diante da falta de anotação e de recolhimento das contribuições previdenciárias de responsabilidade do empregador, se sente em sérias dificuldades de ver seu tempo reconhecido pelo INSS para fins de aposentadoria.

Assim, a presente demanda serve para impor ao réu o devido registro do contrato, com o cumprimento de todas as exigências do art. 29 da CLT (LC n. 150/2015, em caso de vínculo doméstico).

Ademais, para que a decisão surta seus jurídicos e legais efeitos perante a Previdência Social e o Fisco, incumbe à parte autora que V. Exa. dê cumprimento ao disposto nos arts. 276 e 277 do Decreto n. 3.048/1999, *verbis*:

> Art. 276. Nas ações trabalhistas de que resultar o pagamento de direitos sujeitos à incidência de contribuição previdenciária, o recolhimento das importâncias devidas à seguridade social será feito no dia dois do mês seguinte ao da liquidação da sentença.
>
> (...)
>
> § 6º O recolhimento das contribuições do empregado reclamante deverá ser feito na mesma inscrição em que são recolhidas as contribuições devidas pela empresa.
>
> § 7º Se da decisão resultar reconhecimento de vínculo empregatício, deverão ser exigidas as contribuições, tanto do empregador como do reclamante, para todo o período reconhecido, ainda que o pagamento das remunerações a ele correspondentes não tenham sido reclamadas na ação, tomando-se por base de incidência, na ordem, o valor da remuneração paga, quando conhecida, da remuneração paga a outro empregado de categoria ou função equivalente ou semelhante, do salário normativo da categoria ou do salário mínimo mensal, permitida a compensação das contribuições patronais eventualmente recolhidas.
>
> § 8º Havendo reconhecimento de vínculo empregatício para empregado doméstico, tanto as contribuições do segurado empregado como as do empregador deverão ser recolhidas na inscrição do trabalhador.
>
> § 9º É exigido o recolhimento da contribuição previdenciária de que trata o inciso II do art. 201, incidente sobre o valor resultante da decisão que reconhecer a ocorrência de prestação de serviço à empresa, mas não o vínculo empregatício, sobre o valor total da condenação ou do acordo homologado, independentemente da natureza da parcela e forma de pagamento.
>
> Art. 277. A autoridade judiciária deverá velar pelo fiel cumprimento do disposto no artigo anterior, executando, de ofício, quando for o caso, as contribuições devidas, fazendo expedir notificação ao Instituto Nacional do Seguro Social, para dar-lhe ciência dos termos da sentença, do acordo celebrado ou da execução.
>
> Parágrafo único. O Instituto Nacional do Seguro Social fornecerá, quando solicitados, as orientações e dados necessários ao cumprimento do que dispõe este artigo.

**5. DOS REQUISITOS PARA A ASSISTÊNCIA JUDICIÁRIA** <ADEQUAR AO CASO CONCRETO>

A autora se encontra desempregada, presumindo-se, assim, sua hipossuficiência econômica, pelo que requer a V. Exa., na forma da Lei, a isenção de custas e despesas processuais – art. 790, §§ 3º e 4º, da CLT, com a redação conferida pela Lei n. 13.467/2017. De todo modo, declara a autora da demanda, para os fins da Súmula n. 463 do TST, que não possui meios de arcar com as despesas processuais sem prejuízo do seu sustento.

**6. DO PEDIDO** <ADEQUAR AO CASO CONCRETO>

Em razão de todo o exposto, vem a autora formular os seguintes pedidos:

a) o reconhecimento do vínculo de emprego entre a autora e o réu, na condição de empregada (doméstica, se for o caso), no período de 00.00.0000 a 00.00.0000, com salário de ____, e o devido registro na CTPS, sob pena de multa diária (*astreintes*), ou sucessivamente, com o registro realizado pela Secretaria da Vara do Trabalho;

b) seja o réu condenado na obrigação de fazer a comprovação dos recolhimentos de contribuições à Seguridade Social pertinentes ao vínculo de emprego reconhecido, mediante a apresentação das guias de recolhimento de todo o período, mês a mês, sob pena de

encaminhamento de ofício ao INSS e à Receita Federal, na forma dos arts. 276 e 277 do Decreto n. 3.048/1999;
c) a condenação do réu no pagamento de honorários advocatícios de 15% sobre o valor atribuído à condenação e nas custas e demais despesas processuais.

**7. DOS REQUERIMENTOS** <ADEQUAR AO CASO CONCRETO>

Para o regular processamento do feito, requer o autor a V. Exa.:
a) a citação do réu, na forma legal, para responder à presente demanda até a audiência designada para tal fim, sob pena de revelia e confissão ficta;
b) a produção de todas as provas admitidas em direito, especialmente a documental e testemunhal;
c) a concessão da isenção de custas e despesas processuais, pelo enquadramento entre os beneficiários da assistência judiciária gratuita, eis que não pode arcar com tais ônus, conforme a declaração firmada e o entendimento consolidado na Súmula n. 463 do TST.

**8. DO VALOR DA CAUSA** <ADEQUAR AO CASO CONCRETO>

Dá-se à causa o valor de R$ 3.000,00 por não haver pretensão de cunho pecuniário, não havendo assim pedidos a serem liquidados.

Termos em que espera deferimento.

Cidade e data.

Nome do Advogado e OAB

## 81. MODELO DE AÇÃO DE INDENIZAÇÃO POR ACIDENTE DE TRABALHO

**EXMO. SR. JUIZ TITULAR DA ___ VARA DO TRABALHO DE _____**

**BELTRANO DE TAL**, brasileiro, casado, motorista, portador do CPF n. _____, CTPS n. _____ e RG n. _____, expedido pela SSP/ ____, residente e domiciliado na Rua ____, Bairro _____, Município de _____ / _____, CEP _____, endereço eletrônico xxx@email.com.br, vem perante Vossa Excelência, por seu procurador *ad judicia* (mandato anexo), ajuizar a presente **AÇÃO DE INDENIZAÇÃO POR ACIDENTE DO TRABALHO** em face de **EMPRESA TAL**, CNPJ n. _____, com endereço na Avenida _____, Bairro _____, Município de _____ /____, CEP _____, pelos fatos e fundamentos que passa a expor:

**1. DOS FATOS** <ADEQUAR AO CASO CONCRETO>

O autor da presente demanda foi admitido como empregado da empresa ré em 00.00.0000 na função de motorista rodoviário, com salário inicial de R$ _____ e recebendo, quando do afastamento em razão de acidente de trabalho, R$ _____.

No dia 00.00.0000, quando realizava viagem em seu horário de trabalho, foi vítima de grave acidente típico de trabalho, comunicado pela empresa ré mediante CAT (documento anexo), estando, atualmente, em gozo de aposentadoria por incapacidade permanente acidentária, concedida em 00.00.0000.

Do aludido infortúnio, portanto, restaram graves sequelas que, dali para a frente, impossibilitaram seu retorno ao trabalho, culminando com a concessão do benefício de aposentadoria por incapacidade permanente acidentária, código B92, conforme documento anexo.

O acidente do trabalho somente ocorreu porque o veículo que dirigia, pertencente à frota da empresa ré, não estava em condições ideais de circulação, de modo que o autor, quando precisou acionar o freio em um declive acentuado, não conseguiu reduzir a velocidade do caminhão, vindo a se chocar contra a mureta de proteção da rodovia. <adequar ao caso concreto>

Por conta disso, o autor vem a Juízo postular a reparação de seus danos, já que decorrentes de acidente de trabalho do qual a empresa deve ser responsabilizada e obrigada a ressarcir o autor, na forma da Lei.

## 2. DAS QUESTÕES PREJUDICIAIS <ADEQUAR AO CASO CONCRETO>

### 2.1 Da competência da Justiça do Trabalho

Antes mesmo de adentrar os fundamentos jurídicos de direito material que embasam o pedido, é conveniente explanar que a competência para o julgamento de tal lide é dessa Justiça Especializada, visto se tratar de demanda em que se postula indenização por danos, envolvendo empregado e empregador, decorrente, portanto, de relação de emprego, competência esta expressa no art. 114 da Constituição da República, com a redação que lhe conferiu a Emenda Constitucional n. 45/2004.

Não é outro o entendimento do Supremo Tribunal Federal que, nas vezes em que foi instado a se manifestar sobre a matéria, pacificou seu entendimento no sentido de declarar a competência da Justiça do Trabalho para tais demandas – Súmula Vinculante n. 22.

Portanto, não há que se falar em incompetência da Justiça do Trabalho no caso em discussão.

### 2.2 Da ausência de prescrição

É oportuno apontar que a contagem do prazo prescricional quanto a esse pedido deve seguir o entendimento que já era pacífico desde quando a competência para a matéria era da Justiça Comum, tendo o Superior Tribunal de Justiça, naquele período, estabelecido orientação de que a prescrição somente corre a partir da data em que houver a **consolidação das lesões** – ou seja, a partir da data em que restou confirmada a invalidez do obreiro, com a ciência inequívoca da incapacidade laboral que, nesse caso, deve ser considerada a data em que o INSS lhe concedeu o benefício da aposentadoria:

> (...) Nos casos em que a doença ocupacional culminou por acarretar a aposentadoria por invalidez do trabalhador, a SbDI-1 já vem decidindo reiteradamente no sentido de que o prazo prescricional começa a fluir da data da concessão do benefício, pois, como já mencionado, é nesse momento que se consolida a lesão e o empregado tem a certeza de sua incapacidade para o trabalho. (...) (TST, ARR – 1961300-17.2009.5.09.0005, 2ª Turma, Rel. Min. José Roberto Freire Pimenta, *DEJT* 20.10.2017)

Assim, não está prescrita a demanda que ora se submete à elevada apreciação desse douto Juízo.

## 3. FUNDAMENTOS JURÍDICOS DO PEDIDO <ADEQUAR AO CASO CONCRETO>

### 3.1 Dos pressupostos para a reparação civil

O Código Civil prevê que aquele que, por ação ou omissão voluntária, negligência, imprudência ou imperícia, causar prejuízo a outrem, ainda que de natureza exclusivamente moral, fica obrigado a repará-lo – art. 186.

A Lei n. 13.467/2017, incluiu na CLT um capítulo específico para tratar do tema da reparação dos danos imateriais no âmbito trabalhista.

Segundo a melhor doutrina, de conhecimento desse d. Juízo, razão pela qual se torna desnecessária sua citação literal, impõe-se a caracterização dos pressupostos exigidos para a responsabilização da empresa ré: a existência de danos; o nexo de causalidade entre o dano e a atividade laborativa; a obrigação de reparar o dano, por parte do ofensor.

Como já descrito, o acidente acarretou danos à sua integridade física, danos estes ligados umbilicalmente à atividade laborativa e o acidente sofrido; quanto à obrigação de reparar tais danos, invoca-se primordialmente a responsabilidade objetiva do empregador, em razão da atividade de risco desempenhada pelo autor, na forma do art. 927, parágrafo único, do Código Civil:

A jurisprudência desta Corte Superior Trabalhista é firme no sentido de que a atividade realizada por motorista de caminhão expõe o trabalhador a maior probabilidade de risco de acidente, em razão do qual, inclusive, houve o falecimento do reclamante. Nesse contexto, impõe-se o reconhecimento da responsabilidade objetiva do empregador, com fundamento na teoria objetiva do risco, nos moldes do art. 927, parágrafo único, do CC/02, considerando-se, sobretudo, as condições de trafegabilidade e a falta de estrutura das estradas e rodovias brasileiras. O acórdão regional encontra-se, pois, em sintonia com a iterativa e notória jurisprudência desta Corte Regional, o que inviabiliza o trânsito do recurso de revista, nos termos do art. 896, § 7º, da CLT e da Súmula n. 333 do TST. Agravo de instrumento a que se nega provimento (TST, AIRR 114787.2012.5.05.0192, Rel. André Glenn de Assunção Barros, *DEJT* 07.08.2015).

Não bastasse a hipótese de responsabilização objetiva, avulta ainda a existência de culpa patronal, por negligência na manutenção do veículo dirigido pela vítima, como se pode notar do laudo da empresa fabricante do caminhão, que indica falha mecânica (e não falha humana).

O autor da presente, no caso, sofreu danos de natureza material e moral, perceptíveis cumulativamente – art. 223-F da CLT, redação da Lei n. 13.467/2017.

### 3.1.1 Danos materiais

O autor foi vítima de danos materiais, conforme se provará a seguir.

Inicialmente, cumpre anotar que o valor recebido pelo autor da demanda, a título de auxílio por incapacidade temporária de natureza acidentária, a partir do 16º dia de afastamento e, depois disso, com a conversão em aposentadoria por incapacidade permanente, é bastante inferior ao salário que recebia na empresa, como provam os documentos anexos (carta de concessão e comprovantes de pagamento dos benefícios). Portanto, em razão do acidente, sofreu decréscimo em sua renda, em caráter permanente, dada a situação de invalidez em que se encontra.

Não bastasse isso, o autor teve de se submeter a cirurgia de caráter estético em razão de queimaduras que sofreu, o que não foi possível fazer pelo SUS, arcando com a importância de R$ _____ (comprovante anexo).

Da mesma forma, por força do ocorrido infortúnio, se viu obrigado a realizar sessões de fisioterapia não cobertas pelo SUS, durante seis meses, ao custo de R$ _____ por sessão, totalizando R$ _____ (comprovantes anexos).

Tais danos materiais devem ser ressarcidos pela empresa ré, já que todos decorrentes do acidente de trabalho sofrido, conforme prevê o Código Civil, art. 932, inciso III.

Na forma do Código Civil em vigor, que continua dispondo sobre os danos de ordem material,

> Art. 950. Se da ofensa resultar defeito pelo qual o ofendido não possa exercer o seu ofício ou profissão, ou se lhe diminua a capacidade de trabalho, a indenização, além das despesas do tratamento e lucros cessantes até ao fim da convalescença, incluirá pensão correspondente à importância do trabalho para que se inabilitou, ou da depreciação que ele sofreu.
>
> Parágrafo único. O prejudicado, se preferir, poderá exigir que a indenização seja arbitrada e paga de uma só vez.

O valor da indenização de que trata o artigo supraindicado, por sua vez, deve considerar o salário que vinha sendo percebido pelo obreiro, e não o percentual de incapacidade, como indica a jurisprudência:

> RECURSO DE REVISTA. PROCESSO SOB A ÉGIDE DA LEI 13.015/2014 E ANTERIOR À LEI 13.467/2017. DOENÇA OCUPACIONAL. NEXO CONCAUSAL. PENSÃO MENSAL VITALÍCIA. BASE DE CÁLCULO. REARBITRAMENTO DO PERCENTUAL. (...) Na hipótese, o TRT, considerando a atuação do trabalho apenas como elemento concorrente para a eclosão de doença ocupacional que incapacitou o Obreiro – premissa fática incontestada à luz da Súmula 126/TST – fixou em 11% o percentual para o cálculo da pensão vitalícia (...). Com efeito, segundo o disposto no art. 950, *caput*, do CCB, é o próprio "ofício ou profissão" do trabalhador que deve servir de parâmetro para a fixação do valor da pensão, de modo que, em atenção ao princípio da reparação integral, nos casos em que constatada a incapacidade total e permanente para a função anteriormente exercida, a pensão deve ser fixada em percentual cor-

respondente à 100% da última remuneração do Obreiro. Sabe-se, ainda, que, a jurisprudência desta Corte acolhe a fixação do pensionamento em importância inferior ao percentual da incapacidade, nos casos em que se constata a atuação do trabalho apenas como elemento concorrente, tal como na hipótese em exame. Assim, no caso dos autos, constatada a atuação do trabalho como elemento concorrente para a eclosão da doença que incapacitou o Obreiro, de forma total e permanente, para a função anteriormente exercida (motorista rodoviário), tem-se que o TRT, ao arbitrar o percentual indenizatório, mitigou o princípio da restituição integral do dano, que visa reparação do dano por completo. Logo, deve ser reformada a decisão recorrida para que a pensão mensal deferida corresponda a 50% da sua última remuneração, considerando a constatação de nexo concausal. Recurso de revista conhecido e parcialmente provido. (TST, RR 00011731720145120032, Rel. Min. Mauricio Godinho Delgado, 3ª Turma, publ. 07.10.2022)

Dessa forma, há pleno amparo legal para a postulação de reparação das despesas com o tratamento e lucros cessantes.

### 3.1.2 Dos danos extrapatrimoniais

O autor também foi vítima de danos que atingiram sua integridade moral, prejudicando sua saúde e, com isso, atingindo direitos de caráter extrapatrimonial.

O sofrimento causado pelo acidente, ante todas as lesões corporais de que foi vítima; pelo tratamento a que se submeteu, e que, apesar de seguido à risca, não permitiu seu retorno ao trabalho; os prejuízos de ordem estética, que levaram o trabalhador a um procedimento cirúrgico, que apenas atenuou os efeitos, porém não permitindo a plena recuperação da aparência e, por conseguinte, da autoestima; bem como pelo lamentável reconhecimento da invalidez permanente para todo e qualquer trabalho são evidentes danos de ordem moral, que devem também ser objeto de reparação.

Ainda que não se possa tarifar o valor de tais danos, o direito brasileiro, ao menos desde a Constituição Federal de 1988, estabelece a reparação dos danos, ainda que de ordem exclusivamente moral, em seu art. 5º, incisos V e X.

Daí a razão pela qual o autor vem perante V. Exa. postular, também, a indenização equivalente, na forma do art. 949 do Código Civil:

> Art. 949. No caso de lesão ou outra ofensa à saúde, o ofensor indenizará o ofendido das despesas do tratamento e dos lucros cessantes até ao fim da convalescença, **além de algum outro prejuízo que o ofendido prove haver sofrido**.

É evidente o prejuízo extrapatrimonial sofrido pelo demandante, vítima que foi do acidente de trabalho a serviço da empresa ré, atingidos os direitos à saúde e à integridade física (art. 223-C da CLT).

Este, por sua vez, se reveste do maior grau possível, a dita "natureza gravíssima" identificada na nova redação da CLT, art. 223-G, § 1º, inciso IV, cujo valor deve ser fixado em 50 vezes o valor-teto dos benefícios do RGPS.

### 3.1.3 Do nexo de causalidade

Há, no presente caso, evidente nexo de causa e efeito entre o acidente sofrido pelo trabalhador e os danos experimentados por este.

Com efeito, entende-se presente o nexo de causalidade quando, abstraído o evento, o dano não teria ocorrido (CASTRO; LAZZARI. *Manual de direito previdenciário*. 24. ed. Rio de Janeiro: Forense, 2021. p. 564).

Todos os danos antes elencados se relacionam única e exclusivamente com o acidente sofrido no trabalho, de modo que, caso não tivesse ocorrido o infortúnio laboral, o autor ainda estaria trabalhando, recebendo seu salário, não teria despendido recursos financeiros com seu tratamento nem teria experimentado o sofrimento, a dor, a angústia e a tristeza de se ver, de um dia para o outro, inválido para exercer sua atividade bem como qualquer outra.

### 3.1.4 Da obrigação da empresa em reparar os danos

A ré possui total responsabilidade pelo evento, não podendo o acidente de trabalho, no caso, ser imputado a qualquer conduta da vítima nem a motivos de caso fortuito ou força maior.

Ademais, trata-se de atividade empresarial de transporte rodoviário (adequar ao caso concreto) que pode, a ver do demandante, ser enquadrada na hipótese do art. 927, parágrafo único, do Código Civil, que assim prevê: "Haverá obrigação de reparar o dano, independentemente de culpa, nos casos especificados em lei, ou quando a atividade normalmente desenvolvida pelo autor do dano implicar, por sua natureza, risco para os direitos de outrem".

O STF, em âmbito de Repercussão Geral, pôs fim à celeuma e decidiu que é constitucional a imputação da responsabilidade civil objetiva do empregador por dano causado por acidente de trabalho em atividade de risco (RE 828.040, Rel. Min. Alexandre de Moraes).

Se este não for o entendimento desse d. Juízo, todavia, admite-se, por amor ao debate e pelo princípio da eventualidade, que a empresa também agiu com culpa no infortúnio. É que o veículo dirigido pelo autor, de propriedade da ré, carecia de manutenção adequada, sendo certo que o acidente ocorreu por falha do equipamento e não por falha humana.

Assim, não há como a empresa ré ser considerada isenta de responsabilidade, visto que esta exsurge tanto da sua responsabilização objetiva como da existência de culpa no caso concreto em exame.

### 4. DA MENSURAÇÃO DOS DANOS <ADEQUAR AO CASO CONCRETO>

Os danos patrimoniais a serem reparados estão evidenciados pela existência de perda de recursos financeiros, no que se refere aos gastos realizados pelo autor com seu tratamento, e pela demonstração do que o autor deixou de auferir a título de salário, condenado que foi, pela negligência da ré, a receber o auxílio-doença e, em seguida, a aposentadoria por invalidez, esta pelo resto de sua vida, em valores significativamente menores que seu último salário, devendo, também, ser frisado que, como se trata de pessoa ainda em idade não avançada, poderia obter evolução salarial com o passar dos anos – o que não será contemplado pelo benefício previdenciário.

O Código Civil, aplicável ao caso, prevê que a indenização deve ser medida pela extensão do dano (art. 944). Convém anotar que a ré não é empresa de poucos recursos financeiros, já que explora o ramo do transporte coletivo, cuja lucratividade é pública e notória – raramente se ouve falar de empresa do ramo que tenha vindo a fechar suas portas ou entrar em recuperação judicial ou mesmo em estado falimentar.

Assim, roga-se a esse d. Juízo que mensure o ressarcimento dos danos de modo a contemplar os danos patrimoniais e extrapatrimoniais sofridos pelo autor da demanda, de maneira a suprir suas necessidades, estando certo de que a condenação não causará qualquer abalo às finanças da ré, empresa já consolidada no meio em que atua, não se olvidando do caráter pedagógico da medida, visto que uma reparação exemplar servirá, entre outras finalidades, para que a empresa tome as devidas providências quanto à prevenção de acidentes do trabalho.

### 5. DOS REQUISITOS PARA A ASSISTÊNCIA JUDICIÁRIA <ADEQUAR AO CASO CONCRETO>

O autor se encontra recebendo, atualmente, apenas o benefício da aposentadoria por invalidez, em valor que indica sua hipossuficiência econômica, pelo que requer a V. Exa., na forma da Lei, a isenção de custas e despesas processuais – art. 790, §§ 3º e 4º, da CLT, redação da Lei n. 13.467/2017. De todo modo, declara o autor não possuir meios de arcar com as despesas processuais sem prejuízo de sua subsistência (Súmula n. 463 do TST).

### 6. DA INEXISTÊNCIA DE SUCUMBÊNCIA RECÍPROCA <ADEQUAR AO CASO CONCRETO>

Ante a natureza da demanda (ação de indenização por danos), postula o autor que V. Exa., pautada no ideal de Justiça, aplique o entendimento predominante na jurisprudência a respeito da inexistência de sucumbência recíproca em demandas desse gênero, conforme se observa da Súmula n. 326 do STJ: "Na ação de indenização por dano moral, a condenação em montante inferior ao postulado na inicial não implica sucumbência recíproca".

**7. DA PROVA PERICIAL NECESSÁRIA** <ADEQUAR AO CASO CONCRETO>

Entende o autor ser necessária a produção de prova pericial médica, a fim de identificar a extensão dos danos sofridos pelo demandante, de modo a demonstrar cabalmente a esse d. Juízo a procedência dos pedidos a seguir formulados. (vide, a seguir deste modelo, o rol de quesitos)

Desde já, roga o autor a V. Exa. que o perito nomeado realize a prova pericial em conformidade com a Resolução n. 2.323/2022 do Conselho Federal de Medicina (anexar à petição inicial), sob pena de nulidade do exame pericial, como já decidiu o TST:

> "... é de se dar provimento ao recurso de revista, para decretar a nulidade do processo a partir da confecção do laudo pericial, determinando-se a nomeação de novo perito e a elaboração de novo laudo pericial, com visita ao local de trabalho, para verificação das condições da prestação laboral pelo Reclamante, com seu acompanhamento, (...) (RR-1001983-02.2018.5.02.0391, 4ª Turma, Rel. Min. Ives Gandra Martins Filho, *DEJT* 04.09.2020).

**8. DO PEDIDO** <ADEQUAR AO CASO CONCRETO>

Diante de todo o exposto, vem o autor formular a V. Exa. os seguintes pedidos:

a) a citação do réu, na forma legal, para responder à presente em audiência designada para tal fim, sob pena de revelia e confissão ficta;
b) o processamento do feito pelo procedimento comum, ante o valor da causa;
c) a condenação da ré no pagamento de indenização por danos materiais, consistente na diferença entre o valor recebido a título de auxílio-doença e, posteriormente, a título de aposentadoria por invalidez e o salário que o autor vinha recebendo, em parcelas vencidas e vincendas, observando-se, quanto ao salário, os reajustes obtidos por sua categoria, conforme as normas coletivas de sua base territorial, no importe de R$ .... mensais <CALCULAR A EXATA DIFERENÇA ENTRE O BENEFÍCIO RECEBIDO E O SALÁRIO ATÉ ENTÃO PAGO>;
d) indenização por danos materiais, consistente no ressarcimento de todas as despesas com o tratamento do autor, identificados nesta exordial, devidamente atualizados pelo INPC ou por outro indexador que o substitua, no valor de R$ <CALCULAR EXATAMENTE O VALOR DAS DESPESAS COMPROVADAS>;
e) indenização por danos morais, para reparação do sofrimento com o acidente e o tratamento a que foi submetido, bem como danos estéticos sofridos, no importe de R$ <CALCULAR PRECISAMENTE O EQUIVALENTE A 50 VEZES O TETO DO RGPS À ÉPOCA DA PETIÇÃO INICIAL>;
f) pensão mensal vitalícia, no valor do último salário auferido pelo autor <COLOCAR O VALOR DO SALÁRIO ANTES DO AFASTAMENTO>, como forma de reparar a invalidez causada pelo acidente, calculada desde a data do ajuizamento da presente ação até a idade de "75" anos, ou conforme a tábua de expectativa de sobrevida do IBGE, requerendo que o valor seja pago de uma só vez, na forma do parágrafo único do art. 950 do Código Civil, no valor de <CALCULAR O MONTANTE: SALÁRIO MULTIPLICADO PELO NÚMERO DE MESES DESDE A APOSENTADORIA ATÉ O AUTOR ATINGIR A IDADE DE 75 ANOS>;

Para o regular processamento do feito, requer o autor a V. Exa.:

– a produção de todas as provas admitidas em direito, especialmente a prova pericial, necessária para identificar a extensão dos danos sofridos e o nexo de causalidade entre estes e o acidente de trabalho;
– a exibição de documentos por parte da empresa ré, especialmente o LTCAT exigido por lei, a fim de comprovar as atividades desempenhadas pelo autor;

- a concessão da isenção de custas e despesas processuais, pelo enquadramento do trabalhador entre os beneficiários da assistência judiciária gratuita, eis que desempregado, não podendo arcar com tais ônus, e por declarar não possuir meios de arcar com as despesas processuais sem prejuízo de sua subsistência (Súmula n. 463 do TST);
- a expedição de ofício ao Ministério Público do Trabalho, para as providências a seu encargo (inquérito civil e ação civil pública), bem como à Procuradoria-Geral Federal, para o ajuizamento da ação regressiva de que trata o art. 120 da Lei n. 8.213/1991.
- a condenação da ré no pagamento de honorários advocatícios de 15% sobre o valor atribuído à condenação e nas custas e demais despesas processuais.

Dá-se à causa o valor de R$ ...... equivalente ao somatório dos pedidos de caráter pecuniário liquidados.

Termos em que espera deferimento.

Cidade e data.

Nome do Advogado e OAB

QUESITOS PARA PERÍCIA EM MATÉRIA DE INDENIZAÇÃO POR ACIDENTE DO TRABALHO OU DOENÇA OCUPACIONAL

- QUESITOS PARA AS AÇÕES QUE ENVOLVEM DIREITOS LIGADOS A ACIDENTES DO TRABALHO/DOENÇAS OCUPACIONAIS:
- Considerando a matéria objeto de perícia, bem como a Resolução n. 2.323/2022 do Conselho Federal de Medicina (anexar cópia da Resolução), que disciplina o procedimento de verificação de incapacidade laboral e acidentária, com base no exame clínico (e exames complementares, se for o caso) e no histórico ocupacional do periciando queira o(a) Sr(a). *expert* responder aos quesitos a seguir:
  • Qual a atividade/profissão do(a) periciando(a) e quais as suas atribuições quando do infortúnio?
  • Em que data se afastou do emprego ou atividade?
  • O(A) periciando(a) é ou foi portador(a) de doença, lesão ou moléstia que o(a) incapacite, em caráter permanente, ou temporário, para o exercício de sua atividade? Em caso positivo, qual(is) a(s) CID(s)? Desde quando? Há possibilidade de recuperação da capacidade laborativa?
  • O(A) periciando(a) é portador(a) de doença, lesão ou moléstia que o(a) incapacite para a vida independente? Em caso positivo, qual(is) a(s) CID(s)? Desde quando?
  • Quais as características das doenças ou enfermidades de que está acometido(a) o(a) periciando(a)?
  • A incapacidade laborativa do(a) periciando(a) sobreveio por motivo de progressão ou agravamento de alguma doença, moléstia ou lesão?
  • Houve exame clínico por parte do perito judicial e houve análise do meio ambiente do trabalho com visita "in loco" durante o expediente que era cumprido pelo autor?
  • A quais agentes nocivos – químicos, físicos, biológicos, ergonômicos, estressantes – a que estava submetido o autor em seu labor?
  • O(A) periciando(a) exercia atividade com esforços repetitivos ou exposto(a) a agentes nocivos à saúde acima dos limites de tolerância?
  • Havia cobrança de metas de produtividade? Tais metas eram exequíveis em condições normais de trabalho, ou havia sobrecarga de atividade?
  • À vista do prontuário médico anexado pelo autor da demanda, "decisivo em qualquer diagnóstico", como afirma a Res. n. 2.323/2022 do CFM, do exame clínico e da verificação do ambiente e da organização do trabalho, é possível afirmar que há nexo de causalidade ou concausalidade entre a enfermidade e a atividade laboral? Fundamente.
  • Tratando-se de doença degenerativa, é possível dizer que há concausalidade pelo agravamento de seu estado de saúde em razão do trabalho desempenhado?
  • Qual o grau de redução da capacidade laborativa do(a) periciando(a)?

- Qual o comprometimento sofrido pelo(a) municiando(a) em sua rotina e hábitos diários (não atinentes a sua vida laboral)?
- O(A) periciando(a) necessita de acompanhamento de terceiros para a realização de suas atividades habituais (higiene pessoal, alimentação etc.)?

## 82. MODELO DE AÇÃO TRABALHISTA – EMPREGADO DISPENSADO APÓS TER SOFRIDO ACIDENTE DO TRABALHO

**EXMO. SR. JUIZ TITULAR DA ___ VARA DO TRABALHO DE _____**

HÁ PEDIDO DE TUTELA ANTECIPADA

**PASSOS DIAS AGUIAR**, brasileiro, casado, motorista, portador do CPF n. _____, CTPS n. _____ e RG n. _____, expedido pela SSP/ ____, residente e domiciliado na Rua ____, Bairro _____, Município de _____ / _____, CEP _____, endereço eletrônico xxx@email.com.br, vem perante Vossa Excelência, por seu procurador *ad judicia* (mandato anexo), ajuizar a presente **AÇÃO TRABALHISTA** em face de **CIA. XYZ LTDA.**, CNPJ n. _____, com endereço na Avenida _____, Bairro _____, Município de _____ /____, CEP _____, pelos fatos e fundamentos que passa a expor:

**1. DOS FATOS** <ADEQUAR AO CASO CONCRETO>

O autor foi contratado pelo demandado em 00.00.0000, na função de auxiliar de serviços gerais, com salário de R$ 1.500,00 mensais, tendo trabalhado até ser vítima de doença ocupacional, afastando-se em 00.00.0000, com recebimento de auxílio por incapacidade temporária, espécie B-31, de 01.06.2020 a 00.00.0000, com renda mensal de R$ XXX,00 e ao retornar ao emprego, em 00.00.0000, foi sumariamente dispensado sem justa causa e sem dação de aviso prévio. <ADEQUAR AO CASO CONCRETO>.

A enfermidade, todavia, tem nexo de causalidade/concausalidade com a atividade laborativa do autor, na medida em que exigia deste esforços repetitivos, na limpeza do estabelecimento, sem a ocorrência de pausas ou qualquer outra medida de prevenção de acidentes/doenças, como, por exemplo, ginástica laboral ou treinamentos.

Ocorre que o demandado, portanto, não poderia ter dispensado o autor, pois é detentor de garantia de emprego, com amparo no art. 118 da Lei n. 8.213/1991.

Da mesma forma, o demandado se descurou de depositar o FGTS do período de afastamento previdenciário, como determina a Lei n. 8.036/1990.

E, ainda, excluiu o demandante do plano de saúde coletivo, existente para todos os empregados da empresa, ainda enquanto estava em fruição do benefício.

**2. DOS FUNDAMENTOS JURÍDICOS**

**2.1 Proteção contra despedida – reintegração – pagamento dos salários e demais direitos**

A proteção ao empregado vítima de acidente do trabalho ou doença a ele equiparada contempla alguns direitos, todos indisponíveis e irrenunciáveis.

O primeiro deles diz respeito à garantia de emprego contra despedida sem justa causa, presente no art. 118 da Lei n. 8.213/1991, que preceitua: "O segurado que sofreu acidente do trabalho tem garantida, pelo prazo mínimo de doze meses, a manutenção do seu contrato de trabalho na empresa, após a cessação do auxílio-doença acidentário, independentemente de percepção de auxílio-acidente". A alteração da nomenclatura do benefício para auxílio por incapacidade temporária não desnatura a aplicação da regra em questão, que se mantém vigente.

A respeito disso, convém frisar que o INSS não reconheceu a natureza acidentária do benefício tão somente porque (1) a empresa não emitiu a Comunicação de Acidente do Trabalho (CAT) e, por outro lado, (2) o perito médico federal deixou de analisar a relação de causalidade/concausalidade da doença com o trabalho desempenhado, já que não vistoriou o local de trabalho.

Frisa-se a Vossa Excelência que, como é consabido, a não emissão de CAT pela empresa – e mesmo nos casos de emissão por Sindicato, médico assistente, ou pelo próprio acidentado ou seus familiares – no fenômeno denominado "subnotificação", acarreta o desprezo, pelo INSS, da fixação do nexo causal.

Pior que isso, é omissa a perícia do INSS no que toca à análise e vistoria do meio ambiente do trabalho e, por conseguinte, dos agentes nocivos à saúde do obreiro, físicos, químicos, biológicos, ergonômicos, estressantes e outros, em flagrante desrespeito, inclusive, ao Manual de Perícias Médicas do INSS e à Resolução n. 2.323/2022 do Conselho Federal de Medicina, em seu art. 2º.

Com efeito, Exa., nenhum perito do INSS comparece ao local de trabalho do segurado, limitando-se tão somente a analisar a documentação médica trazida quando da perícia na Agência da Previdência Social e, se entender pertinente, realiza exame clínico. Mas não faz análise de nexo de causalidade, acarretando o problema existente no presente feito, tal como em milhares de outros casos.

A situação se agravou com o recebimento pelo INSS, tão somente, de documentação médica em PDF por aplicativo (Meu INSS), sem exame clínico e sem que o trabalhador pudesse sequer invocar a natureza acidentária de sua enfermidade, na forma da Lei n. 14.441/2022, que inseriu o § 14 no art. 60 da Lei de Benefícios da Previdência Social, com a seguinte redação: "Ato do Ministro de Estado do Trabalho e Previdência poderá estabelecer as condições de dispensa da emissão de parecer conclusivo da perícia médica federal quanto à incapacidade laboral, hipótese na qual a concessão do benefício de que trata este artigo será feita por meio de análise documental, incluídos atestados ou laudos médicos, realizada pelo INSS".

A Portaria Conjunta MTP/INSS n. 7, de 28.7.2022, que disciplinou a matéria, estabeleceu que não caberá a concessão de benefício por incapacidade da natureza acidentária por meio do procedimento de análise documental, prejudicando sensivelmente a análise dos afastamentos de natureza ocupacional.

Nem por isso a jurisprudência deixa de reconhecer o direito à proteção acidentária do obreiro, é dizer, mesmo quando o benefício concedido teve natureza não acidentária (B-31), como no caso dos autos, aplica-se a regra do art. 118 da Lei de Benefícios. Nesse sentido:

> Evidenciado que a empresa usou de subterfúgios para que o empregado não usufruísse do auxílio-doença acidentário, mostra-se correto o entendimento do Regional de que não se pode condicionar o direito à estabilidade à percepção do auxílio acidentário se o implemento dessa condição foi obstado pelo próprio empregador. Recurso de revista não conhecido (TST, 8ª Turma, RR 122200-36.2003.5.15.0042, Rel. Min. Márcio Eurico Vitral Amaro, publ. 23.09.2011).

A matéria quedou sumulada pelo TST, em seu Enunciado n. 378, II:

> "São pressupostos para a concessão da estabilidade o afastamento superior a 15 dias e a consequente percepção do auxílio doença acidentário, salvo se constatada, após a despedida, doença profissional que guarde relação de causalidade com a execução do contrato de emprego".

Assim, a despedida operada pelo réu é nula de pleno direito (art. 9º da CLT), de modo que se postula seja declarada por este d. Juízo a sua nulidade, com a determinação de que seja cancelada a anotação de dispensa na CTPS e no eSocial do autor restaurando-se o *status quo ante*, de empregado, para todos os efeitos.

Uma vez que o período estabilitário ainda se encontre em curso, a reintegração ao emprego, na mesma função, salário, jornada e local de trabalho, é medida que se impõe, o que se pleiteia em âmbito de tutela de urgência, *inaudita altera parte*, com a emissão do competente mandado de reintegração.

Além disso, faz jus o postulante aos salários do período compreendido entre a dispensa nula e a reintegração, como preconiza a Súmula n. 396 do TST, mesmo quando já exaurido o período de estabilidade:

> "Exaurido o período de estabilidade, são devidos ao empregado apenas os salários do período compreendido entre a data da despedida e o final do período de estabilidade, não lhe sendo assegurada a reintegração no emprego".

Ora, se em caso de exaurimento, o pagamento devido corresponde aos salários de todo o período, evidentemente também é devido o montante salarial de parte do período estabilitário, quando a reintegração ocorra ainda dentro do seu lapso temporal.

A natureza jurídica desse pagamento não é indenizatória, pois, como alude a súmula, trata-se de salários devidos e não pagos por conduta ilícita patronal, nula de pleno direito, acarretando a necessidade de "restitutio in integrum", sendo devidos também as proporcionalidades de férias, 13º salários e FGTS do período e incidência das contribuições à Seguridade Social, para que o tempo correspondente seja computado na Previdência Social. Conforme a jurisprudência:

> ESTABILIDADE ACIDENTÁRIA. NULIDADE DA DISPENSA. EFEITOS PECUNIÁRIOS. A Súmula n. 396 do C. TST define que, transcorrido o prazo da reintegração quando da prolação da sentença, não mais é possível o retorno ao emprego do acidentado, sendo devidos, então, os salários do período entre a data da despedida nula e o final do período de estabilidade. O ato eivado de nulidade absoluta não pode produzir efeitos quaisquer, sob pena de prosseguir prejudicando direitos violados. Assim é que, se não há mais a possibilidade jurídica de reintegração, nem por isso pode haver prejuízo material à pessoa lesada com a dispensa. E a *restitutio in integrum*, na hipótese, somente se perfectibiliza com o pagamento de todos os haveres trabalhistas como se o trabalhador acidentado tivesse permanecido no emprego. Dá-se provimento ao recurso da autora para acrescer à condenação do período estabilitário, além dos salários, o pagamento das verbas reflexas relativas ao período de estabilidade provisória (férias com 1/3, 13º salário e FGTS com 40%). (TRT12 – ROT – 0000830-78.2016.5.12.0055, Rel. Juiz do Trabalho convocado Carlos Alberto Pereira de Castro, 3ª Câmara, Data de Assinatura: 17.07.2020)

### 2.2  Do FGTS do período de afastamento

Tendo em vista o equívoco manifesto do INSS em conceder o auxílio por incapacidade temporária não acidentário (B-31), o que será constatado por perícia a ser determinada por este MM. Juízo, o que desde já se requer, concluindo esta pela existência de nexo de causalidade/concausalidade, é devido o FGTS correspondente a todo o período de afastamento – sem prejuízo daquele devido durante o período entre a despedida ilícita e a reintegração, ou o encerramento do período estabilitário, como se colhe dos julgados:

> DOENÇA OCUPACIONAL. AUXÍLIO-DOENÇA. RECOLHIMENTO DO FGTS NO PERÍODO DE AFASTAMENTO. No presente caso, são devidos os depósitos do FGTS do período de afastamento, a teor do que dispõe o supracitado § 5º do art. 15 da Lei n. 8.036/1990, pois foi reconhecida a existência de doença ocupacional equiparada ao acidente de trabalho pelo laudo pericial, ainda que tenha recebido o autor do órgão previdenciário o benefício auxílio-doença em razão da referida moléstia. Recurso de revista conhecido e provido" (RR-847-14.2011.5.01.0341, 7ª Turma, Rel. Min. Claudio Mascarenhas Brandao, DEJT 28/05/2021).

### 2.3  Da restauração da filiação ao plano de saúde

Também tendo em vista o equívoco em se considerar o afastamento do demandante como não acidentário, como se constatará com a colheita da prova pericial, visto que a empresa ré baniu o demandante do rol de filiados do plano de saúde após 180 dias de afastamento, impõe-se a restauração de sua filiação, também em sede de antecipação de tutela de mérito, o que se postula de antemão, com amparo no entendimento pacificado na Súmula n. 440 do TST:

> "Assegura-se o direito à manutenção de plano de saúde ou de assistência médica oferecido pela empresa ao empregado, não obstante suspenso o contrato de trabalho em virtude de auxílio-doença acidentário ou de aposentadoria por invalidez".

Ou seja, não há razão para a discriminação praticada pelo empregador ao empregado afastado, justamente no período em que mais precisa de amparo no âmbito da sua saúde, acarretando inclusive danos de natureza material e moral, os primeiros pela necessidade em custear despesas que usualmente seriam cobertas pelo plano de saúde, e os de natureza extrapatrimonial pela violação de direitos inerentes à personalidade do indivíduo, notadamente pelo tratamento discriminatório praticado.

A pretensão encontra guarida no art. 927 do Código Civil, considerando que o réu agiu de forma dolosa e ilícita, acarretando danos de ambos os matizes, cujo nexo de causalidade se encontra evidenciado.

Consta na jurisprudência do TST:

> "ACORDAM os Ministros da Quinta Turma do Tribunal Superior do Trabalho, por unanimidade: I – conhecer do agravo e, no mérito, dar-lhe provimento para examinar o recurso de revista; II – conhecer do recurso de revista, por violação do art. 21, I, da Lei n. 8.213/1991, e, no mérito, dar-lhe provimento, a fim de reconhecer a natureza ocupacional da doença incapacitante da reclamante, bem como condenar a reclamada ao pagamento de indenização por danos morais e materiais, assim como determinar a manutenção do plano de saúde obreiro (Súmula n. 440 do TST ), e, ainda, restabelecer a sentença naquilo em que determinou o recolhimento do FGTS do período de afastamento previdenciário da autora. Remetam-se os autos ao juízo de primeiro grau para que, examinando a causa à luz dos parâmetros fixados nesta decisão, fixe o valor da indenização por danos morais e materiais (pensionamento)" (ED-Ag-RRAg-1001329-81.2017.5.02.0445, 5ª Turma, Rel. Min. Breno Medeiros, *DEJT* 20.08.2021).

## 4. DA ANTECIPAÇÃO DA TUTELA – REINTEGRAÇÃO E REINCLUSÃO NO PLANO DE SAÚDE

Presentes estão, a ver do autor, os requisitos legais para a concessão de decisão antecipatória de tutela específica, consistente na imediata reintegração do autor ao seu posto de trabalho, pois detentor de garantia de emprego prevista no art. 118 da Lei de Benefícios da Previdência Social, conforme já exposto no item 2.1 *supra*; e, ainda, no restabelecimento imediato de sua condição de beneficiário do plano de saúde empresarial, nas mesmas condições que possuía antes de sua indevida desfiliação.

O perigo da demora na concessão da tutela se dá em razão do estado de presumida necessidade do trabalhador, ora desempregado, acarretando riscos à sua subsistência e a de seus familiares, bem como do atendimento médico, prejudicando sua saúde. Frisa-se a V. Exa. que não há falar em locupletamento sem justa causa, pois o autor pretende apenas trabalhar e, em contrapartida, receber salário, havendo, portanto, sinalagma entre as obrigações. Não há como sustentar a irreversibilidade da decisão, pois, pelo mesmo fundamento, na remotíssima hipótese de improcedência, o autor retornará à sua condição de desempregado e não terá direito a continuar vinculado ao plano de saúde.

Há verossimilhança nas alegações do demandante quanto à natureza ocupacional da doença, identificável por V. Exa. à vista do prontuário médico, pareceres e atestados de médicos assistentes do autor, indicando a origem acidentária. Mais ainda, quanto ao plano de saúde, pois há indevida discriminação pelo empregador, justamente quando o empregado mais necessita de amparo na área da saúde.

Se outro for o entendimento de V. Exa., postula o autor que, tão logo realizada a perícia médica por profissional da Medicina nomeado por esse d. Juízo, seja apreciado o pleito de reintegração, uma vez que ficará demonstrado pelo laudo pericial o nexo de causalidade ou concausalidade entre a enfermidade e a atividade laborativa e, por conseguinte, também o pleito de restabelecimento do plano de saúde.

## 5. DOS REQUISITOS PARA A ASSISTÊNCIA JUDICIÁRIA <ADEQUAR AO CASO CONCRETO>

O autor se encontra desempregado, presumindo-se, assim, sua hipossuficiência econômica, pelo que requer a V. Exa., na forma da Lei, a isenção de custas e despesas processuais – art. 790, §§ 3º e 4º, da CLT, com a redação conferida pela Lei n. 13.467/2017. De todo modo, declara a V. Exa. o autor não possuir meios de arcar com as despesas processuais sem prejuízo de sua subsistência (Súmula n. 463 do TST).

## 6. DO PEDIDO <ADEQUAR AO CASO CONCRETO>

Em razão de todo o exposto, vem o autor formular os seguintes pedidos:
   a) em sede de antecipação dos efeitos da tutela de mérito, a reintegração do autor ao emprego, com o mesmo salário, função, jornada de trabalho e todos os direitos inerentes a esta

condição, após o cumprimento do competente mandado de reintegração expedido por Vossa Excelência; e o restabelecimento do plano de saúde nas mesmas condições existentes antes de sua indevida desfiliação, também a ser objeto de mandado a ser cumprido, com fixação de multa diária de R$ 500,00 por dia de atraso em cada uma das obrigações;
b) e, regularmente instruído o feito, seja condenado o réu:
b.1) pela confirmação da decisão em sede de tutela antecipatória, com a mantença da reintegração e anulando-se a dispensa sem justa causa, na forma do art. 9º da CLT, por afronta ao art. 118 da Lei de Benefícios da Previdência Social, determinando-se o cancelamento da anotação constante da CTPS e dos registros rescisórios no eSocial;
b.2) ao pagamento dos salários do período entre a despedida ilícita e a efetiva reintegração, ou em caso de não haver reintegração dentro do período estabilitário, o pagamento da totalidade dos salários referentes aos 12 meses de garantia de emprego, no importe de R$ .... (12 x o salário do autor);
b.3) ao depósito do FGTS do período de afastamento previdenciário: 8% da remuneração do autor x 12m = ....;
b.4) ao depósito do FGTS do período de estabilidade: 8% da remuneração do autor x 12m = ...;
b.5) ao pagamento de 40% do FGTS não depositado (itens b.3 e b.4 *supra*): R$ ...;
b.6) ao pagamento das férias indenizadas do período de estabilidade, com um terço: R$ ....;
b.7) ao pagamento do 13º salário do período de estabilidade: R$ ....;
b.8) pela confirmação da decisão antecipatória de tutela de obrigação de fazer, consistente em restabelecer o plano de saúde ao autor, nas mesmas condições que eram usufruídas antes;
b.9) ao pagamento da indenização por danos materiais, no importe de R$ 10.000,00, conforme notas fiscais de despesas médicas realizadas no período em que foi negligenciado o plano de saúde;
b.10) ao pagamento de indenização por danos morais, pela despedida ilícita e discriminatória, bem como pela exclusão do autor do rol de beneficiários do plano de saúde, no valor de R$ 20.000,00.
c) honorários de sucumbência, de 15% sobre o valor da condenação.

7. **DOS REQUERIMENTOS** <ADEQUAR AO CASO CONCRETO>

Para o regular processamento do feito, requer o autor a V. Exa.:
a) a citação do réu, na forma legal, para responder à presente demanda até a audiência designada para tal fim, sob pena de revelia e confissão ficta;
b) a produção de todas as provas admitidas em direito, especialmente a pericial, além das provas de cunho documental e testemunhal;
c) a concessão da isenção de custas e despesas processuais, pelo enquadramento entre os beneficiários da assistência judiciária gratuita, eis que desempregado, não podendo arcar com tais ônus e tendo declarado não possuir meios de arcar com tais despesas sem prejuízo de sua subsistência (Súmula n. 463 do TST).

8. **DO VALOR DA CAUSA** <ADEQUAR AO CASO CONCRETO>

Dá-se à causa o valor de R$ 38.532,00 – somatório dos pedidos com caráter pecuniário.

Termos em que espera deferimento.

Cidade e data.

Nome do Advogado e OAB

## IV. MODELOS DE PETIÇÕES INICIAIS PARA O RPPS

 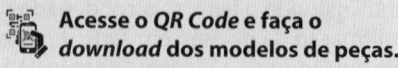

Acesse o *QR Code* e faça o *download* dos modelos de peças.

> https://uqr.to/1ym2a

### 83. MODELO DE AÇÃO DE CONVERSÃO DE FÉRIAS NÃO GOZADAS EM PECÚNIA

<COMENTÁRIOS DOS AUTORES: A PRESENTE INICIAL PODE SER UTILIZADA TAMBÉM PARA A CONVERSÃO DE LICENÇA-PRÊMIO EM PECÚNIA, INCLUINDO-SE O PEDIDO E A FUNDAMENTAÇÃO. DEVE-SE, ENTRETANTO, OBSERVAR A PECULIARIDADE DA LEGISLAÇÃO DE CADA ENTE OU ÓRGÃO AO QUAL O SERVIDOR ESTÁ LIGADO PARA AVERIGUAÇÃO DOS PERÍODOS DE FÉRIAS E LICENÇAS ACUMULADOS.

NO CASO, POR EXEMPLO, DOS SERVIDORES PÚBLICOS FEDERAIS, TEMOS ALGUNS PONTOS A DESTACAR:

- ANTES DE 12.12.1990 (LEI n. 8.112/1990), O SERVIDOR TINHA DIREITO À LICENÇA-ESPECIAL DE 6 MESES A CADA 10 ANOS DE EXERCÍCIO ININTERRUPTO.
- COM O ADVENTO DO REGIME JURÍDICO ÚNICO (LEI n. 8.112/1990), EM 12.12.1990, O SERVIDOR PASSOU A TER DIREITO A 3 MESES DE LICENÇA-PRÊMIO POR ASSIDUIDADE, A CADA 5 ANOS DE EXERCÍCIO ININTERRUPTO DE TRABALHO.
- A LEI n. 9.527/1997 (CONVERSÃO DA MP n. 1.522, DE 11.10.1996), EXTINGUIU O INSTITUTO DA LICENÇA-PRÊMIO POR ASSIDUIDADE E A TRANSFORMOU EM LICENÇA PARA CAPACITAÇÃO[1].
- DIREITO ADQUIRIDO À LICENÇA-PRÊMIO PARA O SERVIDOR QUE COMPLETOU O TEMPO NECESSÁRIO ATÉ 15.10.1996.

LEMBRAMOS AINDA QUE SERVIDOR QUE TENHA COMPLEMENTADO O QUINQUÊNIO ATÉ 15.10.1996 PODERÁ GOZAR OS PERÍODOS DE LICENÇA-PRÊMIO OU CONVERTÊ-LOS EM DOBRO PARA A APOSENTADORIA.

ATENÇÃO: 1) O PRAZO PARA O AJUIZAMENTO DA AÇÃO É DE CINCO ANOS A CONTAR DA DATA DA APOSENTADORIA.

2) O STJ FIRMOU NO TEMA 1.086 A SEGUINTE TESE A SER APLICADA:

"Presente a redação original do art. 87, § 2º, da Lei n. 8.112/1990, bem como a dicção do art. 7º da Lei n. 9.527/1997, o servidor federal inativo, sob pena de enriquecimento ilícito da Administração e independentemente de prévio requerimento administrativo, faz jus à conversão em pecúnia de licença-prêmio por ele não fruída durante sua atividade funcional, nem contada em dobro para a aposentadoria, revelando-se prescindível, a tal desiderato, a comprovação de que a licença-prêmio não foi gozada por necessidade do serviço."

<ASSIM, SUGERIMOS, SE HOUVER PROVA, JUNTAR INFORMAÇÃO SOBRE O INTERESSE DA ADMINISTRAÇÃO PÚBLICA OU QUE PEDIU E FOI NEGADO)>

**EXCELENTÍSSIMO SENHOR DOUTOR JUIZ FEDERAL DA VARA/JUIZADO ESPECIAL FEDERAL DA CIDADE – SEÇÃO JUDICIÁRIA DO ESTADO** <ADEQUAR AO CASO CONCRETO, OBSERVANDO QUE,

---

[1] Art. 87 da Lei n. 8.112/1990: "Após cada quinquênio de efetivo exercício, o servidor poderá, no interesse da Administração, afastar-se do exercício do cargo efetivo, com a respectiva remuneração, por até três meses, para participar de curso de capacitação profissional".

SE FOR SERVIDOR ESTADUAL OU MUNICIPAL, DEVE SER ALTERADA A COMPETÊNCIA PARA A JUSTIÇA ESTADUAL>

**Servidor(a)**, nacionalidade, estado civil, aposentado, residente e domiciliado(a) na Rua, bairro, cidade, Estado, inscrito no CPF sob o n. ___.___.___-__, endereço eletrônico, vem à presença de Vossa Excelência, por intermédio de seus procuradores constituídos, propor a presente **AÇÃO DE COBRANÇA** contra o **ENTE FEDERATIVO AO QUAL O SERVIDOR ESTÁ VINCULADO** <OU ÓRGÃO AO QUAL O SERVIDOR ESTÁ VINCULADO>, pelos fatos e fundamentos que a seguir aduz:

**1. BREVE RESENHA FÁTICA** <ADEQUAR AO CASO CONCRETO>

O(A) Autor(a) é servidor público do <ENTE FEDERATIVO OU ÓRGÃO AO QUAL O SERVIDOR ESTÁ VINCULADO> exercendo desde 1999 o cargo de <ADEQUAR>, sendo que teve concedida sua aposentadoria em 00.00.0000, da espécie <ADEQUAR O CASO, COMO POR EXEMPLO, INVALIDEZ, COMPULSÓRIA, VOLUNTÁRIA, ESPECIAL>.

Ocorre que na data de sua aposentadoria a parte autora possuía férias não gozadas no tocante às quais não recebeu indenização, mesmo tendo requerido expressamente a conversão delas em pecúnia, conforme comprova o requerimento anexo a essa exordial <ACONSELHA-SE A FORMALIZAÇÃO DO REQUERIMENTO ADMINISTRATIVO ANTES DO INGRESSO DA AÇÃO>.

Dentre as provas documentais, junta-se à presente ação a ficha funcional, bem como a ficha financeira do(a) servidor(a), em que estão descritas as férias acumuladas e não usufruídas e as datas em que as férias foram gozadas, ficando demonstrado que o servidor tinha acumulado "x" meses de férias não fruídas <ADEQUAR AO CASO>.

Segundo o <ENTE FEDERATIVO OU ÓRGÃO AO QUAL O SERVIDOR ESTAVA VINCULADO>, o indeferimento do pedido de conversão em pecúnia se deu <INCLUIR OS MOTIVOS DE INDEFERIMENTO>.

É descabida, entretanto, a justificação apresentada para o indeferimento, sendo devida a indenização do servidor por suas férias acumuladas legalmente e não gozadas em razão de exercício de serviço público.

**2. DO DIREITO**

A Constituição Federal de 1988 garantiu a todos os trabalhadores brasileiros o direito a férias.

> Art. 7º São direitos dos trabalhadores urbanos e rurais, além de outros que visem à melhoria de sua condição social: (...)
>
> XVII – gozo de férias anuais remuneradas com, pelo menos, um terço a mais do que o salário normal;
>
> No que se refere aos servidores públicos, há expressa determinação da aplicação do art. 7º, prevista no art. 39, § 3º, da Carta Magna, senão vejamos:
>
> § 3º Aplica-se aos servidores ocupantes de cargo público o disposto no art. 7º, IV, VII, VIII, IX, XII, XIII, XV, XVI, **XVII**, XVIII, XIX, XX, XXII e XXX, podendo a lei estabelecer requisitos diferenciados de admissão quando a natureza do cargo o exigir.

Ocorre que, no caso em análise, por impossibilidade, o servidor não gozou de todas as suas férias acumuladas antes de sua aposentadoria ou afastamento, e, portanto, merece receber seu valor em pecúnia.

Isso porque o exercício da atividade e a ausência de férias se deram por necessidade e em benefício do órgão público ao qual o servidor estava vinculado, e não se pode admitir que o servidor seja prejudicado e que não venha a receber seu direito constitucional de férias, até porque entender diferente seria permitir o enriquecimento ilícito da administração. Esse é também o entendimento da jurisprudência do STF:

> Agravo regimental em recurso extraordinário com agravo. 2. Servidor público. Férias não gozadas. Indenização pecuniária. Possibilidade. Vedação ao enriquecimento sem causa. Inaplicabilidade da ADI 227. 3. Agravo regimental a que se nega provimento. (STF, ARE 719.384/RJ, 2ª Turma, Rel. Min. Gilmar Mendes, *DJe* 31.01.2013)

O STJ tem entendido inclusive que o prazo prescricional se inicia com a aposentadoria e essa conversão independe de requerimento expresso do servidor, devendo ser feito o pagamento quando da concessão da aposentadoria, de forma automática, pelo empregador público. Nesse sentido destacamos:

> "(...) Conforme orientação jurisprudencial desta Corte Superior, não tendo a Administração negado expressamente o direito pleiteado pelo Servidor, o termo inicial do prazo prescricional para pleitear férias não gozadas se inicia somente por ocasião da aposentadoria, mesmo que ele ainda se encontre em atividade. (...)" (AgRg no AREsp 509554/RJ, 1ª Turma, Rel. Min. Napoleão Nunes Maia Filho, *DJe* 26.10.2015)
>
> ADMINISTRATIVO. SERVIDOR PÚBLICO ESTADUAL. LICENÇA-PRÊMIO. INTERPRETAÇÃO DE DIREITO LOCAL. IMPOSSIBILIDADE. SÚMULA n. 280/STF. CONVERSÃO EM PECÚNIA. REQUERIMENTO. DESNECESSIDADE. PRINCÍPIO QUE VEDA O ENRIQUECIMENTO ILÍCITO DA ADMINISTRAÇÃO. RESPONSABILIDADE CIVIL OBJETIVA DO ESTADO. CARACTERIZAÇÃO. (...)
>
> 2. Este Superior Tribunal, em diversos julgados, consolidou a orientação de que é cabível a conversão em pecúnia da licença-prêmio e/ou férias não gozadas, independentemente de requerimento administrativo, sob pena de configuração do enriquecimento ilícito da Administração. Precedentes. (...) (STJ, AgRg no AREsp 434.816/RS, 2ª Turma, Rel. Min. Mauro Campbell Marques, *DJe* 18.02.2014).

<NESSE PONTO PODEM SER DESTACADOS ASPECTOS ESPECÍFICOS DA LEGISLAÇÃO PERTINENTE, CASO SE ENTENDA NECESSÁRIO>

Como se observa pelos documentos, fatos e direito apresentados, a Parte Autora merece o provimento da presente ação para que se determine a conversão de suas férias em pecúnia, tendo em vista que não as pode gozar quando em atividade.

**3. DO PREQUESTIONAMENTO** <ADEQUAR AO CASO CONCRETO>

Resta clara a violação aos ditames constitucionais e legislação federal, da qual destacamos os artigos <ADEQUAR AO CASO CONCRETO, CITANDO NOMINALMENTE OS ARTIGOS, INCLUSIVE COM PARÁGRAFOS E INCISOS, LEMBRANDO DE INCLUIR TAMBÉM LEGISLAÇÃO FEDERAL MESMO PARA AÇÕES DE JUIZADOS, TENDO EM VISTA A ATUAL POSSIBILIDADE DE INTERPOSIÇÃO DE IRDR>.

**4. REQUERIMENTOS** <ADEQUAR AO CASO CONCRETO>

Diante do exposto, requer-se a Vossa Excelência:

a) a citação do ENTE FEDERATIVO AO QUAL O SERVIDOR ESTÁ VINCULADO <OU ÓRGÃO AO QUAL O SERVIDOR ESTÁ VINCULADO> para, querendo, responder à presente demanda, no prazo legal;

b) a condenação do Réu ao pagamento dos valores acumulados a título de licença-prêmio, aplicando-se juros e correção monetária até 11/2021, nos termos dos Temas 810 do STF e 905 do STJ e, após 12/2021, o índice da taxa referencial do Sistema Especial de Liquidação e de Custódia (Selic), acumulado mensalmente, para fins de atualização monetária e de compensação da mora (art. 3º da EC n. 113/2021), respeitada a prescrição quinquenal;

c) a condenação do Réu ao pagamento de custas, despesas e honorários advocatícios, na base de 20% (vinte por cento) dos valores devidos apurados em liquidação de sentença, conforme dispõem o art. 55 da Lei n. 9.099/1995 e o art. 85, § 3º, do CPC.

d) o julgamento antecipado da lide, conforme dispõe o art. 355 do CPC, considerando que a questão de mérito é unicamente de direito. Sendo outro o entendimento de V. Exa., requer a produção de todos os meios de prova admitidos em direito, sem exclusão de nenhum que se fizer necessário ao deslinde da demanda;

<SE FOR O CASO, INCLUIR O PEDIDO: REQUER-SE, AINDA, POR SER A PARTE AUTORA PESSOA HIPOSSUFICIENTE, NA ACEPÇÃO JURÍDICA DO TERMO, SEM CONDIÇÕES DE ARCAR COM AS DESPESAS PROCESSUAIS E OS HONORÁRIOS ADVOCATÍCIOS SUCUMBENCIAIS SEM PREJUÍZO DE SEU SUSTENTO E DE SUA FAMÍLIA, A CONCESSÃO DA GRATUIDADE DA JUSTIÇA, NA FORMA DO ART. 98 E SS

DO CPC. RECOMENDA-SE A COLETA, PELO ADVOGADO, DE DECLARAÇÃO DE HIPOSSUFICIÊNCIA DO CLIENTE, CASO SEJA REQUERIDA A GRATUIDADE DA JUSTIÇA. DEVE-SE, TAMBÉM, DE PREFERÊNCIA, FAZER A JUNTADA DE TAL DECLARAÇÃO NOS AUTOS, JÁ NA INICIAL>.

Cumprindo a previsão do art. 319, VII, do CPC, a parte autora declara que opta pela realização <OU NÃO REALIZAÇÃO, ADEQUAR CONFORME O INTERESSE EM CADA CASO> de audiência de conciliação no presente caso.

Requer-se, ainda, com base no § 4º do art. 22 da Lei n. 8.906/1994, que, ao final da presente demanda, caso sejam encontradas diferenças em favor do autor, quando da expedição da RPV ou do precatório, os valores referentes aos honorários contratuais e sucumbenciais sejam expedidos em nome da sociedade de advogados contratada pela parte Autora, sendo os honorários contratuais devidos no percentual constante no contrato em anexo.

Dá-se à causa o valor de R$ 1.000,00 (mil reais) <ADEQUAR CONFORME O CASO>.

Nesses termos,

PEDE DEFERIMENTO.

Cidade e data.

Nome do Advogado e OAB

## 84. MODELO DE AÇÃO DE REAJUSTE DE PROVENTOS DE APOSENTADORIA E PENSÃO CONCEDIDAS COM BASE NA MÉDIA DAS CONTRIBUIÇÕES (APÓS 2004 ATÉ A EC N. 103/2019)

<**COMENTÁRIOS DOS AUTORES:** ANTES DO AJUIZAMENTO DA AÇÃO, DEVE-SE VERIFICAR SE A APOSENTADORIA OU A PENSÃO FOI CONCEDIDA COM BASE MÉDIA DAS CONTRIBUIÇÕES, OU SEJA, A REGRA DO ART. 40 DA CF/1988 PREVISTA ATÉ A EC n. 103/2019, E NÃO COM PARIDADE NEM INTEGRALIDADE. O ERRO DE NÃO REAJUSTAMENTO COSTUMA SER MAIS COMUM NOS RPPS DE ESTADOS E MUNICÍPIOS, MAS A UNIÃO TAMBÉM COMETE, EM MENOR NÚMERO>. A discussão nessa ação é sobre a ausência de reajuste quando este está previsto na Legislação do Ente ao qual o servidor está vinculado. Não se debate aqui a aplicação da Lei n. 10.887, de 2004, na redação que lhe foi atribuída pelo art. 171 da Lei n. 11.784, de 2008, por isso não se confunde com o julgado na ADI 4.582/DF.

**EXCELENTÍSSIMO SENHOR DOUTOR JUIZ DE DIREITO DA VARA CÍVEL DA COMARCA CIDADE – ESTADO** <ADEQUAR PARA FEDERAL CASO O SERVIDOR SEJA DA UNIÃO>

**Servidor(a)**, nacionalidade, estado civil, aposentado, residente e domiciliado(a) na Rua, bairro, cidade, Estado, inscrito no CPF sob o nº, endereço eletrônico, vem à presença de Vossa Excelência, por intermédio de seus procuradores constituídos, propor a presente **AÇÃO DE REAJUSTAMENTO DOS PROVENTOS DE APOSENTADORIA DE SERVIDOR PÚBLICO** contra o **ENTE FEDERATIVO AO QUAL O SERVIDOR ESTÁ VINCULADO** <OU ÓRGÃO AO QUAL O SERVIDOR ESTÁ VINCULADO>, pelos fatos e fundamentos que a seguir aduz:

1. **BREVE RESENHA FÁTICA** <ADEQUAR AO CASO CONCRETO>

O(A) Autor(a) é servidor público do ENTE FEDERATIVO AO QUAL O SERVIDOR ESTÁ VINCULADO <OU ÓRGÃO AO QUAL O SERVIDOR ESTÁ VINCULADO> exercendo desde _____ o cargo de <ADEQUAR>, sendo que teve sua aposentadoria concedida em _____ (data da publicação da portaria no diário oficial), da espécie <ADEQUAR AO CASO, COMO, POR EXEMPLO, POR TEMPO DE CONTRIBUIÇÃO, ESPECIAL, POR IDADE>.

Vale ressaltar que a parte autora se aposentou com cálculo que utilizou a média das contribuições vertidas para o RPPS após julho de 1994, conforme determina o art. 1º da Lei n. 10.887, de 2004.

Entretanto, o dano causado no caso concreto à parte autora diz respeito não ao valor inicial de seu benefício, mas sim à política de reajuste ou, na verdade, à ausência de reajustes na manutenção do benefício concedido.

Isso porque, desde a concessão da aposentadoria, o Réu se absteve de reajustar adequadamente o benefício e, portanto, tem causado dano grave à parte autora.

Dentre as provas documentais apresentadas, junta-se à presente ação a ficha funcional, bem como a ficha financeira do(a) servidor(a) e a cópia da Portaria de aposentadoria.

Além disso, a parte junta à presente o pedido de reajuste de seu benefício que formalizou junto ao Réu, pedido que foi negado. <ACONSELHAMOS O PROTOCOLO DO PEDIDO E, CASO NÃO SEJA POSSÍVEL, INFORMAR A TENTATIVA E O NÃO RECEBIMENTO OU A DEMORA NA RESPOSTA CASO ESTA DEMORE>.

## 2. FUNDAMENTOS JURÍDICOS DO PEDIDO <ADEQUAR AO CASO CONCRETO>

A Constituição Federal assegura aos servidores públicos civis aposentadoria em Regime Próprio de Previdência Social, calculada no seguinte formato para direitos adquiridos até 13.11.2019:

> Art. 40. (...)
>
> § 3º Para o cálculo dos proventos de aposentadoria, por ocasião da sua concessão, serão consideradas as remunerações utilizadas como base para as contribuições do servidor aos regimes de previdência de que tratam este artigo e o art. 201, na forma da lei. (Redação dada pela Emenda Constitucional n. 41, 19.12.2003)

Quanto ao reajuste dos benefícios concedidos, o art. 40 dispõe claramente:

> § 8º É assegurado o reajustamento dos benefícios para preservar-lhes, em caráter permanente, o valor real, conforme critérios estabelecidos em lei. (Redação dada pela Emenda Constitucional n. 41, de 19.12.2003)

Tal disposição é idêntica à norma trazida no art. 201 da CF/1988, que se refere aos benefícios concedidos pelo Regime Geral de Previdência Social (INSS):

> § 4º É assegurado o reajustamento dos benefícios para preservar-lhes, em caráter permanente, o valor real, conforme critérios definidos em lei. (Redação dada pela Emenda Constitucional n. 20, de 1998).

Idêntico também deve ser o reajuste concedido para os beneficiários do RGPS e do RPPS. Isso inclusive está disposto expressamente na lei específica do ente público ao qual o servidor está vinculado (tomando-se aqui o cuidado de verificar se houve reforma após 2019).

Assim, fica claro que são devidos ao(à) beneficiário(a) do RPPS os reajustes, previstos na Lei Estadual pertinente. Nesse sentido, destacamos:

> RECURSO INOMINADO. FAZENDA PÚBLICA. PENSÃO POR MORTE. DIFERENÇAS DE CORREÇÃO MONETÁRIA E JUROS. ATRASO NA IMPLEMENTAÇÃO ADMINISTRATIVA DO REAJUSTE PELO INPC. SENTENÇA DE PARCIAL PROCEDÊNCIA. IRRESIGNAÇÃO EXCLUSIVA DO IPREV. SUSTENTADA INEXISTÊNCIA DE RESPONSABILIDADE DA AUTARQUIA. MORA ADMINISTRATIVA NO REAJUSTE DA PENSÃO QUE SE DEU EM RAZÃO DA DEMORA DO GOVERNO ESTADUAL EM EDITAR OS DECRETOS ESTADUAIS QUE ESTABELECEM O REAJUSTE. NÃO ACOLHIMENTO. SEGURADO QUE NÃO PODE SER PREJUDICADO PELA MORA ADMINISTRATIVA. EVENTUAL DESACERTO ENTRE O IPREV E O GOVERNO QUE NÃO PODE REFLETIR SOBRE O VALOR DA PENSÃO. DIREITO AO PAGAMENTO ATRASADO COM JUROS E CORREÇÃO MONETÁRIA PELO INPC. EXEGESE DO ART. 71 DA LCE N. 412/2008. AUTARQUIA QUE DEVERIA TER IMPLEMENTADO OS REAJUSTES COM O PAGAMENTO DOS ATRASADOS E INCIDÊNCIA DE CORREÇÃO MONETÁRIA E JUROS. CONSECTÁRIOS QUE NÃO ADVÊM DA RESPONSABILIDADE DO IPREV MAS SIM DA MORA NA IMPLEMENTAÇÃO DOS REAJUSTES. VERBA DE CARÁTER ALIMENTAR. ENTENDIMENTO HÁ MUITO SUMULADO ÂMBITO DO TRF-4: "INCIDE CORREÇÃO MONETÁRIA SOBRE OS VALORES PAGOS COM ATRASO, NA VIA ADMINISTRATIVA, A TÍTULO DE VENCIMENTO, REMUNERAÇÃO, PROVENTO, SOLDO, PENSÃO OU BENEFÍCIO PREVIDENCIÁRIO, FACE À SUA NATUREZA ALIMENTAR." (SÚMULA N. 9). RECURSO CONHECIDO E DESPROVIDO. SENTENÇA MANTIDA PELOS PRÓPRIOS FUNDAMENTOS.
>
> (TJSC, PROCEDIMENTO DO JUIZADO ESPECIAL CÍVEL n. 0305565-25.2015.8.24.0090, do Tribunal de Justiça de Santa Catarina, rel. Marcio Rocha Cardoso, Primeira Turma Recursal – Florianópolis (Capital), j. 09-09-2021).

Assim, merece imediata correção para que seja condenado a reajustar corretamente o benefício da parte, desde sua concessão até a data atual, bem como para que mantenha para o futuro os reajustes na forma da expressa determinação da Constituição Federal e da normativa pertinente à matéria.

3. **DO PREQUESTIONAMENTO** <ADEQUAR AO CASO CONCRETO>

Resta clara a violação aos ditames constitucionais e legislação federal, da qual destacamos os artigos <ADEQUAR AO CASO CONCRETO, CITANDO NOMINALMENTE OS ARTIGOS, INCLUSIVE COM PARÁGRAFOS E INCISOS, LEMBRANDO DE INCLUIR TAMBÉM LEGISLAÇÃO FEDERAL MESMO PARA AÇÕES DE JUIZADOS, TENDO EM VISTA A ATUAL POSSIBILIDADE DE INTERPOSIÇÃO DE IRDR>.

4. **REQUERIMENTOS** <ADEQUAR AO CASO CONCRETO>

Diante do exposto, requer-se a Vossa Excelência:

a) a citação do Réu para, querendo, responder à presente demanda, no prazo legal;
b) a determinação ao Réu para que, na primeira oportunidade em que se pronunciar nos autos, apresente ficha funcional e ficha financeira da parte autora, sob pena de cominação de multa diária, nos termos do art. 139, IV, do CPC, a ser fixada por esse Juízo;
c) a procedência da pretensão deduzida, consoante narrado nesta inicial, condenando-se o Réu a reajustar corretamente o benefício da parte autora, desde sua concessão até a data atual, nos mesmos índices e nas mesmas datas dos reajustes concedidos pelo RGPS, bem como para que mantenha para o futuro os reajustes na mesma forma, para cumprimento da expressa determinação da Constituição Federal e da normativa pertinente à matéria;
d) a condenação do Réu ao pagamento dos valores acumulados, aplicando-se juros e correção monetária até 11/2021, nos termos dos Temas 810 do STF e 905 do STJ e, após 12/2021, o índice da taxa referencial do Sistema Especial de Liquidação e de Custódia (Selic), acumulado mensalmente, para fins de atualização monetária e de compensação da mora (art. 3º da EC n. 113/2021), respeitada a prescrição quinquenal;
e) a condenação do Réu ao pagamento de custas, despesas e honorários advocatícios, na base de 20% (vinte por cento) dos valores devidos apurados em liquidação de sentença, conforme dispõem o art. 55 da Lei n. 9.099/1995 e o art. 85, § 3º, do CPC;
f) o julgamento antecipado da lide, conforme dispõe o art. 355 do CPC, considerando que a questão de mérito é unicamente de direito. Sendo outro o entendimento de V. Exa., requer a produção de todos os meios de prova admitidos em direito, sem exclusão de nenhum que se fizer necessário ao deslinde da demanda.

<SE FOR O CASO, INCLUIR O PEDIDO: REQUER-SE, AINDA, POR SER A PARTE AUTORA PESSOA HIPOSSUFICIENTE, NA ACEPÇÃO JURÍDICA DO TERMO, SEM CONDIÇÕES DE ARCAR COM AS DESPESAS PROCESSUAIS E OS HONORÁRIOS ADVOCATÍCIOS SUCUMBENCIAIS SEM PREJUÍZO DE SEU SUSTENTO E DE SUA FAMÍLIA, A CONCESSÃO DA GRATUIDADE DA JUSTIÇA, NA FORMA DO ART. 98 E SS DO CPC. RECOMENDA-SE A COLETA, PELO ADVOGADO, DE DECLARAÇÃO DE HIPOSSUFICIÊNCIA DO CLIENTE, CASO SEJA REQUERIDA A GRATUIDADE DA JUSTIÇA. DEVE-SE, TAMBÉM, DE PREFERÊNCIA, FAZER A JUNTADA DE TAL DECLARAÇÃO NOS AUTOS, JÁ NA INICIAL>.

Cumprindo a previsão do art. 319, VII, do CPC, a parte autora declara que opta pela realização <OU NÃO REALIZAÇÃO, ADEQUAR CONFORME O INTERESSE EM CADA CASO> de audiência de conciliação no presente caso.

Requer-se, com base no § 4º do art. 22 da Lei n. 8.906/1994, que, ao final da presente demanda, caso sejam encontradas diferenças em favor do autor, quando da expedição da RPV ou do precatório, os valores referentes aos honorários contratuais e sucumbenciais sejam expedidos em nome da sociedade de advogados contratada pela parte Autora, sendo os honorários contratuais devidos no percentual constante no contrato em anexo.

Dá-se à causa o valor de R$ 1.000,00 (mil reais). <ADEQUAR CONFORME O CASO>

Nesses termos,

PEDE DEFERIMENTO.

Cidade e data.

Nome do Advogado e OAB

## 85. MODELO DE AÇÃO PARA REVISÃO DA PENSÃO POR MORTE PARA RECONHECIMENTO DO DIREITO À PARIDADE POR TER O INSTITUIDOR FALECIDO ATENDIDO AOS REQUISITOS DO ART. 3º DA EC N. 47/2005

**EXCELENTÍSSIMO SENHOR DOUTOR JUIZ FEDERAL/ESTADUAL DA VARA/JUIZADO ESPECIAL FEDERAL DA CIDADE – SEÇÃO JUDICIÁRIA DO ESTADO** <ADEQUAR AO CASO CONCRETO, SE FOR SERVIDOR ESTADUAL OU MUNICIPAL, POIS A COMPETÊNCIA SERÁ DA JUSTIÇA ESTADUAL>

**Pensionista**, nacionalidade, estado civil, profissão, residente e domiciliado(a) na Rua, bairro, cidade, Estado, inscrito no CPF sob o n. ___.___.___-__, endereço eletrônico, vem à presença de Vossa Excelência, por intermédio de seus procuradores constituídos, propor a presente **AÇÃO DE REVISÃO DE PENSÃO POR MORTE** contra o **ENTE FEDERATIVO AO QUAL O SERVIDOR ESTÁ VINCULADO** <OU ÓRGÃO AO QUAL O SERVIDOR ESTÁ VINCULADO, INCLUIR AQUI TAMBÉM, COMO CORRÉU O INSTITUTO DE PREVIDÊNCIA QUE MANTÉM A PENSÃO, COMO IPREV, POR EXEMPLO>, pelos fatos e fundamentos que a seguir aduz:

1. **BREVE RESENHA FÁTICA** <ADEQUAR AO CASO CONCRETO>

O(A) Autor(a) é pensionista de servidor público do <ENTE FEDERATIVO OU ÓRGÃO AO QUAL O SERVIDOR ESTÁ VINCULADO>. Destaca-se que o servidor, no momento de seu falecimento, já tinha sido inativado, sendo sua aposentadoria concedida em 00/00/0000, pelas regras estabelecidas no <INDICAR O DISPOSITIVO CONSTITUCIONAL OU A REGRA DE TRANSIÇÃO QUE GARANTIU A INTEGRALIDADE E A PARIDADE>.

Na ocasião da referida aposentadoria, foram computados:

____ anos de tempo de contribuição;

____ anos de serviço público;

____ anos de carreira;

____ anos no cargo em que se deu a aposentadoria;

____ anos de idade.

Em 00/00/2000 foi concedida a pensão por morte que hoje se deseja revisar.

Entretanto, nos reajustes posteriores à concessão do benefício da pensão por morte não foi observado o critério correto de paridade com os servidores em atividade.

A parte demonstrará que a limitação, nos parâmetros em que foi aplicada, está em desacordo com os ditames da Constituição Federal e suas Emendas e, portanto, merece a revisão para que seu valor seja adequado ao real direito no caso concreto.

2. **FUNDAMENTOS JURÍDICOS DO PEDIDO** <ADEQUAR AO CASO CONCRETO>

O benefício de pensão por morte ora discutido foi concedido desde 00/00/2000, ou seja, após a Emenda Constitucional n. 41/2003, na vigência da nova redação do art. 40, § 7º, item I, da Constituição Federal e antes da EC n. 103/2019.

No entanto, a Emenda Constitucional n. 47/2005, com o claro objetivo de amenizar os efeitos da Emenda Constitucional n. 41/2003, especialmente quanto à paridade entre ativos e inativos e à integralidade dos proventos, em seu art. 3º, parágrafo único, assegurou o direito à paridade integral, não somente aos servidores que vierem a se aposentar por essa regra de transição, mas também às futuras pensões por morte concedidas aos dependentes dos servidores falecidos e que tenham sido aposentados de conformidade com os critérios ali definidos:

> Art. 3º Ressalvado o direito de opção à aposentadoria pelas normas estabelecidas pelo art. 40 da Constituição Federal ou pelas regras estabelecidas pelos arts. 2º e 6º da Emenda Constitucional n. 41, de 2003, o servidor da União, dos Estados, do Distrito Federal e dos Municípios, incluídas suas autarquias e fundações, que tenha ingressado no serviço público até 16 de dezembro de 1998 poderá aposentar-se com proventos integrais, desde que preencha, cumulativamente, as seguintes condições:
> I – trinta e cinco anos de contribuição, se homem, e trinta anos de contribuição, se mulher;
> II – vinte e cinco anos de efetivo exercício no serviço público, quinze anos de carreira e cinco anos no cargo em que se der a aposentadoria;
> III – idade mínima resultante da redução, relativamente aos limites do art. 40, § 1º, inciso III, alínea "a", da Constituição Federal, de um ano de idade para cada ano de contribuição que exceder a condição prevista no inciso I do *caput* deste artigo.
> Parágrafo único. Aplica-se ao valor dos proventos de aposentadorias concedidas com base neste artigo o disposto no art. 7º da Emenda Constitucional n. 41, de 2003, observando-se igual critério de revisão às pensões derivadas dos proventos de servidores falecidos que tenham se aposentado em conformidade com este artigo.

Como se vê, houve uma ampliação em relação à regra do art. 6º da EC n. 41/2003, sendo relevante destacar que a EC n. 47/2005 retroage à vigência da EC n. 41/2003.

Vale lembrar ainda que, segundo a Repercussão Geral Tema n. 396 do Supremo Tribunal Federal, a paridade está garantida para o beneficiário da pensão de instituidor aposentado antes da Emenda Constitucional n. 41/2003, porém falecido após seu advento:

> RECURSO EXTRAORDINÁRIO. CONSTITUCIONAL. PREVIDENCIÁRIO. PENSÃO POR MORTE. INSTITUIDOR APOSENTADO ANTES DA EMENDA CONSTITUCIONAL n. 41/2003, PORÉM FALECIDO APÓS SEU ADVENTO. DIREITO DO PENSIONISTA À PARIDADE. IMPOSSIBILIDADE. **EXCEÇÃO: ART. 3º DA EC n. 47/2005**. RECURSO EXTRAORDINÁRIO A QUE SE DÁ PARCIAL PROVIMENTO. I – O benefício previdenciário da pensão por morte deve ser regido pela lei vigente à época do óbito de seu instituidor. II – Às pensões derivadas de óbito de servidores aposentados nos termos do art. 3º da EC n. 47/2005 é garantido o direito à paridade. III – Recurso extraordinário a que se dá parcial provimento. (RE n. 603580, Tribunal Pleno, Rel. Min. Ricardo Lewandowski, j. 20.05.2015, acórdão eletrônico DJe-152 04.08.2015).
> Tese fixada: "Os pensionistas de servidor falecido posteriormente à EC n. 41/2003 têm direito à paridade com servidores em atividade (EC n. 41/2003, art. 7º), caso se enquadrem na regra de transição prevista no art. 3º da EC n. 47/2005. Não têm, contudo, direito à integralidade (CF, art. 40, § 7º, inciso I)."

No caso dos autos, a pensão da parte autora decorre do benefício de aposentadoria concedido em 00/00/0000 com base em regras que garantiram a integralidade e a paridade (indicar o dispositivo), sendo sem dúvida devida a equiparação pretendida, pois preencheu os requisitos estabelecidos pelo art. 3º da EC n. 47/2005.

### 3. DO PREQUESTIONAMENTO <ADEQUAR AO CASO CONCRETO>

Resta clara a violação aos ditames constitucionais e legislação federal, da qual destacamos os artigos <ADEQUAR AO CASO CONCRETO, CITANDO NOMINALMENTE OS ARTIGOS, INCLUSIVE COM PARÁGRAFOS E INCISOS, LEMBRANDO DE INCLUIR TAMBÉM LEGISLAÇÃO FEDERAL MESMO PARA AÇÕES DE JUIZADOS, TENDO EM VISTA A ATUAL POSSIBILIDADE DE INTERPOSIÇÃO DE IRDR>.

### 4. REQUERIMENTOS <ADEQUAR AO CASO CONCRETO>

Diante do exposto, requer-se a Vossa Excelência:

a) a citação do(s) Réu(s) para, querendo, responder à presente demanda, no prazo legal;
b) a determinação ao Réu para que, na primeira oportunidade em que se pronunciar nos autos, apresente o processo de concessão dos benefícios de aposentadoria e pensão, sob

pena de cominação de multa diária, nos termos do art. 139, IV, do CPC a ser fixada por esse Juízo;

c) a procedência da pretensão deduzida, declarando-se que a parte autora tem o direito à paridade por ter o instituidor falecido atendido aos requisitos do art. 3º da EC n. 47/2005;

d) a condenação do(s) Réu(s) à revisão da pensão por morte para que a mesma mantenha a paridade de vencimentos com os servidores em atividade, e para que efetuem o pagamento dos valores devidos e não pagos decorrente da incorreta concessão, desde o início da pensão por morte, aplicando-se juros e correção monetária até 11/2021, nos termos dos Temas 810 do STF e 905 do STJ e, após 12/2021, o índice da taxa referencial do Sistema Especial de Liquidação e de Custódia (Selic), acumulado mensalmente, para fins de atualização monetária e de compensação da mora (art. 3º da EC n. 113/2021), respeitada a prescrição quinquenal;

e) a condenação do Réu ao pagamento de custas, despesas e honorários advocatícios, na base de 20% (vinte por cento) dos valores devidos apurados em liquidação de sentença, conforme dispõem o art. 55 da Lei n. 9.099/1995 e o art. 85, § 3º, do CPC.

<SE NECESSÁRIA A PRODUÇÃO DE PROVAS, A EXEMPLO DA TESTEMUNHAL, REQUERER E FAZER O ARROLAMENTO DAS TESTEMUNHAS; ENTRETANTO, SE A DOCUMENTAÇÃO ANEXA NA INICIAL FOR SUFICIENTE PARA A COMPROVAÇÃO DO TEMPO E O DEFERIMENTO DO BENEFÍCIO, INCLUIR O SEGUINTE PEDIDO: "CONSIDERANDO QUE A QUESTÃO DE MÉRITO É UNICAMENTE DE DIREITO, REQUER O JULGAMENTO ANTECIPADO DA LIDE, CONFORME DISPÕE O ART. 355 DO CPC. SENDO OUTRO O ENTENDIMENTO DE V. EXA., REQUER A PRODUÇÃO DE TODOS OS MEIOS DE PROVA ADMITIDOS EM DIREITO, SEM EXCLUSÃO DE NENHUM QUE SE FIZER NECESSÁRIO AO DESLINDE DA DEMANDA.">

Requer-se, ainda, por ser a parte autora pessoa hipossuficiente, na acepção jurídica do termo, sem condições de arcar com as despesas processuais e os honorários advocatícios sucumbenciais sem prejuízo de seu sustento e de sua família, a concessão da Gratuidade da Justiça, na forma do art. 98 e ss. do CPC. <RECOMENDA-SE A COLETA, PELO ADVOGADO, DE DECLARAÇÃO DE HIPOSSUFICIÊNCIA DO CLIENTE, CASO SEJA REQUERIDA A GRATUIDADE DA JUSTIÇA. DEVE-SE, TAMBÉM, DE PREFERÊNCIA, FAZER A JUNTADA DE TAL DECLARAÇÃO NOS AUTOS, JÁ NA INICIAL>.

Cumprindo a previsão do art. 319, VII, do CPC, a parte autora declara que opta pela realização <OU NÃO REALIZAÇÃO, ADEQUAR CONFORME O INTERESSE EM CADA CASO> de audiência de conciliação no presente caso.

Requer-se, com base no § 4º do art. 22 da Lei n. 8.906/1994, que, ao final da presente demanda, caso sejam encontradas diferenças em favor do autor, quando da expedição da RPV ou do precatório, os valores referentes aos honorários contratuais e sucumbenciais sejam expedidos em nome da sociedade de advogados contratada pela parte Autora, sendo os honorários contratuais devidos no percentual constante no contrato em anexo.

Dá-se à causa o valor de R$ 1.000,00 (mil reais). <ADEQUAR CONFORME O CASO>

Nesses termos,

PEDE DEFERIMENTO.

Cidade e data.

Nome do Advogado e OAB

## 86. MODELO DE AÇÃO PARA LIMITAÇÃO DE TETO ISOLADAMENTE PARA OS CASOS DE CARGOS PÚBLICOS ACUMULÁVEIS LEGALMENTE

<COMENTÁRIOS DOS AUTORES: A PRESENTE AÇÃO PODE SER UTILIZADA PARA CASOS DE CONCESSÃO DE MAIS DE UMA APOSENTADORIA DE SERVIDOR QUE ACUMULOU CARGOS LEGALMENTE:

A) DE DOIS CARGOS DE PROFESSOR;

B) DE UM CARGO DE PROFESSOR COM OUTRO TÉCNICO OU CIENTÍFICO;
   C) DE DOIS CARGOS OU EMPREGOS PRIVATIVOS DE PROFISSIONAIS DE SAÚDE, COM PROFISSÕES REGULAMENTADAS>.

**EXCELENTÍSSIMO SENHOR DOUTOR JUIZ FEDERAL/ESTADUAL DA VARA/JUIZADO ESPECIAL FEDERAL DA CIDADE – SEÇÃO JUDICIÁRIA DO ESTADO** <ADEQUAR AO CASO CONCRETO, SE FOR SERVIDOR PÚBLICO ESTADUAL OU MUNICIPAL, QUANDO A COMPETÊNCIA SERÁ DA JUSTIÇA ESTADUAL>

**Servidor(a)**, nacionalidade, estado civil, profissão, residente e domiciliado(a) na Rua, bairro, cidade, Estado, inscrito no CPF sob o nº, endereço eletrônico, vem à presença de Vossa Excelência, por intermédio de seus procuradores constituídos, propor a presente **AÇÃO DECLARATÓRIA CUMULADA COM AÇÃO DE COBRANÇA** contra o **ENTE FEDERATIVO AO QUAL O SERVIDOR ESTÁ VINCULADO** <OU ÓRGÃO AO QUAL O SERVIDOR ESTÁ VINCULADO>, pelos fatos e fundamentos que a seguir aduz:

1. **BREVE RESENHA FÁTICA** <ADEQUAR AO CASO CONCRETO>

O(A) Autor(a) é servidor público do <ENTE FEDERATIVO OU ÓRGÃO AO QUAL O SERVIDOR ESTÁ VINCULADO>.

Em 00/00/000 a parte autora foi admitida como <CARGO>, exercendo suas atividades junto a tal órgão.

Em 00/00/000 a parte autora foi admitida como <CARGO>, exercendo suas atividades junto a tal órgão, acumulando ambos os cargos legalmente.

O(A) Autor(a) requereu o benefício de Aposentadoria e, para sua surpresa, após o deferimento, passou a receber menos, tendo em vista que ambos os valores recebidos foram somados para somente após terem a limitação do teto.

Dentre as provas documentais apresentadas, o(a) autor(a) juntou: ( ) ficha funcional dos dois órgãos; ( ) ficha financeira das duas funções; ( ) declaração do Ente sobre a lotação do servidor, bem como as atividades por ele desenvolvidas; e... <ADEQUAR AO CASO CONCRETO>.

A parte demonstrará que a limitação, nos parâmetros em que foi aplicada, está em desacordo com os ditames da Constituição Federal e, portanto, merece o provimento da presente ação.

2. **DO DIREITO** <ADEQUAR AO CASO CONCRETO>

A Constituição Federal de 1988 prevê, em seu art. 37, XI, o chamado "teto remuneratório", ou seja, o valor máximo que os agentes públicos podem receber no país:

> XI – a remuneração e o subsídio dos ocupantes de cargos, funções e empregos públicos da administração direta, autárquica e fundacional, dos membros de qualquer dos Poderes da União, dos Estados, do Distrito Federal e dos Municípios, dos detentores de mandato eletivo e dos demais agentes políticos e os proventos, pensões ou outra espécie remuneratória, percebidos cumulativamente ou não, incluídas as vantagens pessoais ou de qualquer outra natureza, não poderão exceder o subsídio mensal, em espécie, dos Ministros do Supremo Tribunal Federal, aplicando-se como limite, nos Municípios, o subsídio do Prefeito, e nos Estados e no Distrito Federal, o subsídio mensal do Governador no âmbito do Poder Executivo, o subsídio dos Deputados Estaduais e Distritais no âmbito do Poder Legislativo e o subsídio dos Desembargadores do Tribunal de Justiça, limitado a noventa inteiros e vinte e cinco centésimos por cento do subsídio mensal, em espécie, dos Ministros do Supremo Tribunal Federal, no âmbito do Poder Judiciário, aplicável este limite aos membros do Ministério Público, aos Procuradores e aos Defensores Públicos; (Redação dada pela Emenda Constitucional n. 41, 19.12.2003)

É sabido que tal teto se aplica aos agentes públicos independentemente do tipo de vínculo: estatutário, celetista, temporário, comissionado, político.

No caso das aposentadorias também há a aplicação dos tetos.

Entretanto, o presente caso deve ser analisado dentro dos parâmetros também estabelecidos pela CF/1988 em seu art. 37, XVI, que proíbe a acumulação remunerada de cargos públicos, exceto:

a) a de dois cargos de professor;
b) a de um cargo de professor com outro técnico ou científico;
c) a de dois cargos ou empregos privativos de profissionais de saúde, com profissões regulamentadas.

Ou seja, no presente caso, o servidor acumulou na atividade dois vínculos públicos e recebia suas remunerações com vinculações de teto individualmente consideradas, enquanto na ativa.

O problema se deu quando da concessão da aposentadoria das duas atividades, quando o Réu considerou indevida a percepção destas de forma separada e, portanto, com análise de tetos em separado.

Nesse ângulo, destacamos a posição do STF em Repercussão Geral – Tema 377, no sentido de que "Nas situações jurídicas em que a Constituição Federal autoriza a acumulação de cargos, o teto remuneratório é considerado em relação à remuneração de cada um deles, e não ao somatório do que recebido". A tese fixada foi a seguinte:

> Nos casos autorizados constitucionalmente de acumulação de cargos, empregos e funções, a incidência do art. 37, inciso XI, da Constituição Federal pressupõe consideração de cada um dos vínculos formalizados, afastada a observância do teto remuneratório quanto ao somatório dos ganhos do agente público. (*Leading Case*: RE 612975, Tribunal Pleno, Rel. Min. Marco Aurélio, DJe 08.09.2017)

Como se observa pelos documentos, da narrativa dos fatos e das premissas de direito apresentados, a parte autora cumpre todos os requisitos para a concessão de suas duas aposentadorias em RPPS e deve ter garantido seu direito de percebimento de remuneração com a aplicação do teto isoladamente, sendo limitado cada benefício individualmente, mas podendo, a soma de suas remunerações, ultrapassar o teto previsto no art. 37, XI, da CF/1988.

3. **DO PREQUESTIONAMENTO** <ADEQUAR AO CASO CONCRETO>

Resta clara a violação aos ditames constitucionais e legislação federal, da qual destacamos os artigos <ADEQUAR AO CASO CONCRETO, CITANDO NOMINALMENTE OS ARTIGOS, INCLUSIVE COM PARÁGRAFOS E INCISOS, LEMBRANDO DE INCLUIR TAMBÉM LEGISLAÇÃO FEDERAL MESMO PARA AÇÕES DE JUIZADOS, TENDO EM VISTA A ATUAL POSSIBILIDADE DE INTERPOSIÇÃO DE IRDR>.

4. **DOS REQUERIMENTOS** <ADEQUAR AO CASO CONCRETO>

Diante do exposto, requer-se a Vossa Excelência:

a) a citação do Réu para, querendo, responder à presente demanda, no prazo legal;
b) a determinação ao Réu para que, na primeira oportunidade em que se pronunciar nos autos, apresente o processo de concessão dos benefícios, sob pena de cominação de multa diária, nos termos do art. 139, IV, do CPC, a ser fixada por esse Juízo;
c) a procedência da pretensão deduzida, declarando-se que a parte autora tem direito à aplicação de teto em suas aposentadorias isoladamente, ou seja, que a soma delas pode ser maior que o teto previsto no art. 37, XI, da CF/1988, desde que cada uma delas, individualmente, não o ultrapasse;
d) a condenação do Réu ao pagamento dos valores acumulados, aplicando-se juros e correção monetária até 11/2021, nos termos dos Temas 810 do STF e 905 do STJ e, após 12/2021, o índice da taxa referencial do Sistema Especial de Liquidação e de Custódia (Selic), acumulado mensalmente, para fins de atualização monetária e de compensação da mora (art. 3º da EC n. 113/2021), respeitada a prescrição quinquenal;
e) a condenação do Réu ao pagamento de custas, despesas e honorários advocatícios, na base de 20% (vinte por cento) dos valores devidos apurados em liquidação de sentença, conforme dispõem o art. 55 da Lei n. 9.099/1995 e o art. 85, § 3º, do CPC.

<SE NECESSÁRIA A PRODUÇÃO DE PROVAS, A EXEMPLO DA TESTEMUNHAL, REQUERER E FAZER O ARROLAMENTO DAS TESTEMUNHAS; ENTRETANTO, SE A DOCUMENTAÇÃO ANEXA NA INICIAL FOR SUFICIENTE PARA A COMPROVAÇÃO DO TEMPO E O DEFERIMENTO DO BENEFÍCIO, INCLUIR O SEGUINTE PEDIDO: "CONSIDERANDO QUE A QUESTÃO DE MÉRITO É UNICAMENTE DE DIREITO, REQUER O JULGAMENTO ANTECIPADO DA LIDE, CONFORME DISPÕE O ART. 355 DO CPC. SENDO OUTRO O ENTENDIMENTO DE V. EXA., REQUER A PRODUÇÃO DE TODOS OS MEIOS DE PROVA ADMITIDOS EM DIREITO, SEM EXCLUSÃO DE NENHUM QUE SE FIZER NECESSÁRIO AO DESLINDE DA DEMANDA.">

Cumprindo a previsão do art. 319, VII, do CPC, a parte autora declara que opta pela realização <OU NÃO REALIZAÇÃO, ADEQUAR CONFORME O INTERESSE EM CADA CASO> de audiência de conciliação no presente caso.

Requer-se, com base no § 4º do art. 22 da Lei n. 8.906/1994, que, ao final da presente demanda, caso sejam encontradas diferenças em favor do autor, quando da expedição da RPV ou do precatório, os valores referentes aos honorários contratuais e sucumbenciais sejam expedidos em nome da sociedade de advogados contratada pela parte autora, sendo os honorários contratuais devidos no percentual constante no contrato em anexo.

Dá-se à causa o valor de R$ 1.000,00 (mil reais). <ADEQUAR CONFORME O CASO>

Nesses termos,

PEDE DEFERIMENTO.

Cidade e data.

Nome do Advogado e OAB

## 87. MODELO DE AÇÃO DE CONCESSÃO DE APOSENTADORIA ESPECIAL DE SERVIDOR PÚBLICO MUNICIPAL E ESTADUAL COM DIREITO ADQUIRIDO ANTES DA REFORMA DA PREVIDÊNCIA DO ENTE RESPECTIVO

<**COMENTÁRIOS DOS AUTORES:** PARA O AJUIZAMENTO DESSA AÇÃO RECOMENDAMOS QUE SEJA CUMPRIDO TODO O TEMPO DE CONTRIBUIÇÃO NA ATIVIDADE ESPECIAL ANTES DE EVENTUAL REFORMA DA PREVIDÊNCIA PELO ENTE RESPECTIVO, BEM COMO QUE O SERVIDOR APRESENTE PROVAS DA EXPOSIÇÃO AOS AGENTES NOCIVOS OU PERIGOSOS. CASO NÃO EXISTA LAUDO/PPP REFERENTE AO SEU LOCAL DE TRABALHO, SUGERE-SE A UTILIZAÇÃO DE OUTROS MEIOS DE PROVA, COMO DOCUMENTAÇÃO RELACIONADA AO RECEBIMENTO DA INSALUBRIDADE OU PERICULOSIDADE, DECLARAÇÃO DE SEU SUPERIOR COM DETALHES DA ATIVIDADE DESENVOLVIDA. EM ALGUNS CASOS. PODE SER PROPOSTA AÇÃO CONTRA O ENTE PÚBLICO QUE VISE A ELABORAÇÃO DE TAIS LAUDOS, A EXEMPLO DA INICIAL TRABALHISTA QUE FAZ PARTE DESTA OBRA PARA BUSCAR A EMISSÃO OU CORREÇÃO DO LTCAT E PPP PARA O RGPS. SUGERIMOS, POR FIM, QUE SEJA SEMPRE PROTOCOLADO O PEDIDO ADMINISTRATIVO DO BENEFÍCIO ANTES DO INGRESSO DA AÇÃO.

APÓS A EC N. 103/2019, É IMPORTANTE VERIFICAR SE HOUVE A CRIAÇÃO DE NORMA PERTINENTE E A REFORMA PREVIDENCIÁRIA DE CADA ENTE, JÁ QUE MUITOS ESTADOS JÁ O FIZERAM, ENTRETANTO, NEM TODOS, ASSIM COMO É PEQUENO O NÚMERO DE MUNICÍPIOS QUE CRIARAM SUAS PRÓPRIAS REGRAS.>

**EXCELENTÍSSIMO SENHOR DOUTOR JUIZ DE DIREITO DA COMARCA DE \_\_\_\_\_ DO ESTADO**

**Servidor(a)**, nacionalidade, estado civil, profissão, residente e domiciliado(a) na Rua, bairro, cidade, Estado, inscrito no CPF sob o nº, endereço eletrônico, vem à presença de Vossa Excelência, por intermédio de seus procuradores constituídos, propor a presente **AÇÃO DE CONCESSÃO DE APOSENTADORIA ESPECIAL** contra o **ENTE FEDERATIVO AO QUAL O SERVIDOR ESTÁ VINCULADO** <OU ÓRGÃO AO QUAL O SERVIDOR ESTÁ VINCULADO>, pelos fatos e fundamentos que a seguir aduz:

## 1. BREVE RESENHA FÁTICA <ADEQUAR AO CASO CONCRETO>

O(A) Autor(a) é servidor público do <ENTE FEDERATIVO OU ÓRGÃO AO QUAL O SERVIDOR ESTÁ VINCULADO> exercendo desde 00.00.0000 o cargo de <ADEQUAR>, e recebendo insalubridade/periculosidade pelo trabalho exposto a agente nocivo a saúde ou integridade física desde 00.00.0000.

O(A) Autor(a) requereu o benefício de Aposentadoria Especial, com o reconhecimento de período(s) trabalhado(s) em atividade sujeita a agentes prejudiciais à saúde e à integridade física (ou perigosas), tendo seu benefício indeferido, conforme comprova documento anexo.

O requerimento inicial da aposentadoria ocorreu em 00.00.0000. O cumprimento dos requisitos do benefício se deu em 00.00.0000, antes da EC n. 103/2019, com demonstrado pelos documentos e direito a seguir expostos.

No tocante à atividade especial, destacamos:

| Período | Agente nocivo ou periculosidade/atividade com presunção legal | Recebimento de insalubridade/periculosidade (S/N) | Existência de legislação pertinente? (S/N) |
|---|---|---|---|
|  |  |  |  |

Dentre as provas documentais apresentadas, o(a) autor(a) juntou:
( ) ficha funcional;
( ) ficha financeira onde comprova o recebimento da insalubridade/periculosidade;
( ) Laudo(s) pericial(is);
( ) declaração do Ente sobre a lotação do servidor, bem como as atividades por ele desenvolvidas; e ... <ADEQUAR AO CASO CONCRETO>.

Segundo o Réu, o indeferimento do benefício deu-se por tais motivos: <INCLUIR OS MOTIVOS DE INDEFERIMENTO>.

É descabida, entretanto, a justificação apresentada para o indeferimento, sendo devida a concessão do benefício na forma constitucionalmente prevista. Assim, o servidor recorre a esse nobre Juízo para garantir a concessão da aposentadoria, posto que implementou todos os requisitos necessários para o deferimento do pedido administrativo.

## 2. DO DIREITO <ADEQUAR AO CASO CONCRETO>

### 2.1 Do direito à aposentadoria especial para o RPPS <ADEQUAR AO CASO CONCRETO>

A Constituição Federal de 1988 garante ao servidor público titular de cargo efetivo a aposentadoria com regras e critérios diferenciados em alguns casos específicos, entre eles para aqueles que exercem trabalho expostos a risco ou a atividades que prejudiquem a saúde ou a integridade física. Vejamos a disposição da máxima norma (vigente à data da implementação dos requisitos):

> Art. 40. Aos servidores titulares de cargos efetivos da União, dos Estados, do Distrito Federal e dos Municípios, incluídas suas autarquias e fundações, é assegurado regime de previdência de caráter contributivo e solidário, mediante contribuição do respectivo ente público, dos servidores ativos e inativos e dos pensionistas, observados critérios que preservem o equilíbrio financeiro e atuarial e o disposto neste artigo. (Redação dada pela Emenda Constitucional n. 41, 19.12.2003)
> (...)
> § 4º É vedada a adoção de requisitos e critérios diferenciados para a concessão de aposentadoria aos abrangidos pelo regime de que trata este artigo, ressalvados, nos termos definidos em leis complementares, os casos de servidores: (Redação dada pela Emenda Constitucional n. 47, de 2005)
> I – portadores de deficiência; (Incluído pela Emenda Constitucional n. 47, de 2005)
> II – que exerçam atividades de risco; (Incluído pela Emenda Constitucional n. 47, de 2005)
> III – cujas atividades sejam exercidas sob condições especiais que prejudiquem a saúde ou a integridade física. (Incluído pela Emenda Constitucional n. 47, de 2005)

Ocorre que, até a EC n. 103/2019, a CF/1988 remetia ordem aos legisladores para que criassem as regras necessárias para a concessão desses benefícios de aposentadoria especial, coisa que não ocorreu no tocante aos Estados e Municípios até o momento da implementação dos requisitos pela parte autora.

Vale lembrar que cada Ente Federativo deve criar as Leis e as Normas de seus Regimes Próprios de Previdência Social, inclusive no que pertine à aposentadoria especial.

A solução dada para a ausência de legislação no momento de implementação dos requisitos para a concessão das aposentadorias especiais foi objeto da Súmula Vinculante n. 33 do Supremo Tribunal Federal, que possui a seguinte redação:

> "Aplicam-se ao servidor público, no que couber, as regras do Regime Geral da Previdência Social sobre aposentadoria especial de que trata o art. 40, § 4º, III, da Constituição Federal, até a edição de lei complementar específica".

No mesmo sentido é o constante da Portaria MTP n. 1.467/2022:

> "Art. 161. Até que entre em vigor lei complementar do respectivo ente federativo que discipline o § 4º-C do art. 40 da Constituição Federal, a concessão de aposentadoria especial aos segurados dos RPPS dos Estados, do Distrito Federal e dos Municípios, cujas atividades sejam exercidas sob condições especiais que prejudiquem a saúde ou a integridade física, observará, no que couber, as regras do RGPS sobre aposentadoria especial de que trata o inciso III do § 4º do art. 40 da Constituição Federal, na redação em vigor em 12 de novembro de 2019, em consonância com a Súmula Vinculante n. 33 do Supremo Tribunal Federal e as disposições contidas no Anexo IV".

A mencionada Portaria MTP n. 1.467/2022 estabelece no art. 172, § 1º, que: "A caracterização e a comprovação do tempo de atividade sob condições especiais obedecerão ao disposto na legislação em vigor do RGPS na época da prestação do serviço".

Assim, cabe no presente caso a análise do tempo trabalhado com base nas normas do RGPS, à míngua de regulamentação a respeito.

**2.2 Das normas aplicáveis à espécie e do implemento das condições para o benefício** <ADEQUAR AO CASO CONCRETO>

A parte autora esteve exposta no(s) período(s) ao trabalho sujeito a condições prejudiciais à sua saúde e integridade física ou ao risco, nos seguintes termos:

> 1. trabalhou em atividade profissional especial elencada nos Decretos n. 53.831, de 25.03.1964, e n. 83.080, de 24.01.1979, o que garante seu cômputo como tempo de serviço especial, independentemente de laudo pericial, até 29.04.1995, data do advento da Lei n. 9.032/1995, que passou a exigir prova de efetiva submissão aos agentes nocivos; e/ou
>
> 2. trabalhou em atividade que o submetia, de modo habitual e permanente, a algum dos agentes nocivos elencados nos Decretos n. 53.831, de 25.03.1964, e n. 83.080, de 24.01.1979. O enquadramento em tais diplomas perdurou até 05.03.1997, quando passou a ser disciplinado no Decreto n. 2.172/1997. Por fim, desde 06.05.1999, os agentes nocivos encontram previsão no Decreto n. 3.048/1999.

É importante ressaltar que os Tribunais Pátrios já firmaram entendimento no sentido de que deve ser considerado o tempo especial se, na época do exercício da atividade, o segurado possuía o enquadramento na categoria profissional prevista nos Decretos vigentes, senão vejamos: <INCLUIR JURISPRUDÊNCIA SOBRE O ENQUADRAMENTO>. Citamos alguns exemplos importantes:

> PROCESSUAL CIVIL. PREVIDENCIÁRIO. VIOLAÇÃO DO ART. 1.022 DO CPC NÃO CONFIGURADA. ATIVIDADE ESPECIAL. ENGENHEIRO AGRÔNOMO. ROL DE ATIVIDADES E AGENTES NOCIVOS. CARÁTER EXEMPLIFICATIVO. APOSENTADORIA POR TEMPO DE CONTRIBUIÇÃO. ATIVIDADE ESPECIAL RECONHECIDA IMPOSSIBILIDADE DE REVOLVIMENTO DO CONJUNTO FÁTICO-PROBATÓRIO DOS AUTOS. SÚMULA 7/STJ. (...)
>
> 3. Nos termos da jurisprudência do STJ, até o advento da Lei 9.032/1995 é possível o reconhecimento do tempo de serviço especial em face do enquadramento na categoria profissional do trabalha-

dor. A partir dessa lei, a comprovação da atividade especial se dá por meio dos formulários SB-40 e DSS-8030, expedidos pelo INSS e preenchidos pelo empregador, situação modificada com a Lei 9.528/1997, que passou a exigir laudo técnico.

4. O rol de atividades consideradas prejudiciais à saúde ou à integridade física descritas pelos Decretos 53.831/1964, 83.080/1979 e 2.172/1997 é meramente exemplificativo, e não taxativo, sendo admissível, portanto, que atividades não elencadas no referido rol sejam reconhecidas como especiais, desde que tal situação seja devidamente demonstrada no caso concreto. (...)

(REsp 1658049/RS, Rel. Ministro Herman Benjamin, Segunda Turma, j. 28.03.2017, *DJe* 18.04.2017)

Importante ressaltar, ainda, que as normas pertinentes ao Regime Geral no tocante ao cômputo de tempo especial exigem a necessária comprovação de exposição, vejamos:

Art. 57. A aposentadoria especial será devida, uma vez cumprida a carência exigida nesta lei, ao segurado que tiver trabalhado sujeito a condições especiais que prejudiquem a saúde ou a integridade física, durante 15 (quinze), 20 (vinte) ou 25 (vinte e cinco) anos, conforme dispuser a lei.

§ 3º **A concessão da aposentadoria especial dependerá de comprovação** pelo segurado, perante o Instituto Nacional do Seguro Social (INSS), **do tempo de trabalho permanente, não ocasional nem intermitente, em condições especiais que prejudiquem a saúde** ou a integridade física, durante o período mínimo fixado.

Quanto à comprovação da exposição ao agente nocivo, destaca-se que o recebimento da insalubridade ou da periculosidade serve como prova da exposição aos agentes nocivos e perigosos, tendo em vista que o Ente Federativo não elaborou os Laudos necessários, por não haver obrigação legal para os entes da Administração Pública à época, mas tal fato não poderá trabalhar em desfavor do servidor ora demandante. Portanto, o servidor não pode ser prejudicado pela eventual ausência de documentação a ser produzida pelo próprio ente demandado, pois este entendimento violaria o princípio da aptidão para a prova, tornando impossível ao autor da demanda vencer o ônus probatório sobre a exposição a agentes nocivos.

<NESSE PONTO PODEM SER DESTACADOS ASPECTOS SOBRE A ATIVIDADE EXERCIDA, A FORMA DE ENQUADRAMENTO (SE POR ATIVIDADE OU AGENTE NOCIVO) E OS DADOS PREVISTOS NOS DECRETOS QUE GARANTEM O DIREITO À CONTAGEM ESPECIAL. É IMPORTANTE, AINDA, QUE SEJA CITADA, SEMPRE QUE POSSÍVEL, JURISPRUDÊNCIA ESPECÍFICA SOBRE A ATIVIDADE OU O AGENTE DISCUTIDO, RECOMENDA-SE A JUNTADA DE JURISPRUDÊNCIA STF, STJ, TJS E TRF DE CADA REGIÃO.>

Como se observa pelos documentos, fatos e direito apresentados, a Parte Autora cumpre em 00.00.0000 todos os requisitos para a concessão da aposentadoria especial nos moldes do art. 40, § 4º, da CF/1988 até ali vigente, com direito à aplicação analógica dos arts. 57 e 58 da Lei n. 8.213/1991 e, portanto, deve ser provido seu pedido de sua aposentadoria especial de servidor público.

3. **DO PREQUESTIONAMENTO** <ADEQUAR AO CASO CONCRETO>

Resta clara a violação aos ditames constitucionais e legislação federal, da qual destacamos os artigos <ADEQUAR AO CASO CONCRETO, CITANDO NOMINALMENTE OS ARTIGOS, INCLUSIVE COM PARÁGRAFOS E INCISOS, LEMBRANDO DE INCLUIR TAMBÉM LEGISLAÇÃO FEDERAL MESMO PARA AÇÕES DE JUIZADOS, TENDO EM VISTA A ATUAL POSSIBILIDADE DE INTERPOSIÇÃO DE IRDR>.

4. **DOS REQUERIMENTOS** <ADEQUAR AO CASO CONCRETO>

Diante do exposto, requer-se a Vossa Excelência:

a) a citação do Réu para, querendo, responder à presente demanda, no prazo legal;

b) a determinação ao Réu para que, na primeira oportunidade em que se pronunciar nos autos, apresente o Processo de Concessão do Benefício Previdenciário, bem como todos os laudos referentes ao local de trabalho da parte autora, como LTCAT, PPP, PCMSO ou outros, bem como todas as resoluções, portarias e laudos que determinaram o pagamento do adicional de insalubridade à parte autora sob pena de cominação de multa diária, nos termos do art. 139, IV, do CPC, a ser fixada por esse Juízo;

c) a procedência da pretensão deduzida, declarando-se que o tempo exercido sobre a atividade exposta a agentes nocivos à saúde ou à integridade física ou que submeteu o segurado ao risco deve ser considerado como especial, tendo em vista o reconhecimento do próprio Ente Público por meio do pagamento do adicional de insalubridade/periculosidade. Destaca-se que a parte autora demonstra pela documentação anexa o direito, referente ao período de 00.00.0000 até 00.00.0000 (colocar as datas corretas);
d) A condenação do Réu à concessão da aposentadoria especial em favor da parte autora, com proventos calculados sobre a última remuneração, caso atendidos os requisitos antes de 31.12.2003, ou em 100% da média dos maiores salários de contribuição equivalentes a 80% do período contributivo desde julho de 1994 (art. 1º da Lei n. 10.887/2004);
d.1) em não sendo considerada possível a concessão de aposentadoria no presente caso, requer seja o Réu condenado a averbar o tempo de contribuição aceito como submetido a condições especiais, na forma majorada (tema 942 STF), ainda que para a concessão de benefícios de aposentadoria a ser requerido posteriormente na via administrativa, após o implemento de todas as condições pelo(a) servidor(a);
e) após o cálculo do tempo e do direito ao benefício postulados, caso tenha sido possível a concessão em data anterior à efetivamente concedida, requer a condenação do Réu ao pagamento do abono de permanência, consoante Repercussão Geral STF Tema n. 888, desde a data do preenchimento dos requisitos, até a data da efetiva aposentadoria;
f) a condenação do Réu ao pagamento dos valores acumulados, aplicando-se juros e correção monetária até 11/2021, nos termos dos Temas 810 do STF e 905 do STJ e, após 12/2021, o índice da taxa referencial do Sistema Especial de Liquidação e de Custódia (Selic), acumulado mensalmente, para fins de atualização monetária e de compensação da mora (art. 3º da EC n. 113/2021), respeitada a prescrição quinquenal;
g) a condenação do Réu ao pagamento de custas, despesas e honorários advocatícios, na base de 20% (vinte por cento) dos valores devidos apurados em liquidação de sentença, conforme dispõem o art. 55 da Lei n. 9.099/1995 e o art. 85, § 3º, do CPC.

<SENDO NECESSÁRIO, REQUERER A PRODUÇÃO DE PROVA PERICIAL. SE FOR REQUERIDA A TESTEMUNHAL, É NECESSÁRIO FAZER O ARROLAMENTO DAS TESTEMUNHAS. ENTRETANTO, SE A DOCUMENTAÇÃO ANEXA NA INICIAL FOR SUFICIENTE PARA A COMPROVAÇÃO DO TEMPO E O DEFERIMENTO DO BENEFÍCIO, INCLUIR O SEGUINTE PEDIDO: "CONSIDERANDO QUE A QUESTÃO DE MÉRITO É UNICAMENTE DE DIREITO, REQUER O JULGAMENTO ANTECIPADO DA LIDE, CONFORME DISPÕE O ART. 355 DO CPC. SENDO OUTRO O ENTENDIMENTO DE V. EXA., REQUER A PRODUÇÃO DE TODOS OS MEIOS DE PROVA ADMITIDOS EM DIREITO, SEM EXCLUSÃO DE NENHUM QUE SE FIZER NECESSÁRIO AO DESLINDE DA DEMANDA.">

Requer-se, ainda, por ser a parte autora pessoa hipossuficiente, na acepção jurídica do termo, sem condições de arcar com as despesas processuais e os honorários advocatícios sucumbenciais sem prejuízo de seu sustento e de sua família, a concessão da Gratuidade da Justiça, na forma do art. 98 e ss do CPC. <RECOMENDA-SE A COLETA, PELO ADVOGADO, DE DECLARAÇÃO DE HIPOSSUFICIÊNCIA DO CLIENTE, CASO SEJA REQUERIDA A GRATUIDADE DA JUSTIÇA. DEVE-SE, TAMBÉM, DE PREFERÊNCIA, FAZER A JUNTADA DE TAL DECLARAÇÃO NOS AUTOS, JÁ NA INICIAL>.

Cumprindo a previsão do art. 319, VII, do CPC, a parte autora declara que opta pela realização <OU NÃO REALIZAÇÃO, ADEQUAR CONFORME O INTERESSE EM CADA CASO> de audiência de conciliação no presente caso.

Requer-se, com base no § 4º do art. 22 da Lei n. 8.906/1994, que, ao final da presente demanda, caso sejam encontradas diferenças em favor do autor, quando da expedição da RPV ou do precatório, os valores referentes aos honorários contratuais e sucumbenciais sejam expedidos em nome da sociedade de advogados contratada pela parte Autora, sendo os honorários contratuais devidos no percentual constante no contrato em anexo.

Dá-se à causa o valor de R$ 1.000,00 (mil reais). <ADEQUAR CONFORME O CASO>

Nesses termos,

PEDE DEFERIMENTO.

Cidade e data.

Nome do Advogado e OAB

## 88. MODELO DE AÇÃO DE CONCESSÃO DE APOSENTADORIA ESPECIAL DE SERVIDOR PÚBLICO FEDERAL COM DIREITO ADQUIRIDO ANTES DA EC N. 103/2019

<COMENTÁRIOS DOS AUTORES: PARA O AJUIZAMENTO DESSA AÇÃO, RECOMENDAMOS QUE SEJA CUMPRIDO TODO O TEMPO DE CONTRIBUIÇÃO NA ATIVIDADE ESPECIAL ANTES DE 13.11.2019, BEM COMO QUE O SERVIDOR APRESENTE PROVAS DA EXPOSIÇÃO AOS AGENTES NOCIVOS OU PERIGOSOS. CASO NÃO EXISTA LAUDO/PPP REFERENTE AO SEU LOCAL DE TRABALHO, SUGERE-SE A UTILIZAÇÃO DE OUTROS MEIOS DE PROVA, COMO DOCUMENTAÇÃO RELACIONADA AO RECEBIMENTO DA INSALUBRIDADE OU PERICULOSIDADE, DECLARAÇÃO DE SEU SUPERIOR COM DETALHES DA ATIVIDADE DESENVOLVIDA E A INCLUSÃO DE PEDIDO PARA QUE SE INTIME O ENTE A JUNTAR O PPP AOS AUTOS. É INDISPENSÁVEL QUE SE COMPROVE O PEDIDO DE PPP/LTCAR AO ENTE FEDERAL. EM ALGUNS CASOS, PODE SER PROPOSTA AÇÃO CONTRA O EMPREGADOR (TEMPO CLT) QUE VISE A ELABORAÇÃO DE TAIS LAUDOS, A EXEMPLO DA INICIAL TRABALHISTA QUE FAZ PARTE DESTA OBRA PARA BUSCAR A EMISSÃO OU CORREÇÃO DO LTCAT E PPP PARA O RGPS. SUGERIMOS, POR FIM, QUE SEJA SEMPRE PROTOCOLADO O PEDIDO ADMINISTRATIVO DO BENEFÍCIO ANTES DO INGRESSO DA AÇÃO.>

**EXCELENTÍSSIMO SENHOR DOUTOR JUIZ FEDERAL DA VARA/JUIZADO ESPECIAL FEDERAL DA CIDADE – SEÇÃO JUDICIÁRIA DO ESTADO**

**Servidor(a)**, nacionalidade, estado civil, profissão, residente e domiciliado(a) na Rua, bairro, cidade, Estado, inscrito no CPF sob o nº, endereço eletrônico, vem à presença de Vossa Excelência, por intermédio de seus procuradores constituídos, propor a presente **AÇÃO DE CONCESSÃO DE APOSENTADORIA ESPECIAL** contra o **ENTE FEDERATIVO AO QUAL O SERVIDOR ESTÁ VINCULADO** <OU ÓRGÃO AO QUAL O SERVIDOR ESTÁ VINCULADO>, pelos fatos e fundamentos que a seguir aduz:

**1. BREVE RESENHA FÁTICA** <ADEQUAR AO CASO CONCRETO>

O(A) Autor(a) é servidor público federal do <ENTE FEDERATIVO OU ÓRGÃO AO QUAL O SERVIDOR ESTÁ VINCULADO> exercendo desde 00.00.0000 o cargo de <ADEQUAR>, e recebendo insalubridade/periculosidade pelo trabalho exposto a agente nocivo a saúde ou integridade física desde 00.00.0000.

O(A) Autor(a) requereu o benefício de Aposentadoria Especial, com o reconhecimento de período(s) trabalhado(s) em atividade sujeita a agentes prejudiciais à saúde e à integridade física (ou perigosas), tendo seu benefício indeferido, conforme comprova documento anexo.

O requerimento inicial da aposentadoria ocorreu em 00/00/0000. O cumprimento dos requisitos do benefício se deu em 00.00.0000, antes da EC n. 103/2019, com demonstrado pelos documentos e direito a seguir expostos.

No tocante à atividade especial, destacamos:

| Período | Agente nocivo ou periculosidade/ atividade com presunção legal | Recebimento de insalubridade/ periculosidade (S/N) | Existência de legislação pertinente? (S/N) |
|---|---|---|---|
|  |  |  |  |

Dentre as provas documentais apresentadas, o(a) autor(a) juntou:
- (  ) ficha funcional;
- (  ) ficha financeira onde comprova o recebimento da insalubridade/periculosidade;
- (  ) Laudo(s) pericial(is);

( ) declaração do Ente sobre a lotação do servidor, bem como as atividades por ele desenvolvidas; e ... <ADEQUAR AO CASO CONCRETO>.

Segundo o Réu, o indeferimento do benefício deu-se por tais motivos: <INCLUIR OS MOTIVOS DE INDEFERIMENTO>.

É descabida, entretanto, a justificação apresentada para o indeferimento, sendo devida a concessão do benefício na forma constitucionalmente prevista. Assim, o servidor recorre a esse nobre Juízo para garantir a concessão da aposentadoria, posto que implementou todos os requisitos necessários para o deferimento do pedido administrativo.

## 2. FUNDAMENTOS JURÍDICOS DO PEDIDO <ADEQUAR AO CASO CONCRETO>

### 2.1 Do direito à aposentadoria especial para o RPPS <ADEQUAR AO CASO CONCRETO>

A Constituição Federal de 1988 garante ao servidor público titular de cargo efetivo a aposentadoria com regras e critérios diferenciados em alguns casos específicos, entre eles para aqueles que exercem trabalho expostos a risco ou a atividades que prejudiquem a saúde ou a integridade física. Vejamos a disposição da máxima norma (vigente à data da implementação dos requisitos):

> Art. 40. Aos servidores titulares de cargos efetivos da União, dos Estados, do Distrito Federal e dos Municípios, incluídas suas autarquias e fundações, é assegurado regime de previdência de caráter contributivo e solidário, mediante contribuição do respectivo ente público, dos servidores ativos e inativos e dos pensionistas, observados critérios que preservem o equilíbrio financeiro e atuarial e o disposto neste artigo. (Redação dada pela Emenda Constitucional n. 41, 19.12.2003)
>
> (...)
>
> § 4º É vedada a adoção de requisitos e critérios diferenciados para a concessão de aposentadoria aos abrangidos pelo regime de que trata este artigo, ressalvados, nos termos definidos em leis complementares, os casos de servidores: (Redação dada pela Emenda Constitucional n. 47, de 2005)
>
> I – portadores de deficiência; (Incluído pela Emenda Constitucional n. 47, de 2005)
>
> II – que exerçam atividades de risco; (Incluído pela Emenda Constitucional n. 47, de 2005)
>
> III – cujas atividades sejam exercidas sob condições especiais que prejudiquem a saúde ou a integridade física. (Incluído pela Emenda Constitucional n. 47, de 2005)

Ocorre que, até a EC n. 103/2019, a CF/1988 remetia ordem aos legisladores para que criassem as regras necessárias para a concessão desses benefícios de aposentadoria especial, coisa que não ocorreu no tocante à União até o momento da implementação dos requisitos pela parte autora.

Vale lembrar que cada Ente Federativo deve criar as Leis e as Normas de seus Regimes Próprios de Previdência Social, inclusive no que pertine à aposentadoria especial.

A solução dada para a ausência de legislação no momento de implementação dos requisitos para a concessão das aposentadorias especiais foi objeto da Súmula Vinculante n. 33 do Supremo Tribunal Federal, que possui a seguinte redação:

> "Aplicam-se ao servidor público, no que couber, as regras do Regime Geral da Previdência Social sobre aposentadoria especial de que trata o art. 40, § 4º, III, da Constituição Federal, até a edição de lei complementar específica".

No mesmo sentido é o constante da Portaria MTP n. 1.467/2022:

> "Art. 161. Até que entre em vigor lei complementar do respectivo ente federativo que discipline o § 4º-C do art. 40 da Constituição Federal, a concessão de aposentadoria especial aos segurados dos RPPS dos Estados, do Distrito Federal e dos Municípios, cujas atividades sejam exercidas sob condições especiais que prejudiquem a saúde ou a integridade física, observará, no que couber, as regras do RGPS sobre aposentadoria especial de que trata o inciso III do § 4º do art. 40 da Constituição Federal, na redação em vigor em 12 de novembro de 2019, em consonância com a Súmula Vinculante n. 33 do Supremo Tribunal Federal e as disposições contidas no Anexo IV".

A mencionada Portaria MTP n. 1.467/2022 estabelece no art. 172, § 1º, que: "A caracterização e a comprovação do tempo de atividade sob condições especiais obedecerão ao disposto na legislação em vigor do RGPS na época da prestação do serviço".

Assim, cabe no presente caso a análise do tempo trabalhado com base nas normas do RGPS, à míngua de regulamentação a respeito.

## 2.2 Das normas aplicáveis à espécie e do implemento das condições para o benefício <ADEQUAR AO CASO CONCRETO>

A parte autora esteve exposta no(s) período(s) ao trabalho sujeito a condições prejudiciais à sua saúde e integridade física ou ao risco, nos seguintes termos:

> 1. trabalhou em atividade profissional especial elencada nos Decretos n. 53.831, de 25.03.1964, e n. 83.080, de 24.01.1979, o que garante seu cômputo como tempo de serviço especial, independentemente de laudo pericial, até 29.04.1995, data do advento da Lei n. 9.032/1995, que passou a exigir prova de efetiva submissão aos agentes nocivos; e/ou
>
> 2. trabalhou em atividade que o submetia, de modo habitual e permanente, a algum dos agentes nocivos elencados nos Decretos n. 53.831, de 25.03.1964, e n. 83.080, de 24.01.1979. O enquadramento em tais diplomas perdurou até 05.03.1997, quando passou a ser disciplinado no Decreto n. 2.172/1997. Por fim, desde 06.05.1999, os agentes nocivos encontram previsão no Decreto n. 3.048/1999.

É importante ressaltar que os Tribunais Pátrios já firmaram entendimento no sentido de que deve ser considerado o tempo especial se, na época do exercício da atividade, o segurado possuía o enquadramento na categoria profissional prevista nos Decretos vigentes, senão vejamos: <INCLUIR JURISPRUDÊNCIA SOBRE O ENQUADRAMENTO>. Citamos alguns exemplos importantes:

> PROCESSUAL CIVIL. PREVIDENCIÁRIO. VIOLAÇÃO DO ART. 1.022 DO CPC/2015 NÃO CONFIGURADA. ATIVIDADE ESPECIAL. ENGENHEIRO AGRÔNOMO. ROL DE ATIVIDADES E AGENTES NOCIVOS. CARÁTER EXEMPLIFICATIVO. APOSENTADORIA POR TEMPO DE CONTRIBUIÇÃO. ATIVIDADE ESPECIAL RECONHECIDA IMPOSSIBILIDADE DE REVOLVIMENTO DO CONJUNTO FÁTICO-PROBATÓRIO DOS AUTOS. SÚMULA 7/STJ. (...)
>
> 3. Nos termos da jurisprudência do STJ, até o advento da Lei 9.032/1995 é possível o reconhecimento do tempo de serviço especial em face do enquadramento na categoria profissional do trabalhador. A partir dessa lei, a comprovação da atividade especial se dá por meio dos formulários SB-40 e DSS-8030, expedidos pelo INSS e preenchidos pelo empregador, situação modificada com a Lei 9.528/1997, que passou a exigir laudo técnico.
>
> 4. O rol de atividades consideradas prejudiciais à saúde ou à integridade física descritas pelos Decretos 53.831/1964, 83.080/1979 e 2.172/1997 é meramente exemplificativo, e não taxativo, sendo admissível, portanto, que atividades não elencadas no referido rol sejam reconhecidas como especiais, desde que tal situação seja devidamente demonstrada no caso concreto. (...)
>
> (REsp 1658049/RS, Rel. Ministro Herman Benjamin, Segunda Turma, j. 28.03.2017, *DJe* 18.04.2017)

Destaca-se, ainda, que as normas pertinentes ao Regime Geral no tocante ao cômputo de tempo especial exigem a necessária comprovação de exposição, vejamos:

> Art. 57. A aposentadoria especial será devida, uma vez cumprida a carência exigida nesta lei, ao segurado que tiver trabalhado sujeito a condições especiais que prejudiquem a saúde ou a integridade física, durante 15 (quinze), 20 (vinte) ou 25 (vinte e cinco) anos, conforme dispuser a lei.
>
> § 3º **A concessão da aposentadoria especial dependerá de comprovação** pelo segurado, perante o Instituto Nacional do Seguro Social (INSS), **do tempo de trabalho permanente, não ocasional nem intermitente, em condições especiais que prejudiquem a saúde** ou a integridade física, durante o período mínimo fixado. (sem grifo no original)

Quanto à comprovação da exposição ao agente nocivo, salienta-se que o recebimento da insalubridade ou da periculosidade serve como prova da exposição aos agentes nocivos e perigosos, tendo em vista que o Ente Federativo não elaborou os Laudos necessários, por não haver obrigação legal para os entes da Administração Pública à época, mas tal fato não poderá trabalhar em desfavor do servidor ora demandante. Portanto, o servidor não pode ser prejudicado pela eventual ausência de documentação a ser produzida pelo próprio ente demandado, pois este entendimento violaria o princípio da aptidão para a prova, tornando impossível ao autor da demanda vencer o ônus probatório sobre a exposição a agentes nocivos.

<NESSE PONTO PODEM SER DESTACADOS ASPECTOS SOBRE A ATIVIDADE EXERCIDA, A FORMA DE ENQUADRAMENTO (SE POR ATIVIDADE OU AGENTE NOCIVO) E OS DADOS PREVISTOS NOS DECRETOS QUE GARANTEM O DIREITO À CONTAGEM ESPECIAL. É IMPORTANTE, AINDA, QUE SEJA CITADA, SEMPRE QUE POSSÍVEL, JURISPRUDÊNCIA ESPECÍFICA SOBRE A ATIVIDADE OU O AGENTE DISCUTIDO, RECOMENDA-SE A JUNTADA DE JURISPRUDÊNCIA STF, STJ, TJS E TRF DE CADA REGIÃO.>

Como se observa pelos documentos, fatos e direito apresentados, a Parte Autora cumpre em 00.00.0000 todos os requisitos para a concessão da aposentadoria especial nos moldes do art. 40, § 4º, da CF/1988 até ali vigente, com direito à aplicação analógica dos arts. 57 e 58 da Lei n. 8.213/1991 e, portanto, deve ser provido seu pedido de sua aposentadoria especial de servidor público.

3. **DO PREQUESTIONAMENTO** <ADEQUAR AO CASO CONCRETO>

Resta clara a violação aos ditames constitucionais e legislação federal, da qual destacamos os artigos <ADEQUAR AO CASO CONCRETO, CITANDO NOMINALMENTE OS ARTIGOS, INCLUSIVE COM PARÁGRAFOS E INCISOS, LEMBRANDO DE INCLUIR TAMBÉM LEGISLAÇÃO FEDERAL MESMO PARA AÇÕES DE JUIZADOS, TENDO EM VISTA A ATUAL POSSIBILIDADE DE INTERPOSIÇÃO DE IRDR>.

4. **REQUERIMENTOS** <ADEQUAR AO CASO CONCRETO>

Diante do exposto, requer-se a Vossa Excelência:

a) a citação do Réu para, querendo, responder à presente demanda, no prazo legal;
b) a determinação ao Réu para que, na primeira oportunidade em que se pronunciar nos autos, apresente o Processo Administrativo de requerimento do benefício em análise, bem como todos os laudos referentes ao local de trabalho da parte autora, como LTCAT, PPP, PCMSO ou outros, bem como todas as resoluções, portarias e laudos que determinaram o pagamento do adicional de insalubridade à parte autora sob pena de cominação de multa diária, nos termos do art. 139, IV, do CPC, a ser fixada por esse Juízo;
c) a procedência da pretensão deduzida, declarando-se que o tempo exercido sobre a atividade exposta a agentes nocivos à saúde ou à integridade física ou que submeteu o segurado ao risco deve ser considerado como especial, tendo em vista o reconhecimento do próprio Ente Público por meio do pagamento do adicional de insalubridade/periculosidade. Destaca-se que a parte autora demonstra pela documentação anexa o direito, referente ao período de 00/00/0000 até 00/00/0000 (colocar as datas corretas);
d) a condenação do Réu à concessão da aposentadoria especial em favor da parte autora, com proventos calculados sobre a última remuneração, caso atendidos os requisitos antes de 31.12.2003, ou em 100% da média dos maiores salários de contribuição equivalentes a 80% do período contributivo desde julho de 1994 (art. 1º da Lei n. 10.887/2004);
d.1) em não sendo considerada possível a concessão de aposentadoria no presente caso, requer seja o Réu condenado a averbar o tempo de contribuição aceito como submetido a condições especiais, na forma majorada (RG Tema 942 STF), ainda que para a concessão de benefícios de aposentadoria a ser requerido posteriormente na via administrativa, após o implemento de todas as condições pelo(a) servidor(a);
e) após o cálculo do tempo e do direito ao benefício postulados, caso tenha sido possível a concessão em data anterior à efetivamente concedida, requer a condenação do Réu ao pagamento do abono de permanência, consoante Repercussão Geral STF Tema n. 888, desde a data do preenchimento dos requisitos, até a data da efetiva aposentadoria;
f) a condenação do Réu ao pagamento dos valores acumulados, aplicando-se juros e correção monetária até 11/2021, nos termos dos Temas 810 do STF e 905 do STJ e, após 12/2021, o índice da taxa referencial do Sistema Especial de Liquidação e de Custódia (Selic), acumulado mensalmente, para fins de atualização monetária e de compensação da mora (art. 3º da EC n. 113/2021), respeitada a prescrição quinquenal;
g) a condenação do Réu ao pagamento de custas, despesas e honorários advocatícios, na base de 20% (vinte por cento) dos valores devidos apurados em liquidação de sen-

tença, conforme dispõem o art. 55 da Lei n. 9.099/1995 e o art. 85, § 3º, do Código de Processo Civil/2015.

<SENDO NECESSÁRIO, REQUERER A PRODUÇÃO DE PROVA PERICIAL. SE FOR REQUERIDA A TESTEMUNHAL, É NECESSÁRIO FAZER O ARROLAMENTO DAS TESTEMUNHAS. ENTRETANTO, SE A DOCUMENTAÇÃO ANEXA NA INICIAL FOR SUFICIENTE PARA A COMPROVAÇÃO DO TEMPO E O DEFERIMENTO DO BENEFÍCIO, INCLUIR O SEGUINTE PEDIDO: "CONSIDERANDO QUE A QUESTÃO DE MÉRITO É UNICAMENTE DE DIREITO, REQUER O JULGAMENTO ANTECIPADO DA LIDE, CONFORME DISPÕE O ART. 355 DO CÓDIGO DE PROCESSO CIVIL/2015. SENDO OUTRO O ENTENDIMENTO DE V. EXA., REQUER A PRODUÇÃO DE TODOS OS MEIOS DE PROVA ADMITIDOS EM DIREITO, SEM EXCLUSÃO DE NENHUM QUE SE FIZER NECESSÁRIO AO DESLINDE DA DEMANDA.">

Requer-se, ainda, por ser a parte autora pessoa hipossuficiente, na acepção jurídica do termo, sem condições de arcar com as despesas processuais e os honorários advocatícios sucumbenciais sem prejuízo de seu sustento e de sua família, a concessão da Gratuidade da Justiça, na forma do art. 98 e ss do CPC. <RECOMENDA-SE A COLETA, PELO ADVOGADO, DE DECLARAÇÃO DE HIPOSSUFICIÊNCIA DO CLIENTE, CASO SEJA REQUERIDA A GRATUIDADE DA JUSTIÇA. DEVE-SE, TAMBÉM, DE PREFERÊNCIA, FAZER A JUNTADA DE TAL DECLARAÇÃO NOS AUTOS, JÁ NA INICIAL>.

Cumprindo a previsão do art. 319, VII, do Código de Processo Civil/2015, a parte autora declara que opta pela realização <OU NÃO REALIZAÇÃO, ADEQUAR CONFORME O INTERESSE EM CADA CASO> de audiência de conciliação no presente caso.

Requer-se, com base no § 4º do art. 22 da Lei n. 8.906/1994, que, ao final da presente demanda, caso sejam encontradas diferenças em favor do autor, quando da expedição da RPV ou do precatório, os valores referentes aos honorários contratuais e sucumbenciais sejam expedidos em nome da sociedade de advogados contratada pela parte Autora, sendo os honorários contratuais devidos no percentual constante no contrato em anexo.

Dá-se à causa o valor de R$ 1.000,00 (mil reais). <ADEQUAR CONFORME O CASO>

Nesses termos,

PEDE DEFERIMENTO.

Cidade e data.

Nome do Advogado e OAB

## 89. MODELO DE AÇÃO DE CONCESSÃO DE APOSENTADORIA ESPECIAL DE SERVIDOR PÚBLICO FEDERAL APÓS A EC N. 103/2019

<COMENTÁRIOS DOS AUTORES: PARA O AJUIZAMENTO DESSA AÇÃO, RECOMENDAMOS QUE SEJA CUMPRIDO TODO O TEMPO DE CONTRIBUIÇÃO NA ATIVIDADE ESPECIAL, BEM COMO QUE O SERVIDOR APRESENTE PROVAS DA EXPOSIÇÃO AOS AGENTES NOCIVOS OU PERIGOSOS. CASO NÃO EXISTA LAUDO/PPP REFERENTE AO SEU LOCAL DE TRABALHO. SUGERE-SE A UTILIZAÇÃO DE OUTROS MEIOS DE PROVA, COMO DOCUMENTAÇÃO RELACIONADA AO RECEBIMENTO DA INSALUBRIDADE OU PERICULOSIDADE, DECLARAÇÃO DE SEU SUPERIOR COM DETALHES DA ATIVIDADE DESENVOLVIDA. EM ALGUNS CASOS, PODE SER PROPOSTA AÇÃO CONTRA O ENTE PÚBLICO QUE VISE À ELABORAÇÃO DE TAIS LAUDOS, A EXEMPLO DA INICIAL TRABALHISTA QUE FAZ PARTE DESTA OBRA, PARA BUSCAR A EMISSÃO OU CORREÇÃO DO LTCAT E PPP PARA O RGPS. SUGERIMOS, POR FIM, QUE SEJA SEMPRE PROTOCOLADO O PEDIDO ADMINISTRATIVO DO BENEFÍCIO ANTES DO INGRESSO DA AÇÃO.>

**EXCELENTÍSSIMO SENHOR DOUTOR JUIZ FEDERAL DA VARA/JUIZADO ESPECIAL FEDERAL DA CIDADE – SEÇÃO JUDICIÁRIA DO ESTADO**

**Servidor(a)**, nacionalidade, estado civil, profissão, residente e domiciliado(a) na Rua, bairro, cidade, Estado, inscrito no CPF sob o nº, vem à presença de Vossa Excelência, por intermédio de seus procuradores constituídos, propor a presente **AÇÃO DE CONCESSÃO DE APOSENTADORIA**

**ESPECIAL** contra o **ENTE FEDERATIVO AO QUAL O SERVIDOR ESTÁ VINCULADO** <OU ÓRGÃO AO QUAL O SERVIDOR ESTÁ VINCULADO>, pelos fatos e fundamentos que a seguir aduz:

1. **BREVE RESENHA FÁTICA** <ADEQUAR AO CASO CONCRETO>

O(A) autor(a) é servidor público do <ENTE FEDERATIVO OU ÓRGÃO AO QUAL O SERVIDOR ESTÁ VINCULADO> exercendo desde 00.00.0000 o cargo de <ADEQUAR>, e recebendo insalubridade/periculosidade pelo trabalho exposto a agente nocivo a saúde ou integridade física desde 00.00.0000.

O(A) autor(a) requereu o benefício de aposentadoria especial, com o reconhecimento de período(s) trabalhado(s) em atividade sujeita a agentes prejudiciais à saúde e à integridade física (ou perigosas), tendo seu benefício indeferido, conforme comprova documento anexo.

O requerimento inicial da aposentadoria ocorreu em 00.00.0000.

No tocante à atividade especial, destacamos:

| Período | Agente nocivo ou periculosidade/ atividade com presunção legal | Recebimento de insalubridade/ periculosidade (S/N) | Existência de legislação pertinente? (S/N) |
|---|---|---|---|
| | | | |

Dentre as provas documentais apresentadas, o(a) autor(a) juntou:

( ) ficha funcional;

( ) ficha financeira em que comprova o recebimento da insalubridade/periculosidade;

( ) laudo(s) pericial(is);

( ) declaração do Ente sobre a lotação do servidor, bem como as atividades por ele desenvolvidas; e ... <ADEQUAR AO CASO CONCRETO>.

Segundo o réu, o indeferimento do benefício deu-se por tais motivos: <INCLUIR OS MOTIVOS DE INDEFERIMENTO>.

É descabida, entretanto, a justificação apresentada para o indeferimento, sendo devida a concessão do benefício na forma constitucionalmente prevista. Assim, o servidor recorre a esse nobre Juízo para garantir a concessão da aposentadoria, posto que implementou todos os requisitos necessários para o deferimento do pedido administrativo.

2. **FUNDAMENTOS JURÍDICOS DO PEDIDO** <ADEQUAR AO CASO CONCRETO>

2.1 **Do direito à aposentadoria especial para o RPPS federal** <ADEQUAR AO CASO CONCRETO>

A Reforma da Previdência (EC n. 103/2019) uniformizou grande parte das regras previdenciárias para servidores e trabalhadores da iniciativa privada.

Ao fazer isso, alterou situação que há muito tempo afetava os servidores, qual seja, a inexistência de previsão normativa para a concessão de aposentadoria especial.

Isso porque, apesar da Constituição Federal de 1988 garantir ao servidor público titular de cargo efetivo a aposentadoria com regras e critérios diferenciados para aqueles que exercem trabalhos expostos a risco ou a atividades que prejudiquem a saúde ou a integridade física, os Entes Federativos não haviam regulamentado tais normas. Assim, muitos servidores acabavam tendo que recorrer ao Judiciário para garantir a concessão de seus benefícios.

Tal situação inclusive culminou na criação das Súmula Vinculante n. 33 do STF: "Aplicam-se ao servidor público, no que couber, as regras do regime geral da previdência social sobre aposentadoria especial de que trata o art. 40, § 4º, inciso III da Constituição Federal, até a edição de lei complementar específica".

Entretanto, após a EC n. 103/2019, tem-se a seguinte regra transitória para a concessão da aposentadoria especial dos servidores públicos federais:

> Art. 10. Até que entre em vigor lei federal que discipline os benefícios do regime próprio de previdência social dos servidores da União, aplica-se o disposto neste artigo. (...)
>
> II – o servidor público federal cujas atividades sejam exercidas com efetiva exposição a agentes químicos, físicos e biológicos prejudiciais à saúde, ou associação desses agentes, vedada a caracterização por categoria profissional ou ocupação, **aos 60 (sessenta) anos de idade, com 25 (vinte e cinco) anos de efetiva exposição e contribuição, 10 (dez) anos de efetivo exercício de serviço público e 5 (cinco) anos no cargo efetivo** em que for concedida a aposentadoria;

Vale ressaltar ainda a regra de transição prevista também na EC n. 103/2019:

> Art. 21. O segurado ou o **servidor público federal** que se tenha filiado ao Regime Geral de Previdência Social ou **ingressado no serviço público em cargo efetivo até a data de entrada em vigor desta Emenda Constitucional** cujas atividades tenham sido exercidas com efetiva exposição a agentes químicos, físicos e biológicos prejudiciais à saúde, ou associação desses agentes, vedada a caracterização por categoria profissional ou ocupação, desde que cumpridos, no caso do servidor, o tempo mínimo de **20 (vinte) anos de efetivo exercício no serviço público e de 5 (cinco) anos no cargo efetivo** em que for concedida a aposentadoria, na forma dos arts. 57 e 58 da Lei n. 8.213, de 24 de julho de 1991, poderão aposentar-se quando o total da soma resultante da sua idade e do tempo de contribuição e o tempo de efetiva exposição forem, respectivamente, de:
>
> I – 66 (sessenta e seis) pontos e 15 (quinze) anos de efetiva exposição;
>
> II – 76 (setenta e seis) pontos e 20 (vinte) anos de efetiva exposição; e
>
> III – 86 (oitenta e seis) pontos e 25 (vinte e cinco) anos de efetiva exposição.

Desse modo, fica claro que existem atualmente regras que garantem o direito à aposentadoria especial aos servidores públicos federais.

Frisa-se que a Portaria MTP n. 1.467/2022, a qual vincula os Regimes Próprios de Previdência, estabelece no art. 172, § 1º, que: "A caracterização e a comprovação do tempo de atividade sob condições especiais obedecerão ao disposto na legislação em vigor do RGPS na época da prestação do serviço".

Assim, cabe no presente caso a análise do tempo trabalhado com base nas normas do RGPS, à míngua de regulamentação a respeito.

### 2.2 Do implemento das condições para o benefício <ADEQUAR AO CASO CONCRETO>

A parte autora esteve exposta no(s) período(s) ao trabalho sujeito a condições prejudiciais à sua saúde e integridade física ou ao risco, nos seguintes termos:

> 1. trabalhou em atividade profissional especial elencada nos Decretos n. 53.831, de 25.03.1964, e n. 83.080, de 24.01.1979, o que garante seu cômputo como tempo de serviço especial, independentemente de laudo pericial, até 29.04.1995, data do advento da Lei n. 9.032/1995, que passou a exigir prova de efetiva submissão aos agentes nocivos; e/ou
>
> 2. trabalhou em atividade que o submetia, de modo habitual e permanente, a algum dos agentes nocivos elencados nos Decretos n. 53.831, de 25.03.1964, e n. 83.080, de 24.01.1979. O enquadramento em tais diplomas perdurou até 05.03.1997, quando passou a ser disciplinado no Decreto n. 2.172/1997. Por fim, desde 06.05.1999, os agentes nocivos encontram previsão no Decreto n. 3.048/1999.

É importante ressaltar que os Tribunais Pátrios já firmaram entendimento no sentido de que deve ser considerado o tempo especial se, na época do exercício da atividade, o segurado possuía o enquadramento na categoria profissional prevista nos Decretos vigentes, senão vejamos: <INCLUIR JURISPRUDÊNCIA SOBRE O ENQUADRAMENTO>. Citamos alguns exemplos importantes:

> AGRAVO REGIMENTAL. PREVIDENCIÁRIO. APOSENTADORIA POR TEMPO DE SERVIÇO. CONVERSÃO DO PERÍODO LABORADO EM CONDIÇÕES ESPECIAIS. LEI n. 9.711/1998. EXPOSIÇÃO A AGENTES NOCIVOS. LEIS NOS 9.032/1995 E 9.528/1997. OPERADOR DE MÁQUINAS. RUÍDO E CALOR. NECESSIDADE DE LAUDO TÉCNICO. COMPROVAÇÃO. REEXAME DE PROVAS. ENUNCIADO n. 7/STJ. DECISÃO MANTIDA POR SEUS PRÓPRIOS FUNDAMENTOS.
>
> 1. A tese de que não foram preenchidos os pressupostos de admissibilidade do recurso especial resta afastada, em razão do dispositivo legal apontado como violado.

2. Até o advento da Lei n. 9.032/1995 é possível o reconhecimento do tempo de serviço especial em face do enquadramento na categoria profissional do trabalhador. A partir dessa lei, a comprovação da atividade especial se dá através dos formulários SB-40 e DSS-8030, expedidos pelo INSS e preenchidos pelo empregador, situação modificada com a Lei n. 9.528/1997, que passou a exigir laudo técnico.

3. Contudo, para comprovação da exposição a agentes insalubres (ruído e calor) sempre foi necessária aferição por laudo técnico, o que não se verificou nos presentes autos.

4. A irresignação que busca desconstituir os pressupostos fáticos adotados pelo acórdão recorrido encontra óbice na Súmula n. 7 desta Corte.

5. Agravo regimental a que se nega provimento.

(STJ, AGREsp 200601809370, 6ª Turma, Rel. Min. Haroldo Rodrigues (Desembargador convocado do TJ/CE), *DJe* 30.08.2010).

PEDIDO DE UNIFORMIZAÇÃO. PREVIDENCIÁRIO. REVISÃO DE APOSENTADORIA POR TEMPO DE CONTRIBUIÇÃO. LABOR EXERCIDO EM CONDIÇÕES ESPECIAIS. MOTORISTA DE CAMINHÃO E DE ÔNIBUS. CONVERSÃO DE TEMPO DE SERVIÇO ESPECIAL EM COMUM. COMPROVAÇÃO POR QUALQUER MEIO DE PROVA ATÉ A VIGÊNCIA DO DECRETO n. 2.172/1997. INCIDENTE DE UNIFORMIZAÇÃO CONHECIDO EM PARTE E PARCIALMENTE PROVIDO.

1. Cabe Pedido de Uniformização, em princípio, quando demonstrada a divergência com jurisprudência dominante do STJ.

2. Para fins de reconhecimento do labor exercido em condições especiais após 29.04.1995, não é mais possível o reconhecimento da especialidade por categoria profissional, devendo ser comprovada a sujeição a agentes nocivos por qualquer meio de prova até 05.03.1997 (Decreto n. 2.172/1997).

3. A necessidade de comprovação de exposição a agentes nocivos por formulários descritivos da atividade do segurado (SB-40 ou DSS-8030) e laudo técnico pericial só surgiu com o advento do Decreto n. 2.172 de 05.03.1997, que regulamentou a Lei n. 9.032/1995 e a MP n. 1.523/1996 (convertida na Lei n. 9.528/1997), exceto para os agentes físicos ruído e calor para os quais sempre se exigiu a apresentação de laudo pericial, tendo em vista tratar-se de agentes nocivos que necessitam de aferição técnica para sua medição.

4. Precedentes do Superior Tribunal de Justiça (REsp n. 354.737, REsp n. 551.917 e REsp n. 492.678).

5. Pedido de Uniformização conhecido em parte e parcialmente provido.

(TNU, PEDILEF n. 200772510045810, Juiz Federal José Antonio Savaris, em 01.03.2010)

Quanto à comprovação da exposição ao agente nocivo, destaca-se que o recebimento da insalubridade ou da periculosidade serve como prova da exposição aos agentes nocivos e perigosos, tendo em vista que o Ente Federativo, não elaborou os laudos necessários, por não haver obrigação legal para os entes da Administração Pública à época, mas tal fato não poderá trabalhar em desfavor do servidor ora demandante. Portanto, o servidor não pode ser prejudicado pela eventual ausência de documentação a ser produzida pelo próprio ente demandado, pois este entendimento violaria o princípio da aptidão para a prova, tornando impossível ao autor da demanda vencer o ônus probatório sobre a exposição a agentes nocivos.

<NESTE PONTO, PODEM SER DESTACADOS ASPECTOS SOBRE A ATIVIDADE EXERCIDA, A FORMA DE ENQUADRAMENTO (SE POR ATIVIDADE OU AGENTE NOCIVO) E OS DADOS PREVISTOS NOS DECRETOS QUE GARANTEM O DIREITO À CONTAGEM ESPECIAL. É IMPORTANTE, AINDA, QUE SEJA CITADA, SEMPRE QUE POSSÍVEL, JURISPRUDÊNCIA ESPECÍFICA SOBRE A ATIVIDADE OU O AGENTE DISCUTIDO, LEMBRANDO QUE, PARA AÇÕES NOS JUIZADOS ESPECIAIS, A PREFERÊNCIA É POR DECISÕES DO STF, DO STJ, DO TNU, DO TRU E DE TURMAS RECURSAIS ESTADUAIS. JÁ NAS AÇÕES QUE CORRAM NAS VARAS COMUNS, RECOMENDA-SE A JUNTADA DE JURISPRUDÊNCIA STF, STJ, TJS E TRF DE CADA REGIÃO.>

Como se observa pelos documentos, fatos e direito apresentados, a parte autora cumpre todos os requisitos para a concessão da aposentadoria especial nos moldes da EC n. 103/2019 e, portanto, tem direito ao provimento de sua aposentadoria especial de servidor público.

3. **DO PREQUESTIONAMENTO** <ADEQUAR AO CASO CONCRETO>

Resta clara a violação aos ditames constitucionais e à legislação federal, da qual destacamos os artigos <ADEQUAR AO CASO CONCRETO, CITANDO NOMINALMENTE OS ARTIGOS, INCLUSIVE COM

PARÁGRAFOS E INCISOS, LEMBRANDO DE INCLUIR TAMBÉM LEGISLAÇÃO FEDERAL, MESMO PARA AÇÕES DE JUIZADOS, TENDO EM VISTA A ATUAL POSSIBILIDADE DE INTERPOSIÇÃO DE IRDR>.

## 4. REQUERIMENTOS <ADEQUAR AO CASO CONCRETO>

Diante do exposto, requer-se a Vossa Excelência:

a) a citação do Réu para, querendo, responder à presente demanda, no prazo legal;

b) a determinação ao Réu para que, na primeira oportunidade em que se pronunciar nos autos, apresente o Processo de Concessão do Benefício Previdenciário, bem como todos os laudos referentes ao local de trabalho da parte autora, como LTCAT, PPP, PCMSO ou outros, bem como todas as resoluções, portarias e laudos que determinaram o pagamento do adicional de insalubridade à parte autora sob pena de cominação de multa diária, nos termos do art. 139, IV, do CPC, a ser fixada por esse Juízo;

c) a procedência da pretensão deduzida, declarando-se que o tempo exercido sobre a atividade exposta a agentes nocivos à saúde ou à integridade física ou que submeteu o segurado ao risco deve ser considerado como especial, tendo em vista o reconhecimento do próprio Ente Público por meio do pagamento do adicional de insalubridade/periculosidade. Destaca-se que a parte autora demonstra pela documentação anexa o direito, referente ao período de 00.00.0000 até 00.00.0000 (colocar as datas corretas);

d) A condenação do Réu à concessão da aposentadoria especial em favor da parte autora, com proventos calculados na forma da Lei (art. 21, § 2º, ou art. 10, § 4º, da EC n. 103/2019, ambos combinados com o art. 26 da EC n. 103/2019);

d.1) em não sendo considerada possível a concessão de aposentadoria no presente caso, requer seja o Réu condenado a averbar o tempo de contribuição aceito como submetido a condições especiais, ainda que para a concessão de benefícios de aposentadoria a ser requerido posteriormente na via administrativa, após o implemento de todas as condições pelo(a) servidor(a);

e) após o cálculo do tempo e do direito ao benefício postulados, caso tenha sido possível a concessão em data anterior à efetivamente concedida, requer a condenação do Réu ao pagamento do abono de permanência, consoante RG STF Tema n. 888, desde a data do preenchimento dos requisitos, até a data da efetiva aposentadoria;

f) a condenação do Réu ao pagamento dos valores acumulados, aplicando-se juros e correção monetária até 11/2021, nos termos dos Temas 810 do STF e 905 do STJ e, após 12/2021, o índice da taxa referencial do Sistema Especial de Liquidação e de Custódia (Selic), acumulado mensalmente, para fins de atualização monetária e de compensação da mora (art. 3º da EC n. 113/2021), respeitada a prescrição quinquenal;

g) a condenação do Réu ao pagamento de custas, despesas e honorários advocatícios, na base de 20% (vinte por cento) dos valores devidos apurados em liquidação de sentença, conforme dispõem o art. 55 da Lei n. 9.099/1995 e o art. 85, § 3º, do CPC.

<SENDO NECESSÁRIO, REQUERER A PRODUÇÃO DE PROVA PERICIAL. SE FOR REQUERIDA A TESTEMUNHAL, É NECESSÁRIO FAZER O ARROLAMENTO DAS TESTEMUNHAS. ENTRETANTO, SE A DOCUMENTAÇÃO ANEXA NA INICIAL FOR SUFICIENTE PARA A COMPROVAÇÃO DO TEMPO E O DEFERIMENTO DO BENEFÍCIO, INCLUIR O SEGUINTE PEDIDO: "CONSIDERANDO QUE A QUESTÃO DE MÉRITO É UNICAMENTE DE DIREITO, REQUER O JULGAMENTO ANTECIPADO DA LIDE, CONFORME DISPÕE O ART. 355 DO CPC. SENDO OUTRO O ENTENDIMENTO DE V. EXA., REQUER A PRODUÇÃO DE TODOS OS MEIOS DE PROVA ADMITIDOS EM DIREITO, SEM EXCLUSÃO DE NENHUM QUE SE FIZER NECESSÁRIO AO DESLINDE DA DEMANDA.">

Requer-se, ainda, por ser a parte autora pessoa hipossuficiente, na acepção jurídica do termo, sem condições de arcar com as despesas processuais e os honorários advocatícios sucumbenciais sem prejuízo de seu sustento e de sua família, a concessão da Gratuidade da Justiça, na forma do art. 98 e ss do CPC. <RECOMENDA-SE A COLETA, PELO ADVOGADO, DE DECLARAÇÃO DE HIPOSSUFICIÊNCIA DO CLIENTE, CASO SEJA REQUERIDA A GRATUIDADE DA JUSTIÇA. DEVE-SE, TAMBÉM, DE PREFERÊNCIA, FAZER A JUNTADA DE TAL DECLARAÇÃO NOS AUTOS, JÁ NA INICIAL>.

Cumprindo a previsão do art. 319, VII, do CPC, a parte autora declara que opta pela realização <OU NÃO REALIZAÇÃO, ADEQUAR CONFORME O INTERESSE EM CADA CASO> de audiência de conciliação no presente caso.

Requer-se, com base no § 4º do art. 22 da Lei n. 8.906/1994, que, ao final da presente demanda, caso sejam encontradas diferenças em favor do autor, quando da expedição da RPV ou do precatório, os valores referentes aos honorários contratuais e sucumbenciais sejam expedidos em nome da sociedade de advogados contratada pela parte autora, sendo os honorários contratuais devidos no percentual constante do contrato em anexo.

Dá-se à causa o valor de R$ 1.000,00 (mil reais). <ADEQUAR CONFORME O CASO>

Nesses termos,

PEDE DEFERIMENTO.

Cidade e data.

Nome do Advogado e OAB

## 90. MODELO DE AÇÃO DE AVERBAÇÃO DE TEMPO ESPECIAL E APOSENTADORIA VOLUNTÁRIA DE SERVIDOR PÚBLICO COM DIREITO ADQUIRIDO ATÉ 13.11.2019 OU ATÉ A REALIZAÇÃO DE REFORMA PELO ENTE PÚBLICO

<COMENTÁRIOS DOS AUTORES: PARA O AJUIZAMENTO DESSA AÇÃO RECOMENDAMOS QUE O SERVIDOR APRESENTE PROVAS DA EXPOSIÇÃO AOS AGENTES NOCIVOS OU PERIGOSOS. CASO NÃO EXISTA LAUDO REFERENTE AO LOCAL DE TRABALHO, SUGERE-SE A UTILIZAÇÃO DE OUTROS MEIOS DE PROVA, COMO DOCUMENTAÇÃO REFERENTE AO RECEBIMENTO DA INSALUBRIDADE OU PERICULOSIDADE, DECLARAÇÃO DE SUPERIOR HIERÁRQUICO COM DETALHES DA ATIVIDADE DESENVOLVIDA, ENTRE OUTROS. EM ALGUNS CASOS, PODE SER PROPOSTA AÇÃO CONTRA O ENTE PÚBLICO QUE VISE A ELABORAÇÃO DE TAIS LAUDOS, A EXEMPLO DA INICIAL TRABALHISTA QUE FAZ PARTE DESTA OBRA PARA BUSCAR A EMISSÃO OU CORREÇÃO DO LTCAT E PPP PARA O RGPS. SUGERIMOS, POR FIM, QUE SEJA SEMPRE PROTOCOLADO O PEDIDO ADMINISTRATIVO DE REQUERIMENTO DA AVERBAÇÃO DO TEMPO E DO BENEFÍCIO ANTES DO INGRESSO DA AÇÃO.

IMPORTANTE LEMBRAR AINDA QUE, APÓS 13.11.2019, ESTÁ VEDADA PELA EC n. 103 A CONVERSÃO DE TEMPO ESPECIAL, NOS TERMOS DO § 3º DO ART. 10 DA REFERIDA EMENDA>.

**EXCELENTÍSSIMO SENHOR DOUTOR JUIZ FEDERAL DA VARA/JUIZADO ESPECIAL FEDERAL DA CIDADE – SEÇÃO JUDICIÁRIA DO ESTADO** <ADEQUAR AO CASO CONCRETO, SE FOR SERVIDOR PÚBLICO ESTADUAL OU MUNICIPAL, QUANDO A COMPETÊNCIA SERÁ DA JUSTIÇA ESTADUAL>

**Servidor(a)**, nacionalidade, estado civil, profissão, residente e domiciliado(a) na Rua, bairro, cidade, Estado, inscrito no CPF sob o nº, endereço eletrônico, vem à presença de Vossa Excelência, por intermédio de seus procuradores constituídos, propor a presente **AÇÃO DE CONCESSÃO DE APOSENTADORIA** contra o **ENTE FEDERATIVO AO QUAL O SERVIDOR ESTÁ VINCULADO** <OU ÓRGÃO AO QUAL O SERVIDOR ESTÁ VINCULADO E, SE EXISTIR, INCLUIR TAMBÉM A AUTARQUIA ESTADUAL OU MUNICIPAL RESPONSÁVEL PELA ADMINISTRAÇÃO DO RPPS, COMO IPREV>, pelos fatos e fundamentos que a seguir aduz:

1. **BREVE RESENHA FÁTICA** <ADEQUAR AO CASO CONCRETO>

O(A) Autor(a) é servidor(a) público(a) do <ENTE FEDERATIVO OU ÓRGÃO AO QUAL O SERVIDOR ESTÁ VINCULADO> exercendo desde 00.00.0000 o cargo de <ADEQUAR>, e recebendo insalubridade/periculosidade pelo trabalho exposto a agentes nocivos à saúde ou à integridade física desde 00.00.0000 até 13.11.2019.

O(A) autor(a) requereu o benefício de Aposentadoria Voluntária, com a averbação do tempo especial referente ao(s) período(s) trabalhado(s) em atividade sujeita a agentes prejudiciais à saúde e à integridade física (ou perigosas), tendo seu benefício indeferido, conforme comprova o documento anexo.

O requerimento inicial da aposentadoria ocorreu em 00.00.0000. A conversão do tempo foi pleiteada apenas para os períodos trabalhados até 13.11.2019, em respeito aos ditames da EC n. 103/2019.

Dentre as provas documentais apresentadas, o(a) autor(a) juntou:

( ) ficha funcional;

( ) ficha financeira onde comprova o recebimento da insalubridade/periculosidade;

( ) Laudo(s) pericial(is) e/ou PPP;

( ) declaração do Ente sobre a lotação do servidor, bem como as atividades por ele desenvolvidas; ou

( ) _____

Segundo o Réu, o indeferimento do benefício deu-se <INCLUIR OS MOTIVOS DE INDEFERIMENTO>.

É descabida, entretanto, a justificação apresentada para o indeferimento, sendo devida a concessão do benefício na forma constitucionalmente prevista. Assim, o servidor recorre a esse nobre Juízo para garantir a concessão da aposentadoria, posto que implementou todos os requisitos necessários para o deferimento do pedido administrativo.

## 2. FUNDAMENTOS JURÍDICOS DO PEDIDO <ADEQUAR AO CASO CONCRETO>

A parte Autora pleiteia com a presente ação o reconhecimento do tempo de serviço prestado de forma especial até 13.11.2019 perante a <ENTE FEDERATIVO OU ÓRGÃO A QUE ESTÁ VINCULADO> e a consequente averbação desse tempo com a conversão do tempo especial para comum (1,4 homem e 1,2 mulher) para a verificação do direito à aposentadoria voluntária com base no cumprimento da regra de transição 85/1995 (art. 3º da EC n. 47/2005) ou a regra prevista no art. 6º da EC n. 41/2003, que lhe garantirá integralidade do último vencimento e paridade de reajustes com a ativa.

Constam nos documentos provas que comprovam a exposição da parte a agentes nocivos decorrentes da sua atividade habitual <INDICAR A ATIVIDADE EXERCIDA>.

A matéria já se encontra pacificada no Supremo Tribunal Federal pelo Tema 942, que teve a seguinte tese firmada:

> Até a edição da Emenda Constitucional n. 103/2019, o direito à conversão, em tempo comum, do prestado sob condições especiais que prejudiquem a saúde ou a integridade física de servidor público decorre da previsão de adoção de requisitos e critérios diferenciados para a jubilação daquele enquadrado na hipótese prevista no então vigente inciso III do § 4º do art. 40 da Constituição da República, devendo ser aplicadas as normas do regime geral de previdência social relativas à aposentadoria especial contidas na Lei 8.213/1991 para viabilizar sua concretização enquanto não sobrevier lei complementar disciplinadora da matéria. Após a vigência da EC n. 103/2019, o direito à conversão em tempo comum, do prestado sob condições especiais pelos servidores obedecerá à legislação complementar dos entes federados, nos termos da competência conferida pelo art. 40, § 4º-C, da Constituição da República. (STF, RE 1014286, Relator do Acórdão Min. Fachin, DATA DE PUBLICAÇÃO DJE 24/09/2020 – ATA n. 160/2020. DJE n. 235, divulgado em 23/09/2020)

**Pensar diferente seria na prática impedir a aposentadoria especial,** já que esta, no formato atualmente concedido é muito ruim para os servidores, não lhes garantindo a integralidade e paridade.

Lembrando que para os servidores ingressantes antes de 16.12.1998 são previstas diversas regras de transição, entre elas a 85/1995 (EC n. 47/2005), que garante o melhor benefício.

Cabe destacar que não se pode vedar a contagem diferenciada de tempo especial anterior a 13.11.2019 a pretexto da possibilidade de superveniência de lei que altere os requisitos antes da aquisição do direito à aposentadoria.

Isso porque, a jurisprudência é pacífica no sentido de que "o cômputo do tempo de serviço e os seus efeitos jurídicos regem-se pela lei vigente quando da sua prestação" (RE n. 402.576-AgR, RE n. 440.749-AgR, RE n. 463.299-AgR, RE n. 464.694-AgR e RE n. 482.187-AgR, Rel. Min. Sepúlveda Pertence).

Ademais, os coeficientes de conversão do tempo especial para comum utilizados pelo RGPS (1,4 e 1,2, por exemplo) são meros reflexos matemáticos dos tempos comparados (35/25=1,4 e 30/25= 1,2).

Dessa forma, merece a parte autora o reconhecimento do seu direito com a condenação da demandada a averbar o tempo convertido nos seus assentos funcionais, com a concessão da aposentadoria na forma pleiteada, inclusive para fins de recebimento do abono de permanência.

## 3. DO DIREITO À APOSENTADORIA VOLUNTÁRIA E DO DIREITO AO MELHOR BENEFÍCIO
<ADEQUAR AO CASO CONCRETO>

No direito previdenciário protege-se não apenas o direito adquirido, mas também o direito ao melhor benefício, portanto, a melhor regra e a melhor renda mensal de benefício dentro do direito e das hipóteses possíveis para cada segurado. Nos RPPS (servidores públicos) não é diferente.

Como no caso em análise, é comum a possibilidade de diversos cálculos para o mesmo servidor, principalmente após 1998 com as alterações de parâmetros e a criação de regras de transição aplicáveis àqueles que cumprirem os requisitos diferenciados para estas.

Assim, com as mudanças periódicas na legislação, muitos servidores possuem direito adquirido ou direito à regra de transição, além, é claro, do direito à nova regra.

Quando isso ocorre, deve-se sempre garantir o melhor benefício ao segurado/servidor. Assim, deverão ser elaborados os diversos cálculos possíveis e utilizado aquele que resultar no melhor valor de renda mensal inicial.

No caso em concreto, a melhor aposentadoria possível é aquela decorrente da fórmula 85/1995 (art. 3.º da EC n. 47/2005) ou da regra prevista no art. 6º da EC n. 41/03, que garantem integralidade e paridade. Entretanto, podem-se encontrar outras opções.

Entre elas, a aposentadoria com base no art. 2º da EC n. 41/2003 e a aposentadoria especial nos moldes da EC n. 103/2019, para servidores federais, ou ainda com a aplicação da Súmula Vinculante n. 33, para os demais servidores até que os respectivos entes realizem suas reformas e definam novas regras.

A parte ressalva que deseja a concessão de seu benefício pela fórmula 85/1995 (art. 3º da EC n. 47/2005) ou da regra prevista no art. 6º da EC n. 41/2003, já que as outras não garantem o direito à integralidade e à paridade.

Ademais, pela contagem de tempo comprova-se que a parte autora cumpre os requisitos em 00.00.0000, anteriormente à modificação de regras decorrentes da Reforma da Previdência. Vale destacar que a reforma do Ente a que está vinculada a parte autora se deu em 00.00.0000. <ADEQUAR PARA A DATA OU INFORMAR SE AINDA NÃO HOUVE A REFORMA, COMO É O CASO DE DIVERSOS MUNICÍPIOS E ESTADOS.>

Neste ponto, vale ressaltar o previsto pela EC n. 103/2019, em seu art. 10, que regrou a aposentadoria especial dos servidores federais:

> § 7º Aplicam-se às aposentadorias dos servidores dos Estados, do Distrito Federal e dos Municípios as normas constitucionais e infraconstitucionais anteriores à data de entrada em vigor desta Emenda Constitucional, enquanto não promovidas alterações na legislação interna relacionada ao respectivo regime próprio de previdência social.

Ressalta-se que a concessão do benefício deve ser efetivada com base no cálculo que representar o melhor resultado possível e nos termos da regra vigente à época da implementação dos requisitos, o **que no presente caso é o cálculo requerido pela parte nesta inicial.**

Vale lembrar ainda que o entendimento referente ao melhor benefício se consolidou no direito previdenciário brasileiro em 2013, com a decisão no Recurso Extraordinário n. 630.501 (RG Tema n. 334), emanada do STF, onde ficou decidido o direito do segurado à melhor forma de cálculo e ao melhor resultado dentro de sua realidade individual. Vejamos:

> APOSENTADORIA – PROVENTOS – CÁLCULO.
>
> Cumpre observar o quadro mais favorável ao beneficiário, pouco importando o decesso remuneratório ocorrido em data posterior ao implemento das condições legais. Considerações sobre o instituto do direito adquirido, na voz abalizada da relatora – Ministra Ellen Gracie –, subscritas pela maioria.
>
> (STF, RE n. 630501, Tribunal Pleno, Rel. Min. Ellen Gracie, Rel. p/ Acórdão: Min. Marco Aurélio, *DJe* 26.08.2013).

Assim, uma vez cabível outra regra de cálculo mais benéfica, esta deverá ser utilizada para a concessão do benefício, em detrimento de todas as outras, sempre na aplicação do melhor direito a ser deferido ao servidor/segurado.

## 4. DO PREQUESTIONAMENTO

Resta clara a violação aos ditames constitucionais e legislação federal, da qual destacamos os artigos <ADEQUAR AO CASO CONCRETO, CITANDO NOMINALMENTE OS ARTIGOS, INCLUSIVE COM PARÁGRAFOS E INCISOS, LEMBRANDO DE INCLUIR TAMBÉM LEGISLAÇÃO FEDERAL MESMO PARA AÇÕES DE JUIZADOS, TENDO EM VISTA A ATUAL POSSIBILIDADE DE INTERPOSIÇÃO DE IRDR>.

## 5. REQUERIMENTOS <ADEQUAR AO CASO CONCRETO>

Diante do exposto, requer-se à Vossa Excelência:

a) a citação do Réu para, querendo, responder à presente demanda, no prazo legal;

b) a determinação ao Réu para que, na primeira oportunidade em que se pronunciar nos autos, apresente o *Processo de Concessão do Benefício Previdenciário*, bem como todos os laudos referentes ao local de trabalho da parte autora, como LTCAT, PPP, PCMSO ou outros, bem como todas as resoluções, portarias e laudos que determinaram o pagamento do adicional de insalubridade à parte Autora sob pena de cominação de multa diária, nos termos do art. 139, IV, do CPC, a ser fixada por esse Juízo;

c) a procedência da pretensão deduzida, declarando-se que o tempo exercido sobre a atividade exposta a agentes nocivos à saúde ou à integridade física ou que submeteu o segurado ao risco deve ser considerado como especial, com a devida averbação diferenciada (1,4 homem e 1,2 mulher) dos períodos trabalhados até 13.11.2019, tendo em vista o reconhecimento do próprio Ente Público por meio do pagamento do adicional de insalubridade/periculosidade. Destaca-se que a parte autora demonstra pela documentação anexa o direito, referente ao período de 00/00/0000 até 00.00.0000 <COLOCAR AS DATAS CORRETAS>;

d) a procedência da pretensão deduzida, para condenar o <ENTE FEDERATIVO OU ÓRGÃO A QUE ESTÁ VINCULADA A PARTE AUTORA> a deferir à parte autora todos os adicionais e benefícios que o tempo de serviço especial averbado lhe garantir, inclusive abono de permanência caso cumpra outro requisito para aposentadoria que lhe conceda esse direito, a ser pago na via administrativa ou judicial até a data do efetivo afastamento do servidor de suas atividades;

e) a procedência da pretensão deduzida, consoante narrado nesta inicial, para condenar o(s) Réu(s) à concessão do benefício de aposentadoria voluntária com paridade e integralidade na forma da regra prevista no art. 3º da EC n. 47/2005 (85/1995) ou art. 6º da EC n. 41/2003, considerando o que for mais benéfico, tendo em vista o cumprimento dos requisitos necessários pela parte;

f) a condenação do Réu ao pagamento dos valores acumulados, aplicando-se juros e correção monetária até 11/2021, nos termos dos Temas 810 do STF e 905 do STJ e, após 12/2021, o índice da taxa referencial do Sistema Especial de Liquidação e de Custódia

(Selic), acumulado mensalmente, para fins de atualização monetária e de compensação da mora (art. 3º da EC n. 113/2021), respeitada a prescrição quinquenal;

g) a condenação do Réu ao pagamento de custas, despesas e honorários advocatícios, na base de 20% (vinte por cento) dos valores devidos apurados em liquidação de sentença, conforme dispõem o art. 55 da Lei n. 9.099/1995 e o art. 85, § 3º, do CPC.

<SENDO NECESSÁRIO, REQUERER A PRODUÇÃO DE PROVA PERICIAL. SE FOR REQUERIDA A TESTEMUNHAL, É NECESSÁRIO FAZER O ARROLAMENTO DAS TESTEMUNHAS. ENTRETANTO, SE A DOCUMENTAÇÃO ANEXA NA INICIAL FOR SUFICIENTE PARA A COMPROVAÇÃO DO TEMPO E O DEFERIMENTO DO BENEFÍCIO, INCLUIR O SEGUINTE PEDIDO: "CONSIDERANDO QUE A QUESTÃO DE MÉRITO É UNICAMENTE DE DIREITO, REQUER O JULGAMENTO ANTECIPADO DA LIDE, CONFORME DISPÕE O ART. 355 DO CPC. SENDO OUTRO O ENTENDIMENTO DE V. EXA., REQUER A PRODUÇÃO DE TODOS OS MEIOS DE PROVA ADMITIDOS EM DIREITO, SEM EXCLUSÃO DE NENHUM QUE SE FIZER NECESSÁRIO AO DESLINDE DA DEMANDA".>

Requer-se, ainda, por ser a parte autora pessoa hipossuficiente, na acepção jurídica do termo, sem condições de arcar com as despesas processuais e os honorários advocatícios sucumbenciais sem prejuízo de seu sustento e de sua família, a Gratuidade da Justiça, na forma do art. 98 e ss do CPC. <RECOMENDA-SE A COLETA, PELO ADVOGADO, DE DECLARAÇÃO DE HIPOSSUFICIÊNCIA DO CLIENTE, CASO SEJA REQUERIDA A GRATUIDADE DA JUSTIÇA. DEVE-SE, TAMBÉM, DE PREFERÊNCIA, FAZER A JUNTADA DE TAL DECLARAÇÃO NOS AUTOS, JÁ NA INICIAL>.

Cumprindo a previsão do art. 319, VII, do CPC, a parte autora declara que opta pela realização <OU NÃO REALIZAÇÃO, ADEQUAR CONFORME O INTERESSE EM CADA CASO> de audiência de conciliação no presente caso.

Requer-se, com base no § 4º do art. 22 da Lei n. 8.906/1994, que, ao final da presente demanda, caso sejam encontradas diferenças em favor do autor, quando da expedição da RPV ou do precatório, os valores referentes aos honorários contratuais e sucumbenciais sejam expedidos em nome da sociedade de advogados contratada pela parte Autora, sendo os honorários contratuais devidos no percentual constante no contrato em anexo.

Dá-se à causa o valor de R$ 1.000,00 (mil reais). <ADEQUAR CONFORME O CASO>

Nesses termos,

PEDE DEFERIMENTO.

Cidade e data.

Nome do Advogado e OAB

## 91. MODELO DE AÇÃO DE CONCESSÃO DE CERTIDÃO DE TEMPO DE CONTRIBUIÇÃO TRABALHADO ATÉ 13.11.2019 COM INCLUSÃO DE TEMPO ESPECIAL PARA FINS DE CONTAGEM RECÍPROCA

**EXCELENTÍSSIMO SENHOR DOUTOR JUIZ FEDERAL DA VARA/JUIZADO ESPECIAL FEDERAL DA CIDADE – SEÇÃO JUDICIÁRIA DO ESTADO**

**Segurado(a)**, nacionalidade, estado civil, profissão, residente e domiciliado(a) na Rua, bairro, cidade, Estado, inscrito no CPF sob o nº, endereço eletrônico, vem à presença de Vossa Excelência, por intermédio de seus procuradores constituídos, propor a presente **AÇÃO DE AVERBAÇÃO DE TEMPO ESPECIAL C/C REVISÃO DE CERTIDÃO DE TEMPO DE CONTRIBUIÇÃO** contra o **INSTITUTO NACIONAL DO SEGURO SOCIAL – INSS**, pessoa jurídica de direito público, autarquia federal, com endereço à..., pelos fatos e fundamentos que a seguir aduz:

**1. BREVE RESENHA FÁTICA** <ADEQUAR AO CASO CONCRETO>

O(A) Autor(a) requereu, junto à Autarquia Previdenciária emissão de Certidão de Tempo de Contribuição, tendo em vista que laborou como segurado obrigatório do RGPS dos períodos de

<ADEQUAR AO CASO CONCRETO>, quando passou a exercer a função de <ADEQUAR AO CASO CONCRETO> junto a(o) <ADEQUAR AO CASO CONCRETO> e assim submetendo-se a regime próprio de previdência privada.

Tendo em vista que em todo <OU PARTE> do período o(a) autor(a) trabalhou em atividade nociva à saúde, houve requerimento ao INSS para que procedesse a emissão da CTC com a devida averbação do tempo especial. Sobre os períodos especiais, destacamos:

| Período | Profissão | Agente nocivo | Empresa |
|---|---|---|---|
|  |  |  |  |

Dentre as provas documentais apresentadas, o(a) autor(a) juntou: <ADEQUAR AO CASO>

( ) Cópia da Carteira de Trabalho e Previdência Social;
( ) Formulário(s) SB-40 ou DSS-8030 e PPP;
( ) Laudo(s) pericial(is);
( ) _____

Entretanto, ao emitir a CTC o INSS negou a contagem do tempo especial pleiteado... <INCLUIR OS MOTIVOS DE INDEFERIMENTO>.

Necessária, portanto, a presente demanda para que seja o tempo contado devidamente e haja a emissão de nova CTC pelo Réu.

## 2. FUNDAMENTOS JURÍDICOS DO PEDIDO <ADEQUAR AO CASO CONCRETO>

### 2.1 Da contagem recíproca

O direito previdenciário brasileiro garante ao trabalhador dos regimes públicos (RGPS e RPPS) a contagem a contagem recíproca de seu tempo de serviço/contribuição, possibilitando a transferência de um regime para outro através da emissão e entrega de Certidão de Tempo de Contribuição (CTC).

As normas constitucionais aplicáveis são previstas nos arts. 201 (§§ 9º e 9-A) e 40 (§ 9º) da Constituição Federal, respectivamente, que destacamos a seguir:

> Art. 201, § 9º. Para fins de aposentadoria, será assegurada a contagem recíproca do tempo de contribuição entre o Regime Geral de Previdência Social e os regimes próprios de previdência social, e destes entre si, observada a compensação financeira, de acordo com os critérios estabelecidos em lei. (Redação dada pela Emenda Constitucional n. 103, de 2019)
>
> Art. 201, § 9º-A. O tempo de serviço militar exercido nas atividades de que tratam os arts. 42, 142 e 143 e o tempo de contribuição ao Regime Geral de Previdência Social ou a regime próprio de previdência social terão contagem recíproca para fins de inativação militar ou aposentadoria, e a compensação financeira será devida entre as receitas de contribuição referentes aos militares e as receitas de contribuição aos demais regimes. (Incluído pela Emenda Constitucional n. 103, de 2019)
>
> Art. 40, § 9º. O tempo de contribuição federal, estadual, distrital ou municipal será contado para fins de aposentadoria, observado o disposto nos §§ 9º e 9º-A do art. 201, e o tempo de serviço correspondente será contado para fins de disponibilidade. (Redação dada pela Emenda Constitucional n. 103, de 2019)

O direito do trabalhador de levar um tempo de serviço ou de contribuição para outro regime previdenciário está regulamentado pelo art. 96 da Lei n. 8.213/1991, cabendo aos entes Estaduais, Municipais e Distrito Federal complementarem essas regras, não se podendo contrariar as normas gerais federais, de competência da União.

Sobre o tema vale destacar, também, a Lei n. 9.796, de 05 de maio de 1999, que dispõe sobre a compensação financeira entre o Regime Geral de Previdência Social e os regimes de previdência dos servidores da União, dos Estados, do Distrito Federal e dos Municípios, nos casos de contagem recíproca de tempo de contribuição para efeito de aposentadoria, e dá outras providências.

Vale ainda ressaltar a previsão da EC n. 103/2019 referente a conversão de tempo especial para servidores públicos:

> Art. 10, § 3º. A aposentadoria a que se refere o § 4º-C do art. 40 da Constituição Federal observará adicionalmente as condições e os requisitos estabelecidos para o Regime Geral de Previdência Social, naquilo em que não conflitarem com as regras específicas aplicáveis ao regime próprio de previdência social da União, vedada a conversão de tempo especial em comum.

Já no que pertine a conversão do tempo trabalhado junto na iniciativa privada, temos a seguinte normativa pela EC n. 103/2019:

> Art. 25, § 2º. Será reconhecida a conversão de tempo especial em comum, na forma prevista na Lei n. 8.213, de 24 de julho de 1991, ao segurado do Regime Geral de Previdência Social que comprovar tempo de efetivo exercício de atividade sujeita a condições especiais que efetivamente prejudiquem a saúde, cumprido até a data de entrada em vigor desta Emenda Constitucional, vedada a conversão para o tempo cumprido após esta data.

Assim, tem a parte o direito da emissão da CTC para que possa promover a averbação de seu tempo trabalhando junto ao RGPS no seu RPPS atual, e tal documento (CTC) deve ser de forma a transpor todo seu direito adquirido pelas contribuições, inclusive, sua contagem de tempo especial na forma legalmente aplicável a espécie para os períodos trabalhados até 13.11.2019.

**2.2 Do direito à contagem de tempo especial por categoria profissional até a edição da Lei n. 9.032, de 28.04.1995** <ADEQUAR AO CASO CONCRETO, CITAR SE HOUVE TEMPO ANTERIOR A 28/04/1995 QUE PODE SER ENQUADRADO PELAS CATEGORIAS PREVISTAS NOS DECRETOS 53.831/64 E DECRETO N. 83.080/1979>

A legislação vigente até 28.04.1995 garantia o direito à contagem de tempo especial por enquadramento por categoria profissional de <ADEQUAR AO CASO CONCRETO>. As atividades que contavam com presunção legal de exposição foram relacionadas no Anexo do Decreto n. 53.831/1964 e nos Anexos I e II do Decreto n. 83.030/1979, sendo consideradas para efeito do enquadramento como tempo especial durante a vigência dos referidos decretos.

Ademais, o próprio art. 70, § 1º, do Decreto n. 3.048/1999 estabelece que **"a caracterização e a comprovação do tempo de atividade sob condições especiais obedecerá ao disposto na legislação em vigor na época da prestação do serviço".**

Conforme a documentação anexa aos autos verifica-se que a parte Autora exerceu durante toda sua vida laboral a profissão de <ADEQUAR AO CASO CONCRETO>, possuindo tempo de RPPS e RGPS nessa profissão.

Salienta-se que esta atividade profissional se encontra na classificação dos Serviços e Atividades Profissionais considerados especiais no **Decreto n. 53.831/64**, com tempo mínimo de trabalho de 25 anos. <ADEQUAR AO CASO CONCRETO, CITANDO O ITEM PERTINENTE, PREVISTO NO REFERIDO DECRETO>

Outrossim, o **Decreto n. 83.080/1979** também inseriu no rol das atividades profissionais que dão direito a aposentadoria especial a função de medicina <ADEQUAR AO CASO CONCRETO, CITANDO O ITEM PERTINENTE, PREVISTO NO REFERIDO DECRETO>.

Assim a parte tem direito a contagem tanto do tempo do RGPS quanto do RPPS, com a presunção da atividade especial por categoria profissional, com base na legislação vigente à época.

**2.3 Da jurisprudência aplicável ao caso**

em um primeiro momento cumpre esclarecer que não cabe a Autarquia Previdenciária negar-se a fornecer a Certidão do Tempo de Contribuição com as devidas conversões, neste sentido:

> PREVIDENCIÁRIO. CONTAGEM RECÍPROCA. POSSIBILIDADE DE SE RECONHECER A ESPECIALIDADE DE ATIVIDADE PRESTADA JUNTO AO REGIME GERAL PARA FINS DE APOSENTADORIA NO REGIME PRÓPRIO. DEVER DA AUTARQUIA DE FORNECER CERTIDÃO DO TEMPO DE SERVIÇO MAJORADO EM

RAZÃO DA APLICAÇÃO DE MULTIPLICADORES DECORRENTES DO RECONHECIMENTO DA ESPECIALIDADE.

O INSS não possui legitimidade para discutir a possibilidade de concessão de aposentadoria especial a quem esteja vinculado a regime próprio de previdência. O Supremo Tribunal Federal, ao julgar o Mandado de Injunção n. 721/DF, publicado em 30.11.2007, reconheceu o direito de servidores públicos estatutários à aposentadoria especial, mesmo que ausente previsão legislativa específica do respectivo ente da federação.

É indevida a recusa da Autarquia em fornecer certidão do tempo de serviço com acréscimo decorrente da conversão da atividade especial em comum, já que o segurado que prestou o trabalho vinculado ao regime geral e exposto a condições especiais, tem o direito de incorporar tal situação em seu patrimônio jurídico. Inaplicabilidade do art. 96, inciso I, da Lei n. 8.213/1991, por inexistirem razões que justifiquem tal vedação. Precedentes do TRF4. (RCI 2007.72.95.007381-8, 1ª Turma Recursal de SC, Rel. Rodrigo Koehler Ribeiro, j. 08.07.2009).

Em recente julgamento, assim manifestou-se a 9ª Turma Recursal do TRF-4:

PREVIDENCIÁRIO. TEMPO ESPECIAL. CONTAGEM RECÍPROCA. EMISSÃO DE CTC. VIABILIDADE. ART. 4º, I, DA LEI n. 6.226/1975. AGENTE RUÍDO. RECONHECIMENTO. VIGILANTE. ENQUADRAMENTO POR CATEGORIA PROFISSIONAL.

1. A Corte Especial deste Tribunal reconheceu a inconstitucionalidade, sem redução de texto, do art. 96, I, da LBPS, e do art. 4º, I, da Lei n. 6.226/1975, nos autos do MS n. 0006040-92.2013.4.04.0000. Portanto, é possível a expedição de CTC com a averbação do tempo laborado em condições especiais.

2. Uma vez exercida atividade enquadrável como especial, sob a égide da legislação que a ampara, o segurado adquire o direito ao reconhecimento como tal e ao acréscimo decorrente da sua conversão em tempo de serviço comum no âmbito do Regime Geral de Previdência Social.

3. Para as atividades exercidas até 28.0./1995, véspera da vigência da Lei n. 9.032/1995, é possível o reconhecimento do tempo de atividade especial pelo pertencimento a determinada categoria profissional ou pela exposição aos agentes nocivos, nos termos previstos pelos decretos regulamentares. Por outro lado, em razão do caráter protetivo do trabalhador, é de ser reconhecida a natureza qualificada da atividade ainda que as condições que prejudicam sua saúde ou integridade física não se encontrem expressas em determinado regulamento (inteligência da Súmula 198 do extinto TFR).

4. Estando o trabalhador comprovadamente sujeito ao agente ruído em patamar superior a 80 dB(A) até 05/03/1997, mostra-se impositivo o reconhecimento da especialidade (STJ, REsp 1398260/PR, Rel. Ministro Herman Benjamin, Primeira Seção, j. 14.05.2014, *DJe* 05.12.2014, julgamento proferido de acordo com a sistemática de representativo de controvérsia – CPC, art. 543-C).

5. Até 28.04.1995, ou seja, anteriormente ao advento da Lei n. 9.032, admitia-se o reconhecimento da especialidade do tempo de serviço em que o autor exerceu a função de vigilante, pelo enquadramento da categoria profissional, por equiparação à função de guarda (Código 2.5.7 do Quadro Anexo do Decreto n. 53.831/1964), havendo presunção de periculosidade e sendo desnecessária a prova da efetiva exposição habitual e permanente ao agente nocivo e independentemente de o segurado portar arma de fogo no exercício de sua jornada laboral.

6. Comprovado a especialidade da atividade desempenhada nos períodos pugnados, tem a parte autora direito à averbação administrativa e consequente emissão de CTC em que conste referida especialidade, para fins de contagem recíproca.

(TRF-4, AC 5019213-64.2019.4.04.9999, 9ª Turma, Rel. Paulo Afonso Brum Vaz, juntado aos autos em 19.05.2022)

Comprovado pelo autor o direito a conversão dos períodos laborados em atividades especiais, tais períodos deveriam ser devidamente averbados na sua CTC. Nesse sentido, vejamos: <ADEQUAR AO CASO CONCRETO, SUGERIMOS CITAR JURISPRUDÊNCIA DE AGENTE OU ATIVIDADE RELACIONADA AO CASO CONCRETO>

DIREITO PREVIDENCIÁRIO. TEMPO ESPECIAL. CATEGORIA PROFISSIONAL (MÉDICO). CONVERSÃO DE TEMPO ESPECIAL EM COMUM APÓS 28/05/1998. POSSIBILIDADE. ATIVIDADES CONCOMITANTES EXERCIDAS NO RGPS E NO REGIME PRÓPRIO. POSSIBILIDADE DE CUMULAÇÃO DOS BENEFÍCIOS. CERTIDÃO DE TEMPO DE CONTRIBUIÇÃO.

**1. Demonstrado o exercício de tarefa sujeita a enquadramento por categoria profissional até 28/04/1995 (médico), o período respectivo deve ser considerado como tempo especial.**

2. É possível a conversão de tempo especial em comum, mesmo após maio de 1998, consoante entendimento firmado pelo STJ, em decisão no âmbito de recurso repetitivo (REsp n. 1.151.363/MG).

3. Transformados os empregos públicos em cargos públicos, o tempo anterior celetista foi automaticamente incorporado ao vínculo estatutário, mediante compensação entre os sistemas. Houve modificação da natureza jurídica do vínculo, mas não ocorreu solução de continuidade, tendo inclusive o Supremo Tribunal Federal reconhecido o direito dos servidores federais ao aproveitamento, no regime estatutário, sem restrições, do tempo anterior celetista.

4. Com a convolação do emprego público para cargo público e a previsão para compensação financeira, nada impede o aproveitamento das contribuições como servidor público pelo demandante para fins de obtenção de aposentadoria no regime próprio. A situação em apreço não é a de dupla consideração da mesma atividade e das mesmas contribuições, e sim de concomitância de atividades com recolhimentos distintos.

5. Hipótese em que não há se falar, pois, de contagem de tempo de serviço em duplicidade ou sequer de contagem recíproca, mas, tão-somente, de possibilidade de aproveitamento, em regime próprio, de tempo de serviço público celetista referente a emprego público que foi convolado em cargo público, com a previsão de compensação financeira, não se subsumindo o presente caso à hipótese prevista no art. 96, II, da Lei 8.213/1991.

6. Julgado precedente nos EINF 2007.70.09.001928-0, da Terceira Seção, (Relator p/ Acórdão Ricardo Teixeira do Valle Pereira, *DE* 28.01.2013).

7. Direito à emissão de Certidão de Tempo de Contribuição, pelo INSS, incluindo o tempo de serviço como empregado público, multiplicado pelo fator 1,2, relativo à especialidade da função exercida (TRF4 5020087-95.2014.404.7001, 6ª Turma, Rel. (AUXÍLIO SALISE) HERMES S DA CONCEIÇÃO JR, juntado aos autos em 29.07.2016)

A utilização de tempo de contribuição exercido perante o Regime Geral de Previdência Social para fins de concessão de benefícios junto a regime de previdência diverso é plenamente cabível, neste sentido citamos:

PREVIDENCIÁRIO E PROCESSUAL CIVIL. COMPETÊNCIA DA JUSTIÇA FEDERAL. RECONHECIMENTO DO EXERCÍCIO DE ATIVIDADE ESPECIAL. **CONVERSÃO DO TEMPO DE SERVIÇO ESPECIAL EM COMUM. ENQUADRAMENTO POR CATEGORIA PROFISSIONAL. CONTAGEM RECÍPROCA. EXPEDIÇÃO DE CERTIDÃO DE TEMPO DE SERVIÇO.**

1. A competência da Justiça Federal encontra-se prevista no art. 109 da CRFB/1988 e restringe-se, *in casu*, aos pedidos formulados em face do Instituto Nacional do Seguro Social.

2. **Comprovado o exercício de atividade especial, conforme os critérios estabelecidos na lei vigente à época do exercício, o segurado tem direito adquirido ao cômputo do tempo de serviço como tal, e ao acréscimo decorrente da sua conversão em tempo comum, utilizado o fator de conversão previsto na legislação aplicada na data da concessão do benefício.**

3. Até 28.04.1995, é admissível o reconhecimento da especialidade do trabalho por categoria profissional; a partir de 29.04.1995, necessária a demonstração da efetiva exposição, de forma não ocasional nem intermitente, a agentes prejudiciais à saúde, por qualquer meio de prova; e, a contar de 6.5.1997 a comprovação deve ser feita por formulário-padrão embasado em laudo técnico ou por perícia técnica.

4. As atividades de médico, exercidas até 28.04.1995, são consideradas especiais por enquadramento da categoria profissional.

5. É possível a utilização de tempo de contribuição exercido perante o Regime Geral de Previdência Social para fins de concessão de benefícios junto a regime de previdência diverso, bastando, para tanto, que as contribuições que se pretende utilizar não tenham sido efetivamente recolhidas e não tenham sido aproveitadas na concessão de benefício junto ao RGPS, e tampouco restituídas ao segurado na forma de pecúnia. Precedentes desta Corte.

(...) (TRF-4, AC 0015960-37.2011.404.9999, 5ª Turma, Rel. Roger Raupp Rios, *DE* 06.07.2016).

Razão pela qual, diante do cumprimento de todos os requisitos legais, requer o(a) Autor(a) o reconhecimento dos períodos <ADEQUAR AO CASO CONCRETO> como atividade especial, condenando-se o INSS a emitir nova CTC constando tais períodos devidamente indicados nos termos da Nota Técnica n. 792/2021.

Por fim, destacamos que desde a Portaria MPS n. 1.180, de 14 de abril de 2023, a CTC agora conta com um campo específico para o tempo especial, facilitando a identificação clara e detalhada desses períodos no verso do documento.

## 3. DO PREQUESTIONAMENTO <ADEQUAR AO CASO CONCRETO>

Resta clara a violação aos ditames constitucionais e legislação federal, que destacamos <ADEQUAR AO CASO CONCRETO, LEMBRANDO DE INCLUIR LEGISLAÇÃO FEDERAL TAMBÉM, MESMO PARA AÇÕES DE JUIZADOS, TENDO EM VISTA A ATUAL POSSIBILIDADE DE INTERPOSIÇÃO DE IRDR>.

## 4. REQUERIMENTOS <ADEQUAR AO CASO CONCRETO>

Diante do exposto, requer-se a Vossa Excelência:

a) a citação do Instituto Nacional do Seguro Social – INSS para, querendo, responder à presente demanda, no prazo legal;

b) a determinação ao INSS para que, na primeira oportunidade em que se pronunciar nos autos, apresente o Processo Administrativo de Requerimento de CTC, conforme determinado pelo art. 11 da Lei n. 10.259/2001, sob pena de cominação de multa diária, nos termos do art. 139, IV, do CPC, a ser fixada por esse Juízo;

c) a procedência da pretensão deduzida, para declarar que o período trabalhado em atividade nociva a saúde ou a integridade física da parte autora de tal a tal data <ADEQUAR AO CASO CONCRETO> é especial e condenar o INSS a averbar ao CNIS da parte tais informações;

d) a procedência da pretensão deduzida, consoante narrado nesta inicial, condenando-se o INSS a revisar e a CTC emitida, elaborando nova nos termos da Portaria MPS n. 1.180/2024, comprovando ainda a devida averbação de tempo especial dos períodos trabalhados comprovados como especial, para que o segurado possa proceder sua devida averbação perante a <ADEQUAR AO CASO CONCRETO>:

e) a condenação do INSS ao pagamento de custas, despesas e de honorários advocatícios, na base de 20% (vinte por cento) sobre a condenação, conforme dispõem o art. 55 da Lei n. 9.099/1995 e o art. 85, § 3º, do CPC.

<SE NECESSÁRIA A PRODUÇÃO DE PROVAS, A EXEMPLO DA TESTEMUNHAL, REQUERER E FAZER O ARROLAMENTO DAS TESTEMUNHAS; ENTRETANTO, SE A DOCUMENTAÇÃO ANEXA NA INICIAL FOR SUFICIENTE PARA A COMPROVAÇÃO DO TEMPO E O DEFERIMENTO DO BENEFÍCIO, INCLUIR O SEGUINTE PEDIDO: "CONSIDERANDO, AINDA, QUE A QUESTÃO DE MÉRITO É UNICAMENTE DE DIREITO, REQUER O JULGAMENTO ANTECIPADO DA LIDE, CONFORME DISPÕE O ART. 355 DO CPC. SENDO OUTRO O ENTENDIMENTO DE V. EXA., REQUER E PROTESTA PELA PRODUÇÃO DE TODOS OS MEIOS DE PROVA ADMITIDOS EM DIREITO, SEM EXCLUSÃO DE NENHUM QUE SE FIZER NECESSÁRIO AO DESLINDE DA DEMANDA">

Requer-se, ainda, por ser a Parte Autora pessoa hipossuficiente, na acepção jurídica do termo, sem condições de arcar com as despesas processuais e os honorários advocatícios sucumbenciais sem prejuízo de seu sustento e de sua família, a concessão da Gratuidade da Justiça, na forma do art. 98 e ss do CPC. <RECOMENDA-SE A COLETA, PELO ADVOGADO, DE DECLARAÇÃO DE HIPOSSUFICIÊNCIA DO CLIENTE, CASO SEJA REQUERIDA A GRATUIDADE DA JUSTIÇA. DEVE-SE, TAMBÉM, DE PREFERÊNCIA, FAZER A JUNTADA DE TAL DECLARAÇÃO NOS AUTOS, JÁ NA INICIAL>.

Cumprindo a previsão do art. 319, VII, do CPC, a parte autora declara que opta pela realização <OU NÃO REALIZAÇÃO, ADEQUAR CONFORME O INTERESSE EM CADA CASO> de audiência de conciliação no presente caso.

Requer-se, com base no § 4º do art. 22 da Lei n. 8.906/1994, que, ao final da presente demanda, caso sejam encontradas diferenças em favor do autor, quando da expedição da RPV ou do precatório, os valores referentes aos honorários contratuais e sucumbenciais sejam expedidos em nome da sociedade de advogados contratada pela parte Autora, sendo os honorários contratuais devidos no percentual constante no contrato em anexo.

Dá-se à causa o valor de R$ 1.000,00 (Mil reais). <ADEQUAR CONFORME O CASO>

Nesses termos,

PEDE DEFERIMENTO.

Cidade e data.

Nome do Advogado e OAB

## 92. MODELO DE AÇÃO DE CONCESSÃO DE PENSÃO POR MORTE DE SERVIDOR PÚBLICO FEDERAL (OU DE OUTROS ENTES QUE JÁ TENHAM PROMOVIDO REFORMAS APÓS A EC N. 103)

**EXCELENTÍSSIMO SENHOR DOUTOR JUIZ FEDERAL DA VARA/JUIZADO ESPECIAL FEDERAL DA CIDADE – SEÇÃO JUDICIÁRIA DO ESTADO** <ADEQUAR AO CASO CONCRETO, SE FOR SERVIDOR PÚBLICO ESTADUAL OU MUNICIPAL, QUANDO A COMPETÊNCIA SERÁ DA JUSTIÇA ESTADUAL>

**Parte Autora,** nacionalidade, estado civil, profissão, residente e domiciliado(a) na Rua, bairro, cidade, Estado, inscrito no CPF sob o n. ___.___.___-__, **endereço eletrônico@xxx.com.br,** vem à presença de Vossa Excelência, por intermédio de seus procuradores constituídos, propor a presente **AÇÃO DE CONCESSÃO DE PENSÃO POR MORTE** contra o **ENTE FEDERATIVO (OU ÓRGÃO AO QUAL O SERVIDOR ESTÁ VINCULADO OU ENTIDADE DE PREVIDÊNCIA QUE DEVE CONCEDER O BENEFÍCIO)** <em caso de servidores Municipais e Estaduais, normalmente é o instituto de previdência respectivo que deve ser o Réu. Em caso de servidores Federais, a ação é contra a União>, pelos fatos e fundamentos que a seguir aduz:

1. **BREVE RESENHA FÁTICA** <ADEQUAR AO CASO CONCRETO>

O(A) Autor(a) é dependente de servidor público, sr.(a) <ADEQUAR>, que veio a óbito em 00.00.0000. O servidor falecido era filiado ao RPPS do <Réu>, ocupante de cargo de provimento efetivo, conforme comprovam os documentos anexos a essa inicial.

Na data do óbito, o servidor estava <ativo ou inativo, adequar ao caso>.

Em 00/00/0000, o(a) Autor(a) requereu o benefício de pensão por morte, conforme comprovado pelos documentos em anexo, entretanto, teve o benefício negado indevidamente.

Segundo o Réu, o indeferimento do benefício deu-se <INCLUIR OS MOTIVOS DE INDEFERIMENTO>.

É descabida, entretanto, a justificação apresentada para o indeferimento, sendo devida a concessão do benefício na forma constitucionalmente prevista. Assim, a parte autora recorre ao nobre Juízo para garantir a concessão da pensão por morte, posto que implementou todos os requisitos necessários para o deferimento do pedido administrativo.

2. **FUNDAMENTOS JURÍDICOS DO PEDIDO** <ADEQUAR AO CASO CONCRETO>

**2.1 Do direito à pensão por morte nos RPPS e cálculo do benefício** <ADEQUAR AO CASO CONCRETO>

A Constituição Federal de 1988, com suas posteriores emendas, garante aos dependentes de servidor público titular de cargo efetivo a pensão por morte com regras e critérios diferenciados, previstos no art. 40. A EC n. 103, de 2019, alterou a redação do § 7º do art. 40 da CF, passando a dispor que:

> "observado o disposto no § 2º do art. 201, quando se tratar da única fonte de renda formal auferida pelo dependente, o benefício de pensão por morte será concedido nos termos de lei do respectivo ente federativo, a qual tratará de forma diferenciada a hipótese de morte dos servidores de que trata o § 4º-B decorrente de agressão sofrida no exercício ou em razão da função."

Cabe referir que o atual critério de cálculo da pensão por morte no âmbito do RPPS da União (e outros Entes Federativos que promoveram reformas após a EC n. 103), de modo idêntico ao do RGPS, consta do art. 23 da EC n. 103/2019, que possui o caráter de regra transitória. Vejamos:

> Art. 23. A pensão por morte concedida a dependente de segurado do Regime Geral de Previdência Social ou de servidor público federal será equivalente a uma cota familiar de 50% (cinquenta por cento) do valor da aposentadoria recebida pelo segurado ou servidor ou daquela a que teria direito se fosse aposentado por incapacidade permanente na data do óbito, acrescida de cotas de 10 (dez) pontos percentuais por dependente, até o máximo de 100% (cem por cento).

§ 1º As cotas por dependente cessarão com a perda dessa qualidade e não serão reversíveis aos demais dependentes, preservado o valor de 100% (cem por cento) da pensão por morte quando o número de dependentes remanescente for igual ou superior a 5 (cinco).

§ 2º Na hipótese de existir dependente inválido ou com deficiência intelectual, mental ou grave, o valor da pensão por morte de que trata o *caput* será equivalente a:

I – 100% (cem por cento) da aposentadoria recebida pelo segurado ou servidor ou daquela a que teria direito se fosse aposentado por incapacidade permanente na data do óbito, até o limite máximo de benefícios do Regime Geral de Previdência Social; e

II – uma cota familiar de 50% (cinquenta por cento) acrescida de cotas de 10 (dez) pontos percentuais por dependente, até o máximo de 100% (cem por cento), para o valor que supere o limite máximo de benefícios do Regime Geral de Previdência Social.

§ 3º Quando não houver mais dependente inválido ou com deficiência intelectual, mental ou grave, o valor da pensão será recalculado na forma do disposto no *caput* e no § 1º.

Como o óbito foi posterior a 13.11.2019, o benefício de pensão por morte deve respeitar a nova norma prevista na EC n. 103/2019, cujo cálculo foi declarado constitucional pela ADI n. 6.367 do STF.

## 2.2 Da qualidade de dependente <ADEQUAR AO CASO CONCRETO>

Quanto à qualidade de dependente, é importante destacar o previsto na Lei <INCLUIR O ARTIGO DA LEI, LEMBRANDO QUE SE FOR LEI MUNICIPAL DEVE SER JUNTADA EM PDF COM A INICIAL, COMO ANEXO>.

A parte autora comprova que é dependente do servidor falecido, com destaque para os documentos abaixo:

<LISTAR DOCUMENTAÇÃO, exemplo: certidão de nascimento, certidão de casamento, certidão de união estável, laudo médico comprovando a incapacidade, entre outros.>

Ademais, para comprovar a <adequar ao caso concreto, como, por exemplo, união estável ou dependência econômica para pais e irmãos>, a parte pretende contar com a prova testemunhal de <incluir os nomes> e com os seguintes documentos <descrever>.

<Em caso de dependente incapaz ou deficiente, adequar a inicial para mencionar nesse caso a prova da incapacidade ou da deficiência, como, por exemplo, laudos médicos. Lembrar-se de, nesse caso, verificar se há o recebimento pelo dependente de algum benefício previdenciário por incapacidade, que pode ajudar na prova. Entretanto, cuidado nos casos de pais e irmãos, porque a dependência econômica é importante e o recebimento de benefício de alto valor pode prejudicar o pleito.>

Como se observa pelos documentos, fatos e direito apresentados, a parte autora cumpre todos os requisitos para a concessão da pensão por morte nos moldes legislação aplicável e, portanto, tem direito ao provimento do benefício.

## 2.3 Da dependência econômica <ADEQUAR AO CASO CONCRETO. ESTE ITEM É NECESSÁRIO EM CASO DE ENTEADOS, MENORES SOB TUTELA, PAIS E IRMÃOS, MAS PODE SER FEITO EM TODOS OS CASOS PARA DEMONSTRAR A NECESSIDADE DA PENSÃO POR MORTE>

Dos documentos acostados à exordial, é possível verificar a dependência econômica da parte autora ao servidor falecido. Nesse sentido, destacamos as despesas ...., que eram pagas diretamente pelo falecido, como demonstra o documento abaixo:

<ADEQUAR AO CASO>

Destacamos ainda que a parte autora era dependente do servidor falecido no plano de saúde dos servidores, conforme demonstra documentação anexa que destacamos:

<ADEQUAR AO CASO E INCLUIR DOCUMENTO>

Sem dúvida, fica demonstrada a insuficiência de recursos da parte autora para sua manutenção, fato que torna imprescindível a concessão da pensão por morte ora pleiteada, já que a parte era dependente economicamente do falecido segurado.

3. **DA TUTELA DE URGÊNCIA** <ADEQUAR AO CASO CONCRETO, LEMBRANDO QUE O PEDIDO DE TUTELA É UMA OPÇÃO QUE DEVE SER DADA À PARTE. NÃO PRECISA SER SOLICITADA EM TODAS AS AÇÕES. CASO SEJA CONCEDIDA E DEPOIS REVERTIDA, HÁ A POSSIBILIDADE DE COBRANÇA POR PARTE DO ENTE DE DEVOLUÇÕES DE VALORES. RECOMENDAMOS QUE SE OBTENHA DA PARTE TERMO ASSINADO DE QUE ELA CONHECE OS RISCOS E QUE DESEJA O REQUERIMENTO DA TUTELA.>

A parte demonstrou o direito ao recebimento da pensão por morte no caso em concreto. Entretanto, a demora decorrente do trâmite normal de uma ação concessória pode trazer prejuízo enorme à parte, já que ela necessita da renda da pensão por morte para sua subsistência.

A verba a ser deferida é alimentar, e com a ausência do falecido servidor, a parte não detém recursos mínimos para garantir seu sustento.

Assim, faz-se indispensável o deferimento da tutela de urgência para que se garanta a dignidade da pessoa humana e a proteção à parte autora no caso concreto.

Logo, há que se deferir a tutela de urgência, nos termos do art. 300 e ss do CPC/15, já que presentes elementos que evidenciam a probabilidade do direito e o perigo de dano ou risco ao resultado útil do processo.

4. **DO PREQUESTIONAMENTO** <ADEQUAR AO CASO CONCRETO>

Resta clara a violação aos ditames constitucionais e à legislação específica, da qual destacamos os artigos <ADEQUAR AO CASO CONCRETO, CITANDO NOMINALMENTE OS ARTIGOS, INCLUSIVE COM PARÁGRAFOS E INCISOS, LEMBRANDO-SE DE INCLUIR TAMBÉM LEGISLAÇÃO MESMO PARA AÇÕES DE JUIZADOS, TENDO EM VISTA A ATUAL POSSIBILIDADE DE INTERPOSIÇÃO DE IRDR>.

5. **REQUERIMENTOS** <ADEQUAR AO CASO CONCRETO>

Diante do exposto, requer-se a Vossa Excelência:

a) preliminarmente e sem a ouvida da outra parte, o deferimento da tutela urgência para que se determine ao Réu que conceda, imediatamente, a pensão por morte a parte autora e ainda que se determine pena de multa em caso de descumprimento da tutela, no valor a ser definido por V. Exa.;

b) a citação do Réu para, querendo, responder à presente demanda, no prazo legal;

c) a determinação ao Réu para que, na primeira oportunidade em que se pronunciar nos autos, apresente o Processo de Requerimento do Benefício Previdenciário, bem como todas as resoluções, portarias e laudos que detenha e que possam ser pertinentes à presente ação, sob pena de cominação de multa diária, nos termos do art. 139, IV, do CPC, a ser fixada por esse Juízo;

d) a procedência da pretensão deduzida, para condenar a Ré a conceder a pensão por morte devida à parte autora, com início na data do óbito do instituidor, em 00/00/0000, bem como que seja declarada por esse d. Juízo a inconstitucionalidade *incidenter tantum* da regra que impõe o cálculo dos proventos no sistema inaugurado pela EC n. 103/2019, preservando-se o critério antecedente, qual seja, o previsto na redação anterior do § 7º do art. 40 da CF, com a redação conferida pela EC n. 41/2003;

e) a condenação do Réu ao pagamento dos valores acumulados, aplicando-se juros e correção monetária até 11/2021, nos termos dos Temas 810 do STF e 905 do STJ e, após 12/2021, o índice da taxa referencial do Sistema Especial de Liquidação e de Custódia (Selic), acumulado mensalmente, para fins de atualização monetária e de compensação da mora (art. 3º da EC n. 113/2021), respeitada a prescrição quinquenal;

f) a condenação do Réu ao pagamento de custas, despesas e honorários advocatícios, na base de 20% (vinte por cento) dos valores devidos apurados em liquidação de sentença, conforme dispõem o art. 55 da Lei n. 9.099/1995 e o art. 85, § 3º, do CPC;

<SENDO NECESSÁRIO, REQUERER A PRODUÇÃO DE PROVAS PERICIAL E TESTEMUNHAL. SE FOR REQUERIDA A TESTEMUNHAL, É NECESSÁRIO FAZER O ARROLAMENTO DAS TESTEMUNHAS.

ENTRETANTO, SE A DOCUMENTAÇÃO ANEXA NA INICIAL FOR SUFICIENTE PARA A COMPROVAÇÃO DO DIREITO AO BENEFÍCIO, INCLUIR O SEGUINTE PEDIDO: "CONSIDERANDO QUE A QUESTÃO DE MÉRITO É UNICAMENTE DE DIREITO, REQUER O JULGAMENTO ANTECIPADO DA LIDE, CONFORME DISPÕE O ART. 355 DO CPC. SENDO OUTRO O ENTENDIMENTO DE V. EXA., REQUER A PRODUÇÃO DE TODOS OS MEIOS DE PROVA ADMITIDOS EM DIREITO, SEM EXCLUSÃO DE NENHUM QUE SE FIZER NECESSÁRIO AO DESLINDE DA DEMANDA.">

Requer-se, ainda, por ser a parte autora pessoa hipossuficiente, na acepção jurídica do termo, sem condições de arcar com as despesas processuais e os honorários advocatícios sucumbenciais sem prejuízo de seu sustento e de sua família, a concessão da Gratuidade da Justiça, na forma dos arts. 98 e ss. do CPC. <RECOMENDA-SE A COLETA, PELO ADVOGADO, DE DECLARAÇÃO DE HIPOSSU-FICIÊNCIA DO CLIENTE, CASO SEJA REQUERIDA A GRATUIDADE DA JUSTIÇA. DEVE-SE, TAMBÉM, DE PREFERÊNCIA, FAZER A JUNTADA DE TAL DECLARAÇÃO NOS AUTOS, JÁ NA INICIAL.>

Cumprindo a previsão do art. 319, VII, do CPC, a parte autora declara que opta pela realização <OU NÃO REALIZAÇÃO, ADEQUAR CONFORME O INTERESSE EM CADA CASO> de audiência de conciliação no presente caso.

Requer-se, com base no § 4º do art. 22 da Lei n. 8.906/1994, que, ao final da presente demanda, caso sejam encontradas diferenças em favor do autor, quando da expedição da RPV ou do precatório, os valores referentes aos honorários contratuais e sucumbenciais sejam expedidos em nome da sociedade de advogados contratada pela parte Autora, sendo os honorários contratuais devidos no percentual constante no contrato em anexo.

Dá-se à causa o valor de R$ 1.000,00 (mil reais) <ADEQUAR CONFORME O CASO>.

Nesses termos,

PEDE DEFERIMENTO.

Cidade e data.

Nome do Advogado e OAB

## 93. MODELO DE AÇÃO DE CONCESSÃO DE APOSENTADORIA POR INCAPACIDADE PERMANENTE DE SERVIDOR PÚBLICO

EXCELENTÍSSIMO SENHOR DOUTOR JUIZ FEDERAL DA VARA/JUIZADO ESPECIAL FEDERAL DA CIDADE – SEÇÃO JUDICIÁRIA DO ESTADO <ADEQUAR AO CASO CONCRETO, SE FOR SERVIDOR PÚBLICO ESTADUAL OU MUNICIPAL, QUANDO A COMPETÊNCIA SERÁ DA JUSTIÇA ESTADUAL>

**Parte Autora,** nacionalidade, estado civil, profissão, residente e domiciliado(a) na Rua, bairro, cidade, Estado, inscrito no CPF sob o nº, **endereço eletrônico,** vem à presença de Vossa Excelência, por intermédio de seus procuradores constituídos, propor a presente **AÇÃO DE CONCESSÃO DE APOSENTADORIA POR INCAPACIDADE PERMANENTE** contra o **ENTE FEDERATIVO OU ÓRGÃO AO QUAL O SERVIDOR ESTÁ VINCULADO OU ENTIDADE DE PREVIDÊNCIA QUE DEVE CONCEDER O BENEFÍCIO** <em caso de servidores Municipais e Estaduais, normalmente é o instituto de previdência respectivo que deve ser o Réu. Em caso de servidores Federais, a ação é contra a União>, pelos fatos e fundamentos que a seguir aduz:

**1. BREVE RESENHA FÁTICA** <ADEQUAR AO CASO CONCRETO>

O(A) Autor(a) é servidor público com exercício em 00.00.2000, conforme comprova sua ficha funcional em anexo.

Vale ressaltar que a parte autora tem ainda averbado junto ao presente vínculo os seguintes períodos <adequar ao caso concreto em caso de ter tempo averbado>:

<INCLUIR A LISTAGEM DOS PERÍODOS AVERBADOS. É POSSÍVEL QUE SEJA INCLUÍDA A IMAGEM DA PARTE DA FICHA FUNCIONAL COM ESSA LISTAGEM.>

Em 00/00/2000, o(a) Autor(a) foi acometido de doença e se afastou para tratamento de saúde, sendo-lhe concedida Licença para tanto após passar por perícia médica administrativa.

Da perícia médica, destacamos: <PODE SER INCLUÍDA AQUI IMAGEM DE ALGUM LAUDO OU DOCUMENTO ADMINISTRATIVO QUE REFORCE O DIREITO DA PARTE AUTORA>

No momento, a parte encontra-se afastada para tratamento de saúde, entretanto, como demonstram os laudos e os atestados médicos em anexo, sua incapacidade é permanente. Assim, requereu em 00/00/2000 sua aposentadoria por invalidez na esfera administrativa.

Ocorre que o Réu entendeu pelo indeferimento (ou pelo deferimento somente a partir da data da publicação do ato em Diário Oficial), o que obriga a parte autora a recorrer a este juízo para declaração de seu direito. Destaca-se que a parte autora não tem mais condições de retornar ao trabalho e seu afastamento é medida indispensável sob pena de grave risco à sua saúde, inclusive com possibilidade de óbito <Adequar ao caso concreto>.

## 2. FUNDAMENTOS JURÍDICOS DO PEDIDO <ADEQUAR AO CASO CONCRETO>

### 2.1 Do direito à aposentadoria por incapacidade permanente no RPPS <ADEQUAR AO CASO CONCRETO>

A Constituição Federal de 1988 prevê a concessão de aposentadoria por incapacidade permanente para os servidores públicos que possuem regime próprio, consoante:

> Art. 40. (...)
> § 1º O servidor abrangido por regime próprio de previdência social será aposentado: (Redação dada pela Emenda Constitucional n. 103, de 2019)
> I – por incapacidade permanente para o trabalho, no cargo em que estiver investido, quando insuscetível de readaptação, hipótese em que será obrigatória a realização de avaliações periódicas para verificação da continuidade das condições que ensejaram a concessão da aposentadoria, na forma de lei do respectivo ente federativo; (Redação dada pela Emenda Constitucional n. 103, de 2019)

Por sua vez, o art. <INCLUIR O ARTIGO DA LEI DO RPPS DO ENTE AO QUAL ESTÁ VINCULADO, COMO EXEMPLO: art. 186, I, § 1º, da Lei n. 8.112/1990> fundamenta o pleito autoral, nos seguintes termos:

<INCLUIR O ARTIGO DA LEI, LEMBRANDO QUE SE FOR LEI MUNICIPAL DEVE SER JUNTADA EM PDF COM A INICIAL, COMO ANEXO>

Dessa forma, precisa ser comprovada a incapacidade para a demonstração do direito, o que se fará a seguir.

Como se observa pelos documentos, fatos e direito apresentados, a parte autora cumpre todos os requisitos para a concessão da aposentadoria nos moldes da legislação aplicável à época do diagnóstico e, portanto, tem direito ao provimento do benefício.

### 2.2 Da comprovação da doença incapacitante <ADEQUAR AO CASO CONCRETO>

A parte autora junta aos autos inúmeros atestados médicos, laudos e exames que demonstram ser este portador de doença incapacitante, com diagnóstico firmado desde .../.../......

Consta da normatização infralegal pelo Ministério do Trabalho e Previdência, quanto à data de concessão do benefício em todos os RPPS: "a aposentadoria por incapacidade permanente ou por invalidez será concedida com base na legislação vigente na data em que o laudo médico-pericial definir como início da incapacidade total e definitiva para o trabalho, e vigorará a partir da data da publicação do ato correspondente" (art. 176 da Portaria MTP n. 1.467/2022).

Com isso, a eventual demora no processamento, deferimento e publicação do ato de aposentadoria, em caso de incapacidade permanente, não pode causar prejuízo ao segurado do RPPS, mesmo que ocorra alteração de requisitos ou critérios de cálculo nesse interregno entre o laudo e a publicação do ato. É o que se requer.

Além disso, os documentos são claros em afirmar a impossibilidade permanente de retorno ao trabalho, conforme atestados abaixo:

<PODE SER INCLUÍDA AQUI IMAGEM DE ALGUM LAUDO OU DOCUMENTO QUE REFORCE O DIREITO DA PARTE AUTORA>

Assim, resta comprovado que o autor está permanentemente incapaz de retornar às suas atividades e sequer ser readaptado para outra função ou cargo. Portanto, é merecedor da concessão da aposentadoria no presente caso.

**3. DA RENDA MENSAL INICIAL – INCONSTITUCIONALIDADE DA REGRA TRANSITÓRIA DA EC N. 103 (em caso de incapacidade com base em laudo posterior à vigência da EC)**

A parte autora entende haver flagrante inconstitucionalidade no critério de cálculo estabelecido para a aposentadoria por incapacidade permanente pela EC n. 103/2019, em que se fixou a renda mensal em 60% da média dos valores que serviram de base para a contribuição ao RPPS, mais 2% por ano de contribuição acima de 20 anos, por evidente afronta ao princípio isonômico, já que na normatização anterior o critério era mais benéfico e, quanto a incapacidades com origem acidentária, o percentual é de 100% da média, mesmo após a EC n. 103.

Conforme já decidido pela jurisprudência, em situação envolvendo segurado do RGPS, "**não há motivo objetivo plausível para haver discriminação entre os coeficientes aplicáveis à aposentadoria por incapacidade permanente acidentária e não acidentária**" (Turma Regional de Uniformização da 4ª Região, Proc. 5003241-81.2021.4.04.7122, Rel. Juiz Federal Daniel Machado da Rocha, juntado aos autos em 12.03.2022 – sem grifo no original).

Por tal razão, postula a parte autora a V. Exa. que seja declarada a inconstitucionalidade *incidenter tantum* do art. 26 da EC n. 103/2019, de modo que o benefício de aposentadoria por incapacidade permanente seja calculado no importe de 100% da média do período contributivo e não percentual menor que este.

**4. DO PREQUESTIONAMENTO** <ADEQUAR AO CASO CONCRETO>

Resta clara a violação aos ditames constitucionais e à legislação federal, da qual destacamos os artigos <ADEQUAR AO CASO CONCRETO, CITANDO NOMINALMENTE OS ARTIGOS, INCLUSIVE COM PARÁGRAFOS E INCISOS, LEMBRANDO-SE DE INCLUIR TAMBÉM LEGISLAÇÃO FEDERAL MESMO PARA AÇÕES DE JUIZADOS, TENDO EM VISTA A ATUAL POSSIBILIDADE DE INTERPOSIÇÃO DE IRDR>.

**5. REQUERIMENTOS** <ADEQUAR AO CASO CONCRETO>

Diante do exposto, requer-se a Vossa Excelência:

a) a citação do Réu para, querendo, responder à presente demanda, no prazo legal;
b) a determinação ao Réu para que, na primeira oportunidade em que se pronunciar nos autos, apresente o Requerimento e consequente Processo de Concessão/indeferimento do Benefício, bem como todas as resoluções, portarias e laudos que detenha e que possam ser pertinentes à presente ação, sob pena de cominação de multa diária, nos termos do art. 139, IV, do CPC, a ser fixada por esse Juízo;
c) a procedência da pretensão deduzida, para condenar a Ré a conceder a aposentadoria por incapacidade permanente devida à parte autora, com base na legislação vigente à data em que o laudo médico-pericial definir como início da incapacidade total e definitiva para o trabalho (art. 176 da Portaria MTP n. 1.467/2022), aplicando-se juros e correção monetária até 11/2021, nos termos dos Temas 810 do STF e 905 do STJ e, após 12/2021, o índice da taxa referencial do Sistema Especial de Liquidação e de Custódia (Selic), acumulado mensalmente, para fins de atualização monetária e de compensação da mora (art. 3º da EC n. 113/2021), respeitada a prescrição quinquenal; ou
c1) caso reconhecida a incapacidade permanente somente após a vigência da EC n. 103, no importe de 100% da média do período contributivo desde a competência julho de 1994,

ou desde o início da contribuição, se posterior àquela competência, aplicando-se juros e correção monetária até 11/2021, nos termos dos Temas 810 do STF e 905 do STJ e, após 12/2021, o índice da taxa referencial do Sistema Especial de Liquidação e de Custódia (Selic), acumulado mensalmente, para fins de atualização monetária e de compensação da mora (art. 3º da EC n. 113/2021), respeitada a prescrição quinquenal;

d) a condenação do Réu à devolução dos valores descontados da parte a título de contribuição previdenciária para o RPPS até o limite máximo do RGPS/INSS, tendo em vista que se tivesse sido aposentado(a) na data correta, seria isenta com base no § 18 do art. 40 da CF/1988[2]. Requer ainda que os valores acumulados desde a concessão do benefício sejam atualizados aplicando-se juros e correção monetária até 11/2021, nos termos dos Temas 810 do STF e 905 do STJ e, após 12/2021, o índice da taxa referencial do Sistema Especial de Liquidação e de Custódia (Selic), acumulado mensalmente, para fins de atualização monetária e de compensação da mora (art. 3º da EC n. 113/2021), respeitada a prescrição quinquenal;

e) <INCLUIR SE FOR O CASO> por ser a doença da parte autora prevista em lei, requer a condenação do Réu à devolução dos valores descontados da parte a título de imposto de renda incidente sobre a aposentadoria por incapacidade permanente, desde o início do benefício, em face de haver direito à isenção do tributo, atualizados os valores a restituir aplicando-se juros e correção monetária até 11/2021, nos termos dos Temas 810 do STF e 905 do STJ e, após 12/2021, o índice da taxa referencial do Sistema Especial de Liquidação e de Custódia (Selic), acumulado mensalmente, para fins de atualização monetária e de compensação da mora (art. 3º da EC n. 113/2021), respeitada a prescrição quinquenal;

f) a condenação do Réu ao pagamento de custas, despesas e honorários advocatícios, na base de 20% (vinte por cento) dos valores devidos apurados em liquidação de sentença, conforme dispõem o art. 55, da Lei n. 9.099/1995, e o art. 85, § 3º, do CPC;

<SENDO NECESSÁRIO, REQUERER A PRODUÇÃO DE PROVA PERICIAL E/OU TESTEMUNHAL. SE FOR REQUERIDA A TESTEMUNHAL, É NECESSÁRIO FAZER O ARROLAMENTO DAS TESTEMUNHAS. ENTRETANTO, SE A DOCUMENTAÇÃO ANEXA NA INICIAL FOR SUFICIENTE PARA A COMPROVAÇÃO DO DIREITO AO BENEFÍCIO, INCLUIR O SEGUINTE PEDIDO: "CONSIDERANDO QUE A QUESTÃO DE MÉRITO É UNICAMENTE DE DIREITO, REQUER O JULGAMENTO ANTECIPADO DA LIDE, CONFORME DISPÕE O ART. 355 DO CPC. SENDO OUTRO O ENTENDIMENTO DE V. EXA., REQUER A PRODUÇÃO DE TODOS OS MEIOS DE PROVA ADMITIDOS EM DIREITO, SEM EXCLUSÃO DE NENHUM QUE SE FIZER NECESSÁRIO AO DESLINDE DA DEMANDA.">

Requer-se, ainda, por ser a parte autora pessoa hipossuficiente, na acepção jurídica do termo, sem condições de arcar com as despesas processuais e os honorários advocatícios sucumbenciais sem prejuízo de seu sustento e de sua família, a concessão da Gratuidade da Justiça, na forma dos arts. 98 e ss. do CPC. <RECOMENDA-SE A COLETA, PELO ADVOGADO, DE DECLARAÇÃO DE HIPOSSUFICIÊNCIA DO CLIENTE, CASO SEJA REQUERIDA A GRATUIDADE DA JUSTIÇA. DEVE-SE, TAMBÉM, DE PREFERÊNCIA, FAZER A JUNTADA DE TAL DECLARAÇÃO NOS AUTOS, JÁ NA INICIAL> Cumprindo a previsão do art. 319, VII, do CPC, a parte autora declara que opta pela realização <OU NÃO REALIZAÇÃO, ADEQUAR CONFORME O INTERESSE EM CADA CASO> de audiência de conciliação no presente caso.

Requer-se, com base no § 4º do art. 22 da Lei n. 8.906/1994, que, ao final da presente demanda, caso sejam encontradas diferenças em favor do autor, quando da expedição da RPV ou do precatório, os valores referentes aos honorários contratuais e sucumbenciais sejam expedidos em nome da sociedade de advogados contratada pela parte autora, sendo os honorários contratuais devidos no percentual constante no contrato em anexo.

---

[2] "§ 18. Incidirá contribuição sobre os proventos de aposentadorias e pensões concedidas pelo regime de que trata este artigo que superem o limite máximo estabelecido para os benefícios do regime geral de previdência social de que trata o art. 201, com percentual igual ao estabelecido para os servidores titulares de cargos efetivos. (Incluído pela Emenda Constitucional n. 41, 19.12.2003)"

Dá-se à causa o valor de R$ 1.000,00 (mil reais) <ADEQUAR CONFORME O CASO>.

Nesses termos,

PEDE DEFERIMENTO.

Cidade e data.

Nome do Advogado e OAB

## 94. MODELO DE AÇÃO DE REVISÃO DE APOSENTADORIA POR INCAPACIDADE PERMANENTE DE PESSOA COM DOENÇA GRAVE PREVISTA EM LEI PARA QUE SEJA CONCEDIDA COM COEFICIENTE DE 100%

**EXCELENTÍSSIMO SENHOR DOUTOR JUIZ FEDERAL DA VARA/JUIZADO ESPECIAL FEDERAL DA CIDADE – SEÇÃO JUDICIÁRIA DO ESTADO**

**Parte Autora,** nacionalidade, estado civil, profissão, residente e domiciliado(a) na Rua, bairro, cidade, Estado, inscrito no CPF sob o n. ___.___.___-__, **endereço eletrônico,** vem à presença de Vossa Excelência, por intermédio de seus procuradores constituídos, propor a presente **AÇÃO DE REVISÃO DE APOSENTADORIA** contra o **ENTE FEDERATIVO OU ÓRGÃO AO QUAL O SERVIDOR ESTÁ VINCULADO,** pelos fatos e fundamentos que a seguir aduz:

1. **BREVE RESENHA FÁTICA** <ADEQUAR AO CASO CONCRETO>

O(A) Autor(a) é servidor público com posse em 00.00.2000, conforme comprova sua ficha funcional anexa.

Em 00.00.2000, foi acometido(a) por doença e se afastou para tratamento de saúde, sendo-lhe concedida licença após perícia médica administrativa.

Em 00.00.2000, a perícia médica entendeu que a parte Autora está permanentemente incapaz de retornar às suas atividades, conforme comprovam os laudos e atestados médicos anexados.

Diante disso, requereu, em 00.00.2000, que fosse concedida sua aposentadoria por incapacidade permanente na esfera administrativa.

Contudo, o Réu concedeu a aposentadoria com aplicação do coeficiente estabelecido pela Emenda Constitucional n. 103/2019, fixando o valor em 60% da média contributiva <adequar ao caso concreto>, o que resultou em grave prejuízo a parte Autora que faz jus à aposentadoria integral, tendo em vista a doença grave e incapacitante que o(a) acomete.

2. **FUNDAMENTOS JURÍDICOS DO PEDIDO** <ADEQUAR AO CASO CONCRETO>

**2.1 Do direito à aposentadoria por incapacidade permanente no RPPS** <ADEQUAR AO CASO CONCRETO>

A Emenda Constitucional n. 103/2019 trouxe profundas alterações na forma de cálculo da aposentadoria por incapacidade permanente, estabelecendo, em seu art. 26, § 2º, III, que o valor da aposentadoria por incapacidade permanente seria calculado na proporção de 60% da média de todos os salários de contribuição, acrescido de 2% para cada ano de contribuição que exceder 20 anos de efetiva contribuição.

No entanto, tal disposição é flagrantemente inconstitucional quando aplicada aos casos de aposentadoria decorrente de doença grave, contagiosa ou incurável, por violar o princípio da dignidade da pessoa humana (art. 1º, III), da proteção social (art. 6º, *caput*), e o princípio da isonomia (art. 5º, *caput*) da Constituição Federal.

O princípio da dignidade da pessoa humana, previsto no art. 1º, III, da Constituição Federal, é um dos fundamentos do Estado Democrático de Direito e serve como norte para todas as políticas públicas e sociais, incluindo a Previdência Social. A Constituição Federal também consagra, no art. 6º, o direito à Previdência Social como um direito fundamental, devendo ser assegurado de forma a garantir a proteção social adequada aos cidadãos que se encontram em situação de vulnerabilidade, especialmente em casos de incapacidade decorrente de doença grave.

O princípio da isonomia, previsto no art. 5º, *caput*, da Constituição Federal, estabelece que "todos são iguais perante a lei, sem distinção de qualquer natureza". Ao aplicar um coeficiente que não reconhece a gravidade e especificidade da situação dos servidores acometidos por doenças graves, contagiosas ou incuráveis, a EC n. 103/2019 cria uma diferenciação indevida entre segurados em situações de extrema vulnerabilidade, violando a igualdade de tratamento que a Constituição garante.

Além disso, a legislação infraconstitucional sempre tratou de forma mais protetiva os casos de doenças graves, contagiosas ou incuráveis, garantindo-lhes, antes da EC n. 103/2019, a integralidade da aposentadoria por incapacidade permanente.

**3. DO PEDIDO DE SUSPENSÃO DO FEITO ATÉ O JULGAMENTO DO TEMA 1300 PELO STF**

O Supremo Tribunal Federal reconheceu a repercussão geral da matéria referente à constitucionalidade do art. 26, § 2º, III, da Emenda Constitucional n. 103/2019, no que concerne ao pagamento integral ou proporcional da aposentadoria por incapacidade permanente decorrente de doença grave, contagiosa ou incurável, conforme o Tema 1300.

Diante disso, requer a parte autora que o presente feito seja sobrestado até o julgamento definitivo do Tema 1300 pelo Supremo Tribunal Federal, a fim de que se evitem decisões conflitantes e que se assegure a aplicação uniforme da legislação em todo o território nacional, garantindo a segurança jurídica e a igualdade de tratamento aos segurados acometidos por doenças incapacitantes.

**4. DO PREQUESTIONAMENTO** <ADEQUAR AO CASO CONCRETO>

Resta clara a violação aos ditames constitucionais e legislação federal, da qual destacamos os artigos <ADEQUAR AO CASO CONCRETO, CITANDO NOMINALMENTE OS ARTIGOS, INCLUSIVE COM PARÁGRAFOS E INCISOS, LEMBRANDO-SE DE INCLUIR TAMBÉM LEGISLAÇÃO FEDERAL MESMO PARA AÇÕES DE JUIZADOS, TENDO EM VISTA A ATUAL POSSIBILIDADE DE INTERPOSIÇÃO DE IRDR>.

**5. REQUERIMENTOS** <ADEQUAR AO CASO CONCRETO>

Diante do exposto, requer-se a Vossa Excelência:

a) a citação do Réu para, querendo, responder à presente demanda, no prazo legal;

b) a determinação ao Réu para que, na primeira oportunidade em que se pronunciar nos autos, apresente o Requerimento e consequente Processo de Concessão/indeferimento do Benefício, bem como todas as resoluções, portarias e laudos que detenha e que possam ser pertinentes à presente ação, sob pena de cominação de multa diária, nos termos do art. 139, IV, do CPC, a ser fixada por esse Juízo;

c) o sobrestamento do presente feito até o julgamento definitivo do Tema 1300 pelo Supremo Tribunal Federal, em razão da repercussão geral reconhecida;

d) a procedência da pretensão deduzida, para condenar a Ré a revisar a aposentadoria por incapacidade permanente concedida à parte autora, com base na legislação vigente à data do laudo médico-pericial, para que seja calculada no importe de 100% da média do período contributivo, aplicando-se juros e correção monetária até novembro de 2021, nos termos dos Temas n. 810 do STF e n. 905 do STJ e, após dezembro de 2021, o índice da taxa referencial do Sistema Especial de Liquidação e de Custódia (Selic), acumulado mensalmente, para fins de atualização monetária e de compensação da mora (art. 3º da EC n. 113/2021), respeitada a prescrição quinquenal;

e) a condenação do Réu ao pagamento de custas, despesas e honorários advocatícios, na base de 20% (vinte por cento) dos valores devidos apurados em liquidação de sentença, conforme dispõem o art. 55 da Lei n. 9.099/1995 e o art. 85, § 3º, do CPC;

<SENDO NECESSÁRIO, REQUERER A PRODUÇÃO DE PROVA PERICIAL E/OU TESTEMUNHAL. SE FOR REQUERIDA A TESTEMUNHAL, É NECESSÁRIO FAZER O ARROLAMENTO DAS TESTEMUNHAS. ENTRETANTO, SE A DOCUMENTAÇÃO ANEXA NA INICIAL FOR SUFICIENTE PARA A COMPROVAÇÃO DO DIREITO AO BENEFÍCIO, INCLUIR O SEGUINTE PEDIDO: "CONSIDERANDO QUE A QUESTÃO DE MÉRITO É UNICAMENTE DE DIREITO, REQUER O JULGAMENTO ANTECIPADO DA LIDE, CONFORME DISPÕE O ART. 355 DO CPC. SENDO OUTRO O ENTENDIMENTO DE V. EXA., REQUER A PRODUÇÃO DE TODOS OS MEIOS DE PROVA ADMITIDOS EM DIREITO, SEM EXCLUSÃO DE NENHUM QUE SE FIZER NECESSÁRIO AO DESLINDE DA DEMANDA.">

Requer-se, ainda, por ser a parte autora pessoa hipossuficiente, na acepção jurídica do termo, sem condições de arcar com as despesas processuais e os honorários advocatícios sucumbenciais sem prejuízo de seu sustento e de sua família, a concessão da Gratuidade da Justiça, na forma do art. 98 e ss do CPC. <RECOMENDA-SE A COLETA, PELO ADVOGADO, DE DECLARAÇÃO DE HIPOSSU-FICIÊNCIA DO CLIENTE, CASO SEJA REQUERIDA A GRATUIDADE DA JUSTIÇA. DEVE-SE, TAMBÉM, DE PREFERÊNCIA, FAZER A JUNTADA DE TAL DECLARAÇÃO NOS AUTOS, JÁ NA INICIAL>

Cumprindo a previsão do art. 319, VII, do CPC, a parte autora declara que opta pela realização <OU NÃO REALIZAÇÃO, ADEQUAR CONFORME O INTERESSE EM CADA CASO> de audiência de conciliação no presente caso.

Requer-se, com base no § 4º, do art. 22, da Lei n. 8.906/1994, que, ao final da presente demanda, caso sejam encontradas diferenças em favor do autor, quando da expedição da RPV ou do precatório, os valores referentes aos honorários contratuais e sucumbenciais sejam expedidos em nome da sociedade de advogados contratada pela parte autora, sendo os honorários contratuais devidos no percentual constante no contrato em anexo.

Dá-se à causa o valor de R$ 1.000,00 (mil reais) <ADEQUAR CONFORME O CASO>.

Nesses termos,

PEDE DEFERIMENTO.

Cidade e data.

Nome do Advogado e OAB

## 95. MODELO DE AÇÃO DE CONCESSÃO DE APOSENTADORIA PROGRAMADA DE SERVIDOR PÚBLICO FEDERAL – EC N. 103/2019

**EXCELENTÍSSIMO SENHOR DOUTOR JUIZ FEDERAL DA VARA/JUIZADO ESPECIAL FEDERAL DA CIDADE – SEÇÃO JUDICIÁRIA DO ESTADO**

**Parte Autora,** nacionalidade, estado civil, profissão, residente e domiciliado(a) na Rua, bairro, cidade, Estado, inscrito no CPF sob o nº, **endereço eletrônico,** vem à presença de Vossa Excelência, por intermédio de seus procuradores constituídos, propor a presente **AÇÃO DE CONCESSÃO DE APOSENTADORIA** contra o **ENTE FEDERATIVO OU ÓRGÃO AO QUAL O SERVIDOR ESTÁ VINCU-LADO,** pelos fatos e fundamentos que a seguir aduz:

**1. BREVE RESENHA FÁTICA** <ADEQUAR AO CASO CONCRETO>

O(A) Autor(a) é servidor público com exercício em 00/00/2000, conforme comprova sua ficha funcional em anexo.

Vale ressaltar que a parte autora tem ainda averbado junto ao presente vínculo os seguintes períodos <adequar ao caso concreto em caso de ter tempo averbado>:

<INCLUIR A LISTAGEM DOS PERÍODOS AVERBADOS. É POSSÍVEL QUE SEJA INCLUÍDA A IMA-GEM DA PARTE DA FICHA FUNCIONAL COM ESSA LISTAGEM.>

Em 00/00/2000, o(a) Autor(a) completou os requisitos necessários para o requerimento de sua aposentadoria no RPPS e em 00/00/2000 fez o requerimento junto ao setor competente.

Ocorre que o Réu entendeu pelo indeferimento, o que obriga a parte autora a recorrer a este juízo para a declaração de seu direito.

## 2. FUNDAMENTOS JURÍDICOS DO PEDIDO <ADEQUAR AO CASO CONCRETO>

### 2.1 Do direito à aposentadoria no RPPS <ADEQUAR AO CASO CONCRETO>

A Constituição Federal de 1988 prevê a concessão de aposentadoria voluntária/programada para os servidores públicos da União que possuem regime próprio, conforme a previsão expressa do art. 40, que destacamos abaixo:

> Art. 40. (...)
> § 1º O servidor abrangido por regime próprio de previdência social será aposentado: (Redação dada pela Emenda Constitucional n. 103, de 2019)
> II – (...)
> III – no âmbito da União, aos 62 (sessenta e dois) anos de idade, se mulher, e aos 65 (sessenta e cinco) anos de idade, se homem, e, no âmbito dos Estados, do Distrito Federal e dos Municípios, na idade mínima estabelecida mediante emenda às respectivas Constituições e Leis Orgânicas, observados o tempo de contribuição e os demais requisitos estabelecidos em lei complementar do respectivo ente federativo. (Redação dada pela Emenda Constitucional n. 103, de 2019)

E a EC n. 103/2019 regulou transitoriamente essa aposentadoria da seguinte forma:

> Art. 10. Até que entre em vigor lei federal que discipline os benefícios do regime próprio de previdência social dos servidores da União, aplica-se o disposto neste artigo.
> § 1º Os servidores públicos federais serão aposentados:
> I – voluntariamente, observados, cumulativamente, os seguintes requisitos:
> a) 62 (sessenta e dois) anos de idade, se mulher, e 65 (sessenta e cinco) anos de idade, se homem; e
> b) 25 (vinte e cinco) anos de contribuição, desde que cumprido o tempo mínimo de 10 (dez) anos de efetivo exercício no serviço público e de 5 (cinco) anos no cargo efetivo em que for concedida a aposentadoria;

A Constituição Federal, portanto, é clara em permitir a aposentadoria voluntária do servidor, combinando idade, tempo de contribuição, tempo de serviço público e no cargo.

No presente caso, a parte comprova que cumpriu todos esses requisitos em XX.XX.XXXX, <descrever os requisitos e de forma detalhada, com a totalização do tempo de contribuição para definição do coeficiente de cálculo>.

Portanto, como se observa pelos documentos, fatos e direito apresentados, a parte autora cumpre todos os requisitos para a concessão da aposentadoria pleiteada, nos moldes legislação aplicável e, portanto, tem direito ao provimento do benefício desde a data do requerimento.

## 3. DO PREQUESTIONAMENTO <ADEQUAR AO CASO CONCRETO>

Resta clara a violação aos ditames constitucionais e legislação federal, da qual destacamos os artigos <ADEQUAR AO CASO CONCRETO, CITANDO NOMINALMENTE OS ARTIGOS, INCLUSIVE COM PARÁGRAFOS E INCISOS, LEMBRANDO-SE DE INCLUIR TAMBÉM LEGISLAÇÃO FEDERAL MESMO PARA AÇÕES DE JUIZADOS, TENDO EM VISTA A ATUAL POSSIBILIDADE DE INTERPOSIÇÃO DE IRDR>.

## 4. REQUERIMENTOS <ADEQUAR AO CASO CONCRETO>

Diante do exposto, requer-se a Vossa Excelência:

a) a citação do Réu para, querendo, responder à presente demanda, no prazo legal;
b) a determinação ao Réu para que, na primeira oportunidade em que se pronunciar nos autos, apresente o Requerimento e consequente Processo de Concessão/indeferimento

do Benefício, bem como todas as resoluções, portarias e laudos que detenha e que possam ser pertinentes a presente ação, sob pena de cominação de multa diária, nos termos do art. 139, IV, do CPC, a ser fixada por esse Juízo;

c) a procedência da pretensão deduzida, para condenar a Ré a conceder a aposentadoria devida à parte autora, com início em 00/00/2000;

d) a condenação do Réu à devolução dos valores descontados da parte a título de contribuição previdenciária para o RPPS até o limite máximo do RGPS/INSS, tendo em vista que se tivesse sido aposentado(a) na data correta, seria isenta com base no § 18, do art. 40, da CF/1988[3]. Requer ainda que os valores acumulados desde a concessão do benefício sejam atualizados aplicando-se juros e correção monetária até 11/2021, nos termos dos Temas 810 do STF e 905 do STJ e, após 12/2021, o índice da taxa referencial do Sistema Especial de Liquidação e de Custódia (Selic), acumulado mensalmente, para fins de atualização monetária e de compensação da mora (art. 3º da EC n. 113/2021), respeitada a prescrição quinquenal;

e) a condenação do Réu ao pagamento de custas, despesas e honorários advocatícios, na base de 20% (vinte por cento) dos valores devidos apurados em liquidação de sentença, conforme dispõem o art. 55 da Lei n. 9.099/1995 e o art. 85, § 3º, do CPC;

f) cumprindo a previsão do art. 319, VII, do CPC, a parte autora declara que opta pela realização <OU NÃO REALIZAÇÃO, ADEQUAR CONFORME O INTERESSE EM CADA CASO> de audiência de conciliação no presente caso.

g) Requer o julgamento antecipado da lide, conforme dispõe o art. 355 do CPC. Sendo outro o entendimento de V. Exa., requer a produção de todos os meios de prova admitidos em direito, sem exclusão de nenhum que se fizer necessário ao deslinde da demanda; <SENDO NECESSÁRIO, REQUERER A PRODUÇÃO DE PROVA PERICIAL E/OU TESTEMUNHAL. SE FOR REQUERIDA A TESTEMUNHAL, É NECESSÁRIO FAZER O ARROLAMENTO DAS TESTEMUNHAS>

Requer-se, ainda, por ser a parte autora pessoa hipossuficiente, na acepção jurídica do termo, sem condições de arcar com as despesas processuais e os honorários advocatícios sucumbenciais sem prejuízo de seu sustento e de sua família, a concessão da Gratuidade da Justiça, na forma do art. 98 e ss do CPC. <RECOMENDA-SE A COLETA, PELO ADVOGADO, DE DECLARAÇÃO DE HIPOSSUFICIÊNCIA DO CLIENTE, CASO SEJA REQUERIDA A GRATUIDADE DA JUSTIÇA. DEVE-SE, TAMBÉM, DE PREFERÊNCIA, FAZER A JUNTADA DE TAL DECLARAÇÃO NOS AUTOS, JÁ NA INICIAL>

Requer-se, com base no § 4º do art. 22 da Lei n. 8.906/1994, que, ao final da presente demanda, caso sejam encontradas diferenças em favor do autor, quando da expedição da RPV ou do precatório, os valores referentes aos honorários contratuais e sucumbenciais sejam expedidos em nome da sociedade de advogados contratada pela parte autora, sendo os honorários contratuais devidos no percentual constante no contrato em anexo.

Dá-se à causa o valor de R$ 1.000,00 (mil reais) <ADEQUAR CONFORME O CASO>.

Nesses termos,

PEDE DEFERIMENTO.

Cidade e data.

Nome do Advogado e OAB

---

[3] "§ 18. Incidirá contribuição sobre os proventos de aposentadorias e pensões concedidas pelo regime de que trata este artigo que superem o limite máximo estabelecido para os benefícios do regime geral de previdência social de que trata o art. 201, com percentual igual ao estabelecido para os servidores titulares de cargos efetivos. (Incluído pela Emenda Constitucional n. 41, 19.12.2003)"

## 96. MODELO DE AÇÃO DE CONCESSÃO DE APOSENTADORIA VOLUNTÁRIA COM BASE NA REGRA DE TRANSIÇÃO DO ART. 3º DA EC N. 47/2005

**<NOTA DOS AUTORES:** a regra do art. 3º da EC n. 47/2005 permanece vigente para servidores dos Estados e Municípios, que não realizaram a reforma da Previdência, e pode ser utilizada para os Federais que tenham adquirido direito à regra antes da publicação da EC n. 103/2019>.

**EXCELENTÍSSIMO SENHOR DOUTOR JUIZ FEDERAL DA VARA/JUIZADO ESPECIAL FEDERAL DA CIDADE – SEÇÃO JUDICIÁRIA DO ESTADO** <ADEQUAR AO CASO CONCRETO, SE FOR SERVIDOR PÚBLICO ESTADUAL OU MUNICIPAL, QUANDO A COMPETÊNCIA SERÁ DA JUSTIÇA ESTADUAL>

**Parte Autora,** nacionalidade, estado civil, profissão, residente e domiciliado(a) na Rua, bairro, cidade, Estado, inscrito no CPF sob o nº, **endereço eletrônico,** vem à presença de Vossa Excelência, por intermédio de seus procuradores constituídos, propor a presente **AÇÃO DE CONCESSÃO DE APOSENTADORIA** contra o **ENTE FEDERATIVO OU ÓRGÃO AO QUAL O SERVIDOR ESTÁ VINCULADO OU ENTIDADE DE PREVIDÊNCIA QUE DEVE CONCEDER O BENEFÍCIO** <em caso servidores Municipais e Estaduais, normalmente é o instituto de previdência que deve ser o réu. Em caso de servidores Federais, a demanda é contra a União>, pelos fatos e fundamentos que a seguir aduz:

**1. BREVE RESENHA FÁTICA** <ADEQUAR AO CASO CONCRETO>

O(A) Autor(a) é servidor público com exercício em XX.XX.XXXX, conforme comprova sua ficha funcional em anexo.

Vale ressaltar que a parte autora tem ainda averbado junto ao presente vínculo os seguintes períodos <adequar ao caso concreto em caso de ter tempo averbado>:

<INCLUIR LISTAGEM DOS PERÍODOS AVERBADOS. É POSSÍVEL QUE SEJA INCLUÍDA A IMAGEM DA PARTE DA FICHA FUNCIONAL COM ESSA LISTAGEM>.

Em 00/00/2000, o(a) Autor(a) cumpriu os requisitos necessários para o requerimento de sua aposentadoria no RPPS e em 00/00/2000 fez o requerimento junto ao setor competente.

Ocorre que o Réu entendeu pelo indeferimento, o que obriga a parte autora a recorrer a este juízo para a declaração de seu direito.

**2. FUNDAMENTOS JURÍDICOS DO PEDIDO** <ADEQUAR AO CASO CONCRETO>

**2.1 Do direito à aposentadoria com base na regra de transição do art. 3º da EC n. 47/2005, no RPPS** <ADEQUAR AO CASO CONCRETO>

Com as alterações trazidas pela EC n. 41/2003, as regras de aposentadoria dos servidores públicos sofreram significativas alterações. Em proteção ao direito acumulado foram criadas regras de transição, das quais destacamos a prevista no art. 3º da EC n. 47/2005.

Tal regra possibilita aposentadoria com base na integralidade e na paridade para os servidores ingressantes até 16.12.1998, desde que cumpridos os seguintes requisitos:

| | |
|---|---|
| Tempo mínimo de contribuição | 35 anos (h) 30 anos (m) |
| Soma do tempo de contribuição e idade para a concessão da aposentadoria | 95 (h) 85 (m) |
| Tempo mínimo de serviço público | 25 anos |
| Tempo mínimo na carreira | 15 anos |
| Tempo mínimo no cargo da aposentadoria | 5 anos |
| Ingresso no Serviço Público | 16.12.1998 |

No caso concreto, a parte cumpre tais requisitos, como se demonstra pela documentação anexa.

Vale ressaltar que a regra do art. 3º é norma constitucional de plena eficácia, já que no caso não há nenhuma indicação de necessidade de lei para a concretização dos direitos garantidos pela norma.

Ademais, a referida regra garante a integralidade e a paridade para a parte, conforme já determinado pelo STF em Repercussão Geral no RE 590260, Tema 139:

> Os servidores que ingressaram no serviço público antes da EC 41/2003, mas que se aposentaram após a referida emenda, possuem direito à *paridade remuneratória e à integralidade no cálculo de seus proventos, desde que observadas as regras de transição especificadas nos arts. 2º e 3º da EC 47/2005.* (TEMA 139 STF, RE 590260, Relator: Min. RICARDO LEWANDOWSKI, Tribunal Pleno, julgado em 24.062009, REPERCUSSÃO GERAL – MÉRITO DJe-200 DIVULG 22.10.2009 PUBLIC 23.10.2009 EMENT VOL-02379-09 PP-01917 RTJRS v. 45, n. 278, 2010, p. 32-44)

No presente caso a parte comprova que cumpriu os requisitos exigidos, desde o requerimento ao benefício, como demonstramos abaixo:

| | | |
|---|---|---|
| Tempo mínimo de contribuição | 35 anos (h) 30 anos (m) | <INCLUIR DADOS DA PARTE> |
| Soma do tempo de contribuição e idade para a concessão da aposentadoria | 95 (h) 85 (m) | <INCLUIR DADOS DA PARTE> |
| Tempo mínimo de serviço público | 25 anos | <INCLUIR DADOS DA PARTE> |
| Tempo mínimo na carreira | 15 anos | <INCLUIR DADOS DA PARTE> |
| Tempo mínimo no cargo da aposentadoria | 5 anos | <INCLUIR DADOS DA PARTE> |
| Ingresso no Serviço Público | 16.12.1998 | <INCLUIR DADOS DA PARTE> |

Como se observa pelos documentos, fatos e direito apresentados, a parte autora cumpre todos os requisitos para a concessão da aposentadoria pleiteada, nos moldes legislação aplicável e, portanto, tem direito ao provimento do benefício.

3. **DO PREQUESTIONAMENTO** <ADEQUAR AO CASO CONCRETO>

Resta clara a violação aos ditames constitucionais e legislação federal, da qual destacamos os artigos <ADEQUAR AO CASO CONCRETO, CITANDO NOMINALMENTE OS ARTIGOS, INCLUSIVE COM PARÁGRAFOS E INCISOS, LEMBRANDO-SE DE INCLUIR TAMBÉM LEGISLAÇÃO FEDERAL MESMO PARA AÇÕES DE JUIZADOS, TENDO EM VISTA A ATUAL POSSIBILIDADE DE INTERPOSIÇÃO DE IRDR>.

4. **REQUERIMENTOS** <ADEQUAR AO CASO CONCRETO>

Diante do exposto, requer-se a Vossa Excelência:

a) a citação do Réu para, querendo, responder à presente demanda, no prazo legal;
b) a determinação ao Réu para que, na primeira oportunidade em que se pronuncie nos autos, apresente o Requerimento e consequente Processo de Concessão/indeferimento do Benefício, bem como todas as resoluções, portarias e laudos que detenha e que possam ser pertinentes a presente ação, sob pena de cominação de multa diária, nos termos do art. 139, IV, do CPC, a ser fixada por esse Juízo;
c) a procedência da pretensão deduzida, para condenar a Ré a conceder a aposentadoria com integralidade e paridade, devida a parte autora desde 00/00/2000 e baseada na regra de transição do art. 3º da EC n. 47/2005;
d) a condenação do Réu à devolução dos valores descontados da parte a título de contribuição previdenciária para o RPPS até o limite máximo do RGPS/INSS, tendo em vista que se tivesse sido aposentado(a) na data correta, seria isenta com base no § 18, do art. 40[4],

---

[4] "§ 18. Incidirá contribuição sobre os proventos de aposentadorias e pensões concedidas pelo regime de que trata este artigo que superem o limite máximo estabelecido para os benefícios do regime geral de previdência social de

da CF/1988. Requer ainda que os valores acumulados desde a concessão do benefício sejam atualizados aplicando-se juros e correção monetária até 11/2021, nos termos dos Temas 810 do STF e 905 do STJ e, após 12/2021, o índice da taxa referencial do Sistema Especial de Liquidação e de Custódia (Selic), acumulado mensalmente, para fins de atualização monetária e de compensação da mora (art. 3º da EC n. 113/2021), respeitada a prescrição quinquenal;

e) a condenação do Réu ao pagamento de custas, despesas e honorários advocatícios, na base de 20% (vinte por cento) dos valores devidos apurados em liquidação de sentença, conforme dispõem o art. 55 da Lei n. 9.099/1995 e o art. 85, § 3º, do CPC;

f) cumprindo a previsão do art. 319, VII, do CPC, a parte autora declara que opta pela realização <OU NÃO REALIZAÇÃO, ADEQUAR CONFORME O INTERESSE EM CADA CASO> de audiência de conciliação no presente caso.

g) Requer o julgamento antecipado da lide, conforme dispõe o art. 355 do CPC. Sendo outro o entendimento de V. Exa., requer a produção de todos os meios de prova admitidos em direito, sem exclusão de nenhum que se fizer necessário ao deslinde da demanda; <SENDO NECESSÁRIO, REQUERER A PRODUÇÃO DE PROVA PERICIAL E/OU TESTEMUNHAL. SE FOR REQUERIDA A TESTEMUNHAL, É NECESSÁRIO FAZER O ARROLAMENTO DAS TESTEMUNHAS.>

Requer-se, ainda, por ser a parte autora pessoa hipossuficiente, na acepção jurídica do termo, sem condições de arcar com as despesas processuais e os honorários advocatícios sucumbenciais sem prejuízo de seu sustento e de sua família, a concessão da Gratuidade da Justiça, na forma do art. 98 e ss do CPC. <RECOMENDA-SE A COLETA, PELO ADVOGADO, DE DECLARAÇÃO DE HIPOSSUFICIÊNCIA DO CLIENTE, CASO SEJA REQUERIDA A GRATUIDADE DA JUSTIÇA. DEVE-SE, TAMBÉM, DE PREFERÊNCIA, FAZER A JUNTADA DE TAL DECLARAÇÃO NOS AUTOS, JÁ NA INICIAL>.

Requer-se, com base no § 4º do art. 22 da Lei n. 8.906/1994, que, ao final da presente demanda, caso sejam encontradas diferenças em favor do autor, quando da expedição da RPV ou do precatório, os valores referentes aos honorários contratuais e sucumbenciais sejam expedidos em nome da sociedade de advogados contratada pela parte autora, sendo os honorários contratuais devidos no percentual constante no contrato em anexo.

Dá-se à causa o valor de R$ 1.000,00 (mil reais). <ADEQUAR CONFORME O CASO>

Nesses termos,

PEDE DEFERIMENTO.

Cidade e data.

Nome do Advogado e OAB

## 97. MODELO DE AÇÃO DE CONCESSÃO DE APOSENTADORIA VOLUNTÁRIA COM BASE NA REGRA DE TRANSIÇÃO DO ART. 6º DA EC N. 41/2003

<NOTA DOS AUTORES: a regra do art. 6º da EC n. 41/2003 permanece vigente para servidores dos Estados e Municípios que não promoveram a reforma da Previdência e pode ser utilizada para os Federais que tenham adquirido direito à regra antes da publicação da EC n. 103/2019>

**EXCELENTÍSSIMO SENHOR DOUTOR JUIZ FEDERAL DA VARA/JUIZADO ESPECIAL FEDERAL DA CIDADE – SEÇÃO JUDICIÁRIA DO ESTADO** <ADEQUAR AO CASO CONCRETO, SE FOR SERVIDOR PÚBLICO ESTADUAL OU MUNICIPAL, QUANDO A COMPETÊNCIA SERÁ DA JUSTIÇA ESTADUAL>

**Parte Autora,** nacionalidade, estado civil, profissão, residente e domiciliado(a) na Rua, bairro, cidade, Estado, inscrito no CPF sob o nº, **endereço eletrônico,** vem à presença de Vossa Excelência,

---

que trata o art. 201, com percentual igual ao estabelecido para os servidores titulares de cargos efetivos. (Incluído pela Emenda Constitucional n. 41, 19.12.2003)"

por intermédio de seus procuradores constituídos, propor a presente **AÇÃO DE CONCESSÃO DE APOSENTADORIA** contra o **ENTE FEDERATIVO OU ÓRGÃO AO QUAL O SERVIDOR ESTÁ VINCULADO OU ENTIDADE DE PREVIDÊNCIA QUE DEVE CONCEDER O BENEFÍCIO** <em caso servidores Municipais e Estaduais, normalmente é o instituto de previdência que deve ser o réu. Em caso de servidores Federais, a demanda é contra a União... Então, deve ser verificada na jurisprudência a legitimidade passiva no caso concreto>, pelos fatos e fundamentos que a seguir aduz:

1. **BREVE RESENHA FÁTICA** <ADEQUAR AO CASO CONCRETO>

O(A) Autor(a) é servidor público com exercício em 00/00/2000, conforme comprova sua ficha funcional em anexo.

Vale ressaltar que a parte autora tem ainda averbado junto ao presente vínculo os seguintes períodos <adequar ao caso concreto em caso de ter tempo averbado>:

<INCLUIR LISTAGEM DOS PERÍODOS AVERBADOS. É POSSÍVEL QUE SEJA INCLUÍDA A IMAGEM DA PARTE DA FICHA FUNCIONAL COM ESSA LISTAGEM>.

Em 00/00/2000, o(a) Autor(a) cumpriu os requisitos necessários para o requerimento de sua aposentadoria no RPPS e em 00/00/2000 fez o requerimento junto ao seu RH.

Ocorre que o Réu entendeu pelo indeferimento, o que obriga a parte autora a recorrer a este juízo para a declaração de seu direito.

2. **FUNDAMENTOS JURÍDICOS DO PEDIDO** <ADEQUAR AO CASO CONCRETO>

2.1 **Do direito à aposentadoria com base na regra de transição do art. 6º da EC n. 41/2003 no RPPS** <ADEQUAR AO CASO CONCRETO>

Com as alterações trazidas pela EC n. 41/2003, as regras de aposentadoria dos servidores públicos sofreram significativas alterações. Em proteção ao direito acumulado foram criadas regras de transição, das quais destacamos a prevista no art. 6º da EC n. 41/2003.

Tal regra possibilita aposentadoria com base na integralidade e paridade para os servidores ingressantes até 31/12/2003, desde que cumpridos os seguintes requisitos:

| | |
|---|---|
| Tempo mínimo de contribuição | 35 anos (h) 30 anos (m) |
| Idade mínima para a concessão da aposentadoria | 60 (h) 55 (m) |
| Tempo mínimo de serviço público | 20 anos |
| Tempo mínimo na carreira | 10 anos |
| Tempo mínimo no cargo da aposentadoria | 5 anos |
| Ingresso no Serviço Público | 31.12.2003 |

No presente caso a parte comprova que cumpriu os requisitos devidamente, desde o requerimento o benefício, como demonstramos abaixo:

| | | |
|---|---|---|
| Tempo mínimo de contribuição | 35 anos (h) 30 anos (m) | <INCLUIR DADOS DA PARTE> |
| Idade mínima para a concessão da aposentadoria | 60 (h) 55 (m) | <INCLUIR DADOS DA PARTE> |
| Tempo mínimo de serviço público | 20 anos | <INCLUIR DADOS DA PARTE> |
| Tempo mínimo na carreira | 10 anos | <INCLUIR DADOS DA PARTE> |
| Tempo mínimo no cargo da aposentadoria | 5 anos | <INCLUIR DADOS DA PARTE> |
| Ingresso no Serviço Público | 31/12/2003 | <INCLUIR DADOS DA PARTE> |

Como se observa pelos documentos, fatos e direito apresentados, a parte autora cumpre todos os requisitos para a concessão da aposentadoria pleiteada, nos moldes legislação aplicável e, portanto, tem direito ao provimento do benefício.

## 3. DO PREQUESTIONAMENTO <ADEQUAR AO CASO CONCRETO>

Resta clara a violação aos ditames constitucionais e legislação federal, da qual destacamos os artigos <ADEQUAR AO CASO CONCRETO, CITANDO NOMINALMENTE OS ARTIGOS, INCLUSIVE COM PARÁGRAFOS E INCISOS, LEMBRANDO-SE DE INCLUIR TAMBÉM LEGISLAÇÃO FEDERAL MESMO PARA AÇÕES DE JUIZADOS, TENDO EM VISTA A ATUAL POSSIBILIDADE DE INTERPOSIÇÃO DE IRDR>.

## 4. REQUERIMENTOS <ADEQUAR AO CASO CONCRETO>

Diante do exposto, requer-se a Vossa Excelência:

a) a citação do Réu para, querendo, responder à presente demanda, no prazo legal;

b) a determinação ao Réu para que, na primeira oportunidade em que se pronunciar nos autos, apresente o Processo de Concessão do Benefício, bem como todas as resoluções, portarias e laudos que detenha e que possam ser pertinentes a presente ação, sob pena de cominação de multa diária, nos termos do art. 139, IV, do CPC, a ser fixada por esse Juízo;

c) a procedência da pretensão deduzida, para condenar a Ré a conceder a aposentadoria com integralidade e paridade, devida a parte autora desde 00/00/2000 e baseada na regra de transição do art. 6º da EC n. 41/2003;

d) a condenação do Réu à devolução dos valores descontados da parte a título de contribuição previdenciária para o RPPS até o limite máximo do RGPS/INSS, tendo em vista que se tivesse sido aposentado(a) na data correta, seria isenta com base no § 18[5], do art. 40, da CF/1988. Requer ainda que os valores acumulados desde a concessão do benefício sejam atualizados aplicando-se juros e correção monetária até 11/2021, nos termos dos Temas 810 do STF e 905 do STJ e, após 12/2021, o índice da taxa referencial do Sistema Especial de Liquidação e de Custódia (Selic), acumulado mensalmente, para fins de atualização monetária e de compensação da mora (art. 3º da EC n. 113/2021), respeitada a prescrição quinquenal;

e) a condenação do Réu ao pagamento de custas, despesas e honorários advocatícios, na base de 20% (vinte por cento) dos valores devidos apurados em liquidação de sentença, conforme dispõem o art. 55 da Lei n. 9.099/1995 e o art. 85, § 3º, do CPC;

f) cumprindo a previsão do art. 319, VII, do CPC, a parte autora declara que opta pela realização <OU NÃO REALIZAÇÃO, ADEQUAR CONFORME O INTERESSE EM CADA CASO> de audiência de conciliação no presente caso;

g) requer o julgamento antecipado da lide, conforme dispõe o art. 355 do CPC. Sendo outro o entendimento de V. Exa., requer a produção de todos os meios de prova admitidos em direito, sem exclusão de nenhum que se fizer necessário ao deslinde da demanda; <SENDO NECESSÁRIO, REQUERER A PRODUÇÃO DE PROVA PERICIAL E/OU TESTEMUNHAL. SE FOR REQUERIDA A TESTEMUNHAL, É NECESSÁRIO FAZER O ARROLAMENTO DAS TESTEMUNHAS>

Requer-se, ainda, por ser a parte autora pessoa hipossuficiente, na acepção jurídica do termo, sem condições de arcar com as despesas processuais e os honorários advocatícios sucumbenciais sem prejuízo de seu sustento e de sua família, a concessão da Gratuidade da Justiça, na forma do art. 98 e ss do CPC. <RECOMENDA-SE A COLETA, PELO ADVOGADO, DE DECLARAÇÃO DE HIPOSSUFICIÊNCIA DO CLIENTE, CASO SEJA REQUERIDA A GRATUIDADE DA JUSTIÇA. DEVE-SE, TAMBÉM, DE PREFERÊNCIA, FAZER A JUNTADA DE TAL DECLARAÇÃO NOS AUTOS, JÁ NA INICIAL>

Requer-se, com base no § 4º, do art. 22, da Lei n. 8.906/1994, que, ao final da presente demanda, caso sejam encontradas diferenças em favor do autor, quando da expedição da RPV ou do

---

[5] "§ 18. Incidirá contribuição sobre os proventos de aposentadorias e pensões concedidas pelo regime de que trata este artigo que superem o limite máximo estabelecido para os benefícios do regime geral de previdência social de que trata o art. 201, com percentual igual ao estabelecido para os servidores titulares de cargos efetivos. (Incluído pela Emenda Constitucional n. 41, 19.12.2003)"

precatório, os valores referentes aos honorários contratuais e sucumbenciais sejam expedidos em nome da sociedade de advogados contratada pela parte autora, sendo os honorários contratuais devidos no percentual constante no contrato em anexo.

Dá-se à causa o valor de R$ 1.000,00 (mil reais). <ADEQUAR CONFORME O CASO>

Nesses termos,

PEDE DEFERIMENTO.

Cidade e data.

Nome do Advogado e OAB

## V. PETIÇÕES INICIAIS DIVERSAS

### 98. MODELO DE AÇÃO PARA REPARAÇÃO DE DANOS MORAIS POR DESCONTOS INDEVIDOS E NÃO AUTORIZADOS PELO SEGURADO EM SEU BENEFÍCIO PREVIDENCIÁRIO

**EXCELENTÍSSIMO(A) SENHOR(A) DOUTOR(A) JUIZ(A) FEDERAL DA VARA/JUIZADO ESPECIAL FEDERAL DA CIDADE – SEÇÃO JUDICIÁRIA DO ESTADO**

**Segurado**, nacionalidade, estado civil, profissão, residente e domiciliado(a) na Rua, bairro, cidade, Estado, inscrito no **CPF sob o n.** <INCLUIR NÚMERO DO CPF>, endereço eletrônico, vem à presença de Vossa Excelência, por intermédio de seus procuradores constituídos, propor a presente **AÇÃO PARA REPARAÇÃO DE DANOS MORAIS** contra o **INSTITUTO NACIONAL DO SEGURO SOCIAL – INSS (em caso de servidor vinculado a RPPS, a demanda é contra o instituto de previdência municipal ou Estadual, ou a União)**, pessoa jurídica de direito público, autarquia federal (ou Estadual, ou Municipal, conforme o caso), com endereço <incluir endereço>, e contra o **BANCO XXX/CAIXA ECONÔMICA FEDERAL** <ADEQUAR AO CASO CONCRETO>, instituição financeira com endereço <INCLUIR ENDEREÇO>, pelos fatos e fundamentos que a seguir aduz:

1. **BREVE RESENHA FÁTICA** <ADEQUAR AO CASO CONCRETO>

O(A) autor(a) recebe benefício previdenciário da espécie <INCLUIR O TIPO DE BENEFÍCIO, EXEMPLO, APOSENTADORIA POR IDADE> com DIB 00/00/0000 e NB 000.000.000-0, conforme consta do conjunto probatório por ele(ela) apresentado.

Contudo, ao sacar seu benefício no mês 00 <ADEQUAR AO CASO CONCRETO>, percebeu desconto não autorizado em seus proventos.

Em razão disso, encaminhou-se ao primeiro réu, em que foi informado da existência de um suposto contrato de empréstimo consignado.

Vale ressaltar, entretanto, que o(a) autora(a) nunca contratou tal empréstimo e que não reconhece como válido tal contrato. Naquela data então a parte autora requereu que fossem cessados imediatamente os descontos.

Em resposta aos questionamentos e requerimentos sobre os descontos que estavam sendo feitos sem a ciência e, tampouco, a concordância do(a) beneficiário(a), o primeiro réu alegou que <incluir os motivos alegados pelo órgão>.

Ocorre, porém, que como dito não havia sido contratado nenhum empréstimo consignado com o banco requerido. Embora bastante angustiado com todo o transtorno que lhe foi causado, tentou entrar em contato com o banco réu, recebendo a informação de que teriam sido realizadas transações em seu nome, restando claro que se tratava de fraude.

O primeiro réu, que deveria ser responsável por zelar pelo pagamento dos benefícios, foi manifestamente negligente, não adotando as medidas necessárias para averiguar a probidade do contrato de empréstimo consignado, mesmo diante das tentativas do(a) autor(a) de resolver o problema no âmbito administrativo, conforme consta no conjunto probatório. Impõe-se ressaltar que o ente previdenciário, como órgão da Administração Pública, responde pelos atos (e omissões) praticados por seus agentes que, nesta qualidade, causarem danos a terceiros (art. 37, § 6º, da CF).

A instituição financeira requerida, por sua vez, também é responsável pelo ocorrido, por não tomar os devidos cuidados ao liberar o crédito de maneira fraudulenta, aplicando-se a esta as normas do Código de Defesa do Consumidor quanto ao dever de prestar um serviço que não viole direitos de seus clientes.

Vale destacar que muitas das operações, talvez inclusive esta, objeto da presente contenda, são realizadas por telefone.

Diante dos fatos, a negligência dos réus não ensejou apenas um dano material, identificado pelo desfalque patrimonial experimentado pelo autor, mas ensejou, sobretudo, danos morais agravados pelo abalo emocional e transtornos causados à parte autora.

Mantendo-se os réus reticentes em relação à sua responsabilidade, restou ao(à) autor(a) buscar na presente ação a devida indenização por todo o abalo moral e prejuízo material causados pelas ilegalidades cometidas pelos demandados.

Vejamos o direito aplicável à espécie:

## 2. FUNDAMENTOS JURÍDICOS DO PEDIDO <ADEQUAR AO CASO CONCRETO>

### 2.1 Do dano material

a parte autora nunca contratou o empréstimo pelo qual sofreu os indevidos descontos em seu benefício.

Questionado sobre os descontos, os réus não apresentaram nenhuma documentação que comprove qualquer contrato, até porque tal documentação não existe. Salienta-se, também a conduta imprudente da instituição financeira que realiza empréstimos consignados sem qualquer cuidado, celebrando contratos por telefone, bem como com pessoas que utilizam os dados de aposentados.

Assim, ficou demonstrado nos autos que a parte sofreu descontos ilegais em seu benefício, verba essa que possui caráter alimentar.

Vale ressaltar que a jurisprudência é firme na garantia da devolução dos valores por parte do ente previdenciário e das instituições financeiras. Nesse sentido:

> EMPRÉSTIMO CONCEDIDO POR INSTITUIÇÃO FINANCEIRA. CONSIGNAÇÃO. RESTITUIÇÃO DE VALOR INDEVIDAMENTE. DESCONTADO EM BENEFÍCIO PREVIDENCIÁRIO. LEGITIMIDADE PASSIVA DO INSS PARA A CAUSA. RESPONSABILIDADE SUBJETIVA. INCIDENTE IMPROVIDO. [...]
>
> 15. **Deve, portanto, ser uniformizado o entendimento de que o INSS, em tese, pode ter responsabilidade pela devolução de valores indevidamente descontados da renda mensal de aposentadoria ou pensão por morte para pagamento de mensalidades de empréstimo bancário em consignação.** [...] (TNU, PEDILEF n. 05201270820074058300, Rel. Marisa Cláudia Gonçalves Cucio, *DE* 22.08.2017).

> ADMINISTRATIVO. CONTRATOS BANCÁRIOS. EMPRÉSTIMO CONSIGNADO. DESCONTO EM BENEFÍCIO PREVIDENCIÁRIO. RESPONSABILIDADE CIVIL DA AUTARQUIA. OMISSÃO. VALOR INDENIZATÓRIO E SUCUMBÊNCIA. MANUTENÇÃO.
>
> 1. Considerando a jurisprudência do STJ sobre a omissão de autarquia federal no dever de fiscalizar caracterizando responsabilidade subjetiva, necessário comprovar a negligência na atuação estatal, o dano e o nexo causal entre ambos.
>
> 2. A subsidiariedade somente ocorre de forma excepcional, quando comprovada a inviabilidade da execução ou frente a impossibilidade fática do cumprimento da obrigação.
>
> 3. **No arbitramento da indenização advinda de danos morais, o julgador deve se valer do bom senso e razoabilidade, atendendo às peculiaridades do caso, não podendo ser fixado *quantum* que torne irrisória a condenação, tampouco valor vultoso que traduza enriquecimento ilícito. A quantia fixada bem repara o dano sofrido, uma vez que cumpre a finalidade pedagógica de

**fazer com que o banco não cometa o mesmo erro e, concomitantemente, impede o enriquecimento sem causa da pessoa lesada**.

4. Os honorários advocatícios devem ser fixados no percentual de 10% sobre o valor da causa/condenação (art. 20, §§ 3º e 4º do CPC), desde que não redunde em valor ínfimo ou exorbitante. (grifou-se)
(TRF-4, AC 5003728-04.2018.4.04.7204, 4ª Turma, Rel. Luís Alberto D'Azevedo Aurvalle, j. 29.09.2021).

Em outro julgado, assim se posicionou a Egrégia 3ª Turma do TRF da 4ª Região:

ADMINISTRATIVO. CIVIL. DESCONTOS EM BENEFÍCIO PREVIDENCIÁRIO. EMPRÉSTIMOS. FRAUDE. INDENIZAÇÃO POR DANOS MATERIAIS E MORAIS.

1. Compete às instituições financeiras e ao INSS verificar a veracidade e autenticidade dos contratos de empréstimo. A forma como eles verificam a licitude ou não dos empréstimos não pode acarretar prejuízo ao segurado. A experiência forense revela que essa forma não se mostra segura e eficaz. Assim, os danos decorrentes da falha na conferência de licitude dos empréstimos devem ser suportados pelos bancos e pelo INSS.

2. Mantido o valor da indenização por danos morais.

3. A restituição em dobro do indébito, prevista no art. 42, parágrafo único, do CDC, pressupõe tanto a existência de pagamento indevido quanto a má-fé dos credores, o que não se verifica no caso.

(TRF-4, AC 5012930-56.2019.4.04.7208, 3ª Turma, Rel. Rogerio Favreto, j. 10.08.2022)

Logo, é inegável o dever dos réus de devolver todos os valores descontados indevidamente da parte autora, em dobro, e com a devida correção monetária e juros de mora.

## 2.2 Do dano moral

Além da devolução dos valores, o(a) autor(a) pleiteia na presente ação a condenação dos demandados por danos morais, tendo em vista que teve descontos indevidos em seu benefício previdenciário e sofreu abalos emocionais e transtornos decorrentes de tal ilegalidade.

No caso em exame, os réus deram causa a débito de prestações de um empréstimo não contraído validamente; ao contrário, as provas juntadas aos autos são favoráveis à tese de que uma terceira pessoa, de forma fraudulenta, efetuou empréstimo em nome da parte autora. E, por tal razão, a parte autora passou a sofrer descontos indevidos em seu benefício previdenciário.

Vale lembrar que a previdência social possui caráter iminentemente protetivo, conferindo aos segurados benefícios de caráter alimentar e social.

Diante disso, resta claro que, ao permitir que descontos ilegais fossem realizados no benefício a que faz jus o(a) autor(a), os réus causaram não apenas prejuízos materiais, mas, sobretudo, prejuízos de ordem imaterial, tendo sua dignidade significativamente mitigada.

A natureza alimentar do benefício, por si só, configura elemento suficiente para demonstrar a presunção do prejuízo advindo do descaso dos demandados quanto à cessação do desconto no benefício previdenciário da parte autora.

Lembramos ainda que a dignidade da pessoa humana é um dos fundamentos basilares da República Federativa do Brasil, tanto o é que está prevista no art. 1º, III, da Constituição Federal de 1988. Com base nesse fundamento é que foram consagrados constitucionalmente diversos direitos.

É o caso dos direitos sociais, entre os quais consta o **direito à previdência social**:

"São direitos sociais a educação, a saúde, a alimentação, o trabalho, a moradia, o transporte, o lazer, a segurança, a previdência social, a proteção à maternidade e à infância, a assistência aos desamparados, na forma desta Constituição." (art. 6º, *caput*, CF/1988)

Também encontram base na dignidade da pessoa humana os direitos e deveres individuais e coletivos elencados no art. 5º da Constituição Federal. Entre os quais estão os seguintes: "são invioláveis a intimidade, a vida privada, a honra e a imagem das pessoas, assegurado o direito a indenização pelo dano material ou moral decorrente de sua violação" (art. 5º, X, CF/1988).

Dessa forma, o texto constitucional reconheceu a importância de proteger os direitos vinculados à personalidade, consagrando, ainda, o instituto da indenização pelo dano patrimonial e pelo **dano moral**.

No presente caso, a privação indevida de renda da parte constitui um dano não apenas material, mas, também, um dano moral.

Isso porque o que ocorreu não foi mero infortúnio que trouxe aborrecimento ao autor, houve, sim, uma falha na prestação do serviço público, por um lado, e, por outro, do resguardo do cliente de instituição bancária, incorrendo em um dano ao (à) autor(a) que perpassou a esfera patrimonial. A parte autora, em razão de tal conduta, experimentou dificuldades financeiras que, por se configurarem dano *in re ipsa*, independem de prova, pois são constatáveis pelo homem médio.

Nesse sentido importante decisão já foi proferida pela TNU, da qual destacamos:

> RESPONSABILIDADE CIVIL. ATO ILÍCITO PRATICADO PELO INSS. DANO MORAL. CONFIGURAÇÃO. DESCONTO INDEVIDO EM PROVENTOS DE APOSENTADORIA. INCIDENTE DE UNIFORMIZAÇÃO PARCIALMENTE PROVIDO. (...) 3. O INSS age com base no princípio da legalidade, de acordo com normas regulamentares. Assim, se é praticado um ato administrativo em conformidade com a norma de regência, em regra, não há que se falar em responsabilidade civil por parte da autarquia previdenciária. No entanto, **se o INSS atua fora do seu propósito-mor, como, por exemplo, na averbação de empréstimos feitos por instituições financeiras no cadastro do segurado, com a finalidade de facilitar o pagamento ao credor, seus atos escapam da natureza do ato administrativo *stricto sensu* e dão ensejo a questionamentos que desbordam da simples verificação do direito ao benefício previdenciário. Ao agir nessa seara, os atos do INSS, se ilegais e causadores de prejuízos, ensejam, sem o rigorismo do sistema ordinário, a responsabilidade civil.** 4. No caso, os elementos causadores da responsabilidade civil estão presentes, acarretando o dever de indenizar. 5. Os fatos foram estabelecidos pela sentença: o autor recebe benefício previdenciário e teve realizado desconto em seus proventos, **sendo evidente a ilegalidade da conduta do INSS em efetuar o referido desconto, tendo em vista que não há prova da existência da obrigação supostamente assumida pelo aposentado.** 6. O **desconto sem autorização do titular de benefício previdenciário decorrente de fraude na concessão de empréstimo é ato objetivamente capaz de gerar prejuízo moral**, pois causa constrangimento e abalo emocional ao interessado, sobretudo quando se trata de aposentado que, como se sabe, na grande maioria dos casos, recebe aposentadoria em valor irrisório, renda essa que é indispensável a sua própria subsistência. (...) (grifou-se)
>
> (TNU – PEDILEF: 05025789420124058013, Relator: Juiz Federal André Carvalho Monteiro, *DOU* 09.05.2014).

Em recente decisão, nesse sentido foi o entendimento da 1ª Turma Recursal dos JEFs da JFPR:

> "CIVIL E DIREITO DO CONSUMIDOR. RECURSO INOMINADO. EMPRÉSTIMO CONSIGNADO FRAUDULENTO. IMPUGNAÇÃO DAS ASSINATURAS DOS CONTRATOS. ÔNUS DA INSTITUIÇÃO FINANCEIRA. RESPONSABILIDADE SUBSIDIÁRIA DO INSS PELOS DANOS SOFRIDOS. TEMA 183 DA TNU. DESCONTO INDEVIDO EM BENEFÍCIO PREVIDENCIÁRIO. DANO MORAL PRESUMIDO. DEVOLUÇÃO DOS VALORES COMPROVADAMENTE CREDITADOS NA CONTA BANCÁRIA DO AUTOR. COMPENSAÇÃO. RECURSO PROVIDO.
>
> 1. No julgamento do REsp 1.846.649 (Tema 1.061), sob a sistemática dos recursos repetitivos, o Superior Tribunal de Justiça fixou tese no sentido de que "na hipótese em que o consumidor/autor impugnar a autenticidade da assinatura constante em contrato bancário juntado ao processo pela instituição financeira, caberá a esta o ônus de provar a autenticidade (CPC, arts. 6º, 369 e 429, II)".
>
> 2. No caso dos autos, o autor nega que as assinaturas apostas nos contratos sejam dele e, portanto, nos termos da jurisprudência firmada pelo STJ, caberia à instituição bancária o ônus de comprovar a autenticidade das referidas assinaturas. Tratando-se de assinatura cuja autenticidade não pode ser facilmente verificada, deveria o banco produzir prova grafotécnica, mas não o fez. Além disso, foram identificadas inconsistências quanto aos endereços indicados e não constam dos contratos assinaturas de testemunhas, tal como exige a lei civil.
>
> 3. Não tendo a instituição financeira comprovado que as assinaturas dos contratos foram produzidas pelo punho do autor, bem como ante as demais inconsistências apontadas, deve ser reconhecida a nulidade dos contratos de empréstimo questionados.
>
> **4. A Turma Nacional de Uniformização decidiu a respeito da responsabilidade do INSS pelos danos decorrentes de empréstimo consignado não autorizado, em julgamento representativo de controvérsia (Tema 183). No presente caso, os empréstimos foram contratados junto a banco diverso daquele no qual o benefício do autor é pago, de modo que a responsabilidade do INSS é de natureza subsidiária e não solidária.**

**5. No caso de empréstimo consignado fraudulento, cujos descontos incidam sobre o benefício previdenciário da vítima, o entendimento desta Turma Recursal está assentado no sentido de que o dano moral é presumido.**

6. Recurso acolhido para declarar a nulidade dos contratos de empréstimo, como também para condenar o Banco Itaú Consignado S.A. e, subsidiariamente, o INSS, à devolução das parcelas dos empréstimos descontadas do benefício do autor, bem como ao pagamento de indenização por danos morais no valor de R$ 5.000,00 (cinco mil reais).

7. Os valores comprovadamente creditados pelo BANCO ITAÚ CONSIGNADO S.A. na conta bancária do recorrente e não devolvidos ao banco devem ser compensados com as verbas referidas no parágrafo anterior.

8. Sobre a indenização pelo DANO MORAL incidirão, unicamente, juros de 1% ao mês entre o evento danoso e a data do arbitramento da indenização, e, a partir daí, incidirá a taxa SELIC, exclusivamente (Súmulas 54 e 362 do STJ; e art. 406, do Código Civil). Em relação ao DANO MATERIAL incidirá a taxa SELIC, exclusivamente, desde o evento danoso (Súmula n. 54 do STJ e art. 406, do Código Civil).

9. Recurso provido." (grifou-se)

(Proc. n. 5054473-47.2020.4.04.7000, 1ª TR/PR, Rel. Gerson Luiz Rocha, j. 28.07.2022)

O(a) autor(a) pretende, assim, uma condenação que satisfaça todo o dano moral causado pelos descontos ilegais e indevidos de seu benefício previdenciário, mas que sirva, também, como maneira de estimular os demandados a prestarem de maneira mais eficiente e eficaz os seus serviços.

A entidade Previdenciária não pode se eximir da responsabilidade, pois colaborou para a perpetuação e a convalidação de atos ilegais praticados no âmbito de sua competência administrativa.

Isso porque, ao permitir que valores fossem subtraídos ilegalmente do benefício do(a) autor(a), o réu, na qualidade de ente público, adotou postura contrária ao caráter protetivo da Previdência Social, deixando o segurado desamparado e, frisa-se, mitigando a sua dignidade. Temos assim grave afronta ao **princípio da proteção ao hipossuficiente**.

Vale lembrar ainda que o benefício previdenciário possui carga essencialmente alimentar e social, razão pela qual se justifica a sua natureza protetiva.

Sem dúvida deve o réu zelar pela proteção dos benefícios previdenciários de forma a evitar fraudes contra seus beneficiários. Para tanto, deve tomar medidas administrativas que permitam a fiscalização e controle efetivo dos descontos que efetua nos benefícios administrados.

A Lei n. 10.820, de 2003, por sua vez, dispõe sobre a autorização para desconto de prestações em folha de pagamento, constituindo o fundamento legal para a concessão de empréstimos consignados.

Os titulares de benefícios de aposentadoria e pensão do Regime Geral de Previdência Social podem, segundo art. 6º, *caput*, da referida Lei (com redação conferida pela Lei n. 13.172, de 2015), autorizar o Instituto Nacional do Seguro Social a proceder aos descontos.

A Autarquia Previdenciária é autorizada a dispor sobre as formalidades para habilitação por instituições financeiras e sociedades de arrendamento mercantil (art. 6º, § 1º, I, Lei n. 10.820/2003), do que se deduz ser ela a responsável por apurar os aspectos que revestem os contratos de empréstimo consignado de legalidade. Assim, os descontos baseados em fraudes no âmbito da Previdência Social implicam na responsabilidade do órgão.

Fica ainda mais evidente a negligência reiterada do INSS e a necessidade de medidas coercitivas quando se verifica que, apenas em 2013, foram prestadas mais de 28 (vinte e oito) mil queixas na ouvidoria da Previdência Social relacionadas a fraudes nos empréstimos consignados[1].

Ou seja, o problema é recorrente, sendo manifesta a necessidade de se penalizar o INSS e as instituições financeiras para que haja desestímulo na continuidade dos descontos indevidos.

---

[1] G1. Fraudes no empréstimo consignado lideram queixas na ouvidoria do INSS. Disponível em: http://g1.globo.com/jornal-hoje/noticia/2014/08/fraudes-no-emprestimo-consignado-lideram-queixas-na-ouvidoria-do-inss.html. Acesso: 01 set. 2017.

Deve a indenização a ser imputada no presente caso servir para coibir a inação dos demandados.

Sobre a responsabilidade do réu, destacamos do STJ:

> "PROCESSUAL CIVIL E ADMINISTRATIVO. RESPONSABILIDADE CIVIL DO ESTADO. ATO OMISSIVO DA ADMINISTRAÇÃO. INSS. CONDENAÇÃO EM DANOS MORAIS. CABIMENTO. *QUANTUM DEBEATUR*. REDUÇÃO. REEXAME DO CONJUNTO FÁTICO-PROBATÓRIO. INVIABILIDADE. SÚMULA 7/STJ.
>
> 1. Hipótese em que o Tribunal a quo, soberano no exame da prova, julgou que são ilegais os descontos nos proventos de aposentadoria da autora, porquanto inexistente o acordo de empréstimo consignado, e que a autarquia previdenciária agiu com desídia ao averbar contrato falso.
>
> 2. **A jurisprudência do STJ é pacífica no sentido de que, caracterizada a responsabilidade subjetiva do Estado, mediante a conjugação concomitante de três elementos – dano, negligência administrativa e nexo de causalidade entre o evento danoso e o comportamento ilícito do Poder Público –, é inafastável o direito do autor à indenização ou reparação civil dos prejuízos suportados.**
>
> 3. O valor dos danos morais, fixado em R$ 5.000,00 (cinco mil reais), não se mostra exorbitante ou irrisório. Portanto, modificar o *quantum debeatur* implicaria, *in casu*, reexame da matéria fático-probatória, obstado pela Súmula 7/STJ.4. Recurso Especial não provido." (grifou-se)
>
> (STJ, REsp n. 1228224/RS, Rel. Min. Herman Benjamin, 2ª Turma, *DJe* 10.05.2011)

No mesmo sentido o TRF 2ª Região:

> "APELAÇÃO. FRAUDE. BENEFÍCIO PREVIDENCIÁRIO. RESPONSABILIDADE CIVIL OBJETIVA. DANO MORAL CONFIGURADO. OBRIGAÇÃO DE INDENIZAR. MÉTODO BIFÁSICO DE ARBITRAMENTO. MAJORAÇÃO DO *QUANTUM* INDENIZATÓRIO. IMPROVIMENTO.
>
> 1. Trata-se de apelações cíveis interpostas contra sentença proferida nos autos da ação comum de rito ordinário, objetivando o restabelecimento de seu benefício; o cancelamento dos empréstimos consignados lançados em seu benefício; a devolução do valor do benefício referente a setembro de 2012; a devolução do valor de R$ 2.611,51 depositado na conta aberta na agência de Angra dos Reis, no Banco Itaú; bem como o recebimento de valor pecuniário, a título de reparação por danos morais.
>
> 2. A questão em debate na presente fase recursal cinge-se tão somente ao direito da autora à majoração do *quantum* indenizatório, a título de reparação por danos morais bem como ao reconhecimento da sucumbência instituída no artigo 86 do CPC para fins de condenação em honorários advocatícios.
>
> 3. É evidente que houve falha na prestação do serviço prestado pela autarquia ré, o que causou prejuízo concreto à autora, que ficou privada do seu benefício devido à erro da Administração, configurando-se, portanto, a má prestação do serviço público e a violação ao princípio constitucional da eficiência do serviço público (artigo 37, *caput*, CRFB), o que ultrapassa os limites do mero dissabor ou aborrecimento do dia a dia.
>
> 4. No que tange ao arbitramento do *quantum* reparatório, deve ser utilizado o método bifásico para o arbitramento equitativo da indenização, nos moldes sustentados pelo Excelentíssimo Ministro Paulo de Tarso Sanseverino, no brilhante voto proferido no RESP n. 959.780-ES. Neste contexto, impende majorar o *quantum* indenizatório para o valor de R$ 5.000,00 (cinco mil reais), na medida em que deve o INSS adotar todas as cautelas possíveis e devidas no processamento eficiente dos benefícios, seja mediante capacitação e especialização dos seus profissionais.
>
> 5. Alteração, de ofício, dos juros de mora referentes à condenação pela reparação por danos morais, os quais deverão ser fixados a partir da sentença.
>
> 6. Ausência de sucumbência recíproca. Súmula 326 do STJ.
>
> 7. Diante do improvimento do recurso do INSS, cabível a sua condenação ao pagamento de honorários recursais, nos termos do art. art. 85, § 11, do CPC/2015.
>
> 8. Apelação da parte autora conhecida e provida. Apelação da parte ré conhecida e improvida."
>
> (TRF-2, AC n. 0056799-74.2012.4.02.5101, 6ª Turma Especializada, Rel. Guilherme Calmon Nogueira da Gama, *DE* 17.11.2020).

## 2.3 Quantificação dos danos morais

É assente na jurisprudência que a definição do valor do dano moral deve levar em conta particularidades do caso concreto, condições econômicas das partes, repercussão do fato e a eventual participação do ofendido para configuração do evento danoso. Por outro lado, a indenização deve ser arbitrada em valor que se revele suficiente a desestimular reiteração da prática, bem assim evitar enriquecimento sem causa da parte que sofre o dano (TRF/4ª Região, APELREEX 5005533-73.2015.4.04.7114, 4ª Turma, Relator Loraci Flores de Lima, j. 16.08.2017).

Diante das circunstâncias analisadas <INDICAR O NÚMERO DE MESES DE DESCONTO INDEVIDO E EVENTUAIS CONSEQUÊNCIAS DECORRENTES DA FALHA DA PRESTAÇÃO DO SERVIÇO BANCÁRIO E PREVIDENCIÁRIO>, ponderando o caráter punitivo e educativo da medida, juntamente com a gravidade do fato, requer-se a fixação do dano moral em R$ 20.000,00 (vinte mil reais) <A TÍTULO EXEMPLIFICATIVO>.

Referido valor leva em consideração o contexto fático apurado, bem como para as finalidades a que se presta, mormente para estimular os réus a tomarem medidas que impeçam a consignação em pagamento nos benefícios previdenciários sem a devida autorização dos beneficiários.

### 3. DO PREQUESTIONAMENTO <ADEQUAR AO CASO CONCRETO>

O dano moral previdenciário constitui um importante e necessário instituto para a reparação de danos extrapatrimoniais causados pelo indeferimento ou pela suspensão indevidos de benefícios no âmbito da Previdência Social. Ante o inerente teor alimentar e social dos benefícios previdenciários, o reconhecimento desse instituto constitui um avanço na proteção da dignidade da pessoa humana (art. 1º, III, CF/1988), dos direitos da personalidade (art. 5º, X, CF/1988) e, principalmente, dos direitos sociais (art. 6º, *caput*, CF/1988).

Ignorar os danos morais causados ao (à) autor(a) significa a convalidação de uma postura descuidada da Autarquia Previdenciária e a negação da própria natureza do benefício. Em outras palavras, ignorar o dano moral previdenciário implica compactuar com afrontas à dignidade da pessoa humana, aos direitos da personalidade e aos direitos sociais a duras penas consagrados na Constituição Federal de 1988.

É manifesta a violação da Legislação Federal no que tange ao papel do INSS nos contratos consignados, destacadamente a Lei n. 10.820, de 17 de dezembro de 2003.

Violou-se, também, em última análise, a Lei n. 8.213, de 24 de julho de 1991, pela displicência e pelo desrespeito à finalidade e aos princípios básicos da Previdência Social.

### 4. REQUERIMENTOS <ADEQUAR AO CASO CONCRETO>

Diante do exposto, requer-se a Vossa Excelência:

<SE OS DESCONTOS NÃO FORAM CESSADOS NO VALOR DO BENEFÍCIO, REQUERER A TUTELA DE URGÊNCIA> A concessão da tutela de urgência, sem audiência da parte contrária, para determinar que a Autarquia Previdenciária não mais autorize o Banco Réu a efetuar os descontos mensais em sua aposentadoria.

a) a citação dos réus para, querendo, responderem à presente demanda, no prazo legal;

b) a procedência da pretensão deduzida, consoante narrado nesta inicial, condenando-se os demandados, de forma solidária:

b.1) ao pagamento de indenização por danos morais no valor de R$ <INCLUIR O VALOR DA INDENIZAÇÃO>, tendo em vista o abalo causado à parte autora em decorrência da autorização da consignação do empréstimo na folha de pagamento;

b.2) a devolução em dobro de todo o valor indevidamente descontado da parte autora, no montante de R$ <INCLUIR O VALOR DAS PARCELAS A SEREM DEVOLVIDAS, EM DOBRO E ATUALIZADAS DESDE A DATA DE CADA DESCONTO;

c) a condenação do INSS ao pagamento dos valores acumulados, aplicando-se juros e correção monetária até 11/2021, nos termos dos Temas 910 do STF e 905 do STJ e, a partir de 12/2021, o índice da taxa referencial do Sistema Especial de Liquidação e de Custódia (Selic), acumulado mensalmente, para fins de atualização monetária e de compensação da mora (art. 3º da EC n. 113/2021), respeitada a prescrição quinquenal;

d) a condenação dos demandados ao pagamento de honorários advocatícios, nos termos do art. 55 da Lei n. 9.099/1995 e o art. 85, § 3º, do CPC.

Requer-se, ainda, por ser o(a) autor(a) pessoa hipossuficiente, na acepção jurídica do termo, sem condições de arcar com as despesas processuais e os honorários advocatícios sucumbenciais sem prejuízo de seu sustento e de sua família, a concessão da Gratuidade da Justiça, na forma do art. 98 e ss do CPC <RECOMENDA-SE A COLETA, PELO ADVOGADO, DE DECLARAÇÃO DE HIPOSSUFICIÊNCIA DO CLIENTE, CASO SEJA REQUERIDA A GRATUIDADE DA JUSTIÇA. DEVE-SE, TAMBÉM, DE PREFERÊNCIA, FAZER A JUNTADA DE TAL DECLARAÇÃO NOS AUTOS, JÁ NA INICIAL>.

Cumprindo a previsão do art. 319, VII, do CPC, a parte autora declara que <OPTA PELA REALIZAÇÃO OU NÃO REALIZAÇÃO, ADEQUAR CONFORME O INTERESSE EM CADA CASO> de audiência de conciliação no presente caso.

Requer-se, com base no § 4º do art. 22 da Lei n. 8.906/1994, que, ao final da presente demanda, caso sejam encontradas diferenças em favor do autor, quando da expedição da RPV ou do precatório, os valores referentes aos honorários contratuais e sucumbenciais sejam expedidos em nome da sociedade de advogados contratada pela parte Autora, sendo os honorários contratuais devidos no percentual constante no contrato de honorários em anexo.

Dá-se à causa o valor de R$ <INCLUIR O VALOR DA CAUSA, INCLUSIVE POR EXTENSO>.

Nesses termos,

PEDE DEFERIMENTO.

Cidade e data.

Nome do(a) advogado(a) e OAB

## 99. MODELO DE AÇÃO PARA REPARAÇÃO DE DANOS MORAIS POR SUSPENSÃO E/OU CANCELAMENTO INDEVIDO DO BENEFÍCIO PREVIDENCIÁRIO

<NOTA DOS AUTORES: OS PEDIDOS E ITENS DESSA AÇÃO PODEM SER UTILIZADOS EM CONJUNTO COM A AÇÃO DE RESTABELECIMENTO DE BENEFÍCIO. ENTRETANTO, POR ESTRATÉGIA PROCESSUAL E/OU PARA NÃO ULTRAPASSAR O VALOR DA CAUSA DE AMBAS AS AÇÕES, O PEDIDO PODE SER FEITO EM AÇÃO SEPARADA, COMO NO PRESENTE CASO. É POSSÍVEL TAMBÉM O INGRESSO DA PRESENTE AÇÃO PARA OS CASOS EM QUE O RESTABELECIMENTO SE DEU NA VIA ADMINISTRATIVA, EM RECURSO AO CRPS>.

**EXCELENTÍSSIMO(A) SENHOR(A) DOUTOR(A) JUIZ(A) FEDERAL DA VARA/JUIZADO ESPECIAL FEDERAL DA CIDADE – SEÇÃO JUDICIÁRIA DO ESTADO**

**Parte Autora**, nacionalidade, estado civil, profissão, residente e domiciliado(a) na Rua, Bairro, Cidade, Estado, inscrito no **CPF sob o n.** <INCLUIR NÚMERO DO CPF>, endereço eletrônico, vem à presença de Vossa Excelência, por intermédio de seus procuradores constituídos, propor a presente **AÇÃO PARA REPARAÇÃO DE DANOS MORAIS** contra o **INSTITUTO NACIONAL DO SEGURO SOCIAL – INSS, pessoa jurídica de direito público, autarquia federal,** com endereço <INCLUIR ENDEREÇO>, pelos fatos e fundamentos que a seguir aduz:

**1. BREVE RESENHA FÁTICA** <ADEQUAR AO CASO CONCRETO>

O(A) autor(a) teve deferido seu benefício da espécie 00 <INCLUIR O TIPO DE BENEFÍCIO, EXEMPLO, APOSENTADORIA POR INCAPACIDADE PERMANENTE> com DIB 00/00/0000 e NB 000.000.000-0. Acosta aos autos os documentos necessários para a comprovação de tal fato.

Ocorre que em 00/00/0000 houve, indevidamente, a cessação do pagamento do benefício em questão.

Vale ressaltar que o autor havia cumprido rigorosamente todos os requisitos exigidos para a concessão do benefício suspenso e/ou cancelado, conforme consta do conjunto probatório por ele(ela) apresentado. Dessa forma, grande foi sua surpresa quando teve seu benefício cessado pela Autarquia Previdenciária.

Para a suspensão e/ou cancelamento, o INSS alegou que <INCLUIR OS MOTIVOS CONSTANTES DA NOTIFICAÇÃO RECEBIDA E/OU CONSTANTE DO PROCESSO ADMINISTRATIVO>.

Ante a indisposição do órgão em reverter a cessação do pagamento no âmbito administrativo, o(a) autor(a) recorreu ao <JUDICIÁRIO OU CRPS> para restabelecer o benefício previdenciário devido, o qual, por sua vez, reconheceu a procedência do pedido.

Assim, ficou comprovado no processo 0000000 <JUDICIAL OU ADMINISTRATIVO> que a suspensão/cancelamento do benefício foi indevida, tendo sido o mesmo restabelecido na forma da lei. Para comprovação do restabelecimento a parte autora junta aos autos o atual extrato de pagamento, retirado do *site* do INSS.

Durante o tempo em que ficou com o benefício suspenso/cancelado, o(a) autor(a) enfrentou situações adversas que lhe causaram abalo moral manifesto e incontestável <DESCREVER AS SITUAÇÕES ADVERSAS PELAS QUAIS A PARTE PASSOU E VINCULÁ-LAS À CESSAÇÃO DO PAGAMENTO DO BENEFÍCIO PARA DEIXAR CLARO O NEXO DE CAUSALIDADE. EXEMPLO: INFORMAR INSCRIÇÃO NO CADIN/SPS/SERASA OU SIMILARES, DÍVIDAS, DESPEJO, COBRANÇAS, IMPEDIMENTO DE ACESSO A PLANO DE SAÚDE, ENFIM, EVENTUAIS PROVAS DO DANO MORAL SOFRIDO. SALIENTAMOS QUE OS TRIBUNAIS NÃO TÊM ACEITADO O DANO MORAL PELO MERO CANCELAMENTO/SUSPENSÃO DO BENEFÍCIO, SENDO NECESSÁRIA A COMPROVAÇÃO DO ABALO SOFRIDO, PODENDO ISSO SER FEITO POR QUALQUER MEIO DE PROVA EM DIREITO ADMITIDA>.

Logo, se faz necessária a presente ação para que se obtenha a indenização cabível no caso concreto. Vejamos o direito aplicável a espécie:

## 2. DO DIREITO

O(A) autor(a) pleiteia na presente ação a condenação por danos morais, tendo em vista que teve seu benefício previdenciário indevidamente suspenso e ou cancelado pelo INSS.

Vale lembrar que o INSS é a autarquia, ente da Administração Pública, que deveria zelar pela presteza de seus serviços e pela manutenção dos benefícios previdenciários do RGPS. Neste sentido, aplica-se a teoria da responsabilidade objetiva, prevista no art. 37, § 6º, da CF, por ter a autarquia, por conduta comissiva ou omissiva de seus agentes, causado dano ao autor da demanda.

Ademais, a Previdência Social possui caráter eminentemente protetivo e social, conferindo aos segurados benefícios de caráter alimentar.

Diante da cessação indevida do pagamento de seu benefício o(a) autor(a) teve sua dignidade mitigada, sujeitando-se a situações adversas, conforme descrito.

Sobre o tema, importante destacarmos que a Constituição Federal de 1988 constituiu importante avanço na consolidação do Estado Democrático de Direito Brasileiro.

Em compromisso aos direitos humanos, o constituinte originário estabeleceu como um dos fundamentos da República, a dignidade da pessoa.

Apesar da amplitude de sua definição, é imperioso compreender em tal fundamento a noção de que todo ser humano é titular de direitos que devem lhe proporcionar um parâmetro digno de vida.

São desdobramentos constitucionais da dignidade da pessoa os direitos sociais previstos na Constituição Federal de 1988, onde se encontra, dentre outros, o **direito à previdência social**:

> São direitos sociais a educação, a saúde, a alimentação, o trabalho, a moradia, o transporte, o lazer, a segurança, a previdência social, a proteção à maternidade e à infância, a assistência aos desamparados, na forma desta Constituição (art. 6º, *caput*, CF/1988).

A dignidade da pessoa possui, ainda, intima relação com os direitos e deveres individuais e coletivos elencados no art. 5º da Constituição Federal. Dentre eles encontra-se o seguinte:

"são invioláveis a intimidade, a vida privada, a honra e a imagem das pessoas, assegurado o direito a indenização pelo dano material ou moral decorrente de sua violação" (art. 5º, X, CF/1988).

Dessa forma, o texto constitucional reconheceu a importância de proteger os direitos vinculados à personalidade, consagrando, ainda, o instituto da indenização pelo dano patrimonial e pelo **dano moral**.

A privação indevida no presente caso, de verba alimentar, gerou situações constrangedoras à parte autora, como bem destacado, eventos estes que constituem um dano não apenas material, mas, também, moral.

Sabe-se que o dano material foi reparado pelo pagamento dos valores atrasados, entretanto, o abalo e o dano moral não tiveram, até o momento, reparação.

No presente caso não se pode considerar a suspensão do benefício como um mero infortúnio, mas sim um fato decorrente de insuficiente de zelo do INSS na sua atuação, incorrendo em um dano ao (à) autor(a) que perpassou a esfera patrimonial. Neste ponto, convém frisar que o sofrimento experimentado pelo autor configura dano *in re ipsa*, na medida em que privado de seu sustento e do cumprimento de suas obrigações por medida injusta e ilegal do ente previdenciário. Trata-se de dano que independe de prova, portanto, por ser compreensível ao homem médio.

Grande é o debate doutrinário travado em torno da indenização por danos morais dada a intangibilidade do bem jurídico tutelado pelo instituto.

No entanto, na reparação do dano moral, "o dinheiro não desempenha função de equivalência, como no dano material, porém, concomitantemente, a função satisfatória e a da pena" (DINIZ, 2011, p. 78).

O(a) autor(a) pretende, assim, uma condenação que além de satisfazer o dano moral causado pela suspensão desarrazoada de seu benefício previdenciário, sirva também como maneira de estimular o INSS a prestar de maneira mais eficiente e eficaz os seus serviços.

A discricionariedade do ato administrativo não constitui carta branca para que a Administração Pública cause danos, materiais ou morais, em bens jurídicos juridicamente relevantes dos segurados. Ainda mais se nos atentarmos ao fato de que tratamos de verbas alimentares.

O Estado, por óbvio, também está sujeito a ser responsabilizado pelos danos causados:

> "As pessoas jurídicas de direito público e as de direito privado prestadoras de serviços públicos responderão pelos danos que seus agentes, nessa qualidade, causarem a terceiros, assegurado o direito de regresso contra o responsável nos casos de dolo ou culpa." (art. 37, § 6º, CF/1988)

Aliás, em razão da responsabilidade objetiva do Estado, nem mesmo é necessário que o dano seja causado por ato ilícito. É o que se depreende da definição dada por Maria Sylvia Zanella Di Pietro[2] à responsabilidade extracontratual do Estado: "[...] obrigação de reparar danos causados a terceiros em decorrência de comportamentos comissivos ou omissivos, materiais ou jurídicos, lícitos ou ilícitos, imputáveis aos agentes públicos".

Doravante, não cabe o argumento de que a Autarquia Previdenciária, ao suspender e/ou cancelar o benefício previdenciário do(a) autor(a), atuou nos limites de sua competência administrativa.

O reconhecimento <JUDICIAL OU ADMINISTRATIVO> de que o benefício era realmente devido constata uma falha no julgamento de uma estrutura estatal criada com o precípuo objetivo de materializar garantias de ordem social estabelecidas na Constituição Federal de 1988.

Ora, se o <PODER JUDICIÁRIO OU CRPS> reconheceu que o benefício previdenciário era devido, por que a Autarquia Previdenciária também não o fez?

Há afronta no presente caso do **princípio da proteção ao hipossuficiente**.

O INSS deveria ter zelado pelo direito da parte, inclusive no tocante a manutenção do benefício devido.

---

[2] DI PIETRO, Maria Sylvia Zanella. *Direito administrativo*. 27. ed. São Paulo: Atlas, 2014. p. 716.

O benefício previdenciário possui carga essencialmente alimentar e social, razão pela qual se justifica a sua natureza protetiva. Referida proteção exige que órgãos como o INSS tenham cuidado redobrado ao indeferir um pedido de benefício ou suspender um benefício já concedido.

Em caso de irregularidades, devem ser adotadas as providências necessárias, mas sempre partindo da ideia de que o segurado, até que seja efetivamente provado o contrário mediante devido processo administrativo, "assegurados o contraditório e ampla defesa" (art. 5º, LV, CF/1988), necessita do benefício para sua subsistência.

Ante tudo o que foi relatado, observa-se na jurisprudência um número relevante de precedentes que confirmam o chamado **dano moral previdenciário**. Do STJ destacamos:

"(...) 1. **O indeferimento de benefício previdenciário imotivado acarreta injusta privação de verba alimentar, colocando em risco a subsistência do segurado, sobretudo em casos de pessoas de baixa renda, como é o caso dos autos.**

2. A compensação por danos morais foi feita, pelo juízo sentenciante, com esteio em extensa e minuciosa análise dos elementos probatórios da dor e das dificuldades pessoais que afligiu o agravado, que mesmo comprovando a gravidade da moléstia que o acometia, teve seu benefício negado, sendo obrigado, por mais de quatro anos, a sacrificar sua saúde e bem-estar trabalhando no mercado informal como vendedor ambulante, a despeito do câncer de laringe em estado avançado que apresentava.

3. **Constatado o nexo de causalidade entre o ato da Autarquia e o resultado lesivo suportado pelo segurado, é devida a reparação dos danos morais.** (...)" (grifou-se)

STJ, AgRg no AREsp n. 193.163-SE, 1ª Turma, Min. Rel. Napoleão Nunes Maio Filho, *DJe* 08.05.2014)

Cabe apontar também:

"ADMINISTRATIVO. RESPONSABILIDADE CIVIL. INDEFERIMENTO DE BENEFÍCIO DE SALÁRIO-MATERNIDADE NA VIA ADMINISTRATIVA. ATO ILÍCITO. SUSPENSÃO POR DECISÃO JUDICIAL. DANO MORAL CONFIGURADO. RECURSO INOMINADO PROVIDO.

1. Hipótese em que o INSS negou o benefício por entender que caberia ao ex-empregador pagá-lo. Ato administrativo não amparado por lei, o que caracteriza a abusividade e irregularidade da negativa administrativa.

2. **Quando o indeferimento do benefício é caracterizado pela ilicitude ou por falha não justificável de procedimento, o segurado prejudicado deve ser reparado. Caso contrário, o INSS continuará agindo sem o devido cuidado e atenção na análise dos pedidos de suspensão de benefícios, gerando situações de aflição e danos muitas vezes imensuráveis aos segurados.**

3. No caso, configurado o procedimento flagrantemente equivocado do INSS, resta demonstrada a violação a direito subjetivo da parte autora e o efetivo abalo moral experimentado diante do comprometimento das condições materiais básicas para manutenção da segurada desempregada e do recém-nascido.

4. Condenação fixada em R$ 10.000,00 (dez mil reais), valor que observa os princípios da razoabilidade e da proporcionalidade, além de satisfazer o cunho educativo da reparação por danos morais.

5. Recurso provido." (grifou-se)

(TRU4, RC n. 5000068-03.2017.4.04.7215/SC, 3ª TRSC, Rel. João Batista Lazzari, *DE* 24.08.2017)

No tocante ao dever de indenizar, assim tem-se manifestado o TRF-4:

"PREVIDENCIÁRIO. PEDIDO DE REATIVAÇÃO DO BENEFÍCIO DE PENSÃO POR MORTE. CONDENAÇÃO EM DANOS MORAIS. MANUTENÇÃO. SUSPENSÃO DE BENEFÍCIO – INDEVIDA. RESPONSABILIDADE CIVIL OBJETIVA. DANO MORAL – CABÍVEL.

1. A responsabilidade objetiva estatal advinda de falha no serviço previdenciário depende de comprovação de ato estatal, dano e nexo de causalidade.

2. **Comprovada a suspensão indevida de pensão por morte, deixando a autora sem o valor que é sua subsistência, fica demonstrado que o ato estatal foi o causador de estresse desnecessário para a autora, cabendo ao INSS o pagamento de indenização por danos morais.**

3. Indenização fixada em R$ 10.000,00, de acordo com os parâmetros adotados por esta Corte em casos semelhantes." (grifou-se)

(TRF-4, AC 5007565-17.2020.4.04.7004, 10ª Turma, Rel. Flávia da Silva Xavier, j. 25.08.2022).

Portanto, é razoável que o INSS seja condenado a reparar o(a) autor(a) a título de danos morais, tendo em vista que ao <CANCELAR OU SUSPENDER> indevidamente o seu benefício previdenciário lhe privou de prover o seu próprio sustento, violando, assim, o mínimo existencial para sua sobrevivência.

## 3. QUANTIFICAÇÃO DOS DANOS MORAIS

É assente na jurisprudência que a definição do valor do dano moral deve levar em conta particularidades do caso concreto, condições econômicas das partes, repercussão do fato e a eventual participação do ofendido para configuração do evento danoso. Por outro lado, a indenização deve ser arbitrada em valor que se revele suficiente a desestimular reiteração da prática, bem assim evitar enriquecimento sem causa da parte que sofre o dano (TRF/4ª Região, APELREEX 5005533-73.2015.4.04.7114, 4ª Turma, Rel. Loraci Flores de Lima, j. 16.08.2017).

Diante das circunstâncias analisadas <INDICAR O NÚMERO DE MESES DA INDEVIDA CESSAÇÃO DO PAGAMENTO DO BENEFÍCIO E EVENTUAIS CONSEQUÊNCIAS DECORRENTES DESSE FATO>, ponderando o caráter punitivo e educativo da medida, juntamente com a gravidade do fato, requer-se a fixação do dano moral em R$ 20.000,00 (vinte mil reais) <A TÍTULO EXEMPLIFICATIVO. IMPORTANTE VERIFICAR OS PRECEDENTES DO TRIBUNAL DE SUA REGIÃO>.

Referido valor leva em consideração o contexto fático apurado, bem como para as finalidades a que se presta, mormente para estimular o INSS a tomar medidas que impeçam a suspensão e/ou cancelamento de benefícios previdenciários sem o devido processo legal administrativo.

## 4. DO PREQUESTIONAMENTO <ADEQUAR AO CASO CONCRETO>

O dano moral previdenciário constitui um importante e necessário instituto para a reparação de danos extrapatrimoniais causados pelo indeferimento ou pela suspensão indevidos de benefícios no âmbito da Previdência Social. Ante o inerente teor alimentar e social dos benefícios previdenciários, o reconhecimento desse instituto constitui um avanço na proteção da dignidade da pessoa humana (art. 1º, III, CF/1988), dos direitos da personalidade (art. 5º, X, CF/1988) e, principalmente, dos direitos sociais (art. 6º, *caput*, CF/1988).

Ignorar os danos morais causados pelo INSS ao(à) autor(a) significa a convalidação de uma postura descuidada da Autarquia Previdenciária e a negação da própria natureza do benefício. Em outras palavras, ignorar o dano moral previdenciário implica compactuar com afrontas à dignidade da pessoa humana, aos direitos da personalidade e aos direitos sociais a duras penas consagrados na Constituição Federal de 1988.

Assim, requer-se a expressa manifestação desse juízo sobre a matéria constitucional aqui levantada, para fins de eventual interposição de recursos para os Tribunais Superiores.

## 5. REQUERIMENTOS <ADEQUAR AO CASO CONCRETO>

Diante do exposto, requer-se a Vossa Excelência:

a) a citação do Instituto Nacional do Seguro Social – INSS para, querendo, responder à presente demanda, no prazo legal;
b) a procedência da pretensão deduzida, consoante narrado nesta inicial, condenando-se o INSS ao pagamento de indenização por danos morais no valor de R$ <INCLUIR O VALOR DA INDENIZAÇÃO QUE SE CONSIDERA DEVIDA NO CASO CONCRETO>;
c) a condenação do INSS ao pagamento dos valores devidos, aplicando-se juros e correção monetária até 11/2021, nos termos dos Temas 910 do STF e 905 do STJ e, a partir de 12/2021, o índice da taxa referencial do Sistema Especial de Liquidação e de Custódia (Selic), acumulado mensalmente, para fins de atualização monetária e de compensação da mora (art. 3º da EC n. 113/2021), respeitada a prescrição quinquenal;
d) a condenação do INSS ao pagamento de honorários advocatícios, na base de 20% (vinte por cento), apuradas em liquidação de sentença, conforme dispõem o art. 55 da Lei n. 9.099/1995 e o art. 85, § 3º, do CPC.

e) a concessão da Gratuidade da Justiça, na forma do art. 98 e seus parágrafos do CPC, por ser a parte autora pessoa hipossuficiente, na acepção jurídica do termo, sem condições de arcar com as despesas processuais e os honorários advocatícios sucumbenciais sem prejuízo de seu sustento e de sua família, a concessão da Gratuidade da Justiça, na forma do art. 98 e §§ do CPC <RECOMENDA-SE A COLETA, PELO ADVOGADO, DE DECLARAÇÃO DE HIPOSSUFICIÊNCIA DO CLIENTE, CASO SEJA REQUERIDA A GRATUIDADE DA JUSTIÇA. DEVE-SE, TAMBÉM, DE PREFERÊNCIA, FAZER A JUNTADA DE TAL DECLARAÇÃO NOS AUTOS, JÁ NA INICIAL>.

Cumprindo a previsão do art. 319, VII, do CPC, a parte autora declara que <OPTA PELA REALIZAÇÃO OU NÃO REALIZAÇÃO, ADEQUAR CONFORME O INTERESSE EM CADA CASO> de audiência de conciliação no presente caso.

Requer-se, ainda, com base no § 4º do art. 22 da Lei n. 8.906/1994, que, ao final da presente demanda, caso sejam encontradas diferenças em favor do autor, quando da expedição da RPV ou do precatório, os valores referentes aos honorários contratuais e sucumbenciais sejam expedidos em nome da sociedade de advogados contratada pela parte Autora, sendo os honorários contratuais devidos no percentual constante no contrato em anexo.

Dá-se à causa o valor de R$ <INCLUIR O VALOR DA CAUSA>.

Nesses termos,

PEDE DEFERIMENTO.

Cidade e data.

Nome do(a) advogado(a) e OAB

## 100. MODELO DE AÇÃO PARA RESTITUIÇÃO DOS VALORES PAGOS A TÍTULO DE JUROS MORATÓRIOS E MULTA EM INDENIZAÇÃO DE TEMPO DE CONTRIBUIÇÃO

**EXCELENTÍSSIMO(A) SENHOR(A) DOUTOR(A) JUIZ(A) FEDERAL DA VARA/JUIZADO ESPECIAL FEDERAL DA CIDADE – SEÇÃO JUDICIÁRIA DO ESTADO**

**Autor(a)**, nacionalidade, estado civil, profissão, residente e domiciliado(a) na Rua, Bairro, Cidade, Estado, inscrito no **CPF sob o n.** <INCLUIR NÚMERO DO CPF>, endereço eletrônico, vem à presença de Vossa Excelência, por intermédio de seus procuradores constituídos, propor a presente **AÇÃO DE REPETIÇÃO DE INDÉBITO PREVIDENCIÁRIO PARA RESSARCIMENTO DOS VALORES PAGOS A TÍTULO DE JUROS MORATÓRIOS E MULTA SOBRE INDENIZAÇÃO PREVIDENCIÁRIA** contra **UNIÃO – Fazenda Nacional**, pessoa jurídica de direito público, com representação no endereço <INCLUIR ENDEREÇO>, pelos fatos e fundamentos que a seguir aduz:

**1. BREVE RESENHA FÁTICA** <ADEQUAR AO CASO CONCRETO>

O(A) autor(a) requereu administrativamente no INSS, no dia 00/00/0000, o reconhecimento de filiação referente ao exercício de atividade <URBANA OU RURAL> no(s) período(s) de 00/00/0000 a 00/00/0000, para <FINS DE AVERBAÇÃO DO PERÍODO NO CNIS E OBTENÇÃO DE BENEFÍCIO NO RGPS OU CONTAGEM RECÍPROCA DO TEMPO DE CONTRIBUIÇÃO E EMISSÃO DE CTC PARA RPPS>.

Como o período que se pretendia contar como tempo de contribuição era referente a atividade remunerada alcançada pela decadência, a Autarquia Previdenciária exigiu, amparada no art. 45-A da Lei n. 8.212, de 1991, o pagamento de indenização.

Além do *quantum* indenizatório, o INSS cobrou, também, juros moratórios e multa, a despeito de existir jurisprudência firmada no sentido de que só é possível tal cobrança quando os períodos que se busca contar como tempo de contribuição são referentes a parcelas cujo fato gerador é posterior a outubro de 1996.

Importante salientar que a própria Autarquia Previdenciária, com a publicação do Decreto n. 10.410/2020, que incluiu no art. 239 do Decreto n. 3.048/1999 o § 8º-A, reconhece que a incidência de juros e multa apenas incidirá se o fato gerador for posterior a 14.10.1996.

Logo, faz-se necessária a presente ação para reaver os valores cobrados indevidamente pela Autarquia Previdenciária. Vejamos o direito aplicável à espécie:

## 2. PRELIMINAR – LEGITIMIDADE PASSIVA DA UNIÃO

O procedimento de indenização é feito junto ao INSS, o qual calcula os valores devidos, emite a guia e inclui o tempo da parte no CNIS.

Entretanto, a partir do advento da Lei n. 11.457/2007[3], a União é a responsável pela fiscalização, arrecadação e a cobrança das contribuições sociais, que até aquele momento eram cobrados pelo INSS.

Assim, no presente caso, foi o INSS o responsável pela apuração do débito assim como pela inclusão do tempo no CNIS, mas é a União, através da Receita Federal do Brasil, que administra e recebe os valores arrecadados a título de contribuição social e, portanto, com legitimidade para a restituição pretendida. Nesse sentido:

> RPS: "Art. 247. A restituição e a compensação de valores recolhidos indevidamente observarão os termos e as condições estabelecidos pela Secretaria Especial da Receita Federal do Brasil do Ministério da Economia." (Redação dada pelo Decreto n. 10.410, de 2020)
>
> – TNU: "INCIDENTE DE UNIFORMIZAÇÃO. PREVIDENCIÁRIO. LEI DE CUSTEIO. INEXIGIBILIDADE DE JUROS E MULTA NO CÁLCULO DA INDENIZAÇÃO NECESSÁRIA À EXPEDIÇÃO DE CERTIDÃO DE TEMPO DE SERVIÇO PARA FINS DE CONTAGEM RECÍPROCA. MP n. 1.523/1996. LEGITIMIDADE PASSIVA DA UNIÃO/FAZENDA. PRECEDENTE DO STJ.INCIDENTES CONHECIDOS E DESPROVIDOS" (TNU, PUIL n. 5000027-81.2013.4.04.7213/SC, j. 06.11.2015).

## 3. FUNDAMENTOS JURÍDICOS DO PEDIDO

### 3.1 Da indenização e do débito previdenciário

o segurado pode requerer o reconhecimento de filiação para ter averbado ao seu Cadastro Nacional de Informações Sociais (CNIS), a qualquer época, o tempo de exercício de atividade abrangida pela Previdência Social trabalhada que não conste em seus cadastros sociais (CNIS) por ausência de pagamento das contribuições (art. 98, § 1º, da IN INSS/PRES n. 128/2022).

Para os casos em que o segurado deseja ter reconhecido tempo trabalhado, ainda que não tenha contribuído, mas seja responsável por tal contribuição, será necessário o recolhimento de valores.

Tal recolhimento pode ser dividido em dois tipos, conforme resumimos abaixo:

- **Indenização**: período a ser recolhido referente competências com **mais de 5 anos de atraso**;
- **Débito**: período a ser recolhido referente competências com **menos de 5 anos de atraso**.

Em ambas as hipóteses o tempo a ser contribuído pode ser utilizado no mesmo regime (RGPS) ou em regime diferente (RPPS – contagem recíproca).

Na situação em análise, trata-se de indenização com o objetivo <DE INCLUIR TEMPO NO CNIS OU DE EMISSÃO DE CTC PARA CONTAGEM RECÍPROCA>

---

[3] Art. 2º Além das competências atribuídas pela legislação vigente à Secretaria da Receita Federal, cabe à Secretaria da Receita Federal do Brasil planejar, executar, acompanhar e avaliar as atividades relativas a tributação, fiscalização, arrecadação, cobrança e recolhimento das contribuições sociais previstas nas alíneas a, b e c do parágrafo único do art. 11 da Lei n. 8.212, de 24 de julho de 1991, e das contribuições instituídas a título de substituição.

O cálculo apurado pelo INSS foi apurado com base no art. 45-A da Lei n. 8.212/1991 (incluído pela LC n. 128, de 2008), que estabelece os seguintes parâmetros:

I – 20% da média aritmética simples dos maiores salários-de-contribuição, reajustados, correspondentes a 80% de todo o período contributivo decorrido desde a competência julho de 1994; ou

II – 20% da remuneração sobre a qual incidem as contribuições para o regime próprio de previdência social a que estiver filiado o interessado, no caso de indenização para fins da contagem recíproca de que tratam os arts. 94 a 99 da Lei n. 8.213/1991, observados o limite máximo do teto do RGPS.

– Sobre os valores apurados, incidirão juros moratórios de 0,5% ao mês, capitalizados anualmente, limitados ao percentual máximo de 50%, e multa de 10%.

Assim, fica claro que a base de cálculo para a apuração do montante devido é um valor atual e não foi calculado sobre o montante recebido à época do período que se quer averbar.

Ou seja, as contribuições foram apuradas com valores atuais e não com valores antigos que necessitassem correção para que pudessem representar adequação com os dias de hoje.

Dito isso, sigamos na análise do caso concreto.

### 3.2 Da natureza jurídica da contribuição social

as contribuições sociais são espécies de **TRIBUTO** destinadas a custear os encargos decorrentes da efetividade das normas da Ordem Social, principalmente a Seguridade Social, de forma geral ou especificamente em uma de suas áreas: previdência social, assistência social ou saúde.

No presente caso, o recolhimento em atraso, denominado indenização, é sem dúvida espécie de contribuição social.

Quanto à jurisprudência, numerosas decisões do Egrégio Supremo Tribunal Federal reconhecem a contribuição previdenciária como modalidade autônoma de tributo.

Com o advento da Constituição Federal de 1988, a questão ficou ainda mais fácil de ser compreendida, pois a CFRB/1988 trata da contribuição social no art. 149, *caput*[4] e § 1º[5], sob o Título da Tributação e do Orçamento, capítulo do Sistema Tributário Nacional, bem como no art. 195[6], sob o Título da Ordem Social, Capítulo da Seguridade Social.

Assim, resta mais do que comprovado se tratar a indenização aqui discutida de um **TRIBUTO**, e uma vez sendo um tributo, a ela se aplicam as normas pertinentes.

### 3.3 Da não incidência de juros moratórios e multa em períodos anteriores à edição da Medida Provisória n. 1.523, de 11 de outubro de 1996 <ADEQUAR AO CASO CONCRETO>

O(A) autor(a) pleiteia na presente ação a condenação da ré ao ressarcimento dos valores relativos a juros moratórios e multa cobrados em cominação com indenização por contribuições pagas extemporaneamente. Desses períodos, alguns <OU TODOS> se referem a épocas anteriores à MP n. 1.523/1996, ou seja, antes de 11.10.1996.

Vale lembrar que o art. 45-A da Lei n. 8.212/1991, incluído pela Lei Complementar n. 128/2008, dispõe o seguinte:

---

[4] "Art. 149. Compete à União instituir contribuições sociais, de intervenção no domínio econômico e de interesse das categorias profissionais ou econômicas, como instrumento de sua atuação nas respectivas áreas, observado o disposto nos arts. 146, III, e 150, I e III, e sem prejuízo do previsto no art. 195, § 6º, relativamente às contribuições a que alude o dispositivo."

[5] "§ 1º Os Estados, o Distrito Federal e os Municípios instituirão contribuição, cobrada de seus servidores, para o custeio, em benefício destes, do regime previdenciário de que trata o art. 40, cuja alíquota não será inferior à da contribuição dos servidores titulares de cargos efetivos da União."

[6] "Art. 195. A seguridade social será financiada por toda a sociedade, de forma direta e indireta, nos termos da lei, mediante recursos provenientes dos orçamentos da União, dos Estados, do Distrito Federal e dos Municípios, e das seguintes contribuições sociais: [...]"

"Art. 45-A. O contribuinte individual que pretenda contar como tempo de contribuição, para fins de obtenção de benefício no Regime Geral de Previdência Social ou de contagem recíproca do tempo de contribuição, período de atividade remunerada alcançada pela decadência deverá indenizar o INSS.

[...] § 2º Sobre os valores apurados na forma do § 1º deste artigo incidirão juros moratórios de 0,5% (cinco décimos por cento) ao mês, capitalizados anualmente, limitados ao percentual máximo de 50% (cinquenta por cento), e multa de 10% (dez por cento)."

[...]

Contudo, a incidência dos juros moratórios e da multa, como atualmente consta no § 2º do art. 45-A da Lei de Custeio, só foi incluída em 1996 pela Medida Provisória n. 1.523.

Com isso, há que se diferenciar os períodos anteriores e posteriores a MP n. 1523/1996. Nesse sentido, a jurisprudência é pacífica de que não incidem juros e multa quando o período indenizado é anterior à edição da referida Medida Provisória. Nesse sentido, o Repetitivo STJ Tema n. 1.103, cuja tese fixada foi a que segue:

"As contribuições previdenciárias não recolhidas no momento oportuno sofrerão o acréscimo de multa e de juros apenas quando o período a ser indenizado for posterior à edição da Medida Provisória n. 1.523/1996 (convertida na Lei n. 9.528/1997)." (REsp 1.929.631/PR, 1ª Seção, Rel. Min. Og Fernandes, *DJe* 20.5.2022)

Diante dessa orientação, ocorreu a recente alteração do Dec. n. 3.048/1999, que trouxe incorporação do entendimento jurisprudencial à normativa, mas somente para as indenizações realizadas a partir de 01.07.2020:

"Art. 239, § 8º-A. A incidência de juros moratórios e multa de que trata o § 8º será estabelecida para fatos geradores ocorridos a partir de 14 de outubro de 1996." (Incluído pelo Decreto n. 10.410, de 2020)

Isso se deve, sobretudo, aos princípios da legalidade e da irretroatividade da lei, seguindo-se a lógica de que *tempus regit actum* (a lei da época rege o ato).

Logo, não existindo previsão legal de juros moratórios e multa à época em que o indivíduo trabalhou e referente aos períodos que quer indenizar, não se pode admitir a incidência de qualquer um desses institutos.

Em decorrência da importância conferida à irretroatividade da lei, a Constituição Federal de 1988 estabelece em seu art. 5º, inciso XXXVI, da Constituição Federal de 1988:

"A lei não prejudicará o direito adquirido, o ato jurídico perfeito e a coisa julgada". Estabelece ainda o princípio da legalidade no art. 5º, inciso II, quando informa que "ninguém será obrigado a fazer ou deixar de fazer alguma coisa senão em virtude de lei".

Ademais, dispõe o Código Tributário Nacional em seu art. 106, inciso II, "c", acerca da irretroatividade da norma tributária, quando estabelece que a lei nova só possa ser retroativa quando menos severa que a prevista na lei vigente ao tempo de sua prática.

Assim, não restam dúvidas sobre o direito da parte de receber a devolução dos valores cobrados a título de multa e juros.

## 4. DO PREQUESTIONAMENTO <ADEQUAR AO CASO CONCRETO>

Resta clara a violação aos ditames constitucionais e à legislação federal, da qual destacamos os artigos <ADEQUAR AO CASO CONCRETO, CITANDO NOMINALMENTE OS ARTIGOS, INCLUSIVE COM PARÁGRAFOS E INCISOS, LEMBRANDO-SE DE INCLUIR TAMBÉM LEGISLAÇÃO FEDERAL MESMO PARA AÇÕES DE JUIZADOS, TENDO EM VISTA A ATUAL POSSIBILIDADE DE INTERPOSIÇÃO DE IRDR>.

## 5. REQUERIMENTOS <ADEQUAR AO CASO CONCRETO>

Diante do exposto, requer-se a Vossa Excelência:

a) a citação da União para, querendo, responder à presente demanda, no prazo legal;
b) a procedência da pretensão deduzida, consoante narrado nesta inicial, condenando-se a União ao ressarcimento de R$ <INCLUIR O VALOR DA INDENIZAÇÃO QUE SE CONSIDERA DEVIDA NO CASO CONCRETO> referentes a juros moratórios e multa cobrados indevidamente, atualizados pela SELIC, por se tratar de valores pertinentes a tributo;
c) a condenação da União ao pagamento dos valores devidos, corrigidos pelo índice da taxa referencial do Sistema Especial de Liquidação e de Custódia (Selic), desde o indevido recolhimento até a data do efetivo pagamento, respeitada a prescrição quinquenal;
d) a condenação da União ao pagamento de honorários advocatícios, na base de 20% (vinte por cento), apuradas em liquidação de sentença, conforme dispõem o art. 55 da Lei n. 9.099/1995 e o art. 85 do CPC;
e) a concessão da Gratuidade da Justiça, na forma do art. 98 e ss do CPC, por ser a parte autora pessoa hipossuficiente, na acepção jurídica do termo, sem condições de arcar com as despesas processuais e os honorários advocatícios sucumbenciais sem prejuízo de seu sustento e de sua família, <RECOMENDA-SE A COLETA, PELO ADVOGADO, DE DECLARAÇÃO DE HIPOSSUFICIÊNCIA DO CLIENTE, CASO SEJA REQUERIDA A GRATUIDADE DA JUSTIÇA. DEVE-SE, TAMBÉM, DE PREFERÊNCIA, FAZER A JUNTADA DE TAL DECLARAÇÃO NOS AUTOS, JÁ NA INICIAL>.

Cumprindo a previsão do art. 319, VII, do CPC, a parte autora declara que <OPTA PELA REALIZAÇÃO OU NÃO REALIZAÇÃO, ADEQUAR CONFORME O INTERESSE EM CADA CASO> de audiência de conciliação no presente caso. Requer-se, com base no § 4º do art. 22 da Lei n. 8.906/1994, que, ao final da presente demanda, caso sejam encontradas diferenças em favor do autor, quando da expedição da RPV ou do precatório, os valores referentes aos honorários contratuais (contrato de honorários em anexo) sejam expedidos em nome da sociedade de advogados contratada pela parte autora, no percentual constante no contrato de honorários em anexo, assim como dos eventuais honorários de sucumbência.

Dá-se à causa o valor de R$ <INCLUIR O VALOR DA CAUSA>.

Nesses termos, PEDE DEFERIMENTO.

Cidade e data.

Nome do(a) advogado(a) e OAB

## 101. MODELO DE MANDADO DE SEGURANÇA VISANDO À CONCLUSÃO DO PROCESSO ADMINISTRATIVO

**EXCELENTÍSSIMO(A) SENHOR(A) DOUTOR(A) JUIZ(A) FEDERAL DA VARA FEDERAL DA CIDADE – SEÇÃO JUDICIÁRIA DO ESTADO**

**Impetrante**, nacionalidade, estado civil, advogado, residente e domiciliado(a) na Rua, Bairro, Cidade, Estado, inscrito(a) no CPF sob o nº, **endereço eletrônico,** vem à presença de Vossa Excelência, por intermédio de seus procuradores constituídos, propor o presente **MANDADO DE SEGURANÇA COM PEDIDO DE LIMINAR**, com fulcro no art. 5º, LXIX, da CF/1988 e na Lei n. 12.016/2009, contra ato ilegal de **Fulano de Tal, Chefe da Agência do INSS**, com endereço profissional na Rua, Bairro, Cidade, Estado e da pessoa jurídica a que está vinculada a autoridade coatora, a saber, **INSTITUTO NACIONAL DO SEGURO SOCIAL**, Autarquia Federal criada pela Lei n. 8.029/1990, pessoa jurídica de direito público interno, com sede em Brasília, Distrito Federal, e Gerência Executiva localiza na Rua, Bairro, Cidade, Estado, pelos fatos e direito a seguir expostos:

**1. RESUMO FÁTICO** <ADEQUAR AO CASO CONCRETO>

A parte impetrante requereu em 00/00/2000 benefício de número 000.000.000-0, com DER de agendamento telefônico em 00/00/2000, entretanto até o momento não obteve resposta satisfatória em seu pedido administrativo.

Ressalta-se que a parte já contatou diversas vezes a Central de atendimento 135 <INFORMAR NÚMEROS DE PROTOCOLOS>, tentando obter informação, mas tem sido sempre informada de que não há previsão de conclusão de seu processo administrativo e que deve aguardar em casa a chegada do comunicado de decisão ou acompanhar o andamento pelo MEU INSS.

Cabe salientar ainda que em consulta ao MEU INSS, não consta deferimento ao pedido administrativo, nem a existência de carta de exigência no presente caso. A última movimentação indica que o requerimento foi <INCLUIR O ANDAMENTO, EX: "TRANSFERIDO PARA A FILA NACIONAL"; REQUERIDA A CÓPIA DE PROCESSO DE BENEFÍCIO REQUERIDO ANTERIORMENTE>.

Assim, imprescindível a intervenção judicial para que se faça cumprir a lei e que se determine ao INSS a conclusão do processo administrativo para que se promova a imediata concessão do benefício pleiteado.

## 2. DO DIREITO LÍQUIDO E CERTO <ADEQUAR AO CASO CONCRETO>

O presente mandado de segurança visa impedir ofensa a direito líquido e certo da duração razoável do procedimento administrativo assim como do devido processo legal administrativo.

Conforme disposto na Lei n. 9.784/1999, a Administração Pública deve proferir decisão em processo administrativo no prazo de 30 (trinta) dias, excepcionando tal prazo apenas quando houver prorrogação por igual período, motivada expressamente. Destaca-se:

> "Art. 49. Concluída a instrução de processo administrativo, a Administração tem o prazo de até trinta dias para decidir, salvo prorrogação por igual período expressamente motivada."

Em matéria previdenciária temos ainda o disposto no § 5º do art. 41-A da Lei n. 8.213/1991, que assim determina:

> "Art. 41-A, § 5ºO primeiro pagamento do benefício será efetuado até quarenta e cinco dias após a data da apresentação, pelo segurado, da documentação necessária à sua concessão."

Ademais, a jurisprudência tem sido enfática em garantir que o direito da parte a resposta administrativa não pode ser impedido pela conhecida alegação de que não há pessoal para a análise dos pedidos. Ora, não pode o INSS se escusar de cumprir direito fundamental de aposentadoria com base na ineficiência e falta de pessoal em suas APS. Nesse sentido destacamos:

> "PREVIDENCIÁRIO. MANDADO DE SEGURANÇA. PEDIDO ADMINISTRATIVO. PRAZO RAZOÁVEL.
> O processamento do pedido administrativo deve ser realizado em prazo razoável, independentemente dos eventuais percalços administrativos do INSS, que não podem vir em prejuízo do segurado, em virtude da necessidade de prestação do serviço público de modo adequado e eficiente."
> (TRF/4, RNC 5002149-13.2021.4.04.7205/SC, TRS-SC, Rel. Des. Paulo Afonso Brum Vaz, j. 30.08.2021).

Logo, a mora excessiva na resposta ao requerimento do benefício, mormente quando o caso concreto demonstra ínfima complexidade, viola direito líquido e certo da parte Impetrante, não amparado por *habeas corpus* ou *habeas data*, ensejando o presente mandado de segurança.

## 3. DO PEDIDO DE CONCESSÃO DE MEDIDA LIMINAR <ADEQUAR AO CASO CONCRETO>

Requer a parte impetrante que seja deferida liminar para que seja sanada a ilegalidade que vem sendo cometida pelo INSS, apontada nestes autos.

Reitera-se aqui que a parte não está pleiteando a concessão do benefício de forma direta, apenas a análise criteriosa de seu direito, dentro do prazo legalmente cabível.

Ademais, não há risco de irreversibilidade da medida, já que caberá ao INSS analisar o direito ao benefício, cabendo ao servidor apenas concluir de forma correta o procedimento administrativo que pende de julgamento.

## 4. DO PREQUESTIONAMENTO <ADEQUAR AO CASO CONCRETO>

Resta clara a violação aos ditames constitucionais e à legislação federal, da qual destacamos os artigos <ADEQUAR AO CASO CONCRETO, CITANDO NOMINALMENTE OS ARTIGOS, INCLUSIVE COM PARÁGRAFOS E INCISOS, LEMBRANDO-SE DE INCLUIR TAMBÉM LEGISLAÇÃO FEDERAL MESMO PARA AÇÕES DE JUIZADOS, TENDO EM VISTA A ATUAL POSSIBILIDADE DE INTERPOSIÇÃO DE IRDR>.

## 5. DOS REQUERIMENTOS <ADEQUAR AO CASO CONCRETO>

Diante do exposto, pede a IMPETRANTE:

a) seja deferida medida liminar, antes da ouvida do INSS, ou, após transcorrido seu prazo de manifestação, determinando-se que a Autoridade Coatora conclua em no máximo 10 dias o julgamento do pedido administrativo NB 000.000.000-9, nos termos dos arts. 300 e ss. do CPC, c/c art. 7º, III, da Lei n. 12.016/2009, fixando-se penalidade de multa para caso de descumprimento da obrigação;
b) a notificação da autoridade coatora para que preste as informações que entender necessárias, bem como a notificação do Órgão ao qual a autoridade se encontra vinculada, qual seja, Instituto Nacional do Seguro Social – INSS, para que tome ciência;
c) a procedência do pedido, com a confirmação da liminar deferida, ou em caso de indeferimento de liminar, a procedência do pedido para que seja determinado à Autoridade Coatora que conclua em no máximo 10 dias o julgamento do pedido administrativo NB 000.000.000-9, nos termos dos arts. 300 e ss. do CPC, c/c art. 7º, III, da Lei n. 12.016/2009, fixando-se penalidade de multa para caso de descumprimento da obrigação;
d) a fixação de multa diária pelo descumprimento da liminar ou da decisão determinada no presente MS, em patamar não inferior a R$ 1.000,00 (mil reais) por dia de descumprimento, a fim de assegurar o cumprimento;
e) a intimação do MPF para que se manifeste nos presentes autos;
f) seja encaminhada uma das cópias da presente petição inicial, bem como da documentação que a instrui, ao INSS – INSTITUTO NACIONAL DO SEGURO SOCIAL, em atendimento ao disposto nos arts. 6º e 7º da Lei n. 12.016, de 7 de agosto de 2009.

<SE FOR O CASO, INCLUIR O PEDIDO: REQUER-SE, AINDA, POR SER A PARTE AUTORA PESSOA HIPOSSUFICIENTE, NA ACEPÇÃO JURÍDICA DO TERMO, SEM CONDIÇÕES DE ARCAR COM AS DESPESAS PROCESSUAIS E OS HONORÁRIOS ADVOCATÍCIOS SUCUMBENCIAIS SEM PREJUÍZO DE SEU SUSTENTO E DE SUA FAMÍLIA, A CONCESSÃO DA GRATUIDADE DA JUSTIÇA, NA FORMA DO ART. 98 E SS DO CPC. RECOMENDA-SE A COLETA, PELO ADVOGADO, DE DECLARAÇÃO DE HIPOSSUFICIÊNCIA DO CLIENTE, CASO SEJA REQUERIDA A GRATUIDADE DA JUSTIÇA GRATUITA. DEVE-SE, TAMBÉM, DE PREFERÊNCIA, FAZER A JUNTADA DE TAL DECLARAÇÃO NOS AUTOS, JÁ NA INICIAL>.

Dá-se à causa o valor de R$ 1.000,00 (mil reais) <ADEQUAR CONFORME O CASO>.

Nesses termos,

PEDE DEFERIMENTO.

Cidade e data.

Nome do Advogado e OAB

## VI. MODELOS DE RECURSOS E PETIÇÕES INTERMEDIÁRIAS DIVERSAS

### 102. MODELO DE DECLARAÇÃO PARA REQUERIMENTO DA GRATUIDADE DA JUSTIÇA

**DECLARAÇÃO**

Eu, (nome da Parte Autora), CPF n. ___.___.___-__, nascimento: 00.00.0000, endereço, DECLARO minha condição de hipossuficiente, na forma dos artigos 98 e 99 do CPC. Assim, não posso arcar com as custas do processo e com os honorários advocatícios, sem prejuízo do meu sustento e de minha família.

Local e data

Assinatura da Parte Autora

### 103. MODELO DE PEDIDO DE EXPEDIÇÃO DA RPV E/OU PRECATÓRIO

**EXCELENTÍSSIMO(A) SENHOR(A) DOUTOR(A) JUIZ(A) FEDERAL DA VARA/JUIZADO <ESTADO> OU JUIZ DE DIREITO DA COMARCA <CIDADE E ESTADO>**

**Processo nº**

**PARTE AUTORA,** já devidamente qualificado(a) nos autos da Ação em epígrafe, que tramita nesta MM. Vara, promovida contra o **INSTITUTO NACIONAL DO SEGURO SOCIAL – INSS,** vem à presença de Vossa Excelência, por intermédio de seus procuradores constituídos, dizer e requerer o que segue:

Considerando o trânsito em julgado da sentença;

Considerando a garantia constitucional da razoável duração do processo e os meios que garantam a celeridade de sua tramitação (art. 5º, LXXVIII), bem como, o espírito que motivou a criação dos Juizados Especiais Federais, qual seja: a promoção da eficiência para o fim de atender, com celeridade, as causas de menor importância econômica, identificadas com as pessoas de menor poder aquisitivo, tradicionalmente excluídas do acesso à Justiça;

Considerando a demora na expedição da Requisição de Pequeno Valor e/ou do Precatório no presente caso, uma vez que o despacho que ordenou a expedição é datado de 00.00.2000.

Requer, com URGÊNCIA, a expedição da Requisição de Pequeno Valor e/ou do Precatório para o pagamento do débito.

Nestes termos,

PEDE DEFERIMENTO.

Cidade e data.

Nome do Advogado e OAB

## 104. MODELO DE PETIÇÃO INFORMANDO A SATISFAÇÃO DO CRÉDITO

**EXCELENTÍSSIMO(A) SENHOR(A) DOUTOR(A) JUIZ(A) FEDERAL DA VARA/JUIZADO <ESTADO> OU JUIZ DE DIREITO DA COMARCA <CIDADE E ESTADO>**

**Processo n.**

**PARTE AUTORA,** já devidamente qualificado(a) nos autos da Ação em epígrafe, que tramita nesta MM. Vara, promovida contra o **INSTITUTO NACIONAL DO SEGURO SOCIAL – INSS,** vem à presença de Vossa Excelência, por intermédio de seus procuradores constituídos, dizer que concorda com as informações prestadas pelo INSS e requer o arquivamento dos autos, em face da satisfação do crédito por parte da Autarquia Ré.

Nestes termos,

PEDE DEFERIMENTO.

Cidade e data.

Nome do Advogado e OAB

## 105. MODELO DE MANIFESTAÇÃO DE LAUDO PERICIAL E APRESENTAÇÃO DE QUESITOS COMPLEMENTARES

**EXCELENTÍSSIMO SENHOR DOUTOR JUIZ DE DIREITO/ JUIZ FEDERAL DA VARA/JUIZADO ESPECIAL FEDERAL DA CIDADE – SEÇÃO JUDICIÁRIA DO ESTADO**

### REQUERIMENTO

Parte autora, já devidamente qualificado no presente processo, vem, por intermédio de seus procuradores, tendo em vista o laudo médico apresentado no Evento 00, apresentar **MANIFESTAÇÃO DO LAUDO PERICIAL e APRESENTAR QUESITOS COMPLEMENTARES <exemplo>**:

De acordo com o <Evento28/LAUDOPERIC1> o(a) perito(a), XXX, atestou que a Parte Autora possui incapacidade temporária, vejamos:

<sugerimos normalmente fazer recortes e apontamentos do laudo e fazer o cotejo entre os docs. e o laudo também>.

Importa destacar que o(a) perito(a) foi claro(a) ao reconhecer que a data de início da incapacidade surgiu em 00/00/0000, portanto, concomitante com a DER do <AUXÍLIO POR INCAPACIDADE TEMPORÁRIA OU PERMANENTE> que foi cessado.

Nota-se pelo conteúdo do laudo pericial que o douto perito reconheceu <ou deixou de reconhecer a idade avançada do segurado, a baixa escolaridade e última atividade exercida quando for mais física por exemplo>

Há nos autos, documentos que demonstram a data de início da incapacidade no ano de XXXX, bem como de que a última vez que o segurado exerceu atividade laborativa como XX também foi em XXXX:

<pode ser recortado o documento>.

Acontece que, a atual incapacidade temporária do(a) autor(a) advém <discorrer um pouco sobre a doença se achar necessário>.

Sua atual condição, juntamente com <SUA IDADE AVANÇADA, BAIXA ESCOLARIDADE E ATIVIDADE RELACIONADA À XX – DESCREVER DE ACORDO COM A SITUAÇÃO CONCRETA>, faz com que a Parte Autora encontre-se incapaz de exercer atividade laborativa que exija esforço físico ou de ser reabilitado para outras atividades.

Neste sentido, diante das considerações apresentadas acima, requer-se o envio dos autos ao(à) douto(a) perito(a) judicial, a fim de que haja resposta aos QUESITOS COMPLEMENTARES apresentados abaixo:

a) Tendo em vista a incapacidade diagnosticada e os medicamentos que o segurado faz uso, sem melhora desde 00/0000, qual outra atividade o segurado estaria apto para exercer, em face de não ter completado o ensino fundamental?
b) O uso de medicamentos que atingem sua memória, concentração e capacidade de pensar poderá afetar o retorno a qualquer atividade laborativa? De que forma?
c) O douto perito atesta possibilidade de otimização terapêutica. Entretanto, tal otimização poderá se dar em 60 dias<adequar>, tendo em vista que desde 00/0000 o segurado busca por esta otimização, mas sem sucesso?
d) O douto perito levou em consideração os atestados anexos ao Evento1/ATESTMED13, os quais atestam necessidade de afastamento SEM PREVISÃO DE ALTA?

<incluir quesitos que possam esclarecer melhor o caso>.

Diante do exposto, requer o encaminhamento dos autos ao perito judicial para resposta aos QUESITOS COMPLEMENTARES apresentados acima.

Nestes termos,

PEDE DEFERIMENTO.

Cidade e data.

Nome do Advogado e OAB

### 106. MODELO DE PEDIDO DE COMPROVAÇÃO DA RMA E PAB

**EXCELENTÍSSIMO(A) SENHOR(A) DOUTOR(A) JUIZ(A) FEDERAL DA VARA/JUIZADO <ESTADO> OU JUIZ DE DIREITO DA COMARCA <CIDADE E ESTADO>**

Processo n.

**PARTE AUTORA,** já devidamente qualificado(a) nos autos da Ação em epígrafe, que tramita nesta MM. Vara, promovida contra o **INSTITUTO NACIONAL DO SEGURO SOCIAL – INSS,** vem à presença de Vossa Excelência, por intermédio de seus procuradores constituídos, tendo em vista a expedição da RPV, requerer a intimação do INSS, para que comprove a implementação da nova Renda Mensal Atualizada do benefício da Parte Autora, bem como o pagamento das diferenças devidas mediante pagamento alternativo de benefício (PAB) SOB PENA DE MULTA DIÁRIA, a ser determinada por Vossa Excelência, uma vez que, até o presente momento, tal modificação não pode ser observada no extrato de pagamento (extrato anexo).

Nestes termos,

PEDE DEFERIMENTO.

Cidade e data.

Nome do Advogado e OAB

### 107. MODELO DE PEDIDO DE PRIORIDADE DE TRAMITAÇÃO PROCESSUAL

**EXCELENTÍSSIMO(A) SENHOR(A) DOUTOR(A) JUIZ(A) OU DESEMBARGADOR(A) OU MINISTRO(A)-RELATOR(A) DA <ADEQUAR CONFORME A INTÂNCIA JULGADORA EM QUE SE ENCONTRA O PROCESSO>**

RECURSO N.

**Parte Autora,** já devidamente qualificado(a) no Recurso n. _____, vem à presença de Vossa Excelência, por seus procuradores constituídos, requerer a prioridade na tramitação de todos os atos e diligências em qualquer instância, em especial a inclusão na pauta de julgamentos, nos termos do art. 1.048 do CPC. Estas normas asseguram a tramitação prioritária das ações em que figurem como parte ou interessada pessoa com idade igual ou superior a 60 (sessenta) anos ou portadora de doença grave, no qual se enquadra o(a) requerente, conforme comprovam os documentos anexos.

Nestes termos,

PEDE DEFERIMENTO.

Cidade e data.

Nome do Advogado e OAB

## 108. MODELO DE PETIÇÃO DE CONCORDÂNCIA COM A PROPOSTA DE ACORDO APRESENTADA PELO INSS

**EXCELENTÍSSIMO(A) SENHOR(A) DOUTOR(A) JUIZ(A) FEDERAL DA \_\_\_\_VARA/JUIZADO <ESTADO> OU JUIZ DE DIREITO DA COMARCA <CIDADE E ESTADO>**

**PROCESSO N.**

**Parte Autora, devidamente qualificada** nos autos do processo em epígrafe, em que contende com o **INSTITUTO NACIONAL DO SEGURO SOCIAL – INSS** vem à presença de Vossa Excelência, por intermédio de sua procuradora signatária, informar que está ciente dos termos da proposta de acordo apresentada pela Autarquia Previdenciária e que <CONCORDA/NÃO CONCORDA> com ele.

<HAVENDO CONCORDÂNCIA, INCLUIR O PARÁGRAFO ABAIXO>

Assim, requer-se a homologação do acordo, bem como o envio dos autos ao setor de cálculo para apuração dos valores devidos entre a DIB e a DIP, e a intimação da CEAB para implementação da RMI revisada e cumprimento do acordo no prazo de 30 dias úteis, conforme estabelecido na proposta de acordo.

Nesses Termos,

Pede Deferimento.

Florianópolis, 6 de outubro de 2022.

<SUGESTÃO AO AUTOR PARA QUE SEJA ANEXADO O TERMO ABAIXO>

### TERMO DE CONCORDÂNCIA

Eu, SEGURADO(A), nacionalidade, profissão, inscrito no CPF sob n. (...), residente e domiciliado na (...), declaro pelo presente termo que concordo com a proposta de acordo apresentada **pelo INSTITUTO NACIONAL DO SEGURO SOCIAL – INSS**, nos autos do processo n. (...), que tramita na (...) Vara Federal do (...).

Local, data.

Nome do(a) segurado(a).

Assinatura do(a) segurado(a).

## 109. MODELO DE PEDIDO DE RESTABELECIMENTO DE BENEFÍCIO OBJETO DE AÇÃO JUDICIAL REVISADO ADMINISTRATIVAMENTE PELO INSS – ALTA PROGRAMADA

**EXCELENTÍSSIMO(A) SENHOR(A) DOUTOR(A) JUIZ(A) FEDERAL DA VARA FEDERAL DA CIDADE – SEÇÃO JUDICIÁRIA DO ESTADO OU JUIZ DE DIREITO DA COMARCA <CIDADE E ESTADO> <A**

## PETIÇÃO DEVE SER PROTOCOLADA NO JUÍZO NO QUAL SE ENCONTRA O PROCESSO NO MOMENTO DO DESCUMPRIMENTO>

**Parte Autora**, já devidamente qualificada na presente ação, em razão do descumprimento pelo INSS da tutela provisória de urgência <OU EVIDÊNCIA> deferida às fls, vem expor e requerer o que segue:

### 1. DOS FATOS <ADEQUAR AO CASO CONCRETO>

A parte autora é titular do benefício de auxílio por incapacidade temporária <OU APOSENTADORIA POR INCAPACIDADE PERMANENTE, ADEQUAR AO CASO CONCRETO> desde 00/00/0000 <ADEQUAR AO CASO>, tendo seu benefício sido concedido na ação judicial de número <INCLUIR NÚMERO DA AÇÃO>.

Em 00/00/0000 <ADEQUAR AO CASO> a parte foi chamada para perícia administrativa na APS tal, tendo comparecido devidamente munida da documentação médica e da ação judicial indicada.

Ocorre que o INSS, indevidamente, entendeu que a parte está apta ao trabalho e cessou o benefício, mesmo durante o curso da ação judicial, descumprindo ordem judicial expressa de manutenção do benefício.

Assim, necessária a intimação do INSS para restabelecer o benefício sob pena de multa diária, conforme se demonstrará a seguir:

### 2. DO DIREITO AO BENEFÍCIO <ADEQUAR AO CASO CONCRETO>

A parte aqui não discute o direito do INSS de revisar os benefícios administrativamente, inclusive pela realização de perícia médica.

Entretanto, no presente caso deve-se atentar ao fato de que a matéria ainda está sub judice e, portanto, não pode o INSS, unilateralmente, alterar os termos da decisão judicial que se encontra em cumprimento.

O art. 60 da Lei n. 8.213/1991 estabelece que o auxílio-doença (auxílio por incapacidade temporária) será devido enquanto o segurado permanecer incapaz. Quanto a isso não há controvérsia.

Ocorre que no presente caso, o INSS, desde o requerimento na via administrativa, entende que não há incapacidade e por isso a matéria foi judicializada e da ação decorreu decisão que deve ser cumprida!

Não tratamos aqui de mera análise administrativa, mas sim de flagrante descumprimento de ordem judicial e de uma tentativa do INSS de burlar a norma e a decisão concedida pelo Juízo <INDICAR A ORIGEM DA ORDEM JUDICIAL>.

A conduta do INSS passou a criar dificuldades insuperáveis para o segurado, tumultuando o processo e exigindo nova postulação para a manutenção do seu benefício já reconhecido judicialmente.

O desrespeito à decisão judicial é de extrema gravidade e provoca discussões intermináveis diante do procedimento de "revisão administrativa", mesmo antes do trânsito em julgado do processo promovido contra o INSS.

O caráter temporário do benefício <ADEQUAR AO CASO CONCRETO> não dá à administração o direito de descumprir a ordem judicial.

Observe-se que os precedentes jurisprudenciais são no sentido de que o benefício previdenciário precário relacionado à incapacidade não pode ser cancelado administrativamente enquanto a ação estiver sub judice, o que é a hipótese dos autos, pois se trata de benefício previdenciário concedido por decisão que ainda não transitou em julgado.

Assim, somente o benefício concedido por decisão judicial transitada em julgado poderá ser cancelado administrativamente, após perícia médica que concluir pela capacidade laboral do segurado, que pode ser realizada a qualquer tempo, e desde que alterada a situação fática em face de tratamentos realizados.

Veja Exa. que nova perícia poderá ser feita e as partes poderão apresentar novos elementos de prova, **mas apenas no processo em trâmite e não na via administrativa, posto que a discussão se encontra judicializada.**

Por oportuno, citamos os seguintes precedentes do TRF da 4ª Região:

"PREVIDENCIÁRIO. MANDADO DE SEGURANÇA. CANCELAMENTO ADMINISTRATIVO DE BENEFÍCIO CONCEDIDO NA ESFERA JUDICIAL DEFINITIVAMENTE. POSSIBILIDADE.

1. Tratando-se de aposentadoria por invalidez, a Autarquia Previdenciária pode e deve efetuar reavaliações médico-periciais periódicas e, uma vez constatada a capacidade laborativa do segurado por perícia médica efetuada pela Administração, é possível o cancelamento de benefício concedido na esfera judicial definitivamente.

2. **Devido ao monopólio estatal da jurisdição, enquanto a matéria estiver *sub judice* e, portanto, pendente de solução definitiva, não é possível que, unilateralmente, por meio de procedimento administrativo, sejam modificados fatos, decisões e questões fixados em Juízo.**

3. Na hipótese dos autos, se discute a possibilidade de cessação administrativa de benefício de aposentadoria por invalidez concedido judicialmente, em decisão já transitada em julgado, em razão de nova perícia administrativa que constatou a melhoria do estado de saúde da parte autora. Portanto, segundo entendimento firmado pela Terceira Seção desta Corte, ao julgar os EIAC n. 1999.04.01.024704-6/RS), de que é possível o cancelamento administrativo de benefício decorrente de decisão judicial, em julgamento definitivo, sempre que verificada a recuperação da capacidade laboral da parte por perícia médica, não há arbitrariedade no ato administrativo que, após o trânsito em julgado, determinou que, uma vez verificada a recuperação da capacidade do impetrante para o trabalho, este passaria a receber, a partir da competência 10/2013, Mensalidade de Recuperação pelo período de 18 meses, sendo que, nos primeiros 6 meses, receberia o valor integral do benefício; no período seguinte de mais 6 meses, receberia o benefício com redução de 50% do valor; e, nos últimos 6 meses, receberia o benefício com redução de 75%, sendo cessado em 08-04-2015.

4. Afastada a alegada arbitrariedade no ato administrativo, a controvérsia recairia sobre eventual manutenção da incapacidade laboral do impetrante, o que exige dilação probatória, com a produção de perícia médica judicial, incabível na via estreita do mandado de segurança.

5. O *writ* é um instituto de direito processual constitucional que visa a garantir a recomposição imediata do direito individual ou coletivo, lesado por ato ilegal ou abusivo da autoridade, a exigir prova pré-constituída das situações e fatos que amparam o direito do impetrante. *In casu*, tendo em vista a impossibilidade de comprovação, de plano, da permanência do estado incapacitante do impetrante, o feito deve ser extinto, sem resolução do mérito, possibilitando-se ao impetrante, se desejar, utilizar-se das vias ordinárias adequadas." (grifou-se)

(TRF-4, AC 5000177-28.2014.4.04.7116, 6ª Turma, Rel. Celso Kipper, j. 26.03.2015).

"AGRAVO DE INSTRUMENTO. PREVIDENCIÁRIO. AUXÍLIO-DOENÇA. CANCELAMENTO AUTOMÁTICO. ALTA PROGRAMADA. DESCABIMENTO. QUESTÃO *SUB JUDICE*. ANTECIPAÇÃO DE TUTELA EM VIGOR. MANUTENÇÃO. MULTA.

O Fato de se tratar de questão *sub judice* não obsta, em princípio, que, paralelamente ao trâmite do processo judicial, o INSS exerça o seu poder/dever de periodicamente avaliar a subsistência da falta de condição laboral dos titulares de benefício por incapacidade, conforme estabelece a regra do art. 71 da Lei n. 8.212/1991. Da mesma forma, não necessariamente exime o beneficiário litigante de se submeter às perícias médicas administrativas (art. 101 da Lei n. 8.213/1991).

**Em se tratando de benefício cuja manutenção foi determinada por força de antecipação de tutela, enquanto tramitar a ação, a suspensão ou cancelamento da prestação previdenciária só pode ocorrer com amparo em decisão judicial.** (TRF-4, AG 5049003-25.2016.404.0000, 5ª Turma, Rel. Des. Federal Rogério Favreto, juntado aos autos em 24.02.2017).

O prazo para cumprimento da decisão é de 15 dias e o valor diário da multa pelo seu descumprimento de R$ 100,00." (grifou-se)

(TRF-4, AG 5043880-41.2019.4.04.0000, 10ª Turma, Rel. p/ Acórdão Luiz Fernando Wowk Penteado, j. 15.05.2020)

Dessa forma, no presente caso merece pronta repulsa a conduta do INSS, já que não cabe ao mesmo produzir atos unilaterais de cancelamento do benefício sem a devida notificação e discussão nos autos judiciais pertinentes.

É certo que INSS pode realizar a revisão prevista no art. 43, § 4º (aposentadoria por invalidez/incapacidade permanente) e art. 60, § 10º (auxílio-doença/incapacidade temporária) da Lei n. 8.213/1991 (com redação conferida pela Lei n. 13.457/2017), a qualquer tempo, todavia, não poderá cancelar administrativamente o benefício enquanto não transitar em julgado o processo judicial que concedeu ou que determinou o restabelecimento do benefício.

3. **DOS REQUERIMENTOS** <ADEQUAR AO CASO CONCRETO>

Diante do exposto requer a intimação do INSS para que restabeleça imediatamente o benefício de <APOSENTADORIA POR INCAPACIDADE PERMANENTE OU AUXÍLIO POR INCAPACIDADE TEMPORÁRIA, ADEQUAR AO CASO> da parte sob pena de multa diária pelo descumprimento a ser definida por Vossa Excelência.

Nestes termos,

PEDE DEFERIMENTO.

Cidade e data.

Nome do Advogado e OAB

## 110. MODELO DE AGRAVO DE INSTRUMENTO CONTRA DECISÃO QUE INDEFERE CUMULAÇÃO DE PEDIDOS DE CONCESSÃO E/OU REESTABELECIMENTO DE BENEFÍCIO PREVIDENCIÁRIO COM DANOS MORAIS

**EXCELENTÍSSIMO(A) SENHOR(A) DOUTOR(A) DESEMBARGADOR(A) DO EGRÉGIO TRIBUNAL REGIONAL FEDERAL DA ____ REGIÃO**

**Processo originário n.** <ADEQUAR AO CASO CONCRETO>

**PARTE AGRAVANTE**, já devidamente qualificada no processo supracitado, que move em face do **INSTITUTO NACIONAL DO SEGURO SOCIAL – INSS**, inconformada com a r. decisão interlocutória proferida pelo juízo de primeiro grau, vem, perante Vossa Excelência, com fundamento nos arts. 1.015 e ss. do CPC, interpor o presente **AGRAVO DE INSTRUMENTO COM PEDIDO DE LIMINAR**, em face da decisão proferida no evento XX, que indeferiu a cumulação de pedidos de concessão e/ou restabelecimento de benefício previdenciário com danos morais.

A Agravante informa que, por se tratar de autos eletrônicos, todas as peças e informações pertinentes a respeito do processo de origem estão disponíveis no sistema informatizado desse e. Tribunal, motivo pelo qual, com base no art. 1.017, § 5º, do CPC, deixa de anexar as peças referidas nos incisos I e II do caput do referido artigo.

Destarte, requer seja recebido, conhecido e provido o presente recurso, nos termos das razões anexas.

Nestes termos,

PEDE DEFERIMENTO.

Cidade, data.

Nome do Advogado e OAB

<SUGESTÃO AO LEITOR PARA INCLUIR QUEBRA DE PÁGINA>

**COLENDA TURMA DO E. TRIBUNAL REGIONAL FEDERAL DA __ REGIÃO**

**EMÉRITOS JULGADORES**

**RAZÕES DO RECURSO**

1. **DOS FATOS** <ADEQUAR AO CASO CONCRETO>

O(A) agravante ajuizou, em 00/00/0000, ação para <CONCESSÃO OU REESTABELECIMENTO> de benefício previdenciário cumulada com pedido de indenização por danos morais.

Em razão da cumulação de pedidos, fixou-se o valor da causa em **R$ .......**, dos quais **R$ .......** são referentes à soma das parcelas vencidas e vincendas e **R$ .......** relativos ao valor pretendido a título de indenização por danos morais.

Tendo em vista que o valor da causa ultrapassa o limite de 60 (sessenta) salários mínimos estabelecidos na Lei n. 10.259/2001 para os Juizados Especiais Federais Cíveis, a referida ação foi ajuizada na em Vara Federal pleiteando-se seu trâmite no rito comum.

Ocorre que o juízo *a quo*, equivocadamente, proferiu decisão interlocutória no sentido de indeferir a cumulação de pedidos, alegando <INCLUIR A FUNDAMENTAÇÃO DADA PELO JUIZ DE PRIMEIRO GRAU>.

Na prática, o magistrado proferiu decisão ignorando por completo qualquer oportunidade de dilação probatória e declinando da competência para o processamento e julgamento do pedido para o Juizado Especial Federal.

Com a decisão citada o juízo *a quo* antecipou seu julgamento de mérito não restando alternativa a parte autor se não o presente Agravo de Instrumento para ver garantido seu direito ao devido processamento e julgamento do feito.

**2. DA ADMISSIBILIDADE DO PRESENTE AGRAVO**

Antes de tudo, cabe apontar a admissibilidade do presente agravo de instrumento.

Tendo o juízo de primeiro grau indeferido a cumulação dos pedidos com base na análise do mérito em relação a um deles, no caso, os danos morais, percebe-se que a decisão proferida, ainda que interlocutória, versou sobre o mérito.

O CPC prevê, em seu art. 1.015, II, a possibilidade de impugnar por meio de agravo de instrumento as decisões interlocutórias que versarem sobre o mérito da causa.

Vale ressaltar que são decisões interlocutórias todo pronunciamento judicial de natureza decisória que, no entanto, não ponha fim à fase cognitiva do procedimento comum ou extinga a execução (art. 203, § 2º, CPC). Não tendo o juízo de primeiro grau posto fim à fase cognitiva, tanto que decidiu pelo prosseguimento do feito em relação ao pedido de benefício previdenciário no Juizado Especial Federal, classifica-se sua decisão como interlocutória.

Assim, cabe o recebimento e processamento do presente agravo de instrumento, com as formalidades de estilo.

**3. DA NECESSIDADE DE REFORMA DA DECISÃO COMBATIDA**

Superado o cabimento do presente agravo, importante destacarmos que a **cumulação dos pedidos** feitos pela parte agravante é lícita, conforme previsão legal do próprio CPC:

> "É lícita a cumulação, em um único processo, contra o mesmo réu, de vários pedidos, ainda que entre eles não haja conexão" (art. 327, *caput*, CPC).

Sobre o pedido de dano moral, há que se ressaltar que ele é conexo com o indevido cancelamento <OU NEGATIVA> do benefício previdenciário pleiteado.

Há de se ressaltar inclusive que há nexo causal direto entre o ato do Agravado INSS e o dano moral sofrido pela parte Agravante.

Assim, o **valor da causa** não poderia ser outro senão o da quantia correspondente à soma dos valores de ambos os pedidos, em respeito ao art. 292, VI, do CPC. Nesse sentido destacamos:

> "AGRAVO DE INTRUMENTO. PREVIDENCIÁRIO E PROCESSUAL CIVIL. CONCESSÃO/REVISÃO DE BENEFÍCIO. INDENIZAÇÃO POR DANOS MORAIS. CUMULAÇÃO DE PEDIDOS. POSSIBILIDADE. VALOR DA CAUSA. COMPETÊNCIA PREVIDENCIÁRIA. PRECEDEDENTES.
>
> 1. É permitida a cumulação, num único processo, de vários pedidos contra o mesmo réu, ainda que entre eles não haja conexão, bastando que sejam compatíveis entre si, que seja competente para

conhecer deles o mesmo juízo e que o tipo de procedimento escolhido seja adequado a todos os pedidos formulados.

2. A condenação por dano moral decorrente do indeferimento administrativo de benefício previdenciário deve ter como limite o total das parcelas vencidas, acrescidas de uma anualidade das prestações vincendas, relativas ao benefício pretendido, conforme entendimento firmado na Terceira Seção deste Tribunal.

3. **Hipótese em que o valor da causa, correspondente ao montante pleiteado a título de danos morais, acrescidos das parcelas vencidas e das vincendas do benefício pretendido, ultrapassa o montante de 60 salários mínimos, restando fixada, assim, a competência do Juízo comum para o processamento e julgamento do feito.**

4. O julgamento do feito cujo pedido engloba a concessão de benefício previdenciário cumulado com indenização por danos morais cabe ao juízo com competência em matéria previdenciária." (grifou-se)

(TRF4, AG 5017423-98.2021.4.04.0000, Turma Regional Suplementar de SC, Relator Celso Kipper, juntado aos autos em 31.08.2021).

"PREVIDENCIÁRIO E PROCESSUAL CIVIL. AGRAVO DE INSTRUMENTO. CUMULAÇÃO DE PEDIDOS. COMPETÊNCIA. PEDIDO DE REVISÃO/CONCESSÃO DE BENEFÍCIO CUMULADO COM DANOS MORAIS. POSSIBILIDADE. SOMA DOS VALORES DE CADA UMA DAS CAUSAS PARA ESTABELECIMENTO DO JUÍZO COMPETENTE.

Cuidando-se de cumulação de pedidos, o valor da causa, à luz do art. 259, inciso II, do CPC, passa a ser a quantia correspondente à soma dos valores de todos eles. Verificada a hipótese de juízo competente para conhecer dos pedidos, não pode o valor da causa ser cindido para fins de definição da competência. Não se pode desconsiderar que os pedidos cumulados decorrem de um mesmo fato jurídico, apresentam origem comum, se relacionam e são compatíveis, bastando que o valor dado à causa, em razão das perdas e danos, não se mostre excessivo como expediente para deslocar a competência, o que não é objeto deste recurso."

(TRF4, AG 5014232-45.2021.4.04.0000, 6ª Turma, Relator João Batista Pinto Silveira, juntado aos autos em 21.07.2021).

Vale ressaltar ainda que o juízo de primeiro grau, no presente caso, somente poderia corrigir de ofício e por arbitramento o valor da causa para fins de adequação do montante e não para excluir por completo o pedido de dano moral.

Não há como se aplicar aqui a permissão do CPC no tocante às hipóteses de o juiz "verificar que não corresponde ao conteúdo patrimonial em discussão ou ao proveito econômico perseguido pelo autor" (art. 292, § 3º, CPC). Sem dúvida não é o caso dos autos.

Tampouco essa foi a justificativa do juízo. E se fosse o caso, novamente, deveria ter adequado o valor e não negado a possibilidade de cumulação dos pedidos. Sobre a adequação dos valores, destacamos do TRF 4ª Região:

"AGRAVO DE INSTRUMENTO. PREVIDENCIÁRIO. CUMULAÇÃO DE PEDIDOS. VALOR DA CAUSA. DANO MORAL. RETIFICAÇÃO DE OFÍCIO. QUANTIFICAÇÃO. COMPETÊNCIA. JUIZADO ESPECIAL FEDERAL.

1. A cumulação dos pedidos de concessão de benefício e de indenização por danos morais é cabível quando preenchidos os requisitos previstos no artigo 327 do Código de Processo Civil.

2. A quantificação do dano moral, para efeito de atribuição do valor da causa, não pode implicar em desproporcionalidade ou excesso, tomando-se por base o valor das indenizações normalmente concedidas.

3. **O valor da causa não pode ser atribuído de forma aleatória ou arbitrária, devendo corresponder ao proveito econômico buscado com a ação, podendo o Juiz, inclusive de ofício, determinar sua retificação – até mesmo porque a adequada fixação é imprescindível para a definição da competência.**

4. Retificado o valor atribuído à causa para montante inferior ao equivalente a sessenta salários mínimos na data do ajuizamento da ação, resta caracterizada a competência do Juizado Especial Federal para o julgamento da demanda." (grifou-se)

(TRF4, AG 5026821-69.2021.4.04.0000, Turma Regional Suplementar do PR, Relatora Cláudia Cristina Cristofani, juntado aos autos em 16.09.2021).

A parte cumpriu no presente caso a regra do CPC, estipulando o valor do dano moral em seus pedidos iniciais dentro dos limites da **proporcionalidade** e da **razoabilidade**, assim como coerente com o abalo sofrido e o montante das parcelas vencidas e vincendas.

Ante o duplo papel que desempenha a indenização por danos morais no ordenamento jurídico brasileiro, qual seja satisfatório e sancionatório, estranho seria se o dano moral fixado pela parte recorrente fosse aquém do conteúdo patrimonial na ação.

**A parte recorrente não violou, portanto, a competência de nenhum juízo**.

Na verdade, foi o magistrado *a quo* que, ao cindir a ação a dois pedidos distintos, julgando um e declinando da competência do outro, violou o princípio do acesso à justiça, ao devido processo legal e ao juiz natural.

A jurisprudência majoritária reconhece a possibilidade de cumulação de pedidos de concessão ou restabelecimento de benefício previdenciário com danos morais, sem que isso afronte a competência dos Juizados Federais Especiais. Nesse sentido destacamos:

> "AGRAVO DE INSTRUMENTO. CUMULAÇÃO DE PEDIDOS. COMPETÊNCIA. PEDIDO DE REVISÃO/CONCESSÃO DE BENEFÍCIO CUMULADO COM DANOS MORAIS. POSSIBILIDADE. SOMA DOS VALORES DE CADA UMA DAS CAUSAS PARA ESTABELECIMENTO DO JUÍZO COMPETENTE.
>
> 1. O § 2º do art. 327 do Código de Processo Civil faculta ao autor a cumulação de pedidos, mesmo que para cada pedido corresponda um procedimento diverso, desde que o demandante opte pelo procedimento comum.
>
> 2. Logo, conjugando-se o valor pretendido a título de dano moral, com o valor das parcelas vencidas do benefício requerido, além das doze parcelas vincendas, tem-se que o valor da causa supera o equivalente a 60 (sessenta) salários mínimos, de modo que incabível a declinação da competência para o Juizado Especial Federal – JEF.
>
> 3. Agravo de instrumento provido."
>
> (TRF4, AG 5046050-49.2020.4.04.0000, Turma Regional Suplementar de SC, Rel. Sebastião Ogê Muniz, juntado aos autos em 18.12.2020)

Deve assim ser mantida a competência do rito comum no presente caso, sendo também indispensável que se determine ao juízo *a quo* que proceda o julgamento tanto do pedido do dano moral quanto da/o <CONCESSÃO/RESTABELECIMENTO> do benefício previdenciário em questão. Os pedidos são conexos e merecem análise na mesma ação, na forma pleiteada pela parte.

Imperioso é reconhecer a ilegalidade da decisão proferida, ainda mais se analisada sob os princípios orientadores do CPC, tais como o da **boa-fé** (art. 5º, *caput*, CPC), o da **cooperação** (art. 6º, *caput*, CPC) e, principalmente, o princípio da **vedação de decisão surpresa** (art. 9º, *caput*, CPC), do devido processo legal (art. 5º, LIV, CF/1988), da inafastabilidade da jurisdição (inciso XXXV do art. 5º da CF/1988) e do juiz natural (inciso LIII do art. 5º da CF/1988) na sua forma impeditiva do descumprimento das normas aplicáveis no tocante a jurisdição, vedando a discricionariedade na distribuição das competências judiciais.

**4. DOS DOCUMENTOS E DAS FORMALIDADES LEGAIS** <ADEQUAR AO CASO CONCRETO>

Em cumprimento ao art. 1.016 do CPC, o agravante informa:

I – os nomes completos das partes (agravante e agravado);
II – os nomes e os endereços completos dos advogados constantes do processo (agravante e agravado).

Em cumprimento ao art. 1.017 do CPC, a parte instrui a presente petição de agravo de instrumento com os seguintes documentos:

1. Cópia da petição inicial;
2. Cópia da contestação;
3. Cópia da petição que ensejou a decisão agravada;
4. Cópia da decisão agravada;

5. Cópia da certidão da respectiva intimação ou outro documento oficial que comprove a tempestividade;
6. Cópia das procurações outorgadas aos advogados do agravante e do agravado;
7. Declaração de inexistência de qualquer dos documentos referidos acima, feita pelo advogado do agravante, sob pena de sua responsabilidade pessoal;
8. Outras peças que o agravante reputar úteis;
9. comprovante do pagamento das respectivas custas e do porte de retorno, quando devidos, conforme tabela publicada pelos tribunais.

<SENDO ELETRÔNICOS OS AUTOS DO PROCESSO, DISPENSAM-SE AS PEÇAS REFERIDAS NOS INCISOS I E II DO *CAPUT* DO ART. 1.017 DO CPC, FACULTANDO-SE AO AGRAVANTE ANEXAR OUTROS DOCUMENTOS QUE ENTENDER ÚTEIS PARA A COMPREENSÃO DA CONTROVÉRSIA. RECOMENDAMOS AINDA QUE O AGRAVANTE EFETUE A JUNTADA, AOS AUTOS DO PROCESSO DE ORIGEM, DE CÓPIA DA PETIÇÃO DO AGRAVO DE INSTRUMENTO, DO COMPROVANTE DE SUA INTERPOSIÇÃO E DA RELAÇÃO DOS DOCUMENTOS QUE INSTRUÍRAM O RECURSO>

5. **PEDIDO** <ADEQUAR AO CASO CONCRETO>

Diante do exposto, requer seja conhecido e provido o presente agravo de instrumento para que se anule a decisão combatida, proferida no processo originário, declarando-se a competência da Vara Federal 00 para o julgamento do caso, determinando-se o retorno dos autos e seu processamento no rito comum.

Requer ainda que esse Egrégio Tribunal declare cabível a cumulação dos pedidos na forma da inicial e determine ao juízo *a quo* o julgamento do mérito no processo originário.

Nestes termos,

PEDE DEFERIMENTO.

Cidade e data.

Nome do(a) advogado(a) e OAB.

## 111. MODELO DE RECURSO DE MEDIDA CAUTELAR/AGRAVO CONTRA O INDEFERIMENTO DE TUTELA PROVISÓRIA DE URGÊNCIA POR JUIZADO ESPECIAL FEDERAL

**EXCELENTÍSSIMO(A) SENHOR(A) DOUTOR(A) JUIZ(A) FEDERAL PRESIDENTE DA TURMA RECURSAL DOS JUIZADOS ESPECIAIS FEDERAIS DE <ESTADO>**

**Processo nº**

A Parte Autora, já devidamente qualificada nos autos da Ação em epígrafe, por seus procuradores firmatários, não se conformando com a respeitável decisão prolatada pelo juizado de origem (indicar o JEF de origem), vem interpor tempestivamente RECURSO DE MEDIDA CAUTELAR/AGRAVO (com pedido de tutela provisória de urgência), com fulcro no art. 5º da Lei n. 10.259/2001 c/c art. 2º, I, da Resolução CJF n. 347/2015, requerendo o conhecimento do recurso e seu regular processamento.

A recorrente informa que, por se tratar de autos eletrônicos, todas as peças e informações pertinentes a respeito do processo de origem estão disponíveis no sistema informatizado desse e. Turma, motivo pelo qual, com base no art. 1.017, § 5º, do CPC, deixa de anexar as peças referidas nos incisos I e II do *caput* do referido artigo.

Nestes termos,

PEDE DEFERIMENTO.

Cidade, data.

Nome do Advogado e OAB

<SUGESTÃO AO LEITOR PARA INCLUIR QUEBRA DE PÁGINA>

**COLENDA TURMA DE RECURSOS**
**EMÉRITOS JULGADORES**
**RAZÕES DO RECURSO**

**1. DOS FATOS** <ADEQUAR AO CASO CONCRETO>

A parte ora Recorrente ajuizou a Ação no JEF requerendo a concessão do benefício <ADEQUAR AO BENEFÍCIO REQUERIDO>, uma vez que teve seu pedido administrativo indeferido pelo INSS (DER: 00.00.0000).

Conforme narrado na inicial, o Recorrente já havia cumprido os requisitos para tal pedido, entretanto houve erro na análise do direito por parte do INSS.

Tendo em vista a urgência na concessão do benefício pleiteado e presente a verossimilhança do direito, foi requerida tutela provisória de urgência para a implantação imediata do auxílio/aposentadoria pretendido.

Entretanto, houve o indeferimento do pedido por parte do juízo *a quo* e contra tal indeferimento se insurge o Recorrente.

**2. DO DIREITO AO BENEFÍCIO PLEITEADO**

<ADEQUAR AO CASO COM MAIS DETALHES SOBRE O CABIMENTO DO PEDIDO E OS MOTIVOS DO INDEFERIMENTO DO INSS>

**3. DO PEDIDO DE TUTELA PROVISÓRIA DE URGÊNCIA E DE SUA NECESSIDADE NO CASO CONCRETO** <ADEQUAR AO CASO CONCRETO>

Em razão de tudo até aqui exposto, o Recorrente renova o requerimento da tutela provisória de urgência, com fundamento no art. 300 do CPC:

> Art. 300. A tutela de urgência será concedida quando houver elementos que evidenciem a probabilidade do direito e o perigo de dano ou o risco ao resultado útil do processo.

Vejamos abaixo mais detalhes sobre os requisitos e seus cumprimentos no presente caso:

**3.1 Da probabilidade do direito**

<ADEQUAR AO CASO COM MAIS DETALHES, SEGUE EXEMPLO>

Portanto, fica demonstrado o direito claro da parte, tendo ela juntado aos autos toda documentação técnica (Exames, Laudos periciais...) que comprove os fatos narrados, não deixando dúvidas a respeito da qualidade de segurado e da incapacidade laboral.

Ademais, a verossimilhança dos fatos é facilmente percebida na própria resenha do caso concreto. A qualidade de segurado e a incapacidade laboral estão devidamente comprovadas.

Cabe ainda destacar o fato de o segurado já ter obtido êxito junto ao INSS em pedido realizado anteriormente (DER: .../.../....), o que demonstra ainda mais a injustiça a que foi submetido quando do indeferimento do pedido atual (DER:..../.../.....).

**3.2 Da situação financeira precária em que se encontra o recorrente e do dano irreparável que lhe é causado**

Os benefícios previdenciários possuem natureza alimentar, pois costumam ser a única fonte de renda do segurado e dos seus dependentes.

Diante da ausência de renda, o Recorrente se encontra em situação financeira delicada, conforme comprova a documentação acostada aos autos e que se passa a descrever <ADEQUAR AO CASO COM MAIS DETALHES, SEGUE EXEMPLO>

- Carta do SPC: datada de..../..../...– valor do débito R$.......;
- Boleto bancário em atraso do Banco...(vencimento..../...../.....) – valor de R$........;
- Fatura do cartão de crédito em atraso – vencimento em..../..../...., no valor de R$....;

Assim, a tutela provisória de urgência mostra-se como medida de caráter urgente para amenizar a grave situação em que se encontra o Recorrente.

**4. DO PREQUESTIONAMENTO** <ADEQUAR AO CASO CONCRETO>

Resta clara a violação aos ditames constitucionais e à legislação federal, da qual destacamos os artigos <ADEQUAR AO CASO CONCRETO, CITANDO NOMINALMENTE OS ARTIGOS, INCLUSIVE COM PARÁGRAFOS E INCISOS, LEMBRANDO-SE DE INCLUIR TAMBÉM LEGISLAÇÃO FEDERAL MESMO PARA AÇÕES DE JUIZADOS, TENDO EM VISTA A ATUAL POSSIBILIDADE DE INTERPOSIÇÃO DE IRDR>.

**5. DOS REQUERIMENTOS** <ADEQUAR AO CASO CONCRETO>

Ante o exposto, requer-se respeitosamente às Vossas Excelências, com a urgência devida:

a) a reforma da decisão atacada, com o deferimento da antecipação da tutela recursal, nos termos descritos na inicial, mediante decisão monocrática do relator, para determinar a imediata implantação do benefício postulado;
b) a reforma da decisão atacada, confirmando-se a tutela provisória de urgência recursal, deferida liminarmente pelo relator, através de decisão colegiada.

Nestes termos,

PEDE DEFERIMENTO.

Cidade, data.

Nome do Advogado e OAB

**ROL DE DOCUMENTOS:**

<ADEQUAR AO CASO COM MAIS DETALHES, SEGUE EXEMPLO>

- Carta de indeferimento do pedido;
- Decisão que negou o pedido de tutela provisória de urgência;
- Exames médicos que comprovam a incapacidade;
- Documentos que demonstram os débitos vencidos.

## 112. MODELO DE RECURSO INOMINADO I – CERCEAMENTO DE DEFESA

**EXCELENTÍSSIMO(A) SENHOR(A) DOUTOR(A) JUIZ(A) FEDERAL DO JEF PREVIDENCIÁRIO DE <CIDADE> – SEÇÃO JUDICIÁRIA DO <ESTADO>**

**Processo nº**

A Parte Autora, já devidamente qualificada nos autos da Ação em epígrafe, por seus procuradores firmatários, em não se conformando com a respeitável sentença prolatada nos autos, vem interpor **RECURSO INOMINADO,** na forma prevista pelo art. 41 da Lei n. 9.099/1995 c/c art. 1º da Lei n. 10.259/2001 requerendo que, cumpridas as formalidades legais e recebido o presente recurso, sejam os autos remetidos à Instância Superior.

Nestes termos,

PEDE DEFERIMENTO.

Cidade, data.

Nome do Advogado e OAB

<SUGESTÃO AO LEITOR PARA INCLUIR QUEBRA DE PÁGINA>

**COLENDA TURMA DE RECURSOS**
**EMÉRITOS JULGADORES**
**RAZÕES DO RECORRENTE**

1. **HISTÓRICO BREVE** <ADEQUAR AO CASO CONCRETO>

A Parte Autora buscou, em síntese:

<CITAR PRINCIPAIS PEDIDOS DA INICIAL>

A sentença de primeiro grau julgou improcedente o pedido, alegando <INCLUIR DADOS DA SENTENÇA>.

É equivocada, entretanto, a interpretação exarada pelo MM. Juiz, sendo indispensável o provimento do presente recurso para que seja modificada a sentença recorrida.

2. **PRELIMINAR DE MÉRITO – DO CERCEAMENTO DE DEFESA** <ADEQUAR AO CASO CONCRETO>

Em sede preliminar ao mérito com base no CPC, art. 1.009, § 1º, a parte entende que há nulidade da sentença em razão de cerceamento de defesa, ao contraditório, à negativa de acesso à justiça de forma plena.

Vale ressaltar que não foi oportunizado à parte recorrente o direito de produzir a prova que lhe competia, dentro da distribuição do ônus (CPC, art. 373, inciso I).

Havia controvérsia fática pertinente aos autos que merecia o deferimento da produção de prova requerida na inicial, em especial a realização da perícia técnica.

A parte inclusive apresentou em sua inicial os quesitos que desejava fossem respondidos pelo perito.

Entretanto, a produção de prova não foi deferida na forma pleiteada pela parte, o que lhe causou o prejuízo gravíssimo do indeferimento do pedido.

A falta de exaurimento da fase de instrução processual com o não deferimento e a não produção da prova oral, viola o princípio do contraditório e da ampla defesa, previsto no art. 5º, LV, da CF/1988, ocasionando *error in procedendo* e, neste caso, o Tribunal/Turma deverá anular a sentença prolatada, devendo remeter os autos à instância inferior para que o juízo *a quo* profira outra decisão, após o exaurimento da fase instrutória.

Destaca a parte que a hipótese não é de aplicação do princípio da causa madura (CPC, art. 1.013, § 3º), até porque a causa não versa de matéria exclusivamente de direito e, sobretudo, reclama a produção de provas <INCLUIR DETALHES DA PROVA QUE SE QUERIA FAZER>.

Vale ressaltar ainda, que o princípio do acesso à justiça é muito mais amplo do que o "acesso ao Poder Judiciário". Esse princípio assegura o acesso a uma ordem jurídica que garanta a efetiva e adequada participação no processo, com possibilidade de levar ao julgador todas as provas de que dispuser, relevantes e pertinentes, para ter que o julgamento possa ser justo.

Nesse sentido, destacamos inclusive os ditames do novo CPC no art. 6º:

> "Todos os sujeitos do processo devem cooperar entre si para que se obtenha, em tempo razoável, decisão de mérito justa e efetiva".

E para que o processo resulte em conclusão justa a nova lei impõe uma conduta leal e de boa-fé não só dos litigantes, mas também do magistrado, a quem o NCPC atribui novos deveres de esclarecimentos, de diálogo, de busca de composição do conflito e de produção de prova.

Assim, a flagrante nulidade da sentença, causada pelo cerceamento de defesa e limitação do contraditório, que acabam por corromper a validade jurídica desta.

## 3. DO MÉRITO

<INCLUIR DISCUSSÃO DO MÉRITO RELATIVO À CAUSA *SUB JUDICE*>.

## 4. DAS GARANTIAS CONSTITUCIONAIS

<É IMPORTANTE, SE EXISTIREM ARGUMENTOS CONSTITUCIONAIS, QUE SEJAM INCLUÍDOS EM TÓPICO SEPARADO NA PETIÇÃO DO RECURSO, DE FORMA A JÁ SE PREQUESTIONAR A MATÉRIA PARA FINS DE RECURSO EXTRAORDINÁRIO>.

## 5. DO PREQUESTIONAMENTO <ADEQUAR AO CASO CONCRETO>

Resta clara a violação aos ditames constitucionais e à legislação federal, da qual destacamos os artigos <ADEQUAR AO CASO CONCRETO, CITANDO NOMINALMENTE OS ARTIGOS, INCLUSIVE COM PARÁGRAFOS E INCISOS, LEMBRANDO-SE DE INCLUIR TAMBÉM LEGISLAÇÃO FEDERAL MESMO PARA AÇÕES DE JUIZADOS, TENDO EM VISTA A ATUAL POSSIBILIDADE DE INTERPOSIÇÃO DE IRDR>.

## 6. DOS REQUERIMENTOS <ADEQUAR AO CASO CONCRETO>

Diante do exposto, requer-se:

a) o acolhimento da preliminar de nulidade da sentença por cerceamento de defesa <SE FOR O CASO DE NECESSIDADE DE PRODUÇÃO DE PROVAS QUE FORAM INDEFERIDAS>; ou
b) o provimento do presente recurso, reformando-se totalmente a r. sentença de primeiro grau, julgando-se procedente os pedidos da exordial;
c) a condenação do INSS ao pagamento das custas, despesas e honorários advocatícios devidamente atualizados, na base de 20% (vinte por cento) sobre o valor da condenação, conforme dispõem o art. 55 da Lei n. 9.099/1995 e art. 85, § 3º, do CPC.

Nestes termos,

PEDE DEFERIMENTO.

Cidade, data.

Nome do Advogado e OAB

## 113. MODELO DE RECURSO INOMINADO II – INTERESSE DE AGIR

**EXCELENTÍSSIMO(A) SENHOR(A) DOUTOR(A) JUIZ(A) FEDERAL DO JEF PREVIDENCIÁRIO DE <CIDADE> – SEÇÃO JUDICIÁRIA DO <ESTADO>**

**Processo n.**

A Parte Autora, já devidamente qualificada nos autos da Ação em epígrafe, por seus procuradores firmatários, em não se conformando com a respeitável sentença prolatada nos autos, vem interpor **RECURSO INOMINADO,** na forma prevista pelo art. 41 da Lei n. 9.099/1995 c/c art. 1º da Lei n. 10.259/2001, requerendo que, cumpridas as formalidades legais e recebido o presente recurso, sejam os autos remetidos à Instância Superior.

Nestes termos,

PEDE DEFERIMENTO.

Cidade, data.

Nome do Advogado e OAB

<SUGESTÃO AO LEITOR PARA INCLUIR QUEBRA DE PÁGINA>

**COLENDA TURMA DE RECURSOS**
**EMÉRITOS JULGADORES**
**RAZÕES DO RECORRENTE**

1. **HISTÓRICO BREVE** <ADEQUAR AO CASO CONCRETO>

A parte Recorrente ajuizou a demanda em busca do reconhecimento de tempo especial dos períodos de <ADEQUAR AO CASO CONCRETO> durante os quais exerceu a atividade de médico.

Ocorre que o juiz *a quo* extinguiu o processo sem resolução do mérito, pois segundo o magistrado o INSS não procede ao exame de tempo especial apenas para fins de averbação. Assim o nobre julgador entendeu que estaria verificada a falta de interesse de agir da parte Recorrente.

Diante da r. sentença a parte Recorrente interpôs Embargos Declaratórios a fim de que restasse demonstrado seu interesse de agir em garantir o reconhecimento e averbação prévia dos períodos especiais.

No entanto, o juiz *a quo* manteve a decisão em extinguir o feito sem resolução do mérito.

Desse modo, faz-se necessário o presente Recurso para que a r. Decisão do juiz *a quo* seja reformada, uma vez que está em completo desacordo com a legislação previdenciária e às garantias Constitucionais aplicáveis a espécie.

2. **DO DIREITO** <ADEQUAR AO CASO CONCRETO>

2.1 **Do prévio requerimento administrativo** <ADEQUAR AO CASO CONCRETO>

No primeiro momento cumpre destacar a parte efetuou o prévio requerimento administrativo, protocolado em <ADEQUAR AO CASO CONCRETO>, visando a análise e averbação especial do tempo pelo INSS <ADEQUAR AO CASO CONCRETO>.

Entretanto, por normas internas o INSS se nega a efetuar a análise do tempo especial para fins de averbação, procedendo unicamente a verificação em caso de requerimento de aposentadoria. Destacamos ainda que o INSS levou quase um ano para informar tal fato ao segurado <ADEQUAR AO CASO CONCRETO>.

A justificativa da negativa foi apresentada judicialmente pelo INSS quando da contestação e a r. Sentença entendeu a recusa do INSS como válida.

Para o MM juízo, se o Recorrido não procede ao exame administrativo de tempo especial para fins de averbação, isso importaria na falta de interesse de agir da parte Recorrente não tendo este o direito de exigir judicial ou administrativamente o reconhecimento desse tempo.

Entretanto, não cabe a limitação que se quer fazer ao direito da parte e a sentença merece ser anulada, devendo os autos retornarem para que se prossiga ao julgamento do mérito no presente caso, como veremos a seguir.

2.2 **Do ferimento ao princípio da isonomia** <ADEQUAR AO CASO CONCRETO>

A exclusão administrativa da análise do pedido de reconhecimento de tempo especial é estranha ao rito normalmente adotado para os demais tempos de contribuição a serem incluídos no CNIS.

Vale lembrar, por exemplo, que um tempo "simples" trabalhado, mas que não conste no CNIS da parte, pode ser averbado a qualquer tempo, desde que a parte inicie procedimento no INSS para comprovar tal período.

Tal procedimento está inclusive expressamente previsto em diversos dispositivos da IN n. 128/2022 do INSS, da qual destacamos:

> "**Art. 12**. O filiado poderá solicitar**, a qualquer momento**, a inclusão, alteração, ratificação ou exclusão das informações divergentes, extemporâneas ou insuficientes, do CNIS, com a apresentação de documentos comprobatórios, conforme critérios estabelecidos em ato normativo próprio do INSS, observadas as formas de filiação, independentemente de requerimento de benefício." (grifou-se)
>
> "**Art. 574**. A decisão administrativa, em qualquer hipótese, deverá conter despacho sucinto do objeto do requerimento administrativo, fundamentação com análise das provas constantes nos autos, bem como conclusão deferindo ou indeferindo o pedido formulado, sendo insuficiente a mera justificativa do indeferimento constante no sistema corporativo do INSS.
>
> (...) § 3º **Em se tratando de requerimento de atualização de CNIS, ainda que no âmbito de requerimento de benefício, o INSS deverá analisar todos os pedidos relativos à inclusão, alteração, ratificação ou exclusão das informações divergentes, extemporâneas ou insuficientes, do CNIS**." (grifou-se)

Não há aqui justificativa válida que possa conceder o direito de averbação para o segurado que possua tempo simples e que impeça o segurado com tempo especial de obter a mesma resposta administrativa.

É anti-isonômico considerarmos que o INSS pode escolher quais procedimentos de averbação de tempo quer proceder na via administrativa.

Também não há justificativa legal para tal diferenciação.

Portanto, permitir a continuidade da negativa do INSS nada mais é que permitir que este escolha segurados com mais ou menos direito ao tempo de contribuição, ferindo gravemente o princípio da isonomia previsto no art. 5º, *caput*, da CF/1988.

## 2.3 Do descumprimento ao princípio da legalidade <ADEQUAR AO CASO CONCRETO>

A Constituição Federal de 1988 garante que ninguém será obrigado a fazer ou deixar de fazer algo senão em virtude de lei (art. 5º, II).

Pois bem, agora se quer obrigar o recorrente a se abster de efetuar o reconhecimento de seu tempo especial, por mero entendimento administrativo do INSS, que como já dissemos, sequer é aplicado a todos os segurados, apenas àqueles que querem ver reconhecido o tempo especial.

Há, portanto, ofensa ao princípio da legalidade no presente caso, já que não há lei que proíba o recorrente de averbar seu tempo, ao contrário, a lei lhe garante tal direito.

Não há também na lei estipulação de prazo para a inclusão dos períodos trabalhados no CNIS.

Sem dúvida não há validade jurídica para a recusa do INSS, muito menos fundamentos legais para que tal recusa seja aceita judicialmente.

## 2.4 Do interesse de agir <ADEQUAR AO CASO CONCRETO>

Vale ressaltar que o magistrado sequer analisou o tempo especial da parte Recorrente no tocante ao mérito.

A Sentença *a quo* se limitou a adotar o procedimento administrativo do INSS em detrimento ao direito adquirido da parte Recorrente.

Destaca-se que a parte Recorrente possui **direito adquirido ao tempo especial, de modo que não cabe ao INSS estabelecer a data em que o segurado pode ou não buscar o reconhecimento desse bem jurídico**.

Ressalta-se ainda que é de extremo interesse da parte Recorrente ter esse direito reconhecido, pois se sabe que o reconhecimento de tempo especial é um **assunto complexo e que envolve várias provas de ordem material e testemunhal**.

Assim, acredita-se que aguardar até o momento da aposentadoria para poder pleitear esse reconhecimento, que no caso da parte Recorrente só acontecerá quando essa estiver com 65 anos, é deveras temerário, **porque boa parte das provas por serem demasiadamente antigas, terão se perdido no tempo**.

Além disso, é notória a morosidade do INSS na análise dos requerimentos administrativos e o presente caso é um exemplo disso, no qual a parte Recorrente aguardou cerca de 1 (um) ano para a Autarquia Previdenciária simplesmente dizer que não irá realizar a análise requerida nesse momento.

Observa-se, Excelências, que o reconhecimento e averbação prévia dos períodos especiais farão com que a parte Recorrente evite muitos dos problemas no futuro seja pela falta de provas materiais e testemunhais, ou pela própria demora do INSS.

Ademais, como já afirmado, o direito da parte ao reconhecimento da atividade laborativa não comporta limitação, seja do INSS seja da sentença, no tocante ao seu exercício.

Há que se ver garantido o direito à declaração da especialidade do tempo quando a parte, que é o titular do direito, entender necessário e não quando o INSS decidir que fará a averbação.

Aqui não se pode confundir a discricionariedade procedimental do INSS com a permissão de se limitar o exercício de direito da parte recorrente no tocante ao tempo.

**Ou seja, o INSS pode decidir como processar o pedido, quais os documentos que entende cabíveis, mas não pode decidir o momento em que poderá ser protocolado o requerimento!**

Os segurados podem exercer seus direitos no momento que melhor lhe parecer, não cabendo limitação temporal por parte da Autarquia Previdenciária, muito menos limitação essa transportada para a ação judicial.

E mais, no presente caso, além de ver seu direito negado pelo INSS, a parte enfrentou a negativa de acesso ao seu direito de petição também no judiciário.

Uma dupla negativa de direito!

Com efeito, não pode a estrutura administrativa interna de um órgão público funcionar como empecilho para o pleno exercício dos direitos do cidadão, dentre os quais o direito de petição às autoridades administrativas, insculpido no art. 5º, XXXIV, "a", da Constituição Federal.

Assim, resta comprovado o interesse de agir da parte Recorrente em ver reconhecidos os períodos de <ADEQUAR AO CASO CONCRETO> **como ESPECIAIS.**

**2.5 Da razoabilidade e proporcionalidade administrativa e judicial** <ADEQUAR AO CASO CONCRETO>

É sabido que os órgãos administrativos podem, visando eficiência e organização, estabelecer regras para o processamento dos pedidos.

Podem, como já dissemos, estabelecer formas, formulários, procedimentos e regras internas.

Entretanto, não podem ultrapassar a razoabilidade e proporcionalidade na aplicação das normas internas criando empecilho ao exercício do direito pelos administrados.

Vejam, Excelências, que o direito a averbação do tempo de serviço/contribuição não é, em nenhum momento limitado pela legislação aplicável a espécie.

A parte recorrente, após trabalhar, passa a ter aquele tempo incorporado ao seu patrimônio jurídico. Tal tempo tem, sem dúvida, reflexos previdenciários a serem considerados.

Vale lembrar, por exemplo, que um tempo "simples" trabalhado, mas que não conste no CNIS da parte, pode ser averbado a qualquer tempo, desde que a parte inicie procedimento no INSS para comprovar tal período.

Isso é o que se quer no presente processo, só que no tocante ao tempo especial, que necessita de prova mais complexa, muitas vezes inclusive de perícia a ser realizada no ambiente de trabalho.

Além disso, temos que reconhecer que, após o STF determinar que o EPI eficaz pode, em determinadas situações, desconstituir o tempo especial (Repercussão Geral – Tema n. 555), fica ainda mais pertinente a antecipada comprovação pelo segurado da especialidade de cada período trabalhado.

Até porque, quando da aposentadoria do recorrente, quem sabe daqui a 20 ou 30 anos, os equipamentos hoje utilizados podem nem mais existir. A empresa pode não mais existir. Enfim, toda a prova do tempo especial pode se perder.

Assim, não é razoável que o INSS limite o exercício da prova e da averbação do tempo pelo segurado.

Ao contrário, é inconstitucional e danoso para a parte não ter a oportunidade de provar o seu direito na época própria. Não pode, portanto, tal procedimento ser perpetuado judicialmente.

### 2.6 Da contestação do INSS em relação ao mérito <ADEQUAR AO CASO CONCRETO>

Importante esclarecer, Excelências, que a Autarquia recorrida discute o mérito do pleito em sua contestação.

Verifica-se que o **INSS se manifesta em relação ao reconhecimento de tempo especial, ou seja, em sede de contestação impugnou o mérito da lide, resistindo à pretensão. Desse modo, não há que se falar em carência de interesse processual por ausência de análise prévia no âmbito administrativo.**

**Não se justifica a extinção do processo sem resolução do mérito se houver contestação de mérito pelo INSS.** Vejamos:

> PREVIDENCIÁRIO. EXTINÇÃO DO PROCESSO SEM RESOLUÇÃO DO MÉRITO. FALTA DE INTERESSE DE AGIR. TEMA 350/STF. CONTESTAÇÃO. MÉRITO. PRETENSÃO RESISTIDA. ANULAÇÃO DO JULGADO. 1. O Supremo Tribunal Federal, em sede de repercussão geral, assentou entendimento, nos autos do RE 631.240/MG (Tema 350), no sentido da indispensabilidade do prévio requerimento administrativo de benefício previdenciário como pressuposto para que se possa acionar legitimamente o Poder Judiciário, ressaltando ser prescindível o exaurimento daquela esfera. 2. Contestando o INSS, insurgindo-se quanto a questões meritórias, está caracterizado o interesse de agir, tem-se como demonstrada a pretensão resistida. 3. Confirmado o interesse de agir da parte autora, a sentença deve ser anulada, com retorno dos autos à origem, para fins de devido processamento, instrução e julgamento do processo. (TRF4, AC 5003033-56.2018.4.04.7008, TURMA REGIONAL SUPLEMENTAR DO PR, Relatora CLÁUDIA CRISTINA CRISTOFANI, juntado aos autos em 16/09/2021)

Desse modo, postula-se que a r. Sentença seja anulada para que se devolvam os autos para julgamento pelo juízo *a quo* sobre o direito da averbação do tempo especial.

### 2.7 Da lesão do direito de petição <ADEQUAR AO CASO CONCRETO>

O direito de petição é constitucionalmente assegurado pelo art. 5º, XXXIV, "a", da CF/1988, nos seguintes termos: "o direito de petição aos Poderes Públicos em defesa de direitos ou contra ilegalidade ou abuso de poder".

Cumpre observar que o direito de petição deve resultar, na prática, em uma manifestação do Estado, normalmente dirimindo uma questão proposta, em um verdadeiro exercício contínuo de delimitação dos direitos e obrigações que regulam a vida social.

O INSS, quando dificulta a apreciação de um pedido que um cidadão, seja por retardar a responder aos pedidos formulados, seja por impor restrições e/ou condições para a formulação de petição, traz a chamada insegurança jurídica e fere o direito de petição constitucionalmente garantido.

No presente caso, observa-se que o INSS fere o direito de petição duplamente, seja pela demora na "resposta" ao requerimento da parte Recorrente e por impor condições para análise dos pedidos do segurado.

Assim, não é razoável que o INSS limite a discussão do tempo especial apenas quando julgar oportuno.

Tal limitação é ato arbitrário, pois o segurado já exerceu a atividade especial e quer ver esse direito reconhecido administrativamente ou judicialmente.

Não cabe ao INSS estabelecer qual momento os segurados devem gozar de seus direitos já adquiridos.

Ante o exposto, resta claro que o INSS lesou o direito de petição da parte Recorrente e não sobra melhor sorte a sentença combatida, devendo ser garantido nos autos o direito a análise do tempo especial.

Assim, a sentença merece ser anulada a fim de que o processo seja devolvido ao juiz *a quo* para análise do mérito.

### 2.8 Do princípio da inafastabilidade da jurisdição <ADEQUAR AO CASO CONCRETO>

A Constituição Federal de 1988 em seu art. 5º, XXXV, estabelece que: *a lei não excluirá da apreciação do Poder Judiciário lesão ou ameaça a direito*.

Por sua vez, o Princípio da Inafastabilidade da Jurisdição, segundo Alexandre Moraes[7] está assim conceituado, vejamos:

> O Poder Judiciário, desde que haja plausibilidade de ameaça ao direito, é obrigado a efetivar o pedido de prestação judicial requerido pela parte de forma regular, pois a indeclinabilidade da prestação judicial é princípio básico que rege a jurisdição, uma vez que a toda violação de um direito responde uma ação correlativa, independentemente de lei especial que a outorgue.

Pelo exposto observa-se que por meio de ação adequada, toda pessoa cujo direito houver sido violado, ou ameaçada de violação pode obter a tutela do Poder Judiciário, tanto para reparar ou restabelecer um direito, como para prevenir que seja esse lesionado.

No presente caso observa-se as duas situações:

1ª a parte recorrente teve seu direito fundamental de petição lesionado, uma vez que o INSS impediu que o pedido de reconhecimento de tempo especial fosse apresentado, impondo restrições quanto ao momento a ser requerido;

2ª a parte recorrente teve seu direito ao reconhecimento de tempo especial ameaçado, pois o reconhecimento de tempo especial é um tema complexo que envolve diversas provas que com o passar dos anos podem desaparecer.

A prevalecer o procedimento imposto pelo INSS, somente quando o segurado for requerer a sua aposentadoria terá a oportunidade de ter analisado seu pedido de reconhecimento de tempo especial, o que certamente dificultará a produção das provas exigidas e retardará a conclusão do exame do preenchimento dos requisitos para a aposentação.

Desse modo, é cristalino o interesse de agir na demanda, tanto que realizado o requerimento administrativo e dado o insucesso, o segurado apresentou seu pleito ao Judiciário na esperança de ver seu direito reconhecido.

### 3. DO PREQUESTIONAMENTO <ADEQUAR AO CASO CONCRETO>

Resta clara a violação aos ditames constitucionais e à legislação federal, da qual destacamos os artigos <ADEQUAR AO CASO CONCRETO, CITANDO NOMINALMENTE OS ARTIGOS, INCLUSIVE COM PARÁGRAFOS E INCISOS, LEMBRANDO-SE DE INCLUIR TAMBÉM LEGISLAÇÃO FEDERAL MESMO PARA AÇÕES DE JUIZADOS, TENDO EM VISTA A ATUAL POSSIBILIDADE DE INTERPOSIÇÃO DE IRDR>.

---

[7] MORAES, Alexandre de. Direitos Humanos Fundamentais. Teoria Geral. *Comentários aos arts. 1º à 5º da Constituição da República Federativa do Brasil. Doutrina e Jurisprudência*. 2. ed. São Paulo: Atlas, 1998, p. 197.

## 4. DOS REQUERIMENTOS <ADEQUAR AO CASO CONCRETO>

Diante do exposto, requer-se o conhecimento e provimento do presente Recurso, anulando a decisão atacada, com o reconhecimento do interesse de agir, determinando a remessa dos autos ao primeiro grau para o prosseguimento do feito com o julgamento do mérito pelo juiz *a quo*.

Nestes termos,

PEDE DEFERIMENTO.

Cidade, data.

Nome do Advogado e OAB

## 114. MODELO DE CONTRARRAZÕES DE RECURSO INOMINADO

**EXCELENTÍSSIMO(A) SENHOR(A) DOUTOR(A) JUIZ(A) FEDERAL DO JEF PREVIDENCIÁRIO DE <CIDADE> – SEÇÃO JUDICIÁRIA DO <ESTADO>**

**Processo n.**

A Parte Autora, já devidamente qualificada nos autos da Ação em epígrafe, vem por seus procuradores firmatários, em respeito ao despacho de fls. apresentar **CONTRARRAZÕES AO RECURSO INOMINADO**, requerendo que, cumpridas as formalidades legais e recebido o recurso, sejam os autos remetidos à Instância Superior.

Nestes termos,

PEDE DEFERIMENTO.

Cidade, data.

Nome do Advogado e OAB

<SUGESTÃO AO LEITOR PARA INCLUIR QUEBRA DE PÁGINA>

**COLENDA TURMA DE RECURSOS**
**EMÉRITOS JULGADORES**
**CONTRARRAZÕES DO RECORRIDO**

## 1. HISTÓRICO BREVE <ADEQUAR AO CASO CONCRETO>

A Parte Autora buscou, em síntese:

<CITAR PRINCIPAIS PEDIDOS DA INICIAL>

A sentença de primeiro grau julgou procedente <OU PARCIALMENTE PROCEDENTE> o pedido, COM O SEGUINTE DISPOSITIVO <INCLUIR DADOS DA SENTENÇA>.

Inconformada, a parte Ré interpôs Recurso Inominado, entretanto, ele não merece provimento, como demonstraremos a seguir:

## 2. DO DIREITO À MANUTENÇÃO DA SENTENÇA POR SEUS FUNDAMENTOS <ADEQUAR AO CASO CONCRETO>

<INCLUIR DISCUSSÃO DO MÉRITO RELATIVO À CAUSA *SUB JUDICE*. IMPORTANTE RESSALTAR OS PONTOS DA SENTENÇA, SUA FUNDAMENTAÇÃO E, SE POSSÍVEL, INCLUIR MAIS JURISPRUDÊNCIA DE TRIBUNAL SUPERIOR QUE DEMONSTRE A FORÇA DO ENTENDIMENTO FAVORÁVEL NO CASO CONCRETO>.

## 3. DAS GARANTIAS CONSTITUCIONAIS

<É IMPORTANTE, SE EXISTIREM ARGUMENTOS CONSTITUCIONAIS, QUE SEJAM INCLUÍDOS EM TÓPICO SEPARADO NA PETIÇÃO DO RECURSO, DE FORMA A JÁ SE PREQUESTIONAR A MATÉRIA

PARA FINS DE RECURSO EXTRAORDINÁRIO. SALIENTAMOS QUE MESMO QUE SE TENHA GANHO EM PRIMEIRO GRAU, É IMPORTANTE DESTACAR A MATÉRIA CONSTITUCIONAL PARA O CASO DE A SENTENÇA SER REVERTIDA E SER NECESSÁRIO O INGRESSO DE RECURSO EXTRAORDINÁRIO>.

### 4. DO PREQUESTIONAMENTO <ADEQUAR AO CASO CONCRETO>

Resta clara que uma alteração da sentença significará violação aos ditames constitucionais e à legislação federal, da qual destacamos os artigos <ADEQUAR AO CASO CONCRETO, CITANDO NOMINALMENTE OS ARTIGOS, INCLUSIVE COM PARÁGRAFOS E INCISOS, LEMBRANDO-SE DE INCLUIR TAMBÉM LEGISLAÇÃO FEDERAL MESMO PARA AÇÕES DE JUIZADOS, TENDO EM VISTA A ATUAL POSSIBILIDADE DE INTERPOSIÇÃO DE IRDR>.

### 5. DOS REQUERIMENTOS <ADEQUAR AO CASO CONCRETO>

Diante do exposto, requer-se a manutenção da sentença por seus próprios fundamentos. Requer-se ainda a condenação da recorrente em honorários advocatícios a serem determinados com base no art. 85, do CPC, e art. 55, da Lei n. 9.099/1995.

Nestes termos,

PEDE DEFERIMENTO.

Cidade, data.

Nome do Advogado e OAB

## 115. MODELO DE MEMORIAL EM JULGAMENTO DE RECURSO INOMINADO

### MEMORIAL DA PARTE RECORRIDA

RECURSO INOMINADO n. 0000000-00.2000.8.24.0000

RECORRENTE:

RECORRIDA(O):

OBJETO: RECONHECIMENTO DE ATIVIDADE ESPECIAL C/C CONVERSÃO DE TEMPO ESPECIAL EM COMUM.

A parte ajuizou o presente processo buscando, em suma, o reconhecimento da atividade especial exercida devido à sua exposição a agentes nocivos à saúde **durante o período de 00/00/0000 até 00/00/0000**, bem como a devida majoração legal do tempo laborado como especial e os devidos reflexos para aposentadoria e abono de permanência.

A sentença, publicada em 00/00/0000 pela magistrada 000, julgou parcialmente procedentes os pedidos iniciais nos seguintes termos:

<citar dispositivo e o que entender necessário da sentença>

A sentença merece ser mantida pelos seus próprios fundamentos nos termos da fundamentação do presente memorial.

### 1. SITUAÇÃO FÁTICA DO AUTOR

| Período | Meio probatório | Localização no processo |
|---|---|---|
| 00/00/0000 até dias atuais | PPP | Evento 8 – Informação 31 e Evento 24 – Informação 47 |

### 2. DA TESE FIXADA PELO TEMA 942 DO STF – DISCUSSÃO ACERCA DAS PROVAS DA ESPECIALIDADE LABORAL

Através do julgamento do Tema 942 do STF, foi sedimentado o entendimento acerca da possibilidade da conversão de tempo especial em comum dos períodos laborados sob exposição a agentes nocivos à saúde e a integridade física.

Através do voto vencedor do Ministro Edson Fachin foi fixada a seguinte tese jurídica:

> "Até a edição da Emenda Constitucional n. 103/2019, o direito à conversão, em tempo comum, do prestado sob condições especiais que prejudiquem a saúde ou a integridade física de servidor público decorre da previsão de adoção de requisitos e critérios diferenciados para a jubilação daquele enquadrado na hipótese prevista no então vigente inciso III do § 4º do art. 40 da Constituição da República, devendo ser aplicadas as normas do regime geral de previdência social relativas à aposentadoria especial contidas na Lei n. 8.213/1991 para viabilizar sua concretização enquanto não sobrevier lei complementar disciplinadora da matéria. Após a vigência da EC n. 103/2019, o direito à conversão em tempo comum, do prestado sob condições especiais pelos servidores obedecerá à legislação complementar dos entes federados, nos termos da competência conferida pelo art. 40, § 4º-C, da Constituição da República".

Não satisfeito com a decisão sedimentada na Suprema Corte de Justiça, o Estado de São Paulo interpôs embargos de declaração para, dentre outros argumentos, levantar questionamento acerca do meio de prova da especialidade laboral.

Dentro deste aspecto, o Ministro Edson Fachin, através de seu voto provido por unanimidade na Suprema Corte, aduz:

> Ademais, a controvérsia acerca da avaliação dos critérios para caracterização da especialidade do labor para fins de conversão de tempo de serviço, esta Corte já se manifestou ao analisar o RE 906.569-RG, de minha relatoria, *DJe* 25.9.2015 (Tema 852) em que se entendeu pela inexistência de repercussão geral. Na oportunidade, a ementa restou assim redigida:
>
> "RECURSO EXTRAORDINÁRIO COM REPERCUSSÃO GERAL. DIREITO PREVIDENCIÁRIO. APOSENTADORIA ESPECIAL. CONVERSÃO DO TEMPO DE SERVIÇO. CARACTERIZAÇÃO DA ESPECIALIDADE DO LABOR. ARTIGOS 57 E 58 DA LEI N. 8.213/1991.
>
> 1. A avaliação judicial de critérios para a caracterização da especialidade do labor, para fins de reconhecimento de aposentadoria especial ou de conversão de tempo de serviço, conforme previsão dos artigos 57 e 58 da Lei n. 8.213/1991, é controvérsia que não apresenta repercussão geral, o que inviabiliza o processamento do recurso extraordinário, nos termos do art. 543-A, § 5º, do Código de Processo Civil.
>
> 2. O juízo acerca da especialidade do labor depende necessariamente da análise fático-probatória, em concreto, de diversos fatores, tais como o reconhecimento de atividades e agentes nocivos à saúde ou à integridade física do segurado; a comprovação de efetiva exposição aos referidos agentes e atividades; apreciação jurisdicional de laudos periciais e demais elementos probatórios; e a permanência, não ocasional nem intermitente, do exercício de trabalho em condições.

Desta forma, não foi delimitado pelo Supremo Tribunal Federal qual o tipo específico de prova a ser utilizado para a caracterização da especialidade laboral.

Desta forma, deve-se utilizar a legislação já existente no Regime Geral de Previdência Social, para analisar e caracterizar a especialidade laboral no caso concreto.

## 3. POSSIBILIDADE DE UTILIZAÇÃO DO PERFIL PROFISSIOGRÁFICO PREVIDENCIÁRIO PARA COMPROVAÇÃO DA ESPECIALIDADE LABORAL

O Perfil Profissiográfico Previdenciário (PPP) constitui em um documento histórico-laboral do trabalhador que reúne, entre outras informações dados administrativos, registros ambientais e resultados de monitoração biológica, durante todo o período em que este exerceu suas atividades no respectivo ente.

Sua elaboração passou a ser obrigatória a partir de 1º.01.2004, por meio da Instrução Normativa n. 96/2003, que aduz em seu art. 148:

> Art. 148. A partir de 1º de janeiro de 2004, a empresa ou equiparada à empresa deverá elaborar PPP, conforme Anexo XV, deforma individualizada para seus empregados, trabalhadores avulsos e cooperados, que laborem expostos a agentes nocivos químicos, físicos, biológicos ou associação de agentes prejudiciais à saúde ou à integridade física, considerados para fins de concessão de aposentadoria especial, ainda que não presentes os requisitos para a concessão desse benefício, seja pela eficácia dos equipamentos de proteção, coletivos ou individuais, seja por não se caracterizar a permanência.

Este formulário foi criado com o objetivo de substituir os antigos formulários, SB 40, DISES BE 5235, DSS 8030 e DIRBEN 8030 que eram utilizados anteriormente para a comprovação da especialidade laboral.

A exigência legal para utilização do Perfil Profissiográfico Previdenciário se encontra no §4º do art. 58 da Lei n. 8.213/1991, *in verbis*:

> Art. 58. A relação dos agentes nocivos químicos, físicos e biológicos ou associação de agentes prejudiciais à saúde ou à integridade física considerados para fins de concessão da aposentadoria especial de que trata o artigo anterior será definida pelo Poder Executivo.
>
> § 4º A empresa deverá **elaborar e manter atualizado perfil profissiográfico** abrangendo as atividades desenvolvidas pelo trabalhador e fornecer a este, quando da rescisão do contrato de trabalho, cópia autêntica desse documento.

Desta forma, o Perfil Profissiográfico Previdenciário passou a ser o documento utilizado pelo Regime Geral de Previdência Social para a caracterização da especialidade laboral, sendo incluído na Instrução Normativa n. 128/2022 do INSS, conforme citamos:

> **"Art. 272**. São considerados formulários de reconhecimento de períodos laborados em atividades especiais, legalmente previstos:
>
> I – os antigos formulários de reconhecimento de períodos laborados em condições especiais emitidos até 31 de dezembro de 2003; e
>
> II – o Perfil Profissiográfico Previdenciário – PPP – emitido a partir de 1º de janeiro de 2004."

Desta forma, com base no julgamento do Tema 942 do STF, o Perfil Profissiográfico Previdenciário deve ser aceito como prova da especialidade laboral.

### 4. DA DISPENSA DE LTCAT QUANDO PRESENTE O PPP

O STJ e a TNU já se manifestaram em incidentes de uniformização sobre a dispensabilidade do LTCAT quando presente o PPP nos autos. Nesse sentido, destacamos:

> "O Perfil Profissiográfico Previdenciário – PPP serve como documento hábil à comprovação de agentes nocivos, mesmo em caso de ruído, se prevê o seu nível, dispensando a apresentação de laudo técnico." (PEDILEF n. 2006.51.63.000174-1/RJ, Rel. Juiz Fed. Otávio Henrique Martins Port, *DJ* 15.09.2009.)

> "PEDIDO DE UNIFORMIZAÇÃO DE JURISPRUDÊNCIA. PREVIDENCIÁRIO. COMPROVAÇÃO DE TEMPO DE SERVIÇO ESPECIAL. RUÍDO. PERFIL PROFISSIOGRÁFICO PREVIDENCIÁRIO (PPP). **APRESENTAÇÃO SIMULTÂNEA DO RESPECTIVO LAUDO TÉCNICO DE CONDIÇÕES AMBIENTAIS DE TRABALHO (LTCAT). DESNECESSIDADE QUANDO AUSENTE IDÔNEA IMPUGNAÇÃO AO CONTEÚDO DO PPP.**
>
> **1. Em regra, trazido aos autos o Perfil Profissiográfico Previdenciário (PPP), dispensável se faz, para o reconhecimento e contagem do tempo de serviço especial do segurado, a juntada do respectivo Laudo Técnico de Condições Ambientais de Trabalho (LTCAT)**, na medida que o PPP já é elaborado com base nos dados existentes no LTCAT, ressalvando-se, entretanto, a necessidade da também apresentação desse laudo quando idoneamente impugnado o conteúdo do PPP.
>
> 2. No caso concreto, conforme destacado no escorreito acórdão da TNU, assim como no bem lançado pronunciamento do Parquet, não foi suscitada pelo órgão previdenciário nenhuma objeção específica às informações técnicas constantes do PPP anexado aos autos, não se podendo, por isso, recusar-lhe validade como meio de prova apto à comprovação da exposição do trabalhador ao agente nocivo "ruído".
>
> 3. Pedido de uniformização de jurisprudência improcedente." (grifou-se)
>
> (PEDIDO DE UNIFORMIZAÇAO para o STJ (Petição) n. 10.262/RS (2013/0404814-0), 1ª Seção, Rel. Min. Sérgio Kukina, 16.02.2017).

Cabe ressaltar, Excelências, que os Réus não impugnaram em nenhum momento as informações prestadas pelo PPP, se limitando a discutir a impossibilidade de enquadramento pelo recebimento da insalubridade. Portanto, sem dúvida o PPP é prova plena e deve ser aceito, sem a necessidade de juntada de LTCAT.

DESTAQUE DO PPP JUNTADO AO EVENTO 24

Para comprovar a especialidade laboral de todo o período em discussão a parte autora juntou ao evento 24 seu Perfil Profissiográfico Previdenciário com as informações necessárias para a caracterização da especialidade laboral, conforme destacamos:

| REGISTROS AMBIENTAIS | | | | | |
|---|---|---|---|---|---|
| 15 – EXPOSIÇÃO A FATORES DE RISCOS: | | | | | |
| 15.1 – Período | 15.2 – Tipo | 15.3 – Fator de Risco | 15.4 – Intensidade e Concentração | 15.5 – Técnica Utilizada | |
| 11.09.1995 a 18.11.2015 | | BIOLÓGICO | | QUALITATIVA | |

Conforme comprovado através do documento mencionado acima, o servidor sempre exerceu atividade sob exposição a agentes nocivos à saúde de natureza biológica, restando caracterizada a especialidade laboral.

## 5. REQUERIMENTO

Sendo assim, Excelências, resta claro que inexiste qualquer fundamento para a desconsideração da especialidade de todo o período laboral da parte autora, bem como para a conversão do tempo especial em comum para aposentadoria no serviço público.

Assim, requer-se, seja negado provimento aos recursos dos Réus, sendo mantida a sentença com o reconhecimento a total procedência dos pedidos formulados pela parte autora.

Requer ainda a condenação dos Réus em Honorários de Sucumbência, nos termos do art. 85 do CPC.

Cidade, data.

Nome do Advogado e OAB

## 116. MODELO DE INCIDENTE DE UNIFORMIZAÇÃO PARA A TURMA REGIONAL DE UNIFORMIZAÇÃO DE JURISPRUDÊNCIA DOS JUIZADOS ESPECIAIS FEDERAIS – TRU

**EXCELENTÍSSIMO(A) SENHOR(A) DOUTOR(A) JUIZ(A) PRESIDENTE DA TURMA RECURSAL DOS JUIZADOS ESPECIAIS FEDERAIS DE <ESTADO>**

**Parte Autora, devidamente qualificada** nos autos da presente **AÇÃO PREVIDENCIÁRIA,** que promove contra o **Instituto Nacional do Seguro Social — INSS,** por seus advogados infra-assinados, vem, respeitosamente, à presença de Vossa Excelência, com base no art. 14 da Lei n. 10.259/2001 e art. 4º da Resolução n. 347/2015, do Conselho da Justiça Federal, interpor o presente **INCIDENTE DE UNIFORMIZAÇÃO DE JURISPRUDÊNCIA PARA A TURMA REGIONAL DOS JUIZADOS ESPECIAIS FEDERAIS DA** <0>ª **REGIÃO,** consubstanciado nas razões anexas, que se requer sejam encaminhadas ao Juízo *ad quem,* para apreciação e reforma da decisão impugnada.

Nestes termos,

PEDE DEFERIMENTO.

Cidade, data.

Nome do Advogado e OAB

<SUGESTÃO AO LEITOR PARA INCLUIR QUEBRA DE PÁGINA>

**EGRÉGIA TURMA REGIONAL DE UNIFORMIZAÇÃO DOS JUIZADOS ESPECIAIS FEDERAIS DA** <ADEQUAR AO CASO> **REGIÃO**

**TURMA RECURSAL DE ORIGEM:**

**PROCESSO N.**

**RECORRENTE:**

**RECORRIDO: INSTITUTO NACIONAL DO SEGURO SOCIAL (INSS)**

**ASSUNTO: Revisão de RMI. Aposentadoria por Incapacidade Permanente. Alteração na Regra de Cálculo do art. 26, § 2º, III, da EC n. 103/2019.** <INDICAR O ASSUNTO CONFORME O CASO>

**INCIDENTE DE UNIFORMIZAÇÃO,**

**RAZÕES DO RECURSO,**

**EMÉRITOS JULGADORES,**

**1. HISTÓRICO BREVE E NECESSÁRIO** <ADEQUAR AO CASO CONCRETO>

A Parte recorrente ajuizou a presente ação com o objetivo de ver condenado o INSS à revisão do cálculo da Renda Mensal Inicial da aposentadoria por incapacidade permanente, com a alteração do valor da renda mensal inicial para 100% da média aritmética simples dos salários de contribuição contidos no PBC.

Defende a Parte recorrente que seja declarada a inconstitucionalidade da regra de cálculo contida no inciso III do § 2º do art. 26 da EC n. 103/2019, tendo em vista a discriminação entre os coeficientes da aposentadoria por incapacidade permanente de natureza acidentária com aquela de natureza não acidentária.

Após a sentença de improcedência, a parte Recorrente interpôs Recurso Inominado dirigido à Turma Recursal de <ADEQUAR AO CASO>.

Contudo, a Turma Recursal dos JEFs de <ADEQUAR AO CASO> negou provimento ao recurso da parte Autora, confirmando a sentença por seus próprios fundamentos.

Tendo em vista que a decisão da Turma Recursal de <ADEQUAR AO CASO> é contrária ao entendimento já consolidado pela Turma Recursal de <ADEQUAR AO CASO – DEVE SER OUTRA TURMA RECURSAL DA MESMA REGIÃO>, vem a parte Autora clamar por seu direito.

É equivocada, portanto, a interpretação exarada pela Colenda Turma Recursal, de forma que se obriga a insurgência do recorrente.

**2. DA DECISÃO IMPUGNADA**

A decisão impugnada é contrária a inúmeros posicionamentos da jurisprudência Pátria, inclusive aquela existente nas Turmas Recursais dessa Região. Vejamos seus ditames:

<NESSE ITEM O ADVOGADO DEVE EXPOR O ACÓRDÃO COMBATIDO E, SE POSSÍVEL, FAZER COMENTÁRIOS SOBRE ELE>

Está demonstrada, portanto, a inadequada interpretação adotada pelo e. Relator e demais julgadores que o acompanharam.

**3. DO MÉRITO DISCUTIDO NO PRESENTE INCIDENTE**

<INCLUIR DADOS REFERENTES AO MÉRITO DA QUESTÃO QUE DEU CAUSA AO INCIDENTE, COM DOUTRINA E JURISPRUDÊNCIA, SE POSSÍVEL. EXEMPLO:>

**3.1 Da discriminação entre o coeficiente de cálculo da aposentadoria por incapacidade permanente acidentária em face da aposentadoria por incapacidade permanente de natureza não acidentária**

Conforme mencionado, trata-se de demanda em que a Parte recorrente requer o direito de revisão da renda mensal inicial, para aplicação do coeficiente de 100%, em face da inconstitucionalidade da regra de cálculo prevista inciso III do § 2º do art. 26 da EC n. 103/2019.

A Emenda Constitucional n. 103/2019 alterou profundamente a forma de cálculo do valor da renda mensal inicial da aposentadoria por incapacidade permanente de natureza não acidentária, para fato gerador (DII) após 13.11.2019.

Nos moldes dos §§ 2º e 5º do art. 26 da EC n. 103/2019, até o advento de lei que discipline o seu cálculo, esse valor deva corresponder a 60% da média aritmética simples dos salários de contribuição contidos no PBC, com acréscimo de 2% para cada ano de contribuição que exceder o tempo de 20 anos de contribuição, se homem, ou 15 anos de contribuição, se mulher.

Ocorre que no art. 26, § 3º, inciso II, a EC n. 103/2019 criou uma exceção à regra de cálculo para os segurados em gozo de aposentadoria por incapacidade permanente de natureza acidentária. Assim, de acordo com a EC n. 103, para os beneficiários de benefício por incapacidade que recebem benefícios de natureza acidentária, terão assegurados a RMI de 100% da média aritmética simples dos salários de contribuição do PBC.

Tal alteração apenas no cálculo da aposentadoria por incapacidade de natureza não acidentária denota total desproporcionalidade e ausência de razoabilidade, tendo em vista que o benefício tem caráter substitutivo de renda, garantido ao segurado tão somente em virtude de sua incapacidade total e permanente para o exercício de toda e qualquer atividade.

Ademais, de acordo com a linha argumentativa da TRU4 no julgamento do PUIL 5003241-81.2021.4.04.7122, destaca-se:

> "O **princípio da proibição de proteção deficiente** assegura que o direito fundamental social prestacional não pode ser desprezado pelo Poder Público, **quer mediante a omissão do dever de implementar as políticas públicas necessárias à satisfação desses direitos, quer mediante a adoção de política pública completamente inadequada ou insuficiente.**" [grifos no original]
> (PUIL 5003241-81.2021.4.04.7122, Turma Regional de Uniformização da 4ª Região, Rel. Daniel Machado da Rocha, juntado aos autos em 12.3.2022).

Ora, Nobres Julgadores, não há fundamento que justifique esse tratamento distinto entre o cálculo da aposentadoria por incapacidade de natureza acidentária com aquela de natureza não acidentária.

Assim, tendo em vista que o fato gerador, ou seja, a data do início da incapacidade é posterior à data da promulgação da EC n. 103/2019, a parte Autora pleiteia a revisão da RMI para que lhe seja garantido o recebimento da integralidade da média (100%).

## 4. DA DECISÃO PARADIGMA

<NESSE ITEM, DEVE SER APRESENTADA A(S) DECISÃO(ÕES) PARADIGMA(S) QUE DIVERGE(M) DO ENTENDIMENTO ADOTADO NA DECISÃO COMBATIDA, DE FORMA A SE COMPROVAR, EFETIVAMENTE, A DIVERGÊNCIA, E SE GARANTIR A NECESSIDADE DA UNIFORMIZAÇÃO. LEMBRAR A NECESSIDADE DE ANEXAR – AO INCIDENTE DE UNIFORMIZAÇÃO – A DECISÃO PARADIGMA, EM SUA ÍNTEGRA, PARA GARANTIR O CONHECIMENTO DO INCIDENTE> Segue modelo de indicação de decisão paradigma.

A matéria aqui discutida foi brilhantemente enfrentada pela 4ª Turma Recursal dos JEFs/RS nos Autos de n. 5015021-19.2019.4.04.7112/RS. Vejamos:

> "PREVIDENCIÁRIO. CONVERSÃO DE AUXÍLIO-DOENÇA EM APOSENTADORIA POR INCAPACIDADE PERMANENTE APÓS A ENTRADA EM VIGOR DA EC 103/2019. VALOR NOMINAL DO BENEFÍCIO NÃO PODE SER REDUZIDO SOB PENA DE AFRONTA AO PRINCÍPIO DA IRREDUTIBILIDADE E DA PROPORCIONALIDADE.
>
> 1. Hipótese em que o segurado teve transformado o seu auxílio-doença em aposentadoria por incapacidade permanente após a entrada em vigor da EC n. 103/2019, em 13.11.2019.
>
> 2. Embora a legislação aplicável ao benefício seja a do momento da constatação do caráter permanente da incapacidade, o valor nominal do amparo previdenciário por incapacidade, após a sua conversão de auxílio-doença em aposentadoria por incapacidade permanente, sob as novas regras trazidas pela EC 103/2019, não pode ser reduzido, sob pena de afronta ao princípio da irredutibilida-

de, previsto no artigo 194, parágrafo único, inciso IV, da Constituição Federal de 1988, bem como ao princípio da proporcionalidade, ante o caráter definitivo da restrição laboral.

3. Recurso parcialmente provido."

(RC n. 5015021-19.2019.4.04.7112, 4ª TRRS, Rel. Marina Vasques Duarte, j. 05.07.2021)

Em precedente diverso, a 1ª Turma Recursal do JEFs/SC, também já se manifestou no tocante à declaração da inconstitucionalidade da regra prevista no art. 26, § 3º, inciso II, da EC n. 103/2019. Vejamos trecho da decisão do processo de relatoria do Juiz Nelson Gustavo Mesquita Ribeiro Alves, nos autos do Processo n. 5010992-98.2020.4.04.7205:

"RECURSO INOMINADO. PREVIDENCIÁRIO. APOSENTADORIA POR INCAPACIDADE PERMANENTE. CÁLCULO DO BENEFÍCIO. ART. 26, § 2º, INC. III, DA EMENDA CONSTITUCIONAL N. 103/2019. AUSÊNCIA DE PROPORCIONALIDADE E RAZOABILIDADE. TRATAMENTO ANTI-ISONÔMICO ENTRE SEGURADOS. DECLARAÇÃO INCIDENTAL DE INCONSTITUCIONALIDADE.

1. '[...] a previsão, insculpida no art. 26, § 3º, II, da EC n. 103/2019, no sentido de que, no caso de aposentadoria por incapacidade permanente, quando decorrente de acidente de trabalho, de doença profissional e de doença do trabalho, 'O valor do benefício de aposentadoria corresponderá a 100% (cem por cento) da média aritmética definida na forma prevista no caput e no § 1º.' Note-se, não se extrai do texto constitucional, presente o art. 201, I, da CF e as contingências sociais que visa a proteger, razão ou justificativa bastante que permita ao constituinte derivado distinguir o critério de cálculo de benefícios que, rigorosamente, voltam-se à proteção dos mesmos riscos. Nessa ótica, fica evidenciada, também aqui, a proteção deficiente, ofensiva, pois, à proporcionalidade, quanto ao tratamento conferido aos benefícios decorrentes de incapacidade permanente de causa não acidentária, na medida em que, face o cotejo com o critério de cálculo estabelecido no art. 26, § 3º, da EC n. 103/2019, é possível constatar a inadequação da alteração normativa, porquanto caracterizadora de evidente esvaziamento do núcleo essencial do direito fundamental em comento e, assim, conducente ao reconhecimento de inobservância da limitação material prescrita no art. 60, § 4º, IV, da CF [...]'.

2. '[...] torna-se evidente e possível concluir que a alteração promovida pela EC n. 103/2019, decorrente da redação conferida por seu art. 26, § 2º, III, para além de desatender o princípio da seletividade e distributividade, traduz medida legislativa que não encontra amparo no princípio da proporcionalidade (subprincípio da adequação) [...], uma vez que o núcleo essencial do direito à aposentadoria em razão da incapacidade permanente (não acidentária) sofreu sensível aviltamento a partir do momento em que prevê coeficiente de cálculo que permite renda mensal inicial significativamente inferior em relação àquela estabelecida para o benefício de incapacidade temporária. Além disso, equipara o critério de cálculo com as demais aposentadorias programáveis de natureza voluntária. [...] Veja-se que há evidente contradição em um ordenamento que propicia maior proteção social àquele que se encontra incapacitado em menor grau em face daquele atingido por contingência social mais gravosa (ausência de coerência interna) [...]'.

3. Caso constatada a incapacidade definitiva, sem relação com acidente de trabalho, após o advento da EC n. 103/2019, aquele que até então fruíra auxílio-doença (incapacidade temporária) e conte com tempo de filiação inferior a 20 (vinte) anos, se homem, ou 15 (quinze) anos, no caso da mulher, terá direito a apenas 60% da média do salário de benefício. Diversamente, o segurado titular de auxílio-doença, continuará regido pelo art. 61 da Lei n. 8.213/1991, e, assim, terá renda equivalente a 91% da média do salário de benefício. Não há qualquer lógica ou razoabilidade nessa situação.

4. Além de situações de absoluta incongruência quanto a tempo de contribuição e valor de benefícios que essa situação gera, a perplexidade já vem se verificando na realidade, em que os segurados buscam evitar a todo custo a concessão do benefício por incapacidade permanente, mantendo ativo o benefício transitório, porquanto mais vantajoso, inclusive com pedidos de reversão nesse sentido.

5. Incidência do art. 44 da Lei n. 8.213/1991, exclusivamente para admitir a utilização do coeficiente correspondente a 100% do salário de benefício para a apuração da RMI do benefício de aposentadoria por invalidez/aposentadoria por incapacidade permanente, devendo ser observado, para tanto, em relação ao período básico de cálculo, o *caput* do art. 26 da EC n. 103/2019, diante da higidez constitucional deste último enunciado normativo (art. 26, *caput*, da EC n. 103/2109).

6. Recurso a que se nega provimento."

(5010992-98.2020.4.04.7205, 1ª TRSC, Rel. Nelson Gustavo Mesquita Ribeiro Alves, j. 14.10.2021)

Assim, para que se garanta a segurança jurídica e o tratamento isonômico das partes envolvidas, é necessário o posicionamento desta Egrégia Turma de Uniformização para pacificar a divergência jurisprudencial já comprovada.

## 5. DA NECESSIDADE DA UNIFORMIZAÇÃO DA JURISPRUDÊNCIA REGIONAL <ADEQUAR AO CASO CONCRETO>

Ficou comprovada a necessidade de pacificação de entendimento, tendo em vista a divergência jurisprudencial encontrada nos acórdãos supramencionados, em que os julgados deram interpretação e aplicação totalmente antagônica e divergente sobre o mesmo tema, sendo indispensável o posicionamento dessa Turma para que reste pacificada e uniformizada a jurisprudência pátria.

Em suma, estando devidamente comprovado que o v. acórdão recorrido transbordou não só o direito constitucional e federal expresso, mas também a própria jurisprudência que o interpretou, restando, à parte Recorrente, pedir que este incidente seja acolhido e provido, a fim de que o controle de legalidade do julgado e a aplicação uniforme do direito sejam preservados por esta Egrégia Corte.

## 6. PREQUESTIONAMENTO <ADEQUAR AO CASO CONCRETO>

<SE CONSIDERAR QUE EXISTE MATÉRIA CONSTITUCIONAL DISCUTIDA NO INCIDENTE, É IMPORTANTE QUE SE REQUEIRA EXPRESSAMENTE O PREQUESTIONAMENTO DA MATÉRIA, COM A CITAÇÃO EXPRESSA DOS ARTIGOS E PRINCÍPIOS APLICÁVEIS À ESPÉCIE>.

Exemplo:

> Ao aplicar a regra de cálculo prevista no art. 26, § 3º, inciso II, da EC n. 103/2019 no presente caso, a Turma Recursal de <ESTADO> infringiu o os ditames constitucionais e legislação federal, da qual destacamos os artigos <ADEQUAR AO CASO CONCRETO, CITANDO NOMINALMENTE OS ARTIGOS, INCLUSIVE COM PARÁGRAFOS E INCISOS, LEMBRANDO-SE DE INCLUIR TAMBÉM LEGISLAÇÃO FEDERAL MESMO PARA AÇÕES DE JUIZADOS, TENDO EM VISTA A ATUAL POSSIBILIDADE DE INTERPOSIÇÃO DE IRDR>. Houve, ainda, violação aos princípios da razoabilidade e da proporcionalidade na aplicação da norma ao caso concreto, motivo pelo qual requer-se o explícito pronunciamento deste D. Juízo acerca das eventuais inconstitucionalidades e ilegalidades mencionadas, no intuito de resguardar a interposição de possível recurso para superior instância.

## 7. DOS REQUERIMENTOS <ADEQUAR AO CASO CONCRETO, EXEMPLO:>

Diante de todo o exposto, e à luz das divergências e contrariedades cabalmente demonstradas, requer-se o provimento do presente Incidente, com a consequente reforma da decisão impugnada, a fim de que:

a) Seja uniformizado o entendimento no sentido de conferir ao recorrente o direito de perceber 100% da média aritmética simples dos salários de contribuição contidos no período básico de cálculo (PBC) da RMI da aposentadoria por incapacidade permanente não acidentária.

b) A declaração de inconstitucionalidade do art. 26, § 2º, III, da EC n. 103/2019, tendo em vista a notória violação dos princípios constitucionais da isonomia, da razoabilidade e da irredutibilidade dos benefícios.

c) Seja determinado o retorno dos autos à Turma de Origem para adequação do acórdão recorrido de forma que seja analisado o pedido de <REVISÃO DO BENEFÍCIO, CONCESSÃO OU RESTABELECIMENTO, CONFORME O CASO>, com posterior condenação do INSS, nos termos expostos na inicial, tudo conforme determina a legislação pertinente à matéria.

Nestes termos,

PEDE DEFERIMENTO.

Cidade, data.

Nome do Advogado e OAB

## 117. MODELO DE AGRAVO AO PRESIDENTE DA TURMA REGIONAL DE UNIFORMIZAÇÃO PARA SEGUIMENTO DO INCIDENTE DE UNIFORMIZAÇÃO

**EXCELENTÍSSIMO(A) SENHOR(A) DOUTOR(A) JUIZ(A) FEDERAL PRESIDENTE DA TURMA RECURSAL DA SEÇÃO JUDICIÁRIA DO ESTADO DE <ESTADO>**

PROCESSO:

RECORRENTE:

RECORRIDO:

**ASSUNTO:** Agravo contra inadmissão preliminar do Incidente de Uniformização pelo presidente da Turma Recursal de Origem – Resolução n. 347/2015 do Conselho da Justiça Federal.

**A parte autora**, já devidamente qualificado(a) nos autos do processo em epígrafe, vem, por seus procuradores firmatários, à presença de V. Exa., nos termos do art. 3º, § 3º, da Resolução n. 347/2015, apresentar **AGRAVO** contra inadmissão preliminar do Incidente Regional de Uniformização pelo Presidente da Turma Recursal <ADEQUAR AO CASO>.

Requer-se, inicialmente, que, tendo em vista os fundamentos colacionados, que Vossa Excelência reconsidere a decisão e dê o devido prosseguimento ao incidente. Não havendo reconsideração, postula para que os autos sejam remetidos ao Juízo *ad quem*, para apreciação e reforma da decisão impugnada.

Nestes termos,

PEDE DEFERIMENTO.

Cidade, data.

Nome do Advogado e OAB

<SUGESTÃO AO LEITOR PARA INCLUIR QUEBRA DE PÁGINA>

**EGRÉGIA TURMA REGIONAL DE UNIFORMIZAÇÃO DE JURISPRUDÊNCIA DA ___ REGIÃO**

**Turma Recursal de Origem:**

**Processo n.:**

**Recorrente:**

**Recorrido: INSTITUTO NACIONAL DO SEGURO SOCIAL (INSS)**

**RAZÕES DO PEDIDO DE SEGUIMENTO DO INCIDENTE DE UNIFORMIZAÇÃO**

Importante destacar que no caso em apreço, a negativa de seguimento ao Incidente formulado baseou-se na assertiva de que a decisão paradigma não "representa" a jurisprudência dominante, nos termos do art. 14, § 2º, da Lei n. 10.259/2001.

Tal decisão, entretanto, não coaduna com a realidade dos fatos.

<INCLUIR ARGUMENTAÇÃO REFERENTE À NECESSIDADE DE CONHECIMENTO DO INCIDENTE DE UNIFORMIZAÇÃO BEM COMO NO TOCANTE À EXISTÊNCIA DE JURISPRUDÊNCIA DOMINANTE FAVORÁVEL À TESE DEFENDIDA PELA PARTE RECORRENTE>

Desta forma, requer seja revista a decisão *a quo* e seja devidamente processado o incidente de uniformização interposto, de forma a se garantir a análise dos presentes autos por essa nobre Turma de Uniformização.

Nestes termos,

PEDE DEFERIMENTO.

Cidade e data.

Nome do Advogado e OAB

## 118. MODELO DE INCIDENTE DE UNIFORMIZAÇÃO PARA A TURMA NACIONAL DE UNIFORMIZAÇÃO DOS JUIZADOS ESPECIAIS FEDERAIS – TNU

EXCELENTÍSSIMO(A) SENHOR(A) DOUTOR(A) PRESIDENTE DA _____ TURMA RECURSAL DOS JUIZADOS ESPECIAIS FEDERAIS DE <ESTADO>

Processo n.

**PARTE RECORRENTE,** devidamente qualificado(a) nos autos da **AÇÃO PREVIDENCIÁRIA** supraindicada, que promove contra o **INSTITUTO NACIONAL DO SEGURO SOCIAL (INSS)**, por seus advogados infra-assinados, vem, respeitosamente, à presença de V. Exa., com base no art. 14, § 2º, da Lei n. 10.259/2001, e arts. 12 e ss. da Resolução n. 586/2019 do Conselho da Justiça Federal, a fim de interpor o presente **INCIDENTE DE UNIFORMIZAÇÃO DE JURISPRUDÊNCIA PARA A TURMA NACIONAL DOS JUIZADOS ESPECIAIS FEDERAIS**, consubstanciado nas razões anexas, que se requer sejam encaminhadas ao Juízo *ad quem,* para apreciação e reforma da decisão impugnada.

Nestes termos,

PEDE DEFERIMENTO.

Cidade, data.

Nome do Advogado e OAB

<SUGESTÃO AO LEITOR PARA INCLUIR QUEBRA DE PÁGINA>

**EGRÉGIA TURMA NACIONAL DE UNIFORMIZAÇÃO DOS JUIZADOS ESPECIAIS FEDERAIS**

**Turma de Origem:**

**Processo n.**

**Recorrente:**

**Recorrido: Instituto Nacional do Seguro Social (INSS)**

**Assunto:**

**INCIDENTE DE UNIFORMIZAÇÃO RAZÕES DO RECURSO**

**EMÉRITOS JULGADORES**

1. **HISTÓRICO BREVE E NECESSÁRIO** <ADEQUAR AO CASO CONCRETO. SEGUE EXEMPLO:>

Por meio da presente demanda a parte ora Recorrente buscou, em síntese, o reconhecimento de tempo especial de 00/00/0000 a 00/00/0000, período no qual trabalhou exposto ao agente frio em níveis superiores ao limite tolerado.

Contudo, o MM. Juiz de primeiro grau não reconheceu a especialidade do referido período. Inconformada, a parte Autora apresentou recurso dirigido a Turma Recursal de Minas Gerais que negou provimento ao mesmo, sob a alegação de que o formulário DSS-8030 não veio acompanhado de laudo técnico.

Diante da contrariedade à jurisprudência pátria, uma vez que fora juntado documento hábil à comprovação da exposição ao agende nocivo (DSS-8030), vem a parte Autora recorrer a esta Turma de Uniformização, certa de seu bom direito.

2. **DA DECISÃO IMPUGNADA**

A decisão impugnada é contrária a inúmeros posicionamentos da jurisprudência Pátria, sendo oposta, inclusive, às prévias manifestações da própria Turma Recursal.

Vejamos seus ditames <NESSE ITEM, DEVE SER EXPOSTO O ACÓRDÃO COMBATIDO COM COMENTÁRIOS SOBRE ELE>.

Está demonstrada, portanto, a inapropriada interpretação adotada pelo e. Relator e demais julgadores que o acompanharam.

## 3. DO MÉRITO DISCUTIDO NO PRESENTE INCIDENTE

<INCLUIR DADOS REFERENTES AO MÉRITO DA QUESTÃO QUE DEU CAUSA AO INCIDENTE, COM DOUTRINA, SE POSSÍVEL> Exemplo:

### 3.1 Da comprovação do tempo especial – Formulário <ADEQUAR AO CASO CONCRETO>

Conforme já exposto, a parte Recorrente juntou nos autos documento hábil à comprovação da exposição ao agente nocivo ao qual estava exposta, qual seja, o DSS-8030.

Contudo, Excelências, o MM. Juiz de 1º grau desconsiderou as informações do formulário e julgou a demanda improcedente.

Após a análise dos autos pela ( ) Turma Recursal de <LOCAL>, esta negou provimento ao recurso da parte Autora mantendo a sentença de improcedência no tocante ao período de 26.02.1966 a 03.08.1967, por entender ser necessária a apresentação de laudo técnico.

Tal entendimento, entretanto, vai de encontro à jurisprudência dominante acerca do tema.

De acordo com a jurisprudência já consolidada, inclusive, por esta Turma de Uniformização, o tempo de serviço deve ser disciplinado pela lei vigente à época em que foi efetivamente prestado.

Ou seja, o advento de nova lei que estabeleça restrições aos meios de prova do serviço laborado em condições especiais não tem aplicação retroativa, em respeito à intangibilidade do direito adquirido.

No caso dos autos, o período que se pretende comprovar é anterior à Lei n. 9.528/1997, portanto, a comprovação da exposição ao agente nocivo pode se dar pelo formulário DSS-8030, sendo DESNECESSÁRIA A APRESENTAÇÃO DE LAUDO TÉCNICO.

Nesse sentido, colhe-se da jurisprudência desta Nobre Turma de Uniformização:

"PREVIDENCIÁRIO. TEMPO ESPECIAL. EXPOSIÇÃO AO AGENTE NOCIVO FRIO. DESNECESSIDADE DE DEMONSTRAÇÃO DE EXPOSIÇÃO PERMANENTE ANTES DA PROMULGAÇÃO DA LEI N. 9.032/1995. COMPROVAÇÃO DE EXPOSIÇÃO A AGENTE NOCIVO POR FORMULÁRIO DSS-8030. DESNECESSIDADE DE APRESENTAÇÃO DE LAUDO TÉCNICO PARA PERÍODO ANTERIOR À PROMULGAÇÃO DA LEI N. 9.528/1997. INCIDENTE PARCIALMENTE PROVIDO.

1. Devidamente caracterizada a divergência necessária ao conhecimento e julgamento do incidente pela indicação de acórdãos paradigmas oriundos do eg. Superior Tribunal de Justiça e desta Turma Nacional de Uniformização de Jurisprudência, revela-se desnecessária a juntada de cópia dos acórdãos respectivos, nos termos da questão de ordem n. 3.

2. Trata-se de entendimento consolidado nesta Turma Nacional de Uniformização de Jurisprudência que a efetiva exposição aos agentes nocivos de forma permanente, não ocasional nem intermitente, somente passou a ser exigida a partir da Lei n. 9.032/1995, não sendo possível exigir essa comprovação para períodos anteriores.

3. Trata-se de entendimento igualmente consolidado nesta Turma Nacional de Uniformização de Jurisprudência que a exigibilidade de laudo técnico para comprovação de insalubridade apontada nos formulários DSS-8030 somente se impõe a partir da promulgação da Lei n. 9.528, de 10.12.1997, que convalidou os atos praticados com base na MP n. 1.523, de 11.10.1996, alterando o § 1º do art. 58 da Lei n. 8.213/1991. A exigência é inaplicável à espécie, que se refere a período anterior.

4. Pedido de Uniformização de Jurisprudência conhecido e parcialmente provido, para anular o acórdão recorrido e determinar, nos termos da questão de ordem n. 20, que o feito retorne à Turma Recursal de origem para julgamento do pedido do autor segundo as premissas jurídicas ora firmadas."

(TNU, PEDILEF 200571950189548)

Como vemos, a jurisprudência apenas tem exigido a apresentação de laudo técnico para períodos posteriores à Lei n. 9.528/1997, O QUE NÃO É O CASO DOS AUTOS, já que no período que se requer, o reconhecimento da atividade especial vai de 26.02.1966 a 03.08.1967, não havendo que se falar em exigência do laudo técnico.

Resta claro que a Nobre Turma Recursal extrapolou os limites legais ao ignorar as informações do formulário DSS-8030, exigindo documento que não era exigida à época da prestação do serviço, indo de encontro ao entendimento desta Turma Nacional de Uniformização, merecendo a devida reforma.

Neste sentido, já existem diversas manifestações do Superior Tribunal de Justiça bem como já há entendimento consagrado por esta Nobre Turma de Uniformização pela Súmula n. 81, conforme será demonstrado a seguir.

## 4. DAS DECISÕES PARADIGMAS

<NESSE ITEM, O ADVOGADO DEVE COLOCAR AS DECISÕES PARADIGMAS QUE DIVERGEM DO ENTENDIMENTO ADOTADO NA DECISÃO COMBATIDA, DE FORMA A SE COMPROVAR, EFETIVAMENTE, A DIVERGÊNCIA E SE GARANTIR A NECESSIDADE DA UNIFORMIZAÇÃO. NÃO SE DEVE APENAS RECORTAR E COLOCAR JURISPRUDÊNCIAS, MAS SIM FAZER COMENTÁRIOS E EXPLICAÇÕES, DE FORMA A SE SALIENTAR A SEMELHANÇA ENTRE OS CASOS>

Exemplo:

"PREVIDENCIÁRIO. TEMPO ESPECIAL. EXPOSIÇÃO AO AGENTE NOCIVO FRIO. DESNECESSIDADE DE DEMONSTRAÇÃO DE EXPOSIÇÃO PERMANENTE ANTES DA PROMULGAÇÃO DA LEI N. 9.032/1995. COMPROVAÇÃO DE EXPOSIÇÃO A AGENTE NOCIVO POR FORMULÁRIO DSS-8030. DESNECESSIDADE DE APRESENTAÇÃO DE LAUDO TÉCNICO PARA PERÍODO ANTERIOR À PROMULGAÇÃO DA LEI N. 9.528/1997. INCIDENTE PARCIALMENTE PROVIDO. 1. Devidamente caracterizada a divergência necessária ao conhecimento e julgamento do incidente pela indicação de acórdãos paradigmas oriundos do eg. Superior Tribunal de Justiça e desta Turma Nacional de Uniformização de Jurisprudência, revela-se desnecessária a juntada de cópia dos acórdãos respectivos, nos termos da questão de ordem n. 3.

2. Trata-se de entendimento consolidado nesta Turma Nacional de Uniformização de Jurisprudência que a efetiva exposição aos agentes nocivos de forma permanente, não ocasional nem intermitente, somente passou a ser exigida a partir da Lei n. 9.032/1995, não sendo possível exigir essa comprovação para períodos anteriores.

3. Trata-se de entendimento igualmente consolidado nesta Turma Nacional de Uniformização de Jurisprudência que a exigibilidade de laudo técnico para comprovação de insalubridade apontada nos formulários DSS-8030 somente se impõe a partir da promulgação da Lei n. 9.528, de 10/12/1997, que convalidou os atos praticados com base na MP n. 1.523, de 11/10/1996, alterando o § 1º do art. 58 da Lei n. 8.213/1991. A exigência é inaplicável à espécie, que se refere a período anterior.

4. Pedido de Uniformização de Jurisprudência conhecido e parcialmente provido, para anular o acórdão recorrido e determinar, nos termos da questão de ordem n. 20, que o feito retorne à Turma Recursal de origem para julgamento do pedido do autor segundo as premissas jurídicas ora firmadas."

(TNU, PEDILEF 200571950189548)

No mesmo sentido:

"PREVIDENCIÁRIO. RECURSO ESPECIAL. CONTAGEM DE TEMPO DE SERVIÇO. EXERCÍCIO EM CONDIÇÕES ESPECIAIS. COMPROVAÇÃO POR MEIO DE FORMULÁRIO PRÓPRIO. POSSIBILIDADE ATÉ O DECRETO 2.172/1997 DSS 8.030. RECURSO IMPROVIDO.

1. As Turmas da Terceira Seção deste Superior Tribunal já consolidaram o entendimento no sentido de que o período de trabalho exercido em condições especiais em época anterior à Lei 9.528/1997 não será abrangido por tal lei, em respeito ao direito adquirido incorporado ao patrimônio do trabalhador. A caracterização e a comprovação do tempo de atividade sob condições especiais obedecerá ao disposto na legislação em vigor à época da prestação do serviço.

2. Assim, até o advento do Decreto 2.172, de 05.03.1997, que regulamentou a Medida Provisória 1.523/1996, convertida na Lei 9.528/1997, é possível o reconhecimento de tempo de serviço em atividade especial mediante apresentação de formulário próprio descritivo da atividade do segurado e do agente nocivo à saúde ou perigoso, enquadrados nos Decretos n. 53.831/1964 e n. 83.080/1979.

3. *In casu*, a demonstração de que a parte autora estava exposta a agentes nocivos pó, calor e ruídos acima de 90 decibéis foi feita principalmente por meio de Formulário de Informações sobre Atividades com Exposição a Agentes Nocivos DSS 8.030, baseado em laudo técnico, conforme ali registrado e corroborado por prova testemunhal.

4. Recurso especial a que se nega provimento."
(REsp 496.678/SC, Rel. Min. Arnaldo Esteves Lima, j. 06.09.2005, DJe 10.10.2005)

E mais:
<INCLUIR PRECEDENTE>

No mesmo sentido, as seguintes decisões monocráticas: <INFORMAR n. PROCESSOS>.

No caso, o período que se pretende comprovar é anterior à Lei n. 9.528/1997. Assim, a comprovação da exposição ao agente nocivo pode se dar pelo formulário DSS-8030, sendo desnecessária a apresentação de laudo técnico.

Como visto, em questões idênticas, o Superior Tribunal de Justiça não exige a apresentação de laudo técnico, quando o período em que se pretende comprovar é anterior à promulgação da Lei n. 9.528/1997 e o único meio de prova do qual o segurado dispõe é o formulário DSS-8030.

Portanto, existem entendimentos totalmente contrários à interpretação do direito material fundamentando o presente pedido de uniformização. Extrai-se das decisões transcritas, com nitidez meridiana, a divergência entre o seu teor e o entendimento adotado pela Turma Recursal dos Juizados Especiais Federais de <ESTADO>.

**5. A NECESSIDADE DA UNIFORMIZAÇÃO DA JURISPRUDÊNCIA** <ADEQUAR AO CASO CONCRETO>

Resta claro que a matéria necessita ser uniformizada, tendo em vista a divergência jurisprudencial encontrada nos acórdãos supramencionados, em que se deu interpretação e aplicação totalmente antagônica e divergente sobre o mesmo tema.

Em suma, estando devidamente comprovado que o v. acórdão recorrido transbordou não só o direito federal expresso, mas também a própria jurisprudência que o interpretou, resta ao(à) Recorrente postular que este incidente seja acolhido e provido, a fim de que o controle de legalidade do julgado e a aplicação uniforme do direito federal sejam preservados por essa Egrégia Corte.

**6. DO PREQUESTIONAMENTO** <ADEQUAR AO CASO CONCRETO>

<SE CONSIDERAR QUE EXISTE MATÉRIA CONSTITUCIONAL DISCUTIDA NO INCIDENTE, É IMPORTANTE QUE SE REQUEIRA EXPRESSAMENTE O PREQUESTIONAMENTO DA MATÉRIA, COM A CITAÇÃO EXPRESSA DOS ARTIGOS E PRINCÍPIOS APLICÁVEIS À ESPÉCIE>.

Exemplo:

Ao aplicar não reconhecer o labor em condições especiais no presente caso a Turma Recursal de <ESTADO> infringiu o os ditames constitucionais e legislação federal, da qual destacamos os artigos <ADEQUAR AO CASO CONCRETO, CITANDO NOMINALMENTE OS ARTIGOS, INCLUSIVE COM PARÁGRAFOS E INCISOS, LEMBRANDO-SE DE INCLUIR TAMBÉM LEGISLAÇÃO FEDERAL MESMO PARA AÇÕES DE JUIZADOS, TENDO EM VISTA A ATUAL POSSIBILIDADE DE INTERPOSIÇÃO DE IRDR>. Houve, ainda, violação aos princípios da razoabilidade e da proporcionalidade na aplicação da norma ao caso concreto, motivo pelo qual requer-se o explícito pronunciamento deste D. Juízo acerca das eventuais inconstitucionalidades e ilegalidades mencionadas, no intuito de resguardar a interposição de possível recurso para superior instância.

**7. DOS REQUERIMENTOS** <ADEQUAR AO CASO CONCRETO>

Diante de todo o exposto e à luz das divergências e contrariedades cabalmente demonstradas, requer-se o conhecimento e provimento do presente Incidente de Uniformização, para que:

a) seja fixada a tese no sentido de que a apresentação de laudo técnico é dispensável, quando o período em que se pretende comprovar é anterior à promulgação da Lei n. 9.528/1997 e o único meio de prova do qual o segurado dispõe é o formulário DSS-8030.

b) seja determinado o retorno dos autos à Turma de Origem para adequação do acórdão recorrido de forma que seja analisado o pedido de <REVISÃO DO BENEFÍCIO, CONCESSÃO OU RESTABELECIMENTO, CONFORME O CASO>, com posterior condenação do INSS, nos termos expostos na inicial, tudo conforme determina a legislação pertinente à matéria.

Nestes termos,

PEDE DEFERIMENTO.

Cidade, data.

Nome do Advogado e OAB

### 119. MODELO DE AGRAVO AO PRESIDENTE DA TURMA NACIONAL DE UNIFORMIZAÇÃO PARA SEGUIMENTO DO INCIDENTE DE UNIFORMIZAÇÃO

**EXCELENTÍSSIMO(A) SENHOR(A) DOUTOR(A) JUIZ(A) FEDERAL PRESIDENTE DA TURMA RECURSAL DA SEÇÃO JUDICIÁRIA DO ESTADO DE <ESTADO> ou <CONFORME O CASO> DESEMBARGADOR(A) PRESIDENTE DA TURMA REGIONAL DE UNIFORMIZAÇÃO DA ____ REGIÃO**

**PROCESSO:**

**RÉU:**

**ASSUNTO:** AGRAVO CONTRA INADMISSÃO PRELIMINAR DO INCIDENTE NACIONAL DE UNIFORMIZAÇÃO PELO PRESIDENTE DA TURMA RECURSAL OU PELO PRESIDENTE DA TURMA REGIONAL DE UNIFORMIZAÇÃO DE JUSRISPRUDÊNCIA DA....ª REGIÃO

**A PARTE AUTORA,** já devidamente qualificado(a) nos autos do processo em epígrafe, vem, por seus procuradores firmatários, à presença de Vossa Excelência, nos termos do Regimento Interno da Turma Nacional de Uniformização, instituído pela Resolução n. 586/2019, apresentar **AGRAVO** contra inadmissão preliminar do Incidente Nacional de Uniformização de Jurisprudência.

Requer-se, inicialmente, com base no § 4º do art. 14 do Regimento Interno da TNU, e tendo em vista os fundamentos colacionados, que seja reconsiderada a decisão e se dê o devido prosseguimento ao incidente. Em não havendo reconsideração, requer desde logo que os autos sejam remetidos ao Juízo *ad quem,* para apreciação e reforma da decisão impugnada.

Nestes termos,

PEDE DEFERIMENTO.

Cidade, data.

Nome do Advogado e OAB

<SUGESTÃO AO LEITOR PARA INCLUIR QUEBRA DE PÁGINA>

**EGRÉGIA TURMA NACIONAL DE UNIFORMIZAÇÃO DOS JUIZADOS ESPECIAIS FEDERAIS**

**Turma de Origem:**

**Processo nº**

**Agravante:**

**Agravado: Instituto Nacional do Seguro Social (INSS)**

**RAZÕES DO AGRAVO PARA SEGUIMENTO DE INCIDENTE DE UNIFORMIZAÇÃO EMÉRITOS JULGADORES**

Dispõe o art. 14 do Regimento Interno da TNU, instituído pela Resolução n. 586/2019 e suas modificações posteriores:

Art. 14. [...]

§ 2º Da decisão de inadmissibilidade proferida com fundamento nos incisos I e V, caberá agravo nos próprios autos, no prazo de 15 (quinze) dias a contar da intimação, a ser dirigido à Turma Nacional de Uniformização, no qual o agravante deverá demonstrar, fundamentadamente, o equívoco da decisão recorrida.

§ 3º Da decisão proferida com fundamento nos incisos II e III, caberá agravo interno, no prazo de 15 (quinze) dias a contar da intimação, o qual, após o decurso de igual prazo para contrarrazões, será julgado pela turma que prolatou o acórdão impugnado, mediante decisão irrecorrível. § 4º Reconsiderada a decisão que inadmitiu o pedido de uniformização, o agravo será considerado prejudicado, devendo o pedido de uniformização de interpretação de lei federal ser remetido à Turma Nacional de Uniformização.

No caso em apreço, a negativa de seguimento ao Incidente formulado baseou-se na assertiva de que a decisão paradigma não "representa" a jurisprudência dominante do Superior Tribunal de Justiça, nos termos do art. 14, § 2º, da Lei n. 10.259/2001.

Tal informação, entretanto, não coaduna com a realidade dos fatos.

<INCLUIR ARGUMENTAÇÃO REFERENTE À NECESSIDADE DE CONHECIMENTO DO INCIDENTE DE UNIFORMIZAÇÃO BEM COMO NO TOCANTE À EXISTÊNCIA DE JURISPRUDÊNCIA DOMINANTE FAVORÁVEL À TESE DEFENDIDA PELA PARTE RECORRENTE>

Desta forma, alicerçado nos termos do § 2º do art. 14 do Regimento Interno da Turma Nacional de Uniformização (Resolução CJF n. 586/2019), requer-se a revisão da decisão *a quo* para que seja devidamente processado o incidente de uniformização interposto, de forma a se garantir a análise dos presentes autos por essa nobre Turma de Uniformização.

Nestes termos,

PEDE DEFERIMENTO.

Cidade, data.

Nome do Advogado e OAB

## 120. MODELO DE INCIDENTE DE UNIFORMIZAÇÃO PARA O SUPERIOR TRIBUNAL DE JUSTIÇA – STJ

**EXMO(A) SR(A) DR(A) JUIZ(A) PRESIDENTE DA TURMA NACIONAL DE UNIFORMIZAÇÃO DOS JUIZADOS ESPECIAIS FEDERAIS**

**PARTE,** devidamente qualificado(a) nos autos da presente AÇÃO PREVIDENCIÁRIA, que promove contra o INSTITUTO NACIONAL DO SEGURO SOCIAL (INSS), por seus advogados infra-assinados, vem, respeitosamente, à presença de Vossa Excelência, com base no art. 14 da Lei n. 10.259/2001 e art. 31 da Resolução n. 586/2019, do Conselho da Justiça Federal, interpor o presente **INCIDENTE DE UNIFORMIZAÇÃO DE JURISPRUDÊNCIA PARA O SUPERIOR TRIBUNAL DE JUSTIÇA,** consubstanciado nas razões anexas, que se requer sejam encaminhadas ao Juízo *ad quem*, para apreciação e reforma da decisão impugnada.

Nestes termos,

PEDE DEFERIMENTO.

Cidade, data.

Nome do Advogado e OAB

<SUGESTÃO AO LEITOR PARA INCLUIR QUEBRA DE PÁGINA>

**COLENDO SUPERIOR TRIBUNAL DE JUSTIÇA**

**Processo nº**

**Origem: Turma Nacional de Uniformização dos JEFs**

**Recorrente:**

**Recorrido: INSTITUTO NACIONAL DO SEGURO SOCIAL (INSS)**

**Assunto:**

**INCIDENTE DE UNIFORMIZAÇÃO DE JURISPRUDÊNCIA**

**RAZÕES DO RECURSO**

**NOBRES JULGADORES**

### 1. HISTÓRICO BREVE E NECESSÁRIO

A Parte Autora buscou, em síntese:

<CITAR SÍNTESE DOS PEDIDOS DA INICIAL>.

A sentença de primeiro grau <INCLUIR DADOS PROCESSUAIS SOBRE A SENTENÇA, EVENTUAIS DECISÕES INTERLOCUTÓRIAS IMPORTANTES, BEM COMO OS ACÓRDÃOS COMBATIDOS>.

É inadequada, entretanto, a interpretação exarada pela Colenda Turma Nacional de Uniformização, que confrontou, de forma contundente, a jurisprudência dominante deste nobre Tribunal, merecendo a insurgência do recorrente pelas razões e motivos que seguem.

### 2. DA DECISÃO IMPUGNADA

A decisão impugnada é contrária a inúmeros posicionamentos da jurisprudência pátria, sendo oposta, inclusive, às prévias manifestações deste Colendo Tribunal. Vejamos seus ditames:

<NESSE ITEM, O ADVOGADO DEVE EXPOR A DECISÃO DA TNU QUE DEU ENSEJO AO PRESENTE INCIDENTE, TECENDO-LHES COMENTÁRIOS>.

Está demonstrada, portanto, a inadequada interpretação adotada pelo e. Relator e demais julgadores que o acompanharam, o que, por si só, já garante a necessidade de reforma da decisão combatida.

### 3. DO MÉRITO DISCUTIDO NO PRESENTE INCIDENTE

<INCLUIR DADOS REFERENTES AO MÉRITO DA QUESTÃO QUE DEU CAUSA AO INCIDENTE, COM DOUTRINA, SE POSSÍVEL>.

### 4. DA DECISÃO PARADIGMA

<NESSE ITEM, O ADVOGADO DEVE COLOCAR AS DECISÕES PARADIGMAS QUE DIVERGEM DO ENTENDIMENTO ADOTADO NA DECISÃO COMBATIDA, DE FORMA A SE COMPROVAR, EFETIVAMENTE, A DIVERGÊNCIA, E SE GARANTIR A NECESSIDADE DA UNIFORMIZAÇÃO. NÃO SE DEVE APENAS RECORTAR E COLOCAR JURISPRUDÊNCIAS, MAS SIM FAZER COMENTÁRIOS E EXPLICAÇÕES, DE FORMA A SALIENTAR A SEMELHANÇA ENTRE OS CASOS>.

Resta claro, portanto, que existe orientação jurisprudencial dominante neste Colendo Tribunal Superior em sentido oposto ao adotado pela Turma Nacional de Uniformização, decisões essas que garantem o direito perseguido pela Parte. Assim, torna-se inadequada a manutenção da decisão combatida, merecendo pronta reforma.

### 5. DA NECESSIDADE DE UNIFORMIZAÇÃO DA JURISPRUDÊNCIA NACIONAL

Ficou comprovada a necessidade de uniformização da interpretação do direito material em análise, tendo em vista a divergência jurisprudencial encontrada no acórdão da Turma Nacional de Uniformização dos JEFs com os precedentes dessa E. Corte.

Em suma, estando devidamente comprovado que o v. acórdão recorrido transbordou não só o direito federal expresso como a própria jurisprudência que o interpretou, resta, à parte Recorrente, pedir que este incidente seja acolhido e provido, a fim de que o controle de legalidade do julgado e a aplicação uniforme do direito sejam preservados por esta Egrégia Corte.

### 6. DO PREQUESTIONAMENTO <ADEQUAR AO CASO CONCRETO>

Resta clara a violação aos ditames constitucionais e à legislação federal, da qual destacamos os artigos <ADEQUAR AO CASO CONCRETO, CITANDO NOMINALMENTE OS ARTIGOS, INCLUSIVE COM PARÁGRAFOS E INCISOS, LEMBRANDO-SE DE INCLUIR TAMBÉM LEGISLAÇÃO FEDERAL MESMO PARA AÇÕES DE JUIZADOS, TENDO EM VISTA A ATUAL POSSIBILIDADE DE INTERPOSIÇÃO DE IRDR>. Pede-se ainda sejam considerados prequestionados os ditames constitucionais e legislação federal, que destacamos: arts. 5º, incisos II (legalidade) e XXXVI (direito adquirido), e 37, *caput*, todos da CF/1988, e ainda o art. 6º da LINDB; foram violados, ainda, os princípios da razoabilidade e da proporcionalidade na aplicação da norma ao caso concreto, motivo pelo qual requer-se o explícito pronunciamento deste D. Juízo acerca das eventuais inconstitucionalidades e ilegalidades mencionadas, no intuito de resguardar a interposição de possível recurso para as instâncias superiores.

### 7. DOS REQUERIMENTOS

Diante de todo o exposto, e à luz das divergências e contrariedades cabalmente demonstradas, requer-se o provimento do presente Incidente, com a consequente reforma da decisão impugnada, a fim de que:

a) seja uniformizado o entendimento no sentido de <INCLUIR O TEMA A SER UNIFORMIZADO>;
b) seja determinado o retorno dos autos à Turma de Origem para adequação do acórdão recorrido de forma que seja analisado o pedido de <REVISÃO DO BENEFÍCIO, CONCESSÃO OU RESTABELECIMENTO, CONFORME O CASO>, com posterior condenação do INSS, nos termos expostos na inicial, tudo conforme determina a legislação pertinente à matéria.

Nestes termos,

PEDE DEFERIMENTO.

Cidade, data.

Nome do Advogado e OAB

## 121. MODELO DE APELAÇÃO

**EXCELENTÍSSIMO(A) SENHOR(A) DOUTOR(A) JUIZ(A) DE DIREITO DA 00ª VARA DA FAZENDA PÚBLICA DA COMARCA DA <CAPITAL> – <ESTADO>**

Processo nº

A Parte Autora, devidamente qualificada nos autos da presente ação, que move contra o **INSTITUTO NACIONAL DO SEGURO SOCIAL (INSS)** vem, perante Vossa Excelência, por seus procuradores abaixo assinado, não se conformando com a r. sentença, interpor **RECURSO DE APELAÇÃO ao EGRÉGIO TRIBUNAL DE JUSTIÇA DO ESTADO com base nos arts. 1.009 e ss. do CPC**, requerendo, desde já, que seja recebido o presente, devidamente processado e após encaminhado à Superior Instância. <ADEQUAR AO CASO CONCRETO>

Nestes termos,

PEDE DEFERIMENTO.

Cidade e data.

Nome do Advogado e OAB

<SUGESTÃO AO LEITOR PARA INCLUIR QUEBRA DE PÁGINA>

**EGRÉGIO TRIBUNAL DE JUSTIÇA DE ESTADO** <ADEQUAR AO CASO>
**PROCESSO Nº**
**APELANTE:**
**APELADO: INSS**
**ORIGEM:**
**ASSUNTO:** <ADEQUAR AO CASO>

### RAZÕES DE APELAÇÃO EMINENTES JULGADORES

1. **RESUMO PROCESSUAL** <ADEQUAR AO CASO CONCRETO>

A Parte Apelante ingressou com ação, em face do INSS, buscando, em síntese: <ADEQUAR AO CASO>.

Em contestação, o INSS alegou que <ADEQUAR AO CASO>.

Encerrada a fase instrutória, o processo foi concluso para sentença.

A sentença *a quo* julgou improcedente o pedido da Parte Autora.

Assim, inconformado com a r. sentença, vem o ora recorrente apresentar suas razões recursais a este Egrégio Tribunal.

É, em rápidas linhas, a súmula fática necessária.

2. **DOS FUNDAMENTOS DA APELAÇÃO** <ADEQUAR AO CASO CONCRETO>

2.1 **Preliminar de mérito – do cerceamento de defesa** <ADEQUAR AO CASO CONCRETO>

Em sede preliminar ao mérito com base no CPC, art. 1.009, § 1º, a parte entende que há nulidade da sentença em razão de cerceamento de defesa, ao contraditório, à negativa de acesso à justiça de forma plena.

Vale ressaltar que não foi oportunizado à parte recorrente o direito de produzir a prova que lhe competia, dentro da distribuição do ônus (CPC, art. 373, inciso I).

Havia controvérsia fática pertinente aos autos que merecia o deferimento da produção de prova requerida na inicial, em especial a realização da perícia técnica.

A parte inclusive apresentou em sua inicial os quesitos que desejava fossem respondidos pelo perito.

Entretanto, a produção de prova não foi deferida na forma pleiteada pela parte, o que lhe causou o prejuízo gravíssimo do indeferimento do pedido.

A falta de exaurimento da fase de instrução processual com o não deferimento e a não produção da prova oral viola o princípio do contraditório e da ampla defesa, previsto no art. 5º, LV, da CF/1988, ocasionando *error in procedendo* e, neste caso, o Tribunal/Turma deverá simplesmente anular a sentença prolatada, devendo remeter os autos à instância inferior para que o juízo *a quo* profira outra decisão, após o exaurimento da fase instrutória.

Até porque o feito não se encontrava maduro o suficiente para ser decidido, já que o julgamento reclamava perícia com uma visão mais acurada sobre os detalhes fáticos do processo, em especial <INCLUIR DETALHES DA PROVA QUE SE QUERIA FAZER>.

Destaca a parte que a hipótese não era de aplicação do princípio da causa madura (CPC, art. 1.013, § 3º), até porque a causa não versava de matéria exclusivamente de direito e, sobretudo, reclamava produção de provas.

Vale ressaltar ainda que o princípio do acesso à justiça é muito mais do o "acesso ao Poder Judiciário", mas determina o acesso a uma ordem jurídica que garanta a efetiva e adequada participação no processo, com possibilidade de levar ao julgador todas as provas de que dispuser, relevantes e pertinentes, para ter que o julgamento possa ser justo.

Nesse sentido destacamos inclusive os ditames do novo CPC no art. 6º: "Todos os sujeitos do processo devem cooperar entre si para que se obtenha, em tempo razoável, decisão de mérito justa e efetiva".

E para que o processo resulte em conclusão justa a nova lei impõe uma conduta leal e de boa-fé não só dos litigantes, mas também do magistrado, a quem o NCPC atribui novos deveres de esclarecimentos, de diálogo, de busca de composição do conflito e de produção de prova.

Assim, a flagrante nulidade da sentença, causada pelo cerceamento de defesa e limitação do contraditório, que acabam por corromper a validade jurídica desta.

## 2.2 DO MÉRITO

A sentença *a quo* analisou inadequadamente o direito a ser aplicado no caso concreto, posto que indeferiu o benefício, mesmo com diversas provas demonstrando a existência da sequela decorrente do acidente comprovado pela CAT.

Senão vejamos <ADEQUAR AO CASO CONCRETO>

O benefício de auxílio-acidente é devido nos termos da Lei n. 8.213/1991, art. 86:

> Art. 86. O auxílio-acidente será concedido, como indenização, ao segurado quando, após consolidação das lesões decorrentes de acidente de qualquer natureza, resultarem sequelas que impliquem redução da capacidade para o trabalho que habitualmente exerça. (Redação dada pela Lei n. 9.528, de 1997)
>
> § 1º O auxílio-acidente mensal correspondera a cinquenta por cento do salário de benefício e será devido, observado o disposto no § 5º, até a véspera do início de qualquer aposentadoria ou até a data do óbito do segurado. (Redação dada pela Lei n. 9.528, de 1997)
>
> § 2º O auxílio-acidente será devido a partir do dia seguinte ao da cessação do auxílio-doença, independentemente de qualquer remuneração ou rendimento auferido pelo acidentado, vedada sua acumulação com qualquer aposentadoria. (Redação dada pela Lei n. 9.528, de 1997)
>
> § 3º O recebimento de salário ou concessão de outro benefício, exceto de aposentadoria, observado o disposto no § 5º, não prejudicará a continuidade do recebimento do auxílio-acidente. (Redação dada pela Lei n. 9.528, de 1997)

Ainda no tocante ao auxílio-acidente, o Anexo III do Decreto n. 3.048/1999 determina quais as sequelas que garantem o direito ao benefício, estando a sequela adquirida pela Parte Autora, atestada por médico, prevista expressamente conforme se observa abaixo:

<INCLUIR CITAÇÃO DA SEQUELA RELACIONADA PELO ANEXO III DO DECRETO N. 3.048/1999>

Para comprovação da sequela, destacamos a prova <ADEQUAR AO CASO CONCRETO>.

Resta claro, portanto, o preenchimento, pela Parte Autora, dos requisitos necessários para a concessão do benefício pleiteado, sendo incabível o indeferimento do pedido.

## 3. DAS GARANTIAS CONSTITUCIONAIS

<É IMPORTANTE, SE EXISTIREM ARGUMENTOS CONSTITUCIONAIS, QUE SEJAM INCLUÍDOS EM TÓPICO SEPARADO NA PETIÇÃO DO RECURSO, DE FORMA A JÁ SE PREQUESTIONAR A MATÉRIA PARA FINS DE RECURSO EXTRAORDINÁRIO>.

## 4. PREQUESTIONAMENTO <ADEQUAR AO CASO CONCRETO>

Resta clara a violação aos ditames constitucionais e à legislação federal, da qual destacamos os artigos <ADEQUAR AO CASO CONCRETO, CITANDO NOMINALMENTE OS ARTIGOS, INCLUSIVE COM PARÁGRAFOS E INCISOS, LEMBRANDO-SE DE INCLUIR TAMBÉM LEGISLAÇÃO FEDERAL MESMO PARA AÇÕES DE JUIZADOS, TENDO EM VISTA A ATUAL POSSIBILIDADE DE INTERPOSIÇÃO DE IRDR>.

## 5. REQUERIMENTOS <ADEQUAR AO CASO CONCRETO>

Diante do exposto e comprovado, o(a) Apelante requer o **CONHECIMENTO E PROVIMENTO do presente Recurso de Apelação,** reformando-se a sentença de 1º grau, condenando o INSS: <ADEQUAR AO CASO CONCRETO. SEGUE EXEMPLO>

a) a procedência da pretensão deduzida, consoante narrado nesta inicial, condenando-se o INSS a conceder o benefício de auxílio-acidente à Parte Autora, com data de início a contar da cessação do auxílio-doença;
b) a condenação do INSS ao pagamento dos valores acumulados, aplicando-se juros e correção monetária até 11/2021, nos termos dos Temas 910 do STF e 905 do STJ e, a partir de 12/2021, o índice da taxa referencial do Sistema Especial de Liquidação e de Custódia (Selic), acumulado mensalmente, para fins de atualização monetária e de compensação da mora (art. 3º da EC n. 113/2021), respeitada a prescrição quinquenal;
c) ao pagamento de honorários advocatícios, na base de 20% (vinte por cento) sobre a condenação, conforme dispõe o art. 85, § 3º, do CPC.

Nestes termos,

PEDE DEFERIMENTO.

Cidade e data.

Nome do Advogado e OAB

## 122. MODELO DE CONTRARRAZÕES DE APELAÇÃO

**EXCELENTÍSSIMO SENHOR DOUTOR JUIZ FEDERAL DA VARA FEDERAL DE <CIDADE> – SEÇÃO JUDICIÁRIA DO <ESTADO>**

**Processo n.**

A Parte Autora, já devidamente qualificada nos autos da Ação em epígrafe, vem por seus procuradores firmatários, em respeito ao despacho de fls. apresentar **CONTRARRAZÕES À APELAÇÃO,** requerendo que, cumpridas as formalidades legais e recebido o recurso, sejam os autos remetidos à Instância Superior.

Nestes termos,

PEDE DEFERIMENTO.

Cidade, data.

Nome do Advogado e OAB

<SUGESTÃO AO LEITOR: INCLUIR QUEBRA DE PÁGINA>

**EMINENTES JULGADORES**

**CONTRARRAZÕES DO RECORRIDO**

## 1. HISTÓRICO BREVE <ADEQUAR AO CASO CONCRETO>

A Parte Autora buscou, em síntese:

<CITAR PRINCIPAIS PEDIDOS DA INICIAL>

A sentença de primeiro grau julgou procedente <OU PARCIALMENTE PROCEDENTE> o pedido, COM O SEGUINTE DISPOSITIVO <INCLUIR DADOS DA SENTENÇA>.

Inconformada, a parte Recorrente interpôs a presente Apelação, entretanto, esta não merece provimento, como demonstraremos a seguir:

## 2. DO DIREITO À MANUTENÇÃO DA SENTENÇA POR SEUS FUNDAMENTOS <ADEQUAR AO CASO CONCRETO>

<INCLUIR DISCUSSÃO DO MÉRITO RELATIVO À CAUSA *SUB JUDICE*. IMPORTANTE RESSALTAR OS PONTOS DA SENTENÇA, SUA FUNDAMENTAÇÃO E, SE POSSÍVEL, INCLUIR MAIS JURISPRUDÊNCIA DE TRIBUNAL SUPERIOR QUE DEMONSTRE A FORÇA DO ENTENDIMENTO FAVORÁVEL NO CASO CONCRETO>.

## 3. DA LEI FEDERAL APLICÁVEL AO CASO CONCRETO

<É IMPORTANTE QUE NESSE CASO SE INCLUA A DISCUSSÃO DE LEI FEDERAL APLICÁVEL, PARA GARANTIA E PREQUESTIONAMENTO DOS ARTIGOS A EVENTUALMENTE SERVIREM DE BASE PARA A INTERPOSIÇÃO DE RECURSO ESPECIAL>.

## 4. DAS GARANTIAS CONSTITUCIONAIS

<É IMPORTANTE, SE EXISTIREM ARGUMENTOS CONSTITUCIONAIS, QUE SEJAM INCLUÍDOS EM TÓPICO SEPARADO NA PETIÇÃO DO RECURSO, DE FORMA A JÁ SE PREQUESTIONAR A MATÉRIA PARA FINS DE RECURSO EXTRAORDINÁRIO. SALIENTAMOS QUE MESMO QUE SE TENHA GANHO EM PRIMEIRO GRAU, É IMPORTANTE DESTACAR A MATÉRIA CONSTITUCIONAL PARA O CASO DE A SENTENÇA SER REVERTIDA E SER NECESSÁRIA O INGRESSO DE RECURSO EXTRAORDINÁRIO>.

## 5. DO PREQUESTIONAMENTO <ADEQUAR AO CASO CONCRETO>

Resta clara que uma alteração da sentença significará violação aos ditames constitucionais e à legislação federal, da qual destacamos os artigos <ADEQUAR AO CASO CONCRETO, CITANDO NOMINALMENTE OS ARTIGOS, INCLUSIVE COM PARÁGRAFOS E INCISOS, LEMBRANDO-SE DE INCLUIR TAMBÉM LEGISLAÇÃO FEDERAL>.

## 6. DOS REQUERIMENTOS <ADEQUAR AO CASO CONCRETO>

Diante do exposto, requer-se a manutenção da sentença por seus próprios fundamentos. Requer-se ainda a condenação da recorrente em honorários advocatícios a serem determinados com base no art. 85 do CPC.

Tendo em vista que a decisão a ser proferida por esse Colegiado não está sujeita, em princípio, a recurso com efeito suspensivo, requer-se a determinação para o cumprimento imediato do acórdão no tocante à implantação e/ou revisão do benefício da Parte Recorrida, a ser efetivada em até 45 dias, sob pena de multa diária de R$ 100,00.

Nestes termos,

PEDE DEFERIMENTO.

Cidade, data.

Nome do Advogado e OAB

## 123. MODELO DE INCIDENTE DE RESOLUÇÃO DE DEMANDAS REPETITIVAS – IRDR

**EXCELENTÍSSIMO(A) SENHOR(A) DOUTOR(A) DESEMBARGADOR(A) PRESIDENTE DO TRIBUNAL** <ADEQUAR AO CASO CONCRETO>

**PROCESSO ORIGINÁRIO N./Estado**

**OBJETO**: RECONHECIMENTO DE TEMPO DE CONTRIBUIÇÃO. SEGURADO ESPECIAL. REGIME DE ECONOMIA FAMILIAR. DOCUMENTOS EM NOME DE TERCEIROS INTEGRANTES DO GRUPO FAMILIAR. RETORNO AO MEIO RURAL. PROVA TESTEMUNHAL IDÔNEA.

**PARTE**, nacionalidade, estado civil, profissão, residente e domiciliada na Rua, Bairro, Cidade, Estado, inscrita no CPF sob o n., NB e DIB, vem à presença de Vossa Excelência, com base nos arts.

976 e ss. do CPC, interpor o presente **INCIDENTE DE RESOLUÇÃO DE DEMANDAS REPETITIVAS (IRDR)** consubstanciado nas razões anexas.

Requer o recebimento e processamento do presente incidente com as cautelas aplicáveis à espécie, com sua devida distribuição para que seja julgado nos termos do requerimento anexo.

Requer ainda a determinação da suspensão do processo originário nos termos do art. 982, I, do CPC, até que se dê o julgamento do presente IRDR de forma a se proteger a parte de eventual seguimento da ação em juízo incompetente.

Nestes termos,

PEDE DEFERIMENTO.

Cidade, data.

Nome do Advogado e OAB

<QUEBRA DE PÁGINA>

**COLENDO TRIBUNAL** <ADEQUAR AO CASO CONCRETO>

**EMÉRITOS JULGADORES**

**RAZÕES DO INCIDENTE**

### 1. HISTÓRICO BREVE E NECESSÁRIO <ADEQUAR AO CASO CONCRETO>

Por meio da demanda citada, a parte suscitante buscou o reconhecimento de tempo de contribuição exercido na qualidade de segurado especial, em regime de economia familiar, após ter se afastado do meio rural para cumprir serviço militar.

Prestado o serviço militar obrigatório, a parte suscitante retornou para a residência de seus pais, onde permaneceu exercendo a atividade rurícola até se mudar para o Estado de São Paulo, em 00.00.0000, *vide* assinatura na carteira de trabalho.

Com intuito de demonstrar o retorno para a Zona Rural e, por consequência, ao exercício da atividade rurícola, tendo em vista que era a única fonte de subsistência da família, a parte suscitante apresentou nota de produtor rural, cartão do INAMPS, bem como outros documentos em nome do seu pai, que consta a atividade de lavrador e emitidos após o retorno do Autor ao campo.

Para colaborar com a sólida prova documental presente nos autos, o Suscitante requereu a oitiva dos vizinhos que confirmaram o retorno dele ao campo, bem como a existência do labor rural.

Entretanto, a parte Suscitante foi surpreendida com a decisão de fls., que julgou improcedente os pedidos formulados na inicial, sob arguição de inexistência de documentos em nome da parte Autora, nos seguintes termos:

<SUGERIMOS QUE SEJA COLACIONADA A PARTE DISPOSITIVA DA DECISÃO>

A parte, então, apresentou embargos, juntando diversas decisões desse Tribunal e do STJ sobre o tema, mas a vara de origem em casos análogos tem se negado a alterar a decisão.

Assim, por estar a decisão combatida em descumprimento expresso do entendimento desse Tribunal sobre o caso e por ser a decisão uma entre muitas que estão sendo proferidas no âmbito do primeiro grau de jurisdição, interpõe a parte o presente IRDR para fins de pacificação e uniformização da jurisprudência e para que se promova a segurança jurídica.

### 2. DO CABIMENTO DO IRDR <ADEQUAR AO CASO CONCRETO>

De acordo com a redação do art. 976 do CPC, que introduziu este recurso em nosso ordenamento jurídico, dois são os pressupostos cumulativos, vejamos:

"Art. 976. É cabível a instauração do incidente de resolução de demandas repetitivas quando houver, simultaneamente:

I – efetiva repetição de processos que contenham controvérsia sobre a mesma questão unicamente de direito;

II – risco de ofensa à isonomia e à segurança jurídica."

Ambos os pressupostos estão presentes na discussão do direito da parte suscitante acerca da possibilidade de utilizar prova documental em nome de terceiros, integrantes do núcleo familiar, após retorno do segurado ao meio rural, desde que corroborada com prova testemunhal idônea.

Vejamos a pertinência e o cabimento do IRDR em seus detalhes.

## 2.1 Da efetiva repetição de processos que contenham controvérsia sobre a mesma questão unicamente de direito (art. 976, I, do CPC) <ADEQUAR AO CASO CONCRETO>

Inúmeras são as ações nas quais os juízos estão reconhecendo como prova material os documentos em nome de terceiros, integrantes do núcleo familiar, após o retorno do segurado ao meio rural, quando corroborada por prova testemunhal idônea.

Além dos presentes autos de n. <ADEQUAR AO CASO CONCRETO> encontramos ainda diversas ações em que foi reconhecido o tempo de trabalho rural do segurado especial, após o retorno do segurado ao meio rural, cuja documentação apresentada está em nome de integrantes do grupo familiar e corroborada com prova testemunhal idônea. Destacamos alguns: <ADEQUAR AO CASO CONCRETO>

AUTOS TRF da __ª Região n. 5027931-50.2019.4.04.9999

AUTOS n. XXXXXXX-XX.XXXX.X.XX.XXXX

MS TRF da 0ª Região n. XXXXXXX-XX.XXXX.X.XX.XXXX

Vale ressaltar inclusive que no próprio JUÍZO DE ORIGEM, conforme entendimento proferido pela juíza substituta, as decisões têm sido contrárias ao direito da parte. Entretanto, o juízo titular tem julgado de forma a aceitar a prova material em nome de terceiros, desde que corroborada com prova testemunhal idônea, nos termos aqui defendidos.

A contradição é notória, tendo em vista que dentro do mesmo juízo há o entendimento de um juízo reconhecendo a possibilidade de utilizar documentação em nome de integrante do grupo familiar e juntamente com a oitiva de testemunhas e outro exigindo prova material em nome do segurado.

Indubitavelmente resta demonstrada a existência de repetição de processos que contenham a controvérsia presente nos autos. Portanto, caracterizada a reincidência da discussão de forma a tornar possível a interposição e o conhecimento do presente IRDR por esse nobre Tribunal Regional.

### 2.1.1 A matéria já pacificada no TRF da 4ª Região sobre a possibilidade de utilização de documentos em nome de integrantes do grupo familiar após o retorno do segurado ao meio rural <ADEQUAR AO CASO CONCRETO>

Sobre o tema a jurisprudência é clara determinando que, independentemente do período é possível a utilização de prova documental em nome de integrante do grupo familiar, corroborada com prova testemunhal idônea.

É sabida a turbulência que muitas vezes é para o segurado que retira a sua subsistência da vida campesina, na condição de segurado especial, em fazer prova do exercício da atividade. Constantemente a produção desta prova se concentra em nome do titular do grupo familiar – geralmente representado pelo chefe do núcleo familiar. Portanto, respeitável a legislação e a jurisprudência dominante que possibilitam que os componentes do grupo utilizem documentos um em nome do outro para a comprovação da atividade rurícola.

Dada a complexidade da vida no campo, fundada, a título exemplificativo, em fatores sociais, culturais e inclusive na precariedade dos registros, torna-se desarrazoado exigir do segurado que acabou de retornar ao campo a apresentação de documentos em nome próprio para comprovar o labor rural.

Nesse sentido, destacamos a jurisprudência do TRF da 4ª Região de forma uníssona:

> IRDR 21 – "Viável a consideração, como início de prova material, dos documentos emitidos em nome de terceiros integrantes do núcleo familiar, após o retorno do segurado ao meio rural, quando corroborada por prova testemunhal idônea."
>
> (TRF-4, Processo n. 50328833320184040000, 3ª Seção, Rel. Fernando Quadros da Silva, juntado aos autos em 21.08.2019).

No caso acima descrito é importante destacar que a discussão foi exatamente aquela que se refere ao entendimento destacado por esse juízo. Vejamos o relatório:

> <INCLUIR TRECHO DA DECISÃO>

### 2.1.2 Das decisões favoráveis sobre a utilização da documentação em nome de integrante do grupo familiar corroborada com prova testemunhal no âmbito dos TRFS <ADEQUAR AO CASO CONCRETO>

O TRF4, portanto, já pacificou no julgamento do IRDR n. 21 que é possível utilizar documentos em nome de terceiros, após retorno do segurado especial no campo, desde que corroborada com prova testemunhal idônea. Senão vejamos a tese fixada:

> IRDR 21 – "Viável a consideração, como início de prova material, dos documentos emitidos em nome de terceiros integrantes do núcleo familiar, após o retorno do segurado ao meio rural, quando corroborada por prova testemunhal idônea."
>
> (TRF-4, IRDR 50328833320184040000, 3ª Seção, Rel. Des. Fed. Fernando Quadros da Silva, *DJ* 28.8.2019)

Noutro caso, a Décima Turma do TRF-4 entendeu pela possibilidade de considerar os documentos em nome de terceiros integrantes do mesmo grupo, desde que corroborada com prova testemunhal idônea para fins de comprovar o retorno do segurado no campo:

> "PREVIDENCIÁRIO. APOSENTADORIA POR TEMPO DE CONTRIBUIÇÃO. LABOR RURAL. DESCONTINUIDADE DO LABOR. AUSÊNCIA DE PROVA DO RETORNO. PARCIAL PROVIMENTO DO RECURSO. TUTELA ESPECÍFICA.
>
> 1. Para fins de comprovação do exercício da atividade rural, não se exige prova robusta, sendo necessário que o segurado especial apresente início de prova material (art. 106 da Lei n. 8.213/1991), corroborada por prova testemunhal idônea, a teor do art. 55, § 3º, da Lei n. 8.213/1991, sendo que se admite inclusive documentos em nome de terceiros do mesmo grupo familiar, a teor da Súmula n. 73 do TRF da 4ª Região.
>
> 2. A Súmula n. 577 do STJ preconiza que 'é possível reconhecer o tempo de serviço rural anterior ao documento mais antigo apresentado, desde que amparado em convincente prova testemunhal colhida sob o contraditório'.
>
> 3. Havendo trabalho rural intercalado com urbano, é imprescindível apresentar prova documental do efetivo retorno à atividade rurícola.
>
> 4. Determinado o cumprimento imediato do acórdão no tocante à implantação do benefício concedido ou revisado.
>
> (TRF-4, AC 5021232-72.2021.4.04.9999, 10ª Turma, Rel. Flávia da Silva Xavier, juntado aos autos em 13.10.2022)

Vejamos um trecho do relatório do precedente supracitado:

> "Para fins de comprovação do exercício da atividade rural, não se exige prova robusta, sendo necessário que o segurado especial apresente início de prova material (art. 106 da Lei n. 8.213/1991), corroborada por prova testemunhal idônea, a teor do art. 55, § 3º, da Lei n. 8.213/1991, sendo que se admite inclusive documentos em nome de terceiros do mesmo grupo familiar, a teor da Súmula n. 73 do TRF da 4ª Região."

A respeito, destacamos também decisões do TRF-2:

> <INCLUIR PRECEDENTE DO TRF2>.

Ademais, na mesma linha argumentativa têm sido as decisões proferidas pelo TRF-1. Senão vejamos:

<INCLUIR PRECEDENTE DO TRF1>

Assim, não resta dúvida de que a matéria já está pacificada e que houve divergência dessa orientação pelo Juízo de Origem, portanto, que caberia a aceitação e a procedência do presente IRDR.

### 2.1.3 Das decisões favoráveis sobre a utilização da documentação em nome de integrante do grupo familiar corroborada com prova testemunhal no âmbito do STJ <ADEQUAR AO CASO CONCRETO>

Segundo o entendimento há muito tempo dominante no STJ, é possível reconhecer o tempo especial, mediante a utilização de prova documental em nome de terceiros, desde que corroborada com prova testemunhal idônea:

> "PREVIDENCIÁRIO. APOSENTADORIA POR IDADE. TRABALHADOR RURAL. DOCUMENTAÇÃO EM NOME DOS PAIS. VALIDADE. RECURSO ESPECIAL CONHECIDO E PROVIDO.
>
> 1. A Terceira Seção do Superior Tribunal de Justiça firmou entendimento no sentido da admissibilidade de documentos em nome de terceiro como início de prova material para comprovação da atividade rural. Isso em razão das dificuldades encontradas pelos trabalhadores do campo para comprovar o seu efetivo exercício no meio agrícola.
>
> 2. Recurso especial conhecido e improvido."
>
> (REsp 501009/SC, 5ª Turma, Rel. Min. Arnaldo Esteves Lima, *DJ* 11.12.2006, p. 407).

No mesmo sentido é o entendimento proferido no AgRg no REsp 1.367.415/RS:

> "PREVIDENCIÁRIO. APOSENTADORIA POR IDADE. TRABALHADOR RURAL. INÍCIO DE PROVA MATERIAL CORROBORADO POR ROBUSTA PROVA TESTEMUNHAL.
>
> 1. A comprovação do exercício de atividade rural para fins previdenciários pressupõe o que a norma denomina de início de prova material. A *ratio legis* do dispositivo mencionado não é a demonstração exaustiva, mas um ponto de partida que propicie ao julgador meios de convencimento.
>
> 2. É o entendimento desta Corte Superior, em interpretação do art. 143 da Lei n. 8.213/1991, que não é necessário que a prova material se refira a todo o período de carência se este for demonstrado por outros meios, como, por exemplo, pelos depoimentos testemunhais, como ocorreu no caso dos autos.
>
> 3. A Primeira Seção desta Corte, no julgamento de recurso especial submetido à sistemática dos recursos repetitivos, REsp 1.304.479/SP, de relatoria do Min. Herman Benjamim, j. 10.10.2012 (DJ de 19.12.2012), consignou que o 'trabalho urbano de um dos membros do grupo familiar não descaracteriza, por si só, os demais integrantes como segurados especiais, devendo ser averiguada, a dispensabilidade do trabalho rural para a subsistência do grupo familiar, incumbência esta das instâncias ordinárias (Súmula 7/STJ)'.
>
> Agravo regimental improvido." (AgRg no REsp 1.367.415/RS, 2ª Turma, Rel. Min. Humberto Martins, *DJe* 15.04.2013)

Importante salientar que em momento algum o STJ impõe limites acerca da utilização de documentos em nome de componentes do grupo, após o retorno do segurado ao campo. Isso porque é sabido o impasse que é produzir provas documentais em nome de todos os integrantes, como já debatido pela jurisprudência.

### 2.1.4 O risco de ofensa à isonomia e à segurança jurídica (art. 976, II, do CPC) <ADEQUAR AO CASO CONCRETO>

A aplicação de decisões diferentes sobre uma mesma matéria tem levado à insegurança não só por parte da Suscitante, mas de modo geral, de todos que buscam seu direito junto à Justiça Federal e na Justiça Estadual, nos casos de competência delegada.

A inconstância nas decisões, no caso, inclusive, OCORRENDO DENTRO DA MESMA VARA causa prejuízo grave a todo o sistema judicial brasileiro e deve ser resolvida.

No caso, ainda mais, pois fica claro que as decisões são isoladas de alguns juízes que insistem em reiteradamente descumprir a delimitação clara que tem sido adotada por esse Tribunal e pelo STJ.

Sabe-se que múltiplas decisões para situações idênticas ou semelhantes revelam uma ordem jurídica incoerente. Um sistema que privilegia os precedentes garante a previsibilidade e a igualdade.

O princípio da igualdade previsto no art. 5º da Constituição Federal dispõe que todos são iguais perante a lei. Ocorre que essa igualdade não é somente igualdade no processo, mas, também, em razão das decisões judiciais.

Graças à nova ferramenta criada pelo CPC de 2015, o IRDR, agora os juizados federais devem, de forma mais eficaz, aplicar a jurisprudência pacificada do TRF da região em que estão localizados.

Tal ferramenta trará, sem dúvida, maior estabilidade e segurança jurídica e permitirá que excessos como o presente sejam pronta e terminantemente extintos da realidade brasileira.

Até porque o mínimo que o cidadão pode esperar, num Estado de Direito, é o respeito à confiança gerada pelos atos e decisões do Poder Público.

Portanto, as diferentes decisões judiciais sobre a mesma matéria, ainda mais por instâncias inferiores, não podem ser mantidas haja vista que tais distorções causam uma insatisfação significativa na população, além de grande insegurança e incerteza jurídica.

Resta claro que a matéria necessita pacificação de entendimento, tendo em vista divergência jurisprudencial encontrada nas decisões mencionadas e anexas, em que os julgados deram interpretação e aplicação totalmente antagônicas e divergentes sobre o mesmo tema, indispensável se faz o posicionamento desse Colendo Tribunal para que seja solucionada a divergência e passe a se aplicar a isonomia nos casos.

3. **DO DIREITO À UTILIZAÇÃO DA DOCUMENTAÇÃO EM NOME DE INTEGRANTE DO GRUPO FAMILIAR CORROBORADA COM PROVA TESTEMUNHAL** <ADEQUAR AO CASO CONCRETO>

Conforme já disciplinado, a decisão ora suscitada dispõe que para comprovação do tempo de labor do segurado especial após o afastamento para o exercício da atividade de natureza urbana, de acordo com a linha argumentativa defendida pela magistrada é dispensável a apresentação de documentos em nome próprio. *In verbis*:

<SUGERIMOS COLACIONAR TRECHOS RELEVANTES DA DECISÃO>

Cumpre salientar que no caso dos autos há prova documental demonstrando que após o encerramento do vínculo laboral o suscitante ficou mais de dez anos sem nenhum vínculo formal. Ademais, apresentou nos autos documentos em nome do seu pai, titular do grupo familiar, com data posterior ao encerramento do vínculo de natureza urbana, ou seja, período no qual o suscitante já tinha retornado à casa dos pais e ao exercício do labor rural.

É notória a dificuldade de produção de prova documental dos componentes do grupo familiar, tendo em vista que majoritariamente nos núcleos familiares rurícolas a documentação se concentra na figura do titular daquele grupo.

Portanto, é desarrazoada a exigência de documentos em nome próprio apenas para comprovação dos períodos posteriores ao retorno do segurado ao campo. É tratar desigualmente os segurados que saíram do meio rural, mas retornaram muitas vezes dada a falta de oportunidade no mercado de trabalho, daqueles segurados que jamais se ausentaram, mas também não possuem documentos em nome próprio.

4. **PREQUESTIONAMENTO** <ADEQUAR AO CASO CONCRETO>

De acordo com o exposto, o MM Juízo da <ADEQUAR AO CASO CONCRETO> violou o disposto nos arts. 5º, *caput*, inciso II e § 1º, e 37, *caput*, da Constituição Federal, bem como os princípios da razoabilidade e da proporcionalidade, motivo pelo qual requer-se o explícito pronunciamento deste tribunal acerca da eventual inconstitucionalidade/ilegalidade mencionada, no intuito de resguardar a interposição de possível Recurso Extraordinário ou Recurso Especial.

5. **REQUERIMENTO** <ADEQUAR AO CASO CONCRETO>

Diante de todo o exposto e à luz das divergências e contrariedades cabalmente demonstradas, requer-se o recebimento do presente INCIDENTE DE RESOLUÇÃO DE DEMANDAS REPETITIVAS, com a consequente pacificação da matéria e reforma da decisão impugnada, a fim de que seja RECONHECIDO o TEMA E DECLARADO o direito de a parte utilizar como prova os documentos em nome dos integrantes do grupo familiar, corroborada com prova testemunhal.

Requer, ainda, a determinação da suspensão do processo originário e dos demais processos sobre a mesma matéria, nos termos do art. 982, I, do CPC, até que se dê o julgamento do presente IRDR de forma a se proteger a parte de eventual seguimento da ação em juízo incompetente.

Nestes termos, pede deferimento.

Cidade, data.

Advogado(a)/OAB.

## 124. MODELO DE RECURSO ESPECIAL

**EXCELENTÍSSIMO(A) SENHOR(A) DOUTOR(A) JUIZ(JUÍZA) DESEMBARGADOR(A) PRESIDENTE DO EGRÉGIO TRIBUNAL REGIONAL FEDERAL DA 00ª REGIÃO OU TRIBUNAL DE JUSTIÇA DO ESTADO DE XX**

Processo nº

**A PARTE RECORRENTE,** já devidamente qualificada na presente Ação de Revisão de Benefício Previdenciário proposta contra o **Instituto Nacional do Seguro Social – INSS** <ADEQUAR AO CASO E TROCAR PARA CONCESSÃO DE BENEFÍCIO OU OUTRA, DE ACORDO COM A AÇÃO>, inconformada com o v. Acórdão proferido pelo Egrégio TRF <00> Região, vem à presença de Vossa Excelência, com fundamento no art. 105, inciso III, letra "c", da Constituição Federal, e nos arts. 1.029 e ss. do CPC, interpor o presente **RECURSO ESPECIAL** dirigido ao Egrégio Superior Tribunal de Justiça.

Requer se digne Vossa Excelência a receber o presente recurso, determinando o seu processamento, para posterior remessa dos autos ao Egrégio STJ.

Nestes termos,

PEDE DEFERIMENTO.

Cidade e data.

Nome do Advogado e OAB

<SUGESTÃO AO LEITOR PARA INCLUIR QUEBRA DE PÁGINA>

**EGRÉGIO SUPERIOR TRIBUNAL DE JUSTIÇA**

**Vara de Origem:**

**Processo nº**

**Recorrente:**

**Recorrido: INSTITUTO NACIONAL DO SEGURO SOCIAL (INSS)**

**Assunto:**

**RAZÕES DO RECURSO ESPECIAL**

**EMINENTES MINISTROS**

1. **DAS RAZÕES DE FATO** <ADEQUAR AO CASO CONCRETO>

A presente ação trata de <ADEQUAR AO CASO CONCRETO, RESUMINDO O OBJETO DA AÇÃO>.

Após sentença de procedência, o INSS interpôs apelação para o Tribunal Regional Federal da 00ª Região e/ou Tribunal de Justiça do Estado de XX. O Acórdão deu parcial provimento à apelação da Autarquia, o que causou o inconformismo da Parte Autora. <ADEQUAR AO CASO CONCRETO>

Assim, a parte recorrente interpõe o presente Recurso Especial em face do Acórdão de fls. <ADEQUAR AO CASO CONCRETO, COMO O EXEMPLO> decisão essa que afronta a legislação federal, qual seja o art. 103 da Lei n. 8.213/1991, afrontando ainda o entendimento dos Tribunais Superiores acerca da interpretação do mesmo dispositivo.

É o breve resumo processual. Sigamos com as razões de direito referentes ao presente recurso especial:

## 2. DEMONSTRAÇÃO DO CABIMENTO DO RECURSO ESPECIAL <ADEQUAR AO CASO CONCRETO>

O tema analisado trata de descumprimento, pelo tribunal *a quo*, de lei federal. A matéria vem sendo debatida pela parte desde a inicial com esse enfoque.

E foi ainda motivo de embargos de declaração para manifestação expressa do TRF da 00ª Região. Os embargos da parte tiveram o seguinte pedido (*v.g.*, evento 19 do processo eletrônico do TRF 00, pág. 4):

> Resta claro que a decisão ora embargada se equivocou ao não apreciar os dispositivos constitucionais bem como a legislação federal levantada. Logo, tendo havido omissão no acórdão prolatado por este Nobre Tribunal, requer-se o conhecimento e provimento dos presentes Embargos de Declaração a fim de que seja sanada **a omissão apontada, qual seja, a manifestação deste juízo sobre a afronta aos dispositivos** constitucionais já mencionados, quais sejam: violação ao Princípio do Direito Adquirido e da Irretroatividade das Leis (art. 5º, XXXVI, CF/1988), Princípio da Legalidade (art. 37, *caput,* da CF/1988), Princípio da Proteção dos Segurados e Princípio da Hipossuficiência dos Segurados, **bem como o art. 103 da Lei n. 8.213/1991.**

Assim, comprovado que a decisão do TRF da 00 Região nega vigência à expressa disposição legal do art. 103 da Lei n. 8.213/1991, bem como que o tema foi devidamente prequestionado na origem, merece conhecimento o presente Recurso Especial.

## 3. DO FILTRO DE RELEVÂNCIA

O presente Recurso atende aos requisitos do filtro de relevância instituído pela Emenda Constitucional n. 125/2022, uma vez que discute um tema de grande relevância de direito federal infraconstitucional, qual seja:

<descrever o tema, acrescendo que o acórdão recorrido contraria jurisprudência dominante do Superior Tribunal de Justiça, consoante será demonstrado nas razões do pedido de reforma do acórdão de origem.>

## 4. RAZÕES DO PEDIDO DE REFORMA DA DECISÃO <ADEQUAR AO CASO CONCRETO>

Como vimos, a decisão aplica para a pensionista prazo que sequer existia antes de seu início de benefício, causando-lhe prejuízo grave.

Não há que se falar em decadência da revisão do benefício de pensão que se iniciou em 2009 e que teria prazo para revisão de seu benefício até 2019! Nesse sentido, a orientação já firmada por essa Corte Superior:

> PREVIDENCIÁRIO. PROCESSUAL CIVIL. REVISÃO DE BENEFÍCIO. PENSÃO POR MORTE. DECADÊNCIA.
>
> (...) 2. O início do prazo decadencial se deu após o deferimento da pensão por morte, em decorrência do princípio da *actio nata,* tendo em vista que apenas com o óbito do segurado adveio a legitimidade da parte recorrida para o pedido de revisão, já que, por óbvio, esta não era titular do benefício originário de seu marido, direito personalíssimo.
>
> 3. Em se tratando de benefício previdenciário, incide na hipótese de revisão do ato de concessão/indeferimento de benefício o disposto no art. 103 da Lei n. 8.213/1991: "É de dez anos o prazo de decadência de todo e qualquer direito ou ação do segurado ou beneficiário para a revisão do ato de

concessão de benefício, a contar do dia primeiro do mês seguinte ao do recebimento da primeira prestação ou, quando for o caso, do dia em que tomar conhecimento da decisão indeferitória definitiva no âmbito administrativo". Como a concessão da pensão que a recorrida pretende ver recalculada se deu no dia 17.8.2008 e o ajuizamento da ação ocorreu em 8.9.2010, não houve a decadência do direito à revisão dos benefícios previdenciários.

4. Recurso Especial não provido.

(REsp 1.571.465/RS, 2ª Turma, Rel. Min. Herman Benjamin, *DJe* 31.05.2016)

Ademais, o tema do mérito da revisão que ora se pleiteia já foi diversas vezes decidido por esse Egrégio Tribunal, como se observa na jurisprudência:

> PREVIDENCIÁRIO. APOSENTADORIA POR TEMPO DE SERVIÇO. RENDA MENSAL INICIAL. TETO DOS SALÁRIOS DE CONTRIBUIÇÃO A CONSIDERAR. DIREITO ADQUIRIDO.
>
> Tem direito adquirido à aposentação na vigência da Lei n. 8.213/1991, sem redução do teto dos salários de contribuição de 20 (vinte) para 10 (dez) salários mínimos, da Lei n. 7.787/1989, o segurado-empregado que, no advento desta lei, já havia implementado todos os requisitos para a obtenção do benefício, e continuou contribuindo sobre remuneração acima de 10 (dez) salários mínimos. Recurso conhecido e provido.
>
> (STJ, REsp 241.165/RN, 5ª Turma, Rel. Min. Gilson Dipp, *DJ* 25.06.2001)

Portanto, o óbice criado diz respeito não ao mérito do pedido, mas sim à possibilidade de pleito em razão de eventual prazo decadencial.

Mas, como já dito, não pode a pensionista ser penalizada por inércia que não foi sua.

Quanto ao erro de cálculo, não existe dúvida de que o segurado falecido contribuiu na vigência da Lei n. 6.950/1981, sobre o teto de 20 (vinte) salários mínimos, efetivando tempo suficiente para sua aposentadoria anterior à mudança trazida pela Lei n. 7.787/1989. Assim, teria direito ao benefício calculado de acordo com o limitador de 20 salários mínimos, como se tivesse requerido seu benefício em 29.06.1989, ainda que tenha exercido o direito de requerer a aposentadoria posteriormente.

Ocorre que o benefício originário já cessou, mas seu cálculo teve direto reflexo no benefício da pensionista, ora Recorrente, que é titular de benefício de pensão por morte derivada da aposentadoria do falecido.

A presente ação visa revisão da pensão por morte da parte recorrente, mas para tanto, necessita da base e dos períodos contribuídos pelo falecido segurado.

Um direito é reflexo do outro, mas a parte Recorrente não pode ser penalizada por prazo que nunca existiu para seu benefício, já que a data de início de pagamento da pensão por morte é que deve ser levada em consideração para a contagem do prazo decadencial.

Tratamos aqui de dois benefícios distintos, com titulares diversos.

E, como bem disse a Lei, em seu art. 103, o prazo da decadência inicia sua corrida no ato de concessão de benefício, a contar do dia primeiro do mês seguinte ao do recebimento da primeira prestação.

O benefício que se quer revisar é o da pensão por morte. E foi a Lei que determinou que seu cálculo fosse decorrente das contribuições e do eventual benefício do falecido segurado para fins de apuração do valor da renda mensal inicial.

Os dados do falecido segurado servem apenas de critérios de cálculo, não se confundindo com a titularidade do benefício de pensão por morte que, por óbvio, não é do morto e sim de seus dependentes habilitados para o recebimento!

Portanto, incabível a interpretação dada pelo TRF da 00ª Região, quando aplicou o prazo de decadência do falecido para um benefício mais novo, de 2009, com outra titularidade.

Como vimos, a pensão por morte e o benefício que originou esta são de fato benefícios atrelados por força do critério de cálculo de ambos, contudo, são benefício autônomos, e seus titulares exercem o direito de requerer a revisão de forma independente.

Portanto, existe prazo autônomo em relação ao direito de revisão do benefício de pensão por morte, devendo ser observada a DIB desta para fins de fixação do prazo decadencial.

Se no presente caso a pensão recebida pela parte ora Recorrente teve início em 04.06.2009, com primeiro pagamento em 05.08.2009, e a presente ação foi ajuizada em 02.02.2012 não há que se falar em decadência!

De acordo com todo o exposto, não nos parece correta a posição adotada pelo Tribunal Regional Federal da 00 Região ao aplicar o instituto da decadência no presente caso negando vigência à expressa disposição do art. 103 da Lei n. 8.213/1991, por se tratar de titular de pensão por morte com data de início em 04.06.2009!

**5. DOS REQUERIMENTOS** <ADEQUAR AO CASO CONCRETO>

Pelo exposto, tendo sido demonstrado o preenchimento dos pressupostos de admissibilidade do presente Recurso Especial, requer seja o mesmo CONHECIDO e PROVIDO, para se anular o Acórdão recorrido, afastando-se a decadência e determinando-se a remessa dos autos para julgamento de mérito. <ADEQUAR AO CASO CONCRETO>.

Requer-se ainda a condenação da Autarquia Recorrida em honorários advocatícios, reiterando-se os termos da exordial.

Nestes termos, PEDE DEFERIMENTO.

Cidade e data.

Nome do Advogado e OAB

## 125. MODELO DE CONTRARRAZÕES DE RECURSO ESPECIAL

**EXCELENTÍSSIMO(A) SENHOR(A) DOUTOR(A) JUIZ(JUÍZA) DESEMBARGADOR(A) PRESIDENTE DO EGRÉGIO TRIBUNAL REGIONAL FEDERAL DA 00ª REGIÃO**

**Processo nº**

A Parte Autora, já devidamente qualificada nos autos da Ação em epígrafe, vem por seus procuradores firmatários, em respeito ao despacho de fls. apresentar **CONTRARRAZÕES AO RECURSO ESPECIAL,** requerendo que, cumpridas as formalidades legais e recebido o recurso, sejam os autos remetidos à Instância Superior.

Nestes termos,
PEDE DEFERIMENTO.
Cidade, data.
Nome do Advogado e OAB

<SUGESTÃO AO LEITOR: INCLUIR QUEBRA DE PÁGINA>

**EMINENTES JULGADORES**

**CONTRARRAZÕES DO RECORRIDO**

**1. HISTÓRICO BREVE** <ADEQUAR AO CASO CONCRETO>

No caso concreto a sentença julgou o caso nos seguintes termos:

<INCLUIR PARTE DISPOSITIVA DA SENTENÇA>.

Houve interposição de recurso e o Acórdão restou assim ementado:

<INCLUIR EMENTA DO ACÓRDÃO>.

Inconformada, a parte Ré interpôs o presente Recurso Especial, entretanto, ele não merece provimento, como demonstraremos a seguir:

2. **PRELIMINAR – DA DISCUSSÃO DE MATÉRIA DE FATO** <INCLUIR SOMENTE SE FOR O CASO. ANALISAR O RESP>

<CASO O RECORRENTE TENHA DISCUTIDO MATÉRIA DE FATO, RESSALTAR ISSO COMO FORMA DE IMPEDIR O CONHECIMENTO DO RESP>

3. **PRELIMINAR – DA INEXISTÊNCIA DE PREQUESTIONAMENTO** <INCLUIR SOMENTE SE FOR O CASO. ANALISAR O RESP>

<VERIFICAR SE HOUVE PREQUESTIONAMENTO NA APELAÇÃO OU NO RECURSO INOMINADO E SE HOUVE MANIFESTAÇÃO DO TRIBUNAL OU DA TURMA DE ORIGEM SOBRE A MATÉRIA DE LEI FEDERAL. CASO NÃO TENHA HAVIDO E CASO NÃO EXISTAM TAMBÉM EMBARGOS DECLARATÓRIOS, USAR ESSE TÓPICO PARA DEMONSTRAR QUE NÃO HOUVE O CUMPRIMENTO DO REQUISITO PROCESSUAL DE PREQUESTIONAMENTO>.

4. **DO DIREITO À MANUTENÇÃO DO JULGAMENTO FAVORÁVEL À PARTE AUTORA** <ADEQUAR AO CASO CONCRETO>

<INCLUIR DISCUSSÃO DO MÉRITO RELATIVO À CAUSA SUB JUDICE. IMPORTANTE RESSALTAR OS PONTOS DA SENTENÇA E DO ACÓRDÃO, SUA FUNDAMENTAÇÃO E, SE POSSÍVEL, INCLUIR MAIS JURISPRUDÊNCIA DO STJ QUE DEMONSTRE A FORÇA DO ENTENDIMENTO FAVORÁVEL NO CASO CONCRETO>.

5. **DO PREQUESTIONAMENTO** <ADEQUAR AO CASO CONCRETO>

Uma alteração do acórdão significará violação aos ditames constitucionais, dos quais destacamos os artigos <ADEQUAR AO CASO CONCRETO, CITANDO NOMINALMENTE OS ARTIGOS, INCLUSIVE COM PARÁGRAFOS E INCISOS, TENDO EM VISTA A ATUAL POSSIBILIDADE DE INTERPOSIÇÃO DE RE AO STF>.

6. **DOS REQUERIMENTOS** <ADEQUAR AO CASO CONCRETO>

Diante do exposto, requer:

1. O não conhecimento do presente Recurso Especial pela inexistência de pré-questionamento e pela tentativa de reanálise de matéria de fato <verificar se é o caso concreto>;
2. Caso seja conhecido o RE, requer seja negado provimento ao presente Recurso Extraordinário, com a manutenção do acordão por seus próprios fundamentos;
3. Requer ainda a condenação da recorrente em honorários advocatícios majorados, a serem determinados com base no § 11, do art. 85, do CPC.

Nestes termos,

PEDE DEFERIMENTO.

Cidade, data.

Nome do Advogado e OAB

## 126. MODELO DE RECURSO EXTRAORDINÁRIO

**EXCELENTÍSSIMO(A) SENHOR(A) DOUTOR(A) DESEMBARGADOR VICE-PRESIDENTE DO EGRÉGIO TRIBUNAL REGIONAL FEDERAL DA ___ REGIÃO <ADEQUAR AO CASO >**

Processo n........

**Assunto: Não aplicação do fator previdenciário. Aplicação da Regra de Transição da EC n. 20/1998. Repercussão Geral reconhecida pelo STF (RE n. 639.856/RS). TEMA 616 STF.**

**PARTE RECORRENTE,** já devidamente qualificada na presente Ação de Revisão de Benefício Previdenciário proposta contra o Instituto Nacional do Seguro Social – INSS, inconformada com o v. Acórdão proferido pelo Tribunal Regional Federal da 4ª Região, vem à presença de Vossa Excelência, com fundamento no art. 102, inciso III, letra "a", da Constituição Federal, interpor o presente **RECURSO EXTRAORDINÁRIO** para o Egrégio Supremo Tribunal Federal.

Tendo em vista que já houve reconhecimento da Repercussão Geral da matéria pelo STF (RE 639.856 – TEMA 616), requer-se o sobrestamento do feito até que a matéria seja devidamente uniformizada.

Em caso de manutenção da decisão, requer se digne Vossa Excelência a receber o presente recurso, determinando o seu processamento, para posterior remessa dos autos ao Egrégio STF.

Nestes termos,

PEDE DEFERIMENTO.

Cidade, data.

Nome do Advogado e OAB

<QUEBRA DE PÁGINA>

**EGRÉGIO SUPREMO TRIBUNAL FEDERAL**

**Processo n.**

**Recorrente:**

**Recorrido: INSS**

**Origem:** <INDICAR O TRIBUNAL, O TRIBUNAL REGIONAL FEDERAL, TURMA RECURSAL OU DE UNIFORMIZAÇÃO DE JURISPRUDÊNCIA QUE PROFERIU A DECISÃO CONTRA A QUAL SERÁ APRESENTADO O RE>.

**Assunto: Não aplicação do fator previdenciário. Aplicação da Regra de Transição da EC n. 20/1998. Repercussão Geral reconhecida pelo STF (RE n. 639.856/RS). TEMA 616 STF.**

**RAZÕES DO RECURSO EXTRAORDINÁRIO**

**EMINENTES MINISTROS**

1. **PRELIMINARMENTE – DA REPERCUSSÃO GERAL** <ADEQUAR AO CASO CONCRETO>

Cumpre ressaltar que o presente Recurso Extraordinário discute tema de importante relevância social, jurídica e econômica, atendendo ao requisito da repercussão geral para fins de admissão pelo STF, conforme o disposto no CPC, senão vejamos:

> "Art. 1.035. O Supremo Tribunal Federal, em decisão irrecorrível, não conhecerá do recurso extraordinário, quando a questão constitucional nele versada não oferecer repercussão geral, nos termos deste artigo.
>
> § 1º Para efeito da repercussão geral, será considerada a existência, ou não, de questões relevantes do ponto de vista econômico, político, social ou jurídico, que ultrapassem os interesses subjetivos da causa.
>
> § 2º O recorrente deverá demonstrar a existência da repercussão geral para apreciação exclusiva do Supremo Tribunal Federal.
>
> § 3º Haverá repercussão geral sempre que o recurso:
>
> I – impugnar decisão contrária a súmula ou precedente do Supremo Tribunal Federal;
>
> II – contrariar tese fixada em julgamento de casos repetitivos;
>
> III – questionar decisão que tenha reconhecido a inconstitucionalidade de tratado ou lei federal, nos termos do art. 97 da Constituição Federal.

Salienta-se, inclusive, que já houve o reconhecimento da Repercussão Geral da matéria pelo STF no RE 639.856.

A presente lide busca assegurar a parte ora recorrente o direito ao melhor benefício por meio do cálculo da renda mensal inicial de sua aposentadoria por tempo de contribuição de acordo com a regra de transição prevista na Emenda Constitucional n. 20/1998, já que este cumpriu os requisitos nela previstos.

O tema é de suma relevância posto que refletirá em uma gama enorme de beneficiários, que, assim como a parte ora recorrente, vêm sofrendo perdas consideráveis em seus benefícios.

É oportuno transcrever o entendimento de Luiz Guilherme Marinoni e Daniel Mitidiero na obra *Repercussão geral no recurso extraordinário*:

> "A transcendência da controvérsia constitucional levada ao conhecimento do Supremo Tribunal Federal pode ser caracterizada tanto em uma perspectiva qualitativa como quantitativa.
>
> Na primeira, sobreleva para individualização da transcendência o importe da questão debatida para a sistematização e desenvolvimento do direito; na segunda, o número de pessoas susceptíveis de alcance, atual ou futuro, pela decisão daquela questão pelo Supremo e, bem assim, a natureza do direito posto em causa (notadamente, coletivo ou difuso)."[8]

Ainda, e segundo a redação do artigo 194, *caput*, da Constituição Federal, a seguridade social compreende um conjunto integrado de ações de iniciativa dos Poderes Públicos e da sociedade, destinadas a assegurar os direitos relativos à saúde, à previdência e à assistência social.

Devemos entender a previdência ora discutida não apenas como o direito de um servidor, mas como a forma de proteção social protegida constitucionalmente. Ainda no que tange à referida proteção social, é oportuno registrar a lição de Celso Barroso Leite:

> "[...] proteção social, portanto, é o conjunto de medidas de caráter social destinadas a atender certas necessidades individuais; mais especificamente, as necessidades individuais que, não atendidas, repercutem sobre os demais indivíduos e, em última análise, sobre a sociedade."[9]

Desta feita, torna-se evidente que o presente apelo merece ser acolhido e julgado por este Nobre Tribunal, haja vista que, conforme já demonstrado, a presente lide trata de tema extremamente relevante, trazendo reflexos econômicos não apenas para o caso em pauta, mas atingindo uma gama de segurados e beneficiários.

## 2. BREVE RESUMO PROCESSUAL <ADEQUAR AO CASO CONCRETO>

<EXEMPLO>Pela presente demanda a parte ora Recorrente buscou em síntese, o recálculo da Renda Mensal Inicial de sua aposentadoria por tempo de contribuição com base no direito ao melhor benefício, no presente caso, por meio do cálculo conforme a regra de transição prevista no artigo 9º da Emenda Constitucional n. 20, de 1998, uma vez que cumpridos todos os requisitos nela previstos.

Ao analisar os autos, o MM. Juiz de 1º grau julgou os pedidos improcedentes, inconformada, a parte ora Recorrente, apresento recurso ao Tribunal Regional Federal da 4ª Região.

Salienta-se que tanto na peça inicial quanto no recurso, foi feito o devido prequestionamento da matéria com o intuito de resguardar a possibilidade de interposição de Recurso Extraordinário.

Em que pese as razões da parte ora Recorrente, o Tribunal Regional Federal da 4ª Região negou provimento ao apelo da parte ora Recorrente.

Inconformada, vem a parte ora Recorrente apresentar o presente recurso extremo, certa de seu bom direito.

É a síntese processual necessária.

---

[8] MARIONI, Luiz Guilherme; MITIDIERO, Daniel. *Repercussão geral no recurso extraordinário*. São Paulo: Revista dos Tribunais, p. 37.

[9] LEITE, Celso Barroso. *A proteção social no Brasil*. 2. ed. São Paulo: LTr, 1978, p. 16.

## 3. DAS RAZÕES DE ADMISSIBILIDADE DO RECURSO EXTRAORDINÁRIO <ADEQUAR AO CASO CONCRETO>

O presente apelo raro tem seu cabimento amparado no permissivo genérico do art. 102, inciso III, alínea "a" e, especialmente, na ofensa direta e frontal pelo acórdão ora recorrido, aos arts. 5º, incisos II (Princípio da Legalidade) e XXXVI (Princípio do Direito Adquirido), 6º (Direito à Previdência Social), 37, *caput* (dever do INSS de agir de acordo com a previsão legal), e ainda, aos Princípios da Razoabilidade e da Proporcionalidade.

## 4. RAZÕES DO RECURSO <ADEQUAR AO CASO CONCRETO>

Inicialmente, ressaltamos que o tema aqui discutido já tem repercussão geral reconhecida por esta Nobre Corte, e já há, inclusive, parecer favorável do MPF, vejamos a ementa:

> "Constitucional. 2. Previdenciário. Aposentadoria proporcional por tempo de contribuição. Fórmula de cálculo do salário de benefício. 3. Benefícios concedidos a segurados filiados ao Regime Geral até 16.12.1998. 4. Controvérsia. Incidência do fator previdenciário (Lei n. 9.876/1999) ou das regras de transição trazidas pela EC n. 20/1998. 5. Cômputo de tempo posterior à Lei n. 9.876, de 26.11.1999. 6. Relevância da questão constitucional. Repercussão geral reconhecida." (RE 639856, Rel. Min. Gilmar Mendes, *DJe* 11.12.2012)

O presente caso envolve o direito da parte ora Recorrente ao melhor cálculo possível na concessão do seu benefício, tendo em vista que se aposentou depois das mudanças trazidas pela Emenda Constitucional n. 20/1998 e cumpriu as regras de transição nela previstas.

Para melhor elucidar o direito aplicável à espécie, destacamos que a EC n. 20/1998 extinguiu a aposentadoria por tempo de serviço, substituindo-a pela aposentadoria por tempo de contribuição. Além disso, o art. 9º da EC n. 20/1998 garantiu aos segurados já filiados ao RGPS, na data de sua promulgação (16.12.1998), o direito à apuração da renda mensal inicial com base nas regras até então vigentes. Vejamos as mudanças trazidas:

A Constituição Federal, antes da reforma de 1998, assim dispunha em seu art. 202 sobre a aposentadoria:

> "Art. 202. É assegurada aposentadoria, nos termos da lei, calculando-se o benefício sobre a média dos trinta e seis últimos salários de contribuição, corrigidos monetariamente mês a mês, e comprovada a regularidade dos reajustes dos salários de contribuição de modo a preservar seus valores reais e obedecidas as seguintes condições: (...)
>
> II – após trinta e cinco anos de trabalho, ao homem, e, após trinta, à mulher, ou em tempo inferior, se sujeitos a trabalho sob condições especiais, que prejudiquem a saúde ou a integridade física, definidas em lei;
>
> III – após trinta anos, ao professor, e, após vinte e cinco, à professora, por efetivo exercício de função de magistério.
>
> § 1º É facultada aposentadoria proporcional, após trinta anos de trabalho, ao homem, e, após vinte e cinco, à mulher. (...)"

Com as mudanças introduzidas pela EC n. 20, de 15.12.1998, a matéria passou a ser regulamentada no art. 201 da Lei Magna, da seguinte forma:

> "Art. 201. A previdência social será organizada sob a forma de regime geral, de caráter contributivo e de filiação obrigatória, observados critérios que preservem o equilíbrio financeiro e atuarial, e atenderá, nos termos da lei, a: (Redação dada pela Emenda Constitucional n. 20, de 1998) (...)
>
> § 7º É assegurada aposentadoria no regime geral de previdência social, nos termos da lei, obedecidas as seguintes condições: (Redação dada pela Emenda Constitucional n. 20, de 1998)
>
> I – trinta e cinco anos de contribuição, se homem, e trinta anos de contribuição, se mulher; (Incluído pela Emenda Constitucional n. 20, de 1998) (...)."

Fica clara, assim, a alteração de nomenclatura do benefício e extinção da aposentadoria proporcional. Vale lembrar, contudo, que a EC n. 20/1998 criou regra de transição opcional para os trabalhadores que já estavam filiados ao RGPS em 16.12.1998. Esta opção restou consagrada no art. 9º:

> "EMENDA CONSTITUCIONAL 20, de 15.12.1998:
>
> Art. 9º Observado o disposto no art. 4º desta Emenda e ressalvado o direito de opção à aposentadoria pelas normas por ela estabelecidas para o regime geral de previdência social, é assegurado o direito à aposentadoria ao segurado que se tenha filiado ao regime geral de previdência social, até a data de publicação desta Emenda, quando, cumulativamente, atender aos seguintes requisitos:
>
> I – contar com cinquenta e três anos de idade, se homem, e quarenta e oito anos de idade, se mulher; e
>
> II – contar tempo de contribuição igual, no mínimo, à soma de:
>
> a) trinta e cinco anos, se homem, e trinta anos, se mulher; e
>
> b) um período adicional de contribuição equivalente a vinte por cento do tempo que, na data da publicação desta Emenda, faltaria para atingir o limite de tempo constante da alínea anterior.
>
> § 1º O segurado de que trata este artigo, desde que atendido o disposto no inciso I do 'caput', e observado o disposto no art. 4º desta Emenda, pode aposentar-se com valores proporcionais ao tempo de contribuição, quando atendidas as seguintes condições:
>
> I – contar tempo de contribuição igual, no mínimo, à soma de:
>
> a) trinta anos, se homem, e vinte e cinco anos, se mulher; e
>
> b) um período adicional de contribuição equivalente a quarenta por cento do tempo que, na data da publicação desta Emenda, faltaria para atingir o limite de tempo constante da alínea anterior;
>
> II – o valor da aposentadoria proporcional será equivalente a setenta por cento do valor da aposentadoria a que se refere o 'caput', acrescido de cinco por cento por ano de contribuição que supere a soma a que se refere o inciso anterior, até o limite de cem por cento."

Assim, passaram a existir duas formas diferentes de concessão da aposentadoria por tempo de contribuição, quais sejam:

- Regra permanente: art. 201 da Constituição Federal, sem exigência de idade mínima;
- Regra de transição: art. 9º da EC n. 20/1998, acessível apenas a quem se filiou ao RGPS até a sua publicação (16.12.1998), sendo necessário o cumprimento de requisitos extras: pedágio em relação ao tempo de contribuição faltante em 16.12.1998 e idade mínima – 53 anos homem/48 anos mulher.

Após cerca de um ano da referida Emenda Constitucional, veio a Lei n. 9.876/1999, alterando o período básico de cálculo dos benefícios, bem como prevendo a aplicação do Fator Previdenciário, criando, portanto, uma terceira regra.

Sim, terceira regra porque não podemos simplesmente esquecer a regra de transição prevista no art. 9º da EC n. 20/1998 ou, como tem sido feito, mesclar ambas as regras, aí sim criando um sistema híbrido!

A edição da Lei n. 9.876/1999 não pode restringir os efeitos da regra de transição prevista na EC n. 20/1998 até a data de entrada em vigor desta, até que seja possível, o segurado que cumprir os requisitos previstos na referida regra de transição, poderá se beneficiar dela.

Em momento algum a regra de transição prevista na EC n. 20/1998 dispôs acerca de um prazo limite para que os requisitos previstos na mesma fossem cumpridos, o prazo de sua aplicação se dará naturalmente quando da necessidade de cumprimento dos requisitos que, com o passar dos anos, não serão mais vantajosos aos segurados que, necessariamente, terão que se adequar às novas regras trazidas por meio da Lei n. 9.876/1999.

Ora, não podemos admitir que com a edição da Lei n. 9.876/1999, a regra de transição prevista na EC n. 20/1998 seja esquecida, ou pior, que seja aplicada de forma conjunta com as inovações da Lei n. 9.876/1999 como tem ocorrido! Aí sim, criando um sistema híbrido que exige o cumprimento das regras de transição da EC n. 20/1998 e calcula o benefício com base na Lei n. 9.876/1999.

Passamos, assim, a defender o direito da parte à melhor forma de cálculo/melhor benefício!

Há, portanto, que se garantir o direito do Recorrente à contagem de tempo especial para fins de aposentadoria voluntária comum.

## 4.1 Do direito ao cálculo com base na regra vigente no momento da criação da regra de transição (36 últimos salários de contribuição) <ADEQUAR AO CASO CONCRETO>

Quando a EC n. 20/1998 entrou em vigor, a Lei n. 8.213/1999 previa em seu art. 29 que o salário de benefício seria apurado da seguinte forma:

O salário de benefício consiste na média aritmética simples de todos os últimos salários de contribuição dos meses imediatamente anteriores ao do afastamento da atividade ou da data da entrada do requerimento, até o máximo de 36 (trinta e seis), apurados em período não superior a 48 (quarenta e oito) meses.

Salienta-se que a própria CF/1988 no art. 202, previa a média sobre os 36 últimos salários de contribuição.

É assegurada a aposentadoria, nos termos da lei, calculando-se o benefício sobre a média dos 36 últimos salários de contribuição, corrigidos monetariamente mês a mês, e comprovada a regularidade dos reajustes dos salários de contribuição de modo a preservar seus valores reais e obedecidas as condições a seguir.

Assim, quando a regra de transição da EC n. 20/1998 dispõe em seu artigo 9º que "Observado o disposto no art. 4º desta Emenda e ressalvado o direito de opção a aposentadoria pelas normas por ela estabelecidas para o regime geral de previdência social, é assegurado o direito à aposentadoria ao segurado que se tenha filiado ao regime geral de previdência social, até a data de publicação desta Emenda, quando, cumulativamente, atender aos seguintes requisitos" a EC n. 20/1998 se refere ao cálculo com 36 contribuições que era o até então vigente.

Não há justificativa de se defender que o cálculo seja feito de outra forma posto que a aposentadoria a que se refere a emenda é aquela existente até aquele momento, antes da alteração da regra permanente no texto constitucional.

Vale lembrar que o mesmo ocorre no caso dos servidores públicos, quando da promulgação das ECs n. 41/2003 e n. 47/2005, que retiraram a paridade de reajuste e integralidade da última remuneração para as aposentadorias no RPPS.

Ora, se o servidor cumprir as regras de transição trazidas na emenda, e tendo ele se filiado antes da sua promulgação, ele tem direito ao cálculo anterior, com integralidade e paridade. Não se aceita que ele pague o tempo a mais e cumpra os requisitos extras e ainda tenha que se submeter à regra nova, mais prejudicial!

Regra de transição é para beneficiar o segurado e não criar dupla incidência de requisitos prejudiciais ao mesmo.

Pois bem, a mesma coisa se requer agora para o RGPS, e, portanto, todos os segurados que cumprirem as regras de transição da EC n. 20/1998 devem ter o direito a ter seus benefícios calculados conforme a regra vigente até aquele momento, qual seja, a média das últimas 36 contribuições, apuradas em período não superior a 48 meses e sem qualquer aplicação de fator previdenciário.

Cabe ressaltar que esta lógica é ainda mais evidente, quando lembramos que, na data da EC n. 20/1998 não existia a Lei n. 9.876/1999.

Portanto, o cerne da discussão que aqui se apresenta está relacionado à indevida interpretação dada pelo INSS que passou a aplicar o fator previdenciário criado pela Lei n. 9.876/1999 para regular a aposentadoria por tempo de contribuição, do art. 201 da Constituição, além das novas regras no tocante ao período básico de cálculo, também às aposentadorias concedidas pelas regras de transição do art. 9º da EC n. 20/1998.

A alteração legislativa promovida pela Lei n. 9.876/1999 foi destinada a regular exclusivamente as aposentadorias por tempo de contribuição concedidas com base na regra permanente do art. 201 da Constituição, não podendo ser aplicada para as regras de transição da EC n. 20/1998, sob pena de inconstitucionalidade e ferimento ao direito adquirido e ao melhor benefício.

Até porque se observa dupla penalidade ao segurado, primeiro no tocante à necessidade de cumprimento da idade mínima e do pedágio e depois no tocante à aplicação do fator previdenciário, que também é baseado na idade e no tempo de contribuição.

Isso porque existe inconstitucionalidade na interpretação dada pelo INSS e pelo MM. Juízo *a quo* quanto ao alcance da Lei n. 9.876/1999, no que se refere às aposentadorias alcançadas pelas regras de transição.

A norma constitucional que alterou a sistemática de cálculo dos benefícios previdenciários garantiu, expressamente, o direito à concessão na forma prevista até sua promulgação, mediante o cumprimento das regras de transição por ela estabelecida.

Vale lembrar por fim que o exercício do direito da aposentadoria em data posterior à publicação de nova norma, no caso a Lei n. 9.876/1999, não pode ferir ou prejudicar o direito adquirido a regra diferenciada para aqueles que já haviam ingressado no RGPS antes da mudança e que venham a cumprir os requisitos diferenciados das eventuais regras de transição criadas.

Cabe mencionar também o Enunciado n. 5 do próprio Conselho de Recursos da Previdência Social – CRPS:

"A Previdência Social deve conceder o melhor benefício a que o segurado fazer jus, cabendo ao servidor orientá-lo nesse sentido."

Cabe, portanto, a revisão da renda mensal inicial da aposentadoria proporcional ou mesmo da aposentadoria integral percebida por segurados como no presente caso, pois demonstrado o cumprimento da idade mínima e do pedágio previstos no art. 9º da EC n. 20/1998.

### 4.2. Do direito à não incidência do fator previdenciário para os segurados que cumprirem as regras de transição da EC n. 20/1998 <ADEQUAR AO CASO CONCRETO>

Ainda que se entenda que o cumprimento da regra de transição da EC n. 20/1998 não comporta na alteração da forma de apuração da média contributiva (80% dos maiores salários de contribuição do período para 36 contribuições), deve-se analisar o direito da parte de ver afastada a incidência do fator previdenciário no caso concreto.

Isso porque, independentemente da forma de apuração da média, o fator previdenciário aplicado juntamente com a regra de transição prejudica excessivamente o segurado, criando dupla incidência dos critérios idade e tempo de contribuição.

Como exemplo do dano causado, vale lembrar que o tempo cumprido de "pedágio" não é computado para fins de coeficiente de cálculo e, portanto, já está importando no valor de um benefício a menor do que o devido pela média das contribuições.

Deve-se, assim, apurar o salário de benefício com base na média dos 80% maiores salários de contribuição, sem a incidência do fator previdenciário.

Diante da ótica da razoabilidade, a sociedade tem o direito de exigir da Autarquia Previdenciária a devida avaliação do benefício e a forma de cálculo que seja mais rentável aos segurados, na maioria das vezes, pessoas humildes e sem preparo técnico algum na matéria.

Comprovado, portanto, o direito da parte ora Recorrente de ter revisto seu benefício, para que seja calculado no mínimo, sem a aplicação do fator previdenciário.

### 5. A DECISÃO IMPUGNADA <ADEQUAR AO CASO CONCRETO>

A decisão impugnada, conforme citado anteriormente, vai de encontro abruptamente aos Princípios Constitucionais previstos nos arts. 5º, incisos II (legalidade) e XXXVI (direito adquirido), 6º (direito à previdência social), e 37, *caput* (dever do INSS de agir de acordo com a previsão legal).

A decisão viola ainda os Princípios da Razoabilidade e da Proporcionalidade, posto que além de ignorar a regra de transição criada pela EC n. 20/1998, ainda penaliza duplamente o segurado porque, além de exigir o cumprimento da idade mínima prevista na regra de transição, ainda aplica o Fator Previdenciário no cálculo da Renda Mensal Inicial do benefício!

Como ressaltamos anteriormente, não se pode limitar a aplicação da regra de transição criada pela EC n. 20/1998 à edição da Lei n. 9.876/1999. Em momento algum a regra de transição previu sua limitação no tempo e, até que um segurado cumpra os requisitos nela previstos, será possível sua aplicação.

Desta forma, o entendimento do Tribunal Regional Federal da 4ª Região vai de encontro abruptamente aos Princípios citados, merecendo a devida reforma.

<Pode-se citar partes da decisão que se deseja combater e mencionar a incorreção que apresenta frente aos ditames constitucionais discutidos>.

## 6. REQUERIMENTOS FINAIS <ADEQUAR AO CASO CONCRETO>

Pelo exposto, tendo sido demonstrado o preenchimento dos pressupostos de admissibilidade do presente Recurso Extraordinário, requer seja o mesmo CONHECIDO e PROVIDO, reformando a decisão para garantir à parte ora Recorrente o direito à Revisão da Renda Mensal Inicial de sua aposentadoria, conforme já requerido desde a peça inicial.

Nestes termos,

PEDE DEFERIMENTO.

Cidade, data.

Nome do Advogado e OAB

## 127. MODELO DE CONTRARRAZÕES DE RECURSO EXTRAORDINÁRIO

**EXCELENTÍSSIMO(A) SENHOR(A) DOUTOR(A) JUIZ(JUÍZA) DESEMBARGADOR(A) PRESIDENTE DO EGRÉGIO TRIBUNAL REGIONAL FEDERAL DA 00a REGIÃO**

**Processo nº**

A Parte Autora, já devidamente qualificada nos autos da Ação em epígrafe, vem por seus procuradores firmatários, em respeito ao despacho de fls. apresentar **CONTRARRAZÕES AO RECURSO EXTRAORDINÁRIO,** requerendo que, cumpridas as formalidades legais e recebido o recurso, sejam os autos remetidos à Instância Superior.

Nestes termos,

PEDE DEFERIMENTO.

Cidade, data.

Nome do Advogado e OAB

<SUGESTÃO AO LEITOR: INCLUIR QUEBRA DE PÁGINA>

**EMINENTES JULGADORES**

**CONTRARRAZÕES DO RECORRIDO**

## 1. HISTÓRICO BREVE <ADEQUAR AO CASO CONCRETO>

No caso concreto a sentença julgou o caso nos seguintes termos:

<INCLUIR PARTE DISPOSITIVA DA SENTENÇA>.

Houve interposição de recurso e o Acórdão restou assim ementado:

<INCLUIR EMENTA DO ACÓRDÃO>.

Inconformada, a parte Ré interpôs o presente Recurso Extraordinário, entretanto, ele não merece provimento, como demonstraremos a seguir:

2. **PRELIMINAR – DA DISCUSSÃO DE MATÉRIA DE FATO** <INCLUIR SOMENTE SE FOR O CASO. ANALISAR O RE>

<CASO O RECORRENTE TENHA DISCUTIDO MATÉRIA DE FATO, RESSALTAR ISSO COMO FORMA DE IMPEDIR O CONHECIMENTO DO RE>

3. **PRELIMINAR – DA INEXISTÊNCIA DE PREQUESTIONAMENTO** <INCLUIR SOMENTE SE FOR O CASO. ANALISAR O RE>

<VERIFICAR SE HOUVE PREQUESTIONAMENTO NA APELAÇÃO OU NO RECURSO INOMINADO E SE HOUVE MANIFESTAÇÃO DO TRIBUNAL OU DA TURMA DE ORIGEM SOBRE A MATÉRIA CONSTITUCIONAL. CASO NÃO TENHA HAVIDO E CASO NÃO EXISTAM TAMBÉM EMBARGOS DECLARATÓRIOS, USAR ESSE TÓPICO PARA DEMONSTRAR QUE NÃO HOUVE O CUMPRIMENTO DO REQUISITO PROCESSUAL DE PREQUESTIONAMENTO>.

4. **PRELIMINAR – DA MATÉRIA INFRACONSTITUCIONAL TRATADA NO RE** <INCLUIR SOMENTE SE FOR O CASO. ANALISAR O RE>

<VERIFICAR SE HOUVE A DISCUSSÃO APRESENTADA NO RE. NÃO PODE SER INTERPRETADA COMO MATÉRIA INFRACONSTITUCIONAL. NESSE CASO, VALE UMA CONSULTA À JURISPRUDÊNCIA DO STF PARA VERIFICAR SE EXISTEM OUTROS JULGADOS QUE NÃO CONHECEM DO TEMA POR NÃO HAVER OCORRÊNCIA DE OFENSA DIRETA À CONSTITUIÇÃO FEDERAL>.

5. **DO DIREITO À MANUTENÇÃO DO JULGAMENTO FAVORÁVEL A PARTE AUTORA** <ADEQUAR AO CASO CONCRETO>

<INCLUIR DISCUSSÃO DO MÉRITO RELATIVO À CAUSA *SUB JUDICE*. IMPORTANTE RESSALTAR OS PONTOS DA SENTENÇA E DO ACÓRDÃO, SUA FUNDAMENTAÇÃO E, SE POSSÍVEL, INCLUIR MAIS JURISPRUDÊNCIA DO STF QUE DEMONSTRE A FORÇA DO ENTENDIMENTO FAVORÁVEL NO CASO CONCRETO>.

6. **DOS REQUERIMENTOS** <ADEQUAR AO CASO CONCRETO>

Diante do exposto, requer:

1. O não conhecimento do presente Recurso Extraordinário pela inexistência de prequestionamento, pela tentativa de reanálise de matéria de fato e por tratar de discussão acerca de matéria infraconstitucional <verificar se é o caso concreto>;
2. Caso seja conhecido o RE, requer seja negado provimento ao presente Recurso Extraordinário, com a manutenção do acórdão por seus próprios fundamentos.
3. Requer ainda a condenação da recorrente em honorários advocatícios majorados, a serem determinados com base no § 11, do art. 85, do CPC.

Nestes termos,

PEDE DEFERIMENTO.

Cidade, data.

Nome do Advogado e OAB

# Bibliografia

ABREU, Nylson Paim de. "Regime de economia familiar". *Revista do Tribunal Regional Federal da 4ª Região*. Porto Alegre, ano 11, n. 36, 2000.

AFONSO, Luís Eduardo; FERNANDES, Reynaldo. *Uma estimativa dos aspectos distributivos da previdência social no Brasil*. São Paulo: FEA-USP, mimeo, 2004.

ALCÂNTARA, Marcelino Alves de. *O princípio da equidade na forma de participação no custeio*. Dissertação (Mestrado em Direito) – Pontifícia Universidade Católica de São Paulo, São Paulo, 2010.

ALEXY, Robert. *Teoria de los Derechos Fundamentales*. Madrid: Centro de Estudios Políticos y Institucionales, 2002.

ALMEIDA, Selene Maria. Juizados Especiais Federais: a justiça dos pobres não pode ser uma pobre justiça. *Revista do Tribunal Regional Federal*. 1ª Região. Brasília, v. 15, n. 2, fev. 2003, p. 31-42.

AMARAL E SILVA, Antônio Fernando Schenkel do. "Questões pertinentes ao crime de não recolhimento de contribuições previdenciárias – art. 95, d, da Lei n. 8.212/91". *Revista da Escola Superior da Magistratura do Estado de Santa Catarina*, v. 7, ano 5, outubro de 1999.

ANDREUCCI, Ana Claudia Pompeu Torezan. "Salário-maternidade para a mãe adotiva: uma análise do acórdão proferido pelo Supremo Tribunal Federal à luz dos métodos de interpretação". Tese publicada no *Jornal do 15º Congresso Brasileiro de Previdência Social*. São Paulo: LTr, 15.04.2002.

ANFIP – Associação Nacional dos Auditores-Fiscais da Receita Federal do Brasil. *Análise da Seguridade Social 2011*. Brasília: ANFIP, 2012. Disponível em: http://www.anfip.org.br/publicacoes/livros/includes/livros/arqs-pdfs/analise2011.pdf. Acesso em: 28 nov. 2012.

ANFIP – Associação Nacional dos Auditores-Fiscais da Receita Federal do Brasil; Fundação ANFIP de Estudos de Seguridade Social. *Seguridade e Previdência social: contribuições para um Brasil mais justo*. Brasília: ANFIP, 2014. Disponível em: http://www.anfip.org.br/publicacoes/20140808091827_Seguridade-e-Previdencia-Social-Contribuicoes-para-um--Brasil-mais-Justo_08-08-2014_Seguridade-e-Previdencia_final-1.pdf. Acesso em: 29 out. 2014.

ARENDT, Hannah. *A condição humana*. Trad. Roberto Raposo. Rio de Janeiro: Forense Universitária, 2001.

ARRUDA JÚNIOR, Edmundo Lima de. *Direito, Marxismo e Liberalismo*. Florianópolis: CESUSC, 2001.

ATALIBA, Geraldo. *Hipótese de incidência tributária*. 6. ed. São Paulo: Malheiros, 2004.

AURVALLE, Luís Alberto d'Azevedo. *A pensão por morte e a dependência econômica superveniente*. Revista de Doutrina da 4ª Região, Porto Alegre, n. 18, jun. 2007. Disponível em:

http://www.revistadoutrina.trf4.gov.br/artigos/Edicao018/Luis_Aurvalle.htm. Acesso em: 19 dez. 2007.

BALERA, Wagner. *Natureza da entidade de previdência complementar dos servidores públicos.* Revista da Faculdade de Direito, 2009 – metodista.br. Disponível em: https://www.metodista.br/revistas/revistas-ims/index.php/RFD/article/viewFile/481/478. Acesso em: 2 dez. 2010.

BALERA, Wagner. *Noções Preliminares de Direito Previdenciário.* São Paulo: Quartier Latin, 2004.

BALTAZAR JÚNIOR, José Paulo. *Crimes Federais.* 11. ed. São Paulo: Saraiva, 2017.

BARR, Nicholas. The economics of the Welfare State. 2. ed. Londres: Weindenfeld & Nicholson, 1993.

BASTOS, Celso Ribeiro. *Curso de direito constitucional.* 19. ed. São Paulo: Saraiva, 1998.

BASTOS, Celso Ribeiro. *Curso de direito financeiro e de direito tributário.* 6. ed. São Paulo: Saraiva, 1998.

BATALHA, Wilson de Souza Campos. *Direito intertemporal.* Rio de Janeiro: Forense, 1980.

BATISTA, Analía Soria et alii. *Envelhecimento e dependência:* desafios para a organização da proteção social. Brasília: MPS, SPPS, 2008.

BAUMAN, Zygmunt. A vida fragmentada: ensaios sobre a vida pós-moderna. Lisboa: Relógio D'Água, 2007.

BECK, Ulrich. *O que é globalização?* Equívocos de globalismo e respostas à globalização. Trad. André Carone. São Paulo: Paz e Terra, 1999.

BELMIRO, Celso Jorge Fernandes. O sistema recursal e os meios autônomos de impugnação no âmbito dos juizados especiais cíveis – novos contornos jurisprudenciais. *Revista Brasileira de Direito Processual.* Belo Horizonte, a. 18, n. 73, jan. 2011.

BERBEL, Fábio Lopes Vilela. *Teoria Geral da Previdência Social.* São Paulo: Quartier Latin, 2005.

BEVERIDGE, William. *O Plano Beveridge.* Trad. Almir Andrade. Rio de Janeiro: José Olympio Editora, 1943.

BOBBIO, Norberto. *Igualdade e Liberdade.* Trad. Carlos Nelson Coutinho. Rio de Janeiro: Ediouro, 1996.

BOBBIO, Norberto. *Teoria do ordenamento jurídico.* 10. ed. Trad. Maria Celeste C. J. Santos. Brasília: Editora Universidade de Brasília, 1997.

BOLLMANN, Vilian. *Hipótese de Incidência Previdenciária e Temas Conexos.* São Paulo: LTr, 2005.

BONAVIDES, Paulo. *Teoria do Estado.* 3. ed. São Paulo: Malheiros, 1995.

BORGES, Mauro Ribeiro. *Previdência Funcional e Regimes Próprios de Previdência.* Curitiba: Juruá, 2003.

BORSIO, Marcelo F. *A constituição inadequada de créditos previdenciários em auto de infração.* Disponível em: http://marcelofernandoborsio.jusbrasil.com.br/artigos/121934114/a--constituicaoinadequada-de-creditos-previdenciarios-em-auto-de-infracao. Acesso em: 9 nov. 2018.

BRADBURY, Leonardo Cacau Santos La. *Curso prático de direito e processo previdenciário*. 4 ed. São Paulo: Atlas, 2021.

BRAMANTE, Ivani Contini. "Desaposentação e nova aposentadoria". *Revista de Previdência Social*. São Paulo: LTr, ano XXV, n. 224, mar./2001.

BRANDIMILLER, Primo. *Perícia judicial em acidentes e doenças do trabalho*. São Paulo: Editora SENAC, 1996.

BRASIL. Instituto de Pesquisa Econômica Aplicada. Carta de Conjuntura n. 55. Nota 28 - 2º trimestre de 2022. Disponível em https://www.ipea.gov.br/portal/images/stories/PDFs/conjuntura/220624_cc_55_nota_28_mercado_de_trabalho.pdf. Acesso em: 4 set. 2022.

BRASIL. MINISTÉRIO DA ECONOMIA. *Informe da Previdência Social*, v. 33, n. 1, 2021. Disponível em: https://www.gov.br/previdencia/pt-br/centrais-de-conteudo/publicacoes/publicacoes-sobre-previdencia-social/informes/arquivos/2021/informe-de-previdencia--janeiro-de-2021.pdf. Acesso em: 2 set. 2021.

BRASIL. MINISTÉRIO DA PREVIDÊNCIA SOCIAL. *Informe de Previdência Social*. Vol. 26, n. 1, Brasília: MPS, janeiro de 2014. Disponível em: http://www.previdencia.gov.br/wp--content/uploads/2013/05/Informe_janeiro_2014.pdf. Acesso em: 29 out. 2014.

BRASIL. MINISTÉRIO DA PREVIDÊNCIA SOCIAL. *Migrações Internacionais e a Previdência Social*. Brasília: MPAS, SPS, CGEP, 2006.

BURITI, Tamara de Santana Teixeira. A "pejotização" e a fraude ao regime de emprego. *Conteúdo Jurídico*. Brasília-DF: 25 jan. 2018. Disponível em: http://www.conteudojuridico.com.br/?artigos&ver=2.590277&seo=1. Acesso em: 1º nov. 2018.

CAMPOS, José Luiz Dias. *Acidentes do trabalho: prevenção e reparação*. 3. ed. São Paulo: LTr, 1996.

CAMPOS, Marcelo Barroso Lima Brito de. *Regime Próprio de Previdência Social dos Servidores Públicos*. Belo Horizonte: Líder, 2004.

CAMPOS, Marcelo Barroso Lima Brito de. Superposição das regras de transição nas reformas constitucionais da previdência social brasileira. *Revista de Direitos Sociais, Seguridade e Previdência Social*, v. 6, n. 1, jan./jun. 2020. Disponível em: https://www.indexlaw.org/index.php/revistadssps/article/view/6730. Acesso em: 22 jun. 2021.

CARBONE, Célia Opice. *Seguridade social no Brasil: ficção ou realidade?* São Paulo: Atlas, 1994.

CARDONE, Marly. *Previdência, assistência, saúde: o não trabalho na Constituição de 1988*. São Paulo: LTr, 1990.

CARDOSO, Oscar Valente. Regras de incidência subsidiária de normas e preenchimento de lacunas: uma leitura a partir do sistema normativo dos Juizados Especiais Cíveis. *Revista Dialética de Direito Processual*. São Paulo: Dialética, n. 100, jul. 2011.

CARRAZZA, Roque Antonio. *Curso de direito constitucional tributário*. 9. ed. São Paulo: Malheiros, 1997.

CARRAZZA, Roque Antonio. A extinção da punibilidade no parcelamento de contribuições previdenciárias descontadas, por entidades beneficentes de assistência social, dos seus empregados, e não recolhidas, à previdência, no prazo legal. Questões conexas. *Revista Justitia*. São Paulo, 58 (174), abr./jun., 1996.

CARVALHO FILHO, José dos Santos. *Manual de Direito Administrativo*. 4. ed. Rio de Janeiro: Lumen Juris, 1999.

CASSAR, Vólia Bomfim. Direito do Trabalho. 14. ed., de acordo com a Reforma Trabalhista – Lei n. 13.467/2017. Rio de Janeiro: Forense, 2017.

CASTEL, Robert. *Les métamorphoses de la question sociale*. Paris: Fayard, 2003.

CASTELLS, Manuel. *A sociedade em rede*. 9. ed. rev. ampl. São Paulo: Paz e Terra, 2006.

CASTILHO, Paulo de. *Execução de Contribuição Previdenciária pela Justiça do Trabalho*. São Paulo: RT, 2005.

CASTRO, Carlos Alberto Pereira de; LAZZARI, João Batista. "Contribuições à seguridade social em face de decisões proferidas pela Justiça do Trabalho e sua execução". *Revista LTr*, São Paulo: LTr, fevereiro de 1999.

CASTRO, Carlos Alberto Pereira de; LAZZARI, João Batista. Manual de Direito Previdenciário. 27 ed. Rio de Janeiro: Forense, 2024.

CASTRO, Carlos Alberto Pereira de Castro; LAZZARI, João Batista. Lei de Benefícios da Previdência Social. Rio de Janeiro: Forense, 2024.

CASTRO, Carlos Alberto Pereira de Castro; LAZZARI, João Batista. Direito do Trabalho e Previdência - aspectos práticos. Rio de Janeiro: Forense, 2023.

CASTRO, Priscila Gonçalves de. *Direitos humanos de seguridade social*: uma garantia ao estrangeiro. São Paulo: LTr, 2014.

CATHARINO, José Martins. *Compêndio de direito do trabalho*. São Paulo: LTr, 1990.

CHOSSUDOVSKY, Michel. *A globalização da pobreza: impactos das reformas do FMI e do Banco Mundial*. Trad. Marylene Pinto Michael. São Paulo: Moderna, 1999.

COELHO, Vera Schattan Pereira (Org.). *A Reforma da Previdência Social na América Latina*. Rio de Janeiro: Editora FGV, 2003.

COIMBRA, J. R. Feijó. *Direito previdenciário brasileiro*. 7. ed. Rio de Janeiro: Edições Trabalhistas, 1997.

CORREIA, Marcus Orione Gonçalves; CORREIA, Érica Paula Barcha. *Curso de Direito da Seguridade Social*. 5. ed. São Paulo: Saraiva, 2010.

COSTA, Eliane Romeiro. Tendências do sistema de previdência social. *Revista de Previdência Social*. São Paulo: LTr, nov. 2001.

CRUZ, Paulo Márcio. *Fundamentos do Direito Constitucional*. Curitiba: Juruá, 2001.

CRUZ, Paulo Márcio. *Poder, Política, Ideologia e Estado Contemporâneo*. Florianópolis: Diploma Legal, 2001.

DALLEGRAVE NETO, José Affonso; KAJOTA, Ernani (coord.). *Reforma Trabalhista ponto a ponto*. São Paulo: LTr, 2018.

DE BUÉN, Nestor. *El estado de malestar*. México: Porrúa, 1997.

DEL VECCHIO, Giorgio. *A Justiça*. Trad. Antônio Pinto de Carvalho. São Paulo: Saraiva, 1960.

DI PIETRO, Maria Sylvia Zanella. *Direito Administrativo*. 17. ed. São Paulo: Atlas, 2004.

DIAS, Floriano de Aguiar. *Constituições do Brasil*. Rio de Janeiro: Liber Juris, 1975.

DIAS, Marcus Vinícius de Viveiros; SOARES, Jefferson Douglas. "Breves considerações sobre o artigo 9º da Lei n. 10.684/2003. O novo 'refis'. Aspectos penais". *Boletim dos Procuradores da República,* ano V, n. 60, abril/2003.

DOBROWOLSKI, Silvio. "Novas considerações sobre o crime de omissão de recolhimento de tributos e contribuições". *Revista da Escola Superior da Magistratura do Estado de Santa Catarina,* v. 7, ano 5, out. 1999.

DONADON, João. *O benefício de aposentadoria especial aos segurados do regime geral de previdência social que trabalham sujeitos a agentes nocivos – origem, evolução e perspectivas.* Brasília/DF, 2º Semestre/2003.

DOWBOR, Ladislau (Org.) [et al]. *Desafios da globalização.* Petrópolis: Vozes, 1997.

DUGUIT, Léon. *Fundamentos do Direito.* Trad. Márcio Pugliesi. São Paulo: Ícone, 1996.

EISELE, Andréas. *Crimes contra a ordem tributária.* 2. ed. São Paulo: Dialética, 2002.

ESPING-ANDERSEN, Gosta. *The Three Worlds of Welfare Capitalism.* Princeton: Princeton University Press, 1990.

FAZIO, Luciano. A contribuição extraordinária nos regimes próprios de Previdência Social. *Consultor Jurídico.* Disponível em: https://www.conjur.com.br/2021-jun-24/fazio-contribuicao-extraordinaria-regimes-previdencia. Acesso em: 25 ago. 2021.

FELICIANO, Guilherme Guimarães; CASTRO, Carlos Alberto Pereira de. Voltou a reforma da Previdência, agora "desidratada": o que esperar? *Juízo de Valor.* Disponível em: https://www.jota.info/opiniao-e-analise/colunas/juizo-de-valor/voltou-reforma-da-previdencia-agora-desidratada-o-que-esperar-06022018. Acesso em: 7 fev. 2018.

FERNANDES, Emília. *Regulamentação da previdência social contém mais prejuízos para as mulheres.* Brasília: Jornal do DIAP, setembro de 1999.

FERREIRA, Dâmares. A inconstitucionalidade do "FUNRURAL" após a EC n. 20/1998. *Revista de Direito Previdenciário,* v. 2, ano 1 (2010). São Paulo: Conceito Editorial, 2010.

FERREIRA, Sérgio D'Andréa. *Direito Administrativo Didático.* 3. ed. Rio de Janeiro: Forense, 1985.

FLORINDO, Valdir. *Dano moral e o direito do trabalho.* 3. ed. São Paulo: LTr, 1999.

FOLMANN, Melissa; FERRARO, Suzani. *Previdência*: entre o direito social e a repercussão econômica no século XXI. Curitiba: Juruá, 2009.

FRIEDMAN, Milton. *Capitalismo e Liberdade.* Trad. Luciana Carli. 3. ed. São Paulo: Nova Cultural, 1988.

GALVÃO, Paulo Braga. *Os Direitos Sociais nas Constituições.* São Paulo: LTr, 1981.

GEROMES, Sergio. *Cálculo de liquidação no cumprimento de sentença previdenciária.* Belo Horizonte: Editora IEPREV, 2021.

GOMES, Luiz Flávio. *Crimes previdenciários'.* Série: As Ciências Criminais do Século XXI, vol. I, São Paulo: Ed. Revista dos Tribunais, 2001.

GOSSERIES, Axel. *Pensar a justiça entre as gerações*: do caso Perruche à reforma das pensões. Trad. Joana Cabral. Coimbra: Almedina, 2015.

GOUVÊA, Marcus de Freitas. O lançamento no direito tributário brasileiro: a prescrição e a decadência nos tributos lançados por homologação. *Jus Navigandi,* Teresina, ano 10,

n. 1162, 6 set. 2006. Disponível em: http://jus2.uol.com.br/doutrina/texto.asp?id=8877. Acesso em: 6 jan. 2008.

HACK, Érico. Princípio da capacidade contributiva: limites e critérios para o tributo. *Revista da SJRJ*, n. 39, p. 83. Disponível em: https://www.jfrj.jus.br/revista-sjrj/artigo/principio-da-capacidade-contributiva-limites-e-criterios-para-o-tributo-ability. Acesso em: 21 jul. 2020.

HOBSBAWN, Eric. *A era dos extremos: o breve século XX: 1914-1991*. Trad. Marcos Santarrita. São Paulo: Companhia das Letras, 1995.

IBRAHIM, Fábio Zambitte. Decadência e Prescrição no Benefício Previdenciário. *Jornal do 17º Congresso Brasileiro de Previdência Social*, São Paulo: LTr, 2004.

KIPPER, Celso. Atividade especial em matéria previdenciária: coisa julgada e ajuizamento de nova ação com fundamento em agente nocivo diverso. *Direito Hoje*. Disponível em: https://www.trf4.jus.br/trf4/controlador.php?acao=pagina_visualizar&id_pagina=4431. Acesso em: 6 out. 2023.

KRAVCHYCHYN, Alex Lemos. *Diretrizes para auxiliar a concepção de regimes complementares mais eficientes para os servidores públicos*. Dissertação de Mestrado. Florianópolis: Universidade do Estado de Santa Catarina, 2018.

LACOMBE, Américo. *Obrigação Tributária*. 2. ed. Florianópolis: Obra Jurídica, 1996.

LAZZARI, João Batista. "Ingresso prévio na via administrativa". *Jornal do 14º Congresso Brasileiro de Previdência Social*. São Paulo: LTr, 2001.

LAZZARI, João Batista. "Ação regressiva acidentária". *Jornal do 14º Congresso Brasileiro de Previdência Social*. São Paulo: LTr, 2001.

LAZZARI, João Batista; BRANDÃO, Fábio Nobre Bueno. Reforma da Previdência (EC n. 103/2019): inconstitucionalidade da vedação à conversão do tempo de atividade especial em comum. *JURIS – Revista da Faculdade de Direito*, v. 30, n. 2, 2020. Disponível em: https://periodicos.furg.br/juris/article/view/12231. Acesso em: 27 jul. 2021.

LAZZARI, João Batista; CASTRO, Carlos Alberto Pereira de; KRAVCHYNCHYN, Gisele Lemos; KRAVCHYNCHYN, Jefferson Luiz. *Prática processual previdenciária: administrativa e judicial*. 15. ed. Rio de Janeiro: Forense, 2022.

LEIRIA, Maria Lúcia Luz. *Direito previdenciário e estado democrático de direito: uma (re)discussão à luz da hermenêutica*. Porto Alegre: Livraria do Advogado, 2001.

LEITE, Celso Barroso. *A proteção social no Brasil*. 2. ed. São Paulo: LTr, 1978.

LISBÔA, Daniel; MUNHOZ, José Lucio (orgs.). *Reforma Trabalhista comentada por Juízes do Trabalho*: artigo por artigo. São Paulo: LTr/AMATRA 12, 2018.

LIMA, Manoel Hermes de. Contribuição Previdenciária, Fato Gerador e sua Execução de Ofício pela Justiça do Trabalho. *Revista de Previdência Social*. São Paulo: LTr, n. 282, maio/2004.

LOPEZ, Felix Garcia. *Fórum Nacional da Previdência Social*: consensos e divergências. Brasília: IPEA, 2009. Disponível em: http://www.ipea.gov.br/portal/images/stories/PDFs/TDs/td_1432.pdf. Acesso em: 20 nov. 2018.

LUHMANN, Niklas. *Sociologia do Direito I*. Trad. Gustavo Bayer. Rio de Janeiro: Tempo Brasileiro, 1983.

MACHADO, Hugo de Brito. *Curso de direito tributário*. 10. ed. São Paulo: Malheiros, 1995.

MACHADO, Hugo de Brito. Impossibilidade de tributo sem lançamento. *Jus Navigandi*, Teresina, ano 7, n. 61, jan. 2003. Disponível em: http://jus2.uol.com.br/doutrina/texto.asp?id=3678. Acesso em: 6 jan. 2008.

MACIEL, José Alberto Couto. *Desempregado ou supérfluo? Globalização*. São Paulo: LTr, 1998.

MARANHÃO, Délio. *Direito do trabalho*. 17. ed. Rio de Janeiro: Fundação Getulio Vargas, 1993.

MARQUES, Rosa Maria et al. *A Previdência Social no Brasil*. São Paulo: Fundação Perseu Abramo, 2003.

MARTINEZ, Wladimir Novaes. *Comentários à lei básica da previdência social*. 4. ed. São Paulo: LTr, 1997, tomo II.

MARTINEZ, Wladimir Novaes. *Curso de direito previdenciário: Tomo I – Noções de direito previdenciário*. São Paulo: LTr, 1997.

MARTINEZ, Wladimir Novaes. *Obrigações previdenciárias na construção civil*. São Paulo: LTr, 1996.

MARTINEZ, Wladimir Novaes. *O salário de contribuição na lei básica da previdência social*. São Paulo: LTr, 1993.

MARTINEZ, Wladimir Novaes. "Reajustamento dos benefícios após a Lei n. 8.213/91". *Revista da Previdência Social*. São Paulo: LTr, n. 138, maio de 1992.

MARTINEZ, Wladimir Novaes. *Reforma da previdência social: comentários à Emenda Constitucional n. 20/1998*. São Paulo: LTr, 1999.

MARTINEZ, Wladimir Novaes. (Coord). *Temas atuais de previdência social*. São Paulo: LTr, 1998.

MARTINEZ, Wladimir Novaes. *Aposentadoria especial*. 2. ed. São Paulo: LTr, 1999.

MARTINEZ, Wladimir Novaes. "Mês de Competência do Fato Gerador Previdenciário". *Jornal do 17º Congreso Brasileiro de Previdência Social*. São Paulo: LTr, 2004.

MARTINS, Floriano José; ROMERO, Vilson Antônio (orgs.). *Servidores públicos*: aposentadorias e pensões, principais regras. 2. ed. Brasília: Fundação ANFIP de Estudos da Seguridade Social, 2014.

MASSIGNAN, Manoela Lebarbenchon. *Guia prático para aplicação dos acordos internacionais de previdência social na legislação brasileira*. Belo Horizonte: Editora IEPREV, 2021.

MAURIQUE, Jorge Antonio. *Reforma da Previdenciária*. *Revista CEJ*. Brasília: 2003. Disponível em: http://www.cjf.jus.br/revista/outras_publicacoes/propostas_da_comissao/12_reforma_previdenciaria.pdf. Acesso em: 10 jul. 2004.

MEDEIROS, Osiris A. Borges de. *Aposentadoria ao alcance de todos*. Rio de Janeiro: Forense, 1995.

MEDINA, Damares. Regras de transição em matéria previdenciária. *Revista Jus Navigandi*, Teresina, ano 19, n. 4.006, 20 jun. 2014. Disponível em: https://jus.com.br/artigos/29171. Acesso em: 19 maio 2021.

MENDES, Fernando Ribeiro. *Segurança Social*: o futuro hipotecado. Lisboa: Fundação Francisco Manuel dos Santos, 2011.

MEIRELLES, Hely Lopes. *Direito administrativo brasileiro*. 24. ed. São Paulo: Malheiros, 1999.

MELLO, Celso Antônio Bandeira de. *Curso de Direito Administrativo*. 17. ed., rev. atual. São Paulo: Malheiros, 2004.

MELO, José Eduardo Soares de. *Contribuições sociais no sistema tributário*. 3. ed. São Paulo: Revista dos Tribunais, 2000.

MODESTO, Paulo (org.). *Reforma da Previdência: análise e crítica da Emenda Constitucional n. 41/2003*. Belo Horizonte: Fórum, 2004.

MONTEIRO, Washington de Barros. *Curso de direito civil:* parte geral. 16. ed. São Paulo: Saraiva, 1986, v. 1.

MORAES, Alexandre de. *Direito Constitucional*. 15. ed. atual. São Paulo: Atlas, 2004.

MORAES FILHO, Evaristo de. *Introdução ao direito do trabalho*. 6. ed. São Paulo: LTr, 1993.

MORAES FILHO, Evaristo de. *A justa causa na rescisão do contrato de trabalho*. 2. ed. Rio de Janeiro: Forense, 1960.

MORAES FILHO, Evaristo de. *O Direito e a Ordem Democrática*. São Paulo: LTr, 1984.

MORENO, Angel Guillermo Ruiz. *Nuevo derecho de la seguridad social*. México: Porrúa, 1997.

NASCIMENTO, Carlos Valder do (Coord.). *Comentários ao Código Tributário Nacional*. Rio de Janeiro: Forense, 1997.

NERY JUNIOR, Nelson; NERY, Rosa Maria de Andrade. *Novo Código Civil e legislação extravagante anotados*. São Paulo: RT, 2002.

NERY JUNIOR, Nelson; NERY, Rosa Maria de Andrade. *Código de Processo Civil comentado e legislação extravagante*. 11. ed. São Paulo: RT, 2010.

NEVES, Ilídio das. *Crise e reforma da segurança social*: equívocos e realidades. Lisboa: Edições Chambel, 1998.

NÓBREGA, Tatiana de Lima; BENEDITO, Maurício Roberto de Souza. *O regime previdenciário do servidor público*. 3. ed. Indaiatuba: Foco, 2023.

OLIVEIRA, Antonio Carlos de. *Direito do trabalho e previdência social: estudos*. São Paulo: LTr, 1996.

OLIVEIRA, Antonio Carlos de. *Temas de previdência social*. São Paulo: LTr, 1999.

OLIVEIRA, Francisco; BELTRÃO, Kaizô; FERREIRA, Mônica. *Revolução na previdência: Argentina, Chile, Peru, Brasil*. Trad. Tânia Marques Cardoso e Paulo Castanheira. São Paulo: Geração Editorial, 1998.

OLIVEIRA, José de. *Acidentes do trabalho: teoria, prática, jurisprudência*. 2. ed. São Paulo: Saraiva, 1992.

OLIVEIRA, Milton Luiz Gazaniga de. Responsabilidade solidária. *Revista da Procuradoria Geral do INSS*, Brasília, v. 5, n. 3, s/d.

OLSSON, Giovanni. *Relações Internacionais e seus Atores na Era da Globalização*. Curitiba: Juruá, 2003.

PALME, Joakim. *Fundamentos y Garantías del Derecho a la Seguridad Social a Comienzos del Siglo XXI*. Iniciativa de la AISS – Investigaciones y Puntos de Vista, jan. 2003. Disponível em www.issa.int. Acesso em: 21. jul. 2004.

PASTORE, José. *Encargos sociais no Brasil*: implicações para o salário, emprego e competitividade. São Paulo: LTr, 1997.

PEREIRA, Caio Mário da Silva. *Instituições de direito civil*. Rio de Janeiro: Forense, 1966, v. 1.

PEREIRA, Cláudia Fernanda de Oliveira. *Reforma da previdência*. Brasília: Brasília Jurídica, 1999.

PEREIRA, Luiz Carlos Bresser, e SPINK, Peter (Org.). *Reforma do Estado e Administração Pública Gerencial*. 5. ed. Rio de Janeiro: Editora FGV, 2003.

PEREIRA NETTO, Juliana Presotto. *A previdência social em reforma*: o desafio da inclusão de um número maior de trabalhadores. São Paulo: LTr, 2002.

PESSOA SOBRINHO, Eduardo Pinto. *Manual dos Servidores do Estado*. 13. ed. Rio de Janeiro: Freitas Bastos, 1985.

PORTO, Sérgio Gilberto. *Coisa Julgada Civil*. 3. ed., São Paulo: RT, 2006.

QUEIROZ, Vera Maria Corrêa. Aposentadoria do Professor no RGPS e RPPS: teoria e prática. São Paulo: Lujur Editora, 2023.

RANGEL, Leonardo Alves. *Previdência complementar dos servidores públicos e poupança de longo prazo*. Políticas sociais – acompanhamento e análise. 10.2.2005. Disponível em: http://www.ipea.gov.br/sites/000/2/publicacoes/bpsociais/bps10/ENSAIO3Leonardo.pdf. Acesso em: 2 dez. 2010.

REALE, Miguel. *Lições preliminares de direito*. 27. ed. São Paulo: Saraiva, 2003.

RIBEIRO, Fátima Sueli Neto; WÜNSCH FILHO, Victor. Avaliação retrospectiva da exposição ocupacional a cancerígenos: abordagem epidemiológica e aplicação em vigilância em saúde. *Caderno Saúde Pública*, n. 20(4): p. 881-890, jul./ago. 2004. Disponível em: http://pesquisa.bvsalud.org/brasil/resource/pt/mdl-15300280. Acesso em: 2 out. 2017.

ROCHA, Carmen Lúcia Antunes (Org.). *Constituição e segurança jurídica*: direito adquirido, ato jurídico perfeito e coisa julgada – estudos em homenagem a José Paulo Sepúlveda Pertence. 2. ed. Belo Horizonte: Fórum, 2005.

ROCHA, Daniel Machado da. *O Direito Fundamental à Previdência Social na Perspectiva dos Princípios Constitucionais Diretivos do Sistema Previdenciário Brasileiro*. Porto Alegre: Livraria do Advogado, 2004.

ROCHA, Daniel Machado da; BALTAZAR JÚNIOR, José Paulo. *Comentários à lei de benefícios da previdência social*. 15. ed. São Paulo: Atlas, 2017.

ROCHA, Daniel Machado da; SAVARIS, José Antonio. *Curso de direito previdenciário*: fundamentos de interpretação e aplicação do direito previdenciário. Curitiba: Alteridade Editora, 2014.

RODRIGUES, Horácio Wanderlei; BECHARA, Gabriela Natacha; GRUBBA, Leilane Serratine. Era Digital e Controle da Informação. *Revista Em Tempo*. [S.l.], v. 20, n. 1, nov. 2020. ISSN 1984-7858. Disponível em: https://revista.univem.edu.br/emtempo/article/view/3268. Acesso em: 2 set. 2022.

RUPRECHT, Alfredo J. *Direito da seguridade social*. São Paulo: LTr, 1996.

RUSSOMANO, Mozart Victor. *Curso de direito do trabalho*. 6. ed. Curitiba: Juruá, 1997.

RUSSOMANO, Mozart Victor. *Comentários à Consolidação das Leis da Previdência Social*. 2. ed. São Paulo: Revista dos Tribunais, 1981.

SAAD, Eduardo Gabriel. *CLT comentada*. 26. ed. São Paulo: LTr, 1993.

SANTOS, Boaventura de Sousa (Org.) *A Globalização e as Ciências Sociais*. 2. ed. São Paulo: Cortez, 2002.

SARLET, Ingo Wolfgang. Direitos fundamentais: nada mais atual do que o problema da vedação do retrocesso social. *Consultor Jurídico*. Disponível em: https://www.conjur.com.br/2017-mar-24/direitos-fundamentais-nada-atual-problema-vedacao-retrocesso-social. Acesso em: 19 maio 2021.

SAVARIS, José Antonio. *Direito Processual Previdenciário*. 6. ed. Curitiba: Alteridade Editora, 2016.

SEN, Amartya; KLIKSBERG, Bernardo. *As pessoas em primeiro lugar*: a ética do desenvolvimento e os problemas do mundo globalizado. Trad. Bernardo Ajzemeberg. São Paulo: Companhia das Letras, 2010.

SERRA E GURGEL, J. B. *Evolução histórica da previdência social*. Brasília: ANASPS, 2008.

SILVA, Antonio F. S. do Amaral e SCHÀFER, Jairo Gilberto. *Juizados especiais federais: aspectos cíveis e criminais*. Blumenau: Acadêmica, 2002.

SILVA, Filipe Carreira da. *O futuro do Estado Social*. Lisboa: Fundação Francisco Manuel dos Santos, 2013.

SILVA, José Afonso da. *Curso de direito constitucional positivo*. 16. ed. São Paulo: Malheiros, 1999.

SILVA-JUNIOR, João Silvestre da et al. Caracterização do nexo técnico epidemiológico pela perícia médica previdenciária nos benefícios auxílio-doença. *Revista Brasileira de Saúde Ocupacional*, São Paulo, v. 39, n. 130, p. 239-246, dez. 2014. Disponível em: http://www.scielo.br/scielo.php?script=sci_arttext&pid=S0303=76572014000200239-&lng=en&nrm-iso. Acesso em: 17 set. 2020.

SIMAS, Henrique de Carvalho. *Manual Elementar de Direito Administrativo*. 3. ed. Rio de Janeiro: Liber Juris, 1987.

SIMÕES, Ana Cecília Sena. *Segurança social*. Coimbra: Almedina, 2009.

SOARES, João Marcelino. *MP n. 871/2019: detalhamento técnico e análise imparcial*. Disponível em: http://dtojoaosoares.wixsite.com/previdenciario/mp-871-19-analise-tecnica-e-imparci?fbclid=IwAR28N28-e21DDvxwUG4steQQWn1qxF44NsAOr4EWav_vL0MO-bR4q2kOHeK4. Acesso em: 27 jan. 2019.

SOARES, João Marcelino. O Regime Complementar dos Servidores Públicos Federais: Uma Análise Constitucional do Fator de Conversão. *Revista Síntese: Direito e Previdência*. Ano XI, n. 51, nov.-dez./2012.

SOARES, Laura Tavares Ribeiro. *Ajuste Neoliberal e Desajuste Social na América Latina*. Petrópolis: Vozes, 2001.

STANDING, Guy. *O precariado*: a nova classe perigosa. Trad. Cristina Antunes. Belo Horizonte: Autêntica, 2020.

STEPHANES, Reinhold. *Previdência social. Uma solução gerencial e estrutural*. Porto Alegre: Síntese, 1993.

STEPHANES, Reinhold. *Reforma da previdência sem segredos*. Rio de Janeiro: Record, 1998.

STRECK, Lênio Luiz. *Hermenêutica jurídica e(m) crise*. 5. ed. rev. e atual. Porto Alegre: Livraria do Advogado, 2004.

SCHUSTER, Diego Henrique; SAVARIS, José Antonio; VAZ, Paulo Afonso Brum. *A garantia da coisa julgada no processo previdenciário*: para além dos paradigmas que limitam a proteção social. Curitiba: Alteridade Editora, 2019.

SÜSSEKIND, Arnaldo et al. *Instituições de direito do trabalho*. 14. ed. São Paulo: LTr, 1993, v. 1.

SÜSSEKIND, Arnaldo. *Tratados ratificados pelo Brasil*. Rio de Janeiro: Freitas Bastos, 1981.

SÜSSEKIND, Arnaldo. *Curso de Direito do Trabalho*. Rio de Janeiro: Renovar, 2002.

TARTUCE, Flávio. A teoria do adimplemento substancial na doutrina e na jurisprudência. *Jornal Carta Forense*, abr. 2015. Disponível em: http://www.flaviotartuce.adv.br/assets/uploads/artigos/201504100913000.artigo_adimplementosubstancial.doc. Acesso em: 18 maio 2021.

TAVARES, Marcelo Leonardo (coord.). *Comentários à Reforma da Previdência*: EC n. 41/2003. Rio de Janeiro: Lumen Juris, 2004.

TAVARES, Marcelo Leonardo. *Direito previdenciário*. 4. ed. rev., atual. e ampl. Rio de Janeiro: Lumen Juris, 2002.

TAVARES, Marcelo Leonardo. *Previdência e Assistência Social*: legitimação e fundamentação constitucional brasileira. Rio de Janeiro: Lumen Juris, 2003.

THIESEN, Ana Maria Wickert [et al.]; FREITAS, Vladimir Passos de. (Coord). *Direito previdenciário*: aspectos materiais, processuais e penais. 2. ed. Porto Alegre: Livraria do Advogado, 1999.

TORRES, Marcelo Douglas de Figueiredo. *Estado, Democracia e Administração Pública no Brasil*. Rio de Janeiro: Editora FGV, 2004.

VASCONCELOS, José Matos. *Assistência Social do Estado*. Rio de Janeiro: Imprensa Oficial, 1936.

VELLOSO, Andrei Pitten; ROCHA, Daniel Machado; BALTAZAR JÚNIOR, José Paulo. *Comentários à Lei do Custeio da Seguridade Social*. Porto Alegre: Livraria do Advogado, 2005.

VIEIRA, Lucia Helena (coord.). *Regimes próprios*: aspectos relevantes. São Bernardo do Campo: ABIPEM/APEPREM, 2018. v. 12.

VV.AA. *El futuro de la seguridad social*. Estocolmo: Federación de las Oficinas del Seguro Social, 1998.

VV.AA. *Debate sobre la reforma de la seguridad social: en busca de un nuevo consenso*. Genebra: Associação Internacional de Seguridade Social, 1998.

VV.AA. *Revolução na previdência: Argentina, Chile, Peru, Brasil*. Trad. Tânia Marques Cardoso e Paulo Castanheira. São Paulo: Geração Editorial, 1998.

WOLF, Rafael. Aposentadoria por invalidez do servidor público: a controvérsia da proporcionalidade. *Revista de Doutrina da 4ª Região*, Porto Alegre, n. 29, abril. 2009. Disponível em: http://www.revistadoutrina.trf4.jus.br/artigos/edicao029/rafael_wolf.html. Acesso em: 23 out. 2018.

# ANEXOS

1. SÚMULAS E ENUNCIADOS DE INTERESSE EM MATÉRIA PREVIDENCIÁRIA
2. INFORMAÇÕES COMPLEMENTARES SOBRE CONTRIBUIÇÕES E BENEFÍCIOS PREVIDENCIÁRIOS

 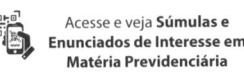

Acesse e veja **Súmulas e Enunciados de Interesse em Matéria Previdenciária**

> https://uqr.to/1yshj

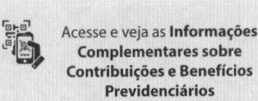 

Acesse e veja as **Informações Complementares sobre Contribuições e Benefícios Previdenciários**

> https://uqr.to/1yshk